中国社会科学年鉴

# 中国宗教研究

## 年鉴

### 2011—2012

YEARBOOK OF RELIGIOUS STUDIES IN CHINA

中国社会科学院世界宗教研究所
曹中建 主编　郑筱筠 执行主编

中国社会科学出版社

# 图书在版编目（CIP）数据

中国宗教研究年鉴.2011—2012／中国社会科学院世界宗教研究所编.
北京：中国社会科学出版社，2013.7
ISBN 978-7-5161-2630-1

Ⅰ.①中… Ⅱ.①中… Ⅲ.①宗教—研究—中国—2011~2012—年鉴 Ⅳ.①B928.2-54

中国版本图书馆 CIP 数据核字（2013）第 112653 号

| | |
|---|---|
| 出 版 人 | 赵剑英 |
| 责任编辑 | 李 是　姜阿平　蔺 虹 |
| 责任校对 | 邓晓春 |
| 责任印制 | 王 超 |

| | |
|---|---|
| 出　　版 | 中国社会科学出版社 |
| 社　　址 | 北京鼓楼西大街甲 158 号（邮编100720） |
| 网　　址 | http://www.csspw.cn |
| | 中文域名：中国社科网　010-64070619 |
| 发 行 部 | 010-84083685 |
| 门 市 部 | 010-84029450 |
| 经　　销 | 新华书店及其他书店 |
| 印刷装订 | 三河市东方印刷有限公司 |
| 版　　次 | 2013 年 7 月第 1 版 |
| 印　　次 | 2013 年 7 月第 1 次印刷 |
| 开　　本 | 787×1092　1/16 |
| 印　　张 | 87.5 |
| 插　　页 | 2 |
| 字　　数 | 1819 千字 |
| 定　　价 | 258.00 元 |

凡购买中国社会科学出版社图书，如有质量问题请与本社联系调换
电话：010-64009791
版权所有　侵权必究

# 目 录

## 特稿及政策

开展好创建和谐寺观教堂活动 发挥好在促进经济社会发展中的
积极作用 ............................................................. 回良玉（3）
巩固成果 开拓创新 推动中国基督教公益慈善事业迈上新台阶 ............ 王作安（6）
中国共产党处理宗教问题的主要经验 ................................... 王作安（10）
加强学习 提高依法管理宗教事务的能力和水平 .......................... 蒋坚永（19）
从"文化强国"战略看中国传统文化及宗教的意义 ....................... 卓新平（23）
服务社会是宗教的永恒责任 ........................................... 张乐斌（25）

## 宗教政策

中国天主教堂区司铎任职办法 ............................................. （31）
全国汉传佛教寺院传授三坛大戒管理办法 ................................... （33）
藏传佛教寺庙主要教职任职办法 ........................................... （37）
南传佛教寺院住持任职办法 ............................................... （39）
关于鼓励和规范宗教界从事公益慈善活动的意见（国宗发〔2012〕6号） ...... （41）
中国天主教主教备案办法（试行） ......................................... （46）
关于处理涉及佛教寺庙、道教宫观管理有关问题的意见（国宗发〔2012〕41号） ..... （48）
宗教院校学位授予办法（试行） ........................................... （51）
宗教院校教师资格认定和职称评审聘任办法（试行） ......................... （55）

藏传佛教寺庙经师资格评定和聘任办法 …………………………………………（61）

# 研究综述

## 宗教学及相关学科研究
马克思主义宗教观研究综述 ………………………………… 曾传辉　唐晓峰（67）
2011—2012年中国宗教学的理论研究 …………………………………… 梁恒豪（73）
2011—2012年当代宗教研究综述 ………………………………………… 陈玉梅（98）
中国宗教人类学研究综述（2011—2012）…………………… 王　媛　黄剑波（107）
2012年中国大陆宗教学研究状况述评 …………………………………… 黄夏年（131）
近年来大陆学界西方宗教社会学理论研究的新进展 …………………… 李华伟（133）

## 佛教研究
2011—2012年佛教研究综述 ……………………………………………… 张径真（149）
2011—2012年国内藏传佛教研究综述 ……………………… 吕其俊　金　雷（172）
2011—2012年度中国南传佛教研究综述 …………………… 郑筱筠　吴　睿（189）

## 道教研究
2011—2012年中国道教研究论文综述 …………………………………… 胡百涛（205）

## 基督教研究
2011年度大陆学界有关基督宗教研究概况 ……………………………… 石衡潭（238）

## 伊斯兰教研究
2011—2012年伊斯兰教学科研究综述 …………………………………… 晏琼英（255）
2011—2012年英国穆斯林研究综述 ……………………………………… 常　晶（275）

## 儒教研究
2011—2012年儒教研究综述 ……………………………………………… 张宏斌（282）

## 宗教艺术研究
2011—2012年宗教艺术研究综述（论文篇）………………… 张　总　王敏庆（310）
2011—2012年宗教艺术研究综述（专著篇）………………… 张　总　王敏庆（348）

## 其他宗教研究综述
法国的中国宗教研究综述 ………………………………………………… 巫能昌（356）
2011—2012年中国传统仪式音乐研究述评 ……………………………… 赵书峰（398）
2011—2012年中国萨满教研究综述 ……………………………………… 王　伟（408）
2011—2012年中国基督教慈善研究：回顾与思考 ……………………… 刘　影（421）
托马斯·默顿研究综述 …………………………………………………… 吴莉琳（429）

玛雅文化研究综述 ························································································ 张　禾（454）
中国唯识学派佛性论研究述论
　　——以理行二佛性说为中心 ······················································· 李子捷（463）
国内外玛丽·道格拉斯研究综述 ······················································· 陈锐钢（501）

# 实证研究报告

当前基督教与民间信仰共处情况的调查与分析
　　——以闽南H县J镇为例 ························································· 范正义（519）
义乌穆斯林宗教信仰现状研究 ······························································· 季芳桐（529）
2011年中国宗教慈善报告
　　——从爱的奉献到"玻璃口袋" ···················································· 郑筱筠（539）
当代中国超常信仰的经验研究
　　——兼论中国宗教的内容与格局 ···················································· 夏昌奇　王存同（560）
公共文化供给的宗教信仰挤出效应检验
　　——基于河南农村调查数据 ················· 阮荣平　郑风田　刘　力（576）
传播模式与农村基督教群体特征的演变
　　——基于河南省14个调查点的分析 ········································· 韩　恒（594）

# 年度论文

## 2011年度论文

徐光启：放眼看世界的先驱 ································································· 卓新平（609）
全球化时代的宗教与国际关系 ······························································· 徐以骅（618）
隆礼以率教　邦国之大务
　　——礼乐文明中的宗教理解 ······················································· 卢国龙（633）
祭祖问题：从历史角度比较罗马天主教和基督教立场的演变 ············· 王美秀（648）
巴基斯坦的宗教、政治与极端主义 ······················································· 邱永辉（660）
牟宗三儒教观平议 ··················································································· 赵法生（670）
周颙卒年研究 ··························································································· 徐文明（684）
试论中国南传佛教的宗教管理模式 ······················································· 郑筱筠（690）
公民社会中的宗教：罗伯特·伍斯诺的多维分析模式述评 ················· 黄海波（695）
埃及穆斯林兄弟会的演变 ······································································· 哈全安（706）

## 2012 年度论文

中国宗教与文化战略 ……………………………………………… 卓新平（716）
宗教生态论 ………………………………………………………… 牟钟鉴（725）
全面研究宗教在中国文化发展战略中的地位与作用 …………… 金　泽（739）
佛教在藏地与汉地本土化历史之再考察 ………………………… 班班多杰（744）
西方马克思主义宗教论说的六个问题领域 ……………………… 杨慧林（767）
风帽地藏像的由来与演进 ………………………………………… 张　总（776）
论流动穆斯林的宗教生活与城市社会适应
　　——以东部沿海城市为例 …………………………………… 尤　佳（783）
宗教现象学正名 …………………………………………………… 陈立胜（795）
汉译经典中的"护国" ……………………………………………… 魏道儒（810）
"宗教生态"，还是"权力生态"
　　——从当代中国的"宗教生态论"思潮谈起 ………………… 李向平（818）

# 年度推荐

## 年度新闻

2011 年宗教热点 …………………………………………………… 张世辉（839）
2012 年宗教热点 …………………………………………………… 张世辉（849）

## 年度推荐论文

### 马克思主义宗教观

论恩格斯《路德维希·费尔巴哈和德国古典哲学的终结》的
　　宗教观 ………………………………………………………… 卓新平（861）

### 宗教与政治

信仰中国 …………………………………………… 徐以骅　邹　磊（873）
统战与安全
　　——新中国宗教政策的双重解读 ……………… 徐以骅　刘　骞（886）
聚焦宗教现状　建构"中国话语" ………………………………… 邱永辉（896）
当代基督宗教传教运动与认同政治 ……………………………… 涂怡超（908）
论宗教与中国对外战略及公共外交 ……………… 卓新平　徐以骅 等（923）

### 宗教社会学

新兴宗教运动十题：社会学研究的回顾 ………………………… 李钧鹏（932）
国外跨国移民宗教研究进展 ……………………… 薛熙明　马　创（948）

当代东南亚华人基督教浅析 ………………………………… 朱　峰（960）
近现代中国穆斯林人口数量与分布研究 ………………… 刘泳斯　张雪松（970）

## 宗教与哲学

论中国佛学的精神及其现实意义 ………………………… 洪修平　陈红兵（978）
中国神学与中国社会：回顾与展望、特征与趋势 ……………… 何光沪（989）
古典学的兴起和基督宗教不同解经传统的形成 ………………… 赵敦华（1000）
安萨里论真主的本质和属性 ……………………………………… 王　希（1006）
苏非思想与中国哲学
　　——谈苏非著作在中国的翻译和意义 ……………………… 王俊荣（1019）
空海与中国唐密向日本东密的转化
　　——兼论道教在日本的传播 …………………………… 洪修平　孙亦平（1030）
从"史学"到"实学"
　　——试论当代中国伊斯兰教研究的实证主义转向及其表现 ……… 李　林（1043）

## 民间信仰

作为文明化符号的风水
　　——以明清时期泉州丁氏回族的文化变迁为例 …………… 陈进国（1050）

## 儒教与儒学

宗教会通、社会伦理与现代儒佛关系 …………………………… 陈　来（1062）
国教之争与康有为儒学复兴运动的失败 ………………………… 赵法生（1068）

## 宗教慈善

宗教与中国现代慈善转型
　　——兼论慈悲、宽容、专业奉献及养成教育的价值 ……… 王振耀（1081）
宗教与慈善
　　——从同一个站台出发的列车或走向同一站点的不同交通
　　工具？ …………………………………………………………… 刘培峰（1089）
"另类的尴尬"与"玻璃口袋"
　　——试论当代宗教与慈善公益事业发展的"中国式困境" …… 郑筱筠（1094）
宗教慈善　大有可为
　　——写在《关于鼓励和规范宗教界从事公益慈善活动的意见》
　　发布之际 ……………………………………………………… 焦自伟（1105）

## 中东宗教研究

伊斯兰势力的"重整和分化"与我国中东人文外交之应对 ……… 马丽蓉（1110）
犹太教在以色列的社会影响力上升 ……………………………… 王　宇（1119）

伊朗民众宗教信仰与宗教生活新趋向剖析 ················· 徐　漫（1129）
对话：宗教与中东变局 ····················· 吴云贵　周燮藩　等（1139）

### 玛雅文化研究

玛雅历法和2012年预言 ·························· 张　禾（1147）
玛雅人的"他我"观念与纳瓜尔信仰 ···················· 王霄冰（1157）
对话：玛雅密码与2012年末世说 ············· Hezhang　王卡　等（1163）

### 国际宗教研究

日本的宗教法与宗教管理 ······················· 张文良（1172）
陌生的邻居：东正教之于中俄相互认知上的障碍性角色 ········ 林精华（1180）
当代英国基督宗教世俗化的形成原因 ·················· 孙艳燕（1189）

# 年度著作

### 2011年度宗教类书目

《刚恒毅与中国天主教的本地化》 ······················· （1201）
《全球化背景下的宗教与政治》 ························ （1201）
《华严学与禅学》 ································· （1201）
《马克思主义宗教理论研究》 ·························· （1202）
《圣书与圣民：古代以色列的历史记忆与族群构建》 ············ （1202）
《当代宗教冲突与对话研究》 ·························· （1202）
《预定与自由意志：基督教阿米尼乌主义及其流变》 ············ （1204）
《宗教与国家——当代伊斯兰教什叶派研究》 ················ （1204）
《道教天心正法研究》 ······························ （1205）
《信仰的内在超越与多元统一：史密斯宗教学思想研究》 ········· （1205）
《早期汉文伊斯兰教典籍研究》 ························ （1205）
《西部非洲伊斯兰教历史研究》 ························ （1206）
《圣经历史哲学》 ································· （1206）
《当代中国宗教学研究（1949—2009）》 ··················· （1206）

### 2012年度宗教类书目

《东正教圣像史》 ································· （1208）
《中国宗教史》 ·································· （1208）
《道教内丹学溯源》 ······························· （1209）
《马克思主义宗教观中国化研究》 ······················ （1209）

《中国少数民族人类起源神话研究》……………………………………（1210）
《从波斯到中国:摩尼教在中亚和中国的传播》………………………（1210）
《使徒保罗和他的世界》…………………………………………………（1210）
《苏非之道:伊斯兰教神秘主义研究》……………………………………（1211）
《20世纪的四种神话理论:卡西尔,伊利亚德,列维·施特劳斯与
　马林诺夫斯基》…………………………………………………………（1212）
《中国南传佛教研究》……………………………………………………（1212）
《道成肉身:基督教思想史》………………………………………………（1213）
《中国的基督教乌托邦研究:以民国时期耶稣家庭为例》……………（1214）
《道教与书法》……………………………………………………………（1214）
《中国古代政教关系史》…………………………………………………（1214）
《中国与宗教的文化社会学》……………………………………………（1216）
《中华珍本宝卷》(第一辑)………………………………………………（1216）
《唐五代曹洞宗研究》……………………………………………………（1217）

# 年度会议

**年度会议**
2011年度会议目录 ……………………… 梁恒豪　王　伟　李金花编（1221）
2012年度会议目录 ……………………… 梁恒豪　王　伟　李金花编（1227）

**2011年十大热点会议**
关键词1:宗教的现代社会角色 …………………………………………（1232）
关键词2:宗教类非物质文化遗产 ………………………………………（1236）
关键词3:近期伊斯兰世界的政治变动与宗教 …………………………（1237）
关键词4:宗教对话与和谐社会 …………………………………………（1238）
关键词5:仪式、宗教与认同的超越 ……………………………………（1242）
关键词6:宗教与中国社会伦理体系的建构 ……………………………（1245）
关键词7:宗教与和平发展 ………………………………………………（1247）
关键词8:宗教哲学 ………………………………………………………（1250）
关键词9:宗教与当代中国社会 …………………………………………（1252）
关键词10:基督宗教与新文化运动 ……………………………………（1255）

**2012年十大热点会议**
关键词1:马克思主义与当代宗教问题 …………………………………（1257）

关键词2:宗教、法律、社会 …………………………………………（1264）
关键词3:回儒世界观与伊斯兰研究 …………………………………（1267）
关键词4:中国与伊斯兰文明 ……………………………………………（1269）
关键词5:宗教与文化发展 ………………………………………………（1273）
关键词6:德国历史:宗教与社会 ………………………………………（1277）
关键词7:宗教与文化战略 ………………………………………………（1279）
关键词8:马克思主义宗教观 ……………………………………………（1281）
关键词9:东南亚宗教与社会发展 ………………………………………（1282）
关键词10:宗教慈善与社会发展 ………………………………………（1289）

## 研究资料数据

《世界宗教研究》2011—2012年目录 …………………………………（1295）
《世界宗教文化》2011—2012年目录 …………………………………（1302）
《宗教学研究》2011—2012年目录 ……………………………………（1308）

2011年中国宗教学及宗教类新版图书简目 ……………… 王　伟 编（1316）
2012年中国宗教学及宗教类新版图书简目 …………… 李金花 编（1332）
2011—2012年中国社会科学出版社宗教类图书出版目录 … 陈　彪　高健龙 编（1346）
2011—2012年社会科学文献出版社出版宗教类图书简目 ………… 范　迎 编（1349）

## 年度信息

中国社会科学院世界宗教研究所2011年大事记 ……………… 张小燕 编（1353）
中国社会科学院世界宗教研究所2012年大事记 ……………… 张小燕 编（1364）

# Contents

## Special Contributions and Policies

Carrying out Activities to Set up Harmonious Temples and Churches Properly,
and Making them Play Positive Roles in Promoting Economic and Social
Development Soundly ·················································· *Hui Liangyu*(3)
Consolidating Results, Pioneering and Innovating, and Promoting Christian
Charity in China to a New Level ································· *Wang Zuoan*(6)
Main Experiences of the Communist Party of China in Dealing with Religious
Issues ······················································································· *Wang Zuoan*(10)
Strengthening the Ability and Level of Learning to Improve the Management
of Religious Affairs in Accordance with the Law ························ *Jiang Jianyong*(19)
Exploring the Meanings of Chinese Traditional Culture and Religions Based
on the Strategy of Enhancing the National Strength through Culture ······ *Zhuo Xinping*(23)
Serving the Society is the Everlasting Responsibility of Religions ············ *Zhang Lebin*(25)

## Religious Policies

Serving Ways of Catholic Church Priest in China ················································ (31)
Managing Ways of Chinese Buddhist Temples Teaching Three Altar Great
Precept in China ······························································································ (33)
Serving Ways of Main Clergies in Tibetan Buddhist Temples in China ···················· (37)
Serving Ways of Abbots in Southern Buddhist Temples in China ···························· (39)

Advice for Encouraging and Regulating Religious People Engaging in
　　Charity Activities ································································· (41)
Registration Ways of Catholic Bishops in China(in trial) ······························ (46)
Advice for Dealing with Related Issues with Management of Buddhist and
　　Taoist Temples ····································································· (48)
Ways of Conferring Degrees in Religious Universities and Colleges(in trial) ··············· (51)
Ways of the Teacher Qualification Affirmation and Professional Title Assessment
　　and Employment in Religious Universities and Colleges(in trial) ······················ (55)
Ways of Classics Teacher Qualification Assessment and Employment in Tibetan
　　Buddhist Temples ··································································· (61)

## Research Overview

### Religious Studies and Related Discipline Studies

Research Overview on Marxist Religious Studies ·········· *Zeng Chuanhui　Tang Xiaofeng*(67)
Theoretical Studies in China Religious Studies in 2011 and 2012
　　······························································································· *Liang Henghao*(73)
Research Overview on Contemporary Religious Studies in 2011
　　and 2012 ······························································································ *Chen Yumei*(98)
Research Overview on Anthropology of Religion in China in 2011
　　and 2012 ································································· *Wang Yuan　Huang Jianbo*(107)
Review on Religious Studies Status in Mainland China in 2012 ·········· *Huang Xianian*(131)
The Newest Developments of Theoretical Studies in Western Sociology
　　of Religion in Mainland China in Recent Years ······························ *Li Huawei*(133)

### Buddhism Studies

Research Overview on Buddhism Studies in 2011 and 2012 ············ *Zhang Jingzhen*(149)
Research Overview on Tibetan Buddhism Studies in 2011 and
　　2012 ·································································································· *Lv Qijun　Jin Lei*(172)
Research Overview on Theravada Buddhism Studies in 2011
　　and 2012 ·································································· *Zheng Xiaoyun　Wu Rui*(189)

### Taoism Studies

Overview on the Articles of Taoism Studies in China in 2011
　　and 2012 ······························································································ *Hu Baitao*(205)

Christianity Studies

Overview on Christianity Studies in Mainland China in 2011 ……… *Shi Hengtan*(238)

Islam Studies

Research Overview on Islam Studies in 2011 – 2012 …………… *Yan Qiongying*(255)
Research Overview on British Muslim Studies in 2011 – 2012 ………… *Chang Jing*(275)

Confucianism Studies

Research Overview on Confucianism Studies in 2011 – 2012 ………… *Zhang Hongbin*(282)

Religious Arts Studies

Research Overview on Religious Arts Studies in 2011 – 2012
　(articles) ……………………………………… *Zhang Zong*　*Wang Minqing*(310)
Research Overview on Religious Arts Studies in 2011 – 2012
　(books) ……………………………………… *Zhang Zong*　*Wang Minqing*(348)

Other Religious Studies

Research Overview on Chinese Religions Studies in France ………… *Wu Nengchang*(356)
Research Review on Chinese Traditional Ritual Music Studies in
　2011 – 2012 ……………………………………………… *Zhao Shufeng*(398)
Research Overview on Shamanism Studies in China in 2011 – 2012 ………… *Wang Wei*(408)
Research Overview on Religious Charity Studies in China in 2011 –
　2012 ……………………………………………………… *Liu Ying*(421)
Research Overview on Thomas Merton Studies ……………………… *Wu Lilin*(429)
Research Overview on Mayan Culture Studies ……………………… *Zhang He*(454)
Research Review on Buddha Nature Studies by Chinese Yogacara:
　Centered on the Fundamental Buddha Nature and Buddha Nature
　in Action ……………………………………………………… *Li Zijie*(463)
Research Review on Mary Douglas Studies at Home and Abroad ……… *Chen Ruigang*(501)

## Empirical Studies Report

Analysis of the Present-day Co-existence of Christianity and Folk
　Religions: a Case Study in J Town, H County in Southern Fujian …… *Fan Zhengyi*(519)
Research on Muslim Religious Faith Status in Yiwu ………………… *Ji Fangtong*(529)
China Religious Charity Report ……………………………… *Zheng Xiaoyun*(539)
Empirical Studies on Supernormal Faith in Contemporary China:

On the Contents and Structure of Chinese Religions
................................................ *Xia Qichang    Wang Cuntong*(560)
Test on the Crowding-out Effect of Religious Faith as Public Cultural
　Supply: Based on Survey Data from Rural Areas of Henan Province
................................................ *Ruan Rongping    Zheng Fengtian    Liu Li*(576)
Changes in Spread Pattern and Group Characteristics of Rural Christianity:
　an Analysis Based on 14 Field Research Sites in Henan Province ......... *Han Heng*(594)

## Annual Articles

### Annual Articles in 2011

Xu Guangqi: a Pioneer with a World View ................................................ *Zhuo Xinping*(609)
Relationship between Religion and International Relations in
　Times of Globalization ................................................ *Xu Yihua*(618)
AttachingMuch Importance to Ritual and Musical Civilization in
　Religious Understanding and it's an Important Mission for a
　Country ................................................ *Lu Guolong*(633)
Ancestor Worship Issue: Comparing the Evolution of the Stances
　of Roman Catholic and Protestant from Historical Perspectives ......... *Wang Meixiu*(648)
Religion, Politics and Extremism in Pakistan ................................................ *Qiu Yonghui*(660)
On Mou Zongsan's Viewpoint of Confucianism ................................................ *Zhao Fasheng*(670)
Research on the Year of Zhou Yong's Death ................................................ *Xu Wenming*(684)
Research on the Management Mode of Theravada Buddhism in
　China ................................................ *Zheng Xiaoyun*(690)
The Religion in a Civic Society: A Study on Robert Wuthnow's
　Model of Multi-dimensional Analysis ................................................ *Huang Haibo*(695)
The Evolution of the Society of the Muslim Brotherhood in Egypt ............ *Ha Quanan*(706)

### Annual Articles in 2012

Chinese Religion and Cultural Strategy ................................................ *Zhuo Xinping*(716)
On Religious Ecology ................................................ *Mu Zhongjian*(725)
Comprehensive Studies on the Position and Function of Religion in
　Chinese Cultural Development Strategy ................................................ *Jin Ze*(739)
Re-survey on the Localization History of Buddhism in Tibetan and
　Han Regions ................................................ *Banbanduojie*(744)

Six Problems in the Religious Discourse of Western Marxism ............ Yang Huilin(767)
The Origin and Development of the Ti-tsang Bodhisattva's Statue
    with a Wind Cap ............................................................ Zhang Zong(776)
Religious Life and City Social Adaptation of Muslims on the Move:
    with Examples from the Eastern Coastal Cities .................. You Jia(783)
The Rectification of the Term "Phenomenology of Religion" ............ Chen Lishen(795)
The Idea of "Protecting the Country" in Chinese Translation Classics ......... Wei Daoru(810)
"Religious Ecology" or "Power Ecology": to Begin with the Trend of
    the Theory of "Religious Ecology" in Contemporary China ............ Li Xiangping(818)

## Annual Recommendation

Annual News

Annual Religious Hot Topics in 2011 ................................. Zhang Shihui(839)
Annual Religious Hot Topics in 2012 ................................. Zhang Shihui(849)

Annual Recommendation of Articles

### Marxist Religious Studies

Study on Engels's Religious Concepts in "The End of Ludwig Feuerbach
    and German Classical Philosophy" ........................... Zhuo Xinping(861)

### Religion and Politics

China of Faith ........................................... Xu Yihua  Zou Lei(873)
The United Front and Safety: Double Interpretations of Religious
    Policies of NewChina ................................. Xu Yihua  Liu Qian(886)
Focusing on Contemporary Religion, Constructing China Discourse ......... Qiu Yonghui(896)
Mission Movement and Identification Politics of Contemporary
    Christianity ........................................................ Tu Yichao(908)
Dialogue on Religion and China Foreign Strategy and Public
    Diplomacy ................................. Zhuo Xinping  Xu Yihua et al.(923)

### Sociology of Religion

Ten Questions Concerning the New Religious Movements: A
    Review of Sociological Studies ........................... Li Junpeng(932)
Development in Overseas Studies on Trans-National Immigrants'
    Religion ........................................... Xue Ximing, Ma Chuang(948)

Analysis on Christianity among the Ethnic Chinese in Southeast
　　Asia ·················································································· *Zhu Feng*(960)
Studies on the Muslim Population and Distribution in Modern and
　　Contemporary China ····························· *Liu Yongsi*, *Zhang Xuesong*(970)

**Religion and Philosophy**

The Spirit and Practical Significance of Chinese Buddhism
　　································································ *Hong Xiuping*　*Chen Hongbing*(978)
Chinese Theology and Chinese Society: A Prediction Based on the
　　Review of the Characteristics of Chinese Theology ···················· *He Guanghu*(989)
The Rising of Classical Studies and the Formation of Different Traditions
　　of Exegesis for Christianity ··············································· *Zhao Dunhua*(1000)
Al-Ghazali on Essence and Attributes of Allah ······················· *Wang Xi*(1006)
Sufi Thoughts and Chinese Philosophy: on the Translation of Sufi Books in
　　China and its Significance ················································ *Wang Junrong*(1019)
Study on the Philosophical Intension and Cultural Influences in 'Ji shen
　　cheng fo yi' by Konghai Master ··················· *Hong Xiuping*　*Sun Yiping*(1030)
From "History" to "Real Learning(Positivism)" ····························· *Li Lin*(1043)

**Folk Religions**

Feng Shui as a Symbol of Civilization: Cultural Changes among the
　　Ding Family of the Hui Nationality in Quanzhou during the Ming
　　and Qing Dynasties ···························································· *Chen Jinguo*(1050)

**Confucianism and Its Studies**

Harmonizing with Religion, Social Ethics and Modern Relationship
　　between Confucianism and Buddhism ································· *Chen Lai*(1062)
Controversy on State Religion and the Failure of Kang Youwei's
　　Confucianism Renaissance Movement ································· *Zhao Fasheng*(1068)

**Religious Charity**

Religion and the Transition of Modern Chinese Charity: on the Values of
　　Mercy, Tolerance, Special Sacrifice and Formative Education ········ *Wang Zhenyao*(1081)
Religion and Charity: Trains Starting from the Same Platform or Different
　　Vehicles Heading toward the Same Station? ····························· *Liu Peifeng*(1089)
An "Odd Embarrassment" and the "Glass Pocket": On the "Chinese Dilemma"

  of Religious Charitable Works ·················· *Zheng Xiaoyun*(1094)
The Bright Future of Religious Charity: On the Issue of Advice for Encouraging
  and Regulating Religious People Engaging in Charity Activities ·········· *Jiao Ziwei*(1105)

**Middle East Religious Studies**

"Re-organization and Diversification" of Islamic Forces and the Chinese
  Response of Humanistic Diplomacy ·················· *Ma Lirong*(1110)
On Judaism's Increasing Social Influence in Israel ·················· *Wang Yu*(1119)
An Analysis of New Trends of Religious Faiths and Religious Life among
  the Iranian People ·················· *Xu Man*(1129)
Dialogue on Religion and Turbulent Situation in Middle East
  ·················· *Wu Yungui Zhou Xiefan et al.*(1139)

**Maya Culture Studies**

The Maya Calendar and the 2012 Prediction ·················· *Zhang He*(1147)
The Maya Concept of "Self and the Other" and Nagualism ·········· *Wang Xiaobing*(1157)
Dialogue on Maya Code and 2012 Eschatology ·········· *Hezhang Wang Ka et al.*(1163)

**International Religious Studies**

Religious Law and Administration in Japan ·················· *Zhang Wenliang*(1172)
A Strange Neighbor: Eastern Orthodox Faith as a Barrier between
  China and Russia in Mutual Understanding ·················· *Lin Jinghua*(1180)
Causes for the Secularization of Christianity in Modern-Day Great
  Britain ·················· *Sun Yanyan*(1189)

**Annual Books**

Annual Books in 2011

Gang Yiheng and the Localization of Catholicism in China ·················· (1201)
The Religious and Politics Under the Background of Globalization ·················· (1201)
The Study of Huayan and Zen ·················· (1201)
A Study of Marxist Theory of Religion ·················· (1202)
Holy Book and Holy People: Historical Memory and Ethnic Construction
  in Ancient Israel ·················· (1202)
A Study of Contemporary Religious Conflicts and Interreligious Dialogue ·················· (1202)
Predestination & Free Will: Christian Arminianism and its Rheology ·················· (1204)

Religion and State: a Study on Shi'ism in Contemporary World ……………… (1204)

History and Ritual: a Study of Taoist Tianxin Zhengfa ……………………… (1205)

On the Religious Studies of Wilfred Cantwell Smith ……………………… (1205)

Early Chinese Islamic Classics Studies ……………………………………… (1205)

A Historical Study of Islam in West Africa ………………………………… (1206)

Contemporary Religious Studies in China(1949 - 2009) ………………… (1206)

Historical Philosophy of the Bible …………………………………………… (1206)

Annual Books in 2012

History of Orthodox Icon …………………………………………………… (1208)

History of Chinese Religions ………………………………………………… (1208)

Tracing the Taoist Inner Alchemy …………………………………………… (1209)

The Sinicization of Marxist Religious Studies ……………………………… (1209)

Study on the Anthropogenic Mythology of China's Ethnic Minorities ……… (1210)

From Persia to China: the Spread of Manichaeism in Central Asia and China ……… (1210)

The Apostle Paul and His World …………………………………………… (1210)

The Sufi Path: Studies in Islamic Mysticism ……………………………… (1211)

Four Theories of Myth in Twentieth-Century History ……………………… (1212)

Theravada Buddhism in China ……………………………………………… (1212)

Incarnation: the History of Christian Thoughts …………………………… (1213)

Christian Utopia Studies in China: Taking Jesus Families in the Republic
 of China as example ……………………………………………………… (1214)

Taoism and Handwriting …………………………………………………… (1214)

History of Relationship between Politics and Religion in Ancient China ……… (1214)

China and the Cultural Sociology of Religion ……………………………… (1216)

China Rare-book Precious Volumes(Ⅰ) …………………………………… (1216)

Research on Caodong Zong Branch in Tang and Wu-dai Period …………… (1217)

## Annual Meetings

Annual Meetings Catalogue in 2011 ………… *Liang Henghao  Wang Wei  Li Jinhua*(1221)

Annual Meetings Catalogue in 2012 ………… *Liang Henghao  Wang Wei  Li Jinhua*(1227)

Top Ten Meetings in 2011

Key Word 1: The Modern Social Roles of Religion ………………………… (1232)

Key Word 2: Intangible Cultural Heritage in Religious Field ……………… (1236)

Key Word 3: Political Changes and Religion of Recent Islamic World ............... (1237)
Key Word 4: Religious Dialogue and Harmonious Society ........................... (1238)
Key Word 5: Ritual, Religion and Transcendence of Identification ................ (1242)
Key Word 6: Religion and the Construction of China Social Ethics System ........ (1245)
Key Word 7: Religion and Peace Development ........................................ (1247)
Key Word 8: Philosophy of Religion .................................................. (1250)
Key Word 9: Religion and Modern Chinese Society ................................... (1252)
Key Word 10: Christianity and the New Culture Movement .......................... (1255)

Top Ten Meetings in 2012
Key Word 1: Marxism and Contemporary Religious Issues ........................... (1257)
Key Word 2: Religion, Law and Society ................................................ (1264)
Key Word 3: World Views of Hui and Confucianism and Islamic Studies ............ (1267)
Key Word 4: China and Islamic Civilization ........................................... (1269)
Key Word 5: Religion and Cultural Development ...................................... (1273)
Key Word 6: History of Germany: Religion and Society .............................. (1277)
Key Word 7: Religion and CulturalStrategy and the Upper Level Forum
    of Fifty Scholars in Chinese Religious Studies ................................ (1279)
Key Word 8: Marxist Religious Studies ................................................ (1281)
Key Word 9: Religion in Southeast Asia and Social Development ................... (1282)
Key Word 10: Religious Charity and Social Development ............................ (1289)

## Data for Religious Studies

Three Main Journals in Chinese Religious Studies in 2011 – 2012
Catalogue for *Studies in World Religions* ........................................... (1295)
Catalogue for *The World Religious Cultures* ........................................ (1302)
Catalogue for *Religious Studies* ...................................................... (1308)

Brief Catalogue for the New Books in Chinese Religious Studies
    and Religion in 2011 ...................................................... *Wang Wei* (1316)
Brief Catalogue for the New Books in Chinese Religious Studies
    and Religion in 2012 ...................................................... *Li Jinhua* (1332)
Brief Catalogue for Books related to Religion Published by China
    Social Sciences Press in 2011 and 2012 ............ *Chen Biao   Gao Jianlong* (1346)

Brief Catalogue for Books related to Religion Published by Social
　　Sciences Academic Press in 2011 and 2012 ················· *Fan Ying*(1349)

## Annual Information

Chronicle of Events in 2011 of Institute of World Religions, Chinese
　　Academy of Social Sciences ················· *Zhang Xiaoyan*(1353)
Chronicle of Events in 2012 of Institute of World Religions, Chinese
　　Academy of Social Sciences ················· *Zhang Xiaoyan*(1364)

# 特稿及政策

# 开展好创建和谐寺观教堂活动
# 发挥好在促进经济社会发展中的积极作用

回良玉

开展和谐寺观教堂创建活动，是促进宗教和谐、落实宗教政策的重要途径，是引导各宗教健康发展、加强宗教界自身建设的重要载体，是鼓励宗教界人士服务社会、密切与信教群众联系的重要方法。

在全党全国深入贯彻落实党的十七届五中全会精神之际，我们在这里召开会议，对全国创建和谐寺观教堂先进集体和先进个人进行隆重表彰，很及时，很必要，很有意义。刚才，中共中央政治局常委、全国政协主席贾庆林同志亲切接见了先进集体、先进个人代表和与会同志，这充分体现了党中央、国务院对宗教工作的高度重视，充分体现了对广大宗教界人士和统战、宗教工作干部的亲切关怀。在此，受庆林同志的委托，我和青林同志一起，代表党中央、国务院，向受到表彰的创建和谐寺观教堂先进集体和先进个人表示热烈祝贺！并通过你们向全国宗教界人士表示问候！

党中央、国务院历来高度重视宗教工作。党的十六大以来，以胡锦涛同志为总书记的党中央，立足国际国内形势的发展变化，着眼于建设中国特色社会主义的伟大实践，对宗教工作做出了一系列重要决策和部署，为做好新时期的宗教工作指明了方向。中央领导同志对全国创建和谐寺观教堂活动十分重视，胡锦涛总书记、贾庆林主席都提出了明确要求。我们要认真学习领会，全面贯彻落实。

全国开展创建和谐寺观教堂活动以来，在各级党委、政府的高度重视和大力支持下，统战、宗教工作部门精心组织、扎实推动，广大宗教界人士和信教群众衷心拥护、积极参与，创建活动有声有色、卓有成效，取得了重要的阶段性成果。主要得益于"四个好"：一是宗教界主体作用发挥得好。宗教界人士和信教群众在创建活动中充分发扬主人翁意识，宗教团体和宗教活动场所主动投入、争先创优，变"要我创建"为"我要创建"，宗教界的精神面貌焕然一新。二是宗教工作协调推进得好。各级统战、宗教工作部门紧抓开展创建活动的机遇，结合宗教教职人员认定备案和宗教活动场所财务监督管理两个专项工作,把创建活动作为推动宗教工作的切入点和重要抓手。三是达标考评和评比表彰结合得好。各级统战、宗教工作部门在创建活动中坚持以评促建、重在达标,边考评、边整改,并以评比表彰作为激励手段,鼓励先进、推动工作。四是统筹兼顾与突出重点把握得好。按照中央统战部、国家宗教局的总体部署,各地在创建活动中既有长远规划,又有阶段性目标;既坚持"经常管",又适时"集中抓";既注意督促检查,又着力整改提高。通过这一阶段的创建活动,宗教界爱国爱教的传统更加发扬光大,规章制度更加完善健全,教风教貌更加端正庄严,知法守法更加深入人心,抵御渗透更加牢固有力,活动场所更加安全整洁,服务社会更加主动自觉,宗教关系更加和谐融洽。创建活动达到了预期目的,发挥了积极作用,社会反响良好。

以寺观教堂为主体的宗教活动场所是教职人员研究教义、开展教务、服务信众的主要平台,是信教群众进行宗教活动、满足信仰需求的精神家园,是我国宗教传承宗教文化、传授宗教教义、展示宗教界良好形象的重要载体。把宗教活动场所建设好、管理好,可以保证宗教活动的有序开展,可以使宗教教职人员安心履职、潜心修持,对做好宗教工作具有举足轻重的作用。开展和谐寺观教堂创建活动,是促进宗教和谐、落实宗教政策的重要途径,是引导各宗教健康发展、加强宗教界自身建设的重要载体,是鼓励宗教界人士服务社会、密切与信教群众联系的重要方法。各地区、各有关部门要从战略和全局的高度,充分认识创建活动的重要意义,认真总结取得的成绩和成功的经验,以开拓进取的精神、求真务实的作风,继续做好深入开展和谐寺观教堂创建活动的各项工作。要把宗教界的和谐寺观教堂创建活动,自觉放到构建社会主义和谐社会的大格局中去谋划,纳入本地"平安创建"、"和谐创建"、"文明创建"等活动中去推进,切实加强组织领导,建立长效机制,明确工作责任。要以这次评比表彰活动为契机,加大宣传力度,推广典型经验,营造争创氛围,进一步激发宗教界的参与意识,不断把创建活动引向深入。

借此机会,就开展好创建和谐寺观教堂活动,发挥好宗教界人士与信教群众在促进经济社会发展中的积极作用,我也向宗教界提几点希望:

一是要始终高举爱国爱教的旗帜,切实把宗教活动场所营造成宣传宗教信仰自由政策、贯彻落实宗教法律法规的重要阵地。要热爱祖国,拥护中国共产党的领导和社会主义制度,自觉维护祖国统一和民族团结。要弘扬宗教优良传统,努力使宗教与社会主义社会相适应,主动服从服务于党和国家工作大局。要教育引导信教群众进一步树立国家意识、法律意识和公民意识,合理反应诉求,自觉维护社会稳定。

二是要始终重视加强宗教界自身建设,切实把宗教活动场所打造成教职人员和信教群众满意的和谐家园。要紧紧围绕和谐寺观教堂的标准,进一步建立健全场所的管理组织,完善和落实各项管理制度,切实做到管理方式民主,管理机制有效,管理措施到位，特别是要做到财务管理规范，提高内部管理水平。要积极做好宗教活动场所的安保工作，认真排查各类安全隐患，让教职人员和信教群众放心满意。

三是要始终坚持独立自主自办的原则，切实把宗教活动场所构筑成教职人员和信教群众共同抵御渗透的坚强堡垒。要坚定走独立自主自办道路的信心和决心，教育引导信教群众认清敌对势力利用宗教分裂祖国、破坏团结、危害人民的本质，提高抵御境外敌对势力利用宗教对我国进行渗透的自觉性和坚定性，从思想上、制度上、行动上筑牢抵御渗透的防线。

四是要始终致力主动服务社会，切实把宗教活动场所建设成引导信教群众为经济社会发展做贡献的重要平台。要充分发挥宗教界自身优势，积极宣传党的方针政策，宣传我国改革开放以来取得的伟大成就，号召信教群众积极发展生产、改善生活、勤劳致富，更好地为中国特色社会主义事业贡献力量。要发扬中国宗教的慈善传统，积极主动地服务信众、服务社会，开展力所能及的公益慈善活动。

最后，希望在这次创建活动中受到表彰的先进集体和先进个人，倍加珍惜难得的荣誉，真正起到模范带头作用，以主人翁的精神和乐于奉献的热情投入创建活动，以各具特色的形式和富有成效的举措开展创建活动，影响一方、带动一片，再创佳绩。

（作者系中共中央政治局委员、国务院副总理。本文为回良玉副总理在首届全国创建和谐寺观教堂先进集体和先进个人表彰大会上的讲话，标题为《中国宗教》期刊所加。本文原载于《中国宗教》2011年第1期）

# 巩固成果　开拓创新　推动中国基督教公益慈善事业迈上新台阶

王作安

今天，基督教全国两会在西子湖畔召开中国基督教公益慈善事业经验交流暨先进表彰会，交流经验、表彰先进、凝聚共识、明确方向。这次会议的召开，对推动基督教公益慈善事业，鼓励广大信徒投身和谐社会建设，都将起到积极促进作用。在我国宗教界，这是第一次举行公益慈善事业的交流和表彰活动，可以说带了一个好头。

改革开放以来，中国基督教发扬"服务社会、造福人群"的优良传统，努力探索服务社会的正确途径，积极开展公益慈善活动，取得了显著成绩。基督教界开展的公益慈善项目，涵盖了灾害救助、扶贫助残、养老托幼、捐资助学、医疗卫生、环境保护等诸多领域，近5年来仅用于救灾、扶贫、助学等方面的捐款累计就达3.5亿元之巨，受到党和政府的充分肯定，也得到社会各界的好评。在公益慈善活动开展过程中，涌现出一大批先进典型。在这些先进个人和先进集体中，不乏具有重要示范意义的典型案例，并显示在某些领域开始形成具有中国教会特色的专业化服务模式，给我们提供了很有益的重要启示。特别是他们在从事公益慈善活动中表现出来的爱人如己、无私奉献精神，让人由衷感佩，值得大力倡导。

实践证明，基督教界开展公益慈善事业，是在促进经济社会发展中发挥积极作用的重要举措，也是走与社会主义社会相适应道路的重要途径。通过开展公益慈善活动，广大教牧人员和信教群众更加自觉地关心现实生活，更加自觉地履行公民义务，更加自觉地担当社会责任，从而实现一个好基督徒与一个好公民的角色重合。通过开展公益慈善活动，基督教团体更加自觉地按三自原则办好教会，更加自觉地适应社会发展和时代进步，更加自觉地增进与社会的和谐，努力打造社会友好型的教会。通过开展公益慈善活动，基督教堂点更加自觉地规范自身管理，更加自觉地运用正确的神学观点引领信教群众，更加自觉地分担政府和社会的责任，在促进社会和谐、推动社会文明进步中发挥积极作用。

十六大以来，党和政府根据国内外形势的新变化和时代进步的新要求，强调要发挥宗教界人士和信教群众在促进经济发展、文化繁荣和社会和谐中的积极作用，为我国各宗教参与国家建设和服务社会发展指明了方向。当前，我国既处于发展的重要战略机遇期，又处于社会矛盾凸显期，倡导和发展公益慈善事业，对于推动科学发展、促进社会和谐具有十分重要的意义。2011年7月，民政部发布了《中国慈善事业发展指导纲要（2011—2015）》，提出了今后五年慈善事业发展的目标。为鼓励和规范宗教界从事公益慈善活动，今年2月，国家宗教局会同中央统战部、国家发展改革委、民政部、财政部、国家税务总局等部委联合下发了《关于鼓励和规范宗教界从事公益慈善活动的意见》，明确了宗教界从事公益慈善活动的指导思想、工作原则和目标任务，为宗教界从事公益慈善活动提供了良好的制度环境和政策保障。鼓励和规范宗教界从事公益慈善活动，是新形势下贯彻党的宗教工作基本方针、引导宗教与社会主义社会相适应的必然要求，是发挥宗教界人士和信教群众积极作用的重要途径，也是促进我国公益慈善事业健康发展的有益补充。

借此机会，我就基督教界开展公益慈善活动讲几点意见，供大家参考。

第一，要用积极的神学思想引导广大信徒投身公益慈善活动。开展公益慈善活动，首先要解决好观念上的问题。基督教是一个主张爱的宗教，对于基督教团体或者基督徒来说，这种爱不能只停留在言语中，还要落实到行动上，在属世生活中努力践行道德责任和神圣使命，真正成为社会之光、世上之盐，使真善美、信望爱得以弘扬。有的教会人士认为，教会的使命主要是传福音、结果子，不需要花精力去做公益慈善、服务社会。这种思想认识，不利于教会的社会实践以及基督徒履行社会责任。要真正认识到，开展公益慈善活动，是实践基督教信仰的一种重要方式，是弘扬基督教伦理道德的具体表现，是教会事工的重要组成部分。要深入推进神学思想建设，加快成果的转化和应用，把弘扬基督教教义中的博爱精神与发扬中华民族优秀传统文化中的慈悲精神有机融合起来，培育中国基督教的现代慈善文化，丰富按"三自"原则办好教会的内涵，使中国教会真正成为一个"勇于承担社会责任、具有爱之伦理实践的教会"，塑造基督教"爱的宗教"形象，进一步改善人们对基督教的观感。要传承和弘扬中国基督教"服务社会、造福人群"的优良传统，通过积极的讲台信息，帮助广大教牧人员和信教群众正确认识开展公益慈善活动和传播福音之间的关系，让善行义举成为基督徒的信仰要求和行为准则。

第二，要从我国国情教情出发开展公益慈善活动。我国基督教公益慈善事业还处于起步阶段，要从我国国情出发，从我国教会实际出发，在总结经验的基础上，不断进行探索，努力走出一条符合我国社会发展要求、具有中国教会特色的公益慈善之路。要进行深入调研，既吃透教会自身状况和特点，又吃透社会现状和实际需要，把两者有机结合起来，多在拾遗补缺上下工夫，多在雪中送炭上花气力，特别要在政府一时难以顾及、其他社会组织又少有涉及的领域里发挥作用。要坚持尽力而为、量力而行，有一分热量就发一分光，有多大力量就办多少事，有什么基础就开展什么项目，勿因善小而不为。我国城乡之间、地区之间经济社会发展水平不同，教会的经济状况也存在较大差异，一定要注意从实际情况出发，充分考虑自身承受能力，因地制宜地开展公益慈善活动，不搞一刀切，避免盲目攀比，防止增加信教群众负担。要加强分类指导，注意发现和推广各地教会不同类型的好做法好经验，营造相互学习、相互促进的良好氛围。要研究借鉴境外教会公益慈善活动的模式和经验，结合中国教会实际进行消化吸收，走出具有中国教会自身特点的路径。

第三，要坚持依法依规开展公益慈善活动。基督教界开展公益慈善活动，必须在国家有关政策和法规许可的范围内进行，自觉接受宗教、民政、卫生、教育、工商等政府部门的指导和管理，主动接受捐赠人及社会各界的监督。基督教界成立慈善组织和机构、开展公益慈善活动，要按政策法规履行相关审批手续，获得政府许可。要坚持公开透明的原则，建立和完善慈善资金和物资管理信息公开制度，严格执行国家规定的财务管理制度，实行账目公开，公布资金来源、流向和用途，使捐赠款物来去透明、阳光运作，提升基督教公益慈善事业的制度化、规范化水平，树立基督教界公益慈善事业值得信赖的良好形象。要按照国际社会普遍认可和遵循的准则，坚持公益慈善活动与传教活动相分离，不能借开展公益慈善活动进行传教，不能用强制、诱导或其他方式要求受赠人放弃或接受某种宗教信仰。基督教界开展公益慈善活动，应当面向社会上所有需要帮助和救济的人，不管是否信仰基督教，都应一视同仁，不加区分。公益慈善不是道德的施予与恩赐，而是为了追求社会的公平和公正，让公民的权利得到应有保障，如果把公益慈善活动作为传教的手段，就违背了现代公益慈善的精神实质，也不符合基督教所倡导的博爱精神。要坚持独立自主自办的原则，既要加强与境外教会机构在公益慈善方面的交流和合作，借鉴他们的服务理念和管理经验，又要防范境外组织借机插手我教会事务，对我进行渗透活动。

第四，要努力提高开展公益慈善活动的能力和水平。基督教全国两会要制定公益慈善事业发展规划，完善从事公益慈善活动的管理制度，加强基督教慈善文化建设，在教牧人员和信教群众中开展形式多样的慈善教育宣传活动。要加强对地方基督教团体和堂点的指导，在资源协调、信息沟通、技能培训等方面提供服务，总结推广好经验、好做法，鼓励创新活动内容和形式，监督检查依法开展活动的情况，帮助解决遇到的困难和问题。要依托高等院校、科研机构和大型公益慈善组织，加大培训力度，在此基础上培养一支具备相应知识、技能和经验的人员队伍，特别是要培养公益慈善项目管理和运作专业人才，不断提升管理水平和服务效能。要研究现代公益慈善事业的运作规律和发展方向，根据社会需要和基督教自身优势、特点和潜力，探索基督教开展公益慈善的重点和优先领域，树立特色服务品牌。

当前，我国经济快速发展，社会深刻变化，党和政府对公益慈善事业高度重视，包括基督教在内的各宗教开展公益慈善活动天地广阔、大有可为。基督教界从事公益慈善活动，有历史传统，有信仰基础，有独特优势，有社会公信，可以做得更为出色。希望基督教全国两会和各地基督教两会以此次会议为契机，巩固已有成果，大胆开拓创新，推动公益慈善事业迈上新台阶，作出中国基督教的美好见证，为促进经济发展、文化繁荣和社会和谐作出新的贡献。

（作者系国家宗教事务局局长。本文为作者2012年6月19日在中国基督教公益慈善事业经验交流暨先进表彰会上的讲话，标题为《中国宗教》期刊所加。本文原载于《中国宗教》2012年第7期）

# 中国共产党处理宗教问题的主要经验

王作安

中国共产党成立90年来，始终高度重视宗教问题，坚持把马克思主义宗教观的基本原理同中国实际相结合，根据革命、建设、改革的实践要求，不断进行探索和总结，形成了一整套关于宗教问题的理论观点和方针政策，成为毛泽东思想、邓小平理论、"三个代表"重要思想和科学发展观的重要组成部分，走出了一条正确处理宗教问题的成功道路。认真进行总结，可以概括为以下十条重要经验。

## 一 实行宗教信仰自由政策

尊重和保护宗教信仰自由，是马克思主义对待宗教问题的基本主张。早在中国共产党成立之前，陈独秀、李大钊等先进分子就主张宗教信仰自由。中国共产党成立后，宗教信仰自由成为我们党对待宗教问题的一项基本政策。从1931年的《中华苏维埃共和国宪法大纲》到1949年的《中国人民政治协商会议共同纲领》，从1954年新中国第一部宪法到1982年的新宪法，都规定公民享有宗教信仰自由权利，并认真予以落实。

在长期的宗教工作实践中，我们党的宗教信仰自由政策的内容不断丰富和完善，主要是：第一，公民既有信仰宗教的自由，也有不信仰宗教的自由，任何组织和个人都不得强迫他人信仰宗教或者不信仰宗教，不得歧视信教公民和不信教公民，要防止因为信仰宗教或者不信仰宗教而产生权利和义务不一样的现象。第二，实行政教分离原则，国家保护正常的宗教活动，保护宗教界的合法权益，宗教必须在法律、法规和政策规定的范围内活动，不得干涉行政、司法、教育等国家职能的实施。第三，政府依法对涉及国家利益和公共利益的宗教事务进行管理，但不干涉宗教团体的内部事务，宗教也不能以政教分离为借口拒绝政府的依法管理。第四，各宗教在法律上享有平等地位，国家对各宗教一视同仁，不得利用国家政权扶持某个宗教或者压制某个宗教。第五，信教公民在享有宗教信仰自由权利的同时，必须履行法律规定的义务，没有超越法律的特权，既要做好教徒，也要做好公民。第六，任何组织和个人不得利用宗教进行违法犯罪活动和各种不属于宗教范围的、危害国家利益和人民生命财产安全的迷信活动。

共产党员不得信仰宗教，不得参加宗教活动，长期坚持不改的要劝其退党。在绝大多数群众信仰宗教的少数民族地区，共产党员为了做群众工作，可以尊重和随顺某些带有宗教色彩的风俗习惯。共产党员既要牢固树立辩证唯物主义和历史唯物主义的世界观，又要尊重信教群众的宗教信仰和宗教感情，模范执行党的宗教信仰自由政策。

我们党实行宗教信仰自由政策的根本出发点和落脚点，是使全体信教和不信教的群众联合起来，把他们的智慧和力量凝聚到革命、建设、改革的共同目标上来。

## 二　团结广大信教群众

宗教的存在，是以大量群众信奉为前提的。我国的五大宗教，无不拥有数量庞大的信教群众。周恩来同志曾经说过："既然宗教信仰是长期的，又有那么多信教的群众，我们就要做工作。"团结广大信教群众，是做好宗教工作的基本立足点。我们党处理一切宗教问题，都以能否团结广大信教群众为依归。江泽民同志指出："宗教工作，最根本的是做信教群众的工作，是要团结和教育信教群众为祖国富强和民族振兴积极贡献力量。"胡锦涛同志也强调："做好信教群众工作是宗教工作的根本任务。要坚持以人为本，最大限度地把信教群众团结起来，把他们的智慧和力量凝聚到实现全面建设小康社会、加快推进社会主义现代化的共同目标上来。"

做好团结信教群众的工作，主要坚持以下4点：一是要正确对待信教群众。我国信仰各种宗教的群众有一亿多，他们也是建设中国特色社会主义的积极力量。要尊重信教群众的宗教信仰，不能因为信仰宗教而歧视他们，甚至当作异己力量。二是要正确看待信仰上的差异。信教群众和不信教群众在根本利益上是一致的，与此相比，信仰上的差异是次要的，不能任意夸大这种差异甚至上升为政治上的分野。三是要加强思想政治工作，在信教群众中持久开展爱国主义、集体主义、社会主义教育，普及科学文化知识特别是现代科学知识，开展健康向上的文化活动，塑造理性平和、积极向上的健康心态。要通过教育和引导，增强信教群众的国家意识、公民意识、法制意识，使他们在行使宗教信仰自由权利的同时，切实履行宪法和法律法规规定的义务。要帮助信教群众认清敌对势力利用宗教分裂祖国、危害人民的本质，提高抵御境外敌对势力利用宗教对我国进行渗透的自觉性和坚定性。四是要真心实意关心信教群众特别是生活困难的信教群众，帮助他们解决实际困难，组织和支持他们积极发展生产、改善生活、勤劳致富，使广大信教群众切实感受到党和政府的关怀和温暖。

建设中国特色社会主义，实现中华民族伟大复兴，必须在爱国主义的旗帜下，把包括广大信教群众在内的海内外中华儿女最大限度地团结起来。我们必须团结、教育、引导广大信教群众，把他们在生产和工作中的积极性和创造性充分调动起来，带领他们与不信教群众一起共同推进社会主义物质文明和精神文明建设。

## 三 建立同宗教界的爱国统一战线

统一战线是我们党领导人民取得新民主主义革命胜利的重要法宝，也是推进中国特色社会主义伟大事业的重要法宝。团结、争取和教育宗教界人士，为革命、建设和改革事业共同奋斗，是我们党领导的最广泛的爱国统一战线的重要组成部分。

信仰宗教与否并不决定其政治立场。毛泽东同志在《新民主主义论》中提出："共产党员可以和某些唯心论者甚至宗教徒建立在政治行动上的反帝反封建的统一战线，但是绝不能赞同他们的唯心论和宗教教义。"周恩来同志对宗教界人士表示："马列主义者是无神论者，但是尊重宗教信仰自由，并愿和宗教界人士合作，共同抗日。"1942年初的《解放日报》社论指出："我们的统一战线，是不分党派，不分阶级，同样也是不分宗教信仰的。""为了完成抗日建国的大业，必须加强各方面的团结。对于宗教方面的团结，乃是整个团结的重要一环。""信教自由的政策就是团结和动员各种宗教团体的最好方法。只有在这种政策之下，才能消除各种宗派之间的成见，消除教徒与非教徒之间的隔阂，使他们把一切力量都用于抗战建国的事业中来。"新中国成立后，我们党更加重视同宗教界的统一战线。周恩来同志指出："我们现在只把宗教信仰肯定为人民的思想信仰问题，而不涉及政治问题。""不管是无神论者，还是有神论者，不管是唯物论者，还是唯心论者，大家一样地能够拥护社会主义制度。""不信仰宗教的人和信仰宗教的人可以合作，信仰不同宗教的人也可以合作，这对我们民族大家庭的团结互助合作是有利的。""我们要造成这样一种习惯：不信教的尊重信教的，信教的尊重不信教的，大家和睦共处，团结一致。"

改革开放以来，在处理同宗教界朋友的关系上，我们党提炼出了"政治上团结合作、信仰上互相尊重"的原则，这是对马克思主义宗教观的重要发展，也是对同宗教界建立爱国统一战线思想的极大丰富。建设中国特色社会主义，是我们党同宗教界朋友政治上实现团结合作的基础，也是信仰上相互理解、相互尊重的基础。实践证明，只有在政治上真诚团结合作，才能真正做到在信仰上互相尊重；而只有在信仰上相互尊重，才能有效巩固和加强政治上的团结合作。这两者相辅相成，缺一不可。要通过深入细致的工作，努力使宗教界人士在拥护中国共产党的领导和社会主义制度、热爱祖国、维护祖国统一、促进社会和谐等重大问题上形成共识，增强党在广大信教群众中的吸引力和凝聚力。要按照"政治上靠得住、学识上有造诣、品德上能服众"的要求支持宗教团体加强自身建设，努力造就一支高举爱国爱教旗帜、与党和政府真诚合作的宗教教职人员队伍，确保宗教团体的领导权牢牢掌握在爱国宗教界人士手中，确保我国宗教沿着正确方向健康发展。

## 四 依法管理宗教事务

宗教观念属于公民个人的思想信仰，国家不应该干涉，但宗教活动涉及国家利益和公共利益，与此相关的宗教事务作为社会事务的一部分，必须纳入政府依法管理的范围。早在土地革命战争时期，我们党领导的根据地人民政府就开始制定和颁布有关宗教的政策和法令，对宗教事务进行管理。新中国成立后，我国制定的许多重要法律，都对宗教事务作了明确规定。改革开放以来，根据依法治国方略，我们党提出了依法管理宗教事务的方针，陆续制定颁布了《宗教事务条例》等一批行政法规、地方性法规和政府规章，推动宗教工作走上法制化、规范化轨道，这是我国宗教工作实现的一次深刻转变。

依法管理宗教事务，是指政府根据宪法和有关法律、法规及规范性文件，对宗教方面涉及国家利益、社会公共利益的关系和行为，以及社会公共活动涉及宗教界权益的关系和行为的行政管理。依法管理宗教事务的要旨是，保护合法、制止非法、打击违法、抵御渗透。依法管理宗教事务不是去干预正常的宗教活动和宗教团体的内部事务，而是为了维护广大信教和不信教群众的合法权益。

依法管理宗教事务，要在立法、执法和普法上下工夫。要进一步加强宗教立法工作，重点制定和完善各项配套措施，使《宗教事务条例》确立的各项管理制度能够得到有效实施。要通过培训和实践，努力提高各级政府宗教事务部门依法行政的能力，切实履行行政执法主体的职能。要在宗教界开展普法宣传教育，提高宗教界人士和信教群众的国家意识、法律意识和公民意识，不断增强在法律范围内开展宗教活动的自觉性，促进宗教活动规范有序。

## 五 坚持独立自主自办的原则

独立自主自办，是指中国的宗教事务由中国宗教信徒自主办理，不受外国势力支配。具体地讲，任何境外组织和个人，都不得在我国境内成立宗教组织、设立宗教办事机构或宗教活动场所、开办宗教院校，不得在我国公民中发展教徒、委任宗教教职人员或进行其他传教活动。

坚持独立自主自办的原则，是基于我国曾经长期遭受帝国主义侵略和掠夺、有的宗教被帝国主义控制和利用的历史教训，是我国宗教界和广大信教群众的自主选择。

在1840年鸦片战争以后的一百多年时间里，我国天主教和基督教曾被外国侵略势力和殖民势力所控制和利用。我国宗教界中的有识之士，为了摆脱帝国主义的控制，洗刷"殖民教会"的耻辱，实现我国宗教的自立，曾进行了不懈努力。新中国成立后，在党的支持和指导下，我国天主教界和基督教界开展了反帝爱国运动，摆脱了外国势力的控制和利用，实现了独立自主、自办教会，走上了服务新中国、与祖国和人民共命运的正确道路。我国宪法第三十六条明确规定："宗教团体和宗教事务不受外国势力的支配。"是我国各宗教处理对外关系必须遵循的原则。坚持独立自主自办的原则，是宗教领域维护民族独立和国家主权的必然要求，也是我国宗教在社会主义时期健康发展的必然要求。

随着对外开放不断扩大，我国各宗教的国际交往日益增多，境外势力加紧利用宗教对我进行渗透，企图重返中国，重新控制中国宗教，我国宗教坚持独立自主自办原则面临新的严峻考验。越是扩大开放，越要坚持独立自主自办的原则不动摇，越要做好抵御渗透的工作。境外势力利用宗教进行渗透的目的，不仅在于扩大某种宗教的影响，更在于在意识形态领域同我们争夺群众，从根本上动摇我们党的执政基础。坚决抵御境外利用宗教进行渗透，关系到巩固马克思主义在我国意识形态领域的指导地位，关系到巩固党的领导和社会主义制度，关系到维护国家安全、祖国统一、民族团结和社会稳定。面对新情况新问题，要在宗教界中深入开展教育活动，增强他们抵御渗透的自觉性，坚定他们走独立自主自办道路的决心。

坚持独立自主自办的原则，不是要隔绝同外国宗教界的一切联系，拒绝与境外宗教组织开展交流与合作，把自己封闭起来，而是要在平等友好的基础上开展对外交往。党和政府鼓励支持我国宗教界在独立自主、平等友好、相互尊重的基础上开展对外交往，增进与各国人民及宗教界的相互了解和友谊，向世界宣传我国的宗教信仰自由政策和宗教信仰自由状况，为维护世界和平、建设和谐世界作贡献。

## 六 发挥宗教的积极作用

马克思主义宗教观认为，宗教的社会作用具有两重性，既有积极的一面，也有消极的一面，并受到国内外复杂因素的影响。在中国人民进行革命斗争的过程中，由于受到反动统治者和外国侵略势力控制利用，宗教起过重大消极作用。同时，宗教界中也有不少有识之士，支持和同情革命，为我们党的事业做了不少有益工作。新中国建立后，通过宗教制度改革，我国宗教在政治上发生了根本变化，走上了服务新中国的道路。在这种情况下，鼓励宗教界弘扬宗教中的积极因素，抑制宗教中的消极因素，就成为积极引导宗教与社会主义社会相适应的必然要求。党的十七大报告提出："要全面贯彻党的宗教工作基本方针,发挥宗教界人士和信教群众在促进经济社会发展中的积极作用。"这一重要论述,表明我们党对宗教问题的处理更加成熟和自信。

发挥宗教的积极作用,就是要鼓励和支持宗教界发挥宗教中的积极因素为社会的发展和稳定服务,鼓励宗教界多做善行善举。要支持宗教界发扬爱国爱教、团结进步、服务社会的优良传统,拥护党的领导和社会主义制度,遵守"维护法律尊严、维护人民利益、维护民族团结、维护国家统一"的行为准则,为促进经济建设和社会稳定多作贡献。要支持宗教界根据我国社会深刻变革的实际对宗教教义作出符合社会进步要求的阐释,努力挖掘和弘扬宗教教义、宗教道德、宗教文化中有利于社会和谐、时代进步、健康文明的内容,夯实宗教与社会主义社会相适应的思想伦理基础。要鼓励和支持有条件的宗教团体和宗教活动场所积极参与社会救助、社会公益事业和慈善事业,在扶贫、济困、救灾、助残、养老、支教、义诊等方面发挥有益作用。

肯定宗教中的积极因素,鼓励宗教界发挥积极作用,不是为了发展宗教,而是鼓励宗教界以国家和民族的利益为重,多为民族团结、经济发展、社会稳定、祖国统一服务。

## 七　促进宗教关系的和谐

我国不仅是一个多民族国家,还是一个多宗教国家。在长期的历史发展中,我国宗教形成了多元共存的优良传统。在新的历史条件下,随着国际宗教问题日益凸显和我国宗教状况的新变化,宗教关系已经成为我国政治领域和社会领域中涉及党和国家工作全局的重大关系,是统一战线需要全面把握和正确处理的重大关系。促进宗教关系的和谐,是构建社会主义和谐社会的重要工作,是贯彻落实科学发展观对宗教工作提出的新要求,是做好新形势下宗教工作的新理念。

我们要通过全面贯彻党的宗教工作基本方针,努力实现宗教与社会和谐相处,各宗教和谐相处,信教群众和不信教群众、信仰不同宗教群众和谐相处。宗教的存在受到社会发展的制约,同时宗教状况对社会发展也有重要影响。我们要鼓励宗教界适应时代进步和社会发展要求,弘扬宗教中的和谐思想,为建设和谐文化和促进社会和谐发挥积极作用。要鼓励各宗教开展对话交流,增进理解,消除误解,以包容之心处理相互之间关系,紧密团结,相互协作,为建设中国特色社会主义事业共同奋斗。要鼓励信教群众、不信教群众和信仰不同宗教群众相互尊重、和睦相处,不允许利用信仰差异挑起矛盾和对抗。

没有宗教和谐就没有社会和谐。随着改革深入和开放扩大,我国宗教领域出现了许多新的情况和问题,宗教方面的矛盾更加复杂,宗教工作的难度不断加大。要深刻认识宗教问题同政治、经济、文化、社会以及民族等因素相互交织的复杂状况，深刻认识在扩大开放条件下国际复杂因素对我国宗教产生的日益明显的影响，深刻认识宗教方面的矛盾在人民内部矛盾中的特殊地位，把化解宗教矛盾、促进宗教和谐放到更加重要的位置上来。

## 八　引导宗教与社会主义社会相适应

邓小平同志1980年8月26日在同班禅额尔德尼·确吉坚赞的谈话中指出："对于宗教，不能用行政命令的办法，但宗教方面也不能搞狂热，否则同社会主义，同人民的利益相违背。"邓小平同志的这段话，引起我们党对在社会主义历史下如何对待宗教、宗教如何适应社会主义社会这一重大问题的深入思考。我国是社会主义国家，我国宗教是在社会主义条件下存在和活动的，必须与社会主义社会相适应，这既是社会主义社会对我国宗教的必然要求，也是我国各宗教自身存在的客观需要。我们党从我国尚处于并将长期处于社会主义初级阶段这一基本国情出发，科学分析宗教存在和发展的规律，深刻总结国内外处理宗教问题的经验教训，作出了"积极引导宗教与社会主义社会相适应"的论断，为在社会主义历史条件下正确处理宗教问题指明了正确方向，是对马克思主义宗教观的重大发展。

积极引导宗教与社会主义社会相适应，不是要求宗教界人士和信教群众放弃宗教信仰，而是要求他们热爱祖国，拥护社会主义制度，拥护中国共产党的领导，遵守国家的法律法规和方针政策；要求他们从事的宗教活动要服从和服务于国家的最高利益和民族的整体利益；支持他们努力对宗教教义作出符合社会进步要求的阐释；支持他们同各族人民一道反对一切利用宗教进行危害社会主义祖国和人民利益的非法活动，为民族团结、社会发展和祖国统一多作贡献。

引导宗教与社会主义社会相适应是一个长期过程，需要党和政府积极引导，也需要宗教界自身不断努力。要采取慎重严谨的态度，耐心细致地做工作，根据各个宗教、各个地方的实际，坚持求同存异、团结多数的原则，把握方向，抓住重点，稳步推进，取得实效。近年来，我国各宗教根据新的历史条件，进行积极探索，如我国基督教界的神学思想建设，藏传佛教界的寺庙爱国主义教育和法制教育，天主教界的民主办教，伊斯兰教界的解经工作，佛教和道教界的讲经交流活动等，都努力使宗教的思想观念适应我国社会发展进步的要求，这对于我们的社会、对于宗教自身都有着重要的积极意义。党和政府对这种努力既要给予热情鼓励和大力支持，又要运用启发和引导的方式，让宗教界人士自己来进行，不能越俎代庖。

## 九 服从服务于党的中心工作

宗教工作是党和国家工作中的一部分和一方面，必须服从和服务于党的中心任务和工作大局，这是中国共产党处理宗教问题的一条重要原则。

在革命、建设、改革的不同时期，我们党的中心任务不同，宗教工作的重点也有所不同。在新民主主义革命时期，党的中心任务是推翻三座大山、争取革命胜利，宗教工作就围绕反帝、反封建来开展，为争取新民主主义革命的胜利服务。新中国成立后，我们党领导宗教界开展反帝爱国运动、"三自"革新运动和宗教制度的民主改革，就是要在宗教领域完成民主革命的历史任务，积极引导宗教与新民主主义社会相适应，为社会主义革命和建设服务。在改革开放的新时期，我们全面贯彻党的宗教工作基本方针，就是为了团结带领全体人民共同建设中国特色社会主义。党的十六大以来，我们党反复强调促进宗教关系的和谐，发挥宗教界人士和信教群众的积极作用，就是为了推动科学发展、促进社会和谐，为实现全面建设小康社会的奋斗目标服务。

中国共产党90年的奋斗历程证明，开展宗教工作，必须始终围绕党的总目标和总任务，为党和国家的中心任务和工作大局服务。

## 十 坚持党对宗教工作的领导

加强党对宗教工作的领导，是做好宗教工作的根本保证，这也是我们党在长期实践中形成的一条基本经验。

早在建党初期和大革命时期，我们党的主要领导人就非常重视宗教问题，特别注意对非宗教运动和农村宗教工作的领导。在长征途中和建立陕甘宁抗日根据地的过程中，党中央更加重视对宗教政策的宣传和落实。新中国成立后，毛泽东主席和周恩来总理经常过问宗教工作，甚至亲自做宗教界人士的工作。改革开放以来，党中央和国务院就宗教工作制定的重要文件，都反复强调要加强党对宗教工作的领导。

党对宗教工作的领导，主要是政治领导，掌握政治方向和重大方针政策。中央一再强调，各级党委和政府要把宗教工作纳入重要议事日程，定期研究分析宗教工作形势，认真检查宗教政策贯彻落实情况，及时研究解决重大问题，动员全党、各级政府和社会各方面进一步重视、关心和做好宗教工作。中央还强调，重视并善于做宗教工作，是各级领导干部政治上成熟的重要表现，是我们党提高领导水平和执政能力的必然要求，各级党委、政府要从战略和全局高度认识宗教工作的重要性，健全宗教工作机构，加强宗教工作干部队伍建设，建立和完善党委统一领导下的宗教工作协调机制。

我们党成立90年来在对待和处理宗教问题上形成的这十条重要经验，是马克思主义宗教观的基本原理同中国实际相结合的智慧结晶，是十分宝贵的精神财富，集中到一点，就是始终坚持以科学的态度对待宗教，把信教和不信教的群众团结在自己周围，为实现党的目标任务而共同奋斗。

当前，国际国内形势正在发生深刻变化，宗教对世界政治和国际事务的影响增强，我国宗教领域也出现了许多新情况、新问题。做好宗教工作，比以往任何时候都更加重要和紧迫。胡锦涛同志指出："正确认识和处理宗教问题，切实做好宗教工作，关系党和国家工作全局，关系社会和谐稳定，关系全面建设小康社会进程，关系中国特色社会主义事业发展。"我们一定要从这样的战略高度，充分认识做好新形势下宗教工作的重要性，坚持运用马克思主义的立场、观点、方法观察和思考宗教问题，继承和光大我们党几十年来处理宗教问题积累的宝贵经验，以科学发展观为指导，全面贯彻党的宗教工作基本方针，加强和创新宗教事务管理，努力促进宗教关系的和谐，发挥宗教界人士和信教群众在促进经济发展和社会和谐中的积极作用，不断引导宗教与社会主义社会相适应，不断开拓马克思主义宗教观中国化的新境界，不断开创党对宗教工作的新局面，为建设中国特色社会主义事业作出新的贡献！

（作者系国家宗教事务局局长，本文原载于《中国宗教》2011年第8期）

# 加强学习　提高依法管理宗教事务的能力和水平

蒋坚永

## 一　切实增强做好宗教工作的责任感和使命感

宗教工作是党和国家工作的重要组成部分，做好宗教工作是各级党委和政府的一项重要职责。胡锦涛总书记在 2007 年中央政治局第二次集体学习时指出："正确认识和处理宗教问题，切实做好宗教工作，关系到党和国家工作的全局，关系到社会和谐稳定，关系到全面建设小康社会进程，关系到中国特色社会主义事业发展。我们要从这样的战略高度，充分认识做好新形势下宗教工作的重要性。"胡总书记要求，各级党委和政府要从党和国家事业发展的战略高度，适应新形势新任务的要求，进一步加强和改善对宗教工作的领导。贾庆林主席指出，面对新形势新任务，各级党委和政府要从全局和战略的高度，切实加强党对宗教工作的领导，要加强对宗教现状的调查研究，加强基层宗教工作。回良玉副总理指出，各级领导干部必须充分认识宗教存在的长期性和宗教问题的群众性和复杂性，充分认识做好新形势下宗教工作的重要性和紧迫性，切实增强做好宗教工作的责任感和使命感。

分管宗教工作的党政领导干部在贯彻落实中央的要求上，具有义不容辞的责任。全面贯彻党的宗教工作基本方针，做好新形势下的宗教工作，促进宗教关系和谐，维护宗教领域稳定，充分发挥宗教界人士和信教群众在促进经济发展、文化繁荣和社会和谐中的积极作用，需要在各级党委、政府的正确领导下，依靠党政领导干部、宗教工作干部以及宗教界人士的共同努力。各级党政分管宗教工作的领导干部，特别是地市级分管领导在做好宗教工作方面担负着重要职责，党政分管领导对宗教工作重视程度，直接关系到各地宗教工作的成败。

希望党政分管领导干部认真贯彻中央关于宗教工作的决策部署，树立做好宗教工作的政治意识、大局意识和责任意识，正确把握和全面贯彻党的宗教工作基本方针，亲自过问和关心宗教工作，把宗教工作置于改革、发展和稳定的大局中谋划，提上重要议事日程。分析判断本地区宗教工作形势，研究解决宗教领域存在的突出问题，提出解决的措施和办法，切实改变"说起来重要、做起来不重要"的局面。要完善宗教工作体制机制，加强宗教工作队伍建设，重视宗教工作机构设置，主动关心和帮助宗教工作部门解决实际困难，为开展工作创造必要的条件，使基层宗教工作落到实处。

## 二 充分认识加强培训的重要性和必要性

### （一）加强分管宗教工作党政领导培训是落实中央要求的需要

党中央对宗教工作三支队伍的培训非常重视。早在2003年，中央就明确提出："做好宗教工作，必须加大对党政领导干部、宗教工作干部和宗教界上层人士这三支队伍的培养和培训力度。"贾庆林主席在2004年的全国宗教工作座谈会上指出："加强宗教工作，关键在于提高党政领导干部、统战和宗教工作干部、宗教界人士这三支队伍的综合素质和能力。"回良玉副总理在2010年的《宗教事务条例》实施五周年座谈会上再次强调："要加强党政分管领导、宗教工作干部的培训，做到增长法规知识和强化执法能力并重、提高业务素质和增强法治意识并重、专门培训教育和加强实践锻炼并重，切实提高他们运用法律手段协调宗教关系、处理宗教事务的能力和水平。"中央的指示和要求，为做好培训工作指明了方向。

为贯彻落实中央的要求，国家宗教局从2002年起就开始抓宗教工作三支队伍的培训。2005年中央组织部、我局和国务院法制办首次举办了省部级领导干部宗教工作专题研讨班，2009年中央组织部、中央统战部、国家宗教局在国家行政学院共同举办了第2期省部级领导干部宗教工作专题研讨班，2010年，中央组织部、中央党校和我局在中央党校举办了第一期地厅级党政领导干部宗教工作专题研讨班，成效显著，大大提升了省、市两级分管宗教工作领导干部做好宗教工作的能力和水平，有力地推动了各地的宗教工作。今年，根据当前宗教工作面临的新形势和新任务，为更好地服务党和国家工作大局，提高培训的针对性和时效性，中央组织部将地厅级分管宗教工作的党政领导干部培训任务委托我局独立承办，进一步贯彻落实了中央的要求，也为今后建立党政分管领导培训的长效机制奠定了基础。

### （二）加强分管宗教工作党政领导培训是应对新形势的需要

党中央、国务院历来高度重视宗教工作，特别是党的十六大以来，以胡锦涛同志为总书记的党中央立足国际国内形势的深刻变化，着眼于建设中国特色社会主义的伟大实践，确立了党的宗教工作基本方针。十七大，又把基本方针写入党章，为做好新形势下的宗教工作指明了方向，宗教工作取得了明显成绩。当前我国宗教工作总体形势是好的，宗教领域保持了和谐稳定。全面贯彻党的宗教工作基本方针，进一步丰富和完善党的宗教政策，公民的宗教信仰自由权利得到更加充分的保障；颁布实施《宗教事务条例》，宗教事务管理更加规范有效；坚持独立自主自办的原则，抵御境外敌对势力利用宗教进行渗透更加扎实；发挥宗教界人士和信教群众在促进社会和谐、经济发展和文化繁荣中的积极作用，宗教与社会主义社会相适应更加深入；加强爱国宗教教职人员队伍建设和爱国宗教团体建设，党与宗教界的爱国统一战线更加巩固；妥善处理涉及宗教问题的社会矛盾，信教群众和不信教群众之间、信仰不同宗教群众之间的关系更加和谐。

但是，宗教方面也出现了一些新情况新问题：境外敌对势力和宗教组织利用宗教对我国进行的渗透活动日益加剧，尤其是利用基督教、天主教渗透更为突出，新疆的反分裂斗争和西藏与达赖集团的斗争面临严峻的形势；利用宗教从事非法活动，涉及宗教的利益矛盾甚至冲突不断增多，在一定程度上破坏了宗教和谐、民族团结，影响了社会稳定。当前宗教问题比以往任何时候都复杂，宗教工作的难度不断加大，给分管宗教工作的党政领导干部提出了更高的要求。

这些年来，各级领导干部对宗教问题的重视程度和处理宗教问题的能力有了一定提高，但与形势的发展和做好宗教工作的要求还不完全适应。特别是地方党委政府换届后，很多新任分管宗教工作的党政领导干部对党的宗教工作的基本方针理解得还不够全面，对宗教政策法规了解得还不够透彻，对宗教工作形势把握得还不够准确。

**（三）加强分管宗教工作党政领导培训是做好本职工作的需要**

宗教问题不是孤立存在的，它往往与政治、经济、社会、文化以及民族等问题交织在一起。宗教工作也不是单一的，是与当地政治、经济、社会、文化的发展相辅相成的。各级领导干部应当充分认识到宗教问题的特殊复杂性，如果不重视，处理不及时、不得当，就容易出乱子，甚至是大乱子，那将会直接影响到当地经济发展、社会和谐稳定。

长期以来，一些党政领导干部反映，对于宗教问题，不是"不想管"，而是"不敢管"、"不会管"、"不知道能管不能管"。这是因为部分党政领导干部对宗教政策的理解和把握还不够准确，依法管理宗教事务的能力与水平还不够高，特别是面对近些年来，宗教领域出现的许多新情况、新问题感到更加束手无策。解决这些问题，关键是要加强学习，着力提高宗教政策水平和依法管理宗教事务的能力。对此，国家宗教局责无旁贷，在完成年度培训计划的基础上，根据中组部要求，特别增设了地厅级领导干部宗教工作专题研究班，以培训促工作，为做好宗教工作提供保障，更好地服务于党和政府工作大局。

（作者系国家宗教局副局长。本文为作者8月7日在"2012年地厅级领导干部宗教工作专题研究班"开班仪式上的讲话，有删节，标题为《中国宗教》期刊所加。本文原载于《中国宗教》2012年第8期）

# 从"文化强国"战略看中国传统文化及宗教的意义

卓新平

我们必须积极引导宗教与社会主义社会相适应、共和谐，弘扬宗教思想文化的积极因素，使之得以有机融入当今中国和谐大家庭。这一认知对于我们当前的文化建设和文化战略、对于促进我国社会主义文化大发展大繁荣至关重要。

在中共中央十七届六中全会成功召开，全国人民认真学习全会公报和《中共中央关于深化文化体制改革、推动社会主义文化大发展大繁荣若干重大问题的决定》之际，中国宗教学界也在全面贯彻落实全会精神，以学术的敏锐、思想的睿智来为中华文化全面发展、积极走向世界这一宏伟事业集思广益、建言献策，努力为建设优秀传统文化传承、繁荣我国哲学社会科学、弘扬中华文化并推动中华文化以其伟姿自立于人类文化之林而做出学术界的新贡献。

其一，对中华文化传统的重新审视。中国传统文化虽有一些缺陷，却仍保留了中华文明的基本气质和典型特征，体现出其博大精深、源远流长、海纳百川的优点。中国人理应为中国文化上下5000多年的传承骄傲、自豪。因此，我们应该客观、理性、辩证地对待我们民族的传统，爱惜、呵护我们的精神文化遗产。20世纪初的"新文化运动"体现出破旧除垢、大胆革新的时代进步精神，但在对中国传统文化的批判性继承及弘扬方面亦有不足，故需要我们深刻反思和全新诠释，这样才能在当前的社会主义文化大发展大繁荣中真正建设优秀传统文化传承体系。

其二，对中国传统文化中宗教维度的重新认识。很显然，儒、释、道曾以宗教形式或相应的宗教精神实质性地参与了中国传统文化的构建，其宗教性仍得以保留和延续。因此，中国传统文化并非与宗教无缘，宗教在中国传统文化中占有重要比重，甚至起着核心作用。离开了儒、释、道，中国传统文化的内容则会变得空洞。可以说，儒、释、道与民间信仰一起构成了中国宗教的基本谱系，伊斯兰教、基督宗教等外来宗教的传入在中国传统文化海纳百川的包容中亦得到相对吸纳。这些宗教共构了中国传统文化的重要内容，宗教文化在中华文化走向世界中尤其可发挥不可替代的独特作用，有着不凡影响。所以，绝不能以历史虚无主义的态度来对待中国传统文化中的宗教参与及宗教维度，而必须全面、系统、透彻地了解中国传统文化，并使其宗教文化内容得到积极的弘扬。

其三，对宗教在当代中国社会和文化建设中的作用与价值体现的重新思考。在当代中国的社会体制和框架结构内，"社会主义核心价值体系是兴国之魂，是社会主义先进文化的精髓"，必须"坚持用社会主义核心价值体系引领社会思潮"，因此，让宗教在我们今天的文化建设和精神生活中发挥核心作用或主要作用已不可能。宗教自身亦必须改革、创新，去除糟粕、发扬精华，以适应时代发展、体现时代精神。不过，社会主义文化不是凭空而来，而是有着优秀传统的继承、外来进步因素的吸纳。在社会主义主流意识形态唱好"主旋律"的前提下，宗教在当今中国仍可积极参与社会和谐、多元文化共在的"大合唱"。在我们这种和谐大合唱中，一定要有社会主义核心价值的"主旋律"，但同时也要有其他"和弦"、"和声"。而我们"弘扬以爱国主义为核心的民族精神和以改革创新为核心的时代精神"，"培养高度的文化自觉和文化自信"，"弘扬中华文化"并"积极吸收借鉴国外优秀文化成果"，"建设中华民族共有精神家园"，则离不开宗教的积极参与。在目前复杂的国际环境中，宗教无论是作为文化软实力，还是作为社会力量，都有着重要的文化战略意义。因此，对宗教、宗教认识和宗教研究不能搞"斗争哲学"，而且这种方式的"斗争"违背时代发展潮流，不得人心，也不符合马克思主义的宗教观在社会政治层面对宗教的态度，违背党中央关于积极引导宗教与社会主义社会相适应、构建和谐社会的战略决策和部署。所以，我们必须积极引导宗教与社会主义社会相适应、共和谐，弘扬宗教思想文化的积极因素，使之得以有机融入当今中国和谐大家庭。这一认知对于我们当前的文化建设和文化战略、对于促进我国社会主义文化大发展大繁荣至关重要。

总之，我们宗教学的研究是客观、科学地研究宗教，同时努力争取弘扬宗教中的积极因素和优秀传统，为社会主义文化建设和文化繁荣、构建和谐社会服务。根据十七届六中全会的精神，我们"要发挥人民群众文化创造积极性，在全社会营造鼓励文化创造的良好氛围，让蕴藏于人民中的文化创造活力得到充分发挥"，则不能忽视宗教信众，不能放弃宗教文化，不能忘掉宗教在以德治国中的积极意义，不能忽视宗教文化在我们今天中华文化"走出去"战略中的独特作用。

（作者系中国社会科学院世界宗教研究所所长，本文原载于《中国宗教》2011年第12期）

# 服务社会是宗教的永恒责任

## 张乐斌

富勒神学院是美国著名的基督教神学院校,并以倡导宗教多元化及其学术成就闻名遐迩。毛院长是中国基督教两会和中国国家宗教局的老朋友,感谢毛院长和富勒神学院的邀请,使我有机会在美丽的富勒校园与各位相聚,交流分享中美两国有关"宗教与社会服务"的经验与智慧。

宗教作为人类精神生活的一种重要体现,伴随着人类社会的发展进步而产生和发展,始终受制于并影响着各个国家各个民族经济、政治、文化、社会的方方面面。纵观古今中外,服务社会是宗教不断顺应时代要求、实现自身发展的必然选择。在世界科学技术日新月异,经济全球化、政治多极化、文化多样化、社会现代化的新时期新阶段,如何调适与现代社会的关系,如何发挥服务社会的积极作用,如何实现自身的健康发展,是摆在当代宗教面前的重大理论与实践课题。在这样的背景下,我们围绕"宗教与社会服务"这一主题探讨交流,可谓很有意义。

借此机会,我以"服务社会是宗教的永恒责任"为题,愿意和大家分享以下三个观点。

## 一 服务社会是宗教的普遍追求

伴随着人类社会发展的漫长历程,不同国家、不同民族、不同时代产生的宗教多种多样、成千上万、各具特色,但不管是哪一种宗教,作为社会的一员,它的存在与发展始终离不开社会。适应社会、服务社会是宗教生存发展的关键所在、生机之源、普遍追求。

服务社会是宗教的普遍特质。古往今来,举凡宗教都有扶危济困、利益人群、服务社会的鲜明特质。这种特质,体现着各宗教信仰和价值的精髓,倡导了济世行善的主张。如佛教主张"庄严国土、利乐有情";道教主张"齐同慈爱、济世利人";伊斯兰教主张"两世并重、两世吉庆";基督宗教主张"作光作盐、荣主益人";等等。这些体现宗教核心价值的思想，一旦外化为广大宗教徒具体社会行为，就构成了宗教服务社会的生动实践。

服务社会是宗教传承的内在需要。服务社会既是宗教信仰的内在要求与具体见证，也是宗教自身传承与发展的必然需要。宗教源于社会，植根于社会，也必须始终服务于社会。以基督宗教为例，服务是教会作为基督身体的表现；与此同时，基督宗教的社会服务，也是教会成长的重要因素，如果教会失去了这种见证，也就失去了自身成长的凭借。可以说，积极服务社会，是宗教信仰的生动见证，也是宗教不断适应社会、实现自身发展的重要途径。

服务社会是时代发展的客观要求。人类社会发展的时代特征，要求宗教服务社会必须体现时代特点，必须紧紧围绕时代主题建树作为。当今世界，和平与发展仍然是时代主题，宗教要担当好服务社会的责任，就要发挥自身独特优势，为和平与发展集聚智慧和力量，着力推动破解困扰和威胁人类生存的重大问题。面对环境污染、生态失衡、人口爆炸、贫富分化、恐怖主义、局部战争以及自然灾害和传染性疾病等问题，以人类幸福和社会和谐为追求的各宗教，不能独善其身，理应顺应要求，主动担当，积极发挥作用。

服务社会也是宗教界的自觉选择。遵循宗教的教义与教规，因应时代和社会的需要，自觉服务社会已经成为各宗教主动担当社会责任的优良传统。佛教大力弘扬佛陀"无缘大慈、同体大悲"精神，形成了护国利民、济贫救苦、广作饶益的优秀品格。基督宗教践行"非以役人，乃役于人"的经典理念，服务社会历经2000多年而不衰。伊斯兰教一直十分重视赈济贫困，服务社会是其重要的价值主张。以1993年世界宗教会议通过的《走向全球伦理宣言》和2000年"宗教与精神领袖世界和平千年大会"通过的《和平宣言》为标志，"积极服务社会、担当时代责任"已经成为世界宗教界的普遍共识和自觉行动。

## 二 服务社会是中国宗教的生动实践

在中国各宗教中，无论是本土的道教，还是外来的佛教、伊斯兰教、天主教和基督教，都经历了与中国社会不断适应的漫长过程，都深深根植于中国社会的沃土之中，都打上了鲜明的中华文化印记，其中一个突出标志就是主动汇入中华民族的发展潮流，勇于担当服务中国社会的历史责任。

中国宗教服务社会体现优秀品格。在中国，中华传统文化与宗教的经典思想交会交融，形成了中国宗教服务社会更加鲜明的思想特色。在儒家思想影响下，中国各宗教把现世与来世统一起来，凸显其人文理性和现实功能，更加强调现世的努力，以服务社会、造福社会为重要的价值取向。中国佛教主张"佛法在世间，不离世间觉"，中国道教主张"和光同尘、济世利人"，中国伊斯兰教主张把今世作为后世的"栽种之场"，中国天主教、基督教主张要为来世修好现世，等等，都鲜明地体现了中国宗教的入世精神，形成和光大了中国宗教慈悲为怀、修善施德、服务社会的优秀品格。

中国宗教服务社会具有制度保障。1949年新中国成立后，特别是改革开放以来，中国政府坚定地实行宗教信仰自由政策，鼓励支持中国宗教界和广大信教群众积极投身于建设中国特色社会主义的伟大事业，重视发挥宗教界和信教群众在促进经济社会发展与社会和谐中的积极作用。中国政府本着"政治上团结合作、信仰上相互尊重"的原则，积极为团结和凝聚包括宗教方面在内的各种力量、推进国家的现代化建设营造良好氛围，提供政策法律保障。如，"公民有宗教信仰自由"在1954年就写入了新中国的第一部宪法，以此为核心形成了宗教工作的基本方针；颁布了《宗教事务条例》，把保障公民宗教信仰自由、维护宗教和睦与社会和谐作为立法宗旨写入总则，明确规定："宗教团体、宗教活动场所可以依法兴办社会公益事业"；一再强调，要发挥宗教在促进社会和谐中的积极作用，发挥宗教界人士和信教群众在促进经济社会发展中的积极作用。这些既为宗教服务社会提供了重要的政策制度保障，也对广大宗教界人士和信教群众担当时代责任寄予了殷切期望。

中国宗教服务社会形成丰富实践。在中华民族发展的历史长河中，中国宗教在服务社会方面有许多生动感人、可歌可泣的建树。尤其是在改革开放和现代化建设的新形势下，中国宗教迎来了自己的"黄金时期"，宗教界人士和信教群众投身国家建设的热情不断迸发，宗教服务社会的领域不断拓展，形式不断创新，立意不断深化，实践不断丰富，积极作用不断彰显。概括讲，主要体现在：一是高举爱国爱教旗帜；二是突出宗教和谐主题；三是推动社会发展进步；四是维护社会和谐稳定；五是主动担当社会责任；六是促进国家和平统一；七是服务世界和平发展。这里，我向大家讲两件事：一件是2008年5月12日汶川大地震发生后，中国宗教界第一时间踊跃投入抗震救灾行动，仅捐款捐物就达4亿多元人民币，尤其在遇难者遗体安葬、受伤者心灵安抚等方面发挥了独特作用；另一件是为响应联合国第65届大会通过的关于设立"世界不同信仰间和谐周"的决议，中国五大宗教于今年1月28日在北京联合发表《倡导宗教和谐共同宣言》，呼吁各宗教和广大信徒积极行动起来，加强合作、共担责任、倡导和践行和谐理念，为维护世界和平、增进人类福祉共同奋斗。这不仅体现了中国宗教勇于担当的品格，更彰显了中国宗教界的世界眼光和时代追求。

## 三 携手担当宗教的全球责任

当今世界，正处于全球化深入发展的阶段。在这样的时代背景下，宗教的健康发展,宗教的社会作用发挥,既面临难得机遇,也面临很多挑战,要求我们必须以新的视角、新的理念、新的举措去统筹谋划、把握机遇、应对挑战、积极实践,更好地担负起宗教服务和平与发展的全球责任。

服务社会首先要立足本国。全球化带来了世界经济、政治、文化、社会的空前交往与交融,但国家仍然是国际社会的基本构成单位。不同的国家,有着不同的文化传统、发展水平、政治体制和法律环境,这就决定了宗教服务社会、担当全球责任,必须首先立足本国,始终从维护国家和民族的根本利益出发,扎扎实实做好服务国家、服务人民的事情,把发挥自身积极作用自觉融入国家和民族对全球责任的担当之中。

服务社会必须着眼世界。在全球化背景下,一个国家、一个民族的经济社会发展已经超越了国界,宗教服务社会必须具有全球眼光,必须紧紧围绕世界和平与发展的主题,在化解地区冲突、消除贫困饥饿、治理环境污染、保护生态平衡等事关全人类发展的重大问题上,增进共识,凝聚力量,发挥优势,有所作为。当前,中国政府倡导推动建设持久和平、共同繁荣的和谐世界,这是事关整个人类发展的一项根本任务和共同责任,需要世界各国的各种宗教在坚持独立自主、相互尊重、平等友好的基础上加强交流与合作,共同担当好服务世界和平与发展的责任和使命。

中美宗教深化交流合作意义重大。在全球化的进程中,中美两国的交流合作不仅越来越密切,而且深刻影响着当代人类社会发展的大局。作为世界上最大的发展中国家和最大的发达国家,中美两国有着广泛的共同利益,也肩负着重要的全球责任,深入推进和发展相互尊重、互利合作的中美合作伙伴关系,意义重大,影响深远。中美两国宗教界应该认清形势、明确使命,以服务两国的根本利益为己任,以携手增益人类福祉为追求,相互理解尊重,深化交流合作,发挥积极作用,在宗教担当全球责任中作出表率。

中国人常讲"淳风化俗,则天下归仁矣",可以这样理解,它是强调精神信仰能够深刻地影响和改变人,使人更加自觉地主动担当,共同致力于创造一个美好的世界。通过十几天来在美国的考察学习,我们不仅了解了美国宗教的概况,了解了美国政府的相关政策及宗教界服务社会的情况,也感到这句话在美国同样有着旺盛的生命力。我们深切感受到,在人类社会蓬勃发展的新形势下,最大限度地调动和发挥包括宗教在内的一切积极因素,是建设和谐社会、构建和谐世界的希望所在、动力之源。为此,中美两国政府相关部门不仅需要形成共识,而且必须着力营造良好环境,加强交流沟通,互相学习借鉴,共同推进宗教服务社会的事业,让两国的宗教界在促进两国关系友好发展,推动人类社会进步中作出更大的贡献。

(作者系国家宗教事务局副局长。本文为作者 2011 年 8 月 5 日在富勒神学院围绕"宗教与社会服务"主题所作的演讲。本文原载于《中国宗教》2011 年第 8 期)

# 宗教政策

# 中国天主教堂区司铎任职办法

(2010年12月10日中国天主教爱国会、中国天主教主教团八届一次常委联席会通过,2011年7月4日公布)

**第一条** 根据《宗教事务条例》、《宗教活动场所主要教职任职备案办法》和《中国天主教教区管理制度》的有关规定制定本办法。

**第二条** 本办法所称的天主教堂区司铎是指按照《中国天主教教职人员认定办法》认定的,在依法登记的教堂或其他固定宗教活动处所主持各项教务工作的主任司铎（本堂神父）、副主任司铎（副本堂神父）。

**第三条** 主任司铎是接受委托管理堂区的本有牧者,在教区主教的权下,为托给自己的团体从事牧灵工作,被召分担基督的职务,为该团体履行训导、圣化与治理的职责。一个堂区只能有一个主任司铎。

为更好地做好堂区的牧灵工作,主教可给主任司铎委派一位或几位副主任司铎,协助主任司铎执行牧灵职务。

**第四条** 被任命为主任司铎、副主任司铎者,必须领过司铎圣职,具有较高的学识和品德,具有牧灵的热诚和其他德行。

**第五条** 主任司铎、副主任司铎由教区主教在考虑教区管理委员会成员的意见后委任。主教出缺或受阻时,可由教区长委任主任司铎、副主任司铎。委任主任司铎、副主任司铎的职务亦可通过考试方式,来确切鉴定其是否合格。

**第六条** 主任司铎、副主任司铎一般任期3年至5年,可连任。

**第七条** 主任司铎只能管理一个堂区,但由于司铎短缺或其他原因,可将数个相邻堂区委托同一主任司铎管理。

**第八条** 被任命为一个堂区的主任司铎、副主任司铎者,自就职时起,即获得该职,并应行使职权。

**第九条** 主任司铎、副主任司铎应遵守有关法律法规,接受政府宗教事务部门的依法管理,协助宗教事务部门落实宗教信仰自由政策,依法维护教会的合法权益。

**第十条** 主任司铎、副主任司铎应完整地向广大信教群众宣讲天主的圣言、讲解信仰的真理，忠于至一、至圣、至公从宗徒传下来的圣教会；坚持独立自主自办教会原则，抵御各种渗透；贯彻执行中国天主教爱国会、中国天主教主教团，本省、自治区、直辖市天主教爱国会、天主教教务委员会和本教区的各项规章制度和决定。

第十一条　主任司铎、副主任司铎根据民主办教原则，对堂区事务实行民主管理，重大事务由堂务管理组织集体研究决定，并以适当方式征求教友代表的意见。

第十二条　主任司铎、副主任司铎的职务，因主教依法所做免职或调任而终止，也可由主任司铎、副主任司铎以正当理由所做的辞职而终止，但其辞职必须由教区主教或教区长接受才有效。

第十三条　任命、调离或免除主任司铎职务、副主任司铎职务，应按《宗教活动场所主要教职任职备案办法》的规定向所在地县级以上政府宗教事务部门和省、自治区、直辖市天主教爱国会、天主教教务委员会备案。

第十四条　主任司铎、副主任司铎有下列行为之一的，视情节轻重分别给予劝诫警告、暂停职务、撤销职务等惩处：

（一）违反本办法第九、十、十一条的；

（二）违反《中国天主教教区管理制度》的；

（三）违反财务管理制度，侵吞、挥霍教会财产的，或因自己错误行为造成教会财产损失的；

（四）违反教会纪律、触犯国家法律，在信徒中造成恶劣影响的。

惩处由教区主教在征得教区管理委员会的意见后实施，并将所做的惩处决定报省、自治区、直辖市天主教爱国会、天主教教务委员会备案。暂停或撤销职务的，还应向原备案的政府宗教事务部门备案。

撤销惩处决定的程序同作出惩处决定的程序。

第十五条　本办法由中国天主教主教团负责解释。

第十六条　本办法自公布之日起施行。

# 全国汉传佛教寺院传授三坛大戒管理办法

(2011 年 9 月 22 日中国佛教协会第八届理事会第一次常务理事会议通过,2011 年 11 月 3 日公布)

## 一　总则

**第一条**　为了贯彻落实《全国汉传佛教寺院管理办法》和《汉传佛教教职人员资格认定办法》中有关传授三坛大戒法事的规定，使传戒工作得以如法如律地进行，确保中国佛教持续、稳定、健康发展，特制定本办法。

**第二条**　全国汉传佛教寺院举办传戒法会，须经中国佛教协会统筹安排、审批。特殊情况下，须由中国佛教协会商得政府宗教事务部门同意。未获中国佛教协会正式批准，不得发布与传戒法会相关的公告。

**第三条**　省、自治区、直辖市佛教协会为传戒法会的主办单位，寺院为传戒法会的承办单位。

**第四条**　全国汉传佛教传授三坛大戒，每年掌握在十次左右。

**第五条**　传授三坛大戒的新戒人数，每期规定在三百五十人以内（同期传授二部僧戒的两座寺院，每寺不超过三百五十人）。

**第六条**　传授比丘尼戒一律实行二部僧授戒制度。

**第七条**　省、自治区、直辖市佛教协会对符合条件并同意其受戒的人员，须同时向省、自治区、直辖市人民政府宗教事务部门提交备案要求的相关材料。

举办传戒法会的省、自治区、直辖市佛教协会，应及时将外省受戒人员是否取得比丘、比丘尼资格的情况函告其所在省、自治区、直辖市佛教协会。

**第八条**　传戒寺院所需戒牒一律由中国佛教协会统一印制、编号、颁发。

**第九条**　传戒期间，必须分别讲授戒本，组织新戒学习戒相律仪，不得举办与传戒法会无关的其他活动。戒期不得少于四周。

传戒仪轨中烫香疤的习俗，应予废止。

第十条  省、自治区、直辖市佛教协会须在传戒法会结束后一月内，将传戒工作总结上报中国佛教协会。

## 二  传戒寺院的条件和资格认定

第十一条  寺院必须具备下列条件，方可提出传戒申请：

（一）经过政府登记的宗教活动场所；

（二）纲领执事健全，有一人以上具备十师资格，常住比丘或比丘尼二十人以上；

（三）僧团道风纯正，僧众戒行清净，早晚功课、过堂用斋、半月诵戒、结夏安居、坐禅念佛等修学活动运作正常；

（四）大殿、戒堂、斋堂、僧寮等法务、生活设施可供三百五十名戒子需用，戒坛的设立与布置，须如法如律，清净庄严。

第十二条  申请举办传戒法会，须履行以下程序：

（一）由传戒寺院向所在市（县）佛教协会提出申请；

（二）经所在市（县）佛教协会审核并商得市（县）政府宗教事务部门同意后，由所在市（县）佛教协会向省、自治区、直辖市佛教协会提出申请；

（三）经省、自治区、直辖市佛教协会审核并商得省、自治区、直辖市政府宗教事务部门同意后，由省、自治区、直辖市佛教协会提前半年将拟传戒的时间、地点、人数、三师七证及开堂、陪堂名单与简历等，据实向中国佛教协会申报。

## 三  传戒师承的条件和资格认定

第十三条  传戒十师必须具备下列条件：

（一）维护法律尊严，维护人民利益，维护民族团结，维护国家统一；

（二）信仰纯正，爱国守法，法相庄严，身心健康；

（三）持戒清净，熟悉毗尼作持和传戒仪轨；

（四）通达经律，能开导后学；

（五）三师戒腊十五夏以上（尼和尚十七夏以上），尊证戒腊十夏以上（尼尊证十二夏以上）。三师在初、二、三坛请戒正授之时，七证在二坛正授之时不得随意更换。

第十四条  三师七证由传戒寺院推举，经所在市（县）佛教协会和省、自治区、直辖市佛教协会商得相应政府宗教事务部门同意后报中国佛教协会审批。

第十五条  开堂、陪堂等引礼师必须爱国爱教，遵纪守法，戒行清净，通达毗尼作持和传戒仪轨，堪为大众师表，身心健康，有组织办事能力。

开堂戒腊十夏以上（尼开堂戒腊十二夏以上）、陪堂等引礼师戒腊五夏以上（尼陪堂等引礼师戒腊七夏以上）。

**第十六条** 礼请香港、澳门、台湾及国外法师担任羯磨师、教授师及尊证师，须由省、自治区、直辖市佛教协会事先商得省、自治区、直辖市政府宗教事务部门同意后，报中国佛教协会审批。

## 四 受戒人员的条件和资格认定

**第十七条** 受戒人员必须具备下列条件：

（一）爱国爱教，遵纪守法；

（二）信仰纯正，勤修三学，遵守教义教规，品行端正；

（三）年龄在 20 岁至 59 岁之间，六根具足，身心健康，具有较高的文化素养；

（四）剃度后，男众在寺院修学一年以上，女众在寺院修学两年以上；

（五）有一定佛教学识，能独立完成日常课诵和具备基本佛事法务活动能力。

**第十八条** 受戒人员求授三坛大戒，需履行以下程序：

（一）经剃度师同意后，向所在寺院提出书面申请；

（二）所在寺院审核同意后，报所在地佛教协会；

（三）所在地佛教协会审核同意后，报省、自治区、直辖市佛教协会；

（四）所在地的省、自治区、直辖市佛教协会审核同意后，受戒人员持身份证原件、户口簿复印件及剃度师戒牒复印件，常住寺院和所在市（县）佛教协会以及省、自治区、直辖市佛教协会的相关证明，报举办传戒法会的省、自治区、直辖市佛教协会会同传戒寺院有关执事审核无误，予以登记；

（五）受戒人员进堂前，举办传戒法会的省、自治区、直辖市佛教协会和传戒寺院，须对其进行面试，考察是否具有一定佛教学识和理解受戒意义，能否背诵《朝暮课诵》、《沙弥律仪要略》和《毗尼日用切要》。

**第十九条** 受戒人员，以举办传戒法会的省、自治区、直辖市的寺院常住沙弥或沙弥尼为主，外省要求受戒人员，必须由所在地省、自治区、直辖市佛教协会征得传戒省、自治区、直辖市佛教协会的同意，并开具证明，介绍前往受戒。

**第二十条** 香港、澳门、台湾及国外前来求戒者，除具备本办法规定的受戒人员条件外，还须携带有效证件，以及所在地有关团体、寺院的介绍信，经省、自治区、直辖市佛教协会商得省、自治区、直辖市政府宗教事务部门同意，报中国佛教协会备案后，传戒寺院方可接收。

## 五 处罚规定

**第二十一条** 凡违反本办法第二条、第十一条规定，擅自举行传戒活动，中国佛教协会不予承认，对有关的省、自治区、直辖市佛教协会及寺院通报批评，宣布其传戒活动及所发戒牒均为无效，并对负主要责任的当事人予以处分。

**第二十二条** 凡违反本办法第五条规定，对未经批准的超出名额不发戒牒。

**第二十三条** 凡违反本办法第八条规定，擅自印发戒牒，中国佛教协会不予承认，并通报各省、自治区、直辖市佛教协会及各大寺院，宣布无效，同时追究当事人的责任。

## 六 附则

**第二十四条** 本办法由中国佛教协会负责解释。

**第二十五条** 本办法自公布之日起施行。

# 藏传佛教寺庙主要教职任职办法

(2011年9月22日中国佛教协会第八届理事会第一次常务理事会议通过,2011年11月3日公布)

**第一条** 为了维护藏传佛教教职人员合法权益,规范藏传佛教寺庙管理,根据《宗教事务条例》、《宗教活动场所主要教职任职备案办法》、《藏传佛教寺庙管理办法》和《中国佛教协会章程》等有关规定,结合藏传佛教实际,制定本办法。

**第二条** 本办法所称的藏传佛教寺庙主要教职是指藏传佛教寺庙中负责主持教务的赤巴、堪布、经师、翁则、格贵等教职人员(以下简称主要教职)。

**第三条** 担任主要教职应具备以下条件:

(一)具备藏传佛教教职人员资格;

(二)拥护中国共产党的领导和社会主义制度,爱国爱教,维护法律尊严、维护人民利益、维护民族团结、维护祖国统一,维护宗教和睦与社会和谐;

(三)受过较高的佛学教育,有较高的佛学造诣;

(四)为人正派,德高望重;

(五)不受境外任何组织和个人支配。

**第四条** 担任主要教职应履行的主要职责:

(一)在寺庙民主管理委员会(以下简称民管会)的领导下,主持寺庙日常的教务活动;

(二)积极配合民管会培养、教育和管理本寺庙僧人;

(三)协助民管会维护好寺庙正常的宗教秩序和生活秩序;

(四)积极向信教群众宣传国家的法律法规和政策,引导信教群众增进民族团结、维护祖国统一、服务社会、促进宗教和睦与社会和谐。

**第五条** 担任主要教职的人选由该寺庙民管会根据本办法第三条规定的条件,按照本寺僧众意愿,民主协商提出,经所在地的县(市、区、旗)佛教协会审核后报设区的市(地、州、盟)佛教协会批准。在国内外有重大影响的寺庙的主要教职人选,须经省、自治区、直辖市佛教协会同意。

所在地的县(市、区、旗)没有佛教协会的,直接报设区的市(地、州、盟)佛教协会审核批准；设区的市（地、州、盟）没有佛教协会的，直接报省、自治区、直辖市佛教协会审核批准。

**第六条** 担任主要教职的人选经批准后，按照《宗教活动场所主要教职任职备案办法》的规定报相应人民政府宗教事务部门备案。

**第七条** 主要教职实行任期制，任期一般为3年至5年，可连选连任。任职期间，本人因年老体弱或者其他原因不能履行职责的，可提前退职。

**第八条** 担任寺庙主要教职的人员一般不兼任其他寺庙的主要教职，如确需兼任的，须由拟兼职寺庙报经所在地的县（市、区、旗）和设区的市（地、州、盟）佛教协会审核后，报省、自治区、直辖市佛教协会同意。

**第九条** 担任主要教职的人员应当接受民管会的管理，接受当地佛教协会和该寺庙僧人及信教群众的监督。

**第十条** 担任主要教职的人员有下列行为之一的，视情节轻重，给予劝诫、暂停职务、撤销职务的惩处：

（一）从事破坏民族团结和社会稳定、分裂祖国活动的；

（二）受境外组织和个人支配的；

（三）不服从本寺庙民管会管理的；

（四）违犯寺规戒律的；

（五）违反财务管理制度，或者侵吞、挥霍寺庙财产的；

（六）违反国家其他法律法规和政策的。

劝诫的惩处决定，由所在寺庙民管会作出；暂停职务、撤销职务的惩处决定，按照本办法第五条规定的程序办理，并报原备案的人民政府宗教事务部门注销备案。

**第十一条** 被暂停主要教职职务的人员，如确有悔过表现，得到本寺庙大多数僧众认可，可按本办法第五条规定的程序撤销原惩处，并向原备案的人民政府宗教事务部门备案。

**第十二条** 有关省、自治区、直辖市佛教协会可根据本办法，结合当地实际情况，制定具体实施办法。

**第十三条** 本办法由中国佛教协会负责解释。

**第十四条** 本办法自公布之日起施行。

# 南传佛教寺院住持任职办法

(2011年9月22日中国佛教协会第八届理事会第一次常务理事会议通过,2011年11月3日公布)

**第一条** 为了规范南传佛教教务管理,根据《宗教事务条例》、《宗教活动场所主要教职任职备案办法》的相关要求和《中国佛教协会章程》等有关规定及南传佛教教义教规,制定本办法。

**第二条** 南传佛教寺院住持对外代表常住,对内统理大众。担任住持需具备下列基本条件:

(一)具备南传佛教教职人员资格;

(二)拥护中国共产党的领导和社会主义制度,爱国爱教,遵守国家的法律、法规、规章和政策,维护民族团结;

(三)信仰坚定,戒行清净,有较深的佛学造诣,品德服众,有较高威望;

(四)年龄20岁以上,已受比库(比丘)戒;

(五)具有较高文化水平,毕业于中等以上南传佛教院校或具有同等南传佛学水平;

(六)能够讲经说法、主持法务活动,具有较强的组织协调和管理能力。

**第三条** 住持的产生必须贯彻民主协商、选贤任能的原则,按照以下程序产生:

(一)由该寺前任住持或该寺院民主管理组织提出人选;

(二)当地县佛教协会按照本办法第二条规定的条件对住持人选进行审查后,提交该寺院两序大众民主评议;

(三)住持人选经僧团民主评议获半数以上赞成,由寺院民主管理组织报当地县佛教协会;

(四)当地县佛教协会审核同意后,由该寺院民主管理组织按照《宗教活动场所主要教职任职备案办法》的规定报县级人民政府宗教事务部门备案。

**第四条** 南传佛教全国重点寺院的住持人选,在履行任职备案手续之前,应由所在地州(设区的市)佛教协会提出审核意见并报云南省佛教协会同意。

南传佛教全国重点寺院的名单,由云南省佛教协会提出并报中国佛教协会备案。

**第五条** 住持每届任期一般为五年，可连选连任。

**第六条** 寺院住持原则上不得兼任其他寺院住持。有特殊情况需要兼任其他寺院住持的，按照《宗教活动场所主要教职任职备案办法》相关规定办理。

**第七条** 住持必须以身作则，领众熏修，维护常住，摄受大众，忠于职守，廉洁奉公。

**第八条** 住持接受寺院民主管理组织、僧团、佛教协会的监督。住持有下列行为之一的，由所在地佛教协会根据情节轻重给予劝诫、撤销职务的惩处：

（一）违反国家法律、法规和规章的；

（二）违犯佛教戒律和规章制度的；

（三）散布不利于社会稳定和谐言论的；

（四）未按《宗教事务条例》有关规定履行职责的；

（五）重大寺务不按民主程序办事，造成严重后果的；

（六）违反财务管理制度，侵吞或者挥霍寺院财产的。

劝诫的决定，由该住持所在地县佛教协会的会长办公会集体讨论作出，并以书面形式告知本人。

撤销职务的决定，由该住持所在地县佛教协会常务理事会集体讨论作出，报该住持所在地州（设区的市）佛教协会同意，并由原任职备案的人民政府宗教事务部门注销其备案后实施。

对南传佛教全国重点寺院住持作出撤销职务的决定，需报云南省佛教协会同意，并由原任职备案的人民政府宗教事务部门注销其备案后实施。

**第九条** 住持本人提出辞职或还俗的，应当经寺院民主管理组织审核同意后，报原备案的人民政府宗教事务部门注销备案。

**第十条** 佛教协会对住持人选作出任免或者对住持作出惩处决定前，应征求相应人民政府宗教事务部门的意见。

**第十一条** 本办法由中国佛教协会负责解释。

**第十二条** 本办法自公布之日起施行。

# 关于鼓励和规范宗教界从事公益慈善活动的意见

国宗发〔2012〕6号

各省、自治区、直辖市党委统战部、政府宗教局、发展改革委、民政厅（局）、财政厅（局）、国家税务局、地方税务局，新疆生产建设兵团党委统战部、民宗局、发展改革委、民政局、财务局：

为鼓励和规范宗教界从事公益慈善活动，引导宗教与社会主义社会相适应，根据国家法律法规和政策的相关规定，提出以下意见。

## 一 鼓励和规范宗教界从事公益慈善活动的积极意义

服务社会、利益人群是我国各宗教共同的传统。新中国成立以来，特别是改革开放以来，我国宗教界人士和信教群众高举爱国爱教旗帜，坚持走与社会主义社会相适应的道路，发扬济世利人精神，积极参与和开展各种公益慈善活动，产生了良好的社会影响。但是，与社会的需要和形势的发展相比，一些地方和部门对宗教界从事公益慈善活动积极意义的认识还不够充分，鼓励和规范宗教界从事公益慈善活动的相关政策规定需要进一步明确、政策执行力度需要继续加大；宗教界参与和开展的公益慈善活动管理还不够规范，优势和潜力有待进一步调动和发挥。

当前，我国既处于发展的重要战略机遇期，又处于社会矛盾凸显期，发展公益慈善事业对于推动科学发展、促进社会和谐具有重要意义。国家号召和鼓励社会组织和个人积极参与公益慈善活动。宗教界从事公益慈善活动，有深刻的信仰基础、悠久的历史传统、较高的社会公信度。鼓励和规范宗教界从事公益慈善活动，是新形势下贯彻党的宗教工作基本方针、引导宗教与社会主义社会相适应的必然要求，是发挥宗教界人士和信教群众积极作用的重要途径，也是促进我国公益慈善事业健康发展的有益补充。

## 二 鼓励和规范宗教界从事公益慈善活动的指导思想、工作原则和目标任务

（一）指导思想

以邓小平理论和"三个代表"重要思想为指导，深入贯彻落实科学发展观，紧紧围绕全面建设小康社会的总目标，全面贯彻党的宗教工作基本方针，统一思想、提高认识、转变观念、创新思路，积极支持和鼓励宗教界从事公益慈善活动并依法予以规范和管理，引导宗教界公益慈善活动健康有序开展，充分发挥宗教界人士和信教群众在促进经济发展、社会和谐和文化繁荣中的积极作用。

（二）工作原则

1. 积极支持。地方各级党委、政府和有关部门要认真贯彻中央关于鼓励宗教界积极参与社会公益事业和慈善事业的重要精神，统一思想，协调一致，在各自职责范围内支持宗教界从事公益慈善活动，努力调动好、发挥好、维护好宗教界从事公益慈善活动的积极性和主动性。

2. 平等对待。要采取切实有效的措施，保证宗教界依法开展的公益慈善活动和成立的公益慈善组织，在税收减免、政府资助、用水用电等方面享受法律法规和政策规定的同等优惠，切实维护宗教界的合法权益。

3. 依法管理。要依据相关法律法规规章，加强对宗教界设立公益慈善组织、开展公益慈善活动的规范和管理，引导其自觉维护国家利益和社会公共利益，确保其健康有序发展。

4. 完善机制。要加强沟通、密切配合，形成民政部门登记管理、宗教事务部门综合协调、有关部门各负其责的工作机制，合力做好宗教界从事公益慈善活动的管理和服务工作。要帮助宗教界健全公益慈善机构，培育公益慈善队伍，强化自律，完善监督，形成开展公益慈善活动的长效机制。

（三）目标任务

各地和有关部门鼓励和规范宗教界从事公益慈善活动的相关政策进一步明确，管理协调机制进一步完善，政策执行力度进一步加大；宗教界从事公益慈善活动的主动性、规范性、可持续性进一步增强，积极作用得到有效发挥。

## 三 宗教界从事公益慈善活动的主要范围

要根据宗教界自身的特点，引导宗教界扬长避短，在最能发挥自身优势、体现自身价值的公益慈善领域开展活动。

当前，重点支持宗教界在以下领域开展非营利活动：灾害救助；扶助残疾人；养老、托幼；扶贫助困；捐资助学；医疗卫生服务；环境保护；社会公共设施建设；法律

和政策允许的、适合宗教界人士和信教群众发挥积极作用的其他公益慈善活动。

**四　宗教界从事公益慈善活动的基本形式**

宗教团体、宗教活动场所和宗教界人士可以通过以下形式开展公益慈善活动。

（一）为公益慈善事业捐款捐物。宗教团体、宗教活动场所的捐赠收入、宗教服务收入、经销宗教用品收入及其他法律法规未限定用途收入，宗教界人士的个人合法收入，可用于公益慈善活动。宗教团体、宗教活动场所可以为重大灾害救助以及涉及面广、社会影响大的公益慈善项目，号召宗教界人士和信教群众捐款捐物。

（二）设立公益慈善项目。具备条件的宗教团体、宗教活动场所可内设专门机构开展公益慈善活动。宗教界可根据社会公益慈善需求和自身能力，结合本宗教的传统，设立公益慈善项目。公益慈善项目的设立及活动开展情况，应当报告县级以上人民政府宗教事务部门和有关主管部门。

（三）设立公益慈善组织。宗教界可以依法设立公益慈善组织。宗教团体可依照《社会团体设立专项基金管理机构暂行规定》的规定，申请设立专项基金管理机构。宗教界可依照《基金会管理条例》的规定，申请设立基金会；依照民政部《社会福利机构管理暂行办法》规定，申请设立为老年人、残疾人提供养护、康复、托管等服务的社会福利机构，并进行民办非企业单位登记；依照《医疗机构管理条例》、《医疗机构管理条例实施细则》等规定，申请设立非营利性医疗机构，并进行民办非企业单位登记。宗教界依法设立的公益慈善组织，应当接受政府有关部门依法进行的监督管理。

**五　宗教界从事公益慈善活动可以享受的扶持和优惠政策**

国家鼓励和支持宗教界从事公益慈善活动。按照我国现行法律法规和政策，宗教界依法从事的公益慈善活动可以享受或者参照享受以下扶持和优惠政策。

（一）宗教界依法开展的公益慈善活动和设立的公益慈善组织受法律保护，享受与社会其他方面同等的优惠待遇。

（二）企业和自然人向宗教界成立的符合税收法律法规规定条件的公益性社会团体的公益性捐赠支出，按照现行有关税收法律法规及相关政策规定，准予在所得税前扣除。

（三）经国务院主管部门依法批准成立的属于社会团体的宗教界公益慈善组织接受境外捐赠人无偿捐赠的直接用于扶贫、慈善事业的物资，依照税收法律法规，减免进口关税和进口环节增值税。

（四）宗教界依法设立的公益慈善组织、社会福利机构，符合法律法规和政策规定的，享受相关税收优惠政策和政府资助补贴，其生活用电比照居民生活用电价格执行，生活用水按居民水价执行。

（五）享受法律和政策许可范围内的其他扶持和优待措施。

### 六　宗教界从事公益慈善活动应当遵守的基本原则

宗教界从事公益慈善活动要自觉维护国家利益，主动接受政府指导和社会监督，努力促进宗教和睦与社会和谐。

（一）依法开展活动，维护国家利益。宗教界从事公益慈善活动时，应当自觉遵守宪法、法律法规规章，在法律和政策许可的范围内开展活动，不得在公益慈善活动中传播宗教。要自觉抵制各种以开展公益慈善活动为名进行的破坏社会秩序、损害公民身体健康、妨碍国家教育制度，以及其他损害国家利益、社会公共利益和公民合法权益的行为。要坚持独立自主自办原则，不受境外势力支配，不接受境外附带政治和宗教条件的资助、捐赠和合作。

（二）坚持自觉自愿，注意量力而行。宗教界从事公益慈善活动应当坚持自愿的原则。任何组织和个人不得强迫或者变相强迫宗教界开展公益慈善活动；宗教界也不得以从事公益慈善活动为名向信教群众强行摊派或变相摊派。宗教界开展公益慈善活动时，要充分考虑自身的承受能力和组织水平，结合自身实际和社会需求，突出特色，量力而行，避免因贪大求全，加重自身和信教群众负担，影响教务活动的正常开展。

（三）规范科学运作，提高管理水平。宗教界开展公益慈善活动，要建立健全相关规章制度，制定和完善工作规划、报告制度、评估制度、信息公布制度、财产管理制度，优化内部治理结构，培育专门人才队伍，不断提高自我管理、自我教育、自我监督、自我服务、自我完善的能力和水平，实现宗教界公益慈善活动的长期化、制度化、规范化。

（四）接受指导监督，注重诚信公信。宗教界开展公益慈善活动，要坚持非营利的原则，自觉接受有关部门的指导、管理、监督和检查。开展公益慈善活动的年度情况和工作计划，要向县级以上人民政府宗教事务部门报告。宗教界设立公益慈善组织，开展公益慈善项目要执行国家规定的财务管理制度，单独核算，实现公开、透明。公益慈善活动的资金来源和使用等情况，要定期以适当方式向社会和捐赠者公布，接受有关部门、捐赠人和社会各界的监督，防止少数不法分子以开展公益慈善活动为名聚敛钱财和进行其他不正当活动。

### 七　加强组织领导

地方党委、政府要把思想和认识统一到中央的精神和要求上来，高度重视，加强领导，及时研究解决工作中遇到的困难和问题。要从实际出发，根据当地的经济社会发展状况、公益慈善需求和宗教界自身实际，科学谋划、合理统筹，研究制定鼓励和规范宗教界从事公益慈善活动的具体措施。

有关部门要根据中央的要求，各负其责、加强协调，充分发挥职能作用，在各自的职责范围内依法做好指导、协调、支持和管理工作，确保鼓励和规范宗教界从事公益慈善活动的各项政策措施有效落实。民政部门要遵照相关法律法规和政策的规定，做好宗教界依法发起设立的公益慈善组织的登记管理工作，协助有关部门依法落实宗教界设立的公益慈善组织享受相应的优惠政策和扶持措施。发展改革、财政、税务等有关部门要按照相关法律法规和政策规定，统一认识，细化举措，一视同仁地落实好宗教界从事公益慈善活动应当享有的价格、财政、税收等方面的扶持和优惠政策。宗教事务部门要加强调研指导，搞好协调服务，积极主动地做好鼓励和规范宗教界从事公益慈善活动工作。对于社会需要却又找不到业务主管单位、遇到登记难问题的宗教界拟设立的公益慈善组织，各级宗教事务部门可以视情担任其业务主管单位，为其顺利登记创造条件。在具体工作中，要注意发现先进典型，认真研究、总结和推广宗教界从事公益慈善活动中涌现出的好形式、好方法和好经验。对于在公益慈善活动中作出突出贡献的宗教团体、宗教活动场所、宗教界依法设立的公益慈善组织、宗教界人士和信教群众，要予以表彰和奖励，并予以适当的宣传报道。对于宗教界在开展公益慈善活动中出现的违规募集捐款、拒不执行国家规定的财务管理制度等问题，宗教事务部门要会同相关职能部门依法进行监管和查处。

宗教团体要充分发挥主人翁精神和协同自律作用，积极采取措施，扎实有力地推动宗教界公益慈善活动的开展。要结合本宗教特点和实际，制定本地区本宗教公益慈善活动规划，加强对有关宗教活动场所和宗教界人士从事公益慈善活动的指导和管理。要健全公益慈善活动的领导体制和工作机制，可视情设立专门委员会，承担信息沟通、资源协调、统筹指导等任务。

国家宗教事务局<br>
中共中央统战部<br>
国家发展和改革委员会<br>
民 政 部<br>
财 政 部<br>
国家税务总局<br>
二〇一二年二月十六日

# 中国天主教主教备案办法(试行)

**第一条** 为保障天主教主教的合法权益，规范主教备案工作，根据《宗教事务条例》，制定本办法。

**第二条** 本办法所称主教，是经中国天主教主教团批准并祝圣的教区正权主教、助理主教和辅理主教。

**第三条** 国家宗教事务局是天主教主教的备案部门。

**第四条** 主教备案由中国天主教爱国会、中国天主教主教团向国家宗教事务局提出申请。

**第五条** 履行主教备案程序，应由主教本人填写《中国天主教主教备案申请表》，该主教所在省（自治区、直辖市）天主教爱国会、天主教教务委员会签署意见并报省级人民政府宗教事务部门同意后，报中国天主教爱国会、中国天主教主教团。中国天主教爱国会、中国天主教主教团核实上述材料后提出意见，以书面方式报国家宗教事务局办理备案手续。

**第六条** 中国天主教爱国会、中国天主教主教团向国家宗教事务局申请主教备案应提交以下材料：

1. 《中国天主教主教备案申请表》；
2. 主教的户籍证明复印件和居民身份证复印件；
3. 主教的相关学历和学位证明；
4. 省（自治区、直辖市）天主教爱国会、天主教教务委员会签署的该主教民主选举情况的报告；
5. 中国天主教主教团批准书；
6. 主持祝圣仪式的主教签署的祝圣情况报告。

**第七条** 主教的祝圣须由中国天主教主教团批准，中国天主教爱国会、中国天主教主教团应当在主教祝圣仪式后30日内，报国家宗教事务局办理备案手续。

本办法公布实施前已经祝圣的主教，由中国天主教爱国会、中国天主教主教团按第五条、第六条规定统一报国家宗教事务局办理备案手续。

经中国天主教主教团批准就职的主教，按照上述规定办理备案手续。

**第八条** 教区正权主教出缺或退休后，其继任的正权主教，由中国天主教爱国会、中国天主教主教团报国家宗教事务局办理备案手续。

**第九条** 国家宗教事务局收到备案申请后 30 日内，向中国天主教爱国会、中国天主教主教团作出书面答复。

**第十条** 主教备案程序完成后，由中国天主教主教团向主教颁发宗教教职人员证书，并通知该主教所在省（自治区、直辖市）天主教爱国会、天主教教务委员会。

**第十一条** 中国天主教主教团批准退休的主教，由中国天主教爱国会、中国天主教主教团报国家宗教事务局办理备案手续。

**第十二条** 未经中国天主教主教团批准的，国家宗教事务局不予备案，其不得以主教身份进行宗教活动，不得代表该教区履行相应职责，不得担任教区法定代表人。

**第十三条** 按照中国天主教爱国会、中国天主教主教团有关规定被解除或主动辞去主教职务的，由中国天主教爱国会、中国天主教主教团报国家宗教事务局办理注销备案手续。

**第十四条** 主教违反法律、法规和规章，情节严重的，除依法追究其法律责任外，依据《宗教事务条例》第四十五条的规定，由中国天主教爱国会、中国天主教主教团取消其主教职务，并报国家宗教事务局办理注销备案手续。

**第十五条** 主教备案或注销备案的相关信息，由国家宗教事务局在官方网站上公开发布。

**第十六条** 本办法自发布之日起施行。

# 关于处理涉及佛教寺庙、道教宫观管理有关问题的意见

国宗发〔2012〕41号

在我国，佛教、道教历史悠久，信教群众较多，影响广泛。改革开放以来，特别是2004年国务院颁布《宗教事务条例》以来，通过开展和谐寺观教堂创建活动、宗教教职人员认定备案和宗教活动场所财务监督管理等工作，绝大多数佛教、道教寺庙宫观（以下简称"寺观"）管理规范，教风端正，庄严清静。但是，一些地方受经济利益驱动，搞"宗教搭台、经济唱戏"，出现了一些不正常的现象。主要表现为：一些地方、企业和个人以弘扬传统文化、促进地方经济发展为借口，投资新建或承包寺观，借教敛财；有的非宗教活动场所雇用假僧假道，非法从事宗教活动，违规设置功德箱，收取宗教性捐献，甚至威逼利诱信众和游客，骗取钱财，以教牟利；一些经依法登记的寺观尤其是处在风景名胜区的寺观，或被投资经营，或被作为企业资产上市，或存在强拉或诱导游客和信教群众花高价烧高香、从事抽签卜卦等现象。这些现象严重违反党的宗教政策和国家法律法规，扰乱正常宗教活动秩序，损害宗教界的权益与形象，伤害信教群众的感情，损害游客的合法权益，造成恶劣的社会影响，引起社会各方面的强烈关注。为制止和纠正上述现象，依法、依规、科学、有序管理寺观，现就有关事项通知如下：

1. 要认真落实《宗教事务条例》，坚决制止乱建寺观和各种借教敛财行为。寺观应在政府宗教事务部门的行政管理下，在当地政府有关部门指导、监督下，由佛、道教界按民主管理的原则负责管理，任何单位和个人不得插手其内部宗教事务。严禁党政部门参与或纵容、支持企业和个人投资经营或承包经营寺观，不得以任何方式将寺观搞"股份制"、"中外合资"、"租赁承包"、"分红提成"等。对参与、支持此类活动的党政干部要按党纪政纪严肃处理。

2. 政府宗教事务部门要对依法登记的寺观进行一次全面排查，开展专项治理，坚决纠正寺观"被承包"现象，并限期整改，将依法应由寺观管理的事务交由寺观管理；整改不到位的，撤销其宗教活动场所登记，不得从事宗教活动。不得将宗教活动场所作为

企业资产上市，各级政府宗教事务部门应进行排查，发现存在此类问题的，应限期进行整改，逾期不整改的，会同相关部门根据有关法规予以处罚。

3. 除经政府宗教事务部门依法登记的宗教活动场所外，其他场所一律不得组织、举行宗教活动，不得接受宗教性捐献。对非宗教活动场所设立功德箱、接受宗教性捐献、开展宗教活动等借教敛财行为，政府宗教事务部门要会同公安、住房和城乡建设、文化、工商、旅游、文物等部门，按照有关法律、法规规定，坚决予以查处，并视情予以通报；构成犯罪的，移交司法机关依法处理。国家宗教事务局将对依法登记的寺观予以公告，帮助信众辨别宗教活动场所和非宗教活动场所，引导信众到依法登记的寺观参加宗教活动。已依法辟为宗教活动场所的不可移动文物，其管理使用人要依法履行保护、修缮和安全等职责。未经依法审批，不得将不可移动文物辟为宗教活动场所。

4. 宗教教职人员必须经宗教团体认定，报县级以上政府宗教事务部门备案。政府宗教事务部门应加强对宗教教职人员的管理，引导教职人员正信正行。宗教教职人员要引导信教群众文明进香，不得以任何手段骗取香客、游客钱财；要依照教规如法如仪开展宗教活动，不得到非宗教活动场所从事宗教活动，屡教不改的，建议相关宗教团体撤销其宗教教职人员资格，收回教职人员证书，并报原备案的政府宗教事务部门注销备案。

5. 假冒宗教教职人员进行宗教活动的，由政府宗教事务部门责令停止活动，有违法所得的，没收违法所得；有违反治安管理行为的，由公安部门依法给予治安管理处罚；构成犯罪的，依法追究刑事责任。国家宗教事务局将在完成宗教教职人员认定备案工作基础上，建立宗教教职人员基本信息网络查询系统，以利于辨认和打击假冒教职人员。

6. 宗教、旅游、文物等部门要继续认真贯彻落实《关于进一步规范全国宗教旅游场所燃香活动的意见》（旅发〔2009〕30号）和《关于贯彻实施〈燃香类产品安全通用技术条件〉等3项国家标准的通知》（国标委服务联〔2011〕58号），整治强拉或诱导游客和信教群众花高价烧高香的行为，倡导文明敬香，优化寺观环境。严禁旅游企业、导游人员以任何名义和借口诱导游客和信教群众烧高香、抽签卜卦。

7. 政府宗教事务部门要依法对风景名胜区内的宗教活动场所履行管理职能。在风景名胜区内的宗教活动场所新建、扩建、改建等都要严格按照《中华人民共和国文物保护法》、《宗教事务条例》、《风景名胜区条例》管理，风景名胜区主管部门应会同宗教、园林、文物等部门对违法建设行为进行查处。

国家宗教事务局　　　　　　中共中央统战部

国家发展和改革委员会　公安部
住房和城乡建设部　　　文化部
国家工商行政管理总局　国家旅游局
中国证券监督管理委员会　国家文物局

2012 年 10 月 8 日

# 宗教院校学位授予办法(试行)

## 第一章 总则

**第一条** 为了加强宗教专门人才培养，提高宗教院校教育教学水平，依据国家有关法律法规，按照宗教与教育相分离的原则，结合宗教院校实际，制定本办法。

**第二条** 本办法所称宗教院校，是指依据《宗教事务条例》和《宗教院校设立办法》设立，由宗教团体举办，培养宗教教职人员和宗教方面其他专门人才的全日制高等院校。

**第三条** 遵守宪法和法律，爱国爱教，坚持独立自主自办原则，思想品德良好，有志于宗教事业的宗教院校本科以上毕业生，可以按照本办法规定申请相应的学位。

**第四条** 宗教院校学位分学士、硕士、博士三级。

宗教院校学位名称由宗教名称、学科名称、学位等级三部分组成。

宗教院校学位名称由各全国性宗教团体确定，报国家宗教事务局备案。

**第五条** 申请攻读宗教院校上一级学位，一般应当先取得下一级学位。

**第六条** 宗教院校认可普通高等学校和学术研究机构授予的学位。

**第七条** 各全国性宗教团体的教育委员会设立宗教院校学位工作小组，负责本宗教的宗教院校学位授予工作。

宗教院校学位工作小组由宗教团体有关负责人、宗教院校中、高级职称人员及有关方面专家学者组成。学位工作小组成员名单由全国性宗教团体报国家宗教事务局备案。

**第八条** 宗教院校学位授予工作应当坚持公正规范、公开透明原则。

**第九条** 各全国性宗教团体应当依照本办法制定本宗教的宗教院校学位授予实施细则和学位工作小组工作规则，报国家宗教事务局备案。

## 第二章 条件

**第十条** 宗教院校本科毕业生，成绩合格，通过学士论文评审，并符合下列条件者，授予学士学位：

(一) 较好地掌握本宗教的基础理论和教义教规；

（二）初步具有从事宗教研究工作的能力；

（三）具备从事宗教教务活动的基本能力。

**第十一条** 宗教院校学生完成硕士学位研究生学业，通过硕士学位研究生课程考试和论文答辩，并符合下列条件者，授予硕士学位：

（一）系统掌握本宗教的基础理论和教义教规，在其研究领域有较深的造诣；

（二）具有从事宗教研究工作的能力；

（三）具备较强的从事宗教教务活动的能力。

**第十二条** 宗教院校学生完成博士学位研究生学业，通过博士学位研究生课程考试和论文答辩，并符合下列条件者，授予博士学位：

（一）系统深入掌握本宗教的基础理论和教义教规，在其研究领域有突出成果；

（二）具有独立从事宗教研究工作的能力；

（三）具备系统扎实的从事宗教教务活动的能力。

**第十三条** 申请宗教院校学位，还应当具备一定的外国语或古汉语水平，具体标准由各全国性宗教团体制定。

## 第三章 授予

**第十四条** 授予学位的宗教院校，应当具有学位授予资格。

符合条件的高等宗教院校可按程序申请学位授予资格。

**第十五条** 申请学位授予资格，由宗教院校填写宗教院校学位授予资格申请表，并提交举办该院校的宗教团体，该宗教团体审核后报本宗教的学位工作小组。全国性宗教团体举办的宗教院校申请学位授予资格，由该院校直接报本宗教的学位工作小组。

宗教院校学位工作小组按照本宗教的宗教院校学位授予实施细则和学位工作小组工作规则，对宗教院校的申请进行审查，对可授予学位的院校、可授予学位的学科及相应学位提出意见，并报全国性宗教团体教育委员会审定。全国性宗教团体教育委员会对同意授予学位资格的宗教院校，颁发宗教院校学位授予资格证书，并由全国性宗教团体报国家宗教事务局备案。

**第十六条** 取得学位授予资格的宗教院校，依据可授予的学位，设立相应的学士学位评定委员会、硕士学位论文答辩委员会和博士学位论文答辩委员会。

宗教院校学士学位评定委员会、硕士学位论文答辩委员会和博士学位论文答辩委员会的组成人员由该宗教院校提出，经举办该宗教院校的宗教团体审核后，报本宗教的学位工作小组审定。全国性宗教团体举办的宗教院校可直接报本宗教的学位工作小组审定。

宗教院校学士学位评定委员会、硕士学位论文答辩委员会和博士学位论文答辩委员会组成人员名单确定后，由全国性宗教团体报国家宗教事务局备案。

**第十七条** 宗教院校的学士学位评定委员会负责评定学士学位。

宗教院校的硕士学位论文答辩委员会、博士学位论文答辩委员会分别负责审查硕士、博士学位论文，组织答辩，对是否授予硕士学位或博士学位提出意见，报本宗教的学位工作小组审核，经全国性宗教团体教育委员会审定后，由全国性宗教团体报国家宗教事务局备案。

**第十八条** 具有博士学位授予资格的宗教院校可以授予国内外知名人士名誉博士学位。授予名誉博士学位应当由宗教院校提名，并经本宗教的学位工作小组审核，报全国性宗教团体教育委员会审定，由全国性宗教团体报国家宗教事务局备案。

**第十九条** 在宗教院校学习的境外留学生，其学位授予按照本办法的规定办理。

## 第四章　法律责任

**第二十条** 对已取得学位授予资格的宗教院校，宗教学位工作小组确认其不能保证所授学位的学业水平，报全国性宗教团体教育委员会审定后，可停止或撤销该院校相应的学位授予资格，并由全国性宗教团体报国家宗教事务局备案。

**第二十一条** 对已经授予的学位，发现有严重违反本办法规定的，由授予其学士学位的评定委员会或授予其硕士、博士学位的全国性宗教团体教育委员会予以撤销。

**第二十二条** 学士学位评定委员会成员、硕士学位论文答辩委员会成员、博士学位论文答辩委员会成员和学位工作小组成员有违反学位授予程序和规定行为的，由全国性宗教团体根据情节轻重，分别责令改正、取消委员会成员或工作小组成员资格，并宣布违规授予的学位无效。

学士学位评定委员会、硕士学位论文答辩委员会、博士学位论文答辩委员会和学位工作小组有违反学位授予程序和规定行为的，由全国性宗教团体根据情节轻重，分别责令限期改正、暂停学位授予工作、重组委员会或工作小组，并宣布违规授予的学位无效。

## 第五章　附则

**第二十三条** 宗教院校学位授予资格证书由各全国性宗教团体印制、各全国性宗教团体教育委员会颁发，在宗教界内部有效。

宗教院校学位证书由各全国性宗教团体印制、宗教院校颁发，在宗教界内部有效。

**第二十四条** 藏传佛教院校学衔授予办法另行规定。

**第二十五条** 本办法自2013年1月1日起施行。

# 宗教院校教师资格认定和职称评审聘任办法(试行)

## 第一章　总则

**第一条**　为了加强宗教院校教师队伍建设，提高宗教院校的规范化管理水平，依据国家有关法律法规，按照宗教与教育相分离的原则，结合宗教院校实际，制定本办法。

**第二条**　本办法所称宗教院校，是指依据《宗教事务条例》和《宗教院校设立办法》设立，由宗教团体举办，培养宗教教职人员和宗教方面其他专门人才的全日制院校。

**第三条**　在宗教院校专门从事教育教学工作的人员，应当具备宗教院校教师资格。

按《教师资格条例》获得普通高等学校教师资格的人员和按国家有关专业技术资格评定办法获得专业技术职称的人员，视为已具备宗教院校教师资格。

**第四条**　宗教院校教师职称实行评审聘任制度。

宗教院校教师职称分为助教、讲师、副教授、教授。

**第五条**　各全国性宗教团体的教育委员会设立宗教院校教师资格认定工作小组和宗教院校教师职称评审工作小组，分别负责本宗教的宗教院校教师资格认定和讲师以上职称评审工作。

宗教院校根据宗教院校教师职称评审工作小组的评审结果，负责本校讲师、副教授和教授职称的聘任工作，并负责本校助教职称的评审聘任工作。

**第六条**　宗教院校教师资格认定工作小组由宗教团体有关负责人、宗教院校中、高级职称人员及有关方面专家学者组成，宗教院校教师职称评审工作小组由宗教团体有关负责人、宗教院校高级职称人员及有关方面专家学者组成。

宗教院校教师资格认定工作小组成员名单和职称评审工作小组成员名单由全国性宗教团体报国家宗教事务局备案。

**第七条**　宗教院校教师资格认定和职称评审工作应当坚持公正规范、公开透明原则。

**第八条**　各全国性宗教团体应当依照本办法制定本宗教的宗教院校教师资格认定实

施细则和职称评审实施细则,以及宗教院校教师资格认定工作小组工作规则和职称评审工作小组工作规则,并报国家宗教事务局备案。

**第九条** 国家宗教事务局和省级人民政府宗教事务部门按照各自职责对宗教院校教师资格认定和职称评审聘任工作进行监督指导。

## 第二章 资格认定

**第十条** 申请宗教院校教师资格,应当具备下列条件:

(一)遵守宪法和法律,爱国爱教,坚持独立自主自办原则,思想品德良好,愿意从事宗教院校教育工作;

(二)有本科以上学历或同等学力;

(三)在宗教团体或宗教院校、宗教活动场所工作一年以上;

(四)具备教育教学工作所必需的基本素质和能力;

(五)熟悉国家宗教方面的法律、法规、规章和政策;

(六)能用普通话进行教学与交流,少数民族地区可适当放宽;

(七)身体健康,能胜任工作。

**第十一条** 申请宗教院校教师资格,由本人向户籍地或拟任教宗教院校所在地的省、自治区、直辖市宗教团体提出申请。省、自治区、直辖市宗教团体提出审核意见后,报本宗教的宗教院校教师资格认定工作小组。

拟在全国性宗教团体举办的宗教院校任教的,可直接向全国性宗教团体提出申请。

**第十二条** 申请宗教院校教师资格,应当填写宗教院校教师资格认定申请表,并提交下列材料:

(一)户籍证明、身份证明和学历证明,宗教教职人员应同时提交宗教教职人员证书;

(二)二级以上医院出具的体检合格证明;

(三)毕业院校出具的毕业鉴定表,以及所在单位或户籍所在地乡(镇)人民政府、街道办事处出具的个人品行情况材料。

**第十三条** 宗教院校教师资格认定工作小组按照本宗教的宗教院校教师资格认定实施细则和工作小组工作规则,对申请人资格进行审查。经审查符合条件的,由该工作小组组织资格考试。考试成绩合格的,由全国性宗教团体的教育委员会颁发宗教院校教师资格证书。

## 第三章　职称评审聘任

**第十四条**　助教主要履行下列职责：

（一）承担教学辅导工作；

（二）经学校批准，承担某些课程的部分或全部教学工作；

（三）参与组织和指导学生实习等方面的工作；

（四）担任教学、研究等方面的其他工作。

**第十五条**　讲师主要履行下列职责：

（一）承担教学工作；

（二）参与编写课程辅导材料；

（三）指导学生完成毕业论文；

（四）协助教授、副教授指导研究生、进修教师。

**第十六条**　副教授主要履行下列职责：

（一）承担教学工作；

（二）担任研究课题负责人，负责或参加审阅学术论文；

（三）主持或参与编写、审议教材和教学参考书；

（四）根据需要，指导硕士研究生、进修教师，协助教授指导博士研究生。

**第十七条**　教授主要履行下列职责：

（一）承担教学工作；

（二）担任研究课题负责人，负责审阅学术论文；

（三）主持编写、审议教材和教学参考书；

（四）根据需要，指导硕士、博士研究生和进修教师。

**第十八条**　宗教院校教师除承担教育教学及相关研究工作外，还应当负责学生思想政治工作。

**第十九条**　获得助教职称，应当具备下列条件：

（一）获得学士学位且经过一年以上见习期试用，或本科毕业且担任教学工作二年以上，或硕士研究生毕业；

（二）能胜任助教职责。

**第二十条**　获得讲师职称，应当具备下列条件：

（一）担任助教四年以上，或硕士研究生毕业且担任助教二年以上，或获得博士学位；

（二）有一定的外国语或古汉语水平；

（三）能胜任讲师职责。

**第二十一条** 获得副教授职称，应当具备下列条件：

（一）担任讲师五年以上，或获得博士学位且担任讲师二年以上；

（二）能阅读本专业的外文或古汉语书籍；

（三）发表过有一定水平的研究论文或出版过著作、教科书，或教学水平较高；

（四）能胜任副教授职责。

**第二十二条** 获得教授职称，应当具备下列条件：

（一）担任副教授五年以上；

（二）熟练掌握一门外国语或精通古汉语；

（三）发表、出版过有创见性或较高水平的研究论文、著作、教科书，或教学成绩卓著；

（四）能胜任教授职责。

**第二十三条** 教学或研究等方面成绩突出的教师，可以破格申请宗教院校教师职称，具体办法由各全国性宗教团体制定。

**第二十四条** 申请宗教院校教师职称，由本人向所在宗教院校提交宗教院校教师职称申请表，并提供下列材料：

（一）宗教院校教师资格证书；

（二）户籍证明、身份证明、学历证明、学位证明和职称证明；

（三）教学或学术成果。

**第二十五条** 助教职称的评审聘任，由宗教院校负责办理。

讲师以上职称的评审，由宗教院校提出初审意见，经该院校所在地的省、自治区、直辖市宗教团体审核并征求所在地的省级人民政府宗教事务部门意见后，报本宗教的宗教院校教师职称评审工作小组评审。

全国性宗教团体举办的宗教院校的讲师以上职称评审，由该院校直接报本宗教的宗教院校教师职称评审工作小组评审。

**第二十六条** 宗教院校教师职称评审工作小组按照本宗教的宗教院校教师职称评审实施细则和工作小组工作规则，对申请讲师以上职称的人员进行评审，并出具评审意见。通过评审的，由全国性宗教团体的教育委员会颁发宗教院校教师职称证书，并书面通知拟聘该教师的宗教院校。

**第二十七条** 宗教院校根据教育教学工作岗位需要和规定职数，与获得相应职称资格的宗教院校教师协商签订岗位聘任协议，明确聘任待遇、聘任期限等双方权利义务，并颁发聘任证书。

**第二十八条** 按照本办法获得职称并受聘任教的宗教院校教师，其工资和各项待遇所需经费,由所在宗教院校和举办该宗教院校的宗教团体筹措、保障。

**第二十九条** 各全国性宗教团体应当在宗教院校教师职称评审工作小组评审结束后三十日内,将评审情况及结果报国家宗教事务局备案。

宗教院校应当在每年第三季度将聘用教师情况报举办该宗教院校的宗教团体和相应的政府宗教事务部门备案。

**第三十条** 宗教院校应加强对教师的管理,对教师的政治素质、道德品行、教学水平、工作绩效等进行考核。考核结果记入个人档案,作为晋级、调薪、奖惩和解聘、续聘的依据。

## 第四章 法律责任

**第三十一条** 已获得宗教院校教师资格,有下列情形之一的,由认定其教师资格的宗教院校教师资格认定工作小组撤销其宗教院校教师资格:

(一)受到刑事处罚的;

(二)违反国家宗教方面的法律、法规、规章和政策,情节严重的;

(三)弄虚作假、骗取宗教院校教师资格的;

(四)品行不良,造成恶劣影响的。

被撤销宗教院校教师资格的,自撤销之日起五年内不得重新申请宗教院校教师资格。

**第三十二条** 弄虚作假获得宗教院校教师职称的,由评审其职称的宗教院校教师职称评审工作小组撤销其职称,自撤销之日起三年内不得重新申请宗教院校教师职称。

**第三十三条** 宗教院校教师资格认定工作小组成员或职称评审工作小组成员有违反资格认定或职称评审程序和规定行为的,由全国性宗教团体根据情节轻重,分别责令改正、取消工作小组成员资格,并宣布违规认定或评审的结果无效。

宗教院校教师资格认定工作小组或职称评审工作小组有违反资格认定或职称评审程序和规定行为的,由全国性宗教团体根据情节轻重,分别责令限期改正、暂停认定或评审工作、重组工作小组,并宣布违规认定或评审的结果无效。

## 第五章 附则

**第三十四条** 宗教院校教师资格证书、宗教院校教师职称证书由各全国性宗教团体印制,在宗教界内部有效。

宗教院校教师资格认定申请表、宗教院校教师职称申请表由各全国性宗教团体制定式样。

**第三十五条** 按照国家有关专业技术资格评定办法参加专业技术职称评审聘任的人员，其资格认定、职称聘任、待遇等按国家有关规定办理，不属本办法规范的范围。

按照国家有关专业技术资格评定办法获得专业技术职称的宗教院校教师，可按本办法申请宗教院校教师职称。

**第三十六条** 本办法实施前已在宗教院校任教的教师，其职称评审条件可以适当放宽，具体标准由各全国性宗教团体制定。

**第三十七条** 本办法自2013年1月1日起施行。

# 藏传佛教寺庙经师资格评定和聘任办法

(2012年11月25日中国佛教协会第八届理事会第二次常务理事会议通过,2012年12月3日公布)

## 第一章 总则

**第一条** 为了规范藏传佛教寺庙经师资格评定和聘任管理,维护藏传佛教正常秩序,依据《宗教事务条例》、《藏传佛教寺庙管理办法》、《宗教活动场所主要教职任职备案办法》及《中国佛教协会章程》、《藏传佛教寺庙主要教职任职办法》等有关规定和藏传佛教教义教规及传统,制定本办法。

**第二条** 本办法所称藏传佛教寺庙经师(以下简称经师),是指在依法登记的藏传佛教活动场所(本办法称寺庙)中专门从事传授佛教教义教规、经典和文化知识的藏传佛教教职人员。

**第三条** 经师实行聘任制,聘任为经师的,应当具有经师资格。

## 第二章 资格评定

**第四条** 取得经师资格,应当具备下列条件:

(一)具备藏传佛教教职人员资格;

(二)拥护中国共产党的领导和社会主义制度,爱国爱教,遵纪守法,维护法律尊严、维护人民利益、维护民族团结、维护祖国统一,维护宗教和睦与社会和谐;

(三)服从寺庙管理组织的管理,接受寺庙僧尼及信教群众的监督,接受寺庙所在地人民政府宗教事务部门和佛教协会的指导和监督;

(四)取得国内佛教院校授予的佛学学衔或考取传统的佛学学位,或具有同等佛学造诣,具有传授佛教教义教规、经典和文化知识的能力和水平;

(五)严守戒律教规,品行服众;

(六)不受境外组织和个人支配。

第五条 经师资格评定应当履行下列手续：

（一）寺庙管理组织推荐拟评定经师资格人选，报该寺庙所在地的县（市、区、旗）佛教协会。

（二）县（市、区、旗）佛教协会提出审核意见，报设区的市（地、州、盟）佛教协会。

（三）设区的市（地、州、盟）佛教协会组织经师资格考评委员会，对拟评定经师资格的人员进行考核，符合条件的，组织考试。本办法实施前，已在寺庙担任经师且年龄在50周岁以上，符合本办法第四条规定的，可免于考试。考核考试情况报省、自治区、直辖市佛教协会。

（四）省、自治区、直辖市佛教协会经审核，作出评定决定，并对获得经师资格的人员，颁发藏传佛教寺庙经师资格证书。

（五）县（市、区、旗）、设区的市（地、州、盟）和省、自治区、直辖市佛教协会在提出审核意见或作出评定决定前，应当书面征求相应人民政府宗教事务部门的意见。

所在地的县（市、区、旗）没有佛教协会的，报设区的市（地、州、盟）佛教协会；设区的市（地、州、盟）没有佛教协会的，报省、自治区、直辖市佛教协会，由省、自治区、直辖市佛教协会组织经师资格考评委员会，对拟评定经师资格的人员进行考核考试。

第六条 藏传佛教寺庙经师资格证书由中国佛教协会监制。

## 第三章 聘任

第七条 寺庙拟聘经师人选，由该寺庙管理组织按照本寺庙僧尼意愿，民主协商提出，经所在地的县（市、区、旗）佛教协会审核后报设区的市（地、州、盟）佛教协会批准。

所在地的县（市、区、旗）没有佛教协会的，直接报设区的市（地、州、盟）佛教协会审核批准；设区的市（地、州、盟）没有佛教协会的，直接报省、自治区、直辖市佛教协会审核批准。

第八条 跨县（市、区、旗）或设区的市（地、州、盟）聘任经师的，除按本办法第七条规定的程序办理外，还应当由聘任经师的寺庙及其所在地县（市、区、旗）或设区的市（地、州、盟）佛教协会征得经师所在地寺庙及其相应佛教协会同意，并征求相应人民政府宗教事务部门的意见。

跨省、自治区、直辖市聘任经师的，报聘任经师的寺庙所在地的省、自治区、直辖市佛教协会批准。同时，应征得经师所在地省、自治区、直辖市佛教协会同意。在批准或同意前，还应当征求当地省级人民政府宗教事务部门的意见。

**第九条** 拟聘经师人选获批准后，寺庙管理组织应当按照《宗教活动场所主要教职任职备案办法》的规定，报寺庙所在地相应人民政府宗教事务部门备案。

跨区域聘任经师的，还应当按照《藏传佛教寺庙管理办法》第二十二条的规定，报经师所在地相应人民政府宗教事务部门备案。

**第十条** 寺庙管理组织和受聘经师应当签订聘任协议，协议中应当明确规定双方的权利和义务。

经师聘任期一般不超过5年，聘任期满后可续聘。需要续聘的，经原批准的佛教协会同意后报相应人民政府宗教事务部门备案。

**第十一条** 经师应当履行下列职责：

（一）为学经僧尼传授佛教教义教规、经典和文化知识；

（二）挖掘、整理和研究佛教经典，对教义教规作出符合社会发展和时代进步要求的阐释；

（三）协助寺庙管理组织做好学经僧尼的管理工作，教育引导僧尼爱国爱教、团结进步、持戒守法、正信正行、服务社会，维护寺庙正常秩序，促进宗教和睦与社会和谐；

（四）宣传国家的政策法规，引导信教群众自觉维护祖国统一、民族团结和社会稳定，反对分裂。

**第十二条** 寺庙管理组织应当定期对经师进行考核，考核情况报寺庙所在地佛教协会。

**第十三条** 寺庙管理组织和当地佛教协会应当为经师履行职责、弘法利生创造条件，提供帮助。

**第十四条** 经师舍戒还俗或因其他原因丧失教职人员资格的，不再具备经师资格，原认定其经师资格的佛教协会须收回其藏传佛教寺庙经师资格证书，聘任其为经师的寺庙应当与其解除聘任协议。

## 第四章 罚则

**第十五条** 经师有下列情形之一的，视情节轻重，分别给予劝诫、暂停聘任、解聘、暂停经师资格、撤销经师资格的惩处：

（一）违反聘任协议规定，不履行职责的；

（二）违犯戒律教规和寺规的；

（三）不服从寺庙管理组织管理的；

（四）违反财务管理制度，或者侵吞、挥霍寺庙财产的；

（五）受境外组织和个人支配的；

（六）散布分裂思想，煽动僧尼和信教群众从事违法犯罪活动的；

（七）从事破坏民族团结和社会稳定、分裂祖国活动的；

（八）违反国家其他法律法规和政策的。

**第十六条** 劝诫、暂停聘任的决定，由经师所在寺庙管理组织作出；解聘的决定，由经师所在寺庙管理组织经原批准聘任经师的佛教协会同意后作出，并报原备案的人民政府宗教事务部门注销备案；暂停经师资格、撤销经师资格的决定，由原评定其经师资格的佛教协会作出，对被撤销经师资格的，收回其藏传佛教寺庙经师资格证书。

寺庙管理组织、佛教协会在作出惩处决定前，应当书面征求相应人民政府宗教事务部门意见。

**第十七条** 经师被暂停聘任或暂停经师资格后，确有改正，并得到寺庙大多数僧尼认可，可按照原作出惩处决定的程序，继续聘任或恢复其经师资格。

## 第五章 附则

**第十八条** 有关省、自治区、直辖市佛教协会可以根据本地实际制定实施细则。

**第十九条** 本办法由中国佛教协会负责解释。

**第二十条** 本办法自公布之日起施行。

# 研究综述

宗教学及相关学科研究

# 马克思主义宗教观研究综述

曾传辉　唐晓峰

本前沿报告的重点放在评述马克思主义宗教观学科具有中国特色的话语体系的构建方面，同时对年度内发表的理论文章进行综述。

## 一　总体观察

综观我国宗教学半个多世纪以来的发展历程，除了个别情况以外，马克思主义基本理论在构建有中国特色、中国风格和中国气派的学科话语体系方面不仅起到了指导的作用，马克思主义宗教观研究更是构建有中国特色的宗教学话语体系的主体推动力。中国宗教学的主流话语，在借鉴国外学术成果的基础上，用中国特色的理论研究和话语解读中国宗教的实际。在政界、教界、学界三方力量的不断努力下，既不崇洋，也不复古，甚至对马克思主义经典作家的言论和其他马克思主义政党的理论政策，也不是采取机械照搬的办法，而是联系当今国际国内的实际，采取开放融通的态度，逐步发展出具有中国特色、中国风格、中国气派的宗教学话语链条。下面是近年来有重要影响的几个话语："宗教文化"话语；"相适应"话语；"宗教五性论"话语；"鸦片隐喻"话语；"宗教和谐论"话语；"宗教生态论"话语；"宗教观教育"话语。它们的共同特点是均以政教交涉为主轴，多数以政界领袖为首倡，以学界为主力，以马克思主义为基调，是地地道道地用中国话语讲中国事情的国货，贯穿着关心国是民瘼的仕人精神。随着中国国际地位的进一步上升，二流国家学人的心态也会改变，可以预见，会有一些关于世界宗教形势的中国话语出现。

据我们收集到的资料来看，2011年马克思主义宗教观方面的理论成果除了在数量方面较往年大幅增长以外，在论题范围涵盖面上也有较大扩展，研究深度方面出现了精细化的趋向，还围绕几个问题形成了理论热点。根据不完全统计，2011年度国内学界共发表有关马克思主义宗教观研究类文章 350 余篇①，较 2010 年度该题材类文章数量增加 100 余篇。年内，国内相关学科出版了吕大吉（已故）和高师宁合著的专著《马克思主义宗教理论研究》②，曾传辉主编论文集《马克思主义宗教观研究（2010）》③。曾传辉著《20 世纪 50 年代西藏的政治与宗教》④ 是马克思主义宗教观在中国的应用和发展的一个历史实例，其中有章节集中论述此历史时期内中国共产党在处理西藏问题时对马克思主义宗教观的应用和发展。另外，龚学增著马克思主义宗教观普及读本《宗教问题概论》⑤ 由两家出版社联合推出第四版亦是值得一提的学术事件。

## 二 重要观点介绍

中国共产党在运用马克思主义宗教观处理实际宗教问题的过程中，逐步形成了中国化的马克思主义宗教观基本理论及方法，这些源自中国宗教实际及宗教工作实践的理论、观点进一步成为我们制定宗教政策、实施宗教管理实践的基本准绳和参照。那么，对于什么是马克思主义宗教观、什么是马克思主义宗教观的中国化的讨论以及在此过程中存在的若干问题的梳理，这是 2011 年国内学界有关马克思主义宗教观研究的重要内容，学者们及宗教工作者们在此方面发表了大量论文。由于论文数量较大，在此就不一一列举了，仅就主要观点进行阐述。

**（一）总结中国化马克思主义宗教观的基本内涵**

围绕中国化马克思主义宗教观包含哪些内容，其基本内涵有哪些这一主题，龚学增教授在《关于马克思主义宗教观中国化的思考》一文中，首先明确界定了"马克思主义宗教观的中国化"概念，认为"马克思主义宗教观的中国化主要是中国共产党把马克思主义宗教观的基本原理应用于中国革命和建设中的宗教问题的实际，使二者正确结合，走出了一条具有中国特色的解决宗教问题的道路的过程，是中国共产党解决宗教问题的经验不断积累的过程，是在宗教基本理论政策上逐步系统化的过程，是坚

---

① 在《中国学术文献网络出版总库》中按主题为"马克思"和"宗教"，以及"中国共产党"、"宗教"进行搜索，2011 年度共出版相关论文 323 篇，加之笔者在一些以书代刊类丛刊上收集到的相关论文共 350 余篇；而在 2010 年度该数字只有 230 余篇。这里必须强调的是，用这种方法进行统计不是为了得到相关论文的精确数量，只是为了观察其发展趋势，以及研究内容的改变。
② 该书由中国社会科学出版社 2011 年 5 月出版。仅 13 个月后，主要作者吕大吉先生于 2012 年 6 月仙逝，是书遂成为一位著名的马克思主义宗教学者的一世绝响。
③ 该书由社会科学文献出版社 2011 年 7 月出版。
④ 该书由社会科学文献出版社 2011 年 10 月出版。
⑤ 该书由四川人民出版社、人民出版社 2011 年 8 月出版。

持和不断丰富、发展马克思主义宗教观的过程。"① 马克思主义宗教观中国化最为直接的表现形式便是中国特色社会主义宗教理论的形成，何虎生教授在《中国特色社会主义宗教理论体系研究》一文中将该理论内容归纳为三个层面：一是关于宗教的本质特征、发展规律和社会作用问题的理论；二是关于宗教与国家之间的关系，宗教与社会主义社会相适应，以及建设和谐宗教关系的理论；三是关于宗教与无产阶级政党、宗教信仰与共产主义信仰之间的关系，以及加强党对宗教工作领导的理论。也有研究者从理论基石、现实依据、历史使命、国际视野等角度对中国特色社会主义宗教理论进行概括，认为中国特色社会主义宗教理论的形成，预示着马克思主义宗教观中国化在当代新的发展趋向。② 对于这些具有中国特色的解决宗教问题的理论、方法和原则，国家宗教事务局局长王作安撰文指出中国共产党成立90年来，根据革命、建设、改革的实践要求，形成了一整套关于宗教问题的理论观点和方针政策，其中包括：1. 实行宗教信仰自由政策；2. 团结广大信教群众；3. 建立同宗教界的爱国统一战线；4. 依法管理宗教事务；5. 坚持独立自主自办的原则；6. 发挥宗教的积极作用；7. 促进宗教关系的和谐；8. 引导宗教与社会主义社会相适应；9. 服从服务于党的中心工作；10. 坚持党对宗教工作的领导。③

**（二）探讨马克思主义宗教观中国化过程中的若干问题**

针对马克思主义宗教观中国化过程中存在的众多理解误区，加润国研究员在《关于牢固树立马克思主义宗教观的思考》一文中首先批判了三种理论：一是过时论；二是流派论；三是"不同论"。④ 任杰教授则在《深化中国共产党宗教政策研究若干问题的思考》一文中批判了在宗教政策研究过程中，存在的"唯上"、"跟风"的现象以及过于意识形态化的解释，认为这种做法缺乏实事求是的反思意识和全面客观的理性思考。⑤ 针对宗教鸦片论形成的各种不同看法，张献生在《"鸦片论"与坚持发展马克思主义宗教观》一文中指出如何认识和对待"鸦片论"成了新形势下坚持和发展马克思主义宗教

---

① 龚学增：《关于马克思主义宗教观中国化的思考》，载曾传辉主编：《马克思主义宗教观研究（2010年专辑）》，社会科学文献出版社2011年版；他在该年度发表的另外一篇论文中指出中国化马克思主义宗教观的核心在于中国共产党的宗教—国家观。参见龚学增《中国共产党的宗教—国家观——中国化马克思主义宗教观的核心》，载《西北民族大学学报》2011年第3期。
② 牛苏林：《马克思主义宗教观的发展形态与中国化的当代趋向》，载曾传辉主编：《马克思主义宗教观研究（2010年专辑）》，社会科学文献出版社2011年版。
③ 王作安：《中国共产党处理宗教问题的主要经验》，载《中国宗教》2011年第8期。
④ 加润国：《关于牢固树立马克思主义宗教观的思考》，载曾传辉主编：《马克思主义宗教观研究（2010年专辑）》，社会科学文献出版社2011年版。
⑤ 任杰：《深化中国共产党宗教政策研究若干问题的思考》，载曾传辉主编：《马克思主义宗教观研究（2010年专辑）》，社会科学文献出版社2011年版。

观难以回避和必须回答的一个重要问题。① 在发展中国化马克思主义宗教观方面，陈麟书教授在《关于中国化马克思主义宗教观若干问题的讨论》一文中，创造性地提出马克思主义宗教观在结合中国特色社会主义实际情况的基础上，还应该将国外有益的创新成果纳入"中国化"的范畴。② 此外，原国家宗教局副局长齐晓飞在《关于在和谐社会构建中发挥宗教积极作用的思考》中，提出他关于"如何发挥宗教的积极作用"的看法。③

### （三）追溯中国化马克思主义宗教观的形成历程

在2011年度还有一些学术论文从纵向的历史维度追溯了中国化马克思主义宗教观的形成历程，呈现了各个历史时期中国共产党处理宗教问题的具体方针政策。比如，晏可佳研究员在《试论建国以来马克思主义宗教观的深化与发展》一文中，将马克思主义宗教观在新中国成立后的发展分为三个阶段。文章从三个阶段的宗教政策、宗教工作实践、学术界有关宗教问题的争论出发，总结了马克思主义宗教观的深化与发展历程。④ 龚学增教授也在《关于马克思主义宗教观中国化的思考》一文追溯了马克思主义宗教观中国化的发展阶段，他将晏可佳研究员的分期提前到新民主主义革命时期，同时将晏文中的第二、三阶段加以整合，将其分为三个阶段。与龚学增教授的分期类似，牛苏林研究员在《马克思主义宗教观的发展形态与中国化的当代趋向》一文中将马克思主义宗教观中国化的发展历程归为三个时期。

### （四）深化马克思主义宗教观研究

对于马克思主义宗教观的理论体系、发展脉络、存在问题进行深入探讨的基础上，很多学者将注意力集中到马克思主义宗教观研究路径、方法本身。牟钟鉴教授在《中国特色社会主义宗教理论成果解读》一文中系统阐释了马克思主义宗教观研究在中国的发展。⑤ 针对马克思主义宗教观的研究，一些学者也提出了一些新的思路和理解视野，比

---

① 张献生：《"鸦片论"与坚持发展马克思主义宗教观》，载《中国统一战线》2011年第10期。
② 陈麟书：《关于中国化马克思主义宗教观若干问题的讨论》，载曾传辉主编：《马克思主义宗教观研究（2010年专辑）》，社会科学文献出版社2011年版。
③ 齐晓飞：《关于在和谐社会构建中发挥宗教积极作用的思考》，载曾传辉主编：《马克思主义宗教观研究（2010年专辑）》，社会科学文献出版社2011年版。
④ 晏可佳：《试论建国以来马克思主义宗教观的深化与发展》，载曾传辉主编：《马克思主义宗教观研究（2010年专辑）》，社会科学文献出版社2011年版。
⑤ 牟钟鉴：《中国特色社会主义宗教理论成果解读》，载《西北民族大学学报（哲学社会科学版）》2011年第3期。

如李建生教授认为应该从系统论视野来理解宗教存在的原因、本质及作用。①

马克思主义宗教观研究不仅仅涉及研究对象，还涉及理论来源、研究方法、研究路径、研究意义、实践导向等诸多层面的问题，这是一项有待进一步开展的系统工作。

### （五）讨论马克思主义宗教观与高校教育

最近几年，高校学生中宗教信仰人数逐年增加，"宗教热"现象日益普遍，这让马克思主义宗教观的教育在高校显得更为紧迫。高校中马克思主义宗教观的教育包括哪些内容？如何来开展马克思主义宗教观教育？如何从马克思主义宗教观的角度认识高校中的"宗教热"现象？这些问题均成为学者们关注的焦点。从2011年度发表的有关高校教育与马克思主义宗教观这一主题的论文数量来看，它虽不是马克思主义宗教观研究的重点部分，但却是本年度这一研究的热门话题。高校青年中的信教热潮成为最近几年宗教学界研究的热门话题。

### （六）其他相关研究

2011年度，国内学界关于马克思主义宗教观研究的论文还涉及马克思主义宗教观指导下的宗教工作、共产党人的宗教观、马克思主义经典作家有关宗教的基本理论研究、马克思主义宗教观与其他宗教文化相关理论对比研究等诸多方面。

## 三 未来展望

较马克思主义研究其他学科门类及宗教学学科来看，该领域的研究还存在着一些不足，比如研究方法略显单一，大部分成果停留于对既有理论、框架的陈述、整理、呈现，缺乏基于多种学科方法的前瞻性的分析以及对具体问题的实际解决方案的探讨；研究主题虽有所扩展，但研究内容仍不够系统全面，大部分论文集中在马克思主义宗教观的中国化理论探讨上，而对于这种理论如何来解决实际的宗教问题，如何与中国传统文化融合，如何与宗教学的其他研究相结合等问题则较少涉猎；研究视野不够开阔，在既往的研究中，国外的相关研究成果很少被评介进来，虽然这些成果脱离中国宗教工作及宗教现状的实际，但从文本研究及处境比较的角度，不乏借鉴及批判意义；此外，与前些年的相关研究比较，近几年有关马克思主义宗教观文本研究方面的成果略显匮乏，大部分文章主题集中于马克思主义宗教观在中国现实处境中理论及政策问题，这虽然体现了理论与实践相结合的研究优势，但对于经典作家有关宗教的

---

① 李建生：《系统论视野中的宗教存在原因、本质和作用观》，载曾传辉主编：《马克思主义宗教观研究（2010年专辑）》，社会科学文献出版社2011年版。

基本观点方面的研究无疑是中国化马克思主义宗教观体系的源头活水。以上这些不足，可以指引我们未来的研究发展的方向。在不断前行的路上，将之丰富与发展。

（作者简介：曾传辉，中国社会科学院世界宗教研究所研究员；唐晓峰：世界宗教研究所副研究员）

# 2011—2012年中国宗教学的理论研究

梁恒豪

关于西方语言中的"宗教"(religion)一词来源,一般认为源于古罗马时代拉丁语的"religio",可谓由来已久。然而西方意义上的宗教学作为一门学科出现一般以麦克斯·缪勒1873年发表的著作《宗教学导论》中率先使用"宗教学"一词为其开端。由于对宗教学研究对象、主题、目的和方法的认识差异,西方宗教学也有狭义和广义之分。狭义的宗教学主张纯历史性、客观性描述和比较、不带主观价值评断的宗教学,把社会历史中存在的宗教现象作为其研究客体,探讨其起源与发展历史,考察其观念、行动及组织形态,分析其得以生存的社会文化背景与基础,找出其内在性质和规律、社会功能和作用。包括对宗教发展进行系统研究的宗教史学、对各种不同宗教进行比较研究的比较宗教学、对宗教史实加以现象描述和抽象归类的宗教现象学、探究人类精神心理对宗教的体悟以及人们各种宗教体验的宗教心理学以及宗教社会学、宗教人类学、宗教地理学、宗教生态学等描述性学科。广义的宗教学不同意把宗教学看成纯粹描述或理解的学科,认为不包括价值性判断和规范性研究的宗教学是不完备的,主张将所有专门研究宗教现象的学科都归入宗教学,强调它应正视宗教的本质及价值取向问题,不能排斥对宗教的规范性、界定性研究。因此,广义的宗教学则增加了从哲学、世界观的角度对宗教本质、宗教意义、宗教概念进行研究和界说的宗教哲学、回顾总结人们从哲学、心理学、社会学等角度对宗教的鉴别与批评的宗教批评学和对各种宗教信仰观念和神学理论进行比较研究的宗教神学等规范性学科。从19世纪末20世纪初的宗教学资料积累和各分支学科开创至今,经过近140年的探索和发展,西方的宗教学已经比较完备。

相比较而言,新中国的宗教学起步较晚,1964年在毛泽东主席的倡导下成立世界宗教研究所。随着改革开放,1978年中国社会科学院成立后,世界宗教研究所开始招收和培养宗教学方面的研究人才。几乎与此同时,全国性的宗教学方面的学术性组织"中国宗教学会"和南京大学宗教研究所的成立,以及《世界宗教研究》、《世界宗教资料》和《宗教》等杂志的创刊,1982年中共中央发表了《关于我国社会主义时期宗教问题的基本观点和基本政策》重要文件,等等,这一切都见证着中国的宗教学起步发展的历程。现如今，中国的宗教学发展可谓欣欣向荣，越来越多的高校开设了宗教学专业，招收并培养研究人才。近年来，宗教学领域研究的学者队伍壮大，研究成果大量涌现，中国宗教学的各个分支学科逐渐建立并在探索中发展，开始逐步走向世界，与西方的对话和交流日益密切，中国的宗教学进入了快速发展的轨道。

众所周知，中国宗教学还是"西学东渐"的产物，西方学科体系的痕迹比较明显，在与西方学者交流中如何凸显"中国特色"并发出"中国声音"，最终建立中国自己的宗教学学科体系，始终是中国宗教学界要认真面对的问题。

然而，2011—2012年中国的宗教学发展蒸蒸日上，这是不争的事实。本文将对2011—2012年中国的宗教学理论研究进行综述，回顾过去，反思现在，思考未来中国宗教学理论的发展，借此希望笔者也能随着中国宗教学一起成长。

## 宗教学诸分支学科发展综述

如上所述，西方的宗教学经过创始起步、长期发展和逐渐完善，逐渐形成了比较完备的学科体系，宗教学与其他人文社会科学交互影响、交流而形成的诸分支学科也逐渐浮现，探索发展并初具规模，宗教学已经渗透社会生活的各个领域，由此可见宗教学学术研究的地位和作用。中国的宗教学首先借鉴了西方业已形成的学科构建，宗教学分支学科的发展也开始崭露头角，逐步发展，并且在一些领域开始具有中国自己的特色。随着研究力量的逐渐增强，中国的宗教学学科体系逐渐浮现，悄然发展，诸领域皆有学者涉及，中国的宗教研究学者也正在为建立中国自己的宗教学学科体系而努力。接下来让我们回顾一下2011—2012年宗教学主要的几个分支学科的发展。

（一）宗教哲学

宗教哲学是从哲学的角度来思考和探究宗教现象的产生、本质、发展规律和社会作用等问题。从研究对象上说，它与宗教学具有同样的研究对象，因此有人把宗教哲学视为"元宗教学"，足见其在宗教学研究中的重要地位。西方的宗教哲学是在文艺复兴时期、宗教改革后逐渐产生的。康德最先提出这一概念。黑格尔在《宗教哲学讲演录》中，建立了理性宗教观的哲学基础。施莱尔马赫以情感的经验论观点，开启了宗教哲学的现代阶段。以后的宗教哲学大多以人本主义的、进化论的、社会学的宗教观为准绳。新康德主义、新黑格尔主义和唯意志论也从不同方面对宗教哲学做出解释。在当今中国哲学和宗教学界，从事宗教哲学研究的学者比较多，加之中国学界本身具有深厚的哲学传统，因此很多学者结合中国的实际进行了大量具有开创性意义的研究，从而使中国宗教哲学学科的发展进入比较成熟、相对完备的阶段。

2011年,由中国社会科学院世界宗教研究所宗教学理论研究室牵头,联合国内著名高校的相关院系,发起创办宗教哲学论坛,并正式出版《宗教与哲学》学术辑刊。第一届论坛于2011年8月在山东青岛举办,此次会议的主题是"终极关切:宗教与哲学",涉及对主要哲学思想之宗教信仰维度的研究,对主要宗教思想的哲学考察,以及对宗教现象学等宗教学基本理论问题的研究。论坛立足宗教哲学,坚持跨哲学、跨宗教的对话与交流。参会学者就有关论题进行了深入探讨,无论是会议论文还是有关研讨都体现出较高的学术水准,是推进国内宗教哲学研究的有益尝试。参会学者一致要求宗教哲学论坛能够继续办下去,使之成为国内宗教哲学研究以及宗教与哲学对话的理想平台。金泽研究员在该次论坛开幕式上发表了《宗教与哲学:对立还是互动》的主旨学术报告,对宗教与哲学的关系进行了深入探讨,并重点论及宗教现象学对于宗教哲学研究的意义。在开幕式上致辞的还有北京大学哲学系张志刚教授、中国人民大学哲学院李秋零教授、山东大学哲学系傅有德教授,他们高度肯定了此次论坛对于促进国内宗教哲学研究的重大意义。

该次论坛上发表的重要论文还包括:张志刚教授的《宗教哲学的中国意义》,李秋零教授的《西方神学与哲学的关系——从潘能伯格的〈神学与哲学〉一书谈起》,卢国龙研究员的《"文化主体性"断想》,黄裕生教授的《质料何以是先验的?情感何以是有序的?——论马克斯·舍勒的"质料的价值伦理学"基础》,关启文教授的《当代科学哲学与宗教的合理性》,陈立胜教授的《宗教现象的自主性——宗教现象学与化约主义的辩难》,周伟驰研究员的《洪秀全与〈启示录〉》,彭国翔教授的《唐君毅论儒家的宗教精神》,吴飞副教授的《奥古斯丁论死亡》,赵法生博士的《数、命与道——〈周易〉儒家世界观的形成与特质》,张晓梅副研究员的《使徒保罗:犹太还是希腊?》等。《宗教与哲学》(金泽、赵广明主编)辑刊第一期也于2012年6月出版,均收到很好的反响。

为进一步搭建宗教哲学研究的优质学术平台,经过半年多的精心筹备,第二届宗教哲学论坛于2012年8月在山东威海成功举办。宗教哲学2012年威海论坛由中国社会科学院宗教学理论研究室、山东大学犹太教与跨宗教研究中心、中国宗教学会联合主办。论坛以"传统宗教与哲学"为主题,来自海峡两岸十多所著名高等学府的宗教与哲学专业领域内三十多位学者积极与会,围绕着"宗教哲学"、"宗教与哲学"、"宗教研究"三个专题发表论文并展开热烈的学术讨论。

在"宗教哲学"专题上,卓新平研究员发表了《简论西方哲学神学》一文,李秋零教授和傅永军教授分别就康德宗教哲学辩难及康德"哲学释经原理"批判主题发表了论文,这三篇论文引起与会学者对康德"宗教观"的热烈讨论。黄裕生教授发表了《情感何以是有序的?——续论马克斯·舍勒的"质料的价值伦理学"基础》一文,陈少明教授发表了《儒家的历史形上观——以时、名、命为例》一文,傅有德教授发表了《虔信且笃行:宗教哲学视野中的希伯来正义观》一文。

在"宗教与哲学"专题中,梁涛教授发表了《释〈论语〉中的"直"——兼及"亲亲相隐"问题》一文,陈立胜教授发表了《王阳明三教之判中的五个向度》一文,赵法生博士发表了《"晚而喜易"与孔子晚年思想之发展》一文,周伟驰研究员发表了《庄子、安萨里和商羯罗论人生之为梦》一文,周燮藩研究员发表了《伊斯兰哲学新论》一文,徐凤林教授发表了《哲学能否成为"严格的科学"——舍斯托夫评胡塞尔哲学观》一文,张荣教授发表了《论阿伯拉尔的榜样伦理学》一文,王卡研究员发表了《关于道家思想与中西价值观融合的一篇读书述评》一文。

在"宗教研究"专题中,金泽研究员发表了《巫术、宗教与科学:既是分类、也是发展序列》一文,林安梧教授发表了《宗教的两个形态:"连续"与"断裂"——以儒教与基督宗教为主的对比》一文,钱雪松博士发表了《宗教多样性的合理性挑战与人类认知有限性》一文,吴飞副教授发表了《祭祀中的家与国——中西古典祭祀制度比较的一个尝试》一文,翟志宏教授发表了《西方宗教信念认知合理性的两种解读方式》一文,王新生教授发表了《从"神本神学"到"人本神学"——卡尔·拉纳在当代天主教神学中的坐标点》一文,张志刚教授发表了《"宗教概念"的观念史考察——以利玛窦的中西方宗教观为例》一文。该次会议论文与相关研讨体现着国内宗教和哲学学界最前沿的研究成果和最深切的理论关注。会议论文将以《宗教与哲学》学术辑刊的形式出版,相关工作也在积极推进当中。

由世界宗教研究所宗教学理论研究室发起并主办的宗教哲学论坛已经举办了两届,得到了学界的热情响应和积极反馈,两届论坛与两本辑刊的学术质量都令人鼓舞。两次论坛和两本辑刊集中体现了近两年来中国宗教哲学的最新研究成果。宗教学理论研究室有志于将此系列论坛和学术辑刊长期进行下去,形成良好的学术传统,为中国的宗教哲学研究作出贡献。

### (二) 宗教人类学

宗教人类学作为一门宗教学与人类学的交叉学科,近年来在中国有愈加蓬勃发展的趋势。随着研究路径的更加多元、研究范围的不断扩大,宗教学以及人类学两者研究接触面愈加广泛,国内宗教人类学的研究在此一形势下得到有力的发展。基于以上情况,近两年来国内宗教人类学的研究成果从整体而言,呈现出视角更为开阔的特征,不仅在人类学理论与实践的结合方面有进一步的加深,而且形成了从传统的以原始宗教研究、民间宗教研究为主走向包括文明宗教在内的更为广阔的探讨局面,与此同时,也有学者开始关注宗教的重叠现象、研究多样宗教的混合形态。宗教人类学的这些新特征涵盖在近两年的与此相关的会议、著作、文章等当中,以下将分别加以介绍。

1. 重要会议

近两年有关宗教人类学学科的学术活动,主要以第二届宗教人类学学术论坛为代表。2012年5月11—12日,由中国社会科学院世界宗教研究所主办的第二届宗教人类学学术论坛"宗教的动力研究"在北京召开,来自海内外的四十多位专家学者参加了该次会议。会议分为七个板块,分别围绕宗教人类学的理论反思、社区宗教传统与当代社会变迁、宗教仪式的结构与象征、基督教人类学与中国研究、香港当代道教的田野观察、宗教运动与社会变革、历史人类学视野中的地方宗教等方面展开讨论。宗教人类学学术论坛作为国内唯一以"宗教人类学"命名的大型学术论坛,成为汇聚国内宗教人类学方面研究专家的重要场所。该次论坛从理论与实践、历史与当代、静态与动态等多个视角探讨了宗教人类学的相关研究,为与会学者提供了一次相互了解与交流的机会,并且为促进中国宗教人类学学科的多元发展提供了一次契机。

2. 相关著作

有关宗教人类学方面的著作及文集,整体而言,真正以宗教人类学为主旨的作品不算丰富,宗教人类学理论性著作欠缺。其中最具代表性的是由中国社会科学院世界宗教研究所的金泽与陈进国共同主编的《宗教人类学》系列中的第三辑[①]在2012年5月出版。该辑《宗教人类学》所收入的文章以伊斯兰教以及民间宗教两个方面的研究为主。有关伊斯兰教的研究,既包括对国内穆斯林人群的考察,同时也包括对国外伊斯兰世界的介绍。苏敏的《捍卫"清真":世界宗教、迷信与鲁西南回民的伊斯兰想象》,马强的《强化还是分解:义乌穆斯林社区构建过程中的族群因素研究》,都是对国内某一区域的穆斯林族群的研究。李维建的《另一种探险——外部世界认识西部非洲伊斯兰教的艰难过程》介绍了非洲穆斯林世界为外人所知的一种认知过程,日本学者池田昭光的《关于阿拉伯世界伊斯兰的人类学研究——日本的研究动向介绍》则对日本人类学界有关穆斯林的研究加以介绍,马来西亚王琛发的《族群认同的最后界限:马来西亚回族的殡葬与祭祖》一文则分析了马来西亚回族人群的宗教仪式与族群认同之间的相互关系。在有关民间宗教研究的几篇文章中,宗树人的《民国救世团体与中国救度宗教:历史现象还是社会学类别?》从历史视角探讨了中国民间宗教的归属,他讨论了"救度宗教"与"救世团体"两个概念,认为前者是一种社会学类型,一直延续在中国历史中,并且延续至今,而后者是出现于民国时期的一次救度宗教浪潮,带有其特定历史时期的特征。周伟驰的《太平天国上帝教"民间宗教化"了吗?》对太平天国的上帝教进行了研究,他通过对上帝教的教义、仪式、信仰对象等的分析,认为上帝教并非是中国的民间宗教,而

---

[①] 金泽、陈进国主编:《宗教人类学》(第三辑),社会科学文献出版社2012年版。

是西方基督教的新教派。周越的《做"善事"还是构建"善世"?——宗教入世与宗教主体化在中国》关注了宗教的几种入世的模式,在文中他分析了宗教入世的主要动力来源是一种对于道德教化的冲动。

另一本宗教人类学方面的作品是王静的《消弭与重构中的"查玛"——一项宗教仪式的人类学研究》,① 该书是一本有关田野民族志方面的著作,通过对蒙古族宗教历史的变迁来追溯"查玛"从一种传统的宗教仪式走向一种艺术身份的过程,并且对其当代处境加以人类学意义上分析。该作品尽管是对一项宗教仪式的分析,然而却并非是对仪式过程的分析,而是以一种历史视角来看宗教的传承与演变,可以称得上是历史的宗教人类学研究,具有一定的开拓性。

另外,值得一提的还有雷振扬的《南方少数民族传统文化研究》②、廖旸主编的《宗教信仰与民族文化》(第4辑)③,以及色音主编的《民俗文化与宗教信仰》④ 等作品分别从民族、民俗的视角对宗教信仰进行关注,为中国各少数民族宗教以及汉人民间信仰的研究提供了诸多的案例与素材。

3. 相关论文

相对而言,近两年宗教人类学方面的论文涉及面较广,无论是在理论还是实践,都有一定数量的篇章。同时,无论是宗教人类学理论,还是文明宗教研究、民间信仰、原生性宗教研究等方面都有不同程度的关注。

(1) 理论研究

宗教人类学理论的研究伴随着人类学、宗教学学科理论的迟滞发展状态,仍然处于引介西方学说的阶段。夏杰平通过对人类学学科史中有关宗教研究的梳理,区分了人类学学科史上有关"宗教"概念的三个阶段:以信仰为核心的古典定义、以功能为核心的现代阐释、以象征体系为核心的后现代理论。⑤ 曹月如则力图通过对19世纪以来人类学对宗教研究的进化论、功能论、象征主义、文化决定论等一系列路径的讨论,来梳理人类学宗教研究的基本脉络。⑥ 王铭铭使用人类学手法通过对一场会议的深描,结合回溯人类学、汉学研究中对于中国宗教的研究,以此来回应在中国宗教研究中曾有过长期争论的到底是"民间信仰"还是"民间宗教"的问题。⑦ 李向平关注中国宗教中神人交往以及信仰背后所隐藏的内在因素,他指出了在其背后往往呈现的是一种个人信仰与家

---

① 王静:《消弭与重构中的"查玛"——一项宗教仪式的人类学研究》,中央民族大学出版社2011年版。
② 雷振扬:《南方少数民族传统文化研究》,民族出版社2012年版。
③ 廖旸编:《宗教信仰与民族文化》,社会科学文献出版社2012年版。
④ 色音主编:《民俗文化与宗教信仰》,知识产权出版社2012年版。
⑤ 夏杰平:《"宗教"概念的人类学阐释》,《安徽文学》(下半月)2011年10月。
⑥ 曹月如:《人类学视野下的宗教研究路径探讨》,《阿坝师范高等专科学校学报》2011年第2期。
⑦ 王铭铭:《宗教概念的剧场——当下中国的"信仰问题"》,《西北民族研究》2011年第4期。

族、伦理、国家、权力之间重叠与互动的整体关系，进而使信仰关系与各种社会权力纠结为一体。① 孟慧英和吴凤玲介绍了西方萨满教的研究历程，主要分析了魔鬼化、骗子化、精神病理学化、普遍化、理想化、多样化等几个发展阶段。② 王建新则对中国南方民族的原始宗教进行探讨，他认为南方少数民族的原始宗教应该归属于萨满教，并提出对南方萨满教研究的必要性③。彭文斌与郭建勋通过对近年来仪式研究的分析，认为仪式实践正打破传统惯有的神圣与世俗的二元区分，越来越走向世俗与生活化的趋势。④ 侯玉霞探讨了法国人类学家莫斯的巫术理论，⑤ 李世武对宗教与巫术这一人类学传统话题进行了探讨，⑥ 徐义强对台湾人类学家李亦园的宗教文化观进行了探讨。⑦

（2）文明宗教研究

随着人类学研究领域从传统的原始民族研究转向包括现代社会在内的更广的区域，宗教人类学的研究也逐渐从对原始宗教的关注扩展到对文明宗教的研究。对佛教、道教、基督教、天主教、伊斯兰教、儒教等文明宗教的涉入成为近年来宗教人类学研究的潮流。儒、佛、道作为中国传统信仰的主要成分，随着对中国自身文明内涵的关注，逐渐从传统的民间视角开始走向对教义或者大传统的分析；而对基督教、天主教等带有明显西方特征的"他者"，研究者眼光大多聚焦于宗教背后的文化意义，"外来"与"本土"的对抗或融合成为研究者感兴趣的话题。

整体而言，真正意义上的儒教人类学的研究尚不多，近年来较受学者关注的是将儒家的礼纳入到人类学的礼仪研究当中。瞿明安试图从象征人类学的角度来解释儒家的礼学，他认为，儒家的礼是一套具有中国化或本土化特点的象征符号体系，对儒家礼学经典的分析，可以在儒家礼学与象征人类学之间搭起一座沟通的桥梁，同时为儒家礼学和象征人类学理论的深化与发展提供新的观察和认识视角。⑧ 另外，张新民与蒋庆从大小传统的视角分析了"天地君亲师"香火牌的内在意义，认为是儒学大传统深入民间小传统的一种体现。⑨ 王晓慧讨论了宗教人类学的视野下的儒教，她借用罗伯特·贝拉的"公民宗教"学说，通过对皇帝"祭天"仪式的分析从而将儒教放置在公民

---

① 李向平：《信仰是一种权力关系的建构——中国社会"信仰关系"的人类学分析》，《西北民族大学学报》（哲学社会科学版）2012年第5期。
② 孟慧英、吴凤玲：《试论西方萨满教研究的变迁》，《世界宗教文化》2011年第6期。
③ 王建新：《南方民族萨满教研究再议——从宗教学之功过谈起》，《思想战线》2012年第3期。
④ 彭文斌、郭建勋：《人类学视野下的仪式分类》，《民族学刊》2011年第1期。
⑤ 侯玉霞：《简论莫斯的一般巫术理论及其学术地位》，《湖北民族学院学报》（哲学社会科学版）2011年第4期。
⑥ 李世武：《边界模糊：区分宗教和巫术的困境》，《世界宗教文化》2011年第3期。
⑦ 徐义强：《李亦园宗教文化观述评》，《世界宗教文化》2011年第6期。
⑧ 瞿明安：《儒家礼学的象征人类学解释》，《思想战线》2012年第3期。
⑨ 张新民、蒋庆：《大小传统的符号释义学解读——关于"天地君亲师"与儒学民间形态的对话》，《阅江学刊》2011年第6期。

宗教的层面来做解释，她认为作为公民宗教的儒教，有利于国家的政治稳定与公民的精神凝聚。①

道教研究因为其民间化程度的普遍性，已经成为民间宗教研究的一部分，宗教人类学研究一直关注较多。然而，以往国内的研究偏重于民间仪式或者民间信仰，极少对道教正统教派进行人类学的分析，呈现出一种重民间而轻正统的特征。匡达晒与曾光亮的《龙虎山授箓院天师殿的宗教人类学研读》一文，则用人类学方法对道教圣地江西龙虎山的授箓院天师殿进行解读。他们通过查阅史料、访谈等方式，采用人类学方法分析了该道派的宗教信仰、科仪特色、宗教传播和神俗互动等象征意义，认为天师殿殿堂的宗教符号契合了符箓道派的宗教特质。②而劳格文、蔡林波、李兰则通过对已有道教研究成果的反思，认为道教仪式中包含着中国人对宇宙以及人自身的整体认知、经验及精神诉求，从仪式的角度来观察、诠释道教，可以更准确、深刻地把握道教的本质。③

基督宗教研究近年来成为宗教人类学研究的一个热点。随着基督教在中国的传播，近年宗教人类学有关基督宗教的研究更趋向于以田野个案来反映其与传统文化的冲突与调适。黄剑波的《伏羲的多重形象与乡村基督徒的信仰实践》一文，通过对甘肃天水地区伏羲在传统乡民与乡村基督徒中形象的对比，来展现同一文化符号在不同人群中的多重意义。④宋德剑提供了一个基督教在中国东南部的个案，他揭示了基督教在一个具有悠久传统文化积淀的客家乡村是如何与当地的民俗文化碰撞与交融的，是如何在不断的实践中实现从冲突走向融合的。⑤胡展耀考察了基督教在贵州黔东南苗族社会的传入、传播过程，⑥袁松考察了浙江西部的天主教村落，他回顾了历史上天主教的传入之时遭遇的文化冲突以及之后在传播过程中是如何与传统宗族组织相结合，调查了今日天主教在村落中式微的原因。⑦

佛教研究方面，罗杨评述了由美国人类学家坦拜尔于1969年写成的一部关于泰国佛教和非佛教信仰关系的民族志《泰国东北部的佛教和神灵信仰》，⑧杨清媚则通过自身的田野调查研究了云南西双版纳社会的双重性，她的研究发现西双版纳社会的构成是在来

---

① 王晓慧：《浅谈宗教人类学视野下的儒教论》，《贵州民族学院学报》（哲学社会科学版）2012年第2期。
② 匡达晒、曾光亮：《龙虎山授箓院天师殿的宗教人类学研读》，《宗教学研究》2012年第3期。
③ 劳格文、蔡林波、李兰：《从仪式的角度解读道教》，《世界宗教文化》2011年第3期。
④ 黄剑波：《伏羲的多重形象与乡村基督徒的信仰实践》，《思想战线》2011年第2期。
⑤ 宋德剑：《冲突与调适：粤东客家基督教信仰的文化人类学研究——以广东梅州五华县大田樟村为例》，《文化遗产》2012年第3期。
⑥ 胡展耀：《基督教在巴拉河流域苗族社区的传播历史考——基于对南花村的调查研究》，《四川职业技术学院学报》2011年第2期。
⑦ 袁松：《天主信仰在乡土社会的嵌入与融合——对浙西传统天主教村落的人类学考察》，《宗教学研究》2011年第9期。
⑧ 罗杨：《评〈泰国东北部的佛教和神灵信仰〉》，《西北民族研究》2012年第1期。

自缅甸的佛教和本土的原始宗教的共同支撑下完成。[①] 张海超与徐敏对南诏大理国佛教信仰进行了人类学的分析,认为大理佛教不仅包含着密宗方面,同时也包含显宗,而僧侣们也同时是儒家经典文化的承载者,其社会角色随时代变化而变化。[②] 刘晨从人类学视角分析了佛教的"众生平等"的生命观。[③]

伊斯兰教研究方面,王建新对回族的灵明堂进行了研究,一方面,他探析了灵明堂教义的思想源流,对门宦苏菲神学思想的源流及宣教话语进行了分析,提出民间宣教文本对于宗教人类学研究的重要意义,[④] 另一方面,他对灵明堂的社会组织进行了研究,认为伊斯兰文化的形成是在不断的群体移动和社区建构中完成的,而这一过程与中国特殊的父系家族体系及基于汉文汉字和儒家学说的历史文化传承两大因素密不可分。[⑤] 丁宏从人类学的视角分析了伊斯兰教本土化研究的意义,作为外来文化的伊斯兰教在中国的本土化过程中形成了特有的"中国模式",而此类模式对于当前的"伊斯兰与西方"对立式话语有着重要的借鉴意义。[⑥] 李晓英和敏俊卿用"道德共同体"这一概念探讨了伊斯兰西道堂在处理社会关系中的实践,该一实践为我们思考中国民族地区民族、宗教关系提供了新视角。[⑦] 马强等对国外伊斯兰教的情况开展了一系列的介绍,[⑧] 同时也对国内都市穆斯林宗教问题开展了田野研究,他通过对西安、广州、义乌三个城市的穆斯林群体的研究,探讨了都市穆斯林所具有的社区特征、宗教思潮与运动、社区发展与改造、迁移人口问题、宗教活动及其管理、宗教运动及思潮、清真饮食、宗教教育等方面的问题。[⑨]

(3) 汉人民间宗教—信仰研究以及少数民族宗教研究

早在人类学传入中国之初,国内少数民族成为了学者眼中的"他者",成为人类学异域研究的一部分。此一学科视角,奠定了此后中国人类学、民族学两学科之间的渊源。宗教人类学的研究,在此一渊源下,形成了对汉人宗教信仰研究的专有名词"民间信仰或民间宗教研究",而对少数民族地区宗教信仰的研究,则纳入"原始宗教或者原

---

[①] 杨清媚:《在佛教与从"双重宗教"看西双版纳傣族社会的双重性——一项基于神话与仪式的宗教人类学考察》,《云南民族大学学报》(哲学社会科学版) 2012 年第 4 期。
[②] 张海超、徐敏:《人类学视野中的南诏大理国佛教信仰》,《云南社会科学》2012 年第 5 期。
[③] 刘晨:《从宗教人类学看佛教"众生平等"的生命观》,《山西财经大学学报》2011 年第 5 期。
[④] 王建新:《灵明堂教义的思想源流——宣教话语文化特征探析》,《青海民族研究》2012 年第 1 期。
[⑤] 王建新:《回族社会中的移民宗教组织与家族——灵明堂固原分堂考察》,《北方民族大学学报》(哲学社会科学版) 2011 年第 1 期。
[⑥] 丁宏:《伊斯兰教本土化研究的意义——以人类学的视角》,《世界宗教研究》2011 年第 3 期。
[⑦] 李晓英、敏俊卿:《尊重与互惠:道德共同体的建构——伊斯兰教西道堂处理社会关系的实践与启示》,《世界宗教研究》2011 年第 6 期。
[⑧] 马强、马生福:《日本的伊斯兰教》,《中国穆斯林》2011 年第 2 期;马强、莫艳婷:《尼泊尔穆斯林的现状与困境》,《中国穆斯林》2011 年第 4 期;马锦丹、马强:《缅甸的伊斯兰教》,《中国穆斯林》2012 年第 3 期。
[⑨] 马强:《都市穆斯林宗教问题田野调查研究》,《世界宗教文化》2011 年第 6 期。

生性宗教"的称呼之下。汉人民间宗教—信仰的研究，在海外汉学研究以及人类学的共同关注之下，成为最早取得硕果的领域，而此一情况也导致了自改革开放以来的中国国内汉人民间宗教—信仰研究思潮的兴起。国内诸多学科如民俗学、人类学、宗教学、社会学、历史学等，共同聚焦于汉人民间宗教—信仰的研究，从各个视角开展自身的研究，使得汉人民间宗教—信仰的研究呈现出一片繁荣的景象。而少数民族宗教的研究，作为民族研究的一部分，深受人类学学科之影响，甚至成为宗教人类学研究的一部分。总而言之，无论是汉人民间宗教—信仰研究，还是少数民族宗教研究，在当前中国宗教人类学的研究中已经成为中流砥柱，成为宗教人类学研究的主要对象。

近两年汉人民间宗教—信仰研究，其视角主要可分为以下几类：理论性综述、以地方为视角、以信仰为中心、仪式研究、以庙宇为中心，其中，以信仰和庙宇为中心的研究居多，以下将对这几类分别加以介绍。

理论综述方面，胡安宁从人类学以及社会学视角分别探讨了民间宗教研究的理论历程以及可能模式，是一篇较为完整而全面的人类学、社会学视角的民间宗教理论探讨。他分析了人类学路径上的民间宗教研究经历的几个历程：从早期以传教士为代表的中国宗教"三教说"到随后的大小传统的划分，继之而起的是有关中国教的统一性与多样性的争论，再到20世纪晚期转入文化分析的视角，开始对意义的建构产生兴趣，他同时分析了这些理论视角的民间宗教研究所存在的弊端，于是提出了用主流社会学理论研究民间宗教的多样可能性。宗教社会学路径上的民间宗教研究，以杨庆堃的制度性宗教与分散性宗教之区分为肇端，随后有宗教市场论、宗教资本论、宗教竞争论等多种理论的提出，乃至于到一种比较研究的视野，他认为用主流社会学理论来介入宗教的研究，有着广阔的研究空间。[1] 覃琮分析在人类学的语境中，民间信仰的研究有着一定的研究范畴，由此，民间信仰与中国社会的研究，主要涉及三个方面：民间信仰与现代化，民间信仰领域的国家与社会关系，民间信仰与地方社会的互构。与此同时，学者们在不断拓展研究内容之时，也在寻求范式的转换。较有意义的是，覃琮的论述还特别提到了在当今中国"非遗"热之后民间信仰研究面临的新问题。[2] 李向平、李思明有关民间信仰的论述重点放置在对民间仪式专家的讨论之上，将之与民间权威联系起来，分析民间仪式专家其神圣性的来源，并且比较了不同仪式专家礼生、香花和尚、火居道士以及萨满等的异同。着眼于人物的研究，对于民间宗教研究有着极为重要的意义，这为拘囿于仪式或者信仰的宗教研究提供了较新的视角。[3]

---

[1] 胡安宁：《民间宗教的社会学人类学研究：回顾与前瞻》，《中国农业大学学报》（社会科学版）2012年第1期。
[2] 覃琮：《人类学语境中的"民间信仰与中国社会研究"》，《民俗研究》2012年第5期。
[3] 李向平、李思明：《信仰与民间权威的建构——民间信仰仪式专家研究综述》，《世界宗教文化》2012年第3期。

以地方为切入点的民间宗教研究，可看到麻国庆、张亮有关呼和浩特多元宗教文化的论述，[①] 濮文起对于天津民间宗教的研究，[②] 曹辉林、曹响平对于古镇黄龙溪的宗教和社会历史叙事，[③] 以及龚民对于云南大理村寨的宗教文化调查。[④] 以信仰为中心的民间宗教研究，主要有色音对于祖先崇拜的人类学论述，[⑤] 李红春对于"马天君"神话的人类学解释，[⑥] 俞黎媛关于福建张圣君信仰折射的传统神灵信仰在当代的变迁与适应的探讨，[⑦] 谢立宏与靳晓芳对于甘肃某村寨的"猫鬼神"信仰的研究，[⑧] 慈艳艳对于山东沿海地区的海神信仰的考察，[⑨] 李琳对于洞庭湖地区孟姜女信仰的论述，[⑩] 杨宗红对于广西富川梧州瑶地区的刘仙娘传说的研究，[⑪] 以及姜春洁对于日本海神信仰研究的分析。[⑫] 庙宇作为承载信仰与仪式的场所，是进行宗教人类学研究的最为主要的对象之一。同时，人类学空间研究理论的盛行更进一步推动了对宗教空间以及场所的思考。有关以庙宇为中心的研究，主要可以看到张珣对于台湾新港奉天宫进行的信仰与文化产业关系的思考，[⑬] 张君梅对于晋东南地区一个名为成汤庙的历史变迁的思考，[⑭] 滕兰花对于广西境内狄青庙在汉人与壮族之间的不同话语表述所呈现出的国家意识形态的地方化问题，[⑮] 陈一鸣与李晓峰对于湖南洞口钟元帅庙的空间结构与仪式之间的关系问题的研究。[⑯]

仪式研究一直是宗教人类学长盛不衰的主题，从早期的功能主义的解释到范·盖纳普、特纳的仪式过程理论，再到格尔兹的意义的解说，仪式研究成为近年来中国各学科

---

[①] 麻国庆、张亮：《都市里的神圣空间——呼和浩特市多元宗教文化的生产与共存》，《青海民族研究》2012年第2期。
[②] 濮文起：《天津民间宗教现实活动调查与对策研究》，《贵州大学学报》（社会科学版）2011年第6期。
[③] 曹辉林、曹响平：《神话与仪式：古镇黄龙溪的宗教和社会历史叙事》，《民族学刊》2011年第3期。
[④] 龚民：《大理高兴村宗教文化调查研究》，硕士论文，云南大学2011年。
[⑤] 色音：《祖先崇拜的宗教人类学探析》，《内蒙古师范大学学报》（哲学社会科学版）2012年第3期。
[⑥] 李红春：《论宗教对族群边界论的功能解释——对纳家营汉族"马天君"神话的宗教人类学解释》，《云南社会科学》2012年第4期。
[⑦] 俞黎媛：《传统神灵信仰在当代的变迁与适应——以福建闽清金沙堂张圣君信仰为例》，《世界宗教文化》2012年第2期。
[⑧] 谢立宏、靳晓芳：《人类学视域下的"猫鬼神"信仰研究——以甘肃省孙村为例》，《兰州大学学报》（社会科学版）2012年第2期。
[⑨] 慈艳艳：《论山东沿海地区的海神信仰》，《山东省工会管理干部学院学报》2012年第4期。
[⑩] 李琳：《洞庭湖区孟姜女信仰的文化人类学考察》，《文化遗产》2012年第2期。
[⑪] 杨宗红：《富川梧州瑶刘仙娘传说的文化解读》，《百色学院学报》2011年第1期。
[⑫] 姜春洁：《功能主义视角下的日本海神信仰研究》，《广东海洋大学学报》2012年第2期。
[⑬] 张珣：《妈祖信仰与文化产业：人类学的个案研究——以台湾嘉义新港奉天宫为例》，《莆田学院学报》2012年第3期。
[⑭] 张君梅：《民间祠祀的历史变迁——以高平市康营村成汤庙为考察中心》，《世界宗教文化》2011年第4期。
[⑮] 滕兰花：《神灵力量与国家意志：以清代广西境内狄青庙为视角》，《广西民族大学学报》（哲学社会科学版）2011年第5期。
[⑯] 陈一鸣、李晓峰：《仪式与空间——浅析湖南洞口县钟元帅庙的空间结构》，《南方建筑》2011年第6期。

研究的一个高潮。尽管经历了20世纪中期对宗教、仪式的冲击，但随着20世纪80年代中国国内民俗、宗教活动的复兴，仪式研究重新进入一个研究的繁盛局面。整体而言，宗教人类学中汉人地区仪式的研究大多聚焦于葬礼的论述之上。史婷婷对近年来丧葬仪式的研究作了文献的回顾，她认为国内的丧葬仪式研究大致可分为两类：一类是功能主义的，一类是过度仪式和阈限理论的，后者最终又服务于前者，而功能主义的研究有助于保持社会的稳定与团结。[1] 建红英对豫西地区一个村寨的葬礼进行了考察，解读出了其中的符号意义和文化的功能，她试图做的是一种功能主义与象征主义的结合思考。[2] 钟晋兰的视角较为独特，她从客家人的"接珠"仪式来解读女性问题。[3]

中国的多民族特征使得民族宗教的研究更为多元化。相较于汉人民间宗教—信仰而言，显得更具有其独自偏重的特征。民族宗教研究中的仪式研究更多偏重于宗教祭祀仪式，同时，研究视角更为开拓，还包括有少数民族巫术研究等。研究范围也较为广泛，不仅有仪式研究，还有对于少数民族宗教经典的人类学分析，以及对于宗教祭祀物的探讨，乃至宗教性人物的研究。

在仪式研究方面，主要有欧光艳对于水族稻田祭祀仪式的解读，[4] 莫江凤对于布依族祭祀节日的象征人类学分析，[5] 徐义强对于哈尼族原始宗教信仰与仪式治疗的研究，[6] 叶建芳对于布努瑶"送棺材"习俗的解读，[7] 陆定福对于彝族祭龙仪式的分析，[8] 谭志满对于土家族撒尔嗬仪式的变迁研究，[9] 唐钱华对于彝族西奎博仪式的功能主义分析，[10] 王伟对于鄂温克火神祭祀仪式的分析，[11] 杨甫旺对于彝族山神祭祀仪式的分析，[12] 巴胜超对于密枝祭神仪式中外来媒介物的分析，[13] 杨婷婷对于回族"逊奈"仪式的象征人类学

---

[1] 史婷婷：《丧葬仪式研究文献综述》，《思想战线》2011年第1期。
[2] 建红英：《仪式符号与文化功能——豫西地区西水头村建氏族丧葬礼仪个案的考察》，《求索》2011年第3期。
[3] 钟晋兰：《宁化客家妇女"接珠"仪式的人类学观察》，《嘉应学院学报》2011年第10期。
[4] 欧光艳：《人类学视野下的水族稻田祭祀仪式舞蹈文化解读》，《西南民族大学学报》（人文社会科学版）2011年第3期。
[5] 莫江凤：《长底布依族祭祀节日的象征人类学分析》，《三峡论坛》（三峡文学理论版）2011年第6期。
[6] 徐义强：《哈尼族的原始宗教信仰与仪式治疗》，《宗教学研究》2012年第1期。
[7] 叶建芳：《布努瑶神秘的"送棺材"习俗解读》，《广西民族大学学报》（哲学社会科学版）2011年第6期。
[8] 陆定福：《"花腰彝"祭龙仪式的人类学意义阐释》，《玉溪师范学院学报》2011年第3期。
[9] 谭志满：《土家族撒尔嗬仪式变迁的人类学研究》，《宗教学研究》2012年第3期。
[10] 唐钱华：《社会冲突的仪式化调解——所地彝族西奎博仪式的人类学研究》，《湖北民族学院学报》（哲学社会科学版）2012年第1期。
[11] 王伟：《仪式过程与符号象征——索伦鄂温克火神祭祀仪式的田野研究》，《世界宗教文化》2011年第2期。
[12] 杨甫旺：《仪式的缺失与重构：双柏彝族祭山神的人类学考察》，《楚雄师范学院学报》2012年第1期。
[13] 巴胜超：《仪式的"意外"表述——以密枝祭神仪式中外来媒介物的表述为例》，《湖北民族学院学报》（哲学社会科学版）2012年第2期。

分析,① 张明、尚晴以及龚勇对于桑植白族游神仪式的功能分析。②

玉时阶对于壮族巫术、巫师、巫医的探究无疑是少数民族巫师研究的重要代表之一。③ 邓宏烈对于羌族释比图经这一宗教经典的分析则成为少数民族宗教研究中对于典籍研究的代表作。④ 万志琼对于彝族巫师毕摩的研究代表了民族宗教研究中对于宗教人物的关注。⑤ 禹虹与李德宽对于回族香油的研究代表着民族宗教研究中对宗教性"物"的关注。⑥ 看本加对于安多藏区地区的文昌神的信仰研究展示了多重宗教叠加时的多样形态,这也为展示多重文明的融合提供了新的视角。⑦ 马晓琳对于昌吉回族女性朝觐的人类学研究使得宗教人类学研究包含了女性主义新视角。⑧ 高法成对于藏回两个族群世俗生活交往关系的关注为不同宗教人群的交流与对话提供了意义。⑨ 唐钱华对于近三十年彝族宗教研究的回顾与评价提示了中国少数民族宗教研究的学科性可能。⑩ 总而言之,这些研究的视角都较为新颖,为拓展宗教人类学的研究提供了可能。

在以上各类研究之外,近年来宗教人类学中艺术性研究在不断增多,尤其在宗教音乐的研究方面,已经有越来越多的国内外学者进行关注,并且已经产生了一系列的作品。如杨晓总结了英语学界对于中国信仰仪式音乐尤其是佛、道教音乐的梳理,⑪ 杨民康对于云南少数民族基督教仪式音乐所发生的变迁的研究,⑫ 苏毅苗与姚艺君对于彝族丧仪中音乐活动的调查与诠释,⑬ 以及周钟对于音乐宗教人类学的论述。⑭

综观近两年宗教人类学方面的研究,整体而言,主要体现在以下两个方面:一

---

① 杨婷婷:《身体认知体系下的洁净观——回族"逊奈"仪式的象征人类学研究》,《昌吉学院学报》2012年第2期。
② 张明、尚晴、龚勇:《桑植白族游神仪式的遗存及功能分析》,《怀化学院学报》2011年第10期。
③ 玉时阶:《壮族巫术、巫师与巫医》,《世界宗教研究》2011年第2期。
④ 邓宏烈:《羌族释比图经的宗教人类学解析》,《贵州民族研究》2012年第3期。
⑤ 万志琼:《阐释人类学视域下的毕摩及其信仰之意义与生命力》,《思想战线》2011年第4期。
⑥ 禹虹、李德宽:《场景、分类与符号转换:回族油香的人类学阐释》,《北方民族大学学报》(哲学社会科学版)2011年第2期。
⑦ 看本加:《安多藏区的文昌神信仰研究》,《世界宗教研究》2011年第1期。
⑧ 马晓琳:《昌吉回族女性朝觐的人类学研究——女阿吉群体的个案调查》,硕士论文,新疆师范大学,2011年。
⑨ 高法成:《宗教对话视阈下的藏回两族世俗生活交往——兼论人类学与宗教对话的学术意义》,《贵州民族学院学报》(哲学社会科学版)2012年第1期。
⑩ 唐钱华:《近三十年(1980—2010)彝族宗教研究述评——基于彝族原生宗教的视角》,《四川民族学院学报》2012年第1期。
⑪ 杨晓:《英语学界中国信仰仪式音乐研究——以佛教、道教及民间信仰为例》,《世界宗教文化》2011年第5期。
⑫ 杨民康:《云南少数民族基督教仪式音乐的新变异》,《世界宗教文化》2011年第5期。
⑬ 苏毅苗、姚艺君:《跨越神圣与凡俗——彝族尼苏支系"花腰"丧仪音乐活动的调查与诠释》,《中国音乐》2011年第2期。
⑭ 周钟:《音乐的归家:满载文化乡愁的音乐宗教人类学》,《青海民族研究》2011年第1期。

方面，宗教人类学其理论研究依旧处于滞后的状态。有关的理论研究大多仍然停留在传统理论流派的探讨和论证之上，如在人类学界已盛行多年的功能分析、过程分析等，仍然成为了大多数研究者加以运用的理论主流，随着象征和符号分析的引入，此类研究也日益增多。然而，现有的研究很少看到具有独创性的论述。这一点和中国整个人类学或者宗教学理论的发展现状有关。两学科囿于从西方汲取理论资源，尽管有部分学者提出要通过中国研究提出适合自身的理论，然而此条道路仍然漫长而待突破。

另一方面，尽管具有独创性的研究在宗教人类学中为数尚少，我们仍然可以看到宗教人类学的研究正朝向更为广阔的领域发展。宗教人类学研究在不断加入新的视角，如历史视角，使得传统宗教学研究从共时性研究走向了对历时性的关注；如社会学视角，使得宗教研究和社会理论相结合，产生更多有助于理解"何为中国或地方社会"的论述；如艺术性视角，音乐人类学加入到宗教研究当中，使得对宗教的研究从传统的视觉层面向听觉层面延伸。尤其是少数民族宗教研究领域，随着研究的不断深入，不仅在研究对象上有了进一步的拓展，而且研究路径也有了不同的涉及，而这些研究对于展望整个学科和理解中国起到了有力的补充作用。同时，这些研究也能为人类学或者宗教学提供更多、更充分的材料与视角，促进两学科在理论或方法上有新的突破和创新。

最后值得一提的是，宗教人类学界对于文明宗教的关注，正迈向一个新的台阶。这些新方法、新视角的运用将对传统文明宗教的研究产生积极的补充作用，然而，我们需要注意的是，一方面我们可以将"他者"宗教如基督教等的进入理解为两种或者不同文明或文化的碰撞；另一方面，我们也需要避免自身研究重新落入如西方对"他者"研究的窠臼，一味从主观视角来分析"他者"，而失去了一种"移情"研究的可能。

### （三）宗教社会学

随着人们对宗教与社会之深层互动关系的了解日益深化以及现实社会需求的不断加增，宗教社会学在近年来业已成为宗教学理论乃至人文社会科学的热门子学科，亦是宗教学理论研究中成果最为丰富、社会影响较为广泛而深入的学术领域。近年来中国学者在这一领域的成果丰硕，从宗教社会学入门书的译介、对宗教社会学经典理论的研究、对西方宗教社会学大家的系统研究、对新兴宗教的关注，到对"宗教市场论"的反思以及对"公民宗教"的探讨，等等，所涉论题涵盖极广。特别值得注意的是，中国学者日益从西方学术话语系统的桎梏中跳脱出来，开始用客观的眼光、独立的思考和凸显中国特色的理论架构，来考量中国本土的宗教社会学现象，在量化研究和定性研究两方面都取得了相当可观的成果。

1. 理论研究

（1）宗教社会学入门书的译介

2012 年北京大学出版社出版了《宗教社会学的邀请》[①]。这是一本宗教社会学入门书。《宗教社会学的邀请》通过身边诸人生活中的宗教事例引导读者思考社会的不同层面如何作用于宗教、宗教又是如何作用于社会的各层面，指出理解这一辩证过程是宗教社会学的要旨所在。作者通过宗教在美国民权运动中发挥的重要影响展示了宗教对社会生活的重大影响，通过在摩门教教义、实践的具体脉络中探析种族主义对宗教生活之影响，展示了社会对宗教的影响，全面呈现了宗教与社会互动的复杂的辩证关系。

（2）对宗教社会学经典理论的研究

高师宁研究员在《中国民族报》上发表了《托马斯·鲁克曼："无形宗教"日益凸显》一文[②]。高师宁指出，在鲁克曼看来，在以个人主义为基础的现代社会，个体的宗教不再信赖教会模式，而是走向私人化，是一种"无形的宗教"。高师宁敏锐地指出：鲁克曼关于"无形的宗教"的理论并没有解决宗教与现代性的关系，鲁克曼的理论得出的却恰恰是他想要批判的观点。

（3）对西方宗教理论家的系统研究

2011 年是宗教社会学理论研究成果比较集中的一年，这在很大程度上归结为李向平教授主持的国家社科基金项目"当代美国宗教社会学理论思潮研究"（2004 年）课题阶段性成果的发布，尤其是课题组成果在《华东师范大学学报》2011 年第 5 期的集中发布。下文李峰关于贝拉、黄海波关于伍斯诺、石丽关于帕森斯的论文均是该课题的阶段性成果。

李峰《罗伯特·贝拉的宗教社会学思想述评》一文[③]，对贝拉的宗教社会学思想进行了整体性的分析。该文认为，贝拉的思想主要围绕着现代性议题中宗教的意义和功能而展开，随着关切点的不同，贝拉讨论的议题有所变化，从韦伯命题入手研究日本、中国宗教与现代化，到后来关切美国宗教与社会，提出公民宗教理论，最终又回归对人类进化中宗教问题的理论探讨。李峰强调，我们不能仅仅根据中国的现实关切，随意从贝拉思想中找寻相应资源，而脱离了贝拉理论背后的东西，不应仅拘囿于他的某个论说，而应对其学说有着整体的把握。

---

① *Invitation to sociology of religion*, routledge press, 2003. 菲尔·朱克曼著《宗教社会学的邀请》，曹义昆译，北京大学出版社 2012 年版。该书中译本，有几处翻译亟待商榷，如第四章将 cult 翻译为邪教，第 74—82 页将 denomination 翻译为教宗。

② 高师宁：《托马斯·鲁克曼："无形宗教"日益凸显》，《中国民族报》2011 年 8 月 30 日。

③ 李峰：《罗伯特·贝拉的宗教社会学思想述评》，《华东师范大学学报》2011 年 5 期。

黄海波发表《公民社会中的宗教：罗伯特·伍斯诺的多维分析模式述评》一文①，系统梳理了伍斯诺分析宗教与公民社会关系的多维模式。该文摘要介绍了伍斯诺关于作为公民社会要素的宗教同经济、政治的关系，以及宗教如何在公民社会领域中处理多样化和共同体问题这四个维度，拓展了对宗教与公民社会这一主题的研究视野。伍斯诺的多维分析表明，宗教对现代社会的影响是复杂的，在不同的地域、不同层面具有大相径庭的影响。

上海大学石丽发表了关于帕森斯宗教社会学理论的述评②，是对帕森斯宗教社会学思想总体性的研究。该文的重要之处在于注意到帕森斯在前人研究和讨论的基础上提出了宗教的"私人化"和"多元化"概念，可惜未能深入探析这一概念与其他宗教社会学家思想的异同。

华东师范大学姚南强教授教育部人文社科基金项目"西方宗教社会学研究取向的现代转向"（08JA730003）课题也于2011年发布了阶段性成果，即为甘雪慧《莫尔的宗教身份理论》一文③。甘雪慧一文分析了莫尔的宗教身份理论提出的背景，试图解决的问题及莫尔的分析逻辑。该文指出，身份是莫尔理论中的一个核心概念，莫尔引入了身份这个概念，通过神圣化的过程，将身份与宗教联系起来。美中不足之处在于，该论文过多引用其他人对莫尔的书评，而对莫尔自身对其核心概念的界定解读不够。

这一系列宗教社会学理论成果的发布，得益于国家对宗教社会学理论课题的资助。

（4）对西方新兴宗教的研究

在新兴宗教研究方面，黄海波发表《当前西方新兴宗教研究中的三大争议性主题》一文④，总结了20世纪90年代以来西方学界新兴宗教研究中引发激烈争议的三个问题：一是洗脑/精神控制问题；二是极端性、破坏性膜拜团体问题；三是针对膜拜团体/新兴宗教的公共政策问题。黄海波回顾了当前美国与西欧学界对上述三个突出问题的主要研究以及不同的处理方式，为国内学界提供了最新的相关研究成果。

（5）对宗教市场论的反思

李向平、杨林霞发表了《宗教、社会与权力关系——"宗教市场论"的社会学解读》⑤一文，深入分析了宗教市场论的具体主张，及其在中国引发的宗教社会学研究热潮，并对宗教市场论进行了中国式的解读，是宗教社会学理论本土化的重要尝试。该文

---

① 黄海波：《公民社会中的宗教：罗伯特·伍斯诺的多维分析模式述评》，《华东师范大学学报》2011年第5期。
② 石丽：《帕森斯宗教社会学理论述评》，《世界宗教文化》2011年第3期。
③ 甘雪慧：《莫尔的宗教身份理论》，《宗教学研究》2011年第3期。
④ 黄海波：《当前西方新兴宗教研究中的三大争议性主题》，《新疆社会科学》2011年第2期。
⑤ 李向平、杨林霞：《宗教、社会与权力关系——"宗教市场论"的社会学解读》，《华东师范大学学报》（哲学社会科学版）2011年第5期。

认为，宗教市场论也是一种独特的宗教结构论，对分析宗教与个体信仰、国家、社会、政治等相互之间的关系也极为有效，宗教市场论为中国学界提供了新的理论视野，中国宗教经验的研究也对宗教市场论提供了挑战。面临对宗教市场论只关注宗教供应方、基于西方基督教社会而建构、不能适应"非制度宗教"盛行的东方社会的指责，该文做了认真的回应。该文认为宗教市场论催生了关于中国宗教与社会的定量与定性研究的大量成果，宗教市场论为宗教管理模式和宗教发展思路提供了一个新的路径，一个理性的、自由的宗教市场，既是宗教本身良性发展的保障，也是维护社会和谐稳定的重要条件。

(6) 对公民宗教的研究

对这一主题的研究，在近来成蓬勃之势。上文所提到的黄海波《公民社会中的宗教：罗伯特·伍斯诺的多维分析模式述评》和李峰《罗伯特·贝拉的宗教社会学思想述评》均涉及公民宗教。但对公民宗教论述最充分的要数汲喆《论公民宗教》一文[1]。该文从公民宗教一词的命运导入，追根溯源，回到涂尔干和卢梭来讨论贝拉重新诠释的公民宗教概念所隐含的某些基本命题。汲喆发现，"公民宗教的建设首先不是一个技术问题，而是政治哲学和宗教社会学的理论问题"。作者进而分析了可欲的公民宗教的性质、功能和建构原则。通过分析，汲喆指出，"公民宗教是现代社会之神圣性的非宗教表述，它的基础是法治和公民社会，建构公民宗教的出发点和归宿在于保卫名副其实的社会，为此必须坚守共和价值，并将民族道德与人类道德统一起来"[2]。这一追根溯源式的讨论，对我们理解公民宗教概念所隐含的命题极有助益，对探究相关议题具有借鉴意义。

2. 量化研究与定性研究的新进展

(1) 量化研究

宗教社会学量化研究于这两年的崛起，既是宗教社会学界转型的结果，而很大程度上又与外专业的加盟具有极大的关系。尤其是阮荣平、郑风田、刘力团队连续发表了三篇高质量的量化研究的论文[3]，尤其是在经济学界主流的《经济学》（季刊）连发两篇研究中国农村宗教信仰的文章。这种情况殊为少见，这也显示主流经济学界刊物对运用经济学理论、模型研究宗教问题的接纳。阮荣平、郑风田、刘力《风险、社会保障与农村宗教信仰》一文[4]研究表明，社会保障的缺乏是农村宗教迅速发展的一个重要原因。在此基础上，阮荣平、郑风田、刘力团队再接再厉发布了《公共文化供给的宗教信仰挤

---

[1] 汲喆：《论公民宗教》，《社会学研究》2011年第1期。
[2] 同上。
[3] 阮荣平、郑风田、刘力：《中国农村"文明的冲突"?》，《经济学》（季刊）2011年第3期。阮荣平、郑风田、刘力：《风险、社会保障与农村宗教信仰》，《经济学》（季刊）2010年第3期；阮荣平、郑风田、刘力：《公共文化供给的宗教信仰挤出效应检验——基于河南农村调查数据》，《中国农村观察》2010年第6期。
[4] 阮荣平、郑风田、刘力：《风险、社会保障与农村宗教信仰》，《经济学》（季刊）2010年第3期。

出效应检验》① 一文，发现公共文化供给对宗教信仰具有挤出效应，并借此认为农村公共文化供给的长期缺乏是农村"宗教热"兴起的推力之一。阮荣平、郑风田、刘力的《中国农村"文明的冲突"？》② 一文则对中国农村各种文化进行了量化分析与研究。

除此之外，则是宗教社会学界学者对宗教的量化研究。孙尚扬《国学热、意义匮乏与大学生对宗教的兴趣取向》③ 一文通过量化分析发现，北京市大学生对意义问题的思考具有很高的频率，但一半以上的学生未能找到令其满意的答案，对于自己未来的定位也较为迷茫（达到38.4%），意义的匮乏与探寻确实存在。研究发现，在提供意义的几个选项中，主流意识形态的吸引力低于宗教。大学生信仰中国传统儒释道的人数占13.7%，远远超过基督徒的比例（3.9%），而且大学生对传统东方宗教感兴趣的比例超过对基督教感兴趣的比例。尽管与农村信教者不同，大学生中对意义的追寻远远超过其他群体，但该文并未认为意义的匮乏与追寻是导致大学生信教的唯一原因，在理论与立场上颇为公允。

夏昌奇、王存同著《当代中国超常信仰的经验研究——兼论中国宗教的内容与格局》④，该文将相面、抽签、风水、星座、打卦等被视为"迷信"的现象与神秘的力量视为超常信仰，并基于"2007年中国价值观调查"数据，针对当代中国大陆具有超常信仰的案例，尝试回答以下问题：超常信仰行为的分布状态如何？具有哪些特征的个体更可能具有超常信仰。该文从对超常信仰的量化分析入手，论及中国宗教的特质，是大陆以量化方式研究此类问题的有效尝试。

（2）定性研究

关于佛教、道教与民间宗教的社会学研究依然比较缺乏，而对基督教的研究异常火热，至少有三本比较重要的论著值得关注。

王莹以在上海大学攻读博士学位期间的博士论文为基础修订出版了《身份建构与文化融合——中原地区基督教会个案研究》一书⑤。该书以身份概念为核心，探析了基督徒群体身份的建构、辨识与强化，同时将这一过程放置在地方文化背景下探析乡村基督徒身份的地方性表达方式，借此理解基督教在中原地区的传播、发展。通过研究，该书发现，基督徒对教义的认同是其身份建构的内在动力和基础，基督教的组织性是其身份

---

① 阮荣平、郑风田、刘力：《公共文化供给的宗教信仰挤出效应检验——基于河南农村调查数据》，《中国农村观察》2010年第6期。
② 阮荣平、郑风田、刘力：《中国农村"文明的冲突"？》，《经济学》（季刊）2011年第3期。
③ 孙尚扬：《国学热、意义匮乏与大学生对宗教的兴趣取向》，《国学与西学》第1辑。
④ 夏昌奇、王存同：《当代中国超常信仰的经验研究——兼论中国宗教的内容与格局》，《社会学研究》2011年第5期。
⑤ 王莹：《身份建构与文化融合——中原地区基督教会个案研究》，上海人民出版社2011年版。

建构的主要影响因素，基督徒的身份建构呈现为一种群体性建构模式①。

黄剑波《乡村社区的信仰、政治与生活——吴庄基督教的人类学研究》②终于面世，该书是其博士论文的正式出版物。王莹研究的主要是没有明确宗派背景与传教历史的县城C教堂，而黄剑波研究的则是一直有着浓厚耶稣家庭背景和灵恩派倾向的吴庄基督教。与王莹调查地佛道教组织在建国后基本不复存在，目前只有一处道教活动场所（尽管民间信仰复兴）的情况不同，黄剑波研究的吴庄则是伏羲庙的所在地，民间信仰比较发达，教堂与伏羲庙形成了对峙，十字架与村委会的大喇叭也形成了对峙。该书呈现了基督教进入西北内陆乡村的独特路径及其对信徒、村庄的影响，也讨论了城市化带来的空村现象对乡村基督教的冲击。尽管该书属于宗教人类学的研究进路，但其对宗教与社会之关系的探究，其所提出的问题，却无疑属于宗教社会学关注的范畴，故而值得关注。

曹南来博士积数年之功以博士论文为基础出版了英文专著《建构中国的耶路撒冷：当代温州的基督徒、权力和场域》③。与王莹及黄剑波的著作不同，该书研究的是经济发达地区温州的基督徒，研究对象之不同也决定了所提出的问题及研究框架的不同。该书对改革开放以来温州老板基督徒及温州基督教的独特发展模式做了深入的解析，并对西方盛行的国家压迫—教会抵制的话语分析体系进行了批判，指出多元话语以及多重主体场域都介入到地方基督教的复兴之中。

3. 宗教社会学学科发展的新趋势

宗教社会学及宗教社会科学，近来在学术机构和学术团队以及研究基金的支持下获得较快发展，这是学科近年来出现的新情况，值得关注。

较为重要的学术机构为中国社会科学院世界宗教研究所、华东师范大学、中国人民大学、美国普度大学，这几个机构各有特色。其中，作为国家级的宗教研究机构的中国社会科学院世界宗教研究所为宗教社会科学的发展打下了坚实的基础，提供了持久的研究动力，走在前列。华东师范大学在组织研究力量对宗教社会学理论进行研究方面成效卓著，本文前面提到的李向平、黄海波、李峰、石丽等均为华东师范大学李向平教授的课题成员，对推进欧美宗教社会学理论的研究居功甚伟。中国人民大学与美国普度大学则在组织宗教社会学教师进修班、召开宗教社会科学年会、推广宗教社会学等方面持之以恒，影响深远。

另外一个值得注意的现象就是，随着宗教社会学的兴起，尤其是量化研究的推动，

---

① 王莹：《身份建构与文化融合——中原地区基督教会个案研究》，上海人民出版社2011年版，第3—5页。
② 黄剑波：《乡村社区的信仰、政治与生活》，香港中文大学崇基学院宗教与中国社会研究中心，2012年。
③ Nanlai Cao, *Constructing China'Jerusalem：Christians, Power, and Place in Contemporary Wenzhou*, California, Stanford University Press, 2011. 曹南来：《建构中国的耶路撒冷：当代温州的基督徒、权力和场域》，斯坦福大学出版社2011年版。

宗教社会学界出现了团队研究的新现象。《基督徒入户问卷调查报告》是团队研究的成果，普度大学中国宗教数据的发布是团队合作研究的成果，《华东师范大学》2011年第5期上三篇文章也是团队研究的成果，关于中国农村基督教的三篇量化研究文章更是阮荣平、郑风田、刘力三人团队的合作研究成果。

由于机构的推动、组织，宗教社会学成果得到了集中的发布。这与以往学者个人单独研究，单凭一己之力进行研究具有明显的不同，对学科未来的走向亦有切实的影响，当然这也是人文研究与社会科学研究的差别。

**（四）宗教心理学**

2011—2012年，中国宗教心理学作为新近兴起的交叉学科，继续呈现上升的发展势头，逐渐引起越来越多学者以及普通人的关注。这一学科近年来不仅在研究成果的数量和质量上有较大幅度的提高，而且在社会影响力方面也不断提升。尤为可贵的是，这一学科目前已经出现了一批相当有实力和潜力的学者，逐渐形成合力，开始为宗教心理学的学科建设作出贡献。"宗教心理学"作为一门分支学科，在全国相当一部分高校中已经开始开设相关课程，如中国社会科学院、北京大学、中国人民大学、中央民族大学、北京师范大学、复旦大学、浙江大学、浙江师范大学、四川大学、南京师范大学、福建师范大学等高校的宗教所（系）和心理所（系）都有学者和教授进行宗教心理学相关的研究及开设相关课程。近年来，有一些医院和社会上的心理咨询中心也参与到这一学科的研究中来，例如成都华西医院和南京直面心理咨询研究所等。

1. 中国宗教心理学近两年的进展和不足

中国宗教心理学在过去的两年里取得了一定的进展，主要表现在以下5个方面。

（1）继续向西方学习，夯实学科建设基础。中国学者继续翻译西方宗教心理学中的经典著作，为中国宗教心理学学科建设做好奠基工作。例如，2011年，谢晓健等人翻译的《荣格文集》（九卷本）由国际文化出版公司出版发行，文集分为九卷，涉及主题涵盖弗洛伊德与精神分析（第一卷）、转化的象征（第二卷）、心理类型（第三卷）、心理结构与心理动力学（第四卷）、原型与集体无意识（第五卷）、文明的变迁（第六卷）、人、艺术与文学中的精神（第七卷）、人格的发展（第八卷）和象征生活（第九卷）。据笔者所知，还有几部译著已经完成，尚待出版。除了译著之外，很多学者把目光聚焦于西方经典宗教心理学家及其著作上，返本开新的文章不断见诸杂志。例如，周普元、姚学丽（2011）在《世界宗教研究》上发表文章《宗教心理学视阈下的詹姆斯"中介项"评述》，认为宗教经验是宗教意识的主要内容之一，而宗教意识则是宗教心理学着重研究的对象。该文梳理了詹姆斯机能心理学派借助潜意识"中介项"理论，阐释宗教经验的历程，他认为潜意识这个人神相通的"中介项"是宗教神学的"亲密的伙伴"，是宗教与科学对话的有效途径。2011 年《科教文汇》杂志发表了李媛《荣格心理学与宗教》，在荣格的理论中，集体无意识是一个重要的概念，并且它与宗教有密切的关系。荣格认为宗教的价值在于它可以将人们无意义的生活变得有意义，通过神话将一种有意义的理论移植到人们心中，并起着积极的作用；张佩、伏文艳《从心理学视角看弗洛伊德的宗教观》，弗洛伊德作为精神分析学说的创始人，对宗教的形成有独到的见解。弗洛伊德从精神分析的角度，认为宗教起源于图腾崇拜，而这些又是人类潜意识中"俄狄浦斯情结"的产物。该文主要从他对宗教的理解、论述来分析他的宗教观，并引发了一些思考；江小苏在《研究生学刊》上发表文章《精神科学与宗教信仰——以弗洛伊德的精神分析学说为例》，认为近代科学的发展给宗教信仰带来了巨大冲击，然而，科学对宗教的解释并不能让信仰消亡，原因在于人类认知有自身的局限，而人类精神中时时又有超越的渴望。本文以弗洛伊德的精神分析学说为例，分析其对宗教解释的局限性，并说明基督教在何种程度上可以吸收精神分析的成果，从而更好地适应时代的精神状况。

总之，中国的宗教心理学学者在夯实学科基础的道路上，方向明确，近两年进展显著。

（2）注重学科史学的研究，回顾展望的基础上进行反思。中国宗教心理学领域的学者近年来非常重视学科史学的研究，探索该学科在西方以及中国的历史发展轨迹，以史为鉴，从而为建设适合中国国情的宗教心理学学科建言献策。例如，石文山（2011）在《徐州师范大学学报》上发表文章《西方宗教心理学研究的"去宗教性"倾向》，回顾百年西方宗教心理学的研究历程，作者认为在科学主义研究理念的强势影响下，宗教心理学的研究始终呈现出一种"去宗教性"的研究倾向，即将宗教心理现象的研究化约为对世俗心理现象的探讨，并由此造成了宗教心理学研究的无序、纷乱、零星和琐碎。作者最后提出，唯有以实事求是的科学态度承认、接纳并尊重宗教心理现象所固有的"宗教性"，宗教心理学研究才能走出目前的困境。周普元、彭无情（2012）在《北方民族大学学报》（哲学社会科学版）上发表文章《中国宗教心理学的历史、现状和未来》，认为中国宗教心理学从民国初期在教会内传播到改革开放后起步，历经开端、停滞、起步三大时期，随着西方宗教心理学任务流派著作翻译不断拓展，中国宗教心理学相关理论梳理、研究日渐深化，并逐渐与国际接轨。该学科发展需要建立健全系统的学科体系，梳理中国哲学各大流派的宗教心理思想，持续"去宗教化"与"研究方法"探讨，多维度开展宗教心理学的本土化研究，重视宗教心理测量研究，重视宗教在心理咨询中的作用，认清宗教心理学是宗教与科学对话的有效途径。

（3）继续重视理论研究，但实证研究的趋势凸显，大学生群体是关注焦点。在西方，宗教心理学研究中非常注重实证研究，近年来中国宗教心理学研究者在继续进行理论探究的基础上，也开始重视实证研究方法的运用。例如，闫杰（2011）在《青少年研究》上发表文章《大学生信仰的社会心理学分析》，认为随着大学教育、教学活动与社会联系的日益深入，宗教文化在大学校园中也有一定程度的渗入和传播，"信教"的大学生人数呈上升趋势。导致大学生宗教信仰的原因既有西方宗教文化的影响等外部因素，也有大学生好奇心强、追求自我实现等内部心理因素。高校一方面应尊重大学生的宗教信仰，另一方面应采取加强对大学生的无神论教育等措施引导大学生树立科学的世界观和人生观，为社会主义建设事业培养更多的合格人才。王道阳、胡玥（2011）在《中国电力教育》上发表文章《大学生宗教信仰的现状、成因及对策》，指出我国社会思想领域逐渐呈现出日益复杂的多元化特征，越来越多的高校大学生开始信仰宗教。现阶段有关宗教信仰的研究主要有神学与宗教学视角、哲学视角、文化学视角以及心理学视角。大学生宗教信仰成因主要有外部因素和内部因素的影响，其中外部因素包括民俗传统和家庭环境、宗教本身的魅力和说服力、对现实的不满和寻求解脱以及大众传媒的宣传和影响等，内部因素主要是心理寄托和精神安慰的影响，修身养性、好奇心驱使和社交需要等。对于大学生宗教信仰应该采取净化宗教知识来源和校园社会环境、提高正面的宣传引导和知识普及、加强学校思想政治和精神文明建设以及重视学校心理健康教育和心理辅导等对策。张立青等（2012）在《南昌工程学院学报》上发表文章《心理学视阈下大学生信仰宗教的原因及对策》，认为从心理学层面分析，大学生信仰宗教的原因是宗教的神秘性契合了大学生的好奇心理，宗教的"仁爱"性契合了大学生释放爱的心理需求，宗教的团契性契合了大学生社会支持和归属感的心理需求，宗教的慰藉性契合了大学生情感宣泄、缓解压力的心理需求。因此，为有效解决大学生信仰宗教的问题，高校应适当正面介绍宗教知识，消除大学生对宗教的神秘认识；应加强和谐校园文化建设，营造人文关怀的和谐校园氛围；应加强心理健康教育和思想政治理论课教育，提高大学生的社会适应能力。

张蔚（2011）在《学理论》上发表文章《心理学视野下的宗教信仰动因与对策——基于107名大学生基督徒的宗教信仰调查》，从心理需求角度出发，分析有宗教信仰倾向的大学生人数呈上升趋势的成因及宗教信仰对高校大学生成长的影响。并探讨如何在市场经济环境下建立、完善高校助学体系及心理支持系统，以满足在校大学生不同层次的心理需求，降低校园内弱势群体对宗教的依赖作用。高承海等（2012）在《民族教育研究》上发表文章《少数民族大学生的宗教认同与心理健康的关系》，该研究选取了666名藏族、回族等少数民族大学生，采用问卷法，运用回归分析、结构方程建模等统计方法，分析了少数民族大学生的宗教认同与自尊、抑郁—幸福感的关系。结果表明：少数民族大学生的宗教认同和自尊、抑郁—幸福感之间呈显著的正相关；宗教认同能显示正向预测自尊水平，并且通过自尊对抑郁—幸福感产生间接影响；宗教认同存在显著的性别、年级和民族差异，自尊存在显著的年级差异。结论认为宗教认同是少数民族大学生自我概念中的重要部分,对其心理健康有重要的意义。

(4)理论触及各种领域,内容日益丰富。例如,李英、席敏娜(2012)在《西南民族大学学报》上发表文章《从神灵到神灵意象——宗教心理学研究新进展》指出:神灵与神灵概念本身,是神学和宗教的研究任务,而神灵意象是指人们内心中对于神灵的形象、特征及其与人的关系的观念与情绪体验。心理学使用神灵意象这一概念,将神灵或内在神性转化为心理现象或心理学变量而得以开展深入研究。该文分三个部分介绍了当前关于神灵意象的宗教心理学研究之进展,着重探讨了神灵意象的界定,神灵意象的内涵、测量工具,形成过程的心理动力学假设及其在临床心理治疗中的应用与启示。王昕亮(2012)在《社科纵横》上发表文章《宗教心理学视野下的情绪研究》,认为情绪和情感是宗教产生的最重要因素,宗教又是丰富情绪体验的源泉。西方宗教心理学一直重视对情绪、情感的研究。一些宗教情绪体验是隐藏在宗教意识和健康关系背后的重要心理机制。当今西方宗教心理学对情感的研究集中探讨宗教信仰和情绪、情感的关系,美德就是重要的研究主题。文章以感激、宽恕和谦卑为例介绍了西方宗教心理学在美德方面研究。文章也探究了心理学对宗教是如何产生这个问题的阐释,分为两个方面:一种认为是源于解释神秘的和令人敬畏的种种事件的必要;另一种则强调情绪和情感的源泉。文章回顾了西方宗教心理学自产生至今非常重视宗教情感问题的研究,很多著作(特别是心理学的著作)都把宗教情感看作是宗教的主要来源,包括赫丁夫、詹姆斯、弗洛伊德和马林诺夫斯基等对宗教和情绪之间关系的阐释。

(5)中国宗教心理学领域研究队伍逐渐壮大,与国外联系日益密切。例如,2011年《世界宗教文化》杂志在第1期发表了"理论前沿:宗教心理学"专栏,该栏目收录了梁恒豪《浅谈荣格的基督教心理观》,陈彪《宗教研究的心理学视角:历史、理论和方法》,还有两篇翻译西方宗教心理学家的文章,《宗教认知的多样性:三种一神教传统中自我认知的计量方法》和《西方宗教心理学的历史:理论和方法》。

2012年底,《牧师心理学》杂志特刊发表了美国宗教心理学家以及中国学者在美国宗教心理学家指导下完成的共计31篇中国宗教心理学方向的文章。主编在"前言"中说道,21世纪之交,中国在当今国际舞台上发挥着越来越重要的作用,了解这一国家复杂的社会和文化是至关重要的。他认为宗教心理学的理论和方法对创新性地理解人们生存的状态具有启发作用。通过了解这些文章中不同文化的对话和交流,让我们更加深刻地理解不同的文化和历史,同时也能让我们更加了解心理学的本质和宗教的本质。这一特刊是在中国宗教心理学研究队伍初具规模情况下国内外宗教心理学研究成果的集中展示。

2. 2011—2012年国家社科基金项目中的宗教心理学

宗教心理学学科最近两年越来越受到重视,从国家社科基金审批情况可以看出端倪,连续两年都有这一分支学科的项目获得批准。例如:2011 年,梁恒豪,中国社会科学院,《西方宗教心理学的最新进展》,青年项目(宗教学);2012 年,陈永胜,浙江师范大学,《中国特色个体宗教心理发展研究》,一般项目(宗教学);2012 年,彭鹏,西北大学,《心文化与心理学视域中的精神家园问题研究》青年项目(社会学)。

3. 2011—2012 年宗教心理学会议

(1) 2012 年 3 月 22 日至 25 日,由华东师范大学宗教与社会研究中心与美国富勒心理研究院共同承办的"第六届中美宗教心理学论坛"在华东师范大学中山北路校区成功召开。美国富勒心理研究院的 Al Dueck 教授、中科院的韩布新教授、华东师范大学的李向平教授以及来自美国以及中国香港中文大学、北京大学、华东师范大学、北京师范大学、中央民族大学、复旦大学、上海社会科学院、武汉大学、厦门大学、湖南大学、浙江大学、浙江师范大学、福建师范大学、曲阜师范大学等国内高校与科研院所共 70 余名专家学者参加了该次论坛。论坛开幕式上,上海市民族与宗教事务委员会赵卫星主任莅临致辞,认为像宗教心理学这样的宗教社会科学研究,对于充分发挥宗教信仰对经济社会的积极功能,具有很好的理论价值与现实意义。整个论坛深入研讨了宗教心理学的理论与实践,积极探索了宗教心理学对中国宗教学研究以及宗教信仰与构建和谐社会之关系。

该次会议除大会主题报告外,另设有"宗教心理学基础理论研究"、"基督教与伊斯兰教心理学研究"、"佛教心理学研究"、"传统文化与跨宗教心理学研究"、"基于科学实证研究下的宗教心理学研究"、"宗教心理学与社会实践"以及"针对大中学生的宗教心理学实证研究"七场专题研讨。整个研讨会不仅涉及宗教心理学的理论与实践,也涉及不同宗教心理学的特质以及比较宗教心理学与跨文化心理学等诸多领域。此外,这次大会的另一特点是与会者具有不同的学科背景——既有来自自然科学背景的心理科学研究者,也有来自宗教学、哲学、历史学、社会学等人文社会科学背景的学者以及来自临床医学一线的精神科医师与心理咨询师。不同的学科背景与不同的观察视角,不仅产生了方法论上的碰撞,也使得该次宗教心理学会议的对话彰显出多元、互补与整合的特点。与会学者一致认为,伴随着宗教信仰群体的扩大,宗教心理问题将是未来中国社会必须认真面对的实际问题。因此,宗教心理学面临的不仅是理论研究与学科建设,同时也是社会工作实践的重要内容之一。本次会议对于中美宗教心理学的交流互动,推动宗教心理学的学科发展,促进中国宗教心理学的研究具有重要意义。

(2) 中美宗教心理学深度研讨会 7 月 11—12 日在北京中协宾馆如期顺利召开。该会与第九届宗教社会学年会同期召开,由中国人民大学高级宗教研究院、民族大学哲学与宗教学院、美国心理协会宗教心理学分会(APA Divison 36)联合举办。该次宗教心理学研讨会的题目比较宽泛,为"中美宗教心理学:方法、议题和合作机会";规模和品质定位是"小规模、深度研讨会"。讨论屡次聚焦宗教与灵性（spirituality）的异同界定；宗教、灵性的正负面作用；宗教、灵性与心理治疗、医疗之间的互动、整合；宗教心理学研究的方法、测量的工具等。中美双方对报告整体的跨文化、跨学科性以及讨论的深入性和建设性给以极高的评价。

我们也必须清醒地意识到，作为一门交叉性的新兴学科，中国的宗教心理学仍处在起步阶段，主要表现为：最近几年学术刊物上的论文数量波动较大，论文发表源以高校学报为主；科研力量和地理分布都极不均衡（研究机构以高校尤其师范类学校为主，主要集中在经济文化发达地区以及少数民族聚居地区）；实证研究虽呈发展之势但仍显薄弱；大多数学者仍处在单独研究的状态，团队合作尚属少见，学科合力尚未成型。宗教心理学面临的不仅是理论研究与学科建设，同时也是社会工作和实践的重要内容之一。理论与实践如何更好地结合，学术成果如何为中国现阶段的社会和谐发展做出积极贡献，这些都是这一领域内的专家学者应深入思考的问题。

**（五）其他**

众所周知，宗教学在方法论上吸收了现代自然科学和社会科学的重要成果，把语言学、考古学、心理学、地理学、社会学、民族学、人类学、哲学、历史学等作为自己宗教研究的辅助学科，借鉴并采用了这些学科的一些基本范畴和方法，使彼此有了交叉互渗的关系，从而产生了诸多分支学科。除了上述综述的几大主要分支学科以外，还有一些新近产生、有待整合、尚未成形的学科，诸如宗教现象学、宗教语言学、宗教考古学、宗教地理学、宗教生态学、宗教神话学、宗教经济学，等等，目前在中国宗教学界还没有足够的影响力，学术成果大多以翻译为主，很少有深刻分析和探讨，现在更谈不上建立中国特色的学科体系了。不过，相信在中国宗教学大发展的今天，其他各分支学科也会逐步发展，逐渐完善，最终建成有中国特色的各分支学科体系，为完善中国宗教学学科体系，发挥宗教学整体社会影响力方面作出自己的贡献。

（作者简介：中国社会科学院世界宗教研究所研究人员，博士）

# 2011—2012年当代宗教研究综述

陈玉梅

"当代宗教研究"学科就当代中国宗教的新形势、新问题和新挑战进行研究，开拓当代宗教研究的新领域，推动当代中国宗教研究的新局面，2011—2012年，在从实际调研到理论创新上，"当代宗教研究"均得到进一步发展。本文就以下三个方面，即当代中国宗教研究、新兴宗教和民间信仰研究以及印度教、犹太教等研究，进行2011—2012年度的学科研究综述报告。

## 一 当代中国宗教研究

中国当代宗教研究经过近50年来的社会变迁和学术探索，已经由起步到不断发展壮大，大量以当代宗教为主题的著作相继问世，一批学术刊物《世界宗教研究》、《世界宗教文化》、《当代宗教研究》、《中国宗教》、《研究动态》、《宗教》、《宗教探索》、《中国民族报》、《宗教学》以及各高等院校和研究机构的出版物刊登出许多关于当代宗教问题的研究成果。这些研究成果促进了国内在宗教问题上的观念转变和思想解放，也推动了宗教研究和探索的深度和广度。在各大宗教研究机构或高等院校各自的研究领域涉及当代宗教研究之外，中国社会科学院世界宗教研究所的当代宗教研究室、上海社会科学院宗教研究所以及一些高校的当代问题研究所，是以当代宗教问题为主要研究方向。

《中国宗教报告》（宗教蓝皮书）、《当代宗教研究》等刊物承载的主要是当代宗教研究的内容和最新动向。自2008年起，中国社科院世界宗教研究所为了促进我国当代宗教研究，推进当代宗教研究的学科体系和科研方法创新，组织国内相关科研机构的学者、政府相关机构的工作人员，讨论"中国宗教的新生态、新问题和新挑战"，每年召开"当代中国宗教论坛"，并发布《中国宗教报告》（宗教蓝皮书）。蓝皮书的发布引起社会广泛关注，产生重大影响，从而搭建起一个研究和追踪当代中国宗教发展趋势、特点和走向的平台。此后几届"当代中国宗教论坛"及相关学术研究成果通过蓝皮书《中国宗教报告》向社会发布。《当代宗教研究》为上海社会科学院宗教研究所内部发行刊物，主要刊登宗教最新发展和研究成果。《中国宗教报告（2011）》[①]《中国宗教报告（2012）》[②] 和《当代宗教研究》[③] 以及相关学术研究成果概括了 2011—2012 年当代宗教发展状况。

《中国宗教报告（2011）》（金泽、邱永辉主编）包括"总报告"、"中国各大宗教报告"、"热点报告"和"地区报告"四大部分内容。邱永辉的《总报告》指出，2010 年中国各大宗教总体上呈现出健康发展的趋势。王志远的佛教报告《积极稳健的 2010 年中国佛教》一文从多个方面评述了 2010 年佛教积极稳健的发展状况。李志鸿的道教报告《2010 年中国道教的发展与思考》阐述了道教在很多方面如组织建设、制度建设、文化建设、人才培养、宫观建设、社会参与对外交流等取得了显著成就，并设置了 7 个专门委员会。从人们对道教养生等方面的关注显示道教的有为空间。马景、敏俊卿的伊斯兰教报告《2010 年中国伊斯兰教概况及当代穆斯林的宗教慈善事业分析》阐述了 2010 年中国伊斯兰教基本概况，有宗教界各级伊斯兰协会的主要活动，并对各地的清真寺创建"和谐清真寺"予以特别关注，有学术界伊斯兰教的重要会议和出版物，也分析了当代中国穆斯林的宗教慈善实践。黄海波的中国基督教报告《走向建构中的公民社会——2010 年中国基督教的责任与反思》从多个层面阐释了当前基督教为走向公民社会所作的努力及其思想和组织基础，并认为中国基督教可藉自身所蕴涵的"公民社会要素"积极投身于公民社会及和谐社会建设。王美秀的天主教报告《2010 年中国天主教观察与分析》介绍并分析了中国天主教会第八次全国代表会议和一些教区主教祝圣等事件及其特点、意义及其与我国的冲突等。肖雁的儒教报告《2010 年儒教研究的理论与实践》论述了儒教研究在很大程度上已从"儒教是否是教"的学理论争中走出来，转向将儒教视为一种既成的宗教形式，以此为基础开展相关研究，儒教研究的关注点由理论阐释转向儒教在民间的存在形态的研究上，也一并审视儒教与其他宗教的关系。叶涛的民间信仰报告《龙牌会的变迁》通过对作为民间信仰组织的龙牌会的田野调查，考察它的历史变迁，对当代华北地区民间信仰状况予以思考。

"新兴宗教"《中国宗教报告（2011）》的"热点报告"，金泽的报告《新兴宗教研究——理论问题与社会实践》阐释了新兴宗教的定义、流派、存在与发展状态、组织演变等，分析了新兴宗教研究的理论热点和争论，并指出研究新兴宗教的方法和路径。"台湾宗教"报告是《中国宗教报告（2011）》的"地区报告"。卢云峰、李丁的报告《台湾地区的格局、现状及发展趋势》中将中国台湾地区的宗教格局概括为"民间信仰为主，多种宗教并存"的特点，并指出了近 20 年以来台湾宗教界出现的一些新变化，

---

① 金泽、邱永辉主编：《中国宗教报告（2011）》，社会科学文献出版社 2011 年版。
② 金泽、邱永辉主编：《中国宗教报告（2012）》，社会科学文献出版社 2012 年版。
③ 上海社会科学院宗教研究所：《当代宗教研究》（2011—2012 年）。

即公众舆论与"司法"机构取代"情治单位"而成为管理宗教的主要力量,政治对宗教的干预减少,宗教治理出现多元化。新兴宗教数量剧增,民间信仰从"迷信"转变为媒体宠儿;佛教成为慈善的支柱,传统教派致力于转变制度、教义和形象提升,基督教基本保持稳定。总体上宗教在台湾社会中扮演着积极的正面的角色。杨德睿的报告《两岸宗教交流的历史回顾和近期趋势》一文简述了两岸宗教交流的多种模式及交流史,指出近年来随着大陆的经济崛起和文化软实力提升的需要,台湾国民党当局则开放了大陆民众赴台旅游,过去不平衡结构已有所松动,未来两岸的宗教交流可能朝"整合个别优势,共同面向全球"的方向发展。

《当代宗教研究》刊载了"当代中国宗教研究"、"社会发展与社会转型"、"社会调查"、学理探究"等几方面的文章,这些论文对当代中国宗教或宗教研究进行了观察和思考。如魏明德的《当代中国的宗教复苏和"宗教退出"》一文探讨了作为社会外在的神圣根基的宗教从社会运作中的退出,而"宗教退出"就是社会自觉采纳"政治性的境况"。作者认为儒家传统从根本上已经超越"社会连结之根基"阶段,同时又以其意义资源使社会连接在"准神圣"的根基上,而这一点在后现代时期西方社会已经无法实现。罗琤的《论宗教在中国现代性社会中的承担》一文审视并探讨宗教在现代性社会文化重构中的作用,认为现代中国的文化重建之路首先要从现代性宗教着手,为现代性文化找到一个栖息的家园。李平晔的《对我国宗教问题的几点思考》论文中对宗教现状及管理方法进行了思考和探索,认为宗教理论研究成果的超前性与宗教政策和宗教治理的滞后性形成二者之间的一种断裂,理想的管理模式尚需假以时日,当前管理模式以"依法办事、无为而知"不失为一种选择。冯金源的《当代中国宗教研究的历史回顾》对新中国成立以来的当代宗教研究进行了追溯和梳理,展现出当代宗教研究的发展历程。张庆熊的《宗教的市场面向与超越面向的辩证关系》认为"宗教的市场论"反映宗教现实状况的同时,却忽视了宗教更根本的面向即面向终极实在,处理宗教就是要把握好两种面向之间的转化,使其向更高尚的境界和人的幸福方向发展。另有对五大宗教发展状况的调查及理论反思,如周燮藩的《当代伊斯兰教发展的新趋势》、陈凯的《佛教史与批判佛教视野中的涅槃思想》、陈晖莉的《社会化与观光化的互动:台湾寺庙转型探讨》、刘元春的《佛教慈善社会化三论》,等等。

2011年12月24—26日,"当代中国宗教论坛及《宗教蓝皮书》研创讨论会"在四川大学召开。中国社科院世界宗教所卓新平所长、金泽副所长出席会议,卓新平教授作了"中国宗教与文化战略"的主旨报告。当代宗教研究室主任邱永辉教授作了"推进宗教蓝皮书的研创"的发言,很多与会学者也作了相关发言。

《中国宗教报告(2012)》(金泽、邱永辉主编)中由邱永辉撰文总报告。王志远的佛教报告《2011年中国佛教的困扰与思考》指出在中国佛教总体看来是繁荣之下,隐藏着三大危机，也预示着变革，佛教要再创辉煌需要变革，变革本着继承传统、面向人间、搞好山头建设。陈文龙、李志鸿的道教报告《现代社会中的道教及其未来》提出面对现代社会的发展，道教必须探讨自身的教理教义，挖掘其中适合现代社会的因素，关注当下社会的需求，满足不同阶层信众的需求，主动关注、参与和服务社会，这是"生活道教"的真谛。李林的伊斯兰教报告，《中国伊斯兰教的几件大事与民间新思潮涌动》论述了2011年中国伊斯兰教教界和学界的重大事件以及新思潮的涌动，建议社会各界冷静、客观地观察和研究新思潮，创造出宽容温和的社会氛围。段琦的中国基督教报告《2011年中国基督教主要事件及城市化岁教会的影响》指出近年来城市化对中国基督教会的影响，农村教会萎缩，城市教会信徒急剧增多并出现多元化、年轻化、知识化的特点。由城市化而使以农村信徒为主的教会转变为以城市信徒为主的教会，对中国基督教会是一个巨大挑战，也对宗教管理部门提出了宗教管理创新的要求。张宏斌的儒教报告《儒教在民间的存在状态及启示》阐述了儒教在民间的存在状况，研究者努力呈现一个真实的儒教并从中寻找有助于复兴传统文化的切入点与方法，建议"立法以垂教"。刘国鹏的中国天主教报告《2011年中国天主教的重负与希望》阐述了中国天主教在"宗教实体面"和"文化主体性"建设的发展状况，也对中青年神职人员与修女的"健康透支"现象专题进行论述，反映出中国天主教会发展中面临的挑战、隐患和困境。范丽珠、陈纳的民间信仰报告《中国民间信仰及其现代价值的研究》概述了民间信仰获得合法性的渠道及存在机会，从多方面论证了中国民间信仰的多重意义，提出要从中华文明的传承与递进的角度充分认识中国民间信仰的价值。

《中国宗教报告（2011）》的"热点报告"是徐以骅的《宗教与中国的对外战略》报告。报告对相关国际问题研究中的中国宗教因素给予特别关注，提出"地缘宗教"、"信仰中国"、"后传教时代"等概念框架，并报告了当代国际关系及地缘宗教、"信仰中国"与中国对外战略和两岸关系，以及后传教时代的中美宗教互动等三个方面的问题，显示出宗教因素在相关国际上的重要性。"甘肃宗教"报告是《中国宗教报告（2011）》的"地区报告"。刘成有的《当代中国社会转型中宗教"活性"——以甘肃为个案的考察》报告指出社会转型期，作为社会有机因子的宗教信仰表现出极为活跃的时代特征。由于各种宗教信徒之间的利益诉求和信仰差异以及各种宗教势力积极渗透，演化出一定的矛盾甚至冲突。甘肃特殊的地理位置与文化传统，在历史上就形成了多民族多宗教和谐相处的传统，在宗教适应社会方面呈现出良好的态势。尽管当前甘肃宗教领域也面临一些挑战，但总体上看，甘肃的经验有力地佐证了中国独特的"多元通和"的宗教模式。

邱永辉的总报告《聚焦宗教现状　建构中国话语》指出当代中国宗教发展现状要求宗教研究者展示出观察宗教的新视阈、分析宗教的新思路和研究宗教的新方法，建构一个学术体系完整的"中国话语",是中国"话语权"的一部分。只有成功构建的"话语",才可能成为一种"权力",而构建话语更多的是展现一种能力,包括在理论上进行创构和重构的能力。报告认为,中国传统对宗教的独特认识、中国宗教所经历的独特发展道路,中国社会在近当代历经的对宗教文化的深刻反思,在世界上找不到任何其他国家或地区具有相似性或可重复性,在研究中国宗教的进程中建构独特的"中国话语",便是一种自然逻辑的结果。由于建构"中国话语"的进程刚刚起步,报告者呼吁"超越左右",营造一个学术自由的、平等探讨的话语建构空间。

"第五届当代中国宗教论坛——世界宗教形势与中国宗教治理"学术研讨会于2012年12月21—22日在北京召开。所领导卓新平、曹中建和金泽、国家宗教局蒋坚永副局长、国家宗教局研究中心主任张训谋、国务院发展中心民发所所长赵曙青、新疆中亚安全研究所所长卢端阳、四川藏学所副所长游祥飞、复旦大学徐以骅、范丽珠教授以及本所6位研究人员出席了会议。曹中建书记主持了会议开幕式。卓新平所长指出,本所选择在所谓的"世界末日"召开此次讨论会,充分表明了我们的思想立场和学术追求。蒋坚永副局长在开幕致辞中,对会议召开表示热烈祝贺,并指出:"自2008年开始,世界宗教所每年举办'当代中国宗教论坛'、发布《中国宗教报告》,是当代中国宗教研究的一大亮点,已经形成一大品牌。本次论坛以'世界宗教形势与中国宗教治理'为主题,对于深入了解世界宗教发展形势及其对我国宗教的影响,清晰认识我国宗教面临的新情况、新问题和新挑战,从而更好在把握我国宗教工作的特点和规律,积极妥善应对和正确处理我国的宗教问题,具有极其重要的理论意义和现实意义。"卓新平所长以"坚持信仰自由、加强宗教治理"进行了主旨发言;张训谋、徐以骅、于晓辉、游祥飞就"中国宗教的治理"问题发表了意见;本所王宇洁、刘国鹏、邱永辉、李维建、郑筱筠、陈进国、范丽珠分别就中东北非、欧洲、南亚、非洲、东南亚、东南亚及港澳台华人和海外华人教会的宗教状况及其对我国的影响进行了报告;金泽副所长总结了会议。

"宗教人类学"于2009年列入院级特殊学科项目,由金泽、陈进国主编的《宗教人类学》和"宗教人类学学术论坛"的召开,已成为海内外宗教人类学学术领域的交流平台。2010年12月《宗教人类学》(第二辑)收录了"域外视野"、"本土眼光"、"历史向度"、"思想交谈"、"学评综述"五方面的论文近三十篇,[1] 陈进国主编撰写序言,并在内容简介中指出"宗教"的人类学研究的旨向,不仅仅是为了增长我们有限的宗教知识,而是要透过对域内与域外的宗教生活场景的了解,对日常的宗教实践与信仰生活的意义、象征的多重把握,借以促进自我的心性体会以及不同国家或社群间的相互理解。2012年《宗教人类学》(第三辑)收录了"历史向度"、"田野现场"、"名家特约"、

---

[1] 金泽、陈进国主编:《宗教人类学》(第二辑),社会科学文献出版社2010年版。

"思想交流"、"学术书评"五方面的论文二十余篇。① 2012年5月11—12日举行的"宗教的动力研究：第二届宗教人类学学术论坛"承接于2010年首届宗教人类学学术论坛，是两年之后对于中国社会科学院交叉学科宗教人类学研究的又一次深入探讨。来自加拿大、日本、新加坡、马来西亚、中国大陆及香港、台湾等国家和地区的40多位专家学者济济一堂参加本次论坛。论坛主要围绕于宗教人类学的理论反思、社区宗教传统与当代社会变迁、宗教仪式的结构与象征、基督教人类学与中国研究、香港当代道教的田野观察、宗教运动与社会变革、历史人类学视野中的地方宗教等七个论题进行探讨，论坛以其广阔的视角、丰富的内涵为与会学者提供了一次相互了解与交流的机会，尤其为促进中国宗教人类学学科的多元发展提供了一次契机。

## 二 新兴宗教和民间信仰研究

在最近几十年，民间宗教和民间信仰以及沿袭久远的风俗文化已成为一部分中国人信仰或精神生活的构成要素。2011—2012年民间信仰的有关研究涉猎广泛，包括民间信仰的概念、功能和对策分析等多个层面的主题。其中，王守恩的《民间信仰与现代性》认为在中国现代性的建构中，民间信仰是一个应予正确认识和处理的重要问题。经由适当引导下的调整与变革，民间信仰能够完成自身的现代性转型，并为中国现代性的建构提供本土文化资源。刘江宁、周留征的《社会转型期民间信仰的功用研究》指出民间信仰是一种非制度化的信仰形态，具有自发性、松散性、多元性、功利性和包容性等特点，在社会转型期民间信仰在个体层面上具有精神寄托、心理调节和诉愿表达的功用，在社会层面上具有文化传承、道德教化、社会整合、民族凝聚的功用，同时也要扬弃民间信仰中的糟粕。胡安宁的《民间宗教的社会学人类学研究：回顾与前瞻》，该文回顾了中国民间宗教研究中的社会学人类学传统，并论述了民间宗教的研究的趋势；王铭铭的《中国民间宗教：国外人类学研究综述》，该文论述了国外汉学人类学对民间宗教研究的历程，包括对民间宗教的界定、民间宗教与"大传统"的关系民间宗教的社会文化分析等。张化的《在构建和谐社会背景下对上海民间信仰活动人士和管理思路》一文考察了上海目前依附于佛教和道教的一些非正常烧香点的活动情况，分析其历史、成因及管理，并指出在构建和谐社会背景下如何看待和对待这些民间信仰活动等。

教育部哲学社会科学重大课题攻关项目"民间信仰与中国社会研究"，是一个跨学科的课题，涉及宗教学、民俗学、历史学、社会学和人类学等多个学科。课题系列成果之一《中国民间信仰研究述评》（路遥等著）已于2012年4月出版。该书吸纳了已有的

---

① 金泽、陈进国主编：《宗教人类学》（第三辑），社会科学文献出版社2012年版。

研究成果，对一些重大的理论问题作了探讨，如民间信仰与宗教的关系、民间信仰与民间社会的关系、民间社会的群体构成、士民社会与民间社会群体的关系民间信仰在数千年的传统中的表现形态等。该书还较为系统地介绍了中国大陆地区、台港澳地区、海外其他地区（日本、东南亚、西方学界等）关于中国民间信仰与社会研究的学术动态。

为深入了解新兴宗教在国内外的发展状况，探讨新兴宗教的运作和演变模式，提高我国宗教学界在该领域的研究水平，世界宗教研究所一直致力于搭建学术平台，并于2010年12月6日召开"新兴宗教发展趋势研讨会"。2011年3月4日至12日，台湾崇德文教基金会和华夏文化交流协会举办"中华儒教文化论坛"，会议围绕中华文化的传承、孝道精神的发扬、儒学的基本精神、儒家经典义理和一贯道的历史发展与现状等问题进行研论，邱永辉研究员、陈进国研究员赴台湾出席在会上发表学术论文，同时考察了一贯道、天地教等台湾民间宗教发展情况。2012年，邱永辉研究员赴哥伦比亚和巴拿马，对巴哈伊教在南美部落民团体中的发展进行了实地考察，陈进国研究员赴台湾对一贯道进行了实地调研。2012年6月，世界宗教研究所当代宗教室在泉州市通淮关岳庙设立了全国首个民间信仰调研基地。该基地借助民间信仰的场地和世界宗教研究所的人才优势，将深入展开对民间信仰的历史和现状的研究，培养相关研究人才，探索如何更好地引导民间信仰为构建和谐社会服务。

庙会研究一直是民间信仰研究领域内的热点议题。自2009年起，每年泰山庙会期间举办的"泰山东岳庙会国际学术论坛"，至2012年已经连续举办了四届，前三届研讨会的论文已经作为系统出版物结集出版（《2009泰山东岳庙会国际论坛论文集》、《2010泰山东岳庙会国际论坛论文集》《2011泰山东岳庙会国际论坛论文集》，均由叶涛、刘慧主编，广西师范大学出版社出版），该论坛就中国庙会的历史与现状、中国民间信仰的理论与实践等相关议题进行了较为深入的探讨。

2009年"妈祖信俗"被中国政府申报并成功列入世界非物质文化遗产代表作名录，一直受到海峡两岸学术界关注的妈祖信仰研究此后持续升温，仅2012年在海峡两岸和港澳地区举办的妈祖信仰专题学术研讨会就达十次以上，叶涛、陈进国参加了系列学术研讨会，并见证了妈祖信仰的研究热潮。

由台湾《旺报》、凤凰网主办，海峡之声广播电台协办的"2011年首届两岸征文颁奖典礼"，该征文奖的主题为"大陆人看台湾"、"台湾人看大陆"，系透过民间个人亲身经历的小故事，分别以"对岸"的视角来观察两岸的社会、经济。陈进国研究员获得本次"大陆人看台湾优秀奖"，其获奖文章题目是《台湾民间香火的人文能量》，中国国民党荣誉主席连战先生在《以包容心同理心深化理解，共创双赢》的推荐序中，评论陈进国的文章说："台湾民间所常见的'拜拜'，在《台湾民间香火的人文能量》一文中却彰显了'拜拜'所蕴涵的强大能量以及民间的幸福感。"

## 三 印度教、犹太教等研究

在直接或间接影响当代中国社会的各种文化力量之中,几乎各大世界宗教都在其中发挥着有形或无形的作用,在追踪和研究当代中国宗教发展态势和特点、民间信仰和民俗、新兴宗教等之外,印度教、犹太教等宗教研究在此特别关注。

2011—2012年,印度教研究的论文主要涉及印度教与中国文化关系、印度教与其他宗教、印度教复兴和内动力等几个方面。例如,谢勇的《印度教复兴改革与印度民族女神的塑造》阐述了印度教复兴改革者在民族、国家和宗教危机时期选择特定女神,并利用女神作为其开展政治斗争的工具和象征,在印度教群众中形成平等观念、统一观念、民族国家观念,形成共同体意识起到了巨大的促进作用。唐克军的《印度:养成平衡传统与民主的品质》一文指出,尼赫鲁希望独立后的印度建立世俗的民主国家,通过教育将存在着财产、种姓和宗教等差异的国家统一起来,公民的道德教育在这方面发挥着重要作用。朱明忠的《印度教对我国古代思想文化的影响》论文认为印度教伴随着佛教传入中国以后,对中国古代思想文化的诸多领域如天文、数学、医学、哲学、宗教等都产生了一定影响。日本学者保坂俊司的《印度教·伊斯兰教的融合思想及其现代意义》,该文简单回顾了古印度的伊斯兰对印度教展开的融合及其宽容思想,指出伊斯兰教与印度教共存,这种宽容精神将伊斯兰推到更高的层次。王洪生的《印度教:近代以来印度社会变化的动力》,文中指出印度教维护种姓的合法性和合法性,主张人之间的不平等,与印度五十年来实行的民主制度格格不入,正是这两种水火不相容的事物在印度的和平共处成为近代印度社会变化的动力等。

2011—2012年犹太教研究方面的论文涉及犹太文化的诸多方面,涉及宗教与政治、宗教与世俗、犹太教与其他宗教比较等方面。其中,王鹏的《犹太教教义新论》一文阐述作为最早的系统性一神教世界上,犹太教教义包括一神观、契约观、选民观和救赎观四个基本部分,这四条基本教义在保持犹太民族特性,强化民族自信心方面发挥了重大作用,但也成了后世犹太人遭外族排斥的借口。丹静的《开封犹太人对儒家文化的认同》一文指出,开封犹太社团的消失是多种原因造成的,而开封犹太文化的儒化也是一个不可忽略的内在因素。犹太人对儒家文化从局部适应发展到整体认同,犹太教的核心思想逐渐被儒教所涵。张世均的《犹太教的神权观对犹太政治的影响》,该文论述了犹太教与世俗的、民主的以色列国家的关系。胡浩的《论犹太教与世俗文化的兼容》一文论述了从《圣经》时代到中世纪,犹太教在认识自然、与异质文明交往、解释经典过程中逐渐形成了兼容世俗文化的能力和特征。作为一种文化体系的犹太教并不排斥世俗的因素,而且在其发展中融入了很多世俗的智慧,尤其是理性和科学的要素。犹太教与世俗文化的兼容体现了犹太文化的巨大创造性和生命力。任婷婷的《犹太教、神道教"现世星"之比较》一文对犹太教和神道教"现世性"的特点、形成原因及其在世俗生活等方面的表现进行比较研究，探索宗教与民族文化的关系。王宇的《犹太教在以色列的社会影响力上升》，该文阐述了尽管以色列是一个世俗国家，但犹太教在该国政治、经济及社会生活等方面都具有重要影响。犹太教的影响力与犹太民族的历史传统、以色列国家的犹太性质以及多党制的基本政治制度密切相关。近年来以色列国内正统派犹太教势力处于明显上升趋势，这一切渐渐成为社会矛盾和政治紧张的根源。陈玉梅的《试论海舍尔宗教哲学视域中的犹太智慧》一文从"彻底惊异"、"参与终极智慧"、"受命而存在"三个方面论述了被誉为"犹太智慧"的犹太人独特理解方式和生存方式。

邱永辉研究员的研究专著《印度教概论》，是一部全面研究印度教的专著。该专著的每个章节都包括两个方面的内容：一是概况，即广泛收集世界学术界对印度教的介绍和研究，对印度教的历史、哲学、伦理、经典、教义、教派等基本内容以及印度教在世界的传播，进行简明而综合的介绍；二是概论，即在作者多年研究的基础上，主要从宗教学、历史学、社会学和政治学的角度，对印度教各方面及重要问题进行学术论述。作者对印度教的定义、历史的发展演变以及印度教的理论和实践等方面的内容进行了全面、系统、生动的概述和介绍，并进行了比较深入的解析和探讨，其中一些观点"堪称理解印度教的钥匙"。

当代宗教研究涉及当代各种宗教现象的广大领域，并同现实社会问题紧密联系在一起。现在我们虽已在当代宗教研究上取得一定成果，但展望未来，仍然任重而道远，学界同人应携手奋进，披荆斩棘，为中国当代宗教研究和文化家园建设作出应有的贡献。

（作者系中国社会科学院世界宗教所研究人员）

# 中国宗教人类学研究综述(2011—2012)

王　媛　黄剑波

近两年来，中国宗教人类学的发展势头良好，涌现出相当一批优秀的研究人才，研究成果的数量和质量均有长足的进步，研究视野广阔，呈现出百花齐放的发展图景。更为重要的是，由中国社会科学院世界宗教研究所等相关研究机构推动主持下，一些宗教人类学学科发展的平台及交流机制的建立给国内外宗教人类学的研究者提供了交流思想、展示了学科前沿的机会，对中国宗教人类学的学科建设和发展具有重要意义。

## 一　会议、讲座及研究机构

2012年5月11日至12日，"宗教的动力研究：第二届宗教人类学学术论坛"在京召开，论坛由中国社会科学院世界宗教研究所主办。本次论坛承接于2010年首届宗教人类学学术论坛，是两年之后对于中国宗教人类学研究的又一次深入探讨，是这两年在宗教人类学领域最为重要和集中的一次会议。来自加拿大、日本、新加坡、马来西亚、中国大陆及香港、台湾等国家和地区的40多位专家学者济济一堂。

此次论坛由八个板块组成：(1) 宗教人类学的理论反思。不同学者就位于土耳其的古老村落为例探讨了史前宗教人类学、双重东方学困境、妈祖造像与"标准化"问题、南方民族萨满教研究再议、从类型学到动态研究等议题展开研究。(2) 社区宗教传统与当代社会变迁。学者们在这一板块中以不同地区的宗教现象为切入点讨论国家、民族、信仰的历时和共时以及动态变化。(3) 宗教仪式的结构与象征。在这一板块不同宗教仪式都有所涉及，如萨满教、道教、儒家仪式等，然而学者们不局限于谈仪式，而是借由仪式思考其象征功能以及神圣与世俗之间的联系。(4) 基督教人类学与中国研究。各学者既有对基督教人类学理论的探讨，也有对地方基督教发展的个案研究。(5) 香港当代道教的田野观察。香港飞雁洞佛道社、香港新界客家社群的节日庆典与仪式流变、香港大埔省躬草堂、香港当代全真道堂科仪变迁和策略都在学者讨论的主题之列。(6) 宗教运动与社会变革。来自各国的学者介绍了日本、印度的宗教运动以及巴哈依教。(7) 历史人类学视野中的地方宗教（a）。学者们提到了清代湘西的制度、礼仪与族群、明清湘潭龙王信仰与宗族礼仪、宋至清末湘中梅山地区宗教形态的演变、安国县庙会间的"讲礼"系统等多个论题。（8）历史人类学视野中的地方宗教（b）。本部分包括对大理节庆、西双版纳宗教体系与社会、承德藏传佛教、洛域的宗教、嘉绒藏人的神山与家屋、降乩仪式等多个主题的讨论。

围绕"宗教与中国社会"等议题，国内也举办了一系列的相关会议，其中均有一些宗教人类学方面的研究成果的展示。"中国社会科学论坛（2011·宗教学）——宗教与当代中国社会"首届专题研讨会于2011年12月7日在北京召开。此次会议由中国社会科学院主办、中国社会科学院世界宗教研究所承办。国内外高等院校和科研机构的50余位专家学者。会议分为六个议题：宗教与社会和谐、宗教与当代中国社会、宗教之比较研究、宗教与文化建设、全球化视域中的宗教、宗教研究。[①]

2011年12月9日至11日，中国社会科学院基督教研究中心主办的"基督宗教与新文化运动：学术研讨会"在北京举行。这次会议是中国社会科学院基督教研究中心主办的最后一次以基督宗教为主题的学术讨论会。与会学者就"宗教代替论"评析、基督徒的选择——爱国还是爱教、信仰与理性、历史回顾、当代启示等分论题进行研讨。

现代社会转型时期的中国宗教慈善公益事业积极服务于社会公共领域，并且表现出巨大的发展潜力，成为人们关注的重要社会活动。为此，中国社会科学院世界宗教研究所于2012年12月11日至12日，在中国社会科学院学术报告厅举办"中国社会科学论坛（宗教学）——宗教慈善与社会发展"国际学术研讨会，探讨以下主题：宗教慈善观念与理论探讨、宗教慈善与社会发展、宗教慈善法律及政策、宗教与和平建构。这次会议上，不仅会有中国宗教慈善的理论与个案分析，还有国际宗教慈善的理论与经验分析。

"宗教与文化"主题的探讨也有相关的会议，在四川大学举办的2012年中国宗教学会理事工作会议是"宗教与文化发展"高层论坛暨2012年中国宗教学会年会中的重要内容。来自中央统战部、国家宗教事务局相关领导及全国各地高校和机关科研机构的50多名专家、学者参加了会议。2012年9月，由中国社会科学院文哲学部、浙江大学全球化文明研究中心、中国社会科学院世界宗教研究所、中国宗教学会联合主办的"渤海视野：宗教与文化战略学术研讨会暨中国宗教学五十人高层论坛"在天津举行。

2012年6月9日至10日，由北京大学高等人文研究院主办的"回儒世界观与中国伊斯兰研究的当代价值"学术研讨会在北京大学陈守仁国际研究中心章桂堂召开。此次研讨会是北京大学高等人文研究院"康安·理法伊斯兰研究讲座"系列研讨会之一。会

---

[①] 沈朝立：《"中国社会科学论坛（2011·宗教学）——宗教与当代中国社会"专题研讨会综述》，《世界宗教研究》2012年第1期。

议共分为回儒世界观专题、中国伊斯兰教、文本与文献、回儒专题、哲学与神学、历史与现实、文明与文化 7 个主题共 11 节讨论。

在讲座方面，社科院世界宗教研究所的"宗教人类学名家讲座"系列，中国社科院民族学与人类学研究所的"人类学论坛"，中国社科院社会学所的"人类学沙龙"，中央民族大学民族学社会学院的"人类学讲座"，中国农业大学社会学系的"乡土社会研究"，中国人民大学人类学研究所的"人类学前沿"等系列讲座，也都涉及宗教人类学方面的讲题。

## 二 理论与方法

### （一）理论与方法探讨

金泽、陈进国主编《宗教人类学》第三辑已经于 2012 年由社会科学文献出版社出版。本辑分为历史向度、田野现场（一）、田野现场（二）、名家特约、思想交谈、学术述评六个部分。第三辑依然延续着前两辑为中国的宗教人类学提供交流平台的作用。与上两辑不同之处在于，多篇文章都是关于伊斯兰教研究，既有我国学者现场的田野调查，也有日本学者对日本的伊斯兰教研究动向。

由英国学者玛利亚·雅绍克（Maria Jaschok）与中国回族学者水镜君合著《中国的妇女、宗教与空间：伊斯兰教清真寺与道观、大主教女修道院与中国守贞女》（*Women, Religion and space in China: Islamic Mosques & Daoist Temples, Catholic Convents & Chinese Virgins*）一书于 2011 年出版，是"劳特利奇国际妇女与场所研究"系列丛书（Routledge International Studies of Women and Place）之一。该书记述了中国从帝制时代后期至今河南省会开封（1954 年以前）、郑州（1954 年以后）的道教、伊斯兰教和天主教女信徒的历史，研究围绕她们的宗教活动地点展开，以开封的道教救苦庙、郑州的北大清真女寺和美国大主教主顾修女会在开封设立的机构为重点。

1. 宗教总体理论、范式和方法

李向平分析了中国社会的信仰关系，认为中国宗教是一种以神人之伦为基础的权力关系的建构。他提到，中国宗教及其信仰具有一种独特的整体性，但其"信仰—关系"乃以神人交往、人伦要求为基础，伴随着家族、伦理、国家及其权力关系而逐步建构起来。因此，中国宗教中的神人交往及其信仰，常常呈现出一种个人信仰与家族、伦理、国家、权力之间重叠与互动的整体关系，进而使信仰关系与各种社会权力纠结为一体。[①]

牟钟鉴详细阐述了宗教生态论的基本观点和理论价值，他在文中提到，宗教生态论

---

[①] 李向平：《信仰是一种权力关系的建构——中国社会"信仰关系"的人类学分析》，《西北民族大学学报》（哲学社会科学版）2012 年第 5 期。

是用文化生态学的眼光研究不同范围中宗教文化生命系统总体态势、层次结构、内外关系、动态运行的机制,考察世界三大宗教生态模式:亚伯拉罕系统的一元分化式、印度系统的一元多神蝉变式、中国的多元通和模式,还重点阐述了中国宗教良性生态的失衡与重建。①

朱晓红关注后殖民理论视域下的宗教学研究,后殖民批评家指出,宗教学的创立和基督教中心主义以及殖民主义的情怀不可分割,从奥托到伊利亚德的宗教比较研究中对"自成一类"(sui genre)宗教的特性的强调有很强的本质主义色彩,而目前盛行的多元宗教观也有西方意识形态霸权的因素。后殖民宗教学批评其实是对西方宗教学的发展做整体检讨,这些批评虽有偏颇,但对中国宗教学者理解宗教提供了某种启发性的思路,提醒我们要警惕那种所谓"中立"的全知化的研究方法,避免将宗教抽象为符号和静态的文本,而是要将其和具体处境结合起来,将信仰和实践、理论和生活关联起来,在研究中进行多学科的整合。作者进而提出,宗教研究者需要不断自我反省和自我批评,排除习惯性的思维对宗教研究的干预和蒙蔽,坚守启蒙导向,警惕帝国主义和殖民话语,同时也要保留对宗教真理的同情,尊重不同进路的宗教研究。②

侯玉霞对著名民族学家莫斯的《一般巫术理论概要》进行分析,提到"一般巫术理论"包含有巫术要素理论、巫术信仰理论、玛纳理论以及巫术集体表现理论等多方面的内容,在整个宗教人类学上占有重要的学术地位,表现为对巫术提出了科学合理的界定,并提前十年预见到了《宗教生活的初级形式》的结构和某些理论,表明了莫斯对涂尔干思想的贡献的重要性。③ 彭文斌、郭建勋借助近年来人类学的相关研究,梳理了仪式行为和近似仪式实践,认为在新近的人类学研究中,仪式的分类突破了传统的神圣/世俗的二分思维,越来越具有世俗与日常习俗的包容性。④

2. 地区多元宗教文化并存的研究

王淑婕、顾锡军描述了西藏安多地区多民族聚居互动、多元文化交流碰撞过程中产生的宗教信仰认同及形成的多元文化共生现象,展现出了安多地区文化共生模式的重要特征。⑤ 麻国庆、张亮在文中提到,在宗教复兴的全球性背景下,呼和浩特市多元化的宗教活动,反映了全球化背景下中国都市地域化的文化生产与更为广阔的全球认同的互动过程。这一过程表明,面对发端于西方世界的全球化浪潮,非西方世界在接受西方的文化的同时,也通过自身的文化个性来予以回应,即全球化与地方之间有一种互相对应

---

① 牟钟鉴:《宗教生态论》,《世界宗教文化》2012年第1期。
② 朱晓红:《后殖民理论视域下的宗教学研究》,《复旦大学学报》(社会科学版)2011年第5期。
③ 侯玉霞:《简论莫斯的一般巫术理论及其学术地位》,《湖北民族学院学报》(哲学社会科学版)2011年第4期。
④ 彭文斌、郭建勋:《人类学视野下的仪式分类》,《民族学刊》2011年第1期。
⑤ 王淑婕、顾锡军:《安多地区宗教信仰认同与多元文化共生模式溯析》,《西藏研究》2012年第3期。

的逻辑关系：在全球化过程中，生产、消费和文化策略之间已相互扭结为一个整体。[①] 刘振宁、马益英基于宗教多样性的视角，以"黔中古镇"青岩这一多民族聚居、多宗教共存、多文化混融的活态田野为考释对象，通过对镇内民族多样性、宗教多元性与文化分殊性多元同构格局的形成根由、嬗变历程及其当下生态进行解读，旨在洞解出蕴藏其间的学理价值和哲理意趣。[②]

何慧丽认为在现代化变迁和乡村变迁的宏观趋势中，农村宗教生态仍然较为典型地呈现了中国式民间宗教的特点，体现为儒释道与基督教等宗教"多元一体"关系的动态发展。"多元一体"宗教生态要达到良性平衡，需要经历由"自在"到"自觉"的变化过程，这取决于国家政权"自觉"的政策导向：力促传统民间宗教信仰的体系性"复兴"，规范和引导基督教等的本土化发展，加强农民组织化建设。[③] 郭志合提到，汝柯村玛丽马萨人的藏传佛教和东巴教等信仰在时空转换过程中互动和谐共生，是中华民族多元一体格局在民族信仰层面的具体展现。[④] 高法成借助清真寺与藏传佛教寺庙的历史渊源、回民与藏民共同生活在一起的两个人类学个案，试图由宗教徒间的世俗生活交往来考察宗教对话的可行性，展示中国宗教文化的多元性与共融性，进而提出人类学之于宗教对话的理论与方法论意义。[⑤]

3. 民间信仰相关的理论

对我国民间信仰的历史与发展趋势上。李秋香分析儒家伦理影响下的汉代民间信仰的崇拜对象的变化，从自然崇拜以及对某些有功于民的古圣先贤的信仰，到符合儒家忠孝伦理的神灵。[⑥] 王守恩认为，被 20 世纪现代性话语否定的中国传统民间信仰内含一定的现代性因素，而且在当代复兴与演变中逐渐增长、日趋强化。经由适当引导，民间信仰能够完成自身的现代性转型，并为中国现代性的建构提供本土文化资源。[⑦]

覃琮认为民间信仰与中国社会研究，主要涉及三个相关议题：民间信仰与现代化，民间信仰领域的国家与社会关系，民间信仰与地方社会的互构。学者们在不断拓展民间信仰研究内容的同时，也在寻求研究范式的转换，这表明在人类学语境中，民间信仰研

---

[①] 麻国庆、张亮：《都市里的神圣空间——呼和浩特市多元宗教文化的生产与共存》，《青海民族研究》2012 年第 2 期。

[②] 刘振宁、马益英：《青岩多元同构格局的学理价值探析——基于宗教多样性的维度》，《贵州大学学报》（社会科学版）2011 年第 5 期。

[③] 何慧丽：《农村宗教生态："多元一体"关系的动态发展——以河南农村为例》，《中国农村观察》2011 年第 2 期。

[④] 郭志合：《中心与周边的时空转换：民族信仰互动与共生——以汝柯村玛丽马萨人的民族信仰为例》，《湖北民族学院学报》（哲学社会科学版）2012 年第 1 期。

[⑤] 高法成：《宗教对话视阈下的藏回两族世俗生活交往——兼论人类学与宗教对话的学术意义》，《贵州民族学院学报》（哲学社会科学版）2012 年第 1 期。

[⑥] 李秋香：《儒家伦理影响下的汉代民间信仰新变化》，《中南大学学报》（社会科学版）2011 年第 3 期。

[⑦] 王守恩：《民间信仰与现代性》，《宗教学研究》2011 年第 4 期。

究已有共同的问题、方法和学术取向，初具学术范式的意义。但是在"非遗"之后的民间信仰研究要获得进一步学术推进，必须不断探索新的分析框架，深化问题意识。[①]

岳永逸讨论了因华北梨区不同信众群体宗教实践而形成一种复杂的动态的赛局图景，进而认为如抛弃在西方与东方、文明与野蛮、精英与大众等二元语境下的民俗宗教、民间/众宗教以及弥散性宗教等学界惯用语，指向过程、实践的乡土宗教能更好地直面中国宗教的事实。[②] 陈伟涛探讨了中国民间信仰是否属于宗教范畴的问题，认为争议来源主要在于学者们对宗教概念的界定不同。作者认为民间信仰与宗教在本质上都是对"超自然力量"的崇拜和信仰。中国民间信仰就是中国的本土化宗教，可以归入宗教的范畴。[③]

王晓慧分析了儒学是一种哲学思想体系还是宗教的争论，从宗教人类学的角度出发，借用罗伯特·贝拉的"公民宗教"学说，通过对皇帝"祭天"仪式的分析展现儒学元素和内涵在公民宗教层面上的重构与再阐释，作为公民宗教的儒教，有利于国家的政治稳定与公民的精神凝聚。[④]

色音对祖先崇拜的研究，认为祖先崇拜是具有普遍性的人类信仰文化现象。人类学意义上的祖先崇拜是指以相信已故的成员给某个集团的现有成员的生活带来影响这一信仰为基础的民俗信仰体系。并分析了进行崇拜的现有成员和被崇拜的已故成员之间的关系、行为以及相应的祭祖仪式[⑤]。

侯杰、段文艳认为，空间性是民间信仰得以系统表达的关键所在，而与民众世俗生活的密切相关更使其具有公共性、移动性、时间性等内在特点。虽然信仰空间与中国社会其他空间结构存在着诸多连接和交叉之处，但这并不影响将其作为相对独立的论说对象。应将空间理论与更多的事实相结合进行科学论证，才能深入分析民间信仰与中国社会秩序的建立、维系之关系等问题。[⑥]

**（二）研究综述**

陈勤建、毛巧晖在对民间信仰的综述[⑦]中提到，民间信仰事项虽然古已有之，但是以民间信仰学术话语概述之，却还是清末民初逐步发生的。1957 年之前国家承认并保护

---

① 覃琮：《人类学语境中的"民间信仰与中国社会研究"》，《民俗研究》2012 年第 5 期。
② 岳永逸：《教堂钟声与晨钟暮鼓：华北梨区乡土宗教的赛局图景》，《民俗研究》2012 年第 5 期。
③ 陈伟涛：《中国民间信仰与宗教关系辨析》，《山西师大学报》（社会科学版）2012 年第 5 期。
④ 王晓慧：《浅谈宗教人类学视野下的儒教论》，《贵州民族学院学报》（哲学社会科学版）2012 年第 2 期。
⑤ 色音：《祖先崇拜的宗教人类学探析》，《内蒙古师范大学学报》（哲学社会科学版）2012 年第 3 期。
⑥ 侯杰、段文艳：《试论中国民间信仰的空间呈现与表达》，《中国宗教》2011 年第 4 期。
⑦ 陈勤建、毛巧晖：《民间信仰：世纪回顾与反思》，《华东师范大学学报》（哲学社会科学版）2012 年第 3 期。

宗教的合法存在，民间信仰也处于自由发展状态；1957—1978年，受政治形势的影响，国家宗教政策走入"严紧"，杜绝一切形式的信仰活动，甚至动用暴力来消除这种现象，民间信仰从民众显性的日常生活中驱除；但从1979年开始，国家又逐渐放松了对宗教的控制，从法律、组织等方面恢复宗教信仰自由的基本政策，民间信仰迅速恢复。90年代之后，民间信仰与国家的文化政策联系在一起，它出现了繁荣的局面。可见，民间信仰经历了一个延续—断裂—恢复—发展繁荣的波动过程，从中可以看到民间信仰的生存发展被深深地打上了国家政策的烙印。

胡安宁在文章中系统回顾了中国民间宗教研究中的社会学与人类学传统，并提出了未来民间宗教在社会学领域内的三个发展方向，并将人类学的民间宗教研究划分为四个发展阶段并分别探讨了其特征。之后，阐释了杨庆堃及其后的宗教社会学者们对于社区性民间宗教的分析。最后从民间宗教概念的扩展、民间宗教与主流社会学理论的结合以及民间宗教的跨地区跨文化研究三个方面论述了未来中国民间宗教研究的趋势。[①]

李向平、李思明对民间信仰中的仪式专家的综述，将其分为广义与狭义两大类，前者以传统儒生为主，同时是民间信仰的总领或组织者；后者则直接是民间信仰仪式的主持人或主祭者。两位试图从固有的研究论著中梳理出民间权威与民间信仰仪式专家的内在关系，重点关注民间信仰三类仪式专家的身份及其神圣性即卡里斯玛的来源，用比较的方法梳理不同仪式专家如礼生、香花和尚、火居道士以及萨满等仪式专家之间的异同，进一步讨论他们与民间社会权威的复杂关系。[②]

刘家峰对最近20多年海内外学者针对近代中国基督教与伊斯兰教互动关系问题的研究成果进行了梳理回顾，讨论了基督教传教学、伊斯兰教护教学、文明（宗教）对话、文化交涉等多重视角参与研究的必要性，强调全球史观对理解近代中国这两大宗教关系的重要性。[③]

对伊斯兰教主题的研究综述中，马强对改信穆斯林的研究进行回顾，对目前所见欧美、马来西亚和中国的相关作品予以简评，认为改信穆斯林研究的兴起同国际上与穆斯林有关的地区冲突、重大国际事件、移民和部分地区改信者的出现等有关。这些研究主要讨论改信原因、过程、背景、婚姻家庭、宗教实践、遭遇、认同、女性、媒体、社会交往和互动、改信者中的边缘样体和苏菲思想的影响等。这一主题的跨学科、跨区域研

---

① 胡安宁：《民间宗教的社会学人类学研究：回顾与前瞻》，《中国农业大学学报》（社会科学版）2012年第1期。
② 李向平、李思明：《信仰与民间权威的建构——民间信仰仪式专家研究综述》，《世界宗教文化》2012年第3期。
③ 刘家峰：《近代中国基督教与伊斯兰教互动关系的研究回顾与前瞻》，《世界宗教文化》2011年第3期。

究和亲历田野的调查资料仍显薄弱,研究也存在着地区之间的不平衡。[1] 杨晓纯从历史脉络、主要观点、特点分析和研究展望四个方面,对国内关于西藏世居穆斯林研究的成果进行了梳理和述评。[2] 西藏世居穆斯林的成果不仅有助于全面、深入了解西藏世居穆斯林及其文化,而且还有助于进一步运用人类学、民族学理论阐释族群关系,对促进西藏的发展和稳定具有现实意义。

覃琮从自然崇拜、始祖崇拜、师公教、娅汪女神四个研究专题梳理了改革开放以来壮族民间信仰研究的已有成果,探讨了壮族民间信仰研究的独特价值,对比了壮族民间信仰研究与全国民间信仰研究在研究动态和研究取向上的差异,并将其视为今后研究的突破口,认为壮族民间信仰研究有以下发展趋向:继续深化对民间信仰"壮族模式"的研究、加强对壮族民间信仰复兴和再造的研究力度、注重对民间信仰仪式实践的考察;并认为多学科、跨学科的综合研究将会得到强化。[3]

孟慧英、吴凤玲讨论了西方萨满教研究的变迁,认为其大体经历了魔鬼化、骗子化、精神病理学化、普遍化、理想化、多样化等几个发展阶段,文章分析了这几个阶段的主要表现,并对西方萨满教历史研究特点进行了反思。[4] 英加布结合"南亚与东南亚山神:地域、文化和影响"研究现状为中心,综述世界宗教视野下的山神和神山,以及山神信仰与地域社会、宗教地理、生态环境保护、国民幸福总值、文学艺术等方面的相关研究成果和影响。[5]

卢睿蓉对美国的中国道教研究的述评,认为其不是单纯的学术研究,而是美国社会政治经济发展的一种需要。研究者的国际合作性使美国道教研究呈现出范围广、多重点、研究方法集各地精华等特点。研究者主要关注道教经典、仪式、宗派历史、炼丹养生以及与中国历史文化科学等领域的关系,不断变化的研究热点体现了学者的社会关怀。[6]

## 三 宗教人类学视野下的五大宗教

总体来说,国内宗教人类学还是更多关注对地域性宗教信仰以及汉人和少数民族民

---

[1] 马强:《改信穆斯林研究述评:欧美、马来西亚和中国》,《北方民族大学学报》(哲学社会科学版) 2011 年第 4 期。
[2] 杨晓纯:《国内关于西藏世居穆斯林研究述评》,《西北民族研究》2011 年第 3 期。
[3] 覃琮:《壮族民间信仰研究的成果、独特价值及未来趋向》,《广西民族研究》2011 年第 1 期。
[4] 孟慧英、吴凤玲:《试论西方萨满教研究的变迁》,《世界宗教文化》2011 年第 6 期。
[5] 英加布:《山神与神山信仰:从地域性到世界性——"南亚与东南亚山神:地域、文化和影响"研究综述》,《世界宗教文化》2012 年第 4 期。
[6] 卢睿蓉:《美国的中国道教研究之管窥》,《宗教学研究》2011 年第 2 期。

间信仰的研究,其中对地域多元宗教共存现象及其互动得到许多研究者的关注(在第一部分提到),但是对跨地域的宗教形式,或所谓世界宗教的关注明显有所增加,特别是在基督教、伊斯兰教等"大型"宗教的研究取得了相当的进展。

### (一) 基督教、天主教研究

这几年先后出版的几本关于基督教/天主教的人类学专著值得提及。在 2009 年张先清主要运用历史人类学方法撰写的《官府、宗族与天主教》(商务印书馆),以及何哲关于中国城市新兴教会的个案研究《城市中的灵宫》(香港明风书社)之后,曹南来 2010 年在斯坦福大学出版社以英文出版了其关于温州基督教研究的民族志《构建中国的耶路撒冷》(*Constructing China's Jerusalem: Christians, Power, Place in Contemporary Wenzhou*),2012 年黄剑波在香港先后推出其《乡村社区的信仰、政治与生活》(香港中文大学宗教与中国社会研究中心)和《都市里的乡村教会》(道风书社),分别讨论乡村教会的问题和都市化进程中所出现的所谓"农民工教会"的现象。

在对农村基督教传播状况和模式的分析中,韩恒对河南省 14 个调查点的农村基督教状况分析基础上认为,农村的基督教传播已经从 1980 年代以家庭外传播为主,过渡到两种传播模式并行的局面。同时,农村信徒的群体特征的变化:男性信徒的比例有所增加、更多的年轻人归信基督教、因病信教的比例显著下降、信徒的文化程度有所提高。1980 年代农村基督教的"三多"(妇女多、老人多、文盲多),逐渐演变为目前的"一多"(妇女多)。[1] 杜晓田认为,近年来基督教在农村地区盛行,反映了农村精神文化生活的缺乏和公共活动的缺失。农民通过基督教,可以得到物质帮助和精神抚慰,在互助中抵御一定的生活和生存风险。[2] 周典恩、王学良关注改革开放以来基督教在皖南 D 村迅猛发展,认为原因有三:其一,乡村文化传统的遗失减少了基督教传播的障碍;其二,宗教生态的变迁为基督教的复兴提供了千载难逢的契机;其三,基督教的民间信仰化迎合了村民治病驱邪、祈福求愿的功利性心理需求。[3] 刘昭瑞在长时期田野工作的基础上,对广东地区乡村基督宗教教会某些带有普遍意义及具有地区性特征的现象给予了总结和讨论,指出了乡村教会的社会网络和新的社会空间特征;指出了乡村天主教教会所出现的文化刻板印象,并特别提出广东地区乡村基督宗教所存在的"香港模式"现

---

[1] 韩恒:《传播模式与农村基督教群体特征的演变——基于河南省 14 个调查点的分析》,《世界宗教文化》2012 年第 5 期。

[2] 杜晓田:《从农村基督教盛行看农民社会保障需求——基于豫西南 H 村的调查》,《西北人口》2011 年第 4 期。

[3] 周典恩、王学良:《文化传统、宗教生态与民间信仰化——基督教在一个皖南村庄传播的实证研究》,《北方民族大学学报》(哲学社会科学版)2012 年第 5 期。

象,并对可能出现的"台湾经验"也做了初步的讨论。① 郭建康以甘肃 W 镇天主教为例,采用问卷调查和深度访谈两种方法,对农村基督徒宗教皈依的历程做了简要分析,主要内容包括宗教皈依的社会根源、动机、途径以及皈依效果的强化等方面。②

在基督教社区非基督教者及其互动的研究也值得关注。钱霖亮通过田野调查,深描了一个居住在香港基督教社区里的基本上是非基督徒的内地留学生群体与基督教组织和人员互动的动态过程。这一动态过程展示了在被积极传教的情况下,这群内地留学生如何做出了有限地接受或拒绝宗教影响的反应,以及反映背后的复杂多样的个人理由。并且透过这些个人理由审视香港—内地这一特殊的地缘与社会脉络,发觉个案的特殊性,有助于更进一步地理解留学生们在不同社会情境下所做出的信仰选择背后的理性考量。③

在基督教与民间信仰的互动的研究主题上,范正义认为,在基督教和民间信仰的发展都很强势的地区,基督教和民间信仰之间的共处关系,受到基督教的"全球地域化"特征的强烈影响:基督教"地域化"后出现的民间信仰化趋势,使得基督教日益被接纳为乡土社会的组成要素;而其"全球化"特征,又使得它与乡土社会之间始终存在着一定的张力。作者对闽南 H 县 J 镇的个案分析认为民众在社会资本与宗教资本之间的理性选择行为,部分消解了基督教与乡土社会之间的张力,促成双方之间的和谐共处,给乡土社会的信仰秩序的建构带来了复杂的图景。④ 范正义还对福建基督教与风水信仰的冲突进行研究。在福建的风水冲突中,西方列强侵略和中西文化冲突两大因素仅作为全国性的背景环境起作用,基督教与风水信仰的冲突在更大程度上受到特定时空背景下的福建区域社会的发展脉络的制约,特别是和福建传统社会中的突发危机的解决方式之间有着紧密的联系。⑤

在基督教与地方文化互动的研究中,黄剑波在对甘肃天水的乡村基督教以及地方社会传统的研究中认为,伏羲的多重形象与乡村基督徒的信仰实践中,可以看到对同一文化符号的不同理解,以及呈现在符号意义解读上的丰富和多样性,也反映出不同人群之间多样的互动关系,有助于从断裂与延续的过程中去理解中国乡村基督教,并进而丰富对文化变迁的认识。当地基督教本身已经是一种被糅合、建构过的文化体,既有对地方原有文化系统的断裂和改造,也有对原有资源的借用和沿用。⑥ 王莹从灵歌、基督教春

---

① 刘昭瑞:《乡村基督宗教的走向与思考——以广东地区乡村教会的田野观察为例》,《世界宗教研究》2011年第2期。
② 郭建康:《农村基督徒的宗教皈依历程——以甘肃 W 镇天主教为例》,《当代教育与文化》2011 年第2期。
③ 钱霖亮:《"另类"的邂逅:一个香港基督教社区里的内地留学生群体调查》,《开放时代》2012 年第5期。
④ 范正义:《当前基督教与民间信仰共处情况的调查与分析——以闽南 H 县 J 镇为例》,《世界宗教文化》2011 年第1期。
⑤ 范正义:《基督教与中国风水信仰——以福建为研究中心》,《宗教学研究》2012 年第1期。
⑥ 黄剑波:《伏羲的多重形象与乡村基督徒的信仰实践》,《思想战线》2011 年第2期。

联、基督教葬礼分析豫北地区乡村基督教发展状况,基督教是从西方传入中国的宗教,基督教本土化的过程必然是与中国传统文化相遇、冲突进而融合的过程。① 宋德剑以广东樟村为研究重点,揭示基督教在一个具有悠久传统文化积淀的客家乡村如何与当地的民俗文化互动中的碰撞与交融,在自身的发展过程中寻求与中国传统的民间宗教信仰等本土文化的契合点,不断实践着从冲突走向融合,从而实现基督教文化的自身变迁。② 尚海丽从解释"本土化"概念入手,分析国内外学术界对在华基督教本土化的研究现状,并把中国天主教本土化进程分为五个阶段。③ 袁松对浙西天主教村庄麻蓬村的研究,关注天主教进入乡土社会之后与周围村庄发生的文化冲突,在嵌入过程中的传播方式与细节调整,以及目前的发展与变化。麻蓬天主教信仰在历史中的植入依托了传统的宗族组织,并在植入过程中形成了血缘性的情感认同。今日村庄中的宗教氛围正逐渐淡化,这既是由于教会在村庄公共事务中的功能被逐渐替代,更是由于人口流动和经济分化过程中村民的日益理性化。④

在基督教天主教对地方社会发展的影响主题的研究中,陈改玲认为,基督教传入甘南后促进了甘南新式教育的产生和发展,加强了甘南与外界的联系与交流,使封闭落后的甘南有了些许新的气息。⑤ 杜静元则把目光放到了内蒙古地区的天主教与地方社会,探讨圣母圣心会对于河套地区的水利建设、文化教育以及当地移民社会的形成有过不可忽视的作用。⑥ 李浩昇认为,复兴于农村的基督教组织不但以信仰形态嵌入农民的意识形态,而且作为一种社会组织力量显现在乡村内部权力格局之中,在乡村治理过程中发挥作用,且其发展趋势取决于基督教组织力量的发展以及在互动中不断建构的与正式权威的关系。⑦ 张雍德、古文凤分析了云南省昭通市农村基督教在传播过程中体现出农村社会的特点,是诸多现实因素合力作用的结果,其存在对昭通农村社会具有两方面的作用。⑧

对少数民族基督教信仰的研究中,庄勇对基督教近代传入黔东南黑苗社会的原因分

---

① 王莹:《基督教本土化与地方传统文化——对豫北地区乡村基督教的实证调查》,《宗教学研究》2011年第1期。
② 宋德剑:《冲突与调适:粤东客家基督教信仰的文化人类学研究——以广东梅州五华县大田樟村为例》,《文化遗产》2012年第3期。
③ 尚海丽:《中国天主教本土化进程研究的进路与思考》,《学术探索》2012年第6期。
④ 袁松:《天主信仰在乡土社会的嵌入与融合——对浙西传统天主教村落的人类学考察》,《宗教学研究》2011年第3期。
⑤ 陈改玲:《基督教在甘南藏区的传播及影响探析》,《西北民族大学学报》(哲学社会科学版)2011年第4期。
⑥ 杜静元:《近代河套地区的天主教与移民社会》,《青海民族研究》2012年第2期。
⑦ 李浩昇:《锲入、限度和走向:乡村治理结构中的基督教组织——基于苏北S村的个案研究》,《中国农村观察》2011年第2期。
⑧ 张雍德、古文凤:《昭通市农村基督教问题实证研究》,《云南社会科学》2011年第3期。

析认为，无论是基督教传教策略的转变，还是危机四伏的黑苗社会部分苗民主动或是被动地接纳，其实质都是基于功利与现实需要的选择。[1] 卢成仁运用盖尔·卢宾"性/社会性别制度"概念认为基督教与娃底傈僳人在"性/社会性别制度"上存在互动与共存关系，这为傈僳族社会的发展建立了内在基础。[2]

除以上主题之外，王默忠以基督教为例，阐述了基督教眼中的"异教"和"邪教"，具体分析了邪教对基督教的教理教义和教规礼仪进行歪曲和篡改所表现出来的共同特征，从形式和本质上梳理了邪教与基督教的关系，提出防范邪教必须加强对宗教的研究。[3]

周蜀蓉谈到了1922年由传教士创立的华西边疆研究学会。既是中国近代第一个以华西边疆研究为宗旨的国际学术机构，也是华西地区传教士人类学事业的中心。宗教是传教士审视和认知的重点，尤其关注华西少数民族的宗教信仰，被誉为人类学华西学派领军人的葛维汉对汉、苗、羌原始宗教及藏传佛教都有研究。作者还分析了学会存在的近30年的变革历程，体现出基督教传教士人类学事业与中国社会变迁之间互相渗透变化的内在理路。[4]

### （二）伊斯兰教研究

丁宏以人类学视角，从伊斯兰教这种外来文化在中国的命运，探讨中国文化的特性及伊斯兰教本土化过程中所形成的"中国模式"。这种"模式"是多元文化交融的结果，在当前所谓"伊斯兰与西方"式对立的语境中，有重要的启发与借鉴意义。[5] 冯璐璐通过伊斯兰教个案的分析探讨现代性以及现代化与世俗化的关系。[6]

在对宗教功能的分析主题上，高法成对穆斯林饮食禁忌的分析，认为它具有规范穆斯林行为习惯和价值观念的控制作用，又具有社会认同功能，对内团结信众，对外传播伊斯兰文化。由穆斯林饮食禁忌探讨宗教禁忌的社会认同功能，有助于多元文化下"求同存异"，消除因触犯宗教禁忌而引起的社会问题。[7] 马洪伟分析清真寺在穆斯林社会场

---

[1] 庄勇：《近代基督教传入黔东南黑苗社会的原因探析》，《东岳论丛》2011年第5期。
[2] 卢成仁：《基督教信仰中的社会性别构建——以怒江娃底傈僳人为例》，《西南民族大学学报》（人文社会科学版）2012年第5期。
[3] 王默忠：《基督教视域下的邪教组织特征》，《海南大学学报》（人文社会科学版）2011年第1期。
[4] 参见周蜀蓉《传教士与华西边疆研究——以华西边疆研究学会为例》，《宗教学研究》2011年第1期；周蜀蓉《基督教与华西边疆研究中的本土化进程——以华西边疆研究学会为例》，《四川大学学报》（哲学社会科学版）2012年第4期；周蜀蓉、王梅《华西地区基督教传教士人类学思想演变初探（1922—1950）——以华西边疆研究学会为中心的考察》，《宗教学研究》2012年第3期。
[5] 丁宏：《伊斯兰教本土化研究的意义——以人类学的视角》，《世界宗教研究》2011年第3期。
[6] 冯璐璐：《现代性与世俗化理论探源——伊斯兰教个案研究》，《宁夏党校学报》2012年第1期。
[7] 高法成：《由穆斯林饮食禁忌看宗教禁忌的社会认同功能》，《中国穆斯林》2011年第1期。

域同时拥有文化、象征、社会和经济功能，不仅支撑起自身强大实践属性和崇高社会地位，而且具有扩张特质。清真寺积极参与穆斯林社区的治理和运转，成为穆斯林的社区中心和精神归属，对穆斯林社区的秩序形成、团结凝聚、和谐稳定、健康发展起到重要作用。①

马桂芬、赵国军基于对甘肃省广河县胡门拱北的人类学考察，试图通过对伊斯兰教"尔麦里"仪式中信奉门宦的穆斯林妇女在其中扮演的角色，探讨"尔麦里"仪式对当地穆斯林妇女所产生的影响，并进一步了解门宦穆斯林妇女的宗教行为和宗教生活。②

王建新从西北伊斯兰神秘主义产生及发展的历史背景、灵明堂的形成及现状、灵明堂道统的源流、教祖的遗训和阿訇的实践五个方面对门宦苏菲神学思想的源流及宣教话语的中国文化特征进行了整理和分析，提出了西北门宦与金陵学派回儒学者的神学思想关系密切，并且经历了伊斯兰文化的中国化。此外，作者还提出民间宣教文本在宗教人类学研究中具有非常重要的参考价值。③ 李晓英、敏俊卿借用道德共同体的概念，考察伊斯兰教西道堂在处理社会关系中的实践，并具体论述了三点：西道堂表述与实践的道德规范具有文化的超越性；西道堂与其他群体的交往、合作关系具有自利利人的互惠性；西道堂尊重他者、奉献社会与实践信仰具有内在的一致性。④

马建福分析了香港华人穆斯林的信仰转变和族群性。作者借鉴不同人类学家对"族群性"的分析策略和方法，分析香港华人穆斯林来源和社区的形成过程，认为随着人口的流入，社会环境的变化经历萌芽、形成以及动态变化三个历史性进程。此外，还对都市社区变迁过程中香港华人穆斯林的认同困境做了分析。⑤

杨德亮分析了回儒现象，在宣称是孔子后裔的孔姓人中，有数万人信奉伊斯兰教，是虔诚的穆斯林。根据主要聚居地，孔氏穆斯林可以分为云贵、河南、甘青等支系，其中甘青支系下又有后坪、小岭、大河家三支。大河家孔氏，约在清咸丰年间皈信伊斯兰教，这是一个对甘南藏区夏河县宗教团结有重要贡献的宗教世家，也是一个重视教育的多民族家族。⑥

因研究对象的宗教信仰与日常生活的交织而涉及相关主题。例如桂榕的《人类学视

---

① 马洪伟：《穆斯林社会场域中清真寺的功能研究——以三亚市凤凰镇回族社区为例》，《青海社会科学》2012年第5期。
② 马桂芬、赵国军：《"尔麦里"仪式中的穆斯林妇女——基于甘肃省广河县胡门拱北"尔麦里"仪式的人类学考察》，《世界宗教研究》2012年第5期。
③ 王建新：《灵明堂教义的思想源流——宣教话语文化特征探析》，《青海民族研究》2012年第1期。
④ 李晓英、敏俊卿：《尊重与互惠：道德共同体的建构——伊斯兰教西道堂处理社会关系的实践与启示》，《世界宗教研究》2011年第6期。
⑤ 参见马建福《香港华人穆斯林的信仰转变：从19世纪末至今》，《中国穆斯林》2011年第1期；马建福《香港华人穆斯林的族群性分析》，《西北民族大学学报》（哲学社会科学版）2012年第4期。
⑥ 杨德亮：《儒回现象：大河家的孔氏穆斯林》，《西北民族研究》2012年第4期。

角下的民俗文化空间——以云南省巍山县回族民俗为例》①也有从语言角度研究宗教对地方心理的影响,例如张咏、孙尚的《从借词看伊斯兰教对维吾尔文化影响的层次》②。

### (三) 佛教研究

杨清媚分析了西双版纳双重宗教形式对当地社会的影响。来自中国和印度两重文明的影响以土司制度和南传上座部佛教的佛寺组织为制度渠道,西双版纳社会发展出自身的特点:在政治上倾向于中国,在宗教上倾向于缅甸;而作为本土王权代表的土司,成为两者之间的桥梁。出于这种整合的压力,在面对佛教这种外来宗教的时候,土司和贵族也有自己所要依靠的宗教宇宙观,后者通过勐神祭祀的仪式确保了占有土地的合法性。土地和丰产不是由佛教掌握,而是形成了与之对立的另一套宗教观念,在这一套宗教观念里,表达了对社会整体丰产的追求,它和佛教对个人救赎的追求相配合,构成了西双版纳社会的自我。③

张海超、徐敏对南诏大理国佛教信仰的研究认为,尽管密宗的阿吒力信仰十分兴盛,但对大理佛教信仰的研究不能局限于密宗,显宗的华严、禅宗等在古代的大理也都有自己的传承显密宗支之间很早便表现出不同的发展轨迹,它们在师承、僧伽组织形式以及修行方式上都有显著的差别同时,由于基本的佛教思想是共享的,显密结合的流传方式是南诏大理国佛教信仰的重要特征之一此外,由于僧侣也兼学儒家经典,他们的社会角色也会随时代的发展而发生变化。④

有关藏传佛教的研究也有许多成果。杨文法研究藏传佛教对藏族社会心理与行为的影响。作者认为藏传佛教以其内容广泛的信仰、知识与价值体系和历史上形成的政教合一等体制,影响了藏族传统社会生活的诸多方面,并逐渐内化为藏族社会心理与行为模式的一部分,并进而影响着藏区的社会稳定与发展问题。⑤ 格藏才让以藏传佛教的格绒供奉为切入点,从两个方面讨论中心寺院与边缘社会间的关系:其一是作为文化符号的"格绒供奉表"的形成,其二是寺院对中心寺院体制结构的模仿。说明虽然藏传佛教寺院的经济支柱发生了巨大变化,但藏区传统的民众—寺院—活佛体制并未被动摇。⑥ 庞

---

① 桂榕:《人类学视角下的民俗文化空间——以云南省巍山县回族民俗为例》,《云南民族大学学报》(哲学社会科学版) 2012 年第 2 期。
② 张咏、孙尚:《从借词看伊斯兰教对维吾尔文化影响的层次》,《青海民族研究》2012 年第 1 期。
③ 杨清媚:《从"双重宗教"看西双版纳傣族社会的双重性——一项基于神话与仪式的宗教人类学考察》,《云南民族大学学报》(哲学社会科学版) 2012 年第 4 期。
④ 张海超、徐敏:《人类学视野中的南诏大理国佛教信仰》,《云南社会科学》2012 年第 5 期。
⑤ 杨文法:《论藏传佛教信仰对藏族社会心理与行为的影响》,《西南民族大学学报》(人文社会科学版) 2011 年第 2 期。
⑥ 格藏才让:《从寺院经济活动看中心寺院体制与边缘社会间的关系——以青海东那寺和四川鱼托寺为例》,《西藏民族学院学报》(哲学社会科学版) 2012 年第 6 期。

玮的研究以拉卜楞地区宁玛派洒乙昂尼姑寺为例，通过实地调研，从尼僧的出家、修行、现状以及与男性僧众的生活对比等方面，对藏传佛教尼僧的生活状况进行了描述和分析。①

徐天基描述了香港牛头角第四十四届海陆丰盂兰胜会的仪式，包括迎神、启坛（庆土仪式）、挂榜、大士爷开光、早朝、午朝、恭迎圣驾、跑灵火、祭小幽、走五土、午贡、祭大幽、派筹派米、化大士爷、送神。其中喃呒佬所表演的道教科仪为海陆丰式的盂兰胜会提供了基本的仪式框架，社区代表和老百姓的参与又赋予了盂兰胜会新的阐释维度。②

### （四）道教研究

孔令宏、韩松涛合作撰写的《江西道教史》由中华书局 2011 年 8 月出版，是中国大陆在区域道教研究领域取得的最新著述。张广保在对这本书的评论中提到近年来国内外道教研究出现一个新的趋向，即关注中国历史上地域道教的研究，注重把握道教与区域社会的互动。③

熊永翔、牛凌燕分析了道教对普米族韩规教的影响。道教在东汉正式创立以后，随着中原汉族的流徙和中原文化的广泛传播而流入西南地区诸少数民族中。作者分析了普米族宗教坛场科仪、普米族宗教神灵信仰、普米族岁时民俗中的道教因子，阐明之所以形成具有多元文化特色的普米族宗教，其根本原因在于中华民族多元一体格局的较早形成，亦反映历史上华夏文化辐射力的深远影响。普米族宗教受到道教的历史浸润，普米族韩规教的坛场科仪有着浓厚的道教色彩，普米族宗教神灵信仰有道教的因子，普米族岁时民俗中的道教影响。④

匡达晒、曾广亮以位于道教正一派祖庭龙虎山的授箓院天师殿为切入点，文章在研读相关道经、山志的基础上，结合考察和访谈资料，就天师殿的殿堂命名、殿堂营造、道场安排、碑刻铭文等信息，研读该道派的宗教信仰、科仪特色、宗教传播和神俗互动等象征意义，认为该殿堂的宗教符号契合了符箓道派的宗教特质。运用人类学研究方法解读正一道派，为该道派的研究提供了又一个例证。⑤ 匡达晒还关注上清古镇的多种宗

---

① 庞玮：《藏传佛教尼僧生活考察——以拉卜楞地区洒乙昂尼寺为例》，《西藏民族学院学报》（哲学社会科学版）2011 年第 6 期。
② 徐天基：《香港海陆丰人的盂兰胜会——牛头角区第四十四届盂兰胜会调查报告》，《民俗研究》2012 年第 6 期。
③ 张广保：《当代道教研究的新动向：区域道教研究——兼评孔令宏、韩松涛著〈江西道教史〉》，《世界宗教研究》2012 年第 4 期。
④ 熊永翔、牛凌燕：《道教对普米族韩规教的影响》，《中国道教》2011 年第 4 期。
⑤ 匡达晒、曾广亮：《龙虎山授箓院天师殿的宗教人类学研读》，《宗教学研究》2012 年第 3 期。

教混合（包括道教、儒教、民间宗教、天主教）的宗教生态，由于道教的汉民族性和一直强大的张天师家族势力为依托，道教在该地区宗教生态中处于强势的主导地位。同时，展示古镇各宗教形态各美其美、乘势发展及美美与共、和谐共存的宗教生态，揭示出该地宗教恢复、发展的路径和图式。①

卢睿蓉认为美国的中国道教研究不是单一纯的学术研究，而是美国社会政治经济发展的一种需要。研究者的国际合作性使美国道教研究出现范围广、多重点、研究集各地精华等特点。研究者主要关注道教经典、仪式、宗派历史、炼丹养生以及与中国历史文化科学等领域的关系，不断变化的研究热点体现了学者的社会关怀。②

黄永锋分析了道教崇尚素食为主的饮食方式，认为道教饮食尚素有坚实的义理基础；行之有效的道教戒律是道门饮食尚素之制度保障；扬善惩恶的长生成仙信仰为道教饮食尚素提供精神动力；形式多样的道教斋仪则是道教饮食尚素之重要体现。饮食是生命之基石，道教饮食尚素思想及践行是其宝贵文化遗产之一。③

## 四　民族—民间宗教和信仰的宗教人类学研究

陈斌、刘文钊提出信仰惯习、供需合力、灵验驱动这一当代中国民间信仰复兴现象的"三维模型"。在历时性维度，将信仰传承的习惯作为一种孕育着民间信仰复兴的基本原因；现时性维度把信仰结构的供与需两方面因素作为促成民间信仰复兴的主要原因；动态性维度，把灵验机制作为维系民间信仰复兴的关键因素。④雷春芳分析了民间信仰的概念、现状趋势等，认为在新时期新阶段，对民间信仰的研究和民间信仰事务管理工作，都需要结合时代发展和社会进步的要求进行新探索。⑤

### （一）少数民族原始宗教信仰研究

滕兰花对广西伏波信仰研究的系列研究成果已经有三篇论文，分析了左江流域伏波庙与班夫人庙，发现它们的分布基本上是相互对应的关系，伏波庙的兴建及重建表明了人们对马援南征维护国家统一、边疆稳定以及推动汉文化南传的历史功绩之肯定；班夫人捐粮助军的行为应该是当地百越先民自发助军行为的折射，反映出百越先民对马援南征的拥护与支持。班夫人与马援同祀现象是百越先民支持中央政府维护国家统一、边疆

---

① 匡达晒：《上清古镇的宗教生态探析》，《青海民族研究》2011年第1期。
② 卢睿蓉：《美国的中国道教研究之管窥》，《宗教学研究》2011年第7期。
③ 黄永锋：《道教饮食尚素的宗教学分析》，《宗教学研究》2011年第4期。
④ 陈彬、刘文钊：《信仰惯习、供需合力、灵验驱动——当代中国民间信仰复兴现象的"三维模型"分析》，《世界宗教研究》2012年第4期。
⑤ 雷春芳：《转型时期的民间信仰：现状与思考》，《世界宗教文化》2011年第3期。

稳定的反映，是地方社会对国家认同的一种隐喻。同作者还关注广西狄青庙的研究中，认为狄青的形象与精神已经与国家边疆的经略策略结为一体，封建官宦为了强化对广西地方社会的控制，通过为狄青建祠的方式来向百姓灌输"忠义"这一国家意识形态的重要观念。但是狄青庙的影响只停留在官绅阶层，而难以深入民间。王雨、滕兰花还探析了在中法战争结束以后，广西边疆安全与伏波信仰的互动模式。①

同样是国家与地方博弈的表现，胡小安探讨桂林地区武婆信仰的起源、发展和衰落的过程，分析了宋、明两次打击武婆事件的经过，指出其实质是国家正统力量与地方性知识的博弈。② 陆群、李美莲等的分析则立足现在，认为原生性宗教血缘和地缘小群体性的本质特点一般不会对外部环境构成重大冲击，加上汉民族"严华夷之分"观念的影响，致使国家长期以来对其疏于管理。认识原始宗教的特点及演变过程中所影藏的危害地方社会稳定的潜在危险性，调整管理办法与条例，对减少民族地区的公共危害性，为国家提供预警具有重大的现实意义。③

许多学者挖掘民族民间信仰文献，如蔡富莲通过对"妮日毕"法事中所使用的主要经文的翻译和对彝族民间文学及民间盛行的民俗事象的剖析，认为凉山彝族民间对"妮日"的信仰是彝族古代崇拜少女、处女的遗风。④ 邓宏烈对羌族宗教百科全书式的原始图画经典——羌族释比图经（羌语称《刷勒日》）的分析，大致明了羌族宗教文化不是单一固守的，也不是封闭的，它既受到其他宗教文化的冲击、影响和浸染，同时也对其他宗教文化产生作用与影响。⑤ 邓宏烈就羌族原始宗教信仰中的藏文化因子，羌族天神信仰与藏族民间宗教信仰的渊源，羌族和藏族有关人类起源传说的相似与区分，羌族原始宗教信仰与佛教文化的糅合等方面对羌族宗教信仰与藏文化的关系进行了考察分析。⑥ 僧格基于蒙古历史文献资料和相关研究，联系古代蒙古狩猎社会文化，探究了蒙古古代"只勒都"、"主格黎"这两个极其密切关系的词语，前者是古代狩猎社会信仰的一个重要习俗；后者却是以向祖先和腾格里（天）供奉猎物福禄的"只勒都"而体现的父权制全体血缘宗族所参加的祭祀。同时，还基于两者的词根、词源演变，提出并解释了两者

---

① 滕兰花：《国家认同的隐喻：广西左江流域伏波信仰与班夫人信仰共存现象探析——广西伏波信仰研究系列之一》，《广西民族研究》2010年第3期；王雨、滕兰花：《中法战争后边疆安全与龙州伏波信仰的互动——广西伏波信仰研究系列之二》，《广西民族师范学院学报》2011年第4期；滕兰花：《从广西龙州班夫人信仰看壮族民众的国家认同——广西民间信仰研究之三》，《广西民族研究》2011年第3期；腾兰花：《神灵力量与国家意志——以清代广西境内狄青庙为视角》，《广西民族大学学报》（哲学社会科学版）2011年第5期。
② 胡小安：《武婆信仰与桂林区域社会变迁》，《广西民族大学学报》（哲学社会科学版）2011年第1期。
③ 陆群、李美莲、焦丽锋、苏胜平：《原生性宗教与社会稳定关系的实证研究——以腊尔山苗族"巴岱"宗教信仰为例》，《民族论坛》（学术版）2011年第8期。
④ 蔡富莲：《凉山彝族民间信仰中的少女鬼——"妮日"》，《宗教学研究》2011年第3期。
⑤ 邓宏烈：《羌族释比图经的宗教人类学解析》，《贵州民族研究》2012年第3期。
⑥ 邓宏烈：《羌族宗教信仰与藏文化的关系考察研究》，《青海民族研究》2012年第1期。

在蒙古古代祭祀文化中的关系。①

也有许多学者通过实地调查试图深入了解民族民间信仰的各个面向。尕藏加认为以神山崇拜为主的民间信仰在当前藏族地区不仅具有广泛性或普遍性，而且在广大农牧民的精神文化生活中占有一席之地，并以神山崇拜为对象，通过个体、群体、性别和寺院四个角度，描述和探讨了神山崇拜为代表的民间信仰文化。②张毓雄、姚顺波通过贵州农村调查，发现民间信仰中森林文化记载了民族始祖的生民和创业历史，显示了各民族对森林、树木、土地、山、风、水等自然的敬畏景仰与留恋依赖。进而民间信仰中的森林文化是各民族了解其来龙去脉的窗口和获取现实话语权的手段，而民间信仰潜藏着人与自然和谐相处的规律，寄托着民族的人文精神、未来理想和完美归属。③

王建新认为，南方民族中有无萨满，萨满教研究是否可行，是宗教学、民族学和人类学长期关注的重大课题。宗教学有把南方民族萨满教类信仰民俗放在原始宗教范畴内研究的传统，但民族学人类学的研究证实这种界定存在重大问题。作者认为有必要对宗教学原始宗教研究潮流进行反思，通过彝族、苗族和客家等南方民族群体的文献研究和田野调查实例的整理分析，证明南方民族萨满教研究的可行性和必要性。④

对少数民族信仰中的巫术、巫医的研究也有很多。安静从巫师的称谓、分类、职能和社会功能等方面，对西南少数民族民间信仰的巫师进行初步分析。⑤玉时阶提出壮族巫术、巫师与巫医的产生和发展，是壮族医学产生和发展过程中一个不可跨越和替代的历史阶段。⑥和少英、刀洁对金平傣族以"万物有灵"为其核心内容的丰富多彩的巫文化信仰的分析发现，存在于日常生活中的种种巫术事象，尤其是巫师、巫医及其心理治疗等充分说明了这样的信仰在当地人中的遗留。⑦徐义强从宗教人类学和医学人类学的角度对哈尼族的疾病理论、治疗实践以及神职治疗人员展开研究，并就其与生化医疗模式展开比较，进而对传统与现代、知识与信仰展开理论反思。同作者还研究云南红河哈尼族"所拉枯"叫魂仪式，发现哈尼族传统灵魂观、疾病观、宗教仪式疗法以及社会关系网络紧密相关。哈尼族的巫师是地方社会知识体系的讲叙者、见证者和无形口述遗产

---

① 僧格：《古代蒙古宗教仪式与"只勒都"、"主格黎"祭祀》，《世界宗教文化》2011年第3期。
② 尕藏加：《民间信仰与村落文明——以藏区神山崇拜为例》，《中国藏学》2011年第4期。
③ 张毓雄、姚顺波：《民族民间信仰中森林文化的认同与差异——基于贵州农村460份调查问卷分析》，《湖南科技大学学报》（社会科学版）2011年第4期。
④ 王建新：《南方民族萨满教研究再议——从宗教学之功过谈起》，《思想战线》2012年第3期。
⑤ 安静：《西南少数民族的巫师及功能浅析》，《传承》2012年第4期。
⑥ 玉时阶：《壮族巫术、巫师与巫医》，《世界宗教研究》2011年第2期。
⑦ 和少英、刀洁：《金平傣族的巫文化与心理治疗》，《中央民族大学学报》（哲学社会科学版）2011年第1期。

的活态传承人，巫师的叫魂仪式也是一种非物质无形文化遗产和民族宗教艺术。① 杨福泉研究东巴教中特定的"巫力"（魔力）崇拜，即纳西人所称"汁"（rherq）的威力、威灵观，认为这是一种从万物有灵观和泛灵观中衍生出来的巫力崇拜观念，有关善恶的社会性特征不明显。对其的崇拜，主要存在于宗教专家：祭司和巫师阶层里。②

少数民族民间宗教的仪式一直得到许多研究者的关注，近两年也涌现出许多成果。陈棣芳认为彝族作祭仪式在彝族传统丧俗文化中具有重要的地位，是祖先崇拜的重要表现形式。作祭仪式具有表演功能和象征意义，还会产生社会心理作用。③ 吴合显对凤凰山县山江苗族丧葬礼仪的分析，认为其随着中国社会经济的发展，特别是受汉文化的不断冲击和影响，由过去以灵魂不灭论和祖先崇拜为主的原始宗教信仰转为以道教、儒教和佛教为主的多种宗教混合信仰。④ 王伟分析了索伦鄂温克人岁时仪式中火神祭祀仪式的过程、仪式结构与秩序，从而描述仪式所表达的深层意义：有形世界与无形世界并非毫不相干，人也并不总在被动地接受神的安排，神秘甚至是危险的世界在仪式中变得可以接触。更为重要的是，对于仪式的参与者来说，一切行为都是可以解释的，而不是毫无理性地随意而为。⑤ 李技文以枫香寨僳家人的"哈戎"仪式为研究个案，运用仪式主导象征理论尝试探讨僳家"祖鼓"在"哈戎"仪式过程中的深层文化内涵与主导象征意义。⑥ 乌仁其其格分析认为，在政府主导、国家在场的情境下，敖包祭祀这一蒙古族传统民间信仰仪式，由于祭祀主体地位的边缘化以及仪式操控者身份的改变，被赋予了不同的意义，文化传统被碎片化地利用，原有功能弱化或被再造。⑦

冯智明则将民间信仰与非物质文化遗产联系，认为民间信仰是广西红瑶传统节日、传统知识、民族艺术和民族文学等诸多非物质文化遗产的核心，抽离信仰使这些生活内容变得躯壳化。对其加以保护的关键在于尊重信仰为一个复合的文化整体和社会事实，实现活态传承。⑧

---

① 徐义强：《哈尼族的原始宗教信仰与仪式治疗》，《宗教学研究》2012年第1期；徐义强：《仪式、象征与宗教艺术遗产——红河哈尼族叫魂仪式的人类学考察》，《民族艺术研究》2012年第5期。
② 杨福泉：《略论纳西族东巴教的"威灵"、"威力"崇拜》，《思想战线》2011年第5期。
③ 陈棣芳：《彝族作祭仪式的文化阐释》，《民族论坛》2012年第11期。
④ 吴合显：《苗族丧葬礼仪的变迁——以湖南省凤凰县山江苗族地区为例》，《民族论坛》（学术版）2011年第12期。
⑤ 王伟：《仪式过程与符号象征——索伦鄂温克火神祭祀仪式的田野研究》，《世界宗教文化》2011年第2期。
⑥ 李技文：《祖鼓：僳家人"哈戎"仪式的主导象征——以黔东南州黄平县枫香寨为例》，《新疆社会科学》2011年第1期。
⑦ 乌仁其其格：《政府主导下的民间信仰——基于额尔敦敖包祭祀的田野考察》，《西北民族研究》2012年第3期。
⑧ 冯智明：《人类学整体论视野下的民间信仰非物质文化遗产化——以广西红瑶为个案》，《中央民族大学学报》（哲学社会科学版）2011年第5期。

### (二) 汉人社会民间信仰

对华北地区偏重于民俗的民间信仰活动的研究中，赵旭东分析华北乡村的庙会活动，认为其是一种个体之间以及人神之间相互交流机制。在文中考察了由这种社会意义的个体交流逐渐转变为集体性的文化认同以及这期间相互激荡的过程和影响要素。认为这样的交流更多意义上是一种文化社会学意义上的以及地方性的对于什么是真正的交流的界定，而它的含义也一定是在民间信仰这一概念之上的。[1] 侯杰等认为冰雹会呈现的不仅仅是表面上的娱神娱人的村民集体活动，而且是民间信仰中人与神灵关系的一种现实阐释。村落生活经验中保留着关于神灵信仰的集体记忆，记忆使得信仰仪式能够恢复和传承，传承中又不断丰富着集体记忆。在记忆与传承的历史演进中，民间信仰衍变为一种民俗，于村落之中建构和谐的空间。[2]

张咏、高前分析了河北衡水地区的香门信仰，认为其特点是神秘性和实用性，当代又具有"佛教化"倾向，显示了民间信仰作为中国传统宗教底层所具有若干类基础性意义，进一步说明保持中国传统宗教生态系统的平衡的重要性。[3] 吴效群在道教名山王屋山区香会组织巫术治疗邪病的研究认为，为了防治邪病，民众成立了香会组织，通过修行和神灵的帮助，提高自己的"功德"，不给仙家及其他致病因素可乘之机，或通过神灵附体与它们协调关系、进行斗争，香会组织承担了部分互助、治安等社会职能，成为当地重要的跨血缘的民众自助组织。[4]

濮文起对天津民间宗教现实活动调查与对策研究，通过田野调查、座谈会、问卷调查和历史研究等方式，对天津民间宗教的历史与现状、天津民间宗教现实活动的特点进行了分析与研究，并就如何正确认识和妥善处理当代天津宗教信仰领域中的民间宗教问题，提出了对策建议。[5]

对西南地区信仰和仪式的研究中，汪青梅、刘铁梁对黔中屯堡地区"抬汪公"集体仪式的传承和变迁的分析。这一仪式在 20 世纪 80 年代复兴后保有其族群发生学预设的特有精神信仰内涵，同时又为屯堡地区内外多元主体及其多重竞争驱动合力重塑。这一

---

[1] 赵旭东：《从交流到认同——华北村落庙会的文化社会学考察》，《文化艺术研究》2011 年第 4 期。
[2] 侯杰、段文艳、李从娜：《民间信仰与村落和谐空间的建构——对大义店村冰雹会的考察》，《宗教学研究》2011 年第 2 期。
[3] 张咏、高前：《灵验的遗产——宗教生态视域下的河北深州"香门"信仰研究》，《世界宗教研究》2012 年第 5 期。
[4] 吴效群：《邪病及其与社会文化的关系——河南王屋山区民间香会组织巫术治疗的社会人类学研究》，《民俗研究》2011 年第 2 期。
[5] 濮文起：《天津民间宗教现实活动调查与对策研究》，《贵州大学学报》（社会科学版）2011 年第 6 期。

仪式无疑是屯堡文化当代传承和创造的具体实践。[1] 曹辉林、曹响平对水与黄龙溪的历史文化、宗教信仰和地方民俗的关系研究认为，为寻求意义、秩序与安居，黄龙溪先民面对自然威胁，围绕治水创造并传承了与水相关的神话传说、寺庙格局和宗教仪式，借此以实现地方空间的圣化和秩序化，地方社会群体才得以和谐团结。同时表明，神话和宗教仪式两者是互为依存的社会象征体系，共同促进并维持社会整合。[2] 李红春通过对云南通海纳家营村这个多民族杂居的村落的研究，认为有着回族身份的魁阁马天君新神话人物在汉族社区中的出现，隐喻回汉关系里超越民族文化边界的历史面向，对于族群边界理论中族群宗教文化的解释理论有所补充。[3]

在对华南和台湾地区的研究中，梅运彬认为，台湾民间信仰的发展与当地历史变迁息息相关，台湾地区的民间信仰在近300年的历史进程中，不断移植、吸收、融合，逐渐形成了多元化、人格化、共生性和功利性的基本特征。且台湾民间信仰与广大民众的生活相结合，既有宗教色彩的文化特质，又兼具台湾民俗的本土特征。[4] 谢重光以闽粤台民间信仰的传承、变迁为重点，从不同角度分析了盛行于这一地区的临水夫人信仰、三山国王信仰、惭愧祖师信仰、开漳圣王信仰等民间信仰在三地的传承与变迁，进而引出对跨学科研究方法的思考和探讨。[5]

华东地区也是民间信仰丰富的地区，施敏锋以杭嘉湖地区蚕神信仰为个案，通过文献研究和田野调查证明，多元并存与和谐共生是当前中国民间信仰的基本生存形态。[6] 陈勤建、尹笑非以浙江温州市永嘉县蓬溪村石压娘娘、上海乌泥径黄道婆和浙江鄞州区鄞江镇王元（日韦）等民间地方神灵信仰的田野调查为基础，分析了中国民间地方神灵信仰与西方宗教的差异，论述了民间地方神灵信仰作为民众生活需求的产物所具有的独特时代性，强调了地方神灵民间信仰中的道德观念所具有的社会伦理价值，对当前我国现代化进程中进一步凝聚民族性具有的启发意义[7]。胡素清对舟山等海岛妇女的民间信仰的研究认为，浙江舟山地区民间信仰活动的发展迅速，妇女已成为民间信仰活动的主

---

[1] 汪青梅、刘铁梁：《集体仪式传承和变迁的多重动力——当代黔中屯堡地区"抬汪公"活动的田野考察》，《西南民族大学学报》（人文社会科学版）2011年第3期。

[2] 曹辉林、曹响平：《神话与仪式：古镇黄龙溪的宗教和社会历史叙事》，《民族学刊》2011年第3期。

[3] 李红春：《论宗教对族群边界论的功能解释——对纳家营汉族"马天君"神话的宗教人类学解释》，《云南社会科学》2012年第4期。

[4] 梅运彬：《台湾地区的民间信仰及其基本特征》，《中国宗教》2011年第8期。

[5] 谢重光：《同质性、承传、变迁与研究取向——闽粤台民间信仰研究引论》，《福建师范大学学报》（哲学社会科学版）2011年第4期。

[6] 施敏锋：《多元并存与和谐共生：中国民间信仰的基本形态——以杭嘉湖地区蚕神信仰为个案的考察》，《民俗研究》2011年第2期。

[7] 陈勤建、尹笑非：《地方神灵民间信仰与民众生活的互动联系——以黄道婆、王元（日韦）等地方神灵为例》，《西北民族研究》2011年第1期。

体,在女性生活的各个方面,包括决策、人际交往和提高自身话语权等都发挥着作用。①丁希勤对徽州灵顺庙的研究认为,其建立适应了唐朝徽州区域社会形成与发展的需要,实质上是徽州区域意识形态在天文、地理和道教上的一种神学价值体现,并藉徽州精英人物得以向外流布,从而在我国东南地区产生了广泛的影响。②

谢立宏、靳晓芳以甘肃省孙村为田野调查点,从地方社会的集体记忆和生存选择的角度考察了一种具有复仇性强、威慑力大的神灵——猫鬼神信仰的源起,并对其隆重的信仰仪式予以介绍,认为其直接影响着当地村民的生活。③

除以上按照地区对汉人民间信仰的分类外,褚潇白分析太平天国的拜上帝教,认为其固然自称是基督教的一种形式,其实不同于西方基督教。作者通过对"奇梦叙事"的解读,认为其基础乃是中国民间信仰传统和家族伦理,基督教传统中具有时间性的"差遣"的单数形式被移位为空间性的"差遣"的复数形式。而拜上帝教贯通基督教传统和中国民间信仰传统,从而建立其崭新象征符号系统的关键,即在于这样一种对"差遣"的理解和运用。④ 向柏松主要采用美国人类学家罗伯特·雷德菲尔德的社会二元结构分析方法,分析关羽崇拜中的大传统与小传统各自的形成、特点、价值取向,揭示两种传统各自的利弊,借此来辨识关羽崇拜中的精华和糟粕。⑤

## 五 宗教人类学的海外研究

与整个人类学界近些年强调海外民族志研究的潮流有关,在人类学的宗教研究方面近两年也成果可观,值得单独介绍。袁同凯认为老挝Lanten男人的度戒仪式是一生中最重要的通过仪式,含有浓郁的宗教意味。通过度戒仪式,他们投胎再生,获取一个法名,死后方能入土为安。人类学的研究表明,在历史场合中所积淀下来的各类仪式活动所包含的深层寓意往往能折射出一个民族的世界观和价值取向。仪式期间莫公们不停地击鼓施法,木鼓声无疑使男人们感觉到一种强烈的认同感和归属感,他们在木鼓声中获取新的"角色"、"身份"或"地位",并习得其所必需的能力和知识。⑥

段颖通过对泰国佛教观念和实践的考察,以及对佛教与泰民族国家、日常生活以及

---

① 胡素清:《海岛妇女民间信仰活动的调查与思考》,《浙江社会科学》2011年第7期。
② 丁希勤:《徽州灵顺庙与东南民间信仰》,《宗教学研究》2011年第2期。
③ 谢立宏、靳晓芳:《人类学视域下的"猫鬼神"信仰研究——以甘肃省孙村为例》,《兰州大学学报》(社会科学版)2012年第2期。
④ 褚潇白:《多义的"差遣"——洪秀全"奇梦叙事"的符号人类学分析》,《华东师范大学学报》(哲学社会科学版)2012年第2期。
⑤ 向柏松:《关羽崇拜中的大传统与小传统》,《中南民族大学学报》(人文社会科学版)2012年第6期。
⑥ 袁同凯:《老挝Lanten人的度戒仪式》,《云南民族大学学报》(哲学社会科学版)2011年第5期。

现代社会相互关系的叙述与分析，阐述以"业"为实践核心的佛教如何渗透至泰国人民的社会生活当中，并成为现代泰国国家社会重要的文化特质，以及泰民族持久的民族精神。①

郑一省曾三次前往印尼棉兰进行田野调查，以印尼棉兰华人"肃坛持戒"仪式为例，探讨当地华人与道教文化传承的关系。本文认为，棉兰华人既是推动当地经济和社会发展的中坚力量，也是繁荣当地文化特别是宗教文化的建构者和促进者"肃坛持戒"仪式活动既是棉兰华人遵守传统、恪守信仰的结果，也是人们叙述历史、不忘本源的产物，同时它还是建构华人文化的一种途径。②

王霄冰对玛雅人和中美洲其他印第安民族信仰研究，提到在这些民族中流行着一种关于双重灵魂的特殊想象：一个人不仅在自己的身体之内拥有一个灵魂，而且在自己的身体之外还存在着一个寄身于某种动物或自然力的灵魂，也就是"他我"（Alter Ego）。这是原生于中美洲地区的一种特有的传统信仰形式。学者们根据当地语言中的相关词汇将其称为"纳瓜尔信仰"（nagualism）。③

在以上这些类别的研究之外，中国宗教人类学研究也与多个不同领域有交叉：艺术角度，萧梅《"巫乐"的比较：执仪者的身份与性别》④、陈友峰《"宗教礼仪"与"模仿性表达"——兼论形成戏曲的双重因素及其对戏曲审美形态之影响》⑤、周钟《音乐的归家：满载文化乡愁的音乐宗教人类学》⑥、周小静《从信仰和仪式角度研究基督教音乐》⑦、杨民康《云南少数民族基督教仪式音乐的新变异》⑧；还有家庭研究角度，刘建华、李利安以家庭为单位、从家庭结构分析出发，结合社会学、宗教学等学科知识，对新疆维吾尔民族与汉族现阶段家庭结构中的宗教文化进行了研究。⑨ 此外，曹辉林、于飞提到在青海玉树"4·14"和日本"3·11"等大地震中宗教的积极回应、社会参与以及其给予人的心灵慰藉作用。⑩

---

① 段颖：《现代世界中的泰国佛教——一个人类学的视野》，《东南亚研究》2012年第5期。
② 郑一省：《印尼棉兰华人"肃坛持戒"仪式探析》，《东南亚研究》2011年第6期。
③ 王霄冰：《玛雅人的"他我"观念与纳瓜尔信仰》，《世界宗教文化》2012年第5期。
④ 萧梅：《"巫乐"的比较：执仪者的身份与性别》，《民族艺术》2012年第2期。
⑤ 陈友峰：《"宗教礼仪"与"模仿性表达"——兼论形成戏曲的双重因素及其对戏曲审美形态之影响》，《文化艺术研究》2011年第4期。
⑥ 周钟：《音乐的归家：满载文化乡愁的音乐宗教人类学》，《重庆科技学院学报》（社会科学版）2012年第12期。
⑦ 周小静：《从信仰和仪式角度研究基督教音乐》，《天津音乐学院学报》（天籁）2011年第2期。
⑧ 杨民康：《云南少数民族基督教仪式音乐的新变异》，《世界宗教文化》2011年第5期。
⑨ 刘建华、李利安：《家庭视野下的新疆维汉宗教关系探析》，《世界宗教文化》2012年第3期。
⑩ 曹辉林、于飞：《宗教对灾难的回应——以玉树"4·14"和日本"3·11"地震为例》，《青海社会科学》2011年第3期。

## 六 结语

从以上研究综述中不难发现，近两年来中国的宗教人类学研究仍然持续良好的发展，研究角度、范围继续扩大，涉及民族—民间宗教信仰、基督教、天主教、伊斯兰教、佛教、道教等。值得留意的是，越来越多学者关注到地区多元宗教文化并存的研究，对海外宗教现象的关注也给学科提供了更大的发展空间。

在研究范围之上，我们也注意到这两年来的宗教人类学研究在主要关注和研究进路上有所调整。虽然由于宗教人类对田野调查的强调，基于田野调查的研究成果很多，但是也有许多学者开始关注理论的研究，并试图联系本土宗教实践与世界研究。

特别值得提到的是，这两年来的宗教人类学研究成果在学科规范上更为重视，这一方面可以从大量的研究综述上可以反映出来，也体现为前面提到的理论关注的加强。确实，从这些研究成果大概可以看到两点是以前不那么明显强调的，一是对宗教的地方性的关注，二是对多样性及互动关系的关注，而这两点正是人类学的宗教研究的应有之义或所谓学科特色。

（作者简介：中国人民大学人类学系助教）

# 2012年中国大陆宗教学研究状况述评

黄夏年

2012年，我国学术界的宗教学研究沿着自主创新的道路发展，这一年的宗教学研究重点可以用"文化"、"慈善"和"国际"三个主题词来概括。

"宗教是文化"的观点本是改革开放初期，学术界为了规避一些"左"的思想倾向影响而提出的，如今，这一观点已经为大家所接受。现在研究宗教与文化的关系，是在当前我国推动社会主义文化大发展大繁荣背景下进行的。2012年在北京、西安、上海三地相继召开以宗教文化为主题的研讨会，彰显了学术界对以"文化"为表征的宗教研究的学术取向，表明了"宗教是文化"成为当前中国大陆宗教研究的一个重要内容。

"慈善"一直是历代宗教的功能之一，近年来由于我国经济的发展，慈善事业进入了活跃时期，特别是汶川大地震之后，慈善活动得到了发展与加强，促进了人们对这一领域的研究。宗教与慈善的历史纠结，使得两者的关系被重新强调与梳理。2012年2月，《关于鼓励和规范宗教界从事公益慈善事业活动的意见》颁布，宗教界发扬传统，积极从事慈善的活动得到鼓励，宗教与慈善的研究也越来越多地进入学者的视野，北京、上海和天津等地都举行了以此为主题的会议，一些学术刊物也组织了这方面的理论文章，宗教慈善问题随之成为新的研究热点和焦点。

在今天，当中国成为经济大国之后，中国宗教的国际化问题被提上了研究的议程。中国佛教的国际化构想逐渐形成，且加速发展。这个构想可以上溯到2006年4月举行的第一届世界佛教论坛。这届论坛以"弘扬佛教文化，维护世界和平"为宗旨，以"和谐世界，从心开始"为主题，开始把中国佛教推向世界。2009年举办的第二届世界佛教论坛提出"和谐世界，众缘和合"的主题，2012年的第三届世界佛教论坛则以"和谐世界，同愿同行"为主题，这些佛教论坛的举办将中国佛教推向世界的活动引向深入。在中国传统的民间外交中，宗教文化交流向来是一个主要的内容，并在世界宗教文化交流中扮演重要的角色，这一悠久的历史传统，在今天将再次担负起新的使命。

应该看到，当前在学术界与宗教界也存在着一定程度的忽视基础理论研究的问题。宗教的基本宗旨是予人解脱，其根本目的是人心疗治。对这一点，早在唐代，统治者就已经看到了宗教在养生与治心方面的重要性，并且赋予了儒家治国、道教养生和佛教治心等不同的功能。这是我们在研究各种宗教基础理论时应该予以关注的。

当前我国的文化研究是作为国家战略发展的要求而提出的，宗教文化的研究与发展也应围绕这一战略任务而进行。从宗教的基本宗旨——解脱论来讲，宗教文化的核心价值在于予人教化、改变人心，离开了这一宗旨，就脱离了宗教的本身，所谓的"宗教文化"也就成为无本之木。研究宗教文化的目的是要深化宗教所具有的道德伦理和使人为善的基本宗旨，使其能够在现代社会中发挥应有的作用。

慈善是宗教所附带的功能之一，是宗教的属性表现。宗教之所以与慈善有密切的关系，与它的教义思想密切关联，慈悲和大爱是宗教提倡的思想。从传统宗教教义理论当中找出慈善理论的现代意义，同时结合现代管理思想为宗教慈善事业找到长期运作的机制，是学术界与宗教界的重要任务。

国际化的中国宗教是未来中国宗教发展的方向，也是中国宗教走向世界的必由之路。研究中国宗教国际化，既要有传统的回顾，还要有现代的思考，更要有世界眼光，重点是讨论如何将中国宗教推向世界，让中国宗教在世界宗教中占有应有的重要地位，以及取得应有的话语权。

（作者单位：中国社会科学院《世界宗教研究》编辑部。本文原载于《中国社会科学报》，2012年12月24日第396期。）

# 近年来大陆学界西方宗教社会学理论研究的新进展

李华伟

随着宗教社会学在中国的酝酿及中国宗教复兴现象所带来的理论探讨，宗教社会学在 21 世纪头十年获得了实质性的发展，其标志就是中国本土学者所贡献的《宗教社会学》教材。同时，人类学、社会学、民族学、民俗学对宗教现象的田野调查风起云涌，不仅催生着新的理论总结，也催逼宗教社会学界的学者一边开展调研，一边加紧对西方宗教社会学理论的绍介、翻译与评述。中国宗教社会学界理论研究的缺乏与社会对理论高度需求的现实之间形成了高度的紧张。面对这种紧张，部分学者主动放弃了理论追求，满足于对复杂的中国宗教现状的调查研究、描述，部分学者则加紧绍介西方宗教社会学理论，并根据中国现实对这些理论的适应性进行反思与批评。为了推进中国宗教社会学在中国科研机构尤其是高校中的教学与研究实践，有关机构组织了宗教社会学教师进修班[1]，并设立了"宗教与中国社会"的研究项目。国家社科基金[2]、教育部人文社科基金[3]也分别加大了对宗教社会学理论研究的资助力度。这些都促进了中国宗教社会学理论研究的进展。

宗教社会学理论在中国研究的进展，是由宗教学、社会学、哲学、人类学、民俗学界共同推动的。为系统总结以往研究成果，使之发挥集中效应以更好地滋养学林，兹仅根据阅读所见，摘要综述如下。

---

[1] http：//www.purdue.edu/crcs/itemProjects/chineseVersion/csspC/teacherSummerInstituteC/teacherSummerInstitute2011C.html.

[2] 李向平教授主持了国家社科基金《当代美国宗教社会学理论思潮研究》（2004 年）课题，已催生了部分优秀成果。后文所述的数篇论文如李峰关于贝拉、黄海波关于伍斯诺、石丽关于帕森斯的论文均是该课题的阶段性成果。

[3] 姚南强教授获得了教育部人文社科基金项目《西方宗教社会学研究取向的现代转向》（08JA730003）。

## 一 西方宗教社会学入门著作的译介

《地球村里的诸神：宗教社会学入门》[1]，集中关注各主要信仰传统之间的相互关系，作者认为正是这些信仰传统为正在形成的全球社会秩序中的大多数人提供了思考和伦理标准。尽管是入门教材，该书却并未面面俱到，而是抓住现代主义和多元主义及宗教与社会冲突的主题展开[2]，展示了宗教社会学在分析复杂的宗教现实上的方法及功用。该书共分七章，后三章为核心，第5章分析了现代主义的挑战以及现代主义的危机和多元文化主义的危机；第6章分析了新世纪的宗教运动，探究社会对宗教的影响，公民宗教与民族主义、宗教融合与新兴宗教运动的互动得到了深入的分析，社会思潮、社会运动如妇女运动、环境运动对宗教的影响也得以呈现，进而从理论上总结了社会建构与重构宗教生活的大问题；第7章宗教和社会冲突，则直面现实加以探源，先梳理了宗教冲突的学说，探究了宗教与暴力问题以及宗教对非暴力的贡献，彰显了宗教与社会冲突的复杂面向。第2章和第3章介绍了东西方宗教的变迁与现状，涉及了世界各大宗教传统，对中国和东亚地区的宗教生活也有所涉及，在简单的介绍之外，也用社会学的理论透视宗教与种族、宗教与社会建构、宗教与社会生活，理论与历史相交融，为后文作了理论和知识上的铺垫与准备。第4章宗教气质，则连接起前三章与后三章，分析了宗教与认同建构、宗教与分层、宗教禁忌和伦理体系、宗教与政治，分析了宗教作用于社会、社会影响宗教的方式与中间机制。

《宗教社会学的邀请》[3] 则是介绍过来的另外一本宗教社会学入门书。该书作者菲尔·朱克曼（Phil Zuckerman）为美国匹兹堡学院社会学教授，除本书外还著有 Society Without God[4] 和 Faith No More[5]、Atheism and Secularity[6] 等书。《宗教社会学的邀请》通

---

[1] ［美］莱斯特·库尔茨（Lester Kurtz）：《地球村里的诸神：宗教社会学入门》，薛品、王旭辉译，北京大学出版社2010年版。

[2] 该书作者莱斯特·库尔茨为芝加哥大学社会学博士、得克萨斯州立大学奥斯汀分校社会学教授、宗教研究中心主任，曾在芝加哥大学、西北大学、印度德里大学及中国台湾东大学等多所大学访学授课。曾任美国和平与正义研究协会主席，美国社会学和平、战争和社会冲突分会主席，2005年被授予"罗宾·威廉斯杰出职业成就奖"（Robin Williams Distinguished Career Award）。

[3] *Invitation to sociology of religion*, routledge press, 2003. ［美］菲尔·朱克曼著：《宗教社会学的邀请》，曹义昆译，北京大学出版社2012年版。该书中译本有几处翻译亟待商榷，如第四章将cult翻译为邪教，74—82将denomination翻译为教宗。

[4] Phil Zuckerman. *Society without God: What the Least Religious Nations Can Tell Us About Contentment*, NYU press, 2008.

[5] Phil Zuckerman. *Faith No More: why people reject religion*, Oxford University Press, 2011. 这是本研究美国无神论者的专著，学界评论说：The first book of its kind, Faith No More will appeal to anyone interested in the "New Atheism" and indeed to anyone wishing to more fully understand our changing relationship to religious faith.

[6] *Atheism and Secularity*, edited by Phil Zuckerman, Praege, 2009. 宗教社会学关于无神论的系统研究著作是一个空白，Phil Zuckerman主编的这两卷书被认为填补了这一空白。

过身边诸人宗教生活的鲜活例子引导读者思考和研究社会的不同层面如何作用于宗教、宗教又是如何作用于社会的各层面，指出理解这一辩证过程是宗教社会学的要旨所在。该书为本科生的教材，引入了大量的例子进行分析、讨论，极其浅显易懂，适合既不懂社会学、也不懂宗教学的人员阅读。书中突出强调个体的宗教信仰与个体生活的时间和地点具有莫大的联系——生在印度成为印度教徒的可能性远远大于成为基督徒的可能性，未成年人的宗教信仰与父母保持一致的概率特别高，一个人的宗教信仰与家庭、父母宗教身份具有密切的关联，宗教信仰是通过社会化习得的，社会化的媒介（Agent of socialization）以及生活中的重要他者（important Others）决定着个体的宗教身份[1]。即便是在美国这样一个多宗教、多种族的国度，只要知道一个人的种族、移民输入国、生活区域大致可以判定此人的宗教信仰情况，可见，"宗教身份很大程度上决定（并依赖于）时间和地点要素"[2]。作者通过宗教在美国民权运动中发挥的重要影响力以及宗教在美国人性生活中发挥的影响力有理有据地展示了宗教影响社会生活，通过在摩门教教义、实践的具体脉络中探析种族主义对宗教生活之影响，通过犹太社区中因为女性主义而导致会堂分裂的例子展示社会对宗教的影响，全面呈现了宗教与社会互动的复杂的辩证关系。本书结尾部分回到认信（belief）问题，指出认信本身并不以经验事实为依据，而是依赖于与之交往的社会网络中其他人的信仰尤其是生活中重要他者的信仰，决定个体未来认信的最重要因素，仍是与他人的社会交往[3]。

作为入门读物，该书极其简单，信息量不大，浅显易懂，但贯彻了宗教社会学研究的最基本问题与问题意识，同时在每一个具体的论断和理论引述时都充分引证了已有成果，显示了一位训练有素的宗教社会学家的功底。同时，尽管是入门读物，该书也涉及了在中国国内学术界较为新兴的宗教市场论，并批评了宗教市场论的理论基础——理性选择理论，提出宗教的理性选择理论无法解释诸如国王改教后武力强迫臣民改教这样的事例[4]。该书在叙述和引述理论时，娓娓道来，引发读者思考而不是灌输知识；每一章节后面部分，列出教学过程中学生对理论的质疑，并一一解答，对读者的逻辑思维训练也极有助益，这是特别值得称道的。

值得注意的是，作者不是秉持"方法论上的无神论"[5]——大多数宗教社会学家宣称的价值中立的立场，而是以无神论作为研究的立场和出发点，宣称不可以对宗教信仰的真理与谬误进行讨论这一宗教社会学的主张使其恼火。作者指出，"理解人们为何以

---

[1] [美] 菲尔·朱克曼著：《宗教社会学的邀请》，曹义昆译，北京大学出版社2012年版，第56—70页。
[2] 同上书，第43页。
[3] 同上书，第147页。
[4] 同上书，第44页。
[5] 高师宁：《译者序》，贝格尔《神圣的帷幕》，上海人民出版社1991年版。

及如何会相信明显不可信者,是我涉足这门学科的理由所在"①,"解释成千上万具有健全理性大脑的人们何以相信明显不可信者,是社会科学家无法回避的一个理论难题"②。从该书作者的其他著作可知,作者一直致力于无神论的研究③。这是笔者第一次看到有人公开质疑宗教社会学价值中立立场并为其无神论立场辩护。书中,作者的这一立场得到了充分的展示,在第四章论述 cult④ 与 religion 时,作者分析了贴在"cult/邪教"上的标签,认为人们通常指出 cult 所具有的特征:卡里斯马式领导洗脑、毁灭性信仰、怪异行为等,"几乎都能程度不等地在每种宗教里发现",因此,cult 和 religion 这一整体的区分,在理智上无法成立。作者得出结论说,宗教合法性的社会建构,可以归结为两个因素:(1)宗教群体已经存在的时间;(2)其所吸纳成员的绝对数量。作者以宗教团体吸纳成员的绝对数量作为区分 cult-sect-denomination-religion 的依据,认为"某种宗教是否具有合法性,通常只不过取决于该宗教组织成员数量的多少"⑤。这无疑简单地否定了学界之前对宗教类型的研究,而提出了过分简单化的判断标准,这些标准在笔者看来是不合适的。

给笔者印象深刻的是,作者一直强调社会学家揭伪的使命,并秉承这一使命否定了宗教社会学中由韦伯树立的价值中立的传统,不仅得出了 cult 与 religon 没有区别的结论,而且否定了 cult 中洗脑的行为,引用 Wessinger 的研究指出,"洗脑理论忽视了主流社会及宗教机构同样在灌输和化导人们这一事实……新宗教运动(New religious movement)/膜拜团体与主流社会的家庭和组织机构相比,其所使用的方法和步骤并没有什么不同"⑥。

另外,该书将宗教社会学研究与宗教心理学研究区分开来,指出宗教心理学认为宗教是个体的事情,源头在个体内部,因而走向了对神经科学的依赖。这一区分忽略了社会心理学对宗教的研究方法与路径,不仅如此,作者认为宗教心理学从神经科学的立场研究个体宗教心理也是有偏颇的。

在笔者看来,该书作为本科生的教材,无疑稍显单薄,既无系统性,知识性介绍也很少,但自觉放弃系统性和知识介绍正是该书引人入胜、给人留下深刻印象的原因所

---

① [美]菲尔·朱克曼著:《宗教社会学的邀请》,2012 年版,第 142 页。
② 同上书,第 143 页。
③ 如前所述,作者著有 Society Without God 和 Faith No More、Atheism and Secularity 等书。也许与其父亲是一个没有信仰但成为宗教组织成员的犹太人有关([美]菲尔·朱克曼著:《宗教社会学的邀请》,2012 年版,第 15 页)。
④ 译者径直将 cult 译为邪教是非常值得商榷的。
⑤ [美]菲尔·朱克曼著:《宗教社会学的邀请》,2012 年版,第 81—83 页。
⑥ 同上书,第 79 页。

在。在为本科生提供引人入胜的教材编写经验方面，这本书颇为值得国内同行参考①。

## 二 对西方宗教社会学理论总体发展的研究

对西方宗教社会学理论总体的研究，或对西方宗教社会学史的研究，国内仍比较缺乏。最重要的著作乃是由高师宁教授翻译的由罗伯托·希普里阿尼所撰写的《宗教社会学史》②。该书提纲挈领从宗教社会学的源头述起，叙述了宗教社会学在古典时期、当代阶段及近期的整个发展历程。该书涉及宗教社会学理论大家众多，皆点到为止，但涵盖了其最重要的理论贡献。该书关于宗教社会学近期发展部分为中国学界提供了最新的信息和线索，可供学界继续挖掘、深入研究。应当承认作为一名欧洲学者，该书为美国宗教社会学理论盛行的中国学界提供了欧洲学者的理论，提供了全面的宗教社会学理论图景。该书对美国宗教社会学的介绍也为我们提供了宗教市场论以外的视野，弥足珍贵，为进一步研究提供了关键性信息。

应当承认，国内对宗教社会学的理论研究长期停留在对社会学三大奠基人的认知与解读，对二战之后国外宗教社会学理论了解不够系统化、体系化。李峰发表《20世纪60年代后西方宗教社会学理论研究取向》一文③系统总结了自20世纪60年代以后，伴随着帕森斯功能论的衰落和西方宗教运动的兴起，诸多社会学者探讨当代宗教现象的不同理论视角。李峰认为，其中影响较大且较成体系的有以下三种理论取向：1. 贝拉及卢曼在功能论视角下延续的研究；2. 贝格尔和卢克曼倡导的现象学研究视角；3. 斯塔克等人提出的宗教理性选择理论。

身处海外的杨凤岗教授得风气之先，总结了近30年美国宗教社会学的发展情况④，提供了新的信息。杨凤岗教授指出，宗教经济学和宗教市场理论兴起，新的宗教社会学理论范式得以形成。不少美国宗教社会学学者关心新的范式确立以后宗教社会学研究应该往哪里使劲？宗教社会学如何进一步发展？鉴往知来，位于纽约的"社会科学研究协会"在2010年2月初发表了一篇工作论文，梳理了1978年至2007年30年间发表在主

---

① 戴康生主编的《宗教社会学》系统性很强，为专业研究者进一步的研究提供了线索；孙尚扬《宗教社会学》自觉放弃了系统性的追求，而侧重对宗教社会学中的意义与秩序两大问题进行了深入的引述与分析。这两本书为专业研究者不可多得的参考书，但学界缺乏像［美］菲尔·朱克曼《宗教社会学的邀请》这样浅显易懂、引人入胜的面向缺少社会学、宗教学知识但又对宗教社会学感兴趣的入门读物。戴康生主编：《宗教社会学》，社会科学文献出版社2000年版。孙尚扬：《宗教社会学》，北京大学出版社2001年版（2003年再版）。

② ［意］罗伯托·希普里阿尼，《宗教社会学史》，高师宁译，中国人民大学出版社2005年版，第214—215页。

③ 李峰：《20世纪60年代后西方宗教社会学理论研究取向》，《求索》2005年第9期。

④ 杨凤岗：《近30年美国宗教社会学的发展情况》，《中国农业大学学报》（社会科学版）2010年第1期。

流学术期刊上的 587 篇宗教社会学研究论文①，断言宗教社会学正在形成"强纲领"（strong program）学科②。这篇工作论文发现，30 年来，在一般社会学期刊上发表的宗教社会学研究论文无论从总量上看，还是从比例上来看，都有显著增加……越来越多的学者认为宗教具有自身独立性，宗教是自变量而不仅仅是因变量，宗教可能引发个体和社会后果。宗教社会学论文占顶级美国社会学刊物论文总数的比例从 3.7% 增加到 5.8%，作者从宗教社会学者扩展到一般的社会学者。

刘殿利编译了格瑞斯·达维（Grace Davie）的《宗教社会学的演变——主题与变奏》③ 一文④，回顾了自宗教社会学三大奠基人到世俗化与理论选择理论之间的重要理论，并提出了超越既有范式的建议。格瑞斯·达维指出，宗教社会学三大奠基人基于当时动荡的社会现实，对宗教给予了充分的关注，给予宗教理所当然的重要性。宗教社会学创立者留下的传统在后来得到了不同的发挥。美国和欧洲在经验现实上的重大差异，导致欧美出现了完全不同的学术进路。欧洲宗教衰落的经验，引发了世俗化理论，将世俗化视为现代化不可避免的命运。五六十年代，美国的宗教社会学受塔尔科特·帕森斯功能主义影响深远，如罗伯特·贝拉和尼古拉斯·卢克曼。1960 年代以后，宗教社会学再一次发生转变。这一次转向社会意义系统的建构，贝格尔和卢克曼是其代表。石油危机及其对经济增长的影响对美国 70 年代后期的社会情绪造成了深刻的震荡，这种情绪反映了对意义和目的的需要。在西欧，宗教组织却经历了持续的衰退⑤。英国更多地受到多元化的影响，因此长期以来也就对新宗教运动甚为关注。针对学术界著名的两种对立的理论范式——世俗化理论和理性选择理论，格瑞斯·达维指出要理解这两种理论必须把握的一个关键是，欧洲和美国在宗教理解上存在着重大的差异。欧洲人秉承国家教会体系的传统，把教会视为公共设施而不是竞争中的厂商。格瑞斯·达维指出，不存在一种普遍通用的理论范式，要应对宗教全球化挑战，应该超越既有的范式，立足全球视野，采用地域性视角和主题性进路进行比较研究。

在新兴宗教研究方面，黄海波发表《当前西方新兴宗教研究中的三大争议性主题》一文⑥，总结了 20 世纪 90 年代以来西方学界新兴宗教研究中变得日益突出并引发激烈

---

① 他们的论文样本取自《美国社会学期刊》、《美国社会学评论》、《社会力量》这三份公认的一级社会学期刊，以及《宗教社会学》和《科学研究宗教期刊》两个宗教社会学专业期刊。

② http：blogs.ssrc.org/tif/2010/02/08/the emerging strong program in the sociology of religion/.

③ Grace Davie. the evolution of the sociology of religion—the theme and variations，A Handbook of Sociology of Religion，Cambridge University Press，2003.

④ ［英］格瑞斯·达维：《宗教社会学的演变——主题与变奏》，刘殿利编译，《世界宗教文化》2010 年第 1 期。

⑤ 第二次世界大战早期，法国的一些出版物的标题反映了这种形势。其中最重要的一部著作是《法国——一个需要传教的国家》，该书描述了法国天主教界内部，越来越多的人对教会在法国社会中地位的不断衰弱表示担忧。

⑥ 黄海波：《当前西方新兴宗教研究中的三大争议性主题》，《新疆社会科学》2011 年第 2 期。

争议三个问题：一是洗脑/精神控制问题；二是极端性、破坏性膜拜团体问题，主要涉及对这类团体的界定与预测；三是针对膜拜团体/新兴宗教的公共政策问题。黄海波回顾了学界对上述三个突出问题的主要研究及观点，以及当前美国与西欧的不同处理方式，认为在全球化背景下，中国在膜拜团体/新兴宗教研究方面亟须汲取各方面理论资源，加强相关研究。

## 三 对宗教社会学理论家的研究

### （一）对贝格尔的研究

学界对贝格尔的研究，其开创者和主要研究者首推高师宁教授。高师宁教授不仅系统翻译了贝格尔的著作，还系统分析了贝格尔关于宗教定义、宗教功能、社会世俗化与超自然的再发现以及贝格尔的研究方法[①]，为贝格尔研究奠定了基础。黄海波、李向平发表了《从世俗化到去世俗化——彼特·贝格尔宗教社会学思想特征及其演变》[②]，分析了贝格尔世俗化命题的内涵及理论基础，贝格尔对世俗化原因、世俗化之影响及后果之探讨，以及从世俗化到去世俗化的演变及其内在逻辑。该文的贡献在于深入探索了贝格尔思想中从世俗化到去世俗化理论的内在演变逻辑，另外指出贝格尔还提出一个值得注意的研究视角——"即去世俗化的本质在于——现代性与宗教性关系模式的再检讨"。

在对贝格尔文本进行解读的同时，国内的游斌、孙艳菲还利用在哈佛燕京学社访学的机会，亲炙于贝格尔本人，对贝格尔进行了访谈，整理出《回归"大问题"意识：论现代社会与宗教——访美国著名宗教社会学家贝格尔》[③] 一文，该文虽短，却呈现了大量的有用信息。摘要介绍如下：

1. 关于世俗化理论。贝格尔认为，更重要的问题不是世俗化理论站得住或站不住脚，而是世俗化在哪里发生了，在哪里没有发生，为什么会发生或没发生。

2. 贝格尔的宗教社会学重要的转向：世俗化理论越来越不重要，而关于多元化的问题逐渐成为中心问题。贝格尔认为多元主义是现代世界的基本特征。多元主义，即很多信仰体系（belief system）和道德体系（moral system）在同一个社会空间的共存共处。多元主义甚至改变了个人信仰的特性，宗教信仰成为一个"积木"，人们按自己的方式来搭建自己的信仰世界。多元主义不一定改变人们信仰什么（what），但是它改变人们

---

[①] 高师宁：《译者序》，载贝格尔《神圣的帷幕》，上海人民出版社1991年版；高师宁：《评贝格尔的宗教社会学思想》，《世界宗教研究》2009年第6期。

[②] 黄海波、李向平：《从世俗化到去世俗化——彼特·贝格尔宗教社会学思想特征及其演变》，发表于徐以骅主编：《宗教与美国社会（第二辑）》，时事出版社2004年版。

[③] 游斌、孙艳菲：《回归"大问题"意识：论现代社会与宗教——访美国著名宗教社会学家贝格尔》，《世界宗教文化》2006年第4期。

如何（how）信仰。国内对贝格尔这一重要转向的研究仍然付诸阙如。

3. 对理性选择理论的评价。贝格尔认为，理性选择论是宗教社会学的一个潮流，但并不认为它就统领了一切。在一定程度上，理性选择论是有用的。贝格尔对理性选择论的疑问，在于对于理性概念的狭义理解，与韦伯对工具理性和价值理性的理论相比，理性选择理论从经济学里借用的理性理论不完全适用于对宗教的解释。国内学界对宗教市场论和作为其基础的理性选择理论没有足够的反省，在批判理性选择理论时也没有充分注意到贝格尔的贡献。

4. 关于宗教对话，贝格尔赞成用"认识论的谦逊"（epistemological modesty）作为宗教对话的起点。

5. 当前的世界宗教格局发生了一些有趣的变化，在亚非拉等通称为"南方"的地区，福音派和灵恩派发展迅猛，而在欧美即"北方"尤其是欧洲，世俗化、自由化的倾向十分明显，这已经成为共识。有价值的是贝格尔对灵恩运动的介绍，贝格尔认为，灵恩派运动是现代宗教发展的一个重要现象，灵恩运动多数是在制度化的教会之外，而且灵恩运动就是一个女性运动，这些女性带动男性乃至整个家庭的改变乃至影响一种新的生活方式之形成。贝格尔对灵恩运动的介绍，对国内刚刚起步的这一研究应该很有帮助，希望得到应有的重视。贝格尔关于灵恩运动多数是在制度化的教会之外的说法，对我们认识中国家庭教会的兴起也有启发意义，其对灵恩运动就是一个女性运动的断言，对我们研究国内基督教与女性传道人群体具有醍醐灌顶之效。

6. 对亨廷顿文化冲突论的评价。在贝格尔看来，亨廷顿的命题从总体上来讲是站不住脚的，只部分地适用于当前处境的基督教与伊斯兰教之间的关系上。而且，对于当前基督教与伊斯兰教之间的紧张而言，也实际上受制于伊斯兰教内部的紧张关系，即温和派与激进派的伊斯兰教之间的竞争。

7. 对中国宗教学研究的建议。贝格尔认为，中国同样处于现代性之中，有些根本问题是互通的，如：这些宗教团体有何特性？它的社会群体是哪些？宗教与社会、国家的关系是什么？等等。而他个人比较关心灵恩运动在中国的发展。

## （二）对贝拉的研究

贝拉的多本专著[①]及单篇论文早已被翻译为中文，其最近出版的 *The evolution of religion* 也正在翻译之中，围绕这本书的读书会也在世界宗教研究所开展。但国内关于贝拉的研究，侧重对贝拉公民宗教及宗教进化论的简单介绍。李峰发表了《罗伯特·贝拉的宗教社会学思想述评》[②]，对贝拉的宗教社会学思想进行了整体性的分析，并对其思想的

---

[①] 如《德川宗教》、《心灵的习性》等，以及《宗教与美利坚共和国的正当性》（孙尚扬译，《道风》）。
[②] 李峰：《罗伯特·贝拉的宗教社会学思想述评》，《华东师范大学学报》2011年第5期。

内在逻辑及其所处的社会情境进行梳理。该文从贝拉的宗教观及分析路径、宗教与现代化、宗教进化论和公民宗教论等方面展示其宗教社会学的全息图景。该文认为，贝拉的思想主要围绕着现代性议题中宗教的意义和功能而展开。在学术生涯四个阶段，贝拉分别对宗教的本质、宗教研究的路径、宗教与现代化、宗教进化、美国公民宗教和美国道德生态重建等具体议题进行了分析。贝拉宗教社会学的基石是其宗教观，而这种宗教观又主要扎根于美国社会之中。对贝拉理论的接受和批判都必须以此为逻辑起点；同时，我们不应仅拘囿于他的某个论说，而应对其学说有着整体的把握。

### （三）对鲁克曼的研究

高师宁研究员在《中国民族报》上发表了《托马斯·鲁克曼："无形宗教"日益凸显》一文①，由于篇幅所限未能展开，但言简意赅地点出了问题的关键。高师宁指出，鲁克曼将宗教分为两种：教会取向的宗教与宗教，前者是以教会制度为基础的信仰行为和情感，后者则是"象征性的自我超越"，是一种具有人类学前提的宗教。相比之下，教会取向的宗教不仅范围太窄，而且会随着社会变化而变化。在鲁克曼看来，在以个人主义为基础的现代社会，个人意识从社会结构中解放出来，从根本上改变了个体与社会整体的关系，在这种境遇中，个体的宗教不再信赖教会模式，而是走向私人化，因而是一种"无形的宗教"。鲁克曼要强调的是，"教会取向的宗教在现代社会已经处于边缘状态，私人化的宗教即'无形宗教'则因宗教的人类学特性以及现代社会的特征而日益凸显"②。高师宁指出：鲁克曼关于"无形的宗教"的理论并没有解决宗教与现代性的关系，相反，它取消了古典社会学的"宗教"问题，鲁克曼的理论得出的却恰恰是他想要批判的观点：宗教在现代社会中已成为无足轻重的东西了。

### （四）对西美尔的研究

2011年关于西美尔的研究比较集中，其中清华大学田薇教授发表了两篇研究西美尔的文章③，还有一篇涉及了西美尔④；北京大学哲学系博士研究生邵铁峰以西美尔的宗教社会学思想为题撰写了博士学位论文，并获得好评。

在《西美尔关于现代宗教形而上学重建的构想——从外在的超验对象到内在的生命品性》一文中，田薇发现，在现代性的境遇中，西美尔秉承了德意志文化传统中的形而上学气质，在现代宗教之流的冲动面前试图为之提供一种内在的形式和目标，将形而上

---

① 高师宁：《托马斯·鲁克曼："无形宗教"日益凸显》，《中国民族报》2011年8月30日。
② 同上。
③ 田薇：《西美尔关于现代宗教形而上学重建的构想——从外在的超验对象到内在的生命品性》，《现代哲学》2011年3期；田薇：《西美尔以"宗教性"为轴心的宗教观》，《中国人民大学学报》2011年第5期。
④ 田薇：《现代宗教的变化与伦理生活的意义困境》，《深圳大学学报》2011年第4期。

学的超验性价值诉诸最底处的人类灵魂的宗教性存在。田薇认为,西美尔深入探究现代人的生存世界,创立了包括宗教观在内的现代性社会文化理论,其关于宗教形而上学的现代性重建的努力堪称一个典型①。

田薇《西美尔以"宗教性"为轴心的宗教观》一文②,分析了西美尔宗教观的核心——宗教性。田薇指出,西美尔立足于生命哲学的视野区分了"宗教"和"宗教性",宗教性是宗教的轴心,宗教是宗教性外化的结果。在西美尔那里,"以宗教性为轴心的宗教观念立足于生命的地基,而关于生命的理解也与宗教思想紧密相连,宗教与生命在西美尔的运思中是一体化的"。③ 立身于现代性的文化生存处境,西美尔将宗教性视为人的内在的生命天性和人际关系的深层品质,在西美尔看来,宗教与生命、社会是一体化,如果没有宗教,人和社会的存在反倒是不健康的,这使得宗教又回归到人和社会之中。

田薇的《现代宗教的变化与伦理生活的意义困境》一文探析了宗教现代性与意义困境。认为现代社会中,宗教的处境可称之为"宗教"向"宗教性"、"有形宗教"向"无形宗教"的转化。田薇指出,现代宗教的个体性取向意味着宗教落实在生命存在的维度上,它并不必然导致现代伦理生活的意义根基走向碎裂。但是,现代伦理生活的意义共识的确存在着困境,重构个体生存的宗教意域,将之作为内在又超越的安身立命之所,是宗教在现代世界的意义定位④。

如果说田薇的论文主要基于中文学界的著述,所引用的西美尔的著作也主要基于国内编译的《现代人与宗教》一书,因而限制了其研究深度的话。北京大学博士生邵铁峰的博士学位论文⑤则集数年之功,吸纳了英文学界、德语学界对西美尔的最经典研究成果,深入地研究了西美尔的宗教理论。该文在比较性视野中把握西美尔宗教理论的方法论与研究思路,展示其宗教理论的内部张力,并回答如下的问题:西美尔对于宗教与宗教性的解读为何充满张力?它们各自又在何种层面上与现代文化发生联系?邵铁峰认为,"西美尔对宗教与宗教性进行了双重区分:宗教性可分为生命宗教性与社会宗教性,相应地,宗教则可区分为生命宗教与客观宗教。客观宗教与生命宗教的合理性是由现代文化来提供的,但是,它们的悲剧命运亦是由现代文化来促成的。西美尔根据自己的研究需要而转换于两种宗教、两种宗教性之间,却并未详细论证生命宗教性是如何转化为社会宗教性的,而且亦未清晰地指明两种宗教在何种层面上标示着现代文化的悲剧,这

---

① 田薇:《西美尔关于现代宗教形而上学重建的构想——从外在的超验对象到内在的生命品性》,《现代哲学》2011年3期。
② 田薇:《西美尔以"宗教性"为轴心的宗教观》,《中国人民大学学报》2011年第5期。
③ 同上。
④ 田薇:《现代宗教的变化与伦理生活的意义困境》,《深圳大学学报》2011年第4期。
⑤ 邵铁峰:《宗教与现代文化:西美尔的宗教社会学研究》,北京大学哲学系博士学位论文,2011年。

些均使得他的宗教理论存在着张力与诸多含混之处"①。由于西美尔理论本身的复杂性、含混性,邵铁峰通过深入梳理发现,在西美尔看来,"宗教性的两个层次可对应着不同的宗教分类法,生命宗教性与客观宗教的对立对应着私人宗教与制度宗教的区分,社会宗教性与客观宗教则可对应着弥散型宗教与制度宗教之间的区分"。通过仔细分析,邵铁峰认为,"宗教性的分化可同时与私人宗教和公民宗教建立起联系,这也证明了西美尔理论的张力和启发性"②。

### (五) 对伍斯诺 (Robert Wuthnow) 的研究

罗伯特·伍斯诺 (Robert Wuthnow) 是不为中国学界所知的一位著名的美国宗教社会学家③。伍斯诺是具有国际影响的重要学者之一,在他领导下普林斯顿"宗教研究中心" (Center for the Study of Religion, CSR) 在宗教学领域做出了卓越的成就。除对美国宗教变迁的研究以外,伍斯诺在宗教与公民社会④这一领域提出了重要的理论架构,值得国内关心中国宗教与公民社会、和谐社会建设的学者参考。

黄海波发表《公民社会中的宗教:罗伯特·伍斯诺的多维分析模式述评》一文⑤,系统梳理了伍斯诺分析宗教与公民社会发挥关系的多维模式,属于国内最早系统介绍伍斯诺著作的文章。黄海波指出,伍斯诺研究宗教与公民社会的动机,与整个宗教社会学界的转向有关:20世纪80年代末以来,学界试图突破世俗化理论的桎梏,从更为宽广的视角考察宗教与现代社会的关系问题,回答世俗化理论提出的宗教在现代社会是否存在、如何存在等问题。在笔者个人看来,宗教市场论和对宗教与公民社会关系的探究,均为应对世俗化理论与宗教现实之间不一致的可贵尝试,在中国学界,只有宗教市场论被译介过来,而探索宗教与公民社会的成果则鲜为人知。

黄海波指出,与卡萨诺瓦、赫伯特以"政治学视角"分析进入公民社会的现代宗教不同,伍斯诺采取更为宽广的视角来探讨公民社会中的宗教问题。黄海波一文摘要介绍了伍斯诺关于作为公民社会要素的宗教同经济、政治的关系,以及宗教如何在公民社会领域中处理多样化和共同体问题这四个维度,更为具体地把握伍斯诺的思想。在经济维度中,伍斯诺分析了以下三个方面:(1) 宗教对职场的影响;(2) 宗教激

---

① 邵铁峰:《宗教与现代文化:西美尔的宗教社会学研究》,北京大学哲学系博士学位论文,2011年。
② 同上。
③ 伍斯诺是贝拉的学生,他被称为"不断成长中的美国宗教社会学群体中最年轻的成员之一",参见罗伯托·希普里阿尼《宗教社会学史》,高师宁译,中国人民大学出版社2005年版,第226页。
④ [美] 罗伯特·伍斯诺于1996年出版了《基督教与公民社会》一书。Robert Wuthnow, *Christianity and civil society: the contemporary debate*, Trinity Rress International, Valley Forge, Pennsylvania, 1996.
⑤ 黄海波:《公民社会中的宗教:罗伯特·伍斯诺的多维分析模式述评》,《华东师范大学学报》2011年第5期。

发对社会公正的思考与实践;(3)宗教对资本主义的批判与集体反思。就政治维度而言,由于政治合法性依赖于现代理性而非宗教,所以宗教只能发挥有限的影响。伍斯诺认为,"宗教对现代社会有很强的适应能力,并仍然在个体层面上影响人们的政治观点"。宗教自由主义与宗教保守主义尽管经历了政治取向的逆转,但具有极大的影响则是不容忽视的。伍斯诺深入剖析了作为社会主流的美国基督徒回应宗教多样化的三种方式:灵性选购(spiritual shopping);包容主义(inclusivism);排它主义(exclusivism),指出"美国的各种宗教很大程度上只是呈现为一种'共生'模式,而不是多元化模式"①,为此,伍斯诺提出"反思性多元主义"(reflective pluralism)的路径,要求认识宗教差异的来源及内容,以更具自我意识和积极的方式应对宗教多样化。至于宗教与共同体的问题,伍斯诺不同意普特南(Putnam)等提出的美国公民社会正处于衰落中的判断,而是认为,"虽然当代美国社会中传统的支持资源确实有崩溃的趋势,但各种类型的'小团体'仍然蓬勃发展,成为美国公民社会继续保持活力的重要支柱"②。通过分析,伍斯诺认为,"本质上,小团体是个人性而非公共性的,道德性而非政治性的,主要在更基础性的日常生活层面增强公民社会的稳定性,是当前美国宗教支撑公民社会的基本途径"③。

伍斯诺在公民社会视域下对当代宗教的多维度分析,大大拓展了对这一主题的研究视野,加深了对宗教在现代公民社会中的角色之理解。黄海波指出,伍斯诺的分析具有十分明显的辩证色彩:伍斯诺一方面反对世俗化理论,对宗教在现代性处境下的适应能力及其对公民社会的积极意义持有乐观的态度;另一方面,他也强调不能高估宗教在公民社会中的作用。

黄海波发现,在伍斯诺的多维分析中,宗教对现代社会的影响是复杂的,在不同的国家、地区,在不同层面、不同领域的影响是不同的,其影响需要具体分析,换言之,这是一个经验问题而非根据宗教教义就能推论出的问题。伍斯诺指出,不能期待宗教可以解决所有问题。在现代社会中,随着社会分化,宗教所能承担的功能发生变化、发挥作用的方式受限,"社会所面临的其他各种具体问题,无论是环境问题,还是经济发展问题,或是政治、和平与安全乃至公共健康等等,更没有哪一个能够主要由宗教来解决"。但是,伍斯诺强调,宗教在公民社会中的重要作用在于,现代人都无法回避由社会问题所引发的基本伦理、公正、道德与精神—灵性问题。

---

① 黄海波:《公民社会中的宗教:罗伯特·伍斯诺的多维分析模式述评》,《华东师范大学学报》2011 年第 5 期。
② 同上。
③ 同上。

## （六）对帕森斯宗教理论的研究

上海大学石丽发表了关于帕森斯宗教社会学思想的述评①，属于在国内学界中较早探究这一话题的开题之作，值得嘉许。该文是对帕森斯宗教社会学思想总体性的、笼统的研究，未涉及帕森斯在美国宗教社会学发展史的地位，未涉及帕森斯对贝格尔、鲁克曼、莫顿、贝拉等人宗教社会学思想的影响，也未涉及帕森斯宗教社会学思想发展的阶段性特征、前后阶段的变化，尤其是莫顿对功能论的改进是否对帕森斯宗教社会学思想发展发生冲击及帕森斯是否以及如何回应这一冲击。

该文的重要之处在于注意到帕森斯在前人研究和讨论的基础上提出了宗教的"私人化"和"多元化"概念，可惜未能深入探析这一概念与其他宗教社会学家的异同。文章在结尾处提及，帕森斯在社会分化、结构分层的基础上对宗教"世俗化"的阐释、宗教"私人化"、"宗教多元主义"的阐释、对美国社会的基督教研究等所做出的贡献，但文中并未能对此充分展开讨论。文中提到帕森斯和他的学生贝拉"都否认世俗化会导致宗教重要性的下降和对个人世界观、社会行为影响力的降低"，但未能指出帕森斯得出这一观点的依据及帕森斯的解释，也未能注明原始出处。当然，该文是对帕森斯宗教社会学理论总体的述评，未能涵盖这些也情有可原。如能在此基础上，选择帕森斯思想中某一个小的方面，小题大做、深入挖掘似能更深入，更为可取。

## （七）对汉斯·莫尔（Hans Mol）宗教身份理论的研究

就笔者阅读所见，在大陆学界，对莫尔宗教身份理论的研究，始于高师宁翻译的由罗伯托·希普里阿尼所撰写的《宗教社会学史》②，该书言简意赅地指出，莫尔设想了关于宗教的一种社会理论，即将身份认同视为一种宗教。在莫尔看来，人对于宗教的需要是基于人的本性，同时尽管社会不断发生变迁，但宗教却能应对这些社会象征的更新。莫尔认为，身份认同通过以下四种方式得以神圣化：1. 客观化；2. 投身参与；3. 仪式；4. 神话。莫尔认为，宗教能对既定情景的新因素做出反应，"改宗、卡里斯马、出生仪式、入会仪式、结婚仪式以及死亡，从本质上说，都是为了统一整合变化，而不是为了消除变化"③。一种身份可以替代另外一种身份，但宗教总能使调整后的意义体系稳定，使身份认同神圣化。

---

① 石丽：《帕森斯宗教社会学理论述评》，《世界宗教文化》2011 年第 3 期。
② ［意］罗伯托·希普里阿尼：《宗教社会学史》，高师宁译，中国人民大学出版社 2005 年版，第 214—215 页。
③ Mol, H. 1976. *Identity and the Sacred: A Sketch for a New Social-Scientific Theory of Religion*. Oxford: Blackwell. p. 263. 转引自罗伯托·希普里阿尼《宗教社会学史》，高师宁译，中国人民大学出版社 2005 年版，第 214—215 页。

甘雪慧在《宗教学研究》上发表了《莫尔的宗教身份理论》一文①，认为莫尔的宗教身份理论是为了回答这样一个问题，即宗教对个体、群体和社会起了怎样的作用，或者说"宗教如何通过自己的运作来规范了那些变化，继而维持了个体、群体和社会身份的持久性"②。甘雪慧认为，莫尔宗教身份理论中其中最核心的概念就是身份、宗教、神圣化和辩证。身份是莫尔理论中的一个核心概念，"身份"这个词意味着"一致性"（sameness）、"整体性"（wholeness）、"边界"（boundary）和"结构"（structure）。"身份"这个词可以用于指代个体身份、群体身份和社会身份三个层次。甘雪慧指出，莫尔引入了身份这个概念，通过神圣化的过程，将身份与宗教联系起来。在莫尔看来，宗教是能够保持完整性，使那些未定型的东西凝固起来，并穿越了传统到现代的过程，为个体、群体和社会提供一种"身份"的事物。对宗教的分析可以是通过如下四个方面来进行的，即将宗教分解为戏剧化（或编造）、超自然秩序、承担义务和仪式③。而在莫尔看来，身份和宗教的有机联系不能不依托于神圣化，而神圣化的机制则依赖于以下四个因素：（1）客观化（objectification），（2）承担义务（commitment），（3）仪式（ritual），（4）神话（myth）④。应当说这是一篇优秀的论文，但可以看出，该论文引用其他人对莫尔的书评似乎超出对莫尔著作本身的引用篇幅，从莫尔本身著作出发进行研究也许能为读者提供更多富有启发意义的素材，也可为读者提供中国学者的独特理解。

**（八）对法国社会学家爱尔维优—雷杰的研究**

尽管兼具宗教社会学奠基人和社会学奠基人的涂尔干、韦伯、齐美尔均为欧洲学者，但如今的中国宗教社会学界尤为忽略欧洲尤其是德国、法国宗教社会学理论的发展。国内学者除了对涂尔干、莫斯和葛兰言较为了解外，对他们之后法国宗教社会学近百年的历史几乎毫不了解。除了曾在法国追随年鉴学派的民族学家杨堃对法国年鉴学派的介绍之外，国内对法国宗教社会学的了解非常有限。值得注意的是，国内对涂尔干的研究远远晚于对韦伯的研究。由于文化热以及东亚四小龙的经济崛起，韦伯的《新教伦理与资本主义精神》最早被引介过来，而韦伯的《宗教社会学》、《儒教与道教》则翻译过来较晚，早期的学界甚至只能依赖台湾译本。涂尔干《宗教生活的基本形式》中译本在大陆得以出版是在1999年，对涂尔干的大规模研究也是在此前后才得以展开。大陆对涂尔干宗教社会学的研究，除了依据《宗教生活的基本形式》译本之外，大多依据翻译过来的社会学理论著作之只言片语，对西方解读、反思涂尔干宗教社会学思想之著作

---

① 甘雪慧：《莫尔的宗教身份理论》，《宗教学研究》2011年第3期。
② 转引自甘雪慧《莫尔的宗教身份理论》，《宗教学研究》2011年第3期。
③ 甘雪慧：《莫尔的宗教身份理论》，《宗教学研究》2011年第3期。
④ 同上。

关注较少，研究深入者较为有限。遑论对法国其他宗教社会学著作的研究。

涂尔干著作的中译者之一汲喆赴法国留学，并留在法国国家科学研究中心（CNRS）、法国社会·宗教·政教关系研究所（GSRL）工作，得天时地利之便，为国内介绍了法国宗教社会学的新近成果，使大陆学界得以管窥法国宗教社会学的理论发展。汲喆介绍法国社会科学高等研究院院长爱尔维优—雷杰（Danièle Hervieu-Léger）《宗教存于记忆》一书的文章①，成为国内少有的介绍法国宗教社会学最新理论成果之作。

《宗教存于记忆》一书出版于1993年，2000年英译本出版。汲喆指出，该书的意义不仅在于其对宗教社会学理论的贡献，还在于使宗教社会学研究切入到现代性问题上，打通了宗教社会学与一般社会理论之间的藩篱，而贡献于一般社会学。汲喆指出，《宗教存于记忆》的主旨在于，"关注宗教形态的多样性及其变迁，重新勘定宗教在现代社会中的位置以及个体与宗教的关系"。爱尔维优—雷杰批评宗教的功能性定义和实质性定义难以概括现代社会中的宗教，进而指出，"就关注现代变迁的宗教社会学而言，其研究重点不应是宗教信仰内容的变化，而应是'信的方式'"②。

借助法国社会心理学家哈布瓦赫关于集体记忆的理论③，爱尔维优—雷杰建构了宗教与记忆之间的关系，并以此作为理解宗教与现代性关系的关键点。宗教如何与记忆发生关联呢？爱尔维优—雷杰强调，凡是宗教性的信行都会诉诸传统④。而记忆既是传统合法化的对象，也是传统赖以依存的基础，藉此宗教与记忆建立起了密切的关联。不仅如此，在爱尔维优—雷杰看来，宗教传统甚至宗教的维系和创新，"实际上就是记忆的建构、传承和重组问题"。有鉴于此，爱尔维优—雷杰进一步指出，记忆的概念，可以成为更新"世俗化"问题意识的一个重要工具⑤。藉此，爱尔维优—雷杰对经典世俗化理论进行反思并提出自己的综合，其理论成为多维世俗化理论的重要建构者与推动者⑥。汲喆指出，"爱尔维优—雷杰《宗教存于记忆》一书倡导一种去实质的、注重抽象形式的和时间角度的研究范式，这有助于社会学从对'宗教衰落'的偏见和对'新兴宗教'的踌躇中彻底走出，有助于社会学准确、全面地把握宗教现代性，也有助于宗教研究和

---

① 汲喆：《迈向一种关于现代性的宗教社会学——爱尔维优—雷杰〈宗教存于记忆〉述评》，《社会学研究》2005年第1期。
② 同上。
③ [法]哈布瓦赫著：《论集体记忆》，上海出版集团、上海人民出版社2002年版。
④ [法]爱尔维优—雷杰《宗教存于记忆》一书，还提出了自己对宗教的定义，把"传统"作为理解宗教现象的主轴。
⑤ 汲喆：《迈向一种关于现代性的宗教社会学——爱尔维优—雷杰〈宗教存于记忆〉述评》，《社会学研究》2005年第1期。
⑥ 汲喆：《如何超越经典世俗化理论？——评宗教社会学的三种后世俗化论述》，《社会学研究》2008年第4期。

关于现代性的一般社会理论之间的汇通"①。

除汲喆对爱尔维优—雷杰《宗教存于记忆》一书的述评之外，同年翻译出版的《宗教社会学史》②对爱尔维优—雷杰做了全面的介绍，但由于篇幅过短、文字太过简单而较为晦涩，使得爱尔维优—雷杰之理论逻辑不易为读者理解把握。相较之下，汲喆的介绍更为清晰、连贯。

由以上介绍可以发现，近年来大陆学界宗教社会学理论研究呈现较好的发展态势，呈现出以下几个特点：1. 从完全随意的、非系统的理论探讨，到有学科布局考虑的、系统的理论研究；2. 从集中于韦伯、涂尔干、齐美尔等早期社会学家，间或涉及贝格尔、贝拉、鲁克曼，到涵盖斯达克、伍斯诺、阿萨德、莫尔、贝克等之前较少涉及的宗教社会学家、社会学学家；3. 从单纯的套用西方宗教社会学理论，到反思、批判甚至丰富西方宗教社会学理论。

近十年以来，中国大陆对西方宗教社会学理论的引介、研究达到了一个新的阶段，不仅产生了丰厚的成果，也为下一步的发展提出了较高的要求。学科传统和学科发展史已描绘了未来中国宗教社会学的研究路径，需要我们继续开拓。只有对西方宗教社会学理论家的研究达到深入的水平，中国的宗教社会学理论研究才能达到理想中的目标。要达到这样的水平，首先需要编选西方宗教社会理论家系列读本，在翻译其代表性论著之外，厘清每一位著名的宗教社会学家理论产生的社会背景、思想背景、学术背景，及其理论发展脉络，并系统介绍对其理论的反思、批判，惟有通过这样的学术训练与研讨，中国学者才能基于本土的宗教现实提出自己的宗教社会学理论进而贡献于世界宗教社会学界。

（作者单位：中国社会科学院世界宗教研究所）

---

① 汲喆：《迈向一种关于现代性的宗教社会学——爱尔维优—雷杰〈宗教存于记忆〉述评》，《社会学研究》2005年第1期。

② ［意］罗伯托·希普里阿尼：《宗教社会学史》，高师宁译，中国人民大学出版社2005年版。

佛教研究

# 2011—2012年佛教研究综述

张径真

2011—2012年的佛教研究呈现出不同以往的新态势。佛教史研究方面，通史、全史的撰写不如之前兴盛，但断代史、翻译史、文化史和区域佛教史方面的研究成果出，着力于梳理、评述佛教研究成果的研究史类文章明显增多，开拓了佛教研究的新领域；思想史方面的研究成果主要集中在佛教经论和人物的思想、佛教义学与判教、藏汉哲学思想比较、少数民族地区佛教思想研究等几个方面，并且改变了以往佛教研究重视思想哲学研究、轻视信仰层面的宗教行为研究的局面，出现了修行体系、宗教仪轨忏法方面研究专著；2011—2012年佛教文献的整理工作取得巨大进展，有多部汇编整理佛教领袖人物的语录、文汇出版问世，古代佛教文献的编译考证研究和现代文献留存研究都有较大进展，还有断代佛教史籍研究的专著出现；将佛教视为一个动态的、发展的对象，考察其发展传播现状以及挖掘其文化遗产对于当代社会发展的新价值的研究是近年来佛教研究的一个新热点；同时，越来越多的学者从不同的学科和不同的领域出发，对佛教做了跨学科、跨文化、跨宗教的研究，为佛教研究注入了新的血液和活力。

## 一 佛教史研究的新动态

2011—2012年的佛教史研究不如之前两年的成果丰硕，没有出现通史、全史的专著，但断代史、翻译史、文化史、区域佛教史以及佛教人物研究方面都有新成果问世。着力于梳理、评述佛教研究成果的研究史类文章明显增多，开拓了佛教研究的新领域，成为佛教研究领域的新动态。研究方法上除了传统的考证史料的文献学方法之外，学者们开始较多地运用社会学、历史地理学、统计学等方法进行实证性研究。

### （一）区域佛教史的撰写

区域佛教史的研究，以藏传佛教方面的成果最多。首先，于洪的《北京藏传佛教史》（宗教文化出版社2011年版）是北京宗教史系列丛书中的一部，作者在查阅大量文献、档案资料，参考前人著述和实地调查的基础上，以藏传佛教在北京地区的传播、发展为主线，较为深入地探索了元、明、清、民国时期对藏传佛教的政策，介绍了不同时期的名僧和名寺、经书刻印、佛事活动和造像艺术，展现了不同时代北京藏传佛教的发展脉络、作用和文化特点，对于中国佛教史、藏传佛教史以及诸多相关学科的研究都具有参考价值，是区域佛教史研究领域的一部力作。

此外，有几篇博士论文也对藏传佛教地区的佛教史做了不同角度的研究。扎西卓玛的《藏传佛教佛经翻译史研究》（兰州大学博士论文，2011年）一文围绕佛经翻译这条主线，对佛教传入藏地后各时期的佛经翻译概况及主要译师进行了考察，并以专论的形式对五部大论的译传过程、其他重要典籍的翻译情况进行了介绍。林锦江的《罗布嘛呢括罗：藏族观音信仰文化研究》（中央民族大学博士论文，2012年）则以藏文、汉文、外文文献和伏藏《嘛呢全集》、历代达赖喇嘛传记为探索依据，对藏族的观音信仰文化作了一个较全面的报告，包括了理论、实践和造像等宗教因素以及相关的宗教文化内容。文章探讨了观音信仰在藏民族广泛发展的历史、赖以成功的因素及条件，认为藏地的观音信仰既保持了自己的民族信仰，又得到其他民族的借鉴。陈玮的《色科寺的历史与现状研究》（兰州大学博士论文，2011年）是一部关于藏地具有典型代表意义的名寺的微缩佛教史。论文勾勒了色科寺的历史发展、文化变迁，以"创建"与"兴衰"为逻辑主线，研究了寺院所处地域的地理特征、寺院组织与管理系统、活佛系统、经院教育体系、寺院经济与佛事活动、宗教艺术，探讨了色科寺与所属"九寺五族"、与中央及地方政府、与卫藏和蒙古人、与周边其他寺院的关系，分析了色科寺在清代、民国时期、建国以后的几起几落、命运多舛的原因，也分析总结了色科寺在当代发展滞后的客观原因和自身原因。

短篇论文有杜斗城、任曜新的《鲍威尔写本孔雀王经与龟兹密教》（《世界宗教研究》2012年第2期），文章回顾了学术界关于龟兹密教的研究史，并从新疆库车出土的4—6世纪梵语婆罗谜文鲍威尔写本《孔雀王咒经》的角度为龟兹早期有杂密流行提出了新证据。柳森的《论六世班禅朝觐的背景与原因》（《宗教学研究》2011年第4期），从政教、经济、安全三个方面深入分析了清代唯一一次东来朝觐的班禅的朝觐活动的复杂时代背景和清政府的治藏政策背景。王开对的《试论历史时期藏传佛教萨迦派寺院在康区的分布及其特征》（《宗教学研究》2011年第3期），通借助现代历史地理学研究方法，对历史时期藏传佛教萨迦派寺院在康区的分布及其特征做了初步探讨。李德成的《元仁宗藏传佛教管理探微》（《世界宗教研究》2011年第6期）记述了元朝最有文化底蕴的皇帝元仁宗在藏传佛教管理方面采取的灵活措施，他不仅通过优遇藏传佛教领袖人物怀柔地方势力，还通过规范藏传僧人管理、彰显法度清除历史积弊，为维护多国家统一，巩固中央集团统治发挥了重要作用。这些文章都对藏传佛教发展史的研究提供了不同侧面的补充和借鉴。涉及外国佛教史的文章有罗末礼的《简论韩国圆佛教》(《世界宗教文化》2011 年第 6 期) 对韩国圆佛教的建立、传承系统、教义、信仰系统等方面做了简单的介绍；李海涛的《略论高句丽的佛教及其影响》(《世界宗教文化》2011 年第 6 期) 简略介绍了佛教自传入高句丽就受到政权的庇护，佛教在高句丽不仅具有文化上、宗教上、信仰上的意义，还具有政治、外交、军事上的意义。

**(二) 佛教断代史的研究**

中国台湾学者陈玉女所著的《明代的佛教与社会》一书（北京大学出版社 2011 年版），是一本论文集，收录了作者近年来研究明代佛教的多篇论文，改善了学术界关于明代佛教研究涉猎较少、研究不足的现状，填补了学术上的空白。作者综合运用历史学、社会学的视角与研究方法，对明代佛教与政治权力的关系、佛教与地方经济环境的相互影响、佛教因应政治、社会的需求而发生的变化、佛教信仰所反映的明代女性的精神生活与社会地位，以及佛教医学的发展等多个论题进行了深入讨论。《明代的佛教与社会》不仅是研究明代佛教的力作，也是一部研究明史、明代社会史的佳作。

徐颖的《近现代禅净流研究》（四川出版集团巴蜀书社 2011 年版）则是研究近代佛教的发展趋势之作，作者将历史上的禅净合流概括为以禅摄净、导禅归净、以净统禅三种模式，并全面探讨了这三种模式在近现代的承续与演变。作者认为太虚所倡导的建设"人间净土"是对近现代禅净合流新兴模式的探索，也就是以禅的自立与入世精神去作净土的圆满的事业，而近现代禅净合流的特点可以归纳为四点：一是传统模式与新兴模式一时并起，二是个体性修持向社会性宏化转变，三是从禅净合流到诸宗圆融，四是"教"再度成为禅净振兴的关键。

赵娜的博士论文《北宋"文字禅"研究》（西北大学博士论文，2011 年）的研究视角是北宋的禅宗。文字禅是北宋禅宗的基本形态之一，代表当时禅宗发表主流。作者深入剖析了"文字禅"兴起的原因、时代性与禅宗根本思想的一致性。得出"文字禅"是在前代禅学基础上发展而来，它维系了禅宗的生存、扩大了禅宗规模和影响力，但是也缩小了禅宗受众，引发对禅宗的误解，为禅宗衰落埋下隐患的结论。

短篇论文中研究不同历史时期的具体佛教发展中的专题性文章以研究清朝佛教、近代佛教的数量最多，其次是唐宋佛教。研究清代佛史的文章有：梁勇的《从〈巴县档案〉看清代〈庙产兴学〉与佛教团体的反应》，(《宗教学研究》2011 年第 4 期) 文章以《巴县档案》为依据，以巴县在清末执行"庙产兴学"政策为研究对象，对当时地方政府执行政策过程中的诸多面相做了细致的梳理，从中分析、了解地方官员、寺僧及庙会首事的态度，对这一运动的历史实态做了全面论证。许效正在《试论清末民初（1895—1916）的佛教寺产所有权问题》(《世界宗教研究》2012 年第 1 期) 一文中提出，清末民初的佛教寺产所有权问题之争，其实质是中国政治体制由封建专制向民主共和快速转轨过程中现代思想和传统因素、民众利益和精英思想剧烈冲突的表现。袁世凯政府的寺产所有权政策充分体现了《临时约法》的精神，其原则逐渐被佛教社团接受，被历代政府沿用，对我国宗教政策现代化影响深远。赵长贵的《试论嵩山少林寺与清政府关系之演变》（《世界宗教研究》2011年第6期）叙说了少林寺与清政府之间关系经历的由极度紧张到逐渐缓和的演变过程，这一过程实际上是清代社会变革的缩影。郑群辉的《明清民俗佛教现象探析——以粤东潮汕地区为中心》（《宗教学研究》2012年第3期）从"僧人的佛教"角度，揭示了明清以来该地区的佛教寺院功能、僧人角色、职志发生的重大变化，具体表现是寺院僧众以迎合俯就民众的宗教意识、现实利益、愿望追求等位为能事，演化为名副其实的"民俗佛教"；典型特征是，寺祠不分家，兼祀三教诸神；僧人支持祠庙，模糊宗教角色；僧人兼做红白佛事活动。

研究近代佛教的文章有：王毓的《从佛化新青年运动看佛教近代调适特征》（《世界宗教研究》2012年第4期），指出佛化新青年运动反映了佛教近代调适的宗教人间性、伦理普世化、观念世界化的重要特征，这些特征折射了佛教在中国思想领域的角色转变和其适应近代社会发展的调适方式。丁希宇的《教派与权争：静安寺住持传继纠纷（1922—1923）》（《世界宗教研究》2012年第4期）一文透过静安寺主持之争这一案例，管窥了民国时期政教、僧俗之间的博弈互动。李明的《近代佛教的女众教育实践》（《宗教学研究》2012年第3期）从近代女众教育和实践两方面，展示民国佛教女众教育的真实状况并做了反思。释印顺的《中国近代史最早的居士佛教组织——佛教会》（《世界宗教研究》2011年第5期）一文从佛教会文件梳理入手，探讨了佛教会衰微的原因以及曾经产生过的历史影响和意义，指出佛教会证明了近代佛教的崛起，但是由于该组织在团结佛教界方面的失败及章程过于学术化而没有起到应有作用。

研究唐宋时期的优秀文章有马新广的《唐五代佛寺壁画画家的辑录统计分析》（《宗教学研究》2012年第2期），作者用统计图表的方法，从唐五代非石窟壁画画家的分布特征、迁徙走向，以及知名画家参与比例、寺绘画家名家比，为唐五代佛教发展和当时政治经济发展的同步性做了佐证。海波、赵万峰的《唐代政权与文殊菩萨信仰的互动》（《宗教学研究》2011年第4期）一文将唐代文殊信仰划分为四个阶段，分期论述了文殊信仰如何在唐代政权的推动作用下走向普及和兴盛，并且以中国特有的方式登上世界佛教的舞台。刘琴丽的《唐代幽州军人与佛教——以〈房山石经题记汇编〉为中心》（《世界宗教研究》2011年第6期）一文根据《房山石经题记汇编》所记载的资料，考证了幽州军人对云居寺刻经所起的贡献，分析了他们刻经的诉求内容，并提出当地佛教已经部分地被幽州军将利用成为政治宣传的工具的观点，侧面反映了当时军界的动荡局面以及浓厚地域主义色彩。刘军峰的《南宋时期寺院田税的缴纳与蠲免》（《宗教学研究》2012年第2期）一文认为南宋时期寺院两税的缴纳是政府控制寺院经济过度膨胀的经济手段，其目的是为了使佛寺特权在一定范围内得到限制。

关于其他朝代的佛教研究还有李辉的《金朝临济宗源流考》（《世界宗教研究》2011年第1期），作者利用石刻资料，对临济宗在金朝传承进行了细致的梳理，考证出金朝临济宗成于北宋，法脉共分三支。崔峰的《论北周时期的民间佛教组织及其造像》（《世界宗教研究》2011年第2期）研究了北周时期遗存的造像记，认为当时民间以邑和邑义为名称的民间佛教造像组织及其发达，组织的内部结构反映了当时社会阶层结构；从造像题材看，北周民众信奉最多的对象是释迦、观音，这一特点和北齐的民众信仰有明显差异，反映了二者文化的地域性差异。曹刚华《心灵的转换：明代佛教寺院僧众心中的民间信仰——以明代佛教方志为中心》（《世界宗教研究》2011年第4期）通过研究大量的明代方志，论述了明代寺院供奉民间俗神的种类、空间分布，进一步分析和揭示了明代佛教寺院僧众从内心上接受民间俗神的真正原因。

### （三）佛教人物研究

宗教的载体是人，一直以来，对佛教发展产生过重要的影响的高僧、大德、历史人物的生平、事迹、宗教活动、学说思想一直都是学者们研究的热点，相关研究成果也层出不穷。这类研究多致力于分析人物的思想产生的缘起与发展脉络，对其思想、学说或者宗教活动在佛教发展史上的地位以及历史影响做出评价和总结。2011—2012年佛教人物研究的专著有陈鉴濊的博士论文《宁玛派隆钦饶绛巴研究》（中央民族大学博士论文，2011年）详细介绍了生活于元朝末年、在藏地被奉为"第二佛"和藏地三大文殊化身之一的隆钦巴的世间生平和经历、出世间思想、著作立说以及国内外学者译本的情况，并评述了他对佛教的贡献以及对西方哲学的影响。

师敏的博士论文《圆仁的入唐求法及其对日本文化的影响》（西北大学博士论文，2011年）以被称为"日本的玄奘"的僧人圆仁为研究对象，以圆仁来唐学习佛法和对日本文化的影响为研究脉络，客观准确地评价了他在唐代佛教传播、中日文化交流中的重要地位。

短篇论文多以近代佛教史上有影响力的高僧大德为研究对象，如刘鹿鸣的《"慈宗"构建与近代弥勒信仰复兴中的理论抉择》（《宗教学研究》2011年第1期）评述了太虚法师一段鲜为人知的佛教新宗派构建活动及这一活动对其自身佛学思想的影响；施保国的《佛教改革的先行者杨仁山及其佛教振兴理念》（《世界宗教文化》2011年第4期）一文通过介绍杨仁山的信佛缘由、旁通儒道的文化背景、创办金陵刻经处的佛陀教育思想、解行合一的佛教观来说明杨仁山被称为"佛教改革先行者"的四大原因；韩秉芳的《弘一法师与居士佛教》（《世界宗教文化》2011年第2期）记述了弘一法师的人格魅力和他对近代佛教重振南山律宗、培育居士佛教的巨大贡献；李华华的《巨赞对太虚思想的实践研究》(《宗教学研究》2011年第2期)从"佛教革命"层面和"人间佛教"层面论证了巨赞对太虚思想的继承和实践；杨乐、肖自力的《李提摩太与清末民初的"佛耶对话"》(《宗教学研究》2012年第3期)论述了西方汉学家、传教士李提摩太所从事的佛耶比较研究和积极推动"佛耶对话"的举动对中文化交流的贡献；吴超的《清初居士潘耒的佛缘、佛学与佛净》(《宗教学研究》2012年第2期)论述了清末居士潘耒由儒入禅的心路历程和思想轨迹，对研究明末清初社会与学术思想发展脉络有所启迪；尹邦志的《太虚大师为支那堪布翻案》(《宗教学研究》2012年第2期)介绍了太虚法师对佛教史上的"吐蕃宗论"这段公案的研究内容和结论，认为太虚的抉择契理契机，可视为结论性的判断。

也有关于佛教史上其他朝代的高僧大德的研究之作，如温金玉的《佛教制度的中国化：智者大师与"立制法"》(《中国宗教》2012年第9期)一文探讨了智者大师的"御众制法"在中国佛教制度史上承上启下、光前裕后的重大意义；韩国良的《论东吴高僧康僧会的佛学贡献》(《宗教学研究》2012年第1期)探讨了康僧会在印度佛教中国化道路上的积极探索和贡献；王再兴的《释道安也是孔子后人考》(《宗教学研究》2011年第4期)综合《高僧传》、《出三藏记集》、《五经正义》、《新唐书》等史籍的相关记载，考证出道安的母亲是孔子第26代重外孙，认为道安是孔子的后人；冯焕珍的《五祖法演禅师及其禅风略述》(《世界宗教研究》2011年第4期)介绍了临济宗法演禅师简洁径截、干净利落的禅风特点，并认为他提持这种禅风的前提是他本人抵死参究公案的经验和他的"皮栲栳禅"思想；王荣国的《雪峰义存生平再研究——兼与日本学者铃木哲雄商榷》(《世界宗教研究》2011年第1期)一文就雪峰义存所依止的寺院、受戒地点、法难后去向、成道地点以及《舍田为梵宇遗嘱》的真伪做了系统的考证，得出与日本学者铃木哲雄完全不同的结论；李铁华的《峨眉山历代涉医佛教祖师考论》(《宗教学研究》2012年第3期)系统地梳理和记述了峨眉山历代涉医祖师的事迹，肯定了他们将医药文化和普贤道场建设相结合，在塑造"普贤精神"的同时也推动了中国医药事业的发展的历史贡献；薛可翘的《印度佛教金刚乘成就师坎诃巴》(《世界宗教文化》2012年第3期)一文介绍了印度佛教金刚乘就师坎诃巴的生平传说，并通过《双行诗库》和修行诗分析他的哲学思想和教派归属，评价了他在佛教史上的地位。

**(四) 佛教研究史研究**

佛教研究迄今已有百余年历史，随着佛教研究的发展和积累，现有的研究成果数量巨大、涉及范围广阔、质量参差不齐，为后人的查阅和学习带来很大困难。因此近年来，以佛教研究成果的梳理和评述为对象的研究史的研究逐年增多，成为佛教研究领域的新亮点。

首先是书评类文章，这类文章的作者都随时关注佛教研究领域的新成果，对于新出版的佛教研究方面的专著的学术价值、宗教文化意义、社会影响以及存在的问题及时地作出评述和介绍。如朱悦梅的《安多藏区宗教文化研究新馔——读丹曲博士〈拉卜楞寺藏传佛教文化论稿〉》(《世界宗教研究》2011年第5期)、何志国的《评李正晓〈中国早期佛教造像研究〉》(《宗教学研究》2012年第3期)、崔峰的《区域佛教史研究的鼎力之作——评杜斗城先生的〈河西佛教史〉》(《宗教学研究》2012年第1期)、黄夏年的《十五卷本〈中国佛教通史〉出版》(《世界宗教研究》2011年第1期)、潘桂明的《视角独特风格别具——〈"性空"至"妙有"〉评介》(《世界宗教研究》2012年第4期)、卢忠帅的《一部明代佛教史研究的力作——读陈玉女先生的〈明代的佛教与社会〉》(《世界宗教研究》2012年第3期)、谢金良的《易道与佛性相提并论——又论〈周易禅解〉的思想创新》(《宗教学研究》2012年第1期)等。

其次是学术会议综述类文章。佛教研究界学术会议是佛教研究的最新动态的标志，学术会议综述类文章的具有时效性、新闻性，要求作者对学界的最新动态作出迅速准确的报道与评介，帮助其他学者及时了学术研究的新动向。近两年来以学术会议报告为题目的文章有张明的《"2010中国梵净山弥勒道场金玉弥勒开光仪式暨佛教文化研讨会"综述》(《世界宗教研究》2011年第1期)、杨永佳的《"爱与慈悲"：第二届佛耶学术研讨会综述》(《世界宗教研究》2011年第3期)、王雪梅的《"历代祖师与峨眉山佛教"学术研讨会综述》(《世界宗教研究》2011年第3期)、韩传强的《人间佛教与当代伦理——2010年两岸四地佛教学术研讨会综述》(《世界宗教研究》2011年第3期)、郭文、许颖的《"百年佛学研究的回顾与展望"高层学术研讨会综述》(《世界宗教研究》2011年第3期)、李金花的《中国宗教研究50人论坛会议综述》(《世界宗教研究》2011年第5期)、刘立夫、龙璞的《"佛慈祖德茶道祈福"和谐之路同心同行——系列活动学术研讨会综述》(《世界宗教研究》2011年第6期)、田艳的《"慧思大师与南岳佛教"学术研讨会综述》(《世界宗教研究》2011年第6期)、刘建华的《"大兴善寺与唐密文化"学术研讨会综述》(《世界宗教研究》2012年第2期)等。

此外还有着力于具体问题的研究史与研究现状的研究之作。如刘旭的《"人间佛教"的问题及都市佛教研究》(《世界宗教研究》2011年第1期)、韩国茹的《当代中国佛教〈维摩诘经〉的研究现状与问题》(《世界宗教文化》2012年第1期)、侯慧明的《近代以来中国密教研究》(《宗教学研究》2011年第3期)、王佳的《中国佛教团体与慈善公益事业研究评述》(《世界宗教文化》2011年第2期)、稂荻的《〈入法界品〉研究史考察》(《宗教学研究》2011年第1期)、罗骧的《两晋佛学中的合本研究》(《宗教学研究》2011年第3期)、府建明的《文本、范式及思想真实——关于肇学研究的历史反思》(《世界宗教研究》2011年第4期)、李文军的《佛法与国法:规范合力与意义勾连——佛教与传统法律研究述评》(《世界宗教文化》2011年第1期)等文章。

## 二 佛教思想与实践研究的新成果

佛教思想方面的研究成果主要集中在佛教经论和人物的思想、佛教义学与判教理论、藏汉哲学思想比较、少数民族地区佛教思想研究等几个方面,并且改变了以往佛教研究重视思想哲学方面研究、轻视信仰层面宗教实践研究的局面,出现了佛教修行体系、宗教仪轨忏法方面研究专著。

**(一) 佛教义学研究**

佛教义学的研究一直是佛教研究的热点,2011—2012年的关于佛教义学的研究成果较集中的有三方面的内容:

一是中观唯识学说的相关研究,有张利文的博士论文《〈成唯识论〉识变问题研究》(兰州大学博士论文,2011年),文章以唯识今学识变的三重能所结构为框架,对《成唯识论》论述的识变过程进行了系统的解读;有久迈的《〈龙树意庄严〉偈释》(《宗教学研究》2012年第1期),通过解读西藏近代学者更敦群培批评格鲁派名言量思想的论著中的二十一首偈文,介绍了更敦群培的缘起中无量、名言识有性的思想以及对缘起性空思想的深刻反思;杨东的《唯识与般若中观所说十六空之异同》一文对瑜伽行派、中观派和《般若经》所说的十六空的含义进行了具体比较,分析了三者阐释的异同,指出唯识和中观在空义上的汇通与歧义之处。

二是戒律学方面的研究,有邬宗玲的《佛教"食蒜戒"考》(《宗教学研究》2012年第1期),文章探讨了佛教制定"食蒜戒"的缘起、犯相、开遮,论述了与"食蒜戒"相关的本生故事,并讨论了"食蒜戒"在佛教史上的演变过程;戴传江的《佛教南山律宗种子戒体说及其"摄小归大"义》一文从戒体诸说与南山判教、南山律宗种子戒体说的成立、小乘戒律与大乘思想的汇通几方面,考察了道宣的"摄小归大"思想的特点与作用。

三是因明逻辑方面的研究,有肖建原的《佛教世界与"因明正理门论"宗、因、喻关系再辨析》(《宗教学研究》2012年第3期)一文通过因喻、宗喻、因宗以及立破规则四个方面,辨析了《理门论》新因明逻辑推理原则与体系本质;还有张爱林的《永明延寿的因明现量论解析》(《世界宗教研究》2012年第2期)介绍了陈隋之际的永明延寿的"一心万法"说对因明现量的解脱内涵的发掘,肯定了其在汉传佛教因明学中的特殊贡献。

此外还有段玉明的《晋唐巴蜀佛教义学述论》(《世界宗教研究》2011 年第 3 期)一文论述了晋唐巴蜀佛教义学的发展概况，纠正了学界认为禅宗兴起前巴蜀佛教义学无可称道的传统观点；刘磊的《试论"古十玄"到"新十玄"的演变——以排序与名称为主的考察》(《宗教学研究》2011 年第 3 期)一文则细致梳理了"古十玄"向"新十玄"发展的历史轨迹；吴之清的《试析天台"三藏教六即"思想》(《世界宗教研究》2011 年第 2 期)深入探究了天台宗的"理即"、"名字即"、"观行即"、"相似即"、"分真即"、"究竟即"的"六即"思想，从文化学的角度展示了"六即"思想的丰富哲学内涵。

**(二) 佛教经论思想研究**

佛教经论是各种佛教思想的产生的根源，基于一经一论所做的佛教思想研究的成果也在佛教研究中占有重要地位。如张树青的博士论文《〈大乘起信论〉与两宋理学心性论比较研究》(福建师范大学博士论文，2011 年)一文以古代中印历史文化为背景，截取早期佛教中国化的思想理论成果《大乘起信论》和两宋理学心性论思想文化为横断面展开论述，以古代中印心性论为主线，通过《大乘起信论》与两宋理学心性论思想比较，考证了《大乘起信论》与两宋理学心性论之间关系及其作用。

杨航的博士论文《〈大智度论〉菩萨思想研究》(西北大学博士论文，2011 年)考证了《大智度论》中菩萨思想的各个方面，如菩萨的"我空"观、法印观、涅槃观、"法空"观、时空观、中道观、"波罗蜜"思想、"佛法"观以及成佛观念和成佛信念等，揭示了《大智度论》菩萨思想的基本体系与特征，考察了《大智度论》菩萨思想在中印佛教中所处的重要作用及其影响力来源。

短篇论文有何劲松翻译的日本学者英野博史的《〈法华经〉中的"地涌菩萨"对现实世界的参与》(《世界宗教研究》2011 年第 5 期)，文章从重视现实世界这一特点出发，考察了《法华经》中的地涌菩萨，说明了日莲的思想行动中所体现的对现实社会的重视是受到《法华经》思想的影响。张齐明的《〈佛说安宅神咒经〉所见安宅观念及其影响》(《宗教学研究》2011 年第 3 期)考察了创制于后汉时期的佛教疑伪经《佛说安宅神咒经》的安宅思想和神煞体系，并将其与汉代流传甚广的解土术和后世道教的安宅科仪加以对比，说明此经在早期风水术中的重要作用和影响；泰国学者萧贞贞的《巴利佛典〈长部〉中有关"梵"的思想研究》(《宗教学研究》2012 年第 2 期)阐述了《长部》中佛陀教义对"梵"的诠释，并分析《长部》中与"梵"有关的内容，探讨了佛陀当时如何与其他宗教进行对话的历史；宋尧厚《论〈血盆经〉在中国的发展》(《世界宗教文化》2011 年第 3 期)一文考证了血盆思想和《血盆经》的形成、特征、发展，以及明清时期流行的善书、宝卷中出现的《血盆经》内容。

**(三) 佛教史人物思想研究**

宗教领袖人物的学说思想对于一种宗教的义理、思想乃至发展都有至关重要的作用，佛教史上有影响力的高僧、大德以及历史上曾经左右佛教发展方向的历史人物的佛教思想，一直被众多学者所关注。

杨文斌的《一心与圆教——永明延寿思想研究》（四川出版集团巴蜀书社 2011 年版）一书以永明延寿的佛学主旨为研究对象，以《宗镜录》所立"一心"范畴为考察基点，系统辨析了延寿佛学的核心精神和理论特征。全书分五部分，分别探讨了永明延寿佛教思想的生成、永明延寿的"一心"说、圆教观、与隋唐佛教的比较、永明延寿对宋及后世思想的影响等方面内容，同时客观评价了延寿在禅宗思想史、中国佛教史乃至中国哲学史上的地位和影响。

短篇论文有俞森林的《道安之佛经翻译及翻译思想考述》（《宗教学研究》2011 年第 1 期），考证了道安对佛经翻译的巨大贡献及其"五失本，三不易"的翻译思想对后世译经理论形成的影响；朱丽霞的《名言有自性——宗喀巴对清辨思想的诠释》（《宗教学研究》2011 年第 4 期）论述了宗喀巴将中观自续派代表人物清辨的思想解读为"名言有自性"的立论依据和诠释前提以及特征；覃江的《诸法实相与无性法性——从〈大乘大义章〉看鸠摩罗什对庐山慧远本体论思路的批判》（《宗教学研究》2012 年第 2 期）通过梳理《大乘大义章》中庐山慧远本体论思路，以及鸠摩罗什对慧远思想的批判，指出本体论思路和实相论思路的根本歧义与区别肯定还是否定诸法由一个实在的体性的存在；解兴华的《"法性"、"法身"与"神"——庐山慧远"法性"思想析论》（《世界宗教研究》2011 年第 3 期）一文从"法性是己性"、"法性是无性之性"、"法性与法身、无"三个方面阐述了慧远的法性论思想；伍先林的《神会的禅学思想特色——兼论神会对慧能禅学思想的继承和发扬》（《宗教学研究》2011 年第 1 期）详细论述和考证了神会在佛性本体论、无念无住的修行方法论和顿悟境界论等方面对慧能禅学思想的继承与发扬，并且进一步肯定了神会禅学的历史地位；李圣华的《王渔洋的佛门交游及其禅宗思想——关于厘清渔洋"诗"与"禅"关系之公案的必要阐释》（《宗教学研究》2012 年第 1 期）通过研究考察清初居士禅的代表人物王渔洋佛门交游和禅宗思想，对学界争讼已久的关于渔洋是否同禅理、"神韵"的公案提出了自己的结论；袁宏禹、刘正平的《批判、回归与革新——吕澂禅学与唯识学关系研究的思维向度》（《宗教学研究》2011 年第 4 期）一文通过研究吕澂先生的相关撰述，从吕澂所做的对禅宗性觉说的料简、将禅学回溯到大乘唯识学以及将达成唯识学践行与人间几方面的努力总结出其禅学与唯识学关系的研究向度是"批判"、"回归"与"革新"；李玉芳、张云江的《论唐君毅"心灵九境"思想中的华严宗哲学》（《宗教学研究》2012 年第 3 期）论述了唐君毅的"心灵九境"理论中包含着的华严哲学观照矛盾关系时相夺相即的思维方式及其圆融旨趣。

**(四) 藏传佛教思想研究**

藏传佛教作为佛教的三大体系之一,由于传播途径、本土化过程、理论体系、地域特色方面的原因,其哲学思想和汉传佛教也有明显的差异。学术界关于藏传佛教思想的研究可以单独归为一类。2011—2012 年出现的藏传佛教思想研究的长篇专著较多。乔根锁、魏冬、徐东明所著的《藏汉佛教哲学思想比较研究》一书(上海古籍出版社 2012 年版)通过对藏汉佛教哲学思想形成因素及发展特征、藏汉佛教宇宙观、藏汉佛教因果报应论、藏汉佛教缘起论和中观思想、藏汉佛教心性论哲学、藏汉佛教修行实践论、藏密和唐密的哲学思想、藏密与禅宗哲学思想、藏汉佛教哲学的基本特点等九个方面的对比研究,对藏汉佛教哲学思想进行了系统全面的比较研究,分析归纳出藏汉佛教哲学思想的基本特征以及两者的共性和差异,并探讨了其形成差异的原因,为研究、认识藏汉佛教哲学的本质特征和理论表现特征,提供基础和方法。

何杰峰的《藏传佛教判教研究》(中央民族大学博士论文,2011 年),则以藏传佛教的内涵范畴为主要论述对象,对藏传佛教的判教进行了阐释。作者认为藏传佛教的判教思想渊源是印度佛教中关于宗义判教、经典判教、密宗判教及根器判教四种判教形式的相关论述,并将藏传佛教的判教分为个体判教和教派判教两种类型加以详细论述和考证,展示了其全貌和特点,并用纲要形式分析比较了汉藏佛教的判教的内容、背景、影响。

黄杰华的《汉藏宝鬘:护法大黑天(Mahkla)信仰研究》(中央民族大学博士论文,2011 年) 以西藏大黑天信仰为研究对象,详细探析了它的印度起源、现存遗迹、宗教及文学神话,以及在云南、西夏、蒙古和清朝宫廷的信仰,及五花八门的形态,进而考察了大黑天的传播情况。

短篇论文有唐小蓉、陈昌文的《藏传佛教物象世界的格式塔:时间与空间》(《宗教学研究》2012 年第 1 期),文章通过对分析藏传佛像物象体系中具有典型性的程式化图像和习俗行为,解释藏传佛教如何皆有这些由物象构建起来的视觉格式塔,整合群体"经验"与"认知",营造出一种特殊的信仰环境和心理真实;刘朝霞的《萨班道次第思想略论——以〈显明佛陀密意〉为中心》(《宗教学研究》2012 年第 1 期) 通过分析《显明佛陀密意》的结构和内容,揭示了萨班如何对修正次第进行的严格建构;丁小平、傅映兰《萨迦派"轮回涅槃无二"思想研究》(《世界宗教研究》2012 年第 1 期) 一文则详细介绍了萨迦派"轮回涅槃无二"思想的基本内容、心性论原理和修行实践,认为这一思想以大乘唯识中观学位基础,理论无创建,只在修行实践上有其特色。

### (五) 区域佛教思想研究

佛教在传播过程中对本土文化的吸收与接纳，使佛教思想具有浓厚地域色彩，不同区域的佛教思想呈现出较大差异。2011—2012 年关于少数民族地区佛教思想、外国佛教思想的研究有一些新作涌现。牟成娟的博士论文《回鹘佛教功德思想研究》（新疆大学博士论文，2012 年）通过梳理新疆和敦煌出土的回鹘文佛教文献和回鹘文题记、愿文等原始资料，考察了回鹘佛教中的功德思想的来源和内容，总结了回鹘功德思想的理论特点和实践特点，并客观评述了回鹘功德思想对中世纪以后维吾尔伦理思想的历史影响，分析了其现代价值。

敖英的《新罗五台山信仰的特点》（《世界宗教文化》2011 年第 6 期）通过以《三国遗事》的相关记载为依据，揭示了新罗五台山信仰所呈现的不同于中国五台山信仰的特点，并将其总结为独创性、包容性和圆融性；邓星亮的《印度佛教之妇女"三从"观念及其由来》（《宗教学研究》2012 年第 2 期）考证了印度佛教之妇德观念的来源，和随着佛教的发展为满足社会需要所呈现出的诸多品质，以及佛教传入中国后于中国本土的妇德观念的碰撞与融合的史实；圣凯的《印度佛教僧俗关系的基本模式》（《世界宗教研究》2011 年第 3 期）一文探讨了僧俗关系模式的思想依据，介绍了原始部派佛教时期"僧尊俗卑"伦理模式的形成与发展和印度大乘佛教"僧俗平等"模式建立的原因，以及中国佛教僧俗关系的异常复杂性的历史原因。

### (六) 其他佛教思想研究

除了上面提到的几类研究成果外，还有许多具体佛教思想的研究成果问世，如魏道儒、纪华传所著的《佛教护国思想与实践》（社会科学文献出版社 2012 年版）是 2010 年 10 月由中国社会科学院佛教研究中心、中国佛学院、重庆华严寺和佛教在线网站联合举办的"佛教护国思想与实践"学术研讨会的论文集，共收录论文 28 篇。论文集涉及面广，关于佛教护国思想的起源、发展过程、主要内容、经典依据、基本特点、历史地位、社会影响、现实意义以及和中国传统文化的关系等问题均有涉及；论文集研究视野开阔，考察范围涵盖中国佛教与外国佛教、北传佛教与南传佛教、汉传佛教与藏传佛教、古代佛教与近现代佛教、显教与密教等；论文集的创新观点多，多有填补学术空白的新选题新视角。

吕玉霞的博士论文《魏晋时期儒佛道思想互动研究》（山东大学博士论文，2011 年）选取佛儒道三教初次交涉碰撞的魏晋时期为历史背景，深入探究了中国本土文化与异域文化相遇时三教如何确立各自地位、安顿不同的思想体系和思想诉求，再现了这一特殊历史时期学术发展的脉络。

崔峰的《敦煌藏经洞封闭与北宋"舍利"供奉思想》(《宗教学研究》2012 年第 3 期)依据近年来的多处佛教考古新发现,对敦煌藏经洞的封闭原因提出新的见解,认为藏经洞的封闭与北宋时期盛行的建塔修寺崇奉"舍利"之风有关,寺院早年积累的佛经佛像在不能丢弃的情况下被当做"感应舍利"予以埋藏;常峥嵘的《梵论与佛教平等观的五重差别》(《宗教学研究》2012 年第 1 期)比较研究了梵论和佛教皆具有的平等观念,认为两者的差别在理论上有五种;陈红兵的《佛教生态德性论研究》(《世界宗教研究》2012 年第 2 期)从佛教生态德性论的心性论基础、"净佛世界"的实践与德性修养、佛教美德的生态诠释三个角度介绍了佛教的生态思想;王水根的《佛经文本崇拜论》(《宗教学研究》2011 年第 2 期)讨论了佛教文本崇拜的表现形式、思想来源,指出佛教文本崇拜同时受儒、道、民间习俗等多种传统文化的影响;欧阳镇《弥勒信仰及乐山大佛散论》(《宗教学研究》2012 年第 2 期)一文从理论、实践及趋势三个方面系统的阐述了弥勒信仰的人间性特点;圣凯的《明清佛教"四大名山"信仰的形成》(《宗教学研究》2011 年第 3 期)揭示了四大名山信仰的历史形成过程,并概括了名山信仰具有的"经典、地理、感应传说、塔寺、信徒、国家支持"六大要素;赵德坤的《向死而生,体悟永恒——中国禅宗的生命终极意识探析》(《宗教学研究》2011 年第 2 期)一文探讨了禅宗对于生命终极,即死亡的超然态度的思想基础、缘起以及对自身和中国文学的影响。

**(七) 佛教修行与实践研究**

2011—2012 年的佛教研究成果中有不少关于佛教仪轨和活动方面的内容,改变了之前佛教研究中偏重思想研究,轻视信仰层面的活动研究的局面,这是佛教研究领域的又一可喜新动态。李玲所著的《华严十地修行体系》(宗教文化出版社 2012 年版)一书首次把华严十地的起源、基本内容、主要特点和在大乘佛教中的运行状况结合起来进行贯通性研究。并对"华严十地"修行学说的起源、修行体系方面提出了新观点;系统论述了华严十地在般若、净土、唯识和密教典籍中被创用的过程,以及龙树、无著和世亲三大论师各具特色的华严十地观。

王克琬的博士论文《大圆满龙钦心滴前行法研究》(中央民族大学博士论文,2012 年)以藏传佛教宁玛派中广为流传的实修教法"龙钦心滴"为考察对象,系统考证了此前行法在宁玛派教法体系中的位置、历史源流、传承方式、闻法方式与修法方式等基本内容,并以此对每一具体法门进行了详细解析,总结了此教法的特色,认为此前行法是以重点培养修行者"信根"的方式将其培养成合格的密宗"法器",其可能性则存在于上师瑜伽的修行中。

刘俊哲《藏传佛教理论的宗教性践履》(《宗教学研究》2012 年第 3 期)一文指出,

藏传佛教各派在各自的理论指导下有各自不同的修行方法，修行的过程是宗教理论的实践过程，这种实践还是修行者亲证、体现甚至发展宗教理论的过程；侯冲的《佛教无专门的"通俗讲经"说——以斋讲为中心》(《宗教学研究》2011年第3期)一文探讨了唐五代时期僧讲、俗讲和斋讲三种讲经方式，否认了学术界一直以来存在的"通俗讲经"之说；惟善的《论古印度主流禅修与佛教禅修的相互影响》(《世界宗教研究》2011年第3期)系统地介绍了原始的古印度禅修，以及主流禅修和佛教禅修之间的相互影响，认为两者是一种双向互动的关系；侯慧明的《论密教早期之曼荼罗法》(《世界宗教研究》2011年第3期)一文考察了曼荼罗的历史文化渊源，佛教中曼荼罗的早期形态及与结界法的密切关系，指出曼荼罗被引进佛教之后功用繁多，成为最早的修行法门之一。

## 三 佛教文献的整理与研究

2011—2012年佛教文献的整理研究工作取得巨大进展，有多部佛教人物的语录、文汇出版，《百年佛教高僧大德丛书》以近代为时间跨度，汇编了近百年来22位有学术建树的僧俗学者的佛学文论；《宜春禅宗祖师语录》则以宜春为空间跨度，汇编了宜春地区佛教祖庭历代高僧大德古代的论著。其次，佛教文献编译研究和现代文献留存研究都取得很大进展，还有研究断代佛教史籍的专著问世。

### (一) 佛教文献整理汇编

2011—2012的佛教文献整理汇编成果多数集中在对近现代佛教史上有影响的僧人和居士的作品汇编上，内容具有较强的学术性，被收录的高僧大德以禅宗人物居多。

王志远主编的《百年佛教高僧大德丛书》(华夏出版社2012年版)是近年来规模最大的一次文化典籍整理工作的优秀成果，集佛学、哲学、史学内容于一身，强调佛教文化是中国传统文化的重要内容，本着"取其精华，去其糟粕"的原则挖掘和保护佛教文化遗产，此书的出版，对促进两岸统一、团结海外华人、增加民族凝聚力有着十分重要的意义。全书共22册，分别为《谛闲大师文汇》、《赵朴初大德文汇》、《汤用彤大德文汇》、《周叔迦大德文汇》、《丁福保大德文汇》、《吕澂大德文汇》、《杨仁山大德文汇》、《欧阳渐大德文汇》、《高鹤年大德文汇》、《隆莲大师文汇》、《弘一大师文汇》、《来果大师文汇》、《法尊大师文汇》、《圣严大师文汇》、《圆瑛大师文汇》、《印顺大师文汇》、《太虚大师文汇》、《倓虚大师文汇》、《虚云大师文汇》、《寄禅大师文汇》、《白圣大师文汇》、《印光大师文汇》、《广钦大师文汇》。

杨旭主编的《宜春禅宗祖师语录》(宗教文化出版社2012年版)整理汇编了宜春境

内佛教祖庭历代高僧大德的语录，时间跨越唐、宋、元几个朝代，人物涵盖马祖、百丈、希运、义玄、灵祐以及五家七宗二十多位重要的祖师，内容丰富，校读精准，为人们了解宜春丰厚的禅文化底蕴和研究区域佛教史提供了可靠的资料。

梁建楼整理编撰的《法舫文集》（金城出版社 2011 年版）的《法舫文集》收录了近代杰出高僧法舫法师的论著共计约两百万字。全书以《海潮音》月刊、《正信》半月刊等佛学杂志，以及有关法舫法师的各种著述编辑而成。所收各篇，有著作年代、讲述地点者，均列入标题之下；无从考稽者，暂缺。各篇讲稿之笔记人，均列于每篇之末。各卷收文依性质区别分类，按时间先后排列。全书一共六卷，分别为《译著·讲经》卷、《唯识论谈》卷、《演讲·办刊》卷、《研学·制议》卷、《时论·答问》卷和《诗书·文存》卷。

**（二）古代佛教文献编译研究**

2011—2012 年的古代佛教文献边研究成果多集中在蒙、藏少数民族地区佛教文献研究，以及大藏经编藏思路、敦煌写本残卷缀合、古代佛教文献点校、翻译、解释等方面。

高力宝的《蒙古文佛教文献研究》（人民出版社 2012 年版）用文献学理论和版本学研究方法详尽地考证了蒙古文佛教文献的起源、发展、版本类型和载体特点、收藏以及研究概况；重点剖析了蒙古文《甘珠尔》和《丹珠尔》的起源、翻译、雕版刊行和版本流行；阐述了蒙古文佛教文献对蒙古史以及蒙古文学的影响；对蒙古佛教文献的产生和发展有过影响和贡献的 26 名僧俗活动家、翻译家和学者的生平以及业绩做了分类介绍。提出藏文《甘珠尔》和藏文《丹珠尔》被迎入蒙古地区的时间分别是 1576 年和 1626 年的新观点，否定了曾在 17 世纪蒙古文编年史中盛行一时的"印藏蒙同源论。"

王启龙的《藏传佛教名著〈青史〉汉译本漏译举隅》（《世界宗教研究》2012 年第 1 期）一文对西藏人民出版社 1985 年出版的郭和卿译著作的藏传佛教名著《青史》一书中出现的年代换算错误、误译、漏译等做出了补订和校正；方广锠的《略谈汉文大藏经的编藏理路及其演变》（《世界宗教研究》2012 年第 1 期）回顾了汉文大藏经的历史，理清了编藏的传统内在理路，并且以日本《大正藏》和《中华大藏经》为例指出近现代大藏经编藏理路的转换是从宗教性向学术性的转换及大文化理念的引进；徐菲、丁宏武的《"澄以石虎为海鸥鸟"新解——兼谈佛图澄与石氏关系的意义及影响》（《宗教学研究》2012 年第 2 期）通过分析《世说新语·言语》的这一条文记载的名注家分歧、文本用词、用典，对支道林的本意作出新的阐释，并在此基础上论述了佛图澄与石氏关系对后世高僧与统治者关系形成、僧官制变迁等的影响和意义；乔立智的《〈五灯会元〉点校疑误举例》（《宗教学研究》2012 年第 1 期）对 1992 年中华书局重印本《五灯会元》做了标点校勘方面的一些遗物作出指正和补充;王毅力的《从词汇角度看〈分别功德论〉的翻译年代》(《宗教学研究》2012年第1期)用词汇学的方法对5卷本的《分别功德论》进行了考证,认为其翻译年代不是东汉,而应该不早于西晋;刘显的《敦煌写本〈大智度论〉残卷缀合研究》(《宗教学研究》2011年第2期)对敦煌藏经洞出土的11个《大智度论》残卷进行了缀合并对相关问题做了深入探讨。

### (三) 当代佛教文献留存保护研究

当代佛教文献留存和保护方面的研究是一项全新的课题,旨在将散落在一定区域的佛教文献进行统计收集编目,保护一些由于语言、环境等因素而正在逐渐消亡的珍贵佛教文化遗产。如周娅的《中国南传上座部佛教抄本概况研究》(《世界宗教研究》2011年第2期)是这方面的开山之作,作者立足于大量的源自田野调查的第一手珍贵资料,统计分析了我国目前南传上座部地区的佛教抄本的留存情况,并以西双版纳为个案,概述了佛教抄本的源流、形制、存量、文字内容结构,分析了其濒危现状的原因。

### (四) 其他佛教史籍研究

佛教文献研究还包括以某部佛教文献或与佛教相关的其他史籍为中心,对佛教的义学、思想等的专门研究。李艳的博士论文《唐代佛教史籍研究》(兰州大学博士论文,2011年)以整个的唐代为研究区间,考察了这一时间的佛教史籍编撰的思想文化背景、编撰目的、佛教史籍的抄写和流传、唐代佛教史籍的撰述、编撰内容,该论文不仅在佛教文献学方面多有创新,而且对隋唐史的研究也有很高的借鉴价值。傅新毅的《玄奘法师〈制恶见论〉考》(《世界宗教研究》2011年第6期)一文通过梳理《成唯识论述记》等相关文献记载,考证了曾在佛教史上享有盛誉、但未见传世的玄奘法师名著《制恶见论》的主要内容,并提出"唯识比量"应是《制恶见论》的观点。侯冲的《汉地佛教的论义——以敦煌遗书为中心》(《世界宗教研究》2012年第1期)以敦煌遗书中论义文的解读为基础,结合日僧圆仁《入唐求法巡礼行记》对论义的记载,从论义与论端、论义程序、论义失误、举行论义的时间和论义文五个角度对汉地佛教论义进行了率先研究。邬金玲的《灵验记中的佛典信仰》(《世界宗教研究》2011年第5期)以中国古代僧俗编撰的数量众多的《灵验记》为依据,考证了其中佛典信仰的根源,认为是源自古代中土形成的典籍崇拜,灵验记中的佛典崇拜对中国文化诸多方面都产生了影响;于飞的《浅析〈法苑珠林〉对〈搜神记〉巫史思想与阴阳五行观念的吸收》(《宗教学研究》2011年第3期)一文通过研究分析《法苑珠林》所征引的129条《搜神记》条文,阐释了作者释道世对中国传统文化中巫史文化和阴阳五行观念的重视,以及他以史弘法的观念和自身通过佛教思想融摄志怪思想的努力;孔庆典、马丁玲的《隋唐时期佛道文献中的星宿纪日》(《世界宗教研究》2012 年第 4 期) 一文通过对隋唐时期佛道文献中的星宿纪日记载的梳理,考察了星宿纪日在当时的影响,以及佛道两教之间的联系和互动。

## 四 佛教发展现状研究

佛教在两汉之际传入中国以来,在经过与道教、儒教等传统文化的碰撞融合之后,完成了本土化过程,呈现出既不同于印度佛教也不同于藏传、南传佛教的特征。中国佛教在传入以来,其传承和发展从来没有间断过,其自身理论和形态的发展演变一直同中华民族的命运以及社会政治文化的变革息息相关。随着市场经济的高速发展、网络传媒技术普及化和社会文化的急剧转型,佛教如何在新的时代背景下生存发展,当代信众新的宗教需求和信仰模式的转变、寺院功能和僧人的社会角色变迁,成为当代佛教研究者关注的新热点,相关的学术成果也非常之多。这一类成果多采取社会学的问卷访、谈等方式的田野调查法、立足于真实可信的第一手统计数据、结论多来自个案分析和经验总结,具有较强的直观性和时效性。不足之处是由于受到学者个人的经费、精力、时间的限制,研究对象的选取多局限于一村一寺,无法全面展示较大区域和范围的佛教发展状况,不具普遍代表性。

### (一) 当代佛教发展研究

佛教发展现状研究的论文可以分为两类,一类是关于当代城市、乡村或少数民族地区的寺院、僧尼、信众的现状考察,以及对当前佛教发展方向、存在的问题以及应对措施等的研究。如白玛措的《当代藏族女尼的角色与认同——以康区亚青寺为例》(《宗教学研究》2011 年第 3 期) 一文,在梳理了藏文化中的女性观的基础上,以亚青寺中的女尼为研究个案,通过分析女尼在寺院结构、教育、生活中的角色,深入探讨藏传佛教中的女性观以及女尼的社会身份认同问题。同美的《西藏本教是藏传佛教最典型的代表——关于岷江上游本波教与钵第教的讨论》(《世界宗教研究》2011 年第 2 期) 在历代藏学家对本波教与钵第教比较研究的基础上,通过对比岷江上游本波教和钵第教宗教实体构成要素,分析两者信众的教派认同程度,认为本波教与钵第教共同构成略别于汉传佛教的藏传佛教,从本波教的本土文化成分和对印度佛教藏化程度看,本波教为藏传佛教的最典型代表;金易明的《都市佛教之特性及城市居士佛教考察》(《世界宗教文化》2011 年第 3 期) 从佛教与城市之间互动性的观点出发,考察了都市佛教的特征和城市佛教兴起的历史渊源和现实因素;宋跃华、吴华的《都市寺庙服务社会新模式探讨——以广州大佛寺咨询室为例》(《宗教学研究》2012 年第 3 期) 以广州大佛寺咨询室为个案,通过考察和分析咨询室的开办目的、运作程序、实践总结、服务效果,进一步探讨了都市寺庙服务社会的新模式;洪修平的《对当前人间佛教发展的若干问题之反思》(《宗教学研究》2011年第1期)一文探讨了当前"人间佛教"的理论和实践中存在的一些问题,指出如何贯彻太虚法师提出的契理契机原则是人间佛教在当前和未来发展中面临的重要课题;谭苑芳的《非营利视角下佛教社会福利机制的构建及途径——基于广东省7所重点寺院僧众问卷的实证调》(《宗教学研究》2011年第1期)在对广州光孝寺、开元寺、南华寺等7所重点佛教寺院180位僧众的问卷调查的基础上,提出非营利视角下构建佛教社会机制的四种可行性途径,认为当代佛教社会福利是大乘精神与非营利组织的契合;于海波的《佛教徒现状考查——以地藏缘论坛为例》(《宗教学研究》2011年第4期)依据地藏缘论坛提供的有关佛教徒现状调查的16组数据,归纳总结了当代佛教徒的年龄性别构成、学佛缘起、感情生活、宗教实践活动等基本现状;郑筱筠的《试论中国南传佛教的宗教管理模式》(《中国宗教》2011年第1期)系统介绍了中国南传佛教的包括佛寺、僧团管理模式和波章管理系统在内的佛教管理模式和优点,分析了这一管理模式高度重视基层管理、将宗教活动纳入社会管理体系的特点,肯定了中国南传佛教管理体系有序整合佛教资本和社会资源、促进佛教在当地的发展的意义;觉醒的《"走出去"——中国佛教文化的时代命题》(《中国宗教》2012年第1期)从积极加强佛教文化建设、培养造就专业佛教文化人才、加强文化交流几个角度谈如何开展当前佛教工作,促进佛教繁荣发展提出建设性意见。

### (二) 古今勾连借鉴研究

另一类文章多从深入剖析挖掘佛教思想和观点入手,进一步论述其思想观点对当今社会的经济发展、群体和谐的积极影响和对当前亟待解决的人类精神危机、重大社会问题等方面的借鉴价值和现实意义。如嘉木扬凯朝翻译的日本学者山本修一的《"持续可能性"与佛教——从"人类的生活的质量"和"幸福感"的视点》(《世界宗教研究》2011年第5期)从佛教的"少欲、知足"和"喜舍、布施"为切入点探讨了佛教对解决当前人类面临的生态危机、资源危机和环境危机,以及可持续发展问题的启示;同样由嘉木扬凯朝翻译的另一篇日本学者川田洋一的《佛教中所见的共生思想——对于其现代意义的探索》(《世界宗教研究》2011年第5期)一文阐释了佛教的传统的缘起观和21世纪的核心理念的"共生论",揭示了两者的共同点,介绍了日莲关于"自己"和"他者"的相互依存关系的相关论述和他以实现"共生社会"为目标而做的"立正安国论"的启示;洪修平、陈红兵的《论中国佛学的精神及其现实意义》(《世界宗教研究》2011年第1期)从介绍中国佛学精神的形成与主要内容入手,进一步探讨了中国佛学精神对今天不同文化间的交流融合、当代社会道德建设、佛教适应社会主义社会以便更好地发挥自身积极作用等方面的现实意义；学诚的《佛教文化的社会价值与影响》(《世界宗教文化》2012 年第 2 期) 一文回顾了佛教文化的历史影响，剖析了现代物文化危机的根本原因是"人类自我认识"的危机，提出人类文化的未来走向是"心文化"，即内向心灵智慧的发展。

## 五　跨学科跨文化的交叉研究

佛教传入中国以来，对中国文化的影响和渗透可谓遍及方方面面，近年来越来越多的来自不同学科和不同文化的学者，将佛教放到更广阔的领域中，对佛教进行跨学科跨文化跨宗教的比较研究，探讨佛教对古代建筑、美术、文学、语言、法律、哲学等的影响，形成了许多自成体系交叉学科，研究成果更是呈现倍增的趋势。和之前几年的研究趋势比较，传统的语言文学角度的研究成果依然最多最广，此外在法律学和心理学领域的交叉研究也取得了新的突破，为佛教研究开拓了新的领域，扩展了新的视野。

### (一) 语言文学角度研究

佛教传播的载体是人，传播的工具是语言，佛教在传播过程中，佛典的翻译和普及首先影响的是传入地的语言文字，进而是文学作品。因此一直以来，从语言文学角度对佛教的研究成果都繁荣不衰。2011—2012 年度的佛教语言文学方面的研究再创佳绩，出现多部长篇论著，研究范围更为广泛，视角更为多样化。

阮氏玉华的博士论文《越南语佛教词语研究》(华中科技大学博士论文，2011 年) 以越南语佛教词语为研究对象，通过统计、对比、分析中国丁福宝《佛学大辞典》和越南《慧光佛学词典》的单音节、双音节词，同时统计归类了《越南语大辞典》中的佛教词语，深入探讨了越南语佛教词语在越南语词汇系统中的地位和特点，得出越南语佛教词语在词义借用、发展演变上遵循语言发展的常见规律的观点。

禹建华的博士论文《〈法苑珠林〉异文研究》(湖南师范大学博士论文，2011 年) 以《大正藏》五十三册的《法苑珠林》为底本，重点选取了 112 组特殊的异文词语作为考察对象，这些异文有的没有被《汉语大词典》收录，有的具有中土文献所没有的新义，有的词义有所扩大，有的为《汉语大辞典》提供书证，作者在解释词义的同时也对异文的关系予以勾连、评论，发现《法苑珠林》异文有相当多的新字新词新义，这一发现对汉语词汇史研究、专门佛经语言词典编撰和大型字书辞书的修订完善极具参考价值。

李明龙的博士论文《〈续高僧传〉词汇研究》(南京师范大学博士论文，2011 年) 选取了成书于初唐时期的，富含那一时期的词语特征词汇的《续高僧传》为研究文本，首先援引大量的例证,定量地考证出《续高僧传》的佛教词、文言词、俗语词混合杂糅的特征,提出中土佛教文献是部分词语进入一般词库的纽带的新见;然后对比其他中古文献,定性地考证出《续高僧传》词库结构介于纯中古中土文献和翻译佛经之间的事实,以及《续高僧传》处于中古到近代汉语演变过程之间的过渡特征。

耿朝晖的博士论文《释慧皎〈高僧传〉文学探析》(陕西师范大学博士论文,2011年)从介绍慧皎及其作品《高僧传》总体风格、探讨高僧之"高"("品高"、"德高"、"智高")、传记的叙事特色、作者的语言驾驭能力、其他文学因素的表现、宗教文化色彩分析等六个角度进行详细全面的论证,提出《高僧传》虚实结合、文笔优美、内容丰厚,是当时传记中的佳作,推翻了之前人们对《高僧传》"重史不重文"的错误评价。

短篇论文有夏广兴的《佛教幻化观与唐宋文学创作》(《世界宗教文化》2012年第3期),作者以唐宋文学为考察对象,从佛教幻化观的传译和流播入手,深入分析了佛教幻化观对唐宋文学的内容与形式双方面的渗透,说明了两种不同文化的融会对文学创作的深层影响;刘林魁的《佛教檄魔文的宗教文化价值》(《宗教学研究》2012年第2期)考证了檄魔文这种用语弘扬佛法的特殊文体的内容,与禅学的关系,以及它对檄文的借鉴与突破,和后来被变文代替的原因;袁经文的《佛教语境之基督教相似疑难点辨考》(《宗教学研究》2011年第2期)从佛教语境的考证辨析角度,比较了两大宗教"上帝与大梵天王"、"原罪与无名"等内容极为相似疑难点,进一步分析了造成这种现象的原因。

### (二) 法学角度研究

佛教与传统法律关系的研究一直受到学界的关注,从微观到宏观的研究成果也屡见问世,近两年来随着学术界关于宗教立法问题的提出,和依法管理宗教的呼声的高涨,佛教与法律的研究也再次成为受关注的热点。

张径真的博士论文《法律视角下的隋唐佛教管理研究》(中国社会科学院博士论文,2012年)根据日本《僧尼令》和现存史料还原了早已佚失的唐代宗教法《道僧格》,并以此为依据,结合《唐律疏议》的相关法条,探讨了佛教和隋唐法律之间的影响和互动,并且对学界流行的"对司法影响大,对立法影响小"、"刑事从严、民事从俗"等观点进行了驳斥。

张海峰的博士论文《唐代佛教与法律》(华东政法大学博士论文,2012年)通过考证《永徽律疏》和佛经义疏的关系、佛教用语对唐律法律术语的影响、佛教对唐代立法和司法意识的影响、佛教对民众守法意识的影响和唐代法律中佛教的规范几方面内容,对唐代佛教与法律的关系作出这样的定论:既有主动影响被动接受的一面,也有起初冲突最终达到融合妥协的一面,这种冲突和融合并非始于唐代。

### (三) 考古研究

考古上的新发现，是佛教研究新依据的重要来源，近年来，依据佛教寺院的壁画、碑文、塔铭研究和考证相关佛教历史事件、思想、制度，提出新观点、新结论的文章也有所涌现。如聂顺新的《〈番州弘教寺分安舍利塔铭〉考伪》(《世界宗教研究》2011 年第 4 期) 一文通过分析《番州弘教寺分安舍利塔铭》中记载的时间、地理和铭文内容以及历代金石文献的著录情况，结合当时的历史背景，得出《塔铭》是清代中后期所制伪铭的结论，进一步否定了隋代有"分安舍利"制度的说法；唐晓峰的《北京房山十字寺的研究及存疑》(《世界宗教研究》2011 年第 6 期) 介绍了十字寺的历史，以及学界对与十字寺碑文的质疑，考证了十字寺在历史上经历的几次佛教寺院和景教寺院之间的身份转换事件，分析了寺院碑文对师资寺曾为景教寺院的这段历史记载的缺失的原因；张君梅的《从高平开化寺法眷碑看元代显密圆通准提法的流传》(《宗教学研究》2012 年第 1 期) 记述了其本人在田野调查中发现高平开化寺法眷碑的经历，并结合历史上开化寺的严格和宗派源流，考证出在《显密圆通成佛心要集》被收入《碛砂藏》并在南方流传之前，显密圆通准提法就已经在北方上党地区至少 20 多个寺院传播这一史实；袁志伟的《大同善化寺二十四诸天像考辨》(《世界宗教研究》2011 年第 4 期) 一文依据实地调查和文献记载考察了大同善化寺大雄宝殿保存的金代二十四天塑像的名号及宗教内涵，并从辽金时代佛学思想、大同佛教宗派等角度探讨这些佛像的思想内涵，揭示出善化寺二十四诸天造像实际上是密宗仪轨、华严宗和天台宗忏法融合的产物，是辽金佛教发展及佛教中国化的一个缩影；张明的《梵净山弥勒道场〈敕赐碑〉研究》(《世界宗教研究》2012 年第 4 期) 通过对梵净山《敕赐碑》所透露的明万历以前该地区历史文化变迁、少数民族信仰结构、佛教源流及兴衰等信息的深入考证和研究，指出梵净山作为贵州第一佛教名山，是一系列重大历史事件的必然结果。

### (四) 文化交流研究

佛教在本土化的过程中不断吸收中国传统文化以充实自身，同时佛教也深刻地影响着历史上各个时期的雕刻、音乐、舞蹈、绘画等各方面的文化艺术。越来越多的学者从不同的学科领域出发，研究了历史上佛教与传统的文化艺术交流和相互影响。2011—2012 年这方面出现许多新的专著和优秀的短篇论文。

刘晓英的《佛教道教传播与中国文化》(学苑出版社 2012 年版) 一书陈述了佛、道两教在中国本土的传播和发展的过程，重点探讨了佛教文化在传播过程中逐渐中国化的历程。书中选取了一些典型案例，如贾平凹、戴厚英以及部分娱乐明星的信佛热现象，从中国信仰文化大传统和小传统两个方面切入，由浅入深地探讨与分析了佛、道教传播对中国文化以及中国人的信仰方式和生活方式的影响，为人们理解中国传统信仰文化提供了一个独特的新视角。

王亚欣的博士论文《当代藏传佛教文化旅游研究》（中央民族大学博士论文，2011年）根据对拉萨、日喀则、甘南藏族自治州、阿坝藏族自治州等藏传佛教文化旅游地的田野调查所得资料，结合藏传佛教的历史、思想、文化，深入探讨了藏传佛教旅游的当代价值、旅游资源开发、产品设计三大课题，对解决当前藏区旅游的理论和现实问题具有积极指导意义。

高飞的博士论文《论佛教文化对中国电影的影响》（吉林大学博士论文，2011年）以佛教文化和中国电影为研究对象，在梳理佛教文化与中国电影关系的历史脉络基础上，从佛教文化对导演个体精神空间的动员与重塑、佛教文化在中国电影中的符号表征、佛教文化对电影美学风格的构建、佛教文化对中国电影主题思想的植入、佛教文化在中国电影中的微缩场景、佛教文化对武侠电影的影响和佛教影片在心的历史语境中处境等切入点，从美学、史学、精神现象学三个角度深入探析了佛教文化和中国电影之间的内在关联。

短篇论文有张小燕的《彩绘唐卡与汉地传统工笔重彩的差异简析》（《世界宗教文化》2011年第1期），作者以藏地彩绘唐卡和汉地传统工笔画为研究对象，比较了二者在表现形式、题材、标准、制作程序、使用原料、绘画技巧、创制目的和功用、审美追求和神圣性等具体方面的异同，得出唐卡绘画与传统工重彩是藏汉两地不同地域性文化形态的缩影的结论；黎国韬的《略论金刚天女与天魔舞女》（《宗教学研究》2011年第4期）一文考证和研究了吐鲁番出土的回鹘文藏密宝典《吉祥轮律曼陀罗》中记载的"十六金刚天女"的藏密修持法，结合相关史料记载，将之与盛行于元代的"十六天魔舞"中的十六位舞女特征做了对比研究，得出十六天魔舞的创作是以十六金刚女为原型的结论；吴明娣的《明清藏传佛教法器铃杵与汉藏艺术交流》（《世界宗教研究》2011年第6期）考察了藏传佛教法器乃至藏传佛教艺术中最具代表性的金刚铃杵的发展演变的基本脉络，并以明清时期藏汉两地铃杵的制作和相互交流为例，阐明其与汉藏艺术交流的紧密联系；屈波的《一花一世界——藏传佛教擦擦艺术内涵探赜》（《宗教学研究》2011年第2期）通过探讨擦擦，即脱模泥塑的小佛像小佛塔的名称词源、制作习俗来源、形式分类、制作工艺、题材内容、制作者等方面的内容，介绍了擦擦所具有的丰富的艺术、民俗、宗教内涵。

**（五）心理学角度**

佛教的基本理论"四谛说"对人生本质的认知、"五位七十五法"对世界构成的阐释，佛教修行实践的"治心"倾向等内容，都使佛教与现代心理学有着千丝万缕的联系，因此有不少学者从心理学的角度对佛教进行了交叉学科的研究。如田秋菊的《〈楞严经〉受阴十魔境之心理学分析》(《宗教学研究》2012年第2期)从心理学角度对《楞严经》中记载的十种"入魔"现象做了细致的临床症状分析，从重梳理出了佛教对精神异常现象的看法，为现代心理治疗提供了有益的借鉴；蓝李焰的《论藏传佛教心理调节功能与灾后心理危机干预》(《宗教学研究》2011年第3期)则从心理学的角度论述和分析了藏传佛教人生观和它所具有的心理调节功能，并深入探讨了其心理调节功能在灾后心理危机干预中的具体应用问题。

(作者简介：张径真，中国社会科学院世界宗教研究所博士生)

# 2011—2012年国内藏传佛教研究综述

## 吕其俊 金 雷

2011年、2012年，国内政通人和，经济平稳增长，社会主义文化事业蓬勃发展，国内藏传佛教研究作为社会主义文化事业的一部分，在党和国家宗教信仰自由等政策的正确引导下，不断推陈出新，再创佳绩。此时期，除了中国社会科学院、中国藏学研究中心、西藏社会科学院、北京大学、中国人民大学、中央民族大学、西藏民族学院、青海民族学院、西北民族学院、西南民族学院、西藏大学等相关科研院所和大学以外，值得注意的是涉猎藏传佛教研究的民间团体逐年增加。学者方面，王尧、陈庆英、祁顺来等老一辈专家学者笔耕不辍，为新时期藏传佛教研究做出了巨大贡献；班班多杰、尕藏加、索南才让（许得存）、周润年、李德成、德吉卓玛等中年学者骨干发挥学术优势，发表了众多优秀科研成果；另外，各科研院所及大学研究生院培养的一大批藏传佛教方向的硕士、博士研究生逐渐在相关领域崭露头角，发表了诸多优秀学术成果。综观2011年到2012年底业已发表的藏传佛教研究论文和著作，总体来说成绩卓著，研究范围有所扩大，主要涉及历史与文献、教理教义、宗派、人物、因明、密宗、现状调查、区域性研究、宗教对话等多个方面。

## 历史与文献

近两年来，国内藏传佛教研究对于整个藏传佛教历史的把握鲜有大部头专著问世，不失为一大遗憾。学术界历来重视对于藏文文献的把握，相关藏语文献的翻译和研究是非藏族学者研究藏传佛教的软肋之一。2011年到2012年底，《中国藏学》、《西藏民族学院学报》等刊物连续刊载了班班多杰、周润年、巴桑旺堆等人对于部分藏文文献的翻译和比较研究，为新时期藏传佛教研究做出了重要的贡献。其中班班多杰撰写的《〈山法了义海论〉所引佛教经论藏汉译文比较研究之四、五、六、七》[①]

---

[①] 班班多杰：《〈山法了义海论〉所引佛教经论藏汉译文比较研究之四、五、六、七》，《中国藏学》2011年第1—3期、2012年第3期。

将笃补巴·西饶坚赞所引用的佛教藏译经论的内容与相应的汉文译本进行了对照、校勘研究，并指出了其中的异同，进一步论证了觉囊派"他空见"教义的活水源头以及心性本净与客尘烦恼所覆之关系等问题；《韦协》是首部系统记载佛教传入西藏的早期重要史籍之一，记述了 8 世纪后半叶吐蕃赞普赤松德赞的重臣韦·赛囊迎请寂护大师和莲花生大士入蕃传法、修建桑耶寺等重大历史事件，巴桑旺堆在《中国藏学》连载的《〈韦协〉译注一、二》[1] 在翻译《韦协》的基础之上，附上较为详细的注释，弥补了《韦协》只有英译本、无汉译本的缺憾；周润年在《西藏民族学院学报》连载的《〈贤者喜宴〉译注一——十》[2] 翻译了巴卧·祖拉陈瓦所著藏族著名文献《贤者喜宴—噶玛噶仓》部分，译文准确、流畅，为他民族学者研究藏传佛教提供了诸多便利条件，译文主要概述了噶玛噶举派历任黑帽系和红帽系活佛以及邬坚巴等大德的主要事迹及诸多历史事件。除了连载，文献研究方面的学术论文还有王启龙撰写的《藏传佛教名著〈青史〉汉译本漏译举隅》[3] 对藏族著名文献《青史》汉译本进行了补充翻译；布穷在《西藏研究》发表的《浅析〈隆钦教史〉"简介"的几个问题》[4] 从"简要介绍作者历史"的几个疑点分析入手，通过研究大师的生平，以及教内的部分观点，推理隆钦绕绛巴并非《隆钦教史》作者；陈立华撰写的《关于敦煌本古藏文〈般若波罗蜜多心经〉的解读》[5] 对于英国大英图书馆所藏的敦煌古藏文《般若波罗蜜多心经》略本进行了解读，说明在吐蕃时期藏文《心经》的流传是广本与略本并存的，并且该文本受到汉传佛教与藏传佛教的重叠影响，别具自身特色；松巴·益西班觉所著《如意宝树史》是著名的藏传佛教史籍，张子凌撰写的《论藏文史籍〈如意宝树史〉的文献价值》[6] 在以往研究成果的基础上进行内容的拓展与延伸，对书中所涉及的历史、佛教等范畴进行了综合性的叙述；藏文大藏经由《甘珠尔》和《丹珠尔》两部分构成，而宁玛派经典大都不包括在藏文大藏经内，陈鉴潍针对构成这个现象的原因及"宁玛十万续"现存版本及内容撰写了《藏族典籍文献——宁玛十万续略述》[7] 一文，并介绍了国外学者对"十万续"的研究状况；1940 年 1 月，刘曼卿女士第二次率"康藏宣传团"进藏，旨在宣传抗日，韦素芬所整理的《西藏纪行》[8] 即是她二次进藏之作，除了宣传中央抗日政策，还较多着墨于沿途之山川地理、民风民俗等内

---

[1] 巴桑旺堆：《〈韦协〉译注一、二》，《中国藏学》2011 年第 1、2 期。
[2] 周润年：《〈贤者喜宴〉译注一——十》，2011 年第 1 期—2012 年第 5 期。
[3] 王启龙：《藏传佛教名著〈青史〉汉译本漏译举隅》，《世界宗教研究》2012 年第 2 期。
[4] 布穷：《浅析〈隆钦教史〉"简介"的几个问题》，《西藏研究》2011 年第 4 期。
[5] 陈立华：《关于敦煌本古藏文〈般若波罗蜜多心经〉》，《西藏研究》2012 年第 3 期。
[6] 张子凌：《论藏文史籍〈如意宝树史〉的文献价值》，《西藏民族学院学报》2011 年第 6 期。
[7] 陈鉴潍：《藏族典籍文献——宁玛十万续略述》，《中国藏学》2011 年第 1 期。
[8] 韦素芬整理，刘曼卿著：《西藏纪行一——五》，《西藏民族学院学报》2012 年第 2—6 期。

容，对于研究民国时期中央与康藏地方关系、藏民族在抗日战争中的历史贡献、康藏地理、文化、风俗等有重要的历史价值；韦素芬撰写的《〈西藏佛教源流考〉点校》[①]对民国恳觉居士撰写的《西藏佛教源流考》进行了点校和整理，具有积极的意义[②]；赵梅春撰写的《〈先祖言教〉的史学价值探析》[③]对仲优·昂青嘉布撰述的藏文史书《先祖言教》的史学价值进行了分析，指出了仲优·昂青嘉布摆脱藏族史家以弘扬藏传佛教为宗旨，以佛教史为主要内容的撰史传统的束缚，以客观诚实的态度，从世俗的角度考察河南蒙古史；徐长菊撰写的《〈青海史〉与〈安多政教史〉中的和硕特蒙古历史记述之比较》[④]从"年代记述的差异"、"历史事件记述的详略程度"、"历史人物的评价"、"资料来源和写作特点"等几个方面对两部著作进行了深入比较研究，认为从整体看《安多政教史》的文献价值超过了《青海史》；卓尕措撰写的《试论藏传佛教寺院文献典籍的传承和保护》[⑤]就藏传佛教寺院典籍的传承和保护问题作了分析。

## 教理教义

近年来，随着藏传佛教研究的深入，藏传佛教教理教义研究越来越受到学术界的青睐，成果颇丰。此方面的研究有，班班多杰撰写了《再论〈句义藏〉的思维路径》[⑥]、《根敦群培〈中观甚深精要论〉一文的现代阐释》[⑦]和《从〈实相藏〉等看宁玛派大圆满法的主要内容和基本特征》[⑧]，《再论〈句义藏〉的思维路径》对藏传佛教宁玛派名著《句义藏》作了介绍，并探讨了宁玛派"心性论"及其相关内容，《根敦群培〈中观甚深精要论〉一文的现代阐释》以现代学术的语言对原作的前半部分作了较为细致的诠释、解读，并力求做到"回到事情本身"，用现代哲学的视角对其中所蕴涵的哲学思想及理论思维的经验教训作了力所能及的梳理和概括，试图在佛教古典哲学与现代哲学之间找到最佳的契合点，做到"观察的客观性"，从而呈现出根敦群培佛教哲学思想的基本性格、整体面貌及现代意义；《从〈实相藏〉等看宁玛派大圆满法的主要内容和基本特征》以隆钦然降巴《七宝藏论》中的《实相藏》、《句义藏》为主要资料依据，并辅以其名著《心性自解脱》、《法性自解脱》和《平等性自解脱》等《三自解脱论》中的

---

① 韦素芬整理，恳觉居士著：《〈西藏佛教源流考〉点校》，《西藏研究》2012年第5期。
② 原连载于《大公报》民国十三年（1924年）8月25日至9月12日"佛乘"一栏的《西藏佛教源流考》。
③ 赵梅春：《〈先祖言教〉的史学价值探析》，《青海民族研究》2012年第1期。
④ 徐长菊：《〈青海史〉与〈安多政教史〉中的和硕特蒙古历史记述之比较》，《北方民族大学学报》（哲学社会科学版）2012年第3期。
⑤ 卓尕措：《试论藏传佛教寺院文献典籍的传承和保护》，《青海民族学院学报》2012年第4期。
⑥ 班班多杰：《再论〈句义藏〉的思维路径》，《青海民族大学学报》（社会科学版）2011年第4期。
⑦ 班班多杰：《根敦群培〈中观甚深精要论〉一文的现代阐释》，《中国藏学》2012年第2期。
⑧ 班班多杰：《从〈实相藏〉等看宁玛派大圆满法的主要内容和基本特征》，《青海社会科学》2012年第4期。

重要材料，运用现代哲学的理念深度梳理、论述、诠释了宁玛派的特殊教法——"大圆满法"；德吉卓玛撰写的《格鲁派之觉域教法传承初探》[①] 结合藏文文献和十多年的多区域、大范围的田野调研资料，认为学术界长期以来持有的"觉域派教法从15世纪不复存在"的观点是错误的，指出创建于公元11世纪的觉域派，随着藏传佛教各宗派的形成，其教法逐渐影响各个藏传佛教宗派，且在各宗派中形成了不同的传承，仅就格鲁派而言，不仅形成了具有深远影响的"甘丹耳传"、"完萨耳传"觉域教法传承等，而且还具有独特的教法经典和法事仪轨，为觉域派研究提供了新的线索；牛宏撰写的《〈章嘉宗义〉与〈宗义宝鬘〉的异同》[②] 选取《章嘉宗义》和《宗义宝鬘》两部藏传佛教格鲁派宗义文献，分别从外道、毗婆沙宗、经部宗、唯识宗、中观宗等义理内容进行对比分析，得出二书在根本见解和大体内容上基本相近，但在具体的写作方式、内容编排以及一些细微的教理判断方面仍然存在诸多不同之处，由此也可以看出藏传佛教宗义书的写作风格和特色；颜亮撰写的《藏传佛教萨迦派佛学思想中"离言"说》[③] 论述了西方语言学理论以及中国古典哲学理论中有关言意之辩，可以进一步了解萨迦派的离言说的深层哲学思想；《龙树意庄严》是西藏近代学者更敦群培的一部论著，他在继承西藏前期中观思想的基础之上，综合自己的认识，对西藏后期中观思想——格鲁派的"名言量"思想进行了深刻批判，久迈撰写的《〈龙树意庄严〉偈释》[④] 对缘起性空的中道思想做了深刻的反思；丁小平、傅映兰撰写的《萨迦派"轮回涅槃无二"思想研究》[⑤] 对藏传佛教萨迦派最具特色的教法"道果法"依据于基、道、果三者无别的义理而展开，形成"轮回涅槃无二"的不共之见进行了深入的阐述；何杰锋撰写的《藏传佛教判教源流初探》[⑥] 指出藏传佛教判教直接继承了印度佛教中的相关判教论说，印度佛教中对"三藏"分判是藏传佛教判教的来源，具体来说，藏传佛教主要继承了印度佛教中对宗义、经典、密乘和根器4种形式的判教，它们共同构成了藏传佛教判教的渊源；夏吾南卡撰写的《浅谈〈俱舍论〉的形成与在藏区的弘传发展》[⑦] 介绍了《俱舍论》在藏区的翻译跨越前弘期和后弘期、历经几代赞普王朝在藏区的发展脉络；萨迦班智达所著《显明佛陀密意》对修证次第有严格的建构，他指出"修行佛法以具大乘种性为基础，以菩提心贯彻始终，以六度万行为大乘行（行菩提心）的内容，以五道十地为层级，以人法二无我的般若观慧为行持眼目，而以福德智慧资粮的圆满为明心见性之前提，反对错乱

---

① 德吉卓玛：《格鲁派之觉域教法传承初探》，《中国藏学》2011年第4期。
② 牛宏：《〈章嘉宗义〉与〈宗义宝鬘〉的异同》，《青海民族大学学报》（社会科学版）2011年第3期。
③ 颜亮：《藏传佛教萨迦派佛学思想中"离言"说》，《传承》2011年第17期。
④ 久迈：《〈龙树意庄严〉偈释》，《宗教学研究》2012年第1期。
⑤ 丁小平、傅映兰：《萨迦派"轮回涅槃无二"思想研究》，《世界宗教研究》2012年第1期。
⑥ 何杰锋：《藏传佛教判教源流初探》，《西北民族大学学报》2012年第5期。
⑦ 夏吾南卡：《浅谈〈俱舍论〉的形成与在藏区的弘传发展》，《学理论》2012年第5期。

修习，反对以认识自心为修行之全部"，认为"大手印"为密教不共显教的特殊法门，当以六度和密咒为基础，尤其指出了错乱修习可能带来的严重后果，发人深思，刘朝霞撰写的《萨班道次第思想略论——以〈显明佛陀密意〉为中心》① 以《显明佛陀密意》为中心，详细论述了萨迦班智达关于藏传佛教"道次第"思想的判释。

## 宗　派

藏传佛教宗派研究方面，西尼崔臣撰写的《略述藏传佛教觉囊派》② 对藏传佛教觉囊派的历史兴衰过程，独特的哲学见地和密宗修法要点，以及现状等问题做比较客观、详细、全面的论述，对于深入了解觉囊派发展史具有积极的意义；还格吉撰写的《巴隆噶举派在玉树地区的历史演变》③ 通过爬梳帝师日巴及其门徒的主要事迹，阐述了在囊谦王室的大力支持下，巴隆噶举派在玉树境内一度成为诸派之尊，并由此传播于世，但又因白利王的焚寺事件，使该派在玉树乃至其他藏区的发展势头渐显缓慢，从此在囊谦王室的政教关系层面，开始了与珠巴噶举派轮回更替的历史演变；任小波撰写的《明代西藏萨迦派的传承与支系》④ 结合藏、汉文史料，对明代西藏萨迦派的历史，作了系统的梳理和整体的考察，尤其根据时代背景和相关史事，对其四个喇让和显密支系，作了尽可能明晰和周全的论述；罗布撰写的《格鲁派发展的三次困境及其突破》⑤ 对格鲁派发展进程中面临的三次困境及其突破方式进行了简要的概括与分析；戴燕、杜常顺撰写的《和硕特蒙古与明末清初甘青地区格鲁派寺院势力的扩张》⑥ 从和硕特蒙古与格鲁派的关系出发，论述了甘青地区格鲁派寺院势力的扩张和甘青寺庙格局的流变；王倩倩撰写的《藏传佛教格鲁派在土默特地区的传播及影响》⑦ 通过对藏传佛教格鲁派在土默特地区的传播过程、土默特地区首领在格鲁派藏传佛教传入蒙古过程中所起到的作用、藏传佛教格鲁派能够在土默特地区广泛传播的原因及其造成的影响四部分进行分析，展现出了明清时期蒙藏关系的另一个方面；多德撰写的《吐蕃分裂割据时期佛教的再度兴起及诸教派形成的原因》⑧ 分析了吐蕃分裂割据时期佛教再度兴起及藏传佛教各教派产生

---

① 刘朝霞：《萨班道次第思想略论——以〈显明佛陀密意〉为中心》，《宗教学研究》2012 年第 1 期。
② 西尼崔臣：《略述藏传佛教觉囊派》，《西藏研究》2011 年第 6 期。
③ 还格吉：《巴隆噶举派在玉树地区的历史演变》，《民族学刊》2012 年第 5 期。
④ 任小波：《明代西藏萨迦派的传承与支系》，《青海民族研究》2012 年第 3 期。
⑤ 罗布：《格鲁派发展的三次困境及其突破》，《西藏大学学报》（社会科学版）2012 年第 1 期。
⑥ 戴燕、杜常顺：《和硕特蒙古与明末清初甘青地区格鲁派寺院势力的扩张》，《西北师范大学学报》（社会科学版）2012 年第 5 期。
⑦ 王倩倩：《藏传佛教格鲁派在土默特地区的传播及影响》，《成功》2011 年第 8 期。
⑧ 多德：《吐蕃分裂割据时期佛教的再度兴起及诸教派形成的原因》，《学理论》2011 年第 1 期。

的原因；另外此方面研究还有赵永红撰写的《萨班与萨迦派在河西地区的传播》[①]；黄博撰写的《试论古格时期藏传佛教诸教派在阿里地区的弘传与纷争》[②] 等文章。

## 人 物

人物研究方面，专著有陈新海编著的《忽必烈与八思巴》[③] 以忽必烈和八思巴交往的 20 余年为主线，以时间为序，从不同的侧面来勾画他们之间的君臣关系和宗教上的师徒友情，同时展现他们在国家治理过程中体现出来的政治智慧和对后人的贡献。论文方面有蒲文成撰写的《东科尔活佛系统与藏传佛教格鲁派北渐蒙古地区》[④] 系统介绍了历辈东科尔活佛作为格鲁派代表传教于大漠南北和西蒙古，使藏传佛教文化与蒙古族传统文化相结合，逐步形成蒙古族普遍信仰格鲁派的历史功绩；索南才让撰写的《吐蕃第一位钵阐布娘·定埃增桑波》[⑤] 对吐蕃历史上第一位僧相进行了深入的介绍；阿升喇嘛是蒙古锡勒图库伦札萨克喇嘛旗历史上首任札萨克达喇嘛，他早年频繁往来于蒙藏地区间，对藏传佛教格鲁派传入蒙古地区功不可没，也为蒙、藏、满等民族间的相互联系起过重要的作用，嘉益·切排和双宝撰写的《阿升喇嘛考》[⑥] 对其历史事迹做系统考述；久迈撰写的《更顿群培与底擦寺论争》[⑦] 对 20 世纪初，在藏传佛教格鲁派中发生的佛学革命——安多"日绰巴"运动进行了深入的阐述，并且结合史料论述了更顿群培与之关系，并认为底擦寺的佛学论争奠定了更顿群培的佛学思想；梁启俊撰写的《"掌佛法大喇嘛"称谓考》[⑧] 依据史料和前辈们的研究，结合 17 世纪 30 年代格鲁派所处的社会背景、格鲁派内部领导情况及色钦曲结在清朝与西藏交往中发挥的作用等方面入手，对"掌佛法大喇嘛"这一称谓进行了考述；土呷撰写的《西藏昌都帕巴拉活佛与帕巴拉呼图克图名称沿革考释》[⑨] 和《西藏昌都历代帕巴拉活佛与中央政府的关系研究》[⑩] 通过对文献资料和实物印章的考证与梳理，对"帕巴拉"活佛和"呼图克图"名称的来源及含义进行了说明，并清晰地勾勒出昌都帕巴拉从"活佛"到"那门汗"（诺门罕）再到

---

① 赵永红：《萨班与萨迦派在河西地区的传播》，《青海民族大学学报》（社会科学版）2012 年第 2 期。
② 黄博：《试论古格时期藏传佛教诸教派在阿里地区的弘传与纷争》，《四川师范大学学报》2012 年第 1 期。
③ 陈新海编著：《忽必烈与八思巴》，青海人民出版社 2011 年版。
④ 蒲文成：《东科尔活佛系统与藏传佛教格鲁派北渐蒙古地区》，《青海民族学院学报》（哲学社会版）2011 年第 1 期。
⑤ 索南才让：《吐蕃第一位钵阐布娘·定埃增桑波》，《青海民族大学学报》（社会科学版）2012 年第 3 期。
⑥ 嘉益·切排、双宝：《阿升喇嘛考》，《西藏研究》2012 年第 2 期。
⑦ 久迈：《更顿群培与底擦寺论争》，《中国藏学》2012 年第 2 期。
⑧ 梁启俊：《"掌佛法大喇嘛"称谓考》，《青海民族大学学报》（社会科学版）2012 年第 4 期。
⑨ 土呷：《西藏昌都帕巴拉活佛与帕巴拉呼图克图名称沿革考释》，《中国藏学》2012 年第 1 期。
⑩ 土呷：《西藏昌都历代帕巴拉活佛与中央政府的关系研究》，《西藏研究》2012 年第 3 期。

"呼图克图"职衔的大致沿革过程,以及一世至十世帕巴拉间接或直接与祖国内地和中央政府发生亲密友好的历史;多吉次旺撰写的《论香巴噶举派创始人琼波觉》① 系统介绍了藏传佛教后弘期出现的西藏伟大学者兼哲学大师的贤哲琼波乃觉;孙娟撰写的《从巫术到佛教正信的人格转变——对米拉日巴早期宗教身份的探究》② 系统探究了米拉日巴的早期身份;郑群辉撰写的《胆巴帝师与元代潮州藏传佛教密宗的传播》③ 第一次比较系统地介绍了元代藏传佛教高僧胆巴被贬潮州路开坛讲法,在潮汕地区传播藏传佛教的历史,为研究元代藏传佛教影响内地等研究开辟了新的路径;张曦撰写的《清政府藏传佛教政策在漠北蒙古的影响——以达赖喇嘛和哲布尊丹巴地位变化为例》④ 介绍了达赖系统与哲布尊丹巴系统在漠北的影响变迁;赵桐华撰写的《棍噶扎勒参呼图克图之考评》⑤ 通过《察罕呼图克图衮噶嘉勒赞传》对照《清实录》等相关清代史料以及汉文文献,考证了棍噶扎勒参在新疆及西藏地方的主要军事、政教活动;民国藏传佛教在内地的传法对于近代汉地密教的兴盛起了重要的作用,德吉梅朵、喜饶尼玛撰写的《民国时期白普仁喇嘛与多杰觉拔格西在内地弘法及影响》⑥ 深入介绍了民国著名喇嘛庙雍和宫大喇嘛白普仁和藏地格西多杰尊者在内地的穿法活动;伟娜撰写的《更噶坚赞活佛在北疆的活动及历史意义研究》⑦ 深入介绍了拉卜楞寺喇嘛噶绕活佛世系的第一世活佛,在新疆近代史和藏传佛教在北疆的传播和发展上的重要的意义。

## 密　　宗

鉴于诸多条件所限,学术界在藏传佛教密宗研究方面发表的论文著作较少,仅作简要介绍。2011年到2012年年底,此方面著作有多识仁波切编著的《甘露宝瓶:藏密本尊仪轨讲授集》⑧ 等,《甘露宝瓶:藏密本尊仪轨讲授集》详细讲授了"至尊宗喀巴上师瑜伽"、"时轮上师瑜伽观修法"、"时轮诵咒观想法"、"绿度母观修法"、"药师佛观诵简轨"、"千手千眼观音观修法"、"黄赞巴拉常修供养法仪轨"及"《格鲁派大手印祈

---

① 多吉次旺:《论香巴噶举派创始人琼波觉》,西藏大学中国少数民族史2012级硕士研究生毕业论文。
② 孙娟:《从巫术到佛教正信的人格转变——对米拉日巴早期宗教身份的探究》,《法音》2012年第9期。
③ 郑群辉:《胆巴帝师与元代潮州藏传佛教密宗的传播》,《西藏研究》2012年第1期。
④ 张曦:《清政府藏传佛教政策在漠北蒙古的影响——以达赖喇嘛和哲布尊丹巴地位变化为例》,《西藏民族学院学报》(哲学社会科学版)2012年第6期。
⑤ 赵桐华:《棍噶扎勒参呼图克图之考评》2012级中央民族大学博士研究生毕业论文。
⑥ 德吉梅朵、喜饶尼玛:《民国时期白普仁喇嘛与多杰觉拔格西在内地弘法及影响》,《云南民族大学学报》(哲学社会科学版)2012年第1期。
⑦ 伟娜:《更噶坚赞活佛在北疆的活动及历史意义研究》,兰州大学民族学2012级硕士研究生毕业论文。
⑧ 多识仁波切编著:《甘露宝瓶:藏密本尊仪轨讲授集》,甘肃民族出版社2011年版。

愿颂》";论文有索南才让撰写的《〈时轮根本略续〉及其宇宙和谐论》[1] 在略析其名称意义及理论架构的基础上,论述了《时轮根本略续》所涉及的宇宙观;"道果法"是藏传佛教萨迦派独特而核心的教法,包含了从显宗到密宗的深广教授,王克琬撰写的《说说萨迦派的道果法门》[2] 简要阐释了"道果"之内涵,从"道果法"之观修的方式与阶段次第来论述了"道果法"的思想特色。

## 因 明

因明学为佛学思想的发展提供了认识的依据和标准,为佛学思想建设提供了认识论和方法论,对于因明学的学习、研究和运用是藏传佛教的优良传统。近两年来,教内外对于因明学的重视是显而易见的,发表了众多此方面的著作和论文。著作方面,由曲甘·完玛多杰翻译的已故著名藏学家毛尔盖·桑木旦所著的《藏传佛教因明学入门》[3] 共十一章,内容包括色之差别、识、不相应行、因果、个体与总体、性相与名相、一般和个别、相违与相符、否定与肯定、一与异、对境与有境等,以通俗易懂的语言介绍了摄类辨析门的系统知识,为对藏传因明感兴趣的人了解藏传因明,开了一条事半功倍的捷径,赢得了广大藏学界及因明爱好者们的欢迎。作为佛学理论的重要组成部分的佛教逻辑与佛家修持有着必然的联系,祁顺来教授专门就二者的关系发表了论文《论佛教逻辑与佛家修持》[4],文中以章嘉国师·若贝多杰的因明思想为主,结合陈那、法称的量理学说探讨佛教如何依止因明逻辑思想进行修持,从而求得解脱和遍智的殊胜果位;内明是量学的本体和核心,量学是彻悟内明的思维工具,因明是专指量学的推理规则部分,根据这一原理,在关于内明与因明、量学之关系的学术研究中,应确立一条认识论和方法论原则,即要用量学的认知方法去说明或理解内明,而不能用"量学非内明"的观点去分解两者的相属关系,李加才让撰写的《论藏传因明学的历史轨迹与特点——兼论内明与因明之关系》[5] 对此进行了深入的论证;郑伟宏撰写的《汉、藏因明比较研究刍议》[6] 对于汉藏因明进行了比较研究;格日措撰写的《略论藏传因明的发展》[7] 对于因明学入藏后融入藏民族文化并且形成体系做了较为详

---

[1] 索南才让:《〈时轮根本略续〉及其宇宙和谐论》,《青海民族大学学报》(社会科学版)2011年第3期。
[2] 王克琬:《说说萨迦派的道果法门》,《四川民族学院学报》2011年第6期。
[3] 毛尔盖·桑木旦著,曲甘·完玛多杰译:《藏传佛教因明学入门》,青海人民出版社2011年版。
[4] 祁顺来:《论佛教逻辑与佛家修持》,《青海民族学院学报》(哲学社会版)2011年第1期。
[5] 李加才让:《论藏传因明学的历史轨迹与特点——兼论内明与因明之关系》,《西南民族大学学报》(人文社会科学版)2012年第2期。
[6] 郑伟宏:《汉、藏因明比较研究刍议》,《复旦学报》(社会科学版)2012年第2期。
[7] 格日措:《略论藏传因明的发展》,《群文天地》2012年第6期。

细的论述；才华多旦和才项南加分别撰写的《藏传因明学的本土化》[1]和《试论公元8世纪的藏区佛教与因明》[2]就藏传因明学的本土化问题分别作了解答；值得注意的是因明随着佛教的传入以佛教典籍的译介方式传入蒙古地区并与蒙古族文化相互渗透、相互影响，形成了有别于藏传因明和汉传因明的蒙古因明，莫日根巴图撰写的《蒙古因明浅论》[3]指出蒙古因明是蒙古族学者结合本民族历史文化进行解读、研究的具有蒙古民族特色的因明，是藏传因明的重要组成部分或分支。另外此方面论文还有曾江和张春海也通过对藏传因明的历史与现状的考察发表了两篇杂文《藏传因明考察记》[4]和《藏传因明从传统学术向现代学术转变》[5]等。

## 寺　院

寺院研究方面，达宝次仁撰写的《桑浦寺夏季法会及其意义初探——兼论桑浦寺寺院发展现状》[6]在掌握一定文献资料的基础上，展开实地考察，通过观察、参与、访谈等形式，对桑浦寺夏季法会进行了初步探讨，并对桑浦寺现状进行了论述；达宝次仁撰写的《藏传佛教传统寺院内部管理模式及特征——以格鲁、萨迦、噶举三派为例》[7]讨论了藏传佛教寺院在历史上作为藏区各地政治、经济、文化的中心，为传承其教义、控制庞大的僧尼队伍以及强化寺院的政治、经济、文化及司法等功能，发展出的系统而又庞杂的内部管理模式；陈玮撰写的《色科寺属寺考释》[8]根据文献与口述资料，对地处青海省大通县的色科寺所属寺院（以"九寺"为主）作了较详尽的考释；杜常顺撰写的《明代岷州后氏家族与大崇教寺》[9]对班丹札释所创大崇教寺，是属于后氏家族的家族性藏传佛教寺院，基于后氏的政教地位，再加上明王朝的扶持，该寺成为明代岷州地区的中心大寺进行了探究；藏传佛教普庆寺是新疆历史上建筑规模最大的寺院，由清代藏族著名爱国宗教人士一世察汗呼图克图（喇嘛噶若）所建，徐长菊撰写的《疆藏传佛教名刹普庆寺研究》[10]运用民族学的研究方法，通过对普庆寺的地理位置、历史沿革、学经

---

[1] 才华多旦：《藏传因明学的本土化》，《中国宗教》2011年第8期。
[2] 才项南加：《试论公元8世纪的藏区佛教与因明》，《学理论》2012年第1期。
[3] 莫日根巴图：《蒙古因明浅论》，《内蒙古民族大学学报》（社会科学版）2012年第1期。
[4] 曾江、张春海：《藏传因明考察记》，《中国社会科学报》2011年5月31日。
[5] 曾江、张春海：《藏传因明从传统学术向现代学术转变》，《中国社会科学报》2011年5月31日。
[6] 达宝次仁：《桑浦寺夏季法会及其意义初探——兼论桑浦寺寺院发展现状》，《西北民族大学学报》（哲学社会版）2011年第1期。
[7] 达宝次仁：《藏传佛教传统寺院内部管理模式及特征——以格鲁、萨迦、噶举三派为例》，《西藏研究》2012年第3期。
[8] 陈玮：《色科寺属寺考释》，《青海社会科学》2011年第6期。
[9] 杜常顺：《明代岷州后氏家族与大崇教寺》，《青海民族研究》2011年第1期。
[10] 徐长菊：《疆藏传佛教名刹普庆寺研究》，《西藏大学学报》（社会科学版）2011年第2期。

情况、建筑结构、主要节日、今昔宗教器物、存在的问题与解决方案等方面展开探讨与研究,为学界和世人再现普庆寺昔日的文明与辉煌,开拓西域学和藏学研究的新领域;另外还有程德美撰写的《洁净的水——却藏寺》、索穷撰写的《藏北草原上的小布达拉宫——索赞丹寺巡礼》①、邱熠华撰写的《论西藏近代史上的拉萨三大寺》② 分别介绍了湟北名寺却藏寺和藏北索赞丹寺以及拉萨三大寺。藏传佛教寺院是藏民族文化传承的载体,寺院教育方面,卓么措撰写的《藏传佛教艺术传承中的口传教育探析》③ 对于藏传佛教艺术的传承以寺院为中心,传承方式是师徒式,主要通过师徒口耳相传、参悟体验来实现进行了相关论述,试图通过实地的田野考察,挖掘藏传佛教艺术传承中口传教育的存在形式及价值;陈潘撰写的《藏传佛教寺院教育研究综述》④ 在回顾有关藏传佛教寺院教育研究成果的整体状况基础上,分析目前该领域研究的特点,并探讨了存在的问题。

## 区域性研究

藏传佛教弘传 1400 余年以来,影响深远,区域性研究尤为重要。王开队专著《康区藏传佛教历史地理研究》⑤ 一书分为七个部分,深入、详细地介绍了康区藏传佛教的流布情况;王开队撰写的《试论历史时期藏传佛教萨迦寺院在康区的空间分布及其特征》⑥ 通过对现有资料的系统整理,借助现代历史地理学研究方法,对历史时期藏传佛教萨迦派寺院在康区的空间分布及其特征进行了初步研究;阿拉腾琪琪格撰写的《"蒙古化"的藏传佛教文化》⑦ 介绍了 16 世纪末 17 世纪初藏传佛教传入蒙古地区后,取代萨满教成为这一地区的主流信仰的历史和其在政治、经济、思想、文化等各方面对蒙古地区影响深远;根呷翁姆撰写的《藏传佛教格鲁派在道孚的传播和影响》⑧ 从道孚地区宗教格局、藏传佛教格鲁派传入道孚的社会历史背景、格鲁派寺院——灵雀寺在道孚的创建以及格鲁派对道孚社会的影响等诸多方面探讨了藏传佛教格鲁派在道孚地区的传播和影响;余粮才、王力撰写的《藏传佛教格鲁派在蒙古地区

---

① 索穷:《藏北草原上的小布达拉宫——索赞丹寺巡礼》,《中国西藏》2011 年第 6 期。
② 中央民族大学 2012 届博士研究生论文。
③ 卓么措:《藏传佛教艺术传承中的口传教育探析》,《西南民族大学学报》(人文社会科学版)2011 年第 11 期。
④ 陈潘:《藏传佛教寺院教育研究综述》,《阿坝师范高等专科学校学报》2012 年第 1 期。
⑤ 王开队:《康区藏传佛教历史地理研究》,四川大学出版社 2011 年版。
⑥ 王开队:《试论历史时期藏传佛教萨迦寺院在康区的空间分布及其特征》,《宗教学研究》2011 年第 3 期。
⑦ 阿拉腾琪琪格:《"蒙古化"的藏传佛教文化》,《内蒙古民族大学学报》(社会科学版)2010 年第 6 期。
⑧ 根呷翁姆:《藏传佛教格鲁派在道孚的传播和影响》,《四川民族学院学报》2011 年第 1 期。

的传播方式及其特点》①结合相关文献,论述了藏传佛教格鲁派在蒙古地区的传播方式与特点;董晓荣撰写的《蒙元时期藏传佛教在敦煌地区的传播》②分析了蒙元时期藏传佛教在敦煌地区的传播原因,对敦煌地区出土的碑石、文献、石窟壁画、游人题记等内容进行讨论,揭示了蒙元时期藏传佛教在敦煌地区得到延续和发展的概况及原因;孙华撰写的《民国时期藏密在汉地的传播》③从清末民初藏传佛教在汉地传播的时代背景、传播的特点及其社会影响三个方面出发展开论述;林锦江撰写的《香港藏传佛教文化的发展》④介绍了在香港特区基本法所赋予的宗教政策下,香港藏传佛教的发展状况和意义;张威撰写的《喇嘛教对归化城兴建及城市形态演变的影响》⑤将归化城发生重大转折的几个历史阶段作为研究对象,探讨了藏传佛教在归化城城市形态演变过程中所起的作用;吴苏荣贵撰写的《浅析蒙古与藏传佛教》⑥以历史为背景,从地域、文化的视角分析蒙古民族接受藏传佛教的重要过程,诠释蒙藏宗教关系这一独特的文化现象;昂巴撰写的《青海南部藏区藏传佛教发展的地域性特点及趋势研究》⑦在对青海南部藏区藏传佛教发展的现状进行深层次调查的基础上,对该地区人口、藏传佛教寺院及信仰状况进行了较为全面的分析;欧阳镇、陈金凤撰写的《江西藏传佛教传播发展述论》⑧解读了藏传佛教在江西的传播历史和发展状况;阿旺平措撰写的《清代藏传佛教在内地的传播与影响》⑨介绍了清代藏传佛教在内地的传播情况和原因;罗延焱撰写的《刍议西夏的藏传佛教传播——从安西榆林窟说起》⑩从安西榆林窟谈起,介绍了西夏传播藏传佛教的历史和接受藏传佛教的原因;魏强撰写的《藏传佛教初传北京及其历史影响》⑪深入考证了藏传佛教初传北京的历史事实以及对北京历史和文化所产生了重要影响;李健胜撰写的《藏传佛教对清代河湟洮岷地区汉人社会的影响》⑫对河湟洮岷汉人深受藏传佛教影响做了深入阐述。

---

① 余粮才、王力:《藏传佛教格鲁派在蒙古地区的传播方式及其特点》,《西藏大学学报》(社会科学版)2011年第3期。
② 董晓荣:《蒙元时期藏传佛教在敦煌地区的传播》,《西藏大学学报》(社会科学版)2011年第3期。
③ 孙华:《民国时期藏密在汉地的传播》,《西藏大学学报》(社会科学版)2011年第3期。
④ 林锦江:《香港藏传佛教文化的发展》,《中国藏学》2011年第1期。
⑤ 张威:《喇嘛教对归化城兴建及城市形态演变的影响》,《内蒙古社会科学》2011年第5期。
⑥ 吴苏荣贵:《浅析蒙古与藏传佛教》,《前沿》2012年第15期。
⑦ 昂巴:《青海南部藏区藏传佛教发展的地域性特点及趋势研究》,《北方民族大学学报》(哲学社会科学版)2012年第1期。
⑧ 陈金凤:《江西藏传佛教传播发展述论》,《江西社会科学》2012年第7期。
⑨ 阿旺平措:《清代藏传佛教在内地的传播与影响》,《法音》2012年第6期。
⑩ 罗延焱:《刍议西夏的藏传佛教传播——从安西榆林窟说起》,《人民论坛》2012年第17期。
⑪ 魏强:《藏传佛教初传北京及其历史影响》,《中国藏学》2012年第2期。
⑫ 李健胜:《藏传佛教对清代河湟洮岷地区汉人社会的影响》,《青海师范大学学报》(哲学社会科学版)2012年第5期。

## 现状研究

近年来，学术界重视现状研究，田野调查为论文提供了更为可靠的论据。尕藏加撰写的《民间信仰与村落文明——以藏区神山崇拜为例》① 根据实地考察，以神山崇拜为主的民间信仰在当前藏族地区不仅具有广泛性或普遍性，而且在广大农牧民的精神文化生活中占有一席之地，文章以神山崇拜为对象，通过个体、群体、性别和寺院四个角度，对神山崇拜为代表的民间信仰文化进行多层面、全方位的微观描述和宏观探讨；红梅撰写的《蒙古族敖包祭祀诵经音乐中的藏传佛教蒙古化因素——以呼伦贝尔市宝格德乌拉敖包祭祀仪式为个案》② 以内蒙古呼伦贝尔地区新巴尔虎左旗和新巴尔虎右旗共同祭祀的宝格德乌拉敖包祭祀仪式为个案，通过对敖包祭祀仪式诵经音乐的结构、内容等进行描述和分析，深入探讨流传于蒙古族地区的藏传佛教诵经音乐中包含的蒙古文化因素，阐释敖包作为蒙古族原始宗教信仰之重要载体，在藏传佛教蒙古化过程中的重要地位和作用；白玛措撰写的《当代藏族女尼的角色认同：以康区亚青寺为例》③ 指出随着时代和社会的发展，对藏族女尼在传统与现代交织中的角色、社会价值和身份认同等问题的研究，已是时代所赋予的话题，文章以亚青寺女尼为例，通过分析女尼在寺院结构、教育、生活中的角色，探讨当代藏文化和藏传佛教的女性观；牛绿花撰写的《甘南藏传佛教僧尼社会保障调查与研究》④ 在实地调研材料的基础上，分析了甘肃省甘南藏族自治州藏传佛教僧尼医疗和养老保险、社会救助及其他保障措施的实施情况，简要评析了僧尼社会保障实施的效果和存在的问题，并对如何完善僧尼社会保障提出了对策和建议；聂玛才让撰写的《青海共和县尕寺村佛教苯教和谐共存现状调查》⑤ 深入调查了青海海南州共和县恰卜恰镇尕寺村一村两教即藏传佛教格鲁派、宁玛派和苯教，长期以来，两种教派既各美其美，又求同存异，美美与共；既保持了各自的特色，又保持了两种宗教间的生态平衡与和谐相处的局面；孙林撰写的《青海隆务河流域六月会中的宗教仪式与族群认同——以同仁县尕沙日与日合德村为例》⑥ 以青海省黄南藏族自治州同仁县隆务河流域的土族村落尕沙日、藏族村落日德村的六月会为主，同时以四合吉、浪

---

① 尕藏加：《民间信仰与村落文明——以藏区神山崇拜为例》，《中国藏学》2011年第4期。
② 红梅：《蒙古族敖包祭祀诵经音乐中的藏传佛教蒙古化因素——以呼伦贝尔市宝格德乌拉敖包祭祀仪式为个案》，《世界宗教文化》2011年第5期。
③ 白玛措：《当代藏族女尼的角色认同：以康区亚青寺为例》，《宗教学研究》2011年第3期。
④ 牛绿花：《甘南藏传佛教僧尼社会保障调查与研究》，《中国藏学》2012年第1期。
⑤ 聂玛才让：《青海共和县尕寺村佛教苯教和谐共存现状调查》，《青海师范大学学报》（哲学社会版）2011年第6期。
⑥ 孙林：《青海隆务河流域六月会中的宗教仪式与族群认同——以同仁县尕沙日与日合德村为例》，《青海民族大学学报》（社会科学版）2012年第2期。

加、苏和日等藏族与土族村落的田野调查材料为补充，对各个村落六月会中如何通过宗教仪式，整合社群关系，加强族群认同等问题进行了比较，同时，就各个族群村落的宗教信仰如何产生相互的影响及彼此的文化认同意识等问题进行了分析；色莉玛撰写的《8—11 世纪西藏寺院建筑中来自印度佛教之因素——以桑耶寺与托林寺为例》[1] 调查西藏桑耶寺、托林寺是典型的藏传佛教寺院建筑，其中桑耶寺设计理念主要依据佛教《阿毗达磨俱舍论》，深受印度佛教影响，也是吐蕃时期西藏密宗信仰的直接反映，而托林寺最早建造之迦萨殿则是仿照桑耶寺修建，同样受到印度佛教影响；王晨光撰写的《藏传佛教信仰与社会秩序——对丹斗寺及下辖村落的考察》[2] 对青海省藏族村落进行了深入考察，提出宗教时代和后宗教时代的划分原则和意义，旨在对当下藏族社会存在隐患的成因进行分析；庞玮撰写的《藏传佛教尼僧生活考察——以拉卜楞寺洒乙昂尼寺为例》[3] 以拉卜楞地区宁玛派洒乙昂尼姑寺为例，通过实地调研，从尼僧的出家、修行、现状以及与男性僧众的生活对比等方面，对藏传佛教尼僧的生活状况进行了描述和分析；郭志合撰写的《纳西族与藏族民族信仰和谐共生关系研究》[4] 以纳西族民族信仰为主要研究对象，探讨了苯教和藏传佛教民族信仰向纳西族地区传播，并与纳西族的东巴教等民族信仰融合且共存共荣和谐共生为例，在梳理苯教和藏传佛教向纳西族地区传播、互动、融合、共生的历史文献资料的基础上，结合对田野调查点南溪村和汝柯村纳西族民族信仰的田野调查资料，分析论述了作为异民族信仰的苯教和藏传佛教与东巴教等纳西族民族信仰相互之间通过攀附与逃遁等方式而共生的状况。

## 宗教对话

藏传佛教与各宗教之间的比较研究近年来发表了一批论文著作，涉猎范围有所扩大，主要涉及藏传佛教与汉传佛教、苯波教、道教等比较研究。尹邦志撰写的《太虚大师为支那堪布翻案》[5] 和《宗喀巴大师对"支那堪布遗教"的批判》[6] 以及《萨班对"汉传大圆满"的批判》[7] 三篇文章深入地解读了太虚法师和宗喀巴大师对于"支那堪布"的教法理解以及萨迦班智达对于所谓"汉传大圆满"的判释；杨胜利、段刚辉撰写

---

[1] 色莉玛：《8—11 世纪西藏寺院建筑中来自印度佛教之因素——以桑耶寺与托林寺为例》，《四川文物》2012 年第 5 期。
[2] 王晨光：《藏传佛教信仰与社会秩序——对丹斗寺及下辖村落的考察》，《山西师大学报》（社会科学版）2012 年第 2 期。
[3] 庞玮：《藏传佛教尼僧生活考察——以拉卜楞寺洒乙昂尼寺为例》，《西藏民族学院学报》2011 年第 6 期。
[4] 郭志合：《纳西族与藏族民族信仰和谐共生关系研究》，西藏民族学院 2012 年民族学硕士研究生毕业论文。
[5] 尹邦志：《太虚大师为支那堪布翻案》，《宗教学研究》2012 年第 2 期。
[6] 尹邦志：《宗喀巴大师对"支那堪布遗教"的批判》，《社会科学研究》2012 年第 3 期。
[7] 尹邦志：《萨班对"汉传大圆满"的批判》，《现代哲学》2012 年第 4 期。

的《藏传佛教文化视域中的儒家文化——以土观·洛桑却吉尼玛为例的初步探讨》① 以土观·罗桑却吉尼玛对儒家文化的态度为例，分析了藏传佛教文化视域中的儒家文化；阿旺加措撰写的《苯教和藏传佛教之关系概说》② 和《吐蕃时期佛教与苯教的交锋与融合》③ 深入阐述了吐蕃时期的佛教与苯教的斗争、妥协；丁常春撰写的《道教内丹学与藏传佛教噶举派性命论之比较》④ 指出道教内丹学与藏传佛教噶举派都主张成仙成佛不离性命，且理与法相互印证的差异，文章从性命内涵论与性命工夫论两个方面对两者性命论思想作比较分析，不仅揭示了两者对性命内涵的理解迥异，而且从中可看出道教内丹性命双修工夫的实质就是使纯阳之元神与道合一，噶举派性命工夫实质就是证佛之法、报、化三身，从而使身心均获得解脱；喻长海撰写的《汉藏传佛教对二谛的不同看法——以吉藏和宗喀巴为例》⑤ 讨论了龙树中观学在吉藏和宗喀巴思想体系中所占据的重要地位是二者的共同特点，他们对二谛的讨论也都是其中观学说的重要组成部分，分析比较二者的二谛思想，可以看出他们对二谛的共同认识是根本性的，同时他们对二谛的看法依然有较大的差异，这种差异反映了汉藏传佛教对二谛的不同理解，也在一定程度上显示了汉藏传佛教差异背后的原因；道次第的思想是藏传佛教中最具影响力和生命力的学说、修行体系之一，乔根锁撰写的《藏传佛教格鲁派与汉传佛教三论宗心性哲学之比较》⑥ 分别介绍了藏传佛教格鲁派"佛性论"哲学和汉传佛教三论宗的"心性"哲学，加深了我们对藏传佛教"心性论"以及汉传佛教"心性论"实质及多样性的理解；乔根锁、徐东明撰写的《关于藏汉佛教因果报应论的比较研究》⑦ 阐述了藏汉佛教因果报应论的特色，并比较了藏汉佛教因果报应论的异同。

## 藏传佛教与政治

梁斌撰写的《从五世达赖朝清看西藏地方与清政权关系的历史演进》⑧ 用清政权敦请五世达赖进京及达赖陛见顺治帝的史实来探析当时西藏地方与清政权之间关系的历史

---

① 杨胜利、段刚辉：《藏传佛教文化视域中的儒家文化——以土观·洛桑却吉尼玛为例的初步探讨》，《西藏民族学院学报》（哲学社会版）2011年第5期。
② 阿旺加措：《苯教和藏传佛教之关系概说》，《西南民族大学学报》（人文社会科学版）2011年第4期。
③ 阿旺加措：《吐蕃时期佛教与苯教的交锋与融合》，《敦煌学辑刊》2012年第1期。
④ 丁常春：《道教内丹学与藏传佛教噶举派性命论之比较》，《中华文化论坛》2012年第2期。
⑤ 喻长海：《汉藏传佛教对二谛的不同看法——以吉藏和宗喀巴为例》，《西藏研究》2012年第2期。
⑥ 乔根锁：《藏传佛教格鲁派与汉传佛教三论宗心性哲学之比较》，《西藏民族学院学报》（哲学社会版）2011年第1期。
⑦ 乔根锁、徐东明：《关于藏汉佛教因果报应论的比较研究》，《中国藏学》2011年第4期。
⑧ 梁斌：《从五世达赖朝清看西藏地方与清政权关系的历史演进》，《西藏民族学院学报》（哲学社会科学版）2012年第1期。

演进；星全成撰写的《班禅系统与中央政府关系发展分期及特点》[1] 系统考察了班禅系统与中央政府之间的关系；杨红伟撰写的《拉卜楞寺与清政府关系综论》[2] 论述了拉卜楞寺与清政府不同等级政治层面上的复杂关系；杨杨撰写的《浅析吐蕃时期藏区僧人产生的政治与文化背景》[3] 从政治和文化两个角度分析藏区本土僧人产生的背景，说明藏区僧人的出现是当时历史条件下各种因素交织的必然结果；阿忠荣撰写的《佛教政治理念及藏传佛教政治功能》[4] 指出佛教从开始便凸显了强烈的政治功能，佛教传播的历史就是一个紧密借重于政治并深刻影响于政治的历史；李德成撰写的《元仁宗藏传佛教管理探微》[5] 介绍了元仁宗的藏传佛教管理措施，恩威并用，赏罚分明，灵活实际，行之有效，为维系多民族国家的统一、达到巩固封建中央集权统治的目的发挥了重要作用，也进一步巩固了中央政府对西藏地方的主权关系；尹雁撰写的《蒙元时期藏传佛教各派与宗王之关系探析》[6] 介绍了藏传佛教渐渐流入蒙古皇室的原因。

## 神灵与法器研究

藏传佛教神灵和法器研究方面，两年来发表了诸多研究成果，但大多与宗教艺术相关。神灵研究方面，当增扎西撰写的《藏族观音信仰的文化渊源及其三个体系》[7] 深入阐述了藏地观音信仰的内容和形式都不同于其他民族的观音信仰文化而自成一体，并有其自身的内部体系和发展规律，藏族观音信仰内部形成显宗信仰、密宗信仰和民间信仰三个体系，三者之间既有共通之处和内在联系，同时每一种信仰又有其特点，形成独立的体系；无独有偶，林锦江撰写的《罗布嘛呢括罗：藏族观音信仰文化研究》[8] 也深入细致地解读了藏地观世音菩萨信仰的全貌；札细·米玛次仁撰写的《藏传佛教班丹拉姆护法神信仰研究》[9] 对于班丹拉姆护法神的历史、文化进行了深入考证，使人们清楚地了解藏传佛教护法神信仰体系的形成和发展脉络，更能展现信仰与世俗之间所存在的密切关系；郭宝撰写的《关羽——汉藏宗教信仰的神话》[10] 分析了关帝作为这个藏民族信

---

[1] 星全成：《班禅系统与中央政府关系发展分期及特点》，《青海民族研究》2012年第3期。
[2] 杨红伟：《拉卜楞寺与清政府关系综论》，《江汉论坛》2012年第4期。
[3] 杨杨：《浅析吐蕃时期藏区僧人产生的政治与文化背景》，《丝绸之路》2011年第14期。
[4] 阿忠荣：《佛教政治理念及藏传佛教政治功能》，《青海师范大学学报》（哲学社会版）2011年第2期。
[5] 李德成：《元仁宗藏传佛教管理探微》，《世界宗教研究》2011年第6期。
[6] 尹雁：《蒙元时期藏传佛教各派与宗王之关系探析》，《天府新论》2011年第1期。
[7] 当增扎西：《藏族观音信仰的文化渊源及其三个体系》，《西北民族大学学报》（哲学社会版）2011年第3期。
[8] 林锦江：《罗布嘛呢括罗：藏族观音信仰文化研究》，中央民族大学2012年博士研究生毕业论文。
[9] 札细·米玛次仁：《藏传佛教班丹拉姆护法神信仰研究》，《西藏研究》2012年第2期。
[10] 郭宝：《关羽——汉藏宗教信仰的神话》，《中国—东盟博览》2012年第9期。

仰载体形成的原因及流变;火克淑撰写的《藏传佛教度母崇拜源流探析》① 介绍了在自成一体的藏传佛教文化圈内将度母这个形象视为是拯救众生大苦大难的保护神现状和原因;德吉卓玛撰写的《论度母的曼荼罗存在形式及其寓意》② 深入介绍了度母与曼陀罗的关系以及寓意,并指出度母的曼荼罗存在形式是表达度母文化形态和基本精神的一种特殊方式,它以度母自身富有的性质和救度之母的根本义为基点,借助不同的曼荼罗结构形态体现其价值功用和终极意义,度母的曼荼罗给我们提供了一种在内心与超越实体相连而获得的宗教经验和认知方式,是度母信仰达到最高层次的一种文化形态和崇拜方式;周景崇撰写的《杭州宝成寺元代大黑天造像考释》③ 介绍了杭州宝成寺元代佛教密宗石窟造像大黑天。

藏传佛教法器方面,吴明娣撰写的《明代藏传佛教法器铃杵与汉藏艺术交流》④ 根据历史档案、图像与存世实物,对藏传佛教法器中最具有代表性的金刚铃杵加以考察,在厘清其发展演变基本线索的前提下,着重探讨明清时期汉藏两地铃杵的制作、相互流传及其影响,并阐明其与汉藏艺术交流的紧密联系;才让撰写的《藏传佛教金刚法舞面具的制作、分类及其宗教内涵之研究》⑤ 指出藏传佛教金刚法舞面具有独特的制作工艺,根据所代表的角色,法舞面具大致可分为四类,而数量最多和最主要的是护法神面具,每一法舞面具的制作是仿照了其所代表的密宗神像的面部,面具的造型同样含有各种象征意义,表达了丰富的密宗文化内涵,法舞面具是一种象征符;刘焕涛、李志勇撰写的《浅析藏传佛教寺院中的法器供器》⑥ 简要介绍了藏传佛教仪轨中所需要的法器和供器。

# 结　语

近年来,随着藏传佛教文化在内地的广泛弘传,越来越多的人关注藏传佛教,关注以藏传佛教为载体的区域文化,另一方面也间接推动了国内藏传佛教学术研究的发展,取得了可喜的成绩。但是国内藏传佛教研究也还存在很多薄弱环节,有待于后学发奋。首先,近年来虽然涉猎藏传佛教的研究机构众多,除了各科研究院所和大学以外,民间团体也大量涌现,在藏传佛教文化普及和整理经典方面做出了极大贡献,但大都学术性较为薄弱,学术研究成果出版较少。其次,人才培养方面,尽管各大科研究院所和大学研究

---

① 火克淑:《藏传佛教度母崇拜源流探析》,《丝绸之路》2011 年第 8 期。
② 德吉卓玛:《论度母的曼荼罗存在形式及其寓意》,《青海民族大学学报》(社会科学版) 2012 年第 2 期。
③ 周景崇:《杭州宝成寺元代大黑天造像考释》,《新美术》2012 年第 2 期。
④ 吴明娣:《明代藏传佛教法器铃杵与汉藏艺术交流》,《世界宗教研究》2011 年第 6 期。
⑤ 才让:《藏传佛教金刚法舞面具的制作、分类及其宗教内涵之研究》,《西北民族研究》2011 年第 2 期。
⑥ 刘焕涛、李志勇:《浅析藏传佛教寺院中的法器供器》,《大众文艺》2012 年第 1 期。

生院培养了一大批藏传佛教方向学生，但大多数学生把握藏语文的能力和佛学积淀，以及对于藏民族文化的体悟能力等方面都还有待于进一步提高。最后，近两年来，国内藏传佛教研究范围的确逐渐扩大，但依然还存在很多研究盲区，研究深度也还有很大的进步空间。

（作者简介：中国社会科学院世界宗教研究所研究生）

# 2011—2012年度中国南传佛教研究综述

郑筱筠 吴 睿

中国南传佛教研究一直都是学术界研究的薄弱环节,但近年来随着研究学科分支越来越细,出现了大量的交叉学科、比较学科。与之相适应,在转型时期,宗教问题成为学术界开始关注和思考的重要问题,因此,越来越多的学者开始从不同的学科领域对宗教现象进行跨学科的比较研究,涌现了大量的研究成果。就南传佛教研究而言,这一现象更为明显。由于中国信仰南传佛教的区域主要集中于云南省,分布于傣族、布朗族、阿昌族、德昂族、彝族、佤族等少数民族聚居区,故南传佛教表现出鲜明的民族性特征。很多学者从宗教学、民族学、民俗学、人类学、社会学等多学科视角来关注南传上座部佛教,推动了南传上座部佛教的研究。与过去相比,相关的研究著作、文章,无论是在数量上还是质量上都有了较大的进展。综观2011年度和2012年度的相关研究成果,主要集中探讨了南传佛教的历史、管理模式、佛教艺术、现实问题及其与民族文化的互动关系等几个方面。本文将对发表于2011年和2012年南传佛教相关研究成果做一梳理,以期对之有一个较为系统的认识。

## 一 关于南传佛教历史的研究

关于南传佛教传入云南的时间问题一直是学术界争论的焦点,学者们纷纷进行了论述,但各持己见,学术界尚未形成定论。2011年方晓鸾、赵毅两位学者在《南传佛教传入德宏傣族地区初探》一文中"通过对众家之说的辨析,结合相关历史材料与宗教学理论分析认为南传佛教传入德宏的时间并不是一个具体的时间,而是上限为14世纪,下限为16世纪的一个时段"。[①] 认为在这个时段内,缅甸洞吾王朝对德宏傣族地区的入侵间接使得南传佛教大规模、高速地传入德宏地区。郑筱筠在2012年出版的《中国南传佛教研究》专著中指出:"目前学术界对于南传佛教何时进入云南这一问题尚无定论,

---

① 方晓鸾、赵毅:《南传佛教传入德宏傣族地区初探》,《德宏高等师范专科学校学报》2011年第4期。

究其原因，固然与文献资料的缺乏有关，但如果跳出纯粹佛教研究视野，而从民族学和传播学的角度进行研究，把握东南亚民族分布格局的形成时间、东南亚佛教传播形式、中国云南傣族与东南亚'亲缘民族'的关系等角度进行思考的话，可以推论成熟的南传佛教在中国云南的传播时间不早于12、13世纪。"① 其观点创新之处在于准确地把握住南传佛教的传播特点，将中国南传上座部佛教置于东南亚南传佛教文化圈的大范围去考察，从南传佛教文化格局在东南亚地区的形成过程来进行研究，由此推论出成熟的南传佛教传入中国的时间。另外，熊顺清的《中国阿昌族》②、唐洁的《中国德昂族》③、陶玉明《中国布朗族》④、祁德川的《中国景颇族》⑤ 4本书均涉及南传佛教传入阿昌族、德昂族、布朗族和景颇族地区的历史研究，但是这4本书中关于南传佛教传入这些民族地区的时间等历史方面的研究资料不足，还有待于进一步挖掘。

## 二 关于南传佛教管理模式的研究

南传佛教不同于汉传佛教之处在于，除了形成佛教自身的僧团管理制度之外，南传佛教在云南信仰民族地区长期的发展过程中形成了独具特色的管理模式，使南传佛教得以良性运行。郑筱筠在2011年发表的《试论中国南传佛教的宗教管理模式》⑥ 一文中指出南传佛教在与我国云南傣族社会融合的过程中，与其封建领主制度相结合，形成了金字塔式的佛寺管理、僧团管理、波章管理系统。这些模式都呈现金字塔，从上到下形成从属关系，上级管理下级，下级服从上级的管理，相互之间不可越权，大家在自己的职权内共同管理南传佛教社会事务，这样明确有序的分工将南传佛教的基层管理纳入了佛教的管理系统，有效地把基层佛教与村寨组织密切地结合在一起，促进了村寨佛教的良性发展。这一系统的设立，有效地整合了佛教资本和社会资源，有力地促进了佛教在当地的发展。郑筱筠在2012年出版的《中国南传佛教研究》一书中还详细地论述了南传佛教的政教关系模式、僧阶制度、僧团管理模式、波章管理模式、居士制度及南传佛教管理模式运行的特点等，全方位地论述了南传佛教的宗教管理系统及其模式。此外，2012年伍琼华、闫永军《傣族村落中的传统权威组织——曼安村的"细梢老曼"与乡村秩序》一文指出传统权威的代表"细梢老曼"和宗教权威"波章"以及管理村寨寨

---

① 郑筱筠：《中国南传佛教研究》，中国社会科学出版社2012年版。
② 熊顺清：《中国阿昌族》，宁夏人民出版社2012年版。
③ 唐洁：《中国德昂族》，宁夏人民出版社2012年版。
④ 陶玉明：《中国布朗族》，宁夏人民出版社2012年版。
⑤ 祁德川：《中国景颇族》，宁夏人民出版社2012年版。
⑥ 郑筱筠：《试论中国南传佛教的管理模式》，《中国宗教》2011年第1期。

神的原始宗教职业者分别负担不同的职能，共同管理村寨，维护村寨祥和①。

## 三 关于南传佛教艺术的研究

### (一) 关于南传佛教音乐的研究

关于南传佛教音乐方面的研究在 2011 年和 2012 年取得了一定进展，相关学者对南传佛教的音乐进行了深入的田野调查，并在此基础上撰写出了多篇学术论文，充实了南传佛教音乐方面的研究。其中，既有对南传佛教仪式音乐、音声音乐、器乐音乐的研究，也有对近几年来南传佛教音乐变化的研究。

首先，对南传佛教音乐变化的研究。对南传佛教音乐的研究当属杨民康先生为最早，他在《西南少数民族暨跨界族群音乐研究 25 年回眸——杨民康研究员学术访谈》②一文中说自己从 1996 年起考察了西双版纳傣族南传佛教音乐后便一发不可收，并在此基础上写出了云南少数民族音乐仪式三部曲，傣族南传佛教仪式音乐便是其中之一。此外，他的《论佛教丛林制度与佛教音乐风格区的相互关系》③一文认为南传佛教领域出现了丛林制度的身影，其整个寺院音乐风格格局也随之有较大的改变。与此相应，他在《德宏傣族佛教寺院的信众吟诵艺术及其文化变迁》④一文中指出在德宏州傣族佛教节庆及仪式过程中，由长者（布奘、贺露）为信众吟诵傣文佛经的部分活动呈现出明显的艺术化、文人化与市民文化现象，并认为对此类宗教、社会与文化现象进行较深入的考察分析将有利于开展中国南传佛教文化的整体性研究。

其次，对南传佛教仪式音声音乐的研究。在这个领域的研究中，郭联俊的《贝叶上的旋律——以西双版纳勐龙区域傣族南传佛教〈维先达腊〉念诵为例》⑤一文通过对西双版纳傣族村寨的佛事活动的考察，在人类音乐学的视角下，采用田野调查等相关方法以《维先达腊》的念诵为例将佛事活动中贝叶经的吟诵作为一种文化事项进行描述、分析，从而进一步深入探索了经书中的吟诵与当地的社会文化之间的密切关系，探究了其社会功能与文化意义。在此基础上，他的硕士学位论文《"维先达腊"仪式音乐研

---

① 伍琼华、闫永军：《傣族村落中的传统权威组织——曼安村的"细梢老曼"与乡村秩序》，《云南民族大学学报》（哲学社会科学版）2012 年第 3 期。
② 杨民康：《西南少数民族暨跨界族群音乐研究 25 年回眸——杨民康研究员学术访谈》，《音乐探索》2012 年第 1 期。
③ 杨民康：《论佛教丛林制度与佛教音乐风格区的相互关系》，《艺术百家》2011 年第 4 期。
④ 杨民康：《德宏傣族佛教寺院的信众吟诵艺术及其文化变迁》，《民族艺术》2011 年第 3 期。
⑤ 郭联俊：《贝叶上的旋律——以西双版纳勐龙区域傣族南传佛教〈维先达腊〉念诵为例》，《大舞台》2011 年第 1 期。

究——以西双版纳勐龙地区为例》[1] 进一步将勐龙镇区域的赕《维先达腊》经书仪式置于其本身社会文化结构中去观察研究，从微观和宏观两个层面对《维先达腊》的吟诵为核心的仪式音乐进行音乐人类学的解读，从而进一步深入探索了仪式音声在秩序的生活中与当地的社会文化之间的密切关系。另外，宋文贤的《仪式·音乐——以德宏户撒阿昌族南传佛教仪式活动为例》[2] 一文认为在云南德宏户撒阿昌族的南传佛教仪式活动中，音乐和非音乐的音声组合而成特定的符号，其自身特点在仪式中突显，并成为族群记忆延续和传承的时空桥梁。她的硕士学位论文《德宏地区阿昌族南传佛教仪式音乐的研究——以陇川户撒芒旦寨为例》[3] 一文通过对户撒阿昌族芒旦寨的摆落、进洼、出洼、泼水节、帕嘎摆五个佛教仪式个案进行分析，探究了以佛教信仰为核心的信仰结构中各种不同形式的仪式音乐，在分析它们的仪式结构、仪式中音乐的结构以及社群结构等的基础上置芒旦阿昌族南传佛教仪式音乐于中国南传佛教大音乐文化圈的背景下，根据其所具有的本土化特征揭示出仪式音乐在特定的时空场域中所实现的神圣与世俗的对话。此外，周寒丽的《南传佛教"入雨安居"仪式及其仪式中的音声功能分析》[4] 一文则以景谷傣族地区南传佛教"入雨安居"仪式和赕经书仪式为例，认为其中不断变化的音声是为了传达宗教信仰，增强信众感情，塑造信众的行为模式，并最终达到顺利完成仪式和实现仪式的目的；仪式中的音声既是为了增强信众对仪式灵验性和延续性的感情，实现人们举行仪式的初衷，又是为了在仪式中增添一种热闹、欢愉的氛围。

最后，对南传佛教音乐的研究还涉及器乐方面的研究。申波、方源的《梵音与暮鼓的感召——傣族"关门节"仪式中佛寺"大鼓"音声的个案考察》[5] 一文在多次的田野考察的基础上，分析了云南南传佛教信仰地区寺庙中放置的牛皮大鼓不同于象脚鼓的文化隐喻。他们指出，作为文化标志，傣寺的鼓声不仅构成了傣族民众的个人记忆与心理体验，也构成了傣族社会公共领域独特的历史表达方式，并认为大鼓是增强和延续仪式行为及气氛的一个重要媒介，通过音响，它带出了仪式的灵验性，成为傣族民众身份认同的重要基础和区别于他种文化的不同结构和价值。申波的《云南南传佛教信仰族群的

---

[1] 郭联俊：《"维先达腊"仪式音乐研究——以西双版纳勐龙地区为例》，云南艺术学院2011年硕士学位论文。

[2] 宋文贤：《仪式·音乐——以德宏户撒阿昌族南传佛教仪式活动为例》，《北京青年政治学院学报》2011年第3期。

[3] 宋文贤：《德宏地区阿昌族南传佛教仪式音乐的研究——以陇川户撒芒旦寨为例》，云南艺术学院音乐人类学2011年硕士毕业论文。

[4] 周寒丽：《南传佛教"入雨安居"仪式及其仪式中的音声功能分析》，《广西师范学院学报》（哲学社会科学版）2012年第3期。

[5] 申波、方源：《梵音与暮鼓的感召——傣族"关门节"仪式中佛寺"大鼓"音声的个案考察》，《云南艺术学院学报》2011年第4期。

鼓乐文化解读》① 一文则进一步认为，佛事活动世俗化、民间习俗佛事化，是南传佛教信仰族群各式鼓乐得以传承的社会基础。他认为，作为一种生命体验，音乐生活中交替出现的积极性（贡献的）和消极性（禁忌的）行为模式，构建了南传佛教信仰族群精神生活的执行惯性，而"地方性"人文生态途径的展演，又使得南传佛教信仰族群的音乐表达更多地保持一种与生活、生计相濡以沫的自然状态。因此，他认为作为一种心灵表达，"局外人"如若不理解他们的精神生活方式，也就难以了解他们通过鼓乐外化为情感表达的音乐表现形式。

### （二）关于南传佛教舞蹈的研究

在近两年的研究中，关于南传佛教舞蹈方面的研究也有所涉及。陈箬菡在《印度佛教舞蹈对中国少数民族舞蹈的影响》② 一文中指出印度舞蹈最初是表演者在寺庙为祭祀神灵而跳的，随着佛教的传入，印度祭神仪式与歌舞仪式被我国佛教寺院采用、吸收，并逐渐使之民族化。从南北朝开始，经过隋、唐直到清代，我国各地区民众对印度舞蹈进行了吸收和改造，创造了包括敦煌舞、汉族民间舞蹈、藏传佛教舞蹈和南传佛教舞蹈在内的不同形态、不同风格的佛教舞蹈。李梓伊的《云南傣族南传佛教文化圈域内传统舞蹈形态研究》③ 一文从舞蹈历史学视角对云南信仰南传佛教傣族支系的传统舞蹈进行历史形态、文化形态、审美形态三个方面的解读。通过研究得出云南信仰南传佛教的傣族支系传统舞蹈是由百越文化、中原汉文化、南传佛教文化交融形成的，具有傣族传统民族文化特点的舞蹈形态的结论。但认为三种文化中，南传佛教对信仰南传佛教傣族支系传统舞蹈形态的形成有着较积极的影响。文章还在此基础上对云南信仰南传佛教傣族支系的传统舞蹈做了新的推演、分析，概括了信仰南传佛教傣族支系的传统舞蹈审美形态。

### （三）关于南传佛教建筑的研究

伴随着南传佛教一起传入中国的还有南传佛教的佛塔、佛像、装饰等的建筑艺术，这些精美的建筑艺术被南传佛教信仰民族加以吸收运用，形成了独具特色的中国南传佛教建筑，丰富了南传佛教的内容。在近两年的研究中，郑筱筠的《试论中国南传佛教佛塔艺术》④ 一文以印度佛塔的形成及其形制、设计、制作等方面为基础分析了中国南传佛教的佛塔，指出中国南传上座部佛教艺术在长期的发展过程中集中体现了东南亚佛教

---

① 申波：《云南南传佛教信仰族群的鼓乐文化解读》，《云南艺术学院学报》2012 年第 3 期。
② 陈箬菡：《印度佛教舞蹈对中国少数民族舞蹈的影响》，《艺术教育》2011 年第 4 期。
③ 李梓伊：《云南傣族南传佛教文化圈域内传统舞蹈形态研究》，云南艺术学院 2011 年硕士研究生学位论文。
④ 郑筱筠：《试论中国南传佛教佛塔艺术》，2011 年 7 月 22 日"中日佛教文化艺术"国际学术研讨会，载于佛教在线网站，网址 http://www.fjnet.com/fjlw/201108/t20110809_183474.htm。

艺术的精华，同时又逐步形成了具有鲜明特色的民族风格和地方特色的中国上座部佛教本土化艺术风格特征。郝云华、贺天增的《德宏傣族佛教建筑之佛塔艺术》①一文则详细介绍了南传佛教地区佛塔的不同类型及其特征，并指出佛教南传的过程中世俗化的含义慢慢地被强化，它不仅象征着佛陀，也象征着来世，因此在这些地区人们把佛塔的建造和供养当做积功德，花费大量的人力、物力里来修筑佛塔，祈求来世的幸福。李辰光的《德宏傣族佛教造像艺术浅谈》②一文通过南传佛教和北传佛教在教义、造像艺术形式的对比，分析了南传佛教的造像艺术和表现技法，指出正是由于南传佛教严格地履行了原始佛教的特征，才构成了南传佛教独特的更接近佛教开创初始的造像特征和艺术特色，这些艺术特色是南传佛教绝无仅有的，也是世界佛教中独一无二的。安佳的《略谈傣族佛寺壁画的世俗化表现》③一文认为与汉传佛教、藏传佛教的壁画相比，傣族佛寺壁画呈现出明显的世俗化特征，傣族的壁画所表现的对象和造型不完全由信奉的对象的意象和形象化解出来，而是由现实生活中的事象和世俗情感所敷衍。因此，傣族将世俗生活与神圣世界巧妙地结合起来，并不是单纯去凭空虚幻出一个彼岸世界，而是将经书、教义中不可见的天堂、地域与生活表现得如同世俗生活那样有声有色，动感十足。这些精美的佛塔、佛像及壁画具有极高美学的价值，无形当中塑造了信仰民族的审美观念。同时，董艺的《曼宰竜佛寺僧舍外墙壁画研究》④一文在个案研究的基础上指出在南传佛教本土化的过程中，无论是人物、建筑的勾勒，还是环境氛围的描绘，都带有鲜明的民族特色和地方色彩，以浓厚的傣族民间气息感染着广大信徒。此外，王登云的《傣族南传佛教艺术的美育功能》⑤一文还认为南传佛教的艺术形式是信仰佛教的傣族人民的重要审美活动，在活动中，人们得到了美的教育，活动的结果也给人以美的启迪。

## 四　关于南传佛教与民族文化互动研究

### （一）关于南传佛教与民族社会生活的研究

南传佛教传入中国之后，在与傣族、阿昌族、布朗族、德昂族、佤族等少数民族的融合过程中逐渐渗入这些信仰民族生产生活的方方面面，对这些民族的社会生活产生很大的影响。

首先，南传佛教对傣族社会生活影响的研究。近年来，关于南传佛教对傣族社会生活的影响的成果颇多，主要涉及政治、经济、道德、生态、医药、心理及生死观念等方

---

① 郝云华、贺天增：《德宏傣族佛教建筑之佛塔艺术》，《民族艺术研究》2011年第5期。
② 李辰光：《德宏傣族佛教造像艺术浅谈》，《青年文学家》2011年第7期。
③ 安佳：《略谈傣族佛寺壁画的世俗化表现》，《装饰》2011年第4期。
④ 董艺：《曼宰竜佛寺僧舍外墙壁画研究》，中央民族大学2012年硕士学位论文。
⑤ 王登云：《傣族南传佛教艺术的美育功能》，云南大学2011年硕士学位论文。

面。政治方面，杨清媚的《十六世纪车里宣慰使的婚礼——对西南边疆联姻与土司制度的人类学考察》①和《从"双重宗教"看西双版纳傣族社会的双重性——一项基于神话与仪式的宗教人类学考察》②两篇文章分别探索了在缅甸政治及印度文化影响下的南传佛教对傣族社会的塑造。前者认为缅甸之所以能够借助南传佛教对当地（云南西双版纳地区）王权实行控制，其实就是基于此前当地所经历的宗教史过程中才得以实现的，即缅甸对车里进行统治的方式特点在于南传佛教所奠定的基础。后者则指出历史上西双版纳受到来自中国和印度两重文明的影响，这些影响以土司制度和南传上座部佛教的佛寺组织为制度渠道，形塑了当地社会。刘强的《西双版纳傣族政治形态研究》③一书则认为西双版纳全民信教，但是中国共产党规定加入中国共产党之后就不能再信仰佛教，于是除了部分精英群体和热衷于权力的人改变了信仰加入中国共产党之外，大多数人仍然是忠实的佛教徒，从而妨碍了西双版纳傣族现代政治人的形成。经济方面，张振伟的《嵌入式宗教：西双版纳傣族宗教生活的解读》④一文指出傣族的宗教是一种典型的嵌入式宗教，不同历史时期的宗教与政治、经济等社会因素有不同的互动和关联，并呈现出神职人员的非职业化和信众宗教生活中的超验目的与现实诉求合二为一等方面的特点，并认为在传统傣族社会，宗教与政治的关联比较密切，现阶段则与经济的关联比较密切，因而可以看出无论是神职人员还是信众都更加关注经济利益。他的《南传佛教寺院经济运行及其对傣族社会的影响——以景真总佛寺为例》⑤一文探究了南传佛教寺院经济收入的来源，并指出南传佛教寺院经济运行基础上进行的赕佛活动在傣族社会中具有民族身份认同的功能，并在平衡社会经济结构、抚慰民众心理等方面起着积极作用。道德方面，谢青松的《傣族传统道德研究》⑥一书认为南传上座部佛教的传入及其迎合傣族社会的需求进行"改造"完成了傣族化的过程被认为是傣族历史上最为重大的事件之一，对傣族的生活方式和道德观念产生了极为深远的影响，并认为崇神敬佛为傣族践行道德提供了内在的心理机制，成为傣族传统道德得以维系的重要环节。杨雪礼、杜外花的《探析〈佛教格言〉中的伦理观》⑦一文则探讨了《佛教格言》中的伦理观对西双版纳地区傣族的道德规范的作用，并探析了其与中国特色社会主义和谐社会发展相适应的

---

① 杨清媚：《十六世纪车里宣慰使的婚礼——对西南边疆联姻与土司制度的人类学考察》，《云南师范大学学报》（哲学社会科学版）2012年第2期。
② 杨清媚：《从"双重宗教"看西双版纳傣族社会的双重性——一项基于神话与仪式的宗教人类学考察》，《云南民族大学学报》（哲学社会科学版）2012年第4期。
③ 刘强：《西双版纳傣族政治形态研究》，中国社会科学出版社2011年版。
④ 张振伟：《嵌入式宗教：西双版纳傣族宗教生活的解读》，《学术探索》2011年第5期。
⑤ 张振伟：《南传佛教寺院经济运行及其对傣族社会的影响——以景真总佛寺为例》，《文化遗产》2011年第4期。
⑥ 谢青松：《傣族传统道德研究》，中国社会科学出版社2012年版。
⑦ 杨雪礼、杜外花：《探析〈佛教格言〉中的伦理观》，《文山学院学报》2011年第5期。

契合点。生态方面，刘荣昆的《傣族生态文化研究》①一书从傣族的稻作、服饰、饮食、居住、宗教、文学、音乐舞蹈等七个方面分析了傣族生态文化的内容。在宗教方面，他认为水文化中的佛教意蕴和具有深刻佛教文化内涵的植物塑造了傣族爱水、节水、爱护环境的生态观念。但是，郑晓云、皮泓漪的《人水关系的变迁与可持续发展——云南大盈江畔一个傣族村的人类学考察》②一文则指出个别傣族村寨的人水关系开始朝着非良性的方向发展，作为当地泼水节举行佛事活动及寨子成年劳动力在农忙时的放松场地，孩子们相互嬉戏增进感情的纽带的水文化逐渐丧失，人类对河流过度开发，水环境恶化，严重影响着当地的可持续发展。因此，他们认为水文化的重建，人水关系的良性构建已成为刻不容缓的事情。医药方面，赵家甜的《浅谈德宏傣医药文化》③一文认为傣医文化的核心文化是小乘佛教的理论与传统民族医药文化的有机结合，南传佛教中的宗教观念是傣医学的理论基础。心理方面，秦竹、马定松的《傣族南传佛教心理调适方法与现代心理疗法的相关性研究》④及秦竹、马定松、秦华等的《傣族佛教节日的心理调适作用及其价值探析》⑤两篇文章分别从南传佛教的教义和节日对傣民族的心理调适方面的作用进行了研究。前者透过南传佛教心理调适方法与经典分析疗法、认知疗法、行为疗法的相关性比较表明南传佛教心理调适方法是在佛教理论指导下的特殊心理调适方法，不同于现代心理治疗学派，其方法一体多元，即佛教心理调适方法体现、包含着多种现代心理疗法。后者则认为傣族佛教心理调适方法主要以佛事活动为表现形式，贯穿于生活中，而这些佛事活动又以节日为载体，通过赕佛等行为达到心身统一的目的，使得傣族具有了收放自然张弛有度的动态调节性、欢快豪放松弛舒畅的行为宣泄性、赕佛祭佛稳定心理的积极暗示性、对社会危机的社会支持性、改变认知平衡心态的社会和谐性、敬佛布施内省灵魂的人格健全性等的心理特征。生死观方面，艾罕炳的《西双版纳傣族拴线系魂文化》⑥一书通过傣族人民在日常生产、生活、宗教活动中给人、给牲畜、给树木等"拴线"的生动、翔实案例，诠释了"拴线"背后"系魂"的真实含义，认为今天傣族南传佛教寺院中的"平安结"正是由"系魂线"演化而来。王水静的《云南傣族生死观研究》⑦一文则在文献及问卷、个别调查访谈的基础上总结了傣族的生死

---

① 刘荣昆：《傣族生态文化研究》，云南大学出版社2011年版。
② 郑晓云、皮泓漪：《人水关系的变迁与可持续发展——云南大盈江畔一个傣族村的人类学考察》，《中南民族大学学报》（人文社会科学版）2012年第4期。
③ 赵家甜：《浅谈德宏傣医药文化》，《商业文化》2012年第3期。
④ 秦竹、马定松：《傣族南传佛教心理调适方法与现代心理疗法的相关性研究》，《云南中医学院学报》2011年第6期。
⑤ 秦竹、马定松、秦华等：《傣族佛教节日的心理调适作用及其价值探析》，《云南中医学院学报》2011年第3期。
⑥ 艾罕炳：《西双版纳傣族拴线系魂文化》，云南大学出版社2011年版。
⑦ 王水静：《云南傣族生死观研究》，西南大学2011年硕士研究生学位论文。

观，认为云南西南地区信仰小乘佛教的傣族在宗教影响下体现浓厚宗教色彩的生死观念。受南传佛教的影响，傣族的葬礼中也体现出了浓厚的宗教色彩。如郭山、沈梅梅的《西双版纳傣族丧葬中的仪式性财富》[1] 一文从仪式性财富的角度诠释了西双版纳傣族丧葬文化，认为完整的傣族丧葬应该由献祭安葬和赕佛追祭两个仪式环节组成，丧葬中的仪式性财富可主要分为亡人独有的财富，具有灵性并能在亡人与生者之间交换的财富，以及赕给亡人却能为生者积累功德的财富等三类，与献祭安葬相比，赕佛追祭仪式消耗的财富更多，投入的时间更长、情感更深，表象更加隆重，由此质疑了傣族"薄葬"的传统观念。此外，肖桂云的《傣族服饰的类型特点及功能探析》[2]，周静帆、裘鸿菲的《论傣族宗教信仰对傣族村寨景观的影响——以滇西德宏地区傣族传统聚落研究为例》[3]，曾琴的《西双版纳傣族水井装饰艺术研究——以景洪市为例》[4] 等的文章分别研究了南传佛教对傣族服饰、村寨布局及水井装饰等的影响。

其次，南传佛教对阿昌族社会生活的影响。熊顺清的《上座部佛教在户撒阿昌族聚居区的传播及影响》[5] 一文研究了南传上座部佛教在户撒阿昌族地区的传播及影响。文章对阿昌族佛教信仰中的佛、寺、塔、教派、宗教仪规、佛事活动、节日庆典、僧俗的活动等进行描绘，勾勒出阿昌族佛教信仰的全图景，以对比方法探讨了阿昌族佛教信仰与上座部佛教的一致性与差异性，提炼了阿昌族佛教信仰的一些特色。她认为尽管阿昌族佛教与傣族佛教相比有着自己的特殊性，但它仍然是傣族佛教文化的一部分。此外，《当代云南阿昌族简史》[6] 一书也简要地论述了中华人民共和国成立之前的阿昌族宗教，对阿昌族的南传佛教的教派及节日进行了简单的梳理。

再次，南传佛教对布朗族社会生活的影响。李杰的《布朗族民族文化及其特点》[7] 一文指出由于受傣族的影响，主要分布在勐海、双江、澜沧江等地的布朗族信仰南传佛教，这些地区的布朗族用傣语撰写经书，南传上座部佛教成为他们民族文化的重要组成部分，对他们的风俗习惯等有重要影响。黄彩文、李杰《布朗族宗教信仰与和谐社会构建中应处理好的几个关系》[8] 则指出布朗族既是我国人口较少民族，也是云南特有民族和跨境民族，经济社会发展相对滞后，宗教信仰形态丰富多样，原始宗教、南传上座部

---

[1] 郭山、沈梅梅：《西双版纳傣族丧葬中的仪式性财富》，《民族研究》2012 年第 4 期。
[2] 肖桂云：《傣族服饰的类型特点及功能探析》，《云南艺术学院学报》2012 年第 3 期。
[3] 周静帆、裘鸿菲：《论傣族宗教信仰对傣族村寨景观的影响——以滇西德宏地区傣族传统聚落研究为例》，《华中建筑》2011 年第 9 期。
[4] 曾琴：《西双版纳傣族水井装饰艺术研究——以景洪市为例》，昆明理工大学 2011 年硕士学位论文。
[5] 熊顺清：《上座部佛教在户撒阿昌族地区的传播及影响》，中央民大 2012 年博士毕业论文。
[6] 《当代云南阿昌族简史》编辑委员会编：《当代云南阿昌族简史》，云南人民出版社 2011 年版。
[7] 李杰：《布朗族民族文化及其特点》，《黑河学刊》2012 年第 7 期。
[8] 黄彩文、李杰：《布朗族宗教信仰与和谐社会构建中应处理好的几个关系》，《云南民族大学学报》（哲学社会科学版）2011 年第 2 期。

佛教、基督教和汉传佛教并存。文章认为布朗族宗教文化中所包含的核心价值观与和谐社会的总目标是协调一致的，但也有消极的一面。因此，既要正确处理好宗教信仰与社会各方面发展之间的关系，抵御境外宗教渗透，又要努力挖掘和发扬布朗族宗教信仰中有利于社会和谐发展的伦理道德精神和积极因素，为构建和谐云南、和谐边疆服务。

此外，南传佛教对德昂族社会生活的影响。李全敏的《滴水仪式、功德储备与德昂族保护环境资源的地方性知识》[①] 一文认为德昂族佛教活动仪式中，最后举行的滴水仪式以及仪式用水指向功德储备的表意超越了本身的宗教含义，最终进入到保护环境资源的地方性知识体系中——把水滴入土地意味着滴水者在这一系列轮回中生活在有水滋养的肥沃土地上。他们在向女神 Nang Wa Song De Rui[②] 作为土地的化身以水的形式收录着众生各自所积累的功德的解释，实际上表露的是他们对生存之本的尊崇和对佛的虔诚。在功德通过生命之源储备于生存之本的过程中，通过舍功德、积累功德和记录功德表现出来，实践着该民族的生态话语权。在环境问题全球化的今天，这种地方性知识对当前的环保问题有积极的意义。王燕的《德昂族浇花节的仪式与经文》[③] 一文认为德昂族浇花节是来自南传佛教影响的一个盛大节日，是德昂族宗教文化、传统文化的集中体现。但是，李晓斌等的《节日构建与民族身份表达——基于德昂族浇花节与傣族泼水节的比较研究》[④] 一文则指出德昂族的族浇花节和傣族的泼水节的相似性表明两个节日与南传上座部佛教有着密切关系，这是其存在相似性的基础，正因为如此，故而其仪式过程和象征意义都基本相同，留给各民族可发挥的空间是有限的。

另外，关于南传佛教对佤族社会生活影响的研究。周家瑜的《宗教对话视野下制度化宗教与民间信仰的并存与互融——以云南省勐简大寨黄衣佤族宗教信仰情况为例》[⑤] 一文以勐简大寨村黄衣佤族的南传上座部佛教与民间信仰关系为例，探讨了制度化宗教与民间宗教的互融共生特性，分析了这种互融共生特性在当前宗教对话中的现实意义。

总之，南传佛教传入中国之后，在与云南少数民族的原生态宗教相互斗争、冲突、融合的过程中逐渐融入了当地的民众生活，对少数民族社会生活的各个方面都有着深刻

---

① 李全敏：《滴水仪式、功德储备与德昂族保护环境资源的地方性知识》，《云南民族大学学报》（哲学社会科学版）2012 年 9 月第 5 期。

② 德昂语，他们认为 Nang Wa Song De Rui 是住在地下的大地女神，掌管着所有从地上滴到地下的水，所有的水都汇集到头上，女神用她的头发记住每一位滴水者的功德。释迦牟尼成佛时说，他是通过积累功德而成佛的，女神 Nang Wa Song Rui 作证，佛的功德都记在她的头发上，因此她轻轻拧一下头发，功德就以水的形式从她的头发上留下来汇成了大海。德昂族认为，他们所供奉的祭品和各自内心对健康、平安、丰收、财富的祈盼和愿望，只有通过滴水，才能传递给祖先和神灵，自己的功德才会被储备和记录下来。

③ 王燕：《德昂族浇花节的仪式与经文》，《今日田野》2012 年第 8 期。

④ 李晓斌、段红云、王燕：《节日构建与民族身份表达——基于德昂族浇花节与傣族泼水节的比较研究》，《中南民族大学学报》（人文社会科学版）2012 年第 4 期。

⑤ 周家瑜：《宗教对话视野下制度化宗教与民间信仰的并存与互融——以云南省勐简大寨黄衣佤族宗教信仰情况为例》，《民族论坛》2011 年第 6 期。

的影响,塑造着当地民族文化,并成为当地民族文化中不可分割的一部分。

### (二) 关于南传佛教与民间文学的研究

南传佛教对我国信仰民族的民间文学也产生了深刻的影响。这种影响首先表现在南传佛教经典对傣族地区的语言、词汇的影响上。如保明所的《巴利语借词对西双版纳地区词汇的影响》[①] 一文指出,随佛经而来的大量巴利语借词对傣语产生了重要影响,它使傣语中增加了多音节词;充实了傣语常用的词汇;巴利语借词深入到傣语的俗语谚语中;巴利语借词加深了傣语书面词汇和口语词汇的分化程度。在此基础上,成书于傣历354 年,即公元 992 年的北宋年间的《乌莎巴罗》[②] 就为人们展示了南传佛教在傣族地区的曲折传播,它反映的是古代傣族社会由部落到部落联盟转变这样一个历史时期,勐嘎西纳与勐班加两个部落之间的矛盾和战争。长诗以王子和公主的爱情纠葛为主线,在南传佛教逐步取代原始宗教的社会文化背景下,展示了从原始部落制向封建领主制转变时期傣族古代社会生活的广阔画面,真实反映了傣族社会政治制度、经济形态、宗教信仰、伦理道德、礼仪习俗等社会风貌,生动描绘了古代社会的政治斗争和宗教斗争,深刻揭示了南传佛教作为一种先进的社会思潮,在傣族社会扎根生长的曲折而漫长的过程,再现了南传佛教与傣族原始宗教之间复杂而激烈的冲突斗争,歌颂了南传佛教的基本思想和精神,表达了傣族人民崇尚和平,追求幸福,热爱自然,祈望正义战胜邪恶的美好愿望,成功塑造了代表原始宗教和代表南传佛教的两个文化英雄人物,性格鲜明,栩栩如生。此外,屈永仙的《傣族叙事诗的文本形态》[③] 指出,古时候,傣族的男子要到寺院里学习傣文和佛经,到一定的年龄后再还俗,而傣族民众相信抄佛经不仅可以积累功德,还可以化解灾难,因此人们竞相抄献佛经,还俗僧人主要为民众抄写佛经,也有一部分人成为了赞哈,开始书面创作。这样就形成了傣族诗歌无形的生命链,使得傣族地区的佛经得到大量的传抄和保存。此外,杨璠的《从民间叙事试论南传佛教对傣泐思想文化的影响》[④] 也从受南传佛教影响的民间叙事中探索了南传佛教对傣泐历的社会民俗和民族心理特征、民族性格的影响。

### (三) 关于南传佛教本土化的研究

宗教的本土化是外来宗教与本地民族宗教文化相融合,获得长远发展的必经之路,南传佛教亦如此,在与云南少数民族原始宗教的斗争、融合中完成了本土化过程,成为

---

① 保明所:《巴利语借词对西双版纳地区词汇的影响》,《百色学院学报》2012 年第 1 期。
② 西双版纳州少数民族研究所主编:《乌莎巴罗》,海天出版社 2011 年版。
③ 屈永仙:《傣族叙事诗的文本形态》,《文学与文化》2011 年第 3 期。
④ 杨璠:《从民间叙事试论南传佛教对傣泐思想文化的影响》,《陕西社会科学论丛》2012 年第 2 期。

信仰民族文化的重要组成部分。黄彩文则在《仪式、信仰与村落生活：邦协布朗族的民间信仰研究》[①]一书中指出了南传上座部佛教在双江地区的传播过程中与傣族原始民间信仰的相互融合过程，并指出二者的相互融合丰富了邦协布朗族民众民间信仰的内容，而南传佛教也同时深刻地受到了民间信仰的影响。这表明南传佛教在傣族地区实现了与当地民族原始宗教共生的本土化过程。

## 五　关于南传佛教现实问题的研究

### （一）关于南传佛教慈善的研究

慈悲喜舍是佛教的主要思想，起步于20世纪末的南传佛教慈善事业在体现着佛教慈悲喜舍精神的同时，也获得了较大的发展。云南省佛教协会的《慈悲喜舍：让佛光温暖艾滋病患者——"佛光之家"积极探索中国南传佛教界防艾治艾新模式》[②]一文指出早在1999年，云南省西双版纳傣族自治州佛教协会就组织西双版纳僧人参与艾滋病防治培训，积极探索宗教界关怀和帮助艾滋病人及艾滋病病毒感染者的新模式，并且取得了一定的成就。郑筱筠在《中国南传佛教研究》一书中从理论层面总结了中国南传佛教的慈善事业管理模式、实践意义及其面临的挑战和发展趋势。陈燕则在《南传佛教参与社会公益事业的调查与思考》[③]一文中提出了进一步推动南传佛教社会公益事业发展的几点思考。

### （二）关于南传佛教教育问题的研究

南传佛教传入中国之后，不仅对云南地区的少数民族社会生活方面产生了重要影响，而且也改变了当地的教育，担任起了信仰民族文化教育的重任。在云南信仰南传佛教的民族地区历史上，教育由土司等上层阶级所掌握，下层民众几乎没有受教育的权利。因此，南传佛教传入之后，寺院教育成了当地信仰民族接受文化教育的唯一途径，当地民众把孩子送进寺院学习知识，寺庙承担起了培养了民族人才的重任。但是，随着现代教育的引进，佛寺教育与现代教育之间的冲突不断显现出来，并呈现出愈演愈烈的趋势，成为亟待解决的现实问题。近两年来，关于南传佛教寺院教育与现代教育的冲突的研究不在少数。陈小华、刘成的《当前傣族缅寺教育的困境与保护》[④]一文认为当前由于缅寺教育难以满足现代社会经济需求、人们对宗教的态度从神圣变为世俗，传统的

---

[①]　黄彩文：《仪式、信仰与村落生活：邦协布朗族的民间信仰研究》，民族出版社2011年版。
[②]　云南省佛教协会：《慈悲喜舍：让佛光温暖艾滋病患者——"佛光之家"积极探索中国南传佛教界防艾治艾新模式》，《法音》2012年第9期。
[③]　陈燕：《南传佛教参与社会公益事业的调查与思考》，《管理学家》2012年第1期。
[④]　陈小华、刘成：《当前傣族缅寺教育的困境与保护》，《红河学院学报》2011年第1期。

赕佛等活动被当成夸耀财富的手段以及僧侣水平低下等原因使得缅寺教育面临着很多困难。陈荟的《西双版纳傣族寺庙教育与学校教育冲突及归因分析》一文指出现代教育介入以后，寺庙教育与学校教育始终处在对立冲突的状态之中，主要体现在生源、时间、教学内容、学生人生观、和尚生身份等方面。杜沙沙的《傣族"和尚生"与教师冲突的归因分析及对策——基于勐海S中学的考察》[1]、邹媛的《西双版纳傣族佛爷的生存状态对"和尚生"发展的影响研究》[2]、杨雄的《西双版纳寺庙教育对傣族学生发展的影响——基于男女学生性别比较》[3] 等文章认为是宗教的原因及佛爷整体素质日益低下导致和尚生受到不良影响，由此造成了和尚生与教师之间的冲突，使男童学习成绩下降。在这些文章中，大多认为是宗教，即南传佛教寺院教育导致了南传佛教信仰地区的男童学习成绩差，而没有从政治、经济、文化等多方面、多角度去探求南传佛教教育与现代教育之间的冲突，因此很多文章的论据显得过于片面，有失客观。

南传佛教寺院教育与现代教育的冲突是由政治、经济、文化等多方面的原因造成的，必须从冲突的根源出发才能解决其中存在的问题。首先，我们应该正视南传佛教在教育方面所起到的作用，而不是将和尚生学习成绩差等原因归因于宗教，或者认为是宗教阻碍了现代教育的发展，只有这样我们才能从客观的立场着手于二者矛盾的解决。如释永仁的《佛陀的教学方法——以巴利语三藏为基础》[4] 一文就认为南传佛教经典巴利语三藏的《经藏》证明了佛陀无上的智慧和非凡的教育才能，如果教育中能够引进佛陀教导——教学方法，就能产生良好的教育效果，实现教育目标。这对南传佛教寺院教育与现代教育的冲突的解决提供了一个很好的方向，即在民族地区将佛教知识巧妙地融入现代教育中势必能很好地解决佛教寺院教育与现代教育之间的矛盾。与此相同，郑毅的《傣族佛寺教育与义务教育的冲突及其缓解——兼议"威斯康辛州诉约德"案》[5] 一文借鉴美国"威斯康辛州诉约德"[6] 案例分析了傣族地区佛寺教育与义务教育的冲突。鉴于此案例，他认为西双版纳宗教习惯中适龄学童出家为僧这一冲突可以通过延缓傣族男童上学年龄、插时教育以及最大限度地寻求佛寺教育与义务教育的互补性等措施

---

[1] 杜沙沙：《傣族"和尚生"与教师冲突的归因分析及对策——基于勐海S中学的考察》，西南大学2012年硕士学位论文。
[2] 邹媛：《西双版纳傣族佛爷的生存状态对"和尚生"发展的影响研究》，西南大学2012年硕士学位论文。
[3] 杨雄：《西双版纳寺庙教育对傣族学生发展的影响——基于男女学生性别比较》，西南大学2012年硕士学位论文。
[4] 释永仁：《佛陀的教学方法——以巴利语三藏为基础》，中央民族大学2011年博士学位论文。
[5] 郑毅：《傣族佛寺教育与义务教育的冲突及其缓解——兼议"威斯康辛州诉约德"案》，《贵州民族研究》2011年第1期。
[6] 美国阿米绪人出于对宗教信仰传承的目的而进行的传统"单室教育"也同各州的教育法产生了冲突。1972年美国联邦最高法院在"威斯康辛州诉约德"一案中以"在中世纪，西方世界文明的很多重要价值是由那些在巨大困苦下远离世俗影响的宗教团体保存下来的。没有任何理由去假设今天多数就是'正确'的，而阿米绪人和类似他们的人就是'错误'，最终判决阿米绪人的宗教信仰优先于州立法中的义务教育规定"。

来解决，只有变堵为疏才能真正实现宗教信仰自由与受教育权的最佳矛盾均衡建构。他的博士学位论文《冲突与调谐：佛寺教育与义务教育基本权利关系研究》①则在借鉴相关案例分析的基础上指出要解决南传佛教与现代教育之间的冲突问题，除了完善教育制度外，还应该建立《民族教育法》，对当前的少数民族教育进行宏观统筹，将切入视角从教育事务的管理切换到受教育权利及其他法律法规权利乃至基本权利的保障上来，对民族教育和宗教教育的关系问题给予明确的回应才能更好地解决二者之间的矛盾。此外，程利的《传承与创新——西双版纳傣族佛寺教育刍议》②、程利等的《宗教背景下的傣族教育发展策略》③、陈慧的《浅议耿马上座部佛教与傣族男童义务教育的关系》④等文章分别从不同的角度指出了解决南传上座部佛教寺院教育与现代教育之间的矛盾的策略及方法。与上述这些解决措施有所不同的是刘华的《少数民族地区乡村治理法则研究：以勐海县一个傣族村寨为例》⑤一书认为寺院教育与现代教育之间的冲突表面上是宗教与教育的冲突，更深层次的是两种文化之间的冲突问题，是国家强力推行的现代文明向传统文化相渗透的一种结构性冲突。因此，他认为这种冲突为如何整合传统与现代之间的关系提出了挑战，面对这样的情况，傣族到底该做出何种选择，我们无权为他们做出决定，而是需要他们自己在与现代社会进行不断的交往中做出选择。

尽管关于南传佛教寺院教育与现代教育之间的冲突与解决众说纷纭，但是我们应该明确的一点是南传佛教是傣、布朗、德昂、阿昌等信仰民族的文化的重要组成部分，佛教对它们的教育有着不可磨灭的贡献。在当下，在经济、政治、外来文化等的冲击下而日渐衰退的宗教教育如何寻求与现代教育的平衡，为民族地区共同培养人才是一个值得进一步研究的问题。

## 六　其他方面的研究

近两年来关于南传佛教的研究除了上述几个方面外，还涉及对南传佛教的现状、经典、旅游及相关政策的研究。现状方面的研究，郑筱筠2012年发表《当代中国南传佛教现状、对策及其发展战略》一文，对于南传佛教在大陆、台湾和香港的发展现状进行了回顾，指出在现代化进程中，中国南传佛教，尤其是云南南传佛教面临的问题，并对

---

① 郑毅：《冲突与调谐：佛寺教育与义务教育基本权利关系研究》，中央民族大学2012年博士学位论文。
② 程利：《传承与创新——西双版纳傣族佛寺教育刍议》，《前沿》2012年第1期。
③ 程利、董慧秀、秦霖：《宗教背景下的傣族教育发展策略》，《黑龙江史志》2012年第10期。
④ 陈慧：《浅议耿马上座部佛教与傣族男童义务教育的关系》，《临沧高等师范专科学校学报》2011年第4期。
⑤ 刘华：《少数民族地区乡村治理法则研究：以勐海县一个傣族村寨为例》，民族出版社2012年版。

其发展战略提出了自己的看法和建议。① 圣凯法师的《禅宗现代转型的原因与未来》② 一文中指出"在禅宗的现代转型中,人们日益要求现实佛教回到原始佛教——佛陀的根本佛法时代,因此形成了'南行求法'的高潮,南传佛教的经典、教理、禅法等传入汉族地区,从而促进汉传佛教界面向南传佛教学习"。在这个浪潮中,南传佛教的全貌得到了重新认识,南传佛教的教义得到了全新、全面的阐释,使南传佛教的教义、经典等更加全面、完整地向外传播。经典方面,王丽娜、湛如著《〈法句经〉概貌考》③ 一文对《法句经》的概貌进行了考究;赵桐的《佛教心理学——南传上座部佛教〈论藏〉简介》④ 一文对南传佛教的《论藏》进行了简要的分析概括。另外,南传佛教的经文都是刻写在东南亚地区特有的贝叶上的,由此形成的贝叶经也成为了南传佛教文化的重要组成部分,对南传佛教文化的传播、发展等起着非常重要的作用。周娅的《中国南传上座部佛教抄本概况研究》⑤ 一文以西双版纳为个案,对我国南传上座部佛教抄本的源流、形制、存量、文字、内容结构以及濒危状况等做了简要论述。黄琴的《云南民族文化强省建设背景下傣文贝叶历史档案发掘利用研究》⑥、谢念亲的《贝叶文化与中国——东南亚"和谐周边"构建》⑦ 等文章则指出了南传佛教贝叶经在云南省民族文化建设及与东南亚国家"和谐周边"构建过程中的作用。旅游方面,陆泓等的《迁糯佛寺建筑文化地理特征研究》⑧ 一文就指出以迁糯寺为代表的景谷南传佛寺建筑有很高的人文地理学价值,它不仅是净化人们心灵的宗教场所,也是难得的旅游资源;陈炜、杨姗姗则在《西部地区佛教文化资源旅游开发应注意的问题——以云南为例》⑨ 一文认为云南佛教文化遗产数量庞大,因此在开发旅游资源的过程中要注意遗产的保护,并指出在开发中要处理好佛教文化开发与保护之间的关系,要坚持立足云南、面向全国、放眼东南亚的开发原则,还有注意维护佛教文化的本真性,主张佛教文化资源内涵的深度挖掘,形成当地富有特色的开发模式等来促进佛教旅游资源的开发与保护。此外,周寒丽的《党在基层民族和宗教管理中的智慧——以景谷县大寨村为例》⑩,龚明海、舒巨彬的《认真贯彻党

---

① 郑筱筠:《当代中国南传佛教现状、对策及其发展战略》,《中国佛学》总第 32 期,社会科学文献出版社 2012 年版。
② 圣凯:《禅宗现代转型的原因与未来》,《中国宗教》2012 年第 4 期。
③ 王丽娜、湛如:《〈法句经〉概貌考》,《文学与文化》2012 年第 2 期。
④ 赵桐:《佛教心理学——南传上座部佛教〈论藏〉简介》,《法音》2012 年第 3 期总第 331 期。
⑤ 周娅:《中国南传上座部佛教抄本概况研究》,《世界宗教研究》2011 年第 2 期。
⑥ 黄琴:《云南民族文化强省建设背景下傣文贝叶历史档案发掘利用研究》,云南大学 2012 年博士学位论文。
⑦ 谢念亲:《贝叶文化与中国——东南亚"和谐周边"构建》,《东南亚纵横》2011 年第 10 期。
⑧ 陆泓、陆帅、朱海礁:《迁糯佛寺建筑文化地理特征研究》,《古建园林技术》2011 年第 3 期。
⑨ 陈炜、杨姗姗:《西部地区佛教文化资源旅游开发应注意的问题——以云南为例》,《五台山研究》2011 年第 1 期。
⑩ 周寒丽:《党在基层民族和宗教管理中的智慧——以景谷县大寨村为例》,《文史博览》(理论版)2012 年第 8 期。

的宗教工作方针　努力维护宗教和睦社会和谐边疆稳定》[①] 等文章也对新时期中国共产党在南传佛教信仰地区的宗教政策进行了总结及探索，为进一步完善南传佛教管理体系提供了参考和建议。

## 七　结语

综上所述，2011—2012 年两年间，南传佛教的研究开始得到越来越多的学者的关注，研究的宽度和广度也在不断扩大。以前，学者的研究几乎都聚集在傣族南传佛教的研究上，现在已经逐步扩展到了南传佛教的其他信仰民族，如布朗族、德昂族、阿昌族、佤族等民族的研究上，对这些民族南传佛教的研究表明中国南传佛教的研究已经从一个点逐渐向面扩散，为人们更全面地认识南传佛教提供了宽阔的视野。同时，研究的内容已经涉及南传佛教对信仰民族生产生活影响的各个方面，极大地扩展了南传佛教研究的范围，为全面解读南传佛教奠定了基础。

综上所述，2011—2012 年中国南传佛教研究取得了重大突破，不同领域学者的研究成果夯实了南传佛教研究的基础。同时，南传佛教研究中存在的问题及其研究薄弱环节也需后人继续耕耘，才能更好地为世人展示南传佛教的风采。

（作者简介：郑筱筠，世界宗教研究所研究员；吴睿，世界宗教研究所研究生）

---

[①] 龚明海、舒巨彬：《认真贯彻党的宗教工作方针　努力维护宗教和睦社会和谐边疆稳定》，《今日民族》2010 年第 10 期。

道教研究

# 2011—2012 年中国道教研究论文综述

胡百涛

道教作为中国传统思想的集大成者，在思想观念上以体系庞大着称，在发展历程上以继承与创新的叠合发展为特征。与此相对应，道教研究自然也呈现出多角度、多方向的发展态势，文献学、历史学、考古学、内丹学等传统研究门类稳中有进，图像学、心理学等研究方兴未艾。学术研究与教内研讨相互辉映，国内研究与海外研究彼此影响。2011—2012 年，道教研究在延续之前的研究格局之上，即表现为无中心、多方向同步发展的特征。

## 一 道教经籍文物研究

道教学是伴随着对《道藏》的研究而建立起来的，文献研究因此曾作为道教研究的主体部分存在。近年来，随着方志、档案等新材料及田野考古的新发现，文献研究已经不限于对传统道教典籍的解读，而大大扩展了其研究范围。而且，随着图形学、美学等新视角的引入，道教经籍文物研究领域也呈现出传统与创新并重的特点。

### （一）文献典籍研究

继承传统道教学的研究路向，以《道藏》为对象展开的研究主要有：周作明的《试论早期上清经的传抄及其整理》[1] 分析了东晋南朝上清经书之间相互传抄、征引的基本情况，并就上清经书的整理工作进行了初步的探讨。刘祖国《〈周氏冥通记〉研究（译注篇）注释拾补》[2] 一文对日本麦谷邦夫、吉川忠夫编《〈周氏冥通记〉研究》（译注篇）的十一处注释进行了勘误。丁宏武著《道藏洞神部所收一篇葛洪佚文及其文献价值》[3] 一文，依据《抱朴子内篇》和《晋书·葛洪传》等相关记载论证了《太清金液神

---

[1]《宗教学研究》2011 年第 1 期。
[2]《宗教学研究》2012 年第 2 期。
[3]《宗教学研究》2012 年第 1 期。

丹经》卷下"抱朴子序述"部分为葛洪原作的事实，并指出了该篇所记述的三国两晋时期南海西域诸国的地理方位、风俗特产等内容在域外地理及中西交通研究方面的重要意义。朱越利著《〈周易参同契〉注者储华谷考》① 一文指出，三卷本《周易参同契》的注释者储华谷即是南宋诗人储泳，依据储泳所著《祛疑说》及相关诗文给予了论证。高丽杨《〈钟吕传道集〉与〈西山群仙会真记〉版本考述》② 叙述了《钟吕传道集》自宋代至《藏外道书》以来的九种版本概况，指出各版本之间并没有内容上的差别，极有可能都出自《正统道藏》这一系统；《西山群仙会真记》的现存五种版本内容基本出自《正统道藏》，而与《藏外道书》所收《太上玉函玄秘群书》有较大的内容变化，可资对勘。许蔚《〈历世真仙体道通鉴〉所见〈真诰〉校读记》③ 一文以《历世真仙体道通鉴》各卷所引《真诰》文句为底本，对《正统道藏》所收《真诰》进行了校读。汪登伟《唐施肩吾〈三住铭〉小考》④ 则根据《道枢·三住篇》、《全唐文·座右铭》及《三洞群仙录·肩吾三住》对《三住铭》进行了辑录和疏证，进而证明此文作者施肩吾实为唐人栖真子，而非钟吕弟子华阳子或华阳真人。周冶《沿袭与建构：〈金丹大要〉中的马钰形象略析》⑤ 一文依据张子翼《丹阳真人马公登真记》、秦志安《金莲正宗记·丹阳马真人》、王利用《马宗师道行碑》、赵道一《历世真仙体道通鉴续编》和刘志玄、谢西蟾《金莲正宗仙源像传·丹阳子》等记载对《金丹大要》所述马钰形象进了对勘，指出陈致虚在此不过是继承师说而建构马钰的双修形象，以便为自己传承的丹道赢得合理性。

研究早期藏外道书的有梁恩贵、魏燕利合著《五禽戏之文献传存与功法流变新考》⑥，文章分析了五禽戏在东晋张湛等编撰《养生要集》、陶弘景《养性延命录》、隋唐道经《太上老君养生诀》、明代《卫生真诀》、《赤凤髓》、《内外功图说》等文献中的收录情况和版本演变，指出从古本五禽戏或华佗五禽戏演变为明本五禽戏是内丹学影响的结果。郭硕知著《吴全节〈题白云观〉——对一份新发现文献的解读》⑦ 一文分析了玄教第二代大宗师吴全节"行书白云观七律手卷"中手书《题白云观》七律诗所蕴涵的道教意象。

研究明以后道教文献的有：尹志华著《〈吕祖全书〉的编纂和增辑》⑧ 一文就三十

---

① 《中国道教》2011 年第 3 期。
② 《中国道教》2011 年第 4 期。
③ 《宗教学研究》2011 年第 1 期。
④ 《中国道教》2011 年第 1 期。
⑤ 《宗教学研究》2011 年第 2 期。
⑥ 《宗教学研究》2012 年第 2 期。
⑦ 《中国道教》2012 年第 3 期。
⑧ 《宗教学研究》2012 年第 1 期。

二卷本《吕祖全书》的编纂过程和每卷经文的来历进行了考察，并探讨了六十四卷本增补的内容。氏著《〈道藏辑要〉的编纂与重刊》① 则考证出《道藏辑要》的初编出自嘉庆年间蒋元庭之手，同时叙述了阎永和重刊《道藏辑要》和增补续篇的基本情况。叶明花、蒋力生著《朱权〈庚辛玉册〉考辨》② 一文探讨了明宁王朱权所撰外丹学著作《庚辛玉册》的著录情况和主要内容。刘金成著《从道教善书探三教融合——对〈关圣帝君觉世真经〉的研究》③ 一文研究了《关圣帝君觉世真经》的产生背景、成书年代和流传情况，并探讨了其中所体现的三教交融思想。朱文广、段建宏合著《由贾村赛社〈排神簿〉、〈祭文簿〉看道教、民间信仰的特点》④ 一文通过对山西贾村赛社《排神簿》和《祭文簿》的研究分析，提出当地道教、民间信仰的一些特点：这一时段的信仰体系是比较稳定的，道教、民间神信仰的广泛性远超佛教，它是以道教为中心的多神灵、多派别、多区域中心的信仰体系，与人们日常生活相关，直接反映了中国民众信仰的现实功利性。

除道藏道经研究之外，道教文献学还涉及道教宫观山志和谱牒研究，如张全晓著《明代武当山志著录疏误补正》⑤ 一文则对《明史·艺文志》、《千顷堂书目》、《四库全书总目提要》、《中国善本书提要》、《中国善本书提要补编》、《新编天一阁书目》、《中国古籍善本书目》、《中国古籍善本总目》等权威目录学著作对明代武当山志的著录讹误情况进行了驳正。梅莉《民国〈湖北省长春观乙丑坛登真箓〉探研》⑥ 一文则统计分析了清代嘉庆以来全真教开坛传戒大师与受戒人数，梳理了长春观所举办的两次传戒活动的八大师，并依据抄本《湖北省长春观乙丑坛登真箓》所记录的民国十四年传戒过程中得戒弟子 454 人的个人资料分析了民国年间全真道的宫观分布、道派传承等历史情况。

### （二）考古金石研究

考古学及金石学研究是道教文献研究的延续和扩展，与文献研究一起构成道教研究的"二重证据"。随着田野调查的逐步开展，考古金石研究逐步成为道教学的主要内容之一。曾维加《永嘉南渡与天师道的南传——再论焦湾侯家店道教六面铜印》⑦ 一文以西晋末年的"永嘉南渡"作为解读 1966 年江苏镇江丹徒县焦湾侯家店南朝古墓出土六面铜印的历史背景，根据此印的出土地点以及史料中对信奉天师道的王氏家族南迁的记

---

① 《中国道教》2012 年第 1 期。
② 《中国道教》2011 年第 2 期。
③ 《中国道教》2011 年第 1 期。
④ 《宗教学研究》2011 年第 4 期。
⑤ 《世界宗教研究》2012 年第 2 期。
⑥ 《世界宗教研究》2011 年第 2 期。
⑦ 《世界宗教研究》2011 年第 3 期。

载，来推断琅邪王氏家族在南方侨居时传播天师道的情景，从而得出西晋末年的人口迁移的确是道教大规模由北向南传播的一个历史契机。王连龙《隋吴通墓志道教文化内涵考论》[1] 一文分析了隋吴通墓志的基本内容：志盖刻有八卦符号及劝诫后世掘墓者镇墓文字若干，墓志正文四周刻有后天八卦及筮数互体卦画符号，配以隶书甲乙、丙丁、庚辛、壬癸等天干，指出志文格式及部分文辞内容来自陶弘景《真诰》，反映了隋初道教兴盛及茅山上清经法北传的历史事实。孙勐《唐代墓葬中的道教遗物——镇墓石概述》[2] 一文则概括论述了发现在西安、洛阳周围的唐代镇墓石的基本特点，指出贵族信徒镇墓石所铭刻的基本内容大致相同，源自道教《太上灵宝洞玄灭度五炼生尸经》中的"安灵镇神"天文等，而底层信众镇墓石则承袭了东汉以来镇墓瓶中盛放五石的做法。

章红梅著《成都市二仙桥南宋墓出土道教碑铭释文补正》[3] 一文对1999年成都市二仙桥南宋墓出土的买地券、敕告文券、华盖宫文券、镇墓真文券的释录作了补正，并利用同墓文本及其他碑刻、传世道经，对缺损文字作了一些补辑，以期为研究南宋时巴蜀地区丧葬习俗和道教历史提供准确完整的文献资料。岳涌著《明长春真人刘渊然墓志考》[4] 一文则根据2010年12月南京市博物馆清理出的明初道教领袖长春真人刘渊然墓志结合正史材料等勾勒了刘渊然的生平。

朱磊著《北斗厌胜信仰的星象学起源考证》[5] 一文重新讨论了出土解注器中所出现的北斗符号，认为星空中二十八宿之一的鬼宿正好压在北斗七星"帝车"车底这一北斗压鬼宿天文现象是北斗厌胜信仰的星象学起源。姜生《长沙金盆岭晋墓与太阴炼形——以及墓葬器物群的分布逻辑》[6] 一文对1958年发掘的湖南长沙金盆岭西晋永宁二年墓墓室四角距墓底1154米处的平砌壁面进行了再讨论，认为整个墓室象征着死者卧斗修炼成仙的炼形之宫，其中的陶俑应为司命司录俑、诵经真官俑、鬼官北斗俑等。不同的器物群构成不同的功能区域，代表着墓主人地下修炼成仙过程的不同阶段。

周郢著《新发现的徂徕山炼神庵摩崖考》[7] 根据新发现的徂徕山南麓四方蒙元时期摩崖刻石，讨论了全真教在泰山地区传播的新线路，介绍了丁志年与时珍家族在建立宫观传播教门方面的重要贡献。孙守春、刘学雷著《清风庵·蒋公洞遗址考》[8] 一文释读了崑嵛山全真创教时期的清风庵摩崖石刻碑文，并据以解析了蒋公洞及石龛修建的缘由

---

[1] 《世界宗教研究》2011年第4期。
[2] 《中国道教》2011年第6期。
[3] 《宗教学研究》2012年第1期。
[4] 《中国道教》2012年第2期。
[5] 《宗教学研究》2012年第2期。
[6] 《宗教学研究》2011年第1期。
[7] 《中国道教》2012年第3期。
[8] 《中国道教》2012年第4期。

和相关人物。文章进一步揭示出全真教在金元鼎盛时期的石坟葬制和发展盛况。姜生《青州马丹阳祖师打坐摩崖造像考》① 一文分析了最近发现的青州市南部云门山马丹阳打坐摩崖造像，讨论了造像中马丹阳头顶的三髻形象，推定此造像应为明嘉靖年间青州衡王府内掌司冀阳周全所造。

除墓石、造像之外，碑刻同样是道教文献的重要补充来源。万里所著《〈关于辉州重修玉虚观碑的两则考释〉补正》② 对《关于〈辉州重修玉虚观碑〉的两则考释》一文进行了补正，考证出辉州玉虚观的最初重修主持者为金元时期的全真教道士丘处机再传弟子冷德明，以及作为辉州玉虚观"法亲院门"之修武县清真观、卫辉路紫极万寿宫的创建历史等情况，并对《辉州重修玉虚观碑》的撰文、书丹和立碑时间作了进一步的厘清，还对丘处机—刘志敏—冷德明和房志起这一全真教法系的构成及活动情况进行了大致勾勒。王雪枝《易州龙兴观现存元明两代碑铭镌文传录补正》③ 一文根据龙兴观遗址现存的《大元易州龙兴观宗支恒产记碑》补正《道家金石略》所录碑阴《龙兴观正一宗支图》之误，补足失录的"恒产"部分文字，并新辑录明代《易州重修龙兴观碑铭》、《重建龙兴观功行之碑》的碑文两通。张方著《碑刻所见山西左权县紫微观派字传承》④ 根据观中现存成化四年《重修紫微观碑记》和嘉靖四十一年《重修紫微观记》分析了紫微观扩建的历史和住观道士字派传承的情况，即紫微观道士大约在明朝嘉靖年间放弃了自己原有的派字谱而改用全真华山派的派字谱，这表明全真各宗派字谱的出现应该在明代初期稍后，而且存在多个小教团改变法脉而相互合并的现象。

**（三）图像艺术研究**

图像艺术是与文献和造像同时相关的题材，研究方法也兼具文献学和图像学两种。关于道教经籍所见图像的研究，主要成果有：许宜兰《老子形象演变刍议——从〈混元老子〉等图像溯源太上老君形象之演变》⑤ 一文以道经中的老子形象为切入点，结合魏晋至清代大量和老子形象相关的中国传统绘画、雕塑、碑刻、壁画等艺术作品，使人们认识到老子形象有一个逐渐神异且图像日益丰富完善的过程。李瑞振《浅谈汉代宗教印》⑥ 主要讨论了目前所见汉代宗教印的内容、字数、钻刻章法、凿刻方式刻、用途，以及汉代道教法印的基本使用情况。李俊涛著《道教"诸天内音自然玉字"的图像意象

---

① 《中国道教》2011 年第 1 期。
② 《世界宗教研究》2011 年第 6 期。
③ 《宗教学研究》2012 年第 1 期。
④ 《中国道教》2012 年第 4 期。
⑤ 《宗教学研究》2012 年第 3 期。
⑥ 《中国宗教》2011 年第 1 期。

和思想研究》①一文以道教经典"三十二天内音自然玉字"的图像研究为切入点，揭示道教经咒图像与卦易、内丹思想的联系，深入探讨道教咒语这样一种特殊语言的意象是如何转化为独特的宗教视觉图像，又是如何通过观想来完成与天神的心灵感应，进而激发潜藏的意象能量的。

以雕刻为对象的研究成果主要有：李远国著《天蓬、天蓬信仰及其图像的考辨》②主要讨论了唐宋雷法系统中天蓬与天蓬信仰的由来与演变、以天蓬为主神的各种道法构成要素（咒诀、禹步、法印等）以及天蓬形象的演变及图像分析等。黄海德《唐代道教"三宝窟"与〈南竺观记〉》③一文依据四川省仁寿县唐代天宝年间镌刻的道教"三宝窟"造像及龛窟旁边所刻《南竺观记》碑文一篇讨论了三宝窟之三清造像的特点和《南竺观记》刻文在道教文献分类及目录学上的重要价值。李俊涛《南宋大足圣府洞道教三帝石刻造像的图像分析》④一文以二十四史中所记载的唐宋元三代宫廷主要的礼祀规范为依据，结合灵宝道经，重点分析了南宋大足圣府洞道教石刻造像圣府洞内以大明、北极紫微大帝和夜明道教三帝造像为主题的道教雷法道场，提出这样的道教神系图像组合反映了南宋政权期望借助天地星神的神秘力量来抵御北疆外敌、护佑皇权的功利性和现实意义。

对壁画、绘画展开研究的主要有：张鲁君、韩吉绍合著《〈三才定位图〉研究》⑤对宋代大型道教绘画《三才定位图》的创作背景、思想内涵和艺术水平等进行了分析，指出此图在三清天之上加上虚皇天反映了张商英融合三教思想建构的一种新宇宙论，具体分析了此图的构图、内容、绘画风格和服饰等。陈杉《〈纯阳帝君神游显化图〉图像解构》⑥一文指出永乐宫纯阳殿壁画《纯阳帝君神游显化图》是现存唯一的全真道祖师吕洞宾画传，并根据《妙通纪》对比分析了《显化图》的内容和风俗意义，指出《显化图》具有"范宽遗韵"的艺术特征。氏著《道教壁画的精华——山西永乐宫〈钟离权度吕洞宾图〉解读》⑦一文则对永乐宫《钟离权度吕洞宾图》的艺术成就进行了分析，指出此图的绘制真正达到了物我相照，又物我两忘的境地。梅红《大英博物馆收藏的五幅关帝年画考》⑧一文介绍了大英博物馆收藏的五幅关帝画像的规格，并征引相关文献对画像中的人物进行了考证，认为他们分别是张仙、王灵官、关平和周仓。苏东军

---

① 《宗教学研究》2011 年第 3 期。
② 《宗教学研究》2012 年第 2 期。
③ 《中国道教》2011 年第 3 期。
④ 《宗教学研究》2012 年第 2 期。
⑤ 《世界宗教研究》2011 年第 5 期。
⑥ 《宗教学研究》2012 年第 1 期。
⑦ 《中国宗教》2011 年第 4 期。
⑧ 《宗教学研究》2012 年第 3 期。

所著《清代佛山道教历史管窥——以佛山市博物馆藏道士画像为主》①介绍了佛山市博物馆所藏清代万真观道士画像主人的生平以及万真观道派的源流谱系,并论述了明清佛山道教对佛山社会、经济、文化各方面所产生的重要影响。

## 二 道教人物与历史研究

### (一) 道教与社会政治关系研究

作为一种信仰体系,道教的兴衰往往受到政治等社会因素的影响。近两年对道教与传统社会关系的研究涉及道教产生发展的各个历史时期。何文凤著《汉代祠庙功能探索》②一文从升仙角度分析汉代祠庙建立的祭祀功能,整理了汉代帝王崇信黄帝乘龙升仙和敕令修建神祠、宫观以接引神仙的史实,并指出汉代民众为那些升仙的人立祠,继而希望通过祭祀能够升仙。升仙成为汉代祠庙祭祀的主要功能之一。刘林魁著《北齐文宣帝高洋废除道法考论》③一文对北齐天保六年文宣帝高洋颁布《废李老道法诏》令道士剃发出家为僧这一历史事件进行了重新梳理,指出文宣帝本欲沙汰佛道二教,然最终废除道教的原因有三:迷信佛教,缺乏政治家气度;指导思想不清,政教冲突为宗教斗争代替;北齐胡风兴盛,且文宣帝饮酒过度患有精神疾病。不过,文宣帝废除道教后,仍然与道士有交往,及至北齐废帝时期,道教势力再次壮大。藏内文献与《资治通鉴》记载文宣帝禁绝道教的影响有夸大失实之处。

由巴雷特(Timothy Hugh Barrett)著,曾维加翻译的《唐高宗和武则天时期的道教与政治》④一文从宗教与政治的角度论证了唐高宗及武则天时期道教与皇权之间的关系,着重梳理了当时著名道观的源流,分析了嵩山以及上清派在唐朝道教中的重要地位。《盛唐时期的道教与政治》⑤一文则接下来论证了武周之后中宗、睿宗以及玄宗时期的道教与皇权之间的关系,着重从佛地道位的变化分析道教在中唐发展盛极一时,成为当时与儒家治世之道相抗衡的国之重策的原因所在。承续前文而作的《安史之乱到晚唐的道教与政治》⑥论证了安史之乱到唐末道教与皇权之间的关系,着重分析了这段时期道教经典在朝廷科考中的地位和作用,并通过日本僧人圆仁的日记生动地再现了武宗灭佛事件的场景,同时研究了上清派、天师道和地方民间道派的关系,突出了杜光庭在唐朝道教中的重要地位。三篇文章分别是英国学者巴雷特教授代表作《唐朝道教研究——中国

---

① 《中国道教》2011 年第 1 期。
② 《世界宗教研究》2012 年第 5 期。
③ 《宗教学研究》2011 年第 2 期。
④ 同上。
⑤ 《宗教学研究》2011 年第 3 期。
⑥ 《宗教学研究》2011 年第 4 期。

历史上黄金时期的宗教与帝国》一书的第二至第四部分。

关于宋元道教，冯大北《宋代封神制度考述》[1]指出宋代封神活动之盛是地方社会及其信仰文化兴起的结果，与统治者的支持也分不开。封神是统治者神道设教的产物，以祈、报为双重目的，既把它看成是对神祇灵应的回报，又将之视为获取更多感应的一种激励性手段。文章整理了封神要履行的一套极为复杂和繁琐的审批手续，讨论了封神与祀典、正祀的关系：封神是宋代官方确定正祀的重要途径之一。张悦著《略论宋理宗与道教》[2]一文指出在南宋理宗时期，道教内部整合、三教融合加剧，道教自身也向世俗化方向又跃进了一步，在宋理宗新的道教政策的支持下，天师道第三十五代天师张可大成为"三山符箓"的统领，女冠吴知古事件引发士大夫的议论，《太上感应篇》被大力推广。张方《全真女冠与元代社会》[3]一文认为元代社会道德观念的限制使得妇女的宗教活动更多地需要女性宗教师，而全真女冠们禁欲苦修的信条又契合元代社会道德观念对守节妇女的要求，得到了上层社会的广泛支持，从而形成了继唐代女冠热后又一个女性信仰道教的热潮。在这场热潮中虽然很多全真女冠表现出了古代社会女性难得的独立意识和平等精神。

明清是道教发展的重要转折时期，相关研究成果如王福梅著《明皇室与北京洪恩灵济宫》[4]讲述了明成祖敕建北京洪恩灵济宫的来由，经过明英宗、宪宗扩建所形成的盛况，以及洪恩灵济宫在明末清初衰废的原因。张全晓《明代武当山提督内臣制度考略》[5]一文专门研究了明皇室管理武当道教的武当山提督内臣制度，从明代武当山志等地方文献中考证了明代武当山提督内臣的主要活动，指出明代宦官不仅长期提督武当山，而且全方位参与了武当山的各项管理工作，是明皇室与武当山之间沟通和互动的重要渠道，为明代武当道教的持续发展和繁荣鼎盛做出了独特的贡献。潘存娟《慈禧与西安八仙宫》[6]论述了慈禧敕修西安八仙宫的历史缘会，指出慈禧敕修八仙宫一事既体现了清政府对道教的基本政策，又表现出女性统治者亲近道教的特殊心理诉求。它凸显了道教信仰的宗教心理功能，客观上给八仙宫及地方道教产生了积极影响。郑永华《为有掸尘诸会友，仰游福利拜齐天——北京传统道教民俗》[7]一文指出北京东岳庙的"掸尘会"道教民俗萌芽于元代后期，形成于明代，至清代与民国前期达到鼎盛阶段，在历史上持续传承六百多年，产生了广泛影响。由于社会环境与宗教生态的变化，至今又出现了新的

---

[1] 《世界宗教研究》2011年第5期。
[2] 《宗教学研究》2012年第1期。
[3] 《宗教学研究》2011年第1期。
[4] 《中国道教》2012年第2期。
[5] 《宗教学研究》2012年第1期。
[6] 《宗教学研究》2012年第2期。
[7] 《世界宗教文化》2011年第5期。

因素。

### (二) 道门人物及教派研究

道教人物及教派史构成道教史的主体,相关研究成果也很多。关于中古道教史,丁宏武着《葛洪年表》[①],依据《抱朴子外篇·自叙》、袁宏《罗浮记》、《晋书·葛洪传》、《太清金液神丹经》卷下、《道教义枢》等史料重新钩稽梳理了葛洪的生平,重订其扶南之行、庚寅封侯、生卒年以及部分作品的系年等问题。熊铁基、肖海燕合著《再论葛洪的神仙思想》[②] 则主要讨论了《抱朴子内篇》神仙思想的历史意义,梳讲了葛洪的仙道关系及修炼方法的思想内容。赖萱萱郑长青合著《叶法善道法简析》[③] 分析了唐代道教宗派融合、道法融汇的历史条件下著名道士叶法善道法不拘一格、内外兼修的特点:在贯通正一与上清派道法的同时发展新的内丹术。尤佳、周斌合著《杜光庭与蜀地道教——兼论其咏道诗的思想内涵》[④] 一文通过对《十国春秋》《青城山记》等文献典籍的梳理与比较,就杜光庭在蜀地道教发展中的巨大作用以及他在蜀地的弘道、修行、生活等诸方面进行较为全面细致的探讨。同时,文章还考察和分析了杜光庭咏道诗的思想内涵在于宣扬李唐正统、积极谋求道教复兴,宣扬"修身理国"与"修道即修心"的道教理念。

关于符箓道派,金建锋《北宋道士陈景元生平事迹考述》[⑤] 一文考证了北宋道士陈景元的生卒年、字号,求学、初游京师、进书修书及任高级道职等主要事迹,并对陈景元大致著述情况进行了清理。王驰《天师张继先与龙虎山正一雷法》[⑥] 一文从史传考辨和思想解析的双重维度出发,梳理了北宋末第三十代天师张继先在雷法创立兴盛潮流中的贡献,指出张继先参同诸家学脉开创了龙虎山正一雷法,并依其著作对融摄内丹心性学说的正一雷法思想进行了阐释。王巧玲著《王寿衍与玄教在浙江的传播》[⑦] 一文主要讲述了元代高道王寿衍的生平及在浙江省的主要道教活动,认为玄教通过协调江南各道派之间的关系为江南诸派最后联合成正一道大派作了必要的准备,提供了必要的组织基础,而王寿衍本人对于玄教在浙江地区的传播起了非常重要的作用。方崇阳著《茅山上清派高道卢至柔生平略述——兼论其道教精神》[⑧] 结合《常州无锡县璨山明阳观记》和

---

① 《宗教学研究》2011 年第 1 期。
② 《中国道教》2011 年第 2 期。
③ 《中国道教》2011 年第 1 期。
④ 《中国道教》2011 年第 2 期。
⑤ 同上。
⑥ 《世界宗教研究》2012 第 4 期。
⑦ 《中国道教》2012 年第 1 期。
⑧ 同上。

明弘治《无锡县志》，经过整理和分析，论述了卢至柔高道修道茅山、弘道梁溪的主要事迹和"至柔"精神。郭武《赵宜真、刘渊然与明清净明道》[1]一文通过对有关材料进行考察和分析，认为明代高道赵宜真与刘渊然虽然兼传全真、正一、清微、净明道法，但其信仰归宿却多属净明道。与以往的认识不同，该文发现赵宜真所传净明学说并非来自清微派宗师曾贵宽，而是来自李玄一与冯外史；同时，刘渊然及其弟子邵以正也曾依赖高超的道法和渊博的学识，通过济民利物、结交权贵而为净明道的发展做过很多贡献。由于赵宜真、刘渊然等人过于偏重融摄诸家道法而较为缺少自身的显著特征，以致其法裔逐渐融入其他道派，终令这一系统在清代以后渐趋湮没无闻。孔祥毓《来去不闻山鸟喧 三生石上龙蛇年——四十七代贞一天师考略》[2]讲述了四十七代贞一天师张玄庆的生平，对贞一天师与四十六代张元吉关系及继位天师过程进行了考证。

符箓道派之外，内丹道是宋元之后逐步兴起的主体道派，其诞生发展的过程同样是道教学的主要课题。侯照民著《随侍丘处机西行十八士考》[3]根据《烟霞崇道宫碑记》等材料考证出当时与丘处机西去有关的的确有19人，最终随侍西去的是18人，同时介绍了选随侍者的标准和十八士在传教、建庙、修藏等方面为全真教发展作出的巨大贡献。李虹《丘处机身后嗣教宗师再考辨》[4]一文根据《长春真人西游记》、《道家金石略》及金元时期道家文献认为在丘处机和尹志平中间尚有一位过渡性人物宋道安，并通过考察丘处机去世前心态，认为由于教团发展思想的不同，丘处机心中默定的继承人是尹志平，由宋道安暂领教门事是丘处机的不得已之举。乔新华著《借儒兴道：从元代全真教改造山西尧舜禹庙看其兴盛的独特路径》[5]一文以元世祖时期全真道士姜善信改造传统儒家正祀庙宇尧舜禹庙的生动事例为研究对象，考察分析全真教在山西部发展兴盛的独特路径，指出全真教不仅通过挤占尧舜禹庙的空间修道教宫观，而且也以"尧舜思政求贤之道，上帝称心"的儒家文化使其得以在山西南部盛一时。郭清礼著《金山派始祖孙玄清生平考述》[6]依据金山派祖庭明霞洞和上清宫现存大量摩崖石刻以及《即墨县志》等文献数据，对龙门派分支金山派的创始人明代道士孙玄清生平进行了钩沉。周冶著《黄房公非披云子辨——兼论陈致虚丹道来源》[7]一文认为陈致虚在《金丹大要》中自认披云子宋德方为祖师完全是出于依托，他对黄房公和披云子的故意混淆是要为自己的道派建构一个正统而且显赫的来源，陈致虚所传承的或许是由汉中沔阳黄房公而来的

---

[1] 《世界宗教研究》2011年第1期。
[2] 《中国道教》2012年第3期。
[3] 《中国道教》2011年第4期。
[4] 《宗教学研究》2011年第2期。
[5] 《世界宗教研究》2012年第4期。
[6] 《中国道教》2011年第4期。
[7] 《宗教学研究》2011年第4期。

蜀地丹道法门。接续前文,周冶、刘亚玲合著《李珏、张模考辨——关于陈致虚师承的探究之一》[1]一文主要考察上阳子陈致虚的祖师李珏、张模的相关情况,着重对张模与德兴张氏、张模与《西游证道书》、李珏—陈致虚一系依附全真道等问题进行了辨正,指出黄房公—陈致虚一系很可能是出自蜀地的一个内丹派别,只能算作广义上的"南宗"。李瑞振《明代内丹大家陆西星生平及思想略述》[2]一文则就东派丹道人物陆西星的家世和生平事略进行了梳理,概况了陆西星与宗臣、赵宋、李春芳等人的交往,描述了陆西星思想演变的轨迹是早期思想为儒家思想,中年以丹学为务,晚年转而集中研习佛理。

除道门人物研究之外,道派研究也是道教内史研究的重点。陈文龙《走向民间的道派——上清灵宝东华派略述》[3]一文概述了各时期代表人物与东华派的发展,指出上清灵宝东华派是南宋由宫廷走向民间并兴起于浙江民间的道派,该派重视科仪的作用,并能根据民间需要对科仪进行改革,使其更适应百姓日用需要,对明以后的中国道教产生了重要影响。秦国帅《明清以来(1368—1949)泰山道派考略》[4]一文以泰山及其支脉现存的碑刻材料为基础,对明清及民国时期留存的道派进行梳理和考察,指出五峰山洞真观和岱庙的道派为全真道华山派,红门关帝庙和碧霞灵应宫传周祖铁冠派,三阳观传果老祖师云阳派,徂徕山传吕祖蓬莱派、龙门派等。王福梅《明代灵济道派的形成嬗变考析》[5]一文首先梳理了明代灵济道派形成发展的历史脉络,考察了灵济道派的组织、宫观场所及教义与斋醮科仪,指出灵济道派源于五代宋元的二徐真人信仰,明初形成为一个独立宗派,并发展到鼎盛,晚明以后逐渐衰亡。萧霁虹著《道教长春派在云南的历史和现状》[6]通过对已发现的碑刻资料的研读,结合历史文献和田野访谈材料,对明代高道刘渊然在云南创立的净明道道派长春派的创立衍变历史和现状进行梳理,指出长春派的历史和衍变是一个重新认识自我和重塑的过程,从一个侧面反映出区域道教宗派和社会、经济、文化的发展变迁概貌。夏志前《岭南"新全真道"的历史衍变与当代境遇》[7]一文指出全真道以"新道教"的身份自元代以后即跻身于道教正统,而自清初传入岭南地区的全真道,随着教团自身的衍化并与岭南地方宗教信仰的融合涵化,形成了"新全真道"这一当代宗教形态。对岭南"新全真道"现象的深入辨析,折射出中国道教的历史衍变与近代转型过程中面临的"修道与弘教"等诸多问题。李良《从〈穹窿山

---

[1] 《宗教学研究》2012 年第 2 期。
[2] 《中国道教》2012 年第 4 期。
[3] 《世界宗教研究》2011 年第 2 期。
[4] 《中国道教》2011 年第 3 期。
[5] 《世界宗教研究》2012 年第 4 期。
[6] 《中国道教》2011 年第 6 期。
[7] 同上。

执事规范〉看清初全真道与正一道的融合》①一文依据《穹窿山志》卷三所载《穹窿山执事规范》研究了当时正一派道观上真观的规范制度，以及全对穹窿山上真观的影响，指出全真道能够融摄三教思想、融摄正一道的斋醮符箓，正一道也融摄了三教思想和全真道教义和规范而形成新的正一道。

宫观史研究方面，曾传辉著《老子诞生地历史定位、沿革及其认可漂移之考述》②一文，通过穷搜相关文献和实地踏勘，认为明代以前历代朝廷认定的老子诞生地和亳州老子祠/太清宫位于今亳州市谯城区以西涡河沿岸50里范围内的支流交汇处，明代以前的老子庙位置当在今两河口以东1里左右的涡河北岸，苦县遗址可能在今天的安溜镇一带。其中亳州太清宫在明以前历代均有修葺，名称屡易，元至正十五年被刘福通农民军拆毁。今鹿邑太清宫、涡阳县天静宫都不能被确指为老子出生地。李平亮著《宋至清代江西西山万寿宫象征的转换及其意义》③研究了宋至清代西山万寿宫的象征不断转换的历史过程，指出宋元时期随着净明道的形成，西山万寿宫成为净明祖庭；明中期在乡宦里正等力量的主导下，西山万寿宫与里社祭祀逐渐结合，演化为里社祭祀中心；有清一代，在江西各级地方官员、各地绅商和香会组织的共同塑造下，西山万寿宫成为"跨地域祭祀中心"。西山万寿宫象征意义的转换集中反映了道教传统、王朝制度与地方文化创造互动的历史过程。冯鹤《通州佑民观小考》④一文就北京通州区古镇张家湾佑民观的历史沿革、殿堂金石、庙会民俗及佑民派道派传承的情况进行了研究。

### （三）道教与其他文化群体之关系史研究

道教是中国传统文化的组成部分，在传承发展的过程中与其他文化群体之间也产生了相互影响。关于佛道关系，隋思喜《从佛道关系的演变看北宋道教的理论转型》⑤一文认为北宋时期有关佛道关系的基本观念态度发生了转变："佛道一致"的关系模式因其强调佛道两教的高低优劣，侧重于阐述佛道思想的差异而仍然坚持对抗的观念态度，"佛道合一"的关系模式则强调佛道思想的融合，侧重于阐述佛道思想的共通处，因而突出了强调彼此间平等的对话与共存的观念态度。正是由于道教率先突破对抗的观念态度，站在平等对话的基础上吸收佛教思想从而实现了理论的转型。李耀辉《从斗姥与摩利支天的融合看佛道文化的交涉》⑥一文就佛教的摩利支天菩萨如何演变为道教的众星

---

① 《中国道教》2011年第3期。
② 《世界宗教研究》2011年第6期。
③ 《宗教学研究》2012年第3期。
④ 《中国道教》2012年第3期。
⑤ 《宗教学研究》2011年第4期。
⑥ 《中国道教》2011年第4期。

之母"斗姥"这一问题进行研究,认为道教的"斗母"神格与佛教的摩利支天相近,于是借用了摩利支天的形象而相融一体,糅合了道教自身的北斗文化,最后才把摩利支天菩萨演化为道教的众星之母。

关于儒道关系,曹辉林《略论道教的创建与古代士人》[①] 一文认为道教早期历史研究应特别关注古代士人阶层的作用,并从早期道教创立者的"士人"身世与学养的角度提出道教创建于古代士人的观点。黄义华、章伟文合著《陈抟与"太极图"关系述论》[②] 综合各种材料,并实际分析《太极图》中各成分的相互关系,认为不能轻易地否认《宋史·朱震传》中关于陈抟、穆修、周敦颐之间传承《太极图》的说法,同时认为陈抟的易图理论既继承了汉易中以"卦气说"等所表现出来的宇宙生成论和宇宙循环论的思想,也继承了魏晋玄学易的本体论思想,尝试着将宇宙生成论与本体论进行结合,在道教的义理建设和易学史上,都是有重要的意义的。隋思喜著《陈景元儒道关系论的基本特征和政治意蕴》[③] 指出,在儒道关系问题上,陈景元从本末体用角度出发提出了"道本儒末"与"道体儒用"两层关系模式,在对儒学思想进行理性批判的基础上,站在自家文化的立场上对儒学思想进行了有意识的选择和融通。这种儒道融通思想在陈景元的思想中具有政治意蕴,他主张以自然无为之治道精神来规范儒家以"仁义礼"为核心的纲常名教,对儒家的经世致用思想在理性批判的基础上实现了互补性的思想整合。赵永翔著《儒道融合的劝善书——以〈文昌化书像注〉为例》[④] 主要考察了《文昌化书像注》的内容,认为清代的文昌帝君已经不仅仅为道教神灵,而是呈现多种身份,体现着儒家知识精英的思想意识。信仰中的劝善思想不仅与儒家文化殊途同归,而且还可补后者之不足。韩焕忠著《亦为南华鸣不平——李屏山居士的护庄论》[⑤] 一文,认为金代李屏山居士融儒道佛三家于一炉,以孔孟老庄与佛同为圣人,阐扬《庄子》之义以明宋儒之诬,或引庄子之言以斥宋儒之非。他将《庄子》置入佛教的解读结构中,利用丰富而深刻的佛教思想来彰显《庄子》的魅力,是在新的思想背景之中对庄子学说的一种发展。

对于道教与具体士人的关系,许孟青《王羲之信道原因考》[⑥] 认为王羲之出生后其父王旷就去世,会稽一地浓郁的隐逸风尚,以及身体较弱等因素都影响了王羲之的道教信仰,但其最终走向泉林的直接导火索却是因同族王述事件。王羲之的信仰也直接传染

---

① 《宗教学研究》2011 年第 4 期。
② 《中国道教》2012 年第 4 期。
③ 《世界宗教研究》2011 年第 3 期。
④ 《中国宗教》2011 年第 12 期。
⑤ 《中国道教》2011 年第 3 期。
⑥ 《宗教学研究》2011 年第 2 期。

了子辈，由此而有王羲之一系的信道世家。刘成群著《颜真卿道教思想考辨》[1] 从唐代三教圆融的思想语境、颜真卿的家学等方面探讨了其神仙思想的渊源，并根据颜真卿与道士的交往经历，指出颜真卿的理想升仙途径应该是茅山上清派的存思身神，但在后来，他原本浓厚的神仙思想慢慢变得淡薄，同时逐渐靠近了为知识阶层所欣赏的重玄思潮。蔡林波《苏颂与道教》[2] 一文考察了苏颂家族的道教信仰和苏颂本人与道士的交往活动，认为苏氏本人在思想和知识学养方面深受道教文化的影响，其在诸多文化活动领域特别是科技创新方面所取得的成果，实与他受到的道教思想、知识和文化精神影响密切相关。伍联群《张咏的神仙之梦》[3] 一文从北宋名臣张咏的崇道言论、养生实践和交游情况，提出张咏与道教有着极其密切的关系，他一方面是积极用世、企望有所作为的士大夫，另一方面又是心慕神仙、清高超逸的清心寡欲之士，既修心养性，又沉迷于道教神仙方术。这种复杂的思想和生活，正是宋代文人特有的表征。吴国富著《郑观应学道经历探幽》[4] 深入梳理郑观应的学道经历，提出庐山观妙道人戴公复及万启型的启发教育影响了郑观应的一生，使他实现了三个"统一"：自我感情与社会理想的统一；个人生活与众生生活的统一；个体修炼和道的最高境界的统一。郑观应的修道之志成就了他的济世思想。史永隽著《鲁北神医李肇永道缘考》[5] 则通过初步考证及实地对知情人访谈，侧重考查了清末民国山东神医李肇永与道教的深厚道渊。

关于道家道教与少数民族文化的关系，邓联合《楚地宗教与〈庄子〉中的神异之境》[6] 一文认为《庄子》对于"至人"、"神人"等理想人物及其精神境界多有神秘主义的描述，通过将其与《楚辞》相比较，可以发现这些神异之笔明显带有楚地宗教观念的痕迹；不过，借助于既超越又遍在的"道"的思想，庄子改造了脱魂升天的神秘宗教信仰，而表达出一种个体渴望在低微的生存状态中达致高伟之境的精神理想。熊永翔、牛凌燕合著《道教对普米族韩规教的影响》[7] 一文以普米族韩规教作为观察单元，分析了普米族宗教坛场科仪、普米族宗教神灵信仰、普米族岁时民俗中的道教因子。看本加著《安多藏区的文昌神信仰研究》[8] 在2006年至2008年所进行的观察、访谈等实地田野调查的基础上，结合历史文献及民间口述资料的搜集，探讨了安多藏区文昌神信仰的分布状况、文昌庙宇中的神灵供奉体系与神灵特征、文昌庙宇的组织形式与经济状况、文昌

---

[1] 《宗教学研究》2012年第2期。
[2] 《中国道教》2011年第2期。
[3] 《中国道教》2012年第2期。
[4] 《中国道教》2012年第3期。
[5] 《中国道教》2011年第2期。
[6] 《宗教学研究》2011年第3期。
[7] 《中国道教》2011年第4期。
[8] 《世界宗教研究》2011年第1期。

神信仰与藏传佛教的关系等内容。

关于民间宗教，何善蒙著《批判、模仿与价值认同：对传统中国民间宗教与正统之间互动关系的一种考察》① 则就三教与民间宗教的关系进行了全面考查，认为相对于民间宗教和民间信仰而言，儒、释、道无疑是居于正统、主导和强势的地位，尤其是在儒家伦理教化的背景之下，正统所具有的强大的辐射力和涵摄力，使得宗教信仰在某种意义上是从属于政治的，这也是中国传统宗教所具有的独特生存氛围。在这样的状态之下，民间教派要获得发展的空间，批判、模仿与价值认同是他们所必然采取的方式。批判是起点，模仿是基础，而价值认同则是其存在和发展的保证，由此，民间教派与正统之间呈现出一种互动的关系。濮文起《天地门教抉原》② 一文依据在河北、山东等地乡村社会所进行的田野调查和搜集的宝卷，从组织传承，经卷与教义、仪式、修持，历史作用与现实影响三个方面，对天地门教进行抉原梳理。危丁明《田邵邨与先天道在香港的传播》③ 一文以新发现的田氏文稿和先天道内部相关史料为依据，指出先天道在清末民初向香港传播的最初关键人物是著名高道田邵村，田氏在香港的开拓历程和采取的策略虽然基本上是先天道弘法传统的沿袭，却开启了本派乃至香港道教各派阐教历史的先河，特别是田氏根据香港的移民城市的特点，作出的实践和规划，仍一直为本地各道派所继承和发扬，并形成了今日香港道教的特色。

**（四）域外道教史及海外道教研究史**

道教作为中国本土宗教，除受到外来文化的不同程度影响之外，也对其他国家的文化产生了一定的影响。侯会《二郎神源自袄教雨神考》④ 指出，二郎神信仰中包含水神、火神、雷神、马神、战神、酒神、戏神等诸多因素，聚合为内涵丰富的川主崇拜文化。该信仰产生于具有袄教文化背景的川蜀地区，二郎神的种种神性又与袄教雨神（得悉神）特征相吻合，由此推测，二郎信仰源头应为袄教雨神崇拜。孙晓光著《道教在日本的传播与影响》⑤ 一文指出道教进入日本人的生活始于6世纪左右，为日本人所接受始于7世纪左右，道教对日本文化产生过很重要的影响。张丽娟、高致华合著《中国天妃信仰和日本弟橘媛信仰的关联与连结》⑥ 一文以日本茨城县矶原海岸附近的弟橘媛神社为研究案例，对其历史渊源与信仰演变进行分析，试图说明妈祖信仰与异文化信仰习俗

---

① 《世界宗教研究》2011 年第 3 期。
② 《宗教学研究》2011 年第 1 期。
③ 《世界宗教研究》2011 年第 6 期。
④ 《宗教学研究》2011 年第 3 期。
⑤ 《中国宗教》2011 年第 12 期。
⑥ 《宗教学研究》2011 年第 2 期。

的融合情形。许原泰《论新加坡道教信仰的起源》[①] 一文认为新加坡道教信仰的起源，很可能早于开埠前的马来酋长管辖阶段，而且肇始于安葬移民海上浮尸和树下死尸的"移鬼"形式，属于从坟地庙宇拓展出来的大伯公信仰，比一般学者认为的移民携带香火或神像分身渡海南下的"移神"形式更早，其祭祀初衷也更自然和淳朴。徐李颖著《新加坡的道教与民间教派"信仰群"——以黄老仙师信仰为例》[②] 一文提出，在新加坡，凡是多神信仰，以神明、祖先、鬼为祭祀对象，以华人传统伦理道德为宗教义理，以道教斋醮科仪和扶乩降神为与神鬼界沟通手段者，都可以称为"道教信仰者"。因为道教本身的包容性、宽泛性，易于出现分化的教派或教团，既有制度化的民间教团，也有一些"信仰群"。此文即以黄老仙师信仰为例，分析新加坡华人社会这一处于道教和民间教团之间的"信仰群"特色，并以此来探讨新加坡华人道教的发展问题。孙钢著《俨陈醮礼敬荐斋诚——浅谈崔致远〈桂苑笔耕集〉中的道教斋词》[③] 一文对朝鲜新罗王朝崔致远所撰《桂苑笔耕集》的创作背景、内容和结构进行了分析，指出崔致远承袭的应是灵宝斋法，而且从崔致远的斋词中可以推测道教的斋、醮仪式至少在唐末已经开始融合。

关于海外道教研究，朱越利著《海外道教学研究任重道远》[④] 一文是文集《理论·视角·方法——海外道教学研究》的前言，文章指出近现代海外道教学是海外汉学 sinology 的一个组成部分，是随着海外汉学的开展而形成与发展的。海外道教学历经百年，早已成熟。全面及时地介绍海外道教学成果和学者，认识各国道教学的方法论特点，编写海外道教学史，进而阐述产生海外道教学成果的"文化语境"并揭示包含于这些成果中的外国文化，是海外道教学研究的主要方向和内容。章媛《西译文本对老子"道法自然"误读考辨》[⑤] 一文即是对海外道教学进行反思的文章，作者指出在世界典籍的跨文化传播中，没有哪部经典堪比《道德经》，在被广泛翻译传播的同时又存在大量的误译误传问题。文章以"道法自然"为例，着力考辨老子哲学中的"自然"概念是如何被西方译者所误译误释及泛化肢解的，目的既是厘清《道德经》西传中误译误释的原因，又为中国传统典籍的跨文化传播和翻译实践探寻一条可行之路。卢睿蓉《美国的中国道教研究之管窥》[⑥] 指出美国的中国道教研究不是单纯的学术研究，而是美国社会政治经济发展的一种需要，研究者的国际合作性使美国道教研究呈现出范围广、多重点、研究方法集各地精华等特点，研究者主要关注道教经典、

---

[①] 《宗教学研究》2011 年第 1 期。
[②] 《宗教学研究》2011 年第 4 期。
[③] 《中国道教》2011 年第 1 期。
[④] 《宗教学研究》2012 年第 1 期。
[⑤] 《宗教学研究》2012 年第 2 期。
[⑥] 《宗教学研究》2011 年第 2 期。

仪式、宗派历史、炼丹养生以及与中国历史文化科学等领域的关系，不断变化的研究热点体现了学者的社会关怀。彭膺昊、闵丽合著《马克斯·韦伯研究道教的目的及其启示》①指出韦伯研究世界诸多宗教的目的并非在于论证西方文明优越论和西方中心论，而是通过探究西方现代性的起因，从而找到一种克服现代性危机的路径，而在众多思想体系中，道教的价值观念和行为准则不失为一种推动社会制度合理化进程的思想观照。俞森林著《"洋道士"施舟人的道教研究》②一文介绍了施舟人道教研究的缘起和主要成就。

由柯锐思（Russell Kirkland）著，曾维加、刘玄文译的《唐代道教的多维度审视：20世纪末该领域的研究现状》③（节选）从唐代的道教教团、唐代道教作品以及它们在唐代社会中的地位、唐代道教思想以及性命双修与得道成仙四个方面对唐代道教发展历史给予了全景式的概括，反映出海外道教学的学术积淀。

## 三 道教文化研究

道教作为中国传统文化的集大成者，本身包含着信仰、科仪、艺术、建筑、文学、养生实践等文化层面，同时也对中国传统科技、文学、艺术、医药等文化都产生了重要影响。

### （一）信仰与教理研究

何江涛著《道教"注鬼论"释义》④一文剖析并论述了汉代"注病"的两方面含义：一谓鬼魅、邪毒之气附着、侵注人体为害，一谓注易、连属、染易旁人，以此观念为基础，早期道教对注病的病因进行改造并作了神学上的解释，将注病的病因归之于"注鬼"作祟，从而形成道教"注鬼论"和相关解除方法即解注法术。刘莉《道教"鬼律"初探》⑤一文主要对道教的"鬼律"进行初步研究，对其出现的时间和在道教驱邪法术中的功能进行分析，指出道教"鬼律"是道教的律法，是对为祸人间的鬼怪进行处罚的律文，在早期正一派的《女青鬼律》、《玄都律文》等经典中"鬼律"就已经出现，主要用于正一派的驱邪法术。当正一道士在驱邪时，以"鬼律"作为他们处罚各种为害人间的鬼怪的依据。

---

① 《宗教学研究》2011年第2期。
② 《中国宗教》2012年第5期。
③ 《中国道教》2012年第2期。
④ 《宗教学研究》2011年第4期。
⑤ 《宗教学研究》2011年第3期。

李晟著《道教信仰中的地上仙境体系》① 提出道教信仰中的地上仙境大体可分为十洲三岛仙境、二十四治仙境和洞天仙境三种类型，前者属于海上仙境体系，后两类属于陆上仙境体系。十洲三岛是道教整合上古时期海上仙境信仰的产物，二十四治仙境是道教教区经过改造后产生的新型仙境，洞天仙境是对道教推崇的名山仙境的总结。

张维佳、苟波合著《试析〈三洞群仙录〉的神仙思想》② 一文认为《三洞群仙录》作为唐宋时期的一部重要神仙传记汇编，反映了唐宋时期道教神仙思想的变化和世俗化进程，在肯定《抱朴子内篇》与吴筠的"神仙可学"思想基础上表现出女仙地位提高的特征。陈金凤著《李冰与许逊——蜀赣道教文化比较之一》③ 指出李冰和许逊是历史上以"治水"著名而最终成神的人物，但在民间社会乃至国家的祀典中，李冰的地位和影响却远逊于许逊。个中主要原因是蜀赣道教造神方式及其地域信仰文化不同，在道教造神的意识下，经道教出于信仰或利益需要的改造，李冰治水神迹不断被分割，地位下降，而许逊治水神迹不断丰富，社会地位不断上升。张晟《太乙救苦天尊生命象征意义探微》④ 一文认为太乙救苦天尊的神格约定型于两宋时期，其生命符号内涵表现为：在生成论层面象征着元气，在形神论层面象征着元神，在心性论层面象征着中和。该生命符号蕴涵与德为一的养生宗旨、济生度死的养生机理。张振谦著《八仙早期成员徐神翁信仰考述》⑤ 指出，宋代民间道士徐守信经过从师受道、道士和民间俗士附会、文人士大夫品题、帝王召见赐号等环节，神化为具有神异功能且被世人广泛信仰的"徐神翁"。徐神翁信仰形成的主要原因是人们对他写字、作诗占卜的崇信和对其画像的崇拜，宋代诗文、笔记对其神异事迹的载录以及道教、民间信仰对徐神翁的吸纳，使其成为八仙早期成员之一，广泛出现于元明"八仙戏"中。万钧《道教中的谪仙观念——以白玉蟾修道思想为例》⑥ 一文以南宋著名道士、道教内丹派南宗的创始人白玉蟾的修道思想为例，剖析了道教中的谪仙观念。谭德贵、宁俊伟合著《文昌信仰的神谕性训诫研究——以文昌劝善书为中心》⑦ 一文主要以明清时期重要文昌劝善书《文昌帝君阴骘文》、《蕉窗十则》和《文帝孝》为例，探讨神圣教化法、赏善罚恶法等文昌神谕性的训诫，及其稳定政治、和谐社会、净化人心的功能，指出这些内涵超越了道教的界限，表达了道教文化对人的根本要求。王芳《明清时期陕北榆林的关帝信仰》⑧ 一文研究了明清时期陕北榆

---

① 《宗教学研究》2012 年第 2 期。
② 《宗教学研究》2011 年第 3 期。
③ 《宗教学研究》2011 年第 4 期。
④ 《宗教学研究》2011 年第 2 期。
⑤ 《宗教学研究》2011 年第 3 期。
⑥ 《中国宗教》2012 年第 7 期。
⑦ 《世界宗教研究》2011 年第 2 期。
⑧ 《中国宗教》2011 年第 4 期。

林关帝信仰不断扩大的演变过程、明清以来陕北榆林关帝庙分布概况和榆林关帝信仰的成因,指出关帝信仰本身的各种功能以及地理空间、心理空间与文化空间的契合,使它在陕北榆林这一特殊的地域生根发芽,构成了明清时期民间信仰别样的世俗相。陈景展《玄穹北斗耀中天》[①]一文则以《太上玄灵北斗本命延生真经》为切入点,论述了道教北斗信仰的天象学内涵。

郑长青、詹石窗合著《道教孝道观刍议》[②]一文概况了道教孝道伦理将出世解脱与入世修行相结合的基本特点,指出道教孝道观总体上吸收借鉴儒家孝道伦理,但因道教宗教目标与儒家入世理想的差异,道教孝道观又有自身一些特征,主要体现为将宗教目标贯注于养亲荣亲的孝道内涵中、将孝道发展为保养身心的修炼操作技术以及在孝道观中推尊母亲的地位三个方面。刘军峰《忠孝与致仙——净明道的立教思想》[③]一文认为净明道"忠孝建功"的实践主张同时适应了个人和社会两个层次的需求,这一主张体现出净明道示范社会、回馈社会的目标,也体现出这种以社会服务为契机的道教宗派与公共社会的良性互动。王谋寅著《道教劝善书中的"无讼"观》[④]一文认为道教劝善书视争讼、唆讼为逆道之恶行,并借助各种通俗易懂的形式及道教"神灵赏罚,流及子孙"的报应论来宣扬息讼之善、兴讼之害,道教劝善书深刻型塑了民众的法律意识,为"无讼"观注入了宗教性因素。

### (二) 道教科仪研究

道教科仪是道教文化的主要载体,向来受到研究者的重视,但相对文献研究而言又是道教文化研究中亟待深入挖掘的领域。蔡林波、李兰翻译的法国道教学者劳格文所著《从仪式的角度解读道教》[⑤]一文认为,道教仪式包含着中国人对宇宙以及人自身的整体认知、经验及精神诉求,因而从仪式的角度来观察、诠释道教,可以更准确、深刻地把握道教的本质,并可以此来反观西方宗教文化传统。文章概述了西方道教学对道教仪式研究的基本情况。吕鹏志著《天师道登坛告盟仪——〈正一法文法箓部仪〉考论》[⑥]对南朝天师道经典《正一法文法箓部仪》的题名、年代和规程做了细密的分析和考释,认为南朝天师道举行"登坛告盟仪"是天师道传入南方后受南方道教,尤其是南方方士传统影响而创立的新仪式,它应当是信奉"太一"神且自称"太一道士"的天师道道士举行的仪式,与敦煌写本 S. 203 记载的南朝天师道授箓仪多有近似之处。氏著《法位与中

---

① 《中国道教》2012 年第 1 期。
② 《宗教学研究》2011 年第 1 期。
③ 《中国宗教》2011 年第 2 期。
④ 《宗教学研究》2012 年第 1 期。
⑤ 《世界宗教文化》2011 年第 3 期。
⑥ 《宗教学研究》2011 年第 2 期。

古道教仪式的分类》①一文认为五世纪以降形成的受道法位与中古道教仪式的分类有密切的关系：一方面，根据各个法位规定的道士所受仪典名目可以判断中古时代最重要而且比较流行的基本仪式类型有五种，即朝仪、传授仪、斋仪、醮仪、章仪，另一方面，从古灵宝经开始道教仪式又逐渐按法位区分等级，它们是并存且互有联系的。文章简略讨论了五种基本道教仪式类型的渊源、形成和发展，揭示了南北朝以来诸法位的各类仪式都仿效灵宝斋仪的演变趋向。程乐松著《〈元辰章醮立成历〉所见的正一章仪》②以对《元辰章》与《元辰历》的内容分析为基础，将这一组文本与《赤松子章历》及其他仪式文本进行比照，进而理解五行、六十甲子及星宿等观念体系与章仪之间的关系，从而指出《元辰章》与《赤松子章历》在内容上是有互补性的。《赤松子章历》与《元辰章》在不同的层面上使用同一个禁忌系统和宇宙观念，这说明中古道教传统章仪内有以五行、八卦和六甲为核心的观念体系存在。

田启涛《搏颊：一种已消失的道教仪式》③一文简述了汉魏早期道教"搏颊"仪式的历史。曹群勇著《论明代天师道之符箓》④对符箓的含义、功效及天师道使用符箓的历史和种类进行了说明，指出史籍亦有不少关于符箓灵验、诸帝受箓及禁止伪造符箓的记载，明代帝王认为天师道能化导民俗，故命天师传符箓，明代帝王对符箓的态度对天师道的影响甚大。姜守诚著《试论明清文献中所见闽台王醮仪式》⑤一文梳理了明清闽台方志文献中大量涉及的有关"出海"、"王醮"的内容，借助这些史料勾勒出王醮仪式的缘起、沿革及流布等情况，并对闽台二地的差异及特点展开比较和分析，指出这种送瘟仪式虽然在流传过程中发生了一些衍变，但其外在形式、科仪流程及核心内涵等方面迄今都没有本质的改变。陶金著《苏州、上海〈诰斗〉科仪中"启师"节次初探》⑥一文在整理《诰斗科仪》版本和节次框架的基础上，从苏、沪两地《诰斗科仪》中的启师节次入手，梳理了"诰斗法"背后的斗姥信仰与道法的密教源流以及奉行此科仪的清代江南正一派道教与北京宫廷道教的种种关联，指出《诰斗科仪》的核心"斗姥诰斗法"系南北宋之际由上官真人将其舅父王侍宸祖师所传神霄雷法与唐代密教大师一行禅师所传摩利支天咒法相融摄而成，它与《太上玄灵斗姥大圣元君本命延生心经》等经典一同构成了道教斗姥信仰。

---

① 《宗教学研究》2012年第2期。
② 《宗教学研究》2011年第3期。
③ 《中国宗教》2011年第5期。
④ 《宗教学研究》2011年第1期。
⑤ 《宗教学研究》2012年第1期。
⑥ 《中国道教》2012年第2期。

### （三）内丹养生研究

内丹养生是道教现代价值的重要体现，在现代社会生活中也备受重视。胡孚琛《内丹学的修持法诀举要》①一文依据王重阳的丹诗《四得颂》论述了丹道的入手要诀和诸家丹法的基本修炼程序，指出王重阳之《四得颂》为三家四派丹法的总纲，凡丹道之真传无能背离者，并认为在丹道的究竟境界中元神具有道的绝对性。章伟文、黄义华合著《〈秘传正阳真人灵宝毕法〉丹法内容浅述》②一文对《灵宝毕法》所载"小乘安乐延年法"、"中乘长生不死法"和"大乘超凡入圣法三门"内丹丹法内容给予简单介绍，认为其内丹丹法原理和内容非常经典也非常系统，为后世道教内丹各派的发展奠定了坚实的基础。

黄红兵《翁葆光的〈悟真篇注〉思想及其影响》③一文指出翁葆光认为性命要双修，但重在修命。翁氏在给《悟真篇》所作注释中，对有关内丹修炼原理及药物来源、先天一炁的来源、先后天模型、炼丹的两个主要步骤及离中阴问题等修命理论都做出了开创性的贡献，成为对当时和后世给该文作注的影响最大的内丹思想家。孔又专《张三丰对陈抟内丹思想的继承和实践》④一文具体分析了张三丰内丹炼养理论，认为张三丰学术思想融合三教，秉承图南一派，实际也是对陈抟学派传出的《无极图》、修炼方法及道教"顺则生人，逆则成仙"内丹炼养思想的进一步融合总结。徐敏《试论李昌仁的道教炼养思想》⑤从《玄妙镜》一书着手，从道气论、凝神聚气的性命之学等方面研究李昌仁的道教炼养理论及内丹功法次第，指出李昌仁的内丹功法明显受到伍柳派影响。丁常春著《赵避尘内丹"了手"、"撒手"工夫论》⑥一文指出赵避尘的内丹思想虽继承北宗南无派、伍柳派，但又有创新，自成一家，关于内丹修炼步骤，他主张：炼精化气是下手之法，炼气化神是转手之法，炼神还虚是了手之法，炼虚合道为粉碎虚空，是撒手之法。他将"了手"与"撒手"工夫的秘传之口诀传出，发前人之未发，体现了民国内丹学诀法双明的特色。傅凤英著《浅论〈性命圭旨〉对〈性命法诀明指〉的影响》⑦指出，《性命圭旨》与《性命法诀明指》二书均以性命双修为圭旨，熔儒、释、道三教内修要旨于一炉，博采众家之说。二书都存在很多相同之处，《性命法诀明指》一书无论是从书名、结构、内容，还是从功理功法

---

① 《中国道教》2011 年第 5 期。
② 《中国道教》2011 年第 3 期。
③ 《宗教学研究》2011 年第 3 期。
④ 《宗教学研究》2011 年第 1 期。
⑤ 《中国道教》2011 年第 4 期。
⑥ 《中国道教》2012 年第 1 期。
⑦ 《宗教学研究》2012 年第 2 期。

上都直接或间接受到《性命圭旨》的较大影响，同时又把道教内丹与医学结合起来，表现出浓厚的时代特征。

吴国富《高道塞拱辰的修炼思想及其对苏轼的影响》① 一文指出北宋神宗时期的高道塞拱辰结合《黄庭经》创立了"龙虎颠倒"修炼法，将心性分为本心（魂魄）与六寇（外在事物在内心留下的影像），通过内观、闭息、龙虎颠倒的修炼方式，引导本心归于本体，将七情六欲收敛起来，有效克服心理负担。它对苏东坡产生了重要影响，苏东坡逐渐淡泊了仕途挫折和政治倾轧带来的内心烦恼，形成超然的风格。

张海滨著《从超个人心理学看道教南宗内丹修行》② 一文认为南宗内丹理论冷静地反省了人的生存困境，强调人与天地万物的同源性以及人之生命的特殊意义，提倡克制过度膨胀的欲望而回归自然无为的生活方式。在对精神世界的探索中，提出先天三宝与后天三宝的区别及功用，总结了"性命双修"的返源式的自我超越之路。南宗内丹理论与超个人心理学有关心灵整体的解释可以沟通，而其性命双修的内省式修行实践，可谓一种现象学的实证主义，可谓一种通过对身体潜能的开发而实现对意识自我的超越，可为超个人心理学的心理治疗模式提供借鉴。

整体来看，近年的内丹学研究仍旧重在整理传统道法，对内丹学的现代阐释还比较少。与此相反，在广义的道教养生学研究中，发掘道教养生的现代价值已经成为主要的研究方向。刘仲宇《论道教养生学与现代养生理念》③ 一文从贵生的价值认同、整体的养生观、养生术与伦理约束共三个方面论述了道教养生学的基本原理和基本理论向度，认为现代的健康概念和养生观都与道教养生体系有紧密的契合，同时指出道教设养生之方是为度己助人，绝不是以之取名利、图富贵，为人与自律，是在推广或使用养生术时始终要注意的。蔡林波《道教养生蕴含的文化机制》④ 一文认为，道教养生对于个体而言，要求养生处德，对于国家而言，要求管理者以养育人民、安顿民生为务；对于整个环节而言，要求人类节制自身，养生万物，以实现人、社会与自然的全面健康、和谐之关系，道教养生是一种保障人类群体生命安全及其价值实现的文化机制。郝爽《道教行气养生术及其现代价值综论》⑤ 论述了道教行气术的历史源流、理论基础与气法机理，将道教行气术分为服外气和服内气两种基本类型，指出实际炼养中道教行气往往是服内、外气相结合的过程，并从现代呼吸法的视角解读道教行气术之呼吸训练的类型和特点，挖掘其对现代生活的借鉴作用。

---

① 《中国道教》2011年第2期。
② 《宗教学研究》2012年第3期。
③ 《中国宗教》2011年第10期。
④ 《中国宗教》2012年第2期。
⑤ 《中国道教》2011年第6期。

汪剑、张晓琳、和中浚合著《上清派炼养术的藏象学说内涵探讨》[1] 一文探讨了《黄庭经》、《真诰》和《养性延命录》所载上清道派炼养术对中医藏象学说的运用。归潇峰《葛洪的医药思想探微》[2] 一文通过对《抱朴子·内篇》、《肘后备急方》的考查，从气论、药物学、疾病观、养生论四个方面探讨了葛洪的医药思想，认为葛洪一些创造性的治疗方法不仅解决了当时的疑难杂症，对后世传染病学、免疫学、内科学等临床治疗也提供了宝贵的经验。李刚著《道教医药养生术——以葛洪、孙思邈为例》[3] 具体列举了葛洪、孙思邈二人的医药思想主要内容，认为道教医学与中国古代的思维模式和哲学思想紧密联系，形成了一整套独具特色的传统养生文化。其养生方法简便易行，直到现在仍不失其可贵的价值。

### （四）外丹等科技因素研究

容志毅、张泽洪合著《〈道藏〉炼丹用燃料概说》[4] 一文指出，《道藏》炼丹涉及的燃料问题情形颇为复杂，并形成一套有别于古代冶铸业的燃料体系。时间越往前，炼丹中使用马通、糠火的情形就越多，至唐末宋初，道教炼丹燃料始渐渐集中于木炭，同时尝试使用其他燃料，如石炭（煤炭）、猾油、粟糠等。总的来说，《道藏》炼丹使用燃料的状况，西汉至东汉初以马通、谷糠为主，木炭次之，晋代至中唐以木炭为主，马通、谷糠次之（陶弘景专以谷糠炼丹则又不论）；唐末以后几乎全用木炭。冯利华《读〈中国外丹黄白法考〉札记》[5] 主要从漏释词语、释义不确、误释方言词、臆改异体字、误释副词、句读有误等六个方面对陈国符《中国外丹黄白法考》一书其中的缺谬做一些补正工作。

袁名泽、盖建民合著《〈太上妙法本相经〉农学思想考论》[6] 一文提出敦煌本《太上妙法本相经》是少见的一篇涉及古代西北地区农业生产的文献，其中蕴涵的农学思想主要体现在：顺物道而行的农业哲学观、因时因地而作的"时宜"、"土宜"观、以勤劳为本的农事观、工具和过程相结合的农业技术观、注意可持续发展的农业生态观。这些农学思想对我国传统农业尤其是西北地区的农业生产产生了深刻的影响，对现代农业也有十分重要的意义。袁名泽《道教仪式与农业关系略考》[7] 一文指出道教仪式具有明显的重农意识，道教仪式的举行、仪式中所供奉的神、所使用的供品和所消耗的粮食均与

---

[1]《中国道教》2011年第2期。
[2]《中国道教》2012年第4期。
[3]《中国宗教》2011年第10期。
[4]《宗教学研究》2011年第1期。
[5]《宗教学研究》2012年第2期。
[6]《宗教学研究》2012年第1期。
[7]《宗教学研究》2011年第1期。

农业有关,仪式的不少行为具有仿农性质。仪式中的"静净"观能培养农民的敬农意识,宗教仪式中的幻想成为农民追求技术进步和求善的外在动力。两者是一个相互影响的互动关系。

续昕《略论中国道教建筑室内空间与陈设的发展》① 一文从古代文献资料中找寻相关的文字和图像信息,结合白云观的室内空间与陈设,分汉魏晋南北朝时期、隋唐时期、宋代以及宋代以后三个阶段,对道教建筑室内空间与陈设的发展变化进行初步的探索,认为道教建筑的室内陈设在创立之初是有着其独特的意义,后来由于《营造法式》的颁行以及学习佛教而进行了调整。

黄永锋《道教饮食尚素的宗教学分析》② 一文探讨了道教崇尚素食为主的饮食方式,指出道教饮食尚素有坚实的义理基础,行之有效的道教戒律是道门饮食尚素之制度保障,扬善止恶的长生成仙信仰为道教饮食尚素提供精神动力,形式多样的道教斋仪则是道教饮食尚素之重要体现。道教尚素之健康饮食理念及操作方法暗合现代人养生需求。

曾武佳《庄子"无用之用"与经济学"效用"概念辨析及其对城乡统筹问题的反思》③ 一文通过对庄子的"无用之用"与经济学"效用"概念的辨析,得出庄子的"无用之用"是尊重大自然的"大用观",而经济学的"效用观"则趋于人类中心主义的"小用观"的判断,并将此判断运用于当今城乡统筹问题的反思,深入分析了被效用思想指导的城乡统筹中出现的诸多问题,并提出在城乡统筹的问题上应该控制"效用"之小用,发挥"无用"之大用。

### (五) 文艺美学研究

对道教文学艺术的研究尚在起步阶段,相关研究成果并不多。更多的研究视角集中在传统文学艺术中所见道教因素这一方面。

对道教文学艺术本体所作的研究主要有以下五篇。罗争鸣著《论醮联及其宗教文学意义》④ 一文指出醮联是道教举办醮仪布置坛场所用的对联,在道教世俗化的明清时期曾广泛应用,至今存有《九阳醮联》一类的仪式文本。作为一种典型的宗教文学,醮联具有重要的仪式功能和浓厚的宗教色彩,但不失古雅、精巧、华丽的一面。通过对醮联的分析,可以透视宗教与文学之间微妙的互渗关系。

刘红著《从"冷门"到"热点"——道教音乐的学术研究与艺术实践》⑤ 一文以过

---

① 《宗教学研究》2011 年第 3 期。
② 《宗教学研究》2011 年第 4 期。
③ 《宗教学研究》2011 年第 2 期。
④ 《宗教学研究》2011 年第 2 期。
⑤ 《世界宗教文化》2011 年第 5 期。

往道教音乐的学术研究及艺术实践之综述和分析为主要内容，对当代道教音乐做了回顾和展望，指出自 20 世纪 50 年代末，部分学者零星地做了一些道教音乐的收集整理后，80 年代中后期开始，随着更多学者参与道教音乐的田野考察、资料收集、学术理论研究，以及将道教音乐引入剧院舞台作艺术性表演展示，这一学术"冷门"逐步形成研究"热点"。

李星丽《新津老子庙建筑艺术研究》[①] 一文立足于宗教、建筑艺术及道教美学思想，从建筑的环境、布局、形态、装饰和造像五个方面对新津老君山老子庙的建筑艺术进行了探讨，认为老子庙建筑继承了我国传统建筑的思想，并将易学的符号理趣和义理融贯其中，其建筑艺术紧扣道教文化精髓而展开，体现了道教特有的美学思想和审美趣味，具有独特的道教审美艺术价值。

李裴《略论道教环境艺术与审美》[②] 一文主要讨论了道教在自然环境审美和建筑环境审美问题上表现出来的特点、根源及其深刻影响，认为以"自然"为师的审美心胸决定了道教能够尊重自然、学习自然，在选择修炼环境编订道教神仙地理集的过程中，在修建和布局道教宫观建筑的实践中，均体现出在人与自然审美关系上的独特体验。

李裴《略论道教书法艺术与审美》[③] 一文粗略探讨了道教书法艺术的核心追求和技巧论，并以天书云篆这一特殊的宗教艺术形式作为样本，从其宗教功能和艺术形式两方面进行了简要分析，认为道教书法艺术秉承了道教崇尚自然的特点，以"思与神会"为其核心追求，以"大巧若拙"的技巧论为实践手段，实现了宗教内容与艺术形式的完美结合。

关于其他文化形态所见道教影响，邓斯博著《明代庆赏剧与武当道教文化——以〈宝光殿天真祝万寿〉为例》[④] 一文以杂剧《宝光殿天真祝万寿》为例，从艺术表现和思想内涵两个角度分析明代庆赏剧与武当道教文化的内在关系，认为这样一部以武当本山派开山祖师孙碧云为原型的庆赏剧充分反映了明代武当道教文化对于庆赏剧的影响，也从另一个角度印证了武当道教在明代的兴盛。杨秋红著《杂剧〈宋公明排九宫八卦阵〉"九宫"来源考》[⑤] 一文指出《宋公明排九宫八卦阵》中的阵法取西方十二宫中的天秤、天蝎、巨蟹、狮子、白羊、人马、双鱼、双女、宝瓶九宫，与八卦相配，其来源有二：星命学在唐宋时期的广泛流行为十二宫流入剧本奠定了民间认知基础，元代道教尤其是全真教的流行可能是十二宫流入剧本的直接媒介。

蔡铁鹰著《〈西游记〉"金丹大道"话头寻源——兼及嘉靖年间民间宗教对取经故

---

① 《宗教学研究》2011 年第 4 期。
② 《宗教学研究》2012 年第 2 期。
③ 《宗教学研究》2011 年第 3 期。
④ 同上。
⑤ 《宗教学研究》2012 年第 3 期。

事的引用和改造》① 一文指出《西游记》客观上残留着一些道教金丹派的修炼话头,因而导致了延续多年的"金丹大道说",但金丹道并非《西游记》取经故事本身所有,而是在嘉靖年间朝廷佞道的大背景下因为民间秘密宗教罗教教义的改变,而使其讲唱宝卷在引用取经故事时注入了金丹道的宗教内容。吴承恩深受儒学熏陶,写定《西游记》时并没有沿袭民间宗教以金丹道诠释取经故事的思路,而是以儒学的文化精神,尖刻地嘲笑了佞道的现实社会。许蔚著《吕洞宾与〈金瓶梅〉的创作及改作》② 一文通过《金瓶梅》词话本与绣像本的对读,并参照其他一些文本,讨论了吕洞宾诗词在文本形成中所起的作用,即绣像本的改作者把他对于小说主题的理解和对于小说文本背后所隐含的那个时代文本的意会糅合在一个新的文本当中,借吕洞宾"警世"诗含蓄地提醒读者:这部小说是为了说法而作譬喻,是为了警醒世人。刘嘉伟著《道教视域下的葛逻禄诗人乃贤》③ 一文指出乃贤浸染于道教文化,和玄教大宗师吴全节等高道相交甚善。道教文化影响着乃贤的价值理念、生活方式,丰富了他诗歌的主题。乃贤常选取"山"、"鹤"等凝聚着道教文化的意象,诗中清奇的神仙境界,时寄遐想。文章认为乃贤的涉道诗篇,反映了元代道教盛行的一些情况,见证了色目人融于中原文化,受到道教影响的史实。

张梅著《王羲之书法艺术与道教》④ 一文具体分析了王羲之尺牍中的崇道情怀和书论中的道教审美特征,指出王羲之独特的书法造诣不仅得益于自身的勤学苦练,而且还与其对道教的浓厚情怀有关。独特的道教文化培养了王羲之追求个人自由、性情放达和安逸闲适的迈世之风,造就了一代"书圣"绝妙的艺术风格。沈路《宋徽宗书法作品中的道教意蕴》⑤ 一文从宋徽宗的道教信仰和书法成就入手,认为道家所追求的充分自由超脱的主体精神、"无心"的审美态度,淡而无为的道教文艺观以及对生命灵性的尽情抒发和追求,都影响了他的书法艺术及其内在精神,使其书体中带有自然飘逸、恬淡无为的神韵。田力、赵岚合著《艺通于"道"——论老庄哲学思想对张大千泼墨泼彩山水画艺术风格的影响》⑥ 认为张大千学习与体悟以老庄哲学美学思想为代表的传统艺术精神,逐渐陶铸形成了浑穆瑰丽、大气雄奇的审美理想,并将这一审美理想最终付诸到泼墨泼彩山水画创作上,形成氤氲迷蒙、清逸奇幻的艺术风格,找寻到中西艺术在现代审美范畴上的交融支点。

---

① 《宗教学研究》2012 年第 3 期。
② 《宗教学研究》2011 年第 4 期。
③ 《宗教学研究》2011 年第 2 期。
④ 《宗教学研究》2011 年第 4 期。
⑤ 《宗教学研究》2012 年第 3 期。
⑥ 《中国道教》2012 年第 4 期。

陈德琥著《花鼓灯与道家文化》① 一文提出花鼓灯主要播布在道家思想十分活跃的淮河中上游地区，它的文化传承场既受到道家思想理论的长期影响与滋养，也保留着淮畔民众对道家思想践行者如大禹"疏川导滞"顺应水性治国理事的集体记忆和历史记忆，呈现出鲜明的道质道性特征。花鼓灯以歌舞语汇的原生特点、望风采柳的抒情方式和自然天成的艺术之美等充分凸显了本真和谐的道家审美文化特质。

阳淼《化"化"之美——关于葛洪〈神仙传〉的审美分析》② 一文提出葛洪的《神仙传》站在"大道为一"的角度，展现了一种人在向道的旅途中与道合一的化"化"之美：在道的造化下，人在向道修仙的过程中化生而成诸种现象，这是众仙通过"身"将"生"呈献给世界并完成对自身的扬弃，释放神性超凡入圣的过程。

此外，严小青、张涛合著《中国道教香文化》③ 一文从斋醮焚香、养生修行、用香神话等方面对道教香文化进行研究，认为道教香文化博大精深，蕴涵着形而上的精神哲理。于国庆著《试析道教神仙理论对传统兵学的影响》和《兵学视角下的道教法术》④ 两篇文章则从道教与兵学关系的角度研究了道教神仙理论与传统兵学之间的相互影响，并尝试从兵学视角对道教法术给出自己的理解。

## 四 道教思想及现代发展研究

### （一）道教思想的重构与解析

道教思想研究包括道教哲学、道教象数学、道教心理学、道教语言学等诸多方面。李养正著《道教义理之学的特征与亮点》⑤ 一文指出，道教是我国土生土长的宗教，其义理之学具有中华民族传统人文的内涵特质与表现特色，具有鲜明的民族性特征、唯生理念和寓道于术的特色，富含体贴人情和重视人与物紧密关联的人本因素，形成独特的生命哲学和养生之学。史冰川著《道之本质论》⑥ 一文从体、相、用三个角度研究了"道"的本质和内涵，探讨了从不同角度进入"道"之本体的理论依据，进而尝试对"不可道"之"常道"进行描述，认为道就代表了万物不生不灭的状态，概括了宇宙万物的究竟实相和总的运行规律，具足了生发一切的物质基础和内在动力。孙瑞雪《对〈老子河上公章句〉与〈老子想尔注〉中"道"的观念之比较》⑦ 一文认为从《河上公

---

① 《宗教学研究》2011 年第 2 期。
② 《宗教学研究》2012 年第 1 期。
③ 《宗教学研究》2011 年第 2 期。
④ 《宗教学研究》2011 年第 3 期，2012 年第 1 期。
⑤ 《中国宗教》2011 年第 7 期。
⑥ 《宗教学研究》2012 年第 1 期。
⑦ 《中国道教》2011 年第 6 期。

章句》到《老子想尔注》中"道"之观念已有变化,《想尔注》之"道"已经明显具有了神性,而且关于"道"与善恶之关系的论述表明道教在伦理思想方面已初现端倪,由此可见黄老道家思想至此已演变成为道教的教理教义了。刘固盛《论道教老学》[①] 一文分析了道教老学的诠释理路,指出道教人士之诠释《老子》以发挥义理为主。文章还在梳理汉魏六朝至明清道教老学发展脉络的基础上,从道教本位、生命关怀、积极入世等三个方面揭示了道教老学基本精神。李进宝《20 世纪后期的老子研究》[②] 一文概述了 20 世纪 70 年代以来《老子》研究的基本情况,以 1998 年湖北郭店楚墓竹简《老子》整理发表为界,把整个研究过程分为前后两个阶段,并概括了各阶段的研究主题和研究特点。

丁培仁《从类书〈无上秘要〉的结构看南北朝道教的教义体系》[③] 一文利用敦煌本目录与明道藏本目录对校,以见《无上秘要》原来的结构,并将之与教外的类书以及现在尚保存完整的北宋道教类书《云笈七签》作了比较,指出《无上秘要》与《云笈七签》的同异,又通过对《无上秘要》的结构的具体分析,揭示其编纂思想及整合后的南北朝道教的教义体系,认为它以无可辩驳的事实证明道教是一种具有一定普世性、超越性的宗教。方新蓉著《〈道德宝章〉中的非语言符号》[④] 一文指出《道德宝章》是白玉蟾对《老子》的注本,其中出现了用符号代替文字作注的现象,这是《老子》注解著作中前所未有的。《道德宝章》的符号大致可分为简单符号和复合符号两种,它们虽然有的来自《周易》,有的来自禅宗,但总体而言都是在仿效《周易》"圣人立象以尽意"的做法,用符号表示其哲学思想。这些符号既体现了白玉蟾三教融合的思想,又体现了其道本位思想,同时还顺应了当时讲"悟"的潮流。朱俊著《〈栖云真人盘山语录〉中的重玄思辨》[⑤] 一文以《栖云真人盘山语录》为例来考察全真教与重玄学之间的亲缘关系,指出重玄学对以全真教为代表的后世道教义理、心性学的发展的确产生了深入骨髓的影响,全真教在思想深处承接了以往道教的思想传统。徐敏著《〈清静经原旨〉"援儒释道"思想探析》[⑥] 一文指出近代道书《清静经原旨》以"援儒释道"的方式注解道教经典《清静经》,通过援引经文中原本并不存在的人道纲常及理学思想,将儒家修身学说与道教的性命炼养思想相比附,寻求二者理论逻辑的共同点,并强调求道不离日用伦常、存天理以澄心遣欲的思想主张。

---

[①] 《宗教学研究》2011 年第 3 期。
[②] 《中国道教》2012 年第 4 期。
[③] 《宗教学研究》2011 年第 4 期。
[④] 《宗教学研究》2011 年第 1 期。
[⑤] 《中国道教》2012 年第 4 期。
[⑥] 《宗教学研究》2012 年第 3 期。

谢清果《老子"致虚极,守静笃"的精神升华术》[1]一文认为老子的精神养生智慧体现在一个"守"字,提出老子的精神升华术的基本价值取向是"为腹不为目",基本做法是"涤除玄鉴",基本要领是"归根曰静",基本指向是"观复",最终实现"复命"的正果。陈明、吕锡琛合著《全真道精神境界的后人本主义心理学解读》[2]一文将全真道修炼的精神境界与现代后人本主义心理学进行相互诠释,提出得道成仙是全真道修炼的终极目标,得道是最高追求,而成仙则是得道后的最高精神境界的体现,是心性修炼的成果,也是一种至高的、极其健康的精神境界和状态,在这种精神状态中表现出来的是身心灵的高度和谐统一和完整,是自我真正与他人及环境融为一体,即天人合一之境。詹石窗、宋野草合著《大道修行的自我快乐》[3],认为大道修行是一种快乐技术和快乐体验,这不仅可以达到自我快乐,而且可以达到社会快乐、自然快乐。沈岚著《〈淮南子〉中的"性"与修真》[4]一文对《淮南子》所出现的"性"字在不同情况下所具备的不同状态进行分析,认为《淮南子》在具体的修炼上的基本原则是依性而起,这既包括符合真性,又包括利用生性和去除伪性,以到达了悟真性。蔡钊著《气韵本乎游心——道家"气"思想的心学意义》[5]一文分别从认识论、实践论、心性论三个层面论述了道家"气"思想对"气韵本乎游心"这一美学命题的哲学基础性影响,归纳出"道—气—心—性—德—虚静—美"的命题,认为"虚静之心"无论对于宗教修炼还是艺术创作都是根本的起点和最终的极境。郭继民《从"守一"到"心灵的逍遥"》[6]一文则把道家的心灵境界之达成路径描述为"守一—抱朴—虚静(无我)—逍遥"之过程。

韩吉绍、张鲁君合著《试论汉代尸解信仰的思想缘起》[7]指出尸解是秦汉时期比较独特的一种神仙方术,与养生类方技不同,它有灵魂飞升与肉体不死两种方式。这一特点导致汉人对尸解思想缘起的认识发生混乱。事实上,尸解是在战国时期死后复生思想的基础上发展而来,与方仙道的"形解销化"方术也有一定关联。战国的死后复生思想糅合了灵魂飞升与肉体不死两种观念,这一特征成为尸解在汉代及其后出现多种发生形式的重要原因。胡百涛《上清经五行数观念与道教"重阳"思想》[8]以六朝《上清经》中五行配数模式为研究对象,分析了上清派对汉魏道气理论和象数观念的继承和发展,

---

[1] 《宗教学研究》2011年第3期。
[2] 《宗教学研究》2011年第4期。
[3] 《中国道教》2011年第1期。
[4] 同上。
[5] 《宗教学研究》2011年第1期。
[6] 《中国道教》2012年第1期。
[7] 《宗教学研究》2012年第2期。
[8] 《世界宗教研究》2012年第5期。

并考察了道教自汉代黄老养生术至六朝教义中尚阳观念的发展轨迹。杨子路著《汉代道教术数侧论》① 一文认为汉代道教术数的形成经历了术数道教化与道教术数化的双向进程，汉代黄老道家与汉末天师道对《道德经》诠释的术数化、《太平经》关注社会政治的术数学与《周易参同契》关注炼养的术数学均在不同维度、不同意义上促成了道教术数的产生，道教术数是一个有着内在逻辑的概念。贾辰阳《偶景术的三个来源》② 一文认为偶景术有三个来源：萨满教的守护神、天师道的黄赤合气之术以及易道阴阳观念。

强昱《初期全真道的自由平等观念》③ 一文就王重阳创教到祁志诚就任大宗师这一时期全真道对平等自由问题的广泛关注，从语意内涵的变化、祖师创建及后辈发挥三个阶段对这一历史现象进行考察，指出全真道纠正了由张伯端开创的内丹道南宗缺乏社会关怀的局限，重新回归于老庄道家的内圣外王之道的理想，保障道家道教思想的延续性，实现了个体修行同社会政治理论有机的统一。

### (二) 道教现代价值与生存发展

关于现代道教生存状况的田野调查，韩中义、唐智、马翔、唐淑娴合著《乡村宗教文化地方性解释的困境——唐汪道教田野调查》④ 一文以甘肃唐汪的民间化道教信仰为例，从田野的角度探寻乡土道教信仰的仪轨，进而展示原始性的精神信仰皈依，并对其庙宇空壳化、信仰简单化、信者老年化的遭遇给予地方性解释。俞黎媛著《传统神灵信仰在当代的变迁与适应——以福建闽清金沙堂张圣君信仰为例》⑤ 一文通过对福建闽清金沙堂张圣君信仰的个案考察，探讨在当前农村城镇化快速发展的大背景下传统的民间信仰如何做出积极的自我调整和主动适应，指出张圣君信仰作为传统农业神在当代的复兴除了国家政治大背景的宽松之外，其悠久的历史传承和行为惯性、地方化的阐述和期望、与时俱进的信仰民俗，管理人员注重信仰联谊、文化层次的提升并积极参与地方的现代化进程，是其转型和复兴的主要因素。吴新锋著《湖北武当山地区"活判子"信仰现状考察》⑥ 一文在对武当山地区"活判子"信仰的现状进行了翔实深入考察的基础上，梳理了其信仰体系及历史演变，认为武当山地区"活判子"信仰是中国民间信仰体系中独具特色的信仰形态，在信仰体系和功能方面都有其自身特点，它已成为大山深处乡民日常生活的一部分，参与到当地村落生态文化的构建之中，同时也指出了"活判子"信仰日益边缘化的地位。张晓莹著《从"显灵"的变迁看妈祖信仰的生存机制——

---

① 《宗教学研究》2011 年第 3 期。
② 同上。
③ 《世界宗教研究》2012 年第 3 期。
④ 《宗教学研究》2012 年第 2 期。
⑤ 《世界宗教研究》2012 年第 2 期。
⑥ 《世界宗教文化》2011 年第 3 期。

以辽南为例》①一文以辽南的妈祖信仰为对象,展示了妈祖"显灵"的变迁历程,关注了显灵的转变方式、方向:"显灵"的空间变化和神职功能转变使信仰获得生存合理性,"显灵"的道德指向和神灵存在形式转变使信仰获得生存合法性。赖全著《黄屋乾万寿宫与赣南客家许真君信仰》②一文以黄屋乾万寿宫为重点考察对象,综合调查周边分布的其他万寿宫,初步介绍万寿宫在赣南地区的现实状况和与佛教的融合,简要分析赣南客家的许真君信仰,分析了万寿宫收容孤老的社会功能。李海梅著《从丧葬"道场"看成都东山太平村客家人的信仰》③具体分析了成都东山太平村客家丧葬中的佛、道二教道场法事程序,指出太平村客家人丧葬道场中的各种礼规杂糅了人为宗教的内容,凸显了儒家思想与释道二教合一、宗教信仰服务于民间信仰的特点,体现了客家人复合性的信仰特征。多种信仰渗透在客家村落的民间生活中,强化了客家族群的认同感和归属感,对保持客家族群传统文化有着不可低估的作用。陈德琥《涂山"朝禹会":一种活的文化传统》④一文对安徽省怀远县的涂山庙会的道教内涵进行分析,并认为"朝禹会"的恢复与开展应该尊重其文化原点和源头,任何非物质文化遗产,只要在其衍生、发展过程中始终对应、固守它的文化之根,就会被文化播布区的民众普遍认同,并能获得永续发展的动力源。

除现状描述之外,当代学者和教内人士对道教在当代社会的价值和发展道路进行了更多的思考。葛荣晋著《崇尚简单生活——"治人事天莫若啬"的现代解读》⑤就老子《道德经》第59章"治人事天莫若啬"这一命题在解决现代社会经济发展问题中所具有的独特价值进行了探讨,认为"治人事天莫若啬"这一理念描述了人与自然毫相互协调、持续发展的理想境界,提出在现代社会中应大力提倡与宣传"崇尚简单生活"的理念。许抗生著《法道而行与社会可持续的发展》⑥一文指出道家道教文化在现代社会中,不仅不会丧失其作用,而且越来越能发挥其积极的作用,以克服现代社会所造成的多种多样的社会弊端。文章详细论述了道家道教在"道法自然"的思想与建设环境优美型社会、"知和曰常"的宇宙和谐思想与构建当代和谐社会与和谐世界等方面的重要现实意义。蒋朝君著《道教戒律中的生态伦理思想研究》⑦一文指出"戒杀护生"是保护环境的神圣律令,是道教生态伦理规范准则的核心,几乎所有的道教戒规、戒律的具体条款都涉及维护自然生态环境的完整性、引导百姓珍视怜悯动物生命等与生态伦理密切相关

---

① 《世界宗教文化》2011年第3期。
② 《宗教学研究》2011年第3期。
③ 《宗教学研究》2011年第1期。
④ 《中国宗教》2011年第7期。
⑤ 《中国道教》2011年第5期。
⑥ 同上。
⑦ 《宗教学研究》2011年第2期。

的内容。其中"戒杀"是强制性的、被动的，力行"戒杀"也即保护了生命；"护生"是倡导性的、主动的，力行"护生"即避免了对环境的伤害。它们一体两面，极符合现代生态伦理之精神。李翠叶《道教"天人合一"观的内涵及其现代价值》[1] 一文认为道教从基本的自然宇宙观出发，建立了独特的"天人合一"体系，把人与自然看做有机的统一整体，强调人与自然相通、相融，主张人与自然和谐相处、共生共荣，可以作为现代人处理人与自然、人与人关系的一种借鉴。

牟钟鉴《以道为教多元通和》[2] 一文认为道教以老子阐扬的大道为教旨，其信仰特质、文化内涵及优良传统，在急需文明与宗教对话的当前国际社会更显得珍贵难得。以道为教，把尊生与敬神统一起来，是为生道；把行善与成仙统一起来，是为善道；用包容的态度做救世的事业，是为公道；协调各种关系，使人间臻于淳朴，是为和道；会通各种信仰和文化，是为通道。以道为教的道教，应当也能够成为世界多元文化接近相亲的使者；以道为归的道文化应当也能够成为多元文化沟通对话的桥梁。陈鼓应《道——精神家园》[3] 一文则主要讨论了老子形上道论蕴涵的丰富人文意涵，指出道这种流变性、和谐性及整体性的意涵，其实正是一种宇宙视野。这样的宇宙视野，不但超越了个人自我中心性，也同时去除了人类中心主义的本位性及狭隘性。刘仲宇《大道周行与和合共生——宗教和谐的道家资源》[4] 一文从加强道教的主体性奠立宗教对话的基石、增进道教的普世性发展宗教对话的基础两方面论述了道教在参与宗教和谐格局中所具有的丰富资源。任法融会长则在《尊道贵德和谐共生》[5] 一文中就当代道教尊道贵德、立德明道、和谐共生的理念作了基本阐述，祈愿人类社会遵循大道自然无为的法则，拥有齐同慈爱的胸襟，实现天下太平。丁常云道长也在《试论道教的劝善伦理与心灵环保》[6] 一文中从道教的尊道贵德、少私寡欲、行善积德、济世利人、慈心于物的劝善伦理出发，对道教在心灵环保中的积极作用进行了简要阐述。张继禹道长则在《道教"大医"思想的当代价值》[7] 一文中专就道教发展过程中如何继承道教医学的问题进行探讨，提出道教界应继承好"道医同源"的传统，把道教界学医、重医的传统恢复起来，使之成为道教徒学道、修道的必要内容。

吕锡琛《当代坤道成长的社会文化土壤》[8] 一文描述了当代坤道的精神风貌，分析

---

[1] 《中国宗教》2012 年第 8 期。
[2] 《中国宗教》2011 年第 12 期。
[3] 《中国道教》2011 年第 5 期。
[4] 《中国道教》2011 年第 6 期。
[5] 《中国宗教》2011 年第 11 期。
[6] 《中国道教》2011 年第 5 期。
[7] 《中国宗教》2012 年第 7 期。
[8] 《中国宗教》2011 年第 10 期。

了当代坤道成长的社会历史条件,认为建立在阴阳和合以及女性崇拜观念基础上的女仙崇拜,成为道教独特的宗教信仰而善良美丽、苦修不懈、道术高超的女仙形象既折射出道教女信徒的理想追求,又为世的道教女信徒标示出可资效法的人格典范,树立了修道可成的坚定信心。

通过以上综述,可以看到,2011—2012年道教研究呈现出多路向齐头并进的态势,既有以文献为对象的传统研究内容,也有以道教艺术等为对象的新型研究方式;既有专家学者的探讨,也有教内大德的深入思考。随着2011年"国际道教论坛"、"第三届玄门讲经"、"道教养生学的现代价值研讨会",2012年"武当山大兴六百年罗天大醮暨第四届玄门讲经活动"、"第二届全真道与老庄学国际学术研讨会"、"茅山乾元观与江南全真道国际学术研讨会"等教内活动和学术会议的召开,道教研究会更加深入持续地进行下去。

(作者简介:中国社会科学院世界宗教研究所博士生)

基督教研究

# 2011年度大陆学界有关基督宗教研究概况

石衡潭

2011年，大陆基督教研究界出版有关于基督教研究著作约近百部，发表有关基督教的文章1200多篇。研究领域涵盖基督教史、基督教思想、经典著作翻译、工具书出版、与基督教相关的交叉学科、基督教现状调研等方面。总的来看，各方面研究还是延续了近年来的研究方向与势头，在深度与广度上略有拓展，在个别领域有所突破。（一）在基督教史研究方面，著作与论文数量都不少。在世界基督教史方面从古代到当代都有所涉及，特别还拓展到拜占庭的精神与社会生活；在中国基督教史方面，教育史、医疗史的研究在继续推进，同时，又有了新的拓展与深入，有人专门研究传教差会，有人研究基督教与不平等条约的关系，有人从基督教角度研究太平天国；而基督教与回教的关系、传教士在藏区的传教等方面也越来越受到关注；对重要历史人物如王韬、蒋介石等人信仰的研究也开始了。（二）在基督教思想研究方面出现几部力作，如董江阳的《预定与自由意志：基督教阿米尼乌主义及其流变》，杨克勤、赵敦华的《圣经文明导论：希伯来与基督教文化》等。（三）有关基督教研究的交叉学科还在继续升温，特别是对基督教与文学关系的研究，2011年的涵盖面有所拓展，以前很少涉及的东亚基督教文学领域也开始有人耕耘。开始有人对中国基督教文学予以跟踪，最新出版的小说很快得到了评论。（四）在基督教现状调研方面，从正面来描述基督教社会功能的文章逐渐增多。社会对此的关注度也越来也增强，《中国宗教报告》（2011）一出版，关于基督教部分就受到了多方面的关注。田野调查更加专业细致，关注到基督教在教育、禁毒、网络等具体领域中所起的作用。田野调查的领域也进一步扩展，对大学生信仰状态的调研在继续，对农村中学生、青少年这一群体的关注也开始了。目前，农村还是调研重点，东北地区是关注的热点，而城市基督教也逐渐进入研究视野。（五）在以往研究的一些薄弱环节，还是出现了一些新气象。在圣经注释和研究方面，从文化角度深入发掘出现一批成果，如梁工、卢龙光主编的"圣经文化解读书系"、舒也的《圣经的文化阐释》等书；在东正教研究方面，出现了杨翠红的《俄罗斯东正教会与国家政权关系研究（9—18世纪末）》、宫景耀的《相濡以沫：希腊、罗马与拜占庭的精神世界》、石衡潭的《自由与创造——别尔嘉耶夫宗教哲学导论》等书；在中国基督教思想史方面则尚无新突破。

## 一 基督教史方面

对世界基督教历史的研究不再追求出通史，做大而全的研究，而比较集中于断代史，或进行某一个专题的研究，并且逐渐重视东方基督教。这方面的重要著作有：林中泽的《早期基督教及其东传》（上海古籍出版社2011年版）、朱孝远的《宗教改革与德国近代化的道路》（人民出版社2011年版）、王加丰的《西欧16—17世纪的宗教与政治》（北京师范大学出版集团、安徽大学出版社2010年版）、宫景耀的《相濡以沫：希腊、罗马与拜占庭的精神世界》（云南人民出版社2011年版）、杨翠红的《俄罗斯东正教会与国家政权关系研究（9—18世纪末）》（吉林大学出版社2011年版）、张志刚的《当代宗教冲突与对话研究》（经济科学出版社2011年版）。

对中国基督教史的研究仍然注重地区的研究，也开始着手对差会的研究，对基督教与伊斯兰教关系的研究，基督教与近代中国的不平等条约的关系也纳入了研究范围，而研究的时间段也扩展到了社会主义建设阶段。这方面重要著作有王美秀《中国基督教史话》（社会科学文献出版社2011年版）、吕实强的《近代中国知识分子反基督教问题论文集》》（广西师范大学出版社2011年版）。基督教与近代中国的不平等条约之间的关系一直是人们所关注的中心，但以前一直少有专著论及，2011年，李传斌的《基督教与近代中国的不平等条约》（湖南人民出版社2011年版）对此作了突破。该书以时间演进为序，从基督教与近代中国不平等条约之间的关系发展及演变入手，分别论述了基督教传教特权的获取与废除，传教条约与传教事业发展的关系，中外政府对待传教条约的态度和政策，各团体和各方人士对传教条约的态度。关于教育史的研究有王树槐的《基督教与清季中国的教育与社会》（广西师范大学出版社2011年版）、周东华的《民国浙江基督教教育研究》（中国社会科学出版社2011年版）；关于差会与差传的研究有林美玫的《追寻差传足迹：美国圣公会在华差传探析（1835—1920）》（广西师范大学出版社2011年版）、林美玫的《妇女与差传：19世纪美国圣公会女传教士在华差传研究》（社会科学文献出版社2011年版）、黄妙婉的《卫理公会与台湾社会变迁（1953—2008）》（合肥工业大学出版社2011年版）等。其他方面重要研究有章开沅的《贝德士文献研究》（广西师范大学出版社2011年版），此书探讨了传教士在中西文化交流中的角色、东亚基督教的西方诠释、贝德士与中国基督教史研究等问题。左芙蓉的《民国北京宗教社团：文献历史与影响（1912—1949）》（宗教文化出版社2011年版）、冯筱才等著的《基督教的社会主义改造：知识分子的命运，农村征粮问题、边疆问题》（九州出版社2011年版）。

研究世界基督教史的论文还是以研究基督教早期及中世纪的居多，对日本基督教传播与发展状况的研究也成为一个新的增长点。这方面重要论文有袁波的《基督教的传播与罗马帝国统治者的因应对策》[1]，郑凯的《帝国治下的早期基督教殉教士》[2]，林中泽的《公元1—3世纪基督教与犹太人关系辨析》[3]，董晓佳的《试析4—6世纪基督教修道运动对拜占庭社会的影响》[4]，王向鹏、徐家玲的《简论基督教世界视角下的第一次十字军武装——从安条克之战谈起》[5]，王红国的《基督教在日本的传播与发展探略》[6]，张永广的《基督教教育与日本明治初期的武士阶层》[7]。研究中国基督教史的论文还是以研究教育为重点，此外涉及中国人信教原因和传教士传教方式的研究，而对太平天国信仰研究也逐渐升温，对重要历史人物信仰情况的研究、对基督教与伊斯兰教关系的研究也开始了。这方面重要论文有王玉松的《明末清初部分华人皈依天主教原因分析》[8]，杨世海、李灿的《石门坎与基督教融合与分离的原因考察——比较文学视野下的石门坎研究》[9]，赵晓兰的《传教士中文报刊办刊宗旨演变分析》[10]，许艳民的《"丁戊"赈灾对李提摩太传教方式的影响》[11]，董虹的《基督教在中国的身体规训——以太平天国为例》[12]，韩磊的《洪秀全的上帝观》[13]，董丛林的《清末地方官员在教案中的难堪处境——以署江西永新知县阎少白死事为例》[14]，段怀清的《试论王韬的基督教信仰》[15]，刘维开《作为基督徒的蒋中正》[16]，杨剑龙的《论"五四"时期陈独秀对基督教的复杂态度》[17]，申晓虎的《文化的挪用：西南少数民族信仰变迁中的基督教影响》[18]，许淑杰的《明清之际的伊斯兰教与基督教》[19]，杨晓春的《〈回教考略〉与清末民初的回耶对话》[20]，韩永静

---

[1] 《世界宗教研究》2011年第3期。
[2] 《河北理工大学学报》（社会科学版）2011年第2期。
[3] 《四川师范大学学报》（社会科学版）2011年第2期。
[4] 《临沂大学学报》2011年第2期。
[5] 《东北师大学报》（哲学社会科学版）2011年第5期。
[6] 《通化师范学院学报》2011年第7期。
[7] 《河南师范大学学报》（哲学社会科学版）2011年第2期。
[8] 《齐齐哈尔大学学报》（哲学社会科学版）2011年第1期。
[9] 《教育文化论坛》2011年第3期。
[10] 《浙江大学学报》（人文社会科学版）2011年第5期。
[11] 《汕头大学学报》（人文社会科学版）2011年第1期。
[12] 《山东社会科学》2011年第1期。
[13] 《黑龙江史志》2011年第11期。
[14] 《井冈山大学学报》（社会科学版）2011年第1期。
[15] 《清史研究》2011年第2期。
[16] 《史林》2011年第1期。
[17] 《社会科学家》2011年第6期。
[18] 《民族学刊》2011年第2期。
[19] 《世界宗教研究》2011年第1期。
[20] 《世界宗教研究》2011年第3期。

的《西方传教士在中国穆斯林中的早期传教活动研究》①,刘保兄的《基督教大学华人校长办学思想及实践之比较》②,杜敦科的《南京国民政府时期基督教大学立案探析》③,朱峰的《性别、家庭与国家——从近代教会女子大学看基督教女知识分子群体的融合与冲突》④,张亚斌、史如松的《基督教与中国近代西医教育的产生》⑤,宋惠昌的《基督教与辛亥革命》⑥,刘继华的《基督教宣道会对西北藏族传教地理格局的形成及其演变》⑦,崔华杰《传教士与中国历史研究:以〈教务杂志〉为中心的量化考察》⑧。

## 二 基督教思想文化方面

神学思想研究集中于重要思潮重要和神学家思想研究,也出现了一些力作。这方面重要著作有杨克勤、赵敦华的《圣经文明导论:希伯来与基督教文化》(宗教文化出版社2011年版),杨克勤的《夏娃大地与上帝》(华东师范大学出版社2011年版),曾庆豹的《上帝关系与言说:批判神学与神学的批判》(华东师范大学出版社2011年版),濮荣健的《阿奎那变质说研究》(人民出版社2011年版),佘碧平的《中世纪文艺复兴时期哲学》(人民出版社2011年版),董江阳的《预定与自由意志:基督教阿米尼乌主义及其流变》(中国社会科学出版社2011年版),石衡潭的《自由与创造——别尔嘉耶夫宗教哲学导论》(社会科学文献出版社2011年版),唐晓峰、熊晓红、卓新平编著的《夜鹰之志:"赵紫宸与中西思想交流"学术研讨会文集》(宗教文化出版社2010年版),许志伟主编《基督教思想评论》(第13辑,上海人民出版社2011年版),康志杰的《基督教的礼仪》(宗教文化出版社2011年版)。这方面重要论文有:翟志宏的《早期基督教与古希腊哲学的相遇》⑨,腊永红的《论柏拉图"理念"论及其对中世纪基督教神学之影响》⑩,王耘的《论尼撒的格列高利的灵魂观》⑪,姜雪的《简论基督教对中世纪西欧思想领域的影响》⑫,丛连军的《托马斯·阿奎那神学伦理学三题》⑬,王楠楠

---

① 《北方民族大学学报》(哲学社会科学版)2011年第5期。
② 《山西大同大学学报》(社会科学版)2011年第4期。
③ 《历史教学》(下半月刊)2011年第8期。
④ 《福建师范大学学报》(哲学社会科学版)2011年第1期。
⑤ 《医学与社会》2011年第4期。
⑥ 《南昌航空大学学报》(社会科学版)2011年第3期。
⑦ 《青海民族研究》2011年第2期。
⑧ 《社会科学论坛》2011年第3期。
⑨ 《世界宗教研究》2011年第2期。
⑩ 《石家庄铁道大学学报》(社会科学版)2011年第2期。
⑪ 《阴山学刊》2011年第2期。
⑫ 《黑龙江生态工程职业学院学报》2011年第1期。
⑬ 《吉林师范大学学报》(人文社会科学版)2011年第2期。

的《浅析马丁·路德宗教改革思想——以内心自由为基础的世界重构》[1]，余秋胤的《基督教·佛教生死观及其价值研究》[2]。

圣经注释与研究方面出现了一批丛书和成规模的成果：2011年，梁工、卢龙光在宗教文化出版社推出了"圣经文化解读书系"。由6卷构成，第一卷综述圣经形成的背景、其正典化过程、内部结构、在后世的传播和阐释，及其对后世文化的深远影响；第二卷至第六卷将圣经卷籍分成5种类型依次评述。全书的理论深度和文字风格力求做到雅俗共赏，既从基本常识谈起，又尽量体现西方学术界的最新成就和作者的研究成果，使一般读者和学者都能从中受益。包括梁工《圣经解读》（宗教文化出版社2011年版），刘光耀、孙善玲合著的《四福音书解读》（宗教文化出版社2011年版），梁工、郭晓霞的《诗歌书智慧文学解读》（宗教文化出版社2011年版），赵宁的《先知书启示文学解读》（宗教文化出版社2011年版），梁工《律法书叙事著作解读》（宗教文化出版社2011年版）等。对中国释经传统与基督教释经传统的比较研究也开始了。田海华主编了《经典与诠释》（四川人民出版社有限公司2011年版）。主编者认为，在与中国文化的互动中，除了翻译，当务之急是建立一种相关的理论。当一本经典进入一个新的文化境况中，会面临新的挑战，同时也是新的机遇，特别是在历史源远流长的亚洲处境中，亚洲文化本身就保留了大量的经典文本。这些文本有助于或至少影响了我们阅读圣经。应该珍视中华历史带给我们宝贵的文本财富，积极地、有意识地使用这些文本，它们将如同钥匙一样，开启在圣经研究中其他文化群体看不到的新图景，从而让圣经文本呈现出不同的层次。这种跨文本的诠释方式，有助于让圣经在新的文化土壤中焕发勃勃生机。舒也的《圣经的文化阐释》（江苏人民出版社2011年版）指出，圣经中神的称谓和表述，表明圣经在神学谱系学上与古代近东及周边地区的宗教信仰有着不可分割的联系。同时指出，圣经在本体论阐释上有着一个价值的维度，圣经潜藏着一个深层的价值结构体系，它把世界描述为一个类似于"善自体"的价值存在本体论。与传统的"原罪说"阐释不同，该书认为圣经对人类的神话学描述赋予人类一种特殊的"原善"，但人类价值被描述为有别于神学价值的有限的价值存在。还指出，圣经描述的性别结构在本体论阐释、人类学阐释、历史阐释、价值阐释等方面男性化了，体现出父权制的影响和男性中心主义的性别观念。此外，该书在圣经的生命价值观、圣经中的"约"之观念、圣经的律法观念等方面作出了新的文化哲学的阐释和分析。同类研究还有：刘洪一的《圣经叙事研究》（商务印书馆2011年版），常俊跃、李文萍、赵永青的《〈圣经〉与文化》（北京大学出版社2011年版），陈贻绎《希伯来语〈圣经〉导论》（北京大学出版社2011年版），刘意青、李小鹿的《〈圣经〉故事名篇详注》（中国人民大学出版社2011年版），

---

[1] 《黑河学刊》2011年第6期。

[2] 《改革与开放》2011年第16期。

李福钟的《感悟圣经》（宗教文化出版社2011年版），张存远的《认识圣经》（世界知识出版社2011年版），柯君的《圣经的奥秘》（新世界出版社2011年版），吴涤申的《使徒保罗传》（世界知识出版社2011年版）。这方面重要论文有孙毅的《〈新约〉约翰作品中的世界观念》[1]。

研究基督教与中国文化之关系的书也不像前几年那么多了，研究文章还是有不少，且由对比研究发展到了对中国经典的重新诠释与理解，一些在传统国学中不那么受重视的历史人物，因为他们与基督教的关联而重新被挖掘出来，显示出崭新的意义。2011年，上海古籍出版社出版了迄今最完整的《徐光启全集》。这套《全集》由复旦大学学者朱维铮、李天纲主编，此次整理在原来上海古籍出版社《徐光启集》、《徐光启著译集》、《农政全书》等书的基础上增加了许多近年海内外新发现的佚著佚文，吸收了学界最新的研究成果。其中《毛诗六帖讲意》、《徐氏庖言》、《测量法义》、《灵言蠡勺》等十多种专书是首次点校排印出版。林滨的《儒家与基督教利他主义比较研究》（人民出版社2011年版）。这方面重要论文有：许苏民的《明清之际儒学与基督教的人生哲学对话》[2]，杨慧林的《中西"经文辩读"的可能性及其价值——以理雅各的中国经典翻译为中心》[3]，姜燕的《理雅各〈诗经〉翻译初探——基督教视域中的儒家经典》[4]，伍玉西的《"孔子为耶稣"——丁韪良论耶儒关系》[5]，王利红的《儒家与基督教孝文化对比》[6]，黄保罗的《汉语索隐神学——对法国耶稣会士续讲利玛窦之后文明对话的研究》[7]，桑靖宇的《朱熹哲学中的天与上帝——兼评利玛窦的以耶解儒》[8]、《基督教与儒家中的"造"与"生"——兼评考夫曼、南乐山与杜维明等人的过程神学》[9]，王继学的《论晚清中国士人的基督教源于墨学说》[10]，林滨的《时间先构与逻辑先构——儒家伦理与基督教伦理的建构方式比较》[11]，王树人的《最高价值的失落与追寻——兼评上帝的爱与儒家的爱》[12]，林滨的《在世俗与神圣之间：儒家伦理与基督教伦理之比较》[13]，

---

[1] 《宗教学研究》2011年第3期。

[2] 《河北学刊》2011年第4期。

[3] 《中国社会科学》2011年第1期。

[4] 《东岳论丛》2011年第9期。

[5] 《韩山师范学院学报》2011年第4期。

[6] 《科教文汇》（上旬刊）2011年第9期。

[7] 《深圳大学学报》（人文社会科学版）2011年第2期。

[8] 《武汉大学学报》（人文科学版）2011年第2期。

[9] 《求是学刊》2011年第4期。

[10] 《宗教学研究》2011年第2期。

[11] 《现代哲学》2011年第3期。

[12] 《杭州师范大学学报》（社会科学版）2011年第1期。

[13] 《哲学动态》2011年第5期。

刘固盛、吴雪萌《西方基督教背景下的〈老子〉诠释》[1]，刘光顺的《宇宙生成论的中西比较——以朱熹和托马斯·阿奎那为例》[2]，肖清和的《清初儒家基督徒刘凝思想简论》[3]，袁邦建的《耶儒对话与传教策略——〈训真辨妄〉探析》[4]，肖晋元的《宗教视阈下的儒学与基督教之比较》[5]，李琴、芦芳芳、王慧的《〈圣经〉汉译中的本土化阐释策略》[6]。《文史哲》2011年第4期刊载了3篇中美学者的文章来讨论儒耶对话主题：谢文郁的《〈中庸〈君子论：困境和出路》[7]、谢大卫的《"善"与"善的生活"：孔子与基督》[8]、白诗朗的《儒耶之间对话的可能性》[9]。

## 三　经典著作译介

自2009年以来，对基督教经典的翻译介绍已不限于个别神学大师的经典著作，也涉及他们不太为人所知的著作和其他许多重要神学家的重要著作。2009年，何光沪为北京的生活·读书·新知三联书店主编了的"基督教经典译丛"，出版过奥古斯丁的《道德论集》（2009年版）、阿塔那修的《论道成肉身》（2009年版）、加尔文的《基督教要义》2010年版）等书；2011年，又推出了G. K. 切斯特顿（G. K. Chesterton）的《回到正统》和《异教徒》，前者为作者的属灵自传，后者为作者对同时代一些藐视正统信仰的著名人物思想和观点的批判。宗教文化出版社引进了香港基督教文艺出版社的"基督教历代名著集成"系列，2011年继续出版了《基督教早期文献选集》（2011年版）圣伯尔拿、肯培多马等的《中世纪灵修文学选集》（2011年）等书。其他基督教经典著作也由各个出版社推出。奥古斯丁的《上帝之城》，在继王晓朝、吴飞的两个译本问世后，又推出了庄陶、陈维振的新译本（复旦大学出版社2011年版）。中世纪神秘主义神学家吕斯布鲁克（Ruusbroec）著、陈建洪等译的《七重阶梯：吕斯布鲁克文集》（卷1）（华东师范大学出版社2011年版）；被誉为近代自由派先驱的德国神学家施莱尔马赫的《论宗教》（人民出版社2011年版）；荷兰改革宗重要神学家赫尔曼·巴文克（Herman Bavinck）的《我们合理的信仰》（南方出版社2011年版）；威廉·詹姆士著、唐钺译的《宗教经验之种种》（商务印书馆2011年版）。

---

[1] 《江汉论坛》2011年第4期。
[2] 《世界宗教研究》2011年第1期。
[3] 《史林》2011年第4期。
[4] 《宗教学研究》2011年第1期。
[5] 《孝感学院学报》2011年第5期。
[6] 《长江大学学报》（社会科学版）2011年第5期。
[7] 《文史哲》2011年第4期。
[8] 同上。
[9] 同上。

对神学家和神学思潮的经典研究著作继续引进。2009 年，中国社会科学出版社推出的由章雪富、孙毅、游冠辉主编的"历史与思想研究译丛"。2011 年，又出版了 D. H. 威廉姆斯的《重拾教父传统》（2011 年版）、威尔肯的《早期基督教思想的精神》（2011 年）等书。其他神学与思想类的著作有英国学者大卫·福特（David F. Ford）著的《基督教神学》（译林出版社 2011 年版）；卡斯培著，罗选民译的《现代语境中的上帝观念：耶稣基督的上帝》（华东师范大学出版社 2011 年版）；约翰·托兰德的《基督教并不神秘》（商务印书馆 2011 年版）

在圣经注释与研究方面，2011 年，上海三联书店推出了"摩根解经丛卷"，已经出版的有《以赛亚书》、《路加福音》、《希伯来书》、《哥林多书信》等卷书，还出版了华理克（Rick Warren）《华理克读经法》。其他重要书籍还有约翰·加尔文（John Calvin）的《加尔文文集：罗马书注释》（华夏出版社 2011 年版）、W. 克莱恩等著《基督教释经学》（上海人民出版社 2011 年版）、巴刻、卡尔·亨利、康福特等的《圣经的来源》（上海人民出版社 2011 年版）。霍金斯的《但丁的圣约书：圣经式想象论集》（华夏出版社 2011 年版）；以色列学者西蒙·巴埃弗拉特（ShimonBar-Efrat）的《圣经的叙事艺术》（华东师范大学出版社 2011 年版）；杨腓力（Yancey P.）著，刘志雄译的《耶稣真貌》（南方出版社 2011 年版）等。

研究基督教历史著作有：俄国学者谢·亚·托卡列夫著，魏庆征译的《世界宗教简史》修订版（中央编译出版社 2011 年版）；约翰·福克斯的《殉道史》、约翰·维特著，苗文龙等译的《权利的变革：早期加尔文教中的法律、宗教和人权》（中国法制出版社 2011 年版）、英国学者塞缪尔·斯迈尔斯《信仰的光芒》（金城出版社 2011 年版）；托马斯·潘恩（Thomas Paine）著，天飞龙、徐维译的《理性时代：关于真伪神学的探讨》（中国法制出版社 2011 年版）；美国学者玛戈·托德（Margo Todd）的《基督教人文主义与清教徒社会秩序》（中国社会科学出版社 2011 年版）；吕西安·费弗尔著，闫素伟译的《十六世纪的无信仰问题》（商务印书馆 2011 年版）；罗森斯托克·胡絮的《越界的现代精神：基督教的未来》（华东师范大学出版社 2011 年版）；谢和耐、戴密微等著，耿昇译的《明清间耶稣会士入华与中西汇通》（东方出版社 2011 年版）；托马斯·H. 赖利（Thomas H. Reilly）著，谢文郁、李勇、肖军霞等译的《上帝与皇帝之争：太平天国的宗教与政治》（上海人民出版社 2011 年版）；狄德满的《华北的暴力和恐慌：义和团运动前夕基督教传播和社会冲突》（江苏人民出版社 2011 年版）。

在传记类书籍中，2011 年，华夏出版社的"新教著名人物传记译丛"继续出版了钟马田（D. Martyn Lloyd-Jones）著，梁素雅、王国显译的《清教徒的脚踪》；广西师范大学出版社也继续出版了吉瑞德（Norman J. Girardot）的《朝觐东方：理雅各评传》（2011 年），伟烈亚力著，倪文君译的《1867 年以前来华基督教传教士列传及著作目录》

(2011年)。

与基督教相关的交叉学科研究有：约翰·艾兹摩尔（John Eidsmoe）的《美国宪法的基督教背景：开国先父的信仰和选择》（中央编译出版社2011年版）；罗德尼·斯达克（Rodney Stark）《理性的胜利——基督教与西方文明》（复旦大学出版社2011年版）；威廉·席崴克（William Schweiker）著，孙尚扬译的《追寻生命的整全：多元世界时代的神学伦理学与全球化动力》（华东师范大学出版社2011年版）；安德鲁·迪克森怀特著，鲁旭东译的《科学：神学论战史》（商务印书馆2011年版）；伯尔曼的《信仰与秩序：法律与宗教的复合》（中央编译出版社2011年版）；杰伊·赛库洛著，牛玥等译的《美国大法官的法理及信仰》（中央编译出版社2011年版）。2011年，新世界出版社出版了葛尼斯（O. S. Guinness）的《一生的呼召》，中国编译出版社也出版了其姊妹篇《漫长的人生归途——探索人生的意义》。黄山书社推出了一套从韩国引进的有趣的哲学启蒙书，其中包括吴莱焕著，吴荣华、朴美玉译的《马丁·路德〈宽恕与惩罚的故事〉》（黄山书社2011年版）；朴海庸著，吴荣华，朴美玉译的《奥古斯丁关爱与感恩的故事》（黄山书社2011年版）；康英启著，吴荣华译的《托马斯·阿奎那知识与信仰的故事》（黄山书社2011年版）。

## 四　与基督教相关的交叉学科研究

从政治、经济、外交、法律、思想、文化、文学艺术等多个角度来研究基督教的著作与文章继续不断出现。郑顺佳的《天理人情——基督教伦理解码》（团结出版社2011年版）、汪琴的《基督教与罗马私法：以人法为视角》（法律出版社2011年版）、杨卫东的《信仰的构建与解读：宗教与美国外交》（中国社会科学出版社2011年版）、罗丰的《丝绸之路上的考古宗教与历史》（文物出版社2011年版）、谢家树的《圣经中的食物》（中央编译出版社2011年版）。研究基督教与法律关系的论文有不少：柴荣的《基督教进入英国法律的路径》[1]、柴英、柴荣的《基督教对西方法律的给养——以基督教对英国法律的影响为例》[2]、陈太宝的《中世纪西欧法律观念下的王权》[3]、徐爱国的《基督教教义与现代法律制度》[4]；研究基督教与政治、思想、社会、外交等多方面关系的文章有：谢荣谦的《基督教传统对美国政治、社会的认知及影响》[5]、李志雄《剑与十字

---

[1]《河北学刊》2011年第5期。
[2]《中州学刊》2011年第3期。
[3]《北方论丛》2011年第4期。
[4]《求是学刊》2011年第5期。
[5]《世界宗教文化》2011年第4期。

架——人文视域下马克思主义与基督教之比较》①、白玉广的《美国基督教锡安主义及其对美以关系的影响》②、何宗强的《基督教福音派与美国外交》③、黄瑾的《复合文化：基督教背景下的彝族文化变迁》④。

在基督教与中国文学关系研究方面有区应毓、权陈、蒋有亮等合著的《中国文学名家与基督教》（九州出版社 2011 年版）、秦海鹰主编的《法国文学与宗教（第 6 辑）》（人民文学出版社 2011 年版）、梁工主编的《圣经文学研究》（第 5 辑）（人民文学出版社 2011 年版）。旅居海外的刘再复也在 2011 年推出了其力作《罪与文学》（中信出版社 2011 年版）。在圣经、基督教与世界文学关系方面的研究著作还有李正栓的《邓恩诗歌研究：兼议英国文艺复兴诗歌发展历程》（商务印书馆 2011 年版）。艺术类有杨超的《人文主义的辉煌：文艺复兴艺术》（陕西人民美术出版社 2011 年版），刘光耀、杨慧林主编的《神学美学》（第 4 辑）（上海三联书店 2011 年版），苏喜乐的《中国基督教艺术》（五洲传播出版社 2011 年版）等。褚潇白的《圣像的修辞：耶稣基督形象在明清民间社会的变迁》（中国社会科学出版社 2011 年版）、崇秀全的《耶稣图像的象征艺术研究：以意大利 12—15 世纪被钉十字架耶稣图像为例》（浙江大学出版社 2011 年版）等。

研究基督教与文学关系的文章非常多，重要论文有：郭晓霞的《莎士比亚剧作中的基督教妇女观》⑤、王立明的《基督教文化视野下的托尔斯泰研究——以〈复活〉为例》⑥、周来顺的《俄东正教的特点及其对白银时代宗教哲学的塑造》⑦、刘建波的《试析〈红字〉中蒂姆斯代尔的"罪"》⑧、卓薇的《浅析基督教对福克纳的影响——以〈我弥留之际〉为例》⑨、刘建军《当代西方基督教文化的兴盛与西方文学的转型》⑩、张龙妹的《东亚基督教文学比较研究的可能性》⑪、季玢的《中国基督教文学的文化传播》⑫、宋莉华的《传教士汉文小说与中国文学的近代变革》⑬、杨剑龙的《论"五四"新文化运动与基督教文化思潮》⑭、薛沛文的《基督教文化对郭沫若诗歌的影响》⑮、齐宏伟的

---

① 《上海大学学报》（社会科学版）2011 年第 4 期。
② 《美国研究》2011 年第 1 期。
③ 《国际论坛》2011 年第 2 期。
④ 《贵州民族学院学报》（哲学社会科学版）2011 年第 2 期。
⑤ 《常熟理工学院学报》2011 年第 7 期。
⑥ 《沈阳教育学院学报》2011 年第 3 期。
⑦ 《西伯利亚研究》2011 年第 4 期。
⑧ 《外国语文》2011 年第 3 期。
⑨ 《青年作家》（中外文艺版）2011 年第 4 期。
⑩ 《南开学报》（哲学社会科学版）2011 年第 1 期。
⑪ 《日语学习与研究》2011 年第 2 期。
⑫ 《常熟理工学院学报》2011 年第 1 期。
⑬ 《文学评论》2011 年第 1 期。
⑭ 《世界宗教研究》2011 年第 3 期。
⑮ 《长春师范学院学报》2011 年第 1 期。

《论鲁迅"幽暗意识"之表现及由来》[1]、高帆的《鲁迅作品中的耶稣形象》[2]、王永剑的《论〈雷雨〉的基督教结构模式》[3]、季小兵的《论新时期以来中国基督教文学的死亡书写》[4]、孙旭的《从〈施洗的河〉看北村的信仰与基督教文化》[5]、马玉红的《从信仰观念的阐释到信仰生命的呈现——谈北村神性小说转型》[6] 杨剑龙的《灵魂拯救的文学——论灵性文学小说集〈新城路100号〉》[7]、胡乃宽的《海子诗歌对〈圣经〉意象的借用及其艺术效果》[8]；

在基督教艺术研究方面，出现了王蓓的《偶像、圣像与形象——论基督教审美立场的转变》[9]、包霞、周晨阳的《西方绘画中圣母像的演变过程》[10]、李云鹏的《浅谈基督教对凡·高艺术人生的影响》[11]、施茜的《从元瓷"靶杯"看基督教东传》[12]、褚潇白的《明清基督宗教画像流布状况综述》[13]、陈牧川的《神圣的空间——教堂建筑中"光、暗空间"的建筑美学解析》[14]、周小静的《从信仰和仪式角度研究基督教音乐》[15]、侯柯的《基督教音乐中的受难曲——试分析巴赫以及他的〈马太受难乐〉》[16]、赵庆文的《圣诗的传唱：〈普天颂赞〉出版述论》[17]、杜秋丽的《解读梅尔·吉布森电影中的基督教思想》[18]、李晓庆的《论基督宗教爱与救赎精神的电影表达》[19]、陈雷《〈黑客帝国〉中的圣经元素》[20]、刘岩的《从电影〈七宗罪〉解析当代美国文化中的宗教情结》[21]。

---

[1]《南京师范大学学报》（哲学社会科学版）2011 年第 1 期。
[2]《文学界》（理论版）2011 年第 2 期。
[3]《安庆师范学院学报》（社会科学版）2011 年第 8 期。
[4]《江苏大学学报》（社会科学版）2011 年第 4 期。
[5]《传奇·传记文学选刊》（理论研究）2011 年第 3 期。
[6]《小说评论》2011 年第 3 期。
[7]《徐州师范大学学报》（哲学社会科学版）2011 年第 1 期。
[8]《安庆师范学院学报》（社会科学版）2011 年第 3 期。
[9]《西北师大学报》（社会科学版）2011 年第 5 期。
[10]《大众文艺》2011 年第 6 期。
[11]《美术大观》2011 年第 6 期。
[12]《南京艺术学院学报》（美术与设计版）2011 年第 4 期。
[13]《世界宗教研究》2011 年第 2 期。
[14]《高等建筑教育》2011 年第 2 期。
[15]《天津音乐学院学报》2011 年第 2 期。
[16]《大舞台》2011 年第 7 期。
[17]《宗教学研究》2011 年第 1 期。
[18]《电影评介》2011 年第 5 期。
[19]《北方文学》（下半月）2011 年第 5 期。
[20]《文学界》（理论版）2011 年第 2 期。
[21]《周口师范学院学报》2011 年第 4 期。

## 五 工具书编写及期刊发行

辞典工具书有吴慕迦、高天锡合著的《圣经旧约原文：希伯来文课本》（宗教文化出版社 2011 年版），田雨三、胡君倩的《圣经典故与用法实例》（外语教学与研究出版社 2011 年版）、《基督教辞典》（北京语言文化大学出版社 2011 年版）。

各种宗教论集继续出版：《基督教文化学刊》——经文辩读—（第 25 辑，宗教文化出版社 2011 年版），其中发表了两篇比较圣经与中国经典的文章：《〈雅歌〉与〈诗经〉的比较研究》、《道家、道教对基督教的启发》；许志伟主编《基督教思想评论》第 13 辑（上海人民出版社 2011 年版）；卓新平、许志伟主编《基督宗教研究》13 辑（宗教文化出版社 2011 年版）；徐以骅、张庆熊主编的《基督教学术》第 9 辑，（上海古籍出版社 2011 年版）；梁工主编的《圣经文学研究》（第 5 辑）（人民文学出版社 2011 年版），刘光耀、杨慧林主编的《神学美学》（第 4 辑）（上海三联书店 2011 年版）。

## 六 现状研究及研究综述

在对当代中国基督宗教现状的社会学调查与描述方面，出的书籍不多，但论文不少。自 2008 年起，社会科学文献出版社推出了由金泽、邱永辉主编的中国宗教蓝皮书《中国宗教报告》（含光盘）。《中国宗教报告（2011 年版）/宗教蓝皮书》（社会科学文献出版社 2011 年版）论述了中国各大宗教在 2010 年积极健康的发展态势，讨论了各大宗教面临的一些问题并提出了对策建议。其中黄海波写的基督教报告《走向建构中的公民社会——2010 年中国基督教的责任与反思》和王美秀写的天主教报告《2010 年中国天主教观察与分析》都引起了广泛关注。此外，有王莹的《身份建构与文化融合：中原地区基督教会个案研究》（上海人民出版社 2011 年版）。

调查与研究基督教现状的重要论文出现了不少。这些文章的视野更加开阔了，海外的基督徒情况也有人着手了解。如涂怡超的《契合与冲突：美国基督教福音派的全球扩展与全球公民社会》[1]，杨恕、王静的《基督教在中亚的现状研究》[2]、谢实秋的《非洲基督徒的文化差异》[3]，朱峰的《当代东南亚华人基督教浅析》[4]。应该说，中国东北地区仍然是一个调查研究的重点。这个地区的信徒人数相对而言比较多，且主要是在近二

---

[1] 《浙江学刊》2011 年第 3 期。
[2] 《俄罗斯中亚东欧研究》2011 年第 3 期。
[3] 《南风窗》2011 年第 3 期。
[4] 《世界宗教文化》2011 年第 1 期。

十年内发展起来的。一些论文在进一步探讨原因并寻求对策，如王校楠的《论转型期东北农村基督教组织发展现状和问题对策》[1]、马英霞的《东北地区基督教快速传播的影响》[2]、林琳的《基督教在东北地区快速传播的政治影响》[3]。其他农村地区，特别是少数民族地区的基督教现状继续受到关注，不再满足于泛泛而论，而深入到基督教在乡村治理与社会保障、禁毒等多方面功能，涉及基督教在文化教育习俗等方面的贡献，不少文章对基督教有比较正面的评价。这方面重要文章有王莹的《基督教本土化与地方传统文化——对豫北地区乡村基督教的实证调查》[4]，胡展耀的《基督教在巴拉河流域苗族社区的传播历史考——基于对南花村的调查研究》[5]，陶朝英的《基督教影响下的农村丧葬习俗——以河北新乐承安镇地区为例》[6]，宫玉宽的《中国少数民族基督教会之比较研究——以朝鲜族教会和苗族教会为例》[7]，范正义的《当前基督教与民间信仰共处情况的调查与分析——以闽南 H 县 J 镇为例》[8]，王冬的《不断发展中的融合——新农村建设中基督教的功能分析》[9]，潘薇的《发挥农村基督教正功能　为构建和谐社会服务——以河南为例》[10]，曹陇华、宫慧娟的《基督教在华传播过程与结构研究——以陕西省铜川市王益地区为例》[11]，杜晓田的《从农村基督教盛行看农民社会保障需求——基于豫西南 H 村的调查》[12]，王鑫宏的《当前河南农村基督教现状研究》[13]，张雍德、古文凤的《昭通市农村基督教问题实证研究》[14]，李浩昇的《锲入、限度和走向：乡村治理结构中的基督教组织——基于苏北 S 村的个案研究》[15]，王丽娟的《浅析赞美诗演唱在农村教会中的发展及作用——以豫中某教堂为例》[16]，李新霞的《浅谈农村地区的宗教信仰与和谐社会的构建——以济南市历城区为例》[17]，郭艳的《当前散杂居地区基督教传播中新问题的反

---

[1] 《改革与开放》2011 年第 16 期。
[2] 《长春理工大学学报》（社会科学版）2011 年第 4 期。
[3] 《长春理工大学学报》（社会科学版）2011 年第 6 期。
[4] 《宗教学研究》2011 年第 1 期。
[5] 《四川职业技术学院学报》2011 年第 2 期。
[6] 《湖南工业职业技术学院学报》2011 年第 3 期。
[7] 《中央民族大学学报》（哲学社会科学版）2011 年第 3 期。
[8] 《世界宗教文化》2011 年第 1 期。
[9] 《中国城市经济》2011 年第 20 期。
[10] 《四川省社会主义学院学报》2011 年第 3 期。
[11] 《科学经济社会》2011 年第 3 期。
[12] 《西北人口》2011 年第 4 期。
[13] 《重庆科技学院学报》（社会科学版）2011 年第 2 期。
[14] 《云南社会科学》2011 年第 3 期。
[15] 《中国农村观察》2011 年第 2 期。
[16] 《群文天地》2011 年第 6 期。
[17] 《河北省社会主义学院学报》2011 年第 1 期。

思——以河北省为例》[1]，裴馈、王利娟的《中国农民信仰基督教的原因》[2]，闫玉峰的《基督徒的信念与体验：以甘肃省农村某教会为例》[3]，张霜的《贵州石门坎苗族教育人类学田野考察》[4]，邓杰的《基督教与川康民族地区的禁毒努力（1939—1949）》[5]，陈改玲的《基督教在甘南藏区的传播及影响探析》[6]，杨宝琰、万明钢的《乡村中学生基督徒的文化冲突与文化适应基于甘肃 W 村的田野调查》[7]，陆耿的《基督教传播对青少年思想道德影响的调查——以皖北农村为例》[8]，黄剑波的《伏羲的多重形象与乡村基督徒的信仰实践》[9]。城市基督教现状也越来越受到研究者的关注，而大学生的信仰状况又是一个重中之重。这方面重要文章有高师宁的《城市化过程与中国基督教》[10]，王万轩的《豫东 Z 市基督教发展的现状调查与趋势分析》[11]，张芸、王彬、朱竑的《外来宗教在口岸城市的空间分布及扩散特征——以福州市基督教教堂为例》[12]，吴幼雄的《闽南多元宗教文化和谐共处探源——以泉州为例兼谈闽南文化生态保护》[13]，董俊的《正视与引导——正确对待大学生基督教信仰问题》[14]，孟繁英、王勇的《大学生宗教信仰的新趋向及成因探析——以吉林市四所大学学生信仰情况调查为例》[15]，吉玉娇、施丽娜的《关于大学生宗教信仰问题的分析研究——对西安市 13 所高校大学生宗教信仰状况的调查》[16]，阚宗兰、卢洪云的《当代大学生群体中的基督教信仰状况调查—以南京仙林大学城部分高校为例》[17]，孙琼如、侯志阳的《女大学生宗教信仰现状及其影响因素分析——以泉州市为例》[18]，陈卫平的《网络生活中的宗教情感——基于基督徒网络聊天的内容分析》[19]。讨论比较宏观问题的文章有赵志、梁家贵的《对基督教在华发展现状的理性思考》[20]，李

---

[1] 《中国石油大学胜利学院学报》2011 年第 2 期。
[2] 《经济视角》（中旬）2011 年第 2 期。
[3] 《当代教育与文化》2011 年第 2 期。
[4] 《教育文化论坛》2011 年第 3 期。
[5] 《世界宗教研究》2011 年第 1 期。
[6] 《西北民族大学学报》（哲学社会科学版）2011 年第 4 期。
[7] 《社会》2011 年第 4 期。
[8] 《淮南师范学院学报》2011 年第 2 期。
[9] 《思想战线》2011 年第 2 期。
[10] 《宗教学研究》2011 年第 2 期。
[11] 《赤峰学院学报》（汉文哲学社会科学版）2011 年第 2 期。
[12] 《地理科学进展》2011 年第 8 期。
[13] 《泉州师范学院学报》2011 年第 1 期。
[14] 《长春教育学院学报》2011 年第 4 期。
[15] 《现代教育科学》2011 年第 5 期。
[16] 《陕西教育学院学报》2011 年第 2 期。
[17] 《中国校外教育》2011 年第 2 期。
[18] 《中华女子学院学报》2011 年第 1 期。
[19] 《当代教育与文化》2011 年第 2 期。
[20] 《江汉大学学报》（社会科学版）2011 年第 3 期。

向平的《"宗教生态"还是"权力生态"——从当代中国的"宗教生态论"思潮谈起》[1]等。

研究综述有刘家峰的《近代中国基督教与伊斯兰教互动关系的研究回顾与前瞻》[2],黑龙、王晓辉的《满铁资料东北基督教史文献概述》[3],张荣良的《近20年近代东北基督教研究》[4],杨莎的《近二十年来国内天津教案研究综述》[5],牛汝极的《近十年海外中国景教研究综述》[6],李淑环的《倡导对话共生和谐——"文明的交融:第二届伊斯兰教与基督教对话"学术研讨会综述》[7],丁锐中的《历史与现状——"基督教与伊斯兰教的关系与对话"国际研讨会综述》[8],陈才俊的《"中国现代化视野下的教会与社会"学术研讨会综述》[9],龚敏律的《文学与宗教:"清末民国时期汉语语境中的基督宗教"学术讲座与学术研讨会综述》[10]。

在2011年大陆学界有关基督宗教的研究过程中,中国社会科学院世界宗教研究所及基督教研究中心继续在某种程度上起到平台及某种程度上的引领作用。2010年12月11日至13日,在北京召开"基督宗教与中外关系——从利玛窦到司徒雷登"研讨会。来自国内和香港地区多所高等院校或科研机构的近百名专家学者出席会议。会议期间,与会学者围绕基督教与中外关系、基督宗教与近代中国、基督宗教与当代中国、传教士与中国文化、在华传教士思想评论、中国本土信徒及其组织研究、中国基督宗教文献研究、基督宗教理论研究、基督宗教思想评论、基督宗教与西方文化等多项议题展开了讨论。2011年5月21日至22日,举办了"基督宗教与中美关系"国际学术研讨会,会议邀请众多海内外知名学者和政府要员参加。与会的外方代表有爱丁堡大学传教史教授安德鲁·沃兹(Andrew Walls),富勒神学院系统神学教授卫理—马蒂·卡凯恩(Veli-Matti Karkainen),美国大使馆一等秘书莫琳·哈格德等。2011年10月20至22日,中国宗教学会与浙江大学全球化文明研究中心联袂于泰山之麓举办了"泰山综观:宗教与中国传统文化"学术座谈会。此次座谈会恰逢中共中央十七届六中全会成功召开、全国人民认真学习全会公报和《中共中央关于深化文化体制改革、推动社会主义文化大发展大繁荣若干重大问题的决定》之际,其宗旨在于认真学习全会精神,在中国宗教学研究领域

---

[1] 《上海大学学报》(社会科学版)2011年第1期。
[2] 《世界宗教文化》2011年第3期。
[3] 《兰台世界》2011年第14期。
[4] 《长江大学学报》(社会科学版)2011年第6期。
[5] 《牡丹江教育学院学报》2011年第4期。
[6] 《宗教学研究》2011年第3期。
[7] 《中国穆斯林》2011年第1期。
[8] 《世界宗教研究》2011年第1期。
[9] 《宗教学研究》2011年第1期。
[10] 《中国文学研究》2011年第3期。

全面贯彻落实全会精神，以学术的敏锐、思想的睿智来为中华文化全面发展、积极走向世界这一宏伟事业集思广益、建言献策，努力为建设优秀传统文化传承、繁荣我国哲学社会科学、弘扬中华文化并推动中华文化以其伟姿自立于人类文化之林而做出学术界的新贡献。与会学者经过讨论，基本形成如下三大"共识"：共识一：重新审视传统文化，纠偏对传统文化的过激反应和处理态度，倡导尊重传统与理性回归；共识二：传统文化中包含有深刻和普遍的宗教性；共识三：与中国传统文化深入协和、共融的各大宗教在当代中国社会和文化发展中可以起到积极作用。这一共识在泰山之巅宣读，被称为"泰山共识"。这一会议被一百多年媒体报道与转载，引起强烈社会反响。

除了召开学术会议外，中心工作人员还在上述各领域均出版有重要专著及相关论文，董江阳出版了《预定与自由意志〈基督教阿米尼乌主义及其流变〉》（中国社会科学出版社 2011 年版）。预定与自由意志历来都是一个极其重要的宗教与哲学问题。基督教围绕着这一问题也形成了自己特有的看法与立场。基督教教义与神学在其历史与逻辑的发展与推演中，围绕这一核心问题逐步凝结为所谓的"阿米尼乌主义之争"。该书以这一论题为中心，按照思想史探究的路径，主要研究的是著名神学家阿米尼乌本人的生平、活动、思想与神学主张；16 世纪后期至 17 世纪初期荷兰的宗教改革与教会独立；"抗辩派"与"反抗辩派"的争论；"多特会议"的召开；以及阿米尼乌思想追随者延续至今的对阿米尼乌主义的种种演化与推进。该书还涉及其他一些重要人物，包括尤腾鲍加特、普兰修斯、朱尼厄斯、珀金斯、戈马鲁斯、格劳秀斯、沃斯修斯、卫斯理、葛培理、刘易斯等。也涉及一些宗教派别和社团，包括极端加尔文派、阿米尼乌派、"抗辩派"、"反抗辩派"、布朗派、"宽容（放任）派"、"高教派"、"广教派"、剑桥柏拉图派、福音派、一位论派、普救论派、灵恩运动等。还涉及一些相关思想与学派，包括堕落前预定论、堕落后预定论、自由意志有神论、开放性有神论、贝拉基主义、准贝拉基主义、阿利乌主义等。一些重要神学教义问题包括上帝拣选与弃绝、人的自由与回应、基督赎罪与普遍恩典、获救的确据、重生与圣洁、"五点抗辩"、"神学郁金香"、信条信纲的权威、新教普世教会等。

石衡潭出版了《自由与创造——别尔嘉耶夫宗教哲学导论》（中国社会科学文献出版社 2011 年版）恶的问题是基督教神学中的一个重要难题。在恶的存在事实与全善、全能、全知之神观念之间有着极大的矛盾与冲突，从而构成对基督教教义和神学严峻挑战。历代有不少神学家来解决这样难题，这就是神义论。该书正是扣住这一重要问题来展开对俄国著名宗教哲学家别尔嘉耶夫思想的分析。全书交代了恶的问题的来龙去脉以及与基督教神观念的关联，重点阐释了埃克哈特、波墨以及尼采、陀思妥耶夫斯基等人的相关思想，并指出了别尔嘉耶夫对这一问题的贡献。别尔嘉耶夫认为，今天的基督教应该进入创造时代，应以创造来消除、战胜恶。原初自由既是恶的根源，也给人的创造提供了可能性。创造同样是神赋予人的使命与任务，神的创世并没有结束，而人的创造就是创世的第八天。圣经中并没有关于人的创造之明示，但这正是需要人以创造性来解读的。本书还结合中国社会与教会的实际，论述了别尔嘉耶夫思想受中国人欢迎的原因、与中国文化的异同以及所能够给我们带来的启示与借鉴。这些内容对于中国文化如何更新和教会如何发展都会有所帮助。

此外，中国社会科学院世界宗教研究所和基督教研究中心成员，参与针对基督宗教的国情调研活动，2011 年的调研重点是中国少数民族地区的基督教发展现状。深入吉林、甘肃、云南等地区进行了调研，撰写了多篇相关调研报告，目前已经出版的有《基督教调研集》，还有的正准备结集出版。2011 年，中心成员还筹备完成多个集体项目，进而发挥中心成员集体协作、学科互补的优势，巩固中心在国内基督教研究中的地位和作用。

（作者简介：中国社会科学院世界宗教研究所副研究员）

伊斯兰教研究

# 2011—2012 年伊斯兰教学科研究综述

晏琼英

21 世纪的前十年，无论国际还是国内，伊斯兰教研究的重要性都日益突出，就世界伊斯兰教而言，在全球五大洲，伊斯兰教作为一种活跃的能动力量越来越不容忽视：传统伊斯兰核心地区中东的风云突变以及巴以冲突的紧张态势需要新的研究视角跟进和理论创新；曾经边缘然而今天影响力不断提升的东南亚以及土耳其代表了伊斯兰教发展的另一种可能模式；还有反恐前沿的巴基斯坦以及印巴之间的紧张关系依然是国际研究的热点；中亚的伊斯兰复兴和民族主义的纠结引人注目；欧洲和美洲飞速扩大的穆斯林社团引起的宗教、文化、法律的碰撞；中国社会转型期的穆斯林问题；无一不是学界关注的热点。这使得越来越有必要对伊斯兰教传统研究方法以及立场进行批判，同时伊斯兰教传统研究领域与其他学科研究领域的多重交叉也越来越凸显，二者的结合使得伊斯兰教研究的深度和广度大大扩展了。

国际伊斯兰学术界这两年中基础研究方面成果颇丰，特别是对《古兰经》经注以及伊斯兰政治思想的研究成果引人注目。同时国外伊斯兰教研究在强调现实性和应用性的同时，对伊斯兰教与西方的关系研究有了更深刻和客观的挖掘，表现在以下三方面的研究成果：一批探讨基督教神学和伊斯兰神学以及犹太教—基督教—伊斯兰教一神教体系的研究成果面世；集中出现了一批客观探讨伊斯兰文化对欧洲文艺复兴以及启蒙运动影响的研究成果；另外，对诸如"穆斯林兄弟会"以及以前被认为是原教旨主义的"赛莱斐耶"的研究也更细化，强调其内部的多元以及转向温和的事实。

对欧美等西方社会中穆斯林社团发展的关注，以及对东南亚和土耳其这样现代转型相对成功的穆斯林国家的研究也是国际伊斯兰学界的热点。

从国内研究情况来看，2011—2012 年伊斯兰教方面的学术著作出版数量众多，关于《古兰经》经注和圣训的译介书目接近 20 种。关于中东研究的出版物超过 40 本，与国内穆斯林群体相关的研究成果接近 60 本。而从学术论文的发表来看，国际研究中所有热点问题，几乎都有涉及，同时除了内地传统回族研究之外，新疆和西藏的伊斯兰研究成果也明显增加。根据中国知网检索结果：2011 年期刊论文涉及伊斯兰教的有 1608 篇，关键词包含伊斯兰教的 676 篇。硕博士论文涉及伊斯兰教的有 490 篇，关键词包含伊斯兰教的有 100 篇，会议论文涉及伊斯兰教的 40 篇；2012 年期刊论文截至 12 月涉及伊斯兰教的有 1276 篇，关键词包含伊斯兰教的论文 543 篇。硕博士论文 226 篇，关键词包含伊斯兰教的有 49 篇。会议论文涉及伊斯兰教的 9 篇。总体而言，伊斯兰教的研究从学科建构的角度日趋完善，与国际学界接轨和互动的趋势开始引人注目。

## 一 经训、教义、教法研究

《古兰经》经注和圣训的译介是深化伊斯兰教研究的必要条件，这一工作主要由穆斯林学者完成，如《〈古兰经〉简释集粹》（中阿对照）①、《〈古兰经〉诗译》（中阿对照）②、汉译《古兰经》第一章详解③、孔德军翻译的《明灯》（古兰经注修订本）④，李元珍翻译的《侯赛尼》——波斯语《古兰经》注 6—10 卷⑤等，其中伍特公的《汉译〈古兰经〉第一章详解》被认为"就汉语伊斯兰思想的建构而言，是继《正教真诠》、《清真指南》、《天方性理》和《大化总归》之后的又一部汉语伊斯兰思想方面承前启后的力作，代表着二十世纪的另一个高峰"。对汉译《古兰经》的相关研究，首先有马辉芬的专著《经堂语汉译〈古兰经〉词汇语法研究》（宗教文化出版社 2011 年版）。此外有马明良的《〈古兰经〉汉译活动与伊斯兰教本土化》⑥强调《古兰经》汉译是伊斯兰教本土化的必由之路，通过对《古兰经》汉译历史的梳理和评价，认为伊斯兰教的本土化是中外文化交流的成功范例。金忠杰的《〈古兰经译注〉及其注释研究》⑦、《〈古兰经韵译〉及其注释》⑧则是对马金鹏的《古兰经译注》以及林松的《古兰经韵译》的评介，指出二者既是《古兰经》中文翻译和注释的代表作之一，也是世界范围内《古兰经》注释的重要组成部分。

2011—2012 年国内圣训的译介出版数目也非常突出，如王建平编译的《脑威精选圣

---

① 白志所译、松林校：《古兰经简释集粹》（中阿对照），天马出版社 2011 年版。
② 程小根、李冬译：《〈古兰经〉诗译》，新民书局 2011 年版。
③ 伍特公：《汉译〈古兰经〉第一章详解》，基石出版社 2011 年版。
④ 伊本·凯西尔著，孔德军译：《明灯》（《古兰经》注，修订本），沙特版，2012 年 1 月。
⑤ [阿富汗] 侯赛尼·卡希斐著，李元珍译：《侯赛尼——波斯语《古兰经》注》6—10 卷，内部出版，2012 年。
⑥ 《世界宗教研究》2011 年第 2 期。
⑦ 《中国穆斯林》2011 年 4 月。
⑧ 《北方民族大学学报》（哲学社会科学版）2011 年第 5 期。

训40则简释》①、《伊本·马哲圣训集》②、《圣训珠玑》③、《艾布·达乌德圣训集》④、《布哈里圣训实录精华》⑤、《诠释马里克圣训集》（穆宛塔圣训）⑥。特别是《伊本·马哲圣训集》与《艾布·达乌德圣训集》这两部重要的圣训译作是填补我国没有各个圣训集全译本的空白的努力。马泽梅的《中国伊斯兰教圣训学研究现状评述》⑦ 是该年度唯一一篇圣训学研究方面的学术论文，文章对中国圣训学研究现状做了详尽梳理，并就今后圣训研究提出了相关建议

2011—2012年伊斯兰教法学和教义学方面的学术出版也为数甚多，涉及教法判例、天课、遗产继承、穆斯林女性等领域。

其中伊斯兰教法研究方面的两本专著值得注意：哈宝玉所著《伊斯兰教法：经典传统与现代诠释》（中国社会科学出版社2011年版）以阿拉伯语和其他外文文献为第一手资料，系统地论述了伊斯兰教法的起源、发展和演变，重点探讨了属广义法律范畴的宗教义务和伊斯兰教民法、刑法、和平与战争法以及伊斯兰教法与所在国政治制度和文化传统之间的关系。马明贤的《伊斯兰教法：传统与衍新》（商务印书馆2011年版）梳理了伊斯兰法的兴起及历史发展脉络，探讨其在伊斯兰国家历史进程中的地位与作用，并选择当代伊斯兰法较为重要和突出的几个问题，对伊斯兰法的衍新予以个案研究，以期揭示全球化背景下伊斯兰法未来的发展趋势。

填补国内伊斯兰教研究领域空白的书籍还有穆斯林民间学者无花果著的《穆斯林梦学探析》（天马出版社2011年版）以及海默著的《穆斯林与逻辑学》（宗教文化出版社2012年版）。这两个领域到目前为止几乎还没有进入当代中国学者的研究视野，并且需要具备多学科知识，这两本书的出版拓展了伊斯兰研究的领域，并且为未来进一步研究奠定第一块基石。

## 二　伊斯兰教经济思想与伊斯兰金融研究

伊斯兰经济思想、特别是作为常规金融补充的伊斯兰金融，其独特地位和作用在全球金融危机中凸显，国内研究可以说是方兴未艾，而且体现了较强的学科交叉的特点。

---

① 王建平编译：《脑威精选圣训40则简释》，文化协会2011年版。
② 赵连合：《伊本·马哲圣训集》，吉林延边伊斯兰协会2011年版。
③ 奥斯曼·程麻耐译：《圣训珠玑》（阿汉对照），天马出版社2011年版。
④ 艾布·达乌德汇编，赵连合译：《艾布·达乌德圣训集》，新民书局2011年版。
⑤ 宝文安、买买提·赛来哈吉译：《布哈里圣训实录精华》，中国社会科学出版社2011年版。
⑥ 伊玛目·马里克辑，穆罕默德·本·哈桑注，叶哈雅·杨天成译：《诠释马里克圣训集》（穆宛塔圣训），内部出版，2011年版。
⑦ 载于《青海民族大学学报》（社会科学版）2011年第37卷第1期。

万·纳索非泽、万·阿兹米著,刚健华译:《伊斯兰金融和银行体系——理论、原则和实践》(人民大学出版社2012年版)指出将伊斯兰教义贯穿于经营活动始终的伊斯兰金融,在现代全球金融系统中独树一帜。特别是在当下席卷全球的金融海啸中,伊斯兰金融以其特殊的经营理念和方式较好地规避了风险,因此"研究伊斯兰金融,对更好地开展金融创新,防范风险,广泛开展与伊斯兰国家的经济合作大有裨益"。[德]米歇尔·加斯纳、菲利普·瓦克贝克著,严雯帆、吴勇立译《伊斯兰金融:伊斯兰的金融资产与融资》(民主与建设出版社2012年版)也对这一逐渐趋热的新研究领域从理论、概念和操作层面,探讨了伊斯兰银行体系的法律法规、伊斯兰金融市场,提供了伊斯兰银行的知识体系并把当代伊斯兰金融体系在全球的发展呈现给读者。对这一领域的研究国内发表的论文有:马利强的《伊斯兰经济思想特点及其基本精神》[1] 介绍了伊斯兰教对人们经济生活的思想和行为提出的明确规范和要求;马玉秀、翁笑然的《20世纪伊斯兰复兴对伊斯兰经济思想的影响》[2] 一文指出伊斯兰复兴的浪潮带动了伊斯兰经济思想的研究,促成了伊斯兰金融体系的建成,并使得其存在巨大的生存空间和发展潜力。蒙志标的《伊斯兰金融在中国可持续发展的研究》[3] 从金融学的角度介绍了伊斯兰金融诸方面的特点和原则以及全球发展现状,并研究其在中国发展的相关策略;安翔的《伊斯兰金融:面向穆斯林的金融创新》[4] 对比穆斯林地区民间信贷与伊斯兰金融形式上的高度的相似性,指出发展伊斯兰金融的巨大经济和社会效益;另一篇来自金融领域的研究是田中禾、马小军、张程:《伊斯兰银行业公司治理:理论与实践》[5],该文指出伊斯兰银行业公司治理的治理结构、代理关系是英美、德日模式之外较具代表性的模式,并从代理问题的角度介绍了伊斯兰银行业公司治理实践;张华泉、张鸿文的《引入伊斯兰金融建设宁夏"黄河金岸"的构想》[6] 一文指出基于伊斯兰金融的投资理念及宁夏回族自治区特殊的穆斯林区情,宁夏有必要引进伊斯兰金融,推进实现"黄河金岸"的宏伟蓝图。黄文胜的《基于伊斯兰文化视角的新疆农村非正规金融发展路径研究》[7] 一文则对具有鲜明伊斯兰特色和地域民族特色的新疆农村非正规金融借贷不同方面给予分析,提出强化伊斯兰特色,以中外合资的村镇银行的设立为契机引入伊斯兰金融是一条积极路径。其他相关研究还有诸如宋湘宁、周俊所、游春的《我国发展伊斯兰保险市场研究》[8]

---

[1] 《中国穆斯林》2012年第1期。
[2] 《济南大学学报》(社会科学版)2012年第22卷第1期。
[3] 《财经界》(学术版)2012年第3期。
[4] 《青海民族研究》2012年第23卷第2期。
[5] 《国际金融研究》2011年第1期。
[6] 《中共银川市党校学报》2012年第14卷第1期。
[7] 《开发研究》2011年第6期。
[8] 《保险研究》2011年第4期。

## 三　世界伊斯兰人物、思想和运动研究

Suzanne Naneef 著，易卜拉欣·喇敏学、穆萨里海·喇敏艺译《天启宗教众先知史》（上下册）（甘肃民族出版社 2012 年版）取材于《古兰经》、圣训以及经注，全面翔实地介绍了伊斯兰教众先知的系列故事，并对伊斯兰教基本教义、教法给予阐述，作为"历代伊斯兰教经典学术文库"之一种，篇幅巨大。此外还有贾比尔古麦哈编，潘世昌、赵新霞译的《四大哈里发论集》（甘肃民族出版社 2012 年版）。而雷武铃的《自我·宿命与不朽：伊克巴尔研究》（中国社会科学出版社 2012 年版）是对近现代南亚、也是伊斯兰世界著名的思想家和哲学家伊克巴尔其宗教哲学思想的诸多方面进行了深刻的探讨。关于伊斯兰世界人物研究，发表的学术论文有罗梅的《穆罕默德·阿布杜的宗教哲学思想》[1]、王康的《跨越历史长河的共鸣——论费尔巴哈与哈拉智人本主义人神观的共性存在》，阿迪力·买买提的《论中世纪伊斯兰哲学的贡献——兼谈伊本·鲁世德的哲学思想》[2]、王旭的《毛杜迪的伊斯兰国家理论》[3]、《毛杜迪德圣战观念和伊斯兰革命理论》[4]。

在当代伊斯兰世界的思潮和运动研究方，周丽娅的《当代伊斯兰中间主义思潮的时代背景及基本主张》[5] 将后冷战时代阿拉伯伊斯兰世界面对外部的"伊斯兰威胁论"、"文明冲突论"和内部的各种极端主义与恐怖主义，以及全球化浪潮冲击作为背景，对这一兴起于 20 世纪 70 年代的重要思潮进行了探讨。而王泰的《埃及伊斯兰中间主义思潮的理论与实践》[6] 一文则指出中间主义是在新的历史条件下对伊斯兰复兴主义所做的一种全新的理论建构，更是对未来可能出现的某种伊斯兰治理模式的创新与探索。丁俊的《中东伊斯兰国家社会转型中的文化重建》[7] 从教法创制作为当代中东伊斯兰国家社会转型时期文化重建的一项重要内容这一角度，将伊斯兰"中间主义"思潮的勃兴作为中东伊斯兰国家宗教维新与文化重建的重要表现进行研究。

肖凌的《哈桑·哈乃斐的"行先于知"思想》[8] 一文指出"知"与"行"或者说"认识"与"实践"问题是阿拉伯当代文化与思想界十分受关注的问题，介绍了当代阿

---

[1]《陇东学院学报》2012 年第 23 卷第 4 期。
[2]《世界哲学》2012 年第 4 期。
[3]《南亚研究》2011 年第 1 期。
[4]《南亚研究》2012 年第 2 期。
[5]《中国穆斯林》2012 年第 2 期。
[6]《西亚非洲》2012 年第 2 期。
[7]《西北民族大学学报》（哲学社会科学版）2012 年第 1 期。
[8]《西亚非洲》2012 年第 5 期。

拉伯思想家提出的"行先于知"的思想主张，认为这会推动阿拉伯—伊斯兰文化研究在整体上实现从"神学"向"人学"的转变，促进阿拉伯—伊斯兰文化"传统"与"现代"的协调发展。

刘中民的《伊斯兰主义的"伊斯兰国家"思想》[①] 一文则指出在现代伊斯兰主义的理论中，"伊斯兰国家"有着严格的政治含义，其基本内涵是反对以国家主权为基础的现代民族国家，主张重建政教合一、贯彻沙里亚法、体现"真主主权"的国家，认为近现代穆斯林思想家和活动家的"伊斯兰国家"理论有明显共性。

[英]阿兰·亨特的《宗教、和平与冲突：跨国议题》[②] 一文是对过去几十年中最重要、最激烈的宗教冲突——基地组织运动的探讨，分析了宗教和暴力冲突之间、政治、宗教与文化、新的战争经济等方面的关联以及国家机关与宗教组织之间千丝万缕的联系。

杨桂萍《伊斯兰教的新兴宗教运动——赛莱菲耶》[③] 对赛莱菲耶的核心思想、吸引力渊源、与政治及暴力的关系、自身存在的歧义性和分化进行探讨，强调它不是一个同质性的运动，尤其在现代，它已变成一场复杂的甚至在不同地区具有相反发展趋向的运动。周晓燕《中国伊赫瓦尼、赛莱菲耶与瓦哈比耶关系探析》[④] 对三者关系进行厘清和探讨。

关于伊斯兰教历史与现实的思考有马明良的《伊斯兰文明的历史轨迹与现实走向》（中国社会科学出版社 2012 年版），马云福的《伊斯兰文化：探索与回顾》（宁夏人民出版社 2011 年版）等专著。王宇洁发表的论文《伊斯兰教的统一性与多样性》[⑤] 探讨作为一种普世性的宗教，伊斯兰教在从阿拉伯民族的信仰发展成为真正的世界性宗教的过程中，在保持信仰核心一致性的基础上体现的包容性。吴云贵的《伊斯兰教与世俗化问题再思考》[⑥] 一文以伊斯兰教历史上三个有代表性的时间节点为线索，就伊斯兰教与世俗化的关系问题进行了学理上的梳理。冯璐璐《现代性与世俗化理论探源——伊斯兰教个案研究》[⑦] 则认为伊斯兰教无论是宗教本身还是其相对应的社会的现代化均呈现出二元化的发展态势，即传统与现代的二元共存，而存在于伊斯兰教内部的"理性化"进程从来没有中断过。

---

① 《西亚非洲》2011 年第 4 期。
② 《学海》2012 年第 1 期。
③ 《世界宗教文化》2012 年第 1 期。
④ 《新西部》2011 年第 3 期。
⑤ 《回族研究》2012 年第 2 期。
⑥ 《世界宗教文化》2012 年第 2 期。
⑦ 《宁夏党校学报》第 14 卷第 1 期，2012 年 1 月。

## 四 苏非主义与门宦研究

苏非主义和门宦研究自 21 世纪以来一直是研究热点，这两年成果尤其突出，周燮藩主编的《苏非之道——伊斯兰教神秘主义研究》（中国社会科学出版社 2012 年版）一书全面论述了苏非主义的起源和发展、修持的道路和方法、苏非教团思辨体系的演变，以及在各地的传播与衰落，并特别说明苏非主义不仅在历史上为伊斯兰教的传承注入精神活力，而且也对近代以来伊斯兰教的思潮与运动有持久影响力。该书作为一部综合性和基础性的学术著作，可以视为 21 世纪中国伊斯兰教研究的代表性成果之一。此外还有杨学林、王蕾的《库布忍耶》（中国伊斯兰教苏非学派史论之二）（宁夏人民出版社 2011 年版）继续对西北的门宦历史进行梳理。从哲学的角度进行比较研究的有王俊荣的《苏非思想与中国哲学——谈苏非著作在中国的翻译和意义》[1] 一文，相关主题还有帕林达的《苏非主义与明清汉文译著活动》[2]。马征的《伊斯兰苏非在西方语境中的传播和流变》[3] 一文则对苏非主义在西方的传播和解读进行了自己的阐释。从义理、人物思想以及史学、心理学、社会学、人类学以及政教关系角度对门宦制度的研究成果也很丰富。曹庆峰的《清代伊斯兰教门宦制度探析》[4] 厘清门宦制度与穆斯林抗清的内在关联，探讨清代民族宗教政策变化对穆斯林和中国社会的影响。丁明俊的《西北伊斯兰教派门宦组织形态研究》[5] 亦是对西北地区的门宦组织在历史和当下对穆斯林社会的影响给予探讨。王建新的《灵明堂教义的思想源流——宣教话语文化特征探析》[6] 强调西北门宦与金陵学派回儒学者思想的关联以及民间宣教文本的宗教人类学意义。王雪梅的《中国伊斯兰教教派门宦研究综述》[7] 对自民国发端至 21 世纪的演技成果给予梳理和总结。杨文笔的《从教团到门宦——哲赫忍耶宗教组织制度化的历史进程》[8] 从哲赫忍耶门宦的雏形、形成与定型的三个历史阶段的回溯中，观照哲赫忍耶宗教组织制度化构建的历史境遇，以及作为宗教族群建设中形成的门宦显性特征。

---

[1] 《回族研究》2012 年第 3 期。
[2] 《中国穆斯林》2012 年第 2 期。
[3] 《世界宗教研究》2011 年第 3 期。
[4] 《西北民族大学学报》（哲学社会科学版）2012 年第 4 期。
[5] 《宁夏社会科学》2012 年 7 月。
[6] 《青海民族研究》2012 年第 23 卷第 1 期。
[7] 《回族研究》2012 年第 2 期。
[8] 《世界宗教研究》2012 年第 3 期。

## 五　世界区域性研究

在国际伊斯兰教研究方面，中东是重中之重，除了传统伊斯兰教研究领域，与政治学、民族学、国际关政治学等领域交叉都出现了数量众多的成果。①

关于中东阿拉伯世界研究的相关论文有近 30 篇，主要集中在对穆斯林兄弟会以及中东后革命时代的政治、社会发展走向研究。巴基斯坦也是研究热点之一，学者主要关注宗教与国家转型、极端势力、教派冲突等方面的研究，2011—2012 年度相关论文发表有 20 多篇。②

此外以下几本专著值得特别一提：

马莉的《美国穆斯林移民：文化传统与社会适应》（中央民族大学出版社 2011 年版）是中国学者研究美国穆斯林的第一部著作。对美国穆斯林移民认同和组织形式的变迁进行了描述和分析，探讨其适应美国的过程和趋向，揭示他们作为移民共同体而存在的基本认同因素。

王宇洁的《宗教与国家——当代伊斯兰教什叶派研究》（社会科学文献出版社 2011 年版）以生活在中东、南亚等地区的传统什叶派穆斯林社团，以及美国等地的新什叶派社团为对象，从现代民族国家建立、伊斯兰复兴运动兴起、21 世纪的挑战与机遇三个方面，对伊斯兰教中的第二大派别——什叶派在当代社会中的际遇，以及与现代民族国家的关系进行系统的阐述和分析。旨在扩展对于伊斯兰教与现代民族国家关系更加多样化的理解，并为思考宗教与政治的关系提供另一种路径。

李维建的《西部非洲伊斯兰教历史研究》（社会科学文献出版社 2011 年版），对伊斯兰在黑非洲的传播、本土化过程中观念的冲撞和重构，应对殖民主义和现代主义的挑战以及近现代宗教运动的影响和西非伊斯兰教学术史的过程给予资料翔实的叙述和探讨，是这一研究领域最为全面的一项研究成果。

昝涛著《现代国家与民族建构——20 世纪前期土耳其民族主义研究》（三联书店 2011 年版）对土耳其在 20 世纪现代民族国家建构的历史以及土耳其民族主义的演变进

---

① 具体如马丽著《中东国家的清真寺社会功能研究》（时事出版社 2012 年版）；吴彦《沙特阿拉伯政治现代化进程研究》（浙江大学出版社 2011 年版）；刘辉《民族国家构建视角下的苏丹内战研究》（中国社会科学出版社 2011 年版）；成红《中国的中东文献研究综述（1949—2009）》（社会科学文献出版社 2011 年版）；钮松《欧盟的中东民主治理研究》（时事出版社 2011 年版）；王京烈《解读中东：理论构建与实证研究》（世界图书出版公司 2011 年版）；邓红英《困境与出路：中东地区安全问题研究》（湖北人民出版社 2011 年版）；郭丹彤《埃及与东地中海世界的交往》（国家哲学社会科学成果文库）（社会科学文献出版社 2011 年版）；韩志斌《伊拉克复兴党民族主义理论与实践研究》（中国社会科学出版社 2011 年版）。

② 邱永辉：《巴基斯坦的宗教、政治与极端主义》，《南亚研究》2011 年第 1 期。赵伯乐、杨焰婵：《宗教政治化对南亚地区政治的影响》，《世界历史》2012 年第 4 期。

行考察，从而增进对土耳其个案以及拓展开的近现代东方民族主义、现代化等问题的认识。

马强的《跨越边界　中国和马来西亚归信穆斯林田野访谈》（伊斯兰文化协会，2011年）一书是一本人类学访谈和田野调查，对71位中国人、53位马来西亚华人和1位菲律宾裔美国归信伊斯兰教的故事进行了记录和整理。这是研究宗教归信的第一手田野资料，也是国内第一部用人类学的方法记录的信仰往事，具有珍贵的资料价值。

## 六　中国伊斯兰教研究

中国本土伊斯兰教研究的成果最为丰富，以伊斯兰教在中国的本土化问题为主线，出现一批以伊斯兰教与中国传统文化、伊斯兰教与基督教对话以及伊斯兰教典籍、人物、历史、思想、区域为研究对象，运用比较宗教学以及社会学和人类学方法进行研究的成果。

### （一）本土化的视域

丁宏、敏俊卿所著的《伊斯兰教与中国穆斯林社会现代化进程》（中央民族大学出版社2012年版）一书是在宗教与现代化关系问题这个研究框架内，将伊斯兰教与其在中国的信仰群体放在现代化的动态过程中进行讨论，对其文化的多样性及其社会功能等方面进行了探讨。丁宏的《伊斯兰教本土化研究的意义》[①] 一文还以人类学视角，从伊斯兰教这种外来文化在中国的命运，探讨中国文化的特性及伊斯兰教本土化过程中所形成的"中国模式"。指出这种"模式"是多元文化交融的结果，在当前所谓"伊斯兰与西方"式对立的语境中，有重要的启发与借鉴意义。金宜久《探讨伊斯兰教中国化的问题》[②] 一文驳斥了某种"伊斯兰教在中国的民族化、本土化是开历史发展的倒车，是倒退不是发展"的认识，指出伊斯兰教中国化是符合宗教传播和发展的一般规律。

孙智伟《试述回族对中华文化认同的历史演进》[③] 一文指出同的历史时期，在回族民众中形成了"华心"、"中州人物"、"回儒"等典型的人格特征，通过历史的积淀，凝聚和升成对中国文化的认同感和一体感。

马仲荣《伊斯兰教本土化视域下的西道堂研究》[④]，以伊斯兰教本土化为视角，对西道堂产生的历史背景、西道堂的称谓及其意义、马启西的思想渊源等问题做了考察。

---

① 《世界宗教研究》2011年第3期。
② 《回族研究》2012年第3期。
③ 《青海民族大学学报》（社会科学版）2012年第1期。
④ 同上。

杨文笔：《从"群体缄默"到"表述自觉"》[1]，指出在从"伊斯兰移植时代""他者"表述的历史境遇，到"以儒诠经"，开启了回族穆斯林自我表述的先河，及至民国时期穆斯林学术研究活动的兴起，新时期以来回族穆斯林在与时俱进中进入了一个全新的自我表述格局中。

杨桂萍的《从元明回回的礼俗之变看汉文伊斯兰教著译产生的社会文化背景》[2]一文，指出元明时期回回社会内部的文化变迁及礼俗之变，是明代中后期汉文伊斯兰教著译即"汉克塔布"产生的社会文化背景。"汉克塔布"既是伊斯兰教在中国本土化发展的产物，又是中国穆斯林应对本土社会文化挑战的思想回应和文化创新。

杨忠东的《回族文化结构分析》[3]一文从人类学角度探讨了回族文化的形成机制和传承模式，用"一体两翼"来概括表述回族文化的结构，提出比翼齐飞推动回族文化的进一步发展。

桂榕的《回族的国家认同：建构与阐释的文化人类学视角》[4]，从文化人类学视角，通过对由外及内四个层面的文化建构和阐释，试图展现回族国家认同主体的心理活动与行为表现、文化权力与现实利益，以及回族社会与国家的互动，以期达到对回族国家认同较为全面的理解。在她的另一篇《全球化背景下：回族国家认同的现代性》[5]中则指出伊斯兰教认同与乌玛家园作为回族的理想图景，与民间社会不断通过伊斯兰文化再生产来调适国家认同，以适应中国社会发展的现实生活场景，成为回族国家认同现代性的突出表现。

杨军的《回族经营模式变迁与国家认同研究》[6]探讨自明代回族族群初步形成以来，在文化上虽然与主体族群和而不同，但在政治、经济上不断融入多民族国家体系，与各民族在经济、政治等社会各方面水乳交融，回族国家认同观念产生，并不断得到巩固和加强。

国家认同与政教关系：

马平的《简谈中国宗教工作的终极目标与近期视角——以伊斯兰教管理工作的现实为例》[7]一文指出宗教是一个历史范畴，自有其形成、发展、消亡的过程。中国共产党认为宗教最终是要自行消亡的，但这是一个长期和遥远的过程。宗教工作的近期视角应该是如何引导宗教与社会主义社会相适应，当代中国伊斯兰教管理工作的实践也充分反

---

[1] 《宁夏社会科学》2012年第4期。
[2] 《回族研究》2012年第3期。
[3] 《中国穆斯林》2012年第4期。
[4] 《北方民族大学学报》（哲学社会科学版）2011年第1期。
[5] 《回族研究》2011年第2期。
[6] 《青海社会科学》2012年第1期。
[7] 《北方民族大学学报》（哲学社会科学版）2011年第5期。

映了这一点。此外张腾的《浅析元代民族政策对回族形成初期的促进作用》①,孟文科、程淼的《左宗棠与西北民族地区儒家认同的建构——以同治回民起义后书院重建为中心》②,周晓燕的《简析新时期中国的宗教发展状况及原因——以伊斯兰教为例》③,曹伟、杨恕的《近代以来回族的爱国主义传统及其根源》④ 等论文从历史的角度对政治和宗教认同的互动进行了探讨。

[伊朗] 汉尼·阿德勒《回族语言与波斯语的关系探析》⑤ 从研究回族先民语言到现代回族汉语代演变历程,来探讨回族语言和波斯语的关系。

### (二) 宗教比较与对话

[英] 大卫·福特,聂建松(译)《面向21世纪的信仰对话:犹太教、基督教与穆斯林围绕经典的辩读》⑥ 对西方经文辩读的缘起和进展给予介绍。张鹏的《"子不同迹而理同,教不同术而认同"——伊斯兰经典与《论语》相通知识论对比研究》⑦,从知识论的角度,对《古兰经》、"圣训"和《论语》进行的跨文化比较,强调彼此相通之处颇多。丁克家《文明对话视角下的回儒对话》⑧ 指出近10年来,回儒对话作为文明对话论域中的重要学术论题,已在中国学术语境中产生了积极而深远的影响,回儒对话的时代价值和意义将是持久而深远的。

村田幸子著,宋悦译,任军校《为什么要研究回儒世界观?》⑨ 强调了回儒世界观对中国穆斯林乃至世界的重要意义,并指出目前,中国穆斯林学者所面临的最重要的任务是:复原真正中国式的伊斯兰世界观。否则,他们将会遭遇一种新的西化过程,这种西化不再是由欧美的帝国主义进程所驱使,而是被中东的政治思想体系所带动。陆芸《伊斯兰教与基督教在中国的接触、碰撞和冲突》⑩ 指出在元代,基督徒与伊斯兰教徒在中国有了接触,这可从来华的基督教传教士的作品中发现蛛丝马迹。明清时期,伊斯兰教与基督教有了碰撞,这可从一些伊斯兰汉文译著中看到端倪,它们之间的差异,在伊斯兰教著名学者王岱舆、马德新的作品中有了明显的反映。此外还有雷火剑《论宗教对话

---

① 《宁夏师范学院学报》第33卷第2期,2012年第4期。
② 《贵州民族研究》2012年第3期。
③ 《新西部》2011年第24期。
④ 《事实求是》2012年第5期。
⑤ 《回族研究》2012年第1期。
⑥ 《民族论坛》2012年第3期。
⑦ 《回族研究》2012年第3期。
⑧ 《阿拉伯世界研究》2011年第3期。
⑨ 《回族研究》2012年第3期。
⑩ 《西北民族大学学报》(哲学社会科学版)2011年第4期。

的可行性及其在当代的意义》、杨怀中的《儒学与伊斯兰文明结合的现代意义》①，马进山、马少彪的《宗教伦理中的经济观念研究——以伊斯兰教、佛教为例》②等伊斯兰教与其他宗教和文明之间的关系进行探讨。

### （三）民国伊斯兰教研究

民国时期中国伊斯兰教与社会的互动以及当时的政教关系可以给今天诸多启示，因此民国伊斯兰教研究也越来越受到学者关注：

关于民国时期回族的史料整理有王正儒、雷晓静主编的《回族历史报刊文选：社会卷调查》（上、下）（宁夏人民出版社2012年版）、《回族历史报刊文选：社会卷青年》（上、下）（宁夏人民出版社2012年版）、《回族历史报刊文选：抗战卷》上、下）（宁夏人民出版社2012年版），还有马强主编的《民国时期粤港回族社会史料辑录》（甘肃民族出版社2012年版）。

谢冬慧的《民国时期的宗教信仰与宪法条款论略》③一文探讨了民国时期的宪法条款为民众自由信仰宗教提供了理念基础，在实践中也产生了一定的社会效果。依法管理宗教成为民国时期宗教事业发展的基础，也推动着中国社会宗教法律文化的发展进程。而张小军的《"关于回回民族问题的提纲"及其指导下的延安回族政策实践》④一文是对延安时期的回族政策与实践之研究。

朱蓉蓉的《抗战时期回教界的民间外交》⑤一文研究抗战时期回教界积极的民间外交活动，从女性角度研究的刘莉的《民国时期回族妇女报刊特色评析》⑥一文指出民国时期的回族妇女报刊的出现具有划时代的意义。

范景鹏、马世英的《1945年之前台湾回教研究》⑦一文对1945年台湾光复之前回教的发展分为三个阶段给予叙述，强调其命运与祖国息息相关。林雅琴的《民国时期汉族学者对回族文化研究述评》⑧指出受近代民族国家观念的影响，回族知识分子的开放意识和回汉知识阶层之间的交流，使汉族学者对回族文化给予了更多的关注，这些不仅促进了回族历史文化的研究，还加强了回汉民族文化交流。

---

① 《回族研究》2012年第3期。
② 《改革与开放》2011年第6期。
③ 《甘肃政法学院学报》总第123期，2012年7月。
④ 《回族研究》2012年第1期。
⑤ 《学术交流》2011年第12期。
⑥ 《新闻知识》2011年第11期。
⑦ 《西北师大学报》（社会科学版）2012年第49卷第1期。
⑧ 《中国穆斯林》2011年第2期。

教育与经堂教育：

穆斯林传统教育和现代教育的变迁也是学者，特别是穆斯林学者关注的焦点。

丁士仁《中国经堂教育溯源》① 一文强调经堂教育是伊斯兰文化教育的主要形式，是传承宗教信仰和延续文化命脉的重要途径。如果将中国经堂教育放到一个更大的视野中去考察，进行横向比较，不难发现它只是一个流，其源头近在印度，远在中亚。马云晋的《浅论民国时期陕西回族初等教育》② 指出民国时期陕西回族初等教育在陕甘宁边区少数民族教育政策的作用下与国统区的回族初等教育有明显的对比。

马艾、霍维洮《经堂教育的兴起与回族伊斯兰教门宦的形成》③ 探讨经堂教育与门宦之间的互动关系。历史的考证还有马晓军《河南回族经堂教育考述》④，兰俊丽《胡登洲：明代伊斯兰教育集大成者》⑤，赵春娥《青海社会变迁与教育"内地化"进程初探》⑥ 等文。

慈善与公益：

慈善与公益是宗教切入社会的一个重要方面，近年来，伊斯兰教研究中对于这一方面的探讨也越来越成为热点：

兰天祥的《清末民初回族传统慈善活动述论》⑦ 一文对清末民初时回族社会诸如族内救助、特群关注、灾疫救助、建清真寺和公墓等传统慈善的公益活动对维护回族社团的安宁与稳定以及对社会进步与发展的积极作用进行了分析。他的《20 世纪上半叶回族慈善团体研究》通过对 1900 年至 1949 年回族慈善团体的存在与发展状况及活动情形的探讨，指出回族慈善团体在扩大回族在中华民族及国际穆斯林中的影响方面发挥了重要作用。

马燕的《伊斯兰教福利场域与穆斯林和谐社会的建构》⑧ 一文指出伊斯兰教含有丰富的福利思想，并形成了如天课制度、外格夫制度、开斋捐、乜贴（施舍）等一整套制度，具有合理分配社会财富，缓和贫富矛盾，促进了社会的稳定与和谐的作用。虎利平的《回族慈善公益实践之路的探讨与思考》⑨ 强调回族当代公益也面临着传统和现代的整合，对现代公益事业模式的借鉴和吸收成为回族公益事业必然的选择。

穆斯林人口与地方性研究：

人口分布的历史变迁是反映穆斯林社群在历史和当下中国社会状况的重要指标。丁

---

① 《回族研究》2012 年第 2 期。
② 《学理论》2012 年第 12 期。
③ 《人民论坛》2012 年第 3 期。
④ 《北方民族大学学报》（哲学社会科学版）2012 年第 2 期。
⑤ 《中国宗教》2012 年第 6 期。
⑥ 《中南民族大学学报》2012 年第 32 卷第 2 期。
⑦ 《北方民族大学学报》2012 年第 3 期。
⑧ 《青海民族大学学报》（社会科学版）2011 年第 37 卷第 1 期。
⑨ 《中国穆斯林》2012 年第 6 期。

克家、杨景琴的《中国内地回族等四个穆斯林民族人口状况分析》[1] 一文通过对回族、东乡族、撒拉族、保安族四个中国内地信仰伊斯兰教的少数民族的人口指标和历史变化分析研究，总结和发现中国穆斯林民族社会、经济与文化的变迁与时代性发展。

刘泳斯、张雪松的《近现代中国穆斯林人口数量与分布研究》[2] 则是历史的总体研究。与此同时伊斯兰教的地域性研究王平的《东南回族研究三十年——改革开放以来福建回族研究述评》[3]，马雪峰的《昆明穆斯林社群：1274—2000》[4]，王平的《人类学视野中的西北城镇回族多坊一区社会——以甘肃省临夏市八坊回族聚居区为例》[5] 指出西北城镇回族聚居区普遍存在着建立在单一教坊制基础上的多教坊共处一区的社会形态，这种多坊一区社会形态的形成和发展，是自然生态环境、民族、宗教、政治、经济、文化以及历史传统等众多因素不断整合的结果。以甘肃临夏市八坊回族聚居区为视角，阐述了多坊一区社会形态的形成、发展和变迁，并对其成因进行分析和解读。

李兴华著的《中国名城名镇伊斯兰教研究》（上下册）（《回族研究》创刊20周年精品书系）是对23个名城名镇进行实地考证的专题研究，体现了作者深厚的历史背景，广阔的文化视野。

于衍学、姚爱琴的《山东回族研究的回顾与反思（1978—2011）》[6] 是对1978年以来，山东回族研究在发表论文数量、质量，文献材料收集、整理与出版，研究队伍壮大，刊物发表多元化等方面成果回顾，同时建议在今后研究中，更注重社区实地调查，强化实证研究、比较研究和多学科综合研究等。

藏区伊斯兰教的研究也越来越纳入学者视野，王淑婕、顾锡军的《安多地区宗教信仰认同与多元文化共生模式溯析》[7] 一文通过历史的回溯，指出安多地区自元明朝始，就形成了多民族聚居互动、多元文化交流碰撞，宗教信仰认同及文化的多元共生现象。次旦顿珠的《西藏世居穆斯林考略》[8] 也对西藏世居穆斯林进行了历史考证和描述。

马建福德的《香港华人穆斯林的族群性分析》[9] 以香港华人穆斯林为研究对象，借鉴不同人类学家对"族群性"的分析策略和方法，对香港华人穆斯林来源和社区的形成过程做了研究。与此同时，该文还对都市社区变迁过程中香港华人穆斯林的认同困境做了分析。

---

[1]《北方民族大学学报》（哲学社会科学版）2011年第1期。
[2]《世界宗教文化》2012年第4期。
[3]《回族研究》2012年第2期。
[4]《西北民族研究》2012年第1期。
[5]《北方民族大学学报》（哲学社会科学版）2012年第1期。
[6]《宁夏社会科学》2012年第5期。
[7]《西藏研究》2012年第3期。
[8]《中国藏学》2012年第3期。
[9]《西北民族大学学报》（哲学社会科学版）2012年第4期。

### （四）新疆伊斯兰研究

就如回族学日趋完善一样，对新疆伊斯兰教的研究也日益重视。[日本]佐口透著、章莹译的《新疆穆斯林研究》（新疆人民出版社 2012 年版）是"新疆通史"翻译丛书之一，该书以 18 世纪至 20 世纪近三百年间，新疆各族人民的宗教生活实况为研究对象，详尽考证和广泛运用中外文献，对新疆穆斯林的伊斯兰信仰、麻扎文化、多浪人、罗布人以及哈密城、哈密王等课题，提供了丰富的资料和新颖的视角。

过去两年内与新疆伊斯兰相关的研究论文的发表有 50 篇左右。新疆的伊斯兰教研究主要集中于对维吾尔、回族和哈萨克族的研究。对哈萨克族的研究有以下四篇：陈刚、王景起、阿扎提的《新疆哈萨克族清真寺历史沿革述略》，[1] 阿利·阿布塔里普、汪玺、张德罡、师尚礼的《哈萨克族的草原游牧文化（Ⅰ）——哈萨克族的形成、分布及宗教信仰》[2]，张淑的《哈萨克族传统婚姻家庭伦理研究》[3]，姚学丽、孙秀玲的《新疆额敏县哈萨克族女性宗教心理调查研究》[4]。回族研究有两篇：沙彦奋的《从中国回族的形成看新疆伊犁回族的源流问题》[5]，马晓娟的《民国时期新疆的回族文化运动——以新疆回族文化促进会为例》[6]。塔吉克族研究有一篇：刘明的《新疆塔吉克族宗教生活环境的变迁与文化适应调查研究》[7]。

维吾尔族伊斯兰教研究视角和方法更为多样：首先对分裂主义和极端主义的研究仍然受到重视，有以下两篇：付玉明的《新疆地区民族分裂主义的思想根源及对策研究》[8]、李洁宇的《伊斯兰极端"圣战"思想及其与东突问题的联系》[9]。

其次对伊斯兰信仰实践的历史和现实思考有：古力孜拉·克孜尔别克、胡阿提·克孜尔别克的《浅析清朝在新疆实行"因俗而治"政策的历史必然性》[10]，朱江瑞的《试论同治年间新疆各族反清斗争的原因》[11]，热合木吐拉·艾山的《清末维吾尔族教育改革运动（一）》[12]，束迪生的《伊斯兰教传入新疆的若干思考》[13]，郭泰山、任红的《伊斯兰

---

[1] 《中国穆斯林》2012 年第 7 期。
[2] 《草原与草坪》第 32 卷第 4 期。
[3] 《新疆师范大学学报》2011 年第 2 期。
[4] 《北方民族大学学报》（哲学社会科学版）2011-11-15 期刊。
[5] 《青海民族研究》第 22 卷第 2 期。
[6] 《中国穆斯林》2011 年第 1 期。
[7] 《喀什师范学院学报》2011 年 3 月 30 日。
[8] 《云南大学学报》（法学版）2012 年第 7 期。
[9] 《重庆社会主义学院学报》2012 年 7 月 20 日。
[10] 《昌吉学院学报》2012 年第 4 期。
[11] 《黑龙江史志》2011 年 11 月 8 日。
[12] 《和田师范专科学校学报》2012 年 3 月 15 日。
[13] 《实事求是》2012 年第 3 期。

教对新疆经济社会发展的双重影响》①，疆生的《"寺"与"家"——关于维吾尔族现代化的理论思考》②。

社会学的研究方法成为目前的主流，成果表现在社会生活的各个方面：王小霞的《新疆沙漠腹地游牧维吾尔族族群研究》③，马秀萍的《新疆农村散杂居东乡族与回族民族关系调查——以新疆伊犁地区清泉村东乡族为例》④，陈文祥的《多民族杂居区少数民族移民宗教文化变迁研究——以新疆伊犁地区霍城县老城村东乡族为例》⑤，潘晶的《多元文化对新疆于田县民居的影响探析》⑥，卡马力提的《宗教信仰与个人情感——新疆穆斯林男性接触者的生存现状》⑦，刘建华、李利安的《家庭视野下的新疆维汉宗教关系探析》⑧，胡欣霞的《新疆维吾尔族伊斯兰教信教者阶层心理状态分析》⑨，艾力江·阿西木的《论维吾尔族"塔拉克"离婚习俗的法律效力问题》⑩，茹克亚·霍加的《信仰与习俗——新疆维吾尔族的婚姻观念行为》⑪。

此外，麻扎与苏菲派的关联以及文化象征等研究成果也比较突出：宋超、李丽、路霞的《新疆伊斯兰教麻扎墓室建筑的类型研究》⑫，董琳的《破碎空间的完形——麻扎的结构及其象征》⑬，周得华的《浅谈麻扎朝拜中的萨满教遗存因素》⑭，张欢、王建朝的《新疆和田十二木卡姆与伊斯兰教苏菲派捷斯迪耶支系仪式中萨玛舞蹈之关系探析》⑮。

### （五）城市化与适应

杨华的《城市化背景下的回族社会变迁》⑯一文重点阐述了城市化背景下回族的社会组织变迁、文化功能及经营方式的变迁以及居民观念和生活方式的变迁，考察了回族社区的伦理变化现状及发展趋势。

---

① 《实事求是》2011 年第 3 期。
② 《中央民族大学学报》（哲学社会科学版）2012 年第 3 期。
③ 《民族论坛》2012 年第 5 期。
④ 《北方民族大学学报》（哲学社会科学版）2012 年第 4 期。
⑤ 《青海师范大学学报》（哲学社会科学版）2011 年第 3 期。
⑥ 《西安文理学院学报》（社会科学版）2011 年第 4 期。
⑦ 《黑河学刊》2011 年第 6 期。
⑧ 《世界宗教文化》2012 年第 3 期。
⑨ 《新疆社科论坛》2011 年第 3 期。
⑩ 《内蒙古民族大学学报》（社会科学版）2011 年第 6 期。
⑪ 《世界宗教研究》2011 年第 6 期。
⑫ 《西部考古》2012 年。
⑬ 《喀什师范学院学报》第 33 卷第 1 期。
⑭ 《学理论》2011 年第 24 期。
⑮ 《西域研究》2011 年第 1 期。
⑯ 《宁夏社会科学》2012 年第 1 期。

葛壮的《沪上外来流动穆斯林群体的精神生活——关于上海周边区县伊斯兰教临时礼拜点的考察与反思》①通过对沪上临时礼拜点的考察，指出由西北各省来沪的流动穆斯林融入都市主流社会后，在文化适应、城市管理、子女教育、宗教信仰、社会维稳等层面上的隐患有待消弭。指出了解都市伊斯兰教文化在嬗变过程中衍生的社会现象，以及探索在管理实践中妥善地处理好问题，能更好地促进当前经济社会的发展及维护社会的稳定。

尤佳的《论流动穆斯林的宗教生活与城市社会适应：以东部沿海城市为例》②一文指出应将社区居民与流动人口的社会网络纳入到"社区社会资本"的构建体系中，主动为社会资本薄弱的流动穆斯林的交往互动提供空间，通过支持他们的城市社会适应来增加和优化"社区社会资本"的储备及质量。

孙九霞、陈浩的《旅游对目的地社区族群关系的影响——以海南三亚回族为例》③指出旅游作为一种族际交往的方式和现代化的经济发展手段，其对族群关系的正负作用值得关注。常振华：《散杂居地区回族青年礼拜不积极现象浅谈——基于对河南省开封市的调研》④则具体分析了当代社会经济文化对信仰的冲击。

性别研究：

玛利亚·雅绍克（Maria Jaschok）、水镜君著《中国的妇女、宗教与空间：伊斯兰教清真寺与道教寺庙、天主教女修道院与中国守贞女》（*Women, Religion, and Space in China: Islamic Mosques & Daoist Temples, Catholic Convents & Chinese Virgins*）一书记述了中国从帝制时代后期至今河南省会开封（1954 年以前）、郑州（1954 年以后）的道教、伊斯兰教和天主教女信徒的历史，研究围绕她们的宗教活动地点展开，以开封的道教救苦庙、郑州的北大清真女寺和美国天主教主顾修女会在开封设立的机构为重点。

潘世杰《〈古兰经〉妇女赋权思想初探》⑤强调《古兰经》在其降示时给妇女提供多方面的权利和保障，从而提高其家庭、社会和政治地位，推动了人类文明的进程。

高斐、张云帆的《伊斯兰文化中的妇女问题研究》⑥以经典为依据，结合现实案例，指出伊斯兰文化中对妇女的尊重以及男女平等的内涵，并且强调对不平等现状的事实要置于当地社会历史文化背景讨论

勉卫忠的《伊斯兰教妇女观在中国穆斯林民族中的实践——以保安族为中心的田野调查与研究》从社会性别和生命周期理论研究为视角，指出伊斯兰教妇女观在保安族的

---

① 《社会科学》2011 年第 10 期。
② 《世界宗教文化》2012 年第 4 期。
③ 《思想战线》2011 年第 6 期。
④ 《河北民族师范学院学报》第 32 卷第 2 期，2012 年 6 月。
⑤ 《中国穆斯林》2012 年第 5 期。
⑥ 《学理论》2012 年第 24 期。

生活实践中产生重要而有意义的影响。

马格侠、马玉芬的《论伊斯兰教中国化进程中妇女地位的嬗变》①一文对伊斯兰教传入中国后，受到中国封建社会传统礼教的影响，形成一种二律背反的女性地位，这是今天中国穆斯林妇女仍处于未完全解放的社会现实。

周玉佳的《"从荣誉谋杀"看巴基斯坦妇女的"他者"地位》②特别指出荣誉谋杀产生于前伊斯兰文化，但其内化于巴基斯坦文化的过程深刻反映出巴基斯坦社会的父权统治思想。

马雪莲的《拟制家庭中的女人——西道堂妇女的角色》③将西道堂视为一个以信仰为纽带的拟制家庭，对其中的妇女社会角色的塑造，从信仰、"回儒"思想、具体社会环境以及具体教长的影响等方面进行了分析，指出其地位和角色的复杂性。

### （六）伊斯兰教与医学

伊斯兰教与医学、伊斯兰教对毒品犯罪的防治功能都是新的交叉学科，以下论文值得关注：马科、张志文、王斌、牛阳的《基于伊斯兰哲学思想的回族医学治疗观探讨》④。指出回族医学对于疾病的治疗有："真一"指导下的整体治疗观、注重精神心里疗法、用药上贯彻"清真"理念，善用香药、顺应自然，提倡保健预防等具体的治疗观。

驼晓玲、高玉敏、刘慧明的《西部民族地区毒品犯罪之宗教防治功能》⑤一文指出西部民族地区毒品犯罪防治具有特殊性，其中宗教因素能够发挥其防治毒品犯罪的社会控制功能，并且对法律规范起到一定的补充作用。刘慧明的《神圣与世俗：甘青藏民族地区宗教抗制犯罪之图式》⑥再次强调宗教伦理精神和行为准则，彰显着惩恶扬善的社会主流价值，与法律要义和法治理念相契合，在民族地区的犯罪治理中，发挥宗教的正功能以抗制犯罪，既是未来继续保持该地区稳定和国家安全的优质因子，又是当下防治犯罪的技术要素。

方法、立场的批判：

中国伊斯兰教研究的推进离不开学者对方法论的不断批判，这一趋势在这两年表现尤为明显。哈宝玉的《当代经学学者及其历史使命》⑦一文强调当代穆斯林学者应该追

---

① 《湖南人文科技学院学报》2011年第5期。
② 《南亚研究季刊》2011年第1期。
③ 《北方民族大学学报》（哲学社会科学版）2012年第5期。
④ 《西南民族大学学报·自然科学版》第37卷第4期，2011年7月。
⑤ 《广西警官高等专科学校学报》2012年第25卷第3期。
⑥ 《青海社会科学》2012年第3期。
⑦ 《中国穆斯林》2012年第4期。

求的四个"使命感"。冯杰文的《当代回族民间知识精英的伊斯兰文化译著活动》① 一文对改革开放以来,回族传统文化的现代转型中,回族民间兴起的以阿訇和经师为主体的回族民间知识精英的伊斯兰文化译著活动,从文化反省、"自知之明"、"深层文化启蒙"三个角度给予评价,指出其对回族文化的现代化转型以及回族民众新文化精神的培育必将产生深远而持久的影响。

李林的《当代中国伊斯兰教义学研究中的问题与反思》② 一文指出,自 2000 年进入"发展—转型"期以来,伊斯兰教义学研究出现了新的变化,不仅出现了一批新成果,而且逐渐正视伊斯兰教义学的宗教特质,而不再单纯局限在哲学研究范围内,其中一些研究体现出教内人士教义学研究特有的宗旨与关怀。

周传斌的《论伊斯兰的知识维度与学科分类》③,马雪峰的《重建中国穆斯林智识(intellectual)共同体:中国内地穆斯林社群社会问题省思》④ 也都是中国穆斯林学者对中国伊斯兰教以及穆斯林群体的重要反思。

### (七)学术会议与交流

该年度重要的伊斯兰教方面的重要学术会议有中国社会科学院与伊斯兰合作组织(OIC)下属的伊斯兰历史、艺术与文化研究中心(IRCICA)联合举办,2012 年 6 月 28 至 29 日在中国社会科学院召开的"中国与伊斯兰文明"国际学术研讨会。该研讨会上中外学者从"历史联系"、"艺术交流与互动"、"文献与语言"、"科学、宗教与思想"、"当代世界与穆斯林世界的关系"、"全球化背景下的中国与穆斯林世界"六个专题进行了深入交流。

此外,2011 年 5 月 10—12 日,兰州大学宗教文化研究中心主办,香港文化更新研究中心与《兰州大学学报》协办的第三届"宗教对话与和谐社会"研讨会围绕"中国传统宗教与社会"、"宗教对话理论"、"儒耶对话"、"佛耶对话"、"伊耶对话"、"伊斯兰教与中国传统文化"、"宗教对话在中国的实践"七个议题,对"宗教对话与和谐社会"这一时代话题进行了深入探讨。

2012 年 4 月 6—7 日在西安锦业路清真寺召开的"现代化背景下的城市穆斯林"学术研讨会,并结集出版了《遭遇与调适:"现代化背景下的城市穆斯林"学术研讨会文集》(甘肃民族出版社 2012 年版)。此次研讨会参加的学者人数众多,探讨了当下城市穆斯林发展中的迫切问题,其本身的形式也对探讨现代化背景下清真寺功能的转型,推

---

① 《云南社会科学》2012 年第 4 期。
② 《中国穆斯林》2011 年第 3 期。
③ 《中国穆斯林》2012 年第 5 期。
④ 《宁夏社会科学》2012 年第 5 期。

动宗教团体从事公益慈善事业等都具有开拓意义。

综观上两年度的伊斯兰教研究,成果丰富,领域广泛,证明中国的伊斯兰教研究学科体系正在健全和成熟,同时热点问题研究追踪积极,与国际学术界的交流互动也明显增加,存在的缺憾是在国际问题的研究中借助文字资料较多,实地考证与调查较少;国内的研究中边疆地区的研究以及回族、维吾尔族之外的其他族群的研究明显薄弱,从研究队伍到研究方法还亟待加强、提高。

(作者简介:中国社会科学院世界宗教研究所研究人员、博士)

# 2011—2012 年英国穆斯林研究综述

常 晶

自 20 世纪 80 年代以来,穆斯林移民逐渐成为欧洲一些传统民族国家进行社会整合中不得不面对的问题之一。作为吸纳穆斯林移民数量最多的国家之一,英国也不例外。国家的移民政策、穆斯林的身份问题、宗教和文化差异等交织在一起,给社会整合带来了多重挑战。为此,英国政府曾提出以"多元文化主义"为信条,奉行多元文化主义政策,通过扩大对少数族群权利的尊重和保护,来促使穆斯林群体与主流社会融洽相处。这一政策一度取得了成效,然而好景不长,在 21 世纪最初十年中,与穆斯林移民相关的数起恐怖事件的发生似乎宣告了多元文化主义政策的失败,2011 年,英国首相卡梅伦更是立场鲜明地指出,必须放弃失败的多元文化主义政策,代之以坚决捍卫自由的西方价值观。因此,2011—2012 年国内关于英国穆斯林的研究,大都集中于两个方面:一是关于英国穆斯林的现状及其变化的研究;二是对多元文化主义及多元文化主义政策的重新审视与反思。

从总体上讲,国内关于英国穆斯林研究的相关文献非常有限,2011 年、2012 年两年内不足 30 篇,并且其中大部分文章是以欧洲为背景讨论的,专门研究英国的还不到 10 篇;另外,现有研究中关于近年来英国社会中穆斯林群体自身的变化及其与主流社会关系的研究不够充分,尤其缺乏以数据分析、调查报告等最新一手资料为基础的研究,并且也不多见从宗教文化角度进行深入分析研究的文献。现就这两年的研究情况简要介绍如下。

## 一 关于英国穆斯林现状及其变化的研究

这类研究主要是从历史学、社会学角度考察英国穆斯林移民的由来与演变。主要有:许燕的《英国穆斯林移民的成因和人口特点》[①]、于梦歌的硕士论文《试论 20 世纪

---

① 许燕:《英国穆斯林移民的成因和人口特点》,《中国穆斯林》2011 年第 1 期。

英国移民身份和移民政策演变》[1] 和杨涛的博士论文《西欧穆斯林：困境与回应》[2] 从历史角度考察了英国移民问题的由来以及英国政府移民政策的演变过程；杨涛的博士论文《西欧穆斯林：困境与回应》[3] 和丁克家、丁化的《"邀请"与文化适应：当代社会伊斯兰的传播与发展刍议》[4] 分析了英国穆斯林群体的活动现状；尹志国、陈权、荆海涛的《从全球化角度解读欧洲移民问题》[5] 以全球化为背景对欧洲移民的总体现状特点进行了分析。具体来看：

许燕在《英国穆斯林移民的成因和人口特点》[6] 一文中分析了穆斯林移民英国的原因，认为除英国战后重建、经济需求和工资福利待遇好等拉动因素外，还源于穆斯林移出国国内诸多原因的推动作用：移出国国内政治不稳定；经济、技术移民；自然灾害；宗教或政治迫害等。文章还分析了英国穆斯林的人口特点主要有两点：1. 出生率和年轻化程度高；2. 聚居于大城市郊区以及工业化城市，形成以族群和宗教关系为纽带的社区。作者指出，高出生率穆斯林在英国的人数越来越多，大多数始终处于社会的底层，在住房、就业、教育、健康方面都处于弱势，使得穆斯林被主流社会边缘化。除了应对来自主流社会的压力，来自不同国家的穆斯林移民集聚英国，既有同质性，也有异质性，他们还面临着文化差异和教派分歧。欧洲基督教文化与伊斯兰教文化的长期冲突和内在差异，也是导致英国移民问题化的原因之一。

杨涛在其博士论文《西欧穆斯林：困境与回应》[7] 中追溯了伊斯兰教创建之后与欧洲的早期交往，以及此后奥斯曼帝国时期以至欧洲殖民统治时期穆斯林与欧洲国家的交往，对英国等国穆斯林少数群体的人口状况、居住模式，教育状况、就业状况、健康状况等等进行了基础性的叙述，分析了其基本的特点。对于西欧迅猛发展的清真经济进行了论述，阐述了清真经济是穆斯林与西欧社会的经济交往最为重要的方面。论文对穆斯林群体较高的人口出生率以及未来其人口规模在西欧国家人口结构中的比例关系进行了分析和预测。论文还研究了英国等国的穆斯林女性群体，认为，一方面西欧穆斯林女性面临着来自家庭和社会的双重歧视，她们因其外表如穆斯林头巾、罩袍而成为代表穆斯林的可见的宗教符号，并因此往往成为欧洲社会首当其冲的争议和歧视对象。但与此同时，穆斯林女性通过不断壮大成熟的女性社会团体以及相应的话语权增加等方面来向社

---

[1] 于梦歌：《试论20世纪英国移民身份和移民政策演变》，硕士论文，河南大学，2011年。
[2] 杨涛：《西欧穆斯林：困境与回应——以英法德三国为例》，博士论文，西北大学，2011年。
[3] 同上。
[4] 丁克家、丁化：《"邀请"与文化适应：当代社会伊斯兰的传播与发展刍议》，《伊斯兰文化》2012年第1期。
[5] 尹志国、陈权、荆海涛：《从全球化角度解读欧洲移民问题》，《学术探索》2012年第7期。
[6] 许燕：《英国穆斯林移民的成因和人口特点》，《中国穆斯林》2011年第1期。
[7] 杨涛：《西欧穆斯林：困境与回应——以英法德三国为例》，博士论文，西北大学，2011年。

会展示其新的风采。论文还以英国等国为例分析了西欧的穆斯林组织及其特征和影响，提出西欧穆斯林组织分散化、多元化的组织形态从消极的方面看影响了穆斯林群体的动员能力，从积极的方面看，这种特征间接地让穆斯林群体迸发出更大的活力成为可能。论文指出，穆斯林已经成为西欧社会不容忽视的现实存在，但是却远未能有效参与西欧各国的政治进程。穆斯林人口在种族、经济地位等方面的多样性是其有效参与政治的内在障碍。穆斯林对公民权、政治精英、参政渠道等政治资源的占有不足加之欧洲殖民心理遗产的影响、欧洲的世俗化政策、伊斯兰恐惧症、外部穆斯林世界的影响等多种因素共同构成了影响穆斯林广泛参与西欧政治生活的重要原因。

许燕的博士论文《英国穆斯林移民研究》[1] 从历史发展的脉络中呈现穆斯林移民英国及欧洲的过程，描述了英国穆斯林人口的现状，分析了穆斯林西向移民的动因和分布特点，描述了英国穆斯林整体的社会经济地位，指出其生计文化多样性和边缘化现状。论文还梳理了英国穆斯林复杂的教派分支，分析了穆斯林教派组织在保持移民自助互助，增强穆斯林认同，表达利益诉求与促进政治和社会参与等方面发挥的功能。文章还研究了穆斯林女性群体的弱势地位，探讨了全球化对英国穆斯林认同的影响和由此引发的深层文化认同危机，得出了英国穆斯林认同与外部伊斯兰教世界密切相关的"流动"即"可变动性"等论点。

丁克家、丁化在《"邀请"与文化适应：当代社会伊斯兰的传播与发展刍议》[2] 一文中分析了二战以来欧洲伊斯兰运动的新转向。文章提出，随着欧洲穆斯林社区的不断增长，伊斯兰运动的努力已经日益转向在这些西方境遇下非穆斯林的皈依，并鼓励穆斯林在主流社会的语境下参加达瓦活动来提升伊斯兰（Da'wah 达瓦常用来指当代伊斯兰运动者对自己身处社会的伊斯兰化的关心，包括政治的趋向、道德观念的深入人心、制度化的组织、社会福利的关心等）。在英国，当地穆斯林对动态的全球化和当地化的进程的参与，不断考验着当地和中央政府多元文化主义的理念，挑战着号称多元主义、宽容和宗教自由的西方结构和基础，并对他们自己作为英国穆斯林的自我认同进行重新认识。

尹志国、陈权、荆海涛的《从全球化角度解读欧洲移民问题》[3] 一文用全球化的视角来审视欧洲移民问题。他们认为，其一，全球化加剧了移民涌向欧洲，并推动了欧洲移民问题化。其二，移民对欧洲国家的边界控制力、人口构成和民族认同、非传统国家安全、国内政治等涉及民族国家核心利益的主权和自主能力提出了严峻的挑战，使民族

---

[1] 许燕：《英国穆斯林移民研究》，博士论文，中央民族大学，2011年。
[2] 丁克家、丁化：《"邀请"与文化适应：当代社会伊斯兰的传播与发展刍议》，《伊斯兰文化》2012年第1期。
[3] 尹志国、陈权、荆海涛：《从全球化角度解读欧洲移民问题》，《学术探索》2012年第7期。

国家的自治权和保护其公民不受外界影响的能力下降了，引起欧洲各国政府的高度关注。同时，移民对欧洲民族国家主权和自主的冲击也是全球化对民族国家冲击的一个表现。其三，移民造成欧洲国家福利水平下降，失业率、犯罪率上升，文化冲突等经济和社会问题，也是全球化的负面效应之一。其四、全球化所造成的社会边缘人是欧洲排外主义、种族主义和以反移民为核心的极右翼势力产生的基础。

## 二 对多元文化主义与多元文化主义政策的反思

由于欧洲各国领导人纷纷宣告多元文化主义政策在本国的失败，使得理论界开始对多元文化主义和多元文化主义政策重新进行审视和反思。大多数观点认为，真正的多元文化主义以及多元文化主义政策是有助于国家统一与社会整合的，在英国等欧洲国家出现的种族冲突问题，并不是多元文化主义本身出现了问题，而是各国在具体实施中并没有将之切实地贯彻在相应的制度领域与政策之中。同时，这些文章还就在多元文化背景下国家应该如何实现整合的问题进行了回应。

### （一）欧洲各国为何出现否定多元文化主义政策的现象

方长明在《欧洲多元文化主义的危机与反思》[①] 一文中分析了政府首脑否定多元文化主义政策的原因。他认为，对多元文化主义的攻击混淆了两个事实：第一，不论多元文化主义是否遭到否定，此时文化和宗教的多样性已经成为一个不可阻挡的事实。否定多元文化不仅具有模糊性还具有误导性。第二，欧洲各国实施的多元文化政策具有残缺性。文章认为，多国首脑集体性的否定多元文化政策的现象实质是政党的政治需求与公众的经济需求相结合的结果。首先，经济因素是产生文化排他性的根本原因。当失业率不断攀升而且经济发展前景暗淡之时，不同民族之间的紧张关系就会凸显出来。"竞争者"的身份是移民被排斥的最根本原因。其次，文化排他性受到了文化差异性的支持。欧洲国家否定多元文化主义的一个共同特征就是认定外来移民无法有效的融入主体社会当中，无法接受主体社会的文化价值观念。来自亚、非、拉地区的移民不论在语言、宗教还是生活习俗方面都与欧洲国家有着很大的差异，这种差异性为排他性提供了文化上的支持，从而使排斥移民少数民族上升到保护文化认同和国家认同的高度。最后，当这种保护文化认同和国家认同在公众中得到普遍认可的时候，便成为各国政客的政治工具：一方面，各国政党可以通过否定多元文化主义来扩大自身的政治影响力；另一方面，攻击多元文化主义还可以用来掩盖自身政策的失误。

---

① 方长明：《欧洲多元文化主义的危机与反思》，《中南民族大学学报》（人文社会科学版）2012 年第 4 期。

在《2011年世界民族热点问题述评》[①]中,熊坤新、裴圣愚指出,挪威和英国的惨案发生之后,多元文化主义政策陷入了尴尬的境地。这反映出了在国际金融危机背景下多元文化主义问题在欧洲的复杂性。文章认为,多元文化主义政策意在赋予各民族在社会生活中的平等地位,保障不同种族在统一的社会结构中保持其自身文化传统的权利。在多元文化主义的大环境下,各民族在保留自己独特文化的同时,还能够吸收其他民族的许多价值观念和文化习俗,以促进相互之间的沟通与交流。当少数群体的平等合法权利得到尊重和保障时,他们便会对整个国家和社会产生种责任感,从而积极为实现国家统一、社会和谐、经济繁荣的共同目标作出贡献。然而现实是,总体上看,欧洲移民的生存状态往往不尽如人意,特别是来自伊斯兰世界的移民,大部分处于社会底层且生活状况相对贫困。在这种背景下,多元文化主义某种程度上强调了他们与社会其他部分有不同之处,鼓励他们保持自己的生活方式,甚至拒绝接受西方的生活方式,以至于这些移民程度不同地与主流社会保持距离。

另外,张金岭在《欧洲文化多元主义:理念与反思》[②]一文中指出,自2010年以来,文化多元主义在欧洲多个国家被宣告失败,深刻地反映了欧洲社会在文化多样性问题上厚此薄彼的态度——积极支持欧洲本土文化的多样性,却消极对待以移民群体为代表的非欧洲文化的存在。文化纠结是当代欧洲文化多元主义实践中的一种真实心态,折射出他们在国家与民族认同层面上的价值诉求。陈天林的《欧洲移民社会冲突中的多元文化主义困境》[③]一文认为,民族主义为欧洲移民社会中多元文化主义划定了边界,提出了挑战,使多元文化主义面临一种两难困境:既希望通过多元文化主义,允许移民保持自身文化来增强欧洲的吸引力,以换取移民的忠诚和贡献;又将移民群体与本土居民疏离,从而保护欧洲文化不失去自身地位和文化认同。在这种困境下,欧洲移民社会冲突不断发生。实际上,欧洲只是把多元文化主义作为满足经济发展的一种策略。因此,欧洲在对待移民的问题上,未能真正做到自由平等民主。欧洲在接收移民时,把接收信奉基督教和天主教的东欧移民作为首选,而最不愿意接收的是穆斯林。

常晶在《界限与共识——全球化时代英国穆斯林移民与社会整合问题研究》一文中考察了英国穆斯林移民问题的由来及国家的政策演变,并指出21世纪最初十年,英国社会整合中面临的诸种挑战表明:过分追求一致性,容易导致对其他文化,尤其是少数族群文化的忽视,过分强调多样性,又容易在文化与文化之间竖起重重藩篱,分散的认同和忠诚会给社会带来碎片化和分裂的危险。一方面,多元文化的存在破坏了英国社会的同质性,尽管对文化的多样性显示足够的包容,但是关于在一个多族群的多元文化社

---

[①] 熊坤新、裴圣愚:《2011年世界民族热点问题述评》,《中国民族》2012年第1期。
[②] 张金岭:《欧洲文化多元主义:理念与反思》,《欧洲研究》2012年第4期。
[③] 陈天林:《欧洲移民社会冲突中的多元文化主义困境》,《社会主义研究》2012年第1期。

会里如何重新认识英国公民身份的问题并没有得到很好的解决,另一方面,在对文化多样性的包容之后,没有相应的其他政策辅助,就使得这种包容流于形式,移民和少数族群问题并不仅仅是几个种族关系法案和几项倾向性政策就可以解决的,也不是简单地为不同文化提供存在的空间即可的,移民问题背后所牵扯的对公民身份的要求、对分配正义的要求、对政治参与的要求等,都持久地构成政治的重要议程。

### (二) 如何处理文化多样性背景下欧洲国家的社会整合问题

陈天林的《欧洲移民社会冲突中的多元文化主义困境》[①]一文指出,真正的多元文化主义是文化之间的对话而不是分裂,是国家法律框架内和跨国家法律框架内的文化融合,而不是认为每一种文化都必须有其身份,必须得到严格的尊重和定位。熊坤新、裴圣愚在《2011年世界民族热点问题述评》[②]中认为,多元文化主义政策不会也不应该成为国家整合和移民融入的障碍,没有理由断言多元文化主义政策已经完全失败。政府强有力的干预可能在一定程度上使移民放弃自己的文化传统,加强国家认同。但是从长远来看,由于缺乏文化的包容性,必然激化更多的矛盾。欧洲各国应该在平等和求同存异的基础上,制定合理的行为准则,给予少数族裔以必要的尊重,使得少数族裔在国家和主流群体前依然保有尊严和平等,这种维护少数群体权利的做法反而有益于国家构建的合法化和一体化的进程。

方长明在《欧洲多元文化主义的危机与反思》[③]一文中提出,共生互补基础上的多元文化主义是解决欧洲社会民族问题的唯一出路。对作为政策的多元文化主义的批评,其实质是排斥民族、宗教、语言以及经济的多样性,它违背了历史发展的潮流。在移民为欧洲经济作出巨大贡献的同时,尊重其文化并给予其平等发展的机会是解决欧洲社会民族问题的唯一出路。多元文化的实质不是一种文化拥有优于另一种文化的特权,而是平等的对待所有的文化,将其视为更大的社会的一部分,这些文化因素只会有助于社会的发展,而不会对社会产生有害的影响。少数民族和主体民族都应该抛弃自身文化中的狭隘因素,以一种宽容的态度尊重彼此的文化传统和价值观念。促进多元文化的发展以及在此基础上的多民族共生,不仅不会导致文化根基的丧失和社会的分裂,相反,能促进文化上的认同感。

张金岭在《欧洲文化多元主义:理念与反思》[④]一文中认为,欧洲各国应当鼓励和发展的是以一系列共同的价值体系为前提的国家认同而非狭隘的民族认同,或者是基于

---

① 陈天林:《欧洲移民社会冲突中的多元文化主义困境》,《社会主义研究》2012年第1期。
② 熊坤新、裴圣愚:《2011年世界民族热点问题述评》,《中国民族》2012年第1期。
③ 方长明:《欧洲多元文化主义的危机与反思》,《中南民族大学学报》(人文社会科学版)2012年第4期。
④ 张金岭:《欧洲文化多元主义:理念与反思》,《欧洲研究》2012年第4期。

国家的"多元一体的民族认同观",一是要求欧洲本土民众在观念上彻底改变原来持有的"民族纯洁性"的认识,将族群认同与国家认同视为一种复杂的社会过程的结果;二是要逐步建设完善的体制与政策,确保新的"共同体框架下的人人平等"。

常晶在《界限与共识——全球化时代英国穆斯林移民与社会整合问题研究》[①]一文中提出,文化多样性的现实要求国家在处理多族群问题时超越民族国家的思维、超越现代民主制度的局限性,通过确立信任,在合理界限之下取得最大共识;通过多层次的对话协商来寻求理解和共识,通过再分配政策调节来促进社会内部的流动性,通过更具包容性的公民身份和共同体核心价值观来增进认同感和政治忠诚,在多样性与统一性之间取得平衡,方能实现社会整合、和谐共存。

通过以上综述可以看出,英国穆斯林问题是一个前沿性的问题领域,同时也是历史学、社会学、民族学、宗教学、政治学等多学科交叉碰撞的研究论题。虽然学界已有一些研究成果,但仍显不足,尤其是在关于"多元文化主义失败了吗"的讨论方兴未艾的情况下,对英国的穆斯林群体现状及其主流社会的互动情况进行更为深入、细致的研究是具有重要现实意义和理论意义的。

(作者简介:山西省长治学院教师)

---

① 常晶:《界限与共识——全球化时代英国穆斯林移民与社会整合问题研究》,《世界宗教文化》2012年第5期。

**儒教研究**

# 2011—2012年儒教研究综述

## 张宏斌

儒教最切实的含义正在于最切身的修行，它是一套社会伦理的形式，一种生活方式，实践是其第一要义，2011—2012年间，与儒教相关活动在社会上的蓬勃喷涌，或许验证了这个说法。如2011年8月26日，河北省儒教理论工作者和实践工作在石家庄市中山宾馆大礼堂隆重集会，宣告了新中国成立以来第一家省级儒教社团"河北省儒教研究会"正式成立。9月22日在上海嘉定博乐广场举行以孔子命名的文化节。由教育部主管，人民教育出版社主办的国内第一本面向小学生的传统文化知识普及杂志《小学语文国学》于2012年1月15日正式发行。4月15日上午，民间团体"儒士社"在北京孔庙成功举办壬辰春季祭孔释菜礼，部分京内外高校儒学社团代表和部分省市民间儒学同道应邀参祭或观礼。8月19日，弘道书院北京凤凰岭儒士修身营在北京孔庙举行秋季祭孔释菜礼，以及9月孔子儒商奖评审会在北京召开等等。

"夫政治社会一切公私行为莫不与法典相关，而法典为儒家学说具体之现实。故二千年来华夏民族所受儒家学说之影响最深最巨者，实在制度法律生活之方面"[1]，陈寅恪先生以为一种学术的生命力必须体现在政治制度，法律生活之中，学界对儒教的定位以及争鸣紧紧围绕着政治、制度、体制化等话题来进行恰印证了这个传统、或言儒教的精义，2011—2012年间儒教的研究自然大都关乎于此，其中以儒家与宪政的讨论最为热烈。承上年在香港城市大学举行的"儒教宪政与中国未来"国际学术研讨会之余绪，2011年1月11日至4月20日，孔子像在天安门广场百日的"来去匆匆"被政治化的解读，则成了儒教与政治交接的序曲，同济大学文化批评研究所教授朱大可在题为《孤独的孔夫子——关于广场政治的符号布局》中认为"这种广场的东部边缘和外围的空间位置，以及造像的肢体语言，都包含着明晰的身份信号——他与其说是来自2500年前的道德尊者，不如说是拱卫现代国家的文化侍者"(《儒家邮报》第155期[2])。复旦大学思想史研究中心丁耘先生发表《从孔夫子到孙中山：天安门广场的政治地理学》一文，认

---

[1] 冯友兰：《中国哲学史》，华东师范大学出版社2000年版，第440页。
[2] 本文许多文章、信息多来源于《儒家邮报》以及中国儒教网。

为天安门广场是中华人民共和国的地理象征，孔子像在国家博物馆门前的出现，表明执政党正试图更积极地看待、甚至学习孔夫子，作为国家的政治中心，孔子像进驻广场则带有明显的政治意味（《社会观察》2011年第4期）。

对于孔子像百日的立与移，作为儒家的知识分子无论是赞成立像者，如"台湾中央大学哲学"研究所教授李瑞全认为"今天孔子像矗立在具有明显政治意义的天安门广场，显然是中国政治与思想在21世纪寻求出路上的一重要的里程碑"（李瑞全：《儒学与世界展望——从孔子像重回天安门广场说起》，《儒家邮报》第150期）。还是对此颇多微词者，如苏州大学哲学系刘伟先生，认为要重新发掘"儒术"中的合理成分，对治现代社会出现的一系列问题。构建一个维护公共生活规则的平台，调适社会生活中的诸多问题，将心性、礼制与天道沟通起来，为实现"家国天下"的远大理想做出具体的事情，时代真正要的是"儒术"，不要只是"饰儒"（《儒家邮报》第156期）。都在实质上将儒教与国家的现代化，尤其是政治化进程接榫起来，这也从另一侧面表明了儒家的一种政治诉求。马立诚先生慧识独到，在《大陆新儒家的政治诉求——新儒家思潮》一文中总结了大陆新儒家代表人物的各种政治看法和诉求（2011年3月18日《经济观察报》）。

而将政治诉求完整表达的则在于儒家知识分子提出要构建儒教的宪政国家，或言从儒家传统中发掘宪政资源。清华大学唐文明先生认为，儒教、宪政与中国的问题，也就是直面实际的历史情境，如何在中国的宪政建设中将儒教的精神与理念贯彻进去的问题。完善的西方宪政在很大程度上内在于其独特的文化传统和历史情境，因此中国宪政建设的独特性就必须加以考虑，也就是说，必须考虑中国的文化传统与历史情境对于宪政建设的内在要求和客观影响，从而在中国宪政建设的问题上避免两种错误的思路，即简单的移植和笨拙的嫁接，必须要从儒教的精神和理念出发来构建宪政（唐文明：《儒教、宪政与中国：一个初步的思考》，《中国哲学史》2011年第1期）。秋风先生在2011年2月21日，做客"共识在线"中提到需要在儒家传统中发掘宪政资源，他认为，从消极的角度来说，儒家不会妨碍宪政，以事实来看，东亚的儒家文化区，建立宪政国家的已经有很多，诸如日本、韩国等，从积极的角度来说，儒家或者传统是有利于我们建立宪政制度的。宪政制度不会从天上掉下来，是需要某种社会的博弈的过程，需要公民去追求自己的权利，要争取自己的权利。简单来说，一个宪政的制度的成立，是以一个比较发达的公民社会为前提的，通过公民借助一个社会的组织化的机制，来采取一些联合的行动，才能具有足够的力量，改变法律或者权力的格局。而儒家的复兴和繁荣，是有助于公民社会的成长的（《儒家邮报》第150期）。

康晓光先生在《儒家宪政论纲》一文中系统地对儒家宪政实施的前提、必要性以及具体步骤进行了论证，他认为近代以来，一系列失败使中国人逐渐丧失了对自己文明的信心。先是军事，后是技术和经济，再后是政治制度和社会制度，最后是价值观，直至对自己的整个历史和现实的彻底绝望。于是，开始学习西方。起初还有自信，自觉或不自觉地坚持"中体西用"，最后则是完全绝望，彻底抛弃自己的一切，转而无条件地学习西方。时至今日，虽然现代政治制度建立了，但是近代以来一贯的中国的政治正当性危机并没有完全解决，应对这种危机首先要重续中华道统，即接续中断的儒家道统，把中国政治的正当性建立在传统的道统和政统的基础之上；在此基础上，吸收近代以来中华民族的政治实践的经验和教训，即吸收马克思主义和资本主义的政治文明中的适合中国国情的成分，建立一种全新的政治理论和政治制度。具体说来就是，承续儒家道统，建立儒家宪政，把中国政府的正当性建立在对中华五千年道统的继承和对现代民主政治的吸纳之上。在宪政结构下，宪法原则采用儒家义理，建立强有力的宪法审查制度，在此前提下，儒家可以吸收多党制、竞争性的普选制度、权力分立、有限政府等理念和制度，进而实现传统与现代的融合。民主要素的引进，建立了国家与社会的权力制衡，从而可以很好地弥补古典儒家的不足（《儒家邮报》第150期）。

认同宪政，发掘儒家可以开出宪政的资源，或言儒家宪政的独特性，实际上是以承认现代性为前提的，或者说在实质上并不否认现代性，诸多作者站在儒家立场，对未来中国现代性图景的一种全方位思考，触及未来中国现代性在文化、制度、政治、法律、社会等若干方面的重要方向。清华大学的方朝晖先生的新著《文明的毁灭与新生：儒学与现代性关系新探》（中国人民大学出版社2011年版）则从多元现代性的视野入手研究中国现代性问题，分别从若干不同角度透视儒学与现代性的关系，包括儒学与法治（及礼治）、民主、市民社会、现代知识体系以及中国文化理想等之间的关系等课题。在研究方法上，方先生借鉴西方文化心理学、社会学、政治学、人类学、哲学等多个学科的最新研究成果，尝试从不同学科的角度来探讨儒学的现代意义及其未来方向，包含着对儒学与现代性关系思考的许多新方向、新思路。

无论是声言从传统儒家思想中发掘建立宪政的资源，还是提倡建立儒家宪政制度，其实前提无疑都接受、或者默许了人类离开自由民主政治没有另外的路，未来人类所有的政治问题都是自由民主政治自身的完善问题。儒教信徒蒋庆先生则对这种照搬西方的宪政制度的做法不以为然，他遵循早先自己"政治儒学"的理路，在其出版的新书《再论政治儒学》中按照"王道政治"的理念，提出了"儒教宪政"的构想。他认为所谓"儒教宪政"，就是"中国式宪政"，说具体点，就是具有中国历史文化特色的中国宪政，也就是人类离开自由民主政治之外的另一条政治发展之路。也即是说，他提出"儒教宪政"的构想还有另外一个目的，就是希望为中国未来的政治发展提供一个理论上可能的选择维度，使中国未来的政治发展不能只有一种可能，即不能只有"再西化"的可能。此外，他还对"中国式宪政"，或言"儒教宪政"进行了具体的制度安排。比如儒教宪政的义理基础是王道政治,儒教宪政的议会形式是议会三院制,儒教宪政的监督形式是太学监国制,儒教宪政的国体形式是虚君共和制等等。

读经、成立各地的儒教研究会、春秋季的祭孔以及以孔子名义命名的文化、经济乃至政治含义的奖项,无非表明了儒教开始进入社会日常生活,儒教渐渐为人们所熟悉。而深入探讨儒教的政治化问题,希冀以儒教开出宪政,通出"新三统"的儒教研究进路也莫不与国家政治的进程和社会上的热点事件息息相关,显然这种研究不仅是原来儒教研究的逻辑顺延,更是对现实的一种呼应,它并没有将儒教完全归结到思想观念的层面加以回应和处理,而是一种将之儒教的历史文化真实以期再次呈现、损益提升的方式,但是从另一方面说,这种研究也在一定程度上将研究的人群拘束在知识精英的层级,范围相对狭窄。而能够互补此种研究的进路则是"礼失而求诸野"。"礼失而求诸野"是卢国龙先生很早就提倡的研究进路,他在认为儒教既然"产生于'礼失而求诸野'的文化机制,就必然具有整合礼与野的功能特性,自身的文化形态必然介于礼与野之间……研究儒教,应该针对其自身的这一特性,从'礼失而求诸野'的文化机制入手"①。

以"礼失而求诸野"的研究理路入手,旨在了解民间儒教存在的真实状态、掌握儒教在当今社会存在的形式,以期为儒教发展、复兴,乃至为国家政治文化战略提供一种参考。由中国社会科学院世界宗教研究所主编的《2012 中国宗教蓝皮书》中的儒教报告,呈现了这种研究的理路和文化期待。该报告详尽考查了两个典型的传统儒教信仰方式在当今民间的真实存在,一是包含祖先与圣王崇拜的河南伏羲庙会。二是江苏省睢宁县乡村的儒教制度化的丧葬仪式。关于前者,作者展示了每年农历二月二至三月三,历时一月的淮阳太昊陵的庙会,涵盖了庙会的祭祀仪式、民间的祭祀心理、祈祀目的、民间伏羲神话传说的源流和赋予的含义,并对比了历史上官方对伏羲祭祀的一系列活动和损益内容等等。至于后者,作者将当地的丧葬礼俗略分为三个阶段:殡前、殡时和殡后。殡前有长期准备,以及临殡准备,长期准备包括选择木材做棺材和选择坟地。临殡准备有找"大支",就是能够主持葬礼的司仪;通知家人和亲属;准备寿衣、孝服、哀棍、摆灵堂的用具;找人吹喇叭,即丧事礼仪用唢呐班奏乐,等等。殡时也分为两个部分,一个部分就是老人去世之后但是还没有送殡的礼仪,具体内容是哭亲与换衣,村中老人去世时,无论白天还是晚上,老人的儿孙,特别是女性晚辈当时要大哭亲人,同时,开始更换衣服,儿子要披麻衣,腰系麻绳,戴孝帽,手执哀棍,儿媳披发,顶褡头,束腰绳等;报丧,家人要立即把老人逝世的消息告诉亲友和村人;火化;以及守灵,即老人从去世到火化,一直到送殡之前,都需要守灵,等等。另一部分就是送殡的当日礼仪,包括早晨孝子迎亲,一般亲人和邻居早晨直接过来悼念老人,在灵棚磕头烧

---

① 参见卢国龙《礼失而求诸野义疏》,载《世界宗教研究》2009 年第 1 期。

纸，但是一些至亲早晨过来，必须孝子去村口迎接；中午白事宴，主要是招待前来致哀亲友和黄昏下葬等。殡后要戴孝布，老人去世后，儿孙就要在胳膊上戴黑孝布；"烧七"与"百天"，老人去世后，老人的子女每隔七天就要去烧一次纸，一共烧七次，共四十九天。老人去世后的第一百天，老人的子女要回家祭祀，称为"百天"；对联，老人去世后的第一年，子女家春联必须是白纸，第二年为紫黑纸，第三年为黄纸；第四年才能是红纸。和老人属于本家、近房的邻居，第一年是紫黑纸，第二年为黄纸，第三年才能是红纸，等等。通过考查，可以看出今天民间儒教的存在并不是传统原本意义上的儒教"活体"，而是加入了新时期的内容，进行了时代的损益，作者指出这种改变是儒教一以贯之的精神，并且承认了时代损益的合理性，进而提出重建儒教的一些策略和建议，以为在今天重建儒教的过程中，完善诸如丧葬礼仪等儒教制度的时候就要本着礼乐制度的内在精神和内在机制入手，既要满足需求也要体现精神。而"野"的庙会在儒家理性传统基础上糅合非理性主义的成分，补充完善了信仰的层面，这就要求重建儒教时要以宽容的心态整合接纳诸如佛道的因素，以务实的态度积极完善和满足此方面的需求等等。

另外在2011年底在北京大学举办的第四届南北五校哲学博士论坛上，曾顺岗博士宣读的《宗教信仰与文化认同》一文，着重以贵州安顺屯堡"汪公信仰"为研究对象，认为屯堡文化主体的"汪公信仰"糅合了儒、释、道等宗教信仰，是以民间宗教为表象，以"公民宗教"为存在方式，以儒教信仰为核心的宗教信仰模式，也是以"礼失求诸野"为其逻辑的出发点。王光松教授以一座建于民国晚期的潮汕吴氏民居为例（王光松：《论民国晚期南方乡村社会中的儒教伦理传播——以吴氏民居为例》，《广东第二师范学院学报》2012年4月），窥探了儒教伦理在南方乡村社会中的传播与存续情况。他认为即便在废除科举制的情况下，南方乡村社会中仍然有比较有力的传播儒教伦理的行为，此种传播行为的深层动因系来自家族组织和家族制度的存在，这是儒教伦理在乡村社会中的最后的栖身之所。台湾元智大学中国语文学系钟云莺先生藉清末民初民间儒教的典籍，探讨民间儒教的修行观，认为"修身"是儒者共同的信念，其所代表的意义是内外合一、身心一如的展现，因此对儒者而言，内在的修德与外在的礼仪规范同等重要，而"修身"的信念，不仅只于个人的修养，更重要的乃将此一观念推广至天下国家，此一理念，深深影响着民间儒教的修行观。为了将儒家之"修身"理念以更具体，且让老百姓容易了解与实践，民间儒教发展一套具体可行的修行观。在儒家"修身"的影响下，民间儒教的修行观包含修心、修炼、修道三个层次，这三大层次没有绝对的先后，但修心是最基础，修道为最终目标，修炼则是对修行人之身体的转化，最后形成一不可断裂的整体（钟云莺：《修心、修炼、修道：清末民初民间儒教的修行观》，《世界宗教研究》2011年第1期）。虽然这两篇文章均是以清末民初为背景而作的考查，但其所关照的对象都是民间以及乡村的儒家伦理和儒教修炼，自不失为于儒教"野"层面的一种补充,亦为当今儒教的发展做一参照。此外,还有首都师范大学的张拥国同学的硕士论文《儒教在民间存在形式略析》,通过对湖北省秭归县十王仪式研究得出儒教搭载在佛教和道教之上:佛道其形,儒教其魂等。

此外,接着前几年儒教是否是宗教的争论之深入以及复兴、重建的话头,2011—2012年学界对此进行了更加广泛与深入的研究。黄进兴先生蹊径独辟,不基于文本,而是从比较人类学的方法进行研究,他认为学者从宗教定义和经典出发,无论是赞成儒教是宗教者,还是反对者都能在浩如烟海的经典中找出自己的论据,容易造成各是其所是,各非其所非,很难达成共识。不妨换个角度,从神圣空间着手,在他看来,每一个宗教都有一个神圣空间,而孔庙就是一个神圣空间。基于此,他认为儒教在传统中是不折不扣的国家宗教,而且是一个公共宗教。公共宗教的意义在于它不牵涉信众私自的祈求,只回应国家的国泰民安集体的需要,所以,它跟近代从外面进来的私人宗教不一样,私人宗教很个人的祸福则息息相关(黄进兴:《孔庙研究表明儒教是宗教》,2012年8月22日《中华读书报》)。

而南开大学历史学院的李宪堂和上海大学的任文启则是从儒家对自己身体的重视、或言身体观出发论证了儒教是一种宗教和其宗教性。前者在《由成身到成人:论儒家身体观的宗教性》一文中表明对于儒家来说,身体不是一种私人性的生理肌体,它是一种关系中的功能性存在,也就是说,它既是展示真理的感性符号,又是示敬作则的礼仪之具;既是交通人人的媒介,又是承续族类之永恒的结点。作者认为通过对身体的敬持与统筹,儒家将他们作为道德个体的当下生存系连于宗族的延续、天道的永恒。在经由"以身体之"的"学"与"习"而自我敞开、自我装饰的过程中,他们不仅把身体当作了"自我成就"的工具,而且作为了"神道设教"的圣器,作为了向天道献祭的牺牲(李宪堂:《由成身到成人:论儒家身体观的宗教性》,《人文杂志》2011年第3期)。后者则从现象学的角度进行审视,指出儒教的超越性就体现在有限的身体在时间中的展开以达到无限的过程中。作者以儒家经典文本《论语》中对于身体的论述作为凭据,以现象学的方法予以考察,得出不论如何进行"想象力的自由变更",总可以直观到"身体"这一前后一贯的现象,所有的神圣性都具有围绕身体建构的特征,依此特征可以观照到整个中国文化,小到日常生活中的面子问题的观照,中到对一个人的最大侮辱是挖祖坟和鞭尸等行为,大到民族动员中避免"亡国灭种"的口号等。作者强调传统中国人不需要彼岸世界,所有问题都在此岸获得了特殊的解决。作为一种在世的宗教,并结合无限是有限在时间中展开的基本事实,就可以理解儒教本身作为一种身体中的宗教的独特性,也能够理解以儒教为核心的中国文化身体性的特征。即只有通过有限的身体在时间中的无限展开,才能达到对于永恒的体验和追求(任文启:《儒教:作为一种身体中的宗教——一个现象学的视角》,《宗教学研究》2011年第4期)。

作为大陆新儒家的代表人物首都师范大学的陈明先生早年提出了儒教公民宗教说，但是儒教作为一种宗教的存在是其获得公民宗教地位、发挥公民宗教功能的物质基础和逻辑前提。如果儒教在本身上不是作为一个宗教的话，那么以其为依托的公民宗教就像空中楼阁一样。因此他综合伊利亚德和涂尔干的宗教论述、宗教与政治、宗教与王权的关系以及作为基督教前身的犹太教的发展脉络，论证了犹太教是犹太民族特殊历史经验产物的结论，以此作为基础来讨论儒教的神灵、组织及发展诸问题，得出了儒教本身在中国历史发展的长河中一直就是一个宗教存在（陈明：《儒教：作为一个宗教》，《哲学分析》2012年第4期）。

至于重建与复兴的话题，北京青年政治学院的温厉先生认为儒教是有两千多年历史延的传统宗教，重建儒教，须回归于历史。因此他回溯历史，归结儒教之形态有三：国家宗教，民间宗教，士人宗教。士人宗教为儒教精神价值的核心所在，国家宗教与民间宗教——特别是前者，则为儒教"体"之所托，组织形式之所在。儒教重建之关键，则在于儒教士人自我养成机制的建立，在古代社会，当君主权力对于儒教士人之精神价值打压越来越强烈之时，士人已开始考虑独立于政治制度的儒教建制。但是儒教之独立建制不可能走向政教之完全剥离。儒教独立建制，或儒教士人阶层自我养成机制成熟后，同样不能无视于现实政治秩序的安顿。以儒教的神圣世界在此岸，它所关注的是我们生活的世界（天壤之间、天人之际）的价值安顿，藉参赞化育而达到万物各得其所的秩序安排。其关键，首先在于政治秩序的安顿。脱离开这一点，所重建者，或非儒教。最后他认为在今日世界之儒教重建，必然走向多元化（温厉：《回溯历史，重建儒教》，《儒家邮报》第160期）。

中国人民大学孔子研究院的彭永捷先生认为儒教就是儒教，对儒教的认知，不能削足适履地去适应依据欧洲宗教文化经验建立起来的宗教学理论体系，与之相反，宗教学理论必须调整，建立起与儒教存在的事实相适应的宗教学理论体系。他在文章中论述了儒学、儒术和儒教三者的关系，其中儒术是儒学落实于社会的方式，儒教是儒学落实于人心的方式。离开了儒学落实于社会的儒术，离开了儒学落实于人心的儒教，儒学成了毫无着落的学问，四处飘荡的游魂。在儒家文化早已与权力脱钩的今天，可以从儒学对政治的理解以及由此产生的制度安排中发掘出建构当代政治生活的重要资源，至于收拾人心，安身立命，应对死生，凡个人精神生活之种种，皆可由儒教来落实于信众，可作为个人解决宗教信仰问题的一个选择。他还强调了儒学作为儒术与儒教的义理核心，是对儒术与儒教实践的理论思考和学术研究。如果脱离了儒术与儒教，儒学只是探索客观知识的一种学术研究，或者只是几个学者之间的自娱自乐。那么当代的儒教在教育普及的社会条件下，儒教应该像明代阳明后学开展的那样，不再局限于知识分子群体，而是深入贩夫走卒。"儒者自有名教可乐"，每一个信仰儒教的人都是儒者，每一个儒者都可以从儒教中获得安身立命的帮助（彭永捷：《认识儒教》，《社会科学》2011 年第 11 期）。

中国人民大学哲学院的干春松教授在《宗教、国家与公民宗教：民族国家建构过程中的孔教设想与孔教会实践》（《哲学分析》2012 年 4 月）一文中以清朝末年康有为的孔教化运动为论述的核心，以期能够从康有为的案例和教训中受到启发来构想儒教的未来形态，而不牵连以教会组织方式和权力参与的方式。他详尽论述了孔教事件的始末和康有为的孔教设想，他发现，康有为对于"宗教"、"国教"都有自己独特的理解。对于宗教，康有为是从"教化"的意义将儒家定义为宗教，从而强调儒家的为善去恶的功能。对于"国教"，康有为是从保存中国的文化和风俗的角度来理解的，着重于塑造国民的国家意识以增强凝聚力。尤其是后者，干春松先生认为从这个意义上看，康有为的国教论说更接近于贝拉所提出的"公民宗教"。以此，他提出自己的策略，即将儒教设计成一种公民宗教的路径：就是在礼仪资源十分缺乏的当下中国，通过仪式和礼仪的重建来重构中国人的道德意识和神圣性维度。在其看来，市场经济的条件下，因为没有神圣性价值的制约，人们难以建立起一种价值支点，以致道德堕落、廉耻无感。这样，中国社会的持续发展能力饱受质疑。因此，重建礼仪生活是凝聚国民价值的重要方式。在这方面，儒家的资源最为丰富，因此也可以看做是儒家逐渐在中国社会生活中复活并重塑中国人生活样态的重要手段。如果把儒家的宗教性维度定位于公民宗教的设计，就可以在很大程度上回应中国国家文化符号缺失的现状。通过一些超越具体宗教的符号而强化文化认同和国家认同意味，公民宗教可以充分利用传统儒家在公共礼仪和日常礼仪建设方面的文化积累，这样就可以超越宗教信仰自由和国家意识的统一性之间的紧张。

如果说干春松先生是从正面价值上对康有为的孔教设想进行肯定并适时拣择的话，那么中国社会科学院世界宗教所儒教室的赵法生先生则是对康有为的孔教国家化运动进行了负面的剖析，予之时下儒教重建的策略提醒。赵先生认为孔教会所以要立孔教为国教，其参照系乃是中国数千年来的政教制度，尤其是汉武帝罢黜百家、独尊儒术以后的政教合一模式，但是这种国教的定位将孔教置于与宪法理念相冲突的地位，也就是等于否定了民国宪法中信仰自由的根本精神；另外，在康有为筹划国教的过程中走向了政治路径，试图借助于政治力量实现国教化。而放弃了社会化道路，也就等于置社会大众、民间力量于不顾；而且国教提法本身将其他各派宗教置于对立面，进而引发了基督教、佛教、道教、伊斯兰教等全国性的抗议活动等。有鉴于此，他警示道，今天的新的儒教国教说对于儒家义理全无发明，提倡者不探究儒家政治思想与宪政民主之间的内在相关性，不体会现代新儒家决意要从内圣中开出新外王的苦心，对康有为最先引进的自由民主等现代政治价值更是显示出毫无理性的排斥态度，其根本取向在于重新将儒学意识形态化，重蹈政教合一的老路子，这种做法是不足取、不可取的（赵法生：《国教化是儒教发展的死路——康有为国教运动的历史教训》,《文化纵横》2012 年第 1 期)。

总的看起来,2011—2012 年间儒教活动不断,儒教研究成果丰硕,其范围和深度都有一定程度的推进。将这些研究的成果进行分门别类的话,大致可以归为以下几个类型,首先是旧曲新唱,即将儒教最初的话题,诸如是非之辨,以及早期学者提出的儒教复兴、抑或重建的论述再次进行呈现。如由任重主编的《儒生(第一卷):当代大陆新儒家论评》(中国社会科学出版社 2011 年版)。辑录了近几年中国内地儒家的学术研究论文、思想文化评论以及社会活动方面的信息,对大陆儒家学者,儒学、儒教研究者的思想做了一个整体回顾,例如甲编中陈明先生的《大陆新儒学略说:蒋庆、陈明、康晓光之分析与比较》、陈弘毅先生的《政治儒学与中国民主——论蒋庆、康晓光与徐复观的政治儒学》以及唐文明教授的《对儒家制度化的几种主张的理解与评论》。乙编中蒋庆先生的《儒教中国的道路——康晓光〈仁政〉书评》和王心竹教授的《儒家传统中的启蒙精神在当代》等。

彭永捷、方国根主编的《中国儒教发展报告 2001—2010》(河北大学出版社 2011 年版)对 21 世纪初前十年的儒教状况,以《中国儒教发展报告(2001—2010)》的方式,予以了系统的总结。与此呼应的则是中国人民大学的董琳利博士的《儒教建设十年扫描:理论方案、组织实践与未来趋势》(《社会科学》2011 年第 12 期)一文,该文对近十年来的儒教建设进行了扫描,包括康晓光的儒教复兴说、蒋庆的儒教重建说、张祥龙的儒家文化保护区说、陈明的公民宗教说、彭永捷的体制化儒教说的五种方案;以及由蒋庆的弟子周北辰主持的深圳"孔圣堂",在互联网上设立以儒教为信仰,以传播和交流儒教信息为宗旨,开展网络儒教活动的电子网络社区等儒教组织的设立;和儒教学者理论的共识,承认儒教建设是一个实践问题,需要一批真诚信仰儒教的实践家、儒教组织积极开展儒教的建设活动,代表儒教争取合法权益。大致涵盖了儒教建设的理论方案、组织实践与未来趋势的展望等。

华东师范大学出版社 2012 年 4 月出版的《儒家宪政与中国未来》一书中主编范瑞平先生选文三部十五篇,三部所题分别是"政治儒学复兴的正当性"、"可行性与可取性"、"走向未来",如作者所言直指儒学的当下与未来,可欲与可行。既有当代大陆儒家的黄钟大吕之音,亦有港台新儒家绵延之嫡绪,间有西来贤者对儒家的同情之理解,抑或来自自由主义阵营的儒家式建构。在政治儒学复兴的正当性问题中有蒋庆先生的《儒学在当今中国有什么用?》、王绍光先生的《"王道政治"是个好东西?》,可行性与可取性问题中有白彤东先生的《新邦旧命》、韩星教授的《三才之道与王道政治》等。2012 年 10 月,"儒生文丛"第一辑由中国政法大学出版社出版,分为《儒家回归》、《儒教重建》、《儒学复兴》三册,记录了改革开放 30 年来中国儒家思想重新复兴的道路,汇集了当代众多儒家学者论文以及中国大陆儒家近年来的思想探索及社会活动成果。

除了文章辑录和文献集成之外,还有一些专著性者的成果,如唐文明先生著的《敷教在宽:康有为孔教思想申论》(中国人民大学出版社2012年版)。该书第一次全面、细致地梳理了康有为不同时期的孔教思想,阐明了康有为提出孔教建制主张的理学基础和经学基础,揭示了康有为孔教思想背后的庶民关切和国家关切。以康有为的孔教思想作为阐释对象,作者意在指出,现代以来,制度匮乏是阻碍儒学复兴的一个巨大瓶颈,而现代中国的国家建构也仍然离不开儒教的参与,希望能够认真对待康有为的孔教思想,从中汲取经验教训为今天之用。柯小刚先生新著《古典文教的现代新命》(上海人民出版社2012年版),则从儒家立场出发,力图走出西方中心论的藩篱,打破"左右派"的对立,恢复儒家古典文教在现代政治文化生活中的生命活力。以及上文已经提到的一些文章,诸如彭永捷先生的《认识儒教》,温厉先生的《回溯历史,重建儒教》,唐文明先生的《儒教、宪政与中国:一个初步的思考》等等。

其次是新知卓见,即在原来儒教研究的话头基础上进一步进行的推进和深入,或言发展。如蒋庆先生《再论政治儒学》的出版,该书是其《政治儒学》续篇,推出了三大构想:虚君共和制,太学监国制,议会三院制。延续了《政治儒学》从儒家王道政治、儒家宪政制度以及儒家宪政制度安排三个方面谈政治儒学之理想的架构,但亦有一定的损益和开拓,比如仿宋人太极图说推衍王道图说,以天地人三才之立体统摄说最终确立王道政治的形上基础;发"太学监国制"及"虚君共和制"新说,最终确立其儒教宪政制度平衡结构等。这些可以视之为蒋庆对自己政治儒学和儒教建设理论的深化。与此相呼应的则是12月份西南科技大学的齐义虎先生发表的《中华(儒家)共和宪政方案》,此是继蒋庆先生提出上述儒家宪政主张之后,大陆儒者提出的儒家宪政第二套具体制度设计方案(《儒家邮报》第193期)。

以及陈明先生对自己儒教公民宗教说的推进,不单只是论述儒教"公民宗教"意义的层面,亦不仅只是赋予公民宗教之于现实政治合法性的意涵,他开始分别从"作为一个宗教的儒教"和"作为公民宗教的儒教"两个层面思考儒教的重建问题,希冀前者通过加强其关于个体生命、生死灵魂的论述,能在民间社会发展茁壮。以此为基础,希望儒教能够具有跨越、超越多元族群的"国族整合"或"国家整合"的功能,从而取得公民宗教的地位。并且在他的论述中这种公民宗教的功能有两点:第一,要给政治确立一个价值的基础,就是说在给政治一种合法性的同时,给它确立一个约束的标准。第二个功能是在社会层面、在国家生活的层面,提供一种思想文化认同的整合基础,以凝聚或塑造中华民族意识(陈宜中:《公民儒教的进路:陈明先生访谈录》,《思想》,台湾联经出版事业公司2012年版)。与建构中华民族意识相注脚的则是其主编的《原道》第十七辑"中华民族专题"的出版(首都师范大学出版社2012年版),该书主要以"中华民族意识塑造"和"现代国家形态建构"为核心概括了中国现代性的问题，以期为当代政治和文化问题的解决提供某种方案和建议。以及上文已经述及的干春松教授的《宗教、国家与公民宗教：民族国家建构过程中的孔教设想与孔教会实践》等文。

再有就是新视野的开拓，由中国社会科学院世界宗教所儒教室卢国龙先生主持的中国社会科学院的 A 类重大课题的——宗教在文化战略中的地位和作用的结项代表了儒教研究的另一天地。作者认为以什么样的文化资源参与互信世界的建构，实际上也就是自问我们拥有什么样的主体文化，既陶铸我们的人格国格，奠定我们的价值观念和行为准则，也可以代表我们的主体意识，作为我们参与世界文明建设的主体象征，作为接受观察和理解的整体性稳定性因素。而较之于西方基督教有基督教的文化主体意识，伊斯兰有伊斯兰的文化主体意识时，当代中国却为此陷入极大的困扰。百余年来救亡图存的紧迫感和尝试，显见论证了这种丧失文化主体意识的困扰。所以作者认为文化可能引进，文化主体意识不可能引进；文化可以创新，文化主体意识只能维新。所以，除了整合传统与现代以重建文化主体意识之外，我们别无选择。如果将宗教理解为陶铸民族心理、从观念上支持相应的伦理体系以维系社会的文化形态的话，在中国传统社会和传统文化里只有儒教堪当其任，毋庸置疑，中国传统社会的文化主体意识，主要是由儒教体现出来的，此即所谓"道统"。用中国传统文化维护中国传统社会的生活方式，其适应性和有效性是无需证明的。但进入近代尤其是现代以后，首先是我们的生活在面对一个全新的世界时出现了问题，然后就发现传统文化是问题的根源，将传统文化当做现实中一切不合理现象的替罪羊，就使我们走上了一条文化的不归路，其直接后果，是将传统与现代看做完全对立的两种文化形态，甚至不能对二者进行抽象的理论整合，所谓文化主体意识，因此无从建立。以此作者指出要整合传统与现代以重建文化主体意识，就有必要调整我们理解传统文化尤其是儒教的思路，并且在重新理解的基础上给予传统文化尤其是儒教以文化战略定位。

作者认为尽管各种宗教派别林立，但是有其共性，其共性就在于各自具有其社会性，而具体的社会作为一个生活共同体，都具有自身的主体特性。中国社会的主体特性在于礼乐文明。此所谓礼乐，绝不是某个有关礼仪节文的僵化模式，而是自三代以来中国之能够发展为中国的文明精神和秩序意识，这样一种文明精神和秩序意识，本质上是开放的，是顺应历史不断发展的，儒教为此之代表。自然，当今塑造或重建文化主体意识当以此为主干。儒教是中国社会思想文化之基础，是维系中国文化共同体的大纲，对中国社会发挥了规范伦理、建构文化认同的实际作用。以此，卢先生援用《礼记》的说法，提出"乐统同"，即是在承认社会多元化和差异的基础上，构筑和谐的社会共同体；"礼辨异"，即要以"礼"亦即文明规范，而非以威权强力作为构筑社会秩序的依据。其意在于以儒教作为建构社会共同体的基础。

下面是对2011—2012年度有关儒教研究的部分论文进行了简要的综述（大致以时间排序，前文已经详细述及的文章笔者不再赘述），以供方家参考。

刘歆立教授《孝精神及其价值的理性观照与解析》[①]一文认为，以"尊亲"、"奉养"为核心内容的孝精神长期为国人提供了安身立命的价值理念与道德规范，具有符合人们社会生活需要的理性特征与多方面的价值功能。具体表现为：孝精神包含着朴素实用的共赢理念与对亲子双方来说具有互益性；是一种合理偏倚的家庭伦理精神，有利于亲子关系的稳定相处与家庭家族的长远发展；既顺应了人的天性要求又虑及了具体实行的现实条件性；凝结了传统社会中的人们平衡复杂变动的亲子关系的圆融智慧；是一种契合于传统社会的公共精神，长期发挥了维系个人、家庭与社会团结的精神纽带作用。

白欲晓教授《"儒教"：中国现代思想中的观念谱系》[②]梳理了中国现代思想中"儒教"观念，时间跨度起于辛亥革命前后而终于20世纪80年代，包括清末民初，改良派之康有为等倡儒教为"国教"，国粹派的章太炎、刘师培以"儒学"定义"儒教"，任继愈先生的"儒教宗教说"，以及被现代新儒家处理成了的"哲学的儒学（教）"、"人文教"或"道德宗教"等，意在说明百年来思想界关于"儒教"的思考与探求，常常是某种时代观念和实践信念的折射，而把握这些折射所形成的观念谱系，对于当下的"儒教"言说有着借鉴意义。

张志强先生《传统与当代中国——近十年来中国大陆传统复兴现象的社会文化脉络分析》一文[③]认为，进入21世纪的近十年来，中国大陆逐渐兴起一股草根性和民间性的传统复兴热潮。究竟该如何理解这波传统复兴热潮的社会文化脉络及其所蕴涵的时代问题？是否可能透过这波所谓的传统复兴热潮来进一步把捉当代精神文化的走向？他拟从当代虚无主义发生的脉络出发，尝试将传统复兴现象理解为一种时代的症候性反应，其所对治的时代问题是在经历了革命与发展后如何重建当代中国人的日常生活与基层生活共同体，如何重建一种可能贯通古今且面向未来的社会体制。通过对当代几种关于传统的理解的论辩，作者强调了从中国现代问题出发理解传统问题的重要性，并尝试在儒教与儒学之间进行辩证的区分，探索儒学传统是否仍然可能作为一种批判导引的力量继续发挥其引领中国历史的作用，以重建一种适应新的历史条件的社会体制。

刘伟先生在《制度儒学中的孝治论》[④]中认为，儒家并不否认人是政治的动物，因为作为群体生活的人类必须在礼制中完善自己的社会属性，政治不过是伦理道德在公共领域中的延伸与展开。作者指出在儒家的理论视野中，最佳的政治形态是德政。儒家要

---

① 《孝感学院学报》2011年第1期。
② 《福建论坛》（人文社会科学版）2011年第3期。
③ 《开放时代》2011年第3期。
④ 《杭州师范大学学报》2011年第3期。

求从政者能够"为政以德",用道德伦理约束权力运作,避免将政治引入单纯的刑罚与管束的误区。由此产生了制度儒学。孝治肇始于儒家思想中的孝道,是孝道在政治生活中的制度化结果。孝治思想在制度儒学中占据着重要位置。作者理解的孝治思想是建立在一切社会成员具有的道德平等性的基础上,认为觉悟与良知对于所有人来说都是机会均等的,除非心智不全或自甘堕落,将孝道转化为治理国家的规则。从先知先觉的角度来看,教化民众的目的在于促使人们完善自己的德业。就普通民众而言,自觉摆脱蒙昧状态,寻求德性与技艺方面的进步。孝治思想开端于孝道,将家庭伦理扩充为修齐治平的手段,为维护传统社会的稳定发挥了举足轻重的作用。

张清江的《滞后的反弹——试论清末民初儒教之争的文化意义》[1]则通过清末民初儒教之争的主要人物康有为和陈焕章的观点进行分析,并与利玛窦时期的儒教之争进行对比,意在凸显第二次儒教之争的历史发展和文化意义。他认为,儒教问题的争论在西方话语背景中展开,因而没有西方文化的因素便不存在这样的争论,中国几千年间儒、释、道三教并存,没有谁去问过儒教是不是宗教。只有在"宗教"的概念含糊不清的时候,才需要解释儒家是不是宗教,而解释行为本身是一种创造行为。从利玛窦时期到康有为陈焕章时期,中国已经在技术上远远落后于西方,面对西方文明的入侵,儒教再也无法像利玛窦时代那样对基督教做出强力的动作以维护儒家传统的尊严,而不得不在话语上表现出"古已有之"的态度来维护仅有的自信,并试图在文化中存续儒教的慧命。然而,正是这种不得已,使得中国人开始在学理上认真对待那位最著名的耶稣会士所带来的问题。

谢宇、董慕达《天地之间:东汉官员的双重责任》[2]一文认为,自秦朝至清朝,朝廷任命的地方官员仅对其上级负有义务,而且代表地方利益。这样的结构性特征被称为"双重责任"。对上负责可以在韦伯的官僚科层框架中得到理解,但无法解释官员对地方利益的维护。他拟通过研究东汉时期地方官员的双重责任,分析官员如何维护地方利益。基于对东汉时期政府结构、政治思想和晋升制度的考查,作者提出了三种解释:实际需求、儒家意识形态和声誉机制。

王元林教授《明清国家礼制中的四海祭祀》[3]一文认为,东西南北四海,不仅是国家礼制中属于中祀岳镇海渎的一类,而且是国家权力在疆域中的象征。国家郊祀和地方专庙祭祀的目的在于利用四海神的阴佑功能,保障国家大事的顺利和社稷的安定,并拱卫政权的长治久安。祭祀四海的表象是为国家大事、社稷安定的需要,象征着国家皇权在疆域上的表现,其实质却是儒教思想的体现,是国家正祀在地方上的集中展现。

---

[1]《中山大学研究生学刊》(社会科学版) 2011 年 3 月 15 日。
[2]《社会》2011 年第 4 期。
[3]《史海钩沉》2011 年第 4 期。

赵法生先生《内圣外王之道的重构与儒家的现代转型》[①] 一文认为，儒家的现代转型的关键在于重塑内圣外王之道，这意味着要重新安排儒家与学、政、教三者的关系。在这一思路下，传统儒家的三大构成部分均将发生深刻的变革，士大夫儒学将分解为儒家哲学和儒家经学以与现代学术体制相适应；制度儒学将转变为现代民主制度思想以实现儒家所梦寐以求的民本理想；教化儒学将代之以建制化儒教以承担传播儒教道统和安身立命之功效。内圣外王之道的重构也意味着儒家体用关系的重新组合，建制化儒教将成为儒家的内圣之体，其功能在于安顿国人的终极关怀；现代民主制度将作为外王之体，解决儒家探索了二千多年的政道与治道问题。通过体用关系的重构将儒家道统与现代民主制度有机融合在一起，也使得古老的儒家在公民社会中获得新生。

郭齐勇教授在《儒家修身成德之教与当代社会的公德建设》[②] 中强调，儒家在人与己关系之自立自律、自强不息、个体人格尊严与道德价值观方面，在人与人关系之宽容、尊重与和谐人际关系、乐于助人方面，在人与社会关系之关心弱势群体与公益事业、有道德勇气、批评精神与尽职尽责于公共事务方面，在人与国家关系之尊重制度规范、民族文化与国家认同、忠诚廉洁方面，在人与世界关系之和平主义、修文德以来之及文明与宗教对话方面，在人与生态环境关系之尊重生命、仁民爱物、厚德载物、天地万物一体方面等，都有丰富的文化精神资源可以发掘、调动、转化出来，用于当世。

韩国的崔英辰教授在《后现代文明与儒教的宗教性》[③] 一文中指出，"儒教是不是宗教"这种提法是参照西方现代社会神学定义的结果，但人类历史已经从前近代社会发展至近代社会，现在也正处于"从近代向脱近代"的历史转换期。所以必须修正被视为普遍价值的近代西方科学技术文明观以及在此基础上建立的机械论式的自然观和科学的合理性。宗教神学学者所讨论的"神观的脱西方化"、"神学的脱西方化"等问题便是此问题的一个表露和象征。他们的诸多尝试可以概括为"宗教多元主义"和"宗教观的脱西方化"。以这种认识转换为基础，我们就会开启讨论儒教宗教性的一个新局面，其中代表性的例子便是对"超越性"的认识变化。

叶舒宪先生在《儒家神话论》[④] 一文中论述道，传统的文学本位观的神话研究和理性思维视野下，儒家似与神话无关。面对当今世界性儒学热潮，如何重新从儒家思想内部概念体系中发掘其文化价值和力量源泉以为回应，就成为一个新的命题。他认为在儒学话语体系中，虽然没有和西方"神话"一词完全相对应的概念，但却有着与 myth 意义相通的"神"、"圣"及无数的圣言、圣话和数千年的圣物所见证的"神话"。他从神

---

[①] 《开放时代》2011 年第 6 期。
[②] 《光明日报》2011 年 7 月 26 日。
[③] 《文史哲》2011 年第 6 期。
[④] 《社会科学战线》2011 年第 9 期。

话概念的反思入手，立足神话意象和神话历史语境，探究信仰支配下的神圣叙事，在提示更新现代中国学术神话观的基础上，借鉴荀子"解蔽"精神和福柯"人文科学考古学"的求真思路，以及几千年来的宗庙礼乐实践的现实语境，重审儒学与儒教之争，提出"儒家神话"的当代课题，利用具有文化基因和原型编码意义的"神话"这一可以直接上溯到文明源头的超学科概念工具，介入中华文明探源和经学系统，论证儒家话语体系中的"圣"、"德"、"天命"、"礼仪"等核心概念的宗教学、神话学背景，从神话与仪式的对应关联重新考察儒家思想的"礼乐"之根，超越儒道对峙的两千五百年小传统，发掘儒家神话背后更加深远的华夏大传统与复数的"古史"线索。他认为"儒家神话"可从以下六个层面进行探源研究：以凤、麟、玉等圣物为代表的儒家神话意象系统；以圣人崇拜为基础的"尧舜禹汤文武"圣王谱系的儒家神话历史观；以天命、德、心、仁、义等为核心的儒家神话哲学关键词；以礼乐、孔庙祀典为核心的儒家神话仪式及其神圣空间；儒家经典编纂结构、程序性语词、仪式性盟誓等的神话编码；儒家思想发生期的神话信仰语境等。

严寿澂先生在《对中国历史文化的几点思考》[①]一文指出，百余年来，因意识形态与政治宣传之故，对中国历史文化的了解与诠释问题颇多。举其荦荦大者有五：一是奴隶社会与封建社会之说，与历史实情显然不符。二是所谓大规模农民起义，历史上可说绝无其事。三是对人治与法治不可绝对两分，传统中国绝非纯粹人治而无法治。四是以鸦片战争为界，将中国历史划分为古代与近代，实不足为训。中国近代化究竟始于何时，大可进一步探讨。五是传统中国闭关自守、排斥市场经济之说，经不起历史事实的检验。对这几方面他做了详细的探讨，以期对中国的历史与文化有较为全面的把握。

任锋先生《期待开放的宪制会话：国族崛起下的儒学与自由主义》[②]一文认为，20世纪90年代以来，中国思想界最具启示价值与实践意义的发展路向当属儒学与自由主义之间的对话论辩。杜维明先生集中开启了对儒家与自由主义之关系的探讨，在文明价值与制度领域提倡直面二者对话中的丰富问题性。蒋庆和陈明对此的处理则显示出二者差异颇深的新儒立场，前者在现代性情势下缺乏实际建制依托的保守主义困境值得同情地了解与批评，而后者的论述初步呈现出一套围绕现代国族建设展开的儒家式纲领表述、制度承诺与价值共聚。另外，盛洪和秋风从自由主义谱系向儒家传统开放的思考轨迹值得注重，在理论创新与实践愿景上有着更为积极的导向价值。他认为上述诸人从春秋公羊学、文化理论、制度经济学和普通法宪政主义等不同的初始路径共同把握到了时代变迁的核心使命，即后革命时代的国族崛起与宪制构设。

---

① 《鹅湖》2011年第10期。
② 《开放时代》2011年第11期。

白欲晓教授通过《周公的宗教信仰与政教实践发微》[①] 一文揭橥周公的信仰形态与政教实践具有多重面向。在周公这里，无论是"上帝—天"的信仰，还是"制礼作乐"的制度与文化创设，除了可见的理性化和伦理化的转向外，仍然洋溢着崇"神道"的信仰色彩。其摄政与还政的政治选择，训政与辅政的政治努力，对宗法制的提倡及封邦建国的文治武功，虽贯穿着兴"德教"的理想，但仍与崇"神道"的宗教信仰相配合。周公之信仰与政教实践，就其规模和笼罩性而言，适成为后世儒教之遥远的雏形。

王泉根先生在《中国乡贤文化研究的当代形态与上虞经验》[②] 中认为，乡贤文化是中国文化研究的独特领域，与地域文化、方志文化、姓氏文化、名人文化、旅游文化等有着密切联系，但又有自己的特殊研究内涵与价值。他以浙江省上虞市的乡贤文化研究和社会推广经验作为论述的对象，指出新世纪乡贤文化研究在构建和谐社会、传承民族精神、激励年轻一代、实现文化强市（县）等方面，发挥着特殊的作用。

刘昆笛、刘伟两位作者在《儒家伦理现代转化的基本路径》[③] 一文中认为儒家主张积极入世，注重对自身的伦理道德进行反思与革新。近代以来，儒家遭遇了"二千年未有之大变局"，原先的伦理体系已经无法应对内外挑战，最终退出历史舞台。作为封建时代的"王官学"，儒学发挥着政治意识形态的作用，为儒家伦理提供强有力的支撑。当现代性逐渐迫使儒家正视理论层面与实践层面的挑战时，儒家伦理只有两种选择：要么成为历史的陈迹，彻底退出社会生活，要么适应现代性的要求，对自身进行全面的调适，进而获得新生。文章侧重于对后者进行考察，以"修己治人"作为切入点，深入探究儒家伦理现代转化的基本路径，希望能够为当前的综合创新提供有益的借鉴。

陈少明教授在《"四书"系统的论说结构》[④] 中分析从四书到"四书"系统的论说结构及其变迁。他从论说形式的表层形态入手，观察深层的思想文化经验。意在揭示：《论语》是古典伦理实践的言谈典范，是儒家伦理的原初形态；《孟子》包含传述、论辩与玄言三种不同的论说方式，发展出心性论的初步观点；而《大学》与《中庸》则是宣喻、传述相结合，两书均与心性修养相关，但前者重道德践履，后者重精神体验；朱熹的《四书章句集注》，以经典诠释的方式完成了整个系统的塑造，并赋予其深刻的理学性格。作者认为，这套论说所服务的原初观念主要属于伦理领域，随后的发展导向一种伦理学或者道德哲学的初步论辩，最后在对抗其他宗教价值体系的斗争中，编织成一套贯通天（宗教）人（伦理）的特殊论说系统。在结语中，作者提出理学在当代的发展可能面对的内在问题。

---

[①]《世界宗教研究》2011 年第 4 期。
[②]《中国文化研究》（季刊）2011 年第 4 期。
[③]《社会科学战线》2011 年第 12 期。
[④] 刘笑敢主编：《中国哲学与文化》第 9 辑。

张荣明教授《民间儒学与官方儒学》[①] 一文认为,传统儒学有两种形态,一种是在野的民间形态,另一种是在朝的官方形态,这两种形态的儒学既有共性也有差异。其共性是,重视人和人际关系,强调社会道德秩序;其差异性是,民间儒学主要存在于社会转型期,官方儒学存在于非转型期。他的目的在于弄清儒学的这两种不同形态,为认识当下儒学的地位和作用找寻借鉴意义,他的结论是儒学的主要功能是守成而非进取,因而它不可能承担起当前中华民族富国强兵、制度创新的使命;儒学具有调节人际关系、整肃道德秩序、凝聚民族精神的功能,而这同样是当前中华民族的需要。这种既排斥又需要的现实状况,意味着儒学在政治上不可能取得独尊地位进而成为官方意识形态,但能在道德文化层面发挥重要的积极作用。

许纪霖先生在《儒家宪政的现实与历史》[②] 中认为,在中国古代思想与制度之中,有丰富的政治智慧:道统与政统的双重权威、士大夫与君主共治天下、民间的清议传统、文官考试与御史制度等等,这些政治智慧与制度实践在相当大的程度上限制了皇权独霸天下,使得中国政治在若干朝代和历史时期之中保持了清明、理性与有序。他强调,如果说这些政治智慧表现为某种有别于欧洲的儒家宪政的话,那么也必须注意到,这种儒家宪政是残缺的礼治型宪政,具有自身不可克服的内在限制。儒家宪政是否可以落为现实,最终还是取决于三纲为核心的礼治秩序,依赖于圣君贤相的个人德性,无法从根本上落实宪政所应该解决的统治合法性、权力的有效限制和权力的有序更替问题。从这个意义上说,儒家宪政在现代社会之中不再具有独立的光复价值,但其中的政治智慧有可能通过与自由主义的审慎的嫁接,在现代民主宪政的基本架构之中实现创造性之转化。

张亚月在《民族伦理视野中的民间宗教及其功用》[③] 中指出,中华民族是一个多元一体的整体,文化在其形成过程中起到了关键作用。儒家文化为中华民族内部的族际伦理奠定了宽容开放的伦理基调,而民间宗教传统则在日常生活层面具体细微地雕琢共同的民族精神。承继先秦巫祝文化的遗存、糅合了儒释道三教精神、带有原始宗教色彩的民间宗教,对于中华各个少数民族的宗教信仰和生活俗常都有或多或少的影响,这增强了中华各民族间的精神联结,促进了民族混居地区各族生活习俗的趋同性,在一定程度上促进了文化认同与民族融合。但是民间宗教在当代社会中的现实处境,致使其文化功能部分丧失。

丁锐中先生《明末清初儒教与天主教的冲撞与调适——王徵的"纳妾"与"殉

---

[①] 《天津师范大学学报》(社会科学版) 2012 年第 1 期。
[②] 《开放时代》 2012 年第 1 期。
[③] 《华侨大学学报》(哲学社会科学版) 2012 年第 1 期。

明"》① 一文认为，明末清初，基督教开始了华夏大地的第三次传入。利玛窦儒服传教，开始了耶儒之间的接触、交流、碰撞、调和的过程。作为明代进士出身的陕西泾阳人王徵，也就在那个大变迁的年代，通过信仰的抉择，最终受洗入天主教。王徵入教，不光在信仰上虔诚行事，而且还积极翻译介绍西方科学著作，同时还创造性地调适儒教信条与天主教教义，完成《畏天爱人极论》的思想作品，值得进一步研究。文章旨在探讨明末清初儒教与天主教的对话与不断调适，及中西文化陌生中逐渐走近的艰苦历程。显然王徵的"纳妾"、"殉明"是违背天主教戒规的，而"纳妾"、"殉明"又是符合儒教信条的，通过对王徵的"纳妾"事件、"殉明"事件的重点分析，深度探讨王徵是如何完成自己的信仰逻辑的。

张亚群先生在《"孔虽旧教其意维新"——陈焕章的儒教观及其教育影响》② 中认为，陈焕章的儒教观，既受康有为思想和留美教育的影响，也是特定时代社会文化变革的产物。陈氏以西学方法，系统阐释儒家经济学说与宗教思想，将儒学改造为"孔教"；其思想内涵包括孔教的性质、地位、作用、传播方式与改良等问题。他"昌明孔教"，并非复古守旧，而是结合时代发展需要改良孔教。其儒教研究著作及办学活动，促进了国学人才培养和儒学文化的现代转型，对于中国对外文化教育交流产生了深远的历史影响。

庞滔先生《芬格莱特关于儒教之"礼"的孤独探寻》③ 以赫伯特·芬格莱特的《论语》文本分析作为个案，首先分析芬格莱特对礼的宗教性的强调，使"礼"作为社群关系统摄"仁"，成为孔子学说的中心，这个立场遭到新儒家及其他儒家研究者的激烈反对。其次，作者在文章中亦明确指出芬格莱特对于礼的神秘形式主义的哲学思绪。

黄佛君教授《古代国家都城祭祀体系与空间模式——以唐长安为例》④ 一文认为，祭祀是礼制的渊源，国家祭祀是社会礼制中最高礼仪层次，也是以礼为内核的儒教的载体，都城形成了国家祭祀体系中最为完善的地域空间，文章在建构儒教之所以成立的基础上，以唐代长安城为例，探讨了城市祭祀的等级、结构和地域空间体系，认为国家祭祀是古代都城的显性文化现象，是城市上层的精神空间的表达，是传统城市特有的一类精神文化。

王晓慧《浅谈宗教人类学视野下的儒教论》⑤ 指出，儒学是一种哲学思想体系还是宗教，从中国历史上的"礼仪之争"到20世纪80年代，国内外学者一直争论不休，没有定论；知识分子对该问题的争论自始至终都与中国社会政治变革缠绕在一起，尝试为

---

① 《兰州大学学报》（社会科学版）2012年1月。
② 《河北师范大学学报》（教育科学版）2012年1月。
③ 《广州社会主义学院学报》2012年第1期。
④ 《人文地理》2012年第1期。
⑤ 《贵州民族学院学报》（哲学社会科学版）2012年第2期。

国家话语服务，并寻找变通的可行性与依据；从宗教人类学的角度出发，借用罗伯特·贝拉的"公民宗教"学说，通过对皇帝"祭天"仪式的分析展现儒学元素和内涵在公民宗教层面上的重构与再阐释，作为公民宗教的儒教，有利于国家的政治稳定与公民的精神凝聚

韩国的陈晟秀和高英姬在《当代韩国儒教与释奠》[①]一文中考察了韩国儒教的宗教争论、儒教界的组织与活动。通过分析释典祭仪礼的由来及其种类、释奠佾舞的乐章歌词，以及对韩国儒教现状与演变过程进行考察，探讨了代表韩国儒教文化的成均馆仪礼文化。作者认为，韩国的儒教文化大致可分为两类：一类是具有一定形态的有形文化，例如成均馆的文庙、明伦堂、释奠、佾舞、地方乡校等建筑物或祭祀仪式；另一类是虽然没有一定形态，但保留在韩国人意识中的无形文化，例如礼仪精神、士精神以及祭祀文化等。

方朝晖教授在《从现代化到文明重建》[②]中指出，由于现代化范式的局限性，所以正确理解中华民族的伟大复兴，必须实现认识上的一个重要转轨，即从现代化范式到文明范式。而中华民族的文明重建的主要任务有四：第一是重铸中国文化的最高理想；第二是重新确立什么是中国文化的核心价值；第三是实现行业及社会的自治及理性化；第四是制度创新。

韩艳秋的《成德之教——牟宗三儒教思想论》[③]一文认为，对儒学蕴涵的宗教精神进行诠释和发扬，是现代新儒家应对时代要求以发展儒学的重要理论视阈。新儒家代表人物牟宗三深入开显儒学的宗教精神，正面阐扬为"即道德即宗教，道德宗教通而一之"的成德之教，并对此进行了系统的理论论证，更融会古今、中西，建构起作为哲学之极成与宗教之极成的圆善与圆教说。

刘国军先生《西方宗教文化与中国本土文化的冲突与选择——戊戌时期士大夫"保教"主张及中西宗教文化认同论析》[④]一文认为，19世纪末20世纪初年，中国出现了严重的文化危机，其主要体现就是西方宗教文化的大举进入，极大地动摇了儒教在中国的正统地位。围绕如何处理西方宗教文化与中国本土文化尤其是儒教的关系问题，戊戌变法前后中国士大夫提出了取代论、融合论和并存论等应对方案，特别是提出了"保教"主张。"保教"主张的提出虽有其深刻的原因并被很多士大夫认同，但由于存在诸多局限，很快衰微，进入20世纪初年被佛教复兴和"存学"主张逐渐取而代之，文化民族主义以新的形式继续存在。

---

① 《当代韩国》2012年第2期。
② 《文汇报》2012年2月27日。
③ 《孔子研究》2012年第3期。
④ 《北方论丛》2012年第3期。

王琨先生在《儒教与基督教影响下的中西方封建政治意识研究》① 中指出，儒家思想是我国封建社会的正统思想，民众政治意识与儒家思想的关系是最为密切的，儒家思想提供了民众政治意识的基本因子和绝大部分的思想成分。而在西方漫长的中世纪，基督教神学思想成为西方社会正统意识形态，对西方中世纪民众政治意识的形成与发展产生十分重要的影响。他试图通过对这两种政治意识的内容异同进行分析，试图探究中西方两种文明的奥秘。

朱文佳《清雍正帝面临的文化挑战与应对》② 一文认为，清朝作为一个起自关外的少数民族政权，在入关之初遇到关内汉民族的强力抗争是可以想见的必然结果。然而在经过了顺治、康熙两朝近八十年的经营后，武力抗争归为沉寂、全国统一，经济也由逐步恢复走向繁荣。在这样的历史条件中，雍正作为清代入关后的第三代帝王，在政权已经稳固的情况下，他面对着来自民意的新的挑战。这种挑战不像武力对抗那样的明显、直接，它是无形的、以民间舆论的形式存在并传播的。面对这种新形势下的文化挑战，雍正采取了一些应对策略。作者以雍正帝亲自编纂的《大义觉迷录》、《圣谕广训》和《庭训格言》三部"国民教育"读本来剖析雍正时期官方与民间思想的分歧与雍正应对策略的得失。

郭清香教授在《耶儒成圣论比较研究》③ 中指出，基督教和儒教对人是否能成圣均给予肯定的答案。但耶儒对上帝/天与人的界定以及二者关系的看法差异巨大，他认为基督教全善之上帝和有罪之人是分离的关系，而儒教至善天道和本善人性是合一的关系。所以在成圣论上也有很大的不同，这突出表现在成圣可能性的根据、圣人的标准以及成圣的努力方向三个方面。而问题的答案则为基督教成圣可能性的根据是上帝的恩典，儒教的根据是人性自身；而基督教之圣人，永远是罪人而无法企及上帝，儒教之圣人，只不过是完满实现本性之人；基督教成圣论给人提供的努力方向是向外追寻，儒教提供的方向是向内反求。

吴晓峰《关公信仰与儒学的关系探究》④ 一文重点阐述和说明了关帝崇拜与儒教的内在关系，通过探索关帝崇拜的儒学背景与宗教特质等问题，力图揭示出某些中国文化自我发明和创新的动因和方法，以助推新世纪中国国家核心价值理念的改良或重塑。作者认为，关公文化可与儒学一起为国家核心价值体系重构做贡献，表现在以下几个方面：一是经过数百年的传承，关公文化早已深入民心，有着深厚的民间基础。二是比之其他传统文化、关公文化的传播面极为广泛，有着强大的影响力。三是关公文化所强调

---

① 《山西财经大学学报》2012 年第 5 期。
② 《浙江社会科学》2012 年第 6 期。
③ 《伦理学研究》2012 年第 4 期。
④ 《哈尔滨学院学报》2012 年第 5 期。

的"信"与"义"中所包含的"正义"和"契约"精神,是一种被人类文明所普遍接受的普世文化,容易被外族或是外国所理解和支持。四是关公文化所推崇的"忠",在新的社会条件下,可以顺理成章由传统的"忠君"转化为现代意义上的"忠于祖国"和"忠于人民",而这正是社会主义核心价值的一个组成部分。五是关公文化在历经数十年不被主流文化认同的前提下,仍然起到了凝聚中华民族、传承中华传统文化的作用,表现出了强大的生命力。六是关公文化具备适应新的社会体制的开放性与民族兼容性,为其本身的创新和发展提供了空间和可能性。

## 2011—2012 年儒教研究专著综述

中国人民大学出版社 2011 年 7 月出版了方朝晖教授新著《文明的毁灭与新生:儒学与现代性关系新探》,全书共八章,围绕着七大主题,大致结构如下:主题:儒学与文明理想,对应章标题:"重铸中国文化的最高理想";主题:儒学与全球化,对应章标题:"从多元现代性到中国文化现代性"、"文化是普遍的还是特殊的?";主题:儒学与法治/礼治,对应章标题:"文化模式、文化心理与儒学";主题:儒学与民主,对应章标题:"儒学与民主关系再思考"、"关于'三纲'与民主是否对立的争论";主题:儒学与行业/社会,对应章标题:"王霸之辨、行业自治与儒学"、"市民社会与现代儒学使命"。该书如作者本人所言在于试图论证:法治、自由、民主、人权等价值是植根于西方社会历史和文化土壤的西方文化价值,并不完全适合于中国文化的习性。未来中国现代性的发展可能在一定程度上与这些价值相融,甚至在一定程度上需要吸收或发展它们,但是它们决不能构成未来中国现代性的核心价值。它代表了作者站在儒家立场,对未来中国现代性图景的一种全方位思考,触及未来中国现代性在文化、制度、政治、法律、社会等若干方面的重要方向。该书的基本特点是:从多元现代性的视野入手研究中国现代性问题,分别从若干不同角度透视儒学与现代性的关系,包括儒学与法治(及礼治)、民主、市民社会、现代知识体系以及中国文化理想等之间的关系等课题。在研究方法上,借鉴了西方文化心理学、社会学、政治学、人类学、哲学等多个学科的最新研究成果,尝试从不同学科的角度来探讨儒学的现代意义及其未来方向,是一种典型的跨学科研究。

针对邓晓芒结集的《儒家伦理新批判》,武汉大学郭齐勇教授主编了《〈儒家伦理新批判〉之批判》一书,该书由武汉大学出版社 2011 年 7 月出版,共收录 24 位作者的 43 篇文章,分为四个部分:第一部分主要是关于"亲亲相隐"与儒家伦理的评价;第二部分涉及孔子与苏格拉底、柏拉图在亲情、家庭观上的共同性以及对柏拉图《游叙弗伦篇》的理解;第三部分论述中国古代社会的容隐观念与制度及其现代意义;第四部分主要阐发牟宗三的康德哲学研究,并且辨析牟宗三是否"误读"了康德。这些文章对于正确理解儒家传统的历史作用及其现实价值,正确把握中西哲学与文化的特点和共性,乃至在中华民族走向全面复兴的时代背景下树立既具包容性、又具根源性的文化观念,都有相当积极的作用。

任重主编的《儒生(第一卷):当代大陆新儒家论评》由中国社会科学出版社 2011 年 10 月出版。《儒生》集刊主要登载中国内地儒家的学术研究论文、思想文化评论以及社会活动方面的信息。本卷主要选辑近些年我国"大陆新儒家"内部争论以及外部各界对之评论。主要文章有《大陆新儒学略说:蒋庆、陈明、康晓光之分析与比较(陈明)》、《政治儒学与中国民主——论蒋庆、康晓光与徐复观的政治儒学(陈弘毅)》、《21 世纪来自中国的理性声音——评康晓光新保守主义(冼岩)》、《蒋庆先生政治儒学的形成(米湾)》、《内生儒学:陈明儒学理论的一个概述(徐治道)》、《"大陆新儒家"与"现代新儒家"——方克立先生信读后(王达三)》、《对儒家制度化的几种主张的理解与评论(唐文明)》、《蒋庆批判(余樟法)》等。

蒋庆先生《再论政治儒学》由华东师范大学出版社 2011 年 12 月出版,该书是其《政治儒学》续篇。《政治儒学》依儒家今文义理,从儒家王道政治、儒家宪政制度以及儒家宪政制度安排三个方面谈政治儒学之理想。本书延续此种思路,因应时势变迁加以开拓损益。概观本书,所新益者有二:(1)仿宋人太极图说推衍王道图说,以天地人三才之立体统摄说最终确立王道政治的形上基础;(2)发"太学监国制"及"虚君共和制"新说,最终确立其儒教宪政制度平衡结构。所充实者有四:①区分"强势议会"与"弱势议会",完善儒教议会三院制的运作结构;②加强了王道政治与共和政体的理论联系的阐述,此谓因应时势;③加强了王道政治与历史合法性的理论联系的阐述,此谓开示道统;④论"以中国解释中国",在根本上强调了中国文化在直面世事、调伏相搏之际的绝对主体性地位。简而言之,作者以《再论政治儒学》,巩固了政治儒学的理论基础,调整了政治儒学的具体制度的运作结构,完善了政治儒学的理论阐释,划定了政治儒学的言说底线,灵活而绝对坚定,保守而大度开放,温和但不乏进取,锋芒毕露然微词所见。

干春松教授的新著《重回王道:儒家与世界秩序》2012 年 1 月由华东师范大学出版社出版,全书分为:导言:全球化与王道政治;第一章 儒家的王道政治;第二章 王道与天下;第三章 被否定的理想:近代中国的民族国家观对王道天下的解构;第四章 不绝如线:现代儒家的王道观;第五章 民族国家体系与王道政治的退隐。作者强调儒家思想的普遍主义特征,"王道"实际上是儒家政治学说的普遍主义表述,与霸道相对。而王道政治,在现代社会可以理解为一种强调教养的理想政治秩序,并且这种教养是放诸四海而皆准的。他尝试着为当今"天下格局"提供传统文化内容,至于今日,在现实中我们面对的是民族国家构成的"世界","天下主义"的视角和"王道政治"的内容,该著作可以让我们重新反思中国的建国历程,即反思民族国家的构建①。

郭齐勇先生主编的《儒家文化研究》在2012年3月由生活·读书·新知三联书店予以出版,这是一套丛书,自2007年至今,每年出一辑。本辑按内容分为三个单元。第一单元六篇论文重点研究宋明理学及其心性论,以张载、朱熹、王阳明为中心,旁及清初胡石庄,以及19世纪末20世纪初的韩国儒生郭俛宇与田艮斋之争所反映的朝鲜性理学的发展,其中关涉心性论与宇宙论的关系,张载与朱子心学的定位,阳明教法的流衍,心、性、情关系的争辩与心性论诸范畴的厘清,及在何种意义上说心性论是实学等。第二单元三篇论文回溯先秦儒学的心性论,以孟子、荀子与《乐记》为中心而展开,尤重视性善论的真谛,孟子学的发展,荀子"心之所可"的道德人学之意涵。第三单元五篇论文从更宽广的历史视域出发,研究儒家的意义之域、道德哲学的范畴系统、仁爱观、幸福观、人性论的发展及其当代意义。

范瑞平先生主编的《儒家宪政与中国未来》由华东师范大学出版社2012年4月出版,该书是从两次学术研讨会中精选出来的优秀论文。第一次是2009年4月25—26日在山东泗水召开的主题为"改革开放与中国前途——儒家的义理、价值、动力及当代探索"研讨会,第二次是于2010年5月3—5日在香港城市大学举行的主题为"儒教宪政与中国未来"研讨会。这些论文都在不同侧面、以不同方法论证两项重大课题:一是改革开放与政治儒学复兴的相关问题,一是中国未来发展的儒学资源问题。收录文章有蒋庆的《儒学在当今中国有什么用?》、王绍光的《"王道政治"是个好东西?》、盛洪的《积善之家,必有余庆》、李晨阳的《天—地—人之天,还是超越天—地—人之天?》、陈祖为的《儒家宪政的合法性问题》、杨汝清的《以孝治天下》、杨朝明的《儒学特质与廉政文化》以及林安梧的《中国政治传统之过去与未来》等文。

唐文明先生著作《敷教在宽:康有为孔教思想申论》由中国人民大学出版社2012年9月出版,本书第一次全面、细致地梳理了康有为不同时期的孔教思想,阐明了康有为提出孔教建制主张的理学基础和经学基础,揭示了康有为孔教思想背后的庶民关切和国家关切。就过去的研究而言,历史学界重视中年康有为,大多数研究都是围绕戊戌变法展开的;儒学界则重视老年康有为,关联于民国后孔教会的成立和运作。本书特别强调青年康有为的重要性,即写作《教学通义》时的康有为,认为康有为在《教学通义》中提出的敷教主张规定了他后来孔教思想的基本方向。作者指出,现代以来,制度匮乏是阻碍儒学复兴的一个巨大瓶颈,而现代中国的国家建构也仍然离不开儒教的参与,因此,康有为的孔教思想在今天仍然值得我们认真对待。

---

① 参阅陈壁生《儒家思想的普遍主义言说——读干春松〈重回王道〉》,《南风窗》2012年第15期。

另一著作《隐秘的颠覆：牟宗三、康德与原始儒家》，也由生活·读书·新知三联书店出版，本书站在原始儒家的立场上，全面审视牟宗三在与康德哲学的对话中建构而成的道德形而上学之哲学体系所存在的问题。作者认为牟宗三的道德形而上学代表现代新儒家所取得的最高理论成就，这也意味着今后儒学的发展必不能绕过牟宗三。不过，在中国所遭遇的以古今之变与中西之异为核心问题的、特殊而艰难的处境中，牟宗三通过哲学言说的方式而对时代所提出之问题的系统性回应存在着非常严重的问题：首先，在伦理学层面，他用现代意义上的道德概念颠覆了传统儒家思想中植根于多重生活空间的伦理概念，并因为挪用康德式的自律概念来诠释儒家思想而导致对儒家之美德伦理传统的系统性扭曲。其次，在形而上学层面，他以良知为本体，看起来是在发挥宋明儒学中以心性诠释天理的思想，但因为在现代性条件下实际上天理已经被废黜，所以，他的良知学说虽以形而上学的面目出现，但实际上是为现代人本主义张目，而与宋明儒学在本体与工夫的古典语境中所开展出来的心性之学相去甚远，倒是与基督教、佛教等虚无主义宗教以及玄学的立场非常接近；换言之，牟宗三的道德形而上学不仅表现为佛老之余绪，更有援耶入儒之嫌疑。最后，在历史哲学层面，牟宗三借鉴康德、黑格尔等人的思想建构了一个以道德形而上学为基础的宏大历史观念，从而开出了一个以接纳民主与科学为主要历史任务的儒家发展方案，但是，由于他未能充分重视儒家精神传统与基督教精神传统之间的巨大差异，所以，他所建构的宏大历史观念就表现为一种理论上的嫁接，他所开出的儒家发展方案也表现为对儒家精神的背离。

2012年10月，三卷本《儒生文丛》在北京出版，这部由当代新儒家代表人物蒋庆、陈明、康晓光等任学术委员，儒家学者任重和刘明主编的文丛，汇集了当代众多儒家学者论文以及中国大陆儒家近年来的思想探索及社会活动成果，分为《儒家回归》、《儒教重建》、《儒学复兴》三册，记录了改革开放30多年来中国儒家思想重新复兴的道路。《儒家回归》为多名儒学大家文章之合集，其中包括诸家的演讲文稿、与会文稿、访录文稿以及文字文章等，跳出了"儒教是不是宗教"的藩篱，转向"儒教是怎样一种宗教"的话题。主张儒教在今天应该是何种形态，应该是什么样的，不是说出来的，而是做出来的；《儒教重建》所选编的当代大陆儒者的思想探索成果，如主编者任重所言是"为往圣继绝学"，而非纯学术之作；《儒学复兴》则对"大陆新儒家"参与当代文化建设的一些事件，如五十四位学者联署发布《以孔子诞辰为教师节建议书》、十名青年博士生《我们对"耶诞节"问题的看法》，以及参与讨论读经、国学、教师节、通识教育、国服、礼仪、节日等热点问题，予以集中展示和说明，以期对当代文化建设和国民道德建设起到积极的促进作用。

干春松、陈壁生主编的《经学研究》第一期《经学的新开展》，由中国人民大学出版社2012年11月出版。发刊词中编者言道，经学不兴，大道不彰。他们认为没有建立在自己伟大传统基础之上的民族,不可能是健全的民族;没有建立在自己伟大传统基础之上的思想,不可能成为伟大的思想。而重视并阐发传统思想资源,最重要的就是经学的资源。显然此为刊物起源与主旨之所在,通过这份刊物,作者希冀通过重新开启经学研究,反思今天学科建制的不足,为分裂的学科寻找共同的灵魂;通过重新开启经学研究,接续华夏二千年来文明的主流,为往圣先贤的学问,探求现代转化的方式;通过重新开启经学研究,重新回到什么是政治,什么是好的生活方式等人类永恒面对的根本性问题的关切,为生活方式的构建寻找新资源,为国族的未来探索新方向。本辑收录有曾亦的《〈春秋〉决狱与儒家经义的现实性诉求》、刘伟的《经学何谓——关于经学的本质与界限追问的尝试》、陈壁生的《经学的新开展》、郭晓东的《论孔广森与〈左传〉》、曾海军的《"孝悌之至,通于神明"》以及刁小龙的《皮鹿门〈三礼通论〉札记》等文章。

## 2011—2012 年儒教研究会议综述

2011 年 11 月 5 日至 6 日,第一届儒家与现代中国学术研讨会在上海复旦大学召开。本次会议是由复旦大学儒学文化研究中心主办,清华大学道德与宗教研究中心和中国人民大学哲学系联合举办,国学新知协办。内容上涉及孟子"辟杨墨"与宋儒"辟佛老"、马克思和自由主义与当代儒家的价值取向、传统儒家价值的核心内容、儒家价值在当代世界的普世诉求、以新《婚姻法》为例的婚姻与家庭问题、以亲亲相隐为例的法律与道德问题、夷夏之辨与民族问题、宗族与当代社区建设、书院与当代礼制建设等方面议题。就具体内容而言,唐文明、方旭东、韩潮三人分别从父子君臣之义、宋代关于制度公平的辩论及三纲五常等三个角度入手来处理儒家思想的核心内容及其现代意义的问题。徐渊、齐义虎与曾亦截取了儒家传统的两大建制与依托——书院与宗族,来探讨现代城市与社区建设应如何指向,方能令儒家文明更好地在当代发扬光大。郭晓东的发言就从公羊学"夷夏之辨"的视野关怀着当今的民族政策;陈壁生与白彤东则以"亲亲相隐"为例探讨法律与伦理的问题。曾亦与齐义虎更是深入到婚姻与家庭来探讨儒家的伦理观在当代的意义。

2011 年 9 月 17 日,"百年辛亥 儒家百年——儒家文化复兴之路"学术座谈会在中国人民大学汇贤大厦举行。本次会议由中国人民大学哲学院和中国人民大学孔子研究院共同主办。来自中国人民大学、清华大学、北京师范大学、中国政法大学、中国社会科学院等单位和一些民间团体的专家、学者参加了本次会议,与会各位学者围绕会议主题,从经典诠释、道德培育、社会治理、政治改善、宗教建设等角度探讨在当代社会复兴儒家文化的多种道路,尤其是对儒家文化与当代政治的关系、儒家社团与儒教组织的现实建设等问题展开了深入的讨论。

2011年9月26日至29日,第四届世界儒学大会在孔子故里山东曲阜举办,来自20多个国家和地区的120多名儒学研究专家学者参会。大会主要聚焦儒学发展,围绕着儒学的价值取向与社会发展、儒学创新与当代文化建设、儒家仁爱思想及普世价值、道德礼义与人文教化传统四项议题进行了研讨。

2011年10月15日国际儒联与武汉大学共同主办了"近现代儒学基本特征与思想精华"学术研讨会,本次会议的主题或中心,是探讨近现代儒学的基本精神与特征。武汉大学教授郭齐勇先生发表《从离异到回归,经批判洗礼而重建——近现代儒学的基本走向与中国人精神信仰的再生》一文,认为,整个近现代儒学的总主题是:回应现代化的挑战。这种回应大体上是被动的。面对内忧外患的危机,近代儒学的特点是:求变趋新以经世。此时的儒学勉力守住自己,但日趋没落。随着沧桑巨变,传统社会全面解体,儒学已经衰微。而随着对现代性的反省,儒学渐趋复苏。现代儒学的特点是:经批判洗礼而重建。儒学在近现代呈现了由离异到回归的过程。对于儒学的重建,他认为不要只言片语、支离破碎地复兴,但也肯定不是要全盘整体回归过去,面对中西文化的相互渗透的事实,我们只能在现代化的过程中提供一些曾经养育过中国人和这个社会的良性的精神价值资源与制度文明的资源,尊重其系统,并努力对它作创造性的扬弃和转化。

2011年12月3日至4日,为期两天的第八届"国际儒学论坛2011"国际学术研讨会在中国人民大学举行。本届论坛的主题为:"儒家的修身处事之道"。在开幕式上汤恩佳先生发表致辞。他总结,儒家思想有五大功能:(1)能促进世界和平;(2)能提升全人类道德素质;(3)是中国56个民族、13亿人民的精神轴心;(4)能促进中国和平统一;(5)能达致世界各宗教文化平起平坐。中国人民大学孔子研究院院长张立文教授从个人、国家、民族三个维度来阐释儒家的修身:(1)从个人的维度来讲,应以"诚意、正身"作为起点,从"敬"字切入修身,提倡传统道德修养;(2)从国家的维度来讲,应以治平为本切入修身,纠正社会的不良风气;(3)从民族的维度来讲,从和平、和合来切入修身,通达世界的大道。最后他指出,民族的责任和希望在各位学者身上,在年轻人的身上。因此,学者应该走出书斋、科研院所,走进社会,推广儒家思想,真正做到推己及人,从而有益社会。论坛分设四组会议,展开五轮十六场讨论。代表们围绕着儒家思想传统、儒家修身理论、儒家精神追求以及儒家政治哲学四个议题作主题报告,并展开了交流和讨论。

2012年5月12至13日,第二届儒家与现代中国学术研讨会在同济大学中国思想与文化研究院举行,共有国内外五十余位学者出席,大家从公民儒学到民族复兴,从明堂考到三年丧礼,从《诗经》、《易经》到《论语》、《孝经》,从朱熹、康有为到马一浮、梁漱溟,从辛亥革命到第三共和,分别从不同的角度探讨了儒家与现代中国的命运关系。

2012年6月22日由国际儒学联合会、中国孔子基金会、马来西亚儒学研究会，以及印度尼西亚儒教孔庙联合会总会（儒总）联合主办，印度尼西亚儒教孔庙联合会总会承办的"第六届儒学国际学术研讨会暨第三届儒教国际学术研讨会"，在印度尼西亚棉兰市举行。大会主题是"普及儒学促进世界和平"暨"儒教与宗教和谐"。与会学者围绕着A. 儒学如何普及乃至日用常行，B. 儒学如何在世界各文化中占有一席之位，C. 儒教具备的和谐本质，以及D. 儒教不同于亚伯拉罕宗教，如何扮演教化的功能等话题进行了研讨。

2012年8月3日至7日，"传统宗教与哲学——宗教哲学2012威海论坛"在山东大学威海校区顺利召开。由中国社会科学院世界宗教研究所、山东大学犹太教与跨宗教研究中心、中国宗教学会联合主办。会议开幕式由中国社会科学院世界宗教研究所党委书记曹中建同志主持。全国人大常委、中国社会科学院学部委员、世界宗教研究所所长、中国宗教学学会会长卓新平研究员，山东大学党委常务副书记李建军教授，教育部社科司何健处长，北京大学宗教文化研究院院长、中国宗教学会副会长张志刚教授分别在开幕式上致辞。论坛以"传统宗教与哲学"为主旨，来自海峡两岸十多所高校的30多位著名老中青学者参会，与会学者围绕"宗教哲学"、"宗教与哲学"、"宗教研究"三个专题展开研讨。在"宗教研究"专题中，林安梧教授发表了《宗教的两个形态："连续"与"断裂"——以儒教与基督宗教为主的对比》一文，钱雪松博士发表了《宗教多样性的合理性挑战与人类认知有限性》一文，吴飞副教授发表了《祭祀中的家与国——中西古典祭祀制度比较的一个尝试》一文等。

2012年10月27日，由春秋研究院、清华大学人文学院哲学系及清华大学比较政治哲学研究中心联合举办的"全国政治儒学与现代世界研讨会"在北京举行，此次会议主要围绕"贤能政治"的议题展开，其中包括贤能政治的意义、国家体制的新构想、官与民的角色定位、官员的选拔任命、官员的信仰和道德、儒家经典教义的现代解读、西方政治的缺陷与困境、公义与平等的诠释、社会治理等问题。具体论文有蒋庆《"贤能政治"的制度架构："儒教宪政"对民主宪政的超越与吸纳》、台湾国立中央大学哲学研究所教授李瑞全先生《跨越西方当代政治困局之第十个民主模式：当代新儒家之民主政治模式》、白彤东《儒家之混合政体为何比自由民主政体优越?》、杨国荣《贤能政治：意义与限度》、康晓光《儒家宪政论纲》、唐文明《共和立宪、政党建设与孔教的意义》、王国良《儒家选贤任能思想与中国贤能推举制度的发展》、吴根友《荀子的"圣王"观及其对政治正当性的论述》、干春松《荀子与儒家在战国政治转型中的秩序安排》、杨倩如《中国古代帝王执政能力的研究与评价》、方朝晖《什么是中国文化中有效的权威?》等。

由中国人民大学和韩国高等教育财团主办，中国人民大学哲学院、孔子研究院及亚洲研究中心承办的"国际儒学论坛 2012"，12 月 2 日至 3 日在北京举行。本届论坛的主题为："儒学与生态文明"。与会海内外学者就"儒家一般生态理论"、"儒家思想与学术"、"儒家具体生态理论"展开研讨，深入挖掘儒家在生态文明方面的思想资源，以及对于生态文明建设和可持续发展具有的重要意义。大家一致认为，儒家思想主张物与我的一体性和包容性，强调人与自然共生共存及与周围和睦相处的思想能够给人类提供克服国际社会危机以及治理社会的新方案，为今天正在经历危机的人类社会提供了新的对策[①]。

（作者简介：张宏斌，中央民族大学博士后）

---

[①]《光明日报》2012 年 12 月 13 日。

宗教艺术研究

# 2011—2012年宗教艺术研究综述（论文篇）

张　总　王敏庆

华夏文明历史悠远，几大世界宗教都曾在中华大地上交汇，留下了辉煌灿烂的宗教文明。随着时间的流逝，不少宗教遗迹被淹没在历史的尘沙中，但所幸的是仍有大量的遗迹被保存下来，另外，近些年来考古成果不断出现，这些都为研究者提供了丰富的资料。由于宗教艺术内容十分庞杂，故本文按宗教将其分为佛教艺术、道教及其他本土宗教艺术、三夷教等其他宗教艺术三大类进行叙述。纵观近年来中国宗教艺术的研究成果，呈现出一种不平衡的态势，其中，佛教艺术的研究最多，种类最全，道教等其他中国民间宗教次之，其他外来宗教艺术又次之。这种情况与佛、道二教曾占据中国信仰主流，故而文物遗存比较丰富有关。

在庞杂的宗教艺术中，整理分类是一大难题。本文虽按宗教的种类分了大类，但每一种宗教之下的各类研究仍是纷繁。宗教艺术按其基本形态可归纳为石窟、地面宗教活动场所（如佛寺、教堂、清真寺、道观等）、塔、墓葬、典籍、宗教服饰及器物等六大类，所以本文在每一种宗教艺术之下依此六大形态归纳研究成果，此种方法之优势，一是成果类属清晰，二是可将某种宗教艺术近两年的研究成果状况整体呈现。但是，上文也提到，我国宗教艺术研究成果不平衡，除汉传佛教艺术外，其他宗教艺术研究成果较少，且种类不全，故此本文在汉传佛教艺术研究成果部分依此六大基本形态进行归纳，并分出条目，而其他宗教艺术的研究成果虽也依六形态归纳，但不再细分出条目。对于一些跨形态的图像研究及其他研究，则归为一类，置于该种宗教之后。另外，本文在编排上还遵循的一项原则是，每类宗教艺术中，考古及各种调查资料居于首位，此为展开各项研究的基础，其后为相关研究论文。属于某宗教艺术中音乐艺术的，附于此类宗教之末。

## 一　佛教艺术

在我国佛教主要有三大系统，即汉传佛教、藏传佛教和南传佛教。根据近两年研究成果的多寡，本文将研究成果较少的南传佛教艺术附在藏传佛教之后。汉传佛教的研究成果最多，种类也最为齐全，故依照宗教艺术的基本形态对研究成果进行了归纳，并以条目标出。

**（一）汉传佛教艺术**

1. 石窟及摩崖造像

石窟艺术在佛教艺术中占有重要的地位。世事变迁、风雨沧桑，很多古代寺院地面建筑多已不存，特别是时代较早的，如唐以前的地面佛寺建筑如今已很少见到。然而佛教石窟则因依附坚实的山体，且远离纷扰的尘世，虽有不同程度的损毁，但仍然保存了大量佛教文化信息，尤其是对我国早期佛教艺术的了解，很多都是得益于对石窟的考古发掘、调查及研究而获得的。在石窟部分，本文将其主要分为两大类，一类是关于石窟的考古发掘及调查类的文章综述，这是研究石窟艺术的一手材料；另一类则是建立在这类基础材料上的相关研究。

在关于石窟寺的考古发掘，2011 年至 2012 年间，我国新疆地区的考古工作成果较为突出。这主要体现在陈凌、李裕群、李肖等人对新疆鄯善县吐峪沟石窟寺遗址进行的较为系统的考古发掘上，2011 年至 2012 年先后发表考古报告三篇。《新疆鄯善县吐峪沟石窟寺遗址》[①] 一文，记述此次发掘清理了 50 多处洞窟和许多窟前遗迹，以及一处地面佛寺。新发现壁画面积约 200 平方米，还出土大量文书残片。吐峪沟石窟均是多层式的组群布局，新清理的两处礼拜窟应开凿于公元 5 世纪前后。《新疆鄯善县吐峪沟东区北侧石窟发掘简报》[②] 一文记述了 2010 年对鄯善县吐峪沟东区北侧石窟进行发掘的情况，共清理了 50 多处洞窟和许多重要的窟前遗迹，新发现壁画面积约 200 平方米，出土大量文书残片和绢画、木器等。K18 应是这组窟群的中心建筑，开凿于公元 5 世纪前后。第三篇是《新疆鄯善县吐峪沟西区北侧石窟发掘简报》[③]，简报记录发掘情况，共清理洞窟 14 处，还发现一处上山踏步。出土一些纸文书、建筑木构件等，还发现较大面积的壁画、题记。NK2 应是这组窟群的中心建筑，开凿于公元 5 世纪前后。吐峪沟石窟寺遗址的发掘为研究古代佛教石窟等提供了宝贵的新资料。特别是西区北侧石窟的发掘对研究吐峪沟佛教石窟群的布局及演变等具有重要意义。佟文康、胡望林等人对新疆柏孜克里克千佛洞窟前遗址进行了考古发掘，有《新疆柏孜克里克千佛洞窟前遗址发掘简报》[④]一文。简报记述了 2009 年新疆文物考古研究所对新疆吐鲁番盆地柏孜克里克千佛洞窟前

---

① 陈凌、李裕群、李肖：《新疆鄯善县吐峪沟石窟寺遗址》，《考古》2011 年第 7 期。
② 陈凌、李裕群、李肖：《新疆鄯善县吐峪沟东区北侧石窟发掘简报》，《考古》2012 年第 1 期。
③ 同上。
④ 佟文康、胡望林、吴勇、张树春、刘玉生、阿立甫、王云：《新疆柏孜克里克千佛洞窟前遗址发掘简报》，《文物》2012 年第 5 期。

遗址进行的抢救性发掘的情况，此次发掘清理洞窟、房址、佛塔等遗迹55处。遗址主体年代为高昌回鹘时期。出土器物包括陶器、木器、石器、铁器、骨器、织物、文书等，在一些洞窟中还发现了壁画和地画。此次发掘为深入了解柏孜克里克千佛洞的文化内涵提供了新的实物资料。郭物、仝涛等人的《新疆策勒县达玛沟3号佛寺建筑遗址发掘简报》主要记述了2010年中国社会科学院考古研究所对策勒县达玛沟乡托普鲁克敦3号佛寺建筑遗址进行的发掘情况。3号佛寺建筑是一处起居、学习、论经的综合性建筑，其中首次发现的广场式庭院和僧房为研究当地的建筑史提供了新资料。遗址内出土的壁画，反映了8—9世纪唐人和吐蕃人对和阗地区的影响。[1]

摩崖造像也是佛教艺术中一种重要的形式，陈晓捷的《铜川耀州西部的石窟与摩崖造像》[2] 一文，介绍了2008年在陕西省铜川市耀州区西部的小垟镇和照金镇调查的6处石窟与摩崖造像。其中柳家湾摩崖造像、前咀子摩崖造像之前都有记载，其余4处为新发现。柳家湾摩崖造像和前咀子摩崖造像过去被认为是北朝时期的作品，此次根据发愿文及相关特征判断，认为柳家湾摩崖造像为唐代造像；前咀子摩崖造像为北宋造像。新发现的4处均为金代造像。文中还对这6处石窟与摩崖造像的性质作了初步探讨。杨蕤和许成的《宁夏贺兰山苏峪口沟摩崖石刻调查及其相关问题》[3] 一文是关于贺兰山苏峪口沟摩崖石刻的调查报告，报告详细介绍了摩崖石刻的地理位置、周边环境及遗存保存状况，推测凿刻成画时间大约在清代初期。报告还总结出以下几点认识：1. 从艺术手法、梵文等信息判断，苏峪沟谷发现的几处摩崖佛像是藏传佛教的佛像，而非汉地佛像。2. 苏峪沟谷摩崖佛像的雕刻技法娴熟，应为"专业人士"所为。3. 苏峪沟深处发现摩崖佛像应与周边地区宗教遗迹尤其是藏传佛教的遗迹有着一定关系。

麦积山石窟是我国重要石窟之一，虽相关调查、研究已有不少成果，但仍有不少问题尚悬而未解。魏文斌、张铭的《麦积山第100窟调查与年代研究》一文，在实地详细调查的基础上，认为该窟与第128窟等均为北魏太和时期开凿，北魏晚期对该窟进行了重修，宋代再次重修。[4] 其他石窟的调查如李裕群的《山西寿阳石佛寺石窟》一文对位于山西省寿阳县南35公里，白云乡阔郊村西约800米的东南向的崖壁上的石佛寺石窟进行了考述。主要包括石窟的地理位置、历史、现状、时间等内容，是作相关研究重要的考古资料。[5] 孟兰的《河南石窟寺石雕色彩历史及现状》一文在现状调查的基础上，根据历史资料与同时期石窟寺的色彩对比，再结合应用X射线衍射（XRD）、电子能谱

---

[1] 郭物、仝涛、巫新华、赵慧民、史燕、艾则孜：《新疆策勒县达玛沟3号佛寺建筑遗址发掘简报》，《考古》2012年第10期。

[2] 陈晓捷：《铜川耀州西部的石窟与摩崖造像》，《考古与文物》2012年第3期。

[3] 杨蕤、许成：《宁夏贺兰山苏峪口沟摩崖石刻调查及其相关问题》，《草原文物》2011年第2期。

[4] 魏文斌、张铭：《麦积山第100窟调查与年代研究》，《中原文物》2011年第1期。

[5] 李裕群：《山西寿阳石佛寺石窟》，《文物》2012年第2期。

(SEM)等分析仪器，对彩塑的制作材料及其工艺进行了分析研究。为佛教艺术相关研究提供了可靠的科学依据。① 北魏平成北苑西山中的鹿野苑石窟，开凿于北魏献文帝时期。该石窟于1980年文物调查时发现，当时命名为小石子石窟，1987年云冈石窟研究所重新对该石窟进行详细考察、清理和测绘。李治国、刘建军的《北魏平城鹿野苑石窟调查记》认为，第6窟"造像组合出现了一佛二菩萨和窟口外两侧各雕一力士的新形式"，而余雯晶的《鹿野苑石窟的布局设计与造像组合》② 一文则认为，这一结论需要谨慎对待，鹿野苑石窟的造像组合应是一佛二菩萨，窟外两侧的力士像年代应与云冈第二期偏晚或云冈第三期石窟相当，很可能是在北魏中期末或晚期补刻。

除了石窟考古调查报告外，在石窟相关研究方面，敦煌石窟历来是一个研究重点。敦煌处于西北边陲，在不同的历史时期曾短暂归属于异族统治之下，其建造的石窟亦具有鲜明的民族特色，一直是学者们关注的一个重要内容。敦煌石窟有西夏窟约100个，学者曾对这些洞窟进行了考察和分期。王惠民的《敦煌西夏洞窟分期及存在的问题》一文回顾了几十年来的这方面的研究工作，分析其中得失，并为今后进一步深入研究提出了一些思考。③ 李江的《敦煌莫高窟清代及民国时期窟檐研究》一文在对敦煌地区现存传统建筑进行考察和走访工匠的基础上，结合文献调查和以往相关论著，就敦煌莫高窟清代及民国时期窟檐进行了专题研究，认为这一时期窟檐工艺特征与艺术风格自成特色，是形成敦煌传统建筑工艺做法的重要组成部分。④ 陈菊霞《从莫高窟第85窟供养人看其营建和重修》一文阐述了莫高窟第85窟的营建和重修过程：为庆贺翟法荣擢升都僧统，以翟法荣及其弟翟承庆为代表的翟氏家族于咸通三年至咸通八年在莫高窟兴建第85窟。曹议金担任节度使的五代时期，嫁到翟家的曹议金长女又组织重修了第85窟。第85窟甬道北壁的重层壁面以及东壁门北侧供养人的重绘痕迹都说明，曹议金长女不仅主持重修了第85窟的甬道，而且也重绘了第85窟东壁门北侧的供养人画像。⑤ 张先堂的《瓜州东千佛洞第5窟西夏供养人初探》一文主要对以往学者们关注较少的东千佛洞第5窟进行了探讨，该文运用图像学的方法首次专门考察了此窟西夏供养人图像，并借助西夏学家史金波先生对西夏文题记的释读、翻译和注解考察此窟供养人题记，最后得出结论：此窟是由身为寺主、名叫智远的和尚监督指导，由来自多个不同党项族、汉族姓氏的武官、文官家族的男女成员共同合作出资营造的功德窟⑥。莫高窟北区的465

---

① 孟兰：《河南石窟寺石雕色彩历史及现状》，《中原文物》2011年第5期。
② 余雯晶：《鹿野苑石窟的布局设计与造像组合》，《中原文物》2011年第2期。
③ 王惠民：《敦煌西夏洞窟分期及存在的问题》，《西夏研究》2011年第1期。
④ 李江：《敦煌莫高窟清代及民国时期窟檐研究》，《敦煌研究》2011年第2期。
⑤ 陈菊霞：《从莫高窟第85窟供养人看其营建和重修》，《敦煌研究》2011年第3期。
⑥ 张先堂：《瓜州东千佛洞第5窟西夏供养人初探》，《敦煌学辑刊》2011年第4期。

窟，其时代学界有不同的观点。勘措吉的《莫高窟第465窟藏文题记再释读》，① 一文通过莫高窟第465窟东壁门上的藏文题记进行再释读，认为这条题记中的"bod lo"一词在藏语中是"腊月"、"十二月"的意思，全句翻译成汉文应该是："腊月二十五日全部（完整）尸林建成（绘成）"。这"bod lo"不是表示年代的而是表示具体日期的，这或与腊月二十五日是金刚亥母（空行母）的生日有关。该文还认为此题记是建窟或和壁画相关内容竣工后写的题记。另一篇关于石窟题记的研究文章是陆离的《安西榆林窟第19窟大礼平定四年题记考》②，榆林窟第19窟大礼平定四年题记为大理国僧俗四人巡礼榆林窟时留下的题记，时间在五代两宋时期，大礼应当为大理的同名异写，平定是大理国的年号。该题记具体反映了当时地处西南地区的大理国与西北内陆边陲宗教文化的交流情况，弥足珍贵。王中旭的《生天：〈弥勒变〉、〈天请问变〉的流行与对应——敦煌吐蕃时期经变对应问题研究之一》，是对敦煌吐蕃时期洞窟经变壁画的研究，此文对该时期最常见、最稳定的三对经变之一《弥勒变》、《天请问变》的流行和对应问题进行了探讨，得出以下两个结论：①在敦煌信众眼中，吐蕃时期《弥勒变》和《天请问变》主要是兜率天、忉利天的对应，它们实际上都表达了生天思想；②唯识学巨擘玄奘及其弟子在翻译、注疏《天请问经》时宣扬了生天思想，唯识学在敦煌的传播推动了盛唐末至吐蕃、归义军时期《天请问变》的流行以及与《弥勒变》稳定的对应。③ 东山健吾、李梅、赵声良的《敦煌石窟本生故事画的形式——以睒子本生图为中心》一文主要分析睒子本生图，对其构图形式，即横幅多场景画卷形式的展开与样式上的发展进行探讨；并与印度、犍陀罗、克孜尔及麦积山、云冈石窟的例证进行比较，详细验证敦煌壁画中睒子本生的画卷形式、连环画形式及异时同图法等，文章认为，敦煌壁画中的睒子本生并非汉代传统形式的延续，而是在印度、犍陀罗的影响之下形成的。④ 莫高窟第217窟南壁壁画原定名为《法华经变》，后有学者提出新定名为《佛顶尊胜陀罗尼经变》。张元林的《也谈莫高窟第217窟南壁壁画的定名——兼论与唐前期敦煌法华图像相关的两个问题》一文对相关定名的历史进行了回顾，认同新的定名，并对唐前期敦煌法华图像相关的两个问题，即如何认识唐前敦煌《法华经变》的表现重点及如何认识唐前期敦煌多品目《法华经变》的表现形式及其影响提出了一些思考意见。⑤ 下野玲子、牛源、刘永增

---

① 勘措吉：《莫高窟第465窟藏文题记再释读》，《敦煌学辑刊》2011年第4期。
② 陆离：《安西榆林窟第19窟大礼平定四年题记考》，《敦煌研究》2011年第1期。
③ 王中旭：《生天：〈弥勒变〉、〈天请问变〉的流行与对应——敦煌吐蕃时期经变对应问题研究之一》，《敦煌学辑刊》2011年第1期。
④ 东山健吾、李梅、赵声良：《敦煌石窟本生故事画的形式——以睒子本生图为中心》，《敦煌研究》2011年第2期。
⑤ 张元林：《也谈莫高窟第217窟南壁壁画的定名——兼论与唐前期敦煌法华图像相关的两个问题》，《敦煌学辑刊》2011年第4期。

的《莫高窟第 217 窟南壁经变新解》一文对敦煌莫高窟第 217 窟南壁一直被认为是《法华经变》的图像进行重新辨认，找出其佛经依据，提出整个南壁内容应为《佛顶尊胜陀罗尼经变》的新解释。① 而针对上文施萍婷、范泉的《关于莫高窟第 217 窟南壁壁画的思考》一文则认为下野等的考证仍存在很多问题，该文在检讨了诸多问题之后，认为这铺壁画既不是法华经变，也非佛顶尊胜陀罗尼经变，壁画主题仍须进一步探讨。② 殷光明的《莫高窟第 449 窟东壁北侧非〈佛顶尊胜陀罗尼经变〉辨析》，一文针对有学者提出莫高窟经变中的经架只出现于《佛顶尊胜陀罗尼经变》中，而且是判定《佛顶尊胜陀罗尼经变》的特定标志，从而认为第 449 窟东壁门北有经架画面的《报父母恩重经变》应为《佛顶尊胜陀罗尼经变》的看法提出质疑。该文对第 449 窟东壁门北是否为《佛顶尊胜陀罗尼经变》进行了辨析，并说明经变中的经架并非判别《佛顶尊胜陀罗尼经变》的唯一标志。③ 赵晓星《莫高窟第 9 窟"嵩山神送明堂殿应图"考》一文根据最新释读出来的数条榜题，将原定名为"嵩山神送柱图"的壁画确定为"嵩山神送明堂殿画图"，所绘之事为武则天修明堂时，嵩山神为其送明堂殿冲天柱之事。该文联系武则天建明堂、封嵩山、好祥瑞等一系列史实，阐述了此图的创作背景。此外结合此窟的营建背景，认为此图为晚唐所绘，而且这幅壁画不是为图中隐含的主人武则天所绘，而很可能是为画外的主人张承奉所绘制的。④ 沙武田的《莫高窟第 322 窟图像的胡风因素——兼谈洞窟功德主的粟特九姓胡人属性》⑤ 一文从已有研究的手执绵羊、山羊的人非人图像入手，结合洞窟营建的历史背景加以考察，分析了龛内彩塑造像的胡貌特征及其"原创性"意义。同时，作者结合对窟内包括葡萄纹样在内的中亚西域特征装饰艺术、部分反映东传粟特美术特征的画样与图像的研究，揭示出洞窟图像受粟特美术影响的特征。此外，该文还结合供养人画像与工匠题名反映出的粟特人属性，指出该洞窟功德主有可能是流寓敦煌的中亚粟特九姓胡人。赵蓉的《莫高窟第 93 窟龛内屏风画内容新释》⑥ 认为，莫高窟第 93 窟龛内屏风画表现的并不是《药师经》"十二大愿"和"九横死"的内容，而是表现"观音救诸难"及相关内容。此外该文还对屏风中出现的"T"或"┐"形题记框和吐蕃装人物等与该窟开凿年代背景相关的现象也作了一些初步探讨。邹清泉的《莫高窟唐代坐帐维摩画像考论》以对莫高窟第 220 窟主室东壁坐帐维摩画像的考察为起点，对莫高窟唐代坐帐维摩画像作了系统研究。认为，莫高窟第 220 窟主室

---

① 下野玲子、牛源、刘永增：《莫高窟第 217 窟南壁经变新解》，《敦煌研究》2011 年第 2 期。
② 施萍婷、范泉：《关于莫高窟第 217 窟南壁壁画的思考》，《敦煌研究》2011 年第 2 期。
③ 殷光明：《莫高窟第 449 窟东壁北侧非〈佛顶尊胜陀罗尼经变〉辨析》，《敦煌研究》2011 年第 2 期。
④ 赵晓星：《莫高窟第 9 窟"嵩山神送明堂殿应图"考》，《敦煌研究》2011 年第 3 期。
⑤ 沙武田：《莫高窟第 322 窟图像的胡风因素——兼谈洞窟功德主的粟特九姓胡人属性》，《故宫博物院院刊》2011 年第 3 期。
⑥ 赵蓉：《莫高窟第 93 窟龛内屏风画内容新释》，《敦煌研究》2012 年第 1 期。

东壁贞观十六年（642）坐帐维摩确立了此后敦煌地区维摩画像表现的新格局，使维摩画像由南北朝时期的多重样式进入坐帐维摩的图像格式。坐帐维摩以既定的成熟样式骤现莫高窟初唐窟，有其深刻的中原传统。[①] 杨郁如、王惠民的《新发现的敦煌隋代弥勒图像》一文在前人的基础上考察发现第262窟弥勒上生经变、第419窟弥勒经变中的七宝供养榜题和来自《法华经》的榜题，丰富了我们对敦煌隋代弥勒图像的认识。该文还分析了隋代弥勒经变中对称分布的树下思维、摩顶授记的图像来源，并指出第314窟西壁龛外两侧下方的树下思惟、摩顶授记图像也是脱胎于弥勒经变。[②] 高启安的《莫高窟第17窟壁画主题浅探》一文分析了敦煌莫高窟第17窟壁画的内容，指出壁画表达的是高僧圆寂主题。其拄杖具有禅宗高僧教导徒众教具的意味，所绘日常用具、侍女，体现了"事死如事生"的丧葬观；所谓"树下美人"图像，其来源受到了古代印度和中国本土早先神树崇拜、生殖崇拜的影响，是中印文化在此点上的交融汇合。[③] 佐佐木聪的《法藏〈白泽精怪图〉（P.2682）考》一文首先阐明了法藏《白泽精怪图》（P.2682）的来历，然后通过考证其来历，证明此卷《白泽精怪图》并不是以往人们所认为的《白泽图》，并对该卷的性质进行了探讨。[④] 敦煌石窟内的装饰图案也是整个洞窟有机整体的一部分，其在不同的历史时期亦呈现出不同的时代风貌，是石窟研究中不可或缺的一部分。李敏的《敦煌北朝龛楣图案演变及其装饰特征》一文认为，通过对敦煌龛楣图案发生、发展的过程进行分析研究，可以认识到龛楣装饰图案的宗教性、建筑性、装饰性以及民族性特征，是宗教性、功能性和艺术性的统一。[⑤] 敦煌石窟壁画虽以佛教为主，但也蕴涵了大量世俗社会的信息，为相关研究提供了难得的图像资料。曲小萌的《榆林窟第29窟西夏武官服饰考》[⑥] 首先简要介绍了西夏历史背景，总结归纳了西夏服饰的主要特点，之后以榆林窟第29窟男性供养人壁画为例，结合相关文献及图像资料，对西夏武官之冠帽、发式、袍服等具体形制进行了较为深入的考证。董晓荣《敦煌壁画中的蒙古族供养人云肩研究》一文结合元代与金代文献、图像、出土实物资料等，说明敦煌壁画中所绘蒙古族供养人所着云肩是元代流行的式样。其形制源于金代，但与金代云肩相比，制作工艺及服用范围皆发生了变化。[⑦]

在新疆石窟艺术方面主要有侯世新、张惠明、张铁山等人的文章。侯世新的《吐峪沟石窟寺第38窟龟兹风探析》一文认为，吐峪沟石窟寺第38窟形制大体上与龟兹中心

---

[①] 邹清泉：《莫高窟唐代坐帐维摩画像考论》，《敦煌研究》2012年第1期。
[②] 杨郁如、王惠民：《新发现的敦煌隋代弥勒图像》，《敦煌研究》2012年第2期。
[③] 高启安：《莫高窟第17窟壁画主题浅探》，《敦煌研究》2012年第2期。
[④] 佐佐木聪：《法藏〈白泽精怪图〉（P.2682）考》，《敦煌研究》2012年第3期。
[⑤] 李敏：《敦煌北朝龛楣图案演变及其装饰特征》，《敦煌研究》2011年第3期。
[⑥] 曲小萌：《榆林窟第29窟西夏武官服饰考》，《敦煌研究》2011年第3期。
[⑦] 董晓荣：《敦煌壁画中的蒙古族供养人云肩研究》，《敦煌研究》2011年第3期。

柱窟相同，但细节上已经发生了变化，吐峪沟第 38 窟的壁画内容与流行小乘佛教的龟兹不同，整体上表现的是大乘佛教思想，不过正壁上的化佛形象、侧壁的说法图、纹饰图案和服饰等方面都类似于龟兹石窟。是故该窟具有浓厚的龟兹风，但又有所变化。吐峪沟石窟介于龟兹与河西走廊之间，这对考察佛教美术的传播与变迁具有重要意义。①俄罗斯艾尔米塔什博物馆收藏的 Ty—575 号伯孜克里克石窟《金光明经变图》绘制年代大约在公元 11 世纪前期。其构图的中央部位表现内容已被辨识，而紧邻构图中心的右侧图像，张惠明在《伯孜克里克石窟〈金光明最胜王经变图〉中的〈忏悔灭罪传〉故事场面研究——兼谈艾尔米塔什博物馆所藏奥登堡收集品 Ty—575 号相关残片的拼接》②一文则认为是《金光明经忏悔灭罪传》故事。故该文着重于确认此故事画面的题材内容，并结合敦煌写本插图和四川地区石窟造像中的相似形象，分析比定吐鲁番地区《忏悔灭罪传》同类形象以及图像表现特点。同时，指出此故事画面构图所存在的复原与拼接错误。指出，它是目前发现的唯一绘制于 11 世纪和远离中国内地地区的表现《忏悔灭罪传》的壁画，具有重要价值。

其他石窟的相关研究，主要有赖文英的《泾川王母宫石窟造像思想探析》、臧全红的《甘肃武山千佛洞石窟出土木片画》、李文生、李小虎《龙门石窟所表现的北魏建筑》等文。《泾川王母宫石窟造像思想探析》一文透过对石窟整体造像内容与结构的分析，认为王母宫石窟将北凉石塔的法身意义引入石窟中，以"十方三世"思想来架构其整体造像内涵，并结合当时代表法身不生不灭的释迦、多宝二佛并坐像来诠释涅槃法身之实相义。其所反映的造像思想有对于北凉涅槃学的承袭，也有糅合其他大乘思想的新意，对于中国佛教涅槃学的发展具有承先启后的意义。③《甘肃武山千佛洞石窟出土木片画》一文在全面介绍武山千佛洞石窟出土木片画的基础上，从时代和功用方面对其作了初步研究。文章认为这批木片应当是元代遗物，推测这些人物木片画上的人物极有可能是那些处于贫病战乱中的佛教信徒们，为了求得一片安身之地，特地将自己的形象画到上面，再写上自己天天敬诵的咒语，以求解脱。④李文生、李小虎《龙门石窟所表现的北魏建筑》一文对龙门石窟现存的北魏佛教建筑进行系统分析，对其雕刻内容和表现手法进行梳理、归纳，并结合龙门石窟北魏时期的庑殿式和歇山式以及各种形式的石塔、门柱和龛柱等北魏式样，阐明北魏时期的中原建筑是在传统固有建筑艺术基础上吸收融合了一定的外来因素，创造出中国特有的建筑样式，从中可见中原地区北魏时期真正的佛

---

① 侯世新：《吐峪沟石窟寺第 38 窟龟兹风探析》，《敦煌学辑刊》2011 年第 3 期。
② 张惠明：《伯孜克里克石窟〈金光明最胜王经变图〉中的〈忏悔灭罪传〉故事场面研究——兼谈艾尔米塔什博物馆所藏奥登堡收集品 Ty—575 号相关残片的拼接》，《故宫博物院院刊》2011 年第 3 期。
③ 赖文英：《泾川王母宫石窟造像思想探析》，《敦煌学辑刊》2011 年第 2 期。
④ 臧全红：《甘肃武山千佛洞石窟出土木片画》，《敦煌学辑刊》2011 年第 2 期。

教建筑艺术风格。① 张善庆的《河西石窟阙形龛溯源刍议》一文通过对汉画中"西王母+双阙"模式和佛教艺术中"补处菩萨+阙形龛"模式的图像与意涵的比较、巴蜀与河西之间的交通以及河西地区天堂观念的考察，推断阙形龛的创意应该是来自四川地区汉画中的"西王母+双阙"模式。② 张善庆另一文章《马蹄寺千佛洞第 8 窟法华造像观世音菩萨图像考》一文就第 8 窟现存的一铺法华造像中题记漶灭不清的左胁侍菩萨身份进行了考证，该文结合其他石窟材料，将这身造像考订为观世音菩萨。③ 张旭华、陈开颖的《宾阳中洞帝后礼佛图供养人身份考释》一文考证，宾阳中洞帝后礼佛图中共有五位供养人画像，其中两位男性为孝文帝和太子形象的宣武帝；三位女性分别为孝文昭皇太后高照容、幽皇后冯氏和太子妃形象的宣武皇后高英。文章认为，这是一幅以表现出行礼佛为内容的家族式画像，融合了佛事活动、孝文帝改制后的宫廷礼仪制度，体现了以仁孝为核心的儒家观念。④ 沙武田的《北朝时期佛教石窟艺术样式的西传及其流变的区域性特征——以麦积山第 127 窟与莫高窟第 249、285 窟的比较研究为中心》是一篇关于石窟艺术的比较性研究论文，文章以麦积山西魏第 127 窟和敦煌莫高窟西魏第 249、285 窟为讨论的主要对象，在二地同时期石窟艺术比较研究的基础上，探讨了北朝时期佛教石窟艺术样式的西传及其流变的区域性特征。⑤ 张雪芬、李艳舒的《安岳卧佛院第 4 号龛题记与相关问题》一文主要论述了安岳卧佛院第 4 号龛主尊头光内新发现的"师祖慈海和尚"题记，将第 51 号窟内圆雕像、第 81 号窟内宋碑联系起来，文章通过对三则材料的整理，理清了慈海在卧佛院的活动轨迹，并由此整理出两宋时期卧佛院四位院主（南宋称"住持"）的继承脉络，即惠文、法京、慈海、悟宣，其时间跨度自北宋中晚期延续到南宋中期。第 4 号龛内师祖像的开凿，与南宋时期安岳周边及大足地区流行雕凿禅宗祖师的风气有关，"忠孝"思想突出，反映出这一阶段儒释相融的社会现象。⑥ 李静杰《乐至与富县石窟浮雕唐宋时期观音救难图像分析》一文是就中国仅存的乐至与富县石窟两铺浮雕观音救难图像所进行的研究，文章指出，乐至与富县石窟八难图像内容与敦煌绘画基本一致，属于同一发展系列，说明其图像不是单纯依据经典独立造型的，可能更多地受到中土流行粉本的影响。乐至石窟观音采用倚坐姿态，以及倚坐观音与半跏坐地藏合龛造像，属于典型川东地区因素，进而与八难图像搭配，为目前所知孤例。是

---

① 李文生、李小虎：《龙门石窟所表现的北魏建筑》，《敦煌研究》2011 年第 1 期。
② 张善庆：《河西石窟阙形龛溯源刍议》，《考古与文物》2012 年第 3 期。
③ 张善庆：《马蹄寺千佛洞第 8 窟法华造像观世音菩萨图像考》，《华夏考古》2012 年第 3 期。
④ 张旭华、陈开颖：《宾阳中洞帝后礼佛图供养人身份考释》，《中原文物》2012 年第 2 期。
⑤ 沙武田：《北朝时期佛教石窟艺术样式的西传及其流变的区域性特征——以麦积山第 127 窟与莫高窟第 249、285 窟的比较研究为中心》，《敦煌学辑刊》2011 年第 3 期。
⑥ 张雪芬、李艳舒：《安岳卧佛院第 4 号龛题记与相关问题》，《四川文物》2011 年第 6 期。

研究唐宋时代的地域文化和社会心理提供了不可多得的素材。①

2. 地面佛寺

**寺院：**

寺院是佛教最基本的载体，故而对寺院的研究也尤为重要。特别是在考古方面，它能为研究者提供对一座寺院的相对完整的一手资料。成都文物考古研究所的《成都市青白江区明教寺觉皇殿调查报告》是2010年成都文物考古研究所对位于成都市青白江区的明教寺觉皇殿进行的考古调查和测绘。报告指出，该建筑虽经后世改建，但主体部分仍为明代木构，推测其建成年代不会晚于明成化元年（1465年）。殿内的建筑彩画、彩塑及壁画亦为明代遗物，是研究成都地区明代建筑、佛教历史的珍贵实例。②李艳舒的《四川威远县静宁寺》一文，主要介绍了北距威远县城17公里，南距自贡市区14公里，2007年被四川省人民政府公布为四川省文物保护单位的静宁寺。静宁寺建筑群规模宏大，总占地面积44000平方米，建筑面积22000平方米，其建筑群楼台亭阁密布，殿宇连绵，气势恢弘，布局精巧。文中指出，静宁寺建筑群集儒、释、道三教为一体，具有较高的艺术价值和研究价值。③宫德杰的《简析临朐白龙寺建筑基址的结构年代与性质》一文主要介绍了2003年至2004年，山东省文物考古研究所与瑞士苏黎世大学联合发掘的山东省临朐县寺头镇北朝至隋代寺庙遗址。此次发掘出保存较好的一组佛教建筑基址，并出土了一批佛教石、陶造像标本。该文就建筑基址的结构进行描述，指出"囗"形的主体建筑布局，为我们提供了北朝时期古青州地区中小型寺庙主体结构的重要实物资料。④王原茵的《西安卧龙寺的建置沿革与文化遗存》一文，从20世纪五十年代的老照片入手，结合相关文献记载、遗存留藏等，稽考了西安卧龙寺的创建时间、历史变迁及文化遗存。指出卧龙寺是西安地区重要的佛教寺院之一，具有重要的历史文化价值。⑤赖西蓉的《四川蓬溪县新发现元代建筑金仙寺》⑥一文主要介绍的是遂宁市文物普查队于2008年7月在蓬溪县赤城镇周家店村发现一座元代寺院建筑——金仙寺。该寺现仅存大殿，其建筑特色鲜明，保存的题记数量较多，从题记判断，该寺应建造于元泰定四年（1327）。以上对寺院的考察，主要是以考古调查为主，而张笑峰的《圣容寺研究——以黑水城出土文书为中心》，则是以文献为主的考察。该文通过对黑水城出土的有关圣容寺文书的重新录文以及对黑水城地区宗教信仰的梳理，结合这些文书中的有关内容，讨论有关圣容寺的地理位置及其世俗作用。并进一步揭示由这些文书中所反映出的元代亦

---

① 李静杰：《乐至与富县石窟浮雕唐宋时期观音救难图像分析》，《故宫博物院院刊》2012年第4期。
② 成都文物考古研究所：《成都市青白江区明教寺觉皇殿调查报告》，《四川文物》2011年第5期。
③ 李艳舒：《四川威远县静宁寺》，《四川文物》2011年第5期。
④ 宫德杰：《简析临朐白龙寺建筑基址的结构年代与性质》，《世界宗教文化》2012年第1期。
⑤ 王原茵：《西安卧龙寺的建置沿革与文化遗存》，《文博》2012年第5期。
⑥ 赖西蓉：《四川蓬溪县新发现元代建筑金仙寺》，《四川文物》2012年第5期。

集乃路除了宗教信仰以外的政治、经济方面的问题。①

建筑是佛教寺院这一宗教艺术形态的进一步具体化。建筑的装饰充满着象征意义，而对建筑技术本身的研究，更是对佛寺研究不可或缺的一部分。惟善的《礼仪中的鲜花——试析佛教建筑中的花卉母题》②一文从经典出发，阐明散花供养在佛教中的重要作用，并结合中、印石窟建筑以及斯里兰卡地面寺院建筑的具体实例，探讨散花礼仪在建筑中的具体体现方式及其庄严佛法、培植福德的功能。从斗拱斗纹的形式来判断建筑的流派及师承，视角颇为独特，为某类建筑的发展和传承提供了微观但却有力的证据。张十庆的《斗拱的斗纹形式与意义——保国寺大殿截纹斗现象分析》一文通过对保国寺大殿的全面勘察，发现殿中斗拱的单槽散斗皆为截纹斗，即斗的看面显示为截纹形式，而唐宋时期北方木作建筑中的散斗都是顺纹斗。二者不同的加工制作技术反映了不同地域匠师谱系的特点。文章还指出，截纹斗的做法不仅在江南地区晚于保国寺大殿的宋元木作遗构中得到传承，也流传到东亚诸国，体现在日本和朝鲜的建筑中。③对于古代佛寺建筑的测量和研究往往不是一蹴而就的。

**造像：**

佛教以像设教，从造像的内容、种类及组合等方面最能反映出信仰的状况，是佛教艺术中研究的重要内容之一，一直为学者们所关注。张善庆的《凉州建德大地震与番禾瑞像信仰的形成》一文阐释北周建德年间番禾瑞像曾经发生多次佛首跌落事件，释道安和释道宣直接将其与北周政权的覆亡和北周武帝发动的灭法运动相联系。正是因为这种"预言"功能，番禾瑞像信仰随后兴盛起来。然该文经考察发现，番禾瑞像佛首跌落事件实际上和建德年间凉州大地震存在密切的关系。文章认为，释道安和释道宣对此却避而不谈，直接将此与政权存亡和佛教兴衰联系起来，反映出两位高僧的末法思想。④肖建军《论南北朝至隋时法华造像与维摩诘造像的双弘并举》一文着重考证南北朝至隋时法华造像与维摩诘造像的双弘并举的现象，文章认为这一现象反映出这一时期中国佛教的一个重要特征，即般若与法华双美，义解与禅观并重的佛教信仰与实践。⑤李柏华《唐代"诸尊佛龛木雕像"考证》一文主要是对日本和歌山金刚峰寺保存的空海大师从中国带回日本的"诸尊佛龛木雕像"进行的考证。该文通过对此像的分析和研究，提出了该造像由印度高僧金刚智在中国所造，并为密宗所特有的观点，并对其他相关问题进行了探讨。⑥沙怡然等人的《从北印度到布里亚特：蒙古人视野中的旃檀佛像》，一文通

---

① 张笑峰：《圣容寺研究——以黑水城出土文书为中心》，《西夏研究》2011年第1期。
② 惟善：《礼仪中的鲜花——试析佛教建筑中的花卉母题》，《世界宗教文化》2011年第2期。
③ 张十庆：《斗拱的斗纹形式与意义——保国寺大殿截纹斗现象分析》，《文物》2012年第9期。
④ 张善庆：《凉州建德大地震与番禾瑞像信仰的形成》，《敦煌学辑刊》2011年第3期。
⑤ 肖建军：《论南北朝至隋时法华造像与维摩诘造像的双弘并举》，《考古与文物》2012年第5期。
⑥ 李柏华：《唐代"诸尊佛龛木雕像"考证》，《中原文物》2012年第1期。

过对旃檀佛像的介绍和对北京城中最后一座供奉此像的寺院的描述，讨论了北京作为蒙古人朝圣地的形成，并尝试探讨旃檀佛的信仰如何通过民间传说和官方记载在蒙古民族中流传。最后该文展示了这尊佛像在清代北京、西藏和蒙古的不同复制品，以此强调这个形象的不同表现在藏、蒙、汉地佛教徒中有着广泛的认同。[①] 王锋钧的《西安地区西魏石刻佛教造像的类型及特征》[②] 一文考察了西安地区考古发掘出土此期石刻造像，种类主要有背屏式造像、造像塔、扁体造像碑、塔式造像碑、龛式造像和圆雕造像六种类型。佛龛普遍宽大，多见一铺多身的组合形式。佛和菩萨均呈献出母性与智性，与当时皇家的麦积山石窟造像风格一致。该文认为，已发现西魏时的长安石刻造像多数形制规整、雕琢精细，这与当时本地为国都且寺院规格较高有关。西魏与北周政权同在宇文氏掌控之下，但前后两个阶段的佛教造像艺术却呈现出不同的风貌。王敏庆的《北周长安造像风格渊源》[③] 和《北周长安造像与须弥山石窟》[④] 二文的研究核心是北周时期的长安造像，前者对北周长安造像风格的南朝渊源进行了考察，后者则是通过对北周文献及造像的考察，发现须弥山北周石窟与长安造像关系密切，须弥山石窟北周造像忠实体现了京城佛教造像艺术的特征，是研究北周长安佛教艺术的重要资料。崔峰的《论北周时期的民间佛教组织及其造像》[⑤] 也是一篇关于北周时期造像的研究，该文通过对遗存的造像记的分析，指出当时以邑和邑义为名称的民间佛教造像组织十分发达，其内部构成反映了当时社会的阶层结构，规模也与地域性基层村社有关。这些组织主要以造像为目的，兼顾修建寺院、建义井、栽树等。从造像题材看，北周民众的信奉对象以释迦最多，其次是观世音，与北齐民众信仰有明显不同，反映了二者文化和地域性的差异。董华锋的《四川出土的南朝弥勒造像及相关问题研究》[⑥] 一文在前人研究的基础上，探讨了四川出土的三尊南朝弥勒造像的图像渊源，研究了南朝时期蜀地与西凉、荆州的佛教交流，揭示出造像所反映的"弥勒—无量寿"信仰和"弥勒—观音"信仰，并讨论了这两种信仰之间的关系。袁志伟《大同善化寺二十四诸天像考辨》是一篇关于佛寺造像身份考证的文章。该文根据实地调查和文献记载，对二十四诸天像的名号及其宗教内涵进行考察，并从辽金时代佛学思想、大同佛教宗派等角度探讨这些造像的佛教思想内涵。文章认为，善化寺二十四诸天造像实际上是密宗仪轨、华严宗与天台宗忏法融合的产物，而其具体依据则以密宗《十二天供仪轨》和天台宗《金光明最胜忏仪》中的诸天供

---

① 沙怡然、郭丽平、贾维维：《从北印度到布里亚特：蒙古人视野中的旃檀佛像》，《故宫博物院院刊》，2011年第2期。
② 王锋钧：《西安地区西魏石刻佛教造像的类型及特征》，《文博》2011年第2期。
③ 王敏庆：《北周长安造像风格渊源》，《中华文化画报》2011年10月总第152期。
④ 王敏庆：《北周长安造像与须弥山石窟》，《西夏研究》2021年第3期。
⑤ 崔峰：《论北周时期的民间佛教组织及其造像》，《世界宗教研究》2011年第2期。
⑥ 董华锋：《四川出土的南朝弥勒造像及相关问题研究》，《敦煌学辑刊》2011年第2期。

养仪轨为基础，融合了密宗星辰信仰、大黑天信仰以及华严宗忏法的诸天供养仪轨，从而形成了独具特色的二十四诸天供养体系。这些造像的组合方式和宗教内涵直观的揭示出辽金时代大同佛教的发展脉络和佛教宗派思想特色。[1] 古代造像一般多在造像上贴金、施以丹青，特别是泥塑，装銮更是其羽翼。党小娟等人的《山西长子崇庆寺宋代泥塑彩绘颜料种类及贴金工艺分析》一文通过光学显微镜剖面分析法以及扫描电镜能谱、激光拉曼光谱分析法，对山西崇庆寺宋代泥塑彩绘颜料及其贴金工艺进行研究，结果发现红色颜料是朱砂、铅丹，绿色颜料是人工制造的氯铜矿，金色为自然金，采用金箔贴金工艺。这些信息为解读崇庆寺宋代彩绘泥塑提供了保护修复可靠的科学依据。[2]

**壁画：**

佛殿的壁画往往与造像相配合，共同阐释着某一殿堂的主题，故而历来为研究者所关注。但壁画的内容往往比较复杂，尤其是那些场景比较多的画面，再加上年代久远题记丧失或无题记，那么对壁画内容的解读就成为壁画研究的基础。避暑山庄安远庙主体建筑普度殿壁画题记尽失，且画面亦不完整，因此对壁画内容的判定比较困难。李建红《安远庙普度殿壁画内容初辨》一文以每层所供佛像为线索，参照经籍图录等文献资料，对其壁画内容进行了初步辨识，其中一层壁画描绘的中心为绿度母，二层绘佛传故事图，三层绘16位古护方神，体现了乾隆皇帝希望护佑国安的愿望。[3] 徐建中《怀安中所堡大师庙壁画》认为，怀安县中所堡大师庙的壁画总面积有37平方米，内容为礼佛图及佛传故事画。东、西壁的佛传故事画与其他寺庙的相比，在内容的选择和画面的描绘上同中有异，有着自身的特点。从绘制风格分析，文章认为中所堡大师庙壁画的年代应在清同治至光绪年间。[4] 雷勇的《甘肃省永登县连城鲁土司属寺壁画的科学分析和时代研究》一文主要是运用光学显微镜、扫描电子显微镜和共聚焦显微激光拉曼光谱技术，分析了甘肃永登连城鲁土司属寺中的妙因寺、感恩寺和雷坛中的部分壁画。分析结果表明感恩寺和雷坛壁画基本保持了明代最初的绘制风格和内容。其中感恩寺主要壁画的绘画颜料和工艺特点鲜明，表明绘制该壁画的画工不同于绘制鲁土司属寺其他壁画的工匠；妙因寺万岁殿壁画存在后期改动和重绘的情况，其中万岁殿外回廊壁画主要部分的最初绘制时间要早于万岁殿大殿内壁画的最后绘制时间；而妙因寺塔尔殿壁画则绘制于19世纪后期。[5] 关于蓬溪宝梵寺范丽娜共有两篇研究文章，第一篇《蓬溪宝梵寺明代壁

---

[1] 袁志伟：《大同善化寺二十四诸天像考辨》，《世界宗教研究》2011年第4期。
[2] 党小娟、容波、于群力、纪娟、王永进、柏柯、闫敏：《山西长子崇庆寺宋代泥塑彩绘颜料种类及贴金工艺分析》，《文博》2012年第3期。
[3] 李建红：《安远庙普度殿壁画内容初辨》，《文物春秋》2011年第4期。
[4] 徐建中：《怀安中所堡大师庙壁画》，《文物春秋》2011年第4期。
[5] 雷勇、文明、成小林：《甘肃省永登县连城鲁土司属寺壁画的科学分析和时代研究》，《故宫博物院院刊》2012年第2期。

画罗汉图像考察》,蓬溪宝梵寺壁画绘制于景泰元年(1450)前后,是南方明代寺院壁画中的代表性作品。壁画主体为罗汉图像,基于《法住记》十六罗汉记述描绘。罗汉造型主要继承蜀地五代贯休式样,又吸收中原北方同时代罗汉像因素而自成一格,兼具世俗化、写实性与装饰性特点。壁画构图突破传统罗汉图像的人物组合模式,并借鉴水陆画的空间表现手法,创造出自由多变、天人合一的境界。作品一反同时期寺院壁画的程式化风气,表现出一定的独创性和文人意趣。文章指出,该图像为探求罗汉信仰与禅宗思想的关系提供了重要线索。① 另一篇《蓬溪宝梵寺明代壁画图像综合分析》一文上承宝梵寺壁画罗汉图像考察,在逐一分析其他人物造型和属性的基础上,提出了关于壁画图像构成的总体认识。认为大雄宝殿北壁西侧药师经变,连同东侧对应位置已缺失的一铺壁画,构成净土图像系统,代表佛教修行者和供养人所祈求和将来往生的世界。禅宗初祖达摩、弥勒化身布袋和尚分别配置在两侧壁诸罗汉之首,反映了禅宗传灯思想与罗汉传法思想混同,三者构成传法图像系统。四天王与二十天人组成二十四护法诸天,形成环廓之势。净土、传法、护法三部分图像有序组合,构成以传法思想为主导的图像体系。发愿文则反映世俗捐资者不重视佛教教理,而追求现实利益的心态。② 关于罗汉问题,白化文先生的《中国的罗汉与罗汉画》③ 一文有总体性介绍,可资参考。杜慧娥的《浅析大同华严寺大雄宝殿壁画内容及艺术价值》④ 一文介绍了始绘于明代,清光绪年间重绘的大同华严寺大雄宝殿壁画。该壁画以说法图和佛教故事为题,分二十一幅巨型画面满布殿内四壁,场面开阔、人物众多,堪称鸿篇巨制。壁画设计周密,构图严谨,每幅画既独立成章又相互关联。壁画为重彩工笔画,色彩艳丽,装饰富丽,保存完好,且多处留有墨书题记,是珍贵的历史文化宝藏。戴晓云的《重泰寺水陆壁画内容考》一文以《天地冥阳水陆仪文》为标准本,对河北蔚县重泰寺的水陆画进行必要的释读,补充缺漏的榜题,对神祇分组并对明王本尊尊号进行了必要的释读。⑤ 该文作者认为北方地区所有水陆图像都是依据《天地冥阳水陆仪文》绘制,然其研究存在失误,详见《中国宗教研究年鉴(2009—2010)》⑥ 第325页。

3. 佛塔

丁友甫《浙江宁波天封塔基址发掘报告》是《文物》1991年第6期上发表的《浙江宁波天封塔地宫发掘报告》的延续,该文重点解决了以下几个问题:一是解决了现存

---

① 范丽娜:《蓬溪宝梵寺明代壁画罗汉图像考察》,《故宫博物院院刊》2011年第4期。
② 范丽娜:《蓬溪宝梵寺明代壁画图像综合分析》,《故宫博物院院刊》2011年第5期。
③ 白化文:《中国的罗汉与罗汉画》,载上海博物馆编:《翰墨荟萃:细读美国藏中国五代宋元书画珍品》,北京大学出版社2012年版。
④ 杜慧娥:《浅析大同华严寺大雄宝殿壁画内容及艺术价值》,《文博》2011年第1期。
⑤ 戴晓云:《重泰寺水陆壁画内容考》,《故宫博物院院刊》2011年第4期。
⑥ 曹中建主编:《中国宗教研究年鉴(2009—2010)》,宗教文化出版社2011年版,第325页。

天封塔的建造年代应属宋塔而非唐塔,也并非在唐塔基础之上重建的,既印证了文献的记载,也纠正了某些错误的认识。二是树立了在不同的地质条件下的筑基理念。由于宁波地处东海之滨,地脉虚软,建塔的工匠们没有生搬硬套《营造法式》,而是因地制宜,独创了换土垫层、隔层用材、侧脚立基的筑基之术。三是通过对塔身倾斜的原因探讨,为今后类似建筑的加固和重修无疑起到很好的借鉴作用。[①] 张炜、徐磊的《陕西省古塔现状调查及研究》一文阐述了古塔保护的重要性、迫切性和开展陕西省古塔现状调查及研究工作的重大意义;介绍了古塔地基基础及倾斜变形的可靠性鉴定、可靠性评定方法,以及近年来陕西省几例古塔纠偏工程的成功经验。[②] 王自力等人的《陕西周至县八云塔地宫的发掘》[③] 报告的是 2000 年和 2011 年,对陕西周至县八云塔地宫进行的清理工作。文中介绍地宫上层为方形砖室,下层为地宫。地宫平面为方形,直壁,四角攒尖顶,南壁正中有券洞式甬道,甬道内有三道封门。地宫内出土石函、石棺、汉白玉佛龛造像和钱币等。根据地宫形制和出土遗物等推断,八云塔及其地宫始建于唐代,北宋庆历年间在原址重建或改建。吴勇等的《新疆吐鲁番市台藏塔遗址发掘简报》介绍的是目前新疆境内保存较好、体量最大的唐至高昌回鹘王国时期的单体佛寺遗址。2008 年,新疆文物考古研究所对其进行了发掘,共清理台藏塔佛塔 1 座、墓葬 2 座。台藏塔为一座平面呈"回"字形的方形佛寺遗址,由塔身、外壁佛龛等构成。两座墓葬均为斜坡墓道洞室墓,随葬器物有陶器、金器、银器、铜器等。[④] 宋秀兰、别治明《河南中牟寿圣寺双塔》亦是一篇记录颇详的调查报告,文章对两座宋塔的现状记载详细,附有多幅测绘图,并对二塔的建筑特点进行了总结,阐述佛塔之所以坚固的建筑原理。[⑤]

王丽敏、高小静的《曲阳修德寺塔塔心室发现明代佛教造像》一文论述了 2010 年 8 月,在对曲阳修德寺塔进行全面测绘工作中,于第三层塔心室发现的一批遗物,包括题记、造像、经书、香炉等,材质有铁、铜、陶、木、瓷、纸等,经考察均系嘉靖十四年至十五年重修塔时留下的明代遗物,是研究本地区的佛教文化和佛教造像艺术不可多得的实物资料。[⑥] 王锋钧《西安地区出土的北朝隋唐石刻造像塔》一文主要论述的是西安地区出土的北朝至唐的小型石刻佛塔。文章将其分为楼阁式、亭阁式、覆钵式造像塔以及花塔四类详述,指出佛塔自东汉从印度传入我国后,形成了带有浓厚印度窣堵波色彩的覆钵顶造像塔和融入了汉式建筑风格的楼阁式和亭阁式造像塔,并在其基础上又衍生

---

① 丁友甫:《浙江宁波天封塔基址发掘报告》,《南方文物》2011 年第 1 期。
② 张炜、徐磊:《陕西省古塔现状调查及研究》,《文博》2012 年第 2 期。
③ 王自力、王磊、后小荣、王志宏、寇小石、王保平:《陕西周至县八云塔地宫的发掘》,《考古》2012 年第 6 期。
④ 吴勇、田小红、佟文康:《新疆吐鲁番市台藏塔遗址发掘简报》,《考古》2012 年第 9 期。
⑤ 宋秀兰、别治明:《河南中牟寿圣寺双塔》,《文物》2012 年第 9 期。
⑥ 王丽敏、高小静:《曲阳修德寺塔塔心室发现明代佛教造像》,《文物春秋》2012 年第 2 期。

出艺术化的花塔等。① 廖旸《南京弘觉寺塔地宫出土金铜尊胜塔像新考》论述了明正统初年太监李童施入弘觉寺塔地宫的金铜塔为藏式的形制，属善逝八塔中的尊胜塔，为目前内地发现的较早遗例。此塔保存有13至14世纪藏式塔的一些特征，某些元素也体现出汉藏艺术的交融，并为探讨善逝八塔形制的发展与成熟提供了重要线索。塔瓶内设顶髻尊胜佛母雕塑坛城，实现了坛城与尊胜塔空间的完美配置，标志着尊胜佛母造像居中的塔形龛到完整塔形的变化。塔底座四隅所置盖罐或系坛城法器，或类似须弥座内纳藏黑财神像、珍珠宝石的做法，与西藏起塔制度有关。文章指出，将这件作品与同时期李童在北京营建的法海寺尊胜陀罗尼石幢结合起来讨论，可窥见当时宫廷佛教信仰的特点与诉求。② 臧卫军《西安唐代五重佛舍利塔的佛像系统考释》一文通过探讨早年从北方黄河沿岸某地流失的五重宝塔的佛像不同属性，认为五重宝塔的毗卢遮那佛具有显现的十方三世诸佛的功能，在五重宝塔中赋予了法身舍利的永恒、普遍性。③ 俄玉楠《甘肃省博物馆藏卜氏石塔图像调查研究》一文考察现藏于甘肃省博物馆的卜氏石塔，该塔造像内容丰富而成体系，20幅图像联系组成了一个完整的三世佛信仰世界，受到学界的关注。同时，石塔上还有一些比较独特的图像鲜见于同时期的造像碑、造像塔，如：燃灯佛、释迦佛并立图像和人首鸟身图像，文章认为这些图像很可能是工匠依据经典并结合传统图像式样进行的再创造。④ 杨效俊《临潼庆山寺舍利地宫壁画试析》一文采用"建筑和图像程序"方法重新考察了临潼庆山寺舍利地宫，认为地宫以石门为界分为纪念空间和瘗埋空间。瘗埋空间以舍利石帐为中心，主室壁画表现释迦牟尼涅槃的哀悼场面。舍利地宫的整体设计是依据大唐南海波凌国沙门若那跋陀罗译《大般涅槃经后分》反映释迦牟尼涅槃后天界和人间举哀的情景。地宫的建筑空间借鉴唐代墓葬的结构，遵循中国传统的方位思想，将已经形成定制的佛教图像安置在相应的建筑空间和建筑面上，表现完整的佛教涅槃经思想。地宫具有完整的设计思想，形成一种独特的建筑和艺术门类，创造出舍利瘗埋的中国视觉文化。⑤ 杨效俊的另一篇文章《隋唐舍利瘗埋制度的形成原因及特点》阐述了隋唐舍利瘗埋制度的形成原因：一是初唐以来释迦牟尼作为历史上真实存在过的圣者而被广为崇信，佛骨舍利建立了唐土信者和佛祖之间的直接联系；二是通过奉迎和供奉、瘗埋舍利表明帝王与佛陀之间的继承关系；三是唐代从对舍利塔的礼拜变为对舍利真身和舍利塔的双重礼拜。以法门寺舍利为中心的供奉活动由开启、供奉、瘗埋三个环节组成。舍利供奉高级化、公开化和制度化的特征导致了隋唐舍利瘗埋制度的形成。舍利瘗埋主要依据涅槃类经典，在瘗埋空间中体现释迦牟尼涅槃后遗体

---

① 王锋钧：《西安地区出土的北朝隋唐石刻造像塔》，《考古与文物》2011年第4期。
② 廖旸：《南京弘觉寺塔地宫出土金铜尊胜塔像新考》，《故宫博物院院刊》2011年第6期。
③ 臧卫军：《西安唐代五重佛舍利塔的佛像系统考释》，《敦煌学辑刊》2012年第1期。
④ 俄玉楠：《甘肃省博物馆藏卜氏石塔图像调查研究》，《敦煌学辑刊》2011年第4期。
⑤ 杨效俊：《临潼庆山寺舍利地宫壁画试析》，《文博》2011年第3期。

到舍利的过程和佛教的宇宙图像。瘗埋舍利时在地宫内外有僧俗信众参加的各种仪式。①陈术石、佟强《从兴城白塔峪塔看辽代佛教的密显圆通思想》一文通过对道宗孙女燕云公主于辽道宗大安八年出资修建的宁兴城白塔峪塔塔身砖雕以及地宫所藏文物记载的研究，揭示出辽代密显圆通的佛教内涵。②张永波、于坪兰的《试论正定隆兴寺隋舍利塔到戒坛的演变》一文通过引证文献及碑文等资料，论述了正定隆兴寺从隋龙藏寺到唐龙兴寺，再到清隆兴寺的演变过程。认为隆兴寺内现存的明清建筑戒坛，其位置原为隋代恒州龙藏寺舍利塔的旧址，戒坛内现存的明代双面佛有明初永宣造像的风格，是深受藏密风格影响的铜造像。③

塔铭碑刻记录了很多重要的历史信息，也是研究宗教艺术的重要资料。樊波的《浙江杭州出土〈僧璨砖塔铭〉刊刻年代献疑》，一文通过大量文献资料的研究，尤其是对唐代相关石刻的分析对比，认为该塔铭刊刻年代并非自题的所谓"大隋开皇十二年"，很可能是唐代禅宗兴起之后禅宗信徒们伪造出的一件反映禅宗传灯世系的实物，刊刻时间不早于九世纪后期。④聂顺新《〈番州弘教寺分安舍利塔铭〉考伪》一文通过对《塔铭》中时间、地理、职官、隋代舍利安放制度、铭文内容等方面的考证，并结合《塔铭》在历代金石文献中的著录情况以及清中叶以降金石学极盛的历史背景，确定《塔铭》应是清代中后期碑贾为牟利而伪造。因此，隋代只存在文帝仁寿年间先后三次统一在全国一百余州安放舍利的制度，并无所谓"分安舍利"之制。⑤朱建路的《元宣授善和大师塔铭补考》认为善和大师应为元代医学家罗天益在《卫生宝鉴》中提到的刘禅师，他是金元之际此方佛教的著名领袖万松行秀的弟子，曾应召到忽必烈藩邸，受到忽必烈的尊崇。⑥

4. 典籍

宗教典籍是宗教得以传播、延续的重要载体，亦是宗教艺术重要形态之一。自敦煌藏经洞被发现以来，大量的文书、经卷等文献材料现世，为敦煌研究提供了广阔天地。邹清泉《中古敦煌〈维摩诘经〉的书写——以藏经洞维摩写卷为中心》一文是对敦煌写经的考察，该文以对藏经洞约1173件维摩写卷遗存的考察为基础，就中古敦煌《维摩诘经》的翻译、书写、流传与庋藏情况作了初步研究。认为作为物化在确定时代和地区的经验官能的产物，佛教功德思想贯穿中古敦煌《维摩诘经》书写的始终，并主要呈现为课业或功德、供养或受持以及祈福禳灾三种形式，另有浩繁写经虽为经生应约所写，

---

① 杨效俊：《隋唐舍利瘗埋制度的形成原因及特点》，《考古与文物》2012年第4期。
② 陈术石、佟强：《从兴城白塔峪塔看辽代佛教的密显圆通思想》，《北方文物》2012年第2期。
③ 张永波、于坪兰：《试论正定隆兴寺隋舍利塔到戒坛的演变》，《文物春秋》2011年第4期。
④ 樊波：《浙江杭州出土〈僧璨砖塔铭〉刊刻年代献疑》，《考古与文物》2012年第3期。
⑤ 聂顺新：《〈番州弘教寺分安舍利塔铭〉考伪》，《世界宗教研究》2011年第4期。
⑥ 朱建路：《元宣授善和大师塔铭补考》，《文物春秋》2011年第2期。

亦不离其宗。此外，文章还推断 S.2282 号《维摩经》应写于唐宣宗大中年间（847—859 年）或前后距之不远的晚唐时代，而 S.1864 号《维摩经》则应写于唐贞元十年（794 年），而非"甲戌"（792 年）。① 王友奎的《敦煌写本〈咒魅经〉研究》将千余字的伪经《咒魅经》，按照各写本间差异程度分为了六种传本体系。文章指出，《咒魅经》在文本的形成和流传过程中受到中国本土文化和佛教陀罗尼经咒以及《佛说佛名经》等巨大影响，体现出时人对魅蛊、天堂地狱等信仰世界的态度，而驱鬼治病、消灾祈福是此经最主要的实用功能。② 当增扎西的《从法藏敦煌藏文文献中的观音经卷看吐蕃观音信仰》一文通过对法藏敦煌藏文文献中的观音经卷内容分析比较，探讨吐蕃观音信仰形态特征。文章指出，吐蕃人在敦煌期间，像在吐蕃腹地时一样对观音菩萨给予了极大的关注。在吐蕃译经名僧贵·却珠将多部观音经典从汉文翻译为藏文，后人将其收入到藏文《大藏经》中。③ 敦煌文书内容丰富，其中不仅有宗教文献，还包括乐舞材料。黎国韬《敦煌遗书戏剧乐舞问题补述》一文对敦煌遗书中的"后座"、"头"、"了"、"钟馗"等问题作出考析，得出以下新的看法：其一，《宋国清破用请凭牒》提到的"后座"一词，与唐宋乐舞、宋元戏剧、元明队戏表演中的乐官、乐部、后行等含义相当；其二，敦煌舞谱"头当中心"一语的"头"字，乃指唐宋大曲队舞中的"队头"，其三，在"了"字提示的使用上，敦煌遗书中的俗讲程仪、南宋大曲曲本、元人杂剧剧本有一脉相承的关系，均与北宋宫廷大曲用"讫"不用"了"的情况不同；其四，在敦煌傩仪中，钟馗已取代了方相的位置，其扮演者应为乐营中善舞的乐人。④ 蔡渊迪的《杏雨书屋藏敦煌舞谱卷子校录并研究》⑤ 一文明确了在新近公布的杏雨书屋藏敦煌写卷中，编号为羽 49 号残卷是为敦煌舞谱的卷子性质，此为敦煌舞谱方面的又一新发现。文章认为《敦煌秘笈》对此卷的著录，却颇有错误，应当予以纠正。该写卷在曲名、序词、谱字等方面都有不同于其他舞谱文献的特点，具有重要的研究价值。毛瑾《写经书法述论——以敦煌吐鲁番写本为中心》一文以敦煌吐鲁番地区发现的佛经写本为例，探讨了两方面的问题：一是佛经的翻译与抄写情况，说明写经遵循一定的程序，写经人态度虔诚并关注书写的优劣；二是佛教写经所用书体的不同，说明唐代抄写佛经原典时均以正书书写，而抄录同时代人的注疏、释论时较多使用行草书。同时文章还分析了形成这一现象的各种因素。⑥ 庆振轩的《图文并茂，借图述事——河西宝卷与敦煌变文渊源探论之一》论述了河西宝卷与敦煌变文在宣讲内容、讲唱形式上有密切关联。讲唱变文，变

---

① 邹清泉：《中古敦煌〈维摩诘经〉的书写——以藏经洞维摩写卷为中心》，《敦煌学辑刊》2012 年第 1 期。
② 王友奎：《敦煌写本〈咒魅经〉研究》，《敦煌研究》2012 年第 2 期。
③ 当增扎西：《从法藏敦煌藏文文献中的观音经卷看吐蕃观音信仰》，《敦煌学辑刊》2011 年第 2 期。
④ 黎国韬：《敦煌遗书戏剧乐舞问题补述》，《敦煌研究》2012 年第 1 期。
⑤ 蔡渊迪：《杏雨书屋藏敦煌舞谱卷子校录并研究》，《敦煌研究》2012 年第 1 期。
⑥ 毛瑾：《写经书法述论——以敦煌吐鲁番写本为中心》，《故宫博物院院刊》2011 年第 3 期。

文变相结合，借图述事的形式，在后世讲唱叙事文本中，诸如元杂剧、明清小说和河西宝卷中均可看到其影响存留之迹。① 杜成辉《应县木塔秘藏中的辽代讲经文》一文将木塔秘藏中的辽代讲经文和变文与敦煌讲经文和变文相对比，文章认为应县木塔秘藏中的讲经文和变文内容表现出总括性的特点，篇幅较短；而敦煌讲经文和变文的内容则具有具体入微的特点，篇幅较长。② 杜成辉的另一篇文章《从应县木塔秘藏题记看辽代的雕刻印刷业》主要论述了1974年在对应县木塔实施抢险加固工程中，于四层主像内意外发现的辽代秘藏。这些秘藏多数为印刷品，从中可以获得辽代雕刻印刷业的一些重要信息，其编纂、校勘、负责官员名号和雕印流通机构等俱全，已经具备后世出版发行机构的雏形，对研究出版印刷业发展史具有重要意义。③ 张延清的《吐蕃敦煌抄经坊》一文介绍了敦煌抄经坊这一最基本、也是最具活力的佛经抄写机构；抄经团队达到了近七百人之多。规模庞大的抄经队伍，以抄经为业。论述了他们的主要以官方拨付、部落供应、信众布施的生活来源方式，以及抄经坊使用计件标签记录每一包抄经卷书目的具体运作模式。④ 1980年10月至1981年7月，吐鲁番地区文物管理所（现吐鲁番地区文物局）对柏孜克里克千佛洞崖前土沙堆积进行了清理发掘，出土了丰富的汉文和回鹘文等文献，张铁山在其《吐鲁番柏孜克里克出土回鹘文刻本〈佛说天地八阳神咒经〉残页研究》一文中，首次对其中一件回鹘文刻本《佛说天地八阳神咒经》（编号81TB10：09）残页进行原文换写、原文拉丁字母转写、汉译文（附汉文原文）和注释，并根据以往的研究对相关问题进行探讨。⑤ 张铁山另一文章《吐鲁番柏孜克里克出土四件回鹘文〈因萨底经〉残叶研究》一文首次对1980年10月至1981年7月，在柏孜克里克千佛洞崖前土沙堆积中出土的四件回鹘文《因萨底经》残叶进行原文换写、拉丁字母转写、汉译文和注释，并根据以往的研对相关问题进行探讨，主要包括两方面，一是与德藏《因萨底经》Ch/U 7570（旧编号 T III M 228）之对比，两者除一些词句不同外，新发现本比德藏本更简略，可以认为是该经的缩略本。二是四件残片的年代，虽残片本身并无年代信息，但同经德藏本的抄写年代约为17世纪，但该经很可能完成于13—14世纪，可为新出土本提供断代参考。⑥ 中国南传上座部佛教的基本情况，国内外学界知之不多，周娅的《中国南传上座部佛教抄本概况研究》⑦ 可以说具有填补研究空白的性质。该文对中

---

① 庆振轩：《图文并茂，借图述事——河西宝卷与敦煌变文渊源探论之一》，《敦煌学辑刊》2011年第3期。
② 杜成辉：《应县木塔秘藏中的辽代讲经文》，《北方文物》2012年第2期。
③ 杜成辉：《从应县木塔秘藏题记看辽代的雕刻印刷业》，《北方文物》2011年第2期。
④ 张延清：《吐蕃敦煌抄经坊》，《敦煌学辑刊》2011年第3期。
⑤ 张铁山：《吐鲁番柏孜克里克出土回鹘文刻本〈佛说天地八阳神咒经〉残页研究》，《敦煌学辑刊》2011年第2期。
⑥ 张铁山：《吐鲁番柏孜克里克出土四件回鹘文〈因萨底经〉残叶研究》，《敦煌研究》2012年第2期。
⑦ 周娅：《中国南传上座部佛教抄本概况研究》，《世界宗教研究》2011年第2期。

国境内南传上座部地区的佛教抄本情况作了概要介绍,并以西双版纳为个案,对我国南传上座部佛教抄本的源流、形制、存量、文字、内容结构以及濒危状况等方面都作了简要论述。

佛经文本崇拜是佛教崇拜中的一项重要内容,王水根的《佛经文本崇拜论》一文归纳了佛经文本崇拜的四种形式——修造佛经文本、敬惜佛经文本、神话佛经文本、供养佛经文本,认为圣人崇拜、学而优则仕、宗教信仰等是佛经文本崇拜发生的主要原因。而这又牵涉中印文化的分别,以及儒、佛、道、民间习俗甚至世俗权力等多因素的互动。文章认为,佛经文本崇拜更多的是一种文化自觉而非仅仅宗教信仰。① 但是,该文作者还忽略了佛经崇拜中重要的一点,即写经功德。在佛教中,建寺修庙、雕造佛像、抄写经书,均是信众积累功德希求福报的重要方式,而这种因果观正是佛教信仰的心理原动力。

5. 服饰及法物器具

霍旭初的《龟兹石窟壁画僧衣考》一本文通过对佛教文献和龟兹石窟壁画对照,并用唐代义净《南海寄归内法传》中有关印度说一切有部"著衣法式"等记载,对龟兹石窟僧衣的相关问题作了探索与考证。文章指出,说一切有部比较考究僧衣标识,制定了与众不同的式样标准。龟兹石窟壁画中的供养比丘和佛教故事中的比丘僧衣,充分反映出说一切有部的僧衣特色。② 费泳的《"垂领式"佛衣的典型特征及其在北方佛像中的应用》一文主要依据造像实物,对"垂领式"佛衣的典型特征及其在七佛、千佛、苦修像与单体造像中的应用进行了探索性揭示。③ 赵前锋的《正定崇因寺铜钟小考》一文论述的是在正定隆兴寺大悲阁之东耳阁御书廊下悬置的一口明代铜钟,该钟原位于崇因寺毗卢殿,通高146厘米,系明万历四十三年(1615年)御马监太监何朝造。此钟铸造精美,声音洪亮悠扬,所铸铭文不仅记录了明代太监崇佛的历史现象,还留下了明皇室成员请佛的历史信息。④ 王惠民的《敦煌与法门寺的香供养具——以"香宝子"与"调达子"为中心》一文将敦煌资料与法门寺文物结合起来考察香炉的形象以及配置关系,指出香宝子就是香炉所用香料的容器,而非沏茶之具,而调达子则是放置长柄香炉用的器物,香匙也是与香炉、香宝子、调达子配套之物。⑤

6. 专题图像研究及其他

李静杰的《佛足迹图像的传播与信仰——以印度与中国为中心》分上下两部分论述

---

① 王水根:《佛经文本崇拜论》,《宗教学研究》2011年第2期。
② 霍旭初:《龟兹石窟壁画僧衣考》,《敦煌研究》2011年第1期。
③ 费泳:《"垂领式"佛衣的典型特征及其在北方佛像中的应用》,《敦煌学辑刊》2011年第3期。
④ 赵前锋:《正定崇因寺铜钟小考》,《文物春秋》2011年第1期。
⑤ 王惠民:《敦煌与法门寺的香供养具——以"香宝子"与"调达子"为中心》,《敦煌学辑刊》2011年第1期。

了佛足迹图像的产生、发展、流传及其信仰状况的流变。文章认为，佛足迹图像创始于纪元前后中印度佛陀象征性表现，2—4世纪脱胎于佛陀象征性表现的佛足迹石出现并流行，在西北印度和东南印度形成两个各具特征的图像系统。其后，印度佛足迹图像经历了缓慢的发展过程，一直持续到12世纪。中国汉文化地区的佛足迹图像，自7世纪中叶玄奘、王玄策带回中印度粉本之后发展起来，从关中周围扩展到四川盆地和东南沿海。明代汉传佛教寺院佛足迹碑图像流行，佛足迹图像中国化过程最终完成。在日本，奈良时代来源于王玄策粉本的药师寺佛足迹石图像，对江户时代及其以后日本佛足迹图像产生了深远影响。祈求佛教兴旺和永恒，始终是佛足迹图像的主题，在后世发展中又增加了护法、消灾和超度亡灵等内涵。① 李翎的《"玄奘画像"解读——特别关注其密教图像元素》②一文对西安兴教寺所存玄奘石刻像与日本现存无名氏画玄奘像，进行了考察。文章认为，这一源于早期行脚僧图像的出现，是由于玄奘西行求法的成功，刺激了社会民众对行脚僧的认同，加之西来传法僧的大量涌现，于是在唐末、尤其是在宋代，出现了一批行脚僧图像，并由初时的胡僧梵相，变为汉僧模样，进而附会到玄奘的图像创作上。而在日本所存著名的"玄奘画像"，事实上可能是一个具密教性质的僧人图像。[俄] К. Б. 克平著、彭向前翻译的《西夏版画中的吐蕃和印度法师肖像》一文对西夏译本《现在贤劫千佛名经》卷首版画《夏译佛经竣工图》中的僧人作了考察，认为不能简单地根据他们的党项或汉姓氏来判断其族别。文章结合在人物面相上总结出的"判断标准"，从版画上描绘的9个僧人中考证出3个人物，他们是吐蕃法师咱米、印度法师不动金刚及其吐蕃弟子勒布。③ 关于十王图像已有不少研究。何卯平的《东传日本的宁波佛画〈十王图〉》和《试论大足"十王"对敦煌"十王"的传承》两文续有研考。前者介绍了存世宁波佛画十王图的相关研究、数量和特点，并将宁波十王图和敦煌绢绘十王图进行了形制比较。④ 后者则论述了蜀地大足"十王信仰"与敦煌"十王信仰"的关联。而且宁波"十王图"与山西"十王殿"的形制相同，属于不同于蜀地图像学系谱之系统。⑤ 此外张总先生亦有《十王图》⑥一文，充分利用了浙江黄岩出土的插图本十王经，陕西耀县神德寺塔发现的《阎罗王授经经》及安岳香坛寺十王地藏雕刻等新材料，（香坛寺造像由作者考察认定）对十王图源起等状况作了深入探讨。与十王图谱系中更

---

① 李静杰：《佛足迹图像的传播与信仰——以印度与中国为中心》（上、下），《故宫博物院院刊》2011年第4期、5期。
② 李翎：《"玄奘画像"解读——特别关注其密教图像元素》，《故宫博物院院刊》2012年第4期。
③ [俄] К. Б. 克平著，彭向前译：《西夏版画中的吐蕃和印度法师肖像》，《西夏研究》2011年第3期。
④ 何卯平：《东传日本的宁波佛画〈十王图〉》，《敦煌学辑刊》2011年第3期。
⑤ 何卯平：《试论大足"十王"对敦煌"十王"的传承》，《宗教学研究》2011年第3期。
⑥ 张总：《十王图》，载上海博物馆编：《翰墨荟萃：细读美国藏中国五代宋元书画珍品》，北京大学出版社2012年版。

重的地藏菩萨，张总《风帽地藏像的由来与演进》一文不止于列出披戴风帽地藏菩萨像之据的《道明和尚还魂记》，更重要是以山西临猗出土绢画的露顶与风帽地藏并存的形象，反映出其演进过程。该文通过地藏主要形象类型的梳理与细节注重，可知地藏信仰发展过程中，形象特征也有重要作用与突出表现。① 此文得到好评，收入中国人民大学报刊资料中心的宗教类选文之中。余欣的《敦煌文献与图像中的罗睺、计都释证》一文主要依据敦煌文献与图像资料对罗睺、计都的观念渊源，实际占验中的运用及与传统天文星算思想之间的张力，星命与道教斋醮符箓的结合，星神图像程式的成立与演变，历法星占所见之东西文明交流史与"交错的文化史"等问题做了论考。②

铭文碑刻本应随其功能、所刻内容性质归在相应的宗教艺术形态之中，但因数量较少，也为方便读者查阅，故将其归在一类置之专题图像研究之后。任乃宏的《二祖庙〈菩提达摩碑〉碑文复原及考释》一文以对位于河北成安县元符寺内的菩提达摩碑的实地考察为基础，结合传世的佛教文献和当代学者的研究成果，对二祖庙菩提达摩碑的碑文进行了整理复原，考定此碑的重建时间为唐元和十三年五月。此外，文章就碑文的真伪等提出自己的看法，认为简单否定碑文为伪并不可取，在更有力的证据出现之前暂且存疑。③ 陈良军的《河南济源新发现重修延庆化城寺碑考释》一文首先介绍了济源市进行第三次全国文物普查时，在济源化城寺遗址上发现了一通元代重修延庆化城寺碑。碑文记载了元、宋两代朝廷对天下寺观等宗教场所的保护旨令、宋真宗赐予济源化城寺佛教经典的情况，特别是碑中原文刊录了生于济源的唐代宰相裴休关于建造延庆化城寺的四篇表疏文书。该文通过对化城寺碑的考证、释义，揭示了唐相裴休与济源、济源延庆化城寺修建的深层关系，认为寺碑是由元代怀庆路范围内名寺院宫观共同参与刻写，宋代朝廷保护宗教场所是因济源化城寺而逐渐波及全国。并推断延庆寺所在地即是裴休年少读书处。④ 毕丹紫玉《卢龙县大佛顶尊胜陀罗尼经幢考》⑤ 一文对此大佛顶尊胜陀罗尼经幢进行了简单考证。该幢身共分6层，现基本保存完好，底4层为石刻文字，上2层雕刻佛像，除第四层幢身为明万历年间所建外，其余为金代大定年间重修。张国庆的《辽代经幢及其宗教功能——以石刻资料为中心》⑥ 一文详细梳理了辽代经幢的种类，将其分为一般经幢、墓幢、记事幢、灯幢与香幢四大类。通过石刻文字资料归纳总结出辽代经幢的三大宗教功能，即灭罪与度亡、禳灾与祈福、报恩与尽孝。

佛教对中国文化影响深远，它渗透到了中国人生活的方方面面，如墓葬、书法艺术

---

① 张总：《风帽地藏像的由来与演进》，《世界宗教文化》2012年第1期。
② 余欣：《敦煌文献与图像中的罗睺、计都释证》，《敦煌学辑刊》2011年第3期。
③ 任乃宏：《二祖庙〈菩提达摩碑〉碑文复原及考释》，《文物春秋》2012年第3期。
④ 陈良军：《河南济源新发现重修延庆化城寺碑考释》，《文博》2011年第6期。
⑤ 毕丹紫玉：《卢龙县大佛顶尊胜陀罗尼经幢考》，《文物春秋》2012年第4期。
⑥ 张国庆：《辽代经幢及其宗教功能——以石刻资料为中心》，《北方文物》2011年第2期。

等。罗世平《仙人好楼居：襄阳新出相轮陶楼与中国浮屠祠类证》一文在讨论湖北襄阳新出相轮陶楼形制的过程中，分别联系同期北方墓葬中出土的陶楼明器和汉晋之际江南地区的佛饰堆塑重楼魂瓶进行类比分析，证明这两类墓葬明器都与文献记载的"浮屠祠"相关联。在佛教初传汉地时，由"仙人好楼居"的汉式重楼过渡到高层佛塔，浮屠祠是初期的标志，襄阳蔡越墓陶楼或可看作是浮屠祠的标准器。浮屠祠用作明器进入墓葬，反映了汉地民间埋葬方式因佛教传入而起的新变化，并在随后长江中游六朝砖墓的建造中留下了印记。[①] 李青峰的《浅谈乾陵文物中的佛教因素》一文阐释了乾陵不管是地下出土的以壁画和唐三彩为主的珍贵文物，还是地面遗存下来的精美石刻，许多都留有佛教文化影响的痕迹，带有佛教艺术熏染的印记。[②] 程旭的《论唐墓壁画中的佛教题材》一文论述了在佛教的影响下，唐代墓葬在表现形式上与魏晋南北朝时期不同，随葬明器大量减少，代之以墓室壁画和隐藏其中的佛教因素为主，并流传至今。[③] 霍巍的《唐宋墓葬出土陀罗尼经咒及其民间信仰》一文虽亦涉及墓葬，但内容与前两篇文章略有不同。该文通过对考古出土的这类材料进行综合研究，认为墓葬出土陀罗尼经咒与唐宋时期持明密教在中土的流行有关，同时也与中国传统文化中的咒术、避邪等方术相互结合，形成唐宋之际民间信仰的一种新的表现形式。[④]

聂清的《试从禅宗的角度审视古典书法》一文通过禅宗视角的审视，深入地探讨了古典书法艺术的内在精神，并藉此纠正仅从外在形式的角度来理解古典书法的偏向。[⑤] 蔡枫的《印巴犍陀罗艺术研究的三个阶段》高度概括了印巴犍陀罗艺术研究的三个阶段及其特点和性质，可使人们对其有一个整体而清晰的把握。第一阶段始自19世纪中叶，终于印巴分治。当时，西方学者主导犍陀罗地区的考古和研究，研究的热点在于剖析犍陀罗艺术中的西方文化因素。印度学者的犍陀罗艺术研究在殖民主义话语权的笼罩下，处于相对"失语"的状态。第二阶段为印巴分治后的前三十年。巴基斯坦学者拥有考古优先权，犍陀罗艺术的考古和研究崭露头角。第三阶段始自20世纪80年代。印巴学者力图摆脱西方的学术窠臼，回归印度传统文化视角，犍陀罗艺术研究渐入繁盛期。[⑥] 周耘《永远的乡音——日本佛教黄檗宗仪式音乐的中国元素》[⑦] 一文以实地考察和文献为依据，着力分析日本黄檗宗遗存明清佛乐的现象，并尝试从离散（Diaspora）的视角阐释"永远的乡音"现象背后深刻的社会历史文化要因。

---

[①] 罗世平：《仙人好楼居：襄阳新出相轮陶楼与中国浮屠祠类证》，《故宫博物院院刊》2012年第4期。
[②] 李青峰：《浅谈乾陵文物中的佛教因素》，《文博》2011年第5期。
[③] 程旭：《论唐墓壁画中的佛教题材》，《文博》2011年第3期。
[④] 霍巍：《唐宋墓葬出土陀罗尼经咒及其民间信仰》，《考古》2011年第5期。
[⑤] 聂清：《试从禅宗的角度审视古典书法》，《世界宗教文化》2012年第1期。
[⑥] 蔡枫：《印巴犍陀罗艺术研究的三个阶段》，《南亚研究》2012年第1期。
[⑦] 周耘：《永远的乡音——日本佛教黄檗宗仪式音乐的中国元素》，《世界宗教文化》2011年第5期。

**（二）藏传及南传佛教艺术**

藏传佛教是佛教传成中的重要一支，一向为中外学者所关注。夏格旺堆、张建林等人的《查果西沟摩崖造像2009年考古调查简报》，① 记述了2009年6月陕西省考古研究院与西藏自治区文物保护研究所，联合对西藏自治区昌都地区芒康县查果西沟摩崖造像进行的全面而详细的考古调查。查果西沟摩崖造像现存7尊造像，可分为三组：第一组包括大日如来与二菩萨、一供养人在内的4尊造像，具有明显的吐蕃造像特征，时代为公元9世纪初期；第二组的1尊高浮雕造像与第三组的2尊线刻造像时代可能为公元12世纪甚至更晚，显示了查果西沟及周边地区佛教的发展及延续性。张纪平、丁燕、郭宏的《西藏江孜县白居寺调查报告》，② 对位于西藏江孜县的白居寺进行了调查、测绘。指出白居寺修建年代为1418—1436年，历时18年，寺内建筑构架、彩画、彩塑、壁画均为明代遗构，是研究西藏地区明代建筑、佛教历史的珍贵实例。该次调查于2008—2010年进行。刘冬梅、霍守义的《西藏昌都地区藏族民间美术资源调查》一文首先对西藏昌都地区藏族民间美术资源的分布情况进行了概述，并选择唐卡、金属锻制工艺、木刻和石刻艺术等作为代表性项目，进一步就传承的历史与现状、传承人、技艺以及艺术特色等进行了调查，最后指出昌都地区藏族民间美术面临着技艺传承人减少，技艺水平下降以及材料缺乏、技艺失传等问题，而要解决这些问题，一是要从制度上保证民间技艺后继有人，二是政府的扶持与帮助。③ 对于佛教遗存的时代判定，往往并不是一次敲定，特别对于那些没有明确时间题记或标志的遗迹，会随着人们认识的不断深入而有所变化。位于西藏西部阿里地区的古格王国境内现存有都城札不让以及皮央、东嘎等处以佛教文化为中心的遗址，对于这些佛教遗存的年代国际学术界有不同的观点，其中有意见认为这些遗址内现存的佛教殿堂年代均不会早到15世纪，但霍巍的《关于古格王国早期佛教遗存的再探讨》④ 一文，从考古学和文献学两方面的证据提出，上述佛教遗存可分为早、晚两期，认为不应当轻率地否认其中早期遗存的存在。玛尔仓·苏白的《合然寺考略》一文对合然寺的历史及现状进行了考察。合然寺是藏传佛教格鲁派寺院，由隆务寺第一世活佛堪钦·更登尖揭创建于清康熙四十二年。该寺占地约2000平方米，分前后二院，现仅存后院。建有经营、弥勒佛殿。该文指出其壁画出自佛教绘画艺术大师加毛·洛桑华旦之手，弥足珍贵。⑤

---

① 夏格旺堆、张建林、田有前、胡春勃、席琳、王郢、伙桑、次旺、李晓喻：《查果西沟摩崖造像2009年考古调查简报》，《考古与文物》2012年第3期。
② 张纪平、丁燕、郭宏：《西藏江孜县白居寺调查报告》，《四川文物》2012年第4期。
③ 刘冬梅、霍守义：《西藏昌都地区藏族民间美术资源调查》，《中国藏学》2011年第2期。
④ 霍巍：《关于古格王国早期佛教遗存的再探讨》，《敦煌研究》2011年第3期。
⑤ 玛尔仓·苏白：《合然寺考略》，《四川文物》2011年第1期。

一个个具体的寺院就是佛教的物质载体,因此以寺院为单位的研究,便也是佛教艺术研究中最常用的方式。如白日·洛桑扎西的《艾旺寺造像艺术风格再探》,[①] 该文探讨了艾旺寺的建造年代以及寺内三种风格的造像,尤其是藏式佛像的风格特征,认为这种三种风格集于一处的习俗是受藏传佛教第一寺桑耶寺设计理念的影响。指出其中藏式佛像风格值得学界进一步分析研究。色莉玛《8—11世纪西藏寺院建筑中来自印度佛教之因素——以桑耶寺与托林寺为例》一文以西藏典型藏传佛教寺院桑耶寺、托林寺为考察对象,指出桑耶寺设计理念主要依据佛教《阿毗达磨俱舍论》,深受印度佛教影响,也是吐蕃时期西藏密宗信仰的直接反映。而托林寺最早建造之迦萨殿则是仿照桑耶寺修建,同样受到印度佛教影响。在藏传佛教美术中的多闻子图像是一个复杂的图像系统,夏鲁寺现存44个建筑空间中有多处出现多闻子图像,不同建筑空间的多闻子像特征也不尽相同。[②] 贾玉平的《藏传佛教美术中多闻子图像及其信仰——以夏鲁寺为例》一文以其他地区的多闻子图像为参考,分析了此类图像特征之间的差异,对多闻子图像的演变及其在不同佛教地区的传播作了探讨,归结为以下三点:其一,以夏鲁寺多闻子图像为代表的艺术风格多样性是夏鲁寺艺术的主要特征,其成因是印度、尼泊尔样式,中亚、于阗样式以及汉地、敦煌式样共同交融的结果。其二,在吐蕃时期就已经广泛流行多闻子形象及其信仰。其三,多闻子的功能特征在流传过程中与信仰族群的政治、军事、经济等社会状况密切相关,随时随地各有侧重。[③] 王开队的《试论历史时期藏传佛教萨迦派寺院在康区的空间分布及其特征》[④] 一文,通过对现有资料的系统整理,借助现代历史地理学研究方法,对历史时期藏传佛教萨迦派寺院在康区的空间分布及其特征进行了初步研究。借助元代所形成的政教优势,17世纪中叶以前萨迦派在康区的康北德格及康东康定地区形成了自己的寺院集团。而在此后,由于淡出了康区的政教斗争舞台,萨迦派在康区的发展较为平稳,直至近代以前萨迦派在康区的主要寺院集团仍集中在上述两个地区。阮丽的《瞿昙寺瞿昙殿、宝光殿文殊金刚四十三尊曼荼罗考证》[⑤] 一文通过对瞿昙殿、宝光殿十尊图像与文殊金刚四十三尊曼荼罗的比照,得出结论认为两殿的十尊图像是依据文殊金刚四十三尊曼荼罗绘制而成。文章指出《究竟瑜伽鬘》第二十章文殊金刚四十三尊曼荼罗,还收录于《金刚鬘》及略晚(13世纪初左右)的《米扎百法》中,因此瞿昙寺壁画的绘制也应是依据其中的版本之一。这一曼荼罗图像流行时间较短、遗存较少,而瞿昙寺两殿的图像实属罕见。谢继胜、贾维维的《元明清北京

---

① 白日·洛桑扎西:《艾旺寺造像艺术风格再探》,《中国藏学》2011年第1期。
② 色莉玛:《8—11世纪西藏寺院建筑中来自印度佛教之因素——以桑耶寺与托林寺为例》,《四川文物》2012年第5期。
③ 贾玉平:《藏传佛教美术中多闻子图像及其信仰——以夏鲁寺为例》,《考古与文物》2011年第2期。
④ 王开队:《试论历史时期藏传佛教萨迦派寺院在康区的空间分布及其特征》,《宗教学研究》2011年第3期。
⑤ 阮丽:《瞿昙寺瞿昙殿、宝光殿文殊金刚四十三尊曼荼罗考证》,《法音》2012年第8期。

藏传佛教艺术的形成与发展》[1] 是一篇综合性较强的论文。该文扼要记述作者考察的元明清时期北京藏传佛教艺术的主要遗存，分析了与之相关的北京史籍文献。根据以寺庙、佛塔、绘画、雕塑和相关僧俗人物及其文献建立起北京藏传佛教艺术发展的线索，重点考察不同时期北京藏传佛教艺术发展的特点及规律，指出北京藏传佛教艺术在汉藏政治文化交流、在各民族共同创建中华文明史以及在整个中国艺术史上的地位。此外该文还提出了若干以前学界未曾关注的观点：如覆钵塔与中国城市空间表达与标志；元明北京寺院的藏传佛教神灵体系；元至明永宣时期藏传雕塑对中国雕塑史的推动；明罗汉图像在藏区的流布；明清衮服与藏传金铜佛衣饰配置制度等。北京西山碧云寺的金刚宝座塔是北京地区藏传佛教的一处重要遗存。李俊的《碧云寺金刚宝座塔图像探析》[2] 一文从碧云寺金刚宝座塔上的雕像出发，追溯历史，探寻图像之源，力图展现乾隆统治初期以兼收并蓄为主的时代审美特征，体现中西融合的艺术特色，彰显汉、藏、蒙等民族的审美情趣，以期准确把握碧云寺金刚宝座塔的艺术与宗教特征。

由于藏传佛教神祇谱系庞杂，故对一些造像的考证就显得十分重要。熊文彬的《北京首都博物馆藏四世班禅大师铜像考》[3] 一文指出，北京首都博物馆藏四世班禅大师铜像系由四世和五世班禅大师的司膳官罗桑丹增创作于1663—1737年或17世纪80年代至18世纪20年代之间。作品不仅体现出藏传佛教艺术卓越的写实成就，同时像内装藏的两位班禅大师的圣物也使该作具有重要的宗教意义。韦陀、常红红的《武威博物馆藏喜金刚与大黑天金铜造像考》[4] 一文则通过对武威博物馆藏的喜金刚与大黑天金铜造像特征及其背景的分析，并对照敦煌第465窟及相关造像义理与风格，否定了这组塑像制作于明代说，指出其制作之地极可能是在13世纪中期的西藏，并证实了它们在汉藏关系史上的重要意义：武威塑像似乎与萨迦班智达和八思巴有着密切关系，萨班极有可能在举行喜金刚坛城仪轨时使用过这组金铜佛像。张晓艳的《从陕西历史博物馆藏金铜佛像看藏传佛教艺术》[5] 一文主要概述了藏传佛教造像特别是金铜造像对藏传佛教文化艺术研究的深远意义。

西夏在我国历史上是一个少数民族政权，是中华文明的一个重要组成部分，其佛教艺术深受藏传佛教影响。郑怡楠的《俄藏黑城出土西夏水月观音图像研究》[6] 主要考察的是在俄罗斯艾米塔什博物馆收藏的，黑水城出土的西夏佛教艺术品中的两件水月观音图像。这两幅图像刊布在其展览图册《ПЕЩЁРЫ ТЫСЯЧИ БУДД》中。文章认为，这两

---

[1] 谢继胜、贾维维：《元明清北京藏传佛教艺术的形成与发展》，《中国藏学》2011年第1期。
[2] 李俊：《碧云寺金刚宝座塔图像探析》，《中国藏学》2011年第3期。
[3] 熊文彬：《北京首都博物馆藏四世班禅大师铜像考》，《中国藏学》2011年第1期。
[4] 韦陀、常红红：《武威博物馆藏喜金刚与大黑天金铜造像考》，《敦煌研究》2011年第1期。
[5] 张晓艳：《从陕西历史博物馆藏金铜佛像看藏传佛教艺术》，《文博》2012年第2期。
[6] 郑怡楠：《俄藏黑城出土西夏水月观音图像研究》，《敦煌学辑刊》2011年第2期。

幅水月观音图，与榆林窟、东千佛洞绘制之水月观音像风格如出一辙，区别主要是在配图上。在X—2439号配图中有一幅乐舞图，经过对图像中人物、乐器、舞蹈内容的研究，这是西夏时期的乐舞图像，也是目前仅存的西夏乐舞图像。

佛教中的碑石铭刻，不仅可补史料、佛教典籍之不足，很多时候其本身也是一件佛教艺术品，故其在佛教艺术中十分重要。例如矗立于瞿昙寺内的五方汉藏双文合璧碑刻，无论是它们悠久的年代，还是恢宏伟岸的形制与雕刻艺术的精美手法，都是西北地区其他寺院所存碑刻难以相提并论、比肩媲美的。石碑上的文字记述，则更是生动地反映出了明朝统治者利用宗教在安抚西北地方少数民族部众所表现出的良苦用心，不失为研究当年藏传佛教弘扬传播的珍贵文献资料。虽然以前一些书籍中曾将这些石碑文字部分或全部介绍收录，但是其中多有错讹衍漏，吴景山的《瞿昙寺中的五方碑刻资料》[1]一文谨据现存石碑文字并参照各书著录，将各碑碑文以行列顺序录出，且对每座石碑的大致状况及校正分别介绍于后，可称为学术界利用这些碑刻资料提供了不小的方便。周莎、楼朋林的《北京北海西天梵境七佛塔碑记考》，[2] 是针对清代乾隆皇帝在大慈真如宝殿后为供奉七世佛像修建藏式塔亭一座，并将七佛的种族、姓名、神足、执事弟子、佛子以及父母姓名等分别刻在7块石碑上，并御制《七佛塔碑记》所做的考证，文章指出，七佛塔的塔亭设计、线刻佛像、所刻碑文等对研究清代的石刻艺术和民族关系史有重要的学术价值。阿华·阿旺华丹的《北京地区的藏文碑刻文献》[3] 一文对北京地区现存藏文碑刻作了整理编目并分别加以介绍，有助于我们了解北京地区的藏文碑刻文献以及藏族文化对北京地区的影响。该文与谢继胜、贾维维的《元明清北京藏传佛教艺术的形成与发展》可谓相得益彰。

其他有关藏传佛教的文章还有吴明娣的《明清藏传佛教法器铃杵与汉藏艺术交流》、屈波的《一花一世界：藏传佛教擦擦艺术内涵探赜》、格桑益西的《藏族传统美术在当代的发展创新》等文章。吴明娣的《明清藏传佛教法器铃杵与汉藏艺术交流》[4] 一文根据历史档案、图像与存世实物，对藏传佛教法器中最具有代表性的金刚铃杵加以考察，在厘清其发展演变基本线索的前提下，着重探讨明清时期汉藏两地铃杵的制作、相互流传及其影响，并阐明其与汉藏艺术交流的紧密联系。擦擦是藏传佛教艺术中特有的一种形式，屈波的《一花一世界：藏传佛教擦擦艺术内涵探赜》[5] 指出，擦擦具有丰富的艺术、民俗、宗教内涵。透过它可以窥见佛法的大千世界，受到强烈的艺术感染，并感受到藏民族的脉动。文章还强调，擦擦体量虽小，然以其精而微的艺术表现，开启了一扇

---

[1] 吴景山：《瞿昙寺中的五方碑刻资料》，《中国藏学》2011年第1期。
[2] 周莎、楼朋林：《北京北海西天梵境七佛塔碑记考》，《中国藏学》2011年第3期。
[3] 阿华·阿旺华丹：《北京地区的藏文碑刻文献》，《中国藏学》2011年第2期。
[4] 吴明娣：《明清藏传佛教法器铃杵与汉藏艺术交流》，《世界宗教研究》2011年第6期。
[5] 屈波：《一花一世界：藏传佛教擦擦艺术内涵探赜》，《宗教学研究》2011年第2期。

通向理解藏民族心灵和藏传佛教奥妙的大门，值得仔细欣赏和深入探讨。格桑益西的《藏族传统美术在当代的发展创新》① 是一篇关于传统美术如何在当代生存、发展的文章。该文就藏族传统美术在当代新的历史时期发展的环境条件、创新活动事迹、创新的追求趋向、创新的实践探索、创新的总结思考等方面作了较完整的论述。

最后需提及的是红梅的《蒙古族敖包祭祀诵经音乐中的藏传佛教蒙古化因素——以呼伦贝尔市宝格德乌拉敖包祭祀仪式为个案》② 一文，这是一篇关于宗教音乐方面的研究论文。该文以内蒙古呼伦贝尔地区新巴尔虎左旗和新巴尔虎右旗共同祭祀的宝格德乌拉敖包祭祀仪式为个案，通过对敖包祭祀仪式诵经音乐的结构、内容等进行描述和分析，深入探讨流传于蒙古族地区的藏传佛教诵经音乐中包含的蒙古文化因素，阐释敖包作为蒙古族原始宗教信仰之重要载体，在藏传佛教蒙古化过程中的重要地位和作用。

## 二 道教及其他本土宗教艺术

### （一）道教艺术

道教是我国的本土宗教，佛教传入后，在佛教的刺激下得到迅速发展。就总体而言，道教开窟造像不似佛教多，因此也就更显珍贵。曾德仁的《四川省丹棱县龙鹄山道教摩崖造像》，③ 主要介绍了别具特色的唐代四川丹棱县龙鹄山道教摩崖造像，该造像以天尊、老君为主要内容，折射出当时的社会风貌及四川地区的民间信仰。文章认为对元始天尊、老子的崇拜加上《道德经》、《本际经》四位一体，构成了唐代的道教信仰。而天宝九年的松柏铭碑则蕴涵了丰富的历史信息，为研究唐代道教提供了宝贵材料。武当山是道教圣地，有着丰富的道教文化遗存，其遇真宫更属世界文化遗产。由于南水北调工程涉及遇真宫，为全面掌握遇真宫整体布局及历史信息，提供遇真宫文物保护方案的科学依据，2005年12月至2006年3月，湖北省文物考古研究所对遇真宫西宫建筑基址进行了考古发掘，康予虎等人的《湖北武当山遇真宫西宫建筑基址发掘简报》④ 便是对此次发掘工作的文字记录，此次发掘整体揭露面积约9600平方米，比较完整地揭示出遇真宫西宫的建筑布局与结构特点。

在宗教建筑艺术中，对道教建筑的考古调查及研究为数不少，但对道教建筑室内空间以及陈设的研究则较为缺乏。续昕的《略论中国道教建筑室内空间与陈设的发展》一

---

① 格桑益西：《藏族传统美术在当代的发展创新》，《中国藏学》2011年第2期。
② 红梅：《蒙古族敖包祭祀诵经音乐中的藏传佛教蒙古化因素——以呼伦贝尔市宝格德乌拉敖包祭祀仪式为个案》，《世界宗教文化》2011年第5期。
③ 曾德仁：《四川省丹棱县龙鹄山道教摩崖造像》，《敦煌研究》2011年第1期。
④ 康予虎、谢辉、唐宁、陈秋、曾令斌、肖友红、余乐：《湖北武当山遇真宫西宫建筑基址发掘简报》，《江汉考古》2012年第2期。

文认为其原因有两方面：一是，现存的道教建筑在室内空间以及陈设上与佛教、儒家较为近似，人们认为研究价值不大。二是，相关资料较少，是影响这方面研究的重要因素之一。故此，该文从古代文献资料中找寻相关的文字和图像信息，结合道教著名宫观——白云观的室内空间与陈设，对道教建筑的室内空间与陈设变化有一个初步的研究。① 陈磊《周口关帝庙建筑彩画艺术研究》一文章系统描述了庙内各建筑的彩画构成，总结了其结构特征和工艺做法，进而分析了它的制作年代为清中期作品，约自乾隆四十六年（1781年）到道光十六年（1836年）。②

在道教图像研究方面，唐宋之际，随着道教雷法的兴盛与发展，在道教的神系中，出现了一大批面目殊异的新神，李远国的《天蓬、天蓬信仰及其图像的考辨》一文，就其中天蓬与天蓬信仰的由来、演变及其造型进行了考证辨析。早期的天蓬将军，是一位面容英俊、形象和善的身神。唐宋之际，雷法盛行，天蓬的地位与神格大大提高，由身神演变成为护法，成为北极紫微大帝的四圣之首，形象也出现了多种威猛愤怒的变相，成为驱魔斩邪的大法王。③《三才定位图》是宋代一幅重要的大型道教绘画，它在继承以往传统的基础上整合出一种新宇宙论，在三清天之上加上虚皇天，将万物本原归诸虚皇天中的天真九皇之气，并将当时新出现的政治神学最高神昊天玉皇上帝作为玉京天主尊。某种程度上可以说该图是张商英参悟数十年、融合三教思想建构的一套天地新秩序。张鲁君、韩吉绍的《〈三才定位图〉研究》④，从思想背景、宇宙论、图像解读、绘画风格及服饰四个方，面对三才定位图的创作背景、思想内涵、艺术水平等做了分析。苏东军的《清代佛山道教历史管窥——以佛山市博物馆藏道士画像为主》一文以佛山博物馆藏属本地道观的清代十数幅道士真像图轴及其他有关道教的文物资料为基础，初步梳理了佛山道教历史，这些道士画像及相关资料，在一定程度上弥补了佛山道教资料缺乏的遗憾。⑤

墓葬美术的内涵十分复杂，其中往往也渗透着宗教因素，是研究宗教美术的重要资料。据岳涌、王海平等人的《南京西善桥明代长春真人刘渊然墓》所述，2010年12月，南京市博物馆考古部在南京市雨花台区西善桥街道梅山村发掘了一座明代单室券顶砖墓，从出土墓志可知墓主为明代早期道教领袖长春真人刘渊然。墓室内出土铜炉、铜烛台、铜瓶、铜尖状器、漆碗、石地券及墓志等物，其中墓志虽残存百余字，但对文献记

---

① 续昕：《略论中国道教建筑室内空间与陈设的发展》，《宗教学研究》2011年第3期。
② 陈磊：《周口关帝庙建筑彩画艺术研究》，《中原文物》2011年第4期。
③ 李远国：《天蓬、天蓬信仰及其图像的考辨》，《宗教学研究》2011年第2期。
④ 张鲁君、韩吉绍：《〈三才定位图〉研究》，《世界宗教研究》2011年第5期。
⑤ 苏东军：《清代佛山道教历史管窥——以佛山市博物馆藏道士画像为主》，《中国道教》2011年第1期。

载有所补正。此墓的发现对于研究明代墓葬制度、道教礼仪等具有重要的学术价值。①罗运兵的《西陵峡区明代墓葬所见八卦砖与八卦图》②一文介绍了西陵峡区 4 处明代墓地集中出土的八卦砖和八卦图,这些八卦砖和八卦图具有浓郁的道教色彩、鲜明的时代特征以及较强的区域特色,这为我国道教考古和易学研究提供了宝贵的实物资料。姜生的《长沙金盆岭晋墓与太阴炼形——以及墓葬器物群的分布逻辑》一文认为,1958 年发掘的湖南长沙金盆岭西晋永宁二年墓墓室四角距墓底 1.54 米处各有一块平砌的砖伸出壁面一段,表明该墓形制乃模拟北斗,象征着整个墓室乃是死者卧斗修炼成仙的"炼形之宫"。墓中出土的陶俑等 40 件精美器物分区摆放,其中"对书俑"应为"司命司录俑",其三笔象征司命神所注写墓主人"三命",另可识别有"诵经真官俑"、"鬼官北斗俑"等。不同器物群构成不同的功能区域,代表着墓主人地下修炼成仙过程的不同阶段。墓内器物有其内在符号逻辑,表达着墓主人所追求的"太阴炼形"、飞升成仙的终极理想。该文提出墓葬器物分布逻辑分析法,力图还原墓葬及器物背后支配着整个仪式结构的思想图景。③此文阐述颇深,但该墓曾经盗扰,因而如此分析尚需谨慎。石红艳和牛天伟的《关于西王母与女墓主形象的辨识问题——与刘辉商榷》一文是对刘辉《沛县栖山石椁墓中的"西王母"画像管见》文章观点的反驳。刘辉认为所谓的"西王母"应为女墓主。而石红艳和牛天伟则认为这尊女像为"西王母",并列举出西王母图像志的主要标志是戴胜、玉兔(捣药)、蟾蜍、三足乌和九尾狐等。④

以下是关于道教神祇考述的两篇文章。一是王子林的《北方神玄武新说》一文,该文提出,钦安殿供奉的玄天上帝即玄武,一直以来被人们当作是一位北方神。然根据汉代人的解释,他最初却是一位地狱之神⑤。另一篇是张振谦的《八仙早期成员徐神翁信仰考述》,此文考证的是,宋代民间道士徐守信,经过从师受道、道士和民间俗士附会、文人士大夫品题、帝王召见赐号等环节,神化为具有神异功能且被世人广泛信仰的"徐神翁"。认为徐神翁信仰形成的主要原因是人们对他写字、作诗占卜的崇信和对其画像的崇拜。徐神翁信仰在泰州本地及东南沿海一带影响颇大,圣迹崇拜较为兴盛。宋代诗文、笔记对其神异事迹的载录以及道教、民间信仰对徐神翁的吸纳,使其成为八仙早期成员之一,广泛出现于元明"八仙戏"中。⑥

作为本土宗教文化的道教音乐学界原本涉足不多,20 世纪 50 年代末,只有少数学

---

① 岳涌、王海平、李强、董补顺、张拴堂、李永忠、雷雨:《南京西善桥明代长春真人刘渊然墓》,《文物》2012 年第 3 期。
② 罗运兵:《西陵峡区明代墓葬所见八卦砖与八卦图》,《四川文物》2011 年第 5 期。
③ 姜生:《长沙金盆岭晋墓与太阴炼形——以及墓葬器物群的分布逻辑》,《宗教学研究》2011 年第 1 期。
④ 石红艳、牛天伟:《关于西王母与女墓主形象的辨识问题——与刘辉商榷》,《四川文物》2011 年第 5 期。
⑤ 王子林:《北方神玄武新说》,《紫禁城》2012 年第 1 期。
⑥ 张振谦:《八仙早期成员徐神翁信仰考述》,《宗教学研究》2011 年第 3 期。

者零星地做了一些道教音乐的收集和整理工作。然自20世纪80年代中后期开始，随着更多学者参与道教音乐的田野调查、资料收集、学术理论研究，以及将道教音乐引入剧院舞台作艺术性表演展示，这一学术"冷门"逐步形成研究"热点"。刘红的《从"冷门"到"热点"——道教音乐的学术研究与艺术实践》一文以过去道教音乐的学术研究及艺术实践之综述和分析为主要内容，对当代道教音乐做了回顾和展望。① 另一篇关于道教音乐的文章是杨晓的《英语学界中国信仰仪式音乐研究——以佛教、道教及民间信仰为例》。它是关于英语学界中国信仰仪式音乐研究的评述，该文基于对西方民族音乐学相关英文文献的全面整理、分类与研读，在时间脉络上主要截取1985年以来的研究成果，并将焦点集中在学者们持续深入研究的三种领域：汉传佛教仪式音乐研究、道教仪式音乐研究和民间信仰仪式音乐研究。透过此类型化方式及对典型研究成果的述与论，分析诠释民族音乐学英语学界中国信仰仪式音乐研究的整体趋势与理论取向，并为中国学者的相关工作提供一些可资比较的方法与视野。② 这里研究论文虽不多，但专著方面近两年却有成套的丛书出版，颇为可观，详见专著部分。

道教内容庞杂，文物遗存丰富，研究者的研究也是多角度、多方面的。周克林的《摇钱树与早期道教教义的关系问题略说》一文从神像观、祭祀观和财富观诸方面讨论了摇钱树与早期道教教义之间的关系问题，认为前者并不符合后者的教义主张，应该不是后者的遗物，而应是民间宗教的产物。③ 朱磊等人的《山东滕州出土北斗星象画像石》一文讨论的是1996年秋，山东枣庄滕州市汉画像石馆在滕州市龙阳镇征集到一块北斗星象画像石。文章指出，这是首次发现的以图像方式表现禹步除道辟兵仪式的文物，为研究汉晋时期的丧葬文化尤其是北斗信仰提供了宝贵的实物资料。④ 曹群勇的《论明代天师道之符箓》一文主要阐释了明代天师道中符箓的作用，文中还讨论了明代帝王对符箓的态度，其对天师道的影响甚大。⑤

中国书法艺术深受道家、道教思想的影响，而道教亦利用汉字的改造变形，创造了天书云篆，从宗教的目的出发，丰富了书法艺术的形式和内涵。李裴的《略论道教书法艺术与审美》一文由此出发，探讨了道教书法艺术的核心追求和技巧论，并以天书云篆这一特殊的宗教艺术形式作为样本，从其宗教功能和艺术形式两方面进行了简要分析。⑥

---

① 刘红：《从"冷门"到"热点"——道教音乐的学术研究与艺术实践》，《世界宗教文化》2011年第5期。
② 杨晓：《英语学界中国信仰仪式音乐研究——以佛教、道教及民间信仰为例》，《世界宗教文化》2011年第5期。
③ 周克林：《摇钱树与早期道教教义的关系问题略说》，《华夏考古》2012年第3期。
④ 朱磊、张耘、燕燕燕：《山东滕州出土北斗星象画像石》，《文物》2012年第4期。
⑤ 曹群勇：《论明代天师道之符箓》，《宗教学研究》2011年第1期。
⑥ 李裴：《略论道教书法艺术与审美》，《宗教学研究》2011年第3期。

问永宁的《古回鹘文易经与道教因素之西传》①认为，古回鹘文易经是作为道教文献传播到回鹘地区的。道教传到了高昌等地，其中的一些因素，如桃符治鬼等，在新疆还有流传。道教其他的一些因素，如九宫图、内丹、外丹等，在印度、欧洲和中亚地区都有影响。道教西传的载体，主要是留住西域的汉人、东来的胡商和一些神职人员。道教主要通过西域和西藏西传。

**（二）其他本土宗教艺术**

张小芳、岑东明等人的《浠水古祠堂》一文介绍的是在第三次全国文物普查时，在浠水县发现的五座清代至民国时期的祠堂，主要介绍这些祠堂风格各异的建筑，精致的做工等。浠水古祠堂对研究古代建筑艺术及地方文化风俗具有一定意义。②该文是一篇属基础资料调查性的文章。近两年，关于本土宗教艺术的探讨主要集中在上古时期。杨建芳的《云雷纹的起源、演变与传播——兼论中国古代南方的蛇崇拜》一文通过对考古资料的分析认为，这种云雷纹纹样应于新石器时代起源于江苏南部，是对蛇的形象的抽象化和图案化的表现。此后这种纹样传播到浙江、湖南、湖北、山东、成都等地以及中原地区，在夏商周时期最为繁盛。然而，因时间、地域和传统历史文化背景的差异，其原来的象征意义在传播过程中渐渐模糊，成为失去内涵的形式，到汉代已基本消失。③曾布川宽、贺小萍的《三星堆祭祀坑大型铜神树的图像学考察》一文从祭祀坑内物品的整体关系着眼，认为大型铜神树是联络天地的天梯。④杨伯达的《关于牛河梁第二地点一号冢墓葬出土玉器的解读——东北古夷玉巫教探析》一文指出，牛河梁第二地点一号冢的26座古墓，其出土的玉器分别代表牛河梁猪灵、鸮灵、云灵崇拜的原生玉巫教与黄帝"云纪"、少皞"鸟纪"等众多玉巫教的各支派系的联合体，并未形成统一的、集权的顶级发展阶段的巫教。同时，牛河梁又是东北古夷玉巫教的圣地。⑤李丹阳的《伏羲女娲形象流变考》一文主要通过文献材料、考古资料来研究伏羲女娲形象的流变，展现伏羲女娲形象从各自独立到形成对偶神以后统一为人首蛇身，再到宋代完全人化后又渐渐趋于独立的过程，揭示其间经历的曲折变化委婉以及其变化发展的内在规律。⑥马保春、朱光华的《郑州商城出土骨刻文与中国古代的"舞雩"祈雨之祀》一文主要探讨了早商时期郑州商城遗址出土的两例骨刻文形近而义同，它们可能就是这种雩祭的原

---

① 问永宁：《古回鹘文易经与道教因素之西传》，《世界宗教研究》2011年第1期。
② 张小芳、岑东明、叶映红：《浠水古祠堂》，《江汉考古》2011年第1期。
③ 杨建芳：《云雷纹的起源、演变与传播——兼论中国古代南方的蛇崇拜》，《文物》2012年第3期。
④ 曾布川宽、贺小萍：《三星堆祭祀坑大型铜神树的图像学考察》，《四川文物》2012年第5期。
⑤ 杨伯达：《关于牛河梁第二地点一号冢墓葬出土玉器的解读——东北古夷玉巫教探析》，《故宫博物院院刊》2012年第5期。
⑥ 李丹阳：《伏羲女娲形象流变考》，《故宫博物院院刊》2011年第2期。

型。文章认为，在郑州商城遗址发现这类祈雨的文字资料，这和郑州商城所在的地理环境及当时一度干旱缺水的气候条件都有一定的关系。① 陈于柱《武威西夏二号墓彩绘木板画中"金鸡"、"玉犬"新考——兼论敦煌写本〈葬书〉》一文主要考证了武威西夏二号墓出土的鸡、犬木板画，认为是中国古代墓葬中的冥器"金鸡"和"玉犬"。文章认为，古代丧葬文化中的金鸡玉犬信仰至迟在南朝时期既已形成。因鸡、犬在人间生活中具有司时和警备的功能，从而能够以冥器的形式进入墓葬，为亡者"知天时"和"知人来"，确保墓主魂魄安宁。与金鸡玉犬信仰伴随的鸣吠日等丧葬择吉时日，乃是古人认为唯有在这些特定的时间里从事丧事活动，方能实现人、鬼隔绝的效应。武威西夏二号墓彩绘木板画"金鸡"、"玉犬"正是这一历史文脉下的产物。② 孟凡港的《从碑刻看明清时期张掖的民间信仰》③ 一文依据祠庙碑刻，对明清时期张掖的民间信仰进行考察，认为其最显著的特点有三：第一，祠庙林立，神祇繁多，民间信仰兴盛；第二，职掌雨旸的神祇在张掖民间信仰中占有重要地位；第三，具有消除寇盗、保边安民功能神祇的信仰极其繁盛。文章认为，这些特点的形成，既与当时政治背景有关，又与张掖的地理交通、自然气候和社会历史密切相连。

苯教是中国雪域高原上土生土长的宗教，佛教传入西藏后亦深受苯教影响。苟象寺是藏地历史上著名的苯教寺院之一，在川北藏族社会影响具大。阿旺加措的《川北苯教名寺——苟哇象仓寺历史考证及现状调查》主要考察了苟象寺的历辈主持象帕大师的传承，历史上的属寺和所属部落领地，以及寺院的法事法会、教育体制、传承和现状。④ 阿旺嘉措的另一篇苯教寺院调查文章——《甘南藏区苯教寺院的历史与现状》⑤ 一文，主要是对甘南藏区苯教寺院的历史与现状的介绍和分析，是研究苯教艺术重要重要的资料。陈于柱的《唐宋之际敦煌苯教史事考索》以敦煌藏文本佛教疑伪经、苯教仪轨书、占卜书、医书等相关资料为依据，认为苯教教团不仅曾经流寓敦煌，而且在经受敦煌佛教界竭力排挤的境况下，仍广泛地从事丧葬祭祀、占卜禳厌、驱鬼疗疾等宗教社会活动，并在特定时期扮演着敦煌吐蕃族群利益代言人的角色。同时在宗教仪轨、民俗信仰等领域对敦煌佛教和社会生活产生持久的影响，是敦煌区域史中不应忽视的宗教力量。⑥ 该文虽不直接涉及苯教艺术，但这一系列宗教活动中，则是进行苯教艺术研究必不可少的背景材料。石硕的《藏地山崖式建筑的起源及苯教文化内涵》一文，对过去学者一般

---

① 马保春、朱光华：《郑州商城出土骨刻文与中国古代的"舞雩"祈雨之祀》，《中原文物》2012 年第 3 期。
② 陈于柱：《武威西夏二号墓彩绘木板画中"金鸡"、"玉犬"新考——兼论敦煌写本〈葬书〉》，《敦煌学辑刊》2011 年第 3 期。
③ 孟凡港：《从碑刻看明清时期张掖的民间信仰》，《世界宗教文化》2012 年第 2 期。
④ 阿旺加措：《川北苯教名寺——苟哇象仓寺历史考证及现状调查》，《宗教学研究》2011 年第 1 期。
⑤ 阿旺嘉措：《甘南藏区苯教寺院的历史与现状》，《中国藏学》2011 年第 2 期。
⑥ 陈于柱：《唐宋之际敦煌苯教史事考索》，《宗教学研究》2011 年第 1 期。

认为的藏地山崖式建筑主要是出于防御需要，提出了不同的看法，认为这种建筑主要同世俗权力相关，它的起源与苯教观念有密切联系。文章认为山崖式建筑所体现的"王权天授"之内涵，正是其与世俗权力相关的原因。此外，苯教"以上方作供祀天神"所派生的以"高"为神圣的观念，也是山崖式建筑的重要文化土壤。①

萨满是一种非常古老的宗教形态，人们对它的研究从未间断过。我国最后一个封建王朝——清朝，由满族人所建立，该民族的本有信仰即为萨满，栾晔的《沈阳故宫与北京故宫的萨满祭祀遗物》②一文首先对满族萨满教源流、演变作了简要叙述，该文根据沈阳故宫、北京故宫现藏清宫萨满祭祀遗物作了论述和评介。萨满的分布地域很广，曲枫《大地湾骷髅地画的萨满教含义》一文通过对甘肃秦安县大地湾遗址出土地画内容的分析以及对萨满教有关理论的引证，试图探讨建立考古学发现的骷髅式美术（X光式美术）与萨满教宇宙观之间关系的可能性。③王伟的《仪式过程与符号象征——索伦鄂温克火神祭祀仪式的田野研究》一文立足于对索伦鄂温克人岁时仪式中火神祭祀仪式的田野调查资料，借鉴了范·杰内普和特纳的仪式研究理论及方法，从象征的角度分析了火神祭祀的仪式过程、仪式结构与秩序，从而描述仪式所表达的深层意义：有形世界与无形世界并非毫不相干，人也并不总在被动地接受神的安排，神秘甚至是危险的世界在仪式中变得可以接触。更为重要的是，对于仪式的参与者来说，一切行为都是可以解释的，而不是毫无理性的随意而为。④

## 三 三夷教等其他宗教

祆教（琐罗亚斯德教）、摩尼教及景教统称三夷教，其中景教是基督宗教的一个支派，所以在这里，本文将所有基督宗教的艺术研究亦归入三夷教类别之中。

琐罗亚斯德教是起源于古伊朗高原的一个古老宗教，因其供奉火，故而在中国又被称为祆教或火祆教。近二十年来，我国关于祆教的研究成果颇丰，冯恩学的《下颌托——一个被忽视的祆教文化遗物》一文主要考证了粟特墓葬中墓主所戴下颌托的来源和意义，即这种下颌托是受祆教祭司神灵戴口罩的艺术形象影响而产生的神器，具有神灵佑护的含义。⑤ 侯会的《二郎神源自祆教雨神考》一文考察了二郎神信仰产生于具有祆教文化背景的川蜀地区，二郎神的种种神性又与祆教雨神（得悉神，又作蒂什塔尔）

---

① 石硕：《藏地山崖式建筑的起源及苯教文化内涵》，《中国藏学》2011年第3期。
② 栾晔：《沈阳故宫与北京故宫的萨满祭祀遗物》，《紫禁城》2011年第8期。
③ 曲枫：《大地湾骷髅地画的萨满教含义》，《北方文物》2011年第3期。
④ 王伟：《仪式过程与符号象征——索伦鄂温克火神祭祀仪式的田野研究》，《世界宗教文化》2011年第2期。
⑤ 冯恩学：《下颌托——一个被忽视的祆教文化遗物》，《考古》2011年第2期。

特征相吻合，由此该文推测，二郎信仰源头应为祆教雨神崇拜。[①] 凤翔新发现的唐代石棺床构件，为研究关中西部粟特人及祆教提供了翔实的资料。孙宗贤的《凤翔发现的唐代祆教石棺床及构件相关问题浅析》[②] 一文认为石棺床构件为一位身份地位显贵的粟特商人墓葬遗物，这是粟特商人留居凤翔的历史见证，充分说明凤翔是关中西部丝绸之路的重要驿站。其画像石上的线刻火坛图像、瑞兽互斗纹、胡人套马纹等具有明显的波斯及中亚风格，是唐代不可多得的艺术珍品。同时，该文认为这对探讨该地区粟特人聚落、祆祠、墓地、族源以及归属提供了重要线索。孙武军《北朝隋唐入华粟特人死亡观研究——以葬具图像的解读为主》一文结合粟特故地、丝绸之路及其他入华粟特人墓葬的考古资料与中外历史、宗教文献记载进行考察后认为，入华粟特人死亡观主要体现在以下四个方面：从犬视尸毒到视死如生；从善恶二元观到钦瓦特桥审判；圣火与善神崇拜；灵魂不死与天国享乐。[③]

宗教典籍是宗教艺术的重要形态之一，其中蕴涵着丰富的信息。元文琪的《福建霞浦摩尼教科仪典籍重大发现论证》一文主要是对2008年10月以来，在福建霞浦再次发现数量可观的摩尼教斋醮科仪典籍的论证。由于文书中包含不少佛、道教的术语、概念和佛神名号，其是否为摩尼教文献使人产生质。该文将已现世的唐写本《摩尼光佛教法仪略》、《摩尼教残经》和《下部赞》，与新发现的科仪典籍《摩尼光佛》、《兴福祖庆诞科》等，进行了全面且系统的比较研究，发现无论从形式上对帕拉维语"音译文字"和偈颂赞呗的运用，还是在内容上对佛、法、僧"三宝"的推崇以及对"五佛颂"、"天王赞"的宣扬，两者皆一脉相承，具有完全相同的宗教属性。[④] 与上文相呼应的另一篇关于霞浦摩尼教典籍的文章是樊丽沙、杨富学的《霞浦摩尼教文献及其重要性》一文，该文肯定了这批文书的重要性，认为是研究宋元以后中国摩尼教史的第一手资料。[⑤] 许蔚的《吐鲁番出土编号81TB65：1摩尼教残卷插图之臆说》一文对吐鲁番出土编号81TB65：1摩尼教残卷插图进行了考察，指出摩尼教残卷插图来源于多种艺术传统，特别是受到祆教图式的影响，并将图中两位手持乐器神的身份推测为日神和月神。[⑥]

基督宗教之传入中国可以追溯到唐代前期的景教，然随着唐武宗的灭法运动，基督宗教在中国汉地消失。大约直至元代以后，基督宗教才又重新在内地出现，并对中国艺术产生深刻影响。目前，在中国境内存在的景教寺院遗迹较为罕见，北京房山十字寺便

---

① 侯会：《二郎神源自祆教雨神考》，《宗教学研究》2011年第3期。
② 孙宗贤：《凤翔发现的唐代祆教石棺床及构件相关问题浅析》，《文博》2012年第5期。
③ 孙武军：《北朝隋唐入华粟特人死亡观研究——以葬具图像的解读为主》，《考古与文物》2012年第2期。
④ 元文琪：《福建霞浦摩尼教科仪典籍重大发现论证》，《世界宗教研究》2011年第5期。
⑤ 樊丽沙、杨富学：《霞浦摩尼教文献及其重要性》，《世界宗教研究》2011年第6期。
⑥ 许蔚：《吐鲁番出土编号81TB65：1摩尼教残卷插图之臆说》，《敦煌研究》2011年第2期。

为其中之一。但有关十字寺在佛教与景教之间的身份转换问题,始终困扰着国内学界。唐晓峰的《北京房山十字寺的研究及存疑》①一文,除了介绍十字寺的概况及遗迹外,还对学界多年来对于房山十字寺的研究进行了总结、评析,并在此基础上,结合现有史料提出了有关十字寺之景教身份的三种假设。牛汝极的《近十年海外中国景教研究综述》一本文对近年海外与中国景教研究相关会议、机构和学者的研究进行了分析和评述。首先,重点介绍了分别于2003年、2006年和2009年由奥地利莎尔斯堡大学主办的第一、二、三届"中国与中亚景教研究国际学术研讨会"的成果和收获。其次,对近年海外出版的较重要的有关中国景教问题研究的著作进行了评介。总结三点如下:第一是在景教叙利亚语文献研究方面有较好的传统和积淀;第二,在景教教义和祈祷仪规的研究方面有许多优势;第三是在景教与其他宗教的相互影响方面的研究成果较多,值得关注。②褚潇白的《明清基督宗教画像流布状况综述》一文共分两大部分:第一部分从进呈宫廷之画像、教堂空间中的壁画、民间流传之画像等三方面论述了基督宗教画像的流布方式;第二部分则从艺术层面,视觉兴奋与画技品评、信仰层面:接纳与拒斥两个方面分析了国人对基督宗教画像的接受状况。文章最后指出,明末以来,基督教圣像画中耶稣形象的西方表现形式以及对此形象的神圣宣称,一直挑战着中国宗教和文化中的天地神灵观念,基督的位格性成为冲突的焦点。在艺术感知和信仰内涵这两个层面上,中国各阶层对于这些"陌生画像"的态度交杂着新奇与厌恶、接纳与拒斥。③宋巧燕《明清之际耶稣会士译著文献的刊刻与流传》一文阐述了明清之际欧洲耶稣会传教士利玛窦等进入中国内地传播天主教,确立并贯彻了书籍传教的基本方针,翻译著述了数百种西学文献。文中指出,这些译著文献的刊刻地点以北京为中心,其次主要分布于我国东南部省份城市,并延伸到我国西北地区的绛州和西安两城市。明清间数百种西学文献的译著和刊刻主要以个人文化行为为主,刊刻者主要是传教士和中国士大夫,兼有教徒和书商。这些译著文献版本复杂,流传广泛。最后文章总结出宗教类文献和自然科技类文献的流传趋势,即宗教类文献种类多,刊刻数量大,流传日渐衰微;而自然科技类文献种类有限,却影响巨大,流传深远。④

关于基督教的音乐,在以往的研究中相对较少,徐凤林《东正教音乐浅释》一文就东正教音乐特点、形式进行了阐释。文章指出,东正教的礼拜歌唱具有祈祷、交流和传达教义的功能,其歌词内容来自《圣经》和教会传统,歌唱特点为无乐器伴奏,方法有单声部的伴唱、对唱以及后来俄罗斯东正教会运用的多声部合唱等。俄罗斯东

---

① 唐晓峰:《北京房山十字寺的研究及存疑》,《世界宗教研究》2011年第6期。
② 牛汝极:《近十年海外中国景教研究综述》,《宗教学研究》2011年第3期。
③ 褚潇白:《明清基督宗教画像流布状况综述》,《世界宗教研究》2011年第2期。
④ 宋巧燕:《明清之际耶稣会士译著文献的刊刻与流传》,《世界宗教研究》2011年第6期。

正教歌唱经历了符号歌调、基辅歌调、道路歌调、多声部合唱、作曲家作品等形式。教堂钟声在俄罗斯东正教生活中不仅是报时的工具，指示礼拜时间，而且能够表达快乐、痛苦与喜庆。① 此外，2012 年年初徐凤林还出版有关于东正教绘画艺术方面的专著——《东正教圣像史》，堪称与此东正教音乐方面的论文相辅相成，详见专著部分。杨民康的《云南少数民族基督教仪式音乐的新变异》一文结合与以往变异现象的比较，对该类宗教仪式音乐进行跟踪考察，该文共分主流化、艺术化、旅游化、通俗化、包装化五个方面对其新变异进行了阐释。文章指出，该文化群落与各种各样的本文化和异文化、宗教的与世俗的音乐文化因素杂糅共生，导致形成一种互相依赖而又互相竞争的生存状态。②

关于伊斯兰艺术的研究主要集中在建筑方面。马若琼《浅谈兰州伊斯兰教建筑装饰艺术》③ 一文主要是以兰州的伊斯兰建筑为调查对象，探讨了伊斯兰的教建筑体系、建筑装饰风格、特点以及清真寺建筑装饰构件在建筑体系中的应用。此外，该文还涉及了兰州市伊斯兰教建筑的概况、清真寺名录、现状、开发及保护等问题。马永平《青海循化县孟达清真寺建筑艺术》一文主要对位于青海循化县境内的孟达清真寺进行了介绍：该寺始建于明代中期，由礼拜殿、唤醒楼、配房、牌楼门、影壁、拱北、沐浴室等建筑组成。文中指出孟达清真寺是中国传统宫殿式建筑形式与伊斯兰建筑形式融为一体的建筑艺术杰作，具有较高的历史、艺术和研究价值。④ 吴杰伟的《东南亚清真寺建筑中的多元文化元素研究》一文选取伊斯兰艺术中最具代表性的清真寺作为研究对象，通过描述各种文化元素的表现形式，探讨其艺术特点，指出伊斯兰教经过长期的传播，已经深入到社会的各个角落，成为东南亚文化的有机组成部分。从社会文化变迁的角度看，清真寺已成为民族文化的象征符号。东南亚人保留了清真寺的经典样式和宗教含义，融合了多种文化元素，并倾注了大量的民族性格。⑤

巴哈伊教旧译大同教，19 世纪中叶由巴哈欧拉创立于伊朗。巴哈欧拉规定，应在每个巴哈伊社区的中心建立面向所有宗教信仰者开放的灵曦堂及附属机构。周卡特的《巴哈伊教灵曦堂建筑艺术》一文通过对全球九大灵曦堂的详细介绍，展现了巴哈伊教的建筑艺术以及"宗教同源、人类一体"的精神，体现了巴哈伊教的思想主张。⑥

玛雅文化似一团美丽的迷雾，引诱着国际上无数的学者，但对玛雅文化进行研究的

---

① 徐凤林：《东正教音乐浅释》，《世界宗教文化》2011 年第 3 期。
② 杨民康：《云南少数民族基督教仪式音乐的新变异》，《世界宗教文化》2011 年第 5 期。
③ 马若琼：《浅谈兰州伊斯兰教建筑装饰艺术》，《敦煌学辑刊》2011 年第 4 期。
④ 马永平：《青海循化县孟达清真寺建筑艺术》，《四川文物》2012 年第 3 期。
⑤ 吴杰伟：《东南亚清真寺建筑中的多元文化元素研究》，《世界宗教文化》2012 年第 1 期。
⑥ 周卡特：《巴哈伊教灵曦堂建筑艺术》，《世界宗教文化》2011 年第 2 期。

中国学者则不多，Matthew G. Looper 和中国学者张隽的《玛雅艺术中的祭祀披风》一文章，意在探究玛雅早期壁画和后奥尔梅克石碑雕刻中刻画的礼仪服装所表现的象征对应关系的内涵。文章认为，这些服装的样式和象征内涵衍生于早期奥尔梅克的鸟神祭祀的装束。至后盛期，玛雅祭祀披风在样式和象征意义方面呈现出多样化特征。但是它们仍然出现在一些类似 San Bartolo 壁画里祭祀活动的场合。[①]

（作者简介：张总，中国社会科学院世界宗教研究所研究员；王敏庆，世界宗教研究所博士后）

---

① Matthew G. Looper、张隽：《玛雅艺术中的祭祀披风》，《世界宗教文化》2012 年第 3 期。

# 2011—2012年宗教艺术研究综述(专著篇)

## 张 总 王敏庆

由于宗教艺术内容十分庞杂,为方便总结归纳将其依宗教种类分为佛教艺术、道教及其他本土宗教艺术、三夷教等宗教三大类。从近两年宗教艺术的研究现状来看,仍以佛教为主,其中藏传佛教艺术不论是专业研究还是基本资料的画册图书,都有明显的增加趋势,而且图书多是以藏传佛教艺术丛书的形式出现。汉传佛教历来是佛教艺术研究的主流,从初传一直到明清,研究者们对它的研究堪称是"事无巨细"。此外,像对三夷教(景教、祆教、摩尼教)的研究,由于资料等其他条件所限,虽然势头比前些年略减,但研究者开始向着更深入更系统的方向发展,但这种方向更多的还是集中在三夷教的发展和教义方面,而非艺术方面。道教及民间宗教艺术,在仪式音乐方面的研究这两年成果较多,且多以丛书的形式出现,体现了研究的广度和深度。

## 一 佛教艺术

佛教艺术分汉传、藏传及南传三大类,其中汉传佛教的研究成果所占比重较大,且研究的种类较广,内容相当复杂。在研究论文方面成果相当丰富,其特点同以往研究一样,呈现出相当的庞杂性,如对石窟、寺院遗址的考察、对具体壁画、雕塑的研究等等。在基础资料方面,考古发掘成果主要有《四川邛崃龙兴寺2005—2006年考古发掘报告》一书。成都文物考古研究所、四川大学博物馆、邛崃文管所等多方组成联合考古队,历时8个月,终于完成了龙兴寺遗址阶段性考古发掘,著成《四川邛崃龙兴寺2005—2006年考古发掘报告》一书,还原了龙兴寺之历史轮廓。该报告详细披露了邛崃龙兴寺遗址2005—2006年发掘的过程。[①] 博兴县博物馆编的《山东白陶佛教造像(山东地区佛教造像调查与研究)》一书,是2008年山东博物馆和日本MIHO美术馆合作,开展的"山东地区馆藏佛教造像调查与研究"课题的调查研究成果。课题组对山东境内佛

---

[①] 成都文物考古研究所:《四川邛崃龙兴寺2005—2006年考古发掘报告》,文物出版社2011年版。

教造像文物进行了一次全面的调查和记录，逐步建立起山东佛教文物与考古的研究体系。经过三年多的调查工作，积累了一批基础性资料，经整理和研究，成为该课题第一部"调查与研究"的成果专集。① 中国古迹遗址保护协会石窟专业委员会、龙门石窟研究院编的《石窟寺研究（第2辑）》② 一书具期刊性质，其中包含论文近三十篇，主要以石窟考古为主，是研究佛教艺术重要的基础资料。此外，张斌宏主编、长治市博物馆编著的《长治观音堂明代彩塑》是以图版为主的对长治观音堂明代彩塑的全面介绍，其专著性质属于基础资料性质。③ 其他相类似的专著还有《法相庄严：山西佛教造像艺术精品展》④、《故城寺壁画》⑤ 等书。

石窟研究方面，廖旸的《克孜尔石窟壁画年代学研究》一书利用洞窟内现存画面、被揭取的壁画（包括已毁但有图像传世的部分）以及洞窟内清理出的木板画等材料，参考早期的考察记录，将壁画放还原于洞窟的建筑空间里来进行考察，并结合对龟兹佛学与部派演变的认识，将图像程序与图像功能确立为分期的首要标准。同时对图像结构与装饰母题、壁画风格与绘制技法的发展演变进行关注。在年代方面，围绕一些经多方研究得到普遍认同的样本窟，推断出每一期壁画大致的绝对时间。该著将克孜尔石窟壁画的主要绘制时段分为四个时期：第一期，4世纪晚期至5世纪中叶；第二期，5世纪中叶至6世纪中叶；第三期，6世纪中叶至7世纪上半叶；第四期，7世纪中期。⑥ 雷玉华的《巴中石窟研究》一书包括对巴中石窟和摩崖造像全部基本材料的分析、年代推定、历史背景分析、与周围地区石窟和摩崖造像关系的研究、部分题材的研究等内容，配有大量线图和图版。书中不少材料此前从未发表过。该书用考古学的方法对巴中地区的佛教石窟和摩崖造像进行了全面的、开拓性的研究。⑦ 姚崇新的《巴蜀佛教石窟造像初步研究：以川北地区为中心》一书在对广元石窟造像全面调查的基础上，运用考古类型学和宗教图像学的方法，对广元石窟造像进行了年代学研究和综合分期研究，并利用分期研究的成果，依托宏观的历史背景，对以广元为中心的川北石窟进行了深入考察，内容包括窟龛形制、造像题材以及广元石窟与周边地区石窟造像的关系等，由此着力探讨了不同历史时期川北石窟与中原北方石窟造像的渊源以及川北石窟造像对巴蜀腹地石窟造像的影响。⑧ 姚崇新另一部著作《中古艺术宗教与西域历史论稿》为论文集性质，共分

---

① 博兴县博物馆编：《山东白陶佛教造像（山东地区佛教造像调查与研究）》，文物出版社2011年版。
② 中国古迹遗址保护协会石窟专业委员会、龙门石窟研究院编：《石窟寺研究（第2辑）》，文物出版社2011年版。
③ 张斌宏主编、长治市博物馆编：《长治观音堂明代彩塑》，文物出版社2012年版。
④ 彭印主编：《法相庄严：山西佛教造像艺术精品展》，上海锦绣文章出版社2012年版。
⑤ 河北省文物研究所、蔚县博物馆：《故城寺壁画》，科学出版社2011年版。
⑥ 廖旸：《克孜尔石窟壁画年代学研究》，社会科学文献出版社2012年版。
⑦ 雷玉华：《巴中石窟研究》，民族出版社2011年版。
⑧ 姚崇新：《巴蜀佛教石窟造像初步研究：以川北地区为中心》，中华书局2011年版。

为考古发现与中古佛教艺术、汉传佛教的周边考察、西域胡人及其宗教、中古吐鲁番的历史与社会四大部分。① 赵玲《印度秣菟罗早期佛教造像研究》一书围绕秣菟罗佛像起源和初期造像的有关记载、遗品的风格特征，对秣菟罗佛像起源说，佛像在秣菟罗地区接受的历史原因，以及秣菟罗佛像介于犍陀罗和阿马拉瓦蒂两大流派的同时发展中向笈多样式的演进和向中亚、中国等地的逐步推进等问题，逐一进行讨论。该书还对材料进行编年，内容颇为翔实、清晰。② 石松日奈子著、筱原典生译《北魏佛教造像史研究》③一书为佛教造像艺术断代史研究。北魏王朝在中国佛教造像艺术史上占有重要地位。该著第一章论述鲜卑拓跋部的发展和建国，第二章阐释其鲜卑风俗和祭祀，第三章则讨论了北魏以前十六国时期的造像，四至六章主要分析的是北魏两京皇家重要石窟造像，第七章则是分析的北魏民间佛教造像，最后总结北魏佛教造像的特点及其意义。该书论述全面，能将北魏至于本族文化背景及历史发展中研究，所得结论亦能更为客观。陈捷《中国佛寺造像技艺》一书以世界文化遗产地、中国佛教四大名山之一的五台山作为主要考察对象。该书通过文献、实物以及匠作技艺与习俗三位一体的统筹研究，初步完成了对传统佛寺造像体系的分析整理工作，包括类型与肢体特征、比例特征、造型工艺特征、彩绘工艺特征等。同时，该书以造像施工全过程为线索，分阶段对不同类型的习俗仪式进行了逐一的考察与分析。最终得出了具有参考价值的传统造像比例关系、造型与彩绘工艺做法，以及各类造像的参考样图。④

王静芬（Dorothy C. Wong）著、毛秋瑾翻译的《中国石碑：一种象征形式在佛教传入之前与之后的运用》，文中指出中国树立纪念性石碑的习俗远早于佛教的传入。该著作追踪了佛教思想上的变化，从集中于个人禅修转移到怜悯一切众生，这使得宗教图像、象征符号发生了根本的变化。该书证明了这一思想体系从外来到中国如何逐渐适应本土习俗。最重要的是，书中描述了心灵手巧的艺人的创造性，他们大大地丰富了佛教艺术的外来风格，帮助这一信仰如此深刻地渗透进入到这个庞大国家的群体意识中。⑤ 关于造像佛衣的研究，在佛教美术中早被关注，以往大的此类研究多以期刊论文的形式发表，费泳的《中国佛教艺术中的佛衣样式研究》一书应当说在此一研究领域更向前推进了一步。该书通过对佛教律典及古代文献中有关佛衣及僧衣规制的考证，明确佛像衣着的种类、形制、披着方式等要素。同时联系古代印度佛像衣着，对中土出现的多种佛衣样式，予以基本样的确立，进而发掘其风格成因、传播方式、演变脉络及不同样式间

---

① 姚崇新：《中古艺术宗教与西域历史论稿》，商务印书馆2011年版。
② 赵玲：《印度秣菟罗早期佛教造像研究》，上海三联书店2012年版。
③ 石松日奈子著，筱原典生译：《北魏佛教造像史研究》，文物出版社2012年版。
④ 陈捷：《中国佛寺造像技艺》，同济大学出版社2011年版。
⑤ 王静芬（Dorothy C. Wong）著，毛秋瑾译：《中国石碑：一种象征形式在佛教传入之前与之后的运用》，商务印书馆2011年版。

的相互影响,以期系统揭示出各种佛衣样式的风格流变和兴衰,使中土佛像复杂的着衣形态有脉可寻。① 张总等人《四大菩萨与民间信仰》② 为教育部重大课题《民间信仰与中国社会》的子课题,对四大菩萨的经典信仰以及艺术情况作出较为全面的探讨。于君方所著《观音——菩萨中国化的演变》一书是专门针对四大菩萨中的观音菩萨所进行的研究,该著结合文化、艺术、社会、历史等跨学科领域的研究方法,探讨观音经历此戏剧性演变的原因与过程。除了佛经之外,该书将感应录、朝圣故事、寺志与山志、民间文学、田野调查以及反映观音形象的艺术造型等全面纳入讨论范围,是深入研究观音信仰的著作。③ 张总的 Buddhist art of china (《中国佛教艺术》)④ 一书为英文版,作者从宗教视角出发,将佛教艺术分为大乘佛教艺术、小乘佛教艺术、藏传佛教艺术等,而非似以往那样将佛教艺术以艺术的分类法将其分为建筑、雕刻、绘画等。其在结构分类上颇有创建。此外,该书图文并茂,对中国重要佛教艺术进行介绍,内容丰富。乔力与丁少伦《文化中国边缘话题梵音清韵:诗僧画侣面面观》一书讨论了画僧,向读者展现了佛教使中国艺术更加空灵、艺术使佛教更具人文底蕴的图卷;同时,该书也探索了参禅之风对诗歌、绘画、书法神韵情趣的熏染与影响。柯律格《明代的图像与视觉性》从视觉文化的广阔视野出发、涉及版画、壁画及早期入华基督教艺术。⑤

藏传佛教研究方面成果较多,专著方面主要有昂巴的《藏传佛教密宗与曼荼罗艺术》⑥,徐进的《藏传佛教千手千眼观音造像艺术研究》⑦,这两本专著分别选取了藏传佛教的曼陀罗艺术和千手千眼观音造像两个个案为研究对象。藏传佛教艺术以丛书的面貌出现在2012年表现得较为突出,青海人民出版社出版的杨敬华、付平的《藏传佛教视觉艺术典藏》丛书主要包括《嘛呢石》⑧、《老唐卡》⑨、《老壁画》⑩ 以及《法器面具》⑪ 等。同是青海人民出版社出版的还有久美却吉多杰的《藏传佛教神明图谱:福神》、《藏传佛教神明图谱:金刚神》以及《藏传佛教神明图谱:佛菩萨》。⑫ 以上两套典藏丛书和图谱丛书都是以图像为主,具有基础资料的性质。唐卡艺术历来是藏传佛教

---

① 费泳:《中国佛教艺术中的佛衣样式研究》,中华书局2012年版。
② 李利安、张子开、张总、李海波:《四大菩萨与民间信仰》,上海人民出版社2011年版。
③ 于君方著,陈怀宇等译《观音——菩萨中国化的演变》,商务印书馆2012年版。
④ 张总:Buddhist art of china (《中国佛教艺术》),五洲传播,2011年版。
⑤ 乔力、丁少伦:《文化中国边缘话题梵音清韵:诗僧画侣面面观》,济南出版社2011年版。
⑥ 昂巴:《藏传佛教密宗与曼荼罗艺术》,甘肃人民出版社、人民出版社2011年版。
⑦ 徐进:《藏传佛教千手千眼观音造像艺术研究》,中央民族大学出版社2012年版。
⑧ 杨敬华、付平:《藏传佛教视觉艺术典藏:嘛呢石》,青海人民出版社2012年版。
⑨ 付平、薛建华:《藏传佛教视觉艺术典藏:老唐卡》,青海人民出版社2012年版。
⑩ 付平、薛建华:《藏传佛教视觉艺术典藏:老壁画》,青海人民出版社2012年版。
⑪ 薛建华、付平:《藏传佛教视觉艺术典藏:法器面具》青海人民出版社2012年版。
⑫ 久美却吉多杰:《藏传佛教神明图谱:福神》,青海人民出版社2012年版。

艺术的一个重点，主要有王学典的《唐卡艺术》①，叶星生、廖奔的《唐卡》②，但这两本书更接近普及性通俗读物，而在这之前的关于藏传佛教艺术的研究及画册方面，已经出版了不少高质量的研究专著及画册。南传佛教艺术，在中国整个的佛教艺术中显得相对薄弱，除一些单篇论文外，较重要的专著是东南大学出版社出版的杨大禹的《云南佛教寺院建筑研究》，可以说该著是对我国云南南传佛教寺院建筑较系统的一次梳理和研究。③ 蒙藏佛教历来被视为一体，嘉木扬·凯朝的《内蒙古佛教文化与寺院教育》④ 一书以蒙、藏、汉、日、巴利、梵文等第一手文献资料为研究基础，结合田野调查、个安分析的方法，对蒙古族地区佛教文化和寺院教育体系的历史脉络、发展演变、内涵特质、功能作用以及社会影响等诸多方面进行了翔时展示和深层剖析。作者研究的独到之处，以熟知多种语言优势，利用文献发掘出过去人们所忽略的蛛丝马迹，从而使研究豁然开朗，营造出一片新天地。

尚刚的《古物新知》⑤ 虽由生活·读书·新知三联书店于2012年9月新出版，但该书是尚刚先生多年来学术研究的论文集，故多数文章均已发表，文集中有多篇涉及蒙藏宗教艺术的文章。

## 二 道教及其他本土宗教艺术

所谓本土宗教是指在中国中原汉文化中土生土长的宗教，主要包括道教以及道教之外的以中原汉文化为基壤而出现的属于宗教范畴的信仰形态，二者虽有区别，但更存在着密切的关联。《道生万物：楚地道教文物》一书是"楚地道教文物特展"的图册，由包东波主编。围绕求仙长生，道教发展出了各种修道方法和技术、卜筮、祭悼、数术、丹药、符箓、斋醮等，成为中国传统文化不可分割的部分。该书展示先秦时期道教形成以前与道教密切相关的文物，先秦以后的大量道教文物，以及明朝宫廷御赐武当山的各种造像等文物，基本反映出楚地区域的道教文化特色，是从事相关研究的难得的基础资料。⑥ 在道教艺术中，近两年在道教书法和道教音乐方面的研究表现得比较突出，聂清的《道教与书法》一书，该书以巫为切入点，阐述了道教与书法之关系。⑦ 胡知凡、刘

---

① 王学典：《唐卡艺术》，吉林出版集团有限责任公司2012年版。
② 叶星生、廖奔：《唐卡》，中国文联出版公司2012年版。
③ 杨大禹：《云南佛教寺院建筑研究》，东南大学出版社2011年版。
④ 嘉木扬、凯朝：《内蒙古佛教文化与寺院教育》，中国社会科学出版社2012年版。
⑤ 尚刚：《古物新知》，生活·读书·新知三联书店2012年版。
⑥ 包东波主编：《道生万物：楚地道教文物》，文物出版社2012年版。
⑦ 聂清：《道教与书法》，中央编译出版社2012年版。

仲宇、吉宏忠合著的《瑰奇清雅：道教对中国绘画的影响》① 一书，由上海辞书出版社，此书探讨道教与绘画艺术的关系，与聂清的《道教与书法》堪称姊妹篇，而同年由四川人民出版社有限公司出版、邢飞的《大美不言：道教与艺术》②，则不局限于书法、绘画，而是探讨了道教与整个艺术的关系。

在道教音乐方面的专著颇具规模，从2011年至2012年先后出版有曹本治等人的《道教仪式音乐：香港道观之"盂兰盆会"个案研究》③、《海上白云观施食科仪音乐研究》④、《龙虎山天师道音乐研究》⑤ 等书。另外像《中国民间仪式音乐研究：华北、西南、华东增补合卷》⑥、《中国民间仪式音乐研究：华中卷》⑦ 以及《仪式空间中的音声表述》⑧ 等宗教音乐研究专著，则主要是针对民间宗教音乐，及对仪式空间中音乐（声音）的通论。其中前两本专著，分地域对民间宗教音乐进行了研究，颇为全面。

墓葬美术背后多反映人们的宗教信仰。易晴《登封黑山沟宋墓图像研究》一书通过对中原北方地区北宋砖雕壁画墓成熟形态的墓例——河南登封黑山沟北宋砖雕壁画墓的图像及其图像构成方式的释读，探求墓室图像的深层结构关系及其所蕴涵的文化内涵。该墓葬的图像系统中蕴涵有佛、道二教的因素。⑨

2011年至2012年关于萨满教文化艺术方面的研究，在专著方面主要有丁石庆、赛音塔娜的《达斡尔族萨满文化遗存调查》，王瑞华、孙萌的《达斡尔族萨满服饰艺术研究》以及闫秋红的《现代东北文学与萨满教文化》等专著。《达斡尔族萨满文化遗存调查》一书共分萨满文化背景概述、历史上的萨满及其宗教活动、历史上的萨满观念及其崇拜对象、萨满教与达斡尔族民俗、萨满教与达斡尔族文学艺术、达斡尔族萨满传承人、萨满伊诺文本实录等八章，其中达斡尔族萨满传承人部分占有两章篇幅，是对其传承人进行的实地访查。萨满教与达斡尔族文学艺术一章直接关涉萨满教艺术。该著是一部对达斡尔族萨满教文化调查研究较为全面的著作。⑩《达斡尔族萨满服饰艺术研究》一书是专门针对萨满教服饰艺术进行探讨的专著。该书共分七大部分，第一部分主要对达斡尔族萨满服饰艺术展开综述研究；第二部分从神帽、神衣和面具等具体服饰入手，分别对其造型特征与造型成因进行了较细致的分析；第三部分通过对达斡尔族萨满服饰装

---

① 胡知凡、刘仲宇、吉宏忠：《瑰奇清雅：道教对中国绘画的影响》，上海辞书出版社2011年版。
② 邢飞：《大美不言：道教与艺术》，四川人民出版社有限公司2012年版。
③ 曹本治、吴艳、秦思：《道教仪式音乐：香港道观之"盂兰盆会"个案研究》，文化艺术出版社2011年版。
④ 曹本治、朱建明：《海上白云观施食科仪音乐研究》，文化艺术出版社2012年版。
⑤ 曹本治、刘红：《龙虎山天师道音乐研究》，文化艺术出版社2011年版。
⑥ 曹本治：《中国民间仪式音乐研究：华北、西南、华东增补合卷》，文化艺术出版社2011年版。
⑦ 刘红：《中国民间仪式音乐研究：华中卷》，文化艺术出版社2012年版。
⑧ 齐琨：《仪式空间中的音声表述》，文化艺术出版社2011年版。
⑨ 易晴：《登封黑山沟宋墓图像研究》，文物出版社2012年版。
⑩ 丁石庆、赛音塔娜：《达斡尔族萨满文化遗存调查》，民族出版社2011年版。

饰艺术的研究,从装饰色彩、装饰图案和装饰材料等方面对其装饰特征与装饰成因做了全面的阐释;第四部分对达斡尔族萨满服饰艺术的审美特征进行研究,从神圣与神秘、厚重与重叠、声音与动静、清雅与浓丽四个方面加以论述;第五部分是在前面研究的基础上,对达斡尔族萨满服饰艺术的应用思维与应用方法进行探索;第六部分讲述了达斡尔风情及萨满服饰艺术形式的图案设计,以及如何在实际中应用;第七部分介绍了笔者在教学实践中对达斡尔族萨满服饰艺术形式的应用,主要是在服装设计领域,选取了一些有代表性的素材,展示了许多原创设计作品。[①] 闫秋红的《现代东北文学与萨满教文化》一书是关于宗教对文学艺术之影响的一部著作,作者在萨满教后面加上"文化"二字,意在表明,这种影响在现当代东北文学中已不局限于纯粹的宗教范畴,而是因这种宗教的影响而形成的一种文化精神和体现这种文化精神的诸多文化事象。[②] 该书从心理、文学的创作主体、创作题材和主题及文学叙事等方面进行了阐释和探讨。这三部关于萨满教的研究显示出学者对萨满教艺术研究的广度和深度,如关于萨满服饰的研究则比《萨满艺术论》一书更为精专的研究了萨满的服饰;而对萨满文学艺术的研究,则显示出研究者更为宽广的研究视野。

## 三 三夷教等其他宗教

在中国宗教艺术研究中,除佛教、道教等主流宗教外,其他宗教艺术在近几十年的研究中颇为引人注目,其中尤其值得关注的是三夷教——祆教、景教和摩尼教的研究,前些年关于三夷教的研究颇为火热,近几年来,或由于材料等原因,相关研究相对较少,但王媛媛的《从波斯到中国:摩尼教在中亚和中国的传播》,通过分析吐鲁番及敦煌等地出土的摩尼教文书,东西方史料中的相关记载,考察了3—11世纪摩尼教在中亚、西域和中原的传播与发展,其中涉及摩尼教的艺术。这种较为系统研究的出现,表明在三夷教的研究方面,有了更进一步的理论提升。另外,张小贵的《中古华化祆教考述》一书结合文献与考古材料,从祆教源流、唐宋时期在华祆祠分布、祆神偶像化现象以及祆教祭祀仪式、婚俗、葬俗等几个方面来探讨祆教在中古中国的传播。[③] 其研究与王媛媛之书性质相近,该书比王著早一年出版,堪称三夷教研究中的姊妹篇。这里提及,可备研究者考量借鉴。

三夷教中景教是基督宗教的一支,近两年宗教艺术中关于基督教的研究专著主要有崇秀全的《耶稣图像的象征艺术研究:以意大利12—15世纪被钉十字架耶稣图像为例》

---

① 王瑞华、孙萌:《达斡尔族萨满服饰艺术研究》,黑龙江大学出版社有限责任公司2012年版。
② 闫秋红:《现代东北文学与萨满教文化》,暨南大学出版社2012年版。
③ 张小贵:《中古华化祆教考述》,文物出版社2010年版。

一书以被钉十字架的耶稣图像为核心,属于基督教艺术研究中的个案研究。一般文化历史学者多从传统中的耶稣、历史中的耶稣、经典中的耶稣展开研究,但该书则从艺术作品的角度,通过建构象征理论与方法,阐释被钉十字架耶稣的艺术形象,并思考与基督教神学的关联,具有特别的意义和价值。① 徐凤林的《东正教圣像史》是关于东正教圣像研究的第一部中文著作,以图文并茂的形式系统介绍和解释了东正教圣像的历史起源、神学含义、宗教功能、艺术特点、基本类型以及从拜占庭到俄罗斯的圣像艺术发展历程。② 此外,东南大学出版社 2012 年出版的刘古岷的《现当代教堂建筑艺术赏析》③属通俗性画册。

(作者简介:张总,中国社会科学院世界宗教研究所研究员;王敏庆,世界宗教研究所博士后)

---

① 崇秀全:《耶稣图像的象征艺术研究:以意大利 12—15 世纪被钉十字架耶稣图像为例》,浙江大学出版社 2011 年版。
② 徐凤林:《东正教圣像史》,北京大学出版社 2012 年版。
③ 刘古岷:《现当代教堂建筑艺术赏析》,东南大学出版社 2012 年版。

其他宗教研究综述

# 法国的中国宗教研究综述<sup>*</sup>

巫能昌

众所周知，法国历来是欧洲汉学重镇，而宗教研究则是法国汉学研究的重要组成部分。此外，越来越多汉学体系之外的法国学者也开始从各自学科出发，对中国宗教进行考察。近年来，宗教之于中国社会的重要性也在不断地被重新认识。在此背景之下，对法国的中国宗教研究作一个相对全面的综述是有必要的。然欲述其研究，必先溯其学统之确立与发展。是故笔者将先考察法国汉学及其中宗教研究学统的建立，然后再分古典社会至秦汉时期宗教、汉传佛教、藏传佛教及西藏原生宗教、道教、当代儒教、新兴宗教、少数民族宗教、基督宗教、摩尼教和祆教、伊斯兰教、宗教权威、宗教现代性等条目加以评述。最后，本文还将简要地介绍目前法国学界的相关研究项目及计划，并概括法国方面中国宗教研究的特点和趋势。

## 学统的确立与发展：研究机构

法国汉学学统的确立可以追溯到1814年在法兰西学院（Collège de France）设立的首个欧洲汉学讲席"中国、鞑靼、满洲语言与文学"，而汉学中宗教研究学统的确立则要以1889年高等研究实践学院（École Pratique des Hautes Études）"远东与印第安美洲宗教"讲席的设立为标志。发展到今天，汉学研究早已内化为法国科研体系的一部分。法国现行的"混合研究单位"（Unité mixte de recherche）科研体制也对汉学研究的发展产生了重大影响。混合研究单位主要由法国国家科研中心（Centre National de la Recherche Scientifique）负责在大学或其他研究机构中组建并共同管理。这种体制极大地便利了资源共享和学术流动。[①] 就中国宗教研究而言，属于混合研究单位的重要机构有：东亚

---

\* 本文只是对法国的中国宗教研究作简单梳理，以使国内同人对目前法国学界的相关研究有大概的了解。汲喆先生为本文的撰写提出了很多宝贵的建议，并对本文的初稿作了详细的修订；岑咏芳女士提供了几篇关键的参考文章，并主要对"研究机构"部分提出了宝贵意见；刘清华君对"基督宗教研究"部分提出了宝贵意见，在此一并深致谢忱。

① 详参孙承晟《法国国家科研中心及其合作制度》，《科学文化评论》2008年第5期，第52—56页。

文明研究中心（Centre de Recherche sur les Civilisations de l'Asie Orientale）、社会·宗教·政教关系研究所（Groupe Sociétés, Religions, Laïcités）、中国、韩国及日本联合研究中心（Centre Chine-Corée-Japon）、喜马拉雅研究中心（Centre d'Études Himalayennes）、人类学与社会学比较研究组（Laboratoire d'Ethnologie et de Sociologie Comparative）等。除国家科研中心外，这些机构的共建单位主要还有法兰西学院、高等研究实践学院和巴黎第七大学（Université Paris Diderot）等。此外，法国远东学院（École française d'Extrême Orient）和汉学研究所（Institut des Hautes Études Chinoises）也是汉学研究的重要机构。

高等研究实践学院是法国精英教育体制的重要组成部分。这座古老的学府成立于1868 年，其宗教学部则诞生于 1886 年。汉语学界熟知的莫斯（Marcel Mauss 1872—1950）、列维—斯特劳斯（Claude Lévi-Strauss 1908—2009）、葛兰言（Marcel Granet 1884—1940）等诸多大师都曾任教于宗教学部。法国的中国宗教研究与该部相关讲席的设置休戚相关。1889 年，首个与中国宗教有关的讲席"远东和印第安美洲宗教"设立，担任讲席教授的是著名的东方文化学家德·罗斯尼（Léon de Rosny 1837—1914）。1907 年，"远东和印第安美洲宗教"讲席一分为二，"远东宗教"讲席由此诞生。其首任担纲者是被整个西方称为中国研究"导师"的沙畹（Édouard Chavannes 1865—1918）。1913 年，沙畹的学生葛兰言接任此讲席。1931 年以后，墨司它（Édouard Mestre 1883—1950）、阿格诺埃（Charles Haguenauer 1896—1976）等其他从事东亚研究的学者也开始在此讲席名下开设讲座。1940 年葛兰言逝世后，"远东宗教"讲席空缺。墨司它则在 1941 年成为新设立的"印度支那宗教"讲席教授。1943 年新设的"中国宗教"讲席当为"远东宗教"讲席的延续，由马伯乐（Henri Maspero 1882—1945）担纲。不过，马伯乐于次年逝世，此席位再次空缺。直到 1945 年，阿格诺埃重新开讲"远东宗教"，主要讲中国和日本宗教，也涉及朝鲜宗教。1950 年，石泰安（Rolf-Alfred Stein 1911—1999）进入宗教学部，主讲"中国和亚洲高地宗教"，继续主讲"远东宗教"的阿格诺埃则集中于日本和朝鲜宗教。1957 年，"中国和亚洲高地宗教"讲席发展为"远东与高地亚洲宗教比较"和"中国宗教"两个讲席，前者继续由石泰安主讲，后者则由康德谟（Max Kaltenmark 1910—2002）主讲。1971 年，施舟人（Kristofer M. Schipper）开始在这两个讲席名下，分别与石泰安、康德谟合开或单独开设讲座。1973 年，石泰安将"远东与高地亚洲宗教比较"改为"西藏宗教"，施舟人不再于此开设讲座，桑木丹·噶尔美（Samten G. Karmay）开始于此开设讲座；1974 年，石泰安休假一年，讲席改由云丹嘉措（Yonten Gyatso）主持。1975 年，布隆多（Anne-Marie Blondeau）接任"西藏宗教"讲席，直至 2003 年。期间，又有谢萧（Cristina Scherrer-Schaub）、马修·卡普斯坦（Matthew T. Kapstein）等学者曾在此讲席名下开设讲座。"中国宗教"讲席则在1979年康德谟退休后，由施舟人担纲直至1999年。期间，还有汪德迈（Léon Vandermeersch）、司马虚（Michel Strickmann 1942—1994）、傅飞岚（Franciscus Verellen）、郭丽英等学者在此讲席名下开设讲座。2000年开始，劳格文（John Lagerwey）接任施舟人的位置，并将讲席名称改为"道教史与中国宗教"。期间，吕敏（Marianne Bujard）曾在此讲席名下开设讲座。劳格文退休后，高万桑（Vincent Goossaert）在2012年接任此讲席。此外，宗教学部在1993年设立了"汉文化圈的信仰与思想体系"讲席，由马克（Marc Kalinowski）主持至今。

法国远东学院的前身是1898年在法国金石美文学院（Académie des Inscriptions et Belles-lettres）和法属印度支那总督的共同推动下成立的一个常设考古团队，1900年更名为法国远东学院。实际上，它是效仿之前已经成立的法国雅典学院、法国罗马学院、法国开罗东方考古研究所而设立的。这些海外学院共同构成了法国研究异文化的独特体系。1990年代，远东学院依次在台湾、香港、北京等地设立中心，更是促进了其在中国方面的研究。就中国宗教研究而言，远东学院无疑扮演了极为重要的角色。沙畹和伯希和（Paul Pelliot 1878—1945）对中国的考察正源于此。在远东学院历任和在任的30余位以中国为主要研究对象的研究员中，有21位都主攻宗教或者在宗教研究方面颇有建树。其中，以研究佛教见长的为石泰安、休伯（Edouard Huber）、谷岚（Fabienne Jagou）、郭丽英、雅克·梅（Jacques May）、王微（Françoise Wang-Toutain），佛教、基督教兼修的为谢和耐（Jacques Gernet），佛教、道教兼修的有戴密微（Paul Démiéville 1894—1979）、苏远鸣（Michel Soymié 1924—2002）。道教研究方面有饶宗颐、马伯乐、施舟人、索安（Anna Seidel 1938—1991）、劳格文、傅飞岚、吕鹏志、宗树人（David A. Palmer）。伯希和则在摩尼教等诸多领域作出过杰出贡献。此外，还有研究汉代哲学与宗教的马克，主要研究汉代宗教的吕敏和研究湖南宗教的华澜（Alain Arrault）。

汉学研究所于1920年由法国政府和中华民国政府共同签约成立，其初衷在于通过推动中国古代与近代的高等研究，成立图书馆及出版汉学著作以促进中法文化交流。与此相关地，汉学研究所的图书馆是欧洲最重要的汉学图书馆之一，尤其收藏与1929年之前中国有关的文献。汉学研究所出版的汉学著作则主要有三个系列。第一系列为"汉学研究所文库"（Bibliothèque de l'Institut des Hautes Études Chinoises），于1932年以沙畹的一本著作揭开序幕。第二系列为始于1943年的通检、书目及汉学文献资料之著作。第三系列为始于1975年的"汉学研究所专刊"（Mémoires de l'Institut des Hautes Études Chinoises），主要发表优秀博士论文和同水平论著。汉学研究所于1968年开始正式直辖于法兰西学院。①

东亚文明研究中心可以追溯到1973年由高等研究实践学院第四部与国家科研中心合办的敦煌写本研究组（Équipe de Recherche sur les Manuscrits de Dunhuang），创建人为苏远鸣。随着研究领域的不断扩展，敦煌写本研究组发展为汉文写本金石图像文献研究中心（Centre de Recherche sur les Manuscrits, Inscriptions et Documents Iconographiques de Chine），到1996年更名为中国文明研究中心（Centre de Recherche "Civilisation Chinoise"），并在2006年初成为新成立的中国、日本和西藏文明研究中心（Centre de Recherche sur les Civilisations Chinoise, Japonaise et Tibétaine）的一部分。出于将其他东亚国家也纳入研究范围和发展跨民族研究视角的考虑，中国、日本和西藏文明研究中心又更名为东亚文明研究中心，不过其构成仍为中国、日本和西藏这三个文明研究组。研究中心由国家科研中心、高等研究实践学院、巴黎第七大学和法兰西学院共建，其很多成员同时也在这些创建单位中从事研究或教学工作。除了上文已经提及的施舟人等中国宗教研究学者，该中心的中国文明研究组历任或在任、或者有协同研究关系的相关学者还有侯锦郎（1937—2008）、戴思博（Catherine Despeux）、罗禅能（Jean-Noël Robert）、雷米·马蒂厄（Rémi Mathieu）、杜德兰（Alain Thote）、穆瑞明（Christine Mollier）、马颂仁（Pierre Marsone）、何玉惟（Sylvie Hureau）、郭艾思（Grégoire Espesset）等学者。西藏文明研究组则有今枝由郎、马修·卡普斯坦、卡蒂亚·毕夫特里耶（Katia Buffetrille）和让—吕克阿沙尔（Jean-Luc Achard）等西藏地区宗教研究的专家。

另有六个机构对中国宗教研究亦具有特殊意义。首先，喜马拉雅研究中心是藏学研究的重镇，其主体成员为人类学学者。这里有费尔南·梅耶（Fernand Meyer）、施帝恩（Stéphane Gros）、奥雷莉·内沃（Aurélie Névot）、尼古拉·西雷（Nicolas Sihlé）、拉谢尔·吉多尼（Rachel Guidoni）、雷米·谢（Rémi Chaix）等学者。其次为社会·宗教·政教关系研究所。其前身是让·博贝罗（Jean Baubérot）创建于1995年的宗教与政教关系社会学研究所，2006年改为今名。其最初的成员，一部分来自当时解散的国家科研中心的宗教社会学研究组，另一部分则来自当时在高等研究实践学院成立不久的政教关系的历史学与社会学研究组。在中国宗教研究方面，目前这里主要有贾珞琳（Caroline Gyss-Vermande）、高万桑、方玲、皮卡尔（François Picard，兼职）、汲喆（兼职）等学者，施舟人在退休前也曾在这个研究所主持工作。此外，该研究所艾文（Marie-Dominique Even）和沙怡然（Isabelle Charleux）的研究也涉及中国的蒙古与新疆。第三是

---

① 《法兰西学院与汉学研究》，未刊稿，原法文本撰于1998至2000年间，岑咏芳女士提供中译本，第1、3页。关于汉学研究所更详细的介绍参见戴仁《法国汉学研究所简介》，耿昇译，载《法国汉学》第2辑，1997年，第357—359页；葛夫平：《伯希和与巴黎中国学院（笔者注：即汉学研究所）》，载《汉学研究通讯》2007年第26卷第3期，第33—41页。

1996 年成立于社会科学高等研究院（École des Hautes Études en Sciences Sociales）的近现代中国研究中心（Centre d'Études sur la Chine Moderne et Contemporaine）。它隶属于中国、韩国及日本联合研究中心。目前，该中心在中国宗教方面主要有乐唯（Jean Lévi）和杜瑞乐（Joël Thoraval）。一年前去世的伊丽莎白（Élisabeth Allès 1952—2012）曾长期在这个中心工作，是法国研究中国穆斯林的专家。第四，巴黎第七大学历来就有中国研究的传统，曾在这里教学或学习的学者有贺碧来（Isabelle Robinet 1932—2000）、莫尼卡（Monica Esposito 1962—2011）、郭艾思等，目前则有毕游塞（Sébastien Billioud）主攻儒教与一贯道研究。第五，巴黎第十大学的人类学与社会学比较研究组亦有两位主攻中国宗教的学者。她们是贝桂菊（Brigitte Baptandier）和谢道琳（Adeline Herrou）。第六，历史悠久的法国国立东方语言文化学院（Institut National des Langues et Civilisations Orientales）拥有欧洲最大的中文系，在其中国研究中心（Centre d'Études Chinoises），研究中国宗教的有王论跃（Frédéric Wang）、戴文琛（Vincent Durand-Dastès）、黎北岚（Pénélope Riboud）和汲喆。戴思博在退休前、程艾蓝（Anne Cheng）在 2008 年当选为法兰西学院"中国智识史"（Histoire intellectuelle de la Chine）讲席教授之前，也都在这个中心工作。

## 古典社会至秦汉时期宗教研究

本节主要收入法国学者对中国古典社会至秦汉帝国时期宗教的研究。由于道教、佛教等方面将在下文作专门梳理，故除沙畹对投龙仪式的考察（与其之前对泰山的研究紧密相关）外，这里均暂不讨论。如此，则该领域早期的学者主要有沙畹、葛兰言、马伯乐和康德谟。1970 年代以来的学者则主要有毕梅雪、马克、乐唯、马克、杜德兰、吕敏和雷米·马蒂厄等。

早在 1890 年，沙畹就细致地译注了《史记》中有关封禅的记载，并进行了初步讨论。[①] 此外，他也是西方第一位对中国古代的社神进行专门考察的学者。1900 年，沙畹在一次国际宗教史会议上宣读了题为《中国古代宗教中的社神》的论文，并于 1910 年以《中国古代的社神》为题，将这项研究的修订版附在其名著《泰山：关于一种中国崇拜的专题论文》的正文之后。这篇长文依次讨论了不同层级的社神、社坛、社树、象征社神的石柱、社神与日食、旱涝之时的社神、社神与收成、职司惩罚之社神、社神与祠堂、先于后土出现的社神等。《泰山》的主体部分则有六章，即泰山崇拜、泰山志、关于封禅的文献摘录、祭文、碑刻、民间信仰，最后再加上结论。其中，泰山崇拜、民间

---

① Édouard Chavannes, "Le Traité sur les sacrifices 'Fong' et 'Chan' de Se_ma T'sien," dans *Journal of the Peking oriental Society*, Péking: Typographie du Pei-T'ang, 1890.

信仰、结论为作者的讨论部分,其他则为文献编译,但加入了很多实地考察所得的资料。其中,民间信仰部分依次讨论了关于泰山的传说,以及作者认为最能体现泰山神力的五岳真形图、泰山镜与泰山印。在结论部分,作者主要分析了建构泰山崇拜的元素,揭示了泰山从辐射范围有限、主要与自然秩序相联系(正如封建诸侯与政治秩序的关系)、从属于天(正如封建诸侯从属于君主,即天子)的崇拜,发展到职司注生注死,然后在佛教的影响下又成为冥府判官,再到一个与女性紧密相关的被认为是泰山女儿的女神被创造出来的过程。[①] 沙畹的另一名著《投龙》(1919)很可能受到了其对泰山研究的启发。该书主要是译注了关于中国古代投龙仪式的碑铭和道书等文献。其中,碑铭部分收入了记载公元8世纪至10世纪早期衡山、苏州林屋洞天、太湖水府等地的投龙告文,以及7世纪中期至14世纪初期记载泰山、济渎、大房山、云门山、麻姑山、华山、天坛、嵩山、终南山、衡山等地投龙仪式的碑文十一类,其中又以关于泰山投龙的文献所占比重为最。道书部分则为杜光庭的"宗教地理学专论"《洞天福地岳渎名山记》及科仪书《太上灵宝玉匮明真大斋言功仪》。在结论部分,沙畹首先指出唐代道士/道姑的主要职责在于科演仪式。与佛教一样,这些仪式都是为了确保潜藏世界(le monde invisible)对皇帝、活人和亡魂的保护。然后,以唐代"才出现"的载有道教斋醮仪式的碑刻为引子,沙畹对目的和重要性各异的道教斋仪、醮仪进行了探讨。[②]

葛兰言师承莫斯和沙畹,是西方社会学的教父之一,也是西方首位对中国古典社会进行系统考察的学者,其研究视角即为社会学。葛氏的不少著述都讨论了古典社会中的宗教。其中,《中国古代的节庆与歌谣》(1919)的第二部分致力于"描述中国宗教中最古老的事实",提出节庆中的官方仪式源于民间仪式,其圣地部分主要讨论了中国人的山川崇拜。葛兰言认为古代节庆是综合性的宗教活动,它们在后来被简化成仪礼,被不同系统的宗教思想纳于历法之中。《中国人的宗教》(1922)依次讨论了农民的宗教(乡村生活、圣地与农民节庆、古代信仰、民间神话与民俗)、封建主的宗教(贵族生活、对天的崇拜、农业神崇拜、祖先崇拜、神话)、官方宗教(指儒教:士人、玄学与正统伦理、崇拜与信仰)与新生宗教(道教与佛教)、近代中国的宗教情感。其中,对封建主的宗教及官方宗教的讨论指向帝国形式的全国统一的建立。《中国古代的舞蹈与传说》(1926)的主体有三部分。第一部分讨论了被作为祭品牺牲的俘虏、首领及舞者,及其与政治威信的关系。第二部分通过考察被驱逐的神怪、假面舞蹈、仪式戏剧探讨了新秩序是如何建立的。第三部分通过考察周、商、夏这三个王朝建立者的牺牲精神及与之相关的舞蹈,讨论了王朝的建立问题。而《中国文明》(1929)与《中国人的思想》

---

① Édouard Chavannes, *Le T'ai chan, essai de monographie d'un culte chinois*, Paris: Éditions Ernest Leroux, 1910.
② Édouard Chavannes, "Le jet des dragons," dans *Mémoires concernant l'Asie Orientale*, vol. 3, Paris: Éditions Ernest Leroux, 1919, pp. 53–220.

(1934)则基本是对以上研究的总结。值得一提的还有葛氏的四篇论文。《置婴于地：古老的仪式与神话式神判》（1922）以近代中国的溺婴为引子，对古代将女婴放置于地上的传统进行了探析。《悲痛的言语：基于古典中国丧葬仪式的讨论》（1922）考察了丧葬中的情感表达。《古道教刍议》（1925）主要讨论了禹步，此文再次显示了葛兰言敏锐的洞察力。《中国宗教的精神》（1929）认为中国人大体上是同时实践儒、释、道三教，其神明是一个将宗教活动作为实践秩序更甚于作为思想文化秩序的社会的产物，并指出中国宗教是作为集体生活的功能而存在的。《中国的右和左》（1933）对中国人关于左与右的观念进行了结构性分析。

马伯乐的《近代中国的神话》（1928）依次考察了大众宗教与三教、无上之神、自然神、统治集团崇拜之神、行业神、个体崇拜之神以及彼世之神。《历史发展中的中国宗教》（1950）共有古代宗教、战国时期的宗教危机、道教、佛教和儒教等五章。其中，古代宗教一章讨论了中国古典社会中的宗教。马氏认为，古代的氏族是一种与始祖崇拜相联系的宗教单位；领地是基本的世俗组织，也是基本的宗教组织。领地的世俗社会以家族及其所拥有的封地为基础；而作为宗教社会基础的祖先崇拜与社神崇拜，则是世俗社会两个要素的神化呈现。在对祖先崇拜、社神崇拜的相关仪式进行分析之后，马氏指出在这种扮演着社会角色的、特定社会群体宗教生活的表达中，个人情感不占有任何位置。战国时期的宗教危机则探讨了上帝（天）与后土（地）崇拜的兴起，最后指出正是这两个崇拜分别孕育了后来的儒教与道教。此外，马氏还有一本专门的道教论集（1950）。

康德谟的论文《秦汉时期中国的宗教与政治》（1961）考察了秦始皇所用"皇帝"一词的神话、宗教及政治内涵，还探讨了天命的观念，它与作为王朝合法性工具的五行理论的关系及其对汉代政治的影响。此外，他还撰有《伏波将军》（1928）、《神圣之舞》（1963）、《中国古代的神圣》（1965）、《关于高禖崇拜的札记》（1966）、《中国宗教的神话学研究：迷宫与洞窟》（1967）、《中国古代的宗教师（maître spirituel）》（1983）、《中国古代的宗教》（1970）等文章。其中，《中国古代的宗教》讨论了商周时期的神话、神谕铭文、祖先及神明崇拜、人殉等，最后对秦汉帝国的崇拜与祭祀做了扼要的描述。

毕梅雪（Michèle Pirazzoli-t'Serstevens）主要研究中国的考古与艺术。她的《死亡与死者：秦汉时期的实践与图像》考察了秦汉时期的墓葬实践及相关信仰，最后主要提出了两点结论。首先，宇宙观念的影响在东汉墓葬中凸显出来，如西王母的普遍崇拜就是宇宙观念影响增强的反映。其次，东汉时期普遍出现横穴墓。这种墓可以重新打开，以便埋葬别的死者或对死者进行定期祭拜。横穴墓也可能部分地源于一种被称为消除文的，可以防止生者和驱邪者被死者注为天帝使者的驱邪文书。根据消除文，人死之后，其魂、魄都各有不同的去处。毕梅雪认为这些消除文反映了当时社会对末世论的关注，或者更广泛地说是对汉末华北与华中地区混乱的宗教焦虑。[1]

考古学家杜德兰发表了多篇与古代中国人宗教观念关系紧密的论文，如《关于东周时期良渚文化面具遗绪的札记》（1996）、《中国文化中仪式用的青铜器》（1998）、《新近考古发现光芒下的楚王国墓葬实践：延续性与断裂性》（2000）、《东周时期统治者坟墓所见的墓葬实践》（2004）、《已知世界之外：呈现神明》（2006）、《楚王国的墓葬实践（中国中南，公元前四至三世纪）：从社会身份的呈现到个人命运的表达》（2007）、《商周的墓葬实践：物质遗迹的解释》（2008）等。其中，《商周的墓葬实践》论述了商周时期不断变化的墓葬实践及相关的信仰和观念。杜德兰认为，商朝王墓的规模和陪葬品显示了王处于社会金字塔顶端，以及人类社会与诸神世界之间的特殊位置。他还指出，坟墓在当时也是祖先崇拜的重要场所。

马克对半宗教性质的占卜尤有研究，曾主编论文集《中古中国的占卜与社会》，共收入10篇论文，分别讨论天文气象占、历书、择吉、签占、梦占、符、杂占、诊治疾病占、相法、宅墓占等，多为法国学者所撰，其中氏著3篇。[2] 他的《东周时期的占卜及占星术士：传世文献与新近考古发现》考察了《左传》中132则关于占卜的记载，并将之与当代发现的公元前4世纪楚地文书的记载进行比较，勾勒出了占卜术在东周时期的变化，并认为这些变化揭示了占卜术士与占星术士之间的宗教冲突。包山发现的公元前4世纪初楚地的占卜和祭祀记录则显示，与预知未来相比，占卜更主要的目的是决定祭祀的内容和对象。此外，马克还撰有《〈道藏〉中的占卜文献》（1989—1990）、《敦煌数占小考》（1991）、《敦煌数占》（1994）、《中国古代的神话、宇宙生成论及神谱》（1996）、《占卜、科学与宗教》（2001）、《敦煌文书中民间宗教与数术的互动》（2002）、《古代中国的技术传统与中国宗教中的数术文化》（2004）等论文。

乐唯主要是思想史家。他的《礼、名与道：中国古代的祭祀哲学与权力的至高无上》先将周朝的古老系统总结为通过祭祀来达成的社会的政治—宇宙结构化，这一系统在东周"礼崩乐坏"。以祭祀为中心的结构化、礼崩乐坏，以及随后出现的领土分部割据之间的张力，使得一种能够与更为抽象的时空相适应的新的宗教机制呼之欲出。文章

---

[1] Michèle Pirazzoli-t' Serstevens, "Death and the dead: practices and images in the Qin and Han," in John Lagerwey and Marc Kalinowski (eds.), *Early Chinese Religion: Shang through Han (1250BC – 220AD)*, Brill, 2009, pp. 949 – 1026. 本节讨论的以下几篇论文亦收入此书：Alain Thote, "Shang and Zhou funeral practices: interpretation of material vestiges," pp. 103 – 142; Marc Kalinowski, "Diviners and astrologers under the Eastern Zhou: transmitted texts and recent archaeological discoveries," pp. 341 – 396; Jean Lévi, "The rite, the norm and the Dao: philosophy of sacrifice and transcendence of power in ancient China," pp. 645 – 692; Marianne Bujard, "State and local cults in Han religion," pp. 777 – 811。

[2] Marc Kalinowski (éd.), *Divination et société dans la Chine médiévale, Études des manuscrits de Dunhuang de la Bibliothèque nationale de France et de la British Library*, Paris: Bibliothèque nationale de France, 2003.

标题中的"礼"、"名"与"道"则分别对应儒家、法家与道家。乐唯揭示了它们是如何从互相冲突,到战国末期融合在一起,并成为统一图景的。而这一图景就是作为新宗教机制的"道"。道在新哲学体系中的位置就像古代祭祀系统中天的位置,处于至高无上的中心,而新系统中的天子则与《庄子》中描述的一个道人很像。

吕敏的专著《中国古代的祭天:西汉时期的学说与实践》考察了汉初董仲舒等儒家给原本在前帝国时代旨在祭拜王族祖先、帝国初期旨在为皇帝祈求长寿的,范围限于王族/皇族之内的郊祀附加上祭天仪式,以建立新的国家宗教(religion d'État)基础的努力;另一方面,他们也致力于打击地方崇拜以及方士。他们的努力取得了部分成果,帝国祭祀的传统最终被创立,但所祭的并不是儒士的天,而是方士的太一;打压方士的效果也不理想,儒士与方士在之后的两千年中继续竞争,与之相应的则是官方崇拜与地方崇拜间的竞争。① 吕氏的论文《汉代宗教中的国家与地方崇拜》则揭示了秦汉之间被低估的延续性,认为汉朝在一开始基本是借用了秦朝的国家宗教系统,除了出于宇宙哲学的考虑,在原来秦首都最重要的祭祀中供奉的四个上帝基础上,添祀了一个上帝,即被供奉于中心位置的黄帝。文章进而对汉代的祭祀学说和仪式实践,及其改革进行了论述。最终认为,这些改革看来都以经典为基础,并据此推出经典的地位与政治合法性是紧密联系在一起的。此外,吕氏的《陈宝崇拜》(1998)、《地方崇拜的庆祝与提升》(2000)都是考察神明崇拜的重要论文。

雷米·马蒂厄兴趣广泛,其治学范围涉及神话、哲学、文学等多个领域。他译注了与中国古代宗教联系紧密的《穆天子传》(1979)、《搜神记》(主编,1992)、《淮南子》(主编,2003)、《楚辞》(2006)、《老子》(2008)等经典。在熟谙经典的基础之上,马氏撰有《中国古代的神话与人类学研究——〈山海经〉》(1983)、《中华帝国初期的神话与哲学——〈淮南子〉研究》(合编,1992)、《六朝中国文学中的鬼神与奇迹——干宝〈搜神记〉中的志怪及轶闻》(2000)等专著,以及《周末至汉初的巫:功能、仪式与本领(约公元前四世纪至约公元一世纪)》(2009)等论文。②

此外,高万桑的《中国的牛禁:农业、伦理与祭祀》第一部分对中国古代祭祀中的

---

① Marianne Bujard, *Le sacrifice au ciel dans la Chine ancienne: Théorie et pratique sous les Han Occidentaux* (Monographies/PEFEO, 187), Paris: EFEO, 2000.

② 马蒂厄(Rémi Mathieu)的研究性论著主要有:*Étude sur la mythologie et l'ethnologie de la Chine ancienne. Le Shanhai jing*, "Classique des Monts et des mers", Paris: IHEC, 1983; *Mythe et philosophie à l'aube de la Chine impériale. Études sur le Huainan zi*, coédité avec C. Le Blanc, Montréal-Paris, PUM-De Boccard éd., 1992; *Démons et merveilles dans la littérature chinoise des Six Dynasties. Le fantastique et l'anecdotique dans le Soushen ji de Gan Bao*, Paris: You-Feng éd., 2000; "Leswu: fonctions, rites et pouvoirs, de la fin des Zhou au début des Han (env. Ve s.-env. Ier s.). Approche d'un chamanisme chinois," dans John Lagerwey (éd.), *Religion et société en Chine ancienne et médiévale*, Paris: Éditions du Cerf, 2009, pp. 277-304。

动物进行了探讨，第二部分则对其中的牛进行了专门考察。[1] 劳格文的《中国：神州》探讨了《周礼》所见宗教体系与整个中国宗教、社会的紧密联系，也简要论述了周朝至秦汉时期的宗教。[2] 目前任教于巴黎第十大学的李国强则发表了《古代中国商朝后期牛的祭祀与驯养》、《太牢考论》等论文。[3]

## 汉传佛教研究

法国的汉传佛教研究经历了19世纪中叶附属于印度佛教研究，到印度佛教研究大师与汉学大师合作，到20世纪初研究汉传佛教本身，再到20世纪中期汉传佛教典籍研究步入黄金时代的历程。其中，沙畹、伯希和、马伯乐、戴密微及其弟子扮演了相当重要的角色。关于这段历史，郭丽英在1998年已作过系统的梳理。[4] 因此，这里主要关注1990年代以来的情况。

戴思博，1974年在巴黎第七大学获得博士学位，曾任国立东方语言文化学院中文系主任和研究生院院长和东亚研究中心研究员。她主要关注汉唐时期不同宗教在技术、观念与信仰方面的相互作用及变化，以及六朝佛教与道教中关于身体的观念及个体的修炼实践，是一位在佛教、道教、医学等各方面均颇有建树的学者。她的一本论著就通过综合考察禅宗、道教与藏传佛教，对"悟"进行了探讨。[5] 在佛教方面，戴氏主要是翻译《马祖语录》、《圆觉经》、《大乘起信论》等典籍，主编《中古中国的佛教与文人》，以及涉及佛教的《中古中国的医学、宗教与社会》这两本论文集。[6] 其中，《中古中国的佛教与文人》收有其论文《作为佛教辩护工具的士人文化：道安的〈二教论〉》。她还

---

[1] Vincent Goossaert, *L'interdit du bœuf en Chine. Agriculture, éthique et sacrifice*, Paris: Collège de France, IHEC, 2005.

[2] John Lagerwey, *China: A Religious State*, Hong Kong: Hong Kong University Press, 2010, pp. 1–17, 20–28.

[3] Li Guoqiang, "Sacrifices et domestication des bovins dans la Chine antique sous les Shang postérieurs (vers 1300 à 1046 avant J.-C.)," dans *Anthropozoologica*, vol. 42 (1), 2007, pp. 19–46；〈太牢考论〉，收入马克、邓文宽、吕敏主编：《古罗马和秦汉中国——风马牛不相及乎》（《法国汉学》第14辑），中华书局2011年版，第151—195页。

[4] 详参郭丽英《法国对汉传佛教研究的历史与现状》，耿昇译，载《世界汉学》1998年第1期，第115—121页。

[5] Catherine Despeux, *Le chemin de l'éveil, illustré par le dressage du buffle dans le bouddhisme Chan, le dressage du cheval dans le taoïsme, et le dressage de l'éléphant dans le bouddhisme tibétain* 禅宗牧牛图、道教牧马图与藏传佛教牧象图所揭示的"悟"之道, Paris: Éditions l'Asiathèque, 1981.

[6] Catherine Despeux (éd.), *Bouddhisme et lettrés dans la Chine médiévale*, Paris-Louvain: Éditions Peeters, 2002; *Médecine, religion et société dans la chine médiévale. Études de manuscrits de Dunhuang et de Turfan*, Paris: IHEC/Collège de France, 2010.

撰文讨论牛头禅宗,并翻译相关文献。① 她一篇考察个人修炼如何入圣的文章,和另一篇考察公元 3 世纪到 6 世纪宗教实践的文章都同时讨论了佛教和道教。②

郭丽英于 1970 年代初求学日本,以借助梵文文本对《文殊说般若经》的两个译本作比较研究获得硕士学位。之后,她先后在日本、美国和法国工作和学习。1994 年,她成为敦煌写本研究组的一员,并在其中主持汉文伪经研究小组。她的主要兴趣在于汉传佛教的传播及其地方适应。其博士论文揭示了中国僧人如何改造源于印度的佛教忏仪,却又从印度哲学中寻求其合法性的过程。这些忏仪不仅传布于中国各地,也在朝鲜和日本得到发展。③ 对汉传佛教在中国邻国发展的考察,同样也见于其另外两篇文章。④ 郭氏认为,汉传佛教的思想与观念原来继承自印度佛教,但已经有深刻的革新,尤其在仪式方面。只有将其与印度佛教,以及相关的藏传佛教文本与仪式进行比较,方能体察这些变化。在汉文伪经在朝鲜、日本的传播的研究方面,亦是如此。得益于其在敦煌写本研究组的工作及 1990 年代因工作再度前往日本期间发现名古屋七寺所藏丰富的佛教文献,郭氏主要开展两方面的研究。其一,研究名古屋七寺所藏 5 至 6 世纪古逸佛教伪经。其二,研究 10 世纪敦煌文献中那些被认为是密教伪经的仪式文本。⑤ 在此基础上,她又对 5 至 10 世纪汉文佛教"伪"字在佛道辩论中的使用,及其与全国性佛藏的关系作了进一

---

① Catherine Despeux, "L'école tch'an de Nieou-t'eou 牛头禅宗"; "Nieou-t'eou Fa-jong 牛头法融"; "Extinction de la contemplation 绝观论"; "L'inscription de l'esprit 心铭," dans *Tch'an (Zen). Racines et floraisons* 禅宗的起源及其兴盛, Paris: Les Deux Océans, 1985, pp. 103 – 125, 125 – 136, 126 – 155, 156 – 164.

② Catherine Despeux, "L'accès au sacré par la méditation. Techniques bouddhiques et taoïstes 由冥想而入圣境:佛道之术," dans Michel Masson (éd.) avec la collaboration des Instituts Ricci de Paris et Taipei, *Le sacré en Chine*, Turnhut: Brepols, 2008, pp. 129 – 144; "Pratiques bouddhiques et taoïques du IIIe au VIe siècle (221 – 581) 三至六世纪的佛教与道教实践," dans *Religion et société en Chine ancienne et médiévale*, pp. 643 – 684.

③ Kuo Liying, *Confession et contrition dans le bouddhisme chinois du Ve au Xe siècle*《五至十世纪中国佛教的忏悔经文与忏仪》(Monographies/PEFEO, 170), Paris: EFEO, 1994. 其博士论文准备期间的工作也见于"Un texte ancien de vœux et de confession, P. 2189, le 'Vœu de la Capitale de l'Est'," dans *Les peintures murales et les manuscrits de Dunhuang*, Paris: Éditions de la Fondation Singer-Polignac, pp. 111 – 120(此文后由耿昇译成中文收入谢和耐、苏远鸣等著:《法国学者敦煌学论文选粹》,中华书局 1993 年版,第 105—119 页)。1994 年的一篇论文也讨论了佛教的忏悔仪式:"La confession dans le bouddhisme mahayanique: théories et pratiques 大乘佛教中的忏悔理论及其实践," dans *Enquêtes sur le Bouddhisme (La pensée et les hommes*, Nouvelle série 25), Bruxelles: Éditions de l'Université de Bruxelles, 1994, pp. 17 – 26.

④ 郭丽英:《〈占察经〉研究》,耿昇译,载《法国汉学》,第 2 辑,1997 年,第 193—223 页;"La récitation des noms de buddha en Chine et au Japon 中国与日本的佛名念诵," dans *T'oung Pao*, vol. 81, 1995, pp. 230 – 268.

⑤ Kuo Liying, "Mandala et rituel de confession à Dunhuang 敦煌文献所见的曼荼罗和忏仪," dans *BEFEO (Bulletin de l'École française d'Extrême-Orient)*, vol. 85, 1998, pp. 227 – 256;《敦煌汉传密教经典研究:以〈金刚峻经为例〉》,载《敦煌吐鲁番研究》,第 7 卷,2004 年,第 327—337 页。

步探讨。① 此外，郭氏也对佛教石幢铭文进行过专门考察。②

王微早先在国立东方语言学院和巴黎第十大学学习梵文两年，1984 年又获得中文硕士学位、藏语高等文凭和泰米尔语同等学力文凭，并于次年获得中国研究深入研究文凭。1989 年，她进入敦煌写本研究组。她还多次前往印度和中国（包括西藏）进行考察。她的博士论文探讨了 6 至 13 世纪中国的地藏信仰。③ 王氏对汉传佛教与藏传佛教都颇有研究。首先，和其在敦煌写本研究组的工作相关，她最初主要着力于汉传佛教，尤其是汉文佛教伪经研究。④ 不过，其研究重心逐渐转移到了藏传佛教，尤以近年对乾隆墓葬的研究令人瞩目。⑤ 对汉传佛教与藏传佛教的研究自然也使王微注意到这两者之间的关系，并对其进行考察。例如，其对白伞盖佛母，对清代《汉区佛教源流记》的作者贡布嘉（mGgon-po-skyabs），对 20 世纪初译介藏传佛教经典的汉传佛教法师法尊的研究等。⑥

---

① Kuo Liying, "Sur les apocryphes bouddhiques chinois 论汉文佛教伪经," dans *BEFEO*, vol. 87, 2000, pp. 677 – 705.

② Kuo Liying, "Inscriptions on 'Stone Banners' (*shichuang* 石幢): Text and context," 收入高田时雄编：《中国石刻文献：整理工作与研究视角（会议论文集）》，京都大学人文科学研究所，2006 年，第 37—51 页。

③ Françoise Wang-Toutain, *Le bodhisattva Ksitigarbha en Chine. VIᵉ siècle au XIIIᵉ siècle* 六至十三世纪中国的地藏菩萨 (Monographies/PEFEO, 185), Paris: EFEO, 1998.

④ Françoise Wang-Toutain, "Une peinture de Dunhuang conservée à la Bibliothèque Nationale de France 法国国家图书馆所藏的一幅敦煌画像," dans *Arts asiatiques*, vol. 49, 1994, pp. 53 – 69; "Le bol du Buddha. Propagation du bouddhisme et légitimité politique 佛之钵：佛教传承与政治合法性," dans *BEFEO*, vol. 81, pp. 59 – 82; "Le sacre du printemps: les cérémonies bouddhiques du 8ᵉ jour du 2ᵉ mois 春祭——二月八日节的佛教仪式," dans Jean-Pierre Drège (éd.), *De Dunhuang au Japon*, *Études chinoises et bouddhiques offertes à Michel Soymié*, Genève: Droz, 1996, pp. 73 – 92（此文中译本参见《法国汉学》第 5 辑，第 107—126 页）; "Pas de boissons alcoolisées, pas de viande: une particularité du bouddhisme chinois vue à travers les manuscrits de Dunhuang," dans *Cahiers d'Extrême-Asie*, vol. 11, 1999 – 2000, pp. 91 – 128.

⑤ Françoise Wang-Toutain, "Le *Sutra qui sauve des maladies*. Un aspect peu connu de Vajrapani, Protecteur de la Loi 《救疾经》：护法神金刚力士鲜为人知的一面," dans Jean-Pierre Drège avec Olivier Venture (éds.), *Études de Dunhuang et Turfan*, Genève: Droz, 2007, pp. 99 – 128；〈乾隆裕陵棺椁藏文经咒释读〉，载《故宫博物院院刊》2006 年第 1 期，第 48—65 页；《乾隆葬礼与藏传佛教》，收入谢继胜、沈卫荣、廖旸主编《汉藏佛教艺术研究——第二届西藏考古与艺术国际学术研讨会文集》，中国藏学出版社 2006 年版，第 130—169 页；《乾隆墓梵文写本中的守护国界主陀罗尼经（*Dharanis*）》，收入沈卫荣主编：《西域历史语言研究集刊》第 3 辑，科学出版社 2010 年版，第 343—373 页。

⑥ 王微：《白伞盖佛母：汉藏佛教的互动》，载《故宫博物院院刊》2007 年第 5 期，第 98—152 页；"Circulation du savoir entre la Chine, la Mongolie et le Tibet au XVIIIe siècle. Le prince mGon-po skyabs 十八世纪汉、蒙、藏之间的知识流通：贡布嘉王子," dans *Études chinoises*, vol. 25, Paris: Association Française d'Études Chinoises, 2005, pp. 57 – 112; "Quand les maîtres chinois s'éveillent au bouddhisme tibétain 汉传佛教法师体悟藏传佛教时," dans *BEFEO*, vol. 87, 2000, pp. 707 – 727; "Une représentation sino-tibétaine du bodhisattva Ksitigarbha. Étude d'une illustration du 'Tétraglotte' conservé au Musée Guimet 地藏王菩萨的汉藏画像," dans *Arts asiatiques*, vol. 62, 2007, pp. 140 – 145; "Comment Asaṅga rencontra Maitreya. Contact entre bouddhisme chinois et tibétain au XXᵉ siècle 无著菩萨与弥勒菩萨如何相斗：二十世纪汉传佛教与藏传佛教间的关系," dans Monica Esposito (éd.), *Images du Tibet au XIXe-XXe siècle-Images of Tibet in 19th 20th centuries*, Paris: EFEO, 2008, pp. 359 – 385.

专攻日本天台宗的罗禅能是研究《法华经》的专家,对古代汉文《法华经》及注释的翻译是其研究主题之一。罗禅能的一个学生田水晶(Daniela Campo)于2011年从高等研究实践学院毕业。她的博士论文题为《虚云禅师(约1864—1959):其作品及其在二十世纪中国佛教中的角色》,主要通过考察虚云禅师的传记来讨论历史编纂与圣徒传记书写之间的张力。

何玉惟于2003年在国立东方语言文化学院通过博士论文答辩。其博士论文主要考察了鸠摩罗什的生活及其佛经翻译。[①] 何氏目前任教于高等研究实践学院,主要从事六朝佛教文献和仪式研究,考察僧人与国家、社会间关系等,已经发表《六朝的佛教徒网络:佛教的捍卫与传播》、《从吉藏对〈维摩诘经〉第九章的注看其"不二"观念》、《中古中国佛教辩论中反宗教权力主题的出现》、《关于斋日的讲道与翻译:鸠摩罗什在印度仪式的中国适应中扮演的角色》、《翻译、伪经与佛藏的出现》、《佛教仪式》等论文。[②]

除了郭丽英和何玉惟,穆瑞明(详见道教相关部分)和方玲也对伪经进行了考察。方玲通过分析敦煌本《佛说救疾经》、《佛说咒媚经》、《新菩萨经》、《劝善经》等伪经,主要讨论了中古中国关于疾病与治疗的观念。[③]

曾经在俄国从事多年敦煌吐鲁番佛教艺术收藏品研究的张惠明,2011年在高等研究实践学院答辩通过了其博士论文《中古中国文殊五台山图像学:根据公元七至十世纪的敦煌绘画资料的研究》。该研究以敦煌的绘画图像为基本资料,结合大量的文本资料,对中古时期(公元5至10世纪)文殊菩萨和五台山图像在中国的出现、发展和演变的历史作了广泛而深入的探讨。在整体的研究方法上,她的分析论证力图摆脱佛经文本的局限,更多地关注与图像有关的发生于中国内地与敦煌本地的各种佛事活动的文本文献,将不同风格样式的图像作品放回其产生的宗教与文化艺术的具体环境背景中进行了

---

[①] Sylvie Hureau, "Kumārajīva (env. 344 – 413), conseiller des princes, traducteur et instigateur d'une orthodoxie bouddhique en Chine 鸠摩罗什(约344—413):中国的王子顾问、佛经翻译家和一种佛教正统性的挑动者," PhD dissertation, Paris: Institut des Langues et Civilisations Orientales, 2003.

[②] Sylvie Hureau, "Réseaux de bouddhistes des Six Dynasties: défense et propagation du bouddhisme"; "Réflexions de Jizang sur la non dualité, d'après ses commentaires du neuvième chapitre du Soutra de Vimalakīrti," dans Bouddhisme et lettrés dans la Chine médiévale, pp. 45 – 65, 301 – 318; "L'apparition de thèmes anticléricaux dans la polémique bouddhique médiévale," dans Extrême-Orient Extrême-Occident, vol. 24, 2002, pp. 17 – 29; "Preaching and translating on pos-adha days: Kumārajīva's role in adapting an Indian ceremony to China," in Journal of the International College for Postgraduate Buddhist Studies 10, Tokyo, 2006, pp. 86 – 118; "Production et dissémination de textes bouddhiques, traductions et apocryphes," "Les rites bouddhistes," dans Religion et société en Chine ancienne et médiévale, pp. 429 – 258, 493 – 529, 这两篇文章的英文版参见 John Lagerwey and Lü Pengzhi (eds.), Early Chinese Religion Part II. The Period of Division (220 – 589 AD), Leiden: Brill, pp. 741 – 774, 1207 – 1244.

[③] Fang Ling, "Sûtras apocryphes et maladie 伪经与疾病," dans Médecine, religion et société dans la Chine médiévale. Études de manuscrits de Dunhuang et de Turfan, pp. 953 – 989.

考察，并着力于开放性、多方位和多视角地探索有关图像样式和风格中所包含的来自不同地区的宗教信仰和文化含义。

戴文琛善于从古代小说中发现各种宗教主题。他的《东度记：一部十七世纪通俗小说中的达摩教化之旅》考察了1635年刊刻于苏州的《东度记》。《东度记》中，达摩常作为禅宗祖师出现，也兼具崇奉儒家伦理的圣者等身份。作者通过细致地分析其文本来源、影响及版本的形成过程，为我们更好地理解叙事书写在近代前夜的中国所扮演的社会、文化和宗教角色提供了独特的视角。① 戴氏的《被想往者、被取笑者与被改正者：十六至十八世纪通俗小说中误入歧途的僧人》（2002）、《一个被呈现于纸上的僧人无休止的忠告：一部十七世纪通俗小说中作为儒家宣教者的达摩》（2008）等文章也通过分析通俗小说对宗教进行了讨论。

已经移居美国的伯兰特·佛尔（Bernard Faure）则主要以其对早期禅宗的研究引起学界的广泛瞩目。佛尔于1978—1983年间求学日本，师从柳田圣山先生治禅宗。1984年，佛尔毕业于巴黎第七大学，获得国家哲学博士学位，导师为谢和耐。除了扎实的文献功底，他还善于运用西方社会科学理论和打破了传统的学科分野。其所提的"方法论之多神教"就是针对宗教史学、东方学、社会学或宗教人类学等学科各自画地为牢的情况而提出的。佛尔是位著作等身的学者。他最有名的论著则莫过于其对禅学的三大"批判"。② 第一种是1988年出版，在其博士论文基础之上修改而成的《中国佛教中的正统性意欲》。这本书主要将传统禅学界的不同思想倾向置于政治—宗教（political-religious）的语境中进行分析，颠覆了禅学界历来褒南贬北的倾向。《顿之修辞：中国禅/日本禅之文化批判》对禅的分析是在社会与文化的语境中展开的。《禅的洞见与溢见：禅传统的认识论批判》一书则着重应用系谱学的方法，重新检讨了与北宗研究有关的各种材料和结论。③ 不过，也有人认为佛尔过度地运用了西方的理论资源，其研究的结论也有待商榷。

梅谦立（Thierry Meynard）的《梁漱溟的宗教哲学：隐匿的佛教徒》则从哲学角度对"最后的儒家"的另一个身份——自学成才的佛教徒进行了考察。④ 梅氏于2003年获得北京大学哲学博士学位，目前任教于中山大学。此书应该是在其博士论文《梁漱溟的

---

① Vincent Durand-Dastès, *La Conversion de l'Orient: Un périple didactique de Bodhidharma dans un roman chinois en langue vulgaire du XVIIe siècle*, Bruxelles: Institut Belge des Hautes Études Chinoises, 2008.

② 更详尽的介绍请参见龚隽《中译序》，收入佛尔《正统性的意欲：北宗禅之批判系谱》，梁海怒译，上海古籍出版社2010年版，第1—8页。

③ Bernard Faure, *La volonté d'orthodoxie dans le bouddhisme chinois* 中国佛教中的正统性意欲, Presses du CNRS, 1988（此书在1997年被译成英文，到2010年则有中文译本，参见上一条注）; *The rhetoric of immediacy: A cultural critique of Chan/Zen Buddhism*, Princeton, NJ: Princeton University Press, 1991; *Chan insights and oversights: An epistemological critique of the Chan tradition*, Princeton, NJ: Princeton University Press, 1993.

④ Thierry Meynard, *The religious philosophy of Liang Shuming: The hidden buddhist*, Brill, 2011.

宗教观》的基础上写成的。该书被认为是自陈荣捷的《现代中国宗教趋向》（1952）以来探讨1949年以前中国主要思想家们的宗教观的又一次难得的尝试。①

在法国本土，运用西方社会科学理论研究汉传佛教的趋势也日益凸显。其中，最突出的学者当为皮卡尔和华裔学者汲喆。皮卡尔主要研究中国音乐，在中国做过大量的实地考察工作。最近，他于1990年通过答辩的博士论文在修订之后2012年以《普庵祖师神咒：中国音乐中梵语拼字表之化身》为题出版。② 该书结合了中国佛教史与音乐人类学的研究视角，将《普庵祖师神咒》置于仪式/半仪式、宗教/伪宗教的语境之中进行分析，集中考察了其从一开始的梵语拼字表到咒语，再到琴曲的演变过程。此外，皮卡尔还发表了《名、物与用：佛教唱赞文断句的磬》（1994）等讨论佛教音乐的文章。汲喆早年曾翻译数种法国社会学经典，后来前往法国社会科学高等研究院师从宗教社会学家爱尔维优—雷杰（Danielle Hervieu-Léger）学习社会学。其博士论文在华北、台湾、法国三地田野的基础之上，从制度、教义、集体实践和僧俗关系四个维度考察了佛教在面对近现代挑战时的转变。此论文曾获2008年度法国宗教社会科学协会优秀博士论文奖。汲喆的研究涉及面颇广，就佛教而言，他主要关注当代中国大陆的佛教复兴，已经发表《国家与佛教的新关系》（2004）、《重构的记忆：一座佛寺在重建中的记忆策略》（2007）、《宗教、青少年与现代性：夏令营——中国佛教的新型仪式》（2011）、《作为社会力量的中国佛教：三十年复兴的现实与潜力》（2010）等一系列论文。他与高万桑为国际宗教社会学协会的季刊《社会罗盘》主编的"中国佛教复兴的社会意涵"专号，③ 应该是西方学界第一本完全关注当代中国佛教的论文集。

## 藏传佛教及西藏原生宗教研究④

20世纪初伯希和运回巴黎的敦煌写本、西域文书和文物为法国藏学研究开创了条件，因为在这些文献中，有2000多卷敦煌藏文写本及西域其他地方发掘到的藏文文书。对藏传佛教的专论则可追溯到早期藏学研究的代表人物雅克·巴科（Jacques Bacot 1877—1965）。与这一时期大部分的藏学家不同，巴科不但是历史学家也是人类学家。

---

① 马远程（Michel Masson）：《评论：梅谦立，〈梁漱溟的宗教哲学：隐匿的佛教徒〉》，载《神州交流》2011年第8卷第4期。

② François Picard, *L'Incantation du patriarche Pu'an* 普庵祖师神咒. *Les avatars du syllabaire sanskrit dans la musique chinoise*, Leuven: Peeters, Institut Belge des Hautes Études Chinoises, 2012.

③ Ji Zhe and Vincent Goossaert (dir.), "Social Implications of Buddhist Revival in China", special issue of *Social Compass*, vol. 58, no. 4, 2011.

④ 本节的梳理主要参考了耿昇《法国藏学研究的历史与现状》，收入郑炳林主编、耿昇译《法国藏学研究精粹》，第1卷，甘肃人民出版社2010年版，第1—37页。具体译名方面，笔者已经逐一校正。

他曾深入西藏进行实地考察，例如其对多克拉的朝圣以及西藏寺院戏曲表演的考察等。[1]他主要根据敦煌吐蕃历史文书所撰《西藏史引论》的第二章专门讨论了西藏佛教与神权政体的发展。[2]《佛陀》只有一章是对佛陀的历时性考察，其余部分则讨论佛教创立的各种相关传说。[3] 他的其他著述则有《西藏边境：以多克拉为中心》(1909)、《西藏艺术》(1911) 等专书以及《西藏的人类学研究：西藏东南的居民》(1908)、《西藏东部的居民》(1912) 等论文。

藏学大师拉露（Marcelle Lalou 1890—1967）师承印度学家和佛教学家列维（Sylvain Lévi）、佛教学家普祖鲁斯基（Jean Przyluski），与巴科则亦师亦友，其重要贡献之一是编写了《国家图书馆所藏敦煌藏文写本清册》三卷，均由法国国家图书馆出版。[4] 此目录至今仍是研究敦煌藏文写本的必备工具书。在宗教研究方面，她以苯波教文献为主撰有专著《西藏宗教》，[5] 重要论文则有《丹珠尔中的藏文〈宝积经〉》(1927)、《藏文〈般若波罗蜜多心经〉》(1929)、《论佛教巫术》(1932)、《论佛教绘画的三个方面》(1935)、《民间叙事与佛教故事》(1936)、《〈文殊师利根本仪轨经〉与〈陀罗根本仪轨经〉》(1936)、《那伽崇拜与治疗》(1938)、《有关中国禅宗发展的藏文文献》(1939)、《高地亚洲信仰中的亡灵之路》(1949)、《王室葬礼中的苯波教仪轨》(1952)、《禁咒藏研究》(1955)、《领地、毒药与医治者》（对敦煌文献中一种苯波教文本的译注，1958）《菩萨经〈法王〉》(1961)、《敦煌藏文〈十万颂般若波罗蜜经〉写本》(1964) 等。

麦克唐纳（Ariane Macdonald）夫人师承拉露。1962 年，她在巴黎出版了《文殊师利根本仪轨经》第二、第三章的译注本，并将藏文原文附在里面。麦氏在书中依次考察了《文殊师利根本仪轨经》的起源、撰写，及其所载关于设立曼荼罗的仪轨。这在当时可以说是鲜有人注意的领域。同年发表的《关于四天子理论在吐蕃传播的札记》认为玄奘及其弟子翻译的经文对吐蕃和西域都具有直接影响。麦氏在 1967 年编译了两份跟尸体

---

[1] Jaques Bacot, "Le Pèlerinage du Dokerla (Tibet sudoriental) 多克拉的朝圣（西藏东南部），" dans *Annales du Musée Guimet*, vol. 32, 1909, pp. 195 – 218; *Représentations théatrales dans les monastères du Thibet. Trois mystères tibétains: Tchrimekundan-Djroazanmo-Nansal* 西藏寺院里的戏曲表演——三部西藏神秘剧, Paris: Édition L'Asiathèque, 1921（该书在 1923、1924 年由伦敦的 G. Routledge and Sons 出了英文版）。

[2] Jaques Bacot, *Introduction à l'histoire du Tibet*, Paris: Société Asiatique, 1962.

[3] Jaques Bacot, *Le Bouddha*, Paris: Presses Universitaires de France, 1947.

[4] Marcelle Lalou, *Inventaire des manuscrits tibétains de Touen-houang conservés à la Bibliothèque nationale* (Fonds Pelliot ibétain no. 1 – 849), Paris, 1939; Tome II (no. 850 – 1282), Paris, 1950; Tome III (no. 1283 – 2216), Paris, 1961.

[5] Marcelle Lalou, *Les religions du Tibet*, Paris: Presses Universitaires de France, 1957.

有关的藏文写本,在1970年则发表了《驮那羯磔迦国塔》。① 1971年,她的一篇论文在巴科等人的《敦煌吐蕃历史文书》基础上,进一步解读文献,考察了松赞干布时期宗教与政治的关系。这篇论文后来由耿昇译成中文单独成书,即《敦煌吐蕃历史文书考释》。②

日裔法国学者今枝由郎的《生死轮回史》主要是译注了法国国家图书馆和大英博物馆所藏的八种相关敦煌藏文写本,最终认为这个故事是对须大拿(诺桑王子)朝圣故事的改编。③ 他还发表了《〈大毗卢遮那成佛神变加持经〉第一章》(概括性翻译,1977)、《基于汉文文献的送老工夹布仪式札记》(1978)、《关于六字大明神咒(Oṃ maṇi padme hûm)的初步札记》(1979)、《敦煌藏文写本中的〈文殊师利根本仪轨经〉摘录本一种》(1981)、《〈德格版丹珠尔〉札记》(1981)、《有关佛教禅宗(Bouddhisme du Dhyâna)的敦煌藏文写本研究》(1981)、《关于伯希和999号藏文写本》(1998)等文章。今枝由郎的另一重要贡献是与库洛伊(H. K. Kuloy)合作编辑出版了《藏学研究目录》。这个系列的目录至今仍是从事西藏研究的必备工具书。其中很多都与宗教直接相关,如《有关吐蕃僧诤会的敦煌藏文写本》(今枝由郎撰,1975)、《对藏文本〈丹珠尔〉和汉文本〈丹珠尔〉的整理》(1977)等。④

和很多地区一样,西藏的宗教具有多元性。这自然也反映到传世文献当中。法国首位系统阐述西藏宗教多元性的应该是最权威的藏学家石泰安。1962年,石泰安在其名著《西藏的文明》中对教权的形成、喇嘛教派、喇嘛教、苯教及其所称的"无名宗教"等论题分别做了专论。⑤ 之后,他发表的一系列论文不仅探讨藏传佛教,也考察苯教和西

---

① Ariane Macdonald, *Le mandala du Manjuśrímulakalpa*《文殊师利根本仪轨经》中的曼荼罗仪轨,Paris: Andrien-Maisonneuve,1962;*Édition et traduction de deux manuscrits tibétains des "Histoires du cadavre"*两份关于"尸身历史"的藏文写本编译,Coll. *Annales du Musée Guimet*,Paris: Presses Universitaires de France,1967;"Note sur la diffusion de la 'Théorie des Quatre fils du Ciel' au Tibet," dans*Journal Asiatique*, vol. 250, 1962, pp. 531 – 248;"Le Dhānyakataka de Man-luns gurut," dans*BEFEO*, vol. 57, 1970, pp. 169 – 213.

② Jaques Bacot, Frederick William Thomas, Gustave Charles Toussaint, *Documents de Touen-houang relatifs à l'histoire du Tibet*(*Annales du Musée Guimet. Bibliothèque d'études*, tome 51), Paris: Librairie orientaliste Paul Geuthner, 1940 (已出王尧、陈晓译注增订本,民族出版社1992年版);Ariane Macdonald, "Une lecture des P. T. 1286, 1287, 1038, 1047 et 1290. Essai sur la formation et l'emploi des mythes politiques dans la religion royale de Sron-bcan sgam-po 1286、1287、1038、1047和1290号伯希和藏文写本解读:松赞干布王朝宗教中政治性神话的形成及运用," dans Ariane Macdonald (éd.), *Études tibétaines dédiées à la mémoire de Marcelle Lalou*, Paris: Andrien-Maisonneuve, 1971, pp. 190 – 391 (这篇长文已由耿昇译成中文独立成书,《敦煌吐蕃历史文书考释》,青海人民出版社1991年版)。

③ Yoshiro Imaeda, *Histoire du cycle de la naissance et de la mort. Étude d'un texte tibétain de Touen-houang*, (Hautes Études Orientales, 15), Genève/Paris: Droz, 1981.

④ 关于今枝由郎与库洛伊所编《藏学研究目录》,详参耿昇:《法国藏学研究的历史与现状》,第20—22页。

⑤ Rolf A. Stein, *La civilisation tibétaine*, Paris: Dunod, 1962 (已出耿昇中译本,中国藏学出版社2005年版)。

藏其他原生宗教（religion indigène）。① 其中，1985 年发表的《论祖拉与原生宗教》主要针对麦克唐纳夫人的《敦煌吐蕃历史文书考释》提出不同观点。麦克唐纳夫人在此书中对吐蕃佛教之前的宗教提出了全新的看法，认为不应该将吐蕃古代宗教称为"苯教"，提出吐蕃赞普主要崇拜神山，"祖拉"才是吐蕃佛教之前的宗教，而且其中有汉族观念的影响。这本论著因打破学界对吐蕃佛教之前的古代宗教的全部观念，且所提问题成为近年法国敦煌藏文写本研究的核心关注点而被认为具有划时代的意义。不过，麦氏关于"祖拉"（gcug-lag）辞义的观点遭到石泰安的反驳。她在很多敦煌吐蕃文书的断代和诠释也和石泰安有很大的分歧。此外，卡蒂亚·毕夫特里耶的《安多"神灵身份"的问题：止噶域拉（Khri kav yul lha）还是文昌，藏区地方神还是汉人的文教神》（2000、2002）、《娱乐与仪式/娱乐如何能成为仪式：安多热贡的六月会》（2004）、《灵媒刍议：以安多 Sog ru 村六月会的 lha pa 为例》（2008）；拉谢尔吉多尼的《拉萨古老的送老工夹布仪式》（1998）等文章也显示了西藏地区宗教的多元性。

除了石泰安和麦克唐纳夫人，苯教研究方面主要还有布隆多、噶尔美和让—吕克阿沙尔等学者。布隆多主要考察莲花生传的形成和"掘藏师"的作用、宁玛巴和苯教徒，以及研究法师们的仪轨文书。她对《莲花生传》和苯教徒的研究如《根据西藏传说对莲花生所作的分析：史料分类》（1980）、《〈十万宝诰〉中的掘藏师是苯教徒吗？》（1984）、《钦则旺布：根据〈苯教密咒〉传说写成的〈莲花生传〉及其史料来源》（1985）；对苯教仪式的研究如《由将苯教仪轨书纳入〈掘藏大宝〉所引起的争论》（1988）、《巨角鹿概论》（与噶尔美合撰，1988）、《垛仪的基本问题》（1990）、《〈虚空秘密垛仪轨〉：几个关于仪式结构和宇宙观的问题》（2000）等。当然，她也研究藏传佛教和民间仪式。② 噶尔美擅长

---

① Rolf A. Stein, "Un document ancien relatif aux rites funéraires des Bon-po tibétains 有关西藏苯波教丧葬仪式的一份古文书," dans *Journal Asiatique*, vol. 258, 1970, pp. 155 – 185; "Du récit au rituel dans les manuscrits tibétains de Touen-houang 从敦煌藏文写本看叙事到仪式的转变," dans *Études tibétaines dédiées à la mémoire de Marcelle Lalou*, pp. 479 – 547; "À propos du mot *geug-lag* et de la religion indigène 论祖拉与原生宗教," dans *BEFEO*, vol. 74, 1985, pp. 83 – 133; "La tradition relative au début du bouddhisme au Tibet 西藏佛教早期的相关传统," dans *BEFEO*, vol. 75, 1986, pp. 169 – 196; "Un genre particulier d'exposés du tantrisme ancien tibétain et khotanais 一种关于古代西藏和于阗密宗的特殊报告," dans *Journal Asiatique*, vol. 275, 1987, pp. 265 – 282; "La religion indigène et les *bon-po* dans les manuscrits de Touen-houang 敦煌写本中的原生宗教和苯教," dans *BEFEO*, vol. 77, 1988, pp. 27 – 56.

② Anne-Marie Blondeau, "Bya-rung kha-shor, légende fondatrice du bouddhisme tibétain 贾戎喀学尔塔：藏传佛教的创始传说," dans P. Kvaerne (éd.), *Tibetan Studies. Proceedings of the 6th Seminar of the International Association of Tibetan Studies* (Fagernes, 1992), vol. I, Oslo: The Institute for Comparative Research in Human Culture, 1994, pp. 31 – 48; "Défense de Tsong kha pa: à propos d'un texte polémique attribué à mKhas grub rje 宗喀巴的辩护：关于一份被认为是克珠杰·格勒巴桑撰写的论战文书," dans Helmut Krasser, Michael Torsten Much, Ernst Steinkellner et Helmut Tauscher (éd.), *Tibetan Studies. Proceedings of the 7th Seminar of the International Association for Tibetan Studies* (Graz, 1995), vol. I, Wien: Verlag der Österreichischen Akademie der Wissenschaften, 1997, pp. 59 – 76; "Que notre enfant revienne! Un rituel méconnu pour les enfants morts en bas âge 孩子，回来吧！一种鲜为人知的为夭折者举行的仪式," dans S. G. Karmay et P. Sagant (éd.), *Les habitants du toit du monde. Études recueillies en hommage à Alexander W. Macdonald*, Nanterre: Société d'Ethnologie, 1997, pp. 193 – 220.

研究西藏的涤罪仪式，也对藏传佛教的神话和仪轨感兴趣。他著有《〈嘉言宝库〉——苯教史》(《伦敦东方丛书》第26卷)、《箭与锤：西藏的历史、神话与信仰研究》、《苯教研究的新视野》(合著)、《西藏和喜马拉雅地区苯波教寺院调查》(合著)和《苯教：法术的世界——西藏原生宗教》(合著)等专书，还发表了《苯教历史与教理综述》(1975)、《苯教的三种宗教舞蹈》(1986)等论文，编有《苯教著述目录》(1977)。① 其中，《箭与锤》除了考察苯教，也对地方崇拜和佛教仪式等方面进行了探讨。让一吕克阿沙尔则主要考察宁玛巴传统的《十七续》和各种《心髓》，以及与苯教紧密联系的《象雄耳传》和其他相关文献，致力于从哲学和教义，亦即理论和实践这两个层面研究大圆满传统的历史和教义特点，如其在宁玛巴和苯教中的发展，及其神话起源等。苯教方面，他已出版《苯教伏藏》(2004)等专著，并发表了《贡珠扎巴与〈空行秘密风脉〉的发现：关于十八世纪新苯教传统发展的考察》(2005)等一系列的论文。此外，西藏宗教专家图散(Charles Toussaint)也翻译过与苯教关系密切的《莲花生遗教》(1933)。

对大圆满的专门考察则有噶尔美的《大圆满：藏传佛教中的哲学和冥想之教》；② 让一吕克·阿沙尔的专著《奥义之精要：宁玛巴传统中大圆满起源的哲学和历史学研究》(1999)，③ 以及《大圆满传统中的基础及其七种解释》(2002)、《尚顿扎西多杰(1097—1167)与大圆满〈心髓〉的延续》(2006)、《大圆满(rDzogs chen)还是无上瑜伽(Atiyoga)：大圆满的西藏传统》(2008)、《体悟无知——大圆满中的漂泊观念》(2008)、《使大圆满之道享有盛誉的夏察仁波切彩虹身》(2010)等论文。④

马修·卡普斯坦精通梵语和藏语，同时也任教于美国芝加哥大学，他主要研究印度和西藏佛教思想史，尤其是密宗和象征仪式系统，宗教在西藏文化和政治中的角色以及汉藏之间的宗教交流。卡普斯坦已出版专著《佛教的西藏同化：改宗、论争与记忆》、《理性之迹：印度和西藏佛教思想中的认同与阐释》，主编了《当代西藏佛教——宗教复兴与文化认同》(合编)、《光的存在：神圣光辉与宗教体验》等，还撰有《香巴噶举

---

① Samten G. Karmay, *The treasury of good sayings: a Tibetan history of Bon*, London: Oxford University Press, 1972; *The arrow and the spindle: Studies in history, myths, rituals and Beliefs in Tibet*, Kathmandu: Mandala Book, 1988; *New horizons in Bon studies*, co-authored with Yasuhiko Nagano 长野太彦, Osaka: National Museum of Ethnology, 2000; *A Survey of Bonpo Monasteries and Temples in Tibet and the Himalaya*, co-authored with Yasuhiko Nagano, Osaka: National Museum of Ethnology, 2003; *Bon: The magic word: The indigenous religion of Tibet*, co-authored with Jeff Watt, London: Philip Wilson Publishers, 2007.

② Samten G. Karmay, *The Great Perfection (rDzogs chen in Tibetan), A philosophical and meditative teaching of Tibetan Buddhism*, Brill, 1988, 2007.

③ Jean-Luc Achard, *L'Essence Perlée du Secret-Recherches philologiques et historiques et historiques sur l'origine de la Grande Perfection dans la tradition rNying ma pa*, Turnhout: Brepols, 1999.

④ 让一吕克·阿沙尔和马修·卡普斯坦的著述都很多，但受语言能力的限制(笔者不会藏文)，本文只列出了代表性部分。有兴趣的读者可登录东亚文明研究中心的网站作进一步了解。

派：一个不为人所知的藏传佛教教派》（1980）、《De-ga g. yu-tshal（榆林窟）之会盟寺的比定与图像》（2004）、《雪地里的目连与地狱中的格萨尔王：一则汉人关于母亲死亡的传说及其西藏变体》（2007）等一系列的论文。[①]

利用敦煌和西域文书研究西藏宗教是法国藏学历来的传统。不过，早在20世纪早期就已经有人独辟蹊径。她就是传奇的探险家大卫·尼尔（Alexandra David-Néel 1868—1969）。她曾先后四次前往中国四川、云南、甘肃、青海和西藏进行考察。在这些实地考察的基础上，大卫·尼尔共写过26部著作和数量惊人的论文。其中，不少是讨论藏传佛教的，如《西藏的神秘主义和巫师》（1929）、《喇嘛教度礼》（1930）、《五智喇嘛》（1935）、《藏传佛教的秘密传授》（1951）、《西藏末利佛经典》（1952）、《云丹嘉措喇嘛》（1954）等。她的《永生与转世：中国、西藏及印度的学说与实践》（1961）还跨区域地讨论了藏传佛教的转世问题。

20世纪70年代以来，更多人类学和社会学等领域的学者参与到藏学中来。法国藏学主要以传统文献学为研究方法的面貌开始发生较大改观。例如，对喇嘛和僧人的传记书写和考察受到更多的重视，主要有人类学学者亚历山大·麦克唐纳（Alexandre W. Macdonald）所著《喇嘛与将军》（1973）、《二十世纪的宁玛巴喇嘛传》（1981）、《论达赖喇嘛》（1984）；今枝由郎所译洛本·白马的《大师活佛生平中的某些阶段》（1982）；海德·斯多达尔（Heather Stoddard）所著《安多的游方僧：根登群培（1905—1951年）传》（1986），及译注本《十三世达赖喇嘛的圆寂》（1992）；噶尔美的《五世达赖喇嘛的秘密愿景》（1988）等。

谷岚则主要通过考察藏传佛教的宗教领袖来研究汉藏关系。其专著《九世班禅喇嘛（1883—1937）》通过考察班禅喇嘛九世讨论了20世纪上半叶的汉藏关系。[②] 此外，谷岚还发表了《朝圣者之路：九世班禅喇嘛的旅程》（1996）、《中国对西藏的宗教政策》（2001）、《六世班禅喇嘛的汉文封号》（2002）、《班禅喇嘛与达赖喇嘛：出现问题的师徒关系》（2005）、《1908年十三世达赖喇嘛的进京》（2009）等论文。谷氏也关注藏传佛教与西藏地方社会的关系，以及藏传佛教在台湾的传播与实践，如《佛教寺院与民间社会：基于西藏地权的分析》（2006），《台湾的藏传佛教》（2011）等。

宗教建筑方面：安娜·萨耶（Anne Chayet）的《热河寺庙及其西藏原型》为我们

---

[①] Matthew T. Kapstein, *The tibetan assimilation of Buddhism: Conversion, contestation and memory*, Oxford: Oxford University Press, 2000; *Reason's traces: Identity and interpretation in Indian and Tibetan buddhist thought*, Boston: Wisdom Publications, 2001. Melvyn C. Goldstein et Matthew T. Kapstein (eds.), *Buddhism in contemporary Tibet: Religious revival and cultural identity*, Berkeley: University of California Press, 1998. Matthew T. Kapstein (ed.), *The Presence of Light: Divine Radiance and Religious Experience*, Chicago: University of Chicago Press 2004.

[②] Fabienne Jagou, *Le 9ᵉ Panchen Lama (1883–1937): Enjeu des relations sino-tibétaines*, Paris: EFEO, 2004; *The 9th Panchen Lama (1883–1937): A life at the crossroads of Sino-Tibetan relations*, Silkworm/EFEO, 2011.

提供了传统宗教建筑被国家权力作为其政治宣传工具的典型案例,其中对藏文文献的解读在当时是比较有新意的。① 她还发表了几篇考察成都文殊院、布达拉宫松赞干布堂、桑耶寺的小论文。费尔南·梅耶的论文《建筑的技术、社会、象征性和宗教功能》(与 C. Jest 合撰),收于其与另外两位学者主编的《人宅、神庙:西藏建筑艺术的起源、发展及其影响》(1987)。卡蒂亚·毕夫特里耶则有论文《桑耶寺的修复:西藏庙主—施主关系持续性的例子?》(1989)和《基于西藏桑耶寺的修复提出的问题》(1992)。

宗教艺术方面:1977 年的《西藏艺术论文集》收录了石泰安的《摩伽罗嘴:某些法器难以解释的特点》和布隆多的《五世达赖喇嘛的雕像》。安娜·萨耶的《西藏的艺术与考古》则揭示了从 9、10 世纪开始,原本多元的西藏艺术只剩下佛教艺术或是指向宗教功能的艺术。② 吉莱斯·贝甘(Gilles Béquin)编著有《喜马拉雅的神与魔:喇嘛教艺术展览目录》(合编,巴黎大皇宫,1977)、《达赖喇嘛尊者收藏的四十一幅唐卡》(1980)、《西藏——畏怖和巫术:吉美博物馆所藏畏怖神像》(1989)、《尼泊尔和西藏的着色工笔画和画卷》(1990)、《西藏的艺术、参禅、山僧和奥义》(1991)、《曼荼罗:吉美博物馆藏尼泊尔和西藏的深奥绘图》(1993)等专书,还发表了《一幅吉美博物馆藏西藏西部唐卡》(1990)等论文。亚历山大·麦克唐纳则发表了《〈格萨尔王传〉中的五幅唐卡》(1979)。

宗教音乐方面有音乐人类学学者米海尔·艾尔菲(Mireille Helffer)。藏传佛教传说中的乐符问题是其研究的重要方面。她撰有《献祭音乐:藏族乐器》等专著,③ 还发表了《与密教实践有关的乐器:基于贡珠扎巴(Kun Grol Grags Pa)的一个文本》(1983)、《关于藏族框式鼓(rnga)及其使用的观察研究》(1983)、《论西藏的金刚铃类型》(1985)、《藏传佛教音乐仪轨的西文著作综述(1960—1990)》(1990)等论文。

转山朝圣方面:布隆多曾在 1960 年发表过长篇论文《西藏的朝圣》,马修·卡普斯坦为《实践中的西藏宗教》(Tibetan Religions in Practice, 1997)撰有《水晶山指南:一种朝圣手册》等相关文章,近来则主要有卡蒂亚·毕夫特里耶主攻藏族人的朝圣活动研究。其专著《朝圣、喇嘛与见到异象者:论藏族朝圣的口头传说与文字记载》主要以人类学的方法考察了西藏和尼泊尔藏族人的朝圣活动,探讨了他们对圣地的理解与实践。④此外,她还撰有《一次阿尼玛卿山大朝圣:书写的传统,鲜活的现实》(1997)、《青海湖及其岛屿:传说与朝圣指南》(1999)、《食山——藏区随处可见的崇拜》(2002)、

---

① Anne Chayet, *Les temples de Jehol et leurs modèles tibétains*, Paris: Édtions Recherches sur les Civilisations, 1985.
② Anne Chayet, *Art et archéologie du Tibet*, Paris: Picard, 1994.
③ Mireille Helffer, *Mchod-rol: Les instruments de la musique tibetaine*, Paris: CNRS Édtions/Édtions de la Maison des Sciences de l'Homme de Paris, 1995.
④ Katia Buffetrille, *Pèlerins, lamas et visionnaires. Sources orales et écrites sur les pèlerinages tibétains*, coll. Arbeitskreis für Tibetische und Buddhistische Studien Universität Wien, 2000.

《朝圣与乱伦：以中锡边境的 Chorten Nyima 山为例》（2004）、《西藏朝圣的演变：二十一世纪的阿尼玛卿山朝圣》（2004）等一系列论文。

此外，安娜·萨耶的《达赖喇嘛时代的女性》最后一章较为全面地考察了西藏女性的宗教信仰，如超生、女性喇嘛的寺院生活，女性在灵媒式附体、神占及密宗观念中的角色。① 罗贝尔·萨耶（Robert Sailley）的《印藏佛教密宗》（1980）则是一本概论性质的专著。顺便提及，即将出版专著《权力与暴力的佛教仪式：藏族密宗大师形象》（基于尼泊尔北部的田野）的人类学学者尼古拉·西雷最近也开始到青海做田野，考察当地藏族人的宗教。

## 道教相关研究

法国的道教相关研究可以追溯到 18 世纪初开始的传教士、汉学家对道经的译介，而其学统的真正建立则要到 19 世纪末，奠基者为汉学大师沙畹。沙畹的三个学生伯希和、马伯乐和葛兰言都对道教研究作出了重要贡献。第三代的学者有康德谟、石泰安、戴密微、苏远鸣；第四代则有索安、施舟人、贺碧来和司马虚。以上学者在道教方面的研究成果，多见于索安所著《西方道教研究编年史》。② 在索安工作的基础上，吕鹏志又于 2002 年编译了专门的《法国道教研究编年史（1831—2002）》。③ 这里主要梳理 2002 年以来的研究成果。

首先，不得不提的是 2004 年施舟人与傅飞岚主编《道藏通考》的完成。④ 这反映了从 1976 年施舟人提出《道藏》计划以来近 30 年欧美研究《道藏》的整体水平。作为《正统道藏》（1445）和《万历续道藏》（1607）的使用和研究指南，它与任继愈、钟肇鹏主编的《道藏提要》相辅相成。⑤ 与《道藏提要》相比，《道藏通考》最显著的区别在于它没有按照《道藏》原有的编目顺序，而是以时代为框架，将每个文本置于道教不同传统的发展脉络之中。同源的文本常被置于同一条目之下进行考察。合集类的文本则常被分成不同的部分进行讨论，更清楚地揭示了它们各自的源流和发展。它也可以作为一些敦煌抄本的研究指南。其最大的意义是，它让《道藏》真正成为当代学术研究确实可用的文献。与此同时，此工程促进了很多中国宗教研究领域中青年学者的成长，法国

---

① Anne Chayet, *La Femme au temps des Dalaï-lamas*, Paris: Stock-L. Pernoud, 1993.
② 索安：《西方道教研究编年史（1950—1990）》，吕鹏志等译，中华书局 2002 年版。
③ 吕鹏志编译：《法国道教研究文献目录（1831—2002）》，收入《法国汉学》，第 7 辑，宗教史专号，中华书局 2002 年版，第 448—519 页。
④ Kristofer Schipper and Franciscus Verellen (eds.), *The Taoist Canon: A historical companion to the Daozang*, 3 vols., Chicago and London: The University of Chicago Press, 2004.
⑤ 任继愈、钟肇鹏主编：《道藏提要》，中国社会科学出版社 1991 年版。

方面如劳格文、傅飞岚、马克、戴思博、穆瑞明、高万桑等等。

除《道藏通考》的成果外，对道书的专门考察还有劳格文对《太上灵宝五符序》、《太上老君中经》的讨论，及其对《道藏》形成过程的重新梳理；[1] 郭艾思的《中华帝国早期口头表达与文字书写之间的神启：〈太平经〉认识论研究》、《顺水漂流：〈太平经〉思想体系中三元逻辑的逆反或双重性》、《中古道教史中的石泰安第 4226 号写本〈太平部卷第二〉》、《编译〈太平经〉与太平部经典》，及其对《太平经圣君秘旨》的全面考察；[2] 穆瑞明所撰《敦煌本〈无上秘要〉的整理及编目》一文；[3] 吕鹏志与斯格沃（Patrick Sigwalt）所撰评论性文章《道教史上的古灵宝经》等。[4]

总体研究方面有劳格文的《中国：神州》。该书先长时段地考察了中国国家与社会的基本结构，然后依次探讨了神灵谱系、社会与历史中的道教仪式、中国东南的节庆和地方宗教的合理性。从宗教的视角去理解中国的国家与社会，是作者自 1980 年代以来一直思考的问题。[5] 这与很多主要从宗族和血缘来理解中国社会的华南社会文化史学者形成鲜明对比。[6] 实际上，早在 2007 年，作者就已经从自身研究经验出发，对主要从宗族来理解中国社会的视角作了精当的评述。[7] 作者给我们呈现了一个以宗教来定义的中国，它区别于以宗族来定义的中国：中国是复数的。而在其中，宗教的中国——"神州"无疑扮演了主要角色。此外，劳格文的《中国的神权与朝代危机：政治合法性的宗教基础》、《分裂时期的宗教与政治》这两篇文章，可以说也体现了其对"神州"的思考。[8]

---

[1] John Lagerwey, "Deux écrits taoïstes anciens," dans *Cahiers d'Extrême-Asie*, vol. 14, 2004, pp. 139 – 171; "Littérature taoïste et formation du Canon," dans *Religion et société en Chine ancienne et médiévale*, pp. 459 – 492.

[2] Grégoire Espesset, "Revelation between orality and writing in early imperial China: the epistemology of the *Taiping jing*," in *Bulletin of the Museum of Far Eastern Antiquities* (Östasiatiska Museet), vol. 74 (2002), paru en 2004, pp. 66 – 100; "À vau-l'eau, à rebours ou l'ambivalence de la logique triadique dans l'idéologie du *Taiping jing*," dans *Cahiers d'Extrême-Asie*, vol. 14, pp. 61 – 95; "Le manuscrit Stein 4226 *Taiping bu juan di er* dans l'histoire du taoïsme médiéval," dans *Études de Dunhuang et Turfan*, pp. 189 – 256; "Editing and translating the *Taiping Jing* and the Great peace textual corpus," in *Journal of Chinese Studies*, vol. 48, 2008, pp. 469 – 486; "Les *Directives secrètes du Saint Seigneur du Livre de la Grande paix* et la préservation de l'unité," dans *T'oung Pao*, vol. 95, 2009, pp. 1 – 50.

[3] Christine Mollier, "Mise en texte et table des matières du *Wushang biyao*, la grande encyclopédie taoïste du VIème siècle conservée à Dunhuang," dans Jean-Pierre Drège (éd.), *La fabrique du lisible en Chine*, Genève: Droz, sous presse.

[4] Lü Pengzhi et Patrick Sigwalt, "Les textes du Lingbao ancien dans l'histoire du taoïsme," dans *T'oung Pao*, vol. 91, 2005, pp. 192 – 194.

[5] 参见 John Lagerwey, *Taoist ritual in chinese society and history*, New York & London: Macmillan Publishing Company, 1987。

[6] 这方面的例子如 David Faure, *Emperor and ancestor: State and lineage in south China*, Stanford: Stanford University Press, 2007. （已有卜永坚中译本：《皇帝和祖宗：华南的国家与宗族》，江苏人民出版社 2009 年版）

[7] John Lagerwey, "State and local society in late imperial China," in *T'oung Pao*, vol. 93, 2007, pp. 459 – 479.

[8] John Lagerwey, "Droit divin et crise dynastique en Chine: les fondements religieux de la legitimate politique," dans John Lagerwey (éd.), *Religion et politique en Asie: Histoire et actualité*, Paris: Les Indes savantes, 2006, pp. 49 – 56; "Religion et politique pendant la période de Division," dans *Religion et société en Chine ancienne et médiévale*, pp. 397 – 428.

神明崇拜研究方面。贝桂菊在近 20 年间田野再考察的基础之上，重写了其法文版《临水夫人：一个中国女性的崇拜》，并在 2008 年出了英文版。[①] 该书提出的最重要的问题是女性在中国社会中的角色。作者主要使用了至迟在 17 世纪晚期就已出现的通俗小说《临水平妖传》。这本小说详细记载了临水夫人陈靖姑的生平及其成神的传说。小说揭示了一个在生时拒绝扮演传统儒家指定角色的女性并因此付出代价，后来却成为儒教伦理崇奉者的女神。我们也看到一群隐于山洞以滋养元气，如仙人般生活，却不扮演社会期待角色的女性，以及一群试图利用他人以达到永生的女妖。此外，小说也从女性的角度对男性英雄进行了呈现。作者对这些内容进行了结构象征主义的分析。最后四章则结合了作者在台南和闽东的人类学调查，在考察与临水夫人信仰相关仪式的同时也给《临水平妖传》提供了社会和仪式语境，加深了我们对前述女性群体的理解。作者进一步探讨了临水夫人作为儿童保护神的角色与乩童（灵媒）的关系。该书体现了贝桂菊对宗教中的性别，尤其是女性表征（représentation）的特别关注。实际上，这也正是其兴趣和专长所在。例如，她另一篇重要的文章《化己为神：表述场的寻求》就是主要通过考察当代福建南部乡村的两个女性灵媒来展开讨论的。[②] 此外，贝桂菊还对华山夜间进香进行了考察。[③]

除了贝桂菊，探讨神明崇拜的学者还有劳格文、方玲、华澜等。劳格文的一篇文章考察了闽西崇拜伏虎禅师的十乡轮祀，另一篇则从区域比较研究的角度考察了闽西、闽南、徽州的神明与祖先崇拜。[④] 方玲考察了药王以及西汉浙江方士赵炳的崇拜。[⑤] 华澜和米盖拉（Michela Bussotti）对湖南民间供奉的雕像进行了深入的探讨，如《华南的宗教雕像与祝圣文书（十七至二十世纪）》、《论湘中家祀雕像：神明、亲人与法师崇

---

[①] Brigitte Baptandier, *La Dame-du Bord-de-l'Eau*, Nanterre：Société d'Ethnologie, 1988；*The Lady of Linshui：A chinese female cult*, Trans. Kristin Ingrid Fryklund, Stanford：Stanford University Press, 2008. 更详细的评介参见刘永华的英文书评，刊于 *The China Journal*, no. 62, 2009, pp. 244 – 246。

[②] Brigitte Baptandier, "Façonner la divinité en soi. À la recherche d'un lieu d'énonciation," dans A. Marshall (éd.), *Negotiating Transcendence/Négocier la transcendance：expressions de la performance extatique dans la religion et le théâtre* (*Ethnologies*, vol. 25, no. 1), 2003, pp. 109 – 152.

[③] Brigitte Baptandier, *Le regard inversé. Voyage nocturne au Mont de la Splendeur*《反向的观察：夜游华山》, Nanterre：Société d'Ethnologie, à paraître.

[④] John Lagerwey, "Of gods and ancestors：the Ten-village rotation of Pingyuan shan," 收入《民俗曲艺》第 137 期，2002 年，第 61—139 页；"Gods and ancestors：Cases of crossover," 收入谭伟伦主编：《中国地方宗教仪式论集》（*Essays on Chinese local religious rituals*），香港中文大学崇基学院宗教与中国社会研究中心 2011 年，第 371—410 页。

[⑤] Fang Ling, "Inscription du temple du roi des Remèdes (Pékin, Yaowang miao, 1806) 1806 年北京药王庙碑刻," dans *Sanjiao wenxian：Matériaux pour l'étude de la religion chinoise*, 4 (2005), Édition EPHE/CNWS, pp. 82 – 90；《赵炳崇拜的历史》，载《台湾宗教研究》2007 年第 6 卷第 2 期，第 1—23 页。

拜》等。① 范华（Patrice Fava）的《入天门——湖南的道教雕刻艺术：中国的艺术与人类学研究》也对湖南的神像进行了专门考察，并将它们定义为道教神像。②

社会史领域有高万桑《北京道士（1800—1949）：城市教士的社会史》。③ 此书考察了北京道士在社会生活中扮演的各种角色。作者恰当地运用了政府档案、寺庙碑刻、道教文本、传教士回忆录、民国政府性质调查、田野观察视角的调查等原始材料，依次考察了制度、社会及政治语境中的北京道士。通过讨论在帝国晚期和民国时期历史书写中长期被忽视的群体，这部宗教职业社会史加深了我们对19、20世纪北京的理解。高氏的其他几篇文章也从宗教的角度讨论了北京社会，如《刘沅：蒙古治下北京的道士与雕塑家》（2005）、《抑制不住的女性虔诚：针对女性进庙的帝国禁令》（2008）、《中国近代修炼市场中的道士：以北京为例，1850—1949》（2012）等。近年来，高万桑将考察的重点转移到了江南地区，已经发表了不少成果，如《清代江南地区的城隍庙、张天师及道教官僚体系》（2010）、《官僚、征税与司法：道教与国家在江南的建构，十七至十九世纪》（2010）、《金盖山网络：近现代江南的全真居士组织》（2011）等。

佛道关系研究方面有穆瑞明的《佛道面对面：中古中国的经书、仪式与图像交流》。④ 此书从佛道互动的视角考察了中古佛教、道教之间的互动。其中讨论的佛经与道经都与仪式实践紧密相关。这些仪式都以为其实践者求福为目的，涉及中古中国社会关注的长生与成仙、现世与来世救赎、疾病尤其是鬼病治疗等基本问题，突出地表现在驱邪、冥想与修炼这三方面。具体来说，该书依次考察了天厨、解谪咒、益算这三类经书，以及北斗、观音/救苦天尊信仰。最后，作者认为应该从社会文化环境中去寻求佛道互动的动因。还指出佛道之外的第三类仪式专家，即从事占星、占卜、巫医等半宗教性职业的仪式专家。他们虽然活跃于佛道组织的边缘，但他们与佛道一起，构成区域社会生活中三维的宗教动力。可以说，该书在具体和实践的层面对佛道互动的考察为中古

---

① Alain Arrault, Michela Bussotti, "Statuettes religieuses et certificats de consécration en Chine du Sud（XVIIe-XXe siècle），" dans *Arts Asiatiques*, vol. 63, 2008, pp. 36 – 60;《湘中神像研究》，收入陈子艾、华澜主编：《"湘中宗教与乡土社会"调查报告集》，宗教文化出版社，即出. Alain Arrault, "Analytic essay on the domestic statuary of central Hunan. The cult to divinities, parents and masters," in *Journal of Chineses Religions*, vol. 36, 2008, pp. 1 – 53; "La société locale vue à travers la statuaire domestique du Hunan 从湖南家祀雕像看乡土社会," dans Alain Arrault（éd.）, *Religions et société locale. Études interdisciplinaires sur la région centrale du Hunan*（*Cahiers d'Extrême-Asie*, vol. 19）, 2010, pp. 47 – 132. Michela Bussotti, "Observations sur les sculpteurs de statuettes religieuses du Hunan 湖南宗教雕像的雕刻匠人观察研究," dans *Cahiers d'Extrême-Asie*, vol. 19, pp. 135 – 181.

② Patrice Fava, *Aux portes du ciel. La statuaire taoïste du Hunan: Art et Anthropologie de la Chine*, Paris: Les Belles Lettres, 2013.

③ Vincent Goossaert, *The Taoists of Peking, 1800 – 1949: A social history of urban clerics*, Cambridge（Mass.）and London: Harvard University Press, Harvard University Asia Center, 2007.

④ Christine Mollier, *Buddhism and Taoism face to face: scripture, ritual, and iconographic exchange in medieval China*, Honolulu: University of Hawai'i Press, 2008.

中国佛道关系研究增加了一个重要维度。作者另有三篇探讨佛道关系的文章为《从人物造像看佛道关系：唐玄宗时期的四川悬崖雕刻》、《指向不可协调元素的协调：中古道教中的因果报应与亲缘关系纽带》和《中古中国的佛道对话：沉默是金》。①

宫观研究方面，谢道琳在 2005 年出版了其博士论文《自足的生活：今日中国道士》。② 这首先是一部人类学的研究，其田野考察以陕南的一座道观为中心。它考察了道士放弃常人生活而进入宗教秩序的入道过程：脱离俗世社会以宗族为基础的组织，转而进入旨在超越性别区别的伪宗族关系网络。具体来说，第一部分考察了宫观建筑、作为社区的宫观、信众的进香和供奉的神明，这种民族志式的背景展现占了该书一半的篇幅；第二、三部分，作者从人类学的宗族理论出发，通过考察宫观道士团体讨论入道究竟意味着什么，即作者关注的核心问题。作者从经典的人类学视角去考察全真道观社区，它就像一个有着自己领地、成员、仪式、文化和内部组织的"部落"，明显而有意识地区别于它所在的社会。这一借助人类学理论对"宗族"模式宫观组织的探讨，对中国寺观研究有着特殊的启迪意义。谢氏的其他研究也基本是围绕着宫观及道士生活展开的，如《中国宫观道士的社区：建立在文本基础上的仪式性亲属关系》（2007）、《存在一种没有亲属关系的生活吗》（2009）、《一个住观道士生活的一天》（2009）等。

宫观研究方面的另一位重要学者是高万桑。他撰有《宗教遗产的破坏与修复：北京寺庙》（2003）、《远东毁灭文物的一种国家行为？——中日历史上对宗教场所的破坏》（2006）、《中华帝国晚期的火居法士与寺庙管理者》（2006）、《空间与圣庙：寺庙》（2008）、《清代中国的毁淫祀》（2009）、《1980 年以来中国城市的庙宇与道士》（与方玲合撰，2009）、《中国近代的中心庙宇与道教文化的传播》（2010）、《肆虐的压制？中国清代的毁淫祀》（2011）、《庙产办学：一个史学对象的构建》（2011）等论文。此外，马颂仁撰有《全真宫观与方济各会修道院秩序的建立》（2009）。

科仪研究方面。劳格文对公元 2 至 6 世纪的道教仪式、陆修静的道教仪式、《老君音诵诫经》呈现的仪式、道教驱邪的起源进行了探讨，其近年对客家地区和徽州地区的

---

① Christine Mollier, "Iconizing the Daoist-Buddhist relationship: Cliff sculptures in Sichuan during the reign of emperor Tang Xuanzong," 收入《道教研究学报：宗教、历史与社会》，第二期，香港中文大学道教文化研究中心、法国远东学院，2010 年，第 95—133 页；"To reconcile the irreconcilable: Karma and the bonds of kinship in medieval Taoism," in Meir Shahar and John Kieschnick (eds.), *China under an Indian spell: Buddhism and the formation of medieval chinese culture*, Honolulu: University of Hawai'i Press (to be published); "Buddhist and Taoist dialogue in medieval China: Silence is golden," in *Deconstructing dialogue*, University of Chicago Press (to be published).

② Adeline Herrou, *La vie entre soi. Les moines taoïstes aujourd'hui en Chine*, Nanterre: Société d'Ethnologie, 2005.

宗教调查也包括了道教的考察。傅飞岚考察了二十四治与早期天师道空间和科仪结构的关系、天师道的上章科仪、天师道的科仪程式文本《赤松子章历》、早期道教仪式中的治疗与救赎、《法烛经》所见陆修静对佛教斋仪的回应等。[2] 他还通过考察《道教灵验记》讨论了晚唐佛教的护法传统。[3] 此外，斯格沃通过分析5世纪的《五鍊生尸经》考察了灵宝派的丧葬仪式。[4] 贝桂菊则从道教、密教比较的角度考察了闾山派手印。[5] 范华对湖南的道教科仪进行了实地考察，并结合其专长，拍摄和制作了精彩的影片。[6]

符箓、符咒研究方面。除了《佛道面对面》中的相关讨论，穆瑞明还撰有《符》、《益算符》、《经与符：神话与实践》、《斯坦因170号画—符（dhāraṇī）：一种革新文书》等论文。[7] 傅飞岚的《动力之图：道经中的仪式与存想图案》也是对符的专门探讨。[8] 劳格文则考察了正一派的箓。[9]

养生与求仙研究方面有戴思博的《中国古代的导引》、《宋明时期中国医学和道教文

---

[1] John Lagerwey, "Le rituel taoïste du deuxième au sixième siècle," dans *Religion et société en Chine ancienne et médiévale*, pp. 565–600; "Le rituel taoïste selon Lu Xiujing," à paraître; "The Old Lord's Scripture for the Chanting of the Commandments," in Florian C. Reiter (ed.), *Purposes, means and convictions in Daoism: A Berlin symposium*, Wiesbaden: Harrassowitz Verlag, 2007, pp. 29–56; "The origins of Daoist exorcism," in Florian C. Reiter (ed.), *Exorcism in Daoism: A Berlin symposium*, Wiesbaden: Harrassowitz Verlag, 2011, pp. 1–10. 对客家地区和徽州地区宗教的考察如："Village religion in Huizhou: A preliminary assessment,"收入《民俗曲艺》2011年第174期，第305—357页。

[2] 傅飞岚（Franciscus Verllen）：《二十四治和道教天师道的空间与科仪结构》，收入《法国汉学》，第7辑，第212—253页；《天师道上章科仪：〈赤松子章历〉和〈元辰章醮立成历〉研究》，收入黎志添主编：《道教经典与中国宗教文化》，中华书局2003年版，第37—71页；"The Heavenly Master liturgical agenda: The Petition Almanac of Chisong zi," dans *Cahiers d'Extrême-Asie*, vol. 14, pp. 291–343; "Guérison et rédemption dans le rituel taoïste ancien 古代道教仪式中的治疗与救赎," dans *Académie des Inscriptions et Belles-lettres: Comptes rendus des séances de l'année 2003*, 2005, pp. 1029–1047; "The Illumination of Ritual: Lu Xiujing's Reflections on the Retreat 法烛：陆修静对斋的改造与呈现,"收入京都大学人文科学研究所创立75周年纪念编：《中国宗教文献研究国际学术研讨会文集》，京都大学，2004年，第239—257页。

[3] 傅飞岚：《〈道教灵验记〉——中国晚唐佛教护法传统的转换》，载《华学》2002年第5辑，第38—64页。

[4] Patrick Sigwalt, "Le rite funéraire Lingbao à travers le *Wulian shengshi jing* (Ve siècle)," dans *T'oung Pao*, vol. 92, 2006, pp. 325–372.

[5] 贝桂菊：《闾山派手印：生命之颤动》，收入叶明生主编《中国首届临水夫人陈靖姑文化学术研讨会》，福建古田，2010年，第21—34页。

[6] 范华：《湖南道调查研究——陈德美道长的法事科仪》（会议演讲）、《韩信复仇记：还都猖愿》（影片放映），道教学术研讨会，香港大学，2011年4月21—23日；*Aux portes du ciel. La statuaire taoïste du Hunan: Art et Anthropologie de la Chine*。

[7] Christine Mollier, "Talismans," dans *Divination et société dans la Chine médiévale, Études des manuscrits de Dunhuang de la Bibliothèque nationale de France et de la British Library*, pp. 403–429; "Les talismans pour accroître le capital-vie," dans *Études de Dunhuang et Turfan*, pp. 155–188; "Écrits saints et talismans: mythe et pratique," dans *La voie du Tao, Un autre chemin de l'être*, pp. 103–109; "Le talisman-dhāraṇī Stein painting 170: un document reformaté," dans *La fabrique du lisible en Chine*, sous presse.

[8] Franciscus Verllen, "The dynamic design: Ritual and contemplative graphics in Taoist scriptures," in Benjamin Penny (ed.), *Daoism in history: Essays in honour of Liu Ts'un-Yan*, Londres: Routledge-Curzon, 2006, pp. 159–186.

[9] John Lagerwey, "Zhengyi registers," in *Institute of chinese studies visiting professor lecture series (I), Journal of Chinese Studies Special Issue*, Hong Kong: Chinese University of Hong Kong, 2005, pp. 35–88.

献中身体的可视化呈现（十至十九世纪）》、《中国古代战国到汉代的自我修行与永生实践》；① 劳格文的《求仙者：中国古代的神明、祖先与仙人》；② 马颂仁的《中国内丹：气的象征与修炼》。③ 郭艾思的一篇文章则讨论了《太平经》等文献中关于生殖及生命周期的观念，并将之归结为"反为婴儿"。④

考察道教史的其他文章中，有三篇探讨了早期道教中恶的观念及相关实践：郭艾思的《〈太平经〉第二层次中被判定的异常、道德病理学与赎身苦楚》、穆瑞明的《恶的意象：早期道教中的鬼神理论与正统》以及劳格文的《早期道教中的恶及其疗法》。⑤ 其他则还有劳格文《早期道教的救世主义》（2002）；高万桑的《神权君授：晚清中国的天师道制度及宫廷道士》（2004）、《全真教：1700—1950》（2004）、《全真道的环堵考》（2004）；郭艾思的《西汉的宗教性大众运动与早期道教教团》（2009）等。

此外，施舟人出版了论文集《中国宗教：活着的传统》，导言即题为"活着的传统"，共收入其1979至2006年间的15篇论文。⑥ 概论类的专著有高万桑与贾珞琳的《道教：持续的神启》，这是一部旨在向西方读者全面介绍道教的书。⑦ 文献译介方面则有戴思博的《老子》（2010）；高万桑的《吕洞宾与道教神性》（2002）和《善书八种》（2012）等。

值得一提的还有2010年在巴黎举办的道教文化展览"道：生之蹊径"。⑧ 该展览分

---

① Cathrine Despeux, "La gymnastique (daoyin) dans la Chine antique," dans *Études chinoises*, vol. 23, 2004, pp. 45–81; "Visual representations of the body in chinese medical and Daoist texts from the Song to the Qing period (tenth to nineteenth Century)," in *Asian Medicine*, Brill, 2005, pp. 9–52; "Culture de soi et pratiques d'immortalité dans la Chine antique des Royaumes Combattants aux Han," dans *Religion et société dans la Chine ancienne et médiévale*, pp. 241–275.

② John Lagerwey, "Les chercheurs d'immortalité: Dieux, ancêtres et immortels dans la Chine antique," dans Frédéric Lenoir et Jean-Philippe de Tonnac (éds.), *La mort et l'immortalité: encyclopédie des savoirs et des croyances*, Pairs: Bayard Jeunesse, 2004, pp. 137–161.

③ Pierre Marsone, "L'alchimie intérieure chinoise: symbolique et spiritualité d'un travail sur les énergies du corps," dans Claire Kappler et Suzanne Thiollier-Méjean (éds.), *Alchimies Occident-Orient*, Paris: L'Harmattan, 2006, pp. 315–329.

④ Grégoire Espesset, "Prenatal infancy regained: Great peace (*Taiping*) views on procreation and life cycles," in Anna Andreeva et Dominic Steavu (eds.), *Embryological discourse and reproductive imagery in chinese and japanese religions*, à paraître (2013).

⑤ Grégoire Espesset, "Criminalized abnormality, moral etiology, and redemptive suffering in the secondary strata of the *Taiping jing*," in *Asia Major* (3ème série) 15/2, 2002, (paru en 2005), pp. 1–50; Christine Mollier, "Visions of evil: Demonology and orthodoxy in early Taoism," in *Daoism in history*, *Essays in honour of Liu T'un-yan*, pp. 74–100; John Lagerwey, "Evil and its treatment in early Taoism," in Jerald D. Gort, Henry Jansen et Hendrik M. Vroom (eds.), *Probing the depths of evil and good: Multireligious views and case studies*, Amsterdam/New York, 2007, pp. 73–86.

⑥ Kristofer Schipper, *La religion de la Chine. La tradition vivante*, Paris: Fayard, 2008.

⑦ Vincent Goossaert et Caroline Gyss, *Le Taoïsme. La révélation continue*, Paris: Gallimard (coll. Découvertes), 2010.

⑧ Jacques Giès, Kristofer Schipper, etc., *La voie du Tao: Un autre chemin de l'être* (Catalogue de l'exposition Taoïsme au Grand Palais, Paris, 2010), Paris: Réunion des musées nationaux, 2010.

为宇宙起源、老子、西王母、众神、长生、科仪等六个部分，共展出绘画、雕塑、青铜器、织品、道书等各种文物 250 余件，其中多为珍品。更为重要的是，展览得到诸多学者的积极参与，如施舟人、戴思博、马蒂厄、穆瑞明、华澜等。这使得此次展览不仅成为欧洲的首次大型道教文化展，其水平和层次也是空前的。

## 当代儒教研究

20 世纪中期以来，法国学界对儒学的研究有了较大突破，首先是儒学思想史方面，出现了谢和耐、汪德迈、朱利安（François Jullien）、程艾蓝等重要学者，其次则为当代儒教研究的进一步深入。[1]

当代儒教研究方面，其先驱当为耶稣会士路易（Louis Wang Jen-Chen）神父。1941年，他在上海的《震旦杂志》上发表了报告《祖先的木主》。[2] 这篇文章引起了荣振华（Joseph Dehergne，1903—1990）的注意。1978 年，荣氏在路易报告的基础上，撰文《儒教中国祖先崇拜中的木主》，发表在巴黎的《宗教学研究》上。[3] 这篇文章在阐述路易基本观点的同时，也加入了荣氏自己的思考，主要探讨了 1934 年以前"儒教中国"的婚礼与祖先崇拜之间的联系。这本是很有意思的论题，只可惜在荣氏之后，法国方面似乎就未有人在这方面作进一步的专门探讨了。

不过，近年来还是有学者注意到儒教研究的重要性，并对儒教的其他方面进行考察。首先是施舟人在 1994 年指出，相对于学界对民间宗教与道教之间紧密联系的探讨，"民间宗教与儒教（Confucianism）之间同样——甚或更为重要的关系，还没有得到什么讨论"。[4] 2000 年，华澜发表了《中国的家庭：儒教家庭？——中国家庭中的祖先崇拜、亲属制度、仪式与教育刍议》一文。[5] 2005 年，高万桑在"与西方宗教观念相比儒教如

---

[1] 关于法国学界在儒学思想史方面的研究，参见岑咏芳《法国新儒家领域之研究》，载《新亚学报》2010 年第 28 期，第 47—66 页；《儒学近年在法国的发展——自朱利安（François Jullien）与程艾蓝（Anne Cheng）两篇就职讲词分析说起》，载《中央大学人文学报》2012 年第 52 期，第 193—209 页。这两篇文章均惠蒙岑咏芳女士赐读。

[2] Louis Wang Jen-Chen, "Les tablettes des ancêtres," dans *Bulletin de l'Université de l'Aurore*, tome 2, no. 2, 1941, pp. 243–280.

[3] Joseph Dehergne, "Les tablettes dans le culte des ancêtres en Chine confucéenne," dans *Recherches de Science Religieuse*, vol. 66, no. 2, 1978, pp. 201–214.

[4] Kristofer M. Schipper, "Sources of modern popular worship in the Taoist Canon: A critical appraisal," in *Proceedings of international conference on popular beliefs and chinese culture*, Taibei: Center for Chinese Studies, 1994, vol. 1, p. 21. 转引自刘永华《亦礼亦俗——晚清至民国闽西四保礼生的初步分析》，收入《历史人类学学刊》2004 年第 2 卷第 2 期，第 54 页。

[5] Alain Arrault, "Famille chinoise: famille confucéenne? Quelques remarques au sujet du culte des ancêtres, du système de parenté, des rites et de l'éducation dans la famille chinoise," dans C. Capron and M. Neven (ed.), *Family structures, demography and population: A comparison of societies in Asia and Europe*, Liège: Laboratoire de démographie de l'Université de Liège-Fondation européenne des Sciences, 2000, pp. 51–71.

何才能定位"国际学术研讨会上的论文《儒教（religion confucianiste）的转变（1898—1937）》考察了在 20 世纪初"宗教"与"儒家/儒教"范畴被再造的背景之下，儒家宗教实践的变化。杜瑞乐在同一会议上的论文则探讨了当代新儒学思想中的宗教命运。① 目前，这一领域主要的法国学者则为毕游塞与杜瑞乐。近五年来，他们从思想文化史与人类学的角度，考察了当代中国儒学复兴的不同形态和意义，并就此合作发表了一系列文章。其中，《新世纪开端中国的儒学、文化传统与官方话语》和《教化：作为教育设计的中国儒学复兴》关注的是儒学复兴及其实践；②《安身立命或儒学之宗教维度》对儒学的宗教维度进行了专门探讨，分析了儒教作为特定宗教（religion particulière）、公民宗教（religion civile）与国家宗教（religion d'État）的可能性。③《礼教：中国大陆尊孔仪式的回归》则考察了山东曲阜每年九月底的尊孔仪式，探讨了官方与民间儒家复兴人士之间的反差与互动，以及后毛泽东时代儒家的复杂用途及过度运用。④ 国立东方语言文化学院的博士生杜杰庸（Guillaume Dutournier）则通过《社会实验与民间儒学：以庐江文化教育中心为个案》（与汲喆合著）和《当代中国大陆与台湾的家庭教育组织——考察传统主义的三个视角》两篇文章，从非官方教育的角度考察了民间儒学运动。⑤ 此外，汲喆在法国最早注意到了当代中国的政治儒学思潮，并就此发表了多篇述评。⑥

---

① Vincent Goossaert, "Les mutations de la religion confucianiste (1898 – 1937)"; Joël Thoraval, "Le destin du religieux dans la pensée néo-confucéenne contemporaine," dans Flora Blanchon and Rang-Ri Park-Barjot (éds.), *Le nouvel âge de Confucius* 孔子的新时代. *Modern Confucianism in China and South Korea*（此书为 2005 年国际学术研讨会"与西方宗教观念相比儒教如何才能定位 [Comment le confucianisme peut-il être situé par rapport à la conception occidentale de la religion?]"的论文集），Paris: PUPS, 2007, pp. 163 – 172, 247 – 252.

② Sébastien Billioud, "Confucianism, 'cultural tradition' and official discourses at the start of the new century," in *China Perspectives*, no. 2007 (3), pp. 50 – 65 and *Perspectives chinoises*, no. 2007 (3) (in French), pp. 53 – 68; Sébastien Billioud and Joël Thoraval, "The development of contemporary Confucianism (part 1). *Jiaohua*: The Confucian revival today as an educative project," in *China Perspectives*, no. 2007 (4), pp. 4 – 20 (in English) and *Perspectives chinoises*, no. 2007 (4), pp. 4 – 21 (in French).

③ Sébastien Billioud and Joël Thoraval, "The development of contemporary Confucianism (part 2). *Anshen liming* or the religious dimension of Confucianism," in *China Perspectives*, no. 2008 (3), pp. 88 – 106 and *Perspectives chinoises*, no. 2008 (3), pp. 96 – 116.

④ Sébastien Billioud and Joël Thoraval, "The development of contemporary Confucianism (part 3). *Lijiao*: The return of ceremonies honouring Confucius in mainland China," in *China Perspectives*, no. 2009 (4), pp. 82 – 99 and *Perspectives chinoises*, no. 2009 (4).

⑤ Guillaume Dutournier et Ji Zhe, "Expérimentation sociale et confucianisme populaire. Le cas du 'Centre d'éducation culturelle de Lujiang'," dans *Perspectives chinoises*, no. 2009 (4), pp. 71 – 86; Guillaume Dutournier, "Les 'écoles familiales' en Chine continentale et à Taiwan: triple regard sur un traditionalisme éducatif," dans *Extrême-Orient Extrême-Occident*, vol. 33, 2011, pp. 170 – 208.

⑥ 例如：Ji Zhe, "Confucius, les libéraux et le Parti. Le renouveau du confucianisme politique," dans *La Vie des Idées*, mai 2005, pp. 9 – 20; Ji Zhe, "Tianxia, retour en force d'un concept oublié. Portrait des nouveaux penseurs confucianistes," dans *La Vie des Idées*, 2008, http://laviedesidees.fr/Tianxia-retour-en-force-d-un.html.

## 新兴宗教研究

这方面的学者主要有宗树人和毕游塞。2005年，宗树人出版了其在高等研究实践学院的博士论文《中国气功热：治疗、宗教与政治》，并于2007年以《中国气功热：身体、科学与乌托邦主义》为题出了英文版。该书考察了1949年至1999年间作为社会运动的气功在中国的发展情况，揭示了传统中作为自我修炼和救赎运动的气功在现代性中的转变，认为气功在改革开放以后成为中国城市居民表达宗教性的主要途径。具体而言，作者融合了历史学、人类学和社会学等多学科的研究视角，探讨了气功热是如何在社会主义中国的社会和政治变迁的语境中传播的。其中，最有意思的是对气功师、政府官员、科学家、气功练习者以及意识形态官员之间的复杂关系，展示了气功热是如何升温、分化，最终随着对法轮功的禁令而瓦解的。[1] 毕游塞则对在台湾发展成第三大宗教、且作为"新兴宗教"在整个亚洲迅速发展的一贯道进行了考察。其论文《一贯道的救世之道》通过在香港进行的人类学调查，分析了教育在一贯道的宗教扩张中所扮演的角色。文章指出，一贯道不仅有组织地向社会推广以儒家文本为主要内容的读经活动，而且格外注重对"道亲"的培训。与此同时，"教化"也是一贯道面对政治权力时使自身合法化的一种方式。[2]

## 少数民族宗教研究

早期在彝族方面的研究主要有邓明德（Paul Vial 1855—1917）神父的《罗罗人的历史、宗教、风俗、语言和文字》（1898，其书评见同年《通报》第9卷）、高第（Henri Cordier 1849—1925）的《罗罗人：问题之现状》（1907《通报》第8卷），以及马德罗勒（Claudius Madrolle 1870—1949）的《一些罗罗部落》（1908《通报》第9卷）。纳西族方面主要有高第的《么些族》（1908《通报》第9卷）和巴科的《么些人种志：宗教、语言及文字》（1913）。前者提到了藏传佛教在么些族中的重要位置，以及么些族的其他仪式及仪式专家；后者是第一本考察纳西东巴文化的论著。马伯乐的《中国古代与近代泰族的社会与宗教》（1929）致力于探讨古代中国文明与中国南部/南边的傣/泰族、罗罗族、摩梭族、苗族等族群文明之间的紧密联系，依次考察了农民的生活、春季节

---

[1] David A. Palmer, *La fièvre du Qigong: Guérison, religion et politique en Chine*, 1949 - 1999, Paris: Éditions EHESS, 2005; *Qigong fever: Body, science and utopia in China*, New York: Columbia University Press, 2007.

[2] Sébastien Billioud, "Le rôle de l'éducation dans le projet salvateur du *Yiguandao*," dans *Extrême-Orient Extrême-Occident*, vol. 33, pp. 211 - 232.

庆、官方宗教、神话及高地东京（越南北部）黑泰的丧葬习俗。石泰安则在《汉藏走廊的羌族》（1958）一文中讨论了羌族的巫师。

1980年代以来，不少人类学学者开始对中国少数民族宗教进行考察。雅克·勒穆瓦纳（Jacques Lemoine）主要有论著《瑶族神像研究》（1982），还曾搜集整理瑶族道经《开坛经》，另有《瑶族挂灯度戒仪式中龟象征》（1992）等论文。作为宗教史学者，司马虚则通过解读日本人类学学者在瑶民中发现的宗教文献，指出道教在华南社会文化史进程中扮演了重要角色。他认为华南土著"汉化"的过程，大致上是道教在本地区渗透的结果，这一过程可以上溯至宋代，其主要表现就是为教区内成员举行大规模受戒并获得法名的仪式。[1] 施帝恩主要研究滇西北的独龙族，其田野考察开始于1990年代中期。他的一篇文章讨论了1949年之前滇西北怒江、独龙江流域的独龙族、怒族等邻近族群间通过宗教祭祀活动表达的一种共通的"仪式语言"（2007，已有中译本见《青海民族研究》2009[3]）。实际上，这篇文章表达了其论著《缺少的分享：云南独龙族的交换与权力》的一些基本观点。[2] 他的另一篇文章则考察了独龙族对土地肥力的崇拜及相关仪式（2012）。1998年开始考察云南彝族的奥雷莉·内沃主要有《云南彝族文字中的萨满教》和《唱师的萨满唱词》。[3] 此外，魏明德（Benot Vermander）对凉山彝族宗教进行了考察，撰有《凉山彝族的宗教蜕变：今日凉山彝族宗教信仰与体验调查探析》（1998）、《有关凉山地区彝族诺苏支系宗教的六项论题》（1998）、《凉山彝族人中的仪式与神圣》（2008）等论文。

## 基督宗教研究[4]

法国学界在这一领域的研究可以追溯到16世纪。中国学界较早注意到的则为19世纪法国学界对景教的考察。入华遣使会会士古伯察（Evariste Régis Huc 1813—1860）的《中国中原、鞑靼和西藏的基督教》（1857）；鲍吉耶（Guillaume Pauthier 1801—1873）

---

[1] Michel Strickmann, "The Tao among the Yao: Taoism and the sinification of south China," 收入酒井忠夫先生古稀祝贺纪念の会：《史における民众と文化：酒井忠夫先生古稀祝贺纪念论集》，东京：国书刊行会，1982，pp. 22-30.

[2] Stéphane Gros, *La part manquante: Échanges et pouvoirs chez les Drung du Yunnan (Chine)*, Nanterre: Société d'Ethnologie, 2012.

[3] Aurélie Névot, "*Comme le sel, je suis le cours de l'eau,*" *le chamanisme à écriture des Yi du Yunnan (Chine)*, Nanterre: Société d'Ethnologie, 2008; *Versets chamaniques d'un maître de la psalmodie*, Nanterre: Société d'Ethnologie, sous presse.

[4] 关于16至18世纪法国入华耶稣会士的研究，耿昇已经做过系统、详尽的梳理，参见氏撰：《法国汉学界对于中西方文化首次撞击的研究》，收入谢和耐《中国与基督教》，耿昇译，上海古籍出版社2003年版，第1—41页。不过，鉴于耿昇介绍的研究限定于16至18世纪的入华耶稣会士，加上近年法国学界亦有新出的成果，笔者在此还是斗胆对法国的相关研究进行简单介绍。

的文章《论西安府景教碑的真实性和可靠性》(1857),及专著《西安府的叙利亚—汉文碑》(1858);梯尔桑的(Philibert Dabry de Thiersant 1826—1898)的《八世纪中国的天主教》(1877);来华耶稣会士夏鸣雷(Henri Havret 1848—1901)神父的《西安府基督碑》(三卷,1895、1897、1902);伯希和的《蒙古人与教廷》、《景教所用之二佛称谓》(1911)、《唐元时期中亚及远东基督教徒》(1914《通报》第15卷)、《景教碑中叙利亚文之长安洛阳》(1927《通报》第25卷1—2期)、《西安府景教碑》(遗著,1996);谢和耐的《西安府景教碑的中国语境刍议》(2008)等均对西安景教碑进行了考察。[①] 沙畹的论文《景教和哈喇和林遗址(kara Balgassun)碑铭》(1897)所考碑铭也与景教在中国的发展直接相关。

该领域比重最大的是入华耶稣会士研究,在20世纪中期之前主要为资料整理和初步研究。其主力多为耶稣会士,代表人物有裴化行(Henri Bernard-Maître 1889—1975)和荣振华。裴化行以其多产和著述中资料的丰富性而闻名,如《利玛窦对中国的科学贡献》(1935)、《欧文著作中的中文编译本:以年代为序的书目》(1945、1960)等。荣振华则著有《1700年左右的中部中国:传教的地理学研究》(1961、1967、1976)、《近代前期两个世纪的江南传教(1599—1800)》(1971)、《1552—1800年在华耶稣会士名录》(1973)、《耶稣会道教史学家》(1976),编有《北京通信集》(合编1970)、《1582—1610年天主教往中国派遣史》(合编1976)、《明代入华耶稣会士的年度信札(1581—1644)》(1980)等。此外,高第发表了《耶稣会的取缔与北京传教团》(1916《通报》第17卷)、《蒙古治下中国和中亚的基督教》(1917《通报》第18卷)等论文。

20世纪中期以来,越来越多耶稣会系统之外的学者也参与到入华耶稣会士研究中来。我们可以从1974年9月尚蒂伊跨学科研究中心主持的第一届国际汉学研讨会看到这一趋势。这次会议主要讨论了康熙、雍正和乾隆时期法国耶稣会传教士在北京的活动。会议文集所收十三篇文章中,或考察中法之间思想文化层面与科学技术层面的双重交流,或讨论伏尔泰对中国的想象及亲华态度,或讨论传教士对中英风格花园在欧洲流行的影响,或介绍了法国国家图书馆所藏1735年由耶稣会士杜赫德(Jean-Baptiste Du Halde, 1674—1743)刊印的中文中国城市地图原件,或探讨耶稣会的象征理论即在中国古典文献中去寻求旧约中出现的人物,及其对礼仪之争的影响,或考察利玛窦时代西方主要哲学流派并揭示中西方思想间的巨大区别(谢和耐),等等。[②] 会议以"汉学"为名,已经明确地将在华耶稣会士研究纳入了汉学体系。其不少议题至今仍是这一领域的重要

---

[①] 另可参见林悟殊《西安景教碑研究述评》,收入刘东主编《中国学术》,第1卷第4辑,2000年,第239—260页。

[②] *La Mission française de Pékin aux XVIIe et XVIIIe siècles. Actes du Colloque International de Sinologie* 十七和十八世纪北京的法方传教:国际汉学研讨会文集, Centre de Recherches inter-disciplinaire de Chantilly, Paris: Les Belles Lettres-Cathasia, 1976.

命题。如，科技交流方面有马若安（Jean-Clande Martzloff）的《梅文鼎（1663—1772）的数学著作研究》（1980）；詹嘉玲（Catherine Jami）的《傅圣济和中国科学的近代化：阿尔热巴拉新法》（1986）、《三角速算法和精确的圆周率（1774）：数学方面的中国传统和西方的贡献》（1990）、《欧洲在中国：十七和十八世纪的科学、宗教和文化的相互影响》（与德罗绘［Hubert Delahaye］合作主编，1993）等。园林建筑方面如毕梅雪的专著《乾隆皇帝的欧式宫殿》（1988）及论文《郎世宁与乾隆换地欧式宫殿的多学科研究》（1989）。礼仪之争方面则有安田朴（René Etiemble）的《入华耶稣会士和礼仪之争（1552—1773）》（1996）。至于谢和耐对中西方思想差异的讨论，则见于其后来在法兰西学院的教学内容，及1979年发表的文章《十七世纪的天主教和中国看法》。其《中国和基督教》（1982）重点考察了中国人对基督教的反应，《中国人的智慧：社会与心理》（1994）一书也讨论了基督教入华时的政治、宗教形势及其在中国的同化问题。此外，施帝恩的一篇文章考察了19世纪中期滇西北民众对法国传教士及新宗教的反应（1996，已有中译本见《西南民族大学学报》2001［1］）。

其他方面，如艺术交流方面则有伯德莱（Michel Beurdeley）的《宫廷耶稣会士画家郎世宁》（1971）、《十八世纪入华耶稣会士画家》（1997）；陈艳霞的《中国音乐在十八世纪的法国》（1974）；毕梅雪的《郎世宁与中国十八世纪帝王肖像画的复兴》（2004）等。通史类的有沙百里（Jean Charbonnier）神父的《中国基督徒史》（1992）。综合性论著有迪代伊（Jean-Pierre Duteil）的《上天的使命：耶稣会士在中国的作用》（1994）。鄂法兰（Françoise Aubin）的论文《天主教视野中汉人和蒙古人的宗教情感：十九至二十世纪斯格脱传教士在中国蒙古的经验》（1989）则考察了斯格脱传教士最初奉命在蒙古牧民中布道，最终却主要活跃于汉人小垦农之间的历史，并讨论了天主教对这些垦农的影响。魏明德主要从神学的角度对天主教和基督教进行了考察。他撰有《华人世界中天主教神学家》（1995）、《基督信仰与台湾的宗教图景》（1999）、《耶稣基督与中国的宗教世界》（2001）、《在华耶稣会士：传教士与学者》（2004）、《天主教与汉学研究于台湾——台北利氏学社的贡献》（2004）、《圣方济各·沙勿略传：从传教历史到诠释策略》（2007）、《今日中国天主教神学家眼中的耶稣基督》（2007）、《景教对当代神学的影响》（2007）、《转向未来的中国天主教教堂》（2008）、《华人世界中的耶稣会传教士：梵蒂冈第二次主教会议的转折》（2008）等论文。音乐方面，皮卡尔撰有《十七至十八世纪北京耶稣会士的音乐》（1999）、《北京法方耶稣会士钱德明与贝尔坦的奇珍室》（2006）、《明清时期中西音乐交流概况》（2007）等论文，还为钟鸣旦（Nicolas Standaert）主编的《中国基督教研究手册》（Handbook of Christianity in China）撰写了17、18世纪的音乐部分。此外，黎北岚则对唐代基督教、摩尼教和祆教在中国的传播进行了考察（详见下文），还撰写了《中国基督教研究手册》的唐代部分（2001）。马颂仁则有论文《房山十字寺何时为"基督教寺院"?》(2006)。

## 摩尼教和祆教研究

早在1897年,法国使馆驻华翻译德微里亚(Gabriel Devéria 1844—1899)就在《亚洲艺术》上发表了《中国的穆斯林和摩尼教徒》。沙畹与伯希和则是最早对摩尼教的历史与文化进行专门考察的学者。1903年,伯希和在《法国远东学院学报》发表了一篇关于摩尼与《化胡经》的札记。之后,伯希和与其老师沙畹合作,将罗振玉刊布于《国学丛刊》的《波斯教残经》翻译成法文,并进行考释,最终考定此经为摩尼教残经。其成果在1911年、1913年发表于《亚洲学报》,是为《摩尼教流行中国考》。1920年代,伯希和又发表了《福建的摩尼教遗迹》(1923《通报》第22卷第3期)一文,以及"摩尼教之默奚悉德"札记(1925《通报》第26卷第4—5期。伯希和关于摩尼教的研究大都有冯承钧中译本)。此外,吴其昱(1919—2011)在1991年发表了《摩尼传记中之年代问题》,收于《第二届敦煌学国际研讨会论文集》。

黎北岚师承程艾蓝,其博士论文对中国的祆教进行了考察,近年来发表了《唐代的基督教、摩尼教和祆教(618—907)》(2000)、《中国粟特人的丧葬实践:基于新近考古发现的几点看法》(2003)、《西安一座粟特人墓葬所见之祆教》(与葛乐耐[Frantz Grenet]、杨军凯合撰,2004)、《祆神崇拜:中国境内的中亚聚落信仰何种宗教》(2005)等论文。其中,《六至十世纪伊朗语世界的宗教在中国的传播》(2006)对源于伊朗语世界的祆教、摩尼教和景教在中古中国的传播进行了总体性探讨。

## 伊斯兰教研究

谈及中国伊斯兰教的早期研究集中在19世纪末20世纪初,主要有梯尔桑的专著《中国和东突厥斯坦的伊斯兰教》(1878);探险家奥龙(Henri Ollone 1868—1945)的《云南的伊斯兰教》(1908)、《中国穆斯林研究》(1909)、《论中国穆斯林"回回"称呼的起源》(合撰1911)、《伊斯兰教在中国的传播》(1912)等文章;微席叶(Arnold Vissière 1858—1930)的论文《杭州的伊斯兰教》(1913);德韦里亚的论文《中国伊斯兰教的起源》(1895)以及上面提到的《中国的穆斯林和摩尼教徒》。

法国当代学者对中国伊斯兰教的关注开始于1970年代。如乔约(François Joyaux)和谢诺(Jean Chesneaux)的《人民中国的穆斯林》(1976),重点叙述了1949年以后伊斯兰教在中国的情况。1991年,杜瑞乐在《汉学研究》上发表了长篇论文《民族宗教,宗族宗教:论海南一个汉人宗族的伊斯兰教化试图》。1980年代,海南儋县的一支蒲姓在得知自己源出穆斯林之后的伊斯兰教化尝试。与此同时，儋县另一支蒲姓的宗族重建和仪式复兴却"正常地"与道士、灵媒等不同于伊斯兰教的仪式专家建立起联系。他们之间的冲突不可避免地使宗族意识陷入困境。杜瑞乐在文中通过考察蒲姓的伊斯兰教化实践，对身份认同与宗族意识进行了引人入胜的讨论。①

伊丽莎白是一位需要重点介绍的当代学者。她对伊斯兰教的考察始于其博士阶段。其博士论文集中考察了河南一个穆斯林的毛皮鞣制村，以及郑州、开封两市的居民，1998 年通过答辩，并在 2000 年以《中国穆斯林——河南回族的人类学研究》为题出版。② 这本使她饮誉国际学界的专著主要分为三部分，"回民：过去与当下"、"回民与汉人：特性、相似性与较量"和"清真寺：宗教生活的中心"。其中，讨论宗教的最后一部分是该书的亮点。在这部分中，伊丽莎白着重考察了河南及邻近各省特有的清真女寺。这些女寺通常是与大的宗族或城市中的同村移民社区相联系的。其数量在过去的几个世纪中不断增长。此外，这些女寺也反映了其中传统派与改良派之间紧张的关系。伊丽莎白细致地阐述了女寺的运作，及其宗教主持——阿訇的工作。最后，该书的结论认为，回民穆斯林作为种族身份的建构使其能够和谐地融入一个"不信教"的社会。而他们兼具的汉人与穆斯林这两重身份是并置，而不是混合的。因此，其对作为汉人与作为穆斯林的文化实践也是有明显区分的。这本专著之后，伊丽莎白主要采取比较研究的方式，对照边远地区的伊斯兰教和中国内地的伊斯兰教这两种不同背景下的少数民族，即一千万讲汉语的回族穆斯林和九百万讲土耳其语系的维吾尔族穆斯林，继续考察中国穆斯林的各种社会活动及其与政府的关系。其兴趣还扩展至中亚的东干族，以及中国边疆和边境地区身份认同的新形态等等。除了专著《中国穆斯林》，她还撰有《中国东北穆斯林丧葬仪式笔记》（1991）、《中国伊斯兰教：女性阿訇》（1994）、《面向女性的伊斯兰教组织：中国的女性清真寺》（1994）、《中国的女性清真寺：记忆还是遗忘？》（1997）、《中国伊斯兰教：统一与分裂》（2003）、《孔子、阿拉与毛主席：中国的伊斯兰教》（2001）、《中国穆斯林的宗教教育》（2002）、《关于中国伊斯兰教：十九世纪至今的反宗教挑衅与反教权态度》（2002）、《宗教团结还是文化团结：新疆回民的微妙处境》（2004）、《伊斯兰教在中国的适应》（2004）、《中国的清真寺：身份与现代性的载体》（2009）、《华人世界中的伊斯兰教》（2010）、《二十世纪中国伊斯兰教的宗教权力与世俗权力》（2011）等文章。

---

① Joël Thoraval, "Religion ethnique, religion lignagère. Sur la tentative d'islamisation' d'un lignage Han de Hainan," dans *Études Chinoises*, vol. 10, no. 1-2, 1991, pp. 9-75.

② Élisabeth Allès, *Musulmans de Chine. Une anthropologie des Hui du Henan*, Paris: Éditions EHESS, 2000.

## "奇理斯玛"：对宗教权威的研究

对宗教人物、特别是宗教领袖或精英人物的生平追述，始终是中国宗教研究领域的一个重要切入点，法国学者的相关成果已在前文以分散的方式有所涉及。不过，有关"奇理斯玛"的研究，却值得单独提出加以介绍。奇理斯玛（charisma）或译作"卡理斯玛"、"奇魅"，字面意思为超凡魅力、神授能力、卓越的领导力等，最早由德国社会学家马克斯·韦伯（Max Weber 1864—1920）锻造成为有关权威的分析性概念。在中国宗教研究领域，英国人类学家王斯福（Stephan Feuchtwang）和他的中国弟子王铭铭于2001年出版了合著《草根权威》，首先对奇理斯玛进行了专门探讨。① 该书将"奇理斯玛"定义为"一种对非凡的期待"，从政治权威和道德权威交叠、现实和象征融汇的角度考察了中国东南部孕育奇理斯玛的土壤，即地方的宗教—政治连续体。2007年，由宗树人、高万桑、吴梓明（Peter Tze-Ming Ng）组织的"中国社会中的宗教与社会整合"国际学术研讨会在香港召开，其重要议题之一即为"奇理斯玛"，王斯福也受邀出席。作为香港会议对奇理斯玛讨论的继续深入，高万桑于次年与加拿大学者王大为（David Ownby）合作，为美国加州大学出版社的季刊《新宗教》（*Nova Religio*）主编了一期专辑，题为《绘制中国宗教中的奇理斯玛》。②

参与该专辑的法国学者除高万桑外，还有汲喆和宗树人。受王斯福与王铭铭的启发，该专辑致力于探讨奇理斯玛在形塑华人宗教的持续变迁方面所扮演的角色。专辑论文的作者均从王斯福、王铭铭在《草根权威》中提出的奇理斯玛定义出发。该定义的深意在于指出了奇理斯玛并不是个体性的，而是源于他者，如民众对其领袖在良好统治、增加民众财富、促进和平等方面的期待。《绘制中国宗教中的奇理斯玛》的作者由此进一步探讨了民众所期待的"非凡"，其定义、应许、协商与实现是如何在近代以来中国文化的特殊语境中、特别是在当代新兴宗教团体中达成的。其中，高万桑的《绘制中国宗教中的奇理斯玛》讨论了如何运用"奇理斯玛"对多元的中国宗教法士进行分类和理解的问题。汲喆的《期望、情感与责任：一个台湾新佛教组织的奇理斯玛之旅》考察

---

① Stephan Feuchtwang, Mingming Wang, *Grassroots charisma. Four local leaders in China*, London and New York: Routledge, 2001.

② Vincent Goossaert, David Ownby (eds.), *Mapping Charisma in Chinese Religion* (*Nova Religio: The Journal of Alternative and Emergent Religions*, vol. 12, no. 2), 2008. 法国学者的三篇论文为：Vincent Goossaert, "Mapping charisma among chinese religious specialists," pp. 12 – 28; Ji Zhe, "Expectation, affection and responsibility: the charismatic journey of a new buddhist group in Taiwan," pp. 48 – 68; David A. Palmer, "Embodying utopia: Charisma in the post-Mao Qigong Craze," pp. 69 – 89. 王斯福的回应详参（亦收入是辑）：Stephan Feuchtwang, "Suggestions for a redefinition of charisma," pp. 90 – 105.

了台湾的"现代禅"及其创始人李元松的特殊历程,从莫斯所揭示的"礼物"视角,以社会互动论解释了奇理斯玛权威的建立和集体宗教行为。宗树人的《切身化的乌托邦——后毛泽东时代气功热中的奇理斯玛》则细致地分析了气功师是如何创造身体的奇理斯玛的。此外,王斯福也对专辑中的论文作出了回应。与先前的研究相比,该专辑的考察重点不是政治因素或政教关系,而是在宗教人物身上体现出来的宗教权威本身;其收录的文章将历史学、社会学与心理学的分析熔为一炉,拓展了宗教人物研究的理论视野。

## 对中国宗教现代性的研究与理论探讨

法国对 19 世纪末以来中国宗教的研究,继承了欧洲宗教社会学研究的"现代性"问题意识,形成了独到的成果。近年来,高万桑先后发表了《二十世纪中国宗教的命运》(2003)、《1898:中国宗教终结的开端?》(2006)、《近代中国"宗教"的发明》(2007)、《丧葬改革与中国的宗教政策,1900—2008》(与方玲合撰,2008)等文章,分析了民族国家政治和西方有关宗教的现代话语对中国宗教景观的建构。这些研究成果集中体现在他与宗树人合著的《近代中国的宗教问题》一书中。[①] 该书从历史学和社会学的角度对近代中国的宗教问题进行了探讨。其中,第一部分的七章考察了中国宗教问题的不同历史发展阶段;第二部分则通过多线叙事手法,对包括海外华人社区在内的整个华人世界多样的宗教现代性进行了讨论。该书将宗教置于与政治和其他社会力量的关系中加以研究,同时也揭示了宗教变迁对中国现代政治、文化与社会生活的形塑作用,出版后得到了国际学界的多方好评。尽管十年来对中国宗教研究已经取得了很大进展,但像该书一样内容广泛、见解深刻的作品仍不多见。可以认为,该书是自杨庆堃《中国社会中的宗教》以后对中国宗教进行总体考察的最重要的作品之一。

汲喆则注意到了在中国语境中宗教与教育的特殊关联及其对中国宗教现代性的意义。2011 年,由他主编的法国学术年刊《远东远西》第 33 卷题名为《现代中国的宗教、教育与政治》,收录来自不同国家学者的七篇研究性论文和在德国主持马普宗教与族群多样性研究所的著名人类学家范德威(Peter van der Veer)对这一议题的综合评论。在导论中,汲喆从制度分化与价值分化的观点出发,将以庙产兴学和废除科举为标志的近代教育改革视为中国宗教现代性的起点,并提出,世俗主义在早期现代中国的实践历程,就是由"教"所统摄的信仰、知识与权力三位一体的传统秩序发生分裂与重组

---

[①] Vincent Goossaert and David A. Palmer, *The religious question in modern China*, Chicago: University of Chicago Press, 2011;法文版:*La question religieuse en Chine*, Paris: Éditions CNRS, 2012. 参见汲喆的中文书评,收入李四龙主编《人文宗教研究》,第 2 辑,宗教文化出版社 2012 年版,第 323—332 页。

的过程。①

在对现当代中国宗教的研究中，法国学者已经超越了基于文献、考古或民族志调查的描述性研究，与法国思想界的对话也日益深入。2010年，魏明德出版了《失去中央的帝国——论中国之走出宗教》一书。②该书借用了法国当代著名政治哲学家戈谢（Marcel Gauchet）的"基督教作为走出宗教的宗教"的概念，来探讨中国宗教，特别是注重社会关系的儒教在何种意义上也是一种"走出宗教的宗教"。2012年12月，在巴黎举行了一次围绕"世俗化理论与中国"的研讨会，戈谢、魏明德、高万桑、汲喆都出席并参与了讨论。

事实上，世俗化始终是研究现当代中国宗教无法回避的一个主题，而政教关系的变化则是世俗化问题的核心。对此，高万桑做过细致的历史学研究，发表的论文有《反教权论的解析：〈申报〉（1872—1878）》（2002）、《中国的伪政教分离（1898—2004）》（2005）、《政教分离与"宗教"的发明：1912年在中国成立的全国性宗教协会》（2010）。在《近代中国的国家与宗教：宗教政策与学术典范》（2006）一文中，他总结了政治、宗教与社会关系研究中的世俗化、清至现代的连续性、压制与反抗、（正/邪、正统/非正统、宗教/迷信等）二元、传统更新等五种典范，并指出地方宗教政策史的研究可为未来值得注意的方向之一。汲喆则注重1949年、特别是1980年以后的中国的政教关系和世俗化境遇，发表有《作为宗教重构的世俗化》（2008）、《中国改革时期的佛教：世俗化的复兴？》（2011）等论文。在这些论文中，汲喆借助福柯的话语理论和布迪厄的场域理论，提出以一种重视"支配—被支配关系的辩证法"和"意外后果"的复杂的权力理论来理解当代中国的政教关系。他率先将"国家化"和"单位制"等有关当代中国的一般性分析范畴运用到宗教研究上，使这些概念得到了其他研究者的重视和进一步阐发。③

## 实施中的研究项目及计划

东亚文明研究中心的研究项目每四年更新一次。其中，与中国宗教有关的有马修·

---

① Ji Zhe, "Lejiao recomposé. L'éducation entre religion et politique dans la modernité chinoise," dans Ji Zhe (éd.), *Religion, éducation et politique en Chine moderne (Extrême-Orient Extrême-Occident, vol. 33)*, Saint-Denis: PUV, 2011, pp. 5–34.

② Benoît Vermander, *L'Empire sans milieu, essai sur la sortie de la religion en Chine*, Paris: DDB, 2010.

③ 参见 David A. Palmer, 2009, "Les *danwei* religieuses: L'institutionnalisation de la religion en Chine populaire," dans *Perspectives Chinoises*, vol. 109, pp. 19–33; Thomas Borchert, "The Abbot's New House: Thinking about How Religion Works among Buddhists and Ethnic Minorities in Southwest China," in *Journal of Church and State*, vol. 52 (1), 2010, pp. 112–137。

卡普斯坦和穆瑞明主持的"中古中国、日本和西藏的佛教与宗教"、王微与沈卫荣（中国人民大学）主持的"黑水城文献中藏文写本的中文翻译"、让—吕克·阿沙尔和伊夫·卡多（Yves Cadot，日本学研究所）主持的"实践与身体"、阿兰·罗什（Alain Rocher）主持的"东亚宗教与哲学传统中的解释理论及其实践"、王微主持的"中华帝国印藏影响之下的宇宙观念表达型宗教建筑"（始于2006年）、杜德兰主持的"'楚王国'考古项目"、马如丹（François Martin）主持的"中古前期中国的个体、群体与社会（公元220—617年）"、童丕（Éric Trombert）与魏义天（Étienne de la Vaissière）主持的"北部边境与西部拓跋至西夏边境：整合与分化"、戴仁主持的"文本的物质性——战国至宋初中国写本的整理（公元前四世纪至公元十世纪）"、劳格文主持的"徽州传统社会"、卡蒂亚·比夫特里主持的"西藏及其周边地区的现代性与仪式：机制、挑战与合法化"、马修·卡普斯坦主持的"西藏的历史写本与哲学思想"、让—吕克·阿沙尔主持的"大圆满"、今枝由郎发起的"敦煌写本与在线藏文古文书"、西藏文明研究组的"藏族社会的社会史（十七至二十世纪）"等项目。

远东学院的东亚宗教人类学项目中，有华澜主持的"道教与乡土社会"（始于2003，主要考察湖南的神像）、吕敏和陆康（Luca Gabbiani）主持的"北京寺庙的碑刻与口述记忆——帝国首都的社会史"（始于2004年）、吕鹏志的"道教史"和"显应雷坛：江西铜鼓县的道教仪式传统"（与赣州市博物馆的刘劲峰合作）；佛教传播项目中则有史基伶（Peter Skilling）主持的"亚洲的佛教传播与本土化"、谷岚主持的"藏传佛教在台湾的实践"等。

其他机构，如社会·宗教·政教关系研究所则有艾文与贾珞琳主持的"亚洲宗教与社会"研究计划，其中又有方玲与高万桑共同主持的"法国华人宗教"项目、高万桑主持的近现代中国城市道士与庙宇研究计划（与香港中文大学道教文化研究中心合作）、汲喆主持的"后毛泽东时代的佛教：1980年以来中国的宗教、政治与社会"项目。喜马拉雅研究中心有施帝恩负责协调的"康区印藏边缘的领地、社区与交换"项目和尼古拉·西雷主持的"佛教的人类学研究"项目。近现代中国研究中心的毕游塞、杜瑞乐与东京大学的中岛隆博（Takahiro Nakajima）合作主持了"当代中国的儒家复兴"项目。社会学与人类学比较研究组有谢道琳主持的"师父（Vieux maîtres）"研究计划，主要研究1949年之前就已入行且精于宗教技术的宗教法士。

法国学界的项目成果以及法国学者主持的其他学术活动具有重要意义。如劳格文主编的《客家传统社会丛书》，涉及以宗教为核心内容的地方社会的方方面面。[①] 再如劳格文主编的《中国宗教：新方法、新挑战》（2002）、《宗教与中国社会》（2004）、《亚洲

---

[①] 劳格文主编：《客家传统社会丛书》（30册），国际客家学会、海外华人资料研究中心、法国远东学院，1996—2006年。

的宗教与政治：历史与现实》（2006）、《古代和中古中国的宗教与社会》（2009）；劳格文与马克主编的《早期中国宗教：商朝至汉朝（公元前1250至公元220年）》（两卷本，2009）；劳格文与吕鹏志主编的《早期中国宗教：分裂时期（公元220—589年）》（两卷本，2010）；吕敏主编的《尧山圣母庙与神社》（与秦建民合作，2003）、《北京内城寺庙碑刻记》（与董晓萍合作，第一、第二卷，2011）、华澜主编的《"湘中宗教与乡土社会"调查报告集》（与陈子艾合作，三卷本，即出）等。[①] 此外，劳格文与马颂仁主持的"宋金元时期中国宗教"研讨会（香港，2012年6月）、劳格文与高万桑主持的"近代中国宗教（1850—）"研讨会（香港，2012年12月）在一定程度上反映了目前学界的关注点和研究水平，亦可谓中国宗教研究领域的盛事。

## 结语：特点与趋势

上文已经提到法国特有的科研体制及法国远东学院的影响。不过，在此仍需强调法国远东学院的巨大作用，很多考察工作、研究计划都源于此，其在整个东亚研究——当然也包括中国宗教研究——中的平台作用是独一无二和举足轻重的。此外，法国的中国宗教研究还具有以下几个特点。首先，很多成果建立在敦煌文献的资料基础之上，属于敦煌学的框架之内，在某种程度上可以说是敦煌的遗产。其次，道教、佛教（包括藏传佛教）所占的比重很大，天主教研究也是大项，这些领域是法国方面中国研究的专长。再次，多将研究置于整个东亚，或是整个亚洲的语境之下进行考察。从他们研究项目的设计上就可以明显地看出这一点。最后，学者在语言学和文献学的训练方面倾注了很多精力，这使得他们能够比较轻松地对同一族群或区域进行更深入的考察，或是从事跨区域的比较研究。

至于近年这一领域的发展趋势，其实也在很大程度上代表了法国方面中国研究的整体发展趋势。第一是研究范式的转变。研究方法与视野从早期主要是传统的文献学、语言学、考古学扩展到社会学科，尤其是社会学与人类学。其中，社会学取向的研究又可以追溯到20世纪上半叶年鉴学派社会学大师葛兰言对中国古典社会宗教的研究。第二，越来越多汉学/藏学系统之外的学者进入这一领域，也有不少学者的研究导师并非汉学/藏学系统的学者，无疑都给这一领域注入新鲜的血液。第三，田野调查传统的恢复与发展。这一传统其实可以追溯到法国远东学院，以及沙畹、伯希和、巴科等早期学者。其中，沙畹是当之无愧的汉学田野传统创始人。其学生伯希和到中国西北地区做考古发

---

[①] 关于《"湘中宗教与乡土社会"调查报告集》，详参 Georges Favraud, "Liturgie et construction d'une identité culturelle régionale en Chine contemporaine 仪式与当代中国一个区域文化认同的建构," dans *Cahiers d'Extrême-Asie*, vol. 19, pp. 305 – 328。

掘，对敦煌进行考察，并把西域考古所出文物，以及敦煌大量的文书、画像、雕像等藏品运回巴黎。在这些早期学者之后，田野调查的传统有短期的断层。一个原因是伯希和运回巴黎的敦煌写卷等大量文献、资料，使很多法国学者长期埋头于这些材料的整理和研究当中。20 世纪 60 年代以来，田野传统首先在台湾、香港等地，然后在大陆得到重建和发展。以道教研究为例，施舟人可以说是该领域田野工作的开创者。同时，即便是致力于古代宗教研究的学者也认识到了田野考察的重要性，例如穆瑞明对四川的考察。第四，对现当代中国宗教变迁的关注。一方面，社会科学出身的学者加入到中国宗教研究中来，使研究的起点迅速转变到当代。另一方面，不少原先研究中国古代宗教的学者，也开始将关注的时段扩展到近代。第五，国际合作的加强。目前法国学界的不少相关研究项目和计划虽然由法国学者主持，但均为整合了欧洲、东亚与北美力量的国际合作团队，并常常得到来自法国以外的资金支持。对此，高万桑还曾撰文《国际性合作与协作的寻求及其对法国汉学研究的影响》（2010）进行讨论。总的来看，法国的中国宗教研究保持了良好的发展势头，其传统之深、视野之广、观点之新、人才之盛，令人瞩目。

（作者简介：巫能昌，法国高等研究实践学院（EPHE））

# 2011—2012年中国传统仪式音乐研究述评

赵书峰

本文针对近两年（2011—2012年）在国内九大音乐学院学报[①]以及《音乐研究》、《中国音乐学》、《人民音乐》、《南京艺术学院学报（音乐与表演版）》等期刊上发表的有关中国传统仪式音乐（主要包括宗教音乐与民俗信仰仪式音乐）论文研究现状给予的梳理与总结，目的是对学科研究研究给予检视与回顾。

## 一 宗教仪式音乐研究

**（一）佛教音乐**

主要在汉传佛教与藏传佛教仪式音乐研究方面成果较多。研究内容包括对佛教音乐历史文献的考据分析、佛教音乐的形态分析，以及佛教音乐的综合考察研究。

1. 佛教音乐历史文献的分析研究

主要有：杨民康的文章是从西人游记的相关史料来管窥古代蒙、藏佛教仪式音乐文化[②]是一篇典型的有关藏传佛教音乐方面的史料学分析研究。傅暮蓉的三篇论文主要对佛教音乐史料的分析研究，前两篇文章是对佛教梵呗的文献史料的系列考证梳理[③]，后一篇文章是对汉传佛教仪式及其音乐源流的调查研究[④]。

2. 佛教音乐的形态分析

内容涉及对诵经音乐、器乐音乐的研究。主要有：田联韬先生的文章对藏传佛教的诵经音乐给予了较为详细的深入研究[⑤]，作者认为，藏传佛教的诵经音乐基于音乐旋律

---

[①] 这些学报分别是《中央音乐学院学报》、《中国音乐》、《音乐艺术》、《黄钟》、《天籁》、《乐府新声》、《交响》、《音乐探索》、《星海音乐学院学报》。
[②] 杨民康：《从西人游记史料管窥古代蒙、藏佛教仪式音乐文化》，《西藏艺术研究》2011年第3期。
[③] 傅暮蓉：《梵呗华严字母溯源》，《中国音乐》2012年第2期；傅暮蓉：《佛教梵呗华化之始考辨》，《中国音乐》2012年第4期。
[④] 傅暮蓉：《汉传佛教仪式及其音乐探源》，《中国音乐》2012年第1期。
[⑤] 田联韬：《藏传佛教诵经音乐研究》，《民族艺术研究》2012年第1期。

性的强弱程度，大致被僧人分为顿、达、央3类。西藏拉萨寺院僧人使用的"佐盖"唱法，是极具特色的超低音区的声乐表现形式。此外还有杨曦帆的文章针对藏传佛教觉囊派藏哇寺寺院器乐音乐给予的相关研究①。傅暮蓉的文章是对佛教华严字母仪式中的梵呗的形态学分析研究。②

3. 佛教音乐的比较研究

屈红海的文章对佛乐曲谱进行的比较研究③，作者使用的两部民国时期的佛曲曲谱为线索，通过对曲谱内容的分析比较，并对台外佛曲的发展变迁加以阐述，从而探寻台内、台外佛乐的传承与发展关系。

4. 佛教音乐的综合考察

杨民康的文章对佛教丛林制度与佛教音乐风格区的相互关系给予了较为深入的分析研究。④ 申波的两篇文章是对云南境内的藏传佛教、南传佛教仪式音乐的考察研究。一篇是对松赞林寺"迎佛节"仪式音乐的考察⑤；另一篇文章（与方源合写）是对傣族"关门节"仪式中佛寺"大鼓"音声的个案考察。⑥ 杨秋悦的文章结合梅利亚姆的三重分析模式（概念、行为、音声）对瑜伽焰口仪式与仪式音乐进行了综合的分析考察⑦。红梅的文章是蒙古族敖包祭祀诵经音乐进行的微观个案考察⑧。曾金寿的两篇文章是对佛教音乐中的汉化形态问题的考察研究。⑨

5. 佛教音乐保护、发展与传承、传播研究

袁静芳的两篇文论文涉及对汉传佛教（北京智化寺京音乐）与藏传佛教（藏哇寺寺庙佛乐）音乐文化历史变迁现状的考察研究。⑩ 杨民康的文章通过对史籍中有关三世章嘉活佛的道歌演唱、培养艺僧和组织、统管节庆仪式乐舞表演等事迹的相关记载进行梳

---

① 杨曦帆：《修行梵音——藏传佛教觉囊派藏哇寺寺院器乐音乐研究》，《中央音乐学院学报》2011年第1期。
② 傅暮蓉：《华严字母仪式中的梵呗》，《乐府新声》2012年第3期。
③ 屈红海：《五台山台内、台外佛教音乐传承探析——以民国时期的两部佛乐曲谱为例》，《中国音乐》2011年第2期。
④ 杨民康：《论佛教丛林制度与佛教音乐风格区的相互关系》，《艺术百家》2011年第4期。
⑤ 申波：《松赞林寺"迎佛节"仪式音乐考察》，《内蒙古大学艺术学院学报》2012年第2期。
⑥ 申波，方源：《梵音与暮鼓的感召——傣族"关门节"仪式中佛寺"大鼓"音声的个案考察》，《云南艺术学院学报》2011年第4期。
⑦ 杨秋悦：《瑜伽焰口仪式与仪式音乐》，《乐府新声》2012年第2期。
⑧ 红梅：《蒙古族敖包祭祀诵经音乐中的藏传佛教蒙古化因素——以呼伦贝尔市宝格德乌拉敖包祭祀仪式为个案》，《世界宗教文化》2011年第5期。
⑨ 曾金寿：《论日本佛教音乐中的汉化形态》，《交响》2011年第4期；曾金寿：《"金言有译，梵响无授"——丝绸之路上的佛乐汉化形态探微》，《交响》2012年第2期。
⑩ 袁静芳：《近50年来北京智化寺京音乐的历史变迁》，《艺术评论》2012年第3期；袁静芳：《走近藏哇寺》，《中央音乐学院学报》2012年第4期。

理，重点考察了三世章嘉活佛对传承传播蒙藏佛教乐舞的贡献①。桑德诺瓦的文章对藏传佛教及其音乐在云南摩梭人中的传播历史与社会地位进行了综合的考察研究②。格桑曲杰的文章探讨了西藏佛教音乐文化在流传到同文化系统和不同文化系统的地区、民族、国家的藏传佛教寺院后产生变异的基本规律和特性，尝试超越现行行政区划和区域文化的界限，从整体上认识藏传佛教音乐文化的源流与流变特征③。此外，姚慧对"京西民间佛事音乐"保护问题提出了一些建设性的意见④。

## （二）道教音乐

内容主要涉及道教音乐文献的史料考证道教音乐与地方传统音乐之关系考察等问题。具体如下：

1. 道教音乐史料的考证与现状研究

第一，道教文献的史料分析。王小盾对流传于朝鲜半岛的道教歌舞曲《步虚子》的中国起源给予了相关的考证分析⑤。蒲亨强的两篇论文涉及对道教音乐史料的分析考据。前一篇立足于原始道经文献资料的挖掘分析，对课诵仪式音乐在当代的基本运用情况及历史源流脉络进行了考察和梳理⑥；后一篇文章（与梁江歌合写）对东晋产生的道教经韵《三炷香》给予的详细考据分析⑦。以及胡军的两篇文章也是对道教音乐文献的史料研究。⑧此外谈欣的文章认为，早期道教重要的经典文献《太平经》中的道教音乐言论资料蕴涵了音乐"和善"论"、神明"论等理论命题，对后世道教音乐的作品、行为及理论体系的构成产生了深远的影响。⑨

第二，道教音乐的现状研究。英国学者钟思第与中国学者吴凡的文章，运用音乐学、社会学、宗教学等相关文献，对华北民间道教法事的研究成果给予了系统的梳理与总结。⑩刘红的文章对当下道教仪式音乐研究的状况与问题进行了分析。⑪此外，金平的

---

① 杨民康：《清代北京藏传佛教的道歌演唱与艺僧制度——兼论三世章嘉活佛对传承传播蒙藏佛教乐舞的贡献》，《黄钟》2011年第4期。
② 桑德诺瓦：《格姆女神当家的地方——论藏传佛教及其音乐在云南摩梭人中的传播历史与社会地位》，《云南艺术学院学报》2011年第3期。
③ 格桑曲杰：《西藏佛教音乐文化跨地域、跨民族的传播与流变》，《中央音乐学院学报》2012年第2期。
④ 姚慧：《破除"破除迷信"——对"京西民间佛事音乐"保护前提及方法的探究》，《中国音乐学》2012年第1期。
⑤ 王小盾：《朝鲜半岛〈步虚子〉的中国起源》，《四川师范大学学报》（社会科学版）2011年第4期。
⑥ 蒲亨强：《道教"课诵"仪式音乐源流考》，《云南艺术学院学报》2011年第1期。
⑦ 梁江歌、蒲亨强：《论东晋产生的道教经韵〈三炷香〉》，《中国音乐》2011年第1期。
⑧ 胡军：《清版〈九宫山志〉音乐史料研究》，《黄钟》2011年第4期。
⑨ 谈欣：《〈太平经〉在道乐思想理论构建过程中的地位和影响》，《中国音乐》2012年第2期。
⑩ ［英］钟思第、吴凡：《华北民间道士与法事》，《中国音乐学》2012年第1期。
⑪ 刘红：《当下道教仪式音乐研究的状况与问题——答关注者问》，《音乐艺术》2011年第1期。

文章对豫南民间道教音乐的历史与现状问题给予了考察研究。① 另外，我国台湾地区学者郑雅中的文章以刘枝万教授、丁煌教授、吕锤宽教授等人的研究及道法源流之稽考，对从灵宝派道士所行之普度仪式内容与音乐特性进行了广泛的研究。②

2. 道教音乐的微观个案研究

道教音乐的微观个案的考察研究成果不多。主要有：曾宪林以福安市社口乡山里村吴氏所请闾山道坛科仪为例，对闽东北闾山道堂解愿科仪音声进行的调查与研究③。

3. 道教音乐与地方传统音乐之关系

道教音乐的构成与中国民间传统音乐关系密不可分。因此，对其给予深刻关注，对于考察两者之间的互动关系具有重要意义。主要有：金平对信阳民间道教音乐的地域性特征与其信阳民歌、戏曲的关系问题进行了比较研究④。黄丽群、汪普英的文章针对道教文化与浙西南地方戏曲"二都戏"之关系问题给予了考察研究。⑤

### （三）伊斯兰教音乐

伊斯兰教音乐研究方面成果不多。主要有赵维平、王雅婕的文章针对我国学术界普遍存在的将阿拉伯音乐与伊斯兰音乐概念混为一谈的情况。作者针对伊斯兰音乐与阿拉伯音乐之关系、近现代伊斯兰音乐如何定义，包涵哪些类型、具有怎样的特点等问题给予了较为详细的辨析与探讨。⑥ 王建朝的文章认为，和田地区的维吾尔人多信仰苏菲派伊斯兰教的捷斯迪耶支系，当地的木卡姆奇们承载的和田《十二木卡姆》从唱词内容、伴奏乐器、表演场合、表演时间等方面均与伊斯兰教的宗教经典内容、宗教礼仪、传统节日等方面有着千丝万缕的联系。作者以田野调查为基础，结合文献资料的考证，得出"伊斯兰教语境是维系和田《十二木卡姆》存续的'特殊文化空间'"的结论。⑦ 此外，王新磊的文章结合音乐民族志理论展开对山东临清回族伊斯兰教仪式音乐研究。⑧

---

① 金平：《豫南民间道教音乐的历史与现状考略》，《人民音乐》2011年第4期。
② 郑雅中：《台湾道教灵宝派普渡仪式与音乐研究》，《乐府新声》2012年第2期。
③ 曾宪林：《闽东北闾山道堂解愿科仪音声调查与研究——以福安市社口乡山里村吴氏所请闾山道坛之科仪音声为例》，《南京艺术学院学报（音乐与表演版）》2012年第1期。
④ 金平：《信阳民间道教音乐的地域性特征——兼论其与信阳民歌、戏曲的关系》，《黄钟》2012年第1期。
⑤ 黄丽群、汪普英：《浙西南古老剧种"二都戏"中的道教文化色彩》，《乐府新声》2011年第4期。
⑥ 赵维平、王雅婕：《伊斯兰音乐并不等于阿拉伯音乐》，《黄钟》2012年第2期。
⑦ 王建朝：《伊斯兰教语境——和田地区《十二木卡姆》存续的"特殊文化空间"》，《南京艺术学院学报·音乐与表演版》2011年第2期。
⑧ 王新磊：《山东临清清真寺会礼仪式的音声民族志研究》，《中央音乐学院学报》2011年第1期。

### (四) 基督教音乐

基督教音乐的研究成果主要有：杨民康的文章认为，21 世纪之交云南少数民族基督教仪式音乐出现了一些值得关注的新变异现象，例如核心经曲、经腔及表演方式的主流化倾向。① 诸炜的文章以江苏省常熟地区基督教音乐为例，对当今中国社会转型中基督教音乐文化的考察与思考。② 宫宏宇的文章以安格妮丝·郭士立、穆瑞为例，对基督教传教士在晚清中国的盲人音乐教育中的贡献给予相关的史料梳理与研究。③ 刘巍的文章是对太平天国宗教赞美诗表现形式的史料甄别研究。④ 宫宏宇的文章是对哈佛—燕京图书馆收藏的中文基督教新教赞美诗集缩微资料做的初步研究。⑤

### (五) 萨满教仪式音乐研究

本议题主要针对萨满仪式音声文化变迁与萨满研究的方法论展开的思考。主要有：李然的文章对中国跨界民族（赫哲—那乃）萨满教仪式音声的现代变迁的综合考察分析。⑥ 特古斯的文章是对蒙古族萨满音乐研究概况及方法论问题展开的思考。⑦

### (六) 其他原始宗教

本项研究主要涉及对中国传统民间原始信仰的考察研究。主要有萧梅对广西"巫乐"的比较研究⑧。另外，有两篇文章涉及湘中民间宗教音乐的考察研究。一是赵书峰对湖南湘中师公教音乐的形态分析研究⑨；二是吴凡对湘中冷水江抛牌仪式音乐的考察研究⑩。此外，吴慧娟的两篇文章对"三一教"仪式音乐与道教文化的关系及其用乐原进行了分析探讨。⑪

---

① 杨民康：《云南少数民族基督教仪式音乐的新变异》，《世界宗教文化》2011 年第 5 期。
② 诸炜：《当今中国社会转型中基督教音乐文化的考察与思考——以江苏省常熟地区为例》，《音乐探索》2011 年第 4 期。
③ 宫宏宇：《基督教传教士与晚清中国的盲人音乐教育——以安格妮丝·郭士立、穆瑞为例》，《中央音乐学院学报》2012 年第 1 期。
④ 刘巍：《太平天国宗教赞美诗表现形式的史料甄别》，《交响》2011 年第 2 期。
⑤ 宫宏宇：《美国哈佛—燕京图书馆中文基督教新教赞美诗集缩微胶卷资料初探》，《黄钟》2011 年第 4 期。
⑥ 李然：《环境、国境、心境——解读中国跨界民族（赫哲—那乃）萨满教仪式音声的现代变迁》，《人民音乐》2011 年第 6 期。
⑦ 特古斯：《蒙古族萨满音乐研究概况及方法论思考》，《中国音乐》2011 年第 2 期。
⑧ 萧梅：《"巫乐"的比较：天人之"路"》《民族艺术》2012 年第 3 期。
⑨ 赵书峰：《古梅山峒区汉族梅山教仪式音乐的考察与研究——以湖南省隆回县金石桥镇益门村五组"和娘娘"仪式为例》，《黄钟》2012 年第 3 期。
⑩ 吴凡：《音声中的集体记忆——湘中冷水江抛牌仪式音乐研究（下）》，《中国音乐学》2011 年第 1 期。
⑪ 吴慧娟：《莆田三一教仪轨及其音乐的道教渊源》，《中国音乐》2012 年第 1 期；吴慧娟：《三一教仪式音乐的用乐原则》，《中国音乐》2011 年第 3 期。

### （七）宗教音乐文化的其他研究

刘红的文章是以《中国民间仪式音乐研究·华中卷》中的五个个案研究为例，对湖南民间信仰仪式音乐中的多重宗教文化表现给予了详细的探讨[①]。时俊静的文章是对元曲曲牌与宗教音乐之关系问题给予的考察[②]，作者认为，元曲作为兴起于民间的俗曲与佛、道两家音乐关系密切，其代表性曲牌主要有：【金字经】、【五供养】、【华严赞】、【青天歌】、【太清歌】、【袄神急】、【金娥神曲】等。此外，杨晓的文章是对西方英语学界中国信仰仪式音乐研究的评述。[③]

## 二　传统民俗仪式音乐研究

内容包括婚、丧仪式音乐与其他民俗仪式音乐的考察研究。本研究借助于人类学、民族音乐学，仪式音乐研究的相关理论，对其信仰、仪式与音声特征，以及与本土文化语境的相互关系问题给予的考察。

### （一）婚礼仪式音乐

本研究主要是微观个案的考察分析。首先，有两篇文章是以人类学的研究视角对婚俗仪式音乐给予的考察研究：一是胡红的文章以人类学视角对阿坝羌族婚俗仪式中的唱词给予的观照与审视[④]；二是吴霜、陈韵的文章结合音乐人类学理论对广西北海疍民传统婚礼的仪式歌乐的多元音乐文化观给予的考察研究[⑤]。其他还有肖文朴的文章以广西贺州贺街镇联东村第四组马鹿寨婚礼仪式为例，对过山瑶婚俗及其音乐进行的田野考察研究。[⑥] 林碧炼的文章是对大亚湾东升渔民婚礼仪式歌曲进行的个案考察[⑦]。侯道辉的文章是对广西金秀县十八家瑶族婚嫁仪式中的唢呐音乐的形态分析研究。[⑧] 杜峥嵘的文章

---

[①] 刘红：《湖南民间信仰仪式音乐中的多重宗教文化表现——〈中国民间仪式音乐研究·华中卷〉五个个案研究析述》，《黄钟》2012年第3期。

[②] 时俊静：《元曲曲牌与宗教音乐》，《黄钟》2012年第1期。

[③] 杨晓：《英语学界中国信仰仪式音乐研究——以佛教、道教及民间信仰为例》，《世界宗教文化》2011年第5期。

[④] 胡红：《人类学视野下阿坝羌族婚俗仪式中的唱词》，《交响》2011年第1期。

[⑤] 吴霜、陈韵：《音乐人类学视野下的北部湾多元音乐文化观的考察研究——以北海疍民传统婚礼的仪式歌乐为例》，《艺术探索》2011年第4期。

[⑥] 肖文朴：《过山瑶婚俗及其音乐——以广西贺州贺街镇联东村第四组马鹿寨婚礼仪式为例》，《南京艺术学院学报（音乐与表演版）》2012年第4期。

[⑦] 林碧炼：《大亚湾东升渔歌音乐文化的考察研究——以东升渔民婚礼仪式歌曲为例》，《星海音乐学院学报》2012年第2期。

[⑧] 侯道辉：《广西金秀县十八家瑶族唢呐婚庆音乐研究》，《中国音乐》2011年第3期。

对蒙古族婚礼仪式"音声"的田野调查①。此外,宁庆、宁欢的文章对广西天峨壮族"贺礼八仙"婚俗仪式音乐文化的综合考察。②

**(二)丧葬仪式音乐**

1. 丧葬仪式音乐的史料分析

李卫的文章是一篇有关古代音乐史学方面的研究成果,作者基于音乐史料学分析的基础上,对西周时期丧葬仪式禁乐、作乐论争问题给予了考证研究。③

2. 丧葬仪式音乐的形态分析

陆栋梁的文章认为,Re—Do—La 三声腔由 re、do、la 三个音构成。其腔核具有 re、la 开合,Re—Do—La 复沓,交错和终止的功能,由此构成乐段和各种次级结构单位。Re—Do—La 三声腔的扩展能形成四声、五声、六声和七声音阶。此结构原理是湘桂走廊丧葬仪式音乐的基本构成原理之一,与楚音乐文化可能有渊源关系。④

3. 丧葬仪式音乐微观个案的考察研究

首先是对丧葬仪式音乐民族志特点的描述与阐释性研究。多以微观个案的考察分析为主。主要有彭闪闪的文章以河北相家庄马增顺之母丧事为例,对其道教科仪音乐给予的考察研究⑤。苏毅苗、姚艺君的文章是对彝族尼苏支系"花腰"丧仪音乐活动给予的调查与诠释⑥。杨和平的文章是对蒲城丧葬仪式音乐活态现状进行的调查研究⑦。林林的两篇文章是对辽宁海城丧葬仪式及其音乐进行的综合考察研究⑧。王志毅的文章是以浙江珊溪镇的丧俗道场仪式音乐给予的个案调查⑨,以及米瑞玲、段桥生对辰溪丧葬祭祀仪式进行的田野调查报告。⑩

---

① 杜峥嵘:《内蒙古东乌珠穆沁旗乌里雅斯太镇蒙古族婚礼仪式"音声"的田野调查》,《内蒙古大学艺术学院学报》2012年第2期。
② 宁庆、宁欢:《广西天峨壮族"贺礼八仙"婚俗仪式音乐活动的文化内涵》,《艺术探索》2011年第3期。
③ 李卫:《西周丧葬仪式禁乐、作乐论争辨析》,《中国音乐学》2011年第4期。
④ 陆栋梁:《湘桂走廊丧葬仪式音乐的基本构成原理之一——"Re—Do—La 三声腔"》,《星海音乐学院学报》2011年第4期。
⑤ 彭闪闪:《河北广宗道教科仪研究——以相家庄马增顺之母丧事为例》,《星海音乐学院学报》2011年第4期。
⑥ 苏毅苗、姚艺君:《跨越神圣与凡俗——彝族尼苏支系"花腰"丧仪音乐活动的调查与诠释》,《中国音乐》2011年第2期。
⑦ 杨和平:《民间礼俗的音声表达——以蒲城丧葬仪式音乐活态现状调查为例》,《星海音乐学院学报》2012年第1期。
⑧ 林林:《海城丧葬音乐的功能分析》,《乐府新声》2011年第2期;林林:《辽宁民间仪式音乐研究:海城丧葬仪式过程及其用乐》,《乐府新声》2012年第2期。
⑨ 王志毅:《浙江文成丧俗道场仪式音乐研究的调查报告——基于珊溪镇的调查个案描述》,《中国音乐》2012年第1期。
⑩ 米瑞玲、段桥生:《辰溪丧葬祭祀仪式调查报告》,《黄钟》2012年第3期。

4. 少数民族丧葬仪式音乐研究

此项研究成果不多，主要有两篇文章：杨秀昭的文章是对毛南族丧葬祭仪及其音乐的研究①，作者认为，毛南族丧葬祭仪及其音乐具有两种文化源流的双重性。透过丧葬祭仪及其音乐特质的层层分析，可以确认这种双重性主要体现在信仰观念、仪式行为、音乐本体等三个方面都包含着本土原生性的文化传统与汉族地区植入的文化传统，两者历经碰撞、磨合与交融，逐渐形成当今的毛南族丧葬祭仪及其音乐文化，从一个侧面反映了少数民族音乐文化与汉族音乐文化的交融轨迹。另外，罗俊毅的文章涉及对畲族丧葬仪式的音声研究②，是唯一一篇涉及畲族丧葬仪式音乐的考察研究。

**（三）其他民俗仪式音乐研究**

杨民康的文章是对云南布朗族风俗歌［索］的变异过程及其异文化的解读。③ 姚艺君、苏毅苗的文章对彝族祭龙仪式音乐活动进行的实地考察。④ 吴宁华的文章是以广西贺州、田林两地的瑶族还盘王愿仪式中的啰哩嗹曲调为研究对象，对其音乐形态、功能、作用等分析比较，得出了啰哩嗹在仪式中的作用是"是无固定音高、用来帮助记忆曲调的衬词"。⑤ 陈超的文章对江苏省姜堰市里下河地区会船、龙会的音声变迁给予的文化解读。⑥ 肖艳平的文章针对江西省宁都县石上村割鸡仪式音乐的调查与研究。⑦ 曾雪飞的两篇文章对"蒙莎迪"苗族"解簸箕"仪式给予的音乐民族志考察与研究。⑧ 其他还有李志雄对山子瑶"跳香火"祭仪及其音乐的考察研究⑨，孙豪的文章以文庙释奠礼乐为例，对清代平阳府实施国家祀典礼乐给予的考证分析⑩，以及尚建科的文章从表、中、深层结构解读了黔北仡佬族"冲傩"仪式音乐与世俗音乐的共生互融关系⑪。钟善金、

---

① 杨秀昭：《毛南族丧葬祭仪及其音乐探析》，《中央音乐学院学报》2011年第2期。
② 罗俊毅：《畲族丧葬仪式的音声研究》，《音乐研究》2012年第2期。
③ 杨民康：《云南布朗族风俗歌［索］的变异过程及其异文化解读》，《中国音乐学》2011年第1期。
④ 姚艺君、苏毅苗：《属马日的神圣与狂欢——水瓜冲花腰彝祭龙仪式音乐活动实地考察》，《中国音乐学》2011年第1期。
⑤ 吴宁华：《还盘王愿仪式中的"啰哩嗹"》，《中国音乐学》2012年第3期。
⑥ 陈超：《"制度与生活"观照下的庙会音声变迁——以江苏省姜堰市里下河地区会船、龙会为例》，《中国音乐学》2011年第2期。
⑦ 肖艳平：《江西省宁都县石上村割鸡仪式音乐的调查与研究》，《中国音乐学》2012年第2期。
⑧ 曾雪飞、曹端波：《"蒙莎迪"苗族"解簸箕"仪式的音乐民族志考察与研究——仁怀市五马镇苗族"解簸箕"仪式为例》，《黄钟》2012年第3期；《苗族"解簸箕"仪式芦笙乐的音乐学考察》，《云南艺术学院学报》2011年第2期。
⑨ 李志雄：《山子瑶"跳香火"祭仪及其音乐》，《艺术探索》2011年第4期。
⑩ 孙豪：《清代平阳府实施国家祀典礼乐考述——以文庙释奠礼乐为例》，《中国音乐学》2011年第2期。
⑪ 尚建科：《在神圣与凡俗之间——黔北仡佬族"冲傩"仪式音乐与世俗音乐的共生互融关系》，《中国音乐》2012年第3期。

邹建林的文章就晋牌祭祖仪式音乐的本体分析。①

## 三 结语

总之，通过对 2011—2012 年中国传统仪式音乐研究论文的总结与梳理，笔者认为，具有以下研究特征：

第一，在传统宗教音乐研究方面，佛、道仪式音乐的考察研究成果较多，尤其是藏传佛教音乐方面的研究成果颇丰。

第二，缺乏中国少数民族道教音乐的考察研究，尤其是针对西南少数民族道教音乐在不同族群内的发展、变异与比较研究。如对瑶族、土家族、白族、纳西族、布依族、彝族等族群中流播的道教音乐的考察与关注较少。

第三，有关中国传统仪式音乐的研究多以微观个案考察为主（"点"），缺乏宏观的地域性、跨地域的音乐风格特征的横向比较研究（"面"），因此有"见木不见林"之感。也就是说，民族音乐学研究中有关传统仪式音乐的考察研究，在基于个案考察基础之上，要对同一类型的仪式音乐在地域内与跨地域中音乐风格之差异问题给予重点关注。

第四，对西北少数民族伊斯兰教音乐的关注度不够。尤其是对伊斯兰文化语境中的西北少数民族族群信仰仪式音乐的关注较少。如针对伊斯兰教在西北少数民族族群文化语境中的发展，流播状况问题，亟待学者开展相关的研究。

第五，缺乏以城市民族音乐学的研究视角对流播于城市中的宗教音乐文化的考察研究。以往的中国传统仪式音乐的研究多关注于处于远离城市之外的乡村民间信仰的考察研究，对城市中的宗教音乐的考察关注不够。因此，如何以城市民族音乐学的研究理论，对流播于城市中的宗教音乐给予"家门口"的民族音乐学考察研究应是我们关注的问题。特别要对其宗教音乐文化的"城市性"特征给予重点考察。

第六，缺乏对跨界民族宗教音乐文化的比较研究。当下，中国民族音乐学界，以杨民康、赵塔里木、张伯瑜等学者为代表，自 2011 年开始，受民族学界的影响，相继展开对跨界族群的音乐文化研究，所以，未来的中国传统音乐研究有必要结合民族学、宗教学、人类学，以及民族音乐学理论展开对跨界族群宗教音乐文化的比较研究。

第七，在对中国民间婚俗仪式音乐研究方面，有必要结合女性主义音乐的研究视角，对婚俗仪式音乐的文化内涵与建构特征，以及与特定的社会、文化、历史语境之互动关系给予系统的观照与思考。

---

① 钟善金、邹建林：《赣南于都县靖石乡田东村刘氏"选贤堂"晋牌祭祖仪式音乐文化调查与研究》，《星海音乐学院学报》2012 年第 1 期。

总之，过去两年内，有关中国传统仪式音乐的成果相当丰富，学者们在坚持传统音乐学分析研究的基础上，继续吸收、借鉴宗教学、文化人类学、民俗学，文献学，以及民族音乐学等多学科理论，开展对其音乐与文化属性给予多重视角的考察分析。这些研究成果不仅有助于推动中国音乐学领域的整体性研究，而且对于促进中国非物质文化遗产的保护与传承具有重要的社会意义。

（作者简介：赵书峰，中央音乐学院文学博士　研究方向：中国少数民族传统音乐）

# 2011—2012年中国萨满教研究综述

王 伟

## 一 研究概述

自从中国东北部少数民族的萨满教进入人们视线以来，对这一宗教现象的认识和理解可谓历经曲折。从最初视为愚昧野蛮的迷信活动到作为民族传统的宗教信仰而对待，从带有猎奇意味的介绍性文章到态度严谨的学术研究论文、专著大量问世，从个人研究到团队研究机构的纷纷组建，萨满教日益作为一个独立学科而获得"正名"。2011—2012年，关于萨满教的研究更是蓬勃发展，除了发表于各类期刊的研究论文、出版的专著之外，在这两年间，集中问世了多篇硕博学位论文，反映出在萨满教专业人才培养方面取得的成果。与此同时，地方定期或不定期的萨满教研究学术会议也相继召开，另外，萨满文化的繁荣还表现在以萨满文化为中心的各类旅游场所、展现萨满文化的文艺活动与日俱增。在研究内容方面，传统研究领域更为深入，并不断涌现新的研究视角。既有宏观层面的萨满教理论研究，也有对萨满艺术、文学、历史、医疗等微观领域的扩展研究，研究切入点涵盖萨满信仰对民族认同的作用、萨满文化遗产、萨满教与生态环境以及对不同文化背景萨满信仰的比较研究等。

2011—2012年间关于萨满教研究的专著共7部，其中作为非物资文化遗产研究系列课题的成果，课题组继前两年出版的几部调研报告之后，又陆续出版两部专著——丁石庆、赛音塔娜所著《达斡尔族萨满文化遗存调查》（民族出版社2011年版），奇车山著《衰落的通天树：新疆锡伯族萨满文化遗存调查》（民族出版社2011年版）。另外，宏观层面的理论探索有赵志忠《中国萨满教》（青海人民出版社2011年版）；讨论萨满教与地域、民族文化关系的专著有王宏刚等著《追太阳：萨满教与中国北方民族文化精神起源论》（民族出版社2011年版），王铁峰著《黑龙江萨满文化》（黑龙江人民出版社2011年版），萨敏娜、吴凤玲著《达斡尔族斡米南文化的观察与思考：以沃菊芬的仪式为例》（民族出版社2011年版），以及闫秋红著《现代东北文学与萨满教文化》（暨南大学出版社2012年版）等。

2011 年 1 月至 2012 年 10 月期间，发表于各类期刊与萨满教研究关系密切的论文约 300 余篇，内容涵盖传统萨满教研究中的各个方面，同时不乏一些新的研究视角。其中 2011 年如郭淑云、谷颖《满族传统说部〈乌布西奔妈妈〉的文学性解读》（《民族文学研究》2011 年第 1 期），高娃《试论满族萨满教与科尔沁博的起源》（《满语研究》2011 年第 1 期），特古斯《蒙古族萨满音乐研究概况及方法论思考》（《中国音乐》2011 年第 2 期），孟盛彬《达斡尔族萨满教的衰落与文化重构》（《世界宗教文化》2011 年第 6 期），刘荣臻等《鄂温克族萨满教的疾病观》（《中医学报》2011 年第 11 期）等。

2012 年发表的论文如杨军《青海回族文化对萨满文化遗俗的融摄及途径分析》（《青海民族研究》2012 年第 1 期）、刘桂腾《黑龙江/阿穆尔河流域的通古斯萨满鼓——以"流域"为视角的跨界族群萨满音乐研究》（《音乐探索》2012 年第 2 期）、王建新《南方民族萨满教研究再议——从宗教学之功过谈起》（《思想战线》2012 年第 3 期）、孟繁勇《清入关前满洲宗教信仰的嬗变及其作用》（《云南师范大学学报》2012 年第 4 期）、赵志忠《满族萨满神歌研究》（《长春师范学院学报》2012 年第 8 期）、吕萍《满族萨满文化传承——以吉林九台满族石姓为例》（《长春师范学院学报》2012 年第 8 期）等。

此外还有发表于各类报刊的文章约 40 篇，其中涉及萨满文化的方方面面，如色音《正确认识和保护蒙古族萨满教文化》（《中国民族报》，2011 - 11 - 15），王雅婷、高菲《将吉林萨满文化推向世界》（《吉林日报》，2011 - 12 - 20），张瑞贤、张卫《在满族博物馆了解萨满医药》（《中国中医药报》，2011 - 2 - 21），郝欣《吉林萨满文化期待形成产业链》（《中国社会科学报》，2012 - 9 - 5），吕萍《斯琴掛萨满的"斡米南"仪式》（《中国民族报》，2012 - 3 - 6）等。

2011—2012 年涉及萨满教的硕博学位论文近百篇，其中专门针对萨满教研究的硕博学位论文 20 余篇。博士学位论文如孙慧佳《中国北方少数民族萨满舞蹈结构及功能研究》（中国艺术研究院 2011 舞蹈学博士论文）、林成姬《韩国巫俗文化研究》（中央民族大学 2011 民族学博士论文）、林炳僖《韩国神话历史》（中国社会科学院 2011 比较文学与世界文学博士论文）、王伟《索伦鄂温克宗教信仰：仪式、象征与解释——兼论萨满式文明与中国文化》（首都师范大学 2011 哲学博士论文）等。硕士论文如邱冬梅《〈尼山萨满〉满文本与鄂温克族口承本比较研究》（长春师范学院 2012 专门史硕士论文）、张小姣《朝鲜族萨满教巫舞研究》（吉林大学 2011 人类学硕士论文）、哈力马提阿扎提《哈萨克族萨满文化研究》（南京大学 2012 民族学硕士论文）、梁娜《女真墓葬中的萨满文化因素考察》（吉林大学 2012 考古学及博物馆学硕士论文）等。

2011—2012 年两年之内，吉林省分别举办了第二、第三届萨满文化研究论坛。其中，第二届萨满文化研究论坛的主题为萨满文化研究的意义和方向、萨满文化研究与旅游经济相结合,以及萨满文化的保护和传承等问题。第三届萨满文化论坛则就萨满文化的研究、挖掘、传承和利用进行交流和探讨。2012年,长春大学人文学院举办了首届萨满文化研讨会,鼓励学院教师组建萨满文化研究团队,推动萨满文化研究的发展;并提出建立学生社团——"吉林地域文化研究会",以期开展萨满文化社团活动。上述活动表明对萨满文化的发掘和传承已被视为保护非物质文化遗产的重要内容和有效行为。

值得一提的是,历来对国外萨满教的研究是比较薄弱的部分,近几年有了比较大的突破。中国社会科学院重点课题"国外萨满教研究通论"于2009年申请立项,该课题旨在总结国外萨满教的研究历史与理论方法。课题主持人为民族学与人类学研究所孟慧英研究员,预计于2013年12月完成。《世界宗教文化》2011年第6期曾辟专栏介绍目前国外萨满教的研究情况,发表了孟慧英、吴凤玲《试论西方萨满教研究的变迁》,郑文译《从神灵那里寻求引导——现代荷兰社会中的新萨满占卜仪式》(作者汉妮克·明克坚)等文章。此外介绍国外萨满教情况的还有李然等《俄罗斯那乃人的萨满教仪式音声》(《艺术研究》2011年第2期)、林成姬《韩国巫俗文化研究》(中央民族大学,2011民族学博士)等。

关于国内外萨满教的比较研究也有一些成果,如侯儒《俄罗斯埃文基人萨满教研究——兼与中国鄂温克族萨满教比较》(中央民族大学2012民族学硕士论文)、刘帅《黑龙江下游通古斯语族萨满教信仰研究——以赫哲族及俄国那乃人为中心》(中央民族大学2012中国少数民族史硕士论文)、马克思《中俄当代萨满教发展的比较研究——以中国内蒙古布里亚特蒙古族和俄罗斯的布里亚特人为例》(中央民族大学2011民族学硕士论文)等。

总之,2011—2012年的萨满教研究既承袭了前人的研究成果,同时又有新的突破。下文从不同学科着手,分别对相关成果进行整理。需要说明的是,下文的学科分类,只是就该项研究相对突出的学科特点进行梳理,事实上在萨满教研究理论和方法上,已经突破了单一学科的研究,大多采用多学科理论和方法、多元的视角进行跨学科研究。鉴于笔者学术视野有限,难免挂一漏万,敬请谅解。

## 二 不同学科视角下的萨满教研究

### (一)宗教学视角下的萨满教研究

在中国宗教学研究领域,长期以来有一个不甚瞩目,但极为重要的主题,即萨满、巫术等民俗文化现象是否应该作为宗教现象进行研究。进而,南方民族中有无萨满,可否将南方民族中的部分民俗现象作为萨满教进行研究,是宗教学、民族学和人类学长期关注的重大课题之一。宗教学有把南方民族萨满教类信仰民俗放在原始宗教范畴内研究的传统，但民族学、人类学的研究却认为这种界定存在重大问题。王建新在《南方民族萨满教研究再议——从宗教学之功过谈起》一文中对宗教学原始宗教研究潮流进行反思，通过对彝族、苗族和客家等南方民族群体的文献研究和田野调查实例进行整理分析，论证了南方民族萨满教研究的可行性和必要性。①

将萨满教视为一种原生性宗教，从而研究其树神、火神等自然神崇拜的文章如包海青《阿尔泰语系民族树生人神话传统与蒙古族树始祖型族源传说》，该文以古代阿尔泰语系民族树生人神话传统与蒙古族树始祖型族源传说的联系为切入点，把蒙古族树始祖型族源传说置于中国北方少数民族文化与文学传统中进行探源，指出蒙古族树始祖型族源传说脱胎于古代阿尔泰语系民族树生人神话，与早期原始先民树木信仰有着密切联系，其思想根源为"万物有灵"观念。② 王伟《仪式过程与符号象征——索伦鄂温克火神祭祀仪式的田野研究》一文立足于对索伦鄂温克人岁时仪式中火神祭祀仪式的田野调查资料，分析了火神祭祀的仪式过程、仪式结构与秩序，从而描述仪式所表达的深层意义：有形世界与无形世界并非毫不相干，人也并不总在被动地接受神的安排，神秘甚至是危险的世界在仪式中变得可以接触。更为重要的是，对于仪式的参与者来说，一切行为都是可以解释的，而不是毫无理性地随意而为。③

另外，张亚辉的《清宫萨满祭祀的仪式与神话研究》通过对清宫萨满祭祀仪式与满族"天宫大战"神话的关联分析，论述了"满洲中心观"的神话学依据，并进一步考察乾隆年间清王朝自身对清宫萨满祭祀与中国上古以来的仪式体系之关系的解释，以说明使"满洲中心观"得以成立的宫廷化进程，同时也将自身纳入到了华夏文明的历史与结构当中。④

除了上述从不同切入点对萨满教进行分析的论文之外，赵志忠的专著《中国萨满教》一书，在萨满教理论建构方面做出了尝试。该书就萨满教文化圈、萨满一词的来源与词义、中国的萨满教传统等方面提出了一些自己的看法，并且认定中国是世界萨满教文化圈的中心。⑤ 诚然，中国萨满教的历史源远流长，至今仍在很多地区，尤其是北方少数民族地区保存着比较完整的萨满教文化遗存。对萨满教进行深入研究，对于我们全面理解中华民族的历史与文化具有十分重要的意义。

---

① 王建新：《南方民族萨满教研究再议——从宗教学之功过谈起》，《思想战线》2012年第3期。
② 包海青：《阿尔泰语系民族树生人神话传统与蒙古族树始祖型族源传说》，《内蒙古师范大学学报》2012年第4期。
③ 王伟：《仪式过程与符号象征——索伦鄂温克火神祭祀仪式的田野研究》，《世界宗教文化》2011年第2期。
④ 张亚辉：《清宫萨满祭祀的仪式与神话研究》，《清史研究》2011年第4期。
⑤ 赵志忠：《中国萨满教》，青海人民出版社2011年版。

## (二) 艺术学视角下的萨满教研究

萨满文化蕴涵了丰富的艺术特征，德国学者安德烈斯洛梅尔将萨满教视为原始艺术的综合体，把萨满看作最早的艺术家。对于萨满艺术的研究历来是萨满教研究中的热点之一，近两年问世的研究成果中，有关萨满歌舞、服饰、乐器等方面的专著与论文数量较多，其中有数篇硕博论文也以萨满艺术为主题。

### 1. 关于萨满神歌的研究

神歌在萨满仪式中是非常重要的一个环节，对萨满神歌的研究不仅丰富和扩展了萨满文化的研究，而且对研究民族起源、迁徙等有重要启示。多年来萨满教研究者对神歌的分类、内容、曲调等方面进行了较为深入而全面的研究。白凤兰《科尔沁萨满神歌分类研究》一文，通过对科尔沁萨满神歌进行分类，探讨了神歌的渊源、地域文学特点、影响及社会贡献等。[①] 赵志忠《满族萨满神歌研究》从多个角度对满族萨满神歌进行了研究，他认为，从内容上看，满族萨满神歌可分为家祭神歌和野祭神歌；从形式上看，可分为满语神歌、满汉双语神歌和满音汉记神歌；从文学角度来看，萨满神歌应该是满族最早的民歌形式之一。[②] 特古斯的《蒙古族萨满音乐研究概况及方法论思考》主要对蒙古族萨满祭词神歌进行了收集整理，从音乐学角度对蒙古萨满音乐的相关成果等进行了梳理和论述。[③] 特古斯在文中对目前蒙古族音乐研究方面的相关成果和研究方法进行了归纳和总结，并从学理层面对蒙古族萨满音乐研究在当下学术语境中的认知问题及其可进一步延伸的研究领域进行了思考。

### 2. 关于萨满舞的研究

萨满舞广泛存在于中国北方少数民族萨满教仪式中，其在当代的存在和发展状况亦是研究的重点之一。孙慧佳《中国北方少数民族萨满舞蹈结构及功能研究》一文通过对萨满舞的结构形态、文化内涵进行研究，探讨了萨满舞在中国北方少数民族社会发展中的作用和功能，及其在这些民族生存中的地位与意义。[④] 张小姣《朝鲜族萨满教巫舞研究》以朝鲜族萨满教祭祀仪式中的巫舞为研究对象，介绍了巫舞所用的神服和法器及其象征的内涵。该文将古代和近代的萨满神衣进行了对比，并与其他少数民族萨满神帽、面具进行了比较，介绍了有声法器（杖鼓、巫铃、单鼓）和无声法器（扇子、五色旗）等。[⑤] 上述相关研究不仅关注萨满舞本身的艺术特征，而且深入阐发了萨满舞所具有的社会和文化功能。总的来说认为巫舞在现代社会有三个功能：支撑萨满祭祀仪式；增强

---

① 白凤兰：《科尔沁萨满神歌分类研究》，西北民族大学 2011 年中国少数民族语言文学硕士论文。
② 赵志忠：《满族萨满神歌研究》，《长春师范学院学报》2012 年第 8 期。
③ 特古斯：《蒙古族萨满音乐研究概况及方法论思考》，《中国音乐》2011 年第 2 期。
④ 孙慧佳：《中国北方少数民族萨满舞蹈结构及功能研究》，中国艺术研究院 2011 年舞蹈学博士论文。
⑤ 张小姣：《朝鲜族萨满教巫舞研究》，吉林大学 2011 年人类学硕士论文。

氏族凝聚力；精神疗养的功能。

3. 关于萨满乐器的研究

萨满乐器以鲜明的民族特点，拙朴粗犷的乐器形态，古典神秘的视觉色彩而著称。付璐在《满族萨满乐器造型设计美学研究》一文中，从满族萨满乐器的膜鸣乐器、体鸣乐器出发，论述了乐器的起源、形制与造型特征，并深入分析乐器的美学规律。[①] 刘桂腾《黑龙江/阿穆尔河流域的通古斯萨满鼓——以"流域"为视角的跨界族群萨满音乐研究》一文，依据苏联人类学文献与中国萨满音乐田野考察结果，通过对黑龙江/阿穆尔河流域与西伯利亚一带萨满鼓研究成果的梳理，总结出通古斯萨满鼓的两大类型——泰加林型、黑龙江型，进而探索以"流域"为视角进行跨界族群萨满音乐研究的有效性。[②]

此外，微观的观察和研究聚焦于萨满教艺术形式中的一些细节，如《满族和科尔沁蒙古族萨满教造型艺术的比较——以神服、神器为例》对满族萨满教与科尔沁蒙古族萨满教的造型艺术，特别是神服、神器进行比较，发现这两个民族萨满造型艺术有诸多相近之处。[③]《内蒙古科尔沁蒙古族萨满教剪纸文化初探》讨论了萨满常用的剪纸形式：一是专治精神错乱病的，应用在驱鬼仪式中的"古碌木"剪纸；二是用于招魂的"索那嘎"吉祥结剪纸；三是避邪驱电的"哈那"剪纸；四是萨满表达自身心咒的剪纸。[④]

通过对萨满艺术的研究，我们可以看到虽然在未来传统的萨满教仪式可能会远离人们生活的物质世界，但萨满文化却不会很快消失，萨满艺术必然会长久地融入人们的精神世界中。

## （二）民族学与人类学视角下的萨满教研究

传统萨满教对信仰者的精神世界及民俗习惯等方面产生了根深蒂固的影响，经历世代的变迁，萨满教自身不断发展演变，在这一过程中，群体成员的民族认同感和凝聚力并未减弱。从民族学与人类学的视角来研究萨满信仰与民族共同体的关系、萨满教现代发展状况以及其在社会结构中的地位作用等问题将是未来研究的趋势之一，研究方法以田野调查与历史文献相结合为主。此类研究方法必将促进各民族萨满文化研究的进一步深化，研究对象也更为具体。

过去的两年里学术界对满族以血缘群体为基础传承萨满教的状况给予了详尽描述。

---

① 付璐：《满族萨满乐器造型设计美学研究》，《文艺争鸣》2011年第6期。
② 刘桂腾：《黑龙江/阿穆尔河流域的通古斯萨满鼓——以"流域"为视角的跨界族群萨满音乐研究》，《音乐探索》2012年第2期。
③ 赵志红、哈斯巴根：《满族和科尔沁蒙古族萨满教造型艺术的比较——以神服、神器为例》，《美术大观》2011年第11期。
④ 王红川：《内蒙古科尔沁蒙古族萨满教剪纸文化初探》，《美术观察》2011年第9期。

吉林省九台石姓（石克忒力氏）家族是典型的满族萨满世家，其萨满代代相传，主要通过"神抓"和"族选"两种方式，至今已传承八代，比较完整地保留了满族萨满祭祀仪式、神歌。石姓家族及其萨满为满族的萨满文化研究做出了很大的贡献，对这一家族的研究非常具有代表性。吕萍《满族萨满文化传承——以吉林九台满族石姓为例》，以石氏家族"学乌云"与"落乌云"的萨满仪式为个案，探讨了满族萨满的传承方式。[①] 苑杰所著的《满族穆昆与萨满教——以满族石姓为例》首先对穆昆概念进行了梳理和厘清，其次以满族石姓为个案，充分地记录了一个家族在当代如何记忆和保存萨满文化，最后对满族穆昆及萨满教进行了历史回溯。[②] 在萨满文化资料建设方面有着一定的价值。

近两年对达斡尔族的研究也更加细化，丁石庆、赛音塔娜所著《达斡尔族萨满文化遗存调查》，通过对奥登挂、满都尔图、鄂苏日台、孟和等长期进行北方民族萨满教研究的达斡尔族学者进行访谈，收集整理了达斡尔族萨满文化遗存的相关资料。[③] 萨敏娜、吴凤玲合著的《达斡尔族斡米南文化的观察与思考：以沃菊芬的仪式为例》。对为期三天的斡米南仪式进行参入式观察，对仪式空间布置、过程进行描述。对参与人员进行了分类研究。论述了斡米南仪式保留的古老仪式结构、象征符号，以及当代斡米南仪式的生存语境及其作用。[④] 除专著之外，孟盛彬的《达斡尔族萨满教的衰落与文化重构》一文，将达斡尔族萨满教划分为古代全盛时期、近代衰落时期和现代文化重构时期三个阶段，认为萨满作为传统文化的集大成者，短时间内还不能彻底消除其影响，这是萨满教能够继续存在的重要原因之一。[⑤]

对其他民族的研究还有奇车山的《衰落的通天树：新疆锡伯族萨满文化遗存调查》，论述了锡伯族现代萨满简况、萨满故事、萨满的神灵世界、神像图和"十八卡伦"、萨满仪式等。[⑥] 杨军《青海回族文化对萨满文化遗俗的融摄及途径分析》一文，讨论青海回族在漫长的历史形成、发展进程中，在坚守主流伊斯兰文化的同时，不断吸收、融摄周围各民族的文化，包括周围少数民族历史上信仰的萨满文化。萨满文化遗俗至今仍在青海回族，尤其是农村回族聚居区较为流行。这一现象可视为青海各民族文化交流与互融的典型。[⑦]

在今天这个社会剧变的大环境中，萨满教不可避免地要发生变迁。不同的民族文化背景，其发展过程、变迁的结果也都不尽相同。作为一种边缘文化，萨满教需要适应主

---

[①] 吕萍：《满族萨满文化传承——以吉林九台满族石姓为例》，《长春师范学院学报》2012年第8期。
[②] 苑杰：《满族穆昆与萨满教——以满族石姓为例》，民族出版社2012年版。
[③] 丁石庆、赛音塔娜：《达斡尔族萨满文化遗存调查》，民族出版社2011年版。
[④] 萨敏娜、吴凤玲：《达斡尔族斡米南文化的观察与思考：以沃菊芬的仪式为例》，民族出版社2011年版。
[⑤] 孟盛彬：《达斡尔族萨满教的衰落与文化重构》，《世界宗教文化》2011年第6期。
[⑥] 奇车山：《衰落的通天树：新疆锡伯族萨满文化遗存调查》，民族出版社2011年版。
[⑦] 杨军：《青海回族文化对萨满文化遗俗的融摄及途径分析》，《青海民族研究》2012年第1期。

流社会的发展，其未来走向仍很迷茫。从民族学、人类学的视角进行萨满教研究，能够对萨满教的现状有真实把握，因此，这种研究方法具有非常重要的现实意义。

### （三）历史学与考古学视角下的萨满教研究

尽管历史所记载的萨满教资料少如凤毛麟角，然而利用现有资料进行历史钩沉仍是非常重要的研究方法之一。研究着眼点有萨满教对民族历史的影响、在古代社会的作用、与其他宗教的相互影响等。

孟繁勇在《清入关前满洲宗教信仰的嬗变及其作用》中讨论了从满洲形成前后至清入关前，满洲的宗教信仰所发生的巨大变化。这一变化表现在，对本民族的传统宗教萨满教进行了整合和规范；逐渐吸纳了儒释道和喇嘛教等宗教，宗教信仰呈现多元化趋势。作者认为这些变化不仅对满洲的形成和清朝的崛起起到了巨大的促进作用，而且对清入关后的宗教政策也产生了极其深远的影响。[①] 赵湘萍《萨满教在金代社会中的作用》一文探讨了萨满巫术在金代社会各个方面的影响，如战争统帅通过应用萨满教去提升军事能力，激励将士，抓住战机；萨满巫师可以利用萨满教为人们治病消灾，预测并帮助生育；一些人通过应用萨满某种咒语惩罚仇家等等。[②]

众所周知，满族萨满教是满族传统文化的根基，而科尔沁博与萨满具有类似的社会功能，高娃的《试论满族萨满教与科尔沁博的起源》一文，通过对二者研究概况及名称来源的探讨，使我们了解到满族萨满教与科尔沁博各自保留的原始宗教信仰的基本特征。为适应时代的发展，满族萨满教与科尔沁博都不同程度地发生了变化，这种变化表现在其地区性、民族性及表现形式诸多方面。[③] 萨满教广泛分布于我国北方地区，在新疆古代民族中的影响同样十分广泛而深刻。周得华在《浅谈麻扎朝拜中的萨满教遗存因素》中谈到，虽有伊斯兰教一神主义和严格教义的约束，却不能从根本上消除新疆古代民族由来已久的古风古俗。作者将这看作是一个民族文化和宗教传统的延续或者说是历史积淀。"万物有灵"、"灵魂不死"等萨满教观念至今仍是新疆一些信仰伊斯兰教民族宗教观念的组成部分，从麻扎朝拜的整个过程中都不难看到这种原始观念根深蒂固的影响。[④]

利用考古资料的研究成果也很丰富，冯恩学《试论萨满教宇宙观对解读考古现象的重要性》一文，认为萨满教的宇宙观对一部分考古遗存现象的解读具有重要意义：女真墓葬出土的腰带镂孔牌饰、契丹墓葬出土的金帽、红山文化的筒形器、三星堆祭祀坑出

---

① 孟繁勇：《清入关前满洲宗教信仰的嬗变及其作用》，《云南师范大学学报》2012 年第 4 期。
② 赵湘萍：《萨满教在金代社会中的作用》，《黑龙江史志》2011 年第 13 期。
③ 高娃：《试论满族萨满教与科尔沁博的起源》，《满语研究》2011 年第 1 期。
④ 周得华：《浅谈麻扎朝拜中的萨满教遗存因素》，《学理论》2011 年第 24 期。

土的青铜神树以及悬棺葬等考古发现都可以用萨满教宇宙观加以合理解释。① 梁娜的硕士学位论文《女真墓葬中的萨满文化因素考察》将女真萨满墓葬按其随葬法器的不同进行分类，在此基础上探讨萨满的性别，借此了解萨满在女真社会中的地位及在社会分工中的角色。最后对萨满墓中出土的腰铃、铜铃以及各式偶像，在形制和功能上分别进行了探讨，力图揭示隐藏在其背后的深刻的宗教观念，并以此为依据分析女真墓葬中所反映的萨满文化因素。②

### （四）现代医学视角下的萨满教研究

研究萨满医疗及其合理因素是近年萨满教研究中悄然兴起的一股思潮，由于受到诸多研究者的重视，必然也是未来研究中的热点和趋势之一。色音在《正确认识和保护蒙古族萨满教文化》一文中，介绍了内蒙古哲里木盟整骨医院医生包金山——他将具有200多年历史的包氏萨满整骨术和现代医学相结合，根据自己的临床实践对祖传萨满整骨术进行了科学的剖析与研究，并写出了《整骨知识》、《祖传整骨》、《包氏祖传蒙医整骨学》等医学专著。作者指出，萨满医疗与现代医学相结合是民俗知识和科学知识相结合的很好尝试。③

倡导以积极态度看待萨满医疗的文章还有刘荣臻等《鄂温克族萨满教的疾病观》，该文分类探析了鄂温克族萨满教对疾病指称、宗教阐释、治愈观等方面的认识。鄂温克族萨满教在对各类疾病的病由给予宗教阐释的基础上，试图借助超自然的力量来治愈各类疾病，其疾病观已表现出了理论化、体系化的初步尝试，其中也不乏一些合理性的因素。④ 此外，哈力马提阿扎提的硕士论文《哈萨克族萨满文化研究》也探讨了哈萨克族萨满医疗。作者认为治病是哈萨克萨满最主要的职能，通过剖析萨满治病过程当中所采取的诸如念咒、祈祷、跳神等医疗手段，证明萨满治病过程中对于人的生理及心理的治疗方法对于现代医学也具有一定的借鉴作用。⑤ 上述文章提出应合理利用萨满医疗甚至是萨满教中的有利因素，以此为切入点保护和重建萨满文化。

### （五）文学视角下的萨满教研究

从文学的视角进行萨满教研究，着眼点主要在于萨满神话、史诗、说部、与萨满有关的叙事诗歌等。通过文本中所描绘的萨满形象、故事情节等，阐发其文化背景与内涵。

---

① 冯恩学：《试论萨满教宇宙观对解读考古现象的重要性》，《贵州社会科学》2012年第6期。
② 梁娜：《女真墓葬中的萨满文化因素考察》，吉林大学2012年硕士论文。
③ 色音：《正确认识和保护蒙古族萨满教文化》，《中国民族报》2011年11月15日。
④ 刘荣臻、包羽、伊乐泰：《鄂温克族萨满教的疾病观》，《中医学报》2011年第11期。
⑤ 哈力马提阿扎提：《哈萨克族萨满文化研究》，南京大学2012年民族学硕士论文。

哈萨克英雄史诗在哈萨克民间文学中是最为丰富多彩的文学体裁，不仅数量较多，内容也十分丰富，具有深刻内涵。毕桪《浅论哈萨克族英雄史诗的构成及其萨满教文化》一文讨论在长期传播和流传过程中，哈萨克英雄史诗的情节结构和故事框架逐步走向稳定和程式化的特征，其中英雄史诗主题和母题都具有一种十分复杂的宗教文化底蕴。该文从文化人类学和民俗学视角探讨了其萨满教文化底蕴，指出其包含的丰富文化内涵。① 郭淑云、谷颖的文章《满族传统说部〈乌布西奔妈妈〉的文学性解读》，探讨了《乌布西奔妈妈》的人物形象、文本特征、情节结构等问题，揭示其文学特色。作者认为《乌布西奔妈妈》既生动形象地体现了满族及其先民的文学审美旨趣，标志着满族先世文学创作的高超水平，也彰显出杰出的艺术表现力和独特的思维特征。②

翟墨撰文《从满族神话〈尼山萨满〉的百年变迁看民间文学的流动变异性》，尼山萨满的故事以表现一位女萨满舍己为人的献身精神和萨满神技为主要内容，百余年来，流传至整个东北和北京等地的很多民族中。故事流传过程中发生了诸多变异，证明了民间文学所特有的流动变异性。这种变异既是民间文学的固有特征，也是民间文学得以长期、广泛传播的必要特性，与作家文学构成重要区别。③ 林炳僖的博士学位论文《韩国神话历史》将萨满巫歌作为研究对象，认为巫歌即神话，通过巫歌可使人们了解巫的创世观和巫祖的来历。论文最终说明韩国巫和萨满教、仪式与神话、韩国巫神话与中国东北少数民族神话之间的关系。④

闫秋红《现代东北文学与萨满教文化》一书主要探讨现代东北文学与萨满教文化之间的关系。该书讨论了萨满教文化影响现代东北文学的几种典型表现，以及萨满教文化对作家、题材和主题、人物形象系列、叙事技艺和叙事风格的影响。作者认为萨满教对先锋小说起到了启蒙的作用，在现代东北文学种种文化影响因素之中，萨满教文化是其中最基本的文化精神渊源。萨满教文化是塑造现代东北文学和文化风貌的最具权威的雕刻者，因而对现代东北文学具有形成性的影响。⑤

萨满文学的相关研究中，女性的地位受到特别的关注。萨满教尊奉女性为民族延续的"绳主"。20世纪80年代以来的内蒙古少数民族文学作品体现出尊崇女性，歌颂女性坚强的生命意志和勇敢无畏的精神，揭示出女性作为民族绳主的观念。陈燕在其硕士论文《80年代以来内蒙古少数民族文学中的萨满教女性观研究》中深入探讨这一观念，萨满教中女性的感性生命体验和女性与自然之间的相互融合，使女性能够成为万物的守护神而具有通灵身份，作者进而指出萨满教文化才是影响内蒙古少数民族文学最基本的

---

① 毕桪：《浅论哈萨克族英雄史诗的构成及其萨满教文化》，《西北民族大学学报》2012年第5期。
② 郭淑云、谷颖：《满族传统说部〈乌布西奔妈妈〉的文学性解读》，《民族文学研究》2011年第1期。
③ 翟墨：《从满族神话〈尼山萨满〉的百年变迁看民间文学的流动变异性》，《东北史地》2011年第6期。
④ 林炳僖：《韩国神话历史》，中国社会科学院2011比较文学与世界文学博士论文。
⑤ 闫秋红：《现代东北文学与萨满教文化》，暨南大学出版社2012年版。

文化精神渊源。①

## 三 萨满教研究的问题与困境

### （一）西方宗教学话语体系下的萨满教研究困境

尽管对萨满教的研究始于西方学者，然而西方宗教学理论中的"教"从一开始就与"萨满教"之"教"不相匹配。根据西方的宗教学理论，宗教的含义是："在神圣和世俗间尖锐的两元对立，正式的和排他的群体成员资格，专门训练的神职人员在不同团体中担任中心角色，在信仰和活动方面强调正统。"② 此外，西方宗教尤其是基督宗教，往往有系统的组织机构、严格的教规等，如果以此为参照，将萨满教放在这样一种"宗教"框架之下，其为"教"无疑名不符实。由此带来的直接影响是，国内宗教研究界曾一度在如何定位萨满教现象这一问题上徘徊，相关的界定有原始宗教、原生性宗教、原始信仰、民族宗教等，各有合理之处。萨满教在现代中国社会的表现与最初发现于西伯利亚地区的萨满教已有很大不同，现代社会的萨满教不仅仅是一种生活方式，更是一种带有地域性的文化表达，贯穿于社会和个体生命之中。因此，尚需在当前研究的基础上深入探讨，寻找新的理论突破点，探索出一条独特的萨满教研究之路。

### （二）学科建设、理论体系建构尚待完善

尽管历经几十年的理论探索，然而至今萨满教中仍有一些关键概念不够清晰，比如何谓萨满教？萨满教是否是宗教？如果是，萨满教是专指西伯利亚地区通古斯语族的宗教信仰，还是具有相似宗教特征的现象都应该纳入萨满教研究框架等问题难以厘清。另外，在研究萨满教的学者中，如何理解萨满及其行为、如何为萨满教定性等问题仍存在分歧。对于萨满教的历史、文学、艺术、医学等方面的探讨尚需进一步整合。尽管对萨满教的研究在近些年愈加受到重视，但是由于学科体系的不完善，对学科专门人才的培养也是亟待解决的一个问题。2010 年，东北师范大学人文学院设立了我国首个萨满文化教学研究机构"中国萨满文化艺术委员会教学研究中心"，这一举措或可看做是萨满教学科建构过程中迈出的一大步。

### （三）研究方法

过去对萨满教的研究多是定性研究，最初较多运用马克思主义唯物史观的方法，将

---

① 陈燕：《80 年代以来内蒙古少数民族文学中的萨满教女性观研究》，温州大学 2011 年硕士论文。
② 范丽珠：《西方宗教理论下中国宗教研究的困境》，曹中建主编：《中国宗教研究年鉴（2009—2010）》，宗教文化出版社 2011 年版，第 461 页；原文另见《南京大学学报》2009 年第 2 期。

萨满教放入宗教进化的理论背景中；随着研究视角的拓展，多元学科方法和理论的广泛应用，萨满教的理论探讨更加多元化。目前对于萨满教的研究比较多的采用实证研究方法，大部分研究者都在进行广泛深入的田野调查之后进行理论分析。访谈、参与式观察等定性研究有比较多的应用，然而在实证研究中，定量分析的研究比较薄弱。量化研究的薄弱与中国的萨满教状况有关，由于对萨满的信仰以及对萨满教世界观的接纳更像一种习惯，或者说是一种对于家族惯习的传承，为此萨满教信仰者既不需要形式上的皈依，更不需要排他性的认同，因此信教人员不易确定。鉴于此，在实证研究中很难使用大规模的问卷调查来了解萨满信仰情况，即使进行抽样调查，怎样确定可靠、有效的样本也是一个难题。

**（四）萨满教研究中的文化差异和语言障碍**

萨满教在不同民族、不同国家中广泛存在。中国的满族、蒙古族、维吾尔族等北方少数民族历史上都是信仰萨满教的民族，而北方少数民族分别属于通古斯、蒙古、突厥3个语族，在语言上差异较大。作为一种跨民族、跨国界的宗教信仰，研究者若想展现其全貌，跨越语言障碍是一大难题。对于不同语族的研究，往往只能依靠翻译，然而众所周知，在翻译的过程中难以避免语意的流失，因此，在研究中若想做到全面、深入，同时又避免失误非常困难。另外，文化上的差异也在过去的研究中造成一定误解，例如对萨满一词的理解，以及对萨满教在社会地位、社会结构中的作用的理解也曾出现过误读。

# 结　　语

尽管清代以来的笔记、游记等早已对北方少数民族萨满教有所论及，然而学术界习惯上将凌纯声《松花江下游的赫哲族》（"国立"中央研究院历史语言研究所单刊甲种之十四，1934版）作为国内萨满教研究的开山之作，以此算起，国内的萨满教研究已走过80年风雨历程。如今，在学科理论建设方面具备一定基础，对本土萨满田野资料也有相当的积累，同时在研究理论与方法上不断创新，专业人才不断得到培养。

过去两年的研究承袭了历年萨满教研究中所提出的大部分问题，并对之进行更为深入细致的探讨，在前文已经加以总结。我们看到公式化或模式化的研究方法已被逐渐摒弃，取而代之的是越来越多元的研究方法和理论。同时近两年的萨满教研究也呈现出新的研究趋势和视角，比如通过对现阶段萨满文化对旅游开发方面的影响、萨满文化资源的经济功能、萨满文化在旅游开发方面存在的问题等进行总结，分析萨满文化旅游开发的必要性和可行性，探讨萨满文化旅游开发策略。此外萨满文化研究领域也将更为扩展，能否把南方民族民间信仰和中国古代文明视为萨满教的文明形态等，都是尚待解决的问题。

综上所述，目前的研究已经不局限于对萨满和萨满教本身的研究，而是更广泛地扩展到对萨满教这一宗教现象所发生的文化背景、社会功能、现实意义进行探讨。在未来的研究中，尚需在学科建设、专业人才培养等方面进一步做出努力。同时，深入了解我国各民族萨满教全貌以及萨满信仰的现代转型，必将在理论与实践方面具有双重意义，有待于学术界进一步思考和讨论。

(作者简介：王伟，中国社会科学院世界宗教研究所博士后)

# 2011—2012 年中国基督教慈善研究:回顾与思考

刘 影

回顾改革开放 30 多年来基督教的发展阶段,主要呈现三步走的态势:20 世纪 80 年代为落实宗教政策,修复教堂是该阶段的重点;20 世纪 90 年代到 2000 年,是恢复与重建期;21 世纪以来,基督教开始慢慢走出自己的教堂等活动场所,进入社会。[①] 那么,作为把满足信徒宗教生活需求为核心功能的这样一个信仰共同体为什么要走入社会,参与社会事务呢? 我们可以从两方面来看。一方面是来自政界与学术界的推动,他们对中国宗教界"社会性"予以强调,不仅希望宗教界在公序良俗、社会道德、稳定人心等方面发挥作用,更希望宗教界以各种类型的宗教组织为基础,在诸如社会福利、扶贫抗灾、民间互助等方面体现出实质性的参与。另一方面,这也是基督教自身发展所必须面临的调整。信仰很重要,但更重要的是怎样"活出信仰",这越来越成为基督徒的共识。"就基督教而言,信仰之体现或表达在日常生活中,而不是(或不仅仅是)在教堂或教会里……实践成为一个关键词。"[②]

由此,无论是主动希望还是被动期待,基督教慈善,作为适应和服务社会的最佳途径,开始陆续进入研究视野。回顾 2011—2012 年间有关中国基督教慈善的研究成果,可谓成果颇多,这可以从多家高校、研究机构及有基督教背景的非政府组织联合举办的学术研讨会看出。如 2011 年上海大学宗教与社会研究中心举办了"宗教与慈善"国际学术研讨会,2012 年初爱德基金会与南京大学联合举办了"宗教与社会发展:构建和谐社会"国际论坛以及 2012 年底中国社会科学院组织召开了"中国社会科学论坛(宗教学)——宗教慈善与社会发展"国际学术研讨会。在这些会议上,国内外学者们分别从神学、历史学、社会学乃至政治学的学科立场进行了系统讨论。另外,虽然有关宗教慈善的研究报告散见于各期刊,但由中国社会科学院主编的《世界宗教文化》杂志近年来尤为关注该领域,或论坛,或专题。以 2012 年为例,粗略统计,该期刊六期中涉及宗教

---

[①] 李向平:《基督教与中国社会》,《中国信仰研究》(第一辑),上海人民出版社 2011 年版,第 140 页。
[②] 黄剑波:《在日常生活中发现和理解宗教——读〈宗教与日常生活〉》,金泽、陈瑾国主编《宗教人类学》第三辑,社会科学文献出版社 2012 年版,第 377 页。

慈善的主题就有13篇。因此，本研究基于以上成果做一梳理，并试图在此梳理过程中找到基督教慈善的研究轨迹及未来可着重关注的研究方向。

## 一 概念辨析与理念追寻

慈善与公益成为近年来多为使用的词汇，因此学者专门对慈善与公益的异同做了梳理。郑筱筠认为二者的共同点都具有无偿性，都是无私地为社会提供服务。但从受益人角度来看，慈善偏向于让熟人受益，而公益事业的活动主体和接受者之间不再是熟人关系，公益更多的是体现公民与社会关系。刘培峰、Weller等人也有类似的看法。[1] 刘芳在考察宗教公益组织发展模式时发现，传统的宗教慈善模式仍相当普遍，也仍然侧重于教徒群体，侧重于某些"边缘性"的慈善工作。不过，这种慈善模式已经开始向"现代性"的宗教公益过渡。[2] 因此，弄清楚了"慈善"与"公益"的异同，不仅仅是为了概念上的澄清，更重要的如Weller所言，希望通过这种区分"有助于地方社区传统的中国慈善模式向近代变得更加规范化的旨在帮助任何有正当需要的人的慈善模式"[3]。

而对基督教慈善理念的追寻，学者多采用以圣经文本为基础的方法。如王学晟等人援引圣经中耶稣的教导讨论了基督教慈善的理论基础和思想基础，如积财于天的财富观、物质的丰盛与生命的丰盛、行在暗处的慈善以及不分界限的慈善观。但作者也指出，基督教并不是靠善行得救的宗教，行善并非积累功德。[4] 沈展清通过对"diakonia"（侍奉、事工）这个词的追溯指出服侍圣工是教会的使命之一，是信仰本身要求的实践，是教会得以建立并发展的根本，是教会应当积极反思并参与的事工。[5]

## 二 慈善：为基督教正名

由于历史的原因，基督教在中国情境下的发展一直处于微妙的境地，因此学者也着重于借慈善为基督教正名这一角度，即通过论证基督教慈善的正功能来提高基督教的社会形象，减少教会—社会的张势。

北京大学刘继同博士从社会工作的角度强调了基督教的社会使命与责任。他认为，

---

[1] Weller等：《对话宗教与慈善公益》，《世界宗教文化》2011年第2期。
[2] 刘芳：《中国宗教性公益组织发展模式刍议》，《世界宗教文化》2012年第2期。
[3] 同上。
[4] 王学晟、黄根春：《基督教慈善的思想基础：一个以新约文本为中心的考察》，"宗教与慈善"国际学术研讨会论文集。
[5] 沈展清：《以行践爱——从爱德的社会服务事工看服侍圣工的价值与意义》，"宗教与社会发展——构建和谐社会"国际研讨会论文集，第87—91页。

首先，与其他宗教相比，基督教社会服务的宗教色彩最淡，同时社会服务的社会化、福利性与社区化最强；其次，造福人群、谋求全社会绝大多数人的最大福利是基督教组织文化的本质与精髓，这种愿景与国家专业社会工作制度建设目标高度吻合；最后，历史经验证明，基督教在专业社会工作者培养与专业社会服务体系建设领域扮演领导和奠基人的角色。简言之，刘博士认为中国基督教在中国特色宗教社工制度建设中的战略地位是时代的要求，符合发展规律。[①]

何璧等人通过回顾西方国家基督教组织的慈善事业以及早期在华慈善事业认为基督教组织是个富有爱心、讲求奉献的宗教组织，其所提供的慈善服务可以成为国家福利保障体系的有力补充，他们呼吁政府应当赋予基督教等非营利组织更多的社会福利责任，使其在建设社会福利保障体系、关注社会民生、增进社会和谐等方面发挥越来越大的作用。[②]

## 三 现状盘点与问题解析

基督教全国两会对全国基督教界从事慈善活动有一个整体的把握，他们认为目前活动领域主要包括医疗卫生、养老托幼、助残扶贫、助困资学、灾害救助、公共设施建设、环境保护等。具体的，基督教界共有医院和诊所37家，各类康复机构10家，戒毒中心4家，敬老院180家，孤儿院9家，援建各类学校129间，修建水利设施167处，另外教会还参与了环保倡导、开发水利等促进地方经济发展的公益活动。在捐款捐物方面，主要分应急服务与常态服务。应急服务主要指突发灾害救助，而常态化捐助主要有助残、扶贫、助学等。他们总结当前的慈善活动，认为多数活动具有临时性、突发性、应急性、零散性、随机性、单一性等特征，没有形成机制化、常态化，同时，受条件所限，兴办的慈善机构和实体规模普遍较小、硬件条件差、资金周转困难，专业性不足等。[③]

来自陕西省基督教两会的陈鼎亮牧师总结目前中国教会的社会服务模式主要有四种：第一种为教会内服务方式，服务对象以信徒及慕道友为主，这种服务模式的优点是教会能自行决策，但缺点是教会扩大服务时出现不够专业的问题；第二种为应急式服务，即发生重大灾害时通过发动信徒捐款捐物然后通过红十字会或民政部门运作，这种方式通常简单有效，但无法深度援助；第三种模式是教会成立社会服务部，由教会派出

---

[①] 刘继同：《中国宗教福利服务模式的战略升级与基督教社会服务的发展方向》，"宗教与社会发展——构建和谐社会"国际研讨会论文集，第34—37页。

[②] 何璧、谢秀芝：《基督教福利组织在社会福利建设中的作用》，《郑州航空工业挂历学院学报》（社会科学版）2011年第2期。

[③] 基督教全国两会：《中国基督教公益事业回顾与展望》，《中国宗教》2012年第7期。

同工担任监管社会服务机构的服务,定时向教会汇报,这种服务模式优点是可集合教会同工及专业人士的意见,但缺点是在决策开办社会服务时需要经过多重的审批,效率较低;最后一种教会办社会服务机构,独立注册,教会不用支付机构的开支,亦不派教会同工在该机构中担任监管工作,其优点是不用教会的人力与资源,但机构与教会关系疏离,该服务模式目前比较少见。①

河北进德公益基金会的张士江以教会为例,将中国宗教界参与的慈善公益分为四类:社会服务型,如医疗卫生、教育培训;文化艺术型,如文化出版、新闻媒体;慈善服务型,如孤残婴儿院、养老服务;基金会和组织机构型,如赈灾及各种资金救助。他还强调,宗教参与公益慈善有自己的特色,即爱的付出。②

受种种条件所限,学者无法对全国范围的基督教慈善展开全面而深入的调查,但也有部分学者开始对区域范围的基督教慈善事业展开调研或针对某一个个案开展持续深入的跟踪研究。如刘影以质性研究方法访谈了江苏省4个市基督教两会及其下属的15个堂点和2家教会办老人院,从慈善理念、慈善形式、项目管理、目标人群及资金等方面做了探讨。该研究发现,部分教会社会服务已开始从慈善向公益转变,慈善活动的制度化、专业性以及创新性得到彰显,但作者也指出,教会作为一个宗教组织提供慈善服务不应局限于经济、人力的帮助,爱心和心理关怀是教会的优势,从与受益人关系的角度来看,教会可以提供更加直接、细致、周全的服务。③

陈建明从2006年开始对四川泸州教会进行长期跟踪研究。2010年10月到2011年4月,陈建明对泸州教会社会服务的最新进展进行了跟踪描述,分析其取得成功的原因。他认为开展社会服务需要神学理论的支撑,不以扩大信徒为直接目的,需要资金保障,宗教团体的社会服务应重在质量,需要法律、法规与政策的保证。④ 此外,陈建明又以泸州市基督教社会服务中的医疗卫生服务为例,重点论述了福音医院的开业和经营,他认为泸州教会医疗事业取得成绩的原因有:政府管理部门和四川省基督教爱国会的支持,切实的资金保证,医护人员对医疗服务理念的认同,民众对福音医院的认可,妥善处理社会服务与传教的关系,合理的管理机制。⑤

爱德基金会作为国内最大的一家有基督教背景的非政府组织,一直备受学者关注。

---

① 陈鼎亮:《以爱相系——论基督教社会服务在促进和谐社会中的价值》,"宗教与社会发展——构建和谐社会"国际研讨会论文集,第83—84页。
② Weller等:《对话宗教与慈善公益》,《世界宗教文化》2011年第2期。
③ 刘影:《爱与信仰——江苏基督教慈善现状之实证研究》,《世界宗教文化》2012年第6期。
④ 陈建明:《建造地上的天国——四川省泸州市教会开展社会服务的个案分析》,《宗教学研究》2011年第3期。
⑤ 陈建明:《四川省泸州市基督教会社会服务调研报告——以医疗卫生服务为中心》,《宗教学研究》2011年第4期。

魏克利对爱德的早年岁月进行了回顾，尤其分析了爱德得以成立的中国社会大气候，中国基督教领袖，特别是丁光训主教以及韩文藻先生对成立爱德所做出的决议，海外教会机构对此的回应，早期的项目方案，以及中国及海外对社会发展所持的观点上的差异。[1] 张志鹏以爱德基金会与江苏省基督教两会合作成立的"江苏基督教爱心公益基金"为例探寻了一种将宗教慈善资源与公益组织整合的新模式。作者认为，该基金的主要优势在于：整合了教会所掌握的慈善资源优势与爱德基金会的专业慈善管理和运营能力，这既避免了教会因缺乏慈善专业能力而无法利用资源，也克服了基金会缺乏联系广大信教群众的不足。这种合作模式是一种非常有效的双赢合作，形成一个制度化的、专业化的和可持续发展的宗教慈善活动。[2] 作为爱德基金会的员工，寇薇薇以爱德为例分享了从基督徒的社会责任角度看中国教会参与社会服务的意义与作用。她认为，在过去一段时间中国基督徒相对表现得更为淡漠，这主要与文化处境有关，但基督教要成为活着的信仰，就必须信行结合，基督教开展社会服务不仅能够促进教会本身的发展，还可以推动不同文化之间的交流与融合。[3]

另外，还有学者尝试以定量的方法对个体宗教信仰与慈善行为之间的关系做一探讨。例如李若木等人以零点公司做的2007年居民精神生活调查数据为基础发现，"那些自我宣称相信宗教的人更可能参与到公益活动中，尤其是道教和基督教"[4]，但是作者并没有对出现差异背后的原因做深入的讨论。

对于目前基督教开展慈善公益事业的困难与解决途径，学界没有进行太多专门而深入的探讨，但学者们对整个宗教界慈善公益事业的概括也同样适用于基督教界。例如郑筱筠从身份认同和内部与外部运行机制两方面概括了宗教组织开展慈善公益的瓶颈所在，她认为虽然宗教界在资源动员方面有其独特的凝聚力，但目前"宗教界的社会公益事业水平仍然较低"，具体表现为组织制度的不健全、资金缺乏有效管理与监督机制，创新不足和专业人才匮乏四个方面。[5] 董栋从法律政策的角度认为注册难和优惠政策难兑现是宗教界开展公益慈善事业的主要困难。[6] 刘培峰认为，当社会更进一步开放，需要宗教组织承担起许多社会事务的时候，其专业性以及如何与政府建立合作机制等都还

---

[1] Philip Wicheri: "Charity, Service and Social Development: The Founding of the Amity Foundation and the International Christian Response, 1985–1995", 宗教与慈善国际学术研讨会论文集。
[2] 张志鹏：《试论宗教慈善资源与公益组织的联结》，"宗教与慈善"国际学术研讨会论文集。
[3] 寇薇薇：《以行践爱，服务邻舍——从关系型内涵看基督徒的社会责任》，"宗教与社会发展——构建和谐社会"国际研讨会论文集，第98—103页。
[4] 李若木、周娜：《宗教与公益活动：一个实证研究》，《世界宗教文化》2012年第2期。
[5] Weller 等：《对话宗教与慈善公益》，《世界宗教文化》2011年第2期。
[6] 董栋：《宗教界开展公益慈善事业问题研究》，《世界宗教文化》2012年第1期。

有多方面的发展空间。①

令人欣喜的是，2012年2月16日，国家宗教局会同中央统战部、国家发展改革委等六部门印发了《关于鼓励和规范宗教界从事公益慈善活动的意见》，关于这一政策对于宗教慈善公益事业的意义，卓新平等学者进行了深入的讨论，集中体现在《再论宗教与慈善公益》②一文。学者们普遍认为这一"支持鼓励、引导规范"③的新政一方面必然为基督教开展慈善事业提供制度保障，但同时，如何进一步发挥"玻璃口袋"④的优势，加强管理、提高专业性也成为宗教组织开展慈善公益活动的挑战所在。

## 四 他山之石可以攻玉

基督教慈善事业在欧美国家起步较早，在中国香港等地发展也很快，学者们也希望通过对这些国家地区的介绍对大陆基督教慈善事业的发展提供借鉴之用。

黄保罗介绍了基督教慈善事业对于欧美现代社会发展的意义所在。他认为，基督教犹如救心丸与黑暗中的亮光，平时不一定被重视，但危急关头却用来救命。基督教慈善事业对于帮助自由市场经济建立良好秩序、帮助政府提供追求良好秩序的榜样、对于家庭建立良好的价值体系都有积极的帮助，而且它还能为法律与规则提供精神基础，这些积极意义值得汉语学界思考与借鉴。⑤

罗明嘉介绍了基督教慈善事工在芬兰的新发展：随着国家在福利领域的作为，教会转向关注那些需求没有被社会福利充分满足的社会群体，如残疾者、精神障碍者、孤寡者等，并为这些人群发出声音，呼吁世俗社会对公正、平等的关注。同时，教会也开展一些国际性的社会服务事工，推动改善世界其他地区的发展工作。⑥

吴梓明通过回顾香港心光盲人院的历史发展归纳为失明人服务的三种模式：医疗护理模式，即将失明人视为病人给予药物治疗与护理；社会服务模式，即除了提供盲人在身体及生活上的照顾外，再加上一些额外社会性的福利服务，如康乐活动、宗教活动

---

① 刘培峰：《宗教与慈善——从同一个站台出发的列车或走向同一站点的不同交通工具》，《世界宗教文化》2012年第1期。
② 卓新平等：《再论宗教与慈善公益》，《世界宗教文化》2012年第2期。
③ 焦自伟：《宗教慈善大有可为——写在〈关于鼓励和规范宗教界从事公益慈善活动的意见〉发布之际》，《世界宗教文化》2012年第2期。
④ 郑筱筠：《"另类的尴尬"与"玻璃口袋"——当代宗教慈善公益的"中国式困境"》，《世界宗教文化》2012年第1期。
⑤ 黄保罗：《基督教慈善事业对于现代社会发展的意义》，"中国社会科学论坛（宗教学）——宗教慈善与社会发展"国际学术研讨会论文集。
⑥ 罗明嘉：《基督教慈善事工在福利国家发展中的影响——以芬兰消除贫困为例》，"中国社会科学论坛（宗教学）——宗教慈善与社会发展"国际学术研讨会论文集。

等；公民权益模式，这种新近的模式主要强调为失明人士争取合理的权益，让他们像正常人一样接受普通教育、参与社会活动。作者认为，慈善事业也必然是从医疗护理模式逐渐发展成为社会服务模式，透过教育，让受益人的生活环境改善、生命素质提升，助其获得人的尊严与价值，融入社会，而这也正是基督教教育与慈善事业的关系所在。[①]

以史为鉴，亦有学者从历史学的路径对早期基督教在华慈善事业进行回顾与反思，相关的学术成果如《从〈中华归主〉看上世纪初二十年间基督教的慈善事业》[②]、《抗战前广州基督教青年会救济事业特点》[③]、《近代两广浸会医院及其慈善活动》[④]，这些文章分析了特定历史阶段下基督教慈善事业的规模、内容、服务特点等，肯定了慈善事业与社会发展相辅相成的作用，在此不再一一赘述。

## 五 结语

当我们把基督教慈善作为研究主题时有两种路径，一种是将基督教慈善看作一种社会现象，研究它的发展现状，存在的问题以及改进的策略；还有一种路径是将宗教慈善视为一种工具，讨论权力、教会与社会、个人与国家等层面之间的复杂关系。通过以上梳理我们可以看出，目前学界以第一种路径居多，即围绕基督教慈善的主题，对基督教慈善的功能、现状、不足及应对策略展开详细的讨论，但这些讨论以宏观性的状况描述为主，纯理论探讨较多，而经验性的实证研究则较少。当然，这与大陆总体宗教慈善的发展状况是对应的，因为直到近十年各大宗教慈善才陆续登场。

根据前文的梳理，笔者认为，有关基督教慈善的研究可以从下面几个方面入手，扩展研究面向：

基督教开展慈善的主体有多种形式，有以教会为行动主体的，有基督教背景非政府组织为主体的，还有信徒个人自发形成。不同的行动主体在开展慈善活动中形成了各自的特色也同时面临不同的挑战，研究者需要细化研究对象，从能动性角度出发，考察行动主体在慈善实践中的动机、决策过程及影响。或者说，我们可以将慈善视作一面透镜，通过该透镜窥视基督教在中国社会的处境。

在以"小政府、大社会"为标志的社会改革中，基督教是否能以信仰共同体的身份参与到社会建设中来也是值得关注的问题。事实上，亦有学者开始对这个问题的倡导。如卓新平呼吁党和政府应将宗教作为"社会团体"、"公民社会"来看待，承认并突出宗

---

① 吴梓明：《基督教教育与慈善事业：香港个案的反思》，"宗教与慈善"国际学术研讨会论文集。
② 段琦：《从〈中华归主〉看上世纪初二十年间基督教的慈善事业》，"宗教与慈善"国际学术研讨会论文集。
③ 郑立群：《抗战前期广州基督教青年会救济事业特点》，"宗教与慈善"国际学术研讨会论文集。
④ 李永宸：《近代两广浸会医院及其慈善活动》，《世界宗教文化》2012年第4期。

教团体的"社会"定位。① 郑筱筠认为政府对于宗教慈善在社会公共领域角色的认识等问题是中国宗教慈善公益事业发展的"软问题"。② 那么基督教作为"近代骑着炮弹进入中国"③ 的宗教,其透过慈善形式参与社会建设的空间有多大,值得学者的持续关注。

(作者简介:刘影,上海大学社会学院博士生)

---

① 卓新平等:《再论宗教与慈善公益》,《世界宗教文化》2012 年第 2 期。
② 郑筱筠:《中国宗教公益慈善事业的定位、挑战及趋势》,《中国宗教》2012 年第 3 期。
③ 李向平:《基督教与中国社会的双重互动》,载王莹《身份建构与文化融合——中原地区基督教会个案研究》,上海人民出版社 2011 年版,序第 2 页。

# 托马斯·默顿研究综述

吴莉琳

## 引 言

托马斯·默顿（Thomas Merton）修士（1915.1.31—1968.12.10），亦被称为路易斯神父（Father Louis），是美国当代著名的作家，同时他兼有多种身份——诗人、活动家、凝望者（contemplative）（在黑暗与静默中的探求者）、修道生活的革新者、艺术家、东西方宗教思想的桥梁[①]。1948年凭借自传《七重山》[②]一举成名。其后，笔耕不辍，并不断有佳作享誉世界。他的作品可分为三类：一类是纯文学性的作品，包括诗歌、小说等；一类是神学论著，探究的核心问题是基督宗教神秘主义中的凝望（contemplation）主题[③]，并伴随着对爱、罪、自我、灵修传统、修道主义等问题的探讨，题材不一，以

---

① Michael Mott: *The Seven Mountains of Thomas Merton*, Boston: Houghton Mifflin Company, Preface, p. xxi. 尽管默顿兼具多种身份，但在这几种不同的身份中，默顿首要的是作为一名修士（Monk），其他的身份是以修士的身份为基础而展开的。"若不是从作为修士的角度来理解，人们就不能简单地理解默顿"，参见 Lawrence S. Cunningham: *Thomas Merton and the Monastic Vision*, Grand Rapids, Michigan/Cambridge (UK): William B. Eerdmans Publishing Company, 1999, p. 17.

② 已有中译本参见托马斯·默顿（Thomas Merton）著，方光珞、郑至丽译《七重山》（*The Seven Storey Mountain*），上海三联书店2008年版。

③ 从词源学的角度看：Contemplation 来自拉丁文 contemplato，词根来自 templum，神殿，即信徒膜拜神灵的处所。原始印欧语系中，tem 有切割、保留的意思，temp 有扩张的意思（stretch），意指祭坛前的一块洁净的空地。templum 是 tempus 的小词（diminutive of tempus），tempus 的原始含义是被分割的一块时间，通常英译为 time。在古代罗马，templum 是天空或地上的被划定的一处为占卜而宣读预言的地方，由此而成为神圣之所。占卜者会检视小鸟或其他动物的内脏，发现其隐蔽的神圣的内涵或目的。或者，仅仅是朝拜神的至圣之所。它的希腊文是 θεωρία，意指对宏大场面或宗教仪式的注视。词根可以追溯为 θεός 神（God）和 θεα 看（vision）。从希腊文翻译为拉丁文后，contemplation 的含义为对实在之内在（the insides of reality）的实际观看，这一实在之内在也是实在之源。Contemplation 后来演变为对神的实际观看，在宗教语境下作为祈祷或沉思的一种方式。（这一部分参考的工具书包括：*Encyclopedia of Christian Theology*, Volume 1, Jean-Yves Lacoste, New York: Routeldge, 2005. *New Catholic Encyclopedia*, Volume. 4, prepared by an editorial staff at the Catholic University of America, New York: McGraw-Hill, 1967. *The New Dictionary of Catholic Spirituality*, edited by Michael Downey, A Michael Glazier Book, The Liturgical Press, 1993. *The Encyclopedia of Religion*, Mircea Eliade editor in Chief, Volume 9, New York: Macmillan Publishing Company, 1987. *Evangelische Kirchenlexikon*, Erwin Fahlbusch etc., translated in English as *The Encyclopedia of Christianity*, Volume 1, Grand Rapids.

散文、日记、论文、书信等形式呈现；一类是时事评论类作品，集中对 20 世纪的重要大事，如两次世界大战、美国黑人运动、反文化运动（Counter-culture Movement）等现实问题的探讨。这一类作品使得默顿被誉为时代的先知者，托马斯·默顿中心甚至于1972 年在宾夕法尼亚州（Pennsylvania）的匹兹堡（Pittsburgh）成立了以托马斯·默顿为名的奖项（Thomas Merton Award），奖励为人类的正义、和平事业做出突出贡献的人。美国当代天主教激进主义者，《天主教工人报》（The Catholic Worker）的创办者多萝西·戴（Dorothy Day）就曾于 1973 年获得这一奖项。

默顿本人于 1967 年在美国肯塔基州的贝拉明大学（Bellarmine University）设立的托马斯·默顿遗产信托会（Thomas Merton Legacy Trust）为收集整理默顿手稿和相关学术研究提供文献和资金支持。1988 年，默顿去世 20 周年后，为了纪念他，以及推动对他的学术研究，国际默顿协会（International Thomas Merton Society）成立。常驻地址就设

---

Mich: William B. Eerdmans Publishing Company, Leiden, Netherlands: Bill, 1999; *Dictionary of Dogmastic Theology*, edited by Pietro Parente, Antonio Piolanti, Salvatore Garofalo, translated from the second Italian edtion by Emmanuel Doronzo, O. M. I, S. T. D, the Bruce Publishing Company, 1951; http: //en. wikipedia. org/wiki/Contemplation#cite_note-0) 据台湾辅仁大学潘贝顾的考证"Contemplari 与拉丁文 considerare 同意义，意指与星星同在，笼罩在星光灿烂穹苍之下"（潘贝顾：《"静观"在现代社会中的意义与价值》，《哲学与文化》廿七卷第三期，2000.3）。

从已有的中文翻译看，contemplation 可译为默观、静观、观想、静思、沉思、冥想等。港台学者甚至已然将其术语化，并有"默观神学"。静观则是台湾学者在考察这一术语时结合中文含义所选择的翻译，取自"万物静观皆自得"，并将托马斯在《神学大全》第二卷中的"Contemplata Aliis Tradere"翻译为"静观神通，善与人同"，认为在托马斯的语境中"静观就是朴素地凝视真理"（潘贝顾：《"静观"在现代社会中的意义与价值》，《哲学与文化》廿七卷第三期，2000.3）。观想、静思、沉思则是一种哲学化的翻译。冥想则带上了一种东方宗教的意蕴。因其所在语境不同，翻译难免殊异。这一方面说明了这一词汇的重要性，另一方面也能看出其适用的范围的广泛性和复杂性。那么，在托马斯·默顿的语境中究竟应如何翻译？笔者倾向于用"凝望"来做一尝试性翻译。

首先，contemplation 与 meditation 不同。后者侧重于"想"，"思考"，是运用人的理性去思辨，但前者侧重于"观"，带有一种"看"的含义。二者的共同点体现为沉默，即安静地独自去思考。从词源学上看，contemplation 最初是在圣殿中对神的敬拜，后来成为对神的直接凝视。而且，默顿在《内在经验》（*Inner Experience*）和《凝望的种子》（*Seeds of Contemplation*）等著作中都将 contemplation 的含义解释为一种唤醒、觉悟（awareness）。他选择用禅宗的"顿悟"（satori）作为一种解释，即"精神的启蒙，精神内核的突然敞开以对其至深处之自我的呈现"（Thomas Merton: *The Inner Experience: Notes on Contemplation*. New York: HarperOne, 2003, p. 7），它不做任何判断，因为它在一切肯定和否定的判断之上。在这个意义上与其说去想，不如说是将思想放空。所以，若用"思"或"想"来翻译不仅是不完全，而且也不符合 contemplation 的词源学的固有内涵。

其次，在基督宗教神秘主义的语境中。这一"看"的经验并不是一种日常意义上的视觉的感官经验。而是一种神秘的"视觉"经验。从神秘主义（mysticism）的词源学上看，"本意是关闭耳朵和眼睛、关闭视看和聪听、保持沉默和寂静，追寻内在的灵魂的感受和经验，这样的感受和经验是凭借外在的感观的感觉所无法获得的"（徐龙飞："论神秘主义之研究方法"，《哲学门》总第二十四辑，北京大学出版社 2011 年版，第 199 页）。在这个意义上，单纯用"看"来翻译也不能译出其独特性。在此，"静观"、"凝视"和"凝望"似乎都可以。根据《现代汉语词典》对二者的定义："静观"意指"冷静地观察"；"凝视"意指"聚精会神地看"；"凝望"意指"目不转睛地看；注目远望"。这样看来，"静观"偏重人的理性的运用。"凝视"和"凝望"侧重于被动地观看。"凝视"与"凝望"都有专注地看的意思，但"凝望"还具有"远望"、"眺望"的内涵，从而可将神秘经验的超越性蕴涵在其中。从其词义上看，它兼具静态的刻画和动态的描述双重意蕴，也能回应 contemplation 的词源学的"看"之内涵。所以，本文倾向于将其翻译为"凝望"。

置在贝拉明大学内，它随即成为托马斯·默顿中心（Thomas Merton Center）的所在地。中心的日常工作是负责组织编辑并出版默顿的手稿，以及从世界各地收集关于默顿研究的学术论文及其著作。国际默顿协会如今已遍布世界十多个国家和地区，有些正在成立之中。它每两年召开一次关于默顿研究的国际会议，定期出版关于默顿研究的季刊（The Merton Seasonal）和年鉴（The Merton Annual），报告最新的研究进展。最新一次的国际默顿会议将于2013年6月在美国圣心大学召开，目前正在筹备中。与此同时，英国托马斯·默顿协会（Thomas Merton Society of The Great Britain and Ireland）每年在复活节和降临节会定期出版《默顿杂志》（The Merton Journal）。此外，人们还用各种方式表达对默顿的怀念，比如美国路易斯维尔市第四大街与胡桃木大街的交汇处有默顿基金会为他于1958年3月18日的路易斯维尔见证（The Vision of Louisville）所树立的纪念碑纪念默顿修道生涯中灵性成熟的一次标志。默顿离开这个世界后，"基督徒、非基督徒和没有信仰的人，都受到了失去一个敬爱的人的震撼。为什么？他们会说，因为他了解我。……他给我的，正是我所需要的鼓励。他所给的鼓励……就是：默观（凝望）。无论你在俗世或隐居，可在你的内心开拓一道爱与喜乐的活泉，这就是默观（凝望）。这是他的亲身经历，也可说是他对人性了解最深透的地方。"①

　　默顿的一生是传奇的一生。1915年他出生在法国的普拉德（Prade），那是与西班牙毗邻的一个城镇，也许正因如此默顿先天地继承了西班牙的神秘气质②。他的父母都是天才的艺术家，但都很早离开这个世界（默顿的母亲在他6岁时去世，父亲在他16岁时去世）。因此，默顿的童年是不幸的。在英国奥卡姆（Ockham）中学毕业后，他考取剑桥大学。但剑桥没有让他进步，反而让他沉迷于世俗的享乐中，以致最终失去学业奖学金。1934年11月，在监护人对他放弃后，他穿越大西洋，被送到外祖父母身边，第二年春天转学到美国哥伦比亚大学（Columbia University）继续读书。哥伦比亚大学给了默顿一个新的开始，正是在哥大他结识了几个一起探究学问和一起写小说的挚友，也让他遇到了欣赏他并最初与出版社联系出版了他诗集（Thirty Poems）的老师——当代美国著名诗人马可·范多伦（Mark Van Doren）。在校期间，默顿加入了哥大的 Jester 杂志，成为轰动一时的漫画家。还参与编辑了哥大年刊（The Year Book），这在当时是极受欢迎的读物，可以说默顿在哥大如鱼得水，生活丰富。

---

　　① Mark Gibbard：《生活在祈祷中的人》，香港公教真理学会，1977，pp. 98 - 99，转引自刘锦昌《梅顿的灵修观略述》，《神学与教会》第25卷第2期（台南：台南神学院，2000）。
　　② 如历史上著名的神秘主义者圣十字的若望（St. John of the Cross）和圣阿维拉的特蕾莎（St. Teresa of Avila）都是西班牙人。

信仰上，这一时期默顿意外读到的吉尔松（Etienne Gilson）的《中世纪哲学精神》①（L'Esprit de la philosophie médiévale）和赫胥黎（Aldous Huxley，1894—1963）的《目的与手段》（Ends and Means）②，激发起默顿对天主教的重新思考。而在来自印度的僧侣，芝加哥大学的毕业生，即默顿终生的好友巴拉马塔瑞（Bramachari）的建议下，他从对东方宗教的兴趣转向对基督教神秘主义源泉的探求。最初默顿希望从东方宗教如佛教、印度宗教中寻找灵性源泉。但巴拉马塔瑞则鼓励他从阅读奥古斯丁的《忏悔录》（Confessions）开始，阅读16世纪文艺复兴时期的灵修书籍托马斯·垦培（Thomas à Kempis）所著的《效法基督》（又译《遵主圣范》，《师主篇》）（The imitation of the Christ）。他所作的硕士论文对威廉·布莱克（William Blake）的艺术中的自然与宗教的研究使得他进一步开始反思信仰。正是在阅读基督教诗人霍普金斯（Hopkins）的作品时，他决志皈依天主教。1941年，默顿在纽约的基督圣体教堂（Corpus Christi）接受洗礼。

　　硕士毕业后，他准备继续他的博士论文，以诗人霍普金斯为研究对象。但随后，他放弃在哥大的继续学习，开始寻求一种新的生活。在与朋友们短暂的旅行之后，他最终在圣伯纳文图拉（又译圣文德）学院（The College of St. Bonaventure）找到一份英文教职的工作。在工作不景气的年代，他感到自己十分幸运，因为刚好一位老师被调走。在圣伯纳文图拉学院，默顿继续确证内心的呼召，考虑是否成为一名修士。他先后考虑过耶稣会、圣方济各会，但他感到耶稣会过于死板，在最终决定选择圣方济各会时，与福德（Ford）神父的谈话最终让他放弃这一圣召。因为他向福德神父坦诚了他在剑桥的失足经历，福德神父认为他没有资格做神父。曾任默顿选修的中世纪经院哲学研究课程的老师丹·威尔士（Dan Walsh）向默顿推荐了位于肯塔基州的客西玛尼圣母院（Our lady of Gethsemani in Kentucky），那是一所以严厉会规著称的天主教西多会（the Order of Cistercians of the Strict Observance，O. C. S. O）隐修院。默顿最终决定去那里做一次僻静（retreat），那次经历让他下定决心放弃圣伯纳文图拉的教职，成为一名西多会修士。因为，在那里，他看到"美国的活力中心"：

　　　　"这座教堂，这座天宫，就是我们国家的真正首都，是美国的活力中心，是国

---

　　① 参见托马斯·默顿（Thomas Merton）：《七重山》，方光珞、郑至丽译，上海三联书店2008年版，第173页。默顿直接阅读法文原版，他出生在法国，法语可以流利使用以及见该书第185页。默顿受到吉尔松的影响，开始去图书馆借阅圣伯纳文图拉的《论爱上主》（De Diligendo Deo）。

　　② 参见《七重山》，第185页。当时默顿的好友赖克斯（Lax）正在阅读这本书，这本书对默顿构成了很大影响，见 The Seven Mountains of Thomas Merton, p. 109。默顿认为，《目的与手段》给了他所缺乏的逻辑思想，他不仅在《哥大评论》（The Columbia Review）上发表相关书评，而且与赫胥黎开始通信。默顿赞同赫胥黎关于真正运动的观点，但不理解何以基督教的爱的思想对赫胥黎来说接受起来却非常困难。赫胥黎对西方文明和技术的非人性化的批判，以及对东方哲学、宗教和神秘主义的兴趣都构成了对默顿的影响。

家能够团结一心的缘由。这些人的唱经班,在白色风貌下隐姓埋名,他们为国家所做的贡献不是任何军队、国家、总统所能及,替国家赢取的是天主的恩宠、庇护和友谊。"①

　　修士见习期也是内心深受考验的时期。那段时期,默顿依然在内心的犹疑中度过。这在他的日记《约拿的标记》(*The Sign of Jonas*)和自传《七重山》中充分得到表达。直到最终发愿后,他对誓言的谨守一直到他生命的最后。即使在他生命的后期有过与护士 M. 发生爱情的经历,他也没有放弃这一誓愿。以苦修著称的特拉普(Trappist)圣母修会给了默顿心灵的自由,由于他的语言才华,修院院长让他继续写诗,并从事一些翻译工作。正是在院长的鼓励下,他写出了《七重山》并成为一本世界名著。《七重山》诚实地记录了默顿的早期经历,包括他所谓的"地狱劫"。也许,正是因为默顿对人之为人弱点的坦诚,它才能帮助更多人从中看清自己。据默顿的朋友,法国本笃会修士堂·让·勒克莱尔(Jean Leclercq, O. S. B.)的回忆,在英国,一位通过阅读《七重山》悔改的青年曾对他讲述何以为之打动的理由,"我觉得",他说,"这个故事是我自己的故事:我追随托马斯·默顿的道路并走到最后,如同他所做到一样。"② 这样的例子还有许多,无疑,默顿用他的方式打开了许多人封存的内心,许多人因为默顿开始走上他们自己的凝望之路。罗伯特·沃尔登(Robert Waldron)在《与托马斯·默顿一起行走:发现他的诗歌、散文和日记》(*Walking with Thomas Merton: Discovering His Poetry, Essays and Journals*)③ 这本书中,记录了他中学时读到《七重山》时的感受,并对《约拿的标记》爱不释手。正是默顿鼓舞他在成为英文教师后,将"凝望"(contemplation)的方式应用于教育。在他看来,阅读正是"凝望"(contemplation),学生通过阅读,从中体会到作者和身边的人的喜怒哀乐,学会关心、理解和爱。他认为这与西蒙娜·薇依(Simone Weil)的"爱的第一步是专注"(the first step of love is attention)是一致的。由此,默顿也被看作一名教育家和心理学家。沃尔登也凭借他发表在《波士顿全球报》(*Boston Global*)上的《教育与凝望》(*Teaching and Contemplation*)一文而一举成名,他从默顿处习得的教育理念引起了广泛关注。

　　默顿是天生的作家。不论是成为修士之前还是之后,他的生命几乎都与写作相关。

---

① 参见《七重山》,第330页。天主教传统,人们相信,圣徒的祈祷是帮助国家、城市安定繁荣的重要力量。这一点在意大利文艺复兴的绘画中得到充分表现。以宗教为题材的绘画作品之所以得到政府和资助人的鼓励也是因为,他们相信圣徒祈祷的力量。在一幅1482年的《圣埃米蒂斯》的画中,圣徒圣埃米蒂斯正在游说天使加百列,从而使佛罗伦萨获得自治权。

② Thomas Merton: *Contemplation in a world of action*, Doubleday&Company, Inc, preface, 1971, p. xi.

③ Robert Waldon: *Walking with Thomas Merton: Discovering His Poetry, Essays, and Journals*, New York, Mahwah: Paulist Press, 2002.

写作是他寻求天主和真我的途径。通过写作他不断地将隐藏的自己显现出来，而他亦发现他显露的越多隐藏的也越多（"When I reveal most I hide most"），这似乎是一个悖论。但不论如何，默顿为我们留下了浩繁的一手文献。他坚持写了一生的日记。他生前有意识地将日记整理出版了一部分，在他去世后，人们又不断地整理出版他的日记。任何人从事默顿研究，他的日记都是非常重要的研究资料。其中，著名的日记作品包括《世俗日记》（The secular journal）、《约拿的标记》（The sign of Jonas）等。从中我们可以看到默顿思想轨迹的明显变化，比如对世界的态度从排斥到热爱，对作为隐修士与作为著名作家之间矛盾的调和，以及面对20世纪的社会问题所给出的各种回应，最明显的是他的凝望（contemplation）思想在前后期所发生的明显变化。而这种变化与他所处的历史环境又是息息相关的。因此，默顿的凝望（contemplation）思想是属于20世纪的，带有浓厚的时代烙印①。默顿曾经写道：

"我本出生于1915年，我本是奥斯威辛、广岛和沃茨骚乱的同代人，这些并不是最初与我商量的。但是，不论我是否喜欢，这些事件本身都与我紧密相连。"②

由此，在60年代后，他致力于社会批判，从修道院发出关于和平与爱的嘹亮声音。他的行为也一度受到指责，甚至美国天主教主教也曾禁止过默顿关于社会批判方面的言行。但是，在默顿看来，他终究是要回到世界的（return to the world），但这一方式不是离开隐修院，而是用文字的方式参与到社会问题的讨论中来。谢农认为，"最重要的原因在于默顿已然成为一名凝望者（contemplative）"③。基督徒生命成熟后，必然要向更多人去分享这一凝望的果实。由此，默顿也被看作时代的先知。他曾在与好友让·勒克莱尔的通信中写道，修道主义这个时代的根本问题不是生存下去的问题，而是是否能发出先知的声音的问题（not survival, but prophecy）④。1967年，教皇保罗四世（Pope VI）发出信件，请默顿为梵蒂冈主教写一篇关于论述凝望生活的文章。由此，不仅美国乃至全世界，重新发现"凝望"。这亦可看作是人们在当代重新寻求灵性陶铸、生命成长的一场运动，而这场运动的主导人正是本文的主人公托马斯·默顿修士。

---

① 著名的默顿研究者威廉·谢农（William Shannon）先生在《托马斯·默顿的黑暗之路》（Thomas Merton's Dark Path）的再版前言中指出：将默顿对于凝望（contemplation）的思考与他的人生经历，尤其是50年代后期和60年代的社会背景分开是不正确的。参见 William Shannon: Thomas Merton's Dark Path, published by Farrar, Straus and Giroux, revised edtion, 1987, Preface, p.4。
② Thomas Merton: Contemplation in a World of Action, Doubleday &Company, 1971, p.145.
③ William Shannon: Thomas Merton's Dark Path: The inner experience of a contemplative, New York: Farrar Strauss Giroux, 1987, p.6.
④ Thomas Merton and Jean Leclercq: Survival or Prophecy? The Correspondence of Jean Leclercq &Thomas Merton, Edited by Patrick Hart, Collegeville, Minneota: Liturgical Publications, 2008, p.129.

## 二 国外关于托马斯·默顿的研究综述

默顿所留下的丰富的手稿为其研究者提供了很好的一手材料。20世纪50年代以来已经有研究者开始以默顿作为研究对象，而在1968年默顿去世后，随着他的手稿陆续被整理出版和相关机构的建立使得国外的默顿研究经历过一个高潮。由此，需要澄清的第一个问题是：学者们都研究了什么？

**（一）研究领域**

从默顿中心截至2012年年底所收集的硕、博论文看[1]，按照所属学科类别，其论文类别可分为如下几类：1. 传统的神哲学研究，其处理的问题集中在神秘主义、末世论、希望神学、生态神学等；如雷蒙德·拜雷（Raymond Beiley）的著作《托马斯·默顿论神秘主义》[2]，班斯科·欧（Bang-Sik OH）的博士论文《托马斯·默顿对希望神学的贡献：一个文本的、历史的和分析—综合的研究》[3] 等。2. 宗教学研究，关注点为宗教经验、宗教对话、宗教艺术等，这在很大程度上是由于默顿本人所兼具的多种身份决定的，如神秘者、灵修导师、诗人、作家、画家等，如马修·查理·兹尼尔维克兹（Matthew Charles Zyniewicz）的博士论文《托马斯·默顿和铃木大拙的宗教对话》[4] 以及格洛里亚·基托·路易斯（Gloria Kitto Lewis）的论文《神圣艺术研究：托马斯·默顿对艺术和崇拜的指导》[5]。3. 历史学的研究，涉及的问题包括默顿的生平考证、修道史、战争与和平、非暴力运动等默顿的个人历史、修会历史以及他所经历的20世纪上半叶的历史，这与默顿在修道后期对世界的重新开放有关，如迈克尔·莫特（Michael Mott）所撰写的《托马斯·默顿的七重山》[6]（The Seven Story of Thomas Merton），已被公认为默顿的权威传记。这是迈克尔在得到默顿基金会的授权后，在查阅了几乎所有的默顿手稿、照片、音频、视频资料，以及采访了默顿的新西兰远亲、默顿的朋友、修会同伴等相关人员后所完成的一部大部头作品。卡尔·普兰克（Karl A. Plank）在《托马斯·默顿和汉

---

[1] 参见托马斯·默顿中心主页所整理的国际默顿研究硕博论文名录：http://merton.org/Research/Theses/。

[2] Raymond Bailey: *Thomas Merton on Mysticism*, Garden City and New York: Image Books, A Division of Doubleday & Company, Inc. 1974.

[3] Bang-Sik OH: *Thomas Merton's Contribution to The Theology of Hope: A Contextual, Diachronic and Analytical-Synthetic Study*, Ph. D. dissertation, The University of St. Michael's College (Toronto), 2001.

[4] Matthew Charles Zyniewicz: *The Interreligious Dialogue between Thomas Merton and D. T. Suzuki*, Ph. D, dissertation, University of Notre Dame, 2000.

[5] Gloria Kitto Lewis: "Sacred Arts Study: Thomas Merton's Guides for Art and Worship," *The Merton Annual*, Vol. 3, New York: AMS Press, Inc. pp. 155–171.

[6] Michael Mott: *The Seven Story of Thomas Merton*, Boston: Houghton Mifflin Company, 2008.

娜·阿伦特：艾希曼之后的凝望》① 一文中比较了默顿和阿伦特对二战时期屠杀犹太人的德国纳粹军官阿道夫·艾希曼（Adolf Eichmann）这一人物形象的反思，他们共同回应的问题是作为一名对家人同样怀抱关爱的正常人艾希曼，何以在屠犹运动中没有任何罪过之感。4. 文学艺术的研究，选题以默顿的诗歌研究居多，这在很大程度上由默顿的诗人身份所决定，写作方式或是文本分析，或是将默顿与当代其他诗人做一比较研究。如迈克尔·希金斯（Michael W. Higgins）在《默顿和真正的诗人们：天堂的重新窃听》② 一文中，从诗人的默顿这一身份论述了默顿所受到的美国俄裔犹太诗人祖科夫斯基（Zukofsky）的影响。这篇文章中，作者集中于祖科夫斯基和他的宇宙论。祖科夫斯基的宇宙论是天堂的、方济各的和布莱克的。他的诗歌由此是颂扬的（celebrative）、有生命力的（vital）和整体性的（wholistic）。在默顿对祖科夫斯基的诗《天堂的耳朵》（*The Paradise Ear*）的评论中，认为它是一首"有根据的诗歌……一种对天堂的重新发现"③，天堂的诗人通过新的诗歌、新的艺术、新的形式影响到一种新的视野的复兴。由此，世界获得了一种新的可能性。在一个对死亡的残忍的霸权的宣称中，"只有诗人能够成功地拒绝死亡的弄臣——科技、广告、商业和政治的权力的谄媚和诱惑"④。在默顿看来，诗人的想象力令习惯于理性的抽象思维的学者嫉妒，而这种想象力正是孩子一样的天真。本文从诗人与诗歌的视角阐发了默顿的如下思想：此世与天堂的合一性；经验的重要性；世界的统一性和整体性以及其所带来的对个人的自我的超越性；对技术导致的人的异化的反对等。

虽然，严格上讲，一篇论文只能处理一个核心问题，由此，形成上述不同的研究取向；但是，若从思想上把握，不论是哪一个领域的研究，不同的在于形式，而以不同文体所呈现的思想却有着一致性。比如，在默顿的神学著作与他的诗歌作品透露出同样的对神与人之间的爱，以及否定二元论的整体性的世界观等。在这个意义上，也有学者尝试超越学科的界限，以问题为主导，如《道成肉身作为托马斯·默顿的诗歌和灵修的统合的原则》⑤ 一文，从内容上说是神学领域的研究，但关涉的文本却属于英文系所研究的诗歌这一体裁。在詹姆斯·考内（James Conner）所作的《托马斯·默顿的修道生活

---

① Karl A. Plank: "Thomas Merton and Hannah Arendt: Contemplation after Eichmann", *The Merton Annual*, Vol. 3, New York: AMS Press, 1990, pp. 121-150.

② Michael W. Higgins: "Merton And The Real Poets: Paradise Re-Bugged," *The Merton Annual*, Vol. 3, 1990. New York: AMS Press, Inc. pp. 175-186.

③ Ibid., p. 176.

④ Ibid., p. 177.

⑤ Kilourse, George Arthur, Jr.: *Incarnation As The Integrating Principle In Thomas Merton*, Ph. D. dissertation, Fordham University, 1973.

中的孤寂与分享之间的张力》①一文中，作者作为默顿的学生，回忆默顿时指出，默顿本人也在努力超越于学科界限，带领修士欣赏里尔克等诗人的诗歌来进行灵修。默顿认为，艺术本身是"凝望"的一种形式。所以，以研究领域对关于默顿的研究著作进行分类更多程度上是针对研究者的专业背景的，而非是针对默顿手稿的。如果直接从默顿手稿出发，那么所做的工作一是梳理默顿探究了哪些问题，二是对照当前的研究状况查考已经做出的研究以及尚待完成的研究，这项工作可以归于三个方面：一是研究的角度，二是研究的方法，三是研究的问题。

### （二）研究角度

从研究角度上看，关于默顿的研究又可分为如下几类：

1. 从"凝望"出发的研究，包括"凝望"的概念史、"凝望"与神秘神学、"凝望"中的神人关系、"主动的凝望（active contemplation）"和"被灌注的凝望（infused contemplation）"、"凝望"与"行动"之间的张力、不同宗教之中的"凝望"、"凝望"与诗歌等等。

2. 从自我出发的研究，在处理神秘经验的过程中，默顿最常引用的一节经文是"我生活已不是我生活，而是基督在我内生活"②。由此，默顿将人到达神秘的"凝望"后所发生的转化（transformation）定性为从假我（false self）到真我（true self）的转化。自我问题不仅是默顿处理神秘经验所论述的重要议题之一，也是他对技术、战争、原子化的社会所做出的时代批判中所经常讨论的问题③。

3. 从神秘与神学之间的关系出发的研究。针对天主教历史上所出现的"理性和信仰"之间的争论，默顿通过对基督宗教早期历史，尤其是早期的修道历史的溯源，在强调神学的经验性的同时，也不放弃神学的理性特征。这也是默顿从对他影响最为深远的"神秘博士"圣十字若望（St. John of the Cross）处所继承的立场。所以，神学与神秘是合一的，而非分离的。神学是神秘经验的教义表达，神秘经验是神学的经验性来源和基础。这可以看作是默顿对神学的基本定义的重新思考，在一定程度上可视为默顿神学思想中最为重要的问题。但遗憾的是，也许是由于默顿关于神秘主义的讲义《基督宗教神

---

① James Conner: "The Tension between Solitude and Sharing in The Monastic Life of Thomas Merton," *The Merton Annual*, Vol. 3, New York: AMS Press, 1990, pp. 47 – 59.

② 《圣经·新约·迦拉达书》2：20，本文所引用的《圣经》版本为天主教思高本《圣经》中国天主教教务委员会准，1992 年。

③ 从自我角度出发的研究，代表性的著作有：Anne E. Car: *A Search for Wisdom and Spirit: Thomas Merton's Theology of The Self*, Indiana: University of Notre Dame Press. 1988. James Finley: *Merton's Palace of Nowhere*, Ave Maria Press; Revised edition, 2003. 8. Patrick W. Collins: "From illusions towards Truth: Thomas Merton's 'true self' and gay spirituality." *The Way*, Jul 2005, pp. 71 – 84.

秘主义导论》①迟至 2008 年才正式出版，默顿在这一问题上的研究的重要性尚未凸显。从笔者所能检阅到的文献看，安立甘宗学者奥尔欣（A. M. Allchin）②、吉姆·福瑞斯特（Jim Forest）、菲利普·雪德瑞克（Philip Sheldrake）③ 等对这一问题有所涉猎，其中奥尔欣、吉姆是将默顿关于神学与神秘的追溯归结为对东西教会分裂前的基督宗教神秘主义传统的恢复，由此论证默顿神学实则为"普世神学"。两位学者的共同点是都对东正教神学已然有深入研究，通过将默顿神学与东正教神学的对比发现默顿思想中的明显的东方教会神学特征。菲利普则在其《灵修简史》中将灵修与教义的融合视为默顿对 20 世纪天主教灵修的突出贡献。

4. 从爱观出发研究。基督宗教的爱以对神和对邻人的尽心、尽意之爱④为标杆。对爱的思考也是默顿思想体系中的重要问题，他曾用到"爱的隐蔽的根基（the Hidden Ground of Love）"和"隐蔽的整体（the Hidden Wholeness）"这样的说法，也就是说，默顿的爱观是建立在整体之爱的立场上的。与此同时，这一爱观又可以放置在天主教灵修传统这一独特视阈下研究，因为历史上的从早期的奥利金（Origen）、尼撒的格里高利（St. Gregory of Nyssa）到中世纪的圣明谷的伯尔纳德（St. Bernard of Clairvaux），以及宗教改革时期的阿维拉的特蕾莎（St. Teresa of Avila）、圣十字若望（St. John of the Cross）等神秘神学家都对爱观有过重点论述。在这个意义上，默顿的爱观来自于他的神秘传统和修道传统，因为对世界中万物与他人的整体性的爱来自凝望中与神合一的神秘经验，这种神秘经验带有神圣之爱的特征⑤。另一方面，默顿的爱观又是带有天人一体、民胞物与之爱的东方色彩的。这是他从与东方宗教的对话中所得到的视野与观照。而且，在基督宗教中的教会论也涵纳了这一整体之爱的思想：教会被视为基督奥秘的身体，每一个人都是作为教会一部分的肢体而存在的，所以所有的人构成一个整体。从现有文献看，这一角度的研究集中在两个方面，一是以默顿的"路易斯维尔见证"⑥ 的神秘经验

---

① Thomas Merton: *An Introduction to Christian Mysticism*, *Initiation into the Monastic Tradition* 3, Edited with an Introduction by Patrick F. O'Connell, Kalamazoo and Michigan: Cistercian Publications, 2008.

② A. M. Allchin: "The Worship of the Whole of Creation: Merton & The Eastern Fathers," *The Merton Annual*, Vol. 5, New York: AMS Press, Inc. 1997, pp. 189 – 204.

③ Philip Sheldrake: *A Brief History of Spirituality*, Blackwell, 2007, p. 185.

④ "你应当全心、全灵、全力爱上主，你的天主"，"你应当爱近人如你自己"，《圣经·新约·玛尔谷福音》12: 30—31.

⑤ 参见 Thomas Merton: *Choosing to Love the World on Contemplation*, Edited by Jonathan Montaldo, Sounds True, Incorporated, 2008. 3.

⑥ 默顿在路易斯维尔市，第四和胡桃木大街，意识到他爱所有的人，其他人在他之中，他也在众人之中。人与人之间本是一个整体，分离为幻象。所以，即使在修道院中，修士与世界上的所有人也是一个整体。这一经验已成为默顿研究的一个范例，绝大部分默顿研究文献会以默顿的这一经验作为一个例证。参见 Thomas Merton: *Conjectures of A Guilty Bystander*, Garden City and New York: Doubleday & Company, Inc. 1965, pp. 140 – 141.

为切入点，也就是说是从宗教经验出发的研究①；二是通过与禅宗比较所做的研究。但缺乏从天主教灵修传统对默顿的爱观思想所做的研究。

5. 自然环境观。默顿热爱自然，在他的书中书写自然，这也与他的爱观不可分。不仅人类是一个整体，人类与此世中的其他受造物也是一个整体。而在预备基督再来的过程中，新天新地的实现或者说未来的救赎计划的实现是神邀请人与他一起完成的。人对自然万物的爱、静观或是格物，从而使之按照本性生长发育，而这正是人参与神的救赎计划的实现。此外，从作为诗人的默顿来看，他的诗歌也透露出爱默生（Emerson）、梭罗（Thorea）等超验主义思想家对他的影响。从自然环境出发的研究，代表性著作有莫妮卡·韦斯（Monica Weis）的专著《托马斯·默顿的环境观》②，奥尔欣（A. M. Allchin）为国际默顿年会提交的论文《整体创造的祈祷：默顿和东方教父》③以及唐纳德·圣·约翰（Donald P. St. John）《凝望和宇宙：默顿论马克西姆斯和德日进》④。这一视角下的研究与默顿的神学关切是分不开的。默顿曾举过一个已被研究者视为经典的例子：孩子看树木，看到的是绿叶、枝干，是自然之美；伐木工人看树木，虽然也会被其自然之美所吸引，但更多的考虑是作为木材的树木，也就是它的效用。在《凝望的新种子》一书中，默顿说，万物皆神圣，一棵树的神圣性就是体现在作为一棵树而存在。人对树的爱或者说参与神对树的救赎计划就是帮助这棵树的苗壮成长以及作为对树本身的看顾。⑤在这个意义上，伐木工人事实上剥夺了树作为树存在的神圣性，也违背了神的救赎计划。在《基督宗教神秘主义导论》中，默顿对这一角度的研究体现在他对认信者马克西姆斯（St. Maximus the Confessor）的"自然的凝望（natural contemplation）"这一问题的论述上⑥。"自然的凝望"是"凝望"的初阶，人需要首先学会从自然中体贴神意，这是为神秘经验的高峰对神的"凝望"的必要准备。默顿指出，隐修士缺少的就是对"自然的凝望"，因此，他有意引导修士对自然的关切。如带领修士散步丛林，以及为他们朗读里尔克的诗歌等⑦。综观默顿的日记，对清晨的鸟鸣，客西马尼的晚祷的钟声等的描写勾勒了一幅又一幅的美丽画卷。在后期的个人独居岁月中，自然对于他的

---

① 如 Albert J. Raboteau："A Hidden Wholeness：Thomas Merton and Martin Luther King Jr.," *Spirituality Today* Vol. 40，Winter 1988 Supplement，pp. 80 – 95。

② Monica Weis，SSJ：*The Environmental Vision of Thomas Merton*，The University Press of Kentucky，2011.

③ A. M. Allchin："The Worship of the Whole of Creation：Merton & The Eastern Fathers," *The Merton Annual*，Vol. 5，New York：AMS Press，Inc. 1997，pp. 189 – 204.

④ Don St. John："Contemplation & Cosmos：Merton on Maximus and Teilhard," *Teilhard Studies*，Spring，2011.

⑤ 参见 Thomas Merton：*New Seeds of Contemplation*，Shambhala，2003。第四章"*Everything is Holy*"和第五章"*Things in Their Identity*"，pp. 23 – 38。

⑥ Thomas Merton：*An Introduction to Christian Mysticism*，*Initiation into the Monastic Tradition* 3，Edited by Patrick F. O'Connell，Kalamazoo，Michigan：Cistercian Publications，2008.

⑦ James Conner："The Tension between Solitude and Sharing in The Monastic Life of Thomas Merton," *The Merton Annual* Vol. 3，New York：AMS Press，1990，pp. 47 – 59.

意义更为凸显，与他的"孤寂的哲学（Philosophy of Solitude）"也有密不可分的联系。在这个意义上，默顿对自然的爱是真切的，对现代社会对自然的剥夺所发出的批判也是带着力量的。

2012年第24期的《默顿年鉴》中韦斯的《托马斯·默顿的环境观》[1]成为书评一栏的核心书目，可见默顿的环境观已经成为最近学者关注的热点[2]。德国著名神学家莫尔特曼（Jürgen Moltmann）教授的"生态神学"与默顿的"自然观"是可以做一比较的。总体上说，默顿的环境观研究尚不足够，由此需要更多的学者参与到这项工作中来，如探究"自然的凝望"（natural contemplation）与"神秘的凝望"（mystical contemplation）之间的关系等。

简言之，关于默顿的研究的角度可以归为三种关系视野下的研究：神人关系研究、人与自我的关系以及人与世界的关系的研究[3]。上述五个问题每一个都包含这三种关系，这三种关系也都涵盖于上述问题之中。研究角度的选择一方面取决于研究者的个人兴趣、生平阅历以及思想深度，另一方面也与其所接受的学术训练有关，在这个意义上，如何研究或者说方法论问题也是需要澄清的问题。

### （三）研究方法

当确定了研究课题后，紧接着的工作就是如何进行研究，也就是研究方法的问题。从研究方法上看，这又与研究领域相关。因为不同学科所遵循的方法有区别。但从已经收集到的资料看，默顿研究以高等院校的神学系和神学院为主导，其次为宗教学系、哲学系、文学系、历史系、心理学系等。所以，方法上可以集中讨论神学研究的方法。但之于默顿研究，这又是一个非常有意思的问题。因为默顿属于天主教神学家，但从传统的天主教神学体系看，系统神学的方法是最为主流的研究方法。然而，默顿所反对的似

---

[1] Monica Weis, SSJ: *The Environmental Vision of Thomas Merton*, The University Press of Kentucky, 2011, p. x.

[2] 如2012年11月和2013年1月分两版出版的新书：Phillip M. Thompson: *Returning to the Reality*: *Thomas Merton's Wisdom for a Technological World*. Cascade Books. 2012. 11./Lutterworth, 2013. 1. 默顿在20世纪对技术的批判已经成为21世纪的现实，学者们也纷纷在默顿的思想中挖掘在来一位凝望者对现代问题贡献的智慧，如核武器、现代通信技术、老龄化、生化技术等。这也正是作为凝望者的默顿与这个世界分享的凝望的果实。也许正是因为默顿后期对这些现实问题的关注以及对现实中人们的切实帮助，成为他在现代社会广受关注的原因之一。相关的研究成果还有：Fr. Ezekiel Lotz. OSB: "Thomas Merton and Technology: Paradise Regained Re-lost," *Gethsemani* III, 2008. 5. （由北美本笃会和西多会主办的GethsemaniIII的会议主题为"修道主义与环境（Monasticism and the Environment）"; Phillip M. Thompson: "Questioning the Goal of Biological Immortality: Mertonian Reflections on Living Eternally," *The Merton Annual*, Vol. 24, New York: AMS, Inc, 2012; Phillip M. Thompson: "Thomas Merton and Leo Szilard: The Parallel Paths of a Monk and a Nuclear Physicist," *Zygon* Vol. 39. Blackwell Publishing Ltd. 2004. 12. pp. 979 – 986; Donald P. St. John: *Ecological Wisdom in Merton's Chuang Tzu*, in *Merton and Taoism*, Louisville: Fons Vitae Press, Spring, 2013; 等等。

[3] 参见William H. Shannon, Christian M. Bochen, Patrick F. O'Connell: *The Thomas Merton Encyclopedia*, Maryknoll, New York: Orbis Books, 2002, p. 81。

乎就是以这种将神学分为天主论、基督论、救赎论、三一论等系统神学研究进路,他的著作也不是遵循这一进路来写作的。所以,受过传统经院神学训练的学者一旦选择以默顿为研究对象,不可避免地遭遇将默顿的思想割裂或误读的危险。而在事实上,这一做法并不鲜见。如此,更多学者采纳历时的方法,也就是以默顿的生平为线索,逐步展示默顿本人的思想历程。所以,探究默顿的灵修历程是令学者们津津乐道的研究论题,在今天看来似乎已然成为一种研究范式。他们或是以"默顿的灵性发展"或是以"灵修进化"为标题来呈现这一点。[1] 即使是默顿研究的泰斗,国际默顿协会的首任主席威廉·谢农(William H. Shannon)教授的著作《寂寞之灯:默顿的故事》[2] 以及《认识灵修大师默顿》[3] 等就是按照时间的维度来展开的。圣母大学神学系前系主任、默顿学者劳伦斯·坎宁安(Lawrence Cunningham)教授的《托马斯·默顿:一个修道的视野》[4] 也采纳了一个历时性的写作方法。即使是雷蒙德·拜雷(Raymond Bailey)以默顿神秘主义为研究课题的博士论文[5]也同样是以默顿的生平为线索论述了默顿神秘主义思想的发展变化。这里其实反映了默顿研究者的一种纠结,一方面他们不能用系统神学的方法来框限默顿,另一方面他们也不能按照威廉·詹姆斯(William James)那样的心理学的方法来单纯地描述默顿的神秘经验,因为默顿的神学虽然不是正统的天主教系统神学,但还是属于神秘神学。所以,它并非只有经验,还有对经验的理性论证。事实上,默顿的作品透露出非常明显的理性特征,这或许与他在哥伦比亚大学作硕士论文所受的学术训练有关,另一个原因则在于他的向导圣十字若望(St. John of the Cross)所做的工作实际上是用托马斯·阿奎那(Thomas Aquinas)的经院哲学的方法来撰写神秘神学。在这个意义上,研究者选择历时的方法无疑是风险性最小的。但也有的学者会尝试着突破这一局限,在历时的方法之余加上主题研究的方法,也就是将默顿作品中的主题提取出来单独成章,成为历时的方法的补充。在主题的方法和历时的方法之余,分析的方法也是经常使用的方法,尤其是在处理默顿否定神学的象征性语言时,分析法是最为适合的方法[6]。此外,最新的研究成果表明,晚近学者开始大胆地尝试新的研究路径。比如 2005

---

[1] 如 Carter J. Haynes: *A Hermeneutic Reappraisal of Thomas Merton's Approach to Spiritual Development*, Ph. D, dissertation, Fielding Graduate University, 2012。

[2] William H. Shannon: *Silent Lamp: The Thomas Merton Story*, New York: Crossroad, 1992.

[3] William H. Shannon: *Thomas Merton: An Introduction*, St. Anthony Messenger Press; Revised edition, 2005. 中译本:威廉·谢农:《认识灵修大师默顿》,谭伟光译,基督教文艺出版社 2012 年版,第 1 页。

[4] Lawrence S. Cunningham: *Thomas Merton and the Monastic Vision*, Grand Rapids, Michigan, Cambridge, U. K: William B. Eerdmans Publishing Company, 1999.

[5] Raymond Bailey: *Thomas Merton on Mysticism*, Garden City, New York: Image Books, A Division of Doubleday & Company, Inc. 1976。

[6] 关于研究默顿的历时、主题、分析的方法参见 Teahan, John Francis: *The Mysticism of Thomas Merton*, *Contemplation as a Way of Life*. Ph. D. dissertation, Princeton University, 1976.

年佛瑞德·郝伦（Fred Herron）在《没有持久的地点：托马斯·默顿和对神的寻求》[1]一书中，采用科恩（Thomas S. Kuhn）的科学革命范式的转化来类比默顿对20世纪天主教神学面对"异常"状况后的范式转化，作者认为默顿在《凝望的种子》（Seeds of Contemplation）和《凝望的新种子》（New Seeds of Contemplation）中之间的研究立场和态度的转化正是默顿参与这一神学研究范式革命中的一个例证。2012年卡特·海因斯（Carter J. Haynes）博士论文《托马斯·默顿的灵修发展的进路的一种解释学的重估》[2]是运用解释学的方法谈论默顿的"个人与社会"之间的张力问题，将伽达默尔解释学方法的应用在默顿的著作的分析上，由此也可以归为文本分析的方法。

除了历时的方法、主题的方法以及新近出现的解释学的方法之外，最常使用的研究方法是比较的方法。由于默顿思想的兼容性和开放性，以及他生前所涉猎的领域之广，交往范围之宽，使得默顿研究者倾向于将默顿与其他人物在某一个领域进行比较。这方面的研究浩如烟海，质量参差不齐，也是研究者在选择二手文献时最为困难的地方。其中大多数出现的标题为"默顿与——"形式，比如默顿与卡尔·巴特[3]、默顿与莫尔特曼[4]、默顿与保罗·蒂利希[5]、默顿与马西农[6]、默顿与圣十字若望[7]、默顿与祖科夫斯基[8]、默顿与埃内斯托·卡德内尔[9]，如此等等，不一而足。原因也许在于默顿与世界范围内的人物通信，而且很大一部分属于各个领域的名人，加上默顿作品的单独研究的难度，所以比较的方法无疑是研究默顿的一个最为容易的方法。容易入手但并不意味着容易把握，如同系统神学使用教义给默顿设框一样，比较的研究也容易使默顿失去他的完

---

[1] Fred Herron: *No Abiding Place: Thomas Merton And The Search For God*, University Press of America, 2005.

[2] Carter J. Haynes: *A Hermeneutic Reappraisal of Thomas Merton's Approach to Spiritual Development*, Ph. D, dissertation, Fielding Graduate University, 2012.

[3] William Clancy: *Karl Barth And Thomas Merton: Grace As Demand*, *Worldview*, 1969. 1, pp. 11 – 12. Roman Williams: No Being Serious: Thomas Merton and Karl Barth, A lecture given to the Thomas Merton Society of Great Britain and Ireland (at St. Cyprian's, Clarence Gate, London) on the occasion of the fortieth anniversary of Merton's death in 1968. Karl Barth, died on the same day, 2008, 12. 10. Ryan Scruggs: *Faith Seeking Understanding: Thomas Merton's Interest in Karl Barth*, M. A. thesis, McGill University (Montreal, Canada), 2009.

[4] Walter H Capps: *Hope against hope: Molton (i. e. Moltmann) to Merton in one decade*, Philadelphia: Fortress Press, 1976.

[5] Gianniini, Robert Edward: *Mysticism And Social Ethics: Thomas Merton seen in the Light of Paul Tillich*, Ph. D, dissertation, University of St. Andrews (Great Britain), 1977.

[6] Sidney H. Griffith: "Thomas Merton, Louis Massignon, And The Challenge of Islam," *The Merton Annual*, Vol. 3, New York: AMS Press, Inc. 1990, pp. 151 – 172.

[7] John F. Teahan, "A Dark and Empty Way: Thomas Merton and the Apophatic Tradition," *The Journal of Religion* 58 (1978): 263 – 87.

[8] Michael W. Higgins: "Merton And The Real Poets: Paradise Re-Bugged," *The Merton Annual*, Vol. 3. 1990. New York: AMS Press, Inc. pp. 175 – 186.

[9] D. R. Letson: "Foundations for Renewal: An Analysis of the Shared Reflections of Thomas Merton and Ernesto Cardenal," *The Merton Annual*, Vol. 3. 1990. New York: AMS Press, Inc. pp. 93 – 106.

整性，成为某一方面的默顿。在人们对谢农的评价中，认为他虽然在与默顿相识后，几乎是将余生投入默顿研究，可以说是"成果斐然"，但也许是因为个人志趣，也许因为资料上的疏忽，还是有意或者无意地忽略了默顿的诗人身份，也就是他忽视了默顿所说的，诗歌是作为"凝望"的最佳载体的这一诗论，由此成为书评人深感遗憾之处。而坎宁安教授正是针对这一点，一再在其专著、论文以及在与笔者的通信中强调，默顿首先是一位修士，这是最重要的身份，若脱离这一身份来研究默顿，必将误解默顿。由此，他用"文化"涵盖其他，认为默顿的神学可以视为一种"文化神学"，默顿是一位对文化做出批判的修士[①]。

### （四）研究的问题

当对研究领域、研究的角度等宏观研究视阈以及研究的方法这样的中观视阈做出梳理之后，下面进入研究的微观视阈即研究的具体问题。也就是作为一个相对年轻的研究课题，研究者们已做出了哪些具体的研究，得出了怎样的结论？

1. "凝望与行动"悖论与调和

默顿对修士的定义是，修士是毕生寻求神的人，"凝望"就是他们的职业。《七重山》中默顿遁世修行是对世界的遗弃，但在生命的后期他毅然重新参与到世界中来，成为执笔的战士。威廉·谢农教授在《托马斯·默顿的黑暗之路》的再版前言中写道：七年后，当他完成默顿后期日记的编辑工作时，他越发认识到，默顿之所以重新回到世界中来，是因为他已然成为了一名"凝望者"[②]。也就是说，正是"凝望"经验促成了默顿的"行动"。所以，绝不能抛开默顿所发生转变的20世纪50—60年代的时代背景来研究，默顿身上带有强烈的时代性，也就是不能将默顿作为脱离时代的独立的个体来研究。这是谢农为研究者所提出的建设性意见。宗教对话领域的权威研究者保罗·肯尼特（Paul Knitter）教授则将默顿与铃木大拙（D. T. Suzuki）对话的成果作为解决马利坦所提出的"匿名的二元论"的世界观的方剂。尼特认为，禅中所讲到的"当下"、"平常心"、"如是"、"自在"帮助默顿得出一种崭新的天堂观。即"此世即天堂"，天堂并非是从远方到来的，而是从当下生成的。所以，人需要参与到世界的救赎计划中来，而不是对这个世界的决然否定去寻求纯粹精神的天堂。耶稣基督的道成肉身说明，这个世界并非是要弃绝的，而是要更新的，灵魂与肉体是一个整体，并非是二元对立的[③]。托马

---

[①] Lawrence S. Cunningham: "Thomas Merton: The Monk as a Critic of Culture," *The Merton Annual*, Vol. 3, New York: AMS Press, Inc. 1990, pp. 187–199.

[②] William H. Shannon: *Thomas Merton's Dark Path*, New York: Farrar, Straus and Giroux, revised edtion, 1987, Preface, p. 4.

[③] Paul F. Knitter: "'Thomas Merton's Eastern Remedy For Christianity's 'Anonymous Dualism'", *Cross Currents* 31 (1981): pp. 285–295.

斯·默顿在《禅与欲望之鸟》中写道,天堂不是最终目的,天堂之后还需要奔向应许之地①。所以,行动还是为了实现对神的"凝望"的。同时,只有在"凝望"之后人才能够更好地行动。不论是卡尔·普兰克(Karl A. Plank)所作的《托马斯·默顿和汉娜·阿伦特:艾希曼之后的凝望》②还是琼·基蒂斯特(Joan Chittister)所写的《摩西的母亲和法老的女儿:一个当代的凝望的模式》③中,其核心观点都是,若没有凝望,人就会盲目地顺从集体意识,从而失去独立判断是非对错的机会。而在特殊的时期,集体无意识通常是罪恶的帮凶,在这个意义上,不仅艾希曼有罪,没有反抗的人们都是有罪的旁观者。唯独像摩西的母亲和法老的女儿这样的在罪恶面前用行动表示反抗的人是真正的"凝望者",凝望会帮助人们避免阿伦特所谓的"平庸之恶"。所以,只有真正的"凝望者"才是真正的"行动者",人需要首先求真,才能懂得如何行善。在这个意义上,"虚假的神秘主义"通常将"凝望"与"行动"对立起来,而导致"寂静主义"(Quietism)或"诺斯替主义"(Gnosticism)。

芝加哥大学的伯纳德·麦金(Bernard McGinn)教授2006年发表在《灵修》(*Spiritus*)杂志上的《退隐与返回:对修道的僻静的反思》一文中将默顿的"退隐"与"返回"的原因追溯到修道初期,初期的哲学家实际上是从言语和行为的双重性上的热爱智慧者,或者说哲学家本身也是灵修者。而且,历史上隐修士在"凝望"中获得来自神的智慧之后也乐意将智慧分享给他人。因此,"凝望与行动"之间的张力与调和属于一个历史问题,默顿完全可以借鉴历史上积累的经验教训来处理好这二者之间的关系问题④。而在事实上,默顿最终接受诗人与修士的双重身份正是来自他从圣十字若望那里习得的经验,圣十字若望本人既是一位诗人也是一位"凝望者(contemplative)",正是他引导默顿将写作作为一种灵修的方式。

罗伯特·爱德华·盖亚尼尼(Robert Edward Gianniini)在《神秘主义和社会伦理:从保罗·蒂利希看托马斯·默顿》一文,运用汤因比在《历史研究》中所确立的"文明的衰退,挑战与应对"模式来解释默顿的退隐(withdraw)—经验(experience)—返回(return)。虽然对默顿的退隐与返回的研究已经不计其数,但从文明的衰退、复兴规律来解释默顿的修道行为尚属首创。而且,爱德华将默顿的退隐、经验、返回分别置于人类学、神学和伦理学三种视阈下来研究。他认为,与其说默顿处理的是"凝望"与"行

---

① Thomas Merton: *Zen And The Birds of Appetite*, New Directions, p. 131.
② Karl A. Plank: "Thomas Merton and Hannah Arendt: Contemplation after Eichmann," *The Merton Annual*, Vol. 3, New York: AMS Press, 1990, pp. 121 – 150.
③ Joan Chittister: "Of Mose's Mother and Pharoah's Daughter: A Model of Contemporary Contemplation," *The Merton Annual* Vol. 3, New York: AMS Press, 1990, pp. 61 – 70.
④ McGinn, Bernard: "Withdrawal and Return: Reflections on Monastic Retreat from the World," *Spiritus: A Journal of Christian Spirituality*, Vol. 6, No. 2. Fall, 2006, pp. 149 – 172.

动"之间的关系，不如说是"神秘主义"与"社会伦理"之间的关系。他将默顿在修院中的修道经验归于神秘主义研究的范畴，而默顿后期发出的社会批判属于伦理学研究的范畴，也就是社会伦理的范畴。由此，传统意义上的"凝望与行动"的张力在默顿这里也就是神秘主义与社会伦理之间的张力①。

简言之，研究者得出的结论是：在默顿看来，"凝望与行动"是对立统一的，二者相互辅佐，相互促进；"凝望"并不意味着对世界的否定，世界是神实现他的救赎计划的天堂；"凝望者"可以避免成为逃避责任的从众者和有罪的旁观者，"凝望"给人以智慧的眼睛观照世界；默顿所面对的"凝望与行动"之间的张力是有历史渊源的，是身为隐修士不可避免的修道处境。

2. 从苦修到神秘：避免形式化的修道体制

在卡特·海因斯（Cater J. Haynes）的博士论文《对托马斯·默顿的灵性发展的进路的解释学重新评价》②中，作者给出的一个观点是，灵性与宗教不同，灵性包含的维度更广，侧重于心灵与内在，而宗教则与外在的仪式与形式息息相关。在这个意义上，更多研究者将注意力放在默顿的"灵性"成长史上。这并不是说宗教不重要，尤其是对修道体制改革有过长期思考和论证的默顿来说，宗教也是不可缺少的一部分。但是，正如在他所论证的修院改革中所一再呼吁的那样，修士培育应当从对苦修的强调，转向对神秘的高扬。也就是说，苦修本身不是目的，而仅仅是为通达神秘所做的预备。西德妮·格里菲斯（Sidney H. Griffith）写的《托马斯·默顿，路易斯·马西农和伊斯兰教的挑战》中开篇提出一个基督教修道主义所面临的一个来自穆斯林的挑战。穆罕默德（Muhammad）说"伊斯兰教中没有修道主义"③，早期伊斯兰神秘主义者遵照这一格言，认为基督宗教的修道主义用"人类的机构取代神圣天意"④。默顿的回应是，基督宗教的修道体制的确面临形式化或自大的危险："穆斯林如此解释：安拉（Allah）并没有规定修道生活而是耶稣的一些门徒发明了它，并带着它的义务。一旦他们接受了这些义务，他们将在祂的视野之中被（义务）所束缚。一个道德的人：他将要求其他人遵守他的规

---

① 参见 Gianniini, Robert Edward: *Mysticism And Social Ethics: Thomas Merton seen in the Light of Paul Tillich*, Ph. D, dissertation, University of St. Andrews (Great Britain), 1977。

② Carter J. Haynes: *A Hermeneutic Reappraisal of Thomas Merton's Approach to Spiritual Development*, Ph. D, Fielding Graduate University, 2012.

③ Louis Massignon, *Essai sur les origines du lexique technique de la mystique musulmane* (Paris: J. Vrin, 1964, pp. 145 – 153), see Sidney H. Griffith: "Thomas Merton, Louis Massignon, And The Challenge of Islam," *The Merton Annual*. Vol. 3, New York: AMS Press, Inc. 1990, p. 151.

④ Thomas Merton: *The Asian Journal of Thomas Merton*, Edited from his notebooks by Naomi Burton, Brother Patrick Hart & James Laughlin, Consulting Editor: Amiya Chakravarty, London: Sheldon Press. 1973, p. 263. Sidney H. Griffith: "Thomas Merton, Louis Massignon, And The Challenge of Islam," *The Merton Annual*, Vol. 3, New York: AMS Press, Inc. 1990, p. 152.

定何其多啊？"[1] 默顿在这里想说明的是，若修道主义变成对一些程式规条的遵守，而缺失神秘经验或生命转化的内涵，就会沦为穆斯林所批评的"取代天意的人类的机构"。

从苦修到神秘，正是默顿神学中对经验的强调的反映。在瑞安·斯克鲁格斯（Ryan Scruggs）的论文《信仰寻求理解：托马斯·默顿的宗教对话中的神学方法》[2] 中，作者指出，默顿的宗教对话的方法是寻求"共同的基础"（common ground）。但是，基督宗教与犹太教、伊斯兰教对话的共同基础可以为理性，但若与东方宗教的禅、道对话，则需诉诸经验。这是如卡尔·巴特（Karl Barth）等西方神学家在没有摄入东方宗教的情况下所无法发现的。

克里斯托弗·普莱姆克（Christopher Pramuk）在其著作《索菲亚：托马斯·默顿的隐藏的基督》[3] 中，以默顿的散文诗"Hagia Sophia"为研究对象，分析了默顿作品中所包含的基督论中的智慧传统。事实上，这一传统是来自东方教会。作者认为，默顿在"Hagia Sophia"中实现了东西方神学的联姻。"神的临在就如同你推开门走进清新的空气中。你不需要聚精于清新的空气，你呼吸它。你不需要专注于阳光，你只需享受它。它无所不在"[4]。所以，神学是要活出来的[5]，是要去经验的，这并非否定理性，而是对理性的补充与完成。安立甘宗学者奥尔欣（A. M. Allchin）为国际默顿年会提交的论文《整体创造的祈祷：默顿和东方教父》[6] 中指出，默顿是一位真正的神学家。因为按照早期教父伊瓦格里那乌·彭迪古（Evagrius Ponticus）的观点，神学家是真正的祈祷的人。在这个意义上，神秘与神学是合一的。由于神秘与神学的合一性是东方教会的特征之一，默顿也由此被看作一位"普世神学家"（Ecumenical Theologian）。雷蒙德·拜雷在《托马斯·默顿的神秘主义》一书的注释中引用了布特和鲍耶尔的分析，默顿之所以选择"凝望（contemplation）"作为神秘神学的出发点和立足点，原因归于在古希腊教父中，"神秘神学"与"凝望（contemplation）"是同一事物的两种表达方式，都是指通过

---

[1] Thomas Merton: *The Asian Journal of Thomas Merton*, Edited from his notebooks by Naomi Burton, Brother Patrick Hart & James Laughlin, Consulting Editor: Amiya Chakravarty, London: Sheldon Press. 1973, p. 264. See also Sidney H. Griffith: "Thomas Merton, Louis Massignon, And The Challenge of Islam," *The Merton Annual*. Vol. 3, New York: AMS Press, Inc. 1990, p. 172.

[2] Ryan Scruggs: "Faith Seeking Understanding: Theological Method In Thomas Merton's Interreligious Dialogue," *Journal of Ecumenical Studies* (Novermber 16, 2011).

[3] Christopher Pramuk: *Sophia: The Hidden Christ of Thomas Merton*, Collegeville, Minnesota: Liturgical Press, 2009.

[4] Bernadette Dieker, Jonathan Montaldo: *Merton and Hesychasm: Prayer of the Heart: The Eastern Church*, Louisville, KY: Fons Vitae, 2003, p. 454. 转引自 Christopher Pramuk: *Sophia: The Hidden Christ of Thomas Merton*, Collegeville, Minnesota: Liturgical Press, 2009, p. 298。

[5] Thomas Merton: *An Introduction to Christian Mysticism*, Edited with an Introduction by Patrick F. O'Connell. Kalamazoo and Michigan: Cistercian Publications, 2008, p. 16.

[6] A. M. Allchin: "The Worship of the Whole of Creation: Merton & The Eastern Fathers," *The Merton Annual*, Vol. 5, New York: AMS Press, Inc. 1997, pp. 189 – 204.

经验获得的关于神的隐蔽的知识。其中，神学（theologia）是最高的凝望（contemplation）①。

简言之，学者对于默顿在神秘经验议题下的讨论所得出的观点可以概括为：灵性成长重于宗教的外在形式；基督宗教的修道模式不能降低为程式化的对规章制度的遵守；宗教经验是基督宗教与东方宗教对话的共同基础；神秘与神学不可分；默顿神学中的智慧传统来自东方，他也由此被看作一位"普世神学家"；默顿通过对"凝望"的研究，实现古老的"神学"含义的恢复，他也被看作是一位"真正的神学家"。

3. 托马斯·默顿的宗教对话观

默顿在生命的后十年重点研究禅宗、道家等东方宗教思想，他在佛像前的神秘经验，以及他在日记中所记录的梦见自己一名佛教徒，乃至他在泰国曼谷的意外死亡使得太多熟悉默顿人反思默顿的宗教对话观。天主教徒质疑默顿的信仰的忠诚度，研究者也考虑将默顿定位为一名作为佛教徒的天主教徒。天主教信仰者以及宗教学研究者提出的问题是：默顿的宗教对话观是否可靠？② 历史学者提出的问题是：默顿到生命的最后是否成为了一名佛教徒？

几乎所有的宗教对话理论都面临两个问题：一、对本宗教的放弃或取消，宗教多元论大多面临这一质疑；二、对其他宗教的排斥，绝对的宗教排他论是这一指责的责任承担者。默顿的宗教对话观与保罗·尼特所列举的当前宗教对话模式不同之处在于，他将对话的基础置于经验之维，而且以不承认任何人占有绝对真理为前提。也就是说，默顿不是从理论上论证宗教对话的，而是一位宗教对话的实践者。在这个意义上，默顿的生命经验无疑是研究的重要的史料依据。

从默顿本人的手稿出发，多数研究者得出的结论是默顿并没有违背天主教信仰，但他也的确对可以接触到的一切宗教保持开放。约瑟夫·库恩·哈珀（Joseph Quinn Raab）用"开放"与"忠诚"概括了默顿的宗教对话特点。他引用默顿在《一个有罪的旁观者的凝望》（*Contemplation of A Guilty Bystander*）一书中的观点：人类已经进入了一个信仰成熟的时代，完全能够做到既对本宗教信仰保持忠诚，又可以对其他宗教信仰开放③。更多研究者持一种积极的态度，探究默顿在与不同的宗教对话中所获得的收获。如保罗·尼特认为默顿与铃木大拙的对话中所获得的佛教知识，丰富并且深化了默顿对基督宗教教义的理解，从而将二者融会贯通。而且，为基督宗教处理二元论的问题提供了新

---

① Raymond Bailey: *Thomas Merton on Mysticism*, Garden City and New York: Image Books, A Division of Doubleday & Company, Inc. 1974, pp. 241–242.

② 参见 Anthony E. Clark: "Can you Trust Thomas Merton?", *This Rock*, Vol. 19, 2008.5。

③ Joseph Quinn Raab: *Openness and Fidelity: Thomas Merton's Dialogue with D. T. Suzuki and self-Transcendence*, University of St. Michael's College (Toronto), 2000.

的视野和帮助①。

简言之，关于默顿的宗教对话研究涉及的问题有：默顿的宗教对话实践的是否可靠；默顿与其他宗教信仰者和研究者对话的实践中获得了哪些收获；默顿本人的天主教信仰在他与其他宗教对话的过程中是否发生过变化？

以上是研究者所关注的一些重要的具体问题，其他问题大多也能归于上述问题中，如默顿对艺术与敬拜的讨论，也能置于其神秘主义、凝望的问题之下。与苏菲主义、俄国诗人、解放神学等的对话亦属于广义的宗教对话议题。虽然对话的具体对象有异，但对话的原则、立场具有一致性。默顿在后期的社会批判理论其建立的基础也是他所思考的"凝望与行动"之间的关系。这再一次印证了坎宁安教授的观点，虽然默顿兼具多种身份，涉足多个领域，但他首先是一位修士，理论源泉是天主教信仰和天主教神学。所以，也只有从默顿的修士身份和天主教神学出发，才能具体而深入地研究他在其他领域的贡献。

## 二 国内关于托马斯·默顿的研究综述

综上可知，从总体上看，默顿研究虽然数量较多，但从研究方法上来看尚属一个崭新的领域，对于国内的研究，只能说与国外的研究者一起都在探索中。

从研究领域上看，国内的研究集中在神学、宗教学和历史学领域。其中，港台以神学研究居多，大陆以彭小瑜教授的历史学路径研究为代表。

从研究角度上看，国内研究同样集中在默顿的"凝望"思想。国内学者首先面临一个关于 contemplation 的翻译问题，从已有研究来看，学者给出了不同的翻译，如港台多翻译为"默观"，默观神学已然成为神学研究的一个分支，其含义定位在"灵修"上。彭小瑜则将其译为"静思"。托马斯·默顿（Thomas Merton）的人名也有多种翻译，如多玛斯·梅顿，托马斯·莫顿，托马斯·弥尔顿，多玛斯·牟顿等。本文遵循了大陆学者彭小瑜的翻译：托马斯·默顿。

从研究方法上看，历时的方法与主题的方法的结合是学者大多采纳的方法。如台湾辅仁大学王脩淳的硕士论文《默观者牟敦对当代灵修的启发意义》②和台南神学院的陈佳惠的硕士论文《多马斯·梅顿的默观与祈祷精神》③都是以默顿的人生历程为线索的

---

① Paul F. Kintter: "Thomas Merton's Eastern Remedy For Christianity's 'Anonymous Dualism'", *Cross Currents* 31 (1981): 285–295.
② 王脩淳:《默观者牟顿对当代灵修的启发意义》，台北：辅仁大学硕士学位论文，2010年。
③ 陈佳惠:《多马斯：梅顿的默观与祈祷精神》，台南：台南神学院硕士学位论文，2005年。

研究。彭小瑜的两篇论文《一个隐修者的入世情怀：托马斯·默顿的社会和政治思想》①（《中国社会科学》2008 年第 5 期）和《"晚祷的清烟飘上纯净的天空"——托马斯·默顿论人性、和平与爱情》②（《北大史学》第 14 辑）也是以历史的进路为主，同时配合有主题的方法。比较的方法尤其是将默顿与东方宗教进行比较实则是中国学者具备天然的优势的一个进路。浙江大学的徐晓燕在《通往自我理解的深处——托马斯·默顿与佛教的对话》③ 一文中，比较了"无明与罪"、"无我与真我"以及"空与上帝"。除此之外，文本分析也是国内学者采用的方法。如在彭小瑜的《一个美国修士的入世情怀：基督教与现代国家意识》④ 中，作者在论述默顿的社会和政治思想时，集中分析了默顿的《约拿的标记》⑤、《静思在行动的世界中》⑥、《孤寂中的思忖》⑦、《生活与神圣》⑧、《静思的种子》⑨ 和《静思的种子》⑩（新版）等作品。

从研究的主题上看，国内学者关心的问题也是默顿的"凝望与行动"之间的张力问题，作为修士的默顿与作为社会批判者的默顿之间的矛盾问题。彭小瑜教授作为国内首屈一指的教会史专家，在《一个美国修士的入世情怀：基督教与现代国家意识》一文中，从美国天主教国家利益批判的角度对默顿的思想进行了阐释。他所提出的问题是：新教质疑天主教修道主义是对社会责任的逃避，那么修道是否就一定是对社会中他人冷暖的漠不关心？作者以默顿为例，对此的回答是否定的。默顿批判了对美国在国家利益的诱惑下使得民众变成好战分子，以及其他 20 世纪的社会、政治问题。但若研究默顿的社会政治思想，首先应当回到默顿对"凝望与行动"之间的关系的思考，默顿认为，过分割裂二者无疑是有害的。此外，作者还讨论了默顿对平信徒成圣的肯定。在一定程度上，有意回避了唯有修道院作为基督徒灵修场所的观点。作者由此引入了默顿对修道制度改革问题的思考。在《"晚祷的清烟飘上纯净的天空"——托马斯·默顿论人性、和平与爱情》中，彭小瑜对默顿对人性、和平与爱情的思考展开论述，在作者看来，作为修士的默顿实则是一个真诚的有情人。作者再一次要证明的是，修道士并非是不食人

---

① 彭小瑜：《晚祷的清烟飘上纯净的天空》，《北大史学》第 14 辑，北京大学历史系主编，北京大学出版社 2009 年版，第 316—339 页。
② 彭小瑜：《一个隐修士的入世情怀：托马斯·默顿的社会和政治思想》，《中国社会科学》2008 年第 5 期。
③ 徐晓燕、思竹：《通往自我理解的深处——托马斯·默顿与佛教对话》，载于《第五届天主教研究青年学者论坛会议论文集》，北京天主教与文化研究所 2012 年版，第 91—98 页。
④ 彭小瑜：《一个美国修士的入世情怀：基督教与现代国家意识》，载于《基督教与近代西方民族国家》，江西人民出版社 2011 年版，第 419—474 页。
⑤ Thomas Merton：*The Sign of Jonas*，New York：Harcourt, Brace and Company, 1953.
⑥ Thomas Merton：*Contemplation in a World of Action*，Garden City, New York：Image Books, 1973.
⑦ Thomas Merton：*Thoughts in Solitude*. New York：Farrar, Straus and Giroux, 1956.
⑧ Thomas Merton：*Life and Holiness*. Garden City, New York：Image Books, 1964.
⑨ Thomas Merton：*Seeds of Contemplation*. Norfork, Connecticut：New Directions, 1949.
⑩ Thomas Merton：*New Seeds of Contemplation*，New York：New Directions Books, 1962.

间烟火的假行僧,而是对世界充满爱的真人,也就是说,修道生涯是为了帮助一个人成为一个更加真实的人,人性完整的人。这样的人,如圣方济各,用《太阳兄弟颂》化解了战争的冲突,如默顿,与甘地一样坚持"非暴力"的立场,相信唯有爱和真理能够战胜。也只有这样的人,才能面对真实的自己以及懂得什么是真正的爱情①。刘锦昌在《梅顿的灵修观略述》中论述的观点是,默观(凝望)是默顿灵修生命的主题,而这一主题来自沙漠教父、来自信仰,以及祈祷等基督宗教灵修传统。刘锦昌神父与彭小瑜教授的文章都在论证的主题是,孤寂生智慧,默顿之所以能为人类的现实问题贡献一些有益的智慧,是因为他在孤寂之中获得了一颗超越于世俗利害二元对立的纯净的心。这正是默顿在《七重山》中所提到的"分享默观果实"②。这种分享包括三点,一是慈善和布道活动,二是写书,三是默顿所认为的"修士的祈祷本身就能穿越修道院院墙惠及世人"③,这也是彭小瑜在文章中特别强调的。更具体地说,是从事慈善活动,还是度隐修生活,是默顿27岁时所面对的一个人生的抉择;而是闭门祈祷,还是参与世事,则是默顿在成为一名成熟的修士之后面临的抉择。对于世界,他曾经说"否",随后说"是"。这其中的原因已成为诸多学者争相谈论的话题。所以,"凝望与行动"可以看作是国外和国内的研究者已共同在探究的主题。

此外,默顿的宗教对话观也是国内学者已然涉猎的议题。如徐晓燕通过研究默顿与铃木大拙之间的对话,分析了佛教中的哪些教义促进了默顿对基督宗教信仰的理解。由此证明了宗教对话对丰富对各自宗教信仰的理解的重要作用。从已有的文献上看,国内学者在默顿的宗教对话问题的研究上尚属起步阶段。但对于中国学者而言,默顿与禅、道的对话无疑具备研究的先天优势,在这方面台湾学者吴经熊与默顿的对话是亟待大陆学者参与讨论的问题。美籍华人学者李绍崑在20世纪70年代所出版的《弥尔顿与中国禅道》④是这项研究的一个起点,但从学术性上看尚属介绍性阶段。

## 三 未来研究展望

1976年,约翰·泰晗(John F. Teahan)在他的博士论文《托马斯·默顿的神秘主义:凝望作为一种生活方式》的最后一章对未来的默顿研究提过一些建议。其中,他的

---

① 参见彭小瑜《晚祷的清烟飘上纯净的天空》,《北大史学》第14辑,北京大学历史系主编,北京大学出版社2009年版,第316—339页。
② 参见托马斯·默顿(Thomas Merton):《七重山》,方光珞、郑至丽译,上海三联书店2008年版,第423页。
③ Thomas Merton: *The Seven Storey Mountain*, New York: Harcourt, Brace and Company, 1948. 转引自彭小瑜:《一个美国修士的入世情怀:基督教与现代国家意识》,载于《基督教与近代西方民族国家》,江西人民出版社2011年版,第428页。
④ 李绍崑:《弥尔顿与中国禅道》,台湾:学生书局1979年版。

核心观点是,"默顿研究不能局限于其人、其思想;也应当在宗教的学术研究所描绘的更加广阔的轮廓中来探究他的贡献。"[1] 当时,他认为对默顿的生平、思想的阐释性著作虽已出现,但尚属起步阶段。从今天看,阐释性的研究已取得一些突破,然而,批判性的研究依然较少。因此,未来研究者在已有研究的基础上,应当拓展对默顿的批判性研究,或者说挖掘默顿思想本身的可能的生长点。比如,受到世人赞赏的独特的修道视阈是否因为没有参与到社会进程中而过于理想化?以及,默顿在研究东方宗教中所透露出的与研究基督宗教所持观点、行文的相似性,使我们不禁质疑,默顿是否真正读懂了东方宗教?东方的禅观与基督宗教的"凝望"思想是否真的可以等同呢?这些研究的具体问题在笔者所接触到的研究中还未被充分讨论。约翰·泰晗对默顿的神秘主义研究提出过的建设性意见包括:(1)将默顿置于基督宗教神秘主义的思想史研究视阈中,比较他的凝望思想与尼撒的格里高利(Gregory of Nyssa),圣明谷的伯尔纳德(St. Bernard of Clairvaux),圣十字的若望(St. John of the Cross)。然而,30多年过去了,这样的研究并没有出现。只是,在伯纳德·麦金的《基督宗教神秘主义史》书系中做过一些探讨。也许,这项研究需要的要求较高,研究者本人需要与上述思想家的研究达到与对默顿研究同样的水平,因此,尚未有学者敢于动笔做这方面的整体性探讨。但个别性的比较研究还是能够见到的,比如对默顿与圣伯尔纳德的比较研究,对默顿与圣十字若望的比较研究等。只是,学术界的缺口仍然是默顿对整个的基督宗教神秘主义贡献了什么?我们究竟应当将默顿置于这一领域中的怎样的地位上?(2)将默顿的神秘主义研究与从哲学、历史学、跨文化研究以及心理学对神秘主义研究对比。比如与从哲学角度研究神秘主义的学者 R. C. 扎纳(R. C. Zeahner),W. T. 斯特斯(W. T. Stace),尼尼安·斯玛特(Ninian Smart)等宗教学家的研究做一比较。这样的研究也尚阙如。其困难性在于,默顿是一位修士神学家,他的神秘主义研究建基于基督宗教神秘主义的深厚传统以及他本人的宗教经验。因此,其写作风格与学院派差异较大。由此,此项研究需要研究者本人将默顿的思想整理出一个系统,并且对当前学术界的神秘主义研究有一个基本的把握。困难较大,但有明显的学术立意。即将默顿置于宗教学的宗教经验的研究视阈中研究,一方面可以将默顿作为一个研究的例证,另一方面又可以将默顿作为参与此项研究的一名学者。探讨默顿本人的神秘经验,以及他为宗教经验研究所做的学术性贡献。如默顿对虚假的神秘主义的反复探讨,为何谓神秘经验提供了又一个理论参照[2]。(3)由于默顿的写作对象不局限于修士,还包括更广泛的有灵修需求的平信徒甚至非信徒。因此,可以将默顿与其他天主教灵修作家进行比较。如台湾的刘锦昌神父在《梅顿的灵修观略

---

[1] Teahan, John Francis: *The Mysticism of Thomas Merton: Contemplation as a Way of Life*, Ph. D. dissertation. Princeton: Princeton University, 1976.

[2] Brian Robinette: "Thomas Merton on False Mysticism," *Cistercian Studies Quarterly* 36.2 (2001), pp. 245-61.

述》中比较了默顿与纽曼主教和另一位灵修导师亨利·卢云（Henri J. M. Nouwen）[①]。（4）将默顿置于美国宗教史的视阈下研究，如比较他与约翰·爱德华（Jonathan Edward）等思想家。这方面的研究还是有的，如对默顿与保罗·蒂利希的比较研究，默顿与多萝西·戴的比较研究。国内学者彭小瑜教授就是在美国天主教所处的时代背景下来研究默顿所代表的天主教群体的国家批判理论。同时，比较了默顿与默里、多萝西·戴等天主教神学家[②]。这方面的研究美国学者有先天的优势，应当期待更为深入的研究成果的出现。（5）在20世纪的神秘主义的视域下的研究。因为20世纪除了默顿外的神秘者还有德日进，蒙娜·薇依，以及印度的阿罗频多（Sir Aurobindo Ghose）等。因此，将默顿置于20世纪神秘主义者的背景下研究也是一个视阈。这方面的研究已取得一些成果：如对默顿与德日进比较研究[③]；菲利普·雪德瑞克的《托马斯·默顿对20世纪灵修的贡献：一个重新评价》[④]等。通过上述可以深入的视阈可以发现，在不局限于默顿本人的著作和思想的情况下，比较的研究方法似乎是绕不过去的方法。这也许是默顿本人的风格使然，他虽身为天主教修士，但从未将自己局限于天主教的教义、传统之中，而是以一颗开放的心迎接各种宗教、文化的滋养。他不是宗教对话的理论者，而是实践者。他的对话观来自生动活泼的实践经验。

之所以在本小节引用约翰·泰晗的观点，原因在于他的博士论文虽写作于20世纪70年代，但几乎是预言了后面30年默顿研究在神秘主义这一研究领域的几乎所有的可能性。而以"凝望"思想为代表的神秘主义作为默顿思想的核心也几乎可以涵盖默顿的所有思想。在这个意义上，上述角度虽着眼于神秘主义，但亦可以说囊括了默顿研究的其他可能性。

简言之，从当前国外研究来看，学者对默顿的关注度未曾锐减；从国内研究来看，学者对默顿的关注度正在增加。默顿作品的中文版译著陆续问世，研究论文在近年也陆续出现。与此同时，虽然国外默顿研究已如日中天，但一些难点、重点问题，如默顿对神秘主义思想史的贡献等问题尚未解决。在这个意义上，这些问题本身成为默顿研究的学术生长点。而在宗教学、哲学的视阈中，默顿作为一个当代神学家，无论如何其研究尚属一个崭新的领域，由此，在这片全新的沃土中以其更多敦笃学人参与其中。与这位20世纪最有名的修士一起，在"凝望"中体贴一体圆融之爱，以各自本有的宗教、神

---

[①] 关于卢云对默顿的灵修和生活的省思，参见卢云（Henri J. M. Nouwen）著《遇见默顿：卢云眼中的默观者》（*Encounters with Merton: Spiritual Reflections*），黄美基译，台北：光启文化出版社2007年版。

[②] 彭小瑜：《正义战争理论与天主教和平运动——历史背景、现实困难和未来展望》，《宗教与美国社会》（第4辑），徐以骅主编，时事出版社2007年版，第472—501页。

[③] Don St. John: "Contemplation & Cosmos: Merton on Maximus and Teilhard," *Teilhard Studies*, Spring, 2011.

[④] Philip Sheldrake: "Thomas Merton's Contribution to 20th Century Spirituality: An Appraisal," *The Merton Journal*, The Easter 2005 issue, Vol. 12. No. 1, UK: Thomas Merton Society of Great Britain and Ireland.

学、哲学背景，甚至生命经验与他对话。如此，研究者本身已如默顿一样是理性的研究者，亦是宗教对话的实践者。而思辨与神秘，教义与灵修的合一正是默顿孜孜以求的毕生心愿，在书写《基督宗教神秘主义导论》的讲义时，默顿在落笔之初即写下：从今天起，客西马尼的隐修士的目标从苦修走向神秘[1]。神秘并非排斥理性，并非排斥教义，而是通过经验去亲证理性，通过灵修去分享教义。与此同时，个人的神秘经验也在理性的统合中凝结为教义，成为教会中所有人的可以共同历验的智慧。这正是默顿对天主教神学中思辨与神秘、教义与灵修分离的发出的反抗。神学是要活出来的[2]，不仅仅是论证出来的，但神学同样需要论证。因为教义的正确是践履的前提。在这个意义上，默顿实则是在为神学重新定义，这一定义建立的基础是教会初期沙漠教父的微言大义以及基督宗教神秘主义传统中神秘者，尤其是作为圣徒的神秘者的嘉言懿行。麦金教授说，"如同伟大的诗人和伟大的艺术家，伟大的神秘主义者是获得超凡人类成就的典范。……阅读神秘主义者的作品能让我们触摸到人类精神的最为深层的奥秘"[3]。由此，对神秘主义的研究亦如对艺术家的研究一样，需在理性研究的基础上付之于经验的对话抑或交融。

此外，2002年《默顿百科全书》[4]问世，以及默顿中心整理的默顿关于修道传统的系列讲义自2005年至今已出版了五册[5]，这些材料无疑为21世纪的研究者提供了新的可能性。对国内学者而言，在可以获得的英文文献之外，陆续出版的默顿著作的中译本更为研究提供了前所未有的便利条件。由此，完全可以说，默顿研究必将成为未来几年中国宗教学、哲学等研究领域的热点之一。

（作者简介：吴莉琳，北京大学哲学系博士后）

---

[1] Thomas Merton: *An Introduction to Christian Mysticism*, Edited with an Introduction by Patrick F. O'Connell. Kalamazoo and Michigan: Cistercian Publications, 2008, p. 15.

[2] Ibid., p. 16.

[3] Bernard McGinn: *The Essential Writings of Christian Mysticism*, New York: The Modern Library, p. xiv.

[4] William H. Shannon, Christian M. Bochen, Patrick F. O'Connell: *The Thomas Merton Encyclopedia*, Maryknoll, New York: Orbis Books, 2002.

[5] Thomas Merton: *Cassian and the Fathers* (2005), *Pre-Benedictine Monasticism* (2006), *An Introduction to Christian Mysticism* (2008), *The Rule of Benedict* (2009). *Monastic Observance* (2010), *Initiation into the Monastic Tradition* (1, 2, 3, 4, 5). Kalamazoo, Michigan. Cistercian Publications, 2005, 2006, 2008, 2009, 2010.

# 玛雅文化研究综述

张 禾

玛雅学，或对玛雅文化的研究，从20世纪80年代至今已经成为国际上的一门显学。跟它直接相关的、对其他中美洲土著文化的研究，统称"前哥伦布美洲文化研究"，在美国、欧洲和中南美洲的大学里的考古、人类学、语言学、古文字、历史、艺术史、宗教等专业已经是必不可少的内容。

由于玛雅文化在13世纪时的大规模衰落，到16世纪初西班牙人到来之际，除了一些民间的祭祀传统和口传文化外，上百座城市已被丛林淹没，曾经使用过近两千年的文字也不再有人使用，只有极个别的乡村祭司还能认读一些前辈传下来的历书和占卜书中的文字；在西班牙殖民主义统治下，玛雅人又被迫放弃自己的语言和文化传统；所以，当19世纪中叶西方人再次发现古代玛雅文明的辉煌时，才发现它的精髓——文字，已经没有一人能够认读了。要了解这一文明的兴衰，必须重新解开它的文字之谜。于是，学者们开始了一个艰辛漫长的破译玛雅文字和研究古代及现代玛雅文化的历程。

这一历程大致可以分为三个阶段：16世纪至20世纪初期；20世纪30年代至70年代初；70年代初至90年代末。

第一阶段可追溯到公元16世纪的西班牙天主教传教士迪亚哥·德·朗达（Diego de Landa，1524—1579）。朗达是1549年被从西班牙派往尤卡坦地区传教的佛朗西斯派教士，1573年被提升为当地的主教。出于宗教热情和急于同当地玛雅土著沟通的愿望，朗达认真了解玛雅的文化历史，系统地跟从当地玛雅祭司学习他们的语言和文字，并且详细记录了尤卡坦地区玛雅人的生活习惯、宗教仪式，以及对历史古迹的观察等，其中包括著名的玛雅"字母表"。作为传教士，他的主要任务是把当地的"野蛮人"驯服皈依为上帝的子民，成为罗马天主教会的教民。所以，除了狂热地对玛雅人实行宗教"洗脑"外，他还逼迫玛雅人放弃自己的宗教信仰。仅一次在玛尼（Mani）教区的活动期间（1562年），他就强收并焚烧了5000多件玛雅偶像和27本图文并茂的手抄本文书（而现在玛雅手抄本仅存四本！），并且对当地村民施行残酷的逼、供、信，让他们承认自己的"巫术"行为。他的所作所为引起教会内其他教士的不满，把他告到上一级教会。在被召回国内为自己出庭辩护准备答辩之际，朗达把自己的笔记整理成一本书，题为《尤卡坦事务关系》。正是这本笔记为后人留下了珍贵的材料。公正地说，我们现在对殖民初期的尤卡坦玛雅人状况的了解有90%以上来自他的笔记。而笔记中论述到的历法的用法、节日的庆祝典礼、新年的祭祀禁忌，成为后人了解古代玛雅文化最重要来源；特别是那些他称为"魔鬼的手笔"的文字符号，成为日后破译玛雅文字的"罗赛塔石"。

所谓的玛雅"字母表"是朗达找来两个玛雅祭司，按照西班牙字母的发音，排列出发音相似的玛雅符号。由于朗达把玛雅文字完全当作拼音文字来对待，始终和两个玛雅祭司难以沟通，所以最终也没有弄清楚这些奇奇怪怪的符号是如何运作的。尽管如此，他涂画下来的、自认为是字母的29个玛雅符号和西班牙字母的对照表却成为400年后玛雅文字破译的关键。朗达在国王面前胜诉后回到尤卡坦，那本笔记却留在西班牙，逐渐被遗忘。

19世纪初，法国自然科学家拉芬斯科（Constantine Rafinesque）从三本藏于欧洲的玛雅手抄本中首先辨认出用点和短线表示的数字，即用圆点表示数字1，2，3，4，用短横杠表示5，10，15等。接着法国传教士博博（Brasseur de Bourbourg）于1862年在西班牙皇家历史学院图书馆发现了朗达的笔记，从朗达记录的日历中辨认出祭祀历①中的日名和数字的用法。博博之后又有人发现手抄本文字的书写是从左到右，从上到下，两行两行地进行。至20世纪初时，已有以下几样文字被辨认出来：数字零和20，方向，颜色，金星，日历18个月份的名称和长数历。20世纪20年代时又有人解读了月历。大家虽然都对朗达的字母表下过工夫，却没有任何结果。

在朗达的笔记发现前不久，一位美国律师司蒂汶斯（John Lloyd Stephens）因卷入一桩案件需要暂时离开美国，同时正好听说有人在中美洲发现了一些古迹，所以邀了一个英国画家朋友凯瑟武德（Henderick Catherwood）踏上去中美洲的探险之旅。两年后，他们从热带丛林中陆续送出已经销声匿迹几百年的玛雅文明信息。一个著文，另一个配图，顷刻间掀起了欧美两大陆的玛雅研究热。在他著名的探险游记中，司蒂汶斯特别描述了他所见到的玛雅纪念碑上的"象形文字"，认定它们像埃及文字一样书写和记录着玛雅历史，并呼唤第二个张伯里昂（Champollion，古埃及文字的最初破译者）的出现。

从20世纪20年代开始到70年代中期，即第二个阶段，美国哈佛大学的莫莱（Sylvanus Morley）和卡内基研究院的英国人汤姆森（Eric Thompson）可以说是玛雅研究领域的领袖和权威。两个人都有长期丰富的玛雅考古和民俗学方面的经验，出版过非常有影响的著作。莫莱的《古代玛雅》是这一阶段最全面最有影响的专著。汤姆森有《玛雅象形文字介绍》、《玛雅象形文字目录》、《玛雅文明的兴衰》、《玛雅历史和宗教》、《德累

---

① 参见张禾《玛雅历法和2012年预言》，《世界宗教文化》2012年第3期。

斯顿手抄本评解》，等等。其中《玛雅象形文字目录》一书中的编号系统，直到今天仍然具有重要的参考价值。但是，莫莱和汤姆森从一开始就受到17世纪德国文字学家克尔切（Kircher）的"象形图画文字起源说"的影响，至死都认为玛雅文字是用象征图画表达意义的文字，与语音没有任何关系。莫莱在去世前两年出版的《古代玛雅》（1946年）中下结论说："玛雅象形字是表意文字，因为它的字母符号是表意的，而不是用来代表图画或声音。"① 还说："玛雅碑铭主要讲述了玛雅的编年史，天文学和一些宗教事务。而且它们从来不像埃及，亚述，巴比伦王国的碑铭那样记载个人的荣耀。它们是那么彻底地无个人化，以至于在玛雅纪念物上从来都找不到某个具体人的名字。"② 也就是说玛雅文字只是用于记载历法和天文怪象以及一些祭祀活动的，而与历史毫无关系。汤姆森在20世纪70年代初时也还下结论说玛雅文字充其量是一种表意文字，只能用来表达简单的概念和事物，而不能表达复杂的语言系统；而且大多数文字都是书写者们为满足想象而臆造出的毫无意义的图画。对于如此博学和有威望的学者来说，两位著名学者的结论可以说是他们学术生活的一大悲剧。去世前几个月，汤姆森因在玛雅学研究方面的成就和贡献，被英国女王伊丽莎白二世授予骑士称号。而与此同时，已有人撰文说明，而且后来由事实证明：莫莱和汤姆森的研究方法和结论完全错了。

早在1952年，一位年轻的研究古文字的苏联研究生诺罗索夫（Yuri Knorosov）就已对汤姆森提出了挑战。诺罗索夫从学习西班牙语开始，把朗达的笔记作为博士论文的研究内容进行钻研，并从1952年开始连续发表数篇论文。他汇总了三本手抄本中287个不同的图形字，分析出：如果玛雅文字完全是拼音文字，那只需要这个数字的一半就足够了；如果它完全是表意文字，那这个数字远远不足以满足一个高度文明的交流需要。因此他认为玛雅文字是一个语音语义相混合的符号字母系统，类似于苏美尔和中国文字。他从朗达的字母表出发，首先确定它们不是字母，而是辅音元音结合的音节。正像西班牙语的字母的念法是辅音元音相加的，如字母B实际上念be，b是辅音，e是元音。一定是朗达在问玛雅祭司字母B的时候，玛雅给他的是念作be的字符。根据这点，诺罗索夫对照有文又有画的手抄本，认读了一部分字词，并从现代不同玛雅语言中得到证实③。

诺罗索夫这一实质性的突破为以后更多玛雅文字和文法以及文书内容的破译铺平了道路。但是，由于当时苏联的学术环境和研究条件完全不具备对中美洲玛雅文字的调查和研究，他的出现对美国学术界来说完全不可思议。倒是刚刚涉足玛雅学领域不久的年

---

① 参见文静、刘平平翻译莫莱《全景玛雅》，2003年，第197页。
② 同上书，第198页。
③ 参见张禾《玛雅文字的破译：方法与历程》，《安徽大学学报》（哲学社会科学版）2006年第6期，第90—95页。

轻学者麦克·寇（Michael Coe）和自己的俄裔夫人于1958年翻译介绍了诺罗索夫的研究；大卫·科雷（David Kelly）接受并使用了诺罗索夫语音学派的方法，于1976年发表了卓有影响的著作：《破译玛雅文书》，成为诺罗索夫在美洲的主要代言人。

随着诺罗索夫语音学派的被接受，玛雅学在20世纪70年代出现了突飞猛进的成绩，标志着第三个阶段的开始。1973年，两个名不见经传的年轻学者，美国艺术史教授琳达·席勒（Linda Schele）和来自澳大利亚的研究生彼得·马泰斯（Peter Mathews），在墨西哥帕朗开（Palenque）玛雅遗址的学术研讨会上逐字逐句地翻译和解释了几大篇"文字庙塔"墙壁上的纪念刻文，公布了帕朗开王国自公元465年至9世纪的王朝编年史。其中包括12代国王和他们的家室的姓名，头衔，出生及死亡年月，朝代的替换，庆典活动，以及同邻邦的关系等。至此，玛雅文字算是真正破译[①]；玛雅人自己书写的历史也第一次系统地被展示出来。

在其后的20多年中，这批学者把玛雅研究推向高潮。麦克·寇不仅是第一个极力推荐并翻译诺罗索夫研究成果的人，而且在玛雅考古、文字以及陶器绘画内容方面贡献了重要的研究成果（他也是奥尔梅克文化研究第一人）。他继汤姆森之后写出了新的全面介绍玛雅文化的《玛雅》一书，涉及地理生态环境，社会结构，农业发展，科学技术，天文，意识形态（包括宗教、艺术），语言文字，等等；至今已经再版9次。在美洲，从教授到学生乃至玛雅古迹游客，这本《玛雅》成为了解玛雅文化的必读书。他的《破译玛雅密码》和《解读玛雅文字》，也成为初进玛雅研究领域的学生必读课本。考古学家沙勒（Robert Sharer）书写的以在洪都拉斯的Copan的考古为重心的《古代玛雅》至今也再版6次。

琳达·席勒自破译帕朗开"文字庙塔"上的文字后，便一发不可收拾，带领同事和学生们连续描绘解读了其他十余座建筑物上的几千字碑文；继而又向其他玛雅遗址扩展。在20几年间，琳达·席勒周围聚集了一群才华出众的玛雅学者和玛雅各民族的学生，大家共同努力，相互支持、分享信息，迄今已经解读了上百处遗址中的上万篇石刻纪念文，为玛雅研究做出了巨大的贡献。琳达和其他学者合作出版了全部来自第一手资料的研究成果。重要的有：《玛雅帝王的鲜血》、《帝王的丛林——未被揭示的古代玛雅历史》、《玛雅帝王的密码》和《玛雅宇宙——玛雅萨满三千年历程》，等等。同琳达·席勒合作的学者主要有：Mary Miller, Peter Mathews, David Freidel, David Stuart, Stephen Houston, Nikolai Grube, Karl Taube, Dennis Tedlock, 等等。这些学者现在是美国、德国、加拿大，以及澳大利亚一些著名大学里玛雅学的领军人物，每人也都有自己专门的研究区域和研究成果。琳达在80年代至90年代的一批博士研究生，现在也都是美国

---

[①] 参见张禾《玛雅文字的破译：方法与历程》，《安徽大学学报》（哲学社会科学版）2006年第6期，第90—95页。

玛雅学领域的主力军。笔者有幸于80年代末至90年代中做琳达·席勒教授的学生，也曾经跟随麦克·寇教授去几个重要的玛雅遗址实地考察，实在是受益匪浅，终生难忘。

跟文字直接相关的语言学在文字破译之前就已经有了比较深入的研究，并且在文字的破译过程中起了重要的桥梁作用。从16世纪开始，一些西班牙传教士已经根据各自的需要陆续用西班牙语记录和翻译了一些玛雅语言。比如1580年，教士索拉纳（Fray Alonso de la Solana）写下了尤卡台克玛雅语和西班牙语的词汇字典；1633年教士利匝纳（Fray Bernardo de Lizana）完成了尤卡坦半岛依嚓玛尔地区玛雅方言和西班牙语的字典；1695年又有教士编纂了玛雅查尔提语和西班牙语字典。这些词典为后人留下了宝贵的16—17世纪的语言资料。19世纪至今，由于语言学家的介入和努力，目前至少有20余种玛雅语—西语—英语词典在使用。它们包括以下玛雅语言：Yucatec, Itzaj, Kiche, Chuj, Chol, Cholti, Chorti, Tzeltal等。除此之外，在玛雅文字破译以后，又有两三种玛雅文字—玛雅语—西语—英语词典出版。在玛雅学中，语言学这一部分可以说研究得最为广泛和深入。

现代玛雅语言大约有31种之多，共属于4000多年前的前玛雅语系。在以后的分化过程中分为尤卡台克和玛雅两大分支。前者又分出四个小分支，主要分布于今天的尤卡坦半岛。后者比较复杂，分出20多个分支，遍布于墨西哥东南部，危地马拉和洪都拉斯西南部。这30多个语言分支大部分互不相通，个别在有限的程度上可以交流。在过去的500年间有些分支已经消失和正在消失。

在宗教信仰方面，所有的玛雅文化研究者几乎都有所涉猎。玛雅宗教，概括地说，是一个以祭祀活动为主体的多神信仰以及宇宙和祖先崇拜的信仰系统。宇宙和人类的开创神话以及其中的神祇是这个系统的中心；大多数祭祀、占卜和萨满行为，都是围绕这一中心进行的。从朗达开始，他在笔记里就记录了很多尤卡坦地区玛雅人的日常祭祀礼仪和新年节日期间大的祭祀活动（可惜被他焚烧掉的27本手抄本，实际都是历书和占卜书，记录了更多的祭祀和占卜内容）。比如他记录了这样一则血祭牺牲的例子：

  他们祭献自己的血，有时割破身上的皮肉并留下伤痕；有时刺破面颊或嘴唇；有时在身上纹刻；还有时把舌头从两边穿透、用草秆穿入来回拉锯，忍受可怕的痛苦；也有时割破阳器的包皮并保留孔痕，就像在耳朵上穿孔一样。

对这种血祭在古代的实行，琳达·席勒和玛丽·米勒做了详尽的研究[①]。现在我们知道，玛雅人从公元前2世纪起就已经非常普遍地实行这种祭祀。众多公元前2世纪至

---

① 见Schele and Miller 1986 和 Miller 2006 (1986)。

10世纪的石刻、壁画、陶画，极为形象地描绘了各种各样的血祭场景。2001年在危地马拉东北部（San Bartolo）发掘的一处公元前2世纪到1世纪之间的遗址揭示了大面积的壁画，其内容描绘的都是祭祀仪式。其中有一段描绘了五个男性神，每个都用尖利的矛刺穿自己的生殖器，鲜血喷射；每个神面前又有其他不同的牺牲品：鱼，鹿，火鸡和鲜花（第五个已损坏，无法辨认）。在另一处7—8世纪遗址（Yaxchilan）的墙壁石雕，从文字到画面都清楚地表明当地的国王本人在做刺破阳器放血的仪式，他的王妃在做穿刺舌尖的放血；而附近一个同时期遗址（Bonampak）壁画里还描绘了一个幼孩、王位的继承人，被刺破手指尖放血的情景。

通过文字的破译，我们从德累斯顿手抄本得知，玛雅新年五天的祭祀日有这样的祭祀要求和内容：

此年方向是东方，象征色是红色，主管神是Bolon Dz'acab。此神与玉米相克。将有大旱。祭祀牺牲：供可可（巧克力），大量玉米，九份橡胶，七把火炬。祭杀火鸡一只。

而朗达也观察和记录了同一个巡回年[①]的新年祭祀活动：

庆典之前，村子东西南北四方的入口处要堆两堆石头，一前一后。选出仪式负责人。用泥土塑两个不同的神像，一个叫红神，被抬至东门口的石堆旁，另一个留在负责人家里。然后全体村民从负责人家门口出发，通过清扫干净和装饰过的街道，行至东门口的神像前。祭司把玉米面和焚香料拌和在一起撒一些在神像上，然后放进香炉焚烧。再抓一只火鸡砍下头祭献于神像。祭司和首领一起把神像放到一个木架上，抬起木架，随着众人跳起的战舞、游行回到负责人的家门口。在路上，有人端来玉米酒，请长老们喝。他们把神像抬进屋，同另一个神像摆在一起，然后开始祭献牺牲和供品。先摆上鸡蛋形状的，桃心状的和其他几种形状的馒头；然后众人自己扎破自己的耳朵放血，用手把血摸在神像上。神像如此保存五天，然后一个被抬至北门口的石堆旁，等待下一年的使用，另一个抬入神庙。村民说，如果不如此举行这些祭祀礼仪，新的一年里就会得眼病。在神庙里，他们把新的神像摆上供台，换下旧的来。再在庙前的石桌上点上香炉，烧起橡胶球，随后开始祈祷。因为这一年的主管神是Cansicnal，所以祈语是献给这位主管神的。祈语包括请求神对他们免灾免难，多给雨水，等等。剩下的仪式有：高跷舞：舞者手举砍下的火鸡

---

[①] 见Schele and Miller 1986和Miller 2006（1986）。

头、面饼、米酒等供物；妇女舞：妇女们拿着土捏的狗，在狗背上捆上面饼等食物，载歌载舞；与此同时，一条背上长黑斑的小活狗被找来宰杀做牺牲①。

玛雅神话《普普尔乌》(Popol Vuh)，或启示书，是一部16世纪时玛雅凯奇族人(Kiche)用西班牙字母（类似于我们的拼音）写下来的玛雅创世神话和传说历史，也是唯一一部现存的较为完整的玛雅神话。它的内容包括神造天地日月、动物和人，以及凯奇族的历史。这部书写于现今危地马拉凯奇省的圣十字市。16世纪时几位被迫皈依天主教和学习西班牙语文的玛雅贵族后裔，隐名埋姓地用西班牙字母书写记录下了这部自己民族的史诗。后来这部书辗转去了附近的文化中心小镇齐齐卡斯特南沟。18世纪初在那里传教的教士在修道院的图书室里发现了它，并把它翻译为西班牙文。19世纪时又有人把它翻译成法文。20世纪时又有了英文和其他十几种文字的译本②。现在，这本用文字记录的神话在玛雅文化几乎完全消失的情况下成了我们了解和解释古代玛雅文学、宗教和艺术内容的重要依据。

启示书中创世神话占3/4部分，历史占1/4。在神话部分，一对孪生兄弟的故事又构成了主要内容。其中，兄弟俩和鬼神的一项极为独特的打球比赛占据显要位置。从大量出土文物里，我们也发现很多表现球赛的描述和描绘。根据文物和众多学者的研究，现在已经清楚：这种球赛象征宇宙间天体的循环往复，也象征人和自然的生死轮回。球赛的结果是输的一方被砍头或掏心，祭献给神灵。这项球赛祭祀仪式不仅仅在古代玛雅人中流行，它在整个中美洲都非常普及。比如在各个考古遗址，如果发现一两个球场，那是正常现象；如果没有发现球场，反倒是不正常了。墨西哥一个叫做塔金(El Tajin)的遗址，一地就发现了11座10世纪左右的球场。玛雅盛期的陶瓶画、各地球场墙壁的浮雕可以说充满了打球比赛的内容。很多有名有姓的统治者都被冠以"伟大的球戏者"或"神圣的球戏者"头衔。在尤卡坦半岛的Chichen Itza遗址，有一座全美洲最大的球场，长146米，宽36米，两边的近一人高的斜台壁上刻满球戏的过程和结果。最多的场景是两个球员，面对中间一个巨大的含有人头骷髅的球，其中一个球员手里拎着一个刚被砍下的人头，身边有一个半跪着的无头人身。15世纪时的艾兹台克人还在举行这种祭祀。

20世纪前半叶玛雅宗教研究的集大成者是前面已经提到的莫莱和汤姆森。他们的研究主要集中于19世纪和20世纪初的民间祭祀活动和对三本遗留手抄本及多本殖民期写成的手抄本的分析推测。除了上面提到的部分殖民期时的祭祀牺牲活动等，他们系统总结出玛雅神系。汤姆森在他的《玛雅历史和宗教》详细分析阐述了玛雅的宗教崇拜、神

---

① 本段中几则引文均由笔者翻译。
② 笔者已把它翻译成中文，等待出版。

祇、灵魂和神话。但是，限于文字的没有破译，他们的研究缺少了一大块对殖民期之前1000多年的古代玛雅宗教情况的实质性了解。而把古代、殖民期和现代玛雅宗教信仰及祭祀活动综合在一起研究的是琳达·席勒和大卫·弗里戴尔等人。在《玛雅宇宙——玛雅萨满三千年历程》一书里，作者们不仅揭示、分析了古代玛雅人的宗教、宇宙观、天文学和星象学，而且深入探讨了玛雅人对灵魂的信仰。萨满式的招魂、驱鬼，祭师们的"跳神"、昏厥，人的动物伴侣（属相），等等，在古代和玛雅社会中的表现几乎比比皆是。琳达等人通过对文字的破译和艺术形象的分析研究得以展示出玛雅人的精神世界。

进入21世纪以来，随着考古新发现的不断增加，研究也在继续深入。2001年在危地马拉San Bartolo发现的壁画，不仅保留了大面积的最早的（公元前100年）玛雅绘画，而且证实了16世纪记录下来的玛雅神话的内容早在之前1700年就已经存在并且趋于成熟和完整，比如双胞胎兄弟和他们的叔父玉米神的故事；壁画的艺术表现风格同时还把玛雅文化同更早的奥尔梅克文化直接联系到了一起。今年6月（2012年）刚公布的在危地马拉la Corona一地最新发现的石刻铭文，在玛雅文字学家们的辨认下，记录了一位自称"十三卡桐王"的玛雅国王，表示自己王朝的统治要延续并超过"十三巴卡桐"（即2012年12月21日）①。这个新发现明确表明古代玛雅人完全没有预言2012年12月21日将是"世界的末日"。

相比西方学术界，中国对玛雅文化的认识步履缓慢，研究才刚刚开始。可喜的是，90年代以来，国内已有个别研究专著和翻译著作。一些普及性质的文化丛书也陆续出版了介绍玛雅文明的书籍。还希望中国学术界在这一领域做出更多深入的专业研究。

## 参考目录

**Christenson, Allen**: —Popol Vuh: The Mythic Sections—Tales of First Beginnings from the Ancient K'iche'-Maya. Translated and Edited by Allen Christenson. The Foundation for Ancient Research and Mormon Studies (FARMS) at Brigham Young University, 2000

**Coe, Michael**: —The Maya. Thames & Hudson, London & New York, 2011

—Breaking the Maya Code. Thames & Hudson, London & New York, 1999

—The Maya Scribe and His World. Grolier Club, New York, 1973

**Coe, Michael and Justin Kerr**: —The Art of the Maya Scribe, Harry & Abrams, 1997

**Freidel, David, Linda Schele, Joy Parker**: —Maya Cosmos-Three Thousand Years of the Shaman's Path. New York: Quill, William Morrow, 1993

**Knorosov, Yuri**: —"The problem of the study of the Maya hieroglyphic writing", American Antiquity, Vol. 23, No. 3 (1958): 284–291

---

① 本段中几则引文均由笔者翻译。

**Landa, Diego de**: —Yucatan before and after the Conquest (Relation), translated with notes by William Gates. Dover Publications, Inc. New York, 1978

**Lizana, Fray Bernardo de**: —1633 *Devocionario de Nuestra Señora de Izamal y Conquista Espiritual de Yucatán*. Geronimo Morillo, Valladolid (Spain)

**Miller, Mary E.**: —The Art of Mesoamerica: from Olmec to Aztec. Thames and Hudson, London & New York, 2006

**Montgomery, John**: —Dictionary of Maya Hieroglyphs. Hippocrene Books, Inc. New York, 2002

**Morley, Sylvanus G.**—The Ancient Maya. (Revised by George W. Brainard in 1956), Stanford University Press, Stanford, 1946

**Schele, Linda and David Freidel**: —A Forest of Kings - The Untold Stories of the Ancient Maya. New York: Quill, William Morrow, 1990

**Schele, Linda and Peter Mathews**: —The Code of Kings: The Language of Seven Sacred Maya Temples and Tombs; Touchstone, Simon and Schuster, 1998

**Schele, Linda and Mary Miller**: —The Blood of Kings: Dynasty and Ritual in Maya Art. New York: George Braziller, Inc., with Kimbell Art Museum, Fort Worth, 1986

**Sharer, Robert and Loa Traxier**: —The Ancient Maya. Stanford University Press, 2005

**Solana, Fray Alonso de la**: —1580 *Vocabulario muy Copioso en Lengua Española e Maya de Yucatan*, Hispanic Society manuscript number b2005, Hispanic Society of America, New York, N.Y.

**Stephens, John Lloyd**: —Incidents of Travel in Central America, Chiapas, and Yucatan. New York, 1841

—Incidents of Travel in Yucatan. New York, 1843

**Tedlock, Dennis**: —Popol Vuh: The Definitive Edition of the Maya Book of the Dawn of Life and the Glories of God and Kings. New York: Simon and Schuster, 1985

**Thompson, J. Eric S.**: —A Commentary on the Dresden Codex-a Maya Hieroglyphic Book. Philadelphia: American Philosophical Society, 1972

—Maya History and Religion. Norman: University of Oklahoma Press, 1970

—A Catalog of Maya Hieroglyphs. Norman: University of Oklahoma Press, 1962

—Maya Hieroglyphic Writing: An Introduction. Carnegie Institute of Washington, Publication 589, Washington D.C., 1950

莫莱：(Morley, Sylvanus G.)《全景玛雅》，文静、刘平平译，国际文化出版公司，2003

张禾：——"玛雅文字和96字碑"，《拉丁美洲研究》2001年第4期，第40—43页。

——"玛雅文字的破译：方法与历程"，《安徽大学学报》（哲学社会科学版）2006年第6期，第90—95页。

——"玛雅历法和2012年预言"，《世界宗教文化》2012年第3期。

（作者简介：张禾，美国新泽西州威廉帕特森大学艺术系副教授）

# 中国唯识学派佛性论研究述论
## ——以理行二佛性说为中心

李子捷

## 绪　　论

陈那、无性、护法、戒贤一系的唯识学作为密教兴盛之前的印度大乘佛教之集大成者，经玄奘穷毕生之力的弘扬，曾一度成为初唐佛教的显学。但因其坚持五种性说、种子说及一阐提不得成佛说等基本理论，而与之前从两晋南北朝时代起就在中国扎下根的印度无相唯识学及其成熟形态的如来藏体系发生了很大的冲突，这也很大程度上导致了各派高僧大德对玄奘及其弟子们的诘难以及法相唯识学派后来在中国的迅速衰落。二者在唐代佛教思想史上的争论成为了中国佛教史上性相之争的溃疡，实乃两个不同的理论体系之间的摩擦。玄奘一系的唯识学因恪守五性各别说，从而主张一阐提终不得成佛，这与从《涅槃经》以来的众生皆有佛性并皆可成佛之无相唯识学的定论相违，一时间演变为各派争论的焦点。玄奘的后继者窥基、慧沼、智周结合并改造南北朝时代的理性行性说，以有相唯识学为基础，融摄了如来藏佛性，使之服务于阿赖耶种子体系，形成了中国法相唯识学派独特的佛性论。

在我国大陆，对理行二佛性说有过专门研究的学者以赖永海、杨维中、周贵华、张志强等人为主，基本上均在整体讨论佛性论或唯识思想史时提及该问题。赖永海在其《中国佛性论》（上海人民出版社1988年版）中设有"众生有性与一分无性"一章，讨论了如一分无性说与法相唯识宗、理性平等与行性差别等问题，对理佛性与行佛性作了简要的介绍。杨维中在其《中国唯识宗通史》（凤凰出版社2008年版）中于唐代唯识宗之章对窥基和慧沼的生平与学说进行了探讨，其中对二者的理行二佛性说也进行了介绍，但并未分析其成因。同时，杨维中还在其《论唯识宗佛性思想的特征——识体理体与生佛两界》一文中介绍性地阐述了理行二佛性说的成熟形态。周贵华在其《唯识通论》（中国社会科学出版社2009年版）中也对理行二佛性说有提及，且作者以全新而深刻的有为依唯识与无为依唯识来解释唯识学，也包括理佛性和行佛性，颇具参考价值。

而专门撰文深入研究理行二佛性说的学者以张志强为代表,其在《初唐佛性争辩研究——以窥基、慧沼与法宝之辩为中心》(《中国哲学史》2002年第4期)一文中于初唐佛性争论的背景下仔细分析了唯识宗的理行二佛性说,并较为广泛参考了国内外的研究成果,尤其是日本学者的研究前沿。并以慧沼和法宝关于佛性问题的争论为中心,再现了初唐时期理行二佛性说的面貌。

港台方面,廖明活在《初唐时期佛性论争的两个相关论题——定性二乘和变易生死》和《慧沼的佛性思想——对法宝佛性思想的评难》(《中华文哲研究集刊》2004年)中就唐代唯识宗对定性三乘不得成佛及慧沼与法宝的争辩进行了深入研究,并涉及了唯识宗的理行二佛性说。全文紧扣唐代佛教思想史,并就理行二佛性说的成熟形态作了分析。释如定在《慧沼对一阐提之见解及所持立场的探讨》(《中华佛学研究集刊》第5期)一文中对慧沼的佛学思想,尤其是一阐提不能成佛说与理行二佛性说进行了研究,且注意到了无漏种子在该理论中的至关重要的作用。

日本方面对此问题的研究则相对较广泛。已故的日本唯识学权威、龙谷大学教授深浦正文的《唯識学研究》(永田文昌堂1954年版)一书一直被日本学界看做唯识学研究的里程碑式的巨著,该书分教史篇和教理篇,其中对唯识学派的佛性论有专门研究。著名中国佛教史学者常盘大定在其名著《佛性の研究》(国书刊行会1970年版)一书中对佛性思想作了全面性的研究,其中有专章对唯识学理行二佛性说进行研究。高崎直道等学者集体撰写的《唯識思想》(春秋社1982年版)一书中对中国唯识学列有专章,其中也谈到其佛性说。结成令闻的《心意識より見た唯識思想史》(東方文化学院東京研究所1935年)和胜又俊教的《仏教における心識説の研究》(山喜房仏書林1961年版)二书均从唯识学心意识思想的角度出发,对印度中国的唯识思想史进行了全面的剖析,其中也对唯识学派的佛性论进行了研究。武内绍晃的《瑜伽行唯識学研究》(百華苑1979年版)一书在第二章以《摄大乘论》为中心对阿赖耶识进行了详论,也涉及唯识学的佛性思想。袴谷宪昭的《唯識思想論考》(大藏出版社2001年版)一书从梵藏汉三种语言文献入手,尤其着重利用藏文文献,对包括佛性论在内的唯识思想进行了独到的分析。吉村诚在《唯識學派の理行二佛性説について——その由來を中心に》(《東洋の思想と宗教》2002年第3期)一文中对理行二佛性说在南北朝时期的由来作了研究,主要集中在吉藏和慧远,并对当时的理性、行性说进行了研究。作为2012年的最新研究成果,以日本京都大学人文科学研究所为中心的研究班,在经过几年的共同研究的基础上,充分利用了敦煌文献和日本古文献中尚未被充分利用的内容,出版了以真谛三藏的为研究中心的中国唯识研究论文集(船山彻主编,《真諦三藏研究論集》,京都大学人文科学研究所2012年版),反映了日本关于中国唯识的最新成果。其中对地论学派与摄论学派有专门研究,多处涉及中国唯识的佛性思想,极具参考价值。另外,2012年日本佛教学界出版了最新的《シリーズ大乗仏教 7 · 唯識と瑜伽行》（桂紹隆等编，春秋社 2012 年版），代表了日本学界对唯识学的最新研究动向，广及中印唯识的各主要方面，值得关注。此外还有众多研究成果，在此无法一一列举，于下文中涉及处再论。

## 第一章　唯识学派佛性说在唐以前中印佛教思想中的渊源

### 第一节　印度唯识思想中的种子说与佛性说

众所周知，整个唯识学的体系虽然庞大，但都以根本唯识三大师（弥勒、无著、世亲）时代的唯识理论为基础。而三大师的生平、著述等方面都存在着一些仍需进一步研究的问题。① 本文着眼于署名为三大师的著作中公认度较高且具有代表性的著作，通过对它们的考察与分析来对根本三大师时代印度唯识思想中种子说与佛性说之间的关系进行考察，以期对后文将要探讨的东亚唯识学佛性说略做理论铺垫。

#### 一　无著的种子说与佛性说

根据汉传佛教的说法，无著的著作主要有《摄大乘论》、《大乘阿毗达磨集论》及《显扬圣教论》。这三部著作都是印度唯识学中的代表性经典，对中国佛教的影响也不小。其中《摄大乘论》更是在南北朝时就有了真谛的译本。至于《显扬圣教论》，窥基曾在《成唯识论述记》提及其长行部分与《大乘庄严经论》的关联，并表示："述曰，自下第二引《庄严论》为证。然《显扬论》第二十卷有十因证大乘是佛说。大胜，与此七因有少不同。——如彼论，此中对引。然《庄严论》颂文弥勒所说，长行释者世亲所为，旧人不知。"② 日本学者宇井伯寿则进一步认为《显扬圣教论》的长行部分就是世亲所作，而非无著。③ 而大陆学者周贵华则通过汉藏传说及《无相论》与《成无性品》

---

① 首先是弥勒的生平问题，历史上是否有弥勒的存在，学者众说纷纭。不少学者都认为弥勒为后世虚构出的人物，目的是证明一些经典群的地位和价值，或是一部分瑜伽师的代号。但也有不同的声音，其中比较有代表性的是日本学者宇井伯寿，他认为弥勒应当是一个真实的历史人物。详见宇井伯寿《印度哲学研究》（卷 1）（甲子社书房 1926 年版，第 335 页）。此外还有无著和弥勒的著述问题，即有些经典究竟为二人中哪一方所著。还有世亲的问题，即历史上究竟存在过几个世亲，他们之间是否有关联，现存托名为世亲所著的著述是否为同一个世亲所著。此类问题的提出与总结可参考日本学者深浦正文的《唯识学研究》（上卷）（京都永田文昌堂 1954 年版，第 66—88 页）。此外，印度根本唯识方面还可参考日本学者舟桥尚哉《初期唯識思想研究》（国书刊行会 1977 年版）、兵藤一夫《初期唯識思想の研究——唯識無境と三性説》（文荣堂 2010 年版）、台湾学者释昭慧《初期唯识思想——瑜伽行派形成之脉络》（宗教文化出版社 2008 年版）以及大陆学者周贵华《唯心与了别——根本唯识思想研究》（中国社会科学出版社 2004 年版）等人的研究成果。

② （唐）窥基撰：《成唯识论述记》（卷 4），《中华藏》第 99 册，第 114 页上。

③ ［日］宇井伯寿：《印度哲学研究》卷 1 和卷 6 的相关部分，甲子社书房 1926 年版。

的关系等方面认为《显扬圣教论》总体而言仍应属于无著的著作。①

《摄大乘论》、《大乘阿毗达磨集论》和《显扬圣教论》都深受《瑜伽师地论》的影响，对种子说极其重视，并推崇阿赖耶识。无著在《摄大乘论》中就明确表示："若略说阿黎耶识体相，是果报识，是一切种子。由此识摄一切三界身、一切六道、四生，皆尽为显此义故。"② 这里从"体"的角度显示了阿赖耶识的能统摄地位，并且成为了种子说的根基。对于心性问题，无著表示："略说心性有二种，一名异熟心，二名转心。异熟心者即是阿赖耶识，亦名一切种子识。"③ 这就将心性问题用种子说进行了解释，而非后来的如来藏心性论。可见，无著在唯识思想的根本立场上持种子论。

综观无著的这三部经典，完全没有出现"如来藏"或"佛性"等说法，但"真如"却被多次提及。《摄大乘论》中说："菩萨唯住无分别，一切义名中由无分别智得，证得住真如法界。是时菩萨平等平等能缘所缘无分别智生，由此义故菩萨得入真实性。"④ 这就强调了住真如法界便得入真实性，得无分别智。还表示："四果圆满转，由已离障人一切相不显现，清净真如显现，至得一切相自在依故。"⑤ 无著在这里提出了一个值得注意的论点，即一切相是染的，属于障。在它们不显现而清净真如显现时，就是果圆满转。这就意味着真如作为清净法界，本属隐蔽状态，让其显现是修行的目的之一。类似的说法如《显扬圣教论》中说："七法性通达，谓于繁缚解脱无始世来诸行缘起及彼寂灭真如法性，如实觉了，先已于心增上法行善修治故。"⑥ 鉴于无著的这一观点，日本学者铃木宗忠认为无著持有和合识的唯识观，即净识与妄识混合说。⑦ 而无著这一主张类似于后来《楞伽经》等无相唯识学的立场，但不同点在于无著的和合识说虽然同时承认阿赖耶识种子说与清净真如说，但并未以真如说来统摄种子说，而只是略显暧昧地将两者并存，而这也恰恰为后来有相、无相两系唯识学的分别发展起了一定的前期铺垫作用。⑧

---

① 周贵华：《唯心与了别——根本唯识思想研究》，中国社会科学出版社2004年版，第96页。
② （陈）真谛译：《摄大乘论》卷上，《中华藏》第29册，第756页中。
③ （唐）玄奘译：《显扬圣教论》卷17，《中华藏》第28册，第571页中。
④ （陈）真谛译：《摄大乘论》卷中，《中华藏》第29册，第773页上。
⑤ （陈）真谛译：《摄大乘论》卷下，《中华藏》第29册，第784页上。
⑥ （唐）玄奘译：《显扬圣教论》卷3，《中华藏》第28册，第440页中。
⑦ ［日］铃木宗忠：《唯識説》，载于《印度精神》，理想社1940年版，第245页。
⑧ 关于唯识思想的分类或分期问题，我国学者吕澂曾提出了唯识古学和唯识今学的分类方法，后来被国内学者所广泛采用。而日本佛教学界则一直以来使用有相唯识学和无相唯识学这一对概念来对唯识思想进行分类，该方法主要从唯识思想的理路入手，主要区别在于前者排斥如来藏思想而坚持种姓说，而后者融合如来藏思想。笔者在本研究中主要采用日本学者的这一分类方法。近年来，我国学者周贵华提出了有为依唯识与无为依唯识的分法，大体上与日本学者的有相、无相分法相当。然而需要指出的是，日本学界近年来已经开始使用基于佛教论理学（因明学属其中一部分）来划分唯识思想的新分类方法，这是由于印藏唯识学研究的不断深入所带来的结果。所以本研究的分类方法也绝对存在着再检验的必要。另外，2012年日本佛教学界出版了最新的《シリーズ大乗仏教7・唯識と瑜伽行》（桂绍隆等编，春秋社2012年版），代表了日本学界对唯识学的最新研究动向，值得关注。

关于真如的体性，无著表示："真实者，谓真如及四圣谛。"① "圆成实者，所谓诸法真如自体。"② "何故真如说名真如？谓彼自性无变异故。"③ 这就是说，真如有着不变异的真实自体、自性，且意味着圆成实。对此，无著进一步补充道："又此行者由阿赖耶识，是一切戏论所摄诸行界故，略彼诸行于阿赖耶识总为一团、一积、一聚。为一聚已，以缘真如境智……又阿赖耶识体是无常，有取受性，转依是常，无取受性，以缘真如境，圣道能转故。"④ "由清净所缘故建立真如，由此真如如清净时所缘体相，常如是住故。"⑤ 这表明真如是所缘，而阿赖耶识和诸行的聚合为能缘。显然，真如在这里不仅是具有不变异之体性的实在，还是常住之所缘。在这一点上，无著的立场再一次表现出暧昧性，即同时承认阿赖耶识与真如，并强调两者之间的能所关系，而非相互统摄关系，再次证明了笔者的上述观点。

总之，无著唯识思想有着并重阿赖耶识种子说与清净真如说的特点，而这也为后来有相、无相唯识学各自的成立奠定了早期理论基础。

## 二 世亲的种子说与佛性说

世亲被称为"千部论主"，署名为他的著述很多，而且涉及范围较广，既有反映有相唯识学主张的，也有无相唯识学的。其中既有经释，也有论释和论著。关于这些著作是否都是身为无著弟弟的世亲一人所作尚有可商榷的余地。

根据汉传及藏传的记载，《十地经论》、《辨中边论》、《唯识三十颂》、《唯识二十论》、《佛性论》、《大乘百法明门论》、《成业论》、《大乘五蕴论》等为世亲的著作。而周贵华认为还应该加上《究竟一乘宝性论》，因为其中的长行应为世亲和坚慧共造。⑥

众所周知，世亲的思想中所包含的内容极广，而且存在着至少在表面上看来不同的观点。所以，了解世亲对种子说和佛性说的态度，对我们了解印度唯识思想来说是不可缺少的重要环节。这方面可以参考日本学者山口益和结城令闻等人的研究成果。⑦ 而世亲既有有相唯识的著作，也有无相唯识的著作。据笔者的考察，前者有《唯识二十论》、《唯识三十颂》、《大乘百法明门论》、《大乘五蕴论》等，后者有《佛性论》、《十地经论》、《究竟一乘宝性论》、《辨中边论》等。

---

① （唐）玄奘译：《显扬圣教论》卷4，《中华藏》第28册，第456页上。
② （唐）玄奘译：《显扬圣教论》卷16，《中华藏》第28册，第558页下。
③ （唐）玄奘译：《大乘阿毗达磨集论》卷1，《中华藏》第28册，第612页中。
④ （唐）玄奘译：《显扬圣教论》卷17，《中华藏》第28册，第575页上。
⑤ （唐）玄奘译：《显扬圣教论》卷18，《中华藏》第28册，第584页中。
⑥ 周贵华：《唯心与了别——根本唯识思想研究》，中国社会科学出版社2004年版，第98—99页。
⑦ 相关研究有：山口益《世親唯識の原典解明》（法藏館1953年版）、结城令闻《世親唯識の研究》（青山书院1956年版）以及深浦正文《唯識学研究》（永田文昌堂1954年版）等。

《十地经论》作为对《华严经·十地品》的解释，标志着华严经学独立流布的结束，同时也可看作唯识思想与华严思想的一个交涉。世亲非常重视《十地经》中"三界皆一心所作"这一观点，并以唯识学说对其进行了解释。他在《论》中表示："《经》曰，是菩萨作是念，三界虚妄，但是一心作。《论》曰，但是一心作者，一切三界唯心转故。云何世谛差别？随顺观世谛，即入第一义谛。"① 这里将原本的"一心所作"解释为"唯心转"，那么此处的"心"指的是什么？世亲接着补充道："常应于阿梨耶识及阿陀那识中求解脱，乃于余处我、我所中求解脱，此对治如《经》：如是菩萨作是念，三界虚妄，但是一心作，乃至老坏名死故。"② 这样一来就将心、阿赖耶识、阿陀那识联系在了一起，并共同作为十二因缘的所依。如此一来，阿赖耶识就成为三界之所依。由此可以看到世亲以种子说为自己唯识思想体系根基的理论倾向。

然而，世亲对阿赖耶识的解释在《十地经论》中存在着一定的暧昧性。其中提到："自相者有三种，一者报相，名、色共阿黎耶识生，如经于三界地复有芽生，所谓名色共生故，名色共生者，名色共彼生故。"③ 此处表明阿赖耶识与名、色共生，应属染法，且可与名、色等现行熏习。而卷10则表示："复住报行成者，善住阿梨耶识真如法中。"④ 魏道儒对《十地经论》卷10此处的阿赖耶识解释为纯净识，并认为与卷3中所说的阿赖耶识形成了一定的矛盾，从而导致阿赖耶识的所指出现含混。⑤ 对此，笔者则认为，卷10中所提及的"阿赖耶识真如"之说法，除了可解释为纯净识外，应当还可理解为类似《楞伽经》中所说的真妄和合的阿赖耶识，即可与真如、如来藏等视的阿赖耶识，也就是如来藏参与熏习而带有了污染后被称为阿赖耶识的状态。而这样一来，其性质就与卷3中所说的作为染法的纯净识有相似之处了，因为纯净识可理解为真谛所倡导的阿摩罗识，按无相唯识的观点，这与真如、如来藏只是名称不同而已，并无本质的不同。如此看来，《十地经论》实际上是世亲的一部具有如来藏思想倾向的经典，也可以说是具有无相唯识学倾向的唯识学著作。⑥ 而且这也进一步说明了世亲在强调以阿赖耶识种子说为本的同时，也强调真如佛性说。

为了验证这一观点，我们再来考察世亲的其他著作。《佛性论》中说："一切生死果

---

① （后魏）菩提流支译：《十地经论》卷8，《中华藏》第26册，第776页上、中。
② （后魏）菩提流支译：《十地经论》卷8，《中华藏》第26册，第778页下。
③ （后魏）菩提流支译：《十地经论》卷3，《中华藏》第26册，第727页中。
④ （后魏）菩提流支译：《十地经论》卷10，《中华藏》第26册，第796页上。
⑤ 魏道儒：《中国华严宗通史》，江苏古籍出版社1998年版，第63页。
⑥ 印顺法师曾将如来藏思想作为与中观、唯识并列的印度大乘佛教第三大思想体系。而在本研究中，笔者采取了将如来藏思想归入无相唯识学范畴的做法。因为据日本学者的研究，如来藏思想虽然具有一定的区别于其他思想的特性，但从印度佛教思想发展史来看，仍然属于大乘有宗思想中流出的一个分支，在根本立场上与真谛等人所倡导的无相唯识学并无冲突。而且印顺法师的分法似并未充分考虑到包括因明在内的佛教论理学。当然，这个问题也存在着进一步商榷的余地，笔者权且采取其中一种处理方式。

报依阿梨耶识为本故,以未离此识,果报不断。"① 这一方面肯定了阿赖耶识的主体地位,但同时也指出果报不断的原因也在于阿赖耶识还未断,也就是说阿赖耶识是导致果报不断的生死果报之染妄识,即妄识说。类似的表达还有:"心者即六识心,意者阿陀那识,识者阿梨耶识。于此三中,不得生故。此中若无三识,则无分别。分别既无,亦无不正思维等。既无三识,则不得起无明。"② 这显然是将阿赖耶识看作无明妄识,反映了世亲对种子说的态度。世亲在《辨中边论》中也表示:"即此中说所知空性,由无变义说为真如。真性常如,无转易故。"③ 可见,在世亲这里,虽然有相唯识学的地位仍然不可撼动,但无相唯识学的地位相比于无著时变得更高,而且明确地肯定了以染妄阿赖耶识断灭后显现的清净之如来藏、佛性、真如的存在,这反映了世亲佛性说的特点。至于《究竟一乘宝性论》,则更是印度唯识思想史上由无相唯识学转向如来藏学的标志性著作,日本学者中村瑞隆在梵藏汉各种文本对勘的基础上对《宝性论》进行了深入详细的剖析,极具参考价值。④ 我国学者吕澂也对《宝性论》进行过研究。⑤

总之,相比无著,世亲在有相、无相两系唯识学的分别性上更加明显,而且明确地提出了染妄识说。由此向着后来印度唯识思想的两支大系之成立又迈进了一步。

### 三 《瑜伽师地论》中所反映的种子说与佛性说

《瑜伽师地论》作为唯识学中最重要的典籍,向来被认为是钻研唯识学的必读著作,不少学者都对其有详细的研究。⑥ 虽然其长达百卷,但在整体思想上却并不杂乱,属于有相唯识学的巨著。关于它的作者,汉传作弥勒,藏传作无著。但无论如何,它反映了印度根本唯识时期唯识学中的主流思潮之一,所以笔者权且不考证其具体作者,而以文本思想为研究对象来进行讨论。

《瑜伽师地论》明确说明了阿赖耶识与种子之间的关系,其本地分说:"又诸种子乃有多种差别之名,所谓名界,名种姓,名自性,名因,名萨迦耶,名戏论,名阿赖耶,名取,名苦,名萨迦耶见所依止处,名我慢所依止处,如是等类差别应知。"⑦ 种子在这里被等同于阿赖耶识,同时也是取、苦、戏论等染法,也就意味着《瑜伽师地论》在阿赖耶识种子说问题上持杂染识说。支持此观点的还有:"如是能生有情世间故,能生器

---

① (陈)真谛译:《佛性论》卷3,《中华藏》第30册,第404页上。
② (陈)真谛译:《佛性论》卷3,《中华藏》第30册,第402页上。
③ (唐)玄奘译:《辨中边论》卷上,《中华藏》第30册,第535页上。
④ [日]中村瑞隆:《究竟一乘宝性论研究》,华宇出版社1988年版。
⑤ 吕澂:《吕澂佛学论著选集》第4册,齐鲁书社1991年版,第2242—2244页。
⑥ 相关研究有:宇井伯寿《瑜伽論研究》(岩波书店1958年版)、A. Wayman《Analysis of the Śrāvakabhūmi Manuscript》(University of California Press, 1961)、横山弘一《漢梵藏对照·瑜伽師地論総索引》(山喜房仏书林1996年版)、胜吕信静《瑜伽论の成立に関する私见》(《大崎学报》1976年)等。
⑦ (唐)玄奘译:《瑜伽师地论》卷2,《中华藏》第27册,第349页上。

世间故,是苦谛体故,能生未来苦谛故,能生现在集谛故,当知阿赖耶识是一切杂染根本。"① 这也说明了阿赖耶识具有杂染性,且是诸染法的能生。

而通览整部《瑜伽论》,都没有出现"佛性"和"如来藏"的字眼,但却有"菩提种子"和"真如"。菩提种子可以认为就是一种清净种子,《瑜伽论》说:"复次此一切种子识,若般涅槃法者,一切种子皆悉具足。不般涅槃法者,便缺三种菩提种子。"② 这就是说,对于尚未成就的凡夫来说,是由于缺乏菩提种子这种清净种子所致。这样就将能否成佛归结于阿赖耶识中所包含的清净种子,而这清净种子并非众生皆有。而这清净种子应当就意味着无漏种子,如本地分中说:"又般涅槃时已得转依,诸净行者转舍一切染污法种子所依,于一切善无记法种子转令缘却,转得内缘自在。"③ 即涅槃转依时,一切染法种子皆被舍去,因为其缘被善无记法种子所断,而这善无记法种子就是无漏种子,有漏种子在此讲不通。这就是《瑜伽论》所持有的种子说。由此我们可以发现,《瑜伽论》的这种清净种子成佛理论与后来有相唯识学以及中国唯识宗的基本思想是吻合的。所以,这也是笔者将《瑜伽师地论》归为有相唯识学著作的理由之一。

关于真如,《瑜伽师地论》将其看作所缘缘。摄抉择分中表示:"诸出世间法从何种子生?若言粗重自性种子为种子生,不应道理。答诸出世间法从真如所缘缘种子生,非彼习气积集种子所生。"④ 这说明了真如是所缘缘之一,其种子生出世间法,而非一般的粗重种子生出世间法。还比如:"若依菩提支名为觉支,此是出世间觉支,以正智为自性,真如为所缘,于觉悟安立谛为增上。"⑤ 也明确地表示了真如为所缘,是正智所要认识的对象。日本学者将唯识思想分为"境灭识有"与"境识俱泯"两种,而前者对应的就是有相唯识学,后者是无相唯识学。通过对《瑜伽师地论》中真如观念的分析,我们不难发现,其认为真如是所缘缘,是要通过正智去认识的明确对象,应属有相唯识学的范畴。而后来大乘佛教如来藏思想则主张泯灭一切分别和具体对象,以至达于"本来无一物"的境界,属于典型的无相唯识学,与《瑜伽师地论》之间存在着不可忽视的区别。这也正如宇井伯寿所说:"(《瑜伽师地论》中的)阿赖耶识缘真如之境,是杂染有漏的根本……而对(无相唯识学的)阿摩罗识来说,真如与心却并无对立性。"⑥

关于《瑜伽师地论》中所说的真如,还应当注意到的就是其真如所缘缘种子这一概念。通过分析,我们可以看到,真如在《瑜伽论》中被认为是所缘缘,那么要认识作为

---

① (唐)玄奘译:《瑜伽师地论》卷51,《中华藏》第27册,第863页中。
② (唐)玄奘译:《瑜伽论》卷2,《中华藏》第27册,第348页下。
③ (唐)玄奘译:《瑜伽论》卷2,《中华藏》第27册,第349页上、中。
④ (唐)玄奘译:《瑜伽师地论》卷52,《中华藏》第27册,第876页下。
⑤ (唐)玄奘译:《瑜伽师地论》卷72,《中华藏》第28册,第107页下。
⑥ [日]宇井伯寿:《瑜伽論研究》,岩波书店1958年版,第189—190页。

认识对象的真如这一所缘缘，其可能性就是作为无漏智之因的真如所缘缘种子。[①] 而这真如所缘缘种子在《瑜伽论》中并未和本有无漏种子直接联系在一起，而是与烦恼障、所知障密切相关，如《瑜伽论》说："问，若非习气积集种子所生者，何因缘故建立三种般涅槃法种性差别補特伽罗及建立不般涅槃法种性補特伽罗？所以者何？一切皆有真如所缘缘故。答，由有障无障差别故。"[②] 这就是说，认识真如的真如所缘缘种子在有烦恼障、所知障这二障的情况下不能成就如来种性。若无此二障，则可成佛。而一切众生皆有真如所缘缘种子。这种说法似乎又与一切众生皆可成佛的心性本净说相似，即心真如只是被二障遮覆了，若除此障，则一切众生皆得成佛。笔者认为这一思想可看作《瑜伽师地论》中带有无相唯识倾向的部分。而后来的中国唯识宗则将此真如所缘缘种子等同置换为本有无漏种子，从而以本有无漏种子的有无来坚持五种性说，将《瑜伽论》中这一无相唯识思想也转换为了有相唯识思想。这一问题笔者将在本文第三章中具体论述。

总体说来，玄奘所译的《瑜伽师地论》属于有相唯识学的著作，代表了以种子说为根本的唯识思想体系。其中并未明确地表现出无相唯识及如来藏一系的思想，所以也被后来弘扬护法、戒贤系学说的中国唯识宗所推崇。

### 四 安慧、护法的种子说与佛性说

印度唯识发展到中期以后，各家竞相阐述自己的唯识观，对根本唯识时代的诸著作出了很多解释。这其中最有名的据说有十家，而这其中对比最鲜明，同时也最为我们所熟知的就是安慧和护法这两家。

安慧的著作被译成汉文的极其有限，以至于汉语佛学界曾经长期对其学说不大了解。近代以后随着印藏佛学研究的兴盛，安慧学说的面貌才逐渐清晰起来。[③]

关于阿赖耶识，安慧表示："根本分别者，谓阿赖耶识，是一切分别种子故。相分别者，谓身所居处所受用识，是所取相故。"[④] 阿赖耶识在安慧这里是一切分别种子的所依，即阿赖耶识代表了根本分别心。显然，这样的阿赖耶识是分别杂染的妄识。而对于真如，安慧则表示："诸所戏论，真如性中彼相寂灭，故名无相。"[⑤] 这就是说，杂染分

---

① 关于真如所缘缘种子这一术语的语言学原典考证，可参考日本学者山部能宜的《真如緣緣種子について》一文（载于1990年出版的《北畠典生教授還暦記念—日本の仏教と文化》一书），以及松本史朗《仏教思想論·上》一书的第119—158页（大藏出版社，2004年版）。

② （唐）玄奘译：《瑜伽师地论》卷52，《中华藏》第27册，第877页上。

③ 相关研究有：宇井伯寿《安慧、護法唯識三十頌釈論》（岩波书店1952年版）、霍韬晦《安慧〈三十唯识释〉原典译注》（香港中文大学出版社1979年版）等。安慧的思想以前只是见于玄奘等人的汉译转印，但随着安慧的梵藏文原文的发现与解读，学界对安慧唯识思想的理解开始发生根本性的改变。

④ （唐）玄奘译：《大乘阿毗达磨杂集论》卷14，《中华藏》第28册，第814页上、中。

⑤ （唐）玄奘译：《大乘阿毗达磨杂集论》卷2，《中华藏》第28册，第704页中、下。

别等戏论都处于阿赖耶识中，而灭于真如，所以真如是寂灭之本，这也称作"无相"。此处明确地提出了无相这一说法，笔者认为可以看作后来无相唯识学的缘起之一。安慧还补充说："不迷乱所依者，谓真如是无分别智所依处故。"① 明确地将真如与无分别智联系在了一起，是"境识俱泯"的体现，与《瑜伽师地论》等将真如看作明确的所缘缘之一的有相唯识学在态度上存在显著区别。

至于护法的唯识思想，众所周知，较为充分的体现于玄奘编译的《成唯识论》中。《成唯识论》虽然也包含有玄奘本人的思想，但主要还是秉承师说，基本可以认为属于护法、戒贤一系思想的传承。日本学者富贵原章真对此有专门研究。② 本文仅就《成唯识论》来讨论护法的唯识思想，同时也一定程度上反映玄奘所传的有相唯识学一系的学说。

《成唯识论》对阿赖耶识的性质表述为："转谓此识无始时来念念生灭，前后变异，因灭果生，非常一故，可为转识熏成种故。恒言遮断，转表非常。犹如瀑流，因果法尔。如瀑流水，非断非常，相续长时，有所漂溺。此识亦尔，从无始来，生灭相续，非常非断。漂溺有情，令不出离。又如瀑流虽风等击起诸波浪，而流不断。此识亦尔，虽遇众缘起眼识等，而恒相续。又如瀑流漂水下上鱼草等物，随流不捨。此识亦尔，与内习气、外触等法恒相随转。如是法喻，意显此识，无始因果，非断常义。谓此识性无始时来，刹那刹那，果生因灭。果生故非断，因灭故非常，非断非常是缘起理。故说此识，恒转如流。"③ 阿赖耶识在这里被认为是处于不断的生灭之中，且属于染法。更重要的是，在护法一系看来，阿赖耶识并非常一不变，而是像瀑布一样在不断地流动变化着，这也印证了缘起的道理。而对于真如，《成唯识论》则明确表示："真如亦是假施设名，遮拨为无，故说为有。遮执为有，故说为空。勿谓虚幻，故说为实。理非妄倒，故名真如。不同余宗离色、心等有实常法，名曰真如。故诸无为，非定实有。"④ 由此可看出，护法一系认为只有作为染法的阿赖耶识的存在，而无根本清净的真如，关于真如则表示其仅为假施设而已，真如等无为法绝非真正意义上的实有。这一点和无相唯识学迥异。最后一句更是旗帜鲜明地站在相宗的立场上涉及了性宗的真如观，即先说明性宗所谓的真如是离于色法、心法等一切具体实常法的无漏法，也就是根本所依的本体，并同时表示这与护法一系不同。关于真如等无漏法的熏习问题，《成唯识论》说："有漏不应为无漏种，勿无漏种生有漏故……种子现行性相同故。"⑤ 此处明确地表示，无漏种子是不可能生有漏法的，因为种子和其生起的现行在性质上应是一致的。不难想象，真如这

---

① （唐）玄奘译：《大乘阿毗达磨杂集论》卷14，《中华藏》第28册，第814页上、中。
② 富贵原章真：《護法唯識考》（法藏馆1955年版）。
③ 林国良：《成唯识论直解》，复旦大学出版社2007年版，第183—184页。
④ 林国良：《成唯识论直解》，复旦大学出版社2007年版，第96页。
⑤ 林国良：《成唯识论直解》，复旦大学出版社2007年版，第130页。

样的无漏法当然也符合这一原则,所以真如不应和现行染法互熏。这一点是有相唯识学的根本立场之一,和主张真如能够缘起世间诸有为染法的无相唯识学存在着重大差异。

可见,护法是以种子说为本,以变动不居的阿赖耶识为体性,而不谈佛性与如来藏,对真如也只认为是所缘之假名,并非真实,而且明确提出了真如不可熏有为染法,与无相唯识学后来的发展有所不同。

## 第二节 唐以前中国唯识思想中的佛性说

日本唯识学权威、龙谷大学教授深浦正文在其名著《唯識学研究》中指出:"(安慧的学风)和护法完全不同,是一种承认现象即真如的性相融合的立场……后来真谛继承了这种性相融合的精神,并构建出了自己的真妄和合的阿赖耶识学说。如此一来,就形成了一性皆成的性宗教义。"[①] 这其中护法的学说属于有相唯识学,而安慧的学说则属于无相唯识学。唯识学传到中国以后,仅以玄奘为首的中国法相唯识学派[②]弘扬有相唯识学,而其他学唯识者大都接受的是经真谛传译的无相唯识学。本节要重点讨论的南北朝时代的理性、行性说就属于在无相唯识学基础上建立起来的独特的佛性理论。本文主要以嘉祥吉藏和净影寺慧远为中心,对南北朝时代的理性、行性说做一考察。

### 一 净影寺慧远佛性思想中的理性行性说

众所周知,净影寺慧远是中国佛教思想领域中非常重要的奠基者,地论唯识学派的代表者。他的理论对地论派、摄论派、华严宗等思想流派均影响至深,而其佛学思想中也广泛吸收了印度传来的唯识思想,尤其是真谛传译的学说。慧远还大力弘扬《大乘起信论》的思想,并努力使之与印度唯识及中国已有的佛教思想融合为一体。更重要的是,慧远还在其著作中明确的提到了"理性"和"行性"这一对佛性范畴的理论,而且是站在上述立场上来解释它们。关于慧远佛性思想的研究,国内外学者也有一定的先行研究,可供参考。[③]

慧远持如来藏缘起论,而其如来藏思想的落脚点在于其真识心理论。而这真识心思

---

[①] [日]深浦正文:《唯識学研究》上卷,永田文昌堂1954年版,第341页。
[②] 对玄奘所回国后开创的唯识学派,传统一般称呼为法相宗或慈恩宗。但日本学者吉津宜英经过考证发现,法相宗这一称呼其实是其传到日本后的称呼,即日本法相宗,而玄奘在中国的后继者们并不以法相宗自称。具体可参见吉津宜英《「法相宗」という宗名の再検討》(《渡辺隆生還暦記念論文集》,永田文昌堂1997年版)。
[③] 相关研究有:常盘大定《佛性の研究》(丙午出版社1930年版)、吉津宜英《净影寺慧远の「真識」考》(《印度学佛教学研究》第22卷第2号,1971年)、横超慧日《北魏仏教の研究》(平乐寺书店1978年版)、佐藤哲英《净影寺慧遠とその無我義》(《佛教学研究》第32—33号,1977年)、冯焕珍《回归本觉——净影寺慧远的真识心缘起思想研究》(中国社会科学出版社2006年版)、廖明活《净影寺慧远的佛性学说》(《中国文哲研究所集刊》第4期,台北"中央研究院"中国文哲研究所,1993年)等。

想，是慧远通过对八识的诠释而得出的。对于第七识和第八识，慧远指出："次就真妄开合为二，前六及七同名妄识，第八名真。妄中前六，迷于因缘虚假之法，妄取定性，故名为妄。第七妄识，心外无法，妄取有相，故名为妄。第八真识，体如一味，妙出情妄，故说为真。又复随缘种种故异变，体无失坏，故名为真。如一味药，流出异味，而体无异。又以恒沙，真法集成，内照自体恒法，故名为真。"① 显然，在慧远看来，前七识都属于妄识，皆不真。只有第八识是真实之识，且体不失坏，拥有不坏的真实之体。而这真实的第八识与真识心之间是什么关系呢？慧远明确地指出："言对心者，心有三种。一者事识心所，谓六识。二者妄识心，谓第七识。三者真识心，谓第八识。"② 即真实不坏的第八识就是真识心，也是慧远缘起理论体系的基石。而这正是如来藏这一无相唯识学体系的典型范例，慧远就此表示："如来藏者，佛性异名。论其体也，是真识心。于此心中该含法界恒沙佛法，故名为藏。"③ 很明显，在慧远看来，真识心与佛性和如来藏并无本质区别，是会通的。由此可以看出，慧远的思想体系是以佛性说为根本的④。

那么，对于阿赖耶识，慧远又采取什么样的态度呢？我们知道，上文所说的第八识就应当指阿赖耶识，但在慧远这里，阿赖耶识、阿陀那识、本识、第八识等说法并立，且存在着一定的暧昧性，而且慧远还提到了阿摩罗识。所以，在分析慧远的心识思想时，不能简单地认为第八识与阿赖耶识完全相同，而应在了解了慧远所解释的第八识的基础上，再对其阿赖耶识说进行考察。关于阿赖耶识，慧远表示："如《摄论》说，一是本识，二阿陀那识，三生起六识，此三犹前依他性中之差别也。据妄摄真，真随妄转，共成众生。于此共中，真识之心为彼无始恶习所熏，生无明地。所生无明，不离真心，共为神本，名为本识，此亦名为阿梨耶识。故《论》说言，如来之藏不生灭法与生灭合，名阿梨耶。此阿梨耶为彼无始我见所熏，成我种子。"⑤ 可以看到，慧远认为真识心本来是清净的，也就是本性清净的如来藏佛性，后来受到了诸无始恶习的熏染而变为杂染状态，即无明的状态，这就成为了本识，也叫做阿赖耶识⑥。此阿赖耶识就是不生不灭的清净如来藏与生灭诸染法结合之后的产物，此后才又有了诸不净种子的形成。这是一种较为典型的杂染妄识说。不仅如此，慧远还提到了阿摩罗识，他说："真中分二，一阿摩罗识，此云无垢，亦曰本净。就真论真，真体常净，故曰无垢，此犹是前心真如门。二阿梨耶识，此云无没，即前真心随妄流转，体无失坏，故曰无没。故《起信论》

---

① （隋）慧远撰：《大乘义章》卷3，《大正藏》第44册，第525页中。
② （隋）慧远撰：《大乘起信论义疏》卷1，《大正藏》第44册，第182页中。
③ （隋）慧远撰：《大般涅槃经义记》卷3，《大正藏》第37册，第691页中。
④ 冯焕珍就认为慧远的学说之根本可以用真识心缘起或本觉思想来表达，属于典型的如来藏缘起。参见冯焕珍《回归本觉—净影寺慧远的真识心缘起思想研究》（中国社会科学出版社2006年版）。
⑤ （隋）慧远撰：《大乘义章》卷3，《大正藏》第44册，第529页下。
⑥ "阿赖耶识"又译为"阿梨耶识"，全文不必统一——编者注。

言，如来之藏不生灭法与生灭合，名为阿梨耶。"① 这就表明，阿摩罗识意味着如来藏真识心，其本体常净，而阿赖耶识却是流转杂染的，是阿摩罗识受到染法熏习之后的状态。这和真谛所传的无相唯识学并无二致，即以佛性说来统摄种子说的典型。阿赖耶识种子体系被作为如来藏佛性体系的附属，后者才是根本，是清净的，而前者只是后者受熏后的杂染状态而已。修行的目的就是努力使前者转变，从而得到后者的显现，就像《起信》和《楞伽》中说的那样。至此，慧远以佛性说统摄种子说的无相唯识学立场一目了然。

慧远站在上述立场上，多次提及理性和行性这一对佛性概念。但理性、行性说是否就是由慧远本人首次提出的，目前尚不能断定。笔者认为，这一说法在印度佛典中应当未明确提出，但其基本精神却和印度唯识思想有着不可分割的联系，具体说来就是有相、无相两大体系。吉藏认为理性、行性说出于中国地论学派之手，这其中很可能就是指慧远。无论如何，理性、行性说被慧远多次提及，且被纳入到了慧远构建的佛性体系中，而且是在慧远真识心缘起的无相唯识学立场上被诠释的，这对于我们理解慧远乃至整个地论学派的理性、行性说至关重要。

慧远在谈佛性问题时指出："本有法体，如来藏中现像起法门，是其体也，报应家性。本无法体，唯有方便可生之义。或说为四，如《涅槃》说，一阐提人有，善根人无。二善根人有，阐提人无。三二人俱有，四二人俱无。是义云何？佛性有四，一不善阴，二善五阴，三佛果阴，四是理性。四中前三随用以分，后一就实。不善阴者，凡夫五阴，真妄所集，唯真不生，单妄不成。真妄和合，方有阴生。摄阴从妄，唯妄心作。如梦中身昏梦心作，如波风作。摄阴从真，皆真心作。如梦中身皆报心作，如波水作。从真义边，说为佛性。与《胜鬘经》生死二法是如来藏，其义相似。善五阴者，地上之身，通而论之，地前亦有。此阴真心缘治合成。摄阴从缘，缘治所造，如庄严具模样所作。摄阴从真，真心所为，如庄严具真金所作。真作义边，说为佛性。佛果阴者，是佛果德，与前善阴，大况相似，满不满异。言理性者，废缘谈实，实之处无缘，以无缘故，真体一味。非因非果，与涅槃中非因果性，其一也。四中初一阐提人有，善根人无。第二善阴，善根人有，阐提人无。第三果阴，二人俱无。第四理性，二人俱有。通而论之，三人俱有，佛亦有故。四种如是。"② 在这里，慧远认为本有是体，本无是方便。结合上文所说的慧远的思想体系可以看出，本有即真识心如来藏，相当于《起信论》中所说的本觉。而本无是本有尚未显现的状态，相当于《起信论》中所说的不觉。从方便的本无到真实体性的本有，就是《起信论》中所说的始觉。接着，慧远又引《涅槃经》的说法来以一阐提和有善根之人来对应几种佛性。其中不善阴为一阐提有而善根

---

① （隋）慧远撰：《大乘义章》卷3，《大正藏》第44册，第530页下。
② （隋）慧远撰：《大乘义章》卷1，《大正藏》第44册，第473页中、下。

人无，因为此不善阴为虚妄，所以只有一阐提有。但是笔者认为此处有一个必须要注意的重大问题，即按照慧远自己的说法，此一阐提的不善阴是真妄和合的，且同时有妄义和真义，并非只有虚妄。这一看似不显眼的细节很容易在研究过程中被忽略，但它恰恰表明了慧远基于无相唯识学而成立的佛性观。众所周知，后来以玄奘为首的中国唯识宗代表了有相唯识学一系在中国的发展，其显著特色之一就是五种性说或一阐提不得成佛说。而这一理论的最大理由就是一阐提根本就没有本有清净种子，即一阐提等定性三乘无所谓真义，只有妄义或杂染。而真妄和合至少也是不定种姓才具备的。但慧远在这里明确地表示了即便是一阐提也具备真妄和合之佛性，这正是说明慧远无相唯识学立场的有力证据之一。第二是善五阴，第三是佛果阴，按慧远的说法，此二种佛性相似，差别在于满与不满，即通向成佛道路上的程度之差。佛果阴即功德已满，达到成就。笔者认为，此善五阴与佛果阴合起来就是慧远所谓的行性，即实际成佛可能与否之佛性，也可理解为行佛性，这一点在下文中还要进一步解释。最后是理性，顾名思义，就是理佛性，且一阐提和善根人都具备此理性。理性脱离众缘，真体一味，不生不灭，是无缘之真实有，且遍布一切众生。不难想象，这和慧远思想中的真识心如来藏相对应，众生皆有。也就是说，在慧远看来，理性是不论修行之有无而普遍存在于一切众生的。这里值得注意的是理性与缘起的关系，慧远认为理性与缘起隔绝，这就引发了一个问题，即若此处的理性就是指真如或真识心的话，按慧远的理论体系，理性与缘起就应当是体和用的关系，即典型的如来藏缘起。但这样一来，理性就不应无缘。若理性确实无缘的话，似乎可以认为此理性指有相唯识学中的真如，其不与染法缘起，即真如不参与互熏。但考虑到慧远的整体立场，此处仍应作如来藏缘起来理解。

上述慧远的佛性分类以图表形式表示如下：

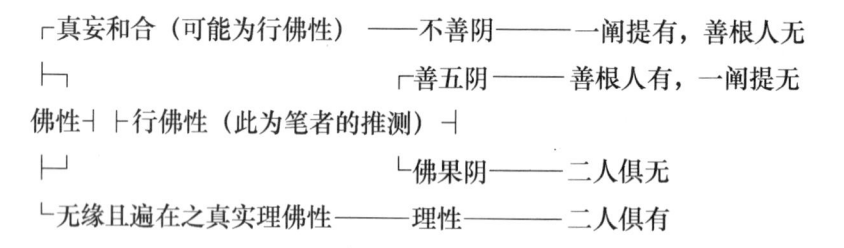

```
        ┌真妄和合（可能为行佛性）────不善阴─────一阐提有，善根人无
        │                        ┌善五阴─────善根人有，一阐提无
佛性─┤├行佛性（此为笔者的推测）┤
        │                        └佛果阴─────二人俱无
        └无缘且遍在之真实理佛性──────理性──────二人俱有
```

此外，慧远还有将佛性分为五种的说法，即："谓五佛性。一者因性，是涅槃因。二因因性，是菩提因。三者果性，是菩提果。四果果性，是涅槃果。五非因果性，是理性矣。"[①] 这一说法与上述四分佛性法表面上有所不同，但实质上是基于同一立场和思路

---

① （隋）慧远撰：《大乘义章》卷3，《大正藏》第44册，第528页下。

的分类方法。前四种是实际中修行的全过程，即行性的表现，所以是有因果的。最后一种理性是非因果的，因为只是理论层面的存在，即一切众生的本觉状态。其关于理性的基本精神与四分法保持了一致。

除了理性说外，慧远还相对应地提出了行性说。他表示："言行性者，行别有三。一妄见凡夫起颠倒见，二实见圣人离妄相心，三者如来无戏论习。三行虽殊，性体不二。其犹种殼牙茎等异，殼性无别。就行辨性，故云行性。"① 这就是说，行性包含着颠倒之见、离妄相心以及如来无戏论习，是同时存在着善恶净秽等不同倾向的集合。理性是遍及一切众生的无缘存在，而行性却是包含着种种善恶净秽的实际存在。因为以实际修行过程中的"行"为出发点，所以称为行性。

那么，行性与理性之间究竟是什么关系呢？慧远在《大般涅槃经义记》中说："理性一味，上下义齐。行性差殊，前后不等。今论行性，十地劣佛故，但说六，次列其名。常、净、真、实及善同前，我之与乐理实齐有，随义隐显，在因不说。"② 这就是说，若论理性的话，众生皆平等，但要论行性的话，则各有不同。因为尚未达到佛的地步，所以众生的理性在十地中与佛相同，但行性却不及佛，所以次于佛。这其中的"常"、"净"、"真"、"实"、"善"等方面与佛相同，这也意味着理佛性。但"我"和"乐"这两方面在理性上来说虽有，但行性上来说却随缘而有显隐之分，即众生之间的行佛性有差别。我们知道，"常乐我净"是大乘佛教中一个重要的说法，很多经典都提到此概念，且在顺序上还存在不一致的情况。慧远在这里认为在"常"和"净"方面，众生与佛相同，实际上意味着理性。而在"我"和"乐"方面，众生不及佛，且各有区别，实际上意味着行性。

然而，慧远在这里所解释的行性与上述《大乘义章》中四分佛性说的善五阴、佛果阴之间是否存在着明确的对应关系呢？慧远对此并未明示，笔者根据其对行性的描述推测，行性不仅包括了善五阴和佛果阴，还应当包括真妄和合的不善阴。因为慧远所说的行性包含了凡夫颠倒见，范围很广。而不善阴是真妄和合的，除去虚妄后甚至还可以显真，完全符合慧远所谓的行性的特点。所以笔者认为，慧远的佛性分类如果粗略些说，完全可以只分为理性和行性两大部分。而且这其中的理性为众生皆有，行性则各有不同，但即便是一阐提也可以通过正确的修行方法获得行性而证显理性。而这种理论明显属于无相唯识学的范畴，只是在此基础上又提出了理性、行性说这一对概念加以衡定而已。

对于慧远的理性、行性说，日本学者吉村诚认为其并未确立理行二佛性说，真正将

---

① （隋）慧远撰：《大乘义章》卷1，《大正藏》第44册，第475页中。
② （隋）慧远撰：《大般涅槃经义记》卷9，《大正藏》第37册，第869页上。

理性、行性这一对概念组合为理行二佛性说的是隋末唐初的地论学派。① 慧远并未完整且体系性地提出理行二佛性这一说法,这一点笔者也同意。但其著作中已经明显将两者分别纳入佛性分类中,而且慧远的思想对地论学派影响至深,这都是不可忽视的。此外,慧远以及地论学派的佛性思想都属于无相唯识学,其理性、行性说也不例外,这与后来持有相唯识学立场的唐代唯识宗理行二佛性说有着很大的区别,这一点更不容忽视。

## 二 嘉祥吉藏对理性行性说的批判

理性、行性说在南北朝隋唐时期的佛教思想界存在着一定的影响力,这从当时有些学者对它的反应也可以看到。而这当中不得不提的就是弘扬印度中观空宗的嘉祥吉藏大师,但吉藏对理性、行性说更多的却是批评。

吉藏恪守印度中观学派的思想,对唯识学说持不采纳的态度。他在著述中也多有提及阿赖耶识等唯识学种子说的内容,但基本上是整理与批判的立场。而对佛性说,吉藏站在中观派的立场上提出了不同于唯识学的佛性思想。有关吉藏这些方面思想的研究,可以参考国内外学者的一些相关先行研究。②

众所周知,地论学派是如来藏系思想的重要支持者,也是南北朝时期无相唯识学在中国的重要代表之一。其理论直接促成了唐代华严宗的形成,且对后来的性宗佛教影响深远。而吉藏对地论学派也很关注,在其著述中多次言及地论思想。但吉藏对地论派的态度以评破为主,他表示:"次破地论中道。彼云,阿梨耶识本来不生不灭,古今常定,非始非终,但违真故,起妄想故,彼云,六识炽恼随覆梨耶名为如来藏。后修十地之解,分分断除妄想六识。六识既尽,妄想之解亦除,显真成用,名为法身……今谓不然。法身本有,为何因可得?若为因得,则非本有。无因则同外道义。若言本有,何以名中道耶?又本来有此四句百非清净法,自应遣颠倒,那急为烦恼所覆?后修得十地之解,尚能遣烦恼,本来常定法身不能遣之。翻成未之修,解却惑本,即不能未亦不能也。今大乘无所得义约八不,明三种中道。"③ 吉藏在这里提到的地论派的阿赖耶识观及

---

① [日]吉村诚:《唯識学派の理行二仏性説について——その由来を中心に》,载于《東洋の思想と宗教(19)》,第21—47页,2002.3,早稲田大学東洋哲学会。

② 相关的研究有:平井俊荣《中国般若思想史研究—吉藏と三論学派》(春秋社1976年版)、奥野光贤《佛性思想の展開—吉藏を中心とした『法華論』受容史》(大藏出版社2002年版)、奥野光贤《吉藏の『法華論』依用について—七処に仏性有りの文をめぐって》(《仏教学》第21号,1987年)、奥野光贤《吉藏と一闡提》(《印度学仏教学研究》第46卷第1号,1997年)、奥野光贤《吉藏と草木成仏説》(《印度学仏教学研究》第47卷第1号,1998年)、常盘大定《佛性の研究》(丙午出版社1930年版)、华方田《试论吉藏的中道观》(《佛学研究》第5期,1996年)、华方田《试论吉藏的中道佛性说》(《南亚研究》,1997.2)、杨惠南《吉藏的佛性论与心性说之研究》(《内明杂志》第215期,1990年)等。

③ (隋)吉藏撰:《大乘玄论》卷2,《大正藏》第45册,第25页下。

如来藏观不仅仅是地论一系的主张,同时也是整个性宗佛教乃至无相唯识学的主张。即阿赖耶识本来清净,与如来藏不二,但后来受到客尘染法所熏染,导致变为杂染,修行的目的就是断除妄想,从而使真实清净的法身显现出来。对这种思想,吉藏明确表示反对。而且吉藏进而反对所谓"本有"说,即清净法身本有这种说法不合理,根本就不符合中道思想。我们知道,本有说是南北朝时期佛学义理争论中的一个热点问题,有人主张本有,即清净的法身如来藏本来就有,只是被遮蔽了而已,这明显是无相唯识学的立场。有人主张始有,即真如佛性并非一开始就存在的,而是在后来的修行过程中逐渐获得的。后来的《大乘起信论》通过本觉、始觉、不觉等相关概念将本有、始有说都统一到了无相唯识学体系中,并更强调本有说的根本性。吉藏反对本有思想,就表明了他从根基上反对无相唯识学及其后来发展出的如来藏思想。而他在这段话的最后表示,真正的大乘无所得义应当是通过"八不"的方法来探明三种中道思想。

了解了吉藏的基本立场,再来看他对理性、行性说的态度。吉藏说:"问佛性为是本有,为是始有?答经有两文,一云众生佛性譬如暗室瓶瓮、力士额珠、贫女宝藏、雪山甜药,本自有之,非适今也,所以如来藏经明有九种法身义。二云佛果从妙因生,责骥马直,不责驹直也。明当服苏,今已导臭,食中已有不净,麻中已有油,则是因中言有之过,故知佛生是始有。经既有两文,人释亦成两种。一师云,众生佛性本来自有,理性、真神、阿梨耶识故。涅槃亦有二种,性净涅槃本来清净,方便净涅槃从修始成也。第二解云,经既说佛果从妙因而生,何容食中已有不净?故知佛性始有。复有人言,本有于当故名本有。"① 这就表明,当时佛教学界关于佛性问题的争论存在着本有说和始有说两种意见,前者认为众生本来就具备佛性,此佛性也可以称作理性、真神或阿赖耶识等,而后者认为众生本来并不具备佛性,佛性是在后来的修行中从妙因而生的。而还有人认为本有会在当来显现,这种情况可以认为也属于本有说的一种,而且和后来无相唯识学在中国的发展思路更加接近。② 接着,吉藏表示:"但地论师云,佛性有二种,一是理性,二是行性。理非物造,故言本有。行藉修成,故言始有。若有所得心望之,一往消文,似如得旨。然寻推经意,未必如此。何者?但大圣善巧方便,逐物所宜,破病说法。何曾说言理性本有,行性始有耶?例如说如来藏义,《楞伽经》说无我为如来藏,《涅槃》说我为如来藏。此两文复若为配当耶?本有、始有其义亦尔,若言理性本有,非始,行性始有,非本者,更执成病,圣教非药。而世间浅识之人但见其语,定以为是,以成迷执也。"③ 从这段话可以看到,吉藏将理性、行性说划为佛性说范

---

① (隋)吉藏撰:《大乘玄论》卷3,《大正藏》第45册,第39页上、中。
② 这种认为本有会在将来某个时间显现出来的本有当来说可谓本有说和始有说的折中主张。其与后来《楞伽经》等无相唯识学经典的思想不谋而合,都是主张本来清净的本有(无相唯识称之为如来藏)起初因被遮蔽等原因而并未完全显现,后来通过修行而完全显现出来,即始有的完成。
③ (隋)吉藏撰:《大乘玄论》卷3,《大正藏》第45册,第39页中。

畴的一对相对应的概念,并将其主张者归为地论师。而且表明理性说对应着本有说,行性说对应着始有说。由此也可证明,南北朝时期地论师等学派或个人提出的理性、行性说在理论上与当时佛学界所流行的本有、始有说有着很密切的关系,若按吉藏所说来解释的话,理性、行性说无疑属于无相唯识学范畴的思想,因为理性、行性说是同时承认二者,所谓理性皆有,行性各异。这很明显是融合本有、始有两种说法的反映,甚至可以说是二者的折中表现。即地论师的理性、行性说是调和本有、始有两种说法的本有当来说的另一种表现形式。关于这一点,笔者与吉村诚持相同的意见。① 而在地论师看来,无论是本有还是始有,众生在成佛问题上都具有可能性,即便是一阐提也具有成佛的可能,而且是以本有的清净如来藏为宗的,这在上一节讨论净影寺慧远时已经谈过,所以这种理性、行性说无疑属于无相唯识的思想。而在这段话的最后,吉藏也不忘对此思想进行批判,因为在吉藏看来,真正的佛性是非本非始的中道佛性,无论是本有说还是始有说,乃至理性说和行性说,都是不了义,这也再次反映了吉藏严格遵守中观学派的理论立场。

然而,在吉藏的著述中还可发现如下观点:"乘有三种,理乘即是中道佛性,行乘即是缘因佛性,果乘即是果佛性。"② 此处以三乘等同于三种佛性,并区分了理佛性、行佛性、果佛性。对理佛性的界定就是中道佛性,行佛性就是因缘佛性。笔者认为可以将其看作吉藏的理行二佛性说,它与地论师的理行二佛性说所不同的就是以中道佛性代替本有佛性来作为理佛性。本有说属于无相唯识学,所以脱胎于本有、始有说的地论师理行二佛性说实际上就是无相唯识学的理行二佛性说。而吉藏以中道佛性为理佛性的理行二佛性说则属于中观学派的理行二佛性说。但吉藏对此只是浅尝辄止,并没有充分展开,所以仍存在商榷的余地。笔者对此仅提供个人之见。

## 三 唐以前关于理行二佛性说的其他论述

唐均正在《大乘四论玄义》中提到:"第九地论师云,第八无没识为正因体。第十摄论师云,第九无垢识为正因体。故彼两师云,从凡至佛,同以自性清净心为正因佛性体。故彼云,自性住佛性,引出佛性,得果佛性也。此引出得果两性,彼师解不同。一云三性并是正因性,一云自性住是正因性,余二性非。何者?果与果果两性,是得果性。引出性即是十二因缘所生法,观知了因性。自性住是非因非果佛性,正因性也。地论师云,分别而言之,有三种,一是理性,二是体性,三是缘起性。隐时为理性,显时

---

① [日]吉村誠:《唯識学派の理行二仏性説について—その由来を中心に》,载于《東洋の思想と宗教(19)》第29页,2002.3,早稻田大学東洋哲学会。
② (隋)吉藏撰:《大乘玄论》卷3,《大正藏》第45册,第44页上。

为体性，用时为缘起性也。地摄两论义玄同。"① 这是对南北朝时期地论、摄论两学派的佛性学说，尤其是正因佛性说的区别所作的述评。从中可以看出，当时地论派和摄论派虽然在八九两识等问题上有所分歧，但都以自性清净心为正因佛性，在本质上并无差别。地论师认为佛性有三种，第一是理性，第二是体性，第三是缘起性。佛性处于隐藏的状态时为理性，即理佛性。显现时就是体性，发挥效用时为缘起性。而地摄两论师均认为至少理佛性就是正因佛性，也就是自住性，其非因非果。显然，南北朝时地论派和摄论派所谓的理性已经明显具备了理佛性的效用，可以说已形成了理佛性说的较为完备之形态。关于南北朝时期理性、行性说的其他具体情况，参见汤用彤于《汉魏两晋南北朝佛教史》中的相关研究。②

还需要补充的是，禅宗之菩提达摩大师有所谓"理性二入"理论。按汤用彤之解释，理入即壁观，行入即四行。四行就像《华严经》的十行，属于日常之道行。这理性二入说与理行二佛性说之间究竟有多大关联，值得进一步研究。但可以肯定的是，禅宗的理性二入说偏重于实际修行，即禅法方面。而唯识学的理行二佛性说则偏重于从理论上解释成佛之可能性问题。二者并不在同一个论域中。

## 第二章　从俱舍、唯识典籍的梵汉对勘看佛性与种子

### 第一节　《楞伽经》如来藏与阿赖耶识论述部分的梵汉对比研究

众所周知，南北朝时期中国佛教思想史上最重要的事件之一就是《楞伽经》的汉译与流传。印顺法师曾指出，真常唯心论乃佛梵杂糅，而以《楞伽经》为证。《楞伽》虽指责佛梵，但却意在贯通佛教思想与吠檀多大梵思想，并使之整个归宗于佛教。而在无著、世亲的引证中也从来没有出现过《楞伽》。③ 显然，在印顺法师看来，《楞伽经》可谓在婆罗门教梵我如一思潮下将佛教思想导向如来藏思想的标志性经典之一。如果再考虑到当时印度佛教唯识思想的发展，我们可以认为《楞伽经》的存在与广泛流传正是无相唯识学发展成熟的反映之一，也由此沟通了唯识思想与如来藏思想的合流。

通过上一章的种种分析，可以看到，印度唯识思想中既有有相唯识学的因素，也有无相唯识学的因素，而中国南北朝时期最流行的还是无相唯识学思想。《楞伽经》则作为这一思潮的代表性存在于此时被汉译并流行于中国，对后来包括禅宗在内的整个中国

---

① （唐）均正撰：《大乘四论玄义》卷7，《卍续藏》第46册，第602页上。
② 汤用彤：《汉魏两晋南北朝佛教史》，北京大学出版社1997年版，第482—513页。
③ 释印顺：《印度佛教论集》，中华书局2010年版，第206—207页。

性宗佛教从根本上产生了深远的影响。我们知道，中国性宗佛教是以《大乘起信论》为理论根基的，唐代以后的中国佛教从某种意义上来说可谓一种"起信论宗"。而据日本学者的研究，后来中国佛教界对《起信论》的解读几乎都是以法藏的《大乘起信论义记》等著作为依据的。也就是说，法藏对《起信论》的解读思路彻底影响了后来整个中国佛教的起信论观，甚至超过了《起信论》文本本身。① 而《楞伽经》在法藏对佛教思想的理解上恰恰占有着决定性的作用，法藏对此表示："《楞伽》云，如来藏为无始恶习所熏，名为藏识。又云，如来藏受苦乐，与因俱若生若灭。又云，如来藏名阿赖耶识，而与无明七识俱。"② 所以，对《楞伽经》思想的研究对整个唯识思想史以及中国佛教思想史都显得格外重要，理行二佛性说这一立足于佛性说与种子说关系基础上的问题则更绕不开《楞伽》的佛性思想。本章就对《楞伽》所反映出的佛性思想与种子思想做一探究。

对于《楞伽经》，吕澂曾做过不少深入研究。他在《入楞伽经讲记》中指出，《楞伽》的三种汉译本中，宋译本最近真，魏译本和唐译本则都有所增加。③ 吕澂还在《中国佛学源流略讲》中指出，宋译四卷《楞伽》和魏译十卷《楞伽》最关键的差异在于依《胜鬘》而说佛性的一段内容。宋译四卷本将佛性如来藏与人心识藏在本质上看作同一，将二者统称为名为如来藏的藏识。而魏译十卷本则认为如来藏不在阿赖耶识中，将两者明显的区分开来。④ 而《起信论》的思想根据则是建立在魏译十卷本《楞伽》之上的。⑤ 经过一番分析，吕澂将最终的落脚点置于魏译十卷本《楞伽》的误译上，这就意味着对依据《起信论》的整个性宗佛教的根本性质疑。鉴于《楞伽经》对本文研究主题的重大意义，笔者在本章中就对吕澂所说的《楞伽经》中这一段关于佛性与阿赖耶识关系的关键部分从梵文原典语言学上进行翻译与分析，并与魏、宋、唐三种汉译本进行逐句的对照研究。

---

① 关于这一具体问题，日本学者有很多细致的研究，具体研究可参考柏木弘雄《大乘起信論研究》和吉津宜英《法藏の大乘起信論について》等诸多相关成果。而我国则主要有吕澂、高振农、杜继文等学者的相关研究成果。
② （唐）法藏撰：《华严一乘教义分齐章》卷2，《中华藏》第95册，第588页中。
③ 吕澂：《吕澂佛学论著选集》，齐鲁书社1996年版，第1215—1216页。
④ 同上书，第2896—2897页。
⑤ 同上书，第2973页。

具体的梵汉对勘内容如下①：（本年鉴从略。——编者注）

通过以上的梵汉对比研究，我们可以发现，《楞伽经》以如来藏佛性思想为根本来统摄、融合种子学说，将阿赖耶识看作如来藏的杂染形态，由此顺利地将阿赖耶识种子说以次一级的存在整合进了以如来藏学说为顶端的论域。至于吕澂对《楞伽经》的研究结论，笔者基本表示赞同。但需要指出的是，尽管魏译十卷本《楞伽》的翻译存在着诸多问题，但也不能全盘否定，毕竟在吕澂所认为翻译质量较佳的宋译四卷本《楞伽》中仍然能够发现一些翻译上的问题，这从笔者上文的梵译汉研究中就可以看出。而《楞伽经》的三种汉译本中，经过与现存梵本的对比，唐译七卷本最为近真。而对于魏译本和宋译本，魏译本明显有强化如来藏思想的倾向，而且明确表示如来藏不在阿赖耶识中，这也与唐译本、宋译本及梵文本都存在着较大的出入。吕澂认为魏译本对后来《起信论》的流传产生了很大作用，笔者亦不反对。但想补充的是，尽管魏译本《楞伽》可能对后来的中国佛教产生了更大的影响，但宋译本的影响亦不可忽视，毕竟两种译本在本质上都属于无相唯识学的，只不过魏译本更突出如来藏的独立性罢了。

此外，笔者在梵汉对比研究部分已表明，魏译十卷本《楞伽》的"如来藏不在阿赖耶识中"这一说法可能存在问题，因为梵文本中并未出现魏译本中这一说法所对应的表达，而且如来藏的依格形式和阿赖耶识的体格形式连用，从语法上明确地表达了阿赖耶识和如来藏的相即关系，这与魏译本的说法不同。而笔者认为魏译本的"如来藏不在阿赖耶识中"之说很可能对地论学派产生了某种决定性的影响。地论南道派的代表性僧人法上就认为阿赖耶识为第七识，前七识都是虚妄的，只有代表着如来藏的第八识才是清净的。法上表示："缘起者第七阿梨耶识，是生死本也。妄想者六识心，妄生分别，邪著六尘。真如者佛性真谛，第一义空也。此三解无别，异名为同相。"② 那么，法上为何会得出这种认识呢？笔者认为，其很有可能受到了魏译《楞伽》如来藏在阿赖耶识之外的启发。日本学者胜又俊教认为，在菩提流支的思想体系中，染污识有七种，其中第七

---

① 本章中所使用的《楞伽经》梵文本主要采用德国哥廷根大学整理的《Laṅkāvatārasūtra》(Based on the ed. by P. L. Vaidya, Darbhanga: The Mithila Institute, 1963. Input by members of the Sanskrit Buddhist Input Project. With kind permission of the Digital Sanskrit Buddhist Canon Project of Nagarjuna Institute, Nepal and University of the West, Rosemead, California, USA)，并适当参考尼泊尔本和日本学者南条文雄校对本（此二种版本可以参考日本东京大学东洋文化研究所梵文文献网络资料库，此为东京大学正式公开的文库，已被国际学界广泛使用。http://utlsktms.ioc.u-tokyo.ac.jp/utlsktms/）。南条本已经出版多年，近年来又有日本学者常盘义伸在此基础上参考汉译本作出了新的修订梵本，可供参考。大陆学者黄宝生也出版了《梵汉对勘入楞伽经》一书，用印度学者整理的梵本与四卷及七卷汉译本进行了对勘。此外，汉译本《楞伽经》主要采用《中华大藏经》（第17册，第561—808页），其中四卷本的底本为《高丽藏》，十卷本和七卷本的底本为《金藏》广胜寺本。并适当参考日本《大正新修大藏经》。

② （北周）法上撰：《十地论义疏》卷1，《大正藏》第85册，第764页中。

识是种子识,也是阿赖耶识的别称。① 这与法上的观点十分相似。当然,《解深密经》中也有将阿赖耶识看作第七识的情况,但其对如来藏思想的态度却和法上有所不同。但如同笔者在上文已证明过的吕澂的研究结论,魏译本《楞伽》所谓的"如来藏不在阿赖耶识中"之说在梵本中不可见,且不符合语法规则及无相唯识学的一般思路,所以很有可能存在问题。这关系到唯识思想在中国早期的传播史,这其中有很多尚未明晰的问题,八识的区分与对应问题就是其中之一,有待进一步研究。② 值得一提的是,以日本京都大学人文科学研究所为中心的研究班,在经过几年的共同研究的基础上,充分利用了敦煌文献和日本古文献中尚未被充分利用的内容,出版了以真谛三藏的为研究中心的中国唯识研究论文集,反映了日本关于中国唯识的最新成果。其中对地论学派与摄论学派有专门研究,极具参考价值。③

## 第三章 唐代唯识宗的理行二佛性说

### 第一节 有相唯识学理行二佛性说的提出

随着唐代唯识宗的建立,有相唯识学首次系统性的传到了中国,其完全以阿赖耶识种子说为宗来统摄真如,甚至绝口不提如来藏佛性思想。唯识宗人站在有相唯识学的立场上,以阿赖耶识种子说,尤其是以其中的本有清净种子为根本,提出了有相唯识学的理行二佛性说。本节主要通过窥基和新罗圆测的学说来窥探唐代唯识宗在整理总结南北朝及隋代的理性、行性说思想后,站在有相唯识学立场上所提出的理行二佛性说。

#### 一 窥基的理行二佛性说

窥基作为玄奘的嫡传弟子,对中国法相唯识宗的成立贡献甚伟。他和玄奘一样恪守护法、戒贤一系的有相唯识学,坚持种子说、五种性说等有相唯识学的基本立场。据目前已掌握的资料,窥基是中国第一位完全站在有相唯识学的立场上明确提出理行二佛性说的佛教学者。其佛性理论立足于严格的五种性说和清净种子说,与唐以前的理性、行性说大不相同。然而,窥基思想的研究目前仍存在着很多不清晰之处,其原因主要在于

---

① [日]胜又俊教:《仏教における心識説の研究》,山喜房佛书林1961年版,第657—665页。
② 关于《楞伽经》与唐以前的中国唯识学派之间的关系,可参考结成令闻《支那唯識教学史における楞伽師の地位》(《支那仏教史学》第1—11卷,1937年)、坂本幸男《地論学派における二、三の問題—特に法上、慧遠の十地論疏を中心として》(《仏教研究》第3—4卷,1939年)等。
③ [日]船山徹主编:《真諦三藏研究論集》,京都大学人文科学研究所2012年版。

玄奘以前有相唯识学并未真正意义上的传入中国，而玄奘终生致力于译业，并未留下多少自己的著述。所以，窥基著述中的思想究竟哪些属于印度唯识本来的思想，哪些属于玄奘本人的思想，哪些属于窥基自己的发挥，还有待今后进一步研究。①

一乘思想是《法华经》的核心思想之一，也是天台、华严、禅等性宗佛教的主导思想之一。《法华经》中说："十方佛土中，唯有一乘法，无二亦无三，除佛方便说。"② 这就明确的指出，只有一乘法是真实的，二乘、三乘都只是权宜之说法，即所谓一乘真实而三乘权宜。其与《涅槃经》的一切众生皆有佛性的思想结合起来，构成了后来中国佛教性宗的发展土壤，也是无相唯识学在中国广泛传播的保证之一。其对中国佛教的判教也产生了一定影响。而窥基则从有相唯识学的立场出发，对《法华》、《涅槃》等经典的一乘三乘问题进行了唯识宗的诠释，即针对无相唯识的"一乘真实三乘权宜"提出了有相唯识的"三乘真实一乘权宜"的观点。而窥基的这种一乘思想对我们理解他的理行二佛性说有着非常重要的意义。③

在《法华玄赞》中，窥基对自己的一乘思想与《法华》、《胜鬘》的一乘思想间的差别表示："此说一乘与《胜鬘》、《涅槃经》所说一乘差别之相，此通理智，彼通佛性。此唯摄入，彼通出生。此唯有性，彼通无性。此唯不定性，彼通定性。此多说教理，彼多说行果。此说一乘为实二乘为权，彼说一乘为权四乘为实。故《胜鬘》云，若如来随意欲而方便说，唯有一乘无余乘等也。"④ 这里的"此"指窥基的一乘说，"彼"指《胜鬘》、《法华》等大乘经典的一乘说。可以看到，窥基所主张的一乘思想是站在理智、摄入、有性、不定性、教理等立场的，而《法华》等传统一乘思想则是站在几乎相反的立场上的。由此我们也可以看出，窥基所明确提出的理佛性观念也基于这种思想的延伸，即一般性宗佛教的"一切皆成"式的真实一乘观念只代表着理论化的理佛性而已。但窥基在此处提到的"此说一乘为实二乘为权，彼说一乘为权四乘为实"之说法，似乎与其三乘真实一乘权宜之观点存在一定的矛盾，有待进一步研究。

然而，关于《法华经》和《胜鬘经》之间的关系，窥基在其《大乘法苑义林章》

---

① 关于窥基的佛性思想，相关的研究成果有：深浦正文《唯識学研究》（永田文昌堂1954年版）、常盘大定《佛性の研究》（丙午出版社1930年版）、渡边隆生《慈恩大師の伝記資料と教学史の概要》（法藏馆1983年版）、多田修《基における仏性・如来藏解釈》（《印度学佛教学研究》第52卷第2号，2004年），以及林香奈（日本东洋大学博士、韩国金刚大学HK研究教授）的一系列窥基研究论文等。

② （后秦）鸠摩罗什译：《妙法莲华经》卷1，《中华藏》第15册，第515页下。

③ 有关窥基的一乘思想，我国学界尚未予以足够的重视，成果也很少见，目前张志强的《初唐佛性净辩研究——以窥基、慧沼与法宝之辩为中心》（载于《中国哲学史》2002年第4期）一文具有一定的代表性和填补空白的意义。而这方面主要是日本学者有一定的研究，相关的研究成果有深浦正文《唯識学研究》（永田文昌堂1954年版）、吉津宜英《华严一乘思想の研究》（大东出版社1991年版）、胜吕信静《窥基の法華玄赞における法華解釈》（载于坂本幸男编《法華経の中国展开》，平乐寺书店1972年版）等。

④ （唐）窥基撰：《妙法莲华经玄赞》卷4，《中华藏》第100册，第407页中下。

的《诸乘义林》中有如下说法:"又《法华》一乘唯依摄入、体用狭故,为方便说。《胜鬘》一乘出生、摄入二皆周備,故是真实。《法华》一乘唯谈有性为依故,是方便。《胜鬘》一乘亦谈无性为依故,是真实。《法华》唯谈不定性故,是方便。《胜鬘》亦谈决定种姓故,是真实。"① 这其中提到了三对概念,即摄入与出生、有性与无性、不定性与决定种姓。关于摄入与出生,窥基解释道:"一云若定姓智定皆从大乘中出,名出生,名大乘也。二云,若不定种姓及大乘种姓毕竟还归大乘,名摄入大乘。二云于不定性中有二义,若始从小教趣小果时,名出生故,名大乘。若已迴心归大乘时,名曰摄入故,名大乘也。"② 显然,在窥基看来,摄入和出生结合起来,才能较为圆满的涵盖众生。如果只是说摄入的话,那就仅指不定种姓或归入大乘之种姓,并不包括一切众生。所以,《法华经》仅就摄入而言,其对象就仅限于不定种姓和大乘种姓,适用对象范围远不及《胜鬘经》。而有性与无性则很容易理解,即《法华经》只针对有性众生而言,而《胜鬘经》则涵盖了有性与无性的所有众生。至于不定性与决定种姓之说,是指《法华经》所说的一乘及众生皆可入佛乘等说法只是针对不定种姓而言的,而《胜鬘经》的如来藏佛性观念则在此基础上又包含了声闻、缘觉、一阐提等定性三乘,范围更广。由此可见,在对一乘、佛性、成佛等问题上,窥基认为《法华经》只针对一部分先天就有成佛可能性的众生而言,而《胜鬘经》所说的众生皆有如来藏则指一切众生。也就是说,窥基认可胜鬘一乘的真实性。对此,日本学者师茂树认为,在窥基的学说中,《胜鬘经》所说的众生皆有之如来藏就是理佛性。③ 笔者在同意其观点的基础上还认为,窥基对《法华经》的解释则显示了其行佛性的理论,即只有一部分具有行佛性的有性众生才可真正入佛乘,而非一切众生皆得成佛。

关于唯识宗一乘思想的适用范围,即对象问题,窥基援引《摄大乘论》中"由不定种姓,诸佛说一乘"之偈颂而主张一乘这种说法只是针对不定种姓为对象的,并非就一切众生而言。他表示:"为引摄一类不定种姓声闻缘觉,令依大乘般涅槃故,《法华》一会多为此类说于一乘。"④ 这就明确地说明了《法华》的所谓一乘思想,其实是针对不定种姓来说的,因为不定种姓兼具三乘种姓的资质,如善加劝导,可期成佛。而一阐提则不具备这种可能性,所以不属于一乘思想所针对的对象。窥基通过这样的解释,巧妙地化解了无相唯识学"一切皆成"式的一乘思想,并对一切众生皆有如来藏并皆可成佛的思想进行了彻底的动摇,将一乘思想与有相唯识学的种姓分别说紧密地联系在了一起。

通过以上分析可以看出,窥基所主张的一乘思想与其理、行二分佛性的主张是密不

---

① (唐)窥基撰:《大乘法苑义林章》卷1,《大正藏》第45册,第266页中。
② (唐)窥基说、义令记:《胜鬘经述记》卷1,《卍续藏》第19册,第908页中。
③ [日]师茂树:《法相宗の「一乘方便」說再考—諸乘義林を中心に》,《印度学佛教学研究》第47卷第1号,1998年。
④ (唐)窥基撰:《妙法莲华经玄赞》卷4,《中华藏》第100册,第407页上、中。

可分的，正如张志强所说，窥基的一乘义将"一切众生悉有佛性"与"一切众生皆可成佛"分别开来，这与将二者合一的如来藏系思想存在着很大的区别。而这种分别恰恰为种姓说与佛性说之间的分梳建立了前提和论域，也由此通向了唐代唯识宗的理行二佛性说。① 而一乘思想这一我们习以为常的观念，通常被认为是"一切皆成"思想的同义语，与如来藏思想或本觉思想在很多场合也可互换。但在基这里却是例外，甚至成为相反的立场。关于这一点，很多日本学者也有专论。②

至于窥基的一阐提思想，我们可以在他的《成唯识论掌中枢要》中找到答案。他在其中表示："《楞伽》所说二种阐提，初是断善根具邪见者，后是菩萨具大悲者。初者有入涅槃之时，后必不尔，以众生界无尽时故，无性有情不成佛故，大慈菩萨无成佛期。然第五性合有三种，一名一阐底迦，二名阿阐底迦，三名阿颠底迦。一阐底迦是乐欲义，乐生死故。阿阐底迦是不乐欲义，不乐涅槃故。此二通不断善根人。不信、愚痴所覆蔽故。亦通大悲菩萨，大智大悲所熏习故。阿颠底迦名为毕竟，毕竟无涅槃性故。此无性人亦得前二名也，前二久久当会成佛，后必不成。《楞伽》但说具前二名有性阐提，《庄严》通说有性、无性二种阐提。《瑜伽》、《楞伽》二种断善果必当成，因现未成，断善根故。《楞伽》大悲因现定成，果必不成，以众生界无尽时故。无种性者现当毕竟二俱不成。合经及论，阐提有三，一断善根，二大悲，三无性。起现行性，有因有果。由此三人及前四性四句分别，一因成果不成，谓大悲阐提。二果成因不成，谓有性断善阐提。三因果俱不成，谓无性阐提、二乘定性。四因果俱成，谓大智增上、不断善根而成佛者。"③ 这段话表明，在窥基看来，《楞伽经》所说的一阐提都是毕竟有性的，即都是拥有本有无漏种子的众生，也就是说都具备理佛性，但是其中断善根阐提是因不成果成，即具有成佛的资质，却因贪图乐欲等原因暂未成佛。而大悲阐提确实本应成佛的菩萨因为要拯救身处苦海中的众生而暂时放弃成佛，属于因成果不成。《瑜伽论》中所说的一阐提也近似于断善阐提。在窥基看来，此二种阐提都具有理佛性，当其行佛性成熟之时即可成佛。而《大乘庄严经论》中所说的无性阐提则是根本就不具备成佛可能的一类一阐提，他们既虽然也因"一切众生皆有佛性"而具备理佛性，但不具备行佛性，属于现当皆不成佛的绝对不可能成佛之无性一阐提。这其中也包括声闻、缘觉等定性二乘，因为他们只能证得小乘寂灭的阿罗汉果，而不能成佛。而这无性一阐提之所以无法成佛，关键就在于他们缺失了行佛性。而缺失行佛性的根本则在于他们缺乏本有无漏种子。这样一来，窥基圆满地将

---

① 张志强：《初唐佛性诤辩研究——以窥基、慧沼与法宝之辩为中心》，《中国哲学史》2002 年第 4 期。
② 具体可参考：松本史朗《唯識派の一乗思想について——一乗思想の研究》（《駒沢大学仏教学部論集》一三，1982 年）、师茂树《法相宗の「一乗方便」説再考——諸乗義林を中心に》（《印度学仏教学研究》第 47 卷第 1 号，1998 年）、吉村誠《唯識学派における「一乗」の観念について》（《印度学仏教学研究》第 48 卷第 2 号，2000 年）等。
③ （唐）窥基撰：《成唯识论掌中枢要》卷上，《中华藏》第 99 册，第 401 页中下。

其有相唯识学的理行二佛性说与一阐提思想融合在了一起。

关于窥基的一阐提思想,现附图表说明如下:①

```
         ╱Icchantika（一阐底迦）——断善根——《瑜伽》——因不成果成
一阐提——Achandika（阿阐底迦）——大悲阐提——《楞伽》——因成果不成
         ╲Aatyantika（阿颠底迦）——无性——《庄严》——因果现当皆不成
```

上文分析了窥基的一乘思想和一阐提思想,从中已经可以明确地看到他理行二佛性说的理路。而对理行二佛性说,窥基还明确地表示:"此经既说一乘被彼大乘根性,然性有二,一理性,《胜鬘》所说如来藏是。二行性,《楞伽》所说如来藏是。前皆有之,后性或无。谈有藏无,说皆作佛。依《善戒经》、《地持论》中唯说有二,一有种姓,二无种姓。彼经论云,性种姓者无始法尔,六处殊胜,展转相续。此依行性,有种姓也。无种姓人无种性故,虽复发心勤行精进,终不能得无上菩提。但以人天善根而成就之,即无性也。此被有性,非被于无。此依行性,以说有无,已下多依行性而说。理性遍有故,依有非无,胜劣异故。"② 这就是说,如来藏佛性分为两种,一种是《胜鬘经》所说的如来藏,这属于理佛性,另一种是《楞伽经》所说的如来藏,这属于行佛性。理佛性众生皆有,行佛性则或有或无。一切众生皆有佛性是指都拥有理佛性,而非都具备行佛性。所以,一切众生皆有佛性并不意味着一切众生皆得成佛。这就明确的给唯识宗的有相唯识理行二佛性说下了定义。而窥基紧接着又将理行二佛性说与种姓说联系了起来,即依《菩萨善戒经》和《菩萨地持经》将众生分为有种姓和无种姓两种。有种姓就意味着有本有无漏种子,即可以具备行佛性,从而成佛。而无种姓则没有本有无漏种子,根本就不具备行佛性,即使再怎么精进也无法成佛,最多只是以人天善根而成就。这样一来,窥基就将理行二佛性说与有相唯识学所坚持的五种性说巧妙地结合在了一起。

关于窥基的理行二佛性说,我们可以用图表来解释:

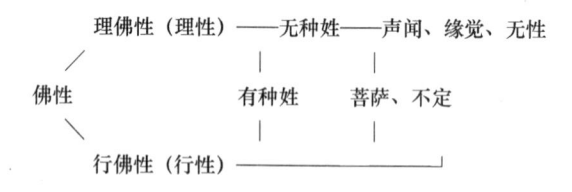

```
        理佛性（理性）——无种姓——声闻、缘觉、无性
       ╱              |
佛性                  有种姓——菩萨、不定
       ╲              |
        行佛性（行性）—————————
```

显然,窥基的理行二佛性说是建立在玄奘传来的有相唯识学的基础之上的,其恪守五种姓说及一阐提不得成佛说,以本有无漏种子的有无来判定众生是否能够成佛。窥基

---

① 此图表参考了日本学者常盘大定在《佛性の研究》（丙午出版社1930年版）中的研究。
② （唐）窥基撰:《妙法莲华经玄赞》卷1,《中华藏》第100册,第348页上。

用众生皆有理佛性来承接无相唯识学的一切众生皆有佛性说，再用众生未必皆有行佛性来消解无相唯识学的一切众生皆得成佛说。而这行佛性的背后正是本有无漏种子，《法华》、《涅槃》等大乘经典在基这里都被有相唯识学进行了重新诠释。经过窥基这一巧妙解释，有相唯识思想便在不与中国传统佛学中一切众生皆有佛性的思想直接冲突的前提下将唐代佛学思潮带入了有相唯识学种子学说的论域。

## 二 新罗圆测的理行二佛性说

新罗圆测作为东亚唯识思想史及中韩佛教交流史上的重要存在，一直备受关注。由于曾深受旧译经典的熏陶，圆测的思想中带有很浓厚的无相唯识学色彩。再加上继承了朝鲜半岛佛教一贯的统摄包容一体化风格，圆测在调和新旧译经典思想方面付出了不少努力。而在这一立场上，圆测对理行二佛性说也表示出了自己的理解与发挥，这对我们全面认识中国唯识学派理行二佛性说来说是必不可少的。

关于圆测的唯识思想，学界已经进行了不少相关研究，但近年来却呈现出了新的面貌。20世纪上半叶，以龙谷大学羽溪了谛和深浦正文为首的一批著名学者认为，圆测在根本思想上仍坚持一切皆成说，并不主张五种性说，并且以真谛以来的如来藏思想为根本出发点，这是圆测与玄奘、窥基等唯识宗正统派的根本理论区别。[1] 后来各国学者对圆测思想的研究基本上都沿着这一思路深入展开，我国学者也不例外。[2] 然而，近年来随着研究的不断深入，有些日本学者在研究中发现，圆测虽然带有浓厚的无相唯识旧译色彩，但在玄奘的新译出现后就努力接受新的有相唯识学思想，并站在新译有相唯识的立场上努力调和新旧译的矛盾。但在五性各别说和一乘权宜三乘真实等有相唯识学的关键主张上，圆测都站在了玄奘和窥基这一边。所以，并不能将圆测简单地判为唯识宗的异派。这种研究主张在日本学界以木村邦和和橘川智昭等人为代表。[3]

---

[1] ［日本］羽溪了谛：《唯識宗の異派》，载于《宗教研究》一一三，1916年，第517—519页。［日］深浦正文：《唯識学研究》（永田文昌堂1954年版）上卷，第259页。

[2] 国内方面主要有杜继文的《论法相新罗系的理论特色》（载于《韩国学论文集》第4辑，北京大学韩国学研究中心编，社会科学文献出版社1995年版）、陈景富的《中韩佛教关系一千年》第10章（宗教文化出版社1999年3月版）、何劲松的《韩国佛教史》第6章第2节（宗教文化出版社1997年版）、张志强的《圆测唯识思想研究》（载于北京大学《哲学门》2003年第4卷第2册）等。甚至包括2006年才最新问世的杨维中的《中国唯识宗通史》在圆测思想的研究方面也沿用了传统观点，而对近年来日本学界新的重要研究动向只字未提。

[3] 这方面的研究在日本主要有橘川智昭《円測による五性各別の肯定について—円測思想に対する皆成的解釈の再検討》（载于《佛教学》第40号）、橘川智昭《円測の真諦説批判》（载于《印度学佛教学研究》第50卷第2号，2002年）、橘川智昭《円測における実説一乗仮説三乗と実説三乗仮説一乗》（载于《印度学佛教学研究》第49卷第2号，2001年）、木村邦和《真諦三蔵の学説に対する西明寺円測の評価—解深密経疏の場合》（载于《印度学佛教学研究》三〇—一，1981年）等。此外，楠淳证《日本唯識と西明寺円測》（载于《北畠典生博士古稀記念論文集—日本仏教文化論叢》，1998年）和长谷川岳史《円測の真如観》（载于《龍谷大学佛教学研究室年報》1997年第10号）等研究成果也是近年来对圆测思想研究的新进展。

圆测对所谓的真谛九识说①这一理论评价说："二真谛三藏依《决定藏论》立九识义，如《九识品》说……真谛师说九种识中后之三识皆有多失，且如第七有二种失，一阿陀那者第八异名，而非第七，故比《经》等说第八识名阿陀那。二义相违，所谓唯烦恼障便违此经，八地已上有染末那，或不成佛，违《庄严论》等转八识成四智义也。第八赖耶能起法执，或云缘十八界，皆不应理……故知第八不缘心等，若广分别如《成唯识》也。又真谛云阿摩罗识反照自体，无教可悬。复违《如来功德庄严经》，彼云如来无垢识是净无漏界解脱一切障圆镜智相应。准经可知，无垢识者即是净分第八识也。又《决定藏论》即是《瑜伽》，彼论本无九识品也。"② 这就是说，圆测认为真谛对后三种识的说法存在问题。首先，圆测认为阿陀那识并非第七识，而是第八识阿赖耶识的别名。其次，真谛的第九识阿摩罗识说并无可信的证据，其无垢识应是第八识阿赖耶识的净分，而非别立出来的第九识体，并以《决定藏论》的同本异译本《瑜伽师地论》为证。这就等于从根本上否定了真谛的唯识思想体系，更谈不上继承真谛一切皆成的九识说。所以笔者认为，圆测的主张明显不属于无相唯识学的如来藏思想。

在五性各别与一切皆成之间，圆测也表现出五性各别说的倾向。他表示："大唐三藏依诸经论立有五姓，无姓有情无涅槃性，定性二乘必不成佛……准此等文，无性有情无涅槃因，定性二乘必不成佛。若尔如何说为一乘？前所引教如何会释……由不定种姓，诸佛说一乘、法无我、解脱等故，姓不同，得二意乐化，究竟说一乘。世亲说云，释曰，此中二颂辨诸佛说一乘意趣，为引摄一类者，谓为引摄不定种姓声闻等，令趣大乘。"③ 这就表明，圆测认可五性各别说，并认为其中无姓有情和定性二乘终究是不能成佛的，所谓的一乘只是针对不定种姓而言的，为了引导不定种姓趣入大乘。这么一来就与无相唯识学的一切皆成思想截然相反，而与玄奘所传的有相唯识学吻合。

而对一乘与三乘的关系问题，圆测说："释曰，此下第四约三无性，辨一乘义。于中有三，初约圣道辨一乘义，次善男子下，明趣寂声闻定不成佛，后若迴向下，明迴向声闻定得成佛。总释意云，第一段中约三种姓，如来方便说为一乘，就实正理具有三乘，各证无余究竟涅槃，《胜鬘经》意亦同此说。第二段意，定性二乘唯证二乘无余涅槃，必无后时得成佛义。故《瑜伽》云，二乘所证无余涅槃，唯有真如清净法界。第三段意，不定种姓迴向声闻必当成佛，是故《法华》方便品说为二乘种姓理实决定，得成佛果。若依此说，方便说三，就实为一。故《法华》云，十方佛土中，唯有一乘法，无二亦无三，除佛方便说。《法华》、《胜鬘》各据一义，今此一部义俱有，故《解深密》

---

① 过去的研究认为九识说乃真谛本人译经时的译语，但近年来日本学者逐渐发现，所谓九识说很可能是后来的摄论学派托真谛之名所造的，其依据仍旧来源于上文专门分析过的《楞伽经》。
② ［新罗］圆测撰：《解深密经疏》卷3，《卐续藏》第21册，第240页中下。
③ ［新罗］圆测撰：《解深密经疏》卷4，《卐续藏》第21册，第269下—272页中。

是最了义。"① 圆测在这段话中表明，一乘只是佛的方便权宜之说，是针对不定种姓的，即不去证得寂灭涅槃的不定有性种姓。而三乘才是正理之真实义。无性有情和定性二乘无法成佛，《法华经》所说的唯有一乘是指针对不定种姓而言的方便。显然，圆测这种态度与玄奘和窥基并无本质不同，仍属于有相唯识学的范畴，与众生皆得成佛的无相唯识如来藏思想存在着难以调和的根本性区别。

理解了圆测的根本主张，我们再来看他对理行二佛性的解释。对理佛性，圆测表示："理性般若不生不灭，自性常住，是故一切众生以此为佛性。即以此文，一切众生皆有真如佛性，或可三乘菩萨皆名为觉。用此实相般若，为三乘觉性。"② 这就是说，众生所说具备的常住不灭的佛性其实就是理佛性，一切众生因此理佛性而都有觉性，也就是所谓的本觉。圆测还解释道："佛言，善男子，我者即是如来藏义。一切众生悉有佛性，即是我义。又第二十五云，众生佛性不一不异，诸佛平等，犹如虚空，一切众生同共有之。此说理性。"③ 这就明确地表示，一切众生皆有佛性指的就是皆有如来藏，此如来藏佛性是不一不异的，且为众生所平等共有。而这正是理佛性。如此一来，圆测就和基一样，将众生都具备的如来藏判为理佛性。

而关于理佛性与行佛性的关联，圆测则表示："如《涅槃》云，善男子，我者即是如来藏义，又一切众生悉有佛性，常住无有变异。又《宝性论》第一卷云，问：云何得知一切众生有如来藏？答：依一切诸佛平等法性身，知一切众生皆有如来藏。如此等文皆是真如法身佛性，此即五性皆有佛性。又《涅槃》云，譬如有人乃至定当得故者。如此等教皆是行性，定当得故，约不定姓少分而说。"④ 这就是说，众生皆有的如来藏就是理佛性，这是五种种姓的众生都具备的。而实际上定当能成佛者并非一切众生，而主要是针对不定种姓等一部分众生而言的，这就是行佛性的体现。有学者认为，圆测这一段解释的经典依据来源于《佛地经论》。我们知道，《佛地经论》也属于有相唯识学的经典，也主张五性各别说，这也可以反映出圆测的有相唯识学立场。但《佛地经论》中并未明确出现理行二佛性说，基与圆测的这一主张很可能还是借用了南北朝时期地论学派、摄论学派的理性行性说，但在此基础上进行了有相唯识化的改造。

通过以上分析，我们可以看到，圆测的立场实际上并非旧译无相唯识学，而是和基一样站在有相唯识学的角度，只不过他由于之前的旧译熏陶，带有了一些无相唯识的色彩罢了。在五性各别和理行二佛性等重要问题上，圆测与有相唯识学保持了一致。而通过对圆测理行二佛性说的解读，更近一步证明了其坚持新译唯识思想的态度。

---

① ［新罗］圆测撰：《解深密经疏》卷4，《卍续藏》第21册，第268页上、中。
② ［新罗］圆测撰：《仁王经疏》卷2，《大正藏》第33册，第406页中。
③ ［新罗］圆测撰：《解深密经疏》卷4，《卍续藏》第21册，第269页上。
④ ［新罗］圆测撰：《解深密经疏》卷4，《卍续藏》第21册，第270页下。

## 第二节　有相唯识学理行二佛性说的完善

上节讨论了基、圆测等人在有相唯识学立场上所提出的唯识宗理行二佛性说，这是理行二佛性说在中国首次以有相唯识的面貌出现。而基的弟子慧沼则在此基础上进一步对理行二佛性说进行了诠释与构建，使之在有相唯识学的论域下以更为完善的姿态出现。本节将着重对慧沼的这一思想进行解读。

### 一　淄州慧沼的理行二佛性说

淄州慧沼被尊为继基之后的法相宗二祖，尽管关于中国法相宗的祖统说仍存在一定的争议，但这其中日本学者深浦正文、富贵原章信和根无一力等人所主张的慧沼二祖说属于认可度较高的说法。慧沼撰写了《成唯识论了义灯》和《能显中边慧日论》等唯识理论著述，在根本立场上继承了基的主张，与圆测系及坚持如来藏思想的法宝等人展开了激烈的理论交锋。慧沼关于佛性、种姓等问题的主张，从某种意义上可以看作是中国唐代法相宗在这些领域的理论总结。而法相宗的理行二佛性学说也由慧沼构筑得更为完善，趋于成熟。[1]

关于慧沼的思想，吕澂指出其受《佛性论》的影响，并严格地区分了理佛性和行佛性来说明所有问题，且重点论述了理佛性与行佛性并无绝对的联系，所以比起基的理行二佛性说而言更加臻于完备。[2] 这一分析可谓切中了慧沼思想的核心。慧沼在《能显中

---

[1] 慧沼研究方面，中国学者很少涉及。据笔者目前所知，赖永海在《中国佛性论》（上海人民出版社1988年版）中对此略有提及，张志强在《初唐佛性净辩研究——以窥基、慧沼与法宝之辩为中心》（载于《中国哲学史》2002年第4期）一文中有一节专门讨论了慧沼的思想，潘桂明《中国佛教思想史稿》（凤凰出版社2009年版）和杨维中《中国唯识宗通史》（凤凰出版社2008年版）对此也略有涉及。香港学者廖明活《慧沼的佛性思想——对法宝佛性思想的评难》（《中国文哲研究集刊》2004年第25期）和台湾学者释如定《慧沼对一阐提之见解及所持立场的探讨》（《中华佛学研究》2001年第5期）也都有相关的重要研究。日本学者对慧沼的研究相对较多，主要有伊藤尚德《慧沼『能顯中邊慧日論』にみる實法批判》（大正大学大学院研究論集31，大正大学2007年版，第61—75页）、龙谷大学佛教学会共同研究成果《法宝の五时教判と慧沼による批判（法宝の「一乘仏性」教学の特色（その1）「一乘仏性究竟論」の前3卷を中心として〈共同研究〉）》（《佛教学研究》53，龙谷佛教学会1997年版）、足立俊弘《慧沼『金光明最勝王経疏』における法身》（豊山学報49，真言宗豊山派総合研究院2006年版）、师茂树《唐代仏教における社会事業——慧沼とその弟子による架橋》（花園大学文学部研究紀要35，花園大学文学部2003年版）、長谷川岳史《慧沼《金光明最勝王経疏》に関する問題考》（《印度学佛教学研究》第50卷第2号，2002年）、長谷川岳史《「本来自性清浄涅槃」についての慧沼と円測の見解》（《印度学佛教学研究》第46卷第2号，1998年）、長谷川岳史《転識得智の異説に関する慧沼の見解》（《印度学佛教学研究》第44卷第2号，1996年）、寺井良宣《慧沼『唯識了義灯』における「三類境」義の一問題》（《印度学佛教学研究》第46卷第2号，1998年）、根无一力《慧沼の研究——伝記、著作をめぐる諸問題》（《佛教学研究》43，龙谷佛教学会1987年版）、根无一力《無性有情考：『一乘要決』における慧沼批判》（《天台学報》26，大正大学1983年版）、间中润《〈一乘佛性究竟論〉と〈能显中边慧日論〉との関連探討》（《印度学佛教学研究》第35卷2号，1987年）等。

[2] 吕澂：《中国佛学源流略讲》，《吕澂佛学论著选集》第5卷，齐鲁书社1996年版，第2941—2942页。

边慧日论》中以《楞伽》为对象对如来藏与阿赖耶识之间的关系表示："大慧，如来藏识不在阿梨耶中，是故七种识有生有灭，如来藏识不生不灭，此说理也。第八又云阿梨耶识名空如来藏，无共意识转熏习，故名之为空。具足无漏熏习法，名为不空，此正行性。《胜鬘经》说有两种如来藏，空智空如来藏，若离若脱若异一切烦恼藏，同《楞伽》空如来藏。世尊不空如来藏过恒沙不离不脱不异不思议佛法，即《楞伽经》云如来藏识不生不灭及具足熏习无漏法故，名不空如来藏。"① 慧沼在这里对《楞伽经》中的如来藏与阿赖耶识之关系进行了分析，而且由此论证了其理行二佛性说。由于笔者已在上一章中对《楞伽经》这部分的内容以梵汉对勘的方式进行了较为细致的研究，所以现在可以在此基础上更加深入地解读慧沼这番话。慧沼这里所引的"如来藏识不在阿梨耶中"这一说法，据上一章中的研究可知，属于魏译十卷本《楞伽》中的原话，但它很可能存在问题，因为目前所掌握到的梵文本中根本看不到这一句话，而且其与《楞伽》的整体思想也有出入。它直接影响到了地论学派关于第七、八两识的论断，并进而影响到了唐代华严宗。但慧沼在这里并没有以汉译《楞伽》的版本问题来解释，而是将"如来藏识不在阿梨耶中"作为理佛性的依据，即一般所谓的众生皆有之如来藏就是理佛性，它不在阿赖耶识中，且不生不灭。但慧沼接着就指出，《楞伽》第八卷中所说的阿赖耶识就是行性，而且还说未熏习之阿赖耶识即空如来藏，具足无漏熏习法的阿赖耶识即不空如来藏，这属于行佛性。关于空如来藏与不空如来藏，作为如来藏研究权威的日本学者高崎直道有专门研究，可供参考。② 但慧沼的理行二佛性说在此已被明确地提出了。而且对于行佛性，慧沼认为只有在具足无漏熏习时才可以达成，借用南北朝时期的佛学术语来说就是说行佛性并非"本有"，而是"始起"。

除此之外，慧沼还表示："若言性种姓者，是真如理，非行性者。"③ 这就是说，性种即性宗佛教，以尊真如理为特征，也就是理佛性。而熏习的习种才是行佛性，这与理佛性不可混同。对真如、菩提心和圆满之间的关系，慧沼说："真如为应得因，菩提心为加行因，菩提心及所起行为圆满因，圆满因谓福慧行果圆满，谓智断恩德。"④ 这就表明，作为理佛性的真如或如来藏只是应得因，真正能否果圆满要看是否具备菩提心和所起行，也就是行佛性。

那么，是不是一切众生在具备理佛性的同时都具备行佛性，即通过一定的努力都可以成佛呢？慧沼给出了否定的答案。他说："又云，《涅槃经》说悉当成佛。此亦不尔。初约阐提说无佛性，此据行性。后说皆有，即约理性。"⑤ 很明显，慧沼在这一问题上与

---

① （唐）慧沼：《能显中边慧日论》卷4，《大正藏》第45册，第439页下。
② ［日］高崎直道：《如来藏思想の形成》（春秋社1974年版）、《讲座大乘佛教·如来藏思想》系列等。
③ （唐）慧沼：《能显中边慧日论》卷1，《大正藏》第45册，第410页中。
④ （唐）慧沼：《能显中边慧日论》卷4，《大正藏》第45册，第440页上。
⑤ （唐）慧沼：《能显中边慧日论》卷1，《大正藏》第45册，第412页中。

基持同样立场，即坚持五性各别说，一阐提无行佛性，无法成佛。但若论理佛性的话，众生皆有。

关于佛性的分类，慧沼表示："依诸经论，所明佛性不过三种，一理性，二行性，三隐秘性。言理性者，《佛性论》云，为除此执故，佛说佛性。佛性者，即是人法二空所显真如……行性者，通有漏无漏一切万行。若望三身，无漏为正生了，有漏为缘，疏名生了，无漏正名佛性，有漏假名，非正佛性。《善戒经》所明性种性及习种性。《楞伽经》云，阿梨耶识名空如来藏，具足熏习无漏法故，名不空如来藏……隐秘性者，如《维摩经》云，尘劳之俦为如来种等。《涅槃》三十三云，如来未得阿耨菩提时，一切善不善无记悉名佛性……具足无漏熏习法，名为不空，此正行性。"① 这就是说，理佛性是《佛性论》等如来藏系体系中的真如佛性，众生皆有。而行佛性则通有漏种子与无漏种子，这其中以无漏种子为根本正因，有漏种子只是所助之缘，即以无漏种子为根本性，也就是行佛性与《楞伽》中所说的熏习无漏法关系极为密切。至于隐秘性，是指未成佛前的状态。这就明确地提出了关乎真正能否成佛之行佛性与无漏种子之间的决定性关系。

对行佛性与无漏种子之关系这一问题，慧沼还说："若论理性，无二不生。如《涅槃》第二十六，断善阐提亦皆具故。彼经云，若菩提心是佛性者，一阐提辈则不得名一阐提也，菩提之心亦不得名为无常。此意以菩提心非理佛性。若是理性阐提不断，处处诚说，不劳广引。若论行性，复有二种，谓有漏无漏。此二种性有无不定，若有漏性一切有情种子定有，现行之者或成不成。若无漏者据现行说，凡夫不成。若据种子，有成不成。如《瑜伽论》五十七云，生那落迦八根种子现行定成就，除余三八根现行或成或不成，种子定成三根，现行定不成，种子或成不成，谓般涅槃法者成就，不般涅槃法者不成就。此据现有，若约当说，当亦现行。"② 慧沼在这里进一步表明理佛性是无二不生的，即便是一阐提也具备。但行佛性却只有一部分众生具备，所以也只有一部分众生能真正成佛，而非一切众生。而是否具备行佛性的关键就在于是否具有本有无漏种子。也就是说，只有具备了本有无漏种子的众生才有成佛的可能性，否则的话无论怎样努力也绝对无法成佛。

通过以上讨论可以看到，慧沼站在有相唯识学的立场上将佛性问题完全置于种子体系的论域之内，并以本有无漏种子的有无来统摄佛性之有无，而这其中的纽带正是他所完善的理行二佛性说。理佛性众生皆有，行佛性只有一部分众生具备，而具备行佛性的原因就是本有无漏种子的存在。只有同时具备理佛性与行佛性，才可真正成佛。所以，天生就不具备本有无漏种子的一阐提等定性三乘无论如何也不可能成佛。

---

① （唐）慧沼：《能显中边慧日论》卷4，《大正藏》第45册，第439页上、中、下。
② （唐）慧沼：《能显中边慧日论》卷4，《大正藏》第45册，第440页下。

显然，慧沼在窥基的立场上又向前进了一步，以无漏种子为根据将佛性体系置于了种子体系之下。

## 结　　论

　　印度唯识中就已存在并重种子说和佛性说的迹象，到了中后期，两系唯识思想明显区分开来，并分别走向成熟。印度唯识学中的佛性思想虽然并不明显，但的确有其源头。唯识学传到中国以后，仅以玄奘为首的中国法相唯识学派弘扬有相唯识学，其他学唯识者大都接受的是经真谛传译的无相唯识学。南北朝时期的理性行性说主要是由地论学派等传承印度无相唯识学者提倡的佛性论，有调和本有、始有说之间的矛盾的倾向。其主要理论根基就是无相唯识学的如来藏缘起说和心性本净说，这从净影寺慧远的主张可以明显看出。而吉藏等中观论师对此主要是评破。南北朝时期不同的理性行性说从某种意义上来说就是印度无相唯识学派与中观学派之间存在种种分歧的佛性说在中国佛教思想史上的一种影射。

　　南北朝时期的理性行性说建立在《楞伽》的佛性思想上，即众生皆有清净如来藏，如来藏被染污后即转为阿赖耶识状态，而只要净化杂染之阿赖耶识，还原清净如来藏之本性，一切众生皆得成佛。而魏译十卷本《楞伽》的"如来藏不在阿赖耶识中"这一说法在梵文本中并未出现，且这一说法不甚符合梵文语法规则。但此说很可能对地论学派产生了某种决定性的影响。

　　至于唐代法相唯识学派的理行二佛性说，则主要站在有相唯识学的立场。具体而言，窥基的理行二佛性说是建立在玄奘传来的有相唯识学的基础之上的，其恪守五种姓说及一阐提不得成佛说，主张众生皆有理佛性，而定性三乘永远不具备行佛性。圆测和基一样站在有相唯识学的角度，在五性各别和理行二佛性等问题上，与有相唯识学保持了一致。慧沼站在有相唯识学的立场上将佛性问题完全置于种子体系的论域之内，并以本有无漏种子的有无来统摄佛性之有无，而这其中的纽带正是其理行二佛性说，在窥基的立场上又向前进了一步。

　　总之，理行二佛性说是唯识思想传入中国以后，在中国唯识学僧的诠释之下形成的新理论，但其根源仍根植于印度唯识思想。唐以前的理性行性之佛性说立足于无相唯识学，以如来藏思想为本，主张众生皆可拥有理性和行性。而玄奘开创的法相唯识学派的理行二佛性说则立足于有相唯识学，以阿赖耶识种子说与五性各别说为本，主张定性三乘不具备行佛性，所以不得成佛。但前者在唐以后成为了中国佛教的主流，一直影响到今天的中国佛教。

## 参考文献

### 一 汉文古籍

1. （刘宋）求那跋陀罗译：《楞伽阿跋多罗宝经》（4卷），《中华藏》第17册。
2. （元魏）菩提流支译：《入楞伽经》（10卷），《中华藏》第17册。
3. （唐）实叉难陀译：《大乘入楞伽经》（7卷），《中华藏》第17册。
4. （梁）真谛译，高振农校释：《大乘起信论校释》，中华书局2009年版。
5. （唐）玄奘编译，林国良校释：《成唯识论直解》，复旦大学出版社2007年版。
6. （北凉）昙无谶译：《大般涅槃经》（40卷），《中华藏》第14册。
7. （刘宋）慧严等译：《大般涅槃经》（36卷），《中华藏》第14册。
8. ［印度］弥勒菩萨说，（唐）玄奘译：《瑜伽师地论》（100卷），《中华藏》第27、28册。
9. ［印度］亲光菩萨等造，（唐）玄奘译：《佛地经论》（7卷），《中华藏》第27册。
10. ［印度］天亲菩萨造，（陈）真谛译：《佛性论》（4卷），《中华藏》第30册。
11. ［印度］无著菩萨造，（唐）波罗颇蜜多罗译：《大乘庄严经论》（13卷），《中华藏》第29册。
12. （魏）勒那摩提译：《究竟一乘宝性论》（4卷），《中华藏》第30册。
13. （唐）玄奘译：《解深密经》（5卷），《中华藏》第17册。
14. （刘宋）求那跋陀罗译：《胜鬘师子吼一乘大方便方广经》（1卷），《中华藏》第9册。
15. （后秦）鸠摩罗什译：《妙法莲华经》（7卷），《中华藏》第15册。
16. （梁）真谛译：《摄大乘论》（3卷），《中华藏》第30册。
17. ［印度］世亲菩萨造，（唐）玄奘译：《摄大乘论释》（10卷），《中华藏》第29册。
18. ［印度］无著菩萨造，（唐）玄奘译：《显扬圣教论》（20卷），《中华藏》第28册。
19. （唐）法宝述：《一乘佛性究竟论》（第3卷），《卍续藏》第55册。
20. （唐）法宝述，［日本］浅田正博整理：《一乘佛性究竟论》（第1、2、4、5卷），《龙谷大学论集》第429号，《龙谷大学佛教文化研究所纪要》第25号。
21. （唐）窥基撰：《妙法莲华经玄赞》（20卷），《中华藏》第100册。
22. （唐）窥基撰：《成唯识论述记》（20卷），《中华藏》第99册。
23. （唐）窥基撰：《成唯识论掌中枢要》（4卷），《中华藏》第99册。
24. （唐）慧沼撰：《能显中边慧日论》（4卷），《大正藏》第45册。
25. （唐）慧沼撰：《成唯识论了义灯》（7卷），《大正藏》第43册。
26. （隋）吉藏撰：《涅槃经游意》（1卷），《大正藏》第38册。
27. （隋）吉藏撰：《大乘玄论》（5卷），《大正藏》第45册。
28. （隋）慧远撰：《大乘义章》（20卷），《大正藏》第44册。
29. （梁）宝亮等集：《大般涅槃经集解》（71卷），《大正藏》第37册。
30. （唐）均正撰：《大乘四论玄义》（7卷），《卍续藏》第46册。
31. （唐）一行记：《大毗卢遮那成佛经疏》（20卷），《大正藏》第39册。

32. （唐）净觉集：《楞伽师资记》（1卷），《大正藏》第85册。
33. （梁）菩提达摩说：《菩提达摩大师略辨大乘入道四行观》（1卷），《卍续藏》第63册。
34. ［新罗］圆测撰：《解深密经疏》（9卷），《卍续藏》第21册。
35. （唐）玄奘译：《阿毗达磨俱舍论》（30卷），《中华藏》第47册，《大正藏》第29册。
36. （陈）真谛译：《阿毗达磨俱舍释论》（22卷），《大正藏》第29册。

## 二 梵文古籍

1. 《Lankavatarasutra》（《楞伽经》梵文原本），Based on the ed. by P. L. Vaidya, Darbhanga：The Mithila Institute, 1963. Input by members of the Sanskrit Buddhist Input Project. With kind permission of the Digital Sanskrit Buddhist Canon Project of Nagarjuna Institute, Nepal and University of the West, Rosemead, California, USA（www.uwest.edu/sanskritcanon）（转引自德国哥廷根大学梵文写本官方网页）。此外还参考了南条文雄本和常盘义伸本。

2. 《俱舍论》梵文本，以北京大学东语系及梵文贝叶经与佛教文献研究室所整理的版本为底本（ABHIDHARMAKOŚA, Research Institute of Sanskrit Manuscripts & Buddhist Literature, Peking University, 2005）。

## 三 中文学术论著

1. 汤用彤：《汉魏两晋南北朝佛教史》，北京大学出版社1997年版。
2. 汤用彤：《隋唐佛教史稿》，中华书局1982年版。
3. 吕澂：《中国佛学源流略讲》，中华书局2008年版。
4. 镰田茂雄：《简明中国佛教史》，上海译文出版社1986年版。
5. 潘桂明：《中国佛教思想史稿》（全6册），凤凰出版社2009年版。
6. 杨维中：《中国唯识宗通史》，凤凰出版社2008年版。
7. 赖永海：《中国佛性论》，上海人民出版社1988年版。
8. 冯焕珍：《回归本觉——净影寺慧远的真识心缘起思想研究》，中国社会科学出版社2006年版。
9. 任继愈主编：《中国佛教史》（全3册），中国社会科学出版社1985年第1版，1997年第3次印刷。
10. 唐忠毛：《佛教本觉思想论争的现代性考察》，上海古籍出版社2006年版。
11. 周贵华：《唯心与了别——根本唯识思想研究》，中国社会科学出版社2004年版。
12. 方立天：《魏晋南北朝佛教论丛》，中华书局2002年版。
13. 释昭慧：《初期唯识思想——瑜伽行派形成之脉络》，宗教文化出版社2008年版。
14. 周贵华：《唯识通论》，中国社会科学出版社2009年版。
15. ［日］佐久间秀范：《安慧和玄奘教义理论的相似性》，王辉译，载于《汉语佛学评论》第1辑，上海古籍出版社2009年版。
16. 林国良：《论佛教中的实在论和反实在论》，载于《普门学报》第26期，佛光山文教基金会2005年3月版。
17. 林国良：《从三自性理论演变看唯识思想前后期在价值取向上的重要变化——〈解深密经〉与〈成唯识论〉之比较》，载于《普门学报》第31期，佛光山文教基金会2006年1月版。

18. 吕建福:《中国密教史》,中国社会科学出版社 1995 年版。

19. 吕建福:《密教论考》,宗教文化出版社 2008 年版。

20. 杨维中:《论唯识宗佛性思想的特征——识体理体与生佛两界》,《宗教学研究》2007 年第 1 期。

21. 廖明活:《初唐时期佛性论争的两个相关论题——定性二乘和变易生死》,《中华佛学学报》第 18 期,台北中华佛学研究所。

22. 释如定:《慧沼对"一阐提"之见解及所持立场的探讨》,《中华佛学研究》第 5 期,台北中华佛学研究所。

23. 廖明活:《慧沼的佛性思想——对法宝佛性思想的评难》,《中国文哲研究集刊》第 25 期 (2004 年)。

24. 张志强:《初唐佛性诤辩研究——以窥基、慧沼与法宝之辩为中心》,《中国哲学史》季刊 2002 年第 4 期。

25. 杰米·霍巴德、保罗·史万森主编,龚隽等译:《修剪菩提树——"批判佛教"的风暴》,上海古籍出版社 2004 年。

26. 释恒清:《〈法华秀句〉中的佛性论诤——以灵润的〈十四门论〉和神泰的〈一卷章〉为主》,收入氏著,《佛性思想》(东大图书公司 1997 年版)。

## 四 日文学术论著

1. 常盤大定:《佛性の研究》,国書刊行会 1970 年版。

2. 深浦正文:《唯識学研究》,永田文昌堂 1954 年版。

3. 铃木宗忠:《唯識说》,载于《印度精神》,理想社,昭和 15 年版。

4. 水谷幸正:《仏性について》,《印度学佛教学研究》第 4 卷第 2 号,1956 年。

5. 高崎直道:《如来藏思想の形成》,春秋社 1974 年版。

6. 田村芳郎:《本觉思想论》,春秋社 1990 年版。

7. 松本史朗:《缘起と空——如来藏思想批判》,大藏出版社 1989 年版。

8. 袴谷宪昭:《批判仏教》,大藏出版社 1993 年版。

9. 伊藤隆寿:《中国仏教の批判的研究》,大藏出版社 1992 年版。

10. 武邑尚邦:《佛性の體義を明かす顯體分第三》,《佛性論研究》,京都,百華苑,昭和 52 年 2 月 20 日。

11. 阿理生:《五性各别论の成立——佛教の種性论の展开》,《印度学佛教学研究》第 26 卷第 2 号,东京,日本印度学佛教学会,昭和 53 年 3 月。

12. 楠純證:《日本唯識思想の研究——大悲闡提成不成說の展開》,《唯識思想の研究——山崎慶輝教授定年記念論集》,京都,百華苑,昭和 62 年 7 月 10 日。

13. 高崎直道:《二種の一闡提》,《楞伽經》,大藏出版社,昭和 55 年 1 月 10 日初版,昭和 60 年 11 月 10 日再版。

14. 横超慧日:《法華經をめぐる佛性論爭》,《法華思想の研究(第二)》,平乐寺书店,昭和 61 年 5 月 10 日。

15. 下田正弘：《〈大乘涅槃經〉の思想構造——一闡提の問題について》，《佛教学》第 27 号，山喜房佛书林，平成元年 9 月 20 日印刷，平成元年 9 月 30 日出版。

16. 藤井教公：《六卷〈泥洹經〉における一闡提の諸相》，《印度学佛教学研究》卷 40，第 2 号，日本印度学佛教学会，平成 4 年 3 月。

17. 间中润：《〈能显中边慧日论〉の研究——〈一乘佛性究竟论〉に対する反论をめぐって》，《佛教学研究》第 43 号（1987 年）。

18. 间中润：《〈一乘佛性究竟论〉と〈能显中边慧日论〉との关连检讨》，《印度学佛教学研究》第 35 卷第 2 号（1987 年）。

19. 楠淳证：《法宝「三时教判」批判に关る一考察》，收入浅田正博（编），《共同研究：〈一乘佛性究竟论〉における问题点とその检讨（二）》，《龙谷大学佛教文化研究所纪要》第 35 号（1996 年）。

20. 寺井良宣：《法宝の「教时前后」说の个性的特质と问题点》，收入浅田正博（编），《共同研究：〈一乘佛性究竟论〉における问题点とその检讨（一）》，《龙谷大学佛教文化研究所纪要》第 34 号（1995 年）。

21. 寺井良宣：《法宝の五时教判と慧沼による批判》，收入浅田正博（编），《法宝の「一乘佛性」教学の特色（その一）——〈一乘佛性究竟论〉の前三卷を中心として》，《佛教学研究》第 53 号（1997 年）。

22. 浅田正博：《石山寺所藏〈一乘佛性究竟论〉の检出について》，《印度学佛教学研究》，第 35 卷第 2 号（1987 年）。

23. 富贵原章信：《灵润神泰の佛性论争にっいて》，《同朋佛教》第 5 号（1973 年）。

24. 吉村誠：《唯識學派の理行二佛性説について——その由來を中心に》，《東洋の思想と宗教（19）》，第 21—47 页，2002.3，早稲田大学東洋哲学会。

25. 保坂玉泉：《理仏性と行仏性と道元禅師の立場》，《宗学研究（3）》，1961—03，曹洞宗総合研究センター。

26. 橘川智昭：《元暁と基：真如観と衆生論》，《印度学佛教学研究 51（2）》，第 547—551 页，2003.3.20，日本印度学仏教学会。

27. 小寺文穎：《智周戒疏の成立に關する一考察》，（昭和四十八年度 天台宗教学大会纪念号），《天台学报 16》，第 63—68 页，1973，大正大学。

28. 師茂樹：《撲揚智周伝についての二、三の问题——師承関係を中心に（龍谷大学における第 50 回学術大会紀要（1））》，《印度学仏教学研究 48（1）》，第 170—172 页，1999.12，日本印度学仏教学会。

29. 伊藤尚徳：《慧沼〈能顕中邊慧日論〉にみる法寶批判》，《大正大学大学院研究論集（31）》，第 61—75 页，2007.3，大正大学。

30. 足立俊弘：《慧沼〈金光明最勝王経疏〉における法身》，《豊山学報（49）》，第 45—75 页，2006.3，真言宗豊山派総合研究院。

31. 師茂樹：《唐代仏教における社会事業——慧沼とその弟子による架橋》，《花園大学文学部研

究紀要 (35)》，第 43—60 页，2003 年，花園大学文学部。

32. 長谷川岳史：《慧沼〈金光明最勝王経疏〉に関する問題考》，《印度学仏教学研究 50（2）》，第 666—672 页，2002.3，日本印度学仏教学会。

33. 長谷川岳史：《唐代唯識諸師の著作にみられる「無性両釈」について》，《佛教学研究（66）》，第 1—21 页，2010.3.15，龍谷仏教学会。

34. 長谷川岳史：《「本来自性清浄涅槃」についての慧沼と円測の見解》，《印度学佛教学研究 46（2）》，第 562—565 页，1998 年，日本印度学仏教学会。

35. 寺井良宣：《慧沼〈唯識了義灯〉における「三類境」義の一問題》，《印度学佛教学研究 46（2）》，第 557—561 页，1998 年，日本印度学仏教学会。

36. 《法宝の五時教判と慧沼による批判》（法宝の「一乗仏性」教学の特色（その1）〈一乗佛性究竟论〉の前3巻を中心として〈共同研究〉），《仏教学研究（53）》，第 2—18 页，1997.2，龍谷仏教学会。

37. 長谷川岳史：《転識得智の異説に関する慧沼の見解》，《印度学仏教学研究 44（2）》，第 575—577 页，1996.3，日本印度学仏教学会。

38. 根無一力：《慧沼の研究——伝記著作をめぐる諸問題（唯識思想の研究）》，《仏教学研究（43）》，第 161—188 页，1987.6，龍谷仏教学会。

39. 根無一力：《無性有情考：〈一乗要决〉における慧沼批判》（昭和五十八年度 天台宗教学大会纪念号），《天台学报26》，第 140—143 页，1983 年，大正大学。

40. 根無一力：《慧沼の因明観序説（駒沢大学における第 33 回〈日本印度学仏教学会〉学術大会紀要-2-）》，《印度学仏教学研究 31（2）》，第 645—646 页，1983.3，日本印度学仏教学会。

［作者简介：李子捷，陕西师范大学宗教研究中心宗教学专业佛教方向硕士毕业（哲学硕士）］

# 国内外玛丽·道格拉斯研究综述

陈锐钢

## 一 国内研究综述

玛丽·道格拉斯（Mary Douglas, 1921—2007）是当代英国著名社会人类学家，她所著《洁净与危险》、《自然的象征》、《制度如何思考》、《思维模式》、《风险与文化》、《风险与责任》、《文化偏见》等为社会人类学、宗教学、社会学、文化研究、社会理论研究等提供了新的视角和理论探索。她所提出的关于"洁"与"不洁"的讨论，以及"格/群"文化理论在打通宗教研究与社会科学研究之间的界线方面占有一席之地。有人称玛丽·道格拉斯是少数几个能够同哲学家、历史学家、文学家交流的人类学家之一。称其是一个"横向思维的天才"，认为这也许是她作为一个知识分子的真正特点，即具有一种能够在看起来不相关的现象中察觉出同一性的能力。

国内对玛丽·道格拉斯的研究，除其《洁净与危险》[1]一书被译为中文、一些专著中对其做过介绍之外，还有一些论文从不同角度对她的思想进行了探讨。

金泽著《宗教人类学学说史纲要》中对玛丽·道格拉斯的思想作了提纲挈领的介绍，其中重点论述三个问题：禁忌与"卫生学"的关系问题，社会如何对待"失范"的问题和"格/群"文化理论。这三个问题实际上是玛丽·道格拉斯一生学术的主要关注点，也可以说，社会文化的秩序问题是她的主要学术关怀。书中指出，玛丽·道格拉斯关于《圣经·利未记》所记载的禁食猪肉等戒规的解释，令人耳目一新。在她看来，这些规定体现出，神圣是一种秩序而非混乱的观念，神圣的根本意义在于"区分"；肮脏只是一个相对的概念，必须把肮脏置于一种文化体系中才能被理解。另外，玛丽·道格拉斯认为，社会除了有既成的文化秩序之外，还有很多处理"失范"的措施，如重新解释失范、通过身体控制消除失范、规避失范等。不仅如此，玛丽·道格拉斯还指出，宇宙论的观念与社会生活的类型之间有系统的关系，她还通过"格"和"群"将社会分为

---

[1] ［英］玛丽·道格拉斯：《洁净与危险》，黄剑波、卢忱等译，民族出版社2008年版。

四种类型：强群强格社会、强群弱格社会、弱群弱格社会、弱群强格社会。① 在玛丽·道格拉斯后30年的学术生涯中，她不断地修正她的"格/群"文化理论并在不同的社会科学领域检验该理论的有效性。虽受到不同程度的质疑，但玛丽·道格拉斯试图透过宗教文化的表象探讨社会问题，打通宗教研究和其他社会科学研究间的隔阂的努力将不会被抹杀。

冼奕在《象征人类学述评》②、张雯在《象征人类学三家谈》③ 文中将玛丽·道格拉斯作为象征人类学的一个主要代表人物进行介绍。在前文中，作者在介绍了玛丽·道格拉斯对于食物禁忌和洁净问题的研究之后，着重指出玛丽·道格拉斯所提出的仪式与现代性的关系问题。在玛丽·道格拉斯看来，仪式与现代性没有必然的联系，重视仪式的不一定就是原始民族或部落，反之，注重理性的民族也不一定就是现代性民族。在后文中，作者指出玛丽·道格拉斯的象征人类学主要是围绕"象征"和"社会结构"的关键概念，研究了对认知和分类体系的社会秩序建构作用的分析、对社会结构的特征和象征构造的相关性的分析两方面的内容。

李洁在《肮脏与失序》④、胡宗泽在《洁净、肮脏与社会秩序》⑤、万建中在《关于忌食猪肉的人类学解释》⑥ 文中集中探讨了玛丽·道格拉斯在《洁净与危险》一书中所提出的相关理论。李文指出，玛丽·道格拉斯通过对可见的实体洁净与肮脏的分析后得出，洁净与肮脏其实体现了有序与无序、守制与出轨、生存与死亡这样三种联系，不洁或者肮脏是指在维持一种模式的平衡时，被排斥在外的那些东西，即那些超出了分类的、反常的或者意向不明的东西。胡文中，作者指出玛丽·道格拉斯认为传统的宗教界定过于狭隘，要想整合人类的所有经验、要想全面地理解社会秩序的建构，就必须使宗教观包容污染信仰和巫术信仰，并且要从社会学的视角，从仪式与社会秩序间紧密联系的角度进行探讨。作者认为玛丽·道格拉斯的《洁净与危险》就是在这一思路指导下而问世的。万文综述了对禁食猪肉的各种各样的解释后指出，玛丽·道格拉斯通过分类观念来解释猪肉禁食，一方面提供了新的视角和解释方法；另一方面带有简单化、扩大化和绝对化的偏向，完全忽视了希伯来人的社会活动和历史发展的动因。

鲍磊在《格栅/群体分析：玛丽·道格拉斯的文化研究图式》⑦ 一文中，比较了玛

---

① 金泽：《宗教人类学学说史纲要》，中国社会科学出版社2009年版，第293—299页。
② 冼奕：《象征人类学述评》，《经济与社会发展》2008年第2期。
③ 张雯：《象征人类学三家谈》，《理论界》2008年第3期。
④ 李洁：《肮脏与失序——读玛丽·道格拉斯之〈洁净与危险〉》，《中国农业大学学报》（社会科学版）2007年第4期。
⑤ 胡宗泽：《洁净、肮脏与社会秩序——读玛丽·道格拉斯〈洁净与危险〉》，《民俗研究》1998年第1期。
⑥ 万建中：《关于忌食猪肉的人类学解释》，《宝鸡文理学院学报》（社会科学版）2003年第6期。
⑦ 鲍磊：《"格栅/群体"分析：玛丽·道格拉斯的文化研究图式》，《青海民族研究》2008年第19卷第3期。

丽·道格拉斯前后提出的三种不同版本的图式之间的异同，并认为该图式在发展中有如下几个特点：首先，不再局限于四个象限，而是有了更多的讨论；其次，指出每一种文化都是在同其他文化比较中进行自我界定的；再次，该图式为弥补其静态研究的缺陷，增加了对同一个社会内不同文化间的冲突的研究。作者指出，不能将玛丽·道格拉斯的这种文化研究图式看成是固定的教条和静止的框架，而应将其看作是一种"理想类型"加以运用。

梁永佳在《玛丽·道格拉斯所著〈洁净与危险〉和〈自然象征〉的天主教背景》[①]中探讨了玛丽·道格拉斯的天主教信仰对其学术作品的影响。作者指出，玛丽·道格拉斯用社会解释《圣经》，并引入民族志作比较，似乎在告诉读者，信仰不仅仅是"心诚"，《圣经》本身就充满了"繁文缛节"，因为它折射了社会的原则，而且与其他社会是共通的。作者认为玛丽·道格拉斯通过《洁净与危险》捍卫了一个天主教徒的学术立场。同样，《自然象征》的写作也是为回应20世纪60年代的反仪式主义。在作者看来，玛丽·道格拉斯认为仪式与观念通过象征对应，身体经验与社会类型通过象征对应，这是很"自然"的事情，天主教在这一点上没有认识上的错误，不能在圣公会的反仪式主义面前自惭形秽。

周雪光在《制度是如何思维的?》[②]一文中，对玛丽·道格拉斯的《制度如何思维》一书进行了评述。他认为，玛丽·道格拉斯在书中试图拯救涂尔干的功能理论，而对经济学中的理性选择观念提出质疑。她认为在一定的社会结构条件下，人们追逐个人利益的行为会产生"潜在功能"，从而导致有益于群体整合的观念制度的产生和延续。她同时还指出，社会约定俗成的规则通过自然化过程而获得了神圣性和稳定性；制度通过赋予人们"身份"、塑造社会群体的记忆和遗忘功能、对事物加以分类而运行，简言之，制度正是通过制约于它的人们的思维方式和行为习惯而进行思维的。

除上述对玛丽·道格拉斯的理论进行直接述评的之外，鲍磊的《文化视野下的风险》、杨绘荣的《政治文化复兴中的文化模式理论》、《复兴中的政治文化》、夏建中的《消费社会学的主要理论视角》、罗钢的《西方消费文化理论述评》、刘兵的《格/群分析理论与科学史研究》等文对玛丽·道格拉斯的文化分析理论在风险研究、政治文化研究、消费文化研究、科学史研究、公共财产管理研究等领域的影响进行了介绍和评述。但尽管国内对玛丽·道格拉斯的研究涉及了她理论的多个方面，但这些研究大多浅尝辄止，并未对其思想进行深度挖掘。

---

① 梁永佳：《玛丽·道格拉斯所著〈洁净与危险〉和〈自然象征〉的天主教背景》，《西北民族研究》2007年第4期。

② 周雪光：《制度是如何思维的?》，《读书》2001年第4期。

## 二 国外研究综述

相较于国内，国外对玛丽·道格拉斯的研究由于语言和文化上的便利，因而在深度上和广度上都更胜一筹。本文拟就"对《利未记》的研究"、"对'格/群'文化理论的研究"、"对文化偏见的研究"、"对'格/群'文化理论之应用的研究"四个方面进行综述。

### （一）对《利未记》的研究

1. 对玛丽·道格拉斯关于"洁净"与"危险"观念的研究

玛丽·道格拉斯的思想体系的形成无疑是基于其对《利未记》的研究。1964年，玛丽·道格拉斯的《洁净与危险》[①] 一书出版，其在书中对《利未记》中解释圣经律法的独特视角，用一种有体系的方法解释污染与禁忌的尝试，奠定了其之后的学术思路以及在社会科学界的学术地位。这本书不仅引起了圣经学者的关注，更引起了社会科学各领域学者的关注。自然，此书也引起了广泛的争议，褒贬不一。

不少学者对于《洁净与危险》的贡献持肯定态度，如有学者讲到，"本书包含了秩序和失调的各个领域，以及边界带来的危险。严格来说，这个方法不是新的，但是，这是一本绝对现代的书籍。它将现代思想中一些暗含的观念推进了许多，并用娴熟的技术将其应用于对一些老问题的解决上。"[②]

谭慕尼（Joseph B. Tamney）讲到，玛丽·道格拉斯的理论给他印象最深的就是对于为什么不洁之物有时被视为是神圣之物的解释。他认为玛丽·道格拉斯在寻求一个更宽泛的宗教定义，认为宗教不仅表达社会；不仅在社会结构的缺点凸显时支撑住社会结构；有时它利用生活的基本的模棱两可为人们打开任何更大的可能性的大门。"所以，我们发现在神圣的时间和空间中腐败被供奉起来。"[③]

尽管表扬不断，但批评声也不绝于耳，似乎一部有创造性的作品的出现总是伴随着诸多批判性的评论的。对于《洁净与危险》来说，自然也不例外。尽管对其贡献给予了充分的肯定，但各领域的学者也对其逻辑及结论进行了质疑。如有学者指出，此书的一个很大的缺点在于同时存在但又不一致的主题中；有时候并不像书中所指出的，有着清晰的边界，有时候人们处理污物具有随意性，而在另外的情况下却又完全相反，模糊性

---

① Mary Douglas, *Purity and danger: an analysis of the concepts of pollution and taboo*, London: Routledge & Kegan Paul, 1966.
② Edwin Ardener, "Reviews of Purity and Danger", *Man*, New Series, Vol. 2, No. 1 (Mar., 1967), p. 139.
③ Joseph B. Tamney, "Reviews of Purity and Danger", *Sociological Analysis*, Vol. 28, No. 1 (Spring, 1967), pp. 56 – 57.

不是发生在边界上，而是发生在被观察者自身体系之内。①

麦考马克（William McCormack，1929— ）认为玛丽·道格拉斯的《洁净与危险》在形式上和本质上都与涂尔干和毛斯的《原始分类》非常接近，并认为玛丽·道格拉斯虽然在刚果做过田野调查，但她必须大部分地依靠别人的田野调查成果，有时候，她甚至做出了一些相当无知的论断。② 也有学者认为，玛丽·道格拉斯对于污染和危险的假设在她本书中并没有得到充分的证明。另外，"根据玛丽·道格拉斯，原始文化中的'他们'是受污染支配的；而'我们'不是。并且，我们必须要考察这是为何。她错了，她甚至和她所评论的法国人类学家一样显示了她们优越的感觉；但是她在'他们'和'我们'之间做如此简单和完全的分离，无论如何是错误的。"③

还有学者从篇章结构等方面质疑此书，如谭慕尼④，他认为《洁净与危险》一书条理不清晰，篇章结构之间缺乏紧密联结，以至于想要去了解该书的结构变得非常困难；另有学者认为，此书的论证在解释方面、理论方面、逻辑方面和方法论方面都存在不足，如斯皮罗（Melford E. Spiro，1920— ）⑤，他认为《洁净与危险》一书的中心论点并不具有强烈的说服力，这部分是因为作者并未对关键词汇"仪式污染"做清晰的界定或一致性地使用，此外，他还认为该书对其论点既没有一系列的数据证明，也没有强有力的论证。

2. 对玛丽·道格拉斯关于作为文学作品的《利未记》的观念的研究

玛丽·道格拉斯对《利未记》的研究除了突出表现在《洁净与危险》中，还表现在其另一部作品《作为文学作品的利未记》中。在本书中，她尝试将利未记看作是一个整体，将《利未记》与《圣经》的其他部分重新整合在一起。其将《利未记》看成是一种生活哲学的结构框架的表达无疑引起了学者们的广泛讨论。

有学者认为，玛丽·道格拉斯用全新的视角看待长期以来为圣经学者熟知，甚至陈腐的文献的能力为圣经学的研究做出了极大的贡献。也许人们并不总是被说服，但是它总是令人思考。⑥ 例如，玛丽·道格拉斯将《利未记》的文学结构分为三个部分；指出利未记和申命记具有不同的语言、框架和世界观，利未记不能用申命记的标准来解释；指出利未记的核心是寻找公义和正义，神圣体系和宗教仪式的洁净，并不是要反对公义

---

① Edwin Ardener, ibid, p. 139.
② William McCormack, "Reviews of Purity and Danger", *Journal of the Scientific Study of Religion*, Vol. 6, No. 2 (Autumn, 1967).
③ P. H. Gulliver, "Reviews of Purity and Danger", *Bulletin of the School of Oriental and African Studies*, University of London, Vol. 30, No. 2, Fiftieth Anniversary Volume (1967), pp. 462 – 464.
④ Joseph B. Tamney, ibid., pp. 56 – 57.
⑤ Melford E. Spiro, "Reviews of Purity and Danger", *American Anthropologist*, New Series, Vol. 70, No. 2 (Apr., 1968).
⑥ Lester L Grabbe, "Reviews of Leviticus as Literature", *Interpretation*, Vol. 56, No. 1 (Jan., 2002), p. 96.

和正义,而是它们得以实现的工具。

有学者显然对于玛丽·道格拉斯对于《利未记》的解读不能认同,"玛丽·道格拉斯视《利未记》为一个乌托邦,一本神学书,一个神职人员建构起来的理想的法律,这些神职人员对于人类事物极少有兴趣。所以,她悬置了这些法律是否曾经被真正实行了的问题。"① 该学者认为玛丽·道格拉斯伪造了她在神殿的旅行以切合她所认为的利未记的结构模型。这种伪造加深了对本书是一个仿制品的怀疑,并损害了该书的整体性。他认为,无论如何,玛丽·道格拉斯的这本著作不是一部统一的作品。他提出尽管玛丽·道格拉斯用一种松散的方式将其论点组织起来,但更好的阅读方式是,将本书作为一系列有洞见和启发性的篇章来读。

还有学者认为,玛丽·道格拉斯在《作为文学作品的利未记》中更广泛的讨论在于类比的和理性工具式的思考之间的对立。她认为两者并不是非此即彼的,也不是一个是另一个的继续,而是作为两种样式,且它们的限度在不同的背景中往往容易被改变。他还认为,在玛丽·道格拉斯看来,利未记像术数记一样,成为了一个更具包容性和善良的宗教的媒介,并且《利未记》的编者们在对待上帝的创造时更具包容性。但是,对于玛丽·道格拉斯对于《利未记》所作的结构分析,作者显然不认同,他讲道,"起先,玛丽·道格拉斯想要展示利未记作为另一个首尾相应的创作作品,但是从玛丽·道格拉斯的分析中可以透露出,利未记的具体的诗篇,尽管像是首尾相应,但却复杂得多。"②

另有学者认为,"玛丽·道格拉斯的显著论点是她认为,利未记(那本书)应当被视为是语篇和象征的独立世界。笔者认为,将利未记当作一个封闭的宇宙的看法疑似缺乏小心的结构分析,由此可能是一个不具有说服力的论点。"③

3. 对玛丽·道格拉斯分类观念的研究

玛丽·道格拉斯的《分类如何起作用》是为纪念古德曼而写,但显然并未令读者满意。很多学者认为,这本论文集并没有像题目所显示的那样,主要的论题是分类,因为论文集中的一些文章根本就没有提到分类现象,而是用较重篇幅关注实在论和相对建构主义之间的无休止的争论,当然论文集也并未加强了我们对分类现象在概念上的更新。有学者讲其对本书很失望,因为此书并未能够说服许多社会学家,让他们相信他们需要更加认真地对待分类。这位学者还认为原因部分地在于,"这本书最根本的观念,我认为这一观念非常奇怪。一本围绕一个特定思想家的贡献编排的书,相较于围绕一个特定

---

① David Biale, "Reviews of Leviticus as Literature", *Comparative Literature*, Vol. 53, No. 3 (Summer, 2001), pp. 262 – 265.

② Richard Fardon, "Reviews of Leviticus as Literature", *the Journal of the Royal Anthropological Institute*, Vol. 6, No. 3 (Sep., 2000), pp. 567 – 568.

③ Gary A Anderson, "Reading Leviticus: A Conversation with Mary Douglas", *The Catholic Biblical Quarterly*, Vol. 60, No. 3 (Jul., 1998), pp. 604 – 605.

分析主题编排的书，在理论上的趣味性注定要远远少于后者。另外，对于分类的关注并没有贯穿古德曼的学术生涯。而且我发现一本有关分类和社会科学的书，竟然几乎没有提及涂尔干在这个主题上的有影响的著作。对于一些仅仅对分类，而不是对内尔森·古德曼的观点感兴趣的社会科学家来说，似乎这样的编排存在问题。"①

另有学者讨论了古德曼对道格拉斯的影响，认为道格拉斯对于古德曼思想的吸收并未使其思想更加清晰，反而不如先前的理论更加具有说服力。他认为，"道格拉斯的理论从她长期遵从涂尔干和毛斯的人类学观点中获得灵感，我怀疑古德曼对于记号和铭刻的观点是否能够很好地嫁接于道格拉斯的理论之上。实际上，她的更古老的、更简单的、更单纯的在古德曼之前的理论，比现在的拼嵌图更具有说服力。"②

总而言之，玛丽·道格拉斯对于分析《利未记》的尝试，学者们给予了充分的肯定，虽然认为其有时候冒着纯粹涂尔干式的危险。她的一些观点，例如社会代表秩序。扭曲它的就是不洁的，不神圣。保持和保存它的就是圣洁的，神圣的；污物就是不在适当位置的事物，并且，正如杂草做成堆肥能够肥沃土地一样，污物也能成为一种恩典的源泉；社会最恰当的象征就是人类的身体；而且身体的功能成为了社会有序和无序的象征等，被认为深受涂尔干及结构主义的影响。"在玛丽·道格拉斯看来，正如身体象征别的任何东西，别的任何东西象征身体也是同样正确的。"③ 了解了如此的思路背景，对玛丽·道格拉斯在《洁净与危险》的姊妹篇《自然象征》中，对其观点的发展就比较容易理解了。她在后一本书中，"抨击了那些认为观念发展独立于社会结构的人，很有可能这些人是经过神学训练的比较宗教学者。第一个争议点就像是先天和后天的争论。第二个争论点更认真些。玛丽·道格拉斯的批评可能夸大了，但事实确实是许多宗教专业的学生忽视社会背景，所以呈现出一个不完全的，有时是误导的画面。阅读玛丽·道格拉斯作品的一个好处是，她如此信服地展示出宗教行为和特定文化中其他细节方面的关联。"④

### （二）对"格/群"文化理论的研究

玛丽·道格拉斯所提出的文化理论，又称为格/群文化理论、格/群分析或者社会—文化可行性理论，在过去的30年中，此方法在英国人类学家玛丽·道格拉斯和 Michael

---

① Eviatar Zerubavel, reviews of How Classification Works, Contemporary Sociology, Vol. 24, No. 3 (May, 1995), pp. 404 – 405.
② David R. Oldroyd, Honouring a Goodman, Social Studies of Science, Vol. 23, No. 3 (Aug., 1993), pp. 583 – 590.
③ F. B. Welbourn, "Mary Douglas and the Study of Religion", Journal of Religion in Africa, Vol. 3, Fasc. 1 (1970), pp. 89 – 95.
④ F. B. Welbourn, ibid, pp. 89 – 95.

Thompson，美国政治科学家 Aaron Wildavsky 和许多其他人的作品中被发展。对于其学术贡献与地位，一直以来都褒贬不一。有人将其当作是一种启发式的工具，也有人视其为一种充足的理论解释。在对其的众多讨论中，涵括了其两个向度的问题、几种文化类型的问题、文化图示的问题、方法论推断的问题、可适用性的问题等等诸多方面。尽管玛丽·道格拉斯力图找出一种能够解释各种社会现象的理论框架，她也提出了文化理论这一理论模型或说理论工具，但此理论自被提出之日起，就备受争议。

玛丽·道格拉斯文化理论的两个向度："格"与"群"在表述和认知上都存在争议。

有学者认为对于两个向度的认知大体上是一致的，但对它们的表述却不同。例如，Aaron Wildavksy 认为，"格"和"群"两个向度其实是对"我是谁"和"我该怎么做"两个问题的回答。他指出，有很多学者要么关注格栅的特点，要么关注群体的互动，而不是将二者结合起来。更有甚者，"有时，学者根本不讨论这两个向度，而是直接提出所得出的类型。这就是 Michael Thompson 所指的没有群体和格栅的文化理论。"①

尽管表述存在问题，但大家对于这两个向度的性质的讨论更加热烈。其真正的本质如何已被讨论过多次，尤其是牵涉文化理论作为方法论解释问题的时候。比如有学者提出，向度是连续的呢还是一分为二的？与其相关的则是，这一图示中究竟有四个文化类型呢还是五个？两个问题相互关联，后者的答案直接取决于对于前者的回答。该学者指出，"这两个向度应被视为包括一系列方面，但是这些不一定在每个个案研究中有所呈现。"② 那么，他认为，这一文化理论图示就产生了一个主要的漏洞，"向度是连续的，但是具体化四个类型的格子却看起来是互不相连的。人们并不清楚跨越图示中的边界时会怎样。"③ 就这一问题，该学者提出了几种可能的解决途径，"第一种方法就是舍弃格子，仅仅展示两个连续的向度；第二种方法是强调这些类型是极端的情形，将它们推向图示的边缘；第三种办法是将这两个向度看成是互不相连的，不是从零到无限，而只是在弱和强、低和高之间做出区分；最后一个选择是 Michael Thompsin 提出的，将两个向度的原点移向图示中心，于是第五个类型就产生了。"④

显然对于"格"和"群"这两个向度是否是连续的问题仁者见仁、智者见智。"那些选择连续向度的学者较有可能发展出关于群体和格栅的断言以衡量个案或者一组个案中格栅和群体的得分。那些选择向度是互不相连的学者，无论它们假定的交点在哪里，都倾向于关注文化类型本身，并选择四个或五个类型各自的标志。前一个群体可能得出这样的结论，相较于场域 D 的理想类型，X 是'高格低群'，而第二个群体可能讨论混

---

① Virginie Mamadouh, Grid-Group Cultural Theory: A Introduction, GeoJournal, Vol. 47, 1999, pp. 395 – 409.
② Ibid.
③ Ibid.
④ Ibid.

合类型或者两种文化类型的混合体。"① 在实际研究运用中，显然第二种选择较前一种受欢迎。

还有学者从社会学的角度检视文化理论的两个向度，他认为玛丽·道格拉斯的两个向度可以被解释为是权力向度和地位向度。这两个向度是社会学分析中的两个中心变量。"权力或者格子用群体中等级或者社会阶层的程度来标示，相反，地位或者群体相关于重视外界与社会边界的程度。对他们来说，高格相当于类似种姓的僵固，而高群表明忠诚的观念。身份认同就在这种群体成员的形成中产生。"②

关于文化类型的讨论。文化类型被认为是社会模式与文化模式的有力的结合。玛丽·道格拉斯的文化理论所提出的四种文化类型，一方面广为人们所知；另一方面也备受争议。比如，有学者认为文化类型忽略了个体的能动性，"一个个体有自由去选择适合社会环境、文化偏见或者两者的行动策略，也有自由去选择破坏社会环境、谴责文化偏见或者两者皆俱的行动策略。"③ 该学者还批评了文化类型图示所用的标示，他认为在同一类型的描述中使用关于不同层次的称谓，会产生一些分析上的混乱。

有学者从更宽容的角度去理解玛丽·道格拉斯及其合作者对于文化类型的论述，倾向于强调任何社会，尤其是复杂的社会，都包含所有四个文化类型，尽管比例不一定均等。不仅如此，他还指出，任何社会单位都可能包含许多组织模式。对于该学者来说，"在任何一个确定的社会或者历史时期，一种组织模式也许是占主导地位的，但稍后就会让位于另一个模式。格栅和群体的四个主要的组合构成了相对稳定的社会构造。它们每一个都产生出自己的文化偏见。因为，格栅和群体都是连续的，我们可以想象在四个象限中的任何一个里面都有很多经验上的社会位格（location），不管我们的研究目的是一个单独的社会或者是一个社会样本。"④

更有学者探讨了玛丽·道格拉斯多年来著作中所提出关于文化理论的几种不同版本，其文章主要比较了玛丽·道格拉斯三种不同版本的文化理论。前两种是出现在两个不同版本的《自然象征》中，一个出版于 1970 年，一个出版于 1973 年。第三个版本是玛丽·道格拉斯在 1978 年的《文化偏见》中所提出的。另外，第三种版本还可以在 1982 年出版的《观念社会学论文集》和玛丽·道格拉斯与 Aaron Wildavsky 合著的《风险与文化》中看到。那么这三种理论有何异同，后者是对前者的发展还是修订还是颠

---

① Virginie Mamadouh, Grid-Group Cultural Theory: A Introduction, GeoJournal, Vol. 47, 1999, pp. 395 – 409.
② D. Douglas Caulkins, Is Mary Douglas's Grid/Group Analysis Useful for Cross-Cultural Rearch?, Cross-Cultural Research, Vol. 33, No. 1 (Feb. 1999), pp. 108 – 128.
③ Virginie Mamadouh, Grid-Group Cultural Theory: A Introduction, GeoJournal, Vol. 47, 1999, pp. 395 – 409.
④ D. Douglas Caulkins, Is Mary Douglas's Grid/Group Analysis Useful for Cross-Cultural Rearch?, Cross-Cultural Research, Vol. 33, No. 1 (Feb. 1999), pp. 108 – 128.

覆？该学者通过对文化理论的基础、向度、所受理论影响等多方面来考察此问题。[1]

对《自然的象征》和"格/群"文化理论的研究。提到文化理论，不能不提到《自然的象征》。如果说，在《洁净与危险》中，文化理论模型还没有被明确地提出的话，那么，在《自然的象征》中，它被进一步系统化地展示出来。对于本书的评论，实际上也是对于文化理论形成的背景的评论以及对于文化理论本身的评论。

关于此书的思想来源，有人认为是有"三个来源，一个是《洁净与危险》，一个是列维—斯特劳斯的观点，另一个是涂尔干关于神圣存在于社会之中的观点。"[2] 也有人认为，"虽然道格拉斯认为其受波恩斯坦在心理语言学方面的作品启发很多，但是人们还是从某种方法上能够感知到毛斯和本尼迪克特对其的影响。毕竟提出有意义的跨文化的观点确实是最困难的。"[3] 还有学者认为，虽然道格拉斯努力想跳出涂尔干的影子，但即使是其转变，也仍然是涂尔干式的，"再生因素大部分并不是社会秩序的书面命令，而是那种特征化个人对于亲密的社会交往的经验或者非经验的模式，是一种社会互动经验决定主义，并认为身体是中介手段。"[4]

出于不同文化背景，持有某种"文化偏见"的人会认为"这是一本令人振奋的、不寻常的、个性化的书。它取用波恩斯坦的论点从涂尔干的框架中跳出来，写给大学权威和改革天主教的神职人员，这些神职人员可能根本没有听说过任何一个这样的先驱。它追溯了长时期中对于仪式，本土化的、结构化的、特殊化的情感，以及对于确定的边界内有秩序的角色的获得的研究。它是一个偏好于身体的神学与社会的论文，在身体政治与物理身体之间建立正确的关系，并且表明，它们彼此是如何相互类比的。玛丽·道格拉斯运用新教教义的教派形式和纯粹的无政府主义来论证新教教义和自由主义的终结。这并不公平。但是，我们不得不赞赏本书想要一举挫败改革宗、自由主义、资本主义和造反的学生的勇气。"[5]

而出于另一种"文化偏见"的人会认为，"作者的作品成为了一本有启发性的对于象征行动的跨文化研究。假如作者较少地运用花里胡哨的比喻，而是较多运用严格界定的基本概念的话，本书的影响力将会更大。书中在使用关键性的和反复出现的词汇如'象征'，'仪式'和'宗教'等时，仿佛它们的意义是很简单和直接的。事实上，我仍

---

[1] James V. Spickard, "A Guide to Mary Douglas's Three Versions of Grid/Group Theory", *Sociological Analysis*, Vol. 50, No. 2, Thematic Issiue: A Durkheimian Miscellany (Summer, 1989), pp. 151 – 170.

[2] David R. Bell, Reviews of Natural Symbols, the Philosophical Quarterly, Vol. 22, No. 88 (Jul., 1972), pp. 280 – 282.

[3] K. O. L. Burridge, Reviews of Natural Symbols, Man, New Series, Vol. 5, No. 3 (Sep., 1970), p. 530.

[4] Martin G. Silverman, Reviews of Natural Symbols, American Anthropologist, New Series, Vol. 73, No. 6 (Dec., 1971), pp. 1293 – 1295.

[5] David Martin, Reviews of Natural Symbols, the British Journal of Sociology, Vol. 21, No. 3 (Sep., 1970), pp. 343 – 344.

然不确定'自然象征'的确切含义。同样,尽管章节的名称非常吸引眼球和引人注目,但是它们却无助于读者对本书方向性的把握。同样的原因,本书的题目也不是一个有帮助的指引。虽然本书是基于《洁净与危险》之上,但是本书还是提供了一些有价值的观念。但美国社会学家也许会很吃惊,因为马克斯·韦伯并未被提及。当然,韦伯的'意义问题'与道格拉斯的讨论有关,并且他的观点本可以被道格拉斯有益地使用。但是,自然象征是一本重要的著作,可以与它奠基于上的专著相媲美。"[1]

总而言之,在《自然象征》中,道格拉斯提供了一种象征和社会体系之间关系的多样性,是一本不可忽视的关于象征和文化理论的著作。尽管象征如何从社会经验中产生出来的问题仍然没有确切的答案,但是《自然象征》所带来的启发也是功不可没的。

"格/群"文化理论可适用性的问题的研究。

当社会科学学者在田野之中时,往往会感知到理论的重要性,因为看似纷繁复杂的现象需要用一个有体系的、有逻辑的、有理有据的,具有说服力的理论框架来解释和分析。然而,这样的理论框架又是如此难以找到,有时一种理论的形成需要几代人的努力。玛丽·道格拉斯站在前人的肩膀上,选择了这一出力不讨好的工作。也许若干年后,她的文化理论模型成为了经典,又也许,此理论被人们所遗忘。但是,在字里行间,在著作背后,她意为社会科学作出贡献的动机将会永远被后人怀念。无论说她是集大成还是自说自话,她都为整个社会科学的发展做出了不可磨灭的贡献。

"格/群"文化理论自其产生之日起就备受重视,同时也备受争议。有学者指出,"格/群"文化理论并不是像人们想象得那么杂乱无章,她将格栅象限分别定义为是个人主义的、宿命主义的、等级制的和平均主义的或者教派主义的。"社会学家Semper和Collins更积极地总结到,两向度模型潜在的结构特点不仅可以用于整个社会之间的跨文化比较,而且可以在社会阶层、职业和专业团体中比较。事实上,这一模型在更小的分析单元的有限比较研究中的应用超过了在跨文化比较研究中的运用。"[2]

还有学者认为,玛丽·道格拉斯的"格/群"文化理论是一个关于不同宗教、世界观和意识形态的社会学理论,它相当可靠,因它试图将不同种类的信仰和不同类型的社会联系起来。他非常欣赏玛丽·道格拉斯的"格/群"文化理论,认为"格/群"文化理论使社会因素如何制约信仰的问题再次恢复活力并在讨论时避免成为化约论者。但他同时又指出,"大体上还在涂尔干的模式内,道格拉斯使社会因素如何制约信仰的问题再次恢复活力并在讨论时避免成为化约论者,如她所称的。社会现实建构意识的方式,如

---

[1] Shlomo Deshen, Reviews of Natural Symbols, the American Journal of Sociology, Vol. 77, No. 1 (Jul., 1971), pp. 163–166.

[2] D. Douglas Caulkins, "Is Mary Douglas's Grid/Group Analysis Useful for Cross-Cultural Reach?", *Cross-Cultural Research*, Vol. 33, No. 1 (Feb. 1999), pp. 108–128.

现实本身被社会性的建构的方式同样重要。确定的社会背景鼓励特定的看待世界的方式：格栅理论就是被设计出来使这种关联明晰化，并做出可能发生的预言。在涂尔干的模式下，她依旧寻找一种信仰社会学的复苏。"①

对于文化理论用以展示的图示，有学者认为，这是一把双刃剑，"格/群"文化理论经常被混同于它所产生的图示。"格"和"群"是玛丽·道格拉斯用来分析社会类型的两个向度，由这两个向度组成了"格/群"文化理论象限图示，社会理想类型被建构起来。人们往往直接关注这些社会理想类型而忽略了它奠基之上的"格/群"文化理论。

一些学者认为，虽然道格拉斯所提出的文化理论相对比较清晰，但有化约论和决定论的嫌疑。用于论证文化理论的民族志论据也受到了学者们的质疑。例如人类学家 Tom Beidelman 在评论道格拉斯的《风险与责任：文化理论论文集》时抱怨道：她的论证从未提供对任何一个特别的社会如何运作的具体、完整的分析；在她过去的作品中，她的分析总是拿一些不令人满意的民族志资料作支持；就人类学学科来说，她的观察看起来并不能令人信服、是不深刻的、一知半解的，有时还很奇怪。②

总之，"格/群"文化理论提供了一个有力的工具，它提出了近来实践和研究中的基本问题，并没有带有在先前作品中有时显得烦人的偏见，并且，它提供了一些寻找解决问题的方向的线索。

**（三）对文化偏见的研究**

从关注于分类、象征到提出文化理论，再到文化理论的广泛运用，玛丽·道格拉斯并未对文化作出过多的论述。正如一学者指出，"尽管'文化'一词确实在她的著作中出现，读者不会注意不到，当她写到根源并且没有合作者时，她诉诸文化的频次是多么地少。像涂尔干一样，与美国'文化分析'不同，玛丽·道格拉斯也取道实践社会学分析，并且在其最近的作品中，这一影响被表述得最为清晰。"③

但也有学者从其整个早期作品出发，探讨玛丽·道格拉斯对文化研究的贡献，"玛丽·道格拉斯的早期作品中，呈现了四个相互关联的主题：第一，她关注文化，认识自然，尤其关注宇宙论的和分类学的概念，正如责任体系中所揭示的一样。第二，知识，包括自然知识，被认为是具有社会连续性的。第三，通过成功地从个体的转向公共的，从私人的转向公开的，信仰和表达成为了知识——一种集体性的善。第四，在出版《洁

---

① James V. Spickard, A Guide to Mary Douglas's Three Versions of Grid/Group Theory, Sociological Analysis, Vol. 50, No. 2, Thematic Issiue: A Durkheimian Miscellany (Summer, 1989), pp. 151 – 170.

② D. Douglas Caulkins, Is Mary Douglas's Grid/Group Analysis Useful for Cross-Cultural Reach?, Cross-Cultural Research, Vol. 33, No. 1 (Feb. 1999), pp. 108 – 128.

③ Richard Fardon, "The Faithful Disciple: On Mary Douglas and Durkheim", Anthropology Today, Vol. 3, No. 5 (Oct., 1987), pp. 4 – 6.

净与危险》和《自然象征》两本书期间，玛丽·道格拉斯发展出一系列对'文化偏见'进行有系统的比较研究的技术。那种认为'原始'与'现代'、'科学性'与'巫术'之间存在'巨大的鸿沟'的观念被抛弃。与相关人类学家、现象学家托马斯·库恩（Thomas Kuhn，1922—1996）和稍后的维特根斯坦（Ludwig Wittgenstein，1889—1951）所提供的资料一起，玛丽·道格拉斯早期的作品激励了一些社会学家的思考，毕竟一种对于科学性知识的完全的社会学是可能的。在20世纪70年代，被玛丽·道格拉斯的作品所鼓励的跨学科对话获得了强劲的发展。"[1]

但玛丽·道格拉斯在使用文化概念及论述文化偏见时，也存有许多问题，例如，有学者指出，"我不知道当她写有限理性的时候，她考虑的是什么理论。什么是有限理性？她是指求助于经济学家的行为模型？如果是这样，如何说服援用没有任何社会背景的理性的问题，或者是说服在特定的社会背景中给予理性以特权？总之，有多少可以归功于这个普遍的理性能力？这个能力如何被描述，以使我们能够区分开社会调节理论的领域和人类的天赋？另有一个问题是，玛丽·道格拉斯试图回避对其社会学相对主义的指责。玛丽·道格拉斯将其主要的精力放在对社会的方面的关注上，她不得不将其他社会的信仰处理成显而易见的局外人。也许这就是为什么在她最近的书中她对韦伯并不推崇的原因，而先前在《商品世界》中，玛丽·道格拉斯还较欣赏韦伯（Max Weber，1864—1920）的理论。但是在这里，她讲到，韦伯的理论与进化论加上体制类型没有什么差别。"[2]

实际上，玛丽·道格拉斯很多关于文化的论述都集中在《主动语态论文集》中。这些论文共17篇，发表于1962年至1981年之间。所有论文都是关于象征体系的角色的：食物、意识、商品和金钱。但是，尽管早先的民族志研究获得了好评，但篇幅最长的《文化偏见》却备受批评。"在文化偏见中，并不具较有说服力的基础，所以很难去评断它们的有效性。文章中观点的跳跃不仅不是流畅的，也不具有说服力。"[3]

还有学者认为，玛丽·道格拉斯对于文化的主动性和被动性的描述也较具创造性，"玛丽·道格拉斯关注规则和意义在社会背景中形成的途径。与提供一个可能将行动者描述为是对外界因素和力量的回应的机械论的观点不同，玛丽·道格拉斯提出了一个关于社会行为的具有建设性意义的观念。例如，玛丽·道格拉斯通过探索人类行为和责任在不同的社会中如何自我建构起来，转变了对社会行为本身的考察。在这里，她考察了信仰体系的一些方面，即责任和理由被挑选出来并归功于自身或者他人的方式。通过这

---

[1] Steven Shapin, "Citation for Mary Douglas, 1994 Bernal Prize Recipient", *Science, Technology and Human Values*, Vol. 20, No. 2 (Spring, 1995), pp. 259–261.

[2] Richard Fardon, ibid., pp. 4–6.

[3] Eugenia Shanklin, "Reviews of in the Active Voice", *American Anthropologist*, New Series, Vol. 87, No. 1 (Mar. 1985), pp. 165–166.

样一些被规范的论点,一个社会责任体系被建构起来了;并且,玛丽·道格拉斯声称,主动和被动态的信仰是和制度相关联的。"①

对于文化偏见,许多学者对玛丽·道格拉斯的乐观态度并不表示完全认同,甚至认为玛丽·道格拉斯的论证有时候是相互矛盾或者说模棱两可的。比如,有学者讲,"她坚持认为,科学家混合政治与他们的专业从而失去了成为独立分析者的资格,但是他们能超越文化偏见,并且,如果他们运用风险的文化理论,他们能够现实地理解风险。但是,同时,她声称没有社会行动者能够提出没有偏见和政治性的关于风险的观点,这样的观点可以被用来分配责任或者表达权威的价值。这就产生了一个问题,在何种情况下,社会分析家们可以超越社会行动者的偏见,并合理地宣传自己的客观性。"②

**(四)"格/群"文化理论应用于社会科学的研究**

玛丽·道格拉斯关于科学和技术实践中客观性的理所当然的本质的讨论为对科学和技术的社会学人类学研究做出了巨大的贡献。在表彰玛丽·道格拉斯获得伯纳尔奖(Bernal Prize)③的演讲中,史蒂文·夏平(Steven Shapin)讲到,在1970年代,玛丽·道格拉斯已经在鼓励跨学科的对话了。这些对话有助于将人类学的方法和观点引入现代科学研究中。夏平提到,她"从来不吹嘘自己是自然科学的学生,但她做的许多研究使我们的工作成为可能。"她理解并鼓励我们对展示全新的社会学方法运用于科学知识的可能性所做的努力。④

受玛丽·道格拉斯理论影响的著作随处可见,例如,雷切尔(Rachel)将玛丽·道格拉斯的文化理论与米德的研究自我的方法结合起来研究被认知神经科学家用来建构大脑、学习和心灵概念的分类体系;西利亚(Celia)和大卫·布卢尔(David Bloor)运用玛丽·道格拉斯文化偏见的格栅类型学分析来自20位工业科学家的访谈资料等。

在玛丽·道格拉斯和维尔达夫斯基(Wildavsky,1930—1993)合著的《风险与文化》⑤一书中,他们试图运用文化理论来分析现实生活中所存在的各个方面的风险。力

---

① Stephen F. Gudeman, "Reviews of in the Active Voice", *American Ethnologist*, Vol. 11, No. 1 (Feb., 1984), pp. 193 – 194.

② Robert Paine, "the Cultural Logic of Perception", *Current Anthropology*, Vol. 37, No. 4 (Aug.-Oct., 1996), pp. 721 – 722.

③ 伯纳尔奖是科学的社会研究协会(Society of Social Studies of Science,又称4S)一年一度颁发的对于社会科学研究有突出贡献的人的奖励。科学的社会研究协会是一个非赢利性的专业协会,成立于1975年,至今已有超过1200名国际成员。协会的主要目的是使那些有兴趣于科学、技术、医学的人聚集在一起,包括他们实践并与社会环境互动的方式。

④ Sal Restivo and Rachel Dowty, "Obituary: Bernard Barber and Mary Douglas", *Social Studies of Science*, Vol. 38, No. 4 (Aug., 2008), pp. 635 – 640.

⑤ Mary Douglas and Aaron Wildavski, *Risk and Culture: an essay on the selection of technical and environmental dangers*, Berkeley; Los Angeles: Univ. of California Press, cop. 1982.

图向人们说明，人们根据他们生活于其中的社会组织的本质来决定什么是有风险的，不管是科学家还是普通人，不管是现代人还是原始人，都是一样的。所有的社会生活都包含有，甚至说需要有"偏见组织"。那么，对于危险的观念反映和加强了特殊的生活方式。

在《制度如何思考》[①] 一书中，玛丽·道格拉斯认为制度无可置疑是可以思考的。但有学者认为，"本书并没有像它引人注意的标题一样令人满意。它是玛丽·道格拉斯关于玛丽·道格拉斯的研究及其社会学决定主义。但是，鉴于别的关于理解人类条件的学科的发展，读者会感觉到需要一个更加有力的论点，这个论点认识和探索社会的、心理学的和生物学的世界之间的互动"[②]。也有学者对书中出现的议题进行了讨论，并满怀感情地对玛丽·道格拉斯的理论进行了评价。[③]

《缺失的人》[④] 主要关注西方公共研究中占主导地位但是并不充足的关于人类的经济学模型，其涉及的范围很广，从对于贫困的理解到关于狒狒的时尚概念，到玛丽·道格拉斯熟悉的"文化理论"，到宗教基要主义。有人讲此书试图提出一种代替经济人的概念是值得赞赏的，也有人提出，"本书不够人类学"。[⑤]

玛丽·道格拉斯涉猎广泛，她对于巫术、美国宗教和非洲人的讨论也受到了关注。很多学者对玛丽·道格拉斯关于巫术的讨论都表示不能认同，如有学者称，"也许我们可以接受玛丽·道格拉斯的论点，即我们对有些东西太习以为常，而不能够将巫术指责解释为在小规模社会中扮演了一个重要的角色。但是，笔者个人不能认同，'自由哲学'使我们在各个方面都误入歧途，或者说不能认同在角色界定中重视模棱两可，认为这是一个必要的选择"[⑥]。但也有学者对其在讨论巫术时所做的成果给予了高度的评价。[⑦]

从对巫术的讨论到探讨美国现代宗教，似乎跨度有些大，但实际上，玛丽·道格拉斯对于文化理论应用于社会科学领域的努力却是相同的。在《巫术》这本专著以及《美

---

[①] Mary Douglas, *How Institutions Think*, New York: Syracuse University Press, 1986.
[②] Michael C. Kearl, "Reviews of How Institutions Think", *the American Journal of Sociology*, Vol. 94, No. 1 (Jul., 1988), pp. 206 – 208.
[③] Bruno Latour, "Reviews of How Institutions Think", *Contemporary Sociology*, Vol. 17, No. 3 (May, 1988), pp. 383 – 385.
[④] Mary Douglas and Steven Ney, *Missing Persons: A Critique of the Social Sciences*, University of California Press; Russell Sage Foundation, 1998.
[⑤] Igna-Britt Krause, "Reviews of Missing Persons", *the Journal of the Royal Anthropological Institute*, Vol. 5, No. 4 (Dec., 1999), p. 648.
[⑥] Lucy Mair, "Reviews of Witchcraft Confessions and Accusations", *Race and Class*, Vol. 12, 1971, p. 512.
[⑦] ohn Middleton, "Reviews of Witchcraft Confessions and Accusations", *American Anthropologist*, New Series, Vol. 74, No. 4 (Aug., 1972), pp. 914 – 917.

国宗教》[1] 这本论文集中，可以很明显地看到玛丽·道格拉斯一脉相承的理论脉络和将其应用于宗教研究领域的努力。但有人认为，"本书的部分结合起来，比全书的贡献还要大"[2]；"一些论文与本书的题目无关，或者关系非常少，尽管很多样，书中论文在处理美国宗教时存有令人迷惑的差别"[3]；"本书的论文缺少对历史的重视。有些对于历史事实的运用不太确切，有些引用一些历史学家都已经抛弃了的历史解释"[4]。尽管有许多批评，但试图解决"在一个世俗化显然赢得了现代人的心理和思想的年代中，我们如何描述一个继续存在的对宗教的有力的表达？"[5] 的努力仍然获得不菲的成果。

除了以上传统人类学的研究以外，玛丽·道格拉斯还跨学科地研究了食品、商品、饮酒文化等等。这种跨学科的努力，一方面获得了鼓励，另一方面也备受质疑。尽管批评诸多，但玛丽·道格拉斯所做的贡献也是不可磨灭的。总之，玛丽·道格拉斯一生著述颇丰，关注的领域也异常广泛。要对其做出一个公正的、全面的、客观的评论实属不易。上述综述中所涉及的一些学者们对其以及其思想、研究的评价仅仅是众多评价中的一部分，且对其的评价也在不断发展变化之中。本文力图能够反映当今学界对玛丽·道格拉斯的研究，并为想要了解玛丽·道格拉斯及其作品的读者提供一个有益的帮助。

（作者简介：陈锐钢，浙江省台州学院思政部）

---

[1] Mary Douglas, *Religion and America: spiritual life in a secular age*, Mary Douglas, Steven Tipton, eds.; introduced by Robert N. Bellah., Boston Mass.: Beacon Press, cop. 1983.

[2] Stephen J. Stein, "Reviews of Religion in America", *Journal of the American Academy of Religion*, Vol. 53, No. 1 (Mar., 1985), p. 141.

[3] Benton Johnson, "Reviews of Religion in America", *Canadian Journal of Sociology*, Vol. 10, No. 3 (Summer, 1985), pp. 353–355.

[4] Robert Wuthnow, "Reviews of Religion in America", *Contemporary Sociology*, Vol. 13, No. 2 (Mar., 1984), pp. 218–219.

[5] C. Kirk Hadaway, "Reviews of Religion in America", *Review of Religious Research*, Vol. 27, No. 3 (Mar., 1986), pp. 263–265.

# 实证研究报告

# 当前基督教与民间信仰共处情况的调查与分析

## ——以闽南 H 县 J 镇为例*

范正义

基督教在中国实现地域化，带上民间信仰的色彩，是基督教能够扎根中国，成为中国乡土社会的组成要素的重要原因。但是，基督教在地域化过程中体现出的信仰理念的普世性特征，又使得基督教与乡土社会之间始终存在着一定的张力。特别是在一些民间信仰和基督教的发展都较为迅猛的地区，双方之间的这种既混融又紧张的关系，表现得尤为明显。本文中，笔者借助闽南 H 县 J 镇的调查资料，尝试说明在基督教与民间信仰共处的地区，民众是如何在双方既混融又紧张的环境下构建乡土社会的信仰秩序的。

## 一　H 县 J 镇民间信仰和基督教的基本情况

### （一）民间信仰情况

H 县位于闽南沿海，以"信鬼尚巫"著名，民间信仰极为繁盛发达。明代隆庆、万历年间（1567—1620 年），叶春及知 H 县事时，捣毁"淫祠"510 所。但是，民间信仰的再生能力很强，宫庙旋毁旋建。"文化大革命"中，H 县的民间信仰再一次遭遇急风暴雨式的冲击。改革开放后，随着闽南地区经济社会的迅猛发展，H 县民间信仰也如雨后春笋般复兴起来。据 Q 市民族与宗教事务局提供的《Q 市民间信仰活动场所情况汇总表》2006 年的统计，H 县 10 平方米以上的民间信仰活动场所就有 1082 座。10 平方米以下，不列入统计的小宫小庙就更多了。

J 镇位于 H 县的东部沿海地区，当地最有名的宫庙是净峰寺。净峰寺奉祀八仙中的李铁拐，以祈梦闻名。民国年间，弘一法师曾在净峰寺驻锡弘法达半年之久，净峰寺也因此而声名远播。此外，XC 村的莲花宫，ST 村的潮显宫，LC 村的连城寺，也是远近有

---

\* 本文是教育部人文社会科学研究青年项目《福建基督教与民间信仰关系研究》阶段性成果，项目编号为 09YJC730002。

名的宫庙，吸引众多民众前来烧香膜拜。除了这些影响较大的宫庙以外，每个村有村庙，每个角头有角头庙，大大小小的宫庙，遍布田头田尾。

改革开放后，J镇的民间宗族组织也很快恢复活动。"文化大革命"中废弃了的祖厝（当地称祠堂为祖厝），绝大多数得到了重修重建。例如，XC村居住着杨、庄、邹、陈四姓家族，这四姓家族的每个房头都建有自己的祖厝，总数达15座之多。综上可见，"文化大革命"结束后，H县J镇的民间信仰活动得到全面恢复，并呈现出生机勃勃的发展态势。

**（二）基督教信仰情况**

1866年，J镇的陈水、陈景秋父子在H县第一个信徒何乌黎处听道后，改信基督教。1873年，陈景秋献地在SQ村建筑教堂。SQ教堂是H县最早的教堂。此后，以SQ教堂为据点，基督教在H县东部得到了迅猛的发展。

1950年冬，SQ教堂停止活动。1980年8月，经省政府批准，SQ教堂重新开堂聚会。1992年，LSY从上海华东神学院毕业，到SQ教堂担任牧师。LSY牧师初到SQ时，该堂的信徒只有90人。经过十多年的发展，SQ教堂的信徒人数大增，信徒数百户，其中18岁以上的信徒1200人左右。

新中国成立以后，由于教牧人员在教义认识上的分歧，J镇基督教会出现了分裂。WCL原来是SQ教堂的信徒，但他对SQ堂实行的牧师制度存有不同看法。1953年，WCL退出SQ教堂，到HJ搞基督徒聚会处。最初，WCL的聚会处只有三五个信徒，但发展极为迅速。到2008年WCL去世，YYH接手该聚会处时，信徒增加到1000多人。

1991年，ZMG在福建省神学院毕业后，到SQ教堂实习。一年后，由于不满SQ堂的做法，ZMG带领部分信徒转到HJ聚会处做礼拜。此时，AB村一名双腿残疾的信徒，提供场地，邀请ZMG到他那里主持礼拜。于是，ZMG带着五六个信徒，到AB村重起炉灶，搞家庭聚会。目前，AB村家庭聚会处的信徒已经增长到70户左右，平时做礼拜的信徒近百人。

综上可见，改革开放后，J镇的基督教也迎来了良好的发展态势。无论是SQ教堂、HJ聚会处，还是AB村家庭聚会处，其信徒人数都有了数十倍的增长。

## 二 H县J镇基督教和民间信仰共处情况的调查

在J镇，民间信仰持有者一般称自己为"信佛的"，基督徒称自己为"信主的"。下文中，笔者拟以"信佛的"和"信主的"来分别指代民间信仰持有者和基督徒。前面谈到，改革开放后，J镇的民间信仰和基督教都迎来了良好的发展势头，双方的势力都很强盛。在这样的情况下，双方间的接触概率要远远大于其他地区，J 镇"信佛的"和"信主的"是如何实现整合共处的呢？笔者在 J 镇调查时，当地民众都毫不迟疑地告诉笔者，双方之间的关系很融洽，信仰上的不同，并不妨碍他们在同一个村落社区中共同生活。但是，随着笔者在 J 镇田野工作的深入，笔者发现，在这个风平浪静的表象下面，潜藏着暗流。当家庭中和家族中出现两种信仰形态共处时，"信佛的"和"信主的"之间的相处关系就会出现多种变数：既有可能维持表面上的和谐，也有可能出现竞争和冲突。

**（一）家庭中不同信仰的共处**

在 J 镇，尽管基督教的发展势头很猛，但信徒人数和"信佛的"比起来，还是有着较大的差距。"信主的"人数少，决定了他们在通婚中，往往要和"信佛的"结成姻亲。在婚姻网络的作用下，J 镇的不少家庭中出现了两种信仰共处的局面。

众所周知，基督教是一种排他性很强的宗教，当家庭中出现两种信仰共处时，产生矛盾纠纷是很自然的。为了避免家庭纠纷，J 镇形成了一种不成文的潜规则：出嫁随夫，夫家信什么教，嫁出的女儿也跟着信什么教。

SB 是福音村，全村信主，村里一个七十多岁的女信徒告诉笔者：我们只管娶进来的，不管嫁出去的。嫁出去的女儿随夫家信仰，夫家信什么，她就信什么，反正嫁出去了，我们也管不着了。但是，娶进来的媳妇，都要改信基督教，这样家庭里才不会有纠纷。

XC 村后柄角头的一个邹姓信徒，家里世代信教。据他介绍，他的两个女儿，自小跟他上 SQ 教堂礼拜，都是信徒。女儿长大后，经媒人介绍，嫁给了"信佛的"人家，也跟着改信民间信仰了。

如上所述，在 J 镇，"信佛的"和"信主的"通婚时，信仰上"出嫁随夫"是主流。但是，也不排除一些媳妇嫁到夫家后不愿改变自己信仰的情况。这种情况往往会造成两种截然不同的后果：一是家庭中因两种信仰长期共处而导致纠纷不断，二是媳妇改变了全家人的信仰。

CQ 村的 ZGM 是"信佛的"，但妻子是基督徒。结婚后，由于他在外开店，很少回家，夫妻之间虽偶尔会因信仰不同而产生纠纷，但问题都能很快得到解决。2010 年以来，他因为经常回家，就在家里装塑了一尊土地公的神像。不料，神像装塑好没几天，其妻子竟然刀劈土地公神像，并将残骸抛弃于海滩。此举引发了夫妻间的严重冲突。CQ 村民大多都是"信佛的"，听说此事后，纷纷指责妻子的不对，怂恿 ZGM 和妻子离婚。妻子所在的家庭聚会处的负责人听说此事后，当众表扬她信仰坚定，敢于刀劈偶像。两大信仰阵营的推波助澜，导致 ZGM 夫妻俩的离婚风波越闹越大。

媳妇改变了全家人信仰的情况也时有发生。WB是AB村家庭聚会处的负责人之一，其家庭的基督教信仰，就是他妻子带来的。WB家世代都是"信佛的"，WB父母去世的早，他是祖父一手拉扯大的。WB长大后，娶了个妻子是基督徒。WB及其儿女都在妻子的影响下，改信了基督徒。

从上述案例可以看出，当家庭中出现两种信仰共处时，最好的解决办法是将家庭中的两种信仰统一为一种，J镇"出嫁随夫"的潜规则的出现，就是民间的这一生存智慧的生动反映。媳妇作为家庭中弱势的一方，屈从于家庭中强势的一方。媳妇改变全家人信仰的事例，体现的也是将两种信仰统一为一种信仰的原则。只不过，在这种情况中，家庭中弱势的一方取得了胜利。如果两种信仰无法统一为一种信仰，家庭中就会纠纷不断。

**（二）家族中不同信仰的共处**

改革开放后，实行家庭联产承包责任制，每一户村民就是一个独立的生产单位。因此，在日常的生产生活中，家族中"信主的"和"信佛的"并没有明显的矛盾冲突。但是，在祖厝等家族公共空间的使用上，"信主的"和"信佛的"区别就会凸显出来。

在J镇，祖厝不仅是祭拜祖先的场所，也是族人去世后举办丧事的场所。当地风俗，五十岁以上（有的家族规定是四十五岁）的老人去世后，可以在祖厝里举办丧事。但是，如果是那些在祖厝的重建中，"信主的"没有出丁口钱的家族，"信主的"丧事不准在祖厝里举办。

J镇李氏长房祖厝《长房祖祠约规》关于"信主的"规定如下："一、本房祖祠以（佛教）'世俗'族亲集资重建，祖祠内一切活动（丧事），必须按'世俗'办法举办，不得举办其他任何教会仪式。二、凡本房族亲，如有脱离'世俗'方情，另拜其他教会，必须退出祖祠，不准在祖祠开展其他活动（丧事），同时取消一切款项（不退款）。……七、祖祠中的一切活动（丧事），本祖祠族亲必须自觉、主动、积极参与，按世俗例实行，相互支持，相互帮助，直至活动结束。以上约规，人人必须遵守，执行，若违背'世俗'者，按约规执行，共同监督。"约规中，长房李氏写得很明白，祖厝是家族中"信佛的"集资重建的，"信主的"没有出钱，自然也就不准在祖厝中举办丧事。

不过，据笔者的观察，J镇绝大多数"信主的"还是很注重自身的家族成员身份的，在家族祖厝的重建中，他们大多都有出丁口钱。也就是说，J镇大多数的祖厝都是在"信佛的"和"信主的"共同努力下重建起来的。由于"信主的"有出丁口钱，这些祖厝基本上也都允许"信主的"去世后可以在祖厝里出殡。不过，丧事虽然可以在祖厝里举办，但基督教的丧葬仪式能不能在祖厝里举行，则不同的家族有不同的处理方式。

TP村杨氏家族针对"信主的"家族成员专门制定了《杨氏（TP镇区）祖宇有关不

同信仰共处原则》，内容如下：

> 祖宇（祠）系中华民族数千年传统佛教文化的祭祀场所。根据佛教思想的互相包容等原则，由全体宗亲提议，经祖宇（祠）董事会讨论决定及本族基督教代表认可，为给杨氏祖先一个和祥安定的净土，护佑嗣孙福禄永驻。特立以下协约：
> 一、权利及义务：祖宇（祠）接纳基督教徒宗亲的集资投入，并享有使用祖宇（祠）之权利。如自愿放弃上述权利者，其对祖宇承担之义务（集、捐资等）均视作自愿付出，概不退还（包括佛教宗亲）。
> 二、应遵守规则：婚庆、添丁喜庆及丧事活动等使用祖宇（祠）时，属基督教标志之物件均不得进入祖宇（祠）祈祷等基督教仪式之类一律在祖宇（祠）大门外左或右边进行。
> 三、互相包容，和谐共处：参照镇区数座祖宇（祠）有关不同信仰之间所规定原则，本族宇（祠）以上规定原则不再修改。

从《杨氏（TP镇区）祖宇有关不同信仰共处原则》的条款中，可以看出，杨氏家族允许信教的族人去世后使用祖厝，但规定基督教的丧葬仪式只能在祖厝外面举行。[①] 杨氏家族在《杨氏（TP镇区）祖宇有关不同信仰共处原则》里指出，他们的这个《原则》，是在参考了J镇大多数祖厝的做法后制定的，这说明《原则》的相关规定在J镇具有普遍意义。

JB村后园角头杨氏祖厝也有类似的规定，《后园村老人会对祖厝及其他制定一些相关制度》中规定："凡是'礼拜'（基督教信仰者），十字架不得进祖厝，仪式应在外面举行，严禁在祖厝内举行"。

当然，也有一些家族中"信主的"和"信佛的"关系比较融洽，祖厝的使用也比较宽容。这些家族的"信主的"去世后，不仅可以在祖厝出殡，而且基督教的丧葬仪式也可以在祖厝内举行。

综上，可以看出，J镇民众在处理祖厝等家族公共空间的使用问题上，不同的家族有着不同的做法。其中，允许"信主的"使用祖厝，但规定基督教丧葬仪式只能在祖厝外面举行的家族占了绝对多数。而不允许信徒使用祖厝，以及允许基督教的丧葬仪式进入祖厝的家族，都只占小部分。

---

① 在"信佛的"眼中，祖厝是经过点梁安土仪式的，里面驻有神灵。因为信仰不同，如果基督教的丧葬仪式进入祖厝，会给祖厝神灵带来麻烦。

## 三 H县J镇基督教和民间信仰共处关系的分析

从前述J镇两种信仰的共处情况来看，"信佛的"和"信主的"共处关系存在多种变数：既有可能维持表面的和谐关系，也存在着矛盾和冲突。笔者以为，基督教和民间信仰的这种既混融又不失紧张的关系，是当前基督教的"全球地域化"特征造成的。身处这种关系中的基层民众，通过在宗教资本和社会资本中的理性选择行为，给乡村社会的信仰秩序的建构带来了复杂的图景。

**（一）J镇基督教的"全球地域化"特征**

首先，J镇基督教的民间信仰化趋势，表明基督教在J镇已经基本实现"地域化"。在J镇，基督教已经成为与民间信仰等同的一种信仰形态，民众在权衡和比较两种信仰形态的有效性和信仰成本后，可以根据自己的需要做出自由选择。笔者调查中发现，当一个"信佛的"家庭在遭遇病、灾等不平安、不顺利的事情，经求神拜佛、请阿姑无效后，往往会转向基督教求助。如果事情有了转机，民众就会认为耶稣的神力更大，转而信仰基督教。反过来说，如果民众在信教后，家庭中仍然不平安、不顺利，民众就会质疑基督教的有效性，从而回到"信佛的"阵营。此外，信仰成本也是民众改变信仰的诱因之一。一些民众会因为基督教的信仰成本更低而改信基督教。有趣的是，民众在邀请阿姑来解决问题时，如果效果不好，阿姑临走时往往会建议当事人改信耶稣。例如，DH村的一个家庭，父亲因为挪用了非正常死亡的兄嫂的婚床而心肝剧痛，儿子则因为肾炎而面临着失去生育能力的危险。按照传统的解决办法，他们请阿姑来驱邪治病。阿姑在一番折腾后，事情没有好转，就对他们说，你们家的事我没办法了，你们跟人信教试试吧！出于对传统信仰的失望，再加上阿姑临走前的劝告，儿子率先改信基督教。不久，父亲的病治好了，儿子也生了两个孩子。在基督教彰显出来的强大"神力"的吸引下，他们全家改信了基督教。阿姑是传统民间信仰的代言人，她们在自身能力不及的情况下，很自然地建议当事人改信耶稣看看，而当事人也很自然地接受阿姑的建议，转向基督教求助，说明基督教确实已经民间信仰化，成为民众在传统民间信仰失效时的精神替代品。

在看到基督教基本实现"地域化"的同时，我们也要注意到，基督教仍然是全球化的宗教，它的普世性格没有改变。首先，基督教是一种扩张性的独一神宗教，"信主的"在基督教的普世性格的影响下，常常会主动向"信佛的"宣传他们的宗教。而这种宣传，又是以抬高自己、贬低对方为目的的，常常造成乡土社会的紧张。其次，基督教的组织方式在乡土社会中构建出一种有别于传统的以血缘和地缘为纽带的人际关系网络。

教会人际关系网络和传统人际关系网络的并存，使得乡土社会裂变为两大阵营对垒的格局。最后，基督教的生活方式与传统民间信仰的生活方式之间也有着明显的不同。"信主的"以兄弟姐妹相称，"信佛的"遵循的则是传统的人伦关系。"信主的"以新历的星期制来安排生活，"信佛的"遵循的则是传统的农历。以上这些，显示了基督教作为全球化的宗教所具有的普世性格，这种普世性格的存在及其彰显，导致基督教与乡土社会之间始终存在着张力。

**（二）乡土社会的信仰秩序的构建**

李峰在研究乡村教会的运作机制时，使用了"宗教资本"和"社会资本"的提法。[1] 不过，他没有指明宗教资本和社会资本所指为何。出于研究的方便，笔者将宗教资本看成是民众在宗教领域的关系总和，而将社会资本看成是扣除了宗教资本之外的其他关系总和。从这一定义来看，宗教资本是某种宗教徒独具的资本，而社会资本则是不同信仰者都共同拥有的资本。笔者拟借助宗教资本和社会资本的概念，再结合斯达克的理性选择理论，对基督教与民间信仰既混融又紧张关系下的乡土社会的信仰秩序的建构过程，做出说明。

1. 实力对比构建乡土社会信仰秩序的基本轮廓

笔者认为，基督教的普世性特征造成的与乡土社会之间的紧张关系，形成了 J 镇"信主的"与"信佛的"两大阵营对垒的格局。在两大阵营的对垒中，实力决定秩序，"信主的"和"信佛的"之间的实力对比，构建了 J 镇的信仰秩序的基本轮廓。

首先，从家庭中两种信仰共处的情况来看，"出嫁随夫"的潜规则的出现，其实就是家庭中的实力对比造成的。媳妇作为外来的不同信仰者，在家庭中处于绝对弱势的地位。按照实力决定秩序的原则，媳妇作为弱势的一方，不得不在信仰上屈从于家庭中强势的一方。同时，"出嫁随夫"作为民众处理家庭中两种信仰共处问题的主流方式，也表明实力在 J 镇的信仰秩序的生成中扮演着至关重要的角色。

其次，从家族中两种信仰共处的情况来看，"信佛的"和"信主的"实力对比，也关系到家族中的信仰秩序的生成。在 J 镇，"信佛的"占了绝对多数，所以，前述 J 镇祖厝这一家族公共空间的使用方式，基本上都是由"信佛的"决定的。J 镇区杨氏宗族在《杨氏（TP 镇区）祖宇有关不同信仰共处原则》中指出，他们的这个共处原则是"经祖宇（祠）董事会讨论决定及本族基督教代表认可的"。可见，《有关不同宗教信仰共处原则》完全是"信佛的"一手炮制出来后，再强迫"信主的"接受的。"信主的"在人口上处于劣势，在家族的信仰秩序中也处于不利地位。

---

[1] 李峰：《乡村基督教的组织特征及其社会结构性位秩——华南 Y 县 X 镇基督教教会组织研究》，复旦大学出版社 2005 年版，第 327 页。

当然，如果"信主的"在实力上可以和"信佛的"相抗衡的话，他们也会积极寻求改写信仰秩序的机会。例如，TT 村黄氏中祖厝在 1993 年重建竣工后，"信佛的"规定"信主的"死后可以在祖厝出殡，但基督教的仪式不能进祖厝。但是，2010 年 1 月笔者在这里调查时，发现情况已经有了很大变化，"信主的"去世后，不仅可以在祖厝出殡，基督教的仪式也可以在祖厝里举行。为什么会有这样的变化呢？祖厝管理人解释说，有一次家族老大喝醉后，私自同意某个"信主的"可以在祖厝里举办基督教的丧葬仪式。此缺口一开，遂一发而不可收，"信主的"去世后，援引为例，就都在祖厝里举办基督教的丧葬仪式了。其实，中祖厝"信佛的"原定的秩序失去效用，不能简单地认为是家族老大酒后的过失行为造成的。近几年来，中祖厝信教的人口越来越多，占到了家族总人口的一半。信教人数的增加，导致家族中"信佛的"和"信主的"之间的力量对比出现变化。最终，实力不断增强的"信主的"改写了中祖厝原定的信仰秩序。

2. 理性选择带来乡土社会信仰秩序的复杂图景

尽管实力在 J 镇的信仰秩序的生成中扮演重要角色，但它不是唯一的决定因素。基督教与民间信仰的混融特征，使得 J 镇民众能够通过对宗教资本和社会资本的理性选择，来消解两大阵营之间的张力，J 镇的信仰秩序的建构也因此有了更为复杂的图景。

乡土社会中不同信仰者相互接触时，如果过于强调宗教资本的话，双方之间的不同点就会凸显出来，交流的效果就会大打折扣。不同信仰者在相互接触时，如果借助的是双方都共同拥有的社会资本的话，双方的交流就会进行得更为顺畅。在 J 镇，处于劣势的基督徒，常常通过对社会资本的有效利用，来达到改善自身地位的目的

在媳妇改变全家人信仰的事例中，媳妇在坚持自身的宗教信仰的同时，也努力扮演好一个妻子、儿媳、母亲的角色。媳妇巧妙地利用了夫妻关系、婆媳关系、母子关系等社会资本来改善自身在家庭中的地位。例如，AB 村家庭聚会处负责人 WB 的妻子，在 WB 的祖父面前成功地扮演了一个孝顺的孙媳妇的角色。WB 妻子的孝顺，换来了祖父的宽容，她也因此得以将自己的信仰坚持下来，并在祖父去世后改变了全家人的信仰。可见，媳妇对社会资本的合理有效的利用，不仅有利于消解两种信仰共处时的张力，而且还有可能在处于劣势的情况下，使自己的宗教资本获得进一步的增长。

在前面提到的家族中两种信仰共处时，有部分家族不仅允许"信主的"去世后可以在祖厝里出殡，同时也允许基督教的仪式进入祖厝。XC 村的邹姓和 SQ 村的陈姓即属于这种较为宽容的家族。邹姓家族有八十余户，"信主的"只有十六户，陈姓家族也有八十余户，信主的只有十几户。也就是说，"信主的"在这几个家族中都处于绝对劣势的地位。按照实力决定秩序的原则，人口处于劣势的"信主的"在家族的信仰秩序中也必须处于不利地位。但是，在上述这两个家族中，尽管"信佛的"和"信主的"实力悬殊，但双方之间的共处关系却极为和谐，"信主的"在家族的信仰秩序中处于较为平等

的地位。笔者认为，这一反常现象的出现，与这几个家族中"信主的"对社会资本的合理有效的利用之间有着密切的关系。

XC村后柄角头的邹姓祖厝在上个世纪重建时，家族中的"信主的"成员都踊跃出钱出力。祖厝重建竣工后，遵照传统习俗举行点梁进主仪式。可是，按照教义，"信主的"不能参与点梁进主仪式。所以，当重建工程的负责人向"信主的"成员收取点梁进主的丁口钱时，部分"信主的"成员有了抵触情绪。此时，一个"信主的"成员站出身来，劝告大家说：我们都是家族的一分子，家族的事我们也有份儿，交丁口钱的时候，我们就说这钱是给祖厝竣工典礼放鞭炮用的，这样就不会违反教义了！他的话得到了大家的认同，"信主的"成员全部都交了丁口钱。SQ村陈氏家族中"信主的"成员对家族事务也极为关心。该村信徒CJG介绍说：凡是涉及陈姓家族公众性的事务，我们信主的都要参与，但在涉及迷信活动，如点梁进主时，我们的原则就是只出钱，不出人。笔者认为，XC村邹姓家族和SQ村陈姓家族"信主的"成员在祖厝重建工程中出钱出力，以及在点梁进主仪式中出钱的做法，反映了处于劣势的"信主的"有意识地利用族员身份这一共同的社会资本来改善自身处境的目的。当然，"信主的"给点梁进主仪式出钱的行为，事实上违反了教义，是以牺牲宗教资本为代价的。但是，"信主的"这种行为，又是在家族中"信佛的"人口占绝对优势的情况下的一种理性选择行为。斯达克认为，"人们试图选择最有益的行动路线，……人们在宗教行为上跟其他生活领域里是同样理性的"。[①] 在给点梁进主仪式出钱的行为中，"信主的"损失了宗教资本，但是却强化了自身的家族成员的身份，并由此而增加了他们与"信佛的"所共有的社会资本。共有的社会资本的增加，有助于促成家族中不同信仰者之间的和谐共处。而和谐的共处关系的形成，反过来又为居于劣势的"信主的"创造出一个更好地维护其宗教资本的机会。XC村邹姓家族的ZDC告诉笔者，由于"信主的"成员对家族事务很热心，与"信佛的"关系很融洽，所以他们"信佛的"才同意基督教的丧葬仪式进入祖厝。由此可见，"信主的"家族成员积极利用社会资本的行为，确实是一种理性选择行为，它使得居于劣势的"信主的"能够在"信佛的"占绝对优势的情况下，改写家族的信仰秩序，使自身的宗教资本得到更好的维护。

## 四 小结

J镇基督教的迅猛发展，是在当地的民间信仰与家族势力也得到同步发展的环境中取得的。这一点，和其他学者研究的农村基督教有很大不同。其他学者笔下的基督教的

---

[①] [美] 斯达克、芬克：《信仰的法则——解释宗教之人的方面》，中国人民大学出版社2004年版，第44—45页。

迅猛发展，是建立在民间信仰与家族势力的没落给基督教的发展留出空间的基础上的。[①] J 镇的个案，提出了一幅很不相同的画面。J 镇基督教的民间信仰化特征，使得它成为民众在传统信仰失效后的精神替代品。在此意义上来说，当地民间信仰的全面复兴，反而在某种程度上促进了基督教的发展。但是，基督教的普世性格也造成了其与乡土社会之间的张力。J 镇民众在社会资本和宗教资本之间的理性选择行为，部分消解了基督教与乡土社会之间的张力，促成了双方之间的和谐共处，同时也给当地的信仰秩序的构建带来了复杂的图景。

（作者简介：范正义，历史学博士，华侨大学公共管理学院副教授。原文发表于《世界宗教文化》2011 年第 1 期）

---

[①] 参见梁家麟《改革开放以来的中国农村教会》，建道神学院 1999 年版，第 216 页。

# 义乌穆斯林宗教信仰现状研究

季芳桐[*]

义乌是浙江省金华市下属的县级市，因小商品而在全国乃至中东地区具有较高的地位，来此做生意的人群中，有3万中外穆斯林（中国占2/3，外国占1/3）。按照现有的统计数据，外国穆斯林主要来源于巴基斯坦、伊拉克、埃及，以及其他阿拉伯国家，工作主要从事商业、贸易等；中国的穆斯林绝大部分是外来的穆斯林，从事的职业一部分为阿拉伯语翻译、商人，还有部分为打工者。穆斯林来到这里，宗教活动是否能正常进行，信仰状况保持得怎样，是否发生了某些变化？带着这些疑问，笔者于2009年期间，先后两次去浙江义乌进行调研，收集了相关方面的资料。

## 一

义乌外来穆斯林[①]人数较多，其来源地按照人数多寡排序：宁夏（37%）、甘肃（7%）、青海（5.8%）、陕西（3.3%）、河南（2%），其他为安徽、云南、新疆，以及内地各省区。换言之，流动穆斯林以西北的宁甘青为主，其他省份为辅。流动穆斯林来这里靠什么为生？根据调查发现其职业主要是翻译（42%）、商人（22%）、打工者（17%），余下则是其他职业者，或者职业不固定[②]。这批人来这里的时间绝大多数为4年以上，若是义乌小商品市场能够持续下去，他们仍将居住下去。初来义乌时，首先遇到的问题是清真饮食问题。在西部以及其他穆斯林聚居区，清真饮食不存在问题，那边一直都有清真牛羊肉供应，也能按照伊斯兰教义进行宰杀、加工。现在来到江南，来到这个几乎没有穆斯林的城市（按照新中国成立初期民族统计时的数据，这里仅有2位穆斯林；按照2000年的统计，在户籍上的穆斯林也仅有195位，相对于城镇人口91.3万的义乌来讲，所占比例极小）工作，清真饮食则是面临的一个大问题。义乌原本没有清

---

[*] 本文为国家社会科学基金项目（08Bzj008）江南城市穆斯林群体宗教信仰现状研究。
① 由于义乌穆斯林几乎都是外来的，故文中不一一注明。
② 本文主要数据依据调查问卷而来。

真牛羊肉供应,也没有清真餐饮业,本地的穆斯林在饮食方面不大讲究,或者说,也无法讲究。可是对于外来的穆斯林而言,清真饮食却是一个至关重要的大问题,这不仅因为每天需要通过饮食维系生命,而是因为他们坚信:穆斯林的饮食必须遵守伊斯兰的规则或禁忌。在他们眼里,清真饮食习俗既是本民族的饮食传统,又是需要遵循或实施的宗教生活。为了解决这个难题,一部分穆斯林以此为契机,开设了各类清真店:有拉面的、有兼营炒菜的、有专营肉食供应的,还有清真超市等。经过穆斯林自身的不懈努力,这里的情况发生了较大变化,目前义乌市区(即原来的稠江镇)清真餐饮店已经接近百家,拉面店亦有150家左右,加上清真牛羊肉供应点、清真食品店等,共计300余家从事清真饮食业。那么,经过几年的努力,穆斯林的清真饮食是否真的方便?

**清真饮食是否方便** （单位:次,%）

|  | 频数 | 百分比 | 有效百分比 | 累计百分比 |
| --- | --- | --- | --- | --- |
| 无效 | 3 | 0.7 | 0.7 | 0.7 |
| 方便 | 310 | 69.8 | 69.8 | 70.5 |
| 不太方便 | 111 | 25.0 | 25.0 | 95.5 |
| 说不清 | 20 | 4.5 | 4.5 | 100.0 |
| 总计 | 444 | 100.0 | 100.0 |  |

调查问卷显示:有70%穆斯林认为清真饮食是方便的,可见,这里的清真饮食基本能够满足穆斯林生活需要。可是,尚有25%的穆斯林认为不方便。为什么?经过访谈调研发现,这部分人大致出于下列几种情况:其一,觉得自己饮食是方便的,可是儿童饮食却不方便。尤其是幼儿园,每天都要发点心之类的东西,小孩自制力差都会想吃,可发放的食品多数不清真。此外,中午吃饭,普通学校是不会为穆斯林专门准备清真饮食,若是中午没人送饭小孩将面临饿肚子的境况。为此,义乌大寺的马春贞阿訇等3位政协委员曾提出议案,要求教育局解决穆斯林入托、饮食之类的问题。或者,请求相关部门允许穆斯林自己办托儿所,这样可以一劳永逸地解决上述各种问题。但是,按照相关规定,办托儿所不仅仅涉及饮食,而且涉及教学环境、教师资格、场地等方方面面,由于暂时无法达到办学的种种要求故办托儿所之事被搁置了。要求学校解决清真饮食问题,应该是一个不错的提议,然又缺乏实施条件。这里穆斯林儿童多而分散,就一个学校而论,来此就读的人不多,需要清真外卖的更少(有条件的多由家人送饭,外卖价格也高)。如此一来,由学校集中解决中午吃饭亦有困难。其二,这里的穆斯林工作种类不同,离开市区办事就难以解决清真饮食问题。往往中午这顿饭不吃,而早餐则多加

点。正由于尚有这样一些问题没有解决，故有部分人认为饮食还是不方便。

作为一位非穆斯林或许会问，饮食禁忌能否放松一点，尤其是儿童中午在校吃饭能否通融？课题组也曾问过西北的穆斯林，而得到的回答无一例外：不行。他们认为伊斯兰的宗教信仰是从清真饮食开始的，或者说，清真饮食是伊斯兰信仰的一个组成部分。不能坚持清真的生活，就不是一位真正穆斯林，并引穆圣话说："一口不洁，废四十日功。"作为一位穆斯林怎么会因饮食不洁而荒废宗教功修?！显然，这是不可能的。在这批文化层次普遍较高的穆斯林人群中，遵守、坚守清真饮食规则不是盲目地跟风，而是自觉的、自愿的行为。从学理上看，这些人的遵循与坚守是有宗教根据的，无论《古兰经》，还是《布哈里圣训全集》，都有大量的篇幅涉及饮食规则或禁忌，这类规则或禁忌自然成为伊斯兰教教义一部分。在实践层面上，此类教义也化为中国穆斯林的饮食传统，即清真饮食习俗。所以，清真饮食是带有宗教性的，是穆斯林宗教生活的一个重要组成部分。虽然，是否遵循清真饮食不是衡量宗教虔诚度的唯一标准，可毕竟是一个重要标准。课题组了解到，来义乌生活以后，也有部分穆斯林（约占义乌穆斯林人群的10%左右）不能坚守清真饮食规则。他们往往是遇到清真饮食店就吃清真，没有清真饮食店则在一般饮食店里用餐。

## 二

教派、门宦在西部较为盛行，那里的穆斯林大多是某一教派或门宦中人。在义乌，这些西北教派门宦是否仍进行活动？为此进行了调查：

**属于哪个教派** （单位：次,%）

|  | 频数 | 百分比 | 有效百分比 | 累计百分比 |
| --- | --- | --- | --- | --- |
| 无效 | 86 | 20.0 | 20.0 | 20.0 |
| 格底林耶 | 19 | 4.4 | 4.4 | 24.4 |
| 哲合林耶 | 23 | 5.3 | 5.3 | 29.8 |
| 虎非耶 | 33 | 7.7 | 7.7 | 37.4 |
| 格底目 | 35 | 8.1 | 8.1 | 45.6 |
| 伊合瓦尼 | 150 | 34.9 | 34.9 | 80.5 |
| 其他 | 83 | 19.3 | 19.3 | 99.8 |
| 误差 | 1 | 0.2 | 0.2 | 100.0 |
| 总计 | 430 | 100.0 | 100.0 |  |

从上表可知，来义乌的穆斯林多有教派、门宦，人数最多的是伊合瓦尼，约占35%，其次是格底木，占8.1%左右，以后排序：虎夫耶（7.7%）、哲合忍耶（5.3%）、格底林耶（4.4%）。其他非教派的，约占19.3%。从访谈获悉，来这里的西北三省的穆斯林，有教派或门宦背景的居多，其他地区的较少，这与中国教派门宦分布基本一致。不过，这群人来到义乌以后，是否也将这些教派、门宦带了过来吗？或者说，这群人还以原籍的教派为中心进行宗教活动吗？为此，笔者走访了大寺的阿訇、寺管会的主任、副主任，又走访了义乌11个临时聚会点，获得的信息是清楚的：教派门宦在义乌的活动几乎没有。课题组在这里访谈了许多人，下面一段对话较为典型：

问（笔者）：西北有教派、门宦之别，这里有吗？

答（一位韩姓的西安穆斯林，来这里从事翻译工作已近10年）：没有。起码，我没听到。我来自西安城里，那里没有门宦，教派似乎也是过去的事了。来这里后，遇到一些宁夏、甘肃的穆斯林，他们在老家是有教派门宦的，只是到了这里后，大家渐渐忘记了。因为，一、没有老人家，也没人想当老人家；二、同一教派的人很少，聚不到一起，就是能够聚到一起也没什么本门独特的功修等要说的；三、没有门宦存在环境，大家都是知识人，对于宗教生活方面的、礼仪方面的分歧等看得很淡，觉得没什么可争论的。你看大寺在主麻时，中外穆斯林怎么拜的都有，没有人计较这些，拜过了就赶快去做生意，从伊斯兰教"故乡"来的阿拉伯商人都是这样，我们还有必要计较一些细微的差异吗？来这里就是谋生活，找市场，不是来讨论本门派的教义、功修什么的。我们这里的功修就是五功，除此之外，没有其他功修方法。西北流行的苏非，这里很少见到有人修，因为做苏非的功修需要时间，需要经济基础。来这里的人最缺的就是时间，天天忙碌哪有专门的时间练习这些。

笔者曾经求证于其他地区的穆斯林，询问他们是否因发生过争执，以及解决的方法和途径等。一般而论，在争执、冲突中，最易发现教派门宦活动的痕迹。义乌伊斯兰教管委会副主任，李经理告诉我们："义乌这里是商业较为发达的地区，外来穆斯林之间常因生意问题出现纠纷。例如，一位甘肃穆斯林在前面开了家拉面馆，青海人也要在这条街上开一家，甘肃的这位就是不同意，还去威胁。因为两家都是穆斯林，事情是由我出面处理。我认为这里开两家点彼此之间虽然会发生竞争，可是没有法律规定你开拉面馆，别人就不能开。如此一来，别人开也是合法的，没有理由禁止他人做生意。可是，甘肃的这位就是不答应，并同意赔偿损失，让别人迁走。青海的穆斯林一看这种情况也同意迁走，免得以后再发生矛盾。就这样双方只是在赔偿费用问题上协商好后，问题就解决了。其实，大家来这里是找生活的，不是来找矛盾的，一般问题是能够协调解决的。像这样冲突的事件还有不少,大多都是经济纠纷引起的,是一般的民事事件,个别的发展为刑事案件。可是,这些事件与穆斯林的宗教生活、宗教礼仪、宗教信仰无关。在这里因民族、宗教而引发的事件一件也没听说,更没遇到。"至此,我们有理由认为,在义乌教派门宦没有活动迹象,起码没有明显活动迹象。问题是为何在西部较为盛行的教派门宦在义乌却销声匿迹?经过分析发现:

首先,这里没有形成教派门宦的组织体系和环境。换言之,这里没有形成组织的条件与社区环境。一般而论,西部的教派门宦,是由教主(老人家)、阿訇、教民,三者构成一个教阶结构。在此结构中,阿訇地位比较特殊,是联系教主与教民的纽带,而阿訇的去留是由教主或总寺的阿訇决定的,故他们的言行多对教主或总寺负责。从纵向看如此,从横向看,西北农村的回坊或穆斯林社区为教派存在、发展提供了一个有利的环境,因为,穆斯林社区容易形成一种风气或一种约束机制。义乌包括所有江南地区既无上述教阶结构,也没有穆斯林社区(曾经有的在城市化改造中已经被拆迁)。这里的阿訇由政府和伊协指派,阿訇上对政府、伊协负责,下对穆斯林负责。政府不希望阿訇进行教派门宦活动;而穆斯林又都是独立的个体,在不同单位工作,住在不同的地区(社区),有自己独立的活动圈子(比如亲属、同学、同事、生意上的伙伴等),不大关注寺里的事情。从纵横两个方面看,这里都没有教派门宦存在条件。外来穆斯林一当融入这个环境中,便与原籍的清真寺、回坊处于一种"相对"脱离状态,即慢慢地游离于原籍的教阶结构、回坊之外。如此一来,自然难以形成教派门宦的互动。

其次,义乌是一个商品经济极为发达的地区,外来穆斯林在这里打拼都是为了经济的获益,久而久之,人的观念也不自然地发生变化。"时间就是效率"、"时间就是金钱"的观念,渐渐为穆斯林所认同。笔者曾经去过一个青海人的临时聚会点,笔者注意到大家是围成一圈席地而坐,领我进门的阿訇是坐在较远的靠门很近的地方,而居中心坐的几位似乎都是有一定地位的中年人。散会后,在一起交换名片时发现,处于圆圈中心的那几位都是某某公司的总经理,某某公司的董事长。这本是一个宗教聚会,并非公司的招待会,来的人原籍都是青海的,工作则各行各业都有,而中心的人物是成功的商人,如总经理、董事长之类的。可见,在这里,人们认同的中心人物已经发生了变化,已经不再是阿訇,而是成功的商人。课题组在南京调研时,也曾发现类似的情况:在南京开拉面的临夏河州人较多。其中有位拉面店的河州人因生意纠纷与青海化隆人发生矛盾,起因是在不到500米的地方又开了家拉面店。河州的这位老板觉得这样会妨碍自己的生意,彼此争斗起来,几乎发展为肢体冲突。可是,也无济于事。为了根本解决问题,河州人请出了同乡,一位河州大老板出面,化解了矛盾。大老板给了那位化隆人一些赔偿,让他走人。需要指出,这位最后出场的河州老板,并不是教派门宦的老人家,也非是原籍的阿訇,只是一位同乡,因为来南京时间较长,有一定的经济实力,又热心公益事业，故在河州人圈里威望高，遇到问题大家都找他。总之，两地的情况都显示出，外来穆斯林来到南方以后，关注的焦点是经济，而认同的对象，或者说，民间英雄是那些教门好、生意成功的商人（同乡）。外来的穆斯林来义乌或南方以后，或许外在的宗教环境和内在思想观念都发生了变化，故而看淡了教派门宦以及教派的活动，纵然有人热衷这些活动，而和者较寡，以至于一般人并不感到教派门宦的存在①。

## 三

"念"、"礼"、"斋"、"课"、"朝"五功，是穆斯林的一个基本功修，也是一项基本的宗教仪规。义乌的外来穆斯林在繁忙工作之余或之间，能否保持这一宗教功修，是衡量穆斯林虔诚度的一个重要尺度，亦是评价他们信仰状况的一个重要依据。来义乌后笔者发现，这里主麻礼拜的穆斯林非常多，约有六七千人左右，这一数字占义乌穆斯林总数的30%～40%。这个比例远高于江南地区其他城市，比如上海外来穆斯林约有16万人上下，主麻来礼拜的3000人左右②，占外来穆斯林总人数的2%。南京情况大致相同：南京外来穆斯林人数大约300万左右，主麻来清真寺的大约400人（已减除本地穆斯林人数），也占其总人数的1%～1.3%。其余，杭州、苏州、无锡等地的情况也大致如此。为何义乌穆斯林参加聚礼的人数远高于其他地区？

笔者经过分析认为，义乌地方较小，是一个县级市，空间范围也仅仅是一个扩大的稠江镇，在这样狭小的范围内，聚集了3万多（相当于南京流动穆斯林的总数）中外穆斯林，因此易于形成较为浓烈的宗教氛围，也易于彼此之间的互动。而其他城市的空间范围相对义乌要大得多，纵然有相近的人数，但也难以形成这样的氛围和互动。其次，义乌穆斯林的文化层次比较高，其中不乏国内外的大学毕业生，而从事的职业多为翻译、商人（这两类人职业的人占穆斯林总人数的一半以上）。文化层次高，宗教信仰易于处于自觉地状态。江南其他城市的穆斯林多为打工者：或是拉面店的伙计，或是企业的工人等；其中绝大多数是小学毕业生，故信仰的自觉程度不及前者。再者，义乌清真寺交通便利也是一个因素。不过，相对于上述那两个原因，这一因素较为次要。

主麻之外，尚有每天的五番拜。五番拜情况如何？根据调查发现，在义乌这里除了大寺之外，还有11个临时聚会点（礼拜点）。这些聚会地点的面积大致100平方上下（大部分是一套单元房），租金除五爱、宗塘、端头、樊村这四个聚会点由大寺补贴外，

---

① 在调查的量表中，约有1.4%的人认为尚有一些教派门宦在活动。其余大部分或是不清楚，或是认为没有活动。

② 根据以往的数据分析，在江南地区，来清真寺聚礼的本地穆斯林与外地穆斯林比例为大致为30%：70%。

其他各点均为居住在周围的穆斯林支付。这些聚会点（除五爱新村礼拜点外①）供大家做五番拜用。礼拜的人群主要是住在附近，或在附近工作的穆斯林。一般来讲，小的公司、清真餐饮店大部分没有礼拜的场所，一些在汉族人开办的公司里也是一样。故而在这里供职的穆斯林每天的礼拜就选择这些临时聚会点。笔者采访了一处礼拜点，即红楼宾馆。这里由一位来自东北的阿訇具体负责。据他介绍：每次礼拜大约八九十人，信众国内外皆有，国外的主要是住在这旅馆里的巴基斯坦人，国内的主要为居住在附近的西北穆斯林。这位阿訇只是一个领拜的人，在主麻时，还得去大寺协助进行聚礼活动。笔者问道：义乌有11个临时聚会点，是否都有阿訇？答曰："不一定，有的只是一个场所，时间到了就来拜一下。阿訇出身的人来这里做生意的很多，大家聚齐了，出来领拜一下也是常事。而且，阿訇也需要收入，这么多的礼拜点都有专职阿訇谁付工资？"这位阿訇还告诉笔者，除五番拜之外，他还处理一些日常事务，比如穆斯林家里生小孩、举行婚礼等，都得去协助。如此等等，事情也不少，其工资是大寺支付。义乌除了大寺、临时聚会点之外，是否还有其他礼拜的地方？就此进行了调查：

**在哪里做礼拜** （单位：次,%）

| | 频数 | 百分比 | 有效百分比 | 累计百分比 |
| --- | --- | --- | --- | --- |
| 无效 | 22 | 5.1 | 5.1 | 5.1 |
| 清真寺 | 254 | 59.1 | 59.1 | 64.2 |
| 在打工地方 | 59 | 6.7 | 6.7 | 70.9 |
| 在家里 | 125 | 29.1 | 29.1 | 100.0 |
| 总计 | 430 | 100.0 | 100.0 | |

从上表可知，尚有部分人在家里或公司里进行礼拜。笔者曾去过一家公司，实际上是一个单元的住房，里面是三室一厅，除了办公地方占二间之外，还有一间作为礼拜的地方。卫生间就是水房。据公司经理说，公司员工每天的五番拜在这里进行。周五的主麻，工作走不开的人，也在这里礼拜。从上述可知，义乌的礼拜点已经形成了大寺、临时聚会点、公司（家庭）这样一种格局：主麻时去大寺，每天的五番拜在聚会点或公司（家庭）。这样分布的状况，就充分保证了或满足了广大穆斯林宗教活动的需要。需要指

---

① 五爱新村礼拜点，实际是宁夏吴忠政府的一个服务窗口，叫五爱"阿语翻译活动中心"（有专人负责），有时接待毕业后新来义乌没有找到工作的学生，并对他们进行贸易货代相关业务知识的培训。大家平时可随时来参加礼拜，还可以相互交流工作经验，提供招工等大量商业信息，也为一些刚到义乌没有工作、有困难的兄弟提供暂时的住宿。

出的是，义乌礼拜场所的分布格局，都是穆斯林自己努力的结果，都是他们在宗教生活中逐渐完善起来的，政府只起着辅助、配合作用①。以此可见，他们对于宗教的自觉程度。除去礼拜之外，其他功修如何？下表一一进行了统计：从统计的数据看，90%的穆斯林是封斋的，87%的人封斋时间为一个月。于此可见，这一功修是能够坚持的。

是否封斋 （单位：次，%）

|  | 频数 | 百分比 | 有效百分比 | 累计百分比 |
| --- | --- | --- | --- | --- |
| 无效 | 2 | 0.5 | 0.5 | 0.5 |
| 是 | 382 | 88.8 | 88.8 | 89.3 |
| 否 | 46 | 10.7 | 10.7 | 100.0 |
| 总计 | 430 | 100.0 | 100.0 |  |

封斋时间 （单位：次，%）

|  | 频数 | 百分比 | 有效百分比 | 累计百分比 |
| --- | --- | --- | --- | --- |
| 无效 | 3 | 0.7 | 0.7 | 0.7 |
| 一个月 | 374 | 87.0 | 87.0 | 87.7 |
| 半个月 | 5 | 1.2 | 1.2 | 88.8 |
| 不确定 | 48 | 11.2 | 11.2 | 100.0 |
| 总计 | 430 | 100.0 | 100.0 |  |

交天课情况 （单位：次，%）

|  | 频数 | 百分比 | 有效百分比 | 累计百分比 |
| --- | --- | --- | --- | --- |
| 无效 | 51 | 11.9 | 11.9 | 11.9 |
| 在本地交纳 | 61 | 14.2 | 14.2 | 26.0 |
| 交纳给老家 | 177 | 41.2 | 41.2 | 67.2 |
| 两边都交 | 141 | 32.8 | 32.8 | 100.0 |
| 总计 | 430 | 100.0 | 100.0 |  |

义乌缴纳天课的人虽然比较多，然外来穆斯林把天课缴纳给老家的比例较大，约占

---

① 当然，义乌大寺还是政府投资80万元，利用原来的场地改造而成的。

41%，两边都交的占 33%，只缴纳给本地清真寺的占 14.2%。这些数据表明，就外来穆斯林而言，原籍（老家）还是有很大吸引力，但现在的居住地，也获得一定程度上的认可，觉得两边的穷人都要帮助。当然，经济的宽裕也是一个重要条件，不然，囊中羞涩，哪有能力去帮助两边的穆斯林。在访谈中，有位来自宁夏固原的穆斯林商人向笔者介绍：每年都要寄上二三万元回去，请父母帮助村里的穷人。父母一直生活在那里，哪家真贫穷，哪家急需帮助，他们都清楚，由他们去做自然更放心。当然，我也捐一些钱给义乌清真寺。据寺管会同志介绍，像宁夏这位教门好生意又成功的商人，在义乌还有不少，大家不仅缴纳天课，而且在国家人民受到灾难时，也积极出来支援。比如四川汶川地震时，这里的穆斯林捐款近 4 万元[1]，其中不少人除了捐款，还捐了一些衣物、食品等。总之，他们在这里，一如《古兰经》所要求的那样："信道，且行善。"

## 结　　语

宗教信仰本来仅仅涉及内在的精神或心灵，现在用调查统计的数据使之科学化、客观化，确实存在一定困难。当然，也并非不可能，本文就是一个尝试。笔者试图通过社会学的调查统计以及访谈等方法，客观地分析出义乌穆斯林信仰的真实状况。从上文相关数据以及访谈材料可以获知：义乌穆斯林在宗教饮食、宗教功修等方面，基本保持了原来的状况，甚至做得比在原籍更努力、更自觉；只是在教派门宦方面的意识淡化了许多，而认同的对象已经发生了变化，目前认同的对象主要是经济成功又能坚持宗教功修的穆斯林商人。换言之，义乌穆斯林宗教信仰并没有因忙于经济活动而弱化，也没有因清真饮食不便而不坚守；自然信仰也非一成不变，教门门宦意识的淡化，认同对象的变化，就是一种变化。只是这种变化发生得较为自然，较为缓慢，以至往往不被人们所觉察。义乌穆斯林的信仰以及变化的现状，给人们带来了几点启示：其一，伊斯兰教文化与现代化是能够互相适应的。从根本上看，文化是以人为载体的，若是一种文化的载体如穆斯林一旦到了新的、现代化的环境中，信仰就变得弱化，变得趋于消亡，这类文化能否适应现代化便成为疑问。义乌穆斯林的情况恰恰相反，他们所从事的职业多为现代的商业、海运业，但信仰不仅能够保持而且变得更加虔诚。这就足以证明，穆斯林能够适应现代化生活，而伊斯兰教也能够适应现代化的发展。其二，义乌穆斯林信仰的某些变化，比如教派门宦意识的淡化、认同对象的变化，与市场经济的发达，可能互为因果。然不论怎样都是有利或有益的，即它既有利于穆斯林内部的团结，有利于多元的价值取向形成，也有益于义乌经济、社会的和谐发展。其三，义乌穆

---

[1] 根据义乌所穆斯林所提供的汇款单，捐款金额是 39675 元。

斯林的宗教信仰的保持与发展是自然、自发的，并无政府的"外力"的作用。具体来看，这批人来义乌以后，原居住地的政府没法进行引导，而义乌的各级政府机构也没有进行过干预，政府基本是"无为而治"。相对于胡乱治理，"无为而治"有可取的一面；相对于积极的、负责的管理，则又显得消极，不作为。故政府的"适中"管理最为重要。上述义乌穆斯林的宗教信仰现状以及启示，对于我们探讨外来穆斯林较多的其他江南城市乃至其他地区都有一定的参考价值，对于政府在民族宗教方面的管理经验或教训也有较为重要的借鉴意义。

（作者简介：季芳桐，南京理工大学人文学院教授。原文发表于《世界宗教文化》2011年第4期）

# 2011年中国宗教慈善报告

## ——从爱的奉献到"玻璃口袋"

### 郑筱筠

"一个字一年,记忆一种命运",这是腾讯网和《南方人物周刊》联合主办的"2011中国年度汉字全民公决"活动。在这个活动中,经过网民们的推荐和投票,"善"字高票位居第一,"成为中国2011年命运的一种记忆"。[1] 这是令人欣慰的一个字,因为它不仅仅标志着人们对"善"这个字的认可,更表明了人们对"善"这个字所代表的社会行为和社会价值观念的认可,同时这也表达出一种共同的社会价值取向:人们对"善"的文化体系的回归和向往,社会需要"善",而"善"的社会行为正在覆盖社会各个层面。当然,"善"的含义有很多,但直接与社会公众行为联系密切的莫过于慈善活动及慈善价值观。应该说,近几年来社会各界广泛开展的中国公益慈善活动所产生的巨大的社会影响力是"善"字当选的重要原因。而中国宗教慈善活动作为公益慈善活动的"老资格"成员,在其中也起到了一定的助推作用。因此,回顾和评价中国宗教慈善现状对于我们理解中国慈善公益活动、研究中国宗教格局的现状及其发展趋势具有重要的意义。

盘点2011年,"公益慈善"成为社会各界持续关注的热点话题,它更是在网络媒体中不断蹿红的一个非常醒目的关键词。但仔细回顾2011年的中国慈善事业发展状况,可以说2011年是最好的一年,也是最坏的一年。中国慈善公益事业在这一年一波三折,有波峰浪谷,曾经行到水穷处,却又峰回路转,柳暗花明。这是一个历史的发展契机,公益慈善行业被前所未有地推向舆论前台,令社会公众的目光聚焦,同时也使政府、慈善组织机构以及社会各界开始反思中国慈善公益事业发展"热"与"冷"现象。值得注意的是,与此慈善事业整体上忽冷忽热的现象不同,中国宗教慈善事业近年来可谓是异军突起,一直处于持续走高的"牛市",表现出迅猛的发展势头和潜力。

---

[1] http://news.qq.com/zt2011/nianduhanzi/index.htm.

## 一 在慈善捐款数目方面,创中国宗教慈善排行榜之最

如果我们对中国宗教慈善捐款数目进行回顾的话,那么中国宗教慈善排行榜无疑是完全可以成立的,因为在2011年它创下了几个历史的新高,从而谱写了中国宗教慈善排行榜之最。

位居2011年中国宗教慈善排行榜之首的是曹德旺先生。他在中国慈善排行榜中,以2010年个人捐款逾10亿元的突出表现名列榜首,获2011年度"中国首善"称号,从而也成为"中国宗教慈善排行榜"的首善。曹德旺先生是位虔诚的佛教徒,其家族三代信佛,长期以来乐善好施。据统计,从1983年第一次捐款至今,曹德旺累计个人捐款已达50亿元,其中现金捐款达18亿元。人们印象中,曹德旺只要出手必是大手笔。2010年,曹德旺一年的捐款总额逾10亿元,其中包括玉树地震捐款1亿元、西南旱灾捐款2亿元、为福州市图书馆建设捐资4亿元等。

位居2011年中国宗教慈善排行榜第二的是大连万达集团董事长王健林,其个人捐赠善款10亿元,用于寺院重建工程。早在2010年11月8日,南京市市政府在紫金山庄召开新闻发布会,省委常委、南京市委书记朱善璐宣布大连万达集团董事长王健林捐赠10亿元人民币支持南京大报恩寺重建工程,从而成为中国宗教慈善史上迄今为止最大数额的单笔个人捐赠记录。与此同时,王健林与中华慈善总会签订了捐赠协议,此事引起社会广泛关注。2011年1月10日,中华慈善总会透露,"大连万达集团董事长王健林先前承诺的10亿元捐款已于2010年12月22日全部到达中华慈善总会账户。中华慈善总会根据公益事业捐赠法规定,及时出具了合法、有效的收据,将受赠财产登记造册,妥善保管。"[1]

位居中国宗教慈善排行榜第三的是浙江省普陀山佛教协会。2011年2月16日上午,浙江省普陀山佛教协会向舟山市人民政府捐款4.5亿元,用于朱家尖大桥建设工程。据悉,此次捐款是普陀山佛教协会有史以来最大的一笔公益事业捐款,也创下了迄今为止我国宗教界单笔捐款最高记录。[2]

这几笔捐款具有重要的意义,其对于中国宗教慈善事业发展的推动远远超越了其数量本身。首先,曹氏家族的企业在社会上的影响力较大,他们一家三代将自己的财富捐赠给社会,这一行动本身在社会上会产生积极的"慈善名人效应",会吸引更多的企业家和民众积极参与到社会慈善活动中;其次,万达集团董事长王健林捐款给佛教重建工

---

[1] 参见《王健林捐款10亿元承诺兑现,负责人称将加强监管》,腾讯公益网 gongyi.qq.com/a/20110111/000037.htm 2011-1-11—百度快照。
[2] 《普陀山佛协捐4.5亿建朱家尖大桥 创宗教界捐款最高记录》,2011年2月17日《舟山日报》。

程属于个人捐赠行为,其中以中华慈善总会为中介来有效帮助自己实现慈善意愿的方式却是值得肯定的,它说明中国宗教慈善活动开始与现代化的慈善平台接轨,开始步入专业化、现代化的慈善时代。而浙江省普陀山佛教协会的慈善行为向社会表明宗教界不再是被动地等待捐款,而是有所作为,造福社会,这在社会上产生的反响是非常大的,它会大大提升宗教的慈善资本。

## 二 在慈善资本方面,中国宗教慈善资本增长迅速,表明宗教界正在积极动员自己的社会资本进行社会慈善公益活动

笔者曾经提出:"宗教的社会资本更多的是强调宗教组织之间、组织与社会、社会与个体、个体与群体、个体之间的关系。从另一角度来看,中国宗教,如民间信仰具有鲜明的宗族性特征,以地缘和宗亲关系为纽带,具有强大的社会动员能力和整合社会资源的能力,因此,就此意义而言,中国宗教的社会资本资源是非常丰富的。"[1] 在此基础上,结合宗教慈善活动的实际,笔者拟提出"宗教的慈善资本"[2] 范畴来特指宗教社会资本中专门进行慈善公益活动的那一部分资本,它属于宗教的社会资本这一集合下面的一个子集。笔者认为,正因为宗教社会资本具有强大的动员社会资源的动力,因此其慈善资本也具有很强的能量,并在进行社会慈善公益活动中释放出来。这可以通过宗教界的慈善捐款数量略窥一斑。

综观整个中国宗教慈善公益活动,自20世纪80年代开始,整个宗教界都在积极从事社会慈善事业,近年来尤盛,其慈善资本增长迅速。捐款总数虽然难以统计,但仅仅以部分捐款数目为例也可以看出宗教慈善资本正在逐步扩大,无论是参与的组织、人员,还是捐款数量都呈现上升趋势。

中国各大宗教均积极参与到慈善活动中,因此,慈善活动空间分布较广,基本覆盖中国宗教分布区域。例如,2008年"5·12"汶川大地震发生之后,据不完全统计,2008年"5月13日,中国伊斯兰教协会组织开展捐款活动。协会集体捐款5万元,职工个人捐款10550元。并向全国各省(区、市)伊协发出倡议,号召积极捐款捐物,帮助灾区人民重建家园。截至5月15日,中国道教协会已组织募捐善款1500万元和价值近百万元的物品、药品,香港道教界捐款750万元港币,澳门道教界捐款46.3万元澳币,台湾道教界捐款2200万元新台币。香港恒基集团董事局主席李兆基捐款1.17亿港币。

---

[1] 郑筱筠:《对话宗教与社会资本》(Weller、Madsen、范丽珠、陈纳、郑筱筠合作),《世界宗教文化》2011年第5期。

[2] 关于"宗教的慈善资本"概念、范畴及其特征,笔者另有专文深度论述,在此不再赘述。

据不完全统计，截至 5 月 29 日，大陆佛教界已向灾区捐款 1.45 亿元，29 日上午，两岸四地佛教界（包括台湾佛光山、法鼓山、慈济基金会等佛教社团派赴地震灾区一线的救援队、医疗队）在新都宝光寺举行大法会，现场募集善款 2600 多万元。基督教'两会'及信徒向汶川大地震灾区捐款共 1.17 亿元，并捐献大量物资。据不完全统计，截至 6 月 11 日，全国天主教界捐款捐物合计约 3200 万元。中国天主教'一会一团'包括中国天主教神哲学院，捐款 9.5 万多元"。① 汶川地震牵动了全国人民的心，更牵动了宗教界的心，仅仅从上述捐款来源就可以看出，全国各地的宗教界都在积极开展慈善公益活动。此后，中国宗教慈善公益活动快速发展，这都充分说明中国宗教慈善资本在协调强调宗教组织之间、组织与社会、社会与个体、个体与群体、个体之间的关系方面都发挥出了积极作用。

2008 年裴勇、胡绍皆、张弩曾经在《我国宗教界参与社会公益慈善事业的考察与分析》一文中指出，20 多年来，我国宗教界发扬服务社会、行善济世的优良传统，在扶贫济困、帮学助残、救难赈灾等方面做了不少事情，取得了很大成绩，受到了社会各界的广泛好评。总体来讲，发展速度快是其中的一个特点："2005 年组织海峡两岸佛教界人士在北京灵光寺举行'海峡两岸百寺千僧、捐款千万救苦救难'消灾祈福万人大法会，短时期内，迅速募集 1200 多万元善款，援助印度洋海啸灾区，在海内外产生了较大影响。今年年初我国南方部分地区遭受严重冰冻雨雪灾害时，宗教界再次积极行动，仅佛教和道教就向贵州灾区捐款 370 万元。2008 年汶川大地震后，宗教界纷纷献出爱心，伸出援助之手，据不完全统计，截至 5 月底，全国宗教界共向四川灾区捐款、捐物折合人民币 4 亿多元，其中佛教界约 2 亿元，道教界约 4000 万元，伊斯兰教界约 2400 万元，天主教界近 1 亿元，基督教界约 1.2 亿元。"② 这一系列的慈善捐款数据表明，中国宗教慈善资本在灾难面前，全都充分发挥出其积极的社会作用，无论是南方还是北方宗教界，全部都行动起来，积极参与社会慈善活动。

如果根据各地不完全的统计数据，也可以明显看出中国宗教慈善事业在飞速发展，宗教慈善资本大幅提升。例如在 2009 年广东省佛教界慈善捐赠超过 2 亿元。在广东省到 2011 年 6 月为止，近 10 年来，仅广州市民族宗教界扶贫济困赈灾等公益捐款已达 3000 万元。在 2011 年 6 月 8 日在广州大厦举行"广东扶贫济困日暨广州慈善日活动"的捐款仪式中，累计接受广州民族宗教界捐款 132.5 万元，主要用于广州市扶贫开发的"双到"工作。③ 此外，河北天主教进德慈善基金会在 2010 年仍然将赈灾工作看作是进德公

---

① 《海内外宗教界援助 5·12 汶川大地震灾区纪实》，《中国宗教》2008 年第 6 期。
② 裴勇、胡绍皆、张弩：《我国宗教界参与社会公益慈善事业的考察与分析》，资料来源：凤凰网华人佛教，2008 年 11 月 24 日 16：04。
③ 夏令：《民族宗教界十年捐三千万》，《信息时报》2011 年 6 月 8 日。

益的工作重点。除了在四川继续进行灾后重建工作,还有玉树赈灾、南方洪灾等工作。为此,2010年共支出赈灾款项826万元。我们姑且不去论述2011年浙江省普陀山佛教协会一次性捐赠4.5亿元用于修建大桥这一经济发达地区的慈善资本价值,我们只需看到,即便是在我国经济欠发达的西南地区,如贵州省佛教协会也在会长心照法师的带领下,组织全省佛教界弘扬慈悲济世精神,积极投身各项社会公益慈善事业,仅仅2011年全年捐款共计163.3万元。贵州省道教协会也在会长张崇新的带领下,组织全省道教界不断创新思维,开辟途径,仅2011年全年引资捐款共计140万元。[①] 上海玉佛寺从1984年至1995年,在社会慈善公益事业方面累计捐款达2700多万元。厦门南普陀寺慈善事业基金会,从1994年到2004年,先后发放各类善款2700多万元。1994年,中国大陆第一家佛教慈善机构——厦门市南普陀寺慈善事业基金会在妙湛老和尚的倡导下,经海内外各界促成,得以正式成立。慈善事业基金会脚踏实地在慈善、医疗、弘法等方面做了大量实事,在社会上产生了广泛的影响。由于篇幅有限,我们难以一一列举宗教界慈善公益组织进行慈善公益的活动,但这些逐年不断上涨的捐赠数目用事实向人们表明,中国宗教慈善资本正在积极服务于社会,造福于社会。

## 三 中国宗教慈善地图清晰而有效地凸显中国宗教慈善活动的空间分布及其活跃程度

虽然中国各大宗教都十分积极地参与慈善活动,在很短的时间内积聚起巨大的宗教慈善资本,且具有空间分布较广(基本覆盖中国宗教分布区域)的特点,但由于宗教慈善资本在中国宗教界分布不均,各个区域进行慈善活动的空间分布和活跃程度也各不相同(相比而言,发达地区比欠发达地区更为活跃),为了直观地反映宗教慈善公益的组织与活动的空间分布特点及其活跃程度,有越来越多的"慈善地图"问世。

南京地区是当代中国宗教慈善事业起步较早的区域,也是中国宗教慈善资本比较活跃的地区。在这一领域,由中国基督教"两会"发起成立的爱德基金会。截至2010年10月,自1985年到2010年,基金会成立25周年,共募集捐赠15亿元人民币,项目用于中国31个省、市、自治区200多个县区的医疗卫生、艾滋病防治、社会福利、农村发展、教育国际交流等,为上千万群众提供了服务。[②] 爱德基金会项目在全国的分布图详见下图:

---

① www.mzb.com.cn/html/report/273481-1.htm 2012-2-1-百度快照。
② 《爱德基金会成立25周年 累计募集捐赠15亿元》,2010-11-07 17:15:00,资料来源:中国新闻网(北京)。

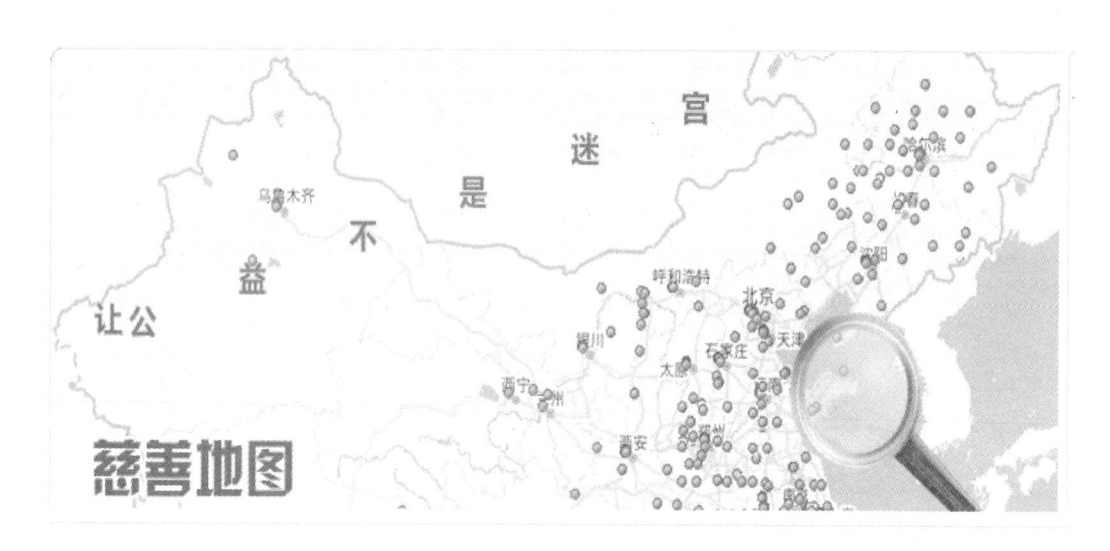

**图 1　爱德基金会项目分布图**

（资料来源：爱德基金会网站）

**图 2　爱德在云南农村社区开展协会建设项目，增强农民自身能力**（图片提供：刘影）

从爱德基金会慈善地图可以看出，爱德基金会虽然处于经济相对发达的地区，但在项目的安排方面，其慈善资本多用于经济相对欠发达的西南地区。这说明宗教慈善资本有利于整合社会资源，均衡区域性资本分布的不均现象。

河北地区也是中国宗教慈善资本较为丰富的地区。其中河北省天主教"两会"所属的北方进德天主教社会服务中心是首个中国天主教非营利的民间社会服务机构。[①] 它筹备于1997年，1998年经政府批准，成立了"北方进德——天主教社会服务中心"。2006年，进德基金会在河北民政局注册，终于成为当代中国天主教第一家NGO组织。从1997年到2006年，累计捐款2000多万元。2010年灾难多发，赈灾工作依旧是进德公益工作重点。除了在四川继续的灾后重建，还有玉树赈灾、南方洪灾等。2010年共支出赈灾款项826万元。基金会在向社会提供赈灾等紧急人道主义援助的同时，也把社会发展项目纳入服务范围。

据信德文化研究所通过电话不完全统计，截至2007年5月，中国天主教基层教会的教区、堂区和社会服务机构等在全国各地开办了345个公益实体组织（不包括麻风病院）。其中，212个诊所或医院、68家养老院、35所幼儿园、4所学校、13家残婴院、8家慧灵智障人士康复机构和5个防治艾滋病关爱机构。[②]

难能可贵的是一批修女们热心投身于服务社会边缘人群和弱势群体的事业。她们分别在地方教会开办的残婴院或几十个政府开办的麻风病康复机构服务，面对面、直接地照顾着这些病患。近年来，中国教会开始关注防治艾滋病问题，设立关爱活动中心（西安、沈阳和进德公益，进德公益分别在沙河与北京设立了关爱点），投身于关爱新弱势群体——艾滋病患及其病毒携带者的服务之中。其中，诊所或医院和养老院在全国的分布如下图所示：

无锡是全国15个经济中心城市之一，是中国民族工业的发源地之一，素有"小上海"、"布码头"之称，无锡的慈善地图也显示出其慈善活动的活跃度。例如，无锡灵山慈善基金会则主张通过公益实践实现青年社会教育，他们进行了"春晖使者行动"、"春晖青年公益发展论坛"、青年公益人才工作坊、春晖书屋、春翼行动、春晖国学社等品牌项目以及春晖社区、春晖支农开发等社会企业项目探索。这些活动在无锡都有广泛

---

① 本报告中所引进德公益基金会的资料，除注明外，全部由进德研究所提供。特此感谢！
② 212家诊所或医院分布在北京3家、天津3家、河北51家、山西23家、内蒙古11家、四川2家、安徽1家、辽宁5家、江苏1家、山东3家、陕西66家、甘肃15家、河南15家、湖北1家、重庆3家、贵州1家、宁夏5家、云南1家、广西1家、吉林1家。学校：北京市相伯文化培训学校、上海光启计算机学校、贵州安龙利民中学和进德公益培训学校。13家残婴院分布在河北6、甘肃2、山西2、陕西3；8家慧灵分布在广州、北京、西安、西宁、天津、广东清远、重庆、长沙。68家养老院分布在北京1、天津1、河北14、山西5、上海3、四川1、福建6、内蒙古3、辽宁7、吉林2、江苏1、甘肃1、浙江5、河南3、广东5、重庆2、贵州1、新疆2、湖北1、陕西1、山东3。

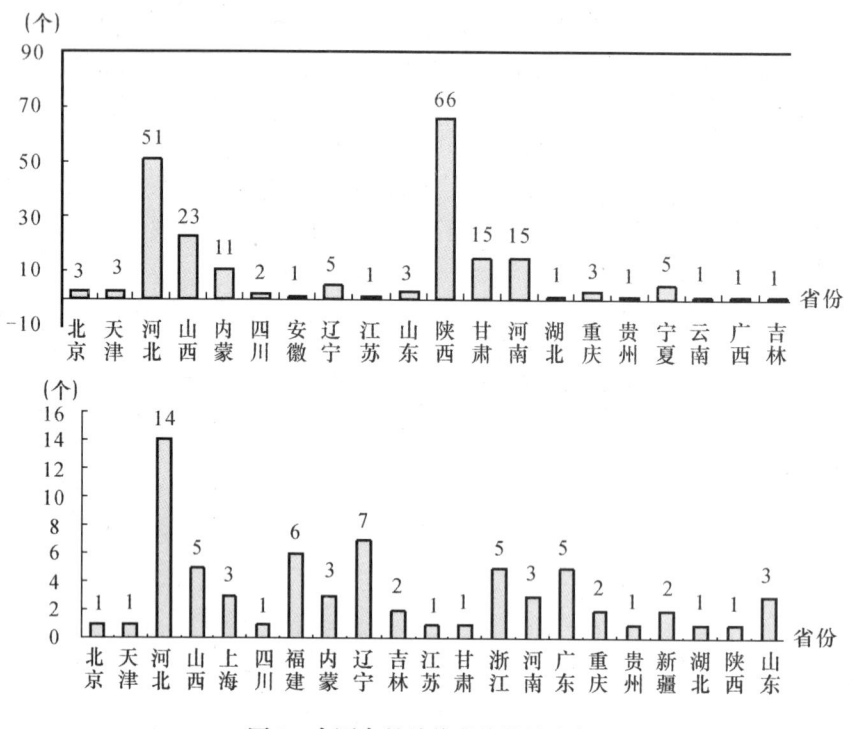

**图3 中国宗教慈善事业数量分布**

分布。

由于中国宗教界慈善公益活动分布空间甚广，我们难以一一以慈善地图的形式去勾勒中国宗教慈善活动的广度，但上面数例的慈善分布地图却从另外一个角度为我们描绘了一幅幅中国宗教慈善活动的动态历史及其活跃程度。

## 四 在组织规模与管理方面，中国宗教慈善公益组织日益成熟，体现出多元化发展的特征

在中国，慈善是最悠久的社会传统之一，但作为一项社会制度来有意识地进行培育、发展，却是改革开放之后的事。尤其是近 10 年来，中国慈善机构迅速发展，影响力逐步扩大，慈善文化逐步渗透人心。近年来，随着中国宗教慈善公益组织的数量和规模日益扩大和发展，很多慈善公益组织都形成了出各自的组织管理模式，在组织规模与管理方面，体现出多元化发展的特征。

例如，北京仁爱慈善基金会的组织管理就表现出先进的理念。北京仁爱慈善基金会（以下简称仁爱慈善基金会）成立于 2006 年 10 月 16 日，注册单位为北京市民政

局,是以佛教徒为主发起、社会各界人士参与的民间慈善组织。其宗旨是:传播慈善文化、弘扬慈善精神、推动扶贫救助。其理念是"人人享有慈善,仁爱触手可及"。发起人林启泰在基金会成立之前是公司经营者,他在办企业时就有了成立基金会的想法。他到北京跟从凤凰岭龙泉寺学诚法师学习,并向学诚法师请教如何做慈善事业。此后,林启泰结束公司的经营,全职担任仁爱基金会秘书长。仁爱基金会秘书长以下设有6个部门,分别为:行政部门、财务部门、文宣部门、志愿者支持与服务部、项目一部、项目二部。其中,志愿者支持与服务部主要负责志愿者招募、志愿者信息管理、志愿者培训、志愿者派遣等工作,项目一部负责基金会救灾的非常态项目,项目二部负责基金会的常态项目。仁爱基金会大部分职务由志愿者担任,基金会行政费用目前由秘书长个人提供支持。在学诚法师的指导下,仁爱基金会强调弘扬慈善精神、提高公民慈善意识,通过点滴善行启发人内心的善心善念。基金会慈善项目由两部分组成:非常态项目与常态项目,一方面贴近民众生活进行慈善活动,另外一方面也有专门的灾难应急救助项目。

厦门南普陀寺慈善会,到目前为止,该会已成立了"慈善处"、"佛经流通处"、"赠送处"、"义诊院"等机构,在关怀优秀教师、资助失学儿童帮助特困户、残疾人、孤儿和孤寡老人等方面做了大量的慈善工作。该会自成立以来,共举办了各种法会近百场次,组织会员学习佛法,举办了青年佛学讲修班及"清净之旅佛教青年夏令营";南普陀寺基金会在希望工程、资助病残、扶贫济困、安老慰孤、义诊施药、放生护生、赈灾救急等诸多方面成绩突出,得到了社会各界的广泛好评,并且多次获得全国、省市各级政府部门的表彰,屡次获得"八闽慈善奖"、"先进民间组织奖"、"佛教公益慈善事业先进单位"等称号,而得到其救济帮助地区、团体赠予的匾额、证书、奖状、锦旗等更是不可胜数。在机构设置方面,根据南普陀寺慈善基金会的章程,南普陀寺的班首、执事会议是基金会的最高领导机构。基金会设置会长1人、副会长4人,秘书长1人,副秘书长4人。会长一般由南普陀寺方丈兼任,基金会实行会长负责制,副会长协助会长工作,秘书长主持日常的事务,副秘书长协助秘书长工作。慈善处的主要工作有:办理会员登记,捐助希望工程,援助灾区和贫困地区,援助敬老院和孤儿院,受理急难救助申请,放生护生,接待来访,处理来信,开展慈善宣传,发行《慈善》年刊与《慈善报》,接受各项捐款等。此外,慈善处为会员定期开展活动,农历每月初一、初十、二十晚上举办会员共修活动,每年普贤菩萨圣诞日为会员举行消灾法,每年召开会员大会等等。流通处主要从事佛经法物艺术品书籍字画等的流通,其所盈利则用于慈善事业以及日常的管理费用开支。赠送处主要工作是免费赠送佛教书籍和佛像,宣传佛教文化知识,帮助人们提高对佛教的正确认识,引导信徒树立正确的观念。义诊院是厦门市卫生局正式许可的医疗机构,主要为贫困者和缺少医药的地区进行义诊施药。义诊院农历每月初一、十五和佛教节日在寺院开展义诊,同时不定期向养老院、孤儿院以及偏远地区进行施药义诊,帮助范围涉及全国很多地区。在南普陀慈善事业基金会的各个部门中,主要负责人都是由僧人担任的。目前,各机构的工作人员有 30 余位,其中比丘 4 人,比丘尼 10 人,余均为热心慈善事业的居士或社会人士。[①]

而由中国宗教慈善排行榜之首的曹德旺发起在北京成立的"河仁慈善基金会"则更显出其独特性。2011 年,由福耀集团董事局主席曹德旺发起,国务院侨办、民政部、财政部、国家税务总局、证监会等单位合力推动的"河仁慈善基金会"在北京举行成立仪式。据介绍,这是中国第一家以捐赠股票形式支持社会公益慈善事业的基金会,同时也是中国目前资产规模最大的公益慈善基金会。这是中国第一家以捐赠股票形式支持社会公益慈善事业的基金会,该基金会资产规模逾 30 亿元,为中国目前资产规模最大的公益慈善基金会。

河仁慈善基金会由玻璃大王、福耀集团董事局主席曹德旺通过捐赠其与配偶、子女共同持有的福耀集团 3 亿股股份成立。股票过户当日,总价值人民币 35.49 亿元。其在管理方式上更显其独特性。这主要表现为在管理方式上,基金会拥有股东权。曹德旺表示,基金会是资助型的机构,我只把钱拿进来,理事会负责监督用钱单位怎么用这个钱。按曹德旺的设想,股权捐赠后,将彻底与曹家剥离,基金会拥有完整股权,"这样做,首先,国家和民众的感情都得到最充分尊重;其次,可保证基金会的利益以后不受到侵害;第三,可保护我的孩子今后不会跟社会大众发生纠纷"。曹德旺表示。河仁慈善基金会章程显示,基金会成立后不直接面向贫困人群,而是委托慈善机构进行救助,符合条件的机构都可以向基金会申请款项,但要无条件接受河仁慈善基金会的监督。曹德旺表示,基金会将定期公开审计报告及慈善项目名单,基金会的每一件事情都会向社会公告。

上举数例充分说明,中国宗教慈善公益组织在进行社会慈善公益活动时,开始形成自己在管理方面的模式,因而在全国形成了多元性特征。

## 五 在项目安排方面,中国宗教慈善公益活动内容日益多元化,项目体现出传统与现代结合的特征

中国宗教慈善公益组织在具体活动时除了沿袭传统外,开始举行慈善超市、慈善日活动,甚至设立奖学金,如华岩文教基金会到重庆工商大学专门设置了华岩奖学金等活

---

[①] 详参南普陀慈善事业基金会网站。

动外，表现出一个极有动力的发展趋势——在项目设计方面开始着重培育项目，体现变"输血式扶贫"为"造血式"慈善公益理念，力图在慈善体制方面探索出先进的"中国模式"。兹举数例如下：

**（一）北京仁爱慈善基金会模式——培育项目，强调心灵慈善文化**

仁爱基金会[①]尝试以宽广的社会视角，将慈善活动与人的身心健康相结合、与社会的经济发展相结合、与佛教智慧在社会的应用相结合，希望通过慈善活动将佛教无缘大慈、同体大悲，自利利他、自觉觉他的精神演绎出来；因此项目设计主要从两个方面入手，即在常时开展像"仁爱衣＋衣"、"仁爱助学"、"仁爱心栈"、"仁爱孝德奖"、"老年关怀"、"龙泉之声倾听热线"等低参与门槛的慈善项目，鼓励社会大众广泛参与，着力于推动提高公民慈善意识和社会责任感，促进公众主动关注社会和民生；当国家遭遇灾难时，仁爱慈善基金会则定位于：1. 做政府救助体系的补充者，配合政府针对体制外流动人口和特困人群查缺补漏；2. 做民间慈善力量的协调者，整合当地和外来的 NGO 组织协同工作；3. 做受灾民众的陪伴和服务者，成为灾民可以信任、可以沟通的社会工作者。通过一线、贴身、持续、补漏的形式，以救难、救济、救助、救济四个阶段，在灾民克难救急以及家园重建、生产重建、生活秩序重建、生存能力重建、心理重建等方面，提供灾区社会服务，在政府的统一领导下与灾民一起重建家园。

北京市仁爱慈善基金会的主要项目包括"仁爱行动"救灾救济项目、"仁爱心栈"社区服务项目、"仁爱助学"孤困学生资助关怀项目、"仁爱衣＋衣"衣物捐赠及扶贫项目、"龙泉之声倾听热线"心灵健康服务项目、"仁爱孝德奖"弘扬孝悌精神项目、"仁爱老年"关怀项目。

其中"仁爱行动"救灾救济项目："仁爱行动"针对重大自然灾害，仁爱基金会开设的灾情救济项目以"救难、救急、救助和救济"四位一体配合"一线、贴身、持续、补漏"四种关怀模式，进行灾难救助，让爱的甘霖浸润沧桑大地。仁爱基金会在2008年的南方冰雪灾害和汶川地震中，共筹集投入1600多万元用于赈灾。在灾区绵竹仅用一个多月时间就建起了8个小学、7个幼儿园近万平方板房校舍，并组织了大量的师生心理培训，被绵竹市市委、市政府评为"抗震救灾先进集体"，是唯一受此荣誉的民间慈善组织。2010年玉树地震后，筹集投入200多万，为玉树第三完小建设了灾区最大的3500平方的板房校舍，在玉树灾区扎西科赛马场安置点的仁爱社区服务中心开展了包括公益学堂、技能培训、免费医疗、贫困帮扶等丰富多彩的社区服

---

[①] 本报告中所引仁爱基金会的资料，除注明外，全部由仁爱基金会提供。特此感谢。

务,深受政府和灾民的欢迎,荣获民政部中国社工协会颁发的"民族社会工作先进集体奖"。

### "仁爱心栈"社区服务项目

"仁爱心栈"自2008年成立至今,在北京市区已成功开设了3家仁爱心栈,分别位于清华科技园、朝外SOHO、北京西站,每天三家心栈为群众免费奉送爱心粥上千杯,携手高校、贴近上班族,为推动慈善走入社区促进和谐社会的建设做出贡献。成立以来共计奉粥50万多杯,每年惠及30多万人次。仁爱基金会奉送爱心粥项目于北京市委宣传部、市民政局和首都慈善公益组织联合会共同主办的"善行天下——09年度首都慈善公益晚会"上,获得优秀慈善项目奖。

### "仁爱助学"孤困学生资助关怀项目

"仁爱助学"项目秉承"以资助为起点,关怀为重点"的理念,针对失去双亲或父母离异等原因而经济窘迫、缺少关爱的初高中孤困学生,为他们提供持续的经济资助和心灵关怀,并发起通信、家访、联谊等多种关怀活动。助学项目目前持续资助近500名学生,分布于北京市、河北保定、安徽太湖。2009年8月,首都慈善公益组织联合会首次面向社会推广公益项目,"仁爱助学"被纳入其中。

### "仁爱衣+衣"衣物捐赠及扶贫项目

"仁爱衣+衣"项目主要是通过为灾区和贫困地区捐赠衣服来推动多层次的扶贫工作。该项目采用"精致分拣、一一对应、亲自送达、关怀到户的整理和发放原则。透过平凡细致的工作,凝聚爱心、传递关爱,帮助贫困地区的人民。至今项目组共计捐赠了近60万件衣物和超过100吨的米面,并以此为基础逐步引入仁爱的助学、助医和乡村图书馆等扶贫工作,受益人数十万余人,遍及河北省、山西省、陕西省、甘肃省、四川省、安徽省、浙江省、青海省、内蒙古自治区、西藏自治区。

### "龙泉之声倾听热线"心灵健康服务项目

"龙泉之声倾听热线"作为仁爱基金会心灵健康的服务项目,于2009年7月正式开通,为帮助消除人们心里的烦恼、减轻心理压力,接受被生活或工作烦恼缠缚的人们的倾诉。希望通过倾听、安慰、情感宣泄疏导、鼓励等方式,引导倾诉者实现生活与职场的心理减压,找回自信和快乐。一年以来,热线共接听了约500个电话。

### "仁爱孝德奖"弘扬孝悌精神项目

"仁爱孝德奖"旨在奖励有孝行的学生,在青少年中倡导孝悌、贤德的中华文化传统,通过获奖者的事迹感召更多的学生去实践孝德善行。首届孝德奖的评选在太湖县4个镇7所中学共计4806学生中开展了投票活动,最终评出161人获"仁爱孝德奖"奖,21人获"仁爱孝德之星"奖。2009年度,"仁爱孝德奖"在首都慈善公益晚会上获优秀慈善项目奖。

**"仁爱老年"关怀项目**

"仁爱老年"关怀项目于2009年成立。通过"助他、自助、互助、他助"的形式，为老年和中青年志愿者提供一个身心灵互助的平台，带动老年人积极参与公益慈善，圆成从善的愿望，从而能够心有所安，安有所觉。

其中，仁爱基金会救灾项目在安徽雪灾、四川地震时积累了丰富的经验，并设立了专门的救灾项目。救灾项目在平时处于待命状态，由基金会2名工作人员负责该项目的预案、培训与后期整理工作。在灾害发生时，基金会立即启动项目预案，基金会所有工作人员全部参与到紧急救灾项目中，有序开展志愿者招募与调度、物资采购与运输、当地政府沟通与协调等工作。

仁爱基金会救灾项目的基本框架由项目定位、开展形式、内容三个部分构成：

(1) 项目定位：做政府救助体系的补充者，配合政府针对体制外流动人口和特困人群查缺补漏；做民间慈善力量的协调者，整合当地和外来的NGO组织协同工作；做受灾民众的陪伴和服务者，成为灾民可以信任、可以沟通的社会工作者。

(2) 开展形式：通过"一线、贴身、持续、补漏"的方式，以"救难、救急、救助、救济"四个阶段；在灾民克难救急以及家园重建、生产重建、生活秩序重建、生存能力重建、心理重建等方面，提供灾区社会服务，在政府的统一领导下与灾民一起重建家园。

(3) 内容：在第一时间动员本地志愿者参与救难；灾后15天内对灾区提供紧急物资与医疗用品支持，特别对无法被列入正式救助名册的外来流动人口和伤亡严重的家庭实施帮扶，在政府救灾体系下补缺补漏；灾后一周内开设临时教学设施——仁爱学堂，尽可能早的恢复学生课堂生活，开展多样化的心理康复活动，以在21天黄金时间了清理孩子们的心理阴影；灾后一周内确定要援助的过渡性板房校舍的学校并签订捐赠和建筑协议；灾后15天到20天内建立灾民安置点社区服务中心，开展多样化的社区服务，做灾民可信赖的陪伴；灾后30天到90天组织封闭式教师心理辅导培训，建立心理教师种子团队，在多个学校推动仁爱心理健康室活动，开展第一堂课模拟课程互动式培训，有效平稳灾后教训秩序的恢复。

## (二) 爱德基金会模式：以项目为基础，强调群众参与

爱德基金会成立于1985年，由原全国政协副主席丁光训发起，社会各界人士参与。作为民间团体，爱德享有独立的决策权，同时积极寻求与所有致力于促进中国社会发展、提高人民生活水平的部门或团体的合作，包括政府组织、地方政府、专业机构、大专院校、教会及其他宗教团体等。自1985年成立以来，爱德本着上述宗旨，积极开展筹款活动，接受海内外各界人士和团体的捐助，举办诸如教育、社会福利、医疗卫生、防

盲治盲、农村发展、救灾等各项社会公益事业,为我国的教育、卫生和社会福利事业及农村建设做出了一定贡献。

爱德基金会为中国基金会参与社会服务提供了一种新形式。爱德基金会相信群众是实现变革的主要动力。因此,爱德在实施提高社区和人民生活水平各类项目时,强调群众参与的原则。爱德基金会优先考虑发展直接改善人民生活的项目,帮助缺医少药、教育落后的穷困地区开展脱贫工作,促进生态保护。在具体项目实施方面,爱德是一个以项目为基础的机构,由此爱德从小到大、由近至远发展起来。据爱德基金会介绍,总结过去20年的历程,其主要体会有以下几点[①]:

第一,目为本、雪中送炭。爱德成立以来,始终以满足基层百姓的基本生活生产需求为目标,雪中送炭,而不是锦上添花。从建水井、电灌站、沼气等小型扶贫项目,到开展农林牧、文化、教育、卫生等综合发展项目;项目区从江苏为主逐步扩展到西部的大石山区、黄土高坡及少数民族聚居区。这些转变始终瞄准社会需求,始终把满足百姓群众的基本生活生产需求为第一要务。爱德本身也在不断迎接这些挑战中不断发展壮大。

第二,诚信至上、专款专用。公益项目是社会财富再分配的一种形式,以实现社会的公平、公正,其中惟有诚信至上。因此,爱德始终严格管理捐助资金,用好每一分捐款。基金会要求实施设立独立到银行账户,单独建账。坚持"说实话、办实事、办实效"的"三实"作风,不做社会无需要的项目,以较少的资源满足更多的社会需要。正是这样的做法,爱德赢得了捐款人和捐款单位的信任。诚信乃NPO的立身之本、生存之道。

第三,多方参与、三个一点。对待任何项目,爱德始终坚持"三个一点"原则,即爱德支持一点、地方合作机构配套一点及受益群众贡献一点。实践证明,在项目工作中,这个原则是行之有效的。通过这个原则,不仅动员了政府的力量和其他社会力量参与项目工作,而且也最大限度地调动了人民群众的积极性。爱德决不大包大揽,造成受助方的依赖性。通过实施项目,爱德让人民群众真正成为脱贫致富、改变处境的主力军,成为主宰命运的真正主人。

第四,坚持可持续发展之路。贫困问题是一个复杂的问题,往往与生态问题交织在一起,要从根本上解决贫困问题,如果不及时着手解决环境与生态问题,使当地社会、经济发展与生态环境形成良性循环,是难以奏效的。基于此,基金会在扶贫发展项目工作中不急功近利,不竭泽而渔,注重帮助贫困社区在满足基本生活生产需求的基础上,逐渐形成人与自然、社会与环境协调发展的关系。另外,项目尽量开发贫困

---

[①] 详参爱德基金会网站:www.amityfoundation.org.cn。

地区群众自我组织、自我发展的能力,以人为本,增强受助人的造血功能,走可持续发展的道路。

第五,创新发展,三个参与。NPO的特点之一既是机构的灵活性和创新性。爱德在引进援助资金的同时,十分注重引进国外的先进工作理念和方法,充实基金会的项目工作。例如,爱德将国际上采用的参与式方法介绍到国内社会发展工作之中,并使其处境化,提出了群众、专家和政府"三个参与"的适合中国国情的参与式社区发展思想和方法,并将其运用到整个项目的全过程,得到了项目区群众、政府的广泛认同和国际合作机构的充分肯定。

第六,优化结构,强化培训。没有健康的机构文化,没有一支精良的队伍,再好的理念和原则也仅是空中楼阁,根本谈不上机构的发展和项目的拓展。因此,爱德特别注意员工队伍建设,提出了"三C"要求,即爱心(Compassion)、事业心(Commitment)和专业性(Competence)。在这一原则指导下,爱德形成并保持了相对稳定的梯队式员工队伍,为爱德的成长和发展打下了良好的人力资源基础。同时,新出了机构发展的另外"三C"要求,即沟通(Communication)、合作(Cooperation)和创新(Creativity),希冀爱德进一步优化内部环境,从而保证机构发展的可持续性。

**(三)厦门南普陀寺慈善事业基金会模式:急人所需,到最需要的地方去**

南普陀寺都会将大量募集的善款投放到需要帮助的个人、群体和地区中,"勿忘世上苦人多","无缘大慈,同体大悲","慈悲济世,造福人群"是南普陀寺慈善事业基金会的精神理念。"爱国爱教,造福社会,慈悲济世"是其奉献社会的服务宗旨。慈悲济世,救苦救难是佛门弟子必备的善愿,更是大乘佛教弘法利生诸多善行中的一个重要方面。佛教自古以来都把举办慈善事业作为一项重要的事务,南普陀寺慈善事业基金会也正是秉承了佛教这一优良传统,提倡"我为人人,人人为我"的互助友爱的精神,发展慈善,积极开展赈灾救难、扶贫助残、办学助学、义诊施药、修桥造路、放生护生等公益慈善活动。而其核心——妙湛法师临终的"勿忘世上苦人多"——他病危之际在病榻上写下沉甸甸的七个字,结合着对需要救助者的苦难访问,在当时就深深震撼着会员的内心,如今仍是激励的源泉。会员希望在慈善活动中表达对妙湛法师核心思想的追随和纪念。老会员总会把妙湛法师的事迹讲述给新会员听,而"勿忘世上苦人多"这悲切的遗训也成了会员善举的精神动力。南普陀寺慈善事业基金会成立以来,一直积极将慈善精神付诸实践。他们的服务内容有慈善、医疗、教育、文化四大类,包括希望工程、资助病残、扶贫济困、安老慰孤、义诊施药、放生护生、赈灾救急与祈福消灾等八个具体方面。慈善类具体资助的项目有:贫困户的救助、残疾人的救助和奖励、孤寡老人和孤儿的救助(包括捐款给孤儿院、养老院;切实关心帮助困难的孤寡老人和孤儿的生活,帮助他们解决生计问题;创办孤儿院、养老院等等)、救助经济困难或者遭遇重大变故的家庭或个人、救助灾区(帮助遭遇风灾、雪灾、水灾、地震、火灾等的地区和困难群众)、专项募款等等。其中,尤其以救济灾区款项数额最为巨大、支援力度最强,如1998年中国长江特大洪水时期,南普陀寺慈善事业基金会共向各地灾区和慈善部门捐款达251万元,捐款数额列居国内佛教单位的首位。在医疗方面,不仅设立了慈善义诊院,施药义诊,而且还组织医生到贫困和边远地区免费为群众看病送药。至2006年底,已经累计义诊施药112.87万元,义诊人数176万人次。教育方面,积极救助因贫困而失学的孩子。妙湛法师一直非常重视文化教育,他是"佛教希望工程"的三位发起人之一(另外两位是四川的遍能法师和重庆的惟贤法师),而且一直呼吁在中国建设佛教大学。南普陀寺慈善事业基金会也为佛教希望工程设置专门款项,救助贫困的小学生、中学生,还有大学生。同时,在偏远地区建立希望学校,帮助困难地区购置教学设备,改善教育状况,并且设置基金奖励贫困山区和偏远地区的优秀教师。截至2006年12月,已经兴建希望小学22所,修缮校舍58所,捐助贫困学生975.19万元。文化方面,以发掘和弘扬优秀传统文化为己任,致力于传统文化的宣传和整理,向人们介绍佛教文化知识,免费赠送佛教书籍等等。并且捐助《佛教文化报》和中国佛学院等,促进佛教文化研究和发展。同时也举行青年佛教讲修班、青年佛教夏令营活动、禅修活动等,社会反响良好。[1]

总之,中国宗教慈善组织数量巨大,难以详尽分析每一个基金会或组织的培育模式,但仅仅从所举的例子即可看出,宗教慈善组织都纷纷结合自己的特征,来进行项目慈善活动。

## 六 在宣传方面,中国宗教慈善公益开始与时俱进,注重传播媒体的力量,努力搭建慈善资本共享的网络平台

对于网络与宗教的结合作用,复旦大学徐以骅教授认为,"如果说全球化助推了宗教的跨国流动,那么互联网则造成自宗教改革时期以来媒体与宗教的第二次具有重大意义的结合,故网络宗教(或称'电脑宗教'、'虚拟宗教')[2] 所带来的变革甚至有'第二次宗教改革'之称。网络对各种宗教的传播都有'放大效应',大大提高了民众参与

---

[1] 邓子美、王佳:《南普陀寺慈善事业基金会运作模式调查》,http://www.txt7.com.cn/2009-11-28/111022087.html。

[2] [美]费利克斯·威尔弗雷德(Felix Wilfred):《信息社会的宗教与神学》,载《宗教与美国社会——宗教与国际关系》,时事出版社2007年版,第83页。

宗教活动的数量,① 成为'上帝的麦克风'。与继纸面（平面）传媒出现的其他新型媒体如广播和电视不同，网络媒体具有'三最'（最快、最广、最直接）、'三无'（无法律、无国界、无法管制）以及低门槛、低成本、即时性等革命性特征，这在提升宗教组织直接传教能力的同时，也提高了它们基层动员、影响政治议程和参与全球事务的能力，可使世界各地的任何宗教问题迅速透明化、国际性和政治化"。② 徐以骅教授论述的是网络宗教的影响，但我们如果从网络传播的角度来看中国宗教慈善公益组织活动的话，我们不难发现，在宣传方面，中国宗教慈善公益组织开始与时俱进，注重网络媒体的力量，努力为所有人搭建慈善资本共享的平台。

很多宗教性慈善公益组织都设有自己的网站，例如，中国佛教慈善网是由中国佛教协会慈善公益委员会主办的。中国佛教慈善网通过与河北省红十字基金会合作，申请设立了专项免税救助账户，此账户公益范围为：依法筹集佛教内部善款，赈灾救助、扶贫济困、捐资助教、帮助改善贫困地区卫生医疗条件。中国佛教协会慈善公益委员会创办了中国佛教慈善网之后，在网上直接公布此账户，以此更好地吸引慈善公益基金。

网站是较好的信息交流平台，能够随时公布各自信息。除了在网站上直接公布慈善捐助的账户外，宗教慈善公益组织还纷纷在网上介绍基金会成立的宗旨、慈善精神以及项目的安排和实施情况、善款的使用情况等。如下图所示：

**中国佛教慈善网**

（资料来源：中国佛教慈善网）

---

① 关于宗教互联网是使民众远离上帝还是接近上帝、疏离教会还是走近教会的讨论，可参见谢洁、黄平《网络时代的宗教与国际关系——兼论美国宗教的传播对国际关系的影响》，载徐以骅主编《宗教与美国社会——多元一体的美国宗教》，第409—421页。
② 徐以骅：《当代国际传教运动研究的"四个跨越"》，《世界宗教文化》2010年第1期。

**爱德基金会网站公布的在施项目**

(资料来源：爱德基金会网站)

这样的平台一目了然，既能让有意从事慈善捐赠的人们方便快捷地将自己的善款送达到指定账户，同时也能让民众随时了解自己的善款流向以及基金会活动的情况。这一途径在某种程度上大大地提升了公信力，能更好地整合宗教慈善资本，形成了宗教慈善资本共享的网络平台，使之更好地服务社会，造福百姓。

## 七 在理论体系的探讨方面，中国宗教慈善公益备受各界关注，大家都在积极探索慈善公益的理论，努力寻求"中国特色"的当代宗教慈善公益模式

中国宗教慈善公益备受各界关注，大家都在积极探索慈善公益的理论，学术研究界、政府部门以及宗教界、社会各界以会议方式来关注宗教慈善，思考宗教慈善事业的现状和发展努力寻求"中国特色"的当代宗教慈善公益模式。

2011年7月由中国社会科学院世界宗教研究所发起的"宗教与慈善"座谈会在京召开，来自中国大陆政界、教界、学界的专家学者、台港澳相关人士及外国友人约40人出席会议。座谈会期间，与会者畅所欲言，各抒己见，围绕公益慈善事业的宗教渊源、历史路径及相关思想资源、当代中国社会转型期宗教类公益慈善事务的相关政策及制度

设计、包括传统宗教、新兴宗教、民间信仰在内的宗教组织如何发挥各自优势造福社会等问题，进行了广泛深入的研讨。

2011年7月1日，由中国人民大学佛教与宗教学理论研究所主办的第8届宗教社会科学研讨会在福州召开。此次研讨会的主题是"灵性资本与社会公益"，在研讨会安排的15场学术报告会上，与会专家和学者围绕"企业家的灵性资本与社会资本"、"宗教信仰与志愿者服务"、"宗教信仰与公民道德建设"、"宗教组织与社会公益事业"，"两岸宗教交流与社会认同"，"宗教社会科学的历史、理论与方法"，"宗教信仰与灵性资本如何在当前中国社会公益事业建设中发挥作用"等问题展开了讨论。李向平教授认为宗教慈善目前的问题是，如何把宗教慈善事业建设成为宗教公益事业。因为，慈善是因为特别的需要、特殊的困难而施行的慈善行为；捐钱捐物等，都可以视为这一类慈善行为，以满足部分弱势群体的特别需要。公益事业便是一种基于社会的公共需要而提供的公共服务，既可以基于宗教信仰，同时也基于社会发展的普遍需要。这种公益服务形式，既可以捐钱捐物，同时又不局限于钱物的捐献，即便是时间的奉献，也可以被视为一种公益行为。所以，宗教公益事业的提倡，能够使宗教慈善活动转换成为宗教公益事业，逐步淡化宗教慈善的个别意义，最后把宗教慈善活动建设成为一种普遍性的社会公益事业。

2010年9月8日，中国佛教协会慈善公益委员会第一次会议在广州正式召开。国家宗教事务局一司司长徐远杰、一司佛教处处长匡盛，中国佛教协会会长传印长老，中国佛教协会副会长兼慈善公益委员会主任明生法师，中国佛教协会王健秘书长、宗家顺副秘书长、肖占军副秘书长等出席了座谈会，会议由肖占军副秘书长主持。会上中国佛教协会传印会长就如何做好慈善公益委员工作做了重要讲话，他指出慈善公益委员会的工作就是秉承大乘佛教慈悲济世的精神，在党和政府的领导下，积极引导广大佛教徒依照国家的有关法律、法规参与各项慈善事业，把菩萨道的四摄六度，通过助残、助学、养老、救灾、扶贫帮困等具体的慈善公益活动落到实处，以实践佛教"庄严国土，利乐有情，自觉觉他，自利利人"的伟大愿行。围绕这个核心，慈善公益委员会在9个专委会中率先行动起来，积极稳妥的开展工作，对于开展好佛教慈善工作，创建和谐社会有着积极的意义。中国佛教协会副会长、广东省佛教协会会长、中国佛教协会慈善公益委员会主任明生法师在致辞中代表广东省佛教协会和慈善公益委员会，对传印会长的亲切关怀，对国家宗教事务局和广东省政府宗教主管部门领导的大力支持表示衷心的感谢，对在百忙之中前来出席本次会议的各位委员表示热烈的欢迎和亲切的问候。他在讲话中指出，根据中国佛教协会第八次代表大会通过的章程，第八届理事会设立了九个专门工作委员会，不仅是中国佛教协会工作的重要基础，更是常务理事和理事履行职责的重要途径。本着开拓进取，求真务实的态度，认真履行《章程》赋予各位委员的神圣职责；不仅要同心合力积极开展专业委员会的工作，为中国佛教事业的发展进言献策，更要根据不同专业委员会的工作性质，做些有实效的实事，回报四恩。本次会议讨论并审议并通过了《慈善公益委员会工作规则》、《慈善公益委员会五年工作计划》和致全国佛教徒的倡议书——《充分发扬佛教慈悲济世优良传统，为构建社会主义和谐社会发挥作用》。[①]

2011年7月6日至7月12日，中国佛教协会慈善公益委员会一行再次赶赴玉树灾区以致慰问。在慰问玉树灾区期间，慰问团分成三组分别走访了宁玛派阿宁寺、萨迦派达杰寺、格鲁派尕拉寺、葛举派尕雄寺、格鲁派哈秀寺以及囊谦县的贫困地区，并向阿宁寺捐款15万，向达杰寺捐款15万，向尕拉寺捐款10万，向尕雄寺捐款5万，向哈秀寺捐款5万，向囊谦县的贫困地区捐款10万元，以上寺院及贫困地区捐赠善款共计60万元，因玉树地区即将进入严寒季节，慰问团又捐了价值20万元的过冬棉衣1000件，用以帮助灾区人民修缮房屋，重建家园。

2011年10月27日，国家宗教局邀请民政部、国家税务总局、财政部、北京市民政局、《中国宗教》杂志社等有关方面负责人专程到北京市龙泉寺，对北京市仁爱慈善基金会（以下简称"仁爱基金会"）进行了考察调研，并在龙泉寺举行了"鼓励和规范宗教界从事公益慈善活动"座谈会。北京市民政局任淑菊处长和民政部民间组织管理局基金会管理处马昕处长率先体验了位于山门口展示的仁爱心栈项目。该项目以倡导身边慈善，关怀都市忙人为宗旨，志愿者365天节假无休、风雨无阻地为路人奉送爱心粥。目前，已在北京城区先后开设了三家仁爱心栈，分别是位于北京西客站的红莲心栈、位于清华大学旁的清华心栈和位于朝阳门外SOHO的朝外心栈。当天，负责现场展示的是来自朝外心栈的志愿者，他们大多是外企的白领，各个青春洋溢并身怀绝技。他们不仅准备了仁爱爱心粥，还准备了普洱、菊花等各色爱心茶。所有来宾考察体验了仁爱心栈项目、四和仁爱项目和"仁爱衣＋衣"项目，随后又参观了仁爱灾害救助中心。国家宗教局政法司旦巴司长对基金会的工作评价是："我们深切体会到公益慈善事业在宗教界做的很贴心，针对性很强。总的感觉，仁爱依托龙泉寺，项目有全局性、辐射面比较广，活动贴近民生，确实很有特点。从政策角度来讲，国家一贯鼓励宗教界开展慈善活动。宗教界要充分挖掘教义当中的积极因素，为社会文化建设服务。特别开展公益慈善活动是最直接最有效的途径，是落实发挥宗教界积极作用的一个具体的体现。"[②]

中国道教协会于2010年10月9日向各省、自治区、直辖市道教协会下发了《贯彻落实中国道教协会第八次全国代表会议精神学习纲要》的通知。按照第八次全国代表会议通过的《章程（修订案）》第二十六条规定，中国道教协会设立"慈善公益委员会"加强公益慈善事业，提升道教形象，着力探索道教服务社会的新途径。道教素有"度己

---

① 佛教导航网站，http://www.fjdh.com/bnznews/2010/09/152945126241.html。
② http://blog.fo.ifeng.com/archive/2106665_201110.html。

度人"、"济世利民"的优良传统,在新的历史条件下,大力发扬这一优良传统,积极参与社会公益慈善事业,是提升道教形象、表达道教爱国爱民情怀的方式,也是拓展道教服务社会的途径、促进社会和谐的重要渠道。因此,各地道教组织要提升服务社会的理念,为国分忧,为民解难,加大对养老助残、希望小学、救助孤寡、施药治病、修桥补路、救灾救急等公益慈善项目的投入,不仅帮助贫困弱势群体克服经济困难,还要帮助他们疏导心灵、解决精神困惑,让他们感受到社会主义大家庭的温暖,以正确对待人生,积极回报社会。中国道协也拟召开一次全国性的"道教慈善公益论坛暨公益行"活动。①

2011年11月26日,第三届中国非公募基金发展论坛"宗教与慈善"分论坛在龙泉寺召开。此次论坛参与基金会家数和人数超出预期,反响热烈,表明各界对慈善公益事业的发展给予了极大的关注和期待。

总之,人们开始关注宗教慈善公益事业,学术界和宗教界都积极从理论上探索当代宗教慈善公益事业的发展途径和方式。

(作者简介:郑筱筠,中国社科院世界宗教研究所研究员、《世界宗教文化》副主编)

---

① http://www.wanshengwang.org/show.aspx? id = 6560&cid = 19.

# 当代中国超常信仰的经验研究

## ——兼论中国宗教的内容与格局

夏昌奇　王存同

## 一　引言

测字、相面、打卦、看风水，我们习惯称之为"封建迷信"。按照一般的看法，随着科学的昌明、人们教育程度的提高，这些所谓的迷信活动将逐渐消亡。但在现实生活中，我们发现事实并非如此。在香火旺盛的佛寺、道观附近，相面、抽签的摊点生意兴隆。互联网上以风水、星座、打卦为主题的网站或讨论区拥趸者众。在一定程度上，甚至可以说成为了某种时尚和潮流。

将这类客观存在的社会现象打上"迷信"的标签，目之为等而下之、不入流的精神生活的暗面，显然不是社会科学研究应有的态度。本研究将此类"迷信"于某种神秘力量的社会行为称为超常信仰（paranormal beliefs），[①] 并针对当代中国大陆具有超常信仰的个体，主要致力于回答下述问题：其一，超常信仰行为的分布状态如何？其二，具有哪些特征的个体更可能有超常信仰？其三，与非宗教信徒相比，世界宗教（the world religions）信徒是否更可能有超常信仰行为？现有文献表明，有关这些方面的研究极少，同时也缺乏较为科学的定量研究。本研究将利用"2007年中国价值的经验调查"（2007 Empirical Survey of Valuesin China，ESVIC）数据，利用定量方法，对当代中国大陆的超常信仰活动进行初步的分析和探索。

本文由三部分组成。其一是文献回顾，将涉及超常信仰的概念、超常信仰的社会相

---

[①] 按照超常信仰的宽泛定义，宗教信仰（religion beliefs）其实也是一种超常信仰。但一个社会被普遍接受的宗教信仰（如基督教、佛教等）与非宗教的超常信仰（如风水、星相等）是不同的。作为区分，有的学者（Rice，2003）将前者称为宗教性的超常信仰（religious paranormal beliefs），后者为经典的超常信仰（classic paranormal beliefs）。本文中的超常信仰是狭隘意义上的，即"经典的超常信仰"。世界宗教是在韦伯的意义上使用的概念。在中国大陆主要指佛教、道教、基督教、天主教和伊斯兰教。

关性、超常信仰与宗教信仰的关系；其二是数据、研究方法和结论，是对当代中国超常信仰的基本分析；其三是讨论。

## 二 文献回顾

### （一）超常信仰的定义

超常信仰是一个外来语汇。在以英语为工作语言的既有研究中，这一概念虽为研究者们广泛使用，但却没有一个普遍接受的通行定义。多数研究者倾向于将超常信仰的对象确定为那些超越了主流科学解释能力的现象（Hines，1988：3；Gray，1991：78），主要包括[①]超感官知觉（ESP）、不明飞行物（UFOs）、灵媒现象（psychic phenomena）、占星术（astrology）、算命和解梦（fortune-telling，prophetic dreams）、闹鬼（haunted）等。这些现象也被冠之以"新纪元"（the New Age）、"超自然"（the supernatural）、"隐秘"或"神秘"（occult，mysticism）、"反常体验"（anomalous experience）、"伪科学"（pseudo-science）等名称。

由超常信仰定义的争议，折射出超常信仰研究的复杂性。在不同的社会、不同的文化背景以及不同的历史时期，对如何判定正常与超常、科学现象与超常现象、"正宗"的宗教信仰与"邪门"的超常信仰的根据是各异的。这种分类本身就是社会建构的结果。从社会学的角度对超常信仰进行研究，不是要确定科学、宗教和超常现象之间的界限，而是就这种社会分类的形成及其社会影响作出解释。从这个视角出发，古迪（Goode，2000：20）将超常现象定义为那些"被定义、被构造、被视为、被接受和被标识的"领域。这样的定义在一定程度上揭示了超常信仰概念的社会建构因素。

在中国社会，通常以"迷信"（Superstition）来指称此类社会现象。即使在学术研究中，也还在延用迷信这一概念。例如，关于大学生迷信心理的一些研究，在此不一一列举。笔者认为迷信这一概念本身所包含的贬义以及历史累积而成的意识形态偏见，与社会科学研究提倡的价值中立（value-free）原则是相悖的。因此本文引入较为中性的超常信仰概念来指称此类现象和行为。

---

[①] 这些名称的辨析请参看 Goode，2000：18。"新纪元"（the New Age）通常被宗教研究学者们用来指称发端于20世纪60年代的社会运动。这一运动的焦点是个体启蒙和从传统思维及宗教中解放出来。至于哪些信仰和观念应该归为"New Age"，学者之间争论不休，从 UFOs、大脚怪、鬼到通灵术等不一而足（详见 Dole，1993；Bader et al.，2010：chapter2）。另外一个需要特别指出的名称是"伪科学"（pseudo-science）。因为这一名称的中英文含义有所不同。pseudo-science 一般用于指称那些尚难以得到严格的科学证明或解释的现象。这一词汇在英文虽有贬义，但其负面意味远弱于中文语境中的"伪科学"。

## （二）超常信仰的社会相关性（social correlation）

已有的英文研究文献显示，超常信仰与性别、年龄和教育程度有相关性，但其相关性是复杂和不确定的。在性别方面，多数研究者同意女性比男性更有可能报告超常信仰的体验（Bourque，1969；Greeley，1975），但在具体的超常现象上存在差异。比如，女性更可能相信超感官知觉、占星术、鬼、灵媒现象等，而男性则更多地相信不明飞行物（Fox，1992；Goode，2000）。在年龄方面，有的研究显示年轻人比老年人更有可能拥有超常体验（Greeley，1975），有的研究却得出了相反的结论（Bourque，1969）。更具体的研究则认为，老年人更多地相信占星术（Wuthnow，1978），而年轻人更多地相信超感官知觉（Fox，1992）。在教育方面，研究显示超常信仰的类型与教育程度的高低有关。受教育程度较高者更多地倾向于相信心灵感应、超感官知觉等，而不太相信鬼、占星术等。关于不明飞行物的信仰则与教育程度没有相关性（Wuthnow，1978；Fox，1992；Goode，2000）。总体上，按照瑞斯（Rice，2003）的研究，以上社会因素与超常信仰的相关性并不恒定，而且，其相关性随超常信仰类型的不同而有极大变化，缺乏一贯的模式。在解释宗教信仰的社会相关性中起到作用的剥夺理论（deprivation theory）[①] 在这里也因此失去了效用。

除了以上社会因素，研究还显示超常信仰行为与超常信仰者个体的诸多因素，特别是个体的身心健康状况有关。健康与宗教的关系是宗教研究领域的重要内容。维沃尔等（Weaver et al.，2003）总结了以往1200多个相关研究案例，发现其中超过2/3的研究证实了宗教活动与更好的身心健康状况在统计意义上的相关性。关于超常信仰与健康关系的研究虽然还没有宗教方面这么多的案例，但既有研究也表明了健康与超常信仰相关性的存在。一方面，超常信仰在临床实践中可以起到辅助治疗的功效。古德斯塔因（Goldstein，1999）甚至宣称，灵性方面的信仰支撑是能够替代生化医疗方式的首选；超常信仰是其中的重要组成部分；另一方面，超常信仰的体验通常是与健康危机相连的。健康状况较差更有可能导致超常信仰体验，瓦瑞德和英格博瑞森（Wardell & Engbretson，2006）的研究还进一步揭示了这些体验的结构特征。

## （三）超常信仰与宗教信仰

在以英文出版的研究文献中，超常信仰与宗教信仰的关系是研究的一大热点，核

---

[①] 剥夺理论（deprivation theory）是宗教研究中用以解释个人的宗教虔信、小教派或膜拜团体的形成等宗教现象的一种理论。其基本的观点是认为在社会中处于被剥夺地位的个体和阶层更倾向于通过宗教信仰来获得补偿。剥夺被区分为绝对剥夺和相对剥夺（Glock & Stark，1965）。剥夺理论曾被宗教研究者广为接受，但在20世纪70年代以后受到一些学者的质疑（Stark & Bainbridge，1987）。

心问题是超常信仰是否在功能上替代主流宗教信仰（主要是基督教）。由此出发并形成了两个基本假设（Rice, 2003）。其一是认为这两种信仰结构呈相互替代和竞争的关系。超常信仰与主流宗教信仰之间呈现为负相关关系。一些研究显示，无宗教信仰者（"nones"）更有可能相信或经验到超常现象（Emmons & Sobal, 1981；Mears & Ellison, 2000）；但也有一些研究指出这种负相关关系十分微弱（Bainbridge & Stark, 1980）或不成立（Fox, 1992）。按照奥伦斯坦（Orenstein, 2002）的总结，支持这一结论的证据十分有限；另一些研究表明基督徒倾向于排斥超常信仰（Sparks, 2001）。更细致的研究则指出，如果将宗教活动纳入考量范围，那些经常去教堂的基督徒更少相信超常现象，而那些较少去教堂的基督信仰者则报告有更多超常信仰的体验（Orenstein, 2002；Mencken et al., 2008）。

另一假设则相反，认为宗教信仰与超常信仰呈正相关关系。这一假设强调导致人们相信超常现象的思维过程的共通之处。伍思诺（Wuthnow, 1978）关于超感官知觉的研究支持这一假设，他认为宗教信仰与超常信仰之间有共同点。古迪（Goode, 2000）的研究也得出同样的结论，他认为其原因在于这两个信仰系统都是与已知的科学规律相抵触的。奥伦斯坦（Orenstein, 2002）利用加拿大的调查数据得出结论，认为更多的宗教信仰与更多的超常信仰是紧密相关的。更细致的分析则显示，只有一些类型的超常信仰（如巫术）与宗教信仰呈正相关关系，另一些（如灵媒）呈负相关关系，还有一些超常信仰（例如心灵感应）则无统计上的相关性（Tobacky & Milford, 1983）。

有关中国超常信仰的经验研究甚少。麦克林登（McClenon, 1988）在西安三所大学进行的抽样调查显示，与西方数据相比较，中国大学生有更高比例的超常体验。[①] 由于中国大学生极少参与有组织性的宗教活动，作者认为那些超常体验完全不可能是宗教信仰的产物。利用同样的调查数据，麦克林登（McClenon, 1990）还比较了中国大学生与同时期美国大学生在超常体验方面的差异。数据显示，除了既视感（deja vu）这一项外，中国大学生在其他超常体验方面均高于美国同辈。以上研究具有开创性，但如果考虑到调查的年代较远（完成于1986年），样本数量小（N = 314），且抽样仅限于大学生群体，这项研究的局限性也是相当明显的。另一项由台湾学者进行的调查（Tam & Shiah, 2004），[②] 探讨了超常信仰、宗教性与认知的关系，但主要是心理学层面的研究，而且同样存在样本小和局限于大学生群体的问题。

要言之，超常信仰与宗教信仰的关系是研究信仰现象的关键。但由于两者关系的复

---

[①] 该文用的术语是反常体验（anomalous experiences），主要类型包括既视感（deja vu）、超感官知觉（ESP）、灵魂出窍（out-of-the-body experiences）等。

[②] 瞿海源（1993）关于台湾超常信仰（"术数与巫术"）的计量研究值得关注。限于篇幅，本文没有进行中国大陆与台湾地区相关问题的比较研究。

杂性,从目前已有的研究尚不能得出一个清晰的关系模式(Orenstein,2002;Rice,2003),进一步的探索和研究显得十分必要。

## 三 数据、研究方法和结论

### (一)数据

本文使用的数据来自"2007年中国价值的经验调查"(2007 Empirical Survey of Values in China,ESVIC)。调查在除新疆和西藏外的中国大陆地区范围内进行多阶段随机抽样(the multi-phase probability sampling)。在城镇,抽样方法遵循了以下次序,即居委会总量—居委会抽样—家庭抽样—家庭中的个体。在乡村,每个镇抽取1—2个行政村,每个村抽取1—2个队(组),入户时使用KISH表(kish grid)随机确定调查对象。调查总样本量7021个(16周岁及以上成年人)。其中,具有超常信仰的样本量1097个,分别来自北京、上海、重庆3个直辖市,广州、南京、武汉、合肥、西安、成都6个省会城市,以及11个地级市,16个小城镇,10个村庄。该调查采取入户访问的方式,调查时间为2007年5月到7月。分析数据以2006年中国统计年鉴的人口参数进行了加权。

### (二)自变量

1. 基本控制变量

主要是社会人口统计方面的变量,包括年龄、性别(女性＝1)、婚姻状况、教育程度。婚姻状况分为三类,分别是未婚、已婚有偶、已婚无偶(离婚和寡居),以未婚为参照组。教育程度分为小学、初中、高中、大学及以上,以小学为对照组。地区变量根据经济状况,分为东部、中部及西部。另外,因为数据中关于收入的缺失值超过一半,无法成为控制变量使用。

还有受访者个体的身心健康状况,由两个自我评价的变量来测度。其一是身体健康自评。受访者被问及最近的身体健康状况如何,并从"很好"到"不好"的5分量表中作出选择。因5分量表中,"很好"与"不好"的选项应答不足5%,因而将5分量表合并成2分类变量,即身体健康自评"好"与"差"。其二是生活满意度自评。受访者被问到"您感到现在的生活幸福吗?"并从"非常幸福"到"非常不幸福"的5分量表中作答。在该5分量表中,亦因部分选项应答不足5%,而将其合并成2分类变量,即生活满意度自评"满意"与"不满意"。

2. 宗教方面的变量

基于既有研究所揭示的超常信仰行为与宗教的相关性,本文将宗教方面的变量引入回归模型进行分析。考虑到中国宗教的复杂性，本文将宗教限定为世界宗教，主要包括佛教、道教、基督教、天主教、伊斯兰教等。从回归分析方法的角度（说明详见以下"回归分析"部分），宗教方面的变量分为两层。一是受访者有无宗教信仰。问卷中的提问如下："请问您有没有宗教信仰或信不信教？"选项包括有、没有、拒答和说不清。根据回答分为两组，即无信仰和有信仰，以无信仰为参照组。这一变量与前述基本控制变量共同构成分层模型中层一的自变量。需要特别说明的是，基于对宗教信仰的代际传递（the Transmission of Religious Belief）性的考虑，即家庭被认为是宗教社会化的首要单位，父母则是宗教影响最重要的源头（Ozorak, 1989; Hyde, 1990），因而将受访者父母的宗教信仰作为家庭层次的变量纳入模型。由于在测量层次上受访者父母的宗教信仰变量与受访者的个体特征并不相同，因而我们将父母的宗教信仰作为层二的自变量纳入回归模型。上述自变量的基本统计描述见表1。

**表1　　　　　　　　　　　　自变量的描述性统计**

| 变量 | 频数 | 百分比 | 变量 | 频数 | 百分比 |
|---|---|---|---|---|---|
| 层一变量（N=1097） | | | | | |
| 性别 | | | 身体健康自评 | | |
| 　男性 | 398 | 36.28 | 　好 | 1046 | 95.35 |
| 　女性 | 699 | 63.72 | 　差 | 51 | 4.65 |
| 婚姻状态 | | | 生活满意度 | | |
| 　未婚 | 251 | 22.88 | 　满意 | 1052 | 95.90 |
| 　已婚有偶 | 799 | 72.84 | 　不满意 | 45 | 4.10 |
| 　已婚无偶 | 47 | 4.28 | 宗教信仰 | | |
| 受教育程度 | | | 　有 | 689 | 62.81 |
| 　小学及以下 | 162 | 14.77 | 　无 | 408 | 37.19 |
| 　初中 | 324 | 29.54 | 地域 | | |
| 　高中 | 397 | 36.19 | 　城市 | 258 | 23.52 |
| 　大学及以上 | 214 | 19.51 | 　农村 | 839 | 76.48 |
| 年龄（均值±标准差） | 40.82±13.72 | | | | |
| 层二变量（N=735） | | | | | |
| 父母的宗教信仰 | | | | | |
| 　有 | 617 | 83.96 | | | |
| 　无 | 118 | 16.04 | | | |

注：该分析数据已利用数据挖掘技术将受访者与其父母层次的变量考察作内部配对处理（部分父母育有二个子女且不同户），因而父母层次样本量（N=735）略少于受访者样本量（N=1097）。

### (三) 因变量

本研究以超常信仰活动为因变量。问卷调查中的提问如下:"过去12个月,您有没有请人做过,或者自己做过下面这些事情?"选项有算命（包括看手相、看面相和抽签）、看风水、测字（包括拆字）、解梦、看星象（包括看星座）、求助于巫术或符咒、求助于特异功能、请笔仙或碟仙,以及其他。其中,选择求助于巫术或符咒、求助于特异功能、请笔仙或碟仙等选项的受访者很少（每项都不到0.2%）,因此没有在图中列出。相对而言,另外5种形式的超常信仰活动较为常见,是本文研究的主要对象（参见图1）。

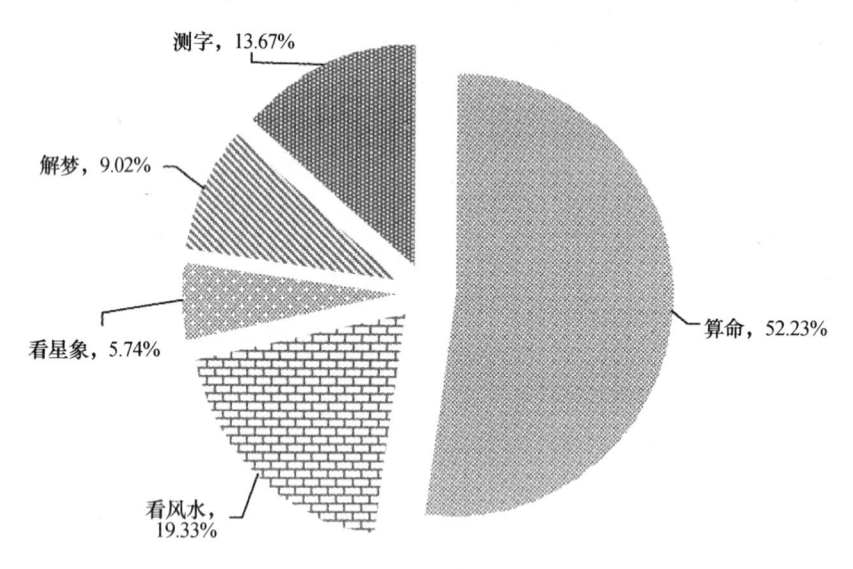

图1 当代中国大陆各类超常信仰活动百分比 (N=1097)

- 算命, 52.23%
- 看风水, 19.33%
- 测字, 13.67%
- 解梦, 9.02%
- 看星象, 5.74%

### (四) 回归分析

考察当代中国超常信仰的影响因素时,我们基于如下考虑采用了多分类因变量混合效应模型 (mixed-effects multinomial logistic regression modeling)。

1. 所考察的因变量为多分类变量 (multinomial dependent variables),即算命 (=1)、看风水 (=2)、测字 (=3)、解梦 (=4) 及看星象 (=5)。

2. 社会是一个具有分级结构的整体。对个体行为结果的测量 (outcome measure) 不仅受到其本身特征的影响,还会受其所处社会环境或社会场景 (social contexts) 的影响。例如,每个个体都属于某个家庭,其超常信仰的表现可能会受到其父母信仰等特征的影响,但父母信仰相对于测量个体而言属于较高层级的变量,这就意味着不能将父母层次的变量与测量个体的解释变量置于常规单一水平 (level) 的统计模型进行考察,否则易导致估计有偏。这种具有个体嵌套在更高水平单位结构特点的数据（hierarchically structured data /multilevel data），宜采用分层模型（Hierarchical modeling / Multilevel modeling）。①

因此，本研究采用多分类因变量混合效应模型，该模型也称为分层多分类变量 logit 模型（Multilevel Multinomial Logit Model）或一般线性化潜变量与混合模型（Generalized Linear Latent and Mixed Models, GLLAMMs），② 其基本原理与公式如下：

（1）混合一般线性化公式（mixed GLM formulation）。

普通多分类模型也称为离散模型（discrete choice models）（McFadden, 1973），在各个学科中得到广泛应用。一些学者在其基础上探索分层模型中多分类因变量的分析（Skrondal & Rabe-Hesketh, 2003；Hedeker, 2003），使多分类因变量混合效应模型得以应用。事实上，该模型也是一般化线性模型（mixed generalized linear model）中线性预测（linear predictor）（公式1）与多分类联结函数（multinomial logit link）（公式2）的混合：

$$\eta_{ij}^{(m)} = \alpha^{(m)} + \beta^{(m)'} x_{ij} + \xi_j^{(m)} + \delta_{ij}^{(m)} \tag{1}$$

$$P(Y_{ij} = m \mid x_{ij}, \xi_j, \delta_{ij}) = \frac{\exp\{\eta_{ij}^{(m)}\}}{1 + \sum_{l=2}^{M} \exp\{\eta_{ij}^{l}\}} \tag{2}$$

在两层模型的公式中，$m = 1, 2, L, M$ 表示因变量分类（response category）（在本研究中表示个体超常信仰的类别），$j = 1, 2, L, J$ 代表集群（the cluster）（一般为家庭特征的变量，在本研究中以父母的宗教信仰代表家庭层次的变量），$i = 1, 2, L, n_j$ 表示在第 $j$ 个家庭层次中的测量个体。因变量 $Y_{ij}$ 为以随机效应为条件的多分类分布（multinomial distribution conditional on the random effects），其取值范围为 $\{1, 2, L, M\}$，$M = 1$ 为所有参数的参照组且随机误差（random error）设为 0，因此 $Y_{ij} = 1$ 的条件概率为 $1/(1 + \sum_{l=2}^{M} \exp[\eta_{ij}^{(l)}])$（Grilli & Rampichini, 2007）。

由公式（1）—（2），即可得到因变量两个类别 $m$ 与 $l$ 之间的发生风险（odds）：

$$\frac{P(Y_{ij} = m \mid x_{ij}, \xi_j, \delta_{ij})}{P(Y_{ij} = l \mid x_{ij}, \xi_j, \delta_{ij})} = \exp(\eta_{ij}^{(m)} - \eta_{ij}^{(m)}) \tag{3}$$

（2）随机效应公式。

分层模型也称为随机效应模型（random effect modeling）。让随机变量 $U_{ij}^{(m)}$（$m = 1$,

---

① 在本研究之初，我们分别采用了普通多分类 logit 模型（Multinomial Logit Model）及分层多分类因变量混合效应模型进行了数据探索。结果表明，在分层多分类因变量混合效应模型中的截距模型里，整群间的组内相关系数（Intraclass Correlation Coefficient, ICC），即整群间残差方差占总方差的比例为 23.4%，超过了分层模型使用中该系数要高于 5% 的经验标准（Raudenbush & Bryk, 2001）。因此，本研究最终采用了分层多分类因变量混合效应模型。根据笔者的经验，即使上层变量所解释的方差不足 5% 时，虽然分层模型与普通多分类 logit 模型的估计结果基本一致，但前者在标准误估计上精度较好，数据差异主要表现在小数点的后 4 位。

② 该模型可在 STATA 中以命令"gllamm"实现，本研究也采用此命令（详情参见 http://www.gllamm.org/examples.html 及 Rabe-Hesketh, S. etc., 2004: 160）。

2,L,M) 表示与 $M$ 个分类因变量相关的个体效用（individual utilities），当且仅当 $U_{ij}^{(m)} > U_{ij}^{(l)}$ 时，对每一个 $l \neq m$ 的类别而言，因变量 $Y_{ij}$ 的最大效用为 $m$。随机效应的模型通常可写为：

$$U_{ij}^{(m)} = \eta_{ij}^{(m)} + \varepsilon_{ij}^{(m)} \tag{4}$$

这里的 $\eta_{ij}^{(m)}$ 是线性预测因子项，$\varepsilon_{ij}^{(m)}$ 是服从冈泊尔（Gumbel distribution）独立同分布的误差项（independent and identically distributed errors）（McFadden, 1973; Grilli & Rampichini, 2007）。

根据随机效应模型，我们可以得出第 $m$ 个分类因变量的组内相关系数（Intra-class Correlation Coefficient），公式如下：

$$ICC^{(m)} = \frac{Var(\xi_j^{(m)})}{Var(\xi_j^{(m)}) + Var(\delta_{ij}^{(m)}) + \pi^2/3} \tag{5}$$

该指标表示整群间残差方差占总方差的比例，并测量了同一群内个体特征的同质性（homogeneity）。

### （五）结论

通过分析，我们可以得出以下一些基本的结论：从超常信仰活动的频次上看，中国人超常信仰的实践形式多样，但并不普遍。超常信仰活动中最普遍的是算命，其次是看风水、看星座或星象。受访者承认在过去一年从事过的超常信仰活动的百分比均没有超过 10%。其中，最常见的五种超常信仰活动频次的总和也只有 14.6%，低于佛教、道教、基督教等信众的比例。这样的结果似乎与我们的日常感受不太相符。究其原因，可能与超常信仰长期以来在中国社会的负面形象有关。近代以降，中国社会一直视宗教为消极的、有害的、低级的。一些世界宗教如佛教、道教、基督教、伊斯兰教得到了官方的认可，逐渐为社会主流意识所容纳。与这些制度性的宗教相比，算命、堪舆等超常信仰活动历来被视为更低等的精神污染，被看作封建迷信活动。尽管近年来世风渐开，人们对"封建迷信"有所包容，但其形象依然是负面的。这在一定程度上降低了人们公开承认从事此类活动的可能性。

在表 2 中，我们对模型进行了筛选与比较，根据社会学理论、模型比较（LR test）指标及简约原则（parsimony principles），最终选取模型 3 作为定量分析的结果。可以看出，身体健康状况、婚姻状态、受教育程度、年龄、宗教信仰等变量均呈现显著统计学差异（$p<0.05$），意味着这些自变量的变化可以引起个体超常信仰行为的差异。虽然地域变量在数据探索中未呈显著统计学差异，但根据理论及以往的经验研究，认为城乡差异可以导致超常信仰行为的差异，因而我们仍将该变量保留在最终模型中。

## 表2　多分类因变量混合效应模型结果的比较

| 变量 | 模型1 看风水 | 模型1 测字 | 模型1 解梦 | 模型1 看星象 | 模型2 看风水 | 模型2 测字 | 模型2 解梦 | 模型2 看星象 | 模型3 看风水 | 模型3 测字 | 模型3 解梦 | 模型3 看星象 |
|---|---|---|---|---|---|---|---|---|---|---|---|---|
| **固定部分（Fixed）** | | | | | | | | | | | | |
| **层一变量** | | | | | | | | | | | | |
| 身体健康 | .47* | .91 | .26** | .63 | .14 | -.91 | .26** | .63 | .42** | .92 | .30** | .51* |
| （自评差为参照） | (.36) | (.75) | (.00) | (.57) | (.36) | (.75) | (.11) | (.57) | (.15) | (.75) | (.00) | (.37) |
| 性别 | -.61** | .47 | .01 | -.06 | — | — | — | — | — | — | — | — |
| （男性参照） | (.47) | (.42) | (.23) | (.28) | | | | | | | | |
| 生活满意度 | -.79 | .25 | -.46 | -3.32 | -.79** | .22 | -.46 | -3.32 | — | — | — | — |
| （满意为参照） | (.51) | (.51) | (.64) | (.94) | (.51) | (.51) | (.64) | (.94) | | | | |
| **婚姻状态（未婚为参照）** | | | | | | | | | | | | |
| 已婚有偶 | .18 | -.76*** | .36 | -.65*** | .10 | -.71*** | .36 | -.66*** | .09** | -.71*** | .35 | -.68*** |
| | (.27) | (.25) | (.33) | (.37) | (.27) | (.24) | (.33) | (.37) | (..03) | (.24) | (.33) | (.37) |
| 已婚无偶 | -.78 | -33.30 | .80 | .26 | -.94 | -33.18 | .81 | .24 | -1.05*** | -.11 | .72 | .02 |
| | (.58) | (.58) | (.57) | (.66) | (.58) | (.59) | (.57) | (.66) | (.57) | (.00) | (.56) | (.64) |
| **受教育程度（≤小学为对照）** | | | | | | | | | | | | |
| 初中 | -.26 | 1.39*** | .14 | .75 | -.21 | 1.34*** | .14 | .76 | -.21 | 1.34*** | .14 | .78 |
| | (.25) | (.76) | (.43) | (.53) | (.25) | (.76) | (.43) | (.53) | (.25) | (.76) | (.43) | (.53) |
| 高中 | -.38 | 1.97*** | .85*** | .91*** | -.35 | 1.92*** | .84 | .92*** | -.31 | 1.92*** | .86*** | 1.00*** |
| | (.26) | (.75) | (.41) | (.53) | (.26) | (.75) | (.41) | (.53) | (.26) | (.75) | (.41) | (.53) |
| 大学及以上 | -.99*** | 2.30*** | .82*** | .62 | -.89*** | 2.22*** | .81 | .63 | -.87*** | 2.23*** | .82*** | .69*** |
| | (.35) | (.76) | (.46) | (.61) | (.34) | (.76) | (.46) | (.60) | (.34) | (.76) | (.46) | (.30) |
| 年龄 | .01 | -.02 | .00 | .01 | .01 | -.02 | .00 | .01 | .01*** | .02*** | .01 | .01 |
| | (.01) | (.01) | (.01) | (.13) | (.01) | (.01) | (.01) | (.13) | (.01) | (.01) | (.01) | (.01) |
| **地域（城市为参照）** | | | | | | | | | | | | |
| 农村 | .13 | .11 | .30 | -.56 | .14 | .12 | .30 | -.54 | .14 | .11 | .30 | -.55 |
| | (.21) | (.18) | (.19) | (.46) | (.21) | (.18) | (.19) | (.45) | (.21) | (.17) | (.19) | (.45) |
| 宗教信仰 | .55*** | -.33 | -.19 | -.64*** | -.53*** | -.35 | -.19 | -.64*** | -.55*** | -.36*** | -.17 | -.67*** |
| （无信仰为参照） | (.17) | (.22) | (.24) | (.27) | (.17) | (.22) | (.24) | (.27) | (.17) | (.22) | (.24) | (.27) |
| **层二变量** | | | | | | | | | | | | |
| 父母信仰 | -06**. | -.04*** | -.04 | -.08 | -.06** | -.06*** | -.05 | -.09** | -.06** | -.06 | -.04 | -.09** |
| | (.05) | (.01) | (.09) | (.10) | (.04) | (.01) | (.05) | (.07) | (.01) | (.01) | (.05) | (.05) |
| 截距 | -.41 | -2.77*** | -2.67*** | -2.94*** | -1.32*** | -1.82*** | -2.65*** | -3.06*** | -1.36*** | -1.81*** | -2.68*** | -3.20*** |
| | (.51) | (.95) | (.76) | (.90) | (.41) | (.84) | (.60) | (.74) | (.41) | (.84) | (.60) | (.74) |
| Log L | -1325.17 | | | | -1333.73 | | | | -1344.66 | | | |
| **随机部分（Random）** | | | | | | | | | | | | |
| 层二变量方差协方差 | 3.83(1.38) | | | | 4.48(1.19) | | | | 5.26(1.35) | | | |
| 组内相关系数（ICC,%） | | | | | | | | | 23.4 | | | |

注：(1) 算命为参照组。
(2) 案例数为1097，其中层一单元数（number of level 1 units）为1097，层二单元数（number of level 2 units）为735。
(3) * p<0.1，** p<0.05，*** p<0.01。
(4) 嵌套模型比较（LR test）：模型2优于模型1（p>0.05），模型3优于模型2（p>0.05）。

以算命为参照组,在控制其他变量的条件下,身体健康自评差的个体看风水、解梦及看星象的发生风险(odds ratio)均明显高于身体健康自评好的,分别是那些身体自评好的 1.52($=e^{0.42}$)、1.35($=e^{0.30}$)及 1.65($=e^{0.51}$)倍。已婚有偶的个体看风水的发生风险高于未婚个体 9.4%($=e^{0.09}-1$),但测字、看星象反之,分别低于未婚个体的 50.8%($=1-e^{-0.71}$)、49.3%($=1-e^{-0.68}$)。随着受教育程度的提高,初中、高中、大学及以上个体看风水的发生风险呈阶梯形递减,并普遍低于小学及以下的个体,分别是小学及以下文化程度的 81%($=e^{-0.21}$)、77.9%($=e^{-0.31}$)及 41.9%($=e^{-0.87}$),但测字、解梦及看星象的发生风险却明显高于小学及以下的个体。[①] 随着年龄的增长,年龄每增长一岁,其看风水、测字的发生风险均分别增加 2%($=e^{0.02}-1$)。有宗教信仰的个体,其看风水、看星象的发生风险均明显高于那些无宗教信仰的个体,分别是无宗教信仰个体的 1.73($=e^{0.55}$)、1.99($=e^{0.69}$)倍,但测字及解梦的发生风险却略低些,分别是无宗教信仰个体的 69.8%($=e^{-0.36}$)、84.4%($=e^{-0.17}$)。同时,父母有无宗教信仰对子女的信仰有一定影响。父母有宗教信仰的受访者在看风水、测字及看星象等方面的发生风险高于那些父母没有宗教信仰的受访者,分别是那些父母无宗教信仰的受访者的 1.06($=e^{0.06}$)、1.06($=e^{0.06}$)及 1.09($=e^{0.09}$)倍。

## 四 讨论

运用社会调查数据,本文就当代中国的超常信仰进行了探索性的经验研究。本研究的发现印证了已有相关研究的一些结论,为关于超常信仰的研究提供了一个来自中国大陆的实例。

其一,在超常信仰的社会相关性方面,如前文所述,已有的关于西方社会的研究表明,超常信仰与性别、年龄、教育程度以及个体的身心健康状况等因素相关,但其相关性是复杂和不确定的。我们关于中国大陆的研究也呈现出类似的情形。年龄、婚姻状况、受教育程度以及身体健康状况等因素与中国人的超常信仰活动显著相关。数据显示,年长、已婚有偶、受教育程度较低以及身体健康自评差的人群更有可能发生超常信仰行为,但具体到超常信仰行为的不同类型,其差异性又有不同。唯一的例外是身心健康状况。身体健康自评差的人群在 5 个主要的超常信仰活动上的发生几率均明显高于身体自评好的。身体,在关于中国人灵性世界(spiritual world)的研究中是一个值得关注的向度。

其二,在超常信仰与宗教的关系方面,在文献综述部分我们曾指出同时存在两个基

---

[①] 尽管表 2 中有些变量并未呈显著统计学差异,但其回归系数及方向仍可在样本中下结论,只是无法推断到总体。

本假设。一种假设认为超常信仰与主流宗教信仰之间是负相关的，强调这两种信仰结构的相互替代和竞争关系；另一种假设则相反，认为宗教信仰与超常信仰正相关，强调导致人们相信超常现象的思维过程有共通之处。这两种相对立的理论假设在既有研究中都可以找到支持的证据。我们关于中国大陆超常信仰的研究发现也呈现出同样复杂的局面，以上两个假设同时得到支持。数据分析表明，与无宗教信仰的个体相比，有宗教信仰者发生超常信仰行为的可能性依据不同的类型而不同。就超常信仰与宗教之间错综复杂的内在关联而言，仅仅归结为正反两个方向的相关，显然是过于简化了。当然，因为数据本身的限制，我们没有更深入地分析不同的宗教归属者（例如佛教徒与基督徒）之间在超常信仰活动上的差异，也没有分析宗教活动频繁度、宗教态度等因素的不同对其超常信仰活动的影响。这些研究的开展还有待更细致入微的田野观察和内容更为丰富的社会调查数据。

　　超常信仰与宗教信仰呈现出的复杂相关性，正是社会复杂性的一个面相。通过分层多分类变量模型技术的采用，本研究探索了社会环境或社会场景对两者关系的影响。家庭环境是影响超常信仰与宗教关系的重要社会因素。考虑到宗教信仰的代际传递性，我们将家庭环境因素设定为重要的社会场景并作为高层变量纳入分析模型。回归分析显示，父母有宗教信仰的受访者更有可能去看风水、测字和看星象。近年来，社会统计技术不断完善，分层模型被越来越多地运用到社会学研究的各领域（Raudenbush & Bryk, 2001；Xie & Hannum, 1996）。[①] 宗教信仰和超常信仰现象并非置身于社会场景之外，但遗憾的是，在宗教研究和超常信仰研究领域，这样的社会统计应用还很少见到。本研究对此进行了一定的尝试。

　　同样需要指出的是，由于本研究所用数据中关于受访者收入状况的缺失值过半，难以纳入回归分析，所以我们尚无法确定超常信仰与收入的关系。另外有一点需要说明，关于超常信仰行为在不同地域间的差异，我们一般的感觉是农村地区要多于城市，但在回归分析的全模型中，尽管我们将城乡地域的变量纳入其中，但未见显著统计学差异，因而无法进行总体推断，尚有待大样本的数据支持。

　　本文用超常信仰的概念将"封建迷信"引入社会科学的研究视野，主张用社会科学的方法研究这一客观存在的社会现象。尽管不无缺憾，但终究向前迈出了一小步。超常信仰研究的价值，不限于增进对其自身的了解和理解，我们还希望能够由此促进对中国宗教的研究。

　　超常信仰与宗教的内在关联，不仅呈现于日常生活，也体现于宗教学术研究中的纠结。大体上，两者的纠结主要集中在如何定义宗教这一问题上。自19世纪末20世纪初

---

　　① 劳登布什（Raudenbush & Bryk, 2001）等对子女教育成就的考察，将其父母的教育程度作为高层变量处理。此外，谢宇等亦曾将父母的社会经济地位（SES）作为高层变量处理。

以降，西方学者为澄清宗教的本质而致力于异文化中"原始宗教"的研究，其中，关于巫术（Magic）的研究蔚为壮观，不乏影响深远的大家，如泰勒（Edward B. Tylor）、弗雷泽（James G. Frazer）、涂尔干（Emile Durkheim）、马林诺夫斯基（Malinowski）、莫斯（Marcel Mauss）等。这种从异文化的研究来反观西方文化的进路，或隐或现地以社会进化论为逻辑前提（M. Wax & R. Wax, 1963）。要定义现代西方社会宗教之本质，解剖以巫术为主要形式的"原始宗教"这只麻雀显得十分必要。但如何划定巫术与宗教的界限，亦成为众学者争论不休的话题并一直延续至今（Stark, 2001）。20 世纪下半叶，社会进化论和西方中心主义受到质疑和批判。西方社会自身存在的一些有别于传统宗教的信仰活动以"新纪元"（New Age）社会运动等形式进入西方社会科学研究的视野。如本文前述，西方社会中的超常信仰现象已成为宗教研究领域的论题之一。

研究作为东方文明古国中国的宗教，其传统文化中的"巫术"当然不会为西方学者所忽略。韦伯（Max Weber）对中国宗教的研究是一个范例。在韦伯那里，亚洲宗教的巫术特征是普遍的，其生活都笼罩在"巫术的花园"里。中国宗教充斥着各种形式的巫术。大众的宗教意识，其核心成分一直就是"巫术"。儒家伦理与巫术有内在的亲和性，使得巫术得以在中国保留下来。道教的源头就来自于原始巫术，其本质不过是一个巫师的组织。正统与异端对于巫术、泛灵论的观念是宽容的。大众的生活虽然受儒家文化左右，但各种功利性的巫术以及鬼神崇拜无处不在，构成其生活的重要组成部分（Weber, 1951）。

中国民众生活中正统宗教与"巫术"、鬼神崇拜等超常信仰杂处无碍的特有格局，在杨庆堃那里以结构功能主义的视角得到一定程度的展现。杨庆堃认为中国存在两种类型的宗教结构形式，一类是制度性宗教，另一类是弥散性宗教。前者的代表是佛教和道教等普世宗教以及其他的宗教或教派社团（religious or sectarian societies），一些由职业术士和巫师等组成的宗派（cults）亦可归入此类；后者的代表则是形式各异的祖先崇拜、地方神祇崇拜以及伦理—政治性的宗派（ethicopolitical cults）。根据地方志的资料，杨庆堃指出，这两类宗教结构形式相互依赖，共同作用。通过分析地方宗教活动中和尚、道士的多重角色，杨庆堃指出了"中国宗教高度兼容的特性"（the highly eclectic nature of Chinese religion）。在大众的宗教生活中，信仰之间的边界是模糊的，宗教身份的问题处于次要的位置（Yang, 1961）。

从东方到西方，从异文化到本土文化，从"巫术"到"新纪元"，我们不难看到宗教与超常信仰之间盘根错节的复杂关系。与西方社会相比，中国社会固有的文化传承深刻地影响着中国宗教的内容和格局。对中国宗教而言，超常信仰的研究是不可或缺的。中国宗教是什么？中国宗教的边界在哪里？有没有一个可以清晰划定的边界？关于这些问题的讨论，作为一项探索性研究，本文尚不能作出圆满的回答。但我们相信，随着更多相关研究的跟进，必将丰富我们对中国宗教的认识。

## 参考文献

瞿海源：《术数、巫术与宗教行为的变迁与变异》，《国家科学委员会研究汇刊：人文及社会科学》1993 年第 3 卷。

Bader, C. D., F. C. Mencken & J. Baker 2010, *Paranormal America: Ghost Encounters, UFO Sightings, Bigfoot Hunts, and Other Curiosities in Religion and Culture*. New York and London: New York University Press.

Bainbridge, W. S. & R. Stark 1980, "Superstitions: Old & New." *Skeptical Inquirer* 6 (4).

Bourque, L. B. 1969, "Social Correlates of Transcendental Experiences." *Sociological Analysis* 30.

Daniels, M. J. & C. Gatsonis 1997, "Hierarchical Polytomous Regression Models with Applications to Health Services Research." *Statistics in Medicine* 16.

Dole, A. A. 1993, "Some Conceptions of the New Age." *Journal of Religion and Health* 32 (4).

Emmons, C. F. & J. Sobal 1981, "Paranormal Beliefs: Functional Alternatives to Mainstream Religion?" *Review of Religious Research* 22 (4).

Fox, J. W. 1992, "The Structure, Stability, and Social Antecedents of Reported Paranormal Experiences." *Sociological Analysis* 53 (4).

Glock, C. Y. & R. Stark 1965, *Religion and Society in Tension*. Chicago, IL: Rand McNally.

Goldstein, M. 1999, *Alternative Health Care: Medicine, Miracle, or Mirage?* Philadelphia, PA: Temple University Press.

Goode, E. 2000, *Paranormal Beliefs: A Sociological Introduction*, Prospect Heights. Illinois: Waveland Press.

Gray, W. D. 1991, *Thinking Critically About New Age Ideas*. Belmont, CA: Wadsworth.

Greely, A. W. 1975, *The Sociology of the Paranormal: A Reconnaissance*. Beverly Hills, CA: Sage Publications.

Grilli, L. & C. Rampichini 2007, "A Multilevel Multinomial Logit Model for the Analysis of Graduates' Skills." *Statistical Methods and Applications* 16.

Hedeker, D. 2003, "A Mixed-effects Multinomial Logistic Regression Model." *Statistics in Medicine* 22.

Hines, T. 1988, *Pseudoscience and the Paranormal: A Critical Examination of Evidence*. Buffalo, NY: Basil Blackwell.

Hyde, K. E. 1990, *Religion in Childhood and Adolescence: A Comprehensive Review of the Research*. Birmingham, AL: Religious Education Press.

McClenon, J. 1988, "A Survey of Chinese Anomalous Experiences and Comparison with Western Representative National Samples." *Journal for the Scientific Study of Religion* 27 (3).

—— 1990, "Chinese and American Anomalous Experiences: The Role of Religiosity." *Sociological Analysis* 51 (1).

McFadden, D. 1973, "Conditional Logit Analysis of Qualitative Choice Behavior." In P. Zarembka (ed.) *Frontiers in Econometrics*. New York: Academic Press.

McFadden, D. & K. Train 2000, "Mixed MLN Models for Discrete Choice." *Journal of Applied Econometrics* 15.

McLeod, A. 2001, Multivariate Multilevel Regression. "In A. H. Leyland & H. Goldstein (eds.), *Multilevel Modelling of Health Statistics*. Chichester, UK: Wiley.

Mears, D. P. & C. G. Ellison 2000, "Who Buys New Age Materials? Exploring Sociodemographic, Religious, Network, and Contextual Correlates of New Age Consumption." *Sociology of Religion* 61 (3).

Mencken, F. C., C. D. Bader & R. Stark 2008, "Conventional Christian Beliefs and Experimentation With the Paranormal." *Review of Religious Research* 50 (2).

Orenstein, A. 2002, "Religion and Paranormal Belief." *Journal for the Scientific Study of Religion* 41 (2).

Ozorak, E. W. 1989, "Social and Cognitive Influence on the Development of Religious Beliefs and Commitment in Adolescence." *Journal for the Scientific Study of Religion* 28.

Rabe-Hesketh, S., A. Skrondal & A. Pickles 2004, "Gllamm Manual." U. C. Berkeley Division of Biostatistics Working Paper Series.

Raudenbush. S. W. & A. S. Bryk 2001, *Hierarchical Linear Models: Applications and Data Analysis Methods* (2ed.). Thousand Oaks, CA: Sage Publication.

Rice, T. W. 2003, "Believe It or Not: Religious and Other Paranormal Beliefs in the United States." *Journal for the Scientific Study of Religion* 42 (1).

Skrondal, A. & S. Rabe-Hesketh 2003, "Multilevel Logistic Regression for Polytomous Data and Rankings." *Psychometrika* 68.

Sparks, G. G. 2001, "The Relationship Between Paranormal Beliefs and Religious Beliefs." *Skeptical Inquirer* 25 (5).

Stark, R. 2001, "Reconceptualizing Religion, Magic, and Science." *Review of Religious Research* 43 (2).

Stark, R. & W. S. Bainbridge 1987, *A Theory of Religion*. New York, NY: Lang.

Tam, W. & Y. Shiah 2004, "Paranormal Belief, Religiosity and Cognitive Complexity." Paper presentedat the Parasychological Association Convention, hosted by the Austrian Society for Perapsychology, in Vienna (http://www.parapsych.org/papers/45.pdf).

Tobacyk, J. & G.. Milford 1983, "Belief in Paranormal Phenomena: Assessment, Instrument Development, and Implications for Personality Functioning." *Journal of Personality and Social Psychology* 44 (5).

Wardell, D. W. & J. C. Engebretson 2006, "Taxonomy of Spiritual Experiences." *Journal of Religion and Health* 45 (2).

Wax, M. & R. Wax 1963, "The Notion of Magic." *Current Anthropology* 4 (5).

Weaver, A., K. Flannelly, H. Stone & L. Dossey 2003, "Spirituality, Health, and CAM: Current Controversies." *Alternative Therapies in Health and Medicine* 9 (6).

Weber, M. 1951, *Religion of China*. New York, NY: Free Press.

Wuthnow, R. 1978, *Experimentation in American Religion*. Berkeley, CA: University of California Press.

Xie, Y. & E. Hannum 1996, "Regional Variation in Earnings Inequality in Reform-era Urban China." *American Journal of Sociology* 101 (4).

Yang, C. K. 1961, *Religion in Chinese Society: A Study of Contemporary Functions of Religion and Some of Their Historical Factors*. CA: University of California Press.

(作者单位：夏昌奇，武汉大学社会学系；王存同，中央财经大学社会学系)

# 公共文化供给的宗教信仰挤出效应检验*
## ——基于河南农村调查数据

阮荣平 郑风田 刘 力

## 一 引言

  农村文化建设是新农村建设的保障（辛秋水，2006；贺雪峰，2004；刘湘波，2006）。在中国改革开放进程中，农村文化建设取得了历史性进展，但同时也存在着突出问题。其中，最为主要的问题是农村公共文化处于边缘化境地、供给贫乏、投入严重不足、发展缓慢，农民文化生活枯燥。根据《中国第二次全国农业普查资料综合提要》[①]，1996年，全国有体育健身场所的村仅占3.9%，2006年虽有增加，但也仅为10.7%；1996年，有图书室、文化站的村仅占5.0%，2006年也仅占13.4%。财政部教科文司、华中师范大学全国农村文化联合调研课题组（2007）指出，从总体上看，国家财政文体广事业费支出在"十五"期间的年均增长率低于同期国家财政收入的年均增长率；从文化行业的局部看，由于基数小，国家财政文化支出占财政总支出的比重呈逐年下降的趋势，2005年比"六五"期间下降了0.13个百分点，降幅达25%（参见图1）。从财政对文化投入的级别构成看，中央财政对文化投入的力度远远超过地方财政。更为突出的是，国家对文化的投入存在明显的"城市偏向"，农村文化的财政投入在国家对文化投入中的比例较低，统计表明，2001—2005年，国家对农村文化的投入占国家文体广行业财政支出的比例一直徘徊在20%—25%。

  与此相对应的是，改革开放以来，在中国农村，宗教却迅速发展，掀起一股"宗教

---

\* 本文得到国家社会科学基金重大项目"促进农村社会全面进步对策研究：中国农村信仰问题与公共事业发展关系研究"（项目编号：08&ZD032）、国家社科基金重大项目"完善社会管理与维护社会稳定机制研究：农村对抗性冲突及其化解机制研究"（项目编号：07&ZD048）和国家自然科学基金"公共物品供给视角下的中国农村居民信仰选择行为理论与实证分析"（项目编号：70973132）资助。在此笔者深表感谢，文责笔者自负。

[①] 国务院第二次全国农业普查领导小组办公室、国家统计局：《中国第二次全国农业普查资料综合提要》，中国统计出版社2008年版。

热"（谭飞等，2007）。根据 World Value Survey 的调查结果，到 2005 年，中国宗教信仰者的比重已经超过了无神论者的比重，而在 1990 年，无神论者的比重却是宗教信仰者比重的 8 倍①（参见图 1）。截止到 2005 年，中国人中明确认为自己有宗教信仰的人所占比重已经达到了 21.79%。其他全国性调查②以及地区局部调查③也都显示，宗教在中国，特别是在农村地区，发展迅速。

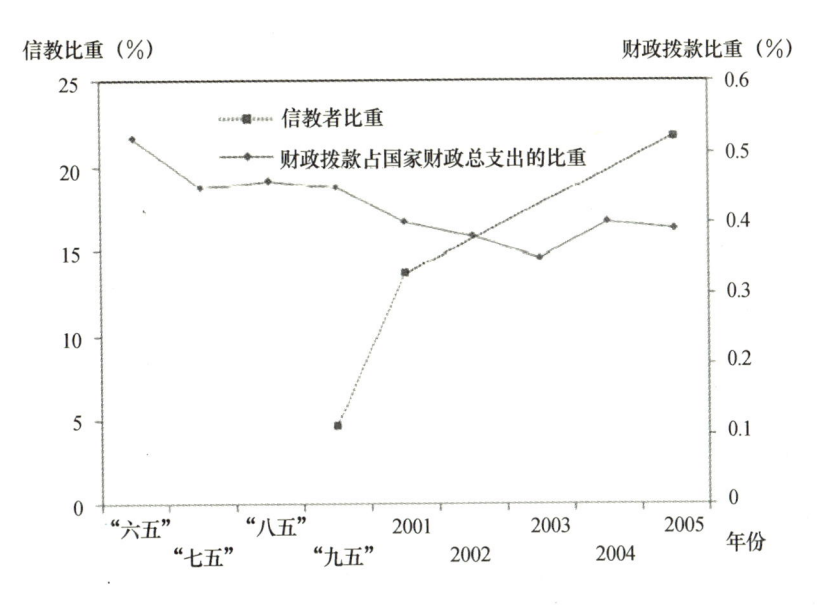

**图 1 中国历年信教比重与财政文化支出占国家财政总支出比重**

图 1 引发了两个问题：农村公共文化的式微（吴理财、夏国锋，2007）与农村"宗教热"之间的鲜明对照是一种偶然，还是一种必然？农村公共文化供给缺乏是农村宗教迅速发展的一个原因吗？在现有的实证研究中，探讨二者关系的文献并不多见。有三种理论（世俗化理论、宗教经济理论和宗教"精神合作社"假说）可以用来推导二者之间的关系，但是，它们的理论预期却并非一致。世俗化理论与宗教"精神合作社"假说所预期的公共文化供给与宗教之间关系的作用机制虽不一样，但其方向却是一致的；世俗化理论与宗教经济理论所预期的作用机制虽然相似，但其方向却不相同。限于数据，本

---

① 资料来源：www.worldvaluessurvey.org。
② 华东师范大学当代中国人精神生活调查组公布的中国信教比重达 31.4%［资料来源：新浪网（http://news.sina.com.cn），2007 年 4 月 4 日］。世界基督教百科全书（World Christian Encyclopedia）将一些民间信仰的信众也包括在了信教者当中，这样使得信教者的比重更高，1970 年，信教比重为 35.8%，2000 年则上升到了 49.7%（Barrett et al.，2001）。
③ 谭飞等（2007）对中国中西部的一项调查显示：在中国中西部部分农村地区，各种地下宗教、邪教力量和民间迷信活动正在快速扩张和"复兴"，一些地方农村兴起寺庙"修建热"和农民"信教热"。针对江苏（张厚军，2005）、河北（闵淑范，2002）、河南（赵社民，2004）、辽宁（徐海燕，2007）、东南沿海农村（闭伟宁，2001）等地的调查也表明，农村宗教正在迅速发展。

文主要研究二者之间关系的方向,而非作用机制。

本文结构安排如下:第二节对国内外相关文献进行回顾;第三节根据世俗化理论、宗教经济理论和宗教"精神合作社"假说对公共文化供给与宗教之间的关系进行理论分析,并提出研究假设;第四节给出实证研究方法;第五节介绍本文所使用的数据;第六节是计量结果;第七节是主要结论。

## 二 文献回顾

本文的研究目标是探讨农村公共文化供给与农村宗教之间的关系。在现有文献中,与信仰相关的研究已经蔚为大观。对于中国信仰研究的发展历程、不同阶段的特点以及主要成果,Yang(2004)进行了较为细致的文献回顾。Iannoccone(1998)则对经济学领域中信仰行为研究的进展进行了十分出色的总结和介绍。在这些文献回顾的基础上,结合本文的主要研究目标,本文将着重回顾两方面的文献:一方面是公共文化与宗教之间关系的文献,另一方面是公共物品与宗教之间关系的文献。

### (一)公共文化供给与宗教之间的关系

目前研究文化供给与宗教之间关系的文献还比较少,不过,也有一些研究从侧面对二者之间的关系进行了论证。例如,Putnam(1995)研究了美国社会资本的长期变化过程,认为美国社会资本有不断下降的趋势,并且认为社会资本下降是缘于电视的兴起。如果将宗教参与作为社会资本积累的一种方式,那么,Putnam假说可以用来推断,世俗文化活动参与越多,宗教活动参与就越少。Olken(2006)分析印度尼西亚的数据后发现,看电视时间增加,社会组织参与(包括宗教活动)情况就会下降。不过,这些研究都没有正面回答文化活动与宗教究竟是怎样的一种关系。国内研究二者之间关系的文献,更多的只是观点陈述,而缺乏系统的理论和实证分析。在现有论述二者关系的文献中,大多数研究认为,二者之间具有负相关关系,即农村公共文化供给的贫乏导致了农村宗教的兴起(例如吴理财,2007;谭飞等,2007;夏建国,2007)。

### (二)物质性公共物品供给与宗教之间的关系

虽然直接探讨公共文化与宗教关系的文献尚不多见,但是,有关物质性公共物品与宗教关系的研究已经积累了很多成果。

目前已经有很多学者将宗教组织视为公共物品的供给者来分析,认为宗教具有世俗公共物品供给的功能。Chen(2008)提出,宗教具有风险化解功能,该功能使宗教组织在社会发生重大经济、政治以及其他危机时更具吸引力。利用印度尼西亚金融危机前后的数据，Chen 的实证结果证明了这种机制的存在。Dehejia et al.（2007）运用美国消费支出调查（CEX）数据，研究了宗教参与对信徒消费平衡的保障机制后发现，对宗教组织进行奉献的家庭能够更好地保障其受到冲击时的消费平衡。另外，在精神层面的研究同样证明了宗教社会保障机制的存在。Ellison（1991）和 Strawbridge et al.（1998）的研究表明，宗教参与能有效降低创伤性事件对信教者幸福感等精神福利的影响。基于欧洲的数据，Clark and Lelkes（2005）发现，宗教参与是减轻还是加剧创伤性事件对信教者幸福感的影响主要取决于教派以及事件的类型。Dehejia et al.（2007）发现，在受到收入冲击的时候，参与宗教活动的个体能够更好地保障其幸福感的稳定。Caldwell et al.（1992）和 Taylor（1988）指出，教堂通过满足人们的应急性需求、提供满足心理以及物质方面需求的社会网络、关注家庭的特殊需求而为信徒提供社会以及经济帮助①。

与本文关系最为密切的是有关宗教与世俗公共物品供给者之间替代效应的研究。Chen（2008）的研究结果表明，信贷可得性对宗教的社会风险化解机制存在显著的替代效应，经济危机中，信贷可得性能够使经济危机对宗教委身程度的影响下降 80%。另外，宗教组织作为公共物品的供给者，与政府公共支出之间存在替代效应。一方面，当政府的公共物品供给减少时，宗教信仰组织的公共福利支出会相应增加。美国 1996 年联邦福利法改革后，政府减少了对公众的福利服务，而此时教堂的慈善支出却显著增加了（Hungerman，2005）；另一方面，当政府加大公共支出时，宗教信仰组织的公共福利支出则会大幅减少。Gruber and Hungerman（2007）在研究 20 世纪 30 年代罗斯福新政对教堂慈善支出的影响时发现：较高的政府支出导致了较少的教堂慈善活动，相对于政府支出，挤出效应的比重很小，只有 3%；但相对于教堂慈善支出，挤出效应的比重却很大，政府支出使得教堂慈善支出下降了约 30%。Chen（2005）和 Chen（2008）的研究结果则进一步表明，社会保守主义与财政保守主义总是共生共现，参加了宗教组织的人对政府公共福利支出的需求明显减少。利用中国农村数据，郑风田等（2010）研究表明，社会保障的缺乏是农村宗教迅速发展的一个重要原因。由此可以进一步推断，如果社会保障供给增加，则会对农村宗教产生挤出效应。

综上所述，目前有关公共物品供给与宗教之间的关系已经形成了大量的研究，这有助于认识具有公共物品属性的公共文化供给与宗教之间的关系。但是，文化产品与其他公共物品毕竟还存在着十分明显的差异，文化产品的供给与精神福利有着更加密切的关

---

① 另外，还有一部分研究强调宗教在公共物品供给过程中的效率，并据此提出了"宗教俱乐部"模型。该模型认为，通过宗教牺牲和宗教禁忌等手段，教会在克服免费搭便车问题方面显得十分有效。"宗教俱乐部"模型最早由 Iannoccone（1992）提出，之后得到了许多经验支持。Berman（2000）对极端正统派犹太教（Ultra-Orthodox Jews）的研究、Berman et al.（2007）对欧洲天主教教徒生育率的研究、Berman and Laitin（2008）对中东极端组织自杀式袭击的研究以及 Wang（2009）对阿米什教派（Amish）的研究，均支持"宗教俱乐部"模型对宗教公共物品供给富有效率的推论。

系，同时也会对人的精神层面产生更为深刻的影响。这些特点提醒我们要重视公共文化供给与宗教之间的关系。现有文献中直接探讨文化与宗教之间关系的研究不是很多，并且主要是观点性的评论，缺乏系统的理论和实证分析。因此，本文对农村公共文化供给与农村宗教之间关系的实证研究，有助于推进对二者之间关系的认识，并且可以进一步提升对农村"宗教热"的理解。

## 三 理论分析与研究假设

### （一）世俗化理论与宗教经济理论

有关宗教发展的第一代理论是世俗化理论。世俗化理论的影响力从其领军人物以及拥护者（例如马克思、弗洛伊德、休谟等）的影响力可见一斑[①]。世俗化理论的核心观点之一是，随着社会现代化程度的不断提高，例如社会经济的发展、人们受教育水平的提高以及城市化的不断推进，宗教将处于一个不断衰退的过程，最终会消失。在世俗化理论看来，社会经济发展、受教育水平提高等现代性的发展之所以会导致宗教衰退，主要原因之一是宗教起源于"原始头脑"（斯达克·罗德尼、芬克·罗杰尔，2004），起源于人们认识能力的欠缺。按照世俗化理论，公共文化供给与宗教之间的关系应该是负相关关系。这是因为农村公共文化供给主体是"现代性"很强的政府，因此，它所供给的农村公共文化也将具有很强的"现代性"，这些"现代性"的注入对人们宗教信仰选择的影响与受教育水平提高的影响具有相似的效果。例如，在村中建图书室，为村民提供科技读物，这些公共文化供给对宗教的影响与提高村民受教育水平的影响十分相似。另外，其他公共文化供给也都具有很强的无神论色彩，因而对个体宗教性也有较强的削弱效应。由此可以提出如下假设：

假设1：农村公共文化供给会降低个体宗教信仰选择的概率，农村公共文化供给充分的村庄其宗教信仰比重就比较小。

但是，宗教经济理论却并不认为宗教信仰起源于原始头脑，例如，Malinowski (1981) 研究了特罗布兰德岛人这一原始部落，指出这些"原始头脑"诉求于超自然只是其最后的办法，为了除掉园中的杂草或修理篱笆，他们不会诉求于超自然；而想要去

---

[①] 随着宗教经济学以及宗教市场理论的不断崛起，以及除西欧外在其他国家和地区宗教并没有表现出世俗化（世俗化的内涵和外延十分丰富，不同学者定义不一，本文仅取其最为原始的定义之一，即信教比重的下降）这一事实，世俗化理论受到了越来越多的质疑、批评甚至责难。世俗化之争也因此越演越烈，直至现在（Mcbride, 2005）。尽管很多事实与世俗化理论预期不符，但是，这也不能说明世俗化理论一无是处，它对许多现象也有很强的解释力。也正因为如此，许多坚持宗教经济理论的学者也认同世俗化理论有其合理之处。因此，目前学术界出现了一股新的势头，试图在承认世俗化理论和宗教经济理论合理性的基础上，调和二者之间的矛盾，例如Mcbride (2005) 的尝试。

影响天气，他们则求助于超自然力量①。因此，在宗教经济理论看来，人们受教育水平与其宗教信仰之间并不具有直接作用关系。据此可以提出如下假设：

假设2：农村公共文化供给与宗教信仰选择之间不具有相关关系。

虽然世俗化理论与宗教经济理论对农村公共文化与农村宗教之间关系的方向预期并不一致，但是，它们对二者之间作用机制的描述却有着共通之处，即认知能力是宗教信仰的一个决定因素。农村公共文化供给与农村宗教之间通过认知能力而发生关系的这一机制，本文称之为农村公共文化供给的"认知效应"。

### (二) 宗教"精神合作社"假说

有关农村公共文化供给与农村宗教之间的关系，还可以从另一种观点中予以推理。该观点认为，人们之所以会选择宗教信仰主要是因为精神空虚、缺乏组织归属感（Yang，2006）。市场化改革导致了村庄社区发生了很大变化，其中包括村庄文化的变化。在市场化改革之前，农村村庄的熟人社会具有很强的社会整合功能。但是，市场化凸显了人们自利的一面，导致了村庄成员的原子化，村庄的社会整合功能大大下降，成员的组织归属感丧失（徐晓军，2002；姚俊，2004）。而教会组织所宣扬的博爱、互助及其组织活动的规则性使得教会就类似于一个"精神合作社"，能大大提升人们的组织归属感。在此情形之下，人们选择宗教信仰的概率就会增加。

然而，农村公共文化供给也具有加强村民间交流、提高其组织归属感的功能。农民公共文化生活可以积极培育农民的新集体主义意识和互助合作精神，增强农村社区内聚力（吴理财、夏国锋，2007）。因此，农村公共文化供给与宗教之间就会形成替代关系。这一点类似 Hungerman（2005）和 Gruber and Hungerman（2007）所指出的教会与政府在公共物品供给方面的替代。

相对于宗教而言，农村公共文化供给在某些方面具有更强的竞争优势。根据宗教信仰理性选择理论，人们在做出信仰选择时，会选择与自己宗教资本最相近的信仰，同时会试图保持自己原有的社会资本（斯达克·罗德尼、芬克·罗杰尔，2004）。这里，本文将信教和不信教都视为一种信仰②。首先，就信仰资本而言，经过十年"文化大革命"和正规教育中大量唯物主义的教导，在中国大多数人积累起来的信仰资本是唯物主义的

---

① 转引自斯达克·罗德尼、芬克·罗杰尔（2004）。

② 即将不信教（例如唯物主义信仰）也视为人们信仰选择集合中的一个元素。在西方社会，学者们对信仰选择的讨论更多地集中在不同宗教信仰之间的转换；但是，目前中国宗教发展更多地体现在从无宗教信仰向有宗教信仰的转变，因此，将无宗教信仰视为人们信仰选择集合中的一个元素更符合中国宗教发展的实际情况。据此，在宗教资本的概念上本文提出"信仰资本"这一概念。宗教资本指的是对所信奉宗教的相关知识（例如教义、宗教仪式等）的熟悉程度，本文中信仰资本则指的是对相关信仰的熟悉程度，例如对唯物主义相关概念、理论和方法的熟悉程度等。

信仰资本。因此，在其他条件一定的情况下，不信教相对于信教吸引力更大，大多数人会选择不信教。其次，就社会资本而言，宗教与世俗大众、世俗社会之间毕竟还存在一定的张力，如果没有了这一张力，宗教也就无以为宗教了。在一定程度上，宗教与世俗社会之间还存在着冲突。例如，基督徒不去祭祖，而在中国世俗社会看来，这是一种大不敬行为。由于宗教的社会资本与世俗大众的社会资本具有较明显的差异，而世俗大众为了保持自己原先积累起来的世俗社会资本，其选择宗教信仰的概率就会下降。因此，在以相同成本提供同质量组织归属感的情况下，农村公共文化供给会降低人们选择宗教信仰的概率。这与世俗化理论所预期的结果相一致。农村公共文化供给与农村宗教之间通过组织归属感而发生关系这一作用机制，本文称之为农村公共文化供给的"归属效应"。

由上，可以将农村公共文化供给与农村宗教之间的关系概括如图2。根据世俗化理论、宗教经济理论和宗教"精神合作社"假说，农村公共文化供给可以通过两种作用机制对农村宗教产生影响。一是农村公共文化的认知效应。由于农村公共文化具有现代性，它具有提高农民认知能力的功能。按照世俗化理论，人们认知能力提高将会降低其宗教需求。因此，农村公共文化供给与农村宗教之间有负相关关系。而根据宗教经济理论，人们认知能力与其宗教需求之间并没有必然的关系，因此，农村公共文化供给与农村宗教之间也不必然具有相关关系。二是农村公共文化供给的归属效应。农村公共文化具有提高人们组织认同和集体归属感的功能。按照宗教"精神合作社"假说，正是宗教的这一功能才使得宗教颇具吸引力。农村公共文化供给与农村宗教之间将为此构成竞争关系，彼此具有替代效应，因此，农村公共文化供给与农村宗教之间具有负相关关系。由于宗教资本和社会资本力量的存在，在现有情况下，农村公共文化相对于农村宗教往往更具竞争力。

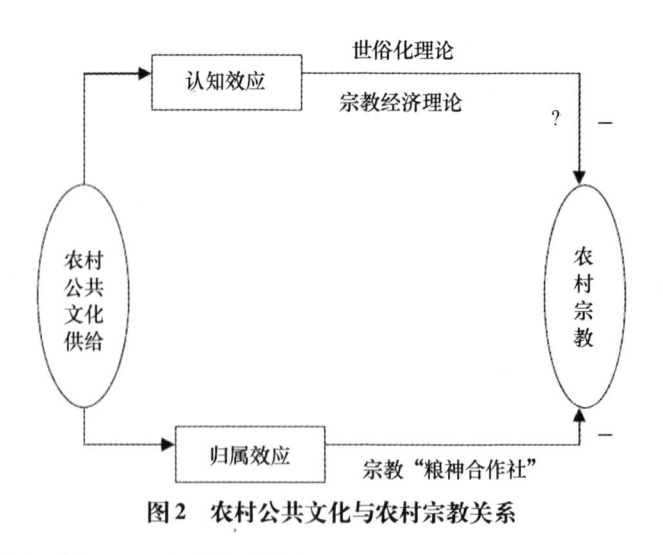

**图2　农村公共文化与农村宗教关系**

注："?"表示关系不确定，"-"表示负相关关系。

## 四 实证分析方法

### （一）公共文化供给与信教比重：村级数据

1. 计量模型设定。根据研究假设，本文设定了如下计量模型来考察农村公共文化供给与农村宗教之间的关系：

$$PR = \beta_0 + \beta_1 G + \beta_2 C + \beta_3 X + \mu \quad (1)$$

（1）式中，$PR$ 表示村庄中的信教比重，该指标的计算方法是全村信教人数除以全村总人口。本文对农村公共文化供给选取的指标有两个，分别是农村公共文化设施（$G$）和农村公共文化活动（$C$）。农村公共文化设施和农村公共文化活动的具体衡量指标分别是村庄拥有的公共文化设施数量和开展的公共文化活动数量。公共文化设施的指标包括村中是否有"图书室"、"电影放映室或电影院"、"公共电子阅览室"、"有线电视或电视差转台"、"有线广播"等公共文化设施，然后加总村庄所拥有的公共文化设施从而得到 $G$。同时，公共文化活动的指标包括村中是否有"文化下乡"、"演戏"、"民间艺术或演出（例如戏曲或唱歌等）"、"民间工艺"、"花会或灯会"、"舞龙舞狮"、"庙会"等活动，然后加总村庄所开展的公共文化活动从而得到 $C$。

$\beta_0$、$\beta_1$、$\beta_2$ 和 $\beta_3$ 是待估参数。如果 $\beta_1$ 和 $\beta_2$ 为负，则表明公共文化的宗教信仰挤出效应存在。$X$ 表示控制变量，具体包括有无村集体收入、最近公路到村中心的距离、五保户数量和村民信贷可得性[①]。$\mu$ 表示随机扰动项。

2. 内生性。至少有一个原因不能忽略模型（1）所面临的内生性问题，那就是宗教信仰与公共文化之间的联立性问题，即有可能是因为一个村庄内宗教信仰的比重比较大，对世俗公共文化的需求下降，从而导致了公共文化供给的缺乏。Chen（2005）从公共财政支出的角度，证明了公共财政支出与宗教信仰之间具有替代关系，人们参加教会组织就会减少对政府公共财政支出的需求，社会保守主义与财政保守主义总是表现出一种共生共现的关系。Gruber and Hungerman（2007）和 Hungerman（2005）则证明了政府支出与教会支出之间的替代关系，政府公共支出的增加会减少教会支出，而教会支出的增加同时会降低人们对政府公共支出的需求，最终促使政府公共支出的减少。这些结论提醒研究者应该注意宗教信仰与公共文化之间的联立性问题[②]。

---

[①] 以往研究表明，经济发展水平和公共物品供给是宗教信仰选择的重要影响因素，据此本文将村集体收入和最近公路到村中心的距离、五保户数量和村民借贷可得性分别作为经济发展水平和公共物品供给的衡量指标纳入回归模型。

[②] 笔者调查过程中也发现了这种联立性存在的证据。当询问村干部宗教信仰是否会影响到其工作开展的时候，一个村干部讲道：在举办公共文化活动时，总是会遭到信徒的抵制，因为信徒对这些文化活动很不感兴趣，因此，向这部分人筹资的难度就特别大。

为了解决内生性问题,本文使用了 IV 估计法。借鉴张晓波等 (2003) 的做法,本文选择的工具变量是"村庄到县政府所在地的距离"。这一变量在一定程度上代表村庄的公共实施、交通等条件,是政府在进行公共文化供给决策时经常考虑的变量,因此也是农村公共文化供给的一个重要的决定变量。而相对于宗教信仰而言,该变量则是外生变量。

### (二) 公共文化供给与宗教选择:农户数据

本文拟从更加微观的层面利用农户数据来检验公共文化供给与宗教之间的关系。借鉴郑风田等 (2010) 的做法,本文使用如下计量模型分析公共文化供给与农户个体宗教信仰的相关关系:

$$R = \beta_0 + \gamma Z + \beta X + \xi + \mu \tag{2}$$

(2) 式中,$R$ 表示受访者信教与否(信教 =1;不信教 =0)。$Z$ 表示公共文化供给情况,包括公共文化设施和公共文化活动的供给情况。公共文化设施的具体指标是有无图书室(有 =1;无 =0),公共文化活动的具体指标是有无文化下乡和演戏(有 =1;无 =0)。一般的,公共文化活动供给对个体而言有较强的外生性,理由有二:一是中国目前的公共文化供给主要采取"自上而下"的供给方式(惠卫刚,2009;疏仁华,2007)[1],因此,供给决策过程中农户参与很少,农户因宗教信仰不同而产生的不同文化喜好也就不会对公共文化供给产生很大影响。二是即使是在充分民主的情况下,个体对总体决策的影响也会因为总体规模而被弱化。当总体规模较大时,个体因宗教信仰不同而产生的文化需求差异对总体公共文化供给的影响就会变得很小。基于这两个理由,本文将公共文化供给视为个体宗教信仰的外生变量。

$X$ 是一些控制变量,主要包括性别、年龄、年龄的平方[2]、受教育年限、家庭支出对数、是否户主、是否担任过村干部、本人健康状况、家人健康状况、家庭社会保障水平、家人信教状况等[3]。$\xi$ 表示乡镇固定效应。$\mu$ 表示随机扰动项。

## 五 数据

本文所使用的数据来源于中国人民大学社会主义新农村文化建设研究课题组 2008 年

---

[1] 也正是公共文化供给的自上而下,目前在农村公共文化供给过程中存在较为严重的结构失衡(中共襄樊市委宣传部课题组,2007;财政部教科文司等,2007)、供需错位等问题(惠卫刚,2009;吴理财等,2007)。

[2] 根据宗教家庭生产模型,年龄与宗教信仰体现为一种"U 字形"关系。这主要是因为宗教选择以及宗教性受到机会成本(例如工资率)的影响,而工资率在生命周期中表现出一种"倒 U 形"的发展轨迹,因此,年龄与宗教信仰之间也是一种非线性关系。据此,本文在模型中加入了年龄的平方项。

[3] 有关控制变量的详细说明参见郑风田等 (2010)。

在河南省洛阳市嵩县所进行的随机抽样调查,有效回收的村级问卷份数和有效农户样本数分别是40份和340户。有关该调查的详细说明参见郑风田等(2010)。

嵩县总面积3008平方公里,辖16个乡镇318个行政村,总人口55万,以丘陵和山地为主。选择嵩县作为调查区域主要基于以下几点考虑:①嵩县的信教比重较大,位于于建嵘(2008)所指出的基督教分布密集带上,该县每个乡镇都有一个教堂;②嵩县是国家级贫困县,该县大部分乡镇的地形是丘陵和山区,因此,农民所享受到的公共物品供给服务可能会较少。鉴于上述考虑,嵩县对于本文所研究的问题具有典型性,能更好地反映宗教与农村公共文化供给的关系。

模型(1)所涉及的变量特征见表1。由表1可知,样本中信教比重平均为6%。该比重由于分母中包含了未成年人而显得偏小,使用村中劳动力数量作为分母所得的比重(20%)要远远高于该比重。但是,使用前者作为信教比重的指标对模型估计结果的方向以及显著性不会产生影响。另外,样本中公共文化供给较为匮乏,2008年每个村平均拥有的公共文化设施仅1项,公共文化活动也仅有1项。

表1　　　　　　　　模型(1)中各变量特征

| 变量 | 观测值 | 均值或构成比 | 标准差 | 最小值 | 最大值 | 变量说明 |
| --- | --- | --- | --- | --- | --- | --- |
| 信教比重 | 38 | 0.06 | 0.06 | 0.01 | 0.27 | |
| 公共文化活动 | 38 | 1.05 | 0.77 | 0 | 3 | |
| 公共文化设施 | 36 | 1.28 | 1.00 | 0 | 3 | |
| 村庄到县政府所在地的距离 | 40 | 32.31 | 28.47 | 0 | 110 | 单位:公里 |
| 最近公路到村庄的距离 | 39 | 0.75 | 2.04 | 0 | 12 | 单位:公里 |
| 五保户数量 | 39 | 8.74 | 9.15 | 0 | 40 | |
| 有无集体收入 | 40 | 0.58 | — | 0 | 1 | 有=1;无=0 |
| 信贷可得性 | | | | | | |
| 绝大多数村民能及时贷到款 | 39 | 0.23 | — | 0 | 1 | 是=1;否=0 |
| 一半村民能及时贷到款 | 39 | 0.05 | — | 0 | 1 | 是=1;否=0 |
| 绝大多数村民不能及时贷到款 | 39 | 0.72 | — | 0 | 1 | 是=1;否=0 |

模型(2)所涉及的变量特征参见表2。样本中信教比重为18%。公共文化供给水平较为落后,样本仅有16%的受访者村中有图书室,仅有19%的受访者村中有文化下乡活动,仅有24%的受访者村中过去一年举办过演戏活动。

表 2　　模型（2）中各变量特征

| 变量 | 观测值 | 均值或构成比 | 标准差 | 最小值 | 最大值 | 变量说明 |
| --- | --- | --- | --- | --- | --- | --- |
| 宗教选择 | 337 | 0.18 | — | 0 | 1 | 有宗教信仰=1；无宗教信仰=0 |
| 有无图书室 | 314 | 0.16 | — | 0 | 1 | 有=1；无=0 |
| 有无文化下乡 | 323 | 0.19 | — | 0 | 1 | 有=1；无=0 |
| 有无演戏 | 328 | 0.24 | — | 0 | 1 | 有=1；无=0 |
| 性别 | 325 | 0.63 | — | 0 | 1 | 女=1；男=0 |
| 年龄 | 335 | 45.84 | 12.91 | 14 | 86 | 单位：岁 |
| 年龄平方 | 335 | 2267.34 | 1238.05 | 196 | 7396 | |
| 受教育年限 | 293 | 7.38 | 3.08 | 0 | 16 | 单位：年 |
| 家人健康状况 | 333 | 1.77 | 0.81 | 0.33 | 5 | 5分变量。很健康=1，…，很不健康=5 |
| 本人健康状况 | | | | | | |
| 　很健康 | 337 | 0.41 | — | 0 | 1 | 是=1；否=0 |
| 　比较健康 | 337 | 0.31 | — | 0 | 1 | 是=1；否=0 |
| 　一般 | 337 | 0.09 | — | 0 | 1 | 是=1；否=0 |
| 　不太健康 | 337 | 0.17 | — | 0 | 1 | 是=1；否=0 |
| 　很不健康 | 337 | 0.02 | — | 0 | 1 | 是=1；否=0 |
| 家人信教状况 | 339 | 0.12 | — | 0 | 1 | 家人有宗教信仰=1；家人无宗教信仰=0 |
| 家庭社保水平 | 338 | 1.07 | 0.34 | 0 | 3.5 | 家庭成员人均享受到的社会保障项目数 |
| 家庭支出对数 | 295 | 8.95 | 0.79 | 6.55 | 11.78 | 家庭支出单位为元 |
| 是否户主 | 335 | 0.60 | — | 0 | 1 | 户主=1；非户主=0 |
| 是否村干部 | 336 | 0.15 | — | 0 | 1 | 干部=1；非干部=0 |

注：家人健康状况的计算方法是将除调查对象以外每个家庭成员的健康得分（1—5）加总，然后再除以除调查对象外家庭成员数量。

## 六 结果①

### (一) 村级数据回归结果: 模型 (1)

回归分析之前,本文对各个自变量之间的相关性进行了检验,发现自变量之间的相关性不是太大,相关性最强的变量之间的相关系数为 0.43,因此,模型的多重共线性问题并不严重②。为了克服潜在的异方差问题,本文计算了 Robust 标准误。基于嵩县村级数据使用 OLS 估计方法得到的模型 (1) 的估计结果见表 3。

表3　　　　　　公共文化供给对宗教信仰影响的 OLS 回归结果

|  | (1) OLS 标准误估计结果 | (1) Robust 标准误估计结果 | (2) OLS 标准误估计结果 | (2) Robust 标准误估计结果 |
| --- | --- | --- | --- | --- |
| 公共文化活动 | -0.021* (0.011) | -0.021* (0.011) | -0.023** (0.011) | -0.023** (0.008) |
| 公共文化设施 | -0.006*** (0.002) | -0.006** (0.002) | -0.007*** (0.002) | -0.007*** (0.002) |
| 最近公路到村庄的距离 | — | — | 0.002 (0.008) | 0.002 (0.007) |
| 五保户数量 | — | — | -0.001 (0.001) | -0.001 (0.001) |
| 集体收入 | — | — | 0.004 (0.015) | 0.004 (0.014) |
| 一半村民能及时贷到款 | — | — | 0.031 (0.032) | 0.031 (0.03) |
| 绝大多数不能及时贷到款 | — | — | -0.036** (0.017) | -0.036** (0.016) |
| 常数项 | 0.196*** (0.045) | 0.196*** (0.056) | 0.237*** (0.050) | 0.237*** (0.051) |
| 观测个数 | 33 | 33 | 31 | 31 |
| $R^2$ | 0.27 | 0.27 | 0.41 | 0.41 |
| 调整 $R^2$ | 0.22 | — | 0.21 | — |

注:①*、**、*** 分别表示在 10%、5%、1% 的水平上显著,括号内数值为标准误;②(1)列没有控制其他变量,(2)列对其他变量进行了控制;③信贷可得性的对照组为"绝大多数村民能及时贷到款"。

表 3 中的 (1) 列表示没有控制村级其他变量的回归结果。从中可以看出,无论是使用 OLS 标准误还是使用 Robust 标准误,公共文化活动和公共文化设施的供给与信教比

---

① 本文还使用了另外一套农户调查数据对公共文化供给与宗教的关系进行了稳健性检验,篇幅所限,这一检验结果没有在此报告,感兴趣的读者可以向作者索取。检验结果表明,二者之间具有显著的负相关关系,这在很大程度上说明模型 (1) 和模型 (2) 的估计结果具有较强的稳健性。

② 限于篇幅,相关性检验结果没有报告。

重之间均存在显著的负相关关系。公共文化活动每增加一项,信教比重就会下降 2.1 个百分点,占平均信教比重的 35.0%。由此可以看出,公共文化活动供给对村庄信教比重的影响程度较大。并且这一关系无论是使用 OLS 标准误,还是使用 Robust 标准误,均在 10% 的水平上具有统计显著性。公共文化设施对宗教信仰的影响程度是比较大的,公共文化设施供给每增加一项,信教比重就会下降 0.6 个百分点,占平均信教比重的 10%。这一关系在使用 OLS 标准误和使用 Robust 标准误所得到的统计显著性上有一些差异,但总体上至少在 5% 的水平上显著。公共文化活动和公共文化设施一起可以解释村庄之间信教比重变动的 27%,具有较强的解释力度。

表 3 中的(2)列表示控制了村庄特征变量以后所得到的回归结果。从中可以看出,即使控制了村庄特征变量,公共文化供给对宗教信仰的挤出效应依然存在,这一关系至少在 5% 的水平上显著。

表 3 中的回归结果没有考虑公共文化供给与宗教信仰之间的内生性问题,因而其估计结果有可能存在偏误。为了纠正公共文化与宗教信仰之间的内生性问题,本文使用了工具变量法。本文选择的工具变量是"到县政府所在地的距离"。从表 4 中的(1)列和(2)列中的第一阶段回归结果可以发现,"到县政府所在地的距离"与公共文化供给具有显著的相关关系,因此可以认为,"到县政府所在地的距离"是公共文化供给的一个比较好的工具变量。

表 4 中的(1)列"第二阶段"表示将"到县政府所在地的距离"作为公共文化活动的工具变量所得到的 IV 估计结果。从中可以看出,即使剔除掉公共文化活动与宗教信仰之间的内生关系以后,公共文化活动供给情况依然对信教比重具有显著的负向影响。公共文化活动每增加一项,村中信教比重就会下降 4.3 个百分点,占平均信教比重的 71.7%。这一关系在 1% 的水平上显著。因此,公共文化活动对信教比重有较强的挤出效应。此外,这一列的结果还显示,公共文化设施与信教比重之间也具有显著的负相关关系,这一关系在 1% 的水平上显著。

表 4 中的(2)列"第二阶段"表示将"到县政府所在地的距离"作为公共文化设施的工具变量所得到的 IV 估计结果。从中可以看出,即使剔除掉公共文化设施与宗教信仰之间的内生关系以后,公共文化设施与信教比重之间的负相关关系依然在 10% 的水平上具有统计显著性。剔除掉内生性以后,公共文化设施对信教比重的影响程度有所增加,公共文化设施每增加一项,信教比重就会减少 1.4 个百分点,占平均信教比重的 23.3%。此外,这一列的回归结果还表明,公共文化活动对信教比重的负向影响仍然具有较高的统计显著性,二者之间的负向关系在 1% 的水平上显著。

表 4　　　　　　　公共文化供给对宗教信仰影响的 IV 估计结果

|  | (1) |  | (2) |  |
| --- | --- | --- | --- | --- |
|  | 第一阶段 | 第二阶段 | 第一阶段 | 第二阶段 |
| 公共文化活动 | — | -0.043*** (0.014) | -1.716** (0.659) | -0.029*** (0.01) |
| 村庄到县政府的距离 | 0.012* (0.007) | — | 0.051* (0.027) | — |
| 公共文化设施 | -0.073* (0.04) | -0.007*** (0.002) | — | -0.014* (0.008) |
| 最近公路到村庄的距离 | 0.211 (0.17) | 0.003 (0.007) | 1.439 (0.869) | 0.007 (0.011) |
| 五保户数量 | -0.02 (0.021) | -0.001 (0.001) | -0.2000** (0.078) | -0.001 (0.002) |
| 有集体收入 | 0.265 (0.327) | 0.005 (0.014) | 0.004 (1.328) | -0.003 (0.020) |
| 一半村民能及时贷到款 | 1.555** (0.594) | 0.05 (0.032) | 6.35 (4.209) | 0.055* (0.030) |
| 绝大多数村民不能及时贷到款 | -0.496 (0.381) | -0.044** (0.018) | -2.753* (1.448) | -0.051* (0.028) |
| 常数项 | 2.295*** (0.866) | 0.271*** (0.051) | 22.758*** (2.134) | 0.413** (0.188) |
| 观测个数 | 32 | 31 | 32 | 31 |
| $R^2$ | 0.32 | 0.31 | 0.37 | 0.03 |

注：①*、**、***分别表示在 10%、5%、1% 的水平上显著；②括号中数值是 Robust 标准误；③（1）列是将"村庄到县政府所在地的距离"作为公共文化活动的工具变量的 2SLS 估计结果，（2）列是将"村庄到县政府所在地的距离"作为公共文化设施的工具变量的 2SLS 估计结果；④信贷可得性的对照组为"绝大多数村民能及时贷到款"。

### (二) 农户数据回归结果：模型 (2)

表 3 和表 4 中的结果表明，公共文化供给在村级水平上对宗教具有挤出效应。但是，这一关系在微观层面依然成立吗？为了考察微观层面上公共文化供给与宗教信仰之间的关系，本文使用了农户数据对这一问题进行了分析。本文选择了一项公共文化设施（图书室）和两项公共文化活动（文化下乡和演戏）来分别考察公共文化供给与农户个体信教行为之间的关系。基于前面的分析，此处将图书室、文化下乡和演戏的供给情况视为农户个体宗教信仰的外生变量。

表 5 给出的是 Probit 模型①估计结果。从中可以看出，公共文化设施和公共文化活动供给与农户的宗教信仰行为之间均具有显著的负相关关系，也就是说，如果村中提供了图书室、文化下乡和演戏等公共文化供给，农户信教的概率则会大大下降。并且这一负相关关系具有较高的统计显著性，其显著性水平均达到了 5%。

为了考察图书室、文化下乡和演戏等公共文化供给对农户信教概率的影响程度，本

---

① 在实际分析过程中，本文也使用了 Logistic 模型，但是二者结果差异不是太大，为节省篇幅，这里仅报告 Probit 模型回归结果。

文计算了它们对农户信教概率的边际影响。图书室、文化下乡和演戏对农户信教概率的影响程度相近，都是使信教概率下降3个百分点左右，占样本信教概率的16.67%。

表5中的回归结果还表明，女性信教的概率要显著大于男性；健康状况也是信教的一个重要影响因素，即通常所说的因病信教在这里得到了支持。文化下乡与受访者信教行为的回归结果还表明，农户家庭社会保障与他们信教也具有显著的负相关关系。家庭中其他人员信教与否对受访者的信教选择具有较强的影响，即信教过程中的代际锁定效应存在。家庭经济状况与受访者宗教选择呈弱相关关系。

表5　　　　　　　　　公共文化供给对农户信教行为的影响

|  | 图书室 系数 | 图书室 Robust 标准误 | 图书室 边际效应 | 文化下乡 系数 | 文化下乡 Robust 标准误 | 文化下乡 边际效应 | 演戏 系数 | 演戏 Robust 标准误 | 演戏 边际效应 |
| --- | --- | --- | --- | --- | --- | --- | --- | --- | --- |
| 公共文化供给 | -0.7118** | 0.3611 | 0.0293** | -0.7621** | 0.3278 | 0.0271** | -0.6197** | 0.2979 | 0.0297** |
| 女性 | 1.2697*** | 0.3209 | 0.0775*** | 1.3877*** | 0.3308 | 0.0803*** | 1.3259*** | 0.3243 | 0.0776*** |
| 年龄 | -0.0210 | 0.0512 | 0.008 | -0.0002 | 0.0548 | 0.0078 | 0.0175 | 0.0535 | 0.008 |
| 年龄平方 | 0.0002 | 0.0005 | 0.0001 | 0.0000 | 0.0006 | 0.0001 | -0.0002 | 0.0005 | 0.0001 |
| 受教育年限 | -0.0017 | 0.0442 | 0.0069 | 0.0006 | 0.0481 | 0.0068 | -0.0017 | 0.046 | 0.0069 |
| 家人健康状况 | -0.2169 | 0.1881 | 0.0287 | -0.2559 | 0.1976 | 0.0267 | -0.1856 | 0.1851 | 0.0269 |
| 本人健康状况 |  |  |  |  |  |  |  |  |  |
| 　比较健康 | 0.4594 | 0.2980 | 0.0602 | 0.6082** | 0.3139 | 0.0613** | 0.6292** | 0.2944 | 0.0636** |
| 　一般 | -0.0589 | 0.6841 | 0.1001 | -0.0238 | 0.7391 | 0.1015 | -0.0663 | 0.7275 | 0.1000 |
| 　不太健康 | 0.6900* | 0.3952 | 0.1054* | 0.5515 | 0.4004 | 0.0898 | 0.7276* | 0.3899 | 0.1037* |
| 　很不健康 | 1.4998** | 0.6474 | 0.2443** | 1.4797** | 0.6932 | 0.261** | 1.5766** | 0.7102 | 0.2669** |
| 家人信教状况 | 2.8556*** | 0.5068 | 0.0935*** | 2.9861*** | 0.5103 | 0.0862*** | 2.9703*** | 0.4966 | 0.0911*** |
| 家庭社保水平 | -0.2627 | 0.316 | 0.0504 | -0.5417* | 0.33 | 0.0491* | -0.3534 | 0.3011 | 0.0463 |
| 家庭支出对数 | 0.2840 | 0.1814 | 0.028 | 0.3139* | 0.1804 | 0.0248* | 0.2578 | 0.1787 | 0.0262 |
| 户主 | -0.2199 | 0.3202 | 0.0475 | -0.1966 | 0.3296 | 0.0445 | -0.2206 | 0.3319 | 0.0469 |
| 干部 | 0.0557 | 0.3576 | 0.0533 | 0.0535 | 0.3483 | 0.0469 | 0.0681 | 0.3555 | 0.0497 |
| 常数项 | -3.3608 | 2.1600 | — | -4.0512 | 2.1645 | — | -3.9877* | 2.2237 | — |
| 观测个数 | 228 |  |  | 236 |  |  | 240 |  |  |
| Wald $\chi^2$ | 65.9700 |  |  | 64.7300 |  |  | 67.1900 |  |  |
| Prob > $\chi^2$ | 0.0000 |  |  | 0.0000 |  |  | 0.0000 |  |  |
| Pseudo $R^2$ | 0.3195 |  |  | 0.3346 |  |  | 0.3377 |  |  |

注：①*、**、***分别表示在10%、5%、1%的水平上显著；②本人健康状况的对照组为"很健康"；③公共文化供给在相应各列分别表示"有图书室"、"有文化下乡"、"有演戏"。

## 七 主要结论

本文分别在村级水平和农户水平就农村公共文化供给对宗教信仰的挤出效应进行了检验。本文研究结果与世俗化理论和宗教"精神合作社"假说的预期基本吻合，与宗教经济理论的预测相悖。本文实证结果表明，农村公共文化供给与农村宗教发展之间具有显著的负相关关系。在村级水平，农村公共文化设施和农村公共文化活动供给的增加能够显著地降低农村信教比重；在农户水平，农村公共文化供给能够显著降低农户个体宗教选择的概率。农村公共文化供给与农村宗教之间的负相关关系这一结果具有较强的稳健性。这些结果与国外许多关于在公共物品供给方面政府与教会关系的研究所得出的替代效应结论相一致（例如 Hungerman，2005；Gruber & Hungerman，2007；Chen，2005、2008）。本文结果反映出，农村公共文化供给增加对宗教信仰也具有挤出效应。

但是长久以来，中国农村公共文化供给一直较为匮乏，且发展缓慢，农村公共文化有式微之态（吴理财等，2007），农民精神文化生活匮乏。公共文化供给的宗教信仰挤出效应表明，这些因素是目前农村"宗教热"兴起的原因之一。

### 参考文献

1. Barrett, David; Kurian, George and Johnson, Todd: *World Christian Encyclopedia*, New York: Oxford University Press, 2001.

2. Berman, Eli: Sect, Subsidy and Sacrifice: An Economist's View of Ultra-Orthodox Jews, *Quarterly Journal of Economics*, 115 (3): 905 – 953, August, 2000.

3. Berman, Eli and Laitin, David: Religion, Terrorism and Public Goods: Testing the Club Model, *Journal of Public Economics*, 92 (10 – 11): 1942 – 1967, 2008.

4. Berman, Eli; Iannoccone, Laurence R. and Ragusa, Giuseppe: *From Empty Pews to Empty Cradles: Fertility Decline among European Catholics*, University of California at San Diego working paper, 2007.

5. Caldwell, Cleopatra; Green, Angela and Billingsley, Andrew: The Black Church as a Family Support System, *National Journal of Sociology*, 6 (1): 21 – 40, 1992.

6. Chen, L. Daniel: Club Goods and Group Identity: Evidence from Islamic Resurgence during the Indonesian Financial Crisis, respond to referees, *American Economic Review*, 2008.

7. Chen, L. Daniel: *Does Economic Distress Stimulate Religious Fundamentalism?* University of Chicago working paper, 2005.

8. Clark, Andrew and Lelkes, Orsolya: *Deliver Us from Evil: Religion as Insurance*, European Networks on Economics of Religion working paper, 2005.

9. Hungerman, Daniel M.: Are Church and State Substitutes? Evidence from the 1996 Welfare Reform, *Journal of Public Economics*, 89 (11 – 12): 2245 – 2267, 2005.

10. Dehejia, Rajeev; DeLeire, Thomas; Luttmer, Erzo F. P.: Insuring Consumption and Happiness through Religious Organizations, *Journal of Public Economics*, 91 (1-2): 259-279, 2007.

11. Ellison, Christopher G.: Religious Involvement and Subjective Well-being, *Journal of Health and Social Behavior*, 32 (1): 80-99, 1991.

12. Gruber, Jonathan and Hungerman, Daniel M.: Faith-based Charity and Crowd-out during the Great Depression, *Journal of Public Economics*, 91 (5-6): 1043-1069, 2007.

13. Iannoccone, L. R.: Introduction to the Economics of Religion, *Journal of Economic Literature*, Vol. XXXVI (September): 1465-1496, 1998.

14. Iannoccone, L. R.: Sacrifice and Stigma: Reducing Free-riding in Cults, Communes and Other Collectives, *Journal of Political Economy*, 100 (2): 271-291, 1992.

15. Mcbride, Michael: *Why Hasn't Economic Growth Killed Religion*? working paper, August, 2005.

16. Olken, Benjamin A.: *Do Television and Radio Destroy Social Capital? Evidence from Indonesian Villages*, The National Bureau of Economic Research Working Paper Series12561, October, 2006.

17. Putnam, Robert D.: Bowling Alone: America's Declining Social Capital, *Journal of Democracy*, 6 (1): 65-78, 1995.

18. Strawbridge, William J.; Shema, Sarah J.; Cohen, Richard D.; Roberts, Robert E.; Kaplan, George A.: Religiosity Buffers Effects of Some Stressors on Depression but Exacerbates Others, *Journals of Gerontology*, 53B (3): 118-126, 1998.

19. Taylor, Robert Joseph: Correlates of Religious Non-involvement among Black Americans, *Review of Religious Research*, 30 (2): 126-139, 1988.

20. Wang, Liang Choon: *Making Sect Life Better: Amish Prohibition of High School Education*, University of California at San Diego working paper, March, 2009.

21. Yang, Fenggang: Between Secularist Ideology and Desecularizing Reality: the Birth and Growth of Religious Research in Communist China, *Sociology of Religion*, 65 (2): 101-119, 2004.

22. Yang, Fenggang: The Red, Black and Gray Markets of Religion in China, *The Sociological Quarterly*, 47 (1): 93-122, 2006.

23. 闭伟宁:《改革开放与基督教在我国沿海农村的变迁——基督教在斜桥镇发展状况调查与思考》,《武汉大学学报（社会科学版）》2001年第5期。

24. 财政部教科文司、华中师范大学全国农村文化联合调研课题组:《中国农村文化建设的现状分析与战略思考》,《华中师范大学学报（人文社会科学版）》2007年第4期。

25. 贺雪峰:《如何进行新乡村建设》,《中国农村观察》2004年第1期。

26. 惠卫刚:《农村文化政府供给与农民需求错位研究——基于河南省嵩县的案例分析》,中国人民大学硕士学位论文,2009年。

27. 刘湘波:《农村的精神文化重建与新乡村建设的开始》,香港中文大学中国研究服务中心（http://www.usc.cuhk.edu.hk）,2006年。

28. 闵淑范:《唐山市宗教基本状况及发展态势研究》,《唐山师范学院学报》2002年第4期。

29. 疏仁华：《论农村公共文化供给的缺失与对策》，《中国行政管理》2007 年第 1 期。
30. 斯达克·罗德尼（Stark Rodney）、芬克·罗杰尔（Finke Roger）：《信仰的法则——解释宗教之人的方面》，杨凤岗译，中国人民大学出版社 2004 年版。
31. 谭飞、陈晓虎、刘书云：《西部农村"信仰流失"警示》，《瞭望新闻周刊》2007 年第 6 期。
32. 吴理财：《农村公共文化日渐式微》，中国农村研究网（http：//www. ccrs. org. cn），2007 年。
33. 吴理财、夏国锋：《农民的文化生活：兴衰与重建——以安徽省为例》，《中国农村观察》2007 年第 2 期。
34. 夏建国：《构建反邪教的农村社会文化》，中国反邪教网（http：//xh. cnfxj. org/），2007 年。
35. 辛秋水：《重视农村的文化扶贫》，《瞭望新闻周刊》2006 年第 8 期。
36. 徐海燕：《辽宁农村地区妇女生活状况及精神信仰调查——以辽宁省金县大魏乡后石村为例》，《理论界》2007 年第 10 期。
37. 徐晓军：《转型期中国乡村社会交换的变迁》，《社会科学辑刊》2002 年第 1 期。
38. 姚俊：《苏南乡村精英流向城市现象考察——江苏扬中个案调查资料的定性分析》，《青年研究》2004 年第 4 期。
39. 于建嵘：《中国基督教家庭教会的现状和未来》，中国宗教与社会高峰论坛专题研讨会论文，2008 年 10 月 8 日，普度大学中国宗教与社会研究中心（http：//www. purdue. edu/crcs）。
40. 张厚军：《宗教对精神文明建设的影响——对苏北农村信教现象分析及思考》，《科学与无神论》2005 年第 4 期。
41. 张晓波、樊胜根、张林秀、黄季焜：《中国农村基层治理与公共物品提供》，《经济学（季刊）》2003 年第 4 期。
42. 赵社民：《农村青年宗教信仰状况调查——以河南省为例》，《当代青年研究》2004 年第 6 期。
43. 郑风田、阮荣平、刘力：《风险、社会保障与农村宗教信仰》，《经济学（季刊）》2010 年第 3 期。
44. 中共襄樊市委宣传部课题组：《论农村文化配置的结构性失衡》，《求实》2007 年第 3 期。

（作者简介：阮荣平，北京大学国家发展研究院中国经济研究中心；郑风田，中国人民大学农业与农村发展学院；刘力，德国基尔大学农业经济系）

# 传播模式与农村基督教群体特征的演变*

## ——基于河南省 14 个调查点的分析

### 韩 恒

已有的研究表明，伴随着基督教的发展，城市地区和经济发达地区的基督教整体特征已经发生了一定变化，与原来的老人多、妇女多、文化程度低者多相比，城市中的基督徒群体呈现出"新三多"的特征，即青年人多、文化程度高者多、社会地位高者多。[1] 与城市基督徒的新特征相比，改革开放 30 年来，中国农村的基督徒特征是否发生了变化？老人多、文盲多、女性多的特征是否有所改变？什么因素在影响农村信徒的群体特征？本文尝试从农村基督教传播模式的变迁解释农村基督教群体特征的演变。

## 一 解释框架及资料来源

关于宗教传播，斯达克的研究给我们提供了有益启发。在研究膜拜团体的扩张时，斯达克指出，"在膜拜团体、教派及传统宗派的增员中，社会关系扮演着至关重要的角色"，"一个团体获得新成员的工作有效性，在很大程度上依赖于其成员在多大程度上与该团体外的人存在社交网络"。[2] 在分析基督教早期的传播过程时，斯达克认为社会网络关系同样发挥着至关重要的作用，"成功地归信运动建立在社会网络组织的基础之上，建立在由直接并且亲密的个人关系构筑成的社会构架之上"，"成功的归信运动都掌握了保持开放的社会网络以及向新的临近社会网络靠近并渗透的技巧。一种运动能否在长期

---

\* 本文是"基督教、儒家文化复兴与公民社会建设"项目的成果之一，该项目受到普度大学中国宗教与社会研究中心的资助。本文在写作过程中得到杨凤岗教授的帮助，文章初稿曾经在北京大学第三届宗教社会学工作坊上宣读，与会者的讨论对本文的修改有很大帮助。

[1] 金泽、邱永辉：《中国宗教报告》（2009），社会科学文献出版社 2009 年版，第 187 页。

[2] 罗德尼·斯达克、威廉姆·希姆斯·本布里奇：《宗教的未来》，高师宁等译，中国人民大学出版社 2006 年版，第 354—355 页。

内保持其增长率,其关键即在于此。"① 他认为,"归信的核心因素是情感依附,因而这种归信行为通常容易在以人际关系为单元的整个社会网络载体上进行——很多学者发现同样的原则也适用于全世界其他各种各样的宗教运行。"②

为什么社会网络关系在宗教的传播中如此重要?斯达克从理性选择和社会资本的角度进行了解释。他认为,宗教选择是一种理性行为,可以把宗教"理解为理性的、相当明了情况的行为者选择'消费'宗教'商品',就像他们消费世俗商品时权衡代价和利益一样"。③ 社会资本对于人们很重要,理性的人总是增加或保持他们所拥有的社会资本,而社会资本是由人际依恋构成的(定义23)。因此,理性的人在做宗教选择时,会试图保持他们的社会资本(命题29)。④ 也就是说,在理性选择和社会资本的视野下,社会关系网络之所以在宗教传播中至关重要,是因为从归信者的角度来看,他更有可能接受具有感情依附的"熟人"给他传播的宗教,因为接受熟人传播的宗教,可以保持、甚至强化他所拥有的社会资本。

关于宗教传播,斯达克不仅指出了网络关系的重要性,而且还提出了两种归信类型:始发性(primary)归信和继发性(secondary)归信。在谈到始发性归信时,斯达克指出:"在始发性归信中,归信者在自己的归信过程中起着非常积极的作用,而且通常在变为一个虔诚的追随者之前,他们对一项信仰进行过大量的评估,尽管成员间的社会依附关系会对这一评估的形成起着很关键的作用。"对于继发性归信时,斯达克认为,归信者在继发性归信中比较被动,是对一种信仰的勉强接受,而且通常情况下是以始发性归信为基础的。他举例说,当A归信了某种信仰,而且其配偶同意"可以一同接受这个选择",但并不是非常热心,其配偶就属于继发性归信。⑤

斯达克有关宗教传播的研究具有重要的启发意义。第一,网络关系在宗教传播中非常重要,无论是始发性归信还是继发性归信都是如此。第二,始发性归信和继发性归信依赖于两种不同的关系网络,前者主要依赖于家庭外的网络,后者主要依赖于家庭内部的关系网络。第三,始发性归信和继发性归信体现了两种不同的传播模式:家庭外传播和家庭内传播。

不同的传播模式意味着不同的归信机制。在家庭外传播中,始发性归信更多的是一种理性行为,因为归信者在归信之前要经过"理性的评估",这意味着选择信仰能

---

① 罗德尼·斯达克:《基督教的兴起:一个社会学家对历史的再思》,黄剑波、高民贵译,上海古籍出版社2005年版,第24页。
② 同上书,第21页。
③ 罗德尼·斯达克、罗杰尔·芬克:《信仰的法则——解释宗教之人的方面》,杨凤岗译,中国人民大学出版社2004年,第53页。
④ 斯达克:《信仰的法则——解释宗教之人的方面》,第148页。
⑤ 斯达克:《基督教的兴起:一个社会学家对历史的再思》,第122页。

够满足归信者的某种需求。① 与家庭外传播不同，在家庭内传播中，家人的归信更多的是受基督徒本人（始发性归信者）行为示范的影响。当家庭成员中出现基督徒时，这位基督徒会有意无意地显现出基督教的价值观念、生活伦理、行为方式，其他的家庭成员在与其交往互动的过程中，会潜移默化地受其影响，久而久之就有可能认同基督教的价值观念和行为方式，并最终归信基督教。在这种传播模式下，社会成员归信基督教并不是理性选择的结果，而是接受基督教文化教化以及基督徒行为示范影响的结果，是在文化熏陶下自然而然地出现的。两种传播模式之间的差异可以通过表1体现出来。

表1 两种不同的传播模式

| 传播模式 | 归信类型 | 网络类型 | 信徒特征 |
| --- | --- | --- | --- |
| 家庭外传播 | 始发性归信 | 家庭外部的熟人关系 | 归信者理性选择的结果 |
| 家庭内传播 | 继发性归信 | 家庭内部的熟人关系 | 潜移默化影响的结果 |

借助于基督教的两种传播模式，我们可以对改革以来30多年农村基督教的发展做出相应解释：

第一，伴随着农村基督教的发展，家庭内传播将会越来越重要，继发性信徒越来越多。在村庄内部，除了第一个信徒通过社会化机制在家庭内部传播之外（出现继发性信徒），早期基督教的发展主要体现为家庭外的传播（出现始发性信徒）。家庭外传播的结果，就是农村社区出现了基督教的"星星之火"。伴随着农村基督教的发展，家庭外传播模式将会继续存在，但是家庭内传播将会发挥越来越重要的作用，即早期基督教发展中的"星星之火"开始在家庭内部产生"燎原之势"，继发性信徒会越来越多。

第二，伴随着继发性信徒的增加，农村基督教的群体特征将会发生一定的变化：男性信徒的比例将会增加；② 伴随着社会化传播的兴起，始发性信徒的子女将会越来越多的归信基督教，农村基督教的年龄结构将会发生变化；伴随着年轻人的增加以及农村义务教育的普及，信徒的文化程度也会变化。在传播模式变迁的影响下，1980年代基督教

---

① 在研究膜拜团体时，斯达克也曾提到了"需求"在宗教扩张中的重要作用，"膜拜团体和教派倾向于吸收有一些忧郁的人，处于某种匮乏状态的人"。他还以统一教为例指出，"与统一教接触一段时间以后，有人皈信了，而另外一些人没有；对这两种人的密切观察显示，人们只有在遭遇到烦忧的事时才会加入膜拜团体。"罗德尼·斯达克、威廉姆·希姆斯·本布里奇：《宗教的未来》，高师宁等译，中国人民大学出版社2006年版，第338—342页。

② 已有的研究表明，在始发性归信中，女性的比例要高于男性，而在继发性归信中，男性归信的比例有所增加。参见斯达克《基督教的兴起：一个社会学家对历史的再思》，第123页。

"三多"(女性多、文盲多、老人多)的特征将会有所改变。

为了检验上述解释的有效性,笔者组织学生对其家乡的基督教进行了调查,要求学生至少对其老家的一个村民小组进行调查,鼓励有条件的学生对当地的多个村民小组进行调查。调查的方式是"普查",即调查当地村民小组内的所有基督徒。由于当前的农村依然是熟人社区,村民对村子内的基督徒都比较熟悉,一般都知道哪些人是基督徒。同时由于学生在自己的家乡进行调查,调查内容又不太复杂,所以大部分学生顺利完成了调查任务。此次调查共获得了14个调查点170名农村基督徒的信息(调查地点参见图1)。

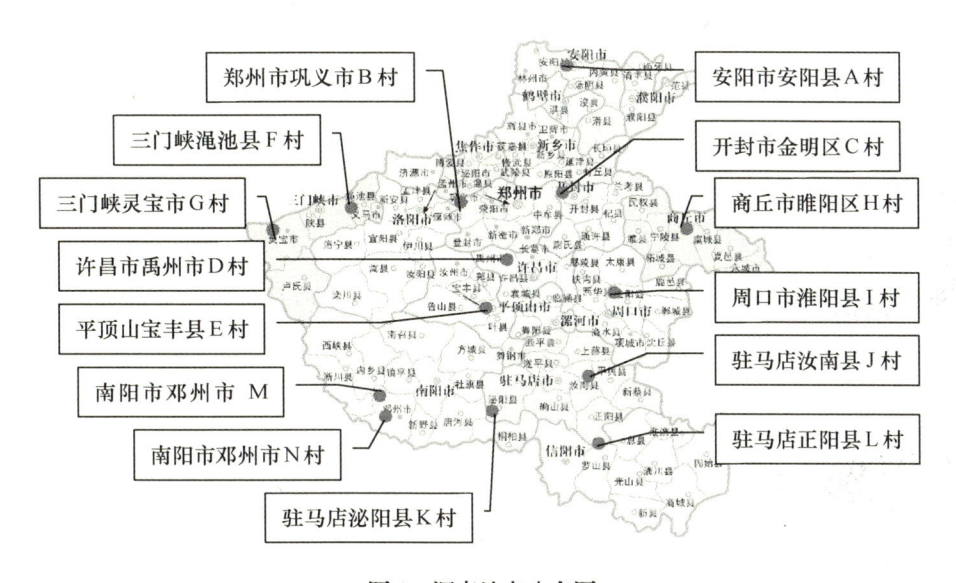

**图1 调查地点分布图**

## 二 两种传播模式

调查表明,在农村基督教的发展中,家庭外传播和家庭内传播普遍存在。这里我们以河南省中部地区的平顶山宝丰县E村为例,对两种传播模式进行简要分析。宝丰县E村地处豫西伏牛山余脉外的浅山丘陵区,位于宝丰县城西20公里处。西依群山峻岭,东衔黄淮平原。该村共有7个村民小组,415户,村民1680人,其中农村户口村民1550人。这里我们以E村的第6村民小组为例进行分析。该小组目前共有基督徒10人,基本情况参见表2。

表 2　　　　　　　　　　宝丰县 E 村的基督徒基本情况

| 序号 | 性别 | 年龄（岁） | 文化程度 | 信教时间 | 信教原因 | 接触途径 |
|---|---|---|---|---|---|---|
| 1 | 女 | 52 | 文盲 | 80 年代 | 保平安 | 邻居传播 |
| 2 | 女 | 78 | 文盲 | 70 年代 | 腿、手腕疼 | 姐姐传播 |
| 3 | 男 | 47 | 高中 | 70 年代 | 生病 | 母亲传播 |
| 4 | 女 | 44 | 小学 | 1992 | 丈夫生病 | 婆婆传播 |
| 5 | 男 | 42 | 小学 | 70 年代 | 保平安 | 母亲传播 |
| 6 | 女 | 44 | 初中 | 2007 | 保平安 | 婆婆传播 |
| 7 | 女 | 42 | 小学 | 1982 | 父母生病 | 姨奶传播 |
| 8 | 女 | 20 | 初中 | 从小就信 | 保平安 | 母亲传播 |
| 9 | 男 | 46 | 初中 | 1995 | 保平安 | 妻子传播 |
| 10 | 男 | 52 | 初中 | 1982 | 父母生病 | 姨奶传播 |

在 E 村，信徒 2、3、4、5、6 是一个家族，其中信徒 3 和信徒 5 是信徒 2 的儿子。信徒 2 由于生病，腿疼而且手腕疼，受外村姐姐的影响，信了基督教，其两个儿子受母亲影响也归信了基督教。信徒 4 是信徒 3 的妻子，信徒 6 是信徒 5 的妻子，两个媳妇嫁过来之后，受婆婆和丈夫的影响，也相继信上了基督教。信徒 1 是外省人，嫁过来后由于与信徒 2 家住的比较近，平时接触比较多，因而也跟随信了基督教。信徒 7、信徒 8、信徒 9、信徒 10 是一家人。信徒 7 和信徒 10 是兄妹关系，在 1982 年的一天，兄妹俩跟随父母去地里干农活的途中，父母突然摔倒然后就迷糊了，后来在外村姨奶的劝导下信

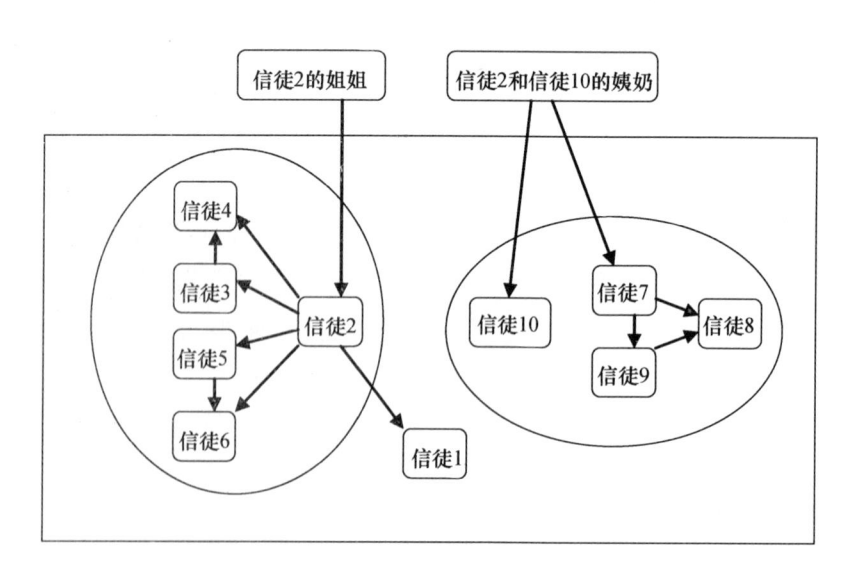

图 2　宝丰县 E 村基督教传播路线图

了基督教。信徒9是信徒7的丈夫，信徒8是他们的女儿，都受信徒7的影响归信了基督教（E村基督教传播的具体路线参见图2）。从E村的基督教传播路径来看，明显的存在两种传播方式，一是家庭外传播方式，一是家庭内传播方式。在E村，信徒1、信徒2、信徒7、信徒10的归信就属于家庭外传播的结果。而信徒3、信徒4、信徒5、信徒6、信徒8、信徒9的归信则属于家庭内传播的结果。

事实上，两种传播模式不仅存在于E村，而且还不同程度地存在于其他13个调查点。同时已有的研究也表明，其他地区也存在着两种传播模式。甘肃天水的一项调查表明，以家庭内部关系为基础的家庭内传播在当地非常普遍，以至于出现了很多"基督化家庭"。作者具体描述了当地归信的一个案例：36岁的村民吴齐在归信后这样说："我觉得我过去很对不起我媳妇，还好她信主比我早，我还曾经为她信主逼迫过她，不准她参加聚会，还打过她。她没有记仇，我有病了以后她也没说啥子，一个人就把家给扛起来了。我现在就经常对我娃娃说，长大以后找媳妇一定要找个像你妈这样的，一定要找个信主的，你不晓得信主的媳妇是个多大的福气。"① 河北的一项调查也证实了家庭内传播模式的普遍存在。在这种归信模式中，大多是家庭中的女性先归信基督教。通常开始时比较困难，因为妻子的归信，往往招致丈夫的"逼迫"，不准她聚会，不准她读《圣经》，认为那是浪费时间，不务正业。但后来男人发现，归信后的妻子把家里收拾得更整齐了，性格也变得更温柔了。于是，不但不再阻拦，而且自己也开始慢慢相信，直到最后完全接受。即使丈夫一直不接受，但孩子们一般都会接受。②

为了分析两种传播模式的变迁情况，根据信徒的信教时间，我们可以把基督徒划分为4类：1980年之前归信的基督徒、1980年代归信的基督教、1990年代归信的基督徒、2000年之后归信的基督徒。同时，根据信徒接触基督教的途径区分两种传播模式：一是受家庭外关系网络影响归信基督教，二是受家庭内关系网络影响归信基督教。家庭外关系网络包括亲戚关系、朋友关系、邻里关系等；家庭内关系网络包括夫妻关系、亲子关系、婆媳关系等。统计表明，1980年之前归信的基督徒主要是受家庭内关系的影响，60%的信徒与家庭内传播有关；1980年代的农村基督教发展主要是基于家庭外的关系传播，受家庭内关系影响归信基督教的信徒不到三分之一（32.1%）。进入1990年代以来，家庭内传播的作用日益显著，基于家庭内关系归信基督教的比例达到48.8%，2000年之后因家庭内关系归信基督教的比例为46.6%（参见表3）。由此可见，伴随着农村基督教的发展，家庭内传播的作用开始显现，家庭内传播和家庭外传播已经成为农村基督教发展中并行的两种传播模式。

---

① 黄剑波：《"四人堂"纪事——中国乡村基督教的人类学研究》，中央民族大学博士学位论文，2003年，第69—70页。
② 刘海涛：《转型时期河北基督教现状研究》，《世界宗教文化》2010年第5期。

表3　　　　　　　　不同时期的两种传播模式（N=149）　　　　　　　（单位:%）

| 信教时间 | 传播模式 | |
|---|---|---|
| | 家庭内传播 | 家庭外传播 |
| 1980年之前 | 60.0 | 40.0 |
| 1980年代 | 32.1 | 67.9 |
| 1990年代 | 48.8 | 51.2 |
| 2000年之后 | 46.6 | 53.4 |

需要指出的是，改革开放30年来，农村的基督教发展不仅出现了上述两种传播模式，而且农村信徒的特征也发生了一定的变化，并且在一定意义上，农村信徒特征的变化是由基督教传播模式的变迁引起的。

## 三　农村基督教的特征演变

### （一）当前特征

1. 性别结构

从信徒的性别来看，男性信徒31名，占总体信徒的比例为18.2%，女性信徒139名，占总体信徒的比例为81.8%。女性信徒的比例是男性信徒的4倍多（参见图3）。由此可以看出，女性信徒在农村基督徒中占据绝对的多数，"女性多"的特征依然存在。

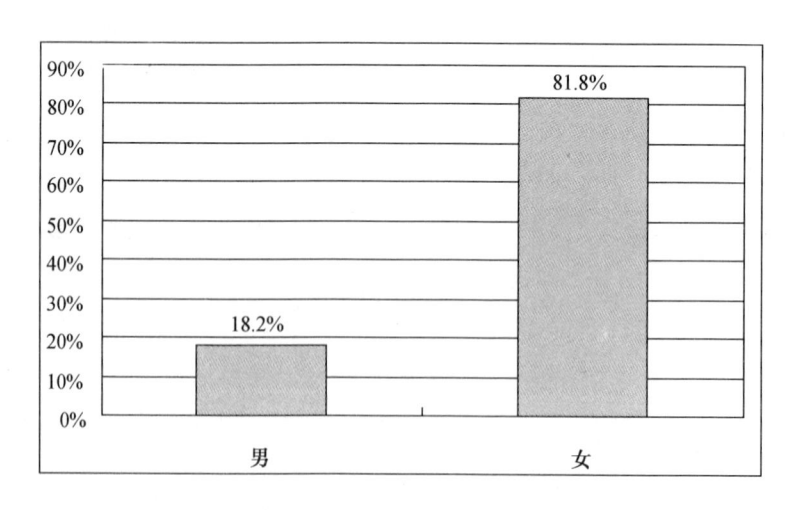

图3　农村基督徒的性别结构（N=170）

2. 年龄结构

从信徒年龄来看，30岁以下的信徒24人，比例为14.1%；31—45岁的信徒52人，比例为 30.6%；46—60 岁的信徒 56 名，比例为 32.9%；61 岁及以上的信徒 38 名，比例为 22.4%（参见图 4）。总体来看，农村基督教中 45 岁以下信徒的比重已经达到 44.7%，31—60 岁中年人的比例达到 63.5%，61 岁及以上的老年人还不到信徒总数的四分之一。由此可见，在农村基督徒中，中青年信徒已经成为农村教会的骨干力量，农村信徒"老人多"的特征基本得到改变。

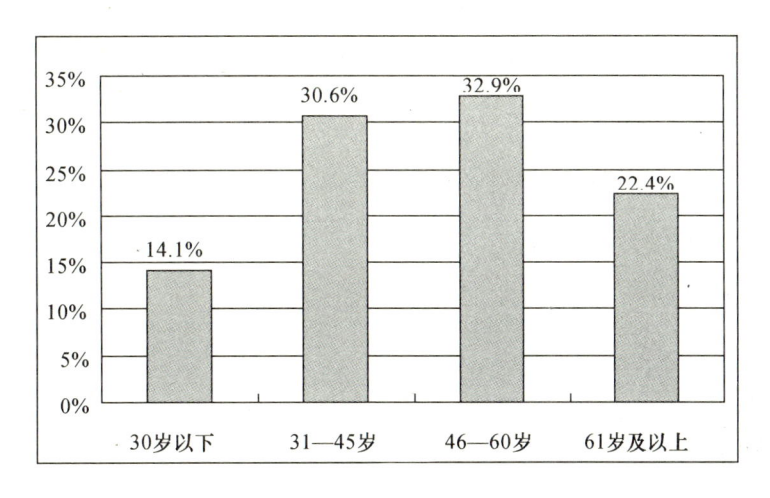

**图 4　农村基督徒的年龄结构（N = 170）**

3. 文化程度

调查表明，农村基督徒中文盲的比例为 22.9%，小学文化程度的比例为 33.5%，初中文化程度的比例为 37.6%，还有 5.9% 的基督徒具有高中及以上文化程度（参见图 5）。整体来看，尽管农村基督徒的文化程度依然偏低（小学及以下文化程度的信徒比例超过一半，为 56.4%），但与原来的"文盲多"相比，农村信徒的文化程度已经有了很大提高。

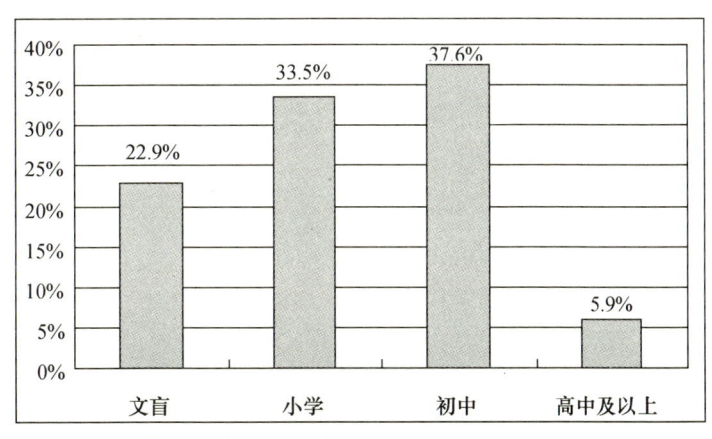

**图 5　农村基督徒的文化程度（N = 170）**

### 4. 信教原因

"入教治病"是农村基督徒中存在的一个普遍现象。"因病信教"是否依然为农村基督教的一个重要特征？调查表明，农村基督徒中因病信教的比例仅为30.7%，非因病信教的比例为69.3%，远远高于因病信教的比例（参见图6）。由此可见，"因病信教"尽管在农村基督徒中仍然占有一定的比重，但已不是农村基督徒信教的最主要因素。

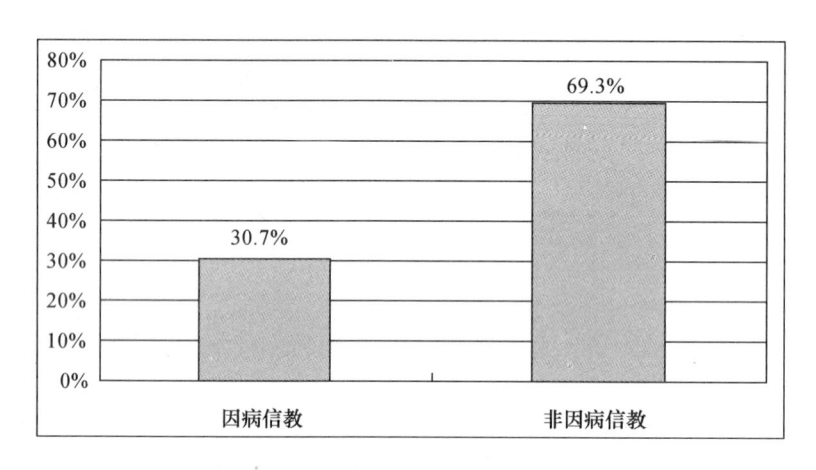

**图6 农村基督徒的信教原因（N=153）**

上述分析表明，目前农村基督徒的特征已经发生了很大的改变，基本特征已经由原来的"三多"（妇女多、老人多、文盲多），逐渐演变为目前的"一多"（妇女多），老人和文盲的比例明显下降。

### （二）变化趋势

1. 信教时间与性别结构

进一步的分析表明，1980年之前归信的基督徒中，男性的比例为21.7%，女性基督徒的比例为78.3%。在1980年代归信的基督徒中，男性的比例下降到8.1%，女性信徒的比例增加到91.9%。1990年代之后，男性基督徒的比例又开始增加。2000年之后归信的基督徒中，男性信徒的比例达到21.7%（参见表4）。由此可以看出，与1980年代之前相比，1980年代农村基督徒中女性的比例有所增加。1990年代之后，尽管女性信徒依然在信徒总体占据绝对多数的地位，但男性信徒在农村基督徒中的比例开始逐步增加，信徒中男女信徒的比例差距有所缩小。

表4　　　　　　　　不同时期信徒的性别结构（N=168）　　　　　　（单位:%）

| 信教时间 | 性别 男 | 性别 女 |
|---|---|---|
| 1980年之前 | 21.7 | 78.3 |
| 1980年代 | 8.1 | 91.9 |
| 1990年代 | 20.8 | 79.2 |
| 2000年之后 | 21.7 | 78.3 |

2. 信教时间与文化程度

在信徒的文化程度方面，1980年之前归信的农村基督徒中，文盲的比例最高，比例为52.2%。1980年代归信的基督徒中，小学文化程度的最高，比例为51.4%。1990年代归信的基督徒中，初中的比例达到39.6%。2000年之后归信的基督徒中，初中文化程度的比例已经超过一半，比例为55.0%（参见表5）。由此可以看出，伴随着时间的发展，农村基督徒的受教育程度在逐渐提高。

表5　　　　　　　　不同时期信徒的文化程度（N=168）　　　　　　（单位:%）

| 信教时间 | 文盲 | 小学 | 初中 | 高中及以上 |
|---|---|---|---|---|
| 1980年之前 | 52.2 | 26.1 | 17.4 | 4.3 |
| 1980年代 | 21.6 | 51.4 | 21.6 | 5.4 |
| 1990年代 | 25.0 | 29.2 | 39.6 | 6.3 |
| 2000年之后 | 10.0 | 28.3 | 55.0 | 6.7 |

3. 信教时间与信教原因

与上述变化趋势相似，在信徒信教原因方面，1980年之前信徒非因病信教的比例较高，比例达到66.7%，只有三分之一的信徒是因病信教。1980年代，农村基督徒因病信教的比例高达46.9%。1990年之后，非因病信教的比例开始大幅度上升，因病信教的比例显著下降。2000年之后归信的基督徒中，超过八成的信徒是非因病信教信徒，因病信教的比例只有17.2%（参见表6）。由此可以看出，随着时间的变迁，农村信徒中非因病信教信徒的比例显著增加。

表6　　　　　　　　不同时期信徒信教的原因（N=153）　　　　　　（单位:%）

| 信教时间 | 信教原因 | |
|---|---|---|
| | 非因病信教 | 因病信教 |
| 1980年之前 | 66.7 | 33.3 |
| 1980年代 | 53.1 | 46.9 |
| 1990年代 | 64.3 | 35.7 |
| 2000年之后 | 82.8 | 17.2 |

上述分析表明，尽管目前女性信徒在农村基督徒中的比例依然占据绝对主导地位，但从发展趋势来看，男性信徒的比例在逐渐增加，信徒的文化程度逐步提高，因病信教的比例显著下降。与1980年代相比，农村基督徒的特征不仅发生了很大的变化，而且这一变化趋势还会进一步地持续下去。农村信徒的特征为什么会发生变化？下文将从农村基督教传播模式的变化对此进行解释。

## 四　传播模式对信徒特征的影响

调查表明，从信徒年龄来看，30岁以下的年轻信徒有24人，其中21人是因为家庭的影响接受基督教，比例高达87.5%。因为家庭外关系接受基督教的人数仅为3人，比例为12.5%。如果对比信徒年龄与传播模式的交叉关系，统计表明，随着信徒年龄的下降，因家庭内关系归信基督徒的比例越来越高。61岁及以上的信徒中，只有38.7%的信徒属于家庭内传播，而在30岁以下的信徒中，则有87.5%的信徒属于家庭内传播（参见表7）。由此可见，传播模式对信徒的年龄有一定的影响，年轻的信徒主要来自于家庭内部的传播。

表7　　　　　　　　传播模式与信徒年龄（N=149）　　　　　　（单位:%）

| 信徒年龄 | 传播模式 | |
|---|---|---|
| | 家庭内传播 | 家庭外传播 |
| 30岁以下 | 87.5 | 12.5 |
| 31—45岁 | 40.0 | 60.0 |
| 46—60岁 | 36.4 | 63.6 |
| 61岁及以上 | 38.7 | 61.3 |

从信徒性别来看，在家庭内传播模式中，男性归信基督教的比例远远高于家庭外传播模式。调查表明，在家庭内传播模式下，男性信徒的比例为34.8%，女性信徒的比例

为 65.2%。而在家庭外传播模式下，男性信徒的比例仅为 7.5%，女性信徒的比例高达 92.5%（参见表 8）。很显然，传播模式对信徒的性别结构有显著影响。

表 8　　　　　　　　　　　传播模式与信徒性别（N=149）　　　　　　　　　　（单位:%）

| 传播模式 | 信徒性别 ||
|---|---|---|
| | 男性 | 女性 |
| 家庭内传播 | 34.8 | 65.2 |
| 家庭外传播 | 7.5 | 92.5 |

从归信原因来看，家庭内传播模式下非因病信教信徒的比例更高，达到 86.6%，因病信教的比例只有 13.4%。而在家庭外传播模式下，因病信教的比例较高，将近一半的信徒是因病信教（45.6%）（参见表 9）。由此可见，传播模式对归信的原因有显著影响。

表 9　　　　　　　　　　　传播模式与归信原因（N=146）　　　　　　　　　　（单位:%）

| 传播模式 | 信教原因 ||
|---|---|---|
| | 非因病信教 | 因病信教 |
| 家庭内传播 | 86.6 | 13.4 |
| 家庭外传播 | 54.4 | 45.6 |

从信徒的文化程度来看，由于在家庭外传播模式下，有更多的年轻人归信基督教。伴随着农村义务教育的普及与发展，大部分的年轻人都接受了义务教育。统计表明，年轻信徒的文化程度更高，30 岁以上的信徒中，95% 以上的信徒具有初中以上文化程度，而老年信徒的文化程度相对较低（参见表 10）。因此，传播模式通过影响信徒的年龄结构，进而对信徒的文化程度也有一定的影响。

表 10　　　　　　　　　　信徒年龄与文化程度的关系（N=170）　　　　　　　　（单位:%）

| 信徒年龄 | 文化程度 ||||
|---|---|---|---|---|
| | 文盲 | 小学 | 初中 | 高中及以上 |
| 30 岁以下 | 0 | 4.2 | 75.0 | 20.8 |
| 31—45 岁 | 3.8 | 34.6 | 53.8 | 7.7 |
| 46—60 岁 | 16.1 | 53.6 | 28.6 | 1.8 |
| 61 岁及以上 | 73.7 | 21.1 | 5.3 | 0 |

上述分析表明，不同的传播模式意味着归信基督教的信徒也不相同，在农村基督教传播模式变迁的背景下，农村信徒的基本特征也发生了一定的变化。

## 五　结论与讨论

受始发性归信和继发性归信概念的启发，本文区分了网络关系的两种类型：家庭外的网络关系和家庭内的网络关系。基于两种不同的网络关系，本文指出了农村基督教传播的两种模式：家庭内传播和家庭外传播。在一定意义上，家庭外传播和家庭内传播，与始发性归信和继发性归信存在着一定的对应关系。在家庭外的传播中，归信者的需求以及其需求是否得到满足，是影响其归信基督教的一个重要因素。在家庭内的传播中，信徒的行为示范以及对家人潜移默化的影响，是影响家人归信基督教的重要原因。

借助于基督教的两种传播模式，本文对农村基督教的特征演变进行了解释。调查表明，改革开放30多年的农村基督教发展中，不仅两种传播模式确实存在，而且随着农村基督教的发展，家庭内传播模式越来越重要。农村的基督教传播已经从早期的家庭外传播过渡到两种传播模式并行的局面。伴随着基督教传播模式的变迁，农村信徒的群体特征也发生了一定的变化：男性信徒的比例有所增加、更多的年轻人归信基督教、信徒的年龄结构有所改变、因病信教的比例显著下降、信徒的文化程度有所提高。1980年代农村基督教的"三多"（妇女多、老人多、文盲多），逐渐演变为目前的"一多"（妇女多），老人和文盲的比例明显下降。

在一定意义上，可以把中国农村基督教的扩张过程理解为"星星之火"和家庭内部"燎原之势"相互交织的过程。一方面，借助于家庭外传播模式，基督教在农村播撒了很多"火种"；另一方面，借助于家庭内部的关系网络，通过家庭内部的示范与濡化，这些"火种"又在家庭内部生根发芽，逐渐形成了家庭内部的"燎原之势"。"燎原之势"的基督教有可能播撒更多的"火种"，并进一步引发基督教的家庭内传播。

（作者简介：韩恒，郑州大学公共管理学院副教授，硕士生导师，博士。原文发表于《世界宗教文化》2012年第5期）

# 年度论文

2011 年度论文

# 徐光启：放眼看世界的先驱

卓新平

## 一 引论

在中西文化交流的历史上，有过许多曲折和磨难。由于文化史与政治史的交织，对这种交流及其相关态度的评价亦更为复杂、多样。从中国文化发展的角度来看，对外来文化、尤其是西方文化大致分为"吸纳"与"排拒"这两种态度。应该承认，这种"排拒"有出于保护"国粹"、维护民族利益、防范外来渗透或侵略的考虑，在一定程度上体现出中国的"民族自觉"或"民族气节"。但若以历史发展的客观事实和结果来认识并反思，则会看到在世界文明历史的演进中，某一民族的对外"排拒"态度及策略并不真正有效。而且，这种"排拒"往往在事实上反而会给其民族带来灾难，导致其发展的滞缓或倒退，造成"落后就会挨打"的结果，甚至出现"民族沦亡"的危险或危机。与之相对照，中华民族在其历史发展的兴盛时期，则往往会有"海纳百川、有容乃大"的开放胸襟，善于接受和吸纳外来文化因素，从而丰富和发展自我文化的内涵，以更为有利的态势自立于世界民族之林，参与世界文明的构建。回顾这一历史，可以看到中西文化交流上的几个历史高潮时期及其带来的社会发展，可以找出几个历史机遇点及其令人遗憾的稍纵即逝，也可以发现一批有识之士的慧眼睿智及其走向"开放"的胆识气魄。其中，明末清初的中西接触乃为一个关键点。或许可以说，中国当时的对外态度和策略，实质上影响到此后的中国社会命运和文化发展，为一部悲壮的中国近现代历史提供了坎坷不平的路径。当然，历史不可能重写。不过，历史之路仍在延续，我们总结以往的历史经验教训并不只是发思古之幽情，而乃有着如何展望未来、走向未来的现实意义。实际上，中国今天的"改革开放"，正是对以往中国历史上的"开放"及其"吸纳"外来文化之举的肯定和继续。与历史惊人相同的是，我们所处的时代仍有着历史争论、选择的回音，对待西方文化也仍然有着"吸纳"还是"排拒"这两种极为鲜明且截然不同的态度。当我们处于今天之"此在"而感到迷惘、犹豫、徘徊和困惑时，历史这面镜子可以让我们蓦然回首，觅得意味深长的感悟和启迪。在这一"回首"中，一批为中国社会发展和文化繁荣而对外寻觅、开放的知识精英映入眼帘,他们的筚路蓝缕、鞠躬尽瘁令人感动,而他们的凤毛麟角、功败垂成亦让人感叹。而在这些人物中,明末政治家、思想家和科学家徐光启(1562—1633)则显得格外突出。体会并反思他在当时的选择和努力,既有历史评价意义,更有现实启发作用。

## 二 徐光启:明清之际"放眼看世界"的先驱

徐光启所处的历史时期,正是中国社会如何转型的关键时刻。经过漫长的封建制度之发展,其弊端积重难返,当时中国的封建社会已渐呈颓势;而明末时这一制度衰败亦更为明显,给人展示的是一种国弱民穷、百业凋敝、内忧外患、危机四起之景观。但从另一角度来看,与封建制度的崩塌相伴随的,应是另一种新的社会制度之萌生、发展的机遇。如果能顺应历史发展的潮流,因势利导,相关社会的内部则可得以革新,由此克服危机而达到顺利转型。其实,明朝的发展本来是有这种可能性的。从分析其社会状况则可发现,明朝的中国曾出现过早期资本主义的萌芽,其社会生产力和生产关系已有复杂而缓慢的变化,新的科学体系亦在摸索中寻找突破,其文化发展也一定程度上甚至也可以与欧洲的文艺复兴时代相比较。然而,明朝统治者政治眼光的狭小使之主要采取了"封疆锁国"的政策,以严格的"海禁"而阻止了中外交往,失去了外来的"刺激"和"功力"。其结果,封建制度顺着其历史惯性而仍得以延续,社会自我变革及科技发展的许多机遇相继消失,中国文化仍须在"封建"的老路上再走几百年。

当然,也应该承认,明朝曾出现的社会变迁之征兆也曾在文化领域闪现。当时"明王朝在政治上是高度专制的,但在文化上却能包容,宗教上实行多教并奖的政策。随着中央实际控制力的下降,民间文化和民间宗教得到空前发展。"[①] 正是在这种形势下,对外来宗教的"禁止"也逐渐出现了松弛,使天主教得以传入中华。不过,中西文化的交流,尤其是宗教方面的交流在当时并不十分畅通,对之猜忌、怀疑、抵制、反对之声不绝于耳,有时甚至非常强烈。因此,对外来西方文化持"吸纳"之态,对外来天主教采取"皈依"的选择,对于明朝知识分子而言仍会面临巨大的压力,仍需具有足够的勇气。这不仅是一种认知上的选择,也是其生存上的选择。面对明朝社会政治的颓势,徐光启等人曾试图以引进"西学"来力挽狂澜,希望能以此来"富国"、"强政",避免明朝的最终塌沉。但徐光启等人在当时明朝政治导向上乃孤掌难鸣,因而对各种指责、非难而困难重重,无法有其真正的作为。这种"大势已趋"的局面使明朝已无法用"西学"、"开禁"来扭转,而徐光启等人"对外开放"、"引进西学"的努力实际上亦为时

---

[①] 牟钟鉴、张践:《中国宗教通史》,下册,社会科学文献出版社2000年版,第749页。

已晚、无力回天。所以，徐光启等人的"闪亮"思想只是在中国封建体制漫长夜空中如流星划过，明朝"复兴"的机会乃转瞬即逝，其命运只能给我们带来不尽的思绪和联想、惆怅和叹息。

尽管徐光启等人有着"生不逢时"的悲剧性处境，然而其"选择"及其"努力"在中西交流的文化史、思想史上却仍然深有意义。必须承认，徐光启在今天已发扬光大的"全球化"进程中乃是最初的探险者，其对当时新知识、新文化的开明之态，客观上推动了近代中国"文化边界"的"外移"，支持了对西方先进科学技术和思想文化知识的"内引"。当明朝仍在其"锁国"之禁中沉睡时，徐光启以其对西方传教士的欢迎诗和对其"天学"、"实学"的接受之态而成为明清时代打开国门"放眼看世界"的第一人，担当了引进"西学"的先行者角色，并且真正是当时具有"世界眼光"、呼唤中国认识自我和世界的"先知"及"先驱"。徐光启的历史及现实意义，不只是在于他对西方科技知识的评介、引进和对这种"实学"的推崇，而且更在于他看到了西方文化体系的整体性和关联性，从而并不将西方"实学"与"天学"加以人为割裂，而是把其"天学"与"实学"联系起来加以思考，强调对西方科技体系和文化体系的双重开放性及开明性。这样，他对世界之"看"乃真切之看，而不是带着有色镜或过滤镜来看，以求窥其奥秘、达其本真、获其精髓。虽然，徐光启由"认可"到"皈依"西方"天学"并非唯一可取之路，但其对西方文化体系的整体认知及其内在规律的有机把握，仍可为我们今天冷静、客观、真实地分析、评价那种以割裂心态来取西方科技之实、异西方文化之本的机会主义、实用主义，提供极为重要的洞见和判断。

## 三 徐光启对西方"实学"的吸纳

对徐光启而言，吸纳西方"实学"乃是为了"西学中用"，并通过掌握"西学"而最终达到对西学的"超胜"。因此，学习西方乃是为了中华的强盛，并不是"崇洋媚外"或"全盘西化"。而向外来文化学习，则必须持"开明"的态度、有"开放"的眼光。为此，徐光启在其《辨学章疏》中曾提出"苟利于国，远近何论焉"的主张。科学知识本来就是不分国界的，而吸纳先进的科技知识，就必须跨越这种东西方的地缘界线和当时为人谈及的"华夷之防"。在学问层面，徐光启等明清知识精英率先达到了一种"普世"观念。正如王徵所言："学原不问精粗，总期有济于世；人亦不问中西，总期不违于天。"[①]

所谓"实学"，是指当时西方科学著述或相关科学实践活动所表达的内容，它能得

---

① 徐宗泽编著《明清间耶稣会士译著提要》，中华书局1989年版，第298页。

以"实证"、而且能够"实用"。徐光启对西方传教士传入的"天学",首先就理解为这些耶稣会士所宣传的西方科学知识,这种"实学"能"匡时济世"、"裨益当世",可为"经世"之用,而且见效快、影响大;其内容涵括西方天文学、数学、物理学、舆地学、医药学、农学、水利、军事技术等方面。这些"实学"关涉"士农工商,生人之本业",切合当时社会经济和科学技术发展之需要,因而颇受中国知识精英的欢迎和重视。

徐光启对"实学"的强调,大体有两个层面的考虑,其第一个层面,一是出于对国家得以富强的考虑,如其所言,"时时窃念国势衰弱,十倍宋李,每为人言富强之术。富国必以本业,强国必以正兵。"① 为此,他认为农业和军事乃为强国之基本,为了富国强兵,就必须认真学习相关的知识并对之加以应用。所以,徐光启对各种"实学"持积极的学习、吸纳态度,"惟好学,惟好经济。考古证今,广咨博讯,遇人辄问,至一地辄问,问则随闻随笔,一事一物,必讲求精研,不穷其极不已。故学问皆有根本,议论皆有实见,卓识沉机,通达大体。"②

其第二个层面,则是希望以西方科学技术之长来补中国科技之不足,由此得以扬长补短,超越西方。爱因斯坦(A. Einstein)在比较中西方科学的特点时曾指出:"西方科学的发展是以两个伟大的成就为基础,那就是:希腊哲学家发明形式逻辑体系(在欧几里得几何学中),以及通过系统的实验发现有可能找出因果关系(在文艺复兴时期)。"③ 中国科学技术发展有着悠久的历史,但为什么在明清时代仍未形成缜密的科学体系和相应的学科系统,也正是当时如徐光启这样的中国科学家所苦苦思索的问题。此即后来讨论中国科学发展问题上的所谓"李约瑟难题"。徐光启等人已意识到中国传统科学体系中形式逻辑体系和系统科学实验的缺失,这种经验的积累多而体系的构建少之传统妨碍了中国科学深入、系统的发展。"即有斐然述作者,亦不能推明其所以然之故";④ 而没有弄清其"所以然",则会使各个学者独自、反复地"暗中摸索","是""亦无从别向","谬""亦无从辨证",难达其科学之质的飞越和提高。

正是出于上述考虑,徐光启遂致力于西方科学著作的翻译、介绍和相关科技理论知识的撰写、编纂。他与利玛窦通力合作,以"利玛窦口授,徐光启笔译"的方式汉译了古希腊数学家欧几里得的《几何原本》等西方科技著作。徐光启对这本书极力推崇,认为"《几何原本》者,度数之宗,所以穷方圆平直之情,尽规矩准绳之用也。"此书"由显入微,从疑得信。盖不用为用,众用所基,真可谓万象之形囿,百家之学海"。他赞成利玛窦所论此书"以当百家之用"的观点,强调"此书未译,则他书俱不可得

---

① 王重民辑校:《徐光启集》下册,上海古籍出版社1984年版,第454页。
② 同上书,第560页。
③ 许良英、范岱年编译:《爱因斯坦文集》第一卷,商务印书馆1976年版,第574页。
④ 徐光启:《几何原本引》。

论"。① 徐光启为西方数学体系中的严密逻辑证明所折服。他说:"今详味其书,规摹次第洵为奇矣。题论之首先标界说,次设公论,题论所据。次乃具题,题有本解,有作法,有推论。先之所徵,必后之所恃。一先不可后,一后不可先……初言实理,至易至明,渐次积累。终竟,乃发奥微之意。若暂观后来一二题旨,即其所言,人所难测,亦所难信。及以前题为据,层层印证,重重开发,则义如列眉,往往释然而失笑矣。"② 这种严格、缜密的逻辑证明、理论推导正是中国传统科学之所缺,徐光启希望能通过其翻译而取彼之长来补己之短。他以《几何原本》的翻译理解而看到"彼士立论宗旨唯尚理之所据"、"了无一语可疑",坚信"此书有四不必:不必疑,不必揣,不必试,不必改。有四不可得:欲脱之不可得,欲驳之不可得,欲减之不可得,欲前后更置之不可得。有三至三能:似至晦,实至明,故能以其明明他物之至晦;似至繁,实至简,故能以其简简他物之至繁;似至难,实至易,故能以其易易他物之至难。易生于简,简生于明,综其妙,在明而已。"③ 在他看来,《几何原本》所传达的西方科学精神旨趣,关键就在于其"心思细密"之处,而"能通几何之学,缜密甚矣";"能精此书者,无一事不可精;好学此书者,无一事不可学";所以他强调学习"此书为益,能令学理者祛其浮气,练其精心;学事者资其定法,发其巧思"。④ 他领悟到这种西方"实学"学以致用的道理,故急切希望国人能尽早对之研习、掌握。他深感"此书为用至广,在此时尤所急须",而其翻译此书也正是"意皆在欲公诸人人,令当世亟习焉";他因此为"习者盖寡"而不安,担心纵令"百年之后,必人人习之",却会"习之晚也"。⑤

徐光启看到了西方科学中重基础研究和科学推理的重要性,认为"度数之理,本无隐奥",其作用就在于"因既明推其未明",此即"独几何之学,通即全通,蔽即全蔽"的意义所在。⑥ 但这种"度数之宗"作为科学研究之基础的意义并不为当时一些中国学者所领会,从而不愿意进行深入、复杂的基础理论研究,表现出一种浮躁之气,往往浅尝辄止。为此,徐光启曾对那些面对繁复的理论奠定工作"似有畏难之意"的同事耐心解释,讲述其"先难后易"的道理,指出"度数之用,无所不通",其关系就在于"理不明不能立法,义不辨不能著数,明理辨义,推究颇难,法立数著,遵循甚易"。⑦ 而且,他在其《条议历法修正岁差疏》中,还"提出了著名的'度数旁通十事',即天文气象、水利、音律乐器、军事、财政会计、建筑、机械、测绘、医药和计时,明确系统

---

① 徐光启:《刻〈几何原本〉序》。
② 徐光启:《几何原本引》。
③ 徐光启:《〈几何原本〉杂议》。
④ 同上。
⑤ 同上。
⑥ 同上。
⑦ 徐光启:《测候月食奉旨回奏疏》。

地阐述了数学与其他科学技术的密切关系，盖凡物有形有质，莫不资于度数故耳。"①

抱着促进中国科学体系化、缜密化的这一理想，徐光启在翻译《几何原本》上倾注了大量的热情和精力。一本《徐光启传》曾如此描述说："夜深了，光启夹着笔稿归家，街上已是户皆静闭，只听着自己的步履声，心里想着西洋人精于科学，是他们'千百为辈，传习讲求者已三千年，其青于蓝而寒于水者，时时有之；以故言理弥微亦弥著，立法弥详亦弥简'。中国学者，研究科学的人，'越百载一人焉，或二三百载一人焉。此其间何工拙，可较论哉！'"② 应该说，《几何原本》的翻译出版取得了很大成功，它乃明末最早评为汉语的西方数学著作，代表着西方数学在近代中国的传入。后人曾评价说："是书盖亦集诸家之成，故自始至终，毫无疵类。加以光启反复推阐，其文句尤为明显，以是弁冕西术，不为过矣。"③

在翻译了《几何原本》之后，徐光启在数学领域还编译了《测量法义》，撰写了《测量异同》、《勾股义》等，旨在"明《几何原本》之用"、"于以通变世用"，体现出其以"实学"来"经世致用"的理念。在天文学上，他参与制定并介绍天文仪器，撰写了《平浑图说》、《日晷图说》、《简平仪说》等，主持了《崇祯历书》的编修。在水利、农学上，他与熊三拔合作翻译了《泰西水法》，写有《宜垦令》、《北耕录》等书，并撰写了最终12集的《农政全书》。而在军事科学上，他也力主学习西方先进军事技术，参与购买和仿造西洋大炮，以西方技术建造炮台等。此外，他还向耶稣会传教士学习了一些医学、种植等方面的实用知识。这样，徐光启乃实质性地、积极地参与了"中国17世纪前期的科学革命"。

尽管徐光启持有这种开明的、对西方"实学"的吸纳、学习态度，但他并不是所谓"文化上的迷失者"，也没有食"洋"不化、崇洋媚外。相反，徐光启对学习西方有着清醒的头脑、明确的目的。在其借助西洋历法知识来主持《崇祯历书》的编修时，他就已指明，"欲求超胜，必须会通，会通之前，先须翻译。"其借鉴、吸纳"实学"、"西学中用"正是为了这种"超胜"。因此，翻译只是其初级阶段，"翻译既有端绪，然后令甄明大统，深知法意者，参详考定，熔彼方之材资，入大统之型模。"④ 由此可见，徐光启的开放与甄别、借鉴与超越都是出于其"中国心"，旨在一种"全球"性与"地方"性的吻合，并希望借助于这种"全球"性而达其"地方"性的腾飞、超胜。他曾乐观地想象，"博求道艺之士，虚心扬榷，令彼三千年增修渐进之业，我岁月间拱受其成。"⑤ 但可惜徐光启当时没能梦想成真，因持其远见卓识和开明开放之态的中国有识之士过于稀

---

① 引自许明龙主编《中西文化交流先驱》，东方出版社1993年版，第69页。
② 罗光：《徐光启传》，台北：传记文学出版社1982年版，第38页。
③ 《四库全书总目提要》。
④ 王重民辑校：《徐光启集》下册，第374—375页。
⑤ 《徐光启集》上册，第73页。

少、不成气候,中国近代没能学会、掌握西方"实学"之真谛,反而因重陷封闭而落后挨打、丧权辱国、走过了一段令人感到耻辱、抱恨的衰落历史。可以说,今天"振兴"中华,提出"科学技术是第一生产力"、"发展是硬道理"等理念,是对徐光启吸纳、发展"实学"之举的积极回应、实质性延续。

## 四 徐光启对西方"天学"的吸纳

与科学实用主义和功利主义者不同,徐光启对"西学"有一种整体性审视,而并不是机械地割裂、分离。在他看来,西方文化体系乃有其整体关联性,是一种有机共构,而不可人为分拆。明清间不少中国思想家并不了解西方思想文化的全貌,因而对之有着不准确、不恰当的点评或议论。例如,方以智就曾认为"西学"不足之处乃在于"详于质测,而拙于言通几;然智士推之,彼之质测,尤未备也!"[①] "质测"在此指实验科学,"通几"则为哲学。而西方实验科学、自然科学发达的背后,恰恰是有西方哲学,乃至宗教神学观念的积极支撑和有机配合。诚然,中国数千年之久的文化有其优秀与杰出之处,不必妄自菲薄;但在保持民族气节与自尊、有着中华文化自豪感的同时也不能"夜郎自大",盲目排外。其实,世界各种文明都留下了宝贵的文化遗产,因此亦不能否认西方文化的强盛和优胜之处,其"科学"和"哲学"都有其灿烂辉煌的成就。所以说,只有真正"知彼"、才可能对之"超胜"。当我们今天"向西方学习"时,如果仍然只接受其科技知识、沿袭"中学为体、西学为用"的老路而排斥、拒绝其文化体系,则可能会使我们的"改革"、"开放"事倍功半、陷入窘境。当然,对西方文化整个体系的全面研习,并不就是一味模仿、照搬,"全盘西化",而是找出其文化体系的内在规律,以及各学系统之间的有机、整体联系,从而对之达到一种"通识",由此方可"为我所用"、扬长避短。从这一意义上,徐光启所选择的对西方"天学"的吸纳和对天主教信仰的皈依,就值得高度重视和认真研究。

在徐光启看来,"西学"中"实学"与"天学"乃一有机整体、互相关联,恰如一个硬币的两面。因此,不可能吸纳"实学"而摈弃"天学"、囿于器物之论而忽视形上之探。按照徐光启的理解,利玛窦等西方传教士传入的"西学""略有三种":"大者修身事天,小者格物穷理。物理之一端,别为象数。——皆精实典要,洞无可疑。其分解擘析,亦能使人无疑。"[②] 这里,"修身事天之学"即"神学",它对人生有着终极意义;"格物穷理之学"即"哲学",它乃探究宇宙万物之法;而"象数之学"作为"物理之一端"则作为"数学"而象征着当时所理解的"自然科学",其仍属于"哲学"的

---

① 方以智:《物理小识自序》。
② 徐光启:《刻〈几何原本〉序》。

范畴。

从这三种学问中，徐光启以"修身事天"之"天学"作为最根本的学问，由此表达了其吸纳并接受西方"天学"的意向和志愿。这一动机使他决心领洗入教，成为天主教徒，并留下了明末中国天主教之"柱石"的广远影响。对于西方信仰价值体系的"天学"，徐光启乃有着如此的理解："其说以昭事上帝为宗本，以保救身灵为切要，以忠孝慈爱为功夫，以迁善改过为入门，以忏悔涤除为进修，以升天真福为作善之荣赏，以地狱永殃为作恶之苦报。一切戒训规条，悉皆天理人情之至。其法能令人为善必真，去恶必尽。盖所言上主生育拯救之恩，赏善罚恶之理，明白真切，足以耸动人心，使其爱信畏惧，发于繇衷故也。"① 在此，徐光启按其儒家伦理道德体系的认知而对西方"天学"加以诠释，并揭示出西方宗教的修道方法与路径。"'昭示上帝'是终极信仰；'保救身灵'是基本方法；'忠孝慈爱'是修炼功夫；'迁善改过'是受洗入教；'忏悔涤除'是日常修行；'升天真福'是天堂恩典；'地狱永殃'是来世之绝罚。"② 其信仰本真乃与儒家精神相似，此即人类信仰精神普世意义上的"心同理同"，而其宗教制度则与中国传统相异，反映出不同社会文化的存在模式。

从"认信"之"求同"、"认同"，使徐光启进而如推广西方"实学"那样力主"天学"在中国的传播，以便不仅达到中国科技的提高，还能实现中国人心的净化。他认为，天主教信仰"必欲使人尽为善，则诸陪臣所传事天之学，真可以补益王化，左右儒术，救正佛法也者"。所以，他希望明朝皇帝能够支持"天学"在华的传播"若以崇奉佛老者，崇奉上主；以容纳僧道者，容纳诸陪臣，则兴化致理，必出唐虞三代上矣"；"数年之后，人心世道，必渐次改观"。③ 在这种中西宗教思想精神比较中，徐光启基于"中华"却超越其界限，以对中国远古"三代盛世"的历史审视和理解西方文明的世界眼光，来将天主教的"天国"理念解释为中国人易于接受的"大同"世界，以达其对"万民和，国家富"之理想王国的向往憧憬。

基于这种对"天学"的吸纳、欣赏、推崇态度，徐光启在出现"南京教案"等排外风波时遂能挺身而出，替耶稣会传教士辩护。不同于政治上在排除异己时的敌意、仇视态度，徐光启表达了文化上对异域之风的亲善、友好意向。一般而言，由于无接触、少接触之疏远而会导致不解、误解；这种误解完全可能因直接相遇、真诚相待的接触、沟通而漠然冰释。徐光启对西方耶稣会传教士的了解和理解，正是基于他"累年以来，因与讲究考求"，从而"知此诸臣最真最确"。基于其亲身体验和交往经验，徐光启毫不犹豫、毫无畏惧地对当时耶稣会传教士给予了很高评价，认为他们"不止踪迹心事一无可

---

① 徐光启：《辨学章疏》。
② 李天纲编注：《明末天主教三柱石笺注》，香港：道风书社2007年版，第63页。
③ 徐光启：《辨学章疏》。

疑，实皆圣贤之徒也。且其道甚正、其守甚严、其学甚博、甚识甚精、其心甚真、其见甚定。在彼国中亦皆千人之英，万人之杰。"① 而传教士的这种品德、操守也完全可以与中国圣贤相比较、相媲美。对其理解故应有人同此心、心同此理之公平、公道。徐光启进而比较说，"所以数万里来者，盖彼国教人，皆务修身以事上主，闻中国圣贤之教，亦皆修身事天，理相符合，是以辛苦艰难，履危蹈险，来相印证，欲使人人为善，以称上天爱人之意。"② 由于近距离、零距离的接触，徐光启深深为当时一些耶稣会传教士"耸动人心"的"修身事天"之学及其表率作用和人格魅力所打动，因而在其危难之际亦敢仗义执言、表其肺腑。

或许徐光启对"天学"和西方传教士的认知及评价有其偏颇、局限、简单，甚至错误之处，但其立意和表态却也可促发人们从不同角度来评价中西思想文化交流，以及参与或卷入这一交流的中外人士。其实，宗教在中西交流中一直是个敏感的领域、敏感的话题；而从更高更远的大文化视阈来看，这实乃一种"不必要"的敏感。应该承认，这种敏感除了政治上的原因，还涉及价值观、信仰上的竞争、争夺。但人作为万物之"灵"不可能没有宗教需求，所以大可不必同信仰之异而争执、冲突。虽然宗教与政治有着复杂关联和交织，却毕竟主要为人的"灵性"世界、精神领域。从整体而言，有必要将宗教信仰与政治信仰加以区分，使之有不同的归类和定位。如果以这种开明、开放心态来消除其政治上的"防范"，宗教交流可能会有更积极的意义、更理想的结局。在今天"全球化"的开放社会，中西文化的对话和交流仍维系着以往"强"、"强"相遇的态势，二者之间仍有着猜忌、防范和张力。但其在"地球村"背景中的再次相遇，已与以往"遥远国度"之间的交往截然不同，二者"和"则互补互益，"斗"则两败俱伤。在这种处境下，我们更需要有徐光启这样的胸怀、境界和智慧。徐光启呼唤"开放"的呐喊已传向我们、传向未来，它引起了我们的共鸣，其缭绕的余音亦将会迎来永久的回响。

（作者简介：中国社会科学院世界宗教研究所所长、研究员，中国社会科学院学部委员，浙江大学全球化文明研究中心主任，中国统一战线理论研究会民族宗教理论甘肃研究基地研究员，原文发表于徐汇区文化局编《徐光启与〈几何原理〉》，上海交通大学出版社2011年5月）

---

① 徐光启：《辨学章疏》。
② 同上。

# 全球化时代的宗教与国际关系<sup>*</sup>

徐以骅

有国际关系学者对20世纪下半叶以来的全球宗教复兴对传统宗教学和国际关系理论的冲击时这样评价说:"我们生活在一个本不应存在的世界。"① 从国际关系作为一门学科在西方诞生以来,宗教就一直是被西方国际关系理论所长期忽视、边缘化甚至"放逐"的研究对象。这种对宗教的排斥可以追溯到近代国际关系的起源。在产生于欧洲战争结束、民族国家诞生、国家主权被"神圣化"的威斯特伐利亚国际关系体系中,宗教不再具有一席之地,而在折射此种国际关系体系的、以国家为中心的国际关系理论中,宗教自然也无足轻重。然而近几十年来全球宗教复兴和世界性非世俗化趋势,尤其是"9·11"事件的发生,在相当大的程度上改变了人们对宗教与国际问题的看法,使宗教从所谓"威斯特伐利亚的放逐"回归"国际关系的中心"。宗教不仅被认为是"政治的另一种形式的延续",而且还成了国际舞台上各方争抢的资源。② 在有的国际关系学者看来,"宗教全球复兴对国际关系理论的挑战堪比冷战结束或全球化初现所引起的理论挑战。"③

本文试图对全球化时代宗教影响国际关系的现状和研究路径作较全面的分析,首先阐述国际关系的"宗教回归"对传统宗教观念和现行国际关系的挑战甚至颠覆;其次介绍和讨论宗教与国际关系的研究路径;最后简析全球宗教复兴和国际关系"宗教回归"对我国的影响。

---

\* 本文系教育部哲学社会科学研究重大课题攻关项目"宗教与中国国家安全研究(06JZD0005)"的中期成果。

① Scott M. Thomas, "Outwitting the Developed Countries? Existential Insecurity and Global Resurgence of Religion," *Journal of International Affairs*, Vol. 61, No. 1, 2007, p. 21.

② 可见 Conn Hallinan, "Religion and Foreign Policy: Politics by Other Means," *The Berkeley Dailey Planet*, Nov. 9, 2007; Ted Gerard Jelen and Clyde Wilcox, "Religion: The One, the Few, and the Many," Ted Gerard Jelen and Clyde Wilcox, eds., *Religion and Politics in Comparative Perspective: The One, the Few, and the Many*, New York: Cambridge University Press, 2002, pp. 1 – 3.

③ Elizabeth Shakman Hurd, "Theorizing Religious Resurgence," *International Politics*, Vol. 44, No. 6, 2007, p. 647.

## 一 国际关系的"宗教回归"

研究宗教与国际关系的学者斯科特·M. 托马斯（Scott M. Thomas）曾对"全球宗教复兴"（the global resurgence of religion）现象作了以下界定："全球宗教复兴指宗教日益具有显要性和说服力，如在个人和公共生活中日见重要的宗教信念、实践和话语，宗教或与宗教有关的人物、非国家团体、政党、社区和组织在国内政治中日益增长的作用，以及这一复兴正以对国际政治具有重大影响的方式发生。"[①] 20 世纪 70 年代尤其是"冷战"结束以来宗教的全球复兴正在从多方面改变全球宗教布局乃至国际关系的面貌，并且对现行国际关系结构以及人们关于宗教的传统观念造成具有部分颠覆性或"半颠覆性"的影响。我们可从以下五个方面来认识此种"半颠覆性"：

**（一）宗教的全球复兴在某种程度上颠覆了传统世俗化理论**

长期以来，宗教势力与作用被认为将随着现代化和经济发展而衰退。然而实际情况却与之相反，宗教在现代化和经济发展的冲击之下其势力与作用不降反升。大规模宗教复兴主要发生于基督宗教（尤其是五旬节派）、伊斯兰教以及民间宗教，而基督教和伊斯兰教保守派的持续增长和政治觉醒，则是 20 世纪下半叶以来世界宗教领域最引人注目的两大景观。有西方学者甚至危言耸听地声称，如果上述宗教增长趋势能够持续，到 2020 年，世界人口的 54.2% 将是基督宗教徒，37.76% 的人口将是穆斯林教徒。[②] 即使在被称为"世俗化"典型和"神圣化"反面教材、"基督教信仰业已崩盘"的"无神的欧洲"，不仅"移民教会"和新兴宗教不断增长，传统宗教如天主教等也出现复兴的迹象。[③] 于是乎"世界的复魅"、"宗教跨国与国家式微"、"宗教民族主义对抗世俗国家"、"宗教冲突取代意识形态冲突的新冷战"等说法不胫而走，开始充斥于世界各国的新闻报道和学术出版物，几乎完全取代了五十余年前曾风靡一时的"基督教王国衰退"、"上帝已死"、"后基督教甚至后宗教时代的来临"等话语而成为时代的新标签，各种"非世俗化"、"反世俗化"、"后世俗化"和"神圣化"理论纷纷出台，俨然成为各国学界宗教研究的流行范式。宗教的全球复兴是宗教影响国际关系，并且取代意识形态而成为民众大规模政治动员以及"改变关于外交、国家安全、民主推进以及发展援助的外交政策

---

① Scott M. Thomas, *The Global Resurgence of Religion and the Transformation of International Relations: Struggle for Soul of the Twenty-First Century*, New York: Palgrave MaCmillan, 2005, pp. 28–32.

② K. R. Dark, "Large-Scale Religious Change and World Politics," K. R. Dark, ed., *Religion and International Relations*, Bashingstoke, Hampshire: Palgrave, 2000, p. 73.

③ 参见 Philip Jenkins, "Godless Europe?" *International Bulletin of Missionary Research*, Vol. 31, No. 3, July 2005, pp. 115–120.

辩论"①的社会学基础。

不过，在"全球化上帝"的各种学术和非学术声浪中，传统世俗化论不仅并未销声匿迹，而且还通过各种"修正版"的世俗化论如"新世俗化"、"精英世俗化"、"长期世俗化论"、"富国世俗化"等卷土重来，并且与各种非世俗化论一样，都在难以计数的民调和实证研究中寻求支撑点。② 如宗教社会学者诺里斯（Pippa Norris）和英格尔哈特（Ronald Inglehart）在其广被引用的著作中就指出，全球知识精英世俗化趋势与各国民众的普遍向教形成鲜明的对照。除个别例外，富国（"世俗社会"）与穷国（"神圣社会"）之间日益扩大的差距不仅是经济上的，也是宗教和神学上的。两位学者在对占世界人口总数近80%的76个国家的大量实证研究的基础上提出"存在性安全论"（the existential security hypothesis），认为贫弱和不安全社会的民众与富强和安全社会的民众的生活经验不同，前者提升而后者则降低了宗教价值观的重要性。③ 其实世俗化和神圣化的区分并不绝对。另一组宗教社会学者德马拉斯三世（N. J. Demerath III）和威廉斯（Rhys H. Williams）就采取较为折衷的立场，认为两者之间存在着辩证的关系，更多的是相互依存而不是相互排斥，实际上一种趋势只有在另一种趋势的衬托下才能被充分理解。两位学者在对美国新格兰地区斯普林菲尔德城大量实证研究的基础上批评道，传统世俗化模式过于强调世俗化与神圣化的对立，而实际上在个人、机构、社区和文化四个层面既有世俗化也有神圣化的趋势，但就总体而言世俗化趋势要强于神圣化趋势，因此所谓宗教复兴只是美国和西方社会正在经历的长期世俗化趋势的短期神圣化反应。④ 实际上所谓神圣化或非世俗化模式又何尝不是渲染神圣与世俗的两元对立。本文无意介入关于世俗化的理论之争，只是想说明所谓全球宗教复兴的争议远未止息，因此其对传统世俗化的理论只具"半颠覆性"的影响。

### （二）全球宗教复兴在某种程度上颠覆了"威斯特伐利亚国际关系体系"

现代国际关系是建立在所谓威斯特伐利亚假设（Westphalian system）之上的，全球宗教复兴也在某种程度上部分颠覆了宗教不干预国际事务的国际关系的"潜规则"。作为结束欧洲三十年战争的产物，《威斯特伐利亚和约》（The Peace Treaty of Westphalia）

---

① Scott M. Thomas, "Outwitting the Developed Countries?" p. 21.

② 关于新世俗化的讨论，参见徐以骅主编《宗教与美国社会——美国宗教的"路线图"》，时事出版社2004年版，第6—11页。

③ 参见 Pippa Norris and Ronald Inglehart, *Sacred and Secular: Religion and Politics Worldwide*, New York: Cambridge University Press, 2004. 关于对该"反映世俗化理论修正派观点"的论著的详尽讨论和批评，参见"Outwitting the Developed Countries?" pp. 21 - 45；另参见 Eva Bellin, "Faith in Politics, New Trends in the Study of Religion and Politics," *World Politics*, Vol. 60, No. 2, 2008, pp. 331 - 334.

④ N. J. Demerath III and Rhys H. Williams, *A Bridging of Faiths: Religion and Politics in A New English City*, Princeton, New Jersey: Princeton University Press, 1992, pp. 255 - 301.

以及通过近两个世纪才确立之遗产（或威斯特伐利亚共识）以所谓主权至上来取代神权至上，承认和确立了国家权威原则以取代跨国宗教权威，不再把宗教作为外交政策基础以及国际冲突的合法性来源。以《威斯特伐利亚和约》为基础和来源的现代国际制度的核心，就是通过建立一整套国际规章制度来确保国家主权原则，并且不承认在人们的政治忠诚上挑战国家主权的跨国意识形态。具有讽刺意味的是，《威斯特伐利亚和约》所建构的政治和法律结构尽管使宗教私人化并限制其在国际事务中的作用，却"以宗教为组织现代国际的基础而将其国有化"。①

然而对国家主权观念之形成起重要作用的宗教，现在却反过来对其提出了挑战。宗教的全球复兴正在改变国际关系体系中"空荡荡的公共广场"，对现行的国际关系原则和规章制度形成威胁。就其对立面而言，一般认为跨国宗教的挑战目前主要表现为非西方宗教或文明对抗国际社会制度所建立在其上的西方信仰和价值观，或挑战对国际制度的西方的世俗解释，因此"新冷战"有时被解读为宗教东方反对世俗西方之战；对广大非西方国家而言，跨国宗教所削弱的目前实际上还不是国家主权，而是世俗的民族国家或所谓"极权国家的霸权"。② 不过在人权尤其在宗教自由问题上，"新冷战"的锋芒却主要指向非西方国家，冷战结束以来所谓侵犯人权和宗教自由正在变成西方某些国家对他国进行政治和军事干涉的更加"可被接受"的理由。21世纪以来，倡导所谓"保护责任"（responsibility to protect）在西方国家盛行一时，有学者甚至称"也许除二次大战后防止种族灭绝外，在国际规范领域还没有一种理念比保护责任（简称 R2P）传播得更快和更广"。③ 基于信仰和价值观的各种宗教组织自然而然地成为此种"国际规范"的积极倡导者，由美国宗教团体发起的苏丹运动就是在21世纪初主要由西方所鼓吹的国际社会基于人道主义原则具有使主权国家平民免受大规模暴行的"保护责任论"的全面实践。不过，由于西方在科索沃（Kosovo）、伊拉克（Irag）等地在未经联合国授权的情况下的单边行动、推行基于私利的"帝国主义议程"，以及所谓人道主义干预军事化举措，使其作为"保护责任"国际规范承担者的身份备受质疑，也使加强主权成为发展中国家"反对不平等世界的最后防线"。④ 有学者指出，尽管"全球化"以及包括宗教在

---

① Scott M. Thomas, "A Globalized God: Religion's Growing Influence in International Politics," *Foreign Affairs*, Vol. 89, No. 6, 2010, pp. 97-98.

② Scott Thomas, "Religion and International Conflict," K. R. Dark, ed., *Religion and International Relations*, pp. 14-18; Richard Falk, "A Worldwide Religious Resurgence in an Era of Globalization and Apocalyptic Terrorism," in Ravlos Hatzopoulos and Fabio Petito, eds., *Religion in International Relations: The Return from Exile*, New York: Palgrave MacMillian, 2003, pp. 181-205; Jeff Haynes, "Transnational Religious Actors and International Politics," *Third World Quarterly*, Vol. 22, No. 2, 2001, p. 157.

③ "保护责任"最初由干预与国家主权国际委员会（ICISS）提出。参见 Thomas G. Weiss, "R2P after 9/11 and the World Summit," *Wisconsin International Law Journal*, vol. 24, no. 3, 2006, p. 741.

④ Thomas G. Weiss, "R2P after 9/11 and the World Summit," pp. 748-749.

内的跨国行为体和跨国进程形塑各国的对外政策方面已十分重要,但学界的主要观点是,在国际体系中占支配地位、作为"疆土安全和行政主要单位"的民族国家仍"在制定基本规则并且界定跨国行为体必须在其中运作的环境"。① 在当前的国际关系中,宗教因素无论在各国外交还是在双边或多边关系中都还是次要因素或较少考虑的因素。宗教还远非当代国际关系中堪与政治、军事和经济等因素并称的"硬通货"。

**(三) 全球宗教人口重心的转移部分颠覆了世界宗教的传统布局**

全球化带来了全球人口大转移、全球产业大转移以及全球宗教大转移,而此三大转移之间又有极为密切的联系。照国际传教运动权威学者安德鲁·F. 沃尔斯（Andrew F. Walls）的说法,在世界人口方面的所谓"欧洲大迁移"持续达五个世纪之久,这不仅以对欧洲有利的方式重新划分了世界贸易的格局和国际政治的版图,而且在全球扩张了基督宗教的势力范围。而从 20 世纪下半叶开始的所谓"反向大转移"即亚非拉国家向欧美的大规模移民也改变了全球文化和宗教的流向,在使西方基督教具有越来越多的非西方形式和表述的同时,上述地区的传统宗教也渐次成为西方国家的宗教。② 西方主导宗教（基督宗教、摩门教等）的南下和东方主导宗教（伊斯兰教、佛教、巴哈伊教、印度教、道教以及若干新兴宗教等）的北上互相交叉,改写并扩充了世界性宗教的花名册,成为全球宗教复兴最显著的标志之一。③

正如欧洲人口大转移一样,所谓"反向大转移"同样具有政治、经济、宗教以及国际关系的含义。非西方国家的"第三教会"的崛起以及由其主导的新传教运动在较大程度上颠覆了关于传教运动和传教士的传统形象,基督教传统中心与边缘发生易位,全球基督徒也因此越来越具有所谓宗教迫害的"受害者"而非"施害者"的角色,这在很大程度上推动了由西方国家尤其是美国发端的所谓国际宗教自由运动。基督教和伊斯兰教的全球扩张和信众结构的变化使两教关系、宗教自由和宗教多元主义"日益成为 21 世纪国际政治的重要议题",④ 如移民潮和国际散居社会的形成就把东方宗教与民族冲突嵌入西方世界的腹地,使"恐伊（斯兰教）症"成为欧洲各国的普遍现象,并且对移民接受国如英、法、德等国的传统宗教和民族融合模式产生巨大冲击。不过目前无论是断言

---

① Jack Snyder, ed., *Religion and international Relations Theory*, New York: Columbia University Press, 2011, Introduction, pp. 6 – 7.

② Andrew F. Walls, "The Dynamics of Christianity and Culture in the Context of Five Centuries," paper presented at International Symposium on Christianity and Sino-US Relations, May 21 – 22, 2011, Beijing, Symposium Proceedings, pp. 69 – 70.

③ 徐以骅：《当代国际传教运动研究的"四个跨越"》,载《世界宗教文化》2010 年第 1 期,第 65 页。

④ Scott M. Thomas, "Outwitting the Developed Countries? Existential Insecurity and Global Resurgence of Religion," p. 30.

20世纪是白人主导基督教的最后一个世纪,还是宣称基督教已与西方脱钩而成为"后西方宗教"或"多中心宗教"甚至已出现一个"后宗教的西方",仍为时尚早,全球基督教的神学、机构和经济资源的重心仍在"全球北部",[①] 而基督教人口重心的南移并未真正撼动西方对基督宗教的掌控。

### (四)宗教政治化趋势在某种程度上颠覆了宗教在国际关系中的传统定位

伴随全球宗教复兴而来的是全球性宗教政治化或政治宗教化的倾向,这在较大程度上颠覆了宗教的寂静、消极和非政治化的传统形象,甚至使基要主义(所谓强宗教)和极端主义成为宗教在国际关系中角色的流行解释。世界范围的宗教政治化有着种种不同的表现,如宗教极端主义和基要主义的普世化、宗教团体的"政治觉醒"及其大规模介入各国政治尤其是外交政策领域、以信仰为基础的非政府组织在国际政治舞台上扮演日益重要的角色及其所推动的跨国宗教倡议网络和宗教国际人权机制的形成,以及"国际恐怖主义第四次浪潮"及其所引发的国际宗教问题安全化趋势,等等。拉美解放神学、政治伊斯兰、美国宗教右翼以及伊朗革命、波兰和东欧剧变、"9·11"事件等宗教思潮和与宗教密切相关或受宗教驱动的事件成为20世纪下半期以来宗教政治化及极端化的显著标志。

近年来宗教非政府组织异常活跃,它们通过信息政治、象征政治、杠杆政治、责任政治和全球运动网络等影响力资源来动员公众舆论、社会精英和外交决策者以实现其政策目标,并与西方"中等国家"即那些推崇全球社会民主价值观和政策的所谓"好撒马利亚人(The good Samaritan)之国"等一起,正在成为以大国为中心的国际体制以外的促进全球治理和共善的重要因素。[②] 作为新型国际行为体,宗教非政府组织代表着现行国际关系的某种"权势转移"。尽管宗教非政府组织不具备民族国家所享有的传统合法性资源,但它们可通过诉诸经济制裁以及"人道主义干预"等手段来实现其主张,[③] 甚至具有"为达目的不择手段"等"人道主义基要派"倾向。但这些组织在跨越地区、种族、肤色和文化界限,以及在促进经济赋能、社会改良、认知解放、政治民主、信仰自由、跨国救援、国际交流、全球治理和世界和平方面,充分发挥了宗教对国际关系的正

---

① 参见 Robert Wuthnow, *Boundless Faith: the Global Outreach of American Churches*, Berkeley, California: University of California Press, 2009.

② 西方"中等国家"或"好撒马利亚人之国"指挪威、瑞士、丹麦、荷兰、加拿大诸国。参见 Steven L. Lami, "The Role of Religious NGOs in Shaping Foreign Policy: Western Middle Powers and Reform Internationalism," Patrick James, ed., *Religion, Identity, and Global Governance: Ideas, Evidence, and Practice*, Toronto: University of Toronto Press, 2011, pp. 244–254.

③ 参见 Laurence Jarvik, "NGOs: A 'New Class' in International Relations," *Orbis*, Vol. 51, No. 2, Spring 2007, p. 217.

面功能。因此，宗教不仅在当前国际舞台上呼风唤雨，而且更多地在各种事工领域默默耕耘，其"和平使者"、"寂静主义"以及非政治化的基本属性并未因国际"认同战争"的新闻效应而有所削弱。

**（五）宗教互联网部分颠覆了宗教传播的传统模式**

如果说全球化助推了宗教的跨国流动，那么互联网则造成自宗教改革时期以来媒体与宗教的另一次具有重大意义的结合，甚至有人称之为引发了"第二次宗教改革"。照美国联合卫理公会的著名牧师迈克尔·斯劳特（Michael Slaughter）的话来说："电子媒体之于 21 世纪的宗教改革有如谷登堡的活字印刷之于 16—17 世纪的宗教改革。"① 网络宗教（或称"电脑宗教"、"虚拟宗教"）对各种宗教的传播均有"放大效应"，大大提高了民众参与宗教活动的数量，成为"上帝的麦克风"。网络"世界性"与宗教"普世性"的契合，也使网络宗教具有比以往任何传教方式更有力的穿越疆域国界的能力，提升了宗教组织直接传教能力，也提高了它们社会基层动员、影响政治议程和参与全球事务的能力，并且可使世界各地的任何宗教问题迅速透明化、国际性和政治化。网络宗教无论作为新型传教主体，还是作为传统传教组织的新型工具，在当代传教运动中都已显示出巨大的潜力。

具有低门槛、低成本、即时性等革命性特征的网络宗教是否称得上"第二次宗教改革"，与 16—17 世纪的"宗教改革"相提并论，现在看来是难以成立的。首先，在当前文化极为多元化和绝大多数国家实行政教分离的世界上，宗教及教会已非社会中心或只是中心之一，宗教批判和革命已非社会批判和革命的前提，产生宗教改革式社会变革的条件已不复存在；其次，网络宗教尽管具有创造和生成功能，并且具有所谓负拥挤成本（即网上信息不会因有人获取而减少，反而会因此而增加），但网络与继纸面（平面）传媒出现的其他新型媒体和电子通讯手段如广播、电视、电话等并无质的区别，或者说传媒拾阶而上的发展已经冲淡了网络宗教的冲击力；再次，16—17 世纪宗教改革是涉及教义教制、政治变迁、经济方式、思想文化和民族国家等的全方位变革，而目前网络宗教的影响力则主要在传播领域。因此网络宗教所引起的还只是工具性的传播方式而非包括宗教在内的社会文化的重大变革。

## 二 宗教与国际关系的研究路径

长期以来，植根于启蒙运动以来西方经验的社会科学理论均视宗教为可有可无的附

---

① 引自 Norman E. Thomas, "Radical Mission in a Post-9/11 World: Creative Dissonances," *International Bulletin of Missionary Research*, issue 29, No. 1, 2005, p. 4.

带现象。宗教的"威斯特伐利亚放逐"不仅存在于西方主导的国际关系体系内，也存在于西方社会科学理论中。当前国际关系研究的主要理论流派均在不同程度上忽视宗教和文化在国际关系中的作用。其实在许多非西方国家和宗教传统中，或者甚至在一些西方国家里，现代化并未导致宗教的边缘化和私人化。因此全球大规模宗教复兴不仅被描述为"上帝的报复"，而且被形容为"东方的报复"或"东方的反叛"。① 正如南非圣公会黑人荣休大主教图图（Desmond Tutu）所说，"只是如此充斥媒体和社会科学的坚定的世俗主义，至少在西方国家，才使人们看不见我们这些来自非洲和发展中世界其他地方的人们有幸知之甚多的东西。"② 波士顿大学的社会学者彼得·伯杰（一译贝格尔，Peter Berger）更是辛辣地指出，宗教基要主义（或原教旨主义）在历史上和现实中并不稀奇古怪，恰恰相反，稀奇古怪的正是那些并不认为如此的人们。因此"难以理解的现象并非伊朗的毛拉，而是美国的大学教授"。③

具有讽刺意味的是，美国社会尽管宗教盛行，但宗教研究却在作为一级学科的政治学专业中处于相当边缘的地位。两位研究美国政治和宗教的学者在对美国政治学的旗舰期刊《美国政治学评论》（American Political Science Review）作了研究后指出："除了经济学和地理学外，人们还很难找到比政治学更不关注宗教的一门社会科学。"他们把美国政治学对宗教的忽视归结于政治学学科的知识渊源（如受行为主义、实证主义和现代化理论的影响）、专业政治学者较为世俗的教育和社会背景（如大多数政治学者不是对宗教不感兴趣，就是仇视宗教），宗教问题尤其是宗教测量的复杂性（如宗教派别的多样性），以及政治学受"事件驱动"或"事件导向"的研究周期和议程（如宗教在过去并非头条新闻，并且往往得不到研究资助）。④ 世俗世界观在大学的支配地位和美国精英文化的世俗化还可以追溯到包括政治学在内的美国传统学科的欧洲尤其是德国起源。有学者就把美国近几十年来以宗教划界的所谓"文化战争"看成是"对20世纪30年代有影响的欧洲知识分子美国大迁移的派生和推迟的反应"。⑤

全球性宗教复兴以及极具宗教性的三大事件（伊朗革命、东欧剧变尤其是震惊世界

---

① Scott M. Thomas, *The Global Resurgence of Religion and the Transformation of International Relations*, p. 42.
② Scott M. Thomas, *The Global Resurgence of Religion and the Transformation of International Relations*, Forward by Desmond Tutu, p. x.
③ 转引自 Douglas Johnston and Brian Cox, "Faith-Based Diplomacy and Preventive Engagement," Douglas Johnston, ed., *Faith-Based Diplomacy: Trumping Realpolitik*, Oxford and New York: Oxford University Press, 2003, pp. 11 –12.
④ Kenneth D. Wald, Clyde Wilcox, "Getting Religion: Has Political Science Rediscovered the Faith Factor?" *American Political Science Review*, Vol. 100, No. 4, 2006, pp. 523, 525 – 529.
⑤ 引自约翰·F. 威尔逊（John F. Wilson）教授2007年4月在复旦大学美国研究中心所作"当代美国的宗教"（Religion in Contemporary America）系列演讲的演讲稿的第4章第46—47页。该演讲稿即将由上海人民出版社出版。

的"9·11"事件),给予忽视宗教的国际关系理论以当头棒喝。新自由制度主义理论家罗伯特·基欧汉(Robert Keohane)就承认:"九一一恐怖攻击表明,世界政治的所有主流理论在论及动机时均断然世俗。它们忽视了宗教的影响,尽管塑造世界的政治运动一直如此经常地得到宗教激情的助燃。"① 研究宗教与国际关系的学者乔纳森·福克斯(Jonathan Fox)亦称该事件"促进了打破把宗教与国际关系公开联系起来的禁忌的范式转移,并且打开了研究宗教对国际关系影响的各个不同方面的闸门。"②

目前西方学界对宗教与国际关系的研究已今非昔比,有关论著甚至是系列论著可说是不断涌现。有关数据表明,"9·11"事件发生后出版的有关伊斯兰教和战争的著作超过了以往任何时期的总和,有关宗教与国际事务的著作从20世纪70年代至90年代的平均一年一本上升至2002年以来的平均一年6本,在主要国际关系期刊上发表的有关宗教的论文也从"9·11"事件之前的每年15篇增至之后的每年60篇。③ 关于宗教与国际关系的关联性,西方学者尤其是国际关系学者的分析虽不尽相同但大致接近。一般认为,宗教主要通过宗教世界观、合法性来源、机构和领袖、群体认同、外交软实力、跨国宗教运动和议题等路径作用于各国对外政策和国际关系。④ 宗教问题国际化的表现形式各异,交互重叠,宗教往往也并非单独发挥作用,但目前宗教这一通常在国际关系研究中被作为与恐怖主义和文明等世俗现象相关联的次类范畴或因变量来加以处理的课题在国际关系学界已登堂入室,开始成为一个相对独立的研究范畴。

不过,宗教学和国际关系学都是各种学科均可涉及的学科,宗教与国际关系研究也是如此。对于如何研究宗教与国际关系,学界可说是众说纷纭,提出了各种研究路径和方案。有学者把宗教与国际关系的研究分为历史和现状两大板块:一大板块是对历史的研究,即探讨国际关系理念的宗教根源以及国际关系或现代性的宗教根源等;另一大板块是对现状的研究,或者说主要探讨当前的全球宗教复兴以及宗教在当前国际政治和国际体制中的作用等。⑤

目前学界采用的研究路径,主要还是所谓"家谱学"或"考古学"路径,即研究上述"宗教之根源";或"组织学路径",即研究国际关系中的各种宗教行为体;以及"实证主义路径",即把对宗教与国际关系置于实证主义和功能主义研究如理性选择理论

---

① Robert O. Keohane, "The Globalization of Informal Violence, Theories of World Politics, and the 'Liberalism of Fear,'" *International Organization*, Dialog-IO, Vol. 1, No. 1, 2002, p. 29.

② Jonathan Fox, "Religious Discrimination: A World Survey," *Journal of International Affairs*, Vol. 61, No. 1, 2007, p. 48.

③ Ron E. Hassner, "Religion and International Affairs: The State of the Art," Patrick James, *Religion, Identity, and Global Governance: Ideas, Evidence, and Practice*, pp. 38, 41.

④ 徐以骅:《宗教与当代国际关系》,载《国际问题研究》2010年第2期,第45页。

⑤ Petr Kratochvil, "The Religious Turn in IR: A Brief Assessment," *Perspective*, Vol. 17, No. 2, 2009, pp. 5 - 12.

的基础之上。此三种路径多多少少都存在着还原主义或"还圣为俗"的缺陷。事实上，宗教与国际关系学之间确实存在着基本张力，因为人们实在"无法在本体论和认识论上来解决超验和世俗之间的冲突"。① 对宗教的研究方法一般被归纳为人文、神学和科学（或实证）三种路径，作为社会科学的国际关系学较易接纳科学（或实证）的宗教研究，但却较难包容人文和神学的宗教研究。因此国际关系学的前两次转向，即"政治经济学转向"和"社会学转向"作为"同类项合并"相对较易；而国际关系学的"宗教转向"虽已被提出，但两者互为"异类项"，合并则较为困难；而提倡跨学科研究，冲破国际关系学的学科界限，同样也面临着对宗教与国际关系的非实证性研究是否可行的问题。②

有学者对当前宗教与国际关系的研究做了其他方法论的批评性归纳。如政治学者罗恩·E. 哈斯纳（Ron E. Hassner）就提出了研究宗教与国际关系的宽泛、深窄和厚实三种路线。走所谓宽泛路线（broad route）的研究者将其注意力集中在国际关系舞台而不去深究宗教本身，其分析倾向于把宗教高度本质化并且将宗教作用还俗为社会、经济或政治的影响。这种路线的代表人物和著作就是"文明冲突论"的始作俑者塞缪尔·亨廷顿（Samuel Huntington）以及纽约普雷格出版社推出的"国际关系中的文化和宗教"系列丛书，用通俗的话来说该路线大概就是"只见国际关系的树林而不见宗教的树木"；走所谓深窄路线（deep route）的研究者通常把侧重点放在对某一宗教运动或某一区域性宗教的详尽考察上，而未在国际关系领域提出归纳和总体性的结论。这种路线的代表著作就是美国宗教学者马丁·马蒂（Martin Marty）和斯科特·阿普尔比（Scott Appleby）主持的多卷本宗教基要主义研究项目以及瓦利·纳斯尔（Vali Nasr）研究什叶派的名著《什叶派的复兴》（The Shia Revival）。这些研究虽然在宗教研究上堪称权威，但却未能举一反三，提炼出普适性理论并对国际关系理论研究有所贡献。作者倡导的是折衷路线即所谓厚实路线（thick route），此种进路结合深窄路线对反思主义、对宗教的深入研究、侧重国内或区域性与宽泛路线的实证主义、国际性和普遍性取向，并在此种从国家到区域再到国际的研究过程的每一中间层面把反思主义与实证主义、宗教认识论与国际关系认识论渐次融合起来，其代表作者是分别研究宗教恐怖主义和宗教改革的学者马克·杰根史迈耶（Mark Juergensmeyer）和丹尼尔·菲尔波特（Daniel Philpott）。厚实（thick）一词虽脱胎于著名人类学家克利福德·格尔茨（Cliford Geertz）研究术语"深描"（thick description），但 thick 的 5 个英文字母也别有寓意，可以是代表宗教的神学（theology）、机构（hierarchy）、符号（iconography or symbol）、仪式（ceremony）和信仰知识（knowledge or belief）的集合，意指需在充分注重宗教个案研究的基础上归纳提

---

① Vendulka Kubalkova, "Towards an International Political Theology," in Pavlos Hatzopoulos and Fabio Petito, eds., *Religion in International Relations: The Return from Exile*, p. 89.
② 参见徐以骅《国际关系研究的"宗教回归"》，载《中国社会科学报》2010 年 7 月 8 日第 4 版。

炼出解释国际关系现象的较广泛理论。①

然而上述"厚实路线"虽然试图平衡宗教与国际问题两种研究,但仍未回应国际关系理论应如何看待和处理宗教及全球宗教复兴的问题。在有关学者宣布宗教已回归国际关系的 10 年后,宗教对国际关系学科的影响仍比较有限,"国际关系的主流学者仍发现难以将宗教议题融入他们通常的概念框架",而国际关系的三大主要范式(现实主义、自由主义和建构主义)不仅未能为此种融入"提供明确指引",并且"在某些情况下还暗示在其范式的逻辑内宗教的地位可能还得不到承认"。哥伦比亚大学的国际关系学者杰克·辛德(Jack Snyder)归纳了国际关系理论界对宗教的四种研究进路或态度:(1)在传统范式内讨论宗教对国家体系等的作用,可称为守旧派;(2)宗教应取代现有范式而成为思考国际关系的主要棱镜,可称为改造派;(3)主张因宗教而调整看待世界的基本观点,同时吸纳传统范式的见解,可称为折衷派或修正派;(4)回避范式问题而研究宗教为其中因果变量的较为集中的假设,可称为实用派。② 改造派与其余三派的分歧,在于是借宗教因素而"重建学科",即把宗教作为重新界定和改造国际关系学科的非实证主义导向,如建立国际政治神学③等改造方案;还是国际关系应"正视"和"收编"宗教,即把宗教作为重要的研究对象,或使其在国际关系研究中"主流化"。后者尤其是折衷派或修正派认为,从表面上看国际关系三大理论范式似乎忽视甚至摒弃宗教,但实际上它们已"提供了研究宗教与国际关系的框架得以建立在其上的坚固基石",而宗教研究完全有助于"为每个主要学科范式建构核心假设",并且"可丰富其范式的见解"。④ 目前国际关系主流学界显然主要认同后者而非前者,而全球宗教复兴对国际关系学科充其量也只有部分"颠覆性"而已。

国际关系理论的介入,无疑是宗教与国际关系研究深入开展和在国际关系学科领域"主流化"的重要因素。笔者曾指出,宗教与国际关系或国际问题研究可有狭义和广义之分:狭义的宗教与国际关系研究可单指基于国际关系或政治学学科对国际宗教问题的研究;而广义的宗教与国际关系研究则泛指国际关系学科以外的其他学科对国际宗教问

---

① Ron E. Hassner, "Religion and International Affairs: The State of the Art," in Patrick James, ed., *Religion, Identity, and Global Governance: Idea, Evidence, and Practice*, pp. 43 – 51.

② Jack Snyder, ed., *Religion and international Relations Theory*, Introduction, pp. 2 – 3. 另参见 Eva Bellin, "Faith in Politics, New Trends in the Study of Religion and Politics," *World Politics*, Vol. 60, No. 2, 2008, pp. 313 – 347.

③ 这里"神学"一词所指的并非信仰系统,甚至并不涉及宗教或基于宗教前提,而是指被实证主义社会科学研究方法所忽略的对意义的研究。参见 Vendulka Kubalkova, "Towards an International Political Theology," pp. 79 – 105; Terry Nardin, "Epilogue," in Pavlos Hatzopoulos and Fabio Petito, eds., *Religion in International Relations: The Return from Exile*, pp. 277 – 278.

④ Jack Snyder, ed., *Religion and international Relations Theory*, Introduction, pp. 7 – 8.

题的研究。就议题而言，上述领域还可有"主议题"与"共议题"之分。① 做此类区分有武断成分，却有助于了解宗教与国际问题研究的现状和前景。总的来说，前者即狭义宗教与国际关系研究在国外开展较晚，只是在20世纪末尤其是"9·11"事件以来，这种滞后局面才有所改观；后者即广义的宗教与国际关系研究在则开展较早且相对发达，这主要归功于神/哲学、宗教学、社会学、历史学、外交学等学科的贡献。在西方，目前上述狭义和广义两类研究可说是平分秋色，事实上许多有关论著为此两类研究的共同结晶。国际关系作为一门学科虽不能包揽该领域的研究，但宗教与国际关系研究只有完全融入国际关系学科才能获得不可或缺甚至更为有力的分析工具。②

## 三 国际关系"宗教回归"对中国的影响

在20世纪70年代尤其是"冷战"结束以来的全球宗教复兴的同时，中国社会也进入前所未有的发展和转型期。在经济上，中国已取代日本成为世界第二大经济体；在政治上，中国在某种程度上已成为新兴国家和发展中国家的成功典范，国际上甚至有"中国经验"以及"北京共识"等说法；在文化上，随经济"走出去"战略之后，中国文化"走出去"战略也颇具规模，遍布世界的数量越来越多的孔子学院就是此种战略的显例；在宗教上，各种权威数据均表明中国不仅是传统而且是新兴"宗教大国"，主流宗教的增长、新兴宗教的崛起，以及民间信仰的复兴相互交织，③ 成为全球宗教复兴的一个组成部分。国际关系的"宗教回归"和宗教政治化趋势以及国内宗教格局的变化，也使宗教成为中国内政外交的突出问题。宗教涉及数以亿计的民众群体的精神需求和生活方式，是在政治和社会领域中涉及中共和国家工作全局以及统一战线工作需要全面把握和正确处理的五个重大关系（即政党关系、民族关系、宗教关系、阶层关系、海内外同胞关系）之一。因此，如果说"不重视宗教就无法理解国际关系"，④ 那么不重视宗教将同样无法理解当前中国社会。

全球宗教复兴对中国的宗教生态和政教格局造成了一定的冲击。首先，由于中国政府明令禁止外国来华传教，传教士不再是中外之间的主要精神纽带。"改革开放"（1978

---

① 在上述领域国际关系学的"主议题"包括宗教与当代国际制度、国际体系、国家/国际安全、各国外交、地缘政治等议题；以及其他学科有充分介入甚至作为主导的"共议题"如宗教与全球治理、国际组织、全球化、国际法、国际冲突和对话等议题。
② 徐以骅：《宗教与当代国际关系》，载《国际问题研究》2010年第2期，第48—49页。
③ 参见金泽、邱永辉主编《宗教蓝皮书——中国宗教报告（2008/2009/2010/2011年）》，社会科学文献出版社2008、2009、2010、2011年版。
④ Jonathan Fox and Shmuel Sandler, *Brining Religion into International Relations*, New York: Palgrave MacMillan, 2004, p. 7.

年）以来中外宗教交流已进入所谓"后传教时代",西方(以及东方)的基督教差会从台前退居幕后,但实质性交流却比以往任何时候都更为多样化和复杂化。①宗教的跨国传播打破了1978年以前相对稳定的中国宗教生态,对现行"五大宗教"格局形成较大冲击,并且与中国的宗教管理模式产生了张力;其次,网络宗教信息的无障碍传播及其网络宗教的开放性、虚拟性、跨国性和渗透性,使中国现行的将宗教活动限于有形空间和实体形式的大部分法律、法规处于滞后状态,并且对中国政府的宗教以及网络管理工作都形成挑战;再次,"冷战"结束以来,宗教在西方尤其在美国对外政策中的作用日益显著。美国外交政策的"福音化"使宗教成为中美两国关系中的突出问题,这不仅使中国在所谓"宗教自由问题"上成为美国的"特别关注国",而且使中国宗教问题"国际化"而受到国际社会的高度关注;最后,国际宗教运动以及国内外宗教极端主义势力使中国在国家安全领域面临"传统安全威胁和非传统安全威胁的因素相互交织"②的局面。在国际政治和宗教势力的推波助澜之下,宗教极端主义、民族分裂主义、恐怖主义三股势力针对中国的政治和暴力行动在不断升级,目前显然已构成对中国国家安全的最直接、最具突发性和暴力性的威胁;而形形色色的国际宗教人权运动和宗教非政府组织通常不具暴力性,但影响范围更大或具有广泛的群众性,并且有助推"颜色革命"的能量,因此成为影响中国国家安全的更为经常性的因素。事实上对中国国家安全来说,暴力型组织往往借助互联网等现代科技手段以及所谓宗教自由倡议团体的支持来开展其活动的。③

  作为传统文化的载体、国家统一的精神纽带以及塑造中国国际形象的要素,中国宗教在全球化时代也具有前所未有的发展空间。中国是宗教大国,具有丰富的宗教资源。中国的国力增强,为宗教影响力的对外投射创造了条件。中国各种宗教的增长以及中国各种宗教和民间信仰的广大海外信徒,可说是构成了中国国家主权和利益的隐性防线。在谈到中国基督教的增长时,安德鲁·F.沃尔斯便提醒人们不能忘记"中国基督教并不限于中国;遍布亚洲及亚洲以外的海外中国人口中的基督徒目前已为数庞大",而这是基督教在20世纪的一大发展。他甚至认为基督教与亚洲古老文化的互动"就神学创造性而言开创了一个堪与基督教在公元2世纪至4世纪与希腊文化相遇相提并论的时代"。④历史更为悠久以及信徒人数更多的各种中国传统宗教和信仰,早已成为其他国家

---

① 关于"后传教时代",参见徐以骅《宗教因素与当前中美关系》,载《国际问题研究》2011年第3期,第30—31页。
② 胡锦涛:《在省部级主要领导干部提高构建社会主义和谐社会能力专题研讨班上的讲话》,载《人民日报》2005年6月27日。
③ 徐以骅:《当代中国宗教与国家安全》,载晏可佳主编:《辉煌六十年:中国宗教与宗教学》,上海:上海人民出版社2010年版,第163—164页。
④ Andrew F. Walls, "The Dynamics of Christianity and Culture in the Context of Five Centuries," p. 75.

尤其是周边国家从草根层次认识和接触中国的主要来源,并且是中国公共和民间外交的重要资源。与全球性"中国经济圈"和"文化中国"并存且作为其价值观和机构性基础的"宗教中国"或"信仰中国"正在不断增长。目前中国已经是世界上最大的《圣经》生产和出口国,也是世界上最大的宗教产品如佛教圣物、印度圣像、俄国圣像、圣诞礼品的生产和出口国之一,但这些还是宗教的商品化或物化,还不具备神学和文化附加值;中国宗教仍处于粗放和内向的发展阶段,目前也不充分具备国际学理对话的能力。不过此种情形随中国宗教日益走出国门而将有较大改观。假以时日,中国宗教的"多元通和"、"和合共生"的传统理念和实践势必对世界宗教交流和对话产生重要影响,"'和风西送',为国际社会解决宗教关系提供可供借鉴的宗教和睦模式",① 挑战宗教少数派如达到一国人口的10%至20%便"足以抵御促进宗教和谐政策甚至可支持解放斗争"的所谓国际公式,② 并且实现从全球宗教商品提供者到制度性宗教公共产品提供者的身份转变。

当前中国的国际参与已经不再限于政治和经济领域,而且日益涉及文化和宗教领域。随着改革开放的深入发展,在后冷战时期中国国家利益的排序已经发生变化并且日益多元化,维护国际的主权和统一、坚持中共的领导和社会主义道路、促进经济和社会的和谐发展,以及塑造大国形象,可以说已构成当前中国国家利益的四大要件。国际利益是个双向建构,在内部生存和经济发展得到保障后,国家利益的追求自然会加入更多的外部建构因素如国际地位和国际形象。国际形象是一国软实力的重要来源,而宗教形象又是分量极重的国际形象要素,处理好国内外宗教问题因此也成为我国树立负责任大国形象的重要环节之一。③ 中国宗教学者卓新平就曾指出,认识和处理国内宗教问题一定要考虑其国际意义及国际影响,而且对待宗教问题应与中国的"文化战略"相联系,在发挥宗教积极作用时使之成为中国"软实力"的重要构成。④ 中国的"走出去"战略应是全方位和系统配套的。很难设想没有传统文化支撑的可持续的经济走出去战略,同样也很难设想缺乏宗教背景和价值观基础的传统文化。宗教向来是中外文化交流的重要组成部分。公共以及民间外交无论是过去还是现在都是宗教和宗教团体介入中国对外关系的主要途径,但却是被各界忽视的议题,成为中国公共外交实践和理论研究中的短板

---

① 王作安:《探索中国宗教对话路径》,载《中国民族报》2007年4月2日。
② Scott M. Thomas, *A Globalized God: Religion's Growing Influence in International Politics*, p. 101. 另一宗教学者亦称,传教和宗教移民运动可能造成全球政治的大变局。如目前在全世界25个人口最多的国家中,至少有10个出现基督宗教与伊斯兰教严重对立的状况,因此这些国家均有可能成为"严重宗教冲突的舞台"。参见 Philip Jenkins, *The Next Christendom: The Coming of Global Christianity*, New York: Oxford University Press, 2002, pp. 166 – 167.
③ 徐以骅:《当前宗教与国际关系的若干问题》,载《中国社会科学院院报》2008年4月3日;徐以骅、章远:《试论宗教影响中国国家安全的路径和范式》,载《复旦大学学报》2009年第4期,第113页。
④ 卓新平:《"全球化"的宗教与当代中国》,社会科学文献出版社2008年版,第276—277页。

或缺项。

所谓"后传教时代"的中外宗教交流，大大推动了中国的宗教学研究，缩短了与国际学术的差距。国内高校和相关研究机构宗教研究水准渐次攀升，部分高校在宗教研究项目和开设宗教课程的数量上已堪与美国私立综合性大学相比，甚至有些已超过。这在某种程度上意味着在全球宗教复兴的时代中国高校和相关研究机构具有较高的前瞻性和适应性，不仅具备在宗教学领域为中国对外战略提供学术支撑和人才储备的能力，而且自身也已成为在该领域中外学术的交流平台和相互认知的权威渠道。国际关系和宗教学新老两大学科目前均为国内学界相对热门的学科，但两大学科之间较少互动，被形容为"两股道上跑的车"。[①] 近年来不少学者尤其是宗教学研究者积极介入对宗教与国际关系的讨论，把关注点从"身边"转向"天边"；而国际关系学界对宗教问题从完全忽略发展到一定程度的关注，从"世俗"转向"神圣"，不仅宗教学与国际关系学之间出现相互取经的端倪，而且宗教与国际关系广、狭义的研究，即宽泛路线与深窄研究路线之间也开始出现对流趋势。受全球宗教复兴影响、凭借中国博大精深的宗教传统、基于自身学科发展需要，并且由中国对外战略利益驱动的宗教与国际关系研究完全有可能引起学界越来越多的关注。

（作者简介：徐以骅，复旦大学国际关系与公共事务学院、美国研究中心教授，原文发表于《世界经济与政治》2011年第9期）

---

[①] 关于国内宗教与国际关系研究的现状和问题，可参见徐以骅《宗教与当代国际关系》，载《国际问题研究》2010年第2期，第47—48页。

# 隆礼以率教　邦国之大务

## ——礼乐文明中的宗教理解

### 卢国龙

一

　　无论是在纯粹学术还是在公共政策的层面，关于宗教的价值评估都是一个敏感的话题，隐含"判教"的内幕，容易诱发群体性的观点分歧。无神论与有神论、科学主义与神秘主义、世俗主义与信仰主义，固然会针锋相对，各有立场，坚信本身的立场符合甚至代表着真理，就是信徒们，也因其皈依各不相同，对于宗教的价值内涵，也更容易接受符合自身宗教特点的解释。这种观点和立场的分歧，在社会急剧变革的时代尤其明显，社会作为一个共同体，因此面临着内部张力的膨胀与控制难题。任其膨胀，可能导致"道术将为天下裂"的局面，而信仰分裂、价值观分裂，往往是社会族群分裂的前兆；试图控制，又让人担忧文化独断、权力专制的阴霾将卷土重来，社会意识操纵的梦魇难消难散。事情既然属于两难，正面谈论这个话题也就近乎不智，所以论者罕言。

　　但是，不谈论只是回避了问题，并不意味着问题已经解决。事实上，在纯粹学术和公共政策的背后，对于宗教的价值评估始终是一只无形的手，发挥着论是非、定取舍的作用。就学术界而言，价值中立依然是学者之间的彼此期待，而未能中立则是普遍存在的现象，只不过学者们通常借助各种旁敲侧击、取材舍料的方式来表达其价值立场而已。在公共政策领域，政府号召积极引导宗教与社会主义社会相适应，而社会则呼吁宗教政策更加开明和开放，这样两种表面上看起来既非对话也不对称的舆论，从思想的内在逻辑看却围绕着同一个价值评估的焦点，号召适应是看到宗教与社会主义的主流价值观存在差距，而呼吁开明则认为宗教有其自身的价值独立性。这些基本事实，至少表明关于宗教的价值评估是一个真实的问题，虽然从技术上可以表现或者表述得隐晦些，但在观念上却不可能真正回避。

　　关于宗教的价值评估既然不可回避，我们为什么又刻意采取迂回的方式，不直接面对呢？也许，迂回并不表明这个时代缺乏理论勇气，而是由于除了意识形态、宗教情感等方面的顾忌之外，还有一个如何选择评估角度的难题。这个角度，既要具有"科学性"，否则与科学主义的时代思潮不符，所谓评估，就会被指责为缺乏理性精神、是难称公允的褒贬之论；又须具有与宗教的"适应性"，否则方枘圆凿，评估角度与受评估的对象格格不入，所谓评估也就流于意识形态的判决。这种悖论式的难题，确实很难超越。因为从追求各自"真理"的角度说，宗教与科学是平行的双轨，没有交叉点，所谓"科学性"和"适应性"是相互矛盾的，势难兼顾。而我们这个时代，注定要求选择一个具有"真理"意义的角度，做出"极高明"的论断。于是，关于宗教的价值评估，只能满足于雾里看花，自慰于理性的暧昧。本文不刻意回避这个问题，并非发现了另一种"极高明"的可能途径，而是退而求其次，走一条"道中庸"的老路，本着人文理性的立场确认宗教与科学在事实上的交叉点，不追求逻辑上的"真理"意义。这个交叉点，泛而言之就是社会生活。正是在指导社会生活方式这个共同目标下，在服务于社会生活这个交集点上，宗教与科学才狭路相逢，相互审视。否则，宗教与科学完全可能各行其道，自是而不相非，也就无须所谓兼顾了。从这个意义上说，选择社会生活作为评估宗教价值的角度，是从基本事实出发的，可能比各种逻辑性的前提预设都更接近公允。

当然，宗教与社会的关系错综复杂，不从事社会学专业，不能随意涉足；而宗教社会学已经取得的斐然成就，也表明不需要非专业学者提供外围的帮助，本文自无意介入社会学探讨，只是选择社会生活作为宗教价值评估的一个维度、视角，或者说作为一个支点。而且，即便限定在这个维度来看，各种宗教与其社会的关系也不尽相同，不能一概而论，本文只着眼于中国的社会与宗教。

比较而言，中国社会与宗教的关系似乎很特别，在主流宗教与主体社会的关系类型上，既不同于"印度教"与印度社会、犹太教与希伯来社会、伊斯兰教与阿拉伯社会那样的原生关系，也不同于基督教与欧美社会那样的再生关系。在传统社会里，儒教作为主流宗教与中国的社会主体，是典型的原生原配，但经过近现代社会变革，中国已经不存在哪种宗教可以被视为主流宗教，各种宗教都只可被描述为"在中国"，而不能称之为反映社会主体性的"中国宗教"，这种多元而无主体的格局，使中国社会与宗教的关系表现得扑朔迷离。本文立意，就是试图从扑朔迷离中找出一点头绪，以中国社会的传统与现代变革为基础，探寻与中国社会相适宜的评估宗教价值的文化参照体系。

## 二

社会学家 J. M. 英格说，"在很早的时代里（如果不是在今天的话），基督教和犹太教都是社会宗教制度，而不仅仅是教会"①。所谓"社会宗教制度"，大概可以理解为以共同的宗教信仰和仪式为纽带，构成社会的组织形态和制度模式。准此理解，可以说，在很早的时代里，中国社会如同基督教和犹太教社会一样，也是由"社会宗教制度"组织起来的。由于中国的宗教是自然自发的，不必像创生性宗教那样改造或重建社会②，所以宗教与社会更加浑然一体，弥合无间。中国之所谓"社会"，本来就是群体性的宗教信仰和仪式活动。

"社"的本义是土神，也是举行敬神仪式的活动场所。场所的标志在历史上有变化，秦以前是坛墠，树以丛木③，后世在民间则有种种变通，可以是一棵大树，也可以是刻着"土地"字样的石碑，某些地方还受佛道教影响，建土地庙，塑土地神像。坛墠的典型样式，就是铺着五色土的社稷坛。社树在古代可能有品种选择，如《论语》载，"哀公问社于宰我，宰我对曰：夏后氏以松，殷人以柏，周人以栗，曰使民战栗也。"宰我的叙述可信符合史实，但解释是推测性的，曾受到孔子的批评，汉代的孔安国甚至指责宰我只是妄测，"凡建邦立社，各以其土所宜之木。宰我不本其意，妄为之说，因周用栗，便云使民战栗也。"④ 后代的社树，确实是因地取宜的，如南方多为樟树、榕树，北方多为榆树、槐树等，或许可以佐证孔安国之说。与土神联系在一起的谷神，称为"稷"。中国古代的社稷信仰和仪式，反映出农耕文明的感恩意识，这也就是《白虎通义》所说的，"王者所以有社稷何？为天下求福报功。人非土不立，非谷不食。土地广博，不可遍敬也；五谷众多，不可一一而祭也。故封土立社，示有土尊。稷，五谷之长，故封稷而祭之也。"⑤ 又由于社稷信仰和仪式是群体性的，与社会的组织结构相对应，大到全国性的"大社"，一方诸侯的"国社"，小到村落、社区的"置社""里社"，层次分明，反映出社会的基本结构，所以在古代汉语中，"社稷"与"社会"是同义语，差别在于"社稷"因信仰因素而含有神圣的意义，以至引申为国家主权，称为江山社稷。

关于"社"的历史起源，文献中有不同的记载，但都极古远。最晚的说法，是帝舜时"封土为社，置木为闾，始民知礼也"⑥。更早些的，如《左传》昭公二十九年："共工氏有子曰句龙，为后土。后土为社。"这两种说法，符合古人神化帝王的历史观，但在史实方面很难辨其真伪。唐末五代人丘光庭回答"社之始"的问题时说，"始于上古

---

① 《宗教的科学研究》，何其敏译，中国社会科学出版社2009年版，第308页。
② 从发生学的角度，金泽将宗教划分为"原生性宗教"与"创生性宗教"两种类型，详其著《宗教人类学导论》，宗教文化出版社2001年版。
③ 尚秉和考证"古以丛木为社"，详其著《历代社会风俗事物考》，中国书店2001年版，第204页。
④ 魏何晏集解、唐陆德明音义、宋邢昺疏：《论语注疏》卷三注引。
⑤ 《百子全书》本，岳麓书社1993年版第4册，第3523页。
⑥ 《管子·轻重戊》，《二十二子》，上海古籍出版社1986年版，第191页。

穴居之时也。故《礼记》云：'家主中溜，而国主社'者，古人掘地而居，开中取明，雨水溜入，谓之中溜。言土神所在，皆得祭之。在家为中溜，在国为社也。由此而论，社之所始，其来久矣"。在回答"稷之始"的问题时又说，"始有粒食之时也"①。这是说，"社"起源于人结束巢居，开始在某个地方凿穴定居之时，"稷"起源于最初发现谷物粮食之时。合而言之，"社稷"意味着定居且谷食，表达了农耕文明的生产生活方式。这种说法比托称先王更合乎历史理性，因而更易于接受。

起源古远的"社稷"信仰和仪式，对于族群组织扩大化的社会，对于社会组织最高体现的政权，究竟具有什么样的价值或意义呢？抑或只是蒙昧初开时的旧习俗？《管子》曰："百盖无筑，千聚无社，谓之陋。一举而取天下，有一事之时也。"唐房玄龄注解说："言纣人苟且，虽有千聚之夫，不立一社以统之。如此者，为政之陋也。故武王一举取天下而有之，此万代一时之事也。"② 在史实层面，商纣王究竟因何溃败，或许还有待史学家去考证，但《管子》反思商纣王溃败原因所展现出来的历史理性，却明白无误，不需要考证。按照《管子》的反思，强势的商纣王面对弱势的周武王之所以不堪一击，根本原因就在于不立"社"以凝聚民众，不能以信仰共同体的形式将民众组织成社会，其政权没有社会组织做保障，没有一套"社会宗教制度"将政权与民众连为一体，便只有孤立的王权，没有国家社会的主权，虽有千聚之夫，也只是一盘散沙，所以被有组织的周族一击而溃。从这个意义上说，武王伐纣的胜利，是西周"社会宗教制度"的胜利。西周以"社稷"信仰和宗法制为基础的"社会宗教制度"，将民众组织成一个富有活力的社会有机体，而商纣王"千聚无社"，其成其败，便成定数。也许正是在这个意义上，孟子说，"闻诛一夫纣矣，未闻弑君也"。一个君王之所以会彻底沦为"一夫"，根本原因就在于"千聚无社"，王权没有信仰共同体和社会组织实体的支撑。

《管子》以"千聚无社"来揭示商纣王失败的原因，从而将"社稷"信仰以及由其推动的社会建构提升到关乎政权存亡的高度，这种由历史反思所表现出来的理性精神，比道德教训式的解释更让人信服。通常援用商纣王教训的谏书、警策等，都将亡国原因归结为商纣王个人在道德品质方面的缺陷，诸如穷奢极欲、残暴成性、远忠臣、幸便嬖等，甚至指责是一个叫妲己的漂亮女人惹的祸。这种解释有其针对性，所表达的道德忧患也很真切，但用来解释亡国的原因，终不及《管子》的历史理性那样让人信服。

一个显然支持《管子》理性判断的事实是，西周确实以推动"社会宗教制度"的建设为其政治和文化的最大特色，其中包括"社稷"。例如周初的封邦建国，就是推动"社会宗教制度"建设的大本大端者。

周初封邦建国的国家模式，有两方面的制度基础，一个是宗法，另一个就是社稷，

---

① 《兼明书》卷一，《四库全书》子部杂家类。
② 《管子·侈靡》，《二十二子》，上海古籍出版社1986年版，第141页。

前者是诸侯宗室与周王室的亲缘纽带，后者传达出诸侯国疆土人民与周朝所代表的天下之间的社会关系。如据《逸周书》载，"诸受命于周，乃建大社于周中。其壝东青土，南赤土，西白土，北骊土，中央覆以黄土。将建诸侯，凿取其方一面之土，苞以黄土，苴以白茅，以为土封，故曰授则土于周室"①。在大社举行的这项仪式活动，固然是封邦建国的政治大事，但其仪式的象征意义，却只有放在对于"社稷"的共同信仰中才好理解。正因为有一个共同的"社稷"信仰，所以一块被黄土和茅草包裹着的青土、红土等，才能够赋予诸侯以神圣性和正当性，使他们据以奔赴东方或南方去建"国社"、建立自己的封国。而诸侯的封国与黄土所代表的中央之国的社会一体关系，同样隐喻在大社的封土仪式之中。

进而言之，周王朝及诸侯国的都城，也以"社稷"传达其信仰共同体、社会共同体的象征意义。《周礼·春官宗伯》说，"小宗伯之职，掌建国之神位，右社稷，左宗庙。"这种都城建制，一直延续到清代。清故宫的社稷坛居右，在西边，即现在的"劳动人民文化宫"，宗庙居左，在东边，即现在的"中山公园"。这种建制，在传统的信仰体系里有其特殊含义，不是随意的。即如唐贾公彦疏释上文时所说，"周人右社稷者，地道尊右，故社稷在右，是尚尊尊之义。"②汉郑玄注《礼记·郊特牲》说，"国中之神，莫贵于社"③。起源于土神信仰的"社"之所以比祭奠祖先的宗庙更"尊"且"贵"，原因不在于对于农耕文明来说土地是重要的资源，而在于"社"是超越氏族的，是信仰共同体、社会联合体的象征。《礼记·祭法》说，"王为群姓立社，曰大社"，"诸侯为百姓立社，曰国社"。正因为"社"所表达的是国民的共同信仰，而宗庙所表达的是宗族内部的血缘情感，所以二者有大与小、公与私之别。对于理性的政治来说，公永远大于私，社会永远大于政府，社稷永远大于王族，这也就是管仲反复告诫齐桓公的，"不为爱亲危其社稷，故曰社稷戚亲"④，"社稷重于亲戚"⑤。另一位以理性和睿智著称的古代政治家晏婴，以更生动的故事诠释出社稷之公的含义："晏子侍于景公，朝寒，公曰：请进暖食。晏子对曰：婴非君奉馈之臣也，敢辞。公曰：请进服裘。对曰：婴非君茵席之臣也，敢辞。公曰：然夫子之于寡人，何为者也？对曰：婴，社稷之臣也。公曰：何谓社稷之臣？对曰：夫社稷之臣，能立社稷：别上下之义，使当其理；制百官之序，使得其宜；作为辞令，可分布于四方。"⑥用现代的语言来表述，社稷之臣从事社会建构，包括制定政策和秩序等，是一种公职，服务于"社稷"，类似现代为国家社会服务的公

---

① 《逸周书》卷5《作雒解第四十八》，《四库全书》史部别史类。
② 《周礼注疏》卷19，《十三经注疏》，中华书局1980年版，上册第766页。
③ 《礼记注疏》卷25，《十三经注疏》，中华书局1980年版，下册1449页。
④ 《管子·四伤百匿》，《二十二子》，上海古籍出版社1986年版，第98页。
⑤ 《管子·揆度》，《二十二子》，上海古籍出版社1986年版，第183页。
⑥ 吴则虞：《晏子春秋集释》，中华书局1962年版，第321页。

务员，不是王侯的侍从、家臣。

"社稷"不仅在政治上有公天下的含义，还在信仰上有平等的含义。清初秦蕙田著《五礼通考》，系统考述了"社稷"的沿革，并总结说，"自天子下及庶民，被具功德者，均得美报，此土谷之祭所以达乎上下也"①。历史事实也正是这样，庶民与天子都可以表达对于"社稷"的信仰，都可以参与"社稷"的仪式活动，这与万民都可以信仰天，但只有"天子"才可以祭天的仪式特权，形成鲜明对照。"天子"的祭天特权是宗法制的政治化延伸，既逾越了宗法制巩固血缘亲情的有效范围，更与"社稷"的观念背道而驰。

承上所述，作为中国农耕文明之群体信仰和群体祭祀仪式的"社稷"，渊源古远，是古代中国的信仰共同体和社会共同体的历史滥觞。尤其是在西周社会制度的建构中，作为信仰和仪式的"社稷"，发挥了精神上的向导作用和情感上的纽带作用，促成作为实体社会的"社稷"成形，从而使西周社会成其为西周社会，西周国家成其为西周国家。而"社稷"的内涵在信仰和仪式的宗教层面则体现出人人平等、氏族平等的信仰原则；在实体社会的层面则体现出氏族联合、天下为公的社会意识。

## 三

如果历史可以像断代史学那样截断众流，那么按照我们的审美意愿，"社稷"就应该定格在西周。因为那是一幅文化意义近乎完美的景象，由共同信仰所推动的社会建构，从镐京迅速拓展到诸侯国，和谐而有序，华夏作为一个典章制度自成体系的文明国度，于兹奠定。然而，真实的历史是一条奔流不息的河，不会为了让我们观赏"社稷"意义的一次完美呈现而停顿。变化是必然的，而且，由于社会生活除了宗教信仰和仪式之外，还有政治、伦理、法律等许多重要的事情，所以变化的总体趋势就是社会在发展中日益复杂，因而与文化形态相对纯粹的宗教日益分化。于是，自春秋战国以后，"社稷"的修辞含义是多重的，随着使用的具体语境而分别指宗教、社会、领土、政权等。

按照现代史学的普遍观点，社会变化的总体趋势是进化。比较而言，从缘起上探寻宗教对于社会的价值，事情要相对简单些，而衡量宗教对于社会进化的价值，则要复杂得多，因为通常说来，宗教是维护社会稳定的秩序系统，在社会变革中充当文化传统的、思想保守的角色，是反思甚至消解社会变革的力量。在社会进化中宗教的价值如何体现，因此成为一个具有形而上学意味的理论难题。马克斯·韦伯的宗教论述触及这个问题，并且开辟了站在基督新教信仰立场上的独特思路，即以伦理适应资本主义的精神

---

① 《五礼通考》卷41《吉礼四十一·社稷》。

特性来评估宗教的价值。这种思路的闪光之处，在于暗示出宗教的价值内涵不是自在自为的，而只能相对于有其制度规定性的具体社会来确定，一如新教之相对于实行资本主义制度的欧洲、美国。但韦伯对欧美资本主义制度的高度关注，也导致将"上帝的法则"简化为资本主义法则的倾向，所以能否被基督徒照单全收，已经处在或然或不然之间了，至于用来评估其他宗教的社会价值是否合适，可能将是一个会持续争论下去的议题。

中国传统学术也有一种评估宗教价值的思路，不过，这种思路是蕴涵在关于礼乐文化的载述之中的，既没有关于宗教与社会的专门论述，自然也就没有一套方便掌握的逻辑形式，但它有自身的思想逻辑，即将宗教视为礼乐文化的一个有机组成部分，宗教的价值，就体现在以共同信仰推动礼乐文化的认同、推动社会建设的历史实践之中。这个礼乐文化，以西周的经典范式为基础，因应时代变化而不断发展，是一种与社会生活相适应的文化状态和文化系统，既可以弥散、流衍而为风俗习惯，也可以凝聚、规范而成典章制度。宗教在礼乐文化中的地位，则表现为"吉礼"居五礼之首，是表征礼乐文化"道之大原出于天"的精神前导。

当然，将西周礼乐推崇为经典范式，是孔子以来儒家的基本立场，而道家、墨家等则别有情怀。墨家尊崇大禹，道家追慕更加邈远的黄帝，而儒家的西周情结只在近古。孔子说："郁郁乎文哉，吾从周"，可以理解为儒家西周情结的最初表述。因为西周文明昌盛，社会是和谐与有序相统一的。而维护其和谐与秩序的"文"，亦即精神资源和制度保障，便是孔子知之甚详的周礼，所以孔子有"从周"的选择。相比于道家、墨家以黄帝、大禹高远其精神之由来，孔子的"从周"是以真实的历史文化为依据的，更符合历史理性的精神。毕竟，西周是距离春秋时代最近的成功典范。对于春秋时代来说，要摆脱"礼崩乐坏"的无序状态，最有可能效法的历史参照，就是西周。孔子说"祖述尧舜，宪章文武"，重点是以西周的典章制度为纲领，重现西周的和谐与有序，至于尧舜，虽被作为精神源头，却并不奢望复归到更遥远的尧舜时代，比如禅让制，在孔子时代就是不可奢求的。同样，夏、商两代的礼乐制度也已缅邈不可尽知，若取为参照，也难免"意必固我"，有许多主观随意性掺杂其中。孔子说，"夏礼吾能言之，杞不足征也；殷礼吾能言之，宋不足征也。文献不足故也，足则吾能征之矣。"因为从文献记载到杞、宋两地的现状观察，都不能获得关于夏、商礼乐的完整知识，所以孔子只能据信可知的西周礼乐。而西周礼乐也并非无源之水、无本之木，孔子说，"殷因于夏礼，所损益可知也；周因于殷礼，所损益可知也。其或继周者，虽百世亦可知也"。所谓损益，是根据时代要求，对历史累积的礼乐文化既有所舍弃，也有所继承和发展，而夏商两代的礼乐，就包含在经过发展的西周礼乐之中。这清楚不过地表明，孔子既将周礼视为经典范式，同时也将其视为礼乐发展的最新文明成就。孔子之所谓"吾从周"，不外乎要继承最新的文明成就而已。

　　然而，孔子"百世可知"的预言，才经过二百余年，就被秦始皇的帝国体制打破了，中国社会的历史进程出现第一次大变局。到二千五百年后的今天，"其或继周者"的主体身份已经没有着落，甚至连文化主体意识也若存若亡了，中国社会的历史进程出现又一次更大的变局。两次变局相去遥远，但相对于礼乐传统而言，却存在某种历史逻辑的联系。秦朝一变，政治突破了礼乐文化的防御体系，由礼乐之中的一类事项聚变为礼乐社会的主宰者；而现代一变，中国社会的文化性质变得模糊不清，在文化上中国社会究竟是个什么性质的社会？究竟以何种文化作为社会认同和凝聚的基础？疏离于礼乐传统的现代中国社会，比传统社会是更稳健了，还是像缺水的自然生态一样更脆弱了？似乎都成了问题。时代变局在学术思想中同样也有所反映，一方面，我们的思维能力显然得到锻炼和提高，视野更开阔，思想的表述也更精致而富有逻辑性；但另一方面，我们在思想文化上的主体性却弱化了，思维能力与思想主体性，就像外延与内涵的反变关系一样，此消彼长。于是，关于宗教的理解和价值评估，我们只是向以西方为主的"他者"观摩学习了许多，却不曾向世界贡献一个具有中国思想文化背景的立场、思路和方法，也没有适当的立场、思路和方法来理解和评估发生在当代中国的宗教问题。之所以如此，关键不在于接受思维训练的人已经习惯了主体性的弱化，而在于技能性的思维训练不能帮助我们判断现代中国的社会变革，这种变革究竟是"旧邦新命"式的，还是"旧邦亡命"式的？前者将变革视为传统中国的飞跃式发展，因而也是礼乐文化的一次突变性升华；后者则割断当代与传统的联系，否认礼乐文化是当代中国社会认同和凝聚的历史资源。要排解这种基本判断的分歧，大概就像排解《庄子》所说的"我与若辩"一样，胜负是无效的，第三者仲裁也是无效的，所以不妨从前人反思第一次变局的历史理性中找些借鉴。

　　欧阳修的《新唐书·礼乐志》绪论[①]，是反思上述问题的名篇，在相关的古典文献中，时见引用。绪论以秦朝为分水岭，将历史划分为"三代而上"与"三代而下"两个阶段。三代而下的普遍特征，是"治出于二，而礼乐为虚名"，具体表现为政治奔忙于簿书狱讼之间，作为社会文化基础的"礼"，只是礼部等职能部门的特殊事务，供皇帝而下大小官员参与仪式、应对场面时咨询。而"三礼之学"成了一项专门的学问、一个内容繁复却与实际生活关系不大的知识体系。至于"三代而上"，则"治出于一，而礼乐达于天下"，举凡国家政体和行政方式、宗教信仰和仪式、社会结构和交往、民间风俗和伦理教养等，"莫不一出于礼"，人人都可以在"礼"所涵盖的社会中"安习而行之"，礼乐文化滋养着宗教、社会和政治等，形成融洽的相互伴生关系。

---

[①] 详见《新唐书》，中华书局1975年版，第2册第307页。

欧阳修揭开了一个宏观的历史面相，"三代而上"的政治混融于社会，政治借助社会所固有的礼乐文化，同时也推动礼乐文化的生长发展，所以政治本身就是社会作为一个信仰共同体、社会共同体的最高体现。"三代而下"的政治凌驾于社会，片面依赖权力机器，不再是社会共同信仰的最高体现，既不能借助礼乐文化的社会资源，更不能培育这样的社会资源，势必从与社会的疏离开始，到与社会的对立而结束。这种政治与宗教、社会关系的结构性变化，是从"遭秦变古"开始的。汉以后政治与社会的疏离，只是秦朝体制的自然延续。秦朝以郡县制取代周代的封建制，就从国家体制上彻底改变了政治与宗教、社会的关系。而秦朝的"任法以为实"，只是将法律作为集权体制的技术支持而已。其结果，就是政治完全依赖权力机器，而社会的生聚教训，不再是政治的当然责任，也不再是政治最根本最可靠的生长资源。

欧阳修批评秦以后政治背离礼乐，符合基本事实，也是历代学者的共识。如《隋书·礼仪志》说，"秦氏以战胜之威，并吞九国，尽收其仪礼，归之咸阳。唯采其尊君抑臣，以为时用。"[①] 君臣关系在五礼中属于"宾礼"[②]，按宾礼规范所确立的权力和责任，使君臣之间形成相互尊重、和谐共治的关系，而秦始皇只采用各国礼仪中尊君抑臣的部分，就彻底破坏了礼乐所规范的政治结构和权力制衡。又如《后汉书·祭祀志》说，"自秦始皇、孝武帝封泰山，本由好仙，信方士之言，造为石检印封之事也。"[③] 泰山封禅作为告天成功的大典，象征意义与社稷坛分封诸侯是相同的，诸侯从天子大社的分封中获得治理领土的权力，天子则在泰山封禅中获得上帝所赋予的同样权力，所以开国君主的封禅仪式也是封土为坛墠，而继位的君主只是修理其坛墠。秦皇、汉武屡次登泰山封禅，真实目的却是求仙，就改变了封禅仪式的信仰内涵，丧失了封禅所具有的神圣领土的意义，使之成为个人求仙的礼乐道具。再如宋濂《元史·礼乐志》说，"古之礼乐，壹本于人君之身心，故其为用，足以植纲常而厚风俗。后世之礼乐，既无其本，唯属执事者从事其间，故仅足以美声闻而侈观听耳。"[④] 这与欧阳修所说的，大致是一个意思，即后世政治采用礼乐，只是一场场政治秀而已。陈寅恪的《隋唐制度渊源略论稿》，于"礼仪"考述特详，篇幅占八个议题的一半，而且"礼仪"的开篇就引述欧阳修之说，认为"自汉以来史官所记礼制止用于郊庙朝廷，皆有司之事，欧阳永叔谓之为空名，诚是也。"[⑤]

毋庸置疑，自秦朝始作俑的帝王专制，对礼乐制度形成极大的冲击，使帝王专制的绝对权力逾越了礼乐的制约。而从历史的经验来看，一种与共同体信仰、与社会相疏离

---

① 《隋书》，中华书局1973年版，第1册第106页。
② 参见清秦蕙田《五礼通考》卷220—224《宾礼一》至《宾礼五》，《四库全书》经部通礼类。
③ 《后汉书》，中华书局1965年版，第11册3205页。
④ 《元史》，中华书局196年版，第6册第1663页。
⑤ 陈寅恪：《隋唐制度渊源略论稿》，中华书局1963年版，第4页。

的政治，不可能是长治久安的、具有生生不息之活力的政治；一个政治与社会相疏离的国家，即便已经成为一个大国，也不可能是一个既和谐又有序的强国。这种制度性的缺陷，根源于礼乐文化的虚名化，所以包括欧阳修、陈寅恪在内的历代学者，都为礼乐文化"常怀千岁忧"。

但另一方面我们也应该看到，尽管专制政体让礼乐文化在政治生活、权力运作中沦为"虚名"或"空名"，并不意味着礼乐对于中国社会也同样失去了文化作用和价值地位，而且，即使周礼未能尽行于后世，也并不必然意味着礼乐文化已名存实亡，这里面既有朝野之分殊，也有古今之异同，不可不辨。

需要辨别的核心问题，是能否像孔子一样以发展的眼光看待礼乐的损益。如果我们将周礼看作中华礼乐传统的一个特殊阶段，而非看作礼乐文化的唯一模式；如果我们理性地承认后世礼乐变化的时代合理性，站在宏观历史的高度掌握后世礼乐对于周礼的沿革，那么，我们就能够在觑破政治上"礼乐为虚名"的同时，看清礼乐对于中国社会"不可须臾离也"的文化作用和价值地位。① 这种观点或立场，自孔子发其端绪，而为历代史志作者反思礼乐沿革之主流。如南梁沈约的《宋书·礼志》说，"夫有国有家者，礼仪之用尚矣。然而历代损益，每有不同，非务相改，随时之宜故也。（中略）由此言之，任己而不师古，秦氏以之致亡；师古而不适用，王莽所以身灭。然则汉、魏以来，各揆古今之中，以通一代之仪。"② 又如张廷玉的《明史·礼志》说，"欧阳氏云：三代以下，治出于二，而礼乐为虚名。要其用之郊庙朝廷，下至闾里州党者，未尝无可观也。惟能修明讲贯，以实意行乎其间，则格上下，感鬼神，教化之成即在是矣。安见后世之礼，必不可上追三代哉？"③ 类似的观点，在"二十四史"的"郊祀志"或"礼乐志"中，多有表述。而"二十四史"的这类记载，都是对前代礼乐文化的历史总结。通过总结，旧史家们普遍发现，只要不将礼乐文化局限在某个僵化的模式之中，而是按照师古以用今或"各揆古今之中"的思路去理解，则礼乐文化不断在变革中延续，是跨越朝代而不绝如缕的。如果不从仪式方面进行本来就无法进行的雅俗之分、高下之辨，而是从"以实意行乎其间"的精神实质上，从继承精神传统并且适应各自时代需要的角度去比较、衡量，则后世的礼乐文化未必就不可直追三代。

结合中国的历史实际来看，礼乐文化之所以能够绵延数千年，表现出无比强健的生命力，根源主要在相反相成的两个方面。其一是始终不渝地坚持礼乐文化的主体性，其二是因应时代环境，将礼乐文化建构成开放的体系，这两个方面，形似相反而实相成。

---

① 清盛世佐：《礼记集编》，卷首上引《春秋说题辞》曰："礼者所以设容，俯仰以信，进退以度，礼得则天下咸宜，不可须臾离也"。《四库全书》经部礼类。
② 《宋书》，中华书局1974年版，第2册第327页。
③ 《明史》，中华书局1974年版，第5册第1223页。

坚持礼乐文化主体性的高峰体验，就是让现代人情绪高度紧张的夷夏之辨。不过，古代之所谓"夷夏"，既非现代的民族学概念，更非种族概念，而是一个文化概念，所以古代的夷夏之辨，绝非现代带有排他性的民族主义可以类比。韩愈《原道》说，"孔子之作《春秋》也，诸侯用夷礼则夷之，进于中国则中国之"。[1] 这是韩愈的一句名言。孔子删削《春秋》，历来被认为是以其修辞之微言寓其"尊王攘夷"之大义的，但孔子所尊的"王"，并不是现实中的有名有位者，而是中国之礼乐，是遵循礼乐文化的"王道"，所以将"尊王"与"攘夷"合起来看，实质意义也就是坚持礼乐文化的主体性。能够彰显这一主体性的就是"中国"，反之便是"夷"，礼乐文化主体性是唯一的审视标准，而不在乎是否居有诸侯王公的名位。

正因为夷夏之辨的实质意义是坚持礼乐文化的主体性，而非鼓吹民族、种族的排他性，所以在历史实践中，礼乐文化是一个开放的体系，并从精神上推动着中华民族的融合。我们可以从正史中看到一些例证。《辽史·礼志》说，"自其上世，缘情制宜，隐然有尚质之风。遥辇胡剌可汗制祭山仪，苏可汗制瑟瑟仪，阻午可汗制柴册、再生仪。其情朴，其用俭，敬天恤灾，施惠本孝，出于悃忱，殆有得于胶瑟聚讼之表者。太古之上，椎轮五礼，何以异兹？"讲到契丹族的神主树木信仰时又说，"神主树木，悬牲告办，班位奠祝，致嘏饮福，往往暗合于礼。天理人情，放诸四海而准，信矣。"[2] 从这段叙议中可以看出，中国传统的礼乐文化，至少包括礼义和仪式两个层面，礼义的涵蕴在于符合"天理人情"，"出于悃忱"，是放诸四海而皆准的，有其普遍意义；而仪式则由于地理环境不同、生活方式和风俗习惯不同，存在种种差异。从这个例证来看，坚持礼乐文化的主体性，就是坚持礼义的精神及相应的文明意识；建构开放的礼乐文化体系，就是在仪式等表现形式上有所变通。又如《金史·礼志》说，"金人之入汴也，时宋承平日久，典章礼乐粲然备具。金人既悉收其图籍，载其车辂、法物、仪仗而北。（中略）世宗既兴，复收向所迁宋故礼器以旋，乃命官参校唐、宋故典沿革，开'详定所'以议礼，设'详校所'以审乐，统以宰相通学术者，于一事之宜适、一物之节文，既上闻而始汇次，至明昌初书成，凡四百余卷，名曰《金纂修杂録》。凡事物名数，支分派引，珠贯棋布，井然有序，炳然如丹。（中略）是时，寓内阜安，民物小康，而维持几百年者，实此乎基。呜呼，礼之为国也，信矣夫。"[3] 金朝虽是女真人政权，但沿用的却是唐宋的礼乐制度，从而摒弃以攻掠谋生存的游牧规则，这在旧史家看来也很好，因为它证明了礼乐文化对于建构国家秩序、维持社会安定的基础作用。元代的礼乐，兼顾周礼以来的传统与蒙古旧俗，元世祖至元八年，命刘秉忠、许衡制定朝廷礼仪，用于皇帝即

---

[1] 童第德选注《韩愈文选》，人民文学出版社1980年版，第218页。
[2] 元脱脱等撰《辽史》，中华书局1974年版，第3册第833、835页。
[3] 元脱脱等撰《金史》，中华书局1975年版，第3册第691页。

位、诸王外国来朝、群臣朝贺、郊庙祭祀等，而各种宴会则"犹用本俗之礼为多"。明儒宋濂修撰《元史·礼乐志》时，对这种兼顾型的礼乐有一个梗概性的评价，即一方面，"元之礼乐，揆之于古，固有可议"，也就是与周礼存在差距；但另一方面，元代的礼乐又"规模严广"，"雄伟而宏大"，"足以见一代兴王之象，其在当时，亦云盛矣。"① 对前朝故事如此高度评价，至少表明作者能够毫无挂碍地接受礼乐体系的开放，能够无须做作地欣赏礼乐文化的融合。

通过以上简单的历史叙述，我们可以得出一些梗概式的印象。第一，申论古礼不行于世，礼乐典章不得真传，并非我们这个时代的特殊表象，而是一个重复了千百年的老话头，历史地看，礼乐文化不断地在"礼崩乐坏"中再生、传衍，古代如此，当代亦如此，成周制礼作乐的盛况虽然未曾再现，但礼乐文化依然存在于中国社会。第二，礼乐文化伴随中国的历史进程而沿革，不绝如缕，围绕礼乐文化的主体意识也如中流砥柱，维持着礼乐文化的传续。坚持主体意识的根本意义，可以借用《隋书·礼仪志》一句惊世骇俗的话表达出来，"故败国丧家亡人，必先废其礼"②。所谓"废其礼"，当然不是指对礼乐模式进行调整，而是摧毁其礼乐文化的主体性。第三，理解礼乐文化的精神传统，不能只着眼于周礼模式。周礼固然是礼乐文化的经典，但这个经典本身也是在夏商两代礼乐的基础上"损益"而成的，本身就是在继承中发展的产物，体现出因应时代环境而发展的开放性。

## 四

《晋书·礼志》载有西晋人挚虞说过的这样两句话，"夫革命以垂统，帝王之美事也；隆礼以率教，邦国之大务也。"③ 在现代，帝王久已灰飞烟灭，但其他的意义仍然存在。放在现代的语境下来理解，所谓"革命以垂统"云云，也就是改变政权，建立国家模式以谋求长远的、可持续的发展，这是革命者、执政者的伟大事业；所谓"隆礼以率教"云云，也就是彰显礼乐文化的主体性，建构符合时代精神的礼乐文化体系，从而统率、协调包括宗教在内的社会教化系统，这是国家建设的重大任务。这两句话，意义对举，前一句讲政权革命，后一句讲国家建设，是相互关联的两件经邦济国的大事。在中国历史上，除开政权短暂而且国家陷于分裂的朝代，其他各朝各代都会在天下治平，也就是恢复社会正常秩序之后，推展立法和修礼两项工程。立法的实用价值不言而喻，修礼虽然不能像立法那样由行政机器予以贯彻，但由于具备适应社会传统、习惯的先天优

---

① 明宋濂《元史》，中华书局1976年版，第6册第1664页。
② 唐魏征等撰《隋书》，中华书局1973年版，第1册第105页。
③ 唐房玄龄等撰《晋书》，1974年版，第2册第581页。

势,所以也并非只是一项美声闻的"形象工程",而有其培养文化主体意识、唤醒社会认同、陶铸社会规范的实际意义。

对于确认宗教在当代中国社会的定位、评估宗教在当代中国社会的价值,从而发挥宗教在当代中国文化中的建设性作用来说,"隆礼以率教"应该是一条可资借鉴的文化战略大思路。

第一,中国当代社会虽然经过急剧的变革,但变革主要是政治体制、社会结构以及对于新体制、新结构认同方面的,而对于中国之成其为中国的文化认同,则离不开传统的礼乐文化之精神资源。只要我们放开眼目去看待礼乐文化在新时代的变化发展,放弃礼乐文化必然是封建糟粕的文化独断,就不难从家庭、朋友、村社、社区等层层结构中发现这一点。而海外汉学家以"第三只眼"看中国,生活在不同社会体制下的中国台湾地区、香港居民以及海外华人对"中国"的文化认知或认同,也佐证了这一点。

第二,中国当代的政治体制和社会结构变革,对于礼乐文化的建设性发展,其实是千载难逢的时代机遇,而非不可跨越的时代鸿沟。正如前文所考察的,中国作为一个典章制度自成体系的文明国度,建立在"社稷"的基础上,而"社稷"具有信仰共同体、公天下的真实内涵。宋人郑伯谦说,"先王无自私之心,安家者所以宁天下也,存我者所以厚苍生也。三代以还,人主始自私矣。"① 人主自私的极端典型,当然就是由秦始皇始作俑的家天下体制。而当代中国实行社会主义制度,从政治体制上可以视为对"遭秦变古"的反正,即由家天下复归于公天下。尽管"社会主义"包含了许多政治经济的时代新内涵,但以社会而非以资本、皇权为根本的内在规定性,也就是以社会为主的"义",却是应然的。从这个意义上说,"社会主义"是"社稷"在历史长河中的最新发展,而礼乐文化,曾经是维护"社稷"的精神资源,也应该是维护社会主义的精神资源。我们当前所欠缺的,只是明确的礼乐文化的主体意识。

第三,宗教在中国传统社会被作为"敬天事神"的吉礼而居五礼之首,被纳入礼乐文化的体系之中,取决于中国社会的原生特性②。因为中国社会自从诞生以来就是延续的,期间虽有过改朝换代,有过农耕与游牧等不同文明形态和族群的融合,但社会主体从未中断,反而在融合中不断壮大,所以与社会主体相应的文化也一以贯之,表现为礼乐文化统一体系的持续发展。出于宗教移植、再生所导致的教会组织与世俗社会的二元结构,在中国既然没有滋生的缘由,自然也就没有滋生的事实。而宗教在中国由礼乐文化定位,也就是一件理有固然、势所必至的事,不仅外来的宗教必须经历一个"入乡问俗"的了解和适应过程,在礼乐文化的大体系中"寻找"自身的定位;而且中国土生土长的宗教,也同样要明确其礼乐文化定位,只不过这种定位是自然生成并不断调整的。

---

① 《太平经国书序》,《四库全书》经部礼类。
② 关于中国文化的原生性,可参看邹昌林著《中国礼文化》,社会科学文献出版社2000年版。

佛教在汉代传入中国，到魏晋时以"六家七宗"的创造性转换成为中国文化的一个有机组成部分，而转换的一个重要标志，就是关于夷夏礼仪的甄辨。甄辨的结果，不是佛教必须屈服于华夏礼仪的压力，放弃其信仰立场，而是明确了佛教适应礼乐社会从而"中国化"的宏观发展方向，至于佛教与礼乐文化始终存在的差异，则被定位为"方外"。"方"即礼乐文化。"方外"虽不在礼乐文化之中，但依然是相对于礼乐文化来定位的。明代，天主教在中国也曾发生礼仪之争，从理论上说，这种争议既有助于中国人根据自己的思想文化经验来理解基督宗教，也有助于基督宗教理解所面对的中国社会主体特性。尽管基督宗教一神论的排他性特质注定要将争议直接引申到文化主体性冲突的层面，即究竟是"主归中华"还是"中华归主"，似乎不可调和，但在中国半殖民地状态下形成的"三自爱国"运动，依然显示出排解基督信仰与中国立场相互冲突的可能性。或许，基督宗教在中国可以不像在世界其他地区那样，要么是基督教国家而宽容其他宗教的存在，要么是非基督教国家而经常面临冲突。而要实现这一中国"特殊性"，前提就是明确意识到基督宗教在中国有一个礼乐文化定位的问题。产生于中国的道教，同样也要经受礼乐文化的审视。举一个极端的例子，如东汉陈国相魏愔，被人告发"共祭天神，希幸非冀，罪至不道"，而魏愔辩称只是"共祭黄老君，求长生福而已，无它冀幸"[①]。在中国历史上，东汉和明代被认为是礼教最严的两个朝代，所以这个例子显得有些极端。但它也反映出一个事实，即道教信仰被定位在个人长生成仙的层面，因而不与代表社会整体秩序的礼乐文化发生抵牾，而后世道教的发展，本质上就是礼乐文化的一个亚系统。总之，历史证明，各种宗教明确其在礼乐文化中的定位，参与礼乐文化的发展和建构，成为礼乐文化的一个有机组成部分，是在中国立足并取得平稳发展的常规道路。

第四，当前中国的各宗教，确实呈现出"同乘一条船，各划各的桨"的局面。这种局面在"多元一体"的时髦词汇掩盖下，潜伏着很深的隐患。由于各门宗教都坚称自身的信仰就是最高真理，所以宗教与宗教之间没有构成"一体"的可能。征诸历史，宗教事实上也只有宗派的分化，没有宗派与宗派、教派与教派的凝合。如果所谓"一体"不能像历史经验所昭示的那样，明确并且富有建设性地指向礼乐文化的主体性，而只是以政治所维护的国家统一体为遁词，那么，宗教问题在当前就很难摆脱一个特殊的尴尬处境，即发生在中国的所有宗教问题，最终都会演变成政治问题，从而极大地增加社会管理成本、增加社会认同和政治体制认同的难度；长远地看，心往各处想、劲往各处使的宗教，将很难像古代的"社稷"那样发挥推动社会认同、凝聚的作用，甚至可能被各种政治企图、政治势力所利用，成为社会分裂的动员仪式。

---

[①] 《后汉书》，中华书局1965年版，第6册第1669页。

第五，从源头上说，宗教与社会同源，从来都是社会性的，发展到当代依然是社会性的，本着社会建设的利益目标来定位宗教、评估宗教的价值，道理是不证自明的。近年流行的所谓宗教信仰是个人私事云云，揆诸历史和现实，与其说是一种严肃而成熟的理论，不如说是一个愚人节的善意玩笑，充其量，也只在纯粹宗教体验的层面才有效，而宗教体验一旦予以表述，同样是社会性的。这方面，埃米尔·迪尔凯姆的研究最可借鉴。他说，"我们要寻找的宗教现象的决定性原因，不是存在于普遍的人性之中，而是存在于相关的社会性质之中。"① 中国的"社会性质"，历史地看就是礼乐文化，礼乐文化是中国宗教或宗教在中国有其社会规定性的"决定性原因"，是则建构礼乐文化以协调在中国的各种宗教，同样也是"决定性原因"。这样的礼乐文化，可能只是由历史所形成的一种中国"成见"，但依然如迪尔凯姆所说，"一个没有成见的社会，就如一个没有反射作用的机体：它将会是一个不能活命的物。"②

由此看来，明确礼乐文化主体意识，整合古今资源以重建礼乐文化体系，"隆礼以率教"，是站在文化战略高度把握中国当前宗教问题的题中应有之义，是"邦国之大务"。

（作者简介：卢国龙，中国社会科学院宗教所研究员，儒教研究室主任，原文发表于《中国哲学史》2011年第2期）

---

① 周秋良等译：《迪尔凯姆论宗教》，华夏出版社 2000 年版，第 86 页。
② 同上书，第 10 页。

# 祭祖问题:从历史角度比较罗马天主教和基督教立场的演变

## 王美秀

祖先崇拜、祖先敬拜,或简单地说祭祖或敬祖,是中国最古老、最流行的习俗,也是基督宗教与中国文化最易产生礼仪冲突的关键所在。中文"拜"字不仅用于神灵,也表示对人的尊敬。① 根据浙江河姆渡遗址、甘肃礼县高寺头、秦安县大地湾和寺嘴、天水县柴家坪等地的考古发现,中国远古先民时期,祖先崇拜就已经存在。祭祖活动在周代形成定制。春秋时期,遵周礼祭祖之风盛行。孔子曾声称"郁郁乎文哉,吾从周。"② 孔子在《论语·为政》篇说过,"生,事之以礼,死,葬之以礼,祭之以礼。"这里所说的"事"、"葬"、"祭"就是儒家提倡的"孝"的核心。《礼记》云,"万物本乎天,人本乎祖;此所以配上帝也。郊之祭,大报本反始也。"由此可见,祭祖是孝的组成部分,具有强烈的伦理价值、社会价值和宗教价值。③

不过,中国古代哲人荀子在解释祭礼时宣称,"其在君子,以为人道也;其在百姓,以为鬼事也"。④ 他还用"祭者,志意思慕之情"来解释祭礼的起源和作用。由此可见,在荀子看来,祭祖具有双重性,既可以是世俗性的,也可以是宗教性的,究竟何意则要

---

① 中文"祖先崇拜"一词在许多英文著作中,通常译作 ancestor worship,有较多的宗教意义,因为根据权威的《韦氏大辞典》,worship 一词主要指以言语或礼仪表达对超自然对象的尊敬;但该词语也有译作 ancestor veneration 的,表示尊敬,相当于敬祖,不包含宗教价值。

另外,早在1907年基督教来华百年大会之"祖先崇拜问题委员会"提交的报告里,已明确提出中国人的"崇拜"观念与西方不同,并不总是必然含有宗教意义。参见邢福增、梁家麟《中国祭祖问题》,香港,建道神学院2002年,第2版,第125页脚注。

② 参见杜希宙、黄涛编著《中国历代祭礼》,北京图书馆出版社1998年版,第162—167页。

③ 研究中国祭祖和民间宗教的学者及一些当代基督教著述家均坚持这一观点。参见侯杰、范丽珠《中国民众宗教意识》,天津人民出版社1994年版;周洁《中日祖先崇拜研究》,世界知识出版社2004年版;邢福增、梁家麟《中国祭祖问题》,第136—150页;何世明《从基督教看中国孝道》,香港:基督教文艺出版社1986年版,第3版,第12—13、35—45、171—172页。

④ 《荀子》,中华书局1979年版,第330页,转引自孙尚扬、钟明旦《一八四○年前的中国基督教》,学苑出版社2004年版,第121页。

看何人所为。

千百年来，崇拜祖先已经成为广大普通民众共同奉行的信仰民俗之一，也是中国民众宗教意识的重要组成部分。由于中国民众普遍崇拜、奉祀祖先，所以妨碍和破坏祖先崇拜的所有事务、宗教，均不受欢迎。当印度的佛教传入中国后不可避免地与祖先崇拜发生冲突，后以佛教接受祖先崇拜而缓和关系。[①] 明清之际天主教内部因尊孔祭祖分歧而引发"中国礼仪之争"，至道光年间中国官民普遍对天主教没有好感，认为"西教有乱固有道统，为儒术之大贼"，称"细民有归其教者，必先自斧其祖先神位，及五祀神位，而后主教者受之，名曰吃教。"[②] 19世纪来华的基督教传教士同样排斥祭祖，[③] 引起民众的强烈反对。"教士藐视圣贤，不敬祖宗，不孝父母。"[④] 中国祭祖的丰富含义，给西方传教士造成极大挑战。究竟应该如何看待中国人的祭祖，可否允许教徒祭祖，成为他们争执不休的中心问题之一。

本文分三部分。第一部分，探讨分析罗马天主教对中国人敬祖问题从宽容到拒绝，再到宽容的简要过程及其原因。第二部分，探索基督教对中国人祭祖问题的基本立场与分歧，及至今排斥祭祖的根源。第三，在简短的结束语部分，分析说明宽容或拒绝祭祖，不仅是对祭祖自身的认知问题，也是教会面临的一个宣道学、教牧学问题。罗马天主教和基督教做出宽容或拒绝敬祖的两种选择，前者减少了与中国文化的冲突，但在当代中国的现实中，它的增长却相当缓慢；而后者至今不接受祭祖，似乎与中国文化继续存在张力，但这并没有妨碍它在中国迅速拓展。当然，二者增长快慢的差异，并非仅靠祭祖选择的不同就可以解释的，许多其他因素影响更大。

## 一 罗马天主教 VS 祭祖

明朝末年利玛窦（1582—1610在华）等耶稣会士来华不久便对当时普遍盛行的尊孔敬祖活动采取了宽容立场。利玛窦通过观察发现，祭祖敬孔在中国社会生活中是非常重要且沿袭已久的传统礼仪。他对祭祖作了如下的观察和评论。"从皇帝到平民，儒教最隆重的事，是在每年的某些季节，给逝去的祖先献供……他们认为这是孝道。所谓'事死如事生，事亡如事存，孝之至也。'他们并非认为死人会吃上述东西，或者需要那些东西。他们说是因为不知道有什么别的方法，来表达对祖先的爱情及感恩之情。有些人

---

[①] 侯杰、范丽珠：《中国民众宗教意识》，天津人民出版社1994年版，第238—239页。
[②] 梁章钜：《浪迹丛谈》（道光丁未，亦东园藏版），转引自李恩涵《咸丰年间反基督教的言论》，见林治平编《近代中国与基督教论文集》，台湾：宇宙光出版社1981年版，第14页。
[③] 文中的"基督教"一词仅指基督新教。
[④] 王明伦：《反洋教书揭帖》，济南，齐鲁书社1984年版，第130页。转引自侯杰、范丽珠《中国民众宗教意识》，第240页。

曾对我们说，订立这些礼法主要是为着活人，而非为死人；即是说，那是为了教导子孙和无知的人，孝敬仍然在世的父母。……无论如何，他们并不认为逝去的人是神，……与偶像崇拜无关，或许也能说那不是迷信。"① 清朝末年中国天主教会史学研究者、利氏同会司铎萧若瑟指出，利玛窦等人认为"敬祖先，立木牌，不过敬孝思之诚，非有求福佑之意，亦非谓祖先之魂即在木牌，是其礼，尚可容忍，不必深究。利玛窦等只推古人立礼之意，未思今人行礼之心，故为此原谅之论，故极力迁就。为华人大开进教之门，其用意亦未可厚非。"②

利玛窦在世时即有其同会司铎龙华民对其观点持有异议。1610 年，利玛窦逝世后，其他传教修会如多明我会（亦译道明会）、方济各会（亦译方济会）、奥思定会、巴黎外方传教会也来华传教，随后传教士之间就包括名词译名在内的"中国礼仪"展开旷日持久的激烈争论。1643 年，西班牙多明我会会士黎玉范（Juan Baptista Morales）赴罗马向教廷质询中国礼仪是否可行。在呈送教廷圣职部的报告中，黎玉范未以中立立场而是使用严格的宗教术语描述中国礼仪，致使中国礼仪已被设定具有强烈的宗教特征。③ 1645 年 9 月 12 日，教宗英诺森十世颁布有关敬祖礼仪的教会首个文件，反对耶稣会把祭祖仪式解释为世俗性质，下令禁止中国信徒参加祭祖。

1654 年在华的耶稣会士派意大利传教士卫匡国至罗马，请求重新审议中国礼仪。他申明中国宗教礼仪与世俗和政治礼仪的区别，指出敬孔礼仪是在大殿（aula）而非寺庙（templum）举行，葬礼上举行的祭拜礼是在桌子（tabula）前而非在祭台（altare）前举行，旨在厘清二者均无宗教性质。于是，1656 年 3 月 23 日，教宗亚历山大七世下令准许中国信徒参与祭祖，但要避免迷信活动，避免危及信徒的信仰。④

此后，传信部又颁布过一些法令，支持和反对祭祖指示相互交替。具体地说，就是当耶稣会士根据利玛窦精神提出申诉、要求教廷予以考虑时，传信部便做出有利于他们的裁决。当其他修会成员根据自己的理解提出反对祭祖的要求时，罗马便判定祭祖等礼仪是宗教礼仪而予以禁止。最后，1742 年，教宗本笃十四世颁布喻令《自上主圣意》（Ex quo singulari），重新准定克莱蒙十一世《自登基之日》（Exilladie）诏书的一切禁令，废除宗座特使嘉乐（Jean Ambrose Charles Mezzabarba）的《八项准许》；严格训令所有传教士遵守无违，而且下令当时及后来的所有在华教士一律宣誓遵守禁令；同时严格禁止教内人士讨论中国礼仪问题。可以说，《自上主圣意》是 20 世纪前罗马圣部就中

---

① 利玛窦：《利玛窦全集》第一册，台北，光启社、辅仁大学出版社 1986 年联合发行，第 85 页。
② 萧若瑟：《圣教史略》，光绪三十一年初版，献县张家庄天主堂 1932 年印，见王美秀、任延黎编《东传福音》第 8 册，黄山书社 2005 年版，第 8—321 页。
③ See George Minamiki, S. J. *The Chinese Rites Controversy, from Its Beginning to Modern Times*, Chicago: Loyola University Press, 1985, p. 28.
④ Ibid., p. 30.

国礼仪问题发表的最后通令。

这一时期来华耶稣会士与其他修会成员之间的祭祖敬孔分歧与争执,一方面受到各自的不同传教经历影响;另一方面则是荀子所述祭祖本身在不同人群中的意义不同所致,"其在君子,以为人道也;其在百姓,以为鬼事也"。多名我会、方济各会传教士是从菲律宾和我国台湾岛进入福建省的。以往他们在南美洲和菲律宾的传教对象大部分是文化比较落后的民族,因此,他们到处推翻偶像崇拜,并力图用欧洲人的习俗强加于当地人民。这种做法显然与耶稣会士在华有幸服务朝廷,与士大夫阶层交往,研习中国古典经籍,尤其是先秦诸子思想,尊重和适应中国文化传统和习俗的做法相去甚远。

在礼仪之争期间,康熙皇帝多次面见耶稣会士等西洋教士和教宗特使,反复重申敬祖仅为表达思念之情,以皇帝之威客观上支持了耶稣会的立场。"大皇帝旨意云,中国供牌一事并无别意,不过是想念其父母,写其名于牌上以不忘耳。原无写灵魂在其牌上之理,即如你们画父母像以存不忘之意同也。"[①] 在康熙五十九年的另一通批文里,康熙再次陈明"中国人供神主乃是人子思念父母养育所在,比如幼雏物类,其母若殒,亦必呼号数日,思其亲也。况人为万物之灵,自然诚动于中,形于外也。即尔等修道之人,倘父母有变,亦必哀恸。倘如置之不问,即不如物类,又何足于较量中国。"[②]

然而,有意思的是,约200年以后,教宗庇护十二世就中国敬孔敬祖礼仪于1939年通过教廷传信部下令,明确声明该礼仪完全为社会礼仪,收回以往敬孔敬祖禁令。不过,值得注意的是,此禁令的收回并非出于中国教会、教徒,或中国政府的要求,而是罗马教廷对日本政府在日本国内及其在"满洲国"推行的政策的回应。

与中国祭祖是家族血亲范围内的事情略有不同,日本的祭祖、祭亡者也具有公共祭奠的意义。18世纪时,日本的宗教复古派提出,国家神道是日本人信仰中最重要的且高于其他教义的信仰,是国家团结的象征,向阵亡者敬礼是国家神道敬拜的重要组成部分。一些学者把"神"、"家"、"孝"三者结合起来,提出"日本是个家长制国家,国民相互之间有亲缘关系,并且,国民是与至高无上的父亲天皇联系在一起的。所以对天皇的忠诚就是爱国主义,是孝的最高形态"。[③] 进入明治时代,日本开始进行敬神崇祖、忠孝如一、忠君爱国等国民道德的普及教育,对家庭的孝和对天皇的忠诚变得密不可分。1890年,日本颁布的《教育敕语》确认天皇和每个国民之间有隶属遵从关系,所有的日本人均是天皇的"赤子"。至第二次世界大战结束以前,日本学校普及的是"忠孝

---

① 陈垣编:《康熙与罗马使节关系文书影印本》,北平故宫博物院民国二十一年影印本,见王美秀、任延黎编《东传福音》第8册,第8—125页。
② 陈垣编:《康熙与罗马使节关系文书影印本》,北平故宫博物院民国二十一年影印本,见王美秀、任延黎编《东传福音》第8册,第8—129页。
③ 罗伯特·J. 史密斯:《现代日本的祖先崇拜·上》,日本御茶水书房1981年,第41页,转引自周洁《中日祖先崇拜研究》,世界知识出版社2004年版,第175页。

天义"、"忠君爱国"、"崇拜祖先重视家名"的神道教育。①

随着军事力量的上升，日本政府要求所有国民必须在国家指定的神社前行礼，否则就是不忠于国家，不爱国。与此同时，日本关东军在"满洲国"大肆推行所谓"王道"，规定所有人必须向孔子敬礼。这些举措给在日本和满洲国的西方传教士及日本天主教徒和满洲国的中国教徒构成极大挑战，因为教会也禁止日本教徒上神社参拜。1929年起，日本政府开始在耶稣会在东京开办的上智大学对学生进行军训。1932年5月5日，教官在带领学生参拜神社时，个别学生因"出于良心"拒绝向神社的亡者敬礼而被视为不爱国，由此激怒日本军方。同年9月18日，该大学百名学生经当地大主教许可参加了神社活动。与此同时，教会当局向日本教育部要求并且获得教育部的正式澄清，参拜神社不是宗教活动，而是爱国和忠诚的表达。1933年1月，教廷驻日本宗座代表穆尼（Edward Mooney）宣布，天主教徒可以在神社行鞠躬礼，因为公共当局已经澄清，此举是爱国、爱天皇之举。1936年5月25日，罗马传信部正式下令允许日本教徒参加神社活动。② 传信部颁布的准则指出，"应该教导信徒，那些经常在政府主管的神社纪念堂里举行的仪式，已由政府当局……认为纯系爱国的表示，即对皇室及有恩于国家的人，表示敬爱之意；为此，这样的仪式，既然只有政治的价值，所以天主教徒可以参加。"③

1935年2月27日，天主教会在"满洲国"的领导人吉林主教高德惠（Augustin E. P. Gaspais）针对天主教徒面临的敬孔问题，正式咨询满洲国政府外交部，同年3月5日从教育部获悉敬孔并非宗教活动，所有人都应该参加敬孔活动，以显示他们具有忠诚的爱国主义精神。高德惠于同年3月赴罗马说明敬孔和敬祖已经不再有宗教性质。同年5月16日高德惠受到教宗接见，5月28日罗马传信部下令对高德惠及其所辖中国东北地区传教士的观点予以认可。④

1939年12月8日，传信部最终正式颁布《中国礼仪敕令》（Plane compertum est），推翻了1742年的《自上主圣意》诏书的规定。该文件指出，"1，中国政府屡次公开声明人民信仰自由，政府不愿对宗教事件颁布法律。因此，政府机关所举行或下令举行的敬孔典礼，不是向孔子予以宗教敬礼，乃是向这位伟人予以相称的尊荣，兼以尊重本国文化的传统。因此，公教人可以参加在孔庙或学校内在孔子像前或牌位前所举行的敬礼。……4，在亡人前，或在亡人像前，或只写姓名的牌位前，鞠躬或行及其他社会敬

---

① 参阅周洁《中日祖先崇拜研究》，第173—179页。
② 关于日本国家神道的推广和日本教会立场的转变，详见 George Minamiki, S. J. *The Chinese Rites Controversy, from Its Beginning to Modern Times*, Chapter 6.
③ 自《传信部给宗座驻日代表马赖拉蒙席有关天主教对祖国义务的重要指示》，见刚恒毅《刚恒毅枢机回忆录——零落孤叶》，台北：天主教徒会出版，1980年，第197页。
④ 关于天主教会在满洲国敬孔和祭祖立场的转变，详见 George Minamiki, S. J. *The Chinese Rites Controversy, from Its Beginning to Modern Times*, Chapter 7 and 8.

礼，乃属善事，理应准行。"[1] 从此，在敬祖礼仪问题上，罗马天主教会的官方立场完全回归到利玛窦和康熙皇帝的观点。

需要指出的是，敬祖禁令是在外在军事和政治压力下撤销的，是为了让日本和中国东北的天主教徒不必背负"不爱国"的指控，是为传教士和教徒能在那里继续生活。然而，考虑到正值战乱期间，1939年文件的意义在当时并不明显。

20世纪60年代召开的第二届梵蒂冈大公会议，鼓励地方教会学习本地文化和传统，让基督讯息进入并圣化本地文化，进行教会礼仪改革。在梵二会议精神的激励下，台湾天主教会领袖于斌枢机于1971年1月27日率领台湾天主教会神职人员首次主持敬祖仪式。仪式中不仅有献花、献辞，还有食物、饮品、香烛，参礼者行鞠躬大礼。致辞内容将天主教信仰的天主观和天主教诸圣相通的传统与儒家传统孝道中尊重和追思亡者的思想融为一体。1974年，台湾天主教会颁布了追思祖先的规程。目前，我国台湾地区和美国的天主教华人教会会在每年春节和其他规定的节日里举行这种基督化的敬祖礼仪。[2]

## 二 基督教 VS 祭祖

与明末清初利玛窦等天主教传教士来华努力学习中国文化，探索在华传教需以尊重中国人、尊重中华文化的进路摸索前行，以便留在中国传福音不同，西方基督教传教士19世纪初抵达的中国，完全是"福音"禁地，他们只能秘密地以其他身份居留在广州十三行，谨小慎微地接触社会下层陌生百姓、买办或外籍人家的雇工。在这一点上，他们与19世纪中期进入中国大陆的罗马天主教传教士的处境不同，因为无论如何，天主教传教士可以重新找回长期无人照料的羊群和教产，对祭祖敬孔问题也有法可依。

基督教传教士进入中国大陆不久即断言华人祭祖是拜偶像，必须予以反对。该观点散见于英国传教士马礼逊（Robert Morrison）1832年在《中国丛报》（Chinese Repository）发表的《墓前崇拜》及其他传教士撰写的中文小册子，如麦都思（Walter H. Medhurst）的《清明扫墓之论》（1826）、米怜（William Milne）的《长远两友相论》（1838）、倪维思（John L. Nevius）的《祈先辨谬》（1859）、胡德迈（Thomas H. Hudson）的《清明祭扫坟墓论》（1848）等。[3]

---

[1] A. A. S. ian. 1940 vol. XXXII, pp. 24–26, 转引自罗光《教廷与中国使节史》，《罗光全书》第27册，台湾，学生书局，第185页。

[2] 参见白露莎《拜祖先：天主教会内的敬祖沿革》，见汤汉主编《鼎》，总第93期，1996年6月，香港：圣神研究中心，第31—33页。

[3] See Alexander Wylie ed. *Memorials of Protestant Missionaries to the Chinese*, Shanghai: American Presbyterian Mission Press, p. 224, p. 28, p. 202.

1877年和1890年在华传教士举行的两次全国代表大会是19世纪基督教在华传教的两个里程碑事件。这两次大会在第二次鸦片战争后允许传教士到内地置地、建堂、行教，允许中国人习教，和近代史上规模最大的反洋教事件义和团运动之间举行，在近代基督教史上具有空前的影响。其中对祭祖问题的辩论无疑也是两次大会的议题之一。

在1877年的大会上，美国南浸信会的晏马太（Mathew T. Yates）在《祖先崇拜》主题报告里，从古典经典考证到当时做法的观察，反复辨明祭祖是拜偶像之举。① 他指出，"祭祖或祭亡人，迄今为止一直未列入中国的宗教系统，而是仅仅被看作是对父母的尊敬，或孝道，古代经典记载的最初的崇拜是具有这样的特点"。"但是古代经典只是我们看待祭祖的指南，因为它们并未记录随着时间的推移在过去2000年里这一体系出现的变化和增加的成分。经典里的内容并不真正是我们今天所见的情形。"② "今天所有认真关注这一问题的人会被迫得出结论，祭祖，而非孝道——是中国人的主要宗教。"③ 他还声称，仔细分析中国人的偶像崇拜，会发现他们上供品的目的是为求亡灵保佑以避灾避难保平安。祭亡人绝不仅仅局限于寻常无知百姓，而是所有阶层的事，对生活的各个方面都具有控制性影响。④ 在当天参加祭祖、婚丧礼俗问题讨论的20多位传教士中，除个别人考虑到中国信徒入教后因不祭祖可能会丧失祖产继承权而招致生活困难，建议以温和态度处理祭祖事宜外，其余均反对任何形式的妥协和容忍，以防出现"异教化的基督宗教"。⑤ 可见，基督教的正统性、纯洁性是他们关注的焦点。

在1890年的大会上，美国美以美会传教士武林吉（Franklin Ohlinger）和美国北长老会传教士那夏理（H. N. Noyes）分别发表了题目相同的报告《应该要求基督徒在摈弃本地习俗问题上走多远?》，二人都把祭祖列为应该要求中国新皈依者首当其冲必须放弃的习俗，因为它是拜偶像行为，与《十诫》相反。另一位美国公理会传教士白汉理（Henry Blodget）宣读了《基督宗教对祭祖的态度》的文章，重申了晏马太在1877年大会上的立场，强调基督宗教要坚决反对祭祖。⑥ 与以上三位的报告不同，从1869年起始

---

① 晏马太报告全文，see Dr. Yates, A. S. B. C., *Shanghai, Ancestor Worship, Records of the General Conference of the Protestant Missionaries of China*, held at Shanghai, May 10 – 24, 1877, Shanghai: Presbyterian Mission Press, 1878, 台北: 成文出版社有限公司影印本, 1973年, pp. 367 – 385。

② Dr. Yates, A. S. B. C., *Shanghai, Ancestor Worship, Records of the General Conference of the Protestant Missionaries of China*, held at Shanghai, May 10 – 24, 1877, p. 367.

③ Dr. Yates, A. S. B. C., *Shanghai, Ancestor Worship, Records of the General Conference of the Protestant Missionaries of China*, held at Shanghai, May 10 – 24, 1877, p. 368.

④ Ibid.

⑤ 参阅全部讨论发言，见 *Records of the General Conference of the Protestant Missionaries of China*, held at Shanghai, May 10 – 24, 1877, pp. 396 – 406.

⑥ 参阅武林吉、那夏理和白汉理的报告全文，*Records of the General Conference of the Protestant Missionaries of China*, held at Shanghai, May 7 – 20, 1890, Shanghai: Presbyterian Mission Press, 1890, pp. 608 – 619, pp. 631 – 655.

任朝廷同文馆总教习的美国传教士丁韪良（W. A. P. Martin）的《祭祖——宽容呼吁书》演讲，出人意料地提出祭祖并非完全等同于拜偶像的观点，虽然他也承认祭祖仪式中也有一些拜偶像和迷信成分。丁韪良从祭祖仪式的三个要点"拜"（posture）、"敬"（invocation）和"祭"（offering）阐明祭祖不等同于拜偶像。比如，"拜"实际上就是"跪"，是中国人常有的举止，仅表达对长上的尊敬而已；就"祭"而言，他认为要从"祭"的对象而非"祭"物判断是否有迷信成分。中国人用食物与西方人用鲜花悼念先人的意义是相同的。他结论认为，传教士要"少干预祭祖方式"，留待"神圣的真理"深入华人心中后，神圣的影响会改革祭祖体系。①

由于上述四位主讲人观点出现较大分歧，于是与会者展开激烈辩论。极少数主张走上层精英路线，通过传播西方知识逐渐影响中国福音化的开明人士如英美传教士李提摩太（Timothy Richard）和李佳白（Gilbert Reid），比较倾向于丁氏的主张，建议容忍那些非拜偶像的礼仪，而且要让中国人明白基督教反对的是拜偶像，而不是祭祖精神。他们提出，有些受过教育的中国人已经开始愿意接触基督教，强硬的立场会遭到更多中国人的非议，于传福音无益。但是，他们的观点遭到以美国长老会传教士狄考文（Calvin W. Mateer）和中国内地会会长英国传教士戴德生（James Hudson Taylor）为首的绝大多数人的反对。② 会议最后通过了狄考文的动议，"议决：本会议特备案记录不同意此（丁氏的，笔者注）结论，并重申会议相信拜偶像乃祭祖的重要成分。"③ 由此可见，在没有"罗马"权威的基督教里，民主表决是有力的工具。两次大会的辩论表明，反对祭祖是基督教的共识，在这一点上它与当时的天主教会如出一辙。

鉴于祭祖问题一直是阻碍基督教在华发展的重要因素之一，在1907年隆重举行的基督教来华百年大会上，它再次成为热议的主题之一。值得注意的是，是次大会是来华基督教传教士代表大会最后一次可以达成"共识"的大会。④ 为深入研究各项问题，会前成立了各问题专门委员会，其中美国圣公会传教士、武昌文华大学（Boone University）校长翟雅格（James Jackson）担当祭祖问题委员会召集人。翟雅格宣称，该委员会向大会提交的报告意在"寻求解决问题的途径，同时又能确保教会的纯洁"。在长达30多页

---

① 参阅丁韪良演讲全文，见 Records of the General Conference of the Protestant Missionaries of China, held at Shanghai, May 7 – 20, 1890, pp. 619 – 631.

② See Records of the General Conference of the Protestant Missionaries of China, held at Shanghai, May 7 – 20, 1890, pp. 699 – 702.

③ Records of the General Conference of the Protestant Missionaries of China, held at Shanghai, May 7 – 20, 1890, p. 699.

④ M. Searle Bates 在《美国传教士在华宣教神学》一文中宣称，"在华基督教传教士神学的最后一次重大的集体表述于1907年到来。" See M. Searle Bates, The Theology of American Missionaries in China, 1900 – 1950, in The Missionary Enterprise in China and America, edited by John K. Fairbank, Cambridge MA: Harvard University Press, 1974, p. 143.

的报告中,翟雅格对祭祖采取了较为开放审慎的态度,检讨了传教士以往的观点,指出过去忽略了古代经典表达的祭祖内容与时下民众举行的祭祖礼仪的差别。而且,他认为祭祖问题相当复杂,不应简单地一概而论。他指出,"当一种制度像祭祖般紧密地与中国人联结着的时候,我们可以断定它适切了某种感情的需要,并在若干程度上为这个国家带来了福祉。错误制度的存在,不仅因着它包含了虚假,而是因为有某些真理潜存其中。祭祖因着其含有的真理而留存达数千年之久,我们应该同情地寻找这些真理,以避免我们在拔除毒草时,也将麦苗同时扔掉。"①

像丁韪良一样,翟雅格也认真地对汉语的"拜"字做了分析,指出不仅限于宗教用途,也有对人表示尊敬的意思,因此传教士对"拜"(worship)一词有误解。至于"跪拜"(prostration)也是东方人的习俗和表达尊敬的方式。因此传教士应该抛弃西方人的偏见,"宽容那些与我们不同的习俗。"翟雅格承认祭祖的本质具有孝亲的伦理价值,而且祭祖对维护家族完整发挥了重要作用。"中华民族及文明能如此长久地延续,无疑是得益于祭祖。"②

虽然翟雅格对祭祖采取了同情性理解,也努力从伦理和社会结构角度认识祭祖的功能,与19世纪传教士看法相比已有不少改变,体现了传教士对中国社会和中国文化认识上的进步。不过,他仍在报告里反复强调祭祖与基督信仰的根本区别,强调基督信仰的优越性。他也有意回避祭祖是否是拜偶像这个敏感问题。他两次提到,无论祭祖是否属于偶像崇拜,它无疑是敬拜独一真神的敌人,而且在人们心目中和生活中占据了上帝该有的位置。因此,他提出一些建设性意见希望用更好的东西取代罪恶。这些建议有基督化对亡者的悼念活动,加强教会学校尊敬父母的教育,制定适合中国教会的丧葬礼仪,以基督教有用的纪念性牌位取代传统的神主牌,等等,总之,就是要保留"祭祖的美善,革除迷信因素"。③ 由此可见,以翟氏为首的1907年的祭祖问题委员会对祭祖采取的是"调和"立场,力求去伪存真,予以改造,尝试使之基督化、神圣化,其态度较以往的立场略显积极和乐观,但其核心原则是不变的,即祭祖与基督教不符,应灵活温和地予以反对。

与会传教士对翟氏报告支持、反对者兼而有之。特别是这一时期,基督教基要派正在中国处于萌芽酝酿阶段,他们对中国教会和教徒信仰的纯洁性非常关切,在讨论中依旧坚持祭祖是偶像崇拜、魔鬼崇拜,是异教。总的来说,从百年大会关于祭祖问题的报

---

① James Jackson, Ancestor Worship, in China Centenary Missionary Conference, held at Shanghai, Apr. 25 – May 8, 1907, Shanghai: Centenary Conference Committee, 1907, p. 217. 转引自邢福增、梁家麟《中国祭祖问题》,第32页。

② James Jackson, Ancestor Worship, in China Centenary Missionary Conference, held at Shanghai, Apr. 25 – May 8, 1907, p. 222. 转引自邢福增、梁家麟《中国祭祖问题》,第33页。

③ 参阅邢福增、梁家麟《中国祭祖问题》,第34—35页。

告和讨论来看，西方传教士一贯反对祭祖的立场并未改变，继续坚持祭祖与基督教是不相容的，会上提出的一些建设性建议也成为今后进一步探索的第一步，其意义和影响是深远的。①

20世纪初中国社会经历一连串变革，从废除科举制，到民国取代满清帝制，再到1919年前后的新文化运动，使西方传教士看到基督教在中国发展的新曙光。在这种形势下，在西方传教士看来，祭祖对基督教发展的阻碍依然存在，但已不再像过去那么严重。从西方新引进的物质主义、无神论和科学精神才是应该面对的新阻碍。② 祭祖问题于是不再成为1910年以后基督教重要会议讨论的议题，而且有关祭祖的叙述也比较客观。③ 与此同时，中国本地基督徒领袖开始涌现，在基督教界担当起本地教会和本地文化发言人的角色，参加到探索基督化祭祖的工作中。

传教士方面的探索，值得一提的是，20年代詹姆斯·安德森出版的《中国祭祖》文集充分论述了祭祖意义的多样性、复杂性与重要性，有助于西方传教士和基督徒读者全面理解祭祖问题。④ 另外，布里斯（A. J. Brace）和詹姆斯（T. W. Douglas James）于30年代初首次提出用ancestor reverence（敬祖）取代ancestor worship（祭祖）的建议，以体现经过基督教革新后的"敬祖"精神和仪式。有的传教士还提出可以革新传统的"清明节"，或在复活节期间通过唱诗、祷告表达对祖先的追思。⑤

在中国基督徒方面，1910年以前有过个别关于祭祖是拜偶像，是迷信的讨论。1917年"中华续行委办会"发表的一项在中国教牧中间进行的调查显示，中国教会对祭祖采取的是禁止立场，而且未就祭祖礼仪基督化开展探索，禁止祭祖已经造成其他人对基督教的许多误会和指责。1919年，该委办会重申基督信仰的教导体现了最理想的孝道，因此不建议信徒参与任何掺杂迷信及拜偶像成分的仪式。⑥ 1922年，基督教全国大会以"中国教会"为主题提倡建设本色教会，激发了少数受过神学训练，关

---

① 参阅邢福增、梁家麟《中国祭祖问题》，第37—39页。
② 参阅吴德施《基督教在中国今日之实况》，见全绍武等编《基督教全国大会报告书—民国十一年五月二至十一日》，协和书局，民国十一年，第62—63页；参阅乐灵生《前二十年中国基督教运动之改革与进步》，见全绍武编《中国归主》，上海：商务印书馆，民国十一年，第1—2页；均收入王美秀、任延黎编《东传福音》第19册，第481—482、15—16页。
③ 1922年召开的基督教全国大会未讨论祭祖问题。1922年大会报告有关祭祖的叙述，请参阅吴德施《基督教在中国今日之实况》，见全绍武等编《基督教全国大会报告书——民国十一年五月二至十一日》，第62—63页；另见王美秀、任延黎编《东传福音》第19册，第481—482页。也请参阅根据1922年出版的英文版《Christian Occupation of China》翻译的《中华归主》上，中国社会科学出版社1987年版，第71—72页。
④ James T. Addison, Chinese Ancestor Worship: A Study of Its Meaning & Its Relation with Christianity, Shanghai: The Church Literature Committee of the Chung Hua Sheng Hui by the Help of the Society for Promoting Christian Knowledge, 1925.
⑤ 参阅邢福增、梁家麟《中国祭祖问题》，第48—49页。
⑥ 同上书，第65—68页。

心本色教会建设的基督徒领袖和精英建设本色教会，宣传本色教会的自觉意识和热情。20、30年代，一些愿意推进本色教会运动的人士如诚敬一、刘廷芳、王治心、吴雷川等人曾经撰文就如何革新祭祖礼仪建言献策，他们的意见不外乎肯定祭祖包含的孝道精神，建议摈弃其中的迷信仪式内容如延僧道、焚纸帛等，代之以默哀追念献花简葬等形式，实际上与所谓基督化祭祖无异。作为推进本色教会建设的"本色教会委员会"直至1936年仍在调查"改良崇拜祖先及遵守节期之习尚"的问题，可见本色化祭祖探索实非易事。①

值得注意的是，20世纪20、30年代的基督教传教士内部所谓基要派与自由派之争正愈演愈烈②，中国基督教牧者也深受影响，上述热衷于推进基督教本色化的人士被贴上"自由派"，甚至"不信派"标签，加剧了包括祭祖在内的本色运动的探索难度，使教会在祭祖问题上难有共识，在经历了百余年之后仍然视之为异教，基督教仍被视为"洋教"。

## 结束语

比较罗马天主教和基督教在祭祖问题上的最终立场，可以发现，罗马天主教的立场是原则上宽容接纳，而基督教的立场是原则上排斥。在今天的实践中，天主教徒除教会规定的诸圣瞻礼纪念亡者节日外，其他日子如春节期间、清明或父母忌日等均可以去墓地扫墓，也可敬供食物饮料等物品，但不得烧纸或烧冥币。如信仰其他宗教或不信仰任何宗教的亲戚朋友去世，教徒也可前往帮忙，但不得参与焚烧冥币一类活动，也不会上前谴责他人的此类活动，而是采取坚守自己的信仰，立于一旁旁观的态度和做法。天主教会之所以这样做，是因为教会当局对教徒有这样的教导，判定祭祖是追念祖先，因此天主教会对祭祖的做法是原则上宽容接纳，实践中灵活对待，因此缓和了与中国传统习俗及周围人群的关系。与天主教的立场和做法基本相反，基督教会的立场是原则上排斥，认为祭祖有拜偶像之嫌，或者就是拜偶像，但具体实践中也有追思亡者的纪念活动，如复活节以后集体到基督徒墓地举行追思礼拜，唱赞美诗，宣讲复活的意义，献花，清洁墓碑等。但是，由于基督教一向没有一个现世的像罗马那样的教会权威，而且中国基督徒有着浓厚的福音派传统和倾向，因此不少地方尤其是农村的基督徒一般在葬礼之后就不再有其他纪念活动，因为他们相信亡者已去天家享福，与主在一起。对他人为亡者举行的传统葬礼或祭祖活动，有的基督徒会阻拦，或予以批评，因此偶尔会与他

---

① 参阅邢福增、梁家麟《中国祭祖问题》，第64—94页。
② 参阅姚西伊《为真道争辩——在华基督新教传教士基要主义运动（1920—1937）》，香港：宣道出版社2008年版。

人冲突,特别是在农村家里其他亲属不是基督徒的时候发生冲突的概率会增加。尽管如此,众所周知,基督徒数量在中国时下的增加速度却远远超过天主教徒。实际上,二者增速的差别与多个因素有关,祭祖立场不是决定性因素。

(作者简介:王美秀,中国社科院世界宗教研究所研究员,原文发表于《基督教育近代中国文集》,社科文献出版社2012年版)

# 巴基斯坦的宗教、政治与极端主义

邱永辉

随着"9·11"事件后美国"反恐文化"的确立和巴阿反恐战事的持续,一方面,巴基斯坦国内产生了一波又一波的反美浪潮,国内政局动荡,大规模的恐怖袭击此起彼伏;另一方面,巴基斯坦的海外移居者中出现恐怖分子的比例似乎较高,经由巴基斯坦走上圣战之路的人也不在少数。对于"巴基斯坦为何不断产生圣战者"这个沉重的问题,笔者认为,对于巴基斯坦不断产生圣战者的解释,应当考察该国独特的历史经历,分析其宗教、政治与极端主义的因果关系,特别是探讨其政治与宗教的互动,以及国际政治、国内政局与宗教团体的多重互动。

## 一 巴基斯坦国内政治与宗教的互动

在解释巴基斯坦宗教与政治的关系时,有西方评论者认为:巴基斯坦1947年独立建国,成为世界上第一个基于伊斯兰教义的现代国家;独立伊始,这个新国家就充满泛宗教救世主情结。实际上,该国第一部宪法虽然规定巴基斯坦是一个伊斯兰共和国,但宗教和政治之间仍然有着明确的区分,私人的和公众的伊斯兰教之间也有区别。穆罕默德·阿里·真纳(Mohammad Ali Jinnah)在1947年8月对巴基斯坦制宪会议的就职演说中曾明确表示,宗教是个人私人的事情,他还特别强调宗教平等。在独立建国后的一段时间,国家倾向于最大限度的世俗化,原教旨主义的宗教政党被边缘化。

"第二次世界大虎"后的伊斯兰世界一直存在着伊斯兰复兴的社会思潮,在新独立的巴基斯坦,宗教团体也自始至终都竭力宣称巴基斯坦是一个伊斯兰教国家。一些自称正统的、被研究者称为原教旨主义的神职人员,坚守"乌玛"(Ummah)理念,反对穆斯林民族主义的理念,反对印巴分治,反对建立现代民族国家。为了报复"反伊斯兰"势力,宗教政党一直在为使巴基斯坦转变成一个真正的伊斯兰国家而不懈努力。[①] 宗教

---

[①] Kalim Bahadur, "Islam, Sharia, Ulama," in Verinder Grover and Ranjanna Arora eds., *Political System in Pakistan* (Vol. 4): *The Islamic State of Pakistan*; *The Role of Religion in Politics* (New Delhi: Deep and Deep Publications, 1995), pp. 127–128.

团体在政治动员中所显示的实力，导致议会于 1949 年通过了"目标决议"（Objective Resolution），其主要内容是"穆斯林可根据神圣的《古兰经》和教法所规定的伊斯兰教义和要求，有秩序地生活。"这一"决议"实际上是规定了国家事务的伊斯兰教方向。

20 世纪 50 年代，巴基斯坦组织最为严密的宗教团体"伊斯兰促进会"（Jamaat-e-Islami）的领导层，开始利用伊斯兰教实施"排他性政治"。他们通过将宗教身份政治化，即质问"谁是穆斯林"，鼓动公众暴乱。当时，阿赫迈迪亚教徒（Ahmadis）中的部分人出任了政府高官职位，而在是否认可阿赫迈迪亚派（Ahmediyya，该派不将先知穆罕默德认作是唯一的先知）成员的穆斯林身份问题上，官方尚无定论。[①] 于是，"乌玛"与原教旨主义领导人的联盟在 1953 年组织和领导了暴力运动，迫使政府将弱小的阿赫迈迪亚派宣布为"非穆斯林"。随着阿赫迈迪亚派被驱逐出伊斯兰教圈，政治不宽容日益增长。

宪法的宗教规定与政治制度性规定，使宗教成为政治上有效的力量。为了政治合法性和国家统一，巴基斯坦的政治领导人和军事统治者都倾向于利用宗教。因此，宗教身份、口号和象征，经常被政党用来进行政治动员。1967 年成立的巴基斯坦人民党在大选中提出伊斯兰社会主义的口号，并以伊斯兰社会主义为发展经济的纲领，在选举中获胜执政。70 年代末 80 年代初齐亚·哈克（Ziaul-Haq）将军领导下的伊斯兰教化进程，就是将反对阿里·布托运动变成"劫持伊斯兰口号"的过程。九个政党和宗教组织提出"伊斯兰教在危险中"，呼吁"回归先知的制度"，全心全意地支持齐亚的社会"道德纯洁"方案，认为这一方案有助于建立一个基于伊斯兰法则的政治社会，"伊斯兰大会党"因此随时准备着反击任何政治力量发起的反齐亚运动。但研究者发现，实际上"他（齐亚）似乎完全忠于一切正式的和视觉意义上的宗教仪式，而对于更深层次的道德问题却相当灵活"。[②]

在巴基斯坦短暂的民主历史中，民主世俗政党与宗教政党总是相互敌对，而军事独裁者与宗教政党之间，则多为合作的关系，如上述"伊斯兰大会党"与齐亚之间形成的联盟。因长期处于军法统治之下，除"巴基斯坦人"和"伊斯兰教徒"的身份外，其他身份都不同程度地受到抑制。但是，多种民族身份在公共领域却显现无疑。1969 年举行的第一次大选，已经深感窒息的孟加拉民族身份，终于发现了与巴基斯坦人身份分道扬镳的机会，巴基斯坦于是经历了一次重大危机。有趣的是，宗教政党所支持的并不是"伊斯兰教的"政府本身，而是它们可以获得的"利益"。从"穆斯林联盟"到"伊斯

---

[①] David Taylor, "The Politics of Islam and Islamization in Pakistan," in James P. Piscatoried., *Islam in the Political Process*, Cambridge: Cambridge University Press, 1983, p. 191.

[②] Hassan Abbas, *Pakistan's Drift in to Extremism: Allah, the Army and American's War on Terror*, New York: East Gate, 2005, p. 97.

兰促进会"的政治领导层，都是靠伊斯兰口号兴旺发达的，此类口号的高频率出现，已经使真正的社会经济问题变得模糊不清。因此，当布托政权强调经济问题，并强调再分配和社会公正的时候，地主、军事官僚以及宗教政党很快就意识到，这些花言巧语不仅不能使他们获得所期望的利益，反而可能剥夺他们的既得利益。

随着东巴和西巴的分裂，即孟加拉的正式立国，宗教政党更进一步致力于加强巴基斯坦的意识形态基础。1973 年巴基斯坦宪法的第九部分第 227 条规定，伊斯兰教法源自神圣《古兰经》，因此，所有现存的法律都必须与伊斯兰教法一致。第 242 条进一步规定，当涉及任何穆斯林教派的属人法时，《古兰经》和教法的表达，指的是那个教派所解释的《古兰经》和教法。虽然 1973 年宪法同时规定，与宗教身份相关的任何规定，都不影响非穆斯林公民的属人法，或他们作为国家公民的地位，但根据个人所属的教派解释《古兰经》，至少对于人数较少的教派及其个人，造成了许多困扰和问题。国家认可某个团体的信仰为官方宗教，实际上使得某个团体比另一些团体处于更优越的地位，因此，可能导致剥夺和被剥夺，甚至导致宗教派别之间的暴力行动。这种剥夺和冲突的结果之一，是 1974 年通过的立法正式宣告阿赫迈迪亚派是"非穆斯林"，1984 年立法进一步认定该教派的信仰"不合法"。

1977 年至 1988 年，实施军管的齐亚·哈克总统实行法律伊斯兰化，建立最高法院的沙里亚（伊斯兰教法）法庭。其直接结果之一，是排外性的宗教政治行动得以持续。这导致了伊斯兰主要教派——逊尼派和什叶派的团体分裂和对立，在此前十分罕见的教派冲突，从此一发而不可收。国家的团结必须建立在对于共同传统和期望的认可基础之上，排斥特定的宗教团体，甚至排斥主要的团体，让许多人感觉自己处于国家认同的外围，极大地削弱了国家的团结。

巴基斯坦伊斯兰教化进程的另一重要体现，是在其特殊的政治与宗教的互动过程中，军队的作用被重新定义。研究者指出：巴基斯坦军队不再仅仅是边疆的保卫者，也是巴基斯坦的"意识形态前线"的保卫者；宗教知识和宗教责任成为军官遴选过程中的决定因素。[①] 政府和军队对宗教学校的赏识，促使伊斯兰选民积极投票。但选举目标却已经被固定为一个，即人们或者将选票投给《古兰经》，或者根本不投票。近三十年的国家保护使巴基斯坦宗教政党由独立时的压力集团变成了一支有财有势、武装良好的力量，凌驾于法律之上，使伊斯兰极端主义在外交（特别是对印度和阿富汗）政策的操作方面起到了重要作用。

综上所述，宗教政党对于政治、法律、学校、军队和外交等方面的渗透，使宗教战斗性复苏，宗教极端主义、好战的原教旨主义于是将国家一步一步地推向深渊。

---

① Hassan Abbas, *Pakistan's Drift in to Extremism: Allah, the Army and American's War on Terror*, p. 101.

## 二 国际政治与巴基斯坦国内宗教的互动

在一个宗教气氛浓烈、经济处于欠发达状态、政治制度尚待确立的国家里,进行身份认定和政治动员的有效性,与其潜在的政治特征、对于外来势力进入自身政治机体的敏感性等方面有着直接的关系。巴基斯坦的宗教极端主义的表现之一,是穆斯林团体内的分裂,而其教派分裂史,又与国际参与者的介入密切相关。因此,国家、社会的行动和国际参与者的行为之间,也形成某种因果关系。

在巴基斯坦,沙特阿拉伯的金钱和瓦哈比派(Wahabism)的宗教观念一直有重大的影响。早在 20 世纪六七十年代,沙特就设立了一系列大型的、全球性的慈善机构,其最初目标是散布瓦哈比派伊斯兰教,这些机构后来被"基地组织"(al-Qaeda)等全球圣战网络中的重要人士渗透。其中三个最重要的慈善机构[①]在名义上一直是慈善组织、纯粹的非政府组织,但均被一些全球情报组织怀疑为恐怖主义基金组织。[②] 例如,美国中情局(CIA)对基地组织成员的审讯发现,"妇女慈善基金会"就被"基地组织"用作在东南亚从事恐怖活动的资金渠道。

沙特政府的准官方机构资助的宗教神学院蓬勃发展,伴之以齐亚·哈克的伊斯兰化推力,将瓦哈比派伊斯兰教推举为官方的、高层的伊斯兰教。那个时期推行了一系列严苛的"伊斯兰教"法律,包括 1979 年正式颁布关于饮酒、通奸、盗窃和诽谤等违反"真主的法度"的法令,对违反者的处罚作了严厉规定。[③]一些法律剥夺妇女的合法权利,限制她们的活动自由,以使她们难于从事户外活动,甚至从公共领域消失。"宗教与外交国际中心"(The International Center for Religion and Diplomacy)是如此描述政治——宗教原教旨主义在巴基斯坦兴盛的:"第一,齐亚将军允许政府部门和武装力量征募宗教学校毕业生就任较低职位,大大增加了这类毕业生的就业机会。第二,作为一个忠诚的德奥班迪(Deobandi)成员,齐亚受瓦哈比主义吸引,允许沙特阿拉伯的大量资金流入,建立宗教学校以扩散德奥班迪—瓦哈比观念。第三,齐亚的军事政权降低了在社会领域特别是教育方面的公共投入,结果是在农村地区,许多穷人能够负担得起的学校只有宗教学校。第四,在沙特资金的支持下,宗教学校开始向学生提供免费食宿,因此许多穷人选择

---

① 它们是国际伊斯兰救济组织(The Internation alIslamic Relief Organization)——穆斯林世界联盟(The Muslim World League)的分支机构、世界穆斯林青年会议(The World Assembly of Muslim Youth)和妇女慈善基金会(The Charitable Foundations of al-Haramain)。

② US Department of the Treasury. http://www.ustreas.gov/press/releases/js1895.htm.

③ 规定包括:对饮酒者处以鞭笞 80 鞭;盗窃者,首次砍去右手(到腕关节),再次截去左足(到踝节部),三次则终生监禁;通奸视情况给予处罚,轻者可少于 30 鞭,最重者或以石击毙,或判死刑,等等。参见金宜久《当代伊斯兰问题》,民族出版社 2008 年版,第 42—43 页。

送子女去宗教学校,以减轻他们培养孩子的负担。"①

巴基斯坦宗教学校的激进化是一种"后80年代现象"。得益于巴基斯坦政府和沙特君主政体的授权和支持,瓦哈比神职人员的影响力在国内大大增强,该派极端、强硬的思想得到广泛传播。于是,已经因失业和贫穷深感凄苦的年轻人,为寻求神职人员的精神指导,却不幸被推上了宗教极端主义的道路。可悲的是,当齐亚总统于1984年10月就"实施伊斯兰法律"进行公民投票时,却获得了97.7%的选票支持。

20世纪70年代以后,对巴基斯坦宗教影响最深的国际政治事件主要有:1979年伊朗伊斯兰革命,20世纪80年代苏联入侵阿富汗和"9·11"事件后美国的"反恐战争"。

由于逊尼派和什叶派之间的不和,巴基斯坦两大教派中都有某些团体一直从事针对另一教派的暴力活动,但直到20世纪80年代以前,冲突并不十分严重。1979年伊朗伊斯兰革命使巴基斯坦什叶派感觉力量大增,于是成立了"加法里派教法实施运动"(Tehrik-e-Nifaz-Fiqah-e-Jaffria)②,强力推行什叶派法律。该组织反对齐亚总统的令什叶派饱受折磨的政策,在确保新的伊斯兰法律中某些条款对自己有利方面取得了成功,让总统对他们的力量有了更多了解,但同时也引起逊尼派的极度不安。逊尼派担心,本教派成员可能为了得到税收豁免,或为了逃避更为严厉的逊尼派家庭法而改宗什叶派。于是,逊尼派针锋相对,成立了类似义务警察式的"圣门弟子军"(Army of the Companions of the Prophet, Sipah-e-Sahaba Pakistan)③。从此以后,伊斯兰教两大派别之间的对立和冲突日益加剧。

苏联入侵阿富汗以后,美国和沙特大力资助反苏圣战,也因此直接有助于类似本·拉登之流的力量大增。在此过程中,巴基斯坦扮演的是中转站的角色——反苏运动加速了巴基斯坦成为圣战者的避风港。反苏战争结束后,宗教在巴基斯坦政治和军事运动中的作用成倍增加。

巴基斯坦学者哈桑·阿巴斯在其《安拉、军队和美国的反恐战争——巴基斯坦走向极端主义》中,解释了伊斯兰教、巴基斯坦军队和美国因素三者之间的相互关联,并通过分析这些关联解释了巴基斯坦走向极端主义的原因。其实,美国与巴基斯坦接近的最初几年就已经意识到伊斯兰政治的潜在危险。巴基斯坦驻美大使侯赛因·哈卡尼(Hussain Haqqani)在"华盛顿邮报"撰文称:"在1951年7月1日出版的政策声明中,美国国务院宣称,'除共产主义外,其他对美国利益的主要威胁,在巴基斯坦是来自土地拥

---

① See B. Rahman, "Pakistani Madrasas: Questions & Answers", the International Center for Religion and Diplomacy, Washington DC. http://www.icrd.org/.
② "加法里派教法实施运动"的具体情况参见其官方网站. http://www.tnf.jorg/default.html.
③ "圣门弟子军"等圣战组织的详细信息,可参见 Amir Rana, *A to Z of Jehadi Organizations in Pakistan* (Lahore: Mashal Books, 2007).

有者的反动组织和未受教育的宗教领导人',因为他们反对'现任的有西方思想的政府','倾向于回到原始的伊斯兰法则'。"① 但是,正如该文承认的,在避免巴基斯坦利用伊斯兰教作为国家意识形态,避免鼓励宗教领导人和避免"伊斯兰主义者进入巴基斯坦军事、世俗官僚机构和情报部门"等方面,美国却什么也没有做。

"9·11"事件后,美国先是将巴基斯坦强制性地拖入"反恐"战争,接着又就巴基斯坦的国内局势及其与阿富汗塔利班的联系,不断警告巴基斯坦政府。2010年4月末纽约时代广场汽车炸弹未遂事件后,驻阿富汗的美国军事首领与巴基斯坦军事将领会面,敦促巴方尽快在北瓦吉里斯坦采取打击塔利班的军事行动。不断有报道称,美国已经将"巴基斯坦塔利班"列入"国外恐怖组织"名单,但没有人相信美国的这些措施有治本的作用。

无论是20世纪80年代反对苏联入侵阿富汗,还是21世纪初反对美国占领阿富汗,巴基斯坦始终有一股不小的力量,致力于一个更为宏大的计划。他们并不在意逊尼派与什叶派之间的冲突,而是更看重全世界正在进行的"邪恶势力"(包括美国、西方和所有支持这些国家的人,其中包括与美国和西方结为盟友的穆斯林国家)与"美德势力"(如本·拉登领导的基地组织)之间的持续战争。虽然巴基斯坦主流伊斯兰政党否认与基地组织的暴力计划有任何联系,但他们发誓要给国家创造一个"理想的"伊斯兰体制,因此十分同情建立一个纯粹的伊斯兰体制的目标,以及"如果安拉愿意的话"所采取的暴力行动。

## 三 政治—宗教动员与宗教政党的互动

巴基斯坦政治与宗教的互动,走过了一段从政府培植、利用到完全失控的历程。巴基斯坦国内政治对宗教和宗教组织的不断利用,提高了宗教的对抗性和尖锐性,还为宗教战斗性和极端主义提供了空间。在独立初期,世俗的统治精英、政党和官僚机构假定,宗教团体"太弱小,过分依靠国家,无力对抗权力结构"。执政团队继而设想,其自我正当性在于借助宗教的和军事的民族主义,使自己成为国家认同的捍卫者。在此过程中,清真寺与军队建立了强大的联盟关系。长期执政的军人政府也认定,宗教政党只会服务于国家建设,而不会损害巴基斯坦和西方国家的利益。

如果说由于国内国际的原因,政府和军队对宗教政党给予了长期的保护,那么激进伊斯兰组织的产生,则正是强大起来的宗教政党向它们提供保护的结果。印度学者分析

---

① Hussain Haqqani, "The Role of Islam in Pakistan's Future", *The Washington Quarterly*, Winter 2004 – 05, Vol. 28 (1), p. 93.

认为,"只有当政府雇佣伊斯兰主义团体作为其政策工具时,这些团体才打牢了自己的基础。"① 在20世纪80年代,美国支持的军人政府利用伊斯兰极端主义煽动"穆贾哈丁"(圣战者)反对苏联占领阿富汗;进入21世纪,巴基斯坦军政领导阶层也曾利用"穆贾哈丁"抑制种族动荡,以维持自己的政治霸权。特别是在俾路支斯坦(Baluchistan),中央政府为了确保不出现民族主义的草根政治运动,支持宗教狂热分子,而后者则打着宗教的幌子,让政府和封建主相信,在这种类似政治真空的地带,只有宗教才能对抗族群(民族)主义。

"9·11"事件后,巴基斯坦高层的政策变化使内政外交也相继发生了变化。打压宗教团体、国家不再支持宗教领导人及其政党和学校,在伊斯兰主义团体中引发了失望和愤怒,他们从此怀疑国家存在的必要性。对于他们来说,只有政府支持伊斯兰教国家的观念,这个国家才具有意义;没有伊斯兰教观念的巴基斯坦,就犹如任何其他非伊斯兰教国家一样邪恶。无论是宗教政党还是其激进的分支机构,都是由于相信圣战必胜才取得了现在的地位,也都没有准备好放弃已经享有二十多年的指挥权和控制权。于是,宗教政党及其伊斯兰主义分子宣称,他们是确保克什米尔属于巴基斯坦这一国家利益的支持者,也是巴基斯坦核威慑力的保护者。印巴之间的克什米尔争端越来越多地由政治(领土)争端变成了宗教斗争,怪异地说明了宗教极端主义的影响。

虽然中央政府中断了支持,但宗教组织早已变得财大气粗,不再需要来自政府的财政资助。特别值得注意的是,日益严重的政治经济剥夺、社会治安状况恶化、失业和缺乏言论自由等,都成为激进分子人数增长和国内出现严重动荡的重要因素。俾路支斯坦持续进行的争取政治权利和反对经济不平等的斗争,其他部落地区因缺乏政治方面的基本建设而形成的"酋长国",导致拥有现代化武器装备的宗教团体在这些自然资源丰富的地区挑战国家权力,并且从不怀疑那些对现状感到失望的年轻人会陆续加入自己的队伍。

与"基地组织"的作用和巴基斯坦军事—宗教联盟相辅相成的是,巴基斯坦变成了全球伊斯兰运动的观念中心。但直到此时,巴基斯坦政治领导层还期待着宗教极端势力作为一种"政治—军事战略力量"能够符合巴基斯坦的利益。宗教进入巴基斯坦政治产生了一系列影响深远的政治后果。例如,原本是从政治上团结和动员人民、原本是政府合法性基础的民族身份,被宗教极端主义的鼓动者从宗教角度进行重新定义,通过推广"多数人主义",破坏民主政治;而"缺乏文化素养的民主"的实践,又将宗

---

① Chietigj Bajpaee, "Pakistan's Extremism Starts at the Top", *Asia Times*, Feb. 27, 2008.

教的和族群的少数人边缘化,并剥夺其公民权。[①] 更为严重的是,当宗教政党在阿富汗成为巴基斯坦军队的圣战武装时,巴基斯坦伊斯兰教团体中出现了"新伊斯兰主义者"——包括巴基斯坦塔利班、圣战组织和伊斯兰主义者。他们通过在公共平台赞扬圣战、经营庞大的宗教学校网络和军事训练中心,培养年轻干部,并使其听从他们发出的"伊斯兰指令",从而巩固自己的权力。他们所宣称的圣战目标,此时已扩大至双重,一是使克什米尔从印度的控制中获得自由,二是使巴基斯坦从世俗政治家的统治下获得自由。

新伊斯兰主义者即是政治伊斯兰的领导者。他们最初从毛杜迪的伊斯兰解放神学得到灵感,后发展出他们自己的解释,即寻求通过宗教改造政治和通过政治改造宗教。相比之下,旧伊斯兰主义者,即传统的伊斯兰教宗教学校导师、乌里玛、苏非长老及其宗教政党,得到世俗精英的调适,总体上倾向避免政治对抗。新伊斯兰主义者并不想占据经济上被边缘化、社会上处于传统状态的部落地区,他们提出的政治计划是占据公民社会的组织,并着眼于最终夺取国家政权。

伴随着政治的和军队的伊斯兰教化,巴基斯坦日益成为一个意识形态国家。由于德奥班迪学派与沙特的瓦哈比派极其相似,又长期得到来自阿拉伯半岛的资金和人员支持,俨然成了官方学派,负责进行理论解释。国内政治和国际政治侵入宗教,使原有的"伊智提哈德"(Ijtihad)传统,即神职人员独立解释《古兰经》以便适应形势变化的传统,丧失殆尽。其结果是,不仅"真正的"宗教学者不允许清晰表达他们对于神圣经典的理解,那些敢于以宗教的名义,将杀害无辜群众的行为定义为反伊斯兰的学者,面临着来自宗教政党的威胁打击,而这些宗教政党最热衷的公众动员方式,就是号召进行反对"异教徒"的圣战。

## 结　　语

虽然大多数巴基斯坦人是穆斯林,但其现状却在很大程度上反映出,恰恰是多数人"害怕"失去身份和地位。其实,穆斯林身份危机的根源,可回溯到印巴分治以前。统治南亚次大陆几百年的穆斯林权力衰落以后,穆斯林提出了对保持社会纯洁的担忧。在争取独立的运动中,穆斯林复兴运动者通过严格遵循纯洁的伊斯兰教,努力维护穆斯林团体的独特身份。仅从宗教的角度论,他们中的一部分人认为,印度穆斯林由于与印度教徒的关系过于密切而被"污染了",因此,需要建立一个独立的国家,使穆斯

---

① See Fareed Zakaria, "The Rise of Illiberal Democracy", *Foreign Affairs*, November 1997, Vol. 76 (6), pp. 22 - 43.

林与印度教徒区分开,在没有任何外来打扰的条件下实践其宗教。① 印巴分治后,相同的"社会纯洁综合征"使得部分穆斯林致力于使国家脱离"世界性恶行",实现"完全清真"。②

"巴基斯坦应当建成什么样的国家"这一问题,现在已成为全社会必须回答的最重要的问题。宗教政党宣称要将巴基斯坦建成一个神权国家,但并未回答最基本的问题:他们要把巴基斯坦建成什么样的伊斯兰国家?追溯穆斯林世界的政治历史,似乎并不存在一个理想的、可以模仿的伊斯兰国家模式;对于一些基本问题,如伊斯兰国家应当是一个世袭神权国家,还是一个独裁国家,或是民主共和国,穆斯林群体并没有达成共识。但值得注意的是,巴基斯坦学者已经注意到,"伊斯兰主义的政治组织的正统性,特别是瓦哈比—德奥班迪派伊斯兰教,并没有扎根土壤。这一派别的伊斯兰教是教条主义的、恶性地否认多元化的、歧视女性的、以圣战迷惑人的,与普通巴基斯坦人调和的、宽容的、虔诚的并渗透着印度河流域神秘主义精神性的信仰,是完全对立的。"③ 在历史的长河中,吸引大批南亚人皈依伊斯兰教的苏非主义,并不相信任何形式的极端主义。对于生活在巴基斯坦的一亿多穆斯林来说,那种极端的、政治化的伊斯兰教,从根本上说还是"外来的"。

笔者认为,自1947年巴基斯坦独立以来的短暂而丰富的经历,对现今所有的关于政治与宗教互动的理论,都形成了巨大挑战。其挑战的最后一个理论,即福山(Francis Fukuyama)提出的"历史的终结"理论。④ 福山认为:"宗教的复兴以某种方式说明了自由消费主义社会中广泛的忧愁,且具有非人道的精神空虚。"福山认为,这种忧愁势必寻找其表达,不仅求助于宗教,而且求助于宗教极端主义。这一理论显然不能解释巴基斯坦的情况。在巴基斯坦作为一个国家将伊斯兰教作为统治合法性的工具之前,宗教早已深深地植入了社会;这里不存在学者们定义的精神空虚,更不需要由宗教来填补。

2011年初始,旁遮普省省长沙尔曼·塔西尔被卫兵枪杀。据报道,他之所以付出了生命的代价,是因为公开呼吁建设一个宽容、世俗的巴基斯坦,公开主张改良具有争议的"亵渎法案"。普通民众却将更多的花瓣抛向了他的谋杀者,宗教领袖拒绝为塔西尔

---

① B. M. Chengappa, "Pakistan: The Role of Religion in Political Evolution", *Strategic Analysis*, Vol. XXIV (12), IDSA, March 2001. http://www.ciaonet.org.
② Hasan Abbas, *Pakistan's Drift in to Extremism: Allah, the Army and America's War on Terror*, p. 228.
③ Arshi Saleem Hashmi, "Pakistan: Politics, Religion & Extremism", Institute of Peace and Conflict Studies: Research Papers 21, May 2009, New Delhi, India, p. 20.
④ Francis Fukuyama, "The End of History?" The National Interest, No. 16, Summer 1989, p. 14.

的葬礼念诵祈祷词,但称赞谋杀者"勇敢、完美和具有宗教荣誉"①。基于分裂和混乱的现状,期望宗教极端主义在短期内从巴基斯坦消失是幼稚的,巴基斯坦恢复温和、改良的宗教传统之路,仍然漫长。

(作者简介:邱永辉,中国社会科学院世界宗教研究所研究员,本文原刊于《南亚研究》2011年第1期)

---

① Shehrbano Taseer, "My Father Died for Pakistan", *The Hindu*, Jan. 11, 2011; Saroop Ijaz, "Pakistan's blasphemy law strengthens radicals", http://expressbuzz.com.

# 牟宗三儒教观平议

## 赵法生

在现代中国学术史上，牟宗三主要是作为一位富有原创性的哲学家的形象出现的，与他的儒家哲学的研究成果所受到的重视程度而言，他对儒教问题的研究某程度上被严重忽视了。实际上，他是五四运动以后重新肯定儒家宗教性的思想家之一，对儒教问题作出过系统阐述，尤其是他对于儒教超越精神形态的深刻发掘，成为当代新儒家里程碑式的思想贡献。认真消化他有关儒教的研究成果，不仅有助于我们加深对儒学和儒教关系的理解，而且对于当今儒学和儒教的复兴具有重要的意义。

## 一 对于五四知识分子宗教观的反思

五四运动是中国近代史上影响深远的启蒙运动，其历史意义不容否定。但是，在九十多年后的今天看来，五四运动也有其自身的历史局限，比如它对宗教的看法。五四时期的各种主要思想流派，保守主义、马克思主义和自由主义，尽管对于中国社会问题的解决方案各不相同，甚至对于宗教的认识也并不完全一样，却得出了否定宗教的共同的结论，胡适之因为宗教信仰无法用科学加以证明而否定宗教的必要，冯友兰提出了以哲学代宗教，蔡元培提出了以美育代宗教，梁漱溟则提出以伦理代宗教。思想背景如此不同的学者们竟然在否定宗教问题上采取了如此一致的立场，这的确是一件值得深思的事情。其所以如此，是因为启蒙主义构成了五四思想运动的共同思想背景，各个思想流派尽管社会主张不同，却普遍接受启蒙主义的思想理念，要以启蒙主义思想重新改造中国社会。但是，当时的思想家对于西方文明和启蒙主义思潮本身的认识都不无商榷之处。启蒙主义的核心自然是理性主义，但理性主义却被当时的多数学者片面解读为唯科学主义，而宗教则被置于科学的对立面，成了历史的绊脚石，所以也就成了人人喊打的"过街老鼠"。

实际上，五四诸家否定宗教的依据是颇为值得推敲的，以宗教不合乎科学标准作为否定宗教的理由，显然是将自然学科和人文学科混为一谈了，其实二者具有不同的思维方法、表现形态和社会价值。启蒙运动以来，基督教在西方不但没有消亡，反而继续发展，现代科技最为发达的美国反而成为宗教信徒最多的国家，表明如果宗教与科技即使不是同步发展的关系，起码不是彼此对立和此消彼长的。在匆忙否定宗教时，对于宗教在人类文明中的作用并没有深入分析，这在很大程度上影响了当时知识分子的文明观，使其对于文明的理解显得褊狭和肤浅，文明观上的偏颇使他们无法理解文明各个子系统的价值和功能，又进一步导致了思想和行动上的激进，进而全盘否定传统的价值。另外，五四诸公对于中国文化本身的认识也有所欠缺。汲取西洋的启蒙主义以救中国传统之弊是应该的，但是，在中国和西洋，人文主义和宗教的关系具有很大差异，西洋中世纪的主要问题是神与人之间的过度对立和紧张导致人文主义受到宗教的严重压抑，启蒙运动正是在这种历史背景下发生的。可是在中华文化传统中，自孔子以后的儒家传统向来是即道德即宗教，儒家其实是一种人文主义宗教，并不存在西方式的对于人文精神催逼压抑，包括儒、释、道三教在内，中华文化中的宗教情怀与人文主义已经融为一体。在这样一种文化形态中，对于宗教和传统的全面否定会带来一种怎样的后果，会不会使得人文精神失去依托而陷于崩解，似乎是五四诸公未曾考虑的。但这正是康有为当年最大的心结，然而康有为的主张却恰恰在那时成了保守落后的代名词。

作为现代新儒家的代表人物，牟宗三在20世纪40年代尚没有将中国传统的礼教看作是儒教[1]，但在海外新儒家花果飘零的特殊时代背景下，牟宗三从50年代起陆续完成了一系列著作，包括《生命的学问》、《人文讲习录》、《为中国文化敬告世界人士宣言》、《中国哲学的特质》等，对儒家的宗教性问题进行了深入反思，对于五四知识分子的宗教观提出了直言不讳的批评，试图对于宗教在文明中的作用进行重新评价，尤其是指出宗教同民主与科学不但不相矛盾，而且是互相补充、相辅相成的：

> 民主政治，吾人亦可认其有普遍性与定然性，并非一主义与理论，然此并不可视为宗教，世无以民主政治为宗教者。故只认政治生活轨道之民主政治而不认日常生活轨道之道德宗教（广泛言之可先只说"教"），误也。同时，言其足以为日常生活之轨道云云，亦明其与科学不同。科学，吾人亦可认其有普遍被承认之定然性，并非一主义与理论（此民主政治尤显，于民主政治处或可由争辩，但实亦不可争辩，思之便知），然科学并不可为宗教。科学只代表知识，并不代表作为日常生活轨道之道德宗教。此两者亦互不相代，互不相碍（当然相补，此不待言）。故只认科学而抹杀作为日常生活轨道之道德宗教者妄也。[2]

---

[1] 颜炳罡：《人文教之证成及其意义》，《烟台大学学报》2005年第2期。
[2] 牟宗三：《人文主义与宗教》，见《生命的学问》，广西师范大学出版社2005年版，第62—63页。

牟宗三指出民主是一种政治体制,旨在解决政治生活轨道问题;科学是知识则是为人类认识和利用自然力提供指南,民主与科学尽管具有普遍价值,却不能取代宗教,它们无法为日常生活提供意义和价值、它们无法解决人的日常生活轨道问题,因此,用民主与科学的普遍性而否定宗教的说法是不能成立。

不仅民主科学不能取代宗教,他认为任何一种哲学理论都不可能取代宗教:"凡可以成教而为人人所接受而不能悖者,必非某某主义与理论(学说,theory),亦必足以为日常生活之轨道,由之以印证并肯定一真善美之'神性之实',即印证并肯定一使人向上而不陷溺之'价值之源'。非某某主义与理论,此言其普遍性与定然性。即就人文教而言之,儒家所肯定而护持之人性、人道、人伦,并非一主义与理论。此是一定然之事实。"① 同时,牟宗三也明确否定了所谓以美育代宗教的说法:"蔡元培先生欲以美术代宗教,误也。无论西方意义之'宗教'或中国意义之'宗教',皆不可以美术代。谢扶雅先生谓蔡氏之意正合孔子之意,亦误。"② 所以民主、科学、哲学、美育等都不可能取代宗教,这就重新肯定了宗教在文明中的独立价值与意义,从而纠正了五四知识分子基于唯科学主义立场对于宗教的否定,标志着中国思想界对于宗教认识的历史性转变。

牟宗三所以要否定五四时期多数知识分子对于宗教的虚无主义立场,是因为他对宗教的性质和功能有了全新的思考,撮其要点,主要有以下方面:

首先,宗教是民族文化生命的基本动力。牟宗三认为"一个文化不能没有它的最基本的内在心灵。这是创造文化的动力,也是使文化有独特性的所在。依我们的看法,这动力即是宗教,不管它是甚么形态。依此,我们可说:文化生命之基本动力当在宗教。了解西方文化不能只通过科学和民主政治来了解,还要通过西方文化之基本动力——基督教来了解。了解中国文化也是同样,即要通过作为中国文化之动力之儒教来了解。"③ 宗教所以能成为文化的基本动力,是因为它不仅为个人提供了安身立命之地,而且负有民族文化创造的重大使命:"故宗教总起来可从两方面看:一、个人人格的创造,此即要成圣、成贤、成佛、成基督徒。二、历史文化的创造,此所以有中国文化、印度文化以及西方基督教文化等(文化之特殊性与共通性俱含在内)。现在人只从个人处来了解宗教,这是不全尽的。宗教除个人内心事情外,还有在客观方面担负文化创造的责任。"④ 因此,宗教是"国本",是民族文化生命的根源和保障⑤,宗教的衰亡必然导致民族文化生命的枯竭。

其次,对于宗教的内涵作了独到的分析:"宗教从内容上包括两个方面:一曰事,

---

① 牟宗三:《人文主义与宗教》,见《生命的学问》,广西师范大学出版社 2005 年版,第 62 页。
② 同上书,第 65 页。
③ 牟宗三:《中国哲学的特质》,上海古籍出版社 1997 年版,第 93 页。
④ 同上书,第 100 页。
⑤ 牟宗三:《人文主义与宗教》,见《生命的学问》,广西师范大学出版社 2005 年版,第 65 页。

二曰理。事便是维持各种宗教信仰所需要的宗教仪式和活动。但自理方面看，是'神'与人之间的沟通，是人道对于天道的体现。"① 牟宗三又将宗教区分为宗与教两方面："宗教，如中文所示，有宗有教。宗是其归宿，教是其轨道，（方法理论皆含于轨道中。）依宗起教，以教定宗。"② 基于上述分析，牟宗三认为儒教并没有像基督教那样发展出一套完备系统的外在宗教仪式，而是代之以日常生活中的礼仪规范，儒教之特长在于理而不在于事，在于宗而不在于教，与此相关的是，对于儒教内在精神的探析成为他日后研究的重点所在。

再次，从宗教的社会功能上讲，他认为宗教应该尽两个责任："首先，它须尽日常生活轨道的责任。比如基督教就给予西方文化日常生活的轨道，像祈祷、礼拜、婚丧礼节等等。佛教也拥有同样的情形，它也可以规定出一套日常生活的轨道，如戒律等。第二，宗教能启发人的精神向上之机，指导精神生活的途径。"③ 不同的宗教因其教理和教义不同，所开出的精神生活途径不同，由此而确立的日常生活轨道也各不相同。他特别指出，如果一个社会丧失了精神价值，日常生活没有规矩法度可言，那并不是解放，而是堕落。④

最后，牟宗三承认超越性是宗教不可或缺的重要内容，是宗教所以成为宗教的根本。但他并不认为这种超越的信仰对象必须是人格神，人不一定非得去崇拜一种人格化的神灵，因为"那人格神只是人人本有之神明之客体化而已，那本是人之真我也。然此真我乃是与宇宙万物合一之大我，故此我与一切相联而不可分，当人能自觉地作道德实践时，必要及于一切，而使一切皆具有无限的价值。"⑤ 这一思想在他对于儒教教义形态的阐释中发生了重要影响。

在通过对于五四宗教观的深入反思和检讨，牟宗三重新定义了宗教作为民族文化生命之源的作用，从理论上否定了五四激进主义所提出的以科学代宗教、以哲学代宗教、以美育代宗教等种种设想，指出了这些方案所包含的巨大危害，从而重新肯定了儒教作为华夏文明主体精神的历史地位。按照牟的设想，中国所要建立的新文明固然缺不了民主和科学，但同样缺不了宗教，宗教的功能非但不与民主、科学相矛盾，而且可与民主、科学等其他的文化要素相补充。离开了作为文化精神动力的宗教的支持，真正的新文明大厦是建立不起来的。新儒家对宗教问题的反思是与对于中华文化前途命运的思考紧密相连的，启动这一反思的思想动机，正是新儒家赴台后所产生的中华文化"花果飘零"的深切感受，对此，他们有过具体的说明："若非流亡海外，在四顾苍茫，一无

---

① 牟宗三：《中国哲学的特质》，上海古籍出版社1997年版，第103页。
② 牟宗三：《现时中国之宗教趋势》，见《生命的学问》，广西师范大学出版社2005年版，第84页。
③ 牟宗三：《中国哲学的特质》，上海古籍出版社1997年版，第94—95页。
④ 牟宗三：《人文讲习录》，台湾联经出版公司《牟宗三先生全集》卷28，第4页。
⑤ 杨祖汉：《儒学的超越意识》，《牟宗三先生的哲学与著作》，台湾学生书局1978年版，第713—714页。

凭借的心境情调之下，抚今追昔，从根本上反复用心，则我们亦不会对这些问题能认得如此清楚。我们相信，真正的智慧是生于忧患。"① 这种具有强烈现实性的文化反省，深刻影响了此后新儒家的致思趋向和学术路径，在型塑其思想体系方面发挥了重要作用。

## 二 作为人文宗教的儒教

牟宗三对于宗教问题的反思是与儒教问题密切相关的，其探索的重点并不是一般意义上的宗教理论，而在于儒家是否是一种宗教，如果它是一种宗教，它与其他的宗教有何不同？他认为儒教是宗教，但不是一般意义上的宗教，而是一种人文宗教②。牟宗三的人文儒教观具有以下内容：

### （一）肯定儒家是人文宗教并具有高度的宗教性

牟宗三在20世纪50年代对于陈荣捷将儒学视同为宗教的观点给予肯定③，认为儒教与佛教、基督教一样，都是为了解决人生安身立命的根本问题，都是宗教，且有其独特的优点："自事方面看，儒教不是普通所谓宗教，因它不具备普通宗教的仪式。它将宗教仪式转化而为日常生活轨道中之礼乐。但自理方面看，它有高度的宗教性，而且是极圆成的宗教精神。它是全部以道德意识道德实践贯注于其中的宗教意识宗教精神。因为它的重点是落在如何体现天道上"④。牟宗三等人于1958年共同发表的《为中国文化敬告世界人士宣言》认为断言中国文化只重视伦理关系而缺乏超越精神和宗教感情是"犯了莫大的错误"，肯定"中国民族之宗教性的超越感情及宗教精神"和中国人"从事道德实践时对道之宗教性的信仰"。⑤ 儒学与儒教之关系是当前大陆学术界讨论的热点问题之一，许多学者至今仍然儒学的人文主义特征而否认其宗教属性，牟宗三先生对此早就有过批评："人文主义只是说明孔子人文教之思想上的立场，进路或态度。非以人文主义为宗教也。"⑥ 他说："人文主义不能充作宗教。……然人文主义是人文主义，孔子人文教是人文教。两者不可混同"。⑦ 按照牟宗三先生的看法，人文主义只能说明儒教的思想，并不足以概括儒家的整体："不喜宗教者，因儒家并未成为西方意义之宗教而

---

① 牟宗三等《为中国文化敬告世界人士宣言》，见王元化主编《释中国》，上海文艺出版社1998年版，第4卷，第2890页。
② 牟宗三：《人文讲习录》，台湾联经出版公司《牟宗三先生全集》卷28，第3—4页。
③ 牟宗三：《现时中国之宗教趋势》，见《生命的学问》，广西师范大学出版社2005年版，第85页。
④ 牟宗三：《作为宗教的儒教》，台湾联经出版公司《牟宗三先生全集》第28卷，第107页。
⑤ 牟宗三等《为中国文化敬告世界人士宣言》，见王元化主编《释中国》，上海文艺出版社1998年版，第4卷，第2903—2904、2907页。
⑥ 牟宗三：《人文主义与宗教》，见《生命的学问》，广西师范大学出版社2005年版，第62页。
⑦ 同上书，第61—62页。

欣然,且欲并为教之意义而忽之,故述古,则谓其只是诸子百家之一,据今,则欲只作哲学或学说看。实则此并不通。其未成为西方意义之宗教是也,然其为教而足以为日常生活之轨道,并足以提高精神,启发灵感,而为文化生命之动力,则决不可泯。"① 传统中国社会向来是儒、释、道三教并称,儒教一直作为传统中国人安身立命的主要精神力量。只是到了近代中国,尤其是五四运动以后,儒教是否宗教才成了一个问题。牟宗三明确提出儒家并不仅仅是哲学,也是人文宗教,在五四运动以后激烈的反传统浪潮中重新肯定儒家的宗教性和儒家精神的超越性,意在重新肯定儒家作为中华民族文化生命根基的地位。

### (二) 以三祭作为儒教超越性的主要确证

按牟宗三对于宗教的定义,儒家之所以被看成是宗教,不仅是由于它能安顿人的精神生命,也在于其独具特色的祭祀制度,也就是儒家历来强调的三祭:"我们要祭天、祭祖并祭圣贤。耶教之集中在耶稣一身,即只通过耶稣一个项目,而中国则有三项目使天道成为宗教的。儒家依此三者,成为一个丰富的体系。下开地德,即开出人文世界。祭祖与圣贤人格是人文中事,不是崇拜偶像。我们祭祖时将民族生命与宇宙生命合一。而祭圣贤,则表示民族生命宇宙生命一是皆为精神生命。此即是上通天道之媒介。"② 三祭源自《大戴礼记》礼三本,在牟宗三看来,三祭的根本精神是相通的,虽然"天道是创造性本身"③,代表着宇宙生命,祖先和圣贤皆归本于此一宇宙生命,而此一宇宙生命说到底又是一精神生命。宇宙生命、民族生命和精神生命的圆融合一,足以彰显着儒教天人合一的特征。通过三祭,儒家的道德生命与天道相连接,体现了儒教对于超越精神的追求,尽管这种超越精神的表现形态与基督教迥然不同。

### (三) 人文儒教之功能

牟宗三认为,儒教具有两方面的功能,其一,儒教能"尽日常生活轨道的责任",在周公制礼作乐基础上发展而成的儒教之吉凶嘉军宾之五礼以及日常生活中的五伦之礼,确立了儒教的基本礼仪规范。五伦不仅仅具有生物学和社会学的意义,其中的父子、兄弟两伦皆为天伦,夫妇和师友虽非天伦,亦与天道密切相关④;其二,儒家思想能启发人的精神向上之机,开辟了精神生活的途径,这主要是通过孔子的仁学实现的,所以儒教以孔子为教主。⑤ 那么,孔子所开辟的精神生活途径是什么?就是仁和性与天

---

① 牟宗三:《人文主义与宗教》,见《生命的学问》,广西师范大学出版社 2005 年版,第 65 页。
② 牟宗三:《人文讲习录》,台湾联经出版公司《牟宗三先生全集》第 28 卷,第 4 页。
③ 牟宗三:《中国哲学的特质》,第 16 页。
④ 牟宗三:《作为宗教的儒教》,台湾联经出版公司《牟宗三先生全集》第 28 卷,第 98 页。
⑤ 牟宗三:《现时中国之宗教趋势》,见《生命的学问》第 90 页。

道。仁就是宇宙万物的本体,就是"生命之真机",就是"创造性本身"[①],此创造性本身,从主观上讲就是人的性,从客观上讲就是天道,性与天道这两面皆为仁所涵,因此,儒家所谓尽性就是尽仁,而"尽性尽仁即可知天。此两点,即为孔孟立教之中心"[②]。由此可见,儒教的基本功能就在于确立人生的基本规范与开辟人生向上的精神价值,达到尽性践仁知天的境界,而儒教超越性的精神价值并不是从作为日常生活轨道的礼乐之外去祈求,而是从作为日常生活轨道的礼乐的道德实践中去实现,由此构成了儒教与基督教的重要差异,也形成了牟宗三判教的重要参照之一。

### (四) 儒教是圆盈之教

牟宗三是一个宗教多元论者,基于信仰自由的基本立场,他对于其他宗教的价值予以充分肯定。但是,信仰自由的立场并不能取代他身为一个儒教徒的信仰抉择。在对儒、释、耶三教的基本教义形态进行分析比较的基础上,牟宗三认为儒教是圆满至正之教,形成了其富有特色的判教理论。

牟宗三认为,儒教的主要特色在于其超越世界和人文世界的圆融相即,如前所述,儒教的宗教性主要体现在三祭中,而三祭并不仅仅是对于超越对象的膜拜,它不仅是崇敬天道,同时还开出了"地德",也就是人文世界,因为祭祖宗和祭圣贤都是人文世界的事,因此,儒家的人文世界恰恰是从其宗教性中开发出来的,二者不是相隔离而是相融相即,形成了"中国文化生命所凝结成之伦常礼文与其超越而普遍之道德精神实体尤具圆满之谐和性与亲和性,"[③] 基于三祭的儒教,"落下来为日常生活之轨道,提上去肯定一超越而普遍之道德精神实体。此实体通过祭天祭祖祭圣贤而成为一有宗教意义之'神性之实','价值之源'……故与人文世界不隔:此其所以为人文教也,如何不可成为一高级圆满之宗教?"[④] 儒教消解了神与人、内与外、主观与客观的二元对立,形成了儒教特有的圆融形态,既实现了超越性又确保了人的主体性,牟宗三据此断定儒教为圆盈之教。

相比而言,牟宗三认为基督教的主要问题是无法开出人文精神,这与它的救赎方式有关:"基督教认为自己不能克服罪恶,一切交排给上帝,你得救不得救只有诉诸上帝来决定,这才彻底落于命定主义,因而亦是悲观主义。结果只有盲信(空头的信仰是盲信)来维持其激情利欲得之生命"[⑤]。也就是说,基督教超越价值的实现是以否定人自身的价值为前提的,人只有否定自己才能获得救赎,道德法则完全来自于神的启示而与人

---

① 牟宗三:《现时中国之宗教趋势》,见《生命的学问》第101页。
② 同上书,第101—103页。
③ 牟宗三:《人文主义与宗教》,见《生命的学问》,广西师范大学出版社2005年版,第64页。
④ 同上书,第65页。
⑤ 牟宗三:《圆善论》,台湾学生书局1985年版,第156页。

性无关，这就使得"道德与宗教未通气"①，导致了人的生活轨道与超越精神之间的分离，既不能肯定人文精神，又不能肯定人的主体性。儒教主张人人皆可为尧舜，佛教认为人人皆可成佛，基督教则是以神为本的，神与人之间存在一道绝对的鸿沟，他因此而断定基督教为离教。

牟宗三认为，基督教所以为离教，从教理上讲，关键在于"在其神学未能如理而建立"，他认为中世纪之神学乃根据希腊哲学建立，而希腊哲学根本与耶稣之精神是相背离的。能够解决这一问题的是儒家的心性之学："中世纪之神学不能说明耶稣之精神与生命，然心性之学却能之。纵使以人格之神为信仰之对象，然若有心性之学以通之，则其信必能明彻健全而不摇动。如此方可说自拔于陷溺，腾跃而向上，有真的自尊与自信。否则自家生命空虚混沌，全靠情感之倾注于神而腾跃，则无源之水，脚不贴地，其跌落亦必随之。"② 由此可见，牟宗三将心性之学看作儒、耶教义差异的理论基础，在他看来，儒家心性之学肯定了人性自身的价值，又打开了通往天道可能，确立了人的主体性，是儒教教义的核心之所在，由此而形成了儒教独具特色的超越形态和超越精神。

值得注意是，牟宗三和唐君毅等新儒家代表人物对于儒教的探讨并没有仅仅停留在坐而论道的阶段。鉴于近代以来有着数千年历史的儒家教化传统一朝尽失的现实，牟宗三对为五四知识分子百般病诟的康有为孔教运动也给予了新的评价，他虽然认为作为今文学家的康有为在学理上的未免"怪诞"，却肯定其将孔教制度化的努力从民族文化上讲是一种"识大体的意识"③，与此相关的是，牟宗三于50年代赴台后创办了人文友会，作为研究推广儒家思想的学术组织，并明确提出要建立教会的目标，他说"我们主张使儒家成为人文教，并主张于未来成立人文教会以护持国脉"④，这一主张得到了唐君毅的热烈响应。尽管人文友会实际活动只有两年，没有将讲学的范围深入到民间，更没有发展为教会，但是它足以表明牟宗三等新儒家在弘扬儒教方面的实践意识。

## 三 内在超越与人文儒教的根本精神

牟宗三的儒教研究具有多方面的内涵，但是其重心却是对于儒教超越精神的阐发，也就是他本人所说的"教义形态"问题。这一问题是在与基督教和佛教教义的比较中提出的，既然肯定儒教是一种特定的宗教，必然有其特定的教义，有其自身的宗教精神，牟宗三将儒教的基本精神归纳为"内在超越"。这一概念早在50年代就已经正式提出，

---

① 牟宗三：《圆善论》，台湾学生书局1985年版，第332页。
② 牟宗三：《人文主义与宗教》，见《生命的学问》，广西师范大学出版社2005年版，第66页。
③ 牟宗三：《生命的学问》，广西师范大学出版社2005年版，第86页。
④ 牟宗三：《人文讲习录》，广西师范大学出版社2005年版，第2页。

在这一时期的《人文主义与宗教》中,就有"儒教有超越实体,但非世间法,内在与超越合一"的说法①。这一概念在提出之初并没有引起学界的广泛注意,1958年由牟宗三、唐君毅等学者联合发表的《宣言》,尽管充分肯定了儒学的宗教性,却没有提及"内在超越"的概念。后来这一概念在海内外的影响逐渐扩大,成了新儒家对于儒家精神形态的经典表述。从牟宗三本人的思想发展来看,内在超越问题的探研可以说是贯穿他整个研究的始终。在他20世纪50年代和60年代有关中国哲学特质和宋明理学的研究中,70年代关于智的直觉问题的研究和80年代的《圆善论》中,内在超越问题都居于核心地位,自从内在超越问题提出之后,这一命题便成为他理论体系的中心点,此后所有的论述都向着这一中心辐辏。牟宗三有关内在超越的思想经历了近三十多年的发展过程,并在他长期锲而不舍的探索中不断丰富和深化。

牟宗三认为开启儒家内在超越精神形态的是孔子,孔子开出儒家的仁道,且仁、智并重,又重视性与天道问题,为内在超越精神的形成奠定了基础。儒家的仁、智、圣同性与天道的契合有两种方式,一种他称之为超越的遥契,以孔子为代表,孔子的学问走的是下学上达的路径,所谓上达,就是遥契天命,就是使自己的生命与天命相连接。但孔子的超越形态与后儒不同。牟宗三指出:"孔子在他与天遥契的精神境界中,不但没有把天拉下来,而且把天推远一点。在其自己生命中可与天遥契,但是天仍然保持着它的超越性,高高在上而为人所敬畏。因此,孔子所说的天比较含有宗教上'人格神'的意味。"②所谓"超越的遥契",基本上是一种外在超越,但儒家思想并没有仅仅停留在外在超越阶段,牟宗三认为从外在遥契到内在遥契的转变是通过《中庸》完成的,《中庸》强调"诚",诚被定义为天道,而诚实际上又与孔子的"仁"相合,这样通过诚和仁,"把天道拉进人心,使之'内在化',不再为敬畏的对象,而转化为一形而上的实体"③,于是就从超越的遥契转为内在的遥契,完成了从外在超越到内在超越的转变。尽管《中庸》标志着儒家精神向内在遥契的转变,但从人性论的角度看,内在超越的代表形态却是孟子的心性论,因为中庸讲"天命之谓性",肯定了性与天命的联系,但这种对于性的定义"还是绕到外面去立论的"④,但是到了孟子,则直接以心论性,以心善说性善,并断定"尽其心者,知其性也;知其性,则知天矣。"(《孟子·尽心》)这才真正将天命拉进了人的内心,从心性论上完成了天命的内在化,实现了内在于超越的统一,从而确立了人的"真实主体性。"⑤

但是,在牟宗三看来,就表达儒家内在超越的精神而言,孟子的表述仍有其不圆满

---

① 牟宗三:《生命的学问》,广西师范大学出版社2005年版,第63页。
② 牟宗三:《中国哲学的特质》,台湾联经出版公司《牟宗三先生全集》卷28,第38页。
③ 同上书,第41页。
④ 同上书,第52页。
⑤ 牟宗三:《中国哲学的特质》,台湾联经出版公司《牟宗三先生全集》卷28,第52页。

处,最圆成的形态是宋明理学,所谓"益达完整而充其极之境",其中的关键在宋明理学彻底消解了天与人、内在与超越的界限而将二者直接等同为一,他就此评论说:"孔子践仁知天,未说人与天合一或为一,但依宋明儒,其共同倾向则认为仁之内容的意义与天之内容的意义最后完全合一,或即是一";"孟子言尽心知性知天,心性是一,但未显明地表示心性与天是一。宋明儒的共同倾向则认为心性天是一";《中庸》说"天命之谓性","但未显明地表示天命于吾人之性其内容的意义完全同于那'天命不已'之实体,或'天命不已'之实体内在于个体即是个体之性。"① 在宋明理学中,神与人的边限完全消失不见了,天与人不仅是合一,而且就是一,天人观被心性化了。宋明理学因此被视为儒教内在超越教义形态的典型表述。

然而,人们会问,人的心性凭什么能够贯通天命呢?如果不回答这一问题,内在超越的理论基础就是不牢固的。因此,牟宗三在50年代提出内在超越学说之后,并没有就此止步,他在对康德哲学和佛教学说的深入研究中深化着对于儒家义理的认识,进一步提出了人具有"智的直觉"的理论,认为人具有"自由无限心"(或称"无限智心"),作为"万物底存在之超越的所以然。"② 他在晚年著作《圆善论》中指出:

> 若越出现象存在以外而肯定一个"能创造万物"的存有,次当属于超越的存有论。但在西方,此通常不曰存有,但命曰神学,以其所肯定的那个"能创造万物"的存有是一个无限性的个体存有,此则名曰上帝(智神的上帝,非理神的上帝)。吾人依中国的传统,把这神学仍还原于超越的存有论,此是依超越的、道德的无限智心而建立者,此名曰无执的存有论,亦曰道德的形上学。此中无限智心不被对象化个体化而为人格神,但只是一超越的,普遍的道德实体(胲括天地万物而言者)而可由人或一切理性存有而体现者。此无限智心之为超越的与人格神之为超越的不同,此后者是只超越而不内在,但前者之为超越是既超越又内在。分解地言之,它有绝对普遍性,越在每一人每一物之上,而又非感性经验所能及,故为超越的;但它又为一切人物之体,故又为内在的③。

自由无限心的概念显然受到佛教影响,是综合佛家思想与儒家心性论而形成的新范畴,这一范畴的提出,目的又是为了解决康德哲学所面临的物自身与现象界的隔离状态,改造康德的道德哲学,建构儒教道德形而上学的现代形态。正是由于自由无限心的提出,才使得儒家的内在超越形态获得了认识论的依据,证成了儒教既超越又内在的教

---

① 牟宗三:《心体与性体》第一册,上海古籍出版社,第14—15页。
② 牟宗三:《现象与物自身》,台湾学生书局1990年版,第14页。
③ 牟宗三:《圆善论》,台湾学生书局1985年版,第340页。

义形态，使儒教成为圆满之教。①

## 四　意义与局限

　　现代中国学术界的儒教之争，根源于东西方文化的冲突与融合这一宏观历史背景，不管是康有为重建制度化儒教的努力还是五四一代知识分子对于宗教的全面否定，不管是20世纪50年代以来港台新儒家对于儒教功能的重新肯定以及对于儒教内精神的重新阐发还是大陆近三十多年来围绕着儒教是教非教问题的激烈争论，都与这一背景密切相关。五四知识分子对于传统文化的批判和否定是以他们所理解的西方文明为尺度的，今天来看，他们对于西方文明的理解存在严重的偏颇，这是一个只有科学和民主而没有宗教的西方世界，一个只有现世追求而没有终极关怀的西方世界，有违于西方文明的真实图景。牟宗三等港台新儒家在特殊的历史机遇中痛定思痛，对于宗教的地位和文化的意义进行反思，对于五四一代知识分子的片面的宗教观和文明观进行全面检讨，进而发现西方文化的道统在于基督教时，表明中国知识分子已经开始从五四片面、激进的宗教观和文明观中清醒了过来。对于一个处于现代化转型过程中的古老民族而言，宗教问题绝不是单纯的宗教问题，而是一个文明模式的重构问题；儒教问题不是单纯的儒教问题，而是如何对待本民族的文化生命的问题。而上述两个问题，无不与民族现代化的努力方向、进程和结局息息相关。牟宗三指出，对于宗教和传统文化的否定必将导致生活意义的失落和民族精神生命的萎缩，而一个没有终极关怀并丧失了民族文化生命的民族不可能有真正的现代化，这是对于急速转型中的中国社会的意味深长的警告。他将儒教定义为人文宗教，就是要探寻华夏文明精神的渊源，维护中华文明的道统，为民族现代化探索必不可少的精神动力，就此而言，牟宗三的人文儒教观具有明显的护教性质。

　　对儒教问题的关注深刻地影响了牟宗三后来的治学路径，影响了他对中国哲学根本精神的理解，对于他哲学体系的形成产生了重要的作用，这种影响在以往的研究中被严重忽视了。20世纪60年代以后，牟宗三坚持儒学即道德即宗教的观点，他在《心体与性体》的综论中指出："依宋明儒大宗之看法，《论》、《孟》、《中庸》、《易传》是通而为一而无隔者，故其成德之教是道德的同时即宗教的，就学问而言，道德哲学即涵一道德的形上学。"② 这一思想贯穿在他后半生的儒学研究中。正是由于对儒教问题的反思和探索，将他的思想引向了儒教与其他宗教的比较，从比较中体认并重新阐释中华文化的基本精神，最终提出了内在超越这一重要命题，作为儒教区别于其他宗教的主要特征。

　　学术界对于内在超越的说法仍有争议，有人认为内在与超越两个概念本身就是矛盾

---

① 牟宗三：《圆善论》，台湾学生书局1985年版，第323页。
② 牟宗三：《心体与性体》第一册，上海古籍出版社，第18页。

的，因此内在超越的说法难以成立；有人认为牟宗三对于内在超越的论证混淆了境界意义上的超越与存有意义上的超越。① 笔者以为，这些批评并没有找到内在超越说的问题之所在。内在超越说是基于东西方文化比较（尤其是儒、耶比较）的广阔学术视野而对儒教精神形态的一种全新的归纳，也是一个自洽的理论建构。它不仅肯定了中国文化中超越精神的存在，而且通过借鉴和改造康德道德哲学而予其以哲学的证明，从而成为学术界解读儒家哲学精神的新范式。正如宋明理学在儒家面临佛教的巨大冲击，以至于"儒门淡泊，收拾不住"的形势下，通过吸收佛道两家的形上理论重构儒家的道德形而上学，从而重新确立了儒家文化作为华夏文明道统的地位一样，以牟宗三为代表的新儒家面对基督教文明的挑战，在儒家文化完全丧失了体制化依托而沦为为游魂的形势下，以保存华夏文明的道统和民族文化生命为己任，通过借鉴西方哲学思想重新诠释儒家义理并重构儒家的道德形上学，为处于存亡绝续关头的儒教文明保存了一线生机，其意义正在此后中华文化现代化和民族复兴的历程中逐步显现出来。

在笔者看来，内在超越说的问题不在于这一命题自身能否成立，而在于它能否全面反映儒教教义形态的整体状况。儒教毕竟不是基督教式的制度化宗教，而是杨庆堃所描述的那种分散性宗教②，广义上的儒教与不同社会阶层的礼仪制度、生存状态和风俗习惯相结合，从而形成了现实生活中多层次的儒教形态。因此，在分析儒教的超越精神之前，有必要首先对于儒教的社会存在形态有一个客观的把握。笔者认为传统中国社会中的儒教大体可以分为朝廷儒教、士林儒教与平民儒教三个层次，对应于朝廷、儒生和社会基层民众这三个不同社会阶层，他们的信仰虽然都可以归之于儒教，但不仅祭祀的对象有所不同，仪式各异，信仰背后的精神动机也有很大差异。这三个层次的儒教或许有所交叉，比如三个阶层都有祖先崇拜，但这并不影响他们在儒教形态上所存在的基本差别。这就使得儒教的超越精神与其组织形态一样呈现出一种多元化的格局，而迥异于基督教式的一元化制度性宗教。比如天子也祭祖，但是其最高崇拜对象无疑是天，他以奉天承运的名义君临天下，也因此而垄断着祭天的特权，是国家最高政治统治者与国教大祭司的统一。历代皇帝尽管也受到儒家经典的教育和影响，但他对于天的膜拜显然不只是为了修身，而有着明确的功利目的，就是确保他的家族江山永固，参万岁而成一统。这自然不属于牟宗三所说的内在超越类型而更近于基督教式的外在超越形态了。至于普通民众的祭祖行为或者神灵崇拜，基本也是一种祈福行为，他们所信仰的首先不是自己的善心善性而是祖灵或者其他灵验的神灵，大体也可以归属于外在超越形态。

因此，牟宗三的内在超越说更适用于表达士大夫的超越精神特征，他所着力揭示的那种以天人合一为前提，以心性自觉与修养为途径，以成圣做贤为终极目标从而摆脱了

---

① 郑家栋：《传统的断裂》，中国社会科学出版社2001年版，第227页。
② 杨庆堃：《中国社会中的宗教》，世纪出版集团、上海人民出版社2007年版。

任何外在功利目的儒家精神确实是历代儒者精神境界和人格风范的真实写照，却难以反映朝廷和社会底层平民的儒教追求。即使放到儒家士大夫这一范围来看，内在超越说或许也并不能概括所有儒家士大夫的超越精神，内在超越说实际上更适合于描述儒家心学一系的超越精神，因为心学的基本特征正是将外在的超验价值内在化和心性化。但是心学毕竟不是儒学的全部，陆王心学之外还有程朱理学。不过，由于程朱的理作为超越于人和天地万物之上的天理，无法完全被心性化，终究难以证明为是内在超越一系，故而被牟宗三断言为别子为宗。前面在分析牟宗三的内在超越说时，他曾提出过与"内在遥契"相对的另一种超越方式，他称之为"超越的遥契"，并以孔子为代表，超越的遥契的根本特点在于没有将天拉到心性之内，仍然保持着天的外在超越地位，所以牟宗三断言"孔子的生命与超越者的遥契关系实比较近乎宗教意识"。[①] 在《心体与性体》中，他对于孔子之天的说法有所修正而提出了"践仁知天"说[②]，但是依然不能说"至于孔子说'知天命'、'畏天命'、'知命'，以及慨叹语句中的'天'，则是表示一'超越的限定'义"[③]，肯定孔子的天对于人的外在超越性质。如果连儒家创始人孔子都不属于内在超越形态，内在超越如何足以概括儒家一般性的超越精神呢？

因此，内在超越说尽管在阐述儒教超越形态方面具有历史性贡献，但并不足以概括传统分散性儒教的超越精神，其所以如此，首先是因为它的提出者对于传统儒教形态缺少一个社会学的观察，从而没有顾及到儒教组织形态的总体状况，他所指称并分析的人文儒教其实只是士大夫阶层的儒教而不是全部儒教。其次，他对于儒教精神作了心学化的诠释，故是心学化的儒教，而在儒学史上具有重大影响的理学流派，则被排除于儒学正宗之外而断定为"别子为宗"。实际上，传统儒教与儒学的存在形态是多层次的，这就决定了其超越精神也必然是多层次的。儒教除了士大夫阶层的内在超越外，还有朝廷和民间的外在超越，而这两个层面的儒教信仰，在内在超越说中均不见踪迹，这在很大程度上影响了内在超越说的概括性和说服力，也充分表现了内在超越说的局限性，即单纯的心学视野无法归纳和表达不同儒家学派的超越精神的复杂情形。

与此相关的就是牟宗三对于儒教组织、仪式和社会教化方面的忽视。在提出人文儒教概念之初，他曾经以儒家的三祭作为儒家具有超越精神的重要凭据，但是，随着他的心学体系的建立，三祭之类的宗教实践问题却很少被提及。他将宗教区分为事与理或者是宗与教两个方面，并且认为儒教的特长在理不在事，所以将主要精力用在儒教精神的探究上。可以说，在牟宗三的儒教观中，宗的研究压倒了教的关注，发现、贞定和证明这样儒家的内在超越精神，成了他最主要的关怀；为此而建构的宏大儒家哲学体系，成

---

① 牟宗三：《中国哲学的特质》，上海古籍出版社2007年版，第33页。
② 牟宗三：《心体与性体》，上海古籍出版社1999年版，第1卷，第18页。
③ 同上书，第20页。

了他对于儒学的里程碑式的贡献。在这一贡献背面,则是对于形神兼备、仁礼并重的原始儒家教义形态某种程度上的偏离。当年宋明理学应对佛教的冲击所作的反应不仅是构筑更为精微思想体系从而补充传统儒学在形而上方面的不足,而且通过全国性的书院讲学、礼教推广、家族祭祀、宗祠族规等将儒教的制度建设和民间推广推进到一个新历史阶段,从而使儒学的发展达到了一个新高峰。但是,相比之下,当代新儒家的努力和成就则主要局限于"内圣"方面,在经受了空前的历史挫折和在社会现实中全面失守之后,儒家被迫从社会现实退回到心性领域,开始了儒学向现代哲学的转型,并力图在这种转型过程中证明和护持儒家的精神生命。但是,儒家历来主张内圣外王的一贯性,儒学也不是西方意义上的哲学,儒家的精神生命不仅需要从理论上予以证明,更需要社会实践上的复活与更生,如何在新时代的条件下为儒家精神寻找到新的制度性载体,重建儒教与大众的联系,将是新儒家之后的当代儒家所面临的主要挑战。

(作者简介:赵法生,中国社科院世界宗教研究所副研究员,原文发表于《社会科学》[上海],2011年第11期)

# 周颙卒年研究

## 徐文明

周颙为南朝宋齐时著名文人，也是精通佛理的大居士，在中国文学史和中国佛教史上都应有一席之地。关于其卒年，前人论之已多，而近年刘跃进先生更发新论，使这一问题初步解决。今欲在此基础之上，再加考察。

据《南齐书》卷四十一本传：

> 颙卒官时，会王俭讲《孝经》未毕，举昙济自代，学者荣之。官为给事中。①

这一记载成为后人考证周颙卒年的重要依据。刘跃进指出：

王俭于永明三年领国子祭酒，七年五月卒。据此，陈寅恪先生在《四声三问》中推断周颙卒年"当在永明七年五月王俭薨逝之前，永明三年王俭领国子祭酒及太子少傅之后"。日本学者铃木虎雄先生据沈约《与约法师书》中"去冬今岁，人鬼见分"一句考订周颙卒于永明六年冬（见《沈约年谱》）。②

王俭讲《孝经》，确实始于永明三年，据《南齐书》卷二十一《文惠太子传》，"永明三年，于崇正殿讲《孝经》，少傅王俭以擿句令太（子）仆周颙撰为《义疏》。"③ 如此主讲《孝经》的实为文惠太子萧长懋，少傅王俭参与其事，周颙时为太子仆，亦逢其会，故王俭令周颙撰为《义疏》。

文惠太子学识渊博，内外皆通，好释氏，敦儒术，其讲《孝经》，并非只此一次。永明五年，太子亲临国学，策试诸生，并与少傅王俭、竟陵王子良等讨论礼学，亦及《孝经》，可见他对《孝经》非常重视。周颙既为太子仆，肯定参与其事。因此，《南齐书》本传于此事记载有欠准确，有可能将主讲人和时间弄错了，故令后人误会。

又据《山堂肆考》卷五十五"末年举昙济"：

---

① 《南齐书》第三册，中华书局1972年版，第734页。
② 《周颙卒年新探》，《门阀士族与永明文学》，生活·读书·新知三联书店1996年版，第364页。
③ 《南齐书》第二册，中华书局1972年版，第399页。

> 吴均《齐春秋》：王備为国子祭酒，讲《孝经》，末年举谢昙济自代。

此"王備"显然为"王俭"之误，因为当时任国子祭酒者并无此人。如此王俭在其末年确实也讲过《孝经》，由于自觉身体不济，便举谢昙济以自代，可此事与周颙毫无关系。谢昙济确有其人，据《南齐书》卷九，隆昌元年（494）时任国子助教。据卷十，建武二年（495）正月，有司议世祖文皇帝再忌日之礼，给事中领国子助教谢墨（昙）济有议。《隋书·经籍志》载"《毛诗检漏义》二卷，梁给事郎谢昙济撰"①。因此这段话本来是讲谢昙济的，是说谢氏精通经义，故王俭破格任用，末年举之代讲，故学者荣之，谢昙济时为国子助教，后来任给事中。如此齐世任给事中的为谢昙济，周颙为中书侍郎，位在谢昙济之上。

这段本来和周颙无关的话怎么会进入其传，并成为后世考证周颙卒年的依据呢？一则可能是萧子显作《南齐书》，参考吴均《齐春秋》，误将此事置于周氏传末，二则可能是后世误将此段衍入，三则可能是如前所述，太子于永明之末亦讲《孝经》，周颙参助其事，自觉身体欠佳，便举谢昙济自代，周颙时为国子博士，谢昙济为国子助教，正为其属下，举其自代颇为相宜，萧子显误将王俭讲《孝经》事和太子讲《孝经》事混为一谈。

总之，周颙传末这段话和他本人无关，如此就可以避免得出周颙卒于永明七年五月王俭去世之前的错误结论，因为种种证据表明，周颙永明七年之后仍然在世。

据《南齐书》卷四十八刘绘传：

> 永明末，京邑人士盛为文章谈义，皆凑竟陵王西邸。绘为后进领袖，机悟多能。时张融周颙并有言工，融音旨缓韵，颙辞致绮捷。绘之言吐，又顿挫有风气。时人为之语曰："刘绘贴宅，别开一门。"言在二家之中也。②

又据《南齐书》卷五十二陆厥传：

> 永明末，盛为文章。吴兴沈约、陈郡谢朓、琅邪王融以气类相推毂。汝南周颙善识声韵。约等文皆用宫商，以平上去入为四声，以此制韵，不可增减，世呼为"永明体"。③

---

① 《隋书》第四册，中华书局1973年版，第917页。
② 《南齐书》第三册，中华书局1972年版，第841页。
③ 同上书，第898页。

如此，当时公认周颙为永明之末文坛领袖，以善识声韵、辞捷言工而著称，为"永明体"的主要开创者和四声的发明者。因此可以确定周颙永明末年仍然在世，并非卒于永明三年或六年。

那么周颙究竟何时去世呢？刘跃进考定为永明八年至十一年之间，以为"周颙的卒年当在永明八年冬天以后，永明末年慧约还都之前"①。

刘跃进依据的资料主要有三，均与佛教有关。一是僧祐《略成实论记》并周颙《抄成实论序》，二是《续高僧传》慧约传，三是沈约《与约法师书》。

据《出三藏记集》卷十一《略成实论记》：

> 《成实论》十六卷，罗什法师于长安出之。昙晷笔受，昙影正写。影欲使文玄，后自转为五翻，余悉依旧本。齐永明七年十月，文宣王招集京师硕学名僧五百余人，请定林僧柔法师、谢寺慧次法师，于普弘寺迭讲。欲使研核幽微，学通疑执。即座仍请祐及安乐智称法师，更集尼众二部名德七百余人，续讲《十诵律》，志令四众，净业还白。公每以大乘经渊深，满②道之津涯，正法之枢纽。而近世陵废，莫或敦修，弃本逐末，丧功繁论。故即于律座，令柔、次等诸论师抄比《成实》，简繁存要，略为九卷，使辞约理举，易以研寻。八年正月二十三日解座，设三业三品，别施奖有功劝不及。上者得三十余件，中者得二十许种，下者数物而已。即写《略论》百部流通，教使周颙作论序，今录之于后。③

如此至少永明八年正月之时，周颙尚且在世，并受命于竟陵王，作《抄成实论序》。僧祐为当时之人，时人记时事，应当是可靠的。

周颙与智者慧约关系密切，二者的关系是考察周颙卒年的关键。据《续高僧传》卷六慧约传：

> 齐中书郎汝南周颙为剡令，钦服道素，侧席加礼。于钟山雷次宗旧馆造草堂寺，亦号山茨，屈知寺任。此寺结宇山椒，疏壤幽岫，虽邑居非远，而萧条物外。既冥赏素诚，便有终焉之托。颙叹曰："山茨约至，清虚满世。"齐太宰文简公褚渊，太尉文宪公王俭，佐命一期，功高百代，钦风味道，共弘法教。渊尝请讲《净

---

① 《门阀士族与永明文学》，第367页。
② 或作"漏"，苏晋仁点校本第405页、刘跃进皆作"漏道"。二字形近易误，然大乘经典，圆满无缺，满而非半，当属"满道"。"满道"正与"正法"相应，若谓"漏道"，意义相反。
③ 大正藏第55册，第78页上。

名》、《胜鬘》,俭亦请开《法花》、《大品》。渊遇疾,昼寝见梵僧云:"菩萨当至,寻有道人来者是也。"俄而约造焉。遂豁然病愈,即请受五戒。齐给事中娄幼瑜,少有学术,约之族祖也。每见辄起为礼。或问:"此乃君族下班,何乃恭耶?"瑜曰:"菩萨出世,方师于天下,岂老夫致敬而已!"时人未喻此旨,惟王文宪深以为然。且约孝通冥感,思归遄返,而二亲丧亡,并及临诀。孺慕婴号,不交人世,积时停乡,以开慈道。后还都,又住草堂。少傅沈约,隆昌中外任,携与同行。①

这段史事,还有更加明确的记载。据《善慧大士语录》附录卷四《智者大师传》:

齐竟陵文宣王出镇会稽,闻法师名德,深相敬重。后有释智秀等诸僧,亦负当时德望,同在王所。见王致殊礼于法师,有不悦之色。王曰:"此上人者,岂今日法师也,乃释氏之领袖耳。"群僧乃服。是时齐中书侍郎周颙为剡令,少好佛理,慕法师名德。法师亦重颙有隐逸之志,遂出剡与颙相见,深相敬重。及颙去官,遂携法师至都草堂寺。时河南褚渊为司空,始请法师讲《净名经》、《胜鬘经》。后渊有疾,顿伏衾枕。法师参问,渊昼睡未及见。忽梦云:"菩萨来也。"遂觉,命左右求之,无有见者。阍人曰:"适约上人来,闻公睡眠,去矣。"渊遂遣人追请,于路及之,得与偕至渊所。静坐良久,渊病不觉自瘳。由是举家敬奉,谓为神异。后渊为尚书令,启勅令法师于省中居住。时左仆射揶揄王俭,亦崇信佛法。及渊薨后,又启法师依旧居省中。至俭为丹阳尹,亦携在郡廨,讲通《法华》、《大品》,礼敬殊特。人问法师曰:"既绝谷清虚,高蹈物表,今朝贵接请,常有喜色,得无以势乎?"法师答言:"贫道意乐便往,不知物议也。"周颙闻之,谓人曰:"法师外身为法,所在弘济万物,宰相天下具瞻,一人信向,四方仰则,教化之所因,是以喜也。法师行菩萨心,岂以游朱门为贵宠耶?"齐给事中楼幼瑜者,法师之族祖也,以儒学知名。年已耆宿,每见法师,辄起作礼。或问之,幼瑜曰:"此人乃菩萨身耳,方为天下师,岂惟老夫耶?"时人多以幼瑜呼法师为菩萨,笑之,唯王俭、周颙以幼瑜之言为信。及王俭薨后,法师还草堂,周颙时为太子仆,与吴与(兴)沈约同在东宫,情好甚睦。约于此始得至寺,与法师相识,屡相嗟叹,以为道安、慧远无以尚也。约常白法师曰:"钻仰致敬,诚在无已,但法师非弟子所得致屈耳。脱可致屈,愿法师不忘。"法师曰:"贫道斋戒礼佛,触处而可,岂有难致耶?昔褚王二公常供养于尚书省、仆射省,檀越后若作此官,能见要请,岂敢不从?"约曰:"法师若此言,恐今身无缘矣。"初法师二亲既没,坟垄未修,乃欲东归改葬。到隆

---

① 大正藏第50册,第468页下、469页上。

昌元年，促装登途。会沈约除东阳太守，闻法师此行，遂与之同舟。①

两相对照，可知后者更加准确细致。据此，首先可以否定周颙卒于王俭之前的误说，因为其中明言王俭薨后，慧约还草堂寺，周颙时为太子仆，与吴兴沈约同在东宫，故交情甚好，并言此时沈约始与慧约结识，对之极为崇敬。

沈约慧约因周颙而相识，故都与周颙交情甚笃，是以周颙卒后，沈约有书致慧约。据《广弘明集》卷二十八沈约《与约法师书》：

周中书风趣高奇，志托夷远，真情素韵，冰桂齐质。自接彩同栖，年逾一纪，朝夕联事，靡日暂违。每受沐言休，逍遥寡务，何尝不北茨游览，南居宴宿；春朝听鸟，秋夜临风！匪设空言，皆为实事；音容满目，言笑在耳。宿草既陈，楸槚将合，眷往怀人，情不胜恸。此生笃信精深，甘此藿食，至于岁时包篚，每见请求；凡厥菜品，必令以荐。弟子辄靳而后与，用为欢谑。其事未远，其人已谢。昔之谐调，倏成悲绪。去冬今岁，人鬼见分。石耳紫菜，怆焉兴想，泪下不禁。指遣恭送，以充蔬僧一饭。法师与周，情期契阔，非止恒交，览物存旧，弥当楚切。痛矣，如何？往矣，奈何？弟子沈约和南。②

这是沈约在周颙卒后不久给慧约的书信。刘跃进认为，此书很可能作于慧约在家乡守丧期间，至迟不会晚于永明十一年。通过此书来确定周颙卒年下限的思路是对的，断定其不会晚于永明十一年（隆昌元年前）也没问题，但未必是在慧约东行守丧期间，而应是其后。书中明言将原来准备送与周颙的石耳、紫菜恭送慧约，以此饭僧，这表明慧约此时正在草堂寺，若是远在剡县，这些食物就不大好寄送了。

书中还有一条暗示了其卒年，即"自接彩同栖，年逾一纪"。沈约与周颙同在东宫，辅佐太子，始于建元四年（482）。是年齐武帝即位，六月立萧长懋为皇太子，沈约为太子家令，周颙先为文惠太子中军录事参军，随府转征北，后为太子仆。既然"年逾一纪"，就可以断定周颙之卒，在二人同事东宫十二年及以后，不会早于永明十一年（493）。

据《梁书》本传，沈约"隆昌元年，除吏部郎，出为宁朔将军、东阳太守。"③ 此与上引佛教资料相应，表明沈约确于隆昌元年（494）外任，其时慧约回乡安葬父母，二人同舟而行。因此可以断定沈约此书作于隆昌元年前，因为其后二人皆不在京，且同

---

① 卍续藏经第69册，第124页下—125页上。
② 大正藏第52册，第326页中。
③ 《梁书》，中华书局1973年版，第233页。

舟东向，没有必要写信了。

沈约此书，虽然不能排除作于隆昌元年初的可能，然作于永明十一年的可能性更大，而周颙之卒，很可能是在永明十一年初。对于"去冬今岁，人鬼见分"一句，铃木虎雄的理解可能有误，此句不是表明周颙卒于冬天，其实际含义当为"去冬为人，今岁为鬼"，其时不远，却是阴阳两界，生死异途，因此有可能周颙同文惠太子一样，都是卒于永明十一年正月。

周颙卒年，当在永明十一年（493）至隆昌元年（494）间，而以前者的可能性更大。如果周颙卒于隆昌元年，似乎更符合"年逾一纪"之说，然沈书有"宿草既陈，楸槚将合"之句，表明从周颙下葬到沈约作书有一定的时间间隔，而隆昌只有六个月，且慧约归葬父母和沈约外任未必是在其年最末，因此置于隆昌时间间隔过短。沈约《伤庾杲之》有"楸槚今已合，容范尚昭昭"之句，与此书所言相近，然时间间隔要更长一些，故称"已合"。沈约对时间的表述是比较精确的，故此书作于永明十一年末的可能性最大，与"宿草已陈，楸槚将合"、时间间隔不长不短相应。假定周颙卒于永明十一年（493），一方面符合与沈约同官交好"年逾一纪"之说，另一方面与其永明末年尚且在世的其他史料相对应。

（作者简介：徐文明，北京师范大学教授，原文发表于《文学遗产》2011年第4期）

# 试论中国南传佛教的宗教管理模式

郑筱筠

南传佛教在东南亚及我国云南地区的传播过程也是其逐渐融入地方社会的过程。在此过程中,南传佛教既改变了当地的文化,也改变了自己,使自己的运转、组织方式独具一格。而中国南传上座部佛教的宗教管理模式正是这一独特性的表现之一。

## 一 中国南传佛教管理模式

如何适应当地政治制度和社会结构,这是南传佛教融入中国少数民族社会时,必须要解决的问题。为此,在其传播发展的历史长河中,首先以傣族地区封建领主制社会行政组织系统为范本,逐步形成了自己独特的组织管理制度。

### (一)佛寺管理模式

在长期的发展过程中,中国南传佛教佛寺管理系统形成了"金字塔"形的管理模式。由很多小"金字塔"形管理模式层层累加,最终组合成一个稳固的大"金字塔"形模式。即:在金字塔尖是总佛寺,总佛寺下面是中心佛寺,中心佛寺下面是各个村寨佛寺。总佛寺负责管理中心佛寺,中心佛寺又负责管理其下面的各个村寨佛寺,层层管理,分工明确。

在佛寺的组织管理系统方面有着鲜明划分。如西双版纳傣式佛寺曾分为四级:最高一级设在召片领所在地——景帕钪,称为拉扎坦大总寺,是统领全西双版纳的总佛寺;第二级为总佛寺下设的12个版纳拉扎坦总寺和36个勐总佛寺;第三级是由4所以上村寨佛寺组成的中心佛寺——布萨堂佛寺;第四级是最基层一级,即村寨佛寺。

这种"金字塔"形管理模式的优点在于:首先,就管理范围来说,各级佛寺职责非常明确,相互之间不存在侵权或是管理混乱问题。一旦明确了各个佛寺的界限和管理范围,该寺院就会以此为依据,不干涉自己管辖范围外的其他佛寺的事务。其次,就管理方式而言，"金字塔"形管理模式采取的是自上而下、层层管理、分工明确的管理方式，上一层组织的佛寺负责管理下一层组织的佛寺，下一层组织的佛寺则服从上一层组织的佛寺管理。

### （二）僧团管理模式

中国南传佛教的组织制度与傣族社会组织制度之间逐渐形成了较为密切的互动关系。作为制度化宗教，中国南传佛教僧团长期以来一直恪守原始佛教的纯洁性，严格坚持戒律，并严格执行布萨羯磨制度来加强对僧团内部的管理。

布萨羯磨，巴利语Uposatha Kamma，是佛教古老的仪式，是出家众最重要的一种宗教生活。比丘必须每半个月在布萨堂集中，举行比丘集会。比丘们在傣历每月十五日与二十九日（小月）或三十日（大月）都自觉地集中到布萨堂进行布萨羯磨活动，即使外出也会及时赶回来，这已经成为每一位比丘重要的宗教生活内容。值得注意的是，中国南传佛教在组织僧团进行布萨羯磨活动时，正是按照佛寺的"金字塔"形管理体制来组织的。并不是所有的佛寺都可以有布萨堂，只有中心佛寺和总佛寺才具备拥有布萨堂的资格。布萨堂成为中心佛寺和总佛寺的身份标志。

每半月都定期到中心佛寺集中举行布萨羯磨仪式，这种制度既有利于整顿僧团的纪律，保持僧团的纯洁性，同时有助于强化中心佛寺以及上级佛寺的权威地位，强化僧团的制度化管理意识。

### （三）波章管理系统

中国南传佛教规定，僧侣不得直接管理信众，不直接组织佛事活动，不直接处理与佛教相关的社会事务。因此，需要一支专门负责为其处理佛教社会事务的队伍，以此来与社会交流、沟通。在此背景下，波章及其波章管理系统出现了。

波章是中国南传佛教信仰区域内专管佛教事务之人，负责在社会管理层面上与世俗社会进行沟通和融合。波章的选拔标准非常严格，由群众推选产生，经过严格的选拔程序，符合选拔标准后，才能得到教界和世俗社会的认可。在具体的南传佛教的社会事务管理中，波章扮演着组织者和管理者的角色，甚至在佛教仪式活动中承担着仪式主持人的角色。在严格的推选程序和管理监督体制中，波章以地方社会精英的身份参与到佛教社会事务的管理中，在南传佛教管理体系中发挥着重要作用。

值得注意的是，如此重要的角色在中国南传佛教管理体系中并不是唯一的，波章有很多，大家各司其职，在自己的职权范围内共同参与，因此也形成了自己独具特色的管理体系——波章管理体系，即与中国南传佛教寺院管理体系相适应，按照寺院管理的"金字塔"形模式也形成了波章管理体系的四级"金字塔"形模式：总佛寺波章—勐总佛寺波章—中心佛寺波章—村寨佛寺波章，上下级波章具有从属关系，不可逾越权限范围活动。

波章们作为地方社会精英，具有动员社会资本的能力，这是佛教社会管理系统融入社会管理体制的关键。在组织人数众多、涉及复杂合作的佛事活动时，所有的活动安排全部由波章代表佛教界来组织、安排，来与世俗社会协商，或者是利用宗教资本来利用、安排社会资源。但在组织大型活动，需要跨区域进行时，还需要对波章进行合理的组织，需要对各级波章所具备的组织能力进行最大化的集中管理、优化组合、有序安排，这正是波章系统适应中国南传佛教发展需要而产生的重要基础。

这一管理系统的优点在于：在佛教与社会资源进行有效整合的过程中，波章按照自己管理体系的规则来组织参与、处理佛教的社会事务，将整个中国南传佛教的社会事务化整为零，划分到相应的各级波章，逐级分工，既避免了波章权限过于集中的现象，又有效地对佛教的社会事务进行了处理，有利于中国南传佛教的发展。

## 二 中国南传佛教管理模式的特点

### （一）高度重视基层管理，以僧阶制度来管理区域佛教

中国南传佛教高度重视基层管理。在"金字塔"形的各种管理模式中，村寨佛教属于基层佛教，处于此管理模式的最下方，数量众多，共同支撑着金字塔各个层面。因此，村寨佛教的稳定、发展事关整个金字塔各层面的稳定、发展。为此，中国南传佛教非常重视基层管理，逐渐形成了僧阶制度。

对于基层村寨的僧伽组织而言，除了以戒律等来规范行为外，还形成了特殊的僧阶制度，以加强对僧团内部的管理。僧阶只是一种荣誉，并不意味着享有特权。但僧阶地位的高低却是与僧侣的声望和影响成正比的。以西双版纳傣族地区为例，按年龄、戒腊、学行来划分僧阶。一般说来，做了大佛爷之后，不仅是寺院里最德高望重、学识渊博的人，而且也是整个村寨中地位最高的人，即使到本村寨以外也深受尊敬。对于僧侣来说，进一步晋升僧阶既是在佛教体系内部对自己精进不懈、勤修佛法的整个修行实践行为的认可，同时也是世俗社会对其本人的一种认可。因为僧侣晋升僧阶并不由其本人提出，而是在其所在佛寺所属的村寨或者是某一区域的信众们认为其已经符合晋升条件后，经过慎重考虑后提出来，经过相当复杂的程序，最后该僧侣同意，并且经该僧侣所在佛寺的大佛爷同意之后，村寨举行隆重的升和尚仪式，才能逐步晋升。就中国南传佛教管理体系而言，这种僧阶制度也是对僧侣进行严格管理的一种制度，有助于进一步有序地管理佛教事务。

如果说中国南传佛教的"金字塔"形组织管理制度是从上而下地纵向管理各级佛教

组织，那么中国南传佛教的僧阶制度则是横向地对本区域内部的僧团组织进行管理。这种纵向和横向相结合的管理模式，覆盖了中国南传佛教内部所有方面，使之从上到下、由内而外都得到了有效管理。

### （二）将宗教活动纳入到社会管理体系之中

中国南传佛教组织制度的执行极大依赖于社会行政组织系统。因此，深入寻求与社会各界精英的合作，积极动员社会资本，努力将宗教活动纳入到社会管理体系之中也是中国南传佛教管理模式的一个特点。

中国南传佛教的波章管理系统在管理具体的佛教事务时，还依赖村寨等各级行政组织体系中的地方社会精英来帮助管理，这是中国南传佛教深入到社会基层的管理触角，能更有效地整合基层群众社会资源，使基层宗教资本真正地转变为可以利用的社会资本，让基层佛教得到有效管理。

波章在处理佛教的社会事务时，通过依托各种基层组织，积极寻求与社会各界精英的合作，积极动员社会资本，努力将对佛教活动的管理纳入到社会管理体制之中。例如，村寨里有各种社会团体，它们是在历史发展进程中出现的没有任何行政级别的社会团体，不从属于任何官方组织，是村寨开展各种活动，包括宗教活动的基本单位。这样的社会团体一直延续至今，在村寨中各司其职，发挥着各自的管理功能和社会整合功能。因此，在处理佛教社会事务，例如组织佛事、供养、维修等活动时，波章就要代表佛教界主动与村寨里的老人们、村寨管理者、各个社会团体的领导者们协商，寻求解决问题的办法。值得注意的是，获得这些社会精英及团体的支持后，由于涉及佛教事务，波章在无形中就成为各个社会团体的组织者和领导者。

波章们在管理具体的佛教事务时，依赖地方社会精英的帮助，这是中国南传佛教深入到社会基层的管理触角，能更有效地整合基层群众社会资源。可以说，通过纳入到社会管理体系中来实现发展，这正是中国南传佛教管理模式的独特之处。

综上所述，中国南传佛教管理体系内部分工明确，既有佛寺的管理系统，又有僧团的内部管理系统，还有管理佛教社会事务的波章系统。其中波章们作为社会精英，具有动员社会资本的能力，这是佛教社会管理系统融入社会管理体制的关键。在波章系统的运作过程中，波章们运用自己在各级社会组织中的社会资源妥善地处理佛教的社会事务；在管理具体的事务时，还依赖于地方社会精英的帮助，这是中国南传佛教深入到社会基层的管理触角。

中国南传佛教的宗教管理模式，其意义在于，将管理重点放在基层，以僧阶制度形成佛教基层组织内部的制约机制；同时依托村寨为基本单位，专门管理与佛教相关的社会事务，有效地将基层佛教与村寨密切地结合在一起，能促进基层村寨佛教的良性发展。因此，有序的基层自治管理是中国南传佛教发展的主要保障，而将佛教的自我管理纳入到社会管理体制内却是中国南传佛教发展的内在动力。中国南传佛教管理体系的设立，有序地整合了佛教资本和社会资源，有力地促进了佛教在当地社会的发展。

（作者简介：中国社会科学院世界宗教研究所研究员，中国社会科学院佛教研究中心副秘书长，原文发表于《中国宗教》2011年第1期）

# 公民社会中的宗教：罗伯特·伍斯诺的多维分析模式述评*

黄海波

20 世纪 80 年代末以来，宗教社会学研究逐步突破了世俗化理论的桎梏，从更为宽广的视角考察宗教与现代社会的关系问题。其中，把宗教及其组织视为现代公民社会的组成要素，在公民社会论域下探讨宗教与经济、政治及公民社会本身的关系，是近年来的学术热点之一。美国普林斯顿大学社会学系教授、普林斯顿"宗教研究中心"（Center on the Study of Religion, CSR）主任罗伯特·伍斯诺（Robert Wuthnow, 1946—），是这一领域中最为重要的学者之一。[①] 伍斯诺强调对这一主题进行多维度的分析，从而更客观地把握宗教在现代公民社会中的作用及局限性。对这位重要学者的理论思想，国内鲜有介绍。本文从五个方面，比较完整地评介伍斯诺对公民社会中的宗教所进行的多维度分析，以期为我国当前正越来越受到重视的同类论题提供有益的理论资源。

## 一 宗教—公民社会关系的多维分析

宗教与公民社会的关系问题在最近二十余年里备受关注，这是 20 世纪 80 年代以来两股思潮碰撞激荡的结果。究其原因，其一是由东欧社会转型所激发的公民社会研究热潮，其二是世俗化命题在宗教社会学中的式微，进而刺激了各种替代性理论的兴起。两股思潮的交汇推动人们重新思考宗教在现代社会中的表达与功能。由于"公民社会"概念含有较强的政治分析意蕴，侧重于对政治国家的制衡及其他相关问题；因此，在公民社会框架下解释 20 世纪末宗教的活跃表现，也大多倾向于分析宗教在"公共领域"

---

\* 本文为国家社科基金项目"当代美国宗教社会学思潮研究"（项目编号：04BJ018）阶段性成果。

① 自 1975 年从加州大学伯克利分校社会学系获得博士学位以来，伍斯诺教授已出版专著 29 部，主编学术著作 10 部，发表论文超过 200 篇，是一位勤奋、多产，有着广泛影响的学者。1995 至 1997 年期间，伍斯诺教授分别当选美国社会学学会文化社会学分会、宗教社会学分会主席，并于 2001 年至 2003 年间担任"科学研究宗教学会"（Society for the Scientific Study of Religion, SSSR）主席。

(public sphere) 中的角色,以及它们在推动公民政治参与和民主化进程方面具有的功能。

例如,美国社会学家侯塞·卡萨诺瓦(Jose Casanova)在其影响深远《现代世界的公共宗教》(Public Religions in the Modern World, 1994)一书中,雄辩地阐明了宗教所具有的"公共维度"。他用大量经验事实证明,尽管"社会分化"是现代社会普遍的结构趋势,宗教本身也不得不接受结构分化的现代原则,遵照同样的机制发展为一个自治领域,但世俗化理论所预测的宗教"私人化",并不是现代社会的结构趋势。宗教的"去私人化"(deprivatization)是当代社会中的普遍现象,由此而形成的"公共宗教"并不会威胁现代社会的个人自由及结构分化原则。卡萨诺瓦基于西班牙、波兰、巴西以及美国的案例,论证了宗教的公共参与在保护现代自由与权利、保护生活世界免遭行政国家的"殖民"以及推动集体伦理反思方面所发挥的巨大作用。

再如,英国开放大学教授大卫·赫伯特(David Herbert)在《宗教与公民社会:重新思考当代世界的公共宗教》(Religion and Civil Society: Rethinking Public Religions in the Contemporary World, 2003)一书中,进一步系统而全面地梳理了宗教与"公民社会"之间的关系,并基于美国、欧洲、中东以及印度四个区域的经验研究,分析了在西方及非西方情境下,当代宗教与现代化、后现代化之间的互动。同时,赫伯特在考察了埃及、波斯尼亚、英国穆斯林群体以及波兰的宗教与公民社会之关系后指出,虽然在不同地区,宗教与公民社会之间的经验联系有不同的方式和表现,但是,宗教在20世纪末正重新进入公共领域;宗教的符号和话语成为有影响的沟通媒介,具有很强的动员能力;宗教也继续保持着对社会主流力量的批评能力,无论这种力量是国家权力还是世俗的道德伦理。

卡萨诺瓦与赫伯特对于进入公民社会的现代宗教之分析,鲜明地体现了"政治学视角"的特征。不过,伍斯诺指出,需要采取更为宽广的视角来探讨公民社会中的宗教问题。这是因为,公民社会最终并不是指宗教介入政治中,它本质上是值得维持的社会生活的理想维度,体现社会生活本身的品质,"涉及社会互动的程度与质量,涉及道德责任的建立与维持及其同个性的关系,涉及或明或暗地将我们界定为人类的那些集体价值。"[①]

伍斯诺强调,公民社会领域是表达、交换并改进意见,从而达成共识的地方,有着与市场和政府不同的伦理和逻辑。市场由自我利益逻辑所控制,政府则是具有强制权威的法律的领域。公民社会则是自由结合而非由法律和政治的强制力量所治理的志愿领域,由责任动机而非利润和自我利益激励的生活领域;同时,公民社会捍卫个人自由的

---

① Robert Wuthnow, *Christianity and Civil Society: The Contemporary Debate*, Trinity Press International, Valley Forge, Pennsylvania, 1996, p. 2.

神圣性，并且把分散的个人联系起来，使他们更为有效地同国家一起工作，推进整个社会的良性运行。伍斯诺指出，罗伯特·普特南（Robert Putnam）等学者关于美国公民社会处于危机中的观点过于片面。由于受世俗化理论的影响，普特南忽视了宗教因素在维持美国公民社会中的作用。事实上，虽然美国教会组织并不是公民社会所依赖的唯一资源，但它们仍然是人们彼此互动、培养信任、习得公共参与技术、发展人际网络、讨论并处理社区公共事务的地方。[1]

不过，对公民社会中的宗教，"不能单一地根据社会资本来测量"[2]。同时，更不能对宗教在公民社会中的角色持有过于理想化的判断。这体现了伍斯诺对这一问题的谨慎态度。事实上，很多学者已论证了现代社会中"宗教权威"的衰落，宗教影响生活其他领域的能力已经下降。[3] 而且，宗教并不总是有利于公民社会。宗教既可能促进社会整合也可能是社会分裂的根源[4]；在维系"社会信任"这一公民社会最重要的基础方面，不同倾向的宗教团体也有很大差异[5]。伍斯诺也认为，宗教特别是基督教的好斗性可能引发持续不断的冲突，宗教信仰影响人们对公共事务的关注时，它们所引发的大众激情可能会超过最好的民主制度所能控制的程度。[6]

因此，伍斯诺强调，宗教在公民社会中的角色，是个需要在经验层面上从不同角度来考察的问题，不能仅仅从宗教教义中体现的对价值、道德的强调而直接推导出宗教在现实中必定有利于公民社会，而是要聚焦于"宗教委身在多大程度上影响着我们生活"[7]，综合不同的维度来揭示两者之间的真实关系。伍斯诺在其数十部关于美国宗教的著作中，始终都贯穿着这个主线。本文主要集中在作为公民社会要素的宗教及其与经济、政治的关系，以及宗教如何在公民社会领域中处理多样化和共同体问题这四个维度，来更为具体地论述伍斯诺的上述思想。

---

[1] Robert Wuthnow, *Christianity and Civil Society: The Contemporary Debate*, Trinity Press International, Valley Forge, Pennsylvania, 1996, p. 18.

[2] Ibid., p. 31.

[3] Mark Chaves, *Secularization as Declining Religious Authority*, Social Forces, Vol. 72 (3), 1994, pp. 749–774.

[4] David Herbert, *Religion and Civil Society: Rethinking Public Religions in Contemporary World*, Ashgate Publishing Compang, 2003, p. 5.

[5] Michael R. Welch, The Radius of Trust: Religion, Social Embeddedness and Trust in Strangers, *Social Forces*. Vol. 86 (1), 2007, pp. 23–46.

[6] Robert Wuthnow, *Christianity and Civil Society: The Contemporary Debate*, Trinity Press International, Valley Forge, Pennsylvania, 1996, p. 21.

[7] Ibid., p. 44.

## 二 经济维度：宗教的模糊影响

伍斯诺指出，很多关于公民社会的讨论在市场影响方面失语，似乎认为市场天然是公民社会的同盟。事实上，市场由自我利益的逻辑所支配，构成对公民社会最大的威胁；因此，首先必须考察"宗教在约束可能破坏公民社会的经济之过度行为方面有多大的影响力"①。这有助于反思 20 世纪下半叶西方社会越来越严重的拜金主义等问题。这些问题本质上并不是一个经济问题，而是根植于人类灵魂深处的文化问题，它们很大程度上"依赖于我们将神圣性定位在什么地方，在哪里寻找意义和超越性，以及如何思考公正、平等以及世界的未来。"② 伍斯诺在大量经验研究的基础上，从三个方面剖析了当代美国宗教与经济之关系。

### （一）宗教对职场的影响

"工作"或"职业"活动已成为现代人生活的重心。因此，考察现代社会中宗教与经济的关系，在伍斯诺看来，最好是从系统研究宗教与工作或职场的关系着手。伍斯诺从职业选择，工作价值，职业满意度，天职观，职场中信仰的呈现以及职场伦理共六个方面进行了深入探讨。③

例如在职业选择方面，伍斯诺发现，由于现代社会的职业领域越来越复杂，因此人们更多地依据自身资源、工作性质与薪酬水平来选择职业，宗教的影响已大大减弱，职业选择过程完全交给了市场。再如对工作价值的评判方面，由于工作或职业已制度化为大多数人的谋生方式；因此，无论是否有宗教信仰，人们都相信工作的价值和重要性；宗教信仰在此没有导致显著差异。相比之下，宗教对职业满意度有较突出的影响。这是由于宗教信徒可以借助宗教而缓解工作压力，保持乐观，增强自信。同样，宗教的天职观也能使人们保持积极的工作态度。

为了使宗教能够更深入地影响人们的经济生活，一些宗教领袖呼吁信徒在职场上积极地与同事分享宗教信仰。但是，伍斯诺发现，很多人反对职场成为传教场所，主张宗教信徒通过在工作中的良好表现以及有道德的生活来为信仰作见证。因此，现代人在职场中表达其宗教信仰，并不是一个普遍的现象。这实际上意味着，传统上宗教可以大显身手的"职场伦理"领域，目前也已很少受宗教的影响。职场本身提供了它自己关于伦

---

① Robert Wathnow, *Christianity and civil society: the contemporary debate*, p. 34.
② Robert Wuthnow, Edited, *Rethinking Materialism-Perspectives on the Spiritual Dimension of Economic Behavior*. Wm. B. Eerdmans Publishing Co. 1995, p. 8.
③ Robert Wuthnow, *Sharing the Journey: Support Groups and America's New Quest for Community*, New York: Free Press, 1994, pp. 39–118.

理的理解；甚至用良好的程序从根本上避免伦理需求。职场伦理成了在职场框架内的自治系统，不需要宗教等任何外在的证明，也不需要立基于一个终极的或超越性的实在。

总之，现代社会中宗教对工作的影响大大削弱了，市场及其效率原则处于支配地位；宗教主要在心理层面发挥着某种"治疗"功能：让人在工作中感觉更良好，让工作变得更加令人满意；帮助人们在工作中形成意义。宗教对现代经济生活的"直接"影响是有限的。

### （二）宗教激发对社会公正的思考与实践

伍斯诺指出，宗教教导总是提醒人们警惕经济不公正的危险，劝导帮贫扶困，采取行动以推动更大的经济平等。"宗教委身，至少是某种类型的宗教委身，确实鼓励人们去更多地思考对穷人的责任。"① 但是，与之相矛盾的是，美国人通常把物质上的成功视为得到上帝恩宠的证据之一，贫穷通常被贬斥为是"道德失败"。这样，当人们反思贫穷问题时，本质上会根据道德标准来评判，认为贫困并不是由经济体系本身的原因。因此，伍斯诺指出，一方面，美国人普遍担忧穷人的生活状况，非常严肃地改善穷人处境；另一方面，美国人很少实施有组织的努力去推动经济制度的整体变革，对穷人的关注更多地导致志愿行动。由宗教所激励的志愿慈善活动，成为宗教的神圣传统与当代经济生活发生联系的重要环节。②

### （三）宗教对资本主义的批判与集体反思

伍斯诺承认，宗教对现代经济生活的影响通常是含混的，并不像宗教领袖所期待的那么有力。宗教信仰主要以流动性的、个人性的、相对性的、处境化的和心理学化的方式，影响经济活动。③ 伍斯诺提醒道，期待宗教在现代经济生活中发挥更大的作用需要避免两种倾向：第一种倾向强调对现实世界的超越和否定，期待资本主义价值观被宗教伦理所取代。伍斯诺认为，这种倾向本质上是有缺陷的。它对人类生活现实的否定，可能促使人们采用根本性政治变革的手段，或采取在人们思想意识中进行彻底革新的途径，来达成自己的理想。这一切都只会让人不寒而栗；第二种倾向是单纯强调宗教的安慰和疗伤功能，认为宗教只能帮助人们接受和肯定现实。伍斯诺认为，这种倾向容易使宗教成为一种廉价的东西，难以召唤人们对现实问题作出郑重的思考与道德承诺。④

伍斯诺倡导一种中间道路，即批判与集体反思的道路。这个路径并不要求从根本上

---

① Robert Wuthnow, *God and Mammon in America*, p. 198.
② Robert Wuthnow, *God and Mammon in America*, pp. 218 – 225.
③ Robert Wuthnow, *God and Mammon in America*, pp. 5 – 7.
④ Robert Wuthnow, *God and Mammon in America*, pp. 265 – 266.

挑战社会制度，但也不是仅仅承认现状，而是主张参与到"共同体"中，即参与教会、犹太会堂等宗教团体以及其他公民团体，集体性地去反思和关注生活中的各种问题，并将精神价值赋予这些主题。这种参与可以使反思得到共同体的支持，受到与职场和消费文化中的规则迥然不同的价值观之引导。从而，人们可以将这种反思与关注引入日常生活，在职场和消费中思考伦理决定，并且更积极地服务他人，促成社会的进步。[1] 尽管这个中间道路具有众所周知的改良主义特征，但伍斯诺实际上点明了宗教影响经济生活的途径，不在于直接地对经济活动施加影响，而在于维持和激发公民社会，并以公民社会为依托，帮助个人与社会应对各种问题。

## 三 政治维度：宗教的有限影响

虽然伍斯诺反对单纯从政治角度分析公民社会中的宗教，但这并不是说他完全放弃了对这个维度的思考。伍斯诺认为，宗教对现代社会有很强的适应能力，并仍然在个体层面上影响人们的政治观点。[2] 当然，伍斯诺也承认，由于现代政府及公共政策的运作，其合法性在于程序理性以及科学知识，而不是圣经文本以及与神圣者的关系，这就把宗教对政治事务的直接影响至少在原则上排除在外。伍斯诺所感兴趣的，是美国宗教尤其是基督教，如何在这种处境下保持着对公共事务的影响力。

伍斯诺指出，20世纪60年代，由于国际形势与国内环境的变化，宗教界围绕公正与平等、战争与和平、权利与责任等问题而深深卷入到大多数争议性主题中去，从而在宗教领域产生了与以往完全不同的分化组合。宗教自由派热衷于采取直接行动，希望能够迅速解决公民权利问题。而宗教保守主义者主张教会应该努力通过塑造人们的良知来影响社会，而不是直接参与社会行动。[3] 虽然这两个对立的取向有各自的神学基础，但它们主要针对社会、政治以及经济领域的各种"公共"问题，而不是信仰冲突。

从70年代开始，美国宗教保守主义阵营改变了以往那种远离政治活动的倾向，与以往相比更愿意就政治与经济问题公开表达自己的观点，更积极地展开政治动员乃至投身政治性的活动。[4] 因此，在公共参与方面，保守派与自由派的立场前后有根本性的"逆转"。保守主义者从原先坚持个人得救，转而强调根据上帝的教诲来处理整个国家的公共事务，认为道德主要是个公共问题，而不仅仅是私人领域的行为操守。自由主义者

---

[1] Robert Wuthnow, *God and Mammon in America*, p. 267.
[2] Robert Wuthnow, *Christianity and Civil Society: the contemporary debate*, p. 29.
[3] Robert Wuthnow, *The Restructuring of American Religion: Society and Faith Since World War II*, Princeton University Press, 1988, pp. 147-148.
[4] Robert Wuthnow, *The Restructuring of American Religion: Society and Faith Since World War II*, Princeton University Press, 1988, pp. 193-199.

则从此前主张直接的行动,转而强调在公共问题上,个人作出自己道德选择的权利。

与此同时,在美国社会中也存在着抑制或缓解保守派与自由派在公共领域内的两极对立的因素。其中最为重要的是三个因素:首先,到 80 年代时,美国宗教中保守主义与自由主义的对立,是在各宗派"内部"展开,而不是沿着宗派"边界"划分。其次,两者都没有组织起单一的党派,每一个阵营中都存在着不同的宗派;所以,每一方都无法作为一个统一的政治集团来运作。① 最后,最为重要的是,保守派与自由派都继续保持着对政府的适度怀疑,更多地根据限制政府而不是根据对政府权力的企求来定义自己的目标。② 但是,伍斯诺也担心,基督教回归公共生活时,信仰会更深地与个人的激情相结合。很多情况下,基督徒专注于自己的信仰时,可能会彼此信任,以符合公民规范的方式彼此互动;但是,当基督徒基于他们的信仰而对公共政策及其他公共问题提出主张时,基督教常常处于同社会秩序的紧张状态,并且公开或潜在的同狂热的布道者以及歇斯底里情绪联系在一起。这就必须追问基督教"是否能够被信任公正和负责任地参与公民社会"③。这事实上意味着必须在良好设计的制度框架中限制宗教对政治的直接影响。

## 四 多元化的挑战与反思性多元主义

伍斯诺认为,宗教能否有效应对多元化的挑战,直接影响公民社会本身的运作质量。在大量经验研究基础上,伍斯诺发现,美国的"文化"多样性在不同层面表现出很大差异。如法律层面上,多样性得到比较良好的保护。而在宗教层面上,多样性最流于表面和肤浅。人们基于宗教信仰而对神灵、死亡、拯救、天国、善恶的思考,使人们在多样化处境中的实践有很大差异。伍斯诺指出,美国的各种宗教很大程度上只是呈现为一种"共生"模式,而不是多元化模式。④ 伍斯诺深入剖析了美国人,特别是作为社会主流的美国基督徒回应宗教多样化的三种方式。

(1) 灵性选购 (spiritual shopping)。这是由当代美国社会的消费文化塑造的回应方式,它意味着根据个人的趣味和需要而进行选择,把来自各种传统的信仰与实践结合起来。灵性选购者个人化地接受宗教多样化,寻求各种不同的神圣体验和精神启迪,与宗教团体关系疏远;他们在多种宗教认同和灵性实践中轻松迁徙,对创建大型组织与其他

---

① Robert Wuthnow, *The Struggle for America's Soul: Evangelicals, Liberals, and Secularism*, Willian B. Eerdmans Publishing Co. 1989, p. 24、p. 36.
② Robert Wuthnow, *The Restructuring of American Religion: Society and Faith Since World War II*, pp. 318–319.
③ Robert Wuthnow, *Christianity and civil society: the contemporary debate*, p. 44.
④ Robet Wuthnow, *America and the Challenges of Religious Diversity*, Princeton, N. J.: Princeton University Press, 2005, p. 74.

社会结构并无兴趣。①

(2) 包容主义 (inclusivism)。包容主义者忠诚地坚持基督教的某些传统教导与实践,但也积极地接受宗教多样性的事实。他们相信除了基督教以外,其他宗教中也存在着真理,所以,基督徒能够通过与其他宗教的互动而获益。包容主义把基督教同宽容精神调和起来,从而较少拘泥于基督教的绝对真理等棘手问题。②

(3) 排他主义 (exclusivism)。排他主义者在美国基督徒中数量可观,他们坚持认为只有基督徒才能进天堂,坚定地捍卫着排他性的福音观,指出其他宗教的错误教导,强调劝导人们改信基督教的必要性。排他主义者的生活并没有摆脱与其他宗教的所有接触,在信仰方面也并非一成不变或盲从,但他们对于从其他宗教传统中寻找真理没有什么兴趣。③

伍斯诺认为,尽管这三种回应模式在开放性程度上不同,但事实上,它们普遍采取了"逃避"策略,都没有花时间去熟悉其他宗教。有鉴于此,伍斯诺提出"反思性多元主义"(reflective pluralism)的路径,这个路径要求认识宗教差异的来源及内容,以更具自我意识和积极的方式应对宗教多样化。反思性多元主义的特征大体包含以下几个方面:

首先,反思性多元主义要求关注和思考不同宗教的具体主旨、教导或实践;通过广泛的宗教间比较,努力把握其他宗教与信仰传统之"核心主题",如关于来世、和平与公正的教义,或是对上帝的理解,等等,并探究这些主题可能对个人与社会运行所具有的意义。其次,反思性多元主义要求发展出一种类似于"研究者"的身份,除了在各宗教主题之间进行广泛比较以外,也检验伴随着这些主题的各种观点。最后,反思性多元主义要求有意识地寻找有效方式,努力"抵消"那些反对多元主义的思想与实践的影响;并强调"尊重"的重要性,避免将自己的立场视作生来就具优先地位;认识到人们的信仰,尤其是宗教信仰与身份认同和自我感密切相连,尊重一个人意味着尊重这个人的信仰。④

伍斯诺强调,"反思性多元主义"代表着一种宗教之间相互理解的信念,问题是如何更好地把这种信念转化为实践。他指出,当下美国已经存在很多努力来推动宗教间的理解与合作。但是,他更重视在地方层面上,由基层宗教与社区领袖依托更加专业化的

---

① Robet Wuthnow, *America and the Challenges of Religious Diversity*, Princeton, N. J.: Princeton University Press, 2005, p. 107; pp. 128 – 129.

② Robet Wuthnow, *America and the Challenges of Religious Diversity*, Princeton, N. J.: Princeton University Press, 2005, pp. 130 – 131; p. 156.

③ Robet Wuthnow, *America and the Challenges of Religious Diversity*, Princeton, N. J.: Princeton University Press, 2005, p. 159 – 166.

④ Robet Wuthnow, *America and Challenges of Religious Diversity*, pp. 290 – 292; p. 303.

社团所进行的合作。这些合作关注和回应地方社区的具体需求，联结不同宗教背景的人群，是反思性多元主义的具体实践方式。伍斯诺发现，那些成功的跨宗教合作，都在个人化的和地方性的人际关系网络中运作，而不是依赖在宗教组织的等级结构中占据上层的人士，从而避免了通常会导致分裂的神学纠纷。同时，尽管这些合作的目标都被表述为推动不同宗教的理解与合作，然而达成这个目标的策略，并不是直接去追求这个目标，而是处理诸如减轻灾害、医疗看护、贫穷援助、帮助妇女儿童等具体需求和利益，在此过程中，使宗教间的理解与合作作为这些努力的副产品而出现。[1] 不过，跨宗教合作，却以淡化处于宗教传统核心的基本神学与教义问题来确保其成功，这多少有讽刺意味。这种状况表明反思性多元主义的实践是个多么困难的任务。

## 五 共同体的建构

伍斯诺不同意美国公民社会正处于衰落中的判断。他认为，虽然当代美国社会中传统的支持资源确实有崩溃的趋势，但各种类型的"小团体"仍然蓬勃发展，成为美国公民社会继续保持活力的重要支柱。这些小团体并不会成长为建制教会或教派/宗派；它们中的大部分并不是教会的成员组织，但它们同教会保持密切的关系甚至结成联盟。[2] 根据伍斯诺的调查，大约40%的美国人至少属于一个定期聚会的小团体。它们包括宗教性质的主日学，圣经学习小组，细胞教会，通讯教会，邻里团契，灵性指导中心，等等，以及非宗教性质的戒酒团体，各类青年团体，读书俱乐部等。这些小团体中约三分之二同基督教会或犹太会堂有某些联系，很多小团体更是直接由神职人员创建；小团体的聚会内容中通常包括圣经学习或讨论宗教文本，并且在活动中有祈祷等仪式。[3]

伍斯诺认为，小团体的独特吸引力，反映了美国文化中对"灵性"或"神圣性"的渴望和对"共同体"的追求。"当人们试图重新发现神圣性时，他们被引导追问有关共同体的问题；当他们寻找共同体时，他们被引导追问有关神圣性的问题。"[4] 可以从下述两个方面进一步理解小团体的意义。

（1）小团体不仅提供了共同体，而且也改变了美国人对共同体的理解。在传统社会联结手段衰落、个人主义盛行的现代社会中，小团体将人们结合在一起，帮助人们走出孤立的个人生活，与更广泛的社会网络相联结，提供超越自我利益的生活方式。小团体

---

[1] Robet Wuthnow, *America and Challenges of Religious Diversity*, p. 303.
[2] Robert Wuthnow, *The Restructuring of America Religion: Society and Faith Since Word War* II, pp. 100–102.
[3] Robert Wuthnow, *Sharing the Journey: Support Groups and America's New Quest for Community*, New York: Free Press, 1994, pp. 4–6.
[4] Robert Wuthnow, *Sharing the Journey: Support Groups and America's New Quest for Community*, New York: Free Press, 1994, p. 31.

是自愿形成的共同体，不同于基于血缘、地缘、业缘的传统共同体。因此，小团体成员不仅置身于团体关怀与支持网络之中，而且也置身于某种价值与信念之中，并充分宽容多样性，有助于人们缓解在多元化的、个体主义的社会中产生的情感压力。①

（2）小团体重新定义了美国人思考神圣性的方式。由于小团体的成员通常具有不同的宗教（宗派）背景，因此他们可能无法在具体的宗教教义或神学论证方面获得一致，所以在对待信仰方面大多采取实用主义的态度。在实践中，这种实用主义态度表现为小团体逐步把神圣性与团体的程序联系起来，把人们所追求的抽象神圣性转化为团体规范，使人们清楚自己正沿着正确的轨道追求神圣。在遵行团体规范、参与团体活动以及在团体成员平静、喜乐的生活和良好自我形象中，神圣性得以揭示自身。②

伍斯诺提醒说，在认识小团体的作用方面需要注意两点。首先，小团体在美国的繁荣，并不是因为美国的教会已变得衰落和软弱。实际上，小团体运动是有组织的宗教在美国社会中的拓展。一方面，小团体中形成的灵命更新体验促使建制教会在神学与灵性上的更新；另一方面，小团体对各种社会问题的关注及相应的行动，也为教会组织提供了将其活动扩展到公共领域中去的途径。③其次，小团体并没有遏止20世纪末出现的世俗文化，而是推动美国宗教更加适应这种文化。这样，基于神圣存在的灵性是温和的，与世俗生活相包容。人们可以在日常生活中追求这种灵性，而不会由于这种追求而干扰日常生活；同时，灵性在人们的日常事务中也能发挥作用，使人们成为更有责任的公民。这就是在很多小团体中育成的灵性类型，它提供了一种新的力量，"阻止了不信仰和道德相对主义的狂潮"。④

总之，小团体已成为美国当代社会中"静悄悄的革命"。本质上，小团体是个人性而非公共性的，是道德性而非政治性的，主要在更基础性的日常生活层面增强公民社会的稳定性，是当前美国宗教支撑公民社会的基本途径。

## 六 结语

伍斯诺在公民社会视阈下对当代宗教的多维度分析，包含政治、经济、多元化与共同体这四个主要维度，并自然地区分为公民社会的外部压力与内部挑战两个层面，构成

---

① Robert Wuthnow, *Sharing the Journey: Support Groups and America's New Quest for Community*, New York: Free Press, 1994, pp. 12 – 16.

② Robert Wuthnow, *Sharing the Journey: Support Groups and America's New Quest for Community*, New York: Free Press, 1994, pp. 17 – 19.

③ Robert Wuthnow, *The Restructuring of America Religion: Society and Faith Since Word War II*, pp. 121 – 122.

④ Edited by Robert Wuthnow, *"I Come Away Stronger": How Small Groups are Shaping American Religion*, William B. Eerdmans Publishing Co., 1994, p. 345.

一种立体、开放的分析框架，从而大大拓展了对这一主题的研究视野，加深了对宗教在现代公民社会中的角色之理解。

伍斯诺的研究最终指向现代社会"道德秩序"的重建与维系这个宏大主题。道德秩序是合理建构起来的社会关系，是强调公共责任与道德约束，凸显行动者权利—义务关系的社会秩序。在许多学者看来，西方社会所面临的问题，是随着现代性的拓展与深入，人们不再像传统上那样依赖宗教来提供、维持和强化绝对价值，技术理性与科层规则替代了道德约束，纯粹实用主义理性被法律的强制性与市场的功利主义计算进一步强化，结果就是道德败坏、社会分崩离析，享乐主义盛行，社会上弥漫着深刻的无根之感。简言之，西方社会所面临的问题，实质是一种道德困境，亦即道德秩序处于不稳定状态。[①] 宗教被期待在缓解甚至克服上述问题方面能够发挥更大作用。然而，在结构分化的现代社会中，宗教对道德秩序的支撑，无法像过去那样，通过包含整个社会的整全的"看似有理性结构"[②] 来实现；现代宗教只能依托并嵌入于良好建构的公民社会，才能对道德秩序的稳定与维系发挥积极作用。

伍斯诺的分析具有十分明显的辩证色彩。他一方面反对世俗化理论，对宗教在现代性处境下的适应能力及其对公民社会的积极意义持有乐观的态度。另一方面，他也强调不能高估宗教在公民社会中的作用。他的多维分析清晰表明，宗教对现代社会的影响在不同层面、不同领域是复杂的。不能期待宗教可以解决所有问题。在现代社会中，这些责任也必须由政府、企业以及个体纳税人共同承担，宗教无法单独地代替这些机构和努力。社会所面临的其他各种具体问题，无论是环境问题，还是经济发展问题，或是政治、和平与安全乃至公共健康，等等，更没有哪一个能够主要由宗教来解决。但是，伍斯诺强调，现代人都无法回避由这些社会问题所引发的基本伦理、公正、道德与精神—灵性问题。

（作者简介：黄海波，上海社会科学院宗教研究所研究人员，本文发表于《华东师范大学学报》[哲学社会科学版] 2011 年第 5 期）

---

① Robert Wathnow, *Meaning and Moral Order: Explorations in Cultral Analysis*, University of Califonnia Press, 1987, pp. 67 - 68.

② "看似有理性结构" (plausibility structure) 是美国社会学家彼得·伯格独创的概念，指包括宗教在内的任何一种意识形态或观念体系赖以存在与维持的社会结构条件。它们只有处于一个"看似有理性结构"中才是有效的。"看似有理性结构"由观念体系本身以及相应的组织、制度及社会结构等要素组成。使宗教得以维持的"看似有理性结构"有两种类型。一种是整个社会充当看似有理性结构，典型者如中世纪欧洲。另一种是充当这个角色的只是一个亚社会，现代多元社会正是如此。现代社会中宗教的"看似有理性结构"成为制度分化的社会中的一个亚制度类型。

# 埃及穆斯林兄弟会的演变[*]

## 哈全安

穆斯林兄弟会是20世纪埃及最具影响力的宗教政治组织,它的演变则是现代伊斯兰复兴运动的重要组成部分。穆斯林兄弟会的广泛实践,构成埃及现代化进程中民众政治参与的特定形式。它的崛起,标志着现代伊斯兰复兴运动在中东的滥觞。本文拟结合君主立宪制和共和制时代新旧秩序剧烈变动的宏观背景,梳理穆斯林兄弟会的发展历程,探讨埃及现代化进程中政治变动的历史轨迹,进而对现代伊斯兰复兴运动的历史地位予以个案评价。

## 一

1923年,埃及国王福阿德颁布宪法,实行君主立宪制,埃及由此进入自由主义时代,议会选举和政党政治随之初露端倪。自由主义时代,宪政制度的建立与议会框架内政党政治的活跃,标志着埃及传统政治模式的衰落和现代政治模式的初步实践。然而,源于西方的宪政制度在20世纪初的埃及缺乏必要的历史条件,埃及宪政制度的社会基础局限于上层精英,国王与诸多议会政党的权力分享构成政治生活的核心内容,议会政治、政党政治与贵族政治具有三位一体的明显倾向。诸多政党作为埃及政坛的主导势力,其支持者主要来自地主、商人、企业家、官吏和知识界人士,只是上层精英操纵选举和角逐权力的政治工具,无意扩大政治参与和推动民主化的历史进程,具有明显的狭隘倾向和非民众性。自由主义时代前期,以华夫托党为代表的诸多政党与国王之间的权力角逐无疑是埃及政坛的突出现象。然而,即使华夫托党亦不代表真正意义上的民众政治参与,具有明显的非民主倾向和贵族政治的浓厚色彩。一方面,华夫托党所倡导的议会政治和政党政治仅仅将争取民众的支持作为角逐政坛的工具,其实质在于凌驾于民众之上和操纵民众运动的政治走向;另一方面,华夫托党的内部机制并不具有民主的性

---

[*] 本文系教育部人文社会科学重点基地重大项目"中东政治现代化进程研究"(2009JJD770023)的研究成果。

质，只是介于君主独裁与民主政治之间的寡头政治。华夫托党领袖扎格鲁勒和纳哈斯在党内具有绝对的统治地位，而普通成员缺乏必要的政治参与，被排斥于决策程序之外。换言之，扎格鲁勒和纳哈斯控制华夫托党，华夫托党控制民众，所谓的政党政治具有自上而下的明显倾向，与遵循自下而上选举原则的现代政党政治以及成熟的民主政治相去甚远。

自由主义时代是埃及现代化进程的重要阶段。随着传统经济秩序的衰落和社会裂变的加剧，下层民众渴望获得相应的政治权利，以求保障自身的经济地位。进入20世纪40年代以后，埃及的政治生活经历贵族政治与民众政治此消彼长的明显变化。诸多政党对下层民众政治参与之强烈诉求采取排斥态度，导致下层民众对于贵族阶层主导的宪政制度丧失信心。随着下层民众的政治觉醒，民众政治悄然崛起，进而形成与贵族政治之间的尖锐矛盾和激烈对抗。超越议会框架的政治参与构成民众政治的突出特征，而议会政治的非民众性导致民众政治的非议会性。区别于议会框架内的政党及其所代表的政治秩序而与民众政治的崛起密切相关的崭新政治倾向日益明显，旨在否定现存政治秩序的革命条件日渐成熟，新旧政治秩序的更替成为埃及历史的发展趋势。

自由主义时代前期，世俗色彩的宪政思想一度成为在埃及政坛占主导地位的意识形态，世俗政治和议会框架内的政党政治构成贵族政治的外在形式。自20世纪30年代开始，埃及民众与英国殖民统治之间的矛盾日趋尖锐，埃及的意识形态随之发生相应的变化，价值取向逐渐由崇尚西方的世俗理念转变为回归传统的宗教理念，宗教政治和议会框架外的政党政治构成民众政治的表现形式。源于西方的世俗民族主义面临严峻的挑战，现代伊斯兰主义在埃及社会的政治影响明显扩大，进而成为埃及民众政治的意识形态。自由主义时代后期，具有浓厚宗教色彩的穆斯林兄弟会成为民众政治挑战贵族政治的主要政治力量。与议会框架内的政党政治相比，穆斯林兄弟会的特点在于借助现代伊斯兰主义的形式，强调神权政治性、广泛群众性和圣战暴力性，旨在以宗教政治挑战世俗政治，以民众政治取代贵族政治。穆斯林兄弟会的兴起和发展，构成宗教政治的外在形式。宗教政治与世俗政治的抗争以及议会框架外的政党政治与议会框架内的政党政治之间的激烈角逐，根源于埃及社会内部的深刻矛盾，构成民众政治与贵族政治之间尖锐对立的逻辑结果。穆斯林兄弟会的滥觞，集中体现现代伊斯兰主义的广泛政治影响，进而构成自由主义时代后期埃及特定的社会条件下民众广泛政治参与的历史形式。现代伊斯兰主义的泛滥和穆斯林兄弟会的广泛影响，预示着政治革命的即将到来。

哈桑·班纳是穆斯林兄弟会的创始人。班纳认为，伊斯兰教不仅是一种宗教信仰，更是无所不包的完整思想体系，是指导人生各个领域的终极道路；伊斯兰教有两个取之不尽和用之不竭的思想源泉，即《古兰经》和"圣训"；伊斯兰教是一种总体性的意识形态，为信仰者的个体和群体指出前进的方向和道路，制定万能的制度，制约政治、经济、社会和文化生活；伊斯兰教是永恒的真理，适用于一切时间和空间。在此基础之上，班纳强调信仰的公众化与宗教的政治化，即伊斯兰教并非个人的信仰，亦非局限于内心世界，而是国家和社会的基本框架，是规范宗教、社会、政治和经济的最高准则，因此需要在各个方面加以实践，进而实现民族和国家的复兴。① 班纳继承贾马伦丁·阿富汗尼、穆罕默德·阿卜杜和拉希德·里达倡导的伊斯兰现代主义思想，反对盲从和守旧，强调创制的信仰原则，以适应现代社会的需要。② 从某种意义上说，班纳的思想与伊斯兰现代主义的思想具有内在的逻辑联系；伊斯兰现代主义着眼于智力的觉醒，班纳则着眼于政治的实践。班纳援引早期伊斯兰时代的政治原则，反对君主专制，主张实现民众积极的政治参与。在班纳看来，早期伊斯兰时代无疑是伊斯兰世界的理想时代。然而，班纳倡导的现代伊斯兰主义并非追求早期伊斯兰时代社会模式的重新构建，而是强调早期伊斯兰时代的政治理念与现代社会秩序的完美结合。

1928 年，班纳创建穆斯林兄弟会。1935 年，穆斯林兄弟会第三次大会确定班纳成为总训导师和最高权威③。班纳认为：穆斯林兄弟会"继承了伊斯兰教的全部美德和各种不同成分，是萨莱菲叶的信息、逊尼派的道路、苏菲主义的真理和社会理想的体现"。班纳看来，穆斯林兄弟会不是慈善协会，也不是政党，而是代表埃及民族的精神和灵魂④。然而，穆斯林兄弟会具有明确的政治纲领、完整的组织体系和广泛的社会基础，包含现代政党的诸多要素。穆斯林兄弟会的基本目标是：实现民族和解，巩固伊斯兰世界特别是阿拉伯国家之间的团结，坚持伊斯兰教的立法原则，复兴伊斯兰教信仰和阿拉伯文化，结束党派斗争，强化武装力量，消除腐败，建立教俗合一的国家秩序，摆脱英国的殖民统治，实现埃及的主权独立，保障民众的权利，扩大民众的政治参与，发展民族经济，改善下层民众的生活环境。⑤ 穆斯林兄弟会宣称，"安拉是我们的目标，《古兰经》是我们的宪法，使者是我们的领袖，圣战是我们的道路，为主而战是我们最崇高的愿望"，"我们的基本目标是解放外国政权统治下的伊斯兰土地，在伊斯兰的土地上建立自由的伊斯兰国家"⑥。"信仰兴则民族兴"作为穆斯林兄弟会的思想纲领，包含明显的民族主义倾向。穆斯林兄弟会的兴起无疑突破了自由主义时代议会政治和贵族政治的框架，标志着埃及现代化进程中的政党政治进入崭新的发展阶段，浓厚的宗教色彩和诉诸神权的政治形式构成穆斯林兄弟会作为新兴政党的明显特征。

穆斯林兄弟会在初建阶段致力于传播信仰、普及教育、弘扬伊斯兰文化和从事慈善

---

① Botman, S., *Egypt from Independence to Revolution* 1919 – 1952, New York, 1991, p. 121.
② Wendell, C., *Five Tracts of Hasan Al-Banna* 1906 – 1949, Berkeley, 1978, p. 4.
③ Lia, B., *The Society of the Muslim Brothers in Egypt* 1928 – 1942, Oxford, 1998, pp. 43, 98.
④ Wendell, C., op. cit., p. 36.
⑤ Amin, C. M., *The Modern Middle East: A Sourcebook for History*, Oxford, 2006, pp. 69 – 71.
⑥ Wendell, C., op. cit., p. 31.

事业,旨在培养正确理解伊斯兰教的新一代穆斯林。此时的穆斯林兄弟会尚未涉足政坛,政治立场亦颇显温和。自20世纪30年代后期开始,贵族政治日趋保守,民众政治与贵族政治之间的矛盾对立明显加剧,议会框架内的政党政治危机四伏,穆斯林兄弟会作为民众政治挑战贵族政治的主要载体随之逐渐转变为崇尚暴力的激进政治组织。班纳援引《古兰经》和"圣训",强调圣战是穆斯林不可推卸的宗教义务。与此同时,穆斯林兄弟会人数迅速增加。至第二次世界大战后期,穆斯林兄弟会的成员多达数十万人。下层民众的政治觉醒以及世俗政治的衰落和议会框架内政党政治的危机,构成穆斯林兄弟会长足发展的深层背景。农民、士兵和包括工人、学生、职员在内的城市下层的支持,为穆斯林兄弟会的发展提供了更广泛的社会基础。

第二次世界大战结束后,埃及面临经济萧条和政治动荡的严峻局面,失业率上升,物价飞涨。王室和贵族继续垄断国家的权力和财富,诸多议会政党无视下层民众的利益和要求。埃及战后特定的历史环境导致激进政治的空前高涨,下层民众的世俗激进政治组织纷纷出现,而穆斯林兄弟会成为埃及最具影响力的激进政治组织。1945—1948年是穆斯林兄弟会发展的鼎盛时期,由它发起和组织的民众示威和其他政治运动,以及由它发行的报刊和出版的书籍,在当时的埃及社会产生巨大影响。巴勒斯坦战争期间,穆斯林兄弟会势力的急剧膨胀,严重威胁着法鲁克国王的统治地位。巴勒斯坦战争之后,法鲁克国王将打击目标由华夫托党转向穆斯林兄弟会。努克拉什政府在埃及实行军事管制,宣布取缔穆斯林兄弟会,逮捕其成员并没收财产。努克拉什随后遭到穆斯林兄弟会激进分子的暗杀,班纳亦在不久之后遭暗杀身亡。班纳死后,穆斯林兄弟会的势力逐渐削弱。1950年华夫托党重新执政后,才逐渐恢复穆斯林兄弟会的公开活动。1951年,哈桑·侯戴比当选为穆斯林兄弟会的总训导师。[1]

## 二

纳赛尔政权建立后,取缔反对派政党,解散穆斯林兄弟会,自由军官组织的政治势力急剧膨胀,成为埃及政治舞台的核心群体。纳赛尔作为总统,位于国家权力的顶点,凌驾于社会之上,是埃及民众心目中"仁慈的君主"。由此形成的后果是,政治体制与民众政治需求严重脱节,民众政治参与微乎其微,政府与民众之间缺乏必要的沟通渠道,国家与社会处于对立的状态。

"七月革命"前夕,穆斯林兄弟会与自由军官组织保持良好的合作关系,双方是重要政治盟友。反抗英国殖民统治与推翻法鲁克国王专制统治的共同目标,无疑是穆斯林

---

[1] Dekmejian, R. H., *Islam in Revolution: Fundamentalism in the Arab World*, New York, 1995, p. 77.

兄弟会与自由军官组织建立联盟的政治基础。但"七月革命"胜利后，两者建立联盟的政治基础不复存在，进而分道扬镳。穆斯林兄弟会挑战自由军官组织的统治地位，试图与之分享国家权力，成为纳赛尔政权面临的潜在政治威胁。但是，穆斯林兄弟会与自由军官组织之间的矛盾冲突并非源于所谓政治理念和发展目标的根本分歧，亦非宗教与世俗的对抗[①]，而是权力角逐的逻辑结果。自由军官组织的世俗化政策，成为纳赛尔时代强化极权政治的举措。所谓的政治伊斯兰化倾向，则是穆斯林兄弟会要求实现政治参与和分享国家权力的手段。1954年，政府指责穆斯林兄弟会反对"七月革命"，进而下令解散该团体，超过6000名穆斯林兄弟会成员囹圄入狱，其中21人于1957年被政府处决[②]。尽管如此，纳赛尔政权无意排斥伊斯兰教，着力强化官方伊斯兰教的主导地位，进而将官方伊斯兰教作为控制民众的政治工具。

"1952年革命后，清真寺的数量明显增多。政府建立新的宗教广播电台，发起创办伊斯兰大会和伊斯兰研究会，以法律的形式维护爱资哈尔的权威地位，将伊斯兰教作为学校考试的必修科目……爱资哈尔与纳赛尔政权保持广泛的合作，教界上层不断发布支持政府的宗教法令。纳赛尔及其同僚与原教旨主义者在宗教领域展开角逐，原教旨主义者难以将纳赛尔主义诋毁为无神论的意识形态。穆斯林兄弟会与纳赛尔之间的真正分歧在于国家权力的归属"。1964年，纳赛尔政权颁布大赦令，释放穆斯林兄弟会囚犯，旨在争取宗教势力的支持，抵制左翼马克思主义的意识形态。许多穆斯林兄弟会成员官复原职，甚至获得政府给予的经济赔偿。1965年，纳赛尔政权再次发起清洗穆斯林兄弟会的政治运动，近3万人遭到囚禁，数十人被处死。[③]

纳赛尔时代，穆斯林兄弟会长期处于低谷，其领导人或被处死，或被关押在开罗南郊的图拉监狱。特定的历史背景和政治环境塑造了穆斯林兄弟会的极端思想，赛义德·库特卜成为此时穆斯林兄弟会极端思想的代表人物。特卜早年曾经追随扎格鲁勒和纳哈斯，1945年退出华夫托党，1951年加入穆斯林兄弟会，1954年入狱，1966年被纳赛尔政权处死。赛库特卜所著《路标》一书，在继承班纳以及阿布·阿拉·毛杜迪的现代伊斯兰主义理论的基础之上，着力阐述极端倾向的政治思想。库特卜强调伊斯兰教与民众自由之间的内在逻辑联系，强调安拉的绝对主权，质疑纳赛尔政权的合法性，声称纳赛尔政权奉行的世俗政治背离伊斯兰教的基本准则而无异于查希里叶时代的蒙昧制度。库特卜声称，伊斯兰教并非只是内心深处的信仰，而是人类摆脱奴役状态的政治宣言；伊斯兰教否认盗用安拉名义的世俗权力和世俗统治，世俗统治者盗用的权力必须归还安拉，盗用安拉权力的世俗统治必须被推翻。库特卜认为，实现安拉主权的目的并非建立

---

① 曲洪：《当代中东政治伊斯兰：观察与思考》，中国社会科学出版社2001年版，第114页。
② Kepel, G., *Muslim Extremism in Egypt: The Prophet and Pharaoh*, Berkeley, 1993, p. 27.
③ Rubin, B., *Islamic Fundamentalism in Egyptian Politics*, New York, 2002, pp. 12, 15.

教界的统治,而是恢复伊斯兰教法的至高无上的地位,进而保障民众摆脱奴役和获得解放;实现安拉主权的途径并非只是信仰的说教,而是应当诉诸圣战的暴力方式[①]。库特卜进而指出,"今天存在于大地上的所有社会确已进入蒙昧社会的范畴之内",自由主义时代的埃及民众尚有一定的政治自由和宗教自由,而纳赛尔政权彻底剥夺了民众的自由,信仰的传布只能诉诸圣战的方式[②]。与班纳相比,库特卜完全否定现存的秩序,强调将"战斗的伊斯兰"作为穆斯林兄弟会的意识形态,思想倾向颇显极端。库特卜阐述的极端政治思想,可谓纳赛尔时代特定政治环境的产物和极权政治的逻辑延伸。

## 三

自20世纪70年代开始,埃及处于从国家资本主义向自由资本主义转变的历史阶段,其突出特征在于旧的秩序趋于崩溃而新的秩序尚未确立。新经济政策的受益者只是少数人,下层民众丧失旧秩序提供的社会保障,而尚未被纳入新秩序的社会保障体系,普遍处于孤立无助的贫困状态。随着新经济政策的实施,贫富差异日趋扩大,社会分化明显加剧。乡村人口离开土地而涌入城市,却难以融入城市社会,处于游离状态,缺乏必要的经济保障和政治权利。青年人就业无门,前途渺茫,亦心存不满。贫富分化的扩大、物价的上涨和失业率的居高不下,加剧着民众与政府之间的矛盾。与此同时,伊斯兰教反对贫富不均和倡导社会平等的信仰原则在下层民众中广泛传播,成为他们寻求精神安慰的意识形态,清真寺则提供了庇护下层民众的重要社会场所。越来越多的人身着传统伊斯兰教服饰,但并非发思古之幽情,意在发泄对现存社会秩序的不满,进而挑战世俗政权的统治地位。安拉的统治取代法老的统治以及实践《古兰经》的信仰原则和重建先知时代的神权政治,成为改变现存社会秩序的基本纲领。伊斯兰教的政治化,则是改变现存社会秩序的理论武器。穆斯林兄弟会作为伊斯兰反对派政治组织,在下层民众具有广泛的政治影响,蕴涵着民众动员的巨大潜力。

萨达特时代,埃及的政治力量重新组合,极权主义的政治模式出现衰落的征兆,民主和人权成为萨达特标榜的政治纲领,政治生活的自由化倾向渐露端倪,政治环境较纳赛尔时代相对宽松。萨达特政权解除纳赛尔时代的禁令,释放了穆斯林兄弟会成员。萨达特曾经将纳赛尔时代称作唯物主义的时代,世俗主义的原则构成纳赛尔时代埃及政治生活的突出特征。相比之下,自萨达特时代开始,埃及社会的宗教氛围日渐浓厚,伊斯兰复兴运动呈上升趋势,穆斯林兄弟会重新崛起,进而形成宗教政治与世俗政治的激烈角逐。70年代初,萨达特政权实行宽容的宗教政策,与穆斯林兄弟会处于合作的状态。

---

① Khater, A. F., *Sources in the History of the Modern Middle East*, Boston, 2004, pp. 324–330.
② Lapidus, M. A., *A History of Islamic Societies*, Cambridge, 1988, p. 634.

穆斯林兄弟会由于与纳赛尔政权积怨甚深,因此拥护萨达特政权的非纳赛尔化政策。萨达特政权则试图借助于穆斯林兄弟会的支持,遏制和削弱世俗色彩的纳赛尔主义残余势力,强化新政权的社会基础。然而,萨达特政权沿袭纳赛尔时代的传统,坚持教俗分离的政治原则,强调"宗教中无政治,政治中无宗教"①。穆斯林兄弟会要求取得作为政党的合法地位并参与议会竞选,萨达特政权则明确否认兄弟会具有合法政党的地位,只允其成员以个人身份参加世俗政党和从事政治活动。70 年代后期,萨达特政权与穆斯林兄弟会之间的关系逐渐恶化,进而分道扬镳。1977 年,穆斯林兄弟会抨击萨达特出访耶路撒冷,反对埃及与以色列单独媾和。1978 年,穆斯林兄弟会谴责埃及政府与以色列签署"戴维营协议"是背叛伊斯兰教信仰和出卖阿拉伯民族利益的行为。1979 年,穆斯林兄弟会支持伊朗的伊斯兰革命,抗议埃及政府向伊朗国王巴列维提供政治避难。与此同时,萨达特政权开始谴责穆斯林兄弟会是埃及的国中之国,进而逮捕穆斯林兄弟会成员,接管其控制的清真寺并取缔其主办的报刊,穆斯林兄弟会与萨达特政权的紧张关系骤然加剧。

## 四

穆巴拉克出任总统以后,以民主化进程的推动者自居。穆巴拉克表示无意垄断国家权力和谋求延长总统任期,宣称民主制是国家前途命运的保证,国家权力属于全体公民。② 与此同时,诸多反对派政党相继重返埃及政坛,政治生活的多元格局日渐凸显。穆斯林兄弟会的社会基础亦发生变化,民间资产阶级和知识分子逐渐成为穆斯林兄弟会内部崭新的社会力量。政治环境的宽松和社会基础的变化决定了新的历史条件下穆斯林兄弟会的思想纲领趋于温和,而其政治实践包含诸多新兴社会阶层挑战极权政治和官僚资产阶级之特权地位的明显倾向。

穆巴拉克时代,穆斯林兄弟会的主流派别具有相对温和的政治色彩,主张放弃暴力,寻求合法的斗争方式,声称穆斯林兄弟会坚持议会民主制的政治原则。在此基础之上,穆斯林兄弟会的主流派别致力于政党政治,积极参与议会竞选。实行自由经济政策、创造私人投资的良好环境、改善财富分配体系、抑制社会成员的贫富分化和保障公民权利,成为穆斯林兄弟会参与议会竞选的基本纲领。③ 穆斯林兄弟会以及为数众多的伊斯兰志愿者协会和伊斯兰投资公司倡导伊斯兰主义的原则,开办和经营银行、公司、企业、学校、医院、农场和媒体,在金融服务、就业培训、社会福利、教育卫生和其他

---

① Baker, R. W., *Sadat and After: Struggles for Egypt's Political Soul*, London, 1990, pp. 244, 248.
② Kassem, M., *Egyptian Politics: The Dynamics of Authoritarian Rule*, Boulder, 2004, pp. 26 – 27, 54.
③ Marr, P., *Egypt at the Crossroads: Domestic Stability and Regional Role*, Washington, 1999, p. 52.

公共服务业领域具有雄厚的经济实力和广泛的社会影响。穆斯林兄弟会的总训导师哈桑·侯戴比声称："我不坚持立党，但是坚持进行政治活动和民众活动。如若国家实行政党制，又认为适用于我们，那么我们就是政党。"① 继侯戴比之后出任穆斯林兄弟会总训导师的欧默尔·泰勒迈萨尼则明确表示："我们进入议会不是目的，而是手段"，主张通过议会竞选的形式角逐国家权力，进而实现改变现存社会秩序的政治目的。1987 年，穆斯林兄弟会的新任总训导师穆罕默德·阿布·纳斯尔在接受媒体采访时告诉记者，"在过去的 30 年，自由军官政权利用报刊和图书诋毁穆斯林兄弟会，将穆斯林兄弟会的领导人形容为杀手，进而欺骗民众"，"民众现在目睹我们的行为……证明自由军官政权的诋毁只是欺骗民众的谎言"。② 在同年举行的议会选举中，穆斯林兄弟会甚至删除"圣战是我们的道路，为主道而战是我们最崇高的愿望"作为争取民众支持的政治纲领，"把选票投给安拉，把选票投给穆斯林兄弟会"成为穆斯林兄弟会新的竞选口号。③

80 年代，穆斯林兄弟会的主流派别与穆巴拉克政权处于合作状态。穆巴拉克政权一方面否认穆斯林兄弟会具有合法政党的地位，另一方面允许穆斯林兄弟会成员从事政治活动和参加议会竞选。1984 年，埃及举行议会选举，穆斯林兄弟会与新华夫托党建立竞选联盟，获得 57 个议会席位，其中穆斯林兄弟会成员获得 9 个议会席位。议会选举的积极参与，标志着穆斯林兄弟会开始成为具有合法地位的反对派政治力量，议会随之成为穆斯林兄弟会角逐国家权力的重要舞台。1987 年，穆斯林兄弟会与社会劳动党、自由社会主义党组成竞选联盟，获得 60 个议会席位，其中穆斯林兄弟会成员获得 38 个席位，超过新华夫托党所获得的 35 个议会席位。④

进入 90 年代，穆斯林兄弟会与穆巴拉克政府的关系逐渐恶化。穆斯林兄弟会的主流派别公开指责穆巴拉克政府压制民主、执政党一党独大和缺乏公正选举，要求获得作为政党的合法地位。1995 年议会选举前夕，穆斯林兄弟会总部被政府关闭，81 名穆斯林兄弟会重要成员被指控属于非法组织和从事恐怖活动而遭到逮捕，其中 54 人被军事法庭判处监禁。⑤ 在随后举行的议会选举中，穆斯林兄弟会仅仅获得 1 个议会席位。⑥ 90 年代后期，穆巴拉克试图通过政府与反对派之间的对话，扩大民众的政治动员，寻求广泛的政治支持，共同对抗伊斯兰主义的挑战。然而，政府拒绝与反对派讨论诸如宪政

---

① 杨灏城、朱克柔主编：《当代中东热点问题的历史探索：宗教与世俗》，人民出版社 2000 年版，第 375、377 页。
② Rubin, B., op. cit., p. 25.
③ Springborg, R., *Mubarak's Egypt: Fragmentation of the Political Order*, Boulder, 1989, p. 218.
④ Ibid., p. 218.
⑤ Wickham, C. R., *Mobilizing Islam: Religion, Activism and Political Change in Egypt*, New York, 2002, p. 215.
⑥ Al-Mikawy, N., *Institutional Reform and Economic Development in Egypt*, p. 55.

和政治改革等敏感问题，对话无果而终，埃及国内的政治暴力随之出现明显上升的趋势。[1] 尽管如此，穆斯林兄弟会的主流直至世纪之交依然致力于争取成为官方认可的合法政党，坚持在宪法和现行法律的框架内从事政治参与的相关活动。

进入21世纪，穆斯林兄弟会的世俗化成为埃及民众政治运动的新动向。穆斯林兄弟会调整政治策略，淡化宗教色彩，制定温和务实的政治策略，强调民主制和多元化的政治原则，强调伊斯兰教的舒拉原则与现代政治之多元化以及民众主权的同一性，主张与其他政治派别展开对话，支持多党制的竞选制度，承认妇女的选举权和被选举权，承认非穆斯林享有与穆斯林同等的政治权利，反对宗教歧视、性别歧视和种族歧视。穆斯林兄弟会与诸多世俗反对党之间尽管不无分歧和矛盾，却亦有共同的政治诉求，旨在挑战执政党民族民主党的权力垄断、穆巴拉克总统的独裁统治、争取宽松自由的政治环境和权力分享的政治空间，现代伊斯兰主义与世俗自由主义之政治立场日渐趋同。

2000年的议会选举处于司法机构的监督之下，政府被迫减少对于议会选举的干预，进而导致选举结果的变化，穆斯林兄弟会成员支持的独立候选人获得17个议会席位，构成议会内部最大的反对派[2]。在2005年议会竞选期间，政治环境出现进一步开明的迹象，竞选者获准批评政府和总统本人。穆斯林兄弟会支持的独立候选人获得88个议会席位，再次成为仅次于执政党的第二大政治派别。[3]

2005年以后，官方实施高压政策，政治环境出现逆转的迹象。在2010年举行的议会选举中，执政党民族民主党以压倒性的绝对优势获得420个席位，反对派仅获得15个席位，而穆斯林兄弟会未能获得议会席位。官方操纵的议会选举，加速了民众表达自身政治诉求的方式从投票站走向街头和广场的步伐，进而引发声势浩大的抗议和示威浪潮。2011年年初历时18天之久的全国性抗议活动，声势浩大，动辄数以十万计的各阶层民众涌上街头，加入示威的队伍，绝非乌合之众所为。穆斯林兄弟会尽管尚未取得作为政党的合法地位，却具有庞大而完整的组织体系，在诸多社会群体特别是下层民众中产生极其广泛的影响。穆巴拉克的独裁统治成为矛盾焦点和众矢之的，共同的政治目标导致教俗各界的广泛政治联合。相比之下，世俗色彩的诸多反对派政党所获得的议会席位大幅下降。

## 结　语

埃及穆斯林兄弟会的演变历程表明，现代伊斯兰复兴运动旨在借助回归传统的宗教

---

[1] Ismeal, T. Y., *Middle East Politics Today: Government and Civil Society*, Florida, 2001, p. 441.
[2] Wickham, op. cit., pp. 219–221.
[3] EIU, *Country Profile2008: Egypt*, London, 2008, p. 11.

形式而倡导平等和民主的政治原则,体现民众政治的崛起和民众广泛政治参与的强烈诉求,蕴涵着民众政治动员的巨大潜力。政治体制与民众政治参与两者之间具有内在的逻辑联系,不同的政治环境决定着民众政治参与的不同方式,而崇尚暴力和诉诸极端手段并非现代伊斯兰复兴运动的固有属性。倡导现代伊斯兰主义的信仰原则、建立教俗合一的政治制度和遵循伊斯兰教法,无疑是穆斯林兄弟会始终坚持的基本纲领。然而,随着时代的进步和所处政治环境的变化,穆斯林兄弟会的政治目标和政治参与方式经历相应的发展过程。自由主义时代,英国殖民统治的延续严重阻碍着埃及的现代化进程,民族矛盾日趋高涨。特定的政治环境赋予穆斯林兄弟会的早期政治实践以浓厚的民族主义色彩和激进倾向,争取埃及的民族独立成为穆斯林兄弟会在自由主义时代的首要政治目标。纳赛尔时代,极权政治空前膨胀。赛义德·库特卜阐述的极端政治思想,可谓纳赛尔时代特定政治环境的产物和极权政治的逻辑延伸。后纳赛尔时代,极权政治出现衰落的征兆,民主化进程逐渐启动,政治环境相对宽松,穆斯林兄弟会的政治立场随之日趋温和,议会竞选的积极参与成为穆斯林兄弟会之主流势力角逐政坛的首要方式。从争取民族解放到致力于民主化运动,从崇尚暴力抗争到寻求合法的政党地位和积极参与议会选举,构成埃及穆斯林兄弟会之政治目标和政治参与方式的历史轨迹。

(作者简介:哈全安,华东师范大学紫江学者讲座教授、南开大学历史学院教授、博士生导师,原文发表于《西亚非洲》2011年第4期)

2012 年度论文

# 中国宗教与文化战略

卓新平

中共十七届六中全会制定了文化兴国的战略决策，并且号召"全面贯彻党的宗教工作基本方针，发挥宗教界人士和信教群众在促进文化繁荣发展中的积极作用"，这对我们从文化战略的意义上来看待和对待宗教提供了重要指导和启迪，也告诫我们应该积极引导中国宗教参与当前我们文化兴国的大业。在当前中国关于宗教问题的理论讨论和政策制定上，有着不少分歧意见，在达成真正共识上尚有很长一段距离。在学习、贯彻六中全会精神这一关键时机，对宗教的文化考量和社会分析应引起我们的高度重视，是把宗教作为自己力量还是异己力量来看待，这一字之差会对我们未来的社会走向及文化建设起到完全不同的作用，有着迥异的后果。为此，在我们今天制定文化战略和全面推动中国文化发展及走向世界时，对宗教问题必须三思而后行。

## 宗教是构建国家文化战略的题中应有之义

文化是民族之魂，是社会共构的精神支柱。人的社会存在是极为复杂的，分为不同民族、阶层、社群、团体、宗教、党派等。在一个多元社会的共构中，文化认同及文化共融乃特别重要。人的社会行为规范如果没有一定的精神资源作为根据和支撑，则有可能出现嬗变和异化。在一个国家的社会公共领域，人的社会共在秩序如果没有共同的文化意识或文化自觉，则很难维系和坚持。而目前中国的问题，则正是其文化自知即对中国传统文化的认识及评价出现了分歧或者说有着模糊之感。这种文化精神探询和自问上面的障碍，使得中国优秀文化传统难以真正得到弘扬。而中国文化与宗教的关联以及对宗教的评价，更是这一认知领域的敏感区和冲突处。中国文化之"道"是什么？中华之"道"有无宗教精神或宗教内容？这种"道统"是否能够一以贯之以及如何继承与弘扬，在现代性和世俗性的当今社会几乎被遗忘或悬置。自 20 世纪初"新文化运动"以来，在中国文化理解中其"宗教性"就被质疑或否定，宗教与中华文化的关系出现与众不同的另类解读，甚至与整个世界文化的宗教理解形成巨大差异和明显距离。此后，这种中国的"新文化"之体及其精神归属的文化"灵魂"究竟是什么的问题，一直没有得到彻底、理想的解决。在经过漫长的社会冲突和政治斗争的历史阶段以后，中国的当代社会文化发展又使人们自觉或不自觉地回到了这一问题，面对着这一绕不过的难点。如今人们致力于社会秩序的维系和对社会公德的呼唤，力争社会公共底线不被冲破。但总是让人感到收效不大，事倍功半，且不知原因究竟何在。其实，要使实践理性意义上的道德伦理真正起到其社会作用，这里就必须有弘道方能厚德的关联；如果"大道"已隐，德性又怎样能真正显现、做到"明德"呢？为此，在今天强调文化建设、文化繁荣的新机遇之际，反思中国文化及其精神资源、特别是宗教资源，符合我们国情及历史地制定中国的文化战略，以应对国内外复杂的政治局势和社会嬗变，就显得既特别及时又非常重要。

除了应该客观地评价宗教的历史意义和传统作用之外，对宗教的现实意义，也应该从我国当前的文化战略来深入思考，文化软实力的构建不可缺少宗教文化的内容。而且，宗教文化所具有的社会及信仰感染力和影响力，是其他文化层面难以取代的。但宗教总是以多元存在的方式出现在社会历史中，文化战略关涉宗教的基本思路即防止或消减宗教纷争，促成宗教和谐。一个国家的宗教和谐会直接影响其社会安全、政治安全和文化安全。宗教作为文化"软实力"也是"双刃剑"，只有对之科学"巧用"才可能成为对我们有利的"巧实力"；如果不讲科学规律、不去实事求是地对待今天中国的宗教存在与发展，对之举措失策、不妥，这一力量则也有可能伤着自己。面对"文化兴国"的发展趋势，我们也应从促成宗教和谐的角度来探究我们的社会和谐、文化和谐，将宗教和谐的问题与我们的文化战略考量密切结合起来。我们的社会维系在今天所强调的是"和谐"、"维稳"，为此我们则需要相应的"和谐文化"和"维稳文化"，在此宗教可以成为"和谐文化"、"维稳文化"的有机构建、内在因素。所以，处理宗教问题的主要旨归应是因势利导、应借其力使之成为助我之力，而不是将之推为反作用力。应该说，目前我们的"和谐文化"、"维稳文化"建设仍处于初级阶段，仍在摸索之中，需要我们有创新意识、做大量的工作。

中国的社会特点和宗教特点，应该从其整体性和一统性的传统及发展惯性来审视。中国社会是一个超稳态的"大一统"社会，这种理念古今相连、依然鲜活。由于中国内向型的地理环境及历史上海外开拓的缺失或不足，中国的发展及其关注主要是以自我为"中"的内涵式发展，形成一种"土地文化"（中国虽有"大河文化"之说，却仍侧重于土地，其河流所强调的乃是大河两岸的"流域"），因此其致力于内聚，争取的是一种"向心力"的影响，而不太有外扩的志向，从而与西方扩张性、探险性的"海洋文化"、尤其是与"不断开拓疆域"、"不断向外移动边界线"的外延化"美国梦"迥异。"中国"这一表述本身就生动反映出中华民族这一传统和民族心理积淀，以此意指国家的

"中心"、"中央",并以之为基来治"四方"、慑"四夷",形成以己为"中"的"天下一统"、"天下一家"的"大国"气魄。这种观念从古代的"大秦"经"大唐"、"大宋"、"大元"、"大明"、"大清"直至今天的"大中华"乃一以贯之,未曾间断。中国传统所强调的"大一统"文化之所以有旺盛的生命力,就在于其"海纳百川"、"多元通和"的圆融、共构精神,此即今天所倡导的"和谐文化"。这种"大一统"的持守,既希望求同存异,也允许和而不同。多元共在方为和谐。与之相呼应、相协调的,则是中国宗教的包容性和互通性。中国传统宗教的主体儒、佛、道都是一种交织存在,相互渗透,而中国民间宗教及民间信仰的存在与发展更是交融性的,大多体现并涵括这三大宗教的思想精神和文化内容,甚至还有更多的扩展。基督教、伊斯兰教等从中华文化传统区域之外传入的宗教,也都必须面对并适应这种大一统和包容、共融的格局,由此形成其中国特色。为此,我们的文化战略必须基于这一特点的思考和构设。中国社会"合"则能长治久安,"分"则会被肢解,进入多事之秋。当然,要在当今的多元、开放处境中保持这种"合",维系社会之"稳",难度已越来越大。而中国今天构建"和谐"社会之理念的提出,就是要争取并保持中华文化之"合"、中国社会之"稳",在中国国土范围内要健体强身、在面对外界的侵蚀、冲击下能固若金汤,其稳固之"坚守"乃我们内涵式文化战略的底线,这是大方向、总目标,一切思想努力和实际工作都应围绕并服从这一方向和目标。

同样,对我国宗教的认知理解和政策举措,也不能偏离这一方向和目标。尽管目前政界、学界等方面对如何看待宗教的分歧在加剧,争议在尖锐化和公开化,如果我们希望有一个稳定的中国社会,有一种繁荣中华文化的愿景,那就必须从更好地争取、团结宗教界,使之成为社会维稳和文化发展的重要力量这一角度来分析问题、解决矛盾。以此为目的,理论上、认识上和政策上的分歧、矛盾则不难解决。这已不是简单的章句之争、学理之考、原则之守,而是涉及中国社会能否继续前进、中华民族及其文化之存亡发展的生死攸关的大事。如果不顾这种多元求和、多元共构的迫切需要而教条主义地大谈、特谈所谓原则,强调所谓对宗教的批判(尽管会从社会批判退至意识形态批判)乃至更尖锐的斗争,则会把水搅浑,把我们的社会拖入分化、灾难之中。一旦出现这种负面效果,任何动机都不应该得到原谅。

## 充分发挥宗教在促进文化繁荣发展中的重要作用

宗教是人们的一种精神需求,对于一些民族或群体而言也是一种社会共在、文化生活的独特方式,因此不能仅仅从"唯心"这种意识形态层面来理解宗教,而也必须看到它所蕴涵或代表的某种文化观念以及一定文化传统的积淀,从而能够更多地从人类社会的生活传统、基层民众的生活习俗来认识宗教，感触到宗教体现生活所具有的鲜活性、流动性、适应性和传承性。所以，我们首先应该把宗教作为一种社会存在、社会生活来理解，而且是在"我们自己"当下的"社会"中的存在与生活；因此，对之评价不应该也不可能与我们自己的社会脱钩。此外，我们还必须认识并承认，今天的多元社会势必会有多层次的社会群体存在，同样也就会有不同群体、多层次社会民众的多元精神生活、精神需求存在。强求只能有一种精神需求的时代已经过去，既不可能，更不应该让之回返。宗教是相关社会的产物，其性质和意义也与其社会有机相连，保持着其内在的逻辑关系和本质属性。我们看待今天的中国宗教，其实也是看待我们自己所处的当今社会的一种方式，一个角度；更是对我们普通民众日常生活的一种观察和体悟，是对当今中国社会健康存在的生动写照和基本认可。如果否定、贬低我们今天的宗教存在，实质上也是对我们自己社会及其相关政治的相应否定和贬低。无论人们会怎样来解释，其内在逻辑却不可能扭转或颠倒。"颠倒的世界观"是与"颠倒的社会"关联并存的，我们不能颠倒地看待我们今天的社会，自然也不应该颠倒地分析、评价我们今天的宗教存在。马克思主义的观点要科学运用，而马克思主义的自身逻辑也不允许被颠倒。马克思主义宗教观最根本的精神精髓就在于从变化、流动的社会发展中来根据存在决定意识、社会性质决定宗教性质的唯物辩证法来对宗教现象的具体问题进行具体分析，作出对宗教意义、功能和价值的科学、正确判断。在此，我们需要科学发展观、需要与时俱进。即使在精神追求、在意识形态层面仍有分歧，即使我们决不搞多元意识形态并存，我们也必须看到，我们的主流意识形态是"主流"而不是"独流"、是"主旋律"而不是"单声""独唱"，我们的核心价值观是"核心"而不是"全部"，这就说明其意义在于"引领"而不是"独步"，是让各声部纳入其整体的"合唱"、"和弦"而不是排拒、压抑其他声音，导致"万马齐喑究可哀"的"绝唱"。一枝独秀不是春，百花盛开春满园，中国文化的春天需要多元共存、百花争艳、万紫千红！我们的执政者则正是呵护、维系、管好这一百花园的"园丁"。

在目前复杂的国际环境中，我们的确应该提高警惕。世界不是一团和气，利益集团之间的争夺、冲突在加剧。不同区域、国家、民族、集团的政治、经济、社会、文化现状出现了此消彼长、我强你弱的变动局面。相对而言，目前中国各方面局势暂时占有"风景这边独好"的优势，由此也使外部的压力增大，对中国的分化、攻击也在加强。不同势力为了对付中国正在形成合力，潜在的反华联盟悄然出现。其对中国的威胁乃政治、经济、军事、文化等多层面的。在一个开放的社会中，中国不可能不受外界的影响，因此，我们的社会公共领域已出现了复杂的变化，隐藏着严重的问题。是激化矛盾还是化解冲突，这正考验着我们的执政能力和智慧。从政治学的意义来看，没有永远的朋友，也没有永远的敌人，这种变动中的敌我在一定程度上也取决于我们自己的实力和策略。例如，原来在政治制度、意识形态上的一致在某种程度上已让位于国家利益、势力争夺，以往的"社会主义阵营"实际上已经消失，在排华、抵御中国的国际联盟或联合中甚至也有"社会主义国家"的参与。在全球经济低迷，美国和欧洲发展受挫的处境中，自然会有人希望以压倒中国、搞垮中国来振兴、恢复他们自己的传统实力和引领地位。在西方敌视中国的战略家们一是想争取中国的宗教界，二是想影响中国的年轻人。例如，不少美国政客曾在各种场合中公开表示中美之间是此消彼长、此起彼伏的关系，二者不可能有"双赢"，只有使中国弱化，美国才可能重新强盛；为此，他们希望能"遏制中国"、"扳倒中国"。美国政治家的舆论导向，在当前中国已经引起了密切关注和某种担忧。与之针锋相对，我们稳固、争取的对象也应以宗教信仰者和年轻一代为重点。据最新统计，中国的宗教信仰者及受其影响者已经接近4亿人，而其社会扩散和辐射则更为广远。对这一群体的争取不能仅靠"术"之掌控，而更要用"心"去贴近、用"情"来感染。僵硬地坚持对宗教所谓意识形态上的分歧、价值观上的不同、文化层面上的优劣，则会使宗教界从"寒心"而"离心"，最终走向我们的对立面。这是削弱自我，壮大敌方的蠢办法和策略败笔，我们一定要避免这种现象的发生。

我们今天和谐社会的构建，是走多元通和之路，社会主流意识和价值观念在社会精神文化的大合唱中乃是起着领唱、指挥、引导作用，而决不是压制其他声音，只有自我独唱。我们的执政者应该是这种民心众和的大合唱、交响乐的"指挥"，位于前列而不孤单、站在高处却不孤独，而是充满信心、富有能力和智慧地指挥、引领着一个强大、和谐的团队，共构一个有机的整体。健康社会发展的多元化既会有宏观叙述，也自然允许喃喃私语；既应有政治壮言，也会让精神倾诉。因此，我们应该倾听宗教的心声，正视并承认宗教存在的客观事实。基于"心"之根本来争取和团结宗教，今天仍面临许多困难，仍有许多问题尚需澄清，仍需要理论突破上的探险精神，但时不我待，我们必须直面挑战，找到中国未来社会最佳的发展之途。

必须看到，国际关系中的"冷战"现实依存，对外要有自强之态和斗争意识，而不要抱着别人会主动向我示好的幻想。我们的内涵式发展已受到严峻挑战，内陆式的固守也易于被外界包围。因此，在全球化的态势及发展走向中，我们也应有外延式发展的理念及准备，有我们政治、经济、文化"走出去"的战略。这里，中国宗教文化乃有着得天独厚的优势，中国宗教"走出去"可以起到事半功倍、感动人心的极好作用和极佳效果。因此，对于中国宗教文化的国际意义及世界影响，仍然值得认真研究和很好发掘，其资源及潜力是我们的宝贵财富。但应对当前国际上复杂、严峻的形势，我们首先必须自我强身，巩固我们自己的内部，拧成一股绳，形成凝聚力。因此，我们不能内斗、自乱，其中对宗教的态度就非常关键。如果以和谐为立意来看待宗教，则应主要用对话、沟通的方法。诚然，宗教中也有不和谐的因素，宗教之间的冲突、纷争乃不争的事实，而且宗教也与境外有着千丝万缕的联系，不能否认其中也包含着外界渗透的意向和实践，但我们处理这些问题却不是为了扩大矛盾、增加纷争、激化冲突、把宗教推向对立面，而应尽量化解矛盾、消除纷争、平息冲突、理顺关系，使宗教界保持为我们的基本群众，对我们为向心力量。所以，在我们的党为执政党、我们的任务是稳定自己社会大局这一前提下，必须在政治、社会、思想、文化各方面都要把宗教纳入我们自己的体系，使之成为我们社会构建、思想文化的内在组成部分，即让宗教作为我们自己的力量、我们的文化软实力来发挥作用。在我们的政府对宗教的管理上，基本思路应是"拉进来管"，而不要"推出去乱"！我们将宗教视为"自己"力量就能够管好，而把宗教推为"异己"力量则势必生乱。其实，在当前国际交往和较量中，我们的宗教软实力并没有得到很好的发掘和应用，在这一领域仍大有潜力可挖。中国宗教文化的健全和主动走出去会起到"四两拨千斤"的效果，发挥我们动用大量人力和金钱都不可能达到的巨大作用，它会极其自然地为我们的外在压力减压，不费任何口舌而让人心服口服，以无形的方式为我们的国际形象加分，非常巧妙地化解潜在的危机。因此，我们理应将宗教看作我们自己的有机构成、必要部分。如果不是促成我们自己机体的良性循环、健康成长，却人为地将自身某一部分加以分割、摒弃，视为异类或他体的植入，我们的躯体则难保健全和健康，就会产生本不应该出现的疾病。正是在这一意义上，我们今天对宗教应该"同化"而不是"异化"，是亲和而不是敌对，必须求和谐而不是搞斗争。有些人喜欢借用革命领袖关于"斗争"、"批判"的话语来证明自己敌视、反对和否定宗教的正确性，希望借此而不允许他人反驳、争辩，难道我们忘记了"文革"期间领袖一句"十亿人民不斗行吗"所带来的后果、留下的教训？况且革命领袖的理论自有其特定的社会、时代背景和内在的逻辑关联，也不应该随意套用或断章取义。以往的"斗争哲学"、"造反思想"已不可能为我们今天的"和谐"、"维稳"努力提供精神支持和文化力量，而只会起破坏、拆台作用。所以，我们理应紧跟改革开放以来党中央的正确决策，以"和谐"取代"斗争"，对宗教中的问题、缺陷和不利因素，也应积极帮之克服、更新，使宗教得以自我扬弃和不断升华，而不是将之打倒或推向我们的对立面。

宗教已被许多国家或民族作为其文化战略的构成而所用，但我们迄今对这一意义认识不足。宗教在我们今天的发展中若主动用之则能起积极作用，若被动放弃则有可能变成消极因素，因此乃事在人为，需要我们因势利导。其实，我们可以高度重视和发挥宗教在当今社会的维稳作用，对相关群众的精神抚慰作用，对公益事业的积极参与作用，对中华文化的深化和弘扬作用，以及对海外世界的感染和影响作用。综观当今天下，社会政治的活跃地区也多能看到宗教的身影，宗教会以自己的方式在社会文化发展中起到显在或隐蔽的作用。对待宗教，不同的社会及政治力量都会有想法，也都会对之加以运用。对之是争取还是放弃，是拉还是推，会有不同的作用，产生不同的结果。宗教对我们的文化战略意义，简单而言，就是争取其对内起稳定和谐作用，对外起扩大中国文化影响、抵制负面干涉的作用，在世界不同文化中起对话、沟通作用，这样就能使我们自己越来越强大、稳固，使境外敌对势力及不利因素越来越弱化、分化。基于这一目的，我们应该如何看待和对待中国的宗教，也就不言而喻了。

## 弘扬宗教文化的积极因素

与绝对一神信仰的宗教所具有的严格组织建构不同，中国的宗教发展有其超越社团、组织建构之范围的扩散这一特性。这些宗教所体现出的"大同"精神，其突出之处就是使中国传统宗教并不强调或渴求其"建构性"、"团体性"，而更多展示出其灵性体验和追求，关注社会融合的意义，因此给人一种"组织性"潜隐、"宗教性"多元的印象。对比基督教、伊斯兰教，中国传统宗教常被一些学者视为"弥散性"、"人文性"的宗教类型。甚至基督教和伊斯兰教在华的发展也不同程度地受到这种影响。而这种"弥散"和"人文"则更有利于其达到宗教的"大同"、"共处"。其实，现代社会"公民宗教"的走向实际上也多呈现为"弥散"性的人文意向，而不是在强化其社会组织建构。这在一定程度上与当代中国儒家传统的复活、复兴走向有着某种暗暗的吻合，儒家以其"弥散性"的潜移默化给中国社会及民众心理所带来的影响，其实也有着宗教的情怀及意境。而且，儒家与统治阶层主流意识的一致也使之可被看为具有中国特色的"政治宗教"。中国历史上的宗教都曾有这种社会依属性和政治相关性，保持着与其社会政治、生活文化的密切联系。这种特点使中国传统宗教之间虽各有区别却关联明显，从而编织出中国社会相互连接、彼此呼应的关系网络，并在社会各层面辐射、扩散、促成其融贯、一体。中国的宗教文化是大众文化，但其中也富有精英文化；中国宗教精神不只是基层、草根意识，同样也能参与共构中华民族之魂，充实我们的上层建筑。中国宗教积极参与、推动了社会对话，促成了各层次人们之间的和谐共处，体现出中华社会"大同"、"统一"、"和睦"的存在观念。这使中国宗教对其社会政体和基层社区也都有着一定的归属和依附。因此，我们对中国宗教的文化战略考量，也不能仅限于其社会建构性，而必须注意其思想文化的扩散性、感染力。根据这种政治及文化考量，我们理应让宗教在现代社会发展中能够相适应、共和谐，弘扬其宗教思想文化的积极因素，使之得以有机融入当今中国和谐大家庭，成为我们自己的基本社会力量和文化软实力，即我们文化战略的精髓和旨归。这一认知对于我们当前的文化建设和文化战略、对于促进我国"社会主义文化大发展大繁荣"乃至关重要。

在我们的社会管理和政治引导上，把宗教视为另类的做法会带来国际舆论的不利和信教群众的不满，这种心理积淀和离心思想的沉潜势必留下阻碍社会可持续发展的隐患。其实，当代中国宗教的建设和管理已被纳入实实在在的政府管理的轨道，在宗教教义的弘扬、诠释上同样已有与我国主流意识、核心价值的沟通及交融。由于认识模糊，在今天我们关于宗教的理论及实践中存在许多自相矛盾、难以自圆其说的地方，有些原则说了却不能根本坚持，形同虚设，反而会给人留下言而无信、说了不算、定了不做或根本做不到的极坏印象，给我们的政治威信带来损伤；有些举措则没有理论依据，与现行思想原则直接抵牾，结果会给人留下我们在宗教管理上言行不一、随心所欲的批评口实，从而会对我们的宗教理论及政策法规产生歧义，或将之视同儿戏而不屑一顾。因此，我们首先就需要非常冷静、清醒地梳理一下我们目前关涉宗教问题的所说所行，看看其有无自相矛盾之处，是否已经构成了完备、统一、科学、整全的宗教理论政策体系和其社会管理实践方案。根据当下我们所需制定的文化战略来重新认识宗教的意义及作用，处理好宗教的定位和归属，并相应地调整、修改、完善我们当前的宗教理论政策，规范我们的宗教工作实践。这一切乃是一个科学的系统工程，必须认真对待，而不能仅仅选取某一部分经典理论或实践经验来涵括一切、界说全部。我们的科学系统工程是多层次有机关联、全方位整体统摄的，宗教理论学说及政策举措的制定，宗教文化战略的思考和构设，必须走科学发展观的道路。

从世界现代化进程来看，美国、欧洲各国、日本等都经历了其从中古、近代到现代化社会的转型，但它们都没有根本抛弃和否定其文化传统中的宗教，而是将之有机结合进今天的社会结构之中，成为其文化传承和社会的重要精神支撑，为普遍民众提供了心理保障的底线，为其对外扩展准备了必要的软实力。甚至法国大革命时因标新立异而轰动一时的人为"革命宗教"，最终还是让位给其传统天主教的恢复。对于这些经验，作为有着悠久文化传统而在当代正处于大国崛起时机的中国，在制定自己的文化战略时，应该认真研究和有所借鉴。必须承认，我们在对待宗教的态度、处理宗教问题的方法、应用宗教文化软实力来强健自我、感染他人上，与这些曾经在政治、经济、文化上崛起、迄今仍保持着精神和物质实力的国度相比，还存在着一定差距，仍有待观念上的更新。目前世界社会正处于一个全新的政治、经济、文化转型时期，因而既给我们带来了很大的机遇，也使我们面对着严峻的挑战。机会难得，时不我待，我们必须要有清醒的头脑，抓住这极为难得的机遇，在对待宗教的问题上加以及时调整，以一种大智慧、大手笔来充实、完善我们的宗教理论及政策，在我们的文化战略中有宗教文化的定位，促进宗教软实力的参与，藉此理顺我们社会文化与宗教的关系，消除以往的张力和对峙，使宗教真正成为我们社会文化的有机构成，与我们的社会政治和谐相融，在我们的社会建构中清晰自然，共同塑造我们的文化自我、形成我们的文化自知和自觉。我们在这一关键的转型时期应该有我们的时代敏锐感，要有高屋建瓴的远见和胆识。如果在这一时机能及时、自然地调整好我们社会的宗教关系，使宗教真正能与我们的社会建构及政治体制有机共构，那么我们的文化发展就有可能迎来一个长治久安、长期繁荣昌盛的理想时期，避免现今世界许多国家和地区所陷入的动乱及分裂，巧妙地躲过目前国际社会出现的危机和困境，进入我们中华民族再次崛起、复兴的盛世。为了这种理想愿景和真实远景，我们在宗教问题上理应解放思想，对贬低或忽视宗教所可能带来的恶果则必须警钟长鸣。

（作者简介：中国社会科学院世界宗教研究所所长、研究员，中国社会科学院学部委员，浙江大学全球化文明研究中心主任，中国统一战线理论研究会民族宗教理论甘肃研究基地研究员）

# 宗教生态论

牟钟鉴

## 一 从生态学到文化生态学,再到宗教生态学

生态学是近代兴起的自然科学新学科,研究生物系统与环境系统的相互关系。当代生态学与人文学科相结合,发展出文化生态学和生态哲学。美国人类学家斯图尔德打破"单线进化论",提出"多线进化论",首次把生态学应用于人类文化研究,创立文化生态学。他重视文化对不同环境的适应和由此形成的文化多样性,认为这些各有其核心属性的不同类型文化之间,并不存在必然的进化顺序,它们是平行发展的[①]。西方马克思主义者考察社会发展与生态环境的关系,提出生态马克思主义。中国学者余谋昌著有《生态哲学》[②],站在辩证唯物主义哲学世界观的高度考察生态环境和社会发展的关联。学者方李莉在《文化生态失衡问题的提出》[③] 一文中提出了与自然生态不同的文化生态问题。戢斗勇的《文化生态学论纲》[④] 尝试构建文化生态学理论体系。最近若干年,陆续有人文学者把文化生态学的理论与方法运用到宗教文化的研究,提出并着力建设宗教生态学理论,研究在一个相对独立的信仰文化圈内,宗教诸种关系及其态势,包括宗教内部的关系,宗教之间的关系,宗教与生存环境(自然与社会)之间的关系,研究宗教多样性结构及其适应社会过程中的动态平衡、失衡、重建的规律,并涉及文化圈之间的关系。如俄国学者克拉斯尼科夫就著有《宗教生态学》[⑤];中国宗教学学者从中国的历史与实际出发,用宗教生态学的眼光,考察中国宗教适应社会的多层次性和动态适应的复杂多变性,以便更好地推动宗教关系的和谐,充实中国特色社会主义宗教理论,促进和谐社会与和谐世界建设。笔者写了《宗教文化生态的中国模式》[⑥] 和《中国宗教文化的

---

[①] [美]斯图尔德:《文化变迁理论》,伊利诺大学出版社1955年版。
[②] 余谋昌:《生态哲学》,陕西人民教育出版社2000年版。
[③] 方李莉:《文化生态失衡问题的提出》,《北京大学学报》2010年第3期。
[④] 戢斗勇:《文化生态学论纲》,《佛山科学技术学院学报》2004年第5期。
[⑤] [俄]克拉斯尼科夫:《宗教生态学》,《现代外国哲学社会科学文摘》1999年第10期。
[⑥] 牟钟鉴:《宗教文化生态的中国模式》,《中国民族报》2006年5月16日。

多元通和模式》①及陈晓毅著《中国式宗教生态——青岩宗教多样性个案研究》②。宗教生态论的探讨引起政界学界越来越大的关注，因为它关涉到文化建设的战略思考和社会的长治久安。马克思强调环境（包括物质实在与社会存在）改变人并决定精神文化，同时又认为人能改变环境，指出："环境的改变和人的活动的一致，只能被看作是并合理地理解为变革的实践"（《马克思论费尔巴哈》）。恩格斯在《反杜林论·概论》一书中指出："当我们通过思维来考察自然界或人类历史或我们自己的精神活动的时候，首先呈现在我们眼前的是一幅由种种联系和相互作用无穷无尽地交织起来的画面，其中没有任何东西是不动的和不变的，而是一切都在运动、变化、生成和消逝。"由此可知，马克思主义哲学总是用相互作用和生成发展的眼光来认识宇宙、社会和文化，这其实就是生态学的哲学理论基础，生态学只是把这种世界观和方法论用于考察某种系统中事物运动的内部与外部联系而已。科学发展观第一要义是发展，核心是以人为本，基本要求是全面协调可持续，根本方法是统筹兼顾。这实际上就是社会生态论，把中国社会作为一个大生命体和大生态系统，以人的尊严、幸福和全面发展为中心，激发社会生命的活力，协调社会机体各部位之间的关系，在良性互动中实现社会大生命体的健康运行。落实在宗教领域，管理者就不能满足于分别去处理各种宗教问题，而要对中国宗教生态在宏观上有整体性的把握，对中国宗教生态的平衡、失衡与重建有长远的战略目标，以保证中国宗教与社会主义社会能长期协调，避免出现病态化趋势，使社会稳定又有朝气。

## 二 宗教生态论的特质和主要指向

### （一）特质

宗教生态论与宗教个案研究、宗教历史、现状研究不同，它的重心不在阐明各种宗教自身的状况与发展，它侧重在宗教关系及其态势的考察上。宗教生态论也与宗教本质论、要素论、功能论不同，它的任务不在揭示宗教的一般特征并归纳出它的社会作用，它关注的是生活中宗教系统的生成与变化，宗教系统与环境的关系，文化共同体生存的总体态势。它吸收西方文化圈理论的要素，又不为其既定模式所限，而着眼于大的文化共同体内诸多宗教与非宗教文化之间的有机联系。它与宗教和谐论、宗教文化论有交叉，但又不重叠。它的特质在于把现实生活中相对独立的社群共同体（如民族、国家、地区）范围内的宗教文化与世俗文化，看作是一种社会生命系统，内部有其结构层次，外部与大环境的社会文化系统相依互动，有调适，也有矛盾，在内部不断更新和与外部环境交互作用中维持生存和发展的活力，宗教生态论就是研究宗教生命系统动态运行机

---

① 牟钟鉴：《中国宗教文化的多元通和模式》，《民族宗教学导论》，宗教文化出版社2009年版。
② 陈晓毅：《中国式宗教生态——青岩宗教多样性个案研究》，社会科学文献出版社2008年版。

制的理论，它把宗教看作活的文化，目的是促成宗教关系和谐。

### （二）宗教生态论重视自然环境与经济类型对宗教文化的影响

苏联苏维埃学派提出"经济文化类型"的理论，认为前资本主义时期有三种经济文化类型：渔猎采集型，锄耕农牧型，犁耕农业型。又提出"历史文化区域"的概念，它指向共同的社会经济发展和长期交往、互相影响形成相似文化生活的人们居住区。中国学者钱穆在《中国文化史导论》中指出，人类由于自然环境之不同而形成生活方式之不同，从而促成文化精神之不同，大致有三种类型：游牧文化、农耕文化、商业文化。学者张践认为从历史上看，经济是影响民族宗教关系的重要维度①。这一看法肯定了宗教发育状况受经济发展水平与类型的影响，是有道理的。如：原始氏族宗教的自然崇拜、多神信仰与巫术活动，对应着渔猎经济时代的氏族社会特点和需要；古代民族国家宗教的政祭合一与高位神、职能神崇拜，对应着农牧经济时代民族国家的稳定与发展；近代世界宗教的扩展与改革、民族国家宗教的转型，对应着工商经济的发达和市场经济的竞争；当代民族宗教的冲突与宗教民族主义影响力的提升，对应着经济全球化时代民族国家关系紧密而又矛盾空前增多的特征。从地理文化学的角度，还可以从自然环境的差异说明神灵与崇拜活动的多样性。如临近湖海江河的族群崇信海神水神，依山而居的族群虔信山神，以农耕生产为生的族群崇拜土地神和五谷神，商业发达地区的族群则喜供财神，如此等等。直到今天，自然环境对人们宗教信仰的直接影响仍然存在，例如东南沿海居民对妈祖海神的崇拜，青藏高原居民对雪山神的崇拜，仍在延续。不过，随着现代经济的普遍发展和宗教文化的广泛交流，宗教生态中自然地理的制约和原有经济类型的影响，日渐在减弱，成为次要的因素，而且多存在于各种原生型宗教文化区域。

### （三）宗教生态论视野下亚伯拉罕系统宗教生态模式与印度系统宗教生态模式

人类社会自古就是多民族多区域多信仰多宗教的世界，宗教文化类型众多，丰富多彩，又在发展中不断分化、组合、更新、流播。从宗教生态论的角度看，它的生存模式是千差万别、变动不居的，又表现为交叉、重叠和大系统包含诸多小系统的复杂态势。宗教的分类，有进化论的分类，有地理学的分类，有语言学的分类，有神灵观的分类，有人类学和社会学的分类，有文化变迁与传播学的分类，不一而足。宗教生态论的主要任务不是阐述世界各种宗教的历史与现状，而是研究世界宗教中有巨大影响的几种大系统的宗教文化生态模式，从而更好地把握世界宗教的宏观格局。

---

① 参见张践《多元社会视角下的民族宗教关系》，见《民族宗教学导论》第三章，宗教文化出版社 2009 年版。

秦家懿、孔汉思在其合著的《中国宗教与基督教》①一书中指出，世界有三大宗教河系。第一大宗教河系，源出于闪米特人，以先知预言为其特点，形成亚伯拉罕系统三大一神教：犹太教、基督教、伊斯兰教。第二大宗教河系，它源出于印度民族，以神秘主义为其特点。第三大宗教河系，源出于中国，其中心形象既不是先知，也不是神秘主义者，而是圣贤，这是一个哲人宗教。该书对三大宗教河系各自特点的概括未必准确，但从宗教史上概括出三大宗教河系，即规模宏大的三个宗教文化系统，望之有如天上银河系之壮伟，是有见地的，它们确实是世界诸多宗教中最具典型意义的三大生态发展模式。我们需要先对这三种模式中的两种模式的特点做出新的说明。

亚伯拉罕系统宗教生存与发展模式可称之为一元分化式。三大教以亚伯拉罕（伊斯兰教称易卜拉欣）为共同先祖，以《旧约》为早期经典，先有犹太教，再分化出基督教而有《新约》，又分化出伊斯兰教而有《古兰经》，同出一源，在经典启示和先知代言上依次承接，有因有革，相续出新。犹太教与犹太民族对接，构成一族一教、同体互融的生态，从而保证了苦难流移中的犹太民族有精神支柱和身份认同，不致离散沉沦。基督教的出现和发展，则是适应了地区性多民族的罗马帝国的精神需要，同时基督教成为欧洲各民族的统一身份。由于欧洲文化的深度基督教化，在蛮族入侵和罗马帝国解体之后，欧洲各民族仍然是文化上的共同体。在近代宗教改革和民族国家纷纷出现并逐步实行政教分离之后，基督教仍然是欧洲共同体和派生到美国、加拿大的民族国家的精神纽带和文化底色。随着西方帝国的殖民活动和在全世界的扩张，基督教进一步从文化上加强了向外的传播渗透，使它的生态空间扩大为跨越五大洲、四大洋的超型文化圈。

仅就美国而言，其宗教生态模式可称为一元多教式。美国是移民社会，多民族必然多宗教，它又在法律上强调政教分离和保护信教自由，因此宗教文化表现为自由竞争，丰富多样。但这只是在政策层面上如此，在文化生态上却一直以基督新教为基础或底色，而后容纳其他各教，并非真正平等地对待所有宗教。美国主流社会有很深的"WASP"（白种的盎格鲁·萨克逊新教徒）情结，美国价值、美国政治与外交都浸润着基督新教精神。例如，美国以上帝拣选的民族自居，要承担"拯救全人类"的责任，因此它要领导和称霸世界；美国的历届总统除一位是天主教徒外，余皆为基督新教徒，就职时要按着《圣经》宣誓；美元上印有"我们坚信上帝"字样，其"爱国誓词"也强调公民要效忠的美国"归上帝主宰"；它的社会道德以新教伦理为导向，认同勤俭致富、荣耀上帝；它的核心价值如民主、自由、人权及强烈的选民意识都根源于基督新教的个体意识（上帝爱每个人、在上帝面前人人平等），《独立宣言》认为人权是"从上帝那里被赋予"的。美国的伊斯兰教和其他宗教只在局部范围生存，远不如基督教那样有全

---

① 秦家懿、孔汉思：《中国宗教与基督教》，中文版，生活·读书·新知三联书店1990年版。

国性影响。在"9·11"事件发生以后，穆斯兰群体经常成为国家安全部门监控的对象。这就是美国宗教生态结构的现实特点。

伊斯兰教一向与阿拉伯民族的社会高度一体化，对民族的政治、经济、文化有全方位全过程的影响。它既适应了阿拉伯民族在强盛时期统一帝国扩展实力和文化的需要，也能够在阿拉伯民族衰落和分裂时期维持精神家园的需要。它的生态空间随着与基督教较量的胜负而时大时小，但在中心区域是稳定的。当代阿拉伯世界中有些国家是世俗政权，但伊斯兰教仍具有国教地位，保持着主导文化的作用。在经济全球化迅猛发展的今天，伊斯兰教原教旨主义不能适应现代化的需要，与社会环境之间出现种种生态失衡的状况，不得不进入它的转型期。犹太教、基督教、伊斯兰教都是一神教，其崇拜的神灵是绝对唯一神，它至高无上，唯一无二，全知全能全善，不承认任何他神。由此之故，其原教旨主义必然唯我独尊、强烈排它。由于同而不和，三教内部必然不断分裂，形成教派互斗；外部必然不断对抗，造成宗教冲突。基督教分出天主教、东正教和新教，伊斯兰教分出逊尼派、什叶派和其他教派，彼此不可能重新联合。中世纪基督教的"十字军东征"和伊斯兰教的"圣战"，当代基督教强势族群的强权主义与伊斯兰教弱势族群的宗教民族主义之间的冲突以及巴勒斯坦与以色列的对斗，都说明亚伯拉罕系统的宗教文化生态是一元分化模式，彼此渐行渐远，存在着内部紧张的基因，在争斗中优胜劣汰，平衡是暂时的，不平衡是常态的。根据钱穆的理论，亚伯拉罕系统的文化属于游牧商业文化大类，其特点是向外寻求、流动、进取、战斗。一曰空间扩展，二曰无限向前。因此其发展过程表现为大起大落，大开大合，内外竞争激烈。在世界由于经济全球化和科技高度发展而成为地球村的形势下，在人类面临共同的生态、社会危机，却四分五裂的状态下，在和平与发展成为时代主题的今天，作为世界主流文化重要部分的亚伯拉罕系统原有的宗教生态模式，越来越显现其陈旧和与国际社会生态健康化的不适应。主要是在贵斗哲学支配下的原教旨主义和宗教极端主义流行，必然导致民族宗教激烈冲突，如不有效加以制止，将把人类引向灾难。因此，亚伯拉罕系统宗教生态必须作大的调整，关键是壮大开明派的力量，抑制极端主义，倡导贵和的理性的宗教温和主义，并使其主导宗教的发展方向，这是内部的决定性因素。同时，通过平等开放式的宗教间对话和强大进步舆论，从外部予以推动。

印度宗教生态模式可称为一元多神嬗变式。婆罗门教起源古老，以《吠陀》为经典，以梵天、毗湿奴、湿婆为三大主神，以吠陀天启、祭祀万能，婆罗门至上为三大纲领，信仰梵我一如、业报轮回，与印度社会的种姓制度（四大种姓：婆罗门、刹帝利、吠舍、首陀罗）相结合，全方位覆盖了印度的社会文化。在一元宗教内部，则天、空、地三界诸神众多，各司其职，掌管人间万象万事。为适应时代的变化，婆罗门教也经历了后期吠陀和梵书时代、奥义书时代和经书时代的不同阶段，这是小嬗变。公元前5世纪以后，释迦牟尼创立的佛教兴起，主张慈悲为怀，众生平等，反对种姓制度，获得社会中下层的欢迎，甚至得到刹帝利阶层和国君的支持。公元前3世纪孔雀王朝，阿育王尊佛教为国教。印度种姓制度根深蒂固，经历了数百年间婆罗门教与佛教的对抗，婆罗门教吸收了佛教、耆那教和民间信仰的若干成分，演化为新婆罗门教，即印度教，再加上伊斯兰教的强势进入，逐渐将佛教挤出印度。印度教重新占据除了伊斯兰教社区以外的印度社会的精神世界。这是一次大嬗变。梵天、毗湿奴、湿婆成为三位一体的至上神，重视瑜伽的修行之道。印度教对于民间的多神崇拜很有包容性，能够同时容纳苦行主义与纵欲享乐，其种姓分别也有松动，小的蝉变时有发生。但它与印度民族文化结合较深，其教义的普世性较少，虽然信徒众多至今仍未超出民族的范围，非但没有成为世界性宗教，而且在外部与伊斯兰教和锡克教不断发生冲突，以至于20世纪中叶在英国殖民主义策动下，转信了伊斯兰教的原印度居民中心区，从印度分裂出去，建立了巴基斯坦国家，彼此间在克什米尔问题上的对抗，至今仍在延续。这是印度宗教生态的又一次大蝉变。按照梁漱溟的观点，西、中、印三种文化路向和根本精神不同，各有优劣。西方文化向前推进，中国文化调和持中，印度文化反身向后。印度文化确实长于冥思反观，追求神秘主义体验和内心解脱，所以内向炼养式和苦行式宗教发达，同时也锻炼了体悟思考能力，推动了哲学型宗教的繁荣，《奥义书》和佛经代表着直觉思维的最高水平。在印度社会文化大环境（主要是种姓制度和神灵的民族色彩鲜明）中，印度教最适宜生存延续，而佛教的普世性、平等观与社会的等级制、民族意识之间的紧张始终不能有效消除，于是它悄然退出印度，经过南北两条通路而走向世界。佛教在中国遇上儒家的仁和之道和道家的虚静之道，找到适宜的文化环境，于是蓬勃发展，形成佛教发展史上新的高峰期，跨出了它演为世界性宗教的关键一步。

### （四）中国宗教生态的多元通和模式

中国自古就是多民族多地区多宗教多信仰的国家，没有一神教的传统，却有多元文化和谐互动的深厚传统。从自然与经济生态来说，地理整体单元和农业为主、农牧互补，形成民族众多并内向会聚及边缘伸展。中国幅员辽阔、地理多样，因而有众多民族及其文化。但中原农业发达，文明先进，民族间的争斗、交往、迁徙，其主流指向中原，内聚力强大。同时中原文化不断向四周辐射，周边游牧民族入主或认同中原，又带动边疆进入中华版图。西部北部有高山沙漠，既是屏障又有陆路交通与境外连接。东部南部有大海形成海防，又可与世界海路相通。从民族生态上说：一方面民族与文化多样，另一方面多民族又内向融合，生成主体民族汉族，像磁铁把多民族吸引在它的周围，彼此共处，互相渗透，形成中华民族多元一体格局。这种民族结构和生态，直接造成中华文化多元通和的成分结构和关系生态：中华文化在成分结构上有双层性，即数十上全面研究某种社会大系统中宗教之间、宗教与社会的复杂多层关系，把握其关系结构方式，这样人们对特定宗教的位置和作用会看得更加清楚。例如，伊斯兰教在穆斯林国家社会文化系统中是贯彻社会上下的唯一的全民精神支柱和精神家园，也是它的政治文化，须臾不可或离；而伊斯兰教在中国社会文化系统中则处于从属和局部的位置，与其他宗教是平等的，只在 10 个民族社会文化生活中起主导作用。又如中国五大宗教在政治上是平等的，而在中国社会文化结构中的地位和作用是不同的，佛、道二教进入中华主体文化之中，具有全局影响，而伊斯兰教、天主教、基督新教虽然教徒人数超过佛教、道教，但在中华文化中仍处在边缘状态，只有局部影响。加上国际社会与文化生态的影响，天主教、基督教与中西关系相连，伊斯兰教与国内民族关系相连，具有佛、道教所无的特殊作用。不了解宗教关系整体结构，五大教的社会属性与作用就说不清楚。

2. 宗教生态论的生命系统运行机制理论，用一种大生命观考察宗教文化的生存和发展，弥补了教别史、文化圈理论只见树木不见森林的孤立考察某种宗教及其影响的缺陷，也避免了宗教哲学缺乏具体生动性的不足，而把宗教文化作为社会生命共同体，关注其生命系统的内在动力、循环、遗传、更新、调节、修复，及与外部环境交换质素、信息的运行机制。这样，宗教不仅呈现为动态的事物，而且是不断在进行新陈代谢的有生命活力的事物。宗教生态系统是立体化的多层次的生命系统，从世界宗教生态到地区宗教生态，再到国家民族宗教生态，再到地方或教别宗教生态，一直到教团和家庭，大系统隶属小系统，母系统派生子系统，层层套叠，错综交叉，收缩扩张，起伏兴衰，既需要分别考究，又需要整合综论。例如东亚地区的宗教生态，以中国为腹地，形成儒学文化圈、佛教文化圈、道教文化圈的三重叠加的东亚模式，其辐射范围包括朝鲜半岛、日本列岛和越南，波及东南亚各国。东亚宗教生态系统是在中华仁和精神引导下，通过文化的和平交流方式形成的，没有政治集团操控，不伴以战争掠夺流血。儒、佛、道在传播的过程中又不断与东亚各国的国情和文化相结合，形成各自的特色。如儒学在朝鲜半岛发展出"性理之学"，在日本发展出"朱子学"、"阳明学"；佛教在朝鲜半岛发展出"五教九山"，在日本发展出"净土真宗"、"时宗"、"日莲宗"，在越南发展出"竹林禅派"、"莲宗"、"元绍禅派"；道教在朝鲜半岛出现了特色官署"昭格署"和特色道观"福源观"，在日本与天皇制有密切关联又影响了神道教的发展。近现代以来，在西方文化强劲冲击下，东亚文化圈衰弱破碎，儒学在中、日、越三国被边缘化，基督教传播神速。20 世纪 80 年代以来，儒学在中国衰而复兴，在东南亚新加坡等国的影响有扩大之势。可见，宗教生态系统的兴衰变异，是内外因素交互作用的结果。

3. 宗教生态论的文化生态圈与分布的识别方法，能够使人们对宗教的认知，不停留在抽象概念或现象描述上，而能把宗教历史、宗教理论、宗教现状结合起来，从系统论的视野和异同比较的角度识其多样性和类属，从而将世界宗教和中国宗教有机连贯起来，组成一幅彼此相通而又色颜各异的图式。世界上的宗教是多种类多层次的，看似无序杂多却又类属序列。已有的地理学分类、语言学分类、进化论分类、社会学分类、现象学分类似乎都不能恰当揭示人类宗教真实的生存状态。而文化生态圈的分类会使各种宗教的动态分布景象在我们头脑中清晰起来。从古至今，世界宗教的生灭、兴衰、变革一直在进行中。从目前相对稳定的宗教生态模式看，大致形成如下若干主要生态圈和分布：

（1）以欧洲和北美为腹地的基督教（包括天主教、基督新教、东正教）文化生态圈，并延展到五大洲，以亚洲为新兴区；（2）以阿拉伯半岛和阿拉伯民族国家为腹地的伊斯兰教文化生态圈，扩展到五大洲，与基督教文化生态圈多有重叠；（3）以东亚和东南亚为腹地的佛教文化生态圈，在其他各洲均有数量不等的教徒；（4）以印度为主区的印度教文化生态圈，在斯里兰卡和印巴有争议的克什米尔也有印度教群体，此外一批印度教徒随着移民而迁居欧美；（5）以中国为主区的以儒道互补为底色的中华多元通和文化生态圈，它对周边国家尤其对东南亚地区的华人文化有一定影响；（6）日本以神道教为底色的多教共存文化生态圈；（7）与犹太民族相结合的犹太教文化生态圈，主区在以色列，而在美国和俄罗斯都有一定数量教民群体；（8）欧、亚两洲北部乌拉尔—阿尔泰语系各族信仰的原生型宗教萨满教文化生态圈，虽不断有其他宗教进入，但萨满教在民俗文化中仍有深广的影响。

以上 8 种宗教生态模式的发展及其相互关系，决定着世界宗教未来的走向。

## 四　宗教生态论与中国宗教生态建设

宗教生态论有益于中国社会主义者总结历史经验，确立今后中国宗教文化发展战略，引导宗教长期平稳地适应社会主义社会，促进社会和谐。

### （一）历史经验教训

中国历史上形成的宗教生态多元通和模式，基本上适应了多民族多宗教的国情，与农业文明、家族社会形成和谐关系。这期间也有不适应发生，如南北朝至唐有"三武一宗灭佛"，清后期对伊斯兰教新教的镇压，主因是执政者宗教政策一时失当，造成政教关系短期紧张。不同文化之间的论争与张力，只要局限在理论范围而不激化为暴力冲突，有益于彰显各自特色与彼此借鉴，激发向前的活力，这是文明发展的规律。

民国以来，中国社会进入社会变革剧烈时期，进步力量与革命团体致力于民族独立解放事业，来不及细心研究宗教文化的调整与发展问题，在西方科学主义和文化激进主义影响下，对中华传统文化（包括宗教）进行猛烈冲击，批判与否定有余，转化与建设不足，出现"打倒孔家店"、"汉字落后过时"、"取代宗教"等"左"的文化口号与思潮。1949年以后，特别是1957年以后，文化上只强调"兴无灭资"，对中华传统文化虽有"批判地继承"的方针而不能落实；又受苏联"鸦片基石论"的影响，对宗教批判限制多，保护引导少，尤其视民间组织化宗教为"反动会道门"，民俗性宗教为"封建迷信"，不断予以扫荡；在"文革"期间则实行"消灭宗教"的极端主张，把宗教打入地下。由此，我国宗教文化优良传统出现断裂，宗教生态严重失衡。改革开放以来，我们的文化理论与政策（包括宗教理论与政策）回归唯物史观与理性温和的轨道，把传统与现代结合起来，弘扬中华文化，吸收人类文明成果，进行综合创新。在宗教问题上抛弃"宗教残余论"、"宗教鸦片论"，提出"宗教适应论"、"宗教文化论"、"宗教和谐论"，于是宗教领域面貌焕然一新。

但是在宗教生态问题上我们还缺少深入反思：历史上的多元通和模式如何评价？哪些原因造成了宗教生态的失衡？我们的失误在哪里？对这些问题必须有清醒的认识。

**（二）我国宗教生态失衡的表现和原因**

1. 表现

一是在现今合法五大宗教中，外来宗教的比重远大于中华传统信仰，道教佛教加在一起，亦不过半，而唯一土生土长的道教是五大宗教中群体最小的宗教；二是历史上主导诸宗教精神方向的儒学不仅被边缘化，而且被妖魔化，在许多中国人心目中是负面的形象；三是民间信仰缺失，填补这一缺失最具活力的是尚未充分中国化的基督教，基督教以历史空前的过快速度在城乡增长（每年约增100万教徒），成为正式信徒最多的宗教，削弱了中国宗教文化的民族主体性，急剧地改变着中国宗教原有的结构版图；四是地上地下教群的二元存在，使统一的宗教生态破裂，处在灰色与黑色地带的宗教群体在病态中生存。

2. 原因

一是当代主流社会人士放弃儒家温和的"神道设教"理念，趋向于战斗无神论的反宗教思想，视宗教为社会进步的障碍，行动上致力于与宗教作斗争，从而压抑了温和的宗教，却不能有效阻止原教旨主义的宗教教派流行；二是不重视传统民俗文化，反复不断扫除民间宗教与信仰，结果摧毁了多元通和宗教生态的基础，不仅使民众的信仰需求得不到满足，而且淡化了多神崇拜心理，为以传教为信仰并擅长于基层分散传教的基督一神教扩张性传播，提供了适宜的广大空间；三是主流社会对孔子儒学和老子道学在维护中华民族主体文化中的地位和作用长期认识不足，反传统的民族虚无主义的流衍深广，"文革"思维仍有影响，弘扬中华文化的力度不够，支撑不起中华文化复兴的大业；四是管理思想和体制不能与时俱新，用老观念老套路应对新情况新问题，于是宗教领域二元结构和灰色地带的问题久久不能解决。

3. 宗教生态多元通和模式的重建

第一，中国宗教多元通和模式是一种良性生态模式。

它是民族多元一体格局和多样文化相依共荣在宗教关系上的表现，最有益于宗教自身的健康发展与和谐社会的建设，最有益于社会主义社会的长治久安。它也有益于一国两制与两岸文化和平交流。它还有益于推动宗教对话与世界和平。而宗教暗中发展，或一教坐大，或宗教关系紧张，或外部干扰不断，都不符合社会主义的本质要求。但在新的历史条件下，重建工作应有新的特色新的内涵。

第二，多元通和，固本化外——文化战略的思考。

宗教结构的失衡、信仰基础的削弱和生存病态的存在，既然是长期所积，那么重建良性生态当然也非短期之功。在诸多建设中文化建设是软性的又是较难的，而文化建设中信仰文化重建更是无形的又是最难的，需要长期推动。文化之间的平衡只能靠文化的力量来实现，舍此，其他手段都不能成功。实行宗教政策与建设宗教生态不是同一层面的问题：在法律和宗教信仰自由政策面前，各教一律平等；在建设宗教生态任务面前，要从民族发展的全局利益出发，具有战略眼光、宏观目标，把保护民族性文化放在首位。从文化战略上考虑，我们的长远目标是八个字：多元通和，固本化外。"多元通和"要求在中国特色社会主义核心价值指导下全面开放各种爱国劝善的宗教，将其纳入社会管理视野并加以积极引导。多样性宗教之间一律平等，和谐互尊，还要相互沟通、相互学习，形成爱国守法、行善积德的文化联合体。"固本化外"要求加大中华传统信仰文化重建的力度，继承和发扬中和之道的优良传统，加快各种外来宗教中国化的步伐，使之如同佛教那样成为中国和谐社会的有机组成部分。

第三，用社会主义的核心价值引导宗教生态的重建。

在历史上，引导多元宗教的思想是人文的儒学，其宗教观是温和的"神道设教"之说。在今天，引导多元宗教的思想是人文的中国特色社会主义，其宗教观是温和的无神论。既坚持无神论，又尊重有神论，就是温和的无神论，它是新时期建设宗教多元通和生态的必要社会条件。它与儒学异在不保留天命鬼神的思想空间，同在不反宗教而能加以包容，并发挥宗教的积极作用。它与以往的无神论同在都不承认神灵实在和灵魂不死，异在它承认宗教存在的必然性与长期性，不赞成与宗教为敌，而要给予尊重，与之合作。社会主义的核心价值强调以人为本、共同富裕、公平正义、互尊和谐，它是社会主义思想与中华文化的有机结合。在它的指引下，人文理性与科学理性是社会思潮的主流，社会文明得以日趋提升，宗教理性也将不断加强，宗教关系才能走向和谐。科学发展观不仅是社会发展的方略，也是宗教生态重建的路向。新的社会主义文化体系，以中国特色社会主义理论为指导，把主导性与广泛性、先进性与多样性统一起来，建成能够满足各民族各阶层各地区多种文化需求的中华民族共有的精神家园。

第四，进一步弘扬孔子儒学和老子道学，促其实现当代转型，展现中华文化的崭新风貌和新时期文化的民族精神，发挥其融合不同文明的传统优势。

要早日使儒家的五常（仁义礼智信）八德（忠孝诚信礼义廉耻）和道家的道法自然、尊道贵德，重新成为当今中国社会的普遍伦理的基础，并不断辐射到宗教伦理；用儒家中和之道和道家柔和之道促使各种信仰中温和主义成为主潮流，推动宗教关系日益和谐。儒道互补是中华文化的底色和民族文化标识，是中华民族文化共同体最强劲柔韧的精神纽带。今后也将如此。陈水扁台独势力执政时期，大力推行文化上的"去中国化"，使中华文化良性生态遭到一定破坏，两岸有良知的中国人都感到痛心。我们要引以为戒，反其道而行之，共同致力于中华文化的固本培元工作。

第五，有效地推动天主教、基督教神学中国化的事业。

作为一神教的基督教，其原教旨主义认为"耶稣以外无拯救"，有强烈的排他性，容易被西方霸权主义利用，成为对外扩张的助手。这样的基督教不适于中国和谐社会建设与多元通和宗教生态的需要，必须与儒、道思想相结合，不断地中国化，也就是不断地温和理性化，减弱其排他性，增强其包容性；减弱其洋教性，增强其中华性，才能使它成为中国和谐社会文化的有机组成部分而不是异物。中国特色神学建设是基督教适应当代中国社会的关键。西方敌对势力谋图中国基督教化，我们的对策便是基督教中国化。这是保持宗教文化的民族主体性与对外开放性相统一的唯一可行之路。老一辈爱国基督教神学家早已在做神学中国化的工作，并推出一系列理论成果。如赵紫宸的伦理神学，吴雷川的折中神学，谢扶雅的辩证神学，吴耀宗的实践神学，丁光训的博爱神学，陈泽民的和好神学，汪维藩的生生神学，都贯穿着孔子老子的仁爱中和之道。这一事业尚后继乏人，要大力组织和培育年轻开放而有中华文化素养的基督教学术队伍，他们将肩负起使基督教真正融入中国社会的重任。

第六，有序地开放中国民间宗教。

中国民间宗教有深厚久远的传统，历来占据中国宗教市场的最大份额。其历史特点：一是多神崇拜，二是神学粗杂，三是融入民俗，四是地方差异，五是边缘存在。其中有独立组织的民间宗教往往家族传承，有流动性、不稳定性；民俗化的民间宗教（习称民间信仰）则多与村社家族相结合，成为一种民俗文化生活。民间宗教是民间社会的精神依托和稳定要素，也是儒、佛、道三教成长和回归的土壤。它也存在着低俗诡异、妨碍科学的缺陷，有被利用来骗钱害人、煽惑谣言混乱的负面作用，所以需要正确引导和依法管理。目前民间宗教正在自发重建中，社会管理者要视其为正常文化现象，给予合法生存空间，纳入社会生活运行轨道。台湾地区的经验证明，发达的民间宗教与信仰，对于形成中外宗教关系的动态平衡，有巨大作用。多年来天主教与基督教不足百万信徒，非但未出现过快发展，而且信众数量有下降的趋势。有些少数民族地区不以信仰世界三大宗教为主，而有自己传统民间宗教，如北方萨满教，南方麽教、师公教、毕摩教、东巴教等，该地民众要求与信仰五大宗教同样的合法信仰权利。因此，开放民间宗教，是消除信仰歧视、实现信仰自由的重要体现，也是重建多元通和宗教生态信仰基础的重要步骤。

第七，克服佛教道教"上层化"、"商业化"倾向，发扬其仁慈天下、爱国尚德、中道不偏、平等互尊的精神，促其更好地面向民间、服务大众，涵养生命、生发智慧，向着道德宗教、文化宗教的方向发展，那么佛道二教便可为发挥传统的文化优势，为宗教生态建设作出重要贡献。

伊斯兰教在10个信教民族的精神生活里居主导地位，其宗教生态建设的主要任务，一是抑制宗教极端主义，提倡宗教温和主义，实现宗教和睦；二是把国家认同、民族认同、宗教认同三者统一起来，牢固树立爱国意识、法律意识和民族团结意识；三是淡化教派意识，改铸"圣战"观念，发扬中国伊斯兰教忠厚教人、和平化世的精神，实现教内团结。

宗教生态论将使中国社会主义者获得正确处理宗教问题的整体观、动态观和驾驭全局的能力，努力创建多元通和的中国模式、中国经验，使各种宗教在宪法、法律范围内，在社会生活的不同领域，各得其所，各尽其职，以自己的方式为社会和谐发展服务，进而为改善世界的宗教生态、推动文明对话尽一份力量。

（作者简介：牟钟鉴，中央民族大学哲学与宗教学学院教授，中国统一战线理论研究会民族宗教理论甘肃研究基地研究员，原文发表于《世界宗教文化》2012年第1期）

# 全面研究宗教在中国文化发展战略中的地位与作用

金 泽

宗教在文化发展战略中的地位和作用，这一研究能否提供一套较有价值的理论和战略谋划，关键在于它能够提出哪些新问题、新思路和新策略，在于将国内外的一切经验和优秀的理论成果与中国的宗教实际相结合，与中国社会的发展要求和人民群众的愿望相结合。全面研究宗教在中国文化发展战略中的地位与作用，对于我国构建和谐社会、进一步在全球化进程中扩大对外开放、增强综合国力和维护国家文化安全具有重要意义。

## 一 重要意义

民族、宗教无小事，我们党历来重视处理好民族、宗教问题。在新世纪新时期，中国共产党和国家面对着新的挑战和任务，这就要求我们与时俱进，进一步从中国文化发展战略的高度提升人们对于宗教问题的认识和思考。原因主要有三点：

（一）随着苏东剧变和"9·11"事件发生，国际秩序进入新的转型期。与此相应，传统的国家安全理念扩展为经济安全、军事安全、信息安全与文化安全四个主要方面。安全关系的多重化使国家之间虽然在传统安全领域相互敌对，但却可以在非传统安全领域成为合作伙伴。由于各国的经济发展水平不平衡，对于全球化秩序的预期以及制定全球化秩序的立场不同，形成了不同的利益诉求及其文化表述。宗教作为利益诉求和文化表述的重要形式之一，既引发了形形色色的冲突，也在国家和地区的文化整合中起着非常重要的作用。

（二）中国社会在改革开放中不仅形成了经济成分多元化、社会阶层多级化、利益群体多样化的格局，而且经过几十年实践探索，逐渐形成了一个非常明确的治国方略，即以科学发展观为指导，以构建社会主义和谐社会为圭臬的新的发展战略。构建和谐社会是一个宏大战略和社会工程，意味着处于社会结构中的各种要素之间要形成某种良性互动的关联。构建和谐社会不仅指明了今后我国社会进步的方向和基调,而且为宗教学研究者提供了一个总体思路,在应对和处理国内国际的宗教问题时,应该以构建和谐社会为基准来理解问题和谋划策略。

(三)中国历史上形成了多民族多宗教共居共存的格局,现有五大宗教(佛、道、伊斯兰、天主、基督新教)、1亿以上信教群众。在漫长的历史演变中,中国宗教在社会各阶层间、各民族间、与周边国家和地区间、与国际社会间,形成了非常复杂的关联。宗教在中国历史上从来就不仅仅是一种思想体系,而是作为社会组织在历史舞台上扮演过诸多角色,既发挥过建构作用,也发挥过解构作用;既提供过正值的社会资本,也提供过负值的社会资本。宗教在促进社会和谐方面的两重性,决定了我们必须对宗教在文化发展战略上形成总体性的把握。

## 二 要有独特的视野

**(一)全面研究宗教在文化发展战略中的地位和作用,意味着对宗教的定位要在内涵上有所扩展。**

在历史上的一段时间内,人们过多地强调宗教的意识形态定位或政治立场定位,这既有认识方法上的原因,也有宗教自身的原因。随着改革开放和思想解放,中国人对宗教属性的认识逐渐由一维的变成多角度的,由平面的变成立体的,由既成不变的变成动态发展的。有学者指出,对于宗教的定位有三个层面,即意识形态、政治和文化。文化战略定位主要着眼于宗教作为一种文化体系,从物质文化、精神文化和政治文化等多个层面看待宗教的社会文化功能。凸显文化战略的定位,并非否认宗教具有的其他属性,而是对宗教认识的拓展,从更深广的层面上把握宗教的属性。

认识与实践是互动的过程。认识上的转变,必然会影响现实社会中宗教的生存状态和发展走向。来自社会的期待和源自宗教内部的发展动力也会形成一种互动,特别是在日益复杂的国际关系格局和中国构建和谐社会的进程中,这种互动必然会影响宗教在社会文化发展中的地位和作用。

**(二)全面研究宗教在文化发展战略中的地位和作用,意味着在思考宗教问题时的位势不同于具体的历史考证和现状调查。**

文化战略研究是一种前瞻式的战略研究,不是就宗教论宗教,就宗教问题来解决问题。这种战略研究当然是以宗教史研究为依托的,但是从文化战略的层面研究宗教不是为了梳理宗教史的脉络,而是为了把握宗教走向的大趋势。这种战略研究自然也会触及过去和当下的局部状况与政策,但它主要不是就当下的某一事件或某一政策得失做出解读,而是统观全局,在深层次上和中长期上研究如何"防患于未然"。从文化发展战略的角度研究宗教,就是要立足于战略的高度,将宗教问题放在我们党和国家社会发展的总体战略和国际关系新格局中来定位和研究。

(三)全面研究宗教在文化发展战略中的地位和作用,还意味着我们不能仅仅思考宗教自身的社会功能与文化功能,而是要从中华文化大发展大繁荣的整体谋划中来定位宗教的功能。

## 三 要有较强的创新意识

宗教在文化发展战略中的地位和作用,这一研究能否提供一套较有价值的理论和战略谋划,关键在于它能够提出哪些新问题、新思路和新策略,在于将国内外的一切经验和优秀的理论成果与中国的宗教实际相结合,与中国社会的发展要求和人民群众的愿望相结合。随着学术力量的动员与整合,随着这一研究的全面、深入展开,肯定会有很多新观点和新思路涌现出来;就是已经意识到的或已经开始探讨的问题,依然有深入探讨和拓展思路的空间。在此,笔者提出三个有可能成为创新点的问题和思路,作为引玉之砖。

(一)在构建中国和谐社会进程中,宗教除了自身所具有的信仰功能,在承载文明和接续传统方面,还能发挥哪些有益作用?

中国不仅在政治上和经济上要自立于世界民族之林,在民族文化上也要自立于世界民族之林。因此将中华民族传统文化中的精华融于构建和谐社会的进程之中,建设具有中国特色的文化体系至关重要。要完成这一任务,需动员一切可以利用的文化资源。其中特别重要的就是如何看待宗教的性质与作用。

中国的宗教学研究者已经认识到,宗教不仅仅是意识形态,还是文化系统。宗教在历史传播的过程中,往往以信仰的形式负载着一个民族或一个群体的伦理道德和价值追求;不仅可以为个人生活提供意义,而且可以为社会提供价值导向和行为规范等公共产品或社会资本。人类历史的发展进程表明,宗教这种精神资源可以多方利用,既可以为倡导和平、促进社会和谐提供动力,也可以为极端主义和恐怖主义开路。面对当下的宗教世情与国情,讨论宗教是不是一种精神资源本身就如有些人所说的是个伪问题。更有建设性的研究应当探讨在我们构建和谐社会的进程中,如何看待以及引导、利用宗教这种精神资源。但是我们目前的认识还过于笼统,有许多问题特别是那些带有很强操作性的问题还需要深究。

**(二) 如何看待宗教多元化现象，如何在满足不同信仰需求的同时，形成一种既减少冲突又能共谋善举的格局？**

宗教多元化是个世界性的现象，也是正常的社会历史进程。从文化发展战略的角度研究这一现象，不仅要关注教义教派分化的趋势，更要关注不同的宗教和教派形成怎样的结构关联，如何形成某种生态平衡、和睦相处的机制，以及这种多元结构与社会稳定和发展有怎样的互动。对于这个现象，我们还有许多问题需要大力研究，特别是要研究宗教多元化如何在个人层面上满足随着社会的发展和人的发展而不断分化的不同信仰需求，同时在社会层面上构成一种既减少冲突又能共谋善举的格局及其"游戏规则"。

此外，在中国社会的未来发展中，不仅要关注五大宗教等制度化宗教间的生态平衡，还要关注民间信仰与制度化宗教间的生态平衡。我们在思考中国文化发展战略时，不能简单地把制度化宗教与民间信仰对立起来，把它们看作高低阶梯上的两个环节并扬此抑彼，而是要把它们看作一个从零到一的谱系，将其中的每一个点看作组织形式多样性的表现，认识到其各自的功能与优劣。

**(三) 如何发挥宗教组织的积极作用，探讨宗教组织加强自我管理和社会监督的方式与规则？**

从社会的角度看，选择何种宗教信仰、信与不信、信仰的程度，都属于个人的权利，是个人的私事。但是宗教组织及其活动是一种社会组织和社会活动，具有很强的社会性。这种社会性不仅表现为任何宗教都凝聚一定数量的信众从而形成一定的社会力量并凝聚一定的社会财富，还表现为它的活动以及它所动员的社会能量可以使社会资本增值或负增长，而且它本身就是社会资本的一部分。因而任何政府和社会都必然要以法律或其他社会控制的手段，协调宗教组织与社会结构中的其他组织或因素的关系。

随着社会的发展和宗教多元化的演变，我国的信教人数和宗教组织在一段时间内还会呈上升趋势，这势必带来加大社会管理成本的问题。对于发展中的中国社会来说，不可能无限地增加社会管理的成本，而且即使政府有能力负担社会管理成本的增加，也还有管理的边际效益问题。所以在研究宗教在文化发展战略中的地位和作用时，应当探讨如何加大宗教组织的自我管理和社会监督的方式与规则。

宗教组织要在中国构建和谐社会的进程中发挥积极作用，不仅要更多地投入社会公益事业，为社会资本增值，而且在内部管理和接受社会监督方面也要加强建设。但这毕竟是个渐进的过程，不仅不同的宗教有不同的情况，而且究竟要分几步走和怎样走、国内外有哪些经验教训，等等，都需要进一步调查和研究。

总之，全面研究宗教在中国文化发展战略中的地位和作用，从深层次、中长期的角度研究宗教在社会主义初级阶段和构建和谐社会的进程中，到底应当如何定位；如何把本质论、认识论、功能论的不同维度的定位结合起来，形成一种立足于中国国情的比较客观和全面的认识；如何充分重视宗教与民族、宗教与政治的密切关联，同时又把宗教问题、民族问题、政治问题、法律问题区分开来，研究这些不同方面的边界所在以及它们的互动关联，有利于我们克服左右摇摆的观念、改变忙于"救火"的被动局面，有利于突出宗教的文化功能，有利于实现文化整合，推进中国社会的和谐发展。

（作者系中国社会科学院世界宗教研究所副所长、研究员，原文发表于《中国宗教》2012年第3期）

# 佛教在藏地与汉地本土化历史之再考察

## 班班多杰

藏传佛教与汉地佛教是中国佛教的主干。历史上，这两大佛教系统在各自的特定语境中发展、演变，经历和导致了"同途殊归"或"殊途同归"的过程和结果，留下弥足珍贵的经验和教训。学界早就关注到这一宝贵学术资源。法尊对两地佛教之见、修、行及体制、仪轨、译经等重大问题做了比较，并以藏传佛教为镜鉴，提出建设汉地佛教之具体意见。[①] 吕澂对有关汉藏大藏经目录之异同作了较为深入的比较，并提出汉藏佛教合璧研究的具体设想。[②] 沈卫荣就汉藏佛教比较研究的学术价值以及国际藏学界就汉藏佛学比较研究的成果等发表灼见。[③] 这些研究主要是从文献学、目录学及佛教道风建设等方面比较，为认识两地佛教之异同提供了广阔视野和方法论启示。本文的目的，是通过藏族原生态苯教和由苯入佛后的译述苯教，汉地原始儒学与融释归儒后的宋明道学的比较，阐明苯教、儒学两大传统文化同佛教发生涵化前后产生的不同变异，阐明两者在理论旨趣和现实指向上的异同，及其对现代国人立身行己、为人处世乃至安身立命的终极归宿带来的影响略加讨论。

## 一 藏传佛教与苯教、汉地佛教与宋明道学之间的关系

### （一）藏传佛教与藏族苯教的关系

苯教是藏族远古时代的宗教，12世纪初，止贡噶举派鼻祖止贡巴·玖旦贡布（1143—1217）提出苯教形成、发展的"三派别说"和"三阶段论"。其说不落俗套、独抒性灵，从思想史角度梳理与整合苯教发展及其与藏传佛教互动融摄的历程，为我们提供了理解苯教历时性与共时性特征的纲目。

第一阶段：笃苯，即原生态苯教：

---

① 法尊：《从西藏佛教学派兴衰的演变说到中国佛教之建立》，《海潮音》1936年卷17第4号。
② 吕澂：《汉藏佛学沟通的第一步》，黄夏年编：《吕澂集》，中国社会科学出版社1995年版。
③ 沈卫荣：《汉藏佛学比较研究刍议》，《历史研究》2009年第1期。

总之首先苯有辛饶米沃的笃苯、外道邪见的恰苯、佛教之败类魔居苯三种。从聂赤赞普到第六代赤德赞普时期，卫昂雪奥地方有一年方十三岁的辛氏少年，魔鬼将其骗游藏地十三载，至二十六岁乃还人间。由于他具非人的能力，即成了一位懂得在何地有何种鬼神，施行何种利弊的事，以及于彼如何举行祭祀和禳解仪轨的智人。他娶了官吉噶摩的女儿赤加为妻，然而被弟子夺走，因未能观察而出现业力三敌：未观察弟子的业敌故使妻子被抢，未观察妻子的业敌使其投心他人，未观察朋友的业敌使赞亚哇加降伏老苯波徒，撕碎老鼓砸碎锣。他因知道藏赞的命根，施以法术取得效果，细说如何修建香波拉孜苯教宫殿及藏赞的修炼方法。此后止贡赞普被罗昂杀害，请其去做"刀辛超荐"时，他说："我的苯教有多种说法，但主要的可归纳为三种：下降鬼怪，上敬神灵，中调家事。刀的超荐法事我不会做。这些被称为因本黑水，此即笃苯。"[①]

这一论述包含以下几层意思：其一，"笃苯"指原生性的苯教，它至少在聂赤赞普时代（约前417—前345）就已形成。其二，辛氏家族生有一儿童被鬼神骗游藏地十三年，神灵附身，获得神迹，成为人神交通的媒介，这是巫师角色的认可和体现。他是一位祭祀鬼神程序的功能操作者，他还是具有一定技艺的巫师。这些都在一定程度上反映了藏族远古社会巫术宗教的原生线索和原初情景。其三，止贡巴·玖旦贡布将藏族原生态巫术宗教准确概括为"下降鬼怪，上敬神灵，中调家事"的三层结构体系。这是藏族原生型苯教全部思想的内在主题，是对藏族原生态巫术宗教功能的理论性总结和框架性概括。

第二阶段：恰苯，即外来的，具有理论体系的苯教：

为邪恶外道蔓延之恰苯。在苯教经典中说：最初是本无空寂，由空稍起本有，由本有略生洁白之霜，由霜略生似奶酪之露，有如是等说法。最终主张（一切外器世间与内情世间）均由卵而生的一派，认为由"恰"和自在天等创造的一派。这些都是外道恰和大自在天之宗派恰苯。超荐度亡仪式、针刺放血、鸟羽断铁、神旨、结绳打卦、烧骨打卦（骨卜）、杀马宰羊等是常见派。为四种流浪的邪门外道。因为辛饶米沃不谙止贡赞普的刀辛超荐亡灵术，邀请喀什米尔、朱夏、象雄三地的苯教来做超荐法事。一个通过依靠修持格阔琼神和火神，显示少许之骑骆驼飞行空中，针刺放血、鸟羽断铁等能力；一个展示了通过依靠结绳打卦、神旨、骨卜等来

---

[①] 止贡巴·玖旦贡布：《止贡巴·玖旦贡布四十教言》，载《正法唯一意趣大疏·光明智慧明灯论》，天马出版社2006年版，第203—314页。

决断吉凶之能力；一个通达了超荐亡灵、伏刀等"悉"之诸具体要素，如是而出现了三者。在未出现这三者（外来苯教）以前，苯教宗义尚无任何改变，此后因出现了亦持有祭祀神灵，降伏鬼怪等苯教教义。所以，出现了祭祀神灵鬼怪和邪见的业果得到痛苦的报应，这是恰苯。

恰苯在吐蕃第八、第九代藏王止贡赞普和布岱贡加（约前4世纪）时代由外地传入，它的显著特点是：在原祭神降鬼、祈福免祸之巫术宗教基础上传入"骑鼓升天"、"鸟羽断铁"的神仙法术。另外，这些巫师还有"放血祛病"的技艺，这与古代汉地之"巫彭作医"相通。他们还要参掌"送度亡灵"的丧祭仪式。更为重要的是，这些所谓的外道巫师带来"烧骨打卦"等卜筮术，说明这时的苯教巫师承担着掌控祭祀神灵程序、行医祛病以及占卜的职能。这些占卜习惯具有理性化因素，占卜的应用过程本身加深、改变了远古藏人的思想与信仰。从笃苯敬神镇魔、兴旺家事的巫术到恰苯占卜吉凶、了解过去、预知未来、掌控结果的理性推理，早期苯教中包含的此类要素，虽然不是藏人独特的宗教文化创造，但它是在藏人巫术宗教基础上融摄外来巫占而形成的。据此可知，这时的藏人开始努力谋求从原因推测结果，由个别把握普遍的内在规律，尽管它仍然被包裹在神秘的巫术外衣下，仍然受到魔法的限制。因此，恰苯所形成的宗教体系和实践，不应从原始思维的意义上来理解，而应当把它视为藏人哲学思维诞生的前夜。藏人便在此理性思维基础上顺势接受"卵生世界"与"本无空寂"的哲学世界观。这在《黑头矮人的起源》一书中得到较为详细的论述：

> 从最初的本无空寂，产生些微存在。然后产生光和芒，光是父，芒是母。并由此产生黑和暗，由此产生微风，由此产生微霜，由此产生露珠。霜和露珠的结合，形成了镜子一样的湖。湖面和堆积物卷裹成卵状。卵里产生黑白两个鸟的灵魂，即光的光明和芒的黑暗。光明和黑暗的结合产生黑、白、花色三个卵。白卵破裂而外壳形成了白色的神岩。中间的粘液物变成众多的光裔部落。里面的卵水变成了海螺色的母犏牛。从卵的内核产生最初的白光世神、姜协神白色人主和具海螺眼三白人。黑卵破裂而产生昂米那波和提纳邦扎两个。花卵破裂而产生女人朗朗玲玲。此人没有可视之眼，没有可听之耳，没有可嗅之鼻，没有可尝之舌，没有可抓之手，没有可行之脚。仅有可思考的思想。给他开了可视之眼，可听之耳，可嗅之鼻，可尝之舌，可抓之手，可行之脚。由此而自己给自己起了名字，取名叫斯巴桑波奔赤，亦称耶门杰布。此耶门杰布把金子和绿松石放在右边并祈祷，产生了金山和绿松石山谷两个。所有的恰氏由此产生；把海螺和琼放在左边祈祷，产生了海螺山和琼山谷两个。所有的穆氏由此产生；横置水晶和光铜之后祈祷，产生了水晶石岩和

光湖两个。所有的祖氏由此产生;所有的普如洛巴、察巴哈觉、森布拉拉合等所有的鲁类都是祖氏的后裔。穆氏成为觉悟苯教,所有的恰氏都成为黑头凡人,所有的祖氏都成为牲畜。①

马克斯·韦伯认为,摆脱巫术的程度,是判断一个宗教所体现的理性化阶段的尺度之一。② 从巫术到祭祀再到占卜,从"本无空寂"的宇宙本体论到"卵生世界"的宇宙生成论。这便是远古藏族思想世界演化的基本轨迹和主要形态,它是通过本土元素和异族特性混合而形成的一个新的系统,其特点是突破笃苯囿于祭祀、神祇之巫术的局限性,进入究万物之终始,探人类之起源的思辨领域。这是一次"哲学的突破",它对人类处境及其基本意义获得新理解,藏族文明中的理性认识的基础由此奠定,它为以后藏民族接受与消化佛教玄学思想,并在此基础上改编、模袭佛教诸种内容起到了理论铺垫与思想纽带的作用,这在逻辑上和历史上皆具有普遍性。

第三阶段:居巴苯教,即与佛教融通的苯教。分前期编译、中期编译、后期编译三个阶段:

> 初者,班智达蓝衣袈裟者因为贪欲被恩扎博迪王制裁,为破坏佛法而来到与佛法为敌的国王的面前,充当了国王的祭祀者。说杀死出家者能够获得成就解脱之果,把很多佛教经典改译成苯教经文并藏匿起来后对国王说:我的梦境中出现了:你的神像前有一伏藏的情景,请将它掘出吧!国王当即掘出并按伏藏文中所记载的那样修持应用至今;中者,赤松德赞时期,莲花生大师等翻译家、班智达和长者桂等喜欢佛法的大臣坐在右排座,辛占巴南卡、琼布东则等苯教徒和昂·达惹鲁贡等喜欢苯教者坐在左排座,由国王主持进行辩论,结果使佛教一方胜出。此后国王命令佛苯两家比赛法力,昂·达惹鲁贡即死,后大家集中在一起,辛占巴南卡应用招魂仪式,将大臣招回人间,大臣真的招回了人间。原来,苯教也有这等本事啊!国王面对着莲花生炫耀说:苯教有如此法力啊!莲花生便问国王:您相信此事吗?国王道:大臣真的被招来了,我真相信。莲花生手结着印器后请大家向他提问,所问全部被一一答出。但因不知晓秘密名称,说那时因金刚查查赶我,故不熟悉,苯教徒羞愧无比,被莲花生点化为佛教的服侍者。国王说辩论你胜出,本事也你大,后世成就你没有而他有,现在开始全部皈依佛教。对杰卫降曲说:你从阿阇梨仁钦乔处听闻佛法。杰卫降曲不愿听闻,说:在仁钦乔处听闻佛法还不如自己看书,此事

---

① 赤松德赞:《黑头矮人的起源》,卡尔梅·桑木丹等主编《蓝色布谷鸟的呼唤》,国立民族博物馆2002年版,第91—114页。
② 参见马克斯·韦伯《儒教与道教》,洪天富译,江苏人民出版社1985年版,第256页。

国王听后罚他流放。他很气愤,便与苯教徒联合把佛教经典改写成苯教经文:把佛陀改为辛饶米沃且,法改为苯,法身改为苯身,般若波罗蜜改为大波罗密多萨止爱桑,报身改称普贤,大日如来改称辛拉沃噶,化身改称斯巴桑布赤,涅槃改称益西代塔,罗汉改称辛色,舍利子改称多吾苯桑,目犍莲改称为益吉切琼,阿难改称为日必切琼,罗睺罗尊者改称第东,须菩提改称为萨瓦沃且,菩提萨埵改称为雍仲萨埵,巴萨埵改称为巴个夏坚,大圆满改称为苯改巴,金刚橛改称为瓦吉黑橛,阿阇梨普巴改称为族辛加瓦,莲花生改称为瓦苯达拉麦巴等编译、改变了很多。国王听到这事后,说把佛陀的经文改写为苯教经典者割断脖子,随后处死很多人,苯教徒们很害怕,把未编译完的经文全部藏匿起来,于是就出现了后来的苯教伏藏;后者,改写情况是:后期佛教的火种从多麦兴起时(约公元978年),在后藏上娘地方,有位辛古鲁嘎者与藏曲米让莫的管家长时间相处,并关系融洽后,即赐予重礼。有一名为达玉卓拉的佛教寺庙改宗为卫地的苯教道场。大般若密多称为康钦、二十五颂叫作康琼、抉择分名为苯经、陀罗尼五部称呼为十万白黑龙经,并将其藏在措阿哲琼地方的白色岩石下。后假装由自己发现伏藏一样掘出,他自己因此而身体分裂,并出现很多不祥之兆而死亡。由此至今,琼布苯希等苯教徒还持续不断的在改写经文,这是居苯。居苯初中后三次改写的苯称之为白水,起名为果苯。笃苯出现在止贡赞普时期,恰苯出现的时间不明,然可确定的是印度大自在天王的说法流传于藏地。

以上资料说明,赤松德赞(718—785)时期,由于佛苯文化之间密集而直接的接触,苯教被迫作出重大改变,苯教佛教化步伐由此突然加快。就苯教改编佛教诸种内容而言,赤松德赞王以前就拉开序幕。佛苯斗争异常激烈,赤松德赞不想靠政治暴力,而是用玄理辩论或法术比赛击败苯教,说明佛苯斗争形式有了变化。[①] 但这时苯教改编、译述佛教诸种要素的活动达到高潮,开始苯教将佛教主要的神佛、菩萨、法师、仪轨、法器、概念的名称,改译成苯教的名称。赤松德赞知道后诉诸武力严惩苯教,使之遭受灭顶之灾,但赤松德赞的灭苯行为并未能震慑住苯教。公元842年,朗达玛灭佛,佛教也遭遇如同苯教一样的灾难,统一的吐蕃王朝从此土崩瓦裂,而作为内外宗教的佛苯亦花果飘零。面对政治压力,苯教和佛教进入近一个多世纪的冬眠状态,这

---

[①] 关于赤松德赞时期的佛苯辩论,《韦协》一书说:"其后,佛苯争辩。猪年双方会集于素普江布采王宫。佛门辩人为堪布寂护、娘·夏米果恰、尚·杰涅桑、尚钦·美列、尼·达赞董斯、森果·拉隆斯、孜玛玛等人。苯波辩人为达热路恭、大审计官琼波·吞粗、大茹本官琼波·慈泰和侍寝官佐川杂热等。双方不斗法术,只论教理。佛法教义显得贤善而广博、精湛而深奥,而苯波词穷理屈,使来自彭域苯教齐派的众辩者,各个犹如被驯服的'鬼怪'一般。于是[赞普下谕],往后不准奉行苯波,不得以杀害众多牛马及动物来置作随葬品。"(巴桑旺堆:《〈韦协〉译注(二)》,《中国藏学》2011年第2期)

对两家都是一个休养生息、蓄势待发的调适机会。公元10世纪，佛教火种从多麦与阿里地区重新点燃时，佛苯关系已从尖锐的碰撞与摩擦，逐渐转入温和而缓慢的吸收、采借阶段。从苯教著名学者辛钦鲁噶（995—1035）始，苯教进入公开、全方位、多层次的吸纳、重组、整合佛教思想、经典、制度的时期。苯教睹自家之缺失、效佛家之规式，袭用佛教诠释文本的框架体系，改编佛教的俱舍论、般若学、中观论、戒律论、因明学五部大论的经典诠释框架；袭取佛教文化学的分类方式与结构体系，改编、吸纳大小五明等佛教文化的整体内容；仿照佛教大藏经的编译体例，编撰苯教的大藏经——《甘珠尔》和《丹珠尔》；苯教还特别采借佛教关于六道轮回和解脱成佛的境界取向和终极关怀。这样，苯教不仅具有了完整的经典文本、理论基础，而且还具备了灵明空寂、经虚涉旷的终极关怀。对苯教来说，抉择佛家之学的原则是"入人园圃，摘人桃李"。因为苯教无法抵抗佛教思想体系之洪流，只能浸泳其中，不能也不容逃脱。苯教基本上是"照"着藏传佛教讲，而不是"接"着讲，更不是离开藏传佛教而另起炉灶、别立门户。如此，苯教经过佛教漫长的濡化后，从早期的民间宗教逐渐演变为具有完整形式的宗教，在很大程度上是模仿、吸纳佛教的结果。不妨这样说，如果没有佛教对苯教的刺激，很难设想会有后来这种形态的苯教。因此，后期苯教是佛教对苯教刺激回应的结果。苯教演变的这一新途径，今可名之为"苯教是前佛教"说。

苯教古典文献《世间苯教源流》说："圣尊辛饶涅槃之翌年，出现了经典三十八结集，所有《经部》由桑哇多德等结集；般若由玛洛玉洛结集；《戒律六续》由祖辛杰巴结集；《俱舍七论》由隆占等人结集；禳解法卷由多布结集；药析两万卷由解布等人结集；白阿密布由吉占等人结集。《多堆》说除此之外，有人认为所有咒部由玉洛结集，《神传经释》由沃周汤布结集；《恰那诸见》由辛子贡查结集；《星算噶则》由幻子贡查结集。为此这般十二功业，实为超度众生，纯粹为他人而示现，辛饶之法身未曾有丝毫刹那之动摇"。① 这与佛教史中释迦牟尼涅槃后弟子对其所讲之法三次结集的说法如出一辙。此书还说："圣尊辛饶亲传多噶尔布驯服众生之教令及密诫，叮嘱其用计谋降伏诡计多端之妖，将雍仲苯波教之密及极密传播于此地，明示更为崇高之教诫。此后，一位变幻之躯，毫无凡人胎气，携带总持娑婆世界之权者降于人世，这位神子如同辛饶当年降世一样来到此间，作为释迦净饭王子和爱智拉金则之子而降生。"据此说，释迦简直就是圣尊辛饶之再传弟子了。书中还说："由于释迦神子征服了妖魔，故起名释迦能仁。将雍仲苯波教译为佛教，改译了白幢经量四十二部、律宗六部，俱舍四部、无上之业四续等加以传播。就辛饶之教义之两部采取一扬一弃予以众生。"此书又认为："释迦牟尼

---

① 琼布洛珠坚赞：《世间苯教源流》，多杰南杰译注，《中国藏学》1999年第2—3期，下引未出注者均出自此文。

乃辛饶教诫之化身,唯称呼不同而已。众多古代学者,只要他是功德圆满之勇识者或是法轮王者均以牟尼相称,辛饶之教之分支当数佛教,佛教实为苯波教之分支而已。"据此,苯教认为佛苯关系是母体与支分、源头和支流的关系:圣祖辛饶之苯教是前佛教期,释迦之佛教是后佛教期,两者一脉相承。这种类似于"老子化胡"的故事,把辛饶米沃抬高到佛教教主释迦牟尼师父的位置,把佛教经典说成是从苯教经典翻译而来。这种矮化佛教,抬高自己的做法,表现了苯教抗拒外来文化的民族主义话语倾向,以及用藏民族宗教抵制外来宗教信仰的努力。

在苯教文献《苯教菩提道次第教程·普显明灯》前言部分,作者次成丹贝坚赞论述了苯教和佛教是"孪生兄弟"的观点:"释迦与辛饶二位祖师是一体中变化出来的二种身各自呈现而已,其理由和证据在《文殊历算本续》中说:文殊于人寿八万岁时降临于世,面朝南方观察而后所得之旨趣:天竺之域需用佛法来教化,于是乎化身为释迦牟尼祖师;面朝西方观察所获之义是:大食和象雄要用苯法来调伏,从而化身为辛饶祖师。又……由身所调伏时辛饶变幻为千百万个化身,由语所调伏时诞生为释迦之种姓而开示佛法,如此而说故。"① 这说明,佛苯二始祖虽同根,然使命不同,故呈现异样。此书专讲苯教之菩提道次第内容,而其内容是藏传佛教的专利,苯教将它完全搬运过去,使其变成自己的修道次第。

借用或模仿似乎不算高妙之径,因为它不是创造。但是提出创新是所有文化变迁之基础观点的美国人类学家巴尼特曾说:"创新应被界定为任何在实质上不同于固有形式的新思想,新行为和新事物。……创新包括进化、发明、发现、传播和借用。"马林诺夫斯基甚至把"借用"看作与其他文化创新形式一样具有创造性。② 因此,可以说苯教是全面、系统、完整地"借用"了佛教几乎全部内容补偿自己的缺失。正如威廉·A. 哈维兰所说:"借用是如此常见,以至于已故北美人类学家拉尔夫·林顿说,任何一种文化的90%的内容都可以通过借用得到说明。然而,人们对他们借用的东西是有所创造的,他们从多种可能性和来源当中进行挑选。通常,他们的选择限于那些与他们目前的文化相互兼容的元素。"③ 彼可谓"借用创新"或曰"模仿创新",但苯教在此借用过程中因"苯门淡薄,收拾不住,故皆归释氏耳"。"苯教是前佛教说"不仅有文献资料的整体论视角,还有民族志的田野个案描述。④

---

① 次成丹贝坚赞:《苯教菩提道次第教程·普显明灯》,俄日才让译,第1—7页。以下引文均在其中,故不再注明出处。此书近期由中国藏学出版社出版。
② 参见黄淑娉等《文化人类学理论方法研究》,广东高等教育出版社2004年版,第216—243页。
③ 威廉·A. 哈维兰:《文化人类学》,翟铁鹏、张钰译,上海社会科学院出版社2006年版,第461页。
④ 2006年8月,笔者在青海省黄南藏族自治州同仁县著名的苯嘉寺与苯教僧人有过一场激烈的讨论:笔者问:苯教讲因果报应吗?讲缘起性空吗?他们嘲笑道:世界上哪有不讲因果报应和缘起性空的苯教!并用鄙视的口气说:你简直什么都不懂。我又问:那苯教讲六道轮回和解脱成佛吗?对我这样的提问,他们用嘲笑的口吻说:你简直是

苯教高举自己是"前佛教"的旗帜，不但效法佛教寺院、僧人、仪式、经典、文化等有形的东西，而且效仿佛教制度、概念、义理、境界等无形的东西。苯教与佛教在形式上针锋相对，而在内容、旨趣、结构上却同流合入。本质上，苯教是照着佛教讲的，佛教和苯教之间彻内彻外、彻头彻尾从两股道变成一股道，由两头沉变成一头沉，自两行变成一行。在佛苯对立统一的矛盾运动中，佛教犹如催化剂，促进苯教的理论化、经典化、体制化、规范化，使苯教如龙换骨，其主流旨趣、话语系统、经典文本发生彻底转向。这个便是苯教的"真己"，它作为苯教外壳的主宰，为苯教打开一个新局面，而佛教则取得反客为主的地位。

**（二）佛苯之对立统一关系所导致的结果**

从目前藏族地区看，佛苯之对立统一关系导致的结果，呈现出异常复杂的面相：一方面，苯教基本上是在佛教文化主导下、框架内发挥作用。这体现的是佛教思想文化"大传统"的向度。但另一方面，苯教在特定时空框架内仍发挥不可替代的作用。这反映的是苯教思想文化"小传统"的维度。首先，苯教基本融合于佛教中。佛教一方面吞并了苯教及其文化，以至到最后苯教几乎变成极富特色的藏传佛教的组成部分，从经典、教义、修持、理想等方面已佛教化。当然，这个佛教也已被藏族化，其中掺杂诸种苯教的神灵、仪轨等。但另一方面，这一改变为藏传佛教化形态的苯教是以"明苯暗佛"的特质和面貌出现的，并且其信徒在心理结构上还保留着苯教的因素，形式上它仍然采用苯教的神灵谱系、仪轨方式。这样，两者之间形成"你中有我、我中有你"的交叉格局。但相比之下，藏传佛教融摄苯教的元素较少，苯教吸纳、借用藏传佛教的内容则居多。其次，苯教还占据藏人生产、生活的一定空间。佛教作为外来文化，要根植于藏乡本土，不能没有藏族文化这个接受载体。自藏传佛教后弘期以降，苯教虽然整体上由主流退居边缘，势单力薄，但它毕竟是藏民族积淀最深的意识层累，在其文化心理结构中有意无意表现着。土观说：

> 佛苯是矛盾的一家，佛中掺苯，苯中亦杂佛，如我不具出尘的法眼人，懒得分辨二者的差别。有人口头虽然轻视苯教，但遇到紧要事时，又前往苯教占卜家处请问祸福休咎。像苯徒一样喜爱念诵凝观法等，祈望苯教的禳解法术有效用。倘若认

在犯一个常识性的错误，不讲六道轮回和解脱成佛的苯教还算什么苯教！世界上哪有这样的苯教。我顺着他们的思路接着问道：如果这样的话，敦巴辛饶的苯教与释迦牟尼的佛教有什么区别？不就和佛教一样了吗？这样的苯教，算苯教还是算佛教？这句话使他们顿时语塞。过了半响，其中一位反应很灵敏的年轻苯教徒说：其实我们和佛教是一样的，没什么不同，但是我们的祖师敦巴辛饶比释迦牟尼要早，我们的苯教产生于距今八千年前，而释迦佛和我们苯教比，要晚得多。我又问：那这样的话，能否说，苯教是前佛教，而释迦牟尼的佛教是后佛教？我的话音刚落，他们便异口同声地说：对、对、对！这个说法才是正确的。

真考虑人生事,此生哪有闲暇如此做琐事?珍贵人身今世只能得一次,有暇谁能长期不修禅?奉劝勿多做,做则做正法。勿多言,言则言法语。勿多思,思则思业果。勿多行,行则行静处。此言论非佛法,亦非世间法;非必要,亦非非必要;非概略,亦非详尽;非明晰,亦非非明晰。如此启白。①

土观一方面摆出藏族百姓"奉佛而亦好苯"的事实,另一方面奉劝人们彻底放弃苯教信仰而全心全意归趋佛教信仰。这说明,苯教信仰仍在藏族民间客观存在。

近年来,甘肃省甘南藏族自治州的迭部、舟曲县、陇南地区的宕昌、文县一带发现苯教古文献。迭部县达拉乡境内发现的苯教文献均为祈祷文。舟曲县峰迭乡好地坪村发现苯教文献23卷,其中祈祷文7卷,消灾除晦文8卷,火祭文4卷,且仅限于对地方神灵、民间英雄、宗教尊者的祭祀。陇南宕昌县新城子藏族乡叶贝村发现苯教文献41卷,其中供奉词5卷,赞词8卷,祈祷文27卷,卦文1卷。② 这些苯教文献约形成于12—13世纪,以父子或师徒传承为主,辗转手抄,代代相传,它们是对藏族先民苯教信仰内容、形式、方法、特点的真实记录。目前甘、青、川藏族地区盛行的祭祀山神的内容、方式及各种祈祷文、赞颂词、供奉词等习俗都延续着远古藏族先民较纯粹的苯教信仰传统,不与佛教瓜葛牵扯。

我们从当今藏族地区施行的赞颂苯教神灵的颂词中即可看到这点:

> 供奉源头从一、二、三、四、五、六、七、八、九、十、十一、十二、十三而供奉,供奉先供上师,供菩提应供正觉虚空,供本尊护法护卫女,供地方神山神,供黑头藏人期许幸福之源,供住三界之老天爷,供获得十地佛之阿尼玛钦雪山,呀!供其一千五百眷属,供其三百六十种类,供无欺诳依归之皈依处上师主三宝,供住西南母夜叉之克星乌仗那大师莲花生,呀!供圣神住地白岩猴堡,供航俄老巨峰,供白岩天峻神山,呀!供中央之茶卡盐湖,供湖首洛巴山,供海心山玛哈岱瓦,供湖尾蔡巴山,供神湖青海湖,供一千仙女之魂魄湖,供水神女之神主,供水神王珍宝冠,供此地之土地神,供此地之山神,供助伴之山神,供赖仰之山神。③嘿!供在上阿里三围,中卫藏四茹,下多康六岗之父——布岱贡杰及子雅拉香波为主的形成世间九神的诸十三神,仙女吉祥长寿五姐妹,保佑藏区的十二丹玛地母神……嘿!供多康之野茂滩及宗拉山脉南北周边的阿尼玛钦雪山,供似蓝天降落于大地之青海湖,供摧伏恶魔之克星木里雪山肖立南界,供格

---

① 土观·罗桑却吉尼玛:《土观宗派源流》藏文版,甘肃民族出版社1984年版,第389—390页。
② 参见杨士宏等《白龙江流域发现的苯教文献及其文化信息》,《中国藏学》2009年第3期。
③ 索南本编著《祭祀颂词集》藏文版,民族出版社2003年版,第243—244页。

鲁派圣山宗喀吉日山。①

以上文献中记载的这些供奉、赞颂山神、水神、地方神、天神、土地神的藏族传统苯教的祭祀仪式至今仍盛行于藏族民间。苯教的这一供奉赞词及祭祀仪式中虽然沾染一定的佛教元素，且佛教念诵与苯教之仪轨并存杂用，但其主体内容、主要框架和基本表达方式是苯教，而非佛教的。这是远古藏人的伦理观念、思想倾向、文化态度、心理结构的遗习，反映了藏人尚"自守其固俗，终不肯变"的"心理定向"。再次，藏传佛教的表达方式、叙事方式是藏族化的。青海省果洛藏族自治州号称藏族古老英雄格萨尔王的故乡，格萨尔王的故事在这个地区家喻户晓，并深入到人们的精神生活领域。逢有人死，举行超度亡灵的宗教仪式时，不是念诵超度经，而是动辄诉诸颂唱格萨尔王的故事，但是颂唱的内容却并非原始的格萨尔王传，而是受佛教思想强力熏染的"地狱救妻记"。说明佛教传入后，宣扬佛教的古哲昔贤们借助藏族古老的格萨尔王传的史诗形式来弘传佛教"三世两重"业（因）果报应的思想内容。后来，由于佛教思想的重度浸润，果洛地区格萨尔王传中的传主格萨尔被纳入佛教神灵体系中，演变为佛教护法神，即成为莲花生大师的化身，甚至成为一切佛之综合体。从格萨尔王传和藏传佛教的互动关系中，可以看到格萨尔被佛教化，佛教又通过格萨尔艺术形式表达其内容的交叉过程。总之，从目前藏区情况看，苯教作为藏族文化的底色依然存在，但它毕竟丧失了原有的文化主位性，不再能够掌控人事格局，引领社会潮流，而变成一种支流的宗教文化，笔者将其称作"藏族的佛教化"。佛教对藏民族的这一穿透力、感召力，说明佛教基本涵化这个民族和这个地区。这是文化涵化中的同化现象。当一种外来文化强势进入本土社会生活领域和固有文化传统中，并经过不对等的较量和磨合后，外来异质文化取代或改变本土文化的原有结构和模式，使其发生根本性转变，这是佛苯互动导致的结果。

根据雷德斐尔德的研究，大传统是社会精英及其所掌握的文字记载的文化传统，小传统是乡村社区民俗或乡民生活代表的文化传统。因此，前者体现社会上层生活和知识阶层代表的文化，多半是由思想家、哲学家经深入思考而产生的精英文化或精雅文化；后者则是一般社会大众的下层文化。② 以雷氏这个框架概念观照佛教和苯教思想文化史，可见前者属于"大传统"，后者属于"小传统"。目前，藏族地区以佛教为主体，它专司来世、成佛的终极关怀；以苯、道为辅翼，其中苯教主管现实领域中的精神关怀；藏族化的道教专事眼下的应急事物。这样就形成三教并行不悖、各司其职的三位一体信仰体系。这说明苯教虽然在藏民族中丧失自主性，但却作为"亚文化"继续保持其身份，并

---

① 索南本编著《祭祀颂词集》，第183—184页。
② 参见陈来《古代宗教与伦理》，生活·读书·新知三联书店1996年版，第12—13页。

以鬼神、天命、祭祀等巫术形式存在。

### (三) 汉地佛教与宋明道学的关系

李唐以来，官方虽然在扶持儒学，但后者已逐渐丧失昔日的辉煌和活力，既不能满足时代的需求，又不能引起人们的兴趣。人们对佛、道所关注的人的本性和命运等形而上学的问题发生极大兴趣。因此，佛教受到民众欢迎。一些具有强烈民族情感的人认为，佛教是蛮族宗教，因而致力于发展汉地土生土长的道教。这样，儒、佛、道三家发生既互相对立，又彼此吸收的互动关系。从对立方面看，至唐代已达到儒者辟佛的高潮。韩愈倡言对佛教采取"人其人，焚其书，庐其居"的行政强制措施，但封建统治者没有这么做。佛、道之间的斗争则比佛、儒争斗来得更加猛烈。儒、释、道三教除对立以外，尚有相互吸纳和融通的方面，且所占分量更重、所占比例更大。宋明道学是以原始儒学为基础，吸收佛、道诸元素后产生的一种新的儒家学说。其思想底色是儒家，但对此又不满足，便学习佛家和道家，通过对三家进行比较参照、反复推敲，吸收各自的营养，补充、提升、优化儒学，最终归之于儒学。从张载、程颢、朱熹、王阳明、陆象山，以至现代大儒熊十力、梁漱溟等，都经历了"泛滥于诸家，出入于老、释者几十年，返求诸六经而后得之"，① 所谓"后得之"就是吸收、综合诸家之优长后所获得之至理大道，此谓"他山之石，可以攻玉"的道理。如何吸收并借鉴佛、道这个"他者"，对于儒家来说既是机遇，又是挑战。或倚门傍户、依样葫芦，或探本入微、务于兼采，儒学则采取后者。他们用佛教的话语结构和思维路数叙述儒学的思想宗旨，说明他们对佛教思想的吸纳不是简单的移植、嫁接，而是精义入神、显微阐幽。

后世儒者在重构儒家学说过程中充分吸收佛教思想，但吸收是有原则界限的，它采借的只是佛教的一般概念、理论。当涉及两家的思想核心时，新的儒家便用"三纲领、八条目"的门闩，将佛教的三世两重因果、成佛解脱涅槃等根本理念拒之门外。在佛教传入汉地及其长期流变过程中，许多仁人志士已认识到佛教体系庞大、理论精深的优长，而这一点又是汉地传统思想所缺失的，它完全可以补足此一缺失。但另一方面又担忧若全面吸收佛教思想，汉人被佛教化，汉族地区被变成佛教地区。他们所深思的是既吸收佛教武装自己，使自己获得化蛹为蝶、跃鱼为龙的力量，又使自己的传统思想不被佛教吞并，而始终处在主流文化地位，以便"求得两全之法"。实际上，儒、释就是在这样的思维路径下互动的，这既使自己的主体文化始终处在主导地位，又使外来佛教非但没有将传统文化取代，反而使它拓展内涵、优化结构、提升质量、扩大规模、增创特色，真正做到以我为主、汲取精华、精益求精、为我所用。这说明儒家出入释老而胸中

---

① 《宋史》卷427《道学列传》，中华书局1985年版，第12716页。

有主宰，绝非一味倒向佛教怀抱而毫无原则立场。这就是宋明道学在创立过程中经历的"由儒而释，由释返儒，客随主便"的心路历程，也是儒、释之对立统一关系所导致的结果。

### （四）佛苯、儒释对立统一之不同结果的启示

从古代历史上的"华夷之辨"到百年来的"中西之争"，中华民族始终处在如何恰当处理和解决外来文化与传统文化之间关系的矛盾冲突中。历史上，西藏佛、苯之间的矛盾冲突及其结果，汉地儒、释之间的矛盾冲突及其解决方式，为解决今天与此类似的挑战和矛盾提供了某种参照。佛教与苯教的融合方式整体上表现为：苯教对佛教思想、经典、仪轨、制度等基本元素、主要内容如法炮制、机械照搬，体现出"拿来主义"的做法。长此以往，苯教便不知不觉演变为佛教的一个组成部分或宗派。这是苯教徒始料未及的。面对这一事实，苯教徒只能提出"苯教是前佛教"以及苯教与"释迦之后佛教"一脉相承之说。此说使自己和佛教站到同一战壕，由佛教的对手变为盟友，并在辈分上高出佛教一头。这样，就比前一种说法更巧妙、高明地解释了佛苯在经典、思想、仪轨、体制等方面的同质化现象，回避了苯教照单搬运佛教的本体论事实，并抬高了苯教在佛苯两教中的地位。苯教这种由简单对抗到化苯为佛的模式转换，可视为文化融通的一种特殊现象。在藏地，佛苯之间对立统一的矛盾运动所导致的这一结果，有其深刻的思想原因。苯教的思想、经典、修炼三者力量之凭借，俱远不如佛教。如此语境下，苯教吸纳、融摄佛教的结果，只能是全面倒向佛教的怀抱而被佛教化，而不可能是佛教被苯教化。这是佛、苯互动的客观原因和必然结果。但这并非是说，面对强势的佛教，苯教只能束手无策，彻底湮没在佛教体系架构的汪洋大海中。苯教在主观上应该有所作为，并且可以有所作为。因为苯教是藏民族的母体文化，完全可以根据自己的本色涵泳佛学、脱弃陈骸、自标灵采。苯教在某些方面模仿佛教表现得较为巧黠，如佛、苯大圆满法之见修中众生五蕴之身成就为光之身，是摄融了苯教所谓远古一至七代赞普"遗其形骸而返回天界"的古老传说，从而形成佛苯共有的大圆满见修体系。但从整体上则是借用有余，守成不足。

相对而言，佛教与儒家的融合方式在整体上表现为：始则出入释、道，中即傍搜远绍、博涉经论，于其旨趣无不穷源竟委，洞彻蕴奥。由此，诸儒者皆有深造自得之处，最终于儒、释、道了如指掌、左右逢源，综合创新出三教融合为一独特成果的宋明道学。因此，儒学在吸收佛教的过程中没有丧失儒家灵魂，没有丢弃儒学生命。这使他们真正坚守了"道教之真精神，新儒家之旧途径"。总结这两种外来文化与本土文化变迁升降的过程和结果：在汉地，援佛入儒的结果是架构起儒学为体、融佛归儒的形上思辨体系，将传统儒学提升到新阶段，此犹水和乳，合而为一；在藏地，援佛入苯的结果是

出现佛学为体、形苯实佛的理论体系，彼如水与油，合而仍离。这对于我们处理当前传统文化与外来文化的关系具有一定借鉴意义。

## 二 藏地佛苯终极关切与汉地佛儒终极关切

### （一）藏地佛苯的终极关切

苯教是藏族传统的信仰和价值系统，作为原生态的苯教，它虽然缺乏系统理论，亦未能构建完整的终极关怀，但也有类似于天堂地狱的观念。敦煌古藏文写卷 P. T. 1042、P. T. 1134 是没有受到佛教观念影响的苯教丧葬仪轨文书，其中比较全面地论述了生死问题，很多内容和佛教的天堂地狱、灵魂不灭的思想相类似。P. T. 1042 第八节（第 28—48 行）记录"尸魂相合"仪式，通过祭师象征主义的操作（即将尸体、灵魂的象征物互相吻合）祈求离去的灵魂回归其本来的寓所——死者的尸体，这种仪式最初的意义是要达到起死回生的目的。[1]

P. T. 1134 中的一段话充分反映了吐蕃人对死后世界的看法：殡葬祭司玛达那和辛饶米沃两人妥善地处理了四方墓室之事（即丧葬仪式），大王便权位更高，气色也重新焕发出来（本意为："穿着"，这里是"挂在脸上"的意思，指死者脸上有了气色），至今仍活（这里作"生"解，与"死"相对）在天神之地，这便是永生不死的方法。这说明古代藏族人对生与死的界限是划不清的，既然在这个世界不能继续活下去，那么就通过一定的仪式，让死者在另一个世界"活"下去，得到永生吧！[2] 专治苯教的挪威藏学家克瓦尔耐在有关苯教"死"和"来世"的论述中讲道："藏人们相信有两个死人的地界：一个是人和动物过连续不断的安乐、富足生活的地界；另一个是黑暗、苦难的地界。在人世周期结束时，那些曾在安乐地界生活的人便要复活，重新在这世界里生活，然而通往安乐地界的路是漫长而又充满险阻的。"[3] 说明在藏族传统思想中把死后的皈依处分为两种，即"幸福的地界"和"苦难的地界"，这与佛教把死后的皈依处分为"三善趣"、"三恶趣"两种境界类似。由上可见，首先，"善恶报应"、"人死变鬼神"、"安乐地界"、"黑暗、苦难的地界"、"起死回生的神话"、"灵魂不死"、"长生不老"等是苯教思想脉络赋予的既定结构，它于佛教传入以前就在藏区广泛流传，这种思想与佛教的"涅槃寂静"、"六道轮回"说教了无关涉，也就是说这种类似于因果报应的思想既没有说人死后上升天界享受天神的清福，也没有说变为畜生，或下地狱遭受无尽的痛苦，更没有不断转生的说法。其次，认为报应是由天来主宰的，它与佛教的那种自作自受、

---

[1] 褚俊杰：《吐蕃苯教丧葬仪轨研究》，硕士学位论文，中央民族学院藏学研究所，1988 年。
[2] 同上。
[3] 克瓦尔耐：《苯教及其丧葬仪式》，褚俊杰译，《西藏民族学院学报》1988 年第 1—2 期。

作茧自缚的因果自然报应论无关，但二者之间具有内在的契合处。哈维兰认为："在某些既定的文化目标、价值和知识的背景下，一些特定的创新几乎是注定要发生的。"① 既然借用是创新，那么创新则意味着更大的借用。藏人以苯教的这一终极关怀为平台，借用了佛教的终极关怀，从而实现了从素朴的神秘境域到精巧的超验形上学的转换。

藏传佛教的终极关怀就是追求来世的善趣，避免恶趣，以及祈求获得永恒的解脱成佛，实现此目标的方法有两种，一是密宗，它主张即生即世就能实现此目标。各个宗派都有这样的理论和实修工夫，宁玛派大圆满法、噶举派大手印法最为典型。《米拉日巴传》中说："我的无上妙法大圆满，根子是出生优胜，尖端是获得优胜，果实是圆满优胜，白天修白天成佛，晚上修晚上成佛，若是有缘的善根，不须修行，只要耳中听到，便可解脱。"② 这比禅宗顿悟成佛论有过之而无不及。二是显宗，这是通过按部就班的修道次第实现其目标的修学工夫。各宗派也有各自的修学方式，内容大同小异。这里以宗喀巴《菩提道次第略论》中阐述的三士道的修道次第为个案，诠释藏传佛教的终极关切。关于下士道，宗喀巴说："下士特别之处不为今世现前安乐，重在希求舍生之后善趣圆满，以其修作彼之因故。如《道炬》云：'若以正方便，惟于人天乐，欲求自利者，知彼为下士。'"意思是说，下士道是怖畏三恶趣，希求转生到人天善趣之心愿而修道，努力修学佛法。对于中士道，宗喀巴大师这样解释："中士夫者，于一切有发生厌离，专求自利，从有解脱彼之方便，于戒定慧三学转趣入故。如《道炬》云：'背于三有乐，反罪业为体，仅求自寂利，说名中士夫。'"中士道是指厌弃世间轮回痛苦，但以自己一人求解脱，涅槃为念所修之圣道。宗喀巴对上士道的解释是："上士夫者，惟彼大悲之所自在，欲尽一切有情苦故，以佛为其所得之果，以六度行及二次第为所修学。如《道炬》云：'若以自系苦，普例于他苦，希起正断尽，斯名胜士夫。'"③ 就是说，上士道是使一切有情众生均获证佛果而包含的一切大乘圣道。

三士道就是防止堕入三恶趣、希求转生到人天善趣的来世境界，以及解脱六道轮回、使自己及一切有情众生获证佛果的大乘圣道境界。它既是善男信女不同层次的理想境界，又是他们不同阶段的修道次第。要实现此目标，就有读不完的佛经，修不完的佛法，断不尽的烦恼。这样人佛之间的距离越来越远，成佛时间越来越长，成佛难度越来越大了。他们在此生极度重视死后"勿堕三恶趣，希求转生到三善趣中来以及最终解脱成佛"的"终极关怀"，因为这是他们每个人精神安顿、心灵休憩的地方，也是整个藏族信教群众的集体意识，并将其转化为念佛转经的内在动力和行善积德的行为准则。一般藏族信教群众到五十岁后，就要逐渐脱离不利于佛教修行的世俗事务，例如做买卖、

---

① 威廉·A. 哈维兰：《文化人类学》，上海社会科学院出版社2006年版，第458页。
② 桑杰坚赞：《米拉日巴传》，刘立千译，四川民族出版社1985年版，第51页。
③ 宗喀巴：《宗喀巴大师集》卷3，法尊译，民族出版社2001年版，第48页。

屠夫。要做行善积德、为来世修路的事情。例如，修路、架桥、放生、修庙建塔、朝佛、念活人经。藏人中妇孺皆知并经常念诵的皈依颂说："愿诸有情具足安乐及安乐因（发慈心）！愿诸有情永离众苦恼及众苦恼因（发悲心）！愿诸有情永不离失无苦之乐（发喜心）！愿诸有情远离爱憎亲疏住平等舍（发舍心）！"① 这就是藏族信众祈愿使一切有情众生在此生今世永离苦难而具足安乐的菩萨悲愿。他们按此"皈依颂"每天祈愿：一切有情众生幸福、快乐，周围一切有情众生死后能转生为人，祝一切有情众生能到极乐世界。据此可看出，藏传佛教给予藏民族的终极关切就是来世和成佛的两个不同境界，他们信佛朝佛的目的是为了包括自己在内的一切有情众生来世获取人天善道和解脱成佛。这是一个安贫乐道、清心寡欲、普润世间、利乐有情、普度众生，以此修来生之福和成佛之果的藏传佛教的终极关切。这是一个佛界与尘世，本体与现象的绝对二分的思维构架，体现了其极富外在超越性的出世主义宗教特色。

**（二）汉地佛儒的终极关切**

儒家以礼仪方式安顿生者对死者的哀悼之情，以立德、立功、立言实现精神生命的不朽，其思想的主导特质是入世和现实关怀性。孔子的"未能事人，焉能事鬼"，"未知生，焉知死"，《中庸》的"君子尊德行而道问学，致广大而尽精微，极高明而道中庸"，便是证明。禅宗受到这一思想的强烈熏习。契嵩本《坛经》有《无相颂》一首："心平何劳持戒？行直何用修禅？恩则孝养父母，义则上下相怜。让则尊卑和睦，忍则众恶无喧。若能钻木出火，淤泥定生红莲。苦口的是良药，逆耳必是忠言。改过必生智慧，护短心内非贤。日用常行饶益，成道非由施钱。菩提只向心觅，何劳向外求玄？听说依此修行，天堂只在目前。"② 此颂彻底否定所谓天堂地狱等彼岸世界的存在，将佛拉到现实社会，置于人们内心，认为只有在现实生活中以平常心而忠君孝亲、尽职尽责方可成佛。因此，它是一个关注现实社会，关照人间生活，重视人伦关系的宗教，它要在现实的人伦日用中证悟妙道，成就佛果。所谓"担水劈柴，无非妙道"便是这个意思。冯友兰先生说：如果担水劈柴就是妙道，何以修道的人仍需出家？何以"事父事君"不是妙道？如果从禅宗教义里寻找这个问题的逻辑结论，回答只能是肯定的。但是禅师们并没有正面回答这个问题，它留待新的儒家去回答。也就是说，这须下一转语，宋明道学的使命就是下这一转语。③ 因为，禅宗有极重的入世倾向，这和儒学有很大的同构性。但它毕竟是佛教，从思想和行为上还要坚守佛教基本的思想和教义，在行为上尚需恪守

---

① 甘肃省佛学院选编：《藏文唸诵集》，甘肃省内部图书准印证甘新出001字总2009号（2002）052号1，第2页。
② 《大正藏》第48册，大正一切经刊行会印刷所，昭和四年（1929），第352页。
③ 参见冯友兰《中国哲学史新编》第5册，人民出版社1988年版，第9页。

佛教的主要戒律，这就是禅宗和宋儒"千古不可合之异同"处。禅宗既要坚守"六道轮回"、"解脱涅槃"的立场，还要做出"直向那边会了，却来这里行履"的分别，这说明它那里还有此岸与彼岸、出世与入世的二元对立矛盾。如何解决这一矛盾呢？这个任务便落到宋明道学的肩上。

道学以伦理学的方法解决了这个矛盾，人从内在的道德本性上讲是"善"的，但它要靠人的德性修养、内在磨砺来提升。从外在道德实践上讲就是要行善积德。按朱熹所讲，当这一善的行为积累到一定程度时，就会"豁然贯通"而达到"仁者"的精神境界。至此，天地万物同为一体，这就是"同天人，合内外"的境域。这样的人无需离开社会和家庭去做和尚和尼姑，也不需要敬神祭鬼，只需在现实社会中自觉地"存天理，灭人欲"就可以了。如此，此岸就成为彼岸，彼岸就在此岸之中，按冯友兰先生所说，不但担水砍柴是妙道，事父事君亦是妙道。宋明道学就在此处批判了禅宗，亦在此处接着禅宗讲，即将此岸和彼岸统一起来了。冯氏认为，宋明道学是禅宗思想合乎逻辑的发展。笔者接着又下一转语：20世纪初，中国佛教史上出现的"人间佛教"运动，欲从思想理念上解决出世和入世的对立，80年代提出的"中国佛教应走居士化道路"的号召，则想从行动上解决出家和在家的矛盾。

在近现代中国历史上，面对禅宗和宋明道学这两大思潮，很多学人根据自己的不同处境，经历了"由儒而释，由释返儒"和"由儒而释，由释皈释"的不同路径。熊十力在批判大乘空宗和有宗后，既借助《周易》"天地之大德曰生"，"万物化生"的哲学，又发挥程颐的"体用一源，显微无间"说，提出"体用不二"、"性相一如"的本体论。如是，此岸世界和彼岸世界的界限便浑然消失，"混融无内外，贯通无异殊"，从而彻底堵塞了使人们的思想从世俗理性通向神圣信仰的管道。这是宋明道学于现实人伦日用之间体现出终极关怀的价值取向。熊十力后来虽然批评佛教，但其身故之前仍常念诵往生咒，可见他与佛教的关系，皆非三言两语可以说明，正如他说的"吾毕竟游乎佛与儒之间，亦佛亦儒，非佛非儒，吾亦只是吾而已"。[①] 梁漱溟宣称"我思想上是佛家，在生活上是儒家"。说明梁先生具有双重性终极关怀，但是能够安顿他生命和心灵的还是儒家。[②] 因为在他看来，佛教不能落实到"此世、此地、此人"的现实社会人生层面，即不能解决人生的实际问题。因此，佛教只有终极关怀而缺少现实关怀。而儒家则既有解决世俗社会的入门工夫，又有治国平天下的远大理想。[③] 因此，梁漱溟走上了由佛而儒的道路。尽管他与佛教的渊源颇深，对佛教拥有割舍不了的情感，但其原则立场和根本态度仍持儒家现实关怀的取向。

---

① 熊十力：《新唯识论》，中华书局1999年版，第5页。
② 参见陈来《梁漱溟与密宗》，《河北学刊》2009年第6期。
③ 刘成有：《佛教现代化的探索——印顺法师传》，台湾太平慈光寺2008年版，第143—145页。

经过一千多年儒释道思想内因的浸润、积淀、整合，并与百年东西方宗教文化之外缘的碰撞、砥砺，太虚法师及弟子提出"人道佛教"、"人间佛教"的概念。他说："如果发愿成佛，先须立志做人。三归四维淑世，五常十善严身。"① "仰止唯佛陀，完成在人格；人成佛即成，是名真现实。"② 太虚的人间佛教，其渊源有印度佛教的人间净土思想，但更主要的是受儒家"重人事、远鬼神"、"重君子人格"、"入世济民"、"经世致用"思想的浸润极深。③ 因此，他的"人间佛教"是接着中国佛教思想及儒家人伦本位讲的。印顺法师认为，人间佛教不唯中国佛教思想，更不是儒家思想，而是佛陀之本怀，大乘之要旨。在写作《唯识学探源》过程中，印顺法师读到《增壹阿含经》中所说的"诸佛皆出人间，终不在天上成佛也"，"诸佛世尊，皆出人间，非由天而得也"，"我身生于人间，长于人间，于人间得佛"一席话，开始深信佛在人间、以人类为本的佛法。④ 据此，印顺法师是接着印度大乘佛教讲人间佛教的。不管他们接着谁讲，其不变主旨是偏向改善人间、建设人间，重视人间的人间佛教，突出人间生活之改善和人伦道德之教化，主张在现实社会中建立安身立命之本，在人间实现极乐世界的目标；这体现了其走出死本、鬼本、神本的巨大阴影，从而凸显汉地佛教人本的世俗性特征。纵观太虚、印顺、熊十力、梁漱溟，儒亦非彻底之儒，儒中有释的情结；佛亦非完全的佛，佛中有儒的纠结。但从大的方向看，熊十力、梁漱溟是接着宋明道学讲，梁晚年有"脱儒入释"的倾向。太虚、印顺是接着佛教讲，其中太虚主要接着禅宗讲、印顺主要接着印度佛教讲。

最近三十多年来，人间佛教思想又有新的发展。无锡灵山佛堂"祈愿文"说："感恩宇宙万物的造化，感恩父母的养育，感恩师长的教诲。愿我们生起感恩、惜福的心念。愿我们增长慈悲、喜舍的情怀。愿世界清净、和谐、美好。愿众生安乐、幸福、吉祥。"⑤ 这里淡出的是佛教的六道轮回与解脱成佛之理，凸显的是儒家的"天地君亲师"之义。这样，它再次淡化传统佛教的彼岸性、灵光性，主张将佛教的极乐世界搬到现实人间，在社会人群中实现"极乐世界"的理想境界。这样，人间就成为极乐世界，极乐世界就在现实人间中。由此，"人间佛教"从思想上已经和宋明道学的主旨不谋而合。但它从实践上还要出家修行，还要遵守佛教的清规戒律。因此，从行为上讲，"人间佛教"还是佛教。但它如何不仅从思想上，而且从行为上与宋明道学从异流变成同流呢？20世纪以来，有些居士提出居士也能主持佛法的主张。时隔半个多世纪后，有些学者提

---

① 太虚：《赠缅甸华侨联合会绝句》，载陈兵等《二十世纪中国佛教》，民族出版社2000年版，第201页。
② 《即人成佛的真现实论》，《太虚大师全书》第47册，宗教文化出版社2005年版，第457页。
③ 方立天：《中国佛教哲学要义》上卷，中国人民大学出版社2002年版，第216页。
④ 转引自刘成有《佛教现代化的探索——印顺法师传》，第143—145页。
⑤ 参见江苏无锡灵山大梵宫祈祷文。

出中国佛教应该走居士化道路的见解。[①] 如果按照这一见解去行事，汉地佛教则不但从思想上，也从行动上解决了出世与入世的矛盾。这样，它便与宋明道学真正成为一体关系。但从当下状况乃至于未来走向看，汉地佛教很难改变僧主俗从的格局。从汉地佛教与儒学互动互渗的关系史看，汉地佛教在不断地接近儒学，但它永远走不进儒家文化的核心领域。因为两家在此层面难以调和，不可融摄。对此，王阳明深刻指出禅宗本质上是"著相"的，而道学则不"著相"。

如果说禅宗是中国佛教的"脱脂奶"，它经过儒家入世主义思想的过滤、冲刷，稀释、淡化了其中神圣乃至于神秘的终极关切的虚灵内涵，而"人间佛教"则将佛教的终极关切——来世和涅槃的佛界直接搬到现实人间，强调佛界寓于现实之中，在现实中实现佛界，将人间极乐世界化，从思想上打破世间和出世间的森严壁垒，把消极遁世的出世佛教重新塑造为入世的佛教。居士佛教的壮大欲使汉地佛教的主流从僧伽佛教转向居士佛教，试图从行动上冲破在家和出家的边界，使中国佛教的主流走上在家的居士化道路，从思想和行为上与儒家完全合二为一。从禅宗到宋明道学再到人间佛教乃至于居士化佛教，它构成汉地佛教思想史叙事的正、反、合的逻辑结构，是佛教在汉地本土化的必然结果。

总之，藏汉佛教两种关切的形成颇耐人寻味。藏传佛教强化佛教出世关切的一极。其形成经历从苯教"安乐地界、苦难地界、天神境界"到佛教密宗的即身成佛再到显宗的"三士道"的转移过程，其特征可概括为素朴的神秘境域与精巧的超验形上学。汉地佛教则注重佛教现实关怀的一端，其形成经历从禅宗到宋明道学再到人间佛教乃至于居士化佛教的演变轨迹，可称其为脱脂化现象和祛魅化过程。

## 三 佛教在藏地与汉地本土化的方法论启示

佛教在藏汉二地涵化的不同历程是人类文化交流史上的重要现象，认真总结其中所蕴涵的理论思维的经验，对于今天的人们将外来文化本土化，实现传统文化的现代转型和大众化以及构建中华民族共有精神家园都具有一定参考意义。

改革开放以来，人们外处西方文化之激荡、内受市场经济之刺激，旧有信仰有趋于淡薄、流失之势，一些人到地下教团和外来宗教中寻找精神寄托。这个问题在中国社会科学院世界宗教研究所近期所作的一项权威调查《中国基督教入户问卷调查报告》中有翔实记载。据本次调查估算，中国现有基督徒为占全国人口总数的 1.8%，总体估值 2305 万人。其中已受洗者 1556 万人，占 67.5%；未受洗者 749 万人，占 32.5%……近

---

① 何劲松：《中国佛教应走什么道路——关于居士化佛教的思考》，《世界宗教研究》1998 年第 1 期。

年来中国基督徒数量发展较快。从全国范围看，1993年以来信教的基督徒占信徒总数的73.4%；除华南地区为52.9%外，各大区均在60%以上，东北三省达90.5%。① 如此多的国人信奉、皈依基督教新教和天主教，其根本原因何在？对此，在调查中，当问及"开始信教的个人原因"时，在问卷给定的九个原因中，有2/3以上（68.8%）的基督徒把自己信教的原因归结为"自己或家人生病"，选择其他原因入教的基督徒所占比例均比较低。例如，选择因"家庭传统"而信教的基督徒仅占15.0%。这说明绝大多数基督徒的信仰都不是源自家庭传统。调查显示，在不同地区之间，基督徒对入教的原因解释也不相同。例如，在东北地区，仅有5.2%的基督徒选择自己是因"家庭传统"而入教的；但在华南地区，选择同样原因的基督徒比例却高出5倍多，达33.0%。从年龄角度看，年龄越大，选择因"自己或家人生病"而开始信教的基督徒比例越高，从最年轻的"14岁及以下"组的31.5%，逐渐上升到最年长的"65岁及以上"组的78.7%。② 近期，在一份对河南省某县某社区基督教徒信教原因分析的调查报告中有这样的答案：在调查中，当问到信教原因时，80%的人选择为了追求健康平安，13%的人选择为了灵魂得救，6.7%的人则选择为了精神寄托，选择为了追求健康平安的人同样认为他们信教的最终目的是为了灵魂得救。在个案访问中，很多基督徒接二连三地讲述自己信教的经历。听到最多的是关于疾病与信教的关系，如在信教前自己或者其他信徒患有什么病，医治无效或者某大医院医生都治不好了，在此情况下皈依基督教，信教后病就不治而愈或者有所减轻。尽管追求健康平安的信徒占大多数，但在个案访谈中发现，随着信徒的年轻化和对基督教了解的加深，追求健康平安的因素有弱化的趋势，而追求灵魂得救的因素有强化的趋势。③ 以上数据说明，目前中国皈依基督教的绝大部分人都是因为自己或家人得病，又不能很好救治而投向其怀抱的，并且越来越多的基督教信徒随着对其教义的深入了解，追求死后灵魂得救成了信教的主要原因。

这些事例说明，生老病死是人们关注和困惑的基本现实问题。暂时碰不到这个问题时，人们往往表现得比较淡漠；一旦碰上这个问题而又无助、无奈时，很多人便会投向宗教去追问生老病死问题的答案。"所有的宗教都承担一些重要的心理和社会功能。通过解释未知的东西并使其变得可以理解，它们缓解焦虑，通过宣扬在发生危机时将得到超自然力量的帮助，它们给人以安慰。"④ 于是，一切无秩序、一切恶、一切不幸及痛苦和最终的死亡似乎由此得到了解释。正如尼采所言：谁要是知道为什么活着，谁就能承

---

① 金泽等主编《中国宗教报告2010年》，社会科学文献出版社2010年版，第191—192页。
② 同上书，第199页。
③ 王丽萍等《基督教在农村社区传播现状的调查分析——以豫东Z县X基督教社区为例》，《西北民族大学学报》2010年第4期。
④ 吕大吉等《马克思主义宗教理论研究》，中国社会科学出版社2011年版，第227页。

受任何一种活法。宗教提供的意义，无疑会在一定程度上满足人类对于意义的本能追求。[1]

关于这样的生死问题，自古以来的一切人都在思考。我们是谁？我们从何处来？又向何方去？此一追问包含时间的三个维度，即过去、现在、未来。古往今来的一切哲学探索、宗教义理，其最核心的问题便是回应这一追问。因为它关乎我们的精神家园、生命归趋。正是在这个意义上，雅斯贝尔斯认为死亡是"一种一直渗透到当前现在里来的势力"。海德格尔甚至将人规定为"向死的存在"，认为本真的存在正是将死亡视为一种无从闪避的东西，只有在对死亡的时时警觉下，存在的本真性与整体性才会得到澄明。阿道也指出，学习如何面对死亡构成古希腊哲学"精神践履"的基本内容之一。恰如舒兹所言，生死关切是人类的"基本焦虑"。[2] 美国宗教哲学家保罗·蒂利希于宗教给出的定义是："宗教是一种执著的终极关怀状态，它是人的其他关怀的前提并蕴涵着人的生命意义的答案。"[3] 有了这个"生命意义的答案"，人们便能"体验到一种最可信的和最深刻的终极实体（即终极关怀）"而心安理得。[4] 若满足不了此需求，人们就会像有病乱投医似的寻找自己的精神家园和思想归宿。

上述情况是当代中国精神生活中一特殊的方面，从这个方面也可以看出，建设中华民族共有精神家园有着何等重要的意义，而探讨汉藏佛教本土化经验教训对此或有某些参考价值。

中国是统一的多民族国家，要构建百虑一致、殊途同归的文化价值体系，使其成为中华各族各界都能认同的文化符号和思想归趣，既需要时代机遇，又需要理论创新的智慧和勇气。历史上，宋明道学对儒释道进行综合融会，使儒学焕发出新的生机和活力，它不但从理论上获得极大成功，而且也从实践上得到中国老百姓的普遍认同和广泛接受。近代以来，中国的仁人志士也和前贤一样，从来没中断过融会内外、返本开新的事业，中国学人则泛滥于儒释道及诸兄弟民族文化逾百年，出入于马恩列及西方文化亦近百年，有了丰富的理论积累和深刻的思想积淀，从而在各个领域取得独特的理论成就。新中国成立尤其是改革开放以来，哲学社会科学出现了繁荣景象，理论创新成果不断出现。其中如费孝通提出"各美其美，美人之美，美美与共，天下大同"的"文化自觉论"，张岱年倡导"中西马综合创新"论，海外学者杜维明等提出儒学的创造性转换应该在其体系中吸纳并生长出科学、民主、宗教等诸要素。这些都是有价值的创见。当然，一个时代的文化轴心系统的塑造、一个民族共有精神家园的构建往往需要几代人的

---

[1] 威廉·A. 哈维兰：《文化人类学》，上海社会科学院出版社2006年版，第389页。
[2] 参见彭国翔《儒家传统：宗教与人文主义之间》，北京大学出版社2007年版，第125—126页。
[3] 参见单纯《宗教哲学》，中国社会科学出版社2003年版。第67页。
[4] 斯特伦：《人与神》，金泽等译，上海人民出版社1991年版，第2—4页。

呕心沥血，甚至是几个世纪的薪火相传，宋明道学创立过程便是实证。

笔者以藏汉佛教本土化的历史经验为个案，试图提出构建中华民族精神家园或信仰体系的浅见。人类从其本性和生活环境两个方面既具有一般的相似性或曰共相，也有差别性或曰殊相。人类社会中普遍存在的思想文化现象也是如此。因此，在此基础上构建的中华民族共有精神家园不是"抽象的共相"，而是自身包含殊相内容的丰富性的共相，这就是黑格尔所说的"具体的共相"。"共相"是指不同阶层、不同群体、不同界别共同认同和普遍接受的价值取向，它应包括信念层面的爱国、法制层面的自律、情感层面的包容、道德层面的奉献、智慧层面的创新，它应成为当代中华民族的共同精神。"具体"是指不同阶层、不同群体、不同界别各自认同的价值取向和理想境界，它应当具备先进性、广泛性的特质。所谓先进性是指凡中国共产党人及其助手共青团员都应该树立马克思主义的世界观、人生观、价值观，它应成为引领中国社会前进的主旋律。所谓广泛性是指具有不同文化背景、不同宗教信仰者在相应的文化系统和信仰领域内都应该有各自的一席之地和表达方式，都应该受到广泛的尊重和保护。"尊重差异、包容多元"深刻反映了这一思想。

大凡人们的信仰包括哲学的、文化的、伦理的、科学的、宗教的，从中国的历史和现状看，哪种信仰系统最为广大的老百姓所接受呢？过去，有些学者认为，宗教信仰已经过时，在未来新的文化建设和新的信仰系统中没有它们的位置。蔡元培提出"以美育取代宗教"、陈独秀主张"用科学取代宗教"、梁漱溟强调"用伦理取代宗教"、冯友兰则想"用哲学取代宗教"。在此，拟讨论冯先生的这一观点，他曾说："有些人把自己的希望寄托于宗教，这说明他们的精神境界是空虚的，没有找着一个精神上'安身立命之地'。在这一点上，哲学是可以代替宗教的，而且事实上中国哲学也就是在这一点上代替了宗教。"[①] 诚然，哲学可以给人以安身立命之所，但它与宗教不同，它不基于信仰，也不接触于文学的形式，而是诉诸理性，哲学是一种借助于概念、判断、推理的理性思维来给人们提供安身立命之所的学问。如果我们要把深奥的思辨哲学推广和普及到一般民众中，这是很难做到的事情。一般民众可能是从通俗文化中去体会或寻找一个精神支柱或精神家园，其中一些人还会从宗教上去寻找寄托和安慰。正因为如此，我们在致力于建设中华民族共有精神家园的时候，要注意给一般信众的心灵寄托留下适当空间，同时努力使其与当代社会的发展相适应。

就汉地佛教和藏传佛教而言，由于两地不同的社会结构、经济基础、思想传统导致佛教的不同走向及结果。藏传佛教重视追求来世与解脱的出世关怀，而忽略现实关怀层面。汉地佛教则强调现实关怀，而弱化大乘佛教出世关怀的层面。这两种倾向可谓"短

---

[①] 冯友兰：《三松堂自序》，人民出版社2008年版，第107页。

毕彰，长尽露"。对于宗教来讲，不但应具备终极关怀，还应该具备现实关怀。一个完整的宗教体系应当始于现实关怀，而终于终极关怀：若不以终极关怀告终，则信仰者不可能解决从哪儿来、向哪儿去的问题，解决不了人的安身立命问题，以致失于俗、媚于俗；若不以现实关怀开始，不以人们在现实中的改善生活、德性教化、顺应社会为宗旨，便会流于虚，甚至造成欺世惑众的后果。作为一门宗教，既应讲人生的终极意义，又应谈现实的生活准则，两者不可畸轻畸重。如果一味突出佛教现实关怀的层面，则或多或少会弱化和侵蚀佛教终极关怀的一面，而纵观汉地佛教史，从禅宗经过宋明道学到人间佛教以至于现在某些学者大力提倡的居士化佛教都存在这一问题。如果将这个方面发挥到逻辑的极致，则佛教不免要走向完全的入世化，沉沦在俗世生活的牵缠里不能自拔。藏传佛教则始终强化它的出世终极关切，保持佛教出世间的主旨和关注生死的主题，具有超越性、神圣性和神秘性，把实现极乐世界和解脱成佛的愿望寄托于彼岸世界。但它缺乏现实关怀，藏传佛教信众看重修来世路的神圣事业，而淡薄自己生活的现实家园、现实社会。只有将汉地佛教和藏传佛教这两大宗教资源整合起来使之互相借鉴、齐头并进，方可给中华民族的一部分信教群众提供现实关怀和出世关怀的完整的生活家园。一方面，用藏传佛教的出世关怀以及安身立命之道启迪汉传佛教，使汉传佛教更空灵、理想、神圣一些，以使它脱心志于俗谛之桎梏，指点生存意义的迷津；另一方面，以汉地佛教的现实关怀及人本、人间的内涵、特征启发藏传佛教，使藏传佛教更务实、更现实一些。唯有出世关怀和现实关怀的内在统一，才能产生与未来世界相称的中国佛教。这不仅是汉地佛教和藏传佛教的内在要求，也是深刻的学理根据。汉地佛教不但主张"不舍众生，不住涅槃"入世悲愿，而且强调解脱生死、涅槃成佛的出世情怀，即所谓"非于生死外别有佛法，非于佛法外别有生死"。[①] 藏传佛教将大乘佛教智悲双运的宗旨总结为"觉悟等齐于佛，行为随顺于人"。它已成为僧俗皆知、家喻户晓的口头禅。说明藏传佛教与汉地佛教在出世与入世的问题上虽各有侧重，但都有两面性的维度。纵观历史，汉藏佛教的你来我往、交流对话历经1300多年而绵延不断、源远流长。这说明，汉藏佛教的交流与通和，既是历史发展的自然过程，也是历史发展的必然趋势。因此，藏传佛教与汉地佛教非循一迹之路，守一隅之旨，尊于彼而卑于此，而应当是采藏传佛教之善，撮汉地佛教之要，应世变化、与时俱进，唯其如此，方可彼此贯通，"得佛教之总全"。希望不久能看到，汉传佛教观念得到藏传佛教出世关怀、价值系统的澄清，藏传佛教观念得到汉传佛教现实关怀、工具理性的补充。陈寅恪说："其言道德，唯重实用，不究虚理，其长短处均在此。长处，即修齐治平之旨。短处，即实事之利害得失，观察过明，而乏精深远大之思……救国经世，尤必以精神之学问（谓形而

---

[①] 曹越主编《憨山老人梦游集》上册，孔宏点校，北京图书馆出版社2005年版，第2页。

上学）为根基。"① 这说明，一种宗教必于出世与现实二端重视，方能得其真相之所在。在新的背景下，我们应该努力探讨这两种关怀之间既相互接近、彼此通和，又近而不进、通而不同的关系，成为构建中华民族共有精神家园的有益思想资源。

（作者简介：班班多杰，中央民族大学哲学与宗教学学院教授，中国统一战线理论研究会民族宗教理论甘肃研究基地研究员，原文发表于《中国社会科学》2012年第12期）

---

① 吴学昭:《吴宓与陈寅恪》，清华大学出版社1998年版，第26页。

# 西方马克思主义宗教论说的六个问题领域[*]

## 杨慧林

20 世纪以来，涂尔干（Emile Durkheim）的"功能性分殊"（functional differentiation）日益成为经典性论题，用贝格尔（Peter Berger）的话说，这意味着"社会与文化的一些部分摆脱了宗教制度及其象征的支配"。[①] 卡萨诺瓦（Jose Casanova）《现代世界的公共宗教》[②] 一书，则将这种"功能性分殊"界定为"世俗化"，并用宗教的私人化（privatization of religion）加以描述。

与此相应，西方思想与基督教之间的关联方式似乎也有所改变，如同齐泽克（Slavoj Žižek）所说："老式自由派是从基督教和马克思主义之中找到共同的'弥赛亚式'的历史观念，并以此作为信仰的最终实现过程"，但是我们完全"无需采用防御性的姿态"，完全可以"确认以往被责难的东西。我们可以说：是的，基督教与马克思主义之间存在着直接的联系。"[③] 于是基督教不仅是作为一种信仰传统，而是更多作为一种文化叙事，以其典型的意义结构引起当代研究者的关注，进而也在基督教与马克思主义的关系方面形成了新的论说。我们当然应该承认：即使是一些自称马克思主义的西方学者，其各自的立场和方法也可能大相径庭，甚至往往只是借助马克思主义的某些命题来展开自己的思考，很难被一并列入马克思主义的理论传承。

然而要真正理解马克思主义对西方社会的深刻影响，某些"异类"的文献未必没有独特的价值。需要思考的是：同样植根于西方文化的马克思主义，是否确实与基督教神学存在着可能交合的问题领域？马克思主义的理论和方法在哪些方面不断激发着西方思想，乃至当今最重要的宗教学说愈发凸显出这些问题？追索西方学界的相关讨论，或可将这些可能交合的问题领域大体归纳为六个方面。尽管这还需更为详尽的辨析，但是简

---

[*] ［基金项目］中国人民大学欧洲问题研究中心自主项目"欧洲宗教研究"，（项目编号:26210800）。

[①] 范丽珠、James D. Whitehead and Evelyn Eaton Whitehead：《当代世界宗教学》，时事出版社 2006 年版，第 77、306—307 页。

[②] Jose Casanova, *Public Religion in the Modern World*, Chicago: University of Chicago Press, 1994.

[③] Slavoj Žižek, *The Fragile Absolute, or Why is the Christian Legacy Worth Fighting for?* London: Verso, 2000, pp. 1 – 2.

要梳理其间的思路或许也同样有所启发。

## 一 革命·解放·拯救

原始基督教的产生和发展可以为无产阶级革命提供合法性依据,始终是马克思主义与基督教研究中的传统论题。基督教战胜古代宗教的历史,则恰恰证明了"精神生产随着物质生产的改造而改造";于是基督教自身的合法性,也通过马克思主义的观念得到解说。革命、解放和拯救的主题之所以在基督教信仰中保持了长久的活力,是同这一特定的历史过程关联在一起的,因为"信仰自由和宗教自由的思想,不过表明自由竞争在信仰的领域里占统治地位"。[①]

随着"物质生产的改造",随着资本主义"从自己的肋间催生自己的掘墓人",革命、解放和拯救如何才能避免自我的颠覆?按照艾柯(Emberto Eco)的分析:"凭我们的直觉,《共产党宣言》的回答应该是'我们要取消宗教',但是《共产党宣言》……在涉及这个微妙的话题时只是一带而过,只是让我们感觉到:一切改变都是有代价的,而为了善本身,我们还是不要立即开始这样一个微妙的话题。"艾柯将这种"对宗教问题的回答"称为"一段无声的杰作",而"关于阶级斗争的历史鸟瞰"以及《共产党宣言》结尾处那两条"激动人心、易懂、易记、并且……注定会具有非凡前景的口号",在他看来已经超越了基督教本身的历史命运。因此艾柯这样描述《共产党宣言》"对历史产生的根本性影响":"即使是但丁的全部作品,也不足以让神圣罗马帝国回复到意大利城邦;然而1848年的《共产党宣言》……短短的几页纸居然颠覆了整个世界。"[②]

革命、解放、拯救的不断再现,可能已经无法简单归结为基督教主题对于马克思主义的启发。我们可以更多感受到的,却是基督教作为西方文化结构的原型,如何借助马克思主义获得了巨大的解释空间。

## 二 阶级·主体·身份

"选择穷人"(option for the poor)的观念始终存在于基督教信仰和社会教义中,并通过"解放神学"与马克思主义达成了某种契合。多尔(Donal Dorr)在《选择穷人》中进一步提出:"我们生活在一个分成阶层的社会,某些经济、政治、文化和宗教结

---

[①] 马克思、恩格斯:《共产党宣言》,《马克思恩格斯选集》第1卷,人民出版社1995年版,第277页。
[②] 艾柯《论〈共产党宣言〉的风格》(On the Style of The Communist Manifesto)是作者为《共产党宣言》发表150周年而作,发表于1998年1月8日意大利著名的新闻周刊 L'Espresso,后收入 Emberto Eco, On Literature, translated by Martin McLaughlin, New York: Harcourt, Inc., 2002。

构……通过主要由中产阶级任职的机构和部门来运作，……无论他们个人的品德和价值如何，……都会由于自己的工作而助长社会结构的不公正"；从而"选择穷人"正是"对社会结构之不公正的回答"[①]。

基督教历史上有许多涉及"穷人"的重要文献，特别是天主教教廷颁布的种种"通谕"。比如利奥十三世（Leo XIII）在1891年发表"论工人阶级处境"的《"新事"通谕》（Rerum Novarum），其中提出："人类不能把劳动力简单地看成是一种商品，因为那是对人性尊严的否认；……工人阶级……便沦为压力和不公正的受害者。"如果联想到马克思的《资本论》恰好是在1867—1894年之间陆续出版，那么我们可能会同意："尽管这篇通谕强烈地否定社会主义，……它还是……沾染了社会主义的原则。"[②]

40年后，庇护十一世（Pius XI）又在1931年发表"论恢复社会秩序"的《"四十年"通谕》（Quadragesimo Anno）。他虽然坚称天主教"与社会主义者是相对立的"（119），但是对教会自身也有所检点。比如：教会有时"在外表上显得仿佛是站在富有者方面，并且常常被人埋怨，说她专帮富有者说话，而对于无产者的需要与痛苦漠然无动于衷"；同时它也意识到："有一些人为贪欲所驱使，竟去做着压迫工人的事，而不以为耻辱。……有一些人甚至可以利用宗教本身，拿宗教的名义来做他们自己的不公道行为的掩护"（125）。

1960年代的梵蒂冈第二次大公会议期间，"论教会在现代世界"的《牧职宪章》（Vatican II: Gaudium et Spes）再度重申了"选择穷人"的原则："处于极端贫困的人，有权使用他人的财富来维持生活之需。"（69）此后又有1971年第二次全球主教会议（General Synod of Bishops）通过的《公义遍及全球》（*Justice in the World*）以及2004年梵蒂冈正式编订的《教会社会训导汇编》，等等[③]。

但是"穷人"的涵义并非仅止于此。按照马克思《路易·波拿巴的雾月十八日》的说法："他们……不能以他们自己的名义、通过议会或通过惯例来维护他们的阶级利益"。最接近于此的显然不是教廷通谕的道德诉求，而是多尔《选择穷人》一书关于"阶层社会"的分析，即：无论社会运作者个人的品质如何，"都会由于自己的工作而助长社会结构的不公正"。

就此，斯皮瓦克（Gayatri Spivak）在1983年发表了论文《属下能说话吗？》（Can the Subaltern Speak?），其中"属下"（Subaltern）或者"属下性"（subalternity），正是

---

[①] Donal Dorr, *Option for the Poor: A Hundred Years of Vatican Social Teaching*, revised and expanded edition, New York: Orbis Books, 1992, p. 1.

[②] Donal Dorr, *Option for the Poor: A Hundred Years of Vatican Social Teaching*, revised and expanded edition, p. 9.

[③] Pontifical Council for Justice and Peace, *Compendium of the Social Doctrine of the Church*, Vatican: Liberia Editrice Vaticanan, 2004.

指没有发言权、声音被"涂抹"、"不能代表自己",甚至在"版图上的帝国主义"终结之后仍然不能真正说话的"穷人"。因此《路易·波拿巴的雾月十八日》被斯皮瓦克一再提及,她认为"用马克思的全部观念"才能充分描述"属下"或"穷人"。① 马克思的上述名句后来通过英译本广为流传,"他们不能代表自己,一定要别人来代表他们",甚至被萨义德(Edward Said)的《东方学》引为卷首语②。进而,"阶级"的差异自然进深于"主体"和"身份",成为当代文化理论中的重要命题。

## 三 生产·消费·交换

用"文化生产"的概念分析人类社会中的宗教现象,被普遍视为马克思对宗教研究的最大贡献之一,也对西方学界产生了持久的影响。基督教已经存在了两千多年,而"基督教"似乎从来都是一个难以界说的概念。教会历史学家马丁·马蒂(Martin Marty)曾经这样调侃自己的信仰传统:"我们所见到的基督教有多种形式,差不多包括25000个教派;而这些教派大多在中途便濒临分裂,于是我们就有了50000个实体。它们各自的特点未必与一定的教派相关,所以还是考虑'多样的基督教'(multi-Christianity)比较容易。"③

按照基督教学者大卫·霍克马(David A. Hoekema)的梳理,基督教所面对的困难和尴尬还不仅在于其历史。比如当今的美国:有些基督徒要求公立学校里的祈祷合法化,另一些基督徒则认为这违反了宪法同时也降低了宗教;有些政治家主张以《圣经》的标准建立家庭责任、废除福利制度,另一些政治家却认为《圣经》的标准应该是保护穷人;有些教会人士引用摩西律法来谴责对罪犯的怜悯,另一些教会人士则认为死刑是不必要、不正当的公开暴力。这些自相矛盾的论说必然伴随着基督教价值的相对化,霍克马由此联想到"上世纪三位伟大的偶像破坏者"对宗教的分析:马克思视之为"消解政治意志的麻醉剂",弗洛伊德视之为"未获满足的希望的投射",尼采视之为"弱者对强者的不满之表达";即使是当代的女性主义、后现代主义、文化多元主义以及种种当代的批判理论,在他看来同样是对宗教存疑的。④

因此"基督教是什么"的问题被不断提起,而在"文化生产"的意义上,基督教的

---

① 佳亚特里·斯皮瓦克著、李秀立译《关于〈属下能说话吗?〉的批评与回应》,《外国文学》2006 年第 6 期。
② 萨义德著、王宇根译《东方学》,生活·读书·新知三联书店 2007 年版。
③ Martin Marty, "Cross-Multicultures in the Crossfire: the Humanities and Political Interests", see David A. Hoekema and Bobby Fong edited, *Christianity and Culture in the Crossfire*, Grand Rapids: William B. Eerdmans Publishing Company, 1997, p. 15.
④ David A. Hoekema, "Introduction", see David A. Hoekema and Bobby Fong edited, *Christianity and Culture in the Crossfire*, pp. 2 – 3.

文化链条上逐渐生长出一些完全不同的可能性。比如"偶像破坏者"所开启的文化批判，似乎也可以成为同构、而不是相悖的一环；比如欧洲本土的基督教，其实同样是植根于更古老文化的"寄生性文化生产"（a kind of parasitic cultural production）[①]；比如"神学的新宗派性理解"已经被视为"当今的危险"，"一向关联于个人信仰、关联于特定信仰群体的'神学'，在其最深刻的层面上既不在于个人的虔信，也不在于认同那些仅仅面对信众的教会神学，而是与……社会学家、经济学家、政治理论家、人类学家涉及同样的问题。……那些话语模式的根本，可以被教会以外的人所理解、论说和尊重"。[②]

当然，生产、消费、交换的意义结构可能也会由于一种表面的理解，导引出所谓的"宗教市场论"。[③] 但是无论"宗教市场"（religious marketplace）、宗教经济（religious economies）还是"宗教竞争"（religious competition），似乎都在于激发"热情、高效的宗教供应商"（eager and efficient suppliers of religion），并通过市场手段降低"运营成本"和"信仰成本"[④]，这恐怕恰恰是被马克思本人所批判的。

## 四　异化·虚无·拜物教

19世纪的诸多哲人曾经预言，"虚无"将是现代文化的终极命运。而这种价值的虚无，正是源于人类精神的异化以及"商品拜物教"（commodity fetishism）的崇拜。在这一背景下，特别是当人类对消费主义时代有所体验的时候，马克思对资本主义的深刻分析越发显示出难以替代的价值。

如果说消费主义时代的特征之一就是商品社会对精神领域"实施'殖民化'统治"[⑤]，那么《共产党宣言》早已有过令人警醒的描述："资产阶级抹去了一切向来受人尊崇和令人敬畏的职业的神圣光环。它把医生、律师、教士、诗人和学者变成了它出钱招雇的雇佣劳动者。"[⑥] 而当代西方学者的论说几乎与《共产党宣言》如出一辙。比如宗教社会学家罗伯特·贝拉（Robert Bellah）就曾批判"首席执行官（CEO）——雇

---

[①] Vincent J. Miller, *Consuming Religion: Christian Faith and Practice in a Consumer Culture*, New York: The Continuum International Publishing Group Inc., 2004, p. 173.

[②] 斯塔克豪斯（Max L. Stackhouse）著、杨慧林摘译《什么是"公共神学"》，《基督教文化学刊》第11辑，中国人民大学出版社2004年版。

[③] Rodney Stark and Roger Finke, *Acts of Faith: Explaining the Human Side of Religion*, Berkeley: University of California Press, 2000. 斯塔克等著、杨凤岗译《信仰的法则》，中国人民大学出版社2004年版。

[④] 同上书，p. 36, p. 201.

[⑤] Nancy Fraser, *Rethinking the Public Sphere*, see Francis Barker edited, *Postmodernism and the Re-reading of Modernity*, Manchester & New York: Manchester University Press, 1992, p. 223 – 224.

[⑥] 马克思、恩格斯《共产党宣言》，《马克思恩格斯选集》第1卷，第275页。

员——顾客"的商业模式遍及各个领域：医疗部门负责人、大学校长成了 CEO，甚至有主教也自称 CEO，从而医生、教授、神甫都成了雇员，病人、学生和信众则成了消费者；而"当市场侵入本应由法律、医学、教育以及政治、家庭和教会所辖制的领域时，它自身便会遭到破坏"。①

另外值得注意的，是齐泽克（Slavoj Žižek）对商品拜物教的引申，及其对现代人信仰结构的剖析。② 简单地说，市场神话对现代社会的宰制，已经使其本身被信奉为一种真理模式。因此"共同的谎言，远比真相更为有效地维系着追随者"③，他甚至认为这可以用于分析宗教的功能结构。正如"金融危机的经验告诉我们：……即使我们能让时间倒退，人们仍然会'随大流'（follow the herd）、哪怕明明知道早晚会崩溃。这就是资本主义意识形态何以有效、资本主义何以运作的原因。"④

## 五 交往·实践·阐释

现代社会中"生活世界"（lifeworld）与"社会系统"（system）的区分，以及"生活世界"由于"金钱化"（monetarization）和"科层化"（bureaucratization）所遭受的"殖民化"（colonization），通过哈贝马斯（Jürgen Habermas）的解析而引起西方宗教学者的极大关注。从而经典马克思主义的实践论、现代诠释学以及哈贝马斯的交往—行为理论，在一些神学家的著述中得以延展，并进一步激活了基督教神学的自身资源。

比如特雷西（David Tracy）积极回应关于理性的交往性理解，认为神学本身也正是一种"向交谈与对话敞开的……交往活动"，却不能以任何独一的理性或者优先的文化为前提；这正是"神学的相关互应"（theological correlation）⑤，亦如他所述："我们正迅速走向一个新的时代，在这个时代如果不认真地同其他伟大的传统对话，已经不可能建立什么基督教的系统神学。"⑥

---

① See Johan Verstraeten edited, *Ethical Perspectives*, 5 (1998) 2, Catholic University of Leuven, 1998, p. 99.
② 请参阅杨慧林《齐泽克所说的"基督教遗产"究竟是什么：马克思主义方法论与基督教的意义结构》，《世界宗教文化》2010 年第 5 期。
③ Elizabeth Wright and Edmond Wright edited, *The Žižek Reader*, Oxford: Blackwell Publishing Ltd., 1999, p. 99.
④ 2010 年 5 月 17—18 日齐泽克在人大—清华的演讲稿，8—9 页。
⑤ Francis Schüssler Fiorenza, *Introduction: A Critical Reception for a Practical Public Theology*, see Don S. Browning and Francis Schüssler Fiorenza edited, *Habermas, Modernity, and Public Theology*, New York: The Crossroad Publishing Company, 1992, p. 5.
⑥ David Tracy, *Dialogue with the Other: the Inter-religious Dialogue*, Leuven: Peeters Press, 1990, Preface: "Dialogue and Solidarity".

特雷西对"神学之多元公共性"的解说,被视为他最重要的神学贡献之一①;就现代神学的线索而言,其"神学的相关互应"可能也正是蒂利希(Paul Tillich)神学与文化、"属人的概念与属神的概念"之间的"相关互应"②。在同一线索上,还有谢利贝克斯(E. Schillebeeckx)"基督教传统与当下经验的互应",汉斯昆(Hans Küng)"活着的耶稣与现实处境的互应",或者鲁塞尔(Rosemary Radford Ruether)"多元群体与先知启示的互应",等等。③ 总之,交往过程中的宗教诠释,已经不能不打通神圣与世俗、传统与现实、一种文化与他种文化之间的界限。

费奥伦查(Francis Schüssler Fiorenza)也将"理性与公共领域之间的关系",看作"哈贝马斯交往性理性观念的根本"。最重要的是,通过"一种言语行为理论"(a speech-act theory)和"一种伦理的话语理论"(a discourse theory of ethics),他认为哈贝马斯已经"将康德那种独一的反思性道德主体(monological reflecting moral subject),置换为一个道德话语中的主体群(a community of subjects engaging in moral discourse)"。④ 由此,任何政治诉求和伦理诉求的合法性都无法依托于宗教权威、神圣命令和神秘启示,而必然转向更加开放的话语;反过来说,这可能也必然导致对宗教传统的重述。

## 六 自由·正义·弥赛亚

自由、正义一向被视为西方价值观念的基石,但是"独一道德主体"的最大误区,可能就过分执着"主体"的文化身份,乃至"身份"已经预先设定了一切可能的价值立场,不同的出发点便意味着永远无法找到共同的确定性,也就意味着"善"本身的坍塌。因此现代社会往往更强调"正当"而不是"善",以排解种种虚妄和纷争。

然而如果"善"的希冀被取消,结果同样是灾难性的。于是弥赛亚与终极自由、乌托邦与政治正义,便成为完美社会的想象性前提。尽管齐泽克认为"从基督教和马克思主义之中找到共同的'弥赛亚式'的历史观念"属于"老式自由派"的说辞,但是他也相信:在现代社会,构想乌托邦、谈论弥赛亚绝不是多余的。

---

① Francis Schüssler Fiorenza, *Introduction: A Critical Reception for a Practical Public Theology*, see Don S. Browning and Francis Schüssler Fiorenza edited, *Habermas, Modernity, and Public Theology*, p. 5, footnote 11.
② 蒂利希著、龚书森等译《系统神学》第一卷,台湾:东南亚神学院协会1993年,第84页。
③ 关于"相关互应"的理论以及当代神学的超越,请参阅 Francis Fiorenza, *Systematic Theology: Task and Method*, Francis Schussler Fiorenza & John P. Galvin edited, *Systematic Theology*, volume I, Minneapolis: Fortress Press, 1991, pp. 55–61.
④ Francis Schüssler Fiorenza, *Introduction: A Critical Reception for a Practical Public Theology*, see Don S. Browning and Francis Schüssler Fiorenza edited, *Habermas, Modernity, and Public Theology*, pp. 4–5.

基督教神学的"弱势"逻辑，在此特别得到了新的解释。比如费奥伦查就是在同哈贝马斯的讨论中提出了"公共之善的弱观念"（thin conception of the public good），力图通过这种"不能被清晰把握的'善'"，来弥补现实政治的"贫瘠"，并将基督教"关于善的道德理想和乌托邦愿景"（moral and utopian visions of the good）与关于"正义"的公共话语关联起来①，从而"弱势"反而成为支撑"正义"的有效力量。

在与之相应的《圣经》文本中，"弱势"的"善"也同现实政治中"贫瘠"的"正义"构成了鲜明对比。比如《旧约·诗篇》既说"义人（the righteous）必承受地土，永居其上"（诗37：29），又说"谦卑人（the meek）必承受地土"（诗37：11）；到《新约》则只有"谦卑的人（the meek）有福了，因为他们必承受地土"（太5：5）②。进而言之，《新约》中的凡人之"义"只能是被动式的 to be accounted as righteousness （罗4：5）或者 to be justified（罗2：13，3：20-28，5：1-9），却不太可能"自以为义"（self-righteousness）。据此便可以理解，为什么尼布尔（Reinhold Niebuhr）会将人们对于"历史进程"和"某种历史奇迹"的希望批判为"两种自义"③，而又只有"弥赛亚式的历史观念"才能寓托自由和正义的理想。

中国的历史、文化、宗教状况都与西方迥异，但是这可能使我们更加需要有效的自我表达、积极的对话方式，借此理解世界也被世界所理解。当今的真实处境恰好进一步回应了《共产党宣言》的论断："世界市场，使一切国家的生产和消费都成为世界性的了。……过去那种地方的和民族的自给自足和闭关自守状态，被各民族的各方面的互相往来和各方面的互相依赖所代替了。物质的生产是如此，精神的生产也是如此。……民族的片面性和局限性日益成为不可能。"④ 由此而论，无论我们赞同与否，西方学者对马克思主义的坚守、引申抑或误读，都应当引起我们的足够重视。

齐泽克曾经断言："在我的无神论中，我比（基督教神学家）密尔班克（John Milbank）更基督教"⑤，因为"基督教之颠覆性的精髓……只能被唯物主义所理解"⑥，正如德勒兹（Gilles Deleuze）所说："现代辩证法是真正的基督教意识形态"⑦。而当齐泽

---

① Francis Schüssler Fiorenza, Introduction: A Critical Reception for a Practical Public Theology, see Don S. Browning and Francis Schüssler Fiorenza edited, Habermas, Modernity, and Public Theology, p. 11.
② 《马太福音》中的这处"谦卑的人（the meek）"，在《圣经》和合本中被译为"温柔的人"。
③ 尼布尔著、关胜渝等译《基督教伦理学诠释》，台湾：桂冠图书股份有限公司1995年版，第6、11—12页；尼布尔著、谢秉德译《人的本性与命运》，香港：基督教文艺出版社1989年版，第186—187页。
④ 马克思、恩格斯《共产党宣言》，《马克思恩格斯选集》（第1卷），人民出版社1995年版，第276页。
⑤ Creston Davis edited, The Monstrosity of Christ: Paradox or Dialectic? Cambridge: The MIT Press, 2009, Front cover.
⑥ Slavoj Žižek, The Puppet and the Dwarf: the Perverse Core of Christianity, Cambridge: The MIT Press, 2003, pp. 5-6.
⑦ 吉尔·德勒兹著、周颖等译《尼采与哲学》，社会科学文献出版社2001年版，第27页。

克与密尔班克的论争并编订为《基督的异类：悖论还是辩证》一书时，"悖论"或者"辩证"未必只能终结于"基督的异类"；在符号学的意义上，"词语的异类"（linguistic monstrosity）恰恰是作为一种"衍指"（super-sign），构造出新的意义链条。① 这可能也应该是我们对一切"异类"所怀有的期待。

（作者简介：杨慧林，中国人民大学教授，主要从事宗教学和比较文学研究，原文发表于《世界宗教文化》2012年第1期）

---

① 关于皮尔斯（Charles Sanders Peirce）符号学的相关论说，请参阅刘禾著、杨立华等译《帝国的话语政治》，生活·读书·新知三联书店2009年版，第44、10—14页。

# 风帽地藏像的由来与演进

## 张 总

地藏菩萨是佛教四大菩萨之一，唐宋以来在中国发展演化，为民间丧葬习俗所尊，形成了对东亚地区的深远影响。地藏信仰的演进幅度较大，与之相应的形象特征变化亦大。地藏菩萨有佛、菩萨、僧人三种形象，最典型的形象是戴着风帽的僧人形，手持锡杖与宝珠，胁侍道明和尚与金毛狮子的形象，还有包括六道轮回与十殿冥王的复杂组合。

佛教美术中图像的依据是佛教经典，这是一般规律，也是图像学的基本规则[①]。无论何种宗教的图像，多依如此规律。但是具体而言，会有种种变化。地藏信仰与形象演进中，就有这种情况。本土僧人撰述的疑伪经典等起到了很大作用。其实汉文地藏诸经中，只有《十轮经》是译自梵本的真经，而《地藏菩萨本愿经》较其所起作用或许更大。再加上《十王经》等的弘扬，地藏菩萨终于成为幽冥世界的主宰，确立了东亚幽冥信仰的基本特征。从经典与图像的相互结合与补充，对此状况可看更加清楚。

地藏菩萨统摄十王、执掌幽冥的过程是步步渐进具体而成，并非一蹴而就的。晚唐出现的《阎罗王授记经》及其发展——图赞本《佛说十王经》，构造了中国的炼狱中阴——冥府十王[②]。而《地藏菩萨经》与《道明和尚还魂记》则进尔起到作用。《十王经》开始只将地藏作六菩萨之一画出，后来则在卷首画中统领十王。其地位升迁就与疑伪《地藏菩萨经》有关。此经非常短小[③]，叙说地藏从南天来到阎罗王旁，对入炼狱——中阴处的灵魂，共同审判断案[④]。这个小经弥补了十王经的不足，使地藏进入了

---

[①] 图像志 iconography 是 iconology 图像学的根基。图像的经典文献依据，则构成图像志的基础。

[②] 拙文《"阎罗王授记经"缀补研考》，证明《阎罗王授记经》是《佛说十王经》的基础。后者只是在前者的基础上加入赞词与插图。《敦煌吐鲁番研究》第5册，北京大学出版社2000年版，第92—101页。

[③] 敦煌文书中可以拣出30余件。参见拙文《地藏信仰研究》，宗教文化出版社2003年版，第107页。尹富《中国地藏信仰研究》，四川大学出版社2009年版，第255页。

[④] 参见 Stephe F. Teiser *The Scripture on the Ten Kings and the Making of Purgatory in the Medieval Chinese Buddhism*. University Hawaii, Honolulu. 1994. Somyies Jizo no shishi nitsuite. Trans Wang So-yin.

十王体系。笔者在《地藏菩萨统领十王的进程》一文中对此已有探讨①。董文员所绘十王经卷首就写有此经，插图中也有阎罗与地藏并坐。石窟摩崖雕刻也有例证，如四川绵阳北山院9号龛、新发现的安岳香坛寺摩崖雕刻，都可见到。两者都有地藏与阎罗并坐。但香坛寺雕造更为复杂。它是两个龛组成，一个大龛与绵阳龛像相似，分为数个龛格，中间主要龛格刻有地藏与阎罗。其旁有一略小的龛，只雕了地藏菩萨。这样，地藏菩萨与阎罗及十王形成了双重的并坐，体现出发展与变化。对比中还有一个细节值得注意，即北山院地藏为露顶，而香坛寺地藏则戴着风帽（虽有残损，仍可认定）。地藏戴风帽九世纪末已有出现，十世纪后很是流行。这个戴帽地藏的由来何在呢？

辽代僧人常谨所集《地藏菩萨像灵验记》中曾有一条记载②，说是五代天福年间，西印度沙门智祐，带着十王地藏图像，来到中国。图中地藏戴着冠帽，手中锡杖宝珠，身下有十王。这个记载似为来源不明的地藏十王像提供了重要根据。但实际材料证明，十王造像早在晚唐已经出现。绵阳北山院地藏十王像唐中和年（882）前后已造出（证明确立十王的《阎罗王授记经》九世纪已有），地藏未戴冠帽。资中西崖地藏十王龛有唐景福二年（893）题记③，地藏已披风帽。所以，十王形象不会由西印度五代时传入，其冠帽说亦不可靠。

风帽地藏的由来，其实缘于《道明和尚还魂记》。此文甚至不是疑伪经，只是敦煌文书中的入冥故事。但其所说覆顶地藏影响深远，成为后来最典型形象。讨论此记及图像之前，先应了解地藏菩萨形貌基本情况。

## 一　地藏形貌

地藏菩萨经典仪轨有于僧人形、菩萨，还有40余种神通变化身表现，但少有图像体现。

僧人形说见于凉译与唐译《十轮经》。北凉译本《大方广十轮经》序品说大集会时，"是地藏菩萨沙门像，现神通力之所变化"④。还有很多菩萨随地藏以神通力俱来至此，悉作声闻像，在如来前，礼佛说偈。

唐玄奘译《大乘大集地藏菩萨十轮经》序品有同样描述，地藏菩萨与众多菩萨前来

---

① Zhang zong, *Comment le bodhisattva Dizang est parvenu à gouverner les Dix Rois des Enfers*,《地藏统领十王的进程》,《雷德侯教授荣退纪念专刊》,《远东学刊纪要》2010年7月，法国远东学院日本分部。
② X1638号《万续藏》第87册，第594页。清泰寺沙门知祐感应地藏记第二十九。
③ 张总：《四川绵阳北山院地藏十王龛像》,《敦煌学辑刊》2008年第4期，第84—92页。资中西崖龛笔者记录。
④ T410《大正藏》第13册，第681A页。

礼佛，"并诸眷属作声闻像，将来至此，以神通力现是变化"。其下重申并有偈颂①。

> 尔时地藏菩萨摩诃萨……以神通力现声闻像。从南方来至佛前住。
> 地藏真大士，具杜多功德。现声闻色相，来稽首大师②。

经典中地藏神通力不止于此。此经序品说地藏可以变幻的种种形象，不少于观音的三十三相或在三十二身③，若"作梵天身成就众生……或作地狱身"，共有四十二身之多④。地藏化佛身在《十轮经》此处可见，虽然北凉译本并无"佛身"，唐代译本才有。而敦煌文书《礼赞地藏菩萨忏愿仪》（北8422［重22］号），是依照经文撰成忏悔仪愿，却强调了圣人身中佛形、菩萨等形⑤。

密宗典籍之中，则菩萨形象与沙门形貌皆具。如善无畏《大日经》、《地藏菩萨仪轨》中都有地藏菩萨形象及持花服袈裟的记载。"次说画像法……一手持盈花形"⑥，其仪轨并东传日本，记存于《觉禅抄》，等等之中⑦。

艺术图像类型中地藏至少有佛形、菩萨形、声闻形三种，后者又分三种，光头、戴帽、戴冠。佛像形例证主要在陕西彬县大佛寺石窟。在初盛唐期的千佛洞内中心柱侧与壁面，多个小龛中有对称雕出、左右舒相坐即半跏姿的双像，也有单像。服装为通肩、袒右式袈裟，头面多残损但顶有肉髻。手势多为横放胸腹前，也有持宝珠者。武周圣历元年（695）高叔夏、证圣元年（699）元思睿题记等，明说造地藏菩萨之像。

龙门石窟菩萨形是出现最早的地藏像，有些可能早至初唐贞观年间。其中有坐姿立势皆有，袒身着裙，帔带绕身，佩璎珠圈，顶束发髻。手中或持宝珠、或提净瓶，几乎全同于胁侍释迦的菩萨、或胁侍弥陀的观音。其中半跏而坐姿态仍居多一些，也有个别地藏为主像具有胁侍。龙门石窟的僧形地藏也有重要代表作。如宾阳中洞上方手中现五道轮回的僧形立像。还有牛懿德造像，半跏右舒相坐，手扬起，头上有高肉髻，但袒身披帔带为菩萨衣装。河北隆尧宣务山曾有龙朔年间（661—663）地藏像，较龙门麟德元

---

① T411《大正藏》第13册，《大乘大集地藏十轮经》卷1，第721页下。
② 有学者曾说，唐实叉难陀译《地藏菩萨本愿经》中也有类似描述，则不足为据。因《本愿经》是中国撰述的伪经，仅托名实叉难陀。罗世平《地藏十王图像的遗存及其信仰》，《唐研究》第四辑，北京大学出版社1998年版，第374页。
③ 《法华经普门品》说观音菩萨有三十三变化身，《楞严经》中说观音菩萨有三十二变化身，基本一致。
④ 王惠民：《地藏研究目录》中说地藏菩萨的变化身有四十四身之多。应是与本文统计方式有所不同。
⑤ 《敦煌宝藏》第110册，第277—278页。庄明兴《中古中国的地藏信仰》（台湾大学1999年版，第75页），已阐明了此忏愿仪与经本的关系。汪娟《敦煌礼忏文研究》有更深入的对比研究。中华佛学论丛18 法鼓文化2003年，第289—311页。
⑥ 《大正藏》第18册第8页。第20册第652页。
⑦ 《大正藏》图像卷五，第129页。

年（664）纪年像稍早，初唐僧形象还见于邯郸南响堂山石窟。

此后地藏种类渐趋丰富。地藏与六道、地藏与十王、地藏与道明以及地藏与观音等相继出现。地藏进入十殿阎罗体系，先是并坐，再为统领，还出现道明与判官等胁侍。地藏本身的特点即服饰等也有变化，最重要就是沙门形僧人像式戴上了风帽，所执法器以锡杖与宝珠为主。而所存遗迹中有纸本经绘、绢麻幡轴、壁画、石窟雕刻等，以敦煌莫高窟及藏经洞为多，四川与重庆的摩崖雕造也不在少数。画史中《五代名画补遗》说张图善画十王地藏、《图画见闻志》记五代初"王乔士画佛道人物，尤爱画地藏菩萨十王像，凡有百余本传于世"。总之，十世纪以来最为典型之像，是地藏居画面主尊，头戴风帽，项饰璎珞。身着袈裟，跏趺坐于莲台、右手执锡杖、左手或捧珠或结印。身旁胁侍着道明和尚、或同金毛狮子。至于明清时九华山的圣僧——新罗来华的金地藏像，则以僧人衣装而戴五佛冠。

## 二 《道明和尚还魂记》

藏经洞具有纪年的风帽地藏像有四件绢画，时代都集中在北宋。英国藏 SP.19 北宋建隆四年（963）康清奴所施地藏掌六道图[①]。法国藏（MG17659）北宋太平兴国六年（981）千手观音画下方题记旁有地藏像，侍有道明与狮子。榜题"此是地藏菩萨来会鉴物时"，"道明和尚却返时"，"金毛狮子助圣时"。此图的题记明显表示出与《道明和尚还魂记》（敦煌文书 S.3092 号）的关系[②]。法藏（MG.17662）太平兴国八年（981）像，画被帽地藏与六道、十王判官，下有道明和尚与金毛狮子。图下还有引路王菩萨与供养人。甘肃省博物馆藏北宋淳化二年（991）父母恩重经变下方题记两旁画着地藏菩萨与供养人[③]。其地藏旁有两侍女，前有跪僧应为道明，无金毛狮子。敦煌被帽地藏中其实类型很多。石窟壁画中还有五代第 305 窟甬道地藏、375 窟地藏与十王、379 窟地藏十王具道明题记，等等之像，西夏 154 窟地藏像等。敦煌藏经洞白描画稿中也有晚唐五代风帽地藏，还有色绘纸本（P.4070 号）与版画印本（P.4515：5）。从造型组织要素来说，也是从简到繁，既有独身幡画，也有繁复的六道十王等。

风帽地藏当然不止于敦煌一地，川渝地区唐宋石窟实例也不少。向前追溯，晚唐风帽地藏已有出现之例，如四川资中的就有北崖两龛戴帽地藏，而西崖则有两龛地藏十王龛，亦披帽，一龛主像座前卧一狮，另一则具晚唐景福二年（893）题记[④]。作为十王信

---

[①] 《西域美术——大英博物馆藏敦煌画》SP19 图，康清奴为己身病患，恐堕五趣而施画。图上有六道轮回，地藏胁侍两身普门菩萨。SP 表示英国所藏敦煌画，MG 表法国吉梅博物馆的敦煌绘画藏品。

[②] 同上。

[③] 《敦煌——纪念敦煌藏经洞发现一百年》，朝华出版社 2000 年版，第 108 页。

[④] 此据笔者的再次调查。由于题记上有泥苔，所以第二次调查时才得以辨识清楚。

仰根源的《十王经》插图之中，风帽地藏与露顶地藏就交错出现。而山西省临猗县北宋塔基出土的绢画中，体现出非常独特的双地藏像一为露顶、一为风帽。而至明清时期，道明和尚与新罗来华的金地藏传说融合，道明与闵长者（传为道明之父）侍立在下，金毛狮子在部分画面中消失，而地藏头上的风帽也换成了五佛冠。

由于风帽地藏的根据并非严格的仪轨经典，所以其出现不是统一划齐，而是交错出现。风帽地藏出现以后，露顶地藏仍然存在。松本荣一认为是声闻形象的一种变体。风帽地藏其实是时代与信仰所需。由于披戴风帽，使其形象更具威严与气度，与常见的罗汉与佛弟子区分。这与佛教美术的发展也有一定关系。唐代以后罗汉形象益愈发展，十八罗汉、五百罗汉也渐盛行。圣僧之中如僧伽大圣也有披戴风帽，甚至玄奘也有披巾戴帽像替代露顶之像，这对理解地藏风帽有重要价值①。综合而言，时代发展、信众的需要，使近同于弟子罗汉的僧形地藏像变化，风帽地藏才会应运而生。

英藏敦煌文书 S.3092 号有一段归愿文与《道明和尚还魂记》。其中说襄州开元寺僧道明，大历十三年（778）二月八日，被二黄衣使者追至阎罗王所后，发现错了，应追者是龙兴寺道明。所以将他发还。道明正欲辞别阎王，回归人世时②：

举头回顾，见一禅僧，目比青莲，面如满月，宝莲承足，璎珞装严，锡振金镮，纳裁云水。菩萨问道明：汝识吾否？道明曰：耳目凡贱，不识尊容。汝熟视之，吾是地藏也。彼处形容与此不同。如何阎浮提形□□□□襴，手持志宝，露顶不覆，垂珠花缨？此传者之谬……阎浮提众生多不相识。汝子细观我……一一分明，传之于世。……道明便去，刹那之间，至本州院内苏息，彼会列丹青，图写真容，流传于世③。

入冥故事在中古时期极为普遍，多为劝善诫恶，但此故事核心内容较为特别。即道明欲归人世时，举头回顾见到地藏菩萨。地藏对道明谆谆教诲说，世间流传他的形象错谬了。要他认真看，回去改正。这里恰就涉及图像学中标识问题。圣像的身份常依特定器物或形象特征来确定，此记中，道明初不识地藏。然而地藏要道明看清楚其形象，以区别世间错谬的"阎浮提形"。

---

① 首都师范大学于硕博士关于《西游记》美术之系列论文涉及这一问题。
② 见《英藏敦煌文献》第 5 册，四川人民出版社 1992 年版，第 9 页。王重民《敦煌遗书总目索引》S.3092 号下有录文。中华书局 1983 年，第 173 页。施萍婷《敦煌遗书索引总目新编》仍有录文，并加注说明。中华书局 2000 年版，第 95 页。
③ 不少学者对此已有讨论，如郑阿财《敦煌写本道明和尚还魂故事研究》，隋唐五代文学研讨会论文，中正大学中国文学系，1998 年 3 月；杨宝玉《敦煌本佛教灵验记校注并研究》，甘肃人民出版社 2009 年版，第 207—216 页。

此处关键是"露顶不覆",菩萨戴冠不露头顶。道明所见是"一禅僧"形象,所以必非菩萨。无论所持宝珠或莲花与"露顶不覆",都符合于经典仪轨,但《还魂记》中却说是错了。因而《还魂记》反映了中国民众对地藏形象的诉求。此记还说地藏的坐骑金毛狮子为文殊菩萨,也没有经典依据。由此可知,区别于佛教仪轨中"露顶不覆",流传于世的典型地藏形象,披风帽、持锡杖、拿宝珠,金毛狮子随侍,是中国化的组合了。

## 三 山西临猗出土绢画

《道明和尚还魂记》说为唐大历年间(778)事,实际上的形成必会为较晚一些。如上文所说,披戴风帽的地藏菩萨在晚唐已有出现,其后转而繁盛。配合的披风帽地藏像也有各种情况,或为单独地藏像、或有六道、或附十王,或有道明与金毛狮子。但风帽地藏仍然益愈成为主流。虽然如此,露顶的地藏像并没有消失,一直到晚近时代都有存在,或许因为《道明和尚还魂记》的说法,并不如佛教经典仪轨那样具有约束力。不过,在风帽地藏最初出现的阶段,露顶地藏并不消失,更是引人注意。譬如图赞本《佛说十王经》中,就有两种形象的地藏出现。而山西临猗塔基出出土的绢画,更是值得注目与详细推究。

现知敦煌本插图《十王经》共有六件。除日本天理图书馆藏一回鹘文本外皆汉文本,即P.2003号、P.2879号、P.4523+SP78(Cftcii.001)、SP80(Cft.404+Cft.212)+S.3961号、日本所藏董文员绘卷。后者为北宋开宝四年(971)之作,余均为五代至北宋初作品。这些图卷中有些阎罗王与地藏菩萨并坐,卷首画则有释迦授记与地藏十王图两种,前者全卷地藏只在六菩萨图之中,后者无此图。

P.2003号的卷首为释迦授记,画面中没有地藏,却有道明与金毛狮子。地藏为六菩萨之一(其他为龙树、救苦观世音、常悲、金刚藏、陀罗尼),且是风帽形象。阎罗王处也没有地藏。P.2879号卷首图同上,却有道明及两童子而无狮子。其地藏亦为六菩萨之一,却是露顶光头形象。此图的阎罗王处却有地藏同坐,形象又是风帽地藏,且侍道明及狮子。董文员绘卷的卷首画仍同上,画中人物全同P.2870号,有道明无狮子。画中阎罗与地藏并处,也是风帽形象,亦有道明与狮子。

法国与英国各藏五王的P.4523+SP78(Cftcii.001)没有文字。其卷首为风帽地藏统领十王,卷中没有六菩萨图。地藏菩萨与阎罗并坐,却是露顶形象。SP80(Cft.404+Cft.212)+S.3961号卷首为风帽地藏统领十王,亦无六菩萨。地藏与阎罗并坐,也是露顶形象。这两种卷首图以风帽地藏为主尊统领十王,并取消六菩萨,明显反映出地藏地位的上升。但是其画卷中与阎罗王共在一处的地藏,却不是风帽像,反而是较早期的露顶像。这两个图卷中以微妙因素体现出的风帽与露顶地藏的共同出现,在山西一绢画中得到突出反映。

山西省临猗县一北宋塔基曾出两幅五代绢画①。其中一幅为地藏十王。主尊为被帽地藏形貌清晰无疑，其风帽上还有环结，胸佩项圈，半跏而坐。其下方有两层人物，手奉文卷身着冠袍者应为判官，再下排列身穿官服者为十王形象。

另一图非常特别。主像禅定姿跌坐，身着偏衫袈裟，手持九品往生手印。其左上角有榜题框，其内字约略有"佛"等，所以应为阿弥陀佛。其下胁侍两尊菩萨，形式十分独特。虽然均穿袈裟，跌坐方形须弥座，有圆形项光与身光。但一为露顶光头形象，持宝珠，佩项圈，右手似前伸持印契（或持明珠），左手仍似奉明珠。而另一为覆顶披风帽、持锡杖。其冠帽也颇为奇特，黑色中露菱形浅色。其下方两边各坐有五人，冠冕诸像，应为十王。再下还残存部分阅读长卷、驴头马首者与女供养人（图8）。此图可以确定为阿弥陀佛与双地藏，而且是露顶地藏与风帽地藏同时出现之像。虽然这个组合只见一例，但从上面分析《十王经》图情况，可知其并非绝不可能。至于地藏与弥陀的关系，则从《地藏菩萨经》以及《还魂记》本身等，都有与净土信仰相关线索，所以并非不能成立。

## 小　结

从地藏信仰发展演变的过程中，不仅有《地藏菩萨经》阐明地藏与阎罗并坐，促使地藏进入冥府统领十王；而且有《道明和尚还魂记》，阐说地藏菩萨应覆顶披戴风帽，反说原来出自经典的露顶僧人形象为错。风帽地藏出现后，光头地藏也没有消失，两者的交叠多有所体见。不仅在《佛说十王经》长卷中同时出现，更在山西绢画的一幅图中得到对称的表现。虽然露顶地藏从唐代以后仍延续未断，但风帽地藏仍然演进成了其最典型主流的形象。

在艺术史研究中会遇到一些比较奇特、似乎不尽合理之例。但如果从历史演进、宗教内涵的逻辑来深入分析，这些图像恰恰又能成为说明转折变化的关键之点。重要处是我们如何把握其间关系。

注：本文原为2010年7月12日在德国海德堡大学"活的遗产——东亚艺术史之反思，雷德侯教授荣退国际学术会"上的演讲）

（作者简介：张总，中国社会科学院世界宗教研究所研究员，主要从事宗教艺术、佛教史研究，原文发表于《世界宗教文化》2012年第1期）

---

① 张献哲：《山西临猗发现两幅五代绢画》，《文物》1984年第7期，第53页。

# 论流动穆斯林的宗教生活与城市社会适应

## ——以东部沿海城市为例

### 尤 佳

改革开放30年来,由行政主导的经济快速发展,取得了世人瞩目的成就,并开始突破建国后相对稳定的"城乡二元结构"界限,推动农村的城市化进程与传统城市的现代建构过程相继展开,社会结构的整体转型正在被导向城乡和谐发展的方向。而这个趋势变为现实的过程又被整合进入全球经济一体化的过程,给中国的社会结构转型带来了短期难以化解的压力,与中国多样化的地域文化之间形成的张力也在不断扩大,长期形成的、稳定的文化多样性相融并存的传统模式正在被消解,动态的、不确定的因素渗透在人们生活的各个方面,带来了物质生活改善的奢望,也带来了变迁中的不安与无奈。在社会变迁的复杂过程中,讨论流动穆斯林的宗教生活与城市社会适应问题,涉及诸多因素。笔者认为,这个问题首先或主要是一个变迁中的社会问题,民族与宗教因素只是一个具有影响作用的变量,即一个以宗教生活作为表达方式的社会问题。当然,这是一个十分重要的差异化变量。毕竟,与以汉族为主体的流动人口相比,流动穆斯林群体是弱势的少数,遭遇的难题有许多相似之处,也有更甚之处,更应该受到关注。近年来的流动人口城市适应问题的研究成果也比较丰富,主要的研究视角包括现代性视角、社会化视角、互动视角和社会网络视角等,但总体上是概而论者多、针对不同亚群体的研究少。[①] 因此,本文拟以东部沿海城市中的流动穆斯林[②]为例,围绕宗教生活与社会资本的关系及其在流动穆斯林适应城市社会生活方面所发挥的作用问题作一些尝试性的讨论,姑且作为此类研究的补充。

---

① 符平、江立华:《农民工城市适应研究:局限与突破》,《调研世界》2007年第6期,第14—15页。
② 指没有当地(包括郊区)正式户籍的、在城市居住时间为3个月至15年的成年穆斯林。

## 一 宗教生活与社会生活适应

### (一) 流动穆斯林的宗教生活

在中国伊斯兰教形成的历史过程中,"大分散、小聚居"的地域格局、不同的教派与门宦、包含不同地域的族群惯习的民族等,也逐步纳入中国传统的农业社会结构中,与地域文化结合而呈现出多样化的表现样态。建国后,经过"城乡二元结构"的覆盖与整合,则强化了与社会结构的整体划一相符合的基本特征,并在突出"政治"的情况下,民族与宗教因素也淡化了。因此,在行政主导下进行的社会结构转型与经济发展过程中出现的问题,也主要表现为社会问题的基本特征。比如,流动穆斯林作为有信仰的少数民族群体,与汉族为主体的流动人口,面临着诸多相似的困难,包括制度因素(如户籍制度体系的制度安排)与非制度因素(如人力资本缺乏、受到歧视与排斥等)的双重阻碍。不同的是民族与宗教因素,也会给流动穆斯林在城市的生活带来一些难题。

构成流动穆斯林宗教生活的主要因素包括宗教场所、宗教活动及其社会网络所形成的支持体系等。因为中国伊斯兰教在形成过程中,以清真寺为核心的宗教场所,既是穆斯林的宗教活动中心,也是穆斯林进行社会交往以获得支持的重要社会网络形式,即宗教场所是穆斯林宗教活动与社会活动的共通性的公共空间。这是中国伊斯兰教的基本特征,也体现了伊斯兰教"两世吉庆"的追求,并以此区别于其他宗教。况且,宗教信仰还是维系族群凝聚力的核心。因此,不论在城市还是乡村,清真寺都是穆斯林的"家"。正是基于这样的认同与归属感,流动穆斯林对城市中的清真寺充满着期待。从这个意义上说,宗教生活对于流动穆斯林的城市社会适应,也具有重要的支持作用。而城市的宗教场所的管理与服务功能是否能够满足流动穆斯林的社会网络支持需求,不仅直接关系着流动穆斯林的社会适应可能,对他们的城市认同也具有某种程度的决定作用,如表现在价值观、生活方式、行为方式、交往方式等融入城市的广度与深度[1]的影响上。

### (二) 社会适应

社会学中没有"社会适应"的特定解释。有人从社会化的角度讨论"适应",认为"社会化与适应是一个事物从两个方面的不同表述,可划分为三个层面:经济层面、社会层面和心理层面。"[2] 也有人从社会化的角度界定"社会适应"的主要内容,包括对社会生活环境的适应、对社会角色的适应、对社会活动的适应等。[3] 关于中国流动人口

---

[1] 朱力:《论农民工阶层的城市适应》,《江海学刊》2002年第6期,第83页。
[2] 同上。
[3] 贾晓波:《心理适应的本质与机制》,《天津师范大学学报》(社会科学版) 2001年第1期,第21页。

的城市适应问题,有人认为"完全适应城市的状态应该是心理和行为上都接受和习惯(并不一定要求心理上完全认同)城市的生活方式、工作方式、行为方式和价值观念。"① 这些讨论都着意于流动的个体或群体与新环境的社会网络之间的结构互动是有意识的行为过程,表明相互之间的社会联系才是进入并适应新环境的关键点。而问题是当流动者个体面对城市社会的复杂结构与空间时,互动关系与被动适应是否存在着"质"的差别? 就目前的研究结果来看,当社会结构的调整尚处于不确定的时期,的确存在着比较大的差别,而且主要表现为两者之间关系的张力过大。就流动穆斯林的状况而言,既有宗教生活方面的差异,也有社会生活方面的差异,当宗教生活与社会生活交织在一起时,因交织而产生的差别则更加突出。

### (三) 社会网络与社会资本

当代研究"社会资本"的学者都认为,社会资本由嵌入在社会关系和社会结构中的资源组成。林南将"资源"作为社会资本理论的核心,认为"社会资源是个人通过社会联系所获取的资源。由于社会联系的延伸性和多样性,个人有不同的社会资源"。② 并特别强调了"社会资本作为一个在理论中产生的概念,应该在社会网络背景中考虑:作为通过占据战略网络位置和/或重要组织位置的社会关系而获取的资源。"③ 而且,"社会网络(社会博弈规则)是在诸多社会资源的交换过程中形成的,而很多社会资源的价值是不能够用货币单位来计算的,所以就会出现一些特殊的交换形式,如依附与支持、赠与与赞赏等等。"④ 因此,笔者认为,运用这个定义来分析中国"城乡二元结构"背景下的流动穆斯林的城市社会适应问题可能更有针对性,理由如下:一是基于中国伊斯兰教的基本特征,即宗教场所是穆斯林宗教活动与社会活动相结合的公共空间,以这个空间为信托去拓展社会网络的新空间,更有利于流动穆斯林适应新的生活与工作环境;二是中国伊斯兰教是伊斯兰教与中国传统文化相互融合的结果,这表现在社会关系"嵌入"宗教生活的过程中。或者说,宗教生活与社会生活的共通性为社会关系的建构与维护提供了网络平台与支持,这也体现了中国传统文化的影响;三是以信仰为核心的族群凝聚力已经内在化于每个穆斯林,贯穿于社会化的主要阶段,成为核心的文化资源,并被确认为公共资源;四是宗教生活空间的转换功能。信仰者的身份认同在宗教生活空间具有淡化社会身份差异化的作用,可以部分消弭社会空间中的歧视与排斥。因此,每个流动穆斯林都期望得到这个资源的支持,并会主动地为这个资源奉献自己的支持。这是他们

---

① 符平、江立华:《农民工城市适应研究:局限与突破》,《调研世界》2007年第6期,第16页。
② [美]林南:《社会资本——关于社会结构与行动的理论》,张磊译,上海人民出版社2005年版,第20页。
③ 同上。
④ 李培林:《中国社会结构转型对资源配置方式的影响》,《中国社会科学》1995年第1期,第76页。

与汉族流动人口的根本不同。这样,这个社会网络如何进行资源整合并形成有效生产社会资本的机制,就显得十分重要了。

### (四) 社会资本与社会适应的关系

改革开放以来,中国的社会结构正在发生深刻的变化,城市正在从传统的行政主导的封闭型向现代的市场主导的开放型转变;而农村的城市化,则推动着流动者将新的社会关系资源带入城市,迫切需要城市将社会关系模式建构为开放的系统,以便于不断地更新与整合资源。就流动者而言,需要通过自身主动的社会交往与社会活动参与,来构建社会资源网络;从城市社会的角度来看,需要通过社会交往环境与途径的引导,特别是个体无法获取的社会公共资源,如社区参与,为流动人口的关系资源"嵌入"提供支持,以鼓励他们的主动适应。因为,"任何现存的社会结构都反映了包含多种不同种类有价值资源的多重等级制结构的复杂性。对大多数集体而言,非常有价值的资源与经济的、社会的和政治的维度联系在一起。"[1] 对于流动者而言,放弃原有资源且进入另一个公共空间的过程中,社会关系资源短缺是个具有普遍性的难题,而且是一个关键的、仅靠个人无力应对的核心问题。城市社会应该为他们提供"融入"社会关系资源的环境与途径,主动引导和帮助他们适应城市社会,这样才比较符合建设"服务型政府"的承诺与发展趋势。当然,在这个适应与整合的互动过程中,"城乡二元结构"的张力仍然是重要的阻碍力量。从表现形式上看,城市社会转型的现实困境似乎是资源短缺又无力破解的尴尬,而这个困境的实质并非资源本身的匮乏,而是传统的行政主导模式无法有效地整合因经济转型所导致的社会资源"碎片化"状态,只有依托"服务型政府"的建设与社会建设来进行结构调整和改良,才有可能避免其成为阻碍社会转型的潜在力量。况且,市场主导的现代城市更需要可以将社会关系资源整合为能用来投入的社会资本的结构模式。因为,社会资本可以通过建立制度性机制来保证理想的集体行动、可以作为信用的基础要素、可以通过拓展对于自己各方面的认识而改善命运、社会资本的网络关系有助于实现目标的信息沟通管道,并通过心理过程和生物过程来改善个人的生活,等等。[2] 因此,现代城市社会重建社会关系资源体系的过程,也是构建一个共同的社会资源运作机制的过程,它本身也是一个容量不断累积的、相互适应的过程。笔者认为,将重建社会网络与积累"社会资本"作为支持流动人口适应城市社会的充分条件也是合适的,对流动者与城市社会都是如此。就流动穆斯林群体而言,通过宗教生活所建构的社会关系网络,重新整合他们与本地穆斯林及社区居民的关系资源,既能够支持流动穆斯林适应城市社会生活,也有利于城市社会建设文化多样化的发展环境。

---

[1] [美] 林南:《社会资本——关于社会结构与行动的理论》,第 35 页。
[2] 燕继荣:《投资社会资本——政治发展的一种新维度》,北京大学出版社 2006 年版,第 143—144 页。

## 二 调查数据分析①

对于流动穆斯林来说,东部的城市是散居地区,这里普遍把宗教信仰当作个人的事、宗教组织扮演的是行政管理者的角色,城市社区并没有因为少数民族或有宗教信仰的流动者,就在社会交往与社区参与方面提供与汉族流动人口不同的条件或机会等。

### (一)宗教生活的基本情况

下面的数据所反映的是流动前后的宗教生活基本情况。从调查的情况看,穆斯林的宗教生活在流动前后存在着地域差别。导致宗教生活地域差别的因素是多方面的:一是聚居方式的差别;二是城乡差别;三是城市的地理形状与清真寺的数量及分布因素;四是流动穆斯林的居住地与清真寺的距离因素;五是工作条件的限制;六是清真寺的管理等。

表1 穆斯林宗教生活的基本情况

| 东部四城市 | 迁入本城市前去清真寺的频次 || 迁入本城市后去清真寺的频次 ||
|---|---|---|---|---|
| | 计数 | % | 计数 | % |
| 每天去 | 312 | 36.7 | 73 | 8.8 |
| 每周去 | 315 | 37.1 | 342 | 41.2 |
| 每月去 | 46 | 5.4 | 56 | 6.7 |
| 每年去 | 43 | 5.1 | 118 | 14.2 |
| 特殊情况去 | 133 | 15.7 | 241 | 29.0 |
| 总和 | 849 | 100.0 | 830 | 100.0 |

| 东部四城市 | 迁入本城市前礼拜情况 || 迁入本城市后礼拜情况 ||
|---|---|---|---|---|
| | 计数 | % | 计数 | % |
| 每天五礼 | 379 | 46.2 | 149 | 19.0 |
| 每周礼拜若干次 | 153 | 18.7 | 92 | 11.7 |
| 每周聚礼 | 141 | 17.2 | 236 | 30.0 |
| 每年参加会礼 | 147 | 17.9 | 309 | 39.3 |
| 总和 | 820 | 100.0 | 786 | 100.0 |

从流动穆斯林对城市宗教场所与社区建设的期望来看,其中有两个愿望表达最为强

---

① 本文中所使用的图表及数据,除注明来源的之外,均来自于笔者参加的国家社科基金项目"城市化进程中流动人口的宗教信仰问题研究"问卷统计的结果,课题组主要在南京、天津、上海、深圳四城市共发问卷1000份,收回问卷875份。其中,有效问卷占回收问卷总数的95.8%。

烈,即要求完善清真寺的建设数量和质量的有47%,同时要求加强对穆斯林社区的文化建设的有76.3%,如果与图1所反映的情况进行对照,则更能说明这其中所隐。

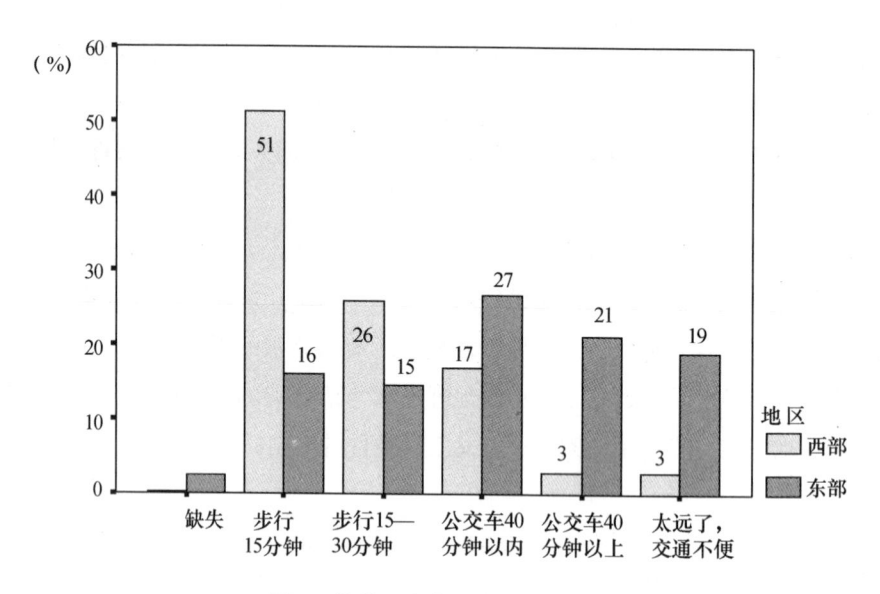

**图1 住的地方离清真寺有多远**

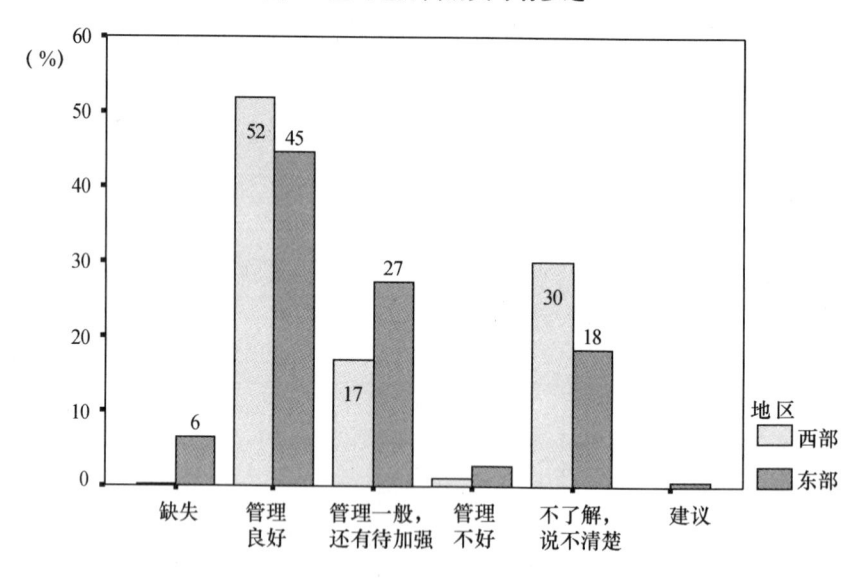

**图2 所在城市的清真寺管理怎样**

## (二)社会交往

从城市社会结构转型所导致的制度性障碍来看,流动人口面临相似的困境是"就业隔离、岗位隔离、居住隔离、交往隔离"。[①] 这些"隔离"现象及成因交叉重叠,对于

---

① 顾骏:《上海城市管理职业技术学院学报》,《流动人口的社会融合》2006年第1期,第26页。

个体是一张无形的障碍网，无法逾越，从而阻断了流动人口在城市社会中进行广泛的社会联系、拓展多样性社会资源的途径，导致他们只能回到原有的传统社会关系网络中寻找依托：

一是工作方式的限制。流动穆斯林来城市之前主要通过家庭传承的方式掌握了做拉面的技术，进入城市后就业主体往往就局限在"拉面馆"里，营业时间从清晨6点到夜晚10点左右，基本上没有闲暇时间。平时也没有时间去清真寺做礼拜，甚至"主麻"①也只有少数人能去。在访谈中，多数穆斯林都表达了同样的苦恼。这种只能维持基本生存需要的工作方式，制约了他们的交往范围，包括与社区邻里、本地穆斯林和流动穆斯林之间的交往，同时也隔离了他们与现代城市生活的接触，成为制约他们在现代城市中社会适应的一大障碍。

二是居住方式的限制。流动穆斯林的住房以租房为主，达67.9%，其次是没有住房、借住他人的住房，达14.6%。由于经营拉面馆的居多，多数人晚上就住在拉面馆里，从而形成了另一种居住隔离方式。从这个方面来看，对"与小区邻里的关系"问题的回答中，"说不清"和"没有接触"的比例分别是13.5%和28.5%，"不融洽"的仅占1.4%；其中，"非常融洽"的比例虽然达到56.6%，但主要是指他们与作为小区邻里的房主、管理人员的关系，也包括了与邻里之间没有来往也就不会产生矛盾与冲突。在访谈中，一些人清楚地表达了这种用"数字"不好确定的意思。在实际生活中，他们与小区的多数居民没有什么交往。

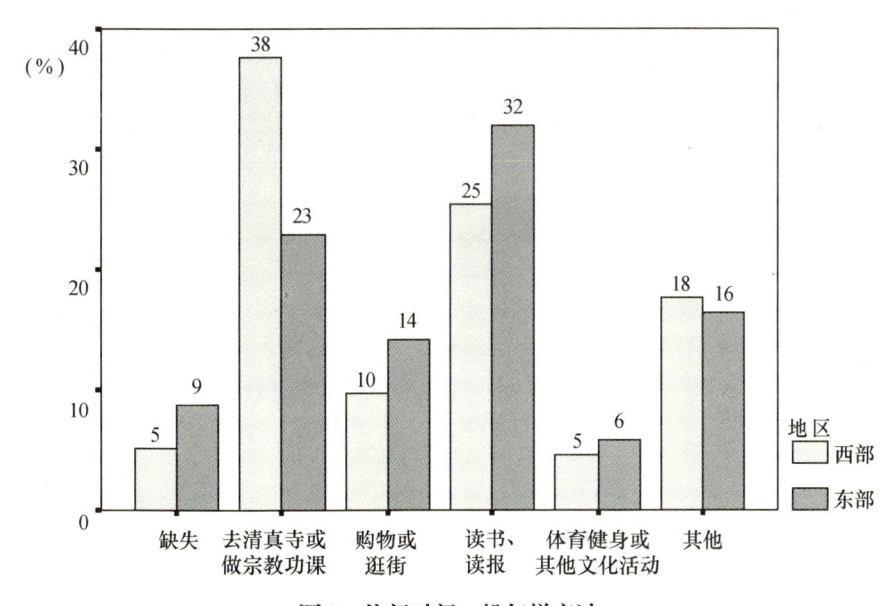

**图3 休闲时间一般怎样度过**

---

① 主麻：也称作"聚礼"，每周五举行一次。

三是语言障碍。语言是交往的基本工具,但语言的学习又是一个较长的过程。流动穆斯林多数来自西部农村,不会使用普通话交流,而东部沿海城市居民交往时使用最多的是普通话,其次是地方方言。由于所属语系差异较大,要完全学会东部的地方语言十分困难。因此,部分人开始学习用带着自身地方口音的普通话与市民交流,对他们而言,这就是学会了当地语言,约占37%,而不会的则占到了58%,还有5%的人说自己不会,自己的孩子已经学会了。访谈中,多数人表示,他们基本能够听懂对方的普通话,但自己不会说普通话,自己说的话"城里人"也听不懂。而且,语言障碍甚至影响了他们与本地穆斯林之间的交流,如流动穆斯林在谈到信仰方面的问题时,习惯使用阿拉伯语或波斯语音译的词汇,但本地穆斯林则不然;再比如,多数流动穆斯林都会用阿拉伯语念诵《古兰经》中的部分经文,一些曾当过阿訇的人更是如此;但本地穆斯林则不然。下面这张东西部城市流动穆斯林掌握本地语言的情况对比,比较能反映这方面的问题。

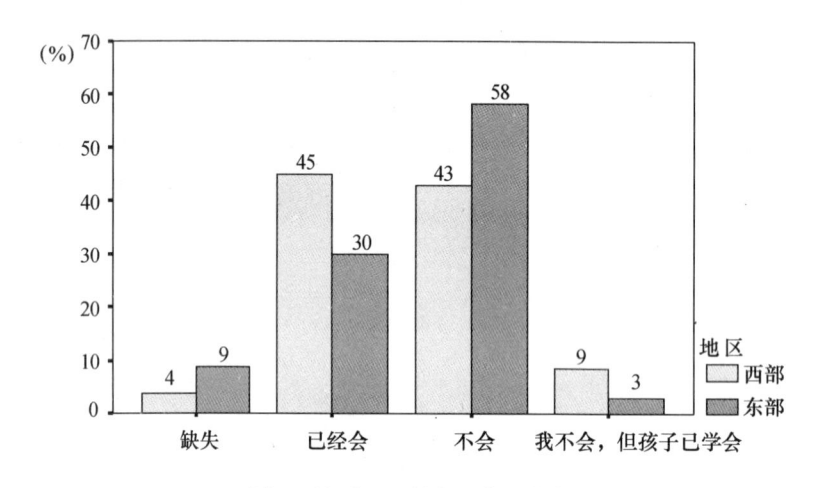

**图4 是否已经学会了本地方言**

四是交往范围的局限。影响流动人口交往范围的因素比较复杂,上述三个方面的原因直接制约了流动穆斯林的交往范围。在这个方面,他们有类似的"内倾性"问题。[①] 比如,"在本城市是否有朋友",回答有很多的占44.1%,有很少的占42.6%,没有朋友的占13.3%;"在本城市如果有朋友",多为穆斯林的占81.1%,只有少数穆斯林的占18.2%,没有穆斯林流动穆斯林和本地穆斯林的关系朋友的占0.7%;"如果有很多朋友,大部分"是同乡的占74.4%,本地人占16.8%,既不是同乡也不是本地人的占8.8%。如果与另外一组调查数据进行对比,会发现流动穆斯林对在东部和西部城市中与本地穆斯林的交往有不同的评价,如图5中"非常融洽"与"没什么接触"的评价

---

① 朱力:《论农民工阶层的城市适应》,《江海学刊》2002年第6期,第85页。

对照。

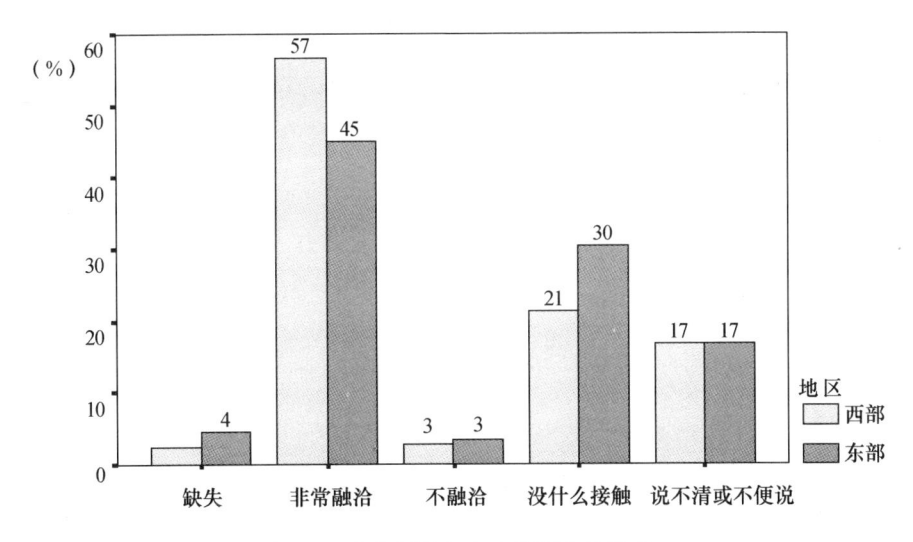

**图 5　流动穆斯林和本地穆斯林的关系**

五是交往方式的制约。现代城市的交往方式对流动人口而言,有多方面的制约。比如,城市的社会交往是一种关系投资,需要经济条件的支持,这对于收入较低且需要将部分收入寄回家乡的流动穆斯林而言是困难的;再比如城市中除了清真饭店之外,没有适合流动穆斯林的民族或宗教习俗的交往场所,信仰与价值观念也不支持他们去一些活动场所,如歌厅、酒吧等;这也是他们对城市中的部分穆斯林有"看法"的原因之一。

在个人资源有限、拓展社会资源的障碍无法跨越的情况下,他们期望能够得到正式组织的支持,如通过城市的社区、宗教组织如伊斯兰教协会等。

## (三) 社区参与

作为外部制约因素,城市社会环境中存在着诸多不利于流动人口适应城市社会的强制性"门槛",导致了"半城市化"这种中国特有的现象。"城市只把他们当作经济活动者,仅仅将他们限制在边缘的经济领域中,没有把他们当作具有市民或公民身份的主体,从体制上没有赋予其他基本的权益,在生活和社会行动层面将其排斥在城市的主流生活、交往圈和文化活动之外,在社会认同上对他们进行有意无意的贬损甚至妖魔化。"[1] 当然,城市社区居民的社区参与程度都很低,更何况被排斥的流动人口。从我们对流动穆斯林的调查情况看,参加过"社区活动"的仅有12.5%,"没人叫我参加,我也没参加"则高达79.1%,"请我参加但我没参加"与"叫我参加我也不参加"的同为

---

[1] 王春光:《农村流动人口的"半城市化"问题研究》,《社会学研究》2006年第5期,第110页。

4.2%，不知道或记不清社区名称的达40.1%；同类的问题"是否参加过本地穆斯林组织的除聚礼、会礼之外的活动"，"参加过"的有29.3%，"组织过、但本人没参加"的占12.4%，"没组织过、本人也没参加过"的是58.3%。通过访谈与交流，我们还可以从"感受"方面获得一些无法用数据表达的、与地方文化或习俗密切相关的重要信息。对于流动穆斯林而言，东部城市的宗教组织与西部相比，管理方式上有较大的差异，这也是他们初来城市时不知该如何适应的问题之一。如城市中正式的组织伊斯兰教协会及对清真寺的管理方式有更强烈的行政化色彩，与西部清真寺中作为教职人员的阿訇有更多的自主性，存在较大的差别；东部城市中的清真寺也缺乏西部清真寺那样的综合功能，即不具备社会活动与社会交往的功能。多数流动穆斯林的闲暇时间很少，他们对清真寺的期望可能更多，在清真寺完成自己的宗教功课的过程中，还期望可以结交新朋友、建立更多的社会交往关系、进行更多的交流活动，以了解城市的相关信息和知识等。但从实际的状况来看，东部的清真寺仅仅是一个"礼拜"的场所，这也是制约流动穆斯林社会交往的主要因素之一（见图6的东西部对比）。从流动穆斯林在新环境中的社会资本构建与积累的角度而言，社区与清真寺应该是他们适应新环境的根基，成为他们适应城市社会的支持体系，但现实的状况却形成了一道无形的"篱笆"，"看得见却进不去"。尽管有的社区或宗教组织也会偶然组织一次活动，但类似活动更多的是以行政化的方式来满足组织者"工作成绩"的需要。

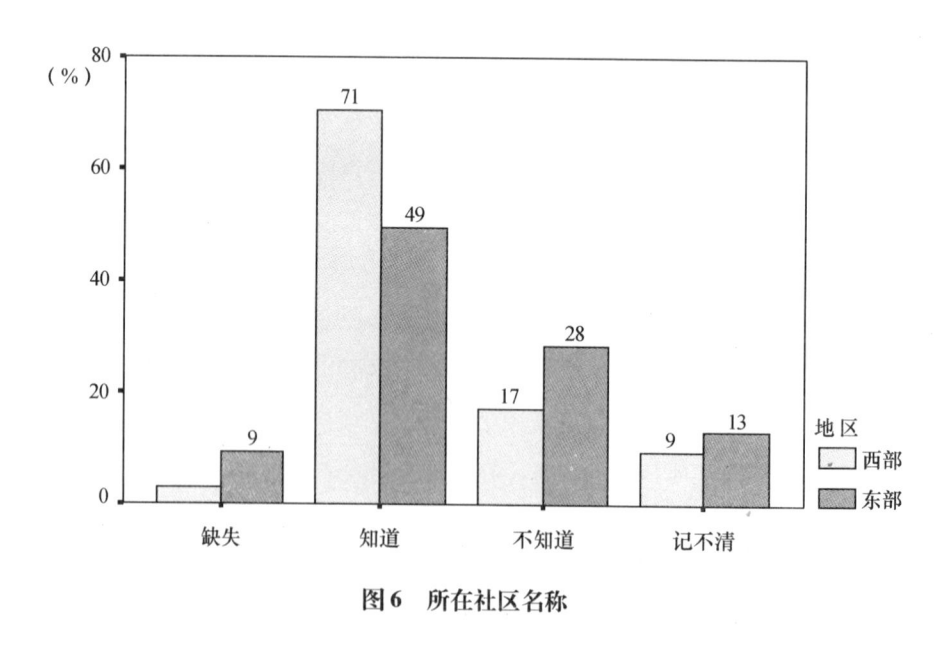

图6 所在社区名称

长期的"二元社会结构"所导致的社会地位、价值观念和思维方式、生活方式和行为模式等方面的差异及形成的障碍，在社会结构非均衡转型中又因为利益格局的调整和分层机制的改变而扩大化。"当社会资源有限时，社会各群体之间的关系就比较紧张，这往往导致不平等程度的提高，于是，社会各群体之间的差距就比较大。这种较大的差距既可以表现为经济方面的较大差距，也可以表现为政治方面的较大差距。"[1] 在现实生活中，这种差距带来的则是社会排斥的发生。"农民工在城市遭受的排斥是多维度的，主要表现在经济、政治、社会网络、文化、社会保障与教育等方面。"[2] 通过个人交往与通过正式制度设置的组织都不能得到有效的支持，而且会遭到排斥，"使他们的社会网络仍依赖于以血缘和地缘为基础的初级社会关系"[3]，徘徊于城市认同的尴尬边界，城市社会对于他们"依旧是'外在的'和'他们的'，而不是'我们的'。他们在城市中的生活经常地交织着收入提高带来的欣喜和感情孤独带来的忧伤。"[4] 而所谓的"自组织"模式及活动形式之所以逐渐增多，恰好是正式组织基于"应付"需要的临时举措，其主要的功能是为了应对突发性的具体问题。如天津经营拉面馆的流动穆斯林组织的"清真饮食合作社"，可以降低采购货物的成本、化解个体经营中的资金短缺等困难；南京经营拉面馆的流动穆斯林组织的"西北联络组"，曾协助有关部门化解了突发问题。比如，2007年春节前夕，江苏电视台"南京零距离"栏目播放的"兰州拉面背后的秘密"节目使拉面馆的经营陷入困境的问题。[5] 这种功能性的组织建立在传统的"关系资本"基础上，"权宜之计"的意味较浓，不能够解决具有普遍性的结构难题；而且，也不应该认为有了这种组织形式，流动人口的权益就有了保障。对流动人口而言，这实在是一种无奈之举。

## 三　结论

通过上述讨论，并结合此类问题的相关研究，可以得出这样的基本结论，即社会转型过程中的问题正在变得复杂化，仍然沿用传统的行政主导的单一模式，可能无法从根本上化解问题的困局，必须有新的理念与举措。中国从来就是个多民族、多宗教信仰相融并存的国家，各具特色的地域文化也十分丰富，并共同形成了中华民族文化多样性的传统模式。社会成员在不同地域之间的流动与社会适应，也是一个社会资源流动与文化相融的过程。如今的现代社会建构就是要将不同群体的社会网络平台与支持体系整合起

---

[1] 李强：《转型时期的中国社会分层结构》，黑龙江人民出版社2002年版，第57页。
[2] 江立华、胡杰成：《社会排斥与农民工地位的边缘化》，《华中科技大学学报》（社会科学版）2006年第6期，第112页。
[3] 景志铮、郭虹：《城市新移民的社区融入与社会排斥——成都市社区个案研究》，《西北人口》2007年第2期，第34页。
[4] 李培林：《流动民工的社会网络和社会地位》，《社会学研究》1996年第4期，第46页。
[5] 白友涛、陈赟畅：《流动穆斯林与大城市回族社区——以南京、上海等城市为例》，《回族研究》2007年第4期，第83页。

来，形成支持现代社会发展的文化多样化模式与运作机制，以造福于所有公民，这本身就应该是社会结构转型的核心问题。当然，这需要一个总体性的制度与结构的调整，而非某个地区、组织或个人所能改变。应该说，"服务型政府"与"社会建设"理念的提出，为问题的化解提供了可能的期待。作为一种可能的路径指引，已经带来了实践理念的转变，推动城市社区及社会组织、包括宗教组织，开始形成构建"社区社会资本"的意识，并且意识到了将社区居民与流动人口的社会网络纳入到"社区社会资本"的构建体系中，主动为他们的交往互动提供空间，通过支持他们的城市社会适应来增加和优化"社区社会资本"的储备及质量等的重要作用。只是，"社会建设"的总体战略与总体规划尚需要完善，还需要明确一个理念，即民族多样化带来的文化多样化本身就是无形的社会资源，就应该扎根于社区。有了这样的理念和制度环境，流动者才能在适应城市社会的过程中，成为支持城市发展的主体，城市社会才能在开放的环境中持续发展。

（作者简介：尤佳，江苏行政学院社会学部教授，主要从事宗教社会学与社区研究）

# 宗教现象学正名

陈立胜

## 一 "宗教现象学"一词的混乱

"宗教现象学"（phenomenology of religion）一词使用之混乱，由来已久。夏普（Eric. J. Sharpe）在其流传广泛的《比较宗教史》中提到宗教现象学时说："宗教现象学"尽管风行一时，甚至占据了较为陈旧的"比较宗教学"一词所据有的地位，"不过，这个标签远非是一种说明，同时，只是使用这个词的形式却不进一步阐明其意义，将是不明智的做法，因为就连使用这个术语、并声称这种方法适用于其研究的学者们，对于这个术语的确切定义也不总是很有把握的"①。《比较宗教史》一书本身就颇反映出这种混乱，该书设专章论及"宗教现象学"，不过让人费解的是，很多被公认是宗教现象学家的名字并没有列在该专章之下，而是被归于其他名衔之下、列入其他章节之中。如伊利亚德（Mircea Eliade）被列入"宗教与无意识"一章之中，与弗洛伊德（Sigmund Freud）、荣格（Carl Jung）一起成为同一阵营之盟友②，大名鼎鼎的奥托则被放在"比

---

① ［英］夏普著，吕大吉、何光沪、徐大建译《比较宗教史》，上海人民出版社1988年版，第287页。Scharpe. *Comparative Religion: A History* (second edition), London: Gerald Duckworth and Company Ltd., 1986, p. 221。

② 不能不说夏普的这一做法是不妥当的。伊利亚德虽不像其他宗教学家（如 W. H. Rivers、F. Boas、A. L. Kroeber、B. Malinowski、W. Schmidt 等）那样对弗洛伊德充满敌意，并坚持要公正对待弗洛伊德对于宗教学的贡献，将精神分析方法、无意识理论与他对宗教起源、宗教的结构这些具体的观点加以区别，甚至说"弗洛伊德对于无意识的发现激发了象征与神话的研究，这可以部分解释现代对古代宗教及东方宗教与神话的兴趣。宗教史家尤其要感谢弗洛伊德，是他证明了意象与象征传达着'消息'，即便意识对之茫然无察"，并称弗洛伊德的化约主义也对宗教学形成了一种挑战，它迫使宗教史家对"精神的胚胎学"（spiritual embryology）与"精神的形态学"（spiritual morphology）加以严格区分，但是伊利亚德与弗洛伊德的理论进路是完全不同的，弗洛伊德的理论在根本上是一种"化约主义"（reductionism），是一种"精神胚胎学"，而伊利亚德的宗教现象学（精神的形态学）是彻底反化约主义的。见 Eliade. *The Quest: History and Meaning in Religion*, Chicago: University of Chicago Press, 1969, p. 21. 至于荣格，伊利亚德对之虽颇多溢美之词，他甚至直接挪用了前者的"原型"（archetypes）概念，作为自己《永恒回归的神话》的副标题（"原型与重复"），但是伊利亚德后来亦意识到不加区别地使用荣格概念会带来某种混淆的危险。毕竟在荣格那里，原型是指集体无意识的结构，而在伊利亚德这里，原型则是指柏拉图与奥古斯丁意义上的

较的宗教与绝对的宗教"一章里面。"人们注意到,越来越多的著作是在最含糊、最宽泛、最无批判的方式下使用宗教现象学这个词的。这个词通常看来不过是指对宗教现象的研究而已。"[①]艾伦(Douglas Allen)这番话,道出了"宗教现象学"一词混乱使用的实情。

也有论者在最宽泛的意义上使用"宗教现象学"一词,举凡研究宗教的本性、结构与意义的宗教研究通通被称为宗教现象学。如贝蒂斯(J. D. Bettis)在其《宗教现象学》一书中,把费尔巴哈(Ludwig Andreas Feuerbach)、马里坦(Jacques Maritain)、布伯(Martin Buber)、蒂利希(Paul Tillich)、施莱尔马赫(Friedrich Schleiermacher)、马林诺夫斯基(Bronislaw Malinowski)这些不同进路的人物笼统称为宗教现象学家[②]。

又有论者在非常狭窄意义上使用"宗教现象学"一词,只有把胡塞尔(Edmund Husserl)的先验哲学作为自己方法的宗教学才是宗教现象学。如彭纳(Hans Penner)撰文指出:现象学既不是一种中立的研究宗教现象的方法,也不是纯粹的描述方法,而是一种先验哲学;以往的所谓宗教现象学家没有一个真正了解胡塞尔的哲学思想,所以名副其实的宗教现象学尚处在待写状态[③]。

这两种忽宽忽窄的定义都是成问题的。倘若费尔巴哈等宗教哲学家都可以被称为宗教现象学家的话,哪一个宗教学家不可被称为宗教现象学家呢?如果宗教现象学可以随意指谓任何东西,那么,它实际上无法指谓任何东西[④]。彭纳的说法既完全无视早在胡塞尔使用"现象学"一词之前,该词就已经在不同时期的哲学文献中被广泛使用了,亦

---

"示范之典型"。(见 Eliade. Ordeal by Labyrinth: *Conversations with Claude-Henri Rocquet*, Chicago: The University of Chicago Press, 1982, pp. 163-164.)总之,伊利亚德明确反对将自己的工作与精神分析等齐。他说:神话的主题与人物、事件与无意识之间的关联,两者之间是平行的、相对应的,不过"我们不应该把对应(homologisation)与化约(reduction)混淆在一起"。心理学家将神话人物与事件化约为无意识的过程,而宗教史家是不会追随这条进路的。"归根结底,这种化约解释就如同把《包法利夫人》解释为通奸事件一样。但是,《包法利夫人》在自己的指涉框架中有其独特的存在,它属于文学创造,属于心灵的创造。只有在19世纪西方布尔乔亚社会中才能够写出《包法利夫人》,这时通奸成为一个独特的问题——这完全是另一码事,它属于文学社会学,而不属于小说审美学。"见 Eliade. Myths, Dreams and Mysteries, New York: Harper & Brothers, 1960, p. 14. 对伊利亚德宗教现象学方法论的讨论,参阅陈立胜《遭遇"宗教人":与伊利亚德一起面向神圣人生》,收入李志刚、冯达文主编《面向神圣人生》,巴蜀书社2004年版。

[①] Douglas Allen. "Phenomenology of Religion", in Mircea Eliade (editor in chief). *The Encyclopedia of Religion*, Vol. 11, New York: Macmillan Publishing Company, 1987, p. 273.

[②] J. D. Bettis. *Phenomenology of Religion: Eight Modern Descriptions of the Essence of Religion*, New York: Harper & Row, 1969.

[③] Hans Penner. "Is Phenomenology a Method for the Study of Religion?" *Bucknell Review* 18, no. 3, Winter 1970: 29-54.

[④] George James. Interpreting Religion: *The Phenomenological Approaches of Pierre Daniël Chantepie de la Saussaye, W. Brede Kristensen, and Gerardus van der Leeuw*, Washington: The Catholic University of America Press, 1995, p. 21.

无视"宗教现象学"一词早在胡塞尔之前在宗教学之中颇为流行①。况且"严格运用"胡塞尔哲学现象学方法进行宗教研究的并非是"一片空白",如胡塞尔本人就首肯奥托(Rudolf Otto)的宗教研究,认为《论神圣》一书是真正的宗教现象学研究的开端②。

造成"宗教现象学"一词理解与使用的混乱,原因是多方面的。很多研究者随意使用宗教现象学标签,而很多被称为宗教现象学家的学者,他们却往往并不把自己的工作称为宗教现象学。如芝加哥学派本是当代宗教现象学的重镇,伊利亚德、北川(Joseph Kitagawa)、查尔斯龙(Charles Long)这些学派的传承人却把自己的工作称为"宗教史"(History of Religions)即是例证,他们创办的刊物就是《宗教史:方法论论集》(*The History of Religions: Essays in Methodology*)。更为重要的原因或是,无论"宗教学"抑或"现象学"都是近代以后才兴起的"提法"。"宗教学"作为"学科",其诞生通常以缪勒(Max Müller,1823—1909)《宗教学导论》(*Introduction to the Science of Religion*, 1870)③的发表为标志,迄今也仅仅一百余年历史;"现象学"无论作为某种哲学的名称,或作为某个科学家、哲学家用以指称某种研究或思想领域的名称,也只是近代的事情。作为"学科"门类的宗教学与作为哲学流派、哲学方法的现象学各自有其演变的路线,这两条路线后来又交织在了一起,"宗教现象学"一词理解与使用之混乱实与此复杂的"出身"背景相关。

## 二 两种背景的交织:宗教现象学与宗教现象学

"宗教现象学"这个词处在两种学术领域的交汇之处:一是与胡塞尔为代表的现象学运动联系在一起的"应用现象学"领域,一是隶属于宗教学的分支领域。在与哲学现象学运动相关的论域之中,作为应用现象学的"宗教现象学"是与"艺术现象学"、"价值现象学"、"社会现象学"、"心理现象学",等等比肩而立的"区域现象学"领域;而在与"宗教学"联系在一起的论域下,"宗教现象学"则与"宗教社会学"、"宗教心理学"、"宗教人类学"、"宗教历史学",等等比肩而立的"区域宗教学"领域。

最初,这两个论域互不相干,泾渭分明。胡塞尔本人在其《观念》(1913)第1卷第51、58节讨论过"超越者上帝"这一"神圣存在"的概念,认为这样一种存在不但

---

① George James. *Interpreting Religion: The Phenomenological Approaches of Pierre Daniel Chantepie de la Saussaye, W. Brede Kristensen, and Gerardus van der Leeuw*, Washington: The Catholic University of America Press, 1995, p. 20.

② 对奥托宗教现象学方法论的讨论,参阅陈立胜《与神圣者遭遇:奥托宗教现象学进路之探讨》,冯达文、张宪主编《信仰 运思 悟道》,中山大学出版社2003年版。

③ [德国]缪勒著,陈观胜、李培茱译:《宗教学导论》,上海人民出版社1989年版。

超越"世界",而且也超越"绝对意识",因而是"绝对的"与"超验的"存在,必须被现象学还原置于括弧之中。因此他本人对宗教意识并未有专题的研究,更未开出宗教现象学论域①。

实际上,早在胡塞尔将自己的哲学命名为"现象学"之前,"现象学"一词不仅在近代哲学史之中已经被不少哲学家用来指称自己的著作或思想性质,而且在自然科学领域也屡屡被科学家使用。科学家爱因斯坦(Albert Einstein)、普朗克(Max Karl Ernst Ludwig Planck),实证主义者马赫(Ernst Mach),神学家德日进(Pierre Teilhard de Chardin)均曾使用过"现象学"一词。在哲学领域,早在1764年德国哲学家兰姆伯特(John Heinrich Lambert)就开始使用"现象学"一词,他把关于"假象和假象的各种形式的理论"称为"现象学";其后,康德(Immanuel Kant)亦开始使用"现象学"一词,他在给Lambert的信中指出:现象学是一种"否定的科学",是"形而上学"之前的"预备学科"。康德之后,黑格尔(Georg Wilhelm Friedrich Hegel)、洛采(Rudolf Hermann Lotze)等均曾使用"现象学"一词。在英语世界之中,最早独立使用"现象学"一词的是汉密尔顿爵士(Hamilton)。在他那里,现象学以"心灵现象学"的形式出现,又被称为"现象的心理学"②。

有论者认为早期宗教现象学的"现象学"一词,是在英国传统哲学的意义上使用的。这种看法是值得商榷的③。黑格尔《精神现象学》一书,对宗教现象学家使用"现象学"有相当大影响。黑格尔的"精神现象学"(1806)从多样性中分辨出统一性,在宗教多样性的显现中把握其本质。在很多后来的宗教现象学家对宗教现象学的理解之中,都或多或少可以看到黑格尔的这种色彩。即便20世纪下半叶在宗教现象学领域独领风骚的伊利亚德,其庞大的宗教现象学设想都可以理解为某种黑格尔意义上的宗教精神的现象学。

几乎在黑格尔推出自己的精神现象学的同时,迈纳斯(Christoph Meiners)也出版了《宗教精神之一般批判》(*Allgemeine kritische Geschite der Religion*)(1806—1807),

---

① 尽管胡塞尔本人并没有专题展开出宗教现象学,但这并不否认他对宗教曾有所思考(尽管是片段的、零碎的),也不排除从胡塞尔现象学运思之中引申出宗教、神学的意义。参见张宪《论上帝观念从胡塞尔到海德格尔的演化》,《现代哲学》2004年第3期;James G. Hart: A Precis of an Husserlian Philosophical Theology 与 Steven W. Laycock: The Intersubjective Dimension of Husserl's Theology, 两文均收入两人主编: *Essays in Phenomenological Theology*, State University of New York Press, 1986, pp. 89-186.

② 关于"现象学"一词的使用史,参〔美国〕施皮格伯格著,王炳文、张金言译《现象学运动》,商务印书馆1995年版,第42—56页;Ryba. *The Essence of Phenomenology and its Meaning for the Scientific Study of Religion*, New York: Peter Lang. 1991.

③ 詹姆斯指出:"宗教现象学"一词最早的使用,其现象学的意义更接近不列颠传统而不是大陆传统;由于这个术语的英语原意逐渐废弃,误解便产生了。George Alfred James: Interpreting Religion: *The Phenomenological Approaches of Pierre Danil Chantepie de la Saussaye, W. Brede Kristensen, and Gerardus van der Leeuw*, Washington, D. C.: The Catholic University of America Press, 1995, p. xi.

该书被认为是"真正宗教现象学研究的第一部著作"①。宗教现象学大家范德流（van der Leeuw）曾明确指出：迈纳斯可以被视为"第一个系统的现象学家"，不仅因为他对各种各样的宗教现象加以分类与命名（拜物教、死者崇拜、牺牲、净化、斋戒、祈祷、节日），而且更因为他的整体态度在原则上就是现象学的：他希望发现"宗教的本质"②。

也有论者指出：19世纪末与20世纪初宗教史的研究明显带有"比较宗教"的特征，而其所采用的比较方法与现象学方法具有"一定的相似性"。如泰勒（Edward Burnett Tylor）的《原始文化》（*Primitive Culture*）、安德鲁朗（Andrew Lang）的《神话、仪式与宗教》（*Myth, Ritual and Religion*）、马雷特（Robert Ranulph Marett）的《宗教的门槛》（*The Threshold of Religion*）以及弗雷泽（Sir James George Frazer）的《金枝》（*The Golden Bough*），这些宗教学家的著述皆倾向于"比较宗教"，其共同的旨趣即是要发现宗教产生的共同根源以及发展的规律，这种研究"事实上就是后来所谓的宗教现象学的胚胎"③。自然，所有这些宗教学家与胡塞尔现象学毫无瓜葛。

第一个明确使用"宗教现象学"一词的是荷兰宗教学家、神学家、哲学家，阿姆斯特丹大学教授索塞耶（P. D. Chantepie de la Saussaye）。他在1887年的《宗教学手册》（*Lehrbuch der Religionsgeschite*）一书中撰写了"宗教现象学"部分，该书首次使用了"宗教现象学"一词。

可以说，相当长的一个时期内，宗教现象学与胡塞尔及其现象学是毫不搭界的。凡是对宗教现象加以分类，或者进而"发现"宗教的本质，均可被称为宗教现象学研究。然而自从胡塞尔的现象学成为一种"显学"，现象学作为一种方法被人文学科广泛运用之后，宗教现象学便与胡塞尔的现象学结下不解之缘。只是，其中的因缘在相当长的一段时间内从未得到清楚地界定④。

## 三　胡塞尔与"宗教现象学"

胡塞尔本人虽未对宗教现象学、现象学神学有明确而系统的设想，但他的现象学方法对宗教哲学与神学都产生了广泛而深刻的影响。法雷（Edward Farley）曾将胡塞尔的

---

① Pettersson and kerberg. *Interpreting Religious Phenomena: Studies with Reference to the Phenomenology of Religion*, Humanities Press, 1981, p. 10, 10–11.

② Van Der Leeuw. *Religion in Essence and Manifestation*, Gloucester: Peter Smith, 1967, pp. 690–691.

③ Pettersson and kerberg. *Interpreting Religious Phenomena: Studies with Reference to the Phenomenology of Religion*, Humanities Press, 1981, p. 10, 10–11.

④ Sharma. *To the Things Themselves: Essays on the Discourse and Practice of the Phenomenology of Religion*, Berlin/New York: Walter de Gruyter, 2001, p. 233.

影响划分为两个时期：

一是现象学与宗教哲学时期。从舍勒（Max Scheler）《论人身上的永恒》（*Vom Ewigen im Menschen*, 1921）到莱纳（Hans Reiner）的《信仰现象》（*Das Phnomen des Glaubens*, 1934）时期，此为现象学与宗教哲学时期。现象学运动的早期，胡塞尔的追随者运用现象学方法分析不同的领域，如意志、正当性、社会行为、宗教，而不是简单地随从胡塞尔发展先验现象学。关注现象学与宗教领域关系的第一个现象学家可能是在一战中被杀的哥廷根大学的莱纳赫（Reinach），但是这方面的第一部鸿篇巨著乃是舍勒之《论人身上的永恒》。胡塞尔的女助手斯坦因（Edith Stein）在30年代撰写、后出版于1950年的《有限的与永恒的存在》（*Endliches und ewiges Sein: Versuch eines Aufstieges zum Sinn des Seins*）亦是这一领域的代表作。温克勒（Robert Winkler）在其《现象学与宗教》（*Phnomenologie und Religion*, 1921）一书中，直接运用胡塞尔的本质直观方法寻求宗教的"原初现象"（primordial phenomenon），这个原初现象是所有其他宗教现象的根基，并自觉地将这一研究与宗教心理学研究区别开来。格朗德勒（Otto Gründler）在其 *Elemente zu einer Religionsphilosophie auf Phnomenologischer Grundlage*（1922）（舍勒作序）一书中，在采纳舍勒的宗教现象学设想的同时，又广泛采纳了奥托、海勒（Heiler）、索德布勒姆（Sderblom）的宗教史研究成果，提出了否定世界、肯定世界的宗教主体性与神圣者之间的意向相关性这一基本分析框架。这个框架在后来的范德流那里得到发扬光大。赫林（Jean Hering）的学位论文 *Phénoménologie et Philosophie Religieuse*（1925），开启了法国宗教现象学传统。他对胡塞尔哲学的诠释远比温克勒精到，但在运用胡塞尔的现象学方法去分析宗教的本质方面与温克勒的做法毫无二致。莱纳的 *Das Phnomen des Glaubens*（1934）则是这一时期最后一部专著，他既援引了胡塞尔的本质直观方法，又借鉴海德格尔此在的本体论思想，因而是从早期的"本质的"方法论立场向后期的生存论的、人类学的运思过渡的一部著作。这一时期，一些后来成名的神学家与胡塞尔的现象学也发生了一定的关系（1920年代）。尽管这些神学家并不是"现象学神学家"，但现象学无疑在他们思想的形成过程之中发挥了某种影响。天主教神学家如普茨瓦拉（Erich Przywara）与马雷夏（Joseph Maréchal），新教神学家如洛维特（Karl Lwith）、朋霍费尔（Dietrich Bonhoeffer）以及蒂里希（Paul Tillich）是其中的佼佼者。

二是"生存现象学"时期。早期将现象学运用于宗教哲学的努力在1930年代中叶停了下来，直到1950年代才恢复。这时期的宗教现象学主要表现在北欧的宗教史研究中，但它与胡塞尔的现象学之间的关系因人而异。这多少与胡塞尔现象学的冷落、海德格尔生存现象学（以及萨特、马塞尔、雅斯贝尔斯）走俏有关。对胡塞尔现象学的兴趣首先在法国得到复兴，梅洛—庞蒂（Maurice Merleau-Ponty）、利科（Ricoeur）对胡塞尔的诠释，胡塞尔后期著作的出版均是代表性事件。新教神学家唯有苏斯（Theobald

Süss）试图运用胡塞尔的一些概念（如视阈、意向性）讨论神学的主题，其他新教神学家如布特曼（Bultmann）、布瑞（Buri）、艾柏林（Ebeling）则对生存现象学、现象学诠释学表现出更大的兴趣。直到1960年代末，新教神学家再一次对胡塞尔的现象学给予了关注。1950年代胡塞尔现象学的影响主要见于罗马天主教：布罗代尔（Blondel）的行动哲学运用现象学方法提出了人类意志的先天结构，马雷夏将批判哲学运用于托马斯主义之中开时代风气之先，天主教护教神学传统与将宗教主体、宗教客体之间的先验结构相互关联的先验方法的结合，使得神学家对胡塞尔的严密方法发生了兴趣。哲学中胡塞尔研究的复苏，加上舍勒、布罗代尔、马雷夏的承传，造成了1950年代对现象学的新的利用。这些利用五花八门：从天主教的人格主义到先验方法。杜迈瑞（Henri Duméry）是这一时期举足轻重的人物①。他的研究至今是"最彻底的方法论探究"，也是"最全面地运用胡塞尔的方法研究神学问题的整个领域"，此外，唐德尼（Albert Dondeyne）、布鲁纳（August Brunner）、范库特（Raymond Vancourt）、瑟尼—利马（Carlos Cirne-Lima）在这个时期都有宗教现象学方面的著述②。

法雷所列的这些深受胡塞尔现象学方法影响的宗教现象学著述，多系发生在现象学或基督教神学的圈子之中，对"宗教学"并未有重要的影响。作者亦多系胡塞尔方法的推崇者，其身份亦多是现象学家或神学家，而不是宗教学家。需要补充的有两点：其一，就在舍勒发表《论人身上的永恒》之同时，海德格尔在1921年冬季学期也开设了《宗教现象学引论》的课程。在海德格尔对宗教现象学的理解中，宗教现象学与宗教哲学实是一回事："通常的宗教历史学问题之表述达到了真正宗教性的客体本身了吗？只要它还不能确定宗教历史学与真正的宗教—哲学理解，亦即现象学理解相契合，在根本上就不能说宗教史能够为宗教哲学（现象学）提供材料。"③ 无疑这种宗教现象学（宗教哲学）已染上生存现象学的色彩。其二，在20世纪80年代后，胡塞尔意识现象学与海德格尔生存论现象学对宗教性、神学的影响仍在不断延续着。

那么，胡塞尔现象学在作为区域宗教学的宗教现象学那里，有何反响呢？詹姆斯（George James）指出："关乎宗教现象学意义之最大争论的区域可能即是围绕宗教现

---

① Henri Duméry. *Phenomenology amd Religion: Structures of the Christian Institute*, University of California Press, 1975. Henri Duméry 对宗教现象学的贡献，可参 Louis Dupré. "Duméry's Reductions of Experience", in *A Dubious Heritage: Studies in the Philosophy of Religion after Kant*, New York/Ramsey/Toronto: Paulist Press, 1977, pp. 108 – 130.

② Farley. *Ecclesial Man: a Social Phenomenology of Faith and Reality*, Philadelphia: Fortress Press, 1975, pp. 235 – 272.

③ Martin Heidegger. *The Phenomenology of Religious Life*, translated by Matthias Fritsch and Jennifer Anna Gosetti-Ferencei, Bloomington and Indianapolis: Indiana University Press, 2004, p. 53.

象学与胡塞尔哲学及其后学之间的关系问题。"① 尽管一些宗教现象学家在表述自己的方法时会偶尔使用胡塞尔现象学方法的术语，但这其中究竟多大程度上能够反映出胡塞尔的影响，至今未有定论。夏普的观点有相当的代表性："胡塞尔以及他所建立的学派具有广泛的影响，但除了在一般的方法这个领域内，他对于宗教现象学的进程影响不大。宗教史学家中极少有人愿意或能够追随哲学现象学家们进入其思想中隐秘的偏僻地区；范德流在某种程度上是一个例外，不过，甚至在这个例外中，也很难确定胡塞尔的影响的程度。"② 这种看法得到了佩特森（Pettersson）的支持："检讨30年代及以后宗教学领域中出版的现象学著作，并没有显明直接受到胡塞尔哲学的很大影响。当然，在总体进路方面可以看到一些影响，学者们对他致思的主要观念也并不陌生。例如，尽管范德流未曾直接援引胡塞尔著作中的任何段落，但显然他了解这位重量级的现象学哲人的主要思想……无论如何，我们得记住估量一个学者对于另一位学者的影响是困难的，因为绝大多数学者倾向吸纳不同的观念，要明确其源头是不可能的。"③

或许检讨范德流的个案，最能看出胡塞尔现象学与区域宗教学领域的宗教现象学究竟关联有多大。范德流的《宗教现象学》（Phänomenologie der Religion, 1933）被公认为第一部"宗教现象学"。该书第100章的注释1之中，作者明确使用了胡塞尔的现象学悬搁（the epoche）这一术语，并阐发说：

> "悬搁"一词乃是胡塞尔及其他哲学家在通行的现象学之中所使用的专业表达式。它意味着对客观世界不做任何判断，仿若将之置于括弧之中一样。职是之故，所有的现象均被作为呈现于心灵者而被专门思考，而至于其现实存在或价值等任何进一步之面向则概不追究。如此，观者将其自身限制于旨在系统之描述，他本人采纳的是一种全然的理智搁置的态度，或者说是对于这些有争议的话题不做任何判断的态度。④

---

① George James. *Interpreting Religion: The Phenomenological Approaches of Pierre Daniěl Chantepie de la Saussaye, W. Brede Kristensen, and Gerardus van der Leeuw*, Washington: The Catholic University of America Press, 1995, p. 11.

② [英]夏普著，吕大吉、何光沪、徐大建译《比较宗教学史》，上海人民出版社1988年版，第291页。按："范德流"，中译本为"范德莱乌"。

③ Pettersson and kerberg. *Interpreting Religious Phenomena: Studies with Reference to the Phenomenology of Religion*, Humanities Press, 1981, p. 13.

④ Van Der Leeuw. *Religion in Essence and Manifestation*, translated by J. E. Turner, Gloucester: Peter Smith, 1967, p. 646n.

在该书第 107 章，范德流援引雅斯贝尔斯的"终极极限"（the ultimate limit）概念后，接着说雅斯贝尔斯的这个概念意味着实存的不可通达性，因此：

> 现象学既不是形而上学，也不是对经验实在的把握。它遵循限制（restraint, the Epoché 悬搁），它对事情的理解依赖于它所使用的"括弧"。现象学只关心"现象"，只关心"显现"；对它而言，现象"背后"，一无所有。这种限制不仅仅是方法论之策略，不仅仅是小心翼翼之程序，而且还进一步意味着人之对实在的整体态度这一明显特征。舍勒很好地表达了这一处境："成为人，意味着要对这种实在掷出一个强有力的'不'。佛陀在论及沉思万物是何等美妙、存在则是何等糟糕时，实际上也觉察到了这一点；柏拉图将理念之沉思与心灵从感性的对象内容之中摆脱出来联系在一起，潜入心灵自身之深处，以便发现事物的'起源'。当胡塞尔把理念的知识与'现象学还原'——即'穿过'或'括置'世间对象的实存之（偶然）系数，以便获得其'本质'——联系在一起。"①

鸿篇巨制的《宗教现象学》一书提到胡塞尔名字的就这么两处，就是在这仅有的两处里面，其中一处对胡塞尔的现象学悬搁观念的理解尚是转手自舍勒。实际上，范德流在讨论宗教现象学方法论时更多提到的是狄尔泰（Wilhelm Dilthey）、雅斯贝尔斯、宾斯旺格（Binswanger）、海德格尔等人的名字。有的宗教现象学家如伊利亚德也注意到这一事实，不过仍坚持认为范德流虽少提及胡塞尔，但是，"在他的描述中，他尊重宗教现象及其独特的宗教意向性，在此意义上，他依然是一位现象学家。他指出宗教表象不能够化约为社会、心理或理性的功能，他拒绝那些从宗教自身之外解释宗教的自然主义偏见。对于范德流来说，宗教现象学的主要任务就是阐明宗教现象的内在结构"②。更多的学者则坚持应该撇清范德流与胡塞尔之间的实际关联。彭纳径直指出：尽管范德流也使用了"悬搁"一词（epoché），但在德文原版中并未见到该词，该词显系事后补加的③。因此，所谓的胡塞尔的影响不过是"一个坊间传说"（a folk tale）而已。詹姆斯也说："在范德流的著述之中引发最多混淆的可能莫过于他对悬搁（the epoché）这个词的使用了。混淆的根子主要是这样一个事实，即在范德流之前，胡塞尔的哲学研究就使用了这个词，而且也用了现象学这个词。看到范德流对该词的使用，很多读者得出结论说，范德流的工作是在胡塞尔遗产下面的一种现象学尝试，

---

① Van Der Leeuw. *Religion in Essence and Manifestation*, translated by J. E. Turner, Gloucester: Peter Smith, 1967, p. 675.

② Eliade. *The Quest: History and Meaning in Religion*, Chicago: University of Chicago Press, 1969, p. 35.

③ Hans H. Penner. *Impasse and Resolution: A Critique of the Study of Religion*, New York: Peter Lang, 1989, p. 61 note 6.

是将胡塞尔的现象学运用于宗教这样一种独特的意识领域。他们还往往认为这是在这个方向下所做出的相当糟糕的尝试。"究其实,"他对悬搁一词的使用也与胡塞尔思想之中的该词的意思几乎了无关系"[①]。詹姆斯更是通过对范德流的前辈索塞耶与克里斯滕森(W. Brede Kristensen)宗教现象学方法论的系统而深入的分析,得出反对化约主义、搁置神学立场乃是荷兰宗教现象学的一贯传统,范德流所说的"悬搁"无非是这一传统的延续,而与胡塞尔并无多大瓜葛。

何丁(Dag Hedin)通过分析范德流的悬搁、理解(understanding/verstehen)、体验(lived experience/Erlebnis)、类型(type)、同感(empathy),提出一幅三联画(a triptych)图像来解释范德流宗教现象学方法论的归属问题。在这幅图像之中,每一联的内容分别是:(1)索塞耶的宗教现象学传统;(2)狄尔泰、雅斯贝尔斯、宾斯旺格与海德格尔的解释学传统;(3)胡塞尔认识论的现象学与海德格尔存在论的现象学这一哲学现象学传统[②]。

我个人倾向于詹姆斯的看法,范德流的宗教方法论当归属于作为"区域宗教学"的宗教现象学传统之中,而不是作为"区域现象学"的宗教现象学传统之中。不过需要补充的是,范德流或许并未受到胡塞尔现象学的直接影响,但他无疑受到了舍勒的直接影响,这种影响不仅表现在他对"悬搁"方法的理解直接转手自舍勒,而且《宗教现象学》一书的整体架构都带有强烈的舍勒宗教现象学色彩,这一点普遍为学界所忽视。我们不妨看一下范德流《宗教现象学》一书的总体结构:

  第一部分 宗教的客体
  第二部分 宗教的主体(神圣人/神圣共同体/神圣心灵)
  第三部分 互动下的客体与主体(向外的行动/向内的行动)
  第四部分 世界(通向世界之路/世界的目标)
  第五部分 形态(诸宗教/奠基者)

显然,第一部分属于意向客体,第二部分属于意向主体,第三部分则属于主体、客体之相关。这三部分构成了是书之主体。范德流将宗教客体置于宗教主体之前加以描述,而与一般意识现象学的描述次序有别,其实是有其用意的,因为宗教行为(宗教意识)与其他行为(意识)尽管都是意向性的,是构造性的行为,但同时又是被动的、接

---

[①] George James. *Interpreting Religion: The Phenomenological Approaches of Pierre Daniel Chantepie de la Saussaye, W. Brede Kristensen, and Gerardus van der Leeuw*, Washington: The Catholic University of America Press, 1995, p. 231.

[②] Hadin. *Phenomenology and the Making of the World*, Stockholm: Uppsala, 1997, pp. 73 - 98.

受性的行为。这一总体结构明显折射出舍勒意向主体—意向行为—意向客体之间相关性原理的影响。

但是任何人都不能否认以下事实：随着胡塞尔现象学"效应"在人文科学、社会科学持久而深入的展现，作为区域宗教学的宗教现象学家或自觉或不自觉地使用胡塞尔现象学术语来标识宗教现象学方法，虽然他们均不注重这些术语在胡塞尔现象学那里的准确含义究竟是什么。自觉使用者如布雷克（C. Jouco Bleeker），其《神圣之桥》一书对宗教现象学方法论表述如下："自1887年以来，宗教现象学得到了成功地发展。它以一种独特的方式研究宗教现象，逐渐演变成为宗教学的一门独立的分支。为了理解这种工作程序，人们应该记住宗教现象学的几个学者曾受到以胡塞尔为主要代表的哲学现象学的影响，或者说至少从这个哲学流派中借取观念形态装备（ideological apparatus）。胡塞尔现象学是一种知识论，即一种所谓有关纯粹意识的科学……只须充分关注方法，一种胡塞尔试图用来研究纯粹意识的方法，因为这种方法被许多宗教现象学的研究者所接纳。它包括两个原则，即悬搁（the epoché）与本质直观（the eidetic vision）。"[①] 不自觉使用者如达瓦马尼（Mariasusai Dhavamony）在阐发宗教现象学方法时明确指出：宗教现象学有两条方法论的基本原则，一是悬搁，"它意味着对现象呈现之前的先入之见的判断实行中止，以便让现象自身说话。作为一个学者，现象学家必须把他的学科所赋予他的解释宗教现象意义的使命和将其作为一种特殊信仰来判断的责任相区别"；二是"本质直观"，即将寻求宗教现象的本质意义作为自己的目标[②]。达瓦马尼在做如此表述时，只字未提胡塞尔的名字，即便在"现象学方法"一节，他提到的人物也无非是伊利亚德、瓦赫（Wach）、克里斯滕森、布雷克这些作为区域宗教学的宗教现象学家[③]。

关于胡塞尔与宗教现象学的关系，可以总结如下：

（1）胡塞尔现象学方法对于作为"区域现象学"的宗教现象学、现象学神学，产生了广泛而深入的影响，而后者复又影响了某些作为"区域宗教学"的宗教现象学家。

（2）早在胡塞尔之前，作为"区域宗教学"的宗教现象学已经形成了搁置神学的先入之见与本质描述这一方法论要求，这些方法论要求与胡塞尔并无直接关联，实际上他们都共同隶属于强调意义、理解的德国早期生命哲学、诠释学传统。

（3）在胡塞尔现象学成为"显学"之后，"现象学的研究立场"（study phenomeno-

---

① C. Jouco Bleeker. *The Sacred Bridge: Researches into the Nature and Structure of Religion*, Leiden: E. J. Brill, 1963, p. 3.
② ［意大利］达瓦马尼著，高秉江译《宗教现象学》，人民出版社2006年版，第16—17页。
③ 同上书，第25页注释③。

logically）成了人文、社会科学之中一种重要的方法论，于是一些作为"区域宗教学"的宗教现象学家开始借助现象学方法论的一些基本术语与套路来标识自己的宗教学研究的路数。

## 四 宗教现象学的类型与作为"家族类似"的宗教现象学

由于不同的宗教现象学家其理论旨趣、研究进路有不同之侧重，亦有学者对"宗教现象学家族"进行分类。布雷克尝试把宗教现象学分为以下三种类型：（1）旨在对宗教现象加以系统化的描述学派（the descriptive school）；（2）旨在对宗教现象进行分类的类型学学派（the typological school）；（3）旨在研究宗教现象的本质、意义与结构的特殊意义上的现象学学派（the phenomenological school in the specific sense of the word）①。

瓦登伯格（Jacques Waardenburg）提出四种类型的宗教现象学研究：（1）一般宗教现象学、宗教的形态学或类型学（the morphology or typology of religion）。它对宗教事实进行描述，比较其异同，并在经验分析与描述范畴的基础上加以合理的分类。在原则上，一切宗教现象都可以在宗教形态学、宗教类型学或宗教现象学里面找到自己的位置。（2）与一般宗教现象学有别的"特殊"现象学（a special phenomenology）。宗教研究限定在特殊的现象群，如植物神、不同类型的献祭、不同类型的萨满，等等。这些特定的现象群也可能构成了某一类特定社会的宗教现象。（3）反思的现象学。这种宗教现象学处理的是方法论与理论问题，即在宗教的分类与分析过程之中所依循的程序什么，以及宗教研究所遇到的诸如宗教现象与非宗教现象之关系、宗教现象本身等问题。（4）生存论的宗教现象学。其出发点是人类生活及其内在的性质、可能性与问题本身。研究的问题是人类在不同环境之下，从早期狩猎社会到现代工业社会，如何在宗教上回应所遭遇的问题②。

在诸如此类的宗教现象学分类说之中，退思（Twiss）与康瑟（Conser）提出三种类型的宗教现象学说，论证最为完备。二人分别从代表人物、目标、方法三个不同角度入手，将宗教现象学分为以下三种类型：（1）以奥托、舍勒为代表③的"本质的宗教现象

---

① Bleeker. *The Contribution of the Phenomenology of Religion*, Problems and Methods of the History of Religion, edited by U. Bianchi, C. J. Bleeker, A. Bausani, Leiden: E. J. Brill, 1972, p. 39.

② Jacques Waardenburg. *Reflections on the Study of Religion*: Including an Essay on the Work of Gerardus van der Leeuw, the Hague, Paris, New York: Mouton Publishers, 1978, pp. 105 – 106.

③ 我觉得代表人物之中还应该加入布尔加科夫的名字。他在其《亘古不灭之光：观察与思辨》一书中，以整个上编的篇幅讨论宗教意识的本质问题。见［俄］布尔加科夫著，王志耕、李春青译《亘古不灭之光：观察与思辨》，云南人民出版社1999年版，第1—97页。

学"（the essential phenomenology of religion）；（2）以克里斯滕森、范德流、北川、斯马特（Smart）为代表的历史类型学的宗教现象学（the historical typological phenomenology of religion）；（3）以利科、韦斯特法尔（Westphal）为代表的生存论—诠释学的宗教现象学（the existential-hermeneutical phenomenology of religion）①。

任何分类都会面临"例外"的问题，即便是退思与康瑟的三种分类说也存在不尽如人意的地方。例如，被划归为历史类型学的宗教现象学的伊利亚德，其研究旨趣、研究方法亦带有另外两种宗教现象学的特点。

在不同的宗教现象学家之中要找到大家分享的一些"本质项"，存在着相当大的难度，因此很多人宁愿把宗教现象学视为是"一组研究"而不是"一种研究"，是一个"研究家族"（a family of approaches）。哲学现象学家就像是一位面包师，成天鼓捣他的配方而无暇烘烤面包，而宗教现象学家则是这样一位面包师，他从不关心配方而整天忙乎着烘烤面包②。雷芭（Thomas Ryba）的话虽属调侃，但多少反映出宗教现象学家往往不注重方法论问题，这也是"宗教现象学"一词被混乱使用的一个原因。但是无论一百年来宗教现象学家所建构的宗教现象学差异如何之大，无论我们如何对宗教现象学进行何种类型学的划分，有一些基本的理论取向是不可否认的，这些理论取向决定了人们把某一类的宗教学研究称作是宗教现象学研究。

针对这些理论取向，可以列出一份"清单"。尽管这份清单并不是每一个被称为"宗教现象学家"的人所共同拥有的"本质"，但至少交叠分享着其中的项目③：

（1）反化约主义基本立场 反对化约主义可以说是所有宗教现象学家的共同立场。任何心理主义、社会学、历史主义、自然主义的宗教化约主义均被悬搁。诚如艾伦所说："在现代宗教研究之中，没有任何其他进路像宗教现象学那样一直坚持研究者接近作为不可化约的、在根本上是宗教现象的宗教材料。奥托、伊利亚德与别的宗教现象学家常常通过批判过去的化约主义进路来捍卫他们强烈的反化约主义立场。这些以往的诠释很多是建基于'实证主义者'与'理性主义者'的规范上面，将宗教材料强行装进先入的单线进化论的解释框架之中。现象学家反对将宗教材料化约进诸如社会学、心理学或经济学之类的非宗教的立场。这样一些化约主义被认为毁灭了宗教现象的特殊性、复杂性与不可化约的意向性。"④

---

① Twiss and Conser (eds.). *Experience of the Sacred: Readings in the Phenomenology of Religion*, Hanover & London: Brown University Press, 1992.
② Thomas Ryba. *The Essence of Phenomenology and Its Meaning for the Scientific Study of Religion*, New York: Peter Lang, 1991, p. 231.
③ 我这里所列举的"清单"是在艾伦《宗教现象学》条目基础上有所增益而成的。艾伦的清单，见 Douglas Allen. *Phenomenolog of Religion*, op. cit., pp. 272 – 285.
④ Douglas Allen. *Phenomenology of Religion*, op. cit., pp. 280 – 281.

(2) 悬搁价值判断与存在判断　对于宗教信仰对象之实在性,对于不同宗教现象之高低、优劣的判断,宗教现象学家均坚持应该予以悬搁,宗教现象学家只须直面宗教现象,描述之,理解之。

(3) 捍卫宗教现象的自主性(autonomy)　宗教现象是自成一类的现象,它不是任何其他实在的"副现象"(epiphenomenon)。宗教行为(宗教意识)是自主的行为(意识),它拥有自己相关的对象,它指向神圣的存在[①]。

(4) 描述的风格　宗教现象学立足于对各种宗教现象加以如实的描述。它既是对宗教体验的描述,也是对不同的宗教形态的描述,更是对宗教的本质的描述。

(5) 同情的理解　宗教现象学通常强调要从信仰者的立场(in the participant's own terms)出发理解宗教现象,因而宗教现象学家首先要悬搁自己的信仰价值体系,避免自己的神学立场、宗教标准对所要理解的宗教现象的在先判断,尽力将自己置身于所要研究的信仰者之地位,此为"同情之理解"。

(6) 比较与分类之取向　面对纷繁复杂的宗教现象,宗教现象学家通常会采取比较与分类的方法。在一些学者那里,宗教现象学几乎是比较宗教学的另一种称呼。宗教现象学家通过提出"理想类型"来组织相关材料,并在此基础上进一步得出普遍化的结论。

(7) 本质取向　宗教现象学对宗教现象加以描述、分类,旨在获得该现象之本质或结构。应该指出,宗教现象学家对宗教本质的洞见一直是在宗教自身的层面上进行的,它不允许将宗教的本质归结为(reduce)宗教现象之外的社会功能或心理功能。

(8) 意义理解的旨趣　宗教现象学重视理解宗教意向,"它对灵性生活的研究依赖于所有的意义皆在意识的意向性之中有其源头这一预设"[②]。宗教现象学强调意义的理解大致可划分为两种情况:一是注重理解宗教体验、宗教象征、宗教行为对于信仰者意味着什么,此为基于信仰者立场的宗教意向之分析;一是揭示整个宗教意义世界对于人之生存意味着什么,"宗教人"的在世结构之生存意义如何,此为生存论的宗教现象学之根本问题。

这八项内容庶几涵盖了整个宗教现象学的方法论旨趣。它们并不是同等重要的,也并不是每个宗教现象学家都会认同所有的内容,但是有一些基本内容则不容被否认:反对化约主义,捍卫宗教现象的自主性、尊重宗教现象,可谓宗教现象学方法论"底线"。

---

[①] 关于宗教现象学之反化约主义与捍卫宗教现象的自主性,参见陈立胜《宗教现象的自主性:宗教现象学与化约主义的辩难及其反思》,收入中国社会科学院世界宗教研究所"'终极关切:宗教与哲学——宗教哲学'2011年青岛论坛"论文集。

[②] Edward J. Jurji. *The Phenomenology of Religion*, Philadelphia: The Westminster Press, 无出版年份, p. 1.

违背这些"底线",纵然其研究旨在所谓的"本质研究"、"意义理解",亦不能归属于宗教现象学研究。在此意义上,将费尔巴哈、马林诺夫斯基等归于宗教现象学家是不妥当的。

(作者简介:陈立胜,哲学博士,中山大学哲学系教授,原文载于《中山大学学报》[社会科学版] 2012 年第 1 期)

# 汉译经典中的"护国"

## 魏道儒

佛教的护国思想起源很早,可以追溯到佛陀时代。以大乘佛教兴起为标志,佛教护国思想的内容更为丰富多彩,并且与佛教基本教义的发展、信仰的传播、宗教仪轨的演变,僧团的扩展等更为紧密地联系在一起。

在佛教的众多经典中,对于护国思想并没有进行专题论述,但是,从不同角度涉及"护国"的内容,几乎在各种大小乘经典中都能见到。佛教护国思想在古代不同国家和民族中产生过深远影响。本文仅依据几部汉译典籍简述大乘佛教护国思想的起因、性质和内容。

## 一 "护国"起因

在四部《阿含经》中,记载了许多释迦牟尼教导国王如何保卫国家,如何治理国家等方面的内容。其中,有些是作为帮助理解教义的比喻提及,有些则是作为政治主张正面讲述。在诸如此类的内容中,贯穿了一个中心思想,就是把实现"国泰民安"作为国王的职责。而要达到国泰民安的目的,国王就必须"以法治化"。释迦牟尼告诉当时的国王:

> 大王:以法治,自济其身,父母,妻子,奴婢,亲族,将护国事。是故,大王,常当以法治化,勿以非法。[①]

这里的"以法治化"的"法",实际上就是佛法。国王只有按照佛的教导自修其身,处理与其他人的关系,才能维护国家的稳定。这些内容散见于诸种《阿含经》中,成为佛教领袖劝化国王的基本主张,构成了大乘佛教兴起之前佛教处理与国家关系的准则。

---

① 《增一阿含经》卷五十。

把护国作为国王的职责,把依据佛法治国作为护国的前提条件,可以说是早期佛教护国思想的核心内容。在这个时期,护国思想是针对现实世界的国王讲的。到了大乘佛教时期,这些内容依然被继承下来,同时又增加了全新的内容,从而使大乘佛教的护国思想的主体部分真正形成。

大乘佛教有别于此前佛教的重要特点之一,是从以前的罗汉崇拜转化到菩萨崇拜。对于菩萨而言,"护国"是其全部修行的一个重要内容。无论是修行成佛的重要代表弥勒菩萨,还是处于菩萨修行阶段的释迦牟尼佛,都重视"净国土"、"护国土":

> 菩萨以四事不取正觉。何等为四?一者、净国土;二者、护国土;三者、净一切;四者、护一切。是为四事。弥勒菩萨求佛时,以是四事故不取佛。
> 
> 佛言:阿难!我本求佛时,亦欲净国土,亦欲净一切,亦欲护国土,亦欲护一切。[1]

在修行成佛的漫长过程中,净化国土,守护国土,成为重要的内容。这样一来,护国就不仅是国王的职责,也是佛教信徒必须实践的内容。所谓"护国土"或"守护国土",指的是保卫国家不受外地入侵;所谓"净国土",指的是建设国家,建设美好的家园。佛教的"护国",首先就包括了保卫国家和建设国家这两个重要内容。当"护国"成为菩萨修行的重要内容的时候,当"护国"成为现在佛和未来佛的重要誓愿的时候,这个"护国"就不仅仅是国王的职责,而是上升为佛教信众的宗教情感、信仰支柱和实践内容。大乘佛教的"护国"思想正是有这样的特点。这是此前佛教所没有强调的。

根据现存的多类大乘经典的相关内容分析,大乘佛教对"护国"的强调和突出,首先与强调和突出大乘经典的功能,大乘教义的作用,诵持经典的功德等紧密联系在一起。之所以出现这种情况,是与各类大乘经典注重抬高自身地位,抬高新兴教义的地位分不开的。

尽管对佛教经典的起源、种类和演化过程等问题尚有不少待解之谜,但是,有一点可以肯定,直到公元一世纪左右大乘佛教兴起之时,公认的经典只有记录释迦牟尼言行的阿含类经典。大乘佛教兴起的标志,不是出现了新的领袖人物,而是陆续出现了一系列不同类别的新经典,比如,般若类、华严类、法华类、宝积类、涅槃类、大集类、经集类,等等。每一类经典,甚至每一部分量比较重的大乘经典,都会不厌其烦地论述本经的法力无边,功能无限,强调以各种方式信奉本经的无限功德。这些内容在此前经典中即便不是完全没有,至少也没有如此渲染过。这种做法是为新经典谋求合法性,为新

---

[1] (西晋)竺法护译:《弥勒菩萨所问本愿经》。

教义树立权威。《法华经》如下两段话比较有代表性，代表了各类大乘经典的基本主张：

> 佛告药王：又如来灭度之后，若有人闻《妙法华经》，乃至一偈一句，一念随喜者，我亦与授阿耨多罗三藐三菩提记。若复有人受持、读诵、解说、书写《妙法华经》，乃至一偈，于此经卷敬视如佛，种种供养——华、香、璎珞、末香、涂香、烧香、缯盖、幢幡、衣服、伎乐，乃至合掌恭敬。药王！当知是诸人等，已曾供养十万亿佛，于诸佛所成就大愿，愍众生故，生此人间。
>
> 药王！若有人问："何等众生，于未来世当得作佛？"应示："是诸人等，于未来世必得作佛。"何以故？若善男子、善女人，于《法华经》乃至一句受持、读诵、解说、书写，种种供养经卷——华、香、璎珞、末香、涂香、烧香、缯盖、幢幡、衣服、伎乐，合掌恭敬；是人一切世间所应瞻奉，应以如来供养而供养之。当知此人是大菩萨，成就阿耨多罗三藐三菩提，哀愍众生，愿生此间，广演分别《妙法华经》。何况尽能受持、种种供养者？[①]

要求把经典与佛等量齐观，倡导哪怕只接受经典中的一句话都会收到日后必定成佛的果报。各类大乘经典在强调其经典的无限功能时，在宣扬信奉经典的无量功德时，都是同样的基调。如果一定要从中找出一些差别来，只不过是不同种类的经典所强调的侧重点有区别。这里所列举的信奉《法华经》的方式很多，很细致，包括受持、读诵、书写、为人讲说等，要求把对经典的供养与供养佛看得同等重要，而所获得的功德也并无二致。对于受持经典的各种功德，已经被神化到不可思议的程度，这在大乘佛教兴起之前是没有的。这种前所未有的做法，首先是为新经典、新教义树立权威，是争取来自各阶层信众的有力措施。诸如此类的赞颂受持经典功德的内容，普遍见于各种大乘佛教经典中。

对于一般信众来说，受持经典的功德莫大于可以修行成佛；对于国王来说，受持经典的功德莫大于国泰民安。根据多种大乘经典的记载，佛对不同人说法，所强调的经典功德也不相同，对于国王而言，最重要的经典功能就是"护国"，即护佑信奉佛法的国王所统治的疆域国泰民安、政通人和。这样，"护国"作为新经典的多种功能之一，作为国王信奉佛法所获得的多种功德之一，逐渐受到佛教界和统治阶层的重视。大乘的"护国"思想正是从抬高新经典，神化新教义中脱颖而出。

---

[①] （后秦）鸠摩罗什译：《妙法莲华经·法师品》。

## 二 "护国"性质

大乘佛教"护国"思想的一个重要特点，就是不仅仅把"护国"看作国王的职责，而是把"护国"作为护法诸天、鬼神的职责，从而说明"护国"乃是佛教教义的功能，是佛教佑护众生的必然体现。"护国"中的"国"，是泛指所有信奉佛法的国度；"护国"的标准，是实现国泰民安，政通人和；"护国"的本质，就是与"护教"完全等同。这些思想散见于多种经典中，而比较集中的论述，是在《金光明经》中。

四大天王是佛教的重要护法神，《金光明经》中记述了他们向佛叙述《金光明经》护国功能的缘由，四天王对佛说：

> 世尊！是《金光明》微妙经典，于未来世在所流布，若国土、城邑、郡县、村落随所至处，若诸国王以天律治世，复能恭敬至心听受是妙经典，并复尊重供养、供给持是经典四部之众，以是因缘，我等时时得闻如是微妙经典，闻已即得增益身力，心进勇锐，具诸威德。是故我等及无量鬼神，常当隐形，随其妙典所流布处，而作拥护令无留难；亦当护念听是经典诸国王等及其人民，除其患难，悉令安隐。他方怨贼亦使退散。[①]

因为《金光明经》是佛所讲说的微妙经典，所以，无论在任何国度、城邑、郡县和村落，只要那里的国王真心诚意地接受这部经典，真心诚意地供养以各种方式接受本经的在家出家信徒，就会使天人众生获得利益，四大天王因此就会和数不尽的鬼神在冥冥中佑护这个国家，佑护这个国家中受持本经典的国王和人民，消除他们的灾难，并且使企图入侵这个国家的敌人退散。从这一段可以看到，佛教讲的"护国"，是护法天神保护信奉佛教的任何国家。因此，大乘佛教的所要护佑的国家，既不是所有国家也不是某一个特定的国家，而是信奉佛教的任何国家。从这个角度讲，佛教的"护国"是与"护教"相一致的，两者之间是可以画等号的。

相反，对于那些不接受《金光明经》，不供养接受本经的出家在家信众的国王，天王就不能保护其国家。四天王对佛说：

> 世尊！若有人王，于此经典心生舍离，不乐听闻，其心不欲恭敬、供养、尊重、赞叹；若四部众有受持、读诵、讲说之者，亦复不能恭敬、供养、尊重、赞

---

① （东晋）昙无谶译：《金光明经·四天王品》。

> 叹，我等四王及余眷属无量鬼神即便不得闻此正法，背甘露味，失大法利，无有势力及以威德，减损天众，增长恶趣。世尊！我等四王及无量鬼神舍其国土。不但我等，亦有无量守护国土诸旧善神皆悉舍去。我等诸王及诸鬼神既舍离已，其国当有种种灾异，一切人民失其善心，唯有系缚瞋恚斗诤，互相破坏，多诸疾疫，彗星现怪，流星崩落，五星诸宿违失常度，两日并现，日月薄蚀，白黑恶虹，数数出现，大地震动，发大音声，暴风恶雨，无日不有，谷米勇贵，饥馑冻饿，多有他方怨贼侵掠其国。人民多受苦恼，其地无有可爱乐处。世尊！我等四王及诸无量百千鬼神，并守国土诸旧善神，远离去时生如是等无量恶事。①

如果国王不接受《金光明经》，并且不供养以各种方式接受本经的出家在家信众，那么，四天王和无数鬼神就不能听闻这种"正法"。由于他们不能听闻正法，所以他们就丧失了护国消灾的能力，就只能离开这个国家。当他们离开这个国家以后，该国就会出现种种灾难，国内的人民不能和睦相处，不断进行相互斗争。疾病流行，各种天灾频频出现，社会陷入动乱之中。总之要出现不能计算的天灾人祸。

从这里可以看到，佑护国土人民、消弭灾难的不可思议的能力，并不是天王、鬼神自身本来具有的，而是因为他们听闻佛法才具有的，是佛法赋予他们的。因此，天王、鬼神佑护国泰民安的能力，首先是《金光明经》所赋予，归根结底是佛法所具有的。天王、鬼神只能护佑佛教流行的国家，这并不以天王、鬼神的意志为转移，而是由佛法本来具有的功能或效力所决定。正是因为天王、鬼神听闻了佛法，才具有了护佑国家、人民的能力。离开了佛法，天王和鬼神也就没有任何能力了。

那么，如果国王希望国家稳定，人民安乐幸福，希望没有外敌入侵，没有天灾人祸，唯一的办法就是要以各种方式接受《金光明经》，护佑受持本经的在家出家信徒。四天王正是这样讲的：

> 世尊！若有人王，欲得自护及王国土多受安乐，欲令国土一切众生悉皆成就，具足快乐，欲得摧伏一切外敌，欲得拥护一切国土，欲以正法正治国土，欲得除灭众生怖畏。世尊！是人王等，应当必定听是经典，及恭敬供养读诵受持是经典者。我等四王及无量鬼神，以是法食善根因缘，得服甘露无上法味，增长身力，心进勇锐，增益诸天。②

由于国王和人民接受了《金光明经》，在他们恭敬供养、读诵、受持这部经典的同

---

① （东晋）昙无谶译：《金光明经·四天王品》。
② 《金光明经》卷二《四天王品》。

时，天王和无数鬼神也因为听讲这部经而获得了利益，具有了护佑这个国家的能力，所以，国王的一切护国目的就都可以实现了。

那么，为什么接受这部经就会具有这么大的功德呢？原因来自释迦佛讲这部经典的目的。

> 如来说是《金光明经》，为众生故，为令一切阎浮提内诸人王等以正法治，为欲一切众生安乐，为欲爱护一切众生，欲令众生无诸苦恼，无有他方怨贼棘刺，所有诸恶背而不向；欲令国土无有忧恼，以正法教，无有诤讼。是故人王各于国土，应然法炬，炽然正法，增益天众。我等四王及无量鬼神、阎浮提内诸天善神，以是因缘，得服甘露法味充足，得大威德进力具足，阎浮提内安隐丰乐，人民炽盛，安乐其处；复于来世无量百千不可思议那由他劫，常受微妙第一快乐，复得值遇无量诸佛种诸善根，然后证成阿耨多罗三藐三菩提。得如是等无量功德，悉是如来正遍知说……世尊！以是因缘故，是诸人王，应当必定听受、供养、恭敬、尊重、赞叹是经。①

佛弘法宣教的目的，讲这部经典的目的，就是为了所有国家的国王以正法治化，让一切众生安乐，脱离现实的一切苦难，消除一切天灾人祸。如果国王接受佛的教导，弘扬佛法，使佛法兴盛（然法炬，炽然正法），自然就是天王、鬼神具有了护佑国土的能力（增益天众），国家就得到了保护。因此这里强调了两点：第一，国王、人民以各种方式接受《金光明经》所具有的一切功德，天王鬼神护佑国土人民的能力，归根结底来自佛教的经典，来自佛法，来自佛的慈悲愿力。第二，所谓护国的内容十分广泛，包括了保卫国家，维护国家稳定，消除一切天灾人祸，使人民安乐富足，和睦相处，并且最终都实现佛教所倡导的觉悟解脱。

综上所述，在《金光明经》所讲的"护国"，就是通过供养、读诵、听讲大乘佛教的经典，信仰大乘佛教，从而得到天王、鬼神的护佑，建设一个稳定和谐，没有任何天灾人祸，人民安居乐业的国家。能够达到护国目的的根本原因，是经典的功能，是佛的愿力。"护国"就是佛教佑护芸芸众生，佑护佛教自身。

## 三 "护国"法事

在各种讲述"护国"的经典中，"护国"学说的基本内容、本质特点是一致的，差

---

① 《金光明经》卷二《四天王品》。

别只在于要求信奉的特定经典和教义有不同，列举的天灾人祸的种类有不同。所有这些差别，都不足于改变佛教"护国"思想的基本性质。在《佛说仁王般若波罗蜜经》中有一个《护国品》，除了讲该经的护国功能之外，重点讲了举行护国法事仪式，历来影响很大。

该经《护国品》记述释迦牟尼给国王讲般若经典的各种功能，并且以护国功能为主，尤其重点讲述举办护国法会的仪轨。

> 尔时，佛告大王（波斯匿王）：汝等善听，吾今正说护国土法用。汝当受持《般若波罗蜜》。当国土欲乱，破坏劫烧，贼来破国时，当请百佛像、百菩萨像、百罗汉像，百比丘众、四大众、七众，共听请百法师讲《般若波罗蜜》。百师子吼高座前燃百灯，烧百和香，百种色花，以用供养三宝，三衣什物供养法师，小饭中食亦复以时。大王！一日二时讲读此经，汝国土中有百部鬼神，是以一部复有百部，乐闻是经，此诸鬼神护汝国土。①

这里讲的为获得鬼神佑护而举办法会，其中蕴涵的护国思想和理念与《金光明经》是完全相同的，也是通过读诵、听讲等信奉方式，使鬼神闻听特定的经典教义，获得护佑的能力，从而发挥佑护的作用。这里讲的鬼神所"乐闻"的经典以及所具有的护佑能力来自《仁王般若经》，而不是《金光明经》。各种类的大乘经典都是抬高自身，哪种经典讲护国，自然就神化那种经典。

从上述记载可以看到，举办这种护国法会规模是很大的，仅参加讲经的就有一百位法师。显然，举办这样的法会，只有在佛教教团发展到一定规模才有可能，只有官方才有能力举办。

本经的所具有的护国作用，只不过是多种护佑功能中比较重要的一种，列在首位的一种，除此之外，还有"护福"、"护难"等功能。

> 大王！不但护国，亦有护福，求富贵官位七宝如意行来，求男女，求慧解名闻，求六天果报，人中九品果乐，亦讲此经，法用如上说。
>
> 大王！不但护福，亦护众难，若疾病苦难，杻械枷锁检系其身，破四重罪，作五逆因，作八难罪，行六道事，一切无量苦难，亦讲此经，法用如上说。②

所谓"护福"是求各种福报，所谓"护难"是消除各种天灾人祸引起的灾难。这些

---

① （后秦）鸠摩罗什译：《佛说仁王般若波罗蜜经》卷二《护国品》。
② 同上。

都可以通过举办大致相同的法会来达到。因此，护国法会也具有"护福"，"护众难"的作用。举办法会，通过各种宗教活动祈求天王、鬼神来佑护国家人民，消弭灾难，实际上是祈求佛法的佑护，是祈求佛教教义的佑护。

总之，透过多类经典对神化经典功能和奉佛功德的描述，透过其中对遣神役鬼的法事仪轨和供养礼仪的描述，我们可以清楚看到，大乘佛教的护国思想中蕴涵着一个基本理念：即佛法有利于国泰民安，有利于政通人和，这是佛教解救众生苦难慈悲精神的必然表现之一。

（作者简介：魏道儒，中国社会科学院世界宗教研究所研究员，中国社会科学院佛教研究中心主任，原文发表于《佛教救国思想与实践》，社会科学文献出版社2012年版）

# "宗教生态",还是"权力生态"
## ——从当代中国的"宗教生态论"思潮谈起

李向平

目前中国宗教学术界流行的"宗教生态论",表面上是基督教与正统信仰、民间信仰与民间宗教的关系问题,但实质却是当代中国社会的政教关系、宗教信仰与社会权力关系如何平衡的问题。其讨论对象并不局限于民间宗教信仰在中国社会发展的合法性问题,其中某些论点的倾向甚至内涵有"华夷之辩"、"礼仪之争"的现代版本。因此,宗教生态论的社会学本质,源自于对当代中国宗教发展原因的解释,涉及当代中国信仰与宗教信仰的重大理论问题,值得关注和认真讨论。因此,如何理解当代中国宗教的发展动力?如何理解当代中国基督教发展较快的现象?中国人的传统信仰、正统信仰或安身立命的价值底线究竟是什么?所有这些问题,都会涉及到如何定义中国是传统国家还是现代国家的方法论,都将涉及国家权力的合法性形态及其与宗教信仰的重大关系。

## 一 宗教生态论诸论点及其相关问题

所谓"宗教生态",指的是社会中各种宗教的存在状况。在正常情况下,各种宗教之间应该是互相制约的、自由自发地达到一个彼此的平衡状态,即各类宗教各得其所,都有它们的市场,满足不同人群的需要。但是,如果不适当地加以人为的干预,或者是因为政教关系的畸形发展,方才会破坏宗教信仰间的互动与平衡,造成有的宗教发展极其迅速,有些则凋零了,有的被压制了。然而,如果把这些论点放在讨论中国宗教特别是中国基督教的发展问题中,就会呈现为一种"宗教生态失衡论"的思潮。其主要论点是,基督教的兴起,主要是因为其他宗教信仰形式特别是民间宗教、民间信仰的衰落或发展不足。基于这种宗教生态关系的论述,一种普遍的意见是,基督教在当代中国的迅猛发展,其主要表现为1949年以来,政府对于民间宗教、民间信仰的管理过严,甚至是大力铲除民间宗教,为基督教在中国的发展提供了广阔的发展空间,造成了事与愿违的结果:政府防范基督教,没想到却让基督教发展了。

此类观念的始作俑者，乃香港基督教界的一位学人。该观点认为，基督教在"文化大革命"之后的农村蓬勃增长，其中一个重要的原因，是中国共产党立国之后，一直不遗余力地铲除民间宗教，将基督教在基层社会的农村中传播的最大障碍除去了，从而为其提供了广阔的发展空间。从此角度看，中共的宗教政策是协助基督教发展的一大助力。因为，民间宗教在农村遭到全面取缔后，妨碍民众接受基督教的社会和心理因素均告去除，于是，农民便将自己的感情投向基督教，基督教成为了原有宗教的替代品。[1]

不过，上述这一观念多年以来一直不太受关注，却在近年来成为学界议论的一个热点。[2] 与此相应，宗教学界部分学者沿袭了这一分析路径。这些观点认为，既然基督教的发展是起因于民间信仰与民间宗教的发展不足，这就说明了基督教的发展，十分不利于中国传统宗教文化的继承与发展，以至于有学人给政府建议，发展民间宗教和民间信仰，以抵制基督教等外来宗教的发展和渗透，以平衡或完善现有的宗教生态。其中，还有部分论点更有意思，他们主张中国作为一个大国，必须要有自己的宗教与信仰；中国社会经济落后的时候，信仰基督教也许是一种历史的误会，而今中国发展了、强大了，自然就不应该再信基督教。这种说法，其要害是把宗教信仰与民族认同结合在一起，构成宗教民族主义倾向、汉民族信仰主义特征。其以汉民族认同的宗教信仰作为正当、正统的宗教信仰，否则就不是正当性的民族宗教信仰。

当代中国基督教发展与民间信仰、民间宗教的关系，早在1990年代初就有学人指出，基督教的发展（尤其在农村的发展），"实际上是鬼神观念极普遍的中国老百姓在信仰对象上的一种转移或移情"。[3] 因此，广大群众中普遍存在的鬼神观念是基督教发展的沃土。[4] 因此，从整体上来看，新中国成立以来，"土教"实际上受的冲击超过"洋教"，特别是在人们心理上，对"土教"的排拒也超过了"洋教"。这种宗教生态的失衡，为基督教的发展提供了充分的空间。[5]

很明显，现有的宗教生态说诸种论点，实质上是把一直存在着的"基督教是洋教"和"基督教非洋教"的对抗性认识再度激活了。这种认识，表面上是"既不能忽视中国宗教信仰的多元的悠久传统，以及它与中华文化的核心基本价值的密切联系，更不能漠

---

[1] 参考梁家麟《改革开放以来的中国农村教会》，建道神学院1999年版，第12页。
[2] 参看段琦《宗教生态失衡是当今中国基督教发展快的主要原因》，载甘肃省委统战部《2008年民族宗教问题高层论坛交流资料》（内部交流资料），参见中国社科院世界宗教研究所课题组：《本土情怀与全球视野——赣、湘、云三省基督教现状调查报告》，金泽、邱永辉《中国宗教报告》（2009），社会科学文献出版社2009年版，第230—264页。
[3] 参考汪维藩《谈基督教的现状问题》，（2008-10-17）[2010-08-14]. http://wangweifan.bokee..com/6821281.html.
[4] 参考萧志恬《四十年来基督教宗教活动框架的变迁》，《宗教》1991年第1期，第70—75页。
[5] 参考段琦《宗教生态失衡对基督教发展的影响——以江西余干县的宗教调查为例》，《中国民族报》2010年1月19日第6版。

视文化全球化处境下各种外来宗教形态在中国的快速传递和冲击的现实",而在内地里却内涵了一种对政府固有宗教政策的批评,同时也表达了一种政治期待,希望国家权力对传统宗教信仰的大力推动,希望"国家应该将'宗教安全'纳入中远期的'国家文化安全'规划中",特别是"将宗教软实力(包括中国传统宗教文明的普世价值及时代特色)的有效展示和提升,纳入到国家文化战略安全体系当中,从而在非传统安全领域中确保国家的战略安全"。①

大致说来,宗教生态论代表性论点有:

(1) 宗教生态失衡是基督教快速发展的一个重要原因或是根本原因。② 具体而言,民间信仰的衰落才使基督教的发展成为可能;民间信仰与基督教的关系成为反向关系。

(2) 基督教在乡村社会的发展,挑战了传统社会的价值观念,破坏或颠覆了一向借民间信仰活动得以维系的社群关系。

(3) 国家宗教战略出现偏差,导致民间信仰与民间宗教发展不足,基督教一教独大。因此,宗教生态论者大力呼吁国家调整宗教发展战略。

(4) 中国人的精神家园,只能在传统宗教信仰之中才能找到。传统宗教、民间信仰是正统信仰,外来基督教并非正统,同时也是西方文化霸权、宗教殖民主义的象征。

实际上,"宗教生态失衡说"本来内涵了一种对政府固有宗教政策的批评,同时也表达了一种政治期待,希望国家权力对传统宗教信仰的大力推动,甚至把它们视为当代中国合法性的宗教信仰方式,以宗教信仰的民族性来满足宗教信仰的现代性;以中国传统的佛教、道教或本土民间宗教来抵制来自西方社会的外来宗教特别是基督宗教。加之,国家政府对于传统佛教、道教、民间宗教的暗中青睐,常常就会给当代中国人一种暗示:传统宗教更利于社会和谐与经济发展。此类论点的发展,自然会以宗教民族主义、汉民族信仰主义来建构当代中国宗教信仰结构,最后将走向另一种宗教生态关系的严重失衡。③

显然,这些宗教生态论者,往往还藏有一组潜在的话题:基督教的较快发展,应当引起当代中国人的忧虑;基督教与传统民间信仰对立;甚至暗示着——基督教不是中国人的传统信仰或正统信仰。其中,最为严峻的观念是,当代中国基督教的较快发展,对中国国家社会构成了三大挑战。一是挑战了传统信仰的底线,二是挑战了意识形态的底线,三是挑战了社会控制的底线。由此观之,传统信仰与意识形态成为了社会控制的底线;什么是中国人安身立命的底线,不是传统信仰,也不是意识形态,而是能够进行社

---

① 王爱国:《民族民间宗教信仰对于宗教生态平衡机制的维系》,《中国民族报》(宗教专刊) 2010 年 1 月 12 日第 6 版。
② 同上。
③ 李向平:《信仰但不认同——当代中国信仰的社会学诠释》,社会科学文献出版社 2010 年版,第 512—513 页。

会控制的、权力维稳的传统信仰与意识形态。这可能是宗教生态论的最大话语背景,最实在的真实内涵。

## 二 "宗教生态论"的严重失衡

"宗教生态论"提出了当代中国宗教与中国国家权力、社会建设之间的一个非常重要的问题,但大多数论者的论述方向走偏了。真正失衡的不是宗教,而是国家权力及其对宗教信仰的控制方式,导致了宗教信仰与国家权力之间的关系失衡。

首先,大多数宗教生态论者有一个致命弱点,大多以乡村社会、民间底层为论述对象,集中于民间信仰与基督教的关系。但基督教的发展却不仅仅是集中在乡村社会。这就是问题提出方式的偏颇。一个宗教的发展快慢,本是多种因素的集合,但宗教生态论者为什么单挑基督教?三十余年来中国佛教的发展也很快,信徒与活动场所绝对多于基督教。一教独大的并非基督教,而是佛教。[1] 至于民间信仰在城市中的存在,除了财神信仰和节日习俗信仰之外,几无更多的影响。所以基督教在城市中的发展几乎与民间信仰没有关系。至于传统佛教、道教与基督教的互动关系,均在政府的宗教管理架构中方才得以建构起来的。甚至可以说,基督教在城市中的发展,远远比不上佛教、道教那样的发展。佛教、道教能够做的公益事业,基督教常常无法去做。

基督教从进入中国始,就受到了中国文化的制约与影响,其中尤其是民间信仰对于基督教的渗透与影响,而且这种影响主要在广大的基层民众,尤其是农村居民中。各地城市中基督教的发展比较正常,所以这种影响并不多见。[2] 由此可见,民间信仰与基督教的关系,主要是在乡村社会,而非城市。如此观察,基于为民间信仰立论的宗教生态观念,大多局限于中国乡村社会。这就限制了宗教生态论的论述空间。

其次,人们很难得出结论,基督教是在政府宗教政策的支持下而得以发展的,因为很难说传统宗教或传统信仰就没有政府的支持。就近年来的深度观察,基督教的发展,往往是在外在压力较大的情况下才得以发展的,而非传统宗教那样,常常是在地方政府经营旅游经济、香火经济,以利益交换的情况下得以发展的。这就是说,当代中国宗教关系的开放或者封闭,不是传统或非传统的信仰特征所能够决定的。

因此,当代中国基督教较快发展,并非与政府的宗教政策直接相关。诚然,就当代中国宗教的管理特点,即集中于宗教活动场所的管理方式来说,佛教信仰的社会发展反而不如基督教的信仰实践方式。基督教的信仰实践,可以不在教堂里面进行,而佛教的

---

[1] 依据北京零点公司 2007 年的全国问卷数据,佛教徒在全国人口中所占比例是 18%,为 18500 万人,而基督教徒所占比例 2.5%,只有 3300 万人。

[2] 高师宁:《当代中国民间信仰对基督教的影响》,《浙江学刊》2005 年第 2 期,第 50—55 页。

信仰活动往往要集中在寺庙或佛堂才能举行。它被局限于寺庙或佛堂之中。因此，这种"围墙式"的管理方法或"空间化"的管理方式，对于寺庙佛教的发展更有具体效果。但这是当代佛教发展另一个层面的问题。同时，这一问题恰好是佛教信仰之制度性不强所造成的，此与基督教内向认同的团契风格及其封闭性关系不可同日而语。

但在发展地方经济方面，佛教与道教、民间宗教一样，能够有所参与，能够发挥功能，所以在地方权力主持的各种经济活动之中，地方政治精英往往很喜欢参与佛教协会类等各种组织，参与各种佛教经济活动的规划与进行。至于宗教活动与宗教活动场所中的"三定"：定人、定点、定时，进行各种宗教仪式活动的时候，主要就是针对基督教等制度性较强的宗教而设计的制度安排。但相当于佛教、道教及民间宗教而言，好像就没有类似的要求和制约。从此层面而言，佛教是最能从中受益的宗教。[①]

以佛教为例，佛教与基督教在交往关系层面上的差异，利益交换的可能性不同，从而构成了作为宗教团体在维护各自宗教质量上的关系结构。而基督教常有的小组聚会、教会信仰及其人际互动方式，虽然其目的是在于建构一种社区型教会或地方性教会，但仅仅是因为它们的参与者及其社会关系的弱小，不得不构成了社会交往关系的相对封闭。而这种封闭性宗教团体特征，又使得基督教在相对性自我封闭的情况下，使其内部的信仰认同关系更为紧密、牢固，能够承担外在的压力——甚至是外在压力越大，其内部的信仰认同就越稳定，从而以信徒抱团的形式在体制之外继续发展。如此看来，基督教在当代中国的发展，很大程度上并非是与传统宗教、传统信仰的矛盾关系所造成的，其中有着更加深层的社会、政治原因。[②]而佛教与社会间的利益交往关系，则使佛教信仰者内部的信仰认同更加开放，同时也更有扩散性特征。

实际上，此乃地方政府的利益关系、宗教本身所具有的社会利益功能、政府利益与宗教利益之间实行相对交换的结果。给我印象最深的一次，是我最近参与地方政府一个宗教服务与法制建设的课题。在该课题的开题研讨会上，地方政府负责宗教工作的领导介绍该地方各宗教及其社会服务多项业绩的时候，他对于佛教的社会公益事业，包括捐款有多少，做了多少好事等，一一给予了高度的评价。然其介绍基督教和伊斯兰教等社会服务情况的时候，则话锋一转，说基督教是个外来的宗教，虽然也捐钱去救灾服务，但是就弄不懂，怎么也会有人去信这个宗教。

在权力—信仰之生态关系如此失衡的前提下，中国宗教关系无疑也会呈现一种特别

---

[①] 李向平：《当代中国宗教格局的关系建构》，（2010 - 07 - 08）［2010 - 08 - 15］http：//lxp0711. blog. hexun. com/53063031_ d. html。

[②] 其实，让官方不满的不只是基督教与官方的意识形态不合，常要脱离他们的领导。更实际的是，集会频繁，影响工作、劳动生产。冉云飞：《1957年的一则基督教史料》，共识网：http：// new. 21ccom. net/articles/lsjd/lccz/article_ 2010070812849. html。史料说明的是1957年的情况，但历史最能说明问题。当代基督教的问题，是否也具有同样的权力顾虑在内？

复杂的互动局面。比如,活跃在宗教管理体制外的佛教发展现象,为什么就很少被人提及? 政府造寺庙、和尚被招聘、经济利益再分红的现象,为什么就没有使用"地下佛教"或"非法佛教"的概念来进行批评? 一方面,这是地方政府为了经济利益,依旧是宗教搭台、经济唱戏。另一方面,地方政府一厢情愿,在东南沿海地区自造寺庙,发展地方旅游经济及地方佛教势力,以抵制基督教在当地的发展。这种佛教发展方式,无形中就经由与地方政府权力的合作,建构了服务于地方经济社会发展的合法性。

很明显,这是权力经济与正统信仰的整合模式。如果这种整合恰好是地方政治精英、经济精英与宗教精英的结合,那么,这就正好证实了一种特别值得忧虑的现象:权贵资本与传统信仰之间所可能具有的某种整合及其相互利用。权贵资本的财富经营,经过传统信仰的神圣性符号和神圣性证明,似能给中国人表态,权贵尽管权贵,但还具有中国人的传统信仰,以获取民心国情;权贵既是权贵,但这是中国特色、具有中国信仰传统的权贵。此当为中国政教关系常常失衡的最要紧之处。

汉民族信仰主义 + 宗教民粹主义,乃传统信仰"华夷之辨"的现代版本。对于其地位和功能的讨论的确应该引起极大的注意。其中还有不同宗教信仰之间的关系如何处理,政治信仰与宗教信仰、民族信仰、文化信仰以及本土信仰与外来宗教之间的各种复杂关系。此问题处理不好,将会影响中国社会进一步改革开放和经济的进一步发展,涉及中国作为一个现代国家的建设与发展问题。

现代社会中,公平、公正、和谐、正义才是现代中国社会的价值底线。所以,不是单纯的信仰,不是正统的宗教,即能成为现代中国人的安身立命之根基的。我们关心宗教与信仰的认同与实践,我们更关注我们的社会及其交往互动是否公开、公正、可信、可爱。不同信仰共同体的信仰及其认同方式,其中具有特殊性与普遍性的价值内涵,但无疑要从中衍生出一个社会共同体公共的价值内涵,方才是一个社会的信仰及其认同。一个乡村信仰、一个地域的神灵,诚然可以具有地域信仰、乡村信仰的价值认同意义,但它们与任何一种宗教信仰一样,唯有其中蕴涵的公共意义或公共信仰方式,才是所有中国人的信仰内容。现在的问题是,什么才是中国人的普遍信仰? 中国人应该具有什么样的宗教信仰?

所以,不是宗教生态的失衡才会造成基督教的发展;而是社会结构的变迁才构成了基督教的一定发展。正是因为乡村社会底层人际交往关系的失衡、失序诸现象,人们急需精神团契和社会交往,才使具有精神团契和信仰共同体等社会交往特点的基督教得以发展较快。在一个秩序真空的环境之中,制度性强的宗教信仰体系,会很快适应和满足社会的信仰需求。这本不是什么坏事情。信仰关系之间的竞争,本是很正常的事情。所以,不是宗教生态的原因,而是社会结构变迁的原因,这才是基督教得以较快发展的缘故。

因此，宗教生态平衡有几大指标。第一，各个宗教与社会环境有良好的关系；各宗教之间能够和平共处。第二，各个宗教在时间、空间上是有序而稳定的活动与发展。第三，宗教生态系统自我修复和自由调节功能能够正常发挥。如果只认为中国宗教生态失衡促成了中国基督教的较快发展，此论很难成立。

当代佛教发展也很快，为什么就不是宗教生态发展失衡的结果呢？实际上，当代中国宗教生态关系如果有一定失衡的话，它肯定是在于宗教和它的社会环境关系间的失衡。就此而言，基督教方面的社会压力较大；而其他某些宗教则与政界、商界的合作关系过于紧密；而社会环境对五大宗教的态度是不同的，对于传统宗教宽容得多，而对于基督教、天主教则相对而言要严紧得多。①

如借助于国家公共权力，以宗教信仰平衡宗教信仰关系，无疑会建构新的不平衡。宗教信仰间的关系，只能在宗教信仰体系与公民社会的互动中去寻找、去建构。它们将依赖宗教信仰与社会权力之间的互动关系。权力独大，社会缺席，宗教信仰关系如何得以平衡？！依靠一些宗教信仰来维护宗教信仰关系间的平衡，这无疑是缘木求鱼，宗教信仰之间良性的竞争关系如何得以构成？！宗教信仰之间的交往互动关系，在一个健全的民主社会之中，既是互动交往的关系，同时也是彼此间的良性竞争关系。它们不是谁来维护谁的问题。谁来维护？谁来做主？有主有从，有维护者与被维护者，这种关系很难平衡。

实际上，社会、宗教、文化与信仰的多元发展，宗教生态的真正平衡，关键在于权力生态的平衡，政教关系的平衡，社会信仰与国家权力的平衡。需要调整的，不是"宗教文化战略"，而是国家权力、社会信仰结构及宗教信仰在社会中的实践关系与运作机制。宗教生态论的似是而非，问题就出在这里。这些问题是：（1）把共同体与非共同体的信仰方式，以排他性与本土性的概念来对待。（2）把社会结构上的开放或封闭的问题，转换为片面、单一的信仰关系。（3）以宗教信仰问题替代了国家权力、社会变迁问题。（4）把现代中国人的精神家园，单纯定义在本土而传统的宗教信仰之中，以传统国家意识替代了现代公民的国家意识。

这种试图用信仰关系来定义国家形态、证明权力合法性的想象力，用涂尔干的话说，真正的争论是他们对神圣的概念认知不同。涂尔干认为，神圣不只体现在神的或超自然的存在之中，凡是"引起注意的"或是"崇高的"，都是神圣的。要了解每个道德社群的宗教本质，就要了解他们热爱的来源与热情的泉源。涂尔干指出，事实是各社群不会也不愿任由神圣被亵渎。问题就在这里，不仅文化分裂双方对神圣的概念相异，单

---

① 高师宁：《基督教信仰在今日中国》，（2009 - 05 - 06）[2010 - 08 - 15]．http：//blog. Sina. Com. cn/s/blog_59ab150b0100d8g1. html．

是一方的存在，就是对另一方的亵渎。①

## 三 民间宗教—信仰的合法性问题

宗教生态论的后面，隐藏着另外一种宗教信仰关系的要求，这就是为传统的民间信仰与民间宗教直接张本，争取在当代中国五大宗教之外的合法性发展空间。此论本来没有问题。然而，鉴于目前民间宗教信仰的发展不足，有些学者的主要论点则认为中国宗教的制度安排基于来自西方的宗教定义，排斥了类似于民间信仰、民间宗教这样的分散性宗教，从而造成宗教生态关系的失衡，②进而把批评的方向指向了制度宗教，而不是宗教制度。

源自西方的宗教定义，无疑会偏重于制度宗教，但当代中国的宗教管理，却是以宗教场所的管理作为基本方法的，而非以宗教信仰的制度化形式。出自于这种场所的管理方式，配合以"三定"即定时、定点、定人的管理理念，以及把宗教信仰空间化，再加上合法与非法的宗教活动概念，及其对宗教信仰结社的意识形态恐惧，恰好与来自西方的制度化宗教定义没有什么直接的关系。而中国五大宗教均须出自于这种由"宗教制度"转换为"空间化"的管理模式，所有的宗教信仰活动，必须局限在正常的合法性活动场所，这些宗教信仰才能具有合法性，概莫能外。"宗教制度"被建构为"宗教空间"。③ 宗教活动空间成为了宗教信仰合法性的象征与符号。因此，民间信仰或民间宗教，理所当然也无法出离这一空间化的合法性框架。

在此管理模式之中，宗教信仰及其社会实践往往被局限于场所、空间的"围墙式"管理原则之中，而非宗教信仰的社会性制度实践的结果。如果是制度性的信仰实践方式，任何宗教信仰、包括民间信仰都会使自己的信仰体系社团化、制度化，即便是扩散性的民间信仰，也能够从中获得制度化的实践空间，或许也能够以社团化、村社化的实践形式获得其合法性。宗教制度化，乃信仰共同体的制度建构，信仰结社的合法性。所以，如果说当代中国宗教信仰关系的发展具有不平衡现象，恰好也是宗教信仰的认同与实践的制度化不强所造成的。而排斥扩散性民间信仰与民间宗教的，恰好也不是制度宗教，而是国家权力、意识形态对于宗教信仰的垄断性定义方式所决定的。这说明，民间信仰与民间宗教的发展现状与基督教并非直接的反向关系。可见，许多宗教生态论者，实如关公战秦琼，不得要领。

---

① J. D. 亨特：《文化战争——定义美国的一场奋斗》，中国社会科学出版社 2000 年版。
② 段琦：《宗教生态失衡对基督教发展的影响——以江西余干县的宗教调查为例》，《中国民族报》2010 年 1 月 19 日第 6 版。
③ 李向平：《"场所"为中心的"宗教活动空间"——变迁中的中国"宗教制度"》，《基督教文化评论》2007 年第 26 期，第 93—113 页。

宗教生态论者的主要论点是，政府以"迷信"的政策对待民间信仰和民间宗教，使基督教得以大肆发展，从而提出政府要开放、认可民间信仰和民间宗教，以抵制基督教以及西方文化霸权的发展。①

实际上，此类政策及其意识形态话语的偏向强化，不仅是对民间宗教信仰的压制，几乎对所有宗教都异曲同工，无法出离其外。比如对基督教，同样也使用迷信的符号进行意识形态控制，认为基督教传布迷信思想。②似乎不存在因为"迷信"的概念，基督教能够超越其外而自由发展的。因为迷信不是宗教，亦非信仰的术语，而是一个权力的符号。

"迷信"一词，在19世纪末，经日语转译进入中国本土语汇，并成为早期启蒙主义的核心命题之一。迷信与知识进步、专制主义以及国民道德的关系是初期"反迷信"知识氛围的主体内容。所以，"迷信"是一个权力话语和民族国家话语形式，而非宗教学术语，在其诞生之初并不具有统一的内涵，其不同的概念和指向，恰恰构成了现代中国人对面临的政治、文化冲突的反省。而有关迷信的论述，却能从中窥探出现代民族国家被建构的复杂过程。③

宗教学意义上的迷信如同民间信仰，即非制度宗教的信仰方式与实践；扩散式的民间信仰主要是关注直接的、细小的问题以及特殊的现存个案和个人的问题，而宗教信仰体系则能够覆盖更长的时间跨度，涉及更一般领域的精神问题，因为它处理的是普遍性价值认同的问题。更加重要的是，国家权力与意识形态层面所强调的所谓迷信，乃与国家权力认可的正常信仰（正信）与非合法的信仰方式（淫祀）相比较而言的，是与正统信仰相对立的价值体系，从而才有保护正常的宗教活动，坚决取缔"封建迷信"的管理模式。很明显，宗教与迷信的关系，不是宗教信仰体系与民间宗教信仰之间的关系，而是国家权力、意识形态话语系统与宗教信仰之间的关系。为此，宗教生态论强调的仅仅是宗教学意义上的迷信及其话语表达结构对民间信仰、民间宗教的制约功能，而忽略了后一种迷信话语的控制功能。

即便如此，国家权力、意识形态话语系统、地方政府与民间宗教信仰的关系历来就非常复杂。自古迄今，民间信仰的传统实践方式大多依附于现实社会、世俗权力关系，民间宗教信仰从来就不是国家权力的一块"飞地"，地方宗族、官府、信众、行会、士绅等多个利益集团及其关系，在这一领域中交织着。这是一种颇具中国特色的权力话语，从而可以视为从民间信仰理解中国社会权力运作的学术进路。因为，民间信仰中庙

---

① 孙冶方基金会：《基督教传入农村的社会背景和发生机制》，(2010-01-20) [2010-08-17] http://new.21ccom.net/plus/view.php? aid=5279。
② 冉云飞：《1957年的一则基督教史料》，(2010-07-08) [2010-08-17] http://new.21ccom.net/articles/lsjd/lccz/article_20100070812849.html。
③ 沈洁：《"反迷信"话语及其现代起源》，《史林》2006年第2期。

宇的重建、庙会的举行，几乎处处体现了国家权力与地方利益的共谋与协商。这一问题，根本就不限于当代，因为，自古以来的民间信仰就一直在寻求国家意识形态的承认。①

但是，民间信仰对于合法性的要求，也内涵有一种宗教自由的诉求。就此方面而言，争取民间信仰的合法性及其发展无疑是有其现实意义和理论意义的，它能通过祛迷信化而产生去意识形态化的某种现代功能。然而，民间信仰在祛迷信化而争取获得制度宗教发展空间的同时，却又不得不在某种程度上权力化、利益化了。它们在面对迷信化、宗教化的矛盾的同时，却又同时进行国家化的权力诉求。在此背景之下，原来局限于局部和零星的民间信仰活动，牵涉了国家、社会制度、交通、商业、地域文化等问题。以申请"非遗"的文化身份来表达民间信仰，而民间庙宇甚至可以绕开宗教管理机构，直接挂牌为"非物质文化遗产"保护基地。所以，民间信仰与国家意识形态更趋和谐。②为此，民间信仰或民间宗教的发展，似乎不存在什么合法性问题了。

那么，民间信仰合法性的主要问题是什么呢？现行宗教制度的管理方法，表面上是民间信仰、民间宗教合法性的障碍，但新兴宗教、民间宗教的概念一直不为中国宗教管理原则所采纳。这不是五大宗教或基督教与民间信仰、民间宗教的关系，而是国家权力如何面对民间信仰与民间宗教的政教关系问题。可是，民间信仰的合法性关系，甚至成为国家权力与地方政府的利益的共谋结构了。它不似宗教，却胜似宗教。由此观之，除了国家权力之外，当代中国社会之中，并没有任何其他宗教的发展能够在制度层面上制约民间信仰的合法性、制约民间宗教的发展。

另外，民间信仰或民间宗教的发展，其间还有深厚的实际利益包含其中。由此不得不使人怀疑，在民间信仰或民间宗教的发展过程之中，人们追求的是信仰的合法性，还是实际利益的合法性？

实际上，学术界在最初提出有关"宗教生态失衡"的论点时，其中一些论述却是被现在的宗教生态论者所忽略。这就是说，中国农村社会是一个单性群体，其社会结构对宗教的延续与拓展非常有利。③正是那种制度性较强的基督教，对于中国农村这种同质群体原则的作用比较明显。这一特点，其他学人也有相近的发现。因为，近些年来，农村地区的宗教热除了因为其人际传播的特殊方式之外，亦与其他教派的退守相关，再加上农村公共文化供给的非充分性、村庄社会保障机制的残缺性，以及许多地区农耕方式的脆弱性和别有用心者的逐利性，地下非正式宗教团体在许多农村地区的乘虚而入不可

---

① 吴真：《从封建迷信到非物质文化遗产：民间信仰的合法性历程》，金泽、邱永辉《中国宗教报告》(2009)，社会科学文献出版社2009年版，第161—180页。
② 同上。
③ 梁家麟：《改革开放以来的中国农村教会》，建道神学院1999年版，第12页。

避免。①

在一个传统社会关系占据整个社会结构核心的时候，人们为了争取自己的利益或行动空间时，往往是以个人为单位而不是以群体为单位行动的。因此，在这样的一种社会关系模式中，宗教信仰的行动者往往就会是个人，而不是信仰群体。如果在这个时候，有一个信仰群体能够表达所在地区人们的利益和社会要求的话，那么，这一信仰群体就会在当地具有较大的发展空间。近期在互联网上看到一则资料，说安徽省太和县李兴镇程寨村一位85岁的老人，因无人照料，被活活饿死在自己栖身的废墟里。面对村民们对村干部不履行救助责任的指责，村干部的回答是："谁让他没有儿子。"

此则信息，读来使人不寒而栗。这就是民间中国乡村生活的真实写照之一。底层空虚，关系沦陷。这是明明白白的社会结构问题，而非宗教信仰问题。如果乡村生活多一些有信仰的共同体支持和社会互助团体，人们可以相信，这个老人无疑会获得来自信仰共同体之救助的。无论是哪一种宗教信仰，都将会为他们的精神与生命带来关怀。

对此，即便是代表了当代中国"非基思潮"的一份研究，也表明了中国乡村社会结构的不稳定性。社会的结构性紧张，是基督教在乡村发展的一个基本原因。该报告认为，"在整个农村社会各个方面的大转型、大变革中，社会结构的转换和重新调整是基础性的变量，而社会结构中家庭结构和村庄阶层结构的转变和重组又是最为基础的。在转变过程中，某些人群或阶层会从较高的位置上摔下来，掉入低层，失去了原来的权力、荣耀和面子，无疑他们会不甘心失势，会进行反扑，企图维持其原来的权力结构和社会关系。而新的阶层和人群则要巩固自己的位置，从而造成新旧阶层和人群的对立，构成结构性的紧张。要达到社会结构的重新稳固，就必须对社会结构进行重组，消除失势的低层人群、阶层的反抗心理，固化社会结构。在此背景中，基督教乘势进来，扮演着固化社会结构镇静剂的角色。基督教在两个方面起到了固化社会结构的作用，一是为低层人群和阶层提供一整套对当前状态安之若素的说法，使他们放弃反抗的念头，心安理得地接受社会对他们地位和角色的安排，承认当前社会结构和制度的合理性；二是提供一套新的关系网络、评价机制和行为模式，给人们一种全新的实践和盼头，从而使人们退出原来的社会关系网络和社会性竞争，在生活中的表现就是不争与不吭，在当前社会结构中无所作为就是对它的承认与合作"。②

因此，表面上的宗教生态现象，实质上却是社会生态、社会结构的稳定问题。可以想象，在一个社会责任无人担当的社会底层，信仰共同体的组织互助是多么的重要和必

---

① 陈潭、陆云球：《非正式嵌入、蓄水式成长与村庄宗教传输镜像——以皖南H县非正式宗教团体的生存状况为研究个》，《南京社会科学》2008年第1期。

② 孙冶方基金会：《基督教传入农村的社会背景和发生机制》，（2010 - 01 - 20）［2010 - 08 - 17］http：//new. 21ccom. net/plus/view. php？aid = 5279。

须！何必去分别那种无聊的华夷之辩，正统与非正统。几年前，我就写过一篇文章《社会缺席，宗教安在?》，时人不解其意。如前正好呈现这一问题的严重性。当代中国民间乡村社会结构的散乱，宗教存在和信仰表达的社会空间混乱不堪，才出现了如此所谓的宗教生态现象。如果社会归位，宗教自然安定，各种信仰就能彼此尊重，理性互动，关怀人群。

不可否认，民族民间的宗教信仰是当代中国多元民族文化、多元宗教信仰中的重要组成部分。可是，宗教生态的平衡，关键就在于民间信仰的正当维护吗？如果民间信仰发展了，基督教就不发展了；而基督教不发展了，宗教生态的失衡问题就能够解决吗？基督教在农村较快发展的原因，不仅仅是宗教的原因，更重要的是社会结构的原因。这就是为什么所谓宗教生态的问题多发生在农村，而非城市之中？为什么基督教在乡村的发展，大多能够替代底层社会秩序，能够填补乡村居民日常生活、公共交往乃至利益表达等方面的功能？

在此方面，应该强调的是，信仰与"宗教并不是个人与超自然力的任意关联，而是一个团体的所有成员与一种力量的关联，这种力量从最深处有利于该团体，它保护该团体的法律与道德秩序"。[①] 于是，就其民间信仰与民间宗教的理论关怀而言，中国人当下的信仰自觉或宗教自觉，应该包括对信仰的社会实践方式的自觉，包含有对宗教认同社会建构的自觉。其要点不在制度宗教及其迷信的界定方法，而是乡村、地域的信仰与公共、社群或社团的信仰方式及其与现代社会公共理性的互动交往。倘若宗教不开放，信仰限于私人利益，即便乡村有信仰，其实践关系也必然会失衡。

因此，民间信仰局限于乡村社会，本来就是一个局限，当然也是目前宗教生态论者以民间信仰立论的一个局限。它说明了传统信仰需要一个社会化和社团化的过程。开放社团比宗教自由更加重要。民间信仰的社团化或社会化的发展形式才是民间宗教发展的正常路径与关键问题。如果一味地从政府利益和国家权力之中寻求信仰的合法性基础，这始终不会是值得肯定的发展模式。如果采用"荆轲刺孔"的方法，为了吸引国家权力的兴趣，必欲建立、针对一个信仰的对手，在对抗基督教的立场上以争取更大的发展空间及其合法性基础，这就更不是信仰与宗教的生态问题了，而是宗教信仰的政治学问题了。

民间信仰与民间宗教的合法性发展空间不足的问题，关键在于宗教制度的相关设置及其意识形态话语系统的制约，难以归咎于制度宗教在当代社会的发展。特别是因为许多民间信仰的仪式活动都是以家庭为单元，于是在宗教上也就保留了传统的活力。但经由近年来的城镇化，家庭在承担民间信仰的表达功能方面却大大减弱了。同时，也因为

---

① 罗伯特·希普里阿尼等《宗教社会学史》，高师宁译，中国人民大学出版社2005年版，第50、57页。

现代化教育的作用及其影响，尤其是对扩散性的宗教，会使得教义不成完整体系的民间信仰产生负面的冲击，促成民间信仰者的大量减少。① 虽然民间信仰依然为台湾地区大部分居民所信奉，但此论乃能说明现代社会中民间信仰的衰落，并非基督教的发展直接造成的。这对于一些好以台湾民间信仰与基督教的关系作比较的宗教生态论者，是值得去认真思考。

值得指出的是，基督教与民间信仰也并非处于对立、对抗的关系之中。中国农村基督教的发展，一方面继续受到民间信仰的影响，另一方面不得不与迅速复苏的民间信仰争夺信众。这种事实说明，基督教的民间信仰化现象的存在，是今天中国农村的现实和广大下层民众的宗教需求所决定的，它的存在顺应了中国特定的历史与环境，具有其合理性的一面。换言之，这也许是中国农村基督教发展中的必然过程。②

可以认为，当代中国宗教信仰的变迁与发展，不仅仅是宗教信仰关系的变迁与发展。宗教信仰关系的变迁与发展，首先需要改革和变化的是权力结构与社会结构，需要政教关系的与时俱进。所以，宗教生态关系的优化，绝不能把问题局限于宗教信仰层面。其要害是权力生态，而非单纯的宗教信仰关系及其表达问题。

## 四 信仰与权力，谁的毛病？

宗教的本质不仅是信仰上帝而已，它还是一种"基本的关怀"，存在于个人生活的内心深处，是大家认真看待的问题。总之，宗教可以定义为"建立在权力、人、信心之上的所有的信念"。③ 于是，国家权力与宗教信仰，均可被视为一种合理性的象征，而在不同宗教信仰之间的竞争关系，其目的也就是要"独占合理性的象征"。④ 这说明，权力与信仰始终具有不解之缘，而权力却也可能被视为"人类行动的一种转换能力"。⑤ 在合理性象征关系的争夺之中，权力关系有可能去支配或应用于当代社会中主要的宗教信仰类型。这就使我们在讨论宗教信仰或民间信仰的合法性问题之时，有必要梳理权力关系与信仰类型的互动关系。

无论是民间信仰，还是其他宗教信仰，它们要回答与面对的问题，无疑还是两个经典性的社会理论命题：一个是社会秩序是如何构成的？另一个是个人与社会的关系是如何建立的？把握了这两大命题，实际上就能够呈现一种超越所有宗教信仰关系的学术立场。因此，与其以民间信仰、传统信仰、外来宗教来对其问题进行分别与处理，还不如

---

① 瞿海源：《宗教、术数与社会变迁》（一），台湾桂冠图书公司2006年版，第11、34页。
② 高师宁：《当代中国民间信仰对基督教的影响》，《浙江学刊》2005年第2期，第50—55页。
③ J. D. 亨特：《文化战争——定义美国的一场奋斗》，中国社会科学出版社2000年版，第282页。
④ 同上书，第168页。
⑤ 安东尼·吉登斯：《历史唯物主义的当代批判》，郭忠华译，上海译文出版社2010年版，第51页。

仔细梳理不同信仰表达与宗教实践中，能否承担上述两大社会理论命题的解读功能。

中国人的宗教信仰关系，往往是一种自上而下或自下而上的构建过程。这种宗教信仰关系，大多是国家强力干预且被国家认定或对国家的自我认同。它们表明了国家规定的宗教信仰及其宗教信仰上面的分类。而在此分类关系之后，却是一整套知识体系，其后有国家规定的内容，你的信仰是什么、谁隶属于哪个宗教？这就是说，中国人的信仰与宗教，好像很自由，但在其后又蕴涵有一套国家话语或知识体系，使中国人都在沿袭着这一套信仰体系及其建构的逻辑，在信仰、在选择、在困惑。应当指出的是，这套神圣的符号系统，自上而下，而不是仅仅每个信仰者的自身表达。与此相关，信仰关系的建构与表达，常常就是一种国家权力或精英主义的构建。

此前各地方政府都在致力于"非物质文化遗产保护"，并且通过"非遗"的申请与保护互动，绕开了宗教信仰的相关管理制度，使其在宗教管理的体制之外，各地民间信仰、民间宗教获取了政府认可的合法性。其与固有体制中的宗教信仰比较而言，它们的空间更大，功能更强，不似宗教，胜似宗教；不似信仰，却强似信仰。这就是以宗教信仰之功能建构起来的权力—经济合法性结构。而在相应的学术领域，亦蔚然构成当代中国社会一股政治与宗教的文化思潮。

由此可见，公共权力、经济发展、民间信仰，大致已整合为一种以宗教信仰加上经济发展的国家想象，从而构成了一套新型的知识信仰再生产体系。如同已有的研究展示的那样，当国家以民族成分作为政治身份时，民间的文化制度会对这个族群身份进行更深一步的识别。因为中国社会中的民族身份是一个很复杂的系统，不仅包含了正式的、政府规定的身份系统，也包含了许多民间的创造。① 而当国家以民族信仰视为权力表达关系的时候，民间的信仰关系就会对这一民族国家进行更深一步的识别与合法性证明。这就是说，中国社会中的民族身份及其信仰关系，实乃一个很复杂的系统。它不仅包含了国家权力规定的民族身份信仰系统，同时也包含了许多民族民间的信仰创造。既有自下而上的许多民间社会的自我创造，同时也有自上而下的来自国家权力的话语表达。

在《共产主义的新传统主义》一书中，沃尔德曾对中国城市单位中的某种庇护主义关系进行过富有理解力的分析。而奥伊在《当代中国的国家与农民》一书中也对中国农村中存在的这种庇护主义关系进行过分析。按照沃尔德的看法，那种存在于领导人和积极分子之间的庇护主义关系并不是纯粹的"非正式组织"或"个人性"的关系网络。相反，它是不能离开正式组织而独立存在的，这种关系是受到官方支持的，是其组织角色结构的一个重要组成部分。对于这种关系，过去人们往往从领导方法的角度加以分析，但同时人们往往忽略了，这是一种包含着社会结构核心要素的稳定关系。无论是在物质

---

① 关凯：《当代中国社会的民族想象》（2010 - 06 - 25）［2010 - 08 - 18］http：//new. 21ccom. net/plus/view. php？ aid = 12041。

的层面上，还是在精神的层面上，这种关系都有极深的社会含义。正是这种关系网络将个人的忠诚、制度角色的履行以及物质利益联系在一起。换言之，它是当时那种社会能够正常运作的一个不可缺少的机制。这种庇护主义关系的一个突出的特征，是将公共的因素与私人的因素结合在一起。①

以此方法分析现有的民间信仰通过地方政府申请打造"非遗"项目以及参与地方旅游经济的实际行动，我们不难发现，地方信仰与民间宗教在此类"非遗"项目的建设过程中，是将对一种地方政府组织及其意识形态的公共效忠与对领导者个人的私人效忠结合在一起的。因此，这无疑就构成了一种"信仰型庇护主义"或"依附型信仰关系"及其实践方式。既在公共领域中表达，同时也是私人利益的要求，更体现了一种公私领域彼此结合的权力—信仰生态结构。更准确地说，此乃公私领域之间、宗教信仰领域与地方政府权力界限不清的合作结果。

由于这种"信仰型庇护主义"或"依附型信仰关系"自然呈现了所谓宗教生态严重失衡的现状。它们已经是地方政府权力发展经济利益之要求、公共信仰群体与私人信仰各个层面的多层矛盾。在此基础之上，各种利益、社会关系、民间信仰、地方关系的整合，构成了这种不似宗教、胜似宗教的权力—信仰庇护结构，进而在庇护之中孕育了矛盾。

无独有偶，在乡村政权研究的相关论著之中，同样也发现了这种作为公共关系变体的新庇护关系，即用个人关系的理念——亲疏或内外——来建造公共关系的权力模式。由此而通行的行为规则，不是对等、独立、价值导向和普遍主义，而是远近区分、依赖、利益导向和特殊主义。② 于是乎，在民间信仰通过地方"非遗"项目的申请及其建设之中，个人关系、宗教信仰事务与公共权力、地方利益，都能得到应有的整合与表达。

非物质文化遗产的利益关系，利用非物质文化遗产或者是地方权力及其利益而复兴、重建的民间信仰，的确发挥了地方利益与地方文化认同的整合功能。但这种基于地方利益与政府权力认同的信仰复兴方式本身就是非信仰的。它们要求的不仅是信仰，更是权力与利益关系。正是因为这种权力与利益关系，它们与国家利益及其地方政府权力本身就具有一种天然的亲和力与互惠功能。它们所整合、建构的，必定是一种独特的"信仰庇护关系"，甚至是一种"依附型信仰关系"，而非现代社会宪政中的政教关系、权力与信仰关系。与其说是信仰关系，不如说是对权力与利益关系的高度认同，同时也

---

① Andrew G Walder, *Communist Neo-traditionalism: Work and Authority in Chinese Industry*, Berkeley: University of CaliforniaPress, 1986; Jean C Oi., *State and Peasant in Contemporary China: The Political Economy of Village Government*, California: University of California Press, 1989.

② 张静：《基层政权：乡村制度诸问题》，上海人民出版社2007年版，第252页。

是一种权力利益关系庇护下的另一种信仰方式。

当代中国社会中的宗教信仰关系与国家权力关系，实际上就是这样一种新宗教传统基础上的信仰庇护关系。信仰"关系"成为在神圣资源的再分配权力体制中，不同的信仰者争取自己信仰及其利益的一种行动策略。表面上，这是定义民间宗教与民间信仰的理论方法，本质上却是混淆了对于宗教信仰与公共权力的定义规则。

最近三十年来，中国地方乡村社会中已有不少从"迷信"到"宗教"、从"民间宗教"到"佛教道教"的社会事实。它们的确是在说明当代中国信仰与权力的一种同构与合谋的复杂关系，也同时呈现了一种宗教信仰与国家权力间的各种变迁倾向。其中，既有国家、社会、个人三者之间的关系；迷信与宗教的关系；迷信或宗教的定义方式及其与地方党政的关系；地方社会经济发展与传统信仰的复兴诸种关系。

地方社会的民间信仰活动，本可为一种反对国家权力垄断的表达形式，同时也可视为国家与社会的互动形式。它们是一个既能与权力合作，亦能批判权力不公的乡村"公共领域"。然而，民间经验告诉人们，尽管是地方宗教与民间迷信活动，它们一旦被置于地方政府的领导之下，并且能够为地方旅游经济服务，这种"挣钱"新伦理就能够实现从"迷信"到"宗教"、从"封建文化"到"民俗文化"的合法性转换，呈现一个合法身份的华丽转身。因此，封建与民间、迷信与宗教之间的分类与冲突，地方信仰试图重建权威、声明其地方身份以反对国家文化界定的努力，大多能够被消除、减弱，最后转换为与地方政府、权力经济的合作。[①]

地方政府权力由此具有了一种合法性转换能力，而民间信仰也因此获得了转换的合法性可能与发展的空间。信仰与权力的合作，甚至会使权力成为被信仰的社会关系之一。然而，由此产生的一个重大疑惑是：为什么伴随着近年来民间信仰或民间宗教的大量复兴与发展，依旧会出现以基督教作为对立面的不同论述？其中是否内涵有提倡民间宗教、民间信仰的主观情愿，作为复兴民间宗教或民间信仰的一种行动策略，以再次争取国家权力、经济发展的认可与合作、挤入经济发展与国家建设的正当性过程之中？倘若如此，这就已经超出了宗教信仰的范围，已被建构为民间宗教信仰的国家想象力了，想象由国家权力与民间宗教及其信仰的再度合作与意义共享。

在此基础之上，其"信仰自觉"很可能就成为国家权力的自由恣肆，而民间、乡村、老百姓似乎会再度"被信仰"，排斥在国家权力与民间信仰的关系之外，难在社会底层而获自觉，更难有神圣的关怀。

---

[①] 约翰·弗洛尔、帕米拉·利奥纳《中国乡村的文化生活：以川主庙为例》，张敏杰《中国的第二次革命——西方学者看中国》，商务印书馆 2001 年版，第 301—322 页。

## 五 权力—信仰关系的现代性要求

被信仰的权力关系，在定义宗教信仰及其民族国家的想象力层面，举足轻重。一旦权力形态发生了变化，整个社会组织、信仰类型也都会发生变化。

按照马歇尔·福柯的论述，权力关系分析是一个非常复杂的领域。权力存在于关系之中，存在于任何的差异性关系之中。"权力关系普遍存在于人类关系之中。这并不是说政治权力无处不在，而是说，在人类关系中存在一个权力关系领域，它会在个人之间、家庭之中、教育关系之中以及政治生活领域中发挥作用。""在这种关系中，人们努力去控制他人的行为。"①

所以，权力不仅仅是国家主权形式、法律形式或统治的统一性。这些大多是权力的最终形式。权力应当是众多的力的关系，这些关系存在于它们发生作用的那个领域。权力的实施乃是通过无数的点、通过不均等的、运动的力的关系的变化而得到实现的。②在此类差异关系之中，福柯界定了个体化权力与总体化权力。个体化权力即牧师权力，总体化权力即是国家权力。福柯的"牧人—羊群游戏"或"城邦—公民游戏"，也大致体现了这两种权力关系。前者更多地与信仰、宗教、伦理相关，后者更多地与理性、科学、法律相关。前者是拯救性的、个体化的，其目的是要保证个体得救；后者是总体性的、压抑性的，其目的只要别人为他献身。

福柯说的这两种权力，在不同的民族国家形态之中，存有不同的表达形式。依据福柯的权力观，我们就能够看到，现代国家是如何整合了这两种权力，特别是整合了牧师权力——个体化的权力，使之进入总体化的权力结构之中。诚然，福柯所论述的权力关系，在当代中国宗教信仰中的具体渗透，却有很多不同。中国传统的"人王兼教主"的信仰方式和权力运作方式，早已把羊群的游戏与臣民的游戏整合为一体。因为中国有没有公民或公民社会，尚是值得深入讨论的问题。为此，总体化权力与个人化权力是合二为一的，同时也是一种相互补充的关系。信仰关系及其控制方式，实际上就成为了总体化权力行使及其对宗教信仰进行控制的权力技术。

这就是一种特殊的现代权力—信仰模式。其行动策略就如杨美惠教授所论，它们主要表现在两个方面：一方面是训诫的技巧，或者说是一种权力技术，它把人们安置在一个空间里，促使或限制他们的运动和活动，以及他们的发展和再生产；二是规范化的技巧，即通过构造一种单方面的关于正确与错误的话语，通过依据一种统一的，而又是普遍主义的标准来衡量和调节人们的行为，通过以这种特定的话语为基础，以界定人们的

---

① 米歇尔·福柯：《福柯读本》，汪民安译，北京大学出版社2010年版，第351、358页。
② 米歇尔·福柯：《福柯集》，杜小真译，上海远东出版社2004年版，第344—346页。

身份和位置并行使他们的权力。①

承受着这种权力—信仰结构的制约与影响,中国宗教信仰之基本关系,同样也存在着与此相应的两种宗教信仰的国家想象力。一个是自上而下由国家规训所规定并控制,另外一个是自下而上的民间信仰策略。它们各自都有自己的利益需求,各自都依据自己的信仰特征,来建构不同的实践路径和行动策略,进而在不同的方向上影响着当代中国人的信仰方式。然而,它们均为不完整的信仰体系,隔离了社会、公民社会所建构的制度空间及其信仰实践方式。国家建构的信仰体系,需要民主化的实践方式;民间信仰的行动体系,需要社会化的团体表达方式。它们都与福柯讲的两种权力极为近似。

所以,应当摆脱国家权力与宗教信仰那种二元对立的思维方式,去研究当代中国宗教信仰及其与国家权力间的交往互动,更应该通过信仰类型和宗教信仰关系的研究,最终建立一种新的权力治理模式和新型的宗教信仰模式。

显然,当代中国社会之中,国家信仰、民间信仰、宗教信仰,不一而足。当然,我们也应当明确,国家权力可以分为传统与现代两大形态,而信仰关系也同样能够分出两大形态。至于民族信仰主义,在本质上提供一种归属感,即归属于具有某种共同文化特征的共同体的感觉。但为了做到这一点,许多民族国家甚至扭曲历史,使用国家的力量创造出某种虚拟的历史。② 而近乎为神圣的民族国家,特别擅长"发明传统",当然也特别爱好复兴传统信仰。在这里,"传统"总是包含了特定内容:表现为特定类型的信仰与实践,深深嵌入在"由来已久"的合法性之中。③ 不过,依照宗教社会学的理论方法,传统的信仰关系,往往以个人关系为中心,具有工具性、非正式制度性、特殊主义的、私下的、等级式的、忠诚于个人等特征,意味着涂尔干提出的"机械团结";而现代信仰关系,则以非个人关系为中心,具有价值型、正式制度化、普遍主义的、公开的、职位分工式的、忠诚于法律等特征,建构为涂尔干提出的社会"有机团结"。

问题在于,今日我们所讨论的民间信仰,究竟是公民信仰方式,还是传统信仰方式?而民间信仰如宗教生态论者多强调的那样,其所希望的国家权力及其对民间信仰的青睐,究竟是传统国家及其信仰方式,还是现代国家权力及其信仰的期待。

中国人现在所缺失的,不仅仅是信仰,更不是那种所谓中国人的本土信仰或外来信仰,而是那种能够与现代国家意识与现代公民意识紧密契合的公民信仰。无论哪种信仰,能够于此契合者,必然复兴发展;否则,就会适得其反。就此而言,宗教生态论的真正价值,应该是通过具体而真实的宗教信仰关系的梳理,使当代中国人的宗教信仰,

---

① Mayfair Yang, *The Gift Economy and State Power in China*, Comparative Studies in Society and History, 1989, 31(1): 25-54.
② 安东尼·吉登斯:《民族国家理论的悖论性发展》,郭忠华译,《社会科学报》2010年1月21日,第3版。
③ 安东尼·吉登斯:《历史唯物主义的当代批判》,郭忠华译,上海译文出版社2010年版,第51页。

能够从国家与国家权力相关联的信仰类型中解放出来，进而能够建构一种新的信仰类型。如果要说真正的"宗教文化生态的中国模式"，一方面，是"要恢复和发展中国模式的宗教生态"；另一方面，则是"必须在新的历史条件下全面复兴中华民族的优秀文化，包括各种康的宗教文化，使之各得其所"。[①] 其中，这个新的历史条件，我体会就是民主的、现代的国家形态及其权力与宗教信仰之间的合法性关系建构，以及各得其所、良性互动、社会交往的宗教信仰关系。

梁漱溟曾经指出，现在的读书人，以为社会像一团面粉，"染苍则苍，着黄则黄"，这个书本上比较容易，而要在实践层面让中国社会真的能朝理论设想的方向演变，才是百年大计。……究极而言，人是不可信的，指望人去做好事，是在希望没指望的事。[②]

梁漱溟说人是不可信的，犹如权力—信仰关系也不可信。这就是说，宗教及其信仰不是灵丹妙药，无法包医百病。现代国家与现代社会也不会完全依靠宗教信仰而得以治理。宗教信仰如何进入公民社会，把宗教信仰建构为公民社会的公共宗教与公民信仰，这才是解决宗教生态问题的基本方法。在政教关系法制化的问题没能最后解决之前，宗教信仰都不会是最后的胜利者。宗教信仰如果始终停留在国家权力的监控与控制的领域之中，无论任何信仰、任何宗教，都无法真正解决宗教与信仰的生态关系难题。

最后，我想指出的是，中国宗教信仰的真正问题，不在于去改变人们的信仰，也不在于去区分何为正祀、正统的宗教信仰，何为非正宗的外来宗教信仰。最要紧的，是在于如何去改变中国人固有的信仰条件、宗教实践的规则以及信仰与社会认同的权力关系。一句话来说，宗教及其信仰的真正自由，根本在于宗教与信仰条件的社会化与民主化。

（作者简介：李向平，北京师范大学价值与文化研究中心，华东师范大学宗教与社会研究中心）

---

[①] 牟钟鉴：《宗教文化生态的中国模式》（2010-04-02）[2010-08-19] http：//www.mzb.com.cn/html/node/122313-1.htm。

[②] 吴子桐、艾恺、许章润《"我不是学问家而是实干家"——梁漱溟与中国的现代化》（中），《中华读书报》2010年6月16日，第17版。

# 年度推荐

年度新闻

# 2011 年宗教热点

张世辉

2011 年，世界风起云涌、大事频仍：国际上，"阿拉伯之春"给中东带来巨大变化和深远影响、本·拉登经过美军十年追捕终被击毙、挪威惨案震惊世界、"占领华尔街运动"在标榜"自由"的美国发生，等等；国内则迎来中国共产党成立 90 周年的重大喜庆。在这些事件中，很难找到完全没有宗教因素的事件，如果全都进行盘点，将给读者带来混乱。因此，我们仅选择由宗教唱主角或者围绕宗教工作展开的热点进行盘点，以飨读者。

## 一 挪威惨案：都是信仰惹的祸？

**事件回放**：2011 年 7 月 22 日下午，一起巨大爆炸震撼挪威奥斯陆市中心，首相办公室所在的政府办公大楼严重受损，适逢首相廷斯·斯托尔滕贝格在家办公，侥幸逃过一劫。爆炸造成政府办公大楼楼面严重受损，办公大楼周围诸多建筑受到影响。警方证实，爆炸由汽车炸弹引发。爆炸发生大约两小时后，在距奥斯陆郊外约 40 公里的于特岛上发生枪击事件。枪手伪装成警察，要求一青年营地内的集会者聚拢，继而从袋子中拿出多支武器，向集会者射击。警方证实，两起连环暴力事件的凶手为同一人，他就是挪威本地人安德斯·贝林·布雷维克。这两起事件被称为"挪威惨案"，共造成 92 人罹难。

斯托尔滕贝格首相称这是第二次世界大战以来挪威遭遇的最恶劣暴力犯罪，是一起"国家悲剧"。有评论称惨案对挪威造成的震撼有如美国的"9·11"事件。这也是自 2005 年伦敦地铁爆炸袭击后发生在欧洲的最严重暴力袭击。惨案发生后，立即引起世界的一致谴责。

**点评**：挪威惨案震惊了挪威、震惊了欧洲，同样也让世界震惊：惨案的制造者并非训练有素的国际恐怖组织，而是一位此前毫无犯罪记录的当地人，一位基督教信仰者。更让人不寒而栗的是，枪手在枪杀无辜者时的冷静。据幸存者介绍，枪击事件发生时，一些人中弹后装死，枪手却换用一支散弹枪，向他们头部补射。人们不禁要问，作为爱的宗教——基督教的信仰者，怎会成为冷酷的杀人恶魔？

有人认为，这都是信仰惹的祸，是极端原教旨主义结出的恶果："宗教给了他清理、拯救世界的崇高理想和使命。"① 确实，布雷维克是原教旨主义基督徒，并曾秘密成立了一个"十字军"性质的组织。他在发动袭击前所写的"宣言"中，也确实将穆斯林移民作为攻击目标。因此，将宗教经典看作绝对可靠的检验真理的基本原则，并以此来规定和推行其信仰和生活方式的原教旨主义，确实是布雷维克仇视伊斯兰教、制造挪威惨案的动机之一。

然而，这并非唯一原因。欧洲各国盛行的民族主义也是布雷维克的思想来源：二战中德国纳粹的"优等民族"梦，战后尤其是最近几年各国频繁发生的排外风潮，都是民族主义的具体表现。正如有人评论的那样，"宗教和移民问题，只是唤醒挪威人，尤其是布雷维克心中极端民族主义情结的导火索，根深的民族主义才是真正的根源"②。

不仅如此，布雷维克极端的思想意识的形成，也离不开在欧洲不断发展的"极右"思想的影响。布雷维克的"十字军"性质的组织就是与9名极右翼人士一道秘密成立的。在他们看来，不少欧洲国家的领导人、记者和公众人物是"A级叛徒"，应该"执行死刑"，原因是他们允许多元文化存在和移民进入。赤裸裸地显露出他的思想中"极右"的一面。"向右转"确实是当今欧洲政坛的一个苗头，不少极端右翼政党都有大量的拥护者。2008年国际金融危机爆发后，欧洲众多国家社会矛盾加剧，民众在找不到解决这些问题的内在原因时，往往归咎于外部因素，例如移民的增加、外来宗教文化的侵入等，这些都给极右翼势力提供了"温床"，也对布雷维克造成了深远的影响。

然而，在全球化日益深化的今天，人口的跨国度迁移和流动已不可阻挡，其所带来的民族、文化和信仰的多元及竞争也不可避免。在这种大背景下，全世界不同民族不同国家，都不妨顺应时代的潮流，以开放包容的心对待其他民族、文化和信仰，互相平等，彼此尊重。这，也才是全世界不同民族、不同信仰的人们共同进步的基础。

## 二 司法程序盖棺定论后，奥姆真理教还有存在的理由吗？

**事件回放**：2011年11月21日，日本最高法院驳回奥姆真理教成员远藤诚一的上诉，维持死刑判决。远藤诚一现年51岁，1987年攻读京都大学病毒学博士学位时退学，加入奥姆真理教。判决书认定远藤在奥姆真理教制造化学毒剂计划中发挥关键作用，共谋两起沙林毒气袭击事件，致死19人。另外，他关联一名律师被害案和VX毒气袭击

---

① 海默：《挪威惨案：信仰惹的祸？》，《共识网》2011年7月26日。
② admin：《挪威惨案话根源：极端民族主义魔鞭飞舞》，《金羊网—新快报》2011年8月3日。

案。远藤的"一切罪行意在保护奥姆真理教,罪行残忍、没有人道,前所未见"。判决书说:"被告在罪案中滥用科学知识,发挥重要作用,刑事责任极为重大,获判死刑属罪有应得。"[1] 终审中奥姆真理教189名成员受到指控,全部定罪;其中,包括教主麻原彰晃、信徒远藤诚一在内的13人终审判处死刑;3名奥姆真理教嫌疑人下落不明,受日本警方通缉。共同社评论称,全部被告结案,司法当局预计会加快讨论执行死刑事宜。

**点评:** 提起奥姆真理教,无人能忘记惨绝人寰的日本东京沙林毒气案。那是1995年3月20日,有人在东京地铁里施放沙林毒气。沙林是在第二次世界大战中由纳粹研制出来的,它能破坏神经系统,使受害者窒息,最后因心脏和呼吸系统衰竭而死。据一位幸存者回忆:"地铁到站的时候,我就感到车厢里边气氛有点不对头,但又说不出什么太特别的地方,犹豫一下后就挤进了车厢。不一会儿,发现有个男人耷拉着脑袋,满脸通红,手死死地攥着吊环,全身好像有气无力的样子。这是第三节车厢。脚底下湿漉漉的,不知什么时候是谁洒漏了液状的东西。我无意识地用脚踩了一下,黏糊糊的,好像不是什么普通的液体。地铁没开多远,只听'叭嗒'一声,刚才的那个男人倒在了地上。""不知为什么我的眼睛也开始模糊起来了,不一会儿变得一片漆黑,嗓子里好像长着什么东西,呼吸感到十分困难……。几乎是同时,车厢里响起了可怕的哭叫声,失去理智的人们本能地向自己认为是车门的方向冲去……。"这是投毒现场惨状之一。这次投毒事件共有5500多人受伤,其中有12人死亡,14人终身残疾。这就是震惊世界的东京市沙林毒气事件。毒气案的元凶,就是麻原彰晃和他的奥姆真理教。

奥姆真理教原名奥姆神仙会,由麻原彰晃于1984年创立。日本司法当局认定,这一邪教组织策划开展了一系列反人类活动:1994年6月27日在日本长野县松本市试验沙林毒气,致使6人死亡,大约600人受伤;1995年3月20日制造了沙林毒气案。另外,该组织的成员还在1989年11月杀害反奥姆真理教律师坂本堤及其妻子和时年1岁的儿子……

对奥姆真理教的终审判决,实际结束了对这一邪教组织所有被告耗时将近17年的司法审理,案件被盖棺定论。然而,媒体认为,隐伏在这一罪案背后的社会问题值得深思。为什么在看似安定的日本社会中会发生如此恐怖的事件?令人惊讶的是,许多奥姆真理教信徒都是年轻的大学毕业生,很大一部分毕业于著名大学的理工科专业,远藤就是一个典型代表。为什么奥姆真理教能够受到他们此等追随?

日本学者矢泽认为,这是日本年轻人的异化。他认为,20世纪70年代以后成长起来的新一代日本人,物质生活十分丰富,但缺乏精神寄托。这种结果是由技术和神秘主义文化同时带来的。对于这些生活漫无目的的年轻人来说,他们的愿望就是利用科学技

---

[1] 吴宇桢:《历时17年,奥姆真理教案审判终结》,《文汇报》2011年11月23日。

术来帮助他们的身体超越自然和社会的限制，从而生活在一个别样的世界。也有研究者指出，奥姆真理教"是那些受过高等教育的反叛者夸张、夸大的表现，并且受到了一个以救世主自居，游走于冥想法、电子学、商业利益、精神感悟、信息政治和高科技武器之间的宗教头目的操纵。"① 因此，在面对奥姆真理教这样有组织的犯罪行为时，绝不能以"洗脑"为借口为他们辩护，也不能将其行为简单归结为愚昧无知。

"日本媒体普遍认为，判决虽已结束，但奥姆真理教走上穷凶极恶之路的动机、背景以及吸引众多信徒的原因等谜团还未真正解开。当年奥姆真理教的势力是在日本社会经济、政治和文化陷入危险的泡沫经济时代迅速扩大的，信徒以年轻人为主。当前的日本也存在着经济低迷、雇佣关系恶化、年轻人感到社会闭塞等类似的社会条件。为此，媒体呼吁社会应对青年的价值取向加以关注、避免其误入破坏社会秩序的恶性组织当中。"② 事实上，奥姆真理教在2000年改名阿莱夫教，受到日本警方监视，但依然有很多不了解奥姆真理教罪行的年轻"信徒"加入这一组织。因此，如何避免此类邪教组织的发展壮大，如何给国民尤其是青少年提供安全、营养、多样的精神"食粮"，是值得各国认真反思的重大问题。

## 三 《倡导宗教和谐共同宣言》中国宗教关系的新境界

**事件回放**：2011年1月28日，中国五大全国性宗教团体在北京举办"倡导宗教和谐座谈会"，中国佛教协会、中国道教协会、中国伊斯兰教协会、中国天主教爱国会、中国天主教主教团、中国基督教三自爱国运动委员会以及中国基督教协会的宗教领袖出席会议并发言。会议发表了《倡导宗教和谐共同宣言》，提出坚持爱国爱教、主张平等包容、弘扬和谐理念、反对歪曲利用、发挥积极作用等主张；呼吁广大信教群众践行和谐理念，为构建社会主义和谐社会，共建持久和平、共同繁荣的和谐世界而努力。《共同宣言》还提出，在每年2月的第一个星期或者前后，佛教寺庙、道教宫观、伊斯兰教清真寺、天主教和基督教教堂，按各自传统或方式，传达不同宗教间和谐与善意的信息，倡导宗教和谐理念。

**点评**：座谈会的举行反映了五大全国性宗教团体在宗教多元化的趋势下，促进不同宗教、信仰之间和谐的共同愿望。而《倡导宗教和谐共同宣言》则是中国宗教界对2010年10月20日联合国关于每年2月的第一个星期为所有宗教、信仰与信念之间的"世界不同信仰间和谐周"决议的积极响应和付出的实际行动。

正如《共同宣言》所指出的，"宗教间的交流交往日益频繁，涉及宗教的矛盾冲突

---

① 张志鹏：《奥姆真理教罪案终审后的思考》，《中国民族报·宗教周刊》2011年11月29日。
② 张蕾：《日本审结奥姆真理教案 死刑严惩未必能最终实现》，《中国青年报》2011年11月23日。

日益增多,对国际政治和世界事务产生越来越重要的影响",而"中国处在现代化进程的重要时期,社会生活正在发生深刻变化。倡导宗教和谐,是各个宗教适应社会发展、发挥积极作用的必然要求"[1]。《共同宣言》的发布具有重要的标志性意义,是宗教关系的新境界,是全球化时代的新理念,对促进宗教和谐必将起到有力推动作用。而保持和促进宗教和谐,对于构建社会主义和谐社会、共同建设和谐世界具有重要意义。

## 四 宗教界为何不能纪念中国共产党成立90周年?

**事件回放**:2011年6月24日,全国宗教界庆祝中国共产党成立90周年座谈会在江苏省句容市召开,第一批宗教界爱国主义教育基地同时授牌揭牌,涉及佛教、道教、伊斯兰教、天主教和基督教37处场所。命名全国第一批宗教界爱国主义教育基地,是全国宗教界为庆祝中国共产党成立90周年而开展的"同心同行"主题爱国主义教育活动的一项重要内容。而在7月1日前后,为了庆祝中国共产党成立90周年,全国宗教界以歌咏会、座谈会等形式广泛开展了以"同心同行"为主题的爱国主义教育活动。

**点评**:2011年是中国共产党成立90周年。90年来,中国共产党带领全国各族人民取得了抗日战争的胜利,推翻了压在我国各族人民头上的三座大山,建立了新中国,并带领全国各族人民实现了强国梦想。因而,深受全国各族人民的爱戴。这人民,当然也包括中国共产党的忠实朋友、爱国统一战线的忠诚拥护者——宗教界。因此,"七一"前后,当全国上下掀起了唱"红歌"的热潮时,宗教界也饱含深情,积极加入了这一爱党爱国教育活动中。他们以自己的方式,表达着对中国共产党的拥护,表达着对社会主义祖国的爱戴,同时也表达着他们对更加开放、更加繁荣富强的祖国的祝福与期望。

尽管社会各界对宗教界唱"红歌"有不同看法,但不可否认的事实是,中国共产党自成立起就高度重视宗教问题,真心与宗教界交朋友。90年来,始终坚持把马克思主义宗教观与中国实际相结合,在宗教工作实践中积极探索,不断总结经验教训,逐步形成了一整套关于宗教问题的基本观点和方针政策,同宗教界建立起了牢固的爱国统一战线。作为中国共产党忠实的朋友,作为中国共产党领导下建设强盛的新中国的重要参与者,宗教界用自己的方式表达对中国共产党的拥护和爱戴之情,也在情理之中。

## 五 藏文《大藏经》完成《中华大藏经》终成完璧

**事件回放**:2011年5月24日,中国藏学研究中心正式对外公布,《中华大藏经》

---

[1] 《倡导宗教和谐共同宣言》2011年1月28日。

（藏文部分）对勘、编辑、出版工作全面完成。232卷《中华大藏经》（藏文部分）与2005年完成的《中华大藏经》（汉文部分）珠联璧合，形成完备的《中华大藏经》。藏文《大藏经》的整理出版工作正式开始于1987年，当年5月20日，中国藏学研究中心正式组建"中国藏学研究中心大藏经对勘局"，并在成都设立了办公室。藏文《大藏经》分《甘珠尔》和《丹珠尔》两大部分，《甘珠尔》选定以德格版为底本，以永乐版和纳塘版、卓尼版、理塘版、北京版、拉萨或雪版、库伦版为参校本；《丹珠尔》选定以德格版为底本，卓尼版、纳塘版、北京版为参校本。

**点评：**大藏经，为佛教经典的总集，简称为藏经，又称为一切经。《中华大藏经》是由汉、藏两种文字组成的大藏经，这在大藏经历史上是首创。编辑出版《中华大藏经》的筹划，始于20世纪60年代初；1982年8月，国务院古籍整理规划领导小组正式决定，委托任继愈负责，开始了汉文《大藏经》的编辑出版工作。在季羡林、任继愈、多吉才旦、土登尼玛等汉、藏学者一致建议下，1987年5月展开了藏文《大藏经》的整理出版工作。

汉文《大藏经》历经13年，动员了约160人参与，最终于1994年年底编纂完成，1997年由中华书局全部出齐。这部大藏经共收经籍1939种，分106册。以《赵城金藏》为基础，总汇了历代大藏经有"千字文"帙号部分，会勘了包括《房山石经》在内的8种有代表性的藏经，其文献性的价值突出，为继承和创新佛教传统文化的研究，提供了更原始更优越的版本。[1]

作为汉文《大藏经》的姊妹篇，藏文《大藏经》与历史上的版本比较，有着自己的特点：从历史上的修订情况来看，这次整理出版工作从历史、规模、经费投入等史无前例；规模最大，时间最长，参加人数最多的项目之一；校勘使用的版本最多，成果比历史上的任何其他版本更完整，质量更高；第一次借助现代化手段公开出版发行，装帧美观，印刷清晰，便于阅读等。是目前为止校对最精良的藏文大藏经。

"历时近25年的藏文《大藏经》对勘、编辑、出版工作宣告完成，与任继愈主持完成的汉文《大藏经》终成完璧。它们的出版是我国佛教文化史上的一件大事，值得大书特书。"[2]

## 六 正本清源 杜绝假和尚的一剂良方

**事件回放：**2011年6月28日，北京市佛教协会举行首批教职人员认定颁证仪式，首批233名教职人员获得认定备案并现场获发证书。在此次认定备案工作中，北京市佛

---

[1] 张雪松：《〈中华大藏经〉终成完璧》，《中国民族报·宗教周刊》2011年5月31日。

[2] 同上。

教协会对教职人员进行了信息资料登记，做到每一位认定备案的教职人员都具有完整的信息资料，完善档案管理。今后，北京市佛教协会还将对认定备案的教职人员进行年检，将本市的佛教事务纳入规范化管理，推动佛教教职人员动态化和法治化管理，提升教职人员队伍的素质。

**点评：** 近年来，国内屡次发生由"假和尚团伙"引起的突发性群体事件。在部分地区，假和尚不仅是单兵作战，而且呈现集团化的趋势，社会影响极其恶劣，已成为社会不安定因素之一，亟待综合治理。这从反面彰显了教职人员认定备案制度建立尤其是严格执行的必要性和迫切性。

其实早在2007年3月1日，《宗教教职人员备案办法》就由国家宗教事务局颁布施行；2010年1月10日，中国佛教协会也公布了《汉传佛教教职人员资格认定办法》、《藏传佛教教职人员资格认定办法》和《南传佛教教职人员资格认定办法》；而且，各地还陆续出台了资格认定实施细则。然而由于"和尚"身份认证具有一定的专业性，相对困难，有关方面有时难免对于假和尚睁一只眼闭一只眼。时间一长，就容易养虎为患。因此，本着正本清源的精神，对宗教教职人员进行认定备案，就显得十分必要和紧迫。

宗教教职人员，在信教群众中有着广泛的威信和号召力，杜绝少数不法分子利用伪造的教职人员身份谋取非法利益，是一项需要常抓不懈的工作。此次北京市佛教协会对教职人员进行认定备案并颁发证书，是对上述各种办法和规定的真正落实，实现了政策、办法的落地，是规范佛教教职人员的行为、预防和杜绝假和尚、维护佛教形象和尊严的一剂良方，也是对维护社会秩序、构建和谐社会的积极贡献，这必将对全国佛教界乃至整个宗教界的教职人员认定工作产生积极影响，也将对扭转由假和尚造成的社会上对我国宗教界人士产生的消极印象发挥积极作用。

## 七　中国藏语系高级佛学院有了首批经师

**事件回放：** 2011年11月10日，中国藏语系高级佛学院首批经师聘任仪式举行。28名经师候选人顺利通过全部考试科目，获得中国藏语系高级佛学院经师资格。"经师"是指获得中国藏语系高级佛学院宗教课教学资格的教师，从低到高设4个级别：三级经师、二级经师、一级经师和特级经师。各级经师可承担相应的教学、研究等工作。

**点评：** 师资力量一直是人才培养中最根本的一环，教师素质高、教学体制完备，教学质量就高，就容易出人才。这是社会办学的共识，也同样适用于宗教界的人才培养。只有建立起完备的教师定级、考评制度，才有可能培养出并留住更好的教职人员，形成一支高素质的教师队伍，培养出更优秀的人才，从而提高整个宗教教职人员的素质。

中国藏语系高级佛学院在新的学衔制度已经比较完备的前提下开展经师聘任，其目的是切实提高宗教课教学质量，以培养出素质更高的藏传佛教教职人员，从而为开展藏传佛教教义阐释工作创造良好条件。这将为改善中国藏语系高级佛学院师资队伍建设仍然略显滞后的现状、提高藏传佛教师资队伍水平、更好地开展藏传佛教学衔制度建设奠定坚实的基础，也将推动藏传佛教学衔制度建设水平迈上新的台阶。

## 八 国际道教论坛 国际道德经论坛的延续和深化

**事件回放**：2011年10月23至25日，以"尊道贵德 和谐共生"为主题的国际道教论坛在中国南岳衡山举行。论坛由中国道教协会、中华宗教文化交流协会共同主办，湖南组委会承办。来自20多个国家和地区的500余位嘉宾齐聚湖南衡阳，论道衡山。论坛首次尝试以道教文化为中心，进行不同思想、不同维度的沟通和交流。论坛期间，大会发布了《南岳宣言》，表述了论坛形成的"内静人心，反观自我，外顺自然，善应万物，损有余而补不足，行谦让而止纷争。力促天人之和谐，共致世界之和平"[①]的共识；举行了祈祷世界和谐法会，表达了道教界祈福人类安康、自然和谐、社会昌明、天下太平的美好愿望。

**点评**："国际道教论坛"是继2007年4月在西安、香港举办首届"国际道德经论坛"之后的又一次大型国际道教文化盛会，是对国际道德经论坛的延续和深化，受到社会各界的一致好评，在海内外产生了积极反响。正如许嘉璐所说：道教正朝着成为国际性宗教的未来稳步前进。

中国传统文化作为建设社会文化的延伸，在中国社会主义文化体系的建设中具有举足轻重的作用。中国共产党十七届六中全会提出要"建设优秀传统文化传承体系"，"推动社会主义文化大发展大繁荣"。而传统文化，又理所当然地包括了它的重要组成部分——宗教文化。宗教界作为宗教文化的主要传承者，也应该着力挖掘宗教文化中的积极因素和宗教道德精华，服务社会主义道德建设，为社会主义文化大发展大繁荣做出自己的贡献。

道教作为中华传统文化的重要组成部分，是人类文明的宝贵财富，其"抱朴守真、贵生乐生、道法自然、齐同慈爱"等理念对于化解当今世界矛盾、解决人们心灵困惑有着重要的现实意义，特别是作为道教文化核心灵魂的"道德"更对构建和谐社会意义重大。举办国际道教论坛，是弘扬道教优秀文化、发挥道教积极作用的重要举措。论坛以"尊道贵德、和谐共生"为主题，体现了道教界推动世界持久和平与共同繁荣的美好愿望。

---

① 《南岳宣言》2011年10月25日。

## 九　中国教会圣经事工展　为美国人民打开一扇了解中国宗教的窗口

**事件回放**：2011年11月19日，为期7周的中国教会圣经事工展在美国夏洛特闭幕。圣经事工展鲜活生动的各类展品，满目皆是的中国元素，吸引了2万多名美国民众前往观展。此次展览由中国基督教三自爱国运动委员会和中国基督教协会主办，美国基督教组织和机构协办。展览以"尔道即真理"为主题，于9月28日在华盛顿拉开帷幕，此后先后在芝加哥、达拉斯和夏洛特举办。四站展览均举行了隆重的开幕式，众多国际基督教组织和机构负责人、中美两国宗教领袖、政府官员应邀参加并致辞。

**点评**：2006年，中国教会首次走出国门，以"脚前的灯，路上的光"先后在美国洛杉矶、亚特兰大和纽约进行圣经事工展巡展。它改变了很多美国人对中国教会的看法，给美国人民留下了深刻而长久的记忆。6年后，中国教会圣经事工展第二次走进美国。展览依然以圣经事工为切入点，通过40多块展板、100多幅图片、200多件实物，真实反映了改革开放以来圣经的印刷、出版和发行事工，展示了圣经事工发展为中国教会生活、神学教育、社会服务、对外交流等方面带来的变化。

本次展览是在中国成为世界第二大经济体、敌视中国的情绪在美国蔓延的背景下进行的，其意义非同寻常。展览在讲述中国教会圣经事工的同时，也展现了中国教会发展情况，彰显了中国宗教文化特色。这给希望了解中国教会状况进而了解中国的美国人民带来了机会，因而吸引了美国宗教领袖、政府官员和众多民众的兴趣。不少观众坦言，展览不仅展示了中国基督教的真实发展状况和宗教信仰自由政策的真相，也展示了中国宗教文化的独特魅力，令人神往。正如参观展览的美国宗教领袖们所言，"中国教会圣经事工展的举办，将进一步扩展中美宗教交流的平台，加深中美教会之间的友谊，促进中美人民之间的理解，促进东西方文明的交流互鉴"[1]。

## 十　回族是对"文明冲突论"的有力批驳

**事件回放**：2011年1月11日，马强在《中国民族报·宗教周刊》发表题为《爱国爱教：回族双重认同形成的历史分析》的文章，认为回族在中国的形成，是对"文明冲突论"的一种有力批驳。

**点评**：几年前去世的美国哈佛大学教授、政治学家萨缪尔·亨廷顿，在"文明的冲

---

[1]《圣经事工展在美闭幕　中国教会发展与挑战并存》，《福音时报》，2011年11月25日。

突与世界秩序的重建"一文中曾提出,冷战后的世界,冲突的基本根源不再是意识形态,而是以宗教为主线的文化方面的差异,主宰全球的将是"文明的冲突",各文明(宗教)之间的分界线将成为未来的战线。

针对"文明冲突"论,作者在文中毫不留情地指出:毫无疑问,这一政治学的话语忽略了对中国宗教传统的基本认识。回族在中国的形成,就是对这一理论的有力批驳。文章认为,从文化的角度观察,回族是一个双重文化塑造形成的共同体,即以儒释道为核心的汉文化和以伊斯兰教为核心的宗教文化。脱离了任何一种文化,回族都很难从文化的视角被民族成员内部和外部界定为一个民族。作为在中国大地上生活了1400多年的回族,在历史长河中,形成了坚定的爱国爱教思想,对国与教的珍爱和认同已经成为这个民族不可割舍的情节。回族普遍认为,各民族"同国如同舟"、"保国即保教"、"爱教不忘爱国"、"国强则教兴",国与教须臾不可分开。回族是中国的民族,回族特色的伊斯兰教成为中国多元文化的一部分。

文章指出,伊斯兰教在中国社会的根植,对亨廷顿提出的"文明冲突论"无疑是一种有力的批判,值得学术界重新反思,而非盲目地套用西方政治学话语。文明本身并不冲突,冲突的是拥有了文明而又以偏执的思想去理解文明,并打着文明的旗帜,借助于政治、军事、经济和文化等各种力量推销自身价值观的人们。在全球化和全球移民浪潮高涨的今日世界,回族和平根植宗教文化,热爱国家,心系信仰,与其他民族、其他信仰群体共同发展进步的理念,是具有普世性意义的。

(作者为中国民族宗教网主编)

# 2012年宗教热点

张世辉

2012年对中国人来说，是极不平静的一年：南海领土争端、保卫钓鱼岛、美国高调重返亚洲、薄熙来案、中国共产党第十八次全国代表大会召开，等等，无一不对全国人民产生着巨大影响。反观世界，也极不平静：世界末日的阴影就像幽灵一样在世界上流荡、《穆斯林的无知》激怒了全世界的穆斯林、美国大使遇袭身亡、巴基斯坦求学少女遭塔利班枪击、美国大选，等等，拨动着世界的神经。在这些事件中，我们遴选出与宗教有着直接关系的十大新闻，对其进行简单评述，以飨读者。

## 一　末日真的会来吗

**事件回放**：2012年11月9日，针对沸沸扬扬流传的关于2012年12月21日是世界末日的玛雅预言，美国宇航局在官方网站上公开声明：2012年12月21日不是世界末日。"2012年不会发生任何毁灭性的灾难。到目前为止我们的星球已经安稳度过了40亿年，而且全世界有威信的科学家都知道2012年地球没有任何威胁。"

**点评**：一个已经消失的文明在残留的历法中留给世界的一个预言，却得到美国宇航局的公开证伪，这也算是破天荒了；而一个有着具体时间的末日预言，其流传之广、影响之深，也难有出其右者。

那么什么是玛雅预言呢？根据网上流传的玛雅历法预言传说，我们所生存的世界，共有五次毁灭和重生周期——每一周期即所谓的"太阳纪"。按照这一传说，现在我们正处在第四个"太阳纪"，而2012年左右将是"第五太阳纪"的开始；并且，当时的玛雅人认为，在每一纪结束时，都会在我们生存的家园上演一出惊心动魄的毁灭悲剧。"2012年12月21日是世界末日，当这一天黑暗降临后，第二天的黎明永不到来。"这一预言所显示的时间是那么的明确，离我们又是如此的近。因此，从2008年起就在世界上广泛传播；《2012》等著名灾难片更加剧了人们的恐慌。

无论预言本身真与假，不可否认的是，玛雅预言的确对人类产生了重大影响：有人为末日到来准备了诺亚方舟、有人陷入了深度的恐慌，更多的人则是半信半疑、科学家为证伪而出面辩驳，即使坚定的不信任者也难以否认这一预言曾从脑际闪过……

其实，更多人对玛雅预言的关注，是出于对地球环境恶化、灾难频出、战乱不断、核威慑等的深度忧虑，是对人类和平、人与自然和谐相处的高度期盼。玛雅人的历法，与现实的历法年轮大事几乎没有太大偏差，至于预言毁灭说是不可能的，只不过像一年的结束，又重新开始新的一年一样。或许我们在经过重生之后，能够超越我们现有的智慧，使人类走向和平，没有纷争。所谓的玛雅预言，无论真实与否，可算作是古人对我们的一种警示；或许可称为一种期盼吧。让我们以平静的心情期盼这一日的到来。

## 二 一部电影 搅乱两大文明

**事件回放**：2012年11月7日，美国一家法院判处亵渎伊斯兰教先知的影片《穆斯林的无知》的导演马克·巴斯利·优素福一年监禁。《穆斯林的无知》是美国籍埃及科普特基督教徒优素福制作并导演的一部剖析伊斯兰教和先知穆罕默德的电影，具有强烈的反伊斯兰教内容，被认为亵渎了伊斯兰教先知穆罕默德。9月，该片的预告片在网上流传开后，激怒了穆斯林世界：世界各地尤其是中东掀起了反美浪潮，美国驻利比亚大使9月12日在当地的反美抗议中被杀。9月17日，俄罗斯总检察院准备向法院起诉，要求认定《穆斯林的无知》为极端主义电影；同日，伊朗当局表示要追捕该片导演。联合国秘书长潘基文9月19日表示，制作侮辱伊斯兰教先知影片的电影人滥用了言论自由，并称这是一种"可耻和不道德的行为"。中国外交部长呼吁"国际社会应该尊重中东地区的宗教和文明特性"……

**点评**：电影所能够带给人的，本应是视觉上的饕餮与思想上的回味。可《穆斯林的无知》带给人们的，却是一场惨绝人寰的血案和两个文明的冲突，发人深省。

有人认为这是犹太人与阿拉伯人之间宗教矛盾不断扩散所致，是两大文明千年冲突的延续，是美国推行的中东政策所结的恶果，等等。对这些深度分析，我们姑且不论，单就影片和影片制作者本身来说，就应该受到谴责。

文明有差异，信仰有异同。世界原本就是丰富、多元的。不同文明、宗教之间应该开展对话交流，相互尊重、平等相处。只有这样，人与人之间、国与国之间、信仰与信仰之间、文明与文明之间才能和平相处；也只有这样，世界才能实现真正的和谐。

伤害发生后，如果始作俑者能够认真对待、深刻反思、从此走上相互信任、相互尊重之路，那么事态的发展犹有回旋的余地。美国将凶手绳之以法，不失为亡羊补牢的一项措施。

不幸的是，我们看到，当世界舆论纷纷谴责电影制作者不应以伤害穆斯林的宗教感情为噱头的时候,有人并没有深刻反省,相反却声称这是言论自由,甚至指责"穆斯林对于穆罕默德以外的世界毫无宽容之心"。这反映出西方世界有一些人从骨子里对伊斯兰文明存在着的偏见和蔑视,并借言论自由的幌子,随意践踏别人的信仰。当年的丹麦漫画危机,如今的《穆斯林的无知》带来的冲突,都是这种偏见的具体体现。"若这种宗教偏见源自西方社会的民间土壤,造成的危害就越大。因为西方文明优越的民粹主义,会导致宗教情感强烈的穆斯林世界的激烈反弹,暴力也就不可避免。"①

中国外交部长杨洁篪在出席联合国安理会中东和平与安全问题公开辩论会时呼吁:国际社会应该尊重中东地区的宗教和文明特性。潘基文称"我的立场是,言论自由是一项基本权利,它不应该被这样的人通过这样一种可耻的方式加以滥用"。美国总统奥巴马在强烈谴责暴力行为的同时,也表示"美国反对诋毁他人宗教信仰的行为"。"看来,《穆斯林的无知》是在播撒仇恨的种子,伤了伊斯兰世界也害了美国"。②

## 三 任何信仰都不应成为暴力剥夺女童受教育权的理由

**事件回放**:2012 年 11 月 10 日,联合国宣布将每年的 11 月 10 日定为"马拉拉日",以表彰马拉拉不畏塔利班威胁、积极为巴基斯坦女童争取受教育权利所做出的杰出贡献。马拉拉,全名马拉拉·优素福·扎伊,为巴基斯坦斯瓦特山区女学生,因致力于斯瓦特地区和平而备受赞誉。虽然塔利班禁止斯瓦特地区女性接受教育,但是马拉拉不仅继续学业,还致函外媒,为巴基斯坦妇女和儿童争取权益。2011 年 12 月,她被巴基斯坦政府授予"国家和平奖",并成为这一奖项的首位得主。2012 年 10 月 9 日,14 岁的马拉拉在放学回家途中遭塔利班枪手袭击。幸运的是,马拉拉 10 日接受手术,子弹被成功取出。巴基斯坦塔利班组织当天宣称对此事负责。塔利班的暴行引起许多巴基斯坦民众的强烈愤慨。巴基斯坦总统阿西夫·阿里·扎尔达里谴责这起袭击,同时宣布袭击不会动摇巴政府打击反政府武装和支持妇女受教育的决心。一家国际维权组织发表声明,谴责这起"令人震惊的暴行"。英国乐坛天后麦当娜也加入声援马拉拉的行列,她在洛杉矶演唱会上特地为马拉拉献唱一曲,并在现场脱去外衣长裤,将背部转向歌迷,展示"马拉拉"的英文字母文身,以示支持。更多的人则通过社交网站对女孩表示支持。

**点评**:马拉拉家住巴基斯坦斯瓦特山区,该地区长期面临塔利班组织阻挠女童接受教育的境况。三年前,马拉拉在日记中写道:"我非常恐惧,因为塔利班昨天宣布女孩不能再去学校。""今天,校长在学校大会上说,从明天起不再强制穿校服,女孩应当穿

---

① 张敬伟:《一部反伊斯兰教电影引发的文明冲突》,中国民族宗教网,2012 年 9 月 23 日。
② 同上。

传统服装。学校 27 名女孩,今天只有 11 名上学。"然而,马拉拉并没有屈服,她在英国广播公司乌尔都语网站匿名撰写一篇博客,揭露巴基斯坦塔利班组织焚烧女子学校、恐吓山区百姓的暴行。身份曝光后,马拉拉赢得了国际社会的赞誉,也引起了成千上万女童的共鸣。不过,那些塔利班武装组织却将她视为"眼中钉,肉中刺",并对她进行了枪击。

塔利班,在波斯语中意为"伊斯兰教的学生"(也意译为神学士),它的大部分成员是阿富汗难民营伊斯兰学校的学生,故又称伊斯兰学生军。塔利班的思想极度严格并反现代,在其控制地区,他们禁止许多活动,其中就包括女性就业及上学等。

称为"伊斯兰教的学生"的塔利班,却对渴望学习知识的少女痛下杀手,"再一次将曾经披着神秘宗教'外衣'的塔利班组织的真面目暴露在世人面前"。"宗教是一种智力产物,知识、学习和教育是其核心要素。几乎所有宗教的创始人都是伟大的教育家,释迦牟尼、耶稣、穆罕默德所面对的教育对象包括所有的男性、女性和儿童。因为只有通过接受教育,人们才能够真正了解到宗教经典的要义,掌握和完成各项宗教仪式,发掘自己内在的潜能和灵性。所以说,宗教与教育相伴而生,排斥教育的宗教信仰最终必将自取灭亡。"①

"同样,宗教也不应成为剥夺女童受教育权的理由。既然各大宗教都宣称在'至高力量'面前人人平等,女性为何就不能受教育呢?也正是基于对人权和平等的理解,1945 年由缔约国通过的《世界人权宣言》宣告:'人人享有受教育的权利'。1990 年,世界 150 多个国家和地区在泰国通过的《世界公民教育宣言》中声明:'首要问题就是要保证女童和妇女的受教育机会,改善其教育质量并清除一切阻碍她们积极参与教育的障碍,必须铲除教育中有关性别的陈规陋习。'"②

正如张志鹏在文章《任何信仰都不应成为暴力剥夺女童受教育权的理由》中指出的:"塔利班的枪声只能暴露其内心的虚弱和其强横的本性,却阻止不了女童受教育权在全世界的推行。毕竟,连一个 14 岁女学生都无法说服和恐吓住的极端信仰,又如何能代表真理和人类的方向呢?"③

## 四 统一教教主文鲜明去世标志着新兴宗教的转折

**事件回放**:2012 年 9 月 3 日,韩国统一教教主文鲜明因肺炎并发症死于加平郡一家

―――――――――
① 张志鹏:《任何信仰都不应成为暴力剥夺女童受教育权的理由》,《中国民族报·宗教周刊》2012 年 10 月 16 日,第 5 版。
② 同上。
③ 同上。

属于教会的私立医院。文鲜明1920年生于今朝鲜平安北道的一个农民家庭，14岁时皈依基督教。在18岁和25岁时，文鲜明曾先后加入两个被传统基督教会视为异端的宗派。1946年，文鲜明开始在平壤传播教义。朝鲜战争爆发后，他逃往韩国。1953年，他在汉城创立了所谓的"世界基督教统一神灵协会"，外界一般将其简称为"统一教"。统一教在成立后努力实现快速扩张。1957年，文鲜明派弟子到韩国的116个城市和乡村传教，随后，他先后将弟子分别派到日本和美国进行传教活动。经过多年的渗透传播，今天统一教会已在全世界180多个国家展开各种传道与各类社会活动，自称有300多万名信徒。在发展中，统一教也发展出一个数十亿美元的商业帝国。

**点评**：文鲜明是一个具有争议性的人物：一方面受到他的追随者尊敬；但另一方面，批评者斥责他是一个大搞个人崇拜的骗子，给教会成员洗脑。祝剑就曾在《基督时报》刊发文章称，该教虽以基督教术语定义其教义，但教义多处违背圣经，被普遍认为存在异端性。丁道尔大学（Tyndale University）"基督教思想和道德"（Christian Thought and Ethics）的教授James Beverley、纽约南塔光浸信会主任牧师顾奇伟等也曾特别指出统一教教义的异端性。而统一教最引人非议的行为，还是由文鲜明在信徒中挑选、指定一对对伴侣，而后由其主持集体婚礼。

从其教义内容、传播方式及组织形态来看，统一教是一种典型的新兴宗教。"事实上，二战后，各国兴起了一大批新兴宗教，这些宗教的创始人通常利用人们对传统宗教失望、不满的时机，迎合人们不满现实、渴望理想社会到来的宗教需求，套用一些佛教经典中弥勒佛出世的说法以及《圣经》中有关末世思想和弥赛亚再临的预言创立新教派。在韩国，和统一教一样出自基督教的各种教派就有50多个，至少有37个教派的教主自称为'再临的基督'。文鲜明也不例外，他就自称是神派来解决人生和宇宙根本问题的再临的弥赛亚。"①

有的学者用"雨后春笋"来形容新兴宗教的出现。不过，许多新的膜拜团体更像是"泡沫"，有声有色地出现，又无声无息地消失。文鲜明的去世意味着统一教以及韩国新兴宗教开始转折和分化。"这样一个推测基于3个方面的原因：一是新兴宗教得以产生的社会条件不复存在，信徒宗教需求旺盛、传统宗教供给不足的状况已经发生根本改变。二是在信息透明的时代，类似于文鲜明这样的主教的神秘感和权威越来越难以建立。三是随着新兴宗教规模的壮大，其内部很容易因发展方向和权力归属的争夺而走向分裂。因此，着眼未来，统一教也许会演变为一个真正的商业组织，也许会因内部权力

---

① 张志鹏：《统一教教主文鲜明去世标志着新兴宗教的转折》，《中国民族报·宗教周刊》2012年9月11日，第5版。

之争而四分五裂，也许会通过调整自身而成为一个比较完备的体制化宗教。"①

## 五 文件碎片重新点燃耶稣是否曾结婚的大辩论

**事件回放**：2012 年 9 月 19 日，英国《每日邮报》发布消息称：一张估计于公元 4 世纪写下的莎草纸碎片近日曝光，碎片上用古老的科普特语写着"耶稣对他们说，我的妻子"，而一些研究者相信，他妻子即是抹大拉的马利亚，从而重新点燃耶稣是否曾结婚的大辩论。

**点评**：根据哈佛大学神学院教授凯伦·金的研究，这张浅黄色碎片上的文字是耶稣提及妻子的首次记录。金教授在罗马举行的国际科普特研究大会上发表了上述发现。这些以黑色墨水书写的文字属于埃及基督徒的语言，碎片长宽约为 1.5 寸和 3 寸。在碎片上，耶稣替抹大拉的马利亚辩护。他说："她将成为我的门徒。"再过两行，耶稣对门徒们说："我和她一起住。"

如果该文件是真实的，便等于是对数百年来官方对抹大拉的马利亚描写的颠覆，并推翻了基督教关于戒色的理念。官方描写中，她是一个忏悔的妓女。

该文件也呼应了基督教思想中一股古老且挥之不去的潜流，即认为耶稣和马利亚实际上是夫妻。丹·布朗在其畅销惊险小说《达·芬奇密码》中也是采用这个看法。

## 六 缅甸宗教冲突背后的魅影

**事件回放**：2012 年 5 月 28 日，一名缅甸若开族妇女遭抢劫、强暴和杀害，当地若开族居民认定凶手是罗兴亚人。此事引起了信奉佛教的若开族的不满。6 月 3 日，约 300 名愤怒的佛教徒误以为强奸案肇事者在一辆公交车上，便对这辆公交车发动攻击，造成车上 10 名穆斯林乘客被殴致死。若开邦当地信奉佛教的若开人和信奉伊斯兰教的罗兴亚人之间严重的族群骚乱就此爆发。截至 6 月 14 日，骚乱共造成 50 人死亡，54 人受伤，2000 多间房屋和 14 座宗教建筑被烧毁，并导致 6 万多人无家可归。随后缅甸政府采取一系列措施控制了事态的发展。但 10 月 21 日深夜，平静的局势再次被打破，若开邦的敏比亚镇再次爆发骚乱。据联合国人道协调厅 11 月 5 日发布的消息，这场持续至 10 月 30 日的血腥冲突，共有 89 人被杀害，有 5300 所房屋包括宗教建筑被毁，该省被迫流离失所者总人数达到 11 万人。

**点评**：10 月若开邦族裔教派冲突再度升级后，联合国人道协调厅对其造成的人道局

---

① 张志鹏：《统一教教主文鲜明去世标志着新兴宗教的转折》，《中国民族报·宗教周刊》2012 年 9 月 11 日，第 5 版。

势不断恶化深表关切，并呼吁冲突各方给予充分的人道准入，使民众及时得到所需的人道援助。联合国人道协调厅发言人雷克（Jens Laerke）指出，目前若开邦的局势仍然紧张，今后还可能出现更多的流离失所者。雷克表示，局势仍然非常紧张，缅甸政府正竭尽全力控制局势，但仍然非常脆弱。面对这种情景，反对派领袖昂山素季声称，她不会使用"道德领导力"来支持种族冲突的其中一方，并拒绝为罗兴亚人出面说话。她还说，冲突双方都受害，她不该选择支持任何一方。她指出，在探讨其他问题之前的首个步骤应该是制定法律。"如果人们依旧互相残杀，和放火烧对方的房子，那我们怎么能达成合理的和解？"

缅甸是一个多民族国家，5900万人口中有135个民族。若开邦位于缅甸西部，北部与孟加拉国接壤。居住在若开邦的民族主要是信奉佛教的若开族。但因为这里的前王曾经在孟加拉避难，因此这里有伊斯兰社区，而且是缅甸穆斯林最多的地方，约占该邦总人口的1/4。联合国难民机构数据显示，大约80万信仰伊斯兰教的罗兴亚人生活在这里；大约100万罗兴亚人生活在其他国家，其中大约30万生活在孟加拉国的难民营。由于历史原因，缅甸政府视罗兴亚人为外国人，多数缅甸人称罗兴亚人是来自孟加拉国的非法移民，不享有公民权。而孟加拉国自1992年起拒绝给予罗兴亚人难民身份。在以佛教徒居多的缅甸，佛教徒一直就对穆斯林心存芥蒂和不满，在若开邦，这种不满表现得更为明显：两个群体间关系长期不和，冲突时有发生。自2012年10月再次爆发冲突以来，虽然在各方努力下，若开邦局势表面上趋于平静，但若开族和罗兴亚人之间的恨意却并未消除，宗教族群矛盾也未消除。而据新加坡《联合早报》2012年11月7日援引《纽约时报》报道，国际医疗慈善组织"无国界医生"称，缅甸的多个激进派佛教徒组织阻止海外援助组织为罗兴亚族穆斯林运送医疗物资。看来，若开邦的矛盾和冲突，离彻底解决还较远。

也有分析人士认为，此次若开邦的宗教和种族冲突，并非完全由偶发事件引起，除了深刻的历史原因外，各种势力的推波助澜是导致骚乱急剧升级恶化的主要原因。此次冲突，进一步恶化了本已十分对立的若开族和罗兴亚人之间的关系，双方都怀有复仇心理，若开邦的局势仍非常严峻。在若开当地，不少人认为此次骚乱可能有幕后操纵者，一位若开邦僧人觉得骚乱事件很像是被导演的，"毕竟在这个贫困地区，无论是若开族还是罗兴亚人都没有闹事的本钱"。

不仅在若开邦，在缅甸许多地区，民族冲突都在考验缅甸政局的稳定。正如缅甸总统登盛发表声明所说，由于国际社会正密切监督缅甸的民主改革，持续的动荡可能对国家带来不利影响。

## 七 政府十部门发文 能否刹住宗教资源上市风

**事件回放**：2012年10月22日，就在各地宗教文化场所争相上市，引起社会一片反对之声的时候，国家宗教事务局、中国证监会等10个部门联合发布《关于处理涉及佛教寺庙、道教宫观管理有关问题的意见》（简称《意见》），明确指出，坚决制止乱建寺观和各种借教敛财行为，制止和纠正佛教寺庙、道教宫观"被承包"、"被上市"等现象，规定不得以任何方式对寺观搞"股份制"、"中外合资"、"租赁承包"、"分红提成"等，不得将宗教活动场所作为企业资产上市。

**点评**：2012年，国内宗教界最惹人非议的事，莫过于众多宗教文化资源上市"圈钱"的把戏：当年少林寺上市在强烈的反对声中无疾而终后，法门寺文化景区、五台山、普陀山等继续谋划上市大计，众多宗教文化场所也群起效之。

于是，在社会上尤其是网上开始了旷日持久的论争，有支持者，而更多的则是讨伐。知名评论人士叶檀就表示，圈钱无底线，终于圈到了宗教资源头上。试想一下，如果全球所有的宗教资源，西班牙巴塞罗那城的教堂、柬埔寨的吴哥窟、中国的法华寺全都打包上市，这样的资本市场离天堂有多远？离地狱有多近？创新工场董事长兼首席执行官李开复更是以简单明了的"荒谬"二字表达了对利用宗教资源上市的不认同。

宗教资源上市闹剧和社会上的一片讨伐声，引起了国家宗教事务局等有关部门的高度重视，这才有了严令禁止宗教资源上市的《意见》的出台。可谓适逢其时，既是政府履行职能的有作为之举，也是政府对民声的正面回应，更是对宗教界权益的坚决维护，因此得到了宗教界和广大民众的支持。

其实，在市场经济时代，民众反对的不是上市，不是圈钱，而是圈钱的主体——宗教资源。宗教是信仰。自宗教诞生以来，神圣、神秘就是其在人们心目中的形象，而宗教场所及有着宗教文化资源的名山大川，也被视为这个世俗社会的最后一片净土，是信教群众心灵的皈依之地。若是将宗教资源产业化、资本化了，那岂不是信仰也变了味儿，信仰者的心将无处寄托。因此，保住宗教文化的一方净土，也就是保住了宗教、保住了信教群众的心灵寄托，换来的是广大宗教界人士、信教群众对党和政府的信赖和感激，也是对宗教文化和传统文化传承的功绩，相比之下，将远超地方政府的眼下政绩与相关企业追求经济效益的分量。

争取民心还是收获利益？中央政府显然是选择了前者。然而，此番政策出台能否真正刹住喧嚣一时的"寺庙上市"风，确保宗教界人士和宗教场所的合法权益，还得看各地对《意见》的贯彻落实和执行情况。

## 八 "宗教慈善周"宗教公益慈善走向规范的开端

**事件回放**：2012年9月17日，以"慈爱人间，五教同行"为主题的"宗教慈善周"启动仪式在武汉市隆重举行。这是中国宗教界首次在全国范围内联合开展的公益慈善活动。启动仪式上，马英林主教代表全国宗教界宣读《关于开展"宗教慈善周"活动的共同倡议》（简称《倡议》）。《倡议》指出，积极投身公益慈善事业是时代的召唤，是各宗教主动与社会主义社会相适应的重要体现，也是宗教界人士和信教群众发挥积极作用的有效途径。为此，五大宗教联合商定，于2012年9月17日至23日，以"慈爱人间，五教同行"为主题，在全国开展"宗教慈善周"活动。"慈爱人间"是各宗教的共同信念，"五教同行"是宗教和谐的生动实践。宗教界从事公益慈善活动应做到依法依规开展活动、纯洁公益慈善动机、公开透明规范运作、不断加强自身建设，以确保宗教公益慈善事业健康可持续发展。

**点评**：济世利人、扶危助困是中国各宗教的共同信念和优良传统。多年来，宗教界积极投身公益慈善活动，大力倡导公益慈善精神，以实际行动践行信仰、服务社会，为促进我国公益慈善事业的健康发展、全面建设小康社会做出了重要贡献。"据不完全统计，近5年来我国宗教界的慈善捐款数额达到30亿元，这还不包括宗教界其他实物形式的捐赠或公益事业形式的善行。尤其是，这样巨额的善款，来自于本身并没有多少实体产业的宗教团体，更是难能可贵。""这30亿元左右的善款中，佛教界捐款约18.6亿元，道教界约2.4亿元，伊斯兰教界约1.8亿元，天主教界约2.5亿元，基督教界约3.5亿元，基督教青年会、女青年会约4880万元。"[①]

正如国家宗教局局长王作安所指出的，"他们是现代公益慈善事业必不可少的重要主体"[②]。宗教公益慈善事业与社会整体公益慈善事业在方向与目标上、在服务的范围与对象上、在取得的成果和社会效益上既高度一致，又独具特色。

然而，由于法规、制度的不完善，宗教界的公益慈善活动的积极性并未完全调动起来，公益慈善活动也缺乏规范，宗教界在公益慈善领域也未形成合力。而此次"慈善公益周"的开展，正是宗教界广泛调动参与公益慈善活动的积极性、规范公益慈善活动和让公益慈善形成合力的良好开端，也是对国家宗教事务局等六部委于2012年2月16日联合发布的《关于鼓励和规范宗教界从事公益慈善活动的意见》的积极回应。

可以期待的是，以全面落实《关于鼓励和规范宗教界从事公益慈善活动的意见》精神、举办"宗教慈善周"为契机，宗教慈善的格局将从零散、自发、单一状态，逐步转

---

① 叶晓楠：《中国宗教界5年捐赠善款30亿元》，《人民日报》（海外版）2012年10月25日。
② 同上。

变为有系统、有组织、多元化。宗教界将为促进经济发展、文化繁荣和社会和谐做出新的更大的贡献。

## 九　和尚·重婚·小三

**事件回放**：2012年11月15日，《南方周末》刊发"佛门反腐，刑上住持"一文，对两年前湖南省娄底市天籁寺前任住持圆通法师腐败案进行了曝光。据报道，2010年年底，天籁寺前任住持、娄底市佛教协会原会长圆通法师，以挪用资金、重婚等罪，获刑6年。

圆通原名张凯，1996年在吉林省四平市伽兰寺落发出家，后来到湖南娄底，并一步步成为娄底名刹天籁寺住持、娄底市佛教协会首任会长、娄底市政协常委。正在其"功成名就"的时候，却于2009年9月4日被捕，批捕的原因是重婚。"根据司法材料，圆通以天籁寺住持、娄底佛教协会会长身份示人的同时，2007年10月，悄然与杨某在长沙市岳麓区民政局登记结婚，二人育有一女；不久，他又与另一娄底女子陈某同居，也育有一女"。不仅如此，"2009年8月，圆通竟然大张旗鼓地与陈某举行婚礼，摆设酒宴、广邀宾朋，甚至还请了当地村支书作为证婚人"①。案发的缘由也很奇特：妻子杨某向公安机关报案。随后，又查出圆通挪用资金等一大堆问题。最后被判刑。

两年前发生的案件，至今仍然余波未平：一、圆通和尚留下的天籁寺，负债近千万、财务制度混乱和大部分工程烂尾，更为严重的是，寺庙声誉受到了极大的损毁，继任者至今还在为扭转颓势努力；二、圆通案发后，娄底市宗教管理部门对全市宗教教职人员逐一进行培训，以图整顿当地宗教界存在的不正之风；三、司法走入佛门引发的热议还在发酵。

**点评**：和尚·重婚·小三，这三个风马牛不相及的词，在事情发生两年之后，却因为一篇报道、一个和尚联系到了一起，不失为奇事一桩。笔者认为，最让人关注和热议的原因有三点：一、两年前的案子为何如今才被曝光？二、宗教界人士是否享有超越司法的权利？三、和尚有无可能重婚？

关于第一点，苏文洋在《阿弥陀佛，冤枉吗？》一文中认为，"可能有多种原因。佛门也是一贯奉行'家丑不外扬主义'的。前两年，北京一家寺院高僧被两个小和尚杀了，据说是老和尚在当时的宣武区买了豪宅，小和尚帮助老和尚搬运财物时见财起意，图财害命。事件未见报端披露，显见是'家丑不外扬主义'的又一次胜利"②。笔者认为，司法的公开程度可能也是造成此案延迟曝光的重要原因。

---

① 刘长：《娄底宗教界整顿不正之风——佛门反腐，刑上住持》，《南方周末》2012年11月15日。
② 苏文洋：《阿弥陀佛，冤枉吗？》《北京晚报》2012年11月20日。

关于第二点，当时就在当地司法机关内部引起了热议。据报道，此案在当地司法机关引起很大震动。"在审理该案的娄底法院内部人士看来，理想的状态是，司法机关不介入，'但现在的情况是，司法不介入，他们内部又解决不了'。""查办之初，圆通案给娄底市各司法机关出了个难题。'我们上网去找类似的案例，发现根本没有。'娄星区法院的人士介绍说，当时，不仅法院，公检法各家都在'反复琢磨'"。"司法机关讨论得比较多的是'圆通的身份到底是什么'，以及'寺庙到底算什么性质的机构（不是企业，也不是国家机关）'"。① 其实，这是中国社会普遍存在的现象：对国家的宗教政策缺乏了解，将宗教界人士视为超越公民的特殊人群。只看到了中国有关法律法规和政策关于中国公民的宗教信仰自由权利受到宪法和法律保护的规定，却忽视了宗教界人士的首要身份依然是"公民"。既然是我国的公民，无论职业和社会身份是什么，其行为都必须受到我国法律的约束，犯了法就得受到法律的制裁，这是不应该也不需要讨论的。

第三点其实与第二点是同一个道理，法律赋予公民的权利和义务适合于每一位公民，并不因公民的职业和社会身份而改变。圆通辩护律师认为：圆通法师是和尚，按照佛家戒律是不允许结婚的，其登记时民政部门审查不严，所颁发的结婚证也应属无效，因此圆通不构成重婚罪。这是将佛法凌驾于国法之上，当然不能成立。所幸的是，当地司法机关在犹豫之后，坚持了司法的公正，维护了法律的尊严。法院认为，圆通结婚系"在宗教信仰和世俗生活之间自由选择的结果，应尊重其选择"，其婚姻仍然受法律保护，但圆通结婚之后，又与他人以夫妻名义同居，破坏了我国的婚姻制度，故处以重婚罪。至于其前一次与杨某结婚是否违反佛门戒律，法院认为，如果佛教界认为圆通违反戒律，可对其依照宗教规定予以处理，但民政部门的结婚登记仍然有效。即所谓的"宗教的归宗教，世俗的归世俗"。

然而，在现实中这"只是理想状态"。"审判圆通，法院还面临着来自宗教信徒方面的压力。据参与旁听的人士透露，2010年7月，圆通案第一次开庭时，庭内来了上百名圆通的信众，当法警将圆通押入法庭时，旁听席上的信众全体起立，并齐呼：'阿弥陀佛，冤枉啊！'"② 所幸的是，就在此次娄底反腐的过程中，湖南省佛教界对司法机关查办圆通表示坚决的支持——圆通案发之初，湖南省佛教协会即派人赴天籁寺，宣布没收圆通的戒牒，并开除其僧籍。圆通案宣判之后，娄底佛教信徒们也平静地接受了这一结果。

正如某媒体所言，宗教的清净，既要依靠自治自律，也依赖于法治化的制度。

---

① 刘长：《娄底宗教界整顿不正之风——佛门反腐，刑上住持》，《南方周末》2012年11月15日。
② 同上。

## 十　星巴克与佛门清净

**事件回放**：2012年9月21日下午16时58分，网络上一条微博引发热议。上海统一星巴克咖啡有限公司官方微博"星巴克江沪浙"发布消息：杭州灵隐（寺）门店将于明天开门迎客。消息一出，网上一片哗然，许多人认为这亵渎了佛门清净，23日星巴克咖啡馆发声明称改名为"灵隐路门店"。

**点评**：消息一出，网络一片沸腾，网友纷纷转载并发表评论。一位网友调侃说："进去这家星巴克店后，服务生会微笑地问：施主，您是大'悲'还是超'大悲'，或者是'大慈大悲'？"当然，也会有顾客咨询："我能续'悲'吗？"网友"榴莲小霸王"认为，灵隐寺的香火混着咖啡，那一定是浓浓的商业气。2007年，星巴克咖啡馆在北京故宫博物院开分店，一时间备受争议，最后退出故宫。当时，星巴克全球总裁吉姆当诺针对质疑声回信说：星巴克在故宫开分店，是抱着对紫禁城文化历史传统的尊重和高度敏感。时过多年，如今星巴克在灵隐寺开设分店，是不是代表对中国宗教文化的尊重？网友"唐伯小虎"称："星巴克是入不了皇城，只有遁空门。"

在铺天盖地的质疑声中，很多人其实是混淆了一个概念：作为宗教场所的"灵隐寺"和作为文化名词或者地名的"灵隐寺"。如果星巴克是直接入住宗教场所，或许，还有"扰乱佛门清净"的批判理由；如果它入住的是宗教场所之外的"灵隐寺"，比如说商业区、景区甚至是"灵隐寺"路，那么，这种批判就毫无道理。

其实，星巴克所开的分店并不在灵隐寺里面，而是在灵隐寺附近的商业区，是作为景区配套服务设施而存在，而那里已经开设有肯德基、知味观、超市商场，等等。因此，"扰乱佛门清净"的批评就毫无道理，当然与文化侵略更是扯不上关系。对由此而产生的各种质疑声，其实最简单的处理方式有两点：一、作为星巴克，别将自己硬往易令国人敏感的区域扯；二、作为管理方，也应该将星巴克入住的区域及区域的功能明确地告诉社会。

人们常说，群众的眼睛是雪亮的，让我们看看在灵隐寺商业区的星巴克店消费过的杭州市民怎么看。开店当日在该店享受过的杭州市民张岩认为，这家分店环境很别致：牌匾有中国寺庙的感觉，室内也是中式风格。仅因如此就遭来非议不免有些小题大做，作为商业活动和作为外来文化的星巴克，都不该摊上被抵制被驱逐的命运。"凭着星巴克的知名度加上灵隐寺'保佑'，一定生意兴隆。"[①]

（作者简介：张世辉，中国民族宗教网主编）

---

[①] 徐乐静：《星巴克进驻杭州灵隐寺引发热议》，中国新闻，2012年09月22日。

# 论恩格斯《路德维希·费尔巴哈和德国古典哲学的终结》的宗教观

卓新平

恩格斯的《路德维希·费尔巴哈和德国古典哲学的终结》写于1886年年初，是马克思主义理论体系得以系统、标志性表述的代表性著作，也是马克思主义宗教观成熟时期的重要著作。恩格斯在这部著作中对宗教问题多有论及，其基本观点在一定意义上反映了当时宗教学研究的理论学说和思想成果，因为当时正是西方宗教学刚创立不久的时期。1873年，英籍德国人麦克斯·缪勒发表了其名著《宗教学导论》，人们开始用"宗教学"（英文：Science of Religion，德文：Religions Wissenschaft）来表达这一新兴学科。尽管后来的西方学者认为"宗教学"还没有成熟，尚不能用"科学"（Science, Wissenschaft）这样极为规范化的术语来表述这门方兴未艾的学科，却也从此使人们认识到这一新的、跨学科性质的宗教研究之学科的诞生。为此，探究恩格斯在这部马克思主义经典著作中对宗教的看法就有着独特意义。根据研究马克思主义经典作家应认真阅读其原著的精神，并借鉴当今学术界所倡导的"经文辨析"方法，本文对应这部著作的四大部分来加以探析、梳理，以便能集中勾勒出恩格斯对宗教的专门论述。

## 一

恩格斯从实践性的角度切入宗教问题，论及"反宗教斗争"的时代背景。他指出，当时理论性的德国有"实践"意义的首先为：宗教和政治。但政治在当时是一个荆棘丛生的领域，有其复杂性和难以把握性，故其社会主要的斗争遂转为"反宗教的斗争"，而这一斗争并非要专门对付宗教，在回归其斗争的实质时就开始（特别是从1840年起）间接地为"政治斗争"！正是当时社会对现存宗教进行斗争的"实践"需要，使青年黑格尔派回到了"英国和法国的唯物主义"。所以说，当时对现存宗教的斗争是当时的实践需要，间接反映出对当时政治体制的斗争，乃基于当时的现实而所为，故此是以唯物主义为实践指导，而且也符合唯物主义的基本理论及原则。

其回归唯物主义的标志,即费尔巴哈的《基督教的本质》著作出版。恩格斯宣称这部著作乃直截了当地代表着唯物主义重新成为其理论统帅("重新登上王座")。

费尔巴哈对宗教的唯物主义基本理解,是指出宗教幻想只是对"我们自己的本质"的虚幻反映。这是一种人本主义的宗教观,它说明宗教虽虚幻,却是对人的本质的一种反映,其结果是从宗教回到了人,从其"彼岸"返回"人间"。此即一种"人本"唯物主义,从宗教回到了人本,同时也说明宗教不离人本,与人有着直接关联。

恩格斯指出,马克思此时就受到费尔巴哈的影响,并在《神圣家族》中有所表达。恩格斯对费尔巴哈的理论进行了点评,批判其弱点在于各种论说只是一种"美文学"、"泛爱"之空谈,而不走经济上改革生产之路,从而脱离了社会革命之根本。

## 二

恩格斯在本部分论及哲学的基本问题,即思维与存在的关系问题。这是我们打开了解并定位宗教之门极为关键的钥匙。

恩格斯对神灵观念的起源与发展有着进化论意义上的认识论描述,这与当时宗教学初创阶段宗教起源探究上宗教进化论的观点相似。例如,英国人类学家、宗教进化论的主要倡导者泰勒(E. B. Tylor)在1871年出版的《原始文化》一书中曾指出,人类早期"灵魂"观念的起源即原始人对睡眠、做梦和生病等现象的不解而认为人有生命和幻影,由此构成可与肉体分开的灵魂。泰勒从人的灵魂推出物的灵魂,形成其"万物有灵论"之说。但恩格斯将之上升到思维与存在的关系这一哲学认识高度:"思维和感觉"为可以脱离身体的"灵魂"的活动,这种"离开肉体"之存活即为"灵魂不死",它不是一种安慰,而乃不可抗拒的命运;不死灵魂"通过自然力的人格化"即早期宗教学所言"物活论"及"万物有灵论"而"产生了最初的神";这些起初"或多或少有限"和"互相限制"的"多神",即宗教学曾描述的"多神论"、"轮换主神论"、"唯一主神论"等,又"通过智力发展中自然发生的抽象化过程"而逐渐使这些神"具有了超世界的形象",从而从多神教走向了一神教,产生出"唯一的神的观念"。①

由此可见,哲学的最高问题与宗教的出发点一样,其根源在于人类原初"愚昧无知的观念",以此形成"思维对存在"、"精神对自然界"的关系之问。此问的核心或关键在于谁为"本原",是精神还是自然(物质)!其哲学之答形成唯物、唯心之分:以自然为本质即唯物主义,而以精神为本原即唯心主义;其宗教之答则形成有神、无神之别:以神为本原即神创自然论或神创世界论,此乃有神论,而认为自然或世界"从来就有"

---

① 《马克思恩格斯文集》第4卷,人民出版社2009年版,第277—278页。

则为无神论。

恩格斯在此亦认为唯心论与有神论（创世说）是一路的。但问题在于能否将世界加以精神与自然（物质）的二元分割？在一个一元或一体（整体）的世界中，应该如何来看待、解说精神与物质的关系？其实，这里也有一个精神与物质的"同一性"问题，它与哲学中"思维和存在的同一性问题"相似且相关联。在今天科学对精神与物质的究根穷底之论说中，其情况已极为复杂，人们既论及物质的"质"变及其"消失"，也谈到对精神的"物"性捕捉和描述。在此，从世界（宇宙）层面谈精神与物质已经失语，精神和物质同为"存在"。于是，恩格斯的侧重点则回到了"人"的思维，以及这种思维与世界本身（存在）的"同一性"问题，从而将问题从认识论转向反映论，即人的思想（思维）能否对世界（存在）加以正确的认识和反映，由此而实现二者的"同一"。这亦涉及世界究竟可知与否的认识论问题。

对这一问题有"肯定"和"否定"两种回答，其中"肯定"回答既有唯心主义的，亦有唯物主义的：以黑格尔为代表的唯心论回答是以世界的可知乃源于绝对观念的实现，人的思维亦来自这种"自有永有"的绝对观念；而以费尔巴哈为代表的唯物论回答则基于"实践"，即人可以通过"实验和工业""制造"出其"自然过程"，人对"自然"之物的"科学生产"说明了世界的可知性；因此，"自在之物"可以变成"为我之物"。而"否定"回答则包括休谟和康德的"不可知论"，即"否认彻底认识世界的可能性"。不过康德所言的"自在之物"与科技达到的"为我之物"似难完全等同，二者之间也可能存在差异。人对世界的认识只能是相对的，因为不可能有对"无限世界""绝对"、"彻底"的认识，以"绝对"、"彻底"来认识"无限"是一种悖论、一种逻辑矛盾。

例如，人们曾谈论到哥白尼的"日心说"即"太阳中心论"，恩格斯在此非常聪明地用"太阳系学说"来表达。哥白尼的理论在太阳系范围内是基本正确的，但其面对无限宇宙时则仅具相对性。而且，哥白尼本人也并没有穷尽对太阳系的探索，这种努力今人仍在继续，并且是"无止境地"、"无穷发展"的"不断过程"。

精神与物质的关系还涉及对"精神"的基本定位问题。如果将精神仅视为"人"这一物质的"思维"，即物质的思想活动，那当然物质是第一性的、本原的，精神是物质的产物，而且是物质发展到"人"这一阶段后的产物。不过，当前人们论及的"世界精神"已触及到对"自然规律"或"宇宙秩序"的体悟及认识，这种理解则已将"精神"的含义扩大，超出了"人"这种物质形态。有无"世界精神"？怎样理解"宇宙规律"？至少这种认识或见解值得我们思考和关注。在恩格斯的时代，类似的看法也有所显现，为此方有唯心主义与唯物主义的复杂交织，如恩格斯所论及的"泛神论"就曾被用来"调和精神和物质的对立"，即"神"乃"自然"，"精神"存在并体现在整个自然世界、宇宙万物之中。

为了从"人"自身来说明精神、思维这类问题，恩格斯集中阐述了"意识"的产生、意义和作用。他强调"意识"是"人脑的产物"，是对人所存在、所属于的物质世界的思考和反映，在这一层面上"物质不是精神的产物，而精神本身只是物质的最高产物"，即"人脑的产物"[1] 从"意识"的这种意义上，精神乃"人"之专属。这基本上是对费尔巴哈观点的概括、总结，并有所升华。在人的发展进程中，"人脑"创造出了"电脑"技术，"虚拟世界"以高科技的方式重新活跃，并对人的生存产生影响和反作用。如果不以"人的意识"来界定或限定"精神"，我们可以对这种"精神"的人之专属性作绝对肯定之答吗？在科技进步中，人对"自然规律"、"宇宙奥秘"只是不断"发现"、还是对之突破而真有"发明"、"创造"？在此，唯物主义与唯心主义及有神论的根本区别和重要分歧，即是把"精神"视为"人脑的产物"还是"人"之外的存在。这里，"泛神论"被视为从唯心主义走向唯物主义的一种过渡或形式，但"泛神论"归根结底仍然是有神论。

## 三

恩格斯认为费尔巴哈的宗教观仍然是唯心主义的，费尔巴哈仍然是有神论者，其"新宗教"只不过是从"人与人之间的感情的关系、心灵的关系"来看待宗教，以"我和你之间的爱"来实现其宗教追求，以"宗教名义"来使"性爱、友谊、同情、舍己精神"得以"神圣化"，获得其"完整的意义"[2]。

费尔巴哈仍按照传统有神论、唯心主义的思想来理解宗教，即"宗教一词是从 religare 一词来的，本来是联系的意思。因此，两个人之间的任何联系都是宗教"[3]。这种表述导致了一种"泛宗教论"，一切联系或关系都可以构成宗教，甚至可以包括"无神的宗教"！恩格斯为此对费尔巴哈的宗教观及其反映的社会历史观进行了批评："费尔巴哈想以一种本质上是唯物主义的自然观为基础建立真正的宗教，这就等于把现代化学当做真正的炼金术。如果无神的宗教可以存在，那么没有哲人之石的炼金术也可以存在了。况且，炼金术和宗教之间是有很紧密的联系的。哲人之石有许多类似神的特性，公元头两世纪埃及和希腊的炼金术士在基督教学说的形成上也出了一份力量。"[4] 宗教与有神论关联密切，有人曾把佛教等说成"无神的宗教"，这其实是忽视了宗教中最核心的观念

---

[1] 《马克思恩格斯文集》第4卷，人民出版社2009年版，第281页。
[2] 同上书，第288页。
[3] 同上。
[4] 同上。

即神明观念。但是，何为"无神"、"有神"，这在认识论意义上其实仍然是值得认真推敲和进一步深究的。

此外，恩格斯也指出了费尔巴哈以"宗教的变迁"来区分人类各个时期的错误，强调宗教变迁只是表象，乃有其深刻的社会经济发展变化之历史原因。宗教的形态反映出相应的社会历史存在及其经济结构，也就是说，宗教必须与其生存的社会相适应。本土宗教和民族宗教与其特定的地域、民族存在相关联。"古老的自发产生的部落宗教和民族宗教是不传布的"，它们反映出其部落、民族的生存状况和历史处境。"一旦部落或民族的独立遭到破坏，它们便失掉任何抵抗力；拿日耳曼人来说，甚至他们一接触正在崩溃的罗马世界帝国以及它刚刚采用的、适应于它的经济、政治、精神状态的世界基督教，这种情形就发生了。"① 与此不同的是，人为宗教、尤其是世界性宗教的社会适应、自我变化的能力要更强一些，"原生性"宗教与"创生性"宗教在此形成了明显区别。因此，"重大的历史转折点有宗教变迁相伴随，只是就迄今存在的三种世界宗教——佛教、基督教和伊斯兰教而言"。"仅仅在这些多少是人工造成的世界宗教，特别是基督教和伊斯兰教那里，我们才发现比较一般的历史运动带有宗教的色彩，甚至在基督教传播的范围内，具有真正普遍意义的革命也只有在资产阶级解放斗争的最初阶段即从13世纪到17世纪，才带有这种宗教色彩"。对此，恩格斯认为要用宗教影响强大的整个欧洲中世纪社会历史来解释，而不是费尔巴哈所想象的"用人的心灵和人的宗教需要来解释"②。恩格斯并没有像指责中世纪"千年黑暗"的近代欧洲人文主义者那样完全否定中世纪，而是从正面肯定了"中世纪的巨大进步——欧洲文化领域的扩大，在那里一个挨着一个形成的富有生命力的大民族，以及14世纪和15世纪的巨大的技术进步"③。当然，恩格斯承认并明确指出"中世纪的历史只知道一种形式的意识形态，即宗教和神学"④。这才是中世纪至近代民众解放运动带有宗教色彩的重要原因。而到了18世纪，已经足够强大的资产阶级则不再需要宗教作为其政治运动的外衣，但他们也没有"想到要用某种新的宗教来代替旧的宗教"，以保持其历史传统的延续性。事实上，法国大革命时曾试图以"革命宗教"来取代天主教，却因缺乏群众及文化基础而以失败告终。

从总体来看，费尔巴哈的宗教观基于他对基督教的理解，因此而有这种以一神教为基础的世界宗教之印象。这里，恩格斯概括了费尔巴哈对神明的解释："基督教的神只是人的虚幻的反映、映象。但是，这个神本身是长期的抽象过程的产物，是以前的许多部落神和民族神集中起来的精华。与此相应，被反映为这个神的人也不是一个现实的

---

① 《马克思恩格斯文集》第4卷，人民出版社2009年版，第289页。
② 同上。
③ 同上书，第283页。
④ 同上书，第289页。

人，而同样是许多现实的人的精华，是抽象的人，因而本身又是一个思想上的形象。"[1] 恩格斯阐述了费尔巴哈宗教观的弱点和局限，指出他的人本主义宗教观中之"人"仍然是抽象的、空洞的。费尔巴哈对宗教之"神"作了"人"本还原的解说，但"这个人不是从娘胎里生出来的，他是从一神教的神羽化而来的，所以他也不是生活在现实的、历史地发生和历史地确定了的世界里面"[2]。在恩格斯看来，人的真实性和根本特质就在于人的社会性、人的历史性；所以，"要从费尔巴哈的抽象的人转到现实的、活生生的人，就必须把这些人作为在历史中行动的人去考察"[3]。但费尔巴哈却根本不从社会的角度来理解人，从而表现出其在社会学、政治学上的无知。与之不同，马克思主义宗教观则要走进社会、现实及历史来观察人、分析人。"对抽象的人的崇拜，即费尔巴哈的新宗教的核心，必定会由关于现实的人及其历史发展的科学来代替"[4]。

## 四

从经济基础与意识形态的关系上来分析宗教，恩格斯强调了二者之间的必然关联。在他看来，尽管"更高的即更远离物质经济基础的意识形态，采取了哲学和宗教的形式"，其联系亦被弄模糊和复杂化，"但是这一联系是存在着的"[5]。这里，恩格斯进而重点谈到了宗教，"因为宗教离开物质生活最远，而且好像是同物质生活最不相干"[6]。恩格斯认为，认识宗教最为根本、最为关键之处，就是要看到宗教的产生与发展都不离其社会经济基础，都是由人的物质生活条件所决定的。

从宗教的起源来看，恩格斯指出："宗教是在最原始的时代从人们关于他们自身的自然和周围的外部自然的错误的、最原始的观念中产生的。"[7] 宗教作为意识形态的产生，自然会结合"现有的观念材料"来发展，并进而对这些材料加工、消化。这是宗教现象的普遍表现形式，并会给人留下这样的外在印象。然而，"人们头脑中发生的这一思想过程，归根到底是由人们的物质生活条件决定的"[8]。这是人们必须认识到的基本事实，也是把握宗教本质的基准。恩格斯还具体分析了原始宗教观念与其相关民族集团的密切联系以及对之的依属性。那些"有亲属关系的民族集团所共有的"原始宗教观念在

---

[1] 《马克思恩格斯文集》第4卷，人民出版社2009年版，第290页。
[2] 同上书，第290页。
[3] 同上书，第294页。
[4] 同上书，第295页。
[5] 同上书，第308页。
[6] 同上书，第309页。
[7] 同上。
[8] 同上。

其集团分裂之后,"便在每个民族那里依各自遇到的生活条件而独特地发展起来","这样在每一个民族中形成的神,都是民族的神,这些神的王国不越出它们所守护的民族领域,……只要这些民族存在,这些神也就继续活在人们的观念中;这些民族没落了,这些神也就随着灭亡。"① 所以说,民族神实质上反映了其民族的社会生存状况。宗教社会学家杜尔凯姆(Emile Durkheim)也曾指出民族神是其民族社团的集中反映,故多为其民族图腾的表述或象征;实际上,民族之神,即作为图腾崇拜的标志就是象征着其整个民族本身,因此宗教乃是人类社会的结构性因素,宗教的神圣也就是其社会统一体的象征。

恩格斯进而专门探究了古罗马帝国时期社会转型而带来的从古老民族之神明崇拜到基督教作为新的世界宗教的发展变迁,以及基督教在西欧历史进程中的演进变革。"罗马世界帝国使得古老的民族没落了……,古老的民族的神就灭亡了,甚至罗马的那些仅仅适合于罗马城这个狭小圈子的神也灭亡了;罗马曾企图除本地的神以外还承认和供奉一切多少受崇敬的异族的神",此即罗马之万神庙的形成,"这就清楚地表明了有以一种世界宗教来充实世界帝国的需要"。② 各民族神只能相应于其民族而存在,但当时地跨欧、亚、非三洲的罗马帝国有其社会结构和物质生活条件的巨变,而并不是一个多民族国家的拼盘式存在。罗马皇帝试图以万神庙的形式来满足这种新型帝国的精神需要,"但是一种新的世界宗教是不能这样用皇帝的敕令创造出来的"③。这种新宗教必须适应其帝国社会的"普遍化"需求,必须体现出其综合性、普世性。其实,在这种社会整合过程中,"新的世界宗教,即基督教,已经从普遍化了的东方神学,特别是犹太神学同庸俗化了的希腊哲学,特别是斯多亚派哲学的混合中悄悄地产生了"④。也就是说,面对多元共构的大帝国,新的世界性宗教则应体现出其混合性、综合性、整合性,消解并扬弃古老宗教曾依存的民族性、地域性、单一性。

恩格斯对基督教有过系统研究,在批评基督教的同时,他对之亦有较为客观、积极、肯定的评价。其特点就在于恩格斯将基督教称为一种"适应时势"的宗教,有其随着时代、历史的积极变化或变革的特点。恩格斯说:"我们必须重新进行艰苦的研究,才能够知道基督教最初是什么样子,因为它那流传到我们今天的官方形式仅仅是尼西亚宗教会议为了使它成为国教而赋予它的那种形式。它在 250 年后已经变成国教这一事实,足以证明它是适应时势的宗教。"⑤ 为此,恩格斯曾深入、系统地研究过"原始基督教"及其经典《圣经新约》,有过许多精辟的见解和评价,并且指明早期基督教本是下

---

① 《马克思恩格斯文集》第 4 卷,人民出版社 2009 年版,第 309 页。
② 同上。
③ 同上。
④ 同上书,第 310 页。
⑤ 同上。

层被压迫民众的宗教,只是后来被剥削阶级、统治阶级所利用、掌控才发生了性质上的嬗变。

对于欧洲中世纪时期的基督教,恩格斯评价说:"在中世纪,随着封建制度的发展,基督教成为一种同它相适应的、具有相应的封建等级制的宗教。当市民阶级兴起的时候,新教异端首先在法国南部的阿尔比派中间,在那里的城市最繁荣的时代,同封建的天主教相对抗而发展起来。中世纪把意识形态的其他一切形式——哲学、政治、法学,都合并到神学中,使它们成为神学中的科目。因此,当时任何社会运动和政治运动都不得不采取神学的形式;对于完全由宗教培育起来的群众感情说来,要掀起巨大的风暴,就必须让群众的切身利益披上宗教的外衣出现。"① 与近代之后西方社会外延式发展不同,西欧中世纪社会及其向近代的转型,主要是一种内涵式发展,即以天主教这一宗教形式来表达其思想革新和社会变迁;除了神学思想的变革之外,改革派还习用"宗教的外衣"或形成"宗教异端"。西欧社会传统的宗教性,由此也可见一斑。从历史唯物主义的立场及角度来看,恩格斯对西欧基督教内部的变革发展及其所反映、代表的西方社会进步,基本上是持肯定态度的。恩格斯对基督教的批评既具体又客观;因此,我们应该对恩格斯关于基督教的研究及其评价有整体、全面的把握。

西欧近代发展及其资产阶级革命,同样与基督教有着密切关联。在此,恩格斯从"宗教异端"的两派发展及二者的分道扬镳,看到了近代西方资产阶级和无产阶级的诞生:"市民阶级从最初起就给自己制造了一种由无财产的、不属于任何公认的等级的城市平民、短工和各种仆役所组成的附属品,即后来的无产阶级的前身,同样,宗教异端也早就分成了两派:市民温和派和甚至也为市民异教徒所憎恶的平民革命派。"②

欧洲近代社会变革和资产阶级的兴起以"宗教改革"为标志。这样一来,宗教就以其社会表层的革命而在社会结构深层次上反映出西方社会经济生产的发展和巨变。而且,新教异端实质上也是社会转型过程中新兴社会阶级产生及发展的典型表达。这里,恩格斯系统、透彻地说明了"宗教改革的资产阶级性质":

首先,德国的宗教改革拉开了西欧从封建社会挺进到资本主义社会的序幕。新教的产生及其发展揭示了新兴市民阶级的活力及潜能。"新教异端的不可根绝是同正在兴起的市民阶级的不可战胜相适应的;当这个市民阶级已经充分强大的时候,他们从前同封建贵族进行的主要是地方性的斗争便开始具有全国性的规模了。第一次大规模的行动发生在德国,这就是所谓的宗教改革。"③ 由于新兴市民阶级尚不成熟,其软弱和革命的不彻底性使第一次西欧资产阶级的革命没有取得真正成功或达到其理想之境,并一度使德

---

① 《马克思恩格斯文集》第4卷,人民出版社2009年版,第309页。
② 同上。
③ 同上书,第310页。

国近代发展变得更为曲折、复杂，从而在资本主义的早期进程中处于落后的状况。"那时市民阶级既不够强大又不够发展，不足以把其他的反叛等级——城市平民、下层贵族和乡村农民——联合在自己的旗帜之下。贵族首先被击败；农民举行了起义，形成了这次整个革命运动的顶点；城市背弃了农民，革命被各邦君主的军队镇压下去了，这些君主攫取了革命的全部果实。从那时起，德国有整整三个世纪从那些能独立地干预历史的国家的行列中消失了。"① 在分析德国宗教改革运动中，恩格斯以其渊博的学识和犀利的眼光指明了新兴资产阶级的先天不足及其软弱性，但也强调了从封建主义到资本主义的历史发展已不可阻挡、不可逆转。

恩格斯还深入、全面地研究了这一时期的农民起义，撰写了极有历史厚重感的巨著《德国农民战争》（1850年夏写于伦敦，同年发表在马克思主编、在汉堡出版的《新莱茵报。政治经济评论》杂志第5—6两期合刊上），并且在对农民起义领袖闵采尔（Thomas Münzer）的高度评价中预测了资产阶级的掘墓人——无产阶级的产生，以及人类历史由资本主义向社会主义、共产主义发展的光明前景。闵采尔当时的身份是天主教的下层神父，其神学思想有着泛神论的倾向，并且在不少观点上已经接近无神论的见解，他以理性的权威来对抗《圣经》的权威，提出了一种彻底革命的主张。恩格斯对之评价说："闵采尔的政治理论是同他的革命的宗教观紧密相连的；正如他的神学远远超出了当时流行的看法一样，他的政治理论也远远超出了当时的社会政治条件。正如他的宗教哲学接近无神论一样，他的政治纲领也接近共产主义。……闵采尔的纲领，与其说是当时平民要求的总汇，不如说是对当时平民中刚刚开始发展的无产阶级因素的解放条件的天才预见。" 闵采尔的方式虽然仍以基督教"早已预言的千年王国"为口号，却"要求立即在人间建立天国"。其实，"闵采尔所理解的天国不是别的，只不过是这样一种社会状态，在那里不再有阶级差别，不再有私人财产，不再有对社会成员而言是独立的和异己的国家政权。"② 不过，恩格斯对闵采尔的思想及其领导的德国农民战争也有着非常清醒的分析。一方面，闵采尔的思想具有空想性质，当时的经济生产仍处于中古向近代的过渡，其社会发展尚未达到其期盼的程度。"不仅当时的运动，就连他所生活的整个世纪，也都没有达到实现他自己刚刚开始隐约意识到的那些思想的成熟地步。他所代表的阶级刚刚处于形成阶段，还远远没有得到充分的发展，也远远没有具备征服和改造整个社会的能力。他所幻想的那种社会变革，在当时的物质条件下还缺乏基础，这些物质条件甚至正在孕育产生一种同他所梦想的社会制度恰恰相反的社会制度。"③ 闵采尔的思想远远超出了他所生活的时代，因而根本就没有将之实现的任何可能性。另一方

---

① 《马克思恩格斯文集》第4卷，人民出版社2009年版，第310—311页。
② 《马克思恩格斯文集》第2卷，人民出版社2009年版，第248页。
③ 同上书，第304—305页。

面，闵采尔仍受到其神学思想之限，"他仍然不得不恪守自己一向宣讲的关于基督教平等以及按照新教精神实现财产公有的教义；他不能不为实现他的教义至少作一番尝试。"而且他不是基于一种客观冷静的分析，面对文化水平不高、尚无新兴阶级较高觉悟的德国农民，"他在信件和传教中流露出一种革命的狂热情绪，……他不断激起群众对统治阶级的仇恨，激发狂放不羁的热情，所用的完全是旧约中的先知表达宗教狂热和民族狂热的那种激烈的语调"①，因此不可能找到无产阶级革命的正确道路及方法，只能成为一种宗教狂热的宣泄。对此，马克思也早在其1843年撰写的《〈黑格尔法哲学批判〉导言》中深刻指出："当时，农民战争，这个德国历史上最彻底的事件，因碰到神学而失败了。"② 历史有其发展规律，当时能够推翻封建主义的只可能是资产阶级，而此阶段的宗教改革也势必是资产阶级的革命运动。闵采尔不能超越其时代，但欧洲的资产阶级革命在当时却水到渠成、有着成功的希望及可能。正是这种历史条件，使农民战争不可能走得太远，而宗教改革则在欧洲使其社会获得了质的飞跃。

其次，加尔文的宗教改革显示出欧洲资产阶级革命的真正成功。"除德国人路德外，还出现了法国人加尔文，他以真正法国式的尖锐性突出了宗教改革的资产阶级性质，使教会共和化和民主化。当路德的宗教改革在德国已经蜕化并把德国引向灭亡的时候，加尔文的宗教改革却成了日内瓦、荷兰和苏格兰共和党人的旗帜，使荷兰摆脱了西班牙和德意志帝国的统治，并为英国发生的资产阶级革命的第二幕提供了意识形态的外衣。在这里，加尔文教派显示出它是当时资产阶级利益的真正的宗教外衣。因此，在1689年革命由于一部分贵族同资产阶级间的妥协而结束以后，它也没有得到完全的承认。"③ 恩格斯肯定了路德宗教改革在德国语言文化发展上的贡献，指出"路德不但扫清了教会这个奥吉亚斯的牛圈，而且也扫清了德国语言这个奥吉亚斯的牛圈，创造了现代德国散文，并且撰作了成为十六世纪《马赛曲》的充满胜利信心的赞美诗的词和曲"④。不过，虽然恩格斯也谈到"路德通过翻译圣经给平民运动提供了一种强有力的武器"，"他在圣经译本中使公元最初几个世纪的纯朴基督教同当时已经封建化了的基督教形成鲜明的对照，提供了一幅没有层层叠叠的、人为的封建等级制度的社会图景，同正在崩溃的封建社会形成鲜明的对照"⑤，对其政治、社会意义却评价不高。与此相反，恩格斯则高度评价了加尔文宗教改革的社会、政治意义，认为它真正代表了西欧从封建社会过渡到资本主义社会的变革。的确，加尔文宗教改革除了在瑞士的成功之外，还是荷兰、英国等资产阶级革命所打出的旗帜，故而在这场席卷西欧的政治革命中有着重大意义。此外，加

---

① 《马克思恩格斯文集》第2卷，人民出版社2009年版，第305页。
② 《马克思恩格斯文集》第1卷，人民出版社2009年版，第12页。
③ 《马克思恩格斯文集》第4卷，第311页。
④ 恩格斯：《自然辩证法》，《马克思恩格斯全集》中文第一版第20卷，人民出版社1971年版，第362页。
⑤ 《马克思恩格斯文集》第2卷，第244页。

尔文宗教改革的思想精神也是深刻、深远的。西方社会学家马克斯·韦伯（Max Weber）在其《新教伦理与资本主义精神》等名著中也认为加尔文有关"预定论"的教义诠释和推进"廉价教会"的实践主张实际上是以其独特的"清教伦理"而孕育了近代"资本主义精神"，提供了其社会可持续发展所需要的"潜在的精神力量"，而其生产观和财富观也被认为给西方近代资本主义的"原始积累"提供了精神理念和现实可能。当然，对于韦伯等后人关于新教伦理的这种评价，我们理应持一种批评性审视的态度。

第三，英国宗教改革以其改良性、不彻底性而影响到当今英国的政体。这与英王亨利八世（Henry VIII）自上而下推动的宗教改革性质相关。但在实际发展中，加尔文的宗教改革在英国与英王亨利八世的宗教改革形成了明显区别和张力，在随之而有的英国国情中则出现了复杂交织。对此，恩格斯总结说："英国的国教会恢复了，但不是恢复到它以前的形式，即由国王充任教皇的天主教，而是强烈地加尔文教派化了。旧的国教会庆祝欢乐的天主教礼拜日，反对枯燥的加尔文教派礼拜日。新的资产阶级化的国教会，则采用后一种礼拜日，这种礼拜日至今还在装饰着英国。"①

因其所处时代之限，恩格斯对西欧基督教的发展只能追溯到法国大革命时期。这里，恩格斯注意到西方资产阶级的成熟及其独立意识形态的形成。一方面，资产阶级此时已经可以用"纯粹政治的形式"来推动革命，不再需要"宗教的外衣"；另一方面，统治阶级开始把宗教作为其"专有"的"统治手段"。于是，"基督教进入了它的最后阶段"。恩格斯在此认为基督教"已不能成为任何进步阶级的意向的意识形态外衣了；它越来越变成统治阶级专有的东西，统治阶级只把它当做使下层阶级就范的统治手段"。② 在这些论述中，恩格斯有两个方面的思想值得我们注意和体悟。一是现代社会"世俗化"的发展。当"加尔文教的少数派"在法国"遭到镇压"、"被迫皈依天主教或者被驱逐出境"等情况发生之后，资产阶级自由思想家已在相继诞生；封建王权的暴力措施只是使逐渐成熟的资产阶级"更便于以唯一同已经发展起来的资产阶级相适应的、非宗教的、纯粹政治的形式进行自己的革命。出席国民议会的不是新教徒，而是自由思想家"。二是"不同的阶级"会"利用它自己认为适合的宗教"："占有土地的容克利用天主教的耶稣会派或新教的正统派，自由的和激进的资产者则利用理性主义，至于这些先生们自己相信还是不相信他们各自的宗教，这是完全无关紧要的。"③ 尽管恩格斯很难预见宗教此后的发展，但其提示的社会"世俗化"及宗教在"世俗化"处境中的生存与发展、"统治阶级"与宗教的关系及各阶级对其"合适宗教"的"利用"、宗教作为"统治手段"的意义与作用等思考，仍对我们社会发生巨变、革命政党成为执政党的今

---

① 《马克思恩格斯文集》第4卷，第311页。
② 同上。
③ 同上书，第311—312页。

天处理宗教问题有着重要警示和独特启迪。

恩格斯在总结其对宗教的论述时,再次强调了其历史唯物主义的基本观点和对宗教的根本理解:"我们看到,宗教一旦形成,总要包含某些传统的材料,因为在一切意识形态领域内传统都是一种巨大的保守力量。但是,这些材料所发生的变化是由造成这种变化的人们的阶级关系即经济关系引起的。"[①] 恩格斯的结语意义深远、语重心长。诚然,宗教的表现形式有着明显的"传统的材料",此乃其历史传承和文化积淀,表现出宗教的外形特色,但宗教的本质却体现在其对现存经济关系、社会依属的反映。古代如此,当代亦然。这是马克思主义认识宗教的最根本的方法及原则。我们看待今天中国社会的宗教,也不能离开这一社会存在决定社会意识,上层建筑乃是其经济基础的反映之原则和方法。时代变了,社会制度变了,宗教依存的社会前提和条件变了,关于宗教的结论也必须有相应、相关的变动。这是尊重人类历史逻辑及社会发展规律的科学态度。我们不能把马克思主义根据其经典作家所处社会时代背景所得出的有关宗教的某些具体结论作为教义或教条来信守,而必须牢记并适用其科学方法来理论联系实际,根据今天的社会现实作出对当下宗教的客观、正确判断,处理好我们今天执政者与当代宗教的关系。这才是恩格斯《路德维希·费尔巴哈和德国古典哲学的终结》一书关于宗教理解的真谛。

(作者简介:卓新平,中国社会科学院世界宗教研究所研究员、中国社会科学院学部委员、浙江大学全球化文明研究中心主任、中国统一战线理论研究会民族宗教理论甘肃研究基地研究员。原文发表于《世界宗教研究》2012年第6期)

---

[①]《马克思恩格斯文集》第4卷,第312页。

宗教与政治

# 信仰中国

徐以骅　邹　磊

## 一　源起

诚如国际关系学者杰克·斯奈德（Jack Snyder）所言，自"9·11"事件以来，"宗教已然成为了国际政治讨论中的一项核心议题"。[①] 实际上，宗教从所谓"威斯特伐利亚的放逐"回归"国际关系的中心"，与其说是长期作为"宗教无用论之重灾区"的国际关系学界的重新发现，毋宁说是对20世纪下半叶以来全球宗教复兴及其深远影响的迟到确认。[②] 兼具跨国与文化特性的宗教，不仅在后冷战时代的国家安全[③]、外交政策[④]、地区冲突[⑤]中扮演着或隐或显的重要角色，亦与同属跨国性力量的互联网、跨界民族、非政府组织和各种国际运动等紧密结合而更具全球影响力。全球宗教复兴以及宗教政治

---

[①] Jack Snyder, ed., *Religion and International Relations Theory* (New York: Columbia University Press, 2011), Introduction, p. 1.

[②] 徐以骅：《当代国际关系中的"宗教回归"》，载徐以骅主编《宗教与美国社会——宗教与国际关系》（第四辑上），时事出版社2007年版，第1—31页；徐以骅：《宗教与当代国际关系》，载《国际问题研究》2010年第2期，第44—49页；Pavlos Hatzopoulos and Fabio Petito, eds, *Religion in International Relations: The Return from Exile* (New York: Palgrave Macmillan, 2003); Jonathan Fox and Shmuel Sandler, *Bring Religion into International Relations* (New York: Palgrave Macmillan, 2004); Scott M. Thomas, *The Resurgence of Religion and the Transformation of International Relations: Struggle for Soul of the Twenty-First Century* (New York: Palgrave Macmillan, 2005).

[③] 参阅徐以骅、刘骞《宗教对国际安全的影响及其对中国的启示》，收入金泽、邱永辉主编《中国宗教报告（2008）》，社会科学文献出版社2008年版，第208—221页；徐以骅、章远《试论宗教影响中国国家安全的路径和范式》，载《复旦学报》（哲学社会科学版）2009年第4期，第109—116页；徐以骅：《当代中国宗教与国家安全》，收入晏可佳主编《中国宗教与宗教学》，上海人民出版社2010年版，第181页。

[④] See Douglas M. Johnston, Jr., *Religion, Terror and Error, U.S. Foreign Policy and the Challenge of Spiritual Engagement* (Santa Barbara, California: Praeger Security International, 2011); Jeffey Haynes, Religion and Foreign Policy Making in the USA, India and Iran: towards a research agenda, *Third World Quarterly*, Vol. 29, No. 1 (2008), pp. 143-165. 徐以骅：《宗教与冷战后美国外交政策——以美国宗教团体的"苏丹运动"为例》，载《中国社会科学》2011年第5期，第199—218页。

[⑤] 最新的研究参阅章远《科索沃冲突中的宗教因素解读》，载《世界经济与政治》2011年第9期，第20—35页。

化的趋势,是宗教在某种程度上成为各种国内政治的"另一种形式的继续",[①]并且在国际关系领域成为各种政府和非政府行为体竞相争夺的资源。某种结合地缘政治和地缘经济因素,并且兼具广泛参与性,主体多元性和软硬实力的地缘宗教(geo-religion),[②]正在成为各国国际战略的重要考量因素,其对迅速发展的中国的现实与潜在的意涵均不容忽视。

与西方世界长期以来对于"无神论中国"的刻板印象截然相反,各种权威数据均表明,中国不仅是传统而且是新兴"宗教大国",主流宗教的增长、新兴宗教的崛起以及民间信仰的复兴相互交织,成为全球宗教复兴的一个重要组成部分。[③]同时,"后传教时代"的中外宗教交流亦较以往任何时候都更为多样、广泛而频繁,呈现出前所未有的开放格局。[④]目前中国已成为世界上最大的宗教商品提供者。仅以《圣经》出版为例,2010年11月8日,南京爱德印刷有限公司举行"八千万圣经印刷庆典"。该"世界上最大的单体圣经印刷企业"从1985年下线第一本《圣经》到目前已形成年产1500万至2000万册《圣经》的产能,目前不仅已经印刷了8种民族语言、50多种不同规格版本的5500万册圣经以满足国内2300万信徒和其他民众的需要,而且为世界上70多个国家印刷了70多种语言的2600多万册《圣经》。[⑤]与之相比,中国传统宗教在价值观层面的国际影响力更大。据不完全统计,截至2007年《道德经》的外文译本几近500种,涉及30多种文字,"已成为全人类共同的精神财富"。[⑥]这些都显示了中国的宗教大国地位及其国际效应。

然而,与在政治、经济、军事领域的"准超级大国"地位相比,中国在文化和观念领域却仍属"发展中国家"序列,在实际国际影响力上呈现出明显的"软硬失衡"态势。国际上对所谓"北京共识"和"中国模式"的兴趣,亦大多基于中国举世瞩目的经济成就及其背后强大的政府执行力,而非中国的文化和观念软实力。事实上,中国国内宗教信仰的复兴与国际上根深蒂固的"无神论中国"印象之间的认知差距,恰恰反衬出了中国宗教在海外投射力上的限度,以及中国在建构与展示较"无神论中国"更为真实

---

[①] Conn Hallinan, "Religion and Foreign Policy, Politics by other Means," *Berkeley Daily Planet*, Nov. 9, 2007.
[②] 关于地缘宗教以及地缘宗教学本文作者将另文撰述。
[③] 参阅金泽、邱永辉主编《宗教蓝皮书——中国宗教报告(2008/2009/2010/2011年)》,社会科学文献出版社2008、2009、2010、2011年版。
[④] 关于"后传教时代",参阅徐以骅《宗教因素与当前中美关系》,载《国际问题研究》2011年第3期。
[⑤] 参阅《南京爱德印刷圣经达8000万册》,2010年1月9日,中国新闻网,http://www.chinanews.com/cul/2010/11-09/2642324.shtml(登录时间:2011年10月18日);《芝加哥市长致信祝贺我圣经事工展开幕》(2011年10月11日),参阅国家宗教事务局,http://www.sara.gov.cn/xwzx/tplb/10413.htm(登录时间:2011年10月18日)。南京爱德印刷有限公司印刷《圣经》的各种数字一直在变化,现年产近1200万册《圣经》,其中2/3用于出口。感谢基督教全国两会和南京爱德基金会的有关人员多次接受我们的采访。
[⑥] 《大道流行》编委会编《大道流行:道德经版本(文物)展示录》,宗教文化出版社2007年版,第2、45页。

的"信仰中国"以及宗教自由政策方面的能力不足。与此种"内外有别"一体两面的情况是，佛教、道教以及各种中国传统民间信仰在港台、东南亚以及欧美国家所拥有的较广泛的信众和影响，却并未实质性地增进作为发源地和根据地的中国之国家利益，两者之间存在着断裂与脱节。基于种种原因，尽管"后传教时代"的中外宗教交流成果显著，部分国家尤其是海外华人社会及其广大宗教信众仍然对中国的宗教生态与政教格局存在疑虑，这在某种程度上也削弱了这些地区和社区对中国的好感度与向心力。在中国和平发展的宏观背景下，与其他国家及其普通民众在宗教信仰上的隔阂，已然成为制约中国树立文化大国形象的现实瓶颈。国际社会在对于中国是否和平崛起的解读中，宗教信仰状况正在成为一项重要的参数，而国内以物质主义和发展主义为主导的发展或崛起战略讨论对这一点也未给予充分的认识与估计。实际上，百多年来中国以"富强"（分别对应了经济与军事实力）为依归的国家发展目标，由于缺乏在文化和宗教信仰等精神层面的观照，无论对内还是对外，都已呈现出明显的局限性。

与此同时，目前中国为世界所提供的主要还是宗教商品，虽有宗教经济的繁荣景况，却尚不具备文化和神学附加值。可以说，中国在国际宗教经济市场中的弱势地位，正好对应其在国际经济分工中的低端处境，而这与中国博大精深的宗教传统也形成鲜明对照。由此导致的结果，则是中国在为全球宗教复兴提供充足物质条件的同时，却并未得到与此种贡献相称的国际认可。而国际社会在广泛消费中国制造的信仰商品的同时，也并未真正意识到信仰商品背后一个正在逐渐显现的"信仰中国"。

在国际政治领域，自冷战结束以来，西方国家尤其是美国对中国宗教问题的"政治化"手法（如所谓"中国宗教自由问题"）以及政治（主权）问题的"宗教化"和"国际化"运作（如西藏问题），不仅形成对中国的国家主权与安全的挑战，也强化了国际社会对中国的"制度偏见"。面对此种局面，我们与其在宗教问题上不断面临中国外交的被动卷入，不如正视和顺应全球宗教复兴与国际关系"宗教回归"的大趋势，积极寻回我国外交中的宗教因素。如何把宗教从中国国际战略中的"负资产"转变为"软权力"，在国际宗教舞台上化被动为主动，目前已日益成为中国需面对的一项迫切的战略选择。

中国和平崛起的历史进程，亦是全面"走出去"以及国家利益全球化的展开过程。就前者而言，我们很难设想没有传统文化支撑的可持续的经济走出去战略，同样也很难设想缺乏宗教背景和价值观基础的传统文化。同时，现代政治的大众参与特性决定了中国"走出去"战略与全方位外交的顺利开展，在需要注重目标国家和地区政治上层和社会精英的同时，亦无法忽视基层群众或草根的巨大力量。宗教作为超越阶层、种族、性别、文化的精神力量，历来是中外文化交流的主要载体和重要组成部分，无疑能为中国开展公共以及民间外交提供有力的依托，从而克服中国外交工作中在某种程度上存在的

"上下脱节"（重精英轻草根，重官方轻民间）状况。宗教交流是中国与外部世界在思想文化、价值观和情感层面的互动，当然要比经贸等交往更为深刻、更具基础性和长期性。就后者而言，我们需要并且有可能在传统民族国家与领土疆域的范畴之外，以诸如"伊斯兰世界"、"藏传佛教世界"、"天主教世界"等跨国性信仰单位来思考中国的国家利益。实际上，2010年以来新疆"向西开放"国家发展战略的提出，即已包含着对未来拓展中国与伊斯兰世界关系的长远思考。中国若掌握藏传佛教的话语权，不仅将有助于解决西藏问题，同时也有利于增强中国在世界上以藏传佛教为主要信仰的地区的影响力。随着拉丁美洲在中国国家对外战略中地位的提升，中国在看到一个政治和经济上的左翼拉美之余，也确实应充分认识到还存在着一个天主教和五旬节派的拉丁美洲。事实上，如果我们要正确了解目前世界上其他新兴市场国家或金砖国家如巴西、俄罗斯和印度，我们就不能不了解作为这些国家价值观基础且发展十分迅速的天主教、东正教和印度教。

以上这些都表明，如何实现宗教与外交之间的良性互动，将国内宗教发展、跨国宗教交流与国家总体外交三者相协调，正在逐渐成为中国和平发展以及民族复兴进程中具有全局性意义且亟须面对的战略问题。中国若要在宗教信仰领域更加有所作为，弥合前述的"软硬失衡"、"内外有别"、"上下脱节"等多重差距，其关键即在于正视一个长期不为人注意、但已逐渐显现的"信仰中国"。而中国国力和民族自信力的迅速提升则为在新形势下中国得以主动叙述、建构以及展示一个真实的"信仰中国"提供了必要的条件。

## 二 叙事

近代以来，在西潮的冲击与涤荡下，传统中国的政治秩序与价值体系遭遇了全盘性的危机与崩解。在从传统帝国向现代民族国家的转型过程中，领土的快速"内收"与人口的大量"外移"正是两股相逆而并行的趋势。由此造成的结果是，尽管现代中国的国土面积已今非昔比，但海外华人的分布之广却远超过历史上的任何时期。可以说，中国的国境线在地理意义上的收缩过程，恰恰是其在人口意义上的扩张过程。伴随着海外华人的足迹遍布东南亚、欧美及世界各地，中国的各种传统宗教信仰亦得以在全球范围内传播。从这个角度看，由华人的跨国迁移所推动的中国人的国际化①，也带动了中国传统宗教信仰的国际化。在这一双重的国际化进程中，逐渐在中国本土以外形成了至少三类信仰群体，包括中国传统宗教信仰的海外华人信众、东西方各种宗教信仰的海外华人

---

① Gregor Benton, *Chinese Migrants and Internationalism: Forgotten Histories*, 1917 – 1945 (New York: Routledge, 2007); Tan Chee-Beng, ed., *Chinese Transnational Networks* (New York: Routledge, 2007).

信众，以及中国传统宗教信仰的外国信众。可以说，他们构成了"信仰中国"的海外版图。

与此同时，为了因应现代民族国家竞争的严峻挑战，国家建设与社会革命成为近代中国面临的基本课题。在此历史进程中，各种政治力量尤其是国共两党的激烈竞逐，不仅导致了国共内战和1949年以后海峡两岸在政治、军事、文化上的全面对峙，更为重要的是，它也造成了两岸以及全世界华人心灵上的长期分裂。围绕着"谁是正统，谁更正当"的问题上所产生的"红色中国"与"自由中国"之间的对立，即是这种心灵分裂在政治叙事上的鲜明表征。东亚冷战的全面展开，又在很大程度上强化了政治与意识形态的分裂态势，从而使两岸以及全世界华人长久地陷于内战与冷战的思维框架中。尽管今天这一关于中国的二元政治叙事已完全失去了现实基础，却依然有着或显或隐的后续效应，这在广大的海外华人中体现得尤其明显。实际上，将"红色中国"等同于"无神论中国"，从而造成广大海外信众与当下中国大陆国家认同之间的某种程度的断裂，既与1949年后的某些阶段里中国内地在宗教领域的特定实践有关，却也正是该政治叙事的题中应有之意。

同样是面对被国共内战与东亚冷战所割裂的"中国"和海外华人世界，与这种强调对立的政治叙事相反，20世纪80年代中后期开始出现了意在将"中国"和海外华人世界重新想象为一个整体的努力。在各种以"大中华"（Greater China）为名的论述中，影响最大的就是以"中华经济圈"为代表的经济叙事，和以杜维明先生的"文化中国"为代表的文化叙事。① 可以说，两者都试图弥合意识形态的分歧，用经济和文化的流动性、开放性来消解政治的边界性、封闭性。② 同时，通过一种不同于现代民族国家的界定方式，使数量庞大的海外华人成为非疆域性的扩大版"中国"的重要组成部分。从时间上看，两者的兴起几乎是同步的，其共同的背景正是中国大陆的改革开放，以及东亚尤其是港台、新加坡等华人社会的经济奇迹。这一时间上的重合并非偶然，而是恰恰点出了两种叙事之间内在的隐秘联系。事实上，"文化中国"与"中华经济圈"正好对应了韦伯式命题的两端，表达了杜维明等海外新儒家念兹在兹的核心关切，即儒家伦理与现代化的关系。也正因此，当时经济上正蓬勃发展的港台以及新加坡等海外华人社会，

---

① See Harry Harding, "The concept of 'Greater China': Themes, Variations and Reservations," *The China Quarterly*, No. 136, Special Issue: Greater China (December 1993), pp. 660 – 686. 关于各种形式的"中华经济圈"之介绍，参阅陶洁《"大中华经济圈"构想之综述》，载《世界经济与政治》1994年第10期；关于"文化中国"，see Tu Wei-ming, "Cultural China: The Periphery as the Center," *Daedalus*, Vol. 120, No. 2, The Living Tree: The Changing Meaning of Being Chinese Today (Spring 1991), pp. 1 – 32. 该文曾于2005年Daedalus的50周年纪念刊上重印；亦见杜维明《文化中国的认识与关怀》，稻香出版社1999年版。

② 正如杜维明所言，"'文化中国'概念的兴起意味着狭隘的国家主义和民族主义已经不能够主宰论说的基本方向"，因此"作为中国人的意义，基本上不是一个政治性问题，而是一个充满伦理宗教寓意的人文关怀"。参阅杜维明著《杜维明文集》第5卷，武汉出版社2002年版，第407、411页。

就被杜维明先生寄予了从"边缘"跃升为"文化中国"之"中心"的期望。① "中华经济圈"的叙事亦采取了这种以港台为"中心"、以中国大陆为"边缘"的"差序式"论述结构,其实质就是将国际经济的分工格局由高到低地复制于香港、台湾与中国大陆。② 可以说,中国大陆与港台之间经济力量的消长,在很大程度上决定了中心与边缘的地位归属。港台对于中国大陆的经济优势,构成了这两种中国叙事的现实基础。

然而,自世纪之交以来,随着中国大陆的快速崛起,大陆不仅成为港台经济得以持续发展的根本保障,更成为世界经济增长的巨大引擎。正是基于如此显而易见的"权势转移","中华经济圈"与"文化中国"这两种主要由港台及海外华人学者所倡导、以港台为"中心"的中国叙事,丧失了社会现实的支撑,已不再具备初始期的解释力和吸引力。尽管如此,它们试图弥合政治及意识形态的对立,将"中国"和海外华人世界重新塑造为一个整体的努力,却依然具有现实的启示与价值。实际上,在中国崛起的宏观背景下,这两种叙事尤其是杜维明先生的"文化中国"论,恰恰为我们理解和叙述一个正在逐渐显现的、与"中华经济圈"和"文化中国"并存的"信仰中国"提供了极佳的参照。

在杜维明先生所建构的中国叙事中,"文化中国"由三个意义世界(symbolic universes)构成:1. 中国大陆、港澳台地区及新加坡;2. 世界各地的海外华人社群;3. 各国关心中国文化的知识群体(学者、媒体人、企业家、政府官员等)。③ 与这种超越民族国家地理边界的定义方式类似,"信仰中国"亦呈现为差序包容式的同心圆结构,而此一结构恰恰又是分辨"中国、诸夏和夷狄"的传统中华世界政治秩序④的真实写照。可以说,对"信仰中国"的反现代国家式的叙述,反而是对传统中国政治文明的回归。

具体而言,"信仰中国"包含了三个紧密相连的"信仰板块":1. 中国大陆与港、澳、台;2. 中国传统宗教信仰与各种东西方宗教的海外华人信众群体;3. 中国传统宗教信仰的外国信众群体。第一个"信仰板块"正好涵盖了当代中国的政治版图,而第二、三个"信仰板块"则反映了"信仰中国"的海外版图,是中国"信仰国境线"的

---

① 这从《文化中国:作为中心的边缘》一文之副标题中即可明显看出。杜氏认为,作为"中心"的中国大陆"不再有能力、见识或合法的权威去决定文化中国的议事日程",相反,作为"边缘"的港台与海外华人社会"转化潜力巨大,似乎不可避免地将深深影响未来若干年里文化中国的思想论说"。参阅杜维明《杜维明文集》第5卷,第407页。

② 正如有论者认为,"若能利用台湾及香港长期经济发展,累积雄厚的资金、科技优势及国际贸易的丰富经验,再配合大陆廉价的劳动力、土地和原材料,则将可形成一个经济实力强大的区域经济圈"。参阅江志中、孙盈哲《由大陆经济改革谈两岸关系之发展》,载《台湾经济研究月刊》1994年第2期。

③ Tu Wei-ming: "Cultural China: The Periphery as the Center," pp. 12 – 13.

④ 参阅曾亦《内外与夷夏——古代思想中的"中国"观念及其演变》,即将发表于《思想史研究》第9辑,上海人民出版社2012年版。

海外延伸。①

就第一个"信仰板块"而言，中国大陆与港、澳、台拥有着"信仰中国"大部分的人口，是"信仰中国"的主体部分。与杜维明的"文化中国"以港台为潜在中心的论述相反，中国大陆不仅是第一个"信仰板块"的中心，亦是整个"信仰中国"的中心。这种中心地位，不仅表现为庞大的信众人口、繁荣的宗教经济和全面的宗教复兴，还体现在中国大陆是各种传统宗教与民间信仰的发源地和中心。无论是经过本土化后的佛教，还是直接发源于中国的道教以及妈祖等信仰，几乎所有最重要的朝觐圣地都位于中国大陆。这不仅成为维系港澳台民众对大陆向心力的重要依托，也成为中国海外文化辐射力的潜在资源。如果说传统中国是东亚各国政治上"朝贡"的中心，那么，现在中国大陆完全有可能成为海内外信众宗教上"朝觐"的中心。同时，中国大陆对于各种外来宗教的接纳，亦使这些宗教及其信众成为联系中国与其他国家的中介。在中国全面"走出去"以及全方位外交的背景下，这种联系的意义正在逐渐凸显。相较于经历革命"洗礼"的中国大陆而言，中国传统宗教与民间信仰在港澳台地区的存在更为普遍，影响更为深远，几乎涵盖了政治、经济和社会生活的方方面面。两岸民间宗教同源同宗。台湾各界均认可台湾的民间宗教信仰缘自大陆，根植民间社会，与台湾移民史、开发史同步发展，直至今天仍然拥有占台湾人口 2/3 左右的信众。

就第二个"信仰板块"的两个信仰群体而言，出于历史、民族、血缘、语言等原因，海外华人与中国有着天然的特殊联系。中国国内的宗教状况、中国的宗教政策，以及他们与中国的宗教互动经验，往往影响到他们对中国的向心力与归属感。同时，宗教信仰与宗教建制又往往能超越地缘、血缘、阶层、性别等界限，赋予海外华人信仰群体以很强的凝聚力，从而使有信仰的少数人常常具有远较无信仰的多数人更高效的社会组织、动员与参与能力。这就为他们对所在国民众的中国认识与所在国政府的中国政策施加某种程度的影响（无论是正面的或负面的），提供了必要的条件。在广大的海外华人社会尤其是东南亚国家中，各种历史悠久的中国传统宗教与民间信仰在普通民众的日常生活中扮演着重要的角色。在谈到中国基督教的增长时，著名宣教学者安德鲁·沃尔斯（Andrew F. Walls）便提醒人们不能忘记"中国基督教并不限于中国；遍布亚洲及亚洲

---

① "信仰中国"的海外版图，正是在"信仰版图"之内和"政治版图"之外的特殊存在，由此也反映了"信仰版图"与"政治版图"之间微妙而重要的差异。相较于地理上的边界，前者更着重在人事以及建设的所在、形式或归属。马来西亚籍华人学者王琛发博士对此亦有精彩的论述，参阅王琛发《全球视野下的玄帝信仰版图——以〈元始天尊说北方真武妙经〉为探讨根据》，发表于"第二届海峡两岸武当文化论坛"，武当山，2010 年 11 月 10 日；王琛发：《重构全球信仰版图 道教不能缺席当代国际议题》，发表于"国际道教论坛"，衡阳市，2011 年 10 月 24 日。

以外的海外中国人口中的基督徒目前已为数庞大"。① 事实上，各种西方宗教的海外华人信众，往往能较西方民众更加真实地把握中国国内的宗教状况。同时，相较于中国自身而言，他们更加懂得亦更有能力将中国国内的真实情况告诉西方社会。这种双向的优势，使海外华人中的西方宗教信众完全有可能充当在宗教领域中外互相理解的传译者。

就第三个"信仰板块"的信仰群体而言，尽管这些外国信众与中国本身并无直接的历史、民族、血缘与语言的联系，但是通过中国传统宗教或民间信仰这一纽带，亦成为"信仰中国"的有机组成部分。与"文化中国"第三个"意义世界"的知识取向与精英取向不同，由于宗教信仰并不以一定的知识水平为前提，"信仰中国"第三个"信仰板块"无疑更加贴近于国外民众与草根（尽管精英的作用亦十分重要）。对于绝大多数对中国本身缺乏了解的外国民众而言，中国宗教和民间信仰的大量场所、仪式、活动和出版物就成为他们认识中国时最直观、最感性及最直接的渠道。随着中国传统文化与宗教信仰在全世界吸引力与影响力的提升，这些外国信众的人数也在逐渐增加，具有一定的潜在影响力。

"信仰中国"的基本特征可以概括为多元一体、内外一体、和合共生。多元一体不仅反映了中华民族的基本格局，② 也反映了中国（大陆）宗教的整体态势。各种传统与新兴、本土与外来的宗教，尽管有着很大的差异，但是均在中国互相尊重、包容乃至彼此启发。事实上，中国五大宗教领导人目前已共同发起倡议，开展"和谐中国宗教，和谐寺观教堂"活动。③ 中国的基督教与伊斯兰教还致力于开展不同文明间的对话，并在此基础上积极推动世界基督教与伊斯兰教开展高层对话，为从深层次上解决国际社会的危机发挥积极的、建设性的作用。④ 若将这种视角推及到"信仰中国"的各个板块，可以发现，无论是其自身内部还是彼此之间，都呈现出不同程度的差异与张力。中国大陆与港澳台之间是如此，国内信众与海外信众之间也是如此。这些差异既可能导致彼此间的隔阂，也可能促成彼此间的交流。"信仰中国"正是维系和连接各个"信仰板块"的共同象征。在全球化的时代，中国的国内宗教实践已具有明显的海外效应，海外的华人信众与外国信众亦具有影响中国国家形象和利益的潜能。这种内外交融的情势决定了我们必须超越民族国家、内政外交的界限，在更广阔的视阈中来理解宗教对中国的独特意

---

① Andrew F. Walls, "The Dynamics of Christianity and Culture in the Context of Five Centuries," paper presented at International Symposium on Christianity and Sino-US Relations, May 21 – 22, 2011, Beijing, Symposium Proceedings, p. 75.

② 参阅费孝通主编《中华民族多元一体格局》，中央民族大学出版社 1999 年版。

③ 《中国宗教界关于建设"和谐宗教、和谐寺观教堂"的倡议书》（2007 年 2 月 12 日），载《中国宗教》2007 年第 2 期。

④ 蒋坚永：《发挥宗教在促进社会和谐方面的积极作用——中国的宗教政策》，参阅国家宗教事务局 http://www.sara.gov.cn//xwzx/xwjj/3867.htm（登录时间：2011 年 10 月 18 日）。

义。"信仰中国"的论述,正是要消除这种内外有别的思维定势和现实限制。

实际上,"信仰中国"不仅是一种当下的现实论述,更有其深厚的历史基础。从长时段的视角来看,但凡中国处于国力强盛、民族自信的历史时期,都出现了中外宗教交流大发展的盛况。一方面,它意味着中国积极接纳、包容各种本土与外来的宗教信仰,使之在中国和合共生;另一方面,它表现为中国真诚地向域外(海外)学习或传播优秀的宗教文化,玄奘西游与鉴真东渡即是最好的例证。这种频繁而良性的中外宗教互动,不仅塑造了中国自身,也同时塑造了中国的周边世界。

进一步而言,在中国对外部世界具有巨大影响力和吸引力的各个历史时期,宗教都在其中发挥了极其重要的作用。可以说,传统东亚世界不仅是一个以中国为中心的"文化圈"[1]、"朝贡圈"[2]、"贸易圈"[3],亦是一个以中国为中心的"信仰圈"。无论是儒、释、道三教,还是妈祖等民间信仰,皆直接参与了传统东亚世界的形成与运作,都是联系中国与东亚各国及其民众的重要精神纽带。[4] 早在隋唐时期,"佛教外交"即已是东亚国家开展对华外交的常用手段,[5] 这实际上也从侧面反映了宗教在传统中国外交与东亚国际政治中的独特地位。与官方外交层面对宗教资源的倚重相对应,滨下武志甚至认为,源于中国的妈祖曾是东亚海域民间秩序的守护者和统治者。[6] 同时,历史上每当中国试图在东西、海陆两个方向的对外关系中采取积极有为的政策时,宗教亦常常扮演着开拓者与中介者的角色。"东海"方向自不待言,沟通中国与"西域"的"丝绸之路",就不仅是一条"贸易之路、文化之路、和平之路"[7],亦是一条名副其实的信仰之路。

可以说,对于"信仰中国"的长时段追溯,所展现的是历史上中国开放而自信的大国心态,以及气势恢宏的泱泱大国气象。这种心态与气象,正是"信仰中国"得以存在和持续的重要基础。对于物质实力不断提升、民族自信逐渐增强,且正致力于实现"中华民族伟大复兴"的当代中国而言,这无疑具有现实的启发意义。

---

[1] 朱云影先生的研究,堪称此一领域的典范性著作。参阅朱云影《中国文化对日韩越的影响》,广西师范大学出版社 2007 年版。亦见高明士编《东亚文化圈的形成与发展:儒家思想篇》,华东师范大学出版社 2008 年版;高明士编《东亚文化圈的形成与发展:政治法制篇》,华东师范大学出版社 2008 年版。

[2] See J. K. Fairbank and S. Y. Teng, "On the Ch'ing Tributary System," *Harvard Journal of Asiatic Studies*, Vol. 6, No. 2 (June 1941), pp. 135–246; John K. Fairbank, ed., *The Chinese World Order: Traditional China's Foreign Relations* (Cambridge, Mass.: Harvard University Press, 1968).

[3] 参阅[日]滨下武志著《近代中国的国际契机:朝贡贸易体系与近代亚洲经济圈》,朱荫贵、欧阳菲译,中国社会科学出版社 1999 年版。

[4] 西嶋定生:《东亚世界的形成》,收入刘俊文主编《日本学者研究中国史论著选译》第二卷,中华书局 1972 年版,第 88—103 页;朱云影:《中国文化对日韩越的影响》,第六编"宗教"。

[5] 关于隋唐时期东亚世界的"佛教外交",参阅韩昇《东亚世界形成史论》,复旦大学出版社 2009 年版,第 201—205 页。

[6] 参阅[日]滨下武志著《中国、东亚与全球经济:区域与历史的视角》,王玉茹、赵劲松、张玮译,社会科学文献出版社 2009 年版,第 92—96 页。

[7] 中国国务院新闻办公室:《中国和平发展》白皮书,2011 年 9 月 6 日,第四节。

## 三 意义

随着中国改革开放的深入进行与国际参与的全面拓展,中国对自身核心国家利益的界定已渐趋清晰。[①] 在此过程中,宗教信仰对于中国国家利益的影响也越发明显和深入。"信仰中国"的提出,将至少从国家安全、经济发展、国际形象、国家统一四个方面对中国国家主权和利益的维护和实现产生潜在的积极意义。

**(一) 中国国家安全的隐性防线**

胡锦涛同志在十七大报告中曾指出,我国当前面临的和平与发展难题包括"传统安全和非传统安全威胁相互交织"[②]的局面,其中宗教对国家安全的正面和负面的影响都不容忽视。正是通过无形的意识形态维度和有形的组织及运动维度,宗教对中国国家安全的影响形成了认同安全、利益安全和合法性的三重范式。[③] 从负面影响来看,近年来,正如西藏"3·14"事件和新疆"7·5"事件所表明的,"三股势力"(宗教极端主义、民族分裂主义、恐怖主义)正是通过国内动员和跨国联系的交互方式对中国的国家安全造成了直接的威胁。同时,形形色色的国际宗教人权运动和宗教非政府组织尽管不具暴力性,但其广泛的影响力和群众性却有助推"颜色革命"的能量,从而成为影响中国国家安全更为经常而深刻的挑战。[④] 然而,从正面影响来看,如果处理得当,作为"信仰中国"第二、三板块的庞大海外华人信众群体以及中国宗教的外国信众群体完全有可能构成维护中国国家安全和利益的隐性防线。这种对中国国家安全的维护,不仅表现为塑造所在国民众和政府更为积极的中国认识与中国政策,还体现为抵消、平衡各种海外反华宗教势力的影响力与破坏力。在中国自身的国家力量尚不足以充分应对国际各种政治议题操作与跨国宗教挑战的情况下,"信仰中国"的海外版图无疑有可能成为一股重要的牵制力量。

**(二) 中国经济发展的持续保障**

在全球化的时代,中国的经济发展已越发与外部世界紧密相连,中国也逐渐形成了

---

[①] 在最新的《中国和平发展》白皮书中,明确将中国的核心国家利益界定为:国家主权,国家安全,领土完整,国家统一,中国宪法确立的国家政治制度和社会大局稳定,经济社会可持续发展的基本保障。参阅中国国务院新闻办公室《中国和平发展》白皮书,2011年9月6日,第三节。

[②] 胡锦涛:《高举中国特色社会主义伟大旗帜 为夺取全面建设小康社会新胜利而奋斗——在中国共产党第十七次全国代表大会上的报告(2007年10月15日)》,人民出版社2007年版,第46页。

[③] 徐以骅、章远:《试论宗教影响中国国家安全的路径和范式》,第109—116页。

[④] 徐以骅:《全球化时代的宗教与国际关系》,载《世界经济与政治》2011年第9期。

"引进来"与"走出去"相结合、沿海开放与内陆开放双向并行的全方位开放格局。规模巨大的宗教经济及其广阔的国际贸易网络，已然成为中国经济持续发展的重要组成部分，在全球宗教复兴的大背景下更具有十足的增长潜力。"信仰中国"的提出，亦有助于增强海外华人与外国信众对中国的向心力和投资效应。相应地，在传统文化和宗教信仰的依托下，中国的经济"走出去"战略也更有可能获得良好的外部环境和外部认同，消除"经济殖民"与"资源掠夺"等负面指责，从而更具有可持续性。在新疆的"向西开放"这一国家战略中，除了地缘上的优势以外，共同的伊斯兰教信仰亦有助于中国借由新疆实现与中亚、巴基斯坦乃至中东、北非等伊斯兰地区的经济整合和优势互补。与此同时，正是基于信仰以及语言的共通性，众多的中国西北回族穆斯林不断走出国门，成为中国在中东、北非等伊斯兰地区的经济利益的重要实现者与维护者，并且成为"沟通中国对伊斯兰各国关系的兼具象征性和实践性的管道"。[1] 事实上，这种日益显现的、以宗教信仰为依托的中国公民海外经济参与，正是中国政治与外交中从未经历过的新情势，急剧扩大的海外利益及其保护已然成为中国外交必须面对的新课题。[2] 在此过程中，如何积极凭借中国丰富的宗教信仰资源切实保护中国海外利益，就成为一种可供探讨的全新思路。这恰恰需要我们在"信仰中国"的视野中，进一步思考中国各种宗教的内外联系所具有的丰富意涵。

**（三）中国国际形象的正面塑造**

国家利益是由双向建构而成的，在内部生存和经济发展得到保障后，国家利益的追求自然会加入更多的外部建构因素如国际影响和国际形象。中共十七届六中全会指出，在当今世界处于大发展大变革大调整的时期，"增强国家文化软实力、中华文化国际影响力要求更加紧迫。"[3] 道教、佛教等中国传统宗教和民间信仰作为连接"信仰中国"内部三个"信仰板块"的纽带，"历来是中华文化的重要组成部分，是人类文明的宝贵财富。"[4] 这些传统宗教信仰的复兴，不仅为中国崛起提供了价值基础，也有助于塑造中国更为正面的国际形象。国际形象是一国软实力和影响力的重要来源，而宗教形象又是分量极重的国际形象要素，处理好国内外宗教问题因此也成为中国树立负责任大国形象

---

[1] Vincent Goossaert and David A. Palmer, *The Religious Question in Modern China* (Chicago: The University of Chicago Press, 2011), p. 377.
[2] 苏长和:《论中国海外利益》，载《世界经济与政治》2009 年第 8 期。
[3]《中共中央关于深化文化体制改革推动社会主义文化大发展大繁荣若干重大问题的决定》，载《人民日报》2011 年 10 月 26 日，第 1 版。
[4] 参阅贾庆林于 2011 年 10 月 23 日致"国际道教论坛"的贺信，《国际道教论坛在南岳衡山开幕 贾庆林致信祝贺》，载《人民日报》2011 年 10 月 24 日，第 1 版。

的重要环节之一。①"信仰中国"的提出,不仅有助于消除西方世界对"无神论中国"的刻板印象和种种疑虑,也有助于避免国际社会将当代中国人视作纯粹追求物质利益的"经济动物"。在中国国内宗教问题日益具有国际效应的当下,"增强国际话语权,妥善回应外部关切","展现我国文明、民主、开放、进步的形象"②,正是"信仰中国"论述的意义所在。

**(四)中国国家统一的精神纽带**

"冷战"在世界范围内的结束,并未宣告国共内战和东亚冷战格局的彻底终结。两岸以及全世界华人因长期政治和意识形态的对立而造成的心灵分裂,正是阻碍国家统一的深层原因。海峡两岸在经济上的热络并未能掩盖彼此在心灵上的隔阂,"台独"势力的政治操作又强化了两岸民众的相互疑虑。然而在台湾,发源于中国大陆的各种传统宗教与民间信仰堪称除了棒球运动以外为数极少的可以同时被蓝绿阵营所接受的共识。实际上,佛教、道教、妈祖、王爷等宗教与信仰在两岸交往中,始终扮演着开拓者的角色。无论是佛指舍利赴台瞻礼这一两岸佛教界的世纪盛事,还是先于两岸正式直航的"宗教直航",都充分表明了宗教在凝聚两岸人心,推动国家统一进程中的重要作用。中国大陆所拥有的众多宗教圣地和圣物,正为强化台湾信众尤其是草根阶层的中国认同提供了条件。对于数量庞大的海外华人而言,信仰上的归属感亦能使其更加心系国家统一。

然而,以上所述只是"信仰中国"论述的四个潜在意义。若要将这种潜在可能转化为现实的国家利益,便更需要中国国家力量的积极塑造和展示,而中国物质力量的急速提升恰恰为此提供了条件。从"信仰中国"的视野出发,这些积极塑造和展示的努力至少可以包括:

1. 在海峡两岸关系率先实现"宗教直航"的基础上,进一步开放和加强两岸包括各种民间信仰和建制宗教在内的交流,尤其注重基层草根信众之间的往来,从而"增加中华文化认同、中华民族认同,建设我们共同的精神家园,推动两岸关系的和平发展,促进中华民族伟大复兴"。③

2. 充分依托中国所拥有的宗教圣地、圣物等宝贵财富,积极将港澳台、海外华人以及外国信众"请进来",通过他们的亲身观察向国际社会展示更为真实的中国宗教状况。

---

① 徐以骅:《全球化时代的宗教与国际关系》,第18—19页。
② 《中共中央关于深化文化体制改革推动社会主义文化大发展大繁荣若干重大问题的决定》,载《人民日报》2011年10月26日,第1版。
③ 引自贾庆林2009年7月11日在"第五届两岸经贸文化论坛"上的题为《大力加强两岸文化教育交流 建设两岸同胞共同精神家园》的演讲。新华网,http://news.xinhuanet.com/politics/2009-07/11/content_11693591.htm(登录时间:2011年10月18日)。

同时，凭借中国拥有的多元宗教与信仰资源，以更加开放的心态鼓励熟悉中国宗教国情的宗教人士及各界人士"走出去"，提升中国在国际宗教舞台的对话和论述能力。

3. 充分发掘宗教作为中国外交的重要资源，化被动为主动，通过中央、地方与民间社团相结合，公共外交和民间外交相结合的方式积极向海外投射中国的宗教影响力。实际上，官民并行、多层互动的公共外交和民间外交正是党的统一战线和群众路线理论在国际层面的灵活运用。无论是中美基督教领袖论坛、世界佛教论坛、国际道教论坛等高级别会议，还是更富草根性的各种民间性宗教信仰往来都旨在展现中华民族的精神世界。假以时日，我国宗教的国际吸引力完全有可能从目前的"圣物"（如"圣经事工展"、"宗教文化展"、"佛牙/佛指舍利赴外供奉"）和实践层次（如"少林武功"、"家庭教会"、"圣经出口"、"各教和谐"）逐渐提升到制度、范式和思想层次。[①]

4. 充分认识到海外华人与外国信众团体的组织、动员和参与能力。除了中国宗教信仰的"走出去"与各种公共外交举措以外，"信仰中国"的第二、三板块是中国宗教信仰在海外最具经常性、建制性、广泛性和草根性的存在，也是西方世界认识中国宗教信仰的一个窗口。因此，通过强化与这部分人群的精神纽带和人员往来，从而塑造所在国民众和政府对中国宗教现状的正确和正面认知，切实增进中国的国家利益，无疑具有相当的可行性。

在中华民族伟大复兴的历史进程中，一个体现数量广大的部分中国民众的精神诉求的"信仰中国"正在逐渐浮现而变得清晰。"信仰中国"的论述和塑造，不仅将为民族复兴提供坚实的价值支撑，也有助于实现国内宗教发展、跨国宗教交流与国家总体外交三者的良性互动，加强因宗教信仰关系而结成的各种海内外"神缘"，[②] 弥合中国外交中"软硬失衡"、"内外有别"、"上下脱节"等多重差距，从而推进中国国家利益的全面实现和中华民族的伟大复兴。

（作者简介：徐以骅，复旦大学国际关系与公共事务学院、美国中心教授，博士生导师，中国特色社会主义统一战线理论研究基地专家；邹磊，复旦大学国际关系与公共事务学院博士生，原文发表于《国际问题研究》2011年第1期）

---

① 徐以骅：《当代中国宗教与国家安全》，第181页。
② 关于"神缘"，参阅林其锬、吕良弼主编《五缘文化概论》，福建人民出版社2003年版。

# 统战与安全

## ——新中国宗教政策的双重解读*

### 徐以骅　刘骞

中国是拥有多元宗教信仰和深厚宗教传统的国家。中华人民共和国成立60多年以来，中国政府的宗教政策经历了风风雨雨，有过不少经验和教训。新国家成立后，"无神论"成为国家主流意识形态，① 宗教和宗教团体虽然在国家的政治生活中具有一定的地位，但信徒人口比例以及社会影响力却显著下降。然而，随着20世纪下半叶以来的全球宗教复兴，宗教在中国也出现了前所未有的迅猛发展态势，使人们的宗教生活出现了"大起大落"的变化格局。② 尽管政府的宗教政策根据宗教的发展趋势作出了种种相应的甚至重大的调整，但其实质仍然坚持了中国共产党一贯的原则立场和基本路线，呈现出特有的规律性变化。

对于中国政府的宗教政策，国内外有种种不同的解读。本文选择统战和国家安全的双重视角，试图揭示1949年10月以来中国宗教政策演变的内在逻辑，并为中国新的宗教政策的制定提供某种理论思路。

## 一　中国宗教政策两条主线的形成

宗教一直在中国的国家安全考量中占据重要地位，或者说长期以来被安全化。在中国共产党执政后，由于与西方帝国主义、国民党政权和其他"封建反动势力"在组织上、思想上、经济上和人事关系上的密切联系，更由于朝鲜战争爆发后中国国际安全形势的恶化，未经改造的各种宗教势力基本上均被视为异己力量。不仅如此，新政权的马克思主义政治意识形态把宗教置于落后甚至对立的地位，这也强化了宗教问题安全化的

---

*　本文是教育部哲学社会科学重大课题攻关项目"宗教与中国国家安全"（项目批准号：06JZD0005）以及复旦大学"985工程"三期推进社会科学研究项目"全球化时代的宗教与中国国家建设"的中期成果。

①　叶小文：《宗教问题：怎么看　怎么办》，宗教文化出版社2007年版，第13页。

②　卓新平：《"全球化"的宗教与当代中国》，社会科学文献出版社2008年版，第1页。

认知和实践。解放初期，教会主权归属问题在基督教和天主教方面尤为突出。[1] 教权问题说到底就是主权问题，解决教权归属问题自然成为新政权的一项主要安全考量。

然而长期以来，中国共产党党的建设、武装斗争和统一战线被誉为中国共产党党的"三大法宝"，其中，党的建设是对内（体制内）方针，武装斗争和统一战线是对外（体制外）战略。与武装斗争强调"硬实力"不同，统一战线更多体现的是党的"软实力"。中国共产党在其长期革命斗争实践中，团结了宗教界人士和信教群众为各个阶段的革命事业服务，逐步形成中国共产党宗教政策中的"统战传统"或"统战主线"，1949 年发表的《中国人民政治协商会议共同纲领》确认了中国共产党的宗教政策为新国家的基本国策之一，明确将宗教界人士定性为新中国爱国统一战线的对象，在某种程度上以"统战"方式确立了宗教在社会主义国家中应有的合法地位。[2]

20 世纪 50 年代初，在各宗教内开展了表现形式不一的"宗教控诉"、"宗教革新"、"民主改造"和"社会主义教育"等政治性运动后，执政党以尊重宗教信仰、团结广大信教群众、积极引导宗教与社会主义社会相适应为主线的宗教政策得以确立，并且在此后的长期实践中得到加强和完善，尽管其间该政策曾受到各种政治运动的冲击而变形走样甚至严重偏离。然而，反对帝国主义利用宗教侵华、取缔和镇压反动会道门、废除宗教封建特权和压迫剥削制度、揭露和打击披着宗教外衣的反革命分子和坏分子、防止外来宗教势力渗透、打击三股势力（宗教极端主义、民族分裂主义、恐怖主义）以及四个维护（维护法律尊严、维护人民利益、维护民族团结、维护国家统一）[3] 等斗争实践和政策目标，构成了执政党宗教政策的另一条主线，而防止外来宗教渗透、打击三股势力和"四个维护"业已成为近几十年来我国政府在宗教安全领域的基本方针。[4] 上述中国共产党宗教政策的两条主线（即统战主线和安全主线）相辅相成互为表里，成为解读中国共产党和政府宗教政策缺一不可的两大路径。[5]

与上述宗教政策相对应的，就是长期以来国内政学两界关于中国宗教政策的论述。与国家安全主线和统战主线相对应，宗教政策（对策）研究领域相继出现了"鸦片论"、"迷信论"、"稳定论"以及"反渗透论"等"宗教安全"主张，尤其在处理具有西方背景的基督宗教方面。"反宗教渗透"至今仍为讨论宗教问题的基调之一，围绕宗教渗透

---

[1] 可参见周恩来《关于基督教问题的四次谈话》，中共中央文献研究室编《建国以来重要文献选编（第一册）》，中央文献出版社 1992 年版，第 222 页。
[2] 可参见中国人民政治协商会议第一届全体会议《中国人民政治协商会议共同纲领》，中共中央文献研究室编《建国以来重要文献选编》（第一册），中央文献出版社 1992 年版，第 1—13 页。
[3] 《新时期统一战线文献选编·续编》，中共中央党校出版社 1997 年版，第 757—758 页。
[4] 可参见江泽民《江泽民文选》（第三册），人民出版社 2006 年版，第 390—391 页。
[5] 徐以骅：《当代中国宗教和国家安全》，晏可佳主编《辉煌六十年——中国宗教与宗教工作》，上海人民出版社 2010 年版。

的种种关于宗教与国家安全的论述构成了具有中国特色的"反渗透学",① 取代了宗教"鸦片论"等主张而成为国家宗教政策领域的标准话语。在另一方面,"协调论"、"适应论"以及"和谐论"等"宗教统战"主张也相继提出,反映在先后出台的政府有关宗教政策和重要文献中。这些"宗教统战"的主张,是中国共产党的统战政策在宗教领域的运用,即把爱国和社会主义国家建设作为"最低公分母"或"最低纲领",在充分保障宪法规定的宗教自由的前提下,来争取和团结广大信教群众,把无神论者与信仰有神论的教会和信众紧密连接在一起,为社会主义社会建设和祖国统一大业等国家的基本利益而共同奋斗。②

## 二 中国宗教政策"两条主线"的互动及其演变

国家安全是任何国家生存和发展的前提,也是任何国家制定其政策的首要关切,维护包括宗教安全在内的国家安全是中国统筹一切工作的准绳。③ 而团结一切可以团结的包括广大信教群众在内的力量为实现社会主义社会和经济发展目标服务,则是中国共产党进行各项工作的基本和一贯的立场,尤其为当前中国国家建设的既定战略目标。显然,宗教安全和宗教统战是中国共产党和中国政府宗教政策和工作的两项主要考量。对任何国家而言,再没有什么比主权安全更重要的事了,并且再也没有比经济繁荣和社会昌盛更关键的治理目标了。宗教安全与宗教统战路径虽异,但目标相同。不过,在中华人民共和国60多年的历程中,宗教安全与宗教统战工作之间的关系并不总是被处理得十分顺畅和平衡的。在国内外政治大环境的影响下,两条路线的发展此消彼长,不同历史阶段的宗教政策也因此呈现出种种差异,甚至是重大的差异,对中国的宗教发展产生了显著不同的影响。

### (一)宗教安全线和统战线的形成期(1949—1957)

1949年10月新国家成立之后,国内的反动势力仍十分猖獗,它们借用宗教名义进

---

① 此类"反宗教渗透"的著述不胜枚举,可查中文期刊全文数据库。境外宗教渗透被描述为境外团体、组织和个人利用宗教从事的各种违反中国宪法、法律、法规和政策的活动和宣传。主要有两方面的情况:一是境外敌对势力利用宗教作为渗透的工具,打着宗教旗号颠覆中国现政权和社会主义制度,破坏国家统一和民族团结;二是企图控制中国的宗教团体和干涉中国宗教事务,在中国境内建立宗教组织和活动据点、发展教徒。……渗透的实质是要颠覆中华人民共和国政权和社会主义制度、破坏中国统一的事业,控制我国的宗教团体和宗教事务。见张夏《新时期抵御境外宗教渗透的几点思考》,《科学与无神论》2006年第4期,第48页。另参任杰《中国共产党宗教政策》,人民出版社2007年版,第311—320页。

② 可参见江泽民《江泽民文选》(第三册),人民出版社2006年版,第396页。

③ 徐以骅、章远:《试论宗教影响中国国家安全的路径和范式》,《复旦大学学报》(哲学社会科学版)2009年第4期。

行的各种破坏活动时有发生,许多国内信徒对新政权持怀疑态度;另一方面,在国际层面朝鲜战争的爆发和新中国对当时的苏联社会主义阵营"一边倒"的对外政策决定了中国处理宗教问题在一定程度上借鉴了"苏联模式"。通过反帝爱国运动以及"宗教民主改革"收回教权和自办教会是当时中国政府在宗教领域的主要问题。因此,这一时期的国情决定了宗教政策制定的国家安全语境,或者说这一时期中国宗教政策的"安全主线"是由当时内忧外患的现实所造成的。同时,如何以执政党的身份建设新国家对中国共产党而言还是一个全新课题。中国领导人多次表示,中国共产党和人民政府还没有能力只依靠自己的力量来收拾国民党政府留下的经济和社会全面崩溃的"烂摊子"。因此,错综复杂的国内外形势和繁重艰巨的建设任务,要求中国共产党进一步巩固与发展人民民主统一战线,最大限度地团结一切可以团结的力量,克服所面临的困难,为彻底完成民主革命,反对帝国主义和逐步向社会主义过渡而共同奋斗。[1] 从宗教界来看,宗教上层人士不仅在教内有号召力,而且在社会上也颇具影响力,并且其中绝大多数有强烈爱国情怀,与全体中国人民有着共同的利益。1953 年,中国共产党在《关于过去几年党在少数民族中进行工作的主要经验总结》中,指出了宗教具有"群众性、民族性、国际性、复杂性、长期性"的"五性"特征,承认宗教将在社会主义中长期存在的现实,基于此共产党人不能把"消灭宗教"作为实际工作任务。因此,在保障宪法规定的宗教自由的前提下,将宗教团体和宗教人士纳入人民民主统一战线,是这一时期党的宗教政策的主要任务。[2] "新政协"在《共同纲领》中明确表示:中华人民共和国人民有宗教信仰的自由,并且政府尊重少数民族的风俗习惯及宗教信仰的自由。[3] 这就消除了教会和教徒对新政权的疑虑,为把宗教界人士和广大信徒团结到建国初期"医治战争创伤、巩固人民政权、恢复和发展国民经济"的国家中心战略上来奠定了基础。

由此可见,中华人民共和国建立最初 10 年,中国共产党的宗教政策的"统战主线"与"安全主线"一样,也是由当时的具体国情所造成的。这一时期中国宗教政策中形成了并行不悖且相互映衬的安全和统战两条主线或基轴。由于全国这种特殊原因,该时期宗教工作基本上是以安全为主、统战为辅,但两条路线之间的互动较为舒缓和顺畅。

### (二)宗教安全线与统战线的失衡期(1957—1976)

在这一时期,中国共产党的宗教政策受到"左"倾思想和反右扩大化国内政治形势的影响,出现了严重偏差,宗教问题被完全等同于政治问题,并被提升到维护国家政治

---

[1] 周恩来:《发挥人民民主统一战线积极作用的几个问题》,载中共中央文献研究室编《建国以来重要文献选编》(第一册),中央文献出版社 1992 年版,第 173—189 页。

[2] 江平:《民族宗教问题论文集》,中共党史出版社 1995 年版,第 385 页。

[3] 中国人民政治协商会议第一届全体会议:《中国人民政治协商会议共同纲领》,中共中央文献研究室编《建国以来重要文献选编》(第一册),中央文献出版社 1992 年版,第 2、12 页。

安全的高度,甚至直接把削弱和放弃宗教信仰作为维护国家政治安全的手段。宗教政策和工作从以安全为主、统战为辅转变为取消统战乃至全盘"安全化",致使中国人的正常宗教活动受到重大破坏,宗教工作也陷入停顿状态。1957年"反右"以后,破除迷信和宗教界"大跃进"思想开始出现,"消灭宗教"成为流行口号。1962年召开的全国第七次宗教工作会议对当时的宗教形势做出了完全错误的判断,认为宗教仍然是剥削阶级利用的工具,因此要用阶级观念和阶级分析方法来观察和处理宗教问题。国务院宗教事务局还专门针对中国宗教形势提出了五项指导方针,认为宗教从五个方面严重威胁着中国的国家安全,这五方面可概括为"宗教鸦片论"、"宗教反社会主义论"、"宗教迷信论"、"宗教反动论"和"宗教残余论"。1964年,主管宗教工作的中共中央统战部及主要负责人李维汉被认为"向资产阶级投降"以及"维护宗教势力,攻击党对宗教制度的民主改革"而被点名批评和批判。1966年"文化大革命"开始后,党内极"左"路线发展到巅峰,致使中国宗教事业遭受空前浩劫,大批教职人员和信徒遭到迫害,正常宗教活动基本上被迫停止,或转入地下。① 在这一时期,宗教活动或被视为封建迷信,或被看作反党反政府反革命行为,宗教问题被"全盘或极端安全化",严重损害了中国宪法中宗教信仰自由的基本原则,"宗教统战"路线则几乎完全停止。

**(三)宗教安全线和统战线的调整期(1976—1989)**

改革开放以后,中国宗教政策的"安全线"呈现出相对淡化趋势,而"统战线"的加强也显得相当突出。

1979年6月,邓小平在全国政协五届二次会议上致的开幕词,可说是揭开中国宗教政策调整的序幕。此后,中共中央在1982年发布了《关于我国社会主义时期宗教问题的基本观点和基本政策》(19号文件),该文件否定了"宗教鸦片论"的观点,强调尊重和保护宗教信仰自由,指出宗教信仰与政治立场不属于一个范畴,宗教工作的着眼点应由用马克思主义来削弱、战胜和取代宗教信仰转变为相互尊重彼此的信仰。与此同时,该文件再次围绕"五性论"从五个方面全面阐述了中国宗教政策的基本立场,指出正是由于宗教的群众性、民族性、长期性、国际性和复杂性的客观存在,中国的宗教政策才必须坚持统一战线原则。该文件指出,现阶段的中国,由于宗教状况比起建国初期已经有了很大的改变,"信教群众与不信教群众在思想信仰上的这种差异是比较次要的差异,如果片面强调这种差异,甚至把它提到首要地位,歧视和打击信教群众,而忽视和抹杀信教群众和不信教群众在政治上、经济上根本利益的一致,忘掉了党的基本任务是团结全体人民(包括广大信教和不信教的群众)为建设现代化的社会主义强国而奋

---

① 中共中央:《关于我国社会主义时期宗教问题基本观点和基本政策》,中共中央文献研究室、国务院宗教事务局编《新时期宗教工作文献选编》,宗教文化出版社1995年版,第57—59页。

斗,那就只能增加信教群众和不信教群众之间的隔阂,而且刺激和加剧宗教狂热,给社会主义事业带来严重的恶果。"[1] 因此把信教群众的"意志和力量集中到建设现代化的社会主义强国这个共同目标上来,这是我们处理一切宗教问题的根本出发点和落脚点"。[2] 该文件也指出了宗教问题对于中国国家安全的重要意义,一方面,在国内层面,宗教狂热行为和非法开展的宗教活动与社会主义利益相违背;而另一方面,在国际层面,外国敌对势力频繁借用宗教名义从事颠覆社会主义的活动,严重危害着中国国家安全。[3] 但在这一时期,由于我国的国家安全利益已由"政治安全至上"转变为"政治安全与经济建设并重",宗教工作领域的拨乱反正,以及宗教安全因素的淡化和宗教统战因素的强化,使中国宗教政策的"安全线"与"统战线"出现了相对平衡的状态。

**(四)宗教安全和统战线的转型期(1989年以来)**

"冷战"的结束不仅使世界格局发生重大变化,也导致许多被政治和军事对抗所掩盖并积累下来的宗教矛盾有了彻底释放的机会,而苏联解体所造成的意识形态真空亦为宗教发力提供了"便利"空间,以美国为首的西方更是以"冷战"胜利者和"凯旋者"的姿态向全世界展示由其所定义的"人权"和"民主"的所谓"优越性"。[4] 在这一阶段初期,中国受到严重政治风波的冲击。作为当今世界上最大的社会主义国家,一时间成为西方国家"西化"和"分化"的重点目标。在此背景下,中国领导人在各种场合多次强调,苏联解体和世界社会主义运动的重大挫折及其宗教因素在其中的作用必须引起重视,宗教问题关系到国家和民族的安定团结和祖国统一,关系到渗透与反渗透、和平演变与反和平演变的斗争,宗教渗透论在中国宗教政策中的核心地位得以确立。中国宗教安全面临的主要挑战包括得到境外敌对势力支持的"三股势力"、外部势力直接插手中国宗教事务以及国内非法宗教活动等。近年来西藏、新疆地区分别发生"3·14"、"7·5"等暴力事件,就是这些安全威胁的具体体现。

面对宗教领域的这些新问题和新变化,中国共产党仍然坚持宗教工作领域的统战主线,并提出"引导宗教与社会主义社会相适应"和"依法管理宗教事务"两项任务。1991年,中共中央发布《中共中央、国务院关于进一步做好宗教工作若干问题的通知》(第6号文件),提出要"全面正确地贯彻执行宗教信仰自由政策","依法对宗教事务进行管理",充分发挥宗教团体的作用,健全宗教工作机构,加强宗教工作干部队伍建设

---

[1] 中共中央:《关于我国社会主义时期宗教问题基本观点和基本政策》,中共中央文献研究室、国务院宗教事务局编《新时期宗教工作文献选编》,宗教文化出版社1995年版,第59—60页。
[2] 同上书,第60—61页。
[3] 同上书,第60、70页。
[4] 徐以骅:《宗教与当前美国外交政策》,《和平与发展》2008年第1期。

和党对宗教工作的领导等意见。① 时任国务院总理朱镕基在 2001 年全国宗教工作会议上指出，依法管理宗教事务，是政府的重要职责，也是实行依法治国方略的必然要求。② 中共十六大以后，以胡锦涛为总书记的中央进一步明确了宗教工作的基本方针，即全面贯彻中国共产党的宗教信仰自由政策，依法管理宗教事务，坚持独立自主自办的原则，积极引导宗教与社会主义社会相适应。③ 2004 年国务院颁布《宗教事务条例》，地方性宗教法规和政府规章也有较大的发展，宗教工作逐步走上了依靠政策和依靠法规的"双重轨道"。④ 2006 年，时任中共中央总书记胡锦涛在全国统战工作会议上，提出要正确认识和处理五大关系，而宗教关系正是统一战线的"五大关系"之一。胡锦涛强调认识宗教问题的"三性"（宗教存在的长期性、宗教问题的群众性和特殊复杂性）和宗教工作"四句话"的基本方针（全面贯彻党的宗教信仰自由政策，依法管理宗教事务，积极引导宗教与社会主义社会相适应，坚持独立自主自办的原则），将宗教工作与构建社会主义和谐社会的进程紧密结合起来。⑤ 中共十六届六中全会通过的《中共中央关于构建社会主义和谐社会若干重大问题的决定》明确指出要"发挥宗教在促进社会和谐方面的积极作用"。中共十七大报告进一步强调，"发挥宗教界人士和信教群众在促进经济社会发展中积极作用"。⑥ 上述文件和讲话均强调了宗教与社会主义社会尽管在信仰上各异，但在促进国家经济建设、维护国家利益、从事社会服务事业和宣扬社会公义伦理等方面具有一致性，在重视宗教意识形态属性的同时更强调宗教的社会属性，从而为宗教的社会适应开拓了广阔的空间。这一时期，在"坚持以经济发展为中心不动摇"的指导思想之下，虽然宗教渗透和宗教极端主义等问题上仍被列入国家安全议程，但中国宗教政策的"安全线"继续相对淡化，并且随着宗教法制建设的发展，中国的宗教管理工作不仅出现宗教政策以统战为主、安全为辅的趋势，而且出现"宗教政策"与"宗教法规"齐头并进的局面，在"政策线"发生重大调整的同时，"法规线"建设也有重大进展。"政策线"与"法规线"的联动成为转型期中国宗教工作的主要内容之一。

---

① 《中共中央、国务院关于进一步做好宗教工作若干问题的通知》，载中共中央文献研究室、国务院宗教事务局编《新时期宗教工作文献选编》，宗教文化出版社 1995 年版，第 214 页。

② 《人民日报》2001 年 12 月 13 日，第 1 版。

③ 贾庆林：《广交朋友做和平使者　寻求共识建和谐世界》，《人民日报》2006 年 9 月 2 日，第 2 版。

④ 在我国上述四个时期的宗教政策中一直就有"依法治教"和宗教工作法制化的思路，但 2004 年国务院颁布的《宗教事务条例》第一次明确以正式法律法规的形式将中国宗教事务纳入中国的法律体系。有研究者认为该条例"是党的宗教工作方针政策的制度化、法律化，是宪法原则的具体化，是几十年来宗教工作实践经验的总结"。见前引任杰著《中国共产党宗教政策》，第 176 页。

⑤ 胡锦涛：《不断巩固和壮大统一战线，共同建设中国特色社会主义》，《前进论坛》2006 年第 9 期。参见叶小文《改革开放 30 年党的宗教工作理论创新》，《中国宗教》2009 年第 1 期。

⑥ 胡锦涛：《高举中国特色社会主义伟大旗帜　夺取全面建设小康社会新胜利而奋斗——在中国共产党第十七次全国代表大会上的报告》，人民出版社 2007 年版，第 31—32 页。

## 三 中国宗教政策"两条线"的基本趋势

回顾中华人民共和国 60 多年来宗教政策的发展轨迹，我们似可归纳出以下几点结论：

首先，中国共产党和政府宗教政策的安全线和统战线需要保持一定的动态平衡。60 年多来中国宗教政策安全主线与统战主线的互动共经历了四个阶段，分别为：安全为主、统战为辅；安全至上、统战消亡；安全与统战相对平衡以及统战为主、安全为辅。事实证明，根据社会发展需要作出调整以保持安全和统战两条线的相对平衡是制定合理和有效的宗教政策的关键。无论是安全至上还是统战至上，尤其是安全至上，都不利于宗教工作的开展，甚至会给宗教及其宗教工作带来极大损害（60 年来统战线和安全线的消长可参见下页图）。

其次，在过去 60 多年尤其是改革开放以来，无论中国宗教政策的安全还是统战主线的内涵和外延都一直在发展和变化。如安全主线就经历了从鸦片论—渗透论—保障人民宗教权利的宗教安全观上的转变；而统战线则经历了从管理协调—引导适应—和谐共存、从争取宗教上层人士到团结全体信众、从"团结、教育、改造"到"培养、教育、引导"，以及从促进国内建设到推动祖国统一等的发展。因此，在中国，宗教安全和统战虽然是历史性理念，但是这两项工作一直都在推陈出新、与时俱进。实际上安全和统战具有普世性的意义，世界上绝大多数国家政策的制定都在不同程度上具有安全和统战的考量，尽管可能使用不同的名称。当然，就特殊性而言，统战工作在我国是一项具有战略性和目的性的国策，而在他国类似的做法可能只是策略性和工具性手段。

再次，从长期来看，安全线的相对淡化和统战线的相对加强是中国宗教工作的发展趋势。1957 年以前教权归属问题的解决、改革开放以来国家安全利益的多元化，以及近年来法制因素的介入和以法治教方针的提出，都在相当大的程度上舒缓了国家在宗教领域所受到的安全压力，同时为统战线的相对强化提供了政治和法制基础。实际上加强"统战线"以及健全"法规线"是释放宗教领域安全压力的最佳途径之一。尽管目前暴力型宗教极端主义、民族分裂主义、恐怖主义三股势力以及其他宗教敌对势力仍对中国构成突发性和经常性的安全挑战，但难以扭转中国宗教安全即"我国国家内部信仰主体和格局有利于维持国家的安定团结，外部势力在宗教领域对我国的国家主权、政治制度、社会现状等核心利益不构成严重威胁"[①] 的大局。

---

① 前引徐以骅、章远《试论宗教影响中国国家安全的路径和范式》，第 111 页。

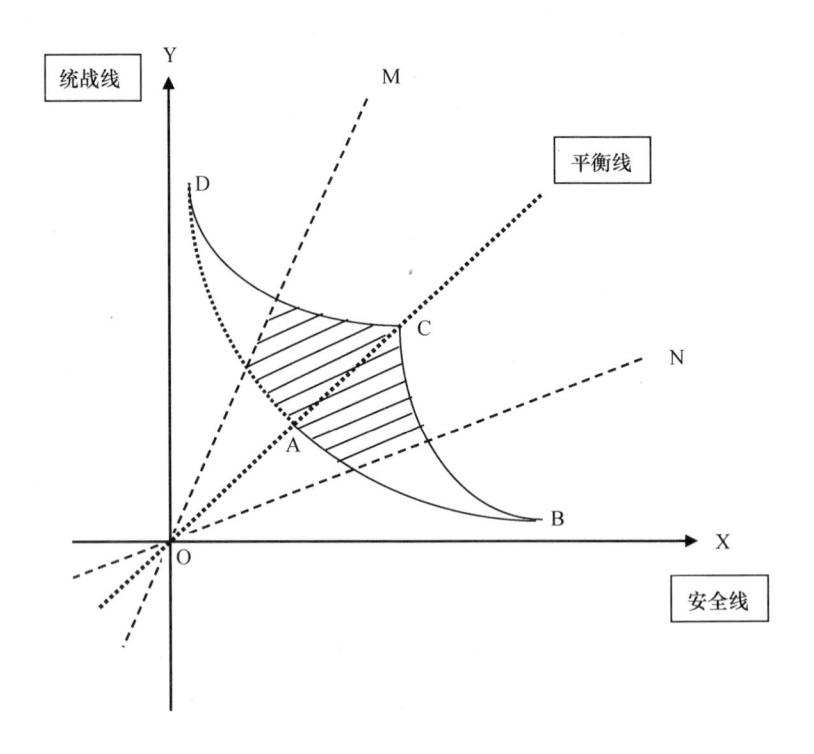

图表说明：

(1) X 轴与 Y 轴分别代表中国宗教政策中的"安全线"与"统战线"。

(2) OC 虚线代表"统战线"与"安全线"互动趋于平衡的状态。

(3) 中国宗教政策的形成期，宗教安全线与统战线在 A 点开始发生互动，呈现"两线互动平衡"向"安全为主、统战为辅"的变化，即图表所示"曲线 AB"的走向。

(4) 曲线 CB 走向表示中国宗教政策进入失衡期，由于"安全至上、统战消亡"，该时期宗教政策落在图表上的 B 点。

(5) 此后中国宗教政策进入调整期。该时期实现了宗教领域的"拨乱反正"，同时，安全线的某些内容仍然十分显著（如防止渗透），但安全线还是呈现相对"淡化"的情形。统战线上升而安全线消退，呈现出曲线 BC 回归平衡线（即 OC 虚线）的运动。

(6) 在中国宗教政策的转型期中，由于宗教政策以"统战为主、安全为辅"的特点，在"统战线"继续上升的同时"安全线"加速下降，故该阶段对应图表曲线 CD 的运动走向。由于来自宗教的安全挑战在相当长的时期内不可能消失，因此曲线 CD 无法达到 D 点，即"统战至上"。

(7) 如果在新时期宗教领域安全形势恶化导致安全线的加强，就有可能出现曲线 DA（虚线）的走向，从而形成我国宗教政策"安全线"和"统战线"消长的"蝙蝠形"图案。

(8) "安全线"和"统战线"如在"蝙蝠躯干"即虚线 OC 两翼调整，也就是在"蝙蝠形"图案的阴影部分调整，这可以表示中国宗教政策处于相对平稳的区间，而且这应是我国宗教政策的常态；两线的调整如超出阴影部分而进入空白部分，则表示中国宗教政策可能处于失衡的状况，就像上述第二时期尤其是"文化大革命"期间（1966—1976）出现的"安全至上、统战消亡"的状况。

最后，宗教工作的安全线和统战线的共同目标均为服务中国包括维护宗教自由在内的国家利益。在处理宗教安全和其他安全问题时，安全化通常指的是超常规的全面动员。安全化（尤其在我国）有不少好处，它可使政府集中国力来推进某一事业或应对"存在性威胁"，可迅速强化社会整合和认同，并且获得合法处理某些事务的全权。但是，在中国目前的社会环境下安全也不是越多越好，安全的泛化通常会导致不必要地占用大量社会资源，稀释、模糊乃至偏离国家的既定战略目标，最后使得安全化失去效果和意义。不过，如把宗教可能带来的中国国家安全问题视而不见，同样不利于维护中国的国家利益。[①] 因此，以当前中国的国家利益为准则，我们在宗教领域似可采纳某种有限（选择性）安全化的对策，对宗教问题实行安全化和去安全化并举、安全与统战并举，以及保持安全线与统战线、政策线与法制线相对平衡的政策，将一般社会安全问题与重大国家安全问题加以区隔，按程度和性质就事论事地看待宗教问题，既不扩大也不缩小宗教的作用，使一般宗教问题公共政策化并与安全问题脱钩，充分调动宗教工作的统战主线，使宗教政策更充分地反映中国"强国弱宗教"的社会现实、"依法治国"的治国方略以及中国社会和谐、承担国际责任并且与国际社会协调的大国气象。

（作者简介：徐以骅，复旦大学国际关系与公共事务学院教授、博士生导师，中国统一战线理论研究会理事，上海市政协委员；刘骞，同济大学政治与国际关系学院讲师，原文发表于《世界宗教研究》2011年第6期）

---

[①] "安全化"是巴里·布赞（Barry Buzan）与奥利·维夫（Ole Waever）为代表的"哥本哈根学派"最先使用的话语，旨在解释某些公共性问题上升到需要依靠超常规政治手段加以处理的状况。笔者曾撰文将"安全化"理论应用于宗教领域，并探讨了宗教问题安全化对中国国家安全的影响，认为宗教问题的"泛安全化"和"去安全化"均不利于中国宗教安全，只有依照具体情况，采用"选择安全化"的有限安全化战略才有助于维护我国的宗教安全。参见徐以骅、刘骞《宗教对国际安全的影响及其对中国的启示》，金泽、邱永辉主编《宗教蓝皮书：中国宗教报告（2008）》，社会科学文献出版社2009年版，第208—221页。

# 聚焦宗教现状　建构"中国话语"

邱永辉

2011年的中国宗教领域，总体上保持了和谐稳定；2011年的中国宗教学研究领域，学术成果丰硕并在宗教实证统计方面取得了重大的突破；2011年也是中国思想领域十分活跃的一年，有关宗教、宗教文化和宗教学的激烈争论，特别是"超越左右"的共识，标志着中国宗教学领域的学者正在步履蹒跚却又目标坚定地走向建构宗教学的"中国话语"之路。

2011年的中国宗教研究领域亦十分活跃，呈现出百花齐放、百舸争流的壮观景象。有关中国文化与宗教文化的争论，有关繁荣中国文化应当繁荣宗教文化的意见，[①] 有关回归传统文化与接受现代多元价值的争论，有关民间信仰的现代价值的争论，有关儒家、儒教、儒学以及儒教的地位的争论，有关基督宗教与公民社会建设的争论，[②] 对有关共产党员不应当信教的强调[③]等等，都在不断发酵。在一些不习惯学术讨论和不认可学术批判的人看来，有些学者的观点和意见已经超过了"学术"的范畴，不再属于"不同意见"，而应划归"不同政见"了。与此同时，"超越左右"和"拒绝左右"却似乎越来越多地成为中国宗教学界知识精英的共识。虽然如此，另一个让宗教学者有些难堪的共识是，起步较晚的中国宗教学界仍处于发育阶段，尚未在世界上成功地建构有中国特色的"中国话语"。

## 一　"话语权"与建构"中国话语"

作为一种学科性的宗教学研究，是于20世纪初传入中国的。在此之前，西方宗教学家已经进行了"定义"宗教和宗教学的学术努力，并基于对世界上不同宗教的"分

---

[①] 魏德东：《文化大发展大繁荣中的宗教文化》载《中国民族报》第1081期（2011年10月25日）。
[②] 黄海波：《走向建构中的公民社会——2010年中国基督教的责任与反思》，载金泽、邱永辉主编《中国宗教报告2011》，第128—172页。
[③] 朱维群：《共产党员不能信仰宗教》，载《求是》2011年第24期。朱维群现任中共中央统战部常务副部长。

类"，建构了"世界宗教框架"。这种学术定义、分类和归类导致了学者们从研究中国之始，就基本上没有将"中国宗教"当作一个整体来看待，甚至中国宗教与中国社会都是截然分开的（至少在已有的中国宗教学和社会学的传统中如此）。很显然，这是按照西方宗教价值观和学术传统来看待和对待中国社会和中国文化的直接反映。历史学教授罗志田发现，"近代中国的一大变化，就是大量读书人接受了外来的思想方式，并形成一种二元对立的态势——分为析之的趋向渐成正统，而往昔重体会的取向，则被斥为'笼统'。与此相应，学术也以分科为贵，是为科学"。① 随着学术分科日益走向精致，中国在20世纪下半叶也形成了专门性宗教研究机构，即号称国家级的世界宗教研究所。虽然"宗教学"至今仍属"二级学科"，但却长期焦虑着（但又无法确定）如何再往下细分，于是便将研究室分为"佛教"、"道教及民间信仰"、"基督教"、"伊斯兰教"、"儒教"等，即所谓"宗教思路"；在所内以历史研究见长的某些研究室，又将学者划分到秦汉、魏晋、隋唐、宋元、明、清（但没有近现代），一人管一段，即所谓"分段思路"。这样做的好处是手上的活儿熟到接近工厂的生产线，大大提高了效率，但却冒着让"学者"退到"工人"的风险，一遇到现实问题或稍复杂的情况，就大大超出了"研究范围"，常常是一筹莫展。

自近代以来，随着一个复杂的、将欧洲文化概念强行移植于东方文化中的学术过程，不仅（由于西方对于中国宗教的困惑）导致了中国学者对于宗教定义的困惑，更导致了自"打倒孔家店"以来的对中国传统宗教的无情批判与彻底否定。在对宗教的认知层面上，代表中国新文化运动的主流的一些领军人物对宗教基本上是持否定态度的。因此，"中国无宗教"、"儒教非宗教"等见解②，构成了20世纪上半叶中国宗教研究界的主要话语。新中国成立后，由于宗教现实问题的极度敏感，宗教学长期处于"险学"地位，大多数相关领域的学者从宗教历史、哲学、经典、版本的研究中寻找研究乐趣和学术职位晋升机会，对宗教现实问题则根本不予关注。但是，随着20世纪80年代以来中国社会的开放和转型，宗教在中国社会重新出现了发展热潮，各种宗教的新现象和新问题给宗教研究者带来了新挑战，要求宗教研究者必须"展示出观察宗教的新视阈、分析宗教的新思路和研究宗教的新方法"。③ 换言之，是中国宗教在改革开放以后的新时期的发展现实，逼迫宗教学者改变在宗教现实问题上的完全"失语"状态。从这个意义上讲，以"反映宗教信仰现状、推进宗教学术研究"为宗旨的宗教蓝皮书的出版，正是中

---

① 罗志田：《职业教育压倒士人教育》，载《南方周末》2012年2月27日。
② 见夏晓虹编《梁启超学术文化随笔》，中国青年出版社1996年版，第78页，第93—98页；桂勤编《蔡元培学术文化随笔》，中国青年出版社1996年版，第85页；欧阳哲生编《胡适学术文化随笔》，中国青年出版社1996年版，第53—62页；李凌己编《梁漱溟学术文化随笔》，中国青年出版社1996年版，第72—88页。
③ 卓新平：《当代中国宗教研究：问题与思路》，载金泽、邱永辉主编《中国宗教报告2008》，社会科学文献出版社2008年版，第2页。

国社会发展和中国宗教学研究的需要。

中国宗教学者的学术困惑和长期失语，导致对中国宗教的存在状况和特点，缺乏深入的理论分析和独到的解释能力。这个问题被放大，是由于改革开放后中西方之间相互了解逐渐增加，但中国学者的困惑和中西学者之间的误解反而不断加深了。而问题变得更加突出，是由于学术问题中加入了国际政治、国际关系等方方面面的因素。其表现之一是，虽然中国社会在宗教信仰自由方面取得了长足的进步，但遭到的所谓"国际批评"却越来越多，以至于几乎年年被美国有关机构列入"黑名单"。这种情况的持续，让有关当局深感压力，以至于政府的宗教事务部门多次呼吁宗教研究学者为"党和国家提供智力支持"。而关注"当代宗教问题"的中国学者，一方面因为中国宗教信仰团体出现"太多"和发展"太快"，难以对"情况"有及时而全面的了解；另一方面，许多学者所学到的西方（包括马克思的）宗教学的一系列理论和研究方法，在运用到中国社会（也包括中国境外的华人社会）时，便遇到了部分不能或完全不能适应的问题。用"政教分离"、"宗教自由"等概念比对中国，情况似乎也不容乐观。一些中国学者于是认识到，"话语权"的问题，"不只是如何在既有的（主要是西方的）框架下去说明中国的问题，也不是如何顺着既有的框架去如何解释中国的问题，更不只是在这些框架已经'规定'好的规则下如何为中国辩解的问题"。[①] "话语"并非简单地指能够"说话"，而是要有一套独特的、但却能够普遍化的范畴。中国宗教学者要想在国际平台上有发言权，就必须（许多时候还必须用英语）建构一个学术体系完整的"中国话语"。

从更大的范围讲，随着中国的快速崛起，一个独立于世界民族之林的现代国家要求拥有"话语权"和增加"话语权"，便成为自然而然的事情。具体到宗教学领域，有识之士早就提出"马克思主义中国化"、"建构有中国特色的宗教学理论"、"纠正宗教社会学的基督教中心主义"等目标方向。卓新平研究员提出："中国的宗教学体系建构必须双管齐下，既有中国特色，亦有世界眼光"，要"逐步形成具有自己特色的概念、范畴和方法"，"建立体现中国'自我意识'、'自立身份'的宗教学体系及其流派"。[②]

中国拥有数千年延绵不已的历史，一直是最具有文化多样性的社会，饱含着多民族多文化的共处共生共进共荣，是"多元一体、和而不同"的文化和民族共同体。中国影响最大、流传最广的儒家语言，应当是世界公民的语言，是从"家"到"天下"的语言，是"天下为公"的语言。这一套思想没有真正严格意义上的教条，对任何人、任何的观念都可以质疑。因此它一直致力于与时俱进，一直在建立新的文化认同，并且始终保持其认同的开放性和多元性，同时有强烈的反思能力。中国可以包容从"敬鬼神"到

---

[①] 黄平：《中国道路的学术意义》，《中国社会科学报》2009年7月30日。
[②] 卓新平：《当代中国宗教研究：问题与思路》，载金泽、邱永辉主编《中国宗教报告2008》，社会科学文献出版社2008年版，第12—13页。

"扫除一切牛鬼蛇神"的人、事和思想,以这样的"中国条件"进行宗教学的"中国话语"建构,应当是前景光明的。

## 二 构建话语的"中国能力"和"中国方法"

在长期的沉默、被误解甚至被打压中,国人认识到了"话语权"的重要性,并越来越着急地在世界上大声疾呼,要让中国拥有"话语权"。我们也许还没有意识到,只有成功构建的"话语",才可能成为一种"权力"。我们更应当充分认识到,构建话语更多的是展现一种能力,包括在理论上进行创构和重构的能力。笔者曾呼吁"强调'话语权'的国人应当认识到,致力于'中国认识'的话语构建,是'中国道路'的重要组成部分,而提高我们自身的话语构建能力,则十分关键。"[①]

处于建构中的话语,一般是理论建构在先,或有既成的理论建构可资利用。例如,美国在"9.11"事件后建构的"反恐话语",就有萨缪尔·亨廷顿教授所著"文明的冲突与世界秩序的重建"在先,或将他的理论简化为"文明冲突论",并在美国的外交政策制定中利用被歪曲了的理论。总之,理论建构是任何话语建构的基础环节。在有关宗教问题的话语建构中,理论层面的探讨离不开宗教理念,即一个民族对于宗教的基本理解和定位。不同的宗教理念规定着宗教在不同社会中的形态、地位和功能,这应当是宗教哲学的首要问题。这一问题在注重刨根问底的西方宗教哲学界得到了深入探讨,可是在中国宗教学界迄今还"分歧很多、争议颇大"(卓新平语),甚至没有引起足够的重视。研究中国不同于其他社会的"宗教观"和"教"与"道"在观念上的不同,弥补宗教基本理论这一中国宗教学的薄弱环节,不是一个抽象的哲学课题,而是建构中国宗教话语的实在需要。卓新平大概是认同这一观察的,他认为"如果说 20 世纪初的中国学术界想要解决的是'中国有无宗教'的问题,那么 21 世纪初的中国学术界则应设法解决'什么是宗教'的认知问题"。"在这一探究上,一方面应对国内外'宗教观'的研究史、各种类型的'宗教定义'加以梳理和对比,另一方面还需结合中国宗教存在的状况和真实本质给出我们学者对'宗教'的定义及其独特的诠释。"[②]

从世界范围观察宗教学理论的发展,以宗教社会学理论为例,卢云峰博士看到"二战以来,由于研究对象过分集中于西方社会中的宗教,宗教社会学在很大程度上沦为基督宗教社会学。作为宗教社会学的新范式,宗教市场理论对西方社会的排他性宗教进行

---

[①] 邱永辉:《巴哈伊教的发展话语构建初探》,载《世界宗教与文化》2011 年第 2 期;Qiu Yonghui, Entwicklunsdiskurs im Bahai'i Bekenntnis-eine vorlaeufige Einschaetzung,《China heute》(德国)2011 年 3 月刊。

[②] 卓新平:《当代中国宗教研究:问题与思路》,载金泽、邱永辉主编《中国宗教报告 2008》,社会科学文献出版社 2008 年版,第 11—12 页。

了充分的分析,但是它忽略了对东亚社会中非排他性宗教的分析"。① 因此我们看到,在建构"中国话语"时,总结"中国宗教思想"和"中国宗教实践"便成为一大要务。在中国传统对宗教的态度方面,中国人没有像卡尔·马克思那样尖锐地认为宗教是麻醉人民的精神鸦片,也没有像霍尔巴赫那样抨击宗教是"神圣的瘟疫",中国人只是"敬鬼神而远之",以人间烟火(即中庸之道)来解决社会矛盾,马克斯·韦伯因此把中华民族称为"未醉的民族"。因此,在建构"中国话语"中,我们不能回避中国宗教的特色,即所谓"弥散性"宗教,特别是充分体现这一特色的民间信仰和儒教。虽然至今仍有学者将中国民间信仰视为巫术,认为"巫术性的民间信仰则难以满足处在现代化过程中的中国社会的伦理道德需要",② 所幸的是,在今年的蓝皮书中,范丽珠教授通过对民间信仰现状的观察和对相关研究的归纳,充分肯定了民间信仰的现代价值;张宏斌博士则沿袭其导师卢国龙教授倡导的"礼失求诸野"的研究路径③,通过观察儒教在民间的存在状况,肯定了儒教在现代社会中的价值。在这些研究中,所有在中国不具适应性的宗教定义,成为了中国学者定义中国宗教的"理论(定义)工具",宗教功能的研究得以拓展,并可促成对于过往相关研究的反思。

中国传统社会的"宗教观",决定了中国传统社会评估宗教的价值准则,亦影响了历代王朝对宗教价值的认识以及宗教政策。早在公元前7世纪,《国语·鲁语》载鲁国贤人展禽所说,凡被列于祀典的,必须是"有功烈于民者",如天地日月山川以及创发文明的前代圣贤等,除此之外的异常现象或奇异假设,按照中国文化的主流传统来理解,都不具备神圣性。这项"由包含着生活百态的悠久历史所形成的,与之相伴而行的价值准则,贯穿着中国的历史文化,也从根本上解释了宗教与中国社会的关系,它使我们能够理解不同宗教在中国遭遇不同的所以然之故",④ 它有助于从社会政治制度的角度,批判历史上在帝王意志的推动下出台的政策和法规,也能够从文化的角度,理解自汉代就有的关于正教与"淫祠"的分判和那些直指"邪教"的禁令,并解释现今一些政策的"传统文化背景及其价值准则"。

以现今的宗教定义来看,"宗教与非宗教"的分水岭(是否承认超越的神圣存在)在中国历来十分模糊,国人也没有仅仅依靠从宗教所提供的"终极实体"实现自己的

---

① 卢云峰:《超越基督宗教社会学——兼论宗教市场理论在华人社会的适用性问题》,《社会学研究》2008年第5期。

② http://www.21bcr.com/a/shiye/zaiminjian/2012/0228/3275.html。杨凤岗:《当代中国的宗教复兴与宗教短缺》,《文化纵横》2012年第1期。

③ 卢国龙:《'礼失求诸野'义疏》,载金泽、邱永辉主编《中国宗教报告2008》,社会科学文献出版社2008年版,第85—98页。

④ 卢国龙:《中国传统社会评估宗教的价值准则》,载牟钟鉴主编《当代中国宗教研究精选丛书 道教卷》,民族出版社2008年版。

"根本转变"。中国文化具有包容性和净化能力，减少了传统中国社会的宗教偏见，抵御了宗教固有的不可妥协性，也没有发生宗教战争，并且还打磨了各种外来宗教的争斗锋芒，达成了一种基本上是十分乐观的、以生活为导向的中国文化。这种文化特色在当代仍具独特的意义，正如金泽教授所指出的："人类文明的发展，主要的趋势不是宗教的因素渗透到非宗教的文化形态中，而是人类越来越现代化的精神需要促使宗教也越来越现代化，越来越由异化（神本）的方向回归（人本），促使人们从生活各个方面提升自己的精神境界，开发自己的潜能"。① 因此，通过对中国历史文化的研究和对当代中国宗教研究，我们所建构的独特的"中国话语"，可以用以审视世界上盛行的虚无主义思想及其实践，也许可以促成一种生活和幸福的文化在世界上平静地盛行。

在有些人看来，话语的"权力"是一种政治权力，话语霸权意味着话语变成了意识形态。但从根本上说，话语的"权力"首先在于其解释力，其解释力越强，越有普遍性，就越容易被人们所接受。宗教学领域中的西方话语之所以受到质疑，关键不在于它"出身"在西方，而在于号称"普遍的规律"在解释中国的许多宗教现象时陷入尴尬；人们在进一步追问为何解释乏力时，发现其"西方中心论"的影响。在宗教学领域建构"中国话语"，也许还能发挥其他"功能"，但其学术意义无疑是巨大的。这种学术意义首先在于它自身的阐释力度，既说明中国宗教，也能用来观察世界宗教。这即是说，我们可以从"中国"的视野去看世界（但要将中国也视为其中的一员）。这样看世界（包括中国）的结果，是我们既可以看到一个不一样的中国，也能看到一个不一样的世界。这就是所谓"作为方法的中国"。② 利用作为方法的中国，中国一些学者从"中国回族"看到了"回族伊斯兰教是对'文明冲突论'的一种有力批驳"；③ 从中国的"宗教通和"和印度"宗教宽容"看到了萨缪尔·亨廷顿所说的"印度教文明"和"儒家文明"，是对中国无知的错误，也"是对印度错误解读的结果"。④ 中国学者从中国儒家传统最发达的地区也是经济最发达的地区的现象，提出了"传统绝非现代化的障碍，而是健全现代化的通道"的主张，也从中国民间信仰在东南亚华人社会的发扬光大，提出了在中华文化传统复兴思潮中，民间信仰是中国传统宗教在新世纪"信仰自觉"的一种"集体表象和文明呐喊"。⑤ 中国学者还从2011年7月22日发生的挪威奥斯陆爆炸案和于特岛枪击案，看到了"寻找解决多元文化冲突等社会问题的合法之道，将各宗教及其教派纳入法

---

① 金泽：《宗教人类学导论》，宗教文化出版社2001年版，第353—354页。
② 黄平：《中国道路的学术意义》，《中国社会科学报》2009年7月30日。
③ 马强：《爱国爱教：回族双重认同形成的历史分析》，《中国民族报》第1003期（2011年1月11日）。
④ 牟钟鉴：《从比较宗教学的视野看中国宗教文化模式》，参见牟钟鉴主编《宗教与民族》第五辑，第2—13页。邱永辉：《印度宗教多元文化》，社会科学文献出版社2009年版，第52页。
⑤ 陈进国：《传统复兴与信仰自觉》，载金泽、邱永辉主编《中国宗教报告2010》，社会科学文献出版社2010年版，第152—189页。

治管理的轨道,成为许多国家面临的制度建设问题",如此等等。

## 三 建构"应用性"话语与实践

由于宗教不仅事关"灵性"和"形上",也有存在(组织)和社会活动的层面,宗教的存在和发展因此总是介乎"圣凡之间"。相应地,有关话语建构的宗教理论,就不仅包括"哲学和人文"层面的理论,也必须包括社会应用科学层面的理论。这即是说,这个层面的理论应当对解决与宗教相关联的现实问题——其中主要包括宗教与国际政治、民族关系、经济发展、社会转型、法治建设等问题,具有指导意义。在世界宗教的世俗化、多元化和本土化以及世界宗教发展中极端主义和原教旨主义等问题的长期探索中,中国宗教学人取得了丰硕成果①,但由于涉足相关研究的中国学者较少,许多问题尚未深入讨论;相比之下,对于中国(大陆)宗教发展的相关问题讨论,特别是有关"政教关系"的理论建构,成果也可谓不少,但由于许多研究或比较研究的理论立足点是欧美引以为豪和定为标准的"政教分离",则引出不少混乱。与此相应的是,当中国宗教事务管理部门的官员对外宣称中国政府遵守"政教分离"原则时,得到的回应便是质疑和否定。由此看来,中国宗教学人在宗教"谋事"层面上的理论建构,任重而道远。

虽然"话语建构"首先取决于理论建构,即学者们系列的、连续不断的、逻辑的智力劳动,但是任何理论都是需要经受实践检验的。既然话语建构的第一个层次是理论建构,那么它的实践对于这个话语的持续建构,甚至对于相关话语能否最终成立,都是至关重要的。美国建构的"反恐话语",由于其反恐实践导致了许多国家与"伊斯兰世界"的对立,在国内外均产生了更多的恐怖分子和恐怖主义思想,便注定了是短命的话语。

近年来,中国道教界展开了以"尊道贵德、和谐共生"为主题的话语建构。道教是中华传统文化的重要组成部分,是人类文明的宝贵财富,这是众所周知的。但道教相关话语建构,则显出其理论和实践之间的空当。在道教迎来"历史上最好的发展机遇"时,面临着一系列"现代性挑战"并不时显示出回应不力。② "在新的历史条件下,如何寻找到契理契机的生长点,让古老的道教文化焕发生机,是当代道教界应对全球化的挑战的重大课题"。③ 同时,道教养生、炼养方术的特色,是社会公众不了解却广泛关注

---

① 相关成果在此不能详细列举,其中重要专著有:段琦著《中国基督教的本色化》、邱永辉著《印度宗教多元文化》、金宜久、吴云贵主编《当代宗教与极端主义》等。
② 王卡、陈文龙:《道教发展的新气象与新机遇》,载金泽、邱永辉主编《中国宗教报告2009》,社会科学文献出版社2009年版,第57页。
③ 王炳旸:《中国道教2009年文化与教育回顾与探索》,载金泽、邱永辉主编《中国宗教报告2010》,社会科学文献出版社2010年版,第66—67页。

的，可以放大诸如"李一事件"的问题。如果道教的话语建构中缺乏对尚道法自然、齐同慈爱、贵生乐生、抱朴守真的崇高理念的学术建构，如果道教的实践中不能体现人与自然和谐、人与人和谐、身心和谐，如果中国这"唯一本土宗教"连自身的存续都出现了问题，那么其旨在推动世界持久和平与共同繁荣的话语建构，其影响力就前景堪忧了。

同样，在有关"中国民间信仰合法性"的话语建构中，我们一方面应当从理论上建构，即从文化有机体的意义上来分析民间信仰所承载的历史文化传统、民众精神方面的追求以及社群整合功能等方面的内容，即从理论上强调不能避免割裂中华文化；另一方面应该关注社会现状，即民间信仰是否是我国当前社会文化的重要组成部分，是否可以为离开了土地、离开了熟人社会的群体，持续地提供精神与社会方面的支持，从而成为社会和谐与稳定的因素；更重要的是，我们还必须鼓励和支持形形色色的民间信仰团体的"正当实践"，即在发扬传统礼俗和道德价值等共同精神遗产的同时，着力祛除其中的不健康残余，使之有机会从生活的层面培育出一代又一代具有中华民族文化血缘的共和国公民。反过来说，如果现实中的民间信仰及其活动中只有巫术的成分和骗术的践行，有关"中国民间信仰合法性"的话语建构就没有意义、没有可能性，该话语也根本不能成立。

话语的理论建构也许有助于社会关注相关问题，但却不具备解决相关问题的行为能力。以关于儒教"三纲五常"①的现代价值话语建构为例。自近代中西方文化开始碰撞以来，有关"三纲五常"的当代价值的争论便拉开序幕。康梁的维新变法力图用西方的人权、民主和自由思想重新诠释儒家思想，而守旧派则利用"三纲五常"作为反对维新变法的挡箭牌。中国社会现代转型的曲折与漫长，注定了这场论争具有旷日持久的特征。进入21世纪以来，伴随中国市场化改革和道德危机中对传统价值的重新关注，这一争论的焦点就集中在"三纲"与"五常"各自对于当代中国道德建设的价值与意义。2006年前后，中国社会科学院哲学所李存山研究员发文提出，先秦儒家的五伦思想并不强调某一方对于另一方的单向义务，更不主张一方对于另一方的绝对服从；在现代民主社会中，人伦道德必须被重视，而"三纲"应被解构，而代之而起的是新型的家庭伦理、社会伦理和民主政治。② 清华大学方朝晖教授则认为，三纲之纲是从"大局"出发之意，是不把小我凌驾于大我之上的意思，因此"三纲"思想古今通用，世界通用。③

---

① 先秦儒家伦理的核心思想是"五伦"。五伦中最重要的又是君臣、父子、夫妇的三大伦，此三大伦到了汉代演变为"三纲"，即君为臣纲，夫为妻纲和父为子纲。五伦又称为"五常"，即"父子有亲，君臣有义，夫妇有别，长幼有序，朋友有信"。——此注释由赵法生提供。
② 李存山：《重视人伦，解构三纲》，《学术月刊》2006年第9期。
③ 方朝晖：《"三纲"真的是糟粕吗？——重新审视"三纲"的历史与现实意义》，《天津社会科学》2011年第2期。

此观点受到李存山的批评,认为方教授把"三纲"变成了"脱离历史文化背景的抽象概念"。① 牟钟鉴教授则提出,"'三纲''五常'可以分开来看,'三纲'一个不能留,'五常'一个不能丢"。② 问题在于,仅有学者们有关现代价值的建构努力,是无法解决今天中国的道德困境的。儒教研究者赵法生认为,中国当代社会所面临的道德困境在于,一方面以"五伦"为代表的社会基本伦常已经被破坏殆尽,社会失去道德底线;但政治领域中,"君为臣纲"式的遗毒没有得到有效清理,现代政治伦理迄今无法建立。破解中国道德困境意味着,必须在恢复传统人伦道德和塑造现代政治伦理方面齐头并进,在复兴优秀传统文化的同时促进社会伦理的现代转型。③

"话语"有大有小,对于那些巨大的话语,建构理论更为困难,实践检验进程亦更为复杂,甚至漫长。近年来,中国宗教管理层和宗教研究者最为突出的努力,是有关"和谐宗教"的话语建构。国家宗教局党组理论学习中心小组发文,确认宗教和谐是宗教关系的新境界,是全球化时代的新理念,也是宗教工作的新境界,提出要"促进宗教和谐服务科学发展"。④ 学者也在努力建构"宗教和谐论"。牟钟鉴教授撰文指出,宗教和谐论是唯物辩证法的运用,是马克思主义宗教观的新理论形态,是对苏联"宗教鸦片论"、"宗教斗争论"模式的反思和超越;中华优秀传统是宗教和谐论的源头活水,是具有普世价值的理论;宗教和谐论的核心理念是"多元平等,和谐共生";宗教和谐论的重心在于协调宗教关系,是中国特色社会主义宗教理论的综合创新;它包括了中国社会主义者从自身实践中总结出来的宗教社会论、宗教统战论、宗教适应论、宗教文化论和正在建设的宗教生态论、宗教促进论,是上述诸论的整合和提升;宗教和谐论以化解族群的矛盾和冲突为己任,宗教和谐要在宗教对话与合作的实践中推进,与社会管理工作相结合。⑤ 真正理论意义上的相关话语建构,最大的困难可能在于直面"理论困境"。例如,从宗教可能的正功能和负功能、显功能和潜功能的角度,我们可以探讨各种可能性,指出各大宗教在当代中国社会和文化发展中都可以起到积极作用,但都又有可能适得其反。从宗教与社会互动的角度,我们可以认识到"宗教正负功能的变化都离不开社会所给予它的条件,是社会条件决定每组宗教正负功能彼此的消长与扬抑"。⑥ 从总结全人类宗教观念和实践的角度,我们可以提醒人们的是,"无论是寻找机会还是抵抗机会,只要有人类相遇和文化相遇,宗教都将在任何时候、任何地方继续相互作用、发展变化

---

① 李存山:《三纲本义的辨析与评价》,《天津社会科学》2012 第 1 期。
② 牟钟鉴:《儒学的历史命运与未来》,国家图书馆"儒学知识系列讲座"(2011 年 4 月)牟钟鉴演讲。
③ 此段有关"三纲五常"的讨论综述,由赵法生提供。
④ 参见《宗教和谐:宗教工作的新境界》、《促进宗教和谐 服务科学发展》,《人民日报》2011 年 1 月 10 日、13 日。
⑤ 牟钟鉴:《宗教和谐论》,载《中国民族报》第 1097 期(2011 年 12 月 20 日)。
⑥ 戴康生、彭耀:《社会主义与中国宗教》,江西人民出版社 1994 年版,第 69 页。

和争夺地盘"。[①] 因此，在探索宗教和谐理论，树立宗教和谐理念，推广宗教和谐价值的同时，我们应当让社会清醒的是，宗教领域的"不和谐因素"必然存在，"被和谐"的权宜之计不利于通古今之变，达到真正的和谐。

在"大话语的大实践"中，包含着对"小话语的小实践"的检验。例如，"和谐宗教"话语的实践，也包括对各大宗教和民间信仰的各方面表现的检验。范丽珠教授的报告显示，中国民间信仰的融合性特征为文化多元主义的实践开拓了空间。不少学者关注社区生活中民间信仰与穆斯林、基督教的融合问题，这些经验不仅具有促进社区和谐的意义，同时为世界不同文明之间和谐共存提供借鉴。本年度蓝皮书"甘肃报告"显示，在素有"地理走廊"和"宗教文化走廊"之称的甘肃，伊斯兰教与佛教和谐相处，汉藏佛教高度融合，因此心道法师的佛学思想，除了人间佛教的思想之外，还有浓厚的藏传佛教的密宗思想。

2011年各方列出的中国十大文化事件，均没有宗教方面的。这表明2011年中国宗教的状况是基本健康稳定的，也不排除我国宗教领域面临不少新情况和复杂问题。2011年中国宗教领域为和谐社会的构建输出了富有活力的价值和精神资源，中国学者于是也提出了一系列的宗教学观点，涉及中国特色宗教理论、宗教关系和谐问题、宗教界自身建设、宗教界从事慈善事业、宗教经典、民间信仰等研究领域。[②] 2011年的中国宗教现状和宗教研究实践再次告诉我们，"实践出话语"。

## 四 说话年代的建构空间与方法

中国传统对宗教的独特认识、中国宗教所经历的独特发展道路，中国社会在近当代历经的对宗教文化的深刻反思，在世界上找不到任何其他国家或地区具有相似性或可重复性。因此，在研究中国宗教的进程中建构独特的"中国话语"，便是一种自然逻辑的结果。在上述有关宗教"话语建构"（Discourse Building）的讨论中，我们有选择地综述和评论了中国宗教学人有关宗教和当代宗教问题的理论建构、实践检验以及理论重构。我们深知，"中国话语"的建构进程才刚刚起步，为使之渐入佳境，我们有必要进一步探讨相关话语建构的空间问题和方法论问题。

在今天的中国，文化建设终于摆到了中国社会发展的最前沿，但实际上，中国面临的最大挑战之一，恰好就是确保在决定中国文化应当是什么样的这个问题上，所有的中国人都有一个平等的机会。如今的中国社会，是基本"解决了温饱"之后的中国社会，是仍处于深刻的转型期的社会。政治经济转型、民主气候和公共意识增强，让民众迫切

---

① [英] 菲奥纳·鲍伊著，金泽、何其敏译《宗教人类学导论》，中国人民大学出版社2004年版，第284页。
② 参见2011年12月28日《中国民族报·宗教周刊》理论版。

需要一个能够参与公共事务、自由言论的公共话语空间。人们的社会表达、社会参与就成了如今这样一个"说话的年代"。在中国这样一个具有文化多样性和丰富性的国家,很难找出一种垄断社会精神生活的思想。中国必须汇入世界主流文明的方向,决定了自由、理性、公平、正义等观念势必对某些"话语优势权"形成巨大冲击,这就要求宗教学者必须超出利益集团(宗教团体利益、政治利益集团、宗教研究者的信仰利益),成为社会良心,体悟中国政界、教界、学界的有识之士对宗教的敏锐观察、集中思考、深度分析以及现实关怀。因此,建构"中国话语"的前提就是建设一个和谐的话语建构空间,尊重每一个学者的学术探讨权利和自由表达能力。

在经历了"革命时代、极左话语"迫害后,中国知识界要建构新型话语,势必需要"超越左右,回归学术"。今天的中国社会,思想观念方面呈现出异常活跃的状况,长期的理论探索和社会实践告诉我们,一切有关宗教、宗教文化及其功能的争论,包括如何看待传统文化与舶来文化方面的"左与右"之争,包括某些研究是否坚持了马克思主义宗教观和"无神论"、某些研究又是否具有"人文关怀"等,都不会在短期内达成共识。但是,所有的学术争论都折射出一个"学术无禁区"的研究环境,呼唤着繁荣人文社会科学的时光,反映出知识界创新求变的学术思考,至少我们正在学习如何摆事实讲道理(而不是扣帽子和打棍子),适应一个充满观念分歧的社会,并与不同学术背景和学术路径的同仁们相互学习和借鉴、对话和商榷、批评和批判。

在全球化的今天,建构宗教学话语的平台必然是"国际平台",建构中会碰到许多无法回避的差异和必须跨越的障碍。中国人与西方人在宗教的理解与实践方面有着相当大的差异,对于"国家"、社会与宗教之间的关系的理解,也有较大的差异。国人常常误将"西方"作为一个整体和一个"他者",外国学者也常常忽略中国是一个多民族、多区域、多宗教和多学说的国家这一基本事实。在宗教研究的国际学术平台和思想高地上建构"中国话语",一方面要用学术语言说出世界学者听得懂的话,为宗教学领域的学术理论发展做出中国学者的贡献;另一方面也要以中国视角解读世界宗教问题,为需要在更广泛的人类知识的21世纪的中国和中国人服务。因此,中外学者的"学术对话"甚至"学术共构",成为必由之路。

对于宗教研究者而言,世界上各种宗教在"话语建构"方面的经验,以及对相关话语建构所做出的积极贡献,是应当学习和借鉴的宝贵资源。中国习以为常的"强势话语"建构,往往是权威部门"下放话语",研究者则被要求"认真学习"和"贯彻落实"。笔者通过观察巴哈伊团体在话语构建上的方法论,认为可以为我们提供一些启示。巴哈伊的发展话语构建的基本特点,一是体现了巴哈伊教的核心教义——人类一体;二是其话语构建的主旨和核心,是以精神原则指导发展实践。其话语构建的方法,是站在道德伦理的高度,以一种亲和的、谦卑的态度,与不同宗教文化背景的人们共同探讨。

在世界各国的实践中,巴哈伊社团着力解决问题是:怎样促进探讨?怎样才可以在不说教、不贬低他人的前提下给人们的思想带来改变?怎样让个人和集体做好准备,抵制正大行其道的物质主义力量且同时逐渐稳步地推动社会的转变?[①]

随着国际社会的形成和全球化的进一步发展,现代意义上的话语权的主体已由一般的公民、社会组织扩展到民族国家等,充分平等的话语交流是构建公平合理的国际秩序和促进国际社会民主进步的必要条件。[②] 因此,建构"中国话语"需要加强宗教学领域的研究品牌建设,使世界平台上能够展现"中国话语"的影响力。很欣慰的是,《宗教蓝皮书》日益受到外国学者的关注,成为部分研究中国当代宗教的学者的年度必读书。由于社会科学文献出版社积极向外推出"具有国际销售潜质的优秀中文图书"的努力,自2011年始,《宗教蓝皮书》由国际出版商在伦敦出版,进入欧美主流市场。[③]

在宗教学领域建构"中国话语",要求我们积极主动地展现话语,即关注重大宗教议题,及时公开信息并提供见解。《宗教蓝皮书》致力于对中国宗教的年度情况进行及时的报告,正是回应这一要求。更为重要的是,"我们的宗教问题意识应有鲜明的时代感、现实感,以在认识、处理宗教问题上的敏锐、辩证体现出科学发展观"。[④]《宗教蓝皮书》致力于为中国研究宗教的学者建构"中国话语"提供一个开放、开明、跨学科、跨地域的学术平台,这一平台尊重学者的观点意见和表达方式,提倡在学术讨论中遵行"求真务实"的精神,鼓励学者解放思想和勇于进行实证研究,反对引用权威以期获得授权来使"自我话语"合理化。虽然当代中国宗教研究起步较晚,但中国宗教问题的复杂性、宗教研究的紧迫性、宗教研究者的学术意识和研究理念、日益良好的学术氛围,已经让我们具备了建构中国宗教话语的天时地利。我们希望,在认识宗教、理解宗教和解释宗教的学术进程中,作为一个学术平台的《宗教蓝皮书》,能够鼓励、吸收和综合多层次和各方面的学术成果,为中国宗教学人建构"中国话语"做出积极的贡献。

(作者简介:邱永辉,中国社科院世界宗教研究研究员,原文发表于《中国宗教报告2012》,社会科学文献出版社2012年9月)

---

① 参见邱永辉《巴哈伊教的发展话语构建初探》,《世界宗教与文化》2011年第2期。
② 阮建平:《话语权与国际秩序的建构》,见中国社会科学网站,http://mkszy.cass.cn/file/2003050114328.html。
③ 通过社会科学文献出版社与英国 Paths International Ltd 的版权贸易,《中国宗教报告2011》由该出版公司在"来自中国的图书"项目下,在伦敦出版发行,并在牛津 Blackwell 书店展示销售。根据版权协议,该书仅在中国以外的国家和地区销售。
④ 卓新平:《当代中国宗教研究:问题与思路》,载金泽、邱永辉主编《中国宗教报告2008》,社会科学文献出版社2008年版,第11页。

# 当代基督宗教传教运动与认同政治<sup>*</sup>

涂怡超

身份认同日益在全球、地区和国家等诸多层面发挥社会和政治建构作用。① 基督宗教②自创立之初即形成对外传教传统，是传教决心最为坚定、传教范围最广的世界性宗教。自 20 世纪 70 年代以来，基督教传教运动集观念和组织为一体，以"全地归主"为鹄的，福音广传为基础，救援与发展为双翼，已逐渐摆脱殖民化阴影，在全球范围内获得迅猛发展，成为"世界复魅"、"全球基督教重心南移"等宗教格局转换的重要推动力，在此过程中不断扩展和强化个人和集体的宗教、政治、族裔和民族等认同，进而引领全球基督教走向公共领域、推动"'强宗教'的普世化和政治化"、对"以国家为中心、以主权为原则、以世界政治世俗化为支柱的现行国际关系体系形成挑战"。③ 从认同政治角度对传教运动进行分析，有助于分析全球化进程中集信仰和组织为一体的世界性宗教运动对国家政治和国际关系的动态政治效应。

本文第一部分厘清当代传教运动的变迁；第二部分研究其对政治、族裔和民族认同④之影响；第三部分论述该运动导致各类认同变迁这一动态过程对当前国家及国际政治的影响。

---

\* 本研究为国家社会科学基金青年项目"基督教与当代中美关系"（项目编号:08CZJ065）、教育部哲学社会科学研究重大课题攻关项目"宗教与中国国家安全研究"（项目编号:06JZD0005）中期成果。

① 国内外学界近年来对认同政治在国际关系中的作用给予高度关注。认同是建构主义的核心概念，建构主义强调认同政治对国家利益的确立、政策抉择和行动的影响。参见［美］亚历山大·温特著，秦亚青译《国际政治社会理论》，上海人民出版社 2000 年版。现有研究多以国家、地区或国际组织为研究对象，本文研究对象为非国家行为体的动态进程。

② 本文所论基督教为广义基督教，包括天主教、东正教及基督新教三大派别及独立派别等所有基督教会及信仰。为行文之便，文中简称为基督教。

③ 徐以骅：《宗教与当代国际关系》，《国际问题研究》2010 年第 2 期。

④ 政治认同指人们在社会政治生活中产生的一种情感和意识上的归属感。在一定的社会联系中确定自己的身份。参见《中国大百科全书》总编辑委员会编《中国大白科全书·政治学》，中国大百科全书出版社 1992 年版，第 501 页；族裔认同指对血统和文化共同体的认同。民族认同指现代民族是族裔模式（不限于单一族裔）和公民模式（公民的地域性共同体）的统一。国家与民族具有共生性，民族认同亦指民族成员对民族国家的政治效忠。参见［英］安东尼·史密斯著《全球化时代的民族与民族主义》，龚维斌等译，中央编译出版社 2002 年版，第 129—133 页。

## 一 当前传教运动的内部特征和影响范围

近代基督教紧随列强侵略大规模传入非西方世界,殖民宗主国多将传教视为殖民工具,为了保障传教权而不惜使用武力、外交压力和治外法权。挟近现代西方文明而来的传教运动推动了各国民族主义浪潮,又一定程度协力殖民主义,成为各国争取民族独立的对立面之一。第二次世界大战结束后世界格局巨变,传教运动在全球面临民族解放、共产主义和世俗化三重挑战。

自20世纪60年代以来,世界格局的变化为传教的扩展提供了契机。

首先,20世纪60年代末美苏关系趋向缓和,美苏领导人频繁互访并签订重要条约。西方基督教组织立即抓住机会与"铁幕"国家官方教会和政府组织建立联系。苏联解体及苏东剧变令欧、亚、非等地区多国出现强权和意识形态空白,传教组织视之为广阔的传教"良田"。

其次,集世界超级大国与主要传教派出国于一体的美国国内种族弊政结束。美国和南非的种族主义曾是传教,尤其是黑非洲传教的"颈上磨石"。[1] 20世纪60年代,这一重大结构性矛盾在法理和实践上得以初步解决,从而消除了美国的长期人权和道德劣势。此后,民权运动中表现中庸的美国福音派快速扩展海外传教。

最后,绝大多数新兴民族国家遭遇发展瓶颈,且传统宗教和文化落后于时代、社会机制和福利体系存在巨大漏洞。基督教积极填补信仰空间的空白、发挥有效的组织功能,服务于困难丛生的发展中国家社会。

在全球化与现代化格局下,基督教顺应国际体系变更,应对全球化与地域化的撕扯、有神论与无神论的搏击、世俗化与反世俗化的对撞,在"处境化(contextualization)"中对其神学思想和组织形式进行调适发展。基督教自由派通过长期延续的普世合一运动、福音派仰赖持续动态的全球性和地区性普世福音化国际会议、罗马天主教借助梵蒂冈第二届大公会议及面向各类宗派、宗教和意识形态的对话运动,均进行全球基督教信仰、组织和网络动态长期整合。由此罗马天主教和新教两派的世界性联盟分别不断统一神学和社会参与观、达成组织的丰富完善,更新延展国际网络,且稳固了西方教会的领导地位,成为21世纪传教之基。

美国自19世纪末至今一直是世界传教运动中心,为传教资金和传教士最大奉献

---

[1] J. Herbert Kane, *Understanding Christian Missions*, Grand Rapids: Baker Book House, 1986, p. 224.

国。① 但由于世界基督教内部宗派变迁和人口重心南移，世界海外传教格局亦发生改变，具体表现为：

表1　　　　　　　　世界各洲基督徒人口统计：1900—2005年　　　　（人口单位：百万）

| 大洲 | 1900年 | | | 1970年 | | | 2005年 | | |
|---|---|---|---|---|---|---|---|---|---|
| | 人数 | 洲（%） | 总（%） | 人数 | 洲（%） | 总（%） | 人数 | 洲（%） | 总（%） |
| 非洲 | 10 | 9 | 2 | 143 | 40 | 12 | 411 | 46 | 19 |
| 亚洲 | 22 | 2 | 4 | 101 | 5 | 8 | 351 | 9 | 17 |
| 欧洲 | 381 | 95 | 68 | 492 | 75 | 40 | 553 | 76 | 26 |
| 拉美 | 62 | 95 | 11 | 269 | 95 | 22 | 517 | 93 | 24 |
| 北美 | 79 | 97 | 14 | 212 | 91 | 17 | 275 | 83 | 13 |
| 大洋 | 55 | 78 | 1 | 18 | 93 | 1 | 26 | 80 | 1 |
| 总计 | 558 | 35 | 100 | 1234 | 33 | 100 | 2134 | 33 | 100 |

\*本表中，洲的百分比表示基督徒占洲总人口百分比，总百分比表示基督徒占世界基督徒总人口百分比。

\*资料来源：Todd M. Johnson, "Christianity in Global Context: Trends and Statistics," http://pewforum.org/uploadedfiles/Topics/Issues/Politics_ and_ Elections/051805-global-christianity.pdf。

1. 涵纳五旬节和灵恩派的福音派取代自由派成为海外传教主力。第二次世界大战后自由派差会因各国民族解放运动而遭受巨大打击，且欧美本土自由派教会信徒人数渐少，海外传教趋衰。第一次世界大战时，10800名美国新教传教士中80%由自由派教会派出。1996年，自由派教会仅征召2600名传教士赴海外传教，是时海外美国新教传教士总数达43600人。② 自1906年阿苏撒街复兴运动以来，广义福音运动范畴的五旬节和灵恩运动强调圣灵，重方言和灵医，在众多贫穷且社会福利缺乏的发展中国家极具吸引力，这类运动在传统天主教领地拉丁美洲发展迅猛，2004年吸收新教徒为4500万人。③

2. 非西方教会海内外传教发展迅速。这与非西方基督教的本色化息息相关。非洲尼日利亚、肯尼亚等国对外传教发展迅速。据统计，21世纪亚洲海外传教士人数占总人数的35%，仅落后北美1%。④ 拉美五旬节传教士活跃于亚非地区，亚非传教士在欧美

---

① 2008年海外美国新教全职传教士为47261人，在美国差会组织事奉的外国传教士为92008人，美国新教组织海外传教资金为57.01亿美元。参见A. Scott Moreau, "A Current Snapshot of North American Protestant Missions," *International Bulletin of Missionary Research*, Vol. 35, No. 1, 2011, p. 11.

② Allen D. Hertzke, "Evangelicals and International Engagement," in Michael Cromartie, ed., *A Public Faith: Evangelicals and Civic Engagement*, Lanham: Rowman & Littlefiled Publishers, Inc., 2003, p. 218.

③ Robert S. Ellwood, ed., *The Encyclopedia of World Religions*, New York: Facts on File, Inc., 2007, p. xiii.

④ Joseph D'Souza, "Global Missions and the Role of the Two Thirds World Church," in David Greenlee, ed., *Global Passion: Marking George Verwer's Contribution to World Mission*, Waynesboro: Authentic Lifestyle, 2003, p. 188.

"回流"(又称反向)传教。① 韩籍海外传教士增速惊人,从 1979 年的 93 人增长到 2006 年的 14905 人,在 168 个国家传教。②

3. 以救援及发展为翼传教广泛开展。传教组织和人员以此介入当地社区和人群,抑或通过专业性工作取得当地人群信任。在传教受限的国家和地区,专业性工作常为传教身份作掩护。这类传教并不是新事物,但基督教救援及发展组织的巨型化、专业化却是第二次世界大战以来的新趋势。尽管社会科学学者在研究中经常有意或无意把基督教救援和发展组织与基督教传教组织切割开来,但教内所有传教指导、手册类书籍均不作此划分,且这类组织做了大量传教基础工作。以中国为例,世界宣明会自 20 世纪 80 年代以来就已经出版极为详尽的对华传教指导书籍,且不断修订再版以适应新形势。美南浸信会等福音宗派坚持将救援与传教一体化,为此断然拒绝对宗教有限制条件的各类美国政府援助。

4. 传教实践与时俱进。传教不仅愈加广泛,也更富针对性,不同族群、宗教、年龄和职业等均有专门组织跟进。对残疾人传教将聋人、盲人等各类人群专业化细分。机构更为多样化,既有传统教会又有新兴教会机构;既有宗派又有跨教会组织。主要传教方式有建立或发展差会或修会、派遣传教士、短宣、大型布道会、广泛深入配搭媒介传教等。已建成包括全部传统和新媒介在内的全方位、多层次的全国性及全球性宣传网络。

表2　　　　基督教在世界各洲各国信仰人数居首位情况简表* (2010 年)

|  | 非洲 | 亚洲 | 欧洲 | 美洲 | 大洋洲 | 世界 |
| --- | --- | --- | --- | --- | --- | --- |
| 基督徒人口居首国家数 | 33 | 5 | 43 | 53 | 25 | 159 |
| 该洲国家数目总计 | 56 | 50 | 47 | 53 | 27 | 233 |

\* 资料来源:Patrick Johnstone, ed., *Operation World*, Colorado Springs:Biblica Publishing, 2010, p. 2。

当代传教范围主要为未得之民(非基督徒,包括其他宗教信仰者和无神论者)、贫困者、移民、学界和学生,基于此构建影响全球社会的立体网络。现差传重点为主要信仰伊斯兰教、印度教、佛教、中国传统宗教、神道教或无神论,贫困人口达 24 亿的"北纬 10/40 之窗"地区(指北纬 10—40 度的亚非地区)。向穆斯林传教更偏重伊斯兰教边缘地带,东亚地区儒家思想衰落、政治意识形态在日常生活中旁落被视为传教良机。当今世界的城市化滋生大量国内和国际移民,发展中国家移民众多的大城市,而多

---

① 发展中国家传教士在欧美主要从事相同或相近民族移民群体的传教工作,少有向当地白人传教,参见 Michael Jaffarian, "The Statistical State of the Missionary Enterprise," *Missiology*, Vol. 30, No. 1, 2002, pp. 15 - 32。
② Steve Sang-Cheol Moon, "The Protestant Missionary Movement in Korea:Current Growth and Development," *International Bulletin of Missionary Research*, Vol. 32, No. 2, 2008, pp. 59 - 64.

数社会服务网络匮乏。新教认为在城市做好传教部署的教会可在未来 10—20 年内丰收。天主教也认为"对移民的牧灵照顾,是今天达成教会使命的途径",[①] 为此成立国际天主教移民委员会并设立宗座移民与旅行委员专职此事,公元 1 至 5 世纪基督教初创时期（即使徒时期）基督教赖以发展的城市传教重为重点。由此传教运动更深入贫困人群、教育程度低人群、地处偏僻少数民族、不平等待遇之下的女性等群体,即边缘人群和受压迫者。自 19 世纪末以来,锁定学生传教的传教组织不断发展。现学园传道会等巨型国际传教组织及众多中小团体积极向学生传教,学术传教亦方兴未艾。针对学生旨在影响未来社会,向学界隐形传教可潜移默化地灌输精英意识并对政治社会文化等各领域产生影响。

传教运动不断适应世界现代化、城市化和全球化大潮,发展为巨大产业集群,2008 年全球海外传教款项为 230 亿美元,海外（不包括本国）传教士人数达 45.5 万人,在传教研究、培训、派出传教等方面投入巨大。[②] 传教运动具有"充足的经济资源,非常有效的技术手段和系统化的计划。"[③] 传教运动锤炼了基督教核心价值、丰富和发展了跨国网络,在发达国家具备草根和精英政治动员网络,在众多发展中国家具备地区性中心,既突破又重构种族、民族、文化的藩篱,由此基督教成为重要超国家认同主体。

## 二 认同的政治内涵:传教运动与政治、族裔和民族认同

传教运动推动基督教向南移动,协助形成信徒政治、族裔、民族等多重集体认同,推动全球公民社会的发展成熟,成为发展中国家公民社会的重要缔造者、与全球公民社会其他实体、国际组织和发达国家联结的桥梁之一。

### （一）传教运动与政治参与观

基督教传教运动的核心在于传教,内中包括神学思想、组织体系以及外延的社会伦理、政治观念等整体世界性扩展,因此跨越国界深浅不一地影响信徒和非信徒的政治认同。尽管内部结构和神学体系复杂多样,对一些具体议题的看法甚至相左,基督教各宗派之间有共享的核心观念和话语体系。

首先,传教运动影响公共领域的话语和价值观。传教运动能进入公共领域的核心信念是自由和正义。自由是终极追求,也是正义实现的途径。耶稣象征着人类得到救赎、获得自由,民主和宗教自由均由此生发。从神学角度而言,其自由的内核具有排他性,

---

① 《教宗若望·保禄二世 2001 年互联网纾移民日文告》,http://www.sji.edu/HuKou/activity/migrant01.htm.
② 世界基督数据库资料：http://www.gcts.edu/ockenga/globalchristianity/resources.php.
③ J. Herbert Kane, *Understanding Christian Missions*, Grand Rapids: Baker Book House, 1986, p.232.

延展到现实则可能出现简单善恶两分。宗教自由是保障传教士接触所谓未得之民的前提，是传教运动基础性目标。在传教和西方政治话语体系中，宗教自由在西方，尤其是美国被视为第一自由，其内涵包括宗教信仰、言论和结社集会自由，其外延与民主、人权、少数群体权益等诸多领域重叠。就社会正义的具体议题而言，自由派教会关注和平、人权、环境、贫穷、传染性疾病和公平贸易等，福音派教会聚焦宗教自由、传统的亲生命爱家庭等社会伦理议题，天主教会两方面兼之，教廷于1967年成立"正义与和平宗座委员会"以促进正义与和平以及发展中国家的发展进步。广义福音派和保守天主徒对堕胎、禁酒、同性恋、安乐死、婚外性和现代女权观念持极为强烈的否定态度，共产主义更是对立意识形态，这些观点在传教实践中得以广泛宣传。[1] 世俗政权和社会暴露的问题经过传教活动神学视角的过滤和总结传播到世界各地，形成教内、地区、国家乃至全球话语。

其次，建构进入公共领域话语传播的合法性。劝人改教需证明基督宗教在教义和社会正义上的优越性，提供天国和此世蓝图。教义已申明对人类之爱和人生而平等，社会正义具有神学和社会意义的双重正当性。在此基础上，传教运动必须致力于教会所肯定的"公共的善"，并力争成为公共理性和实质性价值的推动和体现者，但受到世界和国家政治社会结构的制约。与此同时，基于神学基础的话语进入公共领域后并非总具有合法性，且各类观点进入公共领域之后因信徒的人数和影响力而产生不同效用。在此过程中，信徒的政治认同得以不断深化。

最后，提倡对信仰委身以达成政治认同。基督教推崇德尔图良之名言"殉道者的血是教会的种子"。传教中鼓励信徒坚守包括政治参与在内的整个信仰体系。

### (二) 传教运动与族裔认同

两千年来基督教传教运动一定程度推动了诸多民族的形成，对族裔认同产生影响。

首先，译经运动为共同体提供文字和经典，促生和深化族裔认同。当代著名非裔基督教学者拉明·桑纳（Lamin Sanneh）认为："基督教不仅是一种宗教，更是一场'翻译'运动。"[2] 基督教历史已经证明，没有本地语言译经的传教运动恰如沙上城堡。达及一新群体时必须完成新群体能阅读的《圣经》翻译今仍为传教基本原则之一。迄今《圣经》已译成662种语言。[3] 译经过程中传教士为一些原来没有文字的部族创制了文字，

---

[1] 皮尤宗教与公共生活文化论坛于2006年10月出台对世界10国五旬节派所作详细报告，可参见"Spirit and Power: A 10-country Survey of Pentecostals," http://pewforum.org/Christian/Evangelical-Protestant-Churches/Spirit-and-Power.aspx。

[2] Lamin Sanneh, *Translating the Message: The Missionary Impact on Culture*, Maryknoll: Orbis Books, 1992, p. 1.

[3] Patrick Johnstone, ed., *Operation World*, p. 1.

这让一些部族原本缺乏或微弱的认同得以强化。传教士仅在中国西南就创制6种少数民族文字,至今仍在沿用。[①] 基督教传教活动伴随着全世界众多民族意识成熟的过程,而基督教则成为这些民族的"集体记忆"。早在4世纪,传教、译经在罗马帝国和周边地区的深入开展就引发了哥特等多个民族认同的明晰。

其次,近现代众多民族的划定与传教密不可分。直到20世纪,众多研究文化人类学、民族学的专家往往有差会或修会背景,参与定义亚非拉种族、民族及亚群。

### (三) 传教运动与民族认同

现代国际关系随对民族国家之认同而产生。传教运动对民族认同之影响直接对现代国际关系格局产生影响。在非基督教传统的不发达国家,基督教传教运动对民族认同在不同国家和不同时期存在强化和弱化两种趋势。近现代传教成为西学东渐的重要媒介,强化了众多殖民地半殖民地人民对祖国的认同,成为非西方世界近代化和民族国家诞生的催化剂。弱化进程表现如下:

一是传统宗教认同弱化。基督教致力于向"北纬10/40度之窗"之类基督徒较少的地区传教,这些地区多为伊斯兰教、印度教、锡克教、佛教等宗教及各类民间宗教领地,传教或缓慢或快速撕裂以往宗教认同,对特定宗教认同与民族认同联系密切的国家可形成打击。在众多发展中国家,特定宗教在现代民族国家的建立巩固中具有重要合法性,如印度教之于印度、伊斯兰教之于巴基斯坦,佛教之于缅甸及泰国等。传教运动的价值观和主张常与非西方国家传统合法性来源或当地社会主流价值直接产生冲突。

二是传统文化认同弱化。民族认同需要集体记忆来巩固、维持。在众多发展中国家,民族认同包括对该国传统文化的认同,而传教运动则可能通过对传统文化的臧否而削弱民族认同。传教运动时有将国家、民族落后归因为传统宗教、文化的落后,皈信基督教为一揽子解决方案。韩国基督教传播中曾有将韩国落后及沦为殖民地归咎于儒家文化劣根性,以韩国基督化为解决方案。当前对旧传统的否定、敌视仍或公开或隐蔽地广泛存在于传教实践中。

三是形成次国家认同,与当代部分国家整合的总体思路相左。现代一些多民族国家的建立并非源自悠久历史传统,而是西方殖民地的孑遗。众多新兴民族国家边界均建立在之前殖民统治的疆域基础上。印度东北部、缅甸诸多边境地区、印度尼西亚一些岛屿历史上与传统中央政权未发生联系,在殖民时期接受基督教并以此建立和保持族裔认同,同时西方差会至今仍在当地发挥重要作用。一些黑非洲国家穆斯林部族势力雄厚,

---

① 陈建明、王再兴:《近代西南少数民族语言圣经翻译出版考述》,《宗教学研究》2009年第1期,第157页。

同时有一定比例的部族信基督教,且亦在自身和西方教会驱动下向周围传教。多个国家或明或暗采取同化主义政策,进行多民族建构融合,由此印度教、佛教或伊斯兰教在国家的默许或支持下在当地传布。这反而激起一些民族强化以宗教、族裔为标识的次国家认同,否认国家归属并以民族自决为诉求,从事政治分离运动。

四是形成超国家认同冲击民族认同。宗教全球化就特定意义来说可以是当代全球化的先声。传教活动与各类救援、发展活动紧密结合,对全球教育、医疗及其他公共福利事业均有所促进,在培育公民精神、培训公民技巧和促进社区建设方面颇有成效,成为发展中国家公民社会的基础建设者。众多基督教组织建成全球性网络,成为全球公民社会形成和发展的重要推手。在传教运动推动下,通过人的国际化、参与的国际化和对各类国际社会规则的熟稔,具有全球意识的基督教各级精英在世界各地不断涌现、基督教组织的全球参与日益丰富有效。传教运动推动基督教成为重要超国家认同主体,对建立在民族主义而非民主主义基础上的发展中国家的民族认同形成一定冲击。①

由此传教运动与民族国家有可能出现冲突,传教运动可不断剥夺民族认同的文化资源、地理边界,削弱民族政治认同的合法性。

认同变迁是一个相对漫长的过程,认同到行动之间存在复杂的结构环境及动员情况。衡量传教运动推动认同政治之效应须结合世界和各国宏、中观政治结构、社会现状和基督教网络的政治动员情况进行分析。

## 三 认同的政治效应:传教运动与西式民主、安全

当今世界格局体现出西方世界与发展中国家观念与利益的巨大差异,也为传教运动提供政治参与的空间与机遇。

第一,随着全球公民社会的发展,全球治理的观念已趋成熟,由此包括基督教组织在内的各类非政府组织成为全球治理重要主体。第二,人权高于主权价值观的普遍化在一定程度上制约了主权国家独立自主地处理内外事务的最高权力,为非政府组织全球参与创造条件。② 第三,民族自决原则获得国际法效力并为世界广泛接受,这一原则对当代多民族国家整合形成严峻挑战。第四,"民主和平论"的丰富发展并获广泛认可,民主促进成为西方国家的长期战略。

当代传教活动往往拥有各类国际性宗教组织的支持,与一些基督教大国尤其是美国关系紧密,并以国际机制和西方国家外交政策为依托。传教运动与以美国为首的西方国

---

① 基督教传统是今天的欧洲同盟认同建构的历史文化基础,也是以伊斯兰教为传统的土耳其当前加入欧洲同盟障碍之一。

② 由于西方的人权干涉推行双重标准且纪录不佳,这一理论在发展中国家饱受争议。

家安全战略形成三大合流。

合流之一是形成和推动基督教民主和平论，助力美国等西方国家安全战略的形成实施。"民主促进"向为美国外交战略的重要组成部分，冷战结束以后，尤其是"9·11"事件以来进一步提升为美国国家安全战略核心内容。近年来，美国朝野进一步认识到仅凭政府之力、倚重军事力量的单边主义无法达成对世界各国草根层面的深入影响，难以在全球层面有效稳定输出民主，由此推动公共外交、协力民间外交、直接和间接透过美国和他国非政府组织落实发展项目。长期以来，美国基督教不仅为美国民主输出提供重要思想基础，亦为其主要管道之一。以美国为中心的世界基督教网络可说是为全球"第四波民主化"的重要推手。基督教组织不断通过促请国会立法、推动行政当局国家安全战略、争取行政当局政策和财政支持等方面为其海外事业拓展空间。近年来，众多跨国事工的美国基督教组织与一些欧美国家政府、各类国际组织的合作日益密切，成为欧盟、联合国等非国家行为体伙伴。诸多对美国政策具有影响力的大型智库尤其是具新保守主义倾向的智库，亦日益推崇全球扩展的基督教组织在实现美国国家安全战略、维持美国霸权地位过程中的长远意义。美国的基督教右翼尤将民主与美国模式等同看待，认为外国的自由选举"可能会产生亲美、亲自由市场和亲基督徒的后果"。[①]

合流之二是视西方人道主义干涉为正义行为，并通过遍布世界的传教网络将其合法化。当今传教活动主力为以美国福音派为中心的福音派，与反战的自由派教会和天主教会相比，保守福音派更为支持当前美国全部所谓人道主义军事干涉，其话语的国际化亦为美国霸权在众多发展中国家建构合法性。

合流之三是崇尚民族自决。传教中支持西方扶持发展中国家中的民族自决，但忽略历史文脉，以基督教为视角和西方为中心看待现实问题。基督教在诸多主流信仰为其他宗教的国家往往成为边境地区少数民族的主要信仰，在一些国家边境地区民族分离运动中，宗教与民族问题无法分割。一些西方传教团体在这类地区垦殖历史悠久，与当地关系盘根错节，并在海外尤其是美国和欧盟呼吁政府和人民对这类地区自决或自治予以支持。印度东北部地区、缅甸众多边境地区、印度尼西亚达尼人聚居区等多地均为此类冲突绵延多发地区。

在全球层面，当下传教运动与宗教体系、国家体系和国际体系的互动对传统安全和非传统安全均产生影响。

---

[①] Lee Marsden, *For God's Sake: The Christian Right and US Foreign Policy*, New York: Zed Books, Ltd., 2008, p. 90.

## （一）传统安全层面

合一与分裂是基督教信仰和组织发展中的永恒对应物。传入的基督宗教本身并不是铁板一块，宗教中有派，派内有别，甚或敌对。传教不仅可导致其他宗教认同转换或分裂，也可促成基督宗教内部宗教认同分立，从而诱发冲突。

其一，促发基督教会内部不同宗派间的紧张关系。保守福音派在传教中不仅面向非基督教，也面向基督教其他宗派，因此在一些场域中与天主教及东正教团体产生矛盾。

俄罗斯历史、文化和传统与东正教密不可分。苏联解体后，众多基督教传教士进入俄罗斯，与传统东正教会形成竞争。东正教会获官方大力扶持成为准官方教会，历任政府将东正教的发展与俄罗斯民族凝聚力的增强视为一体。近年新教差会在俄传教遭遇政府管制壁垒。[①]

在拉美，天主教和新教传教冲突公开化，两者力量此消彼长，天主教会认为福音派趁神甫不敷使用之际"抢羊"。同时，由于天主教与新教福音派在拉美直接对峙，不必像在亚洲和非洲须合力与其他宗教竞争，两者分野和对立更为明显，在基层教会和传教组织层面尤为如此。

其二，改教（proselytization）促发或深化不同宗教或民族间冲突。基督教向为最有传教热情之宗教，如今广义福音派和由基督教派生的摩门教会、耶和华见证会等保守教会最具改教雄心。自由派在海外传教中对公然改教持谨慎态度。保守天主徒与保守福音派政治社会观相似，但传教中改教热情远逊于广义福音派。基督教核心教义绝对排他，实践中向其他宗教传教往往通过否定这些宗教核心教义来引导改教。这种否定式传教稍有不慎极易引发冲突。伊斯兰教与基督教在过去一千四百年间冲突频发，近年来福音派各类事工在主要穆斯林国家显著增长，近 20 年传教士人数增长两倍。[②] 由于伊斯兰教教义严禁改教，各类回宣屡生冲突，乘美国入侵阿富汗、伊拉克等国之机跟进传教的新教团体更招致报复，在各国均有多名传教士身亡。[③] 向"贱民"传教触动以印度教为基础的不平等种姓社会根基，改宗由宗教性上升为政治性，双方自印度独立以来冲突频仍，时有人员伤亡，近年来冲突呈扩大趋势。[④] 一些保守福音派组织以救援与发展为翼进行

---

[①] Anne Garrels, "Orthodox Faith Crowding out Others in Chelyabinsk," NPR (Nstional Pbulic (National Public) Radio), December 17, 2008, http: //www. npr. org/templates/story/story. php? storyId =98391530.

[②] David Van Biema, Perry Bacon Jr., James Carne, Amanda Bower, Manya Brachear, Jeff Chu and Matthew Kalman, "Religion: Missionaries Under Cover," *Time*, June 30, 2003, http: //www. time. com/time/magazine/article/0, 9171, 1005107, 00. html.

[③] Caryle Murphy, "Evangelicals Building a Base in Iraq," *Washington Post*, June 23, 2005.

[④] Lancy Lobo, *Globalization, Hindu Nationalism and Christians in India*, Jaipur: Rawat Publications, 2002.

以改教为援助条件之传教，在世界多地引发宗教间矛盾。

## （二）非传统安全层面

在当今世界政治、经济和社会体系中，传教运动对非传统安全层面既有维护亦形成挑战，在发展中国家效应更显著。大量传教组织在全球疾病防治、环境保护和公平贸易方面贡献突出。所形成挑战主要与作为传教主力的保守福音派和天主教会的神学观念、组织行为和全球网络的影响力长期累积密切相关。

一为疾病蔓延。基督教创立之初，神迹[①]和医病即为吸引信徒的重要方式，麻风等传染病症亦采用这种方式医治。当今在发展中国家发展迅速的五旬节和灵恩派中驱鬼治病的灵医非常普遍，是传教重要方式。保守福音派和天主教会主张戒绝婚前性行为、反对使用安全套、反对同性恋行为，近年来在非洲和拉美的传教推动有关疾病的神学思想社会化，对现行艾滋病全球治理形成阻碍。对在开展防艾项目中采取措施与保守福音宗教价值观相违的非政府组织或发展中国家政府，美国一些保守福音组织成功游说美国政府减少或中止大笔拨款。

二为人口爆炸。天主教会和保守福音派均"亲生命、爱家庭"，坚决反堕胎、反计划生育，全力解构这类理念及支持或实施这类理念的各类政府组织和非政府组织的合法性，大力游说西方国家和联合国为家庭计划拨款至发展中国家。面对众多发展中国家人民的传教对这一基督教伦理至为重视，另有基层传教组织视高生育为长时段高皈信率的基础和应对伊斯兰教或印度教高生育率的手段而加以宣传。在尼日利亚等诸多经济发展水平偏低的国家，传教活动影响当地群众生育理念而拉高生育率。[②]

三为生态环境安全。保守福音派对全球变暖多持末世论观点，认为灾难性气候是耶稣复临的前兆，且气候变暖并非人类行为的必然后果，否认联合国政府间气候变化专业委员会2007年综合报告，在传教中否认气候变暖，反对各国和国际组织就此问题协调行动。

四为经济安全。保守福音派基于神学捍卫自由，其中包括对自由市场经济的高度认同，从而支持华盛顿共识和新自由主义，通过传教活动得到发展中国家信徒的认可和支持，无益甚至有损不平等世界经济格局中发展中国家的发展。

五为信息安全。冷战期间众多美国福音派组织在拉美长期活动，其中有组织和个人

---

[①] 基督教中指上帝借祂的能力所彰显的行为，现实中多指超乎自然和科学的事迹。

[②] 参见 Elisha P. Renne, "The Fundamentals of Fertility: Cosmology and Conversion in a Southwestern Town in Nigeria," *Journal of the Royal Anthropological Institute*, Vol. 8, No. 3, 2002, pp. 551 – 569。

积极协助美国的拉美战略，甚至与美国中央情报局密切合作以保证美国的战略利益。[①] 天主教非政府组织国际基督和平会曾于1981年基于事实公开谴责世界宣明会是美国外交政策的"特洛伊木马"，与当地美国中央情报局直接钩连。[②] 当代传教组织亦长期在各国进行全方位详细调查。

就长期国际政治效应而言，传教运动日益成为21世纪国际关系中的"革命引信"。

其一，修正威斯特伐利亚体系。随着各国和全球公民社会的形成和发展，非国家行为体作用日增，为"普世"的宗教非国家行为体提供政治参与空间。倚赖基督教在全世界的扩张和网络的完善，同时利用现代国家和国际理念和机制，各类基督教非政府组织政治影响趋升，威斯特伐利亚体系以来的政教隔离墙因而墙基松动。基督教从放逐不断趋向回归，成为促发国际关系范式转换的意识形态和组织结构。

其二，基督传教运动引领全球基督教由私人信仰转向公共宗教。现代国家与宗教之间的关系以政教分离为基本原则，但宗教团体、神职人员和平信徒在法律框架下可参与公共事务。西方的世俗化理论强调当代宗教逐渐走向"私人化"，这是欧洲国家和社会中世纪以来逐渐摆脱宗教控制过程中的趋势。自20世纪60年代以来，宗教"去私人化"重新走向公共领域。目前西方各主要宗派政治参与观成熟，对以非政府行为体身份在法律框架下参与政治多持正面乃至积极态度。教会海外传教工作以边缘人群、"受压迫者"为重点。在一些民族、宗教或阶级矛盾尖锐的地区，传教运动与解放神学携手并进。在成为现代社会公共宗教的过程中，西方基督教组织在政治和社会参与的观点、组织、动员等方面对发展中国家基督教乃至公民社会组织和领袖具有相当大的影响和示范作用。

其三，革命客体发生迁移。基督新教以宗教界和中世纪神权政治的革命者形象问世，天主教亦自"梵二会议"以来逐渐摆脱几百年来沦为人权、民族、民主等主义与运动"革命对象"的命运。如今基督教历经现代化洗礼和世俗的考验脱胎为适合全球化进程中现代社会的信仰和形式。与此同时，现代各类社会组织形态在理论与实践的结合中均出现缺陷而暂时无法实现人间普惠，转而成为基督教发起革命或革新的客体。

其四，当地传统宗教与政权的密切关系和非革命（保守）性。一些发展中国家当地传统宗教与政权联系紧密，或为国教、准国教，受到政权最大支持和相应约束，一些国家传统宗教在长期与国家政权的互动中形成主动适应国家政权并与其相协调的模式，难以成为向现有政权或现有政策形成挑战的社会运动的引领者和组织者。一些对

---

① 美国中央情报局与驻拉美传教组织在冷战期间合作，参见 David Stoll, *Is Latin America Turning to Protestant? The Politics of Evangelical Growth*, Berkeley: University of California Press, 1991; David Stoll, *Fishers of Men of Founders of Empire: The Wycliffe Bible Translators in Latin America*, Cambridge: Zed Press, 1982。

② Etienne De Jonghe, "30 Years at Pax Christi International," p. 4. （该会前总干事自述，来源于2010年5月24日伯克利宗教、和平与世界事务中心讲座"受信仰激励的行动：国际基督和平会经验谈"提供纸质材料。）

当地影响较大的宗教及组织未完成现代化改造并适应当下全球化进程成为传教运动的革命或革新目标,新教福音派在拉美的增长就得益于 20 世纪 50 年代以来拉美天主教会结构变迁未能及时跟进现代化和城市化,同时罗马教廷长期对解放神学进行打压亦造成诸多基层教会松散。随着基督教在众多发展中国家日渐兴旺发达,教界鼓励在处境中对政教关系进行深入思考,最终推动将基督教升华为世间救赎的主体和先锋,担当引导变革的重任。

罗马教廷视之为无神论社会主义者的尤尔根·哈贝马斯(Jürgen Habermas)认为:"普世平等论是犹太正义伦理和基督教爱之伦理的直接遗产,而自由团结的集体生活、人的自治和解放、个体的良心道德、人权和民主理想由此生发。这一实质不变的遗产成为具有争议的持续再注入、再诠释的对象。至今世上无其替代。且虑及当今后国家主义挑战,我们今须如昔,缘此本体汲取营养。此外均属后现代闲言。"[①] 尽管天主教曾是反民主中坚力量,当代西方基督教确在观念、组织和制度三大层面与西方现代民主关系密切。虽然基督教内部教派林立,教义、组织、社会参与观等诸方面存在差异,仍有以耶稣基督信仰为基础的观念、组织和制度层面重叠共识。

从传教运动推动基督教在发展中国家的政治参与角度而言,基督教推崇自由、民主的政治观念和法治制度。经传教运动的长期累积,基督教如今在诸多发展中国家成为概念伞,会聚了边缘人群、不同政见者等形形色色具不同政治诉求者,往往因其网络性、组织性和对社会政治参与的态度而成为社会运动中心。

在观念层面,传教运动自近代以来不断推动观念革新,以实现自由、民主和平为目标。尽管一些基层教会,尤其是发展中国家的魅力型教会,在自身管理中民主和平等缺乏,这始终是大多数教会内外宣传的观念目标,在一些国家外部社会缺乏平等、自由和民主时尤为如此。由于基督教与美国等发达西方国家的紧密联系,在一些发展中国家基督教特定情况下甚至象征着西式民主自由和现代化。

在组织层面,经过现代政治文明和商业文明洗礼的基督教组织在向外扩张时将组织形式带入传播地,有利于当地基督教组织跨国参与能力和组织成员公民技能的培育。同时,在宗教相对自由的环境中,其他与之竞争的宗教或非宗教组织亦在激烈竞争过程中得以更新,组织网络和公民技能不断丰富。诸多发展中国家公民社会非常薄弱,教会往往是这些国家唯一有力量的公民社会组织,且多与国外教会或国际宗教组织有联系。教会组织纽带和传教组织、人员相结合,成为向邻近国家、发达国家政府和各类非政府组织、各类国际组织和区域性组织传递信息、发出呼吁、谋求支持的重要渠道。

---

① Jurgen Habermas, *Time of Transitions*, Cambridge: Polity Press, 2006, pp. 150 – 151.

在制度层面，基督教总体认同民主和法治。当代众多发展中国家的近代化及现代化进程并非原发型，而是或为"冲击—反应"模式，或直接为西方殖民统治没落后继生型民族主义高涨的产物。各国的政治制度、社会文化方面往往残留着诸多前现代遗存。通过传教运动的观念普及和组织建设，基督教在这些国家和地区成为制度革新的强烈呼吁者。如20世纪下半叶，实行水平管理的韩国长老教会就成为推动韩国民主政治的先锋。

由此，传教运动长期政治效应在于发起观念革新乃至革命、达成组织革新乃至革命，最终引发制度革新乃至革命。在民主民生走在前列或调适得当国家、极度封闭极权主义或神权国家，传教运动难以撼动当地社会和文化，活动无力深入，组织无法壮大，对国家长期政治影响轻微。而诸多发展中国家为实现经济与社会发展全力拥抱全球化，国内外交流日益频繁。同时传统文化未能返本开新或主流文化支离破碎，没有随现代化和全球化大潮而与时俱进，且国家现代化转型过程中存在诸多结构性弊端，一些多民族多宗教国家仍蹒跚于国家整合的初步进程。这类国家成为新一代传教运动的温床，在当今面临或未来有可能出现传教运动的长期效应。与政治学研究进路不一，基督教学者现有研究基本未见在基督教语境中对民主和法治进行"处境化"思考，少有考虑当代世界国家结构、意识形态、政治文明、经济水平、种族及文化等诸多方面的差异，一定程度上使之抽象化、西方化，在传教实践中更有将其简单化的一面，甚或直接以美国理论和实践为样本；对世界基督化的传教偏好亦使偏保守色彩的传教将追求宗教自由作为排斥其他宗教文化等意识形态、不同社会政治组织原则和形态的手段。这成为传教推动革命或革新以达其观念目标的跛足，对发展中国家政治亦有负面影响。

## 四 结论

第二次世界大战结束以来，基督教会守经达变，顺应世界格局变迁而进行信仰、组织和制度调整。传教运动以信仰为基、组织为用，集灵魂拯救与救世为一体，与救援发展紧密结合，注重网络建设，利用现有国际规则和西方政治支持，推动个人、社会、国家和全球多个层面认同和结构的变迁，对社会、国家和全球治理均产生影响，且正在推动国际关系主导范式转移。当代西方政界也不断挖掘基督教理念和组织的多重功能以达到战略目的。在社会、国家和全球治理层面，传教运动均具"双刃剑"效应，对这三层次的治理提供新理念、提出新问题、进行参与并承担监督功能。

传教运动对现代民族国家提出的三个根本问题是，现代民族国家如何迎接与全球化进程中传教运动相为表里的普世主义、公民社会和分离主义（民族自决）形成的竞争。当今传教运动引起的认同变迁在一定程度上与西方国家安全战略合流。运动主要作用地为世界发展中国家；其外部环境是全球化进程中高度不平等的国际政治经济和文化秩序，其内部面临严峻发展问题和程度不一的政治、经济、民族等多种问题，且必须回应传教运动在广泛领域的推进及其与西方国家战略的结合，努力达成自身观念、组织和制度层面的完善，进而完成国家整合和现代化转型。深入探讨传教运动可丰富和完善国家建设的思考与实践。

传教运动借其全球扩展将在未来对世界政治产生更大的推动力。由此对传教运动全球扩展的形态、特点和趋势的宏观、中观和微观研究亟须进一步开展。当前西方垄断了相关研究话语体系和全球调查。发展中国家亟须重视深入对基督教进行社会调研，获取国内和全球一手资料以分析和应对其与社会、国内和国际政治互动的短、中、长期效应。

（作者简介：涂怡超，法学博士，复旦大学美国研究中心助理研究员，原文发表于《世界经济与政治》2011年第9期）

# 论宗教与中国对外战略及公共外交

卓新平　徐以骅　刘金光　郑筱筠

**郑筱筠：**"外交"这个词实际上是个不断发展的概念。我们对"外交"的内涵与外延的不断地重新确认，既反映了国际关系与国际事务处理方式的演进，也体现出我们对这个领域或这方面工作的认知和把握。传统的"外交"指的是一个国家在国际方面的活动，如参加国际组织和会议，与别的国家互派使节、进行谈判、签订条约和协定等。但时至今日，全球化的进程和国际间政治、经济、文化和社会层面上的交往日益频繁和密切，"外交"已不再仅仅是政府间的"外交"，非政府组织和力量在国际事务和国际交往中，正在成为一个国家或一个族群发挥其国际影响力的一个方面军，日益发挥着越来越重要的或者说是不可轻视的作用。有人用"公共外交"来称谓这个领域，也有人用"民间外交"这个词来称谓。无论用哪个术语，其实都表明一个事实，这种民间或社会层面的"公共外交"正在成为国际交往的一个重要领域或是一个重要的层面。那么，我们从宗教研究的角度思考中国对外发展战略时，宗教与公共外交的关系、定位与作用等问题就提上了议程。

**卓新平：**人类世界是一个多宗教信仰的社会，在国际交往、民族交流、人际沟通中，宗教会起到非常重要的作用。这种宗教认同或求和的接触，宗教情感的自然流露和共鸣，往往会成为不同国度及民族达到"求同存异"或"和而不同"的共在、共识的促进剂、润滑油。相关的宗教情感往往会影响、支配其民众在对待国与国之间关系上的态度。尽管世界上仍然存在着宗教的纷争和冲突，由此使相关宗教在一些国家或地区成为社会不稳定的因素，但从整体来看，宗教发展的主流仍然是促进世界和平、维护社会和谐的。宗教和平已经成为世界和平的重要保障，而宗教沟通与理解则是实现这种和平的可行通途。可以说，宗教信仰已经成为国际交往、国际关系中的一个重要因素。人们将之视为基本人权的表现，也是衡量一个社会道德水平、文化程度的标准之一。在"全球化"的今天，我们中国正积极努力地融入国际社会，而在这种"融入"过程中，其实宗教是可以给我们提供有用、有利的推动力的。

**郑筱筠：**美国学者约瑟夫·奈主张国家的软实力主要有文化、价值观和国家的对外政策三个资源，强调的是价值观及其影响力。它深刻地影响了人们对国际关系的看法，使人们从关心领土地域扩张、军备竞赛、科技水平的发展、金融经济体系等有形的"硬实力"现象，转向关注文化、价值观、影响力、道德准则、感召力、向心力等无形的"软实力"。据2000年有关统计资料显示，全世界的宗教徒约为51.37亿人，占当时总人口60.55亿的84.8%。面对如此众多的宗教信徒，中国在打造文化软实力、制定对外发展战略时，应该考虑到世界上为数众多的"宗教人"这个极为重要的因素。我认为在提倡文化软实力建设时，应该打造"宗教力"。这种宗教力就是中国对外发展战略中一种特殊形态的文化软实力。如果仔细研究的话，这种"宗教力"可以再细分为宗教的文化执行力、文化亲和力和文化缓冲力三种力量。它们可以在中国对外发展战略中发挥特殊的作用。在全球化进程中，国际风云突变，无论是国际反华势力对中国的挤压，还是中国在境外投资与合作项目的屡受挫折，都使人们感到仅仅有政治上的主流意识形态，仅仅在世界许多地方投资做项目是不够的，还必须有文化的"软实力"。如今人们在关注中国对外发展战略时，日益感悟到宗教可以发挥一定作用。但正如一位伟人说过的，感觉到了的东西我们不能立刻理解它，只有理解了的东西才能更深刻地感觉它。我们究竟应在理论上如何看待宗教与中国对外发展战略及公共外交之关系？

**卓新平：** 宗教在不同民族、国家以及文明的形成和发展中起着非常关键的作用。宗教作为传统文化力量和精神传承，已经成为相关民族之魂和国家核心价值。人类不同地域的所谓文化圈都由相关的宗教构成其核心价值体系和主流文化系统，并且形成其广泛而深入的辐射与扩散。相关国家政治势力或思想意识的对外扩张或渗透，也会采取宗教的形式或得到宗教的重要帮助。而这种宗教的扩展和渗入则往往是潜移默化、润物无声的，在看似无意中达到了往往刻意也实现不了的效果。由于宗教的文化性，使其存在、发展、扩散都有着独特的"颜色"，而不少"颜色革命"的成功也理应带给我们警醒和思考。这种宗教的奇特颜色及其正负功能，提醒我们不能对宗教置之不理、弃之不用。我们既可防范宗教可能带来的政治、文化"色变"，也应使宗教让我们的社会文化在世界文明之园中更加赏心悦目、魅力四射。

**刘金光：** "公共外交"从根本上反映着不同国家社会公众领域中的交往。塔夫茨大学弗莱彻法律与外交学院爱德华·默罗（Edward R. Murrow）公共外交研究中心曾经这样定义："公共外交活动就是通过影响他国民众的看法，来影响该国政策的制定和执行。"而"交流核心是信息和思想的跨国流动"。当然，不同国家、不同学者对公共外交的界定有所不同，但是有三点是共同的：（1）由政府主导；（2）以外国政府、外国公众为对象；（3）以提高本国形象为目的。据此，宗教对外交往就是一种公共外交，积极支持开展宗教的对外交往，能够为我国的公共外交服务。

**卓新平：** 在当前国际关系中，一些大国极为注意宗教在对外关系中的意义与价值，了解相关国家和民族的宗教情况，已成为其外交工作的基本功课。在解决国际宗教冲突中，对国家政治外交的一个重要补充，就是在民间外交中充分发挥相关宗教界及其宗教领袖的独特作用，一些问题往往在国家政治层面上得不到解决，而靠宗教的力量或办法却可迎刃而解。同样，一些小国在外交上也会向其宗教借力，用宗教的软实力来巩固其社会及其政权，靠宗教来完成其文化"走出去"的发展战略。不少大国在其政治、经济、军事实力之后亦有其宗教力量的炫耀，鼓吹其宗教价值、标榜其信仰自由，输出其宗教精神。虽然中国自改革开放以来倡导宗教信仰自由，保障公民的宗教信仰权利，并且先后以国际会议、论坛、展览、朝觐等形式让中国宗教走了出去，如参加世界宗教领袖会议、世界宗教和平会议、世界佛教论坛、国际道教和《道德经》论坛，组织"圣经事工展"、多版本、多语种翻译《道德经》展等，但在涉及宗教问题的总体国际政治、文化关系中却仍然处于相对独立，甚至被孤立的境况中。除了社会制度的不同和意识形态上的分歧之外，境外排华势力的一个重要攻击缺口，就是针对中国的宗教信仰自由状况。中国社会主流"无宗教"的这种无意识或潜意识，中国媒体报道论及宗教问题时负面新闻多于正面弘扬的状况，实际上给了境外敌对势力攻击中国"没有宗教信仰"、"排斥宗教信仰"、"不敬神"、"不信神"的口实。而他们对中国宗教状况的攻击实际上会带来对整个中国社会及其各方面的负面影响，从而导致我们文化"软实力"在走出去时其作用被削减、其影响被排拒。目前，宗教在中国官方对外发展战略中几乎不占份额，与西方、俄罗斯等大国官方政治外交中宗教的存在与参与形成明显反差。

**徐以骅：** 就目前而言，宗教仍是中外之间相互认知水准最低、信任赤字最大、分歧最为严重的一个领域。由此造成的后果是：(1)尽管中国拥有极其丰富的宗教传统和宗教资源，并且已成为全球宗教产品的主要输出国，但中国在宗教领域的国际贡献却远未得到充分的承认与肯定；(2)尽管各种中国宗教信仰在海外拥有庞大的信众群体，却未能将其成功转化为维护与促进中国国家利益的因素，在海外亦未形成宗教领域的"知华友华派"；(3)尽管中国在政治、经济、军事等领域的硬实力已举足轻重，但在宗教、文化等领域的软实力与国际影响力却明显不足，在对外交往中呈现出鲜明的"软硬失衡"态势；(4)尽管中国始终致力于营造和谐健康的政教和教教关系，却未形成向国际社会有效阐述真实宗教国情以及在宗教领域的政策辩护能力，常常在西方国家对中国宗教问题的"政治化"和政治（主权）问题的"宗教化"运作面前陷于被动。

宗教目前基本上是中国外交中的"负资产"，这不仅制约了中国积极正面的国际形象的塑造，也是中国实行"全面走出去"战略、开展全方位外交进程中的短板。宗教作为超越阶层、种族、性别、文化的精神力量，历来是中外文化交流的主要载体和重要组成部分，无疑能为中国开展公共以及民间外交提供有力的依托，从而克服中国外交和侨务工作中在某种程度上存在的"上下脱节"（重精英轻草根，重官方轻民间）状况。

**郑筱筠**：宗教在国家对外战略中有重要地位，宗教是民间外交的一支重要力量，这虽然是当下人们关注的一个新热点，但在某种意义上却是"旧话重提"。因为在历史上，宗教都是族群间和国家间交流的一个重要载体。以南传佛教而言，它一直在发挥着整合国家资源、巩固国家政权、促进民族文化交流的重要作用。例如12世纪缅甸蒲甘王朝建立后，国王阿奴律陀为了巩固自己的政权，首先整顿佛教僧团，宣布南传佛教为国教，保持传统佛教的纯洁性。在佛教的宇宙观和世界观影响下，神王观念是南传佛教政治作用之重要表现。其社会责任之一就是为王权的存在提供合理性的证明，它赋予统治者克里斯玛权威和神圣性。因此形成了独特的南传佛与政权之间的特殊纽带。

**卓新平**：在中国历史上，宗教在对外战略发展中曾发挥过重要作用。例如中国佛教对周边东南亚国家的巨大影响，尤其是对日本、朝鲜、越南等国宗教文化的影响迄今仍能体悟得到。而在丝绸之路上，中国与中亚、西方等国家的交往中，基督教、伊斯兰教、佛教、道教等也发挥了重要的文化交流作用。"郑和下西洋"等海上丝绸之路的国际交往，更有伊斯兰教等宗教的积极参与。历史上中国宗教的"走出去"实际上是将中国文化"带出去"，形成其国际传播及发展。甚至在相关国家或地区政治关系紧张时，宗教可以起到非官方的、间接的、民间的沟通与交流作用。

当20世纪50年代中美关系、中国与西欧关系恶化后，中国基督教一方面以"三自爱国"运动获得其在新中国的生存与发展，另一方面则仍然以宗教的形式断断续续、隐隐约约地保持了中国与西方社会的一定交往。20世纪70年代，美国恢复与中国的交往，在中美建交前基督教在双方沟通上就起了一定的桥梁作用；特别是中国实行改革开放以来，基督教构成了中美沟通的一个重要方面。美国前总统老布什因其在北京担任美国驻华联络处主任的特别经历而与中国基督教人士建立起良好关系。此后，美国政府也支持了至少三次美国宗教领袖代表团访华，其对中国的客观评价在美国也起到了促进中美关系良性发展的积极作用。一些美国宗教界人士对中国的支持，如美国福音派葛培里等人呼吁美国政府给中国最惠国待遇和支持中国加入世界贸易组织（WTO）等举动，曾在一定程度上促成了中美政治经济关系的改善。同样，当中国海峡两岸四地政治沟通尚有障碍时，宗教的沟通也曾起到其政治关系改善的催化剂作用。

**徐以骅**：从历史上来看，宗教历来是中外文化交流的重要载体与精神纽带，玄奘西游与鉴真东渡的佳话至今传诵。同时，每当中国试图在东西、海陆两个方向的对外关系中采取积极有为的政策时，宗教亦常常扮演着开拓者与中介者的角色。举世闻名的"丝绸之路"不仅是一条贸易之路、文化之路、和平之路，亦是一条名副其实的信仰之路。而传统东亚世界就不仅是一个以中国为中心的文化圈、朝贡圈、贸易圈，亦是一个以中国为中心的信仰圈。但凡中国处于国力强盛、民族自信的历史时期，都出现了中外宗教交流大发展的盛况。一方面，它意味着中国积极接纳、合共生；另一方面，它表现为中国真诚地向域外（海外）学习或传播优秀的宗教文化。这种频繁而良性的中外宗教互动，不仅塑造了中国自身，也同时塑造了中国的周边世界。晚近如抗战期间基督教会对中国的对外战略和公共外交也贡献良多，许多基督教人士活跃于中国的对外尤其是对美公共和民间外交的第一线，在国外宣讲中国抗战的英勇事业。1932 年，中华基督教青年会全国协会总干事余日章便受中国政府之请赴美呼吁美国政府出面遏制日本侵华，他在国务院与美国国务卿史汀生（Henry L. Stimson）会晤中不幸中风跌倒，从此一病不起直到 4 年后去世，在某种程度上成了中国公共外交的一位殉道者。

**刘金光：** 目前，中国宗教界已与世界上约 80 多个国家的宗教组织建立、发展了友好关系，积极参加涉及不同文明、信仰、宗教的国际宗教会议和宗教学术会议，广泛参与国际宗教组织，例如，中国宗教团体和组织，参加了世界佛教徒联谊会、伊斯兰事务最高理事会、世界宗教和平会议、亚洲宗教和平会议、世界基督教联合会等世界性宗教组织。一些宗教界人士还被选入这些国际宗教组织担任重要职务。2000 年，中国五大宗教首次联合组团赴联合国参加世界和平千年宗教领袖大会，表达我们对世界和平的祈愿。中国宗教界代表已经连续四次参加了亚欧首脑会议框架下的亚欧不同信仰间对话会议。

宗教在中国对外交往活动当中，比较有代表性的事例和作用有如下几个方面。一是配合中国对美欧外交大局发挥公共外交的作用。2006 年中国基督教"两会"在美国成功举办"中国教会圣经事工展"，以事实说话，有力地驳斥了中国限制《圣经》出版甚至审查删除《圣经》章节的谣言。2007 年，中国基督教"两会"在德国成功举办"中国教会圣经事工展"，当时的德国媒体评论说，"这个展览改变了德国民众对中国宗教事务的'陈旧印象'"。二是对东南亚等周边国家的睦邻友好发挥着重要作用。北京的佛牙舍利曾经四次赴缅甸供奉。陕西法门寺的佛指舍利也曾经赴泰国等东南亚国家供奉。三是在东亚，发挥了中国、韩国、日本三国佛教一脉相承的优势。历史上，佛教在三国文化关系史上起到了重要的桥梁和纽带作用。中国佛教协会于 1995 年在北京成功举办了首届"中韩日三国佛教友好交流大会"，与会代表受到中央领导人的亲切接见。此后，中韩日三国佛教友好交流会议每年召开一次，轮流在三国举行。四是促进与伊斯兰世界和阿拉伯国家的友好交往。中国伊斯兰教协会每年也邀请和接待数十批国外伊斯兰教界人士，如沙特麦加禁寺的苏岱斯长老、叙利亚穆夫提、俄罗斯穆夫提委员会主席等来华访问，不断派团出访西亚、北非的许多国家，出席和参与伊斯兰教的各项重大宗教和学术活动。中国伊斯兰教协会每年还派人赴各伊斯兰教国家参加《古兰经》诵读比赛等学术、文化交流活动。中国伊斯兰教协会组织的"中国伊斯兰教文化展"赴新加坡和印度尼西亚展出取得成功。

**郑筱筠：** 从外交层面的多样化来看，宗教与外交的关系不是单向度的，也不是平面的。事实上是不同的宗教同时出现于一个外交场域之内,并在不同的层面发生作用,所有的宗教力形成一种合力共同支撑起宗教与外交的立体关系平台;反过来,从宗教自身来看,由于不同的宗教在每个国家的政治地位、文化地位、历史地位不同,也会影响到特定宗教与外交的关联。处于重要地位的宗教,往往对政府的外交事务有直接的和较大的影响,在政府层面的外交活动中也参与较多;而处于非显要地位的宗教,往往只是一个国家的诸多宗教或教派之一,其"弱势群体"的身份决定了其所参与的外交活动常常是在民间的或公共外交的层面,对政府层面的外交事务的影响往往只是间接的。所以,我们在思考宗教在对外发展战略中的地位和作用时,还需考虑到在转型时期,宗教能够在中国对外战略的哪些领域或哪些层面发挥作用。不同外交层面和不同宗教的特点,决定了它们侧重不同的互动层面,以及相互作用的不同方式。对此,我们可以逐步建立不同宗教开展公共外交领域的分层外交模式,以各种宗教自身的实力来展开不同层次的外交。

**卓新平:** 由于这种宗教外交意义在国际政治中所得到的充分体现,所以我们不能忽视国际关系中的相关宗教文化战略举措。特别是在当前中国社会转型时期,我国文化"走出去"战略必须有宗教的参与。目前,中国社会已经注意到宗教文化的政治意义和文化影响,尝试以宗教文化等公共外交、大众外交形式来走出去、请进来,扩大中国的国际影响。这在佛教、道教、基督教、伊斯兰教等宗教中都有所作为,而且也取得了明显成果,如自2006年以来中国召开了三次世界佛教论坛,道教界组织的世界《道德经》论坛和国际道教论坛,中国《圣经》在欧美等地的展出以及中文《圣经》的世界性输出,实际上也为文化上的中国制造及中国影响加了分、添了彩。宗教"软实力"的"亮相"和"巧用",在国际社会能够达到其意想不到的极佳效果。

**徐以骅:** 我们目前已经进入所谓"后威斯特伐利亚国际关系体系",但全球宗教复兴确实给当前的国际关系体系造成重大的或可称之为"半颠覆性"的挑战,宗教在国际关系中的作用也越来越从隐性转为显性。从地缘学的视角来说,目前国际体系中已出现某种结合地缘政治和地缘经济因素,并且兼具广泛参与性,主体多元性和软硬实力的地缘宗教,其主要表征就是宗教因素已成为各国国家安全和对外政策的主要考量之一。

目前中国的地缘宗教实力或者中国的宗教软实力还处于待开发阶段。中国不仅是传统宗教大国,也是新兴宗教大国;不仅有丰富的宗教传统、典籍、思想以及圣地和圣物,也是全球最大的宗教商品生产和集散地。全球的华人宗教信徒或"信仰中国"的海外版图,以及我国多元通融的宗教传统实践,是中国可与世界上任何宗教平等相处和交流对话的巨大资源。中国驻马耳他大使蔡金彪认为,文化对正拟与中国建立外交关系的国家是催化剂,对已建交的国家是润滑剂,对已发展几十年友好关系的国家是黏合剂。宗教在我国对外战略中的作用在许多方面与文化类似,中外宗教交流是中国与外部世界在思想文化、价值观和情感层面的互动，宗教作为少有的"软硬兼施"的力量，其跨国互动在许多方面比文化交流更为深刻和敏感，也更具基础性和长期性。

**郑筱筠**：既然宗教在中国对外发展战略中的地位如此重要，历史上又有许多成功的案例可以借鉴，如今宗教在外交领域发挥作用的渠道和层面又十分多样，且有时不我待之势，那我们应如何促进宗教在外交领域的积极作用呢？

**卓新平**：我们在总体上对宗教在中国对外战略发展中的意义仍然存在着认识不够、思考不细的问题，没能使宗教的这种对外作用得到充分、有效的发挥，结果在宗教信仰、公民权利等所谓热门问题上使我们失去了一些顺利走向世界、融入国际社会的机遇。从更好发挥宗教在对外发展战略中的作用上来看，其基本立足就是不要再把宗教仅仅视为外来"渗透"、"演变"的异己力量，而应该睿智地看到绝大多数国家的宗教与其文化、价值观及意识形态的协调一致、有机结合、统一和谐、整体同构；由此从文化战略上调整我们对宗教的审视及评价，让宗教"脱敏"，还原其在中国社会的正常生存。这样，我们就可以充分发挥宗教在中国对外发展战略中的积极作用。例如，我们可以发挥儒、佛、道在中国传统文化中的主体作用，通过这"三教"的正常文化输出和传播而让世界认识、体悟真正的中国文化及其宗教信仰精神，使世界上具有精神情感和文化志趣的人们形成一种"中国情结"，并对之有着宗教情感。我们可以发挥中国基督教对西方文化、伊斯兰教对阿拉伯、波斯文化的联结、联谊作用，使之能在复杂的国际矛盾、冲突中起化解、沟通的桥梁作用，消解在意识形态、文化心态上的抗衡和对峙，或至少能留下斡旋、商讨的余地。我们还可以充分发挥中国民间宗教及民间信仰在海外华人中对中国文化的向心作用和亲和作用，这些民间宗教信仰历史悠久、源远流长、根深蒂固，属于国际上"文化中国"理念中的核心价值及精神灵魂，我们决不可轻视或小看。它们能够在世界上起到对中国文化传统体系的基础维系作用、培土固根作用和水土保护作用，是中国文化成长、发展的生态基地及其草根植被。对待宗教与中国对外发展战略的关系，我们在看待宗教上应去除其不必要的政治敏感性，但在运用宗教文化战略上则应充分体现我们的政治敏锐性。

**徐以骅**：首先，要充分发掘宗教作为中国外交重要资源的潜力，化被动为主动，通过中央、地方与民间社团相结合，公共外交和民间外交相结合的方式积极向海外投射中国的宗教影响力。实际上，官民并行、多层互动的公共外交和民间外交正是党的统一战线和群众路线理论在国际层面的灵活运用。无论是中美基督教领袖论坛、世界佛教论坛、国际道教论坛等高级别会议，还是更富草根性的各种民间性宗教信仰往来都旨在展现中华民族的精神世界。假以时日，中国宗教的国际吸引力完全有可能从目前的"圣物"（如"圣经事工展"、"宗教文化展"、"佛牙/佛指舍利赴外供奉"）和实践层次（如"少林武功"、"家庭教会"、"圣经出口"、"各教和谐"）逐渐提升到制度、范式和思想层次。

其次，在"后传教时代"我们不仅要"把中国宗教的真实情况告诉世界人民"，而且也需要"把中国宗教的真实情况展现给世界人民"。1997年11月2日时任中华人民共和国主席江泽民在洛杉矶会见美国著名基督教福音派牧师葛培理（Billy Graham）时就引用了"百闻不如一见"的"古语"，欢迎葛培理牧师经常来中国访问，看看在中国所发生的变化。就中美关系而言，宗教通常被认为是中美关系中的"问题"或"结构性分歧"领域，但加强交流和互动以及管控冲突和分歧，拓宽中美国民意沟通的渠道，缩短两国在宗教问题上的认知差距，减少横亘在两国之间的消极宗教因素，同样也有可能成为中美增强互信的领域。

**郑筱筠**：宗教究竟应该如何发挥作用？宗教如何发挥作用的背后，实质上有个如何为宗教定位的问题。认识决定我们的视阈。认识不到位，作用可能无从谈起，也没有指向，更不要说到位。宗教力对于国家层面发展战略的影响在美国较为突出。就小布什政府的对外发展战略而言，它把重点放在了中东地区，未重点关注东南亚。但2009年奥巴马入主白宫以来，美国针对前任布什政府在东南亚外交上"善意忽视"所造成的美国在东南亚影响力缺失的问题，高调宣布"重返东南亚"，采取了更加灵活和务实的公共外交措施，大力发展与东盟关系，国务卿希拉里更是亲自前往东南亚来接触东南亚各国政府、群众和各类组织，积极投入到公共外交事务中，逐步改善美国在东南亚的国家形象。美国的介入使得一些东南亚国家对我国的态度开始摇摆不定。与此同时，现在有些西方国家正在运用软实力展开各种外交手段来遏制中国的迅速崛起，更加重视在政治、人权、民族、宗教等方面对我国施加压力。对此，我国也可在宗教层面上积极建立预警机制、防御机制，同时主动积极地运用宗教文化软实力来展开自己具有前瞻性的公共外交，准确把握新的发展趋势，在宗教发展格局和世界新秩序的重新建立过程中建构自己话语权、提升我国国际影响力。

**刘金光**：我们要充分发挥宗教在公共外交中的积极作用。第一，要提高认识，充分发挥宗教在公共外交中的积极作用。中共中央总书记胡锦涛在阐明"和平与发展仍然是时代主题"，以及"我国的国际地位和国际影响力不断提升"的同时，分别从政治、经济、文化和安全四个方面深刻分析了国际环境中不确定因素增多，中国发展的外部条件复杂多变。面对复杂的国际形势，我们更应充分重视和发挥宗教在公共外交中的积极作用，全面分析和准确把握世界发展大势，树立世界眼光，加强战略思维，不断提高统筹国内国际两个大局的能力。第二，要服务大局，充分发挥宗教在公共外交中的作用。要继续配合做好对美工作，在宗教问题上继续加强交流与对话，尽量减少宗教因素对中美两国关系造成的干扰。要继续发挥"中韩日三国佛教友好交流大会"的机制作用，进一步巩固和加强三国佛教"黄金纽带"；发挥中国佛教圣物的独特作用，进一步凝聚东南亚国家对我友好力量。要在东盟10+3机制、金砖五国机制、上海合作组织等区域性合作机制中设立宗教对话机制，发挥宗教的特殊优势，寻找共同的价值观念，增加黏合力量。要继续配合开展宗教领域的国际人权对话活动。配合参与我国与其他国家的双边及多边人权对话。第三，要维护稳定，在公共外交领域构筑抵御境外势力利用宗教对中国进行渗透的防线。

**郑筱筠**：值得注意的是，宗教始终是动态发展的，不是静止不动的。传统宗教文化复兴运动和新兴宗教不断涌现，使得宗教体系自身也处于不断的"聚合"和"裂变"的过程之中，这需要我们高度关注宗教力体系的完整性和连贯性。因此，在运用宗教力打造中国文化软实力的同时，我们应该注意到宗教的复杂性、多元性、阶段性、区域性特征，应理性地及时、主动把握宗教力指数，在可持续发展的文化战略格局中，积极运用宗教力来推动中国对外发展战略的实施。

以上各位专家对于宗教与中国对外战略及公共外交的关系都有精辟见解，但对这个话题的讨论远远没有结束，还需要社会各界的思考和积极参与。

（原文发表于《世界宗教文化》2012年第4期）

宗教社会学

# 新兴宗教运动十题：社会学研究的回顾[*]

## 李钧鹏

本文旨在对新兴宗教运动的相关社会学文献进行一番系统而简短的介绍、解读和批评。新兴宗教运动于20世纪60年代至70年代早期兴起于北美和西欧地区，并从此成为宗教社会学以及其他社会学领域的热点问题。诸如大卫教（Branch Davidians）、天堂之门（Heaven's Gate）和人民圣殿教（Peoples Temple）的惨剧更是给新兴宗教运动蒙上了一层厚重的神秘色彩。不仅中国读者对这些团体知之甚少，西方社会对它们也存在许多误读。因此，本文从10个方面对英文社会学相关文献进行综述和梳理，最后集中指出现有研究的不足之处与未来研究的方向。

## 一 新兴宗教运动的定义

何谓新兴宗教运动（new religious movements）？学术界至今也没有能够就其定义取得一致。要探讨新兴宗教运动的概念，我们必须首先考察其背景。20世纪中叶，随着大量鲜为人知的小规模宗教团体在西方社会进入公众视野，主流社会开始感到恐慌，媒体经常使用"异教"（cult）这个名词来称呼这些团体。随着许多社会科学家系统的观察和研究，他们开始对"异教"这个容易引起贬义联想的词感到不安。为了表明自己研究的客观性，学术界开始广泛使用"新兴宗教运动"这个中性称谓。

那么，何种宗教团体和运动可以算作新兴宗教运动？这个问题的回答往往依赖于观察者自己的视角。总体而言，人们常说的新兴宗教运动包括以下7种团体：（1）由东方文化传统所激励和导向的团体，例如国际奎师那知觉协会（Hare Krishna）、超越冥想（Transcendental Meditation）和霎哈嘉瑜伽（Sahaja Yoga）；（2）有基督教背景的团体，例如普世神教会（Worldwide Church of God）、耶稣精兵（Jesus Army）、上帝之子（Children of God）；（3）源于某一特定国家的团体，例如源于日本的创价学会（Sōka

---

[*] 本文由作者未发表的英文手稿翻译、改写而成。Judith Blau、Charles Kurzman 和 Christian Smith 对早期手稿提供了批评意见，特此致谢。

Gakkai）和幸福科学研究所（Institute for Research in Human Happiness）；（4）源自秘传教义的团体，例如艾坎卡（Eckankar）和贝沙拉（Beshara）；（5）所谓的"自我宗教"（self-religion），例如埃哈德研讨训练班（Erhard Seminars Training）和生活训练（Life Training）；（6）关注外星人的团体，例如雷尔运动（Raëlian Movement）和天堂之门；（7）新纪元（New Age）运动，例如普世全胜教会（Church Universal and Triumphant）。

上述这些团体之间呈现的差异非常大，综合考察它们的共同点，我们只能给出一个最为基本的定义：新兴宗教运动一般指处于社会和文化的边缘地带，信仰和实践与主流宗教有较为显著的区别，并与其所处社会的政治、文化、宗教等主流机构和制度保持一定距离的宗教或灵性团体。必须指出的是，这个定义仍然存在许多难以回答的问题，对此下文将作进一步的分析。

## 二 新兴宗教运动的兴起

新兴宗教运动出现的原因是社会学界讨论的一个热点。社会学家一般从外部的社会和文化情境中寻找答案。总体说来，社会学家就宏观环境的重要性取得了一致意见，但对于如何理解社会和文化环境，具体哪些方面最为关键，见解并不一致。

许多理论将西方社会在过去几十年中对灵性（spirituality）追求的升温视为一个独有的现代现象，以及对社会和文化上具根本性的、深刻的变迁的反应[1]。这种观点的一个隐含意蕴是新兴宗教的兴起是对现代社会所弥漫的文化危机，诸如文化上的困惑、道德上的不确定性、社群（community）生活的脱节与消失以及公民宗教（civil religion）的衰落等现象的回应[2]。这种见解倾向于"强调某些严重的、现代社会所独有的断裂（dislocation），而后者被认为是制造了某种异化（alienation）、失范（anomie）或缺失（deprivation）感，作为应对，美国人开始寻找意义和社群的新结构"[3]。

一些学者将新兴宗教运动看成是"意义危机"（crisis of meaning）、文化多元与实验运动以及大众抗议的"后继运动"（successor movement），这些运动于20世纪60年代在

---

[1] 参见 Thomas Robbins. 1988. *Cults, Converts, and Charisma: The Sociology of New Religious Movements*. New York: Sage。

[2] 参见 Robert N. Bellah. 1976. "New Religious Consciousness and the Crisis of Modernity." pp. 333 - 352 in *The New Religious Consciouseness*, edited by Charles Y. Glock and Robert N. Bellah. Berkeley, CA: University of California Press; James Davison Hunter. 1981. "The New Religions: Demodernization and the Protest Against Modernity." pp. 1 - 19 in *The Social Impact of the New Religious Movements*, edited by Bryan R. Wilson. New York: Rose of Sharon Press。

[3] Robbins. 1988. p. 60.

西方社会达到顶峰,并极大地改变了西方主流文化与价值[1]。罗伯特·贝拉(Robert Bellah)曾指出:"在今日之美国,公民宗教已成为一具空虚的、破碎的躯壳。"[2] 他还将60年代和70年代的灵性升温看成是走向"新神话的诞生",是对公民宗教衰落的回应[3]。

基于对埃哈德研讨训练班、禅宗(Zen)追随者和灵恩派基督徒(charismatic Christians)的追踪研究,斯蒂文·蒂普顿(Steven Tipton)指出,美国新兴宗教运动的兴起缘于自我表现的反叛文化(counter culture)的广泛且持续的影响,是对它所导致的价值冲突与危机的回应,同时还受到功利性个人主义和《圣经》基要主义的传统文化导向兴起的影响[4]。

20世纪50年代基督教在北美地区强劲复兴以及传统基督教教派迅猛增长,参加宗教活动的人数达到了前所未有的程度,而教堂的大量兴建更是一道常见的风景[5]。然而,到了60年代,形势急转直下。仅仅10年的光阴,基督教主流教派的追随人数直线下降[6],而新兴宗教运动的兴起被视为北美大众对这种灵性衰落的直接回应。社会学家马克斯·韦伯(Max Weber)曾指出现代性(modernity)是一个祛魅(disenchantment)的过程。这一命题被后来的社会学家广泛接受。但韦伯同样指出,祛魅化了的世界之后将是一场再魅化(re-enchantment)。当人类理性与科学无法再为日常生活提供终极意义时,意识形态将出现真空[7]。按照某些社会学家的观点,新兴宗教产生于意识形态出现真空之时,是通过对日常生活意义的寻找来填补这个真空地带[8]。

大卫·布罗姆利(David Bromley)和布鲁斯·布拉欣(Bruce Brusching)同样将新兴宗教运动看成是社会与文化变迁的产物,是对由前现代的"圣约"(covenantal)关系

---

[1] 参见 Bellah. 1976; Robert Wuthnow. 1976. *The Consciousness Reformation*. Berkeley, CA: University of California Press; Robert Wuthnow. 1988. *The Restructuring of American Religion: Society and Faith since World War II*. Princeton, NJ: Princeton University Press。

[2] Robert N. Bellah. 1975. *The Broken Covenant*. New York: Seabury. p. 145.

[3] Robert N. Bellah. 1975.

[4] Steven M. Tipton. 1982. *Getting Saved from the Sixties: Moral Meaning in Conversion and Cultural Change*. Berkeley, CA: University of California Press.

[5] 参见 Lorne L. Dawson. 1998. *Comprehending Cults: The Sociology of New Religious Movements*. Toronto: Oxford University Press; Wuthnow. 1988。

[6] 参见 Wade Clark Roof. 1993. *A Generation of Seekers: The Spiritual Journeys of the Baby Boom Generation*. San Francisco, CA: Harper-Collins。

[7] Max Weber. [1922] 1946. "Science as a Vocation." pp. 129–156 in *From Max Weber: Essays in Sociology*. New York: Oxford University Press; Weber. [1930] 2001. *The Protestant Ethic and the Spirit of Capitalism*. Los Angeles, CA: Roxbury.

[8] 参见 Irving Hexham and Karla Poewe. 1998. *Understanding Cults and New Age Religions*. Vancouver: Regent College Publishing; Rodney Stark and William Sims Bainbridge. 1996. *A Theory of Religion* (New Edition). Piscataway, NJ: Rutgers University Press。

向现代的"契约"（contractual）关系不可抗拒的社会与文化变革的回应。在此，圣约社会关系指不以诉诸互惠活动为前提，由个人以向他人福祉作出的承诺来协调其自身行为的关系；契约社会关系则是个人基于某种互惠活动来协调自身行为，而未对他人福祉作出承诺的关系。从而，契约是通过计算性逻辑和个人利益来表述的，圣约则基于道德关怀和社会连带关系（solidarity）的逻辑[1]。

与上述文化变迁命题相反，文化延续命题强调新兴宗教运动的"传统"一面。按照这种理解，新兴宗教运动深植于北美与西欧的宗教和文化传统，究其本质是前现代的文化产物[2]。新兴宗教运动的兴起只不过是文化发展循环类型的最新体现，而这种文化循环从一开始就是西方宗教的特征[3]。新兴宗教运动所谓与西方主流社会的物质主义、功利主义和个人主义不相协调的"体验性"（experiential）与"异端性"（dissident）特征实际上体现了西方主流社会的经验主义与物质主义的认识论。按照这种认识论，真理的主要标准深植于一个"真正的"实体所制造的实在性（tangibility）中[4]。

在对国际奎师那知觉协会的研究中，罗伯特·伍斯诺（Robert Wuthnow）强调，就其本身来说，那些看似非正统的、忽然出现的灵性团体实际上符合美国主流文化的本质和趋势，因为这些团体"打上了流行的技术世界观的独有烙印"[5]。马文·哈里斯（Marvin Harris）指出，包括新兴宗教在内的许多看似无关的文化现象实际上具有密切的内在联系，每个现象都是一幅更大的、更令人烦扰的图像的一部分。基于其著名的"文化物质主义"（cultural materialism）命题，哈里斯对看似晦涩和怪异的灵性团体作出了一个功利主义的解释，指出许多新兴宗教运动的运作在本质上具有工具性和实用性，并将宗教觉醒看作一种获取世俗权力和财富的手段[6]。在对山达基教会（Scientology）的研究中，罗杰·施特劳斯（Roger Straus）发现，在山达基的世界里，美国资本主义社会的基本价值和理性不仅被认可，而且被发扬光大；个人价值不仅得到了强调，而且"被一种功能主义的、以体系为核心的理性所限定和间接界定"[7]。

---

[1] David G. Bromley and Bruce C. Busching. 1988. "Understanding the Structure of Contractual and Covenantal Social Relations: Implications for the Sociology of Religion." *Sociological Analysis* 49 (supp.): 15–32.

[2] 参见 James A. Beckford. 1989. *Religion in Advanced Industrial Society.* London: Unwin Hyman。

[3] 参见 William G. McLoughlin. 1978. *Revivals, Awakenings, and Reform: An Essay on Religion and Social Change in America*, 1607–1977. Chicago, IL: University of Chicago Press; H. Lawrence Moore. 1985. *Religious Outsiders and the Making of Americans.* New York: Oxford University Press。

[4] 参见 Robert Wuthnow. 1985. "The Cultural Context of Contemporary Religious Movements." pp. 43–56 in *Cults, Culture and the Law*, edited by Thomas Robbins, William Shepherd, and James McBride. Chico, CA: Scholars Press。

[5] Wuthnow. 1985. p. 46.

[6] Marvin Harris. 1987. *Why Nothing Works: The Anthropology of Daily Life.* New York: Touchstone.

[7] Roger B. Straus. 1986. "Scientology 'Ethics': Deviance, Identity and Social Control in a Cult-Like Social World." *Symbolic Interaction* 9 (1): 67–82. p. 68.

洛恩·道森（Lorne Dawson）将文化延续命题分为"新兴宗教运动与美国宗教史"和"新兴宗教运动与宗教史"两个范畴。在前一个范畴中，新兴宗教运动和美国宗教异端、宗派主义与宗教迫害的历史联系在一起。"新兴宗教运动被置于大觉醒运动（Great Awakening）的历史、美国另类宗教传统的历史以及天主教、摩门教和其他宗教在19世纪的美国所遭受待遇这些背景之下"①。在后一个范畴中，道森提醒我们，新兴宗教运动根源于在信奉基督教的西方社会中存在久远的宗教异端与神秘主义。更为重要的一点是，在其发展初期，基督教本身也被视为异教。道森指出："事实上，新兴宗教运动对当代世俗和常规宗教文化的冒犯往往源自基督教传统本身（以及其他世界性的宗教）。"②

## 三 新兴宗教运动的特征

按照艾琳·巴克（Eileen Barker）的说法，新兴宗教运动是无法被归纳的："（各个新兴宗教运动之间）唯一的共同点是，它们都曾被贴上新兴宗教运动或'异教'的标签。"③ 道森指出："从现有诸多研究中可以发现两点：首先，由于不同异教所采取的不同招募方式，每个新兴宗教都倾向于吸引一群较为同质化的追随者；其次，新兴宗教运动的总体成员比通常所预期的要异质化得多，因为每个群体都试图吸引多少存在区别的追随者。"④ 尽管如此，不少学者仍然试图归纳出新兴宗教运动所具有的广泛的、显著的人口与社会特征。

第一，大多数新兴宗教运动以年轻人口为主。罗伯特·埃尔伍德（Robert Ellwood）发现，耶稣运动（Jesus Movement）的参与者主要是14—24岁的年轻人⑤。J. 斯蒂尔松·犹大（J. Stillson Judah）发现，在国际奎师那知觉协会的成员中，85%为26岁以下，只有3%的会员为30岁以上⑥。而在小E. 伯克·罗奇福德（E. Burke Rochford, Jr.）的追踪研究中，56%的国际奎师那知觉协会成员年龄处于20—25岁之间，且超过一半的成员在21岁之前入会⑦。巴克对英国统一教（Unification Church）的研究发现，其教徒平均皈依年龄为23岁；80%左右的成员年龄在19—30岁之间，而50%左右的成

---

① Dawson. 1998. p. 63.
② Ibid.
③ Eileen Barker. 1999. "New Religious Movements: Their Incidence and Significance." pp. 15 – 31 in *New Religious Movements: Challenge and Response*, edited by Bryan R. Wilson and Jamie Cresswell. New York: Routledge. p. 15.
④ Dawson. 1998. pp. 85 – 86.
⑤ Robert S. Ellwood. 1973. *One Way: The Jesus Movement and Its Meaning*. Englewood Cliffs, NJ: Prentice-Hall.
⑥ J. Stillson Judah. 1974. *Hare Krishna and the Counterculture*. New York: John Wiley & Sons.
⑦ E. Burke Rochford, Jr. 1985. *Hare Krishna in America*. New Brunswick, NJ: Rutgers University Press.

员在21—26岁之间①。所罗·莱文（Saul Levine）的研究描述了一群年轻人的皈依过程，其中大多数都是25岁以下②。然而，并非所有新兴宗教运动都是"年轻人的游戏"。例如，人类潜能（human potential）团体参与者的平均年龄是35岁③；43%的日莲正宗（Nichiren Shōshū）成员为36岁以上④；"自我宗教"的参与者（相关课程的费用需要可观的收入支撑）一般为30多岁或40岁出头⑤。除此之外，随着20世纪60年代新兴宗教运动及其参与者的老化，这些数字不可避免地发生变化⑥。

第二，新兴宗教运动的多数成员都具有相当高的教育水平。罗伊·沃利斯发现，56.7%的山达基教会成员具有职业培训经历或大学学历⑦。布莱恩·威尔逊和卡雷尔·多伯拉尔发现，24%的英国创价学会成员上过大学，这远远高于1990年英国总人口8%的高等教育比率⑧。康斯坦斯·琼斯发现，美国普世全胜教会的会员中大约25%具有高级技术或职业学位⑨。在对10个美国冥想团体的调查中，R.E.加斯纳和S.D.贝尔科维奇发现79%的成员已经完成了四年或更多的大学教育，28.6%具有硕士学位，10.3%具有职业教育学位，8%更具有博士学位⑩。克里斯·贝德和阿尔弗雷德·德马里斯甚至发现，受教育程度和加入新兴宗教运动的可能性之间呈正相关，而和正统教派与教会的参与度呈负相关⑪。

第三，新兴宗教运动的成员以事业有成的中产阶级人口为主⑫。鉴于教育程度与收入水平的高度正相关性，这项发现与成员的高教育程度是一致的。

---

① Eileen Barker. 1984. *The Making of a Moonie: Choice or Brainwashing?* Oxford: Basil Blackwell.

② Saul V. Levine. 1984. *Radical Departures: Desperate Detours to Growing Up.* New York: Harcourt Brace Jovanovich.

③ Stephen J. Hunt. 2003. *Alternative Religions: A Sociological Introduction.* Burlington, VT: Ashgate.

④ Ellwood. 1973.

⑤ Barker. 1999.

⑥ 参见 Barker, Eileen. 1995. "Plus ça change..." *Social Compass* 42 (2): 165 – 180; Susan J. Palmer. 1994. *Moon Sisters, Krishna Mothers, Rajneesh Lovers: Women's Roles in New Religions.* Syracuse, NY: Syracuse University Press.

⑦ Roy Wallis. 1977. *The Road to Total Freedom: A Sociological Analysis of Scientology.* New York: Columbia University Press.

⑧ Bryan R. Wilson and Karel Dobbelaere. 1994. *A Time to Chant: The Soka Gakkai Buddhists in Britain.* Oxford: Clarendon.

⑨ Constance A. Jones. 1994. "Church Universal and Triumphant: A Demographic Profile." pp. 39 – 53 in *Church Universal and Triumphant in Scholarly Perspective.* Stanford, CA: Center for Academic Publication.

⑩ R. E. Gussner and S. D. Berkowitz. 1988. "Scholars, Sects, and Sanghas, I: Recruitment to Asian-Based Meditation Groups in North America." *Sociological Analysis* 49 (2): 136 – 70.

⑪ Chris Bader and Alfred Demaris. 1996. "A Test of the Stark-Bainbridge Theory of Affiliation with Religious Cults and Sects." *Journal for the Scientific Study of Religion* 35 (3): 285 – 303.

⑫ 参见 Barker. 1999; Hunt. 2003; Roy Wallis. 1984. *The Elementary Forms of the New Religious Life.* London: Routledge & Kegan Paul; Robert Wuthnow. 1978. *Experimentation in American World Religion.* Berkeley, CA: University of California Press.

第四，大量研究发现，女性在新兴宗教运动成员中占有较大比重。威尔逊和多伯拉尔发现，英国创价学会成员 59% 的是女性[1]。卡尔·拉特金等人[2]和苏珊·帕尔默[3]对奥修运动的调查发现了相似的类型。但这条关于性别的结论并非没有争议。例如，沃利斯发现山达基教会的成员中有 59% 是男性[4]。在巴克对英国统一教的研究中，男教徒和女教徒的比例是 2 比 1[5]。对于上述矛盾的结论，伊丽莎白·帕蒂克试图做出解释。她认为女性在具有反叛文化特征的新兴宗教运动中居多，例如奥修运动、博乐门古默丽思和女巫敬拜团体；男性则在传统的、威权性的新兴宗教运动中占多数，例如统一教和国际奎师那知觉协会[6]。帕尔默试图发掘许多新兴宗教运动所提供的新的或另类的角色，并给出了一个对新兴宗教运动的性别认同的类型学，其中性别认同被概念化为性别互补化、性别对立化和性别一体化[7]。

第五，白人成员占新兴宗教运动教徒的大多数[8]。对此，多数社会学家试图从总体社会分层体系与少数族群和族裔的教育水平中寻找答案。但新兴宗教运动绝不都由白人统治。例如，人民圣殿教在 20 世纪 70 年代早期成为一个以黑人为主的组织，在约 3000 信徒中 80%—90% 为黑人[9]。包括耶和华见证人与统一教在内的某些新兴宗教运动对其黑人人口占多数的事实引以为自豪，认为这反映了他们吸引所有种族的能力，强化了其人皆平等的形象[10]。

第六，对于新兴宗教运动追随者的以往宗教背景，现有研究存在争议。基于其宗教经济理论的相关命题，罗德尼·斯达克、罗杰·芬奇和威廉·希姆斯·本布里奇指出，新兴宗教运动和传统教会成员的宗教背景相反，并在北美和欧洲地区发现了实证支持[11]。

---

[1] Wilson and Dobbelaere. 1994.

[2] Cril Latkin, et. al. 1987. "Who Lives in Utopia? A Brief Report on the Rajneeshpuram Research Project." *Sociological Analysis* 48 (1): 73–81.

[3] Palmer. 1994.

[4] Wallis. 1977.

[5] Barker. 1984.

[6] Elizabeth Puttick. 1999. "Women in New Religious Movements." pp. 143–162 in *New Religious Movements: Challenge and Response*, edited by Bryan R. Wilson and Jamie Cresswell. New York: Routledge.

[7] Susan J. Palmer. 2004. "Women in New Religious Movements." pp. 378–385 in *The Oxford Handbook of New Religious Movements*, edited by James R. Lewis. New York: Oxford University Press.

[8] 参见 Barker. 1999。

[9] 参见 Rebecca Moore. 2004. "Demographics and the Black Religious Culture of Peoples Temple." pp. 57–80 in *Peoples Temple and Black Religion in America*, edited by Rebecca Moore, Anthony B. Pinn, and Mary R. Sawyer. Bloomington, IN: Indiana University Press。

[10] Bryan R. Wilson. 1990. *The Social Dimensions of Sectarianism: Sects and New Religious Movements in Contemporary Society*. New York: Clarendon. p. 33.

[11] Rodney Stark. 1993. "Europe's Receptivity to New Religious Movements: Round Two." *Journal for the Scientific Study of Religion* 32 (4): 389–397; William Sims Bainbridge and Rodney Stark. 1982. "Church and Cult in Canada." *Canadian Journal of Sociology* 7 (4): 351–366.

小罗奇福德对国际奎师那知觉协会的研究结论正好相反：其美国成员多出自宗教背景较强的家庭①。巴克在英国的研究也得出了类似结论②。

## 四 新兴宗教运动的信仰

首先，综摄化（syncretism）在新兴宗教运动中广泛存在。综摄化意为将不同宗教信仰和实践融合为一个新的宗教体系。一切新兴宗教都从其他文化和传统中吸收创见，有时甚至全盘接受。然而，综摄化本身是一个异常宽泛的概念，它隐含着许多不同的组合类型。在有些情况下，不同的信仰体系相互间完全融合；而在另外一些时候，综摄化可能是缺乏连贯的融合；综摄化有时是总体性关系，但更为常见的是不同宗教体系特定成分之间的关系。在另一些时候，一个群体有可能通过故意贬低其他群体来巩固自我，同时忽略或抵制外来的宗教概念和社会体系③。

其次，许多新兴宗教运动试图以东方身份认同来取代西方身份认同。通过对东西方传统思想的比较，科林·坎贝尔注意到，在西方社会，"觉醒"观念得到了强化，而对上帝的传统信仰正在衰减；转世观念被越来越多的人接受。坎贝尔将这种趋势称为"西方的东方化"，他注意到了宗教信仰的一种范式转变，即从西方宗教的超验主义向东方的圣灵内在观转变；信徒再也不能被完全归纳为真理的信仰者，而成为启蒙的追随者④。

再次，灵性越来越成为一个私人问题。宗教社会学的两个最显著的观察是西方对个人灵性的持续上升的关注、需求和追寻，以及在历史上曾经占统治地位的宗教制度和机构的政治与社会特权的衰落。韦德·克拉克·鲁夫提出了"探寻文化"理论，认为个人，而非社群，占据了宗教的核心，而宗教的末端是自我成长、自我治疗与自我实现⑤。在《追寻天堂》一书中，伍斯诺揭示了美国宗教在20世纪下半叶所经历的深刻转型，宗教信仰正在从"居所之灵性"向"追求之灵性"转变。伍斯诺指出，传统的栖居于神圣场所的灵性已经让位于一种新的追求的灵性，并且人们已经开始失去对一种能够让他们在宇宙中找到家园的形而上学的信仰，并逐渐开始在圣灵的不同体验之间穿梭，寻求局部的知识和实际的智慧⑥。在《信徒，而非教徒》一书中，罗伯特·富勒（Robert

---

① Rochford. 1985.

② Barker. 1984.

③ 参见 Michael Rothstein. 2004. "Science and Religion in the New Religions." pp. 99 – 118 in *The Oxford Handbook of New Religious Movements*, edited by James R. Lewis. New York: Oxford University Press.

④ Colin Campbell. 1999. "The Easternisation of the West." pp. 35 – 48 in *New Religious Movements: Challenge and Response*, edited by Bryan R. Wilson and Jamie Cresswell. New York: Routledge.

⑤ Roof. 1993.

⑥ Robert Wuthnow. 1998. *After Heaven: Spirituality in America Since the 1950s*. Berkeley, CA: University of California Press.

Fuller) 发现,约 40% 的美国人不参加有组织的宗教活动。他观察到,越来越多的美国人有意识将灵性与宗教区分开来,前者被视为私人世界的信仰,后者则与在宗教组织中公开表现的信经与仪式有关。越来越多的美国人倾向于从不同的信仰和实践中拣选自己需要的元素,以构建一种私人化的灵性[1]。这种趋势在西欧地区同样显著。基于对英格兰西北地区的问卷调查,保罗·希勒斯(Paul Heelas)和琳达·伍德海德(Linda Woodhead)发现,与个人体验关系更为密切的灵性远比要求顺从于更高级真理的宗教更受欢迎[2]。

第四,多数新兴宗教运动相信人类潜能的平等性。新兴宗教运动经常对主流宗教的层级结构提出批评,指责这些宗教为少数精英所控制,大多数信徒无法发现真理或接受真正的救赎。由此,很多新兴团体宣称,世界上一切灵性传统都已成为公共财产,不再像过去一样被个别团体或宗教精英据为己有[3]。新兴宗教运动倾向于持有一种确定性,认为这一新的真理正是唯一的"真理"(The Truth)[4],而只要不停止追寻,任何人都能够寻到这个真理,并与上帝交流。没有人享有特权,也没有人能够阻止真理的揭示。

第五,就其对外部社会的观点和态度而言,沃利斯借鉴了韦伯的理论,将新兴宗教运动归结为三种类型:拒斥世界、肯定世界以及适应世界[5]。拒斥世界的新兴宗教运动以上帝之子、国际奎师那知觉协会与统一教为代表,对上帝持有明显的概念和感知,具有一个强大的道德限定的准则体系,并经常具有一系列清教徒式的信仰;它们将盛行的社会秩序看成是受到了污染且背离了上帝的意愿,抵制发达工业世界的物质主义,真诚地寻求扭转世俗生活,让其重回上帝,并试图引领一个新的灵性秩序;其成员往往被要求与外部世界隔绝。肯定世界的新兴宗教运动以日莲正宗(包括创价学会)、超越冥想和埃哈德研讨训练班为代表,它们缺乏传统宗教的典型特征,对主流社会秩序的批判程度较弱,认为其有许多值得赞赏的优点;它们声称掌握了特定的方法,能够开启人的生理与灵性潜能,而无须与世俗世界相隔绝。适应世界的新兴宗教运动以新五旬节运动为代表;它们既不完全接受世俗世界,也不一概拒斥,而是二者兼有;对于如何生活以获得救赎这一类问题,这些运动涉及较少;宗教不被建构为社会问题,而被看成是为人的内心世界提供慰藉或激励;它们的世界观相对多元化,常常容忍其他信仰或信念。威尔

---

[1] Robert C. Fuller. 2001. *Spiritual, But Not Religious: Understanding Unchurched America*. New York: Oxford University Press.

[2] Paul Heelas and Linda Woodhead. 2005. *The Spiritual Revolution: Why Religion is Giving Way to Spirituality*. Malden, MA: Blackwell.

[3] 参见 Michael York. 2001. "New Age Commodification and Appropriation of Spirituality." *Journal of Contemporary Religion* 16 (3): 361-372。

[4] 参见 Barker. 1999。

[5] Wallis. 1984.

逊将新兴宗教运动看成是对世界的偏离常规的回应,并提出了一种由7种类型构成的更为复杂和精致的类型学:转化派、革命派或变革派、内省派、支配派或魔力派、奇书派或神奇派、改革派以及空想派[1]。

第六,新兴宗教运动通常试图与国家或政府保持一定的距离。尽管不同团体存在极大的差异,但新兴宗教运动对政府干涉持有警惕和抵制的态度,有时候甚至升级为与政府的对立。然而,公开与政府进行抗争,或简单地与国家直接对抗的新兴宗教运动只属于个例[2],尽管这些团体常常被媒体大书特书。事实上,新兴宗教运动的常态是故意保持与国家和政权的距离,竭力避免发生直接关系和冲撞。

第七,新兴宗教运动倾向于持有并强调全球视野。社会学家认为世界已成为一个紧密相连的共同体,或至少有成为这种共同体的潜在可能[3]。与此相应,宗教正在走向一种"全球性宗教"[4]。彼得·拜尔指出,在当代全球社会中,宗教承担着一个必不可少的角色——表述全球社会的发展,既非先定给予,亦非被动转变[5]。爱德华德·霍华德发现,国际基督教会将自己置于全球背景之下,并试图适应一个所谓"棱柱"或"全球家园"的世界[6]。詹姆斯·贝克福德注意到,新兴宗教运动竭力吸纳全球意识的不同类型,强调人类行动和社会制度在全球范围的有机联系。统一教、山达基教会、超越冥想、国际创价学会等团体都有目的地克服国与国之间在意识形态、宗教、族群与国籍上的边界,试图迈向一个由普世价值所团结起来的和谐世界[7]。

## 五 新兴宗教运动的组织结构

新兴宗教运动有别于主流宗教的一个重要特征是其组织结构。基于组织化与制度化程度,斯达克和本布里奇将新兴宗教运动归为三类:观众型异教(audience cult)、顾客

---

[1] Bryan R. Wilson. 1970. *Religious Sects: A Sociological Study*. London: Weidenfeld & Nicolson; Wilson. 1990.

[2] Wilson. 1990. p. 27.

[3] 参见 Roland Robertson. 1993. "Globality, Global Culture, and Images of World Order." pp. 395 – 411 in *Social Change and Modernity*, edited by Hans Haferkamp and Neil J. Smelser. Berkeley: University of California Press。

[4] 参见 Neil J. Smelser. 2003. "Pressure for Continuity in the Context of Globalization." *Current Sociology* 51 (2): 101 – 112。

[5] Peter Beyer. 2001. "Religions in Global Society: Transnational Resource and Globalized Category." Paper presented to the conference on "Re-Inventing Society in a Changing Global Economy," University of Toronto, March 8 – 10.

[6] Edward Howard. 2000. *A New Religious Movement in Modernity and Postmodernity*. MA Thesis, School of Oriental and African Studies, University of London.

[7] James A. Beckford. 2004. "New Religious Movements and Globalization." pp. 253 – 263 in *New Religious Movements in the Twenty-First Century: Legal, Political, and Social Challenges in Global Perspective*, edited by Phillip Charles Lucas and Thomas Robbins. New York: Routledge.

型异教（client cult）与异教运动（cult movement）。观众型异教几乎没有组织，其成员不被要求作为一个团体聚会，而保持类似于消费者的身份；顾客型异教的追随者与其首领发展出一种类似于病患者和治疗者之间的关系。这种团体在许多方面试图维系这种组织化程度，从而不致变为严格意义上的组织。部分顾客型成员仍与主流教会维持正式关系；异教运动的组织化程度最高，由组织化的宗教实体构成，这些实体试图满足其追随者的一切需求①。

对应于组织化宗教与灵性的分殊，越来越多的新兴宗教运动摒弃了层级式的组织结构。斯蒂夫·布鲁斯注意到，在西方世界个人交往渐趋减少的背景下，与罗伯特·帕特南的"独自打保龄"命题相吻合，"独自祈祷"现象开始凸显②。托马斯·罗宾斯发现，某些新兴宗教运动显得非常易变③。奥修运动等在一定意义上可以说是被"制造"出来的，因为信仰、实践、集体身份认同与实体位置都可以快速改变，以适应运动的必要④。罗宾斯用一个两阶段模型来描述新兴宗教运动的制度化：在第一阶段，处于新生期的运动"涉入一种边界界定较为清晰，组织结构较为正式，首领享有高度权威的运动"。在第二阶段，"运动发展出一种层级式的权威结构，一种差异化的成员结构，既包括积极的参与者，也包括不那么积极的'外层'成员，宗教领袖或先知的克里斯玛权威被法理元素所稀释，出现了一种缓解与社会文化环境之间的对立并力求适应的类型"⑤。

## 六　新兴宗教运动的领袖

新兴宗教运动的创建者往往被描述为富有个人魅力的领袖。在韦伯的意义上，克里斯玛型领袖"不受规则或传统的约束，他的追随者赋予其权威，这种权威规定他们可以在哪里居住，应该和谁结婚以及/或者和谁同床，能否生子，可以有何种工作，应该穿什么衣服——甚至早餐该吃什么。追随者经常由于相信而加入，或先加入后相信。具体而言，他们相信其领袖是一个超凡的、独一无二的个人，对万物本质具有独特的、专有知识，能与上帝或其他开悟上师直接交流或者其本人即为上帝"⑥。

---

① Rodney Stark and William Sims Bainbridge. 1985. *The Future of Religion: Secularization, Revival, and Cult Formation.* Berkeley, CA: University of California Press.
② Steve Bruce. 2002. "Praying Alone? Church-Going in Britain and the Putnam Thesis." *Journal of Contemporary Religion* 17 (3): 317–328.
③ Robbins. 1988.
④ Lewis F. Carter. 1987. "The 'New Renunciates' of the Bhagwan Shree Rajneesh: Observations and Identification of Problems of Interpreting New Religious Movements." *Journal for the Scientific Study of Religion* 26 (2): 148–172.
⑤ Robbins, 1988. p. 111.
⑥ Barker. 1999.

个人魅力型领袖的一个关键特征是其非制度性甚至反制度性。沃利斯描绘了新兴宗教运动克里斯玛型领袖对制度化反应的四种类型：默许，意即领袖或多或少有风度地接受制度化；鼓励，意即领袖试图利用制度化结构以强化其权威，而不允许这种结构对他造成约束；移置，意即领袖对现状没有明确的认可或认识；抵制，意即领袖对制度化持敌对态度，并竭力限制其影响[①]。

## 七 新兴宗教运动的成败

对新兴宗教运动的一个显而易见的观察是某些运动格外成功，吸引了大量的追随者，且持续甚久，另一些运动却以极快的速度衰落和消亡。为了探寻这个问题，社会学家格外的关注新兴宗教运动可以利用的资源。约翰·洛夫兰发现，表面上小规模、边缘化且不起眼的新兴宗教运动往往能够通过制造对其有利的形象来吸引大量的追随者，具体手段包括：将运动呈现为广受欢迎且日趋流行，呈现为神圣意旨的工具，且在广泛的宇宙学框架内积极与邪恶势力作战[②]。斯达克列出了新兴宗教运动成功的10个条件：（1）与其招募目标所处社会的常规信仰保有一定的文化延续性；（2）教义具有非实证性或不可验证性；（3）与其所处环境维持适度的紧张和对立；（4）有合法化的领袖，这些领袖具有极高的权威；（5）能够吸引积极主动的、任劳任怨的自愿宗教劳动力，包括大量的自愿传教者；（6）维系了足够补偿成员死亡的生殖率；（7）在一个规制程度较弱的宗教经济中与势力较弱的、小范围的常规宗教组织相竞争；（8）维系了较强的内部情感纽带，并保持一个能够维系和形成与外来者之间感情纽带的开放社会网络；（9）继续与其所处环境保持足够的紧张关系；（10）年轻人经受了足够的社会化，从而其忠诚度得到最大化，离去的可能被最小化，而严格性弱化的吸引力也随之降低[③]。

对于组织化程度与运动成败的关系，社会运动学者，尤其是主流的资源动员与政治过程理论，认为组织程度的增长与运动组织的正式化将改善一个运动组织的生存与成功

---

① Wallis. 1984.

② John F. Lofland. 1979. "White Hot Mobilization: Strategies of Millenarian Movements." pp. 156–166 in *The Dynamics of Social Movements: Resource Mobilization, Social Control, and Tactics*, edited by Mayer N. Zald and John D. McCarthy. Cambridge, MA: Winthrop.

③ Rodney Stark. 1987. "How New Religions Succeed: A Theoretical Model." pp. 11–29 in *The Future of New Religious Movements*, edited by David G. Bromley and Phillip E. Hammond. Macon, GA: Mercer University Press; Stark. 1996. "Why Religious Movements Succeed or Fail: A Revised General Model." *Journal of Contemporary Religion* 11 (2): 133–146.

几率①。对这一观点,大部分新兴宗教运动学者予以接受②。

## 八 新兴宗教运动与科学

尽管相关研究仍处于起步阶段,一些学者开始认识到科学在新兴宗教运动发展轨迹中的地位。这些学者发现,科学已经成为新兴宗教运动合法化策略中的一个重要元素③。在考虑其对科学的态度时,新兴宗教运动试图同时从宗教与科学中受益④。雅瑟留协会的创始人乔治·金曾经指出,有大量证据表明"科学的宗教维度"的存在,并且科学与宗教再也不可分割⑤。超越冥想的创始人玛赫西大师宣称,他所说的一切都将被证明为是成熟阶段的科学。国际奎师那知觉协会则试图将自己从传统科学中脱离出来,认为主流社会所说的科学根本就不是科学,而真正的科学存在于百许纳瓦—巴克提(Vaishnava-Bhakti)神学中⑥。山达基教会自我宣称为"首个宗教技术"或"技术化宗教"⑦。

## 九 皈依新兴宗教运动的原因

研究者一直对人们为什么皈依看似偏离常规的灵性团体以及皈依过程抱有浓厚的兴趣。对于这个问题,曾经居于主流地位的相对剥夺理论认为,人们加入新兴宗教运动的原因在于其主观或相对知觉,即感觉到自己在社会体系中所遭受的不公正待遇,以及社会地位相对于其他团体或其他时段的降低。随着这种理论的退潮,社会学家开始基于社会网络的视角来研究皈依过程。这些研究认为,被招入某个具体宗教运动的可能性在很大程度上取决于两个条件:第一,基于原有的或新近发展的人际纽带,以及与某个或更多运动成员的联系;第二,抵消性网络的缺乏⑧。大量实证研究表明,人们通常是通过

---

① 参见 Mayer Zald and John McCarthy. 1987. *Social Movements in an Organizational Society*. New Brunswick, NJ: Transaction。
② 参见 Robbins. 1988。
③ 参见 Hammer, Olav. 2001. *Claiming Knowledge: Strategies for Epistemology from Theosophy to the New Age*. Leiden: Brill。
④ 参见 Rothstein. 2004。
⑤ George King. 1996. *Contacts with Gods from Space: Pathway to the New Millennium*. Los Angeles, CA: Aetherius Society。
⑥ 参见 Rothstein. 2004。
⑦ 参见 William Sims Bainbridge. 1993. "New Religions, Science, and Secularization." *Religion and the Social Order* 3A: 277-292; Walter Braddeson. 1969. *Scientology for the Millions*. Los Angeles, CA: Sherbourne。
⑧ David A. Snow, Louise A. Zurcher, and Shelton Ekland-Olson. 1980. "Social Networks and Social Movements: A Microstructural Approach to Differential Recruitment." *American Sociological Review* 45 (5): 787-801。

原有的社会网络,意即与现有成员的关系,被吸引进入一个新兴宗教运动的[1]。洛夫兰与斯达克提出了皈依过程的七步模型:(1)经历持续的、严重的紧张和对立;(2)进入一种以宗教解决问题的视角;(3)自视为一个宗教追寻者;(4)遭遇异教;(5)与异教的某个或多个成员间形成有效的感情纽带;(6)较少或摆脱异教之外的感情纽带;(7)与其他皈依者进行密集的互动[2]。社会学家还注意到现代技术,尤其是互联网在新兴宗教运动的动员过程中所起到的日益显著的作用[3]。道格拉斯·柯文和杰弗里·哈登研究了宗教在线与在线宗教两种互联网形态,并指出了二者的区别:前者将互联网作为一种用来进行宗教交流的社会结构;后者将互联网作为一个发展新的宗教形式的场所[4]。

## 十 新兴宗教运动与世俗化

对大多数社会学家来说,新兴宗教运动的文化显著性源自它们在世俗化争论中的角色。从社会学作为一门学科创立初期开始,包括圣西门、奥古斯特·孔德、卡尔·马克思、爱弥尔·涂尔干和马克斯·韦伯在内的古典社会学家,以及后来更广泛意义上的现代化理论都认为,随着现代性的进展,理性、个人主义和多元化的出现将不可避免且不可逆转地导致宗教作为社群现象的消退,以及私人信仰的难以为继性[5]。用彼得·伯格的话说:"现代性必然导致宗教的衰落,这既包括社会意义上的宗教,也包括个人的心智。"[6] 问题在于,世俗化理论似乎难以解释宗教信仰和实践在不同地域、不同时期的持续、复兴和多样化。新兴的宗教经济模型给出了一个完全不同的解释,认为宗教信仰的多样化是由于"宗教市场"结构的不同。一个宗教市场的管制越少,越开放,其宗教将

---

[1] 参见 John A. Saliba. 2003. *Understanding New Religious Movements* (2nd Edition). Walnut Creek, CA: AltaMira.

[2] John F. Lofland and Rodney Stark. 1965. "Becoming a World-Saver: A Theory of Conversion to a Deviant Perspective." *American Sociological Review* 30 (6): 373 – 385.

[3] 参见 Lorne L. Dawson and Jenna Hennebry. 1999. "New Religions and the Internet: Recruiting in a New Public Space." *Journal of Contemporary Religion* 14 (1): 17 – 39.

[4] Douglas E. Cowan and Jeffrey K. Hadden. 2004. "Virtually Religious: New Religious Movements and the World Wide Web." pp. 119 – 140 in *The Oxford Handbook of New Religious Movements*, edited by James R. Lewis. New York: Oxford University Press.

[5] 参见 Christopher Partridge. 2004. "Alternative Spiritualities, New Religions, and the Reenchantment of the West." pp. 39 – 67 in *The Oxford Handbook of New Religious Movements*, edited by James R. Lewis. New York: Oxford University Press.

[6] Peter L. Berger. 1999. "The Desecularization of the World: A Global Overview." pp. 1 – 18 in *The Desecularization of the World: Resurgent Religion and World Politics*, edited by Peter L. Berger. Washington, DC: Ethics and Public Policy Center. p. 2.

越兴盛①。宗教本身与人类状况在心理和社会层面的联系是如此密切,很难想象它的全然消失。甚至伯格这位世俗化理论最为著名的贡献者之一也放弃了他在20世纪60年代所持有的经典论点②。

那么,新兴宗教运动的兴起对所谓世俗化时代的含义是什么?这个问题并不容易回答。威尔逊坚持认为,新兴宗教运动的兴起不应被视为宗教复兴以及世俗化理论错误的论据,恰恰相反,它应当被看作世俗化的证据和见证③。克里斯托弗·帕特里奇将新兴宗教运动视为西方世界再魅化的证据,并指出,宗教和灵性能够在传统制度之外自我维系,并在后现代的西方消费社会中发展壮大;宗教外表的变化及其位移并不意味着它因此就变得微不足道;再魅化不是祛魅化的现代重构,而是一个世俗化的、全球化的、技术复杂的、消费者导向的社会的新发展④。

## 十一 现有研究的不足与未来研究的展望

在对新兴宗教运动的社会学文献进行回顾之后,我们要指出现有研究存在的两个难以解答的问题:

首先,新兴宗教运动究竟有多新?如果说新兴宗教运动从20世纪60年代才开始出现,我们就无法回答:为什么某些被贴上这个标签的团体已经有超过一个世纪的历史?事实上,本文所列举的许多团体都可以追溯到19世纪。另一个难题是,摩门教创立于1830年,我们应该把它算作一个新兴宗教运动吗?如果说新兴宗教运动的"新"在于其与众不同的信仰和教义,我们又无法解释托尼·阿拉莫基金会(Tony Alamo Foundation)的存在,后者的教义与主流基督教几无不同,却仍被广泛视为一场新兴宗教运动。再者,"新"与"旧"本来就是相对的概念。正如上文所说,基督教创立初期也被当时的主流社会视为与众不同。在距离新兴宗教运动跃入公众视野近50年之后,能否再使用"新兴"这两个字成为一个难题。

其次,新兴宗教运动是否为一个西方独有的概念?不难发现,相关的文献,尤其是实证研究,绝大部分是基于北美和西欧地区的宗教团体。即使偶有涉及源于日本、韩

---

① Roger Finke and Rodney Stark. 2003. "The Dynamics of Religious Economies." pp. 96 – 109 in *Handbook of the Sociology of Religion*, edited by Michele Dillon. New York: Cambridge University Press.

② 参见 Berger. 1999.

③ Bryan R. Wilson. 1976. *Contemporary Transformation of Religion*. New York: Oxford University Press; Wilson. 1988. "'Secularization': Religion in the Modern World." pp. 953 – 966 in *The World's Religions: The Study of Religion, Traditional and New Religions* (New Edition), edited by Leslie Houlden, Stewart Sutherland, and Peter Clarke. London: Routledge.

④ Partridge. 2004.

国、东南亚等地的团体，具体实证研究对象也往往是它们在欧美的分支。更为关键的是，这些研究暗含的理论假设是西方民主政治制度与资本主义经济体制。从而，如果我们接受社会组织受到社会结构影响这一基本命题，这些研究对于东方社会，尤其是威权或儒家社会的适用性就大打折扣。对于这两个问题，我们主张，解决的办法是修正以往对新兴宗教运动基于特征进行定义和研究的理路，而是采取一种关系主义的途径，将新兴宗教运动看作被主流社会、文化和政治制度置于社会结构的外层，并因而产生其抗争性和争议性的宗教与灵性团体。基于这种理解，我们就可以对新兴宗教运动进行比较分析，不仅包括纵向的历时分析，而且包括跨社会的横向比较。

新兴宗教运动研究作为宗教社会学的一个组成部分近几十年以来得到了极大的发展，2004 年牛津大学出版社出版的《牛津新兴宗教运动研究手册》标志着这方面研究的成果与最新进展[1]。然而，我们不禁注意到，新兴宗教运动研究本身就具有一种"异教"的地位，它至今仍属于宗教社会学中一个相对较小的分支，和宗教社会学其他学者极少交流和对话，更不用说社会学其他分支。我们认为，这种尴尬境地的一个原因是其未能吸收社会运动的相关研究。一方面，社会运动研究长期被资源动员理论与政治过程理论所统治，相关研究往往用组织结构与政治机会概念来解释运动的动态[2]。社会运动学者认为，信仰只是社会运动成败的一个肤浅的因素，而宗教的动态演变受到了忽视。另一方面，在研究新兴宗教运动时，被关注的方面往往是招募、皈依和"洗脑"的争议[3]，国家成为一个被忽略的范畴，这使得多数新兴宗教运动研究由于未能考虑社会与政治的动态变化而缺乏动态视角。"社会运动"和"宗教运动"看似两个不同的研究领域，但它们所涉及的一系列社会机制是类似的。只有广泛吸取社会学其他领域的成果，新兴宗教运动研究才能真正进入社会学以及更广泛的社会科学研究的主流。

（作者简介：李钧鹏，美国哥伦比亚大学社会学系博士生、Paul F. Lazarsfeld Fellow，原文发表于《世界宗教文化》2011 年第 5 期）

---

[1] James R. Lewis, ed. 2004. *The Oxford Handbook of New Religious Movements*. New York: Oxford University Press.

[2] 参见 Doug McAdam. 1982. *Political Process and the Development of Black Insurgency*, 1930–1970. Chicago, IL: University of Chicago Press; Zald and McCarthy. 1987。

[3] 参见 Barker. 1984; David A. Snow and Richard Machalek. 1983. "The Convert as a Social Type." *Sociological Theory* 1: 259–289。

# 国外跨国移民宗教研究进展

## 薛熙明　马　创

规模化的跨国移民早在4—5世纪就出现于欧亚大陆的民族迁徙过程中,而最大规模的跨国移民则是始自"地理大发现"以来的以殖民地为目的地的劳工和奴隶输入。在当今经济文化全球化大潮的推动下,世界各地居民频繁流动,劳务输出、人才流动、难民和自发性移民已经成为当今跨国移民的几种重要类型。大量的散居者(diaspora)在社会层面上表征着"一个紧张关系、持续再适应的地方,一个碎裂并正在统合的空间"[①]的出现。在跨国移动的过程中,移民也会将本土的宗教信仰带至迁居国。特别是在佛教、基督教、天主教等世界性宗教出现以后,宗教就成为一个跨国的全球社会系统[②],移民则是宗教跨国传播的主要载体。跨国移民社会中的宗教反映了人口迁移过程中文化特性的变迁,同时还与政治、经济、社会、环境等因素紧密相连,是文化全球化的一种重要表现。因此,这一领域研究备受学界关注。

## 一　跨国移民宗教研究的主要理论

### (一) 文化适应理论

对于该领域的早期研究主要运用文化适应理论来解释。文化适应是不同文化相互作用、相互影响、相互吸收的过程[③]。当一种文化移入异地之后,通常会与迁入地原有的文化观念或行为方式发生取代、综摄、增添、萎缩、起源、排拒等多种形式的作用[④],从而在迁入地形成新的社会文化系统。Berry依据移民对主流文化与传统文化吸收程度的

---

\* 本文为国家自然科学基金项目《移民的宗教文化扩散、适应及认同——基于入滇回族的宗教地理研究》(项目编号40961006)、《转型时期中国城市新移民的地方感与文化身份认同研究——以珠三角为例》(项目编号41171125),教育部人文社会科学青年基金项目《西南边疆少数民族地区回族多元宗教文化研究》(项目编号09YJC850014),云南省教育厅基金项目:《明清以来云南回族的迁移及文化适应研究》(项目编号2011Y420)的阶段性研究成果。

① Saint-Blancat, C. *L'islam de la diaspora*. Paris: Bayard Editions, 1997.
② Beyer, P. *Religion in the Process of Globalization*. Germany: Ergon Verlag, 2001.
③ 司马云杰:《文化社会学》,中国社会科学出版社2001年版,第310页。
④ 王铭铭:《想象的异邦——社会与文化人类学散论》,上海人民出版社1998年版,第198页。

差异提出了一个二维模型,将移民的文化适应模式概括为整合型、同化型、分离型和边缘型四种类型[1]。但这一模型并未考虑主流文化群体对移民文化群体的文化适应问题。基于此,Bourhis 等提出了交互性文化适应模型,认为主流群体与移民群体都以整合、同化、隔离、排斥、个人主义五种倾向相互作用[2]。Navas 等在区分文化适应策略和文化适应态度的基础上,提出了相对文化适应模型。他指出,在不同的社会文化空间范围内,个体的文化适应策略和态度不会完全相同[3]。Ward 提出的文化适应过程模型则认为,移民的跨文化迁移以及因此而产生的压力和能力缺陷、反应和后果,是一个受到社会和个人两个层面影响的文化适应过程[4]。

基于文化适应理论,西方学者对移民宗教文化在迁入地的发展变化进行了深入探讨。Park 在对美国的研究中,提出区域聚合模型(regional converge model)的假设,它是指移民进入新的地区之后,宗教的混合性会增加,而地理集中性会减少[5]。但是 Newman 和 Halvorson 的历时性分期研究则表明这个模式是可以被证伪的[6]。变位模式(dislocation model)是指宗教献身精神因移民"变位"而消失;而适应模式(adaptation model)是指移民在新区域里的宗教行为决定着他们宗教献身精神的增减[7]。Welch 对美国社会的研究表明,地理迁移对于去教堂礼拜的人数并没有大的影响:虽然迁移会割断移民与原有社区的联系,但是一旦他们移入新的社区后,又会迅速地去教堂建立新的社会联系[8]。

但是,由于文化适应理论是为解决殖民文化在植入异地过程中所遭逢的文化冲突而建立和发展起来的,它以西方视角来看待他者世界的主观主义色彩十分浓厚,也遭遇了来自非西方世界的普遍质疑。因而,在其影响下的跨国移民宗教研究,尤其是上述几个移民宗教演化模式,带有一定的局限性。

---

[1] Berry, J. W. *Psychology of acculturation: Understanding individuals moving between cultures*. Newbury Park: Sage, 1990.

[2] Bourhis, R. Y., Mo, L. C. et al. Towards an Interactive Acculturation Model: A Social Psychological Approach. *International Journal of Psychology*, 1997, 32 (6): 369 – 386.

[3] Navas, M., García, M. C. et al. *Relative Acculturation Extended Model (RAEM)*: New Contributions with Regard to the Study of Acculturation. International *Journal of Intercultural Relations*, 2005, 29 (1): 21 – 37.

[4] Ward, C., Bochner, S. et al. *The Psychology of Culture Shock*. East Sussex: Routledge, 2001.

[5] Park, C. C. Sacred Worlds: *An Introduction to Geography and Religion*. London: Routledge, 1994.

[6] Newman, W. M., Halvorson, P. L. Religion and regional culture: patterns of concentration and change among American religious denominations, 1952 – 1980. *Journal for the Scientific Study of Religion*, 1984, 23: 304 – 315.

[7] Park, C. C. Sacred Worlds: *An Introduction to Geography and Religion*. London: Routledge, 1994.

[8] Welch, K. Community development and metropolitan religious commitment: a test of two competing models. *Journal for the Scientific Study of Religion*, 1983, 22 (2): 167 – 181.

## （二）后殖民理论

后殖民理论试图将历史和殖民主义融入当代的全球化叙述中[1]，认为现代地方的文化和经济观念都是殖民时代形成的世界体系所决定的。在这一理论框架内，后殖民国家被认为是一个与其原宗主国存在流散关系的杂糅空间[2]。后殖民世界中的"流散"是一个复杂的概念，它并不仅仅是单线的对殖民主义的依恋和回溯，还叠加了原住民的交流、依赖、适应、挪用和抵抗[3]。在各个前殖民地之间存在一种共同记忆，引致了面向宗主国的跨国迁移[4]。在外籍雇佣劳工、外籍新娘、女佣和娱乐从业女性中不难发现，移民社会所形成的差异空间，往往带有帝国主义和殖民主义烙印[5]。后殖民理论还认为，散居者对迁居国国家主义的形成具有重要意义[6]，有助于塑造一种认同政治[7]。

后殖民主义关注移民社会在民族认同和国家建构中的作用，许多传统中心之外的地方成为后殖民移民宗教研究的热点地区。相关研究讨论了在殖民和后殖民时期个体的宗教活动和身份是怎样被建构和想象的[8]，借以发现殖民权力管制在移民宗教社会中的烙印。在移民为主体的新加坡社会，政府试图通过政教分离，以及推动宗教建筑建设，来构建一个文化与宗教多元化的国家[9]。在这样一个后殖民语境中，尽管面对强势的政府对宗教空间的改造时，宗教团体和个人不再使用冲突手段，而常常是通过适应和协商的途径来理解宗教空间的意义，但这种抵抗仍然以实在的和象征的方式说明了这个多元宗教社会潜在的不稳定[10]。后殖民主义把移民视为一个分离的社会主体来研究，从而延续了种族主义的社会区隔原则。作为一个完整的社会文化系统的组成部分，移民社会和非移民社会宗教的内在联系常常被研究者们所忽视。

---

[1] King, A. D. (Post) colonial geographies: material and symbolic. Historical Geography, 1999, 27: 99 – 118.

[2] Hall, S. When was the post-colonial? Thinking at the limit. London: Routledge, 1996.

[3] Anderson, K. Thinking postnationally: dialogue across multicultural, indigenous, and settler spaces. Annals of the Association of American Geographers, 2000, 90 (2): 381 – 391.

[4] Kang, S. Post-colonialism and Diasporic space in Japan. Inter Asia Cultural Studies, 2001, 2 (1): 137 – 144.

[5] McKay, J. Religious diversity and ethnic cohesion: a three generational analysis of Syrian-Lebanese Christians in Sydney. International Migration Review, 1985, 19: 318 – 334.

[6] Van der Veer, P. Introduction: the diasporic imagination. Philadelphia University of Pennsylvania Press, 1995.

[7] Keith, M., Pile, S. Introduction part1: the politics of place. In M. Keith, S. Pile. (eds). Place and the Politics of Identity. London: Routledge, 1993. 1 – 21.

[8] Levitt, P. You know, Abraham was really the first immigrant: religion and transnational migration. International Migration Review, 2003, 37 (3): 847 – 873.

[9] Kong, L., Yeoh, B. S. A. The Politics of Landscape in Singapore Constructions of Nation. Syracuse: Syracuse University Press, 2003.

[10] Kong, L. Negotiating Conceptions of 'Sacred Space': A Case Study of Religious Buildings in Singapore. Transactions of the Institute of British Geographers, 1993, 18 (3): 342 – 358.

## 二 跨国移民宗教研究的主要内容

Levitt 指出,跨国宗教研究的内容包括:移民个人的跨国宗教活动;移民宗教生活的组织背景;移民的跨国宗教组织与其迁入国和迁出国的区域性、国家性和国际性组织之间的联系;政治在移民宗教活动中的作用;全球文化和制度在移民宗教活动中的作用[1]。

### (一) 跨国移民的宗教生活

移民从做出迁移决定的那一刻起,在其准备行程、旅行、抵达目的地和发展跨国联系的各阶段中,都充分地利用了宗教[2]。在这一过程中,个人的社会、经济和政治生活逐渐越过了国界,以至移民维持着多重身份和信仰忠诚度,并利用地方要素来再造文化[3]。移民将母国的宗教带至迁入国,由此而与当地宗教文化发生作用,产生宗教同化 (religious assimilation)、宗教整合 (religious integration) 和多元宗教共存 (religious pluralism) 的现象。

尽管宗教同化或有发生,但宗教文化整合似乎更为普遍,它包括社会整合、社会流动 (尤其是向上的流动) 和社会稳定等形式。社会整合是其中的重要方面。在第一代希腊移民整合进美国社会的过程中,加入教会和参加礼拜,要比上学和会说流利的英语起着更为重要的作用[4]。在这一点上,学界对欧洲穆斯林移民给予了较多关注。他们与迁入地社会的社会文化整合在时空两个维度上都呈现出较为复杂的特征。大多穆斯林移民努力融入欧洲各国的社会空间之内[5]。如瑞典马尔默的穆斯林移民通过对死者就地埋葬而不是运返回国的方式,逐渐形成了对迁入地的认同[6]。自 20 世纪 80 年代后,欧洲穆斯林后裔反而日益增强了对伊斯兰信仰的回归。这与当时欧洲国家的文化多元政策,以及阿拉伯世界经济和政治地位的提升有着密切联系[7]。当然,他们虽然保持伊斯兰信仰,

---

[1] Kong, L., Yeoh, B. S. A. The Politics of Landscape in Singapore Constructions of Nation. Syracuse: Syracuse University Press, 2003.

[2] Hagan, J., Ebaugh, H. R. Calling upon the sacred: migrants' use of religion in the migration process. International Migration Review, 2003, 37 (4): 1145 – 1162.

[3] Cohen, R. Global Diasporas: An Introduction. Seattle: University of Washington Press, 1999.

[4] Veglery, A. Differential social integration among first generation Greeks in New York. International Migration Review, 1988, 22: 627 – 657.

[5] Saint-Blancat, C. Islam in diaspora: between reterritorialization and extraterritoriality. International Journal of Urban and Regional Research, 2002, 26 (1): 138 – 151.

[6] Soderberg, S. The Moslems on Malmo. Nord Revy, 1991, (2): 12 – 15.

[7] 李明欢:《多元文化主义在欧洲的理想与困境——以西欧穆斯林移民社群为案例的分析》,《国外社会科学》2010 年第 6 期。

但拒绝被外界扣上原生的、不变的宗教文化的帽子,也不再将其作为自我权利主张的基础①。对伊斯兰的回归程度也因移民来源地的不同而有很大差异,同时也间杂着不同伊斯兰教派之间的差异,这使得伊斯兰认同并无一个单一的标准。因而,一个内部信仰一致的庞大"Eurabia"群体实质上只是想象的共同体②。可以说,穆斯林移民的社会整合过程具有一种弹性特征。

社会流动在一定意义上总是伴随着源地文化的萎缩。跨族通婚,尤其是少数族群与主流社会的通婚,造成了后代对主流信仰的认同和对本民族文化的放弃③。如美国犹太人在社会的向上流动过程中,就会尽可能地抹去其本民族的印记④。社会稳定有赖于移民对教会、学校、家庭和外部世界等社会网络的维系。Coburn 对美国德裔移民的研究发现,教会网络最为持久稳定地对信仰、价值观和文化发生作用⑤。

宗教转化是移民在迁入异国后进行文化整合一种常见形式。改宗并非是由单一的线性关系,既有以迁居地宗教对源地宗教的替代,也有因无法进行文化认同重又回归源地宗教,甚至采取多元宗教并存的形式。美国新移民宗教的变化有三个阶段:吸收公理会的组织结构和仪式;回归神学;超越传统的民族和宗教界限⑥。为避免边缘化和文化取代的厄运,移民瓜德罗普岛和法属西印度群岛的海地人适应了当地流行的基督教五旬节教派,并在此基础上发展了跨国宗教。一方面他们使用基督教习语以使自己免遭歧视,另一方面又用家乡语言串缀起对母国的记忆。由此,其基督教神学观与移民社区文化再生产紧密地交织在了一起⑦。向欧洲移民的伊朗穆斯林因东西方意识形态的强烈对撞,往往在迁移过程中就有意识地转换为基督信仰,以便为欧洲社会接纳。宗教的转换过程是复杂的,它并不等同于宗教替代;相反,它在一定程度上促进了宗教认同,从而为信徒提供了更多的宗教选择⑧。Lofland 和 Stark 提出的价值增加模型指出,当个人处在一个从旧义务、身份和生活情境中脱离出来,而参与和涉及另一个新状态的转折点上时,

---

① Saint-Blancat, C. Islam in diaspora: between reterritorialization and extraterritoriality. International Journal of Urban and Regional Research, 2002, 26 (1): 138–151.

② Bat Ye'or. Eurabia: The Euro-Arab Axis, Cranbury. N. J.: Fairleigh Dickinson University Press, 2005.

③ Bibby, R. W. Canada's mythical religious mosaic: some census findings. Journal for the Scientific Study of Religion, 2000, 39 (2): 235–239.

④ Silverman, M. Class, kinship and ethnicity: patterns of Jewish upward mobility in Pittsburgh. Pennsylvania. Urban Anthropology, 1978, (7): 25–44.

⑤ Coburn, C. K. Ethnicity, religion and gender: the women of Block, Kansas, 1860–1940. Great Plains Quarterly, 1988, (8): 222–232.

⑥ Yang, F., Ebaugh, H. R. Transformations in new immigrant religions and their global implications. American Sociological Review, 2001, 66 (2): 269–288.

⑦ Brodwin, P. Pentecostalism in translation: religion and the production of community in the Haitian diaspora. American Ethnologist, 2003, 30 (1): 85–101.

⑧ Nagata, J. Christianity among transnational Chinese: religious versus (sub) ethnic affiliation. International Migration, 2005, 43 (3): 99–130.

较容易引发宗教改宗①。由于在迁移异地后，处于社会边缘化位置上的移民在社会资源与传统文化支持上存在某种程度的脱节②，因而更容易被那些对个人更为有利的宗教团体所吸纳。Hawwa 将因迁移而导致的社会边缘化处境看成是香港菲佣由基督教改信伊斯兰教的主要诱因③。相比之下，摩洛哥受到正统基督教的极大影响。对于第二代移民该国的穆斯林后裔而言，他们已经很少与伊斯兰社会有宗教或政治上的联系，其移民社区以高度的世俗化和宗教碎裂化为特点④。

但是，另一些研究认为，在迁入国社会，宗教在促进移民信徒的文化同化和其自身民族性的保留方面，发挥着双重作用，而后者正是宗教多元主义研究所强调的内容。马来西亚、新加坡和印尼的华人则在新佛教和基督教之间转化或交替，对道教和其他神灵也表示敬仰⑤。虽然旧有的理论认为，宗教的世俗化与现代化是和多元主义相关联的，但是许多研究表明，在宗教多元主义的影响下，移民社区的宗教不但没有因此而衰落，反而日益繁荣。美国宗教多元主义因促进了制度和神学的转换，而使得宗教获得新生⑥；澳大利亚印度裔移民社区浓厚的宗教性甚至与白人社区严重的世俗化形成了鲜明对比⑦。但也有研究持相反的观点，认为宗教多元性越大，参与宗教活动者也越多，但是对于宗教的虔信度和宗教身份的自我认同却少有影响⑧。

也有研究指出移民的人口属性与其宗教信仰之间的重要关联。如 Model 和 Lin 以劳动力参与、失业率、职业和收入四个经济指标对英国和加拿大的印度教徒、锡克教徒、穆斯林和白人进行了对比分析，研究发现，宗教歧视存在某种程度的跨国差异，这种差异与其迁出国存在一定的联系⑨。而追溯美国社会以妇女为主体的印度裔基督徒的来源，

---

① Lofland, J., Rodney, S. Become a world saver: a theory of conversion to a deviant perspective. Journal for the American sociological review, 1965, 30 (6): 862–872.

② Rambo, L. R. Understanding Religious Conversion. New Haven, Conn: Yale University Press, 1993.

③ Hawwa, S. From cross to crescent: religious conversion of Filipina domestic helpers in HongKong. Islam and Christian-Muslim Relations, 2000, 11 (3): 347–369.

④ Lesthaeghe, R. Turks and Morrocans in Belgium: A Comparison. Seminar presented at the Center for Population and Development Studies. Cambridge, MA: Harvard University, 2002.

⑤ Nagata, J. Christianity among transnational Chinese: religious versus (sub) ethnic affiliation. International Migration, 2005, 43 (3): 99–130.

⑥ Yang, F., Ebaugh, H. R. Transformations in new immigrant religions and their global implications. American Sociological Review, 2001, 66 (2): 269–288.

⑦ Bilimoria, P. Transglobalism of self-exiled Hindus: the case of Australia. Religion Compass, 2007, 1 (2): 305–328.

⑧ McCleary, R. M., Barro, R. J. Religion and political economy in an international panel. Journal for the Scientific Study of Religion, 2006, 45 (2): 149–175.

⑨ Model, S, Lin, L. The cost of not being Christian: Hindus, Sikhs and Muslims in Britain and Canada. International Migration Review, 2002, 36 (4): 1061–1092.

可以发现,20世纪70年代美国国内对印度护士的大量输入是造成这一现象的主要原因[1]。

移民宗教仪式也是重要研究内容。在Salih所称"仪式空间的跨国划分"的影响[2]下,移民在家庭层面所展现的宗教仪式及其意义有助于阐释地方、文化、族群、性别之间的跨国移民联系。Gardner对迁入英国的孟加拉国移民在葬仪上的概念、跨国主义的感情成本及其在老人和年轻人、男女之间的差异进行了研究[3]。Salih分析了夏季从欧洲回返摩洛哥的工作移民,认为宗教仪式是他们建构认同的重要现场,也能为那些仍然留守在家的同乡们所理解[4]。Mand对英国和坦桑尼亚锡克教家庭的研究认为,相当多的社会和物质资源被用于跨国婚礼中,经由婚礼上"正确和理想"的仪式,得以获取这种跨国身份[5]。

### (二) 跨国宗教组织及其网络

多数研究倾向于把移民的宗教生活看作松散的实体,而实际上,个体的跨国宗教活动往往带有一定的组织性。他们所属的宗教组织或是母国的宗教派出机构,受到母国的监督和经济支持;或是从属于世界性宗教机构。移民与宗教组织的联系包括正式和非正式两种。其中,前者是指移民向宗教组织提供经济奉献,接待来访的宗教领袖,向宗教领袖寻求精神和实践的指导等;后者是指移民参与宗教朝圣,从事非正式的、大众的宗教活动以明确他们与母国组织的持续联系[6]。

杨凤岗对华人移民跨国宗教组织的影响因子进行了充分阐述[7]。首先,社会资本是移民教会组织经常利用的资源之一。教会常常利用学生交往、商业贸易及其他社会资本构建起华人移民的宗教社区;以中产阶级或受过良好教育者为主的华人基督徒还使阶层成为维系华人移民教会的一个要素。语言也是重要因素之一,使用英语的宗教集会往往

---

[1] Williams, R. B. Asian Indian and Pakistani Religions in the United States. Annals of the American Academy of Political and Social Science, 1998, 558: 178–195.

[2] Salih, R. Transnational lives, plurinational subjects Identity, migration and difference among Moroccan women in Italy. London: Routledge, 2002.

[3] Gardner, K., Grillo, R. Transnational households and ritual: an overview. Global Networks, 2002, 2 (3): 179–190.

[4] Salih, R. Transnational lives, plurinational subjects Identity, migration and difference among Moroccan women in Italy. London: Routledge, 2002.

[5] Mand, K. Place, Gender and power in transnational Sikh marriages. Global Networks, 2002, 2 (3): 233–248.

[6] Levitt, P. You know, Abraham was really the first immigrant: religion and transnational migration. International Migration Review, 2003, 37 (3): 847–873.

[7] Yang, F., Ebaugh, H. R. Transformations in new immigrant religions and their global implications. American Sociological Review, 2001, 66 (2): 269–288.

因暗含了"欧洲人"、跨国机会、社会进步等概念,而成为移民们寻求跨越族界的较高社会身份认同标志。政治和社会气候、宗教政策对移民教会组织产生了重要影响。

Levitt 提出了三种跨国宗教组织的模式[1]。第一种是天主教会的延伸模式。它允许移民在母国与迁入国教区和宗教运动组织之间平稳地移动。如美国的爱尔兰教会使移民感受到与其母国教会的持久感情时,也增进了他们与美国文化的整合。第二种是协商的跨国宗教组织模式,如巴西四方福音国际教会。就教会的领导权、资金管理进行协商,信徒们必须在一个政治化的公共领域形成内部约定。第三种是再造的跨国宗教组织模式,以古杰拉德印度教教会为代表。这一模式中,移民的宗教社团被打造成母国宗教组织的驻外机构,从而增强了移民与母国之间的联系,而非仅仅是一个宗教团体的内部联系。

跨国宗教组织不但影响到移民社区的宗教生活,同时还波及母国的政治和宗教生活[2],使得移民宗教社区在全球宗教体系内发挥着重要作用。Ebaugh 和 Chafetz 用网络分析法发现了移民个体、当地宗教组织和国际宗教组织之间的密切的网络关系[3]。杨凤岗也揭示了一个跨太平洋华人基督教网络[4]。这个网络无疑会加强母国和迁入国社会之间的联系。移民们不但将众多资源投入母国,同时还参与以母国为导向的经济、社会和政治的跨国行动[5]。如 20 世纪早期中国广东的一些基督教自立教会,就是在华侨的大量经济资助和由美返乡的华裔牧师帮助下发展壮大的。美国天主教移民所构建的跨国联系则呈现出不同的特征:定居波士顿的爱尔兰移民与爱尔兰教会的密切联系促进了美爱两国间的联系[6];而由于担心以母国为导向的宗教活动会引起激进主义跨国扩散,萨尔瓦多天主教移民的泛种族忠诚被削弱[7];克里斯玛的(Charismatic)天主教虽然鼓励个人的跨国宗教活动,但是却几乎没有造成集体的响应[8]。

---

[1] Levitt, P. Redefining the boundaries of belonging: the institutional character of transnational religious life. *Sociology of Religion*, 2004, 65 (1): 1-18.

[2] Kurien, P. Religion, Ethnicity and Politics: Hindu and Muslim Indian Immigrants in the United States. *Ethnic and Racial Studies*, 2001, 24: 263-93.

[3] Ebaugh, H. R., Chafetz, J. *Religion across Borders: Transnational Religious Networks*. Walnut Creek: Altamira Press, 2002.

[4] Yang, F. Chinese christian transnationalism: diverse networks of houston church. in H. R. Ebaugh, J. Chafetz (eds). *Religious across Borders: Transnational Religious Networks*. Maryland: Altamira Press, 2002. 175-204.

[5] Levitt, P. *The Transnational Villagers*. Berkeley and Los Angeles: University of California Press, 2001.

[6] Levitt, P. Redefining the boundaries of belonging: the institutional character of transnational religious life. *Sociology of Religion*, 2004, 65 (1): 1-18.

[7] Menjivar, C. Living in two worlds? Guatemalan-origin children in the United States and emerging transnationalism. *Journal of Ethnic and Migration Studies*, 2002, 28 (3): 531-552.

[8] Peterson, A., Vasquez, M. Upwards never down: the Catholic charismatic renewal in transnational perspective. in A. Peterson, P. Williams, M. Vasquez (eds). *Christianity, Social Change, and Globalization in the Americas*. New Brunswick, NJ: Rutgers University Press, 2001. 88-210.

### (三) 国家、民族和宗教身份认同之间的关系

宗教认同、民族认同和国家认同的关系是移民研究倾力关注的话题。由于移民族群并没有清晰的界限，也没有明显的文化标识，因而它有时会主动融入一个跨国宗教社会，有时又固守在带有明显族群特征的宗教社团中。对阿尔伯达的荷兰人而言，族群身份的塑造和维持虽然是一个强有力的生存手段，但在集体凝聚力的提升方面，宗教身份比族群身份有更大的作用[1]；与之相似，社会和经济的共同利益也使得多伦多的越南人和柬埔寨人共同礼拜。世界福音会中国协调中心（CCCOWE）作为一个泛华人的跨国基督教组织，则将民族认同和宗教认同绑定在一起。但在东南亚地区的该组织教会中，一些宗教集会的语言已经不可避免地本土化或英语化；而不少第二代以后的华人教徒则对其迁入地（也是他们的出生地）产生了强烈的归属感[2]。在这种情形下，民族认同从属于宗教（基督教）认同。

另外，由语言/方言和出生地/来源地来界定的族群认同仍然是移民教会组织的重要原则。来到美国的印度基督徒移民多加入他们在印度时的教会，并将本土牧师也一并请入，从而使印度语言、意识和习俗压倒宗教组织制度而成为吸引信徒的主要因素。同时，他们还在每年召开信徒的家庭聚会，吸引了上千基督徒参加，充分表达了对于本民族基督教文化着力维护的意图[3]。一些研究者进而担忧，跨国迁移的少数族群往往会将本土的宗教信仰作为族群认同的一个标志，从而在迁入国形成宗教分离主义[4]。

在宗教认同和民族认同的纠结中，国家认同也常常渗透进来。柬埔寨移民对他们佛教徒身份与国家身份同样敏感；加拿大的印尼华人对印尼国籍保存着持续的感情；中国台湾的基督徒因政治和国家忠诚度的差异而与大陆基督徒相区分，并导致本地教会的礼拜语言逐渐向台湾方言转化[5]。与来自宗教高度多元化国家的移民相比，来自政教合一国家的移民因对国家和宗教的双重忠诚激发了他们的激进主义。如巴基斯坦移民几乎都是穆斯林，爱尔兰移民几乎全是天主教徒，宗教和国家认同得以彼此加强[6]。

---

[1] Palmer, H., Palmer, T. The religious ethic and the spirit of immigration: the Dutch in Alberta. *Prairie Forum*, 1982, (7): 237–265.

[2] Nagata, J. Christianity among transnational Chinese: religious versus (sub) ethnic affiliation. *International Migration*, 2005, 43 (3): 99–130.

[3] Williams, R. B. Asian Indian and Pakistani Religions in the United States. *Annals of the American Academy of Political and Social Science*, 1998, 558: 178–195.

[4] Park, C. C. Sacred Worlds: *An Introduction to Geography and Religion*. London: Routledge, 1994.

[5] Nagata, J. Christianity among transnational Chinese: religious versus (sub) ethnic affiliation. *International Migration*, 2005, 43 (3): 99–130.

[6] Levitt, P. You know, Abraham was really the first immigrant: religion and transnational migration. *International Migration Review*, 2003, 37 (3): 847–873.

## (四) 宗教制度全球化对跨国移民的影响

跨国移民宗教研究与全球宗教制度密切相关。全球宗教制度塑造了跨国移民经验，而移民通过在迁入地的宗教本土化，分裂并再造了全球宗教。美国新移民所拥有的物质和组织资源使得美国社会的宗教动态，可能会波及世界各地[1]，从而具有了全球意义。跨国移民把从母国带来的宗教文化与迁入地文化相结合后，转而又将这些新的观念、身份和社会资本回馈母国，创造了全球宗教文化新的传播方式[2]。

与全球化理论相对应，研究者们就宗教是一个全球化的均质作用力，还是一个特殊性或在地性的身份展示舞台进行了热烈讨论。Meyer 等新制度学者认为，文化、政治、经济组织的全球扩散限制了差异性的建构[3]。Van Dijk 也认为，宗教在全球的扩散使得移民和当地居民的宗教生活逐渐结合，并在地域上呈现为趋同化的分布态势[4]。Roberson 持相反观点，他认为，由于具有地方特征的个人宗教身份的建构是与全球而非仅仅与其个人所属的小社群相关，因而全球化带来了更大的宗教多样性[5]。全球宗教制度被广泛地接受，它强烈地影响着移民整合迁出国和迁入国文化的方式。由于五旬节教会的礼拜和管理模式是世界公认的，移民们几乎可以把它们运用于任何一个教会。在这一模式下，信众的交流方式和宗教集会的手段都保持着高度一致。朝圣或建立圣地的传统也广为认可，从而成为全球宗教所构造的制度文化的另一类范本[6]。

## (五) 跨国宗教和政治的关系

跨国移民必须在多个层次的社会领域中对宗教活动过程进行建构，由此而构建的这个跨越国界的社会无疑是对既有国家政权和安全利益的挑战。政府的角色异常重要，它控制着宗教活动的方向和宗教表述，并由此强烈地影响着跨国移民宗教活动的规模和特点。Lesthaeghe 发现，由于土耳其政府对移民宗教生活的介入，定居比利时的土耳其移

---

[1] Yang, F., Ebaugh, H. R. Transformations in new immigrant religions and their global implications. *American Sociological Review*, 2001, 66 (2): 269–288.

[2] Levitt, P. Social Remittances: A Local-Level, Migration-Driven Form of Cultural Diffusion. *International Migration Review*, 1999, 32 (4): 926–949.

[3] Meyer, J., Boli, W. J. et al. World society and the nation-State. *American Journal of Sociology*, 1997, 103 (1): 144–181.

[4] Van Dijk, R. From camp to encompassment: discourses of transsubjectivity in the Ghanaian Pentecostal diaspora. *Journal of Religion in Africa*, 1997, 27 (2): 135–159.

[5] Roberson, R. The Globalization Paradigm: Thinking Globally. In D. G. Bromley. (ed). *New Developments in Theory and Research: Religion and the Social Order*. Vol. (1), Greenwich. Connecticut: JAI. Press, 1991.

[6] Levitt, P. You know, Abraham was really the first immigrant: religion and transnational migration. *International Migration Review*, 2003, 37 (3): 847–873.

民参加跨国宗教活动的可能性比摩洛哥移民更大[1]。而法国的穆斯林移民寻求保留部分的穆斯林社区,同时又必须符合法国人的政治和文化标准。这提出了一个如何在有限制的政治体制下保存全球宗教的结构性问题。由穆斯林知识分子在巴黎发起的"法国的伊斯兰"运动的失败,说明宗教权威和政治正统性内部存在着结构性紧张,而非仅仅是异文化冲突的结果[2]。

大多数移民的宗教生活是日常的信仰和敬拜,并进行跨国的宗教文化交流,并不指涉政治。但另一些移民则受到宗教激进主义的影响,他们的跨国流动往往是偶然性的,其目的是在迁居国制造危机或特别事件。当今世界范围内的"反恐"无疑正是对这种极端宗教主义的一种反击,尽管其中也隐含了政治、经济层面的需求。

也有研究集中在政治和宗教的关系在跨国时产生的变化。五旬节教派虽然并无有关民族或跨界民族的政治意义,但由于信徒能够抵达各个地方而影响世俗世界,世俗世界也转而不断影响着他们,因而移民的宗教社区影响了其在世俗世界的定位[3]。

## 三 跨国移民宗教研究的发展趋势和面临的挑战

在国际学界,尽管跨国移民宗教研究已经取得了相当丰硕的成果,但作为一个随着时代正在深化和发展的话题,它仍然需要不断的完善。在文化适应论框架下探讨异质宗教文化在迁移后的地方整合与文化排斥,虽是对经典文化理论的运用,但是其对文化影响的过分强调反而忽略了政治、经济等因素在移民宗教社会中的作用。后殖民主义理论强调殖民主义在前殖民地移民社会的持续影响,移民宗教被赋予了太多的政治象征意义。在后现代主义强调对移民社会进行解构,关注个人叙事的风潮下,借用生活史方法叙述移民的宗教社会,去除遮蔽在移民生活中的文化象征和政治臆测,正逐步成为一种新研究趋势。

就跨国移民宗教研究的内容而言,上述五个部分尽管已经涉及了该领域研究的主要内容,但明显可以看出:这些研究大都将宗教与民族绑定在一起,以至于移民的宗教文化与移民的族群亚文化混同为一个研究对象,从而模糊了民族和宗教在移民社会各自不同的角色。过往研究另一个明显的弱点是,移民往往以国籍为单位作为一个整体被看

---

[1] Lesthaeghe, R. *Turks and Morrocans in Belgium: A Comparison*. Seminar presented at the Center for Population and Development Studies. Cambridge, MA: Harvard University, 2002.

[2] Bowen, J. R. Does French Islam have borders? dilemmas of domestication in a global religious field. *American Anthropologist*, 2004, 106 (1): 43 – 55.

[3] Peterson, A., Vasquez, M. Upwards never down: the Catholic charismatic renewal in transnational perspective. in A. Peterson, P. Williams, M. Vasquez (eds). *Christianity, Social Change, and Globalization in the Americas*. New Brunswick, NJ: Rutgers University Press, 2001. 88 – 210.

待，而对类型移民（如劳务移民和技术移民）和特定人口特征移民（如职业、社会阶层、性别、年龄、婚姻状况等）的解剖式分析则相对缺失。此外，作为既有研究对象的跨国移民宗教几乎都是制度性宗教，因而宗教被按照组织框架来塑造，甚至形成了世界性的宗教组织网络。与之相对，民间信仰却游离于制度性宗教网络之外，个体性、分散性的特征使得其难以被把握，从而为研究者所忽视。如在中国民间广为传播的关帝信仰、妈祖信仰，随着华人移民带至国外后，是怎样延续其特有的本土功能和适应别国社会，都是值得深入研究的话题。

（作者简介：薛熙明，博士，西南民族大学旅游与历史文化学院副教授；马创，博士，云南广播电视大学讲师，原文发表于《世界宗教文化》2012年第3期）

# 当代东南亚华人基督教浅析

朱 峰

华人基督教是世界华人宗教文化研究的重要课题。在海外华人基督教会中,东南亚华人基督教的规模最大,与中国教会来往非常密切。而在现代东南亚华人宗教信仰中,基督教的影响力也日渐增强,成为当地华人社会生活的重要组成部分。目前,国内学术界对东南亚华人基督教还没有专门的研究。因此,本文尝试探讨现代东南亚华人基督教的形成背景、主要特点和发展趋势,进一步丰富和完善国内学术界对东南亚华人宗教信仰的研究,促进这一问题的深入研究。

## 一 形成背景

**(一) 西方对华传教活动和中国海外移民活动奠定了现代东南亚华人基督教的基础**

1619年,随着荷兰殖民者来到东南亚基督教开始与当地华人接触,到了19世纪上半叶大规模进入东南亚华人社会,东南亚华人基督教由此产生。近代东南亚华人基督教教会的发展可分为两个阶段:第一阶段是从1813年可以确认的首位东南亚华人入教到1842年中英鸦片战争结束。东南亚华人成为西方教会对华传教的"跳板",有文字可考的入教华人共150余位。除了少数分散在中国、英国、美国外,大部分是马六甲、曼谷、新加坡、苏门答腊等东南亚地区的华人。这一阶段,传教士在东南亚华人社会活动的主要目的是熟悉华人宗教信仰习惯,建立信徒网络,为传教做准备工作。第二阶段是从1842年开始到1949年中华人民共和国成立,这一阶段的东南亚华人基督教主要是服务大量南下的华侨移民。鸦片战争后,传教士正式进入中国传教,东南亚华人社会不再是入华传教的跳板。来自中国本土的移民成为东南亚华人教会发展的主要动力。福建、广东既是近代中国移民的主要迁出地,也是长老会、卫理公会和圣公会等基督教主要传教团体在华重点发展的地区。因此,东南亚华人教徒增长主要依赖来自中国福建、广东两省的基督教移民。所谓"一般华侨教会中之教友,多系来自祖国,且多为各地教会之干部份子"①，他们按照原来方言群聚集形式，组建了许多闽南语教会、客家教会、潮语教会、粤语教会，等等。广西宣道会在传教士的支持下还组织人员到东南亚传教，成立"中华国外布道团"。该团体在1929—1941年间共派出20名华人传教士，分散在荷属印度尼西亚地区，包括新几内亚、苏门答腊、婆罗洲、巴利等地，先后建立了139个传教站。1941年，"中华国外布道团"在东南亚已发展了11074名信徒。东南亚华人教会组织、附属机构初步成形。1900年，英属马来亚的卫理公会学校拥有1860名学生，1940年，学生数增加到17472人。② 这些工作奠定了现代东南亚华人基督教的基础。

### （二）西方势力扶持东南亚华人教会，并向华人移交领导权

1949年之后，西方加强了对东南亚华人基督教的扶持力度，并逐步向华人信徒移交教会领导权，东南亚华人基督教发展进入现代阶段。首先，西方在华的传教力量在1949年后大量撤至东南亚地区。相应的，西方教会提出所谓"三个中国"理论，提出中国本土是"第一中国"；香港、台湾是"第二中国"；散布在东南亚的华人构成了"第三中国"，呼吁西方世界将此三个不同政治处境下华人社会视为一个整体，对东南亚华人的传教工作给予的支持，并等待重新进入中国内地的机会。1960—1964年，所谓"离散中的华人"（Chinese in Dispersion）成为美国卫理公会四年每一次大会讨论的重点。全美教会差传教育委员会在1962—1963年度选择所谓"亚洲的边缘"作为工作重点，研究在东南亚华人地区进行传教工作。③ 美国信义会把"中华福音储备基金"的资金转用到东南亚的传教工作上。第二，西方政治势力为"防范"共产主义运动的发展，有意扶持华人基督教，间接促进了东南亚华人教会的发展。20世纪60年代，东南亚反殖民独立运动爆发。英国殖民当局为抵制马来亚共产党的发展，大量迁移原先散住乡村的华人进入所谓"新村"，实行所谓的"坚壁清野"。为配合这一政策，殖民当局邀请教会人士，特别是在华工作过的传教士到新村华人居民中传教，协助殖民者的统治。④ 第三，为促进东南亚华人教会的成熟与发展，西方传教士逐渐向华人信徒移交教会领导权，建立一个真正属于本地的教会。1948年，马来亚基督教理事会成立。20世纪60年代，华人掌握了各宗派的领导权。1966年，周万一成为圣公会新马教区的第一位亚洲裔人大主教。1968年，叶金豪成为首位新加坡华人卫理公会会督。

---

① 叶华芬：《南洋华侨教会》，《中国基督教年鉴》，1936年，第13卷，第45页。
② Carl T. Smith, "A Register of Baptized Protestant Chinese, 1813 – 1842", *Chung Chi Bulletin* (Vol. 49), pp. 23 – 26.
③ Louis Robinson & Frank T. Cartwright, *Chinese IN Dispersion: Methodism's Role.* Board of Missions of the Methodist Church, pp. 7 – 12.
④ 孙耀光：《在他手中：新加坡教会史（1819—1992）》，新加坡学生福音团契，1992年，第244页。

### (三) 商业化、城市化的发展是现代东南亚华人教会发展的重要推动力

随着工商业发展，东南亚华人社会现代化、城市化水平越来越高，教会发展的社会基础有所增强。根据社会调查，经济收入、教育程度、英文水平越高，信仰基督教的比例越大。1980 年的新加坡人口普查显示，尽管基督教徒、天主教徒的总数只占人口的 10.3%，但在受过大专教育的人口中，却占了 35.8%。有 28% 的专业人士和 24.9% 的行政人员自称为基督徒。在中学教师群体中，基督徒更占了 35% 的比例，成为最大的宗教群体。2000 年，新加坡大学毕业生中有 33.5% 的人信仰基督教。在拥有私人住宅或别墅的人群中，基督教信仰者最多，达 34.3%，道教信仰者的只有 4%。[①]

### (四) 族群关系影响东南亚华人教会发展

族群问题是影响华人基督教发展的重要因素。在印度尼西亚，许多华人最初之所以加入基督教会，主要是因为紧张的族群关系。从 1946 年至 1998 年，印度尼西亚不断发生排华事件，尤其是 1965 年 "9·30 事件"后，排华、辱华事件更加严重。政府要求每个公民必须在身份证上填写宗教信仰一栏。许多华人一方面害怕、担心没有宗教信仰被视为信仰共产主义者遭到政府迫害，另一方面又害怕信仰华人的民间信仰遭到政府的压制。因为 1967 年时任印度尼西亚政府总统发布政令，诬称"鉴于来源于其祖国（中国）的在印度尼西亚的支那宗教信仰和风俗习惯，在其表现形式上对印度尼西亚公民足以造成心理、精神和道德上的不恰当的影响，以致成为同化进程的障碍。"[②] 由于基督教来自西方国家，印度尼西亚政府认为不会影响同化运动的进行，不阻挠华人入教，导致华人基督徒剧增。1985 年，印度尼西亚的华人基督徒数超过 90 万，约为华人人口的 16%。在新加坡，政府坚守族群和谐、政教分离政策，对华人基督教干预社会公共事务的企图非常警惕。鉴于族群、宗教问题的复杂性和敏感性，政府对个别宗教的迅速增长和宗教团体涉及政治活动非常警惕，而"基督教的迅速增长是一个可能影响新加坡各宗教间长时期脆弱的平衡关系之一个主要因素。"1987 年，新加坡政府将"亚洲基督徒协会"驱逐出境，因为该协会"一直利用新加坡作为在其他国家进行政治活动的基地，并暗地里支持本地的极端份子"[③]。2009 年，时任新加坡总理李显龙在"国庆日"演讲中指出，"新加坡社会最核心和危险的断裂点是种族和宗教。……基督教不能期望新加坡成为基督教社会，穆斯林不能期望新加坡成为穆斯林社会，佛教、印度教和其他宗教团体都是

---

① Choong Chee Pang, "Relgious Composition of the Chinese in Singapore: Some Comments on the Census 2000", Leo Suryadinata ed. *Ethnic Chinese in Singapore and Malaysia*, Singapore: Times Academic Press, 2002, pp. 329 – 330.
② 周南京等编译：《印度尼西亚华人同化问题资料汇编》，北京大学亚太研究中心，1996 年，第 695 页。
③ 孙耀光：《在他手中：新加坡教会史》，新加坡学生福音团契，1992 年，第 350—351 页。

如此。"李提到，某基督教福音派教会的团体在2009年4月为反对同性恋曾在短期内控制了某妇女组织，虽然他们很快被选举出局，但"这是宗教背景的团体试图进入公共空间，掌握他们不喜欢的非政府民间组织，贯彻他们的理念……这种行为会对不同宗教间的关系造成严重影响。"[1]

## 二 主要特点

### （一）发展情况受所在国主流文化影响

总的来看，基督教在大部分东南亚国家华人社会的发展可分为南洋群岛和中南半岛两个不同的区域，并因所在国主流文化不同而发展情况各异。下表是1965年西方传教士统计的东南亚地区华人基督徒、天主教徒比例。[2]

|  | 国家/地区 | 华人总数 | 基督徒 | 比例 | 天主教徒 | 比例 |
| --- | --- | --- | --- | --- | --- | --- |
| 南洋群岛 | 印度尼西亚 | 2534001 | 105000 | 4.1% | 82466 | 3.2% |
|  | 菲律宾 | 340767 | 4250 | 1.2% | 68263 | 20% |
|  | 汶莱 | 36167 | 450 | 1.2% | 8393 | 23.2% |
|  | 沙巴 | 107542 | 7072 | 6.5% | 15001 | 13.9% |
|  | 砂拉越 | 240700 | 8393 | 3.4% | 12997 | 5.4% |
|  | 新加坡与马来亚联邦 | 4483435 | 96108 | 2.1% | 25559 | 0.5% |
| 中南半岛 | 缅甸 | 439720 | 1500 | 0.3% | 2851 | 0.6% |
|  | 柬埔寨 | 900000 | 250 | 0.02% | 980 | 0.1% |
|  | 老挝 | 56000 | 0 | 0 | 246 | 0.4% |
|  | 泰国 | 3790590 | 2500 | 0.06% | 31788 | 0.8% |
|  | 越南 | 1468006 | 650 | 0.04% | 7111 | 0.4% |

一是在南洋群岛各国，伊斯兰教势力较强，但华人基督教发展比较迅速，所以华人基督徒人数也较多。1991年，马来西亚的华人宗教信仰类别中，有7.8%是基督教徒，在该国砂拉越（又译沙捞越）、沙巴两州，更高达36.6%和27.2%。1980年，新加坡华人基督教徒有95847人，占华人人口6.3%，是华人的第三大宗教，加上第四位的天主教，信仰基督宗教比例达10.9%。1990年，这一比例增加到14.1%。[3]

---

[1] 《南华早报》2009年8月18日。

[2] J. Harry Haines, *Chinese of the Diaspora*. Edinburgh House Press, 1965, pp. 34-38. 汶莱，又译文莱。

[3] Choong Chee Pang, "Relgious Composition of the Chinese in Singapore: some Comments on the Census 2000", Leo Suryadinata ed., *Ethnic Chinese in Singapore and Malaysia*, Singapore: Times Academic Press, 2002, pp. 326-329.

印度尼西亚是东南亚华人基督徒最多的国家，基督徒占华人总数20%，仅次于佛教徒（30%）和孔教徒（24%），且人数还在不断增长之中。当地华人教会包括两类：一类是聚会仍使用华语或其他中国方言，如闽南语、客家话、粤语等。这类教会多是中国的传道人及传教士帮助建立的，初期信徒是华人移民。1986年，全印度尼西亚约有400多间这样的教会，会友人数10多万名，其中加里曼岛49间、苏门答腊岛80间、爪哇岛260间、东印度尼西亚区25间；一类是只使用印度尼西亚话的华人教会，1986年这类教会约有5000多间，信徒80多万人，分布在50个基督教区会组织中。这类印度尼西亚语教会虽然也有少量印度尼西亚人参加，但华人色彩仍然非常明显。华人教会主办的神学院有三间，爪哇岛的东南亚圣道神学院、真道神学院、苏门答腊岛棉兰的卫理圣经学院。神学院全用印度尼西亚语授课。1985年，印度尼西亚华人教会所办的各类学校有4000多间。

二是在中南半岛各国，佛教文化昌盛，华人基督教发展速度比较缓慢。最为典型的是泰国华人基督教。泰国基督教徒约占总人口的0.5%。泰国政府认可的基督教团体包括泰国基督教总会、基督教联合会以及安息日会。泰国基督教总会是该国最大的基督教组织，由各宗派组成，全国分15个区会，信徒3万5千多人，其中第7区及第12区主要是华人教会。第7区教会以长老宗为主，有教堂17座，布道所等6个，会友2775人；第12区以浸礼宗为主，有教堂10座，布道所等10个，会友1786人。此外，宣道会、信义会、中华传道会、美南浸信会及一些独立教派也在泰国不同地区开展传教。[①] 1985年，泰国华人教堂及布道所有93间，其中泰北地区有36间，当地华人教会开办中文补习班，教导妇女家事知识和日常卫生医疗知识，为村民提供各种帮助。总的来看，基督教在佛教文化浓厚的中南半岛国家发展非常缓慢，泰国是不限制传教士的东南亚国家之一，现有40多个外国传教组织，千余名传教士活动，但教会在泰国华人社会影响并不大，而且在社会慈善、医疗和教育等方面的影响远逊于传统华人社团。以美南浸信会为例，该会在泰国、香港开展传教工作。1960年，该会在泰国有42名传教士，香港有38名传教士，但10年之后，泰国美南浸信会只有355名信徒，而在香港已有12527名信徒。[②]

**（二）教会机构是教会发挥社会影响的重要平台**

第二次世界大战前，华人教会主要依赖学校扩大其社会影响。砂拉越诗巫的卫理公会兴办了49间教会学校，新加坡圣公会兴办8间中小学，新加坡卫理公会兴办11间学校。1900年到1940年间，90%的新加坡卫理公会神职人员直接参与学校工作。第二次

---

[①] 世界华人福音事工联络部编，《当代华人教会》（第四册），香港基道书楼1986年，第35—36页。
[②] Carl E. Blandford, *Chinese Churches in Thailand*. Suriyaban Publishers. p. 68.

世界大战后，随着政府加大对教育的投入与管理，教会学校的社会影响力减弱，对教会增长的贡献度也有所下降。但普通信徒主导的教会机构逐渐成为推动教会增长的重要平台。20世纪50代福音机构大量建立，70年代灵恩运动和小组教会模式开始流行，大量普通信徒被动员参与教会事务。这些教会机构无不强调"福音"传播和信徒参与，并有特定的活动范围和形式，形成三类组织。第一类是以专业人士为对象的组织，如基督徒教师团契、基督教医生与牙医团契、基督徒律师团契、基督徒商人团契。这类组织不只鼓励其会员向非信徒的同事传教，也要求他们把信仰融入专业工作中。为达到后者的目标，他们时常举办研讨会，发表文章，针对一些课题提出基督教会的看法，如商业道德、堕胎、道德教育，也时常会向政府陈述意见。第二类是以特定的活动为目标的基督教团体，如国际基甸会的主要工作是把《圣经》放在所谓"策略性"地方，如旅馆、军营、学校等。第三类是着重在会员集中地点传教，如在学生中开展传教工作的青年归主协会和校联团契。1986年，仅在新加坡就有90间教会机构，开展各项社会活动。2007年，新加坡规模最大的七个慈善团体，分别来自亚洲学园传道会、城市丰收教会、坚信浸信教会、光明山普觉禅寺、观音堂佛祖庙、新造教会、三一基督徒中心共7个宗教团体，其中的五个是基督教团体。

### （三）语言差异是华人基督教多元化发展的重要因素

教会使用语言的差异导致东南亚华人教会内部结构呈现出多元化的特点。一是多语教会逐渐增加。1979年，新加坡有单纯的华语教堂63间，双语教会有99间，其中华、英双语教会41间，使用3种语言的教会有42间，4种以上的有8间。二是教会内部出现隔阂与矛盾。由于不同年龄段的信徒采用不同语种进行教会崇拜仪式，而不同语言的崇拜形式分别代表了不同文化的精神，间接影响了教会信徒的思维方式，导致教会内部年长一辈与年轻一辈在处事方法、观念、情感表达与沟通方式上不协调，在教会事务的处理也引起一些冲突和摩擦。三是不同语言教会之间出现隔阂，某些地方的英语教会与华语教会之间没有任何往来。教会人士反映："参与华福西马区委会的教会中，并不含有任何英语教会；而号称代表马来西亚福音联合会也难以代表马来西亚的华语教会，……英语教会与华语教会之间在马来西亚福音工作上也鲜有同步伐的策略与计划。"[①] 四是神学思想多元化。一般而言，华语教会比较传统；而讲英文或所在地官方语言的华裔教会较为西化，受现代神学思想的影响较大。一位华文教会的领袖认为，"在东南亚的华人教会与中国文化是分不开的，若强硬分开，教会便失去了文化背景"。说华语（包括普通话、方言）的教会多数以福音派为主，而讲各类华语的教会受20世纪

---

① 麦希真：《华人教会面临的冲击和抉择》，《今日华人教会》1980年1月，第6页。

20年代中国基要主义的影响较大，认为"跟随西方神学论争，去钻牛角尖，常常是费时失事的玩意儿。固然，神学思想的影响深远，但持守着'那纯正话语的规模'，总强如从事那'愚拙无学问的辩论'！特别是西方的生活方式，华人教会更不必跟随。"① 与此不同，许多英文教会受现代神学思潮的影响较深。20世纪八九十年代，不少英文教会受到韩国长老会赵镛基推动的"灵恩"运动影响，纷纷提倡灵恩，开展大型布道活动，追求信徒数量的快速增长，出现了新加坡坚信会、城市丰收教会等大型独立教会。

### （四）族群包容度较强，传教意识非常浓厚

在东南亚地区，伊斯兰教基本上是在马来人中传播，佛教、道教基本是华人的宗教，印度教信徒多为印度人，只有基督教、天主教是各宗教中唯一不是建立在种族基础上的宗教，有较强的跨族群传播能力，信仰者来自不同种族。1985年的统计，新加坡112475名基督徒中，各种族所占比例分别为：华人85.2%，马来人0.35%，印度人5.13%、欧洲裔人9.3%。显然，华人占多数，其他种族也占了一定比例。值得注意的是，37%的新加坡华人基督徒接受华文教育，而天主教徒接受华文教育的只有16.7%。华人基督教徒接受华文教育占的比例要远大于华人天主教徒。

信与传的结合是基督教的重要特点，东南亚华人教会的传教意识尤为浓厚。20世纪50年代，中国内地会到新加坡设立总部，改称为"海外基督使团"（Overseas Missionary Fellowship），培训派遣传教士到东南亚各地华人教会。1960年，新加坡本地的对外传教机构"亚洲布道团契"成立。70年代，新加坡教会开始向国外传教，1980年，新加坡布道与差传中心成立，1986年有44间教会从事对外传教工作，1991年的新加坡传教咨询会议又定出在2000年培养出500名以上长期在外的新加坡传教士；一半的教会要成为差派海外传教士的教会等项目标。1992年，有12个国际传教中心进驻新加坡，321名新加坡本地人在海外43个国家或地区传教。② 海内外的华人成为东南亚华人教会对外传教的重点。在新加坡，由于人口老化，政府大力吸引来自中国的新移民。据教会统计，移居新加坡的中国人有70万以上。2009年，新加坡教会提出"这群移居本地的华籍人士，可能就成为教会未来会友的源头"，要求向来自中国的新移民传教。许多新加坡教会针对中国来的移民，组织所谓"中华团契"。③

---

① 麦希真：《华人教会面临的冲击和抉择》，《今日华人教会》，1980年1月，第6页。
② 孙耀光：《在他手中》，新加坡学生福音团契，1992年，第372—375页。
③ 陈志彬：《吸引移民 基徒匹夫有责》http://chinese.cac-singapore.org.sg/index.cfm?GPID=624，2009年。

## 三 发展趋势

### (一) 基督教文化尚难成为东南亚华人的主流文化

中国传统宗教信仰有着顽强的生命力,尽管基督教在东南亚一些国家发展迅速,但从未成为当地华人主流宗教信仰,更难以进入当地华人的主流文化。在基督徒占较大比例的新加坡华人社会,一位教会知识分子抱怨,"在新加坡的文化界,基督徒是一个少数社会群体,也是一个异数。从文化主流定位看,基督徒文化人似乎本末倒置地反成为了'外邦人'了;在一片非基督化的海洋中,基督徒文化人为免尴尬,大抵上都把自己的信仰掩盖得极为隐蔽。"[1] 在马来西亚,一位闽南籍的华人知识分子表示,"漳泉人祭祖求保佑,也是尊敬祖先。基督教称,信仰一个上帝,不能把祖先当作神来看。但我们觉得和祖先在精神上是一脉相通的。基督教常常说:我们的宗教和别的宗教不同,我们是喜悦的宗教,我不是用吓你的方式。但在很多时候,我听人传教时说,如果你不信,你会怎样,实际上还是一种恐吓。""我跟传教人员接触时,他把一种想法放到你的身上,不会听你的意见。这时候,你会想到小时候祭祖,有其温馨的一面,不能把它当作迷信。另一方面,在中华文化的影响下,我们(接)受道家、老庄的思想,追求生命、宇宙的真谛,它应该是多元的。"[2]

### (二) 华文文化仍将对东南亚华人基督教发展产生重要影响

随着现代中国的崛起及中国文化影响力的增加,东南亚地区华语教会将会继续增长。第二次世界大战后,华语各基督教教会一度受到巨大冲击。由于新加坡接受华文教育的小学生自 1960 年的 43.5% 降至 1983 年的 6%,接受英语教育的小学生从 49.5% 增至 93.9%。华文教会的成长率远远低于英文教会。许多教会在 20 世纪 50 年代纷纷开始英语聚会。在 20 世纪 70 年代,华文教会信徒人数的增长率约为 29%,而英文教会信徒的增长率则为近 66%。随着中国经济发展,华文文化和语言的复兴,华文教会逐渐重获增长的动力。1986 年,新加坡三一神学院主办了华文教会发展前景的专题研讨,设立探讨"福音与本地华族文化"的研究中心,尝试改变西化和中产形象。80 年代,新加坡华文教会保持了平均 30 个百分点的增长率。这一势头目前仍在持续。

同时,传统华语方言群认同仍将是教会拓展网络的重要平台。方言群认同是海外华人的重要社会组成形式,也是近代东南亚华人基督教的主要构成形式。但在现代东南亚华人基督教会,汉语普通话正逐渐取代方言,所以普通话、英文教会增加。1971 年,新

---

[1] 《基督徒文化工作者的尴尬》http://chinese.cac-singapore.org.sg/index.cfm? GPID = 624,2009 年。
[2] 2003 年 8 月 11 日晚采访砂拉越华文协会人员谈话记录。

加坡有 34 间教会使用汉语普通话，有 63 间教会使用华语方言。1978 年，使用方言的教会减少到 44 间，而单纯使用普通话或附有翻译的教会达到 71 间。[①] 总的来看，华人教会仍然重视方言在教会的作用。1986 年，两个使用福州方言的教会共同举办"方言福音事工研讨会"。尽管有人认为，"方言被淘汰，是铁般的事实"。教会应该集中力量对政界、教育界和专业人士传教，因为"他们都是领导人物，政府对老百姓，教育界对学生，青年人，专业人员对所接触的群众，处处都能起很大的作用"。但多数人认为教会应多鼓励说方言，因为方言有其固有的影响力。在华人家庭生活的地位依然非常重要，带着归属、亲切、本源和契合的感情，是最有效力的传教工具。

### （三）华人佛教的复兴与伊斯兰教极端主义将是东南亚华人基督教的主要竞争对手

在华人社会内部，中国传统民间信仰、道教发展相对缓慢，但佛教发展迅速。一方面是佛教教义相对精致复杂，比较适应东南亚华人社会现代化趋势；另一方面，佛教的发展得到许多华人社团的大力支持。2001 年，马来西亚华人宗教社团（含佛教、民间宗教）3351 家，占全国同类型社团总数的 62.27%。当地华人教会人士指出，"近年华团（指华人社团）特别推动的佛教作为团结华人思想文化的宗教力量，鼓吹佛教的思想精神乃中华文化的导引，而弘扬佛教正是继承华人文化的主流，这个观念对华人教会传福音的拦阻比伊斯兰教的宗教影响更大，中国传统的佛道思想在华人中已根深蒂固，现时华团积极提高佛教徒地位，树立佛教新形象，标榜佛教的道德性，这些情况对福音的传扬、教会的发展实在造成极大的障碍。华人教会一直以来对中国文化的研究、福音及文化之间的关系等问题都甚少讨论，以致忽略其重要性。相反的，华团全力关注在整个华人社会的权益，在教育、文化、福利慈善等工作上，都比华人教会表现得更积极，华团的活跃无疑是华人教会的挑战和提醒。"[②] 以马来西亚砂拉越地区为例，当地佛教、基督教成为华人信众最多、增长最快的两种宗教信仰，而道教、孔教和民间宗教信仰的增长比较缓慢。下页表是 1981 年至 1991 年的砂拉越地区华人宗教信仰变化表。[③]

---

[①] 孙耀光：《在他手中》，新加坡学生福音团契 1992 年，第 334—335 页。
[②] 世界华人福音事工联络部：《当代华人教会》（第三册），香港基道书楼 1986 年版，第 100 页。
[③] *Population and Housing Census of Malaysia*, 1980: *State Population Report Sarawak part*, Department of statistic, Malaysia, Kuala Lumpur, pp. 227 – 228; *Population and Housing Census of Malaysia*, 1991: *State Population Report Sarawak part*, Department of statistic, Malaysia, Kuala Lumpur, pp. 112 – 120.

| 宗教类别 | 1981年信徒数（万人） | 1991年信徒数（万人） | 增长率（%） |
| --- | --- | --- | --- |
| 佛教 | 120247 | 167222 | 28 |
| 孔教、道教、民间宗教 | 82290 | 95587 | 13 |
| 基督教 | 84121 | 122148 | 31 |
| 伊斯兰教 | 813 | 1917 | 57 |
| 其他宗教 | 3245 | 763 | -76 |
| 无信仰 | 68996 | 57450 | -16.7 |

在华人社会外部，伊斯兰教极端主义是影响基督教发展的重要因素。20世纪70年代末80年代初，伊斯兰教复兴运动在东南亚兴起，马来西亚政府大力推动伊斯兰教化政策。除了国家行政机构的伊斯兰教化，马来西亚设立各类以伊斯兰教教义为营运原则的官方或半官方机构，如伊斯兰教大学、伊斯兰教银行、伊斯兰教保险等，规定公私立大专设伊斯兰教文明为必修课，安排国营电视台在每天的伊斯兰教徒祈祷时段播放古兰经经文的诵读、增加伊斯兰教节目、官方关于清真食品条例日益严格等。伊斯兰教徒妇女佩戴头巾、伊斯兰教徒排斥到非伊斯兰教徒经营的餐馆用餐，更极端的甚至排斥与非伊斯兰教徒同桌用膳。"这种情形，在60、70年代及之前是比较少见，甚至绝无仅有的。"[①] 由于2010年年初，马来西亚吉隆坡高等法院宣判天主教周报《先锋报》可使用"阿拉"（真主）字眼，引发不少伊斯兰教徒民间团体的抗议，导致不少华人教堂受到冲击。在雪兰莪、吉隆坡、马六甲及霹雳州、芙蓉等地有8间基督教教会遭人纵火。这些现象对华人基督教的发展产生巨大冲击，值得特别注意。

（作者简介：朱峰，福建师范大学社会历史学院副教授，原文发表于《世界宗教文化》2011年第1期）

---

① 新加坡：《联合早报网》，www.zaobao.com（2010年1月12日）。

# 近现代中国穆斯林人口数量与分布研究

刘泳斯　张雪松

## 一　中国穆斯林的现状与分析

**（一）中国穆斯林的分布**

中国穆斯林大体来说，按照"大杂居，小聚居"样态分布，根据2005年出版的中国伊斯兰教协会组织编写的《新时期阿訇实用手册》[①]，中国各地伊斯兰教协会公布的相关数据（数据上报时间为2003年、2004年），计算、编制中国穆斯林分布状况表。

由表1可知，中国登记在册的穆斯林人数约2047万，清真寺3万5千多座，在寺阿訇近5万人，在寺海里凡（阿訇的学生、接班人）人数3万余人。平均每座清真寺约有1名阿訇，1名海里凡，信徒576人。

如果把穆斯林信徒人数，按省份排序，大体可以分为六个层次：（1）新疆，约有1千万信徒；（2）宁夏、甘肃、河南，各有100万以上的信徒；（3）青海、云南、山东、河北，分别有信徒50万—100万；（4）安徽、辽宁、内蒙、北京、天津、贵州、黑龙江、湖南、山西、吉林、四川、江苏，分别有10万—50万信徒；（5）福建、湖北、上海、广西、广东、江西、重庆，各有1万—10万信徒，（6）海南、西藏，信徒人数全在1万以下。

从下面数据，可以看出伊斯兰教信徒在中国各省均有分布，主要分布区间是：（1）西北地区，新疆、甘肃、青海、宁夏等地，共计约1476万，约占全国穆斯林总人数的72%，其中新疆穆斯林1000万，占全国穆斯林人口的49%，甘肃、青海、宁夏西北三省区占23%；（2）华北地区，北京、天津、河南、山东、河北、安徽等地，共计约329万，约占全国穆斯林总人数的16%；（3）其余地区，除云南相对集中外（占全国穆斯林总人数的3%），其余省份伊斯兰教信徒都属零星分布（20余省穆斯林合计占全国穆斯林总人数的9%）。

---

[*] 本文为中共中央统战部马克思主义理论研究工程"马克思主义宗教理论若干重大问题研究"之子课题"宗教在当代我国社会中的发展、变化、特点、趋势与需要把握的重大问题"阶段性研究成果。

[①] 陈广元主编：《新时期阿訇实用手册》，东方出版社2005年版。

表1　　　　　　　　　　　　中国穆斯林分布状况

| | 清真寺数目（座） | 在寺阿訇人数（万人） | 在寺海里凡人数（万人） | 穆斯林人数（人） | 平均每座清真寺信徒数（人） |
|---|---|---|---|---|---|
| 北京市 | 70 | 140 | 20 | 250000 | 3571 |
| 天津市 | 58 | 110 | 128 | 180000 | 3103 |
| 上海市 | 7 | 16 | 20 | 59352 | 8479 |
| 重庆市 | 8 | 8 | 20 | 10000 | 1250 |
| 河北 | 426 | 618 | 662 | 573275 | 1346 |
| 河南 | 929 | 1017 | 1600 | 1083200 | 1166 |
| 山东 | 416 | 760 | 543 | 600000 | 1442 |
| 山西 | 106 | 513 | 562 | 150000 | 1415 |
| 湖北 | 58 | 70 | 5 | 79438 | 1370 |
| 湖南 | 60 | 46 | 93 | 151240 | 2521 |
| 江苏 | 48 | 67 | 5 | 135000 | 2813 |
| 安徽 | 161 | 187 | 70 | 400000 | 2484 |
| 江西 | 5 | 4 | 3 | 11500 | 2300 |
| 浙江 | 4 | 7 | 8 | 7410 | 1853 |
| 福建 | 5 | 6 | 1 | 95000 | 19000 |
| 广东 | 8 | 8 | 4 | 28770 | 3596 |
| 广西 | 21 | 28 | 50 | 30000 | 1429 |
| 陕西 | 105 | 105 | 220 | 150312 | 1432 |
| 甘肃 | 3199 | 3853 | 9166 | 1650000 | 516 |
| 宁夏回族自治区 | 3500 | 5328 | 8000 | 1930000 | 551 |
| 青海 | 1356 | 2280 | 3500 | 920000 | 678 |
| 新疆维吾尔自治区 | 23000 | 29000 | 1289 | 10000000 | 435 |
| 新疆生产建设兵团 | 432 | 450 | 28 | 260000 | 602 |
| 内蒙古自治区 | 176 | 271 | 339 | 230000 | 1307 |
| 黑龙江 | 108 | 116 | 37 | 160000 | 1481 |
| 吉林 | 84 | 98 | 57 | 133000 | 1583 |
| 辽宁 | 118 | 120 | 160 | 270000 | 2288 |
| 四川 | 122 | 200 | 60 | 112478 | 922 |
| 云南 | 791 | 2000 | 5000 | 630000 | 796 |
| 贵州 | 144 | 608 | 620 | 170000 | 1181 |
| 海南 | 6 | 30 | / | 6000 | 1000 |
| 西藏自治区 | 4 | 6 | / | 3000 | 750 |
| 合计 | 35535 | 48070 | 32270 | 20468975 | 576 |

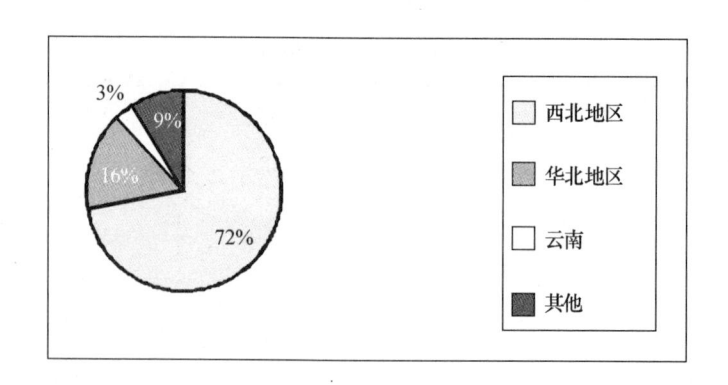

针对各地伊斯兰教协会提供的数据，本课题组特别提出"平均每座清真寺信徒数"一项进行计算，发现中国西北地区，每寺平均信徒数目都在500人左右；而其他地区，除云南约为800人以外，每寺信徒数目都上千人乃至数千人；而且还有一个特例，即福建，一寺平均信徒人数竟然高达19000人。为了说明此种情况，必须结合中国伊斯兰教教坊（社区）组织制度及福建的特殊情况加以说明。

**（二）中国穆斯林社区的组织形态**

中国穆斯林社区的组织形态，大体可以分为三种：

1. 互不隶属的教坊制度

中国穆斯林，一般以清真寺为中心居住，这样的聚居区，被称为"寺坊"。"寺"是社区的核心标志，"坊"是以寺为中心的地缘区域。居住在寺坊中的穆斯林，以区内的清真寺作为身份认同和心理认同的依归。寺坊虽然以地缘为基础，但是宗教信仰和文化认同也是寺坊的构成基础。例如，居住寺坊同一范围内的汉族人（非伊斯兰教信徒）并不被认为是寺坊的成员；而居住在寺坊地理边界之外的少数散居穆斯林，如果到该寺坊的清真寺礼拜，子女取经名的宗教活动请该寺坊阿訇主持，那么他们也会被认为是属于这个寺坊的成员。

寺坊内部并非一定只有一个伊斯兰教教派信徒构成。一些寺坊内居住着多种伊斯兰教教派信徒的情况很常见；或以某一教派为主，其他教派"随坊"的寺坊也很多。现在对清真寺的教派归属，一般的统计方法是看寺内开学阿訇的教派属于哪一教派，就将该清真寺归属于哪一教派。多教派混合的寺坊，清真寺礼请阿訇，常采取各派轮流的原则。一般某一个教派的阿訇，也能按其他教派的方式主持宗教仪式，常常是"客随主便"，阿訇根据信徒的要求采用他们需要的方式主持宗教仪式。

随着经济水平的提高，在中国伊斯兰教徒聚居地区，要求按教派分坊建寺的情况逐渐增多，这直接导致了寺坊社区规模缩小，清真寺数目增加。这种趋势在客观上将不同教派的区别、分歧固定化和强化，产生了一定的负面影响。而在穆斯林占少数的社区，穆斯林居民居住分散，清真寺附近居住的穆斯林并不多，一座清真寺辐射的面积就比较大，特别是在大中城市，一座清真寺影响到的信徒人数较多。以上情况，在一定程度上可以说明，为何在西北及云南地区平均每座清真寺的信徒较少，而其他地区则较多。

在教坊制度下，阿訇是宗教权威，一般由教坊内穆斯林共同协商礼请，主持、管理教坊内部的一切宗教事务，不受外界任何势力的干扰和制约，各教坊之间相互独立，没有隶属关系。

2. 有上下层级关系的海乙寺、门宦制度

在这种情况下，寺坊不再是独立的宗教社区，而要由某一教派或门宦统一管理，寺坊宗教事务不能完全由阿訇作主，而且阿訇一般也是由某一教派或门宦教主予以委任。这就产生了上下级隶属关系：

（1）在伊赫瓦尼教派中被称为海乙寺制度。海乙寺是一个地区的总寺、大寺，其下管辖着十几个乃至几十个小寺（稍麻寺）；西道堂教派也属于海乙系，以西道堂清真西大寺为总寺，其余清真寺为分寺，隶属于总寺。

（2）各大门宦，一般存在"金字塔"式的上下级管理模式，以及菱形的管理模式两类：

a. 在"金字塔"模式中，门宦的教主居于"金字塔"的顶端；教主以下有若干个派往各地的"热伊斯"作为他的教权代理人，这些"热伊斯"有些也实行世袭制，但需教主认可；每个"热伊斯"以下再有若干阿訇，阿訇作为寺坊的宗教事务管理者，其下便是广大信徒。这种"金字塔"式的管理方式，是成熟的、规模比较大的门宦采取的模式，而规模较小，组织较松散的门宦一般采取菱形管理模式。

b. 在菱形模式中，门宦教主通过两种途径管理信徒：教主—清真寺/阿訇—教徒（门宦下辖的寺坊过于分散，不能委派"热伊斯"）；教主—道堂/拱北—教徒（门宦信徒居住分散，没有形成寺坊）。

由于某个门宦信徒规模、内部凝聚力的消长，这两种管理模式可能发生相互转化。

3. 东南沿海地区以祠堂、公墓为核心的组织方式

采用这种组织形式的穆斯林，最为典型的是福建泉州陈埭丁氏，据说丁氏家族全国分布已近2万人，在当时聚居的族人也有数千，号称"万人丁"，其汉化程度很高，宗族组织形式与一般汉族宗族没有太大差别。陈埭丁氏1979年1月才由福建省晋江县政府批准恢复其回族身份，现在陈埭丁氏宗祠已成为中国第六批文化保护单位。本课题组成员对福建泉州部分地区进行过实地考察。该地区经济发达，丁氏在社会上有较高的知名度，主要是以祠堂等为族人活动的核心。这在一定程度上可以解释，为何福建省穆斯林人数和清真寺比例如此之高。这种情况从全国范围内来看，并不十分普遍。不过，在中

国东南乃至中原地区，历史上采用宗法制度组织起来的穆斯林也有一定比例（一般来说他们的汉化程度都比较高），如社会上有较高知名度的安徽"怀宁马氏宗谱"（怀宁即今安庆），按"一士如玉邦家光，迪宏祚吉肇自扬；徽声上国宣和起，紫极纶新颂辅良"立派，河南、河北等地也有一些这样的回族宗族。

## 二 近百年来中国穆斯林人数和分布

近代以前，中国穆斯林人数和分布，并没有可靠的资料统计，在各种估算中马歇尔·布鲁姆霍尔（Marshall Broomhall）的"大清帝国穆斯林人口一览表"较为可信。他根据收集到的资料，先从当时的甘肃省（包括今宁夏、青海）开始，详尽地逐省统计穆斯林人口，并列出一份"大清帝国穆斯林人口一览表"[1]。按照马歇尔·布鲁姆霍尔的这种统计方法，清朝末年中国穆斯林最低估计数字为472.7万人，最高估计数字为982.1万人。清末至今，中国全国人口大约增长3倍，若将马歇尔·布鲁姆霍尔估算的清末数字乘以3，则为1500万到3000万之间，与现今穆斯林2000余万人的水平大体相当，则中国穆斯林人数是平稳发展的，没有大起大落。

从表2的对比来看，百余年来，中国穆斯林的数量和分布，都没有太大的变化，属于平稳发展。基督教中华续行委办会调查特委会曾于1918—1921年间，动员中国各地基督教会组织以及150名通讯员，对基督教在中国的活动和当时的中国社会进行调查，1992年出版了"The Christian Occupation of China"（同年问世的中文节译版题为《中华归主》），可与马歇尔·布鲁姆霍尔的统计相互印证。根据2007年重印的中文全译本，[2] 中华续行委办会调查特委会估计当时中国穆斯林人口最多1000万，或者在706.6万至833.6万之间。他们如何对中国穆斯林人口进行调查，尚不清楚；但该调查中对中国穆斯林人口的估计，与马歇尔·布鲁姆霍尔的统计结果大体相仿。

民国时期的1936年《申报年鉴》曾公布了《全国回教寺院及教徒统计》[3]，给出的数据显示，当时中国清真寺42317座，穆斯林48104240人；其中清真寺4万余座与现今35000余座相近，但《申报年鉴》认为民国穆斯林人数近5000万，比现在的2000余万，多出一倍还多。

---

[1] ［英］马歇尔·布鲁姆霍尔：《中国伊斯兰教——一个被忽视的问题》，1910年伦敦出版，1966年纽约帕拉冈图书翻印公司重版，艾沙·图尔新翻译，《中国回族古籍丛书》编委会刊印本，参阅该书的第十二章《中国穆斯林人口》。

[2] 中华续行委办会调查特委会编，蔡永春等译：《1901—1920中国基督教调查资料》，中国社会科学出版社2007年出版。

[3] 《申报年鉴》，申报年鉴社1936年版。

表2　　大清帝国末期穆斯林人口与
2005年中国部分省区人口对比一览表

| | 大清帝国穆斯林人口一览表 | | 2005年穆斯林人口（人） |
|---|---|---|---|
| | 最低数（人） | 最高数（人） | |
| 甘肃 | 2000000 | 3500000 | 3580000 |
| 陕西 | 26000 | 50000 | 150312 |
| 山西 | 25000 | 25000 | 150000 |
| 直隶 | 500000 | 1000000 | 1003275 |
| 山东 | 100000 | 200000 | 600000 |
| 河南 | 200000 | 250000 | 1083200 |
| 江苏 | 250000 | 250000 | 194352 |
| 四川 | 100000 | 250000 | 122478 |
| 贵州 | 10000 | 20000 | 170000 |
| 云南 | 300000 | 1000000 | 630000 |
| 湖北 | 10000 | 10000 | 79438 |
| 江西 | 2500 | 2500 | 11500 |
| 安徽 | 40000 | 40000 | 400000 |
| 浙江 | 7500 | 7500 | 7410 |
| 湖南 | 20000 | 20000 | 151240 |
| 广东 | 20000 | 25000 | 34770 |
| 广西 | 15000 | 20000 | 30000 |
| 福建 | 1000 | 1000 | 95000 |
| 满洲 | 50000 | 200000 | 563000 |
| 新疆 | 1000000 | 2400000 | 10260000 |
| 内蒙古 | 50000 | 100000 | 230000 |
| 合计 | 4727000 | 9821000 | 20468975 |

注：因行政区划变化，表中2005年数字略作调整，直隶对应数据由今河北、北京、天津三地数据相加而得；甘肃对应数据包括今宁夏、青海的数据；满洲对应数据则包括黑龙江、吉林、辽宁三省数据；江苏对应数据包括今上海的数据；广东对应数据包含今海南的数据；新疆对应数据包括自治区和生产建设兵团的数据。

表3　　1936年"全国回教寺院及教徒统计"

| 省区别 | 寺院数（座） | 教徒数（人） |
|---|---|---|
| 新疆 | 2045 | 2350950 |
| 甘肃 | 3891 | 3518920 |
| 宁夏 | 655 | 753400 |
| 青海 | 1031 | 1186590 |
| 东三省 | 6570 | 7523680 |
| 热河 | 241 | 278950 |
| 绥远 | 253 | 384620 |
| 察哈尔 | 175 | 195050 |
| 河北 | 2942 | 3397410 |
| 河南 | 2703 | 3094800 |
| 陕西 | 3612 | 4129090 |
| 山西 | 1931 | 1589570 |
| 山东 | 2513 | 3890430 |
| 云南 | 3971 | 4568290 |
| 贵州 | 449 | 519160 |
| 四川 | 2275 | 2615330 |
| 广西 | 429 | 280180 |
| 广东 | 201 | 558450 |
| 湖南 | 932 | 1302900 |
| 湖北 | 1134 | 1587080 |
| 江西 | 205 | 286590 |
| 浙江 | 239 | 357300 |
| 安徽 | 1515 | 2288580 |
| 江苏 | 1302 | 1963170 |
| 福建 | 157 | 471750 |
| 合计 | 42371 | 48104240 |

注：若按表中所给数据，清真寺统计应为41371座，信徒总人数49092240人；平均每寺信徒1187人（若按表中所给统计数字计算为1137人）。

从表3来看，中原腹地的穆斯林人数有2000多万，远远高于西北的700余万，而东北地区的穆斯林竟然也有700多万，东三省的数据过高，比较可疑。当时中国的东北地区已被日本占领,700 多万的数字有可能是想象推测,非实地调查的结果。1936 年《申报年鉴》"全国回教寺院及教徒统计"所列数据来源是"据英文《中国年鉴》"[1],其统计是否完全符合实际情况,尚待进一步研究。本课题组认为,《申报年鉴》1936 年的全国穆斯林近 5000 万的数据,应该是被明显夸大了,因为 1953 年中国第一次人口普查,穆斯林教徒只有 800 万,短短 10 余年,穆斯林人口数量不会有如此巨大的变化。民国时期的穆斯林人口,当时便众说纷纭,1933 年出版的《现象月刊》第一卷第二期发表《回教及其教徒的分布》,对当时流行说法进行了总结评论。当时海波恩说有 1000 万,1911 年清政府民政部的统计数字是 3530 万,土耳其穆斯林学者认为是 3000 万,而当时中国穆斯林普遍认为其人口占全国人口的 8% 到 10%,即 5000 万左右。《申报年鉴》中的数字,应是迎合了当时人民的普遍看法。

20 世纪 50 年代以来,从 1953 年第一次全国人口普查到 2000 年第五次全国人口普查,中国信仰伊斯兰教的人口由 800.6 万增至 2031.1 万(主要以 10 个信仰伊斯兰教的少数民族人口为依据),增长 153.8%;而同期全国人口只增长了 115.0%。也就是说伊斯兰人口要比全国平均人口增长率高出 33.7%。像这样 47 年人口就增长 1.5 倍多,在全国人口史上也是属高速增长之列(第一次至第二次人口普查是间隔 11 年,仅增长 15.47%,第二次人口普查至第三次人口普查间隔 18 年,增长 58.07%,而第三次至第四次人口普查间隔 8 年,增长 20.42%,第四次到第五次人口普查期间伊斯兰人口增长 15.48%,而同期全国人口只增长 11.66%)。从 20 世纪 50 年代以来的五次全国人口普查来看,10 个信仰伊斯兰教的少数民族中,增长较快的是撒拉族、保安族、回族、东乡族、塔吉克族;维吾尔族和柯尔克孜族的增长率也比全国平均水平高,而乌孜别克族、塔塔尔族则是负增长,这与 1962 年这两个民族有相当一部分人从中国越境出走苏联有关。[2]

综合以上讨论,从晚清和民国的两组数据,与现今的情况进行对比,能大体比较出近百年来中国穆斯林人数及分布的变化趋势:(1)由于人口繁衍、边疆开发等原因,新疆地区的人口快速增长,穆斯林人数也急剧增加;(2)甘肃、宁夏、青海等西北地区,穆斯林人口平稳增长;(3)中原、江南、华南等地,穆斯林在总人口中的比例有所下降。由于两相抵消,中国穆斯林总人口数基本保持大体的平稳发展,而新疆等西北地区的穆斯林在全国穆斯林中的重要地位不断上升。由于政府实施的"计划生育"政策等方面的照顾,2000 年信仰伊斯兰教的十个少数民族,0—14 岁人口的比重均高于全国平均水平,人口的年龄构成仍呈年轻型,65 岁以上人口比例普遍偏低。西

---

[1] 此处所指英文《中国年鉴》可能是 The Chinese Year Book 1935 - 36 Premier Issue, edited by Kwei Chungshu(桂中枢), The Commerical Press, 1935。

[2] 参见马正亮《中国信仰伊斯兰教的十个民族人口发展分析》,《人口与经济》2007 年第 1 期。

北等少数民族聚居地区,穆斯林人口发展还有很大的潜力,其在全国穆斯林中的比重应会持续增加。

(作者简介:刘泳斯,中国人民大学佛教与宗教学理论研究所博士后;张雪松,中国人民大学佛教与宗教学理论研究所讲师,原文发表于《世界宗教文化》2012年第4期)

宗教与哲学

# 论中国佛学的精神及其现实意义

洪修平　陈红兵

中国佛学的精神大体上可以概括为圆融精神、伦理精神、人文精神、实践精神、自然精神、思辨精神等方面，限于篇幅，本文主要围绕前三个方面来论述中国佛学精神的形成、主要内容及其现实意义。研究外来佛教如何适应中土社会文化环境，融合吸收传统思想文化，形成自身的精神特质，以及中国佛学精神的基本内涵，对于今天不同文化之间的交流融合、当代社会的道德伦理建设、佛教适应社会主义社会以更好地发挥自身的积极作用等均具有现实意义。

## 一　中国佛学精神的形成

中国佛学的精神是在佛教中国化过程中形成的，这个过程即是外来佛教与中国传统思想文化碰撞、冲突、交流、融合的过程。在这过程中，中国佛学立足佛教自身的价值追求和基本理念，同时融合吸收传统的儒道思想文化，形成了自身的精神特质。中国佛学始终与中国固有的以儒道为主要代表的思想文化处在相互冲突和相互融合的复杂关系之中，正是在三教的冲突和融合中，中国佛学精神得以形成和发展。中国佛学精神的形成与发展大体上经历了汉魏两晋南北朝的孕育、隋唐的形成以及宋代以后向社会文化各领域的渗透三个阶段。

汉魏两晋南北朝时期中国佛学精神的孕育与这一时期外来佛教为适应中土社会文化环境，对传统思想文化的迎合、妥协和调和密切相关。外来佛教在价值追求和思想理论方面与中国传统思想文化特别是与传统儒家伦理观念存在较大的差异，佛教要在中土社会文化环境中生存发展，一方面要以传统思想文化为媒介译传佛教经论，以帮助中土受众理解、消化、吸收佛教思想；另一方面对于佛教与中国传统思想文化矛盾冲突的地方，还必须妥协、调和。前者体现在佛经翻译上即是广泛借用传统道家的术语，如安世高所译《安般守意经》中就有这样的表述："身但气所作，气灭为空。"又说："安般守意，名为御意至得无为也。"为了帮助人们更好地接受、理解佛教观念，汉魏间，佛教还采取"格义"的方法，引用中国固有的思想或概念来比附、诠释佛教义理；两晋时，佛教般若学依附于玄学而得以大兴，并在玄学的影响下逐渐形成了佛教般若学派"六家七宗"。后者突出地表现在佛教对儒家伦理名教的妥协调和上。这方面的妥协、调和在这一时期主要体现在两个方面，一是寻找相似点，采取比附等手法，以强调两者一体，本来不二，例如汉魏间的一些佛典译文和注释中常常出现的以儒家"五常"来比拟佛教"五戒"的做法。二是调整乃至不惜改变佛教自身，以求与儒家伦理相适应。或者在译经过程中就以儒家伦理为标准做出增删，例如去除父母子女平等的论述而加进"孝养父母"的内容；或者在阐发佛理时做出迎合儒家伦理的引申发挥，有时干脆在佛教中加入儒家名教的内容。佛教对传统思想文化的依附、迎合、妥协、调和，客观上有助于佛教融合吸收中国传统文化中蕴涵的伦理精神、人文精神、自然精神。同时，佛教对传统思想文化的调和、融合，也为中国佛学圆融精神的形成创造了条件。

这一时期中国佛学精神的孕育还与佛教内部对汉译佛经的思想整理相关。这一时期，印度不同历史时期不同思想背景的佛教经典在较短时期内大量译入，加之这些经典本身在内容和旨趣上又存在着一定的差异甚至相互矛盾，这在客观上给人们理解佛经的主旨和整体风貌带来困惑。同时，中土佛经翻译借用中土本有的儒家和道家哲学或宗教语言，也往往带来对佛经原义的误读，这也增加了人们认识和理解佛经、佛说的难度。佛经译传的这些特征及其所带来的困惑，客观上要求从思想上对汉译佛经进行系统整理，以解释并消解佛教理论体系中的自相矛盾或不能自圆其说之处，帮助人们形成关于佛经、佛说的系统而整体的认识。判教思想就是在这种情况下产生的。南北朝时期已先后出现了从不同视角对不同佛经、佛说进行的教相判释。这种教相判释依据对印度佛教的理解，在判定各种佛典价值的基础上，力图将不同佛教经典组织为一个互不矛盾、相互融通的有机整体。南北朝时期的判教思想为中国佛学圆融精神的形成奠定了思想基础。

不过，这一时期中国佛教主要处于引进外来佛教思想，对佛教进行初步诠释、理解、消化、吸收的阶段，中国佛学的精神尚处于孕育时期。这具体表现在，外来佛教从自身在中土社会文化环境中生存发展的需要出发，对传统思想文化主要表现为被动的迎合、依附、妥协和调和。魏晋以后，随着佛教力量的增长，佛教也力图从对传统思想文化的依附中独立出来，但这也同时加剧了儒佛道三教之间的竞争与冲突。因此，中国佛学精神的确立和成熟尚需在与传统儒道思想文化的进一步磨合中完成。就其具体内容而言，中国佛学虽然表现出融合吸收传统思想文化之伦理精神、人文精神等的意向，但尚未形成印度佛教与传统文化精神有机结合的成熟模式。

隋唐时期中国佛学精神的确立和成熟在一定程度上与这一时期统治者的三教政策及儒佛道三教关系有关。隋唐统一王朝建立以后，为了加强思想文化上的统治，对儒佛道三教采取了分别利用的态度，它一方面确立了儒学的正统地位，另一方面又以佛、道为官方意识形态的重要补充，推行三教并用的宗教政策。因此，在思想意识形态领域，儒佛道逐渐形成了三教鼎立的局面。三教之间政治、经济和理论上的矛盾争论虽然一直不断，但三教融合的总趋势却始终未变。隋唐时期，三教在各自的发展过程中也都深切地感受到了相互补充、相互融合的必要性。因而都表现出了强烈的融合他人理论精华的主观意向。就佛教而言，隋唐时期出现的中国化的佛教各个宗派，都是在调和融合中国传统儒、道思想的基础上创立的，不少佛教思想家如神清、宗密在融合吸收传统思想的同时都提出了三教融合、三教一致的观点。同时，随着封建大一统政权的建立和寺院经济的充分发展，佛教各家各学派的理论得到了进一步的融合发展，一些学派通过"判教"，立足自宗，批判、总结、会通不同经典、不同学派的思想，在此基础上，形成了各具特色的宗派佛学理论体系。隋唐时期三教鼎立、三教融合的趋势以及佛教内部宗派佛学的建立为中国佛学立足自身融合吸收传统文化的伦理精神、人文精神、自然精神等创造了充分的条件。

这一时期中国佛学精神的确立和成熟具有自身鲜明的特征。首先，就中国佛学的圆融精神而言，这一时期中国佛学对传统儒道思想的融合吸收是立足自身进行的，体现了中国佛学的主体性。如宗密站在华严宗的立场上，将儒道思想作为初步的人天教，纳入到自身的思想体系中，肯定包括儒道在内的其他各家学说都是真理认识的一部分，都可以归入华严教义中来，而华严宗则是对以往各种认识的最高概括和总结。同时，隋唐宗派佛学的判教思想较南北朝时期深入了一步，南北朝时期的判教思想往往局限于经典本身，偏重于以"时"判教，而隋唐宗派佛学则深入到教理层面，注重以"理"判教，更突出地体现了理论思维的圆融性。其次，这一时期中国佛学的伦理精神、人文精神都已逐渐形成了自身融合印度佛学精神和中国传统文化精神的稳定模式。如中国佛教对善恶的分判以修行解脱为根本，以世间之善为修行解脱的前提和实践道德教化的方便，体现了中国佛学伦理精神融合佛教宗教伦理和儒家世俗伦理的基本模式；禅宗将修行解脱落实于现实人心、现实人生，提出的"出世不离人世"、"即世间求解脱"体现了中国佛学融合佛教出世精神与传统文化人文精神的基本模式。中国佛学精神融合印度佛学与中国传统文化精神基本模式的形成，标志着中国佛学精神的确立和成熟。

入宋以后是中国佛学精神进一步发展及向社会生活和文化领域广泛渗透的时期。受三教关系影响，这一时期中国佛学精神的发展呈现出一种新的态势。由于新儒学适应封建社会强化中央集权的需要而成为官方正统思想，佛道二教基本上处于依附和从属地位，隋唐三教鼎立的局面已逐渐为儒家为主体的三教合一所代替。加之佛教的一些基本观点和方法已为儒家所吸收，其自身的发展则日趋式微。因此，这一时期佛教在理论上更强调与儒、道的融合，宣扬三教一致论，特别是加强与儒家思想的融合。如天台宗人孤山智圆提出"修身以儒,治心以释",认为儒佛相为表里,可以互补,到晚年他甚至宣称自己的思想"以宗儒为本"。宋以后,佛教与道教的融合也日趋紧密,乃至在僧人中不断出现"好道"的标榜和"重道"的提倡。在儒、佛、道三教进一步融合的同时,佛教内部各宗之间的相互融摄更趋紧密。从最初的禅教一致发展到后来的各宗与净土合一,最后,以禅净合一为中心形成了禅净教大融合的总趋势。三教融合及佛教内部禅净教合一的趋势表明中国佛学的圆融精神得到了广泛而充分的发展;佛教对儒家思想的融合也使中国佛学的伦理精神得到进一步发展,一方面,这一时期佛教孝亲观得到充分发展,宋代禅僧契嵩所著的《孝论》将孝道提到了"天地之大本"的高度,持戒与孝行的统一、孝顺与念佛的统一成为这一时期孝亲观的重要特征;另一方面,佛教日益突出自身劝善化俗、伦理教化的社会功用,朝着世俗化的方向发展,其中一个突出的表现就是这一时期佛教劝善书的广泛流行;这一时期,中国佛学的人文精神也得到进一步发展,一是禅宗"即世间求解脱"的观念得到了更充分的体现,"世间法则佛法,佛法则世间法"成为佛教界的基本共识,佛教修行解脱的实践也日益落实到农禅并作、运水搬柴的日常生活当中。二是近代以来,太虚法师等人提出人生佛教、人间佛教的理念,将发达人生、参与现实人间事业、建设人间净土作为佛教发展的目标,从而将中国佛教人文精神向前推进了一大步。

## 二 中国佛学精神的内容

圆融精神是外来佛教适应中土社会文化环境过程中调和佛教内部及其与中国传统思想文化之间关系的产物;伦理精神特别融合吸收了与中国传统宗法社会相适应的儒家世俗伦理,具有宗教伦理与世俗伦理相结合的特征;人文精神则融合吸收了中国传统文化关注现实社会人生的精神特质,从而使出世的佛教融入了更多的关注现实人心、人生、人间的思想内容。中国佛学的圆融精神、伦理精神、人文精神是中国佛学精神的主要方面。

其一,中国佛学的圆融精神。中国佛学的圆融精神是在印度佛学的包容精神和中国传统文化的和合精神基础上形成的。印度佛学继承了印度文化本身所具有的包容精神,这种文化包容精神既是对不同文化的融合吸收,又是对不同文化的兼收并蓄,它不是一种政治的或文化的策略,而是一种精神的追求,是一种基于对宗教本质和人类共同精神追求的根本理解。同时,大乘佛教在自身发展的过程中也改变了初期与小乘佛教对立的态度,而以一种圆融性的态度和思维对小乘佛教的价值加以肯定,如《法华经》从会三归一、开权显实的观念出发,既强调一佛乘的终极性,又肯定了小乘佛教在教化不同根机众生过程中的价值。这种圆融性思维对中国佛学的圆融精神影响至深,天台佛学的圆融精神即是对此的直接继承和发展。中国传统文化的和合精神在容纳不同思想文化方面与印度佛学的包容精神具有一致性，但又有不同的特质，这具体体现在，中国传统文化的和合精神有自身的文化价值立场，这就是突出社会治理的价值，试图将内在的精神超越与外在的王化统一起来，在对待不同文化的关系上，是从自身的文化立场出发，肯定不同思想文化在自身文化价值体系中的作用和价值，对不同的思想文化内容进行融合与吸收。中国传统文化的和合精神在对不同文化的评价和融合吸收上始终具有一种居高临下、雄视一切、为我所用的姿态。中国传统文化和合精神的最好表达就是《易传》的"天下一致而百虑，同归而殊途"，即一方面肯定"百虑"、"殊途"存在的合理性、必然性，另一方面强调"一致"、"同归"，强调文化价值观念的融摄与统一。中国佛学的圆融精神即是在印度佛学包容精神、中国传统文化和合精神基础上形成的。其主要内涵，我们可以从中国佛教的三教融合思想、判教思想，以及中国佛教的理论学说三个方面来看。

中国佛学的圆融精神首先体现在其三教融合的思想中。中国佛教的三教融合思想大体上经历了一个由魏晋南北朝时期的三教一致论，到隋唐时期的三教融合论，再到宋代以后的三教合一论三个发展阶段。中国佛教的三教融合思想主要是从佛教自身立场出发，融合吸收中国传统儒道思想，它一方面突出三教社会教化作用及根本理致的一致，另一方面又肯定自身具有不同于儒道思想的独特内容及不能替代的社会作用。如唐代名僧神清认为，"释宗以因果，老氏以虚无，仲尼以礼乐，沿浅以洎深，藉微而为著，各适当时之器，相资为美"。肯定三教虽异，但完全可以相互借鉴、互为补充。中国佛教的三教融合思想体现了中国佛教在处理与其他思想文化关系上的圆融精神。

中国佛学的圆融精神还体现在中国佛教的判教思想对佛教内部不同经典和不同学说的判释与融合当中。中国佛学的判教思想大体上分为南北朝与隋唐两个时期。南北朝佛教判教思想偏重于以"时"判教，如慧观的"五时判教"。而隋唐佛教判教思想则注重以"理"判教，即从教法、教理的不同来判教，如天台宗的"化法四教"、"化仪四教"分别从教法内容和传教形式进行判释，华严宗的"五教"、"十宗"分别从教法、教理进行划分。通过判教，中国佛学对不同经典、各派思想进行系统的整理与安排，一方面抬高某一经典或自宗的地位，把它确定为佛的最圆满的说教；另一方面将佛教内部各种异说融通起来，将其组织、会通为一个互不矛盾、相互融通的有机整体，体现了中国佛教对待不同思想学说的圆融态度和理论思维的圆融性。

中国佛学的圆融精神还体现在中国佛教理论对不同思想学说的融通之中。这种融通在魏晋南北朝时期佛学理论中即有体现，如东晋慧远的因果报应论融合了印度佛教的业报轮回思想和中国传统的善恶报应观念，僧肇佛学在准确阐发印度佛教般若中观学说的同时，也融合吸收了老庄玄学的思想观念、思维方式和理论主题。隋唐宗派的佛学理论是建立在对佛教不同思想学说的融通基础上的，其思想学说中体现出的圆融精神更为明显。如天台宗针对南北朝时北方重禅法、南方重义理的不同倾向，提倡止观并重，调和南北学风，其"三谛圆融"的思想强调于一念心中将空、假、中三谛圆融统一，又通过"一念无明法性心"这一核心命题，将无明缘起与缘起性空观念结合起来等等，突出地体现了中国佛学理论思维的创造性和圆融性。

其二，中国佛学的伦理精神。伦理精神是指具有普遍价值导向意义的道德意识和价值观念，它是道德原则、道德规范的核心。不同社会文化背景下形成的思想文化具有不同的伦理精神，如有学者将孔子思想的伦理精神概括为仁爱主义、中和主义、尚义主义和等级主义精神四个方面，将资本主义伦理精神概括为自然人性的自爱论、追求功利的"利他"论、知德合一的理性论、意志自律的德性论四个方面等。

中国佛学的伦理精神一方面继承了印度佛教对心灵净化的追求，着重发展了大乘佛教平等慈悲、自利利他的精神；另一方面又顺应中国传统宗法社会文化环境，融合吸收了传统儒家世俗伦理精神，是印度佛教伦理精神与儒家伦理精神的融合。首先，中国佛学的伦理精神具有佛教伦理精神的一般内涵与特征。佛教伦理精神首先是一种宗教伦理精神，这具体体现在，它以人生痛苦的解脱为根本追求，在个体心性的修养上注重心灵的净化，大乘佛教以普度众生为职志，又形成了具有自身特色的平等慈悲、自利利他的伦理精神。其次，中国佛学的伦理精神又是在印度佛教以宗教伦理精神涵摄世俗伦理精神的基础上形成发展起来的。印度佛教一方面将"心意清净"作为佛教伦理追求的根本目标，另一方面又要求奉行世间道德伦理准则，"诸恶莫作，众善奉行"。中国佛学正是在此基础上顺应中土社会维护宗法等级社会秩序的需要，融合吸收传统儒家伦理精神，进而主张将宗教解脱的追求落实于现实的伦常实践中，将现实的道德伦理实践作为宗教解脱的前提和条件。中国佛学的伦理精神在中国佛教伦理的善恶观、戒律观、修行观和孝亲观中均有具体体现。

中国佛学的伦理精神首先体现在中国佛教善恶观上。中国佛教善恶观继承了印度佛教善恶观的基本内容，并在世间层面融入了儒家善恶观念。佛教对善恶的分判是以修行解脱的出世间之善为根本，以世间之善为修行解脱的前提和世间道德教化的方便。隋唐宗派佛学在善恶观上一般将世间善恶观与出世间善恶观相融合，如天台宗的"性具善恶"说一方面肯定人性本具善恶，另一方面又从般若空观思想出发，强调善恶本身的虚假不实，要求人们通过修习止观以证悟涅槃解脱境界，禅宗在善恶观上一方面以是否符合佛之知见作为区分善恶的标准，突出心性的迷悟染净对于行为善恶的影响；另一方面突出"十善"在佛教修行中的价值，并以此为基础融合儒家的道德修养观念。关于世俗意义上的善恶，《坛经》还注重从人的行为动机上进行评判："思量一切恶事，即行于恶；思量一切善事，便修于善行"，突出了自心对于道德行为的主导作用。

中国佛学的伦理精神还体现在中国佛教戒律观上。在中国佛教戒律观中，"心为戒体"观念非常突出，这一观念与中国佛教重视大乘菩萨戒密切相关。隋唐时期，大乘菩萨戒非常盛行，道宣律学强调《四分律》分通大乘，天台、唯识、华严、禅等宗派佛学均主菩萨戒，在戒体上主"心为戒体"，这突出地体现在天台宗的"性具发显戒体说"和禅宗的"无相戒体说"中。天台宗所理解的"心"是指本体意义上的实相之心，认为戒体不是通过受戒熏习所得，而是自心本具，而受戒不过是通过外缘使先天本具的戒体发露出来。禅宗的"元相戒"实际上也就是以无相的实相为戒，即以性相皆空、自性清净、不生不灭的佛性为戒。惠能还将心性的明净与现实生活中德行的平正结合起来，把世俗伦理的道德规范融摄到戒法中，在道德规范方面体现了中国佛教伦理对儒家伦理精神的融合。中国佛教戒律观"心为戒体"的观念，也体现了中国佛学的伦理精神对道德自觉自律的强调。

中国佛教对孝亲观的强调则是中国佛学伦理精神融合吸收儒家伦理精神的突出表现。中国佛教的孝亲观本身有一个形成发展过程，宋代以后，中国佛学与孝亲观的结合更趋紧密。佛教传人之初，佛教伦理与儒家世俗伦理冲突最甚者莫过于孝亲观，针对这种冲突，牟子《理惑论》从"苟有大德，不拘于小"的观点出发做了最初的辩论，认为是否行孝道应该看其内在本质而不能只看外表的形式。沙门出家修行、布施持戒，表面上不敬其亲，有违仁孝，实际上，布施财货，国家、亲人都会获得福庇，而一旦成就佛道，"父母兄弟皆得度世"，这恰恰是最大的孝。因此，佛教的出家修行生活从根本上说是并不违礼悖德的。宋代以后中国佛教的孝亲观逐渐形成了护法与布道相结合，突出佛法劝世化俗、辅助王化功用的特征。宋代禅僧契嵩继承了儒家以孝为天经地义的观念，认为孝道是天下之大本。在戒孝关系上，契嵩还提出了"孝名为戒"，"孝也者，大戒之所先"的观念，一方面肯定孝道是佛门戒法的世俗伦理之本，另一方面强调持戒就是行孝。契嵩还认为，儒家所理解的孝养父母只是孝行的最基本层面，更高层面的"孝"应该是认识佛教真理，帮助父母修行解脱。应该指出的是，在中国佛教中，孝亲不仅仅是为了维护宗族社会等级秩序，同时也是作为修行解脱的基础，中国佛学孝亲观同样体现了中国佛学伦理精神融合印度佛教伦理精神和儒家伦理精神的特征。

其三，中国佛学的人文精神。中国佛学的人文精神具有不同于印度佛教的精神内涵，它主要融合吸收了中国传统文化关注现实社会人生的人文精神。印度佛教本是强调出世解脱的宗教，其根本宗旨是把人从人生苦海中解脱出来，其立论的基点是对人生所作的"一切皆苦"的价值判断。但佛教的终极理想，仍然是为了追求永超苦海的极乐，其业报轮回观念中也透露出了靠自己的努力来实现人生永恒幸福的积极意义。虽然这种积极意义在印度佛教中并没有得到充分的彰显，但它在中国传统文化重视人和人生的氛围中却获得了新的生命力，并得到了充分的拓展。中国传统思想文化本质上是一种关于

"人"的学问，其重要的特点之一就是具有强烈的关注现实社会和人生的人文精神。中国众多的思想或学派，具体观点虽然各异，但从根本上说，其出发点及归宿，大都是"人"，其思想的核心，也大都是"人"的问题，重视现世现生成为各家的共同特点。中国传统文化重现世现生的人文精神对外来的佛教有深刻的影响。中国佛学的人文精神正是在继承佛陀创教根本精神（即帮助人觉悟解脱）的同时，又在中国传统思想文化重视现实社会人生的氛围中，将佛教中蕴涵的却又在印度佛教中未充分发展的对人及人生的关注与肯定做了充分的发挥，并以其对社会人生的独特看法而在一定程度上弥补了传统思想文化的某些缺憾或不足。

中国佛学的人文精神主要体现在中国佛教融合吸收了中国传统思想文化中的人本精神和人世观念，而这又突出地体现在禅宗和人间佛教之中。在隋唐佛教诸宗派中，禅宗是中国化最为典型，也是对现实的人及人生给予最多关注的一个宗派。禅宗一方面破除对佛祖等外在权威的迷信和崇拜，强调每个人的自性自度，另一方面又将解脱理想融化于当下的现实人生之中，把修道求佛的修行贯穿在平常的穿衣吃饭之间，主张直指人心、即心即佛、"平常心是道"，强调凡圣平等、人佛无异和自然任运、自在解脱。禅宗以人性解佛性，把抽象神圣的佛性拉向人们当下本善的智慧心，其所说的自心自性，既是指宇宙本体或精神，也是对"自家生命"或人生实践主体的肯定，它所说的"修行"实际上就是人的自然生活本身，而它所说的"佛"，实际上也是指那种内外无著、来去自由的解脱"人"。近代人间佛教中体现的人文精神突出地体现在太虚法师等倡导的发达人生、参与世间事业、建设人间净土的"人生佛教"和"人间佛教"思想中。人生佛教凸显"人乘"在佛教价值追求中的地位和作用，认为人完全可以"依人乘行果趋进修大乘行"，通过完善人格而进化成佛。太虚法师从佛教的立场融合吸收了儒家的道德伦理观念，认为所谓"完成人格"就是在大乘的五戒十善和大乘有组织有纪律的社会生活的指导下，完成人生应有的善行。而所谓"人间佛教"就是在人间发扬大乘佛教救世度人的精神，多关注现生问题，多研究宇宙人生的真相，致力于推动人类的进步和世界的改善，建设人间净土。太虚法师倡导，佛教弟子不仅应当在社会上做一个好人，而且要积极参与到社会生活的政治、经济、军事、教育等各个领域，将佛教的道德精神贯彻其中，为建设人间净土贡献现实的力量。人间佛教思想对现实人生的关注没有停留在运水搬柴、治生产业的平常日用层面，而是将参与救国救世事业作为其佛教思想的主题，以改良社会、利益人群、建设人间净土为目标，从而将中国佛教的人文精神向前推进了一大步。

中国佛学人文精神的入世化、人生化倾向，从佛教自身的发展来说，是大乘佛教的人世精神在中国社会文化历史条件下的新发展，大乘佛教的"世间与出世间不二"等思想为佛法与世间法的沟通提供了可能，而中国佛教则在传统文化的影响下使这种可能成为现实。从另外一个角度看，中国佛教所倡导的"出世不离入世"实际上也是印度佛教的"出世精神"在中国文化中的一种特殊表现。中国佛教特有的人文精神，既弥补了中国传统思想对人的生死等问题关注的不够，并提供了以彼岸世界的超越眼光来审视现实社会人生的特殊视角，也使佛教中有价值的东西在中国社会中更好地发挥出来，"入世"而起着传统儒、道等思想有时无法起的作用。

## 三 中国佛学精神的现实意义

中国佛学的圆融精神、伦理精神和人文精神的内涵各不相同，因此其现实意义的侧重点也各有不同。其中，中国佛学圆融精神的现实意义侧重于多元文化交流融合方式及智慧方面，伦理精神的现实意义侧重于现实的社会伦理道德建设方面，而人文精神的现实意义则侧重于个体的人格修养及对现实社会人生问题的关注方面。下面我们从四个方面分别论述。

首先，中国佛学精神的形成过程及规律对于我们今天认识文化交流与文化精神之间相互作用的关系、谋求不同文化之间的和谐共存与协调发展具有启迪意义。中国佛学的精神是外来佛教在与中国传统儒道等思想文化碰撞、冲突、交流到最终共存、融合过程中形成的，而中国佛学精神的形成与发展本身也有助于佛教文化与中国传统思想文化的和谐共存与协调发展。印度佛教与中国传统思想文化产生于不同的社会文化环境，两者之间无论是在价值追求还是在基本理念方面均存在着显著差异。从一定意义上讲，中国佛学精神的形成过程及规律实际上能够体现异质文化碰撞、交流、共存、融合的一般过程和规律，能够体现特定文化精神在文化交流融合过程中形成发展的一般过程和规律。因此，中国佛学精神的形成过程及规律对于当今全球化背景下不同宗教和文化之间的平等交流、和谐共生、互补融合及其文化精神的形成具有重要的启迪意义。对此，我们可以从四个方面简要阐明：一是异质文化之间的交流和融合存在一个具体的碰撞、冲突、交流和融合的过程及一般规律。外来佛教在传入中国以后，为适应中土社会文化环境，在佛教中国化过程中经历了两汉时期为求生存，对中国传统思想文化的依附、迎合、调和，魏晋南北朝时期为独立发展，与传统儒道共存并进、冲突交流，隋唐时期立足自身，融合吸收、独立创造，以及两宋以后内外融合、渗透合一的历史过程。这一过程及其中蕴涵的一般规律，对于我们从历史发展的角度认识当今全球化社会文化环境下不同文化冲突、交流现状，及其发展趋势具有重要意义。二是共存、协调、融合是不同文化交流、发展的必然要求和趋势。文化的冲突、交流与发展，从双方谋求生存与发展的需要出发，其目标必然是追求共存、协调发展，而不是一方征服或消灭另一方。而不同文化本身所具有的合理要素也表明不同文化之间存在着互补性。从一个国家或全球文化的整体发展来说，多元文化并存与协调发展也是文化适应外在环境变化保持自身活力和可持续发展的前提条件。在这方面，佛教中国化最终形成的儒佛道三家并存、相互协调、融合吸收对方合理要素、参与中国传统文化整体创造的态势，对于我们今天认识文化发展趋势，确立全球文化发展目标具有启迪意义。三是中国佛学精神立足自身融合吸收儒道文化精神的模式对于今天佛教文化乃至中国文化在复杂多元的文化环境中生存发展也具有借鉴意义。在这方面，中国佛学的圆融精神为中国佛学融合吸收儒道思想文化，与儒道思想共生共荣、协调发展提供了圆融性思维。而中国佛学人文精神立足自身的出世追求融合吸收中国传统文化关注现世现生的人本主义与人世观念，中国佛学伦理精神以出世的宗教伦理涵摄人世的儒家世俗伦理等，则能为今天佛教文化以及中国文化立足自身融合吸收其他文化合理要素提供可供借鉴的模式。四是对待其他文化开放的、包容的态度与圆融性思维的形成应成为不同文化主体所具有的文化精神。这方面内容在以下论及中国佛学圆融精神的现实意义时将进一步说明。

其次，中国佛学的圆融精神在对待不同文化的态度上强调适应、调和、包容、融合，在理论思维上强调不同学说之间的一致性、统一性，在理论体系的建构方面，突出对不同学说的会通与理论体系的整体性，注重对不同方面的融通等，对于今天促进不同文化的交流、包容和协调具有重要意义。当代世界的发展存在着经济全球化的趋势，不同文化之间的交流也日益频繁，但同时也使不同文化之间的差异更加明显，冲突更加突出。不同文化、各种宗教在相互碰撞、相互冲突的同时，也开始了对话、交流和相互学习。文化的多元并存、协调发展已成为时代文化发展的需要。文化之间的交流、协调，呼唤着一种新的精神纽带，在这种精神纽带的熔铸中，中国佛学的圆融精神可以扮演重要的角色。中国佛学的圆融精神所体现出来的对不同文化、不同思想学说的包容、吸收和容纳的态度，对于今天多元文化并存的态势下促进不同文化之间的交流、包容和协调具有重要的意义。当然，在肯定中国佛学圆融精神现实意义的同时，也应看到其消极的方面，如中国佛学的圆融精神相对突出思辨和内在精神境界的追求，其圆融性思维往往回避与不同文化在同一层面的冲突，试图通过思想视阈的提升，在新的理论制高点上反观并会通自身与其他思想学说的矛盾和冲突，这从积极的一面来说，显现了较高的思辨水平和思维的超越性；从消极的一面来说，则表现出了妥协性和调和性，有其自身的历史局限。

再次，中国佛学的伦理精神在当代社会道德伦理建设中依然具有现实意义。这具体体现在以下一些方面：中国佛教伦理的入世精神、人本观念有助于中国佛教伦理在当代关注全球化过程中以及我国现代化建设中面临的现实问题，如全球性生态环境问题，不同民族、不同宗教文化的矛盾冲突问题，网络、生物科学的发展带来的社会伦理问题，新的社会环境下人的自我失落与自我膨胀，等等，从而更好地促进全球新秩序和我国和谐社会的建设；中国佛教伦理建立在心性自觉观念基础上的道德自觉自律精神，对于当代社会的道德和文化建设，能够从自身的文化维度，提供一种人本立场的道德主体意识和道德主体精神；而中国佛教伦理中对宗教解脱的追求，作为一种终极关怀，也可以帮助人们超越对世俗名利的执着，促进人自身的精神和谐与社会和谐；中国佛教的平等慈悲观则对当代社会缓和社会矛盾、等级差异，巩固和平，保护野生动物，维护生态平衡、进行环境保护，具有不可忽视的积极意义；而中国佛教伦理中蕴涵的大乘佛教自利利他的思想，也可以为当代社会处理个人与他人、个人与社会关系的行为准则所借鉴吸收，从而促进和谐社会的建设。应该说明的是，中国佛教伦理适应传统宗法社会文化环境的需要所认同的以三纲五常为核心的宗法伦理观念，在今天，我们既要看到其消极方面，否定其中包含的封建等级和不平等观念，同时也应该看到其中的孝亲观念和诚信思想等对于当代社会家庭和谐、社会和谐的建设仍具有一定的积极意义。

第四，中国佛学的人文精神对于佛教适应当代社会需要，发挥自身在我国社会主义现代化建设中的作用具有现实意义。中国佛学对中国传统文化人文精神的融合吸收，在历史上促进了中国佛教对中国社会文化环境的适应，有利于佛教在传统社会文化环境中发挥自身的现实作用。中国佛学的人文精神具有自身的思想特质，是立足主体自身精神超越的追求，出世与入世、追求精神解脱与关注现社会人生的结合，中国佛学精神的这一特质在当代对于个体立足自身精神修养，积极参与现实社会事业，形成积极向上的人生观具有现实意义。而佛教万法皆空、唯心净土、随缘任运、心无执着等超越观念既可以给逆境中或欲求得不到满足的人以精神安慰，也可以帮助人以出世的心态来超然入世，化解入世与避世的矛盾对立，从而凡事既积极进取，又在精神上超越成败得失，保持心灵的清净，这无论是对个体的生存还是对整个社会的安定都具有一定意义。而中国佛学关注现实人心、人生、人间的趋向及精神特质也表明，一方面，关注现实社会人生是佛教保持自身活力，发挥自身现实作用的重要前提；另一方面，中国佛学具有适应现代社会、关注现实社会问题的趋势与能力。此外，中国佛学的人文精神是在与传统儒道思想的交流与融合中形成的，在今天，中国佛学的人文精神要适应时代发展需要，同样应加强与现代文化思潮的交流与融合。现代文化本身具有强烈的关注现实人生、现实社会的精神，并且形成了关于当代社会问题的丰富思想成果。中国佛学与现代文化的交流与融合，必将能够促进中国佛学精神的进一步发展，从而推动整个中华文化的不断更新与发展。

（作者简介：洪修平，南京大学图书馆馆长、中国哲学与宗教文化研究所所长；陈红兵，山东理工大学法学院副教授，原文发表于《世界宗教研究》2011年第1期）

# 中国神学与中国社会：回顾与展望、特征与趋势

何光沪

## 引言："中国神学"与"中国社会"的界定

因为本文的话题很大，所以，必须对自己使用的这两个概念和讨论的范围作一些界定或限制。

"中国神学"在这里指的是在中国处境下、出于文化上社会上政治上同一的中国本土的汉语神学，换言之，在这里讨论的对象，不包括海外的汉语神学，也不包含20世纪中叶台湾、香港、澳门等地在同中国内地在政治、社会、文化上隔离之后所产生的汉语神学。

相应的，在此所说的"中国社会"指的是中国大陆的社会，不包括海外的华人社会以及上述台、港、澳三个地区在20世纪中叶以后的社会，尽管它们同上述意义的中国神学之间也许会有某种非常间接的关系。

## 一 中国神学的诞生与成长

其实，中国神学与中国社会的关系，当然也只是间接的，尤其是在谈到神学对社会的影响而非社会对神学的影响时，更是如此。而且，二者的互动关系，迄今为止毫不对等，就是说，中国神学对中国社会的影响，至少在20世纪初叶之前，是极其间接而微弱的，而中国社会对中国神学的影响，尽管也很间接，却一直十分强大有力。由于中国社会的民间力量一直都十分弱小，社会本身受到政治或政府的支配，所以中国社会对中国神学的影响，也主要是由政治或政府主导的。

### （一）"准神学时期"与政治背景：从7世纪到14世纪

在这段漫长的历史中，只有两个同中国基督宗教神学有关的时期，即唐朝的景教传播时期（635—845）和元朝的也里可温教传播时期（1294—1368）。由于这两个时期都

未出现完整意义上的中国神学,就本论题而言,可以称之为"准神学时期"。

第一个时期始于景教的阿罗本主教到达唐帝国的首都长安,终于唐武宗下令灭佛而波及景教。这个时期虽然长达200余年,却说不上有完整意义的"中国神学"。姑且不论景教本身是否有正统而完整的神学,只需略为浏览留传下来的所谓"景教文献",就会发现它们具有以下特征:

第一,没有系统的、具有中国特征的神学论述。实际上,不用说神学,即便是基本教义的介绍也很不完整。例如,作为"景教文献"之首的《大秦景教流行中国碑颂并序》,中国传教史权威赖德烈曾评论说:"奇怪的是,石碑关于耶稣被钉十字架没有清楚的说明,虽然十字架曾被提到,并且碑头上还画了十字架,但关于耶稣的复活,仍只有一种模糊的暗示。"①

第二,采用过多的佛教术语和佛教概念。这一点从所有的景教文献都可以看到。实际上,一个从未接触过基督教的人(景教传入时期的中国人基本上正是如此)最初接触景教文献时,完全可能误认为那是一些佛教文献。赖德烈说:"对一般的华人来说,聂斯脱利教可能被视为另一个佛教的宗派……聂斯脱利信徒在翻译时利用佛教术语,而他们与佛教的领导者也有某些联系,所以就导致这种佛教与基督宗教的混淆。"②

第三,重视政治和社会甚于教会。当时的中国是历史上政治最为昌明、社会最为稳定、文化最为繁荣的时代,处于弱势和边缘地位的景教(信徒多为外国人③)有这样一种关注的顺序,是十分自然的。《大秦景教流行中国碑颂并序》的"颂"一共有33行诗句,除首尾两段共8句之外,其余25句都是在为唐朝的六位皇帝歌功颂德;"序"文的类似内容大约也有一半以上④。当然,可以理解的是,这种歌功颂德主要是感谢皇帝或唐朝政府对景教的宽容友好、理解和赞助,这实际上也是传教的基本世俗条件。

如果说第一点表明中国景教的神学(如果可称为神学的话)缺少教会性,那么,第二点表明中国景教特别重视社会文化性(当时中国社会中佛教十分盛行),第三点则表明它最为注重政治性(关注政府的宗教政策)。这一切,都是由当时的政治背景决定的,这种政治背景在政教关系上的特点,用佛教徒的总结来说就是"不依国主,则法事难立"⑤。

第二个时期始于教廷使节若望·孟高维诺到元朝传教,终于元朝灭亡,一共才有70多年,更说不上有什么中国神学,它甚至没有留下像"景教文献"那样的汉语神学文

---

① 赖德烈:《基督教在华传教史》,雷立柏等译,香港:道风书社2009年版,第49页。
② 同上书,第51页。
③ 参见赖德烈《基督教在华传教史》,雷立柏等译,第50页。
④ 参阅何光沪、杨熙楠编《汉语神学读本》上册,香港:道风书社2009年版,第19—26页。
⑤ 东晋释道安语,见僧祐《出三藏记集》卷15《道安法师传》,苏晋仁等点校,中华书局1995年版,第562页。

献。其原因应该是如赖德烈所言:"元朝中基督宗教团体的成员更是外国人,甚至超过唐朝的基督宗教团体。它大概在华人中没有很大的成功,也没有作出很大的努力。"[①] 事实上,若望·孟高维诺作为第一个到中国的天主教传教士,曾经在中国为6000人施洗,教授希腊语和拉丁语,撰写诗歌集和日课教材,甚至翻译《新约》和《诗篇》,但是他所译成的"这个语言很可能不是汉语"[②],因为他也高度依赖朝廷(或政府)的支持,而元朝的朝廷并不是由汉人组成。所以我们可以说,第二个时期中国神学的缺失,也同样反映了对政治、社会的关注远远超过了对教会本身的关注。这又是出于这样一种政治背景,即元朝上层人物及其治下的"色目人"中有不少景教徒或基督徒,而汉族人中则几乎没有基督徒,同时,元朝政府在宗教政策方面是宽容而又"兼收并蓄"的。

### (二)中国神学的诞生与社会文化:从16世纪末叶到18世纪初叶

从耶稣会会士罗明坚和利玛窦于1583年到达广东肇庆,到康熙皇帝于1706年下令将天主教传教士驱逐出国,这一个多世纪的时间与前面两个时期完全不同:在前两个时期分别结束以后,中国社会中的基督教影响也消失殆尽,而这一时期开始之后基督宗教尽管经历了许许多多的跌宕起伏,却是再也不曾从中国社会中完全消失,即使在这一时期结束以后的多次空前激烈的大规模的行政禁令或社会排斥也未能把它从中国社会中消灭。换言之,从这一时期开始,基督宗教就逐渐在中国社会扎下了根,变成了相当一部分中国民众自身的宗教。

这个时期也是完整意义上的中国神学产生的时期。也许,中国神学的产生同基督宗教在中国社会扎根之间是有某种因果联系的,至少,前一件事对后一件事具有重要的促成作用。

16世纪末叶来华的耶稣会士如罗明坚、利玛窦等人不但研习中文和中国经典,努力向西方介绍中国文化,而且也把西方科学文化介绍到中国,同时还把《圣经》的一些篇章和教义纲要译成中文。他们在当时一些最为开明又极有天赋的中国知识分子(儒生)的帮助下,用纯正典雅的古代汉语,即当时中国士人通晓的书面语言,直接撰著并印行了教义神学、宗教哲学甚至灵修等方面的著作,成为中国神学或汉语神学之先声。从此以后,一些中国基督徒学者如杨廷筠、徐光启、李之藻、王徵等人也程度不等地参与这项事业,使得绵延两千多年的中国"学术大花园"内平添了一簇奇葩,也使盛开了一千多年的"普世神学大花园"内,新辟了一个花坛。事实上,这一簇花朵,这一个花坛,正是中国学术与普世神学的接触点与交会处。

中国神学产生在儒家文化占主导地位的环境中,因此它也呈现出与儒家文化密切相

---

① 赖德烈:《基督教在华传教史》,雷立柏等译,第66页。
② 同上书,第60页。

关的特征。首先，耶稣会士们"实事求是"地认识到，儒、释、道三家中，只有儒家是居于统治地位的意识形态，也是深入中国民众的主要传统，所以他们把"僧袍"改为"儒服"，同士大夫们交往，钻研四书五经，"西僧"变成了"西儒"。其次，他们寻求儒学与基督宗教的相通相融之处，终于创作出了最早的透彻明白、畅达典雅的地地道道的汉语神学作品；与此相关，这些"西儒"的作品以及后来皈依为天主教徒的中国儒生们的作品，都从头到尾渗透了儒家文化的色彩①。最后，他们和当时的儒家基督徒之所以能够开创汉语神学或中国神学的千秋大业，离不开这样一种社会政治条件：在明末特别是万历皇帝时，"断头政治"（皇帝长期不上朝）造成统治上层群体意见分化——部分儒生反对传教士，但也有一部分支持传教士；在清朝初年特别是康熙皇帝时，"开明专制"（皇帝心态很开明）造成对传教士和基督宗教的宽容政策。

这最后一点的重要性，从皇帝个人态度的改变立即造成宗教政策转变，即从18世纪初叶转为长达一个半世纪的禁教政策，也可以看得很清楚。

**（三）中国神学的停滞、生长与教会处境：从18世纪初叶到20世纪中叶**

这段长达两个半世纪的时期，同此后的一个时期的主要区别在于：基督宗教不但依然在中国存在，而且一直在缓慢地发展。这一时期又可以以19世纪中叶的巨变为界，划分为两个阶段。

在前一个阶段，虽然朝廷下了禁令，而且从康熙后期到雍正再到乾隆时期，控制越来越严，直到19世纪中叶，对基督宗教（主要是天主教）的取缔和压制从未停止，在这一个半世纪，有许多传教士被逮捕、驱逐、监禁，其中许多还被处绞刑、斩首或死在狱中，有更多的中国教徒遭到同样的甚至更严酷的对待②，但令人惊奇的是，1724年全中国约有30万基督徒③，到1839年时仍然约有31万人④。当然，在所有的传教士要么在中国东躲西藏，要么在冒险进入中国之后只能在地下隐蔽地指导教会，同时所有的中国教徒也不能公开活动，甚至时时面临危险的情况下，中国神学也就必然陷入停滞状态。所以，就很难看到这段时间有什么中国神学或汉语神学的作品留传下来。

不过，就整体的基督宗教而言，由于新教传教士在19世纪初（1807年）的进入，

---

① 例如，罗明坚的《天主圣教实录》开篇就谈儒家所谓"五常"、"五伦"，孟子所谓"良知"、"良能"；利玛窦的《天主实义》从儒家的"修己之学"入手，又以"一家此有一长，一国此有一君"论证天主唯一；王徵的《畏天爱人极论》亦从《诗》、《书》、汤、武入手；此类证据，俯拾即是。可参何光沪、杨熙楠编《汉语神学读本》。

② 参见赖德烈《基督教在华传教史》第九章。

③ 赖德烈：《基督教在华传教史》，雷立柏等译，第134页。

④ 赖德烈：《基督教在华传教史》，雷立柏等译，第155页。难怪赖德烈称这个"教难"时期为"缓慢成长的时期"（1707—1839），参见赖德烈《基督教在华传教史》，第133页。

这一时期的最后阶段至少是出现了中国神学开始生长的迹象。由于第一个来华的新教传教士马礼逊（R. Morrison）一开始就把主要精力放在文字工作上，所以可以说，新教的在华传教一开始就促进了中国神学的生长。马礼逊在苏格兰人米怜（Milne）的帮助下，在1819年之前就已经把《新约》和《旧约》翻译成汉语，这无疑是中国神学发展史上最重要的事件，也可以说是中国神学在长期停滞后的生长点。马礼逊还翻译过苏格兰教会的《教理问答手册》和英格兰教会的《祈祷书》，而且自己撰写过不少小册子。而由米怜皈化的第一位华人传道者梁发则撰写了以后大大影响过洪秀全（太平天国的领袖）的《劝世良言》。另外，马礼逊和米怜创办的英华书院、印刷所及其发行的世界上第一份中文定期杂志《察世俗每月统纪传》无疑也推动了以后中国神学的生长。

然而总体而言，从1807年到1839年第一次鸦片战争之前，尽管有郭实腊和裨治文等人为代表的欧洲和美国传教士到中国并创办英文报刊，分发《圣经》，建立医院、教育机构和传教组织，尽管有米怜的《二友相论》和马丁女士的《基督教与三字经》，中国神学的生长还是主要体现为《圣经》的汉语译本[①]。

纵观这一个半世纪中国神学停滞的状况，也可以非常明显地看出其直接受到社会政治和教会处境的制约。天主教的情况已如上述。就新教而言，马礼逊来华之后三十余年间，传教士的增加不过二十来人，而且多半只能住在中国本土之外如澳门、新加坡、马六甲、槟榔屿、曼谷甚至缅甸和印尼等地。华人基督徒不到百人，而且多半是传教士雇佣的人或其开办学校的学生，或者是来自与外国人有商业来往的阶层。这一切，都是清朝统治者闭关锁国政策的产物，也是当时中国社会的闭塞环境和中国教会的地下处境所决定的。

在第二个阶段，尽管清政府在列强压力之下从1844年开始即允许外国人在通商口岸建造教堂，1846年从确认天主教徒的信仰自由、发还康熙时代所建而后被没收的教堂开始，逐步放松甚至放弃了传教禁令，但是，由于朝廷和各级官府默许、支持或实施的对教会的迫害，以及全国各地官绅和民众不时掀起的"反洋教"风潮，从19世纪中叶直到该世纪最后一年，中国基督教会一直没有完全摆脱被敌视所包围甚至随时可能遭到暴力攻击的处境。

不难想象，在这种情况下，中国神学总体上仍然处于生长十分艰难的状态，同时，令人惊讶的是，就在这个艰难的时期，中国神学进一步巩固了它最重要的生长点，或者说进一步巩固了它赖以前进的大本营，即《圣经》汉译的完善化。一方面，生长的艰难并不意味着毫无成长。不仅有一些基督教文献如班扬的《天路历程》、丁韪良的《天道溯源》以及很多《赞美诗》被译成汉语，到1877年已出版了521本神学和记述性著作、

---

① 除马礼逊译本外，还有马殊曼、麦都思、裨治文译本，马儒翰修订其父所译的《新约》，郭实腊和麦都思所译《旧约》等。

82 本教理书、54 本祈祷和礼仪书、63 本赞美诗集等，而且还出现了一些中国人用汉语写作的通俗文献，如席胜魔牧师写的讲章和诗歌。当然，其中影响中国社会甚大者，首推梁发写的《劝世良言》以及洪秀全写的《原道醒世训》和《原道觉世训》；另一方面，从麦都思等英国传教士在 19 世纪 40 年代和 50 年代重译《圣经》到裨治文等美国传教士在 60 年代的再次努力，从各新教教会翻译《圣经》的尝试，到 Delegates' Version（所谓"代表委员会译本"或"翻译委员会译本"）完成的 11 个版本，从纯粹文言文到半文半白再到白话文甚至各地方言拼音文字的译本，诸多版本的中文《圣经》的出版及译文的逐步完善，为中国神学在下一个阶段的生长以及后世的发展，提供了不可移易的和最为坚实的根基。这无疑是这个看来缺乏神学原创性的时期最为杰出的、不可忽略的贡献。

关于这一时期的中国神学同社会文化的紧密关系，最明显的例证莫过于前文提到的梁发和洪秀全的作品。这些作品虽然都比《大秦景教流行中国碑颂并序》全面得多地介绍了基督教的一些观念，但其关注的重点却是这个时代或这个社会——"世"，就是"世代"或"世道"。《劝世良言》一开始就用大量篇幅批判了当时社会中流行的儒、佛、道三教和形形色色的民间迷信；《原道醒世训》则批判了狭隘的地方观念，征引孔子的"大同"思想并斥责当时的"乖漓浇薄之世"；《原道觉世训》更引用《诗经》、《书经》，批判"秦政"、迷信，又援引从韩愈到海瑞的儒者前贤作为自己的论证。这些文献不但不像当时和现在一些无视原文的人所说的那样完全抛弃了中国传统文化，反而显示出并表现了传统文化的强烈影响，同时更表现出强烈的社会关怀和当时社会形势的明显影响。

在第三个阶段，即从 1900 年到 1949 年间，教会经历了堪称最大教案的义和拳事件和直到中华人民共和国成立之间的正常发展，这也是中国神学自诞生以来经历的第一次真正的生长。

首先，以慈禧太后为首的清廷保守派利用义和拳排外，同时掀起了对基督教会的猛烈冲击，这似乎是事与愿违同时却符合历史规律地带来了相反的结果：基督教会随后在内因与外因共同作用下得到正常发展。尽管教会发展的速度并不是很快①，教会成员占总人口不到百分之一，但它通过举办现代学校、医院、新闻出版和社会服务等事业，甚至通过一些基督徒对推动中国进步的洋务运动、变法维新和辛亥革命的参与，从而积极地参与中国现代化进程，在中国社会中发挥了远远超过其人数的巨大作用，赢得了比以往好得多的社会政治环境。

其次，基督宗教的文字出版事业已有了相当长时间的发展基础，为中国神学的生长

---

① 到 1949 年时，中国天主教徒达 350 万人，而新教徒只有 100 万人，在将近 5 亿人口中所占比例确实很小。

提供了更为直接的条件。除了狄考文、傅兰雅、林乐知等传教士编、译、写作了各门学科的大量书籍外，最重要的是从韦廉臣到李提摩太等人主持的中华广学会在几十年间在中国历史上第一次大量出版了包含各种现代知识的书籍报刊，其中当然包含基督宗教方面的出版物。

最后，还应提到，中国神学发展所需的必要条件即《圣经》的中文翻译，在此期间获得了一个总结性的成果，即后来通行于各派新教教会的"官话和合本圣经"。在这个译本出现的1919年，旨在改造中国文化的"新文化运动"还在进行之中，其重要目标即以"语体文"取代"文言文"作为书面语言的事业也还未完成，因为规范的语体文尚未完全成形。由此观之，一本长达一千好几百页、包含极其丰富语言现象的《新旧约全书》居然完全用语体文表达，而且这种语体文的规范程度使之能为使用无数种方言的中国普通民众所理解，其适切程度使之能为将近一百年天翻地覆巨变（包括语言变化）后的当代中国人所明白，这的确堪称语言运用方面的奇迹。据此，还可以说，这个《圣经》译本，还有它的成形过程，为现代汉语即语体文形式汉语的形成作出了独特的巨大贡献。当然，它也为汉语神学或中国神学的真正成长提供了最重要的条件。

于是，中国神学在20世纪的上半叶第一次有了真正的成长或发展。这既体现在从赵紫宸到谢扶雅等众多书斋型神学家的诸种著述中，也体现在从倪柝声到王明道等一系列布道型神学家的各种讲章中。如果说前一类人的神学著述还较多地反映着对社会文化关切的影响①，那么，后一类人的神学言说则更多地反映了信众个人灵修的需要，尤其值得注意的是，这是真正属于中国民众的教会的需要。这应该是中国神学发展的必然结果。因为，任何一种母语神学，只要其所服务的本土教会有了较为正常的发展环境，它怎么能够不转向（即使不是全部）自己应该为之服务的本土教会，以本土传教的需要作为自己首要的关切呢？倪柝声和王明道这类通俗布道家的神学作为中国神学发展的必然结果，正是在中国教会的处境在这一阶段大为改善的情况下出现的。

## 二 中国神学的衰亡与复活

然而，正如中国的很多现代文化艺术形式和人文社会科学一样，中国神学在漫长的停滞时期后刚刚生长了几十年，就遭遇到一场足以令其衰亡的困境。

**(一) 中国神学的衰亡与政治背景：从1950年代到1970年代**

中华人民共和国成立不到一年，中国的社会生活就被卷入朝鲜战争之中。就中国的

---

① 如早期的赵紫宸对以儒家为主的中国文化的观照，后期的谢扶雅对包括佛教在内的传统文化的观照。

基督宗教而言,"三自爱国运动"最初就是以抗美援朝的名义发动的。当然,后来对教会产生更大冲击的是从那时开始并连续多年的"政治运动"。这导致了教会的重大分歧,以王明道等为代表的不少基督徒反对从宗教转向政治,最后不得不转入地下进行宗教活动,从而成为今日所谓"家庭教会"之滥觞。随着王明道、倪柝声等被羁押在监狱,他们的追随者或同类教会连基本的宗教生活都无法进行,这一类型的或前面所说的着重教会关切的中国神学当然就衰亡了。另外,"三自"系统的神学先是转向官方要求的政治主题并力求与其基调保持一致,后来则随着官方日益趋向反对一切宗教也不得不逐渐噤声并最终衰亡。曾经活跃的神学家停止了写作,神学书刊几乎完全消失,甚至全国所有的神学院也逐渐合并,最后连一所也不剩了。

### (二) 中国神学的复苏与社会文化:从 1980 年代到 1990 年代

邓小平领导的"改革开放"促进了社会文化的复苏。在这种社会文化条件下,中国神学也以一种历史上少见的特殊方式开始复苏,即中国神学复苏不是通过直接的教会神学的方式,而是通过学术界进行基督教研究的方式实现间接而曲折的复苏。

我曾把这一阶段进行基督教研究的学者划分为三代人[①],各自不同的经历决定了他们的研究具有不同阶段的特征。

第一代学者指的是现在接近于 70 岁或 80 岁或年纪更大的学者(其中一些已经去世),换言之,在 1980 年代到 1990 年代他们已是 40 岁以上,他们在"革命年代"度过了自己的青年时期,形成了自己的世界观。

他们当中的教会人士,经历了"从宗教到政治"的过程。就是说,他们从 1950 年代起就不得不从宗教活动和神学工作转向政治运动。即使在 1950 年代早期教内言说尚可进行,以及 1980 年代以后可以重新在教会内部著文发言时,他们(尤其是丁光训、陈泽民等在教会内有地位而又能进行神学著述者)的神学也表现出明显的政治倾向。但是,由于他们实际上同所有中国的知识分子一样并没有进行独立政治活动的权利和地位,而只能紧跟既定的政治方针,本来已离社会实际很远,又由于神学语言的特征而更加遥远,所以可以称之为某种"悬空的政治神学"[②]。

这一代学者中的教外人士经过的历程,可称之为"从革命到反思"。就是说,他们的青春被"文化大革命"(1966—1976)耗尽之后,不少人开始不同程度地进行反思。一些人在回首寻索遭到激烈抨击的"西方"文化和"传统"文明之际,发现作为"西

---

[①] 参阅拙文《江山代有才人出——20 世纪末至 21 世纪初中国基督教研究学者素描》,《铜仁学院学报》2009 年第 6 期,第 1—7 页。

[②] 丁光训"宇宙的基督"(Cosmic Christ)可算一个典型,见《丁光训文集》,译林出版社 1998 年版,第 90—99 页。

方传统"的基督宗教至少是值得认真研究的对象。于是他们在教内学者如郑建业、陈泽民等的协助下——赵复三先生可算是兼跨教内教外的学者典型——开始了基督教研究的事业。1980年出现的任继愈主编的《宗教词典》和罗竹风主编的《中国大百科全书·宗教卷》中的基督教条目，作为1949年之后30多年中第一次客观介绍基督教知识的著述，可以算这种研究的起点。这种研究绝对不是神学，但作为当时在中国可以公开出版的严肃的基督教研究，却提供了以后任何神学研究的现实可能性。

第二代学者是1980年代初期30岁左右，也就是现在50岁至60岁左右的一代人。他们在世界观形成的时期经历了"文革"的结束，所以不像上一代学者那样牢固地确立了教条式的世界观。他们更为灵活、开放，也更了解中国社会的实际（因为他们多半有"上山下乡"或在基层生活的经历）。其中一些人发现了"西方传统"的博大精深，认为基督宗教至少是值得了解的。于是，他们经历了所谓"从了解到理解"的过程，其中一些人更投入了时间和精力进行研究，促成了基督教研究作为一门人文学科的建设和发展。又有少数学者在寻求自我或个人的精神出路，或在寻求民族或国家的文化出路之时，在基督宗教中得到了巨大的收获，或者甚至以基督宗教作为出路，从而皈依了基督教。这一代学者的研究，较多地涉及神学，特别是西方神学的介绍或研究，但除了少数的例外（主要是其中少数的基督徒学者），这些研究还算不上严格意义上的神学，换言之，还只是站在神学外边看神学。但在当代中国的学术环境下，这依然构成了神学得以发展的重要条件。正是在比上一代学者具有更多的学术成果的基础上，所谓"狭义的汉语神学"运动从1990年代中期以后才得以发展起来，从而不仅大大推动了当代中国的基督宗教研究，也大大推动了真正的基督教神学在衰亡多年之后的复苏。

第三代学者基本上现在是50岁以下，即1960年代以后出生。他们受"文革"影响较少，也不像第二代学者那样被迫停止了中学和大学的学业，所以他们所受的教育较为系统，同时，他们也具有独立的价值判断。他们拥有较多的基督教资料（包括第二代学者的不少翻译），其中一些人还有机会到国外留学。所以，可以把他们的学术经历归结为"从学习到专精"，就是说，较好的学习条件已使得他们的基督教研究在总体上比前两代学者更为专业更为精到，这其中就包括更多的神学研究。这一代学者可以做更多的更地道的神学研究，还有一个更为重要的原因是，他们当中更多的人经历了对基督教"从兴趣到委身"的过程，换言之，他们当中有更多的人变成了基督徒。这当然也是1980年代以后基督教在中国迅速复苏并奇迹般地生长的结果。

这一代学者不但在人数上大大超过了第一代和第二代，而且研究领域已不像前两代学者那样局限于"基督教研究"（Christian Studies），这就使得中国神学有可能回到自身并有所发展。这一重大变化的直接原因就是中国教会的发展，尤其是城市家庭教会的发展。

### （三）中国神学的演变、发展与教会处境

从 21 世纪开始，中国家庭教会有了突飞猛进的发展，这在大城市尤其是北京、上海、广州等中心城市尤为明显。这一发展的一大特征就是教会成员的教育程度有了飞跃式的提高，尽管中国教会的主体仍是半盲半文的农村家庭教会，但有不少海外留学归来者和中国名校毕业者加入或领导这些中心城市的新兴教会。这种情况与部分大学教师和学者的基督教研究相结合，就造成了中国神学演变和发展的契机与条件。由此，人们不但可以看到部分"以书代刊"的出版物①上有了明显增多的神学论文，而且可以看到大量硕博士学位论文以神学作为主题，甚至可以看到一些教会出版了自己的刊物并刊发神学文章。

尽管如此，在今天的中国，依然没有一个专门从事神学研究的公开杂志②，也没有神学家的联合协会之类的组织或神学专业的学术会议，"三自教会"、家庭教会和大学及研究机构内的神学工作者也基本上各自为政而互不沟通。

这种情况可视为当今中国教会处境的必然结果。"三自教会"和家庭教会都难以进入公共领域；在大学和学术机构中，神学研究也处于相对边缘的地位。

## 结语：中国神学的特征与趋势

### （一）回顾：从政治到社会到教会

回顾从公元 7 世纪中叶到 20 世纪中叶的 1300 多年的历史，可以发现，中国神学的一大特征就是其关注的重心是从政治转向社会文化，再从社会文化转向教会。

唐朝的景教关注的重心是统治者的宗教政策，元朝的也里可温教神学关注的重心是对政治结构的适应。明末清初中国神学的诞生，本身就是天主教传教士适应中国社会文化的结果，而此后近百年的中国礼仪之争，本身也是应对社会文化的方针方面的斗争，这些都反映出中国神学不得不高度关注中国的社会文化问题。清廷禁教和新教传入之后生长的中国神学，从梁发批判佛、道和民间迷信，到吴雷川等寻求儒家与基督教的共同点，从传教士重视《圣经》汉译和介绍西学，到重视社会福音，都显示出中国基督徒知识分子不得不高度关注中国的社会形势和社会文化问题，而这当然会在中国神学中留下明显的痕迹。到了 20 世纪上半叶的后期（1930—1940 年代），由于中国社会的开放和中国教会的发展比较正常，一部分中国教会领袖如王明道和倪柝声等人开始把关注重心转向信徒的"灵命"培养和教会的"属灵"使命，而且在这个方面留下了一笔可观的遗

---

① 如《基督教学术评论》、《基督教文化学刊》、《神学美学》等。
② "三自教会"的《金陵神学志》和天主教爱国会的《神学研究》都是内部刊物，并不公开发行。

产。这可以视为中国神学在整体上终于"走向教会"的明显表现,然而,这些表现维持的时间并不长,并随着不久之后的教会衰落而衰落。

### (二) 展望:从教会到社会到政治

以 21 世纪最初 10 年的位置展望未来,人们似乎可以看到一种同以往 1300 多年完全相反的趋势,即中国神学将不得不把关注的重心从教会转向社会文化,再转向政治。

尽管如上所述,以个人灵命和教会使命为重心的中国神学存在时间不长,但是这一特征或这种重心却一直存在于中国教会甚至海外华人教会之中。而且,这种情况也已反映在中国家庭教会刚开始出现的神学思考或出版物之中,他们的话题的特征是公共性较少。但是,这种以教会为重心的神学言说已开始显现出部分的改变,即开始关注当代中国社会文化与基督教的关系,包括儒家文化或中国传统文化同基督教的关系。在一定程度上,这是由于当代大陆"新儒家"十分关注基督教,并且他们对基督教的关注可能与儒家的文化保守有关。无论如何,这一点,再加上中国当代的社会矛盾和文化危机,必然使得中国神学不能不关注当代中国的社会问题。

除此之外,还有一种更新的趋势也已经初露端倪,那就是对社会政治或政教关系或政治理论的关注[①]。从总体上说,这并不是中国教会主动的或有意识的倾向,但是由少数学者或神学工作者开始思考、写作,从而引起更多的关注和思考,肯定是一个无法避免的趋势。

这当然只是个人的观察结论,但有理由相信,这个趋势是必然的。而且这个趋势是有益的,不论是对神学本身,还是对教会、对社会,都是如此。

(作者简介:何光沪,中国人民大学哲学院教授,博士生导师,原文发表于《安徽大学学报》[哲学社会科学版] 2012 年第 4 期)

---

[①] 这一趋势和上段提到的趋势,可以在部分学术界的基督徒出版物和部分家庭教会出版物中见到。目前在后者中占主导地位的是加尔文主义的政治神学理论。有趣的是,"三自教会"内少见的相当"专精"的"第三代学者"之一王艾明最近发表的主要著作,标题也是《加尔文神学与中国教会》(香港:基督教中国宗教文化研究社 2011 年版)。

# 古典学的兴起和基督宗教不同解经传统的形成

赵敦华

通常说的西方思想传统源于希腊，其实这个传统不是希腊罗马思想的自然延续，而是经历了与基督教思想相融合、蜕变，特别是在文艺复兴时期，新兴的古典学与宗教改革相结合，信义宗和改革宗形成了与天主教不同的解经传统而形成的传统。按照现代解释学，学术传统是以文本为中心的效果历史，这一历史起源于经典，传世于经典的评注、改造和转化。本文试从古典学与解经学相结合的角度，说明学术与信仰在西方的一个重要社会转型期的复杂关系，以期能对不同信仰传统与当代文化建设的联系有所启示。

## 一　古典学与解经学的最初结合

西方基督教世界自13世纪开始，亚里士多德哲学与神学相结合，把经院哲学推向了理性的高峰。人们由此看到了希腊哲学的魅力，但又缺乏全面了解希腊文化的途径。1453年，奥斯曼帝国攻陷东罗马帝国首都君士坦丁堡，关闭了它的高等学府。一批学者携带古希腊、罗马典籍流亡意大利，流亡的希腊学者带来的是西方人渴望已久的文化宝藏。人文主义者把古典文本作为榜样，开创了注释、整理古希腊和古典拉丁文本，以及圣经希伯来和希腊文本的古典学研究。

现在的古典学主要是对古希腊文和拉丁文的语文学（philology），基本不触及宗教信仰问题，但这门学科在诞生时却是一门专门针对中世纪"学问"（doctrine）的批判艺术（art），古典学创始人都有批判志趣和改革主张。比如，爱拉斯谟属于天主教内的人文主义改革派，他写了不少批评僧侣和经院哲学家的书，但他最重要的作品当属希腊文与拉丁文对照的《新约全本》。原来他只想用当时流行的拉丁文重新翻译《圣经》，但后来发现替代中世纪流行的通俗（Vulgate，武甘大）拉丁文《圣经》的最佳途径是用希腊文《圣经》勘定后者的错误。爱拉斯谟的《新约全书》共有5个版本。路德的德译本利用了第二版，早期的英译本，如丁道尔本、英王本依据第三版。爱拉斯谟的希腊文—拉丁文对照版被称作"标准版"（Textus Receptus）。其实，与同时期多语种的"康普顿斯圣经"（Biblia Complutensis）相比，爱拉斯谟的《圣经》内容（只有新约）和语种（没有旧约希伯来文和希腊文），而且新约希腊文的来源也不全。只是康普顿斯版为等待教皇批准而晚出几年（1522年发行），销路不大（600套，而爱版第一、二版销售3000册），更重要的是，爱拉斯谟版被德英译者当作原版，因而被"标准版"。

## 二 路德宗解经学的演变径路

路德的《圣经》的德文本为宗教改革提供精神动力，故有"爱拉斯谟下蛋，路德孵鸡"之说，但这不是爱拉斯谟的本意。路德对罗马教会的激烈批判以及宗教改革派的激进行动引起人文主义改革派的不安。爱拉斯谟首先发难，与路德在自由意志问题上展开论战。他俩论战的意义已不限于具体的神学观点，而涉及解经学的基本原则：《圣经》文字的意义是可疑的，还是确定无疑的？《圣经》的文字意义是否有待人的解释？《圣经》解释是否服从教会规定的信仰准则？爱拉斯谟认为《圣经》的文字是可疑的，需要通过解释才能明白《圣经》的启示。他引用早期教父安布罗斯、阿里索斯顿、哲罗姆、奥古斯丁和中世纪神学家的权威解释来确定《圣经》的言论。他批评路德说："你命令我们不应探究或接受除《圣经》外的任何东西，但你的命令只是要求我们承认你是《圣经》的惟一解释者，并谴责其他解释者。因此，如果我们允许你不是《圣经》的仆人，而是主的话，胜利就属于你了。"

路德在论战中直接使用圣经，很少旁征博引，但正如他所宣称的那样，他并不比对手缺少哲学和古典学知识："他们是博士吗？我也是。他们是学者吗？我也是。他们是哲学家吗？我也是。他们是语文学者吗？我也是。他们是教师吗？我也是。他们写书吗？我也写。……我能运用他们的辩证法和哲学，且比他们所有人都运用得好。此外我还知道他们无一人懂的亚里士多德。……我这样说并不过分，因为我从小就受教育，一直运用他们的知识。我知道它的深浅，他们能做的一切，我都能做。"路德与爱拉斯谟之争不是信仰与学术的冲突，而出自对信仰与学术关系的不同立场，即对《圣经》信仰是否服从古典学术问题的不同回答。路德没有把圣道与载道的福音书分开，圣道的启示与阅读福音书是一个里表一致的过程。他认为《圣经》文字的意义清晰明白，因此《圣经》传播的圣道才有直指人心的启示力量。他反对传统释经学者对《圣经》四重意义，即文字意义、类比意义、神秘意义、道德意义的区分，他只承认文字意义的真实性，强调圣经意义的清晰性使教育水准、语言能力不同的人有着同等的理解圣经和接受启示的机会。路德并不否认圣徒解释和神甫牧师宣讲《圣经》和教会规范信条的作用，但应该解释的只是文字意义，教会的信仰规范应以《圣经》为基础；教会不是设在个人与上帝之间的障碍，而是支持信徒与上帝通过《圣经》直接交往的后盾。

路德去世之后，菲利浦·梅兰希顿（Phlip Melachthon）竭力弥合路德与人文主义的隔阂。梅兰希顿是维腾堡大学希腊语教授，对哲学与人文学科有深厚学术造诣。他从16世纪30年代起开始认识到，基督教应表现为真正的哲学，古代的复兴学科（studie renascentia）是创立系统神学的重要途径，亚里士多德的著作应得到尊重。路德宗神学院极其重视古典文字和知识的传授，在18、19世纪德意志民族崛起之时更是蔚然成风。神学家倾向于把《圣经》的文字意义与原初意义相等同，从"惟有圣经（sola scriptura）"走向"回到本源（adfontes）"。他们热衷考察的"本源"问题有：《圣经》的作者是谁？《圣经》（特别是摩西五经和福音书）在成书之前是不是经历了一个口传阶段，这个阶段对《圣经》作者有何影响？他们所处的社会文化环境对《圣经》的写作有何影响？他们使用的语言和写作方法、风格有何特点？《圣经》的成书有没有一个编辑过程，编者是如何处理原始资料的，为什么要这样处理？《圣经》是如何保存、翻译和传播的？如何理解《圣经》不同版本的差异，如此等等。

"惟有信仰"（sola fide）和虔敬派（Pietism）净化灵魂和道德的主旨使他们相信，《圣经》的真正意义只与信仰和道德有关，《圣经》中历史记录只是当时的、外在的现象，可以而且应该接受批判的考察。虽然路德神学以"惟有圣经"著称，但耐人寻味的是，19世纪后，《圣经》历史批评一直是德国路德宗神学院的显学。

## 三　天主教的解经传统

爱拉斯谟新编和新译的新约和康普顿斯《圣经》全本都得到教宗利奥十世的批准，爱拉斯谟并把他的新编本献给教宗。始料未及的是，宗教改革中流行的《圣经》新译本却成为新教与天主教之间激烈冲突的根源。首先是版本之争，新教使用的版本只承认旧约39卷为正典，而把拉丁通俗本旧约46卷中其他卷章当作外经。其次，新教否认教皇拥有解释《圣经》的权威，不承认罗马教廷的传经传统。

罗马教廷在宗教改革进程中首先阐明关于《圣经》正典和教廷传经的教义。1546年4月，第四次特伦托主教会议颁布关于《圣经》正典的敕令，其中关键的一句话是，凡不接受正典的全部之书包含在"老的武甘大本之中，以及主观故意蔑视此后传统者"，"让他被诅咒"（即革除教籍）。这个规定以武甘大本作为标准，确定正典的卷目，以及"此后传统"即天主教会传经传统的权威。

宗教改革后，罗马教廷多次在大公会宪章、教宗通谕和信函中一次次阐明天主教的解经传统。本笃十六在2008年发布的牧函《主之道》可谓是最新的阐明。这些纲领性文件都恪守《圣经》是神圣启示，绝对无误，强调天主教会解经传经传统的权威性和教廷教导机构（Magisterrium）对《圣经》解释的指导作用。

随着时代的流转，天主教廷逐步强调从原初文字校勘、研究和翻译《圣经》的重要性，对历史批评方法也经历了从完全排拒到有条件肯定的转变。庇护十二于1943年9月30日发布通谕《圣神之默感》多次要求吸收"批评"的新成果。本笃十六最近牧函也明确肯定，"历史批评解释和最近引入教会生活的其他文本解释是有益的"，因为"拯救史不是神话学，而是真实的历史，应以严肃的方法从事历史研究"（第32条）。

## 四 加尔文对古典学研究的利用

加尔文和路德一样不承认教会有评判《圣经》意义的权威。在《基督教要义》中加尔文明确地说："认为评判圣经的大权是在乎教会、因此确定圣经的内容也以教会的旨意，这乃是非常错误的观念。"（1.7.2）但加尔文并未因此忽视古典知识，相反，他大量引用古代和中世纪经典作家解释《圣经》。加尔文把人类知识分为三类："第一类包括民政、家事和其他一切文艺与科学；第二类包括对上帝和他旨意的认识，以及在我们生活中与这认识相配合的规律"（2.2.13）；第三类"即那规范我们生活的规则，我们称之为义行的知识"（2.2.22）。这三类知识都有古典知识。

第一类知识指理性知识、文学、技艺等。加尔文说："当我们看到真理之光在异教作家的著作表现出来，就要知道，人心虽已堕落，不如最初之完全无缺，但仍然禀赋有上帝所赐优异的天才。如果我们相信，上帝的圣灵是真理的惟一源泉，那么，不论真理在何处表现，我们都不能拒绝或藐视它。……我们读古人的著作只有赞叹敬佩；我们要敬佩他们，因为我们不得不承认它们确实优美。我们岂不当认为那受赞叹并被看为优美的都是出自上帝吗？……圣经上称为'属血气的人'既在研究世间的事物上表现了这么多的天才，我们就应该知道，在人性最优之点被剥夺以后，主还是给它留下许多美好的品性"；即使异教作家也"将一切哲学、立法和有用的记忆，都归于他们的神。圣经上称为'属血气的人'既在研究世间的事物上表现了这么多的天才，我们就应该知道，在人性最优之点被剥夺以后，主还是给它留下许多美好的品性。"（2.2.15）加尔文以柏拉图为例说，虽然柏拉图把知识归于人的灵魂的回忆是错误的结论，但这可以证明："人都禀赋有理性和知识。这虽然是普遍的幸福，然而每人都要把它看为上帝的特殊恩惠。"（2.2.14）（2.2.15）但他最后说，由于"最聪明的人"对上帝之爱的认识"比鼹鼠还更盲目"，因此"他们的著作虽然偶然含有稀少真理，但其所包含的虚伪更不知有多少。"（2.2.18）

为什么异教徒崇拜"他们的神"而不知道上帝的爱和恩惠呢？这要回到《基督教要义》的开始。加尔文开宗明义地说，认识神是人类的自然的本能，"我们认为这一点是无可争辩的。"他赞成西塞罗在《论神性》中所说，"没有一个国家或民族，野蛮到不相信有一位神。即使在某方面与禽兽相去不远的人，总也保留着多少宗教意识。"（1.3.1）他并引用柏拉图的"灵魂至善"说和普鲁塔克的宗教观说明上帝在人心中撒下宗教的种子。但是，加尔文并不因此而赞扬人性的善良，他是要阐述保罗的那句话："自从造天地以来，神的永能和神性是明明可知的，虽是眼不能见，但藉着所造之物就可以晓得，叫人无可推诿。"（罗马书1：20）加尔文强调，人类堕落之后，充满着否认神的存在、亵渎神和崇拜假神偶像的罪恶。他说："恶人一旦故意闭着自己的眼睛以后，上帝就叫他们心地昏暗，有眼而不能见，作为公义的报应。"（1.4.2）这就应了保罗的一句话："他们既然故意不认识神，神就任凭他们存邪僻的心，行那些不合理的事。"（罗马书1：28）加尔文列举柏拉图的"天球说"、斯多亚派编造的神的各种名称、"埃及人的神秘学"、伊壁鸠鲁派、罗马诗人卢克莱修、维吉尔蔑视神，以及古希腊吟唱诗人西蒙尼德斯的"未知的神"（1.5.4—12）等事例。他说："人类卑劣的忘恩负义之心，就在这里表现出来了"，"他们亵渎神的真理可谓无所不用其极"。

第三类"义行的知识"相当于哲学家所说的"实践理性"或通常说的道德良心。保罗说："没有律法的外邦人若顺着本性行律法上的事，他们虽然没有律法，自己就是自己的律法。这是显出律法的功用刻在他们心里，他们的良心（syndersis，和合本译作'是非之心'）同作见证，并且他们的思念互相较量，或以为是，或以为非。"（罗马书2：15—16）加尔文通过对古希腊哲学家的良心观的剖析说明保罗给予的启示。他首先讨论柏拉图《普罗泰哥拉斯》中苏格拉底说的"无人有意做恶"的观点，他说，既然人有良心，但仍然犯罪，那么"一切罪行都由于无知的这句话，是不对的。"（2.2.22）

其次，加尔文讨论了公元4世纪的亚里士多德注释者特米斯丢在《论灵魂注》中的一个观点："在抽象的事或在事物的本质上，人的知识不容易受骗；但在进一步考虑具体的事上，它就容易犯错误。"（2.2.23）比如，人都承认"不准杀人"是对的，但却认为谋杀仇人是对的；人都承认"不准奸淫"是对的，但自己犯了奸淫之事，却暗中得意。加尔文说，这种说法比较合理，但不适用所有情况，因为有些人犯罪"甚至不用道德的假面具，明知故犯，蓄意作恶。"他引用罗马诗人奥维德在《变形记》中美狄亚的话"我明知并赞同那更好的道路，却走上那坏的道路"（2.2.23），以此证明"犯罪的意念"（sensuspeccali）并非出自对普遍原则的无知。

最后，加尔文采用了亚里士多德关于"不自制"（akrasia）与"放纵"（akolasia）的区分。亚里士多德的问题是："一个人何以判断正确，却又不自制呢？"（1145b25）设"吃甜食不好"是正确判断，"吃甜食快乐"是感性意见，"甜食就在眼前"是当下感觉，"要吃甜食"是欲望（pathos）。"不自制"是感性意见在当下感觉面前服从欲望，而不服从理性，但事后仍承认理性规则；而"放纵"则是感性意见代替正确判断成为行为规则，追求感觉的呈现和欲望的满足。亚里士多德说，正如不发怒就打人比盛怒之下打人更坏，"放纵比不自制更坏"（1150a30），"放纵者从不后悔，坚持自己的选择，而不自制者则总是后悔的。"（1150b30）加尔文虽说亚里士多德的区分"是很对的"，但他实际上把亚里士多德的问题转化为"人何以有良心，却又犯罪呢？"他用寥寥数语概括了亚里士多德在《尼科马可伦理学》第7卷中用10章篇幅的区别和讨论。按照加尔文的解释，"不节制"是"思想失去具体的认识"而犯罪，事后尚知忏悔，良心犹存；而"放纵"则是良心丧失，"反倒坚持选择恶行。"（2.2.23）

## 五 古典学对中国学术的启示

中国人现在读到的现代文本的《圣经》，是在古典学诞生之后，经历了长期的整理、翻译和评注的产物。随着中世纪广泛使用的拉丁文衰落，法、德、英文相继成为西方学术的主要语言。但古典希腊文和拉丁文始终是西方人文学术的基本语言；虽有现代西文的译本，古典学依然是研读《圣经》和神学经典的基本依据；即使研究近现代神学，如不回溯古希腊和拉丁文本，终成无本之木，无源之水。历史上的新理论，无不是站在经典文本的肩膀之上，引经据典，批判总结，才写出传世经典。

从古典学到解释学的西学传统，对中国学术不乏启示和借鉴作用。如果说经学与古典学相媲美，那么中国古代的"汉学"和"宋学"之争，"小学"和"义理"的分殊，"我注六经"和"六经注我"的张力，也可视为现代解释学问题。近代以来，经学衰微，文本解释传统断裂，追求新的学术范式充满争论，如中西之争。没有文本依据的空疏之论，既无助于经典的新生，也未促成文本的创新。在新旧学术断裂之际，回顾征实有据的经学传统，借鉴从古典学到解释学的西学传统，建立以经典、文本为中心的学术范式，已成为当代中国学术的任务。

（作者简介：赵敦华，北京大学教授）

# 安萨里论真主的本质和属性

## 王 希

安萨里（1058—1111）是伊斯兰思想史上里程碑式的人物。有"伊斯兰权威"、"圣教文采"、"宗教革新者"等诸多美誉。作为虔诚的学者，安萨里积极捍卫伊斯兰的正统教义主张。其名著《哲学家的矛盾》就是针对与教义有关的哲学问题，批驳以法拉比和伊本西那为代表的穆斯林哲学家的观点。在"破"的同时，安萨里也站在艾什阿里派教义学的立场上，正面阐述他的教义思想，其中《信仰之中道》便是这方面的代表著作。

在伊斯兰教义学当中，真主的本质与属性问题可以说是一个核心问题，也是教义学各派激烈争论的焦点。本质与属性问题之所以重要，是因为很多重大的教义学和哲学问题都是围绕着它而展开的。就安萨里而言，他的许多重要理论观点以及他同伊斯兰哲学家在很多问题上的争论也都与此相关。可以说，只有充分认识了这一问题，我们才能真正理解安萨里在《哲学家的矛盾》中的主张以及他同伊斯兰哲学家争论的实质，从而有助于我们全面深入地理解他的宗教和哲学思想。

## 一 真主的本质

在《信仰之中道》的第一部分，安萨里论述了真主的本质，提出了 10 个命题：（1）真主是存在的，并有其理性的证据。（2）真主是无始的。（3）真主是无终永存的。（4）造物主不是占据空间的实体。（5）造物主不是有形实体（物体）。（6）造物主不是偶性。（7）真主没有特定的方位。（8）真主超越了"端坐在宝座上"这样的描述。（9）真主是可见的。（10）真主是"一"。[①] 实际上，这 10 个命题可归为四类，涉及造物主的存在、时间性、空间性和单一性问题。下面分别予以论述。

### （一）论证造物主的存在

对安萨里而言，第一个命题至关重要，因为这是任何有神论宗教都无法回避的根本

---

[①] 安萨里：《信仰之中道》阿拉伯文版，土耳其安卡拉 1962 年版，第 22—79 页。

问题。他认为，可以通过理性证明真主的存在，其推理可以表述为这样一个三段论："（1）任何一个在时间中生成的事物（hādith）①，其生成都有一个原因（sabab）；（2）世界是在时间中生成的；（3）因此，必然推出世界有一个原因。"② 这个原因实际上就是造物主——真主。明眼人很容易发现，这就是所谓的上帝存在的宇宙论证明形式。这种证明的实质是认为，一个无限系列的因果性条件不能提供充足的解释，因此最终要得出某个必然存在者、第一因或人格化实体存在的结论。现代学者认为，宇宙论证明有两种重要形式。一种着重考虑原因和结果之间的逻辑关系，而不是它们之间的时间关系，这样得出来的第一因是逻辑上的第一因，而不一定是时间上的第一因。而另一种强调，第一因不仅是逻辑上的，而且也是时间上的。而后一种论证的主要代表人物就是伊斯兰教义学家（即凯拉目学者），因此这种论证模式又被称为宇宙论证明中的"凯拉目证明"③。

安萨里对一些重要的概念，如世界、物体、偶性、实体、简单实体（即原子）等等，做了必要的说明和解释。又回应了论敌可能对上述三段论前提提出的质疑。他指出，大前提"任何一个在时间中生成的事物，其生成都有一个原因"实际上是心灵当中必然的基本原理，是无须证明的。对此表示质疑的人是因为不理解在时间中生成和原因的含义。他解释说，在时间中生成的事物意指起先是非存在、而后才开始存在的东西。然后，安萨里又从必然、可能、不可能这三种模态概念引出了原因概念。其论证结构是：在时间中生成的事物，在存在之前，其存在或是不可能的，或是可能的；其存在是不可能的这一情况是谬误的，因为不可能的东西根本就无法存在；如果其存在是可能的，那么可能的仅仅是指可以存在，也可以不存在。（如果它存在），那么这并非因为它依其自身（本质）而存在，因为它若是依其自身（本质）而存在，那么它将成为一个必然之物，而非可能之物。相反，其存在需要一个决定性因素（murajji h/），使其"存在"强过"非存在"，从而使"非存在"转变为"存在"。若"非存在"继续着，乃因尚未出现一个能使"存在"强过"非存在"的"决定性因素"。④ 至此，安萨里明确指

---

① 可译为"在时间中生成的（事物）"或"新生的（事物）"。教义学家认为它是从"非存在"状态进入"存在"状态的，因而在时间上有一个开端或起点（temporality or origination in time）。

② Dennis Morgan Jr. Davis, *Al-Ghazali on Divine Essence: A Translation from the Iqtisad fi al-I'tiqad with Notes and Commentary*, University of Utah, 2005, (Ph. D Dissertation), p. 123. 另见，《信仰之中道》，阿拉伯文版，第24页。

③ 参见麦克·彼得森等著《理性与宗教信念——宗教哲学导论》，孙毅、游斌译，中国人民大学出版社2005年版，第108—113页。

④ Dennis Morgan Jr. Davis, *Al-Ghazali on Divine Essence*, pp. 125 – 126. 另见，《信仰之中道》阿拉伯文版，第25—26页。

出,"原因"① 一词就是指那个"决定性因素"。总之,他认为,只要人们在理解过程中思考这些词,理智就会被迫承认大前提的正确性。然而,这个被安萨里当作大前提的普遍因果法则并不是所有的人都愿意接受的,从古至今很多怀疑论者都提出过反对意见。

针对论敌可能对小前提世界是在时间中生成的提出的质疑,安萨里回应说,小前提不是公理性的,故应予证明。这里需要指出的是,关于世界是在时间中生成的(即有开端的)还是无始永恒的问题,是教义学家与哲学家争论的焦点之一,安萨里在哲学家的矛盾中以几近1/3的篇幅详细论述了这个问题。此处,安萨里对这个小前提的论证包含了一系列辅助论证以及对相关术语的解释,结构复杂,内容烦琐。但我们可将其简化为这样一种推理,即:因为世界中的每一个事物都是在时间中生成的,故世界本身也是在时间中生成的。单就这一推理本身而言,其推理形式不是必然有效的,有可能存在逻辑上的谬误。例如,因为每一块砖头的面积都是小的,所以由砖头构成的墙壁的面积也是小的,这样的推理显然是错误的。但安萨里在推理中实际上引入了一个必要的限制条件,即对各种"无限"的拒绝,认为无限多的事物或者因果序列和时间序列无限后退是不可能的,是逻辑上的错误。有了这样的限制,上述推理才能成立。因此,正如朱威尼所言:"宗教最为重要的理论基础之一,就是否认时间中的受造物可以无限后退。不确立这样一个前提世界在时间中生成之论证就不可能成立。"② 显然,这正是安萨里推理成立的关键之所在。

然而,正是在"无限"概念这一点上,教义学家同哲学家存在深刻分歧。根据哲学家所持的亚里士多德主义立场,无限可分为"现实的无限"和"潜在的无限"。现实的无限是指在同一时刻存在的无限,而潜在的无限则是指在时间序列中此消而彼出、相继存在的无限事物之序列。前者是不可能的,因为它会导致谬误。例如,如果现实中存在无限多事物,那么这个无限多二等分或三等分之后仍为无限多,这就会出现整体的无限多等于部分的无限多这样的荒谬结论。故现实的无限只能存在于数学的理念领域,而不可实际存在。这就是为什么亚里士多德认为,空间的无限延伸是一种现实的无限,是不可能的,故空间是有限的;而时间本身却可以构成一个连续相继的无限过程,即无始永恒的过程,因此在时间序列中相继出现的事物以及由此构成的因果环节也可以是无限的。当然这并不否定可以有一个逻辑上的第一因或第一个事物,但这并非是数量上的第一个事物或原因。故此,世界可以是无始永恒的,但造物主可以是逻辑上或本质上在

---

① 需要指出的是,考虑到安萨里在此的艾什阿里派教义学立场,其在因果论方面主张场合论(即偶因论),即真主直接创造任何事物。因此,这里的原因概念不应从一般意义上的具体的次级因去理解。安萨里的潜台词是,这个原因就是真主,或更准确地讲是真主的大能,它才是一切事物的直接原因。故安萨里用决定性因素一词来指示原因实际上消除了他在用语上的表面矛盾。参见 Fakhry, M aj id., *Phiosophy, Dogma and the Impact of Greek Thought in Islam*, Great Britain: VARIORU M, Ashgate Publishing Limited, 1994, p. 141.

② Ibid., p. 38.

先。但教义学家的观点实际上对亚里士多德主义所谓的潜在的无限也予以否认,认为同样不可接受。

### (二) 论证造物主的无始无终

指出并论证了真主的存在之后,安萨里继而论证了真主在时间上的特性,即真主是无始无终的。其中,第二个命题是这样论证的:世界存在之原因(真主)若有开端,那么则需要另一个原因,这要么会造成无限后退,但这是荒谬的;要么终止于一个永恒无始的事物,而这并非是荒谬的。① 可以看出,论证的关键仍是基于无限后退之不可能性。

关于第三个命题——真主之无终永存,其论证结构大致是:每一个事物的毁灭或停止存在都需要一个决定性因素(原因),它使得非存在胜过存在,故造物主要停止该事物的存在也需要这样一个决定性因素:这个决定性因素,或是一个通过其能力而毁灭某事物的主动者,或是该事物的对立者,或是该事物存在之必要条件之一的消除;然后,再分别论证这三种情况对无始永恒的造物主来说都是不可能的。② 该论证结构较为复杂,某些推理过程显得晦涩不明,其中还穿插着一些解释和说明,因此让人感到不是很清晰。就伊斯兰教义学传统中的相关论述而言,安萨里的论证并没有太多新颖之处。这里需要特别指出的是,安萨里认为无始无终的永恒性是真主的本质特征,与能力、意志、认识等真主的七大属性不同,因为这些属性都是增添到真主的本质上的东西,而永恒性却不是这样,因为永恒性若是增添到本质上的东西,那么永恒性本身也是通过增添到其上的另一个永恒性而成为永恒的,而这会导致无限后退的结论。③

### (三) 否定造物主的空间性

(4) — (9) 这几个命题旨在否定真主具有空间特性,其证明本质上是对真主概念本身的分析,其论证细节兹不详述。尤其是第八个关于真主"端坐在宝座上"的问题,占据很大篇幅,但实质上更多表明了安萨里对经典明文的解释原则。因为《古兰经》和圣训对真主有大量的拟人性描述,其中很多是空间性的,如何理解这些明文则成为宗教学者争论的焦点。在此问题上,安萨里显然主张对经文进行隐喻式注解,就此而言安萨里的立场似乎更接近哲学家或穆阿太齐勒派,而非艾什阿里派传统上拒绝追问的"无如何"立场。然而,在第九个问题中,安萨里又主张"真主是可见的"而反对隐喻式注解,这反映出安萨里在不违背理性的情况下尽可能主张一种更为字面的解释。

---

① Dennis Morgan Jr. Davis, Al-Ghazali on Divine Essence, p. 141. 另见《信仰之中道》,阿拉伯文版,第35页。

② Ibid., pp. 142 – 146. 另见安萨里《信仰之中道》,阿拉伯文版,第35—37页。

③ 需要指出的是,安萨里关于永恒性不是属性的观点自有其道理,但他从无限后退来论证却并不严谨,因为永恒性,本身并不能说是永恒的。

### （四）论证造物主的单一性

最后一个命题论述真主的单一性。安萨里指出，真主是"一"，"一性"是肯定性地属于他的本质，而排斥其他任何东西，但"一"并不是增添到本质上的一种属性；"一"应该在不可分的意义上去理解，它没有量，没有边界，没有广延，因为可分性属于具有量的事物；"一"也意味着没有对等之物，没有补充之物。① 接着，安萨里驳斥了真主可能有对等物的观点，其论证结构是这样的：假如存在一个真主的对等物，那么他与真主在任何方面都或者相像，或者低于后者，或者高于后者；而所有这些都是不可能的。因为，如果在任何方面都相像，那么二者就无法区分，故而就是同一的。如果前者高于或低于后者，那么就说明二者并非对等，其中必有一个是不完善的，而根据定义可知真主是最完善的、最高的、最尊贵。若有人提出两个造物主可以在创世过程中相互协作，例如一个创造实体，另一个创造偶性，安萨里则反驳说：这实际上否定了二者的能力，因为其中一个对实体的创造需要另一个来创造偶性，而这构成了相互限制，在这种条件下一个就会损害另一个进行创造的意愿。②

总之，安萨里通过上述 10 个命题来描述真主的本质，故它们可以被认为是真主的本质属性，而不同于所谓的七大属性，因为这些属性被认为是增添到本质之上的东西。现在的问题是，安萨里区分二者的标准是什么呢？一些学者认为，其标准在于描述真主之存在的东西与描述真主之行为的东西之区分。因为真主的本质等同于真主的存在，因此描述本质的表述同样可以描述存在，如真主的存在是永恒的、非空间的、非实体、非偶性、可见的等等；但用以描述真主之行为的七大属性却不能这样，例如，不能说真主的存在是有能力的、能认识的、有意志的等等。③ 这种说法无疑有一定道理。

## 二 真主的属性

关于真主本质的论述固然重要，但就安萨里的体系而言，实际上更重要的是他关于真主属性的学说，尤其是有关真主能力的论述。因为这些是安萨里思想中最具特色的内容，安萨里的宇宙论、场合论（偶因论）的因果学说以及关于人的自由和伦理责任的"获得"说都与此直接相关，只有充分认识这些理论，我们才能深入理解安萨里同哲学家争论的理论实质。

---

① Dennis Morgan Jr. Davis, Al-Ghazali on Divine Essence, p. 141. 另见《信仰之中道》，阿拉伯文版，第73—74页。
② 同上书，第76—77页。
③ Ibid., p. 64.

### (一) 真主属性之特征及其与真主本质之关系

《信仰之中道》第二部分主要讨论真主的七大属性。安萨里在第一章首先表述了教义学传统上一致认可的说法，即：真主是能知的（全知的）、有能力的（全能的）、有生命的（永生的）、有意志的（随心所欲的）、能听的、能看的、能言的。在第二章则集中论述了这七大属性共有的特征，他主张：（1）这七种属性不是真主的本质，它们与本质不同，是增添到本质之上的；造物主是通过知识而认识的，通过生命而有生命的，通过能力而有能力的，其他的属性亦是如此。（2）所有的属性都持存于本质之中，没有本质属性就不可能持存，无论它是否在一个处所之中。（3）所有的属性都是无始永恒的，假如它们是在时间中生成的，那么无始永恒者就会成为偶然事物的处所，而这是荒谬的；或者他将被一个并不持存于他之中的属性所限定，这甚至更荒谬。（4）源于这七大属性的真主的尊名，也同样是永恒地谓述或表述真主。①

其实，就安萨里的思想体系而言，上述四点中最关键的是真主的本质与其属性之间的关系问题。这个看似纯然的神学问题，实际上涉及真主同世界之关系问题。在伊斯兰教义学史上，关于真主之本质与其属性二者关系的争论是相当激烈的，大致可分为三种主要倾向：其中一端可称为"反属性论"，以穆阿太齐勒派为代表，穆斯林哲学家也持相似观点。他们否定真主的属性是无始永恒的，也不承认其真实性和实在性，认为这等于承认存在多个无始永恒者，而且给真主的本质带来了"多"的因素，损害了真主绝对的单一性和超验性。因此，他们认为真主的属性与本质是同一的，而对于《古兰经》中所描述的这些属性则应给予喻义性的解释和理解。另一端则可称为"极端属性论"，他们承认真主属性之实有，认为它与真主的本质有所不同，主张按照字面意思去理解《古兰经》中关于真主的那些拟人性描述，因此他们对属性的理解属于一种朴素粗糙的人神同形同性论。居于二者之间的就是所谓"温和属性论"，其代表就是以艾什阿里派为首的逊尼派正统教义学。他们认为，真主无疑具有这些表面上的拟人属性，但不应从字面上去理解，而应信仰之，且不要问"如何"或"为什么"；因为真主的属性与任何受造物的属性完全不同，不是在程度上，而是在本性上，即所谓的绝对区分（mukhafah），故二者之间不应做任何类比；真主的属性与其本质不相同一，但又并非完全有别，或者是本质之外的东西。② 这一立场可以还原为一种相对的"真主单一"观念，即真主的单一性并不排除其内部由实在的属性所构成，它们永恒存在，与真主不相分离。可以看出，这种立场实际上已经将本质与属性进行了适当分离和区分，从而带入了某种"多"

---

① Abdu-r-Rahaman Abu Zayd, *Al-Ghazali on Divine Predicates and Their Property*, Lahore: Ashraf Printing press, 1990, pp. 65—98. 另见，《信仰之中道》，阿拉伯文版，第 129—157 页。

② M. M. Sharif, (ed.) *A History of Muslim Philosophy*, Pakistan Philosophical Congress, 1963, pp. 226-22.

的因素。正是在穆斯林正统派捍卫真主属性之实在性方面，安萨里给予了强有力的论证和表达。①

对安萨里而言，虽然没有真主的本质，真主的属性就无法持存，但这并不意味着本质就是属性的原因（动力因）。相反，安萨里认为本质和属性二者都是没有原因的，而这一点恰恰是问题之关键。安萨里代表艾什阿里派批评了穆斯林哲学家和穆阿太齐勒派的真主本质与属性同一的观点，认为这是同语反复，等于说真主就是真主。他指出，这些属性不是本质，但却指出了本质。他批评伊本·西那和法拉比关于真主单一性的看法是独断的，其根源在于他们关于"必然存在者"的学说。这一学说来自"必然"和"可能"的区分，而非"永恒"与"偶然"之区分。安萨里的理解是，哲学家的真主本质单一观拒绝了诸永恒属性的多，但"必然存在者"的概念只表明它没有原因，而并未表明它一定不是复合的。因此，安萨里认为，这些属性与"无原因的存在者"即"必然者"的概念是兼容的，虽然属性依赖于本质，但就像心智能够设想一个没有原因的永恒存在者，它也同样能够设想一个永恒的存在者，该存在者具有一些属性，而且他的本质和属性都是没有原因的。② 我们可以看到，安萨里关于真主本质与属性相对分离和独立的观点，与教义学原子论中关于原子与偶性的关系相似，偶性虽然依存于原子，但却是真主直接创造在原子上的，故而具有相对的分离性和独立性。当然，二者是否具有完全相同的关系，是可以进一步探讨的。安萨里的这种"本质（本体、实体）—属性（偶性）"观，显然与亚里士多德主义的看法颇为不同。在后者看来，属性是依存于本体的，本体承载或支撑着属性，故可以认为本体是属性的原因，而且事物的因果能力是蕴藏在事物的本质或本性之中，而非它的属性之中。我们认为，安萨里之所以提出这种见解，其目的是为了避免本质的因果效能所造成的因果必然性。因为在受新柏拉图主义影响的穆斯林逍遥学派看来，创世活动实际上是从真主的本质中必然流溢出的，故真主作为世界的原因是一种本质因，是必然的、不可避免的。而教义学家认为，世界应该是从真主的自由的意志中创造出来的，它不是必然的，而是可能的、选择性的，因为真主完全有可能不创造世界；如若世界是从真主的本质中必然产生，而没有选择的余地，那么真主就成了受其必然性制约的不自由的东西，这就与真主无所不能、随心所欲的品性相违背。因此，为了保证真主这种自由的全能性，教义学家就设计出这样一种本质—属性相对分离，抑或说一种相对二元化的关系模式。我们将看到安萨里与哲学家论战的理论依据就可以在这种关系模式中发现。

---

① Harry A. Wolfson, *The Philosophy of the Kalām*, Cambridge, MA: Harvard University Press, 1976, pp.138 – 139.

② Abdu-r-Rahaman Abu Zayd, *Al-Ghazali on Divine Predicates and Their Property*, xx. 另见安萨里《哲学家的矛盾》，阿拉伯文版，埃及开罗知识出版社，第六版，第174—175页。

**(二) 安萨里对真主能力的论述及其学术意义**

限于篇幅,在此重点考察七大属性中的"能力"属性,因为"能力"问题不仅涉及上述关系模式,而且与安萨里著名的自然因果否定论(即场合论或偶因论)思想直接相关,是我们理解其教义学和哲学思想的一个重要切入点。

安萨里认为:真主的"能力"同其它属性一样是增添到真主本质之上的,他在数量上是"一",但又是普遍存在的,即它并不是多种能力,产生多种结果。相反,他是任何受造物产生的单一的和直接的原因,是以选择的方式从虚无之中创造了一切时间性存在者,而且是直接的,无须次级原因作为中介;[1] 一切有灵(有生命的)受造物的能力都是真主直接创造的,同时也创造了通常被误以为是受造能力之结果的能力之对象。其实,受造能力根本没有因果效能,因此人的能力与真主所创造的这种"能力之对象"之间无论存在何种关系,这种关系都不是因果性的。因此,安萨里总结说:"所有的时间性事件,它们的实体和偶性,它们在有灵物和无灵物中的产生,都是真主的能力造成的。唯有他具有这种创造它们的特权。没有什么受造物可以通过另一个受造物而产生;而且,一切都产生于真主的能力。"[2]

在这个问题中,安萨里首先论证真主能力的存在,认为它是增添到真主本质之上的东西是"一",是无所不在的。接着又引申出三个分支问题:真主的预知与能力之间的关系;真主的能力与有灵物的受造能力之间的关系;他所拒绝的穆阿太齐勒派的生成说,以及由此而否定次级原因的存在。下面,我们逐一进行分析。

论证真主能力的普在性和单一性

其论证结构是:"每一个设计精巧的作品都源于一个有能力的主动者;世界是一个设计精巧而有序的作品;因此它源于一个有能力的主动者。"[3] 显然,这是一种典型的"设计论"证明。安萨里认为,世界之精巧设计可以通过感官和观察而得知,"设计精巧的作品由一个具有能力的主动者所产生"是一个合乎理性的真理,本是无须证明的。但如若对手顽固地否认这一点,安萨里会提出另一个论证:一个作品源自一个主动者,或是由于主动者之本质、或是由于增添到本质之上的某种意义(即属性)。第一种情况是错误的,因为那样的话,作品与主动者就是共存的,那么世界就会同真主一样是无始永恒的,但这在教义学家看来是完全错误的。因此,作品是源于某种增添到真主本质上的东西,即"能力"这一属性。按安萨里的解释,能力就是指主动者通过它来制作某件作

---

[1] Michael E. Marmura, "Ghazali's Chapter on Divine Power in the Iqtisad", in *Arabic Science and Philosophy*, Vol. 4 (1994), p. 279.
[2] 安萨里:《信仰之中道》,阿拉伯文版,第99页。
[3] 同上书,第80页。

品的那种东西。① 此外，他指出，能力的对象是指一切在逻辑上可能的事物。就其尚未变成现实而仅仅停留在纯粹可能性状态而言，在这个意义上可以说能力的对象也是无始的，但从纯粹可能性状态进入现实的存在域却是真主的能力在某个具体的时刻造成的。

这里的关键之处在于，安萨里对本质因之必然性与属性因之自由选择性的理解。安萨里认为，当本质作为原因时，它必然产生其结果，它在逻辑上先于结果，但在时间上则是同时的。实际上，这种认识与哲学家的看法别无二致，也符合一般人的常识，即无生命事物的因果能力出自它的本性或本质。例如，火引起可燃物燃烧的因果能力源自火的本性或本质，原因本身所具有的这种因果能力与其结果之间的关系，是必然的，因为它是本性使然，而且是同时的，会有提前或推后。显然，安萨里认为，真主如果作为本质因而活动，那么他就是非人格性的，其因果能力也自然是非人格性的。既然，真主的本质不能使之具有人格性，那么就只能靠真主的属性来保证这种人格性。本质的非人格性与属性的人格性，以及后者是增添到前者之上的说法，明显具有某种二元化的色彩，而这种二元化因素却是教义学家维护真主之作为绝对自由因的前提条件。如果没有这一条件，真主似乎就变成了某种具有必然性但没有自由性的东西，即他自身就会被束缚在由其自己行为之必然性所建构的必然性体系中，而失去了他的绝对自由性。真主自身这种二元性或者说"相对单一性"观念的理论价值就在于，保证了真主的绝对自由性和人格性，使得很多信条上的，特别是涉及真主之人格性属性的那些问题能得到较为容易的解决。

安萨里坚持认为，真主的能力不仅是普遍的、无所不在的，而且是"一"、并非"多"。能力之无所不在或普在性是指，它与一切逻辑上或原则上可能的事物都有关联，是它使得这些可能的事物成为现实的存在。但能力如何又是一、而非多呢？安萨里在此引出了未来事件之无限可能性的概念。他认为，尽管未来事件之现实无限性是绝不可能达到的，但总是有一个事件跟随着另一个事件这样的潜能，因此就会有无限多可能的未来事件。如若每一个可能的未来事件都伴随着一个能力，那么能力就会有无穷多。又因真主的能力是无始永恒的，因此无穷多的能力必然构成一个现实的共存的无限，而现实的无限是不可能的。故此，真主的能力既是"一"，但又是无所不在的。② 在这里，安萨里显然接受或承认了某种潜在的无限的可能性。但这种无限是纯粹概念上的无限呢，还是潜能与现实意义上的无限，它同亚里士多德主义的无限观有何异同，他似乎未予澄清。

1. 真主的能力与真主对未来事件的认识

这一问题源于人们可能提出的如下疑问：例如，某人在未来某天的死亡，那么真主

---

① 安萨里：《信仰之中道》，阿拉伯文版，第81页。
② Michael E. Marmura, "Ghazali's Chapter on Divine Power in the Iqtisad", p. 282.

是否有能力在那时在他身上创造生命呢?为解决这一困惑,安萨里借用了伊本·西那的模态理论。他首先解释了"可能"、"不可能"和"必然"这三个术语,指出:任何一个内部相容贯、不存在矛盾的东西,都是本身可能的;而内部不相容贯、存在矛盾的东西就是不可能的。显然,这里的本身可能和本身不可能是逻辑意义上的。接着,安萨里又区分了本身可能,但通过其他东西而成为必然或不可能的东西,认为,某个未来事件尽管其本身只是可能的,但它却通过其它东西(即真主永恒意志的命令)而成为必然的。同理,尽管某一事件本身是可能的,但永恒的意志如果没有命令其存在,那么它就是不可能的。因此,在上述例子中,在某人身上创造生命本身是可能的,但通过外在事物(即没有真主的命令)而成为不可能的。[①] 因为,真主如果知道某人在未来某日死亡,实际上就是知道自己已经意欲在那一时刻将用自己的能力现实地造成某人的死亡,假如他在那时又能创造生命的话,这等于说他将在同一时刻既能创造死又能创造生,而这显然是矛盾的。由此可见,安萨里认为真主的能力可以同任何可能的事物发生关系,即能够使一切可能之物(包括相互对立的事物)成为现实,而意志的特点就在于选择使何者变为现实,而认识功能就在于对意志的选择进行某种认可或确认。

2. 真主的能力与受造的能力

安萨里对此的论述实际上是对艾什阿里派著名的"获得说"的解释和捍卫。该派的"获得说"一般认为:一方面,真主是人的行为的直接创造者,人并没有创造自己的行为,而只是行为的获得者;另一方面,人又有真主给他创造的能力,并有选择行为的自由,故他应对自己的行为负责,然而这种受造能力本身又不能创造其行为,且选择本身也是真主创造的。可以看出,"获得说"的理论核心涉及到真主的能力与受造物能力之间的关系问题,而且归根结蒂仍属某种形式的决定论和宿命论。当然,获得说也并非教义学家一致认可的学说,仍不时受到了各种各样的诘难和质疑。

首先,安萨里以提问的方式指出了对真主能力之普在性可能存在的反对意见,即:有灵物(有生命的事物)的能力所产生的对象是怎样的?它们是真主的能力造成的吗?如果不是,则与真主能力之普在性的说法相违背。如果是,要么就会得出两种能力造成了一个能力对象的结论,而两个能力同为充分条件则是荒谬的;要么就会否认包括人在内的有灵物的能力,而这显然不符合伊斯兰教法的教导,因为真主不会责成人去做他们没有能力做的事情。[②]

在回答这一可能的质问之前,安萨里先评论了两种正反相对立的观点,即决定论和穆阿太齐勒派的生成论。前者否定受造物具有能力,因而无法解释有人的有意识行为与痉挛之类无意识行为之间存在的明显差异。后者认为,有灵物自己创造自己的行为,这

---

① Michael E. Marmura, "Ghazali's Chapter on Divine Power in the Iqtisad", p. 283.
② Abdu-r-Rahaman Abu Zayd, *Al-Ghazali on Divine Predicates and Their Property*, pp. 7 – 8.

些行为不属于真主能力的范围。对此，安萨里举了婴儿吃奶、蜘蛛结网、蜜蜂筑巢的例子进行反驳。尤其是蜜蜂，它们的巢穴具有严密精巧的数学结构，但显然蜜蜂本身并不懂得数学。这些事例说明它们实际上是真主的能力创造的，而非这些有灵物自己创造的。

安萨里认为自己的立场是中间路线，即：一个能力对象与两种能力的拥有者有关联，但关联方式是不同的。但二者不可能同为充分条件，其中必有一个不是充分条件，即必有一个不是真正的原因。为此，安萨里进行了两方面的说明和论证：（1）他强调了真主能力的普在性，认为一切可能的事物都是真主的能力创造的，因此人的痉挛性运动和意志性运动都是真主能力的对象；真主的能力还创造了有灵物的能力，因为这个受造能力之对象也是可能的事物，故真主的能力一同创造了受造能力及其对象。（2）他指出，真主的能力和人的能力不可能同为对象的真正原因，否则就会出现如下情况：假如真主想让人的运动停止，而人却要继续运动，其结果必定是同时存在运动与静止，而这是矛盾的。接着，他又否定了"两者同为原因而只是程度有别"的观点，指出能力产生其对象的含义是指能力从虚无中创造其对象，因此在这种"无中造有"的方式下，二者若同为原因，就不会存在强弱上的差异，因此仍可能出现上述"一个能力创造运动，另一个同时创造静止"的矛盾。鉴于此，无中造有只属于一种能力，即真主的能力，而非受造能力。①

然而，对手可能坚持认为，受造能力与其对象之间不可能没有联系，而唯一有意义的联系就是因果联系，否则二者之间就没有联系。对此，安萨里提出了两点反驳：其一，相联系的事物之间存在着一些不是因果性的关系，因此"二者之间有联系但并非因果关系"这种情况并没有什么矛盾。其二，根据穆阿太齐勒派自己关于能力先于行为存在的主张，他们必须承认，在能力与其要产生的对象之间存在着一段时间间隔，这时二者之间就可能存在某种非因果性的联系。对手可能进一步指出，如果受造能力并不产生其对象，那么这种能力就等于"无能"。对此，他回应说，尽管这实质上的确类似于无能，但恰因人有"能力"的主观体验，所以称其为"无能"就有违语言的习惯用法，因而是不恰当的。总之，安萨里主张，受造能力及其对象都是真主之能力所造，受造能力与能力对象之间的关系是共现关系（concomitance），而非因果关系。②

**3. 对"生成说"的批评**

穆阿太齐勒派认为，世上的大部分事物是通过运动生成的，即一个事物从另一个中必然地产生。其最有说服力的例子是：我们可以经验到手的运动生成了手上戒指的运动，或手在水中的运动生成了水的运动。如果运动都是真主创造的，那么他就有可能只

---

① 安萨里：《信仰之中道》，阿拉伯文版，第 90—91 页。
② Michael E. Marmura, "Ghazali's Chapter on Divine Power in the Iqtisad", p. 287.

创造手的运动而不创造戒指的运动，或只创造手在水中的运动而不创造水的运动。然而，这后一种情况是不可能的。面对这样看似经验常识性的无可反驳的例证，安萨里该如何回答呢？

　　对此，安萨里首先批评了穆派的"生成"概念，指出：其通常的含义是指一个物体从另一个物体内部出现，就像婴儿从母体中产生或植物从土壤中出现一样。但这对于运动这样的偶性而言则是不可能的，因为手的运动并没有内部，以至于让戒指的运动从中出现。所以，人们所能观察到的只是戒指的运动和手的运动，至于手的运动生成了戒指的运动，则是无法观察到的。对于上述诘难，安萨里回应说：如果真主让手在水中运动，那么他也必定会让水运动，正是真主使得手和水二者都运动，而不是手使得水运动。手的运动和水的运动只是两个共现的事件，其中一个事物的存在并不是另一个存在的必要条件，它们之间可以没有联系而不会发生矛盾。它们的共现是因为真主所命定的常道或习惯性方式（habitual course）使然，但共现关系本身并不是必然的。如果对手主张，生成的意思并不是运动从另一个事物的内部显现到表面，而是一个存在者在另一个之后且被它产生。安萨里则认为，这也是错误的，因为它与真主能力的普在性相矛盾。在真主能力之外发生的任何事件的假设，都会使真主能力的普在性成为虚假。最终，他得出结论说，所有的事物都是通过真主的能力而产生的。

　　然而，对于安萨里的见解，人们仍不免要问：如果人的受造能力与其对象之间仅仅是共现关系，我们为何能体验到自己是一个有意识的、自主的主体，而非受制于某种外在的力量？如果人的受造能力并不能真正产生自己的行为，那么我们如何担负道德的责任呢？的确，安萨里以及艾什阿里派的获得说仍是某种形式的决定论，其解释也大大偏离我们日常的感受和语言运用。然而，这种诉诸体验和语言的办法是否能在任何终极的意义上反驳安萨里主张，尚不能完全确定。因为，安萨里完全可以认为，所谓我们有意识的活动，包括我们对自己作为行为主体的自主能力的感受和认识，也都是真主创造的，故此我们才真切地认为我们是自己行为的创造者或制造者。虽然我们在本体论上并不能创造自己的行为，但恰恰因为人有了这种自身作为自由意志主体的切身感受或认识，他们才负有道德上的责任。当然，这种解释中我们可以看到本体论和认识论这两个领域之间存在的巨大鸿沟。而弥合这一鸿沟的办法就是安萨里所最终相信的苏非神秘主义。的确，安萨里在捍卫获得说的过程中表达了他对创造之奇迹和奥义的一种深切感受，反过来，这种深切的神秘感和敬畏感又强化了他对获得说的热烈捍卫。[①]

---

[①] Michael E. Marmura, "Ghazali's Chapter on Divine Power in the Iqtisad", p. 295.

## 三 小结

综上所述，安萨里对真主本质及属性的论述具有明确的宗教意图，那就是捍卫伊斯兰正统的教义主张，从理论上论证那个具有绝对自由意志、无限全能、执掌万物的最高主宰。这样一种神性观，在古典有神论当中可以说是非常普遍的，所不同的是，安萨里及艾什阿里派教义学更为强调这样一种真主与世界的关系模式，即真主对世界万物的直接创造和绝对支配。正是在这一点上，安萨里提供了最强有力的理性论证，其引起的学术争论也异常激烈，理论影响持久而深远。安萨里在宇宙论、因果论、伦理学等方面的很多重要思想以及他同哲学家的一系列辩论，都可以从这个角度得到更深入的理解。

然而，必须指出的是，在安萨里看来，教义学对宗教终极目标之实现，即他所描绘的个人拯救或天堂的至福来说，其作用是非常有限的。这种态度源于他对理性与信仰关系之理解。因为将信仰当作知识去认识，以理性去理解信仰或证明信仰，都是未能理解"知与信"之本质不同，是理性的一种非法僭越。它不仅无助于消除信仰上的疑惑，反而滋生好辩争胜之风，使人在信仰问题上舍本逐末，容易将一般信众引入迷途。这也是他为什么最终倒向苏菲神秘主义的原因。尽管如此，安萨里依然认为，教义学在反驳异端、捍卫正统、维护社会稳定方面发挥着应有的预防功能。就此而言，教义学仍是安萨里思想中的一个重要内容。

（作者简介：王希，中国社会科学院世界宗教研究所助理研究员，原文发表于《世界宗教研究》2011年第1期）

# 苏非思想与中国哲学

## ——谈苏非著作在中国的翻译和意义

### 王俊荣

## 一 苏非派传入中国 دخول الصوفية الى الصين

伊斯兰教传入中国始于唐（618—907）宋（960—1279）之际。苏非派何时传入，没有明确记载。但根据14世纪《伊本·白图泰旅游记》描述，当时中国各地已有苏非修道士进行活动，[①] 尽管尚未形成教团或派别。明朝（1368—1644）中叶即16世纪以后，兴盛于中亚的纳赫什班迪教团开始从布哈拉、撒马尔罕等地传入西域地区（今新疆），通称为"伊禅"。明末清初（约17—18世纪），苏非派又从阿拉伯、中亚、印度经西域地区传到甘肃、青海和宁夏，形成了中国内地的苏非"门宦"。

| 内地门宦 المناطق الداخلية | ——纳赫什班迪教团源流： | الطرق المنقولة من النقشبندية |
|---|---|---|
| | 哲赫林耶 | الجهرية |
| | 虎非耶 | الخفية |
| | ——卡迪里教团源流： | الطريقة المنقولة من القادرية |
| | 嘎的林耶 | القادرية |
| | ——库布拉维教团源流 | الطريقة المنقولة من الكبراوية |
| | 库布林耶 | الكبرية |
| 新疆依禅 منطقة شينجيانغ | ——纳赫什班迪教团源流： | الطرق المنقولة من النقشبندية |
| | 白山派 | طريقة الجبل الأبيض |
| | 黑山派 | طريقة الجبل الأسود |
| | 伊斯哈克耶 | الاسحاقية |
| | 伊纳克耶 | الانيناكية |

---

[①] 参见李光斌《异境奇观——伊本·白图泰游记（全译本）》，海洋出版社2008年版，第542—547页。

| | |
|---|---|
| 达瓦尼耶 | الداوانية |
| 伊西克耶 | الاسكية |
| 18 世纪后传入的拉巴尼学派 | مذهب الامام الربان السرهندي |

新疆伊禅派大多源自中亚地区。16 世纪，纳赫什班迪教团传入新疆，逐渐形成以叶儿羌为中心的伊斯哈格系和以喀什噶尔为中心的依禅卡朗系，并演化为黑山派和白山派。① 这一时期的重要苏非团体包括伊萨克耶、伊奈克耶、米斯克耶、达瓦尼耶等，均属纳赫什班迪教团在新疆的分支。至于纳赫什班迪教团另一分支伊玛目拉巴尼派，则在 17 世纪末 18 世纪初从印度传入新疆各地。以后，新疆又出现众多苏非派别，其源头仍主要是纳赫什班迪教团，但它们的划分标准和相互归属比较复杂，各种资料也众说不一，尚待进一步研究考证。新疆依禅派奉行哈乃非教法，重视教乘，更提倡道乘修行。同时也积极参与社会和政治活动，对当地穆斯林的政治和历史发展产生了重要影响。

中国内地苏非门宦的发展，与新疆、中亚、南亚和阿拉伯地区的苏非教团关系密切。一些门宦由境外苏非直接传入，如尕得林耶、库不林耶；有些则是内地穆斯林学者负笈求学从国外带入，如哲合林耶等。还有些与新疆的依禅派有直接渊源关系。内地门宦的道统源头主要有纳赫什班迪、卡迪里和库布拉维三大教团。其中，纳赫什班迪教团根据齐克尔的赞念形式又分为哲合林耶（高念）和虎非耶（低念）两支。因此，内地有哲赫林耶、虎非耶、嘎的林耶和库布林耶"四大门宦"之说。各派下又进一步分化为数量不一的分支，总数多达 30 几支。其中，哲赫林耶、虎非耶人数最多，有数十万人；其次是嘎的林耶，库布林耶人数最少。②

内地门宦都遵循正统的哈乃非派教法，特别尊崇教主和崇敬圣墓。修持方式或信仰礼仪上则不尽相同。如哲赫林耶主张高声念诵迪克尔，虎非耶主张低念，嘎的林耶崇尚出家不婚，库布林耶则提倡幽居节食。但类似分歧并不影响他们在苏非学理方面的一致。这不仅源于苏非固有的包容传统，也是中国穆斯林兼收并蓄的结果。

中国内地门宦与国外苏非派相比，在教团体制、宗教仪式、建筑风格等方面体现出更多中国传统文化色彩。如很多门宦实行的父子世袭制、教阶制，与中国传统的宗法等级思想相吻合，对教主行跪拜礼，类似中国封建帝王的觐见之礼。有的道堂建筑采用中国传统庙宇园林结构，配以中国传统艺术风格的龙凤、狮子、麒麟等动物图案，道堂内摆放香炉，焚香，石刻碑文、牌匾楹联采用一些佛教、道教或儒家思想术语表达苏非主

---

① 参见张文德《中亚苏非主义史》，中国社会科学出版社 2002 年版，第 144—155 页，《中国伊斯兰百科全书》，四川辞书出版社 2007 年版，第 638 页。

② 据马通《中国伊斯兰教派与门宦史略》，宁夏人民出版社 1988 年版，第 478—482 页。

义。这些都表明，与其他派别相比，门宦同中国传统文化相互之间的接纳和融合程度更高，社团宗教生活与社会经济生活的结合更加密切，内聚力更强。

## 二 苏非主义对中国伊斯兰思想的影响

苏非主义对中国伊斯兰思想的形成产生了重要影响，这主要表现在经堂教育和汉文译著两方面。

中国内地的经堂教育在明朝中后期兴起，旨在传授宗教知识，培养经师和教职人员。经堂教育通行的阿语和波斯语教材（俗称"十三本经"）涉及各传统学科，其中就包括阿卜杜·艾布白克尔的《مرصاد العباد》（米尔萨德）和加米的《أشعة اللمعات》（蓝麻阿特）这样的苏非著作。此外，经堂教育常用的参考书目还包括大量苏非著作和具有苏非主义色彩的作品，如苏非义理著作：阿齐兹奈萨斐的《مقصد أقصى》（默格索德）、加米的《لوائح》（勒瓦一合）、安萨里的《احياء علوم الدين》（圣学复苏）、拉巴尼的《مكتوبات》麦克图巴特；文学和修养类：哈里里的《مقامات》麦嘎麻特、萨迪的《蔷薇园》、《果园》等等。苏非主义大师伊本·阿拉比的著作如《فصوص الحكم》（智慧珍宝）等也在内地有所流传。但显而易见，影响更大、流传更广的是波斯语的苏非著作。苏非思想不仅直接影响了内地门宦的形成和发展，也对整个中国内地伊斯兰教产生了广泛而深远的影响。根据《经学系传谱》的记载，经堂教育的奠基人胡登洲及其弟子，以及很多著名的经师、阿訇都与苏非有往来，或受到苏非思想的影响。廉洁自守、安贫乐道的苏非精神甚至成为很多学者所追求的人生理想。

苏非思想的传入激发了中国穆斯林学者的革新与思考。他们开始用汉文翻译和阐释伊斯兰教义，从而推动了中国伊斯兰思想体系的形成和发展。汉文译著活动从明末至清末历时约300年。其间，很多伊斯兰经典被译为汉语，其中就包括前述一些苏非著作。与此同时，中国穆斯林思想家开始用汉语表述伊斯兰思想，构建思想体系。他们的著述，其最大特色是将苏非主义与中国传统文化相结合。主要代表作包括：王岱舆的《正教真诠》和《清真大学》，张中的《归真总义》、伍遵契的《归真要道》、马注的《清真指南》等，都是以儒诠伊斯兰经，吸收儒、释、道各家思想阐释苏非神秘主义哲理。其中，张中的《归真总义》是印度苏非阿师格讲解苏非大义的笔录翻译。在张中的《四篇要道》中，刊出《勒娃一合》（一译《勒瓦一合》）、《密尔索德》这些苏非著作已在中国穆斯林中流传。王岱舆、张中书中介绍了拉比亚（约717—801）、巴斯塔米（？—874）、祝奈德（？—910）和哈拉智（约857—922）等中世纪著名苏非的思想和传说。西北有的苏非门宦把伊本阿拉比（1165—1240）称作"大谢赫穆赫印迪尼"经常念颂。伊本阿拉比的《麦加的启示》和鲁米的《玛斯纳维》是各苏非教团学者潜心阅读之书。① 尤其是刘智的《天方性理》，被誉为中国伊斯兰思想的巅峰之作，其核心思想便是苏非主义形而上学体系和学说，书中所列参考书目几十种，均为正统教义学与苏非学著作。值得一提的是，《天方性理》中的《本经五章》被中国穆斯林学者译为两个阿拉伯语版本，并加以注释而介绍给国外穆斯林。此后，马德新的《大华总归》、《四典要会》等，也是吸收、改造中国传统文化中的某些思想素材和概念，用以阐发伊斯兰教理和哲学。汉文译著形成的一套"汉克塔布"话语系统，对明清以来中国穆斯林的价值观念、思维方式、语言特点产生了深刻影响，同时对教内外人士理解伊斯兰教特别是苏非主义，架起了沟通的"桥梁"，并由此创立了独具特色的中国伊斯兰宗教哲学体系，使之成为中华民族文化的一个重要组成部分。

### （一）经堂教育教材及苏非派常用典籍 الكتب الصوفية المستعملة في التعليم المسجدي الصيني

《مرصاد العباد》（Mirsād 米尔萨德），波斯文，作者是中亚库布拉维教团苏非阿卜杜拉·艾布·伯克尔（一说库布拉教团创始人的弟子纳吉姆丁拉齐所著），成书于13世纪中叶。清初中国穆斯林学者伍遵契将其翻译成中文，名《归真要道》。刘智的意译名为《道行推原经》。是清初回族穆斯林汉文译著中一部篇幅较大，内容丰富的重要作品。全书分5门共40篇，是讨论宇宙根源、性命义理、修身养性和复命归真的神秘主义专著。书中还讨论了大世界和小世界的关系，苏非派三乘功修——教乘、道乘和真乘的意义和作用。据《经学系传谱》记载，明清之际的回族经师多喜欢讲解《密迩索德》。②

《أشعة اللمعات》（Ashi'at-al-Lama'āt 艾什尔吐·来麦尔台）波斯文，波斯苏非诗人中亚纳赫什班迪教团思想家阿卜杜拉赫曼加米所著，中国穆斯林学者解译为《费隐经》或《额舍尔》。汉译本为舍蕴善的《昭元秘诀》，也有多种影印本流行。

《لوائح》（Lawa'ih 勒瓦一合），波斯文，系加米（1414—1492）对伊本阿拉比《智慧珍宝》（فصوص الحكم）所作注释。以波斯文本和汉译本广泛流传于中国穆斯林中间。汉译本名为刘智的《真境昭微》或称《昭微经》。该译本是对原书内容和思想的提炼和概论，并未对其中的诗歌部分进行直译。目前已有学界学者将原著中的诗歌部分以韵律诗或自由体形式进行翻译。

《مقصد أقصى》（Maqsad-Aqsa 默格索德），波斯文，库布拉维教团苏非阿齐兹奈萨斐著。中译本名为马复初的《汉译道行究竟》。

《المواقف》及《شرح المواقف》（Mawāqif 默瓦吉福 Sharh-al-Mawāqif 设理合默瓦吉福），作者为伊拉克苏非穆罕默德本阿布杜扎巴勒。刘智《天方性理》所列参考书目之一，分别

---

① 据杨怀中《波斯照明学派对十七世纪中国伊斯兰汉文著述的影响》，《回族研究》1999年第4期。
② 关于此书与刘智《天方性理》的比较研究，见杨忠东《密迩索德与刘智的宇宙生成论》，《宁夏大学学报》2002年第4期。

解译为《格致全经》和《格致经解》。尚无公认的汉译本。

《(Gulistān) 古里斯坦》，波斯诗人萨迪著。作为中国经堂教育中师生必修的波斯文课本，受到穆斯林大众推崇。汉译本有两种：王静斋译本《真境花园》，水建馥从英文版转译本《蔷薇园》。

《احیاء علوم الدین》(《圣学复苏》或《宗教学科的复兴》Ihya'-ulūm-al-din) 安萨里教义学著作。1932 年，成达师范学校毕业生王国华编译出版了该书的辑录选本，早年在中国各地流行，西北地区不少清真寺作为经堂教育的重要课本之一。目前有张维真、马玉龙合译的《圣学复苏精义》上下册，为该书的中文节译本。

《مکتوبات 麦克图巴特》，纳赫什班迪教团希尔信迪学派的宗教哲学著作。原文为波斯文。系印度莫卧儿帝国著名苏非派学者伊玛目拉巴尼（1563—1624）著。由其弟子于 17 世纪后期整理成书，命名《书信集》。全书 3 卷，9 部分，收书信 536 封。综述了纳赫什班迪教团宗教哲学理论的基本观点。此书约于 18 世纪后期传入中国新疆地区。19 世纪末，俄国喀山学者穆立德阿凡提将其从波斯文译为阿拉伯文，1901 年在麦加出版。不久，回族朝觐者将其带回国内，传入回族穆斯林中。今日在中国穆斯林中此书的波斯文本和阿拉伯文本同时流传，被列为经堂教育课本。在西北苏非穆斯林中备受珍视。目前有马廷义的汉译本。[1]

《المثنوی 玛斯纳维》波斯文双行体长诗，共 4.5 万行，分 6 册。作者哲拉鲁丁鲁米（1207—1273）为波斯苏非派著名学者和诗人、毛拉维教团创始人。此书被誉为"波斯诗的《麦加的启示》"，是毛拉维教团经典。在中国穆斯林中广为流传，新疆伊禅派奉其为经典之一，作为念齐克尔的内容。中译本为当今学者元文琪、穆宏燕、王一丹等完成的波斯经典文库之《玛斯纳维全集》六卷。[2]

## （二）汉文译著代表作

王岱舆的《正教真诠》和《清真大学》。张中的《归真总义》是另一部蕴涵着比较可观的阿拉伯文、波斯文书目资料的汉文伊斯兰教典籍，并且时代要早到明代末年，在舍蕴善和刘智之前大约 60 年，值得重视。[3]

伍遵契的《归真要道》。马注的《清真指南》。刘智的《天方性理》，其中《本经五章》部分由回族经堂教育家马联元从汉语译成阿拉伯语，为经堂教育学生研读和介绍给国外穆斯林提供了方便。马德新的《大华总归》、《四典要会》、《汉译道行究竟》。[4]

---

[1] 据丁克家《波斯语苏非经典及其对中国穆斯林的影响》，《回族研究》1999 年第 4 期。
[2] 同上。
[3] 杨晓春：《张中归真总义中引用的域外　伊斯兰教典籍与中国学者的言论》，《世界宗教研究》2010 年第 3 期。
[4] 余振贵、杨怀中：《中国伊斯兰文献著译提要》，宁夏人民出版社 1993 年版。

## 三　苏非思想与中国哲学的比较

伊斯兰教苏非神秘主义思想的集大成者是伊本·阿拉比（1165—1240）。以他为代表的思辨苏非学派的著述包含着新柏拉图主义"流溢说"、诺斯替教派的"真知"说、波斯祆教的"照明"学说以及印度吠檀多哲学等诸多外来思想的影响，同时也保持了作为穆斯林自己学说的独立性，为伊斯兰教与外来思想的融合做出了努力。其特点是用哲学语言表述直觉体验，阐释人与自然、精神与物质的关系，形成独具特色、自成一体的苏非宇宙观和人生观。

### （一）在宇宙观方面

苏非学说中的一些术语概念与中国宗教哲学思想中的表述相当契合。例如：

关于"一"的概念，在中国哲学中，相当于老子所说的"道"，张载所说的"气"；宋明理学中的"理"，也就是"太极"或"太一"。均是指万物的普遍本质。在伊本阿拉比的学说中，"一"用"真"或"真理"（阿拉伯语 الحق，拉丁音译 Haqq）来表示。他所说的"真"即真主，万物都是从真主流溢或派生而出，都是真主自显与外化的结果。真主包容万物，产生万物，超越于万物之上，又内在于万物之中。真主与万有的关系是"一"和"多"，真主是一，一生万有，万有归一。这是伊本阿拉比全部哲学思维的基础，也是苏非主义的核心教义。

关于大宇宙与小宇宙的概念，中国哲学中的"天人合一"，与大宇宙和小宇宙的同一相似。伊本阿拉比沿袭这一观念，提出大世界、小世界以及整个宇宙以人为中心复归真主的思想。他的大世界概念（阿拉伯语 العالم الكبير 拉丁音译 al-Ālam al-kabīr）用来描述宇宙的起源，天地万物的形成，真主造化的过程和层次，讲的是真主造物，本以为人。小世界的概念（阿拉伯语 العالم الصغير 拉丁音译 al-Ālam al-saghīr）是讲人从先天无形到后天有形的变化发展，再从后天有形向先天无形即人性向神性的回归，强调真主造人，本为认主。他以"存在单一论"（阿拉伯语 وحدة الوجود 拉丁音译 Wahadat-al-wujūd）展示大世界的目的是，让人透过物质世界认清精神世界的最高目标，使人道符合天道。而在世间一切创造中，唯一能够认识最高实在，达到返本还原的只有人。苏非关于净化灵魂，修行到"完人"（先知或圣徒）境界和品级的主张，正是以这一思想为基础。

### （二）在认识论方面

苏非主义是一种独特的认知方式。它不是通过感觉和理性获得的对客观事物的认识，而是靠个人修行中出神迷狂的某种状态而获得满足。其认知的对象并非客观世界或现象世界的相对知识或真理，而是主观世界或理念世界或称幽玄世界的"绝对真理"。其共同的方法论都强调超越自我，追求形而上的直觉为认知之道。

这种认知目标和认知方式与中国老庄哲学中的神秘主义相同。老子提出以"道"为核心的哲学体系，用"道"来说明宇宙万物的本质、构生、变化和本原。"道者，万物之奥"，"独立而不改，周行而不殆"，是永恒存在而又不能直接感知；"道法自然"，有其客观自然规律；但"道可道，非常道；名可名，非常名"，"视之不见"、"听之不闻"、"搏之不得"，不能用语言概念来表述，也不能完全凭感性经验来认识，最好是"塞其兑，闭其门"，彻底排除感性经验，通过"涤除"、"玄览"清除内心杂念和"致虚极，守静笃"的虚静冥想直觉万物，从而与玄之又玄的道合为一体，达到"玄同"的神秘精神境界。庄子则建立起系统的体道学说，追求"天地与我并生，万物与我为一"，"独与天地精神往来而不敖倪于万物"的精神境界。提出以"心斋"、"坐忘"、"以神遇而不以目视，官知止而神欲行"的修养方法达到这一目的。

### （三）在人生价值观方面

苏非神秘主义主张，人生的价值在于不断从事精神修炼以净化灵魂，人在现世应时时、事事念主、赞主、认主，将凭直觉而心见真主看作是最大的精神满足和快乐。神秘主义者的俗世生活或清贫或富裕，或独身或有家室，都只是客观的和外在的。他们在主观上并不眷恋荣华富贵，也不企求来世的福乐或天堂的享受，而是从内心专注于对真主的沉思。在他们看来，永恒福乐不是躯体的尽情享受，唯有"与主合一"时的至善至美境界才是天堂。在他们的心目中，真主是人生的最终归宿。由于真主的完美，人应当爱慕他，眷恋他。由于真主代表着光明、知识和真理，人应当渴望他，追求他，而不是远离他。这样，人才能在品格上不断接近于神性的完美。

这种清静无为，念主为乐的观念与中国道家哲学有些相似。道家思想的发展从杨朱至老子、庄子，提倡的是"远离世俗""欲洁其身"，懂得并顺应宇宙万物变化的法则，更重要的是超越自己以外的世界，从更高的观点看事物，就是无我。老子认为，万物生成，"道"在其中。"道"就是"德"，"德"就是事物的本性。"万物莫不尊道而贵德"。人要循德求道，行事为人力求平易朴实，中庸而不过分。人顺德，就是顺事物的本性行事，这时人的生活就超越了世俗的是非善恶。庄子讲，人浮游于道德，就是浮游于万物的初始状态，役使万物，而不为万物所役。[①] 他认为，顺乎天然，乃是一切快乐和善良之所由来。但由于事物的本性在不停地变动，所以人需要对事物有更高层次的理解。这就是超越普通事物的界限，超越自我与世界、主观与客观的界限，达到"无我"

---

[①] 冯友兰：《中国哲学简史》，新世界出版社2004年版，第55—59页。

的境界，与道合一。从"天人合一"得到的快乐才是"至乐"。达到至乐的人，是完美的人、心灵自由的人、真正的圣人。对于真正的圣人来说，"天地与我并生，万物与我为一"，至于世俗得失、时运好坏，都不足挂齿，但求遨游于无穷的境域，得以安享心灵的宁静。

与道家"天人合一"的"至乐"、苏非"与主合一"的至善至美境界异曲同工的观念，还有儒家思想提倡的"浩然之气"。孟子认为，人如果充分发展人的本性，不仅可以知天，而且可以与天合一。知道人的本性，也就知道了天道。这与苏非"认知自己，便认知真主"的观点是一致的。孟子还提倡"塞乎天地之间"的浩然之气，认为它是人和宇宙融为一体的气概，是超越道德的价值。而培养浩然之气的办法是"配义与道"。[①]一个人如果从体验中领悟了道，又长期行义，积累善德，浩然之气便会从他内心自然地涌现出来。由于自然本性是人人都有的，所以世人只要充分发展本性，人人都可以成圣人。儒家的这种"人皆可以为尧舜"的教育思想，就是鞭策人们努力追求高尚的情操。

对苏非念主为乐，追求"与主合一"的人生价值观，还可以联系中国的程朱理学思想来加深理解和认识。朱熹认为，每一事物从生成时便有一个理居于其中，这个理构成该事物的本性。人也是如此。人性就是人类得以生成之理居于个别人之中。人性和人心的区别在于，心是理加上气之后的体现，是个别的、具体的，而性是抽象的。心可以思想、感觉；但性不能有这些活动。人类之理是共同的，而人则各有不同，这是因为一个人必须禀气而后生，"禀气之清者，为圣为贤，如宝珠在清凉水中；禀气之浊者，为愚为不肖，如珠在浊水中。"（《语类》，卷四）因此任何人，除所禀受之理外，还有禀受之气，即"气禀"。由于禀受不足或有缺陷，未将万物之理充分表现出来，如同珍珠湮没在浊水里一样。人所当做的就是把珍珠再现出来，所用的方法便是"格物致知"。"格物"是为了从有形之物中体认超越物体的"理"，也就是"道"。换句话说，理是抽象的，物是具体的，通过"格物"以"穷理"，既领悟了理念的永恒世界，又领悟了自己内心之性。这就是人的先天品性与后天修养的问题。[②]这种格物致知的认识论，就是道家所说的对事物更高层次的理解，同时也是儒家所提倡的浩然之气。

### （四）在修行与道德的关系方面

根据伊本阿拉比的认知论，圣徒是以知而行。他说："你的一切动静都应以知识为准。先知赞赏接受知识并以知而行的人。"为此，他对"安拉以正道和知识派遣我（穆罕默德）"这条圣训作了一个形象的比喻。他说："这就如同给大地带来了及时雨，供人饮用、浇灌和种植；草木借雨而繁盛，旱地因雨而湿润。同样的道理，谁能领悟安拉的

---

① 冯友兰：《中国哲学简史》，新世界出版社2004年版，第68—70页。
② 同上书，第256、258、263页。

宗教，安拉必引他上正道，赐他以知识。傲慢的人犹如水过平地，丝毫没有收获。要做知而行、行而知的人，像灯盏与蜡烛，燃烧自己，也照亮他人。这样，真主就会赐你光明与凭证（规范、准则），并继续不断地给你新的知识，使你在末日之时得到真主的恩惠。努力做有知识的人，以身作则，并指导他人。"[1] 由此看出，苏非的修行绝不仅限于个人从善，而由个人善向社会善的扩展就是通过被尊为精神导师的圣徒来完成的。

中国哲学中所探讨的内圣外王之道也包含这样的思想。在儒家经典《中庸》里，完美、至善被称为"诚"（真诚、纯真），它与"明"是连在一起的。"诚则明矣，明则诚矣。"诚不仅是完善自己，还是成全万物的途径。成全自己是仁德，成全万物是智慧。诚是人天性中的品德，人的内心和外部世界的道理都合在其中。就是说，唯有天下至诚之人，才能充分发挥人的天性，能充分发挥自己天性的人，才能充分发挥别人的天性；而后才能充分发挥万物的本性，从而能够帮助天地化育万物，而最终与天地合为一体。一个人如果力求完善自己，也必须同时完善他人。不关心别人的完善，自己便不可能完善。自我完善就是充分发展受自上苍的天性，完善他人就是以孔孟提倡的忠恕、仁义对待和帮助别人。既然完善自己是顺应天性，那么帮助别人也是参与天地化育万有。一个人如果懂得这一切，他就与天地合参，成为一体。人做到与天地合参，便是完美。[2] 儒家认为，做到与天地合参，并不需要做什么特别的事情，所需要的是做平常事，懂得其中的意义，并做得"恰如其分"。这时，人虽在世界之中，却又超越了世界。这里，"仁"和"知"，自我完善和帮助他人完善，与阿拉比所说"知而行、行而知"的道理是一致的。

苏非圣徒与中国传统中的圣人一样，都具有内圣外王的品格。作为精神导师的圣徒在社会上不一定享有任何政治地位，但是心灵的修养却达到了很高的程度，因而成为苏非门弟子宗教生活的指导者和引路人，同时也是他们世俗生活的楷模。一般的穆斯林要想获得神秘主义的真知，达到真主的真理，实现人主合一，必须在导师的指导之下，有个见习的过程。一旦被认为已获得真理，达到与主合一的功修目的，就可以离开导师，四方云游，向他人传播已掌握的神秘奥义和修炼仪式。这样，围绕着各个著名苏非长老而形成的苏非教团，使苏非思想的实践具有了广泛的社会效应。

由于知与行一体，所以在苏非的认知或修炼过程当中，除了心理上的直觉体验之外，也包含着功修者律己的一些伦理性条款。例如，中国穆斯林学者王岱舆在《正教真诠》中将修道的功夫总结为"三品十条"。"三品"指的是"心间诚信，舌上定念，身体遵行"。十条则包括：节饮食、节言语、节盹睡、悔过、僻静、甘贫、安分、忍耐、

---

[1] 伊本·阿拉比：《麦加的启示》第4册，开罗，1911年版，第460页。
[2] 冯友兰：《中国哲学简史》，新世界出版社2004年版，第154页。

顺服、乐从。余浩州在《真功发微》中提出的精神修炼30条,[①] 则几乎全部是伦理规则。如冷视尘世华美；乐守清贫助道；凡有所余，尽施济人；以良言美行、身心才学，对待他人；施恩不图报，行好无自夸；凡事必训自性，必除恶性等等。这些身心修行的要点，表明了苏非知行结合的伦理观。

### （五）在宗教观方面

苏非学的基点在于对宗教的独特理解。认为念清真言和履行五项基本功课，只是伊斯兰教外在的形式，六大信仰才是宗教内在的本质和精神。要实践宗教的本质和精神，还必须不断努力自我完善。为此，他们将信奉伊斯兰、坚持伊玛尼信仰、追求至善作为体现和实践宗教精神的三大要素。这一论点的根据来自圣训，先知曾说："哲百利勒天使告知你们的宗教就是伊斯兰、伊玛尼和行善。"[②] 按照这样理解，信奉伊斯兰相当于遵守教法 al-Sharī'a，是对真主的崇拜，以身行拜功表现忏悔、敬畏和遵循正道。坚持伊玛尼信仰相当于奉行苏非之道 al-Tarīq，是对真主的向往，以心来表示忠诚、守信和平静坦然。努力自我完善则相当于追求真实在 al-Haqīqah，是对真主的见证，依靠灵魂同造物主之间本源的联系，接受主的监督，达到对主直观直觉的认识，最终获得真知。重要的是，这里的行善已超出教法所规定的目标，不仅仅是实践中的助人为乐和积极行善，主要是理性思维上的一种认识，强调具有神的善美特性，以修身养性和高尚的精神境界来实现从心灵到行为的善美。

中国穆斯林学者对这三大要素则用"三乘"来说明。他们认为，信奉伊斯兰，遵经守法为"教乘"；奉行苏非之道，以心来坚定信仰为"道乘"，净化灵魂，忘却自我，在精神上达到与主合一的最高境界为"真乘"。对此，王岱舆和刘智用"体—三品"来表示。第一品"知认"，是以身体（人之身）来体认真一，其功夫在于"遵循"。遵循者，知其然，却不知其所以然；知其名，却不知其实。第二品"见认"，是以心体（人之心）来体认真一，其功夫在于"解悟"。解悟者，知其所以然，却不能有所获；知其分殊，却不知其合一。第三品"续认"，是以性体（人之性）来体认真一，其功夫在于"无间"。无间者，本源于所以然，并与之浑然一体，是体认的极致。[③] 这种"三乘说"实际上说的是苏非之道与教义、教法的关系。对此，我国穆斯林学者刘智强调，道为"天理当然之则"，源自先天的规律和法则。也就是天道或真主之道，是真宰的本然及由真宰本然显化的宇宙万有生灭演化的规律。教是真主之教，即伊斯兰教，是引导世人遵循天道的生活道路和伦理纲常。法是分辨是非、劝善戒恶的典制、礼法，它既涉及人与主

---

① 金宜久：《伊斯兰教的苏非神秘主义》，中国社会科学出版社1995年版，第81—82页。
② 艾哈迈德·陶菲格·伊亚德：《苏非历史、学说及影响》，埃及盎格鲁书店1970年版，第157页。
③ 沙宗平：《中国的天方学——刘智哲学研究》，北京大学出版社2004年版，第92页。

的关系，又涉及人与人的关系，同时包含天道与人道。他认为，"道非教不明，教非法不立"，"道非教其精微不著，教非道其义理安彰。"道和教是隐、显的关系。真主之道借助于圣人之教得以由隐而显；圣人之教依据真主之道才具有内在的根据和基础。教和法两者则是原理、原则与立法、定制的关系。真主之道赖圣人之教彰明，还须借助于具体的法规、制度、礼仪来体现和保证。正是体现道和教的法，规范了人们的日常行为，保障天道与人道相适应。[①]

## 结　语

苏非思想与中国哲学在认知论和人生价值观方面有许多共同之处，"人主合一"、"天人合一"的意义都在于追求心灵净化和境界的高尚。东西方各宗教和哲学思想中的神秘主义都是相通的，只是在历史的发展中，不同时代、不同民族、不同教派对其基本思想的解释和表述各有不同。它们既相互影响，又一脉相承。

苏非经典与其他一切宗教经典，都是人类思想文化成果的重要组成部分，包含和反映着各宗教共有的恒久价值观。从宗教学和思想史的角度对其进行翻译介绍与研究，将有助于丰富人类思想文化，促进世界宗教对话与文明的交流。要实现这一目标，需要提倡"宗教同源"、"世界一家"的思想与"普世神学"、"全球伦理"的观念，也需要经典翻译工作者对各大宗教基本教义的理解和认识。融会贯通，从比较走向大同，选择和倡扬宗教文化中有利于未来生命和生态发展的东西，让世界充满正义、善良和爱，是经典翻译的目的和意义，也是原则与方法。在这方面，中国穆斯林学者的思想成果和历史贡献意义非凡，而当今学界教界的相关研究，正继续朝着这个目标努力。

（作者简介：王俊荣，中国社会科学院世界宗教研究所研究员，原文发表在《回族研究》2012 年第 3 期）

---

① 金宜久：《中国伊斯兰探秘》，东方出版社 1999 年版，第 216—222 页。

# 空海与中国唐密向日本东密的转化

## ——兼论道教在日本的传播[*]

### 洪修平　孙亦平

生活于平安朝的空海是日本历史上最富有创造性贡献的佛教高僧之一，这与他年轻时入唐求法，从中国密教大师惠果受学胎藏、金刚二界密法，回国后开创日本真言宗有密切的关系。空海在日本宗教文化史上具有很重要的地位，传其事者多至650余种[①]，影响可见一斑。值得研究的是，中国道教早在唐密之前就传入日本，道教的神仙信仰也为日本人所瞩目，但道教并未作为一种独立的宗教在日本发展，更未能像东密那样发展为带有日本民族文化色彩的佛教宗派。这是否与空海将"即身成佛"作为立教修行的目标而遮蔽了道教的"即身不死"的信仰有关？本文将空海置于中国唐密与日本东密的关系中，探讨空海如何通过对"即身成佛"的阐发，来适应日本人的信仰方式和精神需要，在推动唐密向东密的转化的同时，也在一定程度上阻碍了道教"即身不死"的信仰在日本的传播。

一

空海（774—835），赞岐国多度郡人，自幼聪慧，人称"神童"，15岁即随外舅二千石阿刀大足赴京师奈良学习中国文化，精研《论语》、《孝经》及史传，兼习辞章。18岁出入京都，游太学，入明经科，学习《毛诗》、《尚书》、《春秋左传》，博览经史，尤喜佛书。20岁时，空海拜槇尾山石渊寺僧勤操为师，落发为僧。勤操将中国密宗开创者善无畏所译的《虚空藏菩萨求闻持法》一卷授予空海。空海欢喜顶受。22岁时，于奈良东大寺受具足戒。据说曾在佛前发誓愿曰："吾从佛法，常求寻要，三乘五乘，十二

---

[*] 本文为国家社科基金项目"东亚道教研究"（项目批准号：06BZJ011）和国家社会科学基金项目"儒佛道三教关系与中国宗教的发展及精神"（07BZJ005）的阶段性成果。

[①] ［日］守山圣真：《文化史上ヨリ見タル弘法大师传》序，东京株式会社国书刊行会1990年版。

部经，心神有疑，未以为决。唯愿三世十方诸佛，示我不二。"① 一心祈感，受梦托而于高市郡久米道场东塔下寻得《大毗卢遮那经》，即中国密教与日本真言宗的主要经典《大日经》，全称《大毗卢遮那成佛神变加持经》。"披卷看阅，疑滞居多，自兹志远游"②，于是有入唐求法之志。

当时，中国的儒佛道三教在日本都已有所传播。特别值得注意的是，"在空海当时的日本大学，道教受到排斥而不能学习。……而空海却熟读道教典籍，理解其思想，并在自己的思想体系中给其定位。"③ 日本桓武天皇延历十六年（797），空海曾站在佛教的立场上，著《三教指归》，借评判儒佛道三教的优劣，以明自己的学佛之志。《三教指归》初名《聋瞽指归》，"被誉为日本第一部具有独创思想的著作"，④ 全书共分三卷，上卷写儒教，中卷写道教，下卷写佛教。空海认为："圣者驱人，教网三种，所谓释、李、孔也，虽浅深有隔，并皆圣说。若入一罗，何乖忠孝。"⑤ 但他同时又认为，只有佛教才是最优胜的。空海假设了儒道佛各有一位代表人物：儒客龟毛先生、道者虚亡隐士和佛僧假名乞儿，此三人虽然都劝导主人"不缠教诱，虎性暴恶"的侄子"蛭牙公子"改邪归正，但立场与观点却不相同。空海通过比较儒佛道三教旨趣之异同，借佛僧假名乞儿之口说：

> 吾今重述生死之苦源，示涅槃之乐果，其旨也则姬孔之所未谈，老庄之所未演；其果也则四果、独一所不能及，唯一生十地渐所优游耳。⑥

将大乘佛教在三教中置于至高无上的地位，既表明了空海自己学佛的信心，也反映出当时中国的儒佛道三教关系在日本也有所体现：在思想文化界，儒家的忠孝，得到了广泛的重视，佛教在认同儒家伦理的同时，为了抬高自己，也贬低儒道两家。

日本学者福永光司曾认真研究《三教指归》所引用的经典，发现其中借鉴了唐法琳《辩证论》、玄嶷《甄正论》等中国佛教著作中的三教观，模仿了汉代司马相如《子虚上林赋》和南朝梁萧统编《文选》的表达方法，引用了唐代类书《艺文类聚》、《初学记》的内容，还吸取许多道书，如《老子》、《庄子》、《淮南子》、《列子》、《列仙传》、

---

① ［日］成尊：《真言付法纂要抄》，《大正藏》第 77 册，第 418 页中。
② ［日］师炼：《元亨释书》，蓝吉富主编《大藏经补编》第 32 册，华宇出版社 1986 年版，第 177 页上。
③ ［日］静慈圆著，刘建英、韩昇译：《日本密教与中国文化》，文汇出版社 2010 年版，第 72 页。
④ 《中日文化交流史大系（3）·思想卷》，严绍璗、［日］源了圆主编，浙江人民出版社 1996 年版，第 44 页。
⑤ 《三教指归》卷上，《日本古典文学大系》第 71 册，岩波书店 1977 年版，第 85 页。
⑥ 同上书，第 139 页。

《抱朴子内篇》、《本草经》、《黄帝内经素问》中的思想。① 空海在文中将儒佛道三教的人物刻画得栩栩如生，如依照老子来描绘虚亡隐士的容貌和思想，并对道教的"不死之神术"作了生动细致的介绍。② 空海《三教指归》的写作，表现了他对中国儒佛道三教基本内容的了解，反映了他对佛教的信仰是在比较了三教之后的慎重选择。在他看来，中国佛教，特别是密教，远胜于儒教和道教。此后，空海又研习了佛教的俱舍、成实、三论、法华等佛典，并努力学习唐音汉籍，为入唐学习做准备。

在空海30岁那年，入唐学习的机会终于来了。贞元二十年（804），空海随藤原葛野麻吕大使、石川道益副使等带领下的日本第十七次遣唐使团渡海赴唐。随船的还有留学僧最澄、留学生橘逸势。他们在贞元二十年八月抵达中国福建长溪县，在赤岸镇海口登陆，受到福州观察使的接待，后改走陆路，一路辗转，于当年十二月到达长安。

## 二

空海来到唐都长安后，在宣阳坊官宅安置下来。当时长安是中国佛教重镇，佛寺众多，宗派林立。空海开始遍游诸寺，访师参学，直到贞元二十一年六月的一天，才与西明寺志明、谈胜等一起前往青龙寺东塔院参谒惠果阿阇梨（导师），正式学习密教。

密教起源于印度，本是7世纪以后印度大乘佛教的一些派别与婆罗门教——印度教相结合的产物，传入中国后，在当时唐都长安发展成中国佛教的一个宗派，称"密宗"，也称"唐密"、"秘密教"、"真言教"、"金刚乘"等。由于自称受法身佛大日如来深奥秘密教旨的传授，为"真实"言教，这种真言奥秘若不经灌顶（入教或传法仪式）和秘密传授，不得任意传习及显示于人，因而得名。又由于密教修习三密相应（瑜伽），即手结印契（身密）、口诵真言秘咒（口密）、心中观想大日如来（意密）以与大日如来的"三密"相应，实现"即身成佛"，故又称"瑜伽密教"。密教进入中国后，它的"这种'即身说'和道教的'人道合一'思想有着极为相似的地方"。③ 在唐宋时期吸取了中国道教某些斋醮科仪，再与佛教显宗相结合，在民间社会得到传播。空海的密教思想是对惠果的继承和发展，而惠果则同时受传开元三大士所传的金刚界和胎藏界密法。

一般认为，有关"杂密"的思想和实践早在三国时代就已经从印度和西域传入中国，因此一般将《大日经》与《金刚顶经》的出现作为"纯密"独立的标志，在此之前的称为"杂密"。两晋南北朝时许多印度和西域来华的僧人，也都精于咒术和密仪，

---

① ［日］福永光司：《空海における汉文の学——'三教指归'の成立をめぐつて》，福永光司编集《最澄・空海》。东京：中央公论社1977年版。
② ［日］增尾伸一郎：《日本古代の知识层と〈老子〉》，载［日］野口铁郎编《道教与日本》第一卷《道教の展开と道教》，东京：雄山阁1997年版，第119页。
③ 黄心川：《道教与密教》，载《东方佛教论》，中国社会科学出版社2002年版，第60页。

例如佛图澄"善诵神咒",昙无谶"明解咒术",等等。但"纯密"在我国得到弘传并进而形成佛教宗派的,则始于善无畏、金刚智和不空等人。

唐玄宗开元四年(716),八十岁高龄的善无畏(637—735)携梵本《大日经》经西域来到长安,受到唐玄宗的礼遇,"饰内道场,尊为教主,自宁、薛王已降皆跪席捧器焉。宾大士于天宫,接梵筵于帝座,礼国师以广成之道,致人主于如来之乘,巍巍法门,于斯为甚。"① 善无畏先住兴福寺,后住西明寺,开元五年(717),奉诏于菩提院翻译。开元十二年(724),又随驾入洛阳,复奉诏于福先寺译经,在弟子一行的协助下,译出了后成为密宗"宗经"的《大日经》。一行(673—727)随善无畏学密法,不仅助译了《大日经》,而且作有《大日经疏》二十卷,此为《大日经》最著名的注释,也是密教的重要著述。善无畏和一行主要传授胎藏界密法。

开元八年(720),南印度密教高僧金刚智(669—741)携其弟子不空(705—774)经南海、广州而抵洛阳,大弘密法,后至长安,传入的《金刚顶经》由不空译出,后也成为密宗所依的主要经典之一。金刚智在两京也受到礼遇,圆寂后唐玄宗敕赐"国师"称号,是为密宗五祖。其弟子不空是中国佛教史上的"四大译师"之一,曾在金刚智死后奉师遗命赴印度和师子国(今斯里兰卡)学习密法,广求密藏,天宝五年(746)返回长安后,奉诏入宫,建立曼荼罗,即密教道场,为玄宗灌顶,并开坛广为四众授法,使密教在唐都长安传播开来。不空历玄宗、肃宗和代宗三朝,与朝廷结纳颇深,多次受赐封号,为密宗六祖。他与金刚智主要弘传金刚界密法。

胎藏界和金刚界两部密法传入中国后不久,即相互传授,融为一体。经善无畏、金刚智的弘传,当时两京从之灌顶问法者甚众,再经不空的大力传布,形成了一个以修持密法为主的中国佛教宗派——密宗。善无畏、金刚智和不空均于开元年间来华,都曾被帝王迎入宫内,并为之设内道场,包括皇帝本人在内的王室成员纷纷从之灌顶受法,礼为国师。他们共同推动了密教在中国的传播,故世称"开元三大士"。

惠果(752—805)继承发扬"开元三大士"的传统,既上承善无畏及其弟子一行所传授的胎藏界密法,同时也接续了金刚智与不空所弘传的金刚界密法。他9岁就向不空的弟子昙贞学佛经,17岁时随昙贞入内道场,后受不空三藏的器重,依不空入坛灌顶,师事不空20余年,成为"大兴善寺大广智不空三藏之付法弟子",② 并成为密宗七祖。他在尽学不空所传金刚界密法的同时,又从善无畏弟子玄超受胎藏界密法。他把善无畏所传的胎藏界密法和不空所传的金刚界密法融会在一起,建立了"金胎不二"思想。认为金刚界之智德和胎藏界之理德作为金胎两部,以形象观之,可谓之胎,依作用视之,却又是金。它们各有所诠,分别对立,却是二而不二的。这一颇有哲学内涵的思想对空

---

① 《宋高僧传》卷二《善无畏传》。
② [日]空海:《御请来目录》,《大正藏》第55册,第1060页中。

海影响很大，并为后来空海所创的日本东密所坚守。

虽然密宗在唐代曾一度成为王公贵族信奉的热门，但由于密教的理论与修持方法在许多方面与汉族的文化传统及伦理习俗不合，因而不空以后，密宗在汉族地区仅数传而已。唐会昌年间（841—846），武宗灭佛，大兴善寺及青龙寺等唐密寺院的建筑被毁，僧人被勒令还俗。唐密在汉族地区很快就衰落了，但它通过空海回国后开创日本真言宗，至今在日本、韩国及东南亚传承不绝。空海所开创的真言密宗因以平安（今京都）东寺为根本道扬和传布基地，故又称东密。

空海在入唐之前就学习了《虚空藏菩萨求闻持法》，熟读了《大日经》，入唐后，又在长安广泛参学，学问日益精进。后"幸遇青龙寺灌顶阿阇梨法号惠果和尚，以为师主"。据说惠果乍见空海，就含笑欢喜告曰："我先知汝来，相待久矣，今日相见太好。报命欲竭，无人付法，乃至今则授法有在。"① 空海拜惠果为师后，"学两部之大法，习诸尊之瑜伽"。② 贞元二十一年（805）六月十三日，"于长安城青龙寺东塔院灌顶道场，入学法灌顶台。是日，临大悲胎藏大曼荼罗，即沐五部灌顶，受三密加持。从此以后，受胎藏之梵字仪轨，学诸尊之瑜伽观智。七月上旬，更临金刚界大曼荼罗，受五部灌顶。八月上旬，亦受传法阿阇梨位灌顶。是日设五百僧斋，普供四众。青龙大兴善等供奉大德等，并临斋筵，悉皆随喜。"真言密教中的"灌顶"，既是真言密教修道之根本，也是修行者在历经了入信、学法、付法后，最终自行圆满得证佛果的加持仪式。空海在《秘藏记》③中曾对"灌顶"的意义作了记载和说明：

> 灌顶义，灌者诸佛大悲，顶者上之意。菩萨初地乃至等觉，究竟迁妙觉时，诸佛以大悲水灌顶，即自行圆满得证佛果，是顶义也。诸佛大悲是灌义，世人皆以幡号灌项，是以幡功德，先为轮王后终成佛，以到佛果名为灌顶。是故知以果名因也，若然者，从因至果，其间一切功德莫不灌顶。又于灌顶有三种：一摩顶灌顶，诸佛摩顶授记；二授记灌顶，诸佛以言说授记；三放光灌顶，诸佛放光令被其人得益④。

空海在接受灌顶后，惠果赠予他"遍照金刚"之法号。空海成为真言宗第八祖。

空海拜惠果为师后，努力学习梵文，废寝忘食地抄写密教经文和曼荼罗。可是"真

---

① ［日］宥快记：《宝镜钞》，《大正藏》第77册，第848页上。
② ［日］成尊：《真言付法纂要抄》，《大正藏》第77册，第418页下。
③ 《秘藏记》略本一卷，广本二卷。收于《大正藏》第86册。相传系日僧空海由其师惠果阿阇梨之口说而笔记者，其著作年代不详。内容为有关密教口诀［口传书］，约有一百条目，系解说密教事相［行法］、教相［教理］之杂录，见《佛光大辞典》，书目文献出版社影印本，第4268页。
④ 《大正藏》第86册［图像部一］，第8页中。

言秘藏，经疏隐密，不假图画，不能相传"①。为了使空海更好地掌握密教大义，惠果唤绘画高手李真等一十余人，"图绘胎藏金刚界等大曼荼罗等一十铺，兼集二十余经生，书写金刚顶等最上乘密藏经，又唤供奉铸博士杨忠信、赵吴，新造道具一十五事"。在图像写经这些事情渐有成果后，惠果觉得自己在尘世上的缘分已尽，不能久住，于是就将密教的经论法器等传给空海，并希望空海能将它们与"两部大法"一起带回日本，"早归乡国，以奉国家，流布天下，……传是东国，努力努力！"② 不久，惠果和尚即"兰汤洗垢，结毗卢舍那法印，右胁而终"。

空海在失去一位良师后，受众人之托，怀着悲痛崇敬的心情写了一篇很长的碑文，叙述了唐密的地位及惠果向自己传法的经过。其中写到惠果在临终前对自己嘱咐："汝未知吾与汝宿契之深乎。多生之中，相共誓愿，弘演密藏，彼此代为师资，非只一两度也。是故劝汝远涉，授我深法，受法云毕，吾愿足矣。汝西土也接我足，吾也东生入汝之室。莫久迟留，吾在前去也。窃顾此言，进退非我能，去留随我师。"③ 展现了惠果殷切期望空海能够将唐密传入日本的强烈愿望。惠果既是唐密最后的祖师，也成为日本真言宗东密的高祖。而空海的"去留随我师"则表明他奉师之命已决定回国传真言密教。

## 三

空海入唐两年，受到了帝王的礼遇，本想留在长安多学些中国佛教，但惠果指示他回日本传教，故在师父辞世后不久，即于日本大同元年（806）八月，随遣唐使团归国。十月抵达博多（今福冈市）后，空海马上向天皇呈上《新请来经等目录》："请来经律论疏章传记，并佛菩萨金刚天等像，三昧耶曼陀罗，法曼陀罗，传法阿阇梨等影及道具，并阿阇梨付嘱物等目录。"④ 其中有新译经142部247卷，梵字真言赞等42部44卷，论疏章等32部170卷，共计216部461卷。⑤ 这些经律论疏和佛像法物，为空海创立日本真言宗奠定了坚实的基础。

嵯峨天皇即位后（809），"敕于宫中会诸宗硕师各唱所习"，空海立"即身成佛义"表达密教观点，诸家争折之，空海"辩论精审"，但天皇却半信半疑说："义虽玄极，朕思见证。"空海"即入五藏三摩地观，忽于顶上涌五佛宝冠，放五色光明，威容赫如也。上离御榻作礼，群臣皆起拜。时三论之俊道昌、唯识之髦源仁、华严之英道雄、天台之

---

① ［日］成尊：《真言付法纂要抄》，《大正藏》第77册，第418页下。
② 同上书，第419页上。
③ ［日］空海：《大唐神都青龙寺故三朝国师灌顶阿阇黎惠果和尚之碑》，载《全唐文补遗》第5辑，三秦出版社1998年版，第5页。
④ ［日］空海：《御请来目录》，《大正藏》第55卷，第1060页下。
⑤ 具体的经目请参见空海撰《御请来目录》，《大正藏》第55卷，第1060—1068页。

杰圆澄等，皆竖降旗。"① 空海在力败诸宗，声名大震后，积极倡导以佛教护国。弘仁元年（810），天皇敕准空海于高野山寺为国讲修《仁王护国经》，开真言院，建灌顶堂，"把真言宗传到奈良六宗所在地区奈良"。② 弘仁七年（816），空海在高野山（今和歌山县）创建金刚峰寺作为真言宗道场。弘仁十四年（823），刚即位的淳和天皇又敕赐京都东寺作为密教的永久根本道场（赐号为"教王护国寺"），由此，空海所传的密教相对于日本比睿山天台宗的"台密"，也被称作"东密"。仁明天皇承和二年（835），空海在高野山金刚峰寺真言堂"入定"，世寿六十二，世称高野山大师，或野山大师。醍醐天皇延喜二十一年（921）追谥"弘法大师"。

空海从33岁回国到62岁"入定"，30年间在日本建坛修法，建东寺讲堂、开设种智院，大力弘扬密教，创立了具有日本特色而又传承中国密教的日本佛教真言宗，对日本佛教产生了重大的影响，"迄二十一世纪初为止，这一传承，在日本至少曾形成六十个左右的宗派"，"空海是唐密的集大成者，而且在日本又得到天皇及社会各界的护持，因此乃能使这一传承在日本大放光芒"。③

空海作为"大日本国密教根本法师"，大力倡导"即身成佛"的教义，并赋予其许多新的内涵，推进了中国唐密向日本东密的转化。福永光司在《空海と日本》一文中认为，空海在唐留学，学习了唐密"即身成佛"的教义，吸取了西域佛教"即身成佛"的思想、中国传统的生身观和道教的"即身不死"信仰，例如南朝道士陶弘景《真诰》中提出的"即身地仙"，《真诰》卷十六中说："好道信仙者，既有浅深轻重，故其受报亦不得皆同：有即身地仙不死者；有托形尸解去者；有既终得入洞宫受学者；有先诣朱火宫炼形者；有先为地下主者，乃进品者；有先经鬼官，乃仙化者；有身不得去，功及子孙，令学道，乃拔度者。诸如此例，高下数十品，不可一概求之。"④ 是具有宗教意味的"即身"一词的最古文献资料，它早于空海所著的《即身成佛义》约二百年。⑤ 在日本平安朝贵族大江匡房（1041—1111）所著的《本朝神仙传》中，空海被描绘成既能够修密教的"入金刚定"，又具有与道教法术相类似的"形容不变，穿山顶，入底半里"的特异能力，被日本人视为仙人。在平安朝，道教"即身不死"的神仙信仰已为日本人所瞩目，但道教并未能以一种独立的宗教姿态在日本得到发展，原因当然有很多，如遣唐使对道教的排斥、日本朝廷不用"仙道"等，但与空海以佛统摄儒道，将"即身成佛"作为东密立教修行的目标而遮蔽了道教"即身不死"的信仰也有一定的关系。

空海在中国曾学习汉、梵二种语言，回日本后致力于密教的理论建设，以《大日

---

① ［日］师炼：《元亨释书》，蓝吉富主编《大藏经补编》第32册，华宇出版社1986年版，第177页中。
② 杨曾文：《日本佛教史》，人民出版社2008年版，第125页。
③ 蓝吉富：《认识日本佛教》，台北：全佛文化事业有限公司2007年版，第52—53页。
④ 《道藏》第20卷，第583页。
⑤ ［日］福永光司：《道教と日本思想》，东京：德间书店1985年版，第48页。

经》和《金刚顶经》为根本经典,著有《秘密曼荼罗十住心论》10 卷、《即身成佛义》1 卷、《辨显密二教论》2 卷、《秘密宝轮》3 卷、《声字实相义》1 卷、《吽字义》1 卷、《御遗告》1 卷等。在此过程中,空海融会了道教的神仙信仰与修仙道术,宣扬"修真言行者,以三密为门,即身成佛"①,并对"即身成佛"义做了特别的发挥。"即身成佛"并不意味着改变肉体生命的形式,而是依五蕴和合之色身,通过修炼,使有生死的凡夫当体成为正知正觉的佛,故曰即身而不曰即心。在空海所作的《即身成佛义》中有两首八句偈颂对"即身成佛义"做了高度概括:

六大无碍常瑜伽,四种曼荼各不离。三密加持速疾显,重重帝网名即身。
法然具足萨般若,心数心王过刹尘。各具五智无际智,圆镜力故实觉智。②

《即身成佛义》现存多个不同的版本,《大正藏》就收录了七个大同小异的本子。关于上引偈颂的作者,好几个本子中都说是惠果所作:"唐大阿阇梨作颂成立此义",③ 有的还将其称作《即身成佛颂》"问:立即身成佛意何?……答:唐大阿阇梨《即身成佛颂》云……。"④ 但关于此偈颂究竟为谁所作,学术界尚有争议,或认为是惠果所造,或认为由真言八祖相传而来,或认为是空海自作颂文。吕建福曾认为:"在惠果及其前后所出的所有密宗经轨著述中,并未发现此颂文,而且其内容尤其六大一说,与历来的密教教义也不一致,故此颂属空海自作自释,自圆其说。"⑤ 此说有一定的道理。但笔者细读了《即身成佛义》,感觉对作者的争议,并不影响对空海思想的理解,因为空海主要是通过对此偈颂的解释来发挥自己思想的。空海在解释时说:"此二颂八句,以叹即身成佛四字,即是四字,含无边义,一切佛法,不出此一句。"⑥ 他认为,颂文分二部分,前一颂通过表体、相、用、无碍来解说"即身";后一颂四句"初举法佛成佛,次表无数,三显轮圆,后出所由"是解说"成佛"。空海强调,此偈颂的"即身成佛义"是依"《大日经》与《金刚顶经》及《菩提心论》等真言经论"而立《真言宗即身成佛义》,⑦ 其他显教并不如此说:"龙树《菩提心论》曰:唯真言法中,即身成佛故。是说三摩地法。于诸教中阙而不书也。"⑧ 这就突出了"即身成佛义"的秘密性。但密教与

---

① [日] 空海:《真言宗即身成佛义》,《大正藏》第 77 册,第 387 页中。
② [日] 空海:《即身成佛义》,《大正藏》第 77 册,第 381 页下。
③ 同上书,第 391 页中。
④ 《大正藏》第 77 册,第 395 页中—395 页下。
⑤ 吕建福:《中国密教史》,中国社会科学出版社 1995 年版,第 388 页。
⑥ [日] 空海:《即身成佛义》,《大正藏》第 77 册,第 381 页下。
⑦ 《大正藏》第 77 册,第 387 页上。
⑧ [日] 空海:《真言宗即身成佛义问答》,《大正藏》第 77 册,第 399 页下—400 页上。

显教在成佛求解脱的根本问题上则是完全一致的，如《大日经》中所说："积集无量功德智慧，具修诸行无量智慧方便，皆悉成就，天人世间之所归依。"①

## 四

空海在六大（体）、四曼（相）、三密（用）的三大圆融无碍之上建立四种曼荼罗，使东密围绕着"即身成佛"来建构本宗的教义理论体系，以满足平安朝日本人的精神需求，推进了唐密向东密的转化。

第一，空海依据《大日经》、《金刚顶经》思想，从本体论的角度将"六大"作为法界之体性。"六大"亦称"六界"，这在《阿含经》中就已有提出："云何六界法？我所自知自觉为汝说：谓地界、水、火、风、空、识界。"②但以"六大"来说法界之体性以发挥"即身成佛义"，却是空海依《大日经》和《金刚顶经》等密典而做的创造性的发挥。他说："六大法界体性所成之身，无障无碍互相涉入相应，常住不变同住实际，故颂曰：六大无碍常瑜伽。解曰：无碍者涉入自在义，常者不动不坏等义，瑜伽者翻云相应，相应涉入即是即身成佛义。"③这与中国密教一般所说的"六大能生一切"，故从缘起论的角度将其作为支撑现象界的内缘生，即内在条件和基本因素是有所不同。空海作了具体解释：

此六大能生。见非见者欲色界无色界。下如文。即是所生法。如此经文皆以六大为能生，以四法身三世间为所生。此所生法，上达法身下及六道，虽粗细有隔大小有差，然犹不出六大。故佛说六大为法界体性。

诸显教中以四大等为非情，密教则说此为如来三摩耶身。四大等不离心大。心色虽异，其性即同。色即心，心即色，无障无碍。智即境，境即智，智即理，理即智，无碍自在。虽有能所二生，都绝能所。法尔道理，有何造作。能所等名皆是密号，执常途浅略义，不可作种种戏论。

正因为六大既是法界之体性，又是法界之本身，既是能生，又是所生，六大与法界，佛与众生，相应相涉，所以众生即身就能成佛，只要依此胜义修，就能"现证佛菩提"，"现世得成无上觉"④。空海回国以后对"即身"成佛的大力强调和突出发挥，在

---

① 《大毗卢遮那成佛神变加持经》卷三《悉地出现品第六》，《大正藏》第18册，第3页中。
② 《中阿含经》卷三《度经》，《大正藏》第1册，第435页下。
③ ［日］空海撰：《即身成佛义》，《大正藏》第77册，第382页下。
④ 同上书，第381页中。

一定意义上包容或遮蔽了道教"即身"不死的信仰，应该说会对道教信仰在日本的传播产生一定的抵消作用。空海还进一步将"六大"纳入众生心中，他说："阿字诸法本不生义者即是地大，缚字离言说谓之水大，清净无垢尘者是则啰字火大也，因业不可得者诃字门风大也，等虚空者欠字字相即空大也，我觉者识大。因位名识，果位谓智，智即觉故。"① 这也与显教所主张的"四大皆空"有所不同。显教将世界万物与人之身体皆看作由地、水、火、风之四大和合而成，皆虚妄不实，修行者若能了悟四大皆空，才可觉悟万物皆由因缘而起之真谛，由此显教倡导真如、法性、一心、真谛等思想。空海则从"六大"为万有之本体、法界之体性出发，强调"彼身即是此身，此身即是彼身。佛身即是众生身，众生身即是佛身。不同而同，不异而异"。② 佛是六大，众生也是六大。六大无碍，心佛众生三无差别。众生之识与诸佛之智，皆依"六大"。转识为智，智即觉。故众生修持密法，觉悟成佛，即"即身成佛"。空海的东密"依地、水、火、风、空、识之六大，建构成一套内含法尔六大与随缘六大、二者不即不离的本体论。"③ 空海所说的即身成佛，不仅是指"六大"相应、相涉、相入的和谐存在，而且也是指人心中所感受到自身生命赖以存在的本质。

第二，空海以"六大"之"体大"，"四曼"之"相大"，再加上因佛的三密加持"速疾显现"之"用大"，为"即身成佛"进行宗教论证。特别是他所说的"重重帝网名即身"，是以重重帝网交替有序来比喻诸佛刹尘三密圆融无碍的道理，并由此而对"身"作了多重解读："身者，我身、佛身、众生身是名身。又有四种身，言自性受用变化等流是名曰身。又有三种字印形是也。如是等身，纵横重重，如镜中影像灯光涉入，彼身即是此身，此身即是彼身，佛身即是众生身，众生身即是佛身。"东密将"即身成佛"作为立教修行的目标，包含有二层含义：其一是"即生成佛"，《大日经》曰："于无量劫勤求，修诸苦行，所不能得，而真言门行道诸菩萨，即于此生而获得之。"④ 其二是"即身成佛"，《大日经》曰："不舍于此身，速得神境通，游步大空位（指法身位），而成身秘密。"⑤ 空海所说"即身成佛"，说的是父母所生之肉身即能证佛之究竟果位："若人求佛慧，通达菩提心，父母所生身，速证大觉位。"⑥ 这不同于道教的"即身地仙"、"即身不死"，而是以"本具诸法实相身曰即身成佛"⑦。从大日佛与世界、与众生

---

① ［日］空海：《即身成佛义》，《大正藏》第 77 册，第 382 页上。
② 同上书，第 383 页下。
③ 蓝吉富：《认识日本佛教》，台北：全佛文化事业有限公司 2007 年版，第 58 页。
④ 《大毗卢遮那成佛神变加持经》卷三《悉地出现品第六》，《大正藏》第 18 册，第 19 页中。
⑤ 同上书，第 21 页上。
⑥ 《金刚顶瑜伽中发阿耨多罗三藐三菩提心论》，《大正藏》第 32 册，第 574 页下。
⑦ 太虚：《论即身成佛》，载张曼涛主编《现代佛教学术丛刊》第 73 册，大乘文化出版社 1979 年版，第 156 页。

是融通相涉出发，追求身口意三密成就，如实证得"现世成佛"。空海的《即身成佛义》发挥说："问：重重帝网名即身者，其意如何？答：如帝网一珠影能现一切珠内，一切珠影能现一珠内，互相涉入重重。我身法身，能入一切法身。一切法身，能入我身法身。重重涉入，故名重重帝网名即身。"① 但这种教义表面上却又与道教的"即身地仙"有相似性，都是肉身不死而实现解脱。东密将六大缘起、圆融无碍的哲学思辨通俗化为即色而真、即身成佛的宗教教义，降低了理论思辨性，再加入道教的神秘符咒，却得到了日本民众的广泛信奉。如日本学者妻木直良就认为，平安朝传入日本的道术符咒类的道教要素被纳入密教的体系，以阴阳道的名义在民间得到了传播。②

第三，空海还从胎藏界与金刚界的互涉互融、相互依存的思想出发，倡导"金胎不二"的曼荼罗。密宗主张，宇宙万有都是大日如来的显现，表现其"理性"——即本有的觉悟，真如佛性，为成佛之因——方面的称胎藏界，因它具足一切功德而又隐藏在烦恼之中，故称"胎藏"；表现其"智德"——大日如来的"智"是修证之"果"，属于断惑所得的觉悟，是自行修证而来——方面的称金刚界，因能摧毁一切烦恼，故名。③ 唐密传入日本后，对于金胎两部、生佛、因果、迷悟等法相，以最澄为代表的台密主张两部而二，故于两部之外另立苏悉地部（意为妙成就法）来融合金胎两部；以空海为代表的东密则主张两部不二，乃将金刚界之智德与胎藏界之理德合为一体，谓理智为一法之两面，离"理"智即不存，离"智"理即不存，理智冥合而不可分，这从现藏于东寺中的《两界曼荼罗图》也可见一斑。空海在京都东寺（今教王护国寺）所建曼荼罗灌顶堂的形式，与长安青龙寺慧果所置灌顶道场有直接联系。④ 现藏于东寺中的《两界曼荼罗图》，据说就是当年惠果指示李真图绘，后由空海带入日本的。该图依"金胎不二"之教义，以紫绫作底，金泥银泥描绘两界：一曰金刚界曼荼罗，具密教之世界观，灌顶时用；二曰胎藏界曼荼罗，显众生本具理性；前者说差别相之世界，后者说平等相之世界。⑤ 这幅日本平安时代初期绘制的绢本着色的稀世珍品《两界曼荼罗图》，现在虽已绢破色落，但却以图画的形式表达了两界曼荼罗之深意，反映了空海在日本传播的东密与唐密的联系。同时，也使修习密法更具浓厚的神秘色彩，"它以极端的象征性仪式，演绎出无比庄严的气氛，使各种参加仪式的人们对其抱以无尚崇敬的心情"。⑥

---

① ［日］空海：《真立宗即身成佛义》，《大正藏》第77册，第388页下。
② ［日］妻木直良：《日本に於ける道教思想》，《龙谷学报》306号，1933年6月。
③ 洪修平：《中国佛教文化历程》，江苏教育出版社2005年版，第193页。
④ 傅熹年主编：《中国古代建筑史》（第二卷），建筑工业出版社2001年版，第487页。
⑤ 戴蕃豫：《唐代青龙寺之教学与日本文化》，载张曼涛主编《现代佛教学术丛刊》第81册，大乘文化出版社1978年版，第84页。
⑥ ［日］上垣外宪一：《日本文化交流小史》，武汉大学出版社2007年版，第99页。

第四，空海根据唐密的"即身成佛义"，提出三种成佛论——"理具成佛"、"加持成佛"和"显得成佛"：

> 问云：理具乃至显得即身成佛意如何？
> 答：一切众生自心中金刚、胎藏曼荼罗，远离因果法然具，云理具即身成佛也。由三密加持自身本有三部诸尊速疾显发，故云加持即身成佛也。三密修行已成就，故即心具万行，见心正等觉，证心大涅槃，发起心方便严净心佛国。从因至果，以无所住住于其心，如实觉知名显得即身成佛也。①

所谓"理具成佛"之"理"即一切众生都由五大（地水火风空）构成，属胎藏界；心为识大，属金刚界，此为修行的基础。一切众生自心中具有金刚、胎藏两部曼荼罗之体，若远离因果，法然具足，即为理具即身成佛。"加持成佛"指在修行的过程中，由三密加持，在自身显出本具之佛。"显得成佛"是依据"用大"使身口意三密相应，在完成修行时，可显现佛性圆满，达到最高修行果位：

> 以手作印契起如来事业时，自身本有佛部诸尊，以身为门速疾显矣。以口诵真言开声字实相时，自身本有莲华部诸尊，以语为门速疾显号。以意观满月轮见真净菩提心时，自身本有金刚部诸尊，以意为门速疾显也。所以云，即身具三密万行证三密菩提也。②

这种法身当体内证之德，在凡夫尚未认识之前，因幽深难测而难以显现它的作用，故称为"密"。空海认为三密相应，修行圆满具足，于心中开显内证自身本有的三部——佛部、莲花部、金刚部之无量功德，即证得十界平等之佛身。只要三密相应，修行如法，即使是父母所生的凡体肉身，也可能成佛，故曰："父母所生身，速证大觉位"，这就使注重身体修炼成为东密的重要特色。若离开身体修炼的基础条件，"即身成佛"就会成为镜中月、水中花。空海倡导的"即身成佛"比道教的"即身不死"在理论上和实践上又都更加精致完备。

从修行方式上看，东密宣扬"即事而真"，一切万法皆为安心之缘，随事随处皆可入手，故修行较易，收效较速。③ 同时，空海还曾以"十住心"④ 对在日本流传的各种

---

① ［日］空海：《即身成佛义》，《大正藏》第77册，第395页中。
② 同上书，第395页下。
③ 参见吴信如编《扶律谈禅》，中国藏学出版社2007年版，第288页。
④ 参见［日］空海著：《秘密漫荼罗十住心论》，《大正藏》第77册。

宗教（也包括不信奉任何宗教，如接受世间儒教伦理、奉行五常的人及其心境）进行了判教，[1]强调真言密教为佛教的上乘之法，其中虽然没有专门提到道教，但包括道教在内的各种信仰和道法当然都在破斥之列。

从宗教信仰上看，东密也有一些自己的特点，如对于空海的逝世，日本人依据"即身成佛"的观念，只相信他"入定"了，至今仍活在高野山上继续救度大众，因而东密有对弘法大师"入定"的信仰。东密还以自己的信仰来解释神道教的神祇，"认为国常立尊、国狭槌尊、丰斟渟尊三神是'法报应'的三身，这三身的合一就是大日佛。"[2]东密把神道教的几位大神都说成是佛菩萨，这种"神佛习合"的做法促进了神祇与佛陀原本一体的"本地垂迹说"的传播，加快了佛教日本化的进程，也挤压了道教传播的空间。

中国唐密在日本发展为东密，法脉绵延一千二百多年，与空海对密教进行的适应日本人精神需要的改变是联系在一起的。当年，空海既向天皇家族弘法，也向广大民众传教，前后授灌顶者数万人，著名弟子有实慧、真雅、真济、道雄、圆明、真如、杲邻、泰范、智泉、忠延等，被称为"十贤"。空海入寂百年后，东密"在教理（教相）方面没有多大发展，而在修行仪轨、仪式（事相）方面却日益繁杂"，[3]逐渐分为小野、广泽二流，后又分化出七十余流，大致可分为新义、古义二派。高野山以金刚峰寺为中心分布着近120个寺院，发展为举世闻名的东密佛法圣地。至今，来高野山参拜东密道场的人仍络绎不绝，一些巡礼者还头戴菅笠、脚穿草鞋、身着白衣，唱着空海所作御咏歌，吟着曲调哀凄的风物诗，保留着一种与道教长生信仰相似的眷念生命的古风。而这显然也在一定程度上阻碍了道教的"即身不死"在日本的传播。

（作者简介：洪修平，南京大学图书馆馆长，哲学系、宗教学系教授，博士生导师；孙亦平，南京大学哲学系、宗教学系教授，博士生导师，原文发表于《世界宗教研究》2012年第2期）

---

[1] 关于空海的"十住心"判教，参阅杨曾文《空海"十住心"的判教论》，载《觉群·学术论文集》（第四辑），宗教文化出版社2004年版。

[2] ［日］村上重良：《国家神道》，商务印书馆1990年版，第42页。

[3] 杨曾文：《日本佛教史》，人民出版社2008年版，第135页。

# 从"史学"到"实学"

——试论当代中国伊斯兰教研究的实证主义转向及其表现

李 林

## 一 实证主义转向的发生

中国学者历来重视史学,这一治学传统在伊斯兰教研究领域可谓深得人心。伊斯兰教史研究,特别是中国伊斯兰教史研究,一直是中国学者研究伊斯兰教时最为得心应手的"长项",也是目前众多中国伊斯兰教研究的诸多分支中,能够赢得国际学界认可的"传家宝"。从史学进路研究伊斯兰教堪称该领域内的"嫡系正宗"。这一流派起步最早,人才最盛,成就也最为可观。自从20世纪之初,中国伊斯兰教研究进入"利遂期"[①]以来,国内研究伊斯兰教的知名学者几乎全部都云集在史学领域内,如陈汉章、陈垣、金吉堂、白寿彝、马以愚、傅统先等。

为何现代中国的伊斯兰教研究会在史学领域率先取得突破?而最初纯文本的文献考证又何以能够衍生出注重社会现实的田野调查一脉呢?要揭示近六十年来学术风气"递相流转"的缘由,就不得不上溯此前的数十年乃至数百年时间,以考察当代学术史的全貌。有清一代,学术风气深受明朝覆亡事件的刺激。经此巨变,明末清初的遗民宿儒们痛定思痛,深信明朝之亡与晚明以来王学末流空谈心性的流弊关系甚深。由此,开始摒弃空谈,倡导经世致用之学,学风为之一变。此外,当时政界的思想禁锢以及学界的汉宋之争等因素综合作用,将清代学术逼上了一条"古典考证学之路",此考证方法大成于乾嘉年间,又"和近世科学的研究方法极相近"[②]。然而,乾嘉诸老的考证学仍局限于

---

[①] 笔者以当代中国伊斯兰教研究学科的最终确立为着眼点,中国学人从事伊斯兰教研究可划分为四个时期,即元始期、亨长期、利遂期与贞成期。"利遂期"指20世纪上半叶的现代中国伊斯兰教研究。"贞成期"指20世纪下半叶至今的当代中国伊斯兰教研究。"贞成期"的伊斯兰教研究可划分为以下三个时期,即"草创—停滞"时期、"重兴—繁荣"时期、"发展—转型"时期。"草创—停滞"期指1949年到1977年当代伊斯兰教研究的肇始阶段。"重兴—繁荣"时期指1978年至2000年当代中国伊斯兰教学术研究的成长期。"发展—转型"时期包括从2001年至2011年时间,当代中国伊斯兰教学术研究步入成熟期。

[②] 梁启超:《中国近三百年学术史》,上海三联书店2006年版,第19页。

文献考据，直至清末，政局的内忧外患才引起思想的剧变。内外交逼之下遂致清末以来，学风再经一变。其旨上承经世致用之说，外受西学东渐影响。原本只知皓首穷经的学者转而关注社会民生，从"一体用、合知行"，"舍空谈、重实践"入手，一面为解决存亡危机做学问，一面努力吸收外来思想。由此不难理解，为什么20世纪早期学者们竟不约而同地采用史学考证的方法来研究伊斯兰教，实在是受当时学术风气的影响与熏染。

在此背景之下，20世纪上半叶中国的伊斯兰教研究才能面目一新，开辟出前所未有的新局面。一方面，中国学者对伊斯兰教的研究仍然深受乾嘉以来考据学风的影响，以传统史学为主要研究方法；另一方面，在当时西学东渐的大背景下，西方的思想方法和学术传统也流传进来。马克思主义史学和西方实证主义史学是当时史学研究的两大流派。中国的伊斯兰教研究者也开始尝试应用新的方法手段对伊斯兰教的经典、历史、思想、教法等予以考察和思考。他们不断挖掘新的史料，旁征博引，缜密考证，开拓新的学术领域。出现了一大批卓有成就的伊斯兰研究学者和相关研究成果，为后来的伊斯兰教研究者奠定了基础。直至20世纪下半叶进入"贞成期"，历史研究仍是当代中国伊斯兰教研究的主要方法和进路。但是与"利遂期"的现代研究有所区别，当代中国的伊斯兰教研究不仅继承了传统的文献考证，更关注对社会现象的实地考证。此外，"客观"与"科学"的研究法则在学术界被奉为圭臬，逐渐根深蒂固，成为史学研究的基本法则。

自从20世纪80年代以来，当代中国伊斯兰教研究学科进入长达20年的"重兴—繁荣"期后，最先取得突破、最早产生学术专著的领域正是由史学演变而来的实证研究。其代表性著作是于1981年出版的勉维霖《宁夏伊斯兰教派概要》以及紧随其后于1983年出版的马通《中国伊斯兰教派门宦制度史略》。勉著是一部以由对社会现实的实地调查而来的著作，作者称："这本小册子是作者根据（一九）五十年代末期对宁夏伊斯兰教所做的一些粗浅的调查资料写成的……"。① 无独有偶，马著，是作者成名作，也采用了勉著类似的方法。在此书的序言中，马通提到："这个资料，以实际调查为主，大部分是（一九）五十年代一些教派、门宦负责人的口述和家史，以及有关地方志等整理而成。"② 就其相同之处而言，两书资料来源皆以实际调查为主。这绝非出于巧合，而是反映了20世纪80年代历史—考证研究中一种"弃虚就实"的学风和趋势。这种方法既是对20世纪上半叶实证之学的继承，也开启了此后兴盛的田野调查之风，至今未衰。

随着21世纪的到来，当代中国的伊斯兰教研究也进入了"发展—转型"时期。在"历史—考证"的研究阵营内部也出现了一些新的变化。一方面，曾经一度繁荣的中国

---

① 勉维霖：《宁夏伊斯兰教派概要》，宁夏人民出版社1981年版，"作者的话"。
② 马通：《中国伊斯兰教派与门宦制度史略》，西北民族学院研究所1981年铅印本，作者"序"。

伊斯兰教史研究似乎显得有些后继乏人。随着第一代学者，即20世纪40年代之前出生的老一辈学者，因年事已高，大多已淡出学术舞台，而第二、三代学者既罕有老一辈学者扎实的史学功底，在市场大潮的冲击下又不甘如前一代人一样"甘坐十年冷板凳"。另一方面，与文献考证之冷形成鲜明对比，现实考证的方法逐渐占据上风。除了各级政府支持鼓励的外部因素以外，田野调查日渐盛行也有学术发展的内在必然性，体现在以下几个方面：

第一，文献考证一途历来人丁兴旺，然而日积月累，不少领域都已被前人研究得较为透彻，后来者想要在研究上更上一层楼，如无更好的方法可谓难上加难。许多人只得另辟蹊径，转而到社会现实中寻找出路。

第二，与1949年以来中国政治形势的变化有关。20世纪50年代末，国内主流意识形态曾经提出过"宗教消亡论"的激进观点，造成了宗教研究一度销声匿迹。然而，颇具意味的是，在当时的政治氛围下，尽管先后两次出现了"宗教消亡论"的左倾错误，却从未大张旗鼓地打出"民族消亡论"的旗号。其原委自然是一言难尽。这既与近现代民族国家观念的传播与实践有千丝万缕的联系，也与当时国内学界对宗教问题认识偏颇的小气候有关。① 但无论如何，"宗教消亡而民族尚存"的论调毕竟留下了回旋余地，似为宗教研究提供了一个可以暂避风雨的避风港。由于中国有十个被官方认定为全民信仰伊斯兰教的民族，部分伊斯兰教研究，特别是实证研究，开始转移到民族学以及其他一些相关学科内，从而在民族学的名义下保留了伊斯兰教研究的"火种"。

第三，与相关学科的发展有关。进入20世纪80年代以来，与伊斯兰教研究具有密切关联的一些学科，如民族学、社会学、人类学，无论在学科体系，还是人才培养方面都取得了突飞猛进的发展。与此同时，一些从事中国伊斯兰教的学者，特别是中青年一代，已不满足于研究现状，力图求新求变、突破创新。不少伊斯兰教学者通过攻读学位，纷纷转入民族学、社会学或人类学研究领域，以求在理论方法和学科背景重新找到依托。民族学、社会学和人类学三个学科之间本就存在极为密切的亲缘关系，在方法上，它们一致强调实证研究，主张以田野调查所得的一手材料为研究基础。在此背景下，近年来，田野调查逐渐成为中国伊斯兰教研究界，特别是中青年学者中，颇受追捧的风尚。

第四，宗教学研究方法的丰富。宗教研究的诸种进路，就其大致而言可分为人文研究与社会研究两种。人文研究偏重对宗教的历史、思想与文献的研究，而社会研究侧重

---

① 宗教学学者吕大吉认为，"大跃进"（1958年）和"文革"（1966—1976）先后两次提出"消灭宗教"的左倾错误与当时学术界对马克思主义宗教理论的简单化、绝对化、政治化具有直接关系。参见吕大吉《宗教学理论研究室的成长历程》，《中国现代宗教学术研究百年来的回顾与展望》，载《宗教研究四十年》，宗教文化出版社2004年版，第16、292页。

对现实宗教现象的研究。正如一些学者所指出的那样："中国学术界对宗教现象、宗教生活的实证研究开展的很晚，成果很少确实是一个事实。而如果没有这样的研究，纯粹文本的研究显然不可能解释当前社会中宗教的作用与意义。"[①] 田野调查之所以成为当前伊斯兰教研究的一个热点，可以理解为对以往单纯重视人文研究的一个"反动"。其目的不外纠偏补弊，弥补以往人文研究的种种不足，特别是以往对当代中国穆斯林群体正在发生的种种变化之忽视。

## 二 "重兴—繁荣期"的"实际调查"

伊斯兰教研究领域内的实证之路根源有二：一是传统实学的"读万卷书，行万里路"的求知方式。近世以来以此方式治学的表率当属顾炎武。他不仅博览群书，更能"足迹半天下……考其山川风俗、疾苦利病，如指诸掌。"[②] 二是现代科学的实证方法。颇具意味的是，自20世纪80年代进入"重兴—繁荣"期以来，中国伊斯兰教研究竟是在现实考证这条道路上迈出了打破天荒的第一步。那时的现实考证，还没有"田野调查"这样时髦的名称，只是简单地称之为"实际调查"。早期实际调查的代表作品首推马通、勉维霖关于中国西北伊斯兰教教派门宦的经典之作。

有学者认为，改革开放30多年来"最具有学术价值的扛鼎力作"当推马通的《中国伊斯兰教派与门宦制度史略》（宁夏人民出版社1983年）以及其后付梓的姊妹篇《中国伊斯兰教派门宦溯源》（宁夏人民出版社1986年）[③]。作者积数十年之功，在第一手珍贵资料基础上叙述各门宦的历史及特点，主要以西北的伊斯兰教各教派门宦支系为对象，对格底目（老教）、伊赫瓦尼（遵经派）、西道堂（汉学派）等三大教派以及虎夫耶、嘎德林耶、哲赫忍耶、库布忍耶等四大门宦及其数十个支系的源流、发展、衍生的历史过程，包括各重要教派门宦的宗教领袖人物，各派的宗教思想和礼仪特征，都作了详细的介绍。如果说《史略》旨在揭示一个支系纷繁、内涵复杂的中国伊斯兰教内部世界；《溯源》则重在分析各主要教派门宦的演变过程和相互关系。这两部著作为中国伊斯兰教教派门宦的研究奠定了坚实的基础，也将其推进与国际学术界接轨，已成为中国伊斯兰教研究史上的丰碑。马通的研究受到学术界同行的高度评价，并被视为填补了中国伊斯兰教历史研究方面的空白，有筚路蓝缕之功。史学家白寿彝评价《史略》：作者"经过多年辛勤努力，搜集了有关的丰富材料，为中国伊斯兰教史和回族史开拓了一个

---

① 罗惠翾：《伊斯兰教社会功能研究：以几个穆斯林社区的对比调查为例》，中央民族大学出版社2008年版，杨圣敏撰"宗教的挑战——代序"。

② （清）顾炎武：《日知录集释》，黄汝成集释，岳麓书社1994年版，潘耒撰"序"。

③ 葛壮：《20世纪国内有关伊斯兰教历史的重要研究论著及其影响》，《当代宗教研究》2004年第4期。

新的园地，在史学工作上是有贡献的。"①

在此之前，勉维霖的《宁夏伊斯兰教派概要》（宁夏人民出版社1981年版）业已出版。书中以作者在20世纪50年代末期的调查为基础，对宁夏伊斯兰教的格迪目、虎夫耶、哲赫林耶、尕德林耶、伊赫瓦尼五个教派、门宦作了介绍，②并对其分布特征、历史演变、教义修持及与世界伊斯兰教的关联作了精辟分析，故被视为当代教派门宦研究"开山之作"。但由于勉著篇幅较小、发行数量少等原因，一直未能受到应有的重视。此书中的主要部分后来收入勉维霖主编《中国回族伊斯兰宗教制度概论》（宁夏人民出版社1997年）一书中。

如果用今天的眼光来看，马著《史略》一书不仅在篇幅上更胜一筹，而且在方法上更完备。既以实际调查为主要方法，又采用了口述史和文献考证。从方法上看，尽管作者谦称此书虽以"史略"命名，距"史"的要求尚远，但实则其著深受晚清以来传统史学的实地考证与文献考据等方法的影响。同时，由于作者生于20世纪20年代末，早年毕业于西北大学法律系，其教育背景和社会氛围也决定了科学主义与实证精神必然在作者的写作中留下深刻的印记。作者称："至于教派门宦的宗教理学和修持理论，我认为是属于另一范围讨论的问题，在本文中很少涉及。"③ 这说明，在此书中作者始终以客观描述宗教现象为研究准则，而对所涉及教派信仰的意义与价值抱存而不论的态度，属于典型的实证研究。此外，就研究宗旨而言，由于马通本人出身于一个属于哲赫忍耶的家庭中，自幼目睹教派之间的纷争，由此萌发研究中国伊斯兰教派与门宦，故从青年时代起，他就开始注意搜集资料，积三十年之功，最终完成了教派与门宦研究的奠基之作。这种关注现实问题的学风既与传统实学的经世致用之说若合符节，又不乏"新史学"倡导的科学意识。了解了这些，或许就不难理解为什么历史学家白寿彝对马著《史略》评价甚高，赞扬作者不仅在史学工作上做出了贡献，而且为中国伊斯兰教史开辟了新领域。

## 三 "发展—转型"期的"田野调查"

尽管同属"现实考证"之路，但倘若将"重兴—繁荣"期的"实际调查"与"发展—转型"期的"田野调查"摆在一起略加比较，就会发现两者的差异不止体现名称上，其实际内涵也相去甚远。这至少体现在以下几个方面：第一，在研究方法上，实际

---

① 马通：《中国伊斯兰教派门宦与制度史略》，宁夏人民出版社2000年版，"白寿彝先生序"。
② 因为中国伊斯兰教派与门宦的名称不少来自外来语的音译，在使用中难免出现音同字异的情况。勉著与马通的用法就略有差异，但为了尊重作者，此处保持勉著中的原用法。
③ 马通：《中国伊斯兰教派门宦与制度史略》，宁夏人民出版社2000年版，"作者序"。

调查主要通过观察、访谈等方式来收集、堪对资料。而田野调查则在此基础上，增加了新的方法，如问卷调查、定量分析等。第二，就研究宗旨而言，实际调查的目的是通过充分地掌握资料，追溯历史，还原真相；而田野调查则更多关注当代的现实问题。第三，从学科依托看，实际调查与历史学的联系更为紧密，而田野调查则被视为民族学、社会学、人类学研究中获取一手资料的基本方法。

从近年的研究情况看，进入"发展—转型"以来中国学界的伊斯兰教研究涌现出一批学术成果，其共同特点是既通过田野调查的方法获取资料，又具有明确的学科意识，自觉运用民族学、社会学及人类学理论对所获一手资料加以分析，而其作者又多为中青年学者。这方面具有代表性的成果为数不少。比如，杨文炯《互动调适与重构——西北城市回族社区及其文化变迁研究》（民族出版社2007年）从城市族群社区研究的角度出发，以西北地区的四个省会城市西安、兰州、西宁、银川市的回族社区为重点，试图在国家和社会关系历史演变的宏观视阈中、在大传统与小传统以及城市多元文化的互动中全面探讨城市回族社区及其文化的变迁。又如，哈正利的博士论文《族群性的建构和维系——一个宗教群体历史与现实中的认同》（中央民族大学，2005年）以西道堂为研究对象，尝试性地将人类学的族群认同理论运用于中国伊斯兰教研究，对西道堂集体认同的建立、发展和延续做出分析和阐释。再如，罗惠翾《宗教的社会功能——几个穆斯林社区的对比调查与研究》（中央民族大学出版社2008年）从宗教人类学的角度出发，选择云南沙甸、甘肃兰州以及位于甘南州临潭县等三个典型的穆斯林聚居地作为研究地点，通过调查问卷、深度访谈等田野调查方法，获取了大量的一手资料。在此基础上，证明了自己的理论假设：即以宗教信仰、宗教仪式与宗教组织三个方面为核心的宗教，其主要社会功能在于实现社会的"制序化"①。

从实证研究的角度考察中国穆斯林现状的著作还有：马宗保《多元一体格局中的回汉民族关系》（宁夏人民出版社2002年）、白友涛《盘根草：城市现代化背景下的回族社区》（宁夏人民出版社2005年）、马强《流动的精神社区——人类学视野下的广州穆斯林哲玛提研究》（中国社会科学出版社2006年）、丁明俊《中国边缘穆斯林族群的人类学考察》（宁夏人民出版社2006年），等等。这些著作各具特色，如《中国边缘穆斯林族群的人类学考察》一书以生活在蒙、藏、傣、彝、白等少数民族中的穆斯林边缘群体为研究对象，借鉴人类学的族群理论，考察他们在与信仰其他宗教的人群长期杂居的过程中如何保留自身宗教信仰与共同历史记忆，得出的结论是：宗教认同和源于《古兰经》的共同食物禁忌认同乃是这些边缘化穆斯林认同的主要因素。②

不难看出，近年来，以民族学、社会学、人类学等社会科学为学科依托的实证研究

---

① 罗惠翾：《伊斯兰教社会功能研究》，第246页。
② 丁明俊：《中国边缘穆斯林族群的人类学考察》，宁夏人民出版社2006年版，第8页。

正在中国伊斯兰教研究界引发一场"范式转换",大有后来居上、超越传统史学文献考证的趋势。但在这场轰轰烈烈的实证主义转向背后,还应注意以下问题。

首先,尽管民族学、社会学、人类学一致强调以田野调查获取一手研究素材,但这并不意味着文献考证不再是获取资料的重要方式之一。相反,严格的田野调查方法都强调在正式实地考察之前,须以充分的文献收集作为准备工作。在获取资料的方式上,两者只是强调的侧重点有所不同。

其次,新的理论和方法虽然层出不穷,但不可否认,在崭新的名目之下,有些研究确有新意,有些只是"新瓶装旧酒"。其中的关键在于,有些研究只是将田野调查当作文献考证之外获取资料的一个新途径,却并未真正地把握相关学科的研究方法,更遑论升华到理论层面了。所以,就实质而言,这样的研究仍然属于"描述性研究",而非"阐释性研究";更似基础性的调研报告,而非真正意义上的社会学或人类学研究。

(作者简介:李林,中国社会科学院世界宗教研究所副研究员,原文发表于《世界宗教文化》2011年第6期)

民间信仰

# 作为文明化符号的风水

## ——以明清时期泉州丁氏回族的文化变迁为例

陈进国

安德森（Benedict Anderson）曾经敏锐地指出，古代文明社会主要借助一些"古老的、根本的文化概念"来维系某种"非民族"或"超族群"的共同意识，比如书写文化与宗教—经典神秘主义；等级主义世界观及其中心边缘秩序体，以及宿命主义的历史时间观等[1]。在传统中国社会中，中华或华夏文明共同体，主要是通过一种等级主义的天下观来有效维系着，如"道气相贯"、"物我一体"、"天人合一"（感应）的宇宙观念，"整体主义"的秩序观和重视"夷夏之辨"的文化观等等。如《书·舜典》："濬哲文明，温恭允塞。"孔颖达疏："经天纬地曰文，照临四方曰明。"元耶律楚材《继宋德懋韵》之一："圣人开运亿斯年，睿智文明禀自天。"前蜀杜光庭《贺黄云表》："柔远俗以文明，慴凶奴以武略。"因此，"天下观"之下所涵盖的"世界体系"毋宁说是文化主义进路的，是以天、地、神、人的关系作为理解文明的内在背景的，并非主要以"种族—族群"的区分和疆域化为基础的。"有教无类"更是表达了"天下"的世界认识。[2] 而中国传统的风水知识、观念本身就包含着一套对"天人合一"或"天人感应"等宇宙观念的诠释系统（如"堪舆"一辞），是华夏文明符号的重要载体之一，是华夏文明演进的一个关键的文化符号象征。

宋元时期，由于海外贸易的发达，福建沿海地区如泉州曾聚集了大量的阿拉伯人后裔，他们和汉人通婚，形成了泉州后来的"回人"群体，其中以晋江陈埭的丁氏最为有名。他们主要从事工商业活动，最初尽管主要信奉伊斯兰教，祖先崇拜观念也比较淡薄等，但随着时代和周边环境的变迁而逐渐"入乡随俗"，与汉人群体一样形成一些"超族群"或跨种族的共同意识，如抄仿汉人的族谱，确立木本水源、"明昭穆""序尊卑"

---

[1] 安德森：《想象的共同体——民族主义的起源与散布》，吴叡人译，上海世纪出版集团2003年版，第35—36页。

[2] 参见王铭铭《中国——民族体还是文明体？》，《文化纵横》2008年第12期。

的修谱理念,建立制度化的宗族组织等,特别是有效地吸收了汉人的风水知识和观念体系,积极参与祖墓风水的投资和维护的活动,以强化家族的共同体观念。明清时期陈埭丁氏家族自觉的文化变迁,充分体现了中华文明体系中"和而不同"、兼容并包的智慧与魅力。

## 一 丁氏家族对风水的营造和经营

据《丁氏族谱》记载,陈埭丁姓回族的始祖丁节斋(1251—1298)系阿拉伯人落地的"土蕃"、"蕃客",在南宋咸淳年间(1265—1274),自姑苏到闽泉行商,与汉人通婚,遂卜居城南文山里。至三世丁硕德(1298—1379)率子丁善,于元末避乱举家迁居二十七都陈江雁沟里,即今之晋江陈埭,业日以拓,族日以大,子孙繁衍,成为号称"万人丁"的大姓巨族。但今天丁氏祖先并非元色目人的姓氏名讳,而是其后裔在修谱时根据汉人的姓氏习俗冠上的。

据明万历时人丁衍夏《祖教说》记载,明中叶之后,丁氏在丧葬礼仪方面尚保存着一些伊斯兰的习俗,但已逐步向汉人的传统礼教靠拢。在丁衍夏少儿时,丁氏祭祖"若上世风气之未开然也,如殓不重衣,殡不以木,葬不过三日,封若马鬣而浅,衰以木棉,祀不设主,祭不列品,为会期面相率西向以拜天。……厥后殓加衣矣,殡用木矣,葬踰时矣,衰麻棉半矣,祀设主矣,封用圹矣,祭列品而加牲矣。……葬有踰十余年者,吉凶有用黄冠浮屠者,食有以豚者。虽渐变以比于礼,而于非礼之所出者有之,于明洁之尚,吾见其皆莫之省也"。入明以来,在汉族宗法伦理观念的熏陶下,丁氏家族的丧葬、祭祀活动也遵照汉人闽地重视墓地风水的习俗,将祖先崇拜同风水观念联系起来,祖墓风水也逐渐被丁氏回族当作是达成宗族统合目标的一种文化象征资源。

比如,元泰宁间,丁氏始祖节斋公及其妣合葬于晋江县东门外三十九都驿路铺土名东塘头之原,尔后二世祖述庵公祖妣、三世祖硕德公祖妣、皆以附葬焉,共为圹六,皆同一盘基,封若鬣也。当时是否考虑风水因素,不得而知。但四世仁庵公定居陈江后,"念去此远矣,筑室坟侧,居守者王显祥。及显祥世绝,有徐粪者家邻吾坟,求承显详守,与之"①,显见元末明初时丁氏一族已深受汉人建坟庵习俗的深刻的影响。从族谱资料看,当时丁氏家族尚未对此三世祖茔的风水作事关祸福吉凶的价值认定。

明成化年间,丁氏三世祖墓的坟丁徐福在墓边筑室跨占十有八年,其时族中窘于撒成之诬(如四世仁庵公和五世祖诚斋公因被诬涉"白莲会"之事入狱),力绌难伸,迨至正德十年(1515),八世祖丁仪(号汾溪)"得第筮仕,矢志偕古素公仲芳、东淮公

---

① 《东塘祖墓纪略》,载《陈埭丁氏回族宗谱》,第137页。

文淑，告官清复。又虑后侵，养静公（按：七世祖）真率宗人请汾溪公营坟于斯"。丁仪"登乙丑（按：1505 年）进士，历官四川按察司佥事"，曾"师事田南山先生，尽得蔡虚斋《易》学之传，而有发其所未及发也"①，其本人已深受儒家礼教观念的教化，不能不受风水观念的熏陶。丁氏家族对于三世合葬祖茔风水的改修和保护，即从丁仪开始的。② 此前，七世祖养静公和八世祖丁仪已开始遵循汉人的谱例，积极投入于丁氏族谱的修撰工作。

显然，丁氏祖茔的风水受重视之际，正是丁氏的宗族观念凝聚和宗族组织开始形成之时。通过保护祖坟的活动，丁氏也部分地消解了来自外部的压力，从而促进了本家族之向心意识的形成。按十世孙邑廪生丁衍夏亦重修谱，曾于万历甲午年（1594）秋所书之《证误说》称：

> 始祖节斋公之封，经徐福坏后，复而为坛，负南朝北，堪舆家视之，有疑其不然，无从证也。万历初年，守者耕坛后地，得一石圹，迩祖左封仅数尺，发而视之，惟存一颅骸，则负北而面南。考吾祖教者其封在东郊，祔葬率在其封之前，莫有在其后，则祔葬节斋公之诸孙者无疑也，以此证始祖封面南非面北矣。③

该资料说明，明中叶以降丁氏家族已相当看重祖茔的风水营造和朝向吉凶了。丁氏对汉人传统风水知识、观念的吸收和运用，也是其跨越种族或族群的分别，而在文明体系上逐步认同"华夏化"的一个重要标志。丁氏家族内部富有儒学教养的士绅，在促成本族习俗的转变方面更是发挥着相当重要的作用。

随着丁氏家族的繁衍，丁氏后裔对一至三世祖妣合葬墓地的整修规模也越来越大，他们还将祖茔风水同本族人事的兴衰和文运的昌晦联系在一起。比如：

十一世祖哲初公启濬为万历壬辰科（1592）进士，历任刑部侍郎，署尚书加太子少保四朝名卿，曾于崇祯年间将东塘祖墓六堆改为一堆，穴坐未向丑兼丁癸，竖"陈江丁氏一世二世三世合葬祖茔"一大碑，召起园地，并付黄家看守。

清康熙二十六年（1687），十三世孙慕正公丁岳自捐廪膳，鸠族重修汾溪公坟，并筑三世祖茔短垣，植以桐棘，相承无异。对祖茔风水的形胜及对家族发展的影响，丁岳是这样解释的：

> 盖闻报功崇德，久而不忘，逆本追源，人有同枕。所以牛眠无恙，已生埋玉之

---

① 《汾溪府君行状》，载《陈埭丁氏回族宗谱》，第 73 页。
② 《重修东塘三世合葬祖坟纪略》，载《陈埭丁氏回族宗谱》，第 139 页。
③ 《陈埭丁氏回族宗谱》，第 137 页。

哀；矧乎马鬣中崩，宁无过墓之感？缅惟我始祖节斋公，丕基肇造，奠幽室于郊东；我述庵、硕德公先绪克承，祔吉壤于茔侧。六圹佳气带绕，十里荷香；三世潜扃襟连，一湾雉堞。何图撒戍之诬起，几乎覆巢，遂有徐福之奸萌，谋成灭塚。……我前哲古素诸公虑巨测之难防，思弹压于有永，请公佳城，密拱祖城，揖湖负山，右鱼左凤，实祖孙之佳兆，宜樵牧之不惊。执意沧桑一更，戎马几变，坟前滴酒地，将成夜室千燐；塚上持剑处，翻作城门两轨。藐诸茕子，贫不能崇四尺之封，举族喁喁，矇不肯施一杯之覆。祖宗为之震怒，行路因而嗟伤，是以贤书久遏而不登，长才多抑而未试。虽文运之暂晦，亦人事之未成臧，既不能卫先正之幽宫，逝者气短，又何以策后进于云路，生者眉扬？……况世传祖茔为浓云捲月，云破则翚分；为倒地银钩，钩断则势缺。参以青乌家说，可无丹青孝心。某怪揄频逢，龙钟无似，研耕力诎，痛修营之无从；山珑梦驰，恐侵饴之日甚。恭布短引，用愿同衷；凡我宗支，共捐涓滴，各俾双手以擎天，欲成一裘而集腋。勿谓祖庙之工尚缺，何暇别营；当思公寝之窀将穿，讵用再俟。趁岁方之吉利，乘宪禁之日星。[①]

从丁岳的表述可知，丁氏三世合葬墓地的风水意象已获得进一步的扩充，祖墓的风水更被想象为一个推动丁氏家族人文振兴的"能量场"了。而保护祖茔"牛眠无恙"也成为子孙"报功崇德"、"逆本追源"的重要手段。传统儒家的宗法伦理观念已深深地影响着丁氏家族的墓地风水营修活动。

当然，在动荡的社会变迁中，丁氏家族的共同体认同并非一以贯之，对于祖坟的祭扫及整修活动也是时断时续的。如自丁岳修墓之后，"延自数年以来，族心不齐，祭扫俱失，坟前满塞园地，小屋尽被坟丁盗卖，举宗罕到，不知所由"。[②] 然而，始祖的墓地风水毕竟能提供了一种扩大宗族内部统合、重新凝聚族众向心力的文化资源，故至乾隆二十六年（1761），陈埭丁氏族人又经通族公议，择吉于九月十有九日到东塘修理祖坟。关于此次修坟的情形，十六世孙丁淑仪的话语富有代表性，体现了对"天人感应"观念的信仰回归：

至坟之日，有人告曰："欲修理，不清八卦沟，良可惜也。"闻言寻掘，三日无迹，计无所出。忽有老人问我曰："不知八卦沟乎？食尔一豚，告尔其所。"恭敬询问，到处，示我乾方之所，有一月池，从池而出墙边，明沟三十余丈，到坟后暗沟蓄水后，水从田出东塘。因就所示画掘，果见石涵，欲以言谢，老人不见，因思有

---

[①] 《募修东塘金宪汾溪公坟并筑三世祖茔短垣引言》，载《陈埭丁氏回族宗谱》，第138页。
[②] 《重修东塘三世合葬祖坟纪略》，载《陈埭丁氏回族宗谱》，第139页。

此奇异。会族公议清沟，濬涵凿池，古迹无差。厥后填土，右沙陈甲见阻，诘问，情由园地盗买。归寻旧谱，系我祖业。再议重清，一围皆然。东征西讨，始复原业。……酬土之日，子姓到坟盈千，演戏致祭，和气异常，观者无不称叹。此皆我祖之灵，神人之庇，斯能启我后人知所克服也。①

丁氏家族对修墓活动的"奇异"经历的附会与渲染，对祖先风水不断的"神圣化"倾向，无疑是其祖先崇拜意识和宗族集体意识的展现。

延至光绪年间，丁氏更进一步将宗族命运共同体同入闽先祖墓地风水的好坏联结在一起，这从《一二三世祖坟祭扫新整祝文》可管中窥豹：

星霜屡换，雨露频濡。坟侵碧藓。仰燕诒于祖德，培马鬣之神区。毓秀钟灵，长燿千年华表；谨斋致洁，爰呈一束生刍。恭惟祖考妣，岳降苏淞，基开陈埭，骥子承家，凤孙衍派。佳城六圹，襟萦十里荷香；嫡系三传，屏耸千层宝盖。共说浓云捲月，发科则鹊起蝉联；相传倒地银钩，裕后而祥征瑞霭。某等追远铭丹，感怀时素，剔荒苔于元宇，长妥先魂；植老栢于黄丘，少伸孺慕。肃顾牛眠启瑞，登甲第以鹏搏；还其麟趾继昌，育丁男而燕贺。尚飨。②

在家族建构活动中，泉州丁氏除重视开基祖祖茔风水的投入与维护之外，对其他祖茔的风水也特别的关切。明代洪武、永乐年间，丁氏五世祖诚斋公向潘家购坟地，位处晋江三十七都，土名鹿园，以安葬四世祖仁庵公及淑懿妣，"穴坐艮向坤兼丑未，坟用太极崇封，面揖同安方山"③。开筑后，诚斋仍志书于石碑之背，其铭曰："鹿园名山，我贳所置。葬我父母，出自己意。上兄下弟，乐从无贰。植此丹荔，永为荫庇。示我儿孙，保此重器。"④ 由于丁氏徙居晋江东江（陈埭）自仁庵公始，后裔对仁庵墓地风水更是特别的关照。明清以来，鹿园祖墓屡被盗葬、墓祠被折毁，引发丁氏家族与其他汉人家族及坟丁的数起纠纷：

一是在明代嘉靖年间与吕希春的墓地纠纷。因鹿园原系潘氏之地，潘氏后裔曾频频找帖，如"潘吼仔为无厌之求，复告取贴，官不直之"，"嘉靖癸未岁（1523 年），奸人吕希春桀黠刁讼者也，渊于潘，得吼仔状稿，托祠姑妇于潘，窃埋父骸于祖堆之傍，侵及我家诸无后衬塚内。我方讼之，而倭乱炽，是以不终，吕之侵未迁也。"⑤

---

① 《重修东塘三世合葬祖坟纪略》，载《陈埭丁氏回族宗谱》，第139页。
② 《陈埭丁氏回族宗谱》，第214—215页。
③ 《重修鹿园祖茔纪略》，载《陈埭丁氏回族宗谱》，第141页。
④ 《陈埭丁氏回族宗谱》，第62页。
⑤ 《陈埭丁氏回族宗谱》，第141页。

二是在明代崇祯年间与坟丁谢氏的纠纷。"前坟丁谢宠诏，盗葬瓦棺于拜庭下，先祖伯司寇晳初公启睿于崇祯五年（1632年）告官，召佃以付陈伯登看守，经按司道府馆定其界。……缘数年祭扫废失，水道直冲，守冢者遂萌蘖其间，或盗卖园地，或偷取山石，举宗罕到，懵然不知。……（乾隆二十六年，1762年）择吉于八月二十一日到山修理，视之山石缺失，责之坟丁，初犹豫不负隅，会议闻官，惧罪赔补。九月二日，令填原石，仍罚神佑"①云云。

丁氏族裔为了保护四世祖鹿园的风水宝地，于清代乾隆二十六年"由是仿古古修理，水冲则塞，庭缺则圆，砖破易之以灰，栏折换之以新，复填土以被龙身，遂伐树以去蔽塞，修葺填补，坚牢永固。至若山石一水，由辛而入鹿窟，由鹿窟乾方而入环沟，从丙方水门而出，小则若琴瑟之声，大则有澎湃之势，皆循先人之旧，非创举也"②。

值得注意的是，近世以来，有关祖先祭祀礼仪，除了墓祭外，尚有祠祭。如果说墓地是祖先灵魂的一个永久性居所的话，则神主牌（一般用木做成，外塗以金银）也是祖灵暂居之所，是接结祖先与子孙之"气"以及天地之"气"的象征载体，能将墓地及祠堂的好风水气运带给子孙。故家（祠）祭与墓祭其实是有机统一的。如果祖先的骨骸不存或存之太少，葬木主或银牌祔主还被视为一种有效的弥补办法。丁氏家族同样非常重视祠堂神主的祭祀。如谱载清代咸丰六年（1856）《修龛纪略》："其时风例，凡世代屡□而栗主溢多者，投以火化，付之清流。""诸神主既化，尚其将主中各填生卒、世系，集成一部，俾后日开卷便览。"③因神主在祠堂享受祭祀，子孙也受到祠堂风水的庇荫，族人并不肯轻易地退出本世系神主。例如"江头大厝房"公议曰："以十九世祖孝子纯良公、妣黄太宜人；十九世祖妣节孝淑汝李孺人，正平公元配也；二十世祖诚微公，其神主在祖祠，自前有充银项，须永远留存。如逢祖祠化主之时，宜将此数位神主长留，不准付丙。兹特明登家乘，俾后之子孙知之。民国三十伍年岁次丙戌梅月谷旦倡守重修，裔孙子守、以鲂、以管同谨识。"④

丁氏家族甚至以象征祖先魂魄的木主"填藏其地"以维护祖先的风水。《水午林葬木主圹志》记载五世墓被自家人侵坏风水的情况：

> 是为二房始祖诚斋公墓坟，四封地可五里许，东至后圳坑，西至马使坑，南至官路，北至吴彦仁墓，碑载可纪。世久指多，众心不一，有导势宦而侵者，赖先中宪祖父力争而止。逆侄丁寅，包藏祸心，仍盗厥壤，合房数千人觉而争之。盗心不

---

① 《陈埭丁氏回族宗谱》，第141页。
② 《陈埭丁氏回族宗谱》，第141—142页。
③ 《陈埭丁氏回族宗谱》，第533页。
④ 《陈埭丁氏回族宗谱》，第17页。

悛，攀附求援，会不肖予告里居，为直于郡。伯公祖盗魄获移，佥议诚祖木主填藏其地，永杜后侵。属不肖纪略，以召来者。时崇祯二年孟冬二十日也。刑部左侍郎六世侄孙启浚熏沐拜书。①

为了获得好风水，丁氏家族也迷信地方神灵和占卜数术，欲藉借神灵来点化。如十八世德馨公（近代军火科学家丁拱辰②之兄），妣慈惠苏孺人葬在泉州清源山水流坑，穴坐乙向辛兼辰戌（坐东朝西），分金辛卯辛酉，"形似独角麒麟"。先前的堪舆家多有吉断。谱载德馨公墓经汀州人杨大受占宅兆"六壬课"，卦断"子孙动贵登天门，禄旺在传，此地坐东向西，干中枝结罗墩把水口，两水交连明堂宽，是为吉地。子孙逢吉秀士，世代人丁亦旺，不必更改，勿信庸师之言虎形穴"，又占一卦断"三传子动生财，四课相合，……此地不必更动迁修，越久越好，财丁俱有，并无风煞水蚁之例，可出一榜之裔。土是红紫过脉来龙，并无煞曜一气到结，切勿信庸师说忌之弊"。但族裔欲改不能定，最后至泉州"涂门关圣大帝庙签诗断风水好"，得第86签"管鲍为贾"③："一般（签谱"般"字写作"舟"）行货好招邀，积少成多自富饶。常把他人比自己，管须后日胜今朝。"④

## 二 丁氏家族针对墓地风水的买卖和纷争处理

明清时期，福建地区的许多土地已被分割成各个家族的私有之物，并可以通过契约来继承与买卖。受风水观念及洗骨葬习俗的左右，坟地交易一直相当的频繁。在契约文书中，风水契更是占据着很大的比重。由于土地所有权和法权制度的私有化和家族化，再加上"地狭人稠"矛盾，民间可用于择葬的坟地毕竟有限，"惑于风水"而起迁的旧穴仍有经常被转卖去新做坟。诚如明末清初堪舆家淮右禅师云："地理之图，……小者惠贫困之人，大者留待德福。至乎得失之故，则造化自有主之，非我所得私也。"⑤ 闽中的"尚巫机鬼"传统以及"理气派"风水崇信"好风水不达（如）好德性"（天理决定地理）观念左右旧坟买卖活动甚深。人们相信，各类法术有助于改变旧穴的气运，穴地

---

① 《陈埭丁氏回族宗谱》，第142—143页。诚斋公，入闽第五世丁观宝，字世乎，号诚斋，1369—1436年。
② 丁拱辰（1800—1875）撰有《演炮图说辑要》、《演炮图说后编》、《增补则克录》、《西洋军火图编》等书，是中国近代较完备的武器论著。
③ 典故：春秋管仲与鲍叔微时曾同为贾，及分金，管仲多自与，鲍叔知之，不以为贪，知贫也。后鲍叔为齐桓公大夫，管仲为相。其善全交道，有如此者。（曾焕智、傅金星编著：《泉州通淮关岳庙志》，1986年印本，第125—126页）
④ 《陈埭丁氏回族宗谱》，第228—229页。
⑤ 《清源图·续序》，泉州闽台关系史博物馆藏，清道光年间抄本。

的风水效能会因人、因时而异，穴地吉凶同命主八字的好坏、以及择葬时日的宜忌密切相关，等等。特别是土地资源有限的情况下，贫家并不在意于购买旧坟。

丁氏家族同样积极参与旧坟买卖的行列。兹择三张契约略作分析：

(1) 立卖契人晋江县二十七都上福乡陈镜、陈悦等，有先祖在日买得张宅山一所，坐在五都宅内乡古老山尾土名大磨前山，张宅产米已推入本户收入明白，安葬祖坟一穴，坐艮向坤。因房分不均，三房子孙公议，迁移别葬外，将此旧穴卖与施宅，员银六十两正。其银即日交讫，其原穴上下各无虚堆，听施宅前去葬亲，开筑砂水明堂。产山系陈宅管执。前年左畔干池下一穴，卖与张宅安葬明白，左畔大石下尾棺一首，右畔分水外尾棺一首，封土两无伤。此系二比甘愿，各无反悔。如有不明，卖主抵当，不干银主之事。今欲有凭，立契为照。其石内砂水听做四至明白，再照。

　　康熙六年（1667）十月　日
　　　同立卖契人　陈镜　陈锐　陈亢　陈高　陈辰　陈福
　　　　中保　　领叔　日灿
　　　　作中人　姑丈王朝聘　林沛叔　林完叔　林愿叔　黄升
　　　　庄驭六　蔡玉甫①

（注：同谱尚录有一契，谓梁姓因"房分不齐"迁祖，将旧穴卖与丁氏。）

(2) 同立缴卖契人中华铺蓝光铉、蓝光镇、蓝光铨等，父在日用银明买得何又可晋江县四十一都新田乡土名竹仔山上，坐南向北，其穴步界址登载原契。今因兄弟公议，其地未尽叶吉，托中就与丁宅边，卖过银五十两整。银即交讫，其穴地听丁宅前去择穴、开筑、安葬。此系三房兄弟公议，不敢异言阻当。其前坟有土牛二层，或存或拆从其便，并无不明相碍等情。如有不明，铉自抵当，不干银主之事。今欲有凭，立缴契为照。仍缴祖契二纸，再照。

　　康熙三十一年（1692）二月　日
　　　同立契人蓝光铉　蓝光铨
　　　　中见　杨学仁　许俞相　田偶叔　苏瑞墀②

(3) 立卖坟契晋江县八都吴山乡苏俨甫，有承祖应分产山一所，坐在灵源山下陈埭墓凤尾凸，有祖坟一首。因葬不合法，房分不齐，今因欠银择地别葬，托中就

---

① 《陈埭丁氏回族宗谱》，第268页。
② 《陈埭丁氏回族宗谱》，第257页。

与丁宅边卖出旧坟地一穴，银钱银四十两正。其银即日交讫，其原坟听银主前去开筑坟茔，中间并无不明。如有不明，卖主抵当，不干银主之事，其原坟与房亲无与。恐口无凭，立契为照。其中心九步后银主管掌，栏山砂水外系卖主管掌。各无反悔，再照。

  康熙六年（1667）十二月　日
    立卖契苏俨甫　知见苏六合
    作中见　张长观　千友　瑞老
    作中人　陈□廷　陈奇标　许甲兴　张甲兴　吴升老　张壬兴①

从上述契约可知，丁姓所购买的大磨前山（A 契）、竹仔山上（B 契）、灵源山下（C 契）等三块旧坟地，乃异姓（张、陈、何、蓝、苏）因祖坟"房分不齐"、"葬不得法"或"地未尽叶吉"而经合房公议起迁之穴。其中，清代康熙六年（1667）陈氏三房兄弟转卖的大磨前山旧穴（A 契）原是明代张厚观祖坟，张氏因"开坟葬父后，子孙不利，财产破荡"，经兄弟商议后起迁，并于嘉靖七年（1528）将旧穴转买给陈姓先祖。② 康熙三十一年（1692）蓝姓三房兄弟转卖的竹仔山上（B 契）旧穴本是何姓祖坟，何姓亦因"房分不齐"，经"与众房公议"，于康熙十年（1671）将祖迁起别葬，并转卖空穴与蓝氏"以为葬祖公费之资"。③ 至康熙三十一年（1692），蓝姓三房又因"土未尽叶吉"而将穴地转卖给回族丁姓。上述契约透露了乡族势力干涉邑内迁葬卖穴活动的内情。毕竟异姓、房亲或姻亲的参与，有助于避免同族房分的风水利益冲突，从而保证了乡土社会秩序的稳定。

在祭扫祖先坟墓的活动中，出于倚重祖先风水的观念，丁氏家族也难免和其他汉人家族发生讼端，并在乡族士绅及公亲的关照下得以"和息"。我们试举丁焕新和庄延奇的"立约字稿"和"和息稿"为例：

（1）丁焕新立约字稿

立约字人丁焕新，因旧坟本年要行修理，庄家以为近于祖坟向阻，经已控官。兹听公亲调处，俟来年损坏，方行照旧修理，不得高筑添葬竖碑，致碍庄家祖坟。庄家亦当听丁照旧修理，不得藉坟阻当，再滋讼端。今欲有凭，立约字为照。

  乾隆三十六年十一月　日
    立约字人丁焕新

---

① 《陈埭丁氏回族宗谱》，第 270 页。
② 明嘉靖七年（1528）张厚观所立情愿卖绝荒山文契，《陈埭丁氏回族宗谱》，第 267 页。
③ 清康熙十年（1671）何又可所立二张卖契（卖旧穴与蓝宅），引同上，第 257 页。

公亲丁毓英　庄化玉　林聪禧

张源仁　庄拔英　丁湘江

(2) 庄延奇立约字稿

立约字人庄延奇，因丁凤官旧坟本年要行修理，碍与奇祖坟相近，经已控官。兹听公亲调处，丁坟俟来年损坏，方行照旧修理，丁家亦不得高筑添葬竖碑，致碍奇祖坟。奇当听其照旧修理，不得藉坟阻当，再滋讼端。今欲有凭，立约字为照。

乾隆三十六年十一月　日

立约字人庄延奇

公亲张源仁　丁毓英　庄化玉

林聪禧　庄拔英　丁湘江

(3) 和息稿

具禀人五都总约监生林聪禧，同举人张源仁、丁毓瑛、丁湘江、贡生庄化玉、庄拔英等，为调处两愿恳恩准销案事。缘丁焕新、庄奕奇二比互控坟山等，因均蒙核案批司勘查详报。禧等忝系二比姻亲，仰体仁宪爱民无讼，劝庄以坟前水沟填填移别向，勿冲丁坟，其余各依旧管掌。兹各允愿合取具两边遵依缴粘，叩乞大老爷恩准销案，以全亲谊，使免终讼，金紫蝉联。叩。乾隆三十六年十一月二十日禀县主徐，批"既经处明，赴该巡司衙门递息详销可也。遵依并发。"具尊依人丁焕新："今当大老爷台下，遵得新以占筑等事具控庄修等一案，兹听公亲林陪禧等调处，俱各允愿冰释，合具遵依是实。"具遵依人庄奕奇："今当大老爷台下，遵得奇以勒噬等事，具控丁焕新等一案，兹听公亲林聪禧等调处，俱各允愿冰释，合具遵依是实。"

乾隆三十六年十一月二十日①

按：丁氏与庄氏祖坟相邻，庄氏系恐丁氏修祖坟而伤其祖坟，故而争讼。双方共许极成的风水信念无疑是滋讼的关键原因。而在由风水观念而引发家族或乡族"议约"活动权力的展演中，既有同意的（房派之间或家族之间，乡族内部），又有教化的（家族或房族内部），也略带有横暴的成分（禀官究办等等）。② 这种以乡村的自治化为前提的

---

① 《陈埭丁氏回族宗谱》，第259—260页。

② 费孝通认为，在乡土社会的权力结构中，"虽则有着不民主的横暴权力，也有着民主的同意权力，但是在这两者之外还有教化权力，后者既非民主又异于不民主的专制，是另有一工。所以用民主和不民主的尺度来衡量中国社会，都是也都不是，都有些象，但都不适当。一定要给它一个名词的话，我一时想不出比长老统治更好的说法了。"（《乡土中国·长老统治》，生活·读书·新知三联书店1985年版，第70页）

息讼行为，从中足以管窥传统乡村社会中一个以姻亲、宗亲为重心的"情理"话语系统的自足性，而非以近代兴起的"民族"或"种族"话语来营造主体的价值认同意识。

## 三 丁氏家族墓式与风水观念的影响

明清以来，泉州丁氏家族大多接纳了汉人的风水择葬习俗，"葬有逾十余年者"①。但作为穆斯林后裔，丁氏的家族墓式并未完全丧失其原乡文明的"本真性"，比如普遍采用"封若马鬣"的伊斯兰墓式（回式），封不用圹。不过，这些坟墓样式几经变迁，仍然与闽南坟墓造型相兼容，"形若半月，后仰前俯"，同时也系"天圆地方"之宇宙模型观念的真实反映。

譬如，清乾隆二十六年（1761）丁氏十六世孙丁淑仪所书《重修东塘三世合葬祖坟纪略》曰："始祖节斋公，于元泰定四年冬十月，葬于本县三十九都驿路铺东塘头灵堂山之原，二世祖述庵公、三世祖硕德公祖祔焉。三世咸偕其配，为圹六，封若马鬣，穴坐未向丑兼丁癸。……崇祯年间，哲初公启浚改为一堆，竖'陈江丁氏一世二世三世合葬祖茔'一大碑"。② 1993年，因泉州城建所需，择于灵山圣墓之阳，"背峙清源，俯临晋水，丛林耸翠，胜景非凡，俾作营迁祖灵吉地"。③ 迁后重建的墓依回式，但墓后墩的墓圈或墓围墙（龟后屏）格局，仍然采用Ω（欧美茄）型或马蹄型，借以护拱坟墓。墓庭内的坍池则设置成长方形，并与三重墓手组成交椅状，护手系属外推的形态。这种"后圆前方"的坟墓造型能够有效地防水护坟。而墓门外还有高耸的牌坊，形近风水术中所谓"楼台掩"或"照墙掩"，和墓圈围墙一样，亦起到"剪风消杀，避强炊压之大作用"。

另据《修理五世祖英杰公墓碑记》，丁氏五世祖英杰公（1375—1459）"拳术冠闽，赴省擂台得胜，精识堪舆，自择圣茂佳城，墓依回式，斯为明代古迹。开基三房喜得钟秀地灵，子孙昌盛，历朝庆毓人杰，每逢重九，裔孙咸集祭墓。一九六二年得侨资而修理。今冬七、八，将墓后山砌石水分，左右两翼围墙拱护，镶石泐文，永垂后人留念"。④

明清以来，丁氏家族墓地开始"封用圹矣"，并完全采取泉州人的金水墓或龟壳墓样式，借以"藏风聚气"，护养风水。如八世祖守素公（1458—1525），与原配地王氏、继配王氏原合葬于本县三十都赤塘乡市尾宫土名安下之原，穴坐子午兼壬丙，分金丙子

---

① （清）丁衍夏：《祖教说》，《陈埭丁氏回族宗谱》，第29页。
② 《陈埭丁氏回族宗谱》，第138—139页。
③ 《陈埭丁氏回族宗谱》，第323页。
④ 《陈埭丁氏回族宗谱》，第321页。

丙午。1958年土地大平整时遭湮没，后于1995年移至泉州灵山圣墓丁氏祖墓郡左起第四穴，墓改用回式。但现存族谱所录守素公旧墓图却仍然有"龟背"二字，形若半月。

另从"泉州丁氏十九世祖丁母俭勤王恭人长妇贞王宜墓图"看，嫁入丁氏的汉人女性坟墓仍然是闽南金水墓的造型，"后圆（墓圈）前圆（坽池）"。

从丁氏尚存的回式（伊斯兰式）与闽式兼容的墓型看，同一区域内不同族群的文化心态既有同构型，亦有异质性。丁氏回人的葬俗在社会变迁中仍然保存着文化多样性的内容，并非完全"服从"于区域内丧葬主体价值的风尚。因此，不能简单用"汉化"一辞来说明丁氏所受的汉文明习俗的影响。所谓的"汉化"并不是以完全地斩断其原乡文明的"本真性"为代价的。丁氏混合性的坟墓造型透露出回汉丧葬礼俗交互相容的文明演进史，而阴阳五行观念及相伴而生的风水学说在其中扮演着相当重要的文化"涵化"角色。当然，随着近代"民族"话语和民族政策的强化，丁氏坟墓作为伊斯兰文明的边界也获得不同程度的强化。

## 四 余论

概而言之，诚如丁氏族谱载丁衍夏曰："有可变革，有不必变革者，在乎省其宜而行之也。宜者何？天理人情之宜也。苟于天理人情而无害者，何必变之以徇世俗之私乎？今于其变者而知裁之以礼，斯善变矣。若意出于明洁，心存于诚敬，则宜深念而慎守，相期以勿变也。"[①] 在汉文明的演进过程中，风水作为一种"华夏化"的文明符号，有效地推动了近世以来泉州地区回汉的文化交融，从而促进了"和而不同"的中华文明体系之"跨族群"的共同意识的形成。

（作者简介：陈进国，中国社会科学院世界宗教研究所副研究员，原文发表于《中国科技史杂志》2011年第32卷）

---

① 《陈埭丁氏回族宗谱》，第29页。

儒教与儒学

# 宗教会通、社会伦理与现代儒佛关系

## 陈 来

一

宗教会通是近来宗教界和宗教学界关注的课题。我自己所关心的宗教会通，首要和主要的，是指中国宗教的会通。宗教会通应当涵盖了几种意义，如，可指在传统中国长期发展流衍至当代的本土宗教（儒、释、道等）的会通；又如，可指在中国文化的地区里面，各种有较大影响的宗教的会通，这就不限于儒、释、道等本土宗教，而可以包括基督宗教等。我在这里所讨论的是前者，即儒、释、道的会通，特别是儒佛的会通。至于会通，就时间性而言，则当然不止是指儒释道会通的历史，也更指儒释道等的当代会通。至于"会通"本身的意义，按我的理解，是指理论或实践的一致、相通，是对于此种一致感的寻求和肯定，是对对立、紧张的化解。

近二十年来，"宗教对话"较为流行，得到大家的肯定，宗教对话是一种方式，目的是求得宗教间的沟通和理解，妥适地理解对方的信仰与实践。宗教对话是适用于当今世界宗教严重对立的境况的沟通方式，是发展宗教的相互理解的最基本亦即最初级的方式，也是使宗教间严重冲突、对立走向缓和的基础步骤，值得肯定。

但在中国文化的历史和当代，宗教之间本来没有严重对立和冲突，绝大多数历代王朝、政府同时支持儒、释、道三教，虽然支持的轻重有所不同。千百年来三教会通的努力不断，已成为不可否认的历史事实。三教会通的努力并不是指企求三教化而为一，而是指致力于使三教自觉到各家之间的相通之处，化解不必要的对立和相互批评。"宗教会通"与宗教对话不同，是适合于中国宗教关系历史的处理相互关系的一个方式，是比宗教对话更为进步的宗教理解方式。

宗教会通，是各个宗教在所有方面都加会通，还是只在且只可能在某些方面加以会通呢？显然，在核心信仰等方面，可以互有妥当的理解，但并不能指望可以互相会通。我们应当先追求在核心信仰方面互相妥当的理解，还是先促使各家谋求核心信仰之外的其他方面的会通？历史证明，真正在教义的细节上一家对另一家能达到理解，也是很不容易的事情，追求这样的理解是永远开放的过程；但在社会实践的领域，相对而言，比较容易达成某些一致。

## 二

在社会伦理方面，儒家重仁义（忠孝），佛教重慈悲，中国宗教在这方面的会通是从很早就开始了的。颜之推《颜氏家训》提出："内典初门，设五种之禁，与外书五常符同。仁者不杀之禁也，义者不盗之禁也，礼者不邪之禁也，智者不酒之禁也，信者不妄之禁也。"（《归心篇》）北宋时期，宋真宗兼礼三教，称："释氏戒律之书与周孔荀孟，迹异而道同。大指劝人之善，禁人之恶。不杀则仁矣，不盗则廉矣，不惑则信矣，不妄则正矣，不醉则庄矣。"（见《佛祖统记》卷四十四）这是强调儒佛价值的会通。南宋时孝宗曾著《原道论》论三教会通，主张："释氏穷性命、外形骸，于世事了不相关，又何与礼乐仁义者哉？然犹立戒曰不杀、不淫、不盗、不妄语、不饮酒。夫不杀，仁也。不淫，礼也。不盗，义也。不妄语，信也。不饮酒，智也。此与仲尼又何远乎？从容中道，圣人也。圣人之所为孰非礼乐？孰非仁义？又恶得而名焉？譬如天地运行，阴阳若循环之无端，岂有春夏秋冬之别哉？此世人强名之耳，亦犹仁义礼乐之别，圣人所以设教治世，不得不然也。……夫佛老绝念，无为修身而矣。孔子教以治天下者，特所施不同耳，譬犹耒耜而耕，机杼而织，后世纷纷而惑，固失其理。或曰：当如何去其惑哉？曰：以佛修心，以道养生，以儒治世斯可也。其唯圣人为能同之，不可不论也。"（见《佛祖统记》卷四十七）这是指三教教化的互补会通，这一说法流传最广。

宋代佛家这种主张更多。北宋的智圆自号"中庸子"，曾说："吾修身以儒，治心以释。"（《中庸子传》）他以仁、慈为"同出异名"（《出生图纪并序》），说"五戒与五常同归"（《驳嗣禹说》），"读仲尼书……知礼乐者……亦犹佛氏之训人也，有禅慧，有戒律焉。"（《法济院结界记》）"三教者本同而末异，其训民治世，岂不共表里哉？"（《谢吴寺丞撰闲居篇序书》，以上俱见于智圆《闲居编》）北宋契嵩主张："儒佛者，圣人之教也。其所出虽不同，而同归乎治"（《寂子解》），他还说："人乘者，五戒之谓也。……以儒校之，则与其所谓五常仁义者，异号而一体耳。夫仁义者先王一世之治迹也，以迹议之，而未始不异也；以理推之，而未始不同也。迹出于理，而理祖乎迹。迹，末也，理，本也。君子求本而措末可也。"（《原教》，俱见于《镡津文集》）这也是强调儒佛价值的会通一致。南宋大慧宗杲说："三教圣人所说之法，无非劝善诫恶、正人心术。心术不正则奸邪，唯利是趋；心术正则忠义，唯理是从。理者理义之理，非义理之理也。如尊丈节使，见义便为，逞非常之勇，乃此理也。……菩提心则忠义心也，名异而体同。但此心与义相遇，则世出世间，一网打就，无少无剩矣！"（《大慧普觉禅师法语》卷二十四《示成机宜季恭》）南宋圭堂居士著《大明录》，他说："大哉！居士之道也，噫！不舍道法而现凡夫事，此则大乘中正之师，而千万世可以通行而无弊者也。是故居士之道，以三纲五常为大本，以六经语孟为渊源，以士农工贾为实务，以孝悌忠信、名分上下、长幼内外为安居；谓道由心悟，玄由密证，人事无所畏也。故可以显，可以隐，可以朝市，可以山林。处世间法、出世间法，皆得以圆而妙之，而用不胶。佛者见之谓之佛，道者见之谓之道，儒者见之谓之儒，而不知居士则未尝有焉，此其所以为居士之妙也。"（《大明录·篇终杂记》）这些都是强调儒佛心术、理义的一致，在道德伦理上的一致。

元代学士刘谧作《三教平心论》，不仅反对排佛者，也反对"独优佛教，而劣儒道"，他根据"以佛治心，以道治身，以儒治世"的提法，提出心、身、世，不容有一之不治，三教无非欲人归善。换言之，治世的伦理，各家都觉得可以会通于儒。

## 三

从20世纪以来的中国社会与文化的发展来看，与历史的努力和成效相比，宗教会通在两大领域取得了重大突破和进步，这就是各个宗教的社会伦理和入世关怀，已经渐趋一致，传统的宗教对立的基础已经渐渐消失，也使得宗教会通的局面获得了前所未有的改观。

在传统中国时代，宗教对立的根本点，是集中在出世与入世的问题，以及由此延伸出来的理论论述。其中儒家对佛家的批评最为有代表性。由于古代佛教僧团的实践，以出世修行为特色，与儒家的家庭伦理与社会伦理观念形成对立，遭遇到儒家士大夫的强烈批评。虽然，某些个别僧人参与社会活动，或有些僧寺参与个别社会性活动，但总体上说，在古代社会，儒家的这种批评，佛家是很难拒绝的。古代中国的其他宗教也遇到同样的难题，只是未如佛教之突出。

近代以来，人生佛教、人间佛教、人间净土，这些口号下的追求，构成了佛教人间化的运动。中国宗教"人间化"的运动就是"入世化"，中国佛教的现代转化是以中国佛教的"入世化"转向为其特征。而以台湾佛教为代表的当代两岸三地的佛教实践，一改不关心、不参与的社会态度，积极投身社会事务和人心的转化，开创了中国宗教新的历史，大大地化解了出世与入世的紧张，也根本地化解了传统中国文化中对佛教的批评。当代佛教给人们的印象，不再是离开此世的社会性，离开此世的众人，孤自到山林中去修行，相反，以台湾为代表，在社会福利、文化教育以及伦理教化等方面，佛教已经成为重要社会力量，佛教的入世积极性和成就，得到了社会各界的充分肯定。

古代佛教并不是不知有大乘菩萨道，不舍众生，不住涅槃，而是在个体修行方面标得过高。于是成就佛果往往被要求进行长期的孤立的出世修行，认为唯有在修行达到某种境地后才能行菩萨道。这种对于内心修行和行菩萨道关系的理解，妨碍了佛教发展其入世的关怀，也加强了外界对佛家出世性格的批判。现代佛教并非放弃修行，而是重新理解出世法，重新理解修行与救世的关系，从而修行不离救世，救世不离修行，知行合一，即知即行，转化此世便是出世，离了转化此世更无出世。通过入世的实践来实现转依。在中国宗教发展的历史中，佛家的出世与入世的对立最为突出，既然佛教在当代都已能化解了其中的紧张，则其他本土宗教更没有不能跨越的障碍了，其区别只是在救世意识的程度而已。当代佛教的实践显示出，其理想并不是要所有的人都做出家的信徒，而是着重在把佛教的价值理想推广在社会，求其实现。自然，佛教等中国宗教的入世，相比于儒家来说，仍有其限制，如宗教不介入政治、政党，僧人也不会任职于政府等；但宗教在超越国家的领域，所发挥的功能又远远超过儒家，如当今世界性的议题，和平、环保、妇女、儿童、灾害诸方面，宗教介入之多，成果之大，都是入世的体现。更广泛地看，这和世界宗教的所谓世俗化是一致的，即宗教日益关心此岸的人类事务，而不再专门以服务和向往于彼岸的神和天堂为宗旨。于是，我们看到的是，在中国人的现代社会，现代化过程伴随的不是宗教在社会生活和个人心灵中的不断衰退，反而是宗教在社会生活和人的心灵的不断扩展。现代化既提供了人对宗教新的精神需求，也提供了宗教入世服务的物质力量与手段。

## 四

再来谈社会伦理。我此处不一般地用宗教伦理，而用社会伦理是因为宗教伦理含义较广，而社会伦理含义较为确定。当代中国宗教的入世化，其原因，与中国人社会百年来现代化变迁有关，因为现代化同时是一种巨大的世俗化力量，作为一种现世的力量，一切宗教都必须面对它做出新的自我定位。现代佛教以现代化的财富增长作为物质资源，而对世道人心进行入世的积极转化。在这一过程之中，在社会伦理方面，与儒家等也构成了良好的会通。

由于两千多年以来，儒家对社会人伦强烈关注，发展出了一整套适合中国社会文化、适合中国人的中国式伦理和伦理概念，因此无论历史上的佛道教或近代以来的其他本土宗教，在面对中国人社会提出其伦理主张时，都无法脱离儒家在中国文化中已经发展出来的这些伦理概念和资源，或者说都是涵盖在儒家的这些概念资源之中的。另一方面，由于儒家不是一个有组织的宗教，今天中国人社会的儒家，一般只是各类学校的知识分子，缺少实践的力量。于是，中国人的传统伦理，反而是由当今其他本土宗教在大力推行其实践，至少在台、港两地，其他本土宗教已经成了推行中国人传统伦理即儒家伦理的主要力量。这也是当代宗教会通的重要的特色。

目前，在中国乡土社会，社会伦理的重建和社会求助的实施面临着突出的需求。有人寄希望于儒家文化在当代发挥作用，以解决这类问题。的确，这类问题在历史上是靠儒家文化深入乡土社会，从伦理观念、家族互助等方面来解决的。但现代的社会变化很大，即使儒家文化复兴，也很难独立解决这类问题。如果以台湾、香港作为中国人社会参照的话，这一问题的解决不是儒家今天能够独立完成的任务。因为儒家不是一个有组织的宗教，它无法像基督教会那样深入民间做社会求助这类事情，古代因为有一些体制来帮助它，而近代以来它所依存的社会结构已经解体。今天讲儒家思想文化的不过一些知识分子，且大都从事教育工作。就深入到当代民间、乡土的层次而言，儒家伦理没有一个力量可以依托去救济、慰问这些有困难的人群。

在现代基层社会里面，什么样的东西能够替代某些外来宗教的力量，使人们能够不必依靠外来宗教，满足他们关于社会伦理和社会救助的需求呢？儒家能够提供社会伦理的观念，事实上大多数人民也还是坚持儒家伦理的信念，但儒家没有组织的力量去实行社会救助。那么还有什么力量呢？我想照台湾的例子来看，就是本土宗教，就是佛教、道教还有很多本土的其他宗教实践。他们有这种力量。正是这种力量给了基层、乡土、社区的人民以一种信仰的支持，包括一些经济的赈济，使他可以不必接受外来宗教的这些东西。这就是一个吊诡，儒家伦理和儒家文化本身并没有独立的力量去做的东西，而是需要靠中国宗教的其他力量来做。这之所以可能，就是因为现代社会一个很重要的现象就是，所有中国从前历史上的宗教，已经都由出世主义的宗教变成了入世主义的宗教，佛教不再是像明清以前出世主义的在山林里面修行的宗教，都已经变成了非常入世的宗教，我相信道教将来的发展也会是这样。

佛教是最明显的例子。佛教入世化以后做了什么事情呢？它所讲的社会伦理全部是儒家伦理，这个我们看得很清楚。当中国传统的这些宗教一旦入世以后，它所主张的社会伦理全部都是儒家伦理。我们在台湾看到很多佛教大师在电视上所讲的伦理教训，全部都是儒家的伦理教训，他们在社会伦理上的主张与实践都浸润着儒家的观念，这就等于是在替儒家做事情。因此，今天我们如果要想避免外来宗教文化泛滥的现象的话，就要在相当程度上开放本土宗教，特别是这种"名门正派"的宗教，它们不是新兴宗教，不是什么怪异的东西。佛教这种大门大派的宗教，应该让它有积极的发展空间，而不是仅仅为灾区捐一点钱物。要让它们能够在现实生活中有能够发挥作用的空间，使它们整个积极救助社会的力量和安慰心灵的力量，能够使基层的人民群众在日常生活中感受到，这个不是儒家所能做到的。所以儒家的复兴并不是儒家一家能够承担和实现的，在社会伦理方面，是要和佛教、道教各家一起促进其实现。佛教的人间化发展得好，这也是我们作为儒家学者非常乐于看到的。宗教文化的问题，我们需要从整个社会的角度来考虑，因为佛教和道教都没有什么特别的意识形态诉求，它面对的是人生最深刻的东西——生老病死，而这四件事既是最深刻的东西，也是人们最直接需求的东西。我觉得中国文化的复兴，儒家理想的实现，并不是儒家能够独立完全承担的，而是要依赖于本土传统宗教的正面发展，一起携手去实现。如果整个中国文化能有一个比较健全的当代发展，应该是可以避免这么多人去信仰外来宗教去满足他们的心灵需求和社会需求，也才能维护中国文化的主体性和现代传承。现代化生活的新开展，当然也导致了新的伦理困境的出现，要求发展出新的伦理生活规则，在传统的家庭伦理、师生伦理、一般人际关系伦理外，对生命、性别、对自然的伦理态度都需要新的发展，在这些方面各个宗教都有用武之地。但另一方面，虽然新的伦理学研究越来越重视这些新的发展，而就社会生活实践来看，一般人际关系的社会伦理仍然是最基本、最主体的伦理需求。如果在社会伦理和入世关怀两大方面，中国人社会的各个宗教的会通已经不成问题，那么，各个宗教和谐发展就有了基础，本土宗教与其他外来宗教的会通也有经验可循，其发展的可能也就更大了。

（作者简介：陈来，清华大学国学院院长、教授，本文原载于《世界宗教研究》2011年4期）

# 国教之争与康有为儒学复兴运动的失败

赵法生

当历史不再照亮未来时，人心将在黑暗中摸索。

——托克维尔

康有为发动的戊戌变法不仅是近代第一次政治改革运动，也是近代第一次儒学复兴运动。这场儒学复兴运动不仅有完整的理论建构，而且有其创新性的儒家组织设计，无论就其深度、规模还是对于后来的影响都是罕有其匹的。可是，一场轰轰烈烈的儒学复兴却以失败告终，这与贯穿其中的儒学国教化运动密切相关。在儒学复兴声势初起的今天，重新检讨康有为的国教活动之得失及其与整个儒学复兴运动成败之关系，对于大陆今后的儒学发展当是不无裨益的。

## 一 康有为的儒学复兴运动的整体规划

自从董仲舒的"罢黜百家，独尊儒术"之后，儒家已经与君主专制政体紧紧捆绑在一起，这种结局或许不是孔孟所愿意看到的。孔子告诫弟子"从道不从君"，明确将道统置于君统之上，这无疑启迪了孟子对于有关君主、社稷与民众之关系的讨论，进而得出了"民为贵，社稷次之，君为轻"的结论，并公然承认人民有通过革命推翻暴政的权力，惹得一千多年后的明太祖之后大发雷霆。这清楚地表明了原始儒家政治哲学与后儒之间的差异，也说明康有为用民主解释孟子的政治哲学并非空穴来风[①]，它起码说明孔孟政治思想中具有可以接引西方宪政制度的元素，原始儒家的政治思想与宪政民主制度并不构成对立的两极，并不截然对立的东西总是可以彼此嫁接通融的，比如我们很难从斯大林主义中找出与宪政相通的思想内涵。萧公权曾这样评论康有为的解经方式：康氏的"解释常超越了字面，但那是对于经典意义的延伸而非否定。西方的影响使他的经解

---

① 康有为：《孟子微 礼运注 中庸注》，中华书局1957年版，第20页。

绝对的'非正统'。但并不是'非儒'"，①这是极有见地的观察。可是，在孔孟身后两千多年的君主专制政体中，得以发扬光大的并非原始儒家那些可以接引宪政民主制度的思想元素，而是一套儒表法里且政教合一为特征的君主专制政治形态。

儒家的意识形态化对于儒学喜忧参半，官方的支持使得儒学普及大为加速，但也使得儒家的发展受到了前所未有的限制，它只能带着镣铐跳舞。君主专制对于儒学的吸收与传播是有其明确的选择性的，它力图将儒学纳入到它自己的意识版图之中，而对于儒学中与专制制度相对立的部分保持着高度的警惕，乃至怀有深深的敌意，朱元璋的删节《孟子》便是一个典型的例子。战国以后的儒家为了在君主专制体系中存活下去，不得不做出相当的调整，董仲舒意识到失去制度约束的君主专权的危险，想借助于天命的权威来约束君主，"屈君以伸天"，为此，他不得不重新安排君与民的关系，"屈民以伸君"，这与《尚书》中民的政治地位显然不同，《尚书》以天为至上主宰，但天意是完全通过民心来开显自身的，所谓"天听自我民听、天视自我民视"、"民之所欲，天必从之"等论断表明，天在很大程度上是一种虚设，它完全依靠民意来表达自身，民实际上被赋予了最高的地位，民等同于天。这种对于民的定位比董仲舒要高得多，所以，汉代以后的儒学史其实是儒家与专制制度相博弈的历史，真正的儒者并未放弃其儒家的根本价值，并努力从体制内部发挥制约君权的力量。

但是，这种体制内的定位同时也为它日后的危机埋下了伏笔。传统文化由儒释道三教构成，其中佛道二教的传播系统显示了相当的超越性和独立性，它们本身并不直接构成为政治体系的一部分，它们的生存也拥有广大信众的支持而不必过度依赖政府的恩典。但是，儒教的教化体系则不同，它明显具有政教合一的特征，不但代表着礼制最高层次的国家层面的天地祭祀（北京今天依然有天坛、地坛和日坛、月坛古迹）、孔子祭祀、国子监、科举制均有政府直接管理，各地的书院也多由地方政府资助建立，用以推动儒学义理的探讨和传播。儒教政教合一的组织体系的弊端是毋庸置疑的，它不是一个独立的组织体系，一旦君主制度崩溃，儒教的组织系统便会轰然倒塌，儒家便会成为无所付的游魂从而陷于严重的生存危机，如果儒家不想成为君主专制的殉葬品，必须将它与君主专制制度进行切割，最早意识到儒家的危机并试图使之从日渐衰朽君主专制政体中剥离下来的正是康有为。

作为中国近代第一个睁开眼睛看世界的人，康有为也是近代中国最早意识到西方的富强在于其政治制度的人，所以，戊戌变法的矛头伊始便明确无误地对准了君主专制制度。但是，鉴于儒家道统已经在历史上与君主制的密切联系，如何保护儒学不至于倾覆成了康有为的重要心结。为此，康有为变法的理论建构与蓝图设计都有明确的考量。康

---

① 萧公权：《近代中国与世界：康有为变法与大同思想研究》，江苏人民出版社1997年版，第81页。

有为的变法维新是一个全面改造中国社会使之现代化的系统工程，也是近代以来最初的儒学复兴方案，它对于儒学复兴有一个整体的规划，包括儒学义理的重新诠释和儒家社会存在形态的重构两个方面，前一方面表现为他的今文经学体系，后一方面便是儒学的宗教化。

首先，作为今文学最后的大师，康有为从公羊学的立场重新诠释儒家经典，建立一个内容广博的儒学思想体系，以便为变法维新寻找理论支持。他借助于公羊学重新阐释儒家的政治思想，根据公羊学的"通三统"、"张三世"之说，提出据乱世适合于君主专制，升平世适合于君主立宪，太平世适合于民主共和，成了一个托古改制的理论依据。在光绪二十七年到光绪二十八年间（1901—1902），康有为完成了五部重要儒家经典的注释，这就是《礼运注》、《孟子微》、《中庸注》、《大学注》和《论语注》，这些注解的特点是结合三世进化说和西方的宪政民主来诠释儒家的社会政治思想，进而评判历史上从汉代到宋明的儒家学派。他在这些注解中认为儒学非但不与近代宪政民主制度相矛盾，反而可以成为后者的重要思想资源。康氏重新诠释儒家思想，目的在于将儒家道统从君主专制身上剥离下来，以避免玉石俱焚的结局，以达到儒学复兴和政治转型一箭双雕的目的。

其次，重新诠释儒家经典只是康有为复兴儒学运动的一部分，他深知儒学不仅仅是一套心性之学，它的教化作用是通过一系列社会组织来实现的，而他所发动的变法维新势必严重冲击这些传统的社会组织，从而危及儒学的社会根基。为此，他同时发动了一个将儒家宗教化的孔教运动，他说："遍考遗经，大书特书发明大同之道者，惟《礼运》一篇。若此篇不存，孔道仅有小康，则君臣之义被攻，而孔教几倒。中国礼文，皆与空为缘，随之同尽，则中国为墨西哥矣。"[①] 君主专制政体既倒，儒家将以何种形式在社会中继续存在下去？在思考这一问题时，基督教独立专业化的传教组织给他以启发，产生了将儒学改造成为建制性宗教的设想，他在上光绪皇帝书中也明确承认孔教会的模本就是基督教。[②] 这自然是对于儒教脱胎换骨式的变革，是一场名副其实的宗教改革运动，故弟子梁启超称其为儒教的马丁·路德。康氏并非不知道儒教与佛耶等制度化宗教的差异，他多次申言历史上的儒教主要是教化之教，神道色彩相对淡薄，也曾经对于儒教、佛教和基督教的特征和优劣详加比较，而他之所以决意要模仿基督教的组织形式革新儒教，在于他感到非如此则儒家在改革后的社会中无法存活下去，所谓"空言提倡，无能为也"。[③] 民国建立之后，儒教原来在官府、孔庙、学校和相关社会组织中的祭祀活动统统被废止，一切其他本土宗教与外来宗教宗教皆依赖宗教自由的保护而大行其道，唯有

---

[①] 转引自曾亦《共和与君主——康有为晚期政治思想研究》，上海人民出版社2010年版，第279页。
[②] 参干春松《制度儒学》，世纪出版集团、上海人民出版社2006年版，第109页。
[③] 康有为：《中国颠危误在全法欧美而尽弃国粹说》，汤志均主编《康有为政论集》，下卷，第911页。

作为中国文化主体的儒教被排除在宗教之外而遭到毁禁，正应了康有为早年的忧虑。康氏建立孔教的主张在其变法运动的前期已经提出，在其生命的后半期，社会上的反孔运动越激烈，他建立孔教的努力也越执着，乃是一种出于深沉危机意识的情不自已。

## 二 国教说与近代宪法原则的内在矛盾

《中华民国临时约法》引援西洋近代宪法之成例，规定"人民有信教之自由"，首次将保护公民信仰自由的条款列入了中国第一部宪法。后来袁世凯废除《临时约法》，但新颁《中华民国约法》依然承诺"人民于法律范围内，有信教之自由"。公民信教自由的条文不能不对儒教的命运产生巨大而深远的影响，按照信仰自由的宪法精神，由政府建立并管理的孔庙自然不具备继续存在下去的合法性，故民国初期第一任教育总长蔡元培的下令废除孔庙丁祭、没收孔庙学田并禁止学校学生拜孔子，这两项举措既取消了孔庙中的祭孔仪式，又取消了孔庙赖以维持的经济基础学田，是晚清以来废除孔教运动中最为重要的措施。这引起了康有为的忧虑，并于1913年《孔教会杂志》第一卷发表文章抨击教育部将孔庙学田充作小学经费的规定。

1913年10月7日，孔教会在上海成立，同年国会讨论制订宪法时，陈焕章、梁启超、严复等人便向参众两议院提交了《孔教会请愿书》，正式提出"于宪法上明定孔教为国教"。但是，国教倡议遭受到多数议员的反对。1913年和1916年两次提案均被否决。反对的主要法理依据是宪法中的信教自由条款，以孔教为国教和是否有违宪法中的信仰自由条款，成了孔教会与反对派的最大分歧。梳理和解读两边的理由，可以增进我们对这场争论的性质之理解。

国教的提倡者并不认为他们的主张违背信教自由的，《孔教会请愿书》中有如下的说明：

> 周秦之际，儒学大行，至汉武罢黜百家，孔教遂成一统。自时厥后，庙祀遍于全国，教职定为有司，经传立于学官，敬礼隆于群校。凡国家有大事则昭告于孔子，有大疑则折衷于孔子。一切典章制度、政治法律，皆以孔子之经义为根据。一切义理学术，礼俗习惯，皆以孔子之教化为依归。此孔子为国教教主之由来也。

又说：

> 或疑明定国教，与约法所谓信教自由，似有抵触，而不知非也。吾国自古奉孔教为国教，亦自古许人信教自由，二者皆不成文之宪法，行之数千年，何尝互相抵

触乎？今日著于宪法，不过以久成之事实，见诸条文耳。①

可见，孔教会所以要立孔教为国教，其参照系乃是中国数千年来的政教制度，尤其是汉武帝罢黜百家、独尊儒术以后的政教合一模式，这对于解读国教论的思想至关重要。他们认为古代中国既奉孔教为国教，又允许人民有信仰道教、佛教与伊斯兰等各种宗教的自由，完全不妨碍信仰自由，康有为本人在《中华救国论》②也有这样的论说，他依据的同样是中国两千余年的政教模式。

应该指出，在传统中国的政教模式中，儒教与佛、道、回等宗教的相对和平共处，是有其特定缘由的。古代中国儒释道三教并称由来已久，儒教之义理与形态却与佛道两教具有显著不同。从义理上讲，儒教是入世的宗教而非出世的宗教，它关注的重点问题是在此世做圣贤，至于来世、鬼神等彼岸世界的问题，儒家一想抱着"六合之外，圣人存而不论"的态度，亦不求永生、复活等。如果说儒家解决了现实生活中大多数人的生存价值和道德规范问题，佛道两家则满足了人们对于彼岸世界的向往和追求，更加具有终极关切的意义，对于儒教教义过于重视现世的缺陷也是良好的补充。因此，教义上的互补性是三者能够和平共处的重要条件。另外，从宗教形态上看，儒教并非制度化宗教，而是杨庆堃所说的那种分散性宗教，它缺乏佛教式的统一的教团组织，儒教组织与现实社会的政治和社会组织合为一体，不同阶层的祭祀对象和礼仪制度也不完全相同。缺乏专业、独立和统一的宗教组织的儒教自然不易于与佛道两教发生冲突。但是，康有为的设想是参照基督教、佛教等制度化宗教的形式将儒教制度化，一旦儒教得以摆脱传统的政教合一的形态，其组织系统能够从政治和社会组织中独立出来，它必然会强化自身特色、强化其有关超越性问题的关怀，它与其他宗教之间的关系便会发生根本性改变。梁启超就曾以欧洲中世纪长期的宗教战争和宗教迫害来警告将儒教国教化的危险，他说："今之持保教论者，其力固不能使自今以往，耶教不入中国。昔犹孔自孔，耶自耶，耦俱而无猜，无端而划鸿沟焉，树门墙焉，两者日相水火，而教争乃起，是为国民分裂之厉阶也"③。中国近代以来的教民之争屡见不鲜，梁启超的担心并非无的放矢。

对国教说的对大挑战是它将使得宪法陷于法理上的困境之中。传统中国社会中的三教格局下，三教的关照重心有所不同，加以专制君主的绝对权力，佛道两教对于儒术独尊的局面也只好接受。但是，两千多年前的政教合一模式来证明当下的国教说，并不能构成充分的依据。在一个以宗法制为纽带的君主专制社会中形成这种政教模式，并不意

---

① 中国社会科学院近代史研究所编：《孔教会资料》，第33—34页。
② 康有为：《中华救国论》，《康有为全集》，第九卷，中国人民大学出版社2007年版，第327页。
③ 梁启超：《保教非所以尊孔论》，《饮冰室合集》，中华书局1989年版，第九卷。转引自曾亦《共和与君主——康有为晚期政治思想研究》，世纪出版集团、上海人民出版社2010年版，第260页。

味着它在现代同样合理和适用，因为君主专制社会并没有信仰自由的宪法规定，独尊儒术后形成的儒教在事实上的国教地位，并不会招致法理矛盾。但在有关信仰自由的内容明确载入宪法之后，再在宪法中规定某一种宗教为国教，事实上导致宗教之间的不平等，使得宪法内容相互矛盾，这自然是民国立国初期的许多议员不愿意看到的。

启蒙运动以来，政教分离与信仰自由已经成为绝大多数国家的通例，康有为变法方案中津津乐道的日、英、美国皆无国教之说，对此，康有为是这样解释的：

> 若日本盛强，虽宪法不以孔教著为国教，而举国风俗咸诵《论语》，奉其天皇诏敕，以忠孝为本，则不成文之以孔教为国教云尔。①

1890年10月30日，日本明治天皇颁布《教育敕语》，要求将忠、孝、信、和等儒家道德作为学校道德教育的主要内容，规定了儒家道德在维新以后的日本国民教育中的基础地位。日本的明治维新既完成了君主立宪式的政治制度改革，又没有废弃包括儒学在内的固有道德传统，这无疑给一向主张君主立宪制度的康有为留下了极为深刻的印象。但是，尽管明治天皇赋予了儒家道德重要的地位，《明治宪法》却并没有规定儒教为国教，其间的区别不容忽视。代政府可以倡导某一种道德学说，但只应是教化而非强迫老百姓遵守，甚至也不易直接向人民灌输宣传这种道德，因为这已经超越了宪政制度下政府的定位。政府所作的是应该率先垂范，通过自身的道德示范作用以完成教化的任务，这也是儒家向来强调的，所谓"其身正不令而行"，所谓"远人不复则修文德以来之"，皆是此意。日本维新以后并没有奉儒教为国教却继续倡导儒教道德，以此化民成俗，便既维护了固有道德又不与宪法精神冲突，无疑比国教说更为可取，而康有为以此论证其国教论，不但不相应，恰恰暴露了国教论自身的问题。

陈焕章又列举美国宗教影响社会政治的情形说：

> 美国虽无国教，而国家所行之典礼，如总统上任和国会开会等事，皆用耶稣教之仪式，未闻其用别教也。以耶稣之降生纪年，未闻其用其他教主之纪元也。夫美国之教门亦多矣，然其国典之仪式，则从耶稣教，虽天主教不能争也。……若其历任总统，皆耶稣教徒，而民间普通之礼俗，皆以耶稣教为主，盖不必言矣。②

---

① 《康有为全集》，中国人民大学出版社2007年版，第十卷，第83页。
② 陈焕章：《明定原有之国教为国教并不碍于信教自由之新名词》，《民国经世文编》第八册，第5056—5057页。转引自曾亦《共和与君主——康有为晚期政治思想研究》，世纪出版集团、上海人民出版社2010年版，第261页。

陈氏所言俱为事实，但同样不足以证明他的国教主张的正确性。美国是一个深受新教影响的国家，从百姓日常生活到政治生活无不都打上了深深的基督信仰的烙印，托克维尔甚至说"在美国，宗教从来不直接参与社会的管理，但却被视为政治设施中的最主要设施"①，这听上去平颇有些国教论者的意思，但是托克维尔指出，在美国的宗教与政治之间有一道不可跨越的鸿沟，美国的政府经常更迭，政府政策时常变化，政党之间的关系也随着利益关系的改变和不断改变，政治处理的总是具体、实际和短期的问题，反复无常是它的主旋律②，而宗教信仰所要提供的则是永恒的终极价值关怀和永远的价值准则，永恒性与固定性是它的主要特色③，所以，美国人绝对不许宗教沾政治的边，同样也不许政治干涉宗教事宜，坚决阻断政治与宗教结合的任何可能。④ 结果，"在道德精神方面，一切都是事先确定和决定了的，而在政治方面，一切可任凭人们讨论与研究。因此，人们的精神在基督教面前从来没有自由活动的余地"⑤。因此，美国宪法并没有立新教为国教，更没有借助于政治力量向民众推广。美国开国者们从英国的残酷宗教迫害下死里逃生来到美洲大陆，深知信仰自由之可贵，他们最初的宪法上写下的不是保障国教地位的文字，而是保证信仰自由的神圣条款。由此可见，陈焕章对于美国政教关系的理解恰恰没有像托克维尔那样抓住问题的实质。

那么，美国和其他现代国家如何确保各自回京的传统宗教信仰的存在和影响力的发挥呢？自然是通过社会化的教会组织。在政教分离的现代国家，教会是社会事业而绝不能成为政治事业，包括新教在内所有教会都是民间组织，不管其对于社会的影响力是如何强大，都不具备政治强力，而政府站在客观中间立场为所有宗教提供平等的政策和服务。陈焕章曾说既通过宪法规定国教又不限制信仰自由的政策是"最为中和"的，⑥ 此言差矣！由于国教规定与信仰自由和保障公民基本权利的宪法宗旨相冲突，像日本、美国那样既没有国教又通过社会化的教会完成了社会教化和文化传承的国家的宗教政策才是真正"中和"的。康有为师弟将儒学宗教化的努力具有重大意义，代表了先代儒学的发展方向。但是，国教主张却和他们大力提倡的宪政的基本精神与原则具有内在冲突，这是康有为儒学复兴运动的致命伤，也是其儒教改革最终不能不归于失败的主要原因之一。

---

① 托克维尔：《论美国的民主》（上册），商务印书馆2004年版，第339页。
② 同上书，第346页。
③ 同上书，第338页。
④ 同上书，第346页。
⑤ 同上书，第338页。
⑥ 上海经世文社编：《民国经世文编》，北京图书馆出版社2006年版，第5121页。

## 三 国教运动与帝制复辟势力的联合
## 及其在现实操作过程中的异化

如果说国教论在理论上的困难在于它无法与信仰自由的宪法条款彼此协调,民国以后国教运动更是深深卷入了帝制复辟的过程,这使得问题变得更为复杂。

在民国初期,高度强调尊孔读经意义的,除了康有为,还有袁世凯。袁世凯从登上总统之位后密集发布一系列有关尊孔读经的政令,重新恢复祭孔和学生读经,表明袁氏对于孔子学说的高度倚重,政令中一再申述"纲常沦弃,人欲横流"社会风气,反映了民国初年道德崩解的社会现实,也为我们理解民初孔教运动提供了一个必要的社会背景。应该说,试图以尊孔读经重整道德本身并没有错误,但政治家的言辞往往充满机锋,我们必须注意他们的言意之辨,在他们的所言与所指之间做出区分,有关袁世凯恢复尊孔读经的真实意图,以总统令发布的《尊孔崇圣令》做了如下说明:

> 近自国体改革,缔造共和,或谓孔子言制大一统,而辨等威,疑其说与今之平等自由不合。浅妄者流,至悍然倡为废祀之说,此不独无以识孔学之精微,即于平等自由之真相亦未有当也。……天生孔子为万世师表,既结皇煌帝谛之终,亦开选贤与能之始,所谓反人之心既安,放之四海而准者……值此诐邪充塞,礼法荡然,以不服从为平等,以无忌惮为自由,民德如斯,国何以立。……根据古义,将祀孔典礼,折中至当,详细规定,以表尊崇,而垂久远。[①]

这里开始就说孔学与自由平等并不相矛盾,所强调者则是孔子的大一统思想和等级制主张,似乎是孔子的这些思想与自由平等不矛盾,这无疑表明袁氏尊孔的政治意图,袁氏以"忠、孝、节、义"作为中华民国的立国精神,将"忠"置于首位,也显示了同样的用意。尽管我们不能说袁氏以孔子学说重整道德的说法毫无诚意,但鲁迅在《现代中国的孔夫子》中说权势者们"在尊孔的时候已经怀着别样的目的",应该是敏锐的观察。

袁氏心目中孔学与自由、平等的关系究竟为何,是一个颇值得玩味的问题。上面否认孔学的大一统和倡等级与自由平等不合,那么,袁氏心目中的平等自由又是如何呢?且看下文:

---

① "大总统发布尊崇孔圣令,"《中华民国史档案资料汇编》第3辑,江苏古籍出版社1991年版,第1—2页。

> 今人人嘴上谈"平等"一词，而平等之世在法律面前人人平等，并不意指等级之分应予取消，个人皆可否定法律……"自由"是另一华丽的现代词，但它是限制在法律范围之内的，在此范围内人是自由的……再者，共和也是一个雅致的词，但外国人对这个术语的理解，只是在国内有普遍的发言权，而不是全民都必须干涉政府行动。①

一个号称是共和国的总统竟然以如此冷嘲热讽的口气谈论自由、平等、共和等概念，反映了这个以小站练兵崛起的晚清重臣、而今的共和国大总统其实并不能理解自由与平等的真意，这是一个危险的信号，所以后来袁氏干脆以决策太麻烦为由，公然冒天下之大不韪取消国会、解散国民党并恢复帝制绝非偶然。

孔教会与袁世凯称帝之间存在微妙而复杂的关系，尽管康有为曾明确希望袁世凯支持尊孔读经，但孔教会主要人物康有为、陈焕章、严复都不支持袁氏称帝，康有为还专门致函袁世凯劝其退位，有学者指出严复参加"筹安会"亦属被迫，说明他们依然与复辟帝制保持相当距离，但是，一些地方孔教会团体确有劝进举动。② 另一方面，袁世凯虽然支持尊孔读经，却并不完全支持孔教运动。这很可能是由于他意识到孔教国教化所面临的法理问题和种种现实阻力，反映了袁氏政治上的老道。

但是，袁氏称帝对于儒学的形象是致命性的。由于袁氏对于尊孔读经的大力支持，不能不使人们对于儒家与帝制的关系产生深深的疑问，如果孔学不是帝制的附庸，为何称帝的袁世凯会对它如此情有独钟呢？不幸的是，张勋复辟以及此间孔教会与张勋的关系，使得当时的社会更加坐实了儒学与专制不可分割的结论。

辛亥革命之后，盘踞各地的军阀割据势力成为民国初期政治生态中的重要力量，其中包括张勋在内的许多人大力支持孔教的国教化。1916年重开国会后张勋联合曹锟、张作霖发表"争孔教为国教电"，内称：

> 窃谓宪法为国家之根本，国教又为宪法之根本，问题何等重要，非另组特别制宪机关，直接取决于多数之民意，不足以称完善。断不能用国会中寻常议事法则，以院内少数议员，三分之二之少数为多数，所能轻言规定者。……倘因之而发生种种问题，危及国家，为祸愈烈，安见宗教之战，不于我国见之！彼时虽欲重治反对者以误国之罪，亦已晚矣。③

---

① 《总统在政治会议上发表的演说》，《中华民国史》（上卷），中国社会科学出版社1998年版，第271页。
② 参干春松《制度儒学》，世纪出版集团、上海人民出版社2006年版，第177页。
③ 中国社会科学院近代史研究所编：《孔教会资料》，第39—40页。

为了通过国教条款，通电竟然称孔教可以违背三分之二多数赞成有效的原则，可谓对宪法基本精神的践踏；而对于反对派议员"治以重罪"的威胁，更是充满杀气。这种杀气很快成为现实，1917年6月8日，张勋带着辫子军进京，胁迫黎元洪解散了国会，在康有为参与下，正式拥戴溥仪复辟，孔教会核心成员均在新朝中任职，其中康有为任弼德院副院长。如果说在袁氏复辟帝制的过程中，康有为等孔教会主要成员尚能与袁保持适当距离，在张勋复辟的事件中他们则深深卷入其中。袁氏尊孔的结局是恢复帝制，张勋等人同样如此，孔教与帝制的关系确实是跳进黄河也洗不清了。

那么，是什么因素让康有为和袁世凯接近进而最终和张勋走到一起？把康氏和袁世凯乃至于张勋等同用起来是肤浅的，在他的行为背后，当有其更为深层的思想动因，那就是古代中国流传了数千年之久的伦理政治模式。此一模式的基础是内圣外王之道，它通过内圣解决外王问题，将政治弊端的存在归结为修身功夫的欠缺，良治的实现不是依靠对于权力的制度约束，而是依靠个人的德性修养。在这种政教模式下，政治的基础不是民意权威而是德性权威。将政治伦理化，同时将伦理政治化是这一模式的基本特征，这就将政治的基础与伦理的基础完全等同了起来，孔子道德学说因此具有非同寻常的政治学意义，陈焕章第一次国教请愿书所说"一切典章制度、政治法律皆以孔子之经义为根据，一切义理、学术、礼俗皆以孔子之教化为依归"，正是此种政教模式的典型表达。陈焕章还引用《王制》中的话说："'修其教不易其俗，齐其政不易其宜'。修其教，齐其政者，即确定国教之谓也。"① "修教"的目的在于"齐政"，清楚地说明了他心目中教的政治功能。宗教的本质是终极关怀，是生命价值的寄托，最具有超越性的精神向度，在这里却主要被作为被作为政治治理的措施。由此可见，康有为所说的孔教，并非真正意义上的宗教。伦理政治模式是诱人的，对于浸沁在内圣外王的相关经典并在具有浓郁人情味的家族氛围中成长起来的古代士人尤其如此。但是，伦理原则能够与政治原则完全合一吗？依靠内圣就能够解决外王问题吗？一个人仅仅通过修身就可以做好官？这一模式显然低估了人性中恶的力量以及制度制约的重要性。尽管政治问题的有效解决离不开一定的道德基础，但近代以来的政治史已经表明，确保政治清明的首要条件并非个体化的修身努力而是以权力制约权力的宪政制度。康有为师弟尽管在维新伊始就确立了宪政取向的改革目标，但却对于源远流长的伦理政治模式与宪政制度之间的原则差异缺乏明确地认识，而袁世凯、张勋等人则是从来没有真正理解和接受过宪政民主理念，儒家的内圣外王之道也不过是他们要实现自身权力合法化的手段。所以，康有为主导的孔教会最终在伦理政治方面与张勋等人殊途同归了。

因此，不论在袁世凯和张勋的帝制梦中，还是在康有为国教化的操作过程中，我

---

① 上海经世文社编：《民国经世文编》，北京图书馆出版社2006年版，第5121页。

们可以发现一个共同的政治文化基因：中国古代的伦理政治。即使在今天，在所谓干部要为人民服务的教诲中，我们不是依旧可以听见这个古老模式的当代回响吗？清理这一充满着迷人色彩的中国式的政治文化模式，指出其温情面纱下的专制属性及其与宪政民主的根本性差异，是中国政治完成现代化转型的必修课。对于那些直到今天依然执着于儒教国教论，依然要将儒学意识形态化的人，康有为国教运动的结局殷鉴不远。

## 结 语

综合以上，康有为国教运动的失败具有多方面的原因，但孔教学会本身理念、路径以及策略上的失误无疑是其中的关键因素。

首先，如上所述，"国教"的提法本身与民国宪法原则的内在冲突是孔教运动失败的首要原因。国教的定位将孔教置于与宪法理念相冲突的地位，以至于通过了国教条款便等于否定了民国宪法中信仰自由的根本精神，这自然招致了多数议员的反对，使得国教提议在国会中始终不能通过。孔教会在提出国教提案时，显然对于这一问题的性质和严重性缺乏足够的认识。

其次，受其政治理念和国教目标的影响，康有为在建立国教的过程中自然走向了政治路径，试图借助于政治力量实现国教化。其实，当时还存在着建立儒教的另一条道路，我们可以称之为社会化道路，如果不将孔教定位为国教，也不走政治化的立教路径，而是将孔教定义为与其他宗教处于平等法律地位的社会组织，将重建孔教的努力诉诸社会大众，主要依靠民间力量来推动和达成儒家的复兴，结局必定会为之改观。可惜，这一社会化的孔教路径并未引起康有为师弟之注意。上世纪印尼孔教等海外建制化儒教的成功，都是走的社会化发展的路径。1913年第一次国教提案表决失败后，有人提议在十九条后加上"国民教育以孔子之道为伦理之大本"，经讨论后改为"国民教育以孔子之道为修身之大本"，有31赞成后获得通过①，这说明当时多数议员尽管不赞成国教说，依然赞成孔子之道作为国人修身基础的地位，因此，社会化发展孔教的可能性是客观存在的。

再次，从行动策略上看，国教提法本身将其他各派宗教置于对立面，进而引发了基督教、佛教、道教、伊斯兰教等全国性的抗议活动，呼吁宗教自由并反对立孔教为国教，基于各宗教反对国教的巨大声势，袁世凯公开表态："自未便特定国教，致戾群情"，"至于宗教崇尚，仍听人民之自由"②，南方的孙中山也表态要尊重信

---

① 参干春松《制度儒学》，世纪出版集团、上海人民出版社2006年版，第170页。
② 参曾亦《共和与君主——康有为晚期政治思想研究》，世纪出版集团、上海人民出版社2010年版，第264页。

仰自由。① 国教提议在全国激起的反弹，通过当时南北政治上两位最有影响的人物的反应可见一斑。另外，在民国建立后，康有为为建立国教而站在民国的对立面，事实上不但没有达到目的反而损害了他企图保护的儒学，对此，萧公权先生曾有精辟的分析：

> 假如康氏放弃亡清而以共和的拥护者提倡近代儒学，也许有更多的成功希望。换言之，假如他与辛亥以后倡"太平"之说，即以民治为适当的政治结构，不依恋小康之说而认同王政，儒教的命运可能好得多，即使中国民国不可能受到他努力的益处。可惜他对清朝太重感情而不能改变政治信仰，又太迷于王政而不能改变思想立场。他对民主的热情描述，对自由、平等与民权的乐观看法，仍然是他大同乌托邦中的理论，而不拟实际运用。王政一直是他认为惟一适当的政府，特别要光绪皇帝及其合法继承人坐上皇位。他不自知他的忠诚与他分割儒学与帝制的理论相冲突。他在行动上表现出二者似乎不可分割。这样做，他使儒学运动受损，又无补于已倾覆的朝廷。②

萧公权还指出：

> 康氏自己或许在不知不觉中，不断地造成儒学的式微。在戊戌前夕，他勇敢地将儒学与专制分离；然而在政变之后，他以保皇会首领自居，自戊戌至辛亥，反对共和而主君主立宪，复于民国六年（1917年）以及十二年（1923年）两度参与复辟，使他的形象与帝制认同，因而被认为民国之敌。同时，他首倡儒教运动无意间使儒术复与王政结合，而有碍于此一运动，因此在主张共和者的眼中，儒学的信誉全失。我们便可以理解何以儒学被斥为政治民主与社会进步的障碍。③

萧先生的这些评论，是符合历史实际的持平之论。康氏发挥公羊学重新诠释儒学以及使儒学宗教化的企图，最初都是为了要使得儒学和专制政治切割开来，使得儒学在君主专制政体垮台后得以继续存续下去，作为民族文化的精神基础。当年康有为的变法蓝图，是想将宪政转型和儒学复兴同时并举，且以改良之手段达成此目的，比后来的一切革命都更为可取，但最终却归于失败，这与他本人政治理念的矛盾与策略上的失误密切相关。

戊戌变法和儒学复兴努力的失败并非康有为的个人悲剧，此后，当陈独秀等人得出

---

① 参曾亦《共和与君主——康有为晚期政治思想研究》，世纪出版集团、上海人民出版社2010年版，第264页。
② 萧公权：《康有为思想研究》，新星出版社2005年版，第85页。
③ 萧公权：《近代中国与世界：康有为变法与大同思想研究》，江苏人民出版社1997年版，第108—109页。

"孔教和共和乃绝对两不相容之物，存其一必废其一"[1]的决绝结论，并将彻底清除儒家伦理以及孔子思想作为政治社会实现现代转型的首要条件，并视之为国民的"最后觉悟"时，立即在知识界获得广泛同情，掀起轩然大波，绝非偶然，孔教会诸公大概也是有口莫辩，因为这是从国教化的实际历程中所导致的结论。此后，五四运动中"打倒孔家店"的运动大兴，中国社会思潮在前所未有的激进主义中走向彻底的反传统主义，进而逐渐由以日本美国为师走向以俄为师，确定了此后中国社会大半个世纪的运行轨迹，孔子的命运因此而决定，传统文化的命运由此而决定，国人之命运由此而决定。

时下，就在儒家的历史命运在大陆上出现了一阳来复的转机，又一阵儒家国教说鼓噪而至，新的儒家国教说对于儒家义理全无发明，其提倡者不探究儒家政治思想与宪政民主之间的内在相关性，不体会现代新儒家决意要从内圣中开出新外王的苦心，对康有为最先引进的自由民主等现代政治价值更是显示出毫无理性的排斥态度，其根本取向在于重新将儒学意识形态化，重蹈政教合一的老路子。由此我们才见出余英时先生在上世纪90年代中期发出的如下警告，的确显示了历史学家的洞见："由于民族情绪和文化传统在后冷战时代又开始激动人心。我们看到在文化多元化的趋势下，中国文化正面临另一可能：它将被歪曲利用，以致诸如袁世凯'祀孔'和《新青年》'打倒孔家店'这样的历史未尝不会重演，而中国人也将再一次失去平心静气地理解自己文化传统的契机。"[2] 余先生的警告，值得每一位真正护惜传统文化之当代国人再三深思！

（作者简介：赵法生，中国社会科学院世界宗教研究所副研究员，原文发表于《文化纵横》2012年第2期）

---

[1] 陈独秀：《复辟与尊孔》，载庞朴等编《先秦儒家研究》，湖北教育出版社2003年版，第114页。

[2] 余英时：《中国现代的文化危机与民族认同》，《现代危机与思想人物》，生活·读书·新知三联书店2005年版，第36页。

宗教慈善

# 宗教与中国现代慈善转型
## ——兼论慈悲、宽容、专业奉献及养成教育的价值

王振耀

慈善与宗教的密切联系是人所共知的。在中国慈善事业向现代转型的历史性进程中，如何从中国的实际出发，妥善处理好宗教与慈善的关系，从而促成宗教与慈善事业发展的良性互动，是慈善事业发展所面临的一项重要课题。

## 一 宗教与慈善的历史渊源

宗教与慈善有着密切的历史渊源。各大宗教，几乎无不为行善立论，并为善行善举的规范与推广进行多种论证，劝善几乎成了所有宗教的基本内容之一。

以中国社会相当熟悉的佛教为例，就提出慈悲、修善的理念，并提出因缘学说，要求报众生之恩。在《大智度论》卷二十七中就指出："大慈与一切众生乐，大悲拔一切众生苦。大慈以喜乐因缘与众生，大悲以离苦因缘与众生。"这里说的就是树立慈悲的理念，对社会取宽容态度，对众生慈爱，对贫困施救。《法华经》倡导："大慈大悲，成无懈怠，恒求善事，利益一切"，更是要求将慈悲之心外化为各类救助行为。

我国佛教名山之一九华山所供养的地藏王菩萨，其著名的誓言"地狱不空，誓不成佛"，"我不入地狱，谁入地狱"，说的就是要用一种献身精神来积极行善；而其23种恶业因果的理论，如"若遇悭吝者，说所求违愿报"，实际上是教授一种方法，规劝信众提高修养并致力于行善。

需要特别说明的是，佛教客观上已经成为中华文明的一个有机组成部分，许多文化遗产都是以佛教的形式出现的。我们的许多成语，包括积德行善、善有善报、恶有恶报等，其实都是佛教的用语。特别是积德行善、乐善好施等，客观上成了中国人的一种普世价值。

伊斯兰教对中国文化的影响也是源远流长，其对于慈善更是有明文规定。最为突出的表现就是，古兰经规定：每个穆斯林都有施舍的义务。这种施舍，在伊斯兰法中

进行了相当具体的要求，比如，一个十分明确的规定就是，当穆斯林占有的财富超过一定限额时，必须按一定比例缴纳天课；而且，每年除正常的消费开支外，其余的财富按其性质，均应缴纳不同比例的天课。此外，天课比例的份额为，金银首饰的纳课比例为2.5%；矿产为20%；农产品根据土地灌溉状况的不同，分别为5%和10%；其他商品和货物按市价折现金纳课2.5%等等①。什么人应该接受天课接济呢？《古兰经》明文规定，"贫穷者、赤贫者、管理赈务者、心被团结者、无力赎身者、不能还债者、为主道工作者、途中贫困者"。也就是说，需要对各类困境及贫困者进行救济。

基督教对于慈善的影响更大一些。在《圣经》中，就有这样的论述："藐视邻舍的，这人有罪；怜悯贫穷的，这人有福。"最有意味的是，基督教传播的是一种原罪的文化。尽管新教伦理促成了资本主义的产生，但与中国传统文化中的为富不仁概念相似的是，《圣经》中也有"富人进天堂比骆驼穿过针眼还难"的说法，正是这样的负罪感促成基督文明影响的富人们较为积极地参与捐赠。至今在基督教文化影响传统的国度里，劝募行为相当普遍，有的甚至敲门索捐，社会已经习以为常。

基督教的捐赠理念，到了工业革命以后，就转化为卡内基的著名论述："拥巨富而死者耻辱"。美国社会特别强调捐赠是一种社会责任。卡内基就认为：我们这个时代的问题是如何适当地管理财富，以使富人与穷人之间依然可以保持兄弟情谊，和睦相处。老洛克菲勒的好友与顾问就规劝他说，如不在生前以高于聚财的速度散财，他的财产将发生雪崩，祸及子女，殃及社会。罗斯福总统则认为，富人出钱救济穷人不是慈善，而是尽一份社会责任，社会稳定了，对自己也有利（资中筠，2011）。

应该说，宗教与慈善的联系是多方面的。在许多国家，宗教已经成为文化的有机组成部分，宗教的传统甚至形成基本的生活方式，如不同的宗教都有不同的节日，甚至不同的历法等，而宗教中关于慈善的理念也自然地形成为不同民族的文化传统。

特别需要说明的是，在基督教文化影响的国度中，宗教组织往往直接作为慈善组织来看待，这是与其他文化传统的一个重要区别。

## 二 慈悲与宽容：社会美德与现代慈善构成的重要基石

慈悲与宽容，是社会美德的重要组成部分。一个社会的和谐，需要众多美德的提倡和养成，而慈悲与宽容，恰恰能够促成人际关系的和谐。因为，慈悲，就能够对于社会的许多矛盾采取积极的态度来想方设法解决；而宽容，就不太会斤斤计较于各类不那么文雅的行为，从而促使各类复杂的矛盾向着缓和的方向发展。

---

① 《中国伊斯兰教百科全书》，四川辞书出版社1994年版，第558页。

慈悲，是对各类苦难的深切关怀，也是一种社会责任的承担。就是说，对于贫困现象，需要采取积极的态度来进行解决。这既是一种美德，更是慈善事业发展的心理基础。亚当·斯密在《道德情操论》中指出，"那些冷若冰霜的无情之人，也不应得到其同胞们的关爱，而只配生活在无边的荒漠中，无人问津。"也就是说，慈善需要热情，需要对人类苦难的同情。在这个方面，台湾的慈济功德会，推行一种特别的感恩方式，即捐赠人向被捐赠人感恩，因为是被捐赠人给了捐赠人以行善的机会。这是一种十分典型的慈悲表现。正是具有这样的价值观，该组织将慈善事业做到了伊拉克这样一个不同宗教的国度并受到高度的欢迎。

宽容，既是一种豁达大度和容忍，更是一种优雅的修养和美德。发展慈善事业，特别需要宽容的精神。因为，当参与救助贫困人口的各类困难时，自然地形成一种修养，这就是将许多社会缺陷作为改进的对象，因而需要想办法采取措施解决。宽容才能避免极端行为，从而能够和平而有效地解决社会问题。也许人们会疑问，宗教的慈悲和宽容与整个社会所倡导的正义、仁慈、人道等项社会价值比较，是不是显得软弱而缺乏力量？

其实，政治组织与宗教组织、慈善组织有着不同的社会和政治功能。无论是在中国古代还是在西方的历史上，都存在着将一种宗教作为国教，甚至实行政教合一体制的现象。但人类的实践经验证明，政治和宗教还是要进行分离为好，因为两者的功能区别太大。

政治的功能是国家的管理，存在着多种利益的矛盾和冲突，因而需要建立多项矛盾调节机制，使利益的表达和矛盾的解决通过和平的方式得到平衡。因此，国家需要制定法律，通过民主选举、任期限制、权力功能划分等措施来规范政治制度的运行。

而宗教更多的是社会功能，是信仰的表现。绝大多数国家，都实行信仰自由，允许人们自由地信仰不同的宗教。这主要是因为宗教能够解决人们的信仰问题，而通过宗教信仰，人们养成不同的社会价值和生活态度、生活方式，从而使世界呈现出多样的色彩。在相当大的程度上，宗教和民族文化往往密切地联系起来，形成水乳交融的结合。

许多人认为绝大多数中国人不信宗教，但西方人则认为古代中国人大部分信仰的是孔教。因为按照宗教的标准，既有经书，不能违反，还有挂像，并经常祭祀，顶礼膜拜，与宗教有多大不同？当然，实际上，孔孟之道更加世俗化，和典型的宗教有着根本的区别。但孔孟的学说的确影响到了中国人的基本价值和生活方式。

如果说，政治是以刚性的约束来对社会实施管理和规范，那么，宗教则是以柔性的劝导和安慰来确立信众的行为约束。而慈善事业，则兼有两者的一些品性，具有相对的独立性。

慈悲与仁慈之间的区别也比较明显。慈悲为怀，更多的是强调信众的修养，而仁慈的理念，则倾向于强调执政者的品德。所以，宗教的许多教义更多的是针对信众，是一种普遍的规范。宽容的品行，强调的是容忍，是更多的理解和妥协。

如果更深入地分析，宗教比较着重于内心世界的建设，所强调的是大千世界的平等性。比如，宗教往往强调正义与邪恶的斗争，有的时候甚至强调克服自身的邪念从而要求不同方式的忏悔。而政治社会中则往往强调等级划分，中国文化就强调君子小人之别。慈善强调通过信仰来培养每个人的善行，而政治行为规范的依据则是法律。

现代慈善事业，承担着道德建设的社会功能。如果能够注意自觉地将许多宗教的美德不断地转化为社会的公德，并通过现代慈善的体制和组织加以推广，则对于社会建设的加强有着重要的意义。更为特殊地说，在阶级斗争年代所形成的一些极端理念，在和谐社会建设的进程中，需要多方面地调整。慈悲与宽容，如果能够在社会大众中得到更多地发扬，则有助于和谐精神的产生和保持。

## 三 宗教慈善事业与现代慈善福利服务事业的有机联系

宗教与慈善的联系，决不仅仅是理念与一般的救济行为。在宗教组织中，往往注意发展慈善事业，即承担日常社会福利服务的事务。正是在这个方面，宗教与慈善事业发展之间存在着更为密切的直接联系。

宗教所建立的慈善事业组织主要是指医院、学校、育婴堂、孤儿院等。著名的哈佛大学，最初就是教会学校。而教会在中国所兴办的医院，最早的当属1835年美国公理会传教士在广州兴办的眼科医院。据有关资料，1937年，英、美基督教会在华所办的医院已经达到300所，病床数约21000张，另有小型诊所600多处，其中由美国经营管理的医院大概有140余所，病床约10000张，占了一半左右[1]。而在1901—1920年，各国天主教会在华共举办了150多所孤儿院，累计收养一万五千人以上[2]。北京大学目前所在地原来就是教会举办的燕京大学。在宗教之中，这些由教会兴办的具有现代意义的各项慈善事业对社会公益事业的发展产生了相当积极的影响。

需要说明的是，教会兴办的慈善事业，1949年以后均转化为政府举办的社会事业。而在改革开放以后，一些宗教组织又开始举办慈善事业，主要是一些养老院、孤儿院等。

在相当长的历史时期中，中国传统文化中对于宗教形成的慈善事业形成了两个较为流行的误解。其一就是认为教会举办的育婴堂残杀儿童，因为发现了不少的儿童遗体，

---

[1] 周秋光、曾桂林：《中国慈善简史》，人民出版社2006年版，第346页。
[2] 莫文秀、邹平、宋立英：《中华慈善事业》，人民出版社2010年版，第118页。

社会上就认为是证据确凿。实际上，当中国社会自身举办孤儿院的时候，才发现，社会遗弃的儿童，绝大多数都是患有大病或者是残疾儿童，健康者是相当少的，这就会造成一定的死亡率，也就说，收养得越多，可能会有相当比率的本来就已经患有重病的儿童死亡。只要收养弃婴，就必然面临这样的问题。

其二，在阶级斗争年代，人们流行着一种看法就是教会的各类社会养育和照料护理项目是要和政府争夺民心，有着政治的险恶用心。实际上，我们国家生活水平长期低下，解决不了温饱问题，更不可能理解照料和护理的意义。

直到现在，我国社会相当富裕的阶层，甚至不管级别高低，都还依赖保姆制度来进行老年人的照料和护理，整个社会还希望通过强化孝道来解决老年人的护理问题，根本不明白儿童和老年人的护理与照料是相当专业的知识，需要大量的专业人员，专业化的组织来实施。而这样的专业化组织，即使在发达社会，也不是完全依赖政府所能承担的。欧洲在20世纪50年代开始阶段曾经以政府举办的为主，但前些年就开始转变体制，主要依赖社会。在香港、台湾，运用宗教组织建立的儿童、养老照料和医院、学校一类的机构就相当普遍。

我国社会长期以家庭为本，以为家庭万能，能够解决所有的社会问题。现在，随着计划生育政策的多年实行，更由于2010年中国人均GDP超过4000美元达到中等发达水平以后，家庭和政府都不可能有能力完全解决许多日益复杂的社会问题，于是，社会自身来解决自身的问题就是一个必然的趋势。

特别需要指出的是，我国老龄化问题日益突出，需要大力发展老龄事业。而相当多的老龄事业，既是社会福利事业，也是公益慈善事业。在这样的历史性进程中，鼓励宗教组织发扬自身的传统优势，兴办一定的照料和护理行业以及医院和学校等慈善事业，从而彰显宗教的积极社会功能，是相当有意义的。

也许会有这样的疑问，儿童照料和养老护理这样的好事，为什么不能全部通过政府的机构来解决？为什么一定要民间的机构甚至宗教的机构来参与办理？其实，在实际生活中，相当多的社会事务只能通过社会自身来办理，比如老年人的生活照料和精神慰藉等，完全依赖政府机构，就很难满足多样性的服务要求，这恰恰是社会组织，有些方面就是宗教组织所特有的优势。

儿童照料和养老护理事务，相当具体繁杂，专业化极强，需要有专门的职业道德水准，如果宗教组织能够积极参与，即使是能够解决宗教信众自身的问题，也是一个巨大的社会贡献。从这个意义上说，现代慈善的社会服务项目特别鼓励宗教组织的积极参与，两者之间存在着有机的联系。

## 四 现代慈善的养成教育与宗教社会化的多重结合

慈善事业所经历的现代转型,是社会发展和进步的一种标志。现代慈善的一个重要活动内容,就是其养成教育的日益普及与多样化。爱心确实需要被不断地呵护和激发,积德行善的行为应该被经常性地表彰,才能够形成较为健康的风气。

有人认为,真正的慈善家不需要表彰,慈善不应该追求名利。这在一般意义是说得通的。因为慈善行为更多的回报是求得内心的幸福,当看到自己参与的行为产生了良好的效果,解决了一些人的具体困难,施善者往往会产生出一种较大的心理满足。施比受更有所得,确实是慈善的重要内涵。但是,对于社会而言,如果不能够给行善者以恰当的方式来进行彰显,那么就不可能产生持续向善的风气。因为,经验证明,"近朱者赤,近墨者黑",一个社会的主要话语内容,往往会影响人们的心理与价值偏好。如果更多地讨论慈善,更多地对行善者予以彰显性的评价,则社会风气的改善,就会不断地加速。这样的扬善抑恶机制,落实为具体的社会活动规范,就是慈善的养成教育。

当然,需要注意的是,在几千年历史发展过程中,中国长期处于农业文明状态,社会组织相当简单,或者说,只有一个政府组织,其他组织几乎都没有可能生长。整个社会的认同标准又是道德文章,道德标准过高,就产生道学先生,虚伪奸诈,被鲁迅斥之为"道德杀人"。结果,当时的道德典型,只有皇帝封号,不可能有民间的表彰方式。而皇帝封号有限,普通的善举大多只能湮没。

计划经济时期,表彰先进典型,往往把英雄人物宣传得过于高、大、全,几乎没有普通人的情操,让社会大众遥不可及,结果也不利于大众道德建设,对于慈善事业同样产生了障碍。

建设现代慈善,一定要注重养成教育。这种教育,特别要注意社区层面的普及,更要注意多样化。而正是在这个层面,现代慈善与宗教之间存在着多重性的联系。

因为宗教组织并不是一成不变,特别是西方的基督教,进入现代以后,其组织方式不断地改进。如果一个组织的领导人需要向全国招聘,如果这样的领导人有一定的任期,如果这个组织的活动方式更多地组织成员开展儿童养育知识交流,养老护理经验分享,还可以开展音乐、绘画等项活动,同时又要求每个成员缴纳十分之一的工资,你能认为这是什么样的组织?应该说,就多项活动内容而言,实际上是社区组织的内容,甚至要比中国的社区居委会更为开放,更有实效。但是,这确实是欧美的教区特别是教堂组织的一般标准和内容,所不同的是,还要有一定的宗教仪式。也就是说,宗教组织也在不断地改革,从而更加适合现代社会的需要。

在慈善的养成教育方面,许多公募型的慈善组织确实需要加强与社区的联系。另一方面,整个慈善事业也特别需要加强社区类的组织,使各种慈善活动能够落地生根。如果没有活跃的社区慈善活动,那么,慈善的养成教育还是相当薄弱的。

因此,慈善事业的发展,需要注意学习借鉴宗教活动的经验。有的方面,完全可以结合起来。比如,美国教会举办活动往往有捐款的仪式,参加活动的人捐款一美元,但也是十分庄严。如果我们的许多捐款活动注意这样的经验,以网络化、经常化、仪式化的办法来实施募捐,不就是善意的社会压力吗?

过去我们有个口号,叫做"慈善进课堂、进社区、进基层"等,现在我们再讲慈善,应该把宗教慈善包含在内,使中国宗教组织的慈善活动与现代慈善有机地结合起来,并成为慈善事业发展的一支积极力量。

## 五 转变社会理念,促进现代慈善与宗教的良性合作机制

现代慈善的发展与宗教的关系是一个绕不开的课题。妥善处理宗教与现代慈善的关系,也是慈善事业发展所面临的一个重大挑战。整体上,我们还相当缺乏这方面的经验,需要进行多方面的探索,以最终建成一种良性的合作机制。

建设这样的机制,关键在于两个方面能否达成社会共识:

第一个共识就是,社会理念中能否不再把宗教作为负面对象看待?我国的文化传统中有一种潜在的意识,总认为宗教与封建迷信是等同一体的。其实,在实行宗教自由政策,并且有亿万以上信众的时候,如果还认为宗教是负面的实体,那就是相当被动的一种社会行为方式,也不会产生对于宗教信仰自由的真正尊重,仅仅这样的理念就可能制造出多个社会矛盾。

也许有的人会产生质疑,过去那么多的理论都说宗教是不好的事情,这样的理念能动摇吗?实际上,我们对市场经济不就是经历了一个天翻地覆的理念转型吗?对于慈善,过去不也是一直批判吗?邓小平为理念的转型定了一个很好的办法:不争论。就是说,不要从理论出发,而要从实际出发,研究现实问题,探索如何解决现实问题更加有利于社会的稳定和发展,千万不要让理论束缚住了手脚。

第二个共识对于宗教组织也具有挑战性,这个共识就是,宗教组织在现代慈善建设的历史进程中也需要经历一个重大的转型。当社会更进一步开放,真正需要宗教组织承担起许多社会事务的时候,专业化问题就提了出来,能力建设问题也会产生,我们的各个宗教组织真正准备好了吗?比如,如何与政府配合开展社会服务,如何建立合作机制并形成功能的互补等,都还有多方面的发展空间。

自2004年和2005年中央全面启动现代慈善建设的历史性进程以来,宗教界已经有

了不少的慈善参与行动。汶川地震救灾过程中,宗教组织也有着良好的表现。如果能够进一步达成各项社会共识,促成多方面的良性互动,相信宗教对于现代慈善将会产生更为积极的推动作用。

(作者简介:王振耀,北京师范大学公益研究院教授,原文发表于《世界宗教文化》2012年第1期)

# 宗教与慈善

## ——从同一个站台出发的列车或走向同一站点的不同交通工具？

刘培峰

## 一 宗教是慈善的重要根源

总体来看慈善事业大体上有三个基本的源泉：慈善传统、人道主义传统、宗教传统；在当代又汇入了环保传统和人权传统。从这个意义上说宗教是慈善事业重要的思想根源和组织形式。在传统社会，其他组织性社会机制并不发达，政府的行动能力和公共责任都很小，宗教组织是社会中很少的能够提供组织性慈善事业的社会机构。宗教团体的组织网络，较高的社会公信力使宗教组织在慈善事业中发挥了重要的作用。大规模的慈善活动在政府、家族、行会之外，往往都由宗教团体提供。宗教慈善活动可能是唯一持久和经常性的慈善活动。宗教的组织性慈善也可能是传统的慈善过渡到现代慈善的节点。如果把宗教的目标抽象到普济、普度、普觉的层次，[①] 我们会发觉，宗教和传统的慈善有许多共同的东西，乐施好善、悲天悯人、扶危济困都是宗教和慈善共同的东西，不同的宗教也都把施善和回报作为达致其他层次的途径之一。从这个意义上讲，宗教与慈善是同源的，或者说灵犀相通。西方扶弱济贫的传统主要源于《圣经》的教导，伊斯兰教"敬主行善"的观念也强调施恩于人。就中国的史实来看，佛教传入中国，带来了布施的概念，转化为后来的救济观念。梁武帝时期，在建康设立"孤独园"恤养孤儿和贫穷老人，这些工作后来在宋代演变为佛寺的悲田养病坊，后被政府所接收，也被民间善男信女所仿效。宗教和慈善都有另一个共同目标：教化。台湾学者梁其姿经过梳理中

---

[①] 所谓"普济"从社俗的层面来说就是注重施舍、救济等工作，不断把金钱、财物施送给社会上需要的人，认为这样做，可以获得宗教上修持的"功德"，达成宗教所要求的使命和传教的目的。凡从事各种社会救济、社会教育、社会医疗等工作，都包括在内。——宋光宇：《宋光宇宗教文化论文集》（上），佛光人文社会学院2002年版，第3页。

国两千多种地方志统计：16—19世纪明清时期，中国有育婴组织973个、普济堂339个、清节堂216个、施棺为主的慈善堂589个、综合性善堂338个，其他慈善团体743个。[①] 这些善举不是单纯地要解决社会的贫困问题，事实上也不能解决这些问题，而是借施善去尝试重振社会秩序，重点在于社会等级的重新界定；诉求往往带着浓厚的道德性。慈善济贫纯粹是为了维护社会文化价值。重视孝道与贞节、蒙学教育、儒家正统的葬礼、惜字积德以增加科举机会。与慈善异曲同工的是，宗教的重要功能也是教化。美国早期大学历史与慈善捐助是关联的，不同教派支持成立了现代意义上的大学，大学学生的选择也多限于本教派的教徒，宗教性质的募捐活动支持大学的发展，后来才逐渐多元化。[②] 历史上宗教提供的公共生活、公共精神是一个分散和分离的社会重要的黏合剂。宗教不单是精神的守护神，也是文化的传播者，文明的守卫者。在一个相当长的历史时期，宗教与有组织的慈善其实是并行的。在中世纪，慈善包括任何可以取悦上帝的事：帮助穷人，装饰教堂，教育青年人，甚至包括保护基督教世界免受异教的攻击。教会也是慈善事业的主持者和中介人，捐赠者不是直接捐助给帮助对象，而是把财产交给教会，由教会发放。中世纪的英国，每一座寺院都有责任收容乞丐，救助老弱病残，并安排有劳动能力的流浪者自救，同时也有权劝说或强迫其所辖范围内的有产者捐款济贫。[③]

## 二　宗教与慈善的分化

随着社会发展，慈善和宗教都有了不同的内涵和领域。随着宗教改革，上帝的归于上帝，恺撒的归之于恺撒。世俗化成为基本的潮流，宗教回归于精神层面。随着近代民族国家的建立，国家逐渐承担起更多的公共责任，历史上由宗教团体承担的责任被国家所承接，一部分由慈善组织承担的任务也被国家所承接。这点上东西方大体上是相同的。1601年，英国议会颁布了《济贫法》，与此同时伊丽莎白女王颁布了《英格兰慈善用途法规》，政府介入慈善事业，慈善活动在扶危济困之外有了更多的社会目标。慈善具有调节税收、世俗救济、政府和社会监督等新的内涵，传统慈善向现代慈善过渡。在中国，随着近代民族国家的建设，传统慈善也向现代慈善转变。以民国时期的上海为例，民国初年上海的慈善团体的慈善活动有了很大变化，它以济贫和职业教育为中心，试图解决贫困等社会问题。至于慈善原有的其他业务，则分别移交给医疗、教育、警

---

① 参见梁其姿《施善于教化——明清的慈善组织》，河北教育出版社2001年版。
② 参见弗兰克·H.奥利弗《象牙塔里的乞丐——美国高等教育筹款史》，许东黎、陈峰译校，广西师范大学出版社2011年版。
③ 资中筠：《财富的归宿——美国现代公益基金会述评》，世纪出版集团·上海人民出版社2006年版，第10—11页。

察,消防等部门,或者被废止了,善举成为市政的起点,并开始被纳入到社会事业中。①随着福利国家的出现,国家提供了从摇篮到墓地的全方位的服务。慈善的领域逐渐被压缩,在这一点上慈善与宗教又同病相怜,宗教的空间不但被世俗化所压缩,也被政治和政府所压缩,现代的政治领导人不再满足于政治领导人,他们也希望成为公众的导师乃至成为教主。于是我们看到,"上帝死了"和"慈善终结"都曾经嚣喧尘上。在20世纪初期乃至50年代初,西方一直有所谓慈善终结论,慈善失败论之说。英国讨论公益问题的拿但(Nathon)委员会提交的报告中所持的观点最具有代表性:"我们历史中最悲壮的失败之一,就是这些慈善者们所做出的努力。尤其是在18世纪后期及19世纪,由私人努力来提供学校、医院、施药所、济贫院、孤儿院的普遍服务,发放养老年金,以及救济其它范畴的穷人。……如今国家的法定服务——新的或旧的——现在提供了从摇篮到坟墓的个人福利。……困扰委员会的基本问题是:慈善者还有什么事可做?"最为悲哀的是,这些观念被那些不同目的的人拿来郢书夜说,乃至鲁鱼亥豕。

随着工商业的发展,慈善又有了新的伙伴。现代工商业巨大的财富累积为慈善捐赠提供新的源泉。总结慈善发展历史,可以看到慈善发展的第一波是由宗教推动,普通的人和有产者是慈善财产的主要捐赠者。慈善发展的第二波和第三波则由现代工商业来推动,工商业者成为大额慈善捐助的主体。19世纪末20世纪初,钢铁、能源、煤炭、制造业的发展催生了卡内基、洛克菲勒等一批慈善家。20世纪六七十年代后的新技术革命又催生了比尔·盖茨等一批新的慈善家。慈善事业发展受到了工商业活动的影响,与工商发展的波幅大体一致。慈善组织发展从公司等现代工商业组织中借助了更多的内涵,如组织形式、治理方式、长远的安排。公司等商业机构在治理过程学习了慈善组织运行中许多有益和积极的东西。社会分化带来的社会多元化、专业化使得社会公共服务也逐渐专业化。专业化的服务组织出现,传统的以个人为主导的慈善活动逐渐被专业的慈善团体所代替。在高度组织化的现代社会,个人行动的活动成本、个人行动的公信力,个人行动的专业化水平与专业组织的水平是有较大的差距的,有组织的、专业性的慈善组织成为慈善发展的主流,这些因素也加速慈善与宗教的分化。

随着专业化的慈善的出现,宗教组织的慈善势必要面临着一些挑战。其中最为关键的是宗教组织毕竟不是慈善组织,宗教组织的慈善使命和宗教使命之间并不完全融合,一个组织在两种不同的使命之间自我调适自然会遇到困难。另外需要关注的是现代慈善已经不局限于早期的扶危济困、悲天悯人,而是有了更为丰富的内涵。英国现行的慈善法就规定了慈善的多种类型。具体包括预防和消除贫困、促进教育、促进宗教信仰、促进健康、促进社会和社群发展、促进科学文化艺术的发展和保护遗产、促进业余体育、

---

① 参见小浜正子《近代上海的公共性与国家》,葛涛译,上海古籍出版社2003年版。

促进人权争端解决和协商、促进环境保护、提升动物福利、提供社会住房、有利于社群的其他目的。后来慈善委员会又加入了促进良好的社区关系、促进商业伦理的确立、对第三世界生产者的公平交易、废除持枪俱乐部等。其他国家慈善的内涵也有类似扩展。慈善包括了传统的扶危济困等内容，但也有了公民参与，政策倡导、促进社区发展、维护人权等诸多内涵。20世纪70年代开始的全球社团革命，使得非政府组织及其所从事的慈善事业在社会中有了更为重要的作用。非政府组织成为多元化公共服务的提供者，现代协商民主的参与者，多样化公共治理的重要利益相关者。政府与非政府组织的关系也实现了压力关系向伙伴关系的转变。现代非政府组织的出现可能在一定程度上缓解现代社会政府失灵、契约失灵等问题；提高现代社会的效率和民主参与水平，促进一个更加和谐世界的建立。在一定程度上，可以有理由相信这是继文艺复兴和宗教改革以来的社会的又一次大的调整。宗教改革带来的神圣与世俗的分离，宗教从日常政治领域的退出，更加关注人们的精神层面。这一次调整则是国家和社会的分离，由公民结社形成的公民社会需要承担更多的公共责任。总体上看这是一个私人领域和公共领域的调整过程。在这一个过程中个人获得了更大的自由度和更多的发展空间，因此也可以说是个人自由、权利的拓展过程。在这一过程中，可以看到宗教与慈善的分离趋势。现代慈善所关注的公民的政治参与、公共政策的倡导是逐渐远离世俗化的宗教不能进入或者无法进入的领域。当然宗教组织主导和参与的慈善依然是现代慈善的重要内涵，但宗教与现代慈善的关系应当有所调整则是社会发展的必然。面对一个日益强大的政治世界和世俗世界，宗教组织如何自持也是一个问题。

## 三 宗教与慈善面临共同的挑战

在现代社会，慈善和宗教依然是社会和谐的重要机制，但慈善和宗教面临着巨大的挑战，其中最为关键的问题是如何寻找自性（identity）。

在一个高度分化的社会中，社会的良性运转依赖于不同社会角色完成自己的责任。每个组织最基本的社会责任归根到底无非是尽心力、尽责任，竭尽心力来完成现代社会分工所给定的责任。完成了责任，社会公益也许自然就从中产生了。政府的社会责任是提供公共服务，而不得用公共权力寻租；学校的社会责任是提供智识产品而不是去经营教育；公司的社会责任在于创造社会财富而不贿赂公行；宗教的责任是提供人们需要的精神产品，慈善组织的责任是实现社会公益，填补政府公共服务的空白。从这个视角看，慈善组织和宗教组织都应当有自己明确的定位，通过合理的行动实现各自目标。不缺位，不越位，是组织行动的底线。外溢的效应是自然的结果，而非组织的当然追求。人生不过百年，产业的存续也许可长可短，文化和爱心则可流布将来，宗教、慈善在惠福我们生活的同时，也在创造延续我存在的文化，放大我德性的精神。宗教有可能在一个变动社会中使我们更好地寻找到自性。在一个欲望横溢的浮华年代，爱心是一件易碎品，需要精心呵护。宗教和慈善提供的爱心都是我们社会最珍贵的东西。因此宗教和慈善依然是这个社会重要社会和谐机制。宗教带来的价值提升，慈善爱他、奉献的情节在一个消费和浮华的时代里可以维系社会德性的提高。

但宗教和慈善这些美好的东西并不能否定我们理性慎思的必要，也不能否定现代社会的管理。宗教和慈善都应当对自己合理定位，回应变化着的世界。对于中国来说，这个问题更为迫切。中国的宗教组织没有经历过宗教立国的阶段，也没有经历过宗教改革的去世俗化的洗礼。因此如何在转型的社会中保持自己的独立性，寻找自己的定位，而不变成权力的附庸和流俗的牺牲品是一个问题。在读民间宗教史时我们在慨叹"中国还有此等人，此等事，此种历史，此等社会"。[①] 感叹人类的慧命的多样性，其宽容性，其杂而多端，其有容乃大的特质。也会看到许多宗教组织借教扬名，借教敛财的一面。因此宗教又要面对市场化的考验，"人间的宗教"不转变为金钱的宗教可能是更大的挑战。对于慈善组织来讲，面对组织的日益专业化、面对公共权力的挤压、面对市场竞争同样有一个合理定位的问题。更为关键的是现代公司法的改革已经为公司从事慈善事业清理掉几乎所有的束缚，政府的社会责任也逐渐覆盖到社会的方方面面；在这样的情形之下，其他社会组织可以从事慈善事业，慈善组织如何寻找自己的位置。因此宗教和慈善面对的问题是共同的。从这个意义上讲，宗教和慈善又是可以相互借鉴的。没有普济的宗教可能变为一种纯粹的说教，没有济世和救世情怀的慈善能走多远，能否比市场和政府性的专业服务组织更能证明自己存在的合法性？宗教和慈善都面临的是发展和提升的问题，没有发展就无法表明存在的意义，没有提升就无法证明合理性。因此可以说，在今天宗教和慈善都走在十字路口，至少在中国是这样。挑战可能也是机遇，但更为关键的是，路径依赖在一定程度上决定了我们不可能像某个流行的段子所讲的那样，"此处可转弯"。在出发的时候我们可能就需要想到归宿。

（作者简介：刘培峰，北京师范大学法学院副教授，原文发表于《世界宗教文化》2012年第1期）

---

[①] 马西沙、韩秉方：《中国民间宗教史》，中国社会科学出版社2004年版，1085页。

# "另类的尴尬"与"玻璃口袋"

## ——试论当代宗教与慈善公益事业发展的"中国式困境"

郑筱筠

现代社会转型时期的中国慈善公益事业自2008年"汶川地震"井喷之后,又经历了2011年一系列严峻的"慈善风波"考验,仍然坚强地服务于社会公共领域,并且表现出巨大的发展潜力,继续成为人们关注的重要社会活动。但在其发展过程中,也有诸多问题值得我们进一步深入思考。作为慈善组织中的一名"老资格"成员,宗教慈善组织的主体身份认同的问题和宗教慈善组织的管理问题是两个彼此相关、相互影响、相互联系的问题,也是困扰当代中国宗教与慈善公益事业发展的瓶颈。只有对这两个问题有一清晰的认识和解决办法,中国宗教慈善公益事业才能真正得到良性的成熟发展。笔者拟围绕这两个问题谈谈自己的想法。具体论述如下:

## 一 "另类的尴尬":当代宗教慈善事业"中国式困境"之一

一般说来,慈善组织是指以自愿性为基础,专门从事捐赠救助的非营利性非政府组织。慈善活动的性质决定了慈善活动的社会性属性,慈善组织在活动中将会最大限度地呈现其社会化特征。其中宗教慈善公益组织在进行慈善活动时,与其他慈善组织一样依然是要解决社会问题,因此其具有鲜明的社会性特征。但是在从事慈善公益活动时,宗教组织的宗教性身份和社会性身份之间的关系问题始终是当代宗教慈善活动的"中国式困境"之一。所谓"困境"是指,宗教慈善组织虽然与其他慈善组织一样从事慈善事业,但它又有一个重要的不同,即它是以宗教信仰为纽带形成的组织;而它的善款来源和服务对象,又超越其信仰,是不分信仰的社会大众(既包括有相同信仰的,也包括有其他宗教信仰的,或无宗教信仰的)。这就使宗教慈善组织既与特定宗教的团体有关联,又与之有明显的区别,既有宗教信仰的依托,又不能过分凸显其宗教信仰,甚至要超越其宗教信仰。而这种"困境"还是"中国式"的,因为历史的原因,中国的宗教组织不像海外宗教团体在其社会中那么"强势"地位,宗教慈善组织经过长时期的沉寂,目前刚刚复苏,在许多方面处于探索中,有待成熟和完善。

为此,笔者特意选取"另类的尴尬"来表示这一困境的生存状态。例如,在灾难现场,很多宗教慈善活动组织遇到了在慈善活动现场的"借机传教"问题,对于早已习惯于政府抗震救灾的人们来说,当身着各种标志自己宗教性身份服装的救助人员一出现在灾难现场时,很多人一开始似乎难以接受,但随着救灾工作的开展,人们逐渐接受,甚至有了一种期待。但随着专业化的慈善活动出现,宗教组织的慈善势必要面临着一些挑战。其中宗教组织的宗教性身份和社会性身份的认同问题或者说是宗教组织的慈善使命和宗教使命之间在自我调适中自然会遇到困难。如何解决这一问题是宗教慈善组织在现代社会转型时期发展的关键。笔者拟从宗教性组织慈善活动的实践模式和文化模式两个层面进行论述。

### (一)宗教性组织慈善活动的实践模式与身份认同模式

在具体的慈善实践活动中,每一个国家和地区都结合自己本国、本地区社会发育程度和经济发展程度发展出适合自己的慈善模式。例如,美国是民间主导型的慈善模式,英国是政府—民间合作伙伴型慈善模式,加拿大是志愿参与型慈善模式,新加坡是政府主导型慈善模式,中国的香港是社会多元参与型慈善模式,台湾是社会福利型慈善模式。① 在这些慈善模式中,宗教性慈善基金会和组织在处理这宗教性身份和社会性身份两者之间的关系时有非常成功的经验,形成了不同的宗教性慈善公益组织发展模式和身份认同模式,可以给我们很多启发:

第一,香港宗教性组织慈善活动的实践模式与身份认同模式。

香港宗教慈善公益事业的发达和政府所起的作用是分不开的。香港的社会管理是典型的"小政府、大社会"模式,政府放手让宗教慈善组织在内的非政府组织群体来承担大量的社会服务性工作,因此形成了社会多元参与型的慈善模式。宗教慈善公益组织能够在香港获得很大的发展空间。陶飞亚教授等人对香港慈善公益活动的研究表明②,"政府和志愿机构在社会服务上的这种责任划分和合作模式在《香港社会福利白皮书——进入80年代的社会福利》(1979年4月)中得到政府的进一步认可与强化。到20世纪80年代,香港政府已经把大部分的志愿机构纳入政府福利服务体制之内。同时,志愿机构所提供的社会服务的专业化的倾向愈益明显,而服务所蕴涵的宗教性则逐渐淡化,使其

---

① 详参郑筱筠《对话宗教与慈善公益》(Weller、张士江、刘培峰、郑筱筠合作),《世界宗教文化》2011年第2期。
② 陶飞亚、陈铃《"合作共融、服务社会":香港地区政府与宗教慈善公益组织关系探析》,《宗教与慈善国际学术研讨会论文集》(2011年10月上海大学)第39页。

所办理的服务愈来愈世俗化。"① 由于宗教慈善公益机构一向在这些非政府性的社会服务机构占据主体地位，因此香港政府社会福利政策的上述转变，对"志愿团体"中的宗教慈善公益机构影响最大，使宗教性慈善组织致力于为社会服务。例如，香港道教的信善慈善基金就是本着道教精神而成立的随缘无求的慈善基金。信善慈善基金以济世利人，关心众生，救急扶危为目标，为社会上的贫困病患提供慈善与教育服务。在具体的慈善实践活动中，信善慈善基金曾兴建希望小学和中学、资助穷困中学生和大学生学习、捐助医院、赠医施药、济贫、救助风灾、水灾、雪灾、地震等等。信善慈善基金有一个特点，就是对受助者并无要求，亦不会组织受助者活动。对受助者的唯一建议，就是希望他们孝顺父母，爱国爱家乡，在有能力时帮助别人。② 信善慈善基金在实践中显然已经开始形成了以弘扬道教为本的宗教性身份基础上，强调济世利人，关心众生的社会性身份认同模式。此外，"2010 年 4 月香港社会福利咨询委员会付出咨询文件，这是自 1991 年《跨越九十年代社会福利白皮书》后政府首次推出有关社会福利长远规划的咨询文件，对未来香港的社会福利服务发展影响深远。针对宗教慈善组织在内的福利界非政府机构群体，该咨询文件强调'共同承担责任'和'可持续发展'，提倡政府、非政府机构与商界的三方伙伴关系，并鼓励希望非政府机构能提升在募集经费和开拓资源方面的能力"。③ 这种"三方伙伴关系"非常强调宗教性慈善组织的实践活动的社会性身份，而不是把宗教性慈善组织看作是慈善活动中的"另类"，而是平等的合作伙伴。

由上述例子可以看出，由于香港属于"大社会、小政府"的社会管理模式，因此香港宗教组织在做社会慈善公益活动时，其宗教性身份认同服从于社会性身份的认同，其社会责任感得到凸显，在公众和政府眼中，这些宗教性慈善组织的实践活动都是社会性的，都是致力于社会福利事业的。因此香港地区逐渐形成了自己独具特色的宗教性慈善组织模式和身份认同模式。

第二，台湾宗教性组织慈善活动的实践模式与身份认同模式。

台湾慈善事业的发展是较为多元的，其中慈济功德会是相对影响最大的宗教性慈善公益组织。"慈济"模式最大的亮点在于其在救助过程中强调的是社会性的慈善实践救济，在慈善活动的深层理念中，以佛教的慈悲救济来指导慈善组织的实践活动，而不是在慈善活动中强调自己的宗教性身份。例如"慈济人在做国际赈灾时，非常鲜明地不进

---

① 赵崇明主编：《当教会遇上政治：政治实践的神学反思》，香港神学院、基道出版社联合出版，2005 年，第 48 页。转引自陶飞亚、陈铃《"合作共融、服务社会"：香港地区政府与宗教慈善公益组织关系探析》，《宗教与慈善国际学术研讨会论文集》（2011 年 10 月上海大学）第 39 页。
② 本资料由香港道教信善慈善基金会提供，特此致谢！
③ 《香港社会福利的长远规划咨询文件》，立法会社会福利咨询委员会，2010 年 4 月。转引自陶飞亚、陈铃：《"合作共融、服务社会"：香港地区政府与宗教慈善公益组织关系探析》，《宗教与慈善国际学术研讨会论文集》（2011 年 10 月上海大学）第 43 页。

行宣教活动，甚至可以融入不同宗教的场域，或是与对方一起唱圣歌。如此慈济以'慈善团体'形象，在国际间做援助工作，较不会因'宗教'属性而受阻。慈济的各项志业都是秉持对各宗教的尊重，诸如在花莲慈济医院内，也设有其它宗教的祈祷室，提供不同信仰的病患家属作祷告。无论台湾本地或是国际援助，为其建大爱村、学校、义诊中心，都根据对方居民的信仰建礼拜堂，如印度尼西亚。即使是慈济人做济助的工作，与信仰不同的案主互动，也会为对方唱圣歌。很多慈济人不彰显自己是佛教徒，或是宣教佛教义理，目的只为了让对方敞开心灵与慈济人互动，而淡化了佛教色彩"。[1] 值得注意的是，"慈济"模式并不是忽略或者故意弱化其宗教性特征，证严法师经常强调的就是"修学佛法，不能离开菩萨道"，主张在具体的实践中去脚踏实地实践佛法，以慈悲心去救世，而救世必须从救心开始，救心就必要要走入人群中。因此，慈济基金会从具体的慈善活动出发，逐渐扩展到医疗、教育、人文、国际赈灾、环保、骨髓捐赠、小区志工等方面，并已跨越国界，成为国际性宗教慈善组织。虽然在国际性的慈善救助活动中，慈济人并没有亮出自己的佛教徒身份，但慈济功德会的佛教慈善身份却逐渐在国际社会得到广泛的认同。可以说其宗教性身份的认同在推动着慈善的社会化活动，而慈善领域的社会性身份认同反过来提升了其宗教性身份的认同。

第三，探索发展中的大陆宗教性组织慈善活动的实践模式与身份认同模式。

2008 年的汶川地震对于中国宗教慈善活动来说是一个凸显社会性身份的转变契机，面对灾难现场，各大宗教组织都义无反顾地投入到抗震救灾的活动中，中国宗教慈善活动以自己的实际行动向社会展现了中国宗教一贯所主张的慈悲救济理念。2008 年汶川地震后佛教界迅速、高效、持续、全面的救灾实践给人留下了深刻的印象。其中什邡市罗汉寺收容受灾群众、在方丈室设立临时产房的善举被广为流传。108 个"罗汉"在余震中诞生了，没有人去质疑佛教寺院的宗教性身份。人们有的只是一份感动，感受到的只是在灾难现场的慈悲救助和团结奉献精神。自此具有宗教背景的慈善公益组织开始积极投身社会公益事业，它们践行慈善公益的举动不仅产生了较大的社会影响，也受到了广泛关注。但中国大陆宗教性组织慈善活动也与其他慈善事业的非宗教性组织一样，也在积极探索适合自己的发展模式。在此仅以北京仁爱慈善基金会（以下简称仁爱慈善基金会）为例进行分析。

仁爱慈善基金会成立于 2006 年 10 月 16 日，注册单位为北京市民政局，是以佛教徒为主发起、社会各界人士参与的民间慈善组织。其宗旨是：传播慈善文化、弘扬慈善精神、推动扶贫救助。其理念是"人人享有慈善，仁爱触手可及"。仁爱基金会以提高全民慈善意识为基金会的发展方向，以人人能参与和享有慈善为工作目标，搭建启发善

---

[1] 台湾佛教慈善大学释德傅：《"佛法生活化，菩萨人间化"——以慈济人道援助观察当代弘法途径》，《宗教与慈善国际学术研讨会论文集》（2011 年 10 月上海大学）第 51 页。

心、人人可参与的善行实践平台；以慈善活动的形式唤醒人们对社会高度责任感为目的，从而净化人们的心灵、安定社会、增强社会的和谐力量。在学诚法师的指导下，仁爱基金会强调弘扬慈善精神、提高公民慈善意识，通过点滴善行启发人内心的善心善念。基金会慈善项目由两部分组成：非常态项目与常态项目。仁爱基金会非常态救灾项目是对安徽雪灾、汶川地震、玉树地震、舟曲泥石流等灾害进行救助的应急项目，即"仁爱救灾"项目；常态项目则是基金会日常运行的项目，包括"仁爱衣＋衣"、"仁爱助学"、"仁爱心栈"、龙泉之声倾听热线、老年关怀、"仁爱孝德奖"6个项目。常态项目定位于搭建平台，鼓励人人参与慈善。常态项目内容都是贴近民众生活的点滴善行，运作资金投入小，男女老少皆可参与。在这些项目的实施过程中，仁爱基金会逐渐形成了自己独特的慈善模式，最大限度地展示了自己的社会性身份的认同模式。

以仁爱基金会非常态救灾项目为例，从2008年的汶川地震开始，民间组织成为了自然灾害救援的重要组成部分。毋庸置疑，中国的政府救灾无论在规模上，还是在速度上都具有非常强大的优势。但是政府救灾的体制性缺陷是无法顾及到灾区的各个层面和各个群体的减灾需求。因此，从汶川地震以来，伴随着中国民间组织的成长，民间组织开始显示出在救灾过程中的独特作用。仁爱基金会救灾项目注重政府沟通与查缺补漏、做灾民的陪伴、对灾区提供长期项目支援，这三点是仁爱基金会总结出来的重要经验。基金会与政府的沟通与合作可以节约大量的时间与成本，确保救灾项目活动顺利、高效运行。基金会的理念是从点滴善行做起，志愿者的角色是灾民的陪伴者，他们的工作是在生活细节中对灾民提供最及时、最需要的服务，这样的服务容易被灾民接受。基金会注重后方支援团队与前方救援团队的配合，通过志愿者轮换与后援支持长期在灾区开展项目活动，这种长期的项目活动可以增加基金会的影响力，同时也得到了社会各界极好的评价。总体而言，仁爱基金会救灾项目能够集中有限的资源做最多的事情，该项目与政府救灾行动保持方向一致，并且容易被灾民接受，获得了社会各界的好评。[①] 仁爱基金会在慈善公益活动中的无私奉献精神得到了政府和社会各界的认可，2011年1月5日，在北京市民政局开展的首次北京社会组织评选中，仁爱慈善基金会被评定为5A级。

当然，除了仁爱基金会的慈善活动外，还有天主教进德公益基金会、佛教庐山东林慈善功德会、灵山慈善基金会、四川华岩佛教慈善基金会等等数以千计的中国宗教慈善组织都有社会反响较大的慈善活动，也逐渐形成了自己的特色。但所有宗教性慈善组织的实践活动都表现出一个鲜明的共性特征：以慈悲、博爱的精神来进行社会慈善实践活动，在社会实践中体现"亲和性"关系，从而实现自己的身份认同。

---

[①] 本资料由北京仁爱慈善基金会提供，特此致谢！

**（二）宗教性组织慈善活动的文化模式与身份认同模式**

社会的成熟与发展并不是简单的经济制度转型就可以完成的，它还要求文化等方面的成熟与发展。目前我国的慈善事业在慈善理念缺失的背景下，仍有相当长的路要走。中国特色的慈善文化体系和现代慈善理念滞后于社会发展需要，对此宗教界应该发挥传统的优势，积极协调自己的宗教性身份和社会性身份，积极为建构中国特色的现代社会慈善文化理念和精神发挥自己特殊的作用。为此，应该从以下两方面来着手：

第一，要解决这一问题，就应该充分意识到慈善公益的真正价值。慈善文化的核心是利他主义价值观，是平等互助的理念。深厚的慈善文化对社会良性运行、缩小贫富差距、缓解社会矛盾有着重要的作用。更重要的价值是弘扬人与人之间互相关爱、关爱自然的精神。如何发挥优势，帮助社会认识到慈善真正的意义和价值？对此，中国宗教是能够以其宗教性身份来展示慈善价值的社会化特征的，因为中国宗教慈善活动具有中国特色的文化模式。

在具体的社会慈善实践中，实现境界的转换和提升是中国宗教慈善活动最主要的文化模式。这主要表现为：以现代宗教慈善公益活动可以解决三个境界问题。第一个境界是个人解脱境界，即个体通过慈善活动无私奉献，自己个人的心灵境界得到净化和升华，从而实现个人的解脱；第二个境界是度他的境界。在做慈善公益活动中，不仅仅是个人得到了解脱，更重要的是帮助他人，使他人也得到解脱，从而在度他之际完成了自度，正所谓佛教所言"自利利他"；第三个境界是解决的是现代社会人精神境界的问题，在精神层面建立现代社会发展过程中必需的慈善文化精神。宗教是慈善之母，宗教精神逐渐形成了慈善传统。慈善事业的兴起与宗教有着不解之缘，宗教是慈善事业中的"常青藤"，慈善是中国宗教的理念，慈善活动是宗教慈善理念的外显化和社会化，是宗教慈善理念的社会象征符号。佛教慈善在中国有悠久的传统。历史上，历朝各代的佛教都有兴办义学、开设义庄、造船义渡、修桥补路等多种领域的慈善福利事业。近年来，大陆佛教界相继成立佛教希望工程编委会、慈善功德会、慈善超市等慈善形式，而港台地区的台湾慈济功德会、佛光山和香港慈辉佛教基金会等也积极践行慈善事业。佛教如此，其他宗教也是如此。[①] 因此，我们在鼓励充分开发和利用自己的慈善文化资源，鼓励人们通过人道关怀来实现自我的社会价值时，应该鼓励宗教性慈善组织积极参与社会公共领域的慈善服务，帮助社会树立相互帮助和关怀的新的理念和行为方式，使慈善成为一种社会责任和公民义务。在这个过程中，宗教性慈善组织的宗教性身份认同是可以为公众接受的，从而在精神层面建立现代社会发展过程中必须的慈善文化精神。

---

① 详参郑筱筠《对话宗教与慈善公益》（Weller、张士江、刘培峰、郑筱筠合作），《世界宗教文化》2011年第2期。

第二,中国宗教慈善活动的文化模式需要现代性的宗教慈善组织来实现。从中国宗教慈善公益组织而言,加速自身内在机制的转型,积极主动向专业化、社会化方向发展是关键。宗教性公益组织应该化这一"另类的尴尬"为主动,在慈善公益活动中更多地去展示慈善价值和意义,积极建立慈善公益文化形象,营造良好的社会公益氛围,培育慈善文化,真正实现中国宗教慈善活动的文化模式。由于目前我国社会正处在一个从传统社会向现代化社会转型时期,还没有完全建立健全与社会保险、社会救助、社会福利和慈善事业相衔接的社会保障体系,因此在一段时期内慈善公益组织将会在社会公共领域内扮演重要角色。对此,笔者曾经指出,"由于我国目前社会公共服务领域还是属于社会福利制度式的范畴,而社会福利制度还仅仅是属于社会保障体系内的一个子系统,'社会化'特征不是非常凸显,政府提供绝大多数的社会福利,政府仍然在承担着主要的提供者和保障者的角色。随着社会慈善公益事业的发展,越来越多的 NGO 和 NPO 组织参与到社会公共领域中,宗教慈善及其在灾难现场成熟的宗教应对体系作为其中的一个特殊成员已经开始在这一场域发挥出其特殊的社会作用,表现出鲜明的社会化特征。这正是中国宗教在现代化社会转型时期参与到社会服务和社会公共领域的一个有效途径"。① 因此,中国宗教性慈善组织只有在实践中国宗教慈善活动的文化模式的过程中,才能走出"另类的尴尬",在文化模式与身份认同之间,探索发展出适合自己的身份认同模式。

## 二 "玻璃口袋":当代宗教慈善事业"中国式困境"之二

综观 2008 年以来的中国慈善公益活动,可以发现几年来人们对慈善公益事业的关注点逐渐在转变。自从 2011 年"郭美美事件"后,政府部门、慈善组织本身以及社会各界都开始理性关注慈善事业,深度反思中国慈善事业的发展,希望营造健康有序的中国模式的慈善公益活动。其中人们对于公益事业关注最多的莫过于慈善事业的建设和管理问题。在此,笔者拟将之比喻为"玻璃口袋"式的管理。所谓"玻璃口袋"式的管理,是指在诸如慈善的组织管理(包括政府部门的监督、慈善组织内部的自我管理)、财务监督和善款运用等方面,形成公开透明、符合现代社会要求的自我管理体制和监督机制。事实上,目前我国的慈善公益事业处于一种亟待改革和完善的状态,慈善机构的独立性还有待加强。新基金管理条例虽然允许私募基金的出现,但规定全国的公募基金会由民政部门来监管,私募基金会由各地来监管,对私募基金限制较多。再者,我国慈善机构自身的不透明缺乏公信力,而社会保障体系的不完善使人们有了更多的顾虑,中国

---

① 郑筱筠:《灾难现场的宗教应对体系》,2011 年"中国社会科学论坛"论文(2011 年 12 月北京)。

网民们呼吁"中国慈善需要更多透明",社会呼唤"玻璃口袋"式的管理。虽然中国宗教性慈善公益活动是中国慈善事业的"老资格成员",但将传统的运行方式与现代慈善公益事业的运作规则结合起来,让善款进入"玻璃口袋",乃是当代宗教慈善事业的第二个"中国式困境"。

关于政府部门对于慈善组织的管理和监督,有学者指出,"美国政府主要使用经济手段,而中国政府侧重行政手段,这主要表现在三方面:首先,美国慈善组织的注册程序比较简单,注册的主要目的是为了获得税收优惠身份;而中国的慈善组织注册主要体现的是政府选择的结果,侧重对慈善组织的控制。其次,在税收管理上,美国政府侧重发挥税收政策对慈善组织发展的激励作用,而中国目前的税收优惠政策由于覆盖面窄,对慈善组织激励功能有限。第三,除了税务部门以外,美国的州政府和州检察长对慈善组织的监督和审计有很重要的监督和管理责任,而在我国,对慈善组织的监督和审计采取的是多主体模式,效果并不理想"。[①] 如何规范中国慈善公益事业的相关制度和发展问题,对此,相关部门正在积极探索制定相关政策和法规,以期建立健全中国慈善公益机制。本文在此就不再累述。

事实上,只有"玻璃口袋"式的管理和运行,中国宗教慈善事业的公信力才能有扎实的基础和可持续发展的动力。在这方面,中国宗教慈善公益活动的历史传统有自己的优势与劣势,如果妥善加以引导,那么"玻璃口袋"式的管理或许可以成为中国宗教性慈善公益组织突出优势、克服不足、健康发展、良性循环的契机。

**(一) 中国宗教性慈善组织"玻璃口袋式"的管理优势**

如前所述,宗教与慈善有不解之源,宗教性慈善组织本身在管理方面就具有鲜明的公信力和透明度,这是中国宗教性慈善组织在管理方面的优势。事实上,中国宗教慈善事业活动实践显示,中国宗教性慈善组织已经开始探索建立新型"玻璃口袋式"的管理模式。

以中国南传佛教为例,它开始突破自身理论体系的限制,积极探索透明的"玻璃口袋式"的管理模式。"当代中国南传佛教积极参与到弘法利生的慈善事业,视其为自己的'凡尘使命',在组织机构的管理、慈善内容和弘法方式等方面都逐渐形成了自己的特色,走出了独特的中国南传佛教慈善事业道路,为区域性经济发展、民族团结、社会稳定而发挥出宗教的重要作用。这一活动既是对南传佛教体系建设的发展,也是对人间佛教体系建设的发展,具有重要的理论和现实意义。"西双版纳傣族自治州的"佛光之家"慈善活动项目就是采取多方合作的组织机构管理模式,努力坚持南传上座部佛教的

---

① 姚建平:《中美慈善组织政府管理比较研究》,《理论与现代化》2006年第2期。

纯洁性，严格恪守着僧侣不蓄金银的戒律。对此，各个寺院无论其级别高下都在寺规中作出了严格的规定，任何僧侣无论其僧阶高低，都不得蓄金银。为了有效解决这一问题，在"佛光之家"的组织管理过程中，"佛光之家"项目采取由联合国儿童基金会提供经费，云南省艾滋病防治办公室协调，傣族自治州州艾滋病防治办公室指导，州民宗局管理，州佛教协会具体组织实施的共同管理模式，成功地解决了南传佛教对于金银戒律方面的问题。① 此外，在管理具体的宗教事务时，中国南传佛教设置了波章管理系统，妥善地处理与佛教相关的社会事务。在管理寺院经济时高度透明，每次活动都要把具体活动收支情况张贴在墙上，接受人们的监督。② 平时在从事慈善公益活动时，努力加强自己的公信力建设，增加透明式的"玻璃口袋式"的管理模式。

北京仁爱基金会也在积极探索建立透明式的"玻璃口袋式"的管理模式。其救灾项目管理主要是前线救援管理与后方支持管理。前线救援管理包括派专人与政府等部门沟通、设计并开展项目活动、志愿者管理、信息报道等工作，后方支持管理主要是救援物资、志愿者支持、财务管理、文宣等工作。基金会秘书长是救灾项目的总协调人，负责重大事项的决策与安排后方支持的管理工作，而项目官员负责前线工作的管理。前线救援管理中与政府部门沟通工作主要由秘书长及其助理负责，救灾项目具体活动与志愿者管理由项目官员负责。后方支持管理中救援物资捐赠登记与发放记录由行政部门负责，志愿者招募与派出由志愿者支持与服务部负责，财务管理由财务部门负责。仁爱救灾前线救援团队一般由10个志愿者梯队组成，每个梯队约10人，梯队间来回轮换。项目官员主要以召集志愿者开会的形式进行管理，由于大多数志愿者是佛教徒，这种会议包括"缘念"、"前行"、"正行"与"结行"。"缘念"是让志愿者端正心态，是在志愿出发之前，让自己的心提起正念来；"前行"是使志愿者明确当天的志愿服务工作内容以及各项基础准备；"正行"就是正式工作的过程；"结行"对当天志愿服务工作的检讨与总结。一个梯队完成志愿服务工作之后，需要与下一个梯队进行交接，包括文字/文件的交接、工作程度的交接、政府人员信息的交接、人员的交接（心理辅导，仁爱学堂，与政府联系等人工作的交接）等。前一批志愿者在离开之前与相关合作方也要进行沟通，保证下一梯队可以顺利开展工作。

仁爱基金会这样的透明式管理为灾难现场的宗教慈善活动的开展探索出成功的经验。当然，像仁爱基金会这样的中国宗教性慈善活动组织还很多，它们都在慈善活动管理中充分展示出其"玻璃口袋式"的优势。③

---

① 郑筱筠：《中国南传佛教的"凡尘使命"——中国南传佛教的慈善事业》，《中国宗教》2009年第6期。
② 郑筱筠：《试论中国南传佛教的宗教管理模式》，《中国宗教》2011年第1期。
③ 当然，在国内也有在运行方面非常透明的民间慈善组织，比如壹基金。正如壹基金创办人李连杰所称，"每一分钱的流向都有清晰的显示，到灾区去的时候不看收据，要看每个老百姓的签名和手印。"壹基金的所有资金使用情况和项目实施情况都在网站上公示，实行透明管理。

### (二) 中国宗教性慈善组织"玻璃口袋式"的管理劣势

中国慈善公益事业目前未能建立健全与高速发展的社会相适应的管理体系和运行机制。慈善领域尚缺乏对信息公开透明足够的内在动力与外部压力，从慈善捐赠现状而言，目前中国慈善活动更多的是依靠行政动员，而不是靠公信力，民间慈善文化难以推广；缺乏日常小额捐赠，不稳定。同时由于大部分慈善捐款一般由政府来统一安排，因此人们无法去监督政府善款的开销时，就转而把目光聚焦于可以监督的部分，有时甚至是把希望寄托于这一领域，希望这一领域的透明。这是对中国慈善公益事业的要求，也是对中国宗教性慈善公益事业的要求。但目前中国宗教性慈善组织要实现"玻璃口袋式"的管理，还存在一些问题，这主要表现为：第一，在宗教经济管理领域还缺乏操作层面的制度保障；第二，虽然宗教界创办的各类慈善超市、慈善委员会开始显示宗教界在积极探索适应自身发展的慈善公益事业，但与近年来大量涌现的企业界和慈善家等所参与的慈善事业相比，宗教慈善事业的创新与发展还不足，对慈善资源的开发和利用仍显不足，也未完成自身理论体系的理性创新发展。第三，缺乏从事慈善公益事业的专业人才同样是困扰着中国宗教慈善公益事业发展的瓶颈。随着社会慈善公益事业的发展，其分工将会越来越细化、具体化，其操作将会越来越精细化和专业化。这也要求宗教界慈善公益事业需要专业人才，才能在方兴未艾的慈善公益事业中走出适合自己的中国宗教慈善发展模式。

笔者认为，随着我国慈善公益事业的发展，这些问题将逐步会得到解决。首先，随着国家有关部门出台的相关政策和法规，慈善公益事业的制度将逐渐完善，中国宗教慈善公益活动的管理和参与也将日趋专业化。目前已经有越来越多的非宗教慈善机构加入到社会公益活动队伍中来，并成为社会公益事业的主力军。在这些基金会和公益机构中，随着政府对慈善专业人才队伍的重视和相关慈善培训活动的实施，慈善公益与非营利领域将成为中国就业的新途径，慈善公益队伍专业化水平在今后将有较大提高。与此相适应，宗教慈善公益队伍的专业化水平也会得到提高。中国宗教慈善公益活动将会进行有机的整合，从各自分散性的慈善公益活动进而逐步发展为联合性、整体性的宗教慈善公益活动，从而更好地有力展示宗教慈善公益活动的社会贡献力量。在这样的形势下，如果充分发挥中国宗教性慈善组织具有"玻璃口袋式"的管理优势，加强公信力管理，中国宗教性慈善公益事业将会获得更大的发展。

## 三 结语

任何组织的要素都是人，组织是人的力量（体力的、智力的等）的一种整合。这种整合使原子化的个人在组织中发生"聚变",从而产生"1+1大于2"的能量。著名经济学家德鲁克曾说过:组织的作用就是使平凡的人做出不平凡的事。宗教慈善组织虽然有宗教信仰这条纽带,但更深层的是每个人心性中都有的那颗爱心。一个人的能力和能量有大小,但是宗教慈善组织为每个人提供了奉献爱心、帮助别人的机会,同时它在此过程中也使自己超越了信仰;不仅使每个平凡人的微薄之力积沙成塔,使平凡的人做出不平凡的事,而且使日益原子化的现代社会既保持充满竞争的创造动力,又弥漫着理解、温情与和谐。

自2011年以来,中国慈善事业可谓"风生水起",一波三折,很多事件都是基于新媒体技术的发展所导致的信息沟通新格局。这种新格局,必将渐次推动社会各个领域产生深远的变革。甚至带来慈善主体格局的变动。从宗教慈善公益活动而言,在公益活动过程中,中国宗教性慈善组织也将会逐步实现内部的自我调整,在适应社会发展的同时,进行内部资源和社会资源的重新组合和更新,逐渐实现现代化、全球化和国际化。其间中国宗教性慈善组织主体身份认同方面着重处理好宗教组织的宗教性身份和社会性身份是关键,只有在中国宗教性组织的实践模式中去践行中国宗教慈善的文化模式,才能逐步探索和发展出适合中国特色的宗教性慈善组织的身份认同模式,此外,加强公信力管理是宗教慈善公益组织最具优势的发展动力,这样才能走出当代宗教与慈善公益事业发展的"中国式困境"。值得注意的是,中国宗教性慈善组织在寻找适合自己发展契机的同时,在不断的自我更新和发展适应过程中,通过资源的不断重新组合与创新,甚至有可能改变中国现有的宗教文化格局。

(作者简介:郑筱筠,中国社会科学院世界宗教研究所研究员,原文发表于《世界宗教文化》2012年第1期)

# 宗教慈善　大有可为

——写在《关于鼓励和规范宗教界从事公益
慈善活动的意见》发布之际

焦自伟

2012年2月16日，国家宗教局会同中央统战部、发展改革委、民政部、财政部、税务总局等六部门印发了《关于鼓励和规范宗教界从事公益慈善活动的意见》（国宗发〔2012〕6号，以下简称《意见》）。文件下发后，受到了包括宗教界在内的社会各界的广泛关注和积极评价。作为《意见》起草和发布的参与者，在这里谈谈我对《意见》的理解和认识。

## 一　制定和发布《意见》的目的

制定和发布《意见》的出发点和落脚点非常明确，就是八个字：支持鼓励、引导规范。首先是支持和鼓励宗教界从事公益慈善活动，其次是进行必要的引导和规范。

党和政府一贯倡导宗教界人士和信教群众发挥积极作用，为我国经济发展、文化繁荣和社会和谐做贡献。支持和鼓励宗教界开展公益慈善活动，是发挥宗教界积极作用的重要途径。胡锦涛总书记曾经指出，要鼓励有条件的宗教团体和宗教活动场所积极参与公益慈善活动，在扶贫、济困、救灾、助残、养老、支教、义诊等方面发挥有益作用。这为宗教界发挥积极作用提出了新的要求，也为鼓励和规范宗教界开展公益慈善活动指明了方向。贾庆林、回良玉、杜青林等中央领导也多次就相关问题做出重要批示和指示。

多年来，我国宗教界发扬服务社会、利益人群的优良传统，积极参与和开展赈灾救灾、扶贫济困、捐资助学、医疗卫生等公益慈善活动，取得了良好的效果，赢得了社会的广泛赞誉。但是，一些地方和部门对宗教界开展公益慈善活动的认识还不尽一致，对是否鼓励宗教界开展公益慈善活动，在哪些领域开展公益慈善活动等问题把握不准，甚至对宗教界开展公益慈善活动心存顾虑，担心会人为扩大宗教影响。同时，在我国公益慈善法规政策总体上还有待完善的情况下，宗教界从事公益慈善活动的具体法规和政策还不是很明确。有关宗教界从事公益慈善活动的法规，只有在《宗教事务条例》中有一条原则性的规定，即"宗教团体、宗教活动场所可以依法兴办社会公益事业"。因为没有配套办法和政策措施，落实起来不好执行和操作。因此，受多种因素的制约，宗教界创办的公益慈善机构和实体登记注册难度大，政府补助、税收减免等优惠待遇难以落实到位，影响了宗教界参与和开展公益慈善活动的积极性。加上宗教界自身由于受人才、财力、制度等因素的限制，不同程度地存在着所开展的公益慈善事业规模小、专业化程度不高、活动不够规范等问题，影响了公益慈善活动的效果。

针对这些问题，宗教界通过不同方式和渠道向有关部门进行呼吁，希望能够进一步明确和完善相关政策法规，为宗教界的公益慈善活动创造更好的制度环境和空间。最近几年，国家宗教局办理答复的人大代表建议、政协委员提案中，有不少与此相关。学术界和社会有关方面对这一问题也非常关注，进行了大量的研究和探讨。对这一问题，国家宗教局领导高度重视，要求相关业务司室认真贯彻中央精神，深入研究提出解决问题的办法，负责任地回应宗教界的关切。可以说，宗教界开展公益慈善活动，中央关怀、宗教界关切、社会各界关注，在这样的背景下出台《意见》，意义非同一般。

《意见》围绕鼓励和规范这一主线，以明确政策、统一认识为基点，始终贯彻保护、引导、管理、服务的宗教工作理念，强调了鼓励和规范宗教界从事公益慈善活动的积极意义，明确了宗教界从事公益慈善活动的主要范围、基本形式、可以享受的扶持和优惠政策、应当遵守的基本原则，对相关部门的职责和分工提出了要求，从政策层面基本解决宗教界在开展公益慈善活动过程中遇到的问题。通过《意见》的发布，切实贯彻落实中央的精神和要求，肯定和重视宗教界从事的公益慈善活动，明确和完善相关政策和举措，全面调动和发挥宗教界在促进公益慈善事业发展中的优势和潜力，进一步引导宗教与社会主义社会相适应，这是制定和发布《意见》的目的所在。

## 二 《意见》制定过程中的体会

《意见》的制定和出台经历了深入调查研究、充分讨论酝酿、反复修改协商等几个阶段，从起草初稿到最后出台，将近3年，实属不易，凝聚了各方面付出的努力和心血。在制定《意见》的过程中，对以下几点有较深的体会：

一是领导的重视与指导是我们做好工作的根本保证。《意见》从酝酿、起草、修改到最后的发布，自始至终都是在各级领导的高度重视和指导下进行的。国家宗教局领导一直要求我们，要从全面贯彻党的宗教工作基本方针、积极引导宗教与社会主义社会相适应、发挥宗教界积极作用和宗教工作全局的战略高度，充分认识鼓励和规范宗教界从事公益慈善活动的重要性,切实做好相关工作,并把制定和发布《意见》工作列为我局局长督办项目,督促工作进展,把握工作方向。

二是相关部门的理解与支持是我们做好工作的重要前提。公益慈善活动领域宽,涉及多个部门和多个方面,具有很强的专业性和政策性。宗教工作部门对公益慈善事务相对比较陌生,起草《意见》无论是方向把握还是文字表述,都离不开相关部门的指导与帮助。中央统战部、国家发展改革委、民政部、财政部、税务总局等部委对文件的会签,大大提高了《意见》的效力和权威性,为《意见》的顺利出台起到了关键作用。教育部、环保部、卫生部、工商总局、国务院扶贫办、中国残联等部门和机构及时对我们的征求意见稿进行答复,确保《意见》最大限度地得到相关方面的认可。全国政协民宗委多次就相关问题组织调研,提出了许多富有建设性的意见和建议。我局各司室和研究中心全力帮助我们开展调查研究,提供了强有力的智力支持。

三是宗教界的建言献策与积极配合是我们做好工作的重要动力。多年来,宗教界对开展公益慈善活动的呼吁和建议,受到了中央领导的重视,也引起了有关部门的关注,为《意见》的出台营造了良好的氛围。在我们征求意见时,各团体高度重视,提出了许多宝贵的意见和建议,增强了文件内容的针对性和可操作性。在文件起草过程中,北京市龙泉寺和仁爱基金会承办了宗教界从事公益慈善活动现场座谈会,他们认真准备、热情接待,给与会代表留下了深刻印象,为推动《意见》的出台给予了有力配合。

总之,《意见》的出台,是中央领导关怀,相关部门大力支持,宗教界积极配合的结果。

## 三 对《意见》若干主要内容的理解

### (一) 关于宗教界从事公益慈善活动的范围

《意见》明确,"当前,重点支持宗教界在以下领域开展非营利活动:灾害救助;扶助残疾人;养老、托幼;扶贫助困;捐资助学;医疗卫生服务;环境保护;社会公共设施建设;法律和政策允许的、适合宗教界人士和信教群众发挥积极作用的其他公益慈善活动。"明确这些重点支持领域,既体现了导向性,也可以使宗教界做到心中有数,方便操作。

《意见》列出的这些领域,主要分为两大方面:一是《中华人民共和国公益事业捐赠法》界定的,适合宗教界从事的公益事业;二是国家号召社会力量参与,宗教界具有一定优势、传统和潜力的慈善事业。列出这些领域并不是要把宗教界的公益慈善活动全部限制在这些范围,而是鼓励宗教界把重点放在这些领域。从原则上说,只要是法律和政策允许的,适合宗教界人士和信教群众发挥积极作用的各种公益慈善活动,都是应该得到支持和鼓励的。

### (二) 关于宗教界从事公益慈善活动的基本形式

《意见》用列举的方法，明确了宗教界从事公益慈善活动的基本形式。列出这些形式，可以明确宗教界的权利，为宗教界依法开展公益慈善活动提供依据，减少障碍。

1. 为公益慈善事业捐款捐物。这种形式组织操作起来相对简便易行，是目前宗教界开展公益慈善活动最主要的方式，大部分也都是依法依规、公开透明操作运作的。这里把它列出来，主要目的在于明确肯定其合法性，推动宗教界相关活动的开展。

2. 设立公益慈善项目。设立公益慈善项目，有计划、有组织地开展长期性、专门性的公益慈善活动，比临时性的捐赠活动层次更高，也是宗教界在具备条件时，值得提倡的方向。在这一条里，《意见》提出了"公益慈善项目的设立及活动开展情况，应当报县级以上人民政府宗教事务部门和有关主管部门备案"的要求。做出这一规定，主要是考虑到宗教事务部门及相关主管部门掌握情况后，可以更好地为宗教界开展公益慈善活动做好服务和管理工作，同时也能督促宗教界增强开展公益慈善活动的计划性、针对性和有效性。

3. 设立公益慈善组织。《意见》列举的专项基金管理机构、基金会、社会福利机构、医疗机构，基本覆盖了我国宗教界目前设立的公益慈善组织的主要形式。这些组织申请设立、登记的条件、要求、程序等，《意见》里提到的相关法规和规章都有明确规定。

在这一部分，《意见》两次提到了"进行民办非企业单位登记"。进行民办非企业单位登记的好处是，根据财政部、国家税务总局2009年发布的《关于非营利组织免税资格认定管理有关问题的通知》（财税〔2009〕123号）的规定，依照国家有关法律法规设立或登记的民办非企业单位，具备相应条件的，可以申请享受免税资格。

### (三) 关于扶持和优惠政策

我们在调研中了解到，宗教界在开展公益慈善活动方面最突出的诉求是希望能够享受与社会其他方面同等的待遇。《意见》对此做出了回应，旗帜鲜明地规定："宗教界依法开展的公益慈善活动和设立的公益慈善组织受法律保护，享受与社会其他方面同等的优惠待遇。"《意见》还简要归纳了国家对从事公益慈善事业的非营利组织给予的扶持和优惠政策，并对这些政策同样适用于宗教公益慈善事业进行了明确和强调。《意见》中列出的这些优惠条款虽然简要，但是都是有依据的，在征求意见时相关部门也反复帮助我们进行了修改，得到了认可，完全可以操作。

**(四) 关于宗教界从事公益慈善会应当遵守的基本原则**

现代公益慈善事业涉及面广、专业性强、社会关注度高，宗教界要想公益慈善领域有所作为甚至发挥模范带头作用，就必须严格遵守相关法律法规和行业规范，不断致力于提高公益慈善活动的规范性，切实增强公信力和感召力，这是公益慈善事业的生命所在。宗教界从事公益慈善活动，有深刻的信仰背景，有悠久的历史传统，有自己的优势，相信宗教界能够也应该比社会其他方面做得更好。

《意见》在第六部分，对宗教界从事公益慈善活动应当遵守的基本原则，提出了要求。遵守这些基本原则，具有十分重要的意义。具体来说，坚持"依法开展活动，维护国家利益"的原则，既是尊重法律权威的必然要求，也是维护宗教界自身权益的根本保障。坚持"坚持自觉自愿，注意量力而行"的原则，才能在践行信仰与服务社会之间找到最佳平衡点，充分发挥宗教界的优势和特点。坚持"规范科学运作，提高管理水平"的原则，是现代公益慈善活动的重要特征和基本要求，也是宗教界应当努力的方向。坚持"接受指导监督，注重诚信公信"的原则，是公益慈善活动正常开展的关键所在。

《意见》强调，"不得在公益慈善活动中传播宗教"。在开展公益慈善活动时恪守人道、公正和中立的原则，不将公益慈善援助用于政治和宗教目的，这是目前国际社会普遍认同和遵循的行为准则，也是保证宗教界公益慈善活动正常开展、争取社会认可的基本前提。比如《国际红十字会与红新月运动和非政府组织灾害救济行为守则》就明确提出"援助不应被用作来促进某一特定的政治或宗教立场"。《意见》的这条规定，与相关国际惯例是一致的。当然，这一规定显然不应当被理解为不得对宗教界开展的公益慈善活动进行适当的宣传报道，在实际工作中需要准确理解和把握。

宗教界从事公益慈善活动，有深刻的信仰基础、悠久的历史传统、较高的社会公信度。《意见》的发布，无疑为宗教界从事公益慈善活动带来了一股春风。我们有理由相信，在宗教界和相关方面的共同努力下，我国宗教公益慈善事业一定会迎来更加辉煌灿烂的明天。

（作者简介：焦自伟，国家宗教事务局政策法规司巡视员、副司长，原文发表于《世界宗教文化》2012年第2期）

中东宗教研究

# 伊斯兰势力的"重整和分化"与我国中东人文外交之应对*

马丽蓉

自"9·11"事件以来,伊斯兰势力的全球化、中东政治的伊斯兰化等倾向日趋明显,2011年席卷阿拉伯世界的广场抗议则是"源自阿拉伯社会内部"、集体表达穆斯林要求"满足民主对制定包括政治、经济、社会和文化等领域在内的全面改革计划的愿望"的一场内生型的民主运动。其中,北非伊斯兰政党的群体性崛起、穆尔西为代表的穆斯林兄弟会领袖的掌控国家政权等,均表明在该地区政治生态中,已"将伊斯兰文化宗教优势作为另一个选择提到了首位。"[①] 因此,中东伊斯兰势力的发展及其走向,既对地区和世界地缘政治产生了深远影响,也使我国的中东外交面临严峻的挑战。

一

这场仍在持续当中的中东剧变推动了中东地区伊斯兰力量的此消彼长,"重整和分化"已成为主要的发展态势。

**(一) 伊斯兰极端主义的号召力日渐衰落**

"9·11"事件后,阿拉伯—伊斯兰世界就面临着两难的抉择:要么站在美国一边打击伊斯兰极端主义,要么庇护本·拉登及其基地组织。若选择前者,伊斯兰国家政府公开支持西方基督教反穆斯林的联盟就是一个风险巨大的行动;若选择后者,阿拉伯国家

---

\* 本文属教育部哲学社会科学研究专项委托项目(12JF010)、国家社科基金项目(11BGJ033)、教育部人文社科重点研究基地重大项目(10JJDGJW021)、教育部重大攻关项目(08JZD0039)的阶段性成果,并得到上海市重点学科(B702)和上海外国语大学"211工程"三期重点学科建设项目的资助。

① 德米特里·谢多夫:《利比亚暴动及其波及范围》,俄罗斯战略文化基金会网站,2011年2月24日。

将因与恐怖组织有关联被列入"邪恶轴心国"而遭受美国的经济制裁或军事打击。基于一种素朴的泛阿拉伯信仰共同体的认同本能,本·拉登反抗美国霸权主义的斗争在每一个伊斯兰国家都能找到同情者甚至追随者,美国反恐十年来"越反越恐"就是明证。但随着阿拉伯国家在全球化中被边缘化程度的加深,"是该变愤怒为力量,变忧伤为工作,把责备、谴责转变为负责任的行动和缜密的计划了。"①2011 年的阿拉伯民主运动就使得"基地"组织的极端意识形态在阿拉伯世界明显失去了吸引力,其长期采用"圣战"手段来反对"三个敌人"——美国、以色列以及亲美的拉伯国家现政权的"3+1"模式遭到重创:这场来势迅猛的阿拉伯民众运动"回避了'基地'组织信条的两大中心原则:暴力和宗教狂热。抗议者使用了防御性武力,对伊斯兰教进行了重新思考,并支持民主,而这些则是本·拉登及其追随者所不愿看到的。"② 换言之,阿拉伯民众主要采用广场集会抗议的方式,推翻了突尼斯、埃及等国亲美的现政权,表达了对美国等西方大国外来干预的强烈不满,并对以色列的内政外交造成巨大冲击,以"和平"手段实现了"基地"组织的"三个目标",全面颠覆了其所奉行的"3+1"模式。2011 年"阿拉伯国家的事态发展对崇尚暴力的圣战主义来说是一种战略上的失败。"因为,"我们看到的是一个比 2001 年分布更为广泛、成员有可能更多且影响力肯定更大的运动。"③ 而 2011 年 5 月 1 日本·拉登被击毙、5 月 28 日"基地"组织分支宣布在也门南部建立"伊斯兰酋长国"等证明:"基地"组织不是这场阿拉伯民主运动的主角,而是一个实力被严重削弱后试图搅局渔利的看客。④

### (二)伊斯兰"中间主义"的影响力得到了进一步扩大

"中间主义"的倡导者优素夫·格尔达维等阿拉伯学者认为,任何"不及"或"过激"言行有悖于伊斯兰信仰,以伊斯兰名义支持甚至从事恐怖主义活动,都从根本上违背了伊斯兰教的和平本质;要想彻底根除恐怖主义,就必须铲除滋生恐怖主义的国内外政治、经济及军事等复杂根源,反对恐怖主义必须同时反对霸权主义和强权政治;推进社会变革和民主进程是解决阿拉伯—伊斯兰国家社会困境的当务之急,但须以对话方式循序渐进地进行,不可诉诸暴力,更不能通过外部力量的施压来实现;教法创制要不断吐故纳新、与时俱进,教法裁判不可因循守旧、抱残守缺。时空的不断变迁和社会的持续发展,要求人们将"文本的法学"变为"流动的法学",要求我

---

① [埃及]侯赛因·卡米勒·巴哈丁:《十字路口》,朱威烈等译,上海外语教育出版社 2005 年版,第 45 页。
② 斯科特·沙恩:《在阿拉伯世界政权倒台知己,"基地"组织见证历史飞逝》,载美国《纽约时报》网站,2011 年 2 月 27 日。
③ 同上。
④ 马晓霖主编:《阿拉伯剧变——西亚、北非大动荡深层观察》,新华出版社 2012 年版,第 102 页。

们在今天这个时代,应当重新审视历史上曾经有过的一些观点或被采纳过的一些意见。① 亦即,伊斯兰"中间主义"旨在"引导建立中正均衡的宗教价值观、和平民主的政治价值观、多元共生的文明对话观、教法创制的法律改革观、公平和谐的社会发展观等,将中间主义与公正、宽容等教义并列作为政策主张,以期与极端主义、恐怖主义划清界限"②,并在一定程度上修正了"9·11"事件以来西方世界对阿拉伯—伊斯兰世界的偏见和对伊斯兰文明核心价值观的误读。尽管"中间主义"思潮并非一种全新的价值观,但它坚守文化根源,致力于文化创新,努力挖掘伊斯兰教的中正思想和自我更新能力,为应对全球化挑战、选择合适的发展道路提供了一种方法论和实践论,以期达到伊斯兰世界自我解困、自我调适和自我更新的目的。正因为"中间主义"具有重大理论和现实意义,它已被阿拉伯—伊斯兰世界所广泛关注,如埃及于1996年成立了中间党,卡塔尔、沙特和科威特等国已建立相关的研究、宣传机构,一些研究成果也相继见诸英美等西方国家报刊③,此次阿拉伯民主运动又将"中间主义"思潮的影响由社会精英群扩至草根阶层,既有助于向全社会宣传和普及"和平、中正"的伊斯兰核心价值观,也有助于抵制"伊斯兰威胁论"所带来的消极影响,还有助于建构全球治理中多重价值体系的治理观。

### (三)伊斯兰温和势力正成为中东地区重要的政治力量

在此次阿拉伯民主运动的议会选举中,突尼斯的伊斯兰复兴运动、摩洛哥的正义与发展党、埃及的自由与正义党、光明党等纷纷走向政治前台,利比亚过渡委负责人表示今后要以伊斯兰教为立法基础……种种迹象表明,伊斯兰温和势力正通过议会道路谋求崛起,"新一代阿拉伯—伊斯兰分子表现得非常灵活,在不放弃自身价值观的情况下,尽量适应当今的全球化世界。"④ 最明显的就是创建于1928年的穆斯林兄弟会,是一个起源于埃及、影响力遍布中东乃至全球的穆斯林群众性组织,甚至被视为近代历史最悠久、规模最大、组织最严密,并在世界范围内最具影响力的伊斯兰政治集团。其中,埃及穆斯林兄弟会依托清真寺开展社会慈善以及坚定的反以、反美立场,更是赢得了较为广泛的民意支持。该组织于1938年由社会、文化活动转入政治斗争,并以建立伊斯兰国家为最终目标。1982年后又放弃暴力活动,与激进、极端的伊斯兰势力保持距离,并开始间接参加议会政治。在2005年埃及大选中赢得88个议席而成为议会中最大的反对派。在2010年议会选举中因一席未得而抵制了第二轮选举。2011年4月成立的自由正义党

---

① 王铁铮:《新思潮:伊斯兰中间主义》,载《南方》2010年第7期。
② 朱威烈:《韬光养晦:世界主流文明的共有观念》,载《文汇报》2010年8月18日。
③ 王铁铮:《新思潮:伊斯兰中间主义》,载《南方》2010年第7期。
④ 阿列克谢·马卡尔金:《伊斯兰进行曲》,俄罗斯政治评论网,2011年10月27日。

使得穆斯林兄弟会极有可能通过民主选举程序获得埃及未来的掌控权,特别是其在埃及社会转型中所表现出的成熟与稳健,不仅关乎埃及"后穆巴拉克时代"的政治走向与民族未来,也关乎阿拉伯—伊斯兰国家和地区政治力量的发展与重组,并对世界与地区的和平与发展产生深远的意义。尽管西方学者也承认"伊斯兰主义者将在自由公正的选举中大获全胜",却担忧"伊朗模式"的重现。其实,在阿拉伯世界,伊斯兰主义者在选举中的胜利从未导致过神权统治,新当选的伊斯兰主义者也不可能随心所欲地实施神权统治。"伊斯兰主义的发展是穆斯林社会对加速西方化作出的特殊反应。处于伊斯兰分子影响之下的有10多亿信徒,有50多个穆斯林国家,有在120个国家里的穆斯林社团。这在国际关系中造成很多问题,涉及许多国家和所有世界大国的地缘政治和国家利益。"其中,"政治化的伊斯兰成为阿拉伯东方几乎所有国家政治生活的不可分割的一部分。可以说,它在社会经济上取得的实际成果远远赶不上诸多的承诺,但是不能不承认,它的意识形态对穆斯林居民的影响仍相当大。"而且,"当代伊斯兰主义的意识形态明显呈现出跨国性质,对整个中东政治形势变化反应敏感,已经无法按照国界来逐个消除政治化的伊斯兰主义的策源地。"[①]

## 二

2005年美国"大中东民主改造"的结果是哈马斯等伊斯兰激进势力赢得大选而"劫持了民主",2011年阿拉伯民主运动则使得各种伊斯兰势力"重整和分化"态势日趋明显,成为世界民主化浪潮中的特殊政治现象,也成为仍在持续中的阿拉伯民主运动的重要特征。其原因主要包括以下几点:

一是阿拉伯社会民众社会诉求改变的表现。在全球金融危机的冲击下,阿拉伯国家普遍存在着贫富不均、物价飞涨、失业率攀高、人口激增等一系列社会问题,并最终促使无成就的(unfulfilled)、未被接纳的(unincluded)、未充分就业的(underemployed/underutilized)以及被低估的(underestimated)16—30岁左右的"U一代"[②]青年群体成为反政府的主力之一。这个特定群体占阿拉伯社会人口的绝大多数,随着"9·11"事件后美国相继发动了阿富汗战争与伊拉克战争后,他们中不乏本·拉登的同情者与追随者,甚至成为"基地"组织和塔利班等伊斯兰极端组织招募圣战者的主要对象。但随着阿拉伯社会经济状况的不断恶化,"阿拉伯精神已经被贫困、失业和普遍衰退打碎了"[③],

---

[①] 穆拉特·劳穆林:《从地缘政治看哈萨克斯坦在伊斯兰合作组织中担任轮值主席国》,参见俄罗斯信息分析中心网站,2011年6月29日。
[②] 参见穆里尔·阿瑟布格《阿拉伯之春》,载德国《科学和政治基金会杂志》,2011年7月号。
[③] Pat Lancaster, "Tunisia: A Catalyst for Change", *Middle East*, Issue 419, February, 2011, p. 19.

突尼斯"U一代"青年穆罕默德的自焚最终引爆了阿拉伯民主运动之火，阿拉伯青年民生问题凸现，他们的物质与精神需求也成为同遭经济危机冲击的阿拉伯民众普遍的社会诉求，表明阿拉伯民众的社会诉求已从"9·11"事件后以暴易暴地抵制与仇恨西方"异教徒"向推动社会民主变革、努力融入全球化的转变，伊斯兰极端主义号召力的日渐衰落即成必然。

二是伊斯兰文明核心价值观重塑的表现。"9·11"事件后，西方媒体大肆炒作"伊斯兰恐怖论"，并"把'9·11'事件、恐怖主义同在阿拉伯国家发生的事情联系起来，利用不幸的偶然性，用错误的思想说服世界，将恐怖主义归咎于伊斯兰教和阿拉伯人，将合法自卫与侵略别人，将民族解放运动与恐怖主义活动，将为正义献身与恐怖主义行动混为一谈"①，结果导致伊斯兰教成为"替罪羊"。"道成经典"的伊斯兰教，极为重视《古兰经》和圣训等伊斯兰文化原典的解读，但因伊斯兰文明阐释主体的多元化和复杂性，以及"9·11"事件后世界穆斯林在"被审"中陷入无言和失语当中，外界甚至包括伊斯兰世界内部也对伊斯兰文明核心价值观的解读产生了分歧。"伊斯兰是和平的抑或暴力的"的质疑，不仅关系到伊斯兰文明核心价值观的认知问题，还关系到阿拉伯—伊斯兰国家意识形态的价值取向问题，更关系到伊斯兰文明如何融入世界多元文明体系的问题。因此，从伊朗前总统哈塔米的"文明对话"倡议到爱资哈尔大学组织的"伊玛目宣教月"直至沙特国王阿卜杜拉与教皇本笃十六世的历史性会晤等，表明伊斯兰世界的政界、教界和学界力求秉承伊斯兰"创制"传统，对经训做出合乎时代精神的诠释，在还原伊斯兰和平本质的基础上重塑伊斯兰文明的核心价值观。伊斯兰"中间主义"思潮的影响力能够在这场阿拉伯民主运动中得到进一步扩大，表明"和平与发展"已成为阿拉伯社会的普遍共识，且探寻跨民族、宗教和地区的全球认同及其实现途径，则成为中东穆斯林改变在全球化中被边缘化这一现实困境的必然选择。

三是阿拉伯民众欲挣脱阿拉伯"和平与民主"困境的表现。自1967年丧失了耶路撒冷圣地后，巴勒斯坦、以色列冲突跃升为为阿拉伯、以色列甚至伊斯兰世界与西方之间的冲突，"所有伊斯兰国家都认为，以色列是对伊斯兰国家的最大威胁，是对这个地区的最大威胁。"② 在这种强烈的伊斯兰认同感的驱使下，"巴勒斯坦问题"便成为阿拉伯—伊斯兰世界的"核心利益"，也成为阿拉伯民主变革的"重大关切"，2004年阿拉伯世界发表的《阿拉伯改革问题：构想与实施》则强调：

---

① ［埃及］侯赛因·卡米勒·巴哈丁：《十字路口》，朱威烈等译，上海外语教育出版社2005年版，第68页。

② 美联社德黑兰1997年12月6日电。

这个计划在符合充分体现阿拉伯社会共同特点的总体框架要求的同时,还应使各种能够解决各自面临的问题。这个计划应该允许每个社会提出自己的改革方案,同时又避免相互孤立。这个计划也应为地区合作奠定坚实基础,并在此基础上使阿拉伯国家成为国际舞台上比较积极发挥作用的实体。但是,内部改革不应使我们把注意力从处理议程上紧迫的地区性问题转移开。在这些问题中,最重要的是在国际决议基础上公正地解决巴勒斯坦问题。①

这份纲领性文件明确了在"充分体现阿拉伯社会共同特点的""内部改革"中,"最重要的是在国际决议基础上公正地解决巴勒斯坦问题",将"阿拉伯模式"与"土耳其模式"、"伊朗模式"等作了区分。就阿拉伯民族而言,"巴勒斯坦问题"与阿拉伯改革的关系实为和平与民主、和平与发展的问题。在小布什"大中东民主改造"的外压下,2006年巴勒斯坦民众仍将哈马斯等伊斯兰激进势力推向政治前台,但"和平与民主"的希望最终落空;2011年阿拉伯民众又将希望寄予穆斯林兄弟会等伊斯兰温和势力身上,力求早日挣脱"和平与民主"困境。因为,"巴勒斯坦问题"常成为阿拉伯国家执政者压制民主、不思改革、转移国内矛盾的"挡箭牌",结果导致中东"和平"与"民主"陷入困境:一方面"巴勒斯坦问题"成为阿拉伯国家民主改革的"遮羞布",和平成为民主变革的阻碍。另一方面"巴勒斯坦问题"又成为执政者赢取民心、深化民主改革的"标志",和平又成为民主的推力。而"西方国家的一些决策者认为,抓紧时间推动以色列与巴勒斯坦的和平进程可以抚慰民意。"但这种想法既"没有考虑到阿拉伯人已经疏远了目前的和平努力,他们认为这些努力反映的是外国计划而不是民族计划",还"想当然地认为一份和平协议如果能让西方国家和阿拉伯国家领导人接受,就肯定能让阿拉伯民众接受,而事实上,这样一份协议更有可能被视为一种强加的不公平协议,被抨击为对宝贵事业的'清算'。"② 2011年穆巴拉克的下台及其受审,就是民众对其在"巴勒斯坦问题"上维护美以利益而损害国家、民族乃至宗教利益的一种"清算"。西方决策者常将"巴勒斯坦问题"作为应付穆斯林民众的"一种策略"的伎俩也得到了"清算",如2011年美国佐格比国际民意调查数据表明,阿拉伯人将"以色列长期占领巴勒斯坦领土"和"美国干涉阿拉伯国家"看作是"中东和平稳定的最大障碍"。奥巴马在巴以问题上的做法使他的形象受损,因为奥巴马投入大量精力的两件事(巴勒斯坦问题和与穆斯林世界的对话)获得的认可率最低,还不足9%。"美国的威望下滑也是奥巴马当选带来的高期望值破灭的结果,因为奥巴马并不是制造了问题,而是

---

① 转引自高祖贵《美国与伊斯兰世界》,时事出版社2005年版,第241页。
② 侯赛因·阿迦等:《阿拉伯世界重生于穆巴拉克下台后的埃及》,《华盛顿邮报》网站,2011年2月13日。

制造了问题会得到解决的期望值。"① 显然，无论是穆巴拉克还是奥巴马都无法破解阿拉伯"和平与民主"困境，阿拉伯民众惟有奋起自救才是解困的正途。于是，这场民主运动以埃及民众推翻亲美的穆巴拉克等方式将巴勒斯坦建国问题引出，埃以边界冲突、巴以换俘行动、巴勒斯坦申请入联、巴勒斯坦加入教科文组织等标志性事件的相继发生预示了这场民主运动已对中东和平产生了推动作用。在阿拉伯学者看来，此次的"阿拉伯之春"强调自由、公正、公平和尊严等价值观，并使"公众扮演了领导角色"。而"群体身份得到承认是基本的、普遍的人类需求，巴勒斯坦人也不例外。"因此，巴勒斯坦申请入联之举表明国际社会尤其是美国"承认这种需求的时刻已经到来"，这"不仅对巴勒斯坦人至关重要，对'阿拉伯之春'的精神也至关重要。"② 此次民主运动对中东和平进程的影响将日渐显现。

## 三

随着"伊斯兰战略板块"在中国总体外交中战略地位的不断上升，中国中东外交面临更多的内外挑战，这场复杂的阿拉伯民主运动更使得我国的中东人文外交面临诸多挑战，但却蕴涵更多新机遇，其对策主要包括：

第一，在发掘并利用中阿文明交往中所累积的道义资源基础上，加强中国在中东事务中的话语权，进而扩大中国的影响力。具体应从以下几方面入手：（1）大力宣传中国中东外交政策的基本立场与利益诉求尤其是"和谐世界"理念，以增强国内外民众对中国中东政策的认同度；（2）在"中阿合作论坛"与中东特使等制度创新的基础上，加快麦加朝觐、援外医疗、孔子学院、精英培训及友好城市等项目的制度化建设进程，以增强我对阿人文外交具体项目的认同度；（3）中国中东话语权建设正面临"半岛"的政治蜕变与美国互联网外交的内外挤压，将中阿文明交往中累积的道义资源转化为提升中国中东话语公信力的优势资源，藉此置奉行霸权政策的西方国家于道德困境之中以加强阿拉伯社会尤其是"U一代"年轻人对华话语认同度。

可以肯定，随着中东穆斯林对中国中东人文外交上的政策认同、项目认同及话语认同的不断增强，阿拉伯—伊斯兰世界里中国形象的好感度将得到相应提升，中国的国际影响力也会随之扩大。

第二，在加强兄弟般友好关系的基础上，开展多渠道多形式多层次的人文交流，以

---

① 阿尔弗雷多·哈利费—拉默：《美国调查显示阿拉伯国家公共舆论憎恨美国》，载墨西哥《每日报》2011年7月20日。

② 易卜拉欣·沙尔吉耶：《为什么美国必须支持巴勒斯坦建国》，载美国《基督教科学箴言报》网站，2011年8月9日。

推动中阿"全面合作，共同发展"的战略关系。具体可从以下几方面来应对：（1）在发展与阿拉伯国家双边关系时，要与不同政治派别、宗教与部落势力、社会精英及年轻人等社会各阶层加强交流、联络情感，扩大共识，在广泛的社会接触基础上开展政府主导、政府参与及政府管理等形式多样的人文外交；（2）在发展与阿盟、非盟、海合会等区域或次区域组织的关系时，绝不利用其教派矛盾谋私利，更不介入教派政治而将中东问题复杂化，并针对中东复杂的人文现状及中阿人文交流的基础打造不同的人文交流项目，如以埃及为主的北非阿拉伯国家的援外医疗、孔子学院及精英培训等，以沙特阿拉伯为主的海湾阿拉伯国家的宗教朝觐、旅游观光及友好城市等；（3）在发展与伊斯兰世界联盟、伊斯兰合作组织等跨区域国际组织的关系时，针对这些组织系于伊斯兰认同而拥有15亿穆斯林、57个伊斯兰国家的资源优势特质，以及穆兄会等政治影响力日增的现实，借助泛伊斯兰国际平台来弘扬儒伊文明对话传统则成为提升中阿关系的又一新路径。在这场阿拉伯民主运动的冲击下，伊斯兰会议组织更名为伊斯兰合作组织，旨在"加深伊斯兰国家在经济和社会领域的合作并提升组织的国际地位"，这使得中国对伊斯兰世界开展人文外交也变得切实可行。

事实上，开展多边外交是中国在广泛的世界政治事务中实现和增进国家利益所不可或缺的战略选择，有重点、分层次地开展双边与多边相结合的中国中东人文外交，旨在"大力推进和不断丰富双方的人文交流，促进不同种族、宗教、信仰和文化间的相互尊重，实现和谐共处"①，进而推动中阿战略关系，并实现中国人文外交的短期、中期和长期目标。

第三，在继续推进朝觐外交的基础上，开展中国对阿宗教外交，以拓展中国人文外交空间。具体应从以下几方面来努力：（1）将朝觐活动提至中国对阿拉伯—伊斯兰国家人文外交的战略高度来运作，在弘扬"爱国爱教"传统的基础上鼓励中国穆斯林精英参与朝觐外交，并在特定多边外交舞台上宣传"和谐世界"理念、彰显大国形象以改变中国中东外交中"官强民弱"的现状；（2）作为世界三大宗教发源地的中东，其复杂的人文环境中宗教问题极为突出，在开展中国对阿拉伯宗教外交时，"要坚持统筹国内政治和国际政治两个大局。一方面，我们应坚持尊重伊斯兰文明，尊重伊斯兰国家对社会制度和发展道路的选择，不断发展双方在各领域的务实合作，建立起牢固的、充满活力的伙伴关系；另一方面，也应看到在中国国内的民族宗教问题中，处理好与10个信仰伊斯兰教的民族和2000多万穆斯林的关系，一向占有很大的权重。"② 中国对阿宗教外交的内政外交辐射性，也是宗教与国家利益关联性的一种体现；（3）国际关系的"宗教回

---

① 《温家宝在中阿论坛第四届企业家大会开幕式上讲话》，载新华通讯社2012年1月19日电。
② 朱威烈：《试论中国与中东伊斯兰国家的战略性关系》，载《世界经济与政治》2010年第9期，第17页。

归"和宗教政治化趋势以及国内宗教格局的变化,均使宗教成为中国内政外交的突出问题。[1] 开展对阿宗教外交,旨在"加强同西方国家最感棘手却又具有全球影响的伊斯兰国家的沟通和协调,既有利于促进中国与中东伊斯兰国家的互利共赢,也有利于化解西方国家对华的持续挑衅和施压。"[2] 并以其特殊优势丰富中国民间交往的内涵与方式,进而拓展了中国人文外交空间。

(作者简介:马丽蓉,博士后,教授,博士生导师,上海外国语大学中东研究所副所长,《阿拉伯世界研究》常务副主编,原文发表于《世界宗教文化》2012年第4期)

---

[1] 徐以骅:《全球化时代的宗教与国际关系》,载《世界经济与政治》2011年第9期。
[2] 朱威烈:《重新定位中国与中东关系》,《环球时报》2011年3月28日。

# 犹太教在以色列的社会影响力上升

## 王 宇

近年来犹太教尤其是正统派犹太教在以色列的政治、文化、教育以及社会生活等方面的影响力都呈上升趋势[①]。以色列作为一个世俗国家，其国内犹太教势力扩张有多重原因，与其犹太国家性质、多党制的政治制度及社会风气都有着密切关系。宗教势力的扩张引起了诸多方面的问题，犹太教徒拥有的特权引发世俗人士的不满，而世俗与宗教的冲突也在影响以色列社会生活的多重矛盾[②]中脱颖而出，成为可以动摇政局的主要社会矛盾。2012年5月初因执政联盟中世俗党派与宗教党派在宗教人士服兵役问题上的矛盾无法调和，以色列政府面临垮台的危机。由于以色列最大的反对党——前进党及时入阁而使得这场危机戏剧性地消弭，但这次世俗势力与宗教势力的正面冲突，标志着世俗势力对犹太宗教党的超大影响力及犹太教徒享有的特权的极度不满。有关犹太教徒特权和社会公正的斗争远未结束，而世俗与宗教势力的角力必将在很长一段时间内困扰以色列政坛以及以色列社会。

## 一 犹太教影响力上升的具体表现

在政治上，以色列实行多党制，由于没有能够在国会（共120名议员）中占到半数以上的绝对大党，以色列历任政府都是由在大选中获胜的党派联合其他小党派组成的执政联盟。表1是犹太宗教党派在历届国会中所占席位及参加政府情况。[③]

---

[①] 犹太教分为正统派、保守派、改革派和重建派。在以色列正统派的影响最大，本文中的犹太宗教势力如无特别说明，均指正统派犹太教势力。

[②] 以色列社会是一个深度分化的社会，宗教与世俗、东方犹太人与西方犹太人、以色列犹太人与阿拉伯人、新移民与原住民的矛盾交织在一起，影响着以色列社会生活的方方面面。

[③] 宗教党中文译名与原名对照：联合宗教阵线（Hazit Datit Meuhedet）；东方工人党（HaPoal HaMizrahi）；以色列联盟党（Agudat Israel）；以色列联盟工人党（Poalei Agudat Israel）；东方党（HaMizrahi）；民族宗教阵线（Hazit Datit Leumit）；妥拉宗教阵线（Hazit Datit Torahtit）；全国宗教党（Mafdal）；以色列传统运动（Tenuah Masoret Israel）；妥拉旗帜党（Degel HaTorah）；妥拉犹太党（Yahedut HaTorah）；沙斯党（SHAS）；传承党（Morsha）；犹太家园（Beit Yehudi）；全国联盟党（HaYihud Haleumi）；国会期间以色列的政党常常会改换名字或解散或重新组合，本表中显示的都是历届国会成立时的党派名称和席位分布。

表1　　以色列全国宗教党在国会中所占席位及参加执政联盟组阁情况

| 国会 | 任期 | 宗教党 | 拥有席位 | | 是否加入执政联盟 |
|---|---|---|---|---|---|
| 1 | 1949.1—1951.8 | 联合宗教阵线 | 16 | | 是 |
| 2 | 1951.8—1955.8 | 东方工人党 | 8 | 15 | 是 |
| | | 以色列联盟党 | 3 | | 是 |
| | | 以色列联盟工人党 | 2 | | 是 |
| | | 东方党 | 2 | | 是 |
| 3 | 1955.8—1959.11 | 民族宗教阵线 | 11 | 17 | 是 |
| | | 妥拉①宗教阵线 | 6 | | 否 |
| 4 | 1959.11—1961.9 | 全国宗教党 | 12 | 18 | 是 |
| | | 妥拉宗教阵线 | 6 | | 否 |
| 5 | 1961.9—1965.11 | 全国宗教党 | 12 | 18 | 是 |
| | | 以色列联盟党 | 4 | | 否 |
| | | 以色列联盟工人党 | 2 | | 是 |
| 6 | 1965.11—1969.11 | 全国宗教党 | 11 | 17 | 是 |
| | | 以色列联盟党 | 4 | | 否 |
| | | 以色列联盟工人党 | 2 | | 是 |
| 7 | 1969.11—1974.1 | 全国宗教党 | 12 | 18 | 是 |
| | | 以色列联盟党 | 4 | | 否 |
| | | 以色列联盟工人党 | 2 | | 是 |
| 8 | 1974.1—1977.6 | 全国宗教党 | 10 | 15 | 是 |
| | | 妥拉宗教阵线 | 5 | | 否 |
| 9 | 1977.6—1981.7 | 全国宗教党 | 12 | 17 | 是 |
| | | 以色列联盟党 | 4 | | 是 |
| | | 以色列联盟工人党 | 1 | | 否 |
| 10 | 1981.7—1984.8 | 全国宗教党 | 6 | 13 | 是 |
| | | 以色列联盟党 | 4 | | 是 |
| | | 以色列传统运动 | 3 | | 是 |
| 11 | 1984.8—1988.11 | 全国宗教党 | 4 | 13 | 是 |
| | | 沙斯党 | 4 | | 是 |
| | | 以色列联盟党 | 2 | | 是 |
| | | 以色列传统运动 | 1 | | 否 |
| | | 传承党 | 2 | | 是 |

① 妥拉，Torah，犹太教经典，另译"托拉"。

续表

| 国会 | 任期 | 宗教党 | 拥有席位 | | 是否加入执政联盟 |
|---|---|---|---|---|---|
| 12 | 1988.11—1992.7 | 沙斯党 | 6 | 18 | 是 |
| | | 以色列联盟党 | 5 | | 是 |
| | | 全国宗教党 | 5 | | 是 |
| | | 妥拉旗帜党 | 2 | | 是 |
| 13 | 1992.7—1996.6 | 沙斯党 | 6 | 16 | 是 |
| | | 全国宗教党 | 6 | | 否 |
| | | 妥拉犹太教党 | 4 | | 否 |
| 14 | 1996.6—1999.6 | 沙斯党 | 10 | 23 | 是 |
| | | 全国宗教党 | 9 | | 是 |
| | | 妥拉犹太教党 | 4 | | 是 |
| 15 | 1999.6—2003.2 | 沙斯党 | 17 | 27 | 是 |
| | | 全国宗教党 | 5 | | 是 |
| | | 妥拉犹太教党 | 5 | | 是 |
| 16 | 2003.2—2006.4 | 沙斯党 | 11 | 22 | 否 |
| | | 全国宗教党 | 6 | | 是 |
| | | 妥拉犹太教党 | 5 | | 否 |
| 17 | 2006.4—2009.2 | 沙斯党 | 12 | 27 | 是 |
| | | 全国宗教党 | 9 | | 否 |
| | | 妥拉犹太教党 | 6 | | 否 |
| 18 | 2009.2 至今 | 沙斯党 | 11 | 23 | 是 |
| | | 妥拉犹太教党 | 5 | | 是 |
| | | 犹太家园 | 3 | | 是 |
| | | 全国联盟党① | 4 | | 否 |

(本表数据来自以色列国会官网 http://www.knesset.gov.il/history/heb/heb_hist_all.htm)

从上表可以清楚地看到犹太宗教势力在政治上的崛起,从以色列建国至20世纪90年代中期,国会120个议席中犹太宗教党派的总席位一直维持在十几席,但1996年随着代表东方正统派犹太教的沙斯党的崛起,犹太宗教党派一跃拥有了23席;在1999年更是拥有27个席位,而2000年之后一直维持在20多席。在现任第18届国会中,跟犹太教有关的党派占据了23个席位,其中传统宗教党——妥拉犹太教党5席,属于定居者的犹太家园党3席,代表极端狂热定居者的全国联盟党4席,而沙斯党更是独占11席,成

---

① 该党派代表极端狂热定居者,在第17届国会选举时曾加入全国宗教党,第18届国会选举独立参选。

为以色列政坛的第四大党①,仅次于前进党、利库德党和"以色列是我们的家园"党。

另一个值得注意的现象是宗教党派极高的入阁率,以色列每一届政府都必须联合全部或部分的犹太宗教党才能组成,在以色列历史上屡次出现过因为宗教党不满政府的政策而退出执政联盟导致政府垮台的局面。偶尔曾发生过宗教党退出政府但政府及时找到新的联盟者而免于垮台的,如:1993 年拉宾政府时,因为跟巴勒斯坦和平谈判,沙斯党不满而退出政府,但政府得到了执政联盟之外的阿拉伯党派的支持而得以维持,使得巴以和谈得以继续。2004 年"单边撤离行动"引起宗教政党不满而退出沙龙政府,但政府得到了工党等反对党的支持而维持,最终完成了加沙撤离行动。2012 年 5 月内塔尼亚胡政府因为宗教人士服兵役问题而面临分崩离析,但政府得到最大的反对党加盟而避免了垮台。但这种"幸运"的政府并不多见,而且往往是面临影响国家和民族前途的重大决策时,政府才能破例得到反对党的支持,在常规情况下,政府是无法承受宗教党退阁的打击的。

犹太教势力上升在教育方面的表现:以色列国立教育分为世俗教育和宗教教育两个体系,近年来各城市的宗教学校学生数量明显增加,而世俗学校在校生数量却有所减少。2011 年以色列的在校生总数为 114.84 万,比 2010 年的 113.98 万有所增加,但国立的世俗学校的在校生人数却有所下降,从 2010 年的 66.27 万降为 66.04 万;而国立的宗教学校的入学人数则有 0.9% 的增长,从 2010 年的 20.74 万到 20.93 万;自以色列建国以来,在正统派犹太教学校学习的学生人数更是呈几何级增长,近年这个趋势愈演愈烈。在 1948 年时正统派学校仅有 5000 学生,到 1998 年有 20 万人,2011 年达到 23 万,比上一年增长 3.76%。② 目前在以色列的国立宗教学校与正统派犹太教学校就读的在校生共计约 44 万,占以色列全国在校生的近 2/5。

在社会生活方面,犹太教的影响也显著加强:据 2009 年以色列民主研究所古特曼中心的调查③显示,80% 的以色列犹太人相信有上帝存在,69% 的人相信《圣经》④和戒律是神授的,60% 的人相信死后的世界,55% 的人相信救世主会来,而在 1999 年这个比例是 45%。宗教性的增强还可以从以色列犹太人的自我身份认同看出来,自我定义为世俗者的以色列犹太人从 1999 年的 46% 下降到 2009 年的 43%,2009 年调查中显示以色列

---

① 第 18 届国会选举结束时,工党以 13 席位于第四,但由于巴拉克等五名工党国会议员离开工党组建了独立党,工党以 8 席退居第五。

② 数据引自以色列外交部官网资讯,"建国五十年的教育",http://www.mfa.gov.il/MFA/History/Modern%20History/Israel%20at%2050/Fifty%20Years%20of%20Education%20in%20the%20State%20of%20Israel;以及 Maayana Miskin, "More Israelis Choose Religious Schools",以色列第七新闻网站 2011 年 9 月 4 日报道 http://www.israelnationalnews.com/News/News.aspx/147519。

③ 古特曼中心在 20 年中做了三次类似调查,分别在 1991 年、1999 年和 2009 年,引自《以色列国土报》2012 年 1 月 27 日报道。http://www.haaretz.co.il/news/education/1.1627260。

④ 本文中的《圣经》指旧约圣经。

犹太人中有22%是教徒，而这一比例在1999年的调查中仅为16%。①

犹太教习俗和传统得到更多的尊重和遵守：2009年调查显示仅有44%的人认为当民主与犹太观念相冲突时应该尊重民主，20%的人认为无论何时都应该以犹太教规为先，36%的人选择有时这样、有时那样；70%的人在逾越节期间不食发酵食物，80%的人认为按照宗教规矩过犹太节日重要或者非常重要，61%的人支持公众生活应该按照犹太教规执行。在以色列建国初期国家虽然把犹太节日定为合法假日，但基本上是出于对犹太教礼仪上的尊重，开国元勋如本·古里安等人都是彻底的世俗者，他们对宗教的态度并不积极，甚至因为1949—1953年间移民营里忽视儿童宗教教育问题，本·古里安政府还受到过"反犹太教"的指控并接受了国家委员会的调查。②

## 二 犹太教势力上升的原因

犹太教势力上升的原因是多方面的，跟以色列的国家性质、政治制度和社会都有关系，我简要从以下几个方面来分析：

1. 以色列国家的犹太性质决定了犹太教在国家中占有特殊地位。这种特殊地位在建国早期的体现多是礼节上的，因为犹太复国主义从根本上虽然是一个世俗运动，但借用了犹太教的一些基本理念，如应许之地、回归、复国等。以色列国家成立后，不仅在国家标识（国歌、国旗、国徽等）、公众节假日等方面尊重了犹太教，而且给予了部分犹太教律法以国家法律的地位，如婚姻家庭法。换言之，在以色列没有世俗婚姻，每对要结婚的年轻人都要去相应的宗教机构进行注册，犹太人要去犹太教机构，基督徒去基督教机构，而穆斯林则去伊斯兰教机构。这使得每个以色列犹太人，不论世俗与否，都不能从根本上脱离犹太宗教生活，这在一定程度上保持了世俗犹太人对犹太教的依赖和尊重。

以色列国家建立后，安全和经济环境渐稳定，世俗的犹太复国主义当初设定的建国目标已经实现了，以色列进入"后犹太复国主义时代"。随着世俗犹太复国主义的主力及代表——以色列工党的逐渐衰落，曾经盛行的世俗复国主义也日渐衰微，而又没有新的理念取而代之，因而在很多世俗的以色列人中出现了信仰真空。这种情况下，本来就根深蒂固并对犹太人具有极大影响力的犹太教，得到了很多人的心。很多以色列人尽管自己并不笃信宗教或严守犹太教规，但他们同情并从情感上亲近宗教，愿意以宗教规矩来规范自己的行为，这些人就是我们通常称之为传统者。调查显示2009年，在以色列犹

---

① 以色列教育部官网：http://cms.education.gov.il/EducationCMS/Units/Staj/ThanimLimudim/MikzootHoraa/HitpatchutHahinuch.htm；"现代犹太复国主义"，http://www.simpletoremember.com/articles/a/modern_zionism/。

② 同上。

太人中有32%的人自定义为传统者。① 这些传统者加上22%的教徒，已经超过了以色列犹太人口的半数。

2. 以色列实行多党制，虽然极有效地防止了一党独大或专政的出现，但也产生了很多问题，其中一个就是这种没有绝对优势党的多党制，在客观上使得以犹太宗教党派为代表的小党派在以色列政治中占有举足轻重的作用，其政治和社会影响力大大超过其人口比例。以色列从来没有一个政党能够得到足够组阁的半数选票，因此不管哪个党在选举中获胜，都要跟其他党派谈判组成联盟才能组阁，而犹太宗教党是天然的组阁联盟者。迄今为止，以色列建国64年，犹太宗教党出现在每一任执政联盟中。而宗教党非常善于利用这一优势，向大党讨价还价，支持最有利于自己社团利益的那一方执政，努力实现自己社团的利益最大化。在这种情况下，在以色列犹太宗教社团的既得利益远超其他任何利益集团，享有很多特权，如宗教学校的学生免服兵役；信教的女性免服兵役；经学院学生不工作、不纳税，而享受国家补贴等等。很多原本不信教的人，为了这些既得利益，选择宗教。因为物质原因而非精神原因加入宗教集团，也是以色列社会的一个特点。

3. 以色列社会整体对宗教社团的宽容，助长了宗教势力的扩张甚至是宗教暴力的嚣张。这些年来犹太宗教暴力最突出的体现，就是拉宾总理遇刺事件。刺杀拉宾总理的凶手阿米尔是正统派经学院的学生，他受到当时流传在坊间的煽动，认为拉宾与巴勒斯坦人和谈就是在出卖犹太民族的利益，最终策划并实施了刺杀。而其后，他的刺杀行为竟然被犹太教认定为是符合犹太教规的。阿米尔虽然被判处无期徒刑，但很多人一直在为他申请特赦，因此2001年11月以色列国会不得不通过一条以该凶手名字命名的法律，内容是"总理刺杀者不得特赦"。由此可见，要求总统特赦该凶手的压力有多么大！而这名改变了以色列国家和犹太民族命运的凶手，在监狱里生活得非常人性化，他本人从未承认过有罪，而且还在狱中结婚、生子，甚至用与家人联系的手机接受过以色列媒体的采访，引起轩然大波。从阿米尔的例子可以看出，以色列社会对于犹太宗教暴力甚至犯罪活动的宽容态度。宗教暴力的嚣张也使得一些世俗者不敢与之直接冲突。

原本跟犹太教格格不入的苏联移民，很多转为传统者甚至极端的宗教徒。20世纪90年代约120万移民到以色列，这些人受过苏联的无神论教育，对犹太教非常疏离，犹太教的教规和习俗也不怎么遵守，还有很多移民根本就不是犹太人，而是犹太人的配偶或家人。大批移民来到，为以色列的经济注入新的活力，但也带来了一些在原住民尤其是信教者看起来是负面的现象——世俗化加剧，猪肉店在移民聚集的区域出现，包括在耶路撒冷。但随着新移民渐渐融入以色列社会，很多人认识到接受犹太教是最快融入当地

---

① http://www.haaretz.co.il/news/education/1.1627260.

社会并改善自己生活条件和社会地位的捷径，而这些接受犹太教的移民，常以更纯粹更极端的立场证明自己的彻底融入。这是目前以色列人对犹太教的接受和依赖程度比20世纪90年代有所增加的原因之一。

犹太教徒是以色列人口自然增长率最高的团体。以色列中央统计局2010年公布的数据显示正统派犹太教妇女平均生子数从2005年的7.5降低到了6.5个。① 尽管有所下降，但这个数字还是惊人的。而人口的增长就意味着更多的选票和更多支持的声音。

## 三 犹太教势力强势上升引起世俗和宗教矛盾的加剧

犹太教势力的强势上升引起了宗教人士和世俗人士的不同反应。宗教人士清楚地认识到局势的变化，以色列民主研究所的领导人之一萨特兰（Satran）教授称："60年代我作为一个信教的孩子，我知道自己就好像是生活在保护区里的美国印第安人，我很清楚本·古里安式的世俗主义会是胜利者，而我们会像生存在社会边缘的部落一样。现在，我的孩子们也信教，但他们的意识就完全不同了，他们知道自己属于公众的一个重要的、核心的、居领导地位的组成部分。"②

跟宗教人士的扬眉吐气相反，世俗人士要焦虑得多。在耶路撒冷，很多世俗者因无法忍受耶路撒冷越来越宗教化而选择离开。前任市长泰迪·克拉克的女儿在20世纪90年代时举家迁出耶路撒冷，她称见证了耶路撒冷从一个小城市发展成为一个国际都会，同时也见证了它由一个多元化城市变成如今非教徒会感到受威胁的地方。③ 因为耶路撒冷犹太教徒（正统派教徒）人口众多，在市议会中势力较大，因此市政府一直迫于压力做出有利于教徒而不利于世俗生活的让步，如在安息日时关闭教徒聚居的社区和主要街道，不允许社会车辆通行。此外，由于人口不断增加，原有的宗教区域已经不能满足居住要求，因此教徒开始在其他小区寻找居住地，然后以人口优势蚕食一个又一个原本世俗人士居住的区域。这些宗教化的表现，引起了世俗人士甚至一些信教但非正统派教徒的人士的不满，很多人为了更宽松的、多元化的居住环境和教育环境而不得不离开耶路撒冷。世俗者一般都不反对犹太教，但希望能与正统派教徒从生活上分开，互不干扰。④ 类似的困扰不仅发生在耶路撒冷，在以色列的世俗之都特拉维夫也有。特拉维夫北部的

---

① 引自Forward《犹太日报》2011年7月5日报道，Nathan Jeffay，"在以色列正统派犹太教妇女和穆斯林妇女生孩子数变少"，http：//forward.com/articles/139391/in-israel-haredi-and-muslim-women-are-having-fewer/。
② 《以色列国土报》2012年1月27日，"宗教倾向加强"，http：//www.haaretz.co.il/news/education/1.1627260.
③ 《以色列国土报》2012年2月29日，"争夺耶路撒冷的斗争"http：//www.haaretz.co.il/magazine/1.1652703.
④ 同上。

拉马特阿维夫（Ramat Aviv）一直是世俗社区，但极端正统派的哈巴德（Chabad）教派开办的幼儿园进驻之后，不仅带来了大批非本社区的教徒孩子，而且在周末很多教徒来这里过安息日。社区居民常常在周末开车时遇到在马路上大摇大摆行走的教徒[1]，而青年人和儿童也经常收到教徒颁发的宣传单和小纪念品，这让世俗的父母们很担心孩子们会受到吸引和蛊惑。

仅是生活上的不便，还不会引起世俗者这么大的反抗，宗教化带来的社会倒退以及极端化和缺乏宽容更让人忧虑。2012年女教授汉娜·马阿焰（Channa Maayan）因对犹太人常见遗传性疾病的研究有杰出贡献而获得以色列卫生部奖。去参加颁奖典礼时，因为卫生部长是犹太正统派教徒，她特意穿得比较传统，没想到在颁奖礼上她不仅被要求必须与自己的丈夫分开就座，甚至因为身为女性而无法上台领奖，只能让一名男同事代领。难以想象类似事件居然发生在政府部门的颁奖礼上！类似事件层出不穷，仅以2012年1月的某一周为例就发生了以下相关事件："妇女健康和犹太律法"大会主办方禁止妇女上讲台演讲，导致8个讲演被取消；正统派男性教徒向一名8岁的小女孩吐口水，因为她的着装不够保守；以色列空军的首席拉比辞职，因为军方拒绝接受正统派士兵在观看女兵文艺表演时退场；耶路撒冷警察司令的照片被电脑合成希特勒的样子，因为他允许车上可以男女混座的公交线路经过正统派教徒居住区……[2]而与此同时，跟宗教有关的暴力愈演愈烈：耶路撒冷一名70岁的正统派女教徒，因为经常召集一些信教和不信教的妇女到自己家聚会，而被扣上"传福音的嫌疑"，被蒙面但穿正统派教徒服装的年轻人闯入家中群殴至重伤。[3] 事件发生后，以色列社会震动，网上评论多把矛头对准宗教对极端行为的煽动。以色列Ynet报做的关于宗教教育现状的调查，只有25%的世俗者认可以色列的宗教教育宣扬宽容，37%则认为宗教教育根本没有宣传宽容。而同样对这个问题，93%的正统派教徒和54%的传统者认为宗教教育宣传了宽容。[4] 对宗教教育成果的两极分化的态度，反映出以色列社会世俗人士与宗教人士观念上的迥然不同。

犹太宗教势力的扩张引起很多抗议，目前在以色列，有很多人呼吁周末实现公共交通[5]；呼吁政府对宗教人士居住区和世俗人士居住区进行划分，让世俗者和宗教徒在生活上能够各行其是，互不干扰……世俗者把这样明目张胆地挑战宗教教规和宗教势力扩

---

[1] 按照犹太教，开车等活动在安息日是不合教规的。
[2] 《纽约时报》2012年1月15日的报道，"以色列面临危机——极端正统派在社会上影响大增"，http://www.nytimes.com/2012/01/15/world/middleeast/israel-faces-crisis-over-role-of-ultra-orthodox-in-society.html?pagewanted=all。
[3] 《以色列国土报》2012年2月29日报道，http://www.haaretz.co.il/news/law/1.1652483。
[4] Ynet做的民意调查，2011年5月6日报道，http://www.ynetnews.com/articles/0,7340,L-4076630,00.html。
[5] 为了守犹太教规，除了海法等极个别城市，在以色列全境内周末都没有公共交通。

张的行为,看作一种标志,标志着世俗者不会向宗教屈服,而自由和民主应该也必须是以色列的基本制度。

## 四 执政联盟危机是世俗与宗教冲突的大爆发

2012年5月危机的起因,是执政联盟各方对塔勒(Tal)法的态度分歧严重。塔勒法是以色列国会在2002年通过的有关正统派教徒服兵役的法案。根据塔勒法,每个正统派经学院的学生在22岁时可有一年的考虑期,决定自己是要继续在经学院学习,还是要参加工作。如果决定工作,那该学生要补服缩短了的兵役或参加相应的社会服务,如果决定继续学习则可以推迟兵役,直到兵役适龄结束。自从塔勒法通过,绝大多数经学院学生都选择继续学习,以此逃避兵役和工作。1977年在以色列全国,因为在经学院学习而推迟兵役的人数为800人,但在2005年,以塔勒法为依据避免兵役的正统派教徒达到4万人。[①] 塔勒法实行十年以来,以色列国内反对声浪不断高涨。反对者认为,这一法令实际上免除了正统派学生服兵役的义务以及工作的可能性,造成社会不公,并导致许多年轻人纯粹为了逃避兵役而进入经学院学习。2012年2月,以色列最高法院判决塔勒法违宪,不符合平等原则,这使得即将在8月份到期的塔勒法将无法在议会通过并延期。以色列执政联盟主要成员、右翼党派"以色列是我们的家园"党致力于推动一项新法案,即要求包括极端正统派犹太教徒和阿拉伯裔以色列人在内的所有人都服兵役。该党主席、外交部长利伯曼表示将把法案提交议会讨论,而如果该法案无法通过,他将退出联合政府。而执政联盟的另一重要成员沙斯党则针锋相对地表示,如果"以色列是我们的家园"党提出的法案在议会通过,沙斯党将退出联合政府。

总理内塔尼亚胡在左右为难的情况下,不得不宣布提前举行大选,但在最后关头,内塔尼亚胡与以色列国内最大的反对党——前进党达成组阁协议。前进党28个国会席位的加盟,使得政府免于垮台。危机虽然解除了,但实质的问题仍然存在。对宗教徒特权的不满,使得以色列的世俗力量,包括极端右派和左翼政党,达成了必须修改塔勒法的一致态度。尽管各自出发点不同、所要求修改的内容也不同,但修改势在必行。可以想见,将来围绕这个问题的斗争将非常激烈,犹太教徒的反抗将是空前的,因为这涉及每个人、每个家庭的切身利益。一些极端的宗教徒已经发出了人身威胁,警告那些有可能跟政府合作修改塔勒法的拉比。宗教领袖则安抚大家,称三条红线不会被触动:不会有强迫兵役制;教徒不会戴上口罩(去社会服务);每个想继续学习的学生都可以一直继续学习。[②] 果真如此的话,那塔勒法案修改不过又是换汤不换药。而将于2013年举行

---

[①] 《以色列国土报》网上信息库名词解释"塔勒法",http://www.haaretz.co.il/misc/tags/1.1630439。
[②] 《以色列国土报》专题,"谁来拯救正统派教徒免于服役?",http://www.haaretz.co.il/magazine/1.1705183。

的第19届国会选举也为这场斗争增添了变数，因为按照惯例，大选后为了组阁成功，在选举中获胜的大党总会向宗教党做出一些承诺和让步。

## 五 结语

可以说，目前在以色列正在进行一场没有硝烟的战争，角力的双方是世俗者和犹太宗教势力，更准确地说是正统派犹太教势力。以色列能否在犹太国家和民主国家这两个国家性质间找到平衡将是关键，否则其国内稳定以及以色列国家的世俗性、民主性和公平性都将受到挑战。

（作者简介：王宇，北京大学外国语学院副教授，原文发表于《世界宗教文化》2012年第4期）

# 伊朗民众宗教信仰与宗教生活新趋向剖析

徐 漫

## 前 言

World Value Survey 在2001年和2005年对伊朗国内各城市2000多人的调查显示，超过90%的伊朗人仍然认为宗教信仰对于自己来说很重要，约61%的受访者认为自己的首要身份是穆斯林。这一比例在所有被调查的100个国家中排位非常靠前。[①] 由此可知，今天的伊朗社会仍然是一个高度宗教化的社会。然而，近年来针对伊朗人宗教信仰的相关调研显示，伊朗人参加周五礼拜及其他宗教活动和宗教组织的比例大大低于其他穆斯林国家，只有12%的受访者每周去一次或一次以上清真寺参加礼拜。与此同时，伊朗人对官方的服饰规定和对休闲生活的限制的态度也产生了很大分化。据此，一些研究声称伊朗社会正在经历世俗化的过程。一般来说，世俗化表现为宗教信仰程度的下降，以及宗教活动在日常生活中的边缘化。通过调查结果可知，伊朗人的宗教信仰需求并没有比过去减少，宗教仍然是日常生活中最重要的组成部分。但是伊朗人在公共领域对宗教活动的参与程度却显著下降，这表现出官方制度性宗教在信仰者生活中的边缘化，以及相应的宗教信仰自主性和私人化的发展。

卢克曼在《无形的宗教》中提出了宗教信仰个人化的理论，宗教信仰个人化是个人主义的一种表现，即个体越来越倾向按照自我意志决定其价值规范和生活方式。[②] 一方面，个人对官方宗教仪式和宗教组织参与的下降，宗教越来越被限定在私人生活的领域；另一方面，个人对宗教产生自主性的思考，越来越倾向独立理解宗教规范和选择信仰方式。伊朗民众所出现的宗教信仰新动向与卢克曼所描述的宗教信仰个人化现象非常类似。因此，虽然卢克曼的理论主要是基于对西方社会宗教世俗化的研究，但对于解释伊朗的宗教现象也具有参考价值。对于伊朗这样的穆斯林国家来说，宗教是民族身份和历史最主要的塑造者。伊斯兰教在社会的政治经济文化中发挥着如此重要的作用，以至

---

[①] 本文所有WVS的统计数据来自World Values Survey网站，http://www.worldvaluessurvey.org/index_html。
[②] 托马斯·卢克曼：《无形的宗教》，谭方明译，中国人民大学出版社2003年版。

于我们无法忽视任何在这个社会中出现的宗教信仰方面的新动向。这样的新动向究竟是社会世俗化的表现还是人们信仰方式出现了变化？这种宗教信仰新动向的发展受到哪些因素的影响？伊朗的神权统治是否正推动或减缓伊朗社会的世俗化发展进程？在全球化时代，个人的宗教信仰与全球化的关系是怎样的？这些问题的解答不仅在宗教问题方面有重要价值，而且也会为分析伊朗的政治和文化问题提供重要参考。本文借用卢克曼关于现代性和宗教信仰关系的理论来分析伊朗的这种宗教信仰与宗教生活新趋向。通过对WVS的调查结果，结合其他西方和伊朗学者的相关研究，本文认为宗教信仰的个人化与个人融入现代化进程，尤其是个人教育程度有正比关系。同时，伊朗官方所主导的对宗教的政治化可能也是导致人们疏离官方宗教组织和活动的原因之一。随着人们对宗教信仰自主化和私人化的增强，个体的信仰内容和方式会发生更大分化。在全球化时代，宗教也是个体身份建构的一个来源。个人信仰会受到社会在全球化体系中的地位以及个体对自身与全球化关系的理解的影响。因此，宗教个人化是否导致世俗化，还要考察一个社会中的个体在全球化进程中身份认同的变化。

## 一　伊朗宗教信仰新动向的表现

World Value Survey 在 2001 年和 2005 年对全球 100 个国家进行了两次调查，调查内容涉及包括对宗教、政治观点、传统观念等各方面的个人价值观。其中 2005 年针对伊朗的调查涉及全国 28 个城市，共 2667 名受访者，年龄为 16 岁级以上的成年人。[①] 由于样本分布的广泛性，以及在取样时对性别、城乡分布的兼顾，可以认为这项调查基本能反映当代伊朗社会的总体情况。

对于宗教信仰的程度可以通过宗教信仰在日常生活中的重要性、宗教实践的频率等来衡量。WVS 2005 年对伊朗的调查结果显示，有 78.5% 的受访者认为宗教"很重要"，另有 16.2% 的人认为宗教"重要"。同样，在家庭教育中，有 71.4% 的受访者对孩子强调宗教信仰的重要性。有 94.8% 的受访者表示在日常生活中会花时间沉思、祈祷。有超过 70% 的受访者认为"真主对于自己的人生非常重要"。有近 90% 的受访者经常或有时思考生活的意义和目的。另外，在 2001 年的调查中，有 61% 的受访者表示自己"最重要的身份是穆斯林"，只有 34% 的人认为"最重要的身份是伊朗人"。这一数据显示，伊朗社会仍然是高度宗教化的，人们的宗教需求和宗教信仰的程度与其他世俗化国家相比是较高的。同时，宗教身份相比于世俗化的民族身份，仍然在个人身份认同中仍然占有优先地位。这就否定了伊朗社会正在逐渐世俗化的推断。与此同时，只有不到30%的

---

① Jaime Díez Medrano, WVS2005 Codebook, Produced by the WVS Data Archive, October 20, 2011, from http://www.wvsevsdb.com/wvs/WVSAnalize.jsp.

伊朗人每周去清真寺礼拜。从属于宗教组织并且积极活动的受访者也不到总数的 1/3。每周参加一次或一次以上宗教活动的人只有 33.5%。人们对宗教机构活动的满意程度也有所降低。有 35.7% 的人认为"宗教机构没有能够给人们提供道德上、家庭生活上或精神需求上的回答"。而 50.3% 认为"宗教机构没有解决社会问题"。并且，人们对于信仰方式应该怎样理解也产生了分化，约 34% 的人认为，"宗教信仰等同于服从"，而超过半数的其他人则认为，宗教信仰等于"部分的服从以及独立和坚强的意志"。另一些现象也为这些数据提供了支持。一项针对宗教圣城库姆的年轻人的调查显示，尽管按照官方的宗教规定，流行音乐是"不纯洁"的，但很多人并不接受这一说法，因为他们认为没有具有说服力的解释来证明这种论断。调查发现，库姆的年轻人正在通过各种手段获得欣赏和演奏音乐的机会。比如一位父亲是神职人员的年轻小伙子表示，由于家里和官方禁止他们开音乐会，当他们想表演的时候，会向官方申请说要演奏"革命歌曲"，这样就能获得批准。但事实上，这些活动的目的主要是为了娱乐。可以看出，对于这些青年来说，官方宗教规定事实上已经只是一种意识形态宣传，它的意义更趋近于空洞的口号，而提供终极意义的功能则大为降低。在这项调查中另一个值得注意的现象是，一些年轻人通过自己阅读古兰经，寻求对伊斯兰教的理解。而过去，个人对宗教的理解主要依赖官方的解释。[①] 另一项针对德黑兰妇女的调查显示，对于伊斯兰教中妇女穿着规定的理解出现了很大的分化。在这个调查中，作者将受访者对 Hejab[②] 的认识分为四类。第一种视穿 Hejab 为宗教职责，道德义务以及她们宗教身份的重要反映。第二类是出于多年来的衣着习惯，主要存在于中老年女性中。第三种是将 Hejab 视为美和时尚的标志，希望自己的穿着与众不同，显示个性。最后一种理解包含着女权主义思想，它将 Hejab 视为女性自主选择的权利，认为服饰不应受官方规定的限制。[③]

通过这些数据可以认为，伊朗民众的宗教信仰和宗教生活正在出现一种新动向，它与卢克曼所定义的"宗教信仰个人化"非常相似：卢克曼所说的宗教信仰个人化表现为，一方面，个人对官方宗教仪式和宗教组织参与度的下降，宗教越来越被限定在私人生活的领域；另一方面，个人对宗教产生自主性的思考，越来越倾向独立理解宗教规范和选择信仰方式。

---

① F. Khosrokhavar, "The New Religiosity in Iran", *Social Compass*, September 2007, Vol. 54, No. 3, pp. 453 – 463.
② 波斯语中对妇女服饰的总称。
③ Nafise Hamidi & M. Farajy, "Sabk-e Zandegi va Pushesh Zanān dar Tehrān", *Tahghighāt Farhangiye Iran*, 2008, pp. 65 – 92.

## 二　影响个人宗教虔信的因素分析

卢克曼认为，宗教信仰分为几个层次。首先每个个人都具有人类学意义上的"宗教性"，在此基础上，个体建构起自己的世界观，而个人宗教虔信是以象征体系建构的世界观中具有终极意义的最高层次。而在另一个层次上存在着专门化的制度性宗教。对宗教信仰个人化问题的讨论，旨在理解个人宗教虔信和制度化宗教的关系。制度化宗教在西方多指教会宗教，而在伊朗则是指以官方制度化的伊斯兰教为表现的宗教形态。在前现代时期，教会宗教通过强制制度被内化为个人宗教虔信。然而在现代，这种关系发生了变化。

### （一）国家政权与个人宗教虔信的关系

官方宗教模型的合法性基于其主观可信度，因此宗教机构能否成功构建这种可信度会极大地影到响人们对制度化宗教的接受。与西方不同，伊斯兰教国家中政治与宗教是高度结合的。人们对官方宗教的态度可能受到他们对政治以及政权和宗教机构关系的影响。官方制度性宗教在个人信仰中的边缘化可能源自对政权信赖程度的降低，或者对宗教政治化的不满。

伊朗 1979 年的伊斯兰革命彻底改变了伊朗社会的权力结构。这场革命将原本掌握在王室手里的政治、司法和军事权力都转移到宗教阶层的手中，建立起一个以伊斯兰教为基础的共和体制。这一体制的特点是"教法学家统治"，掌握着全国立法和司法大权的宪法监护委员会和最高司法委员会的主要成员由教法学家和世俗官员共同组成，任何法律的通过必须经过教法学家的认可，以确保其符合伊斯兰教的规定。教法思想在政治领域的实现是由最高领袖做出，通过立法程序做出规定。伊朗当前的宗教政策的本质是国家政权决定伊斯兰教在政治中的地位和作用，而不是相反。同时，在这一政权的发展过程中，伊斯兰教法越来越被意识形态化、政治化和工具化，教法的实行程度取决于政权的需要，伊斯兰教的地位是由宪法决定的，而法律较少由伊斯兰界定。[①] 伊朗政府将宗教政治化和意识形态化的根本原因是，政权的伊斯兰性质是伊斯兰革命政府的合法性基础。正是这一点将现政权与被推翻的国王政权的统治性质相区隔。因此，前政府所倡导的西方化、世俗化价值观就必须受到批判。但与此同时，国家经济和文化发展的需要又要求对刻板的宗教规定做出灵活的解释和运用，这就迫使政府一方面要利用宗教来诠释自身的合法性，对其进行意识形态化和政治化，另一方面又不能任由宗教非政府组织自

---

[①] 吴云贵：《当代伊斯兰教法》，中国社会科学出版社 2003 年版，第 226 页。

行发展，而必须对其进行干预以符合官方的政治和经济政策的需求。革命政权和宗教的这种复杂关系可能产生双重的效果。一方面，政府将宗教与教育、政治和外交政策紧密结合，这种高强度的意识形态宣传可能强化宗教发挥的社会整合作用。伊朗人对什叶派身份的高度认同以及仍然较高的宗教信仰比例从一定程度上可能也是受到这种政府政策强化的结果。并且，在一个相对封闭的社会，可供选择的价值体系比较单一，这种强化作用可能也更加突出。但近年来的一些研究认为，伊朗的神权统治可能是人们对如周五聚礼和清真寺礼拜等宗教活动和宗教组织参与度下降的原因之一。一些针对中东穆斯林国家的比较研究指出，在这些国家人们的宗教信仰变化与政府的政权性质具有关联性。人们的宗教信仰和政治价值观呈现出向官方的意识形态对立面发展的趋势。

  一项基于 WVS 的调查结果进行的研究认为，个人的宗教信仰可能呈现与官方意识形态相反的发展趋势。[1] 研究人员比较了伊朗、埃及和约旦三国对宗教机构信赖程度、宗教之于个人的重要性以及个人身份中宗教身份和民族身份的优先性三个主要指标。在相互比较的维度上，认为"宗教非常重要"的伊朗受访者人数相较世俗化统治下的埃及和约旦两国较低，并且有更多的伊朗人相较于穆斯林身份更倾向于认同自己作为伊朗人的民族身份。在三国之间进行比较发现，在埃及和约旦两国，教育和年龄对宗教信仰程度没有明显影响。与此形成对比的是，在伊朗，教育程度与信仰程度呈反比关系。同时，在自我身份认同问题上，在伊朗，受教育程度越高越认同"伊朗人"这一民族身份，而越不重视穆斯林宗教身份。这一相关性在埃及和约旦两个世俗统治国家的表现相反。研究人员据此认为，教育程度与对政府的信赖程度和批判性理解程度具有相关性。但其表现形式受到官方主流意识形态的影响，呈现与官方对立的现象。在埃及和约旦，由于官方意识形态是世俗化的，因此公众的批判性理解表现为宗教化；而伊朗由于处于神权统治下，公众对政府的批判性表现出世俗化倾向。另一项指标显示，在这三个国家，公众对媒体、政府和宗教机构的信赖程度都很低，并且个人对宗教机构的信赖程度都与教育程度成反比。这证实了教育程度与个人批判性思考的相关性，同时也表明，个人的宗教态度与其对政治和官方文化的态度存在一定关联。在一个神权统治的国家，国家对宗教事务的渗透性很强，宗教机关发挥着重要的政治功能。因此个人对政府信赖度的降低很可能影响其对宗教机构的信赖，促进个人对官方宗教的批判性思考。一项针对德黑兰人对清真寺看法的具体调查显示，近年来伊朗参加清真寺礼拜的人数减少确实受到人们对政府宗教政策不满的影响。人们认为清真寺没有履行好其社会和文化职责，未能帮助解决社会问题，满足人们的道德需要。对政府的指责表现为几个方面，一方面认为清真寺被滥用于政治功能导致清真寺的运作受到物质动机的驱使，远离神圣职责的要

---

[1] Moaddel Mansoor, Azadarmaki Taqhi, "The Worldviews of Islamic Publics: The Cases of Egypt, Iran, and Jordan", *Comparative Sociology*, 2002, Vol. 1, pp. 299–319.

求。同时无关的行政人员干涉宗教事务,使政治目标盖过了宗教功能和社会功能。一些伊朗学者,比如 Mohammad Reza Nari Aniyane 就指出,政府没有在经济和政策等硬件方面支持清真寺,却在行政、人员任用等本应由宗教人士管理的领域进行干涉,这是造成去清真寺礼拜人数下降的重要原因。① 随着社会经济文化的发展,人们对官方宗教的批判性思考也会由于教育的普及和社会现代化的发展而增强。这可能导致官方宗教在社会中的边缘化。宗教人士认为宗教机构被政治化,破坏了宗教的纯洁性,因此疏离官方宗教;具有世俗化思想的人则将对宗教的反叛作为政治抗议的一种姿态和手段,通过批判官方价值观来合法化自己的政治立场。伊朗周五聚礼和宗教活动的参与者人数的下降很可能就由于,国民并不把这些活动视作一种宗教活动,而将其看作政治宣传。对政府和其他社会机构信赖度的下降会直接影响人们对政治的态度,以及被人们视作政治工具的宗教机构的信任度。

这一结论在另一项针对德黑兰市民的调查中也得到了证实。虽然参加每周参加周五礼拜的人数只占总样本的6%,但超过90%的人认为自己是"宗教的",并且只有不到5%的受访者表示从未去过圣城马什哈德。这表明,虽然官方取向的宗教的地位在下降,但与政治不直接相关的宗教活动,如朝圣,仍然在宗教生活中占有重要地位。② 事实上,官方宗教的边缘化,不仅是由于它难以适应高度变化的社会发展,无法解释个人经验中不断出现的新元素,也是因为政治对宗教的工具化破坏了宗教作为终极意义系统的神圣性,从而减弱了自身的严肃性和权威性。这种结合也可能促使人们通过宗教表达政治的不满情绪。

### (二) 现代性对个人宗教虔信的影响

卢克曼认为,个人融入现代化社会进程的程度会决定宗教信仰个人化的发展程度。现代化生产方式对传统社会的改造会深刻影响个人世界观的塑造,以及终极意义系统的形式。这是由现代社会的基本特征决定的。由于宗教信仰个人化是现代性的一个后果,因此卢克曼推断个人对官方宗教模型的认同程度与其涉足现代工业社会工作进程的程度相关。在具体的某个社会中,个人对现代性的涉入可能受到年龄、性别、教育程度等影响。比如妇女可能由于较少从事工业生产活动和参与现代社会生活,对官方宗教可能就更虔诚。

教育程度是影响个人融入现代化进程的主导因素之一,因为文化水平会影响个人从

---

① Nem'at-ola fāzeli. "Masjed Va Modernite: Marvari-E Tahlili Va Jāme' Shenākhti Be Guftemānhāye Masjed Dar Iran", *Vijenāmeye Pajooheshhāye Ejtemāei*, 2008.

② Gunes Murat Tezcur, Taghi Azadarmaki, Mehri Bahar. "Religious Participation among Muslims: Irani an Exceptionalism", *Critical Middle Eastern Studies*, Vol. 15, No. 3, 2006, pp. 217–232.

事的职业,即参与现代工业化生产的程度。同时也会决定个人获取信息的能力和接触社会的范围。教育程度影响个人批判性思考的能力,家庭教育对个人的价值观有着重要的塑造作用。在对德黑兰妇女的调查中,教育程度较高的中产阶级女性在选择服饰的时候,会更多考虑美和个性。她们中也有人在日常生活中选择穿 Chador（黑袍）,但并不是由于虔信官方的宗教宣传,而是出于自身对宗教服饰的独立见解。她们认为个人有权判断什么样的穿着符合伊斯兰教义。而表示穿 Chador 是一种宗教义务和职责的女性则主要是出生在宗教或巴扎商人家庭,平均受教育水平低于前一种女性,并且很多人接受宗教教育。[1]

个人融入现代化的程度会影响其选择的多样性。现代社会提供了更多价值选择,官方宗教模型由唯一的信仰权威降为众多信仰来源中的一个。文化消费市场在提供不同的文化消费品选择的同时也对它们进行意义上的再包装,使它们具有高于休闲娱乐的更高价值。这样,个人能够从更多层面进行挑选,并且在重塑自己的意义系统时体会到更强的正当性,以此来建构起一种符合现代化生活方式的意义体系。比如社会休闲方式增多使清真寺丧失了在传统社会中作为最主要甚至唯一的休闲和社会交往场所的地位。年轻人认为清真寺的活动乏味,不能满足现代人的社会文化需求。取代清真寺礼拜的是运动、听音乐等其他娱乐休闲方式。而与此同时,这些年轻人也提供了其他的理由来证明这些活动在宗教意义上的正当性,比如他们认为美好的音乐会纯洁心灵,因此与伊斯兰教并不冲突。这显示了在个人虔信的建构过程中,个人是在从不同信仰来源中进行挑选,自主组织自己的终极意义系统。

## 三 宗教信仰与身份认同

宗教个人化作为现代化的产物之一,在西方和东方都可能随着现代化进程而逐渐发展。但是官方宗教取向的边缘化以及个人宗教虔信的自主化在不同社会中产生的结果是不同的。个人信仰的自主建构会受到社会文化、政治制度等多方面的影响。在全球化时代,媒介传播的发展导致文化信息被更多人所共享。在这种背景下,宗教信仰新趋势的来源更加多样化,个人的信仰建构一方面植根于传统文化,但也会受到他对其他价值体系的理解的影响。宗教信仰不只是一种满足个人宗教性需求的终极意义系统,在全球化的时代里它还起到塑造个人身份认同的作用。弗里德曼提出,身份认同的建构受到传统文化与地区在全球体系中的状态两个因素的影响。对于伊朗人来说,什叶派穆斯林身份是一种历史性的文化身份,这是他们情感认同最强烈的身份,并且在历史的不断加工重

---

[1] Nafise Hamidi, M. Farajy. "Sabk-e Zandegi va Pushesh Zanān dar Tehrān", *Tahghighāt Farhangiye Iran*, 2008, pp. 65–92.

塑中建立了相当的稳定性。因此，即使对于处于全球化进程中的个人来说，即使对信仰体系作为意义系统的解释力产生疑问，仍然有可能将其作为一种身份认同保留下来。同时，个人对其他信仰体系中元素的选取取决于它对这些价值体系的理解。在伊朗，除了官方宗教以外最主要的价值体系就是西方的价值观。一国与其他文化体的关系也会左右个人的价值认同。

埃及、约旦和伊朗个人宗教虔信的不同可能就受到他们同西方关系的影响。从埃及、约旦和伊朗的对比研究中可以看出，在伊朗，由于政府与西方的关系是敌对的，并且国家的政治经济都由于国际制裁而相对封闭，因此社会成员在对国内政治不满的同时，可能会转而认同与国内政治意识形态相对的西方文化价值观。从笔者在德黑兰、设拉子等大城市的观察和经历看来，在年轻人中确实存在着对西方文化的憧憬和向往，很多年轻人参加托福和 GRE 考试，大学中申请出国读书的人数也在上涨。伊朗与西方政治上的敌对关系以及社会的相对封闭性可能导致人们对西方产生一种并非基于现实性理解上的好感，以及对经济相对发达社会的向往感。而与此相反，埃及、约旦两国政府与西方的关系亲密，埃及和约旦的国民则可能更倾向于现实体验来理解西方社会以及西方经济文化对自身的双重影响。从三国受访者对"西方文化入侵的威胁"的感受来看，埃及和约旦的公民对西方文化的威胁所表现出的危机感要高于伊朗人。[①]

弗里德曼将身份认同体系分为传统主义、现代主义和后现代主义三种，其中宗教、族群认同等被划归为传统主义体系中。从社会认同的总体发展趋势角度来讲，现代主义的盛行一般是在"中心文化"（资本主义经济霸权中心）的扩张时期。在这一时期，现代主义带来经济发展和文化繁荣，被作为"成功"的模型。同时，中心文化的绝对相对强势可以使它通过政治、经济上的霸权力量来强行冲破其他社会中的传统文化。[②] 与此相反，传统主义和后现代主义的兴起是在中心的衰落时期出现。认同危机产生于现代性发展的经济衰落、环境问题、社会问题的出现之时。同时，现代资本主义发展的不平衡造成中心与边陲之间的不平等也促使反抗力量的产生。从今天的国际政治经济结构来看，虽然美国仍然是最大的霸权国家，但是对现代性的批判和对现代化发展所产生的问题的反思已经越来越深入和普遍。同时，伊朗伊斯兰革命前与西方结盟的巴列维世俗政权失败的政治、经济改革以及前政权的腐败也会影响人们对西方价值观的评价。因此，虽然在伊朗社会中存在着对西方价值的某种认同或好感，但出于这种对"中心文化"本身的质疑，以及保护传统文化的警惕，主流社会对外源型的现代性价值观的接受会有所保留。而传统的宗教价值观作为一个民族历史文化的基础，仍保持着强大的生命力。

---

① Moāddel Mansoor, Azadarmaki Taqhi, "The Worldviews of Islamic Publics: The Cases of Egypt, Iran, and Jordan", *Comparative Sociology*, 2002, Vol. 1, No. 3 - 4, pp. 299 - 319.

② 参见乔纳森·弗里德曼《文化认同与全球性过程》，商务印书馆 2003 年版。

## 四 伊朗宗教信仰个人化的发展及影响

伊朗是一个经济文化发展很不平衡的社会。在这样的社会中，由于个体融入现代化进程的程度有较大差距，宗教信仰个人化的不同阶段可能共同存在。大部分社会群体主观上虽然已经不再严格遵循官方宗教的规定，但对此没有意识或者认为这是错误的。同时，由于个人自主构建的宗教信仰是很不稳定的，并且可能缺乏社会认同，在一个传统观念仍然占主导地位的社会，个人不会轻易反抗官方宗教所宣传的世界观。

社会成员的教育水平对宗教信仰个人化的发展有着重要影响。根据联合国教科文组织的调查结果，伊朗15岁以上成年人的识字率在2008年已经达到85%，其中15—24岁青年人的达到98.7%。初等教育的普及率都已经接近100%，高等教育的普及率在2009年达到38%，相比2002年提高了一倍多，并且初、高等教育的发展水平都高于地区的平均水平。[①] 可见，教育的普及正在以较快的速度在伊朗推进，而这必将提高社会现代化的水平，因而促进宗教信仰个人化的普及。

影响宗教信仰个人化的另一个重要因素是个人接触现代信息社会的程度。现代社会中个人价值的建构更多是基于媒介提供的信息来完成。信息化技术，尤其是互联网作为现代社会最重要和最具影响力的产物之一，正在深刻改造着传统社会的形态以及人们世界观、价值观的形成。根据Internet World Stats（IWS）的统计数据，伊朗的因特网用户在2011年已经达到3650万人，占人口总数的46.9%，是中东地区互联网用户人数最多的国家。并且从2000年到2010年10年的数据比较可以看到，这一人群是以每年翻一倍的速度在增长。[②] 可见，信息化这一对现代社会产生着深刻影响的因素正在伊朗迅速普及。通过教育和互联网的普及趋势可以预见，与这两个因素有着密切关系的宗教信仰个人化现象在未来的伊朗社会也会越来越普遍。

宗教信仰个人化使个人世界观这一个体意义系统的最高领域发生变化，对伊朗社会具有深远影响。首先，伊朗的宗教信仰个人化发展加剧了公共领域与私人领域的分离。宗教活动私人化发展的结果是社会中形成一个个脱离政府控制的、价值观高度分化的私人领域。比如在今天的伊朗社会，妇女在公共场合和私人场所的穿着可能有天壤之别，很多官方禁止的活动在私人场所也很普遍。其次，价值观的社会分化也越加明显，从街头妇女的衣着就能一窥这种差别之巨大。同时，类似于咖啡厅这样的西化场所越来越普

---

① 数据来自 Internet world stats，2011年11月，http://www.internetworldstats.com/stats5.htm。
② 数据来自 UNESCO Institute for Statistics，2011年11月，http://stats.uis.unesco.org/unesco/TableViewer/document.aspx? ReportId = 121&IF_ Language = en&BR_ Country = 3640。

遍，它标志着一种"反叛文化"的价值观正被获得越来越多的社会认同。[①]

## 结　论

　　通过以上分析可以认为，在伊朗民众中正出现宗教信仰与宗教生活的一种新趋向，它的表现是，虽然伊朗社会的公共生活仍然保持着高度的宗教化，但公众参与官方宗教活动的比例正在降低，人们对宗教的自主性思考加强，宗教活动被越来越多地限制在私人领域。这一现象符合卢克曼所描述的"宗教信仰个人化"现象，即现代社会中的个人越来越倾向自主决定自己的价值体系和意义系统，并且宗教活动越来越"私人化"。对这一现象产生影响的主要有两方面的因素。首先是官方宗教是否能维持教义的合法性。在政治与宗教高度结合的伊朗，官方宗教在个人宗教虔信中地位的降低可能受到人们的政治态度以及对宗教政治化的不满的影响。其次是个人融入现代化进程的程度，教育水平可能对这一因素有直接影响。

　　宗教信仰个人化意味着个人宗教虔信自主性的提高。在全球化时代，个人能从不同的价值体系来挑选信仰元素，自主建构宗教信仰。对伊朗民众而言，价值来源除了传统的官方宗教，还有西方价值观。个人的选择可能受到伊朗在全球化中的地位，以及个人对西方价值的接触和理解的影响。宗教信仰的个人化并不一定意味着社会的世俗化，在伊朗社会，宗教作为历史文化的载体和身份认同的基础，仍然是个人信仰的主要来源。但是世俗价值体系和西方价值观中的元素越来越多地被吸收进个人的宗教虔信之中，这可能对个人宗教信仰以及身份认同产生深刻的影响。受到经济发展水平和开放程度的制约，宗教信仰个人化的发展可能在当前的伊朗社会还是一个并不普遍的新现象。但随着现代化进程的加快，这种趋势可能会逐渐明显。作为宗教信仰个人化的结果，个人对自我价值观的自主建构究竟会导致对传统意义系统的重新接受，还是转向其他价值体系，或者将固有与外来的两种价值体系相互融合，这都需要通过对以上三方面因素在伊朗社会的未来发展的观察来做出进一步分析和研究。

　　（作者简介：徐漫，北京大学外国语学院波斯语专业2008级硕士研究生，原文发表于《世界宗教文化》2012年第4期）

---

[①] Taghi Āzād Ormeki, Vahid Shālchi, "Du Jahān-e Irani: Masjed va Kāfi Shāp", *Motale' āt Farhangi Va Ertebāt*, 2005, pp. 163 – 183.

# 对话：宗教与中东变局

吴云贵　周燮藩　李维建　郑筱筠

**郑筱筠**：近几年来风云突变的中东局势成为人们关注的焦点，"中东局势震荡全球市场"的新闻报道甚至以最大的字体出现在新闻媒体中。《利比亚战局令国际油价受压》等文章一再显示中东动荡对国际政治、经济体系、金融体系的冲击和影响。这让我们不得不思考中东板块对于世界政治、经济秩序的重要意义和作用。同时由于中东地区在世界板块中是以信仰伊斯兰教为主的宗教信仰板块，那么如何评价中东变局的性质？如何看待中东变局后面的宗教因素？中东地区地缘政治与宗教的"教缘政治"之间的关系是怎样的？中东地区的现代社会转型与宗教的现代转型之间是怎样相互影响的？其未来发展趋势又是怎样的？

首先，回顾这一年多的风云变幻，我们对中东变局的性质逐渐形成一种基本的把握。

**吴云贵**：过去的一年间，阿拉伯世界持续动荡不安。始自2011年1月突尼斯的社会政治动荡，迅速向其他阿拉伯国家蔓延，几乎席卷了大半个阿拉伯世界。北非的突尼斯，一向被视为一个现代化、世俗化程度较高的国家，即使20世纪80年代初伊斯兰复兴大潮涌动之时，这个国家依然应对自如，没有发生过大的动乱。然而，此次面对民众不断升温的反政府示威，突尼斯的本·阿里政府在勉强支撑不到一个月之后就被推翻了。随后，北非政治、文化大国埃及成为一场新的反政府风暴的中心，穆巴拉克总统在民众的抗议声中，由于失去军方支持，在不到3周的时间内就被迫宣布辞职。阿拉伯世界另一军政强人、利比亚的卡扎菲，也未能逃过这场风暴。但不同于前两位国家领导人，卡扎菲政权是在西方国家军事干预下最终被推翻的。在实行君主制的海湾国家巴林，民众抗议的浪潮也曾使社会秩序陷于混乱，后来在沙特和阿联酋出兵镇压之下暂时恢复了平静。在极度贫困落后的也门，反对派发动的和平示威不久就升级为反对执政当局的暴力武装冲突。萨利赫总统迫于国内外的巨大压力，在苦苦挣扎了一年之后，最终在"海合会"的调节之下，以"让权"换取"豁免"，暂时结束了政治混乱。在阿萨德家族执掌权柄的叙利亚，由于美国等西方列强力挺国内外的反对派势力，不断以经济制裁向其施压促变，要求巴沙尔下台的呼声尽管并非主流民意，依然使巴沙尔政府处境艰难。

**周燮藩**：22个阿拉伯国家，除卡塔尔外无一幸免。由此而引发的政治变动和社会动乱至今未止息。现在回顾这一过程，可以肯定，从直接的"导火线"和原因看，事件具有突发性。无论世界还是阿拉伯各国统治者，即使是事变的参与者都没有事先预料到会有如此迅猛的发展，如此剧烈的影响。这次社会运动中的发起者和主要参与者，是中东北非新崛起的青年一代和中产阶层，特别是占总人口40%的"80后"、"90后"的年轻人。他们大多受过现代教育，在信息化时代成长，受困于就业艰难、经济停滞、贪腐成风、贫富悬殊的社会现实；以及经受十几年、几十年的军事戒严和专制统治，强人政治正在转向家族统治，并伴随着腐败和无能。他们通过互联网和手机等手段，互相动员和协调，掀起了要自由、争民主、争人权、谋民生和反腐败的示威游行。

**郑筱筠**：在大规模群众抗议浪潮的冲击下，同时在外部势力的干预和影响下，中东地区局势陷入严重动荡。在此过程中，阿拉伯国家或通过民众抗议浪潮（如突尼斯和埃及）发生政权变更，或通过外部军事干预发生政权更迭（如利比亚）。这些发生在中东地区的剧变表明在内外因素的共同作用下，中东正经历着一场内外交织的变革。其间美国想利用这股浪潮实现对阿拉伯世界进行改造的战略目的。但是，在那些统治者被推翻的世俗政权国家，取而代之的是伊斯兰主义者，他们的民族独立意识更为坚固和久远，并不一定成为亲美政权；另一方面，实行双重标准的美国对自己的盟国进行了外交保护，鼓励改革而非政权更迭，但美国趁机试图推翻或削弱反美政权，比如叙利亚和伊朗，从而扩大美国在中东的势力范围。可以说，世上偶发事件很多，但偶发事件深化成社会运动，背后必有某些必然性。事实上，在这场动荡之中，经济危机因素、政治因素、中东地区持续不断增长的人口，尤其是年轻人的比重越来越高、网络因素在其间的作用等都是引发中东变局的一系列重要因素。我们需要全面考量中东变局后面的秩序重建及其原因。

**吴云贵**：首先，经济问题是引发国内社会矛盾的根本原因。阿拉伯国家除海湾石油输出国较富裕外，经济发展水平普遍偏低，物价飞涨、失业严重，民生艰难成为引发社会不满和抗议的普遍原因。突尼斯、埃及、也门社会动荡皆因经济困难、应对无方所引起。

其次，国家领导人权力过于集中、腐败无能，引起民众不满。发生动乱的几个国家，无一不是长期实施威权主义、严重缺乏政治民主的高度集权国家。本·阿里、穆巴拉克、萨利赫和卡扎菲都是大权独揽的军政强人，他们在各自国家分别执政23年、30年、33年和42年，这种"老人政治"所体现的僵固不变的体制问题成为民众不满而要求变革的直接根源。

再次，美国在中东的政治、军事存在成为引发阿拉伯民众抗议最重要的外因。美国中东政策的出发点是实现美国的战略利益，为此不惜损害阿拉伯国家利益，而有些阿拉伯国家当权者在中东地缘政治格局中甘愿充当美国的工具，密切配合美国的中东政策。这种不得人心的做法激起了阿拉伯民众强烈愤恨和失望。正如有的中东问题专家所指出，这一波社会政治动荡首先发生在与西方关系良好的突尼斯和埃及，不能不令人深思。

最后，一些国家传统社会结构中固有的矛盾不断激化，最终导致社会动荡分裂、国家政权解体。例如，卡扎菲政权的解体就同国家在发展进程中没有处理好国家利益与地方利益、没有理顺现代民族国家与传统部落社会结构的关系问题直接相关。卡扎菲政权的反对派，主要是以班加西为中心的利比亚东部昔兰加尼地区的各部落。这表明，卡扎菲当年在"绿皮书"中所标榜的欲建立平等、和睦、互助友爱的部落关系、民族关系的目标遭到失败。家族统治、部落纷争、教派冲突，作为一种前现代的社会历史遗产，在许多中东国家成为政治动荡的重要诱因。

**郑筱筠**：中东地区的变局有其深刻的经济、政治、文化、宗教等方面的因素。塞缪尔·亨廷顿在《文明的冲突与世界秩序的重建》一书中曾指出，伊斯兰复兴的"觉醒是全面的——它不仅是关于个人虔诚；它不仅是知识的和文化的，也不仅是政治的，它是这些的总和，是对社会从上到下的全面重建。忽视 20 世纪末伊斯兰教复兴运动对东半球的政治影响，就等于忽视 16 世纪末新教改革对欧洲的政治影响"。在人们分析中东变局时，宗教的作用成为人们关注的焦点。

**周燮藩**：很少有人注意到，早在伊斯兰复兴运动后期，一种潜在却影响深远的变化已在伊斯兰主义组织中悄然发生，即政治伊斯兰转变为社会伊斯兰。从 20 个世纪 90 年代起，伊斯兰主义组织已不再是限制在社会外围的小型或边缘化的组织。伊斯兰复兴运动的一些观念也并非仅限于小型激进或极端组织的主张，在上层社会也出现较前明显的伊斯兰倾向的存在和诉求。在中层和低层的民众中可以见到。在严厉的政治打压下，伊斯兰主义组织，如穆斯林兄弟会，目标改为在草根层次上形成个人的伊斯兰结构以及改变整个社会，它在社会服务（医院、诊所、法律援助机构等）、经济领域（伊斯兰银行、投资合作社会、保险公司等）、教育方面（学校、托儿所、青年营等），以及宗教出版和广播等进行工作，通常以帮助青年和老人为主。在政治方面，他们放弃暴力和对抗，积极参与国家和地方的选举，作为合法的反对派取得过一些成绩，在一些国家已有过组织内阁的地位和作用。

因此，随着政治变革的深入发展，伊斯兰主义组织很快就参加到运动之中，并审时度势，顺应潮流，采取稳健而有力的步骤，借机推动自身的政治发展，成为变革进程中迅速崛起的最重要的政治力量。我们看到，无论是突尼斯还是埃及，突尼斯复兴党和穆斯林兄弟会都没有坚持原有的伊斯兰主义纲领，而是组建体现现代民主政治思想的政党，并在议会选举中已取得多数议席。突尼斯复兴党明确表示，将推动突尼斯建设成为一个现代化的、世俗的多党民主制国家。该党主席拉西德·加努奇认为，突尼斯不会走向伊朗的政治合一的神权国家模式，政治发展将以土耳其为模式。在他看来，在土耳其虽然由具有伊斯兰背景的正义和发展党主政，但国家和宪法仍是世俗的，以政教分离为立国根本。

穆斯林兄弟会组建的自由与正义党声明，该党的政治目标，由先前主张的建立伊斯兰社会和伊斯兰秩序，转为建立一个以伊斯兰教法为基础的、但"非神权"的、多党民主制的"公民国家"。因此，该党面向所有的埃及人，包括妇女和信仰基督教的科普特人。该党强调，政治改革是所有真正改革的开端。该党接受民主，支持政治多元化发展，提倡各党和平地轮流执政。政治改革包括取消紧急状态法，恢复公民自由、组建政党自由、新闻和言论自由、建立分权体制等。该党主席穆尔西指出，自由与正义党没有宗教性质，不是传统意义上的"伊斯兰主义政党"，是非"神权"的"公民政党"。

**李维建：**伊斯兰力量在这次事变中呈现出引人注目的新趋势，即伊斯兰主义的再次分化：形成温和的伊斯兰主义，极端的伊斯兰主义，以及处在二者中间的赛莱菲耶派。

温和的伊斯兰义，其所谓的"温和"，意即不使用暴力，放弃恐怖主义，不再与"圣战者"合作，尽管在某些领域也允许一定的暴力手段，但不影响大局。温和派对现代制度并不完全否定，主张保持一定的制度延续性。另一个重大转变是，温和伊斯兰主义愿意成立政党，承诺参与政治选举，让选票决定政治。所以温和派伊斯兰主义，又被称作伊斯兰议会主义。但同时，温和伊斯兰主义的宗教与政治目标并未改变，"伊斯兰教就是解决方案"的初衷未变，改变的仅是手段。在埃及，温和派占据穆斯林兄弟会主流并掌握领导权，说明该组织已经从赛义德·库特布的"暴力革命理论"，重新转向哈桑·班纳的"渐进革命论"。目前在整个阿拉伯世界，温和派已占据伊斯兰主义的主流位置。

以埃及为代表的赛莱菲耶力量的崛起，是这次中东事变中的新看点。赛莱菲耶在斗争手段上与温和主义者有相同的之处，同意参与政治选举。但在未来的国家制度上则存在分歧，穆斯林兄弟会声称将建立一个"参照伊斯兰教理论的公民国家"，而赛莱菲耶则直言建立"伊斯兰教法治理的国家"。赛莱菲耶与伊斯兰极端主义者在未来国家的模式上没有分歧，却在实现方式上各执一词，一个参与民主选举，一个则坚决拒绝，诉诸武力手段，实现教法治国。

在这次政治变局中，伊斯兰主义的分化已经相当清晰。极端主义虽不甘失败，却已被边缘化。接受选举政治的伊斯兰力量，逐渐步入政治伊斯兰的主流，且受选民的青睐。他们在当前的权力争夺中，已占尽先机。

**郑筱筠：** 中东国家的政治可以分为王室政治、强人政治和民主政治三大类。由于在中东地区形成了具有强烈伊斯兰教色彩的地缘政治关系带。但其间又形成了伊斯兰教内部的以什叶派和逊尼派为主导的"教缘"政治集团。在这场影响深远的中东政治动荡中，如果说德黑兰可能主导建立一个"什叶派新月带"，那么埃及作为中东有影响力的另外一个大国，也有可能在穆斯林兄弟会执政下，形成一个"逊尼派新月带"。因此可以说其地缘政治背后也有"教缘"政治的身影。在中东板块中，政治与宗教，尤其是宗教内部的派别有着千丝万缕的联系。如何把握中东地区地缘政治与"教缘政治"之间的关系，就成为我们此次对话的第三个焦点。

**吴云贵：** 在这个问题上，我认为可以概括为三点。一是政治伊斯兰势力在部分国家再度崛起。不同于20世纪80年代初的伊斯兰复兴运动，这一波反政府的民众抗议浪潮，并非由政治伊斯兰势力所发动主导，但许多事实表明，有些政治伊斯兰势力很可能成为这场运动中的大赢家。例如，北非的突尼斯，20世纪80年代兴起的"伊斯兰倾向运动"，当时并未采取直接的反政府行动，而只是主张用传统的伊斯兰文化来抵制、淡化突尼斯社会中日渐强烈的西方化、世俗化倾向，就为政变上台的本·里政权所不容。镇压下一度被迫逃到英国避难的拉希德·加努希，如今已成为突尼斯政坛上的重要人物。他领导的伊斯兰复兴党成为反对派中最大的一支力量。

二是积极参与政党政治。在第二次世界大战后的阿拉伯世界，随着世俗民族主义思潮蓬勃兴起，宗教思想政治化、宗教组织政党化也逐渐成为一种趋势。但这种政治伊斯兰形态的悄然兴起一直受到世俗的阿拉伯民族主义者们的打压。因此，政治伊斯兰势力是否能获准成立政党，可以作为考虑其实际政治影响力的重要标志之一。而按照西方的政治理念，成立政党的重要目的之一是在多党制框架下积极参与选举政治，以通过权力分配扩大政治影响，实现政治利益。在实行多党制的埃及，以往举行的历届议会选举中，穆兄会推举的候选人只能以"独立人士"而非政党的名义参选。但是在去年1月举行的议会选举中，以穆兄会为主要社会基础的自由与正义党不仅获准参选，而且大获全胜。该党共获235议席，得票率为47.2%，一跃成为埃及人民议会的第一大党。此外，另一更为保守的赛来菲派（原教旨主义派别）的光明党获得125议席，得票率为25.1%，位列第二。这些事实表明，政治伊斯兰与民主政治的理念并不是格格不入的。组建与宗教非政府组织既有联系又有区别的现代政党组织，实际上也是群众性宗教组织为适应现代政治发展而采取的一种措施。这种现象在其他一些国家也有表现。例如，也门变局中的宗教因素就包括也门穆斯林兄弟会的政党化趋向。也门的穆兄会原为温和的原教旨主义派别，1991年海湾战争后转为激进，鼓吹加速使也门成为政教合一的伊斯兰国家。该派为推进"社会伊斯兰转型"而组建的政党"伊斯兰改革集团"，1994年后成为最大的反对党。该党在2003年议会选举中曾获得46席，选民支持率为22.6%。在实行君主立宪制的约旦，于1991年6月宣布取消了长达33年的党禁。根据1992年9月议会通过的政党法，以约旦穆兄会为主要社会基础的伊斯兰行动阵线党获准参与政党政治和选举政治。该党被视为保守的原教旨主义宗教政党，一度为议会（众议院）中最大的反对党。但在君主立宪体制下，议会并无实权，所以容许宗教政党参与议会，实为"开放民主政治"的一种表现，实际作用不大。

三是教派政治愈益同地缘政治相结合。当前中东变局中的宗教势力主要有三：一是以穆兄会为代表的温和政治伊斯兰势力；二是以"基地"阿拉伯分治为代表的伊斯兰宗教极端势力；三是以沙特阿拉伯、卡塔尔为首的逊尼派阿拉伯伊斯兰轴心国家。以上三种势力中，逊尼派轴心国家体现的宗教色彩、宗教因素时隐时现，常常被人忽视，因为在此次中东变局中，这些保守的阿拉伯国家表面上是通过"阿盟"和"海合会"这类非宗教性的地区组织为活动舞台。但稍予观察就不难发现，沙特、卡塔尔等逊尼派伊斯兰国家在应对阿拉伯世界热点问题时，经常将教派政治与地缘政治密切结合。有时为了维护本国或保守的阿拉伯国家的利益，它们不仅会求助美国和西方，而且在借助外力打压某些激进的阿拉伯国家时，可以置阿拉伯和穆斯林兄弟之情于不顾。例如，在处理叙利亚危机问题上，沙特、卡塔尔等海湾阿拉伯国家在谴责、制裁、打压兄弟国家叙利亚的强硬态度上甚至远远超过了美国和西方。这些国家不顾国际关系的基本准则，粗暴地干涉别国内部事务，为别国的领导人制定下台的"时间表"和"路线图"，甚至公开宣布为叙利亚的反对派提供军火武器，支持这些反政府的组织以武力"更迭政权"。它们谴责巴沙尔政府对叙利亚平民使用暴力，而对反政府武装组织同样的行为却视而不见。这种双重标准如果发生在精于此道的西方国家身上，人们不会感到惊奇和意外，而发生在一些曾经长期遭到西方殖民主义侵害的阿拉伯发展国家身上，人们就会感到有些不可思议。

教派政治与地缘政治相结合，为政治决策和政治行为带来复杂性和某种不确定性。尽管中东政治易受到宗教思想的影响，但如果仅从教派政治的眼光来看待中东政治，也会造成许多误判。此外，将教派意识引入现代政治是否正当，如何发挥宗教文化资源的建设性作用问题，教派政治能否正确地认识和解释国际政治行为，这些问题都需进一步讨论。

**郑筱筠**：令人关注的是，在中东变局中，我们渐渐感受到伊斯兰教在现代化和全球化时代的转型。一个小贩的举动引发了整个中东地区出现了"蝴蝶效应"，它的意义远大于这个事件本身，它对全球的影响却是深远的，它甚至影响到各个国家的全球战略。

**周燮藩**：这次中东北非的剧变，至今为止最大的受益者是长期遭到压制的伊斯兰主义组织。在专制统治推翻后，伊斯兰主义组织获得了前所未有的生存空间和发展机遇。原有的世俗主义政党在专制统治势力很小，新的青年一代的成熟和重组尚需待以时日。

因此，在短期内上述的伊斯兰主义背景的政党，如埃及的自由与发展党和突尼斯复兴党，赢得议会选举，甚至组阁执政都是不可避免的。

首先，我们看到，新建的伊斯兰主义背景的政党，都明确放弃伊朗的模式，意识到国家和民族实现现代化转换的历史使命，需要探索新的发展道路和改革模式。这是阿拉伯国家和伊斯兰世界在现代化进程中新的探索和努力，代表了一新的方向，象征着新的希望。其次，在剧变后的改革，他们都看到了土耳其模式的成功。土耳其模式是世俗主义为基础的，经过几十年磨合，新形态的伊斯兰主义参政模式（土耳其模式是：在维持国家政权世俗主义原则的基础上，强调维护传统伊斯兰教的价值观，提倡在尊重宗教自由的前提下，推进现代化和民主化，把宗教信仰自由作为民主化的重要内容；强调土耳其的伊斯兰属性，从完全倚重西方到重视与东方国家的关系，加强与伊斯兰国家的联系）。最后，这次中东北非的未来展望，仍然要考虑国际环境的影响、各国的社会经济发展和伊斯兰教的传统和转换三个方面。阿拉伯各国的未来前途，是由众多因素决定的，但归根结底还是取决于阿拉伯人民的努力。

**李维建**：从20世纪90年代始，各伊斯兰主义组织日益关注民主、选举等政治话题。穆斯林兄弟会最为典型。自20世纪70年代始，穆斯林兄弟会逐渐经历了一个持续至今的转型过程。其成员的主体从保守的宗教人士、社会中下层，逐渐转变为律师、法官、医生、小商人、大学生等社会中层，成为一个小资产阶级的组织。其宗教观念也逐渐趋向于开放，认为"政治伊斯兰并不意味着伊斯兰教法和哈里发制"，认可民主、自由、多元观念，接受现代政治规则，有部分成员甚至赞同以"民主是解决方案"为新口号。当然，它坚持认为现代观念与政治民主也蕴涵在伊斯兰教中，而非单纯地源自西方。在实践中，穆斯林兄弟会放弃了暴力手段，广泛开展宗教慈善，转而走议会路线参与政治。

那么如何看待这种转型？首先，这种转型有被迫的性质。兄弟会自成立以来，其强硬而保守的宗教—政治路线，屡屡碰壁，遭受各国政府打压和镇压，难以实现其目标。经历痛定思痛之后，才不得不转型求生。其次，伊斯兰主义也从温和化中取得了实际的好处。不但自身形象得到改善，民意大增，更重要的是掌握了梦寐以求的政权。再次，伊斯兰主义的转型，手段大于内容，总体上看是一种策略或战略转型，核心与本质的变化尚需观察。比如，穆斯林兄弟会在这次动荡的初期还信誓旦旦地说不会寻求议会多数，正如此前也说不会成立政党参与选举，以及最近不会推出总统候选人一样，结果都食言了。不惜食言自毁形象的动力在于对权力的渴望。穆斯林兄弟会深刻地理解当前阿拉伯世界的政治定理：公平自由的民主选举 = 伊斯兰主义上台 + 世俗民族主义下台。只有转变策略，做出部分妥协才有机会。最后，伊斯兰世界内外也有一种声音，认为将穆斯林兄弟会这样的伊斯兰主义力量排除在权力之外，实际上更危险。与其如此，不如适当"招安",缓和矛盾。这也为伊斯兰主义掌权提供了一定的舆论环境。

事实上,当前因为民选的胜利而欢呼的伊斯兰主义,陷入一种"两难选择":当前的胜利,部分原因是不再固执于保守的伊斯兰教法治国的目标,另一方面,又不愿意也不可能完全放弃保守观念,全身心拥抱自由民主。除了从原来呼吁"伊斯兰国家"到建设"伊斯兰民主国家"的政治战略转变之外,"温和"伊斯兰主义不会转向自由主义。对于部分西方学者所言之"后伊斯兰主义",更是过于乐观了。

**郑筱筠:** 中东变局已经不是一场简单的动荡,它凸显出重建伊斯兰教精神世界秩序的理性自觉。伊斯兰教原教旨主义者和激进的极端分子不再是这场运动的中坚分子,相反,温和的伊斯兰主义者开始成为这个变局运动的生力军。这暗示着中东伊斯兰教内部自身的变革,它开始反思和调整自己与世界的对话模式,试图在世界秩序中重建新的国际形象。在国际问题分析家们的眼里,这已经不仅仅是人民的运动,更成为各种政治力量角力的战场与不同目标的追逐之地,同时更是经济利益的逐鹿之所。他们认为现在的态势,既不是冷战式两大阵营对峙,也非"文明冲突",而是一种新的"全球社会体系"对抗"全球权威体系"的"双层化世界"。这不仅是地区秩序的重建,世界秩序也正面临着具有历史意义的重建。就中国而言,现在正是积极调整我国中东战略的最佳时机。

(作者简介:吴云贵,中国社会科学院世界宗教所研究员,荣誉学部委员;周燮藩,中国社会科学院世界宗教所研究员,荣誉学部委员;李维建,中国社会科学院世界宗教所副研究员;郑筱筠,中国社会科学院世界宗教所研究员,原文发表于《世界宗教文化》2012年第3期)

玛雅文化研究

# 玛雅历法和 2012 年预言

## 张 禾

公历 2012 年 12 月 23 日将是玛雅历法上一个比较大的时间周期的结束。这个周期从公元前 3114 年 8 月 14 日开始，经过了太阳年的 5125 年。玛雅创始神话中有这样的描述，在过去三个这样长的周期结束时，世界都遭到了暴雨及洪水的毁灭。每次灾难之后，诸神都要重新创造宇宙和人类。按照这个神话推论，2012 年 12 月 23 日将是"世界的末日"。这个神话式的预言被电影艺术家加工后在全世界引起极大的注意和兴趣。本文也借此机会向读者介绍一些与此预言相关的几种玛雅历法。

公历 2012 年 12 月 23 日是玛雅多个历法中一个用较长数字序列表示的历法一个循环周期的结束。西方学者把这个历法叫作 Long Count Calendar，我把它翻译为"长数历"。这个循环周期从公元前 3114 年 8 月 14 日开始，在玛雅长数历上记为 13.0.0.0.1，经过了太阳年的约 5125 年后在公元 2012 年 12 月 23 日结束，记为长数历的 13.0.0.0.0. 这个长数历以 360 天为一年，叫作"桐"（Tun）；一年分为 18 个月，一个月叫"维纳尔"（Winal）；每月 20 天，一天称作"金"（Kin）。每二十个"桐"年加在一起作为高一位的单位，叫"卡桐"（Katun）；而二十个"卡桐"又作为更高一位的单位，称作"巴卡桐"（Baktun）。计算时除月份（维纳尔）以 18 为单位进位，其它都以 20 为单位进位。从"金"（日）开始累积，当"金"满 20 后进位到"维纳尔"，即 20 天变为一个月；"维纳尔"满 18 后，进位到"桐"，即 18 月变为一年；"桐"年满 20 后，进位到"卡桐"年；如此类推到"巴卡桐"年。"巴卡桐"最大的数也为 20。满 20 后进入更高一位，叫作"皮克桐"（Pictun）。这之后还有"卡拉巴桐"（Kalabtun），"金其尔桐"（Kinchiltun），"阿拉乌桐"（Alawtun），等等。但是从"皮克桐"开始就都是以 13 为最大数（图 1）。

长数历在实际书写和计算时，通常只用小的五位数。从 1 "金" 到 13 "巴卡桐"需要经过 5200 "桐"年，或者 5125 左右太阳年，这个计算长度足够记录很多王朝历史，所以其他更大的天文数字就省略不计了。它们的换算可以表示如下：

巴卡桐（Baktun）= 1 "巴卡桐"年 = 20 "卡桐"年 = 400 "桐"年；卡桐（Ka-

| 长数历 | $20^5$ 年 | 1600000 年 | 8000 年 | 400 年 | 20 年 | 年 | 月 | 日 |
|---|---|---|---|---|---|---|---|---|
|  |  |  |  |  |  |  |  |  |
|  | Kinchiltun 金其尔桐 | Calabtun 卡拉巴桐 | Pictun 皮克桐 | Baktun 巴卡桐 | Katun 卡桐 | Tun 桐 | Uinal 维纳尔 | Kin 金 |

**图1 玛雅长数历日、月、年等名称（张禾整理翻译 2012）**

tun）= 1"卡桐"年 = 20"桐"年；桐（Tun）= 1"桐"年 = 18 个月；维纳尔（Winal）= 1 月 = 20 天；金（Kin）= 1 天。

比如公元 2012 年 1 月 25 日在玛雅长数历里表示为：12.19.19.1.7 即：12 巴卡同 19 卡同 19 同 1 维纳尔 7 金；又比如：2012 年 1 月 26 日：12.19.19.1.8；2012 年 1 月 31 日：12.19.19.1.13；2012 年 2 月 7 日：12.19.19.1.20；2012 年 2 月 8 日：12.19.19.2.0；2012 年 12 月 22 日：12.19.19.17.19；2012 年 12 月 23 日：13.0.0.0.0；2012 年 12 月 24 日：13.0.0.0.1；4772 年 10 月 15 日：1.0.0.0.0.0；154587 年 11 月 22 日：1.0.0.0.0.0。

但是这个长数历并不仅仅起始于公元前 3114 年 8 月 14 日。这个日期之前已经经过了无数的大小循环。位于墨西哥尤卡坦半岛寇巴 Koba 地区的一座纪念碑记录了这个日期的"完整序列"（可能还有更多的）。它运用了人类有史以来最大的"天文数字"记录了新时期的创始日：13.13.13.13.13.13.13.13.13.13.13.13.13.13.13.13.0.0.0.0 = 2021×1 桐年（360 天）

这些数字累积起来相当于我们的 142 后面加 36 个 0。而宇宙大爆炸距今不过才 140 亿年，也就是 140 后面加 8 个 0。就是说，在经过了如此长的时间后，人类才迎来了现在这个世界的开始。

在墨西哥帕朗开（Palenque）的一座纪念塔上，当地国王帕卡尔记录了一个"皮克桐"（Pictun）周期的完成，即 1.0.0.0.0.0，相当于公元 4772 年 10 月 15 日，并且把他自己的登基纪念日和这一天联系起来。根据这个记录，公元 2012 年 12 月 23 日只是完成了第五位数"巴卡桐"上的一个循环，后面还要有 7 个巴卡桐的循环才能到皮克桐周期的结束。帕卡尔期望到那天人们还在纪念庆祝他的统治。由此可见，玛雅人并没有准备 2012 年 12 月 23 日和世界同归于尽。

在大多数情况下，玛雅人记录日期并不仅仅限于这一种历法，而是同时使用四、五种历法。除了"长数历"，玛雅常用的历法还有"祭祀历"（Tzolkin）、"太阳历"（Haab）、"循环历"（Calendar Round）、"月历"和"金星历"。

祭祀历是一个以 260 天为周期、主要用来计算和记录宗教仪式活动的历法。它是中美洲最早出现、也是最为流行的历法，直到现在还在危地马拉和墨西哥的一些边远山区使用着。祭祀历的原始依据是什么目前还没有共识。有人认为可能与妇女的妊娠期有关。它由两个数列并行循环组成。第一个是 1 至 13 的抽象数列，第二个是 20 天的不同名称排列。当十三个数和二十天名称相对应循环到开始的两个对应点时，形成一个 260 天的周期（图 2）。这个历法和中国的天干地支记日记年法相似。天干地支是一个 1 至 10（甲乙丙丁等）的数列和一个 1 至 12（子丑寅卯等）的数列并列循环，循环一周是 60 天或 60 年，俗称一个甲子。

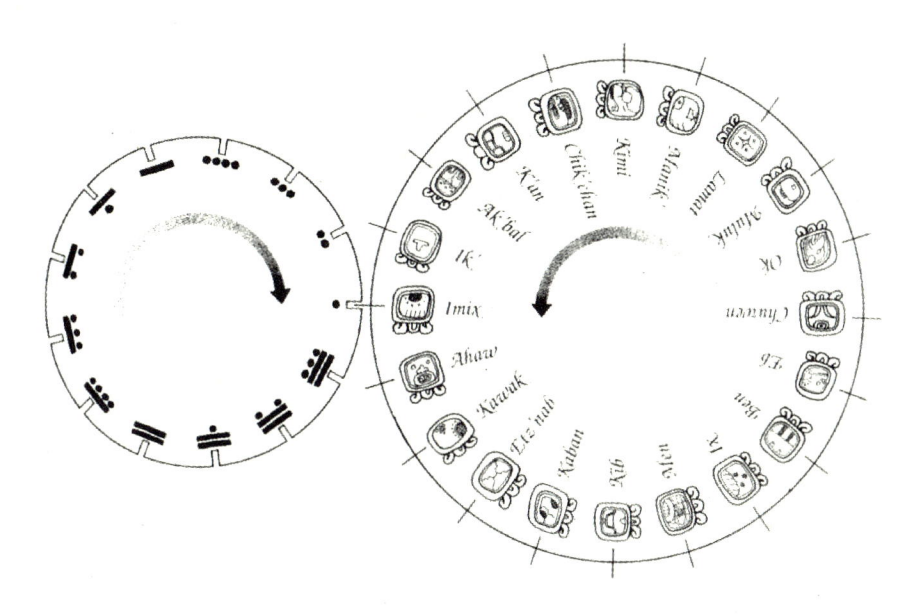

**图 2　祭祀历（数字 1—13 和 20 日名的循环；Coe 2005）**

太阳历以太阳循环一周所需的 365 天为基础，把它们分为 18 个月，每月 20 天，再加 5 天的祭祀日。18 个月各有自己的名称，20 天用数字表示。虽然玛雅人知道太阳的周期为 365.25 天，但在日历中却没有设置闰月，各地区在一定的时期内根据情况自己进行调整。

循环历是把祭祀历和太阳历重合在一起共同循环，即让 260 天和 365 天并列循环，就此又得到一个 52 年（太阳年）的周期（图 3）。

在大多数玛雅纪念碑上，日期都是由两至三种历记录的：长数历，祭祀历和太阳历。有时加上月历，或金星历，甚至还会出现一种以 9 天为周期的"夜历"，或"夜神历"。夜神历是一个由 9 个夜神，或地下鬼神来代表日期的历法。它的来龙去脉至今不清楚，有点像中国古代所用的七耀日，或现在的星期。它每 9 天循环一次，当和循环历同步进行时，得到一个 467 年的周期。藏于德国的雷登玉片上就有长数历、祭祀历、太

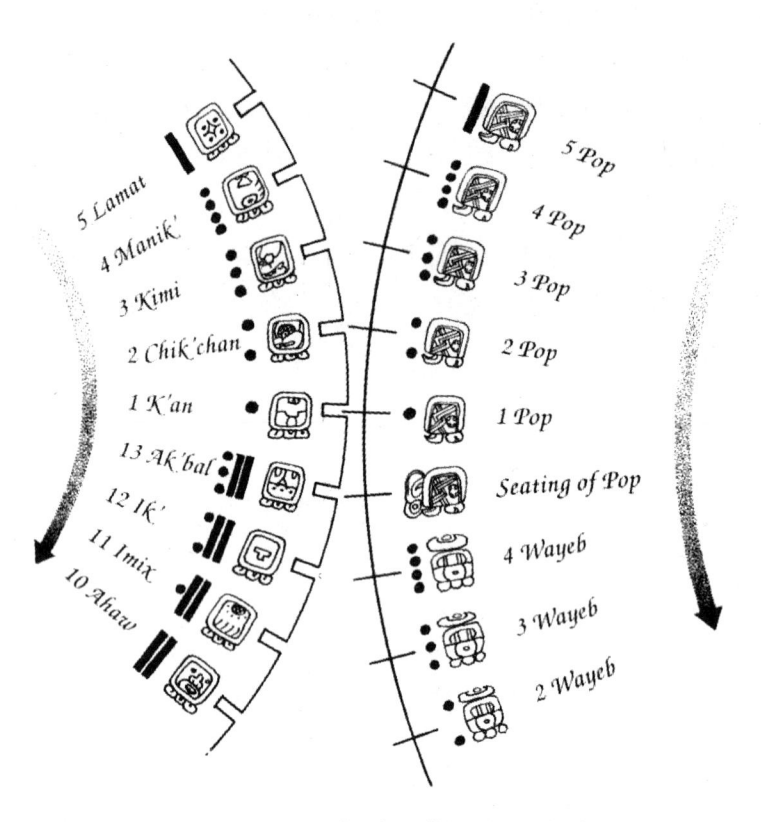

**图 3　祭祀历（左）、太阳历（右）共同循环示意图（Coe 2005）**

阳历和夜神历的并列排列。顺序是：长数历的 8.14.3.1.12，祭祀历的 1 艾波，太阳历的 20 绪勒，再后是夜神历的第五个神日。这个日期相当于公元 320 年 9 月 17 日，星期五（图 4）。

所以，准确地说，玛雅人记录的公元前 3114 年 8 月 13 日这一天，是长数历和祭祀历及循环历合在一起的记录，即（长数历的）13.0.0.0.0，（祭祀历的）4 阿华，（太阳历的）8 库姆库。而公元 2012 年 12 月 23 日则是：13.0.0.0.0，4 阿华，3 康金。

在手抄本历书中，除了长数历、祭祀历，循环历之外，月历和金星历也会排列出一整个甚至几个周期。玛雅人对月亮周期的计算是 29.53020，非常接近我们现在的计算 29.53059。像在其他文化中一样，他们也遇到把月亮周期和太阳周期结合起来时的问题。他们运用的调和公式是 149 月 = 4400 日。

金星历的计算在玛雅所有历法中最为详细，而且使用率非常高，在各古代文明中首屈一指。玛雅人很早就认识到早上出现在东方的启明星和晚上第一个出现在西面的长庚星是同一颗星，即金星。他们的金星年是 584 天，而现代计算是 583.92 天。他们还知道金星的 5 个周期等于太阳的 8 个周期，即 $5 \times 584 = 8 \times 365 = 2920$ 天。这个吻合周期被详细罗列在德累斯顿（Dresden）和格罗利哀（Grolier）两本手抄本历书上（图 5）。

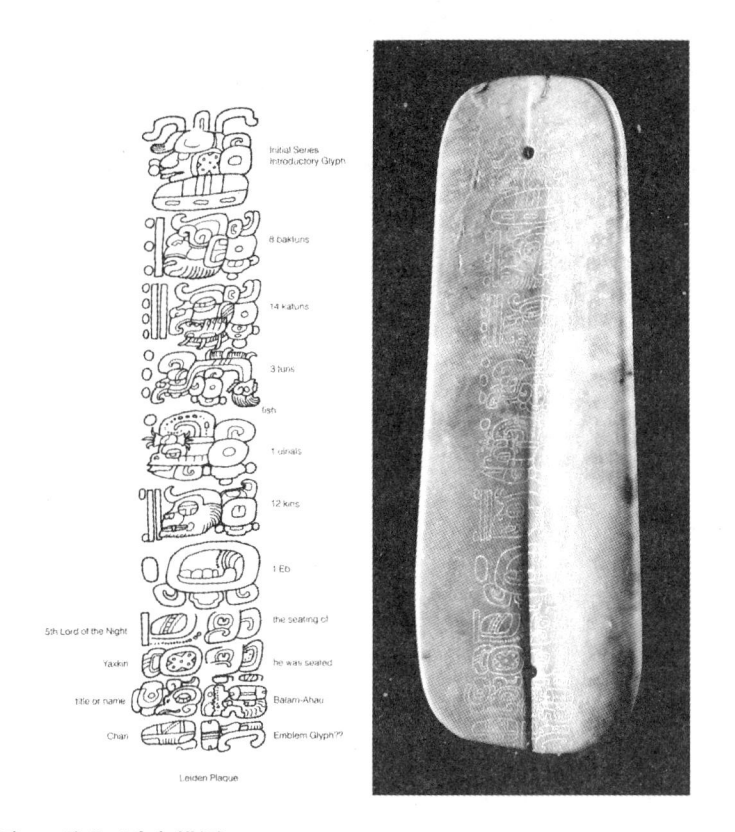

**图 4　雷登玉片和描图**（Leiden Plaque；Schele and Miller 1986，p. 320）

玛雅人从历史上就特别重视各个历法中循环期的开始和结束。长数历中的"卡桐"和"巴卡桐"两个周期的开始或结束，各地都要举行祭祀典礼活动。每个"卡桐"年（20 年）结束时要专门刻碑纪念，王宫贵族们还要刺血祭祀，举行盛大庆典。如果遇上 400 年一周期的"巴卡桐"年，则更要兴师动众，大张旗鼓地庆祝一番，有如我们的世纪、千年纪一类的庆祝。循环历的 52 年周期纪念也曾经在玛雅地区盛行过，但后来艾兹台克人似乎更为重视这一历法。对它的纪念庆祝常会用活人作牺牲。

按照玛雅创世神话《普普尔乌》（PopolVuh）（启示书），世界被创造过四次。第一次所造的人和动物既不会说话又不懂得敬神，神以洪水灭之。第二次时，神用泥土造人，但它们也不会说话，而且极易毁坏夭折。神又用洪水毁之。第三次神用木头刻出了人。它们既会说话，又很活跃，但没有大脑，非常愚蠢，而且不敬奉神。因此也遭致洪水毁灭。第四次重新造人时，玉米神用玉米面和着神水塑造了人，玉米面作人体，神水作人的血液。这一次创造的人类非常崇敬自己的造物主，每隔一段时间就要向神供奉玉米面、玉米酒，和自己的鲜血，以表示对造物主的感谢。这第四次即是我们现处的世纪。

关于这个时代，玛雅纪念碑文、陶画文字以及《普普尔乌》都有明确的记录。比如

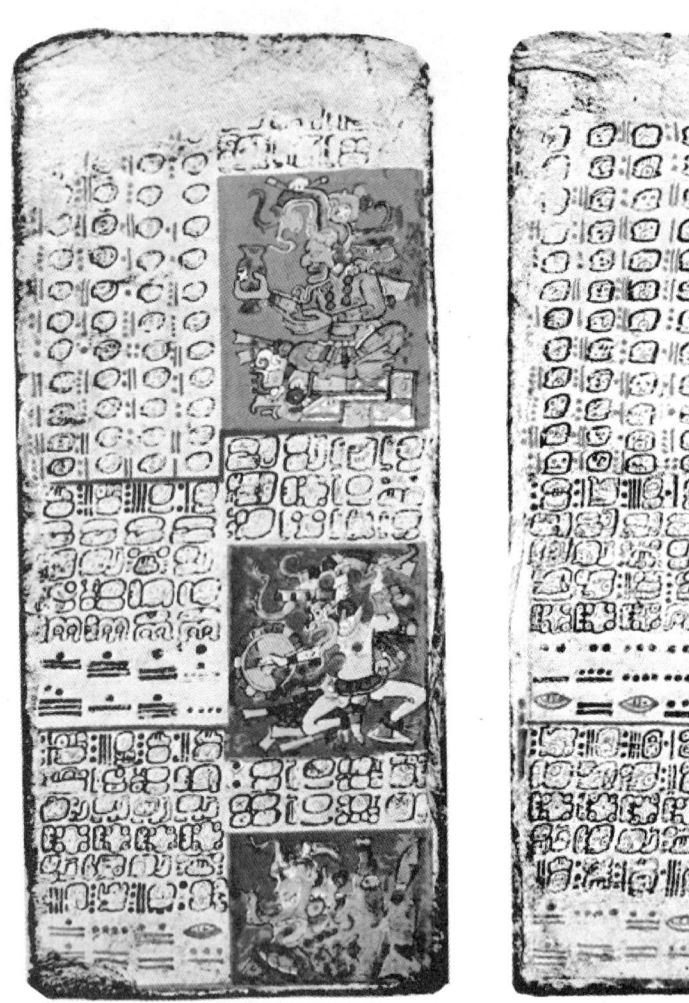

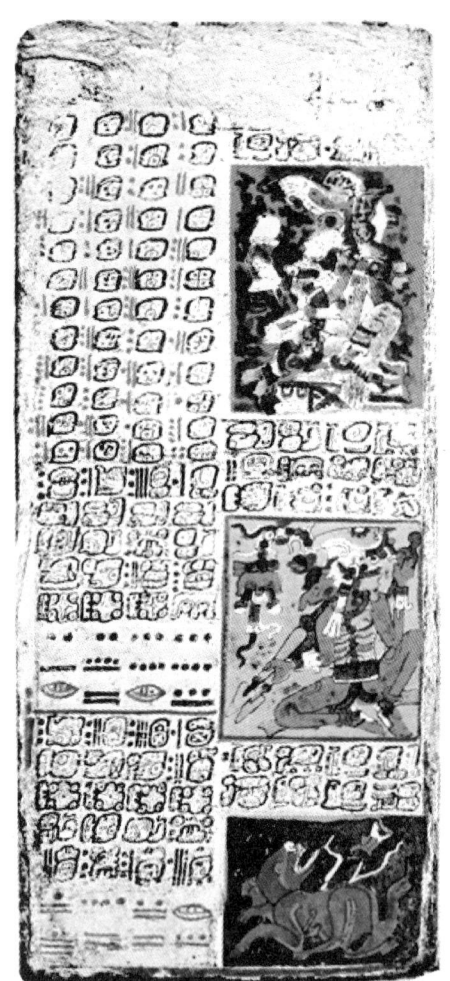

**图 5　德累斯顿手抄本选页 46—47 页：金星历和金星神（Dresden Codex；Thompson 1972）**

危地马拉（Quirigua stele C）和墨西哥（Palenque Tablet of the Cross）出土的两个主要碑文这样记录：

> 在 13.0.0.0.0，4 阿华，8 库姆库这一天（前 3114 年 8 月 13 日），一只乌龟出现在大海上。诸神们在其背上立起了三块巨石：豹子神和鲔鱼神共同立起了豹座石；黑屋神立了蛇座石；鳄鱼屋神（依嚓木纳）立了莲花座石。这时天和地还混沌一片，不分上下。

> 在此之前 7 年多，即 12.19.11.13.0，1 阿华，8 姆安（前 3122 年 6 月 16 日），先祖胡纳耶出世。在 12.19.13.4.0，8 阿华，18 载克这天（前 3121 年 2 月 7 日），先祖母

出世。胡纳耶出世542天后,在3个石座的地方树起一棵擎天大树,撑起了天盖,进入天空。他在北极建造了天宇,并把它分为四面八方。

《普普尔乌》如此继续:胡纳耶是前一个宇宙时期的神。他和孪生兄弟两人因打球而冒犯了地下世界的鬼神,被叫到阴界去和鬼神们赛球。兄弟俩输给了鬼神,胡纳耶被砍头,头颅挂在树上示众,他的和兄弟的尸体都被埋在了球场下。很多年以后,胡纳耶的双胞胎儿子来为父亲和叔父报仇。他们打败了阎王鬼神,救活了父亲。这位父亲的复活即开创了新的世纪。这次,诸神们用玉米面和水创造了人。这些人有了思想,又懂得敬奉神,所以世界才得以延续。从这个神话来看,虽然前几个世界都遭毁灭,但是这次人类已经学聪明,对神毕恭毕敬,应该不会再有大的灾难。事实上,玛雅人并没有预言长数历一个周期的结束必有毁灭性的灾难,反倒是应该大张旗鼓地庆祝。

与灾难或是战争有关的预示,在玛雅人那里更多的是跟金星历紧密相连的。玛雅人对金星的观察和计算主要用于星占,特别是用来决定重大的军事行动。比如公元735年12月3日,当金星在傍晚时分初显其形的时候,玛雅城邦Dos Pilos发起了对另一城邦Seibal的军事袭击,并于第二天捉住了被袭国的首领。这位首领被囚禁了十二年之后,在一次金星处于下合位置的时候,在球赛祭礼中被作为牺牲杀死。

统观诸多玛雅历法,除了"长数"历给人一种线性的有始无终的错觉外,全部历法都是循环性质的。夜神历循环周期最小,只有9天;它的依据目前还不明了。祭祀历的循环周期是260天;它的两个数列系统(1—13和20日名)是起源于天文现象(比如黄道"十三"宫),还是人体现象(比如十个手指加十个脚趾),还是妇女妊娠时间(平均九个月),学者们也莫衷一是。日、月、金星各历是典型的天象观测的记录,有固定的循环周期。循环历虽然是人为的,却是算术计算的结果,也是有固定循环周期的(52年)。长数历尽管看上去是日、月、年数字的不断累积,实际上包含无数的大大小小的循环周期。那么,这许多历法,无数的循环,和诸多不厌其烦的日期记录,意味着什么?

第一,它表明古代玛雅人对亘古不变的自然现象的观察和记录能力。不仅对日历、月历、金星历,甚至其他几个行星的循环周期都有精确的计算和记录,而且能够计算各星辰和历法之间的数字关系。同世界其它几大文明相比,玛雅文明实际使用的历法最多,而且是唯一同时使用四五种历法记录同一个日期发生的同一事件的文明古国。

第二,玛雅人认识到人类必须而且只能顺应自然的变化规律,所以用精确记录下来的日历、月历、年历等等来指导自己各种各样的精神及物质生活。在仅存的四本玛雅手抄本历书中,农耕播种,狩猎捕鱼,养蜂采蜜,节日庆祝,祭祀典礼,牺牲,斋戒,星相,日食月食,占卜,预言警告,家谱族谱,等等,应有尽有。

第三,自然现象的永恒存在导致了玛雅人对它们的信仰甚至崇拜。天体在星空中的移动变化,日复一日的日出日落,循环往复的春夏秋冬,植物的生死交替,人类的生老病死、传宗接代,等等,都表明宇宙间事物的循环往复本质不以人的意志而转移。因此,玛雅人对时间的循环变化的本身便有了纪念、祭祀等顶礼膜拜行为;比如专为卡桐年和巴卡桐年结束而立碑,献祭等。

第四,玛雅统治者认为自己是"天子","君权神授",而且自己的生辰八字和天象相关。对自己和家族及王朝活动的时间记录,既表明是神意,也表明自己及家族的统治和时间本身一样,是永恒的。在大量大型石刻纪念碑上,用各种历法记载的日期占据很多位置,记录着某位统治者的生死日辰、祭祀、战争、外交等历史事件。似乎用一两种历法记录还嫌不够准确,还要用四种五种历法同时记录某个重要日子;又似乎统治者希望在每种历法上或每个天体循环期间都留下自己的印记。

从玛雅各种历法的循环性质和玛雅人自己的记录可以肯定:2012年12月23日并非"世界末日",它仅仅是一个记日历法中一个循环期的结束和另一个循环期的开始。

## 参考书目

Allen Christenson: PopolVuh: *The Mythic Sections—Tales of First Beginnings from the Ancient K'iche'-Maya. Translated and Edited by Allen Christenson.* The Foundation for Ancient Research and Mormon Studies (FARMS) at Brigham Young University, 2000

Michael Coe: *The Maya.* Thames & Hudson, 2005 (1966)

David Freidel, Linda Schele, Joy Parker: *Maya Cosmos-Three Thousand Years of the Shaman's Path.* New York: Quill, William Morrow, 1993

Linda Schele and David Freidel: *A Forest of Kings—The Untold Stories of the Ancient Maya.* New York: Quill, William Morrow 1990

Linda Schele and Mary Miller: *The Blood of Kings: Dynasty and Ritual in Maya Ar*t. New York: George Braziller, Inc., with Kimbell Art Museum, Fort Worth, 1986

Dennis Tedlock: PopolVuh: *The Definitive Edition of the Maya Book of the Dawn of Life and the Glories of God and Kings.* New York: Simon and Schuster, 1985

J. Eric S. Thompson: *A Commentary on the Dresden Codex—a Maya Hieroglyphic Book.* Philadelphia: American Philosophical Society, 1972

The Maya Meetings at Texas: "A Short Guide to Maya Calendrical Glyphs" in *A Guidebook to Austin, Texas & The Glyphs.* University of Texas at Austin, 1991

附：

表1　　　　　　　　　玛雅祭祀历20日名

| | 玛雅文 | 英文发音/中文 | | 玛雅文 | 英文发音/中文 |
|---|---|---|---|---|---|
| 1 | | Imix 依密希 | 11 | | Chuen 楚恩 |
| 2 | | Ik 依克 | 12 | | Eb 艾波 |
| 3 | | Akbal 阿克巴尔 | 13 | | Ben 苯 |
| 4 | | Kan 康 | 14 | | Ix 依希 |
| 5 | | Chicchan 齐常 | 15 | | Men 门 |
| 6 | | Cimi 斯密 | 16 | | Cib 斯布 |
| 7 | | Manik 马尼克 | 17 | | Caban 喀邦 |
| 8 | | Lamat 拉马特 | 18 | | Etznab 艾辞纳布 |
| 9 | | Muluc 穆卢克 | 19 | | Cauac 喀瓦克 |
| 10 | | Oc 欧克 | 20 | | Ahua 阿华 |

（张禾整理翻译2012）

表2　　　　　　　　　　玛雅太阳历18月名

| | 玛雅文 | 英文/中文 | | 玛雅文 | 英文/中文 | | 玛雅文 | 英文/中文 |
|---|---|---|---|---|---|---|---|---|
| 1 | | Pop 泡普 | 7 | | Yaxkin 亚希金 | 13 | | Mac 麦克 |
| 2 | | Uo 乌奥 | 8 | | Mol 莫尔 | 14 | | Kankin 康金 |
| 3 | | Zip 兹普 | 9 | | Chen 臣 | 15 | | Muan 姆安 |
| 4 | | Zotz 凿伺 | 10 | | Yax 亚希 | 16 | | Pax 帕希 |
| 5 | | Zec 则克 | 11 | | Zac 载克 | 17 | | Kayab 喀亚布 |
| 6 | | Xul 绪勒 | 12 | | Ceh 策 | 18 | | Cumku 库姆库 |
| | | | | | | 19 | | Uayeb 瓦亚布（5天） |

（张禾整理翻译 2012）

（作者简介：张禾，博士，美国新泽西州威廉帕特森大学艺术系艺术史副教授）

# 玛雅人的"他我"观念与纳瓜尔信仰

王霄冰

在包括玛雅人在内的中美洲印第安各民族中，自古以来就流行着这样一种想象：一个人不仅在自己的身体之内拥有一个灵魂，而且在自己的身体之外，还存在着一个寄身于某种动物或自然力（如闪电）的灵魂，也就是在"自我"（Ego）之外的"另一个我"或曰"他我"（Alter Ego）。"他我"和"自我"构成一个命运共同体，二者虽然分别存在，但却可以同生共死，享有共同的命运。这与北美洲印第安人中普遍存在的保护神、西伯利亚萨满教中的帮助神以及古日耳曼神话中"狼人"（Werewolf）等在理念上有相似之处，也就是宗教学概念中的所谓"体外灵魂"。但中美洲印第安人对于"他我"和"命运共同体"的想象与上述信仰相比更有其独到之处。可以肯定地说，这是原生于中美洲本土宗教文化中的一种特有的信仰形式。

## 一 玛雅古典时期的"他我/灵魂"观念

早在古典时期（公元3—9世纪）遗留下的玛雅石刻与陶画文字当中，考古学家们就已发现了"灵魂"（way）的概念。[①] 这是一个由三个字素合成的意符：左上半部的符号代表一张人脸的侧面，中间的小圆圈表示眼睛；下半部的半圆加上中间的圆圈就构成了一张嘴巴的形象；右上半部的符号代表着人脸的另一面，上面描画着片片豹斑，代表美洲豹。整个字符指代的就是玛雅语中的"way"一词，包含有"睡眠"、"梦"、"他我"、"灵魂"等多重意义（图1）。因为玛雅人认为，人们有时可以在睡觉和做梦的时候看见自己的"他我"。这与现代心理学家弗洛伊德的精神分析方法在理念上似有些异曲同工之妙，即让人们通过催眠、进入梦境，来认知清醒状态下不可得知的决定其心理性格的要素。所不同的是，玛雅人在梦中所能获知的，是有关能够决定自我命运的另一个灵魂的信息。由于美洲豹是本地区最强大且最危险的一种动物，它们经常在日落之后

---

[①] 参见王霄冰《玛雅文字之谜》，上海古籍出版社2006年版，第121—122页。

的夜晚出没，并被许多君王用作自己人名的一部分（如"花—豹"、"黑曜石镜—豹"、"豹—蛇"、"豹爪"等），所以在玛雅文字中表示 way 的字符中，就出现了美洲豹的豹斑，构成人脸的另外一半，意指人的另外一半，即"他我"。

图1　　　　　　　　图2

表示 way 的这个字符经常在古代玛雅人陪葬用的陶器上出现，所以学者们推断，"他我"的灵魂观念在古典时期属于神话的范畴，与死后的冥界生活关系密切。他们根据古典陶器上的图画和文字，考证出了以下各种可被想象为"他我"的生物种类（括号内为该物种在玛雅语中的名称）：美洲豹（hix，bahläm）、鹿（chij，kej，sib）、猴（max，bats'）、狗（ok）、野猪（chitam/ak）、貘（tsimin）、南美浣熊（ch'ik）、吸血蝙蝠（ts'uts'）、热带囊鼠（bah）、老鼠（ch'o）、负鼠（wax/och）、蝙蝠（sots'）、癞蛤蟆（much）、百足虫（chapat）、蛇（chan/kan）、火鸡（luts）、猫头鹰（kuy/muwan/muhan）、切叶蚁（xu）等。[1] 除此之外，还有一些神灵和身份不明的人物可以成为"他我"。显然，充当"他我"的大多是生活在陆地上的哺乳类动物，或是生活在地里或水中的动物，而在空中飞行的物种则相对较少。这也证明了"他我/灵魂"与冥界生活的关系，因为古代玛雅人认为人死后所要前往的冥界是在水下，而不是在天上。另在古典玛雅陶画中，以上每种动物都被赋予了一些具体的形态装束和外部特征，例如图2左下角的美洲豹，它的脸面朝天的样子以及身后的木架所要表示的意思大约是"被捕猎和拘禁的豹子"。木架上方那一行象形文字解读出来的意思就是："此豹，某某人之他我/灵

---

[1] 参见 Grube, Nikolai & Werner Nahm: "A Census of Xibalba", in: Justin Kerr (ed.), *The Maya Vase Book*, 4, New York: Kerr Associates, 1994, 第687—715页。

魂（way）也。"①

## 二 当代的民族志资料及相关研究

他我/灵魂观念不仅存在于古典时期，而且也在今天的中美洲印第安人（其中特别是玛雅人和萨婆特克人）的生活当中十分流行。迄今为止，已有来自世界各国的人类学家对墨西哥南部和危地马拉等地的原住民的灵魂观念进行调查、记录和研究，并产生了丰富的民族志资料及研究成果。例如美国学者佛斯特（George M. Foster）发表于1944年的论文《墨西哥与危地马拉的纳瓜尔信仰》②，同样出版于1940年代的墨西哥学者弗恩特（Julio de la Fuente）的著作《雅拉拉克：一个萨婆特克山村》③，还有美国学者卡普兰（Lucille N. Kaplan）根据其1954—1955年间的田野调查所作的论文《墨西哥瓦哈卡海滨的托纳尔和纳瓜尔》④，古巴籍学者吉特拉斯—霍姆斯（Calixta Guiteras Holmes）的民族志《灵魂的冒险：一位磋齐尔印第安人的世界观》⑤，赛乐（B. Saler）的论文《纳瓜尔：一个普韦布洛州克曲人村庄的魔法与巫术》⑥ 和赫尔米特（M. Esther Hermitte）的论文《皮诺拉村玛雅人的纳瓜尔观念》⑦，德国学者科勒（Ulrich Koehler）的著作《冲毕拉尔，邱累拉尔：磋齐尔玛雅人的一篇祭文中所见中美洲人的宗教和宇宙观的基本形式》⑧ 和论文《关于墨西哥的"他我"想象及纳瓜尔信仰的民族志笔记》⑨，及其弟子杜尔（Eveline Duerr）的田野调查报告《萨婆特克人的"他我"想象和墨西哥瓦

---

① http://research.mayavase.com/kerrmaya.html (2012/8/25), File No. 791（局部）。
② George M. Foster: "Nagualism in Mexico and Guatemala", in: *Acta Americana*, 2, Los Angeles, 1944, 第85—103页。
③ Julio de la Fuente: *Yalálag. Una villa zapoteca serrana* ( = Série Científica, 1). México: Instituto Nacional de Antropología e Historia, 1949.
④ Lucille N. Kaplan, "Tonal and Nagual in Coastal Oaxaca, Mexico", in: *The Journal of American Folklore*, vol. 96, no. 274, 1956, 第363—368页。
⑤ Calixta Guiteras Holmes: *Perils of the Soul: The World View of a Tzotzil Indian*, New York: The Free Press of Glencoe, 1961.
⑥ B. Saler: "Nagual, brujo y hechicero en un pueblo quiché", in: *Ethnology*, vol. 3, 1969, pp. 305 – 328 & reprinted in: John Middleton (ed.): *Magic, Wichcraft and Curing*, Austin: University of Texas Press 1977, 第69—99页。
⑦ M. Esther Hermitte: "El concepto del nahual entre los mayas de Pinola", in: Norman A. McQuown & Julian Pitt-Rivers (eds.), *Ensayos de antropología en la zona central de Chiapas*, México: Instituto Nacional Indigenista, 1970, 第371—390页。
⑧ Ulrich Köhler: *Chonbilal Ch'ulelal. Grundformen mesoamerikanischer Kosmologie und Religion in einem Gebetstext auf Maya-Tzotzil* ( = Acta Humboldtiana, Series Geographica et Ethnographica, 5), Wiesbaden: Franz Steiner Verlag, 1977.
⑨ Ulrich Köhler: "Ethnographische Notizen zum Alter-Ego Glauben und Nagualismus in Mexiko", in: *mexicon*, 5, Heft 2, 1983, pp. 30 – 32.

卡谷地的纳瓜尔信仰》①。

从以上著作和论文的题目中可以看出，学者们对于这种中美洲地区特有的信仰现象的学术认知并不完全一致，从最初的借用北美印第安人以及西伯利亚地区的"保护神"（guardian spirit）概念来形容这种现象，到后来的直接使用当地土著语言中的专名如阿兹特克语的"纳瓜尔"（nagual，原意"魔法"）、"托纳尔"（tonal，原意"灵魂"）、磋齐尔玛雅语中的"冲毕拉尔"和"邱累拉尔"（chonbilal 和 ch'ulelal，分别指代"自我"与"他我"的灵魂），从而建构出了"纳瓜尔信仰"（nagualism，又译"纳瓜尔教"）、"托纳尔信仰"（tonalism）和"他我想象"（Alter Ego-Vorstellung）等专业术语。而从事古典玛雅文明研究的学者们则按照考古出土的文字资料，仍然坚持使用邱尔玛雅语和尤卡坦玛雅语中的 way 的概念。尽管名称不同，我们可以确信它们所指代的都是同一种区域性信仰，并且也可以确认这种信仰形式的原生性，排除西班牙殖民者从外部将其带入本地区的可能性。

学术界对于纳瓜尔信仰本质的认识，也经历了一个从片面到全面的过程。早期阶段，人们根据来自其他地区的民族志资料，将这种信仰现象与巫术、魔法等联系在一起，有的认为它带有加害于人的负面功能②，有的则认为"他我"在土著居民的生活中扮演着和"保护神"相类似的正面角色③。然而最近半个世纪以来所积累的大量民族志资料却越来越全面地揭示了纳瓜尔信仰的真实面貌，显示出它与其他地区的魔法、巫术或"保护神"信仰等完全不同的特征。其中最大的差异在于，中美洲的"他我"与"自我"之间并不存在保护和被保护的关系，也不可能像古日耳曼人信仰中的"狼人"或"熊人"那样相互变身，并且，"他我"也不能像萨满教的行事方式那样通过仪式被召唤或被影响。在玛雅和萨婆特克等印第安人的心目中，"他我"就是完全生存于另一个世界的自己，是人体外的第二个灵魂。如果一个人生病，就很可能不是因为他/她自己的身体出了什么问题，而是他/她的"他我"发生了什么事情（如死亡或受伤）。在大多数情况下，人们并不知道自己的

---

① Eveline Duerr: "Zapotekische Alter Ego-Vorstellungen und Nagualismus im Tal von Oaxaca, Mexiko", in: Eveline Dürr & Stefan Seitz (Hg.), *Religionsethnologische Beiträge zur Amerikanistik*, Münster: Lit, 1997, 第 105—120 页。杜尔通过自己的田野调查，在萨婆特克人中确认出了以下这些常被当做"他我"的动物类型：蛇、美洲豹、郊狼、驴、秃鹫、猫、山羊、狗、鹰、鹿、鸡、火鸡、蜥蜴、鼹鼠、兔、鹅、马、蟾蜍、乌龟。

② 参见 George M. Foster: "Nagualism in Mexico and Guatemala", in: *Acta Americana*, 2, Los Angeles, 1944, 第 85—103 页。

③ 参见 Elsie Clews Parsons: *Mitla, Town of the Souls and Other Zapoteco-speaking Pueblos of Oaxaca, Mexico*, Chicago: The Universityt of Chicago Press 1936。该作者在使用"保护神"这一概念时，很可能受到了颇有影响的美国人类学家露丝·本尼迪克特关于北美印第安人"保护神"的著作的影响，参见 Ruth Fulton Benedict: *The Guardian Spirit in North America* ( = Memoirs of the Amercian Anthropological Association, 29). Menasha: American Anthropological Association 1923。

"他我"是谁、生活在什么地方。只有在少数情况下可以通过做梦见到自己的"他我"。有时在婴儿出生时,接生婆会试图诊断新生儿的"他我"为何物。当一个人确认了自己的"他我"是某种动物之后,那么他/她就会把自己的相貌、习性和这种动物联系在一起,比如认为自己的"他我"是豹子的人,往往会把自己的性格特征描述为脾气暴躁、特别凶悍和爱吃肉等等。尽管如此,"他我"与"自我"只能并行存在,二者地位平等,互不干涉。人类也不能通过宗教手段去主动地影响对方,以改变自我的命运。人们最多所能做的,就是特别善待那类被认为是自己的"他我"的动物,有时给它们喂喂食。

有关玛雅人和中美洲其他印第安人的"他我"信仰的研究还远远没有穷尽。纳瓜尔信仰无论就其内在结构还是就其外在的功能机制而言,目前都还留有许多未能明了的细节,有待进一步的研究与学术建构。从现有的资料来看,古典时期玛雅人的"他我/灵魂"想象似乎局限于死后世界,而今天的玛雅人则更加重视现世生活当中的"他我"及其与自我命运的关系。但这也可能是由于所用资料的不同的缘故,因为对于古典时期的研究完全依赖于考古发掘的图画和文字资料,在内容上自然更多地涉及神话和宗教的主题,而今天获得的民族志资料则更为关注作为个体的当地民众的日常生活,而非集体的神话想象与宗教信仰。上文提到的吉特拉斯—霍姆斯的民族志《灵魂的冒险:一位磋齐尔印第安人的世界观》,可谓是这方面的一个典型例子。1952年,这名出身于古巴的女学者接受了芝加哥大学社会学教授罗伯特·雷德菲尔德(Robert Redfield)布置的一个任务,即前往墨西哥的恰帕斯(Chiapas)州进行田野调查,研究当地玛雅印第安人的世界观与灵魂观。次年,她在圣—彼得—切纳霍(San Pedro Chenalho)村停留了三个月,跟踪调查了一位自己过去早就认识的、名叫曼努埃尔·阿里亚斯·索洪(Manuel Arias Sohom)的中年男子,通过和他面对面的交谈来搜集相关资料。她的著作于1961年正式出版,当时雷德菲尔德已经谢世。全书分为五部分:一、前言;二、圣—彼得—切纳霍:地方、居民、风俗、社会组织和信仰;三、曼努埃尔的世界观:访谈录;四、关于曼努埃尔世界观的分析;五、曼努埃尔:他的生活与性格。[1]

未来的研究如果能将古典的与现代的知识结合起来,使二者得以相互印证与补充,并通过比较以了解其历史发展与变迁情况,一定会有助于我们更加全面、深入地了解这种中美洲土生土长的传统信仰形式。从人类学的角度来看,将双重灵魂观念与其他地区的相似信仰(如保护神/帮助神、狼人/熊人、佛教信仰中的前世身份、中国的十二生肖等)加以比较,从而更加精确地定义其本质、类型,也是有意义的研究课

---

[1] 参见 Calixta Guiteras Holmes: *Perils of the Soul: The World View of a Tzotzil Indian*, New York: The Free Press of Glencoe, 1961.

题之一。

（作者简介：王霄冰，博士，中山大学中国非物质文化遗产研究中心教授、博士生导师，原文发表于《世界宗教文化》2012年第5期）

# 对话:玛雅密码与2012年末世说

Hezhang　王卡　Berthold Riese　郑筱筠

**郑筱筠**:英国科学家霍金在《时间简史》中说,"从爱因斯坦的广义相对论可以预言,时空在大爆炸奇点处开始,并在大挤压的奇点处结束。"现在我们不必去担心时空的挤压奇点问题。但在今天的流行文化中,世界末日依然是一个热门话题。这一话题甚至使世界各地的一些人有了不同程度的恐慌,尤其是随着2012年12月22日的日益临近,似乎世界进入了一个倒计时的阶段。时间的临界点带来了心理危机,它告诉人们时间是有一个终点的。随之而来的也将出现一个以空间来体现时间的空间临界点问题。时间的终止意味着空间临界点的到来,更带来了一个人类的临界点,即时间和空间的临界点到了,时间和空间要终止或者进行转换了,那么必须生活在时间和空间中的人类是否也到了一个生存的临界点了?于是席卷全球的对世界末日的恐慌出现了。人们开始以不同的方式解释、应对和面对,甚至在美国还出现了世界末日城堡。今年《世界宗教文化》已经发表了一系列相关文章,专门介绍玛雅文化。现在12月22日即将到来之际,我们专门邀请美国威廉帕特森大学Hezhang教授、中国社会科学院世界宗教研究所王卡教授、德国波恩大学民族学与古美洲学研究所荣休教授Berthold Riese教授对话学术空间栏目,讨论"颇具杀伤力"的玛雅文化以及2012年世界末世预言,破解玛雅文化之谜,解读玛雅密码,并对2012年预言有一个科学的正确认识。

**Hezhang**:民间对玛雅文明的认识有一个很大的误区,认为它像古埃及文明一样,早就烟消云散了。实际上,玛雅人和玛雅文化自出现到现在一直都存活着,现在仍然有800万玛雅人生活在危地马拉和墨西哥等国。作为文化,它的30多种语言仍在使用,民间宗教信仰和礼仪仍在实行。只不过也像其他一些古老文明一样,玛雅文明的辉煌期已经衰亡。简单地说,玛雅文明是一个位于中美洲、形成于公元前5至4世纪、衰落于公元13世纪、由说玛雅语的玛雅人组成的高度发达的社会实体。玛雅人从公元前3世纪开始就用自己的文字在建筑物的墙壁、纪念石碑、陶器和书本上记录自己的历史、宗教、祭祀、神话、天文历法、和农耕技术等。玛雅的数学、天文学非常发达。玛雅人不仅发明了世界上最简单的数字系统，即一共只有三个符号重复使用，而且很早就使用了零的符号。他们在公元前的数百年就已经记录和使用两种不同的历法，包括太阳历。公元7—8世纪时，玛雅人已经算出精确的月亮和金星的周期，而且还把太阳、月亮、金星的周期综合在一起算出它们的公倍数（公转数），甚至有了对土星和火星的观察记录。鼎盛时，玛雅几百个邦国遍布现今中美洲的危地马拉、伯利兹、墨西哥、洪都拉斯和萨尔瓦多等地；到处都是高耸入云的"金字塔"和雕梁刻柱的王宫，很是一派繁荣昌盛景象。玛雅文明的社会管理及政治体制是城邦独立的国王独裁世袭制。除了经常性的一些大邦国之间的战争和短期的兼并外，大多数邦国都是各自为政，从来未有过大一统的"玛雅帝国"。

**Berthold Riese**：最近几年来，欧美各国的出版界、网络和媒体都纷纷传播着一种关于世界末日的预言。随着美国哥伦比亚电影公司2009年出品的电影《2012》的全球上映，这一"预言"也变得家喻户晓。影片中不仅出现了中美洲玛雅遗址的图像，而且编造了考古学家发现古代玛雅人"集体自杀"遗迹的事实。故事中的天体物理家认为，2012年太阳系中的行星将排成一条直线，由此会造成地心变热、地壳移动、地崩海啸等灾难性的后果。剧中一位疯狂的"预言家"还宣称，古代文明的许多经典如《圣经》和《易经》，还有一些拥有特异天文历法知识的民族如玛雅人和霍皮（Hopi）印第安人，对此早已知晓。甚至连片中的"科学家"也相信，发明了自己的太阳历和卓尔金历的"玛雅人几千年前就预知了"。作为好莱坞的娱乐片，当然怎样编造都无可指责。作为学者，我们却有责任澄清事实。

**郑筱筠**：历史上，末日预言层出不穷。公元前2800年，亚述人泥碑上记述了世界末日，这可以说是人类最古老的世界末日预言。公元1666年，由于出现了太多预示世界末日的征兆，特别是年份中包含3个"6"，一些人便将它与《圣经·启示录》中的"兽数"666联系起来，而长时间肆虐的英国瘟疫，则更加剧了人们的恐惧。面对这些所谓的预兆，很多人越发相信，发生在这一年的伦敦大火就是最后审判日的一种预兆。1881年，一名天文学家通过光谱分析发现，哈雷彗星的彗尾包含致命气体氰，所以当1910年哈雷彗星光顾地球时，一些人认为地球上所有的生物都将被这种气体毒死。1993年，乌克兰基辅兄弟教会预言人类大劫难的到来，在他们认定的那一天组织信徒举行盛大的仪式迎接这一刻，结果那天什么也没有发生。9天以后，他们再次做出同样的预言，举行了同样隆重的仪式，引起不少人围观，结果还是什么也没发生，最后以一场闹剧收场。其实，玛雅文明的预言中并没有说2012年是世界末日，而是说2012年12月22日地球会发生"完全的变化"，进入新的时代，不是说世界要毁灭。2012年是按西历的纪年方法，将玛雅历法换算过来得到的。

**Hezhang**：2012年12月22日前后，是玛雅多种历法中一个被称为"长数历"中一个循环期的结束，类似于一个西历"千年纪"的完成，或者一轮中国历"六十甲子"的完成。这一天在"长数历"中记载为13.0.0.0.0。这个"长数历"跟"千年纪"和"六十甲子"一样，是不断循环和累积的；一个循环结束马上又开始下一轮的循环，并不表示历法的终结或者"世界的末日"。玛雅纪念碑里实际记录过2012年之后的公元4772年10月15日，也就是他们的长数历法里的1.0.0.0.0.0，期待着到那天要好好庆祝新周期的开始。记录2012年12月22日的实例有若干个，包括2012年6月底美国科学杂志刚公布的2010年在危地马拉的拉克洛纳（La Corona）新发现的一组石刻板。这组石刻板保留了264个玛雅方块字，记录了一位于公元696年来当地访问的喀拉喀姆王国名叫郁克侬·依恰克·喀克的国王，现代玛雅学者给他外号"美洲豹爪"。这位玛雅国王称自己为"十三卡桐王"，也就是说他亲历了第十三个"卡桐"周期的完成，在玛雅长数历上记为13.0.0.0，相当于公元692年。同时，他还把自己的统治时间同一个更大的十三周期联系起来，即13.0.0.0.0，念作"十三巴卡桐"，也就是2012年12月22日，明确表明他的统治是长久而稳固的。在所有现存的记录中，没有一个例子表示"十三巴卡桐"的结束，或2012年12月22日这一天就是玛雅文明或者世界的最后一天。

**郑筱筠**：玛雅日历将5125年作为一次大轮回周期，其中大约每394年称为一个"巴克通"小周期。按照现在许多人使用的公历（儒略历），第五次大轮回周期始于公元前3114年，玛雅人将13视为具有神圣意义的数字，第13个"巴克通"周期即将结束。实际上，不是只有玛雅人才具有周期性的纪年法。在古代世界，亚洲的中国有周期性的纪年，印度则有宇宙循环的观念。就是在美洲，不同的族群也有各自的周期性纪年法。如在阿兹特克人和印第安人的纪年法就各具特色。玛雅文明的另一独特创造是象形文字体系，其文字以复杂的图形组成，一般刻在石建筑物如祭台、梯道、石柱等之上。现已知字符约800余，但除年代符号及少数人名、器物名外，多未释读成功。当时给人的感觉，玛雅文明似乎是从天而降，在最为辉煌繁盛之时，又戛然而止。哥伦布发现美洲大陆之前，这个伟大而神秘的民族，似早已集体失踪。他们异常璀璨的文化也突然中断，给世界留下了巨大的困惑。由于玛雅人的象形文字长期以来无人能解读，使这些古代文献一直沉睡。直到1952年，苏联历史学家克诺罗佐夫初步辨认出一部分，才使这些文献资料逐渐被解读，使人们对玛雅人的文化习俗有了进一步的了解。或者正是因为人们对这些碑铭和文献资料中的文字还难以全部解读，故玛雅文化出现了"谜语"，甚至"密码"。那么我们应怎样解读呢？

**Berthold Riese**：目前我们可以确认的是，古玛雅人认为在自己所生活的世界之前和之后都各还有一个纪元。许多文献都提到了现纪元开始的时间（大约在5000多年前）。同样，也有不少地方提及了我们所生活的世界的末日，但其确切日期很难与西历的日期对上号，大概在公元2000和2030年之间的某一个时间。下一个纪元的时间结构将和前面的纪元相似，因为玛雅人的世界观基本上是轮回式的。他们相信过去发生的事情在将来也会重复，随着每一个纪元的时间进展，神灵们也重复着与早先一样的作为，即便有时也会有一些小的变化。

**王卡**：末世论是一种原始的循环论的宇宙观，不是玛雅文明独有的观念，而是所有原发性宗教普遍具有的现象，玛雅文明只是这些宗教中的一支。印度教、早期埃及、巴比伦宗教、索罗亚斯德教等等，都有末世论的说法。在中国佛教与道教和其他原始宗教中都有。汉魏时期主要是谶纬文献按照周易学数学推衍世界演变过程，至魏晋南北朝，道教灵宝派和天师道的经书如《灵宝经》、《洞渊神咒经》等吸收谶纬易学和佛教劫变思想，广泛谈论阳九、百六之说，都认为在某种历法上的周期完成之后会出现劫变，会出现大水、大瘟疫等现象。后世，在佛道共同影响下的中国民间宗教经常谈论"三阳劫变"思想，劫变发生时，会出现大的水旱灾害、疾病等等。有一种观点认为玛雅文明是在魏晋时期由中国传入美洲的。玛雅文明关于世界末日的说法启发我们思考末世论在原发性宗教中的普遍性问题，以及末世论所隐含的意义。2012年世界末日的说法只是玛雅文化的一种推算结果，在世界宗教中只是一种偶然的计算结论而已。北宋邵雍《皇极经世》按照周易和元气论推算的历史周期远较玛雅理论久远。各宗教中计算末世来临的方法并不重要，末日对于他们来说都是遥远的将来。把末世放置在遥远之期的宗教思想多半是一种警世的观念。而宣扬当下世界即处于末世之中的论调是一种企图推翻现有秩序、鼓动人们动乱的思想，表达出一种对现有秩序极度不满的情绪，如明教、白莲教等。由于文献材料的缺失，玛雅文明末世论是否也在宣扬这种观念，是不清楚的。对于他们而言，2012末世说或许更多是警世的作用。对当时的社会不满，希望借此对当前政权提出一种警醒。中国的计算方法反映了传统的循环论历史观，是根据当时对物候的观察而得出的。如《庄子》注释者所谓"循环无端"，这种观念认为世界是一种永久的循环的过程，可以解除人们对死亡现象的恐惧心理。是人类期望突破自身局限性，主要是生命的有限性的一种心理要求。循环论历史观可以满足人类对永恒的追求，认为世界事物必经历由盛而衰再转盛的过程。在这个过程中，末世的思想就内含在其中了。如果2012末世论是玛雅文明的宗教理论的话，它同样不会仅仅宣传世界的灭亡而不宣扬世界的重生。宗教末世论并不是要让人们对未来感到恐惧，而是对将来感到希望，对世界未来产生某种信心的理论。这也是末世论的积极性所在。末世论是原发性宗教发展到农业文明时期根据所观察到的生长老死循环往复的规律现象而形成的一种认识，而且企图以一种数学的手段把握这个过程的长短，以期对人类行为提供一种指导，是农业民族普遍存在的。它反映了当时农业民族对世界的观察水平和思维水平。

**Berthold Riese**：古代中美洲各民族最为通用的历法是一种占卜古历，在玛雅语中被称为又因其明显的宗教礼仪功能而被称为"礼历"（ritual calendar）。"卓尔金历"（Tzolkin），该历法由260天构成一年，这来自于妇女怀孕的平均时间，其中的每一天与人的取名及对其命运的占卜都密切相关。260天每天都有自己的专名，由20个以固定顺序排列的不同符号与1至13的13个数字的依序排列组合而成，由此形成一个循环体系。这种形式类似于中国古代的干支纪年。除了卓尔金历之外，还有一个太阳历，叫哈布（haab）历。它以20天为一个月，一年有18个月，再加上5天作为最后的一个小月，这样一年总共有365天。哈布历和卓尔金历每运行52年才能碰上一个相同的年节。中美洲一些民族比如阿兹特克人有在这一天举行"年捆祭"的习俗，即把52条竹条或木条捆在一起埋到地下，表示一个时间上的循环的结束。

**郑筱筠**：农业社会与狩猎社会相比，更注重自然的周期和节律。无论以太阳、月亮、星星，还是人体为基点，人们总会在一个或长或短的周期里发现地球围绕太阳公转的时间周期（365.24天/年）。例如在中国西南地区的彝族等族群中，保留了一种"十月太阳历"，即全年有10个月，一个月为36天，两个月为72天，10个月为360天，另加"过年日"5—6天（4年中3年5天，第4年6天），平均为365.25日（1年分5季，每季雌雄两个月，双月为雌，单月为雄）。另有一种"十八月太阳历"是一个月20天、一年18个月、另加5天的"祭祀日"，全年365天。此外还有"女性人体历法"，即以女性生理周期为基点，全年分为13个月，每月28天，全年起始共364天。这些历法往往不仅被神圣化，成为其宗教信仰体系的组成部分，而且往往是由巫师、萨满、祭司等神职人员掌握。

**Hezhang**：玛雅宗教总的来说属于多神教和萨满信仰以及祖先崇拜。诸神中包括天神、地神、太阳神、月亮神、雷雨神、玉米神、祖先神、战神、鬼神，和许多叫不上名的神祇。其中玉米神比较重要；它既是天、地、人的创始神，又是掌管农业的神。玛雅统治者喜欢用玉米神和祖先神作头衔，标榜自己和这些神祇的关系以及自己的神性。玛雅人普遍相信万物有灵，特别是人和动物的灵魂；他们认为人是有另一个自我的，这个自我由一个动物代表，类似于中国人的动物属相；但是玛雅的动物自我是一个实体，被认为是确实存在的。萨满巫师的工作就是沟通这些神灵，避邪消灾。他们会装扮成某种动物、在迷昏状态下做一些舞蹈动作，很像中国民间的"跳大神"。在古典盛期，巫师的职责包括计算、校正和查阅历法，根据历法所排列的祭祀项目指导并执行各种祭祀礼仪，根据天象和五大行星周期历法占卜、预言、和治病等。当时有两种比较重大和独特的祭祀礼仪，一个是刺血祭祀，另一个是打球祭祀。前者主要是王公贵族之间为祭神祖而刺破舌尖和生殖器放血并导致迷昏状态；后者则是以打球比赛的方式祭杀活人，或者是砍头，或者是掏心；牺牲者是球赛的输方。西方人统治后，大部分玛雅人都被迫放弃传统信仰而皈依天主教，但是民间的萨满活动一直在秘密地进行着；有些以伪装的形式混入天主教，有些则以治病救人的形式存在。现在这些活动都已经公开了；球赛也变成赌博和娱乐活动。萨满巫师非常受人尊敬。现代危地马拉山区里的一些玛雅部族逢年过节或者家里有病人时，都要请萨满巫师在山野里设祭坛，祈求神灵保佑、消灾祛病。我就在危地马拉的一个山区看到过一位萨满为一家人中一个有病的孩子做的萨满仪式。我的老师，著名的玛雅学专家琳达·席勒，在患癌症去世前要求死后由玛雅萨满巫师为她执行萨满葬礼，表达了一个外人对自己所研究、所热爱的文化的尊重和信任。古代玛雅人的祭祖活动也比较频繁。被祭的祖先包括神化传说中的先祖，如人类的制造者玉米神，和历史上有名的家族成员。

**郑筱筠**：现已发现的帕伦克宫（建于 7 世纪），殿面长 100 米，宽 80 米；乌克斯玛尔的总督府，由 22500 块石雕拼成精心设计的图案；奇琴·伊察的武士庙遗迹的 1000 根石柱。这一切都令人叹为观止。玛雅"金字塔"一般四周各有四座楼梯，每座楼梯有 91 阶，四座楼梯加上最上面一阶共 365 阶（$91 \times 4 + 1 = 365$），刚刚好是一年的天数。玛雅人非常重视天文学的数据，建筑里处处都是这些关于天体运行规律的数字。除了阶梯数目外，"金字塔"四面各有 52 个四角浮雕，表示玛雅的一世纪 52 年。他们测算的金星年为 584 天，与现代人的测算 50 年内误差仅为 7 秒。但是另一方面，玛雅文化虽有时间周期的预设和世界转折点的预定，却没有预见到自己的衰落。正如汤恩比所言，任何文明都如同一个生命体会有成长和衰落。曾经繁盛的玛雅文明未能在近现代保持其辉煌。其中的原因令人深思。

**Hezhang**：关于玛雅文明衰落的解释有很多，包括自然灾害和战争，甚至外星人入侵。大多数考古学家认为主要还是长时期的干旱、气候引起的环境变化，和邦国之间的战争及统治阶级间的权利斗争引起的内耗等原因所致，而不是某个单一的突然事件所致。美国地理生态学家 Jared Diamond 在其获 1997 年普利策（Pulitzer）奖并进入美国最畅销书排行榜的《枪炮、细菌和钢铁》中，以及 2005 年出版的《崩溃》中都专门谈到了玛雅文明的衰亡问题，尤其是在《崩溃》中列专章分析了古典玛雅文明的崩溃原因。

他的主要观点是，人为破坏或者说无计划使用有限资源所引起的生态失衡造成玛雅文明的崩溃。他总结出五条线索：第一，人口增长超出所能获得的足够的自然资源。第二，大面积砍伐树林和山坡地的（酸、碱）侵蚀引起的干旱、水土流失、土壤瘠瘠化，进而导致的可耕地的减少和过分使用而造成粮食作物产量减少。第三，为争夺有限资源而引起的战争。第四，统治者没有长远的治理计划，只是热衷于眼前的荣华富贵、滥用现有的食物和其他物资。第五，各邦国的统治者不是想办法解决实际问题，而是相互间加倍地掠夺财富、增建王宫庙塔，用一种浮夸的繁荣假象来掩盖已经出现的致命问题和真正的威胁。所有这些加在一起，便导致了玛雅文明的崩溃和衰亡。当然，玛雅考古学家和学者们并不完全认同 Diamond 的解释，对此争议还是较大的。

**郑筱筠**：对于生活在 21 世纪的我们而言，今天关注玛雅"神秘"文化，更多的不是对其因何衰落感兴趣，而是玛雅文化的历法如何成为"末世"预言？为何末世说会在古今中外反复不断地出现？如果进一步追问：末世说有什么不同？不同的末世说会对今天的我们有什么样的影响？

**Hezhang**：除了解人类社会发展的历史和历史学研究本身的价值，研究玛雅文明的一个现实意义就是：前车之鉴。一个兴盛了近一千五百余年的高度发达的文明社会，说衰落就衰落了，这里面的经验教训是什么？在世界历史上，为什么有的古代文明就成活了下来，有些就衰亡了？按照 Diamond 所分析的情况，玛雅文明其实是可以避免全面崩溃的。当时的统治者如果眼光长远一些、做事务实一些，及时发现带有根本性的问题并解决问题，像它这样一个有深厚根底的文明应该是还可以支撑下去的。我们当今的世界现在就面临着和古典玛雅人所面临的同样的问题：人口和资源的分配与争夺、气候变暖、环境恶化、滥伐森林、围堵河流、过度的物质消费，等等。如果我们不觉悟、不行动的话，我们就很有可能真的迎来一个"世界的末日"。

**王卡**：很多宗教在早期会宣扬末世论，而发展到成熟阶段之后，一般会淡化末世论。一种宗教在得到主流社会的承认之后，会演变为一种体制性宗教，宗教领袖也会成为社会体制的一部分。末世论不符合它们维护现有秩序的教会体制需要。相信末世论的人一般是对自身命运的安全感得不到保证的下层民众，现实的不安定会导致人们心理的动荡，而这种心理动荡会以某种期望安定到来的愿望的形成表现出来。而制度性宗教中，宗教信仰者尤其是领袖人物的安全感是和现有体制结合在一起的。末世论在宗教官方化、体制化、正统化的过程中会被淡化。不过，末世论并不会因此而消失，因为社会上总有在现实生活或现存精神文化中的需求得不到满足的小众群体存在。

近年来，玛雅文明末世论之所以备受注意，原因在于西方文明的巨大影响和现代传媒的放大。末世论在西方社会拥有心理基因，大量的基督徒相信美洲原始宗教的末世论。19 世界末期，欧洲启蒙思潮兴起，社会世俗化过程开始，许多思想开始对传统宗教进行价值重估。很明显，在世俗社会中的价值重建没有成功。尼采的悲剧预示着在传统信仰之外企图通过重新评估价值建立一种新的稳定的人类精神依托的做法没有达成目标。世俗伦理没有提供终极意义。工业文明所引发的精神危机主要表现在循环论历史观的破裂。近现代建立起来的是单向度的直线式的世界发展模式，这个路径并没有为未来世界的发展提供方向。而循环论世界观会告诉人们，世界不论如何变化终归要在人们熟悉的路径上演进，从而使人类产生一种稳定感。相反，直线式发展模式的指向是不明确的，是从已知走向无知。新兴宗教并未给现代人提供某种精神的归宿。特别是在 20 世纪 70 年代以后的一些新兴宗教中，如太阳圣殿教等，都是对末世论的恐惧和误解。现代社会，末世论的兴起主要是在娱乐媒体的虚拟世界中，多是社会不安定因素的小众心理反应。小众群体的极端反映在历史上一直存在，但在媒体不发达和娱乐不发达的时代，并不足以引发大的群体效应。这从一方面反映了西方社会世俗化的剧烈程度，以致可以拿信仰作为娱乐话题。而且，小众团体的某些极端行为也在某种程度上被媒体放大了。

应对被放大了的小众心理危机事件的方法，应该是顺其自然。经过一段时间，小众影响自然会消失。不过，2012 末世论在现代中国的影响可能会比较大，因为现代中国面临信仰缺失，尤其是传统宗教观念被丢弃甚至被毁灭了。比如儒家思想认为人的生命虽然有限，但通过血亲的延续却可以使生命延续下去。这种家国观念已经被消解了，使人们在历史长河中无法找到自己生命意义的安顿之处。终极关怀信仰的缺失带给现代中国人巨大的不确定感、无归宿感。价值观短期化使人们一旦对现实感到某种不满，就会表现出躁动的心态，很少具有忍耐力，造成行为的急躁。一旦这种情绪得不到发泄，永恒感得不到满足，则容易产生生命的虚无感，相信末世论。现在宣扬末世论的人多数是希望打破现行社会体制的非既得利益者，应当给予引导。对于少数民众的利益应该给予关注，对于新兴末世论的小众宗教团体，应该予以防范。现代末世论从根本上不符合多数宗教信仰者的利益，破坏了人类历史所积淀下来的精神秩序，而多数宗教信仰者追求的是内心的安宁。

**Berthold Riese**：这样的预言和恐慌在人类历史上曾不止一次地出现，事实上许多世界性宗教如拜火教、犹太教、基督教、伊斯兰教和佛教等都部分地建立在类似的末日预想之上，并发展出了极端的想象形式，如炼狱之火、转生、复活、天堂、他界的永生等。这种预想之所以如此普遍，有其生物的和社会心理方面的原因：人类为了存活必须从自然界获取知识，并对此加以解释，从而发展出能够面向未来的生存策略。人们之所以能够把相关的各种要素集结到 2012 年 12 月的某一天上面，则应归功于玛雅历法的准确性：用它计算时间可以精准到天这样的小单位。但由于玛雅历法在与西历换算时会出现各种变数，在一些极端的例子中，算出的时间的差额甚至多达 250 年。在过去的 100 年中，北美学者 Joseph Goodman 和 Floyd Lounsbury，墨西哥学者 Juan Martínez Hernández，英国学者 John Eric Thompson 和德国学者 Andreas Fuls 等，各自提出了自己的换算方法，且至今不能达成一致。因此，从玛雅的"长算"历出发来预测西历中的某一天为"世界末日"的做法本身也不具有科学性。不仅如此，包括玛雅人在内的古代中美洲诸民族只生活在一个十分有限的地理空间当中。他们在一定历史时期产生出的对于宇宙和时间的想象，带有十分鲜明的地域特色与民族个性，很难被当成是人类普遍的世界观和时空观加以应用。与其利用古代民族的知识来推测未来，制造关于"世界末日"的当代神话，我们倒不如认真地去对待当今世界面临的各种现实环境问题，以避免全球性灾难的发生。

**郑筱筠**：玛雅文化充满了神秘色彩，但最能够现身说法的是现实中的玛雅人，据专家们研究，玛雅人出现过神权政治时期，文化发展达到鼎盛时期。但在历史发展过程中，其文化始终处于融合发展过程。例如在公元 1250 年以前，在北部地区，玛雅文化和托尔特克文化融合，产生著名的玛雅潘文明。在后期（1250—1527），大的玛雅中心相继被遗弃，政治上解体，出现一些小城镇，相互斗争。1519 年西班牙殖民军将领 H. 科尔特斯征服了尤卡坦和危地马拉。塔亚斯卡尔的伊察人由于地处偏远和反抗西班牙殖民者，长期保持自治，直至 1627 年整个玛雅地区始被征服。现在的玛雅人大多数生活在墨西哥的尤卡坦州、坎佩切、金塔纳罗奥州、塔巴斯科和恰帕斯，和中美洲国家伯利兹，危地马拉，洪都拉斯的西部和萨尔瓦多。那么他们怎么看待所谓的"2012 年世界末日"说？对此，据媒体介绍，危地马拉籍的玛雅长老皮克顿的回答是："根本没这回事！"他甚至表示，末日理论源自于西方，玛雅人从来没有这类想法。至于玛雅人所说的 2012 年，指的应该是人类在精神与意识方面的觉醒及转变，从而进入新的文明。我们即将进入 2013 年。以后还会不会有新的末世说呢？肯定会有，但是结局也不需多言。的确，作为地球村的一员，与其杞人忧天，不如脚踏实地，为世界变得更美好做些力所能及的事情。如果我们每个人都努力地与邻为友，与自然为友，那么化解灾难、减轻灾难，就在其中了。

（作者简介：Hezhang，王卡，Berthold Riese，郑筱筠，原文发表于《世界宗教文化》2012 年第 6 期）

国际宗教研究

# 日本的宗教法与宗教管理

张文良

根据日本政府文化厅编《宗教年鉴》（2006年版），信教总人数达2.1亿多人，超过了日本的总人口。而全国的宗教法人总数也达18.2万余个。宗教活动场所遍布全国，宗教在日本社会各个方面都有着巨大的影响力。这些宗教法人分为"神道教系统"、"佛教系统"和"基督教系统"以及"新宗教系统"[①]，但无论从组织的严密性、信仰者的人数还是从社会影响力来看，佛教系统的教团（包括传统的诸宗派和佛教系新宗教）都处于突出的位置。自圣德太子在604年颁布"十七条宪法"，明确将"敬奉三宝"规定为国家意识形态以来，佛教就与日本的政治、经济和文化紧密结合在一起，一直到今日仍然深刻影响到日本社会的各个方面。以下，在追踪日本宗教法的历史演变的同时，以佛教界为例对日本的宗教管理制度做一考察。

## 一 第二次世界大战后日本宗教法的演变

日本最早的关于宗教的法律是1940年颁布的"宗教团体法"。因为这一法律的制定和颁布正当军国主义、天皇崇拜甚嚣尘上的战争时期，所以深深打上了那个时代的烙印。如神社神道被定位于国家意识形态，而不是宗教，所以不受"宗教团体法"的规范。这就为违背现代政教分离原则的国家神道的出现提供了法律依据。此外，此法还赋予文部大臣和地方长官极大的权限，不仅宗教团体的设立和宗教法人资格的取得要得到政府的审批，而且宗教团体领导人乃至寺院住职的任命都需要得到政府的认可。在政府认定宗教团体及教职人员的活动"妨碍社会秩序的安定，违背臣民的义务"时，可以对宗教活动进行限制、取消，可以取消教职人员的资格乃至对宗教团体进行取缔。

战后，联合国家军队最高司令部在1945年12月28日，废除了战时的"宗教团体

---

[①] 根据《宗教年鉴》2006年版的统计，宗教信仰者总数213826661人，其中，神道教系统，108580457人；佛教系统，93485017人；基督教2161707人。而日本2006年的总人口数为12774万人。全国宗教法人总数182237，其中，神道系有84940个，佛教系宗教法人有77519个，基督教有4522个。

法",颁布了"宗教法人令",重新确立了信教自由的原则、政教分离的原则和各宗教一律平等的原则。

"宗教法人令"与"宗教团体法"最大的不同,除了废止神社神道的特权外,还包括以下几点:第一,在"宗教法人令"的备忘录"神道指令"中,废除了神道教在战时享受的一切特权,如国家不得为神道提供财政援助,废止神官、神职的国家公务员待遇等;第二,宗教团体的成立由过去的许可制改为了登记制。即宗教团体的设立原则上是完全自由的,只要按照规定到所在地的政府机关进行登记即成为合法团体。第三,从保障信教自由和尊重宗教法人的自律性出发,广泛承认宗教法人的自治权,对政府监督的权限几乎全部消除。

"宗教法人令"虽然在消除宗教政策的军国主义和国家主义、保障宗教信仰自由方面有积极意义,但也带来一定程度的混乱。如由于宗教法人设立的自由化和手续的简化,宗教法人如雨后春笋般出现,到1949年约有1万个宗教法人出现。这些法人有的没有实质性宗教活动,有的则利用宗教法人在税制上的优待政策,披着宗教的外衣从事商业活动。

还有一个问题是佛教的派别的乱立问题。在战时,政府为了加强对佛教的管理,对佛教的宗派进行认定和统合。但在"宗教法人令"颁布之后,许多寺院出于对宗派运营的不满以及经济的理由(寺院要向宗派的管理机构缴纳活动经费)出现了分派独立的倾向。据日本政府文化厅编写《百年史》(第312页以下)记载,从1946年到1949年,佛教系统新获得独立的法人达103个[①]。

为了进一步规范宗教团体的活动,日本政府在1951年制定颁布了新的"宗教法人法"。这一宗教法人法继承了"宗教法人令"的信教自由原则、政教分离原则,同时坚持圣俗分离原则和对宗教法人的自治权和自律权的尊重。在此原则下,对宗教法人的法务、财务、事务、税务以及行政手续、行政诉讼等制度和程序都做了明确的规定。此外,还对寺院的管理,包括教团寺院的责任役员制度、公告制度、认证制度、公示制度等做了详细规定,使得佛教教团和寺院能够有法可依。教团和寺院的管理走向了程序化、公开化、法律化的轨道。此后,宗教法人法又经历了10次修改,但这些修改大多是程序性的,是为了与其他新制定的法律如教育法、公益法人法等相衔接,因此并没有大的、原则性的修改。

对宗教法人法本身进行较大的修改,是1995年公布的"宗教法人法部分修改的法

---

① 根据《战后宗教回想录》的记载(新宗联调查室编《战后宗教回想录》),这些新独立的有名派别有:脱离天台宗的四天王寺(和宗,1946年)、脱离日莲宗的大本山法华经寺(中山妙宗,1946年)、120座寺庙脱离高野山真言宗(空海宗,1946年)、脱离净土宗的大本山黑谷戒明寺(1947年)、脱离净土宗的总本山知恩院(本派净土宗,1947年)、脱离天台宗的京都鞍马寺(鞍马弘教,1949年)、浅草寺(圣观音宗,1950年)、脱离北法相宗的法隆寺(圣德宗,1950年)。

律"。这次修改有特殊的背景，那就是震惊世界的日本奥姆真理教事件。自20世纪90年代以来，奥姆真理教进行了一系列反社会的犯罪行为，如残杀信仰产生动摇的信徒，暗杀反对他们的律师，最后发展到在地铁散布沙林毒气，使数百无辜者死伤。"奥姆真理教"事件对习惯了战后和平生活的日本人造成了极大的冲击，而这种恶性犯罪竟然来自标榜慈悲、和平的佛教团体，更是人们难以接受。日本的宗教界、知识界和政治界都在反思，到底为什么会出现这种状况。如果单纯地说奥姆真理教是邪教而不是真正的宗教，所以账不能算在宗教或佛教身上，似乎没有说服力。因为奥姆真理教也是在东京都合法登记，是获得宗教法人资格的宗教教团。这就不能不让人们反思战后制定的宗教法人法的问题。

鉴于社会对宗教法人法进行修改的意见强烈，文部大臣组成"宗教法人审议会"（由宗教家和宗教学者组成）对宗教法人修改问题进行讨论。这次讨论的焦点，是如何在保障宗教信仰自由的前提下强化宗教团体作为公益法人的自己管理和自我责任，同时在尊重教团的自律性前提下强化政府对宗教教团的管理。

这次宗教法人法的修改主要包括以下几点：第一，在两个以上都道府县活动的教团，其管辖权归文部大臣；第二，教团在取得法人资格后，需要定期向所辖官厅报告活动情况；第三，信徒和其他关系人有权阅览教团和寺院的有关情报；第四，所辖官厅对教团的活动有疑问时，对相关责任人有质问权。

这次法律的修改主要是针对奥姆真理教事件而展开，大体上反映了宗教界的意见。从后来宗教界的发展看，政府确实加强了对宗教界的监管，新的宗教法人资格的取得变得困难，社会对宗教的看法也变得较以往更为严厉。总之，传统宗教团体面临的社会环境变得空前困难。

## 二 政府对教团和寺院的管理

从法律上讲，宗教法人分为"单位宗教法人"和"包括宗教团体"。"单位宗教法人"是指有礼拜设施、僧侣和信徒，传播教义、举行宗教仪式的单个宗教组织。而"包括宗教团体"则是由以上单个组织所组成的宗派、教派、教团等。

在宗教法人设立方面，采取认证制度，即只要该宗教团体的手续齐全，相关政府部门原则上必须给予认证。这就从法律上保障了宪法所规定的信教自由和结社自由的原则。

但如果法院认为宗教法人有以下违法事项，则可以命令解散该宗教团体、剥夺其法人资格。这些违法事项包括：有违反法律、显著危害公共利益的行为；从事不符合宗教团体的宗旨的活动或者在一年以上的时间里没有从事任何与宗教活动相关的活动；礼拜设施灭失或在两年之内没有得到修复；一年以上没有代表役员等。

根据"宗教法人法"，政府对宗教团体的管理，有以下值得注意的方面。

### （一）役员制度

法人法规定，宗教法人必须设置三人以上的责任役员，其中一人为代表役员。责任役员作为宗教法人的代表处理宗教团体的一切事物。

宗教团体的责任役员和代表役员的选任，要尊重教团宗规。在佛教团体中，代表役员一般由寺院的住职担任。在历史上，曾发生寺院的住职不服宗门解除其住职职务而提出诉讼的事件，但法院认定，寺院住职属于宗教上的、信仰上的地位，其任免权在于所属宗派的宗长等，而不属于宗教法人法的管辖范围。

宗教法人法第十九条规定，"如果没有特别的规则，那么宗教法人的事务将由责任役员的多数做出决定。在表决时，责任役员的权力是平等的"。所谓特殊的规则，如对于寺院财产的处理，就不能够完全由寺院单独进行，需要得到所属宗门的同意。寺院脱离所属宗派等重大事项，也需要通过咨询机构等参与。除了这些特殊事项，寺院的日常事务的处理，由寺院责任役员以多数决的方式来进行。

法律的这一规定，本来是为了寺院管理的公开化、民主化、合理化，避免寺院由住职一人把持的局面。但由于宗教自律原则的存在，在寺院管理上最大限度地尊重教团内部的规约、规则，公权力不能介入，所以许多寺院的责任役员形同虚设，大小事务还是住职决定。有些责任役员由自己的亲族、弟子担任，不能形成对代表役员的有效制约[①]。

### （二）关于教团与单独宗教法人的关系

日本宗教的一大特征就是严格的宗派性。这种宗派不仅是教义上的也是组织上的。如日本佛教教团与寺院的这种紧密关系源于江户时代的本末制度[②]，在这种制度下，形成本山—本寺—中本寺—小本寺—直末寺—孙末寺等"金字塔"结构，本山、本寺对遍布全部的末寺具有人事和财务的支配权，末寺需要每年向本山、本寺缴纳一定费用。

在明治时代，本末制度与寺檀制度都遭到解体，在法律上本寺与末寺之间已经不存在从属关系。但由于宗教上（同一教祖、同一教义）、历史上的渊源，以及现实上从属

---

[①] 许多大寺院为了制约役员的权利，设立宗教法上所没有的"监事"，行使会计监督、事务监督的职责。此外，还有由在家信徒组成的"总代"、"总代会"。宗教法虽无明确规定，但根据寺院规则，"总代"也可以享有宗教法人的重要事项的表决权。

[②] 1665年，德川幕府发布"诸宗寺院法度"，规定佛教各宗派设置本山、本寺，并赋予其管理全国的末寺寺院的权力。幕府设立这一制度，一方面是为了强化幕府对佛教寺院和僧侣的管理，另一方面也是为了解决已经存在的本寺与末寺之间的纷争。

于某个大的教团在活动上更加便利等，大多数的日本寺院都从属于某个宗派。在宗教法人法中，宗教团体有"包括宗教团体"和"被包括宗教团体"的区分。"包括宗教团体"即作为中心存在的宗教团体，相当于过去的本山、本寺；而"被包括宗教团体"则是隶属于这一宗教团体的其他多数宗教团体，相当于过去的末寺。现在的本山虽然没有对末寺的绝对支配权，但根据宗派的规则，本山拥有对大多数末寺的住职的任命权。末寺每年也要本山上缴一定数额的活动经费。

与过去的本末制度不同的是，这种"包括"、"被包括"的关系不是上下级关系，也不是支配被支配的关系，而相当于一种加盟、契约关系。基于契约原则，只要一方提出废止这种关系，那么这种"包括"与"被包括"的关系即告结束。

因为在"包括团体"与"被包括团体"的关系中，"被包括团体"相对属于弱势地位，所以为了保护"被包括团体"的利益，宗教法人法第七十八条还规定，当被包括团体提出解除"包括"关系时，包括团体不能在关系结束之前或关系解脱之后两年间，不能对被包括团体的代表做出有损其权益的事情，如免去其代表役员或责任役员职务、对其权限进行限制等。这使得末寺在教义上与本山产生根本分歧或在利益关系上感觉受到严重侵害时可以自由脱离本山的控制。

自古以来，本寺与末寺之间就存在着矛盾和冲突，这种冲突主要是围绕人事、财务等利益问题而展开。在寺院与教团仍然存在隶属关系时发生的冲突，法律在多大程度上可以介入是一个复杂的问题。如1969年，宗教法人慈照寺（即银阁寺）的住职辞任、其所属宗派的临济宗相国寺派管长任命了新的住职。但在新住职任命后，原住职认为自己的辞职非出于本意，应该宣布无效，对同管长提出诉讼。最后，最高法院在判决中认为，作为法律意义上的权力主体的寺院代表役员，其一切权力都依附于其宗教上的地位如住职的职务等。而这种宗教地位的获得是宗派内部事务，法院可以确认代表役员的权利关系，但其宗教地位的失去或获得不是法律的问题。

宗教法人法坚持圣俗分离的原则，对于寺院与教派之间涉及宗教教义和信仰的问题而引起的纠纷，世俗的法律尊重教团的自律权，不予介入。

### （三）关于宗教法人的公益事业和其他事业

按照宗教法人法的规定，宗教团体是"以弘扬宗教教义、举行宗教仪式和活动、教化信徒为主要目的"的团体。但因为这些宗教活动涉及人的生老病死、涉及人的生命问题心灵问题等，所以宗教法人的活动范围比较广泛。从历史上看，除了正常的法事活动，宗教团体还从事各种慈善救济活动、学校教育和社会教育活动，从事和平运动和环境保护运动等。这些活动实际上与宗教的社会教化活动结合在一起，已经成为宗教事业的一部分。

鉴于这种情况，为鼓励宗教团体发扬从事公益事业的传统，宗教法人法的第六条明确规定，"宗教法人可以从事公益事业"。

这种公益事业是指以谋求公共利益为目的而非以盈利为目的的事业，如幼儿园、各种学校、博物馆、美术馆等教育事业，保育院、医院、托儿所、养老院等社会福祉事业，墓地、陵园经营等环境卫生事业。

值得注意的是，即使是公益事业，对经营主体也是有资格、资质要求的。除了宗教法人法，还有"私立学校法"、"社会福祉法"等，只有具有学校法人、社会福祉法人资格者才能从事相关事业的经营。公益事业的收入享受免税待遇，但前提是必须用于公益事业本身。为此，公益事业的会计需要单独列出，并接受税务部门审查。

战后，除了公益事业，宗教团体为了确保经济基础，在从事公益事业之外，许多团体也开始经营其他一些事业，如补习学校；茶道、花道、书道、音乐教室；舞蹈教室；宗教婚礼业务；土地、房屋的出租；宗教关联物品的制造、贩卖；出版业；旅馆业；停车场经营等。对于这些公益事业之外的事业，宗教法人法规定，"在不违反宗教法人本来的宗旨的前提下"，宗教团体可以从事这些行当[①]。

但对于公益事业之外的事业，宗教法人法有许多补充规定。如宗教法人不得从事投机性的事业、事业规模不得明显超过宗教法人的活动范围、不得让信徒从事无偿劳动等。

公益事业之外的事业所得收益，必须用于第一，该宗教团体的宗教活动；第二，该宗教团体所属的教团；第三，该宗教团体所支援的宗教法人；第四，公益事业。对于这些事业收益能否用于支援特定政党的"政治献金"，日本政治界曾有争论，但政府认为政党也是为公共利益服务，给政党的现金也属于用于广义的公益事业，所以并不违背政教分离的原则，也不违背宗教法人法。

此外，从事公益事业的所得与从事其他事业的所得必须在会计上明确加以区分，因为前者原则上可以免税，而后者则有纳税义务。宗教法人的收益事业的法人税税率为27%，低于普通法人的37.5%和中小法人的28%。而且，每年所得金额的最高20%可以算作捐款，纳入公益事业的收益，享受免税待遇。

但如果政府有关部门认定宗教法人从事的盈利事业有不当之处，如违反宗教的目的、规模明显过大、其收益没有用于与宗教活动相关的方面等，可以向宗教法人下达事业停止命令。

---

① 根据日本的法人税法，收益事业包括以下33种：物品贩卖、不动产贩卖、贷款业、物品出租业、不动产出租业、制造业、通信业（包括广播业）、运输业、仓储业、中介业、印刷业、出版业、照相业、会场出租业、旅馆业、饮食业、周旋业、代理业、咨询业、批发业、矿业、沙石采集业、浴场业、理发业、美容业、娱乐业、高尔夫场业、旅游业、医疗保健业、技艺传授业、停车场业、信用保证业、无形财产权提供业。

但为了保护宗教团体的合法权益,宗教法人法对执行事业停止命令的程序做了严格限定。如当政府部门认为宗教团体从事的事业有问题时可以要求该宗教法人进行说明,但必须事先向"宗教法人审议会"报告询问的项目。在政府部门的职员进入宗教设施调查时,必须征得该宗教法人代表者的同意。政府部门下达事业停止命令前,必须给予该宗教法人书面或口头申辩的权利。而且必须留出一年的时间让该宗教法人改善事业的问题点。如果一年之内,该宗教法人的事业存在的问题没有得到改善,政府部门没有权力强制停止该事业,但可以再次下达停止命令。

在日本现有的宗教法人中,真正依靠信徒的布施而维持的是少数,大多数的宗教团体利用各种条件经营教育、福祉等事业,一方面改善本身的经济条件,另一方面也为社会创造价值,体现宗教利乐众生的理念。当然,在这一过程中也出现了由于宗教人士不谙商道,出现商业纠纷,造成巨额损失的事例。也有繁华都市的宗教设施旅游观光收入丰厚,而宗教法人将钱财用于奢侈消费,招致社会批评等情况。要改善这种状况,则需要提高宗教人士的素质,需要宗教界的观念更新,单纯依靠法律是难以解决问题的。

## 三 小结

日本作为一个宗教大国,在第二次世界大战后的民主化进程中逐步完善了宗教法,使其宗教管理走向了法制化、公开化和民主化,为宗教的现代化转型提供制度保障。总的说来,日本的宗教法在战后的宗教事业的恢复和有序发展方面发挥了积极作用,但在执行过程中也暴露出一些问题。如由于强调宗教的自律性、强调公权力不得介入宗教的内部事务,导致政府对宗教事务的监管有些缺位。特别是20世纪80年代以来,大量的新兴宗教教团出现,鱼龙混杂。由于政府监管不力,出现了"奥姆真理教"、"法之华三宝行"等邪教团体,在相当长的时期内对社会造成了很大危害,对从事正常宗教活动的教团也造成负面影响。1995年虽然对宗教法人法做了修订,但仍然没有消除人们对反社会的宗教活动的恐惧。另一个问题是宗教法虽然条文很多,看似规定很细,但许多条文缺乏可操作性。如宗教法人法规定,宗教法人必须把公益事业的收支与经营性事业的收支分开,经营性事业的收入要接受税务部门的检查和监督。但如何认定何者为公益事业何者为经营性事业,在政府部门和宗教团体之间存在着很大分歧,如对于寺院的门票收入、贩卖宗教用品的收入的性质认定等。这实际上是宗教团体与政府部门在经济利益上的一种博弈。

在宗教内部事务管理方面,日本宗教团体在继承传统的同时,积极导入现代民主政治的原则和制度设计,追求宗教事务管理的民主化、法制化,体现出时代的进步性。但传统的积弊在许多教团中仍然根深蒂固,如教团运营的非公开性、对教主的个人崇拜、拜金主义、世袭制等。特别是在新兴宗教教团内部,这种倾向就更为明显。这也是日本的新兴宗教与社会多有摩擦和冲突的原因所在。

(作者简介:张文良,中国人民大学佛教与宗教学理论研究所教授,原文发表于《世界宗教文化》2011年第5期)

# 陌生的邻居:东正教之于中俄相互认知上的障碍性角色

## 林精华

1996年4月中国与俄罗斯政府发表联合声明,宣布"发展平等信任的、面向二十一世纪的战略协作伙伴关系",这主导了近15年来中俄双边关系的国家层面,我们不否认中俄没有出现类似于中国与美国之间那么多那么大的纷争,也未产生中国—欧盟之关系的多番起伏,然而,一年一度的中俄联合声明所不断强调的战略协作伙伴关系,其实施成果却并未能广泛惠及社会更多层面,而多限于政府间确定的项目,有时这类项目也多年未见实际成效;远不及中美之间虽无战略协作伙伴关系框架,却能在政治、经济、文化交流等方面有效合作互利;甚至在经济上不如中国—欧盟合作的效果。其中原因自然很多,但不排除东方基督教无法作为一种因素被战略协作伙伴关系所考虑有关,并因此在结果上出现了许多与战略协作伙伴关系相左的现象。

## 一

我们说,东正教成为影响中俄关系发展的限制性因素,远不只是说双方宗教领域交流不畅,而是彼此对东正教认知上存在巨大差别、评价上完全不对等,甚至是对立的观念。历史和现实都显示出,东正教在俄国远不只是一种宗教,而是俄罗斯文化传承的重要载体,在后苏联成为俄联邦重构的重要社会资源、政治力量和精神动力,被视为是标示俄罗斯民族精神的最重要标志。按俄罗斯领导人普京那篇已被作为俄语经典文献的《千年之交的俄国》(见1999年12月30日《独立报》)所说,"东正教在俄国历史上一直起着特殊作用,它不仅是每位信徒的道德准则,也是全体国民不屈不挠的精神核心。以博爱思想、良好戒律、宽恕和正义为本,东正教在很大程度上确定了俄国文明的特性,千百年来,它那永恒的真理无时无刻不在支撑着人民,给他们以希望、帮他们获得信念","对基督教的卓越评价在两千年前就有了,今天仍没有失去其深远意义。我坚信在进入第三个千年的今天,在我们社会中加强互谅和达成一致意见的基督教理想是可能达到的，这为祖国的精神和道德复活做出了贡献"。由此，俄国主体民族期望全世界都尊敬这个东方基督教，而对无视、否定和拒绝东正教的国家或民族，他们就视之为敌基督者。这些意味着，东正教作为无法回避的重要存在，在俄国实际上是完全有可能影响包括俄中两国战略协作伙伴关系在内的任何重大战略的制定以及在社会不同层面的实施的。

而出现如此情形是令人疑惑的！天主教会对欧洲和世界的影响力，自16世纪以来不断下降，尤其是随着更多的民族国家兴起，政教分离成为18世纪以来国际性潮流，导致宗教影响国际事务和国家内部政策的程度逐渐降低。然而，在这样的国际潮流中，何以在经历苏联"无神论时代"后，东正教在后苏联的社会进程中却能举足轻重，甚至重要到超越俄中战略协作伙伴关系框架，影响到俄国人对中国的认知？换句话说，东正教在俄国如此重要，而深受苏俄影响的中国却为何要特别排斥东正教呢？因为在对东正教的认知上，中俄双方存在着全方位的错位，这种错位又如何具体影响了战略协作伙伴关系在社会基层的实施，从而影响了彼此对对方国家形象的塑造？对东正教，中俄两国认知和态度上的完全不对称，如何导致影响彼此的陌生、误解呢？

我们知道，对于俄国如此重要的东正教，在中国一些人的记忆中，它在中国的传播和天主教、新教一样是与殖民主义扩张有千丝万缕的联系的，这种历史创伤使当代中国仍对背弃东正教的苏联充满着乌托邦的温情回味，对有东正教信仰的俄联邦则无法正视。而中俄战略协作伙伴关系在俄方的落实，无法绕开东正教的因素；在中国，并不鼓励包括东正教在内的基督教在中国传播，对中俄双边关系的预期总是寄希望于战略协作伙伴关系及其框架，不会顾及东正教之于俄国的意义及其可能影响到俄中战略协作伙伴关系。这种矛盾情形，就使中国"意外地"必须面对中俄两国双边关系中的东正教难题：

首先，早在中国基督教（新教）三自爱国运动委员会成立之时，就以制度形式确认包括东正教在内的基督教在华传播历史，是殖民主义的一种重要方式；而包括东正教会在内的任何基督教会，却经常自我辩护，否认在中国传播基督教是殖民主义行为，认为是向中国传播福音和现代文明。这种认知上的矛盾、对立，至今亦然。而在中国的论述中，1842年《南京条约》规定外国商人可以在中国贩卖鸦片、传教士可以在中国各地自由传教，由此开启传教士和商人、士兵共同成就了欧洲列强在中国的殖民主义扩张，此后相当一部分殖民主义活动总是少不了基督教的参与。著名学者辜鸿铭曾沉重记录这样的经历，"我曾多次出席在中国的基督教传教士会见总督、总裁和各级满清官吏的谈话会，但以基督教教义极端重要性为题的谈话，我一次也没有听到过。他们会谈的内容都是有关铁路、科学、财政、医药、学术教育和反对缠足的。"① 如此情形，导致1950年吴耀宗先生等40位基督教领袖联名发表《中国基督教在新中国建设中努力的途径》（即《三自宣言》）——中国基督徒开始正视帝国主义以往侵华历史中经常利用基督教的某些事实，1954年成立中国基督教（新教）三自爱国运动委员会，自此中国基督徒开始批判西方传教士在华传教运动与帝国主义之关系，中国基督教也就迅速摆脱外国差会控制，走向"自治、自养、自传"之路。有意味的是，对基督教参与殖民主义的罪恶，2001年10月24日教皇约翰—保罗二世发表声明，称之为"错误"，并希望中国宽恕罗马天主教在中国所犯的"错误"，当天在北京举办的纪念传教士利玛窦的活动上，公布了这份声明的书面稿。

东正教在苏俄成立前是国家宗教，19世纪以来俄中之间发生的历次战争，几乎都有在华东正教徒事先的参与，战后有些教徒又参与谈判工作，如1858年与清廷签订的《中俄瑷珲条约》，其文本的主要起草者乃俄罗斯东正教会第13届传道团成员；1860年清廷再次被威胁签订的《北京条约》（把乌苏里江以东、黑龙江以北大片富饶国土割让给俄国），俄国签字人（伊格纳切夫将军）事后表彰第14届传道团的大修士在其中所起的积极作用；1900年"八国联军"行动中俄军行动、八国联军之后俄国在中国东北所制造的"海兰泡事件"，都少不了东正教徒的影子。此类事件，不一而足。即便在1917年革命后，苏俄推行政教分离和无神论政策，一些流寓海外的俄罗斯人组建国外俄罗斯教会，但没有妨碍俄罗斯东正教会继续在中国从事与其身份不相符的工作，如1946年4月12日弗拉德卡·维克多主教在谈到教会和苏联国家权力的使命时说，"俄罗斯东正教徒在中国的满洲地区有许多教堂、学校等教育和慈善机构，而他们（中国人）自身逐渐放弃了已经变成暴力之地的家乡，为了教会和祖国利益，需要预先就智慧地转到从事使中国人忠诚教会和信仰东正教的工作上来，这样他们（中国人）在各方面对我们祖国就是有益的。继其他城市之后，东正教在北京正在强有力地复兴。这里会聚集精华和力量，任何工作都会看到北京的俄国精神弥赛亚活动的核心"②。然而，就俄罗斯东正教在中国的"罪恶"问题，俄罗斯东正教会和政府在后苏联没有发表过任何忏悔或致歉的言论，更没有实际道歉的举动。这种历史记忆，使中国无法接受任何中俄双边关系问题的处理中要参入东正教因素，也不能理解，何以战略协作伙伴关系客观上要与俄罗斯东正教会或东正教信仰有关。

第二，后苏联替代苏联，放弃了苏联的无神论，东正教获得合法性，同时促成东正教与国家政治相互渗透。苏联解体之后从"克格勃"退职开始任教莫斯科外交学院并组建俄国经济安全服务处的尼古拉·列昂诺夫（Николай Леонов, 1928— ），在其《俄

---

① 辜鸿铭：《清流传》，香港：牛津大学出版社1994年版，第27页。
② Священик Дионисий Поздняев, Православие в Китае（1900—1997）. М.：Свято-Владимирское братство, 1998, С. 115 – 116.

国2000—2008：衰退抑或上升》一书（2009）称，"普京可能是宣布无神论作为国家宗教政策的1917年以来最虔诚信仰东正教的俄罗斯国家领导人"①。无神论给俄罗斯东正教会和苏联居民以巨大的创伤记忆是很难遗忘的，如遭到迫害的东正教信徒无以计数，斯大林担任苏联最高领导人最后十年关闭教堂约达14000座，如"解冻思潮"之后的十年间有几百万人从集中营获释，其中包括了近10%的与东正教有关的人员。而中国政府至今仍未放弃无神论，造成俄国人以为当代中国还是继续苏联的排斥基督教政策。的确，从"左联时代"开始，中国进步知识界就从苏联那儿学会了用苏式共产主义意识形态排斥基督教的做法，甚至1936年上海辛垦书店出版了谭辅之的译著《无神论》——这是根据日本昭和十五年白杨社出版的日译本苏联卢卡启夫斯基之作《无神论教程》的节译本，并且《译序》盛赞该作第一章《科学与宗教》从天文学、生物学、社会学等角度批判宗教给民众所制造的迷惘，"教我们学科学，要用科学反驳神学、宗教。一个无神论者，或说一个彻底的无神论者一定是科学者或科学哲学者"，而当时的世界弥漫着宗教气氛，"在我国（中国）更不消说了，一方面有封建的宗教笼罩着，一方面跟着西洋的近代商品进了新的基督教。所以我们无神论者的任务便是两重：要批判这改装过的宗教，这不是用旧式的物质论作武器所可将事的，一定要用新武器。本书便是正确地运用它。我译本书，动机便在介绍这点"。② 这种比较简单化论述宗教问题的译作，居然畅销一时。实际上，与在中国推行的无神论不同，在苏联包含着一些似是而非的内容，即以政党意识形态替代宗教诉求、以僵化的苏联马列主义教条替代东正教信仰、以苏俄为中心的国际共产主义运动原则替代基督教普世理想等。相随而来，中国也就不正面讨论俄国文化传统变迁过程中东正教的巨大作用问题，而热衷于模仿苏联，津津乐道于一些文学艺术家如何批判资本主义改革和封建庄园制度，或者一厢情愿地相信一些知识分子呼唤社会制度革命，而根本没看到苏俄知识分子的革命性诉求背后的东正教体认。

可是，由于俄罗斯东正教是和俄罗斯民族主义混合在一起的，是意识形态和法律所不能完全禁止的。在推行无神论意识形态最甚的1937年，苏联人口普查第一次也是最后一次涉及宗教信仰内容，结果被告知56%居民为东正教信仰者③；在1990年初的调查中，苏共党员中有1.9千万声明同时信仰东正教④；俄联邦时代东正教信仰人数不断上升，从6千万发展到7千万，甚至超过一半居民⑤，以至于2002年人口普查不再涉及宗教信仰问题（但2006年初调查资料表明，自认为是东正教徒的俄国人已经占到国民的

---

① Николай Леонов, Россия 2000 - 2008: закат или рассвет. Киров: Русский Дом, 2009, С. 339 - 352.
② 卢卡启夫斯基：《无神论》（谭辅之译），上海辛垦书店民国二十五年（1936）版，第1—2页。
③ Felix Corley, Religion in the Soviet Union: an Archival Reader. New York: New York University Press, 1996, p. 76.
④ Известия, 4 - 01 - 1990.
⑤ Независимя газета, 19 июня 2001, С. 8.

60%，超过8千万居民信仰东正教）。后苏联俄国20年来，超过130个教区有自己的学校甚至学院，全俄教会有170个左右大主教，上万所星期日学校，有两万多座教堂分布全俄各城市的绝大部分小区、村镇，莫斯科的东正教圣吉洪神学院有教师500多人，全日制学生1000多人，函授部3000多人[1]。东正教如此成规模，其效应远不限于宗教领域。"对俄国许多政治集团和社会团体而言，包括民族主义者，东正教不是扮演客观的角色，保存下来的并不比族裔认同和强盛国家、文化或文明认同的诉求更多或更少。这类大大小小的集团表现出对东正教的尊敬，哪怕在现实中各自的意识形态的基点并不仰赖于东正教"，如俄国共产党、自由—民主党[2]。这些显示，东正教信仰者是当代俄国社会数量最为庞大的群体。他们分布于很有影响力的政党、团体，价值趋向客观上会对政府的许多重大决策发生影响，俄中战略协作伙伴关系当然不能例外。

第三，耐人寻味的是，就在苏联末期放宽宗教政策、俄联邦实行宗教信仰自由化之际，中国亦对宗教态度相对宽容不少，如继1961年1月举行第二届中国基督教全国会议后，直到1980年10月在南京召开第三届全国会议，成立中国基督教（新教）协会，并切实根据自治、自养、自传的"三自爱国原则"管理，此后每4年召开一次全国性会议；《关于我国社会主义时期宗教问题的基本观点和基本政策》（中共中央1982年19号文件）重申宗教信仰自由政策，强调"保障信教自由"，虽然继续规定宗教信仰"不应妨碍普及科学教育的努力，加强反迷信的宣传"；1982年《中华人民共和国宪法》第36条重新表述宗教信仰自由受法律保护；此后持续放宽宗教信仰政策，以至于到2006年3月中国国务院印发《全民科学素质行动计划纲要（2006—2010—2020年）》几乎不再提无神论要求。就在中国逐步放松宗教管制的近30年，也是中国以经济建设为中心的30年，尤其是最近20年经济腾飞，使中国快速地朝着消费社会发展，使得国民在精神上加速远离了精神信仰，更注重实际利益。这样的社会进程和后苏联社会进程，只是形式上有诸多相似之处，但实质上因为东正教在俄国的巨大影响力，培养了俄国人远不同于中国的价值观，如他们能批判性面对后苏联社会变革所带来的社会阶层分化，对认可这种分化并加速接受消费主义的中国，产生否定性评价也就自然而然了。

俄国这种情形的发生，并非当代俄罗斯东正教会刻意所为，而是其特质所决定。东正教区别于天主教和新教，是反对资本主义经济并痛恨私有制，更不会赞同消费社会的价值观。按教会经济思想史家C. 布尔加科夫所论，东正教主要是适合农业生产地区，以及工业和货币资本主义意识薄弱的国度（节气和农事安排与基督教的种种要求对应，

---

[1] А. Ефимов, Очерки по истории миссионерства русской православной церкви. М.：ПСТГУ，2007，С. 635.

[2] Александр Верховский, Политическое православие：русские православие националисты и фунадаменталисты，1995 - 2001. М.：Октябрь，2003，С. 7.

这样的经济生活带来许多光明、温暖和宗教诗意，摆脱了工厂劳动的机械性），"东正教不捍卫私有制本身，甚至不捍卫天主教所确定的私有制，天主教会把私有制看作是自然法的规定（教皇利奥十三世的《新事物》通谕）。私有制是一种历史制度，其内容和社会意义总在变化，它的任何一种存在形式都没有自足的和永恒的意义"，"东正教也不能维护资本主义经济制度本身，因为这种制度是建立在对雇佣劳动的剥削基础上的，尽管东正教可以暂时容忍资本主义，在提高生产力水平上它有自己的功绩"，而这两个原则都适用于现代社会①。此类论点，并非布尔加科夫个人的一厢情愿，而是俄罗斯东正教大部分信徒的共识，诸如深入人心的谚语——"贫穷能使富人富裕起来，富裕则使穷人穷下去。不相信这样的箴言，意味着穷人会被富人剥削"②，表述的是相同的价值判断。正是这样的认知，使大部分俄联邦国民尽管获得了比苏联时代多得多的政治自由，但从心底却不能接纳后苏联推行资本主义经济改革的重要原因，这是热衷于发展经济的中国政府所难以体认、理解的。

## 二

改革开放年代的中国人，在中俄战略协作伙伴关系的框架内是很难看清俄国的，即俄国在推行私有制过程中，反对资本主义的东正教却能深入人心，导致许多富人被说成是金融寡头，遭遇政治打击和法律制裁。俄国这种排斥通过制度转型致富的情形，却意外地殃及到中国。

东正教作为俄国主体民族的信仰，实际上是超出宗教领域的社会伦理学行为，在斯拉夫—俄罗斯民族的日常生活各方面，甚至影响到一个人的出生和婚丧嫁娶所举行的仪式，以及对劳作和交际的理解③。在后苏联，东正教这种超出宗教领域的魅力继续保持着，并且演化成对世界的认知范式，按大牧首阿列克谢二世所言，"我们生活在宗教世界。因而，教育和科学，须同教会结盟，以共同对付神秘主义、恶魔、邪教和异教。宗教教育是保障我们的儿童和青年的重要条件"④；并且，"信仰的产生和强化不是因为理性——而是上帝对人的神秘赐予。可以确信，从理性观点看，宗教信仰有诸多矛盾。但可以证明，上帝是存在的，能见到神迹——即使不是信徒。'东正教不是证明的，而是展示的'，此说未必没道理"⑤。这种现象和论述都表明，后苏联俄国抛弃了苏联无神论，这给相信无神论的社会主义中国理解浸润于东正教下的俄国主体民族增添了障碍，对其

---

① С. 布尔加科夫：《东正教——教会说概要》，徐凤林译，商务印书馆2001年版，第209—217页。
② Православное отношение к деньгам. М.: ДАРЬ, 2006, С.
③ В. Лещенко, Семья и русское православие (х-хх вв.). СПб.: Фроловой Т. В.
④ Православие Ру. 18 июня 2001.
⑤ Московские новости, 24 декабря 1998 г.

思维方式和价值观产生隔膜是自然的。

实际上，俄联邦所进行的一次次私有化改革，保留了远比中国多得多的社会福利（包括教育和医疗等）、建立了比中国强得多的社会保障（包括能源、交通和保险等）；换句话说，后苏联俄国名义上是要建立现代自由市场经济制度，实际上是国家资本主义，国有化程度很高，如经常以国家政策干预市场经济，马克斯·韦伯《新教伦理和资本主义精神》所批评的东正教是阻止俄国走向自由资本主义经济的情形，在后苏联仍旧存在，如2000年"东正教兄弟联盟"发表经济纲领包括，"第六，石油、天然气、森林和矿业立即国有化；第七，国家垄断对外贸易；第八，制止资本外流；第九，重新清理生产中的交易投机及其所造成的财政洗劫；第十，重新恢复国家对自然资源的垄断；第十一，不许发放电能和天然气价格许可证"①；与之相当，"基督教复兴联盟"（Союз "христианское возрождение"）发表经济纲要称，市场经济是野蛮的经济，"这是一滩浑水，在其反俄罗斯的和反基督教的资本中，成功地运用其工作洗劫和奴役俄国。因此需要一场激烈的思想—经济战争。必须回到国家监控整个国民经济的状态。按国家经济增长标准处理国家和市场调节之关系的做法，将要改变。必须坚持国家利益优先于个人和团体利益的原则。我们应该拒绝快速进入任何价值体系的世界市场的概念。俄国经济的开放，会导致俄国无力抵御外国的跨国企业之侵略"②。这些不仅仅是言论的表达，也是后苏联融合东正教和诸多党团的民族主义主张，从而使"杜马"（议会）反对首任俄罗斯总统鲍·叶利钦改革的合法性之所在；而社会上许多融合东正教的民族主义政党有某种程度的联合，并不是完全按商业利益方式进行的，而是根据东正教信仰去组织、依据以东正教信仰为基础的俄罗斯民族主义诉求去行动的。这也正是西方国家反复诟病俄罗斯以国家行政力量限制自由竞争的资本主义经济之所在，但西方不明了这种限制背后的强大民意基础——东正教；而中国政府没有在政治上批评俄国多方限制中国企业进入俄国市场，并不是看到了东正教在俄国反资本主义和激发民族主义热潮的实质，而只是基于战略协作伙伴关系。可以说，俄国推行以保证全体国民生存权前提下的私有制，那些和国家利益有关的个人、团体、行业获得最大利益，这在相当程度上是基于东正教理念；而东正教在后苏联发展之于民众的福祉在于，促使政府给社会提供更多的公平和正义。这也正是大牧首阿列克谢二世所期望的，"知识分子是否明白，东正教不仅属于过去的俄国，也属于未来的俄国"③。此外，时任斯摩棱斯克和加里宁格勒都主教与全俄东正教会对外联络部部长的基里尔，会见联邦委员会委员时，在涉及免除教会税收问题上

---

① Русский вестник, 2000, №47-48.
② Экономические основы программы СХВ//Сайт СХВ http://cxb.chat.ru/program.html#eko.
③ Алексий Патриарх Московский и всея Руси, Церковь и духовное возрождение России: слова, речи, послания, обращения, 1990-1998. С.771.

曾公开说，"今天社会期待宗教组织的不仅仅是负责宗教崇拜，而且还参与决定和人的生活紧密相关的问题"[①]。这种情形，与中国人倡导的"一部分人先富裕起来"的政策、以"国进民退"为代价的经济增长模式相矛盾；由此，所谓"中国模式"在俄国首先不为俄罗斯东正教会所接纳，继而成了汉学界、知识界、政界等热衷讨论的对象，讨论中批评甚至否定"中国模式"之声显然是主流。

此外，成为俄罗斯居民日常生活一部分的东正教活动，连同全民还原东正教原貌的文化补救工作（如恢复了苏联时代封杀的19世纪末至20世纪初大批知识分子的名誉，而这些人有不少是宗教哲学家，或受益于宗教哲学而成长的文学家艺术家，他们认同俄国是与其对东正教的信仰联系在一起的），促使俄罗斯东正教教义（包括《旧约》38部分、《新约》和七次大公会议通过的《信经》等所宣扬的，崇拜圣母玛利亚、坚信原罪、痴迷于救赎论、肯定末世论、相信神爱等）不仅成为俄国主体民族的普遍信仰，也在一定程度上演化成社会重建的共识。其中，在这个世纪之交，莫斯科和彼得堡等地流行着这样的预言，"在基督耶稣出生的第二个千年末，正在变成现实的末世论的狂风暴雨到处肆虐"；尤其是，充满着奥秘的东正教教义，帮助了俄国人面对转型时期的困难，诚如鲍·叶利钦在纪念莫斯科救世主大教堂被炸毁60周年的集会上称，今天全俄上亿居民哀悼为庆祝1812年卫国战争胜利而建造的救世主大教堂——世界上最大的东正教教堂被炸毁60周年，"我深信，在残酷改革的艰难时期，您——东正教会可以帮助人们，给予他们力量，强化他们的信仰。尤其重要的是，宗教界现在能帮助和支持被迫陷入困境的俄国人民"[②]。或者说，原本是东正教神学的内容，成了后苏联俄国人的信念，哪怕它与个人主体性或市场经济的机制相矛盾。当然，这种情形使我们看到，后苏联价值观与苏联时代主流认识之不同在于，东正教活跃于后苏联俄国国民的观念中，使全球化时代的后苏联俄国自觉地与国际社会保持相当的背离（这与苏联时代用意识形态隔离西方社会是不同的），进而，排斥东正教的中国，也就未必是俄国需要亲近的国度。

不仅如此，就在中国以独特的模式发展壮大自己的时候，俄国媒体经常把中国描绘成世界上最热衷于追求金钱，并且通过各种违背基督教原则的手段，成为世界上最富裕的国家之一。由此，俄国不是把始终在防御甚至进逼它的欧洲和美国视为最大的敌人，而是把中国视为跟基督教文明对抗的不可信国度。2001年10月初，俄国彼得堡举行"全球化和心灵救赎"圆桌会议，会议基调是俄国应该和西方一道治理世界。如著名的政治学家谢尔盖·格里高利耶夫声称，要承认东正教意识之于全球化过程的作用，"彼得大帝已经具备这样的立场，因此俄国成为强大帝国……我确信，国家最重要的任务就

---

① O. Тропкина, Церковь хочет жить без податей//Известия, 29 октября 2004, С. 2.
② Г. Штриккер (сост.), Русская Православная Церковь в советское время (1917 – 1991): материалы и документы по истории отношений между государством и Церковью (Книга 2). М.: Пропилей, 1995, С. 328.

在于人民在复杂条件下坚守对上帝的信仰",这种信仰唯有基督教文明才具备①。

总之,东正教在俄国社会进程中扮演了远超出宗教的角色,可以说,俄罗斯成为世界大国并创造灿烂文化,得益于俄罗斯东正教。近20年来,历届俄罗斯政府不断密切国家和东正教会之间的联系。大牧首阿列克谢二世因其成功促进东正教积极介入国家重建、引领国民经由东正教去认同"新俄国"而被认为是"圣徒"。教会在社会发展过程中发挥着使国民适应变革的作用,还弥补了苏联价值观失落之后所留下的真空,沟通了历史和现在,并且使当代文学艺术和文化的生产有了精神皈依。同时,教会还成功地把海内外俄罗斯东正教徒聚集在一起,不再使俄罗斯东正教会分裂,并试图建立东正教世界共同体。这种情形正如普京2004年"圣诞节"向阿列克谢二世祝贺时所宣称的,"在我们这里,教会和国家相分离,但在我们的灵魂里、精神中,国家和教会则始终是相连的","按照宪法,我们当然是民主国家,但是在我们的心灵、思想中我们自始至终相信专制政体"②。然而,东正教之于俄联邦越是重要,也就越加剧俄国和国际社会之间矛盾,中俄关系自然不能幸免。也就是说,宗教成为俄中关系中的重要因素,远不是说两国宗教界交流不够,或者说东正教争取在中国合法化并要解决一些历史遗留问题遇到的许多阻碍,而是东正教在俄国的重要性,对中国人来说是难以理喻的。这也就是,中俄战略协作伙伴关系的意义,因为东正教的存在,不会如中国政府所预期的那样得到有效实施和深入。

(作者简介:林精华,首都师范大学教授,华东师范大学国际关系与地区发展研究院特聘教授,原文发表于《世界宗教文化》2011年第3期)

---

① Русское обозрение, 2001 № 10.
② Новое время, 2004, №3, С. 4.

# 当代英国基督宗教世俗化的形成原因

孙艳燕

英国学术界对于当代英国基督宗教世俗化形成原因的诠释，大致可以根据认为其关键是长期因素或是短期因素而划分为两类。以长期因素作为关键点的学者，强调社会经济或神学的现代化发展与当代英国宗教衰落的关系。持短期因素论者认为，英国20世纪60年代剧烈的社会经济和文化变革，使其核心宗教文化遭受了沉重打击。也有学者更强调世俗化成因的复杂性，认为它是多种因素混合作用的结果，因而不存在造成世俗化的"主宰因素"。

本文作者认为，一方面，当代英国基督宗教的世俗化确实是由多种因素产生合力的结果，包括所谓的短期和长期因素。但即使是短期因素，也具有其长期的历史积淀，有些现象甚至可以追溯到几个世纪以前，而在20世纪60年代最终爆发和显现出来。另一方面，20世纪上半叶西方社会政治、经济、文化等全方位的危机对英国宗教产生了强烈冲击。在这些因素中，以社会经济发展为基础的各要素之间的关联和互动，对于我们理解当代英国基督宗教世俗化的形成有一定帮助。

## 一 经济—文化—自由

历史上的工业革命首先发生在英国，它不仅意味着生产力的巨大增长，也造成社会和文化的重大变革。然而，人们在享受现代文明丰硕成果的同时，也经历着它所带来的无尽烦恼。

### （一）物质丰裕与消费主义

到20世纪60年代，英国虽然失去了从前世界帝国的凛凛威风，却仍然是一个繁荣的现代化国家。绝大部分人口的生活水平达到了前所未有的高度。汽车、电视机、电冰箱和洗衣机等等甚至在普通工人阶级家庭中都很普及，① 人们由此可以将更多的金钱投入到娱乐和休闲中。电视、电话、电脑、传真机等现代化设备的高度普及，使人们信息沟通迅捷，视野更加开阔。英国社会逐步由生产型社会向消费型社会转变。消费主义成为与此相映衬的生活方式。商店营业时间延长，周日关闭的禁忌也彻底被打破。人们业余生活的选择范围大幅拓宽，可以利用周末购物、运动、看电视和电影，在假期驾车旅游或探亲访友。对本该去教堂做礼拜的周日上午的"使用"方式多元化了，而各种职业中的专业人员更可以随时随地帮助人们解决原本需要由教牧人员才能解决的各种问题。在人们多姿多彩的生活中，在琳琅满目的商品面前，宗教不幸也沦为商品的一种，等待着被选择。教堂逐渐成为缺乏优势的竞争者而被很多人淘汰和遗忘。在一个崇尚科学技术的时代，科学和事实与价值和意义被分离开来。事实被认为是绝对的，而价值则成为相对的，个体性的。人们只相信摆在眼前看得到摸得着的东西，却遗弃了超越与神灵这类传递价值和意义的概念。

### （二）对传统文化和权威的反叛

商品经济和市场经济造成的物质丰裕侵蚀着人们内心对灵性的渴望，资本主义原始积累时期清教徒"节俭、克己和努力工作的美德"逐步屈从于现代社会大众物质主义和享乐主义的"毫无道德顾忌的贪婪攫取"②。物质财富赋予人们更强的独立和自信，以及决定自己行为的自主权。在这个年代成长起来的年轻人开始寻求更大限度的个人自由、独立和背离，尝试各种标新立异的新潮事物和生活方式。一股新的文化浪潮，或者说反传统文化的浪潮席卷了包括英国在内的西方世界。基督教框架内许多绝对的传统价值观念遭到质疑，其中最明显的例证即与性和婚姻家庭相关的伦理道德观。基督教文化中对于性的抑制常与道德联系在一起，而这在20世纪60年代的"性革命"和"性解放"中被颠覆。婚前和婚外性行为增多，直接挑战着传统的婚姻和家庭。现代科技发展也对此推波助澜。避孕药具广泛普及，各类媒体铺天盖地的信息起到间接促进作用。在强大的社会舆论压力下，一系列自由化倾向的立法应运而生。针对英国社会的道德宽容，一些人指责其为放纵、颓废和堕落。有评论"无论作为军事强国还是道德强国的英国都已经消失了"③。

在对传统文化的反叛中，英国日益成为多元文化聚合地和西方"通俗文化的领军者"④。比如在音乐领域，通俗音乐自20世纪60年代起迅速传播，并与西方传统的古典

---

① Paul A. Welsby, *A History of the Church of England 1945–1980*, Oxford University Press, 1984, p. 98.
② Kenneth Medhurst and George Moyser, *Church and Politics in a Secular Age*, Clarendon Press, 1988, p. 27.
③ G. I. T. Machin, *Churches and Social Issues in Twentieth-Century Britain*, Clarendon Press, 1998, p. 195.
④ Hugh McLeod, "The Religious Crisis of the 1960s", "History of Religion" Seminar, University of Birmingham, 21 October 2004.

音乐分道扬镳。其音乐题材更贴近日常生活，表现人们的激情和世俗情绪，而远离了神圣的殿堂。来自英国利物浦的四人组合"甲壳虫"（Beatles）乐队是其中登峰造极的代表。它的摇滚音乐充满活力，不仅主宰了英国音乐市场，而且迅速风靡欧美国家以至全世界，引领了20世纪60至70年代的流行文化方向，同时推动了这一趋势的发展。其成员之一约翰·列农（John Lennon）甚至自称他们"比耶稣基督更受欢迎"[1]。他们是"青年反叛的时代象征"[2]，其歌曲内容渐渐传递出无神论倾向，以冲破陈旧道德规范和传统价值观念的形象，表达其对宗教、天堂和地狱的漠视，以及对一个充满自由和人性的未来世界的憧憬。

人们在争取更大程度个人自由的同时，也表现出对一切权威的批判和反抗。人们抨击政府的内外政策，并相继脱离各类组织，如政党和工会。[3] 在这个蔑视权威的年代，教会被很多人看作传统权威的组成部分，是前科技时代残留的古董而失去了社会文化意义。教会和政府、家长一样，象征着保守、落伍以及对快乐和自由的压制。此时教会成员数量的减少在一定程度上反映了整个社会文化氛围的变革，对参与公共生活兴趣的降低，而不单纯是宗教领域的问题。教会和政党等这些在历史上曾经唤醒人们反抗压迫、解放和自由意识的先锋，现在反而成了人们追求自由的绊脚石。当后现代社会开始成型，结构、权威和真理被侵蚀，基督教成为其受害者之一。

### （三）女性角色的变化

一般而言，女性较男性更能维系各类传统，在宗教领域的表现也更为积极。根据一些学者的研究，由于心理和社会角色等综合原因，女性的宗教性强于男性。[4] 现代化进程促使男性背离教会的程度较女性更高。但自20世纪以来，尤其是20世纪60年代以来，这种状况开始发生改变。英国女性生活上的变化与其宗教性产生了负面碰撞。

第一，在女权主义运动影响下，对女性在接受高等教育和职业等方面的限制逐渐放松。大批妇女走出家门从事有薪工作，女性在劳动力总数中所占比重空前提高，也逐渐进入到原本由男子控制的职业领域。许多妇女由于既要工作又要照顾家庭，参加宗教活动的时间越来越少，包括去教堂做礼拜，以及帮助教会做一些清洁、园艺、筹款、牧师培训等长期以来教会倚赖妇女所从事的义务工作。妇女愈将时间和精力投入到其固定的

---

[1] 休·麦克劳：《20世纪60年代的欧洲宗教》，见赵林、邓守成主编《启蒙与世俗化——东西方现代化历程》，武汉大学出版社2008年版，第219页。

[2] Arthur Marwick, The Sixties: Cultural Revolution in Britain, France, Italy, and the United States, c.1958 - c.1974, Oxford University Press, 1999, p.70.

[3] John Wolffe, ed., Religion in History: Conflict, Conversion and Coexistence, The Open University, 2004, p.166.

[4] 参见 Grace Davie, Religion in Britain since 1945: Believing without Belonging, p.120.

有薪工作中，就愈发忽视那些所谓"繁杂之事"。

第二，女性在获得经济独立的同时也找到了身份认同和价值感。长期以来，人们头脑中有一种对女性固定化的角色特征，它由基督教的教导所强化，即妇女应在家庭生活中扮演妻子和母亲的角色，无私、无条件、自我牺牲式地付出爱心，照顾家人。与此相关的性伦理使得妇女在性生活中没有主动的权利，只能被动接受男人的控制。这种不平等的两性关系在当代社会遭到质疑，妇女在"性解放"浪潮中扮演了主要角色。原本与基督教文化联结在一起的典型的女性特质被颠覆，许多妇女抛弃了传统两性关系的观念以及支持这种观念的宗教。

第三，女性对基督教文化中的父权主义倾向表示不满。上帝在人们心目中是男性形象。男性地位高居神坛之上，女性只能坐在教堂的长凳上，接受男性教牧人员的领导和教诲。近年来，一些女权主义者质疑男性化的上帝，创造出女性和母亲的上帝形象，被许多英国妇女所接受。同时，妇女们越来越难以接受男性教士所拥有的权威，英国基督教会内外围绕妇女授任神职问题进行了长时间的争论。

席卷西方世界的妇女解放运动给英国女性的宗教生活带来了深刻影响。很多英国妇女发觉，女权主义思想与她们原有的宗教信仰相冲突，于是选择离开教会。根据英国学者在苏格兰地区所做的调查，女性脱离教会的比率已经高于男性。[1] 近年来，教会中男女信徒的人数已接近持平，改变了过去女性教徒远多于男性的状况。当然，我们也不能夸大这方面的结论。总体来说，女性的宗教性仍强于男性。女性背离基督教信仰的后果之一是严重影响到基督教教育的传承。妇女在家庭教育中发挥着极为重要的作用，母亲宗教信仰的弱化往往影响到其子女的宗教性。而人们童年时期接受的家庭熏陶会为其一生的精神生活刻下烙印。英国设菲尔德大学的研究结果显示，在1961年，有94%被抽样调查的学生回答在家中接受过宗教教育，1972年的比例为88%，而到1985年这一比例下降到51%。[2] 面对这种状况，人们不禁为英国基督教发展的未来感到担忧。

## 二 政治—多元—平等

英国历史上政教关系的变迁以及与此相关的宗教多元化趋势成为推动世俗化进程的长期因素之一，但其中亦反映出一定的模糊性和复杂性。

---

[1] Linda Woodhead, "'Because I'm Worth It': Religion and Women's Changing Lives in the West", 见《启蒙与世俗化——东西方现代化历程国际学术研讨会论文集》, 武汉大学, 2006年9月, 第257页。

[2] Hugh McLeod, "The Religious Crisis of the 1960s".

## (一) 政教关系的变迁

16世纪英国宗教改革时期颁布的《至尊法》，废除教宗作为英国教会首脑的地位，英国国王及其继承人被尊为英国国教会即新教安立甘宗在尘世的唯一最高首脑。英王从此成为英格兰政界和宗教界的双重首领。亨利八世发动宗教改革的动机实际上是希望摆脱罗马教廷的控制，维护王权和民族经济利益，因此是政治—世俗的而非宗教—神圣的。英国宗教改革对世俗化所起的作用并非首要体现于宗教方面，而在于其政治意义，即并非由于从天主教转变为新教信仰过程中其宗教内涵发生变化所体现出的世俗化内容，而是由于英格兰教会的归属权发生变化所造成的一系列影响。亨利八世使英格兰教会由效忠一个宗教权威转化为效忠和依附一个世俗的政治权威，王权与教权合一的实质是王权控制了教权。民族教会的建立也为日后资产阶级革命进攻封建制度创造了前提。基督教成为君主专制的精神工具和不可分割的组成部分，国教成为革命冲击的主要对象之一。英国最终确立了君主立宪制，国王成为"虚君"。在此过程中，与国王一同代表贵族势力的圣公会的地位逐渐衰落，参政范围缩小。面对强大的议会，王室和教会似乎成为两个同病相怜的"弱势群体"。

虽然教权在与政权的较量中节节败退，但二者长期以来在英国一直保持着盟友关系，使英国宗教具有很强的政治气质。比如17世纪爆发的英国革命，其划分斗争双方阵营的是宗教信仰而非阶级。它不是彻底的资产阶级革命，其结果也未形成欧洲大陆一些国家革命后的政教分离局面。另外，17世纪下半叶，议会由于王位继承权问题分裂为两派，这成为英国政党政治的开端。[1] 托利党与圣公会保持了长时期的"天然"联盟，辉格党则吸收了许多非国教会成员。英国传统政党政治的背后有着深厚的宗教背景，反宗教的世俗激进主义在英国未像欧洲大陆国家那样发挥作用。

英国至今仍保持着政教合一的关系模式，圣公会的国教会地位维持了几百年。其主教制成为一种政权工具，维护教阶制度即是维护英国王权统治的一部分。这一传统对世俗化进程所起的作用并不是绝对的。一方面，国教会的形象为整个社会确立了主流信仰模式。同时，教会得以近距离与国家政权机构进行接触，从某种程度上制衡世俗的国家权力，将其纳入宗教信仰的轨道；另一方面，一些教会人士和学者认为，国教会传统实际上妨碍了圣公会的灵性发展，甚至"扼杀了教会的精神前途"[2]。圣公会数百年来得到的世俗利益和地位保障使其成为"皇帝的女儿"，具有一种优越感，无须认真考虑教会的影响力及其成员的多少问题，结果逐渐失去竞争力。而其他宗派和信仰团体无法享受

---

[1] 参见钱乘旦、许洁明《英国通史》，上海社会科学院出版社2002年版，第180页。
[2] 张训谋：《欧美政教关系研究》，宗教文化出版社2002年版，第83页。

这种优惠条件，因而必须在意识形态的"商品市场"上努力推销自己，以赢得一席之地。① 另外，政教合一也意味着国家有权干预教会内部事务，比如议会控制着教会的教义和礼仪的制订修改，以及教会圣职和其他人事任命权。确保国教会地位的危险之一是沦为国家政权的附庸，无法保持其独立性而对世俗权力及其决策发挥建设性的批评作用。在一个以国家主权和利益为主导的现代世界里，代表神圣力量的教会只能处于次要和辅助的位置。

**（二）宗教宽容与多元**

英国有着长期宗教宽容的历史，并被认为是世界上宗教传统最多元化的国家之一。亨利八世宗教改革的主要关注点在政治方面，对于宗教教义的改革相对次要，因此在圣公会中保留了大量天主教成分。自宗教改革之后，英国圣公会教义的特点之一是广泛的综合性、灵活性和包容性。它容纳了16世纪新教中所有重要宗派的代表思想，其教义是各宗派观点的折中，并随历史发展和实际需要不断调整和补充。这一点有利于促进宗教宽容，但具有不稳定的特性。几经周折，新教势力最终在英国得到稳固，但圣公会内部高教会派、低教会派和广教派形成分歧，且延续至今。此外，在一系列复杂斗争中，圣公会发生分裂，长老会、公理会、浸礼会、贵格会等从国教会中分离出来，被统称为"不服从国教者"（Nonconformists）。他们虽受到长期压制，但影响力逐渐扩大。1689年的《宽容法案》（Toleration Act）破坏了英国宗教信仰统一原则的法律基础，② 对于罗马天主教会和非国教会在公众生活中的法律限制也分别于1828和1829年被废除，③ 二者从而获得了相应的政治地位和权利。英国社会逐步形成一个宗教竞争的环境。然而，这种环境侵蚀了英国基督教赖以发展的土壤，教会内部的分歧和分裂致使圣公会的领导地位被削弱。不断壮大的宗教"自由市场"扰乱了原本圣公会教区网络的和谐与稳定，信徒与教牧人员的关系发生转变，去教堂做礼拜和参加教会活动不再以牧师的意志为转移，而是取决于教区居民的兴趣和偏好。人们的选择范围扩大了，"甚至在种种根本问题上人的独立思考的自由"④ 也扩大了。每个人有信仰任何宗教、参加任何宗派或者不信仰任何宗教的平等权利。况且，政府不再像从前那样为圣公会提供足以使其扩充力量的资金支持。它被迫成为众多信仰团体中的一个，在面对各种宗派和非宗教意识形态的压力和挑战时显得脆弱无力。

在现实社会中，圣公会既没有像罗马天主教会在某些欧洲国家那样保持无可争议的

---

① 张训谋：《欧美政教关系研究》，宗教文化出版社2002年版，第67页。
② Hugh McLeod and Werner Ustorf, ed., The Decline of Christendom in Western Europe, 1750－2000, Cambridge University Press, 2003, p. 82.
③ 张训谋：《欧美政教关系研究》，宗教文化出版社2002年版，第79页。
④ ［英］罗素著，马元德译：《西方哲学史》下册，商务印书馆1982年版，第43页。

国教地位，又没能很好地适应多元社会宗教市场的竞争环境，而是处于夹缝间的尴尬局面之中。这种状态对于汹涌的世俗化浪潮所起到的只是推波助澜的作用。

## 三　神学—开放—博爱

### （一）新教自由主义神学的复苏

现代化进程为人类带来了科学技术和生产力的提高，也促使人们对人性进步和历史发展持乐观态度。在19世纪西方思想领域中，体现乐观与自信的新教自由主义神学居主流地位。20世纪两次世界大战的爆发，以及席卷西方社会的经济大萧条，摧毁了人们对繁荣向善的美好世界的幻想，使人们的思想陷入混乱，危机神学占据了西方新教神学的统治地位。在英国，圣公会新正统神学对自由主义神学也表现出否定态度，但它并未走到某些欧陆国家神学悲观主义的极端，而是较为现实和中庸。因此，经过战后重建和经济发展的回暖，自由主义神学倾向在英国重新复苏。然而经历了战火和动荡年代的洗礼，人们已经对上帝产生了深刻的怀疑，其思想主旨与从前截然不同。

英国圣公会主教约翰·罗宾逊（John Robinson）的《对神老实》（*Honest to God*）一书于1963年出版。该书的出现激起轩然大波，引发了持续争议。罗宾逊在书中承袭和融合了保罗·蒂利希（Paul Tillich）提出的上帝应与现实社会具有生存关联、狄特里希·朋谔斐尔（Dietrich Bonhoeffer）的对基督教进行"非宗教性解释"，以及鲁道夫·布尔特曼（Rudolf Bultmann）的"非神话化纲领"思想，[1]认为在现代社会中，人们父辈传统观念当中高高在上的上帝已经遭到抨击而失去了宇宙中的位置，[2]在正统的超自然信仰与当今世俗世界所能体验到的意义范畴之间存在着一条日渐扩大的鸿沟。[3]而"我所能做的一切就是力图做到诚实——对上帝诚实并且对有关上帝的事诚实。"[4]他相信，教会正受到呼召而进行一场"哥白尼式的革命"[5]。如果我们对于信仰的守护只是局限于重申传统的教义学说，我们十有八九会招致失败，沦为"渺小的宗教遗迹"。因此，神学当中诸如上帝、超自然甚至宗教等最根本的范畴都必须被重新加以铸造。[6]教会应深入此世，发现并成就上帝的事功。[7]《对神老实》一书出版后仅三年内就销售了近一百

---

[1] 参见 John A. T. Robinson, *Honest to God*, SCM Press Ltd., 1963, pp. 21–24.
[2] 参见 John A. T. Robinson, ibid, pp. 13–14.
[3] 参见 John A. T. Robinson, ibid, p. 8.
[4] John A. T. Robinson, ibid, p. 28.
[5] John A. T. Robinson, ibid, p. 27.
[6] 参见 John A. T. Robinson, ibid, p. 7.
[7] 参见 John A. T. Robinson, ibid, p. 139.

万册,只有《圣经》的销售量可与之匹敌。① 在罗宾逊的引领之下,英国神学思想迅速转向自由主义和激进的世俗主义,在大洋彼岸的美国也引起了"上帝之死"派神学的共鸣。

罗宾逊写作此书的本意是宣教,虽然在整本书中均未提及"宣教"一词。他表示从未怀疑基督教信仰的真实性,只不过质疑其不适合于时代发展的表达方式。② 罗宾逊预料到其观点将会被严重误解,而事实上也确实如此。他使用的诸如"有神论的终结"和"基督教必定是超自然的吗"③ 等语汇误导了人们的思想。他对绝对超然上帝的摒弃引发了人们对最基本的基督教教义的质疑。罗宾逊认为,基督教唯一绝对的伦理就是"爱"。④ 既然世人很难把握超自然的神明,那么不如"对神老实",由强调超然上帝的信仰转向在现实社会提倡"爱"的伦理。在20世纪60年代荡漾的自由主义氛围中,英国社会出台了一系列法律,放松了对同性恋、堕胎和离婚的限制,自杀也不再属于犯罪行为。这些似乎都体现出人性化的"爱"的准则,而教会发布的相关报告对这些立法起到了相当程度的促进作用。⑤ 但事情的发展最终证实,一个世俗化的社会违背了教会的初衷。基督教神学调整自身而使之适合于现代世界观,但其结果之一却是"逐步拆除了基督教传统的超自然主义支架"⑥。它以人类的普遍经验为基础,使神学向人类学中心转化,为宗教信仰的私人化、随意化和松散化提供了遁词。

### (二) 天主教神学的自由化转向

罗马天主教会于1962至1965年召开梵蒂冈第二届大公会议,其"跟上时代"的革新精神也在英国产生了影响。它在神学方面肯定人性以及人在社会生活中的中心地位,放弃"教会之外无救赎"的说法,提出"普世救恩"的观念,强调教会在社会中发挥的作用所体现出基督"道成肉身"的内涵,要求教会不断反省和改革,在人世间建设天国。同时,天主教会开始承认科学的价值,寻求科学与宗教信仰相协调。"梵二"会议这些提倡向世界开放,适应时代的需要对自身进行改革的思想标志着天主教会的转折,推进了包括英国天主教会在内的天主教神学自由化的转向,与新教自由主义神学对英国世俗化起到了同方向的作用。当然,天主教会在实际操作中的自由化倾向并不像其理论

---

① Adrian Hastings, *A History of English Christianity 1920–1990*, SCM Press, 1991, p. 536.
② 参见 John A. T. Robinson, ibid, p. 27.
③ John A. T. Robinson, ibid, p. 29.
④ John A. T. Robinson, ibid, p. 115.
⑤ 参见 Sheridan Gilley and W. J. Sheils, ed., *A History of Religion in Britain: Practice and Belief from Pre-Roman Times to the Present*, Blackwell Publishers, 1994, p. 482.
⑥ Peter Berger, *A Rumor of Angels: Modern Society and the Rediscovery of the Supernatural*, Doubleday & Co., Inc., 1970, pp. 9–10.

上所展示的那样明显。但是，人们思想开放的闸门一旦打开，其力量便难以逆转。当教宗于 1968 年颁布关于生育控制问题带有保守色彩的《人类生命》（Humanae Vitae）通谕之后，大批英国天主教信徒甚至神甫均表现出不同意见。人们在实践中的所作所为也已与教宗的教诲大相径庭，对教宗权威的尊重大打折扣。

基督宗教自身在某种程度上是西方社会自由、平等、博爱以及民主、法治和人权等观念的源头，而这些概念有时会被人类误用或极端地使用，以致造成现代化后期人类的困境和信仰危机，失却了超越的价值和意义。

总之，世俗化在英国是历史长期发展积累的产物，世俗化在英国的形成原因有很多方面，各种因素有机联系，相辅相成。当具体到某一段特定的历史时期，这些因素会显示出不同程度的重要性，而它们相互的关联所体现出的宗教与社会之间的互动铸成了英国基督宗教发展的现实。

（作者简介：孙艳燕，博士，中国社会科学院世界宗教研究所基督教研究室研究人员，原文发表于《世界宗教文化》2012 年第 5 期）

# 年度著作

# 2011年度宗教类书目

### 《刚恒毅与中国天主教的本地化》

**作者**：刘国鹏

**出版社**：社会科学文献出版社

**出版时间**：2011年1月

本书以首任驻华宗座代表刚恒毅（Celso Costantini，1876—1958）在华教务活动（1922—1933）为经，以同时期中国天主教的"本地化"运动为纬，在充分利用最新罗马教廷档案的基础上，以多语种文献、多元研究视角为解读进路，综合、立体地勾勒了20世纪二三十年代中国天主教"本地化"运动的挑战、问题和阶段性成果。

### 《全球化背景下的宗教与政治》

**作者**：刘义

**出版社**：上海大学出版社有限公司

**出版时间**：2011年1月

本书是关于研究"全球化背景下宗教与政治关系"的专著，书中包括了：全球化与宗教变迁、全球宗教复兴及宗教政治、全球处境中的政治伊斯兰、美国政治中的福音派与基要派、全球化背景下的宗教治理等内容。

### 《华严学与禅学》

**作者**：魏道儒

**出版社**：宗教文化出版社

**出版时间**：2011年5月

佛教学术研究的根本意义，不仅是了解存在于一定时空中的佛教发展形态，而且更是从现存的文献、文物中，去伪存真，去粗取精，探索其前后延续，彼此关联的因果性；从而更清楚地认识到佛法的本质，及其因时、因地的适应。以了解过去，承受根本的佛法特质,作为我们信行的基础,这也是非常有意义的事情。本书是关于华严学和禅学的文论汇总。

### 《马克思主义宗教理论研究》(中国社会科学院学术文库)

**作者:** 吕大吉　高师宁

**出版社:** 中国社会科学出版社

**出版时间:** 2011年5月

本书是对马克思主义有关宗教理论的总体研究,其讨论范围涉及整个马克思主义发展史,从青年马克思、恩格斯思想初创的时期,一直到列宁主政的苏联时期。作者所研究的不是抽象的"马克思主义",而是马克思主义发展史上的诸位具有经典地位的思想家、政治家、革命家关于宗教的理论和政策。这样的研究有助于我们打破对马克思主义的僵化理解,有助于我们更真切地看出马克思主义宗教理论的真实发展脉络。全书贯彻了唯物主义的批判精神。还原了马克思主义的宗教学说在历史情境中的发生史。是一部理论功底深厚、历史感强、秉持真正的历史唯物主义态度的厚重的学术著作。

### 《圣书与圣民:古代以色列的历史记忆与族群构建》

**作者:** 游斌

**出版社:** 宗教文化出版社

**出版时间:** 2011年6月

本书系统而深入地对《希伯来圣经》的文本结构、历史内涵和宗教思想进行研究,其基本理论框架、分析思路及范畴术语,为中国学术语境下的犹太—基督教的经学研究奠定了基础。对人们理解西方宗教的文化源头具有重要意义。

本书以希伯来文《圣经》作为研究对象,广泛地征引国际圣经学界的研究方法与成果,创造性地提出《希伯来圣经》文本成典的"层累说",并运用"文本—思想—社群"的三重分析法,对《圣经》中的以色列社会—思想史进行考察。针对《希伯来圣经》将史学经学化的特点,本书用民族志方法对这样的经史编纂进行研究,分析它对以色列人族群身份和意识的塑造。

### 《当代宗教冲突与对话研究》

**作者:** 张志刚

**出版社:** 经济科学出版社

**出版时间:** 2011年7月

本书是教育部哲学社会科学研究重大课题攻关项目"当代宗教冲突与对话研究"（04jzd005）的最终成果，由三编构成，分为二十二章，其探讨思路和研究内容大致如下。

第一编"当代宗教冲突研究"，努力尝试跨学科的研究方法，不但致力于较为全面地考察分析当代宗教冲突的主要表现形式，而且更注重探究冷战后的诸多国际热点问题或重大冲突所包含的宗教因素，即宗教因素对于国际热点问题或重大冲突的影响。通过本编前七章的具体考察分析，从"表现形式"和"冲突原因"双重意义上强调指出了"当代宗教冲突的错综复杂性"，并力图就此种复杂性加以理论深思，沿着"问题意识"和"探索思路"展开。这部分理论探索工作见于作为本编总结的第八章"宗教冲突的理论深思"。

第二编"当代宗教对话研究"，主要包括三部分工作：（1）力求较为全面而深入地考察宗教对话的形成背景与理论难题，此为第九章的内容；（2）大致梳理了世界范围的宗教对话现状，这是第十章的内容；（3）基于前两部分研究工作，力求全面而深入地探讨国际宗教学界现行的五种主要的宗教对话观念，即宗教排他论、宗教兼并论、宗教多元论、宗教兼容论和宗教实践论，以通过批判它们各自在宗教哲学方法论上的得失利弊，从总体上来反思宗教对话的特性与矛盾、难题与张力、历程与目标，以及观念与出路等。最后一部分构成了本编的主干内容，即第十一章至第十五章。（1）根据新近材料，加强了对宗教排他论的分析评论；（2）经过理论比较，概括出了一种新的对话观念——宗教实践论，这种理论概括尚未见于国内外专业文献；（3）更为全面地把现有的宗教对话观念划分为五种类型，这在国际宗教学界尚属首次尝试。正是通过如上研究工作，我们把研讨话题引向了下一编的内容。

第三编"中国宗教的和谐传统与现代价值"，主要包括三部分内容：（1）着眼中国文化传统，力求较为全面地回顾考察本土的和外来的宗教传统与中国社会、思想和文化相冲突、相融合的历史过程，着重阐释诸宗教在中国文化背景下逐渐形成的和谐特征，这部分内容见于第十六章至第二十章；（2）立足当代中国国情，力求较为准确地勾勒当今中国宗教现状，总结新中国成立以来宗教政策法规方面的经验教训，此为第二十一章；（3）关注国际学术对话，力求为促进宗教对话、化解文明冲突、共建和谐世界提供"中国宗教文化经验"，这是本编最后一章的内容，也是全书的总结。鉴于宗教对话的重要性和紧迫性，国际学术界近十几年来越来越注重回溯东西方宗教文化传统，以发掘可供借鉴的历史经验和思想资源。

## 《预定与自由意志：基督教阿米尼乌主义及其流变》

作者：董江阳

出版社：中国社会科学出版社

出版时间：2011 年 7 月

本书以"阿米尼乌主义之争"论题为中心，按照思想史探究的路径，本书研究了著名神学家阿米尼乌本人的生平、活动、思想与神学主张；16 世纪后期至 17 世纪初期荷兰的宗教改革与教会独立；"抗辩派"与"反抗辩派"的争论；"多特会议"的召开；以及阿米尼乌思想追随者延续至今的对阿米尼乌主义的种种演化与推进。

还涉及其他一些重要人物，包括尤腾鲍加特、普兰修斯等；也涉及一些宗教派别和社团，包括极端加尔文派、阿米尼乌派等；还涉及一些相关思想与学派，包括堕落前预定论、堕落后预定论、自由意志有神论等；一些重要历史事件，包括西班牙人的宗教审查、荷兰的反抗与独立、莱顿大学的创立、阿姆斯特丹改制等；一些重要神学教义问题，包括上帝拣选与弃绝、人的自由与回应等。此外，在叙述与讨论中，还涉及一些特殊事件和有趣的事情，包括"海上乞丐"、"沉默者威廉"的遇刺、"纳维拉的亨利"的暗杀、詹姆斯一世的神学兴趣、奥德瓦特的屠城、莱顿的围城、阿姆斯特丹的大鼠疫、短期内建成的"世界一流大学"、16 与 17 世纪之交的大学生活、早期博士学位的授予、奥尔登巴恩韦尔特的被捕与受审、格劳秀斯的传奇式越狱、教会的分裂与迫害、邻居家出生的伦勃朗、客居莱顿的后来乘"五月花号"前往北美的清教徒移民先驱，等等。

## 《宗教与国家——当代伊斯兰教什叶派研究》

作者：王宇洁

出版社：社会科学文献出版社

出版日期：2011 年 8 月

自 20 世纪初以来，伊斯兰世界经历着重大的社会政治变革，这一过程至今尚未结束。本书选取这一重要的历史时段，以生活在中东、南亚等地区的传统什叶派穆斯林社团，以及美国等地的新什叶派社团为对象，分现代民族国家建立、伊斯兰复兴运动兴起、21 世纪的挑战与机遇三个部分，对伊斯兰教中的第二大派别——什叶派在当代社会中的际遇，以及与现代民族国家的关系进行系统的阐述和分析。

在这一变动剧烈的历史时期中，由于国际政治格局、民族国家的政治体制等发生的巨大变化，不论是作为所在国家的主流派，还是少数派人群，什叶派穆斯林在宗教归属、民族认同和政治倾向等问题上均面临着挑战。处在不同环境中的人群做出了各自不同的选择，并对未来的发展提出了多种多样的可能性。本书以什叶派为切入点来分析伊斯兰教与政治之间的复杂关系，旨在扩展对于伊斯兰教与现代民族国家关系更加多样化的理解，并为思考宗教与政治的关系提供另外一种路径。

## 《道教天心正法研究》

作者：李志鸿

出版社：社会科学文献出版社

出版时间：2011年8月

本书采用历史学、文献学、宗教学的研究方法，试图通过分析天心正法的道派渊源与宗派分衍，来揭示天心正法本身的教派演变；通过分析天心正法的道法体系、斋醮仪式与民间社会的关系，来观照道教炼养术与符咒术结合的轨迹与规律，窥探在民众的信仰世界中道教所处的实际位置；通过分析天心正法与地方的神明信仰、咒术的关系，来解释道教在区域的表现形态，以及道教本身与区域社会之间相互塑造的复杂关系。

## 《信仰的内在超越与多元统一：史密斯宗教学思想研究》

作者：李林

出版社：社会科学文献出版社

出版日期：2011年8月

威尔弗雷德·坎特韦尔·史密斯是20世纪下半叶西方最杰出的比较宗教学家与伊斯兰教研究权威，也是当代宗教对话与宗教多元论的主要倡导者。本书紧扣史密斯思想的核心概念"信仰"，以"信仰"自身内蕴的"内在超越"与"多元统一"的辩证关系为线索展开，从而使史密斯宗教学思想的主要概念"信仰"、"累积的传统"、"批判的共同自我意识"、"比较宗教学"以及"世界神学"成为一以贯之的有机整体。

## 《早期汉文伊斯兰教典籍研究》

作者：杨晓春

出版社：上海古籍出版社

出版时间：2011年9月

杨晓春等的《早期汉文伊斯兰教典籍研究》正文依照研究的开展过程，分为三章，第一章"早期汉文伊斯兰教典籍的调查与辨析"，第二章"早期汉文伊斯兰教典籍的总体状况与基本特点"，第三章"早期汉文伊斯兰教典籍与明末清初中国回族一伊斯兰教史研究"。章下之节，大抵是专题研究。具体专题的选择，主要考虑的是学界讨论较少或者作者有不同意见的问题，而不是面面俱到，有比较多的讨论而一般较少异说的问题便略去了。比如汉文著译家生平的叙述，于张中、王岱舆二人讲得很少，而于马忠信、马明龙二人则讲得详细些。

### 《西部非洲伊斯兰教历史研究》

**作者**：李维建

**出版社**：社会科学文献出版社

**出版时间**：2011年11月

伊斯兰教如何传播到西非，北非、撒哈拉与西非的伊斯兰教有何历史渊源，伊斯兰文化与黑人传统经历了怎样的摩擦、斗争和融合，西非伊斯兰教如何处理普世主义与部落观念，近代西非穆斯林如何应对欧洲殖民主义与现代主义，近代西非伊斯兰宗教运动的思想基础何在，它给当地伊斯兰教留下什么历史烙印，伊斯兰教如何参与西非政治，在极端缺乏资料的情况下，学术界如何艰难探索西非伊斯兰教的历史，如果你想了解这些问题，也许在本书中能够找到部分答案。

### 《圣经历史哲学》（上、下）

**作者**：赵敦华

**出版社**：江苏人民出版社

**出版时间**：2011年11月

本书是入选中国出版集团"中国文库"的《基督教哲学1500年》的后续，它把基督教哲学的核心和基础归结为圣经哲学，深入讨论了《圣经》中启示与历史、拯救史与世界史、历史与真理的关系。在批判总结圣经批评各派学说的基础上，本书使用宗教学理论、哲学解释和跨学科研究的方法，广泛吸收哲学、神学、历史学、语文学、社会科学和自然科学等领域的新知识，对圣经全书做了系统梳理，对《创世记》、《申命记》、《以赛亚书》和福音书、《罗马书》、《启示录》等经书结构和疑难的解释，尤其有新意。

### 《当代中国宗教学研究（1949—2009）》

**作者**：卓新平编

**出版社**：中国社会科学出版社

**出版时间**：2011年12月

在当今"全球化"的国际局势中，文化意识和文化战略的地位已越来越突出，而在文化发展、文化建设和文化交流中，宗教研究是其最为重要的领域之一。宗教学与其他学科一样，受历史变迁、外部环境的影响，有着不同的发展阶段，此外，由于背景复杂、定位困难、领域广泛以及问题敏感，又有着自身的特殊性。作为仍在形成中的学科，回顾过去、展望未来既是一种学术自觉，也是一种社会责任。本书旨在总结、梳理当代中国学人在宗教研究上的所思所想，所取得的成绩和不足，以便抓住当代中国宗教学这六十年历程的研究重点和特点，借此奠定一个坚实的基础，使宗教学这一学科在未来更加繁荣，更有作为。值得一提的是，本书由宗教学各领域的著名学者和在相关研究上业有专攻的专业人员来撰写，由于角度不同，问题意识有别，体现出鲜明的百花齐放之特色，附带造就出了思想交流之效应，增添了作品的可读性。

# 2012年度宗教类书目

## 《东正教圣像史》

**作者**：徐凤林
**出版社**：北京大学出版社
**出版时间**：2012年1月

基督教主要由东正教、天主教和新教三大派系组成。圣像是在基督教会中对基督、圣母、圣徒、天使和教会节日等画像的总称。圣像作为东正教礼拜和神学的组成部分，在基督教文化和艺术中占有重要地位。

《东正教圣像史》是关于东正教圣像研究的第一部中文著作，以图文并茂的形式系统介绍和解释了东正教圣像的历史起源、神学含义、宗教功能、艺术特点、基本类型以及从拜占庭到俄罗斯的圣像艺术发展历程。

## 《中国宗教史》

**作者**：麻天祥、姚彬彬、沈庭
**出版社**：武汉大学出版社
**出版时间**：2012年1月

本书的撰写系作者多年来中国宗教历史、哲学研究的系统总结。其理论架构，基于其多年来形成并一直着力阐发的，即在宗教文化中存在"制度化宗教"与"宗教哲学"二律障反的思想体系。在论述"制度化宗教"部分，广泛借鉴了目前学术界最新研究成果进行编撰绍述，比较全面地体现目前的中国宗教研究水平。在"宗教哲学"部分，则以历史和逻辑相结合的方法，深入剖析思想发展的进程。其中，如儒教哲学的原始阶段、神学阶段和新儒教哲学的流行；道教的早期方士化哲学、玄学风气中成仙的道教、重玄的道教哲学和性命双修的道教哲学；以及佛教在不同时期的哲学思辨特色，如佛道、佛玄、中国化的佛教哲学及其文化渗透等，均给予详细的介绍和论说，从中可以透见宗教哲学发展的内在逻辑关系和逻辑系统。

## 《道教内丹学溯源》

**作者：** 戈国龙

**出版社：** 中央编译出版社

**出版时间：** 2012年1月

道教内丹学是晚唐以后道教理论和实践方术的核心，内丹学从酝酿形成到发展成熟，经历了一个漫长的历史过程，研究内丹学的历史源流有助于人们了解内丹学的历史意义和内丹学的真实面目，对于道教史的研究更具有重要的价值。目前学术界对于内丹学的源流颇多歧异之见，大多流于表面，尚未有系统深入的研究，因而对于内丹学的历史源流并没有一个现成的历史可供描述，而是许多问题尚在探索之中。本书以专题研究的方式，围绕着"内丹与修道"、"内丹与方术"、"内丹与外丹"和"内丹与佛学"等四个主题，对内丹学的源流进行了深入细致的考察。在系统阅读道教文献并广泛参阅学术界的研究成果的基础上，作者深入研究了内丹学理论与道家修道、内丹学与各种修炼方术、内丹学与外丹烧炼、内丹学与佛学等的历史渊源和内在的理论关联，既进行微观的历史考证，又开展宏观的理论思考，从而解决了有关内丹学的历史源流中的诸多重大问题，对学术界的一些片面的说法进行了考辨，提出了对内丹学源流的一个系统的理解，可使读者了解内丹学的历史源流与线索。

## 《马克思主义宗教观中国化研究》

**作者：** 龚学增等

**出版社：** 四川人民出版社

**出版时间：** 2012年3月

本书是龚学增主持的国家社会科学基金项目《马克思主义宗教观的中国化研究》的最终成果，运用马克思主义的立场观点和方法，分四编十章分别论述了马克思主义宗教观的源头，即马列主义宗教观的基本内容；马克思主义宗教观中国化的开端，即新民主主义革命时期中共早期领导人和毛泽东马克思主义宗教观的形成；马克思主义宗教观中国化的曲折发展进程，1949—1976年以毛泽东、周恩来、李维汉为代表的中国共产党人的宗教观的发展；马克思主义宗教观中国化进程的深化和基本完成，即改革开放以来以邓小平等为代表的中共第二、第三代领导集体对中国化马克思主义宗教观的进一步发展及中国化马克思主义宗教观的体系的构建。

## 《中国少数民族人类起源神话研究》

作者：王宪昭

出版社：中国社会科学出版社

出版时间：2012年4月

该书以中国少数民族人类起源神话为主要研究对象，以类型研究和母题研究为切入点，从宏观和微观两个方面进行解析和阐释。

首先阐述了人类起源神话的界定、生成、特征以及与之相关氏族、部落、民族、母题等基本问题。认为"母题"是神话叙事过程中最自然的基本元素，它们可以在神话的各种传承渠道中独立存在，也能在其他文体或文化产品中得以再现或重新组合。母题是各民族神话进行定量和定性分析的特定单位，具有明显的方法功能。

依据中国少数民族人类起源神话母题统计数据和目前的各种相关研究成果，本书对神或神性人物造人、孕生人、化生人、变形为人、婚配生人、感生人和人类再生等七大类型进行了系统分析和重点解读，探讨了每一种神话类型的产生、主要特征、母题分布情况等情况，并对其基本类型体系和典型现象做出分析。

## 《从波斯到中国：摩尼教在中亚和中国的传播》

作者：王媛媛

出版社：中华书局

出版时间：2012年5月

本书以波斯摩尼教东向传播的时间进程和几个重要教区为序，通过分析在中国西域地区吐鲁番及敦煌等地出土的摩尼教文书，以及东西方史料中的相关记载，考察了3—11世纪摩尼教在中亚、西域和中国中原的传播与发展。

## 《使徒保罗和他的世界》

作者：张晓梅

出版社：社会科学文献出版社

出版时间：2012年5月

使徒保罗的书信是《圣经》《新约》中最早成文的文字，也是《新约》中为数不多的、人们可以确定其作者和大致写作时间的篇目。保罗书信为今天的读者保存下原始基督教最真实和自然的状态，是这个宗教初生时"本真态"的记录。然而阅读保罗书信时获得的阅读经验，不是一种直接的阅读经验，而是受到"累积之传统"的深刻影响。在过去的30余年的时间里，保罗研究以及《新约》研究的面貌发生了巨大的变化，由

"保罗新视角"思潮开启的对传统神学的反思和纠偏,冲击着人们对保罗以及早期基督教的传统认知;而在犹太学术界,学者们也越来越意识到保罗宗教和神学思想的犹太特征。本书作者认为保罗并非一个纯思想的灵性造物,他首先是一个有其具体生活境遇的人。他的神学不是某次"皈依"经验一次塑成的产品,而是其内心的思想世界与身外的生活世界相遭遇而渐渐形成的。保罗不是一个思辨型的神学家,而一个解释学的空间于是得以展开:保罗的文字有一个我们已渐陌生,但还有可能用同情的理解去接近的生活世界;这个世界与我们生活的世界之间,有一个解释学必须去跨越、同时又必须保留的距离,它使我们对保罗,以及对圣经全本的阅读和理解的努力成为可能。本书的意义在于打开一个场域,让使徒的所思所言以一种更为自然的方式呈现。《使徒保罗和他的世界》的章节安排如下:导言部分是对现代学术中保罗研究的回顾,讨论了过去30年保罗研究中最重要的学术范式"保罗新视角",以及现代犹太思想保罗研究的一些趋势。第一章是对《使徒行传》的简单分析,讨论其基本写作目的,其与保罗书信的差异以及为什么会有这些差异等问题,亦包含有对"皈依"叙事的讨论。第二章介绍使徒的早年岁月,亦即他的出生地、教育背景、民籍身份等,以及他早期在大马色、亚拉伯等地活动的情况。第三、第四章则是按时间线索对保罗使徒生涯的详细梳理和描述,主要依据他自己在书信中给出的信息,并参考了《使徒行传》的叙述。这两章内容是本书的重点,保罗神学思想的相关讨论散布于对其使徒生涯的展现中。最后附录部分是对保罗年表的梳理,提供一个大致的时间线索,供阅读保罗书信、研究其思想发展轨迹时作为参考。

## 《苏非之道:伊斯兰教神秘主义研究》

**作者:** 周燮藩、王俊荣等
**出版社:** 中国社会科学出版社
**出版时间:** 2012年6月

苏非主义是伊斯兰教中的神秘主义。苏非精神修炼的目标是通过道德升华、精神明澈、灵魂净化以达到人的完美并视穆罕默德为功德最高的"完人",发展"接近真主的精神旅程"或"心灵道路",形成"证至圣而认真主"的道乘。书中全面论述了苏非主义的起源和发展、修持的道路和方法、苏非教团和思辨体系的演变,以及在各地的传播及衰落,说明其不仅在历史上为伊斯兰教的传承注入精神活力,而且也对近代以来伊斯兰教的思潮和运动有持久影响力。该书作为一部综合性和基础性学术著作,对伊斯兰教和宗教学研究很有价值。

## 《20世纪的四种神话理论：卡西尔，伊利亚德，列维·施特劳斯与马林诺夫斯基》

**作者：**[美]伊万·斯特伦斯基（Ivan Strenski）著；李创同、张经纬译
**出版社：**生活·读书·新知三联书店
**出版时间：**2012年6月

神话，不单是文学的研究范畴，也是宗教学和人类学的研究范畴。然而对于"神话"这一术语，许多权威理论家和当代学者使用得过于随意和模糊，本书直陈其弊，对20世纪的几种神话理论做了非常激烈的历史性批判。但作者并未试图将这一术语完全从理论或分析语言中清除出去，而是指出：人类能够，或许仍可继续用"神话"这一概念来思考，而且不应当停止对这一概念的思索，必须明了我们所讨论问题的意向与语境，必须面对我们如何、是否以及为何应当使用这一术语的问题。

本书曾获得美国宗教学会1989年年度图书奖，出版后引起了广泛讨论。

## 《中国南传佛教研究》

**作者：**郑筱筠
**出版社：**中国社会科学出版社
**出版时间：**2012年9月

本书分为四编十二章。

第一编"历史的记忆：中国南传佛教的传播"分三章详细介绍了中国南传佛教的分布、发展历史和传播特点。

第二编"中国南传佛教的教理与派别"分为两章，在"中国南传佛教的教理与教义"一章中系统地论述了中国南传佛教的主要经典及基本教义和基本经典。此外，针对中国南传佛教与汉传佛教和藏传佛教的不同，着重强调了中国南传佛教独特的禅修理论及其修行实践；在"中国南传佛教的派别"一章中，以中国南传佛教与东南亚南传佛教圈的天然联系为由，作者介绍了斯里兰卡佛教、泰国、缅甸佛教的佛教派别及其产生时间和特色，并系统地论述了中国南传佛教的4种派别，研究其在云南的不同分布区域，指出其东南亚佛教的渊源，论述这4种佛教派别之间的异同。

第三编"中国南传佛教的管理模式"是本书的重点，共分为六章，首次全方位地论述了中国南传佛教的宗教管理系统及其模式。在"中国南传佛教的政教关系模式"一章中，梳理了中国南传佛教与社会世俗组织制度之间的政教关系模式，指出中国南传佛教以制度认同、政治认同、思想认同、文化认同等方式实现自己对世俗社会统治集团的神圣性认可，而世俗社会组织则从乡规民约、甚至法律的角度为中国南传佛教组织制度的合理性提供了行政保证。在"中国南传佛教的僧阶制度及僧团管理模式"一章中，作者

重点关注中国南传佛教的僧团，详细梳理了中国南传佛教独特的僧阶制度及僧团管理模式，同时结合现状，指出其在当代的变化；"中国南传佛教的宗教管理模式"一章是本书最大的亮点，其重点在于中国南传佛教独特的金字塔形佛寺管理模式、佛塔管理模式、波章管理模式三种互成犄角、相互依存的管理模式，是中国南传佛教与世俗社会关系、政教关系的集中反映，这是中国南传佛教迥异于中国汉传佛教、藏传佛教乃至东南亚佛教之处；在"中国南传佛教的波章管理模式"一章中，作者专门将世俗社会与神圣社会之间重要的桥梁——波章管理模式列为一章，首次关注波章管理系统，全方位地介绍波章角色的独特性和管理系统，指出这是中国南传佛教重要的一种管理模式，它帮助佛教真正地融入世俗生活之中；"中国南传佛教的居士制度"一章，论及中国南传佛教的居士不同于汉传佛教的居士，他们没有"皈依证"，没有特定的皈依师，但他们却在到达一定年龄之后，每个月至少4次集中到寺院中"纳福"（修行）。"中国南传佛教管理模式的运行特点"一章，作者集中分析了各种管理模式的特征，指出中国南传佛教运行系统的独特性。

第四编"中国南传佛教与社会实践"重点关注的是中国南传佛教参与社会实践的不同系统。这一部分共分为五章，"中国南传佛教的寺院教育"、"中国南传佛教的寺院经济"、"中国南传佛教的社会记忆"、"中国南传佛教的慈善事业"。

### 《道成肉身：基督教思想史》

**作者**：玛格丽特·迈尔士（Margaret Miles），杨华明、李林译，卓新平、张华校

**出版社**：中央编译出版社

**出版时间**：2012年9月

本书堪称西方学界诸多研究基督教思想史中的一部极具特色的作品，是当代美国学者玛格丽特·迈尔士的代表作。作者玛格丽特·迈尔斯（Margaret Miles）曾经在哈佛神学院和伯克利神学联合研究院教授基督教思想史课程，并在多年授课的基础上完成了这部著作。作者突破了传统的宏大叙事与形而上学的写作思路，着重从社会、历史、边缘、女性的视角，从容易被人忽视的细节去还原基督教思想发展的本真面目，讲述了从公元1—18世纪的基督教思想发展的丰富历程。

这部经受过后现代思想洗礼的基督教思想史的最大特点在于，它突破了过去那种充斥着大叙事、哲学史、逻各斯主义与男性中心色彩的撰写模式，力图呈现出一个不同以往的、兼容并包的思想史。作者从广义的思想史出发，将包括事件、仪式、图像、绘画、音乐等在内整个基督教历史视为一个"道成肉身"的整体，从而将公元1—18世纪的基督教思想史之丰富画面呈现出来。因此，这部思想史并不是传统意义上的"思想的历史"，而是一部关于"历史的思想"的杰作。

## 《中国的基督教乌托邦研究：以民国时期耶稣家庭为例》

作者：陶飞亚

出版社：人民出版社

出版时间：2012年9月

本书是关于中国的基督教乌托邦——耶稣家庭的历史研究。此项研究最初是国家社会科学基金项目"中国基督教自立运动"中的一部分，曾获上海市哲学社会科学优秀成果一等奖。本书以民国时期山东泰安地区的耶稣家庭为个案，全面研究和深入挖掘了基督教与中国文化的关系，阐释了基督教在中国的本色化问题，对深化和拓展基督教史研究，特别是对当前的宗教学研究有重要意义。

## 《道教与书法》

作者：聂清

出版社：中央编译出版社

出版时间：2012年10月

本书通过书法来演示道教与萨满教两种宗教对中国艺术的内在影响，并不仅仅因为书法是中国文化独有的艺术形式，也不仅仅是因为书法在传统艺术中具有持续而典型的表达，主要是因为书法同时横跨了表现艺术和造型艺术两个领域。萨满精神在表现艺术领域有强烈影响，祭司精神往往渗透到造型艺术的各个领域。书法的创作过程则属于表现艺术，而它的最终成就大多被理解作造型艺术，而书法的创作过程又同它的最终成果之间具有密切的关联。也就是说，书法艺术天生就具有萨满和祭司两种精神气质，它在每个时期的变化都可以表现出两种宗教精神的消长与离合。

## 《中国古代政教关系史》

作者：张践

出版社：中国社会科学出版社

出版时间：2012年11月

宗教与政治的关系是一个重大的理论问题和实际问题，而政教关系作为宗教学和政治学交叉领域的研究题目，在国际学术界已有丰硕成果，也影响到中国。中国学界这些年越来越关心政教关系问题，发表了许多论文及相关著作，但专门研究中国政教关系史又具有中国特色的有分量的专著尚未见过。本书在这个空白面上精心绘制了一幅崭新的多彩图，初创了中国特色政教关系理论体系，有重要理论价值和现实意义。

第一，作者以跨文化的广阔视野，依据世界经验和中国经验，对"政教关系"从理论上重新解读，突破把政教关系仅仅视为国家政权与教会组织之间关系的流行的狭义理解，全面论述宗教与政治的关系，揭示政治的三重结构：政治权力、政治意识形态、政治文化，论述宗教对三者的作用，形成广义的政教关系论，把政教关系研究范围拓宽了，这是理论上一大创新。

第二，作者根据广义政教关系论，对世界主要国家政教关系进行类型分析，概括出四种类型：政教一体型的神权政治、政教依赖型的神学政治、政教主从型的神辅政治、政教独立型的法制政治。

第三，作者以其深厚的中国文化史、宗教史知识功底和创新性思维，对中国古代政教关系的历史作了全方位、贯通式的论述。纵向的跨度，从原始社会到清朝中期；横向的跨度，包括各大宗教、各民族地区。以政教关系历史演进为纬线，按阶段分期论述；以政教关系的层次和功能为经线，分专题论说。

第四，作者从中国历史实际出发，参照国际经验，提炼出中国政教关系的类型特点和话语新解。指出中国古代社会大部分时期既不是政教合一的神权政治，也不是国教统治的神学政治，更不是政教分离的法制政治，而是以教助政的神辅政治，是独特的政主教从型政教关系。原因在于历代王朝的政治意识形态是人本主义的儒家政治哲学和礼治思想，它"敬鬼神而远之"，又主张"神道设教"，故政治权力属于世俗政权，强调君权至上，各种宗教不可能获得国教地位，但能够发挥以教辅政的作用。而在中国话语中，"政教"乃指政治与教化，人们看重的是宗教的道德教化功能。

第五，作者融摄政治学的视野，对宗教政治功能的认识超越了简单化的"阶级斗争工具论"，关注到它所发挥的公共管理的职能，即缓和社会矛盾、稳定社会秩序、参与慈善救济、安抚焦虑心灵、改善道德风尚等。宗教是中国传统文化的有机组成部分，成为凝聚中华民族、安定边疆民族地区、巩固国家统一局面的精神力量；宗教也曾成为民间起义的旗帜和民族矛盾冲突的因素。因此对于宗教的实际政治作用要进行具体分析评价。

第六，作者站在当今时代的高度，在叙述中国古代政教关系历史过程中，不断总结历代政权处理宗教问题和宗教适应社会变迁的经验与教训，为当代宗教事务管理工作和引导宗教与社会主义社会相适应提供借鉴和智慧。肯定成功的经验，如：多元开放的宗教政策，超越宗教冲突的政治智慧，发挥宗教神道设教的积极作用，引导宗教成为社会和谐的力量等；指出失败的教训，如：迷信行政力量、滥用暴力，对宗教的过度干预和管理，有时掌权者用个人信仰主导国家宗教政策等。中国古代的社会制度与今天根本不同，但在公共管理的层面上古今仍有相关性相似性，可以知古鉴今、古为今用。

## 《中国与宗教的文化社会学》

**作者**：范丽珠，James Whitehead，Evelyn Whitehead 著

**出版社**：时事出版社

**出版时间**：2012 年 12 月

本书为范丽珠、James Whitehead、Evelyn Whitehead 三位教授合作出版的关于宗教与中国社会三部曲的最后一本著作（其他两本为《当代世界宗教学》、《宗教社会学——宗教与中国》，已出版）。

本书将焦点更多聚在"文化意义而非制度性结构"上，因此更为关注意义、符号、仪式与心灵的习性，体现了用文化社会学理论研究中国宗教与社会历史、现实的优势，与社会科学方法和文化研究方法研究宗教的有机结合。作者以中国社会与宗教为本位，并以历时的视角探讨中国宗教角色变迁，围绕这一目标，作者引用文化社会学、宗教社会学、社会心理学的理论来阐释中国宗教，并借此反思西方理论的适用性，进而从"社会科学对当代中国社会宗教学术性研究中的作用"的探讨中，指出中国宗教研究面临的多重困境与挑战，为超越西方宗教理论的困扰、为反思与重构中国的宗教社会学指明了前进的方向。

本书最值得称道之处在于融合了的视野与比较的方法，为学者提供了中美学界关于中国宗教与社会的丰富学术讯息。

## 《中华珍本宝卷》（第一辑）

**作者**：马西沙主编

**出版社**：社会科学文献出版社

**出版时间**：2012 年 12 月

宝卷是唐、五代、宋变文、讲经文所演化的一种传播宗教思想的艺术形式，至少到明代初年，宝卷已经开始与民间宗教相结合，成为民间宗教（包括民间的道教与佛教）传播宗教思想的一种形式。现存宝卷有 1500 余种，不同版本达 5000 种，对研究中国的宗教史、民俗史、艺术史以及底层社会文化等都有极大的助力。《中华珍本宝卷》是继敦煌文书、中华大藏经、中华道藏之后，最重要的中国宗教典籍整理项目。它从 1500 余种宝卷中，挑选出了一两百部珍稀的元、明、清宝卷，内中孤本就有数十部。《中华珍本宝卷》中多数宝卷未曾在较大范围内面世，更未曾出版。它不但具有宗教的经典性，而且具有古代绘画、书法、版刻的艺术性。宝卷版式的多样，卷中文化因素的丰富，也是其与佛经、道藏的不同之处。

《中华珍本宝卷》三辑三十册，内中明代、清初折本占五分之四篇幅，皆为善本，

其中孤本在数十种。2012年出版的十册中包括元代《目连救母出离地狱升天宝卷》彩绘四页、明宣德五年问世的《佛说皇极结果宝卷》、明代万历年间八部西大乘宝卷，如《销释圆通宝卷》、《销释圆觉宝卷》、《普度新声救苦宝卷》、《销释大乘宝卷》、《销释显性宝卷》，等等，皆极为珍稀。黄天教大型宝卷、海内孤本《普静如来钥宝忏》四卷本，孤本《太阴生光了义宝卷》、《虎眼禅师遗留唱经》等。金、元宝卷明代改本《佛说杨氏鬼绣红罗化仙哥宝卷》亦是第一次面世。明清时代民间宗教影响最大的无为教五部六册宝卷皆为明万历十二年版，是二十种五部六册中，最珍稀最完整的版本，其他孤本如《观音释宗日北斗南经》、《大梵先天斗母圆明宝卷》、《销释接续莲宗宝卷》等。

《唐五代曹洞宗研究》

**作者**：徐文明

**出版社**：中国社会科学出版社

**出版时间**：2012年12月

该书以曹洞宗源为主线，以禅师及其宗系为中心，本着理论探讨与历史考证相结合的基本思路，对唐天宝四年（745）至后周显德七年（960）二百年间曹洞宗孕育、形成与发展的情况进行了深入研究。

全书分十二章，第一章"药山惟俨与曹洞宗的起源"，详细考证了药山的宗系、生平及弟子，并分析了其禅法。第二章"药山系的扩展与曹洞宗的孕育"，考证了药山二世冲虚、船子德诚、云岩昙晟、道吾圆智、石室高沙弥等禅师的生平，并分析了其对曹洞宗形成的重要作用。其中，药山二世冲虚在禅宗史中甚少被提及，作者对其生平的考证填补了这方面的空白。第三章至第十章，分别考察了夹山善会、石霜庆诸、洞山良价、云居道膺、疏山匡仁、龙牙居遁、曹山本寂、清林师虔八位禅师的生平思想及宗系发展。其中，疏山匡仁、清林师虔等禅师学界研究较少，作者发掘了许多新史料，考证了一些具体问题。对洞山良价、曹山本寂等的关键人物，除考证其生平外，还花了大量笔墨分析其禅法特点，阐释了二者在曹洞宗理论创建过程中所发挥的作用。第十一章集中讨论曹洞宗与其他宗派的关系问题。特别是对学界争论较多的"曹洞改宗青原"一事的始末缘由进行了辨析，提出了许多新的观点。第十二章"曹洞宗的宗风与理论特色"，作者认为曹洞宗风以绵密、回互为特点，其禅法以"五位"说为核心，并解释了"五位"的具体内涵。该书附录有大事记与传法世系图。大事记详细列出了重要禅师的生卒年，受具、住山、开法、相互参访的时间，是研究唐五代禅宗史的重要参考资料。传法世系图则以该书最新的研究成果为依据，全面记录了药山一系的师资传承，增补了许多在以往研究中未被提及的禅师，为进一步研究曹洞宗的历史提供了许多新线索。

　　全书结构严谨、资料丰富，是国内第一部系统研究唐五代曹洞宗发展的学术专著。对涉及曹洞宗的学术公案作了有力的辨析，考证了许多被历史淹没、为学界忽视的禅师生平，提出了一些有待进一步研究的学术课题，是研究禅宗史必备的参考书。

# 年度会议

年度会议

# 2011年度会议目录

梁恒豪　王　伟　李金花 编

一月

2011年1月10日，由北京佛教文化研究所和北京广化寺主办的"佛教节日与中国民俗研讨座谈会"在北京召开。

2011年1月10日，为纪念印度尼西亚第4任总统瓦希德逝世1周年，并发扬印尼民主和多元文化主义精神，印度尼西亚跨宗教协会在首都雅加达举行主题为"在民主和多元文化主义框架下感受瓦希德精神"座谈会。

2011年1月12—15日，由广东省民族宗教研究院、深圳弘法寺和深圳大学宗教文化研究所共同举办的"宗教的现代社会角色学术研讨会"在广东省深圳市举行。

2011年1月15日，由中国艺术研究院主办的"中国宗教类非物质文化遗产保护现状与对策学术研讨会"在北京举行。

2011年1月15日，由中国佛教图书文物馆、中国佛教文化研究所和湖北省襄阳市佛教协会等共同组织的以"般若道安，智慧襄阳"为主题的"中国佛文化道安论坛暨释道安诞辰1700年纪念会（筹）"在北京举行。

二月

2011年2月15日，由中国社会科学院世界宗教研究所伊斯兰教研究室举办的"近期伊斯兰世界的政治变动与宗教"研讨会在北京召开。

三月

2011年3月4—12日，由台湾崇德文教基金会和华夏文化交流协会联合举办的"中华儒教文化论坛"在台湾召开。

2011年3月12—13日，由台湾佛教华严学会、台北大学东西哲学与诠释学研究中心举办的"第二届华严学术研讨会"在台北大学民生校区举行。

2011年3月25日，由峨眉山佛教协会主办的"历代祖师与峨眉山佛教"学术研讨会在四川省峨眉山市举行。

2011年3月26—27日,由西南大学宗教研究所主办,重庆市华岩文教基金会、北美华人基督教学会协办的第二届佛耶学术研讨会"爱与慈悲"在重庆市举行。

2011年3月30日,由中国政法大学人文学院主办、中国政法大学"宗教与法律研究中心"承办、重庆市华岩文教基金会资助的"中国政法大学'宗教与法律研究中心'成立大会暨'华岩论坛'第一讲"在北京市昌平区举行。

## 四月

2011年4月4日,由华侨大学主办,台湾辅仁大学、中国人民大学合办的"第五届两岸宗教学术论坛"在福建泉州举行。

2011年4月9—10日,由财团法人鼓岩世界教育基金会、台湾经典悦读协会主办的"第一届两岸跨宗教与文化对话"学术研讨会在台湾打鼓岩召开。

2011年4月13日,由山东大学儒学高等研究院、韩国圣山孝道大学院、济南市传统文化研究会、韩国大田广域市孝指导士协会等单位主办,由山东省老龄委孝文化专业委员会、韩国孝运动中央总会以及韩国大田广域市孝实践运动本部联合承办的"中韩两国孝思想与宗教文化学术研讨会暨两国学术机构、团体交流协议签约仪式"在山东省济南市举行。

## 五月

2011年5月10日,由兰州大学宗教文化研究中心主办,香港文化更新研究中心、《兰州大学学报》编辑部协办的第三届"宗教对话与和谐社会"学术研讨会在甘肃省兰州市举行。

2011年5月12日,由山西省朔州市佛教协会、北京大学宗教文化研究院、中国佛教文化研究所主办,应县佛教协会、应县木塔文物保护管理所承办的"释迦塔佛教文化研讨会"在山西省应县举行。

2011年5月14日,由河北省社会科学院、河北省政府民宗厅、河北省佛教协会主办,中国社会科学院哲学研究所、赵县柏林禅寺承办,石家庄市政府民族宗教局协办的"首届河北赵州禅·临济禅·生活禅学术论坛"在河北省石家庄市举行。

2011年5月15—17日,由青海民族大学民族学与社会学学院,北京大学海外讲学计划、蒙养山学社,上海音乐学院上海高校人文社科重点研究基地中国仪式音乐研究中心以及《中国人类学评论》杂志、中国人类学评论网联合主办的"仪式、宗教与认同的超越"学术研讨会在青海省西宁市举行。

2011年5月20日,由西藏自治区人民政府、中国驻意大利使馆、意大利教育中心联合举办的"西藏文化及宗教主题研讨会"在意大利首都罗马举行。

2011年5月22—23日,以"弘扬传统文化,构建和谐社会"为主旨的2011年"中国文化首届儒释道传统文化智慧发展高峰论坛"在山西省五台县五台山举行。

2011年5月28—29日,由河南少林寺筹办的"首届中国佛医高峰论坛"暨《中国佛教医药全书》新书首发会在河南省登封市少林寺隆重举行。

## 六月

2011年6月4日,由浙江大学宗教学研究所主办的"宗教与中国社会伦理体系构建"学术研讨会在浙江省杭州市举行。

2011年6月3—6日,由中国伦理学会和中国宗教学会联合举办的"宗教与中国社会伦理体系的建构"学术研讨会暨浙江大学全球化文明研究中心成立仪式在浙江省杭州市举行。

2011年6月4日,由中国佛教文化研究所和广东省惠州市佛教协会主办的"苏东坡与佛教"高端论坛在广东省惠州市举行。

2011年6月8日,由台湾中华文化资产保存科学学会主办的"第一届宗教文物保存修复鉴定与防灾国际学术研讨会"在湖南省衡阳市举行。

2011年6月15日,由中国佛教文化研究所和韩国圆觉佛教思想研究所主办,河南省佛教协会协办的"第四届中韩佛教学术论坛"在河南省洛阳市白马寺开幕。

2011年6月17日,由蒙古国国立大学和蒙古国国立大学孔子学院联合举办的"中蒙文化论坛"在蒙古乌兰巴托举行。

2011年6月18—19日,由印度驻华使馆、印度文化关系委员会、北京大学印度研究中心联合举办的"佛教:绘制亚洲的历史与文化(Buddhism:Mapping Asia's History and Culture)"国际研讨会在北京举行。

2011年6月20日,由台湾法鼓山筹办的"国际佛学会议第16届大会"在台湾法鼓山举行。

## 七月

2011年7月1—2日,由中国人民大学佛教与宗教学理论研究所主办,美国普度大学中国宗教与社会研究中心、福州大学当代闽台文化研究所以及福建省古田县极乐寺协办的"第八届宗教社会科学年会"在福建省福州市举行。

2011年7月15—16日,由中国社会科学院世界宗教研究所、中国宗教学会联合主办的"宗教与和平发展"学术研讨会暨中国宗教学会第七次全国会议在北京召开。

2011年7月18日,由中国民俗学会与中共青海省委宣传部、青海省社会科学院、格尔木市人民政府、湟源县人民政府共同主办的"昆仑神话与世界创世神话国际学术论坛"在青海省西宁市召开。

2011年7月22—23日，由中国社会科学院世界宗教研究所、日本爱知学院大学主办，世界宗教研究所宗教文化艺术研究室承办，中华慈善总会藏文化慈善基金、内蒙古五当召协办的"中日佛教文化艺术"国际学术研讨会在北京举行。

2011年7月26日，由中国社会科学院世界宗教研究所发起的"宗教与慈善"座谈会在北京举行。

2011年7月29—31日，由中国人民大学哲学院和伦敦国王学院中国研究中心共同举办的"共识、文化与理性：中国—欧洲哲学与宗教国际研究中心成立大会暨第一届会议"在北京举行。

## 八月

2011年8月，首届汉藏佛学研讨会在江苏省无锡市灵山梵宫举行。

2011年8月8日，由新疆维吾尔自治区文化厅、自治区文物局主办，新疆龟兹研究院、北京大学中国古代史研究中心承办的"龟兹石窟保护与研究"国际学术研讨会在新疆库车克孜尔千佛洞举行。

2011年8月20—21日，由中国道教协会主办的"道教养生学的现代价值"学术研讨会在江苏省常熟市举行。

2011年8月16日，由南岳佛教协会主办的"慧思大师与南岳佛教"学术研讨会在湖南衡阳市南岳福严寺举行。

2011年8月20日，由中国西藏文化保护与发展协会主办、中国藏学研究中心和西藏大学协办的"第三届中国西藏文化论坛"在西藏拉萨开幕。

2011年8月21日，由西北大学佛教研究所与西安力邦艺术港联合主办的"中日仇英《十六罗汉图》学术研讨会"在陕西省西安市举办。

2011年8月24—26日，由中国社会科学院世界宗教研究所宗教学理论研究室和《世界宗教文化》编辑部主办的"宗教哲学论坛"在山东省青岛市召开。

2011年8月29日，由中华佛教文化院、中国社会科学院世界宗教研究所、北京大学宗教学系、江西省宗教文化交流协会、江西省佛教协会、宜春市宗教文化交流协会（筹）主办，由中国（江西）奉新百丈清规文化节组委会、宜春市佛教协会、奉新县百丈禅寺承办的"中国江西百丈山佛教文化论坛"在江西市奉新县举行。

## 九月

2011年9月2日，由西藏民族学院与华东师范大学哲学系共同主办的"佛教文化与西藏和谐社会建设学术研讨会",在陕西省咸阳市西藏民族学院举行。

2011年9月22日,由赵州柏林禅寺、河北省茶文化学会、韩国佛教春秋社主办,韩国《茶的世界》杂志、中国《吃茶去》杂志、中国禅茶网协办的"中韩两国禅茶文化交流会"在中国禅茶文化发源地河北省赵县柏林禅寺举行。

2011年9月22—23日,由香港中文大学道教文化研究中心主办的"宋代道教研究国际学术研讨会"在香港特别行政区举行。

2011年9月23—26日,由温州市社会科学界联合会和温州大学联合主办,温州大学社会学民俗学研究所、温州市民间文艺家协会协办的"中国民间信仰(温州)学术研讨会"在浙江省温州市举行。

2011年9月24—25日,由山东大学犹太教与跨宗教研究中心、北京大学高等人文研究院、山东大学哲学与社会发展学院、山东大学儒学高等研究院主办的"多元宗教视野中的正义论"国际学术研讨会在山东省济南市举行。

2011年9月26日,由摩洛哥伊夫兰市阿赫万大学与中国社会科学院合办的"21世纪的伊斯兰教与社会"(Islam and Society in the Twenty-first Century)学术研讨会在摩洛哥伊夫兰阿赫万大学举行。

2011年9月28—29日,由河北省儒学研究中心、复旦大学思想史研究中心共同举办,中国人民大学哲学院等六家单位合办的"马克思主义中国化:儒家思想与和谐社会建设"学术研讨会在河北省平山县西柏坡举行。

2011年9月29日,主题为"众缘合和、天下大同"的中国大同"两岸三地"佛教文化交流会在山西省大同市举行。

## 十月

2011年10月9日,由北京佛教文化研究所、北京广化寺、《佛学研究》年刊社共同主办的"辽金佛教研讨会"在北京广化寺东院"什刹海书院"举行。

2011年10月10日,由西北大学佛教研究所主办、广西莲音寺协办的"纪念辛亥百年 反思世纪佛教"百年佛教学术座谈会在陕西省西安市举行。

2011年10月10—12日,由浙江省佛协主办,天台山佛协、国清讲寺等单位承办的"两岸三地佛教天台宗交流大会"在浙江省天台县国清寺隆重召开。

2011年10月14—15日,由中国逻辑学会因明专业委员会与西南民族大学联合主办的"第七届全国因明学术研讨会"在四川省成都市举行。

2011年10月15—16日,由陕西师范大学宗教研究中心及台北华严学会联合主办的"首届中国华严国际学术研讨会"在陕西省西安市举行。

2011年10月20—22日,由中国宗教学会与浙江大学全球化文明研究中心共同举办的"泰山综观：宗教与中国传统文化"学术座谈会在山东省泰安市举行。

2011年10月23日，由中国道教协会、中华宗教文化交流协会共同主办，湖南组委会承办的"国际道教论坛"在湖南省衡阳市举行。

2011年10月27日，由湖北省政府民宗委和黄冈市人民政府主办，黄梅县人民政府、黄冈市政府民宗局、湖北省佛教协会、四祖寺、五祖寺共同承办的"第二届黄梅禅宗文化高峰论坛"在湖北省黄梅县召开。

## 十一月

2011年11月19日，由中国社会科学院世界宗教研究所主办、河南登封大法王寺承办的"佛法王庭的光辉——嵩山大法王寺佛教文化艺术论坛"在河南省登封市举行。

2011年11月26日，由中共甘肃省委统战部、西北民族大学、中国统一战线理论研究会民族宗教理论甘肃研究基地联合举办的"2011民族宗教问题高层论坛"在北京举行。

## 十二月

2011年12月3—4日，由复旦大学文史研究院主办的"图像与仪式：中国古代宗教史与艺术史的融合"国际学术研讨会在上海举行。

2011年12月3—4日，由中国人民大学与韩国高等教育财团联合主办的主题为"儒家的修身处事之道"的第八届"国际儒学论坛·2011国际学术研讨会"在北京举行。

2011年12月7—9日，由中国社会科学院主办、中国社会科学院世界宗教研究所承办的"中国社会科学论坛（2011·宗教学）——宗教与当代中国社会"专题研讨在北京举行。

2011年12月9—11日，由中国社会科学院基督教研究中心主办的"基督宗教与新文化运动"学术研讨会在北京举行。

2011年12月17日，由浙江大学语言与认知研究中心、杭州佛学院唯识学研究室及浙江大学物理系交叉学科实验室共同主办的"心智科学与东方心智传统的对话"在浙江省杭州市举行。

# 2012 年度会议目录

梁恒豪　王　伟　李金花 编

三月

2012 年 3 月 23—25 日，由浙江大学思想政治理论教学科研部、宗教与和谐社会建设研究所联合主办的"马克思主义与当代宗教问题研究"学术研讨会在浙江省杭州市召开。

2012 年 3 月 31 日—4 月 1 日，由北京大学宗教文化研究院与中国社会科学院基督教研究中心共同主办的"基督教中国化研究"专家座谈会在北京举行。

四月

2012 年 4 月 13 日，由华东师范大学先秦诸子研究中心主办的"先秦诸子暨《子藏》学术研讨会"在上海举行。

2012 年 4 月 19—23 日，由华中师范大学道家道教研究中心和香港青松观全真道研究中心主办，中国道教协会道教文化研究所、湖北省道教协会和武当山道教协会协办的"第二届全真道与老庄学国际学术研讨会"在湖北省武汉市举行。

2012 年 4 月 25—28 日，由东北师范大学亚洲文明研究院和美国旧金山大学亚太中心利玛窦中西文化历史研究所联合主办的"文本、记忆、地域与解释的新视角——中国东北地区的基督宗教与中西文化交流（清初至民国）"学术研讨会在吉林省长春市举行。

2012 年 4 月 26 日，由中国佛教协会、香港佛教联合会、中华宗教文化交流协会共同主办的"第三届世界佛教论坛"在香港举行。

五月

2012 年 5 月 11—12 日，由中国社会科学院世界宗教研究所主办的"宗教的动力研究：第二届宗教人类学学术论坛"在北京召开。

2012 年 5 月 12—13 日，由广州大学学术交流中心举办的"宗教经典翻译的理论与实践学术研讨会"在广东省广州市召开。

2012年5月19—20日，由河北省佛教协会、河北省社会科学院哲学所、邢台市政府民宗委主办，赵县柏林禅寺、邢台开元寺承办的"第二届河北禅宗文化论坛"在河北省邢台市举行。

2012年5月20日，由河南嵩山少林寺主办的"第二届中国佛医高峰论坛"在河南省登封市少林寺举行。

2012年5月26日，由中国政法大学宗教与法律研究中心（IRLS）与重庆市华岩寺联合主办的第一届"宗教·法律·社会"学术研讨会在重庆举行。

2012年5月26—27日，由玄奘大学宗教学系、弘誓文教基金会为纪念印顺导师诞辰一百晋七周年暨圆寂七周年而举办的"第十一届印顺导师思想之理论与实践"学术会议在台湾桃园举行。

## 六月

2012年6月1日，由法鼓山圣严教育基金会、法鼓山僧团联合举办的"第四届圣严思想国际学术研讨会暨第二届信众论坛"在台湾台北举行。

2012年6月9—10日，由北京大学高等人文研究院主办的"回儒世界观与中国伊斯兰研究的当代价值"学术研讨会在北京举行。

2012年6月16—17日，由中华孔子学会、南京大学儒佛道与中国传统文化研究中心主办，江南大学杂志社承办的"2012·中国无锡'儒学当代使命'高层论坛"在江苏省无锡市举行。

2012年6月23日，由西北大学佛教研究所和香港中华密教学会联合主办的"佛教与当代文化建设"学术研讨会在陕西省西安市举行。

2012年6月28—29日，由中国社会科学院与伊斯兰合作组织联合举办的"中国与伊斯兰文明"学术研讨会在北京举行。

## 七月

2012年7月6—8日，由中国社会科学院世界宗教研究所与（台湾）中华宗教哲学研究社、山西省海外联谊会、山西民族宗教文化交流中心联合举办的海峡两岸"中国文化与宗教大同暨五台山佛教文化"研讨会在山西省五台县五台山举行。

2012年7月10—11日，由中央民族大学哲学与宗教学院、中国人民大学宗教高等研究院联合主办的"宗教认同与民族认同暨第九届宗教社会科学年会"在北京举行。

2012年7月12—14日，由中国宗教学会、中国社会科学院世界宗教研究所、四川大学道教与宗教文化研究所联合主办的"'宗教与文化发展'高层论坛暨2012年中国宗教学会年会"在四川省成都市举行。

2012年7月15日，由中国逻辑学会因明专业委员会主办，贵州大学人文学院承办，杭州佛学院、中国藏学研究中心协办的"第八届全国因明学术研讨会暨虞愚先生贵州大学讲学七十周年纪念会"在贵州省贵阳市举行。

2012年7月28—29日，由中国社会科学院世界宗教研究所、中国宗教学会、中国文化书院、山东省海阳市沛溪书院共同主办的"2012海阳论坛"在山东省海阳市举行。

## 八月

2012年8月2日，由中国藏学研究中心、中国西藏文化保护与发展协会、西藏社会科学院主办的第五届北京（国际）藏学研讨会在北京召开。

2012年8月18日，由杭州灵隐寺主办的"灵隐寺与中国佛教：纪念松源崇岳禅师诞辰880周年"学术研讨会开幕式暨灵隐寺"云林书院"揭牌仪式在浙江省杭州市举行。

2012年8月19—21日，由中国社会科学院世界宗教研究所与中国道教协会道教文化研究所共同主办的"陈国符先生与中国道教研究"学术研讨会在江苏省常熟市举行。

2012年8月25日至26日，唯识学高峰论坛在浙江省杭州市举行会议。

2012年8月30日，由中共甘肃省委统战部、西北民族大学、中国统一战线理论研究会民族宗教理论甘肃研究基地联合举办的"2012民族宗教问题高层论坛"在甘肃省临夏州召开。

## 九月

2012年9月14—16日，由山东大学犹太教与跨宗教研究中心、中国德国史研究会主办，哲学与社会发展学院、历史文化学院协办的中国德国史研究会2012年年会暨"德国历史：宗教与社会"学术研讨会在山东省济南市举行。

2012年9月18日，由威海市政府台湾事务办公室、威海市政府民族宗教事务局、文登市政府主办，由文登市政府台办、威海市道教协会、文登市政府民族宗教事务局承办的"第三届海峡两岸（威海）道教文化研讨会"在山东省文登市举行。

2012年9月19日，由中国社会科学院文哲学部、浙江大学全球化文明研究中心、中国社会科学院世界宗教研究所、中国宗教学会联合主办的"渤海视野：宗教与文化战略学术研讨会暨中国宗教学五十人高层论坛"在天津举行。

2012年9月21日，由中国人民大学国学院汉藏佛学研究中心主办的"第二届汉藏佛学学术研讨会暨觉囊佛教文化论坛"在北京举行。

2012年9月22—23日，由中央民族大学"985工程"当代重大民族宗教问题研究中心及西北民族大学历史文化学院、西北民族大学西北民族文献研究基地联合举办的

"民间宗教研究：第四届宗教与民族学术论坛"在甘肃省兰州市举行。

### 十月

2012年10月13日，由中国社会科学院世界宗教研究所主办的"马克思主义宗教观研讨会（2012）"在北京召开。

2012年10月13日，由中国人民大学佛教与宗教学理论研究所和浙江省新昌大佛寺联合主办的"新昌大佛寺佛教文化发展交流会"在浙江省新昌市举行。

2012年10月14日，由河南省社会科学院主办的"《儒学的现代命运》出版暨崔大华先生学术思想研讨会"在河南省郑州市举行。

2012年10月21日，由北京佛教文化研究所、《佛学研究》年刊社主办的"2012元代北京佛教学术研讨会"在北京广化寺什刹海书院举行。

2012年10月22—24日，由首都师范大学、故宫博物院、中国藏学研究中心、中国人民大学、奥地利维也纳大学、中国西藏文化保护与发展协会联合举办的"汉藏佛教美术研究：第五届西藏考古与艺术国际学术讨论会"在北京举行。

2012年10月23日，由北京市政协主办的"民族和宗教文化在践行'北京精神'构建和谐社会中的独特作用"专题研讨会在京举行。

2012年10月27日，由中国社会科学院世界宗教研究所主办的"东南亚宗教与区域社会发展"学术论坛在北京举行。

2012年10月29日—11月2日，由香港中文大学人间佛教研究中心、中国人民大学佛教与宗教学理论研究所联合举办的"第五届两岸四地佛教学术研讨会暨第七届青年佛教学者学术研讨会"在香港举行。

### 十一月

2012年11月2—5日，由福建师范大学中国基督教研究中心主办的"多学科视野下的中国基督教本土化研究"学术研讨会（青年学者论坛）在福建省福州市举行。

2012年11月3日，由慈济大学、中国人民大学、北京大学联合主办，慈济慈善事业基金会承办的第二届"慈济论坛"暨第六届"宗教慈善公益事业论坛"在北京举行。

2012年11月20日，由江苏省无锡市道教协会、西南大学宗教研究所、重庆国学院联合主办的第三届"君山论道——崇尚天人合一，践行弘道济世——道家养生探秘为主题的专题研讨交流会"在江苏省江阴市举行。

2012年11月23—25日，由浙江大学基督教与跨文化研究中心主办，山东大学犹太教与跨宗教研究中心合办的"社会主义文化大发展大繁荣"学术研讨会暨中国基督宗教研究首届年会在山东省济南市举行。

2012年11月28日，由陕西终南山文化研究院、"佛教在线"网站联合主办的"宗教实践与社会和谐学术座谈会"在北京举行。

## 十二月

2012年12月1—2日，由中国藏学研究中心和中国藏语系高级佛学院联合举办，中国藏学研究中心承办的"2012年藏传佛教教义阐释研讨会"在北京召开。

2012年12月2—3日，由中国人民大学与韩国高等教育财团共同主办，中国人民大学哲学院、孔子研究院、中国人民大学亚洲研究中心承办，中国人民大学书报资料中心协办的"第九届国际儒学论坛"在北京举办。

2012年12月11—12日，由中国社会科学院主办、中国社会科学院世界宗教研究所承办的"中国社会科学论坛（宗教学）——宗教慈善与社会发展"国际学术研讨会在北京举办。

2012年12月15日，由湖北省政府民族宗教事务委员会、黄冈市人民政府主办，黄梅县人民政府、黄冈市政府民宗局、湖北省佛教协会、黄冈禅宗文化研究会承办，由四祖寺、五祖寺、老祖寺协办的"第三届黄梅禅宗文化高峰论坛"在湖北省黄梅市举行。

2012年12月16—17日，由四川省人民政府宗教事务局、四川省佛教协会主办的以"爱国利民、同心同行"为主题的"第二届藏传佛教佛学思想建设研讨会"在四川省峨眉山市举办。

2012年12月23日，由云南大学哲学系佛教与现代宗教理论研究所主办的"西南佛教遗迹与历史文化研究"学术研讨会在云南省昆明市召开。

2012年12月27—28日，由广州市道教协会与香港道教学院联合举办的"道教与星斗信仰学术研讨会"在广东省广州市纯阳观举行。

2012年12月28—30日，由中国社会科学院世界宗教研究所主办的"第八届青年学者论坛暨第二届博士后论坛"在河北省三河市召开。

2011年十大热点会议

关键词1：宗教的现代社会角色

# "宗教的现代社会角色"学术研讨会综述

王芳妮

2011年1月12日至15日，"宗教的现代社会角色学术研讨会"在广东深圳召开。此次会议由广东省民族宗教研究院、深圳弘法寺和深圳大学宗教文化研究所共同举办。出席会议的正式代表有50余人，提交给会议的论文30多篇，主要分为三个主题：近现代佛教的社会化问题；道教如何超世而入世；基督教的中国化问题。

## 一 关于近现代佛教的社会化问题

学者们就佛教如何积极发挥社会建设作用、发展怎样的社会作用等展开热议。弘法寺印顺法师就他所认为的当前中国佛教存在的问题及其原因做了分析，并对其进行了深入的思考，从政府到佛教团体内部都提出了具体的应对措施，并大力发展佛教的慈善事业及助学措施。以期面对转型期的社会，中国佛教能够走上健康发展的道路。麻天祥教授认为佛教是在长期的传承和不断地革新中发展和完善起来的，佛教自身要不断更新，在面对现实时发挥其生命安顿意义，在超越性精神前提下发挥其社会批判作用。并对僧教育的完善提出一些建议。黄夏年教授从策划活动的角度，对宗教圣地与现代社会之间的问题做了论述。认为在策划宗教圣地的活动中，首先重视历史文化的研究与梳理，要尊重宗教发展的规律，尊重客观事实，尊重宗教徒的感情，在此基础上体现当代社会发展的现代性。龚隽教授从近代中国佛教思想史的角度考察了欧阳竟无与"人间佛教"的关系，主要比较了他们在佛教与政治，以及佛学研究方法等方面的异同。认为中国佛教应注意神圣性与世俗化张力之间的问题，避免媚俗而迷失。张志强教授以欧阳竟无与太虚关于"唯识、法相分宗"原理之辩难为中心对于如何整合佛教形成统一教会提出了不同的思路。陈延超教授对广东佛教慈善公益事业的实践情况做了简介，并指出其现代意义，对此过程中的问题也进行了反思，认为应建立和发展我国特色的宗教慈善公益理论。赖贤宗教授通过对佛典中音乐之研究,将佛典禅修的概念与音乐、瑜伽等联系在一起,为佛教提出一种新的传教方式。

## 二 道教如何超世而入世

道教在现代社会中所承担的社会角色,如何能推进道教的现代化进程为学者们所关注。李刚教授认为道教对当代科学的发展有启迪意义,道教生命哲学、道教人生哲学、道教哲学中的生态伦理观,都对现代社会有启示。在现代化进程中道教有其缺陷,但也发挥着重要的社会功能。王卡教授认为当代道教复兴之机遇其一在于道教自身教团组织、宫观建设、仪式创新、人才教育等方面的长足发展,更可喜之处在于道教界精神面貌所发生的明显变化。当代道教复兴有其重要意义,可以平衡中国文化与外来文化之关系;可以整合中国民间信仰,协助管理部门将民间宗教纳入有效管理。但道教应保持自身发展,不要现代化,就要古来之原状对社会发生作用。李大华教授从宗教的传播来谈宗教的发展,以具体的案例来探讨宗教传播中"权"不必然兴教但确实是兴教的方便之门,而道场、市场才是兴教的方向,也为宗教的土壤,传道者注重权更应该注重场,这才是人间正道。樊光春教授从道教教理、教义中对生态体系的关注,围绕道教在生态保护方面的功能,肯定了当代道教界在实际活动中对环境的保护,认为道教可以立足生态保护而使其走出国门影响世界。孙亦平教授从出世与入世说明当代道教所面对的挑战是在伴随着现代化而出现的宗教世俗化潮流中,如何既从理性角度为人们提供一种生存意义与文化价值,又保持道教本有的出世性与神圣性之特点。其中涉及的道教与现代化之间的关系问题,引起学者们广泛热议。吕锡琛教授从"神道设教"的道德教化内蕴、"天道赏善罚恶"的道德激励机制、斋醮科仪的道德劝导机制、修道致寿的道德内驱机制、反省忏悔的道德纠错机制几方面论述了道教的道德培育机制在当代社会重要的现实意义。林安梧教授对当前台海两岸之传统宗教,尤其以道教及民间宗教为核心,做了历史回顾并前瞻其未来,从而提出神统、俗统及学统之说,以为厘清及救济之道。陈静教授从宗教与科学、宗教与历史、宗教与选择几个方面对宗教的角色进行了思考。盖建民教授以白玉蟾"隐山文"为个案来探讨道教的组织形态山林道教与都市道教之神学理论基础,指出道教在现代化进程转型之必要性及都市道教的重要作用。夏志前教授提出"新全真道"这一概念探讨全真教之衍化,对岭南全真道之历史境遇做了分析论述。

## 三 基督教的中国化问题

学者们从不同的角度对这一问题做了论述。贺璋蓉教授运用田野调查,从社会学的角度对广东揭西县棉湖镇玉石村天主教信仰进行了考察,以此个案来具体分析和阐述宗教在当今中国乡村社会的社会功能。张贤勇教授通过对基督教传教士著作的分析,或者说对历史文本的解读揭示当时社会的中国传统宗教与信仰之境况,以具体的案例来论证宗教在现代社会的角色。林艳教授通过对"路得记"与"孔雀东南飞"的文本解读,揭示不同社会文化背景下存在的婆媳关系问题,并认为其是多数父权制社会普遍存在的问题。田薇教授主要是从宗教社会学的角度对宗教在现代世界的变化、后果及其意义定位作了阐述,认为从社会文化的向度来看宗教是构成一切伦理文化的根基,从个体生命的角度来看,宗教是一个终极关怀的系统。张宪教授认为应该放弃传统宗教理解中对一些概念的简单划分,而是要恢复宗教原生状态,要给宗教以现象学的解释。张志林教授通过对斯温伯恩"上帝"观念与"上帝存在"命题之澄清,立足于科学哲学中有关理论与证据之间认识论关系的基本观点,分别从确证和解释两个方面来对命题进行分析,并尝试提出改进斯温伯恩论证方案的思路,由此显示当代考察宗教与科学关系的一种新方式。霍桂桓教授认为研究宗教应关注作为宗教意识基础的各种"终极关注",研究宗教意识在不同时代之不同表现,在研究"宗教的现代社会角色"时不仅要严格界定今天的"宗教"是什么,也必须从社会个体的角度来研究各种宗教活动。

## 四 其他

李兰芬教授通过对广州城隍庙历史及其现状概况之梳理,介绍了广州城隍庙的历史角色、功能及其意涵。提出在目前政治体制的规限下应拓宽宗教发展的空间,明晰宗教、社会、政治间的权限边界。胡锐教授以讲坛类电视节目为例认为其是娱乐时代下传统宗教文化传播的一个有效途径,应利用传媒的力量,坚守文化的内涵。台湾的刘焕玲教授介绍了台湾新兴宗教天帝教的教义及其修持方法,认为其教义基础建立在中华文化儒道思想内在超越的精神内涵中,又以现代科学发展事实与语言,重新诠释早已存在着古老的天帝信仰,在台湾地区带动现代宗教人及修道者的生活方式与生命风格。闵丽教授认为科学有其局限性,难以克服人类面临的死亡、灾难以及由此产生的恐惧、绝望心理等,而宗教在理解和把握世界的方式及其社会功能方面,能够弥补科学的不足。因而在社会生活中,两者应"各司其职,各尽其能"。阮炜教授通过对希腊文明的分析,提出了 philosophia 的哲学性和神学性的问题。认为 philosophia 虽然依赖于神祇或超自然力量,但毕竟是一种理性化程度高得多的思维样式。从根本上讲,它是古希腊罗马人所特有的一种理性化路径。王光松教授以一座潮汕民居为例,运用田野调查的方法对民国晚期乡村社会中儒教伦理的传播与教化功能做了介绍。李向平教授提出以"文化带宗教"

的研究模式，通过介绍当代中国宗教文化研究的基本特点，认为当代中国应该实现宗教文化与公民文化的双重建构。

本次会议是在深圳改革开放 30 周年后举行的首次宗教学术研讨会，对当代中国宗教的建设与发展，必将起到重要的影响，也为学术界的学者研究提供了广阔的思路。

(《世界宗教研究》2011 年第 4 期)

关键词2：宗教类非物质文化遗产

# "中国宗教类非物质文化遗产保护现状与对策学术研讨会"举行

2011年1月15日，由中国艺术研究院主办的"中国宗教类非物质文化遗产保护现状与对策学术研讨会"在北京举行。会议由中国佛教协会第八届理事会特邀顾问、音乐学家田青主持，中央政府文化部非物质文化遗产司司长司马文辉和中国艺术研究院院长助理、中国非物质文化遗产保护中心副主任吕品田出席了会议。来自中国社会科学院、中国人民大学、中央民族大学、中国艺术研究院、辽宁大学、中国音乐学院、中国道教协会、中国佛教协会、凤凰网、中央民族乐团、北京白云观、山东东阿鱼山梵呗寺等单位的近20位专家学者参加。

据初步统计，已经进入国家级"非遗"保护名录的前两批和第三批的推荐项目中，佛教类有40余项，涉及50多个地区。现在中国进入联合国教科文组织人类口头和非物质文化遗产代表作的项目已经有26项，可谓起步晚，成效大，但是在宗教类非物质文化遗产的保护上较为薄弱。与会专家学者就宗教类非物质文化遗产保护所存在的问题及将来如何申报展开研讨，希望通过申报非物质文化遗产使传统文化能够得到传承和弘扬，使其在提高国家的软实力方面发挥积极作用。

（中国宗教学术网2011年2月16日）

关键词3：近期伊斯兰世界的政治变动与宗教

# "近期伊斯兰世界的政治变动与宗教"研讨会在北京举行

2011年2月15日，世界宗教研究所伊斯兰教研究室组织召开"近期伊斯兰世界的政治变动与宗教"研讨会。2011年初以来，以突尼斯、埃及等国为代表的伊斯兰世界政治局势复杂多变。伊斯兰教在目前的变局中发挥着怎样的作用，政治局势的变化又对伊斯兰教未来的发展趋势会产生怎样的影响？研讨会就相关议题进行了讨论。

北京大学国际关系学院中东研究中心王锁劳博士、北京大学阿拉伯语系吴冰冰博士，以及中国社会科学院世界宗教研究所的邱永辉研究员、王宇洁博士和李维建博士分别以穆斯林兄弟会的影响与作用、政治伊斯兰的影响和发展趋势、北非动荡的世界影响等内容为主题作了发言。各位学者的主要观点有：这次事件本质上并非宗教性事件，而由民生诉求引发的世俗性事件；事件既有革命的性质，背后也有军事政变的因素；穆斯林兄弟会在这次事件中起了一定的作用，并从中得益；整个事件的过程远比表面看起来更为复杂；埃及暂时不可能走向政治伊斯兰；国际舆论对埃及事件的反映不一；埃及事件存在着向其他伊斯兰国家辐射的可能，根据埃及未来政局变动的情况，政治伊斯兰可能会发挥更大的作用，等等。

世界宗教研究所所长卓新平、副所长金泽，该所伊斯兰教研究室、基督教研究室、当代宗教研究室等研究室约二十余人参与了研讨，并在会后对相关主题进行了热烈的讨论。

（中国宗教学术网2011年2月18日）

关键词4：宗教对话与和谐社会

# 宗教对话与和谐社会

陈声柏　田　飞

近日，第三届"宗教对话与和谐社会"学术研讨会在兰州召开。此次会议由兰州大学宗教文化研究中心主办，香港文化更新研究中心、《兰州大学学报》编辑部协办，来自中国社会科学院、北京大学、香港汉语基督教文化研究所等40多个学术单位的80余位专家学者参加了会议。会议从提交的170余篇论文中遴选出60篇论文提交发言讨论。与会专家学者围绕中国传统宗教与社会、宗教对话理论的探究、儒耶对话、佛耶对话、伊耶对话、伊斯兰教与中国传统文化、宗教对话在中国的实践等7个议题，以科学的态度探讨了"宗教对话与和谐社会"这一时代话题。

中国传统宗教与社会对中国传统宗教与社会的关注，是本届"宗教对话与和谐社会"学术研讨会的一个重点。这部分的论文主要是从以下两个路径进行论述的：

第一，宗教本身作为一个信仰体系或意义世界，对不确定的生活世界予以框定，但这种框定是如何发生的呢？在日渐世俗化或祛圣化的社会中，这种框定是否会逐渐被消解？在《先秦儒道有限性思想研究》一文中，彭战果认为，先秦儒家从天命那里发现了生存的有限性，道家则从认知缺陷入手，阐明了认知的有限性，而有限性的存在，给予了儒道两家超越自身的前提。在《〈国语〉中的神与民》一文中，张永路从政治哲学视角解读《国语》中神、民合称这一"神民叙述"模式，探讨了春秋时期独特的宗教信仰。在《知识之神圣性及其祛圣化历史与效应》一文中，任军认为，伴随知识祛圣化，理性、宇宙、历史与时间、语言、宗教也同时被祛圣化。在《民间信仰与当代社会的关系之探略》一文中，贺璋瑢认为信仰和宗教作为意义的根源在现代社会仍有巨大的生存空间。

第二，中国历史上存在的传统宗教对话的成功范例，能对解决当今多元文化冲突提供借鉴意义。韩星的《全真道三教合一的理论特征》、姚彬彬的《近现代新儒家与佛教华严学》、郭美星的《试论"玄佛合流"的历史进程及其当代意义》三篇论文，分别对道儒释、儒佛、玄佛之间对话的成功范例进行了探讨。

宗教对话与和谐社会的理论与实践是本次会议的主题，而关于不同宗教间、宗教与科学、宗教与社会的对话的理论探讨和实践研究是会议绝大多数论文涉及的议题。细分起来，可以从以下六方面进行概述。

### （一）宗教对话何以可能：理论的探究

不同宗教间的对话之所以可能，一个基本的解释是：不同宗教在"各自"的独特处之外，还有一些"共通"的地方，唯有如此，"各自"才能够相互交流和对话。在《宗教对话——从理解、合作到自身发展》一文中，肖安平提出"对话十诫"和"以灵性实在为中心"的对话点。在《社会发展语境中的宗教对话：从巴哈伊经验说起》一文中，宗树人、万兆元从巴哈伊教义和经验出发，试图在"科学、宗教与发展"的基础上构建一个宏大的宗教对话的合理框架，在这个框架中，各宗教团体可以愉快地谋求对话与交流。

此外，另一个解释的逻辑是：只有异质的东西才有对话的必要。那么，这样的宗教间、宗教与科学、宗教与社会的对话的价值何在呢？在《众神相争的诅咒——宗教对话的核心边缘模式》一文中，郭慧玲区分了信仰世界的核心层次和边缘层次，认为当代全球化形势下的宗教转型、信仰者的多元认同交叉和各种宗教对话理论的建构，为宗教对话障碍的消解提供了契机。张志鹏在《宗教对话与灵性市场竞争规则的建构》一文中认为，宗教对话的目的不是为了消除宗教竞争和分割灵性市场，而是确立更为合理的竞争规则和提供更好的灵性服务。

### （二）儒耶对话

基督教与儒家（或儒教）的对话，既有大的视角分析，也有小的个案研究。在《从"儒学与宗教的讨论"看儒家与基督教的对话》一文中，张言亮对儒家宗教性论争的历史过程及其表现出来的各种问题进行了梳理。在《儒家幽暗意识的觉醒——明末以来儒家对基督宗教罪论的回应与反思》一文中，韩思艺认为，通过对西方民主传统中"罪恶意识"的认识，可以发掘出儒家思想传统中所包含的"幽暗意识"。在《孔子的天命观与超越形态》一文中，赵法生则认为，与基督教的外在超越、心学化的内在超越不同，孔子有着中道超越观。

涉及耶儒对话个案研究的有4篇论文，分别是：丁锐中的《明末清初儒教与天主教的冲撞与调试——以王徵"纳妾"与"殉明"为例的初步探析》、黄芸的《〈交友论〉的接受基础及与阳明学友道观念的比较》、张涪云的《马勒伯朗士"上帝观念"及其耶儒对话的努力》、邝禹韬的《朱熹与圣依纳爵的灵修哲学比较》。

### (三) 佛耶对话

本次会议有关佛教与基督教对话的论文大多存有这样一种反思：基督教这一"普世宗教"如何能像佛教一般，在中国顺利实现"本土化"？在《刚恒毅的"本地化"思想谱系及其对佛教的借鉴》一文中，刘国鹏认为，刚恒毅创造性地借鉴了佛教在华"本地化"的成功经验，进一步推动了天主教的"本地化"运动。

在《天主教之"补儒易佛"——张星曜个案研究》一文中，刘晶晶认为，张星曜"天教补儒"的思想是经过王朝更迭之后，儒家知识分子自省与反思的结果；而其"天教易佛"的思路是独特而有价值的。在《救苦救难：观音与福音——兼谈基督教中国化》一文中，陈坚认为，中国佛教的"观音"和中国基督教的"福音"在"救苦救难"的问题上构成了共鸣。在《天国与净土——保罗和亲鸾拯救论之比较研究》一文中，陈曦认为保罗和亲鸾两人在思想内容和思想来源上有着惊人的相似。

### (四) 伊耶对话

关于伊斯兰教和基督教的对话与反思，在《中国伊斯兰教与基督教——在全球化和合一运动时代伊斯兰教与基督教对话之探讨》一文中，胡梵从历史渊源和现实背景两方面对两教关系和对话之可能做了探讨。在《中国的宗教皈依：对穆斯林与基督徒皈依原因的初步比较》一文中，马强认为，穆斯林与基督徒皈依原因的共性在于其同城市有一定的关联。与此相比，马景的《传教士安献令与中国伊斯兰教西道堂研究》、王建平的《瑞典行道会传教士所观察的喀什伊斯兰教与南疆维吾尔族穆斯林社会的关系》两文的反思则更像是一种历史的"互视"。

### (五) 伊斯兰教与中国传统文化

伊斯兰教在进入中国传统文化圈的时候，同早先的佛教和晚近的基督教一样，都要面临一个漫长且艰辛的中国化过程。这种艰辛既包括理论上的创新摸索，比如哈宝玉在《王岱舆伦理道德"三品"学说探析——兼及伊斯兰与儒家精神的相通性》一文中介绍了王岱舆"三品"说；也包括实践中的磨合交往，比如白建灵在《藏传佛教和伊斯兰教与甘宁青地区民族关系比较研究》一文中探讨了伊斯兰教在遇到同样是全民信仰的藏传佛教时会有什么样的反应。

### (六) 宗教对话在中国的实践

宗教对话的研究可以表现为对历史文献的梳理、理论异同的比较和对话个案的调查等，也可以表现为对更为激烈的文化事件的论争。

梁燕城在《基督信仰融通中国的模式与当前使命》一文中，从利玛窦、李提摩太、戴德生3位传教士生命实践的角度出发，对基督教的普世话语如何在中国语境中生存和发展做出了总结和初步回答，即必须正视并耐心治疗中国的历史和文化创伤。褚潇白在《另类的基督教：从"天兄"形象看"拜上帝教"的中国民间信仰特点》一文中认为，拜上帝教是对耶稣基督形象进行本土意识转化的结果。

在《近代河湟事变与西北基督教的传播》一文中，刘继华认为，河湟事变推动了宣道会对西北回藏的宣教工作。在《相同的使命，不同的理念》一文中，韩清平以圣言会为例，分析了天主教会在中国传教方式上的得失、在思想理路上的变动。

在《比较历史学视野下的政教关系》一文中，郭长刚和张凤梅认为，从宗教本质上说，中国社会没有出现一神论、体制化宗教的事实，恰恰表明了中国宗教的发展模式是世界宗教发展的常态。在《舟曲多元宗教的共存与对话研究》一文中，仇任前用田野调查的方法对舟曲藏传佛教、基督教、民间宗教之间的交流互动做了描述。在《基督教哲学与中华文化的汇通之路——辅仁学派的理论与实践》一文中，孙维认为，作为新士林哲学核心阵地的台湾辅仁学派，在沟通中华传统文化与士林哲学方面作出了重大努力与贡献。

(《中国民族报》2011年7月12日)

关键词5：仪式、宗教与认同的超越

# "仪式、宗教与认同的超越"学术研讨会简报

魏育鲲

由青海民族大学民族学与社会学学院；北京大学海外讲学计划、蒙养山学社；上海音乐学院上海高校人文社科重点研究基地中国仪式音乐研究中心以及《中国人类学评论》杂志中国人类学评论网联合主办的"仪式、宗教与认同的超越"学术研讨会，于2011年5月15—17日在青海省西宁市的青海民族大学召开。

研讨会开幕式上，青海民族大学马成俊教授为研讨会致辞。北京大学王铭铭教授首先对研讨会"仪式、宗教与认同的超越"这一主题作了简要说明。他说，仪式不仅需要关照到社会的自我认同，同时也应该意识到这种自我认同与其他社会认同之间的联系。仪式不仅是在塑造社会的一致性，还塑造了其与另外的社会以及比这个社会更大的体系之间的关系。这种关照可被看成是认同的超越，而这种超越对于今天的民族地区仪式研究尤为重要。之后，西北民族大学的郝苏民教授与上海音乐学院的萧梅教授分别作了题为《仪式的嬗变与主流——"非物质文化遗产"与信仰》及《仪式音声——信仰存在的一种方式》的主题演讲。萧梅教授就仪式中的音声何以或如何能够成为某种信仰存在的方式，以及仪式音声如何建构了一个信仰认知中的宇宙观等问题展开探讨。

此外，研讨会按论文涉及的主题，将来自不同地区、领域学者的论文分为"黄河上游的民俗、宗教与族群"、"仪式音声研究"、"西南地区仪式与社会生活"、"仪式理论选读"四个板块讨论，共有文章13篇。第一板块共四篇文章，发言人均来自青海民族大学。马成俊的《地方社会与国家权力——从文书看撒拉族与1781年的教争》，通过对史料解读，以1781年撒拉族教争为切入点阐述了这一地区宗教信仰争端与国家权力之间的关系。唐仲山的《同仁县年都乎村村落山神信仰与村落民俗的民族志分析》，对青海同仁县年都乎村特有的"於菟"仪式进行描述，并对当地的山神信仰进行解读。张海云的《黄河上游汉人社会的文化传承与变迁——贵德"家族团拜"的文化透视》以及才贝

的《一个藏族牧村的日常表达——一项来自青海省贵德县都秀村的人类学考察》则都从一个侧面反映当下民间信仰与文化生活的变迁。

第二板块"仪式音声研究"共有论文三篇，中国艺术研究院研究员齐琨的《仪式空间中的音声表达——以两个丧礼与一场童关醮为例》以两个丧礼与一场童关醮仪式为例，将仪式中所采用的音声进行归类、梳理。从仪式的物质空间、意识空间、关系空间三个层面，阐释仪式中音声如何建构仪式空间，并对仪式中音声的文化含义进行解读。华中师范大学吴凡的《秩序生存——在音声中建构与被建构的阴阳鼓匠》对阴阳与鼓匠两种在仪式中不同身份的执乐人之身份，用乐，进行描述，并阐释两种身份的执乐人，如何被历史社会等大的文化语境建构，又如何通过自己的调试反向建构社会与音乐。内蒙古大学杨玉成的《模式与表演——以乌珠穆沁婚礼乃日仪式及其音乐为例》探讨作为行为的乃日及作为模式的乃日之间的关系，以及它与各种庆典仪式之间的关系，尤其关注"乃日音乐"模式与"乃日仪式"实践之间的关系，并通过理想模式与仪式表演之间关系的探讨，揭示仪式背后的传统与当下、思维与行为、个体与群体、模式与表演等一系列关系。

第三板块"西南地区仪式与社会生活"共四篇文章，南京大学褚建芳的《仪式的维度——以云南傣族泼水节的制造为例》通过对云南傣族泼水节这一节日的来源，以及如何被建构为傣历新年的历史追溯，探讨研究仪式过程中应关注的历史维度。西南民族大学张原的《以礼节为俗——论日常生活的社会性与超越性的可能》通过自己在贵州田野的经验，探讨在仪式空间之外的日常生活中的社会性和超越性。以"礼俗生活"这样的概念来描述当地人的生活，并用当地的这种生活经验对人类学惯常使用的宗教、仪式等概念进行反思。西南民族大学汤芸的《官司与神判——一个西南村庄的降乩仪式中的讼争与教谕》选用其田野地点发现的《鲍氏宗谱》中所记载的通过降乩来解决家族争端的一则史料，通过对史料的解读探讨作为一种平息讼争的仪式具有何种特征，同时也探究仪式过程中所反映的社会生活秩序以及蕴涵其中的心态，进而对法律人类学的中国研究进行了反思。中国社会科学院舒瑜的《云南诺邓盐井的丰产仪式和交换》通过对云南诺邓盐井历史上的两种丰产仪式："接水魂"（盐的丰产仪式）和"舞龙求雨"（米的丰产仪式）的细致分析，表明建立在内—外、自我—他者交换关系上的丰产仪式，其追求的"整体丰产"，以及自我与他者的丰产构成了彼此依赖的关系。

第四板块由张亚辉与吴银玲分别解读罗伯森·史密斯的献祭理论及葛兰言的《中国人的宗教》，并进行了讨论。

17日上午的圆桌会议，来自伦敦大学伦敦经济学院的 Stephan Feuchtwang（王斯福）教授进行了题为"Some thoughts about border regions and empty places"的演讲。王斯福

教授的演讲意在对边境区域的研究提供一个非常有益的框架，探讨边境与中心的关系，并提出边境区域也具有自己的中心以及这些中心之间的关系等问题。圆桌会议结束后香港中文大学人类学系教授吴科萍总结致辞，陈其斌致闭幕词，研讨会在热烈的气氛中圆满结束。

（中国音乐学网2011年5月26日）

关键词6：宗教与中国社会伦理体系的建构

# 弘扬共同体理念　建设中华民族共有精神家园
——"宗教与中国社会伦理体系的建构"学术研讨会综述

张新樟

由中国伦理学会和中国宗教学会联合举办的"宗教与中国社会伦理体系的建构"学术研讨会暨浙江大学全球化文明研究中心成立仪式于2011年6月3—6日在浙江杭州举行。本次研讨会是继20世纪90年代末中国伦理学者和宗教学者合作推动"全球伦理运动"以来，中国伦理学界和宗教学界再次联合举办的又一次盛会。

此次会议旨在加强学科对话，推进"伦理共同体"和"宗教共同体"的建构，共同应对中国社会转型发展过程中文化思想、价值伦理方面出现的各种问题，为中国社会文化思想道德建设建言献策，共建中华民族的精神家园。

**在伦理与宗教之间**

在宗教与道德、宗教学与伦理学的关系问题上，学者们持尖锐对立的观点。中国伦理学会会长、清华大学哲学系主任万俊人认为，伦理学是一门"顶天立地"的学问，"天"就是宗教信仰，"地"就是政治法律。正常的道德状态需要天清地宁，政治法律不能离开道德，政教分离是不可避免的，但是道德不能跟政治分开。宗教也需要道德，在道德不好的社会，难以设想宗教是健康的。北京大学教授徐向东主张，要批判性地审视宗教信仰与人类生活的其他方面的关系，即使宗教在某种意义上表达了人们在最高精神层面上的追求，但世俗生活的可能性不得不建立在与人类生活的根本形式更为相关的普遍的道德规范基础上，人类在其自身的状况中所面临的真正危机归根结底是道德意义上的危机，而不是宗教信仰的危机，甚至也不是某种意义上的文化危机。

**建构宗教共同体　化解价值伦理缺失危机**

全球化的过程是人类在各领域形成共同体并最终形成人类共同体的过程，在这个过程中宗教冲突是一个不可忽略的问题。解决宗教文明之间的冲突，构建全球化人类共同的核心价值和伦理体系，已经成为全球化时代人类共同生存发展的无法回避的任务。对此，浙江大学宗教学研究所教授王晓朝主张，在中国当前形势下，创建宗教共同体的设想与整个中国大环境相适应，而且这一尝试必将有助于解决当前我国存在的宗教问题，从而推动中华民族共有精神家园的建设。清华大学哲学系博士后陈越骅认为，当代学术语境中的"共同体"概念实则有两个源头：古典哲学和现代社会学。面对中国社会的转型带来的道德转型，从伦理学角度探讨伦理共同体对重建人的精神家园和人伦秩序非常有意义。浙江大学全球化文明研究中心安伦研究员认为，构建以宗教共同体为基础的公民信仰认同，不仅有助于化解我国社会价值伦理缺失的危机，而且可能为全球化时代人类价值伦理构建的困境提供出路。

**成立专门机构　以理论研究实现现实关怀**

本次研讨会的最大收获在于浙江大学全球化文明研究中心的成立。这一中心旨在推进中国社会各界对宗教的正确认知，建构中国宗教共同体，以应对全球化过程中全人类都将面对的生态危机、社会危机、道德危机、价值危机、信仰危机。该中心的工作重点是汇聚学术界的力量，展开跨学科、多学科的合作，深入研究全球化背景下世界各大文明与各种宗教的关系，阐发、推介、传播共同体的理念，为建构中国宗教共同体提供理论基础；推进世界各文明、各宗教之间的对话，促进宗教间建立多元通和、和而不同、和合共生的良好关系，促进各宗教自身的合理改革，发挥其造福社会的积极功能；推进宗教知识的基础教育，促进社会对宗教的了解，为中国宗教的健康发展创造良好的社会环境；推动政、教、学三界的良性互动，为创建和谐社会贡献力量。

（《中国社会科学报》2011年6月29日）

关键词 7：宗教与和平发展

# "宗教与和平发展"学术研讨会综述

中国社会科学院世界宗教研究所供稿

由中国社会科学院世界宗教研究所、中国宗教学会联合主办的"宗教与和平发展"学术研讨会暨中国宗教学会第七次全国会议于 2011 年 7 月 15—16 日在北京召开。来自中共中央统战部、国家宗教局、中央社会主义学院等部门的领导，五大宗教（佛、道、伊斯兰、天主教、基督新教）的代表，中国社会科学院、北京大学、中国人民大学、清华大学、浙江大学等高校和相关研究机构的专家学者以及新闻媒体代表近百位参加了本次大会。开幕式由中国社会科学院世界宗教研究所副所长金泽研究员主持，中国社会科学院世界宗教研究所所长卓新平研究员、中共中央统战部常务副部长朱维群等分别致辞。

本次学术研讨的主题为"宗教与和平发展"，与会的百余位专家围绕这一主题进行了深入研讨。会议分为 4 个议题：宗教与社会和谐、宗教与文化、宗教与和平、宗教学相关研究。

此外，本次的中国宗教学会第七次全国会议是 5 年一次的换届大会，会议对于进一步发挥宗教学会的特殊作用，团结协调国内政界、学界、教界这"三支队伍"的力量，确定今后一个时期宗教研究的重点方向，配合中国共产党和政府实施涉及宗教问题的内外方针政策，发展体现中国气派和国际水准的中国宗教学术研究事业，具有十分重要的意义。

**宗教与社会和谐**

针对"宗教与社会和谐"这一议题，中央民族大学牟钟鉴教授发表了《关于宗教和谐论的思考》一文，他指出：宗教和谐论是中国特色社会主义宗教理论的最新成果，是马克思主义宗教观的新理论形态，是中华仁和文化在宗教关系上的体现，是科学发展观的组成部分，是宗教信仰自由观的补充和提升，是具有普世价值的当代宗教文明转型的导向性理论，它不仅有益于通过宗教关系的和谐促进社会和谐、世界和谐，也有益于宗教净化自身，在善美的方向上健康发展。

中国佛教协会副会长学诚法师在题为《关于当代宗教与文化发展的思考》的发言中指出，在宗教的价值日益得到证明和肯定的今天，为了更好地承担起时代赋予宗教的社会责任，宗教自身需要处理好两大关系：一是不同宗教之间的相互关系，二是同一宗教内部的教派关系。在这方面，中国的历史经验能给我们诸多有益的启示。

四川大学李刚教授探讨了中国宗教的三元并存互动格局。他指出，三教（儒、道、佛）的融合与和平共处，对未来全球文化、信仰共同体的形成具有启发意义，对未来不同文化之间的冲突与融和，对不同的意识形态、思想文化之间如何和谐相处也可资借鉴。

中共中央党校龚学增教授探究了宗教与社会主义的关系问题，提出了从"积极引导适应"到"促进宗教关系和谐"的新思路。浙江大学安伦教授探讨了中华文化发展的战略。浙江大学王晓朝教授指出，让宗教保持常态应是中国宗教管理工作的目标。云南民族大学副校长张桥贵发表了《民族之间通婚影响多宗教和谐共处的研究》一文，他认为，民族单一社区对族际通婚有较强的阻碍作用，民族混合社区的族际通婚现象比较普遍；族际通婚促进了多宗教的和谐共处，而宗教的和谐共处又反过来为族际通婚创造了条件。复旦大学徐以骅教授发表了《统战与安全——中国宗教政策的双重解读》一文。

**宗教与文化**

在第二场"宗教与文化"的研讨中，中央民族大学何其敏教授基于对中国少数民族地区宗教概况的梳理，探析了宗教在当代中国民族文化发展中的定位。浙江大学王志成教授提出灵性作为宗教共同体的内核，必然会从传统灵性转向现代灵性，从个体灵性转向全球灵性。复旦大学范丽珠教授则探究了宗教对全球化时代诸问题的回应。浙江大学张新樟副教授谈及从宗教对话走向宗教共同体的新动向。西北大学李利安教授探究了宗教在当代文化发展战略中的作用，西安电子科技大学荆三隆教授则分析了西安建设世界佛教文化论坛在区域文化建设中的作用及影响。华侨大学副校长张禹东教授探究了海外华人传统宗教信仰与社会和谐的关系问题，浙江大学戚印平教授重新讨论了利玛窦的"易服"以及范礼安的"文化适应政策"，指出传教士形象改变的本质意义在于获得生存与发展的通行证与护身符。中国伊斯兰教经学院副院长高占福教授探讨了伊斯兰教幸福观的内涵、社会功能及当代意义。内蒙古师范大学的巴·孟和教授探析了藏传佛教的蒙古化过程及蒙古佛教的特点。

此外，在本场的研讨中，山东大学姜生教授作了关于宗教问题与执政能力建设的发言，他指出，作为执政能力建设的一个重要基础，当代中国宗教学理论建设，必须建立在真正本质性的认识上。否则思想观念的失误可能导致的是一大片群众的失控甚至丧失。山东大学傅有德教授则探析了宗教与巴以关系这一重大国际政治热点问题。

**宗教与和平**

在第三场关于"宗教与和平"的专题研讨中,南京大学洪修平教授分析了佛教人生观中的和平意蕴,南京大学孙亦平教授论述了道教的和平发展观。中南大学吕锡琛教授指出在"阴阳中和"这一基本理念的指导下,《太平经》的作者从多个层面表达了建构和谐社会的追求;中国基督教协会总干事阚保平探讨了中国基督教如何发挥自身的社会稳定作用。北京天主教与文化研究所的赵建敏指出,基督信仰具有满足人类物质性、社会性、精神性需求的三大社会功能。上海社会科学院罗伟虹研究员根据对上海宗教界服务社会的调查与思考,提出以社会服务促社会和谐。上海师范大学王建平教授分析了中国伊斯兰教的慈善活动对和谐社会建设的意义。北京市伊斯兰教经学院副院长铁国玺分析了《古兰经》中的和平理念。陕西师范大学尤西林教授探析了现代战争的民族国家利益格局与宗教和平的超越意义。西北民族大学丁俊教授提出宗教应远离极端与暴力、走向中正与和平。云南大学副校长肖宪教授探析了伊斯兰教与中东、北非变局之间的关系。江苏行政学院的尤佳教授分析了宗教组织在社会建设过程中的作用,认为宗教组织自身具有神圣性的整合机制,也具有社会性的拓展能力,能够将社会资源整合为可以用来再投资的"社会资本",发挥支持"社会建设"的作用。西南民族大学蔡华教授探讨了宗教在彝族社会公共领域中的作用与影响。江苏省委党校米寿江教授探析了阿富汗战争中的伊斯兰教因素。

**宗教学相关研究**

第四场讨论宗教学相关研究的一些问题。西北民族大学马明良教授从理论与实践层面探讨了伊斯兰教与和平发展的关系问题。上海师范大学方广锠教授分析了佛教研究中的新问题。北京外国语学院张西平教授分享了自己整理与研究明清天主教史文献的成果。宁夏大学孙振玉教授分析了马来西亚的宗教及宗教政策。复旦大学张庆熊教授从"他救"与"自救"的关系看"宗教"与"理性"之间的辩证运动。

(《中国民族报》2011年7月19日)

关键词 8：宗教哲学

# 宗教哲学论坛在山东大学威海校区举行

傅有德

2012 年 8 月 3—5 日，由中国社会科学院世界宗教研究所和山东大学犹太教与跨宗教研究中心以及中国宗教学会联合主办的"宗教哲学 2012 威海论坛"在山东威海山东大学威海校区举行。全国人大常委、中国社会科学院学部委员、世界宗教研究所所长、中国宗教学学会会长卓新平研究员，山东大学党委常务副书记李建军教授，中国社科院世界宗教研究所党委书记曹中建、金泽副所长，中央教育部社科司何健处长，山东大学学术研究部人文社会科学处张荣林副处长，山东大学犹太教与跨宗教研究中心主任傅有德教授，以及来自北京大学、中国人民大学、清华大学、复旦大学、南京大学、山东大学以及台湾慈济大学等高校和研究机构的 30 位著名学者参加了论坛。曹中建主持开幕式，卓新平、李建军、何健、北京大学张志刚先后在开幕式致辞。金泽副所长、傅有德主任在闭幕式上做了总结讲话。李建军副书记在致辞中指出，山东大学一贯重视宗教学的研究，并取得了丰硕的成果，为推动中国的宗教研究作出了应有的贡献。他还详细介绍了山东大学的历史和现状，表示将一如既往地支持宗教学科的发展。

宗教哲学 2012 威海论坛以"传统宗教与哲学"为主旨，围绕"宗教哲学"、"宗教与哲学"、"宗教研究"三个专题展开研讨。"宗教哲学"专题分别由清华大学黄裕生教授、山东大学傅永军教授主持并点评。卓新平研究员发表了《简论西方哲学神学》一文，李秋零教授和傅永军教授分别就康德宗教哲学辩难及康德"哲学释经原理"批判主题发表了论文，这三篇论文引起与会学者对康德"宗教观"的热烈讨论。黄裕生教授发表了《情感何以是有序的？——续论马克斯·舍勒的"质料的价值伦理学"基础》一文，中山大学陈少明教授发表了《儒家的历史形上观——以时、名、命为例》一文，傅有德教授发表了《虔信且笃行：宗教哲学视野中的希伯来正义观》一文。

在"宗教与哲学"专题中，中国人民大学梁涛教授发表了《释〈论语〉中的"直"——兼及"亲亲相隐"问题》一文，中山大学陈立胜教授发表了《王阳明三教之判中的五个向度》一文,中国社科院赵法生博士发表了《"晚而喜易"与孔子晚年思想之发展》一文,中国社科院周伟驰研究员发表了《庄子、安萨里和商羯罗论人生之为梦》一文,中国社科院周燮藩研究员发表了《伊斯兰哲学新论》一文,北京大学徐凤林教授发表了《哲学能否成为"严格的科学"——舍斯托夫评胡塞尔哲学观》一文,南京大学张荣教授发表了《论阿伯拉尔的榜样伦理学》一文,中国社科院王卡研究员发表了《关于道家思想与中西价值观融合的一篇读书述评》一文。

在"宗教研究"专题中,中国社科院金泽研究员发表了《巫术、宗教与科学:既是分类、也是发展序列?》一文,台湾慈济大学林安梧教授发表了《宗教的两个形态:"连续"与"断裂"——以儒教与基督宗教为主的对比》一文,中国政法大学钱雪松博士发表了《宗教多样性的合理性挑战与人类认知有限性》一文,北京大学哲学系吴飞副教授发表了《祭祀中的家与国——中西古典祭祀制度比较的一个尝试》一文,武汉大学哲学系翟志宏教授发表了《西方宗教信念认知合理性的两种解读方式》一文,复旦大学哲学系王新生教授发表了《从"神本神学"到"人本神学"——卡尔·拉纳在当代天主教神学中的坐标点》一文,北京大学张志刚教授发表了《"宗教概念"的观念史考察——以利玛窦的中西方宗教观为例》一文。

宗教哲学论坛立足宗教哲学,坚持跨哲学、跨宗教的对话与交流,参会学者就有关论题进行了深入探讨,无论是会议论文还是有关研讨都体现出较高的学术水准,是推进国内宗教哲学研究的有益尝试。从参会论文的质量看,这无疑是一场具有很高水准的学术盛会。

(山东大学网站)

关键词9：宗教与当代中国社会

# 中国社会科学论坛(2011·宗教学)

## ——"宗教与当代中国社会"专题研讨会综述

沈朝立

"中国社会科学论坛（2011·宗教学）——宗教与当代中国社会"首届专题研讨会于2011年12月7日在北京召开，此次会议由中国社会科学院主办、中国社会科学院世界宗教研究所承办。出席此次会议的有中国社会科学院、中共中央统战部的相关领导，以及来自中国社会科学院世界宗教研究所、美国加州大学、英国牛津大学、英国伯明翰大学、德国马克斯—普朗克宗教和族群差异研究所、芬兰赫尔辛基大学、加拿大维真学院、香港中文大学、香港浸会大学、香港汉语基督教文化研究所、北京大学、中国人民大学、中央民族大学、北京师范大学、北京外国语大学、复旦大学、浙江大学、武汉大学、四川大学等国内外高等院校和科研机构的50余位专家学者。

开幕式由中国社会科学院世界宗教研究所党委书记曹中建主持，中国社会科学院副院长李杨研究员、世界宗教研究所所长卓新平研究员分别致辞。李杨在致辞中强调："'中国社会科学论坛'是中国社会科学院实施'走出去'战略的重要举措，此次论坛更有着特殊的意义，因为这也是中国社会科学论坛系列中专门研讨宗教学术的首届论坛。"卓新平在致辞中指出："宗教在传统中国文化中源远流长，有着独特而重要的地位；宗教与当代中国更有着密切而复杂的关联，值得我们展开系统而深入的研究。在'全球化'的世界氛围中，我们的这一研究也理应是开放性、对话性、前瞻性的。"

本次研讨会的主题为"宗教与中国当代社会"，与会的专家学者围绕这一主题展开了深入而热烈的讨论。会议分为四个议题：宗教与社会和谐、宗教与当代中国社会、宗教之比较研究、宗教与文化建设、全球化视阈中的宗教、宗教研究等。在为期一天半的会议中，与会专家学者通过多层面、多角度的交流和探讨，对宗教在当代中国的发展有了更深入、更全面的认识，对当今中国宗教和文化发展的方向和情况也有了更新的认识，也更加明确了宗教在国际交往中的影响，为更好地进行国际合作和开展中国的宗教研究指出了方向，提供了思路。

就"宗教与社会和谐"这一主题，北京大学宗教文化研究院院长张志刚教授首先发表了《"基督教中国化"三思》一文，他在文中以"中韩基督教史比较"、"当代中国宗教生态"和"国际宗教对话动向"这三种维度来思考，并主张：社会实践是检验宗教信仰的唯一标准。马克斯—普朗克宗教和族群差异研究所教授丹·斯米尔也就这一主题在他的发言《藉由小说为民族注入灵魂：梁启超的应用佛教思想》中提出了自己的看法。他着力关注梁启超以自己的作品来唤醒大众意识和灵魂的事件，并细致深入地向听众解析了梁启超应用佛教的思想。香港浸会大学中华基督宗教研究中心主任江丕盛教授以题为《怎么忽地就70亿了——公共论坛中的宗教和人口问题》的论文来警醒人们反思全球人口问题。对于"宗教与社会和谐"这一主题，北京大学巴哈伊文献研究室的蔡德贵教授发表了《巴哈伊的独特宗教观》一文，并在文中强调只有消除宗教偏见，完成宗教的现代化转换，才能保持宗教的活力。

第二场"宗教与当代中国社会"为主题的讨论中，首先发言的是华东师范大学宗教与社会研究中心主任李向平教授，他在文章《作为"社会权力"的宗教及其信仰——当代中国宗教信仰认同模式的转型》中强调，中国宗教更新与中国社会的现代化紧密相关，并致力于建构为一种彼此认同、信仰互动的社会认同机制，而使当代中国宗教及其信仰认同方式得以转型。加州大学圣地亚哥分校社会学系主任赵文词教授在论文《从社会主义意识形态到文化遗产：中国变动中的正统性根基》中，在亲自对中国各地文化遗产进行考察之后，以丰富的一手资料，展示并剖析了他对于中国变动中的正统性根基的思考和理解。《比较视域下的宗教与教育》一文来自马克斯—普朗克宗教和族群差异研究所所长彼得·范·德威，他对以中国为例的社会主义国家在公共教育中，宗教信息的缺失这一情况进行了思考。紧接着，来自中国社会科学院美国研究所刘澎研究员以《"宗教法人"设立刍议》为题，提出了他对于这一主题的思考。《城市化对中国基督教的影响》来自中国社会科学院基督教研究室的段琦研究员，她以翔实的数据和材料分析了城市化给中国教会带来的影响，并列出了教会采取的一系列适应时代发展的应对措施。

在第三场"宗教之比较研究"的研讨中，香港中文大学崇基神学院温伟耀教授以《不同宗教之间一定要排斥、不可以和谐吗——从跨文化宗教艺术到修养的融合》为题，以自己亲身在澳门游玩时被一尊有着中国传统观音形态的圣母玛利亚雕像所打动的经历讲述了自己对跨文化宗教艺术的理解。芬兰赫尔辛基大学罗明嘉教授则谈及《宗教间对话促进跨文化交流》这一主题。并再次对大家做出提醒：没有对宗教世界观和宗教在人类文化中的价值进行深层的分析，我们就无法正确认识这些冲突。来自浙江大学哲学系的王志成教授则以《诸神学和中国多元论的宗教理论》展现了他对中国宗教学现状的考察。复旦大学宗教学系客座教授魏明德以《中国宗教间对话的发展前景：从亚洲邻国那里获得的教训》为题展开了他的思考。《世界宗教文化》编辑部主任郑筱筠研究员以《灾难现场的宗教应对体系》来进一步探讨宗教应对灾难的问题，并指出，宗教在灾难现场的慈善实践活动和种种公益行为让人们开始关注宗教在公共领域的作为。中央民族大学哲学与宗教学学院副院长游斌教授以《和谐宗教从经开始》为题，提出"经典互读"或"比较经学"的方案来建设和谐宗教关系的可能路径。

牛津大学威克里夫堂主席、名誉研究员克里斯托弗·汉考克以论文《社会模式：信仰、形式及政治想象力》展示了自己对"宗教与文化建设"这一主题的看法。接着中国社会科学院世界宗教研究所佛教研究室主任魏道儒研究员以《传统文化与社会主义核心价值体系建设》为题结合宗教与文化建设的主题谈了自己的观点。浙江大学基督教与跨文化研究中心主任王晓朝教授也发出了《中国宗教应为中华文化建设出大力》的号召。中央民族大学何其敏教授以宗教作为一种社会文化体系而在自己的论文《宗教文化创新与构建新型社会关系》中谈了宗教以无形的方式塑造社会文化的作用。浙江大学客座教授安伦以《宗教与中华文化建设》就本场主题呈现了自己的思考成果。最后香港汉语基督教文化研究所研究员黄保罗以《百年国学与西学中的宗教元素》为题，通过考察宗教信仰与非宗教信仰的社会功能，来寻求信仰对社会人心医治与道德重建产生的积极作用。

在"全球化视域中的宗教"环节的讨论中，香港圣公会大主教顾问魏克利教授在《冷战宗教：冷战对中美宗教的影响》中，考察了冷战对中国与美国宗教的影响。武汉大学哲学院赵林教授以《后殖民时代基督宗教的全球发展态势》为题勾勒出了基督宗教展现出的一种由北向南的运动轨迹，同时指出基督教在中国的发展前景及所面临的"国学热"的挑战。来自山东大学犹太教与跨宗教研究中心的谢文郁教授把宗教放到权利社会和责任社会这两个有区分的语境中，分析讨论了责任社会中的责任和宗教关系对于中国现实社会来说具有的直接的关联性。

本次论坛的最后一场讨论是以"宗教研究"为主题展开的。首先发言的是中国社会科学院世界宗教研究所当代宗教研究室主任邱永辉研究员，她以《当代中国宗教研究的推进》为题就"宗教研究"这一主题进行了讨论。接着来自香港中文大学文学院的赖品超教授以人文教育的意义为讨论背景探讨了宗教研究在其中的意义。山东大学的傅有德教授以《圣经中的正义论》为主题对圣经中关于"正义"的概念进行了梳理。香港汉语基督教文化研究所的杨熙楠总监从汉语神学的角度，结合着当代中国学术阐述了自己的思考。香港建道神学院的郭鸿标教授以《由文化神学发展为教会神学与灵修神学：一种对巴尔塔撒的神学解读》为题发表了自己的观点和看法。

(《世界宗教研究》2012 年第 1 期)

关键词 10：基督宗教与新文化运动

# "基督宗教与新文化运动"学术研讨会在京召开

## 沈朝立

2011年12月9—11日，由中国社会科学院基督宗教研究中心主办的"基督宗教与新文化运动"学术研讨会在北京召开。出席此次会议的有来自中国社会科学院、北京大学、中国人民大学、中央民族大学、北京师范大学、山东大学、复旦大学、浙江大学、武汉大学等研究机构的近80名专家学者。在一天半的研讨中，参会者围绕着"基督宗教与新文化运动"这一主题及"宗教代替论"评析、基督徒的抉择——爱国还是爱教、信仰与理性、历史回顾、当代启示等分论题进行了讨论。

首场发言的有来自首都师范大学的林精华教授、中国基督教协会的阚保平和苏州大学的姚兴富两位学者。林精华教授以"写实主义文学"的视角来探讨五四新文化运动以来中国认识俄罗斯东正教的路径问题，后两位学者分别以《中国基督教与新文化》、《基督教与新文化运动关系的几个重要问题》为题，构建了一个审视基督教与新文化运动之间相互关系的宏观视角与历史背景。

接下来的讨论围绕着"宗教代替论"的主题而展开。北京大学宗教文化研究院的张志刚教授对"四种取代宗教论"进行了学术反思。华东师范大学宗教与社会研究中心的李向平教授在论文《宗教替代思潮与现代中国信仰的构建》中展示了自己的思考成果。北京天主教与文化研究所所长赵建敏在他的论文《陈独秀以科学代宗教的实质》中对"宗教代替论"这一主题做出了回应。来自中国社会科学院哲学所的刘素民以解读胡适无神论的宗教观及其哲学渊源为路径提出自己的看法——在"纲常解纽"中建构"不朽"的"大我"。

第三场的讨论围绕着"基督徒的抉择——爱国还是爱教"而展开。讨论紧紧切合着历史时代背景而进行，来自国家宗教局政法司的刘金光副司长从宗教的角度对中美关系进行了透视；湖北大学的康志杰对中国基督徒参加辛亥革命进行了文化解读；暨南大学的陈才俊在论文《信仰自觉与民族自觉——清末基督徒革命者的出现及其价值抉择》中讨论了信仰与爱国这一主题；北京联合大学的左芙蓉、西南大学的李烜、河南大学的李韦，分别以《新文化运动时期吴雷川的基督教观》、《爱上帝与爱中国——以吴雷川为例看二十世纪上半叶中国基督徒知识分子的困境与探求》、《徘徊在世界主义与民族主义之间——吴雷川对于基督教本色化的独特探索》这三个不同的角度分析和讨论了吴雷川的思想。

"信仰与理性、传统"为第四场的主题。中国社会科学院世界宗教研究所的段琦和周伟驰两位教授分别以《"科学兴宗教废"再思——非基（督教）运动之联想》和《〈资政新篇〉与天国的现代化》为本场讨论拉开帷幕。接着，武汉大学的赵林以西方启蒙运动为背景讨论了理性与信仰在新文化运动中的张力；金陵协和神学院的王艾明在题为《赛先生与德先生：中国今日教会信仰之透视》的发言中发表了自己对于基督教与近代中国命运关系的思考。中国社会科学院近代史所的赵晓阳以《圣经背景官话译本与中国现代白话的兴起》为题探讨了欧化白话的来源和产生的时间及原因。吴宁则把基督徒对非基运动的回应放在20世纪上半叶的时代背景中进行了考量。

在第五场"历史回顾"的研讨中，四川大学宗教学研究所的陈建明研究员探讨了广学会在新文化运动中的表现；来自暨南大学的叶农以宗教地理学方法入手对南美浸信会与广州东山口进行了分析；广西师范大学的颜小华以近代来华传教士与广西民众的交往为例引导大家进一步了解近代中西文化交往这一历史进程。

在最后一场以"当代启示"为主题的讨论中，浙江大学的王晓朝教授以《新文化运动的基本精神与中国宗教研究》为题分析了中国宗教学发展的前景。北京师范大学的张百春教授在精神生活的领域中讨论了宗教与文化这两个传统。来自北京大学的学者卢云峰则向众专家学者抛出《基督教征服中国》这一问题。同样来自北京大学的刘继同教授则把构建和谐社会的主题与中西文化交融、社会文化筛选机制结合起来做出了自己的思考。浙江大学的王志成教授则分析了中国神学发展的状况，并做出了从教会神学、汉语神学、学术神学到对话神学的划分。学术研讨会于12月11日中午闭幕。

(《世界宗教研究》2012年第1期)

2012 年十大热点会议

关键词 1：马克思主义与当代宗教问题

# 正确理解马克思主义宗教观，积极应对当代宗教问题

——"马克思主义与当代宗教问题研究"学术研讨会综述

黄 铭

2012 年 3 月 24—25 日，由浙江大学思想政治理论教学科研部宗教与和谐社会建设研究所主办的"马克思主义与当代宗教问题研究"学术研讨会在杭州百合花饭店召开。与会专家 40 余人，分别来自中国社科院、国家宗教事务局、中共中央党校、北京大学、清华大学、中国人民大学、中国政法大学、北京外国语大学等单位。

中国社科院世界宗教研究所所长卓新平代表中国宗教学会发表致辞，强调研究马克思主义宗教观的重要性，指出不仅要对马恩列等经典作家的宗教观有全面深入的认识，还要关注宗教现实问题的研究，以推进和谐社会的建设。研讨会分五场学术报告，学者们围绕着会议主题就马克思主义宗教观、宗教与社会现实、在校大学生宗教认知教育这三方面展开发言和讨论。

## 一　深入、全面和中国化地理解马克思主义宗教观

### （一）马克思主义宗教观的本质及其发展

究竟什么是马克思主义的宗教观？围绕这一问题，学者们深入探究了马克思主义宗教观的本质，揭示了其理论发展。中共中央党校哲学部龚学增教授指出："有关马克思主义宗教观的具体论述因时代和社会的不同而有变化，但基本原理不变，其实质是历史唯物主义的宗教观。"国家宗教事务局宗教研究中心加润国研究员指出"宗教批判论"是对中国共产马克思主义宗教观的错误理解，"鸦片基石论"是对列宁宗教观的歪曲概括，"引导适应论"是对党的宗教理论政策的片面概括，他希望从马恩列经典著作中全

面准确地理解马克思主义宗教观。浙江工商大学陈荣富教授从马克思主义理论的根本宗旨出发,指出马克思和恩格斯并非专门研究宗教思想,而是就哲学、政治和经济等问题论述了宗教观点。尤为重要的是,要用发展的眼光考察马克思主义宗教观的不同内涵。不能简单地按马克思早期著作中有关宗教的论述作为马克思主义宗教观的理论基础。中共中央党校哲学部侯才教授建议"从两个方面研究马克思主义宗教观":一方面,研究康德、黑格尔和费尔巴哈的宗教观,这是马克思主义宗教观的理论前提;另一方面,从哲学与宗教的关系研究,因为两者都涉及理性与上帝。浙江大学基督教与跨文化研究中心陈村富教授结合教育部哲学社会科学研究重大项目"宗教与社会主义和谐社会建设"的研究,强调从跨学科的视角丰富和发展马克思主义的宗教观对解决当代宗教问题的意义,在考察当代中国的宗教与社会时,必须将唯物史观基本观点和方法与当代宗教诸学科的若干成果相结合。

### (二)从肯定性去理解马克思主义宗教观

以往对马克思主义宗教观的理解强调更多的是对宗教的否定性观点。对此,河南省社科院社会学研究所牛苏林研究员认为应将马克思主义宗教观从"幻想论"、"鸦片论"转为"掌握论"。他指出马克思在《〈政治经济学批判〉导言》中把宗教作为人类掌握世界的四种方式(理论的、艺术的、宗教的、实践—精神的)之一,这在马克思主义思想史上第一次对宗教作出了肯定性的理解,为揭示宗教的本质及其社会功能提供了一个全新的视野,从总体上突出了宗教的社会实践意义和宗教的人文价值。而判断宗教掌握世界的性质与作用的客观标准,则是看宗教的掌握过程及其结果是否符合社会的稳定与进步、文化的发展与繁荣和人性的完善与提高。《自然辩证法研究》杂志社副主编刘孝廷教授尤为强调"马克思肯定性宗教观的当代文化价值"。他认为以往受苏俄马克思主义宗教观的思想限制,我们过于强调否定性的宗教观,其消极影响明显,如今需要突出马克思的肯定性宗教观。这一观点引起了大家的热烈议论,陈村富指出马克思对宗教持肯定性观点在人类学、历史学笔记和《资本论》准备材料中比较明显,恩格斯在早期基督教的论文中也涉及宗教在历史上的正面功能。李德顺认为,马克思主义与宗教在斯大林模式的马克思主义哲学教科书中总是相互对立,所以应从马克思而非列宁出发去理解马克思主义的宗教观。邱高兴补充说,要从肯定宗教的前提来检查宗教存在的问题。

### (三)促进马克思主义宗教观的中国化

中国社科院世界宗教研究所曾传辉副研究员解读1982年中共中央"19号文件",认为这是马克思主义宗教观在中国条件下、在后冷战时代中的发展。他指出文件对于宗教本质的认识引用毛泽东宗教观将宗教视为借助超自然力量的崇拜来解决现实社会问题，以实现理想、寻求救赎、达到至善，而非采用马恩经典中"颠倒的"、"幻想的"等带有批判色彩的字眼，更不像列宁那样将"鸦片隐喻"当成马克思主义宗教观的基石。文件关于中国宗教的"五性论"从当今世界的宗教问题、民族问题和国际关系日趋紧密的形势中看到：宗教的民族性和国际性更为突出。

浙江大学基督教与跨文化研究中心主任王晓朝教授在"中国当代宗教要为繁荣中华文化出大力"的发言中，指出本着建设和谐社会、和谐宗教与和谐世界的目的，在理论上应淡化"有神论"与"无神论"的对立，警惕一些人打着"战斗无神论"的幌子恢复"文革"时期的做法，特别批评了一些学者对毛泽东"研究宗教，批判神学"指示的误读。龚学增指出，列宁主义宗教观是俄国特色的马克思主义宗教观，中国理论界应着力将马克思主义宗教观中国化，其实这一过程已经历了新民主主义革命时期、1949年10月至1976年10月的曲折发展阶段，以及改革开放以来恢复、深化和形成中国马克思主义宗教观的阶段。当今中国特色社会主义宗教理论正是马克思主义宗教观中国化的最新成果。

## 二　宗教与国家政治、文化信仰、社会团体

### （一）宗教与国家政治

当代宗教问题表现在政治、文化和社会各个方面。一些学者首先关注到宗教与国家政治的问题。中共中央党校哲学部靳凤林教授以萨拜因的《政治学说史》为例，分析了西欧中世纪政治伦理史的逻辑进路、思想主题和历史价值，认为在中世纪形成的基督教政治伦理，不仅与古希腊政治伦理具有异质性差别，而且为西方近现代政治伦理的发展奠定了理论基础。复旦大学哲学学院院长孙向晨教授探讨了"基督教与现代政治的多重结构"。他回顾了西方历史中宗教与政治的关系，指出现代宗教脱离政治后，不是回归内心世界，而是在社会公共空间中发挥作用，并援用霍布斯的观点指出一个社会若缺乏信念支撑，其政治就会混乱，而宗教具有黏合、整治的作用。复旦大学哲学学院邓安庆教授则从历史到现状考察了"全球化视野下国家与宗教和解的前景"，以黑格尔的方式探讨了国家、社会、宗教三者之间的关系。联系到中国实际，中国人民大学的张践教授从政教关系上指出"积极引导"论带来政教和谐的局面，但对"积极引导"的主体、内涵和方法作了补充与发挥，认为引导主体除了党政机构，还应当包括学术界和宗教界，引导内涵则有理论观念、思想文化、法律法规和行政管理诸方面，方法在于把传统宗教改造成社会主义宗教。

## (二) 宗教与文化信仰

宗教历来是文化的重要组成部分，在当前文化建设热潮的背景下，宗教与文化的问题尤为引人注目。中国政法大学李德顺教授在"论中国人的信仰"的发言中，区分了宗教与信仰，指出信仰处于人的精神的最高层面，人作为历史文化存在，需要有精神追求，需要有信仰支撑。宗教作为一种信仰，自有其教义、教规等社会组织化的方式。将宗教信仰上升为一般信仰，以此作为公共平台能够落实公民信仰的权利与责任。针对"中国人没有信仰"之说，他认为中国人的"天人合一"就是一种人本主义信仰。深入理解其特点，是解开中华文化之谜的一把钥匙；充分挖掘其资源，是"当代先进文化建设"的一项重要任务。吉林大学哲学基础理论研究中心孙利天教授同意李德顺信仰超越宗教的观点，在"普遍的理性精神和绝对宗教"论题中，指出哲学理论中的宗教与宗教本身不同，因为前者忽略了宗教的情感内容，又从后者批判了中国人的信仰过于实用、功利和世俗。对上述发言，大家展开了热烈讨论。王晓朝提问，构建信仰公共平台或"共有精神家园"何以可能？李德顺回答，每个公民基于民主和法制均有自己信仰的权利和责任。卓新平提问，"天"与"神"的信仰有何区分？李德顺回答，有神论信仰是信仰的一种，而信仰可以有多种并分为不同的层面，如政治信仰、文化信仰、精神信仰等。

## (三) 宗教与社会团体

当今宗教问题更加明显地表现在社会学层面，因而宗教与社会的问题引发了不少讨论。中国计量学院邱高兴教授的"社会控制视角下的宗教功能刍议"，以罗斯对宗教信仰在社会控制中起作用的论述为理论背景和前提，指出应该超出信仰对人们内心的规范和影响的范围，将宗教功能扩展至道德、组织、文化三个方面，从社会控制的角度强调宗教在这三个方面的功能，认为出于建设和谐社会的目的，强调宗教在这三个方面所产生的正面功能是有积极意义的。浙江大学基督教与跨文化研究中心特约研究员安伦在"构建信仰共同体是马克思主义中国化的积极进路"中提出更为积极的主张。他认为，面对当今社会的信仰危机，中华文化（以儒道佛为主体的多元宗教性文化）和马克思主义都面临重新整合发展的迫切需要；马克思主义中国化的积极进路在于造就二者融洽并双赢的关系而构建以马克思主义为主导的信仰共同体，这能为中国带来多重社会效益：如提升民族认同和凝聚力，有效化解现代社会的信仰混乱与缺失、价值虚位、道德沦丧、意识形态矛盾等问题，有利于融入国际社会、团结海外华人、提高国际形象和地位等。

在现代化的发展中，宗教更多地与传统相结合。湖北大学政法与公共学院杨荣副教授在调查报告"鄂西乡村天主教信徒研究"中,选择了湖北乡村天主教社区作为研究对象,了解宗教团体的发展现状,信徒生活状况及信仰特点。问卷设计涉及宗教心理因素,对虔诚信徒的宗教信仰做了多重向度的测量。从问卷答案及资料统计来看,湖北乡村天主教信仰所产生的作用超过了其他任何意识形态,在社会变革和文化变迁的大潮中,宗教仍是乡村中最能发挥效能的精神力量。信徒依靠信仰团体的关怀和同情,谨记自己的社会责任和义务,按照传统方式生活并遵纪守法,这与变化着的世俗社会并无矛盾。对此,陈村富指出,参照宗教社会学的研究,应弱化对宗教的行政管理而强化其社会管理;他以温州家庭教会为例,建议对民众的宗教活动从以往的"行政管理"转向"社会管理",不宜将一般宗教问题政治化处理,而是当作社会活动并纳入社会管理的范畴。

## 三 在校大学生宗教认知教育

### (一) 马克思主义宗教观教育

本次会议主题的重要落点在于加强大学生的宗教认知教育,这反映于马克思主义宗教观的教育中。清华大学马克思主义学院王良滨副教授在"关于高校对大学生进行马克思主义宗教观教育的理论思考"的发言中,根据对北京大学、中国人民大学、清华大学等在校学生信教情况调查,指出当前大学生中有宗教热现象。通过加强马克思主义宗教观教育赢得青年一代是很重要的,具体要解决教育的内容、方法、师资和实施等问题。北京外国语大学社会科学部张妮妮教授则从培养大学生的跨文化交流能力提出马克思主义宗教观教育的意义。她指出,随着大学生国际交流的日益增多,如何引导他们看待异文化中的宗教现象,以及促进他们在信仰环境中的人际交往显得尤为重要。在反思不足的情况下,学生或者难以近距离深入体会异文化的精要,或者很快抛弃自己的无神论立场,迅速成为宗教信徒。因此,很有必要深入而全面地进行马克思主义宗教观教育,提高大学生的宗教认知水平,增强他们的跨文化交际能力。浙江大学思想政治理论教学科研部张新樟副教授在马克思主义基本原理课上对学生的宗教信仰背景做了调查,认为大多数学生信徒是在对人生和社会问题有所思考的情况下才决定信仰归宿的,他们的感受具有一定的典型性,可以反映社会情绪和时代问题;因此,研究马克思主义基本原理课程中有关如何讲解宗教问题、如何超越有神无神之争、如何为修养和使命感找到根基,以及如何制定宗教政策等都是非常紧迫和重要的工作。此外,他指出可以通过建立常设的论坛以深入了解学生的宗教信仰背景。浙江工商大学王来法教授强调,教师的科学研究是加强马克思主义宗教观教育的关键,这离不开学术机构的支撑。

## （二）宗教文化知识的教育

除了马克思主义宗教观之外，普及宗教文化知识也是加强大学生宗教认知教育的必要途径。中国政法大学人文学院院长俞学明教授的"当代中国高校宗教信仰现象与宗教学教育"发言谈到：大学生宗教信仰问题已经成为当代高校思想教育的一个难点，要引导学生正确对待宗教信仰，在真实把握学生宗教信仰状况的基础上，通过宗教学教育、学生工作、校园文化建设等方式，促进理性宗教观和法治宗教观的贯彻落实。其中，宗教学教育要提倡"五个鼓励"：1. 鼓励学生全面了解宗教，并观察、体贴、研究多种宗教；2. 鼓励学生区分法律对宗教信仰和宗教组织活动的保护和限制；3. 鼓励学生全面了解宗教的作用和可能的影响；4. 鼓励学生全面了解选择信仰的原因；5. 鼓励学生拓展自身的知识和能力领域。宗教学教育通过课堂对学生进行宗教认知教育，这要解决"教什么"、"怎么教"和"谁来教"的问题。宗教学课程列入"两课"抑或"通识"体系有待商榷。在校大学生现有的宗教认知主要来自两个途径：辅导员和各个课堂上对宗教感兴趣的教师，但多数情况下他们的偏见会阻碍学生对宗教知识的认知。宗教认知教育的重点在于：理性精神是宗教信仰的基础，克服"盲信"的思想行为，并引导学生从具体的历史语境中较为真切地了解宗教文化现象。

对于大学生的宗教信仰现象，北京大学宗教系孙尚扬教授更是做出了实证性的研究。他以北京市大学生（他们向来对社会现实十分敏锐）为调研对象，调查他们对基督教的态度，以此形成的研究报告"国学热、意义的匮乏与大学生对宗教的兴趣取向：一项基于北京市的调查与分析"揭示了一些信息：1. 大学生中确实存在意义匮乏或短缺的问题。绝大多数被调查者勤于思考人生意义问题，但超过一半的被调查者对于自己的生活意义和社会定位等重大问题缺乏明确的答案；2. 尽管各种宗教的信徒占总数不到20%，但超过78%的学生表示他们对某种宗教感兴趣；其中，非宗教徒中对儒释道等传统宗教感兴趣的人（占总数的49.6%）远远超过对基督教感兴趣的人（17.6%），可见国学热对儒释道等传统宗教文化在大学生中的弘扬正发挥着潜移默化的作用；3. 大学生思考人生意义问题的频率越高，越有可能将信任的目光投向儒释道耶等宗教，这种相关性表明，宗教解决意义问题的核心功能正在北京市大学生中得到彰显。作为补充，中央党校哲学部朱清华博士的"试论耶稣超越生死之思想"一文中指出了宗教生死观对于当代大学生探究人生意义所具有的价值。面对学业和就业压力，大学生的精神问题不单纯是思想认识上的问题，而是人生意义困惑的问题。因此要加强对大学生的生命教育，充分挖掘宗教在这方面的精神资源。

最后，卓新平从两方面总结了这次研讨会：在理论探索上，各位专家学者从各自的学科背景对马克思主义宗教观、宗教与信仰、有神论与无神论等议题提出了独到的理解，并展开热烈而深刻的探讨，呈现出一个学术共同体应有的面貌。从中，大家把握了理论的整体性与局部性、论述的体系性与个别性的辩证关系，进一步深化了对马克思主义宗教观的理解。在社会实践上，学者们已摆脱了"坐而论道"的姿态，本着良知、敏感的精神勇于承担学术的社会责任，通过积极"议政"以促进社会文化的发展。再有，学术探讨中产生的问题同时激发了理论上的突破和创新精神，这对于建立中国化的马克思主义宗教理论和促进中国式的宗教学发展具有重要意义。

(《世界宗教研究》2012年第3期)

关键词2：宗教、法律、社会

# 第一届"宗教·法律·社会"学术研讨会在重庆举行

**中国政法大学宗教与法律研究中心**

由中国政法大学宗教与法律研究中心（IRLS）与重庆市华岩寺联合主办的第一届"宗教·法律·社会"学术研讨会于5月26日在重庆召开。"宗教·法律·社会"学术研讨会主要致力于对宗教与法律、宗教与社会等领域的理论和现实问题作较为深入的理论探讨，以期为宗教学、法学、哲学、史学等跨学科的重要议题提供一个较大范围、跨学科和多领域的良好的学术交流氛围与平台，提高国内相关学科专家学者之间的合作、交流与互动。

本次研讨会是第一届，来自中国社科院、北京大学、清华大学、中国人民大学、中国政法大学、西南政法大学等全国十多所高等院校、科研院所和政、教各界的50余名专家学者出席了研讨会，共收到论文40余篇。中国政法大学终身教授李德顺、比较法学院常务副院长张生教授、人文学院院长文兵教授，以及宗教与法律研究中心单纯教授、俞学明教授、李虎群副教授、钱雪松老师，法律古籍研究所赵晶博士出席了会议。

26日上午9时，研讨会正式开幕。中国政法大学宗教与法律研究中心主任俞学明主持了开幕式，华岩寺方丈道坚法师致欢迎辞，中国宗教学会会长、中国社科院世界宗教研究所所长卓新平致辞。

在致辞中，卓新平教授指出，"中国改革开放的深入发展，使宗教在中国社会的存在处境发生了重要改进和好的变化。但中国社会对宗教的认知，以及百年来中国社会、政治、思想、文化的复杂发展所形成的独特宗教生态，使宗教在中国当代社会的存在及理解仍面临着不少难题和挑战。"对宗教认知及态度的纠偏改错已经到了"颇为急迫、时不我待的重要关头，我们应该以求真务实的真心，坚持真理的良心，传承弘扬中华文化的忠心和关爱普罗大众的善心，来对待我们社会的宗教存在。"卓新平教授认为："改善当代中国宗教社会存在处境的重点及关键之处,就是以'依法治国'的现代文明精神来理顺宗教与法律的关系,使社会存在及活动有法可依,受到法律的保护、社会的尊重。目前,对宗教与法律的关系的研究是世界宗教研究中新的亮点及重点之一,但仍存有不少空白有待探索。所以,我们理应加强、促进这一领域的研究。"

上午的两场大会发言,邀请到李德顺教授、刘澎教授、孙昌武教授、王晓朝教授等八位专家学者作报告。中国政法大学的李德顺教授以题为《理解和尊重人的信仰权利与责任》的论文拉开了上午大会发言的序幕。李德顺教授在论文中从人的信仰权利与责任的角度对中国宗教的历史与现状谈了几点看法。并在此基础上,对中国宗教的特点作了一番历史回顾。

普世社会科学研究所的刘澎教授则就中国的宗教立法问题作了题为《法治是解决中国宗教问题的根本出路》的发言。刘澎教授指出,现有宗教法律体系中存在的最关键问题乃是宗教基本法的缺失、相关法律不完善等法治方面的问题。正是因为这些体制性的原因,导致近年来尽管国家一再加大对宗教管理的投入,但现有宗教管理体制低效、僵化、无力应对宗教方面问题的被动状况一直未能得到根本改变。刘澎教授就此呼吁,解决中国宗教问题最终要靠法治。

南开大学的孙昌武教授则从宗教文化的视角做了题为《佛教伦理的基本取向——提升人的精神品质》的发言。

如果说,大会发言的第一场主要以思想理论的碰撞为主色调,那么,上午的第二场大会发言则具有较为浓重的现实关怀色彩。清华大学的王晓朝教授就当前中国的宗教事务管理作了题为《论中国宗教事务管理的主体、客体与目标》的发言。王教授指出,宗教事务作为一类"带有某些特殊性质(宗教性)的社会事务",是"社会管理的一个重要方面"。在宗教事务管理中,其管理的主体与客体之间的关系协调,是"实现宗教事务管理任务和目标的必要条件"。

尽管大多数与会者都可以说是在各个相关学术研究领域术有专攻、学有所成的学者,但此次研讨会的组织者也并没有忽视那些在具体宗教事务管理或社会管理第一线从事实际工作的优秀工作者。位列第二场大会发言中的陈旭同志就是其中一位。作为一名长期在戒毒领域从事艰苦的第一线工作的同志,海南省戒毒局的陈旭在会上做了题为《在戒毒领域引入佛学教育的探索和成效》的论文,该论文引起了与会者的浓厚的兴趣与关注。毒品问题是世界性的难题,为了切实提高戒毒的质量,降低戒毒的复吸率,海南省戒毒局结合海南毒品问题的实际情况,从2004年开始,经过近7年的探索实践,提出了以优秀传统文化教育为主线,引入佛学教育提升戒毒质量的"精神戒毒"疗法,取得了令人欣喜的初步成效。

下午的分组讨论共有30余名专家学者分三个分会场作了论文发言。统观各位与会者的发言,将研讨会下午的分组讨论的特点概括为"一个中心议题、两重运思层面和三大理论焦点"。"宗教与法律—社会之关系"可说是各位学者研讨的中心议题。围绕这一议题,与会者从现实(宗教事务与社会管理)与历史(社会史与思想史)两个层面展开了不同问题不同角度的思考与探讨,最终形成了"宗教与社会"、"宗教事务与社会管理"和"宗教与法律"这三大理论焦点和讨论专题。下午的三个分会场正是依照这三大专题而设立。这其中,既有对当前宗教事务的依法管理与政策实施、宗教信仰的社会功能与案例分析,以及宗教立法的可行性研究等当前相关社会热点问题的现实关怀,也有以中外历史上不同宗教的具体案例为切入点对宗教与法律之关系,中国宗教历史上三教合流的历史经验与当代宗教政策创新,东西方各大宗教传统的法律维度与法律背后的精神基础等重要宗教学论题的深入探讨。

会上,还举行了中国政法大学宗教与法律研究中心教学科研实习基地授牌仪式。中国政法大学人文学院院长文兵教授在致辞中感谢华岩寺、道坚法师为中国政法大学宗教学教学、科研提供支持。

(中国政法大学网站)

关键词 3：回儒世界观与伊斯兰研究

# "回儒世界观与中国伊斯兰研究的当代价值"学术研讨会在北京召开

2012年6月9—10日，由北京大学高等人文研究院主办的"回儒世界观与中国伊斯兰研究的当代价值"学术研讨会在北京大学陈守仁国际研究中心章桂堂召开。此次研讨会是北京大学高等人文研究院"康安·理法伊斯兰研究讲座"系列研讨会之一。该讲座由土耳其女子文化协会于2011年捐赠，旨在推进不同宗教、文明之间的平等对话，每年邀请一至二位杰出的国际伊斯兰研究学者常驻北京大学，开设课程并举办相关主题的学术研讨会。今春受邀的首批讲座教授是来自纽约州立石溪大学的宗教学教授威廉·C.柴提克和村田幸子。本学期他们在北京大学开设了《回儒世界观》课程，与此同时北京大学高等人文研究院组织了本次研讨会。

会议邀请来自北京、南京、上海、宁夏、陕西、甘肃等地高校及研究机构的伊斯兰研究者近30人，围绕伊斯兰教传入中国完成其地方化和民族化的过程、明清之际"回儒"的思想等话题展开了深入的研讨。北京大学高等人文研究院院长、哲学系教授、哈佛大学终身教授杜维明致辞欢迎学者与会，并参加了会议全程的讨论。会议共分为"回儒世界观专题"、"中国伊斯兰教"、"文本与文献"、"回儒专题"、"哲学与神学"、"历史与现实"、"文明与文化"7个主题共11节讨论。

在"回儒世界观"阶段，宁夏社会科学院杨怀中名誉院长作了关于《儒学与伊斯兰文化结合的当代意义》的发言，村田幸子及威廉·柴提克教授的报告涉及"为什么要研究回儒世界观"的主题，通过对明末清初中国穆斯林哲学家刘智等人著作的解读，强调历史和现实两个维度中国穆斯林乃至其他人学习"回儒"世界观的意义。有关"中国伊斯兰教"的部分，中国社会科学院世界宗教研究所金宜久、秦惠彬两位研究员围绕"伊斯兰教中国化"的话题发表了论文。关于相关作为学术研究基础的"文本与文献"问题，来自南京大学民族与边疆研究中心、北京大学外国语学院、宁夏大学、北京大学哲学系、中国社科院宗教研究所的刘迎胜、王一丹、李伟、沙宗平、王希等学者分别就中国伊斯兰教及穆斯林社会的经典翻译、文献解读、语言词汇变迁展开讨论，北京大学高等人文研究院的博士后阿里木·托和提综述了1945年以前日本的中国伊斯兰及"回儒"研究状况。在"回儒"专题，北京大学哲学系的张学智教授和宁夏社会科学院回族伊斯兰文化研究所所长丁克家分别探索了明末清初"回儒"代表性人物王岱舆、刘智的思想世界。西北民族大学的马效佩教授、中国社科院的王俊荣研究员介绍了"回儒"世界观中的苏非理念，并及苏非思想与中国哲学的比较；南京大学的华涛教授、中央民族大学的杨桂萍教授则注重历史维度，分别考论了明末清初回回坊间教争及元明时期回回礼俗之变。最后，在"文明与文化"的共同关怀之下，来自宁夏社会科学院、中央民族大学、上海外国语大学、西北民族大学、宁夏大学、兰州大学、国家宗教事务局等重要研究、管理机构的马平、丁宏、王建平、马丽蓉、马明良、任军、周传斌、贾建萍等专家学者畅所欲言，从文化多元融通、回族文化认同、社会模式契合、中阿文明交往、回儒对话、回道对话、中国伊斯兰教义学等多维视角，发表了各自的研究心得。

　　本次会议汇集了中外相关研究领域的一流学者，同时注重培养青年研究人才。通过本次研讨会的召开，深化了关于回儒世界观及中国伊斯兰研究的学术交流，扩展了相关领域研究者的视野，有效体现了文明对话及不同宗教、地方、文化之间相互融合包容的理念。北京大学高等人文研究院今后还将推出相关讲座及系列研讨会。

（北京大学新闻网2012年6月12日）

关键词4：中国与伊斯兰文明

# "中国与伊斯兰文明"国际学术研讨会会议综述

李　林

2012年6月28—29日，"中国与伊斯兰文明"学术研讨会在北京中国社会科学院召开。此次会议由中国社会科学院与伊斯兰合作组织（OIC）下属的伊斯兰历史、艺术与文化研究中心（IRCICA）联合举办。

中国社会科学院常务副院长王伟光、中国社会科学院副院长李扬、中央政府外交部副部长翟隽、伊斯兰合作组织秘书长艾克迈勒丁·伊赫桑奥鲁、伊斯兰历史、艺术与文化研究中心主任哈里德·艾伦、中国社会科学院世界宗教研究所所长卓新平以及19个伊斯兰合作组织成员国的驻华使节出席开幕式。

王伟光在开幕式致辞中说，中国与伊斯兰世界之间交流源远流长，两大文明之间平等尊重，相互借鉴，实现了共同发展。新形势下，中国与伊斯兰世界的交流要服务发展大局，此次会议将为促进中国与伊斯兰文明在政治、文化等方面的交往与联系起到积极作用。翟隽在致辞中提出，中国与伊斯兰世界之间的文化与文明交流可以概括为"源远流长，世代更新；相互借鉴，共同发展；平等尊重，和平共处"，历史证明，中国与伊斯兰世界越强盛，彼此的文明交流就越紧密。目前，中国与伊斯兰两大文明都在努力寻求振兴与富强，因此，两大文明的交流具有更广阔的前景。伊赫桑奥鲁指出，中国和伊斯兰两大文明过去没有历史积怨，现在没有问题，将来也不会有。中华文明与伊斯兰文明这种友好和谐的关系，已成为世界不同文明和谐共处的典范。中国与伊斯兰世界的交流要立足现实和未来，探索如何在全球化的时代里，推动两大文明不断推陈出新，焕发出新的活力。哈里德·艾伦对伊斯兰历史、艺术与文化研究中心与中国社科院合作举办此次会议表示感谢，并表示愿加强，共同促进中伊文化交流。卓新平在致辞中，回顾了中国与伊斯兰文明交往的历史，并介绍了中国伊斯兰教学术研究的历史与现状。

参加此次会议的中方代表来自中国社会科学院、国家宗教事务局、国务院发展研究中心、北京大学、中央民族大学、中国伊斯兰教经学院、北京市伊斯兰教经学院、上海外国语大学、中国科技大学、宁夏社会科学院等单位,外方代表来自土耳其、沙特阿拉伯、埃及、卡塔尔、美国、英国、马来西亚、巴基斯坦等国。与会代表围绕"中国与穆斯林世界的历史联系"、"中国与穆斯林实际的艺术交流与互动"、"文献与语言"、"科学、宗教与思想"、"当代世界与穆斯林世界的关系"以及"全球化背景下的中国与穆斯林世界"等六个主题展开了热烈讨论。

会议第一场议题为"中国与穆斯林世界的历史联系"。中国伊斯兰教经学院副院长高占福研究员以"从侨民、教民到国民——伊斯兰教在中国的本土化历程"为题,回顾了自唐宋以来伊斯兰教在中国本土化的五个阶段。中国社会科学院历史研究所李锦绣研究员的发言"唐与大食的关系——以《册府元龟·外臣部·朝贡》为中心",依据对史籍和出土文献中国有关大食使节的记载,探讨了唐与大食世界往来背后的政治、经济关系以及物质文化交流的意义。伦敦大学东方与非洲学院乔治·莱恩教授发言题为"双城记:巴格达的陷落与拖雷诸汗占领杭州",通过比较巴格达和杭州这两个陷落城市的权力转换,考察两者在随后崛起的全球性国家中所担负的新角色。北京大学哲学系沙宗平教授的发言"中国与穆斯林世界的历史交往——以《经行记》和《中国印度见闻录》为例"以中国与阿拉伯文献中对于双方的记载为参照,旨在通过揭示对话视角的主观性与地域性引起了对不同文明历史交往的深层思考。中国社会科学院世界宗教研究所马景的发言"中国穆斯林与奥斯曼帝国的交往及其影响"介绍了20世纪初牛街清真寺阿訇王宽等人赴土耳其考察的历史事件及其影响。

会议第二场的主题是"中国与穆斯林实际的艺术交流与互动"。安卡拉大学中国语言与文学系主任比伦特·奥卡伊博士以"艺术的互动:以奥斯曼帝国时期的瓷器为例"为题首先发言。她发现,中国瓷器经由丝绸之路进入伊斯兰国家,伊斯兰国家对中国瓷器的庞大的需求反过来又影响了中国人对瓷器的理解与审美。伦敦大学东方与非洲研究学院艺术与考古系的约翰·卡斯维尔教授发言题为"利益的互惠:青花瓷、中国与伊斯兰世界"。他列举大量证据证明,自14世纪开始中国的青花瓷就已对伊斯兰世界产生强大影响,同时,伊斯兰艺术对中国瓷器的演变也具有逆向的影响。中国社会科学院世界宗教研究所李维建的发言"从清真寺看中—伊文化交流"认为清真寺建筑可以体现中—伊两种文化交流与融合的历程。中国社会科学院外国文学研究所穆宏燕研究员的发言"舞破尘世升上重霄"揭示了源于琐罗亚斯德教的宗教祭祀舞蹈如何在波斯萨珊王朝演变为拓枝舞、胡腾舞、胡旋舞,如何在唐代传入中原,又如何传入波斯和中亚地区,演变为苏菲教团的特有的修行仪式。日本国家人类学博物馆荣誉教授杉村栋的发言题为"伊斯坦布尔画册中的中国主题",以收藏在托普卡帕皇宫内一副带有中国风格的画作"栖息的猎鹰"为例,探讨了此类画作的中国起源。

会议第三场的主题是"文献与语言"。中国社会科学院世界宗教研究所的李林发言题为"中国伊斯兰教学术史概略",尝试将中国学人对伊斯兰教的认识与研究划分为四个时期即元始期、亨长期、利遂期、贞成期与三条进路即"历史—考证"之路、"哲学—思想"之路、"语言—文化"之路,从而勾勒出中国伊斯兰教学术史的蓝图。中国社会科学院世界宗教研究所王俊荣研究员的发言"苏菲著作在中国的翻译及意义"对苏菲著作在中国的翻译历程及意义进行了探讨。安卡拉大学的因吉·因杰·埃尔多杜博士的发言"中国语言中的伊斯兰文化寻踪"揭示出不少源自伊斯兰文化的词汇在漫长的历史上已融入到中国语言之中。上海外国语大学的云存平博士以"马图里迪派神学思想研究"为题,介绍了伊斯兰教历史上一个重要的教义学派马图里迪学派的思想主旨。

会议第四场的主题是"科学、宗教与思想"。中国科技大学石云里教授的发言"中国君主对伊斯兰天文学的借用"考察了阿拉伯天文学在元明时期国家事务中所扮演的角色,同时也揭示了中国天文学家试图将阿拉伯天文学本土化的努力。马来西亚拉曼大学中国研究所郑文泉教授在题为"马来西亚学者对儒教的伊斯兰式理解"的发言中,介绍了两位具有代表性的马来西亚穆斯林学者赛义德·穆罕默德·纳吉布·阿塔斯与奥斯曼·伯克尔对儒家的理解。中国社科院宗教所的周燮藩研究员的发言"苏菲教团与中国门宦"探讨了明清以来,苏菲学说通过汉文译著以及新疆依禅派传入内地的过程。埃及前驻华大使穆罕默德·努曼·贾拉勒在其发言"中国文化与穆斯林文化中的和谐观"中,考察了中国与伊斯兰文明中的两个重要概念——矛盾概念与和谐概念,并指出中国领导人提出的"和谐"观念将成为人类历史中的一座新里程碑。

会议第五场的主题是"当代世界与穆斯林世界的关系"。首先发言的是巴基斯坦伊斯兰堡战略研究所中国和东亚研究中心主任法扎勒·拉赫曼,其"巴基斯坦—中国关系:当代国家间关系的典范"回顾了中巴两国之间的深厚友谊,并指出未来中巴两国未来需要进一步在教育、文化领域建立更紧密联系。中国社会科学院世界宗教研究所晏琼英的发言"伊斯兰现代主义在南亚与中国"在阐述了伊斯兰现代主义的一般特征的基础上,对艾哈迈德·汗与张承迁的《古兰经》经注进行了比较。马来西亚大学王乐丽研究员发言题为"华裔穆斯林与马来西亚文化、教育和社会的联系",介绍了移居马来西亚的华裔穆斯林的历史与现状。中央民族大学宗教与哲学学院杨桂萍教授的发言"当代赛莱菲耶及其对中国穆斯林的影响"通过外文资料梳理了当代赛莱菲耶在穆斯林世界的发展、教义思想和教法主张,并结合田野调查,分析了当代赛莱菲耶对中国穆斯林的影响。

会议第六场的主题是"全球化背景下的中国与穆斯林世界"。宁夏社会科学院马平研究员的发言"当代中国与穆斯林国家的经贸往来",介绍了中国与穆斯林国家经贸往来的历史与现状。卡塔尔国际大学国际关系学院杰奎琳·阿米约教授的发言题为"丝绸之路的复兴:21世纪的中国与海湾",旨在探讨当前中国与中东各国迅速发展的商业关系所带来的影响及其文化与社会含义。北京大学国际关系学院中东研究中心主任王锁劳教授以"赛莱菲政党的外交思想及其对中埃关系的潜在影响"考察了埃及赛莱菲集团的外交政策及其对中国可能产生的影响。来自阿尔及利亚的法伊扎·卡卜在其发言"中华文明和伊斯兰文明当代面临的共同挑战"中提出，中华文明和伊斯兰文明应在倡导不同文明和谐共存的基础上加强协调与合作。宁夏社科院回族伊斯兰教研究所所长丁克家研究员的发言"当代中国与阿拉伯世界的文化交流"回顾了中国与阿拉伯国家的历史交往与成果，并提出中阿文明之间的相互学习、相互欣赏、相互理解与友好交流必将造福于中阿人民与人类文明。上海外国语大学中东研究所马丽蓉教授的发言"中国与伊斯兰国际组织立体人文交流平台构建"对中国与海合会、阿盟、伊合等伊斯兰国组织的交流合作作出了展望与构想。吉达中东战略与法律研究中心主任安瓦尔·马吉德·埃什吉博士在其发言"对中国—伊斯兰世界关系的展望"中回顾了中国与伊斯兰世界的关系，并提出中国与沙特的合作关系为伊斯兰国家与中国加强联系铺设了道路。

会议闭幕式上，伊斯兰历史、艺术与文化研究中心主任哈立德·艾伦、中国社会科学院世界宗教研究所副所长金泽、伊斯兰合作组织社团与少数族群部主任塔拉勒·道乌斯、中国社会科学院国际合作局副局长张友云分别致辞。

随着全球化的发展，探讨中华文明与伊斯兰文明的交流、促进文明对话，具有重要的现实意义。此次会议的召开必将为促进中国与伊斯兰文明的在政治与文化方面的交往与联系起到积极作用。

（《世界宗教研究》2012 年第 4 期）

关键词 5：宗教与文化发展

# "宗教与文化发展"高层论坛暨 2012 年中国宗教学会年会举行

藏 博

2012 年 7 月 12 日，由中国宗教学会、中国社会科学院世界宗教研究所、四川大学道教与宗教文化研究所联合举办的"宗教与文化发展"高层论坛暨 2012 年中国宗教学会年会在成都四川大学隆重举行。

会议开幕式由中国社会科学院世界宗教研究所党委书记曹中建主持。中共中央统战部二局马利怀副局长、中共中央统战部李平晔巡视员、中共四川省委统战部王增建副部长、四川省宗教事务局杨伯明副局长、前副局长余孝恒先生、四川大学党委常务副书记罗中枢教授作为与会嘉宾代表出席开幕式。中国社会科学院学部委员、世界宗教研究所所长卓新平，西北大学校长方光华教授，清华大学王晓朝教授以及来自中国人民大学、复旦大学、中国政法大学、山东大学、华侨大学、上海社会科学院、华东师范大学、浙江大学武汉大学、四川大学、四川省社会科学院、西南民族大学等全国 20 多家高校和科研机构的 80 多位专家学会参加了此次会议。

在开幕式上，首先由中国社会科学院学部委员、世界宗教研究所所长卓新平致辞。卓新平教授指出以"宗教与文化发展"作为这次高层论坛的主题，旨在使宗教为我国的文化建设、社会建设有更大的投入，有更新的奉献。中国文化乃中华民族之魂，理解中华文化和整个人类文化，宗教是其关键之维。我们应该认识到宗教在文化中的底蕴、本真，以及宗教为文化发展提供的动力、氛围。只要我们以清醒的眼光看世界，或只是客观、冷静地看看我们祖国的港澳、台湾地区，对宗教的文化定义、社会作用就应该获得正确的认识、得出正确的结论。中国文化的重建，已经到了最关键的时刻，中国宗教的正确定位已是刻不容缓。作为宗教研究工作者应该是"有识之士"，在中国社会转型、文化复兴的这一千载难逢的历史时刻，也理应在"独善其身"的基础上有"兼济天下"

的情怀和志向。

随后,在主席台就座的四川大学党委常委副书记罗中枢教授、四川省委统战部副部长王增建、四川省宗教事务局副局长杨伯明、四川大学道教与宗教文化研究所副所长张钦教授先后致辞。

四川大学党委常委副书记罗中枢教授在讲话中从推动社会主义文化大发展大繁荣出发,指出此次会议的召开,是学术界积极参与国家文化建设、促进文化大发展大繁荣的共同行动的有力响应。深入探讨宗教与文化发展的关系、研究宗教对文化建设的作用、审视宗教与文化发展的历程及其在当代中国的走势等问题,尤其具有重大的理论意义和现实意义。

四川省委统战部副部长王增建在开幕式上发表致辞,向远道前来出席会议的嘉宾学者致以崇高敬意和诚挚祝贺。指出在改革开放深入和全球化推进的背景下,宗教问题已经成为社会的热点问题,只有科学的理论思维和实事求是的研究态度,才能从根本上确保宗教政策的可行性和稳定性。中国宗教学会作为一个宗教学的重要学术科研机构,取得了大量具有高水平的标志性成果,对于宗教的认知和管理开拓了思路,起到了重要的理论指导作用和非常有意义的帮助作用。

四川省宗教事务局副局长杨伯明围绕着四川宗教文化资源的丰富性、宗教工作的重要性向与会专家学者提出了诚挚邀请,希望加大和学术界的合作交流,有效促进文化的繁荣、宗教的和谐。

作为承办方的四川大学道教与宗教文化研究所副所长张钦教授对于出席此次会议的领导、嘉宾、学者表示热烈欢迎,并对四川大学道教与宗教研究所的历史、影响、学术研究及教学、对外交流与合作等方面作为详细介绍。

此次论坛主题为"宗教与文化发展",分为宗教与文化发展、道教与文化、宗教与社会转型、宗教学相关研究、宗教政策研究、民族宗教与和谐社会建设六个议题进行。论坛的首场"宗教与文化发展"学术研讨会在中国社会科学院世界宗教研究所副所长金泽研究员主持下进行。西北大学校长方光华教授、浙江大学全球化文明研究中心主任安伦教授、上海市社会科学院宗教研究所所长晏可佳研究员、武汉大学哲学学院宗教学系主任翟志宏教授、中国社会科学院世界宗教研究所《世界宗教文化》编辑部主任郑筱筠研究员先后作了发言。

在题为《关于传统心性论的宗教向度的反思》发言中,方光华教授对于中国文化中的传统的心性论是否有宗教色彩问题进行了自己的深思,认为其矛盾主要集中在三个方面:第一,心性的基本内容是神秘而无法做出理性解释吗?第二,心性展开的是完全内缩的反思,没有对客观世界的实际改造吗?第三,心性的境界是个性化的宗教体验吗?认为明清之际以来,实学的批判一定程度上忽略了心性论对人的精神生活根据的内在探寻。而近代以来的科学化思维使得传统心性论的意义更加式微。今天我们或许需要对传统心性论把握世界的方式与途径给予更多的关切。

安伦教授进行了《避开对中华文化的认识误区，构建根深蒂固的文化软实力》的发言，剖析了中国思想界经过百年动荡混乱后对中华文化存在的诸多误区：第一，文化软实力的构建可以轻视传统中华文化，主要靠政治和产业化运作完成；第二，中华文化是非宗教性文化；第三，宗教性有害于文化软实力的构建；第四，中华文化是建制性排他宗教文化；第五，儒教或其他宗教单独可以代表中华文化。

晏可佳教授对于宗教道德在现代社会伦理体系构建中的地位和作用作了发言。在道德重建是历史与现实的辩证统一这一认知的基础上，探讨了宗教道德的基本框架和走向。认为宗教道德是现代社会伦理体系中一个不可或缺的环节，应当纳入社会主义核心价值的建设工程，使其发挥积极的社会作用。

在《宗教之为文化与当代人类生活意义的重建》的发言中，翟志宏教授对宗教的文化性、超越性以及在当代社会生活中的意义进行了深刻的思考。郑筱筠教授则以宗教文化视角探讨了宗教的文化软实力问题，进行了题为《文化软实力视野下的宗教力》的发言，认为宗教的文化软实力可以立体分层，其可以包括宗教的文化执行力、文化亲和力和文化缓冲力三种力量。近300名专家、学者、学生旁听了会议并在发言结束后与专家提问互动，进行了热烈讨论和交流。

第二场"道教与文化"研讨会在清华大学哲学系王晓朝教授的主持下进行。发言嘉宾及其论文题目分别为：中国社会科学院世界宗教研究所道教研究室王卡研究员《道教与文化发展》、四川大学老子学院院长詹石窗教授《大道的圆通和谐旨趣》、四川大学道教与宗教文化研究所丁培仁教授《关于道教文化建设的几个问题》、四川大学道教与宗教文化研究所盖建民教授《关于当前"道教养生热"的几点理性思考》、四川大学道教与宗教文化研究所张洪泽教授《葛洪与江南道教》。

第三场"宗教与社会转型"研讨会由山东大学犹太教与跨宗教研究中心主任傅有德教授主持。发言嘉宾及其论文题目分别为：华东师范大学哲学系李向平教授《寻找中国信仰——长三角地区信仰与宗教信仰的调研报告》、中国社会科学院世界宗教研究所当代宗教研究室主任邱永辉研究员《聚焦宗教现状，构建"中国话语"》、四川大学道教与宗教文化研究所闵丽教授《我国社会转型时期的价值重构问题刍议》、中国道教协会副秘书长袁志鸿《宗教的发展与中国社会转型》、四川大学道教与宗教文化研究所查常平副教授《从〈马可福音〉中耶稣与犹太宗教制度成员的关系看未来中国文化更新》。

第四场"宗教学相关研究"研讨会发言嘉宾及其论文题目分别为：清华大学哲学系王晓朝教授《研究宗教，不能忘记研究神学》、复旦大学哲学学院基督教研究中心张庆熊教授《信仰寻求理解与理解开导信仰——探讨基督教文化中的"信仰"与"理解"

关系之争》、山东大学犹太教与跨宗教研究中心主任傅有德教授《〈犹太福音〉与犹大形象》、陕西师范大学基督教文化研究所所长尤西林教授《作为宗教现代性基础的信仰——宗教学的现代视野》、广西师范大学美术学院副院长张明学教授《汉代画像石、画像砖中的神仙信仰》。

第五场"宗教政策研究"研讨会在华侨大学副校长张禹东教授的主持下进行。发言嘉宾及其题目分别为：中国人民大学佛教与宗教学理论研究所执行所长张风雷教授《中国古代政教关系刍议》、中国人民大学马克思主义学院何虎生教授《关于当代中国宗教政策的几点意见》、金陵协和神学院副院长王艾明教授《宗教工作：管理和信仰团体的责任与义务——就基督教新教组织体制而言》、中国政法大学人文学院副院长俞学明教授《关于宗教与法治社会的一点思考》、四川新泰克控股有限责任公司董事长程世平《宗教自由与社会化管理》、广西民族大学人文学院容志毅教授《"四维立，则国家稳"：兼论"宗教维度"与国家稳定》。

最后一场"民族宗教与和谐社会建设"研讨会在国务院发展研究中心民族发展研究所所长赵曙青研究员的主持下进行。发言嘉宾及其题目分别为：四川师范大学历史文化与旅游学院毛丽娅教授《〈圣经〉的财富观与慈善思想》、山东轻工业学院政法学院赵芃教授《开展马克思主义宗教观教育，普及民族宗教文化知识》、中国社会科学院世界宗教研究所尕藏加研究员《藏族居士传承与村落文化》、四川大学《老子学刊》编辑部副主任赵敏《藏传佛教与社会稳定》、华侨大学华侨华人研究院钟大荣、华侨大学副校长张禹东教授《马六甲华人社会的王爷信仰与王船大游行》。

（佛教在线2012年7月12日）

关键词6：德国历史：宗教与社会

# "德国历史：宗教与社会"学术研讨会暨中国德国史研究会2012年年会在山东济南举行

2012年9月14—16日，"德国历史：宗教与社会"学术研讨会暨中国德国史研究会2012年年会在山东济南举行，本次会议由山东大学历史文化学院和犹太教与跨宗教研究中心、哲学与社会发展学院共同举办，来自全国各地的70余名专家参加了会议。

9月14日上午，会议开幕式举行。山东大学副校长陈炎、中国德国史研究会会长邢来顺、山东大学历史文化学院院长王育济、山东大学哲学与社会发展学院院长刘杰、山东大学犹太教与跨宗教研究中心主任傅有德、中国德国史研究会秘书长景德祥先后致辞，开幕式由刘新利教授主持。

邢来顺教授高度评价了山东大学在中国的德国史研究中所具有的举足轻重的地位。他说："山东大学是中国德国史研究的重要发源地。这里是中国德国史研究会的发起成立单位之一和学会的长期驻会单位，这里是老一代德国史专家刘明翰先生、陈汉时先生和朱懋铎先生长期工作的地方，这里为我国培养了刘新利教授、孙立新教授和景德祥教授等一批杰出的德国史研究人才。"他说，山东大学为推动中国的德国史研究做出了重要贡献。

王育济院长回顾了山东大学和中国德国史研究会的渊源。1979年12月，山东大学和北京大学、杭州大学、中国社科院世界历史研究所4家单位发起召开了中国德国史研究会的筹备会议。1980年8月，由山东大学主办的中国德国史研究会成立大会在青岛召开。此后在长达20年时间里，山东大学一直都是研究会的驻会单位。但本次会议是德国史研究会第一次在山东大学校本部召开。他还介绍了山东大学在德国史教学和研究方面的悠久历史。作为2015年国际历史科学大会承办方代表，王院长诚邀各位专家届时光临济南、共襄盛会。

学会秘书长兼法定代表人、中国社会科学院世界历史研究所景德祥研究员是山东大学历史文化学院79级本科生和83级研究生，后于德国获得博士学位。他在发言中以一名山东大学毕业生的身份表达了自己重返母校校园的心情。

随后，会议进行了大会发言和讨论。本次会议议题有三项：德国历史——宗教与社会研究；德国史前沿课题研究；六卷本《德国史》著后经验交流与问题讨论，会议为时三天。

山东大学历史文化学院陈汉时教授、顾銮斋教授、郑群教授和解玉军博士出席了会议。

（山东大学历史文化学院）

关键词 7：宗教与文化战略

# "渤海视野：宗教与文化战略"学术研讨会暨中国宗教学五十人高层论坛在天津召开

由中国社会科学院文学哲学学部、浙江大学全球化文明研究中心、中国社会科学院世界宗教研究所与中国宗教学会联合举办的"渤海视野：宗教与文化战略"学术研讨会暨中国宗教学五十人高层论坛，于2012年9月19日在天津市隆重开幕。来自北京、上海、天津、浙江、四川等地的研究机构与高校的知名学者，以及商界、文化界的50余人参会。

在开幕仪式上，中国社会科学院世界宗教研究所所长、中国宗教学会会长卓新平研究员发表了简短然而立意明确的致词。他指出，我们有必要冷静、清醒、全面、智慧地思考和讨论"宗教与文化战略"问题，使社会文化在精神动力和精神支撑上有更明智、更有利的选择和取向，努力把宗教从社会存在、文化意义、精神影响和政治归属上全面纳入社会的整体建构和一统体系，使宗教作为政治力量，成为国家自身政治力量的有机组成部分；宗教作为社会系统，成为我们当今和谐社会的有机构建；宗教作为文化传承，成为弘扬中华文化的积极因素；宗教作为灵性信仰，成为重建"精神家园"的重要构成。为此，卓新平研究员呼吁与会嘉宾以开放、开拓的姿态与视野就宗教与文化战略问题集思广益、群言群策，并感谢社会各界的精英人士为中国社会及文化精神的积极有利发展体现出"匹夫有责"的使命感和"先天下之忧而忧，后天下之乐而乐"的精气神。浙江大学全球化文明研究中心学术委员会主任王晓朝教授也在致辞中表达了对会议召开期盼已久的心情，并在随后的讨论中，就当代中国的具体语境，阐发了"至善"与"共善"的概念对于构建宗教共同体的意义。他指出，"至善"作为道德的至高境界，具有形而上学的内涵，指向的是人生、未来；而"共善"则突出了善的共有性，具有明确的政治学内涵，指向的是社会、现实和当下；要建构中国的宗教共同体，需要止于"至善"——需要有形而上层面的追求，但最终还是要成于"共善"——以共同利益和最高德性来引导个体成员的偏好，规定共同体的生活方式。此外，中国宗教学会副会长、中国社会科学院世界宗教研究所党委书记曹中建，中国社会科学院世界宗教研究所副所长金泽研究员，中国社会科学院文学哲学学部韦莉莉处长也出席了开幕式。

在19日的会议议程中，与会嘉宾分别从"宗教、传统文化与中国文化战略"、"宗教共同体与人类文明"、"宗教、信仰复兴与中国社会转型"、"宗教信仰在中国社会的认知与认同"四个主题展开了多角度、多面向的讨论。发言、交流的话题涵盖了宗教与文化战略关系中的热点和难点问题，不仅有对当代现象的反思，也有对历史传统的再探，有社会、文化、艺术等多视角的理解，也有不同宗教信仰自身的回应。从对中共中央1982年"19号文件"的再理解，到宗教与中国的对外战略；从建构宗教共同体的伦理之径，到当代儒学复兴的趋势与展望；从网络化时代佛教文化的传播、伊斯兰教在中国内地的发展趋势、如何看待基督教在中国的增长，到宗教在当代社会的脱敏等等，视阈勇于突破阈限，思想可谓敏锐精进。最终，与会嘉宾对宗教与中国当代文化战略的关系达成共识，共同提出并草拟了六点具有前瞻性和建设性的倡议。

9月20日上午，与会嘉宾集会，宣读并签署了《渤海倡议》。此次宣读活动由浙江大学全球化文明研究中心研究员、清华大学教授王晓朝主持，中国社会科学院世界宗教研究所所长、中国宗教学会会长卓新平研究员宣读。《倡议》在综合了19日全体与会代表的批评和建议之后，浓缩和聚焦为如下六点："优化传统文化，强调文化自主，建构自我认同"、"放弃单一价值定位，开放探讨信仰认知"、"立足自身传统，放眼普世文明，海纳百川，有容乃大"、"官民并举，开放灵性资源和优秀价值"、"参与文化更新，争取价值认同，宽容开放，多元谐和"、"全球一体，荣辱与共，责任共担，化解冲突"等。《倡议》旨在号召社会各界对宗教在中国当代文化战略中不容忽视的价值和建构性意义予以正视和认同，并以此呼唤社会响应，海纳百川，自强不息，从容以对国际变幻风云。

参与《倡议》签署的学者、文化人士计有：卓新平、王晓朝、李向平、李刚、何其敏、王新生、范丽珠、陈明、徐以骅、安伦、张化、葛壮、王建平、赵法生、安虎生、张士江、冯哲、朱其、唐晓峰、曲健兄、陈建洪、刘国鹏等。

（中国宗教学术网2012年9月25日）

关键词8：马克思主义宗教观

# 马克思主义宗教观研讨会(2012)在京召开

2012年10月13日，中国社会科学院世界宗教研究所主办的马克思主义宗教观研讨会（2012）在北京召开。中国社会科学院学部委员、世界宗教研究所所长卓新平研究员在主旨发言中强调，经典作家关于宗教是人类掌握世界的方式之一的论断，对于我们今天推进文化大发展大繁荣、发挥宗教文化在文化建设中的积极作用，具有重要指导意义。

每年度召开一次学术研讨会并出版相关学术文集，是世界宗教研究所加强马克思主义宗教观研究学科建设的重要举措。本年度学术年会的主题是马克思主义宗教观视野中的宗教与文化建设。来自中国社会科学院、中共中央党校、中共中央统战部、国家宗教事务局、中国藏学研究中心、中共中央文献研究室、中央社会主义学院、中国人民大学、中央民族大学、河北省社会科学院、新疆师范大学、辽宁大学、湘潭大学和聊城大学等单位的专家学者约30余人参会。朱晓明、龚学增、段启明、加润国、何虎生、李建生、徐麟、韩秉方、曾传辉、张雅平等分别就宗教的两重性、中国共产党的宗教文化观、"19号文件"贯彻中的得与失、宗教文化说的发展脉络、世界宗教发展趋势、东正教与俄罗斯文化重建等热点、难点、焦点问题畅所欲言，热烈研讨。

研讨会最后，世界宗教研究所副所长金泽研究员在总结发言中指出，对于宗教问题的多样化理解和话语建构有助于学术创新，也有助于将马克思主义宗教观的研究不断引向深入。

（中国宗教学术网2012年10月16日）

关键词 9：东南亚宗教与社会发展

# "东南亚宗教与区域社会发展"学术论坛会议综述

2012年10月27—28日，由中国社会科学院世界宗教研究所主办的"东南亚宗教与区域社会发展"学术论坛在北京召开。来自中共中央统战部、国家宗教事务局、云南省宗教局等党政领导部门的代表，以及国务院发展研究中心、中国藏学研究中心、中国社会科学院、华侨大学、中山大学、南京大学、云南大学等高校和相关研究机构的专家学者、中国佛教界人士及新闻单位共60余位代表参加了本次学术论坛。

论坛开幕式由中国社会科学院世界宗教研究所副所长金泽主持，世界宗教研究所党委书记曹中建、国家宗教事务局副局长蒋坚永、中国藏学研究中心原党委书记朱晓明、云南省宗教局副局长马开能及云南省佛教协会代表在开幕式上分别致辞。

曹中建在致辞中强调，东南亚地区的地理位置使东南亚各国在世界政治、经济、文化和军事格局中的地位非常重要，不仅对于中国的长远发展战略来说具有重要意义，而且深刻影响着世界各国的国际发展战略布局。由于东南亚是世界上宗教多样性非常突出的地区，基督教、伊斯兰教、佛教等在不同的国家和地区有着不同的作用和影响，因此，研究宗教在东南亚社会发展中的地位和作用非常必要。为此，本次会议以"东南亚宗教与区域社会发展"为主题，聚集国内外研究东南亚宗教的学者，旨在深度研究东南亚宗教与社会、政治、文化发展战略之间的关系。他进一步指出，会议一方面搭建了一个高水平的学术交流平台，必将能推动东南亚宗教研究的发展；另一方面，通过研究宗教在当代东南亚社会政治、经济和文化变迁中的作用，以期为国家宗教发展战略提供重要的参考和借鉴。

蒋坚永在致辞中指出，"中国宗教学界以东南亚宗教为主题召开研讨会，这在历史上还是第一次"。他高度评价了此次会议的学术意义，强调指出会议的重要性和必要性。他说，宗教学界的研究者要更加重视研究世界宗教问题，了解世界各国各地区宗教发展状况，关注国际宗教热点，把握国际宗教发展的特点和动向，介绍其他国家处理宗教问题的做法和经验，探讨世界宗教发展对中国可能产生的影响，并研究应对之策。东南亚宗教研究是世界宗教研究的重要组成部分，从这个意义上而言，研究东南亚宗教具有十分重要的意义：一、有助于我们增进对东南亚区情的了解；二、有助于我们借鉴东南亚国家处理宗教的经验；三、有助于我们加强与东南亚国家的宗教交流与合作。他希望与会专家学者一如既往地关心和支持宗教工作，共同为推动宗教工作在中国共产党和国家工作全局中发挥更大的作用做出积极贡献。

马开能在致辞中详细介绍了云南的宗教状况，他指出，云南宗教及宗教问题的民族性十分突出。少数民族群众是各宗教信教群众的主体，宗教的分布与流传同一些民族的分布相对应，并有十分明显的民族地区区域性；同时，由于特定的地缘和区位使少数民族信教群众跨国境而居，宗教问题的国际性较为突出。因此，云南的宗教是一座独特的宗教及宗教文化群落，是中国乃至世界的一部宗教"活的化石"、"活的发展史"，也是中国乃至世界研究宗教及宗教文化的沃土。他还谈到，云南省委、省政府对宗教工作高度重视，云南宗教工作为维护和促进社会主义新型民族关系，维护和促进民族团结、社会稳定、边疆巩固，以及经济社会的全面发展，并为和谐社会的构建做出了积极贡献。

本次论坛共四个主要议题——宗教与东南亚发展战略研究、东南亚宗教研究、中国与东南亚宗教文化交流研究、东南亚华人宗教研究，分为五场进行研讨。

第一场讨论由中国社会科学院世界宗教研究所卢国龙主持，与会学者主要从战略高度来探讨宗教与东南亚区域社会发展的关系。华侨大学副校长张禹东在发言中围绕着宗教与东南亚区域社会发展的互动作用，从三个方面进行了展开：第一，中国与东南亚是一个在经济、政治、社会、文化等方面密切互动的关联体；第二，宗教以其特有功能和方式实践着与东南亚社会的互动；第三，华人传统宗教在促进宗教、种族和睦与社会和谐方面发挥了积极作用。云南省社科院贺圣达则从东南亚对中国对外发展战略的影响切入，谈了近30年来东南亚区域发展的新特点及其意义、宗教在东南亚当代变迁中的作用与趋势，以及这些特点、作用对中国对外发展战略实施的影响和中国的应对。国家宗教局刘金光副司长发言的主题是"东南亚宗教的特点及其对我国对外战略实施的影响"，分别从东南亚各国宗教的基本情况和特点、宗教对东南亚发展的促进和阻碍作用，以及伊斯兰教、佛教、基督教和华人宗教在中国对外发展战略中的积极作用几个角度进行深入探讨。中国社会科学院世界宗教所郑筱筠就"当代东南亚宗教现状、特点及发展战略"与参会学者进行了交流，她指出，宗教在中国对东南亚发展战略和公共外交领域中，可以作为中国的软实力文化支撑点来夯实中国与东南亚国家内在联系基石，提升中国的国家形象。同时要注意传统宗教文化复兴运动和新兴宗教不断涌现，使得宗教体系自身也处于不断的"聚合"和"裂变"过程中，这需要我们高度关注宗教力体系的完整性和连贯性。

第二场研讨的主持人是中国社会科学院学部委员、世界宗教研究所魏道儒，本场讨论主要围绕着东南亚上座部佛教而展开。中国社会科学院世界宗教研究所嘉木杨·凯朝介绍了日本佛教学者前田惠学的佛学思想及其对东南亚佛教的研究。前田是日本首屈一指的东南亚上座佛教研究学者，在其佛学研究中，非常注重文献研究与田野调查相结合的研究方法。他的研究生涯中，走遍了斯里兰卡、缅甸、孟加拉、印度、泰国等东南亚与南亚国家，把精心调查得来的数据和当地佛教现状形成文字，整理保存下来，在东南亚宗教研究方面做出很大贡献。中央民族大学龚浩群在发言中谈到了佛使比丘对当代泰国佛教改革运动的影响。首先，佛使比丘强调个体道德主体性的现实主义佛教，从而突出个体在社会改造中的作用。其次，佛使比丘对于自然和自然法则的强调，为当代泰国的环保运动提供了思想支持。最后，佛使比丘倡导禅修运动，使之成为一种实践方式，产生很广泛的影响。中国佛学院源流法师的发言通过对说一切有部中无净法的详细审查，找到了阿罗汉利他行在理论和实践上的证据。他在结论中提出阿罗汉无净的动机是利他行，阿罗汉本性中是有慈悲的，只是与大乘菩萨行的慈悲不同。中国佛教协会副秘书长定慧法师对佛教第一次结集中比丘的戒律进行了梳理和厘清。佛教第一次结集时戒律的条数是很复杂的问题，定慧法师主要从三个方面加以讨论，首先是佛制戒的宗旨。佛以戒和法为师，戒律能带来快乐，每个宗派戒律的条数都不一样。其次定慧法师进行了经典考证，为自己的观点寻找经典中的依据。最后在总结中提出，佛教第一次结集时戒律是 150 条左右，而南传佛教之所以有 227 条左右，区别主要在于百众学法。云南社会科学院宗教研究所梁晓芬的发言主题是上座部佛教与傣族原生性宗教的调适与互动，讨论了上座部佛教在云南的本土化路径。她认为南传上座部佛教的本土化要求是南传佛教与傣族原生性宗教冲突与调试的动因，而两者的互动与融合是南传上座部佛教得以实现本土化的主要途径之一。贵州社会科学院文化研究所张文学发言的主题是侨僧身份归属的相关研究，他通过对转道法师被遗忘的原因进行分析，从而更加客观和全面地看待侨僧这一群体的身份归属及其发挥的作用和意义，对当今中国佛教走向世界亦有所启示。云南省临沧市佛教协会提卡达希就云南临沧市南传上座部佛教慈善事业现状及模式进行了探讨，他首先介绍了临沧市佛教协会慈善事业现状，接着从直接给予个人关怀、结合佛教教义指引信众、积极与政府合作三个方面对临沧佛教慈善模式进行了介绍。云南民族大学饶叡颖首先对泰国北部佛教文化进行了探讨，对佛教传入泰国北部的渠道和时间进行了分析，其次讨论了佛教文化在泰北的繁荣发展和对当地社会的影响，最后讨论了泰北地区民族的文化特征，提出兰那文化圈是南传上座部佛教在泰国传播的一个缩影。云南大学发展研究院贝叶研究中心周娅的发言探讨了贝叶经典籍对南传佛教地区社会发展的影响，认为贝叶经典籍不仅是上座部佛教在中国传播和发展的载体，其内容还包括傣族社会历史发展的方方面面，对当地有着保护和集成传统文化、保护自然环境和社会环境等作用。

第三场发言的主持人是中国社会科学院世界宗教研究所张总。本场讨论主要集中了东南亚的伊斯兰教状况及对东南亚社会的影响，兼及基督教和道教在东南亚传播的情况。中山大学范若兰报告的主题是马来西亚华人社会与伊斯兰党的关系，伊斯兰党是马来西亚的主要反对党之一，其关于伊斯兰教国的主张引起华人社会的不安和关注，他们对伊斯兰党的态度经历了从漠视到重视、从反对到有限支持的变化。而伊斯兰党为争取华人选票，也日益重视华人的利益诉求，积极与华人社会和政党的合作。中国社会科学院亚太与全球战略研究院许利平讨论了东南亚伊斯兰教育现代化及影响，主要以印尼和马来西亚为例。他介绍了东南亚伊斯兰教育的机构和规模，以及伊斯兰教育的现代化，认为伊斯兰教育对东南亚现代化无疑具有积极的影响，同时也指出普通学校世俗教育是教育体制中的主体，伊斯兰教育是对世俗教育的有益补充。云南大学高志英做了题为"中缅跨境民族基督教文化带的形成及社会影响"的发言，将历史文献与田野资料相结合，在梳理中缅跨境民族基督教文化带形成与发展的基础上，探讨了文化带形成的缘由、特点、内涵及其社会影响。云南大学马居里的报告是基于云南省陇川县广山村的一个个案研究，研究的主要内容是景颇族基督教信仰在中缅边境的跨境交流与互动，探讨了景颇族基督教信仰传播和发展的特点，指出广山村景颇族的基督教信仰在传播和发展历程中具有主动引入、跨境交流、全民信仰和自我发展的特点。厦门大学博士生辉明在发言中论述了印度尼西亚恩鲁克网络的形成与发展。她以国际危机组织对伊斯兰祈祷团披露的信息为主要依据，分析了恩鲁克网络的建立过程、组织结构及运作方式，进而深入探究恩鲁克网络与伊斯兰祈祷团一脉相承的关系。南京大学孙亦平报告了道教在越南的传播方式。她认为道教从创立之初就传入越南，从民间传播到上层社会，19世纪又逐渐回归民间。从传播途径上看，早期道教先从陆路进入越南，后来又通过海路将天师道传入越南。其传播特点是：神灵信仰是主要象征符号；往往与佛教相伴传播；道教神灵与越南民间信仰相混杂，衍化出具有越南民族文化特色的新道派；劝善书是进行道德教化的方式，发挥一定社会作用。

第四场报告的主持人中国社会科学院世界宗教研究所王卡，本场主要讨论中国本土宗教在东南亚的传播情况，涉及民间宗教——德教和真空教，以及东南亚民间信仰对华人华侨的影响。华侨大学陈景熙对德教的"十章八则"进行了考证，他认为十章八则的纲旨源自其道德救劫的基本教义，在德教南传新马地区的过程中，由于宗教扩散、派系竞争、认同演变等具体因素的影响而凝练形成，成为各国德教会传承中华文化时所强调的核心价值体系。暨南大学石沧金报告的主题是1990年代以来马来西亚德教会发展的特点。在经过一年多的田野调查基础上，他认为马来西亚德教会的新特点是：传香阁体系广泛传播，体现国际性和地域性特征；缘子十分流行，体现与佛教的关系；十八罗汉护法缘子的创建等。华侨大学张云江对新加坡的真空教进行了考察，他认为新加坡真空教现在处在比较严重的衰退危机之中，这是东南亚地区具有中华传统的民间宗教普遍面临的新时代如何生存、发展的基本课题。同时他也认为真空教与罗教及其后世的变种渊源极为深刻，与真正的禅宗乃至佛教其实并无直接关联。华侨大学范正义讨论了民间信仰与华侨华人生存空间的构建及其意义转换，他认为早期华人华侨出于认同原乡的目的将民间信仰移植到侨居地，在侨居地再造原乡的生存空间。民间信仰的移植促成中华礼仪在侨居地的传播，侨居地的夷风夷俗被改变之后，华侨华人对侨居地的认同感也大为加强，从而由旅居生活向定居生活过渡。

第五场发言的主持人是中国社会科学院世界宗教研究所郑筱筠，本场主要从不同角度讨论东南亚华侨华人的宗教信仰。中山大学段立生通过对泰国60座中式寺庙的实地考察，指出宗教信仰是华人移民的精神支柱。现存泰国各式各样的中式寺庙所表现出来的华人移民的多神崇拜实际上反映了华人的多种精神需求，也是移民多样性的表现。进而段教授提出我们应建立马克思主义的宗教理论和政策，服务于当前国内国际社会实践的需要。华侨大学黄海德报告的题目是"青云亭华文碑铭与海外华人宗教信仰"，报告首先梳理了青云亭的特殊历史并介绍了青云亭具有显著华人宗教特征的情况。报告的第二部分主要介绍已经整理和录校的青云亭碑刻铭文，为研究东南亚华人历史和宗教提供了珍贵资料。最后通过上述考察分析海外华人宗教信仰的特征。华侨大学钟大荣从宏观角度对华侨华人宗教与民间外交进行了深入探讨，他认为华侨华人宗教是特殊的民间外交主体，可以通过宗教路径扩大和加强我国的民间外交，这有利于树立中国国际形象，为国家利益服务。华侨大学刘守政就东南亚华侨华人的祖神崇拜进行了报告，他指出东南亚华人宗亲社团结合的神缘基础是祖神崇拜，祖神崇拜具有多元性、功利性、包容性的特征，发挥着凝聚华人团体相互认同以及建设东南亚移民地社会和谐的作用。华侨大学博士生李栋材报告的主题是海外华人华侨宗亲组织及传统宗教关系，海外华人华侨宗亲组织在形式和观念上延续了中国传统社会宗亲组织的主要特征，不同的是海外华人华侨在传承的基础上做出了一定调试，目的是为了能更好地适应移居地环境和服务华社。

与会学者提交的论文内容涉及东南亚宗教与社会关系的方方面面，既有理论高度和历史分析，又有现实研究和实证方法，具有很强的学术性和实效性。会场讨论气氛热烈，学者们围绕着东南亚宗教问题从不同层面深入讨论，积极将自己的研究心得与大家分享。

10月28日，论坛在中国社会科学院落下帷幕。中共中央统战部袁莎副局长、国家宗教事务局政策法规司焦自伟副司长、中国社会科学院世界宗教研究所卓新平所长在闭幕式上致辞。

袁莎首先肯定了本次论坛的重要意义，并指出近年来东南亚各国宗教与经济发展的关系受到了越来越多的关注和重视。他认为，金融危机之后，东南亚的经济保持了自身的稳定，其深层原因是宗教因素。东南亚各国的宗教与社会生活关系非常密切，而且各国也重视宗教推崇的普遍价值观。这对我国如何进行宗教定位有一定的借鉴作用。他提出了两个观点：第一，宗教文化的多样性发展和区域经济发展之间的关系问题。他强调"经济搭台"，应该是"文化唱戏"，国家实力增长，应更多地支持和发展文化，包括宗教文化。第二，东南亚区域社会发展的模式。在东南亚这个区域经济共同体中要考虑到各个国家的宗教差异，不能推行单一的模式去发展区域经济，这对我国的宗教工作有借鉴意义。

焦自伟在讲话中表达了参会的三点心情：第一是感谢各位专家学者对东南亚宗教问题所做的深入研究，同时也感谢世界宗教研究所为会议付出的心血。第二是需要。他认为，宗教工作实践和专家学者的理论研究之间是"求真务实"的关系。学者做的是"求真"的工作，而他本人作为宗教工作者做的是"务实"的工作。这二者互相支撑，并不矛盾，当然也不是完全一致。在工作中应具体问题具体分析，实现"求真"与"务实"的统一。同时，理论研究成果也需要转化为具体政策实践和工作实践，从而最终实现其社会价值。第三是期待。期待专家学者们通过对东南亚宗教的研究，为处理好国内宗教问题带来启发和借鉴。

卓新平为本次论坛做了总结发言，他指出，改革开放以来我国在政治、经济、军事等领域都已经相当强大，但是应该反思我们在社会文化观、核心价值观、主流意识形态上中国特色尚不突出。在多元共融前提下，如何在精神文化上形成中国的品牌，凸显、体现中国的意识，如何理解宗教，需要我们深入反思。这种反思不是笼统而言，而应就局部、具体的一个方面来谈，这正是研究东南亚宗教与区域社会发展的意义所在。卓所长认为学术界对此应该进行三个层面的研究：首先，对东南亚政治、经济、文化进行系统、透彻的研究；其次，研究东南亚地区宗教及其对海外华人的影响；再次，研究东南亚华人宗教和他们生存发展的处境，及其与中国政治、文化的关联。他进一步指出，中国向海外移民的人越来越多，海外华人增长的过程中，一方面能扩大中国影响力，另一方面也能带来问题。对此，我们应该做到因势利导，赢得主动和先机。在未来的发展中如何作为，这一问题必将考验中国政治和文化的智慧。从这个角度来讲，本次研讨会非常有意义，也非常及时。我们正是通过研讨会的方式贡献学术界的智慧，为社会提供有价值的参考。

鉴于东南亚的重要性以及当前的国际国内形势，本次论坛的召开具有较强的理论和现实意义。首先,开展东南亚宗教研究,有助于增进对东南亚区情的了解,增进中国与东南亚国家的交流与合作。其次,会议将国内外研究东南亚宗教的学术界和宗教界人士聚集在一起,搭建了一个高水平的学术交流平台,必将能够推动东南亚宗教研究的进一步发展。此外,通过学术交流活动,探讨宗教与东南亚社会发展之间的关系,研究宗教在当代东南亚社会变迁中的作用,以便为中国宗教发展战略提供重要的参考和借鉴。

关键词 10：宗教慈善与社会发展

# 以宗教慈善事业推动社会和谐发展

## ——"宗教慈善与社会发展"会议综述

### 王 伟

盘点 2012 年中国大陆的宗教学研究，一定不能忽略的一个关键词是"慈善"。中国宗教慈善公益事业日益积极服务于社会公共领域，成为推动社会进步和构建和谐社会的重要路径，因此而受到各界的关注和重视。中国社会科学院世界宗教研究所于 2012 年 12 月 11—12 日举办的"中国社会科学论坛（宗教学）——宗教慈善与社会发展"国际学术研讨会，可以视作本年度中国宗教慈善研究之浓墨重彩的压轴大戏。在为期两天的研讨中，与会学者围绕着"宗教慈善与社会发展"、"宗教慈善法律及政策"、"宗教慈善观念与理论"等议题展开讨论，并达成诸多共识。

**宗教慈善的理论与观念**

如何理解慈善是讨论宗教慈善事业的一个基本问题和出发点，与会学者分别就不同地区、不同宗教流派的慈善观念、慈善理论体系的构建等问题进行了讨论。

吉宏忠认为，做慈善最重要的不在于外在有形的物质，而在于慈爱心性的显露与呵护。一切众生皆有大道赋予的慈爱本性，顺之则助人利己，逆之则损人害身。因此，要"行善"而不忘"劝善"。并非只有社会贫弱群体才是救助的对象，生活体面富足而精神贫乏空虚的一切众生，均是救助的对象。嘉木扬·凯朝谈到，早在原始佛教时期就有慈善事业的开展，其理念是以"慈悲喜舍"的四无量心来普度一切众生。佛教是宽容、理性、一切众生皆平等、没有分别心的宗教，其所提倡的慈善理念是，真实的慈善事业是应怀有一颗慈悲之心主动来做，而不是被动的、迫不得已才来应酬的行为。江丕盛提出，慈善必须由"行善者对贫苦者的善行责任"转移到社会"提供贫苦者获取生存资源的确实而公平的途径"，真正的慈善是恢复社会对人性尊严的维护和尊重。傅有德指出，在犹太教中，慈善源于神的律令，所以实行慈善乃是履行神意，是应尽的义务。而不同的是，儒家的慈善思想则源于人所固有的道德情感——"仁爱"，慈善行为乃是一种德行，并非出于义务或责任。

客观来讲，所有的宗教在"行善"这一点上都是一致的，一方面，信徒基于教义乐意服务他人，为社会服务提供了巨大的人力资源。另一方面，宗教组织通过社会服务可以有效扩大影响。因此，宗教组织服务社会有天然的动力和优势。我们能够看到，宗教慈善具有净化心灵和化解社会矛盾的作用，因此宗教慈善的重要性应该受到足够的重视，应调动宗教慈善的积极性，以发挥宗教在公益慈善中的动力作用。

### 宗教慈善的实践与经验

他山之石，可以攻玉。回顾国内外佛教、道教、基督教等的慈善事业的发展历程，并总结与借鉴各国宗教慈善事业特点以及对社会发展的影响，可以促使我们反省与思考中国当代宗教慈善事业的进展。

荷兰社会科学研究所 Geritje ter Haar 以非洲宗教慈善经验为例，认为要理解宗教在世界上扮演的角色和发展潜力，需要看它在特定背景下的意义。宗教观念、宗教实践、宗教组织和宗教经验共同构成一个大型的宗教资源，可为社会发展所利用，我们面临的挑战是如何动用宗教的内在潜力让社会更加美好。美国圣母大学 Gerard F. Powers 认为，定量分析表明归因于宗教的负面作用被夸大了，而忽略或误解了宗教在促进和平方面所扮演的正面角色。来自世界各地的例子说明，宗教和道德能够为建设和平提供资源，当前迫切需要一个多层次的分析模式以提出宗教和平建设战略。李明岩通过对佛教慈善事业在加拿大发展现状的研究，认为中国应该积极展开佛教对外民间文化交流，从而推动中华文化走向世界。这对促进人类文明进步、增进人类福祉和努力建设持久和平、共同繁荣的和谐世界均具有重要的深远意义。

通过对国内外宗教慈善个案经验的交流分析，我们相信中国的宗教慈善可以为受到经济快速发展影响的国家建立道德整合、一体做出贡献，比如通过重塑核心价值观为民族建立稳固的道德基础。此外，通过检视慈善机构的历史和贡献，我们能够了解到宗教慈善团体如何促进社会发展与和谐，以及提升各类社会公益。而在借鉴国际宗教慈善经验的基础上，通过对国内宗教慈善情况的调研分析，促使我们反省和思考宗教团体在社会服务中面临的问题及挑战，这有利于宗教团体社会服务的良性成长和中国社会的健康发展，也能够为探索中国宗教慈善事业参与社会建设的路径提供依据。

### 宗教慈善的法律与政策

明确规定宗教界投身慈善事业的制度与程序，建立健全相应的激励、规范和监督机制等，是中国鼓励宗教慈善事业更好地发展所迫切需要解决的问题，与会学者针对上述问题进行了深入分析。

Brett G. Scharffs 提出，应以适当形式的法律规章促成宗教慈善的财政贡献，并对宗教团体的非慈善性质和非宗教活动提供适当的限制。刘澎强调，良好的法律环境对于政府、宗教组织、社会都大有裨益。在美国，宗教在慈善领域大显身手，宗教组织提供着从救济贫困到文化艺术、环保等无所不包的服务，在许多社会问题的解决上比政府更加有效。政府则通过优惠的税收政策刺激个人向宗教组织等非营利机构捐款，支持宗教组织的活动。郑筱筠指出，在政策方面，2012年2月中央六部委联合印发《关于鼓励和规范宗教界从事公益慈善活动的意见》，这对于中国宗教慈善活动事业来说是一个政策上的分水岭，《意见》的出台有助于解决一些中国宗教慈善事业活动中存在的"软问题"。进而，郑筱筠对中国宗教慈善事业的社会定位、面临的挑战及其未来发展趋势进行了论述，提出对于中国政府和宗教界来说，中国宗教慈善事业面临的诸多问题既是挑战，同时也是契机。对于政府而言，宗教组织开展公益慈善活动，可以为宗教的健康发展提供一种途径和思考；而对于中国宗教界来说，这是展示其高度动员能力和服务能力的有效途径。

针对宗教慈善法律与政策的讨论为我国制定宗教政策提供了借鉴，从社会政策、宗教统战等方面对宗教慈善公益加以引导，使公共教育、医疗、老年看护、孤儿和残疾人士等社会各界能够在更大范围受益。了解和借鉴不同类型社会组织结构中的宗教慈善事业发展，建立法律框架以促进宗教慈善团体的规范化，以利于宗教慈善团体在促进社会发展中扮演正面的角色，引导宗教与社会主义社会相适应，发挥宗教在经济社会发展中的积极作用。

只有高度重视和积极推动宗教慈善事业在中国社会中的参与，我们才能更好地贯彻、体现中国共产党十八大精神中"发挥宗教界人士和信教群众在促进经济社会发展中的积极作用"的重要思想。这次研讨会正是在全国人民积极领会十八大精神这一契机下召开，因此更加凸显出中国宗教慈善事业在新形势下服务社会的意义和价值。

（《中国社会科学报》2013年1月16日）

# 研究资料数据

# 《世界宗教研究》2011—2012年目录

## 2011年第1期目录

■1.杜威、罗素宗教观在"五四"时期的影响/姚兴富■2.旅游表述语境下的中国宗教文化商品化解析/黄秀琳■3.论中国佛学的精神及其现实意义/洪修平、陈红兵■4.金朝临济宗源流考/李辉■5.雪峰义存生平再研究——兼与日本学者铃木哲雄商榷/王荣国■6."八敬法"的中国女性伦理遭遇论/王水根■7.关于内齐托音一世的几个问题/王力■8."人间佛教"的问题及都市佛教研究/刘旭■9.古回鹘文易经与道教因素之西传/问永宁■10.赵宜真、刘渊然与明清净明道/郭武■11.安多藏区的文昌神信仰研究/看本加■12.族群变迁与文化聚合——关于梅山教的调查与研究/倪彩霞■13.论拉纳"匿名基督徒"观念在"梵二会议"语境中的意义/王新生■14.梵蒂冈网络传播态势/许正林、乔金星■15.早期美国来华传教士与美国对华鸦片贸易政策/陈才俊■16.基督教与川康民族地区的禁毒努力（1939—1949）/邓杰■17.安萨里论真主的本质和属性/王希■18.明清之际的伊斯兰教与基督教/许淑杰■19.宇宙生成论的中西比较——以朱熹和托马斯·阿奎那为例/刘光顺■20.修心、修炼、修道：清末民初民间儒教的修行观/钟云莺■21.道教生命哲学的系统诠释——读李刚教授《何以"中国根柢全在道教"》/刘志■22.十五卷本《中国佛教通史》出版/黄夏年■23.一部体现地理特色的地方道教史力作——《西北道教史》述评/李海林■24.走进多面的宗教世界——《宗教人类学》第二辑评介/乌媛■25."2010'中国梵净山弥勒道场金玉弥勒开光仪式暨佛教文化研讨会"综述/张明■26."历史与现状——基督教与伊斯兰教的关系与对话"国际研讨会综述/丁锐中■27.乐山大佛研究中心"首届弥勒大佛学术研讨会"召开/铂净■28."首届圆悟克勤暨'禅茶一味'国际研讨会"在成都昭觉寺举行/文博■29.首届湖北"黄梅禅文化高层论坛"召开/芒仁■30."中世纪哲学：立场与方法"学术研讨会综述/袁朝晖

## 2011年第2期目录

■1.宗教心理学视阈下的詹姆斯"中介项"评述/周普元、姚学丽■2.试析天台"三藏教六即"思想/吴之清■3.月称《清净句》龙树《中论》第22品注疏研究/程恭让■4.论北周时期的民间佛教组织及其造像/崔峰■5.中国南传上座部佛教抄本概况研究/周娅■6.中国禅宗"山笠"对日本神道"山笠祭"的影响——日本博多衹园山笠祭起源新解/姜艳斐、楼筱寰■7.走向民间的道派——上清灵宝东华派略述/陈文龙■8.民国《湖北省长春观乙丑坛登真箓》探研/梅莉■9.文昌信仰的神谕性训诫

研究——以文昌劝善书为中心/谭德贵、宁俊伟■10. 威尔豪森的来源批判及其《圣经》诠释/田海华■11. 早期基督教与古希腊哲学的相遇/翟志宏■12. 英格兰、苏格兰合并过程中的宗教问题/李丽颖■13. 乡村基督宗教的走向与思考——以广东地区乡村教会的田野观察为例/刘昭瑞■14. 范礼安与中国——兼论中国教区的行政归属/戚印平■15. 《古兰经》汉译活动与伊斯兰教本土化/马明良■16. 布伯宗教哲学的哈西德主义内在理路/刘精忠■17. 阿富汗宗教公民社会的角色和功能/蒲瑶■18. 西藏本教是藏传佛教最典型的代表——关于岷江上游本波教与钵第教的讨论/同美■19. 壮族巫术、巫师与巫医/玉时阶■20. 埃琉息斯秘仪与奥尔菲斯教之比较/梁小平■21. 犹太律法发展历程初探/许广灵■22. 明清基督宗教画像流布状况综述/褚潇白■23. "东方摩尼教"研究的两条路向——芮传明、王小甫摩尼教研究新作赘语/夏洞奇■24. "宗教的现代社会角色"学术研讨会综述/王芳妮■25. 首届龙虎山张天师文化研讨会学术综述/欧阳镇

## 2011 年第 3 期目录

■1. 政教合一制度过程论——词义新辨及其产生过程/樊秋丽■2. 论古印度主流禅修与佛教禅修的相互影响/惟善■3. 印度佛教僧俗关系的基本模式/圣凯■4. 论密教早期之曼荼罗法/侯慧明■5. "法性"、"法身"与"神"——庐山慧远"法性"思想析论/解兴华■6. 晋唐巴蜀佛教义学述论/段玉明■7. "永嘉南渡"与天师道的南传——再论焦湾侯家店道教六面铜印/曾维加■8. 陈景元儒道关系论的基本特征和政治意蕴/隋思喜■9. 批判、模仿与价值认同：对传统中国民间宗教与正统之间互动关系的一种考察/何善蒙■10. 汉语闽粤方言《圣经》译本考述/赵晓阳■11. 基督教的传播与罗马帝国统治者的因应对策/袁波■12. 论"五四"新文化运动与基督教文化思潮/杨剑龙■13. 伊斯兰教本土化研究的意义——以人类学的视角/丁宏■14. 《回教考略》与清末民初的回耶对话/杨晓春■15. 伊斯兰苏非在现代西方语境中的传播和流变/马征■16. 蒙古统治西域时宗教政策特点探析/郭益海■17. 长江中游地区史前宗教文化及所反映的文明进程述论/刘俊男■18. 论宝卷的劝善功能/陆永峰■19. 论宗教源于人类自我意识/姜生■20. "百年佛学研究的回顾与展望"高层学术研讨会综述/郭文、许颖■21. "基督宗教与中美关系国际学术研讨会"在京召开/袁朝晖■22. 人间佛教与当代伦理——2010 年两岸四地佛教学术研讨会综述/韩传强■23. "爱与慈悲"：第二届佛耶学术研讨会综述/杨永佳■24. "历代祖师与峨眉山佛教"学术研讨会综述/王雪梅

## 2011 年第 4 期目录

■1. 宗教会通、社会伦理与现代儒佛关系/陈来■2. 众神相争的诅咒——宗教对话的核心边缘模式/郭慧玲■3. 文本、范式及思想真实：关于肇学研究的历史反思/府建明■4. 五祖法演禅师及其禅风略述/冯焕珍■5. 大同善化寺二十四诸天像考辨/袁志伟■6. 《鄱州弘教寺分安舍利塔铭》考伪/聂顺新■7. 心灵的转换：明代佛教寺院僧众心中的民间信仰——以明代佛教方志为中心/曹刚华■8. 隋吴通墓志道教文化内涵考论/王连龙■9. 中国古代民间神灵的兴衰更替——以南京蒋子文祠为例/刘雅萍■10. 明代《武陵竞渡略》检视闽台"送王船"习俗的历史传统/姜守诚■11. 圣经形式批评综论/梁

工■12. 阿奎那灵魂学说的立场与方法/徐弢■13. 尤西比乌斯"迫害神学"初探/赵康英■14. "大旱望云霓"：新中国成立初期的基督教访问团/刘建平■15. 论达浦生与刘智——以《伊斯兰六书》与《天方典礼》为观察点/季芳桐、白莉■16.《法舫文集》出版■17. 马君实与王岱舆关系考述/马景■18. 周公的宗教信仰与政教实践发微/白欲晓■19. "伏波将军"抑或"龙肚之精"——"白马大王"神性问题辨析/王柏中■20. 木占术：一种被历史尘埋的宗教文化形态/何长文■21. 印度尼西亚孔教的祭天仪式/王爱平■22. 詹石窗主撰《中国宗教思想通论》述评/盖建民■23. 读《云居寺志》铂净■24. 中国宗教学会第七次全国会议在北京召开/文晖■25. 马克思主义宗教观研讨会（2011）在京召开/袁朝晖■26.《中国伊斯兰教西道堂研究文集》首发式暨学术研讨会综述/敏俊卿■27. "纪念王明先生百年诞辰学术研讨会"综述/胡百涛■28. "首届河北赵州禅·临济禅·生活禅学术论坛"综述/梁世和

## 2011 年第 5 期目录

■1. 近期学术动态■2. 中国近代史最早的居士佛教组织——佛教会/释印顺■3. 民国时期佛山万真观史实钩沉/苏东军■4. 从档案资料看民国时期的救世新教/密素敏■5. 废除不平等条约后国民政府的教会租地政策/李传斌■6. 1930 年代初北京穆斯林与基督教传教士关于伊斯兰教和平本质的争论/华涛■7. 斯宾诺莎宗教与迷信相区别思想意义简论——重读《神学政治论》/徐瑞康■8. 德尔斐神谕探析/李永斌■9. 如来藏"我"与"无我"义考/袁经文■10. 灵验记中的佛典信仰/乌宗玲■11. 近代日本关于《法华经》的解释：小林一郎与户田城圣的解释/前川健一、嘉木扬凯朝■12.《法华经》中的地涌菩萨——对现实世界的参与/菅野博史、何劲松■13. "持续可能性"与佛教：从"人类的生活的质量"和"幸福感"的视点/山本修一、嘉木扬凯朝■14. 佛教中所见的共生思想——对于其现代意义的探索/川田洋一、嘉木扬凯朝■15.《三才定位图》研究/张鲁君、韩吉绍■16. 宋代封神制度考述/冯大北■17. 比较元代景教与天主教传播的异同/宗亦耘■18. 试析当代中国伊斯兰哲学—思想研究的问题与主线/李林■19. 伊斯兰跨文化人权理论刍议/吕耀军■20. 论伊斯兰教传统刑法/哈宝玉■21. 福建霞浦摩尼教科仪典籍重大发现论证/元文琪■22. 温情的幻想——从宗教学的角度看《身份与暴力：命运的幻象》/王奇昌■23. 安多藏区宗教文化研究新撰——读丹曲博士《拉卜楞寺藏传佛教文化论稿》/朱悦梅■24. 因玄而成思，致思以达玄——《重玄之思——成玄英的重玄方法和认识论研究》读后/朱展炎■25. "中国宗教研究 50 人论坛"会议综述/李金花■26. 第二届王屋山道学文化研讨会综述/张方

## 2011 年第 6 期目录

■1. 安全与统战——新中国宗教政策的双重解读/徐以骅、刘骞■2. 精神治疗与宗教信仰——从荣格与弗洛伊德的分歧说起/孙恪廉■3. 玄奘法师《制恶见论》考/傅新毅■4. 唐代幽州军人与佛教——以《房山石经题记汇编》为中心/刘琴丽■5. 试论嵩山少林寺与清政府关系之演变/赵长贵■6. 元仁宗藏传佛教管理探微/李德成■7. 明清藏传佛教法器铃杵与汉藏艺术交流/吴明娣■8. 老子诞生地

历史定位、沿革及其认可漂移之考述/曾传辉■9.《关于〈辉州重修玉虚观碑〉的两则考释》补正/万里■10. 基层行政区划型民间信仰祭祀空间结构及其特征——以泉州东海镇典型村落为例的研究/郑衡泌■11. 早期基督教习俗中的异教因素/林中泽■12. 明清之际耶稣会士译著文献的刊刻与流传/宋巧燕■13. 近代基督教在西南少数民族地区的文字布道及其影响/陈建明■14. 北京房山十字寺的研究及存疑/唐晓峰■15. 尊重与互惠：道德共同体的建构——伊斯兰教西道堂处理社会关系的实践与启示/李晓英、敏俊卿■16. 清真寺调解穆斯林普通民间纠纷的作用研究/拜荣静■17. 民族之间通婚影响多宗教和谐共处的研究——以云南省西双版纳傣族自治州为例/张桥贵、李守雷■18. 田邵郸与先天道在香港的传播/危丁明■19. 信仰与习俗——新疆维吾尔族的婚姻观念行为/茹克亚·霍加■20. 霞浦摩尼教文献及其重要性/樊丽沙、杨富学■21."泰山综观：宗教与中国传统文化"学术座谈会/刘国鹏■22."位格主义与社会"学术研讨会在沪举行/袁朝晖■23."慧思大师与南岳佛教"学术研讨会综述/田艳■24."佛慈祖德茶道祈福——和谐之路同心同行"系列活动学术研讨会综述/刘立夫、龙璞

## 2012 年第 1 期目录

■1. 中国社会科学院世界宗教研究所宗教学理论研究室简介■2. 近期学术动态■3. 宗教共同体的多维度/安伦■4. Philosophia：哲学抑或神学？/阮炜■5. 侯外庐的中国宗教思想史研究/方光华、袁志伟■6. 略谈汉文大藏经的编藏理路及其演变/方广锠■7. 汉地佛教的论义——以敦煌遗书为中心/侯冲■8. 试论清末民初（1895—1916）的佛教寺产所有权问题/许效正■9. 萨迦派"轮回涅槃无二"思想研究/丁小平、傅映兰■10. 老子入秦年份考/樊光春■11. 姑苏道士席应珍考略/郑永华■12. 唐宋之际道教十一曜星神崇拜的起源和流行/钮卫星■13. 江浙民间的《庚申经》与庚申会/汪桂平■14. 理论和处境：汉语基督教伦理研究的基本思路探究/谢志斌■15. 张炳璿《王徵墓志铭》点校及初步探析/丁锐中■16. 从新发现的资料解读英敛之的早期思想/周萍萍■17. 从礼拜座位看基督教会组织原则的本土运用——以云南怒江娃底村傈僳族为例/卢成仁■18. 马启西苏非思想溯源/李晓瞳■19. 清真寺文化场域的资本转换及其对策思考/马丽蓉■20. 明代三教的衰微与文昌信仰的发展探析/宁俊伟■21. 冥币新考：以新疆吐鲁番考古资料为中心/余欣■22. 藏传佛教名著《青史》汉译本漏译举隅/王启龙■23. 唱道之情 弘道之义——《道教唱道情与中国民间文化研究》评介/刘仲宇■24."中国社会科学论坛（2011·宗教学）——宗教与当代中国社会"专题研讨会综述/沈朝立■25."基督宗教与新文化运动"学术研讨会在京召开/沈朝立

## 2012 年第 2 期目录

■1. 多元视域下的宗教观念评析/郭长刚、张凤梅■2. 美南浸信会与广州东山口——一个历史宗教地理学的典型范例/叶农■3. 论社会转型与当代大学生的宗教皈依/王康■4. 佛教生态德性论研究/陈红兵■5. 永明延寿的因明现量论解析/张爱林■6. 鲍威尔写本《孔雀王咒经》与龟兹密教/杜斗城、任曜新■7. 张浚与佛学/金生杨■8. 明代武当山志著录疏误补正/张全晓■9. 先秦时期山东地区的巫文化与山东道教的产生/赵芃、刘燕妮■10. 加强民间宗教信仰管理 促进宗教文化生态平衡——以福

建为考察中心/俞黎媛■11. 水神萧公信仰的形成与地域扩展/王元林、郭学飞■12. 卡尔·拉纳的先验形而上学——上帝存在本体论证明的认识论表述/车桂■13. 论梅列日科夫斯基新基督教思想中的历史和文化哲学问题/刘锟■14. 论谢扶雅对怀特海宗教哲学的吸收和融会——兼与怀特海上帝观之比较/王锟■15. 明末清初天主教在中朝两国初始传播研究/廉松心■16. 泰卜里厄哲玛提研究述评/马强■17. 玛哈图木·阿杂木后裔在中国的活动与文化变迁——兼论清代民族宗教政策的包容性/王希隆■18. 明武宗回教信仰考/纳巨峰■19. 霍梅尼伊斯兰革命思想研究/蒋真■20. 除夕"卖冷"习俗源流新探/蒋明智■21. 试论古代埃及阿玛纳宗教产生的主要原因/李模■22. 近代北京基督教史研究现状及史料利用综述/左芙蓉■23.《子藏·道家部·庄子卷》出版/陈志平■24. 析道教之理,判天地之美——《道教美学思想史研究》述评/李肖、谢路军■25. "大兴善寺与唐密文化"学术研讨会综述/刘建华■26. 中国社会科学院世界宗教研究所基督宗教研究室

# 2012 年第 3 期目录

■1. 论宗教的认同性和别异性——一种方法论的探讨/白建灵■2. 论中国基督宗教"有限自养"说的历史背景及政治实质/段德智■3. 充分发挥佛教对外服务的民间外交功能/黄夏年■4. 印度佛教金刚乘成就师坎诃巴/薛克翘■5. 晚明南京地区的寺院等级与寺院经济——以《金陵梵刹志》为中心的考察/欧阳楠■6. 智缘及其与北宋熙河地区汉藏关系/朱丽霞■7. 初期全真道的自由平等观念/强昱■8.《清诗铎》祈雨术初探/王焕然■9. 山西乡村社会的村际神亲与交往/王守恩■10. 冯至与基督教浪漫主义/李枫■11. 明末地方教化"引耶入儒"的现实考量——耶稣会士高一志晚年译著(1630—1640)背景初探/金文兵■12. "长白云国度"海外传教运动视野下的对华传教——新西兰赴华传教士(1877—1952)/袁玚■13. 中华基督教教育会与巴敦调查团来华的酝酿/张龙平■14. 新中国的宗教政策与基督教教会的因应——以中华基督教会边疆服务运动为例/邓杰■15.《天方尊大真经中华明文注解》——中国已知最早《古兰经》小经汉语通译本介绍/丁士仁、罗小芳■16. 从"教团"到"门宦"——哲赫忍耶宗教组织制度化的历史进程/杨文笔■17. 印度穆斯林种姓摭议/蔡晶■18. 中国西南少数民族的竹王神话与竹崇拜/张泽洪■19. 也论袄神与火神之融合——以小说《封神演义》为例/刘海威■20. 霞浦科仪本《下部赞》诗文辨异/林悟殊■21. 一部"研究之研究"的力作——读《信仰的内在超越与多元统一——史密斯宗教学思想研究》/穆宏燕■22. 发掘文明史的精神隐构——姜生教授论宗教起源的三点启示/冯渝杰■23. 一部明代佛教史研究的力作——读陈玉女先生的《明代的佛教与社会》/卢忠帅■24. 正确理解马克思主义宗教观,积极应对当代宗教问题——"马克思主义与当代宗教问题研究"学术研讨会综述/黄铭■25. 全真道与老庄学研究的新进展——第二届全真道与老庄学国际学术研讨会述要/刘固盛■26. "基督教中国化研究"专家座谈会综述/王帅■27. 近期学术动态■28. 第三届世界佛教论坛

# 2012 年第 4 期目录

■1. 读汉译《昭元秘诀》/金宜久■2. 皮亚杰的儿童宗教意识述评/周普元■3. "动态的空"与

历程哲学——宗教间创造性的相互转化的一个案例分析/李宜静■4. 从佛化新青年运动看佛教近代调适特征/王毓■5. 梵净山弥勒道场《敕赐碑》研究/张明■6. 隋唐时期佛道文献中的星宿纪日/孔庆典、马丁玲■7. 教派与权争：静安寺住持传继纠纷（1922—1923）/丁希宇■8. 惭愧祖师身世、法号、塔号、信仰性质诸问题及其在台湾传播的特点试析/谢重光■9. 天师张继先与龙虎山正一雷法/王驰■10. 明代灵济道派的形成嬗变考析/王福梅■11. 借儒兴道：从元代全真教改造山西尧舜禹庙看其兴盛的独特路径/乔新华■12. 信仰惯习、供需合力、灵验驱动——当代中国民间信仰复兴现象的"三维模型"分析/陈彬、刘文钊■13. 提阿菲罗斯在《致奥托莱库斯》中史学阐释理论体系/肖超■14. 亚威信仰与古代以色列社会——歌德瓦与马克思主义社会学圣经批评/成祖明■15. 宗教身份与罗马人格法/汪琴■16. 明末清初伊斯兰教学者张中生平行实考察/杨晓春■17. "闯关东"中的回族穆斯林/范景鹏、王锐■18. 德清与智旭对《中庸》的诠释/洪燕妮■19. 日本宗教包容性原理的成因初探/胡稹、洪晨辉■20. 论传教士中文报刊对中国近代民族报刊的催生作用/赵晓兰■21. 中国传统宗教与文化内在精神的解读与创新——读洪修平教授《中国儒佛道三教关系研究》/胡永辉■22. 视角独特　风格别具——《"性空"至"妙有"》评介/潘桂明■23. 当代道教研究的新动向：区域道教研究——兼评孔令宏、韩松涛著《江西道教史》/张广保■24. "法"与宋元道教的变革——评《道教天心正法研究》/陈文龙■25. "中国与伊斯兰文明"国际学术研讨会会议综述/李林■26. 经典翻译的当代视角——"宗教经典翻译的理论与实践"学术研讨会综述/万兆元■27. 河南大学犹太研究所成立十周年暨犹太学前沿问题学术研讨会综述/艾仁贵、刘百陆■28. 近期学术动态■29. 世界宗教研究所四川国情调研■30. 深切怀念吕大吉同志

# 2012 年第 5 期目录

■1. 论亚当·斯密的宗教市场理论——兼论宗教管制的经济基础/刘正峰■2. 宗教经济的规律性研究——宗教经济学体系构建/杨志银■3. 从宗教社会学的视角看宗教与社会相适应/王奇昌■4. 空海与中国唐密向日本东密的转化——兼论道教在日本的传播/洪修平、孙亦平■5. 敦煌佛教文献女性经典试析/杜斗城、张颖■6. 云南傣族传统法律中佛教因素/胡兴东■7. 刘基的丛林交游考——兼论刘基的儒佛之辨/张宏敏■8. 上清经五行数观念与道教"重阳"思想/胡百涛■9. 汉代祠庙功能探索——从升仙的角度来分析/何文凤■10. 清代华北村落庙宇的僧侣研究——以山西泽州民间庙宇碑刻为中心/姚春敏、车文明■11. 灵验的遗产——宗教生态视域下的河北深州"香门"信仰研究/张咏、高前■12. 经院哲学与西欧中世纪政教之争/陈沛志、张强■13. 利玛窦易服问题再研究/谭树林■14. 从"借学布道"到"教育为本"：清末民初教会大学内部职权体系之变迁/李海萍■15. 宗教资本的再生产与宗教组织角色创新——基于清真寺参与艾滋病宣传预防行动实践的田野调查/张宁■16. 西安穆斯林传统寺坊组织试析/马健君■17. "尔麦里"仪式中的穆斯林妇女——基于甘肃省广河县胡门拱北"尔麦里"仪式的人类学考察/马桂芬、赵国军■18. 鸦片战争前后天津庙宇的空间分布——以《津门保甲图说》为中心/侯亚伟、侯杰■19. 简论羌民族宗教文化的社会功能/孔含鑫■20. 宗教管理模式论争的回顾与思考——从"宗教文化生态平衡论"说起/王超、高师宁■21. 道教思想的智慧之光——研读《道教思想研究》/孙鹏■22. 评《动物与中古政治宗教秩序》/林佩莹■23. "理解印度教的钥匙"——

《印度教概论》述评/吴华■24. 搜罗完备 体例合理 校勘精审——评林乐昌教授编校《王徵全集》/丁锐中■25. 恶的根源与消除——石衡潭《自由与创造——别尔加耶夫宗教哲学导论》述略/刘光耀■26. "宗教与中国对外战略及公共外交"学术研讨会综述/邹磊■27. "佛教与当代文化建设"学术研讨会综述/崔峰■28. "2012全国穆斯林妇女文化发展论坛"学术研讨会综述/马桂芬■29. 新疆图木舒克市唐王城发现新资料

## 2012年第6期目录

■1. 论恩格斯《路德维希·费尔巴哈和德国古典哲学的终结》的宗教观/卓新平■2. "梵二":天主教的现代界石/谭立铸■3. 梵二会议后的罗马教廷与国际关系/孔陈焱■4. 从历史视角看梵二会议与中国天主教会/陈铃、陶飞亚■5. 佛教寺院物业管理改革的现状与对策初探——以广东佛教寺院的实践为中心/何方耀■6. 古代印度弥勒信仰历史渊源研究述论/王雪梅■7. 唯识古学诸论之虚妄分别与三性义探析/杨东■8. 白玉蟾活动区域考/黄永锋、方宝璋■9. 嬗变与坚守:近代社会转型期晋中的民间宗教活动——以《退想斋日记》为中心/郝平■10. 从保守走向开放,从传统走向变异——马来西亚华人的三一教信仰考察/石沧金■11. 从梵二会议看中国天主教的本地化传统/张西平■12. 罗马教廷回应圣经批评运动的七大文献/赵敦华■13. 法特瓦与阿拉维派被承认的历史/王霏■14. 从合法救济到暴力冲突:宗教冲突中的人权保障透视/杨雅妮■15. 霍梅尼的妇女观及其实践探析/范若兰■16. 伊斯兰教法中的女性继承权:以国际人权法为视角的评价与反思/李立丰■17. 对当前新疆宗教工作和政策选择的评析/郭泰山、董西彩■18. 羌族丧葬礼仪论略/邓宏烈■19. 生命之树:西藏阿里王朝与止贡噶举派早期政教关系研究/黄博■20. 苏菲主义研究的径向及思考/艾敏■21. 反邪教法理论体系及其制度建构——评刘正峰、周新国著《邪教的法律治理》/吴善中■22. 《世界宗教研究》举行办刊座谈会/李建欣■23. 探寻宗教信仰与中国社会文化的共融之路——渤海视野:"宗教与文化战略学术研讨会"暨中国宗教学五十人高层论坛会议综述/王梓■24. "基督宗教与文明人格的培育"学术研讨会综述/王帅■25. 法舫文化研究会在河北省井陉县成立/梁建楼■26. 首届贤良港妈祖文化论坛——海峡两岸传统视野下的妈祖信俗文化学术研讨会综述/叶明生

# 《世界宗教文化》2011—2012 年目录

## 2011 年第 1 期目录

■1. 南亚东南亚清真寺建筑艺术/李维建■2. 以科学发展观研究新兴宗教/卓新平■3. 关于在和谐社会构建中发挥宗教积极作用的思考/齐晓飞■4. 宗教认知的多样性：三种一神教传统中自我认知的计量方法/Kevin S. Reimer; Alvin C. Dueck; Garth Neufeld; Sherry Steenwyk; Tracy Sidesinger; 徐加胜■5. 西方宗教心理学的历史：理论和方法/吉姆·尼尔森■6. 浅谈荣格的基督教心理观/梁恒豪■7. 宗教研究的心理学视角：历史、理论与方法/陈彪■8. 论宗教伦理的世俗性与超越性/王永智■9. Western Esotericism——宗教学领域新兴研究学科/何桂全■10. 什么是宗教对话的准则？——特雷西《与他者对话》述评/孙亦平■11. 武士道之"道"与中国传统文化——以日本《叶隐闻书》为中心/李海春、熊晓琳■12. 当代东南亚华人基督教浅析/朱峰■13. 菲律宾的佛教与华侨华人/胡沧泽■14. 佛教与社会：佛使比丘与当代泰国公民——文化身份的重构/龚浩群■15. 论犹太慈善组织和传统/孙燕■16. 美洲上空的龙——从奥尔梅克到阿兹特克的宗教/卡尔·卢柯特、杜小钰■17. 当前基督教与民间信仰共处情况的调查与分析——以闽南 H 县 J 镇为例/范正义■18. 佛法与国法：规范合力与意义勾连——佛教与传统法律研究述评/李文军

## 2011 年第 2 期目录

■1. 图说道教仪式：大连金州唐王宫祈福仪式/汪桂平■2. 传统宗教文化与中国企业家慈善事业——以胡润百富慈善榜闽籍企业家群体为研究对象/甘满堂■3. 中国佛教团体与慈善公益事业研究评述/王佳■4. 对话宗教与慈善公益/Weller、张士江、刘培峰、郑筱筠■5. 巴布宗教思想要溯源/吴云贵■6. 从当代巴哈伊教的灵性看宗教和科学的关系/周燮藩■7. 巴哈伊教的发展话语构建初探/邱永辉■8. 乌干达巴哈伊教考察/李维建■9. 巴哈伊教灵曦堂建筑艺术/周卡特■10. 论柯恩的"纯粹"一神教/崔永杰、孙增霖■11. 试论海舍尔哲学视域中的犹太智慧/陈玉梅■12.《希伯来圣经》中的神迹与现代犹太思想/葛淑珍■13. 论犹太教对外邦人改宗的矛盾态度/王彦■14. 试论当代中国宗教媒体的社会责任/谢锐■15. 礼仪中的鲜花——试析佛教建筑中的花卉母题/惟善■16. 走向神圣——对《现代语境中的上帝观念》的一种读解/郑钰■17. 弘一法师与居士佛教/韩秉芳■18. 人口统计、身份和空间：定义美国穆斯林/扎希德·布哈里、马景、王宇洁■19. 仪式过程与符号象征——索伦鄂温克火神祭祀仪式的田野研究/王伟■20. 美国国会政治的宗教向度——兼评《在华盛顿代表上帝——宗教游说

在美国政体中的作用》/黄飞君

## 2011年第3期目录

■1. 图说台湾妈祖进香祝寿仪式/肖雁、吴慧巧、叶涛■2. 重释"宗教"：史密斯对于宗教概念的消解/田薇■3. 陌生的邻居：东正教之于中俄相互认知上的障碍性角色/林精华■4. 新时期俄罗斯东正教会之我谈/张雅平■5. 东正教音乐浅释/徐凤林■6. 1917年前俄国东正教传教团在华开立学堂考略/肖玉秋■7. 俄国历史上的东正教修女院/杨翠红■8. 转型时期的民间信仰：现状与思考/雷春芳■9. 论《血盆经》在中国的发展/宋尧厚、刘晨■10. 李亦园宗教文化观述评/徐义强■11. 从"显灵"的变迁看妈祖信仰的生存机制——以辽南为例/张晓莹■12. 维特根斯坦论原始社会中的巫术与宗教/尹哲■13. 边界模糊：区分宗教和巫术的困境/李世武■14. 从仪式的角度解读道教/劳格文、蔡林波、李兰■15. 都市佛教之特性及城市居士佛教考察/金易明■16. 古代蒙古宗教仪式与"只勒都"、"主格黎"祭祀/僧格■17. 湖北武当山地区"活判子"信仰现状考察/吴新锋■18. 近代中国基督教与伊斯兰教互动关系的研究回顾与前瞻/刘家峰■19. 维护社会和谐稳定的积极进路/安伦■20. 帕森斯宗教社会学理论述评/石丽

## 2011年第4期目录

■1. 政府在世俗化过程中的角色/王宗昱■2. 浅析"宗教"/刘伟■3. 宗教对美国政治的影响——以鸦片战争时期来华美国传教士为例/段琦■4. 美国政府对宗教事务的管理/孙家宝■5. 基督教传统对美国政治、社会的认知及影响/谢荣谦■6. 美国黑人伊斯兰运动探析/王国栋、周春艳■7. 当代美国社会中的大众媒体与宗教/夏昌奇■8. 对话宗教与灾难/学诚、王卡、闵丽、郑筱筠■9. 论儒家知识分子在民间信仰中的角色/周天庆■10. 民间祠祀的历史变迁——以高平市康营村成汤庙为考察中心/张君梅■11. 保罗研究"新视角"之辨：读桑德斯《保罗与巴勒斯坦犹太教》/张晓梅■12. "终末"里的"盼望"：访德国著名神学家莫尔特曼/杨华明■13. 佛教改革的先行者杨仁山及其佛教振兴理念/施保国■14. 义乌穆斯林宗教信仰现状研究/季芳桐■15. 美国汉学界有关明末清初天主教入华史的研究/杜伟■16. 梵蒂冈博物馆：基督教人文精神的一种艺术表达/李枫■17. 改革开放以来马克思主义宗教观教育研究的回顾与反思/马莉■18. 美国宗教建筑艺术/王希

## 2011年第5期目录

■1. 雍和宫藏传佛教金刚法舞/凯朝■2. 对中国宗教及其积极社会功能的正面认识/李刚■3. "基督教中国化"三思/张志刚■4. 从政策管理到依法管理的历史性转变——《宗教事务条例》及相关法律法规/王爱国■5. 日本的宗教法与宗教管理/张文良■6. 赞比亚的宗教及其宪法保护初探/张明锋■7. 上帝与凯撒之争：当代西方多元文化主义宗教观述评/柴宝勇■8. 对话：宗教与社会资本/Weller、

范丽珠、Madsen、陈纳、郑筱筠■9. 云南少数民族基督教仪式音乐的新变异/杨民康■10. 永远的乡音——日本佛教黄檗宗仪式音乐的中国元素/周耘■11. 英语学界中国信仰仪式音乐研究——以佛教、道教及民间信仰为例/杨晓■12. 从"冷门"到"热点"——道教音乐的学术研究与艺术实践/刘红■13. 蒙古族敖包祭祀诵经音乐中的藏传佛教蒙古化因素——以呼伦贝尔市宝格德乌拉敖包祭祀仪式为个案/红梅■14. 约翰·希克与中国宗教研究/王志成■15. 为有撣尘诸会友,仰游福利拜齐天——北京传统道教民俗/郑永华■16. 国外宗教社会支持的研究论述/宋海燕■17. 加拿大多伦多宗教建筑艺术/李明岩

## 2011 年第 6 期目录

■1. 中国佛牙舍利赴缅甸供奉活动/桑吉扎西■2. 新兴宗教运动十题：社会学研究的回顾/李钧鹏■3. 试论西方萨满教研究的变迁/孟慧英、吴凤玲■4. 从神灵那里寻求引导——现代荷兰社会中的新萨满占卜仪式/汉妮克·明克坚、郑文■5. 达斡尔族萨满教的衰落与文化重构/孟盛彬■6. 对话：宗教与传统文化/卓新平、何其敏、王晓朝、魏道儒、郑筱筠■7. 从"史学"到"实学"——试论当代中国伊斯兰教研究的实证主义转向及其表现/李林■8. 都市穆斯林宗教问题田野调查研究/马强■9. 当代埃及社会穆斯林与基督徒关系浅析/尤梅■10. 民间信仰与非物质文化遗产保护的互动关系——以上海为例/王海冬■11. 略论高句丽的佛教及其影响/李海涛■12. 新罗五台山信仰的特点/敖英■13. 国内韩国基督教研究综述/苏杭■14. 简论韩国圆佛教/罗末礼■15. 社会资本视角下的云南宗教/乌媛■16. 月称《清净句》龙树《中论》第 25 品注疏研究/程恭让■17. 甜蜜何以是一种悲哀？——阅读《甜蜜的悲哀》/黄剑波■18. 祭孔乐舞与国家意志表达——滇南建水祭孔乐舞与国家制度的关系研究/陈蔚■19. 宗教应对研究：回顾与思考/赵雷■20.《世界宗教文化》征稿启事

## 2012 年第 1 期目录

■1. 宗教生态论/牟钟鉴■2. 西方马克思主义宗教论说的六个问题领域/杨慧林■3. 毁庙焚书——中印世俗化运动比较（英文）/Peter van der Veer、郁丹■4. 宗教和平学刍议/孙亦平■5. 社会学视野下宗教定义的讨论/邢婷婷■6. 宗教与中国现代慈善转型——兼论慈悲、宽容、专业奉献及养成教育的价值/王振耀■7. 宗教与慈善——从同一个站台出发的列车或走向同一站点的不同交通工具？/刘培峰■8. 宗教界开展公益慈善事业问题研究/董栋■9. "另类的尴尬"与"玻璃口袋"——当代宗教慈善公益的"中国式困境"/郑筱筠■10. 东南亚清真寺建筑中的多元文化元素研究/吴杰伟■11. 泰国北部华人穆斯林身份认同的变化/合富祥、冯瑜■12. 印尼华裔穆斯林：一个未完成的反歧视项目/Akh Muzakki、王艳■13. 伊斯兰教的新兴宗教运动——赛莱菲耶/杨桂萍■14. 风帽地藏像的由来与演进/张总■15. 简析临朐白龙寺建筑基址的结构年代与性质/宫德杰■16. 试从禅宗的角度审视古典书法/聂清■17. 彩绘唐卡与汉地传统工笔重彩的差异简析/张小燕■18. 美国最大的福州人教会——试论纽约基督闽恩教会的崛起与发展/何绵山■19. 当代中国佛教《维摩诘经》的研究现状与问题/韩国茹■20. 武汉古德寺建筑艺术/纪华传、张晓梅

## 2012 年第 2 期目录

■1. 伊斯兰教与世俗化问题再思考/吴云贵■2. 宗教慈善 大有可为——写在《关于鼓励和规范宗教界从事公益慈善活动的意见》发布之际/焦自伟■3. 佛教文化的社会价值与影响/学诚■4. Cosmic Justice and Sanctioned Violence: The Huangdi Yinfujing and the Legitimacy of War in Religious Daoism Ellen/Y. Zhang■5. 宗教与全球发展：一种对话路径/刘义■6. 再论宗教与慈善公益/卓新平、张训谋、王卡、林启泰、郑筱筠■7. 宗教与公益活动：一个实证研究/李若木、周娜■8. 中国宗教性公益组织发展模式刍议/刘芳■9. 论意大利的宗教经济/Massimo Introvigne、王六二■10. 祖先有灵：香火、陪席与灵验/彭牧■11. 祖先崇拜的生命超越观/赖萱萱■12. 从碑刻看明清时期张掖的民间信仰/孟凡港■13. 传统神灵信仰在当代的变迁与适应——以福建闽清金沙堂张圣君信仰为例/俞黎媛■14. 新时期中国党和政府关于抵御宗教渗透的理论和经验/何虎生、李晓雨■15. 宗教与道德信仰的重建——浅谈后金融危机下宗教的力量/车莹■16. 中土大势至菩萨的形象及其信仰——以佛典和民俗为中心的考察/王月清、雒少锋■17. 宗教对农民婚姻质量的影响——基于陕西杨凌区农户调查的经验研究/周易、唐轲、孟全省■18. 试论元朝治藏方略/濮蕾■19. 唐代《道僧格》复原研究/张径真

## 2012 年第 3 期目录

■1. 审视无神论研究与宣传教育的中国路径/张新鹰■2. 社群、精神性传统和中国社会中的灾难（英文）/艾尔·杜克、凯蒂·拜伦■3. 国外跨国移民宗教研究进展/薛熙明、马创■4. 宗教：慈善的动力之一/张士江■5. 救人、救己与救世：天津红卍字会慈善事业探析/侯亚伟■6. 对话：宗教与中东变局/吴云贵、周燮藩、李维建、郑筱筠■7. 玛雅历法和 2012 年预言/张禾■8. 地理景观与宗教——古典玛雅人的山丘崇拜/蔡侑霖■9. 玛雅艺术中的祭祀披风/Matthew G. Looper、张隽■10. 传统自然神学与英国自然神论/柳博赟■11. 苏黎世大教堂与新教改革/陈纳■12. 西部少数民族青少年宗教信仰状况的调查研究——以云南省红河哈尼族彝族自治州青少年宗教信仰现状为例/王永智、施丽娜、吉玉娇■13. 家庭视野下的新疆维汉宗教关系探析/刘建华、李利安■14. 民族文化中宗教和谐与整合的隐喻——以四川硗碛嘉绒藏族乡为研究个案/陈焱■15. 道教建筑火灾初探/张桥贵、陈娟娟■16. 魏晋南北朝节日祛灾去病风俗与道教文化/刘志■17. 宋代国家、礼制与道教的互动考论/王志跃■18. 佛教幻化观与唐宋文学创作/夏广兴■19. 信仰与民间权威的建构——民间信仰仪式专家研究综述/李向平、李思明■20. 敦煌莫高窟文殊菩萨图像/马新广

## 2012 年第 4 期目录

■1. 从美国、加拿大和古巴宗教状况看我国宗教如何促进社会和谐/叶介甫■2. The "Flower Songs" Tradition: Indigenous Histories as Depicted in Mexican Codices (14th – 16th Centuries) /Ana

G. Diaz■3. "花歌"传统：14—16世纪墨西哥手抄本中描绘的土著历史/狄安娜■4. 玛雅农业神话：玉米和人的生命轮回/Michael D. Carrasco、李文彬■5. 玛雅神圣球赛和古典时期韦拉克鲁斯关系的几点研究/Rex Koontz、李金花■6. 对话：宗教与中国对外战略及公共外交/卓新平、徐以骅、刘金光、郑筱筠■7. "恶之花"？"善之果"？——红卍字会透视/刘平■8. 近代两广浸会医院及其慈善活动/李永宸■9. 伊斯兰势力的"重整和分化"与我国中东人文外交的应对/马丽蓉■10. 伊朗民众宗教信仰与宗教生活新趋向剖析/徐漫■11. 犹太教在以色列的社会影响力上升/王宇■12. 埃及、圣安东尼与基督教隐修主义的兴起/张彦伟■13. 近现代中国穆斯林人口数量与分布研究/刘泳斯、张雪松■14. 论流动穆斯林的宗教生活与城市社会适应：以东部沿海城市为例/尤佳■15. 轮回观念范式转换的逻辑内涵/海波、王欣■16. 以现代文化为引领 传承、弘扬新疆各民族传统文化/库兰·尼合买提■17. 大学生基督教团契的调查与思考/彭迦叶■18. 农村丧葬仪式中的结构转换与象征表达——基于一个丧葬仪式的分析/黄健、郑进■19. 国外膜拜研究现状及对我国的启示/陈青萍■20. 山神与神山信仰：从地域性到世界性——"南亚与东南亚山神：地域、文化和影响"研究综述/英加布

## 2012年第5期目录

■1. 梵二会议与宗教对话——兼论神学建设的学术视野/张志刚■2. 关于民族宗教问题与中国西部社会稳定的几点思考/李刚■3.《文化演化与宗教》/James Whitehead；Evelyn Whitehead■4. 中国特色社会主义宗教理论的奠基之作——纪念中共中央1982年19号文件发表30周年/毛胜■5. 试论对宗教的积极引导/张践■6. 促进宗教关系的和谐/加润国■7. 古典玛雅神灵的名称及其象形文字符号/白瑞斯、叶进■8. 玛雅人的"他我"观念与纳瓜尔信仰/王霄冰■9. 对话：宗教与东南亚区域社会发展/贺圣达、刘金光、张禹东、段立生、郑筱筠■10. 中国佛教慈善理论体系刍论/林志刚■11. 民族地区宗教慈善组织的价值承载及运行机制研究——以广西佛教济善会为个案分析/莫光辉、祝慧■12. 1949—1993年佛教僧伽制度建设回顾/温金玉■13. 巴哈伊教的世界秩序：律法与原则的共同治理/李维建■14. 恩典、文化与发展——一种加尔文主义文化观的阐释/谢志斌■15. 寺庙经营与社会变迁——以台北市碧山岩开漳圣王庙为例/宋光宇■16. 传播模式与农村基督教群体特征的演变——基于河南省14个调查点的分析/韩恒■17. 当代英国基督宗教世俗化的形成原因/孙艳燕■18. 界限与共识——全球化时代英国穆斯林移民与社会整合问题研究/常晶■19. 福建摩尼教研究的百年成就及存在的问题/计佳辰、杨富学■20. 敦煌佛教文献/刘志

## 2012年第6期目录

■1. 敦煌经变画/刘志■2. 婆罗门教在中国传播之新证/段立生■3. 发挥宗教界在促进经济发展中的积极作用/李寒颖■4. 传统中华文化在文化大发展中的定位和作用/安伦■5. The Sentient Reflexivity of Buddha Nature：Metaphorizing Tathagatagarbha Dan/Smyer Yu■6. 从"鸦片论"、"幻想论"到"掌握论"——辨析马克思主义宗教观的理论基石/牛苏林■7. 从宗教传播诸要素看东正教在中国的传播/唐晓峰■8. 俄国东正教驻北京传教士团医生考略/郭文深■9. 对话：玛雅密码与2012年末世说/

Hezhang、王卡、Berthold Riese、郑筱筠■10. 爱与信仰——江苏基督教慈善现状之实证研究/刘影■11. 转型时期俄罗斯青年信仰的变化/李渤、雷丽平■12. 试论俄罗斯圣徒谢尔吉·拉多涅日斯基的社会活动及其历史影响/赵小华■13. 当代俄罗斯东正教文化教育发展状况论析/刘超■14. "三教合一"传统下的民间儒教——基于云南汉地一个经忏组织的考察/普麟晏、孙健灵■15. 宗教现象学本质直观的"努秘"路径——以宁古塔满族萨满祭祖仪式为例/关杰■16. 叙述与建构——南亚启蒙运动中伊斯兰现代主义的缘起与流变/晏琼英■17. 对九世班禅驻留内地期间几个重要事件日期的考订/杜玉梅■18. 试论《老子想尔注》对儒家思想的认同与融合/张利文■19. 隋唐道教咒语的语言特征与权力建构/林静■20. 近百年来敦煌五台山佛教资料的整理与研究/张焕粉

# 《宗教学研究》2011—2012年目录

## 2011年第1期目录

■1.《道藏》炼丹用燃料概说/容志毅、张泽洪■2. 葛洪年表/丁宏武■3. 长沙金盆岭晋墓与太阴炼形——以及墓葬器物群的分布逻辑/姜生■4.《道德宝章》中的非语言符号/方新蓉■5. 试论早期上清经的传抄及其整理/周作明■6. 道教仪式与农业关系略考/袁名泽■7. 张三丰对陈抟内丹思想的继承和实践/孔又专■8. 论新加坡道教信仰的起源/许原泰■9. 全真女冠与元代社会/张方■10. 对当前人间佛教发展的若干问题之反思/洪修平■11. 神会的禅学思想特色——兼论神会对慧能禅学思想的继承和发扬/伍先林■12. 非营利视角下佛教社会福利机制的构建及途径——基于广东省7所重点寺院僧众问卷的实证调查/谭苑芳■13. 唯识与般若中观所说十六空之异同——以《辩中边论》、《大般若经》第二会和《大智度论》为中心/杨东■14. "慈宗"构建与近代弥勒信仰复兴中的理论抉择——太虚法师一段鲜为人知的佛教新宗派构建活动/刘鹿鸣■15. 论李德裕在会昌灭佛中的作用/杨发鹏■16. 道安之佛经翻译及翻译思想考述/俞森林■17. 西方女性主义圣经批评述论/梁工■18. 大学生基督徒宗教认同的调查和分析/王康■19. 传教士与华西边疆研究——以华西边疆研究学会为例/周蜀蓉■20. 先知书中关于财富的伦理——以《阿摩司书》为例/姜宗强■21. 明末清初中西文化异同之辨——以杨廷筠的《代疑篇》、《代疑续篇》为例/王定安■22. 基督教本土化与地方传统文化——对豫北地区乡村基督教的实证调查/王莹■23. 圣诗的传唱：《普天颂赞》出版述论/赵庆文■24. 腊尔山苗族"巴岱"原始宗教"中心表现形态"的分径与混融/陆群■25. 论彝族魂鬼观念/杨甫旺■26. 唐宋之际敦煌苯教史事考索/陈于柱■27. 川北苯教名寺——苟哇象仓寺历史考证及现状调查/阿旺加措■28. 天地门教抉原/濮文起■29. "气韵本乎游心"——道家"气"思想的心学意义/蔡钊■30. 浅论《诗经》中"上帝"意象的心理学意义/张敏、申荷永、刘建新■31. 论桂西岑大将军信仰的原生形态与次生形态/蒋俊■32. "经教"、"波斯经教"是"景教"的别名吗/聂志军■33. 东南亚华侨华人宗教的历史角色与当代价值/钟大荣、张禹东■34. 道教孝道观刍议/郑长青、詹石窗■35. 论明代天师道之符箓/曹群勇■36.《历世真仙体道通鉴》所见《真诰》校读记/许蔚■37.《大乘广百论释论》中佛教与胜论派、数论派关于因果问题的辩论/秦萌■38.《亲鸾梦记》之带妻神话论/张维薇■39.《入法界品》研究史考察/粮荻■40. 社会转型与农村青少年基督徒的宗教信仰——以甘肃W村基督教群体为例/杨宝琰、万明钢■41. 怒江傈僳族教会的本土化研究/申晓虎■42. 试论康德的人性与"原罪"学说/薛霜雨■43. 耶儒对话与传教策略——《训真辨妄》探析/袁邦建■44.《诸星母陀罗尼经》的密咒解读及内容解析/党措■45. 论杨庆堃先生的分散性宗教/陈伟涛■46. 论宗教对话的可行性及其在当代的意义/雷火剑■47. 从丧葬"道场"看成都东山太平村客家人的信仰/李海梅■48.《中国道教思想史》评介/林銮生■49.

"中国现代化视野下的教会与社会"学术研讨会综述/陈才俊■50.《宗教学研究》2010年总目录

## 2011年第2期目录

■1. 天蓬、天蓬信仰及其图像的考辨/李远国■2. 天师道登坛告盟仪——《正一法文法箓部仪》考论/吕鹏志■3. 论醮联及其宗教文学意义/罗争鸣■4. 北齐文宣帝高洋废除道法考论/刘林魁■5. 美国的中国道教研究之管窥/卢睿蓉■6. 王羲之信道原因考/许孟青■7. 唐高宗和武则天时期的道教与政治/巴雷特、曾维加■8. 沿袭与建构：《金丹大要》中的马钰形象略析/周冶■9. 中国道教香文化/严小青、张涛■10. 道教戒律中的生态伦理思想研究/蒋朝君■11. 太乙救苦天尊生命象征意义探微/张晟■12. 敦煌变文"若欲得来生：相周圆"辨/张子开■13. 佛教中"替僧"现象考略/孔令彬■14. 佛教语境之基督教相似疑难点辨考/袁经文■15. 中华本《祖堂集》校注正误/康健■16. 浅论近代佛教寺院组织治理的合法性危机/谭全万■17. 佛经文本崇拜论/王水根■18. 敦煌写本《大智度论》残卷缀合研究/刘显■19. 巨赞对太虚思想的实践研究/李华华■20. 佛教南山律宗种子戒体说及其"摄小归大"义/戴传江■21. 城市化过程与中国基督教/高师宁■22. 民国时期乡村天主教徒的信仰状态与特征——以山西乡村教徒为例/刘安荣■23. 早期基督教的人权观念与人权实践/魏治勋■24. 浅论中国城乡基督教会的差异——以理性选择理论为视角的个案研究/刘贤■25. 20世纪初广学会文字出版事业方针的转变/陈喆■26. 浅析20世纪30年代闽南基督徒救国会的救国思想/金绮寅■27. 法国传教士倪德隆在四川藏区活动考述/胡晓■28. 论晚清中国士人的基督教源于墨学说/王继学■29. 黔东南老苗文圣经翻译文本研究以及"黑苗"属地的考证——兼与王再兴先生商榷/王贵生■30. 土家族摆手活动中祭祀神祇的历史考察/黄柏权■31. 宗教视域下西夏人与普米族的族属关系/熊永翔■32. 侗族萨文化研究——以广西龙胜各族自治县为例/杨军、黄艳■33. 论荀子天人之辨中的无神论思想/李季■34. 民间信仰与村落和谐空间的建构：对大义店村冰雹会的考察/侯杰、段文艳、李从娜■35. 虎跑藏殿湖隐佛祖报本团与清末民初江南绅商的慈善救济——兼论《虎跑佛祖藏殿志》的性质/刘正平■36. 徽州灵顺庙与东南民间信仰/丁希勤■37. 花鼓灯与道家文化/陈德琥■38. 庄子"无用之用"与经济学"效用"概念辨析及其对城乡统筹问题的反思/曾武佳■39. 丘处机身后嗣教宗师再考辨/李虹■40. 道教视域下的葛逻禄诗人廼贤/刘嘉伟■41. 试论8世纪中期日本朝廷拒绝道教的原因/莫晓灵■42. 向死而生，体悟永恒——中国禅宗的生命终极意识探析/赵德坤■43. 一花一世界：藏传佛教擦擦艺术内涵探赜/屈波■44. 普兰丁格论神义论/尹哲■45. 龙门山天主教传播的三阶段特征——"白鹿领报修院"的百年发展/廖翔慧、陈昌文■46.《古兰经》神圣教义的二元解读——信仰意义的普世性与特殊性/热米娜·肖凯提、陈昌文■47. 马克斯·韦伯研究道教的目的及其启示/彭膺昊、闵丽■48.《中国宗教思想通论》研究/周克浩■49. 中国天妃信仰和日本弟橘媛信仰的关联与连结/张丽娟、高致华■50. 樊光春新著《西北道教史》评析/金权■51. 走向东西交融互动中的道学—心理学研究——读吕锡琛教授等《道学健心智慧》/沈文华■52.《圣经文学研究》述评/徐雪梅■53.《边疆服务通讯》——基督教边疆服务的原始记录/邓杰■54. 稿约

## 2011 年第 3 期目录

■1. 关于《参同契》注解的一些问题/钦伟刚■2. 论道教老学/刘固盛■3. 老子"致虚极，守静笃"的精神升华术/谢清果■4. 八仙早期成员徐神翁信仰考述/张振谦■5. 略论道教书法艺术与审美/李裴■6. 盛唐时期的道教与政治/巴雷特、曾维加■7. 道教"诸天内音自然玉字"的图像意象和思想研究/李俊涛■8. 试析道教神仙理论对传统兵学的影响/于国庆■9. 道教"鬼律"初探/刘莉■10.《元辰章醮立成历》所见的正一章仪/程乐松■11. 翁葆光的《悟真篇注》思想及其影响/黄红兵■12. 佛教无专门的"通俗讲经"说——以斋讲为中心/侯冲■13. 赵州朝峨眉山事疑/段玉明■14. 拴索・傀儡・锁骨——关于一个独特词汇的宗教寓意的考察/周裕锴■15. 明清佛教"四大名山"信仰的形成/圣凯■16.《佛说安宅神咒经》所见安宅观念及其影响/张齐明■17. 试论"古十玄"到"新十玄"的演变——以排序与名称为主的考察/刘磊■18. 汉藏佛教文化交融的历史丰碑——以陇上千年古刹西蜂窝寺为例/何子君■19. 两晋佛学中的合本研究/罗骧■20. 近代以来中国密教研究/侯慧明■21. 近十年海外中国景教研究综述/牛汝极■22. 建造地上的天国——四川省泸州市教会开展社会服务的个案分析/陈建明■23. 加拿大传教士与近代豫北医学话语权的进与退/冯秋季■24.《新约》约翰作品中的世界观念/孙毅■25. 以色列的国族哀歌——《诗篇》89 解读/张缨■26. 天主信仰在乡土社会的嵌入与融合——对浙西传统天主教村落的人类学考察/袁松■27. 侨居者与文化适应：考察近代传教士在华活动的一个视角——以福建地区为例/吴巍巍■28. 从竹枝词看清代贵州民族民间信仰/严奇岩■29. 凉山彝族民间信仰中的少女鬼——"妮日"/蔡富莲■30. 当代藏族女尼的角色与认同——以康区亚青寺为例/白玛措■31. 元代畏兀儿高僧必兰纳识理考/王红梅■32. 试论历史时期藏传佛教萨迦派寺院在康区的空间分布及其特征/王开队■33. 宗教修辞研究的路径与方法/赵静■34. 莫尔的宗教身份理论/甘雪慧■35. 二郎神源自祆教雨神考/侯会■36. 从《华阳国志》看西南地区的原始崇拜/才颖、罗业恺■37. 楚地宗教与《庄子》中的神异之境/邓联合■38. 略论中国道教建筑室内空间与陈设的发展/续昕■39. 黄屋乾万寿宫与赣南客家许真君信仰/赖全■40. 试析《三洞群仙录》的神仙思想/张维佳、苟波■41. 汉代道教术数侧论/杨子路■42. 试论大足"十王"对敦煌"十王"的传承/何卯平■43. 对天台宗哲学价值取向之分野——以欧阳竟无、牟宗三为主要视角/姚彬彬■44. 浅析《法苑珠林》对《搜神记》巫史思想与阴阳五行观念的吸收/于飞■45. 唐元时期来华传教士汉语学习和研究/卞浩宇■46. 马克・尤尔根斯迈耶全球宗教政治理论述评/张凤梅、郭长刚■47. 西方中心主义与韦伯宗教研究/何日取■48. 论藏传佛教心理调节功能与灾后心理危机干预/蓝李焰■49. 中西方宗教社会服务理念的相似性和差异性/唐代虎■50. 一座展示道教美学的殿堂——读潘显一、李裴、申喜萍等著《道教美学思想史研究》/张松辉■51. 回归原典 古为今用——葛荣晋先生新著《老子的商道》评介/贾来生、盖建民■52. "一神思想与后现代思潮研究"国际研讨会综述/孟振华■53. "纪念王明先生百年诞辰学术研讨会"综述/张晓粉■54. 稿约

## 2011 年第 4 期目录

■1. 从类书《无上秘要》的结构看南北朝道教的教义体系/丁培仁■2.《道德经》养生理法之我

见/张钦■3. 李冰与许逊——蜀赣道教文化比较之一/陈金凤■4. 安史之乱到晚唐的道教与政治/巴雷特、曾维加■5. 道教饮食尚素的宗教学分析/黄永锋■6. 新加坡的道教与民间教派、"信仰群"——以黄老仙师信仰为例/徐李颖■7. 吕洞宾与《金瓶梅》的创作及改作/许蔚■8. 黄房公非披云子辨——兼论陈致虚丹道来源/周冶■9. 全真道精神境界的后人本主义心理学解读/陈明、吕锡琛■10. 道教"注鬼论"释义/何江涛■11. 从佛道关系的演变看北宋道教的理论转型/隋思喜■12. 由贾村赛社《排神簿》、《祭文簿》看道教、民间信仰的特点/朱文广、段建宏■13. 崇圣法师及其三宗义/张固也、杨超■14. 唐代政权与文殊菩萨信仰的互动/海波、赵万峰■15. Mika Vahakangas 教授访问道教与宗教文化研究所/褚国锋■16. 从《巴县档案》看清末"庙产兴学"与佛教团体的反应/梁勇■17. 中国佛教的译经策略/韩焕忠■18. 名言有自性——宗喀巴对清辨思想的诠释/朱丽霞■19. 从《高僧传》看汉僧之出家受具及其律制问题/屈大成■20. 批判、回归与革新——吕澂禅学与唯识学关系研究的思维向度/袁宏禹、刘正平■21. 佛教徒现状考查——以地藏缘论坛为例/于海波■22. 会讯■23. 论六世班禅朝觐的背景与原因/柳森■24. 略论峨眉山苦行僧/徐杉■25. 释道安也是孔子后人考/王再兴■26. 四川省泸州市基督教会社会服务调研报告——以医疗卫生服务为中心/陈建明■27. 西语世界的宗教理性化与法律——以基督教与法律的关联性为分析维度/青维富、王蓉光■28. 南京国民政府执政初期的天主教会与国家整合问题/刘国鹏■29. 基督教历史经典文本的三个层面——以福音书为例/查常平■30. 十诫的文本结构及其划分/田海华■31. 阿奎那宗教哲学视阈里对人的身体的认识/白虹■32. 中国西南彝族宗教祖灵崇拜及多元信仰体系/张泽洪■33. 岭南龙母文化散论——兼与叶春生、梁庭望、陈摩人等先生商榷/陈金文■34. 滇南红河瑶族民间信仰文化述略/龙倮贵■35. 略论金刚天女与天魔舞女/黎国韬■36. 论宗教与科学的认识差异及其功能互补/闵丽■37. 发展马克思主义宗教观：问题与路径/陈慧平■38. 民间信仰与现代性/王守恩■39. 旧邦新命：周人的"上帝"与"天"之信仰/白欲晓■40. 新津老子庙建筑艺术研究/李星丽■41. 略论道教的创建与古代士人/曹辉林■42. 王羲之书法艺术与道教/张梅■43. 《量理宝藏论》的藏传因明思想概观/陈勇、唐希鹏■44. 毛晋与僧侣之交游及刻经考/毛文鳌■45. 道安"五失本"本义考/蒋哲杰■46. 简论《圣经》"四人小组"译本/刘念业■47. 当前国内宗教美学研究新动向刍议/刘晓萍■48. 儒教：作为一种身体中的宗教——一个现象学的视角/任文启■49. 论马克·泰勒后现代神学思想的解构性特征/胡成恩■50. 重玄学：唐代道教思想的大发展——《重玄之思》述评/赖全■51. 取精用宏，亦雅亦俗——《道教唱道情与中国民间文化研究》评介/王小盾、李晓龙■52. 四川大学道教与宗教文化研究所首届博、硕士研修班开学■53. 稿约

# 2012 年第 1 期目录

■1.《道藏》洞神部所收一篇葛洪佚文及其文献价值/丁宏武■2. 易州龙兴观现存元明两代碑铭镌文传录补正/王雪枝■3.《吕祖全书》的编纂和增辑/尹志华■4.《太上妙法本相经》农学思想考论/袁名泽、盖建民■5. 道之本质论/史冰川■6. 道教劝善书中的"无讼"观/王谋寅■7. 明代武当山提督内臣制度考略/张全晓■8. 兵学视角下的道教法术/于国庆■9. 成玄英"乐音和性"美学观探析/李雄燕、潘显一■10. "性命双修"视域下刘一明的"道""德"论剖析/白娴棠■11. 海外道教学研究任重道远——《理论·视角·方法》前言/朱越利■12.《纯阳帝君神游显化图》图像解构/陈杉■13.

化"化"之美——关于葛洪《神仙传》的审美分析/阳淼■14.《道枢》生命观初探/逢礼文■15. 成都市二仙桥南宋墓出土道教碑铭释文补正/章红梅■16. 略论宋理宗与道教/张悦■17. 王渔洋的佛门交游及其禅宗思想——关于厘清渔洋"诗"与"禅"关系之公案的必要阐释/李圣华■18. 易道与佛性相提并论——又论《周易禅解》的思想创新/谢金良■19. 萨班道次第思想略论——以《显明佛陀密意》为中心/刘朝霞■20. 论东吴高僧僧会的佛学贡献/韩国良■21. 梵论与佛教平等观的五重差别/常峥嵘■22. 从高平开化寺法眷碑看元代显密圆通准提法的流传/张君梅■23.《五灯会元》点校疑误举例/乔立智■24. 从词汇角度看《分别功德论》的翻译年代/王毅力■25. 藏传佛教物象世界的格式塔：时间与空间/唐小蓉、陈昌文■26.《龙树意庄严》偈释/久迈■27. 中华本《祖堂集》再续貂——兼与周瑶先生商榷/李艳琴■28. "唱导"辩章/鲁立智■29.《封神演义》中准提道人形象与准提信仰/陈星宇■30. 佛教"食蒜戒"考/邬宗玲■31. 教会大学纷起于民元前后的内因——以华西协合大学为例/张丽萍■32. 基督教与中国风水信仰——以福建为研究中心/范正义■33. 巴尔塔萨的美学基督论——以形式与光辉概念为核心的理论建构/张俊■34. 英国传教士苏慧廉与温州近代教育/端木敏静■35. 周恩来与建国初期中国基督教反帝爱国运动的发起/刘建平■36. 神圣与世俗——广西一个山地瑶族师公的信仰和生活/罗宗志、刘志艳■37. 1944—1949 西康省康属各县宗教样态的社会学分析/范召全、陈昌文■38. 哈尼族的原始宗教信仰与仪式治疗/徐义强■39. 论羌族的自然崇拜和多神信仰/赵晓培■40. 现世福祉还是天堂永福——从入教动机看明清时期中国教民信仰心理中的实用主义倾向/张振国■41. 巫巴山地远古巫文化特色探微/邓晓■42. 试论明清文献中所见闽台王醮仪式/姜守诚■43. 敖包祭祀：从民间信仰到民间文化/王伟、程恭让■44. 宗教信仰与团体秩序的建构/石丽■45. 建国以来邪教治理方式的回顾与反思/陈松涛■46. 区域佛教史研究的鼎力之作——评杜斗城先生的《河西佛教史》/崔峰■47. 2006—2010 年《宗教学研究》载文和引文分析/何华、杨林■48.《宗教学研究》2011 年总目录/何江涛■49. 稿约

# 2012 年第 2 期目录

■1. 法位与中古道教仪式的分类/吕鹏志■2. 岭南"新全真道"的历史衍变与当代境遇/夏志前■3. 李珏、张模考辨——关于陈致虚师承的探究之一/周冶、刘亚玲■4. 颜真卿道教思想考辨/刘成群■5. 浅论《性命圭旨》对《性命法诀明指》的影响/傅凤英■6. 道教信仰中的地上仙境体系/李晟■7. 略论道教环境艺术与审美/李裴■8. "达生"为"美"——道教美学思想的民族文化特征/蔡钊■9. 著名生命伦理学家许志伟先生讲授"基督教伦理学"■10. 南宋大足圣府洞道教三帝石刻造像的图像分析/李俊涛■11. 北斗厌胜信仰的星象学起源考证/朱磊■12. 从神仙信仰看道教对工匠建房巫术的影响/李世武■13. 慈禧与西安八仙宫/潘存娟■14. 读《中国外丹黄白法考》札记/冯利华■15.《〈周氏冥通记〉研究》（译注篇）注释拾补/刘祖国■16. 西译文本对老子"道法自然"误读考辨/章媛■17. 五禽戏之文献传存与功法流变新考/梁恩贵、魏燕利■18. 乡村宗教文化地方性解释的困境——唐汪道教田野调查/韩中义、唐智、马翔、唐淑娴■19. 太虚大师为支那堪布翻案/尹邦志■20. 为霖道霈与清初五代叠出诤考论/马海燕■21. 清初居士潘耒的佛缘、佛学与佛诤/吴超■22. 佛教橄魔文的宗教文化价值/刘林魁■23. 唐五代佛寺壁画画家的辑录统计分析/马新广■24. 南宋时期寺院田税的缴纳与蠲免

刘军峰■25.《楞严经》受阴十魔境之心理学分析/田秋菊■26.《碧岩录》言道论述略/沈曙东■27. 诸法实相与无性法性：从《大乘大义章》看鸠摩罗什对庐山慧远本体论思路的批判/覃江■28."澄以石虎为海鸥鸟"新解——兼谈佛图澄与石氏关系的意义及影响/徐菲、丁宏武■29. 从《大乘庄严经论》之"弘法品"看佛教独特的传播模式及体系/任雅仙■30. 中国汉地佛教传播史发展阶段划分解析——以传媒技术革命为标志/邢海晶■31. 印度佛教之妇女"三从"观念及其由来/邓星亮■32. 巴利佛典《长部》中有关"梵"的思想研究/萧贞贞■33. 弥勒信仰及乐山大佛散论/欧阳镇■34.·基层佛教的现状、问题及现代转型：绵阳市个案研究/刘宁、张海滨、罗同兵■35. 基督教在川康民族地区的医疗传教活动（1939—1949）/邓杰■36. 抗战时期何明华与学生福音事工——以昆明文林堂为例/吴青■37. 论切支丹时代在日耶稣会的教产来源及商贸活动/张兰星■38. 论基督教在广西壮族地区的传播及文化冲突/刘祥学■39. 传教士对中国西南宗教和民间信仰的考察——以《华西教会新闻》为中心/白晓云■40. 约翰·胡斯被控"异端"始末探略/曾祥敏■41. 从雅典到耶路撒冷——古希腊教化（paideia）的演变及早期基督宗教对其的传承/高莘■42. 吴雷川的宗教教育观探析/李韦■43. 聆听苦难：土山湾天主教绘画艺术中的空间意识及其宗教精神/褚潇白■44. 公共同在与群体团结的规约——贵州乡村基督教堂仪式及其社会功能初探/伍娟、陈昌文■45. 论彝族猎神崇拜/杨甫旺、李娜■46. 哈尼族鬼魂世界的二元划分——基于箐口的个案分析/卢鹏■47. 论羌民族宗教文化传承特点/孔又专■48."巴岱"信仰神龛设置的文化内涵及其变迁考察——以腊尔山苗族为例/陆群、焦丽锋、刘金标、苏胜平■49. 明清徽州的汪氏宗族与汪王信仰/王昌宜■50. 论早期黑格尔的"爱的宗教"/范志均■51. 试论汉代尸解信仰的思想缘起/韩吉绍、张鲁君■52. 走向川康民族地区的身体史研究——邓杰著《医疗与布道：中华基督教会在川康地区的医疗布道活动》序/杨天宏■53. 稿约

## 2012年第3期目录

■1. 宋至清代江西西山万寿宫象征的转换及其意义/李平亮■2. 从超个人心理学看道教南宗内丹修行/张海滨■3. 偶景术的三个来源/贾辰阳■4. 论道法自然的思想对饮食养生文化的影响/徐刚■5.《清静经原旨》"援儒释道"思想探析/徐敏■6. 老子形象演变刍议——从《混元老子》等图像溯源太上老君形象之演变/许宜兰■7.《西游记》"金丹大道"话头寻源——兼及嘉靖年间民间宗教对取经故事的引用和改造/蔡铁鹰■8. 杂剧《宋公明排九宫八卦阵》"九宫"来源考/杨秋红■9. 明代庆赏剧与武当道教文化——以《宝光殿天真祝万寿》为例/邓斯博■10.《上清侍帝晨桐柏真人真图赞》考论/张鲁君、韩吉绍■11.《海东传道录》和《青鹤集》所述韩国道教传道谱系考辨/黄勇■12. 试论《洞玄灵宝自然九天生神章经》中"三宝章"非元后增补——兼谈道经成书年代判定中证据的发掘与利用/夏先忠、俞理明■13. 大英博物馆收藏的五幅关帝年画考/梅红■14. 龙虎山授箓院天师殿的宗教人类学研读/匡达晒、曾光亮■15. 陈耀庭先生做客宗教文化论坛第28讲/杨合林■16. 张三丰的道论/梁巧英■17. 短讯/廖玲■18. 闵一得生年及名号考/陈云■19. 宋徽宗书法作品中的道教意蕴/沈路■20. 藏传佛教理论的宗教性践履/刘俊哲■21. 王卡教授做客宗教文化论坛第30讲/吴华■22. 峻烈为马祖 敦拙为石头——论二者独特的机缘应化及背后的佛法见地/陈燕■23. 佛教世界与《因明正理门论》宗、因、喻关系再辨析/肖建原■24. 论初唐维摩诘经变对表现净土世界场景的浓厚兴趣及其原因/肖建军

■25. 敦煌藏经洞封闭与北宋"舍利"供奉思想/崔峰■26. 元代广教总管府探析/尹雁、吕岩■27. 张松辉教授做客宗教文化论坛第31讲/孙瑞雪■28. 明清民俗佛教现象探析——以粤东潮汕地区为中心/郑群辉■29. 都市寺庙服务社会新模式探讨——以广州大佛寺咨询室为例/宋跃华、吴华■30. 近代佛教的女众教育实践/李明■31. 峨眉山历代涉医佛教祖师考论/李铁华■32. 居士善会庄子心——杨文会的《南华经发隐》/韩焕忠■33. 论唐君毅"心灵九境"思想中的华严宗哲学/李玉芳、张云江■34. 李提摩太与清末民初的"佛耶对话"/杨乐、肖自力■35.《马可福音》中耶稣与犹太宗教制度成员的关系/查常平■36. 汉语吴方言圣经译本考述/赵晓阳■37. 论希伯来圣经中的"X—"结构/李哲■38. 唐代景教《序听迷诗所经》中"移鼠"汉译释疑/聂志军■39. 为了世界的和平——从基督教仁爱观分析南京大屠杀期间的"国际救援"动机/彭剑、汤蕾■40.《教务杂志》关于《圣经》汉译中传达问题的讨论/程小娟■41. 华西地区基督教传教士人类学思想演变初探（1922—1950）——以华西边疆研究学会为中心的考察/周蜀蓉、王梅■42. 黎志添教授做客宗教文化论坛第32讲/王静■43.《教育敕语》、国家主义与近代日本的反基督教运动/张永广■44. 国内基督徒皈信研究述评/陈宁■45. 土家族撒尔嗬仪式变迁的人类学研究/谭志满■46. 谈彝族史诗《梅葛》与彝族宗教/廖玲■47. 伊斯兰教妇女观在中国穆斯林民族中的实践——以保安族为中心的田野调查与研究/勉卫忠■48. 20世纪80年代以来彝族宗教研究综述/毛燕■49. 辛亥革命与宗教的现代化/陈秋月、周原■50. 自由与上帝——别尔嘉耶夫的神性自由观及其现代意义/洪克强、卢剑■51. 从伊利亚德的《锻造和熔炉》看炼金术的救世神学/熊晓霜■52. 土耳其伊斯兰复兴与现代认同/严天钦、石坚■53. 巫支祁神话与泗州水母信仰/刘康乐、刘康凯■54. 评李正晓《中国早期佛教造像研究》/何志国■55. 美国亚洲研究学会年会中的中国基督宗教研究/渝矗■56. 稿约

# 2012年第4期目录

■1. 谌母与兰公：净明道的女性观及其变化/郭武■2. 三皇经新考/丁培仁■3. 从"北都罗酆"等词看晋唐道教的地狱世界/叶贵良■4.《道藏》中几部外丹经出世朝代的考订/容志毅■5. 道教神仙传记的神话思维探讨/苟波■6. 论闽台高甲戏与道教/潘荣阳■7.《老子》"社会善治思想"辨析/王建军■8.《老子》第八十章英译六种述评/周岷■9. 寒食散的"医道"思想刍议/程雅君■10. 论道门人士的自我觉醒/朱展炎■11. 蒋植阳内丹思想略论——与伍柳派丹道之比较分析/丁常春■12. 论李道纯内丹学说的理论基础/王志宏■13. 道教地理学概念辨析/李海林■14. 任继愈先生道教思想述论/周赟■15. 成都玉局观建置考/王斌■16. 短讯■17. 新见五代道教墓志铭道教名物浅说/鹏宇■18. 范华（Patrice Fava）：耕耘在道教的田野上/胡锐■19. 万松行秀《请益录》研究/段玉明■20. 略论唐至辽宋禅宗对悉昙文字及汉语言文字研究之贡献/谭世宝■21. 僧肇物不迁义平议——以镇澄《物不迁正量论》为中心的考察/朱光磊■22. 对普寂生平的两个澄清——兼论唐代洛阳有兴唐寺/吴智勇■23. 南宋僧无准师范生平事迹疑年考索/黄锦君■24. 再思东晋释道安之"不依国主则法事难立"论/王再兴■25. 欧阳竟无的三重四种体用观/常峥嵘■26. 熊十力对佛教体用义的批判与误解/黄敏■27. 霍姆斯·维慈佛教复兴问题新探/韩琪■28. 汉传佛教普同塔研究/王大伟■29. 宋塔舍利发现与舍利信仰泛化的研究/廖望春■30. 论民国时期藏传佛教在五台山的传播/赵改萍■31. 论出家隐遁歌人成为"释教歌"

创作主体的原因/王贺英■32. 简论当代天主教新自然法学派的基本人类善理论/林庆华■33. 9—11世纪拜占廷修道院兴盛的原因及其政治功能/孙锦泉、赵法欣■34. 华西圣教书会的文字事工及其衰落（1920—1941）/陈建明■35. 拉德与诺特的传统历史方法/田海华■36. 清代新教赞美诗集的编译（1818—1911）/赵庆文■37. 冲突与融合：天主教贞洁观在华处境研究——以天津《益世报》为中心（1915—1937）/赵秀丽■38.《生命月刊》"创刊号"补正及北京证道团由来辨/王淼■39. 论"教会再合一运动"与基督教的现代转型/刘艳■40. 中国西南彝族宗教的毕摩与苏尼/张泽洪■41. 哈尼族祖先崇拜的口传记忆/何作庆、白克仰■42. 阿昌族"上奘"的田野调查及研究/田素庆■43. 前宏期吐蕃赞普、地方豪族、苯教和佛教势力间的博弈/王新有■44. 胡托苗文及苗语翻译工作问题种种——从《圣经与近代中国》的讨论谈起/王贵生、张佑忠■45. 宗教异化论辨析/曾广乐■46. 费尔巴哈与贝格尔宗教"异化"说比较研究/陈洪东■47. 皖北刘猛将军庙研究/龚光明、陈玲玲■48. 文化冲突与融合背景下成都东山客家信仰百年传承的策略选择/李海梅■49. 渡边欣雄的"民俗宗教"研究及其学术意义——《汉族的民俗宗教》述评/徐义强■50. "宗教与文化发展"高层论坛暨2012年中国宗教学会年会综述/裴馈、杨合林、孙伟杰■51. 稿约

# 2011年中国宗教学及宗教类新版图书简目[*]

王 伟 编

### 宗教学及宗教通论

《全球化背景下的宗教与政治》/刘义著，上海大学出版社2011年/277页（转型期的近代中国社会丛书）

《哲学美学宗教心理学问答录》/陈嘉映主编，华夏出版社2011年/286页

《信仰与秩序：法律与宗教的复合》/[美]伯尔曼著，姚剑波译，中央编译出版社2011年/397页（美国宪政与历史文化丛书）

《宗教与美国宪政经验》/[美]小约翰·威特著，宋华琳译，上海三联书店2011年/368页（西方法律与宗教学术论丛）

《宗教意义探索》/[美]罗伯特·C.蒙克、沃尔特·C.霍夫海因茨、肯尼斯·T.劳伦斯等著，朱代强、孙善玲、赵亚麟等译，—6版．四川人民出版社2011年/642页（宗教与世界丛书）

《中国宗教研究年鉴》/曹中建主编，宗教文化出版社2011年/全7册

《中国宗教思想通论》/詹石窗撰，人民出版社2011年/607页

《宗教社会学：宗教与世界》/[德]马克斯·韦伯著，康乐、简惠美译，广西师范大学出版社2011年/504页

《转化的象征》/[瑞士]卡尔·古斯塔夫·荣格著，孙明丽、石小竹译，国际文化出版公司2011年/520页（荣格文集·第2卷）

《十六世纪的无信仰问题》/吕西安·费弗尔著，阎素伟译，商务印书馆2012年/662页（汉译世界学术名著丛书）

《哈贝马斯的宗教观及其反思》/张庆熊、林子淳编，上海三联书店2011年/445页

《当代宗教冲突与对话研究》/张志刚等著，经济科学出版社2011年/482页

《世界宗教十三讲》/武立波著，中国物资出版社2011年/251页

《中国全史·宗教卷》/史仲文、胡晓林、张岱年等编，中国书籍出版社2011年/1033页

《宗教学导论》（修订第2版）/王晓朝、李磊著，首都经济贸易大学出版社2011年/290页（高等院校素质教育系列教材）

---

[*] 中国社会科学出版社、社会科学文献出版社宗教学图书另编书目。

《宗教问题概论》/龚学增主编，人民出版社 2011 年/374 页

《道德与宗教的两个来源》/［法］亨利·柏格森著，王作虹、成穷译，译林出版社 2011 年/237 页（汉译经典）

《宗教生活的基本形式》/［法］爱弥尔·涂尔干著，渠东、汲喆译，商务印书馆 2011 年/634 页（汉译世界学术名著丛书）

《科学—神学论战史》（全二册）/［美］安德鲁·迪克森·怀特著，鲁旭东译，商务印书馆 2011 年/1332 页（汉译世界学术名著丛书）

《证据与信仰：17 世纪以来的西方哲学与宗教》/［美］查尔斯·塔列弗罗著，傅永军、铁省林译，山东人民出版社 2011 年/449 页（科学与信仰译丛）

《论宗教》/［德］施莱尔马赫著，邓安庆译，人民出版社 2011 年/182 页

《宗教思想史》（全三卷）/［美］伊利亚德著，晏可佳等译，上海社会科学院出版社 2011 年

《信仰与责任：全球化时代的精神反思》/张志刚、严军编，宗教文化出版社 2011 年/423 页

《弗洛伊德的宗教思想》/陆丽青著，中国社会科学出版社 2011 年/376 页

《宗教思想史》（共 3 册）/米尔恰·伊利亚德（Eliade. M.）著，吴晓群译，上海社会科学院出版社 2011 年/1285 页（西方博雅典库）

《世俗化时代的宗教与教育》/滕志妍著，甘肃教育出版社 2011 年/249 页（西北民族教育发展研究丛书）

《中国宗教研究年鉴》（2009—2010）/曹中建主编，宗教文化出版社 2011 年/1214 页

《从宗教和谐到世界和谐——宗教共同体论文集》/卓新平、王晓朝、安伦编，学林出版社 2011 年/215 页

《全球化时代宗教的发展与未来》/王志成、安伦编，学林出版社 2011 年/220 页

### 佛教

《明代的佛教与社会》/陈玉女著，北京大学出版社 2011 年/440 页（中国社会文化史丛书）

《汉魏两晋南北朝佛教史》/汤用彤著，—增订本．北京大学出版社 2011 年/576 页（北大名家名著文丛）

《禅宗概要》/方立天著，中华书局 2011 年/344 页

《证严上人思想体系探究丛书》（第一辑）/释德凡编撰，复旦大学出版社 2011 年/1017 页

《净因三要》/证严上人著，复旦大学出版社 2011 年/218 页（证严上人作品系列）

《无量义经》/证严上人著，复旦大学出版社 2011 年/277 页（证严上人作品系列）

《心灵十境：菩萨十地》/证严上人，复旦大学出版社 2011 年/162 页（证严上人作品系列）

《真实之路：慈济年轮与宗门》/证严上人，复旦大学出版社 2011 年/280 页（证严上人作品系列）

《禅学·双盘》/静岩，宗教文化出版社 2011 年/270 页

《禅门论语——禅林宝训心解》/（南宋）大慧杲、竹庵编著，王绍璠心解，林明珂今译，国际文化出版公司 2011 年/234 页

《让你的心像大师一样空灵——听大师讲心经》/杨健著，重庆出版社 2011 年/288 页

《合掌人生》/星云大师著，江苏文艺出版社2011年/340页

《自在：人生必修七堂课》/慧宽法师著，上海人民出版社2011年/146页

《幻化网秘密藏续》/沈卫荣译，谈锡永编，华夏出版社2011年/373页

《与祖师同行》/明一著；明睿编，生活·读书·新知三联书店2011年/347页

《佛的灵感：弘一大师说佛》/程群编，中国文史出版社2011年/127页

《佛的智慧：印光大师说佛》/程群编，中国文史出版社2011年/121页

《佛的慈悲：太虚大师说佛》/罗同兵编，中国文史出版社2011年/129页

《流传千年的藏密唐卡故事》/孟恩齐编著，华夏出版社2011年/307页

《巴蜀佛教石窟造像初步研究：以川北地区为中心》/姚崇新著，中华书局2011年/435页（华林博士文库）

《觉悟的生活：星云大师说〈心经〉》/星云大师著，湖南文艺出版社2011年/200页

《安住我身》/星云大师著，上海人民出版社2011年/327页

《六祖惠能说》（全二册）/妙华法师著，中州古籍出版社2011年/668页

《佛教生活的艺术》/净空法师著，长江文艺出版社2011年/233页

《梵唱的天籁——禅宗那些大师们》/洪丕谟著，长江文艺出版社2011年/280页

《佛教小百科．历史》/业露华著，上海科学普及出版社2011年/191页

《佛教小百科．佛教典籍》/方广锠著，上海科学普及出版社2011年/191页

《佛教小百科．文化》/佟洵著，上海科学普及出版社2011年/191页

《佛教小百科．艺术》/丁明夷著，上海科学普及出版社2011年/191页

《佛教与中国古代科技》/薛克翘著，中国国际广播出版社2011年/200页

《禅门论语—禅林宝训心解》/（南宋）大慧杲，竹庵编著；王绍璠，心解，林明珂今译，国际文化出版公司2011年/234页

《中国佛教文化》/谢路军，潘飞著，长春出版社2011年/294页

《禅宗概要》/方立天著，中华书局2011年/333页

《流传千年的藏密唐卡故事》/孟恩齐编著，华夏出版社2011年/307页

《弘明集》/（南朝梁）僧祐编撰，刘立夫，胡勇译注，中华书局2011年/351页

《坛经》/郭朋著，中国国际广播出版社2011年/201页

《中国的佛教》/潘桂明著，中国国际广播出版社2011年/165页

《梁启超佛学文选》/梁启超著，武汉大学出版社2011年/454页（20世纪佛学经典文库）

《唐五代敦煌寺户制度》/姜伯勤，中国人民大学出版社2011年/357页

《赴日宋僧无学祖元研究》/江静，商务印书馆2011年/437页

《凡人佛陀：从尘世到不朽的悟道之旅》/［美］迪帕克·乔普拉著，蔡心语译，商务印书馆2011年/308页

《圣严法师禅修精华4：公案·话头》/圣严法师著，—纪念珍藏版．华夏出版社2011年/221页

《归程》/圣严法师著，中国文联出版公司2011年/234页

《圣严法师禅修精华6：五停心·四念处》/圣严法师著，—纪念珍藏版，华夏出版社2011年/246页

《你可以，爱：一行禅师的最佳幸福配方》/一行禅师著，紫禁城出版社2011年/287页

《唐人小楷·〈大般若波罗蜜多经〉卷二》/上海书店出版社编，上海书店出版社2011年/58页（唐人写经丛帖）

《唐人小楷·〈大般若波罗蜜多经〉卷一百三十八》/上海书店出版社编，上海书店出版社2011年/49页（唐人写经丛帖）

《唐人小楷·〈大般若波罗蜜多经〉卷三百九十七》/上海书店出版社编，上海书店出版社2011年/55页（唐人写经丛帖）

《唐人小楷·〈大般若波罗蜜多经〉卷五百五十七》/上海书店出版社编，上海书店出版社2011年/54页（唐人写经丛帖）

《大家小书·佛教常识答问》/赵朴初著．—3版，北京出版社2011年/161页

《解密身心和世界入门：〈大乘百法明门论〉诠释》/宗性著，2011年/154页

《星云大师的智慧人生全集》/一尘编著，黑龙江科学技术出版社2011年/252页

《三十七道品偈诵释义》/证严上人著，复旦大学出版社2011年/211页

《明代佛教方志研究》/曹刚华著，中国人民大学出版社2011年/266页

《新唯识论》/熊十力著，商务印书馆2011年/430页

《牛的印迹：禅修与开悟之路》/圣严法师等著，译林出版社2011年/228页

《佛学三字经》/缪向东著，海天出版社2011年/151页

《楞严八十分义》/常济乘一著，宗教文化出版社2011年/346页

《次第花开：揭开藏人精神保持愉悦的秘密》/希阿荣博堪布著，海南出版社2011年/280页

《每天学一点禅理智慧》/石赟编著，吉林出版集团有限责任公司2011年/259页

《弘一大师说佛》/弘一著，中国华侨出版社2011年/434页（四大高僧说佛）

《虚云和尚说佛》/虚云著，中国华侨出版社2011年/430页（四大高僧说佛）

《太虚大师说佛》/太虚著，中国华侨出版社2011年/469页（四大高僧说佛）

《印光大师说佛》/印光著，中国华侨出版社2011年/424页（四大高僧说佛）

《唐五代佛典音义研究》/黄仁瑄著，中华书局2011年/344页

《听李叔同讲禅》/陈南著，华文出版社2011年/241页

《听南怀瑾讲经》/陈南编著，华文出版社2011年/254页

《传灯：星云大师传》/符芝瑛著，现代出版社2011年/437页

《禅宗思想的形成与发展》/洪修平著，江苏人民出版社2011年/360页

《大藏经》/（晋）鸠摩罗什译著；吴江注释，万卷出版公司2011年/396页

《佛心流泉》/林安梧著，当代中国出版社2011年/203页

《听禅闻道静思语》/王泓逸编著，地震出版社2011年/304页

《中国石碑——一种象征形式在佛教传入之前与之后的运用》/王静芬著，商务印书馆2011年/375页

《常识：佛学入门》/太虚大师著，湘潭大学出版社2011年/325页

《民国佛学四大名著——佛学研究十八篇》/（清）梁启超著，湘潭大学出版社2011年/301页

《民国佛学四大名著——中国禅宗史》/印顺著，湘潭大学出版社2011年/266页

《民国佛学四大名著——中国佛教史》/蒋维乔著,湘潭大学出版社 2011 年/256 页

《因是子佛学三书》(全三册)蒋维乔著,中国长安出版社 2011 年/221 页

《摄大乘论讲记》/释印顺著,中华书局 2011 年/363 页(印顺法师佛学著作系列)

《唯识学探源》/释印顺著,中华书局 2011 年/143 页(印顺法师佛学著作系列)

《胜鬘经讲记》/释印顺著,中华书局 2011 年/183 页(印顺法师佛学著作系列)

《宝积经讲记》/释印顺著,中华书局 2011 年/184 页(印顺法师佛学著作系列)

《中观论颂讲记》/释印顺著,中华书局 2011 年/356 页(印顺法师佛学著作系列)

《净土与禅》/释印顺著,中华书局 2011 年/144 页(印顺法师佛学著作系列)

《印度之佛教》/释印顺著,中华书局 2011 年/246 页(印顺法师佛学著作系列)

《华雨集》(全三册)/释印顺著,中华书局 2011 年/1188 页(印顺法师佛学著作系列)

《如来藏之研究》/释印顺著,中华书局 2011 年/243 页(印顺法师佛学著作系列)

《性空学探源》/释印顺著,中华书局 2011 年/184 页(印顺法师佛学著作系列)

《图解楞严经:最绚丽的佛法百科全书》/释见明著,百花洲文艺出版社 2011 年/335 页

《图解药师经:消灾延寿的无价修持》/(唐)玄奘法师译,释心田著,紫禁城出版社 2011 年/311 页

《图解阿含经:听佛陀讲最原味的佛法》/阿难等结集,印信法师编著,陕西师范大学出版社 2011 年/311 页

《宽心·舍得·厚道》(全 3 册)/星云大师著,江苏文艺出版社 2011 年/840 页

《密宗成佛心要 即身成就的修行心要》/洪启嵩著,华夏出版社 2011 年/174 页(亲历者丛书)

《智慧成就拙火瑜伽 开启智慧的本觉能量》/洪启嵩著,华夏出版社 2011 年/213 页(亲历者丛书)

《因果的真相:庄圆法师讲〈因果经〉》/庄圆法师著,陕西师范大学出版社 2011 年/365 页(庄圆法师讲佛经丛书)

《我执·我在:庄圆法师讲〈金刚经〉》/庄圆法师著,陕西师范大学出版社 2011 年/301 页(庄圆法师讲佛经丛书)

《禅意地栖居:心理咨询师的灵性成长》/孔维民著,山西人民出版社 2011 年/209 页

《清心九书》/郑石岩著,云南人民出版社 2011 年/427 页

《读佛即是拜佛:六祖慧能传》/明一居士著,上海文艺出版集团发行有限公司 2011 年/298 页

《中日韩天台学术对话》/麻天祥主编,王照权,吕有祥副主编,人民出版社 2011 年/556 页

《汉语佛学评论》(第二辑)/上海古籍出版社 2011 年/430 页

《六祖坛经:敦煌新本》/杨曾文著,宗教文化出版社 2011 年/371 页

《华严学与禅学》/魏道儒著,宗教文化出版社,2011 年/373 页(宝庆讲寺丛书·中国佛教学者文集)

《导师佛陀——佛经中的释迦牟尼》/刘远达著,宗教文化出版社 2011 年/478 页

《灵峰蕅益大师研究》/黄公元著,宗教文化出版社 2011 年/492 页

《说一切有部之禅定论研究——以梵文〈俱舍论〉及其梵汉注释为基础》/惟善著,中国人民大学出版社 2011 年/407 页(哲学文库)

《三十七道品讲义》/证严上人讲述,复旦大学出版社 2011 年/全两册

《金刚经解疑六讲》/顾伟康著,上海古籍出版社 2011 年/170 页

《佛学反对对象性思维》/常峥嵘著，宗教文化出版社 2011 年/453 页

《述说唯识二十颂》/刚晓著，宗教文化出版社 2011 年/301 页

《台密东密与唐密——三密相应》/吴信如编著，中国藏学出版社 2011 年/310 页

《密宗的源流——密法传承的内在密意》/洪启嵩著，华夏出版社 2011 年/174 页

《入中观论讲解》/月称原著，彭措郎加讲解，吴宁强译，宗教文化出版社 2011 年/292 页

《唯识要义探究》/胡晓光著，宗教文化出版社 2011 年/305 页

《如实观照：开启向内的旅程》/吴明山讲述，生活·读书·新知三联书店 2011 年/199 页

《心灵之旅——佛法探微》/李铮著，宗教文化出版社 2011 年/304 页

《观音的秘密》/马明博著，生活·读书·新知三联书店 2011 年/295 页

《唯识明论》/周贵华著，宗教文化出版社 2011 年/353 页（大乘佛教思想丛书）

《中国佛学·二〇一一年》（总第二十九期）/中华书局 2011 年/332 页

《中国佛教文化》/张家成著，浙江大学出版社 2011 年/221 页

《淡定的智慧：弘一法师的人生幸福课》/弘一法师典，庆裕整理，新世界出版社 2011 年/243 页

《弘一大师文汇》/王志远编，华夏出版社 2011 年/619 页（百年佛教高僧大德丛书）

《金刚经》/（印）阿傩著，史东梅编著，云南人民出版社 2011 年/474 页（中国古典名著百部藏书——国学典藏）

《心经·坛经》/（唐）慧能著，史东梅编著，云南人民出版社 2011 年/440 页（中国古典名著百部藏书——国学典藏）

《一花开五叶—禅宗史话》/梁晓虹著，上海交通大学出版社 2011 年/226 页

《系统中的风格：〈小品般若经〉六种汉译本翻译风格研究》/刘敬国著，上海交通大学出版社 2011 年/202 页

《二〇一〇——少林问禅 机锋辩禅》/释永信主编，中州古籍出版社 2011 年/286 页

《辩中边论思想研究》/杨东著，宗教文化出版社 2011 年/273 页

《星云大师对你说——一次拥有 15 堂无价的幸福人生课》/星云大师，李晶玉著，上海文化出版社 2011 年/218 页

《佛教文献与佛教文学》/冯国栋著，宗教文化出版社 2011 年/372 页（宝庆讲寺丛书·中国佛教学者文集）

《〈天台四教仪集注〉译释》/达照译释，上海古籍出版社 2011 年/495 页（天台宗系列）

《早期汉译佛经的来源与翻译方法初探》/李炜著，中华书局 2011 年/220 页

《隆莲大师文汇》/隆莲大师著，华夏出版社 2011 年/589 页

《五百佛像集：见即获益》/中国藏学出版社 2011 年/618 页

《藏传佛教密宗与曼荼罗艺术》/昂巴著，人民出版社 2011 年/277 页

《诸佛菩萨妙相名号经咒》/中国藏学出版社 2011 年/360 页

《佛教造像手印》/李鼎霞，白化文编著，中华书局 2011 年/311 页

《梵汉对勘维摩诘所说经》/黄宝生著，中国社会科学出版社 2011 年/372 页

《中国禅宗思想发展史》（第二版）/麻天祥著，湖南教育出版社 2011 年/544 页

《米拉日巴尊者传记——暨开显解脱与一切智之道》/乳毕坚瑾著，宗教文化出版社 2011 年/285 页

《历代大藏经序跋略疏》（全两册）/苏志雄著，宗教文化出版社 2011 年

《中观论根本颂之诠释显句论》/月称论师著，宗教文化出版社 2011 年/269 页

《克期悟证心诀——崇明 21 谈》/常济乘一著，宗教文化出版社 2011 年/410 页

《涅槃经》/宗文点校，宗教文化出版社 2011 年/690 页

《爱与幸福的原点》/大川隆法著，宗教文化出版社 2011 年/188 页

《太虚大师年谱》/释印顺著，中华书局 2011 年/353 页（印顺法师佛学著作系列）

《初期大乘佛教之起源与开展》（全三册）/释印顺著，中华书局 2011 年/（印顺法师佛学著作系列）

《佛法是救世之光》/释印顺著，中华书局 2011 年/278 页（印顺法师佛学著作系列）

《杂阿含经》上、下册/宗教文化出版社 2011 年

《生活禅研究》/黄夏年主编，中州古籍出版社 2011 年/615 页

《临济禅研究》/黄夏年主编，中州古籍出版社 2011 年/490 页

《赵州禅研究》/黄夏年主编，中州古籍出版社 2011 年/496 页

《步步莲花——赵朴初佛缘人生》/朱洪，当代中国出版社 2011 年/293 页

《法乳传灯——范曾所绘法乳堂十八高僧（简体字版）》/范曾著，薛晓源编/中国人民大学出版社 2011 年/129 页

《盛噶仁波切日记》/盛噶仁波切著，江苏人民出版社 2011 年/251 页

《盛噶仁波切心得》/盛噶仁波切著，江苏人民出版社 2011 年/225 页

《景德传灯录》点校本，全二册/海南出版社 2011 年

《五灯会元》点校本，全三册/海南出版社 2011 年

《嘉泰普灯录》点校本，全二册/海南出版社 2011 年

《天圣广灯录》点校本/海南出版社 2011 年/627 页

《佛教常识答问》/赵朴初著，华文出版社 2011 年/158 页

《换个角度读〈南华经〉》/杨鸿儒，花城出版社 2011 年/331 页

《青年的佛教》/释印顺著，中华书局 2011 年/159 页（印顺法师佛学著作系列）

《教制教典与教学》/释印顺著，中华书局 2011 年/146 页（印顺法师佛学著作系列）

《我之宗教观》/释印顺著，中华书局 2011 年/122 页（印顺法师佛学著作系列）

《说一切有部为主的论书与论师之研究》全二册/释印顺著，中华书局 2011 年/（印顺法师佛学著作系列）

《无净之辩》/释印顺著，中华书局 2011 年/167 页（印顺法师佛学著作系列）

《永光集》/释印顺著，中华书局 2011 年/191 页（印顺法师佛学著作系列）

《佛教史地考论》/释印顺著，中华书局 2011 年/268 页（印顺法师佛学著作系列）

《以佛法研究佛法》/释印顺著，中华书局 2011 年/257 页（印顺法师佛学著作系列）

《释迦方志》/（唐）道宣撰，范祥雍译，上海古籍出版社 2011 年/120 页

《阿含概论》/萧平实居士著，四川大学出版社 2011 年/510 页

《郑阿财敦煌佛教文献与文学研究》/郑阿财著，上海古籍出版社 2011 年/434 页（当代敦煌学者自

选集）

《印度学讲义》/传印著，宗教文化出版社 2011 年/279 页

《〈法华玄义〉精读》/沈海燕著，上海古籍出版社 2011 年/369 页（天台宗系列）

《兖州佛教历史文化研讨会论文集》/黄夏年主编，科学出版社 2011 年/463 页

《佛法修证心要——元音老人文集》全二册/元音老人著，宗教文化出版社 2011 年

《点亮心灯——心灵思与问》/叶凌云著，宗教文化出版社 2011 年/387 页

《解读金刚般若波罗蜜经》/王全心著，宗教文化出版社 2011 年/284 页

《随缘做去 直道行之——方广锠序跋杂文集》/方广锠著，国家图书馆出版社 2011 年/409 页

《中国佛教禅法精神与实践》/刘元春著，宗教文化出版社 2011 年/461 页

《华严经》/（唐）实叉难陀编译，宗文点校，宗教文化出版社 2011 年/全 2 册

《长阿含经》/宗教文化出版社 2011 年/433 页

《星云禅语》贰/星云大师讲述，禅如居士整理，上海文化出版社 2011 年/296 页

《观心——金刚经心释》/太虚大师著，新世界出版社 2011 年/266 页

《禅堂夜话》/净慧法师著，上海文化出版社 2011 年/400 页

《藏外佛教文献》（总第十六辑）/方广锠主编，中国人民大学出版社 2011 年/461 页

《实修顿人——光明大手印》全二册/雪漠著，中央编译出版社 2011 年

《僧庐听雨——文化视野中的佛教》/文海，上海社会科学院出版社 2011 年/252 页

《觉群丛书》全六册/觉醒，宗教文化出版社 2011 年

《宜丰禅史》/陈金凤，宗教文化出版社 2011 年/529 页

《新昌大佛寺文化丛书》全五册/吴锡培，宗教文化出版社 2011 年

《法相唯识学》/太虚著，商务印书馆 2011 年/907 页

《贾题韬讲坛经》/贾题韬著，上海古籍出版社 2011 年/258 页

《佛陀的下午茶——佛经中的人生絮语》/刘江川编著，新世界出版社 2011 年/216 页

《台湾最美的人——证严法师与慈济人》/赵贤明著，中央编译出版社 2011 年/275 页

《文化名家谈佛录》/杨耀文编，中央编译出版社 2011 年/229 页

《随心—阿弥陀经心读》/费勇著，上海人民出版社 2011 年/210 页

《金刚般若波罗蜜经集注》（明）朱棣集注，上海古籍出版社 2011 年/294 页

《般若心经译注集成》/方广锠编纂，上海古籍出版社 2011 年/472 页

《楞伽经集注》/（宋）释正受集注，上海古籍出版社 2011 年/109 页

《注维摩诘所说经》/僧肇等注，上海古籍出版社 2011 年/198 页

《中国佛学》二〇一一年（总第三十期）/《中国佛学》编委会编，中华书局 2011 年/332 页

《吉祥人生——〈吉祥经〉解读》/曙正，宗教文化出版社 2011 年/174 页

《胜鬘经真义》/金雄师著，甘肃民族出版社 2011 年/全 3 册

《中国佛教史》/蒋维乔撰，邓子美导读，上海古籍出版社 2011 年/327 页

《佛学研究十八篇》/梁启超撰，陈士强导读，上海古籍出版社 2011 年/437 页

《生活中的禅机》/吴言生著，浙江古籍出版社 2011 年/198 页

《全球化下的佛教与民族——第三届两岸四地佛教学术研讨会论文集》/刘成有编,光明日报出版社2011年/551页

《弘法大师著述辑要》/空海著,北京图书馆出版社2011年/390页

《智慧人生三昧：如何放下》/本性禅师著,厦门大学出版社2011年/223页

《七塔报恩文化论坛——都市寺院与和谐社会研讨会论文集》/可祥著,西泠出版社2011年/489页

《简明中国佛教史》/李尚全著,上海社会科学院出版社2011年/185页

《汉传佛教寺院的社会功能》/谭全万著,宗教文化出版社2011年/216页

《董其昌罗汉赞菩萨藏经后序——西泠印社精选历代碑帖》/贺维豪著,西泠出版社2011年/35页

《中国佛教疑伪经综录》/曹凌著,上海古籍出版社2011年/549页

《佛道散论》/蒙文通著,商务印书馆2011年/257页

## 道教

《甘水仙源：王重阳的全真之路》/于国庆编,宗教文化出版社2011年/190页（蓬瀛仙馆道教文化丛书·神仙传记系列）

《净空法师：太上感应篇讲记》/净空法师著,伍恒山整理,长江文艺出版社2011年/378页

《中国的道教》/金正耀著,中国国际广播出版社2011年/145页（中国文化史知识丛书）

《道学讲读》/谢正强著,—现代插图版,上海科学技术文献出版社2011年/272页（国学讲读）

《理学与道家道教》/傅凤英著,长春出版社2011年/235页

《图说黄帝宅经全书2800例》/董易奇著,湖南美术出版社2011年/500页

《黄帝阴符经集注》/轩辕黄帝撰,常秉义点批,中央编译出版社2011年/216页

《中国道教文化》/李刚著,长春出版社2011年/244页

《中国道姑 别样人生》/独家春秋著,上海人民出版社2011年/288页

《道教——历史宗教的试述》/［俄］陶奇夫著,邱凤侠译,齐鲁书社2011年/413页（道教学译丛之7）

《北京道教石刻》/佟洵著,宗教文化出版社2011年/353页（北京宗教史系列丛书）

《天乐丹诀：丹道大江西派内功典籍汇编及阐秘》（全三册）/董沛文主编,陈毓照整理,江西人民出版社2011年/834页

《龙门祖庭白云观》/张兴发、冯鹤、郝光明编著,华夏出版社2011年/196页

《佛道文化通览》/张映勤著,西藏人民出版社2011年/326页

《玉音仙范：泰山岱庙藏谱解译》/须旅著,宗教文化出版社2011年/341页

《神格与地域：汉唐间道教信仰世界研究》/刘屹著,上海人民出版社2011年/359页

《仙境罗浮》/毛锦钦著,暨南大学出版社2011年/219页（东樵意韵丛书）

《问道罗浮》/毛锦钦著,暨南大学出版社2011年/209页（东樵意韵丛书）

《龙虎山天师道音乐研究》/曹本冶、刘红著,文化艺术出版社2011年/341页（中国仪式音乐研究丛书）

《我最想看的道家妙语》/东篱子编著,中国纺织出版社2011年/308页

《道上的风景Ⅰ：生命意识的觉醒》/戈国龙著，中央编译出版社 2011 年/464 页（观复斋系列丛书）
《早期全真道教哲学思想论纲》/丁原明、白如祥、李延仓著，齐鲁书社 2011 年/326 页
《千峰老人全集》全二册/董沛文著，宗教文化出版社 2011 年
《灵性的奥秘：修道的基本理论与方法》/戈国龙著，中央编译出版社 2011 年/251 页（观复斋系列丛书）
《道教爱国主义教程》（试用本）/宗教文化出版社 2011 年/223 页
《道上的风景Ⅱ：没有终点的旅程》/戈国龙著，中央编译出版社 2011 年/370 页（观复斋系列丛书）
《道教唱道情与中国民间文化研究》/张泽洪著，人民出版社 2011 年/420 页
《道教科范——全真派斋醮科仪纵览》全二册/彭理福著，宗教文化出版社 2011 年
《瑰奇清雅——道教对中国绘画的影响》/胡知凡著，上海辞书出版社 2011 年/271 页
《经典与历史》/刘屹著，人民出版社 2011 年/343 页（敦煌道经研究论集）
《隋唐道家与道教》/李大华、李刚、何建明著，人民出版社 2011 年/717 页
《真诰》/中华书局 2011 年/373 页
《道心——金闾道教概览》/宗教文化出版社 2011 年/203 页
《丘处机学案》全真学案（第一辑）/郭武著，齐鲁书社 2011 年/464 页
《王常月学案》全真学案（第一辑）/尹志华著，齐鲁书社 2011 年/226 页
《陈致虚学案》全真学案（第一辑）/何建明著，齐鲁书社 2011 年/360 页
《山东道教碑刻集：临朐卷》/赵卫东著，齐鲁书社 2011 年/376 页
《道教养生文化的生命伦理学审视》/赖平著，湘潭大学出版社 2011 年/206 页
《道言五种》/（清）陶素耜集注，中华书局 2011 年/443 页
《中国道教史》/傅勤家著，商务印书馆 2011 年/189 页
《全真道研究》第一辑/赵卫东主编，齐鲁书社 2011 年/339 页
《两宋道教与政治关系研究》/向仲敏著，人民出版社 2011 年/203 页

## 伊斯兰教

《熟悉的陌生人：大城市流动穆斯林社会适应研究》/白友涛、龙佳、季芳桐等，宁夏人民出版社 2011 年/269 页
《中国伊斯兰教》（土耳其文）/张广林著，展地译，五洲传播出版社 2011 年/126 页
《中国伊斯兰教简志》/中国伊斯兰教协会，宗教文化出版社 2011 年/918 页
《早期汉文伊斯兰教典籍研究》/杨晓春著，上海古籍出版社 2011 年/267 页
《库布忍耶》/杨学林著，宁夏人民出版社 2011 年/285 页
《了解伊斯兰教》/杨怀中主编，宁夏人民出版社 2011 年/449 页
《新编卧尔兹演讲集》（1—4 合辑）/中国伊斯兰教教务指导委员会，宗教文化出版社 2011 年/415 页

## 基督宗教

《殉道史》/［英］约翰·福克斯著，苏欲晓、梁鲁晋译，生活·读书·新知三联书店 2011 年/268 页

（基督教经典译丛）

《1867年以前来华基督教传教士列传及著作目录》/［英］伟烈亚力著，倪文君译，广西师范大学出版社2011年/379页（来华基督教传教士传记丛书）

《上帝之城》/［古罗马］奥古斯丁著，［英］玛库斯译，世界图书出版公司2011年/827页

《中国的基督教》/周燮藩著，中国国际广播出版社2011年/132页（中国读本）

《哥林多书信》/［英］摩根著，钟越娜译，上海三联书店2011年/236页（摩根解经丛卷）

《以赛亚书》/［英］摩根著，钟越娜译，上海三联书店2011年/136页（摩根解经丛卷）

《圣经的文化阐释》/赖永海著，江苏人民出版社2011年/226页（宗教文化大系）

《剩余的时间：解读〈罗马书〉》/［意］乔治·阿甘本著，钱立卿译，吉林出版集团有限责任公司2011年/201页

《基督教思想评论》（第12辑）/许志伟主编，上海人民出版社2011年/336页

《权利的变革：早期加尔文教中的法律、宗教和人权》/约翰维特著，刘莉译，中国法制出版社2011年/532页（小维特法律丛书）

《当代政治神学文选》/刘小枫，何怀宏编，蒋庆等译，吉林人民出版社2011年/179页（人文译丛）

《清教徒的脚踪》/［英］钟马田著，梁素雅等译，华夏出版社2011年/350页（新教文库·清教徒译丛）

《圣经的故事》/［美］房龙著，雷菊霞，博文译，北京出版社2011年/302页

《圣经故事》/［美］玛丽·巴切勒著，约翰·海森（插图），文洁若译，华夏出版社2011年/416页

《圣经故事》（旧约篇）/洪佩奇、洪叶编著，—多雷插图完全版，译林出版社2011年/303页

《圣经故事》（新约篇·次经篇）/洪佩奇、洪叶编著，—多雷插图完全版，译林出版社2011年/253页

《圣经的奥秘》/柯君编著，新世界出版社2011年/244页

《圣经的故事》（英汉双语对照）/［美］房龙著，谢炳文译，译林出版社2011年/259页（双语译林）

《基督教与近代中国的不平等条约》/李传斌著，湖南人民出版社2011年/346页（中外条约与近代中国研究丛书）

《为什么我不是基督教徒》/［英］罗素，商务印书馆2011年/227页

《基督教与清季中国的教育与社会》/王树槐著，广西师范大学出版社2011年/183页

《华理克读经法》/［美］华理克著，傅湘雯译，上海三联书店2011年/294页

《基督教学术》（第九辑）/徐以骅，张庆熊主编，上海古籍出版社2011年/334页

《圣经里的女性》/［美］金凯森著，朱玉华、李玉臻译，甘肃人民美术出版社2011年/391页

《圣经文明导论——希伯来与基督教文化》/杨克勤著，宗教文化出版社2011年/221页（北京大学基督教文化研究系列）

《律法书叙事著作解读》/梁工著，宗教文化出版社2011年/279页（圣经文化解读书系）

《四福音书解读》/刘光耀，孙善玲著，宗教文化出版社2011年/252页

《近代知识分子反基督教问题论文集》/吕实强著，广西师范大学出版社2011年/208页

《在世界的爱心之中：德兰修女的感想、故事与祷辞》/［阿尔巴］德兰修女著，丁力译，书海出版社2011年/104页

《德蕾莎修女：一条简单的道路》/［加拿大］瓦尔迪著，高志仁等译，海南出版社 2011 年/199 页
《贝德士文献研究》/章开沅著，广西师范大学出版社 2011 年/154 页
《异教徒》/［英］切斯特顿著，汪咏梅译，生活·读书·新知三联书店 2011 年版/204 页（基督教经典译丛）
《旧约学入门》/［英］库根著，张贤勇，陆巍译，外语教研出版社 2011 年/261 页
《感悟圣经》/李福钟著，宗教文化出版社 2011 年/332 页
《圣经旧约原文——希伯来文课本》/吴慕迦著，宗教文化出版社 2011 年/238 页
《在上苍的阴影下：一个德国人眼中的汤若望》/［德］弗兰茨、克斯特尔著，袁志英译，陕西人民出版社 2011 年/411 页
《基督教文化学刊——经文辩读》（第 25 辑）/中国人民大学基督教文化研究所编，宗教文化出版社 2011 年/303 页
《基督教神学》/［英］福特著，吴周放译，译林出版社 2011 年/181 页
《圣经叙事研究》/刘洪一著，商务印书馆 2011 年/212 页
《理性时代——关于真伪神学的探讨》/［美］潘恩著，田飞龙、徐维译，中国法制出版社 2011 年/205 页
《上帝、关系与言说：批判神学与神学的批判》/曾庆豹著，华东师范大学出版社 2011 年/596 页
《现代语境中的上帝观念》/［德］卡斯培著，罗选民译，华东师范大学出版社 2011 年/518 页
《狱中书简》/［德］朋霍费尔著，高师宁译，何光沪校，新星出版社 2011 年/223 页（大端文库）
《天主教研究论辑》（第 8 辑）/赵建敏主编，宗教文化出版社 2011 年/516 页
《耶稣图像的象征艺术研究——以意大利 12—15 世纪被针十字架耶稣图像为例》/崇秀全著，浙江大学出版社 2011 年/195 页
《上帝之城》/［古罗马］奥古斯丁著，庄陶，陈维振译，复旦大学出版社 2011 年/482 页
《基督教思想评论》（总第十三辑）/许志伟主编，上海人民出版社 2011 年/308 页
《早期基督教及其东传》/林中泽著，上海古籍出版社 2011 年/261 页
《近代教会史》/毕尔麦尔著，雷立柏译，宗教文化出版社 2011 年/585 页（教会史丛书）
《理性的胜利——基督教与西方文明》/［美］斯达克著，管欣译，复旦大学出版社 2011 年/247 页
《永不朽坏的钱囊——基督徒的金钱观》/安多马著，上海文化出版社 2011 年/175 页
《使徒所传的十字架》/［澳］莱昂·莫里斯著，宗教文化出版社 2011 年/349 页（北京大学基督教文化研究系列）
《上帝与皇帝之争：太平天国的宗教与政治》/［美］托马斯·H. 赖利著，谢文郁注释：李勇、肖军霞、田芳译，世纪出版集团，上海人民出版社 2011 年/191 页（世界宗教关系史文丛）
《基督教的礼仪》/康志杰著，宗教文化出版社 2011 年/265 页
《儒家与基督教利他主义比较研究》/林滨著，人民出版社 2011 年/338 页
《希伯来书》/［英］摩根著，张世衡、钟越娜译，上海三联书店 2011 年/81 页
《罗马书注释——加尔文文集》/［法］加尔文著，赵中辉译，华夏出版社 2011 年/416 页
《入世的清教徒》/赖肯著，群言出版社 2011 年/307 页

《基督教与中国文化》/肖安平著,宗教文化出版社 2011 年/364 页

《圣经历史故事编年》/丁俞斌著,宗教文化出版社 2011 年/419 页

《西方文化与悲剧精神——古希腊维度与基督教维度》/郭玉生著,黑龙江大学出版社 2011 年/239 页

《新约的世界图景逻辑(第一卷)·引论:新约的历史逻辑》/查常平著,上海三联书店 2011 年/451 页

《圣经的来源》/[美]康福特编,李洪昌译,上海人民出版社 2011 年/276 页(基督教文化译丛)

《使徒行传和使徒书信解读》/卢龙光著,宗教文化出版社 2011 年/333 页

《人的本性与命运》/[美]尼布尔著,汤清等译,宗教文化出版社 2011 年/408 页(基督教历代名著集成系列)

《汤朴威廉选集》/[英]汤朴·威廉著,谢秉德等译,宗教文化出版社 2011 年/354 页(基督教历代名著集成系列)

《基督徒的生活》/[法]加尔文著,钱曜诚等译,生活·读书·新知三联书店 2011 年/217 页

《开端与进展:华南近代基督教史论集》/吴义雄著,广西师范大学出版社 2011 年/152 页

《〈加拉太书〉注释》/[德]马丁·路德著,李漫波译,生活·读书·新知三联书店 2011 年/244 页

《西欧中世纪社会中的基督教教会》/王亚平著,中央编译出版社 2011 年/262 页

《圣经历史哲学》/赵敦华著,江苏人民出版社 2011 年/全二册

《基督宗教研究》(第 14 辑)/卓新平,许志伟主编,宗教文化出版社 2011 年/459 页

《基督教释经学》/克莱恩著,上海人民出版社 2011 年/712 页(基督教文化译丛)

《马太福音》/[英]摩根著,张竹君译,上海三联书店 2011 年/494 页

《16 世纪的不信教问题:拉伯雷的宗教》/费弗尔著,上海三联书店 2011 年/551 页

《苦难与拯救——保罗·尼特的宗教多元论与宗教对话思想研究》/王蓉著,宗教文化出版社 2011 年/280 页

《爱的能量》/[印度]特雷莎嬷嬷著,聂传炎,张安毅译,吉林出版集团 2011 年/183 页

《中国基督教史纲》/王治心撰,徐以骅导读,上海古籍出版社 2011 年/325 页

《大国学视野中的汉语学术对话神学》/[芬兰]黄保罗著,民族出版社 2011 年/351 页(学术神学丛书)

《至高喜乐的传承——在恩典中得胜的人》/[美]派博著,杜华译,中西书局 2011 年/157 页

## 其他

《周易六十四卦故事》/龚言编撰,中央编译出版社 2011 年/336 页

《中国南方少数民族宗教》/梁庭望、柯琳著,青海人民出版社 2011 年/316 页(中国少数民族宗教文化丛书)

《北京宗教史》/王岗著,人民出版社 2011 年/396 页(北京专史集成)

《四大门》/李慰祖、周星著,北京大学出版社 2011 年/198 页(历史与社会·经典重刊)

《魂灵:死后生命的科学探索》/[美]玛丽·罗奇著,谭琪译,上海科学技术文献出版社 2011 年/183 页(科学图书馆·科学新文献)

《中国古代宗教与神话考》/丁山著,上海书店出版社 2011 年/622 页(新原点丛书)
《出神入化阴阳家》/卫绍生著,湖北人民出版社 2011 年/175 页(品读诸子百家)
《朝觐东方:理雅各评传》/[美]吉瑞德(Norman J. Girardot)著,段怀清、周俐玲译,广西师范大学出版社 2011 年/656 页(来华基督教传教士传记丛书)
《中国神的故事》/殷登国著,百花文艺出版社 2011 年/207 页
《画说钟馗》/张宜山著,山东画报出版社 2011 年/185 页
《中国萨满教》/赵志忠著,青海人民出版社 2011 年/241 页(中国少数民族宗教文化丛书)
《以色列文化》/张和清著,湖北人民出版社 2011 年/466 页
《古老的神话》/田战省著,北方妇女儿童出版社 2011 年/95 页(小探索者人文系列)
《巫师的秘密》/[英]露易丝·波恩著,张欲晓译,工人出版社 2011 年/243 页
《相濡以沫——希腊、罗马与拜占庭的精神世界》/宫景耀著,云南人民出版社 2011 年/118 页
《福建民间信仰论集》/徐晓望著,光明日报出版社 2011 年/258 页
《中国少数民族神话概论》/文日焕、王宪昭著,民族出版社 2011 年/436 页
《中国古代神话研究》/程憬著,北京大学出版社 2011 年/330 页(文学史研究丛书)
《阿尔泰神话研究回眸》/那木吉拉著,民族出版社 2011 年/640 页
《中国萨满教》/赵志忠著,青海人民出版社 2011 年/241 页(中国少数民族宗教文化丛书)
《扶箕迷信底研究》/许地山著,岳麓书社 2011 年/88 页(民国学术文化名著丛书)
《大运气》/张述任、张怡鹤著,云南人民出版社 2011 年/312 页
《筑梦民生:中国民间信仰新思维》/刘道超著,人民出版社 2011 年/375 页
《世界宗教艺术图典》/魏庆征编,中央编译出版社 2011 年/1001 页(图文馆)
《筑梦民生——中国民间信仰新思维》/刘道超著,人民出版社 2011 年/375 页
《一统多元文化的宗教学阐释:闽台民间信仰论丛》/陈支平著,厦门大学出版社 2011 年/349 页(闽台民间信仰论丛)
《魏晋儒学新论——以王肃和"王学"为讨论的中心》/郝虹著,中国社会科学出版社 2011 年/291 页
《神仙讲坛》/石向前、强利著,京华出版社 2011 年/310 页
《浪漫派的将来之神——新神话学讲稿》/[德]弗兰克著,李双志译,华东师范大学出版社 2011 年/446 页(西方传统·经典与解释)
《陈麟书宗教学研究论文集》/陈麟书著,巴蜀书社 2011 年/326 页(道教与宗教文化论丛)
《20 世纪希腊神话研究史略》/王倩著,陕西师范大学出版社 2011 年/364 页(神话学文库)
《现代口承神话的民族志研究:以四个汉族社区为个案》/杨利慧、张霞、徐芳等著,陕西师范大学出版社 2011 年/330 页(神话学文库)
《张振犁先生学术思想研讨会文集:神话 神话》/程健君、高有鹏著,河南大学出版社 2011 年/327 页
《先秦与古希腊神话价值观比较研究》/陈鹏程著,天津教育出版社 2011 年/307 页(青年学术文库)
《印度神秘符号》/毛世昌、路亚涵、梁萍著,兰州大学出版社 2011 年/194 页
《英雄的旅程:与神话学大师坎贝尔对话》/[美]菲尔·柯西诺编,梁永安译,金城出版社 2011 年/269 页

《黑龙江萨满文化》/王铁峰著,黑龙江人民出版社 2011 年/230 页(黑龙江流域非物质文化遗产代表作丛书)

《生死学十四讲》/余德慧、石佳仪著,中国长安出版社 2011 年/224 页

《千年流波:中国布洛陀文化》/韦苏文著,黑龙江人民出版社 2011 年/142 页(中国民间口头与非物质文化遗产推介丛书)

《结构主义神话学》(增订版)/叶舒宪著,陕西师范大学出版社 2011 年/341 页(神话学文库)

《自然宗教对话录》/休谟著,郑之骧(注释,解说词),陈修斋、曹棉之译,商务印书馆 2011 年/110 页(汉译世界学术名著丛书)

《中古艺术宗教与西域历史论稿》/姚崇新著,商务印书馆 2011 年/499 页

《浙中地区传统宗祠研究》/邵建东著,浙江大学出版社 2011 年/416 页

《中国民间海洋信仰与祭海文化研究》/上海海事大学、中国太平洋学会、岱山县人民政府编,海洋出版社 2011 年/234 页

《达斡尔族萨满文化遗存调查》/丁石庆、赛音塔娜著,民族出版社 2011 年/337 页(中国少数民族非物质文化遗产研究系列·萨满文化丛书)

《亦神亦祖:粤西南信仰构建的社会史》/贺喜著,生活·读书·新知三联书店 2011 年/275 页(历史·田野丛书)

《沈氏玄空学》/(清)沈竹礽编,姚国华、柯誉整理,中央编译出版社 2011 年/499 页

《杜威的经验自然主义及其宗教观》/常宏著,中央民族大学出版社 2011 年/373 页

《诸神的争吵——国际冲突中的宗教根源》/辛旗著,华艺出版社 2011 年/313 页

《七重阶梯——吕斯布鲁克文集》(卷一)/[弗莱芒]吕斯布鲁克著,陈建洪等译,华东师范大学出版社 2011 年/268 页(西方传统经典与解释·神秘主义丛编)

《宗教与社会主义和谐社会建设——以北京地区为例》/佟洵编著,宗教文化出版社 2011 年/373 页

《信守与包容:浙东妈祖信俗研究》/黄浙苏著,浙江大学出版社 2011 年/202 页

《柏拉图与神话之镜:从黄金时代到大西岛》/马特著,吴雅凌译,华东师范大学出版社 2011 年/402 页

《古罗马和秦汉中国:风马牛不相及乎》/《法国汉学》丛书编辑委员会编,中华书局 2011 年/457 页(法国汉学·第 14 辑)

《说魂儿:扪虱谈鬼录之 2》/栾保群著,上海文艺出版社 2011 年/268 页

《流动中的传统:云南多民族多宗教共处的历程和主要经验》/何其敏、张桥贵主编,宗教文化出版社 2011 年/389 页(民族宗教研究成果丛书)

《日本的神道》/[日]津田左右吉著,邓红译,商务印书馆 2011 年/281 页(日本学术文库)

《神话的力量》/[美]约瑟夫·坎贝尔、比尔·莫耶斯著,欧冶译,万卷出版公司 2011 年/228 页

《漳台民间信仰》/段凌平著,厦门大学出版社 2011 年/319 页(漳州与台湾关系丛书)

《汉代民间信仰与地方政治研究》/贾艳红著,山东大学出版社 2011 年/390 页(中国古代地方政治研究)

《人文宗教研究》(第 1 辑)(2010 年卷)/李四龙编,宗教文化出版社 2011 年/305 页

《浩劫之书》/［法］西尔万·马雷沙尔著，中央编译出版社 2011 年/233 页
《俗神密码：民间纸马中的祭祀神像》/沈泓著，浙江古籍出版社 2011 年/212 页（中国文化密码民间图解丛书）
《中国古代神话文化寻踪》/阎德亮著，人民出版社 2011 年/272 页
《中国神话的文化密码》/周非著，安徽文艺出版社 2011 年/235 页
《随缘做去 直道行之——方广锠序跋杂文集》/方广锠著，国家图书馆出版社 2011 年/409 页
《印度神灵探秘：巡礼印度教、耆那教、印度佛教万神殿》/马维光著，世界知识出版社 2011 年/436 页
《明清民间宗教思想研究：以神灵观为中心》/刘雄峰著，巴蜀书社 2011 年/199 页（儒道释博士论文丛书）
《冲突的解释》/陶飞亚著，广西师范大学出版社 2011 年/145 页
《中国宗法性传统宗教与政治研究》/姜丁元著，军事科学出版社 2011 年/205 页
《上海宗教之旅》/上海市民族和宗教事务委员会编，—最新版，上海辞书出版社 2011 年/246 页
《中国信仰研究》/李向平，文军，田光元编，—第 1 辑，上海人民出版社 2011 年/224 页
《多元文化空间中的湫神信仰仪式及其口头传统》/王淑英著，民族出版社 2011 年/243 页（云南民族大学学术文库）
《比较视野中的庄子神话研究》/孙雪霞著，暨南大学出版社 2011 年/189 页（人文学丛书）
《仪式信仰与村落生活：邦协布朗族的民间信仰研究》/黄彩文著，民族出版社 2011 年/239 页（云南民族大学学术文库）
《民间信仰与社会生活》/路遥、酒井忠夫、胡小伟等著，上海人民出版社 2011 年/438 页（民间信仰与中国社会研究系列）
《四大菩萨与民间信仰》/路遥著，上海人民出版社 2011 年/516 页（民间信仰与中国社会研究系列）
《泰山信仰与中国社会》/路遥、刘慧著，上海人民出版社 2011 年/414 页（民间信仰与中国社会研究系列）
《三一教研究》/何善蒙著，浙江大学出版社 2011 年/243 页（浙大人文青年学者文丛）
《神的由来》/陈泰先著，中国华侨出版社 2011 年/301 页
《南海传说》/杜伟著，广西师范大学出版社 2011 年/93 页（南海知识丛书）
《说狐》/康笑菲著，姚政志译，浙江大学出版社 2011 年/254 页（社会经济史译丛）
《中国古代宗教与神话考》/丁山著，上海书店出版社 2011 年/622 页（世纪文库）
《辽宁地区妈祖文化调查研究：以东港市孤山镇为例》/孙晓天著，中央民族大学出版社 2011 年/223 页
《中国人的命理信仰》/董向慧著，上海人民出版社 2011 年/313 页
《林悟殊敦煌文书与夷教研究》/林悟殊著，上海古籍出版社 2011 年/523 页（当代敦煌学者自选集）
《日月潭边邵人社会宗教文化的民族学考察》/唐卫青著，中央民族大学出版社 2011 年/229 页

# 2012年中国宗教学及宗教类新版图书简目[*]

李金花 编

**宗教学及宗教通论**

《宗教简史》/李申著,广西师范大学出版社2012年/238页(李申宗教史系列)

《宗教慈善与中国社会公益》/陶飞亚、刘义著,上海大学出版社2012年/500页

《门德尔松与莱辛》/[美]列奥·施特劳斯著,卢白羽译,华夏出版社2012年/223页(西方传统经典与解释)

《简论罪与信的涵义:兼我的宗教观》/[美]罗尔斯著,左稀、仇彦斌译,中国法制出版社2012年/275页(公共思想译丛)

《宗教与当代国际关系》/徐以骅等著,上海人民出版社2012年/272页(宗教与当代国际关系论丛)

《孔子民族观与宗教观研究》/张天圣著,经济管理出版社2012年/167页(人文社科学术文库)

《单纯理性限度内的宗教》/[德]康德著,李秋零译,商务印书馆2012年/221页(汉译世界学术名著丛书)

《加强和创新宗教事务管理研讨文集》/国家宗教事务局宗教研究中心编,宗教文化出版社2012年/450页

《宗教与西部少数民族现代化》/王存河著,民族出版社2012年/299页

《宗教对话与和谐社会(第3辑):第3届"宗教对话与和谐社会"学术研讨会论文集》/陈声柏编,宗教文化出版社2012年/359页

《 中国文化与中国宗教》(《方立天文集》第8卷)/方立天著,中国人民大学出版社2012年/337页(方立天文集)

《近代传教士论中国宗教:以慕维廉〈五教通考〉为中心》/陈怀宇著,上海人民出版社2012年/232页(世界宗教关系史文丛)

《中古时代的礼仪宗教与制度》/余欣主编,上海古籍出版社2012年/579页(中古中国知识·信仰·制度研究书系)

《中外关系史论丛:多元宗教文化视野下的中外关系史》/中国中外关系史学会、华侨大学华人华侨研究院编,甘肃人民出版社2012年/308页(中外关系史论丛)

---

[*] 中国社会科学出版社、社会科学文献出版社宗教学图书另编书目。

《十六世纪的无信仰问题：拉伯雷的宗教》/［法］吕西安·费弗尔著，阎素伟译，商务印书馆 2012 年/662 页（汉译世界学术名著丛书）

《写给无神论者》/［英］阿兰·德波顿著，梅俊杰译，上海译文出版社 2012 年/312 页（阿兰·德波顿文集）

《宗教的形成·符号的意义及效果》（修订版）/［英］阿尔弗雷德·诺思·怀特海著，周邦宪译，译林出版社 2012 年/140 页（汉译经典 46）

《宋代的宗教、身分与司法》/柳立言著，中华书局 2012 年/324 页

《清江流域土家族始祖信仰现代表述研究》/林继富著，人民出版社 2012 年/310 页

《十六世纪的无信仰问题》/［法］吕西安·费弗尔著，阎素伟译，商务印书馆 2012 年/662 页（汉译世界学术名著丛书）

《20 世纪的四种神话理论：卡尔西、伊利亚德、列维—斯特劳斯与马林诺夫斯基》/［美］伊万·斯特伦斯著，李创同、张经纬译，生活·读书·新知三联书店 2012 年/331 页

《神秘神学》/［古希腊］狄奥尼修斯著，包利民译，商务印书馆 2012 年/249 页（汉译世界学术名著丛书）

《动物与中古政治宗教秩序》/陈怀宇著，上海古籍出版社 2012 年/438 页（复旦文史丛刊）

《宗教的现代社会角色》/马建钊等编，人民出版社 2012 年/435 页

《欧洲的宗教与虔诚（1215—1515）》/［英］罗伯特·诺布尔·斯旺森著，龙秀清、张日元译，上海三联书店 2012 年/453 页（上海三联人文经典书库）

《走向真理的探索：白银时代俄罗斯宗教文化批评理论研究》/张杰著，北京大学出版社 2012 年/235 页（文学论丛）

《神话与传说：图解古文明的秘密》/［英］菲利普·威乐金森著，郭乃嘉等译，生活·读书·新知三联书店 2012 年/348 页

《佛教道教传播与中国文化》/刘晓英著，学苑出版社 2012 年/249 页

《宏观与微观视野里的中国宗教》/严耀中著，华东师范大学出版社 2012 年/242 页

《宗教文化生态中的政府责任》/杨学林著，宁夏人民出版社 2012 年/181 页

《和的智慧》/陈绿平著，南方日报出版社 2012 年/283 页

《中外宗教概览》/周伯琦著，宗教文化出版社 2012 年/269 页

《宗教社会学的邀请》/［美］菲尔·朱克曼著，曹义昆译，北京大学出版社 2012 年/170 页

《宗教政策法规文件选编》/国家宗教事务局政策法规司编，宗教文化出版社 2012 年/429 页

《中国民间信仰研究述评》/路遥编，上海人民出版社 2012 年/393 页（民间信仰与中国社会研究系列）

《宪法与宗教的对话：论宗教自由之宪法图像》/刘祎著，知识产权出版社 2012 年/519 页（宪法学专题研究书系）

《中外主要宗教文化概论》/许序雅著，安徽大学出版社 2012 年/249 页

《马克思主义宗教观中国化研究》/龚学增等著，四川人民出版社 2012 年/460 页

《宗教研究（2010）》/方立天编，宗教文化出版社 2012 年/225 页

《当代中国民族宗教问题研究》（第 6 集）/中国统一战线理论研究会等编，民族出版社 2012 年/222 页

《宗教研究（2009）》/方立天编，宗教文化出版社 2012 年/240 页

《宝卷：十六至十七世纪中国宗教经卷导论》/［美］欧大年（Daniel L. Overmyer）著，马睿译；郑须弥校，中央编译出版社 2012 年/431 页（国家清史编纂委员会·编译丛刊）

《上海宗教之旅》（最新版）/周富长、曹斌编，上海辞书出版社 2012 年/248 页

《国际人类学民族学联合会第十六届大会文集：文化多样性背景下的宗教和谐》/何星亮等编，知识产权出版社 2012 年/254 页（今日人类学民族学论丛）

《宗教经验种种》/［美］威廉·詹姆斯著，尚新建译，华夏出版社 2012 年/405 页

《现代性的神学起源》/［美］米歇尔·艾伦·吉莱斯皮著，张卜天译，湖南科学技术出版社 2012 年/418 页（科学源流丛4）

《纯然理性界限内的宗教》（注释本）/［德］康德著，李秋零译，中国人民大学出版社 2012 年/189 页

《古代命理学研究：命理格局》/凌志轩著，中山大学出版社 2012 年/420 页

《云南布依族传统宗教经典摩经译注与研究》/伍文义著，暨南大学出版社 2012 年/700 页

《萨迦格言：西藏贵族世代诵读的智慧珍宝》/萨迦班智达著，王尧译，当代中国出版社 2012 年/170 页

《中国宗教史》/麻天祥等著，武汉大学出版社 2012 年/467 页（中国专门史文库）

《宗教文化生态中的政府责任：宁夏吴忠地区宗教与社会关系研究》/杨学林著，宁夏人民出版社 2012 年/181 页

《宗教团体教规制度汇编》/国家宗教事务局政策法规司编，宗教文化出版社 2012 年/176 页

《社会中的宗教：一种宗教社会学》（第 8 版）/［美］罗纳德·L. 约翰斯通著，四川人民出版社 2012 年/678 页（宗教与世界丛书）

《文化多样性背景下的宗教和谐》/何星亮、郭宏珍编，知识产权出版社 2012 年/254 页（今日人类学民族学论丛）

《现代信仰学导引》/荆学民著，中国传媒大学出版社 2012 年/315 页

## 佛教

《李叔同说佛讲经大全集》/李叔同著，新世界出版社 2012 年/362 页

《儒道佛读本》（国学基础读本）/高路著，中国青年出版社 2012 年/223 页

《金刚般若波罗蜜经（卷轴）》/（元）赵孟頫著，中国书店出版社 2012 年

《佛法概论》/方竹平编，学林出版社 2012 年/126 页

《心的交会：佛陀与基督的生命教导》/一行禅师著，薛绚译，海南出版社 2012 年/171 页

《禅修次第：跟释迦牟尼禅修》/［德］艾雅·凯玛著，果儒译，海南出版社 2012 年/220 页

《我的禅：文化名家话佛缘》/马明博、肖瑶编；齐白石绘，中国青年出版社 2012 年/352 页

《禅与心理分析》/［日］铃木大拙等著，孟祥森译，海南出版社 2012 年/275 页

《听南怀瑾讲佛学》/武向南著，安徽人民出版社 2012 年/256 页

《六祖坛经解读》/［美］比尔·波特著，吕长清译，南海出版公司 2012 年/300 页

《藏汉佛教哲学思想比较研究》/乔根锁、魏冬编，上海古籍出版社 2012 年/232 页

《世界最美的唐卡：佛和神的世界》（珍藏版）/［尼泊尔］洛米奥·什雷斯塔绘，向红笳译，甘肃人民美术出版社 2012 年/64 页

《佛教十三经：楞严经》/刘鹿鸣译，赖永海编，中华书局 2012 年/472 页

《胡适说禅》/胡适著，文化艺术出版社 2012 年/292 页（新编胡适文丛）

《旅游佛教文化》/于由著，浙江大学出版社 2012 年/179 页

《观音：菩萨中国化的演变》/于君方著，商务印书馆 2012 年/574 页

《菩提道次第广论》/宗喀巴著，法尊译，青海人民出版社 2012 年/291 页

《密宗道次第广论》/宗喀巴著，法尊译，青海人民出版社 2012 年/263 页

《读佛即是拜佛：真实的唐僧》/明一居士著，凤凰出版社 2012 年/240 页

《佛学纲目》/王孺童著，漓江出版社 2012 年/208 页

《金刚经说什么》/南怀瑾著，复旦大学出版社 2012 年/493 页

《中国佛教与江西的历史渊源》/童辰著，江西人民出版社 2012 年/322 页

《图解中国著名佛教寺院》/张驭寰著，当代中国出版社 2012 年/288 页

《图解正念：成功者必有正念》（2012 全新图解）/蓝梅著，陕西师范大学出版社 2012 年/318 页

《图解大圆满：藏密的顿悟之道》（2012 全新图解）/洛桑杰嘉措著，陕西师范大学出版社 2012 年/317 页

《图解曼荼罗：获得生命能量的无上秘法》（2012 全新图解）/唐颐著，陕西师范大学出版社 2012 年/327 页

《图解佛教：读懂佛教之美》（2012 全新图解）/田灯燃著，陕西师范大学出版社 2012 年/320 页

《图解天龙八部：获得平安、财富、健康最直接的藏密法门》（2012 全新图解）/诺布旺典著，陕西师范大学出版社 2012 年/319 页

《图解宗喀巴：讲述"第二佛陀"的故事》（2012 全新图解）/迦色著，紫禁城出版社 2012 年/334 页

《图解大藏经：遇见与你最有缘的佛经》（2012 全新图解）/释心田著，紫禁城出版社 2012 年/318 页

《中国佛教哲学要义》（上下册），《方立天文集》第 5 卷/方立天著，中国人民大学出版社 2012 年/1010 页

《俄藏黑水城文献（16）西夏文佛教部分》/俄罗斯科学院东方文献研究、中国社会科学院民族学与人类学研究所编，上海古籍出版社 2012 年/148 页

《印度秣菟罗早期佛教造像研究》/赵玲著，上海三联书店 2012 年/330 页

《吴越佛教》（第 7 卷）/光泉，杭州佛学院编，九州出版社 2012 年/871 页

《如来藏说与唯识思想的交涉》/（台湾）赖贤宗著，九州出版社 2012 年/214 页

《佛教与中国文学散论：梦枕堂丛稿初编》/李小荣著，凤凰出版社 2012 年/377 页

《信心铭玄旨》/（台湾）洪文亮著，江苏人民出版社 2012 年/243 页

《千年古刹：义居寺》/李海光编，山西人民出版社 2012 年/181 页

《后藏风物：日喀则地区非物质文化遗产通览》/日喀则地区文化局、日喀则地区非物质文化遗产保护工作领导小组办公室编，中西书局 2012 年/208 页

《伍柳天仙法脉》（修订版）/伍冲虚，柳华阳著，宗教文化出版社 2012 年/398 页

《奝然与宋初的中日佛法交流》/郝祥满著，商务印书馆 2012 年/356 页

《北京佛教石刻》/佟洵编，宗教文化出版社 2012 年/405 页（北京宗教史系列丛书）

《天台宗佛学流派研究》/文海著，宗教文化出版社 2012 年/370 页

《梵净山佛教文化研究》/黄尚文著，巴蜀书社 2012 年/309 页

《中国佛性论》/赖永海著，江苏人民出版社 2012 年/316 页（凤凰文库·宗教研究系列）

《禅与老庄》/徐小跃著，江苏人民出版社 2012 年/225 页（凤凰文库·宗教研究系列）

《阿弥陀经要解略注》/蕅益大师著，释智随编，岳麓书社 2012 年/338 页（净土文献丛刊）

《净土三经》/释净宗编，岳麓书社 2012 年/171 页（净土文献丛刊）

《善导大师全集》/善导大师著，释慧静，释净宗编，岳麓书社 2012 年/617 页（净土文献丛刊）

《佛书料简》/高山杉著，浙江大学出版社 2012 年/168 页（六合丛书）

《图解楞严经：最绚丽的佛法百科全书（白话图解）》/释见明著，百花洲文艺出版社 2012 年/335 页

《心经解读》/［英］比尔·波特著，叶南译，南海出版公司 2012 年/267 页

《我思故我悟》（少林寺主刊《禅露》十五年精粹）/释永信编，光明日报出版社 2012 年/232 页

《心若莲花处处开：跟着南怀瑾悟佛学》/路浩青著，新世界出版社 2012 年/309 页

《弘一大师说净土》/弘一法师著，华东师范大学出版社 2012 年/260 页

《印光法师话慈善公益》/印光法师著，华东师范大学出版社 2012 年/209 页（印祖文库）

《禅的源头：达摩大师〈血脉论〉讲记》/朴憨法师著，上海社会科学院出版社 2012 年/270 页

《当代北京云居寺史话》/杨亦武著，当代中国出版社 2012 年/158 页（当代北京史话丛书）

《刘法慈心解心经》/刘法慈著，河南文艺出版社 2012 年/144 页

《圣严法师教禅坐》（增订本）/圣严法师著，华东师范大学出版社 2012 年/198 页

《净土四经》/陈林等译，中华书局 2012 年/402 页

《佛触手可及：人间世的高僧》/吴学俊著，陕西人民出版社 2012 年/210 页

《博爱人生：佛教文化生活启示》/于森著，山东大学出版社 2012 年/156 页

《摄大乘论略讲》/心月法师著，宗教文化出版社 2012 年/247 页（华岩文丛）

《历史学视野中的佛教》/郭绍林著，宗教文化出版社 2012 年/367 页（宝庆讲寺丛书·中国佛教学者文集）

《圆觉经略说》/南怀瑾著，复旦大学出版社 2012 年/389 页

《清净心》/雅光著，武汉出版社 2012 年/269 页

《寂静之道》/希阿荣博堪布著，世界图书出版公司 2012 年/358 页

《大乘无量寿经》/净空法师著，团结出版社 2012 年/285 页（白话佛学文化小经典）

《心经金刚经》/黄智海居士著，团结出版社 2012 年/204 页（白话佛学文化小经典）

《华严经普贤行愿品》/黄智海居士著，团结出版社 2012 年/167 页（白话佛学文化小经典）

《观无量寿经》/黄智海居士著，团结出版社 2012 年/162 页（白话佛学文化小经典）

《地藏菩萨本愿经》/胡维铨著，团结出版社 2012 年/275 页（白话佛学文化小经典）

《阿弥陀经》/黄智海居士著，团结出版社 2012 年/174 页（白话佛学文化小经典）

《无死的金刚心》/雪漠著，中央编译出版社 2012 年/439 页

《道玄佛：历史、思想与信仰》/《文史哲》编辑部编，商务印书馆 2012 年/376 页（文史哲丛刊）
《静思法脉丛书·心宽念纯：追求美善人生》（修订版）/证严上人著，复旦大学出版社 2012 年/229 页
《平遥佛教文化史辑》/董金宝著，山西人民出版社 2012 年/561 页
《图解西藏生死书：认识生命轮回与解脱之道》（2012 全新图解版）/莲花生大师，达赫释著，陕西师范大学出版社 2012 年/303 页
《图解华严经：大乘佛法入门第一经典》（2012 白话图解版）/龙树菩萨，迦色著，陕西师范大学出版社 2012 年/320 页
《中国佛学史稿》/梁启超著，汤仁泽，唐文权编，中国人民大学出版社 2012 年/510 页（国学基本文库）
《禅海蠡测》/南怀瑾著，复旦大学出版社 2012 年/343 页
《心性与诗禅：北宋文人与佛教论稿》/张煜著，华东师范大学出版社 2012 年/426 页
《太虚佛学》/太虚著，浙江古籍出版社 2012 年/214 页（博库丛刊）
《杨仁山大德文汇》/杨仁山著，华夏出版社 2012 年/528 页（百年佛教高僧大德丛书）
《寄禅大师文汇》/寄禅大师著，华夏出版社 2012 年/506 页（百年佛教高僧大德丛书）
《白圣大师文汇》/白圣大师著，华夏出版社 2012 年/578 页（百年佛教高僧大德丛书）
《吕澂大德文汇》/吕澂著，华夏出版社 2012 年/561 页（百年佛教高僧大德丛书）
《圣严大师文汇》/圣严大师著，华夏出版社 2012 年/630 页（百年佛教高僧大德丛书）
《太虚大师文汇》/太虚大师著，华夏出版社 2012 年/598 页（百年佛教高僧大德丛书）
《印光大师文汇》/印光大师著，华夏出版社 2012 年/632 页（百年佛教高僧大德丛书）
《印顺大师文汇》/印顺大师著，华夏出版社 2012 年/567 页（百年佛教高僧大德丛书）
《圆瑛大师文汇》/圆瑛大师著，华夏出版社 2012 年/607 页（百年佛教高僧大德丛书）
《倓虚大师文汇》/倓虚大师著，华夏出版社 2012 年/556 页（百年佛教高僧大德丛书）
《丁福保大德文汇》/丁福保著，华夏出版社 2012 年/508 页（百年佛教高僧大德丛书）
《欧阳渐大德文汇》/欧阳渐著，华夏出版社 2012 年/520 页（百年佛教高僧大德丛书）
《高鹤年大德文汇》/高鹤年著，华夏出版社 2012 年/493 页（百年佛教高僧大德丛书）
《广钦大师文汇》/广钦大师著，华夏出版社 2012 年/483 页（百年佛教高僧大德丛书）
《大佛顶首楞严经讲义》（套装上下册）/圆瑛法师著，明旸法师注，宗教文化出版社 2012 年/840 页
《释迦塔辽金佛教与舍利文化》/李四龙编，宗教文化出版社 2012 年/210 页
《佛教超越界限：智及法师演讲集》/［澳］智及法师著，宗教文化出版社 2012 年/174 页
《藏传佛教在蒙古地区传播研究》/胡日查等著，民族出版社 2012 年/365 页（内蒙古高校人文社会科学民族学·重点研究基地民族学研究丛书）
《中国禅学研究》（上下册）/黄夏年编，中州古籍出版社 2012 年/801 页（第二届黄梅禅宗文化高峰论坛论文集）
《生活禅研究 2》（上下册）/黄夏年编，中州古籍出版社 2012 年/718 页（第二届黄梅禅宗文化高峰论坛论文集）
《黄梅禅研究》（上下册）/黄夏年编，中州古籍出版社 2012 年/833 页（第二届黄梅禅宗文化高峰论坛

论文集）

《佛教生死学》/陈兵著，中央编译出版社2012年/466页

《禅宗证悟理法辑要》/甄隐著，宗教文化出版社2012年/374页

《合掌人生》/星云大师著，江苏文艺出版社2012年/344页

《坛经》/丁福保等著，上海古籍出版社2012年/144页（大学经典）

《爱的正念：听一行禅师讲活在当下的智慧》/一行禅师著，方怡蓉译，现代出版社2012年/284页

《福报：星云大师的人生财富课》/星云大师著，线装书局2012年/312页

《铃木大拙禅学经典（第1辑）：铃木大拙禅学入门》/［日］铃木大拙著，林宏涛译，海南出版社2012年/221页

《印度朝圣之旅·桑奇佛塔》（完整珍藏版）/林许文二、陈师兰著，海南出版社2012年/207页

《卧佛寺》/黄亦工著，当代中国出版社2012年/89页

《其心无住》/释万行著，现代出版社2012年/380页

《图解心经：260字说破人生真相》（2012白话全译图解版）/吉布著，陕西师范大学出版社2012年/304页

《中华大藏经》（汉文部分）（全106册）/《中华大藏经》编辑局整理编，中华书局2012.3

《德林老和尚讲金刚经》/德林编，商务印书馆2012年/364页

《禅·两刃相交》/林谷芳著，生活·读书·新知三联书店2012年/211页

《星云日记》共15册/星云大师著，岳麓书社，2012年/2782页

《无声息的歌唱》/星云大师著，中华书局2012年/195页

《空山：静寂中的巴蜀佛窟》/萧易（撰文），袁蓉荪（摄影），广西师范大学出版社2012年/282页

《空与拯救：阿部正雄佛耶对话思想研究》/李宜静著，宗教文化出版社2012年/227页

《姜堰佛教》/陈文亚、许恒才、范观澜编，宗教文化出版社2012年/305页

《净检法师与徐州竹林寺传奇》/徐州竹林寺编，宗教文化出版社2012年/141页

《永明延寿圆融观研究》/陈全新著，宗教文化出版社2012年/386页（佛学与人文学术文丛）

《大方广佛华严经疏序浅释》/宣化法师著，宗教文化出版社2012年/164页

《江都寺庙揽胜》/高万山、黄炎庆著，凤凰出版社2012年/473页

《坛经校释》/（唐）慧能著，郭朋校，中华书局2012年/187页（中华国学文库）

《一行禅师选集》全4册/一行禅师著，陈丽舟等译，紫禁城出版社2012年

《佛家金言》/刘良琼著，安徽人民出版社2012年/369页（古典金言系列丛书）

《养心：跟虚云大师学禅修》/虚云大师著，江苏文艺出版社2012年/221页

《放下：与太虚大师谈人生》/太虚大师著，江苏文艺出版社2012年/252页

《慈悲：与弘一大师谈心》/弘一大师著，江苏文艺出版社2012年/250页

《忍得：跟印光大师学佛法》/印光大师著，江苏文艺出版社2012年/188页

《禅学指归》/胡适著，北京联合出版公司2012年/268页

《中国佛教史》/冯天瑜译，蒋维乔编，武汉大学出版社2012年/296页（中国专门史文库）

《贡本与贡本措周：塔尔寺与塔尔寺六族供施关系演变研究》/张海云著，民族出版社2012年/364页

（青海民族大学民族学博士点建设文库）

《蒙古文佛教文献研究》/宝力高著，人民出版社 2012 年/251 页

《法海真源》/行空编，华文出版社 2012 年/251 页

《重庆忠州佛教研究》/道坚法师著，宗教文化出版社 2012 年/209 页

《密宗——藏传佛教神秘文化》/尕藏加著，中国藏学出版社 2012 年/349 页

《敦煌石窟寺研究》/宁强著，甘肃人民美术出版社 2012 年/267 页

《默照：圣严法师禅修精华》/圣严法师著，华夏出版社 2012 年/223 页

《活用：圣严法师禅修精华》/圣严法师著，华夏出版社 2012 年/250 页

《法脉：圣严法师禅修精华》/圣严法师著，华夏出版社 2012 年/222 页

《唐代密宗》/周一良著，钱文忠译，上海远东出版社 2012 年/326 页

《李叔同说佛》/李叔同著，新世界出版社 2012 年/240 页

《尘缘悟》/星云大师著，上海人民出版社 2012 年/257 页（星云大师人生修炼丛书）

《观自在》/星云大师著，上海人民出版社 2012 年/285 页（星云大师人生修炼丛书）

《智慧心：星云说喻》/星云大师著，上海人民出版社 2012 年/394 页（星云大师人生修炼丛书）

《一念间》/星云大师著，上海人民出版社 2012 年/436 页（星云大师人生修炼丛书）

《禅定入门》/蒋维乔著，九州出版社 2012 年/328 页

《生命的觉醒》/嘎玛仁波切著，新星出版社 2012 年/205 页

《鱼山梵呗声明集》/永悟禅师著，华东师范大学出版社 2012 年/323 页

《北京百家佛寺寻踪》/善无畏、邬育伟著，新华出版社 2012 年/212 页

《证严上人说故事》/证严上人著，复旦大学出版社 2012 年/223 页

《经典与中国佛教（上下册）》/杨维中著，江苏人民出版社 2012 年/1003 页（凤凰文库·宗教研究系列）

《佛门故事·感应篇》/夏广兴著，上海社会科学院出版社 2012 年/180 页（慧炬文库）

《中华佛塔》/释惠如著，上海社会科学院出版社 2012 年/200 页

《藏传佛教》（第 3 版）/弘学著，四川人民出版社 2012 年/396 页

《佛学管窥》/戈国龙著，中央编译出版社 2012 年/239 页（观复斋系列丛书）

《禅外说禅》/张中行著，中华书局 2012 年/503 页（张中行作品系列）

《六祖坛经笺注》/一苇（整理），齐鲁书社 2012 年/287 页

《禅与乐》/田青著，文化艺术出版社 2012 年/253 页

《禅净合一溯源》/顾伟康著，上海社会科学院出版社 2012 年/200 页

《中国经学》（第 9 辑）/彭林编，广西师范大学出版社 2012 年/243 页

《印度瑜伽经与佛教》/王慕龄著，宗教文化出版社 2012 年/265 页

《历代大藏经序跋略疏》/苏志雄等编，宗教文化出版社 2012 年/1098 页

《华严十地修行体系》/李玲著，宗教文化出版社 2012 年/309 页（觉群佛学博士文库）

《中庸胜唱研读录》/李自中、吕笑龙编，广西师范大学出版社 2012 年/963 页（维摩精舍丛书）

《维摩精舍丛书集粹》/吕笑龙编，广西师范大学出版社 2012 年/570 页（维摩精舍丛书研读录）

《楷窗随判研读录》/吕笑龙编，广西师范大学出版社2012年/397页（维摩精舍丛书研读录）

《佛教的传入与传播》/于元著，吉林文史出版社2012年/136页（中国文化知识读本）

《法源文库》（第1辑）/中国佛学院研究部编，宗教文化出版社2012年/329页

《巍巍云居千年真如：虚云禅师佛学国际研讨会论文集》/纯闻编，中州古籍出版社2012年/830页

《妙法莲华经》/弘学注，巴蜀书社2012年/303页（佛典丛书）

《成唯识论注释》/释大恩，蒲正信注，巴蜀书社2012年/366页（佛典丛书）

《西藏宗教之旅》/［意大利］图齐著，耿昇译，中国藏学出版社2012年/289页

《西藏佛教密宗》/［英］约翰·布洛菲尔德著，耿昇译，中国藏学出版社2012年/216页

《解深密经讲析》/弘学（讲析）著，巴蜀书社2012年/438页（佛典丛书）

《谛闲大师文汇》/谛闲大师著，华夏出版社2012年/593页（百年佛教高僧大德丛书）

《法尊大师文汇》/法尊大师著，华夏出版社2012年/510页（百年佛教高僧大德丛书）

《赵朴初大德文汇》/赵朴初著，华夏出版社2012年/562页（百年佛教高僧大德丛书）

《周叔迦大德文汇》/周叔迦著，华夏出版社2012年/635页（百年佛教高僧大德丛书）

《汤用彤大德文汇》/汤用彤著，华夏出版社2012年/583页（百年佛教高僧大德丛书）

《千手千眼观音陀罗尼疏注》/弘学注，巴蜀书社，2012年/358页（佛典丛书）

《楞严简注》/弘学注，巴蜀书社2012年/275页（佛典丛书）

《百法明门论讲析》/弘学著，巴蜀书社2012年/272页（佛典丛书）

《指月录》/（明）瞿汝稷编，巴蜀书社2012年/1006页（佛典丛书）

《三宝论》/释明贤著，宗教文化出版社2012年/1400页

《南华真经精义》/詹石窗等编，宗教文化出版社2012年/223页（厦门朝天宫"道学教材丛书"之一）

《大佛顶首楞严经讲义》/释普明著，释悟见绘，宗教文化出版社2012年/643页（云门佛学院教材）

《觉悟人生：开愿法师答疑》（附光盘）/开愿法师编，宗教文化出版社2012年/303页

《梵文佛典研究》/韩廷杰编，宗教文化出版社2012年/451页

《佛陀遗教经典》/弘学、释大恩注，巴蜀书社2012年/192页（佛典丛书）

《佛教道德经典》/蒲正信注，巴蜀书社2012年/232页（佛典丛书）

《六度集经》/蒲正信注，巴蜀书社2012年/328页（佛典丛书）

《寒山寺佛学》（第7辑）/秋爽编，甘肃人民出版社2012年/339页

## 道教

《桐柏仙域志》/赵子廉著，中央编译出版社2012年/257页

《道教文化十五讲》（第2版）/詹石窗著，北京大学出版社2012年/327页（名家通识讲座书系）

《儒教与道教》/［德］马克斯·韦伯著，富强译，安徽人民出版社2012年/368页（时代阅读经典文库）

《太上感应篇》（卷轴）/佚名著，中国书店2012年/1页

《长江流域道教文化遗产与旅游开发：基于文化线路视角》/卢世菊著，中国社会科学出版社2012年/299页

《旅游道教文化》/于由著，浙江大学出版社 2012 年/183 页

《任法融释义经典·黄帝阴符经：黄石公素书释义》/任法融著，东方出版社 2012 年/114 页

《图解紫微斗数》/林庚凡著，陕西师范大学出版社 2012 年/1151 页

《道教全真派宫观、造像与祖师》/景安宁著，中华书局 2012 年/349 页

《道解人生与自然规律》/陈新国著，中国城市出版社 2012 年/273 页

《图解中国道教生死书：中国人的成仙之道和亡灵旅程》/宋道远著，紫禁城出版社 2012 年/319 页

《道教政治管理之道研究：道教黄老传统考察》/吕有云著，中国书籍出版社 2012 年/252 页（中国书籍文库）

《问道：道家内证与生命科学》/张剑峰编，陕西师范大学出版社 2012 年/232 页

《道教农学思想发凡》/袁名泽著，广西师范大学出版社 2012 年/453 页（道教科学研究丛书（1））

《道与东方文化：东亚道文化国际学术研讨会论文集》/金勋著，宗教文化出版社 2012 年/445 页

《威仪庄严：道教科仪及其社会功能》/史孝进著，上海辞书出版社 2012 年/219 页（上海城隍庙·现代视野中的道教丛书）

《道教科技思想史料举要·以〈道藏〉为中心的考察》/蒋朝君著，科学出版社 2012 年/505 页（中国科技思想研究文库）

《全真学案：刘处玄学案》/强昱著，齐鲁书社 2012 年/603 页

《道藏源流考》/陈国符著，中华书局 2012 年/500 页

《乐育堂语录》/（清）黄元吉著，宗教文化出版社 2012 年/414 页（中国道教丹道修炼系列丛书）

《敦煌本〈太上洞玄灵宝无量度人上品妙经〉辑校》/叶贵良校，四川大学出版社 2012 年/200 页

《探寻文化史上的亮星：葛洪与魏晋道教文化研讨会论文集》/高信一编，宗教文化出版社 2012 年/268 页

《拜太岁二集：新加坡韭菜芭城隍庙拜太岁仪式》/新加坡韭菜芭城隍庙，香港蓬瀛仙馆编，宗教文化出版社 2012 年/84 页（蓬瀛仙馆道教文化丛书道教科仪系列之2）

《道生万物：楚地道教文物》/湖北省博物馆编，文物出版社 2012 年/305 页

《鹭岛仙境太清宫》/詹石窗、张永宏著，宗教文化出版社 2012 年/210 页（厦门太清宫仙道善书之一）

《道家金言》/李季林著，安徽人民出版社 2012 年/377 页（古典金言系列丛书）

《道教史发微》/潘雨廷著，复旦大学出版社 2012 年/327 页（火凤凰学术遗产丛书）

《道教史丛论》/潘雨廷著，复旦大学出版社 2012 年/432 页（火凤凰学术遗产丛书）

《道教内丹学探微》/戈国龙著，中央编译出版社 2012 年/242 页（观复斋系列丛书）

《道教内丹学溯源》/戈国龙著，中央编译出版社 2012 年/253 页（观复斋系列丛书）

《汉魏六朝老学研究》/刘玲娣著，华中师范大学出版社 2012 年/353 页（道家道教文化研究书系·华大博雅学术文库）

《秦汉道家与道教》/刘玲娣，熊铁基著，三秦出版社 2012 年/221 页（大长安书系）

《唐山玉清观传奇》（共2册）/董华等著，宗教文化出版社 2012 年/965 页（唐山玉清观道学文化丛书）

《性命要旨：道教西派汪东亭内丹典籍》/董沛文编，宗教文化出版社 2012 年/303 页（唐山玉清观道

学文化丛书)

《道教常识答问》/陈莲笙著,上海辞书出版社2012年/239页(宗教文化常识答问丛书)

《医道通仙》/李宇林译,宗教文化出版社2012年/462页

## 伊斯兰教

《迷途指津致孩子箴言录》/(古阿拉伯)安萨里,(古埃及)赫哲尔著,康有玺译,宗教文化出版社2012年/217页(历代伊斯兰教经典学术文库)

《中国历代政权与伊斯兰教》/余振贵著,宁夏人民出版社2012年/394页

《中国内地和边疆伊斯兰文化老照片:毕敬士等传教士的视角及解读》/王建平著,上海辞书出版社2012年/257页

《伊斯兰文化》(第5辑)/丁士仁著,甘肃人民出版社2012年/235页

《伊斯兰知识问答》/杨占武、王臻著,宁夏人民出版社2012年/168页

《石头读古兰经》/马石头著,甘肃人民出版社2012年/251页

《穆斯林爱国爱教读本》/王伏平著,宁夏人民出版社2012年/120页(新时期穆斯林知识读本)

《永恒之光:先知穆罕默德的生命面貌》/[土耳其]法土拉·葛兰著,宗教文化出版社2012年/455页

《库布忍耶》/杨学林、王蕾著,宁夏人民出版社2012年/285页(中国伊斯兰教苏非学派史论之2)

《伊斯兰教与中国穆斯林社会现代化进程》/丁宏、敏俊卿著,中央民族大学出版社2012年/221页

## 基督宗教

《图解圣经故事·新约卷》/傅宏基著,陕西师范大学出版社2012年/319页

《歌罗西书注释》/鲍会园著,上海三联书店2012年/150页(天道圣经注释)

《基督教思想评论》(第15辑)/许志伟编,上海人民出版社2012年/270页

《团契生活》[德]迪特里希·朋霍费尔著,高喆译,新星出版社2012年/184页

《〈敌基督者〉讲稿》/吴增定著,生活·读书·新知三联书店2012年/273页(经典通识讲稿)

《形式与神韵:基督教良心与宪政、刑事诉讼》/伣化强著,上海三联书店2012年/631页

《信与忘:约伯福音及其他》/冯象著,生活·读书·新知三联书店2012年/456页

《安立甘宗思想家文选》/[英]呼克尔等编,宗教文化出版社2012年/399页(基督教历代名著集成系列)

《清代中叶巴黎外方传教会在川活动研究》/郭丽娜著,学苑出版社2012年/317页

《做门徒的代价》/[德]迪特里希·朋霍费尔著,隗仁莲译;安希孟校,新星出版社2012年/416页

《费尔巴哈论基督教》/董兴杰、才华著,河北大学出版社2012年/185页

《基督教与近代中国人物》/李志刚著,广西师范大学出版社2012年/178页

《激扬文字广传福音:近代基督教在华文字事工》/陈建明著,广西师范大学出版社2012年/200页

《古代基督教史》/徐怀启著,上海人民出版社2012年/339页(思勉文库)

《希伯来圣经之十诫研究》/田海华著,人民出版社2012年/333页

《护教篇》/［古罗马］德尔图良著，商务印书馆2012年/229页（汉译世界学术名著丛书）

《〈圣经〉与西方文化》/王磊著，北京大学出版社2012年/383页（21世纪英语专业系列教材·普通高等教育"十二五"规划教材）

《基督教学术（第10辑）》/张庆熊，徐以骅编，上海三联书店2012年/327页

《论〈创世记〉》/［古罗马］斐洛著，王晓朝等译，商务印书馆2012年/205页（汉译世界学术名著丛书）

《论隐秘的上帝》/［德］库萨的尼古拉著，李秋零译，商务印书馆2012年/133页（汉译世界学术名著丛书）

《圣经的历史：〈圣经〉成书过程及历史影响》/［美］斯蒂芬·米勒、罗伯特·休伯著，黄剑波、艾菊红译，中央编译出版社2012年/416页

《基督教会史》（第3版）/［美］布鲁斯·L.雪莱著，刘平译，上海人民出版社2012年/534页（基督教文化译丛）

《基督教神学导论》（第2版）/［美］米拉德·J.艾利克森著，陈知纲译，［美］L.阿诺德·休斯塔德编，上海人民出版社2012年/617页（基督教文化译丛）

《上帝的情书》/［美］杨腓力著，新世界出版社2012年/193页（陶造生命系列）

《圣地与圣经：圣经世界的介绍》/［美］查尔斯·R.佩奇、卡尔A.沃尔兹著，张兢、刘素云译，宗教文化出版社2012年/307页（北京大学基督教文化研究系列）

《敬虔生活原理》/［法］加尔文著，王志勇译，生活·读书·新知三联书店2012年/313页（基督教经典译丛）

《约翰福音》/［英］坎伯·摩根著，方克仁译，上海三联书店2012年/265页（摩根解经丛卷）

《马可福音》/［英］坎伯·摩根著，詹正义译，上海三联书店2012年/248页（摩根解经丛卷）

《耶利米书》/［英］坎伯·摩根著，詹正义译，上海三联书店2012年/204页（摩根解经丛卷）

《创世纪》（修订版）/冯象著，李学军编，何敏校，生活·读书·新知三联书店2012年/382页

《圣经典故》/马佳著，学林出版社2012年/390页（圣经文学宝库）

《致外省人信札》/［法］布莱斯·帕斯卡尔著，晏可佳、姚蓓琴译，商务印书馆2012年/318页

《上帝的代言人：〈旧约〉中的先知》/［美］依迪丝·汉密尔顿著，李源译，罗庆校，华夏出版社2012年/207页

《马基雅维利与现代性：施特劳斯政治现实主义与基督教》/刘玮著，华东师范大学出版社2012年/184页（政治哲学文库）

《哲学家的雅典基督徒的罗马：教父时期与中世纪神学研究》/［法］梅谦立，张贤勇主编，中国社会科学出版社2012年/325页（宗教学研究文库）

《约翰·卫斯理日记》/［英］约翰·卫斯理著，许碧瑞译，宗教文化出版社2012年/426页（"基督教历代名著集成"系列）

《传教士与中国经典》（基督教文化学刊第26辑·2011秋）/中国人民大学基督教文化研究所编，宗教文化出版社2012年/293页

《中世纪西欧基督教文化环境中"人"的生存状态研究》/刘城著，北京师范大学出版社2012年/312

页（国家哲学社会科学成果文库）

《爱在行动：浙江省基督教两会神学思想建设论文集》/潘兴旺编，宗教文化出版社 2012 年/515 页

《基督教思想评论（第 14 辑）》/许志伟编，上海人民出版社 2012 年/260 页

《从异教徒到基督徒》/林语堂著，湖南文艺出版社 2012 年/288 页

《东正教圣像史》/徐凤林著，北京大学出版社 2012 年/274 页（艺术史丛书）

《基督教与西方文学》/夏茵英著，中山大学出版社 2012 年/270 页

《元代也里可温考述》/余太山译，兰州大学出版社 2012 年/237 页（欧亚历史文化文库）

《犹太教信仰的开端：希伯来文明》/徐新著，新世界出版社 2012 年/166 页（图知天下丛书）

《十步释经法（实用释经法）》/赖若瀚著，新世界出版社 2012 年/456 页

《阅读施特劳斯：政治学、哲学、犹太教》/斯密什著，刘小枫编，高艳芳、高翔译，华夏出版社 2012 年/330 页（西方传统经典与解释）

《犹太人与犹太教》/［以］所罗门著，王广州译，译林出版社 2011 年/142 页（牛津通识读本）

《犹太研究》2011/傅有德编，山东大学出版社 2011 年/296 页

《圣经文明导论：希伯来与基督教文化》/赵敦华著，宗教文化出版社 2011 年/221 页（北京大学基督教文化研究系列）

### 其他

《中国信仰研究》（第 2 辑）/李向平、文军、田兆元著，上海人民出版社 2012 年/104 页

《神话研究》（上）/［德］汉斯·布鲁门伯格著，胡继华译，上海人民出版社 2012 年/346 页（世纪人文系列丛书）

《信仰力》/高占祥、王青青著，北京大学出版社 2012 年/328 页

《满族穆昆与萨满教：以满族石姓为例》/苑杰著，民族出版社 2012 年/240 页（中国少数民族非物质文化遗产研究系列）

《从波斯到中国：摩尼教在中亚和中国的传播》/王媛媛著，中华书局 2012 年/297 页

《印度教派冲突研究》/张高翔著，人民出版社 2012 年/284 页（中国边疆研究丛书）

《金枝》/［英］詹姆斯·乔治·弗雷泽著，赵阳译，安徽人民出版社 2012 年/928 页

《财神》/徐迅著，岳麓书社 2012 年/211 页

《文化视角下的神话新解》/宫立江著，中国书籍出版社 2012 年/396 页

《佛经故事与中国民间故事演变》/刘守华著，上海古籍出版社 2012 年/361 页

《文化视角下的神话新解》/宫立江著，中国书籍出版社 2012 年/391 页

《清江流域土家族始祖信仰现代表述研究》/林继富著，人民出版社 2012 年/310 页

《两岸共仰漳台圣宗：台湾的开漳圣王信仰》/汤毓贤著，福建教育出版社 2012 年/150 页（图文台湾丛书）

《龙是什么：中国符号新解密》/王东著，中央编译出版社 2012 年/412 页

《神仙江湖：潜伏在民间信仰中的神仙》/黄晓峰著，陕西人民出版社 2012 年/175 页

《中国人的信仰》/［法］葛兰言著，汪润译，哈尔滨出版社 2012 年/146 页（知己文库）

《妈祖文化研究论丛 1》/彭文宇编，人民出版社 2012 年/367 页
《楞严大义今释》/南怀瑾著，复旦大学出版社 2012 年/506 页
《韩国神话历史》/林炳僖著，南方日报出版社 2012 年/274 页（神话历史丛书）
《神话中国》/张勇耀编著，山西教育出版社 2012 年/280 页
《古希腊罗马神话》/［美］布尔芬奇著，贾雪译，中国书籍出版社 2012 年/306 页

# 2011—2012年中国社会科学出版社宗教类图书出版目录

陈 彪 高健龙 编

## 2011年

1. 《〈古兰经〉注释研究》，金忠杰著
2. 《晋唐弥陀净土的思想与信仰》，圣凯著
3. 《中古敦煌佛教社会化论略》，马德等著
4. 《燕赵佛教》，冯金忠著
5. 《出世与入世——佛教的现代关怀》，学愚主编
6. 《多元主义中的教会》，[德]卫弥夏著，瞿旭彤译/（世界宗教研究译丛）
7. 《雪峰义存与中国禅宗文化》，杨曾文主编/（中国佛教文化研究所丛书）
8. 《佛教水陆画研究》，戴晓云著/（真如丛书）
9. 《佛教与科学——从融摄到对话》，王萌著
10. 《中国密教史》（增订版），吕建福著
11. 《商代宗教祭祀》（商代史·卷八），常玉芝著
12. 《壮族社会民间信仰研究》，黄桂秋著
13. 《谁为伊斯兰讲话》，[美]约翰·埃斯波西托等著，晏琼英等译
14. 《宗教论》（第3卷），李申著
15. 《长江三峡宗教文化概论》，胡绍华著/（三峡文化丛书）
16. 《基督教人文主义与清教徒社会秩序》，[美]M.托德著，刘榜离译
17. 《中国儒佛道三教关系研究》，洪修平著
18. 《从书斋到田野》（上），高师宁、杨凤岗主编
19. 《从书斋到田野》（下），高师宁、杨凤岗主编
20. 《学苑漫读——讲演讲》（卓新平学术散论1），卓新平著
21. 《心曲神韵——随感集》（卓新平学术散论2），卓新平著
22. 《以文会友——序文集》（卓新平学术散论3），卓新平著

23. 《古典基督教思想的"自我"观念》（西方古典哲学研究丛书），石敏敏、章雪富著
24. 《巫白慧集》，中国社会科学院科研局选编/（中国社会科学院学者文选）
25. 《伊斯兰世界的今天和明天》，唐宝才主编
26. 《当代中国民族宗教问题研究》（第5集），中国统一战线理论研究会民族宗教理论甘肃研究基地编
27. 《被围观的十字架：基督教文化与中国当代大众文学》，陈奇佳、宋晖著
28. 《以人为本与21世纪全球文明——2010池田大作思想研讨会文集》，梁桂全等主编
29. 《弗洛伊德的宗教思想》，陆丽青著
30. 《大圆满前行释修宝典》，根让仁波切著
31. 《杭州道教史》，林正秋著

# 2012 年

1. 《马克思主义宗教理论研究》，吕大吉等著
2. 《马克思主义理论与实践研究》（第1集），马福元主编
3. 《中国社会科学院马克思主义研究文集》（第1辑·2010），王伟光等主编
4. 《民国浙江基督教教育研究》，周东华著/（民国浙江史研究丛书）
5. 《尼布尔与基督教现实主义》，孙仲著
6. 《孟子与阿奎那》，李耶理著，施忠连译
7. 《传统民间信仰与现代生活》，向柏松著
8. 《修道主义的兴起——从沙漠教父到中世纪早期》，[英]玛里琳·邓恩著，石敏敏译/（历史与思想研究译丛）
9. 《宗教与犹太复国主义》，刘精忠著
10. 《南京国民政府时期的政教关系》，陈金龙著
11. 《理解与解脱——智者的佛教解释学与人生解脱论》，高新民等著
12. 《中国禅学》（第5卷），吴言生主编
13. 《圣像的修辞：耶稣基督形象在明清民间社会的变迁》，褚潇白著
14. 《梵汉对勘入菩提行论》，黄宝生译注
15. 《梵汉对勘入楞伽经》，黄宝生译注
16. 《梵汉对勘神通游戏》，黄宝生译注
17. 《〈广弘明集〉》研究，刘林魁著
18. 《预定与自由意志——基督教阿米尼乌主义及其流变》，董江阳著
19. 《信仰的构建与解读》，杨卫东著
20. 《医疗与布道：中华基督教会在川康边地的医疗服务研究》，邓杰著
21. 《当代中国宗教学研究》（1949—2009），卓新平等主编
22. 《固本强身走向世界——北京师范大学人文宗教高等研究院揭牌暨首届高端论坛文集》，北京师范

大学人文宗教高等研究院编

23. 《回坊内外——城市现代化进程中的西安伊斯兰教研究》，马强著
24. 《田野写真——调研集》（卓新平学术散论·6），卓新平著
25. 《"间"性探幽——对话集》（卓新平学术散论·4），卓新平著
26. 《甘肃临夏门宦调查》，李维建等著/（中国社会科学院世界宗教研究所国情调研报告集）
27. 《中国基督教调研报告集》，世界宗教研究所基督教调研课题组编著/（中国社会科学院世界宗教研究所国情调研报告集）
28. 《我国高校防范和处理邪教问题研究》，赵康太等著/（海南大学学术丛书）
29. 《林兆恩与〈三教开迷归正演义〉研究》，赵伟著
30. 《伊斯兰文明的历史轨迹与现实走向》，马明良著
31. 《与池田大作对话文明重生》，曲庆彪等主编
32. 《中国南传佛教研究》，郑筱筠著
33. 《苏非之道：伊斯兰教神秘主义研究》，周燮藩、王俊荣、沙秋真、李维建、晏琼英等著
34. 《中国古代政教关系史》，张践著
35. 《佛教比喻经典丛书·月喻六经注译与辨析》，荆三隆、邵之茜著
36. 《佛教比喻经典丛书·旧杂譬喻经注译与辨析》，荆三隆、邵之茜著
37. 《佛教比喻经典丛书·杂譬喻经注译与辨析》，荆三隆、邵之茜著
38. 《佛教比喻经典丛书·众经撰杂譬喻经注译与辨析》，荆三隆、邵之茜著
39. 《佛教比喻经典丛书·法句譬喻经注译与辨析》，荆三隆、邵之茜著
40. 《当代中国的民族宗教问题与军队民族宗教工作》，王志平主编
41. 《内蒙古佛教文化与寺院教育》，嘉木扬·凯朝著
42. 《永平之风——道元的生涯》，[日] 大谷哲夫著
43. 《言诠与意趣——佛教义学研究》，周贵华著
44. 《朱陆·孔佛·现代思想——佛学与晚明以来中国思想的现代转换》，张志强著
45. 《复兴神学家爱德华兹》，[美] 马斯登著
46. 《基督教与古典文化：基督教与希腊注意相遇中自然神学的转化》，[美] 帕利坎著
47. 《东南亚宗教与区域社会发展研究》，郑筱筠著
48. 《相克相生 共进共荣》，北京师范大学 编
49. 《科学无神论与宗教研究》，习五一著
50. 《古典时代犹太教导论》，[美] 科亨著
51. 《伊斯兰教法：经典传统与现代诠释》，哈宝玉著
52. 《净土信仰与中土社会》，贾发义著
53. 《西天佛子源流录》，罗炤等
54. 《密教思想与密法》，吕建福主编

# 2011—2012年社会科学文献出版社出版宗教类图书简目

范 迎编

《台湾民族问题:从"番"到"原住民"》/郝时远,陈建樾主编,2012年/(中国社会科学院社会政法学部集刊)

《文明对话与佛耶相遇》/王志成,赖品超主编,2012年

《禅密薪传》/张义尚编著,2012年

《思想的谱系:西方思潮左与右》/〔英〕安德森著,袁银传等译,2012/(社科文献精品译库)

《定光古佛文化研究》/陈厦生主编,2012年

《尼采的启示:尼采哲学宗教研究》/赵广明著,2012年/(宗教学理论研究丛书)

《宗教信仰:自由与限制》/闫莉著,2012年/(宗教学理论研究丛书)

《宗教信仰与民族文化》第4辑/廖旸主编,2012年/(中国社会科学院重点学科·民族学人类学系列)

《李光炘与太谷学派南宗研究》/张进著,2012年/(人文传承与区域社会发展研究丛书.淮扬文化研究文库)

《中国宗教报告》(2012)/金泽、邱永辉主编,2012年/(宗教蓝皮书)

《卫拉特高僧拉布布紧巴·咱雅班第达研究》/叶尔达著,2012年/(新疆研究丛书)

《族群、民族与国家构建:当代中国民族问题》/马戎著,2012年/(21世纪中国民族问题丛书)

《邪教的法律治理》/刘正峰、周新国著,2012年/(人文传承与区域社会发展研究丛书)

《当代美国宗教》/刘澎著,2012年/(当代美国丛书)

《佛教与管理》/学愚主编,2012年/(人间佛教研究丛书)

《宗教与哲学》第1辑/金泽,赵广明主编,2012年/(宗教学理论研究丛书)

《佛教护国思想与实践》/魏道儒主编,2012年/(世界宗教研究丛书)

《中国佛学》总第31期/《中国佛学》编委会编,2012年

《圣经中的女性:〈创世记〉的文本与潜文本》/南宫梅芳著,2012年

《基督教的传承与变异》/连东、张喜爱著,2012年

《民间信仰史话》/侯杰、王小蕾著,2012年/(中国史话·思想学术系列)

《使徒保罗和他的世界》/张晓梅著,2012年/(宗教学理论研究丛书)

《宗教人类学》第3辑/金泽、陈进国主编,2012年/(宗教学理论研究丛书)

《慧灯无尽照海东：鉴真大和上评传》/李尚全著，2012 年/（人文传承与区域社会发展研究丛书）

《莲花落：华北满铁调查村落的人类学再研究》/兰林友著，2012 年/（田野中国）

《道教史话》/王卡著，2012 年/（中国史话·思想学术系列）

《印度教概论》/邱永辉著，2012 年

《朝阳门外的清水安三/一个基督徒教育家在中日两国的传奇经历》［日］清水安三著，李恩民、张利利、邢丽荃译，2012 年

《寺观史话》/陈可畏著，2012 年/（中国史话）

《石窟寺史话》/常青著，2012 年/（中国史话）

《信仰的内在超越与多元统一：史密斯宗教学思想研究》/李林著，2012 年/（世界宗教研究丛书）

《丹道薪传》/张义尚编著，2012 年

《武功薪传》/张义尚编著，2012 年

《丹道实修真传：三家四派丹法解读》/胡孚琛编著，2012 年

《中国佛教简史》/郭朋著，2012 年

《基督宗教与近代中国》/中国社会科学院近代史研究所、比利时鲁汶大学南怀仁研究中心编/2011 年

《教案史话》/夏春涛著，2011 年/（中国史话）

《自由与创造：别尔嘉耶夫宗教哲学导论》/石衡潭著，2011 年/（世界宗教研究丛书）

《20 世纪 50 年代西藏的政治与宗教》/曾传辉著，2011 年/（世界宗教研究丛书）

《道教天心正法研究》/李志鸿著，2011 年/（世界宗教研究丛书）

《郭朋佛学论文选集》/郭朋著/2011 年

《佛教史话》/魏道儒著，2011 年/（中国史话）

《中国宗教报告》（2011）/金泽、邱永辉主编，2011 年/（宗教蓝皮书）

《卜舫济传记》/石建国著，2011 年

《武当丹道修炼》上册/陈禾塬，陈凌著，2011 年

《武当丹道修炼》下册/陈禾塬，陈凌著，2011 年

《中国基督教史话》/王美秀著，2011 年/（中国史话）

《族群的演进博弈：中国图瓦人研究》/关丙胜著，2011 年/（田野中国）

《新编续补历代高僧传》/赵超主编，2011 年/（中国社会科学院老年学者文库）

《妇女与差传：19 世纪美国圣公会女传教士在华差传研究》/林美玫著，2011 年

《传统与变迁：福建民众的信仰世界》/刘大可著，2011 年

《刚恒毅与中国天主教的本地化》/刘国鹏著，2011 年/（世界宗教研究丛书）

《周易卦爻辞真解/上》/许钦彬著，2011 年/（易学文化研究系列）

《周易卦爻辞真解/中》/许钦彬著，2011 年/（易学文化研究系列）

《周易卦爻辞真解/下》/许钦彬著，2011 年/（易学文化研究系列）

《道德经心解》/刘战魁编著，2011 年/（中国易学文化研究系列）

《薄伽梵歌评鉴》/刘战魁编著，2011 年/（中国易学文化研究系列）

# 年度信息

# 中国社会科学院世界宗教研究所 2011 年大事记

张小燕 编

世界宗教研究所是中国唯一的国家级宗教学术研究专门机构,科研工作是立所之本。2011 年度,在所领导的合理部署和全所人员的共同努力下,科研工作呈现出欣欣向荣景象,取得了优良成绩,课题结题率创历年新高,同时,与科研工作相关的外事活动也频繁有序,营造出了良好的国际学术交流氛围。

## 一 科研成果获奖概况

科研成果共获中国社会科学院 5 项奖励,如下:

本所学者卓新平主编的《当代基督宗教研究丛书》(6 册)荣获第七届中国社会科学院优秀科研成果奖一等奖;

本所学者周燮藩主编的《中国宗教历史文献集成》(120 册)荣获中国社会科学院优秀科研成果奖二等奖;

本所学者钟肇鹏主编的《春秋繁露校释》(校补本)(上下册)荣获中国社会科学院优秀科研成果奖二等奖;

本所学者张总的专著《地藏信仰研究》荣获中国社会科学院优秀科研成果奖三等奖;

本所学者李林的论文《伊斯兰复兴主义对我国穆斯林的影响》荣获中国社会科学院优秀信息优秀对策成果奖三等奖。

## 二 学术会议

各类国际、国内学术会议的举办是本所科研能力、学者知名度、集体协作能力等多方面综合实力的集中体现。从 2011 年 1 月至 12 月,本所共主办了三次规模较大的国际研讨会,国内研讨会 9 个,共有国内外专家学者近千余人次参加了本所主办的学术研讨会。这些学术会议一方面为国内外学者提供了思想交流与切磋的平台；另一方面，也扩大了本所在国内外学术研究领域中的影响力。2011年，本所召开的学术会议如下：

**（一）国际学术会议**

● 2011年5月21—22日，"基督宗教与中美关系国际学术研讨会"在北京召开。此次研讨会由中国社会科学院基督教研究中心与美国丹佛神学院举办，主要论题包括：基督教与国际关系；中美关系中的基督教——过去、现在和未来；中美政教关系对比研究等。

会议邀请众多海内外知名学者和政府要员参加。与会的外方代表有英国爱丁堡大学传教史教授安德鲁·沃兹（Andrew Walls），美国富勒神学院系统神学教授卫理—马蒂·卡凯恩（Veli-Matti Karkainen），美国大使馆一等秘书莫琳.哈格德（Maureen Haggard），瑞典乌普萨拉大学宗教研究所教务主任、教授博斯.泰缪斯（Bosse Temneus），瑞典乌普萨拉大学研究员李洁人（Jonathan Li Jieren），美国德鲁大学博士、北京科技大学西方文化与英语专业教授克里斯.布兰斯泰德（ChrisBranstetter）。与会的中方代表分别是国家宗教局政法司副司长刘金光，中共中央统战部二局二处处长王志刚，北京大学宗教文化研究院院长张志刚教授，复旦大学美国研究中心徐以骅教授，上海大学文学院执行院长陶飞亚教授，本所所长、中国宗教学会会长卓新平研究员，本所副所长、党委书记曹中建，本所副所长金泽研究员等学者。

● 2011年7月22—23日，由本所、日本爱知学院大学主办、本所宗教文化艺术研究室承办、中华慈善总会藏文化慈善基金、内蒙古五当召协办的"中日佛教文化艺术国际学术研讨会"在北京举行，来自中国与日本两国的专家学者、佛教界人士、文化艺术界人士等近百人参加，共同探寻佛教文化艺术与中日文化友好交流的紧密关系与现实意义。

卓新平所长在会议上致辞。

此次研讨会共两天五场，收到中日学者论文34篇，内容涵盖了佛教绘画、造像、书法、经文刊印、文字、摄影、园林，特别是蒙藏地区的唐卡等丰富多彩的佛教文化艺术形式，学者们通过对其渊源、内涵、发展、演变的挖掘和梳理，深层探析了佛教文化艺术与中日两国本土文化之间交流融合的历程及推动两国文化交流的重要作用。

研讨会还对佛教的六大语系、四大传承在中日佛教发展史上的渊源、演变、发展、交融进行了探讨；部分论文还涉及了多位在中日两国佛教交流史上具有影响的历史人物，阐述了其生平和主要活动，对其思想、著述及影响进行了探究。

● 2011年12月7—9日，中国社会科学院主办、本所承办的"中国社会科学论坛（2011·宗教学）——宗教与当代中国社会"专题研讨在北京举行。中国社会科学院院领导、中国社会科学院国际合作局、科研局和本所领导出席了此次会议。来自美国加州大学、英国牛津大学、英国伯明翰大学、德国马克斯—普朗克宗教和族群多样性研究所、芬兰赫尔辛基大学、加拿大维真学院、香港中文大学、香港浸会大学、香港汉语基督教文化研究所、北京大学、中国人民大学、中央民族大学、北京外国语大学、复旦大学、浙江大学、北京师范大学、武汉大学、山东大学、汕头大学等国内外高等院校和科研机构的近80位专家学者参加或旁听了这次论坛。论坛于12月8日上午开幕，中国社会科学院副院长李扬研究员、本所所长卓新平研究员分别向大会致辞。论坛开幕式由本所党委书记曹中建主持。

与会者的讨论涉及多层面、多角度的分论题，包括宗教与社会和谐、宗教与当代中国社会的相互影响、宗教的比较研究、宗教与文化建设、全球化视域中的宗教、宗教研究状况等。与会学者通过讨论和交流，对宗教在当代中国的发展有了更深入的认识，对中国宗教在国际文化交流中的意义有了更全面的审视，对当今中国宗教和文化发展的动态理解也更为明确，论坛还对未来中国宗教研究及国际合作提供了思路和建议。

**（二）国内学术会议**

● 2011年7月2—3日，本所与国家宗教事务局宗教研究中心联合主办的"马克思主义宗教观研讨会（2011）"在北京召开。主办单位领导，中共中央统战部、国家宗教事务局相关部门领导，中共中央党校、中共中央文献研究室、中央社会主义学院、中国社科院马克思主义研究院、河南省社科院、四川省人民政府参事室、中国人民大学、中央民族大学、上海师范大学、杭州商学院、黑龙江大学、成都医学院等单位及举办方的专家学者，共约70余人出席会议。

与会代表围绕马克思主义经典作家的相关文本及早期宗教观变迁历程，马克思主义宗教观的研究态度和研究视角，马克思主义宗教观中国化的历程、经验、重要文献、标志性成果，宗教在当代中国的社会作用，当代中国信仰转型，中国社会主义条件下宗教和谐的前提和基础，马克思主义宗教观与藏传佛教研究，20世纪50年代对西藏上层的统战工作，新时期中国共产党和中国政府关于抵御宗教渗透的理论和经验，老挝共产党、意大利共产党的宗教政策等议题，进行了广泛、深入、热烈的研讨。

● 2011年7月15—16日，由本所、中国宗教学会联合主办的"中国宗教学会第七次全国会议"在北京召开。来自中共中央统战部、国家宗教局、中央社会主义学院等部门的领导，佛教、伊斯兰教、基督教、天主教全国组织的代表，中国社会科学院、北京大学、中国人民大学、清华大学、浙江大学等高校和相关研究机构的专家学者以及新闻媒体代表共近百位参加了本次大会。

开幕式由本所副所长金泽研究员主持，本所所长卓新平研究员、中共中央统战部常务副部长朱维群、国家宗教局局长王作安、中央社会主义学院党组副书记周宁、中华文化发展促进会副会长辛旗、中国社会科学院党组成员、秘书长黄浩涛分别致辞。

本次年会学术研讨的主题为"宗教与和平发展",会议分为四个议题:宗教与社会和谐,宗教与文化,宗教与和平,宗教学相关研究。

此次中国宗教学会第七次全国会议是五年一次的换届大会,中国社会科学院学部委员、本所所长卓新平在此次会议上当选为新一届中国宗教学会会长。

● 2011年7月26日,由本所发起的"宗教与慈善"座谈会在北京召开,本所副所长金泽研究员出席座谈会,来自中国大陆政界、教界、学界的专家学者、台港澳相关人士及外国友人约40人出席会议。

座谈会期间,与会者围绕公益慈善事业的宗教渊源、历史路径及相关思想资源、当代中国社会转型期宗教类公益慈善事务的相关政策及制度设计、包括传统宗教、新兴宗教、民间信仰在内的宗教组织如何发挥各自优势造福社会等问题,进行了广泛深入的研讨。部分与会者还应邀参观了北京地区的部分宗教场所及相关公益慈善机构。

● 2011年8月24—26日,由本所宗教学理论研究室和《世界宗教文化》编辑部主办的"宗教哲学论坛"在青岛召开。来自中国社会科学院、北京大学、清华大学、中国人民大学、浙江大学、山东大学、中山大学、四川大学、香港浸会大学等院校的近30位著名专家学者参会并发表论文。此次会议的主题是:"终极关切:宗教与哲学",主要涉及:对主要哲学思想之宗教信仰维度的研究,对主要宗教思想的哲学考察,以及对宗教现象学等宗教学基本理论问题的研究。参会学者一致要求宗教哲学论坛能够继续办下去,使之成为国内宗教哲学研究以及宗教与哲学对话的理想平台。

赵广明副研究员主持开幕式,本所副所长金泽研究员致开幕词,并做了题为《宗教与哲学:对立还是互动》的主旨学术报告。在开幕式上致辞的还有北京大学哲学系张志刚教授、中国人民大学哲学院李秋零教授、山东大学哲学系傅有德教授。

● 2011年10月20—22日,中国宗教学会与浙江大学全球化文明研究中心联在山东泰安举办了"泰山综观:宗教与中国传统文化"学术座谈会。

此次学术活动共由两部分组成:其一是10月21日举办的"泰山综观:宗教与中国传统文化"学术座谈会,其二是10月22日于泰山之巅举办的《泰山共识》宣读及签名活动。

10月22日上午10点,"泰山综观:宗教与中国传统文化"大部分与会嘉宾齐聚泰山之巅,共同参与了《泰山共识》的宣读及签名活动,藉此次活动表达对"宗教与中国传统文化"关系和价值的深度思考与评价。

● 2011年11月19—20日由本所主办,河南登封大法王寺承办的"佛法王庭的光辉:嵩山大法王寺佛教文化艺术论坛"在河南登封召开。开幕式由本所党委书记曹中建主持。本所所长卓新平研究员、大法王寺主持延佛长老、河南省当地领导以及北京大学宗教文化研究院名誉院长楼宇烈教授等分别为开幕式致辞。中国文物学会会长罗哲文研究员、中国收藏家协会会长阎振堂、中国收藏家协会秘书长杜耀西、中国宗教文化系列活动组委会主席相坤,以及来自中国社会科学院、北京大学、北京师范大学、上海同济大学、河南郑州大学、河南大学、河南省文物局、河南省古建研究所、中国国家博物馆、河南省博物馆、河南省社会科学院、甘肃敦煌研究院、嵩山文化研究会、河南省观音文化研究院、四川收藏家协会等国内各高校及研究机构的近50位著名专家学者和新闻媒体出席了此次论坛。此次论坛的主题以大法王寺的历史文化艺术为核心,共收到来自全国各地知名专家学者的论文35篇。与会学者围绕这一主题展开了深入探讨,会议共分四个专场:理论研究、考古发现及研究、宗教艺术、文化交流。

• 2011年12月9—11日,中国社会科学院基督教研究中心主办的"基督宗教与新文化运动"学术研讨会在北京举行。来自国家宗教事务局、中国社会科学院、北京大学、中国人民大学、北京师范大学、中央民族大学、北京外国语大学、复旦大学、浙江大学、武汉大学、山东大学、汕头大学、暨南大学、四川大学等高等院校和科研机构的近80位专家学者参加或旁听了这次学术研讨会。据悉,这次会议是中国社会科学院基督教研究中心主办的最后一次以基督宗教为主题的学术讨论会。本所所长卓新平研究员在开幕式上回顾了该中心15年走过的风雨历程,并对未来的学术发展进行了展望。与会学者围绕着"基督宗教与新文化运动"这一主题,就"宗教代替论"评析、基督徒的选择——爱国还是爱教、信仰与理性、历史回顾、当代启示等分论题进行研讨。通过积极热烈的讨论和交流,与会代表们在对"新文化运动"历史的重建中,再次审视了它给中国带来的影响和它对于当代中国发展建设的意义。

• 2011年12月24—25日,本所当代宗教研究室主办的"2011年当代中国宗教论坛及《宗教蓝皮书》的研创讨论会"在四川成都召开。本所所长卓新平、副所长金泽出席了会议。卓新平做了《中国宗教与文化战略》的主旨报告。与会专家对前四年宗教蓝皮书的相关栏目做了详细的评介并提出了建议。参与今年蓝皮书撰写工作的专家介绍了写作计划。与会专家畅所欲言对往年《宗教蓝皮书》做了充分的肯定,并表示愿意共同努力把《宗教蓝皮书》办好。

• 2011年12月28—30日,本所"第七届青年学者论坛暨首届博士后论坛"在北京密云召开。青年学者论坛首次召开于2004年,每年一次,是本所青年学者的学术交流会,与往年不同的是,为了进一步活跃所内中青年学者的学术研究氛围、促进跨学科学术交流,本次论坛同时也是第一届本所博士后论坛。

本次论坛以"宗教与文化建设"为主题,紧扣学科的时代使命,以促进学术水平的提高以及学科自身的发展。本所所长卓新平、党委书记曹中建及副所长金泽出席了本次论坛并分别致辞,表达了对青年学者所寄予的厚望。

在为期两天的论坛中,共有 26 位学者和博士后提交了论文并参与发言。世界宗教研究所第七届青年学者论坛暨首届博士后论坛的召开,一方面标志着世界宗教研究所中年青一代学者研究队伍的不断壮大,另一方面也展现了年轻一代学者对于宗教研究的学术热情,此两者不但促进了世界宗教研究所内部学术凝聚力的增强,而且为宗教学科的研究与发展带来新的活力与希望。

## 三 外事活动及与港澳台的交流

### (一) 本所人员出访

2011 年度,本所人员共出访 21 批,39 人次,主要有:

- 2011 年 3 月 25—28 日,本所李富华研究员、何梅研究员赴美国亚利桑那大学参加"佛教典籍在中国的传播:汉文佛教大藏经的形成和演变"会议,何梅发表论文《〈新勘汉文佛教大藏经总录〉编纂的意义和价值》,李富华发表论文《汉文佛教大藏经的内容分析及基本特点》,充分展示了本所学者在大藏经研究方面的功力。

- 2011 年 5 月 19—23 日,本所杨健副研究员应联合国教科文组织邀请,赴法国巴黎参加"佛祖教诲对普世性、人文主义与和平的贡献"研讨会。此次会议,展示了本所研究人员较高的专业水准和国际语言交流、表达能力。

- 2011 年 6 月 2—6 日,本所张总研究员赴美国参加国立史密森研究院弗利尔画廊举办的"历史的回响:响堂山佛教石窟展"学术会议,并发表题为《河北、山东——北齐佛像与佛经》的论文,通过参加此次佛教艺术展,与国外学者讨论中国北朝佛教艺术的成就和特点,增进彼此的交流。

- 2011 年 6 月 26 日—7 月 5 日,本所李富华研究员受邀赴韩国参加"高丽大藏经国际学术研讨会"。2011 年是《高丽初雕大藏经》刊成一千周年,这是世界首次举办的以《高丽大藏经》为主题举办的综合性国际学术研讨会,期待能在大藏经和佛教文献研究历史中成为重要的里程碑。

- 2011 年 8 月 15—24 日,本所黄夏年研究员参加韩国东国大学与佛教学术院共同举办的"看话禅国际学术大会",并发表论文。

- 2011 年 8 月 19 日—9 月 4 日,本所党委书记曹中建、张丽蓉处长、纪华传副研究员、李林博士赴摩洛哥 Al Akhawayn University 和土耳其 Yeni Yuzyil Universitesi 进行学术交流,并与两校教授座谈,并商定本所与这两所大学的合作事宜。

- 2011 年 8 月 22—30 日,本所黄夏年研究员随国家宗教事务局代表团前往日本执行"工作访问任务",到日中韩国际佛教交流协议会、日中友好宗教者恳话会、佛教大学参访。国家宗教事务局代表团此次出访是传印法师担任中国佛教协会会长后首次正式访问日本，以期加强中日双方佛教交流，巩固和加强已故会长赵朴初倡导的东亚佛教"黄金纽带"关系，夯实中日佛教友好的基础。

● 2011年8月26—28日，本所戈国龙研究员赴韩国仁川大学出席第13届"韩中文化论坛"，这次论坛的主题为"中国学：内外视角的交叉与沟通"，戈国龙在会议上发表了题为"对性命双修思想的现代思考"的论文。

● 2011年8月31日—9月3日，本所陈进国副研究员赴日本大阪参加中日摩尼教和拜火教国际会议，发言题目是《摩尼教祈雨仪式研究：以霞浦文献为例》。

● 2011年9月24日—10月8日，本所卓新平所长、金泽副所长，伊斯兰教研究室的王俊荣研究员、王宇洁博士、李维建博士，《世界宗教文化》编辑部郑筱筠研究员，基督教研究室的唐晓峰博士，当代宗教研究室的邱永辉研究员、陈进国博士9人应邀赴摩洛哥伊夫兰阿赫万大学及土耳其Yeni Yuzyil Universitesi参加学术研讨会。会议共两天，议题包括：伊斯兰教的基本原则、苏菲主义、穆斯林国家的权力与政治、女性与伊斯兰教、伊斯兰教的日常生活等内容。本所学者的发言，代表了中国在该领域的最高学术水准，有力地促进了非洲、欧洲的学者对中国当代伊斯兰教的观察理解。

● 2011年10月3—6日，本所何劲松研究员赴韩国参加"第57届百济文化节"国际学术大会，发表论文，并借此机会对百济佛教文化展开进一步研究。

● 2011年10月3—26日，本所叶涛研究员应邀赴美国参加美国民俗学会2011年会，并获邀参与有会长及其他学会负责人参加的高层会议，就中美民俗学的研究现状进行比较研究，增进两国民俗学者和机构之间的交往和联系。

● 2011年10月12—15日，本所卓新平所长、郑筱筠研究员应邀赴美国华盛顿参加"当代中国社会转型时期中的宗教"研讨会。中国宗教信仰（尤其是基督教）的快速增长，带来了很多深刻的问题，如政教关系、宗教对社会的影响，对中国面临的潜在社会挑战的影响等等。此次会议由华盛顿伍德罗威尔逊国际学者中心举办。

● 2011年10月16—21日，本所王健研究员、孙波研究员应邀赴韩国国学振兴院参加"世界儒教文化FORUM创立纪念学术大会"。

● 2011年10月19—25日，本所王美秀研究员应意大利米兰盎布罗削图书馆属盎布罗削研究院的邀请出访意大利，参加盎布罗削研究院远东研究所举行的"当代亚洲国际研讨会"。

● 2011年10月25日—11月2日，本所张总研究员赴新加坡参加"古丝绸之路——东南亚地区的跨文化交流和文化遗产"研讨会，并以佛教密教为主题发表论文。

● 2011年11月8—15日，本所卓新平所长应邀到希腊参加"第三届中国西藏发展论坛"。

- 2011年11月11—15日，本所黄夏年、纪华传两位学者受邀参加韩国圆觉佛教思想研究院举办的"纪念天台宗重兴祖师上月圆觉大祖师诞辰100周年国际学术大会"，并分别发表题为《天台修行与救度众生的问题》与《韩中佛教学的未来》论文。

- 2011年12月8—11日，本所张总研究员赴日本早稻田大学东亚佛教文明研究所参加"佛教文明的东方移动——及其接受与抵抗"国际研讨会，并作题为《中国佛教史中的三阶教》的发言。

- 2011年12月19—24日，本所党委书记曹中建与周燮藩、王宇洁、李维建、晏琼英等学者受"世界正义院"邀请访问以色列，参加在海法巴哈伊世界中心举行的学术研讨会。此次会议的主题是"社会中的宗教角色"。此次出访，增进了本所与巴哈伊世界中心的联系。

### （二）外方人员来访

- 2011年2月23日下午，本所党委书记曹中建、副所长金泽会见了来访的印度教教派组织国民志愿服务团（RSS）团长Ram Madhav一行。双方讨论了以下问题：中印两国宗教发展的历史和现状；两国宗教问题的相似和差异；两国对教徒民族身份认同问题的重视；宗教与政治、法治的关系等问题。最后，提议进行以"多宗教和谐相处"为主题的双边交流，并就相关事宜达成共识。

- 2011年4月1日上午，捷克科学院当代历史研究所犹太问题研究中心的学者奥托玛博士（Otomar Krejca）、卡特丽娜博士（Katerina Baslova）、瑞娜塔博士（Renata Kostalova）访问了本所。所长卓新平、学者黄陵渝、梁恒豪接待了来访客人，双方就近几年来各自在犹太教与犹太文化研究方面的进展进行了交谈。捷克学者向本所赠送了关于纳粹占领时期犹太人历史的专著。本所回赠了黄陵渝研究员为全世界华人撰写的第一部犹太教专业研究生教材。

- 2011年4月14日，法赞·阿巴伯博士携夫人与香港全球文明研究中心的麦泰伦博士一起到本所巴哈伊中心访问。法赞·阿巴伯博士在本所大会议室做了名为"推动文明进步的话语构建"的学术报告。法赞·阿巴伯博士围绕巴哈伊教近年来在全球所致力于构建的话语体系进行了系统阐述，并就巴哈伊话语构建的活动领域与特点、原则与构成表达了看法。演讲结束后，邱永辉和吴云贵研究员分别对法赞·阿巴伯博士给予了学术回应并进行了深入的学术交流和探讨。本所所长卓新平、副所长金泽参加了报告会。会议由卓新平主持。

- 2011年5月9日下午，本所卓新平所长会见了德国巴伐利亚新教教会访华团弗里茨·施罗特（Fritz Schroth）一行四人。卓新平向客人介绍了本所的历史、现状、研究领域等基本情况，双方还就中国宗教研究的现状、基督教在中国发展的情况以及中国宗教在构建和谐社会中的作用等共同关心的话题进行了交流。

- 2011年5月17日下午,伊斯兰会议组织历史与文化中心主任艾伦、研究人员哈桑阿比丁在中国社科院国际合作局相关领导的陪同下访问本所,副所长金泽研究员出席会谈。艾伦介绍了该中心的主要情况,并希望与中国社会科学院举行历史与现状的学术研讨会。
- 2011年6月14日上午,澳门巴哈伊总会江绍发主席一行访问本所,金泽副所长接见了代表团,本所专家与来访客人进行了交流。
- 2011年10月16日,日本创价大学教授菅野博史来本所从事为期四个月的工作访问。菅野博史教授对中国六朝时代和隋代的佛教思想很感兴趣,尤其是对道生、法云、慧思、天台宗、三论宗等有兴趣。
- 2011年11月16日,德国米苏尔社会发展基金会驻华联络处主任南傲伯先生和德国天主教学术交流基金会亚洲部主任盖格尔博士来本所访问,卓新平所长向客人介绍了本所的情况,并洽谈了下一步合作的计划。
- 2011年12月13日上午,本所卓新平所长会见了来访的韩国江原道知事、清华大学公共管理学院客座教授李光宰一行。双方就宗教学基本理论、中韩历史以及当今的宗教、中西宗教认知差异、宗教与政治、宗教与政党、宗教与社会、宗教与经济发展、宗教与文化、宗教功能以及宗教与人生等广泛的话题进行了深入的交流。
- 2011年12月22日,本所卓新平所长会见了来访的德国驻华大使馆政治处副处长方迪娜女士。卓新平所长介绍了世界宗教研究所的基本情况,并就中国宗教信仰自由政策、基督教在中国的发展状况及其与社会主义社会相适应的情况做了深入的介绍,消除了对方对中国宗教信仰自由状况的误解。

### (三) 外方及港澳台学者讲座

- 2011年1月11日,"宗教人类学讲座"第一讲在本所举行,美国波士顿大学人类学系主任魏乐博(Robert Weller)教授作题目为"中国宗教慈善与社会资本的局限(Chinese Religious Philanthropy and the Limits of Social Capital)"的报告。来自中国社科院科研局、中国社科院世界宗教研究所、中国社科院研究生院、中国社科院社会学研究所、中国社科院民族学与人类学研究所、北京大学、中国人民大学、北京师范大学、中央民族大学、香港中文大学等单位的专家学者20多人参加报告会,并围绕着中国的宗教慈善与社会资本的关系问题进行了学术讨论。
- 2011年3月1日上午,由本所基督教研究室主办的拉丁语初级培训第二阶段课程在本所小会议室开课,本所、文学所、哲学所等近20位学员参加了此次培训,本期培训时间三个月。授课教师为麦克雷博士(Michele Ferrero,先后毕业于都灵大学古典文学系，爱尔兰梅努斯圣帕特里克大学神学系，并于台湾辅仁大学获得伦理神学博士学位。曾先后任教于上海佘山修院、以色列耶路撒冷慈幼会修院。主要著作有：《圣保禄：信仰与爱的教育家》、《论利玛窦〈天主实义〉中之德性观》[台北，2004]、《麦子与稻米——中国书简》[2002]等）。

● 2011年3月15日，本所小会议室举办学术讲座，由加拿大阿尔伯特大学东亚研究系主任唐日安博士主讲，题目为"国外学界对中国基督教的研究及资料"。

● 2011年9月20日上午，德国埃尔兰根大学教授、汉学家、中国宗教问题研究专家甘默霓博士在本所大会议室做了题为"在中国，他们吃月亮：19—21世纪西方的中国形象"的演讲，卓新平所长出席并主持报告会，所内20多位专家学者出席并参与了现场交流。

● 2011年10月18日，David Jasper教授在本所大会议室做了题为《后基督教西方的友谊政治学》的学术讲座，卓新平所长主持了讲座并参与了讨论，段琦研究员、唐晓峰副研究员、石衡潭博士、王潇楠博士等多位学者和学生参与了讨论。中国人民大学张靖博士全程陪同并做翻译。

● 2011年11月15日，美国伯克利加州大学埃利奥特社会学荣休教授、宗教社会学家Robert N. Bellah（罗伯特·贝拉博士）在华裔学者杜维明的陪同下，在本所大会议室举办了题为《Religion in Human Evolution》的专题讲座。讲座由金泽副所长主持，张晓梅副研究员做了交传。本所邱永辉研究员、周齐研究员、郑筱筠研究员等学者出席了讲座并参与了讨论。

### （四）与港澳台的交流

● 2011年1月20—23日，本所陈进国博士应邀参加台北"2011年首届两岸征文颁奖典礼"。此次活动主要因为《旺报》举办有奖"两岸征文"，通过"台湾人看大陆"及"大陆人看台湾"，透过两岸民众征文，以民间人士的经历、切身感受，使两岸读者得以互相全面了解，并促进两岸互动与交流。本所当代研究室的陈进国博士获得本次"大陆人看台湾优秀奖"，获奖文章题目是《台湾民间香火的人文能量》。

● 2011年3月4—12日，本所党委书记曹中建等学者赴台湾出席"中华儒教文化论坛"，并考察了一贯道、天地教等台湾民间宗教发展情况。会议围绕中华文化的传承、孝道精神的发扬、儒学的基本精神、儒家经典义理和一贯道的历史发展与现状等问题进行了讨论。

● 2011年3月8日—4月8日，本所肖雁副研究员赴台湾大学人文社会高等研究院进行学术研究和交流。在此期间，肖雁调查了解台湾民间宗教的现存状况，并与大陆民间宗教相比较进行学术研究，并应邀做学术讲座。

- 2011年3月27日—4月17日，本所杨曾文研究员应台湾中华佛学研究所的邀请，做"宋元禅宗讲座"，并进行学术交流。
- 2011年5月24日，本所王志远研究员受邀参加从大陆舟山市普陀山迎接观世音像盛典，并参加福隆观音节相关活动。
- 2011年5月25—28日，本所卓新平所长赴香港浸会大学参加"家庭与性伦理：基督宗教与公共价值国际学术研讨会"。卓新平所长从伦理和宗教的角度反思中港台社会中家庭与性伦理的难题、家庭与性伦理与中国文化和宗教的关系、家庭与性价值观的演变，及其在当今思潮所受的冲击等议题。
- 2011年6月21—23日，本所当代宗教研究室副主任陈进国副研究员应邀参加世界华人研究学会和香港中文大学联合主办在香港召开的"海外华人：文化、宗教与世界观国际学术研讨会"，并在会上发表了题为《宗教救度团体的本土运动及其全球拓展》的学术论文。
- 2011年9月22—23日，本所李志鸿博士应邀参加由香港中文大学道教文化研究中心主办"宋代道教研究国际学术研讨会"，并发表题为《宋元道教家书科仪初探》的学术论文。
- 2011年11月2日—12月1日，本所叶涛研究员赴台北参加"第三届海峡两岸民间文化论坛"暨"第五次成功大学闽南文化论坛"。此次论坛由台湾成功大学中文系、人文社会科学中心主办。叶涛研究员发表了题为《闽台东岳庙田野考察及比较研究计划——以台南东岳庙为中心》的论文，并参与该中心学者陈益源教授的研究计划。
- 2011年11月20—28日，本所邱永辉研究员到台北中研院人文科学研究中心调查研究专题中心交流学习。为建立中国社会科学院的"社会科学调查平台"，规范调查方法，借鉴知名调查机构的经验，邱永辉研究员随中国社会科学院网络中心赴台湾进行交流学习。中研院人文社会科学研究中心调查研究专题中心致力于从事调查、资料库建设等相关学术服务、研究工作，期待整合调查研究资源，让调查资料能更充分利用。
- 2011年12月16—24日，本所金泽副所长、郑筱筠研究员、李华民副主任、周广荣副研究员、杨健副研究员、梁恒豪助理研究员赴台湾参加第一届"中华文化与宗教大同"学术研讨会。研讨会的目的在于提供平台给海峡两岸在宗教、哲学与科学各领域的研究人员、学者和专家，以合作与友善的精神来交流知识与新的经验。本所卓新平所长应邀提供了题为《对宗教与中国传统文化的反思》的主题演讲论文。

# 中国社会科学院世界宗教研究所 2012 年大事记

张小燕 编

世界宗教研究所是中国唯一的国家级宗教学术研究专门机构，科研工作是立所之本。2012 年度，在院创新工程的引导与激励下，在所领导的合理部署和全所人员的共同努力下，本所的科研工作呈现出欣欣向荣景象，取得了优良成绩，课题结题率再创历年来的新高，同时，与科研工作相关的外事活动也频繁有序，营造出了良好的国际学术交流氛围。

## 一 科研成果获奖评奖概况

科研成果获奖 8 项，如下：

李维建研究员的研究报告《伊斯兰教在近期埃及政治变动中的作用与影响之评析》获中国社会科学院 2011 年优秀对策信息情况报告类，院级三等奖；

韩秉方研究员的论文《国学的根基是儒道互补》获中国社会科学院 2011 年优秀对策信息情况报告类，院级三等奖；

金泽研究员的专著《宗教人类学学说史纲要》被评为本所优秀科研成果一等奖；

杨健的专著《清王朝佛教事务管理》被评为本所优秀科研成果二等奖；

嘉木扬凯朝的专著《中国蒙古族地区佛教文化》和卢国龙、汪桂平合著的《道教科仪研究》分别被评为本所优秀科研成果三等奖；

郑筱筠研究员的论文《中国云南南传佛教的民族性特征》被评为本所优秀科研成果一等奖；

杨华明研究员的论文《莫尔特曼的三位一体辩证法》被评为本所优秀科研成果二等奖；

张总研究员的论文《大足石刻地狱轮回图像丛考》、周广荣的论文《此房真教体，清净在音闻——〈禅门日诵〉中的华严字母考述》被评为本所优秀科研成果三等奖。

## 二 学术会议

各类国际、国内学术会议的举办是本所科研能力、学者知名度、集体协作能力等多方面综合实力的集中体现。从2012年1月至12月，本所共主办了四次规模较大的国际研讨会，国内研讨会12个，共有国内外专家学者近千余人次参加了本所主办的学术研讨会。这些学术会议一方面为国内外学者提供了思想交流与切磋的平台；另一方面，也扩大了本所在国内外学术研究领域中的影响力。2012年，本所召开的学术会议如下：

### （一）国际学术会议

● 2012年5月11—12日，"宗教的动力研究：第二届宗教人类学学术论坛"在北京召开，论坛由本所主办。本次论坛承接于2010年首届宗教人类学学术论坛，是两年之后对于中国社会科学院交叉学科宗教人类学研究的又一次深入探讨。来自加拿大、日本、新加坡、马来西亚、中国（大陆、香港、台湾）等国家的40多位专家学者参加了本次论坛。论坛开幕式由本所党委书记曹中建主持，本所所长卓新平、中国社会科学院科研局韦莉莉处长出席了本次论坛并致辞。论坛主要围绕宗教人类学的理论反思、社区宗教传统与当代社会变迁、宗教仪式的结构与象征、基督教人类学与中国研究、香港当代道教的田野观察、宗教运动与社会变革、历史人类学视野中的地方宗教等七个论题进行探讨，与会学者就相关主题进行了深入而热烈的讨论。

● 2012年6月28—29日，"中国与伊斯兰文明"中外学术研讨会在北京举行。参加此次会议的中方代表来自中国社会科学院、国家宗教局、国务院发展研究中心、北京大学、中央民族大学、中国伊斯兰教经学院、北京市伊斯兰教经学院、上海外国语大学、中国科技大学、宁夏社会科学院等单位，外方代表来自土耳其、沙特阿拉伯、埃及、卡塔尔、美国、英国、马来西亚、巴基斯坦等国。与会代表围绕"中国与穆斯林世界的历史联系"、"中国与穆斯林世界的艺术交流与互动"、"文献与语言"、"科学、宗教与思想"、"当代世界与穆斯林世界的关系"以及"全球化背景下的中国与穆斯林世界"等六个主题讨论。

会议开幕式上，中国社会科学院常务副院长王伟光、伊斯兰合作组织秘书长艾克迈勒丁·伊赫桑奥卢、中国外交部副部长翟隽、伊斯兰历史、文化和艺术中心主任哈里特·艾伦、本所所长卓新平先后致辞。出席此次会议的还有，中国伊斯兰教协会副会长阿地里江、国务院发展研究中心民族发展研究所所长赵曙青、中国社会科学院西亚非洲研究所所长杨光等国内学者以及数十位伊斯兰合作组织成员国的驻华使节等。

此次会议是由中国社会科学院与伊斯兰合作组织（OIC）下属的伊斯兰历史、文化和艺术中心（IRCICA）联合举办、本所承办的一次高水平国际学术研讨会，并得到了中国政府外交部等等相关单位的大力支持。

● 2012年7月5—8日，由本所与（台湾）中华宗教哲学研究社、山西省海外联谊会、山西民族宗教文化交流中心联合举办的海峡两岸"中国文化与宗教大同暨五台山佛教文化"研讨会在山西五台山召开，中国社会科学院党组成员、副院长高全立出席开幕式并致辞，本所所长卓新平、党委书记曹中建、副所长金泽出席会议。在为期三天的研讨会期间，与会两岸专家学者就宗教大同的理想与实践、中国文化传统的传承与建设、海峡两岸宗教文化交流的回顾与前瞻、宗教与区域社会文化的互动研究、山西宗教文化（五台山万佛阁五爷信仰与文殊信仰）的调查研究等方面进行了广泛深入的互动研究与交流。

● 2012年9月24—26日，由本所和巴哈伊教澳门总会共同主办，全球文明研究中心（香港）协办，澳门基金会赞助的"宗教团体的治理"学术会议在澳门举行。中国社会科学院副院长高全立，全国人大常委、本所所长、中国宗教学会会长卓新平，本所副所长曹中建，国务院发展中心民族发展研究所所长赵曙青，国家宗教事务局宗教研究中心主任张训谋，巴哈伊亚洲顾问团罗兰，巴哈伊亚洲顾问团麦泰伦，巴哈伊教澳门总会江绍发，全球文明研究中心（香港）宗树人，以及来自大陆和港澳地区的学者30余人参加了会议。曹中建主持了开幕式，高全立在开幕式上致辞。在为期两天的学术研讨中，会议共组织了五个主题的研讨。本次会议的召开，将促进社会各界对于宗教团体的治理这一课题的深入认知和交流对话。

● 2012年12月11—12日，由中国社会科学院主办、本所承办的"2012年中国社会科学论坛（宗教学）——宗教慈善与社会发展"在北京举行。全国政协原副秘书长、中华慈善总会副会长张道成，本所所长卓新平，国家宗教事务局政策法规司副司长焦自伟，美国杨百翰大学教授杜克文，中国道教协会副会长张继禹分别在开幕式上致辞。

中共中央统战部、国家宗教事务局、中共上海市委统战部、中共山西省委统战部等部门的领导到场致辞或发言。派出代表出席论坛的基金会有：中华慈善总会，中华慈善国际交流中心，国际佛光会世界总会，仁爱基金会，重庆华岩文教基金会，天津市佛教慈善功德基金会，仁爱基金会，台州佛教协会护法慈善功德会，爱德基金会，河边进德公益基金会，比尔·盖茨基金会，南都基金会，壹基金，云南省慈善总会，广东源本善基金会，讯基金会，上海慈慧基金会。

参加论坛的机构还有北京市青年联合会，加拿大佛教会，四川省色达县喇荣五明佛学院等。参会的科研机构有：德国马普研究院宗教与民族多样性研究所，芬兰赫尔辛基大学，北京大学宗教文化高等研究院，中国人民大学非营利组织研究所，山东大学，北京师范大学，清华大学公共管理学院，中国人民大学，中央民族大学、凉山彝族妇女儿童发展中心,上海宗教研究中心,南京大学哲学系,华东政法大学,中国社会科学院社会学所以及本所的专家学者。

论坛以"宗教慈善与社会发展"为主题,探讨宗教慈善事业在现代社会转型时期的发展潜力,分析宗教在维护社会稳定方面的作用。在两天的会期里,研讨会讨论了宗教慈善活动及相关法律法规、政策,宗教活动组织的社会参与途径、意义及特点,宗教慈善活动与媒体传播,宗教慈善活动的动力机制及发展趋势,宗教慈善活动对当代社会发展的意义与作用。同时,还对中国宗教慈善的理论与个案以及国际宗教慈善的理论与经验,从宗教学、社会学的角度进行了系统分析。

**(二)国内学术会议**

• 2012年3月31日—4月1日,"基督教中国化研究专家座谈会"在北京怀柔举行,座谈会由北京大学宗教文化研究院与中国社会科学院基督教研究中心共同举办,共有来自中国社会科学院、北京大学、上海大学、华中师范大学、云南民族大学、中央社会主义学院等研究机构的20余位专家学者参加,中共中央统战部和国家宗教事务局的领导和专家也出席了此次座谈会。与会专家学者主要就三个议题,"基督教中国化"面临的关键问题、"基督教中国化研究项目"规划、"基督教中国化研究丛书"规划,进行了广泛而深入的讨论。本所所长卓新平(中国宗教学会会长)、副所长金泽等参加会议。

• 2012年7月12—14日,中国宗教学会、本所、四川大学道教与宗教文化研究所联合主办"宗教与文化发展高层论坛"暨2012年中国宗教学会年会在四川成都举行。参加会议的有中共中央统战部二局副局长马利怀、中共中央统战部巡视员李平晔、中共四川省委统战部副部长王增建、四川省宗教事务局副局长杨伯明、前副局长余孝恒、四川大学党委常务副书记罗中枢教授等。中共中央统战部、国家宗教事务局等党政部门,以及中国社会科学院、四川大学、清华大学、复旦大学、中国人民大学、中共中央党校、浙江大学、西北大学、中央民族大学、华东师范大学、金陵协和神学院、上海社会科学院、上海大学、山东大学、湖南大学、内蒙古大学、西南民族大学、华侨大学、商务印书馆等全国各地的高等院校、科研机构、宗教界和企业界的专家学者、学会理事共80余人出席了这次会议。会议开幕式由本所党委书记曹中建主持;本所所长卓新平在会议开幕式上致辞。7月13日下午,由卓新平会长主持召开了中国宗教学会理事2012年工作会议,会上增补了部分宗教学会理事,并就2013年度中国宗教学会的年会主题、会议举办地点、承办单位以及诸多具体的工作事宜进行了磋商。

• 2012年7月28—29日,由本所、中国宗教学会、中国文化书院、山东省海阳市沛溪书院共同主办的"2012海阳论坛"在山东海阳举行,论坛的主题是"中国佛教在国家文化战略中的地位和作用——过去、现在和未来"。来自中国人民大学、北京师范大学、中国社会科学院等高校、科研机构的佛学专家，与来自河北柏林禅寺、河南少林寺、黑龙江大庆富余正洁寺等寺院的佛教界高僧大德，以及佛教艺术工作者共200多人出席会议。与会者从"融入社会文化的'生活禅'"、"正向世界的'少林文化'"、"藏传佛教与现代文明"、"佛教艺术与心灵净化"、"佛教禅修的现实价值"等角度，畅谈佛教在中国文化大发展大繁荣中应起到的积极作用。本次论坛除了用语言和文字来探讨佛教文化，还用音乐、舞蹈、诗歌、武术等形式展现佛教文化。7月28日晚8点，一场由佛教艺术工作者和僧人同台演出的佛教文化晚会"沛溪之夜"在沛溪书院拉开帷幕。本所党委书记曹中建出席开幕式并讲话。本次论坛和晚会的主办方沛溪书院是由中国宗教学会顾问、本所宗教文化艺术研究室研究员王志远先生发起创办的，书院旨在用中华文化精神办中华文化事业，兼容并包，弘扬传统文化，服务和谐社会。本次"2012海阳论坛"首日举行了"沛溪书院"揭匾仪式，是沛溪书院举办的首届论坛。

- 2012年8月3—7日，"传统宗教与哲学——宗教哲学2012威海论坛"在山东大学威海校区召开。论坛是2011年，由本所宗教学理论研究室牵头，联合国内高校的相关院系，发起创办宗教哲学论坛，并正式出版《宗教与哲学》辑刊。本次论坛由本所、山东大学犹太教与跨宗教研究中心、中国宗教学会联合主办。会议开幕式由本所党委书记曹中建主持。本所所长卓新平研究员、山东大学党委常务副书记李建军教授、中央政府教育部社科司处长何健、北京大学宗教文化研究院院长、中国宗教学会副会长张志刚教授分别在开幕式上致辞。

- 2012年8月19—21日，本所与中国道教协会文化研究所共同主办的"陈国符先生与中国道教研究学术研讨会"在江苏常熟市召开。会议由江苏省道教协会、苏州市道教协会协办，常熟真武观、江苏隆力奇生物科技股份有限公司承办。来自本所、中国道教协会、华东师范大学、四川大学、南京大学、上海音乐学院、山东师范大学、天津大学、上海道教协会、江苏道教协会、福建道教协会、上海中医药大学、江苏隆力奇生物科技股份有限公司等单位的50位专家学者、道长、企业人士，以及陈国符的后人一同参加了研讨会。所长卓新平研究员在会上致辞并为陈国符先生铜像举行揭幕仪式。

- 2012年9月19日，由本所和中国社会科学院文哲学部、浙江大学全球化文明研究中心、中国宗教学会联合主办的"渤海视野：宗教与文化战略学术研讨会暨中国宗教学五十人高层论坛"在天津举行。出席此次论坛的有本所所长、中国宗教学会会长卓新平，本所党委书记曹中建，副所长金泽，《世界宗教文化》编辑部主任郑筱筠研究员，儒教研究室赵法生博士，基督教研究室刘国鹏副研究员等。9月20日上午，与会嘉宾以"为宗教与中国文化之战略发展把脉、为中华文化复兴中宗教之独特价值和使命张目"为题，宣读并签署了《渤海倡议》。此次宣读活动由浙江大学全球化文明研究中心、清华大学教授王晓朝主持，本所所长卓新平研究员宣读。《倡议》在综合了19日全体与会代表的批评和建议之后,浓缩和聚焦为如下六点:"优化传统文化,强调文化自主,建构自我认同"、"放弃单一价值定位,开放探讨信仰认知"、"立足自身传统,放眼普世文明,海纳百川,有容乃大"、"官民并举,开放灵性资源和优秀价值"、"参与文化更新,争取价值认同,宽容开放,多元谐和"、"全球一体,荣辱与共,责任共担,化解冲突"。《倡议》旨在号召社会各界对宗教在中国当代文化战略中不容忽视的价值和建构性意义予以正视和认同,并以此呼唤社会响应,海纳百川,自强不息,从容以对国际变幻风云。参与《倡议》签署的学者、文化人士计有:卓新平、王晓朝、李向平、李刚、何其敏、王新生、范丽珠、陈明、徐以骅、安伦、张化、葛壮、王建平、赵法生、安虎生、张士江、冯哲、朱其、唐晓峰、曲健兄、陈建洪、刘国鹏等。

- 2012年10月13日,本所主办的"马克思主义宗教观研讨会(2012)"在北京召开。本所所长卓新平在主旨发言中强调,经典作家关于宗教是人类掌握世界的方式之一的论断,对于今天推进文化大发展大繁荣、发挥宗教文化在文化建设中的积极作用,具有重要指导意义。每年一度召开的学术研讨会并出版相关学术文集,是本所加强马克思主义宗教观研究学科建设的重要举措。本年度学术年会的主题是"马克思主义宗教观视野中的宗教与文化建设"。来自中国社会科学院、中共中央党校、中共中央统战部、国家宗教事务局、中国藏学研究中心、中共中央文献研究室、中央社会主义学院、中国人民大学、中央民族大学、河北省社会科学院、新疆师范大学、辽宁大学、湘潭大学和聊城大学等单位的专家学者约30余人。朱晓明、龚学增、段启明、加润国、何虎生、李建生、徐麟、韩秉方、曾传辉、张雅平等分别就宗教的两重性、中国共产党的宗教文化观、(1982年)"19号文件"贯彻中的得与失、宗教文化说的发展脉络、世界宗教发展趋势、东正教与俄罗斯文化重建等热点、难点、焦点问题畅所欲言,热烈研讨。研讨会最后,本所副所长金泽研究员在总结发言中指出,对于宗教问题的多样化理解和话语建构有助于学术创新,也有助于将马克思主义宗教观的研究不断引向深入。

- 2012年10月27日,"东南亚宗教与区域社会发展学术论坛"在北京举行。来自中国社会科学院、中共中央统战部、国家宗教事务局、云南省宗教局等部门的代表,以及国务院发展研究中心、中国藏学研究中心、华侨大学、中山大学、南京大学等高校和相关研究机构的专家学者、中国佛教界人士及新闻单位共60余位代表参加。论坛由本所主办,本所副所长金泽主持了开幕式。本所党委书记曹中建、国家宗教事务局副局长蒋坚永、中国藏学研究中心原党委书记朱晓明、云南省宗教局副局长马可能及云南省佛教协会代表在开幕式上分别致辞。本次会议是中国宗教学界第一次以东南亚宗教为主题召开的学术研讨会。开展东南亚宗教研究,有助于增进对东南亚地区的了解,增进中国与该地区的交流与合作。其次,会议搭建了一个高水平的学术交流平台,推动东南亚宗教研究的进一步发展;通过学术交流活动,探讨宗教与东南亚社会发展之间的关系,研究宗教在当代东南亚社会变迁中的作用，为中国宗教发展战略提供重要的参考和借鉴。

• 2012年10月30日，《世界宗教研究》杂志社在本所会议室举行了"《世界宗教研究》办刊座谈会"，中共中央统战部二局副局长袁莎，《世界宗教研究》主编卓新平（本所所长），本所党委书记曹中建，副所长金泽，荣誉学部委员黄心川、吴云贵、金宜久、马西沙，学部委员魏道儒，院网络中心主任张新鹰，《中国宗教》杂志社社长兼主编韩松、北京大学宗教文化研究院院长张志刚教授、中国人民大学佛教与宗教理论研究所执行所长张风雷教授，北京外国语大学中国海外汉学研究中心主任张西平，中央民族大学哲学与宗教学院副院长刘成有教授，中国伊斯兰教经学院副院长高占福教授，《中国藏学》徐绍强编审，《法音》编辑部桑吉主任以及《世界宗教研究》编委会成员、本所各研究室主任、副主任共40多位专家学者出席了座谈会。座谈会由曹中建主持，卓新平主编就在新形势下如何将《世界宗教研究》办得更好发表了讲话。荣誉学部委员黄心川、吴云贵、金宜久、马西沙，学部委员魏道儒都回顾了《世界宗教研究》自创刊32年以来的历程，充满深情地讲述自己与该杂志的亲缘关系，都期望该杂志坚持优良传统，同时还有更大的作为。《世界宗教研究》编辑部副主任李建欣博士则从三个方面：1. 本杂志所面临的机遇与挑战；2. 坚持与弘扬优良传统；3. 努力将本杂志办成顺应时代要求、及时且充分体现中国宗教研究成果的平台，介绍了编辑部的工作思路。与会专家学者对杂志如何跟踪并抓住宗教研究中的新趋势、新问题，提高刊物的国际化程度，加强信息化建设，设置特色栏目等问题提出不少有益且有可操作性的想法和建议。《世界宗教研究》杂志社黄夏年社长做总结发言。

• 2012年11月21日，本所伊斯兰教研究室主办的"回顾与展望：中国学者伊斯兰教研究历程座谈会"在本所大会议室召开。所领导卓新平、金泽及方继水、霍群英莅临会议，金宜久、吴云贵、周燮藩、冯今源、沙秋真、王俊荣等伊斯兰教研究室老同仁和在职人员参加了座谈。

2012年12月21—22日，本所主办、本所当代宗教研究室承办的"第五届当代中国宗教论坛——世界宗教形势与中国宗教治理"学术研讨会在北京召开。本所所长卓新平、本所党委书记曹中建和本所副所长金泽、国家宗教事务局副局长蒋坚永、国家宗教事务局宗教研究中心主任张训谋、国务院发展中心民发所所长赵曙青、新疆中亚安全研究所所长卢端阳、四川藏学研究所副所长游祥飞、复旦大学徐以骅、范丽珠教授以及本所6位研究人员出席了会议。会议由曹中建主持。卓新平致辞。他说，本所选择在所谓的"世界末日"召开此次讨论会，充分表明了我们的思想立场和学术追求。蒋坚永在开幕致辞中，对会议召开表示祝贺，"自2008年开始，世界宗教研究所每年举办'当代中国宗教论坛'、发布《中国宗教报告》，是当代中国宗教研究的一大亮点，已经形成一大品牌。本次论坛以'世界宗教形势与中国宗教治理'为主题，对于深入了解世界宗教发展形势及其对我国宗教的影响,清晰认识我国宗教面临的新情况、新问题和新挑战,从而更好地把握我国宗教工作的特点和规律,积极妥善应对和正确处理我国的宗教问题,具有极其重要的理论意义和现实意义"。卓新平以"坚持信仰自由、加强宗教治理"为题进行了主旨发言;张训谋、徐以骅、于晓辉、游祥飞就"中国宗教的治理"问题发表了意见;本所研究人员王宇洁、刘国鹏、邱永辉、李维建、郑筱筠、陈进国以及复旦大学范丽珠教授分别就中东北非、欧洲、南亚、非洲、东南亚及港澳台华人和海外华人教会的宗教状况及其对中国的影响进行了报告。最后,副所长金泽作了总结发言。

● 2012年12月28—30日,本所第八届青年学者论坛暨第二届博士后论坛在北京召开。青年学者论坛首次召开于2004年,每年一次,本次论坛同时也是第二届世宗所博士后论坛。

本次论坛以"宗教与社会发展"为主题,紧扣学科的时代使命,以促进学术水平的提高以及学科自身的发展。本所所长卓新平、党委书记曹中建及副所长金泽出席了论坛并分别致辞。

在为期两天的论坛中,共有27位学者和博士后提交了论文并参与发言。论坛的召开,标志着本所中年青学者研究队伍的不断壮大,也展现了年轻一代学者对于宗教研究的学术热情,不但促进了本所学术凝聚力的增强,而且为宗教学科的研究与发展带来活力与希望。

## 三 其他学术活动

### (一) 马克思主义宗教观研究

关于马克思主义宗教观的研究,本所领导非常重视该学科的建设,成果也颇为丰厚。曾传辉著《20世纪50年代西藏的政治与宗教》是马克思主义宗教观在中国的应用和发展的一个历史实例,其中有章节集中论述此历史时期内中国共产党在处理西藏问题时对马克思主义宗教观的应用和发展。

马克思主义宗教研究室在以下几个方面进行了探索:总结中国化马克思主义宗教观的基本内涵;探讨马克思主义宗教观中国化过程中的若干问题;追溯中国化马克思主义宗教观的形成历程;马克思主义宗教观的深化研究;讨论马克思主义宗教观与高等学校教育,就此五个方面进行了学术探讨,使得本学科建设更进一步。

### (二) 宗教学理论研究

宗教学理论研究室发起并领导主办的"宗教哲学论坛"已经举办了两届,得到了学界的热情响应和积极反馈。两届论坛与两本辑刊的学术质量都令人鼓舞。该研究室将把论坛和学术辑刊长期办下去，同时编辑出版宗教学理论创新系列丛书（该丛书得到了中国社会科学院创新工程学术出版资助）。

在宗教社会学方面，学者们致力于宗教社会学的理论研究与实践运用，为学科的综合全面发展起到引领作用。

### （三）道教与中国民间宗教研究

2012年8月，本所与中国道教协会道教文化研究所在江苏常熟共同主办了"陈国符先生与中国道教研究"学术研讨会。会议邀请国外长期从事宋元道教研究的学者进行交流。例如，日本东京大学横手裕教授。他在本所做的学术报告是："日本宫内厅收藏明版《道藏》——由来和现状"，横手教授在道教内丹研究方面成就卓著。本所研究员马西沙主持的"中国历代珍本宝卷集成"研究项目，已交由出版社出版。本所的聂清博士所著《道教与书法》亦出版。李志鸿通过对闽赣边界现存罗祖教的田野调查，发现大量珍贵资料，这些资料上续马西沙专著《中国民间宗教史》所涉内容，下接罗祖教在清末以及近现代的传承、演变，对理解台湾斋教的历史也有所补益。

### （四）基督教研究

在基督教研究方面，学者们的研究兴趣从对西方基督宗教史及神哲学的纯粹理论探讨，转移到对中国基督教历史，特别是基督宗教在中国社会文化中的发展现状的研究，更加关注基督宗教与中国社会文化的关系以及发展前景。在《圣经》注释与研究方面，中国人自主性探索的欠缺亟待提高，加强这方面的研究将不仅有助于汉语神学的建设，发展中国基督宗教的文化思想、文学艺术，推动基督宗教与中国社会文化的结合，而且也将进一步为中国基督徒的灵修与日常生活提供有益的指导。

### （五）伊斯兰教研究

周燮藩主编的《苏非之道——伊斯兰教神秘主义研究》（中国社会科学出版社2012年8月出版）可以说是本年度在基础理论研究方面一本最有分量的著作，该书作为一部综合性和基础性的学术著作，对伊斯兰教和宗教学研究均具无可替代的价值。全书共48万字。

王宇洁主持的中国社会科学院重大集体调研项目《宁夏伊斯兰教调研》即将结项，这也是研究室成员除了精进学科理论水平之外，以基础理论研究作为扎实平台，密切关注现实问题研究的一个重要成果。

李林的《信仰的内在超越与多元统一：史密斯宗教学思想研究》（社会科学文献出版社2012年2月出版）一书是对20世纪下半叶西方最杰出的宗教学家和人文主义者之

一，也是当代宗教多元论的主要倡导者W. C. 史密斯的思想研究。本书紧扣史密斯思想的核心概念"信仰"，以"信仰"自身内蕴的"内在超越"与"多元统一"的辩证关系为主线展开全文，从而使史密斯的主要概念"信仰"、"累积的传统"、"批判的共同自我意识"、"比较宗教学"以及"世界神学"成为一个一以贯之的整体。

### （六）儒教研究

本年度，儒学研究室在海外儒教方面以及近现代儒教方面进行了探索：

由印度尼西亚儒教总会承办的第六届"国际儒学大会"暨第三届"国际儒教大会"于2012年6月22日，在印度尼西亚棉兰市举行。会议研讨内容相当广泛，不仅探讨了儒教义理、仪式、对当代社会的意义等问题，而且也讨论了儒教近代以来的印度尼西亚、马来西亚等海外华人社区的发展状况，以及对于提升华人信仰方面的作用。从大会研讨情况来看，儒教在香港、台湾地区以及东南亚发展较快，有各种形式的存在形态，比如一贯道，慈惠堂和德教，天地教等，共同对于儒学的海外传播做出了贡献。

2012年11月24日，中国人民大学国学院举办了段正元学术思想研讨会。中国社会科学院、人民大学、清华大学、陕西师范大学、北京青年政治学院等高校的十余名学者参加了会议。会议重点围绕着段正元道德学的性质和历史定位进行了讨论。

### （七）《世界宗教研究》编辑部

2012年《世界宗教研究》（双月刊）杂志顺利完成全年6期的出版发行工作。今年是创刊33周年，该刊已成为国内权威学术刊物。办刊30多年来，我刊始终以马克思主义为指导，坚持百花齐放、百家争鸣的方针，鼓励学术界撰写具有深度和创新的学术文章，同时又注意刊出学术评论与信息，为学术界提供一些研究动态，以及刊出一些书评，受到学术界的欢迎。同时，该刊又充分利用封二和封三，刊出一些学术会议的照片，向国内外学术界报导中国学术研究的动态与成果，在国际上也产生了一定的影响。

2012年该刊依然坚持原有的特色，刊出各种宗教研究的文章130余篇，学术动态50余篇。为了鼓励学术界用马克思主义思想指导研究，该刊专门辟出"马克思主义宗教学研究专栏"，刊出这方面研究的文章，为学术界和政府部门提供了研究成果和指导性的帮助。这些文章刊出以后，不仅引导了学者研究的方向，同时又在学术界产生影响，被学者们引用，有力地促进了学术研究，发挥了该刊作为中国宗教研究领头地位的作用。该刊今年出版发行正常，保持已有的发行数，没有下降，略有上升。作为学术刊物，编辑们主要在质量上下功夫，不放松对质量的要求，突出研究特色，不刊登没有学术质量的文章，较好地把了关。

## 四　外事活动及与港澳台的交流

### （一）本所人员出访

2012年度，本所人员共出访30批，52人次，主要有：

- 2012年3月20—26日，受日本名古屋大学文学部中国哲学研究室特别邀请，本所研究员王卡赴日本名古屋大学讲学并到国会图书馆、京东博物馆、天理大学图书馆调查敦煌道教文献写本情况，同时展示中国社会科学院在道教研究上的成就。
- 2012年4月9—13日，应马来西亚圣经神学院、沙巴神学院等单位邀请，本所石衡潭博士在马来西亚做了短期学术访问，10日在马来西亚圣经神学院做了《中国文化与中国基督教前景》报告，11日在沙巴神学院做了《〈论语〉孝道与〈圣经〉孝敬父母诫命》报告。期间，还应马来西亚留台同学会等机构邀请，做了相关报告。
- 2012年4月11—13日，本所所长卓新平应美国加州大学圣芭芭拉分校"全球与国际研究中心"邀请赴美国作以"中国的宗教研究"为题的演讲。
- 2012年4月16—28日，本所研究员尕藏加随以中国社会科学院副秘书长郝时远研究员为团长的出访团前往巴西、阿根廷、智利三国访问。
- 2012年4月18—30日，本所所长卓新平随同中国社会科学院常务副院长王伟光出访欧洲三国（芬兰、荷兰、奥地利），进行学术交流。
- 基于本所与美国杨百翰大学（BYU）之间的协议，2012年在美国华盛顿特区召开"宗教与现代社会"的研讨会，并以"宗教与经济"、"宗教与慈善"、"宗教与法律"为会议分论题。应美国杨百翰大学（BYU）之邀请，所长卓新平，研究员郑筱筠、曾传辉、杨健于2012年5月11—16日赴美国参加"宗教与当代社会"学术研讨会，并在会上作了精彩的发言。此次会议，促进了双方进一步的合作，并为2013年在中国大陆召开的会议奠定基础。
- 2012年7月6日，本所研究员郑筱筠为来自美国加州大学伯克利分校的学生在北京讲授"佛教在中国"课程。
- 2012年7月18—21日，本所副研究员黄奎应邀赴韩国首尔参加纪念中韩建交20周年"亲历韩国的中国学者看韩国"国际学术会议，在会上发表论文《韩国基督新教的历史和现状略论》。
- 为深入推进中国与土耳其伊斯兰文化的合作与交流，由中国国家宗教事务局与土耳其国家宗教局主办，中国伊斯兰教协会承办的"2012中国—土耳其伊斯兰文化展演"于2012年8月31日—9月7日举行，本所研究员冯今源应邀参加交流会，并发表题为"中国伊斯兰教本土化的经验与启示"的学术演讲。

- 2012年8月22—24日，本所研究员石衡潭参加在美国波士顿召开的"中国神学论坛"第五届研讨会并宣读论文《从精英到草根：基督教应对中国文化的历史转折》。这次研讨会由美国哥顿—康威尔神学院（Gogdon Conweill Theological Seminary）举办，主题为《基督信仰与21世纪中国》，有30多位学者参加。
- 2012年8月28日—9月5日，本所副所长金泽研究员应俄罗斯科学院远东研究所邀请赴俄罗斯进行以"中国的宗教研究"为题的演讲。
- 2012年9月6—9日，本所副所长金泽应芬兰赫尔辛基大学世界文化系黄保罗教授之邀，赴芬兰参加"第二届汉学—西学学术研讨会"。
- 由中国社会科学院与伊朗伊斯兰文化合作组织联合主办的"中国与伊朗文化关系研讨会"（Conference on Cultural Relations between Iran and China）于2012年9月25—26日在伊朗德黑兰举行。本所伊斯兰教研究室王宇洁、李林出席了此次会议，并分别做了题为《中国的伊朗研究及其在中伊文化交流中的意义》、《古今之争、东西之争与圣俗之争：伊朗与中国现代性转型之比较》的主题发言。
- 鉴于中国当代宗教复兴的情况，德国马克斯—普朗克宗教与族群多样性研究所所长彼得·范·德威教授和法国东方语言与东方文明研究院汲喆教授特邀本所党委书记曹中建、副所长金泽、郑筱筠研究员、张丽蓉处长、周广荣副研究员、杨华明博士、李华伟博士于2012年11月6—16日到德国、法国进行合作研究并参加"当代中国宗教研究工作坊"（Religion in Contemporary China Workshop）。会议期间，金泽、郑筱筠还抽空拜访了德国哥廷根大学现代东亚研究中心主任Axel Schneider（施耐德）教授。曹中建、金泽、郑筱筠与马克斯—普朗克宗教与族群多样性研究所洽谈了进一步合作的事宜，尤其在合作出版国际期刊方面达成了初步的意向。此次交流对本所与德国、法国宗教研究机构的合作具有实质性的意义。
- 2012年11月12—18日，本所所长卓新平随中国社会科学院副秘书长、科研局局长晋保平到德国访问，与德国马普研究院协商合作事宜。
- 2012年11月26—30日，本所所长卓新平受"太湖文化论坛"邀请，到意大利波罗利亚参加中欧论坛。

### （二）外国研究等机构人员来访

- 2012年1月17日，本所所长卓新平、副所长金泽等为访学期满的日本创价大学菅野博史教授举行欢送宴会。2011年9月，菅野博史教授再次来本所进行为期四个月的学术交流与访问活动。在欢送会上，本所向菅野博史先生赠送了一幅书法作品——"为人作桥"，该作品取自佛经的"为人作桥"一语，表达了本所对菅野博史教授为促进中日宗教学界沟通所作出的积极贡献。研究员何劲松还题写了"仰高洁"，请菅野博史先生转送给日本创价学会名誉会长、国际创价学会会长池田大作。

● 2012年2月29日上午，伊朗驻华使馆文化参赞侯赛因·贾利万德博士由中文秘书马晓燕女士陪同专程拜访本所，并就中国的伊斯兰教研究，尤其是伊斯兰哲学研究方面的问题与研究人员进行了学术座谈。本所副所长金泽主持座谈并接待了客人，参加座谈的有伊斯兰教研究室王宇洁、王俊荣、王希、马景和科研处白文飞、李华伟等人。双方一致期望中伊之间由来已久的学术和文化交流能取得更丰硕的成果。

● 2012年3月19日，世界基督教教会联合会（World Council of Churches）国际部主任Dr. Mathews George Chunakara在张靖博士陪同下到本所拜访，本所所长卓新平接待了来访者。双方就中国宗教现状尤其是基督教的现状、宗教在建构中国和谐社会中所起的作用等问题进行了深入的交流。本所基督教研究室的段琦研究员、科研处王鹰参加了座谈。

● 俄罗斯科学院社会政治学所副所长罗科索夫、学术秘书西聂丽娜应中国社会科学院俄罗斯东欧中亚研究所邀请，于2012年4月17—24日来华进行学术交流。4月19日，在俄罗斯东欧中亚研究所薛福岐研究员的陪同下，罗科索夫教授到本所与当代宗教研究室主任邱永辉研究员、俄罗斯东正教研究专家张雅平副研究员就中国宗教形势进行交流。

● 2012年4月24日，欧洲佛教联盟副主席、挪威佛教协会会长伊戈·洛瑟（Egil Lothe）先生来本所访问。本所副所长金泽、研究员郑筱筠、副研究员周广荣、副研究员杨健、助理研究员李华伟与洛瑟副主席就欧洲佛教的现状、不同宗教间的对话、促进宗教理解与和谐等议题进行了探讨，并达成广泛的共识。双方还协商了今后进一步的学术合作和交流的事宜。

● 2012年5月18日，伊朗世界圣裔协会代主席穆罕默德·萨拉里、伊朗驻华使馆文化参赞侯赛因·贾利万德等一行5人由使馆中文秘书马晓燕陪同，专程拜访了本所。副所长金泽、伊斯兰教研究室王宇洁、王俊荣、王希以及科研处白文飞出席了会谈。金泽和王宇洁分别向来宾介绍了本所的学科建设以及伊斯兰教研究方面的基本情况。穆罕默德·萨拉里对本所在学术研究领域取得的丰硕成果表示高度赞赏，并提议世界圣裔协会同中国社会科学院之间签署合作协议，进一步切实有效地推动中国与伊朗之间的学术和文化交往。对于萨拉里代主席的积极态度，本所也表示高度认可，并希望双方的合作能取得新的成果。

● 2012年12月11日，由中央民族大学哲学与宗教学学院杨桂萍教授陪同，英国牛津大学伊斯兰研究中心主任法尔汗·纳扎木博士访问本所，并与本所伊斯兰教研究室的全体人员及已退休研究员周燮藩进行了座谈。本所所长卓新平首先代表本所对纳扎木的到来表示欢迎，并简要介绍了本所的情况。随后纳扎木博士与伊斯兰教研究室的各位学者进行了交流。牛津大学伊斯兰研究中心成立于1985年，由威尔士亲王资助，长期致力于通过学术推进西方对伊斯兰教以及伊斯兰世界的了解，其学术关注涉及伊斯兰教宗教、经济、社会以及人文学科的全部领域。纳扎木博士是研究伊斯兰教历史的专家，在座谈中他强调伊斯兰研究中心关于全球伊斯兰教的研究中，南亚、非洲以及中国等地区受到特别重视，希望中国社会科学院从事伊斯兰教研究的学者能够参与到中心的访问学者项目中。最后本所副所长金泽代表本所对纳扎木的到访再次表示感谢，希望双方在将来能够通过学术会议、学者互访以及合作项目等形式，实现和推进彼此的学术交流与合作。

### （三）外方及港澳台学者讲座

- 2012年3月6日，由本所邀请的台湾中华宗教哲学研究社秘书长李显光在本所作题目为《古华山派与原始道教》的报告。本所道教与民间宗教研究室主任王卡研究员主持报告会。荣誉学部委员马西沙研究员，韩秉芳、曾传辉研究员，汪桂平、林巧薇、李志鸿等本所学者，以及来自云南大学、四川大学的青年学者亦一并与会。与会学者就古华山派与原始道教的众多议题展开了讨论。

- 2012年5月9日，本所举办"宗教人类学讲座"第5讲，讲题为：Japanese New Religions in Modern Japan: From Tenrikyo to Aum Shinrikyo，主讲人是日本国立民族学博物馆民族文化研究部教授中牧弘允（Hirochika NAKAMAKI）博士。

- 2012年5月9日下午，本所举办"宗教人类学讲座"第6讲，讲题为：寺庙与台湾的地方势力，主讲人：台湾中研院民族学研究所研究员、副所长，台湾大学人类学系兼任教授，人类学与民族学学会理事长张珣博士。

- 2012年5月22日，日本东京大学横手裕教授在本所做学术报告，报告题目是："日本宫内厅收藏明版《道藏》——由来和现状"。本所道教研究室主任王卡研究员主持讲座，北京大学哲学系王宗昱教授、道教研究专家朱越利教授、吴受琚教授，中国社会科学院历史研究所雷闻研究员，哲学研究所姜守诚研究员，以及本所曾传辉、汪桂平、林巧薇、李志鸿、刘志等研究人员与会。

- 2012年5月22日，本所举办主题为"伊拉克伊斯兰化初期的基督徒与穆斯林"的学术讲座。演讲人为美国曼荷莲女子学院（Mount Holyoke College）助理教授、剑桥大学三一学院研究员、美国纽约大学古代世界研究所副研究员里查德·佩恩（Richard Payne）博士。讲座由本所伊斯兰教研究室副主任王宇洁主持，张晓梅副研究员担任翻译，伊斯兰教研究室所有成员、基督教研究室部分成员、中国社会科学院西亚非洲研究所的部分研究人员和中国社会科学院研究生院宗教研究系的部分研究生听了演讲，并与里查德博士进行了深入的学术互动。

- 2012年5月29日，本所举办"宗教人类学讲座"第7讲，主题为"超越性之困境：以大理地区宗教管理为例"，由新加坡国立大学亚洲研究院资深研究员梁永佳博士主讲。本所部分学者参加了讲座。

- 2012年6月12日，本所所长卓新平在主持所内学术报告会，主题：The Sufi Sources of Tianfang Xingli（《天方性理》的苏菲渊源），主讲人：威廉·柴提克（William. C. Chittick）、村田幸子（Sachiko Murata）。两位为美国纽约州立大学石溪分校（Stony Brook University）教授，长期从事伊斯兰教研究，特别在中国伊斯兰教汉文译著、苏菲主义、伊斯兰思想研究等领域均有精深造诣。

### （四）与港澳台的交流

- 2012年2月12—15日，本所所长卓新平赴香港中文大学崇基学院参会并担任"中国宗教与社会发展"的主讲人。

- 2012年3月14—28日，应香港中文大学人类学系邀请，本所当代宗教研究室陈进国副研究员在该校做短期学术访问，并于3月16日下午在新亚书院人文馆发表题为"宗教救度团体及其在华人社会的发展"的学术讲座。

- 应北京缘爱文教基金会的邀请，本所研究员戈国龙2012年4月1—8日赴台湾考察当地部分中小学校开展传统文化教育方面的实践与经验。

- 2012年4月16日—5月6日，本所研究员叶涛赴台湾成功大学进行学术交流与合作研究。

- 2012年5月24日—6月2日，为纪念印顺法师圆寂七周年，并促进"人间佛教"理念的弘扬，以及两岸佛教学术、宗教教育的交流，台湾玄奘大学特邀本所研究员杨曾文和黄夏年赴台湾参加第十一届"印顺导师思想之理论与实践"学术研讨会，并发表论文。

- 2012年5月25—27日，应台湾中华宗教哲学研究社之邀，本所副研究员王宇洁赴台湾参加"2012年本师世尊涵静老人纪念讲座"，并就其中有关"伊斯兰与基督教之对抗与和合"发表专题演说。

- 2012年6月7—9日，本所所长卓新平研究员应邀参加香港圣公会在香港举行的"回溯过去，展望未来：在华圣公会历史及其对香港圣公会的影响"国际会议。这是首个致力于研究在华圣公会历史的国际性学术研讨会。

本所研究员张总受台湾中研院邀请参加于2012年6月18—24日举行的第四届国际汉学会议，除发表成果外，也共同探索汉学研究未来的发展方向和重要课题。

- 2012年6月25—28日，本所研究员张总受邀参加劳格文教授在香港中文大学举行的"宋辽金元时期的中国宗教"国际学术研讨会，张总研究员在会议上与劳格文教授联名发表论文《宋辽金元佛教图像志与绘画》。

- 2012年7月27日—9月27日，本所副研究员陈进国赴台湾中研院民族学研究所进行学术交流与访问。
- 2012年9月21—24日，本所副研究员李志鸿赴台湾金门大学闽南文化研究所，参加"闽南地区的正一道与闾山道教仪式"研讨会。
- 2012年9月24—26日，本所所长卓新平研究员、本所党委书记曹中建、本所研究员邱永辉、本所研究员叶涛、本所副研究员陈进国、本所助理研究员王潇楠、本所副研究员李维建赴澳门参加由本所和巴哈伊教澳门总会共同主办的"宗教团体的治理"学术会议。
- 台湾东华大学中国语文系为发展两岸学者对"宗教与民间文学"研究之交流，特邀本所研究员叶涛于2012年10月15日—12月30日期间到台湾从事教学及研究工作。
- 2012年12月1—2日，台湾中央大学"传教士笔下的中国与台湾"学术研讨会特邀本所研究员王美秀于12月1—2日赴会，并发表学术论文"丁韪良眼中的中国宗教"。

**（五）国外访问学者**

- 2012年7月30日，韩国启明大学金重淳博士根据中国社会科学院与韩国启明大学的协议，来本所进行学术访问与交流。

2012年9月1日，美国富布莱特学者Douglas Gildow来本所跟随本所研究员周齐做访问学者。